中医人名大辞典

李 云 编著

中国中医药出版社
·北京·

图书在版编目（CIP）数据

中医人名大辞典/李云编著．—北京：中国中医药出版社，2016.8
ISBN 978-7-5132-2455-0

Ⅰ.①中…　Ⅱ.①李…　Ⅲ.①中医师—人名录—中国—词典　Ⅳ.①K826.2-61

中国版本图书馆 CIP 数据核字（2015）第 068697 号

策划编辑　罗海鹰
责任编辑　罗海鹰

中国中医药出版社出版
北京市朝阳区北三环东路28号易亨大厦16层
邮政编码　100013
传真　010 64405750
三河市宏达印刷有限公司印刷
各地新华书店经销
＊
开本 787×1092　1/16　印张　103.5　字数　3327 千字
2016 年 8 月第 1 版　　2016 年 8 月第 1 次印刷
书　号　ISBN 978-7-5132-2455-0
＊
定价　388.00 元
网址　www.cptcm.com

前　言

　　源远流长的中医学滥觞于遥远的神农、黄帝时代，经过无数医家的不断探索与实践，逐步形成内涵丰富、理法完备、临证效验的医学体系，在数千年间卓然屹立于世界医学之林，为中华民族的繁衍昌盛作出了不可估量的贡献。

　　历史是人创造的，自古以来无数知名与不知名的医家一代复一代传承着中医学的火炬。他们或在医理上独辟蹊径，或在临床上屡著奇效，或以良好医德垂范后世，或著书立说以传后人，就像灿烂的群星，汇聚成中国古代医学的浩瀚天河。

　　在漫长的封建时代，医家虽然广受民众的爱戴，却很少得到官方的重视。在历朝正史中，医家始终被归入"方技者流"，其地位不仅不能与达官显宦同日而语，与众多政治家、思想家、军事家、文学家亦难比肩。据《元典章新集》记载，在延祐三年（1316）以前，元代的儒学正、儒学录等学官皆着"公服"，而医学正、医学录等医官却全部着"常服"。每逢上官巡视，诸医官附列群僚之末，极似前来围观的百姓。常德路医学正李震对此深感不平，愤然上书，要求得到与众官平等的待遇。此后，地方医官始获准"按儒学诸官制公服"。医官尚且如此，民间医生的境遇可想而知。翻检卷帙浩繁的《二十六史》，其中《传记》部分收载各界贤达数十万人，而医家却寥若晨星，就连被后世尊为"医圣"的东汉名医张机，《后汉书》、《三国志》亦只字不提，足见古代医家社会地位之式微。

　　尽管如此，热心搜集医家事迹，为医家树碑立传者仍代不乏人。自太史公《史记·扁鹊仓公列传》以降，先后有唐甘伯宗《名医传》，北宋赵自化《名医显秩传》，南宋周守忠《历代名医蒙求》，元中国瑞《名医录》，明杨廉《名医录》、李濂《医史》、熊均《历代名医考》，清沈英《名医列传》、程云鹏《医人传》、何其伟《医人史传》、郭浚《历代名医小传》等介绍医家事迹的专著。遗憾的是，诸书或未能付梓，或年久散佚，流传至今的仅《历代名医蒙求》、《医史》、《历代名医考》等寥寥数种。除人物传记专著之外，明代徐春甫在其代表作《古今医统大全》中专设"历世圣贤名医姓氏"一章；李梴亦将《历代医学姓氏》置于所著《医学入门》之首。二书收载历代医家均逾三百人，虽失之简略，但在人物数量上已超越了前人。此外，清代大型类书《古今图书集成·医部全录》有"医术名流列传"十四卷，该书首次大量引用地方志资料，介绍 1400 多位古代医家，这是清以前各种医学家传记中内容最丰富的一种，至今仍有一定参考价值。

上述历代医家传记专著，为现代学者从事中医理论、临床，尤其是医史、文献研究提供了宝贵资料。同时我们也看到，流传至今的医家传记数量少、容量有限，远不能满足学术研究的需要。为了考察某位古代医家的爵里、生平，学者往往遍查史传、笔记、医书序跋、宗谱、方志，耗时费力，苦不堪言，甚至无功而返。有鉴于此，近现代医史文献专家做了大量工作：1909 年，丁福保先生《历代名医列传》问世，遗憾的是，由于流传不广，在中医界未产生应有的影响；1955 年，著名医史学家陈邦贤教授《中国医学人名志》出版，此书对历代重要医家皆有简要介绍，收载人物多达 2600 余位，成为当时中医工作者案头必备的重要工具书。

此后二十余年，虽然在国家的大力扶持下，中医药学取得了很大成就，但是对医史人物的研究与整理却一度归于沉寂。在全国各中医院校纷纷增设中医各家学说课程，更加重视医史研究的大形势下，这种现状亟待改观。

1979 年，我有幸在著名中医文献学、医史学泰斗任应秋教授的领导下从事资料工作，得以聆听先生讲授中医各家学说课程。作为初学者，对先生评解的一些医学大师的生平事迹所知甚少，而课后预习时又深困于相关资料的难觅。值得庆幸的是，当时得到了鲁兆麟、石学文、袁立人诸教授的耐心指导，得以按图索骥，渐渐知道查找资料的门径。其间虽然耗时甚多，收获却往往甚微。收获虽微，却也从任老之教，按类制成卡片保存待查。久之竟装满一柜，翻检之时颇有得心应手之感。又久之，竟装满数柜，于是便产生编写《中医人名辞典》，为众多初学者解困之想。自 1980 年开始，八历寒暑，至 1988 年完成并由国际文化出版公司出版。《中医人名辞典》（以下简称"《辞典》"）共介绍历代医学人物 10500 名，一度受到海内外中医专业人员及中医爱好者的欢迎，产生了积极影响。

到了 20 世纪末，中医学术界进入医学人物研究的高潮期，先后有《中医大辞典·医史文献分册》、《中医人物辞典》、《中国历代名医传》、《中国历代医家传录》、《何氏八百年医学》、《金元医学人物》等工具书问世。更令人振奋的是，不少省、市、县的医史工作者对当地历代名医事迹进行了深入发掘与整理，先后有大量地方医学人物传记著作刊行，其中影响较大的有：《吴中名医录》、《陕西历代医家事略》、《四川医林人物》、《湘医源流论》、《岭南医征略》、《江苏历代医人志》、《昆山历代医家录》、《绍兴医学史略》、《中州古代医家评传》、《新安名医考》等。各地学者充分利用地利之便，为研究医学人物提供了大量翔实资料，功不可没。另有一批专题著作，如干祖望《孙思邈评传》、魏宗禹《傅山评传》、唐明邦《李时珍评传》等，功力深湛，更属上乘。

　　尤其值得一提的是方春阳教授编著的《中国历代名医碑传集》，该书是历来收集古代医家传记原始资料最翔实、最周备的专书，作者用功之勤，阅历之博，令人叹服！尤其难得的是，此书收载了大量罕见墓志铭、墓表、祭文、赠序及某些医学家的朋辈、后人所写传记，这些资料内容丰富而可靠，是研究医学史的瑰宝。由于上述资料分散于历朝文海之中，若无深厚的学术功底、独到的眼光和超人的毅力，根本无法完成这样一部大型专集。该书所收资料不仅极大丰富了相关人物的生平事迹，而且纠正了地方志及古今文献中对某些医家生卒年、亲缘关系、师承关系，甚至人名用字的失载与失误，恢复了历史的本来面目。因此，该书在医学人物研究中具有不可替代的重要作用。正如著名医史文献学专家郑金生教授所评："这是一部医界、史界都要为之喝彩的专集，对医史研究可谓功德无量。"

　　自1988年出版《辞典》之后，我一度将精力转向对中医古籍的学习与整理，然而关注医史人物研究已成习惯，每遇相关资料皆随手摘录。正所谓集腋成裘，十余年间所收资料竟倍于昔日。利用古籍整理工作的间隙，我取新收资料校核已出版的《辞典》，发现误引、失考、笔误、漏收之处甚多，思之每觉汗颜。

　　在收集新资料时，我格外留意中医界同仁对《辞典》的批评意见，如王铁策教授在《日本现存中国散逸古医籍》（第三报）中详细分析了《辞典》称龚廷贤"号悟真子"之误；钱超尘教授在《笔记杂著医事别录·序》中指出：《辞典》作者未详考原始资料，竟误称北宋潘璟为隋唐间人；鲁兆麟教授亦亲手标出《辞典》的若干错漏，叮嘱再版时修订。以上教授皆现代中医文献学、医史学著名学者，他们的指教令我受益匪浅，亦鞭策我加倍努力，以补前愆，于是便有了推翻旧稿，重编新作之想。

　　重新整理医学人物资料的想法自1997年前后开始实施。由于计算机技术的应用与普及，使我摆脱了笨重的卡片柜，能够顺利地在三四年内将三十余年所收资料重新归类整理。此后，一面考察各种资料的异同，辨其讹误，以定取舍；一面寻找新的资料，加以补充完善。这项工作费时十余年，共辑出历代医学人物18800余名，于是定名《中医人名大辞典》，再度奉献给广大读者。

　　与旧稿相比，本书除增加大量条目之外，重点放在纠正前书之误，主要表现在以下几个方面：

　　第一，古人在姓名之外多有字、号、别号、晚号、堂名、医名等，出于尊敬，在历来文献中往往讳于直呼其名，多以字号称其人。因此，越是知名人士，往往越以字、号行，久之便造成世人反而罕知其本名，甚至根本不知其本名了。东汉名医张机（字仲景）、魏晋间名医王熙（字叔和）便是最明显的例证。对编纂医史人物工具书来说，上述现象极易造成辨识上的混乱，由于编者的疏忽或资料的欠缺，将一个人物误编为两条，甚至三四条，在此类工具书中比比皆是，本人原编《辞典》亦有这类错误，这对编撰工具书来说属于重大失误，因此本次修订反复校核，努力避免"一人讹作两条"。当然，由于未能充分占有资料，难免仍有失察之处，请读者发现后不吝指教。

第二，改正旧稿中某些医家生卒年、亲缘关系、师承关系，甚至人名用字的失误与失载。例如，明代江苏吴江名医盛暟，"暟"字在《吴江县志》、《苏州府志》、《续医说》等文献中皆误作"皑"。考其堂兄弟名盛旷，"旷"偏旁为"日"，按照惯例，家族中同辈人起名用字偏旁应相同，故二人之名必有一误，只因多种文献所载一致，故无从辨伪。今幸见方春阳教授《中国历代名医碑传集》，书中收载了吴宽《太医院医士盛君墓表》，盛氏之名作"盛暟"，于是群疑冰释。本书据此改"盛皑"为"盛暟"，纠正了讹传数百年的重大失误。凡此种种，不一而足，不多赘述。

第三，在原《辞典》中，对历代人物事迹的取舍过于注重医事，这不仅造成人物形象的单薄，使读者不能全面了解其经历、学识，而且某些有助于界定人物生活时代的信息亦因此湮没。本次修订尽量核查原始资料，对不少人物事迹的介绍有所扩展。然而，阅读珍稀资料的机会往往转瞬即失，故有些词条的增补尚待来日。

总之，由于作者学养有限，即将面世的《中医人名大辞典》虽经反复斟酌校订，仍不免改正旧讹，又添新误，尚望海内外贤达批评指教。

《中医人名大辞典》的编写得到北京中医药大学钱超尘教授、鲁兆麟教授、石学文教授、袁立人教授、戚燕平教授、梁嵘教授的支持与鼓励；该校图书馆馆长梁永宣教授将长期搜集的地方志资料毫无保留地提供给我参考，使本书内容得以充实；该校图书馆邱浩老师、医古文教研室萧红艳博士、硕士研究生武亮周，上海中医药大学中医文献研究所荆丽娟老师等，亦先后热心提供资料线索，对我的写作帮助很大。山东中医药大学刘更生教授几乎通读全稿，为本书改误甚多。此外，我的老同学侯孝良先生在百忙中读校了初稿，并协助编排人名索引、书名索引，使本书得以按期完成。在《中医人名大辞典》问世之际，谨对所有关爱、支持我的师长、同仁和朋友们表示最诚挚的谢意！

李 云

2015 年 12 月

凡　例

一、本书共收载医史人物 18000 余名，重点介绍自远古传说时代至清末的医学人物，以及部分近现代中医界名人（2000 年后在世者未收）。所收人物以博采众家为宗旨，凡在中医学某方面有一定贡献或特长，知名于当地者，均予收录，对有著作者及医学世家传人尤予重视。此外，对历代官吏、文人、僧道中旁通医术者，或在中医教育、文献整理、医籍收藏及出版等方面有特殊贡献者，亦酌予选入。

二、本书扼要介绍人物的姓名、生卒年、字、号、时代、籍贯、简历、著作、师承等情况，资料不足者从缺。为便于读者查考，在各词条之后的"[ ]"内列出主要参考资料。

三、古人在本名之外大多有字、号，有些人另有别号、晚号、堂号、谥号，少数人甚至有"医名"。本书一般皆以人物本名作为词条。按笔画顺序排列。少量佚名人物以字、号或习惯称谓为词条，如冲真子、医和、子仪等。

四、本书对以下两个姓氏用字作特殊处理：一为"丘"字，有的家族为避孔子名讳，改"丘"为"邱"，但有的家族不改，故造成"邱""丘"并存；二为"萧"字，该字的繁体笔画较多，后人或以"肖"字代替（其实读音并不相同），致生两歧。对以上二姓，皆从《中国人名大辞典》之例，统一作"丘"与"萧"。

五、凡怀疑两个姓名有可能为同一人，一时难以决断者，暂按二人处理，分别在文内作出说明。

六、在记载历史人物的各种文献中，某些人物的姓名、字号时有不同，或因避讳而易字，或因疏误而致讹，或因翻译用字不同而相异。如"朱遂"或作"米遂"；"沙图穆苏"或译作"萨里弥实"；"李宲"或作"李实"。上述记载不同之姓名（或字、号）皆非"别名"，第一例乃"误名"或"疑误之名"；第二例因"音同字异"而在文献中互用；第三例乃文献中或用正体字，或用异体字所致。此类现象数量不多，故本书亦按"别名"处理，编入别名索引，目的仅在方便检索，请读者注意。

七、关于历史纪年：宣统三年以前皆采用旧纪年，在"（ ）"内标注相应的公元纪年。若文中连续使用某一年号，一般不逐一标注公元纪年。自民国元年（1912）开始，直接采用公元纪年，非特殊情况（如引文、版本数据等）不使用民国年号。

八、凡女性医学人物，均在其姓名后"〈 〉"内标注"女"字，以示区别。

九、历代僧侣多以法号行世，难考其俗家姓名，如神济、洪蕴、智广等，为便于统一查阅，特在其法号前冠以"僧"字，归入十四画"僧"类。

十、本书在介绍人物籍贯时，一般均注明"某省某县"，资料充足者注明"某乡（镇）某村"。由于我国宋以前行政区划以郡县制为主，元代虽建立行省制度，但行省划分与现代多不合，故凡是元代以前人物，皆在籍贯之后"（）"内注明"今某省某地"，或"今属某省"；东北、甘肃等地在省区划分上历来与今不同，故皆注明"今属某省"。明清两朝的省区划分大体与今一致，为避免繁冗，均以当时辖区标注籍贯，除同名县区（如江苏通州与北京通州）或1949年以后划归他省者（如婺源县，明清时期属安徽，今属江西）外，一般不标注今属某省。因明代未设立江苏省，故在相关人物籍贯后注明"今属江苏"或"今江苏某地"。有些人物携家迁居外乡，其籍贯仍为原籍。若定居他乡三代以上，则变更籍贯，在文中另交待原籍。

十一、某些医学世家数代相传，为便于读者理清世系，介绍人物时至少交待其父、子之名，必要时则交待其祖、孙或兄弟之名。

十二、如果怀疑某著作名称有脱文，则酌予补正，所补文字加"（）"以示区别。如"王定远《伤寒论（注）》"，其中"（注）"为本书编者所加，供读者参考。

十三、凡同一著作存在两个或两个以上名称，一般采用通行书名，在"（）"内注明其他名称；如遇某一著作的作者存在争议，在相关词条内作简要说明。

十四、为便于通过著作查找人物，特编书名索引；为便于通过字、号等别名查找人物，特编别名索引（除特殊情况外，别名之前不冠姓氏）。以上两种索引皆以笔画为序编排，附于卷末。

总 目 录

注：以下各条之末所标数字为人物姓氏（或首字）在目录中的页码。

总目录

总目录

目　录

2

三
画

3

四
画

四画

11

四

画

四
画

13

四
画

15

五　画

甘

古

艾

本

札

五画

17

五
画

五
画

19

五画

21

六画

六
画

六
画

26

六画

33

六
画

34

六
画

七

画

七

画

七画

45

七
画

七

画

七画

七画

七
画

57

七画

七
画

陈

八画

八画

83

八画

87

八画

八画～九画

九

画

九
画

九画

九
画

九画～十画

101

十
画

105

十
画

十
画

徐

十
画

十
画

109

十
画

十一画

十一画

122

十一画～十二画

123

十
二
画

十
二
画

十二画

127

十二画

十四画

十五画

十八画以上

瞿

懿

附　录

二　画

丁

丁广 字伯远。明代江浦县（今属江苏）石碛里人。邑名医丁仲宝孙，江宁县医学正科丁毅次子。早年习儒，兼通家学。曾读书龙洞山中，遇异人授以秘方，医术益精。成化元年（1465）中举，授朝城县令。居官九载致仕，游于燕京，与朝臣屠镛、刘大复、吕钟、曾鉴、顾佐、潘祯等诗文往还。兄丁胜，医名甚噪。[见：《江浦埤乘·丁毅传、丁明登先茔碑记》、《中国医籍考》]

丁化 字甫涛。清代江西南丰县人。邑名医徐亮门生。传承师学，亦精医术。重医德，治病不计酬报。[见：《南丰县志》]

丁凤 字文瑞，号竹溪。明代江浦县（今属江苏）石碛里人。江宁县医学正科丁毅曾孙，丁佶子。性笃厚，重孝义。丁氏世代精医，凤幼习举业，屡试不中，尽弃所学，以祖传医术济世。尝曰："诸证惟痘科杀人最多，由药误之也！"故留心痘科三十余载，每读方书，至午夜不寐；闻善治痘症者，不论远近皆往师之。后得黄廉《痘疹全书》及西蜀龙氏医书手稿，悟其奥旨，临证投药辄效，全活婴幼甚众。素重医德，凡贫苦之家求诊，必出资相助，婉言慰藉，约之复来，殷殷然无倦色，为乡里所敬重。著有《痘科玉函》八卷、《医方集宜》十卷、《兰台秘方》一卷（前二种今存）。长子丁道，通医理，以堪舆术著称。孙丁明登，万历四十四年（1616）进士，兼通医道。曾孙丁雄飞，精医术，尤以藏书著称。门生蔡四兰，得丁凤真传。[见：《明史·艺文志》、《江浦埤乘》、《中国医籍考》、《全国中医图书联合目录》]

丁丙 （1832～1899）字嘉鱼，号松生，又号松存。清代浙江钱塘县人。性格沉毅，博学多识，终身不求仕进。同治三年（1864），左宗棠荐之于朝，授以知县，婉拒之；同治六年加同知衔，亦未出仕。丁氏世重藏书，其家建八千卷楼，庋藏之富，著称于时。丙与兄丁申（字竹舟）善承祖业，精勤持守，藏书日增，为清末著名藏书家。咸丰间（1851～1861），兵燹厄于东南，杭州文澜阁藏书重遭劫荡，丁氏挺身营护采补，卒使阁书恢复旧观。清帝嘉其义行，赐匾表彰，至今传为佳话。当时丁氏家藏亦遭散损，丙等仰承先志，广罗博收，积书倍于初时，藏书总数多达一万五千余种（包括大量古代医籍），遂于光绪间（1875～1908）重建书楼，原八千卷楼储文渊阁著录之书，两厢存《四库》未收之书。又有小八千卷楼，亦称善本书室，专储宋、元、明精椠及旧校、旧抄善本。八千卷楼与江苏常熟瞿氏铁琴铜剑楼、山东聊城杨氏海源阁、归安陆氏皕宋楼并称四大藏书楼。丁氏毕生以收藏、校刻图书及经办地方事务为事，撰辑、刊刻书籍数百种，所著《八千卷楼书目》二十卷、《善本书室藏书志》四十卷，颇有裨于版本目录之学。所辑《当归草堂医学丛书》，收前代珍本医籍十种，刊刻于光绪四年戊寅（1878），为后世医家所重。[见：《近三百年人物年谱知见录》、《八千卷楼书目》、《善本书室藏书志》、《历代史志书目著录医籍汇考》、《杭州府志》]

丁让 号西江。明代江浦县（今属江苏）石碛里人。世医丁胜子。传承家学，通医理而不悬壶。从名儒庄昶（号定山）游，有文名。子丁佶，亦通医理。[见：《江浦埤乘·丁雄飞行医八事图记、丁明登先茔碑记》、《中国医籍考》]

丁芳 清代江苏江都县人。生平未详。著有《医传会览》若干卷，未见流传。[见：《江都县续志》]

丁杞 号种松子。明代福建福宁州人。世代业医，至杞尤精，能以脉象决人生死。知州李时之子病剧，诸医皆束手，丁杞投药而愈。正德六年（1511）福宁大疫，知州万廷彩命丁杞施药于申明亭，存活甚众。[见：《福宁州志》]

丁怀 字玉田。清代山西长治县人。太学生。议叙九品。世代业医，至丁怀声望益隆。善治伤寒及咽喉诸症，对药性、脉理、经络皆有研究。著有《医学篇》，未见流传。子孙多传承祖业，惜皆失考。[见：《山西通志》]

丁佶 号望江。明代江浦县（今属江苏）石碛里人。世医丁胜孙。其父丁让，业儒而通医。丁佶亦通医理，不悬壶。子丁凤，号竹溪，医名甚噪。[见：《江浦埤乘·丁雄飞行医八事图记、丁明登先茔碑记》、《中国医籍考》]

丁阜 北宋人。里居未详。曾官登仕郎。政和间（1111～1117），宋徽宗敕编《圣济经》十卷、《圣济总录》（又作《政和圣济总录》）二百卷，成立编类圣济经所，命曹孝忠总领其事，下设同校勘官七人，丁氏任点对方书官。诸臣还奉敕校勘唐慎微《证类本草》，易名《政和新修经史证类备用本草》（简称《政和本草》），刊于政和六年丙申（1116），今存。[见：《且朴斋书跋·跋重修圣济总录》]

丁沼 字仙登。清代江苏吴县人。生平未详。著有《方术丛书》，未见流传。[见《苏州府志》]

丁胜 字味泉。明代江浦县（今属江苏）石碛里人。邑名医丁仲宝孙，江宁县医学正科丁毅长子。绍承家学，亦精医术，知名于时。素重医德，有樵夫病重就医，丁胜询其病因，答曰："失一布裳，遂致中满。"丁胜疏方毕，暗置钱于药中，嘱以自煎。樵夫归，得金而喜，病旋愈。子丁让，孙丁佶，曾孙丁凤，皆通家学，丁凤以名医著称。[见：《江浦埤乘·丁雄飞行医八事图记、丁明登先茔碑记》、《中国医籍考》]

丁度 （990～1053） 字公雅。北宋祥符县（今河南开封）人。父丁逢吉，以医术侍真宗于藩邸。丁度勤奋好学，熟通典籍。大中祥符间（1008～1016），登服勤词学科，授大理评事、通判通州，改太子中允、直集贤院。仁宗时，迁翰林学士。景祐二年（1035）七月庚子，奉敕与诸臣校正《黄帝内经素问》。庆历间（1041～1048），副杜衍宣抚河东。久之，迁端明殿学士、知审刑院。擢工部侍郎、枢密副使。明年，参知政事。以谏言不纳，求解政事，改观文殿学士，再迁尚书左丞，卒。赠吏部尚书，谥"文简"。丁度天性淳质，不为威仪，居一室十余年，左右无姬侍。喜论时事，在经筵岁久，帝每以学士呼之而不名。著《迩英圣览》十卷、《龟鉴精义》三卷、《编年总录》八卷，奉诏领诸儒集《武经总要》四十卷。子丁讽，官至集贤校理。[见：《宋史·丁度传》、《玉海·卷六十三》]

丁泰 号卯桥。清代人。生平里居未详。通医术，与名医王士雄同时。[见：《王氏医案》]

丁族 明代江西金溪县人。生平未详。通晓医理。龚廷贤《寿世保元》载有丁氏所创制擦牙乌须方。[见：《寿世保元》]

丁焕 字伯文。明代武进县（今属江苏）人。世业儿科，至焕医术益精。每值痘疹流行，富贵贫贱争相延诊，虽甚危之证，多应手取效。天性嗜酒，一生清贫，身后无子。卒之日，家无余蓄。[见：《武进县志》]

丁绳 明代安徽休宁县人。其先世自宋代即业医，至绳医术益精，为嘉靖间（1522～1566）休宁名医。子丁瓒，传承父业。[见：《休宁县志》、《徽州府志》]

丁琮 清代江苏武进县人。生平未详。著有《伤寒一得篇》十卷，未见刊行。[见：《武进阳湖县志》]

丁道 字绍溪。明代江浦县（今属江苏）石碛里人。世医丁凤长子。丁氏累代精医，丁道亦通家学，不悬壶，以堪舆术著称。子丁明登，万历四十四年（1616）进士，兼通岐黄。孙丁雄飞，深通医术，尤以藏书著称。[见：《江浦埤乘·丁雄飞行医八事图记、丁明登先茔碑记》、《中国医籍考》]

丁敩 字学古。元明间乡城（疑在江苏常州境内）人。其七世祖为宋宝祐间（1253～1258）相国，收藏古籍甚多，后家道中落。元初，其曾祖徙居乡城，以医为业，擅长小儿科，斋号慈幼。丁敩博览六经诸史，兼承家学，喜读《灵枢》、《素问》诸书，贯通医理。[见：《金元医学人物》]

丁锦 字履中，晚号适庐老人。清代江苏松江府人。生平事迹不详。曾撰《古本难经阐注》二卷，刊于乾隆三年（1738），今存初刻本及多种后世刊本。丁氏自序曰："尝游武昌，客居参政朱公寓所，得读古本《难经》，以校今本，误者三十余条，故为之阐注。"[见：《古本难经阐注·序》、《中国医学源流论·难经学》、《历代医书丛考》、《中医图书联合目录》]

丁德 明代丹徒县（今属江苏）人。精医术，知名于时。子丁宁，为举人，曾任建宁右卫经历。孙丁元吉、丁元贞，皆通医理。[见：《续丹徒县志·丁元贞传》]

丁毅 字德刚。明代江浦县（今属江苏）石碛里人。邑名医丁仲宝子。少喜读书，重节操，尝获遗金，咨访失主还之。善承父业，医术益精，为成化间（1465～1487）名医，曾任本县医学训科。因缺县令，遂代理县事，在任上悦下安，多有政绩。不久迁江宁县医学正科，上官屡委要务，不受私谒，操守廉慎，为世人所重。邑人庄文节为丁氏画像题赞曰："德俭而清，医良而仁。我于今人，见此古人。"弘治间（1488～1505）入祀乡贤祠。子丁胜、丁广，皆通医理，丁广官朝城知县，丁胜业医。[见：《明史·艺文

志》、《江浦埤乘·乡贤·丁毅传、丁明登先茔碑记》、《江宁府志》、《中国医籍考》]

丁澄 字清源，号晴园。清代河南永城县人。早年习儒，工诗。晚年留心医学，精通其术，求治者踵相接。著有《秋浦诗钞》，存佚不明。[见：《永城县志》]

丁瓒① 字点白。明代丹徒县（今属江苏）人。正德十二年（1517）三甲第一百二十四名进士，官至温州知府。素嗜医学，居官时，见时医多不习《黄帝内经素问》，遂以元代名医滑寿《读素问钞》为蓝本，参以唐王冰《素问注》，辑《素问钞补正》十二卷，刊布于世。[见：《四库全书总目提要》、《中国医籍考》、《明清进士题名碑录索引》]

丁瓒② 字汝器，号海仙。明代安徽休宁县西门人。世医丁绳子。继承家学，治病多佳效，知名于时。兼擅书画，风格近于米、倪。好宾客，喜施与，尝出五十缗，解人之难。年六十岁殁。子丁云鹏，信佛持戒，善绘佛道尊像，为万历间（1573～1619）著名画家。[见：《休宁县志》、《中国历代医家传录》、《中国佛学人名辞典·丁云鹏》]

丁麟 字振公。清代江苏吴县人。生平未详。著有《幼科必读》、《医学宗源》二书，未见刊行。[见：《苏州府志·艺文》]

丁九皋 字鸣洲。清代河南淮阳县人。精通医术，擅长内外两科，名噪于时。著有《疡医求真》四册，道光间（1821～1850）其稿毁于兵燹。[见：《淮阳县志》]

丁乃潜 （1864～1928）原名惠馨，字旭卿，晚年更名乃潜，号讷庵，堂名匏存。清末广东丰顺县人。福建巡抚丁日昌（1823～1882）次子。出生于丰顺县汤坑，随父侨居揭阳城，不隶揭阳籍。幼习举业，光绪癸巳（1893）恩科，仅以廪生中副榜，愤然弃儒攻医，间涉堪舆、星卜、诗文、书法等学。晚年居故里，常与妻孙西台挑灯谈医，鸡鸣不辍。丁氏不善言辞，而待人极可亲。自奉俭朴，而性好施与，遇贫不能殓者赠以棺，患病者赠以药，冬寒则施送布衣，岁费千百金以为常，至老不改其行。卒于民国十七年三月二十三日，时年六十有五。其妻晚年著《昼星楼医案》，丁乃潜为之删订，刊刻于世，今存沪江震东学社石印本。[见：《丰顺县志》、《中医图书联合目录》]

丁大年 清代江苏吴江县人。精通医术，与名医张璐同时。[见：《张氏医通》]

丁天吉 字若冲。清代江苏武进县人。邑庠生。少有文名，嗜于医学，以幼科著称。素怀济世志，救人不望酬报。一贫者病重，当服人参，天吉暗置人参于药中，病者得痊愈。郡守于琨雅重丁氏之学，以"保赤国手"额其门。丁天吉著有医书十余种，传抄乡里，今未见流传。[见：《武进阳湖县志》]

丁天衢 清代湖南醴陵县人。究心医道，擅长儿科，名知乡里。不以技谋利，虽家境清贫，处之泰然。子丁钻、丁𬭯，皆为庠生。[见：《长沙府志》]

丁元吉 明代丹徒县（今属江苏）人。邑名医丁德孙，建宁右卫经历丁宁侄。自幼嗜学，有治世才。传承家学，精通医术，有名于时。著有《养生方》若干卷，未见刊行。堂弟丁元贞，医名益噪。[见：《丹徒县志》、《续丹徒县志》]

丁元贞 字惟成，号樗庭。明代丹徒县（今属江苏）人。祖父丁德，以医术鸣世。父丁宁，为举人，曾任建宁右卫经历。丁元贞早年随父于任所，勤奋好学。值连年饥荒，其父罢官，家境窘迫，遂经商以养亲。尝曰："古称良医与良相功同，能起废生死，岂不可行其志乎？"乃博采古来方书，熟读精究，久之明悟医理。嗣后，挟技游于江湖，临证多奇效。素重医德，以济人为念，未尝斤斤求值。年七十八岁卒，杨一清铭其墓。著有文集《樗庭稿》，藏于家。堂兄丁元吉，亦通医理。[见：《续丹徒县志》]

丁元启 字令舆。清代浙江嘉善县人。丁清惠六世孙。自幼习儒，弱冠补弟子员。兼精医术，治病多良效，知名于时。著有《难经辨释》、《伤寒析疑》诸书。因膝下无子，其稿为吴门习医者所得，依其法治病，亦获盛名。[见：《嘉善县志》]

丁元彦 字仲英。近代江苏武进县孟河镇人。清末名医丁泽周子。与弟丁元椿绍承父业，俱以医知名。[见：《中国历代医史》、《略谈孟河四名医》（《江苏中医杂志》1981年第1期）]

丁元荐 （1563～1628）字长儒，号慎所。明代江西长兴县人。丁应诏子。少负奇才，早年受业于名儒顾泾阳、许庄简、冯具区之门，慨然志在天下。万历丙戌（1586）举进士，授中书舍人，甫匝月，上书万言，极陈时弊。万历二十七年（1599）因直谏忤时相，以"浮躁"落职。家居十二年，召为礼部主事，而直谏如初。

丁巳（1617）京察，复以"不谨"削籍。崇祯（1628～1644）初，起为尚宝少卿，而元荐已卒。丁氏性耿介，不阿权贵，尝谓："大丈夫宁为玉碎，不为瓦全。"好谈古今节烈事，每至击节掀髯，听者为之动容。嗜于医学，推重当时名医缪希雍，尝搜采缪氏经效之方，辑《先醒斋笔记》，刊刻行世。后缪氏亲手增订，易名《先醒斋医学广笔记》，盛行于时，今存。医学外尚撰《两山日记》、《尊拙堂集》等。[见：《明史·丁元荐传》、《长兴县志》、《浙江通志》、《中国历史人物生卒年表》、《四库全书总目提要》]

丁元椿 字涵人。近代江苏武进县孟河镇人。清末名医丁泽周子。继承父学，以医知名。兄丁元彦，亦为当地名医。[见：《中国历代医史》、《略谈孟河四名医》（《江苏中医杂志》1981年第1期）]

丁太麟 清代福建崇安县人。生平未详。通医术，著有《证方实验集》若干卷，未见流传。[见：《崇安县新志》]

丁仁山 清代江苏如皋县人。生平未详。通医理，著有《时证衍义》若干卷，今未见。[见：《如皋县志稿》]

丁仁魁 清代安徽怀宁县人。本邑名医丁悦先子。绍承父学，亦精医术。[见：《怀宁县志·道艺·丁悦先》]

丁凤山 近代江苏江都县人。精推拿术，以一指禅推拿名噪于时。门人王松山，得其传授，声名益盛。[见：《推拿专科王松山先生的学术经验》（《上海中医药杂志》1982年第8期）]

丁凤梧 字敬山。明代浙江嘉善县人。精通外科，擅治无名肿毒、疑难杂证及咽喉诸证。曾任太医院吏目。年七十二岁卒。子孙传其术。[见：《嘉善县志》]

丁文策 字叔范。清代浙江钱塘县人。精医术，临证应手辄愈，闻名于时。年八十一岁卒。[见：《杭州府志》]

丁方斌 清代湖南武陵县人。精医理。早年从师采药于陇、蜀、耿、亳间，久之归乡，居神仙观。每出行，杖头常悬药囊，有求治者即出药疗之，危殆之证，应手而愈。不以医谋利，虽富贵之家延诊，亦未尝索谢，一醉径去。[见：《武陵县志》]

丁用元 清代湖南武陵县人。早年习举业，后弃儒攻医。熟谙脉理，善治奇证，知名于时。安福何某独生子因痘证亡，其棺过市，适逢用元。用元问其证，告曰："此痘必夹风，吾

能活之。"遂令开棺，置子于桌，以艾灸百会穴，有顷而苏，人以为神。[见：《武陵县志》、《湖南通志》]

丁永荣 号陆村。明代东鲁人。里居未详。官南京户部广西司员外郎。昔日任职原州，于侍郎刘尚义处得宋代闻人规《痘疹论》，甚宝重之。惧原本失传，于公余校勘之，附以插图，重梓于世。[见：《痘疹论·跋》]

丁民标 明代宜兴县（今属江苏）砂田里人。精外科，治疗疔疮尤有神效，知名于时。重医德，遇贫病不受诊酬。卒后，子孙依遗方治病，亦能收效。[见：《宜荆县志》]

丁尧臣 字又香，晚号蕉雨老人。清代浙江会稽县人。善吟咏，精拳术，游历于关内外，为诸达官座上客。年五十余倦游还乡。丁氏旁通医术，尝合药以济贫病。辑有《验方简要》，印刷分送乡人。今存丁氏《集选奇效简便良方》四卷，为光绪七年（1881）刻本。医书之外，尚著有《蕉雨山房诗集》，行于世。[见：《绍兴县志资料》、《中医图书联合目录》]

丁廷珍 字致堂。清代山东潍县人。例贡生。曾任刑部郎中。旁通医学，辑有《验方精选》八卷，未见刊行。[见：《潍县志稿》]

丁仲宝 佚其名（字仲宝）。明初江浦县（今属江苏）石碛里人。精医术，为洪武间（1368～1398）江浦名医。以耆德名重乡里，承京兆委署本县事，历时甚久。子丁毅，传承父业。[见：《江浦埤乘·古迹·丁明登先茔碑记》、《中国医籍考》]

丁仲麟 字次翔。清代山东潍县人。邹县教谕丁廷夔子。幼年习儒，年未弱冠，补博士弟子员。后屡试不中，慨然习医。至中年，医术精进，名振于时。常与同邑田淑农、陈敦甫讲论医理，雄辩滔滔，四座不能屈。高密县令某患噎证，其势甚危，仲麟治之痊愈。县令挽留于署，坚不放行，不数年，竟卒幕中，县令出资归其榇。著有《温病发蒙》、《妇科索隐》等书，藏于家。[见：《潍县志稿》]

丁汝弼 字绳武。清代江苏清河县（今淮阳）人。精医术，知名于时。性慈善，常自制丹药，施济贫病。年八十六岁殁。同时有陶云章、张燮堂、熊鉴堂、程少楼、刘文锦，皆以医术著称。[见：《续纂清河县志》]

丁安中 宋代长沙（今湖南长沙）人。以医为业。辑有《丁安中方》，已佚。[见：《幼幼新书·近世方书》]

丁进忠 清代人。生平里居未详。为太医院御医，乾隆四十七年（1782）三月十日曾治循妃之疾。［见：《中国历代医家传录》］

丁孝虎 （1858～？）字肖泉。清末盖平县（今辽宁盖县）人。任县知县丁文浚子。自幼习儒，光绪戊子（1888）优贡，己丑（1889）恩科举人。以知县分发四川，历署丰都、安县，奏补大竹知县，加同知衔，所至有政声。光绪末年归田，侨寓津门近二十年，后返奉天，隐居营口，以医学、书法自娱。其医学师法仲景，擅用经方；其书法主宗颜鲁公，含咀汉隶。著有《各体诗文》及医书《家技承经录》各若干卷，未见流传。［见：《盖平县志》］

丁医士 佚其名，人称二丙子。清代四川会理州人。乾隆间（1736～1795）在世。精医术，临证取效如神。凡治疾必预告病者："服药若干剂，某日可愈。"所言无不应验。性嗜叶子戏，年七十余，预知死期，戏谓亲友曰："吾死，君辈焚叶子以吊我，不尔，临吾门必腹痛。"及期而卒。［见：《会理州志》］

丁应元 明代湖南黔阳县人。诸生。曾赴试辰州，遇方士徐邈遇，得其传授针灸术，试之屡验。尝探亲于石葆村，路遇舁柩者，视其血有生气，立启棺针之，遂苏。惜其术不传。［见：《湖南通志》］

丁良炳 字文明。明代湖南黔阳县人。父早殁，遗腹生良炳。及长，侍母以孝闻。精医术，以技活人，知名乡里。临终时有求医者，犹勉力书方，投笔而逝。［见：《中国历代名医碑传集》（引李元度《国朝耆献类征初编·方技》）］

丁青山 号月樵。清代河南荥阳县张村人。以医为业，知名乡里。［见：《续荥阳县志》］

丁其誉 字蜚公。清初江苏如皋县人。顺治十二年乙未（1655）三甲第一百七十一名进士，授石楼县令。兼精医术，在任施药疗贫，起沉疴甚多。任满后，擢行人司，奉使三出，行程达万里。年六十三岁卒。著有《寿世秘典》十八卷，今存颐古堂刻本。该书为养生学著作，分为月览、调摄、类物、集方、嗣育、种德、训记、法鉴、佚考、典略、清赏、琐缀十二类。［见：《如皋县志》、《通州直隶州志》、《明清进士题名碑录索引》］

丁国宝 字惟善。清代江苏通州（今南通）人。精医术，所治无不中，知名于时。［见：《通州府志》］

丁明登 （？～1646）字剑虹，号莲侣居士。明末江浦县（今属江苏）石碛里人。邑名医丁凤孙，丁道子。早年习儒，兼通医理。万历四十四年丙辰（1616）三甲第二十六名进士，由武学国学博士授福建泉州府推官。丁氏崇信佛教，早年受饭戒于云栖袾大师。其为官，夏月修葺狱舍，给囚犯以香薷汤、蒲团扇；冬季则设椒、姜等物，并人予念珠一串，教令念佛。泉州旧俗停柩不葬，丁氏召父老晓以大义，凡葬三万一千一百八十三棺。天启二年（1622）去官，百姓送至建阳，依依不忍离去。寻升户部主事，出守衢州。衢俗婚嫁奢侈，民多溺女婴，明登戒以俭约，旧俗遂改。入觐，过魏忠贤生祠不拜，致仕归。筑园于江宁之乌龙潭，研究佛学，崇祯三年（1630）受菩萨戒于大慧寺。南明隆武元年（1646）冬患疾，却医药，具疏白佛，求生净土，寻即逝化。平生好藏书，著述甚富，关于医学、养生者有《疴言》、《春气录》、《小康济》、《苏意方》等，未见刊行。子丁雄飞，尤精医道。［见：《江浦埤乘》、《明清进士题名碑录索引》、《中国佛学人名辞典》］

丁泽周 （1865～1926）字甘仁。近代江苏武进县孟河镇人。早年从名医马文植学，后问业于汪莲石等名家，造诣日深，通晓内、外、咽喉诸科，对舒诏《伤寒论集注》尤有心得。早年悬壶于无锡、苏州等地，后经孟河名医巢峻推荐，设诊于上海仁济善堂，临证多佳效，声名大噪。自1915年始，与夏应堂、谢观等人创办上海中医专校及女子中医专校，又兴办南北中医院、广益中医院，并出任上海市中医学会会长，对中医教育、医疗事业颇多贡献。此后，与余听鸿、唐容川、张聿青诸名医相往还，广取众家之长，声望益隆。丁氏毕生致力于医学，晚年仍坚持出诊，不以为劳。又多善举，常以诊疗所得资助各善堂施赈。1926年夏，因患暑温病逝，年仅六十二岁。著有《药性辑要》、《脉学辑要》、《喉痧证治概要》、《丁甘仁医案》等书，刊印于世。门人甚多，以程门雪、黄文东、章次公、秦伯未等声名最著，世称丁氏学派。子丁元彦、丁元椿，孙丁济万、丁济华、丁济民、丁济南等，俱绍承家学。［见：《丁甘仁医案·丁甘仁先生别传》、《清代名医医案精华》、《中国历代医史》、《中医年鉴》（1985）、《略谈孟河四名医》（《江苏中医杂志》1981年第1期）］

丁建极 清代甘州（今甘肃张掖）人。精岐黄术，知名于时。与张圣斌、朱廷璋齐

名。诸医卒后，均入祀当地医祖宫。[见：《甘州府志》]

丁绍诚 清代山东济阳县人。武庠生。善岐黄术，著有《素问释义》、《难经释义》等书，未见刊行。[见：《济阳县志》]

丁星辉 (1764~1867) 字衡盛，号选堂。清代江西新喻县人。读书务实，不屑仕进，以孝友闻名。同治二年（1863），寿臻百龄，五世同堂。次年，知县冯械上其事，诏赠七品官服，并赐"升平人瑞"匾额。一百零四岁殁。辑有《医方便览》，未见梓行。[见：《新喻县志》]

丁信臣 宋代人。生平里居未详。曾任西京左藏库使。著有《左藏方》，已佚。[见：《幼幼新书·前代方书》]

丁宪荣 清代人。生平里居未详。著有《医论》，未见传世。[见：《本草纲目拾遗》]

丁宪祖 字绍武，又字秋碧，号一痴，又号莲若、竞庐。近代江苏泰县白米乡人。工诗文，尤精医学。曾主编《泰东卫生月报》，并著有《竞庐医学论文集》，今存。[见：《江苏历代医人志》]

丁逢吉 北宋祥符县（今河南开封）人。通医术，侍真宗于藩邸，官至将作监丞。性好聚书，与儒士相往还。子丁度（990~1053），仁宗庆历六年（1046）官至参知政事。[见：《宋史·丁度传》、《涑水记闻》]

丁悦先 清代安徽怀宁县人。精通医术，知名于时。道光（1821~1850）末，淫雨日久，疫疾流行。丁悦先沿门救治，不取酬报，遇贫者更赠以药，全活甚众。安庆副将某，其幼子患痘垂毙，群医为之束手。丁氏治之，数日而愈。著有《药性赋》、《痘科要言》等书，未见传世。子丁仁魁，亦习医。[见：《怀宁县志》]

丁能裕 字绰然。清代广东灵山县石塘练苏村人。邑增生。寡欲养生，擅书画吟咏。兼精医道，于六经、伤寒剖释尤真切。[见：《灵山县志》]

丁授堂 清末浙江桐乡县乌镇人。尼僧越林弟子。精内、儿两科。著有《医案》三卷，未梓。门生沈梅清，得其传授，以内科知名。[见：《桐乡县志》、《中国历代医史》]

丁啸原 清代人。生平里居未详。为名医张登门生。[见：《张氏医通》]

丁崑源 清代江苏丹徒县人。其先世为驻防汉军，家传秘方，治大风癞疾（即麻风病）取效如神。后奉命裁撤汉军，丁崑源遂设医室于县城黄佑桥之南，凡求治者，"订方给药，期以何时愈，无不应验"，就医者日盈其门，应接不暇。后辟地治园亭楼阁，病者远至则留宿其宅，约期痊愈而去，全活甚众。自乾隆、嘉庆（1736~1820）以后，丁氏子孙世承祖业，咸丰间（1851~1861）其宅毁于兵火，避地他处，仍多求药者。及乱平返里，患者随踵而来，崑源旧号犹传焉。[见：《丹徒县志》]

丁崑璧 明末常熟县（今属江苏）人。精医术，名重于时。同时有朱澄、周焕文、李宏初、张又渊、方汝化，与丁氏齐名。[见：《常熟县志》、《常昭合志》]

丁象极 清代陕西岐山县人。精医术，擅痘科。凡小儿患痘证，虽他医谓不可治，象极每能生之，众医莫测其术。素重医德，人酬以金则不受，曰："吾非以医求利者，有活人心耳。"丁氏后人多行其术，有"丁氏医"之称。[见：《岐山县志》]

丁维章 元代楚人。生平里居未详。以外科知名，曾与陆宣子同诊粟米疮症。[见：《续名医类案》]

丁雄飞 字菡生。明清间江浦县（今属江苏）石碛里人。世代精医，其父丁明登，官至户部主事，通明医理，性好藏书。丁雄飞善承父志，精通医学，尤好藏书，每出行必搜购善本，担荷而归。其妻亦嗜书，时出奁具佐购，故家藏珍籍甚富。随父侨居江宁乌龙潭，作古欢社，与上元黄虞稷相往还，每月定期互访，分享藏书之乐。明亡，令子务农，不复使读书。晚年颜所居曰心太平庵。著述九十八种，惜多散佚，今知者有《行医八事图》，以临证心得阐述地、时、望、闻、问、切、论、订八事，康熙三十四年（1695）刊行于世，今存新安张氏霞举堂《檀几丛书》本。[见：《江浦埤乘》、《中国医籍考》、《中国丛书综录》]

丁集堂 清代湖南沅陵县广济镇人。丁开元子。早年习儒，为庠生。其先世通医术，丁集堂继承家传，诊病有卓见，用药不依常法，随手奏效。有病气结者，他医以大黄、芒硝攻之，不效。丁氏辨其证，投以补中益气汤，药下而愈。尤工针灸术，遇急症以指代针，令患者咳，随咳随瘥。平素常携丸散，以应人之求。遇知己，虽蔬食草具不厌，若非礼非道，则亟请不往。[见：《沅陵县志》]

丁御干 宋代平江（今江苏苏州）人。生平未详。据《普济方》载，丁氏以医为业，

有治心气虚损怔忡自汗方,病者服之,不过一二剂即愈。[见:《普济方》]

丁善章 清代四川叙州雷波厅人。精医术。以济人为务,治病不计酬报。道光间(1821~1850)雷波大疫,众医束手。丁氏审证求因,制药施救,活人甚众,名动于时。[见:《雷波厅志》、《叙州府志》]

丁慈幼 佚其名(堂号慈幼)。元初人,里居未详。其曾祖为南宋宝祐间(1253~1258)相国,家藏古籍甚多。至丁慈幼家道中落,徙居乡城(疑在江苏常州境)。以医为业,擅长儿科,知名于时。曾孙丁敩,继承家学。[见:《金元医学人物》]

丁福保 (1874~1952) 字仲祜,号梅轩,又号畴隐居士、济阳破衲,堂名诂林精舍。现代江苏无锡人。出身仕宦之家,其父丁承祥(字洁庵),袭云骑尉世职。丁福保七岁入家塾读书,十五岁就读于江阴南菁书院,治考据词章之学,二十二岁肄业,有奇童子之誉。年二十三岁入庠。同年,赴南京乡试,其父病故,竟未及送葬,痛悔之余,遂绝意功名。嗣后,就读于苏州东吴大学,复从上海赵静涵习医,兼学日文。1903年,经张之洞推荐,任北京京师大学堂译学馆算学兼生理卫生学教习。越二年回南,在沪编印书籍,并开业行医。宣统元年(1909)一月,赴南京应督院医科考试,获最优等内科医士证书。同年五月,以医学专员身份赴日本考察。1911年辛亥革命后,全家移居上海。丁氏博学多才,精通经学、词章、考据、佛道、数学、日文诸学,对中、西医学尤有造诣。在上海行医三十余年,翻译日文西医书籍六十余种,并主编《中西医刊》杂志,对西医在我国之传播多有贡献。生平著述甚富,关于医药者主要有《内经通论》、《难经通论》、《伤寒论通论》、《食物新本草》、《家庭新本草》、《化学实验新本草》、《中药浅说》、《古方通今》、《医话丛存》、《卫生格言》、《历代名医列传》、《历代医学书目提要》、《四部总录医药编》、《译述汉学实验谈》、《译述汉法医典》、《南洋医科考试问题答案》、《译医界之铁椎》、《不费钱最确之长寿法》、《怎样调理使你身体强壮》、《食物疗养法》、《精神病学》、《静坐法精义》等。[见:《畴隐居士学术史》、《近三百年人物年谱知见录》、《四部总录医药编·序》、《中医图书联合目录》、《吴中名医录》]

丁熙朝 字祯祥。清代四川合江县人。尚简朴,多善举,工于医术。治病不计酬报,遇贫病每解囊相助,乡里敬重之。年七十余,卒于乡。[见:《合江县志》]

丁瑶宗 清代人。生平里居未详。著有《伤寒论一得篇》,今存乾隆五十二年(1787)抄本。[见:《中医图书联合目录》]

丁鹗起 (1692~1758) 字鸣久,晚号逸园,私谥文裕。清代江苏无锡县人。早年习儒,雍正五年(1727)举孝廉。通医理,著有《医旨或问》,今未见。医书外,尚有《逸园诗文集》,存佚不明。[见:《吴中名医录》(引《锡金历朝书目考》)]

丁肇钧 字贤真。清代安徽歙县人。生平未详。今中国中医科学院图书馆藏江西丁攸芋堂刊《见症知医》六卷,题"丁肇钧参订"。[见:《中医图书联合目录》]

丁德用 北宋济阳(今山东济南)人。嘉祐间(1056~1063)在世。丁氏鉴于唐代杨玄操所注《难经》文字晦涩,遂为之补注,并绘图以明之,著成《难经补注》。此外还有《伤寒慈济集》,惜皆失传。[见:《文献通考》、《世善堂藏书目录》、《国史经籍志》]

丁德恩 (1854~1917) 又名庆三。清末北京人。回族。早年习医,苦读陈实功《外科正宗》诸书,专擅疡科。初自制白降丹、红升丹等药,义务为附近回民疗疾,颇有佳效。后开设德善医室于北羊市口,为北京疡科名医。弟子哈锐川、赵炳南、余光甲、佟伯贤等,得其传授。[见:《崇尚医德精研疡科——记回族外科医家丁德恩》(见《北京中医》2005年第2期)]

丁德泰 号桐雨。清代湖北大冶县人。诸生丁光远子。天资颖异,读书过目不忘。早年习儒,兼精医术。道光九年(1829)举三甲第九十三名进士,授山西大宁令。为官清正,有平民知其善医,就之求方,病愈以面饼酬之。德泰喜,谓母曰:"儿居官无德于民,得尝民家滋味,亦乐事也。"后积劳成疾,卒于任所,士民皆悼念之。隰州牧周大受赠挽联:"考绩能廉,制锦无惭贤县令;多文为富,盖棺依旧老书生。"著有《四书讲义》、《医方策略》诸书,今未见。[见:《大冶县志》]

丁履豫 (1768~1797) 字叔安。清代江苏娄县人。世业医,知名乡里。天性至孝,以诊疗所得奉母。嘉庆二年十二月母殁。丁氏过哀而卒,年仅三十岁。[见:《松江府志》]

卜

卜述 字祖学。明清间浙江嘉兴府人。生平未详。明医理。著有《伤寒脉诀》,未见刊

行。崇祯三年（1630），卜氏曾校定唐昌胤《辨证入药镜》。[见：《嘉兴府志》、《三三医书·辨证入药镜》、《冷庐医话》]

卜惠 明代宜兴县（今属江苏）人。精通医术，曾任太医院御医。[见：《增修宜兴县旧志》]

卜允照 字履廷。清代江苏丰县人。读书精医，轻财好义。[见：《丰县志》]

卜绍英 清代江苏长洲县人。邑幼科名医卜道英子。继承父业，亦以幼科知名。子卜桂森，传承家学。[见：《苏州府志》]

卜养正 金代儒医。生平里居未详。李俊民曾作七律《赠儒医卜养正》以赞其术，诗曰："孰亲如身在所慎，一病能恼安乐性。囊中探丸起九死，以其病人不病。岂独和扁号神圣，能于鬼手夺人命。尝闻上医可医国，何不使权造物柄？"[见：《金元医学人物》（引《庄靖集》）]

卜桂森 字三英，号山隐。清代江苏长洲县人。其祖父卜道英，父卜绍英，皆以幼科名世。卜桂森继承家学，尤擅诊断，决病者生死若烛照。有医德，凡延请者，虽寒暑不辞，遇贫病则助以参药。当地官吏先后赠额表彰。[见：《苏州府志》]

卜善端 字统万。清代山东费县人。邑廪生。精于医学。晚年著《数验录》二卷，未见刊行。[见：《费县志》]

卜道英 清代江苏长洲县人。精医，以幼科知名。子卜绍英，孙卜桂森，传承其术。[见：《苏州府志》]

卜颜帖木儿 元代蒙古人。为医官。后至元间（1335～1340）任奉直大夫太医院经历。后至元三年（1337），与太医院使哈剌歹、五十四等奏请建三皇庙碑，惠宗准其奏。同年，名医危亦林撰成《世医得效方》十九卷，由江西医学提举司送太医院审阅，卜颜帖木儿与同僚参予其事。至正五年（1345），《世医得效方》刊刻于世。[见：《世医得效方·太医院题识》]

刁

刁凤岩 清代人。生平里居未详。曾汇编名医汪昂《本草备要》、《经络歌诀》、《经络图说》、《汤头歌括》、《脉诀歌》五书，总名《脉草经络五种汇编》，刊刻于世。此书今存光绪十二年（1886）重刻本，书藏北京图书馆。[见：《中医图书联合目录》]

刁步忠 （？～1910）清末江苏崇明县外沙人。祖传内外科，于喉科尤有心得。医学

之外，兼嗜古乐。著有《喉科家训》，后经其子刁质明增订，刊刻于世。[见：《喉科家训·杨汉春序》、《中医图书联合目录》]

刁质明 字守愚。清末江苏崇明县外沙人。世医刁步忠子。得父传，通内、外、咽喉诸科，悬壶于世，远近驰名。曾重订其父《喉科家训》，厘为四卷，刊于1918年。[见：《喉科家训·自序》、《中医图书联合目录》]

力

力牧 相传为黄帝时臣，精通兽医之术。元代元贞间（1295～1296）京师建三皇庙，内祀三皇及历代名医三十余人，力牧西位东向。明嘉靖间（1522～1566）改三皇庙为先医庙，清代因之。[见：《中国医学大辞典》]

力钧 （1855～1925）字轩举，号医隐，又号医阮。近代福建永泰县人。自幼习儒，兼从刘善曾、陈景备、张熙皋、朱良仙习医。二十四岁入县庠。后教塾为业，兼行医济世。与郭永淦、郑省三、林宇村诸名医相往还，医术益精。光绪十五年（1889）中举。次年赴礼部考试，未中。1891年应吴士奇之邀赴新加坡治病，并巡游南洋各国。1894年应邀至京，为显贵治疾，礼部留其住京，以母老辞。1897年，赴日本考察，回国后创办东文学堂、玉屏女校、仙游学堂，传授西学。1903年任商部主事，曾为慈禧太后及光绪皇帝治病，医名满京都。1910年随驻英公使出国考察，遍历德、法、意、俄及瑞士、奥地利等国，了解国外医学教育及医疗设施。晚年居乡，值福州流行鼠疫，以大青龙汤为主救治，全活甚众。力钧思想开明，临证以中医为主，主张中西医学兼求并进，不可偏执。著有《伤寒论（注）》、《难经经释补》、《历代医籍存佚考》、《崇陵病案》、《日本医学调查记》。子力嘉禾、力树蕻，皆留学海外，学习西医。[见：《中医人物辞典》、《民国人物大辞典》]

力嘉禾 近代福建永泰县人。儒医力钧子。受父影响，通晓中医学，早年留学海外，学习西医，归国后行医于北京。力氏认为天然药物可补化学药物之不足，鉴于日本、印度等国皆重视植物药研究，遂撰《用药要诀》、《力氏灵验本草》二书。后者刊于1931年，所取虽多为中药，而释理多采西说，如云："本草效用，有绝对治疗，有相对治疗。绝对治疗，如腹内患寄生虫病，以石榴皮煎服是；相对治疗，如热病头痛，服白虎汤是。"[见：《中医人物辞典》]

三　画

于

于鬯　字醴尊，又字东厢，自号香草。清代江苏南汇县人。幼聪慧，读书多奇悟。成童入邑庠，光绪丁酉（1897）拔贡，翌年应廷试。有劝之出仕者曰："君亲老丁单，按例应终养。苟伪撰一胞弟名，即可筮仕。"鬯怫然曰："我实无弟，而饰为有弟，是欺君也。君可欺，人谁不可欺？有何面目出而临民上乎？"遂拂衣归乡。此后，致力于郑许之学，主香草堂讲席，提倡汉学，暇则研习绘画。尝遍读古书，刊正脱讹，稽核同异，撰《香草校书》、《香草续校书》，刊刻于世。《香草续校书》专设两章训解《素问》，以研究儒经之法考订误文，多独到见解，至今为中医文献学者所重。［见：《南汇县续志》、《香草续校书》］

于琳　字贞瑕。清代浙江平湖县人。性好综览，通六壬术数及地理、医术，善行楷，妙绘事。［见：《中国人名大辞典》］

于彰　字阁之。明代浙江钱塘县人。生平未详。撰有《饮食集》十卷，今未见。还辑有《本草集》十卷，今存。［见：《杭州府志》、《现存本草书录》］

于濂　字文河。明代江西新城县人。诸生。喜读《素问》、《难经》诸医书，颇悟奥理，若有夙慧，久之以医鸣世。年七十九岁卒。［见：《新城县志》］

于大来　号东园。清代江苏金坛县人。精于医术。初任太医院吏目，后升博士。嘉庆丙辰（1796）与千叟宴，御赐诗草。［见：《金坛县志》］

于云同　清代安徽太和县人。通医理。辑有《产后指南》一卷，《太和县志》称其书"渊源仲景，参以东垣，足为妇科宝筏"，惜未能流传。［见：《太和县志》］

于凤八　号孟今。清末广西桂林人。习举业，经学之外，兼精医理。著有《医医医》一书，徐维桢称："其中所论医理，尽抉岐景之奥，且多发前贤所未发。"［见：《中国历代医家传录》（引《医医医·徐维桢序》）、《中医大辞典》、《中医图书联合目录》］

于凤山　清代江苏奉贤县齐贤桥人。精眼科，临证多奇效。子孙世承其业，七世孙于寿昌，继业尤精。［见：《重修奉贤县志》］

于允昱　字星曙，号华若。清代山东新城县人。廪贡生。官中书舍人，升兵部督补司主事。嗜读方书，尝辑《经验海上仙方》，未见刊行。［见：《新城县志》］

于尔栋　号松唐。清代江苏南汇县人。庠生。少年时多病，披阅家藏《内经》诸书，颇有所得。后师事同里姚瑞华，宵旦精研，造诣日深。其治病重调理气机，不喜滋阴，尝谓："寒凉之品岂能生血？惟调其气则欲食，而血自生。"其治外感证余邪未尽者，亦禁用凉润之药。临证以脉、证为依据，治则奏效，远近延请者无虚日。有医德，诊病不计酬报。年四十余病殁，哭祭者如市。［见：《南汇县志》］

于兰台　清代河南西平县人。生平未详。著有《男女险症治疗新篇》、《妇科产症心得录》、《医小儿惊风捷要》诸书，未见流传。［见：《西平县志》］

于寿昌　（1901～1944）　佚其名（字寿昌）。近代江苏奉贤县齐贤桥人。其七世祖于凤山擅长眼科，后历经克昌、宾陶、杏芗、东园、西园、伯蔡等五六世，均以眼科知名。于寿昌绍承祖业，医技精良，名满江浙。其治病不尚异，不矜奇，以四诊八纲为准则，辨五轮八廓及脏腑经络所属，凡经诊断，安危立判。临证不轻施刀针，以药疗为主。重医德，治病不计诊酬。1944年5月卒，年仅四十四岁。著有《于氏眼科医案》（为门人所编），高秋圃曾选录若干篇，刊载于四明曹郎生主编之《平安报》，后复编入《保眼常识》。子于九如，门人葛志仁、董竟成，皆传承其学。［见：《中国历代医史》］

于运康　字际泰。清代河南淮阳县人。以医为业，治病有奇验。光绪十五年（1889）秋，霍乱流行，求诊者门庭若市。［见：《淮阳县志》］

于志宁　（588～665）　字仲谧。隋唐间京兆高陵（今陕西高陵）人。唐太宗时任中书侍郎，后迁侍中，加光禄大夫，封燕国公，监修国史。高宗永徽二年（651）拜尚书右仆射。麟德二年卒，时七十八岁。于志宁曾奉敕与英国公李勣等同修本草，以陶弘景所辑《神农本草经》为底本，增新药百余味，附以插图，于显庆四年（659）撰成《新修本草》五十四卷，颁行全国。此书为世界第一部由国家颁布之药典，原书完帙不存，今有尚志钧辑佚本。详"李勣"条。[见:《新唐书·于志宁传》、《医学入门》、《中医文献辞典》]

于希璟 字小宋。清代人。生平里居未详。曾校订明代全循义《针灸择日编集》。[见:《中医图书联合目录》]

于应震 号旸东。明代山东平阴县人。博学能文，教授生徒甚众。兼明医理，有声于时。贡生乔绪启患伤寒，其家以肩舆迎请，至则闻哭声大作，皆云："已逝矣！"于应震问曰："试抚胸前若何？"家人依言候之，曰："犹有微息。"遂急调药灌之，入数匕而苏。调治数日，能起坐饮食，人皆惊服其术。[见:《平阴县志》]

于良椿 号双亭。清代湖北广济县人。以医为业，知名于时。道光壬辰（1832），疫疠流行，于氏不辞辛劳，施药调治，活人甚众，乡里德之。尝深夜闻叩门声，甫出户而居室倾塌，因得无恙，人以为孝义之报。[见:《广济县志》]

于国玺 清代陕西扶风县人。以外科知名，治病不避污秽。廪生某之母，久患痈疽不愈。于国玺治之，先以口吮净脓血，治之得痊，类此者甚多。[见:《续陕西通志稿》]

于金标 清代河南淮阳县人。以医为业，知名于时。[见:《淮阳县志》]

于法开 （309～368）晋代人。里居未详。晚年隐居剡县（今浙江嵊县）。好仙释，兼通医术。东晋升平五年（361），帝有疾，于法开视状，知不起，不肯进药。皇后怒，收付廷尉。不久帝崩，获免。或问："高明刚简，何以医术经怀？"开答："明六度以除四魔之疾，调九候以疗风寒之病，自利利他，不亦可乎。"孙绰评其人曰："才辩纵横，以数术通教，其在开公焉。"于法开尝出行，暮夜投宿，值主人妻难产，胎儿积日不下。于法开曰："此易治耳。"命产妇先食羊肉羹少许，继而针之，须臾儿下。著有《议论备豫方》一卷，已佚。[见:《隋书·经籍志》、《医学入门》、《嵊县志》、《中国历代名医碑传集》]

于省三 字绍曾。清代河南西平县人。邑名医李福纯族侄。得福纯之传，亦以医知名。性高洁，凡富者以车迎诊，皆先至贫家，次及富室。咸丰间（1851～1861）疫疠大作，于氏疗之，全活甚众。尝设药肆于山寨及大槐树镇，遇贫病无力者，以药赈之，先后积债券数千金，悉投于火，世人以长者称之。著有《瘟疫论心得录》，今未见。[见:《西平县志》]

于保仁 清代河南正阳县岳城店人。精医术，虽垂危之证，常一诊即效，远近争聘，日不暇给。著有《医学集成》二十四卷，行于世，今未见。[见:《正阳县志》]

于庭彦 清代山东莱阳县人。长于妇科，乾隆间（1736～1795）以医术知名。有女子妊娠，年余不产，众医皆以为疾，于庭彦独以为孕，药不三剂而顺产。著有《医方摘要》、《验方集录》二书，未见流传。[见:《莱阳县志》]

于恒炎 清代河南长垣县人。习举业，为监生。兼精医术，知名于时。[见:《长垣县志》]

于振鹭 字序升，号灌园。清代江苏江都县人。儒医于暹春子。早年习儒，为国学生。精医学，临证每有卓见。乡里求治者踵相接，均竭诚疗之。其父尝患大头天行，于振鹭召家人曰："此大头天行也，不速治，病且殆。亟下犀、黄峻剂。"时方严寒，其父年高，家人有难色。振鹭力主之，日侍于侧，称药、量水不假他人，未久病愈。著有《灌园随笔》（疑非医书）二卷，今未见流传。[见:《江都县续志》]

于维桢 字荫础。清代山东莘县人。性嗜儒学，弱冠入泮，三荐不售。后弃举业，专治医学，尤精脉理。著有《脉理秘诀》、《外科经验集》等书，今未见流传。[见:《莘县志》]

于善培 清代四川营山县人。性机敏而慈善。其母久病，延治不效，遂奋而习医，终愈母疾。[见:《营山县志》]

于道济 （1895～1976） 现代辽宁省沈阳市人。早年习医，医术精湛，兼通内、妇两科。1931年"九一八"事变后，流落北平（今北京），行医糊口。1949年2月就职于施今墨创建之华北国医学院。1950年创办北京中医进修学校。1954年中医研究院成立，于氏出任编审室主任。1956年调任北京中医学院副教务长。1958年参与筹建北京中医学院附属东直门医院，并出任院长。1959年加入中国共产党，先后当选北京市第二、三、四届人民代表大会代表、北京市中医学会主席。1967年因病退休。于氏熟谙中医典籍，师古而不拘泥，思想开明，倡导中西医结合。毕生致力于中医教育，注重理论与实践结合，循循善诱，诲人不倦，为中医界同仁所敬重。从事中医临床数十年，辨证准确，用药精专，主张三分病用五分药，治疗肾病综合征、神经性头痛、痛经、不孕症等疾病每获奇效，为著名中医专家。[见：《北京中医药大学校志》]

于溥泽 字皆霖，又字芥林，号云巢。清代山东平度县古庄人。乾隆甲午（1774）举人，官滨州训导。于书无所不读，工词章，尚考据，而专精致力者，尤在于医学。尝游于昌邑名医黄元御之门，得其指授。临证善医奇症，经手辄愈。平度县以医知名者，多出其门下，以西乡陈濂最负盛名。著有《云巢医案》、《要略厘辞》、《医学诗话》、《伤寒指南》诸书，均未见流传。[见：《平度县续志》]

于福纯 字粹轩。清代河南西平县云庄保人。博学精医，善治瘟疫、产后各证，求诊者门庭若市。有医德，治病不受酬金。子于嘉善，族侄于省三，皆得其传，并有名于时。[见：《西平县志》]

于嘉善 清代河南西平县人。邑名医于福纯子。绍承父学，亦以医鸣世。著有《妇科备要》二十一卷、《男女科经验良方》十七卷，均未见流传。[见：《西平县志》]

于暹春 字桐冈，号不翁。清代江苏江都县塘头村人。于濂子。幼习举业，与同胞兄弟七人皆就学于本村鹤皋草堂，各负时望。于暹春博通经史，耽吟咏，工书画，兼精岐黄、壬遁之学。晚年筑晚香楼三楹，储书数万卷。性孝友，慷慨好施，先后得其救济者数百家。年八十岁卒。著有《医林集成》八十卷、《灵素难经补注》十二卷、《脉理辨微》四卷、《伤寒瘟疫条辨》二十四卷，均未见刊行。子于振煦，附贡生；于振鹭、于振骐，皆国学生，振鹭尤精医道。[见：《江都县续志》]

士

士袞 （1071～1118） 字补之。北宋东平须城（今山东东平）人。兵部员外郎士建中孙，郊社斋郎士安亨子。年四岁丧父，事母至孝。幼习举业，崇宁（1102～1106）初获乡荐，试礼部不中，归处庠序，益自励。初因母病习医，顷之稍以术诊疾，乡里赖之。数年后医道精进，虽困急危笃之症，治之辄愈，远近延诊者无虚日。临证贵保养，贱攻伐，非万不得已，不用刚剂。素重医德，人每欲厚馈之，辞而不受，故一生清贫。每日晨起，不及盥洗即应诊，过午始饮食，未尝生厌倦之色。政和八年三月患疾，自诊知不可为，乃屏药艾。四月二日溘然长逝，年仅四十八岁。乡邻哭祭者十日不绝。[见：《中国历代名医碑传集》（引《学易集·士补之墓志铭》）]

万

万宁 （1475～?） 字咸邦。明代湖北黄冈县人。祖上三代业医。幼年从父习医，十八岁悬壶问世，声名日隆。湖北提学薛文宗荐之曰："善医国手，唯万氏一人而已。"此后入宫听用。嘉靖甲子（1564），甘皇妃因行动不慎堕胎，匿情不奏，归咎于医官朱林。嘉靖帝不察，将太医院御医一概治罪，朱林被诛。万宁虽无辜，亦受杖刑，流配梧州，三年后始得复职。万宁曾整理祖传、亲治经验，著《万氏医贯》三卷，成书于隆庆元年（1567）正月，时万宁已九十三岁高龄。[见：《中国医学大成·万氏医贯自序》、《贩书偶记续编》、《中医图书联合目录》]

万匡 一作万筐。字恭叔，号菊轩。明代江西南昌人。随父徙居湖北罗田县。痘科名医万杏坡子。绍承父业，亦以医知名。著有《痘科世医心法》十二卷，今存。子万全，医名益盛。[见：《痘科世医心法·序》、《罗田县志》、《四部总录医药编》、《传是楼书目》、《中国医学大成总目提要》]

万全 （约1499～1582） 字密斋。明代湖北罗田县人。祖籍江西南昌。成化庚子（1480）随祖、父徙居罗田。其祖父万杏坡、父万匡，均以儿科知名。万全幼从父命习儒，师事张玉泉、胡柳溪，后为诸生。早年家居授徒，兼习家学。父亡，尽弃举业，专力医道，通晓各科，尤擅治小儿诸病，为明代著名儿科医家。万氏推崇宋代名医钱乙，于医理执"肝常有余，脾常不足"之论，对调补脾胃尤有心得。临证处方大都简便实用，药物之外兼用推拿等法，多获佳效。英山县尹吴清溪之子患疾，时医误以风治，无效，急遣人邀请万全。万全诊之曰："非风，乃因惊而得。风从肝治，惊从心治，不识病证，安能有效？"乃取至圣保命丹令服，药下而愈。万氏富于著述，主要有《养生四要》、《保命歌诀》、《伤寒摘锦》、《广嗣纪要》、《万氏女科》、《片玉心书》、《育婴秘诀》、《幼科发挥》、《片玉痘疹》、《痘疹心法》、《痘疹碎金赋》、《痘疹格致要论》等，盛行于世，以《幼科发挥》对后世影响最大。长子万邦忠、次子万邦孝、四子万邦治、八子万邦靖，传承家学。[见：《罗田县志》、《明史·艺文志》、《医藏书目》、《中国医籍考》、《名医类案》、《四部总录医药编》、《中国医

学大成总目提要》、《万全家世及生卒考》（《湖北中医杂志》1992 年第 4 期)]

万表 字民望，号鹿园。明代浙江鄞县人。正德十五年（1520）武进士。曾任淮安总兵，抗倭有功。年五十九岁卒。著有《海寇议》等书。兼涉医药，辑有《万氏家钞济世良方》（简称《济世良方》）五卷，刊刻于世。后其孙万邦孚增补为六卷，重刊行。还著有《积善堂活人经验方》一卷、《积善堂活人滋补方》一卷，今未见。其子万达甫，官至广州参将；孙万邦孚，任狼山总兵。皆儒将，邦孚兼通医理。[见：《医藏书目》、《四库全书总目提要》、《鄞县志》、《浙江通志》、《列朝诗集小传》]

万拱 明代湖北监利县人。工诗善医。为人清高，懒晋接，有延治者则以病辞，然赠以医方。著有《医学大成》、《伤寒指南》、《病源》诸书，皆散佚。[见：《湖广通志》、《荆州府志》、《中国医籍考》]

万通 清代江苏长洲县浒墅关人。精医术，以疡科问世，善割剖之术，求治者日不暇给。[见：《吴县志》]

万铉 号秋山。清代江西义宁州人。生平未详。撰有《秋山医案》，未见流传。[见：《义宁州志》]

万嵩 字岳生。清代湖北沔阳县人。业儒，弱冠即登贤书。笃孝友，推崇程朱理学，以正心诚意为本，题其室曰问心斋。尝教馆于汉镇，里人有流落将鬻妻者，值嵩解馆，慨然出束脩金赠之。晚年以医术济人，治病不受酬谢。著有《医学捷径》、《本草便览》、《味吾味斋诗集》，惜皆毁于火。[见：《沔阳州志》]

万人望 字吉先。清代浙江嘉兴县人。生平未详。康熙甲子（1684）参订萧埙《女科经纶》。[见：《女科经纶》]

万士元 清代江苏高淳县人。国学生。精医术，善治奇证，求治者车马盈门。县令霍某赠以"术妙长生"，秦某赠"触手皆春"，尹某赠"术精卢扁"等匾额。[见：《高淳县志》]

万以增 （1881～?）字继常，晚号怀鹤。近代江苏常熟县人。元和县庠生。精通医术，曾任常昭医学研究会会员及琴南医社医士。宣统间（1909～1911）加入中西医学研究会。年五十余卒。著有诗文集及《医案》，皆散佚。[见：《吴中名医录》（引《中西医学报》第 11 期)]

万孔魁 字仁林。清代安徽繁昌县人。精医术，知名于时。南陵县有少年寡妇，天癸七月不至，腹膨且大，家人疑其有私，延请万氏诊治，密谋堕胎。万氏方按其脉即大呼曰："此血结也，服药后当下血数斗。"后如言而病愈，其冤亦雪，闻者称神。万氏性好施予，曾捐金全人婚姻，周人急难，未尝有自德之色。年八十四岁殁。[见：《重修安徽通志》]

万玉山 原名福敦，法号道玑。明代湖北罗田县人。早年习儒，后出家为僧。县令某公器重之，与为方外友，劝其蓄发为羽士，于是自号玉山。万氏深通丹经，旁通风角、堪舆、奇门、符水等术，尤精于医。又善丹青，所绘竹兰清逸有韵。嘉靖间（1522～1566），赠号"清微神霄演法真人"。[见：《中国人名大辞典》]

万邦孝 明代湖北罗田县人。名医万全次子。通医术，著有《医案》，今未见。子万祖善，事迹未详。[见：《中国历代医家传录》]

万邦孚 字汝永，号瑞岩。明代浙江鄞县人。淮安总兵万表孙，广州参将万达甫子。弱冠为诸生，才兼文武。曾任浙西运总、福建总兵，抗倭有功。天启（1621～1627）末，引疾归乡。年七十五岁卒。兼通医理，著有《痘疹方论》（又作《痘疹诸家方论》）二卷，梓于世。又增补其祖父《万氏家钞济世良方》（又作《万氏济世良方》）七卷，重刻行世。[见：《天一阁书目》、《鄞县志》、《中国医籍考》、《中医大辞典》、《中医图书联合目录》]

万邦忠 明代湖北罗田县人。名医万全长子。通医术，著有《医案》，今未见。[见：《中国历代医家传录》]

万邦治 明代湖北罗田县人。名医万全四子。通医术，著有《医案》，今未见。[见：《中国历代医家传录》]

万邦靖 明代湖北罗田县人。名医万全八子。通医术，著有《医案》，今未见。[见：《中国历代医家传录》]

万廷兰 字芝堂，号梅皋。清代江西南昌县人。乾隆庚午（1750）优贡，壬申（1752）举顺天乡试，联捷进士（二甲第四十八名）。以庶吉士改授直隶怀柔知县，历官宛平、献县知县，所至有政绩。乾隆丁亥（1767）因邻县事遭株连，下狱十五载，每日吟咏、著述自乐。癸卯年（1783）奉特旨释归。嗣后潜心经籍，编纂南昌府、县志。卒年八十有九。旁通医理，著有《张仲景医学》等书，未见刊行。[见：《南昌县志》、《江西通志》]

万寿祺　明代铜山县（今属江苏）人。生平未详。著有《陇西禁方》一卷，今未见。[见：《铜山县志》]

万杏坡　明代江西南昌县人。精医术，尤善痘科。成化十六年（1480）徙居罗田县，医术大行，名著当时。子万匡，孙万全，皆为名医。[见：《四部总录医药编》、《中国医学大成总目提要》]

万际斯　清代江西安义县人。专精幼科，知名于时。门生吴天祥，克绍师学。[见：《安义县志》]

万纯忠　明代河南人。生平里居未详。辑有《本草单方》，今未见。[见：《河南通志》]

万青选　字一轩。清代河南固始县人。生平未详。咸丰、同治间（1851～1874）在世。著有《医贯》十八卷、《士材三书辨证》四卷、《寿世保元辨证》十二卷，今皆未见。[见：《河南通志》]

万青藜　清代人。生平里居未详。著有《四诊歌括》一卷，今存稿本。[见：《中医图书联合目录》]

万忠杰　字伟卿。清末安徽怀远县人。中年肆力习医，下帷苦读，键户不出者三载，明悟《内经》、《伤寒》之理。诊脉论病，一本经旨，兼能融会百家，故临证多获奇效，数十年盛名不衰。著有《万氏医案》二十卷，因水灾失落过半，所余仅伤寒、温病、调经、胎产等 200 余案，后经方君廉、蒋其栋编校，刊刻于世。子万蜀存，孙万洪恩，绍承家学。[见：《中国历代医史》]

万金铎　字宣化。清代河南中牟县人。究心典籍，通医卜诸术。[见：《中牟县志》]

万家学　字过庭，号墨佣。清代浙江山阴县人。幼习举业，博闻强记。及长，屡试不得志于有司，弃儒学律。初入刑部贵州司为吏，参修《满汉条例》，议叙从九品。因宦游蛊乡，有感于古今无治蛊专书，遂著《攻蛊吉利草》。又以骨骼与检验之书多龃龉，乃以从戎及历验所得，撰《洗冤录审是集》及《随笔》，行于世。以上三书均未见流传。[见：《绍兴县志资料》]

万德华　字醇泉。清代江西南昌县人。早年习儒，兼嗜岐黄，推重本乡名医喻昌。曾供事京师，议叙九品官，不就。后游于广东，悬壶济世。陈宗彦中暑，误服黄芪，两目直视，僵卧五日，病势甚危。万氏诊之，饮以地黄，三日而苏。陈澧侄女患热病，面赤大渴，喉有声如沸。医者投以羚羊角，转剧，人皆谓将死。万氏应邀至，曰："渴不能饮，非热也。"饮以附子、细辛而愈。万氏屡起危重濒死之疾，声名盛极一时，每赴诊，诸医在门，闻万氏至，皆敛手焉。性疏豪，治富人多索重金，遇贫者则不受一钱，且赠以药。广州名儒陈澧（1810～1882）雅重其术，作传记之。[见：《中国历代名医碑传集》（引陈澧《东塾集·医者万德华传》）]

才

才春元　字捷南。清代山东恩县高海人。监生。性格慈祥，抱济世之志。研究中西医学，尤善骨伤科。凡跌打损伤，骨折筋断者，治之辄愈。殁后，受惠者感其德，送"道高品重"匾以旌之。著有《中西医通考》、《内外全书》，各数十万言，藏于家。[见：《重修恩县志》]

才布多杰　明代藏族人。藏族名医舒卡·年姆尼多吉门生。[见：《中医大辞典》]

上官

上官均　（1038～1115）字彦衡。北宋邵武县（今福建邵武）人。神宗熙宁间（1068～1077）进士。元丰间（1078～1085）任监察御史，累迁殿中侍御史。政和五年卒，终年七十八岁。上官氏旁通医学，辑有《伤寒要论方》一卷，已佚。[见：《宋史·上官均传》、《通志·艺文略》、《国史经籍志》]

上官阜　清代陕西乾州西街人。岁贡生。精医术，悬壶济世，家贫而不置田产。制府黄公经略陕甘，雅重其术，赠以宁夏水田若干亩，俱分赠当地农户。人问其故，答曰："吾不欲子孙作富家翁也。"[见：《乾州志稿》]

上官顺　明代江西新城县灌湖人。儿科名医上官榜子。继承父学，亦业医。[见：《新城县志》]

上官瑗　字殷尚，晚号犹石。清代福建光泽县人。上官临五世孙。早年师事本邑曾光，曾氏文武全材，兼通医道，瑗尽得其学。生性孝友，不喜仕进，萧然野服，自适其志，自题楹联曰："礼非为我设，事可对人言"。以岁贡生终，寿至八十三岁殁。[见：《重纂光泽县志》]

上官榜　字念川。明代江西新城县灌湖人。少年时出游远方学医，遇良师授以儿科秘方，归而医道大行，名噪四方，有幼科巨擘之誉。每值痘疹流行，足不停踵治之，自发苗至灌

浆、收靥，诊视无昼夜，活人甚众。寿至七十余殁。子上官顺，世其业。同邑张继川，与上官榜齐名。［见：《新城县志》］

上官翼 唐代（?）人。生平里居未详。撰有《养生经》一卷，已佚。［见：《新唐书·艺文志》］

上官迈千 清代山东历城县人。国学生。善医，尤精痘科，全活小儿甚众，时称痘疹名手。［见：《续修历城县志》］

上官希稷 明代福建人。生平里居未详。万历间（1573～1619）贡生。著有《摄生录》，今未见。［见：《福建通志》］

口

口辐 号柳溪。明代河南延津县人。精医术，市药不求其报。［见：《延津县志》］

口一鹏 字仲鹏。清初河南阳武县人。祖籍江南，徙居阳武。精医术，知名于时。临证有捷效，常一剂即愈。有医德，治病而不索酬。［见：《阳武县志》］

口全玑 清代河南阳武县人。继承先业，悬壶于世，名闻乡里。［见：《阳武县志》］

山

山振 元明间人。生平里居未详。以医为业，擅长疡科。［见：《金元医学人物》］

山眺 一作山兆。隋代（?）人。生平里居未详。著有《针灸经》一卷，已佚。其书最早载于《隋书·经籍志》，不著作者姓名；《宋史·艺文志》作《山眺针灸经》。据此，山眺为隋或隋以前人，待考。［见：《隋书·经籍志》、《宋史·艺文志》、《崇文总目辑释》］

山文中 清代江苏上海县人。为人诚朴，专精幼科。每遇危难之证，不因循误人，必先谓病家曰："宁延能者视之，毋以我致误。"年七十尚出诊，虽有风雨，坚不乘舆。常谓："我治病未必果起，奈何先费人资？"其子山石峰，孙山汉民，皆绍承家学。［见：《上海县志》］

山石峰 字补亭。清代江苏上海县人。邑名医山文中子。绍承父学，亦以医闻。子山汉民，传承祖业。［见：《上海县志》］

山汉民 字继之。清代江苏上海县人。邑名医山文中孙，山石峰子。继承家学，亦业医。［见：《上海县志》］

山伯英 元明间人。生平里居未详。隐士，以医为业。沈梦麟作《赠医隐山伯英》诗曰："习家池上风流在，千古山公今有孙。长年卖药旧馆市，有时载酒乌程村。秋风橘子垂丹井，春雨杏花开古园。谁谓交游轻市道，老夫曾与宋清论。"［见：《金元医学人物》］

及

及应龙 字谔庵。清代河北交河县人。精医术，知名乡里。年七十三岁卒。［见：《交河县志》］

及毓鹍 字化鹏。清代河北交河县人。精医术，名著于时。有医德，贫病者延请，不令雇轿，徒步而往，活人甚众。宰交河者多器重之，有事与其共谋。乡里敬其为人，不直呼其名，皆称及先生。寿至七十五岁。［见：《交河县志》］

广

广琦 字洁田。清末人，生平里居未详。曾任太医院候补医士。［见：《太医院志·同寅录》］

义

义姁 〈女〉 西汉河东（今山西永济县东南）人。河内都尉义纵姐。义姁通医术，治病汤药、针灸兼施，每建奇功。一人腹大如鼓，目睛突出，病势甚危，义姁先针其腹、股诸处，继以药粉敷脐，裹以绢帛，兼服以汤剂，数日而痊。王太后（武帝之母）闻其名，召之入宫，封侍医，深得宠幸。［见：《史记·义纵传》、《中国古代女医家》（《健康报》1986年3月1日）］

弓

弓泰 字仁斋。清代河南郑州人。精医术，知名于时。著有《方脉合编》、《眼科正谬》、《幼科医案》诸书，未见流传。［见：《河南通志》］

弓士骏 字伯超。清代河南郑县弓寨人。生于乾隆（1736～1795）末年。自幼嗜读医书，潜心研究。有劝其应童子试者，默而不应。其侄女患目疾，医药罔效，其兄年老，仅此女，钟爱逾常。士骏以药制硫黄二两，令女服之，药进而愈。由是，求医者踵至，无不应手回春，医名大噪。河南某中丞之母患瘫疾，士骏诊之曰："是病也，寒湿凝结脏腑，状如冰，宜用白砒四两服之，以大热救大寒，譬之烈日照冰，宿冻可解。"中丞疑其言。士骏曰："服此如误，愿伏锧斧。"中丞母闻之，曰："与其服他药而增剧，不若服毒药而速毙也！"命立购白砒。中丞令以其半

14

数进服，戌时服之，亥时婢报曰："太夫人坐床褥，索饮食矣！"中丞喜告士骏。士骏曰："药服半剂乎？不然，太夫人能起行矣！"中丞以实对，欲再服其余。士骏曰："不可！前者毒结脏腑，以毒攻毒，当不受害。今脏腑之毒已净，再用杀人。"中丞强授以官，不应；赠以金，亦不受。著有《弓氏医书辨讹》十六卷，今未见。[见：《郏县志》]

弓叔正 元代人。生平里居未详。曾任成安郎同金太医院事。后至元三年（1337），名医危亦林撰《世医得效方》十九卷，由江西医学提举司送太医院审阅，弓氏与同僚预参其事。至正五年（1345）《世医得效方》刊刻行世。[见：《世医得效方·太医院题识》]

卫

卫华 清代山西安邑县人。精医术，与同邑胡天祉、李嘉言齐名。诸医皆以仁术济世，治病不受谢仪。[见：《安邑县志》]

卫汛 一作卫沈。东汉末年河东（今山西夏县北）人。有才识，少从名医张机学，名著于时。尝谓："食能排邪而安脏腑，悦情爽志以资血气，若能用食平疴，释情遣志者，可谓良工。"唐孙思邈称卫氏"长年饵老之奇法，极养生之术"。卫汛著有《四逆三部厥经》、《妇人胎藏经》、《小儿颅囟方》（又作《颅囟经》）等书，皆佚，部分医方散见于孙思邈《备急千金要方》。后人自《永乐大典》辑出《小儿颅囟方》佚文，刊印于世，此为我国现存最早之儿科专书。[见：《太平御览·方术部》、《历代名医蒙求》、《古今医统大全·历世圣贤名医姓氏》、《备急千金要方》]

卫安 金代章丘（今山东章丘）人。先世为宋代翰林医官，世以医术相传。其父卫大用，逢靖康之乱，自汴京迁居章邱。卫安善承家学，心怀济利，明昌间（1190～1195）大疫，煮药疗病，施饭济贫，活人甚众。子卫琛，亦精祖业。[见：《金元医学人物》]

卫泳 清代江苏苏州人。生平未详。著有《枕中秘》若干卷，今未见。[见：《苏州府志》]

卫真 字显道。金代章丘（今山东章丘）人。世医卫琛子。禀赋淳雅颖悟，通医道，擅长针灸，兼采诸家之长。不以医术谋利，有病家持家藏首饰求医，谢绝其财物，出药赠之。子卫瑨、卫琼，皆任王府医官。[见：《金元医学人物》（引《中庵先生刘文简公文集》）]

卫谊 字正叔。清代山西猗氏县人。其父卫既翁，康熙三十七年（1698）岁贡。卫谊自幼习儒，为增广生。与兄卫赞、卫讲皆有文名，而独不售，乃究心医学。尝曰："功及民物可矣，安在博取名位乎？"著有《痘疹正宗》。晚年检箧中积券，约数千金，聚众焚之。[见：《猗氏县志·卫既翁》、《续猗氏志》]

卫铨 字成山。清代江苏奉贤县人。居金汇桥。少习疡科，粗通其术。后遇江湖异人，授以"孙思邈异方"，其术遂精，虽遇巨疡，治之皆效，兼善喉科。[见：《松江府志》、《奉贤县志》]

卫琼 （1245～1303）字唐卿。金元间章丘（今山东章丘）延安镇人。自其七世祖以医术知名于梁、宋间，曾任翰林医官，此后世以医业相传。其高祖卫大用，遭靖康之乱，举家迁居章丘。曾祖父卫安、祖父卫琛，皆以医问世。其父卫真，精针灸，兼擅诸科。卫琼性孝友，敏悟超群。自少习儒，暇则熟读医籍。与国子助教智仲敬、淳安县令潘君美及刘敏中诸才俊相往还，学识日博。至元丙子（1276），经胞兄卫瑨之荐，任济南王（也只里）府侍医，深得器重。久之，以母老辞归。晚年以藏书、教导子侄为事。大德七年五月病逝，享年五十九。卫琼为医，切脉详审，处方谨慎，以辅佐元气为本，不求速效。每遇不可医之症，即许以厚酬，亦不妄治。平生好饮，得酒忘倦。子卫克敬、卫克直、卫克简，皆为儒医。[见：《金元医学人物》（引《中庵集·儒医卫君墓志铭》）]

卫琛 金代章丘（今山东章丘）人。世医卫安子。待人宽和，以儒精医，颇负时望。子卫真，尤擅长针灸。[见：《金元医学人物》]

卫嵩 唐代人。生平里居未详。曾官翰林博士。兼通医理，撰有《医门金宝鉴》（又作《医门金鉴》）若干卷。据《崇文总目》，其书所载皆脉候征验要妙之理，惜此书已佚。[见：《新唐书·艺文志》、《宋史·艺文志》、《崇文总目辑释》]

卫瑨 金元间章丘（今山东章丘）人。世医卫真子。通医术，曾任济南王（也只里）府侍医。至元丙子（1276），荐弟卫琼于王府，琼亦任侍医，深得器重。[见：《金元医学人物》]

卫铺 清代山西曲沃县人。邑名医卫侣瑗子。继承父业，亦精医术。[见：《山西通志》]

卫大用 南宋汴梁（今河南开封）人。祖、父皆精医术，为宋翰林医官。大用亦精家学，逢靖康之难（1126），南迁济南，定居章丘之

延安镇，以医问世。子卫安，传承家学。[见：《金元医学人物》（引《中庵集·儒医卫君墓道铭》)]

卫之松 字云栋，号小园，晚号梅庵道人。清代江苏嘉定县人。精医术，贯通脉法。每诊视，气凝神静，洞察病源。用药精慎，不期捷效，凡诸医不治之证，治之多愈，遐迩闻名。[见：《嘉定县续志》]

卫公孙 字述先。清代通州（今北京通县）人。精医术。著《经血起止》若干卷，行于世，今未见。子卫周宗，传承父业。[见：《通州志》]

卫克直 元代章丘（今山东章丘）人。世医卫琼次子。早年习儒，继承父学，亦工医术。[见：《金元医学人物》]

卫克敬 元代章丘（今山东章丘）人。世医卫琼长子。早年习儒，继承父学，亦工医术。[见：《金元医学人物》]

卫克简 元代章丘（今山东章丘）人。世医卫琼三子。早年习儒，继承父学，亦工医术。[见：《金元医学人物》]

卫杏庄 清代江苏常熟县人。业医，以外科著称。同邑钱尔嘉患指痈，延杏庄诊治，治毕，钱氏问："外科何者最酷？"曰："无过游丝疮，一名飞丝走马疔。"众漫听之，忽报后池获巨鱼，遂强留杏庄午饭。饭罢，钱尔嘉左臂忽奇痛，视之红肿，少顷加剧，出臂以示杏庄，则有红丝飞出半寸许。杏庄色变，急以刀刺丝尽处，出血数点如墨，以帕缠之，须臾肿退与帕平矣。杏庄曰："此即游丝疮，少焉丝达于心，即不可救！"敷以良药，月余平复。[见：《常昭合志稿》]

卫叔卿 隋代中山（今河北定州）人。生平未详。著有《服食杂方》一卷，已佚。[见：《隋书·经籍志》、《太平圣惠方》]

卫秉仁 字凤来，号晴岩。清代江苏嘉定县人。通悟仲景《伤寒论》诸书，以医术知名于时。自名医郁澹庵之后，侪辈后进中独称秉仁。[见：《嘉定县续志》]

卫侣瑗 字友玉。清代山西曲沃县人。精医术，贯通脉理，能决人生死。友人刘某，方娶妇，卫侣瑗曰："妇有疾，吾诊其脉矣，五年后必死。"后果如所言。卫氏为人谦谨，老而愈恭。著有《家传纂要针灸全书》，贾鸣玺为之作序，以古代名医徐秋夫喻之。子卫铺，传承父业。[见：《山西通志》]

卫周佐 字辅臣。明代高邮州（今属江苏）人。精医术，治病应手而愈。有医德，遇贫病施以丸散，活人无算。[见：《江南通志》]

卫周宗 清代通州（今北京通县）人。庠生。邑名医卫公孙子。绍承家学，亦精医术。[见：《通州志》]

卫树森 清代陕西韩城县人。业医，专擅妇科，知名于时。[见：《韩城县续志》]

卫显民 字谓臣。清代江苏崇明县人。诸生。博学多闻，兼精医理，治危证多著捷效。著有《伤寒示掌》若干卷，今未见。[见：《崇明县志》]

卫弈良 一作卫奕良。清末人。生平里居未详。著有《痘疹神仙镜》四卷，成书于宣统三年（1911），今存杏林山房抄本。[见：《中华医学会中文书目》、《中医图书联合目录》]

卫朝栋 字云墀。清代江苏青浦县人。附贡生。为人朴厚。精医术，尤善针灸。著有《明堂分类图解》四卷、《医验类方》四卷，未见流传。[见：《青浦县续志》]

卫道亨 清代四川郫县人。卫道凝胞弟。通医理，著有《延陵妙诀》、《删纂医学书》、《却病秘诀》等书，均未刊。[见：《郫县志》]

也

也是山人 佚其姓名，号也是山人。清代人。生平里居未详。著有《也是山人医案》一卷，刊刻于世。此书列述内、外、妇、儿、五官各科验案，用药精当，配伍灵活，惟内容失之简略。[见：《珍本医书集成·也是山人医案》、《中医大辞典》]

习

习谭 字崇周。清代云南丽江县人。善音律，尤精医学。姻戚王某求药，人视之若无病者。习谭隔房闻其声，命速归，未至家而卒，人咸服其神异。素重药材，尝言："医必备药，售于市者多伪。"常入深山大壑，人迹罕至之处，躬亲搜采。性慈善，见人贫乏，诊疾不取酬。著有《本草改谬》、《验后录》二书，今未见。[见：《云南通志》]

马

马及 唐代人。生平里居未详。懿宗时（860～873）与段璘、赵纪、符虔休等皆任太医院医官。[见：《旧唐书·懿宗纪》]

马中 字叔正，号勉庵。明代常熟县（今属江苏）人。自幼习儒，累试不第，遂肆志于医。及悬壶，日以济人为事，不求酬报。后赴京师，入太医院，授冠带医士，名载《太医院志》。因治愈贵妃疾，益见宠眷。子马儒，中乡举。[见：《常熟县志》]

马仁 字萧元。明代陕西咸宁县人。自幼习医，早年挟技游历南北，活人甚众。后悬壶西安，为当时名医。[见：《咸宁县志》]

马让 明代句容县（今属江苏）人。儒医马若龙子。绍承父学，亦精医术，以擅治疮疡诸疾知名。[见：《句容县志》]

马训 清代河南封丘县人。业医，曾任县医学训科。[见：《封丘县志》]

马吕 清代人。生平里居未详。编有《增广达生编》，刊于道光辛丑（1841）。[见：《中医图书联合目录》]

马壮① 明代通州（今江苏南通）人。邑名医马慧次子。传承父学，亦以医名。[见：《中国历代名医碑传集》（引张邦奇《张文定公靡悔轩集·明故槐村马先生墓表》）]

马壮② 清代陕西绥德州人。精医理。曾与咸宁顾寿椿合撰《医宗金鉴补》，未见流传。[见：《绥德州志》]

马志 北宋人。里居未详。为道士。精研《海上方》等医书，深明药性，治病多良效。开宝五年（972）与刘翰治愈太宗之病，授御医。次年，奉命与尚药奉御刘翰，翰林医官翟煦、陈昭遇等九人同校本草，新增药品百余种，为之注解，辑《开宝新详定本草》二十卷，颁行于世（已佚）。[见：《宋史·刘翰传》、《古今医统大全·历世圣贤名医姓氏》、《本草纲目·序例》]

马玫 字五玉。清代河北东光县人。庠生。究心于《素问》、《难经》诸医典，尤善治痘疹，有神医之称。凡治病，不告以何证，问之亦不答，诊脉后即出，掇拾草木为药，服之多愈。撰有《痘疹浅说》（王九鼎为之作序）、《脉诀浅说》，今未见。[见：《东光县志》]

马昂 （?～1851） 字若轩。清代江苏上海县颙桥人。幼聪慧，家道赤贫，补履为生，后经营米业。心怀大志，日则务工，夜则读书。久之，通古诗文，工小学，善绘画，尤精医术。后游幕他方，所至为人治病，多应手取效，声名与陈念祖相埒，有"前陈后马"之誉。晚年归乡，闭门著书。[见：《海上墨林》、《娄县续志》]

马治 字孝常。元明间宜兴县（今属江苏）人。工诗文，善书画，通地理、风角，兼精医术。因避张士诚之聘，改名马元行，隐居无锡县。明洪武间（1368～1398）诏授内江县令，官至建昌路同知。[见：《锡金识小录·流寓》]

马肃 字叔敬，号敬斋。元代婺源县（今江西婺源）竹庄人。业儒，兼精医术。早年北上大都（今北京），游于虞集、揭傒斯门下。曾任福州路医学教授、三山路医学教授，升江西等处医学提举。赴任江西时，贡师泰赋诗赠之曰："柳花飞尽绿荫多，万里归船发御河。自叹官闲无客到，却怜君去有谁过。丹成海上收瑶草，酒熟江南醉碧荷。何日定将医国手，为民谈笑起沉疴。"著有《竹庄吟稿》。[见：《徽州府志》、《金元医学人物》、《新安名医考》]

马勋 字希周。明代浙江会稽县人。幼喜习医，及长，所治无不立起，人称神医。[见：《绍兴地区历代医药人名录》]

马眉 字自超。清代湖南湘潭县人。早年习儒，为贡生。嗜于《内经》诸医书，又得道士陈太允传授医理及运气吐纳等术，久之通医，求诊者盈门。性慷慨，重医德，贫富无二视。晚年官石门县训导。年八十一岁卒。著有《医门正旨》四十卷，已佚。外孙张九钺，亦通医术。[见：《湘潭县志》]

马莳 字仲化，号玄台子（一作元台）。明代浙江会稽县人。庠生。万历间（1573～1619）任太医院正文。博览医书，精通医理，尤擅针灸经络之学，名噪于时。多年致力于《内经》、《难经》、《脉经》诸经典之研究，根据《汉书·艺文志》"《黄帝内经》十八卷"及《素问·离合真邪论》"《九针》九篇"等记载，指出《黄帝内经素问》与《黄帝内经灵枢》原书各九卷，驳王冰《内经》二十四卷之伪。曾重编《内经》，撰《黄帝内经素问注证发微》九卷、《黄帝内经灵枢注证发微》九卷，刊印于世（二书均存）。《黄帝内经灵枢注证发微》为我国古代第一部全文注释《灵枢》之作，对经络、穴位论述颇详，为后世医家所推重。马氏另有《难经正义》九卷、《脉诀正义》三卷，惜皆未传世。[见：《医藏书目》、《四库全书总目提要》、《浙江通志》、《四部总录医药编》]

马晟 明代山东益都县人。精医术，曾任衡藩良医正。自晟至七世孙马印麟，皆以医鸣世。[见：《益都县图志》]

马钰 （1123～1183） 初名从义，字玄宝，又字宜甫，号丹阳子。金代扶风（今陕西扶风）人，徙居登州宁海（今山东牟平）。早年习儒，登贞元（1153～1155）进士。大定间（1161～1189）遇全真教王重阳，得授道术，遂与妻孙不二同时出家，为北七真之一，后开创全真遇仙派。钰曾游历终南山、华山等地，晚年至莱阳，入游仙宫羽化。元世祖至元六年（1269）封为"丹阳抱一无为真人"。著有道书《神光璨》、《洞玄金玉集》等。马钰兼通医理，擅长针灸术，曾有马丹阳十二神针传世。[见：《中国人名大辞典》、《陕西历代医家事略》]

马俶 字元仪。清初江苏吴县人。博学多才，嗜于医学。先后从名医李中梓、沈颋、喻昌学技，尽得诸师之传。康熙间（1662～1722）以医术名噪吴中。性好善，不乘危取财，多所全活。寿至八十余卒。著有《印机草》（又作《马氏医案》）一卷、《马师津梁》八卷（其门生姜思吾所辑），并集沈颋之说，编《病机汇论》十八卷，均刊刻于世。此外，尚著有《医要》、《证论精微》，后书今存抄本。马氏弟子甚众，知名者有尤怡、朱绅、盛笋、项锦宣、吕永则、俞士荣、江承启、姜思吾等。[见：《苏州府志》、《吴县志》、《四库全书总目提要》、《中国医学大成总目提要》、《吴中名医录》、《中国医籍考》、《贩书偶记》、《中医大辞典》]

马朔 清代陕西武功县人。通医术，擅内科，尤精针灸，名重于时。诊治异于时医，尝谓："人之五脏经络皆系于背，苟病深入里，必自背现。"故临证常先以药洗患者之背，察其形色，始加针药，无不应手奏效。张氏子病腹痛，发则欲死，数易医未瘥。马氏诊之，先以银针拨其背，继而灸之，立愈。尝应邀出诊，至则闻哭声，病家谓患者已亡。马氏曰："气当未绝。"先诊其脉，次及其足，曰："此非绝症，乃杂投药饵所致。"即施以推拿法，逾时而苏，继投以药，数日病瘥。方伯陶公病剧，四肢不能举，延聘名医甚多，马氏布衣而至，陶氏轻之。及诊脉，众医约定分治手足，问马氏曰："手臂易起，腿足难举，君当何分？"马曰："我任其难者。"遂各疏方以进。三日后，足能健步而臂不举如故。陶公起谢曰："轻慢长者，请勿介意，今专听君命矣。"马氏乃易其方剂进服，又三日大痊。巡抚毕沅闻马氏名召之，面试其技，叹曰："秦医无出其右者。"大书"关西医望"四字以赠。子马尉僚，孙马照离，传承其术。[见：《武功县续志》]

马浚 明代广东琼山县人。与梁端皆出于名医王鹏举门下，俱以医著称。[见：《琼山县志》]

马琬 隋代（?）人。生平里居未详。著有《食经》三卷，已佚（此书部分内容散见于日人丹波康赖《医心方》）。[见：《隋书·经籍志》、《日本医学史·宽平年间现存书目》]

马慧 （1459～1524） 字世明，号恒斋，又号槐村。明代通州（今江苏南通）人。祖籍山西蒲州，其高祖马端香，元末避兵乱，始徙通州。其父马骁，以贤孝闻。马慧自幼习儒，读经史百家之书，学有端绪。后因病习医，博览《内》、《难》诸经，于东垣、丹溪之学尤有心悟。及以医问世，"维扬远近，居者旅者有疾，罔弗咨之"。值疫疠肆行，马氏出术救治，赖以全活者甚众。嘉靖三年卒，享年六十有六。长子马节，嘉靖二年（1523）进士，官上杭知县；次子马壮，传承父业；幼子马坤，生平未详。[见：《中国历代名医碑传集》（引张邦奇《张文定公靡悔轩集·明故槐村马先生墓表》）]

马暹 字午亭，号太初。清代安徽合肥县人。祖上为西域人，五世业医。太初自幼聪颖，攻习举业。适祖母患疾，迁延不愈。祖父谓之曰："为人子者不可不知医，且家学也，尔其勉之焉！"于是研读《灵枢》、《素问》，"考《明堂》之原委，搜《外台》之宏富，旁稽唐宋，下逮金元"，久之妙悟医理，亲愈祖母之疾，而谒医者亦屡满户外。治病不拘古方，往往以己意拟方，多著奇效。尤擅外科，医割剖补，无不应手取验。山西张太清经商于三河镇，患小便淋漓不畅，求诊。马氏曰："病得之多郁而酒，非参苓所能为也。"以刀破其阴，出小石大如珠，遂愈。童汝芬天生唇缺，寻医三吴，怅惘而归，遇马氏于中道，恳求诊治。马氏以法治之，数日间痊愈，吟诵朗朗，唇完如常人。临证审慎，巢县庠生洪宗适，其女甫周岁，啼哭不乳久之，群医束手。马氏诊之，曰："审声参色，证以指纹，法无病。"乃脱褓裸察之，至胁下得一小孔，钳之，出一断针，自是乳食如常。马氏于医，兼通内外，其针石剖割，有华陀之妙。又重医德，遇贫病常赠以药。著有《经经奇方》二卷，今未见。其子马浚渠，能世家学。[见：《庐州府志》、《中国历代医史》、《中国历代名医碑传集》（引徐子苓《敦艮吉斋文钞·书马先生轶事》）]

马一阳 明代山东新泰县人。庠生。精医术，擅内外诸科。以术济世，阖邑之人咸

沾其惠。[见：《新泰县志》]

马二泉 字德音。清代浙江鄞县人。生平未详。辑有《小蓬莱山馆方钞》（又作《竹林女科秘传验方》）三卷，刊于道光丁酉（1837）。[见：《浙江医籍考》]

马九成 清代河南荥阳县人。精医术，知名于时。[见：《续荥阳县志》]

马九如 清代浙江绍兴府人。世居横街。通医术，擅治难产。[见：《疑难急症简方》]

马三纲 清代河北定县种阜财村人。参将马宝善次子。自幼习医，专攻外科，尤善疗疥、痔等疾。治病针药兼施，又自创新方数十种，每能数日之内获效。辑有《外科验方》，藏于家。[见：《定县志》]

马士元 字啸岩，又字筱岩（一作小岩）。清末江苏常熟县人。学医于墩头丘陈憩亭之门。精内外各科，尤以喉科知名，自制吹药，疗效神奇。初悬壶昆山，后徙居苏州金太史场。子马瑾侯，孙马友常，门人江宗模、马织云、王大亨、戴聿颐，皆得其传授。[见：《吴医汇案选辑》、《吴中名医录》、《中国历代医家传录》]

马大年 字钟岳。清代浙江仁和县人。生平未详。著有《怡情小录》，今存。[见：《浙江医籍考》]

马万全 清代河南荥阳县人。通医术，知名于时。[见：《续荥阳县志》]

马万海 清代山西汾阳县人。授职州同。精医术，擅外科。凡以疾延请，不论风雨晦明，立往诊视，赠以药。性豪车骑，置外厩，供邻里骑载。厅事前罗列茶铛、炉火，任人取饮。[见：《山西通志》]

马之伯 字逸溪。清代江苏昆山县井亭镇（今上海市青浦县朱家镇）人。道光、光绪间（1821～1908）在世。监生。议叙九品衔，赠盐课提举加二级，诰封朝议大夫。性平和，慷慨重义，热心于乡里公益事。旁通医理，戚友辈踵门求治，多获良效。兼善数学，著有《居易堂算草》二卷，未刊。年八十岁卒，葬于金区一图仪昌罗家浜。[见：《昆新两县续补合志》、《昆山历代医家录》（引《昆山井亭马氏家乘·世系考》)]

马之骐 明清间河北邯郸县人。生平未详。著有《疹科纂要》一卷，今存顺治五年（1648）刻本。[见：《贩书偶记续编》、《中医图书联合目录》]

马之骙 清代河南人。生平里居未详。撰有《脉望钞正编》，未见流传。[见：《河南通志》]

马之骥 字载之。清末人。生平里居未详。曾任太医院候补医士。[见：《太医院志·同寅录》]

马小素 清代江苏扬州人。精医术，向有癫疾，世以"癫医"称之。诊病与他医同，唯不问病状，亦不令患者自述，诊毕问其症候，丝毫不爽，药下病除。一贵家子得奇疾，肢软乏力，不饮不食，终日仰卧懒言，遍延名医，皆无效。马氏应聘往，审视良久，遍视室中器物，曰："此子无病，何用药为？"遂令主人将散发香气之物悉移他处，复以盆多贮好醋，时时以烧红铁锭入醋淬之，令其味弥漫不断。次日，患儿痊愈。盖此子平素最喜焚香，故致此疾，马氏以醋敛之，得以不药而愈。[见：《清稗类钞》]

马子良 清初浙江会稽县人。精喉科，名著于时。后裔马嘉祺，亦以喉科鸣世。[见：《绍兴医学史略》]

马天闲 字犹龙，号菊窗。清代江苏吴江县平望镇人。善医，著有《菊窗集纪略》一卷，未见刊行。[见：《平望志》]

马元琏 字商珍。清代江苏昆山县淞南航练泾（今石浦镇荣项村）人。早年习儒，由松江府廪生归籍，雍正十三年（1735）岁贡生，后任安徽舒城县教谕。性沉默，品谊端雅。兼精医术，济人甚众。[见：《昆山历代医家录》]

马云卿 元代人。生平里居未详。官宣授保全郎陕西等路医局提举。曾校正齐德之《外科精义》。[见：《四部总录医药编》]

马友常 （1910～1966）原名贻刚。现代江苏昆山市人，徙居苏州。其祖父马士元，父马瑾侯，皆以喉科知名。马友常得祖、父之传，复师事苏州名医顾福如，专习内科。1935年设诊于苏州富仁坊，以擅治喉科病及伤寒杂症知名。1956年任苏州市中医诊所所长，1959年调入苏州专区人民医院中医科。1956年加入中国农工民主党，历任委员、常委等职，并先后任第一至五届苏州市政协委员。著有《喉科手册》、《口腔疾患手册》，待梓。[见：《吴中名医录》]

马少游 字德正。元代人。生平里居未详。通医术，隐居弁山（在今浙江吴兴县境）。黄玠赠诗云："乡里马少游，神仙葛稚川。结庐此山中，手披白云篇。草药满畦塍，松枝为屋椽。饥食芙蓉砂，渴饮枸杞泉。宁与尘事疏，

三
画

勿贻俗子怜。借问此何山，但笑终不言。"〔见：
《金元医学人物》（引《弁山小隐吟录》）〕

马曰湖 字孚愚。清末江苏青浦县人，居洛书滨。同治、光绪间（1862～1908）在世。性和易，至诚待人。通岐黄家言。年八十岁卒。〔见：《青浦县续志》〕

马中骅 （1686～?）字骧北。清代江苏昆山县人。幼年丧父，遵母命弃儒习医。上自《灵枢》、《素问》，下及百家之书，无不探究。数年后技成，悬壶于乡，求治者屡满户外，应手辄效。晚年考订柯琴《伤寒来苏集》（包括《伤寒论注》四卷、《伤寒论翼》二卷、《伤寒附翼》二卷），刊刻于乾隆二十年（此年马氏寿七十岁）。年七十余卒。门人周树五，得其临证查脉之要，最知名。同时有赵苍舒，医名与马中骅相伯仲。〔见：《苏州府志》、《昆新两县志》、《伤寒论注·马序》〕

马化龙 字凌凡，号云从。清代江苏长洲县人。通医理。著有《眼科阐微》四卷、《眼科入门》一卷，附刻于王万化《孙真人眼科秘诀》之后，今存康熙四十年（1701）青州怡翰斋刻本。还曾参订蒋示吉《医宗说约》，亦刊行。〔见：《医宗说约》、《中医图书联合目录》〕

马介藩 字甸侯。清代山东商河县马家庄人。邑庠生。器宇轩昂，性情豪爽。善属文，下笔有奇气。性耽吟咏，著有《醉仙堂诗草》。兼精岐黄，著有《喉科脉理》、《杂证论》，藏于家。〔见：《重修商河县志》〕

马文灿 字庶村。清代湖北襄阳县人。幼颖悟，喜文学，兼通医道。曾官峨眉、盐亭知事。晚年辞官，徙居四川阆中。曾参修《阆中县志》，暇则与文士讲论诗文，潜心佛理，遇患病者，则出术疗治。一生清廉，殁后囊无余资，阆中人助葬于当地。〔见：《阆中县志》〕

马文植 （1819～1897）字培之。清代江苏武进县孟河镇人。诸生。本姓蒋氏，其先祖自徙孟河改姓马，至文植已数十代。其祖父马省三，父马伯闲，均精医学。文植幼丧父母，家贫，依祖父习医，从学十六年，兼取历代医书读之，通悟医理。每遇宿学名师，虚怀就正，久之精通内、外、针灸各科，名噪于时。咸丰庚申（1860），太平军陷常州，避居泰兴，族人多归之者。不久，入溧口，涉浔阳，越衡湘，过沣浦，所至以医济世，求治者甚众，家业益起，凡弟侄辈困顿者，频周赡之。泰兴县天兴港风波险恶，文植首捐千金，助建救生局。又建蒋氏宗祠，使

族中子弟读书、习医于其中。治病用药不取贵品，豪侈者讥之为"果子药"，然疗效如神，世皆称之。翰林院编修余鉴患痨瘵，百医罔效，文植治之，一剂而起；名儒俞樾病泻几殆，文植以牛羹饮之，立愈。此后声望日隆，大江南北，妇孺皆知其名。光绪庚辰（1880）初夏，慈禧太后患病，命各省督抚进名医。江苏巡抚承旨，荐文植入都，投药而效，宠遇过于他医。后因太监屡索贿金，次年托病乞归。慈禧赐以匾额二：一书"福"，一书"务求精要"，由是，医名振于四海。光绪二十三年四月卒于苏州，享年七十九。著有《医略存真》、《外科传薪集》、《马培之外科医案》、《马批外科全生集》等书，流传于世。子马德昌，亦通医术，后出任凤阳知县，遂弃家学。孙马泽人，曾孙马寿南，均为现代名医。后辈族人马伯藩，得文植真传，亦名噪于时。马文植门生甚众，以丁泽周、巢渭芳、邓星伯、王询刍、周企棠、贺季衡、江梓等最著名。〔见：《清代七百名人传》、《马培之外科医案·序》、《江苏历代医人志》、《贩书偶记续编》、《中国历代名医碑传集》（引费行简《近代名人小传》）〕

马文煜 字起留。清代江苏吴江县人。诸生。工书画，善篆刻。尤精医术，知名于时。〔见：《苏州府志》〕

马文瑾 元代人。里居未详。曾任承务郎金太医院事。后至元三年（1337），名医危亦林撰《世医得效方》十九卷，由江西医学提举司送太医院审阅，马氏与同僚参预其事。至正五年（1345）此书刊刻于世。〔见：《世医得效方·太医院题识》〕

马为瑗 字慕蘧。清代江苏盐城县人。自幼侍亲尽孝，殚心于医学。后以医问世，辨证用药精审，治病多佳效，知名于时。〔见：《续修盐城县志稿》〕

马心融 字君长。清代四川简州人。名医王鸿骥门生。曾参校其师《脉诀采真》。〔见：《中国历代医家传录》〕

马世仁 字锡周。清代江苏通州（今南通）人。精于医术，名驰乡里，就医者门庭若市。〔见：《通州县志》〕

马世安 北宋人。里居未详。通医道，为医官。宋神宗元丰元年（1078），高丽文帝六十岁，病中风，宋廷遣安焘、陈睦携诏书及贵重物品慰问。次年，再派王舜封率医赴高丽往诊，成员有翰林医官邢恺、朱道能、沈绅、邵化，同时带去牛黄、龙脑、朱砂、麝香等珍贵药材百种。

元丰三年三月，高丽遣户部尚书柳洪入宋答谢，并赠送人参、松子、香油等方物。同年七月，宋廷又派医官马世安再赴高丽。[见：《中国医学史》（高等中医院校参考丛书1991年版）]

马世雍 字武周。清代江苏通州（今南通）人。以医为业，专擅疡科。于人体脏器之说有独到见解，临证施治，多有佳效。尝为尚书彭起丰治胃疽，时皇后玉枕瘿破，血射不止，诏世雍治，应手而效，遂授太医院副使。世雍耻与正使为比同，乃谢归。著书数十卷，藏于家。子孙皆传家业，其六世孙马宝衡最有名。[见：《通州直隶州志》、《通州县志》]

马世儒 字伯崇。清代四川阳安县（今简阳）人。以医济世，知名于时。曾参校王鸿骥《脉诀采真》。[见：《中国历代医家传录》]

马本固 （?～1861）字培元。清代山东益都县金岭镇人。世医马温葵子。六岁丧母，及长，从父习医。性嗜学，读书必求实用。晚年以医术授次子马健铎，嘱之曰："此吾家世守也，然有三损，汝其戒之：立心淫邪，罔恤品行，一也；偶尔失欢，轻重人病，二也；妇女隐疾，不为掩讳，三也。"识者以为业医者之龟鉴。咸丰十一年卒。[见：《益都县图志》]

马丕云 字兴之。清代河北东安县（今廊坊）得胜口人。少年家贫，刻苦自励。中岁家计粗足，雅好施与。精医术，工疡科，施药济人，乡里德之。长子马志桂，同治癸酉（1873）举人。三子马志桥，族侄马志镕，皆以外科著称。[见：《安次县志》]

马龙伯 （1905～1983）字云从。现代河北廊坊市安次区人。生于三代世医之家，秉承家学，精通岐黄。年十九岁悬壶应诊，以妇科知名乡里。1938年应北平（今北京）中医考试，名列第一，为考试委员名医孔伯华、萧龙友所器重，孔氏收为弟子。嗣后，复师从协和医院名医萧连询学习西医内科。1946年参加全国中医师考试，获医师资格。次年，应聘出任北平卫生局中医考试委员会委员。中华人民共和国成立后，历任北京中医学院东直门医院妇科教研组主任、妇科主任、主任医师、教授、院学术委员会委员、中华全国中医学会委员，还被推选为北京市人大代表。马龙伯行医数十年，对中医理论、古典文献多有研究，尤以治疗不孕症、子宫肌瘤、崩漏等妇科疾病知名宇内。著作甚富，已出版者有《老中医经验汇编》、《马龙伯妇科医案选》、《中医妇科讲义》（研究生教材）等。稿成待梓者有《妇科百方治要》、《脉学概要》、《本草真义》、《胎产全书》、《金匮妇人三篇新解》、《孔伯华验方追访录》等十余部。[见：《北京中医药大学校志》]

马印麟 字长公，自号好生主人。清代山东益都县金岭镇人。七世祖马晟，精通医术，为明代衡藩良医正。数传至印麟，亦以医知名。年八十余岁，著《保婴秘诀》、《急救良方》、《瘟疫发源》、《预防痘疮论》等书，皆刊于世。[见：《益都县图志》、《贩书偶记续编》、《中医图书联合目录》]

马礼绣 字孔渊，又字公凝。清代广东番禺县谢村人。少年丧父，事母至孝，为人严正，接物宽厚。晚年精医术，治病辄效，存活无数。重医德，遇危证，虽暮夜必往。寿至七十七岁卒。[见：《番禺县志》、《岭南医征略》]

马永贞 （1792～?）清代四川定远县人。性忠厚，精医道。以术济人，贫病者多所受益。光绪元年（1875）寿八十三岁，尚耳聪目明，能劳作。[见：《定远县志》、《武胜县志》]

马永祚 字建侯。清代河北东光县人。增生。精通医术，治病不拘成法，往往出人意表。一人与之有隙，得腹蛊疾，虽病殆，不敢求治。永祚曰："若欲愈，当食砒石。"病者疑惧不从。将死，勉从其言，下蛊斗许而瘥。闻者皆服永祚之大度。撰有《女科汇要》、《胎产新法》等书，藏于家。卒后，家人检其方用之，有奇效。[见：《东光县志》]

马永隆 清代江苏武进县人。精医术，治病不索酬，遇贫病更赠以药。年八十六岁卒。[见：《武进阳湖县志》]

马吉利 字义轩。清代河南阌乡县人。专力于医学，精通其理。凡贫病者求诊，皆为治疗，慨然赠药，所活无算。[见：《阌乡县志》]

马师皇 相传为上古兽医，与黄帝同时。善知马"形气生死之候"，治之辄愈。据《安骥集》，马师皇著有《五脏论》、《八邪论》等书，显为后世托名之作，其书已佚。明代嘉靖间（1522～1566），定京师三皇庙为先医神庙，马师皇等十四人祀于西庑，皆东向。[见：《历代名医蒙求》、《中国医学大辞典》、《四库全书总目提要》]

马则贤 元明间星源（今江西婺源）人。世为儒医，数传至则贤，医术益精，名噪于时。性温雅，好施与，重医德。铁匠施某家贫，得奇症，七日水浆不下。马氏闻讯赴救，服药三日而愈。陈君辅患疠疾，服时医之药而病剧。马氏诊其脉，问所服药，叹曰："是抱薪救火。"为另立方，药下而瘥。黄枢作药名诗，颂其仁心良术，诗曰："江南星诸山水奇，马家桂子昌于医。此心契天雄杰者，满轩种杏仁闻驰。身虽如蝉蜕浊世，活人远志传孙枝。偶同瓜葛花屏下，梅兄矾弟相追随。嗟予蜂房病溽暑，热烘脑子逾蒸炊。难甘遂委庸医手，苍皇连月累卵危。有损无益智者哂，因陈治法宜如斯。言非草草果起死，功当归予夫何疑？又况时当半夏月，雨余凉气浮轻绨。悬壶索寞乏琼报，木瓜愧诵前人诗。苏耽橘红井泉碧，威灵仙术终相期。阴功百世固未艾，芝田兰畹春熙熙。"［见：《金元医学人物》（引《后圃集·代陈君辅赠马则贤诗》）］

马光吉 （1865～？） 字霭如。近代四川太平县（今万源）六区人。积学能文，励行敦品。父早卒，因母何氏多病，遂肆力医学，久之精其术，乡人患者多赖之。兼通数术、地理诸学。晚年任六、七两区高小教员。1932 年，寿至六十八岁，尚健在。撰有《医学一贯》、《算术必读》诸书，未见流传。［见：《万源县志》］

马光灿 一作马光璨。字苕夫，又字锡蕃，号用康。近代浙江山阴人。马静山子。初习举业，后传承家学，以医问世。著有《医窟》十卷。又整理其父遗稿，编《医学准规》上、下集。二书皆梓于宣统三年（1911），今存。［见：《中医图书联合目录》、《浙江医籍考》］

马光炳 字维栋。清代河南杞县人。精医术，以痘科知名。［见：《杞县志》］

马廷相 字赞王。清代江苏嘉定县人。精医术，知名乡里。［见：《嘉定县志》］

马延之 宋代（？）人。生平里居未详。著有《马氏录验方》一卷。已佚。［见：《宋史·艺文志》］

马自然 宋代人。生平里居未详。疑为道士。著有《金丹口诀》一卷，今存。［见：《中国丛书综录》］

马负图 字金兰。清代湖北随州人。早年习儒，为道光丙午（1846）岁贡生。重孝义，母病家贫，不能延医，遂以易理参悟医学，精其术。著有《医学心悟》、《易理精义》等书，未梓。［见：《德安府志》］

马兆圣 字瑞伯，号无竞，又号遇丹道人。明代常熟县（今属江苏）人。马元俊子。其家世代能医，多以儒学知名。兆圣早年攻举业，以诗文见称，因病弃儒习医，发家藏医籍读之，

遂通医理。万历乙巳（1605），师事同邑名医缪希雍，博览汉以降诸名家之书，术益精进，活人无算。撰有《医林正印》十卷，刊于万历丁巳（1617）。康熙己亥（1719），其曾孙马龙祥重刻此书，今存。还著有《医案》及《谈医管见》、《伤寒一览》等十余种，皆散佚。［见：《江南通志》、《常昭合志》、《医林正印》］

马兆鳌 清代人。生平里居未详。道光八年（1828）辑《富春堂经验方书》，今存。［见：《中医图书联合目录》］

马庆余 字性轩。清代河北东安县（今廊坊）得胜口人。邑名医马锡麟次子。善承家学，尤擅治瘟疫，活人无算。［见：《安次县志》］

马庆祺 字松琴。清代浙江会稽县人。精于医术，名闻浙东。子马绛彰，亦以医知名。［见：《绍兴医学史略》、《中国历代医史》］

马汝骏 字伯良。清代河南郑县京水镇人。早年习儒，曾任儒学训导。于兵、农、医、卜诸术靡不研究。［见：《郑县志》］

马守谦 清代陕西镇安县人。精医术，知名于时。［见：《镇安县志》］

马如龙 字复元。清代四川会理州人。自幼习儒，颖敏嗜学。年十八丧父，绝意仕途，潜心医术。为人治病多良效，医名大噪。滇黔制军阮芸台患疾，诸医投药无效。如龙后至，数剂即愈，闻者叹服。侍母至孝，母殁，庐墓六载。观察使尹国珍赠联："一等人忠臣孝子，两件事读书耕田"。江南名士叶渭赠联："芝草满庭征孝德，杏林当户识仙踪"。同治十三年（1874），年近八十，犹目光如炬，足不履城市二十年矣。［见：《会理州志·孝友》］

马如铨 字恕庵。清代浙江钱塘县人。精医术，治病多佳效。素尚侠义，遇不平事，辄仗义直言。［见：《杭州府志》］

马寿乔 字荫南。清代四川资州（今资中县）人。早年习举业，不利于科场，弃儒就医，以灸法见长。遇妇人病，施治不便，则令其家人按穴代灸，沉疴为之立起。［见：《资州志》］

马志桥 字郁亭。清代河北东安县（今廊坊）得胜口人。邑疡科名医马丕云三子。武庠生。通医术，以外科著称。兼工丹青，善绘山水。［见：《安次县志》］

马志镕 字耀金。清代河北东安县（今廊坊）得胜口人。邑疡科名医马丕云族侄

通医术,以外科著称。性澹泊,筑室东皋,得四时花木之胜,有隐君子之风。[见:《安次县志》]

马更生 字瑞云。清代浙江钱塘县人。早年学医于岳父周某,技初成,未敢轻试。周某好弈,有贵人病重,派人延请,而周氏方弈,遂令更生往治,一剂而愈,自此声名大起,历五十年盛名不衰。一人暴死,更生曰:"可活。"启其齿,灌药立苏。又能望色、听声,预决死期,所言皆验。[见:《浙江通志》、《杭州府志》]

马呈图 明代河南宜阳县人。精医理。曾任县医学训科。[见:《宜阳县志》]

马作梅 字秀岩。清代山东临朐县人。赋性谨饬,自幼家教森严。精医术,尤善妇人、痘疹两科。咸丰辛酉(1861)世乱,固修围堡,以抗捻军,受僧格林沁赏识。撰有《手辑验方》数卷,藏于家。子马椿龄,孙马南星,皆世其业。[见:《临朐县志》]

马作楷 字云根。清代江苏如皋县人。国学生。精通岐黄,每遇灾疫皆出术疗救,活人无算。年七十岁卒。[见:《如皋县续志》]

马伯闲 清代江苏武进县孟河镇人。名医马省三子。传承家学,悬壶济世。惜早卒。子马文植(1819~1897),医名尤盛。[见:《清代七百名人传》]

马伯藩 近代江苏武进县孟河镇人。名医马文植(1819~1897)后辈族人。宿习医学,得马文植亲授,为当地名医。子马继卿、马惠卿、马笃卿,侄马书坤、马嘉生(曾任上海市第六人民医院中医内科主任),皆继承家学。[见:《江苏历代医人志》]

马应良 字少眉。清代江苏宝山县江湾里人。性慈善,业儒而工医,授徒乡里,暇则以医济世。自少至老,方圆数里之内,凡请必至,且不乘车,妇孺皆呼"马活佛"。子马秉义传承家学,亦精医术。[见:《江湾里志》]

马应勋 字启明。明代女真族人。其祖父从明朝总督韩雍征九藤峡有功,遂入汉籍。应勋自幼颖悟,初从祖父学医,又遇高僧授以秘藏方书,医技大进。后随祖父定居广东,悬壶于世,延者日百余人。曾重建育婴所,存活幼儿甚多。经御史柳寅东屡荐,由廪生拔贡。年八十三岁,无疾而终。[见:《广东通志》]

马应麟 字石农。清代广东潮阳县人。生平未详。撰有《研思堂家传医宗心法全书》二卷,约撰于光绪元年(1875),今有抄本存世。

[见:《贩书偶记续编》、《中医图书联合目录》]

马宏济 清代河南偃师县人。通医术,重医德,治病不索诊酬。[见:《偃师县志》]

马良憪 字德修。清代湖北英山县人。邑庠生。精岐黄术。家道丰裕,而救人之急不辞劳苦,不取金钱。造请者舆马填门,应接不暇。行医五十年,活人无算。著有《回春录》、《补天石医书》,未梓。[见:《英山县志》]

马纯融 清代四川铜梁县人。精医术,尤擅针灸。治病取穴不多,而每获良效。嘉庆八年(1803),乡人赠以"功能寿世"匾额。年八十余卒。[见:《铜梁县志》]

马若龙 明代句容县(今属江苏)人。少习举业,因母病遍读岐黄家言,遂精医术。子马让,传承父学,善治疮疡诸疾。[见:《句容县志》]

马国杰 清代人。生平里居未详。著有《马氏痔漏科七十二种》,今存清代石印本。[见:《中医图书联合目录》]

马昌运 宋代(?)人。生平里居未详。著有《黄帝素问入试秘宝》七卷,已佚。[见:《宋史·艺文志》]

马昆山 清代四川简阳县人。精医术,知名于时。门人汪炳能,传承其学。[见:《简阳县志》]

马鸣鹤 字子和。清代江苏吴县周庄人。早年从吴江名医徐燨习外科,得其治法方药。于《医宗金鉴》、《汤头歌诀》尤熟读无遗,临证施治迥异他医,而收效显著。[见:《吴县志》、《昆山历代医家录》]

马秉义 字逢伯。近代江苏宝山县江湾里人。儒医马应良子。绍承父学,又得天乐寺僧人泮文传授针法,医术益精,尤擅治喉痧。年六十八岁卒。[见:《江湾里志》]

马秉元 清代江西南昌人。精医术。善治伤寒,通晓喻昌伤寒传经之说。其治病先断病在某经,而后投药,虽众医束手之证,无不效者。[见:《南昌府志》]

马佩恣 字敏夫。清代浙江石门县人。儒而精医。道光丙申(1836)李沐重订《陆氏三世医验》五卷,由马氏刊刻于世。[见:《陆氏三世医验·李沐序》]

马炎午 字友文,号九城。清代河南巩县人。岁贡生。世代业医,至炎午亦精其术。光绪十年(1884)瘟疫流行,马氏出术救治,多获佳效,声噪于时。[见:《巩县志》]

马宝衡 清代江苏通州（今南通）人。疡科名医马世雍六世孙。绍承家学，亦以医知名。［见：《通州直隶州志》］

马宗元 字清儒。清代江苏丹徒县天方人。儒医杨履泰门生。性恬淡，嗜周髀、岐黄之学。天资颖慧，勤奋好学，富于藏书，算学、医理皆精深。推重吴中叶天士，谓叶氏于温病"辨入毫厘，厥功独大"。著有《温病辨证》十三篇，邑人李思绶为之序。未见刊行。［见：《丹徒县志摭余》］

马宗素 金代平阳（今山西临汾）人。精通医道。其学私淑名医刘完素（一说为刘完素入室弟子）。对热病证治多有研究，谓伤寒即热病，故临证用药喜寒凉，忌温热。著有《伤寒医鉴》一卷，刊印于世。是书采刘完素之说，驳斥朱肱《南阳活人书》之论，其内容皆先归于朱，继以《内经》为依据论证之。［见：《补元史艺文志》、《四库全书总目提要》、《中医各家学说》、《中国医籍考》、《中国历代名医传》］

马织云 近代江苏昆山县人。名医马士元门生，知名乡里。平生多善举，曾与本县名医庞载清捐资修路，乡人嘉其义行。［见：《昆山历代医家录》］

马绍肃 字偕行。清代江苏宜兴县和桥人。喜读方书，治病多获良效，知名于时。［见：《重刊宜荆续志》］

马荀仲 南宋新安婺源县（今江西婺源）人。精医术，专擅针灸，与同邑程约齐名，而技稍逊之。太守韩瑗患疾，马氏针其右胁，半入而针折，马失色曰："非程孟博不可！"急邀程约，至则针其左胁，须臾折针出，病亦痊愈。马荀仲为辛弃疾（1140～1207）座上客，辛弃疾尝赠以词。［见：《婺源县志》］

马南星 清末山东临朐县人。邑名医马椿龄子。绍承父学，亦以医术著称。［见：《临朐县志》］

马省三 字吾庵。清代江苏武进县通江乡人。善针灸术，尤精疡科，为道光间（1821～1850）武进名医，与王之政、费士源、余景和齐名。孙马文植，医名益盛。［见：《武阳志余》］

马昭千 清代江苏长洲县浒墅人。业医，善治伤寒，与当地名医倪南玉齐名。［见：《吴县志》］

马思贻 字衣闻。清代江苏奉贤县人。诸生。精医术，以妇科知名。［见：《重修奉贤县志》］

马思道 宋代人。生平里居未详。通医道，曾任洪州医博士。［见：《太平广记·第三百八十八悟前生》］

马复初 元末浙江绍兴府人。纯朴温和，医术精湛，诊治用药，能除宿疾。至正十二年（1352）至翌年十一月，江浙行省左丞帖理帖木尔率军讨方国珍，马复初以医术随行。刘基敬重马氏仁心良术，曾作《医说》赠之。［见：《金元医学人物》］

马禹锡 清代河南滑县人。早年习儒，为庠生。精医术，以擅治疯癫症著称。［见：《滑县志》］

马济清 字鸿舟。清代河北东安县（今廊坊）得胜口人。道光间（1821～1850）诸生。精医道，擅长小儿医，活人甚众。善养生，晚年莳花种树，优游以终。族弟马溪清，亦通医道。［见：《安次县志》］

马冠群 字良伯。清末江苏武进县孟河镇人。早年习儒，博通经史，留心济世之学。著有《两汉舆地考》、《二十四史类编》等二十余种，考核详明，证引渊博，积稿盈箱。孟河马氏世以医术知名，数传至冠群，益肆力研习，于内外诸科莫不精通，求诊者日踵其门，络绎不绝。家人子妇，耳濡目染，莫不识医，非寻常医家所能比数。尝摘选王肯堂、张璐、程钟龄等名医之书，参以家传秘方，辑《医悟》十二卷，刊于光绪癸巳（1893）。还著有《脉经类编》、《伤寒类编》等书，今未见。［见：《医悟·沈熙廷序》、《贩书偶记》、《中国医学大成总目提要》］

马绛彰 字小琴。近代浙江会稽县人。浙东名医马庆祺子。自幼喜文，成年后任教师，暇时钻研医学，明悟医理。后设砚应诊，就医者甚众。抗日战争前夕作古，年约七十岁。著有《医药顾问》，刊行于世，今存。［见：《中国历代医史》、《中医图书联合目录》］

马载阳 字春台。清代山东阳信人。附贡生。精医道，通晓五运六气，尤善诊脉，临证应手取效，名噪一时。［见：《阳信县志》］

马桐芳 字子琴。清代山东长山县人。生平未详。撰有《伤寒论直解》八卷，未见刊行。［见：《山东通志》］

马原泉 字观烂。清代江苏南汇县人。精医术，知名于时。重医德，凡贫家延请，徒步出诊，且助以药资。年七十九岁卒。［见：《南汇县志》］

马逢试 清代河南长葛县人。精医术，知名于时。曾任县医学训科。[见：《许州志》]

马浚渠 清代安徽合肥县人。名医马暹子。性喜读书，志专而业勤。传承父学，亦精医术。[见：《中国历代名医碑传集》（引徐子苓《敦艮吉斋文钞·书马先生轶事》）]

马通道 字闲庵。清代广东顺德县马村人。少孤家贫，年甫七龄，育于邻乡胡氏。及长，迎养生母。以儒学知名，设帐于邻村西深乡，从游者众。后移塾于佛山镇医灵铺司马坊。中年不第，即弃举业，博览经史策。晚年好道术，服金丹，行导引术，年逾八十，隆冬不衣棉裘。常谓："金丹之道，乃心田内丹，非方士所炼铅汞之法。惟寡欲培元，咽津运气，内注丹田，乃得为之。若方士邪术，妄求延年，失之远矣。"年八十九岁，无疾而终。生前编有《金丹撮要》、《延年要诀》、《保赤三要》、《达生遂生福幼合编》、《救饥举略》诸书，皆阐述前人成说，参以赞词，惜皆散佚。[见：《佛山忠义乡志》]

马继祯 （? ~1936） 字绀岑。近代山西榆次县赵镇人。通达洒脱，性喜读书。光绪壬寅（1902）举于乡。不久，考入山西大学堂，毕业后授中书科中书。丙午（1906）充山西公立中学堂教务长，后任翼城县县长。晚年潜心医学，诊病施药，不取酬谢。著有《中国本草药品分类用量表》、《铁仙寄庐文存》等书。[见：《榆次县志》]

马菊南 明代浙江嘉善县人。精医术，尤擅治痘疹，与同邑名医袁泽齐名。子孙能传其术。[见：《嘉善县志》]

马崇儒 字尧冈。明代山东益都县人。精医术，曾任青藩良医所良医。嘉靖间（1522~1566）曾校刊《敖氏金镜录》；隆庆三年（1569）曾为《摄生众妙方》作序。[见：《四部总录医药编》、《中国医学大成总目提要》]

马清廉 （1845~1924） 字伯泉。近代永吉县（今吉林永吉）人。其父马大兴，任侠好施，家道中落。马清廉自幼奇颖好学，年十三岁父逝，母林氏鬻纫供其读书。初从名儒武斯信读经，及长游庠，补增生，为当时名儒。经学之外，旁通数术、医药，尤擅针灸术。著有《医理会萃》、《余经一得》诸书，家贫未刊。民国十三年病卒，享年八十。[见：《永吉县志》]

马淑君 〈女〉（1879~?） 字玉书。近代江苏无锡人。幼丧父母，由族祖马颐之抚养成人。幼年患病，数载不愈，儿科名医张世昌以推拿法治而瘳之。及长，入张氏门下，专攻儿科。先后悬壶无锡、苏州、上海等地，所至知名。著有《推拿捷径》，行于世。[见：《江苏历代医人志》]

马尉僚 清代陕西武功县人。邑名医马朔子。绍承父学，悬壶济世，尤擅长针灸。虽以医术知名，而神验不及其父。子马照离，亦业医。[见：《武功县续志》]

马超元 字伯群。清代河南陕县河底村人。早年习儒。晚年精医，为人治病，未尝求报。[见：《陕县志》]

马朝聘 字君选。清代河南密县人。业儒，为邑庠生。著有《崇实录》、《论语讲义》、《周易正义》等书。旁通医学，著有《资生灵通》五十七卷，未见流传。[见：《密县志》]

马景良 清代河北南乐县罗町村人。精医术，专擅咽喉科，知名于时。[见：《南乐县志》]

马景周 字际唐。清代河南长葛县人。早年习儒，深通《易经》，为博士弟子员。后攻研医学，切脉如神，善于望气，知名于时。[见：《长葛县志》]

马景烈 清代山东平度县人。早年师事同邑名医陈濂，后悬壶济世，知名乡里。门人尚华，得其亲授。[见：《平度县续志》]

马道玄 五代人。生平里居未详。精医术，后周世宗时（954~959）曾任翰林医官。[见：《旧五代史·周书·世宗本纪》]

马温葵 字向午。清代山东益都县金岭镇人。县学生。家世业医，温葵尤精其术。寓居济南垂五十年，人呼为"青州卢扁"。著有《马氏医案汇钞》若干卷，今未见。子马本固，亦以医名。[见：《益都县图志》]

马渭龄 清代湖南湘潭县人。生平未详。著有《喉科大成》四卷，今未见。[见：《湘潭县志》]

马椿龄 清代山东临朐县人。邑名医马作梅子。绍承父业，亦以医名。子马南星，传承家学。[见：《临朐续志》]

马聘登 字学优。清代山西潞安府人。善医，问病者户外屦常满。素负德望，为乡里所重，遇有争讼，得其片言立解。以耆寿终。[见：《山西通志》]

马献可 字骏卿。清代河南新野县西赵庄人。素邃于医，凡延请者，必尽力治之。

三画

[见:《新野县志》]

马照离 清代陕西武功县人。邑名医马朔孙，马尉僚子。绍承家学，悬壶济世，有名于时。[见:《武功县续志》]

马嗣明 北朝至隋河内野王（今河南沁阳）人。少博经方，凡《甲乙》、《素问》、《明堂》、《本草经》诸书，莫不成诵。善诊断，切脉而预言生死。长于针灸，取穴与《明堂》不同。尝自创炼石法，治疮肿有奇效。其法取黄色粗石如鹅卵大者，以猛火烧令赤，纳醇醋中，自有石屑落入，频烧至石尽，取石屑曝干，捣筛，和醋涂肿上，无不愈。马氏性自矜大，藐视诸医，自名医徐之才、崔叔鸾以下，俱为其所轻。北齐武平间（570～575），任通直散骑常侍；隋开皇间（581～600）任太子药藏监，卒于官。[见:《北史·马嗣明传》、《北齐书·马嗣明传》、《太平御览》、《历代名医蒙求》]

马锡麟 字守愚。清代河北东安县（今廊坊）得胜口人。精通医术，乾隆间（1736～1795）远近弛名，有神医之称，延请者不绝于门。重医德，凡患疾求诊者，不分贫富皆往。所至之处举家相庆曰："马公至，可以无忧矣。"道光间（1821～1850）卒。长子马庆连，为诸生。次子马庆余，继承医业。[见:《安次县志》]

马锦云 清代江苏如皋县人。生平未详。著有《囊中要术》八卷、《活人一术》六卷，今皆未见。[见:《如皋县志稿》]

马锦堂 清代湖北沔阳县人。精医术，治病不索谢，活人甚众。一生清廉耿直，乡里称善。卒后，乡绅费楚玉为之作传。[见:《沔阳县志》]

马溪清 字碧山。清代河北东安县（今廊坊）得胜口人。光绪间（1875～1908）岁贡生。精通医道，知名于时。生性坦率，乡人推重之。族兄马济清，以儿科著称。[见:《安次县志》]

马静山 清代浙江山阴县人。通医理。著有《医学准规》，生前未梓，后经其子马光灿整理，刊于宣统三年（1911）。[见:《中国历代医家传录》（引《医学准规·序》）]

马嘉玉 字云亭。清代江苏上海县彭家渡人。精医术，尤擅儿科。有医德，虽深夜求诊，必徒步往治，时称长者。[见:《上海县续志》]

马嘉祺 清代浙江会稽县人。其先祖马子良，自清初即以喉科知名。数传至嘉祺，亦精喉科。[见:《绍兴医学史略》]

马蜚声 字艺圃。清代福建邵武县人。廪生。精通医术，以外科名世，延请者无虚日，全活甚众。[见:《重纂邵武府志》]

马瑾侯 清代江苏昆山县人。喉科名医马士元子。绍承家业，亦精喉科。子马友常，传承家学。[见:《吴中名医录》]

马夔龙 字云卿。清代江苏徐州沛县人。精通医学，知名于时。[见:《徐州府志》]

马尔济哈 清代满族人。精通医术。雍正皇帝在藩邸时，问："更有能医者否?"马尔济哈以蔡珽对。[见:《清史稿·李绂传》]

马哈也那 又名大乘和尚、摩诃衍。唐代藏族僧人。久居西藏传法，精通藏文。尝汇综藏文医书，辑《月王药诊》等书，对藏医发展贡献甚大。[见:《中医大辞典》]

马哈金达 唐代藏族人。久居西藏。金城公主入藏，携大量中医典籍，马哈金达将其译为藏文，有功于汉藏医学交流。[见:《中医大辞典》]

马哈德哇 又名大天和尚。唐代藏族人。精通医理，尝与诸医翻译文成公主所携医书，编成藏文《医学大全》，广为流传。是书为藏医史中最古之文献，已佚。[见:《中医大辞典》]

马薛里吉思 元代撒麻耳干（今乌兹别克撒马尔罕）人。也里可温教徒撒必外孙。世代精通制舍儿别（即糖浆）之法。祖父可里吉思，父灭里，均为元代太医。至元五年（1268），元世祖召马薛里吉思驰驿进献舍儿别，留任舍儿别赤。至元九年随平章赛典赤赴云南，十二年又赴闽、浙，皆为造舍儿别。十四年钦授宣命虎符怀远大将军镇江路总管府副达鲁花赤。马薛里吉思是将舍儿别传入内地之第一人。[见:《金元医学人物》]

子

子仪 一作子义，又作阳仪。战国时人。名医秦越人弟子。虢国太子患尸厥证，昏不知人，人皆谓已死。扁鹊问其病状，断言"未死"，令弟子子仪、子同、子阳、子明、子豹、子容、子越、子游等以针灸、热熨、按摩诸法治之，太子果苏。此事震惊天下，传为千古佳话。据载，子仪著有《子仪本草》一卷，散佚不传。[见:《史记·扁鹊仓公列传》、《韩诗外传》、《说苑》、《世本》]

子同 战国时人。名医秦越人弟子（详"子仪"条）。[见：《史记·扁鹊仓公列传》、《韩诗外传》)]

子阳 战国时人。名医秦越人弟子（详"子仪"条）。[见：《史记·扁鹊仓公列传》、《韩诗外传》)]

子明 战国时人。名医秦越人弟子（详"子仪"条）。[见：《史记·扁鹊仓公列传》、《韩诗外传》)]

子豹 战国时人。名医秦越人弟子（详"子仪"条）。按，南宋周守忠《历代名医蒙求》引《史记》作"李豹"；元陶宗仪《南村辍耕录》亦作"李豹"，排列于"神应王扁鹊"之前。或疑"子豹"即"李豹"，待考。[见：《史记·扁鹊仓公列传》、《韩诗外传》、《说苑》、《世本》、《历代名医蒙求》、《南村辍耕录·卷二十四·历代医师·秦》)]

子容 战国时人。名医秦越人弟子（详"子仪"条）。[见：《史记·扁鹊仓公列传》、《韩诗外传》)]

子越 战国时人。名医秦越人弟子（详"子仪"条）。[见：《史记·扁鹊仓公列传》、《韩诗外传》)]

子游 战国时人。名医秦越人弟子（详"子仪"条）。[见：《史记·扁鹊仓公列传》、《韩诗外传》)]

四　画

王

王与（1260～1346）字与之，号正庵。元代浙江永嘉县人。宋国史编修王益大子。少有大志，力学不辍，于律学多有研究。刑部使者推荐为郡功曹，历官丽水、开化、黟县县吏，迁行中书省理问，提控案牍。晚年授湖州录事，未赴任，以乐清县尹致仕。著有《无冤录》，成于至大元年（1308）。此书初刊于国内，后传入朝鲜、日本等国，影响较大。[见：《永嘉县志》、《元代法医学家王与及其〈无冤录〉》(《浙江中医杂志》1985 年第 4 期)]

王山 字静之，号海槎。明代华亭县（今属上海）人。好藏书，工诗，擅书法，尤精医术。曾任医学正科。[见：《经世堂集》]

王开①（1278～1347）字叔启，又字启元，号镜潭。宋元间兰溪县（今浙江兰溪）纯孝乡白露山（今黄店乡王家村）人。家贫好读，不遇于时，遂肆力医学。游于大都（今北京），入太师窦默门下。窦氏为针灸名家，授以"九针补泻法"诸术，在京二十余年，尽得秘传而归。临行，窦氏嘱之曰："传吾术以济人，使人无病，即君之报我也！"后隐居家乡玉泉山下镜潭，遂自号镜潭。凡以病就诊者，皆为治疗，针砭所至，无不效验，医名遍于宇内。后至元（1335～1368）初，征授扬州教授，以母老辞。后敕授太医院御医。年七十岁卒，葬于白露山下。王开曾增订窦默遗稿，参以己意，撰《增注针经密语》一卷、《针灸全书》一卷、《重注标幽赋》一卷，均佚。子王迪，孙王廷玉，曾孙王宗泽，皆以医名。[见：《浙江通志》、《兰溪县志》、《金华府志》、《补元史艺文志》、《王镜潭其名考辨》(《中华医史杂志》1986 年第 2 期)]

王开② 明代江西南昌人。疡科名医王大国子。继承父学，亦业医。[见：《江西通志》、《南昌府志》]

王历 字羲道。南宋潭州（?）人。曾任潭州府干办公事。潭州知州刘昉，"每患小儿疾苦，不惟世无良医，且无全书"，遂广取前贤方论及世传之方，命干办公事王历、乡贡进士王湜，汇编成帙，名之曰《幼幼新书》，凡四十卷，刊于绍兴二十年（1150）。此书今存明陈履端万历十四年（1586）写刻本。[见：《幼幼新书·李庚序》]

王升① 字伯阳。宋代睢阳（今河南商丘）人。生平未详。曾任潭州签判。通医理，家藏世传《王氏家传方》，已佚。刘昉撰《幼幼新书》，曾引据之。[见：《幼幼新书·近世方书》]

王升②（1773～1821）字大升，号碟沧。清代浙江盐官县（今海宁）人。名医王国祥子。绍传父业，亦以医术知名。道光元年卒，年仅四十九岁。王升曾校订祖父所撰《重庆堂随笔》。子王士雄，秉承家学，为清代著名医家。[见：《海宁县志》、《王士雄家世考证》(《中华医史杂志》1986 年第 12 期)]

王升③ 清代江苏阜宁县人。精医术，专擅外科，知名乡里。[见：《阜宁县志》]

27

王仁 明代浙江萧山县人。遇高士授以医术，尤精儿科。子王应华，亦业医，名噪于时。
[见：《萧山县志》]

王介 字圣与，号默庵。南宋琅邪（今山东胶南县琅邪台西北）人。庆元间（1195～1200）官内阁太尉。晚年徙居临安（今杭州），居皇城郊外慈云岭西。工丹青，善绘人物山水。知医药，尝总结生平读书心得及采药、用药经验，选简便实用药物二百零六种，阐述其性味、功能、别名，于嘉定十三年（1220）撰成《履巉岩本草》三卷。此书为地方性本草著作，附有彩色图谱，为我国现存最早带彩图之本草专著。[见：《现存本草书录》、《中医大辞典》、《历代名医传略》]

王丹 字元素。宋代人。生平里居未详。通医理，尝谓："治风先治脾，治痰先治气。"
[见：《鸡肋编》]

王玉 字汝瑛，号璞庵。明代宜兴县（今属江苏）人。成化（1465～1487）末年举明医，隶太医院。弘治（1488～1505）初，因用药有奇效，得皇帝、太后嘉宠，授通政使，赐麒麟服、犀带，官至通政使司右通政同掌太医院事。弘治十六年（1503），与院判刘文泰等奉敕编撰《本草品汇精要》四十二卷，成书于弘治十八年三月。书成二月，弘治帝崩，王玉与御医刘文泰等皆获罪，降为院使。著有《璞庵医案》若干卷，已佚。子王廷相，亦任御医。[见：《宜荆县志》、《宜兴县旧志》、《御制本草品汇精要》]

王末 南朝梁人。生平里居未详。撰有《小儿用药本草》二卷、《疗小儿杂方》十七卷，均佚。[见：《隋书·经籍志》]

王节 明代长洲县（今江苏苏州）人。世医王敏（1414～1485）次子。传承家学，亦精医道。曾任太医院医士。弟王观（1448～1521），医名尤盛。[见：《长洲县志》、《中国历代名医碑传集》]

王丙 （1733～1803） 字绳林（一作绳孙），号朴庄。清代江苏元和县唯亭人。徙居苏州包衙前。吴县恩贡生。其父王岱东，乾隆丙戌（1766）进士，官徐州府学教授。王丙自幼颖异，读书过目成诵，无所不通，尤明经学。不利于科场，弃儒习医以济世。擅治伤寒，能预决生死，知名于时。王芑孙之父患疾，王丙诊之，曰："壬癸日难过，且须阅数壬癸。"其言果验，闻者为之敬服。性好著述，所撰《伤寒论注》六卷，以唐孙思邈《千金翼方》卷九、卷十所载《伤寒论》为底本，参之以《外台秘要》，故其书最近古貌，

学者称其卓识。此外，尚著《脉诀引方论正》、《考正古今权量说》、《时节气候决病法》、《回澜说》、《伤寒序例新注》、《读伤寒论心法》等书，其稿久未问世，光绪（1875～1908）初始由陆懋修刊之。子王应辰，事迹未详。外曾孙陆懋修，为著名医家。[见：《清史稿·王丙传》、《吴县志》、《苏州府志》、《元和唯亭志》、《吴门补乘》、《吴医汇讲》、《续修四库全书总目提要》]

王平 （约1254～?） 字东野。宋元间庐陵县（今江西吉水）人。祖父王文信，父王庆隆，均以善行知名。王平自幼好学，及长，精研医学，潜心方脉，遂以医术鸣世。大德（1297～1307）初，授吉安路永新州医官提领。大德七年（1303）升吉安路医学副提领。至大四年（1311）调往京师，改授临江，未赴任。后因徽政院使罗司徒之荐，任兴圣宫掌医监太医。在京时，与虞集、揭傒斯、赵孟頫诸人交往甚厚。王平曾请立广惠局以济民病，获准，任该局提举官。后局废，遂辞职归里，时年六十三岁。晚年以著述为务，曾编辑家藏验方，撰《王氏集验方》五卷，此书国内已佚，今日本尚存（其部分内容又见于朝鲜金礼蒙《医方类聚》）。还撰有《本草经疏》（已佚）、《本草单方》（已佚，刘岳申曾为之作《本草单方序》，见于《申斋集》）等书。门人旷处良尽得其传，为当时名医。[见：《江西通志》、《吉安府志》、《庐陵县志》、《中国医籍考》、《金元医学人物》]

王仪 字仪之。金元间林虑（今河南林县）人。性格沉静，贯通儒学，尤精医术。曾任元世祖侍医。常议论国事，所陈多有益时政。中统二年（1261）八月，由太医院使迁太医院判兼教授，以医术传授诸生。[见：《金元医学人物》]

王立 字与权。元明间浙江金华府人。宋末名儒王柏（1197～1274）后裔。早年习儒，重孝义，父母有疾，衣不解带，药必先尝。尝谓："人子不可不知医。"因致力于医学，久之精其术，名著于时。胡翰患病卧床，寒热往来，易三医而不效。王立诊脉疏方，服药数十日而愈。元末，朱元璋初入金华，召儒医而得立，与之语甚喜，问及家事。立对曰："臣人口未知存亡，何敢及家事？惟愿号令军不扰攘，市不易肆。"朱元璋纳其言，赐以银碗等物。[见：《金华府志》、《金元医学人物》]

王兰 号者香。清代湖北黄安县人。邑名医王俟绂子。王兰能文未遇，继父志，亦善医。兼工书法，耽吟咏。[见：《湖北通志》]

王汉 字伯纪。南宋金华（今浙江金华）人。精医术。其父与名儒朱熹相友善。庆元元年（1195）夏，朱熹患疾，势已垂危。值王汉与绩溪方士虒先后造访，遂同治之，数日而愈。朱熹出郭雍《伤寒补亡论》，嘱二人校正刊补。[见：《伤寒补亡论·朱序》]

王永 宋代人。生平里居未详。曾任翰林医官尚药奉御。[见：《中国历代医家传录》引《李清臣札子》]

王台 字子端，号古柏。明代山东临清县人。万历丁酉（1597）举人，历官维扬同知。著有《尊生要录》，未见刊行。[见：《山东通志》]

王玗 明代陕西泾阳县人。以医为业。陕西布政使曹金撰《传信尤易方》，曾于隆庆三年（1569）邀王玗为之检校删正。[见：《中国医籍考》]

王圭 字锡嘉。清代江苏青浦县蟠龙镇人。道、咸间（1821～1861）在世。自少习医，善辨证，治病多佳效，活人甚众。一人患脐中出血，病发则出血约一盂，王圭诊之曰："此病虽未见于医书，然与冲、任、肾有关，三经乃血脉之海，应治以滋肾纳气法。"为之疏方，服五剂而霍然。[见：《青浦县志》]

王芝 字令德。清代江苏泰兴县人。精医术，知名于时。素重医德，治疗贫病，必尽其力。[见：《泰兴县志》]

王朴 北宋西蜀青城山人。精脉理，能以太素脉知人寿夭。张扩从之期年，王氏以所藏《素书》授之，扩后为良医。宋宣间张去非获王氏书，后亦为名医。[见：《歙县志》、《黄文献公集·成全郎江浙官医提举张公墓志铭》]

王迈 字余章。清代江西万年县人。名医王光表子。幼习举业，为庠生。绍承家学，以医术知名。[见：《万年县志》]

王廷 一作王遂。明代人。生平里居未详。精医术，临证之暇整理家藏古方，斟酌去取，择其简便而屡效者，分门别类，于永乐十七年已亥（1419）辑成《槐荫精选单方》四卷，刘醇为之作序，称王氏为医中巨擘。此书国内已佚，今日本国立公文书馆内阁文库尚存抄本。[见：《日本现存中国散逸古医籍》]

王乔 汉代道士。生平未详。著有《养性治身经》三卷，已佚。其书有"治身之道，春避青风，夏避赤风，秋避白风，冬避黑风"之语，乃以五行之说为本也。[见：《补后汉书艺文志》、《抱朴子内篇·遐览》]

王齐 宋代人。生平里居未详。著有《医门玉髓课》，今未见。[见：《宋史·艺文志》]

王充 （27～97）字仲任。东汉会稽上虞（今浙江上虞）人。少孤贫，赴京师，受业于太学，师事班彪。王充好博览而不守章句，家贫无书，常游洛阳市肆，阅所售之书，久之博通百家之言。尝仕于会稽郡，任功曹。永元丁酉卒，时年七十一岁。王充为我国著名思想家，著有《论衡》。又精养生学，晚年著《养性书》十六篇，已佚。[见：《后汉书·王充传》、《上虞县志》]

王冰 号启玄子，世称王太仆。唐代人，里居未详。王氏弱龄慕道，夙好养生。早年出仕，宝应（762）前后官太仆令。后虑流年不久，归隐林泉，继日优游，栖心至道。年八十余，以寿终。王冰酷嗜医学，尤推重《黄帝内经素问》，尊之为"至道之宗，奉生之始"，故积十二年之力，精搜博采，对《素问》补阙整复，详加诠释，撰成《黄帝内经素问注》二十四卷，刊刻于宝应元年（762）。《素问》古经自齐梁间即残阙，唐代虽有全元起《素问训解》传世，然卷第七（共九篇）全阙，且纰缪百出，篇目重迭，前后不伦，文义悬隔。王冰《黄帝内经素问·序》称："第七一卷，师氏藏之"，又称"于先生郭子斋堂，受得先师张公秘本，文字昭晰，义理环周，一以参详，群疑冰释"，遂将此秘本补入《素问》，"凡所加字，皆朱书其文，使古必分，字不杂糅"（今本《素问》已无朱墨之分），除《刺法论》、《本病论》二篇外，共得《素问》八十一篇中之七十九篇。按，王冰补入《素问》者为《天元纪大论》、《五运行大论》、《六微旨大论》、《气交变大论》、《五常政大论》、《六元正纪大论》、《至真要大论》七篇。此七篇不见于唐杨上善《黄帝内经太素》，且篇幅巨大，文字异于他篇，绝非《素问》佚文，前人对此早有定论。北宋林亿等《重广补注黄帝内经素问》"新校正"曰："疑此七篇，乃《阴阳大论》之文，王氏取以补所亡之卷，犹《周官》亡《冬官》，以《考工记》补之之类也。"尽管如此，王冰对《素问》之诠释、流传贡献巨大，功不可没。此外，王冰还撰有《玄珠》，对《内经》"辞理秘密，难粗论者"加以阐述，惜散佚不传。后世有《玄珠密语》、《天元玉册》、《昭明隐旨》、《元和纪用经》诸书，题"王冰撰"，皆伪托之作。[见：《重广补注黄帝内经素问·序》、《李濂医史·启玄子补传》、《新唐书·艺文志》、《四库全书总目提要》、《宋以前医籍考》、《中医各家学说》、《拜经楼藏书题跋记》]

四画

王安 清代辽宁开原县人，居城西孤家子。幼患足疾，必扶杖而行，然聪颖敏悟，过目成诵。少时家贫，无力读书，塾师爱其才，不受束脩，反供饮食，遂就读焉。后从良师习医，精针灸术。自编汤头诀，汇通诸家方书，故又通内科。所制丸散，服者应手奏效。同治元年（1862），瘟疫流行，遭传染者，死者相继。王安施送太公丸、保元丹，求药者日不暇接，活人甚多。〔见：《开原县志》〕

王观（1448～1521） 字惟颙，号杏圃，又号欸鹤。明代长洲县（今江苏苏州）人。世医王敏幼子。少从教谕文洪先生习儒。稍长，传承父学，曲致其方，推而宏之，久之深通医理。及悬壶问世，操远识，集奇效，活人不可胜计。王尚书文肃公携孙过访，其孙体貌魁梧，自觉无病，观诊其脉，曰："有大疢，终不可愈。"尚书酬以金，请为除之，固辞不受。不逾年，尚书孙果病亡。一妇人患血败疾，血崩一日夜不止，六脉尽脱，气息垂绝，遍延名医，束手无策。王观后至，诊之曰："败者既不可止，惟生脉生血为当务耳。"取人参膏，益以麦门冬、五味子饮之，顷之脉复血止，调治而痊。其临证奇验多类此，一时大江南北，达乎京师，称上医者，观为之冠。成化（1465～1487）末，以名医征至太医院。不久，丁父丧归乡，遂不复出。王观奉身简洁，不苟言笑。抚察大吏、部使者、邑宰皆重其学，屡荐出仕，均固辞。好古敏学，尤喜收藏法书古画，与吴宽、王鏊、祝允明、沈周、李世贤诸名公相往还。行医之暇，考订古籍，模刻副本，世以儒医目之。正德辛巳卒，享年七十四岁。次兄王节，为太医院医士。长子王谷祯，国子生；次子王谷祥，县学生。〔见：《苏州府志》、《长洲县志》、《中国历代名医碑传集》（引祝允明《欸鹤王君墓志铭》等）〕

王寿 明代华亭县（今属上海）金山卫人。伤科世医王荣子。传承家学，亦精骨科。〔见：《金山县志》〕

王远 字带存。清代湖北天门县人。生平未详。辑有《奇效方》一卷，约成书于康熙己亥（1719）。〔见：《中医图书联合目录》〕

王圻 字元翰，又字思义，号允明。明代上海县人。嘉靖四十四年乙丑（1565）进士，授清江知县，调万安，擢御史。忤时相，出为福建按察佥事，谪邛州判官。两知进贤、曹县，迁开州知州，官至陕西布政参议。乞养归，筑室于淞江之滨，种梅万树，称梅花源。以著书为事，年逾耄耋，犹篝灯帐中，丙夜不辍。著述极富，所撰《续文献通考》二百五十四卷，为士林所重。又撰《三才图会》，其中《草木图会》六卷、《身体图会》十二卷，颇有裨于医学。还著有《洗冤习览》若干卷，已佚。〔见：《明史·陆深传（附同邑王圻）》、《明史·艺文志》、《松江府志》、《中医图书联合目录》〕

王芳 清代陕西长安县人。工医术，治病不分贫富，不避寒暑，有求即应，不受谢仪，世人高其行。晚年五世同堂。〔见：《长安县志》〕

王苍 清代人。生平里居未详。曾辑注《伤寒六辨》六卷。〔见：《中国历代医家传录》〕

王轩① 明代南京（今属江苏）人。世医王经（1443～1516）长子。传承家学，亦通医术。〔见：《中国历代名医碑传集》（引顾清《艾坡王先生墓表》）〕

王轩② 字临卿。明代河北清苑县人。嘉靖乙丑（1565）进士，官至四川按察副使，因亲老乞归。王轩兼通医道，著有《伤寒六书》（又作《伤寒三书》），未见刊行。〔见：《畿辅通志》、《保定府志》、《清苑县志》〕

王钊 字筱石，号保卿。清代江苏仪征县人。久客瓜州，寓居闻思庵。善吟咏，工书法，尤精医术，治病多佳效。〔见：《瓜州续志》〕

王佐 元代人。生平里居未详。曾任朝列大夫太医院副使。大德二年（1298）九月，奉旨与医愈郎诸路医学副提举申甫，御药院副使王希逸，提点太医院事郑忙古歹、麻维骢等十二名医官校订《圣济总录》，于大德四年完成，更书名为《大德重校圣济总录》，诏令江浙行省刊刻，颁赐各地医学。〔见：《中医图书联合目录》、《大德重校圣济总录》、《皕宋楼藏书志》〕

王邻 字帝卿。清代陕西蒲城县人。精医术，以儿科见长，能闻声知病，预决死期。〔见：《蒲城县新志》〕

王兑 宋代长沙县（今湖南长沙）人。业医。善以通神丸治痢疾下脓血，每有佳效。著有《王兑方》，已佚。〔见：《幼幼新书·近世方书》〕

王谷 近代山东黄县人。儒医王常益（1841～1900）子。绍承父学，亦工医术。〔见：《黄县志稿》〕

王灼 字晦叔，号颐堂。宋代遂宁（今四川遂宁县）人。文词古雅，读书自乐，不涉仕途。著有《露香亭诗》、《碧溪漫志》等书。洪迈（1123～1202）云："遂宁王灼作《糖霜谱》七篇，惜无可考。"〔见：《潼川府志》、《潼南县志》〕

王沐 (1497～1558) 一作王休。字世沾，号春泉。明代常熟县（今属江苏）人。天性孝友，壮年妻死，不再娶。酷嗜医学，刻苦攻读，寒暑不倦。因家贫，常苦读于月下，久之目力衰弱，不能远视，而医技日精，识者谓"丹溪再世"。吏部尚书严讷（1511～1584）幼年时患痢垂危，王沐诊之曰："是当籍玉堂，宁籍鬼录也？"投剂立起。嘉靖间（1522～1566），疫病起于战乱，王氏捐资施药，全活甚众。部使者上书言其事，授太医院吏目，旌其门曰"义医"。著有《诸方便览》、《脉经解疑》、《用药要诀》等书，未见刊行。[见：《常熟县志》、《常昭合志》、《苏州府志》、《海虞文征》]

王沂 北宋淮南人。里居未详。名医王晋发子。精方技，有声淮南。曾任高邮军医博。广南东路安抚使余敬荐之，应国子四门助教试。王安石（1021～1086）代拟圣批特准参试，其批曰："尔以方伎，有声淮南。今方维安石之臣，以尔自随，而请加一命。尔宜知夫名之不欲以假人也，而能慎行以称焉。可。"[见：《王安石全集·卷五十五·外制》]

王沆 字宋臣。清初浙江嘉兴县人。生平未详。曾于康熙甲子（1684）参订同邑萧埙《女科经纶》。[见：《女科经纶》]

王纶① 元明间江西金溪县人。邑名医王善（1306～1368）次子。得父传授，亦工医术。元末任金溪医学教谕。[见：《金元医学人物》]

王纶② (1453～1510) 字汝言，号节斋。明代浙江慈溪县人。父某，号贞静居士。王纶童时早慧，属对不凡。桂廷言见而奇之，以女妻之。长而就学，益自奋励，成化十六年（1480）领浙江乡荐。成化二十年（1484）举进士，授工部都水司主事。历官主客员外郎、仪制郎中。弘治庚申（1500）升广东参政，所至多政绩。正德四年（1509）任湖广巡抚，时逢年荒盗起，宦官刘瑾等横征暴敛，修造寿、荣二府，动辄征银以万计。纶建议赈乏蠲免，民困得解。是年父殁，奔丧途中旨下，夺情起复，奉命征广西。庚午五月事平，许终制。是年九月甲戌，卒于姑苏舟中，年仅五十有八。讣闻，帝遣官谕祭营葬。王纶居官清白，刚方梗介，不媚流俗，以"喜闻过，罕言利"为座右铭。与人交，表里如一，久而弥笃。性孝友，与兄王经友爱同心，终身无间言。早年因父病而留意医药，为官后，朝听民讼，暮疗民疾，所治无不瘳者。原病定方，不规规泥

古，而又不悖于古，论者以为丹溪复出。撰有《名医杂著》六卷、《本草集要》八卷，刊于世。还著有《节斋小儿医书》、《胎产医案》、《医论问答》、《节斋医论》等书，未见传世。兄王经，亦通医道。门生鲍进，儒医两精。[见：《明史·王纶传》、《医学入门·历代医学姓氏》、《慈溪县志》、《浙江通志》、《中国历代名医传》、《中国医籍考》、《中国历代名医碑传集》（引刘世龙《明故通议大夫巡抚湖广兼赞理军务都察院右副都御使王公墓志铭》）]

王邰 号煦山。清代河北交河县人。晚年潜心医学，活人无算。[见：《交河县志》]

王英 明代人。生平里居未详。曾任裕州义官。辑有《杏林摘要方》一卷，行于世，今未见。[见：《百川书志》、《千顷堂书目》]

王林① 明代华亭县（今属上海）金山卫人。其父王清，得泰山云水道士秘授，以伤科著称。林传承父业，亦精骨科。子王荣，孙王寿，绍承其学。[见：《金山县志》]

王林② 清代人。生平里居未详。著有《临证一助》八卷。[见：《中华医学会中文书目》]

王典 字邦贡，号意庵。明代安徽祁门县人。笃志学古，肆力诗文，尤究心于《素问》诸书，得医学之奥。治病有神效，活人甚多。嘉靖间（1522～1566）征入太医院。因医太子有功，升御医，声名益显。[见：《古今医统大全·历世圣贤名医姓氏》]

王迪 (1294～1341) 字子吉，号国瑞，又号瑞庵。元代浙江兰溪县纯孝乡白露山（今黄店乡王家村）人。针灸名医王开子。绍承父业，行医江浙，以针灸术知名。曾客居安徽婺源县（今属江西），王公贵人争相交往。刘牝初患寒症，迁延五载不愈，王氏治之而瘥，世以"神医"目之，执弟子礼者甚多。曾整理其父遗稿，著《扁鹊神应针灸玉龙歌》一卷，刊刻于世（今存）。是书首论针灸经穴，载常用穴位一百二十八个，口诀八十五首；其次载标幽赋、天星十一穴歌诀、人神尻神歌诀、太乙日游九宫血忌诀、六十六穴证治、流注序、十二经原穴、夫妻配合原穴、六脉次第、磐石金直刺秘诀、窦汉卿针灸歌、灸法杂抄切要、飞腾八法等内容。天历二年（1329），门人周仲良为之作序。子王廷玉，孙王宗泽，皆继承家学。[见：《四库全书总目提要》、《兰溪市医学史略》（引《王氏家谱》）、《兰溪县志》、《补元史艺文志》、《新安名医考》、《金元医学人物》]

四画

王尚 明清间安徽休宁县（一说富阳）人，迁居杭州。少习外科，事母尽孝。母病，求医于浦江，遇良医传以外科术，自是技艺益精，凡跌仆折伤、脑裂肠出者，治之多效。尝为病者行手术，剖腹洗肠，复纳入，以桑皮线缝合，得痊愈。素重医德，凡造门求医者，不问贫富，率以先后诊视，病者皆感悦。居恒患哮疾，邑人以"王哮"称之。顺治（1644～1661）初卒，其术遂失传。[见：《杭州府志》、《上海县志》]

王贤① 字世瞻。清代浙江桐乡县人。以医为业，精明脉理。著有《脉贯》九卷，其子王大经校之，刊于康熙五十年辛卯（1711）。邑令蔡达称此书"脉理融通"。[见：《贩书偶记续编》、《桐乡县志》]

王贤② 清代河南内乡县夏馆人。祖传世医，曾任医学训科。救治甚众，有声于时。[见：《内乡县志》]

王昂 号松峰。明代江西庐陵县人。博究历代医籍，精通医理。善治疑难大证，凡遇危疾，时医不能疗者，投剂多效，自台省大府以下，莫不走迎。有医德，凡病家延请，立往诊视，不求酬报。尝语人曰："予每遇疾艰危者，未尝不退而深思，求为必活之计。"又曰："医以辅养元气，非与疾求胜也。与疾求胜，非昧杂辛烈，极毒极猛，则得效不速，故速效者隐祸亦深。吾宁持久，待其自复也。"识者以为至论。[见：《吉安府志》]

王果 清代四川渠县人。岁贡生。事亲至孝，设帐授徒四十余年，成就后学颇众。兼精医学，著有《眼科辑要》，今未见。[见：《渠县志》]

王昈 字养中。宋代东嘉（今浙江永嘉）人。以医为业。撰有《续易简方脉论》一卷，所载系四诊论说及证治方剂。[见：《经籍访古志》]

王凯 字伟仙，号养吾。清代浙江海宁县人。徙居江苏武进。其父王治行，晚年以医知名。王凯工诗赋，有文名。曾患痧证，遇闽人林森，诊治而愈，遂请师事之。林出治痧证书一帙，付之而去。未几，闽、越、湘、楚疫疠大作，朝发夕死，诸医束手，凯依林氏书施治，全活甚众。后修订林氏所遗书，撰《晰微补化全书》三卷，又撰《孳善堂药言》一卷，附于其后，书成于康熙二十五年丙寅（1686），刊于康熙三十年辛未（1691）。《晰微补化全书》原刻今不存，现存最早刊本为嘉庆三年戊午（1798）所刻，易名《痧症全书》（光绪四年北京慈幼堂刻本名《痧书》）。按，王凯《晰微补化全书》（即《痧症全书》）与郭志遂《痧胀玉衡》内容多雷同，疑王凯得于林

森者，即郭氏之书。周中孚《郑堂读书记》亦曰："《（痧胀玉衡》）较王养吾《晰微补化全书》稍前，而大旨则相同，养吾书殆以此为蓝本也。"王凯还辑有《验方续编》二卷、《痢症全书》三卷，今存。[见：《中医图书联合目录》、《郑堂读书记》、《历代医书丛考》、《江苏历代医人志》]

王岳 宋代人。生平里居未详。著有《产书》一卷，原书已佚，日本丹波元坚从《医方类聚》中辑出。[见：《通志·艺文略》、《中国医籍考》]

王金 字芝山。明代陕西鄠县人。国子生。年十七岁，遇道士堕水，救之归，且敬事之。道士感其恩，授以秘术。王金曾因杀人获死罪，知县阴应麟雅好黄白术（炼金术），闻金有秘方，为之解脱，遂逃往京师。适嘉靖帝令天下进献灵芝，四方所献甚多，皆积储苑中。金乃贿宦官，窃出一万枚，聚为一山，号万岁芝山，又伪造五色神龟进献。帝大喜，授太医院御医，官至太常卿。嘉靖（1522～1566）末年，王金与陶世恩、陶仿、刘文彬、高守中、申世文等伪造《诸品仙方》、《养老新书》，并制金石药进献。帝服金石药，初有效，授陶仿太医院使，授刘文彬太常博士，他人各有升赏。不久嘉靖帝亡，临终遗诏，归罪王金等五人，命悉正典刑。后得免死，编口外为民，依新郑高文襄居，遂为新郑人。子王继怀，传承其术。[见：《明史·陶仲文传》、《开封府志》]

王育 字子春，号石隐，堂号斯友。明清间江苏镇洋县人。家贫好学，于书无所不读。乏膏火，每梯屋乘月，以尽余光。性刚毅，不为非义所屈，人皆敬之。明亡后，角巾方袍，不求仕进。年八十八岁卒。王氏旁通医理，所剖析多发奇秘。撰有医书《脉法微旨》、《本草辨名疏义》，今未见流传。医学之外，尚著《说文论正》、《阴符经解》、《斯友堂诗集》等书。[见：《太仓州志》、《镇洋县志》]

王性 宋代无锡县（今江苏无锡）人。善绘山水，兼精医术。[见：《中国历代医家传录》（引《锡金考乘》）]

王闳 明代四川营山县人。究心医术，治病应手取效，名播四邑。[见：《营山县志》]

王炘 字希臣。清末人。生平里居未详。曾任太医院恩粮，兼上药房值宿供奉官。[见：《太医院志·同寅录》]

王炎 （1138～1218）字晦叔。南宋婺源县（今江西婺源）武溪人。乾道五年（1169）乙

科进士，调鄂州崇阳主簿。历任潭州教授、临江通判、饶州知府、湖州知府，官至军器监中奉大夫，赐金紫。嘉定十一年，卒于家，年八十一岁。王炎好著述，撰有《伤寒论》、《资生经》二书，已佚。[见：《徽州府志》、《婺源县志》]

王泊 字沧庭。清代浙江归安县人。道光、咸丰间（1821～1861）在世。精通医术，以善治小儿痘疹、惊风著称。[见：《归安县志》]

王泽 字振五。清代河南巩县人。武庠生。兼通医理，精《素问》诸书。[见：《杞县志》]

王治 字敬植，号菊泉（一作橘泉）。明代长洲县（今江苏苏州）唯亭人，居金村。为元代昆山学正王梦声后裔。王治自幼习儒，兼精医理。嘉靖甲子（1564）、乙丑（1565）联捷成进士，未仕，隐于医。游历名胜，参访高真，医名日噪，有起死回生之誉。子王士龙，孙王用德、王时亨，皆精医术。[见：《元和唯亭志》]

王泾 时称王承宣。南宋四明（今浙江鄞县）人。曾任太医院御医，官承宣使。王泾治病每有奇验，然用药多孟浪。高宗苦脾疾，王泾误用泻药，竟至不起。孝宗欲戮之，恐此后医者不肯进药，遂命杖脊，黥面流配海上。后放归，居天街，以"四朝御医王防御"榜于门。有轻薄子以小楷于其旁书"本家兼施泻药"六字，泾惭甚。[见：《辛癸杂识》、《中国医籍考》、《桯史·卷九》、《四朝闻见录》]

王宗 （1268～1328）字伯川。元代河北河间人。世以医术相传，祖父王珍，事迹不详。父王璧，至元间（1264～1294）任河间路官医都管勾。叔父王鼎，事迹不详。长兄王诚，任沧州官医提领。王宗传承父学，声名尤盛，远近就诊者络绎不绝。金末世乱，河间名医刘完素子孙皆亡，所幸遗书尚在，王氏得以私淑完素之学，多有心悟，为河间学派重要支脉。王宗初任保定路医学正，迁衢州路医学教授，再擢河间路医学教授。在任时重建刘完素祠宇，逢初一、十五日，率诸医瞻拜，并宣讲刘氏医论，以广其传。王宗事亲至孝，待人宽厚，宗族饥寒者，岁时救济不厌；有子弟孤幼者，皆教养之。尤重医德，凡以疾病延请，不分贵贱皆往，遇贫困者济以粮米，赖全活者甚众。尝谓其子曰："比见世人以治疾取财，居药致富，鲜克能久。汝曹当以为戒。"天历元年三月十三日卒，享年六十一。有子三人，长子彦泽，官晋州医学教授。次子彦直、幼子彦修，生平未详。[见：《中国历代名医碑传集》（引苏天爵《滋溪文稿·元故河间路医学教授王府君墓表》）]

王定 唐代人。生平里居未详。贞观时（627～649）官尚方令。著有《本草训解图》，已佚。[见：《新唐书·艺文志》、《旧唐书·经籍志》]

王宠 字子沾，号秋泉。明代浙江乌程县人。博极方书，殚思穷奥，尤精幼科。病家抱小儿出，不俟睹面细察，越数步，望色即可定其生死。舟舆所至，就治者常至百人。患者视其沉吟，许可，以为忧喜，一时称神医。著有《幼科或问》，未见刊行。[见：《乌程县志》]

王诚 元代河北河间人。邑名医王璧长子。传承文学，亦工医术，曾任沧州官医提领。弟王宗，医名尤著。[见：《金元医学人物》]

王诠 又名耀。清代陕西勉县人。本邑名医。同治二年（1863），勉县瘟疫大行，诠尽迁家眷于城郊，只身居城内，救治甚众。凡病重者，不待请而往，贫困者代偿药金，人皆感德之。[见：《勉县志》]

王贯 明代苏州（今属江苏）人。幼习举业，因家贫弃儒攻医，精其术。弘治间（1488～1505）知府曹凤罹疾，遍求良医不效。王贯治之，四剂而瘳，由是声名大震。[见：《苏州府志》、《吴县志》]

王绥 清代陕西蒲城县人。名医王梦祖孙。生平未详。曾与兄王鼎参校祖父《伤寒撮要》。[见：《伤寒撮要》]

王绛 字思和。北宋人。原籍未详，寓居仪真（今江苏仪征）。通医术，初不知名，后游都下，声名渐盛，曾任医官。元符间（1098～1100），一宗人罹疾，逾年不瘥，谒王绛求治，一月而痊。政和间（1111～1117）度为黄冠。[见：《中国历代医家传录》（引《本事方》）]

王经① （1443～1516）字伯常，号艾坡。明代南京（今属江苏）人。宋医师王继先十八世孙，世医王拱辰子。伯父王文胜，任太医院御医，其女为英宗贵妃，得授锦衣卫百户。文胜无子，王经十三岁尊祖命为伯父嗣子，遂居北京，袭任锦衣卫百户。后文胜有子王纯，乃复归生父王拱辰，并迎养于京师。王经善承家学，医术精湛，名满京城，数百里外迎请者不绝于途。刚介好义，不为权贵所屈，平居布履素衣，视疾之外，足不入官府。虽达官贵人迎请无虚日，诊脉处方之外，语不及他。正德丙子卒，享年七十四。子王轩、王辂、王轼，皆传承先业。[见：《中国历代名医碑传集》（引顾清《艾坡王先生

四
画

王经② 明代浙江慈溪县人。名医王纶兄。早年习儒，及长，专理家务。其父真静居士中年患痼疾，王经与弟亦善病，故遵父命习医。初取本草、《内经》、东垣、丹溪诸书读之，三年而有得，谓弟王纶曰："今乃知（时）医之陋妄也。古人因病以立方，非制方以待病。病情万变，岂一定之方可尽耶？丹溪先生多不袭古方，唯究心本草，以某药治某病，以某药监某药，以某药为引经而已。故学医之道莫先于读本草，识药性；药性明，然后学处方；知处方，然后讲病因；知病因，然后讲治法；知治法，然后讲脉理，以及乎察色听声问症之详。斯学有次第，而医道可明也。"识者以为至言。[见：《慈溪县志》、《本草集要·王纶序》]

王经③ （1462～1531） 字秉常，号西林。明代陕西西安府右护卫人。祖籍四川。其父王天荫，精通医术，官秦府良医，遂徙居西安。王经自幼好学，师事吴人汤以修，通经史，好吟咏。思家业不可废，复致力岐黄之学，于书无所不读，声名不亚其父。秦王闻其名，授本府良医正。轮值之余，以医济世，凡以病邀请，或在家，或在途，或昏夜叩门，无不往诊，不分贫贱富贵，皆尽其术。天性朴诚，遇不可治者则以实告，曰："是非不尽也，无能为也。"故上自学士大夫，下及间巷百姓，皆敬重之。浒西康太史、龙渠谢宪使，先后赋诗赠之，称"王道之医"。嘉靖辛卯三月十一日卒，享年七十。尝著《脾胃》、《气血》、《伤寒》诸论，大要与慈溪名医王纶略同，其中独阐古医秘奥者凡十数篇，惜散佚不传。子王尚义，传承父业。[见：《中国历代名医碑传集》（引王九思《渼陂续集·明故秦府良医正西林王君墓表》）]

王荣 明代华亭县（今属上海）金山卫人。邑伤科名医王清孙，王林子。传承家业，亦精骨科。子王寿，亦以医名。[见：《金山县志》]

王珏 字云门。近代江苏江都县人。早年习医，精其术。1926～1927年，喉痧肆行，时医拘于"白喉忌表"之说，误人甚多。王氏遍考前贤方书，印证于临床，对喉痧治疗颇有心得。著有《疫喉痧疹辨正》，今存。[见：《江苏历代医人志》]

王珑 明代人。里居未详。通经史，为中书科儒士。弘治十六年（1503），太医院院判刘文泰等奉敕编撰《本草品汇精要》，王氏与太医院医士徐镇、夏英、钱宙、徐浦、徐昊、吴钤、郑通、刘翚、张铎共十人任纂修官。该书毕工于弘治十八年三月，未刊，今存抄本。[见：《本草品汇精要》]

王珉 （351～388） 字季琰，小字僧弥。东晋琅琊临沂（今山东临沂）人。丞相王导孙。珉出身士族，官至黄门侍郎，兼中书令。太元十三年卒，年仅三十八岁，追赠太常。少有才艺，擅书法，兼通医学。著有《疗伤寒身验方》（又作《药方》）一卷，已佚。[见：《晋书·王珉传》、《宋以前医籍考》、《隋书·经籍志》]

王政 字时学，号恒轩。明代长洲县（今江苏苏州）人。名医王宾侄孙，王宽（1369～1426）幼子。传承家学，亦精医术。曾任太医院医士。兄王敏（1414～1485），医名益盛。[见：《中国历代名医碑传集》]

王柄 字指辰。清代河北交河县人。精内外科，兼通针灸。生平好善，遇贫病者恤以饮食，施以药饵，至老不倦。[见：《交河县志》]

王相 字钟岳。清代江苏江宁府人。精医道，熟于《素问》、《难经》诸典。曾寓居吴门，赁居名医叶天士宅旁，叶氏以难治辞者，就王相治辄瘥，叶大奇之。[见：《江宁府志》]

王树 一名同玉，字树之。清末安徽黟县郭隅人。儒医王显璩子。早年习儒，为附贡生。继承父业，亦通医术。推重《神农本草经》之三品分类法，认为上品养命，中品治病，故选中品药百余种，以为临证常用之药。子王协泰、王瀚，皆传家学。[见：《黟县三志》]

王勃 （649～676） 字子安。唐代绛州龙门（今山西河津）人。雍州司户参军王福畤子。勃六岁即能属文，年未及冠，应举及第，授朝散郎，迁虢州参军，后因事除名。上元三年，往交趾省父，堕水而卒，时年二十八岁。王勃为唐代著名文学家，兼通历算，嗜于医学。尝谓："人子不可不知医。"时长安医者曹元身怀秘术，勃从之游，尽得其要。著有《医语纂要》（一说仅作《医语·序》）一卷，已佚。[见：《旧唐书·王勃传》、《新唐书·王勃传》、《宋史·艺文志》]

王厚 字任能。清代湖南安化县人，居松山。精通幼科，常以丸药赠病者，绝不求值。凡延请者，虽深夜寒雨必往，全活者数以千计。寿至七十七岁卒。[见：《安化县志》]

王昭 字雯若。清代江苏昆山县张浦镇人。国学生。工书法，善绘山水，虽寸幅尺缣，人争宝之。尤精岐黄术，治病应手辄愈。淡于荣利，家居课徒之余，藉翰墨自娱。[见：《昆新两县续

修合志》]

王显 (?～515) 字世荣。北魏阳平乐平（今山东郯城东）人。自言本东海郯人，为王朗后裔。其父王安道与李亮学医于沙门僧坦，粗究其术，而不及亮。王显少任本州从事，明敏有决断，以医术自通。尝愈文昭太后及世宗之疾，补授侍御师。后累迁廷尉卿、平北将军、相州刺史。延昌二年（513）以营疗之功，封卫南伯。四年（515）宣武帝崩，朝宰以"侍疗无效"流配朔州，行至右卫府，卒。王显曾奉诏撰《药方》三十五卷，颁行天下。又著《王世荣单方》一卷，均佚。[见：《魏书·王显传》、《北史·王显传》、《中国佛学人名辞典·王安道》、《隋书·经籍志》、《太平御览》、《历代名医蒙求》、《山东通志》]

王勋 字于圣。清代安徽歙县人。生平未详。著有《慈航集三元普济方》（又作《慈航集》）二卷，刊于世，今存清光绪（1875～1908）刻本。该书于疟、痢等证记述较详，而对六气之说则过于拘泥。[见：《八千卷楼书目》、《贩书偶记续编》、《中医大辞典》]

王贵 明代人。生平里居未详。曾校正卢和《食物本草》。[见：《现存本草书录》]

王岣 原名逢吉，字汝从，又字野民，号云樵，又号石林山人。明清间江苏长洲县唯亭人。祖王士龙，父王时亨，皆以医术著称。岣六岁丧父，遵母张氏命读书，未弱冠入邑庠，有声于时。值明末世乱，遂偕弟子王逢年隐于医，疗痼疾如反掌。有医德，治病无分贵贱，凡请即往，风雨无间。著有《云樵诗稿》。子王家瓒，亦精医术。[见：《吴县志》、《元和唯亭志》]

王贶 一作王况，字子亨。北宋考城（今河南兰考）人。为名医宋道方婿。得岳父之传，亦以医为业。初悬壶京师，以技艺未精，延诊者寡，甚凄然。会盐法突变，某大贾睹揭示失惊吐舌，舌遂不能复入，经旬食不下咽，羸瘦日甚，国医不能疗。其家忧惧，以重金榜市求医。贶利其财，往应之。及见病者，茫然无措，漫检《针经》，偶有穴与是疾似合，遂针之，抽针之际，舌缩如初矣。病家大喜，谢之如约，又为之延誉，自是名动京城。既小康，始得尽心攻读医籍，术始精进。后以医得幸，宣和间（1119～1125），授朝请大夫。著有《全生指迷论》（又作《全生指迷方》）三卷，医者多尊用之（今存）。[见：《挥麈余话·卷二》、《宋史·艺文志》、《直斋书录解题》、《医学入门》、《中医图书联合目录》]

王钦 清代河南郾城县人。早年习儒，为监生。生于世医之家，以喉科知名。同治（1862～1874）初岁饥，时疫大作，王钦施术疗救，全活甚众。子王化龙，传承祖业。[见：《郾城县志》]

王秋 字春谷。明代安徽南陵县人。性豪爽，有慧识。万历五年（1577）捐资，命其子王大献、王大化、王大成重校《大观本草》（即《证类本草》，详"唐慎微"条），名之曰《重刊经史证类大全本草》，刊刻于世。万历二十八年（1600）邑令朱朝望修补蠹版，重印于籍山书院。万历三十八年（1610），书版复漫漶，侍御彭端吾出俸金，行府补刻，再刊于世。清顺治十三年（1656），南陵县修县志竣事，县知事杨必达命梓人修补旧版，此书遂第四次印行。[见：《宁国府志》、《南陵县志》、《钦定天禄琳琅书目后编》、《平津馆鉴藏记》、《中国善本书提要》、《四部总录医药编》]

王顺 汉代人。相传为终南山采药者，事迹已不可考。今终南山尚有王顺祠。[见：《陕西历代医家事略》]

王俣 字硕夫（一作硕父）。南宋宛邱（今河南淮阳）人。政和二年（1112）进士，历监察御史。建炎（1127～1130）初，扈驾南渡，遂定居余姚。绍兴（1131～1162）初，中蜚语免官。秦桧专国，王俣家居十八年。桧死，起知明州，官至工部尚书。王氏旁通医术，尝汇编《本草》诸条下所载单方，辑《本草单方》三十五卷，已佚。[见：《宋史·艺文志》、《直斋书录解题》、《世善堂藏书目录》、《余姚县志·寓贤》]

王禹 西汉人。生平里居未详。精医术，任济北王府太医。曾奉王命师事名医淳于意。[见：《史记·扁鹊仓公列传》、《历代名医蒙求》]

王度 字式昭。清代江苏上元县人。精通医术，就诊者门庭若市。乐善好施，与本县名医高伦等捐金修葺桥路，以便行人，乡里敬之。[见：《江宁府志》、《上元县志》]

王恒① (1341～1384) 字立方。元明间吴县（今江苏苏州）人。生于世医之家。年十七丧父。慕名医朱震亨之术，泛海至崇明求师，因道阻，转至金华，终得朱氏传人，遂尽其学而归。于医理祖述河间，推重东垣，而依归于《素问》。尝谓："仲景之书，辨脉、平脉非止于伤寒，而伤寒之法，少阴、厥阴又非专为外感而设。"名医王宾以为至言。临证必先辨邪正虚实，诸如病在阴而不始于阴，在阳而不始于阳，似阴而中非阴，似阳而中非阳，悉了然于胸，然后施治，不以贱微而稍有忽略，故名动一方。名儒王行、高启（1336～1373）皆重其学，先后作序、赠诗以赞之。洪武十七年治一毫者，毫者归家而卒，归罪于医，恒竟枉死于官刑。著有《医学会源》、《六气本草》，皆佚。[见：《中国历代名医碑传集》（引王宾《光庵集·王恒立方墓志》）]

王恒② 字与贤。清代浙江金华府人。博学明经，兼通医术。[见：《金华府志》]

王恺 清代山东阳信县人。学问渊博，年十七入县庠。次年食饩，依例就读书院，奖银资膏火。道光三年（1823）举孝廉。晚年精医，有名医之称。[见：《阳信县志》]

王恬 号智叟。宋代人。生平里居未详。通医理，尝谓："犯色伤寒犹可治，伤寒犯色最难医。"[见：《鸡肋编·卷上》]

王炳 清代人。生平里居未详。通医道，官太医院右院判。乾隆四年（1739）十一月十七日，帝谕示太医院右院判王炳、御医吴谦："尔等衙门该修医书，以正医学。"[见：《医宗金鉴》]

王洪 字云台。清代山西长治县人。精医术。治病不择贫富，有求辄往，不计酬报。知府萧某，甚敬重之。年八十七岁卒。[见：《长治县志》]

王洙 （997～1057） 字原叔。北宋应天宋城（今河南商丘）人。少聪悟博学，记问过人。举进士甲科，补舒城县尉。后调富川县主簿。晏殊留守南京，厚遇之，荐为府学教授。累官国子监直讲、史馆检讨、天章阁侍讲、太常博士。景祐元年（1034），奉诏与翰林学士王尧臣、馆阁校勘欧阳修等修撰《崇文总目》，以著述功迁尚书工部员外郎。后参修《国朝会要》，加直龙图阁、权同判太常寺。王洙泛览博记，于图纬、方技、阴阳、五行、算数、音律、训诂、篆隶之学，无所不通。其在馆阁日，于蠹简中得汉张机《金匮玉函要略方》三卷，上卷论伤寒，中卷论杂病，下卷载其方，并疗妇人之法，论载于前，方会于后。王洙抄录此书，传于士流，后经林亿、孙奇等整理，刊行于世。王洙于嘉祐丁酉卒，享年六十一，谥"文"。[见：《宋史·王洙传》、《金匮要略方论·序》、《四库全书总目提要》]

王宣 字化卿，又字虚舟。明末江西金溪县潘坊人。随父侨寓桐城。年二十补博士弟子员。六十岁弃举业，专事著述。七十岁世乱，乃返故里。八十岁诸子皆亡，犹著书不辍。王宣自幼好学深思，经史而外，于诸子百家、诗赋古文、

阴阳律吕及岐黄之书，无不深思精研，穷原竟委而后已。年八十四岁卒。撰有《张长沙伤寒论注》，已佚。[见：《金溪县志》]

王祐① 北宋人。里居未详。精医理，太宗时任太医院副使。奉敕与王怀隐、郑奇、陈昭遇等撰《太平圣惠方》一百卷。此书始撰于太平兴国三年（978），至淳化三年（992）历时十四年始成，汇录宋以前历朝名方16834首，为我国现存10世纪以前最完备之官修方书。[见：《宋史·王怀隐传》、《中医文献辞典》]

王祐② 明代浙江分水县人。王友谅孙，王泽子。精医术，曾任本县医学训科。著有《简效惠济方书》，已佚。王氏祖孙三代皆以义行著称，天顺、正德间（1457～1521）有司旌表其门。[见：《分水县志》]

王祐③ 字言一。清代河南商城县人。早年习儒，为诸生。晚岁精医术，施药济世。[见：《商城县志》]

王逊 字子律，号墙东圃者。清初钱塘（今浙江杭州）人。名医王佑贤次子，张志聪门生。王氏曾摘选李时珍《本草纲目》，选实用药五百九十七种，另加九种，辑《药性纂要》四卷，刊于世，今存康熙间（1662～1722）刻本。清初，张志聪讲学于侣山堂，集合钱塘名医及门生校正古医书，王逊参与其事，参订《伤寒论宗印》、《金匮要略注》二书。[见：《伤寒论宗印·序》、《金匮要略注·序》、《北京大学图书馆藏李氏书目》、《中医图书联合目录》、《浙江医籍考》]

王素 字仲仪。北宋大名莘县（今山东莘县）人。太尉王旦（957～1017）季子。仁宗时（1023～1063）举进士，官屯田员外郎，迁侍御史，以工部尚书致仕。年六十七岁卒，谥"懿敏"。据《宋史·艺文志》载，王素著有《经验方》三卷，已佚。[见：《宋史·王素传》、《宋史·艺文志》、《山东通志》]

王珪 字均章（一作君璋），号逸人，又号洞虚子、中阳老人。元代常熟县（今属江苏）人。祖籍汴梁。天赋灵悟，博览载籍，曾以奇才诏授辰州路同知。素慕丹术，年未四十，弃官归隐，居虞山之下，名所居曰中阳丹房，澄心观道，世称王隐君。又善绘画，所画《虞山图》，布置繁密，意趣闲雅，赵孟頫对其评价甚高。尤邃医理，通凝精养神之术，自壮至老，调养有序。尝谓："百病皆因痰作祟。"故创制滚痰丸方，颇有效验，至今为医家所用。年九十余卒。著有《泰定养生主论》十六卷、《药方》四卷，刊刻于世。[见：

《泰定养生主论·跋》、《古今医统大全·历世圣贤名医姓氏》、《补元史艺文志》、《四库全书总目提要》、《苏州府志》、《江苏历代医人志》、《中国医籍考》]

王珠① 字旭山。清代四川达县人。家贫失学，自少习医。重医理，凡有疑窦，务求其因，故所治多效。待人谦诚，百问不厌，驰名远近。嘉庆（1796～1820）初世乱，时疫流行，王珠制药施救，活人甚众，世人敬之。[见：《达县志》]

王珠② 字品泉。清代江苏嘉定县人。博览群书，为士林所重。晚年失明，犹令长女王恒其诵读于旁。兼通医理，著有《四言脉诀集注》二卷、《大生二书》二卷、《达生编补注》一卷、《种痘书》一卷（后三种与钱大治合著），均未见流传。[见：《嘉定县志》]

王真 字叔经。东汉上党（今山西长治）人。善道术，其法闭气而吞之，名曰胎息；嗽舌下泉而咽之，名曰胎食。每行之，可断谷二百余日，肉色光美，力并数人。曹操重其术，使统领诸方士。相传王氏年且百岁，视之面有润泽，似未五十者。尝自谓："周流登五岳名山，悉能行胎息胎食之方，嗽舌下泉咽之，不绝房室。"[见：《后汉书·方术列传·王真》、《中国历代医家传略》（引《汉武内传》）]

王桂 清代河南许州（今许昌）人。以儒医名世。孙王廷珍，传承其术。[见：《许昌县志》]

王桢 字沧亭。清代浙江归安县人。为名医王中立后裔。[见：《归安县志》]

王翃 字翰臣，又字楫汝，号东皋。明清间嘉定县（今属上海）东皋人。父王泰际，崇祯十六年（1643）进士，明亡，隐居三十余年不仕。王翃早年登贤书，有文名，好著述，兼精医药，以行谊著称。康熙十九年（1680）江南水灾，疫疠大行，王翃于"编辑《伤寒杂证全书》之暇，以其绪余，亦手录备急方八百余首，另为一编，名曰《万全备急方》"，由曹垂璨刊刻于世。次年，"复从吴下白门搜罗坊刻旧本，有似葛洪《肘后》、《澹寮》、《百一》者数家，翻覆简阅，去其雷同舛谬，更得名方四百余则"，编成《万全备急续方》。此后，复搜采实用药物四百余味，辑本草书一册，适名医喻昌馆其舍，乃出以示之。喻昌喟然曰："雷桐不作，斯道晦塞久矣！君其手握灵珠，以烛照千古乎？"遂定名为《握灵本草》，与上二书同刊于康熙二十二年（1683），今三书皆存。此外还著有《伤寒精要》、《伤寒十剂新笺》、《杂证圆机》（疑上三书即《伤寒杂证全书》之分册）、《群方类例》等书，刊行于世，今未见。[见：《握灵本草·序》、《日本现存中国散逸古医籍》、《贩书偶记》、《嘉定县志》]

王轼 明代南京（今属江苏）人。世医王经（1443～1516）幼子。传承家学，亦通医术。[见：《中国历代名医碑传集》（引顾清《艾坡王先生墓表》）]

王辂① 明代南京（今属江苏）人。世医王经（1443～1516）次子。传承家学，亦通医术。[见：《中国历代名医碑传集》（引顾清《艾坡王先生墓表》）]

王辂② 明清间江苏上元县人。儒医王元标子。辂亦通医学，著有《保产保生编》，今未见。其父晚年著《医药正言》，未竟而卒，辂与弟王稚续成之。[见：《江宁府志·王元标传》、《上江两县合志》]

王哲 明代安徽太平府人。精医术，多禁方。曾任良医副，永乐间（1403～1424）升修职郎。[见：《太平府志》]

王晔 元末昆山县（今属江苏）人。曾任平江路昆山州医学教授。至正十九年（1359）与本路医学教授许规参与重修昆山三皇庙，至正二十三年（1363）为庙立碑。[见：《金元医学人物》]

王晖 三国时期魏人。里居未详。种药于华山，专植黄精，世人以神仙称之。后遁于商山，不久入罗浮山，不知所终。[见：《陕西通志》]

王钰 字仲坚。清初人。生平里居未详。名医程应旄门人。王钰曾整辑程氏逸稿，于康熙壬子（1672）春，辑《伤寒论赘余》一卷，刊刻于世。此书国内未见，曾流传日本。[见：《中国医籍考》]

王爱 字力行。清代浙江嘉兴县梅里镇人。王绳孙子。王爱精医术，寓居碳石镇。晚年无疾而终，碳石友人捐资，葬于紫微山侧，立碣表其墓。著有《四气撮要》，并绘《铜人图》，均未见传世。[见：《梅里志》]

王玺 （？～1488） 字玉斋。明代河北永平府（今卢龙）人。原任太原左卫指挥同知。成化（1465～1487）初，擢都指挥金事，守御黄河。十三年擢都督金事，充总兵官，镇守甘肃。十七年进署都督同知。二十年移镇大同。在边二十余年，为番人所惮。王玺通韬略，谙文事，兼

37

通医理。尝念边地无医药，著《医林类证集要》十卷（今存），择边人子弟聪颖者教授之。弘治元年卒。［见：《明史·王玺传》、《明史·艺文志》、《百川书志》、《北大图书馆藏善本书目》］

王衮 北宋太原（今山西太原）人。熙宁间（1068~1077）任中书堂后官，编定命官四等过犯。元丰五年（1082）任大理寺少卿。王衮留意医药，尝博采医方，历时二十载，得方论七千余条，精选五百余方，辑《博济方》五卷，曾由吴兴莫伯虚刊刻行世。此书已佚，清代开四库馆，自《永乐大典》中辑出三百五十余方，大约为原书十分之七，分为三十五类，依次排比，厘为五卷，刊入《四库全书》。［见：《宋史·艺文志》、《直斋书录解题》、《仪顾堂题跋·博济方跋》、《四库全书总目提要》］

王拳 明代淮安（今属江苏）人。永乐间（1403~1424）得异人秘授，精外科医术。其子孙六世皆业医，全活甚众，世无不知"大河外科"者。王拳著有《大河外科》二卷，附图三十六幅，大抵皆险恶危怪之疾。此书国内未见，今日本尚存嘉靖三十六年（1557）刻本。［见：《中国医籍考》、《宫内厅书目·陵部》、《中医大辞典》］

王涛 字文海。清代江苏长洲县人。名医唐大烈门生。乾隆壬子（1792），其师撰《吴医汇讲》，王涛参与校订。［见：《吴医汇讲·卷二》］

王浩 清代人。生平里居未详。曾于道光辛丑（1841）校订王维德《外科证治全生集》。［见：《外科证治全生集》］

王宽 （1369~1427）字德广。明代长洲县（今江苏苏州）人。名医王宾侄。得伯父亲授，亦精医术，赖以全活者甚众。宣德元年（1426），朝廷以明医征之，未及赴任，是年十二月初二日卒，享年五十有八。妻沈妙真（1375~1444），有淑德，督二子读书，使从明师习医，以绍先业。长子王佐，早夭；次子王敏、幼子王政，皆以医名。孙男六人：王鼎、王节、王观、王瑾、王泰、王珵。王节、王观精医，余四人事迹不详。［见：《中国历代名医碑传集》（引陈逊《王君德广裔志铭》）］

王宸 字三云。清代江苏宝山县江湾里人。工眼科，尤善用针。积年障翳（即白内障），应手而愈。［见：《江湾里志》］

王宾 字仲光，又字光庵。元明间吴县（今江苏苏州）木渎镇人。父王安之，善相术。宾早年习儒，于六经贤传，诸子百家，阴阳历数，山海图志，兵政刑律，稗官野史，无所不知。淡于名利，毕生隐居不仕，与王履、韩奕并称吴中三高士。素慕名医戴思恭之学，曾谒见之，请教学医之道。戴曰："熟读《素问》耳。"宾归而习之。越三年，戴至吴江，闻王宾议论医理大骇，自以为不如。时宾虽得纸上语，未解用药，闻戴氏藏有名医朱丹溪生前临证医案，欲学其术。戴曰："吾固无所吝，君独不能少屈乎？"宾谢曰："吾春秋已高，官尚不欲为，又肯为人弟子乎？"他日，伺原礼出，携其案头《丹溪医案》十卷而去，后竟以医术名满吴下。王宾医道虽精，唯不肯诊治豪贵，凡里巷贫民，方外寒士，延请必往，且施送药饵。曾寓居虎丘，自题"三畏斋"以明志。一生不娶，奉母极孝。年七十岁，先母而亡。门人盛寅、韩文晔，传承其学，皆为名医。宾从子王宽（1369~1426），亦得指授。家仆袁端，久侍通医，擅长外科。［见：《明史·盛寅传》、《松陵闻见录》、《续医说·古今名医》、《吴江县志》、《苏谈》、《木渎小志》、《中国历代名医碑传集》］

王宸 字丹六。明代浙江台州黄岩县人。郡庠生。重孝义，其母患疾，称药量水，跬寸不离。晚年精医术，凡延治者，虽贫家亦必趋视。著有《医学狐解》六卷，已佚。［见：《台州府志》、《黄岩县志》］

王通 北宋人。里居未详。以医为业。皇祐间（1049~1053），儒士任道腿间生疮，始发赤肿，日变黑色，有黄水出，累治不愈。王通诊之，曰："此疮狭长似鱼，脐下疮也。此一因风毒蕴结而成，二因久坐血气凝涩所致，三因食肉有人汗落其间也。"遂以大针刺之，随针有紫赤水汁流出，如豆汁。继出一异散，以鸡子清调敷其上，日三易，数日而愈。任道求其方，王通曰："只雪玄一味。"任氏遍访名医，终不知"雪玄"为何物。后至许、郑间，老医郝某曰："尝记《圣惠》有一方，治此疾用腊月猪头烧灰，以鸡子清调敷，此乃是也。"［见：《医说·三皇历代名医》、《历代名医蒙求》］

王绖 字大仪，号开塘。明代安徽太平府人。王府良医副王弼曾孙。自幼颖悟好学，有大志。稍长善病，乃发先世所藏方书，潜心探究。越数年，目手所及，生死判然，遂成名医。其治病主理中气，不袭陈言，常以意为治。遇奇疾，每置刀圭、苓术不用，以盐、泥、簪、珥之类投之辄神效。曾著书数十卷，为劫火所焚。年八十九岁卒，乡里悼之。［见：《太平府志》］

王焘 （670~755） 唐代郿县（今陕西郿县）人。太宗时侍中王珪曾孙，王茂时次子。

王焘幼年多病，及长，嗜于医术，数从高医游，遂穷医理。后任徐州司马，累迁给事中，邺郡刺史。曾"因婚姻之故，贬守房陵（今湖北房县）"，始末未详。王焘居台阁二十余年，得见宏文馆秘藏医籍。天宝间（742～755）出守大宁，目睹僻陋之地染瘴婴疴者十有六七，遂决意著书。前后广搜古方书五六十家，当代方书数千卷，"损众贤之砂砾，掇群英之翠羽"，于天宝十一年壬辰（752）撰成《外台秘要》四十卷，为历代医家所推重，今存。王焘还著有《外台要略》十卷，已佚。焘有二子，长子王遂，官大理少卿；次子王遘，官苏州刺史。[见：《新唐书·王珪传》、《新唐书·宰相世系表》、《新唐书·艺文志》、《外台秘要·自序》]

王琅 字次琳。清代山东潍县都家庄人。道光乙未（1835）贡生。精岐黄业。著有《妇科幼儿科要旨》，未梓。[见：《潍县志稿》]

王基 明代东台县（今属江苏）人。精于医术，知名乡里。[见：《东台县志》]

王埙 字蓉塘，号润园。清代山西介休县人。幼习举业，道光己酉（1849）拔贡，官内阁中书。早年因母病学医，乡党、僚属患疾者，皆求其诊视，所疗多佳效。辑有《醉花窗医案》，刊刻于世，今有点校本印行。[见：《醉花窗医案·序》、《介休县志》]

王乾 字健阳。清代山东益都县人。精医术。处方施药，毕生不倦。年八十二岁卒。著有《难经妙略》一卷、《神应经百穴歌法》一卷、《订天星十二穴》一卷、《医学验集》一卷，今未见。[见：《益都县图志》]

王彬 明代人。生平里居未详。洪武十九年（1386）三月，太祖患瘰聚疾，诏戴思恭诊治而愈，授以御医，并选拔优良子弟从其学，王彬与袁宝入选。[见：《中国历代名医碑传集》（引《建溪戴氏宗谱》）]

王梅 字玉林，号玉林道人。清初山东益都县人。生平未详。著有《眼科阐微》一卷，未见刊行。又曾订正明代张时彻《摄生总论》十二卷，名之曰《新刻摄生总论》，重刊于世。子王希尹，生平未详，曾再次重订并复刻《摄生总论》。[见：《益都县图志》、《中医图书联合目录》]

王硕 字德肤。南宋永嘉县（今浙江永嘉）人。曾任承节郎监临安府富阳县酒税务。精医术，为名医陈言门生。著有《易简方》一卷，载方三十种，药三十味，市肆常售丸药十种，以为仓猝应急之备。其书切于实用，流传颇广，今存。[见：《直斋书录解题》、《医藏书目》、《四部总录医药编》、《中国医籍考》、《永嘉县志》]

王辅① 明代人。生平里居未详。通绘画，曾任文思院副使。弘治十六年（1503），太医院院判刘文泰等奉敕编撰《本草品汇精要》，王氏与郑宣等八人任绘画。该书毕工于弘治十八年（1505）三月，未刊，今存抄本。[见：《本草品汇精要》]

王辅② 明代人。生平里居未详。著《惠济方》八卷（一作《简效惠济方》），今佚。[见：《国史经籍志》、《万卷堂书目》]

王晦 元初阳曲县（今山西阳曲）人。祖籍朔州。名医王得福子。传承父学，亦工医术，曾任御药院大使。[见：《金元医学人物》]

王铨 （1831～1877）字子衡，又字松舫。清代河北新城县人。咸丰乙卯（1855）举人。治诗，究心训诂，锐于讨论，废寝忘食。因劳致疾，遂学医。光绪三年卒，年仅四十七岁。著有《医药家栊》三卷，刊于光绪二年（1876），今存。还著有《医谣》六卷，未见刊行。[见：《保定府志》、《中医图书联合目录》、《贩书偶记续编》]

王敏 （1414～1485）字时勉，号讷斋，又号聩斋。明代长洲县（今江苏苏州）人。名医王宾侄孙，王宽次子。十三岁丧父，孤贫无所依，遵母命取家藏医书读之。年十六岁，拜入名医韩有门下。韩抽取其先世藏书问之，敏随问随答。韩曰："不失为世儒世医家子，可教也。"自此，独处一室，写诵不稍辍。凡师有所诊疗，详记其出人意表之处，曲折不遗。逾年师亡，值御医盛寅丁父艰归里，悯其孤贫，曰："盍居药设肆以养母？"敏曰："恐家学世继，自吾而失。"盛寅曰："志足以继光庵矣！吾受业光庵之门，还授之于其裔，宜矣。"遂留置馆下，尽出己术以授之。嗣后，王敏悬壶于世，医名渐盛。一妇人病，时医以血盅治之，不愈。敏诊之曰："娠耳，当得男。"投以安胎剂，后果生一子；千户申志，年近二十，忽瞑眩谵语，体热而咳，医者以伤寒论治。敏曰："痘也。"令服升均汤，痘出而痊。临证妙治，类此者甚多。王敏与本邑张颐同时，敏年齿略小；颐目瞽，二人皆以医术知名吴下。王敏长子王鼎，先父五年卒；次子王节，任太医院医士；三子王泰，业儒，为邑庠生；幼子王观，医名尤盛。[见：《吴县志》、《中国历代名医碑传集》（引周鼎《明故王聩斋先生墓志铭》等）]

王康 明代新城人。生平未详。辑有医方，樊如柏撰《简易验方》，曾选入若干首。[见：

《中国医籍考》]

王焕① 字午槐，号钟白。明代陕西咸宁县人。性孝友，读书刻苦，过于寒士。后出仕，初选授江南嘉定，改任江西永丰。王氏擅养生，撰有《摄生正理》、《太上感应》等书行世，今未见。[见：《续辑咸宁县志》]

王焕② 字谨章。清代安徽休宁县人。岁贡生。深通经史，兼善医学，活人无算，有名医名士之誉。年七十九岁，无疾而终。[见：《休宁县志》]

王清① 明代华亭县（今属上海）金山卫人。早年游泰山，遇云水道士，授以接骨秘方，归家试之神验，遂以伤科著称。凡跌仆伤折，以其药敷之，骨折处窣窣有声，三日复元如初。子王林，孙王荣，曾孙王寿，皆传承其术。[见：《金山县志》]

王清② 清代山东益都县人。生平未详。撰有《活幼世集》一卷、《医学世集妇人科》二卷，均未见流传。[见：《益都县图志》]

王淮① 号秋崖。清代江苏金山县人。邑名医王显曾次子。王淮绍承父业，亦精医术。[见：《江苏历代医人志》]

王淮② 清代河南巩县人。深通医术，重医德，遇贫病辄施药济之。[见：《巩县志》]

王渊 字季浩。南宋庐陵县（今江西吉水）人。邑名医王朝弼子。王渊绍承父业，亦以医知名。子王槐，传其术。[见：《中国医籍考》]

王淮 字安宰，号宝林，又号芝轩。清代江苏吴县人。其祖父王峋，父王家瓒，均为当地名医。淮继承家学，明悟医理，不嗜财利，以济人为务。弟王文治，子王岱东，孙王丙（1733～1803），均精医术。[见：《吴县志》]

王寅① 清代安徽桐城县人。乾隆甲午（1774）副榜，授怀远县教谕。端方廉介，教学以清真雅正为法。晚岁工医。著有《医学纂要》，今未见。[见：《桐城续修县志》]

王寅② 字希文。清代安徽宣城县人，世居水阳西。眼科名医王之冕子。得父传，亦业医。[见：《宁国府志》、《宣城县志》]

王谕 唐代蒲州（今山西永济）人。性恬静，好道术。曾遇卖药翁，赠医书一卷，归而读之，遂通达医理。[见：《中国历代医家传录》]

王隐 北宋人。生平里居未详。太平兴国间（976～983），曾任医官。太子赵恒（即宋真宗）与臣子讲求方书，论及"鳖症"之病，王隐等奏曰："斯乃虫病也，可加槟榔、苦楝之类兼治之。"[见：《历代名医蒙求·王隐议鳖》]

王绩 （？～644） 字无功，号东皋子。隋唐间绛州龙门（今山西河津）人。名儒王通（字仲淹，号文中子）弟。王绩嗜于《易经》，贞观间（627～649）任秘书正字。不乐在朝，辞官还里。通医理，好蓄药，常以药济人。[见：《医学入门·历代医学姓氏》、《中国历代人物生卒年表》]

王綝 字方庆。唐代太原（一说为雍州咸阳）人。永淳元年（682），由太子舍人迁太仆少卿。武则天临朝，拜广州都督，不久以老疾乞归，乃改授麟台监，编修国史。圣历二年（699）封石泉公。王氏雅而有才，博学多闻，笃好经方，精明药性。武则天时，诏张文仲、李虔纵、韦讯等撰辑《疗风气诸方》，王氏为监修官。著述甚富，所撰杂书凡二百余卷，其中医书有《随身左右百发百中备急方》十卷、《袖中备急要方》三卷、《岭南备急方》二卷、《药性要诀》五卷、《新本草》四十一卷。诸书皆佚。[见：《旧唐书·张文仲传》、《新唐书·艺文志》、《历代名医蒙求》、《古今医统大全·历世圣贤名医姓氏》、《太平御览》、《咸阳县志》、《陕西通志》]

王绪 明代上海县人。精通医道，曾任太医院院使。其后裔多继承家学，至清代咸同间（1851～1874）有王萃祥，以儒医名噪乡里。[见：《上海县续志》]

王琪 北宋金陵（今江苏南京）人。业医。沈括（1031～1095）客金陵，王琪传之以神保丸，谓曰："诸气唯膀胱气、胁下痛最难治，独此丸能去之。"[见：《苏沈良方》]

王瑛 清代山西怀仁县人。学黄老之术，筑室于西山之阳，去邑百余里，足迹终生不履城市。道学外，兼究农圃、医术、卜筮。年七十七岁，无疾而终。[见：《山西通志》]

王琳 清代湖北枣阳县人。生平未详。著有《医林补微》三卷，今未见。[见：《枣阳县志》]

王琦 原名士琦，字载韩，号琢崖，又号绎庵，晚号胥山老人。清代浙江钱塘县人。诸生。博闻强识，俭素尚义。壮年丧偶，不再娶；生平不蓄资财，人皆服其清介。尝校书于侣山堂，即清初名医张志聪、高世栻讲学之处。其时，张志聪、高世栻所著数十种医书板已漫漶。王琦病时医不学无术，孟浪误人，欲重刻诸书以救世，而力未逮，乃取卷页最少者三种（《医学真传》、《本草崇原》、《侣山堂类辩》）及历代医书中切要者九种，合十二种，名之曰《医林指月》，罄资重刊之（今存）。又曾校刻《慎斋医书》（又作《慎斋遗书》）十卷，亦行于世。[见：《中医图书联合目录》、《杭州府志》]

王琪 明代安徽祁门县历溪人。精通医术，临证不泥古。嘉靖间（1522～1566）游于京师，适皇子病剧，诸御医治之不效。宦官荐王琪治之，应手而愈，授太医院医官。[见：《祁门县志》]

王琮① 字器方。清代江苏江宁府人。精医术，知名乡里。[见：《江宁府志》]

王琮② 字瑞玉。清代河南新安县人。工医术，人称神医。性诙谐，尤嗜酒，病家皆沽酒以待。每诊后痛饮大醉，病者必痊。若置杯而去，病者必不起，故病家均以其饮否为忧喜。同邑名医刘有德，与之齐名。[见：《新安县志》]

王琛 隋代（?）人，生平里居未详。著有《推产妇何时产法》一卷，已佚。[见：《隋书·经籍志》]

王超 唐代复州景陵（今湖北景陵）人。太和间（827～835）在世。精针灸术，治病多佳效。著有《仙人冰鉴图诀》（又作《仙人水镜图诀》）一卷，已佚。[见：《新唐书·艺文志》、《国史经籍志》、《酉阳杂俎》、《景陵县志》]

王博 金代凤阳（今安徽凤阳）人。精医术，与韩莹齐名。据《凤阳府志》载，王氏能预决人之寿夭，事属荒诞，不录。[见：《凤阳府志》]

王朝① 明代人。生平里居未详。著有《明医保幼》一卷，约撰于嘉靖三十一年（1552）。[见：《中医图书联合目录》]

王朝② 字翼如。清代浙江嘉兴县人。生平未详。康熙二十三年（1684）参订萧埙《女科经纶》。[见：《女科经纶》]

王棠 明代人。生平里居未详。通医术。曾任太医院医士。弘治十六年（1503），太医院院判刘文泰等奉敕编撰《本草品汇精要》，王氏与中书科儒士吉庆、周时敏、姜承儒、仰仲瞻及太医院医士祝寿、吴恩等十四人任誊绘。该书毕工于弘治十八年三月，未刊，今存抄本。[见：《本草品汇精要》]

王鼎 （?～1842） 字定九，号省厓。清代陕西蒲城县人。王梦祖孙。嘉庆元年（1796）二甲第三名进士。历任内阁学士、工部侍郎、军机大臣、东阁大学士。鸦片战争期间主战，愤穆彰阿等欺君误国，于道光二十二年五月为遗书数

千言，极言其罪，力荐林则徐可大用，服药自尽。穆彰阿使人以危言恐吓其子，遗书竟不得上。谥"文恪"。王鼎早年得家传，兼精医理，生前著有《伤寒辨证录》四卷，今未见。又与弟王绂校订祖父《伤寒撮要》四卷，刊刻于世，今存。[见：《清史稿·王鼎传》、《同州府志》、《伤寒撮要》]

王晫 字丹麓。清代浙江仁和县人。喜方术。著有《今世说》。[见：《中国历代医家传录》]

王愉 北宋人。里居未详。通医道，曾任医官。神宗熙宁五年（1072）六月，宋廷派遣医官王愉、徐先赴高丽访问。[见：《中国医学史》（高等中医院校参考丛书 1991 年版）]

王善 （1306～1368） 字复善。元明间江西金溪县人。幼颖异好学，有奇童子之誉。年十三遭父丧，弃学经商，往来于浙江、福建，久之殷富。王善通晓医术，曾被授予南丰县医学正，未赴。后被荐为静江路大墟税使，又不赴。年六十三岁病故。次子王纶，继承其医术，元代末年任金溪医学教谕。[见：《金元医学人物》]

王道① 宋代（?）人。生平里居未详。著有《外台秘要乳石方》二卷，已佚。[见：《宋史·艺文志》]

王道② 明代江西赣县人。以医为业。曾复刻倪维德《原机启微》。[见：《北大图书馆藏李氏书目》]

王遂 西汉人。里居未详。曾任齐王侍御医。素习经方，工于治疗，学业精博。体屡弱，多微疾，故自炼五石服之。名医淳于意诊之，告以勿服，终因服用过久，发疽而死。[见：《史记·扁鹊仓公列传》]

王湘 字江亭。清代江苏句容县人。得青囊秘传，诊脉极细，判生死不爽。有医德，凡求治必应，病者三五日不至，必亲造其门问曰："汝疾良已乎？何不就诊也？"其至诚若此。[见：《续纂句容县志》]

王湜 字子是。南宋潭州（今湖南长沙）人。通儒学，为乡贡进士。潭州知州刘昉，"每患小儿疾苦，不惟世无良医，且无全书"，遂广取前贤方论及世传之方，命王湜及干办公事王历，汇编成帙，成《幼幼新书》四十卷，刊刻于绍兴二十年（1150）。此书今存明陈履端万历十四年（1586）写刻本。[见：《幼幼新书·李庚序》]

王寔 一作王实，字仲弓。北宋颍州（今安徽阜阳）人。曾官信阳太守。性高洁，虽为贵公子，超然不犯世故，居官数自免。博学多闻，

兼精医理，为名医庞安时（1042～1099）门生。曾集诸家伤寒方论，撰《伤寒证治》三卷，又恐流俗不可尽晓，复取简切实用者，编《伤寒治要》一卷，刊刻行世。此外，尚著有《局方续添伤寒证治》、《圣惠证治》。诸书皆佚。[见：《宋史·艺文志》、《幼幼新书·近世方书》、《世善堂藏书目录》、《伤寒补亡论·自序》、《建康集》、《郡斋读书志》]

王谟（？～1903） 字养涵。清代安徽歙县王家宅人。邑庠生。祖王学健，父王士恕，皆能医。王谟幼承家学，专精医术，远近求医者咸归之，时称"新安王氏医学"。光绪二十九年病甚，命子于卧榻前记录，口述先人所传，临证所得，及历代名医要旨，撰《口述篇记录》五卷，未竟而卒。子王仲奇，绍承父学。[见：《歙县志》、《王仲奇先生医案选》（《陕西中医》1983年第4期）]

王裕① 明代道士。生平里居未详。通医术。尝曰："有忽患脚心如中箭，发歇不时，此肾之风毒，泻肾愈。"[见：《名医类案》]

王裕② 清代河南修武县人。精医术，临证多奏奇效。[见：《修武县志》]

王弼 明代安徽太平府人。精医术。为王府良医副，升修职郎。曾孙王绖，亦为名医。[见：《太平府志》]

王瑀 字仲超。清代湖北德安府应山县人。早年中举，五上公车不第。性颖异，精通医理，常能药到病除。尤擅脉诊，遇人如常而脉象变者，一诊即决死期，人服其神。著有《指明脉要》、《医学捷诀》等书，今未见。门生魏自宽，亦铮铮有声。[见：《德安府志》]

王聘 清代河南封丘县人。工医术，曾任县医学训科。[见：《封丘县志》]

王楪 字东阁。清代安徽太平县人。精医术，有求必应，切脉立方，有著手回春之妙。曾开设生生堂药室于乡，以医药济世，遇负欠者，从不求偿。寿至七旬而终。[见：《太平县志》]

王槐 字庭举。宋末庐陵县（今江西吉水）人。邑名医王渊子。早年刻志文学，中年取祖父王朝弼所著《金匮方》习之，后以医术知名。[见：《中国医籍考》]

王鉴 宋代楚州（今四川巴县）人。以"黑神丸"治急慢惊风极效，以此致富，秘其方不传。[见：《苏沈良方》]

王锡 号露山。明代浙江衢州桂阳人。曾遇异人授以医术，后以医知名。郡中大疫，王锡施药救治，全活甚众。[见：《衢州府志》]

王锌 字又安。清代江苏常熟县人。善医，知名乡里。[见：《江苏历代医人志》]

王键 宋代人。生平里居未详。著有《刑书释名》一卷，刊刻于世。[见：《八千卷楼书目》]

王稚 字东皋。明代上元县（今江苏南京）人。邑名医王元标次子。继承父业，亦工医术，为时所重。[见：《江宁府志》]

王筠 字瞻彔。清代江苏上海县人。邑名医王敬义子。继承父业，亦以医术著称。有医德，遇贫病无力购药者，往往出资助之。[见：《上海县志》]

王微（？～453） 字景玄。南朝宋琅琊临沂（今山东临沂）人。光禄大夫王孺次子。少年好学，凡书无不通览。善属文，能书画，兼解音律、医方、阴阳、术数诸学。年十六岁，州举之为秀才，辞而不就。后出任司徒祭酒、太子中舍人，因丁父忧去官。后数年，又授以咨议参军、中书侍郎、义兴太守等职，并固辞。王微自幼体弱，常服药调养，自信摄养有征。元嘉三十年，其弟王僧谦患病，王微躬自处治，而僧谦服药失度而亡。微深自咎恨，后四十余日亦卒，帝追赠秘书监。著有《服食方》，已佚。[见：《宋书·王微传》、《南史·王微传》]

王愈 北宋人。生平里居未详。通兽医术。曾任奉议郎提举京西路给地马牧马。著有《蕃牧纂验方》，约成书于景炎元年（1276），今存元代残刻本，仅存卷第八，及零页九纸（卷第不可考），藏北京大学图书馆。[见：《中国善本书提要》]

王遥 字伯辽。后汉鄱阳（今江西波阳）人。颇能治病，治则无不愈者。其事迹见于《神仙传》，过于怪诞，不录。[见：《神仙传》]

王献 元代人。里居未详。元世祖时（1260～1294）任太医院使。中统二年（1261）五月，王献上疏曰："医学久废，后进无所师授。窃恐朝廷一时取人，学非其传，为害甚大。"世祖从其言，遣太医院副使王安仁至各路设立医学。[见：《元史·选举志·学校》]

王溥 明代山东观城县人。早年遇良师授以脉诀，后依法治病，随手奏效，救济甚众。嘉靖间（1522～1566），御史熊某患疾，召溥问之，答曰："安神定志，不药而愈。"熊氏深器重之。溥素善养生，年逾八十健行如常，伟貌修髯，望之若仙。寿至九十七岁卒。[见：《观城县志》]

王禋 清代山西荣河县人。少补诸生，负才名。累举不得志，循序贡太学。王氏于经史外兼工医术，切脉立方，多应手取效。凡里党无力市药者，以丸散济之。[见：《山西通志》]

王蔡 明代人。生平里居未详。撰《修真秘要》一卷。今首都图书馆、中国医学科学院图书馆藏万历二十年壬辰（1592）虎林胡氏文会堂校刻本，原题"王蔡传"。[见：《中医图书联合目录》]

王熙 字叔和。魏晋间高平（今山东金乡县西北）人。曾任魏太医令。晋初世乱，侨寓襄阳。性格沉静，好著述，博通经方，深究病源，洞识修养之道，尤以脉学见长。王氏推崇名医张仲景，曾整理张氏《辨伤寒》诸书，重为编次，辑《张仲景方》（又作《张仲景药方》，约隋唐时易名《伤寒杂病论》或《伤寒卒病论》）十五卷，使仲景之学得以流传，颇有功于后学。又曾考核前世医书，采撷群论（包括张仲景《伤寒论》及《脉经》诸书），著《脉经》十卷，盛传于世，此书为我国现存最早之脉学专著。还著有《论病》六卷，已佚。王叔和卒后，葬于襄阳岘山（在今湖北）。明隆庆六年（1572），良医正浮梁金尧谟为其立墓碑于岘山，范于野题写碑文。按，湖北麻城县南三十里之青龙尾亦有王叔和墓。明代北京天坛北有药王庙，药王侧祀十名医，王叔和像供奉其中。[见：《隋书·经籍志》、《旧唐书·经籍志》、《新唐书·艺文志》、《郡斋读书志》、《甲乙经·序》、《李濂医史·王叔和补传》、《太平御览·方术部》、《医说》、《历代名医蒙求》、《元刻脉经·序》、《景岳全书·医林列传》、《帝京景物略》]

王睿 字志宏。明代安徽太平府人。精医术。天顺间（1457～1464）疗边关战士多愈，授王府良医副。[见：《太平府志》]

王管 号小石。明代江宁县（今江苏南京）人。祖王纶（字廷言），为贡生。父王以旂（字士招，号石冈），正德六年（1511）三甲第四十八名进士，官至三边总督，加太子少保。王管以父功得官，曾任行太常卿，迁太仆卿。隆庆间（1567～1672），王管刊刻宋齐仲甫《女科百问》、《产宝杂录》，称二书原藏南京兵部右侍郎金泽（字容庵）家，其祖父王纶取而录之。二书原刻不存，今美国国会图书馆藏崇祯十三年庚辰（1640）乌程闵齐伋、闵日观重订本。现代文献学家王重民先生于此有详考，谓"其本出于成、弘之间（1465～1505），盖原无齐仲甫其人，其自序亦后

人所伪撰。至伪撰之人为金为王，抑别为一人，今不可知矣。"[见：《中国善本书提要》、《明史·王以旂传》、《明清进士题名碑录索引》]

王槃 明代人。里居未详。通医术。弘治间（1488～1505）官承德郎太医院院判。弘治十六年（1503），与院判刘文泰等奉敕编撰《本草品汇精要》四十二卷，成书于弘治十八年三月。当年四月，孝宗不豫，刘文泰等太医治疗不效，崩，诸御医皆获罪，院判王槃、张伦、钱钝三人降职二级，改太常寺典簿。[见：《本草品汇精要》、《御制本草品汇精要·考略》]

王銮 字文融，号容湖。明代浙江乌程县小湖织里人。德清县医学训术、太医院御医王元吉后裔。王氏自宋代即以医术知名，数传至銮，继业尤精，名动四方。其治病以幼科最为神验，求诊者门庭若市。晚年其术更臻妙境。著有《幼科类萃》二十八卷，正德（1506～1521）末年成书，今存嘉靖十三年（1534）李濂序刊本。据《中国医籍考》载，日本尚存朱云凤作序，銮从孙王懋刊刻本。[见：《明史·艺文志》、《湖州府志》、《乌程县志》、《幼科类萃·李濂序》、《中国医籍考》]

王璆 字孟玉，号是斋。南宋山阴县（今浙江绍兴）人。淳熙间（1174～1189）为淮南幕官，十六年（1189）奉檄和州。庆元三年（1197）任汉阳太守。撰《是斋百一选方》二十卷，刊行于世。今存日本宽政十一年己未（1799）濯缨堂刻本及抄本。[见：《宋史·艺文志》、《仪顾堂题跋》、《郑堂读书记》、《四部总录医药编》、《中医图书联合目录》]

王鋆 字针三。清末江苏长洲县人。平江张振家婿。王鋆曾得张镜《刺疗捷法》，遇患疗者，遵法治之皆效。后依《针灸大成》体例，逐穴说明，编《考正穴法》一卷。光绪五年（1879），王鋆校刊张镜《刺疗捷法》，并为之作序。[见：《刺疗捷法·序》]

王震① 字志霖。明代人。生平里居未详。著有《王氏家宝伤寒症治明条备览》（简称《王氏家宝》）九卷。今上海图书馆藏嘉靖四十年辛酉（1561）双泉书斋刻本。[见：《医藏书目》、《中医图书联合目录》]

王震② 字位东。清代陕西蒲城县人。家贫，弃儒业医。临证多捷效，人称"王一帖"。[见：《蒲城县志》]

王嶙 字云峤，号盘河。清初山东沾化县人。顺治三年（1646）三甲第二百八十七名进

四
画

士，授江南青浦知县。丁内艰归乡，不复仕。王
嶙工诗文，善行草书法，人争宝之。著有《盘河
诗集》，行于世。兼通医道，著有《集验方》、《奇
济书》等，藏于家。[见：《沾化县志》]

王镇 字泰岩。清代江苏娄县人。王丕烈侄孙。
早年习儒，为监生。擅书法，尤精医术，
以治伤寒见长。县北郊汤某，盛暑壮热，九昼夜
不退，势甚危殆。诸医争以黄连、石膏等凉药投
之，热愈甚。后延请王镇，镇先问："病者思饮
否？"答曰："思饮甚。"又问："思饮水乎？汤
乎？"答曰："思饮汤甚。"遂以寒证论治，用生
姜、附子为主药，一剂热退，不数日痊愈。王镇
尝语人曰："习医而不知易，必无合处。"年六十
九岁卒。著有《医案》若干卷，未梓。[见：《松
江府志》、《娄县续志》]

王磐 （约1470~1530） 字鸿渐，号西楼。明代
高邮州（今属江苏）人。有隽才，好读
书，洒落不凡。初为诸生，不屑科举业，纵情山
水诗画间。尤善音律，度曲清丽，为著名散曲家。
素好楼居，筑楼于城西僻地，与名流谈咏其间。
正德间（1506~1521）宦官当权，官船到高邮辄
吹喇叭以征丁役，骚扰民间。王磐作《朝天子·
咏喇叭》讽之。嘉靖（1522~1566）初，王磐编
《野菜谱》二卷，刊刻于世，今存姚可成增补本，
改题《救荒野谱》。[见：《扬州府志》、《本草纲
目·序例》、《中国善本书提要》、《中医图书联合
目录》、《中国历史人物辞典》]

王颜 字绍颜。五代后唐人。生平里居未详。据
《政和本草》载，王氏曾任筠州刺史。继
唐代刘禹锡《传信方》之后，编《续传信方》十
卷。还辑有《婴孩方》十卷，均佚。[见：《宋
史·艺文志》、《普济方》、《证类本草·卷第十
一·仙茅》、《本草纲目》、《国史经籍志》]

王潮 明代安徽旌德县人。邑名医王德文长子。
颖敏明医，能书善文。子王兴宗，克传家
学。[见：《旌德县志》]

王潭 字克深。明代川沙县（今属上海）人。曾
任御医。万历十一年（1583）海潮冲溢，
漂没人民，王潭安葬浮尸数百具；又曾与乔镗议
筑川沙城，以防倭寇。[见：《上海县志》]

王澜 号春溪居士。清末江苏南京人。生平未
详。著有《明理活人论》一卷，约成书于
光绪二十七年（1901），今存。[见：《中医图书联
合目录》]

王澄 字文安。清代四川内江县人。精通医学，
尤重预防。凡沉疴痼疾，经手辄起，犹谆

谆告诫，以防患于未然。尝谓："天地以春温万物，
凉寒则肃杀之也，可不慎乎？"[见：《资州志》]

王履 （1332~1391） 字安道，号畸叟，又号奇
翁、雨公，别署抱独老人。元明间昆山县
（今属江苏）人。笃志力学，博极群书，尤嗜医
学。早年从名医朱震亨游，尽得师传。洪武四年
（1371）任秦府良医正。王履推崇《黄帝内经》、
《伤寒论》二书，然临证活法圆机，不拘泥于经
文。尝曰："《伤寒论》为诸家祖，后人不能出其
藩篱；《素问》云：'伤寒为病热'，然又有未尽。"
故于病机、病理诸说，每能独抒己见。曾倡言伤
寒、温病之别，发挥丹溪滋阴之说，主张治温病
当清里热，用辛凉之剂，为后世温病学说奠基人。
王履于医学外兼工诗文，擅绘画。洪武十七年
（1384）游华山，作图四十幅，记四篇，诗一百五
十首，为书画界所称道（其图今存）。著有《标题
原病式》一卷、《百病钩玄》二十卷、《医韵统》
一百卷，均佚。今存者唯《医经溯洄集》一卷，
为医家所重。子王伯承，门人许谌，传承其学。
[见：《新元史·王履传》、《明史·王履传》、《李
濂医史·王履补传》、《苏州府志》、《姑苏志》、
《古今医统》、《昆山历代医家录》]

王璠 清代四川永宁县人。幼年丧父，赖母养育
成人。母病延医不效，乃刻意习医，终愈
母疾，其母寿至九十多岁。璠年七十余卒。[见：
《永宁县乡土志》]

王璲 （1600~1681） 字元佩，号子荆，又号青
城山人。明清间四川广安州人。明户部左
侍郎王德完（字希泉）仲子。璲负资渊颖，博通
群籍，十余岁补博士弟子员。曾任荆南小吏。明
亡后肆力于古学，与邢昉、周亮工、尹子求、范
文光辈称诗友。旁及岐黄、养生、堪舆、书画、
种植、修造及西洋几何诸学。辛卯九月病卒，时
年八十二岁。遗著三十余种，皆有裨于世用，其
中有《伤寒医悟》四卷，今未见。[见：《广安
州志》]

王壇 号铁东。明清间山东诸城县人。明末庠
生。崇祯壬午（1642）城为清军所破，居
民皆逃亡，壇独不去。年八十岁卒。兼通医道，
著有《详校痘疹书》，今未见。[见：《诸城县志》]

王霖① 字瞻沙。明代太仓县（今属江苏）璜
泾人。本儒家子，因贫习医，精通其
术。性朴实，好直言，然未尝背后发人之过，世
人敬之。年六十余卒。[见：《璜泾志稿》]

王霖② 字新之。清代江苏长洲县人，居小曹
家巷。曾从吴县甫里顾氏学医，先后

从师二人。好学深思，博览医籍，治病喜用凉补。著有《吴医汇案》、《历代医学书目》，身后乏嗣，书稿归其婿（现存苏州市中医院图书室）。[见：《吴县志》、《吴医汇案选辑》]

王檀 字子升。清初江苏通州（今南通）人。以医术知名，治病不拘泥古法。一农妇误吞针，针滞于肠。檀以桂、附、硝、硫等药投之，疼痛欲绝，利下而针出。人问其故，答曰："此五行生克理也，火制金故效。"门人张睿，官至太医院使。[见：《通州直隶州志》]

王懋① 字季成。明代广东琼山县人。敦行善诗，尤精于医。济人不责其报，乡里重之。年八十余卒。[见：《琼山县志》]

王懋② 清代河南内乡县人。以医为业，曾任本县医学训科。子王贤，亦精医术。[见：《内乡县志》]

王镡 世称王汉东。南宋汉东（今湖北随县）人。生平未详。著有《小儿形证方》三卷。清代初叶，此书尚有元贞元年（1295）刻本存世，今未见。清代藏书家钱曾，收藏《王氏小儿形证方》二卷，钱氏云："医之科有十三，惟小儿为哑科。察色观形，最为难治。汉东王氏秘其方为家宝，良有以也。此书刻于元贞新元，序之者为古梅野逸，不知何人。后附录《秘传小儿方》三十二，及秣陵孟氏牛黄镇惊锭子方，皆庸医所不知者。"陆漻（1644～1730?）《佳趣堂书目》有"王汉东《家宝小儿形证方》"，未注卷数。按，《宋史·艺文志》另载"王伯顺《小儿方》三卷"，疑《小儿方》即钱氏旧藏《王氏小儿形证方》后所附之《秘传小儿方》，而"伯顺"或为王镡之字号，待考。[见：《宋史·艺文志》、《幼幼新书·近世方书》、《补元史艺文志》、《绛云楼书目》、《读书敏求记》、《佳趣堂书目》、《中国历代医家传录》]

王翼 （?～1231） 字辅之。金代山西河中府（今山西永济）人。其祖父王明，避靖康之乱（1126），徙家阳城县王城里。其父王德，复迁星轺镇。翼敏慧强记，七岁闻人读唐人杜牧《华清宫》诗，归而历历诵之，闻者称奇。及长，日记千言，曾应进士试，不中。后因病弃学，精求医书，与名医赵子华等相往还。博览《内经》、《难经》、《本草经》诸书，对脉理、病源皆有研究，治病多奇验。致仕官吏阿不罕患风疾，口不能言。王翼为疏方，曰："服此药三日愈。"果如所言。十月，阿不罕又病，翼复诊之曰："宜吐之，后服玄明粉，半月愈。恐来年十月病必复。"

如期而愈。来年病果发，金帝遣太医庾氏诊视，急于求功，药下而亡。王翼曰："此药势太急，正不胜邪所致。"又，崔某年三十余，久病不愈，其家已备后事。王翼至，诊之曰："已不能用药，尚可用针。"遂以施针，七日而痊。王翼博学多闻，医学外兼通律历、易占等学，尤工诗词。开兴壬辰正月（1231年末），蒙古军伐金，王翼避乱于河南汝阳，被俘而亡。著有《素问注疑难》二十卷、《本草歌括》一卷、《伤寒歌括》一卷，未见流传。[见：《山西通志》、《阳城县志》、《阳城县乡土志》、《金元医学人物》]

王鏊 （1450～1524） 字济之，号守溪。明代吴县（今江苏苏州）人。光化知县王琬子。鏊十六岁随父读书，成化十一年（1475）中一甲第三名进士，官至户部尚书、文渊阁大学士，加少傅，兼太子太傅。正德四年（1509）辞官归里。嘉靖三年卒，时年七十五岁，谥"文恪"。鏊博学多识，兼涉医学。曾汇集散见医方，选有效者勒为一编，名《本草单方》，刊于弘治丙辰（1496）。此书今存嘉靖间（1522～1566）震泽王延喆刻本，藏上海图书馆。[见：《明史·王鏊传》、《苏州府志》、《明清进士题名碑录索引》、《中医图书联合目录》]

王璧① 宋元间人。里居未详。元初曾任太医。太宗九年（1237）成立惠民药局，王璧与田阔阔、齐楫等任局官。[见：《元史·食货志·俸禄》]

王璧② 元代河北河间人。王珍子。精通医术，推重名医刘元素。至元间（1264～1294）任河间路官医都管勾。子王诚、王宗，皆以医名。[见：《金元医学人物》（引苏天爵《滋溪文稿·元故河间路医学教授王府君墓表》）]

王璧③ 字和堂，号荆溪。清代湖南嘉禾县上乡王阳圃人。少习举业，不就，援例为监生。曾借钱购医书数千卷，负债累累，卖产偿还。后潜心岐黄，终以名医著称于世。挟技往来桂阳、临武、蓝山、嘉禾之间，求治者踵接，席不暇暖。临证擅长脉诊，参酌古方，审择不苟，投药辄效。某妇人病蛊，遍延名医罔效，王璧诊脉毕，曰："此娠也，非蛊非病。"服药调理而安。王氏美丰仪，长须如画，初艰于嗣，年五十余得子，七十一岁得女。生性静默寡言，素以导引、服食诸术养生，人称有道者。同乡王大禄，亦精医术，与之齐名。[见：《嘉禾县图志》]

王攀 宋代高邮州（今江苏高邮）人。业医。有长者风，为乡里所重。恒往来广陵城东，

四
画

王瀚 字友三。清代安徽黟县郭隅人。名医王显璇孙，王树子。自幼习儒，为附贡生。与兄王协泰得家传，皆精医术。[见:《黟县三志》]

王蘧 北宋人。生平里居未详。元祐三年(1088)任职于开封，患背疽，数延医不效。后徐州萧县张生以火灸、敷药等法疗之，一月而痊。蘧有感于此，遂广集效方，辑《经效痈疽方》(又作《发背方》)一卷，刊于绍圣三年(1096)，已佚。[见:《宋史·艺文志》、《宋以前医籍考》]

王纂 南朝海陵(今江苏泰州)人。宋文帝时(424～453)在世。少习经方，尤精针灸，所疗多奇效，远近知名。[见:《医说》、《太平御览·方术部》、《历代名医蒙求》]

王耀 字大习，号怡朴。明代上海县人。性孝友。凡艺术之书无不窥，尤精医术，曾任本县医官。某年大疫，王氏捐资施救，全活甚多。[见:《上海县志》]

王瓘① 唐代人。生平里居未详。曾任阆州晋安县主簿。著有《广黄帝本行记》(又作《广轩辕本纪》)一卷，已佚。[见:《唐书·艺文志》、《平津馆鉴藏记·补遗》]

王瓘② 明代河南固始县人。精医道，能起危疾，曾任本县医学训科。重医德，绝口不言利。[见:《固始县志》]

王灏 字融昭。清代浙江遂昌县人。天资敏捷，读书过目不忘。精通医术，治病应手取效，凡不可为者，预言死期无或爽，远近就诊者日盈于门。不以技谋利，人以重金酬之，悉却不受。年逾八十岁终。[见:《遂昌县志》]

王一仁 又名依仁，字晋第。近代安徽歙县人。沉静好学。早年就读于上海中医专门学校，师事名医丁泽周(字甘仁)，故改名依仁。曾出任上海中医学会秘书长，参与创建中国医学院，并主编《上海中医杂志》。中年不幸患精神分裂症而殁。著有《内经读本》、《难经读本》、《伤寒读本》、《饮片新参》、《方剂分类》、《中医中药问题》。另与阮其煜、董志仁合辑《神农本草经》。[见:《中国历代医史》、《中医大辞典》]

王一凤① 号绎洲。明代安徽休宁县白观人。太医院吏目王阳明孙。绍承祖业，亦精医术，以眼科著称，临证多良效。[见:《休宁县志》]

王一凤② 明代娄县(今上海松江)人。邑名医王节之子。与弟王一鹏均以医术知名。[见:《松江府志》、《娄县志》]

王一峰 字雨岚。清末山东临沂县人。年十一岁即能文，下笔疏宕多奇气。光绪间(1875～1908)以恩贡生历任阳信、文登县教谕。晚年遂于医。又善绘画，每以竹、雁自况。著有《医林择萃》等书，未见流传。[见:《临沂县志》]

王一鹏 字启云。明代江苏松江府娄县人。邑名医王节之子。早年从父习医，性格拓落不羁，多与酒人游，父督过之。名医沈惠独曰:"我视此子目力不群，当悉授我术。"王一鹏既得家传，复受业于沈氏，医术精进，尤擅儿科，临证多奇效。云间(今上海松江)以小儿医独夸天下者，自一鹏始。弟王一凤，亦精医术。门生王承绪，传承师学。[见:《松江府志》、《娄县志》]

王卜远 清代安徽歙县人。生平未详。著有《痘科要录》一卷，今未见。[见:《徽州府志》]

王九达 字日逵。明末湖北德安县人。性疏放，不拘行检。坐事被逮，逃亡于吴、越间，见三泖(今江苏三泖湖)之胜，遂定居于此，与诸文人笔墨酬唱，自比陶九成、杨铁崖。嗜于医学，刻苦攻研，自悟心法，凡遇奇疾，应手取效。其诊病，知病源标本，明生克顺逆，且能预言死期，若候潮汐，一一不爽。崇祯间(1628～1644)，典职太医钱龙锡述其事甚详。晚年思乡归里，卒于家。嗣绝。著有《黄帝内经素问灵枢合类》九卷，刊于世，今存崇祯元年戊辰(1628)云间石林精舍刻本。[见:《九江府志》、《中国医籍考》、《中医图书联合目录》]

王九来 清代江苏昆山县人。邑名医陈顾涞门生，亦有声于时。[见:《太仓州志》]

王九牧 清代浙江乌程县人。康熙、雍正间(1662～1735)在世。工医术，善痘科。[见:《乌程县志》]

王九思① 北宋琴台人。生平未详。曾校订《难经》，原书已佚。南宋李元立辑录南朝·吕广《黄帝众难经注》、唐·杨玄操《黄帝八十一难经注》、北宋·丁德用《难经补注》、虞庶《难经注》、杨康侯《难经注》、石友谅《暗释》，参考王九思、王鼎象、王惟一《难经》校本，成《难经十家补注》(又名《王翰林集注黄帝八十一难经》、《难经集注》五卷，今存。[见:《中国医籍考》、《中医文献学》(马继兴)、《八十一难经吕杨注·序》]

王九思② 字睿生。清代陕西府谷县人。早年习儒，举孝廉。精研《内经》、《伤寒》、《金匮》诸书，深明医理。每遇奇疾大症，时医束手者，经九思诊治，无不应手取效，人以儒医目之。著有《伤寒论笺注》，今未见。[见：《府谷县志》]

王九皋 清代河南许州（今许昌）人。邑名医王廷珍次孙。早年习儒，为庠生。继承祖学，亦通医理，岁施成药以济人。其兄王瑞麟，医术尤精。[见：《许昌县志》]

王乃赓 号莘农。清代浙江海盐县人。庠生。邑名医王以坤子。绍传家学，亦精医道。[见：《海盐县志》]

王三才 字学参。明代浙江萧山县人。万历二十九年（1601）进士。历任工部主事、山西督学、山东布政使、江西按察使、南京府尹。喜读医书，曾获沈与龄《医便》二卷（王君赏校补本），喜其简约实用，遂与浙江按察使饶景曜、休宁知县张汝懋重校，刊刻于万历四十二年（1614），今有《珍本医书集成》重排本存世。[见：《珍本医书集成·医便》、《贩书偶记续编》、《绍兴府志》]

王三乐 字存斋。明代高邮州（今属江苏）人。万历间（1573～1619）在世。精医学，著有《运气指明》。据传，此书"因年省病、因人定药、因时立方、因地投剂"，其中治闽粤蛊毒诸方，尤为神异，惜未能传世。[见：《高邮州志》]

王三杰 明代人。生平里居未详。著有《运气指掌》二卷，今见。[见：《医林尚友录》]

王三尊 字达士，号励斋。清代江苏海陵人。嗜于医学，治病不泥古方，广取众家之长。尝曰："读十年书，天下无一可医之病。医十年病，天下无一可读之书。惟研究、久阅、历深，然后能得其权之妙矣！"可谓至论。著有《医权初编》二卷，刊于世。[见：《医权初编·序》、《中国丛书综录》]

王三聘 清代陕西鳌屋县（今周志）人。以医知名。著有《养生日录》，今未见。[见：《陕西历代医家事略》]

王三锡 号柳堂。清代湖北潜江县人。庠生。兼善岐黄，遍览医籍，会通大旨，尤精望诊。尝访友，闻隐隐哭声，询之，则孩提病危，苦无可救。乃为诊视，曰："是无难治。"为之疏方，一药而愈。晚年五世同堂，家中盖茅房十余间，以处病者，所诊多奇效，有神医之誉。年九十三岁卒。著有《辨证奇闻》四卷，梓于世，今未见。还著有《脉诀指南》、《医学一隅》、《伤寒夹注》、《幼科发蒙》、《妇科摘要》、《辨证摘要》诸书，未刊。[见：《潜江县志》、《湖北通志》]

王于石 字介之。明代昆山县（今属江苏）人。精医术，弘治间（1488～1505）荐授太医院御医。[见：《昆山县志稿》、《昆新两县志》]

王士龙 字霖苍，号春林。明代长洲县（今江苏苏州）唯亭人。名医王治子。早年习儒，万历壬午（1582）恩贡，廷试第一，历官南光禄少卿。因直言遭廷杖，声震中外。兼精家学，通明医术，与山阴张介宾（1563～1640）交谊甚深。后归田，隐于医，键户著述，从游甚众。长子王用德、次子王时亨，皆精医术。[见：《元和唯亭志》]

王士希 清代江苏常熟县人。精医术。与同邑金兰升、章成器齐名，世称三鼎甲。[见：《海虞医林丛话》]

王士芬 清代江苏宝山县人。生平未详。著有《喉科经验良方》，未见流传。[见：《宝山县续志》]

王士林 清代江苏吴县人。业医。乾隆辛亥（1791），守墓人沈某求治截肠症，王士林曰："此证出于夏子益《怪疾奇方》。此时尚可治之，再出再落，则不可救矣。"依法治疗而愈，其博闻强记如此。[见：《吴医汇讲·卷一·医宜博览论》]

王士享 明代陕西渭南县石泉里人。王璘子。天性颖异，读书一过辄悟，不从师授。精于方脉，凡《素问》、《难经》诸书，皆了若指掌。轻财帛，多义举，言行不苟，一时皆以儒医称之。[见：《新续渭南县志》]

王士恕 清代安徽歙县人。名医王学健子。得父传授，亦以医术知名。子王谟，绍承家学。[见：《歙县志》]

王士琳 清代四川大竹县人。庠生。善医，知名于乡里。年九十四岁卒。[见：《大竹县志》]

王士雄 （1808～1868）字孟英，号梦隐（一作梦影），又号潜斋，别号半痴山人、睡乡散人、随息居隐士、海昌野云氏（又作野云氏）。清代浙江盐官县（今海宁）人。祖籍汴梁（河南开封），为宋安化郡王王禀后裔。王禀孙王沆，袭封安化郡王，赐第盐官，后世遂入籍焉。士雄曾祖王学权，祖王国祥，父王升，三世皆为良医。士雄少孤贫，十四岁丧父，父弥留时执手语之曰："人生天地间，必期有用于世，汝志斯言。"士雄泣而铭诸心。初因家境贫任盐行会计，稍有余暇则披阅《灵枢》、《素问》诸医书，昼夜考索，直造精微。年未弱冠，寓居常山县，以医问世，远近求治者车马塞途，活人无算，一时目为神医。诊疾之外，足不出户，手不释卷，好学深思，人不能及。其处方用药极平淡，而疗病多奇中，于温病证治尤为擅长。咸丰间（1851～1861）徙居上海，声名益隆。同治七年，因病殁于上海，享年六十一。王氏一生致力于温热、霍乱诸病之研究，宗崇《内经》、《伤寒》诸典籍，而间有发挥。对叶桂、薛雪诸名医之论，亦悉心考究，故卓然有成，为清后期著名中医学家。所著甚富，计有《温热经纬》、《霍乱论》、《古今医案按选》、《四科简效方》、《鸡鸣录》、《圣济方选》、《言医选评》、《舌辨》、《随息居饮食谱》、《潜斋医话》、《王氏医案》（即《回春录》、《仁术志》合编）、《柳州医话注》、《愿体医话评注》等，均刊刻于世。另著《蓬窗录验方》、《急救喉疹要法》等书，未梓。［见：《清史稿·王士雄传》、《海宁县志》、《海宁州志稿》、《清代七百名人传》、《王孟英传略及其著作》（《浙江中医学院学报》1983 年第 2 期）、《古今名医言行录》、《四部总录医药编》、《贩书偶记》、《中医图书联合目录》］

王士增 字允能。清代浙江海盐县人。邑名医冯兆张门生。曾校订其师《杂证大小合参》。［见：《冯氏锦囊秘录》］

王大川 字精阅，号琴溪。清代浙江象山县人。幼年丧父，事祖母以孝闻。家贫习医，识解过人。每值夏秋，病者踵门，日以百计。无暇问姓名，诊得证象，辄立方与之，无不应手而瘥。病愈者酬谢过当，必告以原委，依数退还，是以人益敬之。晚年有劝其著书者，答曰："医者移步换形，不善临证，著方奚益？"性严直，友朋有过，必面斥其非，虽断交不恤也。［见：《象山县志》］

王大化 明代安徽南陵县人。王秋次子。庠生。万历五年（1577），与兄大献、弟大成，遵父命重校《经史证类大观本草》，易名《重刊经史证类大全本草》，刊刻于世。万历二十八年（1600）邑令朱朝望复修订之，重刻于籍山书院。今存。［见：《宁国府志》、《南陵县志》、《中国善本书提要》］

王大用 字特擢。清代狄道（今甘肃临洮）人。精医术，知名乡里。有医德，遇贫病施药疗之。［见：《兰州府志》］

王大成① 明代安徽南陵县人。王秋幼子。庠生。万历五年（1577），与兄大献、大化，遵父命重校《经史证类大观本草》，易名《重刊经史证类大全本草》。万历二十八年（1600）邑令朱朝望复予修订，重刻于籍山书院。今存。［见：《宁国府志》、《南陵县志》、《中国善本书提要》］

王大成② 字集人。明清间江苏东台县安丰人。明末徙居上海，隐于医。顺治间（1644～1661）疫疬盛行，王氏施医赠药，出资济贫。年六十七岁卒。［见：《东台县志》］

王大观 清代江苏泰兴县人。精医术。诸子（佚名）皆从之习医，以四子王达三最优。［见：《泰兴县志》］

王大亨 （1869～1908） 学名福范，字清嘉。清末江苏昆山县南星泾镇人。邑名医王世美四子。早年习儒，为新阳县庠生（光绪十五年入学）。继承家学，复受业于姑苏名医马士元。学成归乡，悬壶张浦镇，门庭若市，声噪于时。光绪三十四年夏，张浦霍乱大行，死亡接踵。王大亨不畏传染，照常应诊，不幸染病，是年八月二十四日殁，年仅四十岁。长子王兆珍、次子王兆琛，皆传父业，俱有声于时。［见：《昆山历代医家录》］

王大声 清代浙江乌程县人。精医术，为康熙、雍正间（1662～1735）名医。［见：《乌程县志》］

王大纶 字怡冈。明代通州（今江苏南通）人。世业岐黄，至大纶已历九代，精内外大小方脉。著有《婴童类萃》三卷，今上海中医药大学图书馆藏天启二年壬戌（1622）刻本。还著有《痘疹心法》若干卷、《外科纂要经验要方》二卷，二书国内未见，后书日本国立公文书馆内阁文库藏有抄本，已于 1998 年影印回归。［见：《中国医籍考》、《中医图书联合目录》、《日本现存中国散逸古医籍》］

王大国 字邑郊。明代江西南昌人。尝患痰疾，遇异人治之而愈，遂师事之，得授《素问》及秘藏诸方。殚心研习，医道日精，治痈疽尤多神效。南昌司理胡慎三，左足患痈，直穿脚底，医已数易，而日甚一日，痛楚几绝。后延请王大国，命尽去所敷药，只服汤剂。三四日疮口渐合，二十日肌肉已满。其所治皆类此。王氏仁心神术，以济人利物为志，平生所活无算。子王开，传其学。［见：《江西通志》、《南昌府志》］

王大坤 明代安徽无为州人。邑名医王道中曾孙。绍承家学，亦精医术，曾任太医院医官。万历十年（1582）夏，大旱，疫疠盛行，王氏施药救济，全活甚众。[见：《无为州志》]

王大经 字伦表，号石袍，又号待庵、修水。清代江苏泰县人。康熙间（1662～1722）在世。曾参修地方志。年七十二岁卒。著有《医学集要》，靖江朱凤台为之作序。今未见。[见：《泰县著述考》]

王大济 字沇东。清末人。生平里居未详。曾任太医院恩粮，兼上药房值宿供奉官。[见：《太医院志·同寅录》]

王大泰 字智远。清代江苏上海县法华乡人。精疡科，知名于时。子王丹荣，孙王楚珩，均克传家学。[见：《上海县志》]

王大通 （1855～1913）学名福基，字绥之。清末江苏昆山县南星溪镇人。邑名医王世美子。得父传，以善治伤寒、温病知名。行医于乡，远近求治者不绝于门。曾整理历代各家医论，撰《医学汇参》二十册，未梓。弟王大逵、王大亨，皆精医术。嗣子王兆珍，继业尤精。王大通门人有刘义尊等。[见：《昆新两县续补合志》、《昆山历代医家录》、《昆山王氏对外感热病的学术经验》（《上海中医药杂志》1962年11月号）]

王大逵 （?～1930）字仪之。近代江苏昆山县南星溪镇人。邑名医王世美三子。早年习儒，为监生。得父传，悬壶于正仪镇，医技出众，闻名遐迩。[见：《昆山历代医家录》]

王大斌 清代湖北旌德县人。生平未详。著有《医经提纲》五卷。今安徽省图书馆藏有康熙五十年辛卯（1711）宁寿轩刻本。[见：《中医图书联合目录》]

王大禄 清代湖北嘉禾县上乡王阳圃人。精通医术，知名于时。同乡王璧，医名尤盛。[见：《嘉禾县图志》]

王大献 明代安徽南陵县人。王秋长子。庠生。早年患痰证，延医罔效，遂自检方书试疗，竟得痊愈。此后，凡亲友患疾者，即随证诊治，多获良效。万历五年（1577），与弟大化、大成，遵父命重校《经史证类大观本草》，易名《重刊经史证类大全本草》，刊刻于世。万历二十八年（1600）邑令朱朝望复予修订，重刻于籍山书院（今存）。[见：《宁国府志》、《南陵县志》、《中国善本书提要》]

王大德① 明代人。生平里居未详。曾任太医院医官。与王绍南合著《百病回春要紧真方》（又作《是病总览紧要真方》、《百发百中万病回春紧要真方》）七卷，刊于世。该书国内未见，今日本尚存万历间（1573～1619）刻本，现已由中国中医科学院影印回归。[见：《中国医籍考》、《日本现存中国散逸古医籍》]

王大德② 清代浙江山阴县人。得太乙神针之法，临证多效验。会稽沈士元任江宁尉，患手指麻木，王大德针之，立愈。[见：《太乙神针·周雍和序》]

王大镛 字宇声。清代江西上饶县人。岁贡生。王学益长孙。幼年读十三经，后因父殁，痛悔不知医理，乃师事安徽庄先生。技成，治危疴常应手而愈，知名于乡里。凡求治者不分贫富，不惮寒暑，必往视之。遇贫病则赠以丸散，不受药资，富室亦不索酬金。有子六人，长子王建邦，为庠生。[见：《上饶县志》]

王大麓 清代河南杞县人。早年习儒，为庠生。兼通医术，知名乡里。[见：《杞县志》]

王万贤 清代宁夏府宋朔县（今宁夏永宁）人。祖籍陕西。名医王有莘子。传承父学，亦以医术知名。子王景朝，绍承其业。[见：《朔方道志》]

王万敬 号直夫。清代四川定远县人。其祖、父皆以教授私塾为业，且俱精医术。万敬幼年习儒，后刻苦攻医，治病应手取效，远近求治者日不暇接。有医德，凡贫病不取一文，且赠以药，乡里敬之。[见：《定远县志》、《武胜县新志》]

王万超 清代河南渑池县人。邑儒医王秉哲子。继承家学，亦工医术。[见：《重修渑池县志》]

王上达 字春亭。清末浙江鄞县人。通医理。著有《济生集》六卷，刊于光绪二十二年（1896），今存。[见：《中医图书联合目录》、《浙江医籍考》]

王上英 清代浙江余杭县人。精医术，知名于时。其孙少年时随祖父习医，记录方案及制药秘法，编为《石云选秘》一书，后出家为僧，法号彻尘。[见：《余杭县志稿》]

王与圭 字庭秉。清代江苏常熟县沙头里人。以医为业，知名于乡。著有《易经衷旨》（非医书），今未见。[见：《沙头里志》]

王与谦 字履安。清代江苏江阴县人。初从长洲唐大烈习医。技成，悬壶济世，名噪于时。乾隆三十二年丁亥（1767）冬至前，王仲良患伤寒阳虚症证，病势危殆。名医戚向书初治无功，遂与王氏及姜健、孙御千会诊，四医合力，竟起一生于九死。王氏曾参校唐大烈《吴医汇讲》，刊刻于世。[见：《吴医汇讲·卷九》、《龙砂八家医案·孙御千先生方案》]

王山人 佚其名。明代浙江金华县人。精医术。门生韩懋，得其传授，声名益盛。[见：《韩氏医通》]

王广运 字芥庵。清代河南商水县人。邑庠生。精医术，名著于时。素重医德，凡求治者，虽严寒盛暑不辞，必期病痊而后已。遇贫病施以药，人或以微物酬谢，辄厉声拒之。里中有柴姓者，独生一女，最为钟爱，此女忽得危症，急请王氏诊视。王曰："此证九死一生，度尔家贫，无力服药，即服药，亦恐罔济耳。"柴氏夫妇惊哭，跪求不已。王氏感动，乃自出良药医之，一日两至其家，随证易方，调理两月，所服药计值五十金，竟得痊愈。柴氏感激欢呼，计无以报，令女拜为义父，时往来其家，若亲谊焉。著有《十二经络针灸秘法》、《注解仲景伤寒论》等书，今未见。[见：《商水县志》]

王广爱 字惠溥。清代河南淮阳县人。邑外科名医王元太次子。继承父业，施治多效，不受谢金。[见：《淮阳县志》]

王广微 元代人。生平里居未详。李祁《云阳集·王广微字赞》曰："而凡于医，理极深突，毫厘之差，千里之谬。惟兹王君，洞析玄览，无暗弗察，有隐斯阐。人之有疾，是究是征，内观脉理，外察形神。投以匕剂，效若神速。行之州间，取信侯牧。"[见：《金元医学人物》]

王之佐 字孟贤。清代江苏青浦县人。康、雍间（1662～1735）人。以医术知名。弟王之辅，医名益盛。[见：《青浦县志》]

王之英 一作王子英。号石舟。明代浙江兰溪县人。御医王开后裔。绍承家学，亦以医知名。著有《医案》，未见传世。子王师文、王师望，孙王章祖，均为名医。[见：《兰溪县志》、《兰溪市医学史略》]

王之昂 字朗伯。清代江苏高淳县人。邑名医王之信弟。王之昂亦擅医术，有声于时。[见：《江宁府志》、《高淳县志》]

王之胘 清代四川乐至县人。精医学，以术济人，至老不倦。善养生，年九十尚步履稳健，可出诊，乡里称寿世老人。子王坦如，传承父学。[见：《乐至县志》]

王之俊 明代浙江山阴县人。邑名医王元辅次子。继承父学，亦以医行世。[见：《山阴县志》]

王之信 字杏伯。清代江苏高淳县人。精医术，以外科见长。凡有奇病，治之无不立效，名播四方。弟王之昂，亦工医术。[见：《高淳县志》、《江宁府志》]

王之垣 字而式，号见峰。明代山东新城县人。嘉靖四十一年（1562）三甲第一百四十五名进士。曾任户部侍郎，赠本部尚书。好养生，辑有《摄生编》（也作《摄生集》）。郭正域为之作序，称"所著《摄生集》，尽除隐言罕譬，悉破外道旁门，直指深渊，妙探象罔，语约而显，道奥而直，大有功于丹经"。[见：《山东通志》]

王之政 （1753～1821） 原名明径。字献廷，号九峰。清代江苏丹徒县月湖人。庠生。聪颖善悟，好读书，于岐黄家言独得精奥。慕名医扁鹊之为人，慨然以济人利物为志，弃儒业医。曾悬壶扬州，治病不分贫富，不计利，不辞劳，所活不可胜记。时有将军某，因女病延请。之政不知其女未嫁，诊脉毕，断为有孕，且告以当生男婴。将军闻言暴怒，入室剖女腹，须臾执血胎出，口称"良医"。之政见状大骇，耳遂聋，而医名益振，世无不知名医"王聋"者。嘉庆间（1796～1820）征至京师，授太医院院监，以重听辞免，世以"王征君"称之。年六十九岁卒。著有《本草纂要稿》一卷，刊于道光辛卯（1831）；又撰《痘痧汇评》一卷，今存抄本。所遗《医案》经门人编辑，流传于世，今存多种抄本。生前从学者甚众，虞克昌、李文荣、刘允中、孙铨、蒋宝素、米致五等，皆出门下。有小门生李欣园，尤得真传。[见：《丹徒县志》、《中国历代医史》、《北大图书馆藏李氏书目》]

王之冕 字宪如。清代安徽宣城县人。世居水阳西。精医术，善疗目疾，有启瞽之功。撰《青囊精选》二卷，今未见。子王寅，绍承父业。[见：《宁国府志》、《宣城县志》]

王之辅 字幼清。清代江苏青浦县人。精医术，名重于时。康熙间（1662～1722）里中大疫，王氏携药巡于通衢，随到诊视，全活甚众，有酬以金者，笑却之。巡抚慕天颜，亲书"博古良医"赠之。兄王之佐，亦以医知名。[见：《青浦县志》、《松江府志》]

王之策 字殿扬。清代安徽歙县人。生平未详。曾修订陈士铎《辨证玉函》四卷。今有康、乾间（1662～1795）残刻本（存卷二、卷四），书藏上海中医药大学图书馆。[见:《中医图书联合目录》]

王之瑜 字绎史，号石泉。清代江苏南汇县人。工诗善医，知名于时。[见:《南汇县志》]

王之辑 号省庵。清代江苏如皋县人。生平未详。著有医案及《启蒙药性赋》、《省庵医范》等书，今未见。[见:《如皋县志稿》]

王之衢 字步康。清代湖南湘潭县人。邑名医王中立幼子。传承父学，亦精医道，以喉科著称，兼擅针灸，有神医之誉。其治喉疾，遇数日不能食者，辄先按其颈穴，即能饱食，食后始为诊疗。人问其故，曰："此小方耳，人心惶怖，聊以此安之。"其治病卧不起者，先以药水煮针数十枚，遍刺之若刺猬，燃香候之，香尽抽针，行步如常。惜自秘其术，卒后无传之者。[见:《湘潭县志》]

王小园 清末江苏常熟县人。世居东乡梅李塘小六泾。其父王春园，为当地名医。王小园继承家学，善治伤寒、温病，求治者户限为穿，时称小王郎中。精勤医业，白昼门诊，深夜出诊，不辞劳瘁，经年如一日。子王若山、王君勤，皆绍承家学。[见:《吴中名医录》]

王子礼 元初人。里居未详。精医术，为太医院太医。曾得治咳良方九仙散于河中府姜管勾，后将此方授罗天益，罗氏收入《卫生宝鉴》。[见:《金元医学人物》]

王子固 字文之。清代人。生平里居未详。辑有《眼科百问》二卷，约成书于顺治十四年（1657），刊刻于世。[见:《中医图书联合目录》]

王子昂 清末江苏太仓人，居西郊姚泾岸。六代世医王学溥次子。子昂与兄子渔，均业医。子昂无子，侄王理三，继承家学。[见:《吴中名医录》]

王子厚 元代建昌（今江西南城县）人。以医名家，至子厚已历六世。临证切脉如见，用药如神，悬壶于湖北郧州、江西都昌等地。程钜夫叔父患疾，迎请子厚诊治，手到病除。程氏赠诗曰："高谈稷契不谋身，作计岐黄自活人。六世名家孙肖祖，万金良药众疑神。传来白雪千年调，散作青云五老春。若遇无形可忧处，未须惊走且逡巡。"[见:《金元医学人物》

（引《雪楼集》）]

王子相 字公俊。清代河南鄢陵县人。贫不得志，乃究心痘科，立志济人。每逢痘疹流行，竭力救治，风雨不辞，四十年如一日，救人甚众。其为人清贫自守，治病分毫不取。年八十余，以寿终。[见:《鄢陵县志》]

王子昭 元初人。里居未详。通医术，为太医院太医。曾得利肺治咳方于西夏，以此方授罗丹，罗丹复传罗天益，罗天益收入《卫生宝鉴》。[见:《金元医学人物》、《卫生宝鉴》]

王子能 清代江苏太仓州人。曾任参军。善医，与名医王士雄同时。[见:《霍乱论》]

王子接 （1658～?）字晋三。清代江苏太仓州人，徙居长洲县。早年习儒，制举之余致力医学，燃松继晷，研寻古训，久之精通医道。挟技游于海内，所至多著奇效，活人不可胜计。扬州盐商黄履暹敬重之，奉为座上客。江都杨天池、歙县黄履暹诸名医亦与之往还，相与考订药性。康熙戊戌（1718），与江苏按察使魏荔彤相识，抵掌而谈，互相钦慕，遂订终生之交。魏氏评王氏之学曰："力学深思，得之有素。于仲景之书，如探珠赤水，独得颔下一颗。"王氏早年曾著《脉色本草伤寒杂病》，自谓有得。年五十岁，始觉前书悖谬，遂尽投于火。后复撰《绛雪园古方选注》三卷，刊于雍正十年（1732），时子接已七十五岁高龄。此外，还著有《得宜本草》一卷、《伤寒古方通》六卷、《伤寒方法》二卷，皆刊刻行世。门人叶桂、陆得梗、吴蒙得其亲授，以叶桂最知名。[见:《绛雪园古方选注·序》、《遂初堂医话》、《吴门补乘》、《太仓州志》、《郑堂读书记》、《四库全书总目提要》、《清史稿·艺文志》]

王子渔 清末江苏太仓州人，居西郊姚泾岸。六代世医王学溥长子。绍承家学，与弟王子昂皆业医。子王理三，传父业。[见:《吴中名医录》]

王子颙 唐代（?）人。生平里居未详。著有《脉经》二卷，已佚。[见:《新唐书·艺文志》、《通志·艺文略》、《国史经籍志》]

王开琛 字松筠。清末湖南宁乡县人。王文清曾孙。聪颖好读，精通医术，活人甚众。年八十余卒。著有《喉科秘方》一卷，今未见。[见:《宁乡县志》]

王开泰 清代河北交河县人。庠生。精医术，尤擅痘科，治病多佳效。有医德，凡延请者，无不应。殁后多年，乡邻犹追念不忘。[见:《交河县志》]

王天荫 明代四川人。里居未详。当地名医王道合子。传承父学，医术益精。出任秦府良医，故徙居陕西西安右护卫。江苏泰县名医刘纯徙居咸宁，天荫与之游，上下论辩医理，刘亦时时称善，故关中名医，刘、王并称。子王经，继业尤精。[见：《中国历代名医碑传集》（引王九思《渼陂续集·明故秦府良医正西林王君墓表》]

王天星 清代四川万县人。幼年丧父，母改嫁于湖北巴东县，孑然无靠，得乡邻周济以活。后研习医药，苦学多年，终成良医，疗效显著，踵门求治者不绝。壮岁时，思母甚切，挟技遍游夔州各县，终得母所。此后每年往探问讯，三峡上下，皆传其孝名。[见：《万县志》]

王天雄 清代四川简阳县金马场人。少勇壮，擅拳技，人谓得少林寺家法。曾得不传之秘，精伤科，治跌打损伤，尤称上手。为人侠义，遇孤寡贫弱遭欺凌，常拔刀相助。凡贫病者求医，不取资，世人皆德之。年八十五岁卒。[见：《简阳县续志》]

王天爵 字元良。清代河南淮阳县人。幼颖异，好读书，事母以孝闻。年十六游庠，不久食饩。选授洧川学博，曾倡立义学。晚年告归。旁通医术，辑有《三世良方》若干卷，未见刊行。[见：《淮阳县志》]

王元太 字善长。清代河南淮阳县人。其母李氏精医道，元太得母传授，以医术知名，尤擅外科。子王广爱，继承家学。[见：《淮阳县志》]

王元正 宋代人。生平里居未详。似为道士。著有《出生入死法》一卷、《六祖达摩真诀》一卷、《清虚子龙虎丹》一卷、《内外丹诀》若干卷。[见：《宋史·艺文志》、《通志·艺文略》]

王元吉① 明代浙江乌程县小湖织里人。幼科世医王以勤子。绍承家学，所疗无不奇验。曾任德清训术，诏留太医院。其后裔王銮，继业尤精。[见：《乌程县志》]

王元吉② 原名大庆，字履斋。清代浙江绍兴人。道、咸间（1821~1861）因承制织绣贡品，徙居江苏吴县，居红板桥。王氏兼精医术，擅长儿科，凡贫病者求治，不取诊酬，活人无算。[见：《吴县志》]

王元直 宋元间乐安县（今江西乐安）人。其家世代业医，至元直已第五代。祖父王子异，为人和煦如春；父王诚翁，生性儒雅。元直为长子，早年习儒，尤工家学。临证重视培补元气，用药平和，非不得已不用峻剂。曾挟技游京师，问医求药者踵相接，每能随手奏效。太医院医官多与之交好，诸王公贵人亦礼敬之。[见：《抚州府志》、《金元医学人物》（引《吴文正公集·送王元直序》]

王元标 字赤霞。明末上元县（今江苏南京）人。宋代翰林学士王尧臣（字文安）后裔。自少业儒，兼习《素问》、《难经》诸书，后以医术知名。崇祯己卯（1639）大疫，元标携药囊过贫寒之家，诊视周济，全活多人。甲申之季（1644），大宗伯荐授太医丞，不应，逃往赤山，寻葛洪旧居卜筑焉。著有《紫虚脉诀启微》。晚年又著《医药正言》，未竟而卒，其子王辂、王稚续成之。王稚字东皋，尤精父业，为时所重。[见：《江宁府志》、《上元县志》]

王元科 字仁甫。清代江苏崇明县人。精医术，善外证，虽险症多能愈之。[见：《崇明县志》]

王元修 字德符。清代河南荥阳县河王村人。通医术，以针灸知名。[见：《续荥阳县志》]

王元胜 清代四川永川县人。善医。性温和，尚俭朴，待人友爱。年七十八岁卒。[见：《永川县志》]

王元常 清代江苏阳湖县吴桥人。通医理。与本县名医陈廷儒相往还，每谈医理，吻合无间。[见：《诊余举隅录》]

王元辅 字施仁。明代浙江山阴县人。少孤，秉性仁慈。尝有一老翁诣其家，与语岐黄精奥，元辅礼敬之，晨夕罔息。后老翁辞去，临行出秘录一册授之曰："此可以寿世。"复传以摄养之法。自此，以医知名，遇贫困孤寡，必先诊视，活人甚多。有子三人，次子王之俊，以医问世。[见：《山阴县志》]

王元鼎 字殿黄。清代江西万年县珠田人。郡增生。性孝友，侍父母病，亲奉汤药，至忘饮食。通医道，深悟秦越人《难经》之奥，临证随手奏效。性仁慈，治病不责报。尝谓："医术近仁，行医近利。"[见：《万年县志》]

王元楷 字晋廷。清代江苏句容县人。精医术，治贫者不取值。同治间（1862~1874）寓居东坝，适官军染时疫，元楷治之皆效，浙督保奏为县丞。[见：《续纂句容县志》]

王元镔 字阆然。明末金坛县（今属江苏）人。初习举业，后弃儒，以医济世。[见：

《金坛县志》]

王云泉 明代旴江(今江西南城县)人。邑名医王杏林子。传承父学,亦精医术。子王文谟,绍传先业。[见:《中国医籍考》、《中医大辞典》]

王云锦 字柳溪。清代河南固始县人。嘉庆十六年(1811)进士。由翰林迁台谏,官至广东肇罗道按察使。旁通医理,撰有《伤寒论(注)》,今未见。又与曹德泽合编净意子《育婴集》,刊于咸丰八年(1858)。[见:《河南通志》、《中医图书联合目录》]

王云藻 清代河北景县人。精医术,知名于时。弟王鸿宾,医名尤盛。子王沂清,传承先业。[见:《景县志》]

王太吉 清代山东益都县人。生平未详。著有《杂病解》、《瘟病解》、《劳伤解》各一卷,未见流传。[见:《山东通志》、《益都县图志》]

王太和 字子修。清代河北东安县(今廊坊)张家务人。诸生。性笃厚,讲学授徒,贫者不取修脯。兼精医术,以眼科知名于时。光绪间(1875~1908)卒,享年六十一。[见:《安次县志》]

王中立① 明代浙江乌程县人,世居小湖织里。精婴儿方脉,求治者如市。其孙王以勤曾任安吉训术。曾孙王元吉初任德清训术,应召入觐,留太医院。后裔王时钟,继承家学。[见:《乌程县志》、《湖州府志》、《中国医籍考》]

王中立② 字权万。清代湖南湘潭县人。王朝侨次子。家世饶富,性独好方术,以千金从师学医。临证每出新意,屡有神验。有屠者暴卒,中立视之,谓不死。取柴胡三斤,煮水一石,置澡盆中,使人昇病者入浸其中,逾时手足动,出气呼然。或问其故,曰:"此邪入厥阴。令气达少阳,非蒸煮药力不胜病也。"平生治验类此者甚多。年八十岁,遍告亲友曰:"吾为公等治疾,未尝受谢。诸君今宜寿我。"众人乃出金设大宴为寿。酒罢,悉返众人之金,曰:"老病不能复出,吾无求于人,公等自今亦无复溷吾也。"自是闲居,寿至九十岁卒。幼子王之衢,传承父学。[见:《湘潭县志》]

王日休 (?~1173) 南宋龙舒(今安徽舒城)人。性端静简洁,崇信佛教,受戒为优婆塞(清信士)。早年习儒,博通经史。一日,弃所读书曰:"是皆业习,非究竟法。吾其为西方之归。"自是精进念佛。年六十,布衣蔬食,日课千拜,作《净土文》以劝世。将卒,前三日遍别亲识,至期亢声念佛,屹然立化。王氏富于著述,有《春秋公羊辨失》一卷、《春秋左氏辨失》一卷、《春秋穀梁辨失》一卷、《春秋名义》一卷、《龙舒易解》一卷、《养贤录》三十二卷、《九丘总要》三百四十卷、《金刚经解》四十二卷、《净土文》十一卷。兼通医理,有《伤寒补遗》传世,今佚。[见:《中国医籍考》、《宋史·艺文志》、《中国佛学人名辞典》]

王日助 字幼安。清代江西瑞昌县人。早年习儒,后以医济世。处方兼取众家,治病多良效,活人甚众。县令江皋之母患疾不起,请日助治之,一药而愈。江酬之以金,固辞不受。江益重之,赠额曰"杏林济美"。王氏后出任本县医学,冠带荣膺。[见:《九江府志》、《瑞昌县志》]

王日琳 字玉亭。清代山东昌乐县人。年十九岁入邑庠,秋闱屡荐不售,以岁贡生终。晚年博览群书,编辑《救世奇书》一帙,所载皆验方。今未见。[见:《昌乐县续志》]

王日新 明代人。生平里居未详。著有《小儿方》,已佚。[见:《本草纲目》]

王日煜 字为章。清代江苏南汇县二十保人。邑名医沈璠门人。屡起沉疴,治贫病者不受谢,且赠以药。康熙六十年(1721),知县何自懋赠以"经纶济世"匾额。寿八十八岁卒。[见:《南汇县志》]

王曰龙 清代山东夏津县下官桥人。邑名医王英琳子。早年习举业,兼读父书,后以医术知名。[见:《夏津县志续编》]

王曰秀 字实夫。清代宁夏府宁夏县(今宁夏贺兰)人。恩贡生。性情耿介,操守不苟,从学者甚众。同治(1862~1874)兵燹后,郡城银川书院已成废墟,王氏受知于提督张曜,遂建言修复之。兼精医道,决人死生,率多不爽。著有《医经》若干卷,今未见。[见:《朔方道志·学行》]

王曰琏 清代四川荥经县人。通医术,精伤科。以医济世,活人甚众。出身寒门,性嗜清淡,长居田园,晚年隐于山林。嘉庆时(1796~1820)寿九十有奇,须眉皓首,人呼为神仙。[见:《荥经县志》]

王曰朝 清代陕西蒲城县焦家庄人。以医知名,长于外科。邻村某,腹部受伤肠出,其人自纳入,不久复出,越三日求治。王氏先以

四画

温水洗肠、理顺，复以冷水喷其面，惊骇之时，肠自缩入腹。继敷以药，一月痊愈。[见：《蒲城县新志》]

王曰谨 明代山东陵县人。邑庠生。忠厚谦恭，以孝养著称。深明医理，活人而不计利。凡求治者，无论贫富远近，寒暑必至，至则应手痊愈。年六十四岁卒。[见：《陵县志》]

王少白 清代河南新乡县人。邑眼科名医王精一弟。工书法，善篆书。明悟仲景奥旨，亦精眼科。[见：《新乡县志》]

王少江 （1891～1943） 近代江苏丹徒县人。名医王吟江子。幼年随父侨寓江都县樊川，承庭训学医，尽传家技。精内、妇、儿各科，尤擅治脾、胃、肝、肾诸疾。于温热病证治，推崇吴瑭。临证有胆识，虽危殆之证，常数剂奏效。无嗣，婿孟澍江得其传授。[见：《江苏历代医人志》]

王少春 明代浙江台州人。邑名医王良明子。绍承父学，亦精医术。临证多捷效，尤善痘科。曾任医学训科。[见：《台州府志》]

王少泉 明代浙江仁和县人。曾遇异人授以治痘法，遂以医为业，所活赤子甚多。孙王修德、王仍奕，继承其业，均有名于时。[见：《浙江通志》]

王少峰 （1867～1932） 字炳生，号润基。清末安徽休宁县西乡人。早年学徒于浙江湖州恒裕典当铺。因亲属多病，深感庸医误人，遂立志习医。此后，白天学徒，夜晚攻读医籍，孜孜不倦凡五年。光绪十五年（1889）入湖州名医凌奂门下，颇得青睐。越二年，返故里，悬壶于休宁海阳。王氏精通内、儿、妇诸科，尤擅治时病，常能一二剂获效，知名于时。毕生好读书，勤于著述，珍藏医籍390余部，长年于灯下攻读，晚年患目疾，几近失明。著有《伤寒从新》、《脉学摘要》、《女科汇编》。三书未见于中医目录学著作，李济仁教授曾亲见之，故《新安名医考》曰："尤以《伤寒从新》最见功力。总计七十四万字，实为研究《伤寒论》不可多得的重要参考资料。"[见：《新安名医考》]

王少卿 元代人。生平里居未详。通医道。著有《难经重玄》，已佚。[见：《九灵山房集·沧州翁传》]

王升平 清代四川江津县人。业儒不第，改习医学。生性质朴，久居田园。善养生，年八十余仍能出诊。[见：《江津县志》]

王长明 清代山东章丘县人。精医术，知名于时。门人康士珩，亦为良医。[见：《章邱县志》]

王仁龙 号汝霖。明代浙江会稽县人。邑名医王培元子。慷慨有大志，壮年游京师，人皆慕其豪风。尤擅家学，以医术驰名畿省。[见：《会稽县志》]

王仁宅 字道南。清代安徽黟县中百户人。国学生。经商起家，精通医学。与俞毓祥、俞正燮相友善。晚岁退居在家，年八十二岁卒。[见：《新安名医考》]

王仁俊 （1866～1913） 字杆郑（一作扞郑），号籀许。近代江苏吴县人。早年习儒，光绪十八年（1892）进士，授翰林院庶吉士，散馆，改吏部主事。曾创《实学报》于上海。光绪二十九年（1903）赴日本考察学务，继署宜昌、黄州府事，时张之洞在湖北创办存古学堂，聘为教务长。调学部图书局副局长，兼京师大学堂教习。年四十七岁卒。富于著述，撰有《辽文萃》七卷、《西夏文缀》二卷、《辽史艺文志补证》一卷、《说文解字引汉律令考》二卷、《附录》一卷。王氏对中医古籍亦有研究，辑有《素问佚文》一卷、《神农本草》一卷，俱收入《玉函山房辑佚书续编》，今存。[见：《中国丛书综录》、《中医图书联合目录》、《民国人物大辞典》、《二十五史补编》、《清史稿·艺文志》]

王仁卿 （1832～1837） 清末江苏常熟县梅李镇人。原籍安徽，其先祖避明末之乱，徙居梅李。其父王若溪，从高丙叔（名医曹存心门生）学医，后悬壶于世。王仁卿传承父学，医名益盛。子王宗锡，亦以医闻世。[见：《吴中名医录》]

王化龙 清代河南郾城县人。世医王钦子。继承父学，亦业医。[见：《郾城县志》]

王化贞 （?～1625） 字元起，号肖乾。明末山东诸诚县人。万历四十一年（1613）进士，官都察院右佥都御史，巡抚广宁。天启五年（1625），因辽东失守伏诛。王氏弱冠时患痨瘵，几危，后遇道士授以秘方，病得痊愈。此后留心医学，历宦十余年，时以医药济人。曾采录《本草纲目》等书所载单、验方，编《普门医品》四十八卷，刊印于世，今存。此书曾由其弟子王梦吉"撮其历试历验，简易切近者"，节抄为《行笈验方》八卷，刊刻于世（该书国内未见，日本存康熙八年刊本，现已影印回归）。王化贞还著有《产鉴》三卷，亦刊行。[见：《明史·熊廷弼传》、《四库全书总目提要》、《中医图书联合目录》、《诸城县志》、《日本现存中国散逸古医籍》]

王化远 清代陕西渭南县临渭里人。精通医术，能预决病者死生，名重于时。心怀济利，遇贫病制药施赠，虽参、桂不吝，时论贤之。［见：《新续渭南县志》］

王化纯 清代河南汜水县梁庄人。通医术，活人甚众。［见：《汜水县志》］

王仍奕 字钥泉。明代浙江仁和县人。得祖父王少泉传授，精通医术，尤擅痘科，名振于时。兄王修德，亦通医术，早殁。［见：《浙江通志》］

王介之 明代人。生平里居未详。为太医院御医，与名医薛己（1487～1559）同时。［见：《外科精要·自序》］

王介庵 清代河南商水县人。生平未详。著《金匮伤寒辨脉汇编》，有抄本存世。［见：《贩书偶记续编》］

王从圣 元代江西人。里居未详。因母多病而学医。李存作《赠王从圣序》，以时医彭汉明、吴嘉喜、葛良范为例，告诫为医之难。［见：《金元医学人物》］

王从龙 清代人。生平里居未详。为名医姚球门人。姚氏著《本草经解要》，从龙为之作跋。［见：《历代医书丛考》、《医学读书志》］

王公显 字达卿。元明间浙江新昌县人。性聪敏。元代尚盛时，时人皆习举业，其父语之曰："不久将有干戈之难，汝勿求仕，业医则可矣。"由是精研医学。邑中大疫，王公显与其子宗兴沿门疗治，所活甚众。其孙王性同，明洪武间（1368～1398）举医学训科。［见：《绍兴府志》、《新昌县志》］

王月怀 明代华亭县（今属上海）人。业医，与李中梓同时。［见：《中国历代医家传录》（引《李中梓医案》）］

王丹山 佚其名（字丹山）。清代江苏吴江县平望镇人。嗜医学，名医薛雪（1681～1770）以其意诚，收为弟子。临证所立方似甚平易，服之应手取效。晚年术益精，诊脉察色，即见隐微，世以为得师法云。［见：《平望志》］

王丹荣 号金炉。清代江苏上海县法华乡人。疡科良医王大泰子。绍承父业，有名于时。有乡人女腹大，父母疑其有私。丹荣曰："此肠痈也。"出针刺之，下脓血而愈。子王楚珩，能继家学。［见：《上海县志》］

王凤山 清代河南淮阳县人。通医术，能预知吉凶。［见：《淮阳县志》］

王凤书 清末江苏丹徒县人。名医王之政（1753～1821）侄。王凤书亦以医知名。侄王明经、王明纲得其传授。［见：《丹徒县志摭余》］

王凤仪① 字韵存。清代江苏青浦县人。增贡生。风姿潇洒，工诗善绘。兼善医学，悬壶于世。重孝义，祖父年九十余，凤仪以诊资所入尽心赡养。［见：《青浦县志》］

王凤仪② 清代辽宁锦西县王家屯人。其祖父王思泰，道光间（1821～1850）任太医院八品吏目。凤仪传承先业，亦以医术名著乡里。［见：《锦西县志》］

王凤梧 字鸣冈，号林山。清代江苏吴县人，世居十全街。精医理。著有《辨脾胃升降》一文，刊载于《吴医汇讲》。［见：《吴医汇讲》］

王凤翔 字仞千。清代河南汜水县人，居西关。早年习儒，为岁贡生。博极群书，兼通天文地理、星相医卜诸学。［见：《汜水县志》］

王凤藻 字梧巢，晚号崆峒居士。清代江苏上元县人。诸生。笃厚寡言，工诗，善古文词，旁涉医学。正字说文，无间寒暑。尝与顾月樵等为真率会。年七十六岁卒。著有《读来苏集伤寒论注笔记》、《临证辨难》诸书，今未见。［见：《江宁府志》］

王文元 字翰卿。清末人。生平里居未详。曾任太医院御医，正六品首领厅事，兼寿药房值宿供奉官。［见：《太医院志·同寅录》］

王文汉 字云倬。清代湖南宁乡县人。精医学，有名于时。知县于寀，赠联表彰之。卒之日，教谕舒鸢铭其墓。著有《证治辨微》若干卷，今未见。［见：《宁乡县志》］

王文成 字质卿。清末人。生平里居未详。曾任太医院九品医士，兼东药房值宿供奉官。［见：《太医院志·同寅录》］

王文光 清代河南长葛县人。通医术，曾任医学训科。［见：《许州志·医官》］

王文孝 字百顺。清代河南固始县人。幼习方脉，推重名医朱震亨，以善治奇症知名。子王应乾、王应恒，皆工医术。［见：《固始县志》］

王文灿 清代四川罗江县人。邑名医王定国子。绍承父学，亦以医鸣世。［见：《罗江县志》］

王文注 字向溪。清代江苏上海县法华乡人。邑庠生。通医理。撰有《舌色指微》，

四画

未见刊行。[见:《上海县志》、《法华乡志》]

王文洁 字冰鉴,号无为子。明代江西抚东人。推崇古人方脉,尤泥于太素脉。辑有《图注八十一难经评林捷径统宗》、《图注释义脉诀评林捷径统宗》、《太素张神仙脉诀玄微纲领统宗》等书,均刊刻于世。[见:《中国医籍考》、《中医大辞典》、《中医图书联合目录》]

王文胜 明代南京(今属江苏)人。祖籍长洲县。宋医师王继先十七世孙。太医院医士王兰畹孙,王彦英长子。传承家学,亦通医术。初为南京太医院医士,再迁北京太医院。以惠民局大使范子深之女为妻。生一女,后为英宗靖安和惠妃,以此得授锦衣卫百户。初无子,以弟拱辰之子王经为嗣子。后生子王纯,早卒。王经亦以医闻。[见:《中国历代名医碑传集》(引顾清《艾坡王先生墓表》)]

王文洽 号桂林。清代江苏长洲县唯亭人。世医王家瓒次子。早年习儒,为庠生。得家传,亦工医术。兄王淮,亦精医。[见:《吴县志》、《元和唯亭志》]

王文素 元代陕西凤翔人。业医。至大间(1308～1311),李大使患阳证伤寒,王文素用羌活、附子等热药治之,病者身亡。幸免罪,仅罚烧埋银两。[见:《金元医学人物》(引《元典章》)]

王文栱 字存节,别号云山。明代浙江云和县坊郭人。布衣。善诗文,通岐黄,以术济人,知名于时。[见:《云和县志》]

王文高 清代四川东乡县(今宣汉)人。通医术,治病每奏良效。同治间(1862～1874)卒。其子王学塈、王学林,皆世父业,有青出于蓝之誉。[见:《宣汉县志》]

王文清 (1688～1779) 字鉴廷,号九溪。清代湖南宁乡县人。雍正二年(1724)进士,补九溪卫学正。后进京,历三礼馆纂修、宗人府主事、经史馆校勘。乾隆十一年(1746)以御史致仕。归田后,数征不起,以著述自娱,所著书稿凡七百六十余卷,刊行者数百卷。兼通医理,著有《医方小录》八卷、《寿世丛书》十卷,今未见。[见:《湖南通志》、《宁乡县志》]

王文焕 字亦唐。清代江苏江阴县人。侍母以孝闻。精幼科,治痘证罕有其匹,名重于时。[见:《江阴县志》、《江宁府志》]

王文绮 清代人。生平里居未详。著有《脉学注释》。[见:《中国历代医家传录》(引《医史特辑》)]

王文禄 字世廉,号沂阳生。明代浙江海盐县人。父王佐,喜声乐,精骑射。王文禄少举乡荐,屡试不得志,以文章节义自命。性廉峻,遇不平事,叱骂不避权贵。嗜书,每见善本,倾囊购之,贮于书楼。其楼尝失火,大呼曰:"但力救书者赏,他不必也!"年八十余,犹应试长安,不屑就乙科秩。旁通医理,撰有《医先》一卷、《胎息经疏略》一卷,均刊刻于世。[见:《嘉兴府志》、《浙江通志》、《中医图书联合目录》、《中国丛书综录》]

王文谟 字继周。明代江西南城县人。生于世医之家,明医理。编有《医学钩玄》,今佚。又整理祖父王杏林所藏秘方及父王云泉经验方,参以己意,编《碎金方》三卷,刊于世。该书国内未见,今日本尚存。[见:《中医大辞典》、《中国医籍考》]

王文辉 (1677～1736) 字郁章,又字竹堂。清代山西介休县人。邑名医王进贤子。七岁习经史,稍长为文,年十四补博士弟子员。康熙壬辰(1712)赴京师,入太学,不久倦游归里。素善医,后弃举业,以医行世,数百里内外,争造请之,服药无不立愈。或一家持其方去,邻里袭用之;或乞其渣煎之,亦多有效,远近以为神。年六十岁卒。著有《竹堂文集》十卷、《方案》十二卷,今未见。[见:《介休县志·太学生王文辉墓志铭》]

王文鼎 (1894～1979) 现代四川江津县人。少时家贫,父母勉力供其就读。读中学时,组建学生会,抵制袁世凯称帝,遭校方勒令退学。不久,从颜闻修先生学医。技成,负药囊行医于汉口。1926年参加革命运动,1936年加入中国共产党,以行医为掩护,从事地下活动,医名亦日显。1956年调北京中医研究院,任学术秘书处副处长。此后历任全国人民代表大会代表、政协五届全国委员会常务委员、卫生部顾问、中华医学会理事、中医学会筹备委员会副主任。王氏从事中医工作五十余年,有较深理论造诣及丰富临证经验,为现代著名医家。1979年3月20日病故于北京。[见:《名老中医之路》]

王文魁 字仲连。清末人。生平里居未详。为晚清太医院候补医士。[见:《太医院志·同寅录》]

王文镕 字怡云。清代浙江嘉善县人。精通医道,有名于时。[见:《嘉善县志》]

王文濂 (1782～1856) 字莲舫。清代江苏无锡县人。议叙县丞。著有《医理汇绎》

十卷、《治痢论》一卷，今未见。[见:《吴中名医录》(引《锡金历朝书目考》)]

王为乔 清代浙江义乌县松溪人。邑眼科名医王毓秀孙。传承家学，亦以眼科问世。[见:《义乌县志》]

王为舟 清代浙江义乌县松溪人。邑眼科名医王毓秀长孙。传承家学，亦以眼科问世。[见:《义乌县志》]

王为通 清代浙江义乌县松溪人。邑眼科名医王毓秀孙。传承家学，亦以眼科问世。[见:《义乌县志》]

王为道 清代浙江义乌县松溪人。邑眼科名医王毓秀孙。自幼习儒，为邑庠生。传承家学，亦以眼科鸣于时。嘉庆辛酉(1801)，知县诸公赠额"功胜金镳"。[见:《义乌县志》]

王斗寅 明代宿迁县(今属江苏)人。其先世业医，斗寅独得神妙，虽危殆之病，多能起之。嘉靖间(1522~1566)悬壶于世。[见:《宿迁县志》]

王心一① 清代河南密县人。性孝友，博闻强识。早年学儒，不得志，遂业医。远近贫富延请，皆应之，病愈不受馈赠。著有《验方新集》、《痘疹新集》等书，藏于家。[见:《密县志》]

王心一② (?~1914) 字子正。近代山东阳信县人。幼习举业，年三十八始入县庠。兼精岐黄，晚岁悬壶济世，医名颇噪。王氏敬母爱弟，待人忠厚，殁之日远近悼念者甚众。[见:《阳信县志》]

王心月 清初江苏娄县人。邑名医王承绪子。传承父业，亦以医名。[见:《娄县志》]

王心敬 (1656~?) 清代陕西鄠县人。少孤，母李氏矢节鞠养，一言一动必效古贤成法。早年为诸生，年二十五弃举业，从李颙习"天德王道之学"，历时近十年。归家后闭户读书，事亲教子，不轻出户庭。年四十名闻海内，一时黔、闽、吴、楚诸抚军皆卑礼厚币，争聘主讲席。朝廷两次征辟，皆以疾固辞。雍正十年壬子(1732)，七十七岁，尚在世。著述甚多，有《洗冤录》三卷，为法医学著作，今未见。[见:《鄠县重续志》]

王心醉 字剑泉。清末四川大竹县人和场人。庠生。少食廪饩，从濮斗衡先生游，以理学鸣于时。家富好施，创办救荒会，捐金数百，赡养孤老三十名，乡党德之。尤精医术，清末邑中瘟疫四起，王心醉著《瘟疫条辨》，刊行于

世，为医家所重，今未见。[见:《续修大竹县志》]

王允中 清代山东历城县人。以医术知名。子王晋封，克传父业。[见:《历城县志》、《名老中医之路》]

王允芝 清代河南淮阳县人。精医术，尤擅喉科，闻患者咳声，即可定其吉凶。长子王树梯、四子王树棠，传承父学。[见:《淮阳县志》]

王允昌 明代安徽太平县人。世医王朝请子。绍承家学，亦精医术，远近推服。[见:《太平县志》]

王允迪 清代陕西蒲城县人。家贫习医，精其术。尝遇乡邻某之子患疾，不待请而往治，闻者敬之。卒后，乡邻集资立石，颂其德行。[见:《蒲城县新志》]

王允诰 清代山东平度县城南关人。痘科名医王廷橘子。绍承家学，亦以医知名。[见:《平度县续志》]

王允焕 清代山东桓台县人。生平未详。著有《外科辑要》，未见刊行。[见:《桓台志略》]

王允辅 字刚中。清代江苏南汇县人。生平未详。著有《瘟疫论》及地理、金丹等书，未见刊行。[见:《南汇县续志》]

王允惠 字迪吉。清代河南项城县人。质朴淳谨，初习举业，刻苦自励，屡试不中，遂弃儒学，以教子读书为务。平素博考医书，悟岐黄奥理。晚年悬壶济世，凡求诊者，不分贫富皆往，活人甚众。好谈古今节义事，津津忘倦。乾隆元年(1736)授八品农官。[见:《项城县志》]

王允瑚 字体全。清代江西广丰县人。精医术。家道素丰，以救人为志，远近延请辄往，不索酬谢。遇贫病不能就医者，施药济之，全活无算。[见:《广丰县志》]

王以文 (1906~1986) 现代浙江丽水市人。1932年考入上海中国医学院，学成回乡，悬壶于世。1954年起，先后在本市联合诊所、人民医院、中医医院任职。曾出任丽水市人民代表大会常委、政协常委、丽水地区中医学会副理事长、丽水市中医医院院长。王以文长期从事中医内科临床，主张衷中参西，辨证论治。对胃炎、肝炎、白血病、癫痫等有独到见解。执医五十余年，在当地享有盛誉。先后发表论文十四篇，晚年整理出版《临床心得集》。[见:《中医年

鉴》(1987)]

王以谷 字心贻。清代四川纳溪县人。进士王绎长子。自幼习儒,乾隆庚寅(1770)得功名,因母病诸医调治无效,弃儒攻医。购医籍百余种,朝夕研读,遂精其术。悬壶十余年,求治者盈门,所活甚众,名噪于时。[见:《纳溪县志》]

王以坤 号吟台。清代浙江海盐县人。庠生。父王思濙精医术,王以坤与异母弟皆承医业。重医德,贫病求诊不索酬。子王乃赓,亦以医知名。[见:《海盐县志》]

王以斌 明代江西庐陵县人。世医王有和子,传承家学,亦精医道。随父悬壶安福。凡他医束手之症,治辄奇效,贵人大姓,市里童孺,皆知其名,慕名延治者甚众。人问其药何以神验?王氏曰:"斌非能神其药也,能识药之能,不谬用之耳。"遂为阐释药性,详论用法。礼部主事刘球(1392~1443)闻其言,以为至论。[见:《中国历代名医碑传集》(引刘球《两溪文集·医者王以斌传》)]

王以道 号三槐隐士。元代人。里居未详。尝游洞庭君山,遇异人,长髯碧瞳,如古仙人,授以《龙虎金丹碧注》。王以道依书行之,气志冲邕。著《丹经新注》行世。[见:《中国历代医家传录》(引《续通考》)]

王以勤 明代浙江乌程县小湖织里人。幼科世医王中立孙。继承家学,精通医术,曾任安吉训术。子王元吉,传承家业。[见:《乌程县志》]

王以曜 清代四川人。生平里居未详。通医理,著有《医理精华》二卷,未见流传。[见:《四川通志》]

王书声 (?~1858) 字文扬。清代江苏丰县人。幼习举业,及长,淡于功名。博览医书,擅治痘疹,常以医药济人。咸丰八年卒于战乱。[见:《丰县志》]

王书勋 字铭之,号立山,又号荔山。清代河北南宫县人。精医学,知名乡里。[见:《南宫县志》]

王书森 字芸阁。清末盖平县(今辽宁盖县)人。业儒,积学不售。从父习医,悬壶三十余年,经验颇富,多所疗救。著有《回生集》,今未见。子王有衡,传承父业。[见:《盖平县志》]

王玉美 字松岩。清代山东莒县横山村人。和厚笃诚,潜研诗书,工吟咏,以教读

为业。性好施济,光绪二十五年(1899)岁饥,以己所植山松万株,令乡邻砍伐换粮,一村赖以全活。年七十九岁卒。辑有《经验良方丛集》,未见流传。[见:《莒志》]

王玉卿 清代山东郓城县人。生平未详。著有《妇人科经验良方》(又作《妇科良方》)三卷、《妇人脉诀》一卷。《贩书偶记续编》著录:"《妇人科经验良方》三卷,附《妇人脉诀》一卷。清济水王玉卿撰,王尚滨、王尚湄同编。任城贾弘祚、沈兆龙同校,张所蕴合参,底稿本。又名《妇科良方》,无序跋,约雍正间抄本。"[见:《贩书偶记续编》]

王正远 字寅亮,号采庵。清代四川云阳县人。幼年丧母,年十五丧父,尊继母命业农。性聪敏,农闲则披阅医籍,颇有所得。弱冠时自开药肆,兼坐堂医,久之术精,以良医知名。重医德,凡以病延请,皆往治,乡里敬之。[见:《云阳县志》]

王去执 字明道。金代平阴县(今山东平阴)人。初习举业,试进士不遇,拂衣去,杜门讲究经传文学。因亲病,精通医学。世宗时(1161~1189)试知京师,以第一名入翰林。学者皆称榆山先生。[见:《中国人名大辞典》]

王世仁 清代广东归善县(今惠阳)人。精医术。与同邑邓大德、邓大任、刘渊等先后著名。[见:《惠州府志》]

王世发 号秋湖。清代广东大埔县罗车人。监生。世业岐黄,治病不索谢。生平多善举,凡修桥砌路、解忿息怒诸事,无不尽其心力,性温厚无忤,乡里称焉。[见:《大埔县志》]

王世芬 清代江苏宝山县真如里人。生平未详。著有《证治补遗》,今未见。[见:《真如里志》]

王世昌① 明代人。生平里居未详。曾任锦衣卫前所旌节司百户。弘治十六年(1503),太医院院判刘文泰等奉敕编撰《本草品汇精要》,王氏与郑宣等八人任绘画。该书毕工于弘治十八年三月,未刊,今存抄本。[见:《本草品汇精要》]

王世昌② 字巽侯。清代浙江海宁州人。幼习岐黄,所治无不应手取效,名重于时。[见:《海宁州志稿》]

王世明 宋代人。生平里居未详。著有《济世万全方》一卷,已佚。[见:《宋史·艺文志》]

王世相 字季邻（一作秀邻），号清溪子。明代山西蒲州人。吕柟（1479～1542）门生，官延川知县。素嗜医学，推崇名医朱震亨，称"医学至丹溪而集大成"。著有《医开》七卷，刊刻于世。此书清代编《四库全书》时尚存，今未见。［见：《四库全书总目提要》、《续文献通考·经籍考》、《浙江采进遗书总录》、《四部总录医药编》、《中国医籍考》］

王世美 （1836～1908）　字济堂。清末江苏新阳县南星泾镇人。早年习儒，为监生。少从真义镇落霞浜（今正仪镇富塘村老河浜）世医陈椿年学医，尽得其传。后其师以第八女嫁之，遂为陈氏婿。王世美擅治伤寒、温病，切脉立方，应手取效。性诚恳，重医德，尝谓其子曰："吾一日诊十病，则心常摇摇悬十处。"后因思虑过度，病怔忡，夜不能寐，晚年尤甚。年七十三岁卒。有子四人，长子王大通、三子王大遄、幼子王大亨，继承其学。［见：《昆新两县续补合志》、《昆山王氏对外感热病的学术经验》（《上海中医药杂志》1962年11月号）］

王世钟 字小溪。清末四川灌县人。生平未详。著有《家藏蒙筌》十六卷，今存道光二十四年甲辰（1844）文盛堂刻本。还著有《医学入门》八卷，今存光绪二年丙子（1876）王氏家刻本。［见：《中医图书联合目录》］

王世逢 字麟洲，号杏圃。清代安徽铜陵县人。自幼习儒，读书能文，不利于科场。雅善岐黄，尤邃幼科，诊治立效。常以药饵馈人，贫富概不求报。县令王锡蕃幼子病，延王氏诊治，立愈，赠诗嘉之。撰《怀少集》十三卷，刊于乾隆二十三年戊寅（1758），今存（书藏中国中医科学院图书馆）。还著有《幼科金针》若干卷，今未见。［见：《铜陵县志》、《中医图书联合目录》］

王世琳 清代四川大竹县人。精医术，求治者甚众。善养生，寿至九十四岁卒。［见：《大竹县志》］

王世瑛 字瑶圃。清代河北霸县东关人。邑庠生，敕封武德佐骑尉。其家世代好义，常蓄药以疗贫病。世瑛自少好学，尤精医道，求诊者踵相接，前后数十年，活人不可胜计，有卢扁复生之誉。乡众感其德，公送"厚德载福"、"急公乐善"匾额。咸丰三年（1853）太平天国事起，王氏捐资助办团练；同治二年（1863）又捐砖数十万修筑城垣，得清廷赏识，后捐同知衔，晋封奉政大夫。［见：《霸县新志》］

王世禄 清代江苏嘉定县人。通医理。著有《保赤心传》若干卷，今未见。［见：《嘉定县志》］

王本立 元末安成（今江西安福县东南）人。精医术，悬壶禾川（今江西永新），治病不索酬，世人感之。与诸名士相往还，诗章唱和，以言其志。江浙儒学副提举李祁，隐居禾川，因多病，与王本立交厚，对其医术人品评价甚高。［见：《金元医学人物》（引《云阳集·赠安成王本立序》）］

王节之 明代娄县（今上海松江）人。精通医术。时有医人名沈惠者，与王节之声名相埒，两人相得甚欢，遇有疑证必相质正。子王一凤、王一鹏传其术，后均以医著名。［见：《松江府志》、《娄县志》］

王节庵 清代浙江绍兴府人。以医名世，咸丰间（1851～1861），太平天国军驻柯桥，某王患疾，节庵治之获愈，王鸣锣鼓吹，赠"良医"匾额，自是医名益盛。曾手批叶天士《临证指南》，论者谓"去芜就醇，辟谬存真，其《指南》之指南也。"此书今存。门人傅馥生，尽得其传。［见：《绍兴医学史略》］

王丙轩 清代湖北枣阳县人。生平未详。著有《医方便览》二卷，今未见。［见：《枣阳县志》］

王丕成 清代四川万源县白沙人。精医术，声噪川、陕边区。著有《医学便览》，未梓而逝。［见：《万源县志》］

王龙淮 清代四川大竹县人。幼习举业。后弃儒业医，延诊者甚众，知名于时。年八十四岁卒。［见：《大竹县志》］

王东木 清代安徽芜湖县人。知医。与郑重光同时。［见：《素圃医案》］

王东阳 明代山东夏津县人。精于医术，为世所重。曾与当时名医俞桥、胡铎、邵泰、朱禄各出医案及秘方，相与参究品评。积岁成帙，由郭鉴重订，名之曰《医方集略》，刊于嘉靖乙巳（1545）。［见：《中国医籍考》］

王东坪 清代四川双流县人。博通经史，尤精医术，就诊者门常若市，为当时名医。志在济人，凡贫苦乡邻求诊，概不取酬。子王启华、王永铭，均入县庠。［见：《双流县志》］

王东庵 清代人。生平里居未详。著有《治痘宝册》二卷，成书于乾隆五十五年（1790）。［见：《中医图书联合目录》］

王生周 佚其名（字生周）。清代山东章丘县人，居县城北门内。以医为业，与当地名医翟良齐名。近邻李柔克与之为莫逆交，欲从生周学医，不得。李知生周有洁癖，遂暗中洒扫其室，率以为常。一日，生周早归，见李跣足洒扫，大感动，以排行呼之曰："阿三果有志斯道，何罪我乃尔！"自是倾心指授，如师弟之谊。岁余，生周于士大夫家见李所疏方，问："孰为此者？"其人以告，乃抚然曰："夺我席者，必从仲也！然我死乃显。"又曰："玉华（即翟良）七分医，己五分，从仲（即李柔克）可三分。"生周无子，殁后，李柔克果医名大噪。王生周著有《医案》及《脉诀珠囊集》等书，均未传世。[见：《章邱县志》]

王生烨 字勖斋。清代山东阳信县人。庠生。早年习儒，兼精医术，以痘科知名。凡小儿患痘，经其医治，十活八九。年八十岁终。[见：《阳信县志》]

王用德 字绳武，号景林。明末长洲县（今江苏苏州）唯亭人。儒医王士龙长子。早年习举业，为庠生。继承家学，以医术济世。年八十六岁卒。弟王时亨，亦精祖业，惜早卒。用德子王逢圣、王逢年，皆精医道。[见：《元和唯亭志》]

王务业 清代山东莱阳县马家泊人。精医术。著有《经验良方集录》，未见刊行。[见：《莱阳县志》]

王处一 号玉阳子。金代东牟（今山东牟平）人。全真教道士王重阳弟子。撰有《灵光集》四卷，收入《道藏》。[见：《金石萃编》]

王处明 宋代人。生平里居未详。著有《玄秘会要针经》五卷，已佚。[见：《宋史·艺文志》]

王立方 元末人。生平里居未详。名医刘完素五传弟子，曾求师、行医于江浙。长洲高启（1336～1374）作《赠医师立方》诗云："医得河间第五传，寻师曾上海门船。龙方试后应多验，鹤骨癯来已欲仙。渡河刚芰朝带雪，隔林蒸术午生烟。诗人亦有相如渴，愿乞丹砂旧井泉。"[见：《金元医学人物》]

王立楣 字临轩。清代山东长清县潘家店人。旷达好义，家虽清贫，不屑治产业。慕启期、范仲淹之为人，尝自叹曰："启期有三乐，吾亦为其俦。"少业儒，中年始学医。设药肆于家，无论贫富远近，寒暑昼夜，有求即应。著有《伤寒论补注》，未见传世。孙王芝兰、王蕙兰，皆光绪间（1875～1908）进士。[见：《长清县志》]

王兰廷 字鼎元。清代四川万县人。名医王锡鑫子。通医理，曾校订父书。[见：《医学切要·序》、《中医图书联合目录》、《存存汇集》]

王兰畹 佚其名（号兰畹）。明代长洲县（今江苏苏州）人。宋医师王继先十五世孙。精医术，以名医征入太医院，遂入南京籍。子王彦英，孙王文胜、王拱辰，传承其术。[见：《中国历代名医碑传集》（引顾清《艾坡王先生墓表》）]

王宁宇 明清间人。里居未详。精通医道。日本庆安年间（1648～1651）侨居日本，悬壶于江户白金町。门生甚众，其中有任幕府医官者。久之自成流派，影响甚大。[见：《日中文化交流史》]

王永丰 字穗昭。清代江苏上海县人。通方脉，尤善儿科。遇疑难证，必先详审而得其病源，然后施治，全活甚众。门人潘采昭、曹廷璋，传承其术。[见：《上海县志》]

王永宁 清代河南遂平县人。曾任本县医官。通明医术，投药多效。[见：《遂平县志》]

王永和 清代宁夏府（今宁夏贺兰）人。初习举业，弃儒习医。精研十数年，于伤寒证治多有心悟，遂以医名。子王鹤年，传承父业。[见：《朔方道志》]

王永治 清代四川崇庆县人。业医。性豁达，为人治病不计酬报。善养生术，与妻贺氏，皆寿至九十二岁。[见：《崇庆县志》]

王永钦 字子谟。清代河南信阳县人。少年丧父，遵母训读书。弱冠补博士弟子员，屡赴秋闱不售，遂淡于进取。旁通琴棋、书法、星相诸艺，尤邃于医学及绘画。其画得大痴翁神髓，其医悟张仲景妙谛。求画者应接不暇，求医者踵接于门。两者不暇兼顾，晚年舍画，专力于医，远近争相迎请，活人甚众。著有《药性征实录》二卷，梓行于世。又撰《医俗格言》，论者称"不独医人，兼医世也。"以上二书今未见。[见：《信阳县志》]

王永彦 字子俊，号香村。清代河南巩县新沟村人。其先世以医术知名。王永彦绍承祖业，颇有造诣。[见：《巩县志》]

王永培 清代福建长乐县人。世医出身。尝出诊于贫家，贫者妻将鬻子以疗夫病。

60

永培力止之，资以医药，人谓有祖风。［见：《长乐县志》］

王永辅

明代浙江分水县人。精医术，曾赴云南，任医学训科。当地医籍匮乏，十无七八，王氏于暇日集录经验诸方，著《袖珍方大全》（又作《简选袖珍方书》、《简选袖珍良方》）八卷，刊刻于世。按，此书最早著录于清丁丙《八千卷楼书目》，题"《袖珍方大全》八卷，王永辅撰，明正德刊四卷本、万历刊本。"近代何澄一《故宫所藏观海堂书目》著录："《袖珍方大全》四册，王永辅撰。明正德丁卯杨氏刊本，十册。"《中医图书联合目录》载：《简选袖珍方书》八卷（附《拾遗》），明洪武二十四年辛未（1391）刻本，书藏中国中医科学院图书馆、上海中医药大学图书馆。［见：《医藏书目》、《八千卷楼书目》、《故宫所藏观海堂书目》、《中医图书联合目录》］

王必寿

元代人。生平里居未详。通医道，曾任邵武路医学教授。［见：《邵武府志·职官》］

王民皞

明代东台县（今属江苏）人。精医术，兼通太素脉。与王天锡、周咸善等并称名医。［见：《东台县志》］

王弘义

字子方。清初浙江钱塘县人。名医张志聪门生。其师讲学、著书于侣山堂，王弘义参与校订《伤寒论宗印》、《黄帝内经灵枢集注》、《黄帝内经素问集注》诸书。［见：《伤寒论宗印》、《黄帝内经灵枢集注》、《黄帝内经素问集注》］

王发兴

清代浙江义乌县松溪人。邑眼科名医王毓秀长子。传承父术，亦通医理。其父一生不弃举业，发兴与弟发威、发枝代父应诊。［见：《义乌县志》］

王发枝

清代浙江义乌县松溪人。邑眼科名医王毓秀幼子。传承父术，亦通医理。其父一生不弃举业，发枝与兄发兴、发威代父应诊。［见：《义乌县志》］

王发威

清代浙江义乌县松溪人。邑眼科名医王毓秀四子。传承父术，亦通医理。其父一生不弃举业，发威与兄发兴、弟发枝代父应诊。［见：《义乌县志》］

王圣俞

明代句容县（今属江苏）人。精医，善诊脉，知名乡里。［见：《句容县志》］

王圣瑞

清代江西瑞昌县人。世代业医，传至圣瑞，医术益精。著有《脉诀精言》若干卷，未梓。子王尚锦，绍承父志，声名尤盛。［见：《九江府志》］

王幼孙

（1223～1298）字季稚，号自观。宋元间庐陵（今江西吉水）栋头人。祖籍山西太原，唐末避乱迁庐陵。世代习儒，性笃孝，因母刘氏患痰疾而留心医药。素习儒学，立志报国。宝祐丙辰（1256）赴阙上书，言国事万余言，不见纳，归乡教授生徒。宋亡，其友文天祥兵败被执，解往京师，过庐陵。幼孙谒之于驿舍，著文祭之，期以必死，辞气慷慨悲壮。大德二年（1298）正月十一日，王幼孙殁，终年七十六岁。所著甚富，医书有《简便方》一卷、《经验方》一卷，皆佚。［见：《中国医籍考》、《庐陵县志》、《金元医学人物》］

王邦元

清代河南封丘县人。业医，曾任县医学训科。［见：《封丘县志》］

王邦传

一作王邦傅。字紫澜。清代江苏通州（今南通）人。自幼好学，《史记》、《汉书》背诵不忘。精医理，有患者求治，则给以药饵。年七十一岁终。著有《脉诀乳海》十卷（一作十四卷），今存叶霖重订本。［见：《珍本医书集成·脉诀乳海序》、《直隶通州志》、《通州直隶州志》、《中医图书联合目录》］

王邦佐

南宋人。里居未详。通医理，曾任太医局教官。同官何大任，家藏北宋绍圣间（1094～1097）小字监本《脉经》，"历岁既深，陈故漫灭，字画不能无谬"，久欲重校刊行。嘉定十年丁丑（1217），何氏得王邦佐及教官李邦彦、毛升、高宗卿之助，以累月之功，"正其误千有余字，遂鸠工创刊于本局"。此书今存。［见：《脉经·何大任后序》］

王邦直

清代河南封丘县人。业医，曾任县医学训科。［见：《封丘县志》］

王吉士

字春霖，号柳亭。清代江苏昆山县蓬阆（今蓬朗镇）人。早年习儒，嘉庆八年（1803）入县庠。兼精医理。［见：《昆山历代医家录》］

王吉民

（1889～1972）又名嘉祥。字承庆，号芸心。现代广东东莞人。十五岁就读于香港西医大学堂，宣统二年（1910）毕业。同年，任外商轮船公司船医。1911年上海流行鼠疫，就任上海中国防疫医院院长。辛亥革命期间任中国红十字会第一救护队队长。1915年加入中华医学会。后担任沪杭甬铁路管理局主任医师。1917年任《中华医学杂志》编辑，后任副总编辑。1929年受聘任国立中法医学院医学史讲师。1930年在杭州开设诊所，兼浙江邮务管理局局医。1935年秋，与伍连德、李涛等创立中华医学会医史委员会，次年经中华医学会批准，王吉民任委员会主席。1937年迁居上海，同年医史委员会更名中华医史学会，王吉民任会长（连任三届）。1938年任国立上海医学院医学史副教授、中华医学会医史博物馆馆长。抗日战争期间任上海中华医学会副会长、中华基督教医事委员会干事。1945年《医史杂志》创刊，王吉民任主编。1949年以后，历任中华医史学会副主席、上海市卫生局顾问、卫生部教材编审委员会医史组特约编审、《中华医史杂志》编委会主任、国际科学史研究院院士。王吉民多年致力于医史研究，多方收集中国医学史资料及文物，倡立中华医史学会，筹建医史博物馆，对我国医史学发展做出重要贡献。1937年，王氏将多年珍藏中西医书五千余册捐赠中华医学会。1969年，又将所藏中外医史著作及医书七百余册赠送上海中医学院医史博物馆。王氏曾与伍连德合著英文版《中国医史》，1932年出版。还著有《中国历代医学之发明》、《中文医史论文索引》、《中国医学外文著述书目》、《中国医史外文文献索引》等书。［见：《王吉民年表》（《中华医史杂志》2004年第4期）］

王吉臣 清末人。生平里居未详。名医柳宝诒门生。［见：《柳选四家医案·跋》］

王吉安 （?～1893） 字柳峰。清末江苏吴县人。居大儒巷。博学多识，尤精通医道，能起危疾。门生陈鹠厚，得其传授。［见：《吴医汇案选辑》、《中国历代医家传录》（引《中西医学报》）］

王吉谦 字椒园。清代湖南清泉县人。生平未详。于光绪元年（1875）辑《名论集览》六卷。今存稿本。［见：《中医图书联合目录》］

王吉震 字海霆，号雨桥。清代山东胶州人。廪生。貌丰伟，有夙慧，年十三即能背诵六经。同治癸酉（1873）拔贡。山东巡抚丁宝桢重其才，许为国器，而乡试屡荐不第。后官教谕，升内阁中书舍人。善草书，时人以得片纸为宝。年六十一岁卒。著述甚富，医书有《卫生一隅》四卷、《卫生绪言》三卷，均未梓。［见：《山东通志》、《胶志》］

王臣傢 字国祥。清代人。生平里居未详。叙州名医齐秉慧门生。［见：《齐氏医案》］

王芝藻 字杏传。清代江苏高邮州人。性慈善，精医术，活人无算。长子王辅宸，三子王觐宸，传业。门人赵术堂，继业尤精，名

噪于时。［见：《再续高邮州志》］

王协泰 字仲英。清代安徽黟县郭隅人。世医王树子。早年习儒，授从九品衔。与弟王瀚皆得父传，俱精医术。［见：《黟县三志》］

王达三 字超然。清代江苏泰兴县人。邑名医王大观四子。达三与诸兄皆随父习医，尤娴其技。［见：《泰兴县志》］

王达天 字国知。清代河北大城县人。精医术。凡患疾者，求无不医，医无不效，活人无算。光绪间（1875～1908），无疾而卒，享年九十二。［见：《大城县志》］

王达泉 （1886～1940） 号达潜。近代浙江嘉兴县人，徙居江苏吴江县黎里。早年丧父，由叔父抚养。幼习举业，年十九岁为秀水县庠生。好学不倦，尤喜医学，遂师事苏州名医曹元恒，尽得其传。逾三十岁悬壶于乡，治愈危难症甚多。曾整理临证心得，撰《达潜医话集》，惜于抗日战争时散失。［见：《吴中名医录》］

王达道 字子上。清初浙江昆山县真义镇（今正仪镇）人。世代业医。屡起危症，有仙手之称。治病不求酬谢，若赠以诗酒，则欣然自适。［见：《信义志》］

王式金 字声谷。清代江苏常熟县人。年十余岁，有感于"为人子者，不可不知医"之说，研读《灵枢》、《素问》诸书。稍长，博览汉以后诸名医著作，医道益进。及以医问世，治病多佳效，录验案盈箧。撰有《千金要旨》若干卷，收入所编丛书《宇宙汇编》，未梓。还曾评定吴道源《痢证汇参》、《女科切要》，刊于乾隆三十八年（1773）。［见：《江苏历代医人志》、《中国医学大成总目提要》］

王式钰 清代人。生平里居未详。康熙间（1662～1722）著《东皋草堂医案》，今藏中华医学会上海分会图书馆。［见：《中医图书联合目录》］

王百朋① 字锡我。清代江苏江阴县人。精医术，与同邑戚赞并称国手。［见：《江阴县志·戚赞》、《江宁府志》］

王百朋② 字锡我。清代河南正阳县人。精通医术，兼善大小方脉，能治异疾，全活甚众。尤擅长诊脉，断人死生多奇中。［见：《重修正阳县志》］

王百绩 清代四川罗江县人。少聪颖，善画，描绘入神。又精医术，用药仿效古方，貌似平庸，而每能出奇制胜，所治多愈。［见：《罗江县志》］

王成博 清代江苏昆山县人。业医，为名医陈顾涞门生。[见：《太仓州志》]

王有仁 (1884～1941) 近代江苏无锡县人。其父业医，负盛名。王有仁自幼习儒，勤奋好学，暇则涉猎方书。因赴试不中，从无锡章治康习医。技成，悬壶于吴县望亭镇，一举成名，与同门王文英有"章氏二王"之誉。抗日战争后，迁居苏州山塘街白姆桥，远近求诊者日数十人，活人甚众。王氏精内外两科，尤以外科见长，凡流注痈疽，或药，或刀针，治之则愈。著有《王氏膏方》、《内科医案》二书，其稿传抄于弟子之间。[见：《吴中名医录》]

王有礼 本姓沈，字三五。明代安徽休宁县人。侨寓浙江嘉兴，居鸳鸯湖上。素习举业，为嘉兴县庠生。兼通岐黄术，善治伤寒。撰有《尊生内编》十卷，叶向高为之作序；《尊生外编》八卷，岳元声为之作序。二书约刊刻于万历间 (1573～1619)，今未见。[见：《嘉兴府志》、《嘉兴县志》]

王有孚 清代人。生平里居未详。著有《急救方补遗》一卷、《洗冤外编续录》一卷，收入丛书《不碍轩读律六种》。[见：《中国丛书综录》]

王有忠 字芟臣。清末浙江鄞县人。业中医二十余年，后留意西医之说，主张中西医学互取所长，以近代解剖学阐释人体，以中医、中药、针灸等法施治。光绪三十二年 (1906)，著《中西汇参医学图说》一卷，刊刻于世。[见：《中西汇参医学图说·序》]

王有和 明代江西庐陵县人。世代业医，悬壶于安福县。因治愈礼部主事刘球 (1392～1443) 父母之疾，名著于时。子王以斌，传承家学。[见：《中国历代名医碑传集》(引刘球《两溪文集·医者王以斌传》)]

王有周 字景文。清代福建光泽县人。天性宽厚，立品端方。精通医道，通晓外科，于眼科尤为擅长，凡翳障丧明者皆能启之。以济世为怀，诊病不求谢仪。后世子孙繁昌，人皆谓良医之报云。[见：《增修光泽县志》]

王有莘 清代陕西某地人。精医术，擅长内外两科。挟技游于宁朔县 (今宁夏永宁)，遂定居。有医德，治病不索重酬，亦不因贫富而异。凡病家延请，虽风雨晨昏，徒步而往，遇贫病之家不取诊酬，世人德之。子王万贤，孙王景朝，绍承其业。[见：《朔方道志》]

王有衡 (1855～?) 字立堂。近代辽宁盖平县人。名医王书森子。克绍家传，精医术，长于妇、幼两科。悬壶五十余年，临证详审，用药慎重。1930 年，已七十六岁高龄，尚在世。著有《济阴奇文》、《活幼至宝》等书，未梓。[见：《盖平县志》]

王存略 字经庵。清代湖南湘阴县人。举人王立槐孙。性豪放而待人和。精医术，为人治病仿佛不甚经意，而应手辄奏奇效。时名医黄元御医书流传未广，王存略与之暗合，于黄氏《伤寒悬解》独契神悟。自道光以来，湘阴县言医者，首推王存略与教授焦桐良。桐良用功深，存略玄然天得，不谋成心，人以为尤难。著有《经庵医案》，今未见。[见：《湘阴县图志》]

王执中① 字叔权。南宋瑞安 (今浙江瑞安) 人。乾道五年 (1169) 进士。官至从政郎澧州教授。王氏兼通医术，对针灸学多有研究，著有《针灸资生经》七卷，刊于嘉定十三年庚辰 (1220)，大行于世。是书力驳行针忌年、月、日、时、人、神之旧说，极有见地，对后世影响深远。此外，还著有《既效方》若干卷，惜已散佚。[见：《温州府志》、《四库全书总目提要》、《仪顾堂题跋》、《四部总录医药编》]

王执中② (1520～1585) 又名朋，字允甫，号三阳。明代昆山县 (今属江苏) 玉山镇人。祖籍河南安阳，其先祖有名王安贞者，于元代延祐元年 (1314) 任昆山知州，遂占籍昆山。至王执中之父王可学，家道中落，复迁居松江县。执中负奇宕之才，博综经史，为松江府庠生，声腾庠序。不幸少罹血疾，羸弱不能卒业，遂涉览医药诸书，以自调摄。资性绝伦，寓目辄神解。嘉靖二十三年 (1554) 避倭寇至宜兴，以一剂治愈万夫人十二年之反胃证，自是声名大振，缙绅之车及扶老携弱者日满户外，医名动于吴越。万历十二年十二月十三日卒，归葬于昆山西门外三里桥祖茔。著有《伤寒纲目》、《伤寒指南》二书，经太医院御医长洲姚允升与陈秉临精校，总名之曰《伤寒纲目益寿全书》，刊刻于世，今未见。还著有《东垣先生伤寒正脉》十二卷、《附录》一卷，今苏州市中医院藏有万历八年 (1580) 残刻本，上海中医药大学图书馆藏有残抄本，仍可合为全璧。[见：《中国医籍考》、《医藏书目》、《昆山历代医家录》]

王执礼 (1521～1590) 字子敬，又字敬文，号思简，又号华松。明代昆山县 (今属江苏) 玉山镇人。年十岁遭父丧，孤贫力学。

四画

及长，入名儒归有光之门，得师激赏，文名翕然。嘉靖四十四年（1565）与其师同举进士，官至应天府府丞。生平嗜学，无一日离书，隆冬盛夏亦不少息。每有校雠，必按甲证乙，未尝苟安疑义。性至孝，因母多病而研究医学，精通医理。察脉制方，每起濒死之疾，为名医所推服。凡邀诊，即平民役夫必应。与堂兄王执中最亲密，常切磋医理。年七十岁卒，太仓王世贞为撰墓志。著有《栾城集》五十卷、《应诏集》十二卷。[见：《昆山历代医家录》]

王贞吉 字咸临。清代山东庆云县人。精于医术，尤擅治痘疹。有医德，病家来请，不分昼夜，无不慨往，至则应手取效。著有《酌准秘钞》，未见刊行。[见：《庆云县志》]

王贞甫 清代湖北武昌县人。精医术。以济人为志，治病不责酬报。年九十二岁卒。[见：《武昌县志》]

王贞儒 字士珍。清代江苏宝山县人。洞晓《素问》，用药神效，所投立起。[见：《宝山县志》]

王师文 号敬舟。明代浙江兰溪县人。世医王之英长子。绍承家学，亦精医术。官太医院吏目。著有《医学薪传》，今未见。弟王师望，亦任太医院医官。[见：《兰溪县志》、《兰溪市医学史略》]

王师复 宋代人。生平里居未详。为医官。蔡元度宠人有孕，夫人怒，欲逐之，遂成腹痛疾。王氏诊之，处以木香散，三服而愈。[见：《普济方》、《女科辑要》]

王师望 一作王师武。号侍舟。明代浙江兰溪县人。世医王之英次子。继承家学，以医术知名。曾就吏部试，考授太医院医官。兄王师文，亦工医术，任太医院吏目。[见：《兰溪县志》、《兰溪市医学史略》]

王师道 金代人。生平里居未详。曾任太医院保全郎。大定八年（1168），奉敕赴西夏为大臣任得敬治疾。章宗下诏曰："如病势不可疗，则勿治；如可治，期一月归。"后如期而愈，西夏遣使谢恩。[见：《金史·西夏传》]

王光甸 字春田。清代四川什邡县人。精医学。著有《寒疫合编》四卷，刊于世。此书今存同治二年癸亥（1863）四川乐善公所刻本。[见：《什邡县志》、《中医图书联合目录》]

王光表 字乐尧。清代江西万年县人。邑增生。性恬静，素行谨饬。善属文，工书法。晚年精医，活人甚众。子王迈，亦以医知名。

[见：《万年县志》]

王光祐 北宋人。里居未详。太平兴国间（976~983）任太医。开宝六年（973），奉诏与道士马志、医官刘翰、翟煦、张素、吴复珪、陈昭遇等同编《开宝新详定本草》二十卷。[见：《宋史·刘翰传》、《古今医统大全·历世圣贤名医姓氏》]

王光祖 字云湄。清代江苏吴县人。曾任奎文阁典籍。王氏多才艺，工绘画、篆刻、音律、术数，兼通医术。嘉庆间（1796~1820）卒。[见：《吴县志》]

王光隆 明代山东观城县人。性仁厚。少业儒，因邑无良医，遂弃所学，精究岐黄之学。治疾不计酬报，遇贫者则施药济之，全活甚众。[见：《观城县志》]

王光熙 字旭生。清末江苏上海县人。世代业医，至光熙益精，以儿科最擅长，延请者座常满。西洋人某氏幼女瘠甚，人皆谓难养，闻光熙之名而求治。治疗不久，与常儿无异，在华西医亦叹服其术。[见：《上海县续志》]

王回回 佚其名。清代顺天府（今北京）人。居取灯胡同中间路北。精通药理，所制济生堂狗皮膏，闻名京城，至今畅行不衰。[见：《新增都门记略》、《朝市丛载》]

王屺望 清代江苏嘉定县人。居戬滨桥四房宅。业儒，为廪膳生。王氏世代工医，知名于时。子王锦端、王苗卿，皆以医术著称。[见：《嘉定县续志》]

王廷义 明代陕西华州人。精岐黄术，恒以医药济人。[见：《华州乡土志》]

王廷玉 元代浙江兰溪县人。邑名医王开孙，王迪子。得家传，亦精医道。子王宗泽，继承家学。[见：《金华府志》]

王廷芳 字又芬。清代安徽凤阳县人。邑庠生。精篆刻，摹印得古法。善岐黄术，尤长于痘科，凡他医不能治者，应手辄效。有医德，治疗贫病不受酬谢，世人高其义行。子王耕，邑庠生，以绘画著称。[见：《华州乡土志》]

王廷杰① 清代山东宁津县人。善岐黄术，尤精针灸。素怀济利之心，常施药救人。道光十年（1830），县令朱一琼旌表其门。[见：《宁津县志》]

王廷杰② 清代山东阳信县人。精通医术，全活不可胜计，名重于时。尝有邻村延诊，行至半途，病家遣人迎告："已不可为矣。"延杰问曰："尚有气息否？"答曰："仅附耳可闻

矣。"延杰曰："有息既可望活，姑往视之。"至则诊治，数日乃愈。[见：《宁津县志》]

王廷侯 字锡斋。清代河南鲁山县良里大王庄人。祖父王法岐，父王燕天，皆工医术。王廷侯童子时即喜读架上医书，及长，以医知名，尤精痘科。平生治验甚多，汝州卢家店一少年病结，危甚，诸医皆曰："此名热实，宜大黄下之。"延侯诊之，独曰："是寒实也。"用附子兼大黄下之，立解。著有《伤寒论读法》数卷，今未见。[见：《鲁山县志》]

王廷俊 字寿芝。清代四川成都人。早年学医于新繁陈滋和。后官浙江连市巡检，公余为人治病。曾增订明末虞庠《类经纂要》三卷，附自著《寿芝医案》、《难经摘抄》于其后，刊印于世，今存同治六年丁卯（1867）浙江翰墨斋刻本。[见：《吴兴县志》、《任应秋论医集·蜀医渊薮》、《中医图书联合目录》、《医林尚友录》]

王廷珍 字殿璧。清代河南许州（今许昌）人。其祖父王桂，以儒医名世。王廷珍继承家学，亦精医术。一生乐善好施，每岁制药济人。临终尚嘱其孙王瑞麟、王九皋依方施济。[见：《许昌县志》]

王廷相① 明代浙江宜兴县人。太医院御医王玉子。绍承家学，亦任御医。[见：《宜兴县旧志》、《宜荆县志》]

王廷相② 字赞宸，号更生。清代安徽休宁县陈村人。为名诸生，遂于岐黄术。后弃举业，专攻医理，博览诸书，治病多奇中。有小儿病羸，大肉已削。廷相教服羊肉，不数月肌肉丰腴。人问其故，曰："此脾阳渐微，不能摄血以充肌肉耳。"又有患癫者，廷相治以麻黄、细辛、甘草、生熟附子，得痊愈。平生治验甚多，人多以更生先生称之，因以为号。尝十易其稿，撰《伤寒论注》，今未见。[见：《休宁县志》]

王廷绚 清代江苏泰县人。精医术，擅治痘科。与海陵名医王三尊同时。[见：《医权初编》]

王廷桂 字任攀。清代安徽婺源县中云人。乾隆戊午（1738）举人。研究理学，博涉群书，通天文、音律、医药诸学。著有《医学集要》四卷，未见刊行。[见：《婺源县志》]

王廷桢 字两杉。清代江苏江都县人。精于医术。与本县名医刘溶相友善，常切磋医理。晚年因讼事败家产，居恒抑郁失常，然为人诊病则神识不衰。门人闵锡碬，得其传授。[见：《续修江都县志》]

王廷钰 清代人。生平里居未详。辑有《正宜堂医书》，包括《医学心得》、《医林字典》、《外感伤寒证提纲》、《诸痛证提纲》、《读伤寒论歌》、《生产妙诀十六歌》、《小儿痘疹歌》等，今存光绪十二年丙戌（1886）稿本，书藏中国中医科学院图书馆。[见：《中医图书联合目录》]

王廷宾 字子卿。清代山东潍县南眉村人。精医术，善治痘疹。著有《痘疹铭心》，未见流传。[见：《潍县志稿》]

王廷辅 明代河北安州人。庠生。苦志习医，尤精痘科，全活小儿甚众。著有《活幼心传》、《劳瘵真诀》二书，行于世，今未见。[见：《保定府志》]

王廷照 清代四川井研县人。以医术知名。临证喜用厚朴，人称"王厚朴"。[见：《井研志》]

王廷献 清代甘肃靖远县人。精医学，以治痘疹见长。每遇痘症流行，邀请者拥集如云，随证施药，合县婴幼多赖以生。[见：《靖远县志》]

王廷璇 字星文。清代河北交河县人。庠生。精于医，临证著手成春。患痼疾者得其一诊，死而无憾。子王如沣、王如瀚，继其业。[见：《交河县志》]

王廷橘 字扬贡。清代山东平度县城南关人。通医术，以痘科知名。著有《痘科微言》，未见刊行。子王允诰，绍承家学。[见：《平度县续志》]

王廷爵 字君惠，号蒲村。明代华亭县（今属上海）人。邑名医王国臣子。通晓天文，超彻理学，尤博精医理。凡遇七情杂证，秽疫流行，治之无不立愈，人称神医。著有《性源广嗣书》六卷，行于世。按，今存王宏翰《性源广嗣》六卷，疑宏翰为王廷爵后裔，重订前世遗书，而署以己名，待考。[见：《明季西洋传入之医学》（引《古今医史·王国臣传》）]

王先聘 （1851～1914） 字珍卿。清末江苏东台县梁垛场人。业医，悬壶于寺庙，治病能十愈八九。著有医书，未梓。[见：《江苏历代医人志》]

王延采 字翔林，号兰陔。清代江苏元和县唯亭人。名医王家瓒四世孙。吴县庠生。继承祖业，以医术知名吴中。诸达官多赠匾表彰之。[见：《元和唯亭志》]

王仲丘 唐代沂州琅琊（今山东诸城县东南）人。司门郎中王师顺孙。开元间

65

（713～741）任左补阙内供奉，迁礼部员外郎。长于养生，著有《摄生纂录》一卷，已佚。［见：《新唐书·王仲丘传》、《新唐书·艺文志》］

王仲奇 （1881～1945） 近代安徽歙县人。世医王漠子。幼习祖业，兼取程杏轩、徐大椿、叶天士诸名医之长，尤服膺乡前辈吴谦之学。二十二岁悬壶于乡，精内科，尤擅治温热症。四十三岁赴沪，以治内科杂病及妇科著称。王氏治学严谨，其处方遣词用字，皆精心斟酌。行医四十余年，忙于诊务，无暇著述。所遗《医案》亦未梓。［见：《江苏历代医人志》、《王仲奇先生医案选》（《陕西中医》1983 年第 4 期）］

王仲明 宋元间江都县（今属江苏）人。精医术。至元十四年（1277），平章廉希宪（1231～1280）患疾，世祖下诏，征王仲明治之。仲明至，一匕而愈。世祖欲授以官，辞而不就。［见：《元史·廉希宪传》、《江南通志》、《金元医学人物》］

王仲贤 元代和林（今内蒙古和林格尔）人。业医，知名于时。［见：《金元医学人物》（引《和林金石录·和林三皇庙残碑文》）］

王仲勉 明代（?）人。生平里居未详。著有《经验方》，已佚。李时珍著《本草纲目》，曾参考该书。［见：《本草纲目·引据古今诸家书目》］

王仲都 西汉汉中郡（今陕西汉中）人。早年学道梁山（今陕西乾县），擅导引术。曾遇方士授以"虹丹"，服之能御寒暑。汉元帝时（前48～前33）召至京师，尝以隆冬从帝游上林昆明池，单衣环水池走，貌不改色，背上气蒸然然。又于盛暑立烈日之下，环周置火十炉，口不称热，身不流汗，闻者称奇。［见：《汉中府志》、《乾州志稿·方技》］

王伊乐 字幸农。清代河南郏县人。业医，知名于时。［见：《郏县志》］

王传位 字君一。清代河南正阳县寒冻店人。早年习儒，为监生。精通医术，尤擅儿科，以治痘疹知名。有医德，治病不计谢金。［见：《重修正阳县志》］

王传经 清代浙江山阴县人。精医术，尤擅长针灸，知名于时。［见：《山阴县志》］

王传勋 （1893～1940） 字龙孙，别号隐庐。近代江苏昆山人。祖籍河南安阳，先祖王安贞，仕于元，任昆山知州，遂定居昆山迎熏门内。其父王鸣时，昆山例贡生。王传勋早年毕业于上海邮传部高等实业学堂，任职于南浔

铁路。后返乡，在县中学任英文教员。其前人世代精通中医内科，故不弃家学，自修不辍。后弃教行医，悬壶于寓所。待人朴诚，语无虚发。临证审慎，每于诊断后，谆谆告以病源，不惮重复，务使患者领会。长子王安，留学海外，为美国哈佛大学物理学博士，曾创立王安计算机公司。［见：《吴中名医录》、《昆山历代医家录》］

王华文 字云溪。清代河北河间府人。生平未详。辑有《伤寒节录》，约成于道光九年（1829）。［见：《中医图书联合目录》］

王华远 清代陕西渭南县临渭里人。精通医理，长于诊断。有医德，为贫苦施药，从不取钱。常谓："济世活人，应如是也。"［见：《渭南县志》］

王后山 明代吴江县（今属江苏）人。精通医术，远近驰名。同邑盛后湖、震泽沈竹亭，医名与之相埒。［见：《孙文垣医案》］

王全镇 字静斋。清末江苏丹徒县人。世医王明经门生。好学深思，擅治伤寒时症。有医德，治病不计酬报。晚年耳聋，然凡延请者，皆出诊，乡人以前辈名医王之政（号九峰）比之，称"九峰再世"。王全镇曾搜集其师医案，编《醉亭脉案》，今未见。［见：《丹徒县志摭余》］

王兆年 字理和。明代安徽潜山县人。少患病，弃儒习医。后以医术问世，悬壶五十年，名著于时。有医德，贫病者延之立赴，不取一文。子王维新，郡庠生。［见：《潜山县志》］

王兆祁 （1809～1858） 字企宋，号与京，又号与卿。清代昆山县玉山镇人。业儒，为监生，议叙八品。兼精医理。［见：《昆山历代医家录》（引《迁昆安阳支王氏宗谱》）］

王兆珍 （1894～1948） 字涤凡，又字伟白，号慰伯。近代江苏昆山县南星溪镇人。邑名医王世美孙，王大亨长子。王兆珍六岁入私塾，十二岁就读于张浦镇培基小学。十五岁遭祖父、祖母及父之丧，乃辍学。同年，为大伯父王大通嗣子，随伯父学医，久之精内科，尤擅治外感热病。1913 年悬壶南星溪，每挽危疾于旦夕间，远近就治者甚众。1925 年，代表神州医药总会昆山支会赴沪出席总会会议，并发表演讲；1928 年，被选为总会审查委员。1929 年春迁居县城南街行医，同年与本邑名医戴人龙、闵采臣及药业代表徐景伯，赴沪出席全国医药团体代表大会，抗议南京政府中央卫生部通过余岩《废止旧医案》。1934 年出任昆山中医公会常务执委。是年，经章太炎介绍赴沪行医，声誉鹊起，名重于

时。1943 年归乡。诊务之余，殚心著述，萃二十年心血，整理历代名家医论，参以临床心得，编成《中国古今医学汇观》二十卷。还著有《王氏四世医案》五卷、《伤寒方歌论》一卷，均藏于家。长子王正公，继承父业，亦负盛名。门生刘纯伯、沈仲平、戴旭东、许济人、胡养之、邹炳文、单星奎、赵顺岐、黄仲高、丘世成等，传其学。[见：《昆山历代医家录》、《昆山王氏对外感热病的学术经验》（《上海中医药杂志》1962 年 11 月号）]

王兆阆 清代山东新城县人。初习举业，候选经历。通医术，尤精儿科，治痘疹如神。为人治病六十年，不取一钱，全活甚众。寿至八十五岁卒。[见：《济南府志》]

王兆清（1929～1986） 现代贵州省贵阳市人。1954 年毕业于贵阳医学院，早年在贵阳医学院附属医院内科任医师。1973 年调入贵阳中医学院，任内科副主任、副教授。曾出任全国中西医结合研究会理事、贵州分会理事长、中华医学会贵州分会常务理事、内科学会副主任委员等职。王兆清一生精心培养中医、中西医结合人才，积极从事中西医结合及中医现代化研究。深入进行中医脾本质研究，其中"脾与胃酸分泌功能关系的研究"等五项课题获 1983 年、1984 年贵州省科学技术研究成果奖。[见：《中医年鉴》（1987）]

王兆琛（1895～1958） 字慕晋。现代江苏昆山县南星渎镇人。邑名医王大亨次子。1913 年毕业于昆山县师范学校；1915 年回乡，随长兄王兆珍学医，次年 6 月悬壶于张浦，亦有名于时。1930 年 5 月迁正仪镇行医。1946 年任昆山县中医师公会候补监事。同年迁居昆山县城南后街开业。1952 年参加城区大华联合诊所，任中医师。长子王福誉、次子王福民，皆继承祖业。[见：《昆山历代医家录》]

王兆熊 明代浙江兰溪县人。世代业医，曾祖王之英，祖辈王师文、王师望，父王章祖，皆为名医。兆熊绍承祖业，亦精医术。县令赵公赞之曰："惟昔长桑，秘授越人。石舟医案，授受家庭。敬舟继美，薪传发明。叔贞元珠，益探其精。兆雄缵绪，寿世宏业。累传种德，后必蕃兴。"[见：《兰溪县志》、《兰溪市医学史略》]

王兆鳌 字学汾。清代人。生平里居未详。辑有《推拿摘要辨证指南》一卷，刊于世。[见：《中国丛书综录》]

王名高 明代山东高苑县人。隐于方术，为当时名医，声望与张惟一相埒。[见：《高苑县志》]

王庆来 字笃卿。清末山东临沂县王家屹塔敦人。自幼习儒，兼精医术。光绪十四年（1888）时疫流行，日有死亡者。凡就王氏诊治者，服药立愈，全活甚众。著有《痧症要方》、《痘疹指南》二书，藏于家。[见：《临沂县志》]

王庆麟 清末人。生平里居未详。曾任太医院候补恩粮。[见：《太医院志·同寅录》]

王问德 明代山西绛州（今绛县）人。生平未详，曾与薛自修同撰《推爱堂集》三卷，刊于万历四十一年（1613）。[见：《直隶绛州志》、《贩书偶记续编》]

王兴宗 明代安徽旌德县人。邑名医王德文孙，王潮子。得家传，亦精医术。[见：《旌德县志》]

王汝谦 字镜堂。清代安徽旌德县人。精医理。曾增补杨乘六《医宗己任编》。光绪十一年（1885），合肥张绍棠重订李时珍《本草纲目》，与王氏商榷方剂，区别品味，得其力最多。弟王蜇鸣，亦通医理。[见：《重订本草纲目·张绍棠序》、《医宗己任编》]

王汝璧 字经传，号默卿。清代江苏南汇县人。精医术，尤通脉理。有患下痔者，汝璧以倒提法制方，服药一剂，两缺盆穴隆起，而患处若失。其奇验多类此。[见：《南汇县志》]

王汝藩 清代甘肃静宁县人。生平未详。著有《医治验方》，今未见。[见：《甘肃省乡土志稿》]

王宇春 元代吉水（今江西吉水）人。博雅多闻，敏慧谦恭，助人而不求报。精通各科医术，治病求本，不以速效自炫。尝以治水喻曰："病之初至，有如洪水骤合，其势不能速退，唯疏导浚通，方可平息。若用壅阻之法，反而迫水上涨，劳而无功。"又谓："天下无不可治之病，亦无皆可速愈之病。谓病为不可治，医之过也；谓病皆可速愈，责医之过也。"[见：《金元医学人物》]

王宇熙 字廊若。清代山东商河县人。康熙间（1662～1722）拔贡，授费县教谕。学问渊博，性情冲和。年八十二岁终。著有《医方便览》等书，未见流传。[见：《商河县志》]

王守中 清代人。生平里居未详。著有《良方》二卷。今存嘉庆二十五年（1820）刻本。[见：《中医图书联合目录》]

王守纲 号西愚。清代四川金堂县人。隐于医。广览方书,不执一见,往往以奇方胜病,人多不解其用方之意。[见:《金堂县志》]

王守诚 字心堂。明代鸠兹(今浙江吴兴县南)人。移寓新安全椒县,与当地人相友善,遂定居于此。精医术,遇危病一匕辄起,既不责报,亦不言功,以仁德称于时。司马杨于庭赠序表彰之。[见:《全椒县志》]

王守愚 一作王守忠。宋代人。生平里居未详。著有《产前产后论》一卷、《普济方》五卷,均佚。[见:《宋史·艺文志》、《通志·艺文略》、《崇文总目辑释》、《国史经籍志》、《绛云楼书目》]

王安仁 元代人。里居未详。曾奉旨随太医院提点王子俊、许国桢,管理各路医人及惠民药局。中统元年(1260)任太医院副使。中统二年夏,与太医院大使王猷上疏曰:"医学久废,后进无所师受,设或朝廷要医人,切恐学不经师,深为利害。"建议在各路设置医学,以训诲医生。翌年九月,世祖准其奏,遣王安仁带金牌,前往诸路设立医学,元朝医学教育体制正式确立。[见:《元史·世祖本纪》、《元史·选举志·学校》、《元典章·礼部·学校·医学》]

王安石 (1021~1086) 字介甫。北宋抚州临川(今江西抚州临川区)人。曾任宰相,为著名政治家、文学家。兼通医理。尝自谓:"自诸子百家之书,至于《难经》、《素问》、本草、诸小说,无所不读;农夫女工,无所不问。"著有《荆公妙香散方》,已佚。[见:《证治准绳·类方》、《王安石文集》]

王安重 元代人。生平里居未详。业医,贡师泰《玩斋集》载《送医士王安重》诗曰:"满天风露气苍苍,十二台高桂子香。白兔夜寒分白玉,红莲春暖长沙床。上医名就肱三折,大药功成视一方。海上漫传瓜五色,长生无不远昌阳。"[见:《金元医学人物》]

王安道 北魏东海郯县(今山东郯城东)人,徙居阳平乐平(今山西昔阳)。少时与李亮学医于沙门僧坦,粗解其术而不及亮。后以医济人,世称善士。子王显,传承父学,大行于世。[见:《魏书·王显传》、《中国佛学人名辞典》]

王阳明 明代安徽休宁县白观人。精医学,曾任太医院吏目。以眼科独步一时,所济甚众。孙王一凤,传承其术。[见:《休宁县志》]

王如沣 字静甫。清代河北交河县人。庠生。王廷璇长子。嗜于医学,切脉审方,如洞见肺腑,全活甚众。某年冬月,至亲戚家,有自觉无病者戏求诊脉。诊后,如沣密语其子:"乃父肝脉甚盛,明春病必发,宜早备之。"后果如所语。县令王宝权闻之,额其门曰术高和缓。[见:《交河县志》]

王如涟 字晴洲。清代河北交河县人。专精外科,求无不应,终身施药济人。[见:《交河县志》]

王如瀚 清代河北交河县人。邑名医王廷璇次子。与兄如沣,皆继父业。[见:《交河县志》]

王好古 (约1200~1264) 字进之,号海藏。金元间赵州(今河北赵县)人。性识明敏,博通经史。举进士不第,潜心医学。曾任赵州医学教授,兼提举内医学。初从易水名医张元素游,元素殁,因年幼于师兄李杲二十岁,复师事李杲,尽得其传。王好古博览医籍,深得张元素、李杲之学,临证多所发挥。于伤寒证尤重视内伤阴症,尝谓:"伤寒,人之大疾也,其候最急,而阴证毒为尤惨,阳则易辨而易治,阴则难辨而难治。"故于阴症辨治尤有独得之妙,对后世影响甚大。王氏著述甚富,今存者有《阴症略例》一卷、《汤液本草》三卷、《医垒元戎》十二卷、《此事难知》二卷、《斑论萃英》一卷。此外,各目录书著录王好古所撰之书尚有《医家大法》(《澹生堂藏书目》著录。《万卷堂书目》作《大法医书》)三卷、《仲景详辨》、《活人节要歌括》、《痘疹论》(《绛云楼书目》著录)、《光明论》、《标本论》、《伊尹汤液仲景广为大法》四卷(《平津馆鉴藏记》)、《钱氏补遗》、《本草实录》、《十二经要图解》等十余种,今未见。[见:《医藏书目》、《补元史艺文志》、《四部总录医药编》、《四库全书总目提要》、《万卷堂书目》、《医学入门》、《中国医籍考》、《河北医籍考》、《中国医学大成总目提要》、《中国善本书提要》、《古今名医言行录》、《历代名医传略》]

王好生 清代山西阳城县人。因病弃儒学医,博览群方,每有心得则录之,久之精其术。求治者接踵于门,活人甚众。次子王泰二,绍承父业。[见:《山西通志》]

王孙万 清代四川南川县人。精医学,活人甚众。年八十七岁卒。[见:《南川县志》]

王纪芳 字蕙滋。近代江苏丹徒县人。世医王明纲侄。得王明纲之传,亦以医知名。

[见：《丹徒县志摭余》]

王纪堂 字佩南。近代江苏丹徒县人。世医王名经子。绍承父业，亦以医术知名。门生杨燧熙（1866～?），为近代名医。[见：《丹徒县志摭余》]

王纪鹏 字展云。近代江苏丹徒县人。世医王明刚子。与兄纪鹤均传承家业，各有声于时。[见：《丹徒县志摭余》]

王纪鹤 字九皋。近代江苏丹徒县人。世医王明刚子。与弟纪鹏均传承家业，各有声于时。[见：《丹徒县志摭余》]

王寿田 清代江苏吴县人。精医术，擅幼科。曾与同邑吴晋光合著《痘疹拟案》一卷，今未见。婿钱铸，得其传授。[见：《吴县志》]

王形上 清代浙江杭州人。精医术，为当时良医。有胡氏女，年十三岁高热发狂，缘木升高，跳梁反常。王氏治之，其方初用石膏一两，明日倍之，明日又倍之，跳梁如故。名医吴公望曰："可救。"用石膏至一斤，疾愈。[见：《杭州府志》]

王进甫 南宋崇川（今江苏南通）人。生平未详。曾于嘉定癸未（1223）获萧世基《脉粹》善本，乃重加校正，以王叔和《脉赋》附于卷后，名之曰《诊脉要捷》，刊行于世。[见：《中国历代医家传录》（引《诊脉要捷·李序》)]

王进贤 清初山西介休县人。邑名儒王肖尧子。精通医道，知名于时。子王文辉，以儒医著称。[见：《介休县志·太学生王文辉墓志铭》]

王远知 号升元子。南朝至唐初琅琊县（今山东诸城）人。居杭州。少警敏，通书传。曾随陶弘景游，得陶氏三洞真法等术，通摄养之法，相传寿至一百二十六岁。唐高祖李渊微时，王远知曾密语天命。太宗李世民为秦王时，与房玄龄微服访之，远知告曰："方为太平天子。"太宗立，欲官之，不受，辞还山。卒，谥"升元先生"。[见：《通志·艺文略》、《金石录补》、《山东通志》]

王远增 字继高。清代湖南湘乡县人。少习举业，不得志，弃儒从师习医，以儿科知名。深明小儿五关经络，临证能补古法所未备，所愈奇证甚多，活人无算。又精太素脉，以此决人寿夭穷通。子孙皆传承其术。[见：《中国历代名医碑传集》（引李元度《国朝耆献类征初编·方技》）]

王运济 字方舟。清代江苏句容县人。精于医术，善治痘疹。为名医俞天池门人，有青出于蓝之誉。[见：《句容县志》]

王运通 字绍文。清末四川芦山县人。颖敏好学，博览善记。年二十岁，患足疾瘫痪，遂以授徒为业，暇则研究医学，凡《内经》、《难经》、《伤寒》、《金匮》诸书，浏览无遗。所治疑难怪证，每奏良效，名重于时。年七十四岁卒。三子王崇光得其传。长婿周宗辅、次婿傅右卿，皆以医术知名。[见：《芦山县志》]

王志仁 清代安徽芜湖县人。儒医王维翰子。绍承父学，亦以医名。子王道亨，亦传家业。[见：《重修安徽通志》]

王志沂 字鲁川，号鲁泉。清代陕西华县人。侍郎王兰圃子。聪敏过人，年十二捐员外郎，在京候补。旋随父督学任所，阅卷之余，勤奋著述，喜读《性理大全》等书。精天文、金石、五运六气诸学，于医学尤有独见，不同流俗，当时号为儒医之冠。曾为李元春母诊脉，他医以为九旬老人脉洪大者必危，而志沂断为寿脉，后果如其言。尝搜集医书，择其切要，编《医学摘要》一卷，李元春为之作序，今未见。王氏擅于鉴赏历朝名书法帖，著有《汉唐存碑跋》。[见：《华县县志稿》、《续陕西通志稿》、《陕西历代医家事略》]

王声鏊 字旭初。清末四川南溪县人。初习举业，因母病弃儒学医。精医理，善辨证。所辑书稿皆焚于兵燹，未能传世。年六十九岁卒。[见：《南溪县志》]

王均元 字平一。清代广东定安县人。习岐黄术，治病不计谢仪。喜怒不形于色，不谈人非，有古风。年七十岁卒。子王奎照，习儒，为廪生。[见：《定安县志》]

王严龙 清代福建安溪县人。康熙四十五年（1706）武进士。曾任江淮中军守备，居官镇静，兵民相安。颇娴文墨，詹事陈万策赠诗，有"高谈飞天雪，雅度对长淮"之句。辑有《卜筮方书》七十二卷，今未见。[见：《安溪县志》]

王芹生 清代江苏川沙县人。世医王受福子。绍承家业，亦称良医。[见：《川沙县志》]

王茚棠 号退仙。清代安徽南陵县人。廪贡生，曾任建德教谕。性慈祥，精医术，活人无算。著有《医理辨难》诸书，今未见。[见：《南陵县志》]

王克明 (1112～1178) 字彦昭。南宋饶州乐平(今江西乐平)人。幼年其母乏乳,以粥饵活,故患脾胃疾,长而益甚,群医皆谓不可治。克明乃取《素问》、《难经》诸书读之,久之妙悟医理,竟自疗而愈。此后挟术行江淮,入苏湖,最后定居乌程。重医德,常不辞千百里赴人之急,士大夫多折节与之交。临证谨慎,遇疑难者,必沉思得其要,然后立方,故多获佳效。其治疾,有用一药以治其本者,有不予药而期以某日愈者,言无不验。尤精针灸术,疗风禁不语、风痿、气秘腹胀等证,每获良效。曾就试礼部,中选,累迁翰林医痊,赐金紫。绍兴三十二年(1162)五月,从镇江都统制张子盖救海州,值军中大疫,克明治之,全活近万人。子盖欲上其功,坚辞不受。淳熙五年卒,年六十七岁。[见:《宋史·王克明传》、《医学入门》、《浙江通志》、《乌程县志》、《中国历代名医碑传集》(引《水心先生文集·翰林医痊王君墓志铭》)]

王克哲 清代河南武陟县人。学问渊博,尤精医术。辑有《简便良方》,未见流传。[见:《武陟县志》]

王杏园 清代江苏嘉定县广福乡人。学医于同里赵学年,以幼科知名。子王廉甫,孙王遵路,皆业医。[见:《嘉定县续志》]

王杏林 明代盱江(今江西南城县)人。通医理。子王云泉,孙王文谟,皆工医术。[见:《中医大辞典》、《中国医籍考》]

王来同 字会如。清代河南淮阳县人。自幼多病,卧床览书,究心脉理。后以医为业,知名于时。年八十余,犹昼夜研读医书,无倦意。编有《医门简要》,门人抄诵四方。[见:《淮阳县志》]

王来贤 明代人。生平里居未详。曾于万历十五年(1587)增补吴旻《扶寿精方》,辑《新刻续补扶寿精方》三卷,刊于世。[见:《中医图书联合目录》]

王来宾 字国光,别号玉田。明代吴县(今江苏苏州)雁宕村人。祖、父皆以善堪舆知名。来宾幼习经史,不幸患耳疾致聋,乃叹曰:"小子志欲以儒业显,今为废人,天乎命矣!夫即不能自治,设以治人而有所效于世,其医乎?"遂弃举业,训童子以自给。广购《内经》、《难经》、《本草》、《脉经》诸书,昼则手抄,夜则口诵,每至废寝忘食。越人吴世魁精通医道,来宾师事之,得其指授,顿悟医家秘奥。及悬壶于世,深明病源,投药辄效,全活甚众。不乐仕途,

性耽幽寂,中年后筑室于城西之隅,课子诵读,暇则引流灌园,交植花竹以自娱。著有《医案》二卷、《素问臆说》一卷、《杂言》一卷,藏于家。[见:《中国历代名医碑传集》(引皇甫汸《皇甫司勋集·王隐君传》)]

王连成 字赵璧。清末河南长垣县人。邑庠生,兼通医学。[见:《长垣县志》]

王执之 宋代江宁(今江苏南京)人。生平未详。著有《伤寒活人书》若干卷,已佚。按,乾隆元年《江南通志》作"黄执之",今从《府志》。[见:《新修江宁府志》]

王时亨 字仲美。明末长洲县(今江苏苏州)唯亨人。儒医王士龙次子。自幼颖敏,九岁能文。克绍父学,亦工医术,惜早卒。兄王用德,以医名世。时亨子王峋,继承祖业,有声医林。[见:《元和唯亨志》、《吴县志》]

王时性 字恒卓。清代江西武宁县坊市人。世医出身。研治《内经》,洞悉脉理,断人生死多奇中。卒年八十岁。[见:《武宁县志》]

王时昌 字与祯。清代浙江金华人。卖药能诗,移居奉贤县陶宅。与黄之隽往还唱和,至老不衰。卒年八十五岁。[见:《奉贤县志》]

王时勉 明代吴县(今江苏苏州)人。善观色察脉,能预言人病。[见:《医学入门·历代医学姓氏》]

王时钟 字惟一,号兰田。明代浙江乌程县人。名医王中立后裔。精儿科,有王太公之称。[见:《乌程县志》]

王吟江 (1860～1925?) 近代江苏丹徒县人。早年习举业,工诗词,好禅理。后从扬州名医杨方谷学,精内、儿诸科,尤邃于时病证治。侨寓江都樊川数十年,医名远播四方诸县,求治者日盈其门。与兴化名医赵海仙同时,彼此仰慕,书信往来不绝。王氏一生忙于诊务,暇则披阅群书,学验两富。惜未事著述,所遗《医案》亦未梓。子王少江,门人高春江、王秉江、顾子乐、徐汉江等,皆为近世名医。[见:《江苏历代医人志》]

王秀成 字俊明。清代河南淮阳县人。精医道,治病不受谢仪。[见:《淮阳县志》]

王秀园 清代江苏川沙县唐家花园人。精医术,以针灸、疯科著名。子王诵愚,孙王水田、王雨田,曾孙王子和,均克绍家学。[见:《王诵愚先生学术简介》(《上海中医药杂志》1962年7月号)]

王利仁 清代山西左云县人。善医，以针灸见长。兼精《易经》，通占卜术。家道清贫，敝衣藿食，处之泰然。[见：《山西通志》]

王利贞 金代人。生平里居未详。精医，曾任太医判官。承安六年（1201），奉旨与时德元赴西夏，治疗西夏太后风疾。[见：《金史·西夏传》]

王佐良 字恕子，又字恕亭。清代四川叙永县人，居华峰山下。邑庠生。喜读诸子百家之书，工诗文。留心医药，聚医书数百卷，于诸名医之书无不精读，颇悟微奥。推崇名医喻昌，兼学各家之长，临证多良效，为当时名医。参府佟有棠妻病殆，群医束手。王氏予攻下药，下瘀血碗许而愈；进士徐陵云得狂疾，继发寒瘅，身僵卧，目上视，众医皆谓不治。佐良独曰："此真热假寒，厥逆证也。"为之制方，霍然而愈。类此者不可胜举。惜其寿不永，年未四十即殁。[见：《叙永县志》]

王佑贤 （？～1660） 字圣翼，号慎安，私谥孝惠。明清间浙江钱塘县人。年九岁，父母于七日间相继殁。父故友孙公悯之，抚养成立，以女妻之。佑贤勤奋力学，苦读医书，精究《素问》、《灵枢》、《甲乙》、《肘后》诸书，尤推崇仲景《伤寒》、《金匮》，以为医至此极矣。及悬壶问世，洞悉病源，投药辄效，知名于时。重医德，凡请必赴，不以门第为等差，全活甚众。定海县某大户病剧请诊，以丸药饮之，稍愈，病家以重金酬之。佑贤辞曰："脉不可为也，法当五日死。"谢其金而归。平生持己廉洁，口不言财，笃于友谊，有以缓急求助者，必百计助之。顺治庚子冬殁，葬于似兰山之阳。撰有《内经纂要》、《古梅轩烬余集》等书，今未见。次子王逊，亦以医著称。[见：《浙江通志》、《钱塘县志》、《中国历代名医碑传集》（引孙治《孙宇台集·王孝惠先生墓表》）]

王体元 字善长。清代河南宝丰县人。早年习儒，为监生。精岐黄术，凡贫病无力延医者，辄为诊治，且施以药。[见：《宝丰县志》]

王作肃 自号诚庵野人。宋代四明（今浙江鄞县）人。业儒而旁通医理。尝以朱肱《伤寒类证活人书》为蓝本，博取前贤医书数十家，辑《增释南阳活人书》，乡人楼钥为之作序，刊刻于世。[见：《鄞县志》、《中国医籍考》]

王作楫 字定波，号古愚。清代江西义宁州奉乡江头人。幼颖悟，年十九补博士弟子员。不利于科场，慨然曰："学必期有用，达则用才以施政，穷则用术以济人，分也。"后致力于医学，凡《内》、《难》、《本草》诸医典，皆研炼精深，得其旨趣，以良医鸣于时。著有《急救验方》、《保产要书》诸书，未见刊传。[见：《义宁州志》、《南昌府志》]

王作霖 字润亭。清代山东阳信县人。通儒术，与名士刘紫庵、劳敬斯为契友。精通医学，知名于时。海丰县令裕公以"功侔良相"额其门。著有《经验方症汇编》，今未见。曾孙王振南，亦以医名。[见：《阳信县志》]

王伯伟 字廷魁。清代山西晋阳人。生平未详。著有《天花八阵编》三卷，刊于道光丁未（1847）。[见：《贩书偶记》、《中医图书联合目录》]

王伯备 字百顺。清代安徽婺源县词川人。究心于古代阴阳五行之说，尽得其蕴。后遵父命，以儒医济世，求诊者无虚日，驰名休、歙间。重医德，遇贫病不计酬。[见：《婺源县志》]

王伯学 明代人。生平里居未详。著有《痔漏论》一卷，已佚。[见：《国史经籍志》]

王伯承 明初昆山县（今属江苏）人。名医王履子。善承家学，永乐间（1403～1424）以医术鸣于两京。无嗣，传其术于婿沈仲寔。[见：《昆山县志》、《太仓州志》]

王伯荣 字丹华。清代江苏无锡县张村人。眼科名医王树德子。继承父志，亦工眼科，瞽盲之人得见天日者不可殚数，远近皆知无锡张村王眼科。重医德，富者不计资，贫者更助以药金。乡党遇疾苦，必求诊于伯荣；或有急难，亦奔告求解。殁之日，闻者皆泣下。[见：《无锡县志补遗》]

王伯顺 宋代人。生平里居未详。著有《小儿方》三卷，已佚。按，疑王伯顺即"王镡"。参见"王镡"条。[见：《宋史·艺文志》]

王伯埙 清代人。生平里居未详。归安名医凌奂（1822～1893）门生。[见：《吴兴凌氏二种》]

王伯畴 元末齐郡（今山东济南）人。自其祖父辈侨居福建漳州。世为儒医，至伯畴已三世。善以意诊病，切脉无异法，用药无奇味，然投剂则效，时医自认不如。因藩臣之荐，授漳州路医学教授。至正丙午（1366），行省知事唐大年赴龙溪（在今漳州境）综理县事，得瘴疾。

王伯畴诊之，断为积劳所致，数剂而愈。唐问以治病要法，答曰："医之用药，犹官之施政，或攻或补，犹维恩永济也。当攻而不攻，则适足以养疾，欲求吾身之安，何可得也。"林弼《林登州集》有《唐大年赠王伯畴序》。[见：《金元医学人物》]

王似山 清末江苏常熟县人。生于世医之家，知名于时。门人李馨山、徐又谦，皆以医闻。[见：《名老中医之路》、《吴中名医录》]

王似之 字式谷。清代河南武陟县人。幼年应童子试，即有才名。因病究心医术，凡求治者，常一剂而瘳，不索谢。著有《痘疹慎始集》，今未见。[见：《武陟县志》]

王攸芋 字祖佑。清代人。生平里居未详。为阳湖名医陈廷儒门生。[见：《医学举隅录》]

王希方 清代江苏宝应县人。生平未详。著有《定浪针》，今未见。[见：《宝应县志》]

王希尹 清初山东益都县人。王梅子。曾重修并复刻明代张时彻《摄生总论》。[见：《中医图书联合目录》、《益都县图志》]

王希夷 唐代徐州滕县（今属山东）人。孤贫好道。父母卒，为人牧羊，以佣金供葬。葬毕，隐于嵩山，师事道士颐，历四十年，尽能传其闭气导养之术。颐卒，更居兖州徂来山，与道士刘玄博为栖遁友。嗜于《易经》、《老子》，尝饵松柏叶及杂花散。景隆间（707～709）年七十余，气力益壮。玄宗东巡，敕州县以礼征，召至驾前，年已九十六岁。开元十四年（726）诏赐朝散大夫，听致仕还山。寻寿终。[见：《新唐书·王希夷传》、《旧唐书·王希夷传》]

王希贤 字圣阶。清代江苏睢宁县人。精医术，诊病不索酬。嘉庆间（1796～1820）郡守田延之子患病，众医束手，王希贤治之获效，田氏旌以匾额。[见：《睢宁县志稿》]

王希逸 元代人。里居未详。曾任医效郎御药院副使。大德二年（1298）九月，由医愈郎诸路医学副提举申甫领衔，与御药院副使王希逸，提点太医院事郑忙古歹、麻维鲢等十一名御医、医官校订《圣济总录》，于大德四年完成，更书名为《大德重校圣济总录》，诏令江浙行省刊刻，颁赐各地医学。[见：《皕宋楼藏书志》、《中医图书联合目录》]

王希舜 字允中。清代河南郏县人。武生。精外科术。重医德，遇贫病求诊，留居供饮食，亲为调治。[见：《郏县志》]

王迎仁 清代江西上饶县人。质敏嗜学，兼精医理，每制一方，辄有良效。所过之处，求治者沿路挽留，应接不暇。遇贫病者给以丸散，不索谢。子王运三，邑庠生。[见：《上饶县志》]

王应华① 字武桥。明代浙江萧山县人。其父王仁，遇高士授以医术，遂精幼科。王应华传承父学，医名益显，为人有长者风，乡里敬之。所著《医案》为子孙所珍秘。子王良明，孙王君屏，皆有医名。[见：《萧山县志》]

王应华② 字藻公。清代河南项城县人。工医术，尤擅痘科。尝谓："生平于痘疹虚实寒热，颇了然于心。"雅爱林泉，兼善丹青，绘有渔、樵、耕、牧四图。[见：《项城县志》]

王应汝 明代江西浮梁县（今江西景德镇市北浮梁）人。善医，亦能诗。著有《痘疹订讹书》，未见传世。[见：《浮梁县志》]

王应芳 字上春。清代浙江钱塘县人。生平未详。钱塘名医董魏如门生，曾参校其师所撰《医级》。此书今存乾隆四十二年丁酉（1777）六顺堂刻本。[见：《医级》]

王应辰 清代江苏宝山县罗店镇人。道光十二年（1832）庠生。著有《医学心裁》若干卷，未见刊行。[见：《宝山县志》、《罗店镇志》]

王应运 明代湖北云梦县人。本习儒学，兼精脉理，医辄有效。存心济贫，治病不索酬。[见：《云梦县志》]

王应林 清代河南卢氏县人。邑名医王桂青侄。精医术，有起死回生之誉。[见：《卢氏县志》]

王应试 字夺标。清代江西广昌县人。五代世医，有杏林橘井遗风。通悟《伤寒》奥理，察脉辨证，识见高明，活人无算。都司汤成章表其闾曰"术衍梅春"。[见：《广昌县志》]

王应恒 清代河南固始县人。邑名医王文孝次子。与兄王应乾继承家学，皆精医术。[见：《固始县志》]

王应春 字寅甫。清代江苏吴江县人。著有《王寅甫汇录》二卷、《亲验良方》一卷，有抄本存世。[见：《杨弘斋外科经验简介》（《江苏中医》1983年第4期）]

王应乾 清代河南固始县人。邑名医王文孝长子。与弟王应恒继承父学，皆精医术。

[见：《固始县志》]

王应铨 字鼐伯。清代江苏南汇县人。中年多病，遂习医。有求治者，应手取效。

[见：《南汇县续志》]

王应聘 清代江苏砀山县人。工医术，以幼科知名。邑中小儿赖以全活者不可胜计。

[见：《砀山县志》]

王应鹤 字冠廷。清代江苏太仓州人。嘉庆二十一年（1816）举人。性亢直，好议论，口若悬河，闻者慑服。凡儒宗、历算、医卜、释老家言，无不精究。年八十六岁卒。辑有《孙真人西山卫生歌注》，未见流传。[见：《壬癸志稿》、《太仓州志》]

王怀隐 北宋睢阳（今河南商丘县南）人。初为道士，居京城建隆观，以医术知名。太平兴国（976～983）初，太宗诏命归俗，授尚药奉御，三迁至翰林医官使。太平兴国三年（978），吴越王遣子钱惟浚入朝，患疾，太宗诏怀隐治之，痊愈。太宗在藩邸，暇日留意医术，藏名方千余首，皆经验者。及登基，诏翰林医官院各以家传经验方进献，共集方万余首。太平兴国三年，命王怀隐与副使王祐、郑奇、医官陈昭遇参对编类，每部以隋太医令巢元方《诸病源候论》之文冠首，方药次之，编成《太平圣惠方》一百卷。淳化三年（992）二月，太宗为该书作序，镂板颁行天下，诸州置医博士掌之（今存）。书成数年，王怀隐卒。[见：《宋史·王怀隐传》、《宋史·艺文志》、《玉海·卷六十三》、《四部总录医药编》、《商丘县志》]

王沛霖 号雨苍。清代浙江嘉兴县人，迁居四川乐山县。精医理，尤嗜于仲景医书。著有《金匮总括详解韵言》一卷、《六经部位证治一串录》一卷，今未见流传。医书外尚有《雨苍文集》。[见：《乐山县志》]

王沂清 清代河北景县人。名医王云藻子。绍承家学，亦业医。[见：《景县志》]

王沂源 清代山东宁津县人。名医王晋发子。继承父业，亦精医术，病者得一诊视，死而无憾。[见：《宁津县志》]

王宏毅 字子远。宋元间陕西郿县人。唐代侍中王珪（王焘祖父）后裔。幼习举业。宋末，诣京试赋，会元兵克汴，家族离散，遂避难习医。技成，治疾如神。[见：《陕西通志》]

王宏翰 字惠源，号浩然子。明清间江苏华亭县人。徙居姑苏（今苏州）西城。先祖王通（字仲淹，号文中子），绛州龙门人，为隋朝名儒。王宏翰博通经史，于理学、天文皆有研究，因母病兼习医学。明末，西方传教士来华，王宏翰遂信奉天主教，受西方文化影响，研读各国传教士所著《性学粗述》（艾儒略著）、《空际格致》（高一志著）、《主制群征》（汤若望著）等书，力主汉儒与西学融合，中医与西医汇通，为我国早期主张中西汇通之医家。康熙丁丑至庚辰间（1697～1700）卒。著述甚富，今存《医学原始》四卷、《四诊脉鉴大全》九卷、《古今医史》九卷、《性原广嗣》六卷，其他如《急救良方》一卷、《怪症良方》二卷、《本草性能纲目》四十卷、《寿世良方》三卷、《方药统例》三十卷、《古今医籍考》十二卷、《刊补明医指掌》十卷、《伤寒蕴读》九卷、《女科机要》九卷、《幼科机要》若干卷，未见传世。医学外，尚撰《天地考》九卷、《乾坤格镜》十八卷，今亦不传。按，据《古今医史·王国臣传》，明华亭王廷爵撰有《性源广嗣书》六卷，疑宏翰为王廷爵后裔，重订前世遗书，而署以己名，待考。[见：《明季西洋传入之医学·王宏翰传》、《历代医家丛考》、《中国医籍考》、《中国人名大辞典》、《中医图书联合目录》]

王宏霱 字瑞三。清代河南项城县人。庠生。自幼聪慧，初应童子试即冠军。因病留心岐黄，遂以医术知名，活人甚众。著有医书数种，藏于家。[见：《项城县志》]

王良生 清代人。生平里居未详。著有《救急方》，已佚，其部分内容散见于赵学敏《本草纲目拾遗》。[见：《本草纲目拾遗》]

王良灿 一作王良璨。字玉卿，号求如。明代南京（今属江苏）人。生平未详，约生活于万历间（1573～1619）。王氏曾参考陶华、刘纯、王纶、戴思恭、吴崑诸名医方论，合以个人临证所得，撰《小青囊》十卷。此书卷一至卷八为"附方"，卷九为"用药"，卷十为"诸贤论"，全书举四君子汤、四物汤、二陈汤等三十九首主方，推衍化裁为三百二十九方，详论其功用，颇具实用性，是研究明后期方剂发展之重要著作。此书国内已佚。日本国立公文书馆内阁文库存日本延宝三年（1675）二条通书肆武村刻本。中国中医科学院郑金生教授等于2003年点校整理此书，由人民卫生出版社排印出版。[见：《松江府志》、《小青囊》、《内阁文库汉籍分类目录》、《中国医籍考》]

王良明① 字公辅，号恒田。明代浙江台州人。庠生。其母患恶疮，百药不效。闻西关外有能医者，乃往寻之。医者握其手曰："人生不作宰相，须学医以活人！"授以治病秘诀而别。良明依言觅药而归，母疮果愈。此后依方治病，应手取效，遂以医知名。巡抚周良臣闻其名，举荐于朝，授御医。因治疗功，赐职、赐金，皆不受，帝称之为"志士"。年八十四岁卒。著有《方脉指要》、《太素脉按》，已佚。子王少春，传父业。[见:《台州府志》]

王良明② 字尔荣。清代浙江萧山县人。名医王应华子。继承父业，尤精儿科。年九十七岁举乡饮。子王君屏，传承父业。[见:《萧山县志》]

王良济 清代四川泸县人。精通医术，叩请即往，不索酬谢，人多敬之。年九十七岁卒。[见:《泸县志》]

王良策 字凤池。清代河南洛阳县人。工医，取效如神。翟某患背痛三十年，良策曰："是有物，需出之。"遂敷以药，拔箭镞少许，翟不知何来也。其妙验皆类此。[见:《洛阳县志》]

王启元 字复初。清代河南武陟县人。淳谨笃厚，素习内外科，远近知名。重医德，凡病者延请皆立赴，遇贫乏之家辄施以药饵，助以钱米，徒步数十里亲至其家，尽心调理，必令痊愈而后已，时人皆颂其德。子王凤鸣，为庠生，亦敦于义行。[见:《武陟县志》]

王启文 字全质。清代河南滑县城东大王庄人。监生。博通医理，明于经络，善治虚劳等症，尤精痘科。著有《痘疹辨症》，同治七年（1868）毁于兵燹。[见:《重修滑县志》]

王启生 〈女〉 近代江苏常熟县人。当地名医王景华之女。适环秀顾氏。得家传，亦精医理。悬壶于世，以妇科知名。[见:《吴中名医录·王士翘》]

王君房 汉代长安（今陕西西安）人。以卖丹药为业，为当时巨富。[见:《汉书·货殖传》]

王君迪 字居中。宋元间江南人，徙居仪真县（今江苏仪征）。精医理，通晓《内》、《难》、《伤寒》、《脉经》诸医典，于南北新旧方论，无所不读。其诊脉，分二十四状，参以外候，某脏腑经络有偏邪，洞察无误。尝设药肆于仪真，技术往来于公卿大夫之间，出没于闾巷平民之家，有求必赴，不辞远近，不避寒暑，名噪江淮之间。重医德，遇贫困者求医，出良药治之，不责其报。学士卢公书"可山"二字额其室。吴澄（1249～1333）撰《可山斋记》赞之。著有《古方论》（又

作《古今方论》），详述古代名方，分析二十四脉之象，参之以外候、偏邪，所论如烛照，惜此书已佚。[见:《仪真志》、《仪征县志》、《金元医学人物》]

王君屏 清代浙江萧山县人。名医王良明子。继承父业，亦以医名。[见:《萧山县志》]

王君赏 明代山东淄川县人。嘉靖三十八年（1559）三甲第一百零七名进士。曾任巡按陕西监察御史。曾获无名氏医书于京师，其方简约，屡试屡效，遂续补数条，厘为两卷，名之曰《医便》，刊于隆庆三年（1569）。按，此书即吴江沈与龄《医便》。据吴秀《增补医便续集·自序》，沈氏书问世后，"武林因之有二刻，托为御院本"，疑王君赏所见即伪托之"御院本"，故未知沈氏之名。此书明季多次刊行，自王君赏之后，有吴兴黄文洲、朱惠明补遗本，吴秀万历三十年（1602）《增补医便续集》四卷本，王三才万历四十二年（1614）校本，张懋辰等增订本梓行。王三才本收入《珍本医书集成》，以王君赏本为底本重校，故亦称"无名氏撰"。[见:《珍本医书集成·医便·自序》、《贩书偶记续编》、《明清进士题名碑录索引》]

王君勤 近代江苏常熟人，世居东乡梅李镇。世医王小园次子。得父传，悬壶于城内辛峰巷，为当地名医。[见:《吴中名医录》]

王际华 （?～1776） 字秋瑞。清代浙江钱塘县人。乾隆十年（1745）一甲第三名进士。授编修。十三年大考翰詹，擢侍读学士、上书房行走。三迁至侍郎，历工、刑、兵、户、吏诸部。三十四年，迁礼部尚书。三十八年，加太子少傅，调户部尚书。四十一年，卒，赠太子太保，谥文庄。乾隆三十八年（1773），奉敕别辑《永乐大典》三百八十五种，交武英殿以聚珍版印行。时《永乐大典》储翰林院者尚存二万四百七十三卷，合九千八百八十一册，包括大量医学内容。[见:《清史稿·艺文志》、《清史稿·王际华传》]

王际泰 清代河南禹县人。善医，知名于时。[见:《禹县志》]

王陈梁 （1722～?） 字次辰。清代江苏青浦县人。诸生。王氏前辈自王懋忠、王之佐以来，代有医名。陈梁精于文选之学，出其余力为医。家藏方书甚富，取而读之，以丹墨别其要旨。晚年尤推重《千金》、《本事方》之法，为人治病辄效。席世臣刊印《重金广意》，得陈梁校

勘之力甚多。乾隆丁酉（1777），校刊许叔微《本事方》。乾隆丙午（1786），年六十五岁，为《慎柔五书》作跋。[见：《松江府志》、《青浦县志》、《本事方》、《慎柔五书》]

王纳表 字乾所。明清间浙江建德县人。性颖悟，博极群书。潜心理学，旁及医术、地理诸学。顺治四年（1647）为贡生，两举宾筵。年八十三岁卒。著有《医方解》等书，未见流传。[见：《建德县志》]

王者瑞 （1772～?）字玉山。清代湖南新化县人。早年为廪贡生，入资为试用训导。道光乙未（1835）举于乡，时年已六十四岁。刻苦力学，喜吟咏，工书善绘，旁涉医学。著有《一隅居课艺》三卷、《积薪园诗钞》二十卷、《简便方书》十卷、《行舟便览》（后二种为医书），今未见。[见：《新化县志》]

王坦如 清代四川乐至县人。邑名医王之肱子。幼承家学，亦以医名。较之其父，更长于用丸散膏丹等成药。[见：《乐至县志》]

王若山 近代江苏常熟县人，世居梅李塘小六泾。世医王小园长子。得父传，设诊于乡，知名于时。子王象九，继承祖业，在城内应诊，后迁居椐树弄。[见：《吴中名医录》]

王若孙 字梦松，号致鹤。清代江苏川沙厅二十保十六图人。世医王锡琳子。得父传，亦业医，知名乡里。子王受福，传承父学。[见：《川沙厅志》]

王若谷 佚其名（字若谷）。清代江苏吴县人。精于疡科。凡经验有效之方，皆笔之于书，以为家宝。曾孙王维德，传其学，名振于时。[见：《清史稿·王维德传》、《吴县志》]

王若春 字孟和。清代河南新乡县人。幼遇良师，授以五运六气、十二经络及医方。后以医问世，诊病奇验，刻期断人生死，名噪于时，当政者多以礼致之。子孙俱传其业。[见：《新乡县志》]

王若溪 清代江苏常熟县梅李镇人。原籍安徽，其先祖避明末之乱，徙居梅李。若溪早年务农，道光间（1821～1850）从曹存心门生高丙叔学医，后悬壶济世。子王仁卿，孙王宗锡，皆绍承其业。[见：《吴中名医录》]

王苗卿 佚其名（字苗卿）。清代江苏嘉定县人。世医王屺望次子。与兄王锦端皆传家业，俱以医名。[见：《嘉定县续志》]

王英琳 字聘卿。清代山东夏津县下官桥人。幼聪敏，因父年迈而辍读，理家政。于农隙习弓马之术，后为武庠生。又精医术，于伤寒、眼科独有心得。年七十五岁，无疾而卒。著有《伤寒会解》、《眼科类集》二书，未梓。子王曰龙，亦以医术知名。[见：《夏津县志续编》]

王英澜 字紫生，号杏泉，别号老波，晚号景瑗老人。清代浙江上虞县人，自先世徙居会稽。父母早亡，发奋勤学，历试皆冠军，而省试累荐不售，乃援例入资，授鄞县教谕。因多病，研习轩黄术。著有《医辨》若干卷，督学万青藜为之作序，付梓。今未见。[见：《绍兴县志资料》]

王茂林 字寿泉。清代江苏江都县人。邑名医王淦林子。传承父业，以医济世，擅治喉科、齿科、外科。遇贫病不取诊酬，且施送良药。[见：《江都县续志》]

王松山 （1870～1962）现代江苏扬州人。年十八岁从推拿名医丁凤山学，尽得师传。后行医于扬州、宁波、杭州、镇江、汉口等地，所至知名。中年适沪，术益精湛，声名日盛。1958年，任上海市第十一人民医院医师及上海中医学院附属医院医师，并担任临床教学工作。此外，兼任上海市中医文献研究馆馆员。一生于医学临床及教学多有贡献。门人王纪松、王百川得其传。[见：《江苏历代医人志》]

王松竹 明代湖北麻城县新店畈人。精通脉理，名著于时。临证不拘泥方书，用药不多而投辄奇效。[见：《麻城县志前编》]

王松亭 清代江苏松江府人。早年就学于名医何长治之门，后悬壶嘉兴。[见：《景景医话》]

王松泉 清代顺天府宛平县（今北京卢沟桥镇）人。生平未详。曾增订毛世洪《济世养生集》、《便易经验集》，编《养生经验合集》，重刊于道光元年（1821）。[见：《中医图书联合目录》]

王松堂 号小楼主人。清代浙江定海县人。生平未详。著有《经验各科秘方辑要》一卷，今存光绪二十四年（1898）刊本。[见：《中医图书联合目录》]

王松溪 佚其名（号松溪）。清代人。生平里居未详。曾出仕，解官后归里，手录经验方三千五百余条，辑《卫济余编》，用以拯人疾苦。子王缵堂，好著述，亦曾编辑经验方。[见：《中国历代医家传录》（引《雪斋杂记》）]

王松龄 字鹤寿。清代河北南宫县人。以医为业，尤精外科。[见：《南宫县志》]

四
画

王雨三 (1877~1945) 字汝霖。近代江苏太仓县浏河北三里桥人。自幼好学，及长，立志习医。博览《内经》以下诸医书，钻研数年，自通医理，遂悬壶于世。于病源、脉理有独见，临证注重培补元气。后于上海大世界创办中药大药房，自制成药达500余种，商誉甚佳。因军阀混战，被迫停业，损失惨重。旋与药师胡海秋、尹瑞生、门生郁孝根、范成龙等回乡开业，遇贫病者不取酬，反赠以药。[见：《吴中名医考》]

王奇峰 清代浙江宁波人。精于医术，专擅眼科，与同邑名医李鹤山齐名。[见：《宁波府志》]

王叔安 明代安徽无为州人。精医术，能疗奇疾。州人某，患病久不起，请芜湖名医殷某治之。殷曰："何舍叔安而求我也？"凡叔安辞不治者，殷亦不复予药。[见：《无为州志》]

王肯堂 (1549~1623) 字宇泰，号损庵，自号念西居士。明代金坛县（今属江苏）人。南京刑部右侍郎王樵子。自幼习儒，万历十七年（1589）中三甲第一百八十四名进士，选庶吉士，授翰林院检讨。博学多闻，声著馆阁。万历二十年（1592）倭寇犯朝鲜，王肯堂上疏，请假御史衔，练兵海上。不见纳，引疾辞归。家居十四年，究心医道，日以著述自娱。万历丙午（1606），吏部侍郎杨时乔力荐之，补南京行人司副，以福建参政致仕。天启三年癸亥卒，享年七十五。王肯堂年十七岁时，因母病锐意习医，渐精其术。凡乡曲抱沉疴者，求无不应，治无不效，全活甚众。弟子高果哉、浦天球等传其医术。王氏著述甚富，关于医学者有《六科证治准绳》一百二十卷、《医论》三卷、《医辨》三卷、《医镜》四卷、《灵兰要览》二卷、《损庵经验方》一卷、《胤产全书》四卷、《笔麈》四卷、《医学穷源集》六卷等。还辑有丛书《古今医统正脉全书》，收入《素问》、《灵枢》、《甲乙经》、《中藏经》、《脉经》、《难经》、《伤寒论》等医籍四十四种，今有明万历二十九年（1601）吴勉学刻本及多种清刻本存世。王肯堂崇尚佛教，早年从高原昱公习唯识论，后著《唯识俗诠》，刊刻印行，时人奉为佛学阶梯。[见：《明史·王樵传》、《医藏书目》、《四库全书总目提要》、《医学穷源集》、《中国医籍考》、《古今名医言行录》、《镇江府志》、《中国历代名医碑传集》]

王贤良 字宪周。清代河南洧川县人。精岐黄术，活人济世，不求酬报。儒学刘某，赠匾旌之。著有方脉书一册，今未见。[见：《洧川县志》]

王尚义 明代陕西西安府右护卫人。祖籍四川。秦府良医正王经子。传承家学，亦精医道。袭父职，亦官秦府良医。[见：《中国历代名医碑传集》（引王九思《渼陂续集·明故秦府良医正西林王君墓表》）]

王尚明 号仙岩。明代浙江萧山县人。家贫，成化间（1465~1487）避徭役于雁荡，得异人秘授，遂精医术。曾任淮府良医正。母殁后，隐居不仕。著有《仙岩集》四卷、《儿科杂证良方》二卷，行于世，今未见。[见：《萧山县志稿》]

王尚湄 字秋水。清代济水人。生平里居未详。康熙六十一年（1722），与兄尚滨同编《槐茂堂妇人科经验良方》（实即摘抄《万氏女科》而成）三卷。[见：《女科书录要》]

王尚滨 字君聘。清代济水人。生平里居未详。康熙六十一年（1722），与弟尚湄同编《槐茂堂妇人科经验良方》（实即摘抄《万氏女科》而成）三卷。[见：《女科书录要》]

王尚锦 字殿容。清代江西瑞昌县人。邑名医王圣瑞子。克绍父业，亦有名于时。有罹怪疾者，大便中有异虫，或谓乃"粪飞虫"，众医为之束手。尚锦诊之，竟三服而愈。九江观察使福泰患瘤疾，太医院治之不效，乃就疗于尚锦，药到而病除。福泰书"春满壶天"额其门。[见：《瑞昌县志》、《九江府志》]

王尚德 明代陕西西安县右卫人。幼敏慧，过目不忘。博览经史，善诗赋，尤精医术。秦肃王罹疾，诸药弗瘳。征尚德诊治，一匕而愈。王曰："神医也。"遂奏请授迪功郎秦藩医正，兼理宜川、合阳两王府教授事。以高寿终。[见：《陕西通志》]

王国光 字翼明。明代浙江石门县人。徙居德清县新市镇。曾遇异人授以《龙木秘书》（眼科书），遂精医术，求治者恒塞门户。后司寇沈和山招致京师，荐授太医院医官。著有《葆光集》行世，今未见。[见：《新市镇续志》]

王国臣 字仰庄。明代华亭县（今属上海）人。品端好学，兼精医理，为士大夫所重。子王廷爵，亦精医术。[见：《明季西洋传入之医学》（引《古今医史·王国臣传》）]

王国位 清代四川古宋县九姓乡人。精通医术，知名乡里。年八十四岁卒。[见：《古宋县志初稿》]

王国贤 清代四川江北厅人。以医为业。远近闻名。［见：《江北厅志》］

王国泰 清代湖北宜都县人。以医术济人，于痘科尤得不传之秘。著有《痘科图书》一卷，今未见。［见：《湖北通志》、《宜都县志》］

王国宾 字钦士。清代四川合江县人。精通医学。咸丰、同治间（1851～1874），以医知名。治病不分贫富，亦不索酬。凡延请者，不避寒暑必往，如是者数十年。性豁达，嗜书法，行草俱绝。年九十余，尚步履稳健，鹤发童颜，人称"仙老"。［见：《合江县志》］

王国祥（1748～1812） 字永嘉。清代浙江盐官县（今海宁）人。名医王学权子。性纯孝，继承父业，亦以医名世。其父生前著《重庆堂随笔》，未竟而殁，国祥续成之，且为之作注。子王升，传承家学。孙王士雄，为清代著名医学家。［见：《海宁县志》、《王孟英传略及其著作》（《浙江中医学院学报》1983年第2期）、《王士雄家世考证》（《中华医史杂志》1986年第2期。）］

王国椿 字松亭。清代安徽黟县十都人。居上双街。官从九品。曾经商于太湖徐家桥，性慈善，遇公益事竭力襄助。兼精医术，常以医药济人。［见：《新安名医考》］

王国器 字君鼎，又字镇庵。清代浙江上虞县人。国学生。精通痘科，出痘前三日，能决人生死，治危症效验若神，远近踵门求治者络绎不绝。遇贫病者，具药送之，不索值。平生多善举，雍正间（1723～1735）岁饥，国器设灶于庙宇，煮粥济饥。晚年博采前人精义，附以心裁，辑《痘科私存》，未梓。［见：《上虞县志》］

王昌年（1516～1561） 字希舜。明代吴县（今江苏苏州）人，居阊门里。王泂子。自幼敏慧好学，早年师事宿儒郁黎阳，学有所成。后弃儒习医，临证不专泥古方，知名于时。王世贞任刑部郎中时病寒症，其势甚危，太医院判张承宗亦为之束手。昌年诊之，服药十余剂，其病若失。自此声振公卿间，车马迎治者不绝于门。生性洒脱，轻财好义，士论贤之。御史大夫王忬（王世贞之父）开府檀州，召王昌年调治官军，遂通籍太医院，例授冠带。嘉靖三十九年（1560），王忬为严嵩所害，昌年随王世贞等扶榇归乡，送至扬州始别。次年患寒疾，卒于京邸，年仅四十六岁。［见：《中国历代名医碑传集》（引王世贞《弇州续稿·冠带医士渔洋王君暨配山孺人合葬志铭》）］

王昌熊 字烟乡。清代江苏常熟县梅李镇人。诸生。早年肄业于郡城正谊书院。省闱不利，退而研习家传医学。视疾用药精审，遇沉疴亦奏良效。年三十八岁殁。家藏《证治明条》若干卷，为王氏累世纂成者。未见流传。［见：《常昭合志稿》］

王易简 宋代人。生平里居未详。著有《食法》十卷，已佚。［见：《通志·艺文略》、《宋史·艺文志》］

王昆阳 清代河南汜水县人。精医术，以擅针灸知名。重医德，治病不受酬。［见：《汜水县志》］

王明纲 字习三。清末江苏丹徒县人，世居月湖。邑名医王之政（1753～1821）侄孙。明纲与兄明经从叔父王凤书学医，颇有心悟。然不轻为人诊治，年三十犹无知者。尝游姑苏，有卢某之女将嫁，忽患噯气，声闻四邻，群医束手。明纲以重剂黄连、石膏治之，其家不敢与服。亲戚劝其先服半剂，未几，气稍平，遂尽服之，疾若失。旋应韩抡元之召赴扬州，所治无不效。彭刚直巡阅瓜洲，总镇吴家榜出迎，忽仆地不省，众医咸无策。彭急遣兵驱车迎明纲，至则开定风方一剂，不逾时苏。自是医名著于吴中。性仁慈，遇贫乏则不取值。年六十八岁卒。著有《脉案》，又曾评点多种医籍，均未传世。子王纪鹤、王纪鹏，侄王纪芳，均传承其业，各有声于时。［见：《丹徒县志掇余》］

王明经 字醉亭。清末江苏丹徒县人，世居月湖。名医王之政（1753～1821）侄孙。为人敦笃谦和，少时与弟明纲相友爱，先后从叔父王凤书习医。深得《内经》旨蕴，尤善调理，求治者门无虚日。旌德郡守吕贲卿过月湖，患喙口痢，腹剧痛，明经投药立解；章合才病瘟垂危，亦随手治愈；邑令冯寿镜患目疾，几盲，延明经治，亦得大愈。年七十岁，无疾而终。门人王全镇汇其遗方，编《醉亭脉案》，今未见。子王纪堂，亦以医知名。［见：《丹徒县志掇余》］

王忠民 南宋颍阳（今河南登封县西南）人。世代业医。幼通经史，自靖康（1126）以来，数言边防利害于朝，然不愿出仕，累召不至。后高宗渡江，则隐居不出矣。［见：《宋史·王忠民传》］

王忠良 清代陕西孝义厅（今柞水县）人。以医术知名。有请不辞，济人甚众。［见：《孝义厅志》］

王知方 清末江苏常熟县人。精内外、科，与蒋君维齐名。知方处方独到，善用猛剂。有人患肺病甚重，知方亲以西洋参等药与鸡同煮，令其连服数只，果得痊愈。子王和钧，亦以医术行世。[见：《吴中名医考》]

王季璞 南朝梁人。生平里居未详。著有《本草经》三卷，已佚。[见：《隋书·经籍志》、《宋以前医籍考》]

王季瓛 明代西蜀（今四川）人。生平里居未详。推重元代名医朱震亨。景泰间（1450～1456），武功县医学训科杨珣编《丹溪心法》（又作《丹溪心法类集》），刊刻于陕西。王氏病其方药未备，乃重加修订，于成化（1465～1487）初辑《丹溪心法附方》，重刊于世。[见：《丹溪心法·程充序》、《武功县志》]

王和尚 （1853～?）号野人。近代黑龙江青冈县人，徙居阜新县。精八法神针，名动一时。初业儒，因得《本愿真经十二元觉》，阅之动心，遂立志游方，医世济人。后至高积德营子，闻佟渡槎精通性命之学，遂认为师，奉命化济吉、黑二省，所至施舍神针，针到病除。越三年，复归阜新。1934年，寿已八十二岁，犹步履如飞，精神健旺。著有《野人穷源》等书，未梓。[见：《阜新县志》]

王和鼎 南宋人。生平里居未详。今世存刘开《脉诀理玄秘要》一卷，为嘉熙五年（1241）刻本，题"后学王和鼎编集"。[见：《四部总录医药编》]

王秉伦 字彝仲，号雪窗。清代安徽泾县茂林都人。岁贡生。敏慧能文，见知于学使观保。后三荐棘闱不售，以明经终。生平博览群书，精于《易》，兼通医理。著有《医意》六卷。医书外尚有《雪窗余墨》、《周易本义会纂》等。[见：《泾县续志》]

王秉哲 清代河南渑池县乐村人。博学善教，兼精医术。子王万超，亦以医名。[见：《重修渑池县志》]

王秉镍 清代陕西府谷县人。以医术知名，擅外科，常施药济贫。[见：《府谷县志》]

王佳宾 字用和。清代广东番禺县人。康熙（1662～1722）初，以武进士官广州。多才气，能诗，善相马，兼通医术。后辞官归里，业医以养母。[见：《番禺县志》]

王佩恭 字礼言。清代安徽婺源县清源人。少承庭训习儒，事父母以孝闻。母病，

侍汤药不忍离，而母终殁。痛思之际，深感"人子不可不知医"，乃留意医书。辑有《医学纂要》八卷，卷首为《志痛篇》。此书未见流传。[见：《婺源县志》]

王岱东 清代江苏元和县唯亭人。世医王淮子。早年习儒，为乾隆丙戌（1766）三甲第五十五名进士，官徐州府学教授。兼通医理。子王丙（1733～1803），为知名医家。[见：《吴县志》、《元和唯亭志》、《吴医汇讲》]

王质斋 清代人。生平里居未详。曾编辑丛书《福济全珍》，包括《遂生编》、《福幼编》、《良方集要》、《经验良方》等书，刊刻于清道光二十三年癸卯（1843），今存。[见：《中医图书联合目录》]

王质庵 清代湖北枣阳县人。生平未详。著有《外科丛稿》，今未见。[见：《枣阳县志》]

王金发 字宝山。清末四川灌县蒲阳乡人。年十四，从名医莫怀珠习医，精其术。性博爱，好施予，遇贫病每赠以药资。晚年，子孙劝其休养，而求诊者登门仍不拒。[见：《灌县志》]

王金坡 字鹄臣。清末河北新城县辗轳把村人。眼科名医王锡铎次子。传承父学，亦以医名。[见：《新城县志》]

王命生 明末湖南湘潭县人。生于名族，为诸生。明末世乱，隐于医。辨证精准，用药不过三四品，而服之奇效。他人袭用其方，辄不验。有医德，治病不受酬谢。卒于乱兵，闻者惜之。[见：《湘潭县志》]

王命珪 字弓以。明代湖北黄陂县人。岁贡生。嗜酒好学。著有《养生真铨》行世，今未见。[见：《湖北通志》]

王性同 明初浙江绍兴府新昌县人。邑名医王宗兴子。传承家学，亦精医术，洪武间（1368～1398）举医学训科。[见：《绍兴府志》]

王性善 明代丹徒县（今属江苏）人。通医术。善绘画，尤工山水，笔致高简。永乐间（1403～1424），与名画家虞谦（1366～1427）友善。[见：《明画录》]

王学权 （1728～1810）字秉衡，晚号水北老人。清代浙江盐官县人。精通医术，名噪于时。嘉庆十三年戊辰（1808）手撰《重庆堂随笔》（原名《医学随笔》），未竟而卒。其子王国祥，孙王升续成之，刊于咸丰五年乙卯

(1855)。王学权后裔皆精医理,曾孙王士雄,为清代著名医家。[见:《王士雄家世考证》、《海宁州志稿》、《重庆堂随笔·序》]

王学林 清末四川东乡县人。邑名医王文高次子。性颖悟,怀济世之心,与兄王学堃继承父志,皆精医术。二人善治疑难杂证,医名胜于其父。[见:《宣汉县志》]

王学健 清代安徽歙县王家宅人。早年从冯塘程有功学医,精其术。张文毅、左宗棠常邀其诊疾,医名著于江浙皖赣之间。子王士恕,孙王谟,曾孙王仲奇,皆以医术知名。[见:《歙县志》]

王学浩 (1754～1832) 字孟养,号椒畦。清代江苏昆山县人。其先世本太仓望族,自高祖王宾始迁昆山。王学浩六岁丧父,少从同郡进士陈嘉炎习儒,学有根柢。乾隆四十年(1775)补昆山县庠生,五十一年成举人。后屡试不第,捐资授国子监典簿,嘉庆末归乡。平生善诗,工书画。兼精医术,就治者多奏良效。著有《易画轩诗录》、《翠碧山房稿》、《灯窗杂记》等书。[见:《昆新两县志》、《昆山历代医家录》]

王学素 清代浙江海宁县人。精医术,明脉理,治病悉依古方。[见:《平湖县志》]

王学堃 清末四川东乡县人。邑名医王文高长子。资质敏悟,继承父业,以治疑难杂证见长,医名过于其父。弟王学林,亦以医名。[见:《宣汉县志》]

王学渊 清代广东高州茂名县人。生平未详。著有《暑证指南》一卷,今未见。[见:《高州府志》]

王学温 清代陕西长安(今西安)人。精岐黄。处方喜用党参,世以"王党参"称之,时谚曰:"不怕疾病多,只怕党参殁。"一时推重如此。年八十四岁卒。著有《三槐医案》八卷,今未见。[见:《咸宁长安两县续志》]

王学溥 清末江苏太仓州人,世居西郊姚泾岸。祖上世业外科,至学溥已历六代,亦知名。子王子渔、王子昂,传承父学。[见:《吴中名医录》]

王法岐 清代河南鲁山县良里大王庄人。精医术,知名于时。子王燕天,孙王廷侯,皆工医。[见:《鲁山县志》]

王泽民 金代人。生平里居未详。为太医,兼工诗文。元好问《遗山诗集·国医王泽民诗卷》云:"万石君家父事兄,当知衰俗有王卿。一篇华衮中书笔,满纸清风月旦评。鸿雁自分先后序,鹡鸰兼有急难情。阃门雍睦君须记,方伎成名恐未平。"[见:《金元医学人物》]

王泽泲 字鸿波。清末人。生平里居未详。曾任太医院恩粮,兼东药房值宿供奉官。[见:《太医院志·同寅录》]

王治宽 字莨臣。清末人。生平里居未详。通医理,曾任太医院七品吏目。著有《本草摄要类编》,收入《韩氏医课》,今存稿本。[见:《太医院志·同寅录》、《中医图书联合目录》]

王宝书 字森甫,号友杉。清代江苏吴江县平望镇人。岁贡生。博通经史,工举业。善医,兼精书法。著有《肘后随笔》,未见流传。[见:《平望续志》]

王宗正 字诚叔。南宋绍兴(今浙江绍兴)人。官将仕郎、试将作监主簿。著有《难经疏义》(又作《难经注义》)二卷,已佚。[见:《宋史·艺文志》、《难经本义·本义引用诸家姓名》]

王宗兴 元末浙江新昌县人。邑名医王公显子。邑中大疫,宗兴与父沿门疗治,所活甚众。其子王性同,明洪武间(1368～1398)举医学训科。[见:《绍兴府志》]

王宗泽 元代浙江兰溪县纯孝乡王家村人。针灸名医王开曾孙,王廷玉子。绍承家学,亦精医术。[见:《兰溪县志》]

王宗显 自号怀隐道者。明代浙江绍兴府人。生平未详。著有《医方捷径》三卷,成书于万历四十七年(1619)。上卷为药性、功用,下卷为方剂,并附有救急方数则。[见:《医藏书目》、《中国医籍考》、《中医图书联合目录》]

王宗泉 明代四明(今浙江鄞县)人。精医术,知名于时。著有《脏腑证治图说人镜经》八卷,弟子钱雷刊刻于世,今存万历三十四年(1606)汤阴洪启睿刻本。还撰有《脉经本旨》、《药性统宗》、《病源纲目》、《体仁拔萃》、《灵素枢机》诸书,得钱雷之力甚多,惜皆散佚。[见:《中国医籍考》、《中国善本书提要》]

王宗诰 明代四川营山县人。精于医术,尤擅针灸,万历间(1573～1619)以医术知名。著有《针法要览》一书,已佚。[见:《营山县志》]

王宗锡 (1865～1939) 字似羲,晚号士希。近代江苏常熟县梅李镇人。原籍安徽,其先祖避明末之乱,徙居梅李镇之小鹿泾。其祖父王若溪,得名医曹存心门生高丙叔之传,悬壶于世。此后王氏世代业医，至宗锡父王仁卿，医名渐盛。宗锡早年习举业，不售，遂专心随父学医，年二十岁悬壶于世。年二十三父丧，已能传其衣钵，声名渐起，邀诊者日繁，遂于光绪十五年（1889）迁居梅李镇。光绪二十八年（1902）乡里大疫，霍乱流行，宗锡创制妙应丸施救，得生者十之五六，自是声名大噪。太史黄君谦，书"普眼长存"巨匾赠之。其学术渊源于曹存心，复推重叶天士，擅治温病及产后诸证，于舌诊尤有独到见解。子王博渊，孙王天如，皆得其亲传。[见：《吴中名医录》、《常熟老中医王士希诊病经验简介》《江苏中医》1965年第3期]

王宗衡 明代浙江鄞县人。以医为业，与同邑前辈名医陆昂齐名。[见：《鄞县志》]

王定安 （1899～1983） 原名传鼎。现代江苏昆山县玉山镇人。王德森侄孙，王传勋族弟。1915年毕业于苏州草桥中学，旋从名儒王颂文先生学习古文。1918年入苏州名医曹廉州门下，专攻内科。四年后卒业，悬壶于昆山东门街28号寓所。1928年加入全国医药联合会昆山支会，任第一、二届执行委员。1934年10月加入昆山中医公会，任执委。1946年2月组织成立昆山县中医师公会，被推选为理事长。同年参加南京政府考试院检核中医资格考试，获及格证书。1953年7月参与组建民康联合诊所（后并入玉山镇卫生院），任中医内科医师。王定安精通古文，工诗文书法，尤擅长篆书、石鼓文，医名被文名所掩。著有诗文稿若干卷、《医学摘粹》数册，未梓。[见：《昆山历代医家录》]

王定远 清代江西鄱阳县人。精通医术，善治奇疾。年七十余卒。著有《四诊述古》、《食物辨》、《伤寒论（注）》等书，未见传世。[见：《鄱阳县志》]

王定国 清代四川罗江县人。从江西闻某习医，尽得其传，尤精脉理。治病无分贫富，延请即往，亦不索谢，活人无算。辑有《神验方》数卷，未见传世。子王文灿传其术，亦知名于时。[见：《罗江县志》]

王定恒 字久占。清代江西万载县南田人。少从张琢斋习举业，年三十岁不得中，乃潜心医学。其审脉、察证、用方独具心得。每岁自制丸散，以拯病苦。著有《医案》及《医学寻源》、《方治要典》、《痘疹真诠》、《色脉真诠》、《博爱轩药论》等书，藏于家。[见：《万载县志》]

王定愈 清代河北正定县人。纳粟为国子生，后弃举业习医，精其术，于痘疹尤有心得。临证察形色而能断生死，多有效验。为人治疾无分贫富，有求辄应，全活无算。著有《痘疹捷要》一书，未见刊行。[见：《正定县志》]

王定煦 字心棠，又字竹轩。清代湖南宁乡县人。监生，咸丰元年（1851）举人。勤学好义，有孝名。兼通医理，尤精儿科，全活婴幼甚多。著有《种幼便览》若干卷，未见流传。[见：《宁乡县志》]

王宜寿 明代人。里居未详。曾任太医院冠带儒士。弘治十六年（1503），太医院院判刘文泰等奉敕编撰《本草品汇精要》，王氏与中书科儒士吉庆、周时敛、姜承儒、仰仲瞻及太医院医士吴恩、王棠等十四人任誊录。该书毕工于弘治十八年三月，未刊，今存抄本。[见：《本草品汇精要》]

王官彦 字庚堂。清代辽宁铁岭县人。咸丰十一年（1861）任督捕厅事。精医理。著有《王庚堂医案》，今未见。[见：《铁岭县志》]

王实颖 字西成，号耘苗主人。清代江苏通州（今南通）人。生平未详。辑有丛书《广嗣五种备要》，包括：《种子心法》、《保胎方论》、《达生真诀》、《新产证治》、《全婴须知》等，自刊于道光元年辛巳（1821）。[见：《女科书辑要》、《中医图书联合目录》、《中华医学会中文书目》]

王询刍 （1873～1945） 近代江苏无锡县六区桥人。孟河名医马文植入室弟子，精内、外两科。为上海中教道义会会员。[见：《江苏历代医人志》]

王居中 元末丹徒县（今属江苏）人。性格沉静，致力于《内经》、《难经》诸书，深入堂奥。临证治辄奇效，踵门求诊者络绎不绝，名重于时。从游弟子甚众，多为名医，以滑寿声名最著。[见：《明史·滑寿传》、《续丹徒县志》]

王居仁 字安亭。清代河南正阳县王勿桥人。早年习儒，为监生。精医术，擅治痘疹，恒施药济人。道光三十年（1850），汝宁耿潜之子患痘症，延诊立愈，赠匾旌其间。终年七十有余。[见：《重修正阳县志》]

王居宸 字寰一。清代河南荥阳县人。监生。弃儒业医，精于运气。[见：《续荥阳县志》]

王建中 字虚堂，号墅东。清代陕西扶风县训义里人。庠生。性格豪放恢谐，为人严正刚方。邑令闻其公直，请主本里民局，坚辞不赴。少读书明敏，又游心绘画，好吟诗，不拘格律。晚年精岐黄术，医人不受谢，乡里赖以全活者甚众。年七十，手录医书数十卷，自著《补虚集》一卷、《家常必须》一卷、《眼科要方》一卷、《济阴备类》一卷，今皆未见。子王星枢，能读父书，亦精医道。［见：《扶风县乡土志》］

王建亨 字会之。清代辽宁金州泡崖屯人。贫居养亲，潜心医学。四方患病求医者，诊脉处方而不售药，专以济人为宗旨。著有《应急偏方》一册，远近习用之，惜毁于甲午（1834）兵燹。年七十九岁卒。［见：《旅大文献征存》］

王建常 字铭勋。清代河南长葛县杜庄人。精医术，凡跌打损伤、风寒拘挛等症，著手即愈。［见：《长葛县志》］

王建裕 （1749～？） 清代四川大竹县人。业儒不遇，以医术济世。道光二年（1822）已七十四岁高龄，仍精神焕然，终日应诊不倦。［见：《大竹县志》］

王承业 明代崇明县（今属上海）人。少时游江湖，遇一日本人，业精骨科，论述甚明。承业不惜金帛，厚待之，追随数年，尽得其传。后以医为业，治病无不效验。与顾东甫合著《接骨入骱全书》一卷，今有抄本存世。［见：《江苏历代医人志》、《中医图书联合目录》］

王承学 明代宜兴县（今属江苏）人。精于医术，曾任太医院御医。［见：《增修宜兴县旧志》］

王承烈 清代浙江海宁县人。名医王士雄侄。曾批注王士雄《霍乱论》。［见：《霍乱论》］

王承绪 字月怀。明末娄县（今上海松江）人。邑名医王一鹏门人。谨慎好学，读医书无一日辍，故技益精进。有陈氏子患痘，兼脾泄如筒。医书称"泄泻如筒者不治"，承绪则曰："如筒不治，谓久而虚者。今痘方作，但以谷养其胃气，当无伤。"遂进以粥，泄旋止，服药而愈。郡中以幼科见称者有秦昌遇、曹叔明，而承绪尤多奇效。子王心月，传承父业。［见：《娄县志》］

王承谟 清代播州（今贵州遵义）人。生平未详。著有《大生集成》六卷，刊于世。［见：《贩书偶记续编》］

王贯芬 字钦周，号勉清。清末江苏南汇县人。精外科，治病不受酬。［见：《南汇县续志》］

王绎堂 清代人。生平里居未详。与名医赵学敏同时。著有《药物论说》，今未见。［见：《本草纲目拾遗》］

王绍方 清代湖北沔阳县人。九代业医，至绍方益精，善治鼓证，全活甚众。有医德，救人不望报，屡却酬金，为里人所敬重。著有《简易良方》一书，未梓。［见：《沔阳县志》］

王绍征 字镜三，号少堂。清代浙江海宁州人。贡生王元地子。著有《外科图说》、《青箱堂医案》二书，均未见流传。［见：《海宁州志稿》］

王绍武 清代浙江海宁县人。名医王士雄侄。曾批注士雄所著《霍乱论》。［见：《霍乱论》］

王绍南 字绣谷。明代江西南昌县人。生平未详。通医理。曾与太医院医官王大德合著《百病回春要紧真方》（又题《百病总览紧要真方》、《百发百中万病回春紧要真方》）七卷，刊刻于世。该书为通俗医学入门读物，国内未见，今日本尚存万历间（1573～1619）刻本。［见：《中国医籍考》、《日本现存中国散逸古医籍》］

王绍浚 清代江苏句容县人。擅书法，尤精医学。立方不泥古法，治病多良效，名著四方，延请者无虚日。［见：《续纂句容县志》］

王经纶 清代湖北黄梅县人。性淳朴。精岐黄术，治病善用姜、桂。［见：《黄梅县志》］

王春阳 明代陕西泾阳县人。学医有解悟，诊脉用药，为时医所不及。［见：《泾阳县志》］

王春园 清代江苏常熟人，世居东乡梅李镇。精医术，知名于时。子王小园、孙王若山、王君勤，均为当地名医。［见：《吴中名医录》］

王春弟 字蓉及，号云峰。清代山西榆次县人。性聪颖，读书目数行下，文笔、诗赋俱佳。中年多病，究心医学。著有《脉诀浅论》，今未见。［见：《榆次县志》］

王春芳 清代四川南川县鸣玉乡侯家坝人。原为武生，得良师指授，遂精医术。性高洁，好济危解困，不以医谋利。［见：《南川县志稿》］

王春榜 清代安徽婺源县清源人。名医王炳照子。传承家学，以医著称。子王联甲，亦精医术。［见：《婺源县志》］

王玷桂 字桂舟。清代人。生平里居未详。知医，曾辑《不药良方续集》十卷，刊于乾隆四十八年（1783）。［见：《中医图书联合目录》］

王政纯 字元化。清代江苏通州（今南通）人。工医术，治疾不计值，有所得，悉散济贫乏。年九十一岁卒。[见：《通州府志》]

王甚美 字怀楚。明代安徽萧县人。弱冠补弟子员，值母病，遂精研医理。晚年喜静修，讲求栖神导气之术。曾手订医书二卷，今未见。[见：《萧县志》]

王荆玉 号思斋。元代人。里居未详。曾任济南医学教授，三年后应召入京。刘敏中作诗相送，诗曰："四海思斋老，三年历下城。官联颇闲冷，技术自神明。推毂当途事，征东此日荣。即看宣室见，端不负平生。"[见：《金元医学人物》（引《中庵集》）]

王荣弼 清代湖南湘潭县人。生平未详。著有《考定华氏五禽戏图》一卷，今未见。[见：《湘潭县志》]

王荫之 清代江苏元和县人。生平未详。通医理，编《补拙集方歌》三卷，未见流传。[见：《吴县志》]

王荫陵 字本高。清代安徽婺源县下山坦人。精外科及针灸术。一儒生暑月发结喉痈疽，咽喉肿塞，王氏施以针法，数日即愈；又有患项痈者，独用灸法，半月获痊；江西布商某，发走马牙疳，牙根腐臭，已变黑色，饮食不下者数日。延请荫陵诊视，三服而疾若失。其神妙皆类此。辑有《手录方》，未梓。[见：《婺源县志》]

王荫普 清代河北正定县人。精医术。治病多以意会，无不奏奇效。[见：《正定县志》]

王南山 近代人。生平里居未详。曾翻译日本长泽道寿所撰《东洋汉方要诀》三卷（中山三柳新增本），刊刻于1935年。[见：《中医图书联合目录》]

王南野 明代吴江县（今属江苏）人。生平未详。为当时名医，与孙一奎同时。[见：《孙文垣医案》]

王南畴 清代江苏元和县人。生平未详。撰有《寓意俟裁》（又作《养心庐医案》）四卷，未见流传。[见：《吴县志·艺文考四·元和县》]

王树桐 字凤鸣。清代河南淮阳县人。邑名医王逢之子。继承父业，临证能预决吉凶。[见：《淮阳县志》]

王树梯 清代河南淮阳县人。邑喉科名医王允芝长子。继承父业，亦以喉科知名。[见：《淮阳县志》]

王树棠① 清代河南淮阳县人。邑喉科名医王允芝四子。继承父业，亦以喉科知名。[见：《淮阳县志》]

王树棠② 清代江苏苏州人。业医。事母至孝。卒于咸丰间（1851～1861）。[见：《苏州府志》]

王树愿 清代山东桓台县人。生平未详。通医理，撰有《针灸揭要》若干卷，未见刊行。[见：《桓台县志略》]

王树德 字启明。清代江苏无锡县人。系出琅琊，为王羲之后裔，明末辗转徙居无锡张村镇。王树德少孤，早年习举业。有感范文正公"不为良相，当为良医"之语，弃儒习医。初就学于昆山某眼科名医，越数年，尽得其传以归。此后，博览方书，精研脉理方药，术益精进，临证应手取效，江淮南北求治者辐辏其门，诸公卿赠匾额者踵相接。著有《银海精微补遗》，今未见，子王伯荣，克传父学。[见：《无锡县志补遗》]

王拱辰 明代南京（今属江苏）人。祖籍长洲县。宋医师王继先十七世孙。邑名医王彦英次子。传承家学，亦通医术。子王经，医名尤盛。[见：《中国历代名医碑传集》（引顾清《艾坡王先生墓表》）]

王思中 字建甫。明代吴江县（今属江苏）人。自少攻医，精于切脉，能洞见病源。临证恒出新意，投药辄效。海盐巨室彭某，其媳方婚而病，烦懑欲绝，诸医莫知所为。思中诊视毕，令尽去帷幔、窗棂、房中杂器，以蟹脐炙脆，研入药中，服之顿愈。询其故，答曰："此乃中漆毒耳。"同邑周氏患发热咳嗽，医者以阴虚内伤治之，病益剧。思中诊之曰："此谓悬饮，乃郁气所致。气不升降则汤液停积，渐成饮囊。法当开郁行气以消之。"用荷叶蒂七枚入药，一服而鼾睡，数日平复。盐院某行部至常州，病膈证不起，诸太医群集，皆技穷。思中至，断曰："此是关而非膈，可治也。"乃以半夏曲一两为君，制剂与服，不半月而动履如常。其奇验类此者甚多，一时推为和、缓。万历间（1573～1619），授太医院吏目。天启间（1621～1627）卒，年七十三岁。[见：《吴江县志》]

王思和 北宋人。生平里居未详。业医。元符间（1098～1100），某宗人罹疾，逾年不愈，谒医于王思和。思和具脉状云："病因惊恐，肝脏为邪。其病时头眩，瘈疭搐掣，心胸伏涎，久之则害脾气。要当平肝气使归经，则脾不受克。以热药治之则风愈甚，以冷药治之则气已虚，今用中和温药，抑肝补脾，渐可安愈。"使服薯蓣丸、续断丸及独活散，一月而愈。[见：《普济本事方》]

王思忠 明代山西介休县人。精医术，曾任太医院吏目。县令史公之父突患目疾而盲，王氏应邀诊治，三日而愈。[见：《介休县志》]

王思顺 清代陕西淳化县人。慷慨好义，业精岐黄，善治顽疾。[见：《淳化县志》]

王思泰 字畏三。清代辽宁锦西县王家屯人。精研医理，别具心得，立方不拘汤头，随证加减，多奇效。道光间（1821～1850）任太医院八品吏目。著有《伤寒试验录》，今未见。孙王凤仪，亦以医术闻名乡里。[见：《锦西县志》]

王思简 清代山东章丘县人。进士王忻孙。笃学敦行，兼通医理，尤精痘科。有医德，遇贫病每拯恤之；人有馈遗，一无所受。年八十三岁卒。子孙以读书世其家。[见：《济南府志》、《章邱县志》]

王思灈 清代浙江海盐县人。精医术，知名于时。子王以坤，传承父业。[见：《海盐县志》]

王映离 清代河南许昌人。邑名医王廷珍曾孙，王瑞麟子。奉祖上遗方施济，后亦业医。[见：《许昌县志》]

王显文 清代安徽定远县岱山人。乐善好施，精通医术，尤擅治痧痘，临证应手奏效，名重于时。[见：《定远县志》]

王显璠 字远音。清代安徽黟县郭隅人。附贡生王苞子。早年习儒，为监生。精医学，治病谨慎，处方多效，活人甚众。与叶绍涛、李体仁、吴百祥有四大名家之称。曾国藩（1811～1872）重王氏之术，赠以"山中宰相"匾额，谢不敢当。知县徐正琳赠"功同良相"匾，悬所居室，同治间（1862～1874）尚存。年八十岁卒。子王树，亦精医道。[见：《黟县三志》]

王显曾 清代江苏金山县人。精医术，屡起危疾。著有《本草纲目辑要》、《济生堂医案》二书，未见流传。次子王淮，继承父业。[见：《江苏历代医人志》]

王星枢 清代陕西扶风县训义里人。儒医王建中子。传承父学，亦精医道。[见《扶风县乡土志》]

王星堂 清代江苏南汇县人。精医术，有名乡里。弟王亮撰，声名尤显。[见《南汇县志》]

王贵和 元代医官。生平里居未详。翰林学士王恽之子患腹疾，王贵和与医官金立夫治之，获良效，王恽赋诗赞之。[见：《金元医学人物》（引《秋涧先生大全文集》）]

王钟岳 清代江苏江阴县人。名医叶桂（1666～1745）门生。精通医道，为乾隆间（1736～1795）江阴名医。著有《医案》，未梓。姜成之辑《龙砂八家医案》，收入王氏医案十五则。门生孙靖游，从学三年，深得其秘。[见：《珍本医书集成·龙砂八家医案》、《中医图书联合目录》]

王钦祖 清代安徽望江县人。精医术，有名乡里。年八十余卒。[见：《望江县志》]

王香泉 清代四川南川县石牛溪人。邑名医王彝庆胞弟。王香泉亦通医学，知名乡里。[见：《南川县志》]

王秋舫 （?～1946） 近代江苏太仓县人，居西郊姚泾岸。世医王理三次子。其家世代业医，至秋舫已传九代。秋舫继承祖业，亦以医名，迁昆山千墩镇开业。兄王彩臣早故，侄王济苍、王济民，尽得秋舫之传，皆为吴中名医。[见：《吴中名医录》]

王复初 元明间苏州（今属江苏）人。业医，术精而名不播。高启叹曰："有美誉而无实用，有实用而不得大闻于时者，天下之事多矣！"遂撰《赠王医师序》，以彰其名。[见：《金元医学人物》（引《凫藻集》）]

王修龄 字肖苏。清代江苏青浦县人。道、咸间（1821～1861）在世。廪贡生。隐于医，悬壶浦东，有声于时。[见：《青浦县志》、《青浦县续志》]

王修德 字宏泉。明代浙江仁和县人。痘科名医王少泉孙。得祖父之传，亦精痘科，早殁。弟王仍奕，以医术知名。[见：《浙江通志》]

王禹九 明代人。生平里居未详。为吴县名医张倬门生。[见：《张氏医通》]

王禹功 清代安徽歙县叶岔人。精医学。同、光间（1862～1908），寓居秣陵，颇有声望。[见：《歙县志》]

王禹道 字冰岩。明代浙江分水县人。事继母以孝闻。自幼好学，弱冠精举业，经史子集无不通晓，擅书法，得怀素笔意。中年患疾，遂穷心岐黄家言，通医道，远近知其名。著有《惠济仙方》（又作《惠济良方》）等书，未见

流传。[见：《分水县志》]

王俟绂 号燮堂。清代湖北黄安县人。精医学，活人无算。著有《灵枢得要》，今未见。子王兰，继承父志，亦善医。[见：《湖北通志》]

王衍之 字宁野。明代浙江嘉兴府人。少年丧母，事继母至孝。博洽群书，宏通仙释，尤擅书法。壮岁精医术，治疾有奇效。尤擅书法，名寺匾额，多其手笔。天启间（1621～1627），卒于武康山中。[见：《嘉兴府志》]

王衍霖 清代山东惠民县人。生平未详。辑有《香草园古方医鉴》，未见刊行。[见：《续修惠民县志稿》]

王受田 清代江苏长洲县人。精医术。门生陈标，以儿科知名。[见：《吴县志》]

王受福 字介膺。清代江苏川沙县人。世医王若孙子。继承家学，医道高明，远近争致之。辑有《医范》八卷，未见传世。子王芹生，亦称良医。[见：《川沙县志》]

王亮揆 清代江苏南汇县人。与兄王星堂俱精医术，而亮揆声名尤著。[见：《南汇县志》]

王庭桂 字芳侯。清代浙江钱塘县人。清代初叶，名医张志聪集合钱塘诸医，讲学、著书于侣山堂，王庭桂参予其事。自康熙二年至十一年（1663～1672），张志聪撰《伤寒论宗印》、《黄帝内经灵枢集注》、《黄帝内经素问集注》等书，王氏任校订事。[见：《伤寒论宗印》、《黄帝内经灵枢集注》、《黄帝内经素问集注》]

王彦伯 唐代荆州人。为道士。善医，尤精脉理，断人死生，百不差一。尚书裴胄之子暴疾，众医束手。裴慕名而迎彦伯。彦伯脉之，良久曰："都无疾。"乃煮散数味，入口而愈。裴问其故，彦伯答曰："中无鳃鲤鱼毒也。"其子确因食脍而病者。贞元间（785～804），王彦伯医名极盛，徙居长安太平里，时称王供奉，恃术而骄，寻常辈难得一见。渭南县丞卢佩，性笃孝，因母病，弃官寓居长安长乐里，日往彦伯家祈请，欲竭家产以治母疾。如是半年，彦伯始许某日平旦出诊。是日，卢佩候望于门，自凌晨至日落，彦伯竟未至，卢母后得"白衣妇人"诊治而愈。王彦伯技艺虽精，因无医德，为史家所不齿。[见：《酉阳杂俎》、《太平广记》、《历代名医蒙求》]

王彦若 北宋人。生平里居未详。精医术，以眼科知名朝野。为参知政事张方平

（1007～1091）门下医。苏轼赋诗赞之，曰：针头如麦芒，气出如车轴。间关络脉中，性命寄毛粟。而况清净眼，内景含天烛。琉璃贮沆瀣，轻脆不任触。而子于其间，来往施锋镞。笑谈纷自若，观者颈为缩。运针如运斤，去翳如拆屋。常疑子善幻，他技杂符祝。子言我有道，此理君未瞩。形骸一尘垢，贵贱两草木。世人方重外，妄见瓦与玉。而我初不知，刺眼如刺肉。君看目与翳，是翳要非目。目翳苟二物，易分如麦菽。宁闻老农夫，去草更伤谷？鼻端有余地，肝胆分楚蜀。吾于五轮间，荡荡见空曲。如行九轨道，并驱无击毂。空花谁开落，明月自朏朒。请问乐全堂，忘年老尊宿。[见：《能改斋漫录》、《古今图书集成·医部全录》、《中国历代医家传录》（引《渊鉴类函》等）]

王彦英 明代南京（今属江苏）人。祖籍长洲县。宋医师王继先十六世孙。太医院医士王兰睆子。传承家学，亦通医术。子王文胜、王拱辰，传承其术。[见：《中国历代名医碑传集》（引顾清《艾坡王先生墓表》）]

王彦宝 元代人。生平里居未详。曾任太医，与名医罗天益同时。[见：《卫生宝鉴》]

王彦泽 元代河北河间人。世医王宗长子。继承家学，亦精医术。曾任中山府（今河北定州）医学正，迁晋州（今河北晋县）医学教授。后至元六年（1340），苏天爵由扬州入京，至河间患疾，王彦泽曾为其诊治。弟彦直、彦修，生平未详，当亦明医理。[见：《金元医学人物》（引《滋溪文稿·元故河间路医学教授王府君墓表》）]

王彦昭 字文仲。明代武进县（今属江苏）人。父王思明，侍文皇于潜邸。时彦昭犹未冠，尝被召，应对如成人，文皇奇之，命从太医院使戴思恭学医。彦昭既得良师，久之贯通医理，以辨证精慎著称。后任太医院御医，戴思恭制帝所用药，彦昭必与焉。帝欲验其精良，凡藩府、旧臣患疾，必遣彦昭诊视。太子少师姚广孝患头风，他医莫能疗，饮彦昭药辄愈。或问之，答曰："病得之当风而坐，清其头可也。"陈都督病伤寒，表证未解，彦昭汗之，疾愈。王郎中弟亦患伤寒，脉沉而实，彦昭曰："法当下。"他医以汗法治之，药下而亡；刘金宪自湘湖来，有疾。彦昭诊之，私语其兄曰："病在死法中，不出月矣。治疗莫愈。"后果如其言。彦昭尝从太监朱兴、尚宝少卿朱珍分领铜符，司城门启闭。又从

帝出入军中，克著功绩，事定，欲官之，以母老辞，乞终养归。[见：《武进县志》]

王恒其 〈女〉 字贞德。清代江苏嘉定县人。儒医王珠长女。传承父学，亦精医理。著有《女科纂要》三卷，未见梓行。[见：《嘉定县志》]

王恒荣 清代江苏上海县新桥人。其祖父好施药济人，其父善针灸术。恒荣尝居天马山，遇异人授以针法，治病无不效验。性耿介，不受馈赠，虽厚聘不往。村畔有荷潭，求治者舣舟常满。[见：《上海县志》]

王闿运 (1833～1916) 初名开运，字纫秋，一字壬秋、任秋，晚年更名壬甫，号湘绮。清末湖南湘潭县人。咸丰七年（1857）举人。善词章，好著述，以文学游于名公巨卿之门。辑有《神农本草》三卷，附《本说》一卷，刊于光绪二十一年（1895）。此书主要辑自《证类本草》，因作者非医家，故影响不大。[见：《中医图书联合目录》、《现存本草书录》、《近三百年人物年谱知见录》]

王炳苏 清代江西萍乡县人。精通医术，多所全活，为乾隆间（1736～1795）当地名医。[见：《昭萍志略》]

王炳照 字彦文。清代安徽婺源县清源人。儒医王桂元次子。岁贡生。自幼嗜学，凡六经、诸子无不探其蕴奥，为文有大家之风。尤精医学，兼通命相。著有《命理脉诀》数卷，又旁批四书、《易经》等，皆散佚。子王春榜，孙王联甲，皆传家学。[见：《婺源县志》]

王美仁 字元仲。清代人。生平里居未详。与僧心禅同学于李梦舟。曾编校心禅所著《一得集》（针灸书）。[见：《珍本医书集成·一得集》]

王美秀 字心甫，号元仲。清代浙江鄞县人。生平未详。著有《寸心知医案》，今未见。[见：《鄞县通志》]

王举正 字伯仲。北宋镇定（今河北正定）人。御史中丞王化基子。幼嗜学，以荫补秘书省校书郎。进士及第，累迁尚书度支员外郎，集贤校理，擢知制诰。庆历元年（1041）超拜右谏议大夫，参知政事。庆历三年（1043）罢为资政殿学士，知许州。皇祐（1049～1053）初，拜御史中丞，迁观文殿学士礼部尚书，兼翰林侍读学士。以太子少傅致仕。卒，赠太子太保，谥"安简"。文章雅厚，如其为人，著有《平山集》、《中书制集》、《内制集》。宋仁宗天圣四年（1026）十月，诏集贤校理晁宗悫、王举正校定《黄帝内经素问》、《难经》、《诸病源候论》。次年四月，命国子监摹印颁行。[见：《宋史·王化基传（子举正）》、《中国人名大辞典》、《玉海·卷六十三》]

王洛涵 清代河南洧川县人。早年习儒，为庠生。通医术，善治痘疹。[见：《洧川县志》]

王济安 清末四川合州（今合川县）人。受业于同邑名医朱正立，传承师学，亦以医术知名。[见：《合川县志》]

王济时 清代江苏无锡县梁溪人。精医理，知名于时。同邑杨宗洛，得其指授，术益精进。[见：《宜兴荆溪县新志》]

王济堂 清代江苏昆山县南星渎人。早年从外舅（即岳父）菉葭浜陈氏习医，技成，悬壶于乡。治病法度严谨，用药中肯。所辑《医案》卷帙浩繁，今仅存光绪间（1875～1908）所记二十册（未梓）。子王大通，孙王兆珍、王兆琛，皆传承祖业。[见：《昆山王氏对外感热病的学术经验》（《上海中医药杂志》1962年11月号）]

王宫槐 清代陕西同州人。生平未详。著有《专门妇科》，今未见。[见：《同州府续志》]

王祖仁 号殿阶。清代江西上饶县人。登仕郎王德良之父。王祖仁性端方，嗜于医学，专擅针灸。为人治病未尝索谢，每岁以丸散膏丹济人，全活甚多，郡中称"叔和复生"。年五十一岁卒。著有《内外科治验方书》若干卷，因缺资，不能刊印，后毁于兵燹，医家惜之。[见：《上饶县志》]

王祖光 清代江苏青浦县人。著有《伤寒类经》，约成书于光绪二十年（1894），未梓，今存稿本。[见：《青浦县志》、《中医图书联合目录》]

王祖庆 字赓云。清代江苏吴县人。初为疡医，继执内科。曾问业于名医马文植（1819～1897）。后以异途登仕，署广东罗肇观察使。其部分医案见于《七家会诊越阶方案》。[见：《江苏历代医人志》]

王祖荫 清代人。生平里居未详。著《检验考证》二卷，成书于光绪二十五年（1899），今存。[见：《中医图书联合目录》]

王祖源 清代人。生平里居未详。曾于光绪七年（1881）校刻潘霨《内功图说》。[见：《中医图书联合目录》]

王祚达 清代四川叙永县人。以医为业，活人无算。太平天国石达开率部经叙永，祚达曾为义军疗疾。光绪丙子（1876），年八十有奇，尚耳聪目明，能为人疗疾。[见：《叙永县志》]

王祚昌 字平川。清代浙江嘉兴县人。生平未详。曾于康熙甲子（1684）参订萧埙《女科经纶》。[见：《女科经纶》]

王诵愚 近代江苏川沙县（今属上海）人。居唐家花园。世以针灸、疯科著称。王诵愚得父王秀园传授，精内外两科，尤擅针灸。执医以来，屡起危疴，知名于时。有医德，凡重症求诊，常经宿不离患者，随证治疗，亲为合药。遇贫病之家，不计诊金，时以药赠之。子王水田、王雨田，孙王子和，门人杨永璇，皆传其学。[见：《王诵愚先生学术简介》（《上海中医药杂志》1962年7月号）]

王勇源 清代陕西韩城县人。名医王宸亮子。传承父业，亦精医术，尤擅治伤寒。有医德，未尝妄取人财。[见：《韩城县续志》]

王泰二 清代山西阳城县人。邑名医王好生次子。绍承父业，尤精脉理。其兄王师二，客死陵川，泰二嫁其孤女，并代偿遗债。[见：《山西通志》]

王泰林 （1798～1862）　字旭高，一作旭皋，晚号退思居士。清代江苏无锡县西门外坝桥人。其舅父高秉钧，以疡科知名江浙。泰林少习举业，博通经史。应试不第，遂绝意仕途，随舅父学医，尽得其传。初以疡科问世，后求治者日众，遂兼治内科，无不应手奏效，竟以内科享誉于时。不以师传为满足，毕生博览医籍，广采众说，上自轩岐，下迄当代，无不精心贯穿。于古方则研求古训，推崇仲景之学；于后人则博取徐大椿、葛乾孙、王子接、喻昌、薛雪、柯琴众名家之长，分别疑似，融会贯通。临证审慎，每遇疑难病症，沉思久之，始为疏方。厥后或效或否，或贫病无力复诊者，必随访之，以竟厥功，故所存方案稳妥透彻，无模糊虚泛之谈。同治元年八月卒，享年六十五。著有《西溪书屋夜话录》、《医方歌诀串解》、《环溪草堂医案》（又作《退思斋医案》）、《医学入门》（又作《医学刍言》）、《选方约注》、《伤寒一百一十三方歌诀》等书，在世时均刊行。未刊者有《温疫论歌诀》、《温疫明辨歌诀》、《十药神书歌诀》、《外科证治秘要》等。从学弟子甚众，每年以十数计。卒后，门人方仁渊录其医案，辑《王旭高临证医案》四卷，刊于世。后同里陆锦燧、周镇等又搜其遗论，编《王旭高医书六种》，亦梓行。[见：《遂初轩医话》、《王旭高医书六种·序》、《评选环溪草堂医案·序》、《吴中名医录》、《中国历代医史》、《中医年鉴》（1983）]

王起云 明代人。生平里居未详。得名医沈虚明之传，精通医术，知名于时。门生朱惠明，得其传授。[见：《中国医籍考》]

王起凤 清代河北肥乡县人。精医术，活人甚众。[见：《肥乡县志》]

王恭甫 清末四川内江县人。精通医道，有名乡里。四川名医吴显宗，为其门生。[见：《回忆吴梓仙老师》（《山东中医学院学报》1982年第3期）]

王莘农 字聘之。清代江苏甘泉县人。善用大黄治病，人称"王大黄"。著有《医学一贯》一卷，刊于同治十二年（1873）。还著有《温病辨证》，今未见。[见：《中医图书联合目录》、《江苏历代医人志》]

王晋夫 清代浙江杭州人。生平未详。辑有《医方易简集》九卷。今存咸丰二年（1852）王氏自刻本。[见：《中医图书联合目录》]

王晋发 北宋淮南人。生平里居未详。以医知名。子王沂，曾任高邮军医博。[见：《王安石全集》]

王晋封 清代山东历城县人。名医王允中子。得父传授，亦以医术知名。子王静斋，克继家学。[见：《历城县志》]

王桂元 字邓林，号乔轩。清代安徽婺源县清源人。幼习举业，十二岁丧父，未冠入泮，旋食饩。因不利于乡闱，乃潜心《内经》，通明其奥。善诊断，决病者生死如烛照，活人甚众。尤精易理，凡《河洛》、《参同契》诸书，无不洞悉精蕴。道光乙酉（1825）与修邑志，多所参证。著有《乔轩文集》四卷、《内经探微》二卷，未见梓行。次子王炳照，孙王春榜，曾孙王联甲，均精医术。[见：《婺源县志》]

王桂青 字林一。清代河南卢氏县人。早年读书，至范仲淹"不为良相，当为良医"之语，默有所契，遂精研方脉，后以医知名。子王谦益，侄王应林，皆传其术。[见：《卢氏县志》]

王桂林 字小山。清代四川巴县人。生平未详。著有《桂林医鉴》九卷，刊于世。[见：《中医图书联合目录》]

王桂堂 明代人。生平里居未详。辑有《重校窦太师疮疡经验全书》，今存三衢大酉

堂刻本。[见:《浙江图书馆保存类书目》]

王烈光 一名喜灼,字子云。清代四川简阳县人。自幼学儒,以教塾为业。壮年留心医学,内、外科皆精,叩门求治者日不暇接。有医德,遇贫病赠以药,全活无算。年七十余卒。[见:《简阳县续志》]

王振纲 清代山东新城县人。业儒而通医,知名于时。门生樊恕,于儒医两道,均得其传授。[见:《霸县新志》]

王振南 字离侯。清代山东阳信县人。邑名医王作需曾孙。年十九岁嗣于叔父王统,而奉养生父母至孝。传承祖业,以善医著称。[见:《阳信县志》]

王振秩 字慎五,号叙斋。清代广西灌阳县江口人。秉性正直,乐善好施。凡宗族中贫乏者,至除夕酌量分济钱谷。异乡人有丧亡不能归者,购地于枫山之侧,任其埋葬。县西有芹菜桥,王氏独力修葺,颇便行人。尤精医道,常曰:"良医可比良相。"故以术济世,全活甚众。著有《医案秘要》三卷,今未见。[见:《灌阳县志》]

王恩溥 清代山东莱阳县柏林庄人。自幼业儒,屡试不中,弃而习医。长于小儿科,亦善针灸。著有《保赤秘录》行世,后人遵用之,多奏良效,今未见。[见:《莱阳县志》]

王秘中 清代河南鹿邑县人。监生。考取州同。工诗文,旁通岐黄之术,活人甚众。著有《蚓窍吟》二卷、《医诀》四卷,未梓。[见:《鹿邑县志》]

王爱溪 明代湖北钟祥县人。精医术,兼擅内、外两科,名噪于时。尝考究医籍中所录丹方,谓神仙可学,乃制药服食,兼清静寡欲,年八十五岁尚轻健如常。[见:《钟祥县志》]

王卿月 字清叔。南宋临海县(今浙江临海)人。博学多艺能。初中乾道二年(1166)武进士,复登五年(1169)文进士,官太府卿。著有《产宝诸方》一卷,今存。按,此书卷端不著撰人名氏,因前有王卿月序,故《台州经籍志》著录为王氏书,待考。[见:《四部总录医药编》、《中医图书联合目录》]

王逢之 字奇遇。清代河南淮阳县人。精医术,专擅喉科,屡著奇效。子王树桐,传承父业。[见:《淮阳县志》]

王逢圣 字汝明,号树民。清初江苏长洲县唯亭人。世医王用德长子。早年习儒,为庠生。继父志习医,精其术。弟王逢年,堂兄

弟王峋,亦工医。[见:《元和唯亭志》]

王逢年 字汝丰,号茂林。清初江苏长洲县唯亭人。世医王用德次子。与兄王逢圣、堂兄王峋,俱精医术。[见:《元和唯亭志》]

王效成 字子颐,号雪腴。清代安徽盱眙县(今属江苏)人。生于乾、嘉间(1736~1820)。自幼读书,留心当世之务。弱冠以辞赋受知于学使,武进李兆洛、山阳鲁一同,皆为其诗文所倾倒。然诗文非其所好,志在"穷极天人之故,阴阳百汇之变,以挽季俗而救敝世"。尝谓:"古之学者,首重乎志,志非徒'心之所'之谓也。立之一时谓之意,注之一事谓之念,要之终身谓之志,不终身不可言志也。"兼工医术,不泥古方,而应手辄效。年五十余卒。著有《难经释》,未能传世。医书外尚有《伊蒿室文集》、《轩霞词》等,行于世。[见:《盱眙县志稿》]

王海旸 清代浙江定海县人。生平未详。著有《王海旸痘书》(又作《海旸痘纪》)三卷,今存稿本。[见:《中医图书联合目录》]

王海涛 清代江苏无锡县人。名医过铸弟子。性敏好学,治对口、发背诸大证,百无一失。遇奇难之病,每能独出心裁。[见:《江苏历代医人志》]

王润吉 清代顺天(今北京)人。精医术,尤擅儿科。行医云、贵、川等地数十年,搜集民间单、验方甚多。后返故里,因自配成药价廉效速,就诊者甚众,有小儿王之誉。[见:《中国历代医家传略》(引《健康报》)]

王宸拊 清代山东桓台县人。生平未详。撰有《批解证治准绳》,未见传世。[见:《桓台志略》]

王宸亮 清代陕西韩城县人。精医术,知名于时。子王勇源,传承父业。[见:《韩城县续志》、《同州志》]

王家楫 字济川。清代江苏盐城县人。好学工医。著有《劝孝歌》。[见:《盐城县志》]

王家槐 字庭树。清代江西铅山县人。精通医术。素怀济世之心,有求即往,兼施丸药。时有彭姓某,子患痘症,命悬旦夕,王氏施药救之而愈。又有张姓者,染时疫三月有余,无力求医,老母又乏饮食,王氏治愈其病,且赠钱米以济之。年八十岁殁。[见:《铅山县志》]

王家猷 清代安徽舒城县人。善小儿医,活婴无算。著有《福幼书》,未梓。子王邦

理，为咸丰间（1851～1861）国学生。[见：《续修舒城县志》]

王家瑞 字玉麟。清代江苏常熟县人。祖上世代业医，至王家瑞亦以医名，兼喜吟咏。有孝名，所得药资悉以奉母。年七十余卒。[见：《常昭合志》、《常昭合志稿》]

王家骝 字一风。清代浙江长兴县南庄人。附贡生。再上春闱不第，即绝意进取，饱读医药之书，遂精岐黄术。不悬壶而病家争相延诊，罔不立应，虽风雪深宵，小舟冲寒，无难色。遇贫困者却其诊酬，遥见窃其蔬菽者，避道行，未尝究诘，有善人之称。年逾六十殁。著有《医方撮要》数十卷，已佚。[见：《续纂浙江通志》]

王家瓒 （1645～1710） 字云林，号缄斋。清初江苏长洲县唯亭人。世医王峋长子。自少力学，工书法，尤精医道。承先人志，不为科举业。性孝友，父遗田数亩，悉让两弟。行医卖药为生，所治多奇效，以外科名满浙中，有神医之誉。时医治病，冀邀厚利，而家瓒以济人为先，不图名利，赴病家之请，急于救焚，无贫富贵贱，视人犹己。父见其心存仁义，遂命历览名城，以成其志，而所至辄效，声望日隆。尝作《祷告药王誓疏》曰："或遇濒危之证，尽心救疗，誓不惜名弃置；或遇轻浅之疾，实时安慰，誓不张惶显功；或病果疑难，学识未到，必详审以待高明，誓不耽延贻误；或遇富贵之家，誓不幸灾揽利；或遇道缙绅，随缘调治，誓不谀媚以沾祖先；或遇贫而无告，随力救济，誓不市恩而沽誉。执一得以误人，昧良心而罔利，均弗为之。"由此可见其诚心济世之一斑。年六十六岁卒。所作《祷告药王誓疏》一文，后由曾孙王丙刊于《吴医汇讲》。子王潆、王文治，均精医术。[见：《吴医汇讲》、《吴县志》]

王祥麟 字子灵。明代河南陈留县人。附贡生。兼通医术，尝制丸散诸药，以济贫病。[见：《陈留县志》]

王继先 （1098～1181） 南宋开封（今河南开封）人。世代业医，其祖上以卖黑虎丹知名，号黑虎王家。王继先传承家学，亦精医术，通脉理，时称王医师。奸黠善佞，建炎（1127～1130）初，以诊视功得幸，历任和安大夫开州团练使、荣州防御使、右武大夫华州观察使。与秦桧叙拜兄弟，表里相援，把持官场，广造第宅，强占民居，夺良家妇女为侍婢，万民皆怨。居官数十年，无能摇之者，子孙皆得高官。太后

有疾，王继先诊视有劳，特命主管翰林医官局。自知恶行昭彰，朝野切齿，乃力辞，求致仕以避人言。未久，授右武大夫、华州观察使，迁昭庆军承宣使，封太原郡开国侯。绍兴二十九年（1159），王氏欲迁节度使，遂令门徒张孝直等校订《证类本草》以献于朝。书成，给事中杨椿沮之，未得升迁。绍兴三十一年辛巳（1161）侍御史杜莘老弹劾王继先十罪，罢官，贬福州，淳熙八年卒。其后世多业医者，明代太医院医士王兰畹，为其十五世孙。按，北宋唐慎微撰《证类本草》（全称《经史证类备急本草》），于大观二年（1108）经艾晟校订，首次刊刻于世（简称《大观本草》）。政和六年（1116）曹孝忠奉敕重校该书，更名《政和新修经史证类备用本草》（简称《政和本草》）。绍兴二十九年（1159），王继先令太医局教授高绍功、柴源、张孝直等重加校订，题《绍兴校定经史证类备急本草》（简称《绍兴本草》），重刊于世。此书完帙不存，国内外仅见多种残刻本。1991年有郑金生、杨梅香辑复本印行。[见：《宋史·王继先传》、《宋史·本纪·高宗》、《齐东野语·近世名医》、《绍兴本草》、《中国历代名医碑传集（引《建炎以来系年要录》）》]

王继志 （?～1926） 字士先。近代甘肃靖远县大庙堡人。父王惇（字成裕），为太学生，有义行。王继志生于同治间（1862～1874），少颖异，弱冠赴县试，以第一名入泮。自是文思大进，七赴秋闱，始捷于癸卯（1903）。后以保送举贡，官于陕西。1913年任省议会议员，1918年任金塔县知事。晚年精医，著有《经证经药录》十六卷，未梓。[见：《靖远县新志》]

王继怀 明代陕西鄠县（今陕西户县）人，徙居河南新郑。太医院御医王金子。得父传，亦精医术。嘉靖四十五年（1566），其父获罪，编口外为民，依新郑高文襄居，遂定居焉。[见：《明史·陶仲文传》、《开封府志》]

王继恒 字久堂。清代江苏丹徒县人。邑名医余宝焜门生。深得师传，以医知名，曾考取南洋医士。[见：《丹徒县志摭余·余祚宸传》]

王继统 清代河南长垣县人。早年习儒，为廪生。精医术，知名于时。[见：《长垣县志》]

王继揆 清代北京（?）人。生平未详。著有《鹤年堂丸散汇集》，今存乾隆二十三年戊寅（1758）刊本。[见：《中医图书联合目录》]

王继鼎 (1565~1624) 字绍龙 (一作绍隆)。明末安徽徽州人。徙居浙江仁和县。生于世医之家。少孤失学，每以不传家学为憾。年弱冠，听讲于土桥绍觉禅师，从学三载，悟大乘佛理，心智洞开。嗣后，潜心研究《内经》、《难经》、《本草经》、《伤寒》、《金匮》、《脉经》诸典籍，久之贯通医理。及悬壶问世，察病析源如烛照，名振于时。与名医卢复相往还，卢氏门生甚众，聘请王氏讲授《内经》，卢氏子之颐亦就学。天启甲子卒，享年六十。门人潘楫，尽得其传，为明清间杭州名医。[见：《医灯续焰·潘序》、《仁和县志》、《钱塘县志》、《中国医学大成总目提要》、《中国历代医家传录》]

王继曾 字绍武。清末人。生平里居未详。通医术，曾任太医院候补御医。[见：《太医院志·同寅录》]

王理三 近代江苏太仓县人，居西郊姚泾岸。世医王子渔子。其家世代业医，至理三已传八代，亦精医术，惜年仅二十六岁即亡故。生二子，长王彩臣，次王秋舫，均以医术鸣世。[见：《吴中名医录》]

王培元① 佚其名（字培元）。明代浙江会稽县人。幼颖悟，通诸子百家言。长而有济人之志，潜心于医道，遂以医名世。善治难证，虽良医望而生畏之疾，治则立愈。子王仁龙，亦以医术知名。[见：《会稽县志》]

王培元② (?~1835) 字堃载，号静斋。清代江苏新阳县北乡高田村（今昆山市周市镇种植村）人。先世财富乡里，至培元家道中落。早年习儒，能诗，兼通医理。屡赴童试不取，乃教塾于陈家浜、周墅、庙泾等地，兼以医术自给。性恬淡，与同邑潘道根相友善，常煮茗谈论，竟日不倦。著有《一草庐诗剩》一卷。[见：《昆新两县续修合志》、《昆山历代医家录》]

王培槐 清代浙江黄岩县人。从临海金诚斋习儒。慷慨好施，严于纠过。惜年仅三十六岁即殁。进士戚学标，为之作传。王氏辑有《济世医方》一卷，未见刊行。[见：《黄岩县志》]

王菊泉 清代人。生平里居未详。于同治十年（1871）著《医案心得集》二卷，刊刻于世，今存。[见：《中医图书联合目录》]

王萃祥 字元度，号子善。清代江苏上海县新桥人。明代太医院使王绪后裔。八岁丧父，奉母训读书，为岁贡生。咸丰间（1851~1861）世乱，庐舍尽毁于兵火，而力学不辍。王氏自明代以来世以医名，萃祥读经之余，精研《内经》及历代名医著述，贯通医理。中年绝意仕途，悬壶于三林塘镇，凡诸医束手之证，多能起之，名噪于时。重医德，虽家境清贫，治病不计诊酬，受惠者甚众。年七十余卒。[见：《上海县志》、《上海县续志》]

王乾福 明代砀山县（今属安徽）人，徙居兰封县（今河南兰考）。通医术，洪武十七年（1384）任医学训科。[见：《兰封县志》]

王梦兰 字蕙子，号醒庵主人。明清间浙江仁和县人。通医理，曾搜采秘方，选屡试皆验者，编《秘方集验》二卷，名医张遂辰为之作序，今存康熙四年乙巳（1665）醇祐堂刻本。[见：《杭州府志》、《浙江医籍考》、《北京大学图书馆藏李氏书目》]

王梦吉 字龄长，号斋心。明清间安徽贵池县人。为王化贞（?~1625）门生。王梦吉曾节抄王化贞《普门医品》所载验方，辑《行箧验方》八卷，刊刻于康熙八年（1669）。此书国内未见，今日本尚存。现已由中国中医科学院影印回归。[见：《日本现存中国散逸古医籍》]

王梦祖 字念武，号竹坪。清代陕西城城县人。嘉庆元年（1796）举人。精医道。曾参考《内经》、《难经》、《伤寒论》等近百种医籍，于嘉庆己未（1799）著《伤寒撮要》四卷，刊刻于世，今存。还著有《杂证分类》八卷、《伤寒辨证》若干卷，今未见。孙王鼎，为嘉庆元年进士，亦精医理。[见：《续修陕西通志稿》、《贩书偶记》、《中医大辞典》]

王梦翔 字念伊。清代江苏太仓州人。精医学，能起伤寒急证。著有《内经疏释》、《沤花旧筑医案》等书，均未见刊行。[见：《太仓州志》、《壬癸志稿》]

王梦魁 清代河南巩县人。工医术，擅长儿科，屡著奇效。[见：《巩县志》]

王盛唐 清代四川涪陵县人。生平未详。为名医王锡鑫门生。[见：《存存汇集》]

王捷南 (1779~1853) 字怀佩。清代福建仙游县人。自少力学，嘉庆甲子（1804）举于乡，七上公车不第，授国子监学正。湛深经术，旁及星命、地理诸学，尤善岐黄。咸丰癸丑（1853）永春林俊起义，王捷南集乡勇拒之，兵败被杀，时年七十五岁。好著述，撰有医书《本草经疏》，未梓。[见：《福建通志》]

王辅臣 (1851~?) 近代四川万源县七区人。善医术，尤长于外科。1932年，寿八十二岁尚健在。[见：《万源县志·耆寿》]

四
画

王辅卿 （1870～1952）　现代安徽歙县人。光绪（1875～1908）末贡生。淡于名利，不求仕进。随杭州名医莫尚古游，尽得其传。年三十余，悬壶于衢江之浒，瀫水之滨。以救济为怀，遇贫病施以方药，不取其酬，世人敬重之。撰有《医醇歌括》四卷，今未见。[见：《兰溪市医学史略》]

王辅宸 清末江苏高邮县人。邑名医王芝藻长子。与弟王觐宸，传承父业。[见：《再续高邮州志·王芝藻》]

王常明 字旭初。近代河南偃师县人。曾任太医院候补恩粮。民国间悬壶北平西安门，知名于时。[见：《太医院志·同寅录》]

王常益 （1841～1900）　字稚梅，又字赞甫。清末山东黄县人。王守溥子。性敏捷，喜读书。弱冠入泮，纳贡援例候选训导。善绘画、喜吟咏、工篆刻。披阅其父所遗医书，故善疗疾，尤长于治虚损。用药至慎，为亲族起羸疾，拯危殆，不知凡几。不欲以医得名，治病不受谢，人益高之。光绪庚子（1900），以公事过劳患目疾，六十岁卒。著有《医案》，未见刊行。子王谷，亦工医。[见：《黄县志稿》]

王鄂翔 字心一。清代江苏无锡县人。国子生。少习医，博贯《内经》、《难经》诸书，临证以意变化，所投无不效。有医德，遇贫病资以药饵，不索酬。[见：《无锡金匮县志》]

王崇光 清末四川芦山县人。邑名医王运通三子。崇光幼承庭训，得医学真传。后经营医社，以继父志。[见：《芦山县志》]

王崇志 字慎初。清代浙江海盐县人。生平未详。为名医冯兆张门生。[见：《冯氏锦囊秘录》]

王崇道 号辉寏。明代湖北黄安县人。精医学，决死生无一爽，活人无算，声名远达四邑。著有《伤寒秘诀》，未梓。[见：《黄安县志》]

王敏修 清代河南长葛县人。工医术，曾任医学训科。[见：《许州志》]

王得福 （1236～1315）　字宜之。金元间朔州（今山西朔县）人。其曾祖徙居应州（今山西应县）。金亡，其父王璋携家避乱于阳曲县。王得福少习举业，事亲尽孝。曾患重疾，历久方愈，遂锐意习医。初细读医典，复问业于当地名医和氏，其术渐精。至元（1264～1294）初，行医至中都（今北京），宰相闻其名而召之，命主持中书省医事。官吏魏初患湿症，左股红肿欲裂，得福以针灸愈之。重医德，达官显宦酬以重金，一概谢绝；遇贫困者求治，施以方药，且济以钱米。后升任诸路官医提举，叹曰："吾儒者，竟以医名乎！"遂弃官，构别墅于京城，蓄书数千卷，日以诗文自娱。子王晦，任御药院大使，婿刘寂，任太医。[见：《金元医学人物》]

王彩臣 近代江苏太仓县人，居西郊姚泾岸。世医王理三长子。幼年丧父，及长，亦以医为业。惜早卒。遗子二，长王济苍，次王济民，二子均从叔父王秋舫学医。济苍随叔父开业于千墩，济民设诊于太仓南郊乡。[见：《吴中名医录》]

王象晋 字荩臣，又字三晋，号康宇（一作康宁）。明代山东济南桓台县人。户部侍郎王之垣次子。幼习儒学，万历三十二年（1604）举进士，历任扬州兵备副使、浙江右布政使。王象晋好蓄药饵，喜集医方，自弱冠以来，一切稗官野史、断简残编，见方则录，久之成帙。常以医方授人，多有奇中者，遂略为简汰，名之为《保安堂三补简便验方》，刊于世。此外尚著有《群芳谱·药谱》及《清寤斋心赏编》等书。[见：《简便验方·序》、《中国人名大辞典》、《中医图书联合目录》、《明清进士题名碑录索引》、《山东通志》、《扬州府志》]

王章祖 字叔贞。明代浙江兰溪县人。世医王之英孙。继承家学，亦精医道。就试吏部，考授医官。著有《橘井元珠》若干卷，已佚。子王兆熊，克传家学。[见：《兰溪县志》]

王望文 清代人。生平里居未详。为太平县名医崔默庵门生。[见：《广阳杂记》]

王惟一① （约981～1067）　又名惟德。北宋人。里居未详，为著名针灸学家。曾任太医院翰林医官朝散大夫殿中省尚药奉御。天圣（1023～1031）初，奉诏编修针灸书。天圣四年（1026）辑成《铜人腧穴针灸图经》三卷（今存）。约天圣五至八年（1027～1030），建成针灸图石壁堂（后改为仁济殿），刻《图经》镶于四壁；天圣七年（1029）创制针灸铜人两具，一置医官院，一置大相国寺仁济殿。宋·周密《齐东野语》曰："舅氏章叔恭，尝获试针铜人。全像以精铜为之，腑脏无一不具，其外腧穴则错金，书穴名于旁，凡背、面二器相合，则浑然全身。盖旧都用此以试医者，其法外涂黄蜡，中实以汞，俾医工以分析寸，按穴试针。中穴则针入而汞出，稍差则不可入矣，亦奇巧之器也。"上述二铜人，均已佚失，明代重铸，清末八国联军入京时被掠去，现下落不明。王惟一还校订了《集注八十一难经》、《明堂经》等书，均佚。[见：《宋史·艺文志》、《世善堂藏书目录》、《医藏书目》、《崇文总目辑释》、《医賸》、《四库全书总目提要》、《宋以前医籍考》、《中国历代名医传》、《宋"新铸铜人腧穴针灸图经"残石的发现》(《考古》1972年第6期)]

王惟一② 元代人。生平里居未详。曾任镇江路医学教授。[见：《镇江志·学职》]

王惟梧 清代湖南衡阳县人。贡生王溥子。读书能文，兼精岐黄，临证治疾，应手取效。著有医书，未见流传。[见：《衡阳县志》]

王惇甫 字新吾。清代江苏丹徒县人。生平未详。曾于同治四年(1865)增补丘熺《牛痘新书济世》，重刊于世。[见：《中医图书联合目录》]

王焕英 字有章。清代安徽婺源县中云人。性直好义，多有善举。早年习举业，屡试不中，弃儒从商。家境稍裕，究心医学。曾撰《家庭医略》一卷，以教后人，未见刊行。[见：《婺源县志》]

王焕荣 又名再庭，字尧章。清代江苏江都县人。悬壶于北柳基，以治病审慎著称。[见：《续修江都县续志》]

王焕崧 清末江苏上海县引翔港人。邑名医王森澍子。绍承父学，亦通医理。[见：《伤科补要·跋》]

王焕封 号鱼门。清代江苏上海县人。以医为业。著有《医方切韵续编》，未见刊行。[见：《上海县续志》]

王清任 (1768～1831) 字勋臣。清代直隶玉田(今河北玉田)人。武庠生，纳粟得千总职。性磊落，精岐黄术，名噪京师。注重研究人体脏腑，尝谓："业医诊病，当先明脏腑。"当时医家多重考古，于脏腑之说皆因袭古人，故与人体多不合。王清任未冠时即有志重绘人体脏腑图，苦于无缘亲视人体内脏。嘉庆二年(1797)四月游于滦州稻地镇，值彼处传染瘟疫，小儿十死八九，义冢中破腹露脏之儿日有百余。清任不避污秽，连续十日就群儿之尸细视之，并绘其形态，除横膈膜外，自信均已绘全。为得脏腑全貌，又多次赴市曹，观察受剐刑之犯，终未如愿。道光八年(1828)，清任年已六十一岁，始从江宁布政使恒敬处询得膈膜之形。前后历经四十余年，终于绘成脏腑全图，收入所撰《医林改错》之中。其书不胫而走，对医界震动极大。又曾创制补阳还五汤等方，盛行于世，至今为医家所沿用。[见：《清史稿·王清任传》、《玉田县志》、《医林改错》、《古今名医言行录》、《明季西洋传入之医学》]

王清宇 清代河南长葛县人。工医术，曾任医学训科。[见：《许州志》]

王清源 字馥原。清末浙江山阴县梅溪人。早年习儒，屡试不售，遂习医。取《内经》、《伤寒论》、《金匮要略》三书，晦明诵读，得其奥旨。继而博览王叔和、汪昂、李中梓、张璐、叶桂诸名医之作，又历数年，心领神会，乃以医问世。悬壶数十年，全活甚众。曾集得心应手之方，编《医方简义》六卷，序刊于光绪九年(1883)，今存。门生邵兰荪(1855～1910)、吴汶锦，得其传授。[见：《医方简义·序》、《中国历代医史》、《邵兰荪的生卒年》(《绍兴中医》1981年第2期)]

王鸿宾 字云卿。清代河北景县人。岁贡生。祖传医学，至鸿宾益精，登门求治者踵相接。年届古稀，尚劳碌于车尘马足间。恒云："乐此不为疲也。"著有《诸门应症验方》、《花甲医学进解》等书，未见刊行。兄王云藻，亦工医术；侄王沂清，能世家学。[见：《景县志》]

王鸿骥 字翔鹤。清代四川遂宁县人。幼年多病，读经史之余，究心医籍。久之，精扁鹊、叔和脉法，以医知名，人称遂宁医中巨擘。光绪壬寅(1902)，著成《脉诀采真》三卷、《医书捷钞》七卷、《药物选要》四卷、《内经提要》四卷。宣统二年(1910)游成都，遇名医马世儒，执书稿研讨数月，复加厘正，统名之为《利溥集》，刊于世，今存宣统二年成都闲存斋刻本。王鸿骥门生马心融，传承其术。[见：《利溥集》、《中国丛书综录》]

王淑抃 字元清。明代陕西耀州人。万历丁未(1607)进士，授无极令，历任顺天府知事、户部郎中。因仇党诬陷罢官，归隐林泉。兼通医理，著有《痘疹要诀》、《千金方》等，今未见。[见：《陕西通志》]

王淮瀚 清代四川蓬溪县人。喜吟咏，精医术。年八十六岁卒。[见：《潼川府志》]

王淦林 清代江苏江都县人。精通外科，尤擅治口齿、咽喉诸证，应手奏效，与同邑名医曹学曾齐名。为人诚朴，重医德，遇贫病者不取诊酬，世人称许之。子王茂林，亦以医名。[见：《江都县续志》]

王寅亮 字亮甫。清代江苏嘉定县人。弃儒行医，以良医称于时。[见：《江苏历代

王谔言 清代浙江慈溪县人。诸生。通岐黄术，为咸丰间（1851～1861）当地名医。同时有俞彰信，亦以儒精医。［见：《慈溪县志》］

王维勤 字谷生。近代上海人。博览《内经》、《伤寒》、《金匮》及刘、张、李、朱四大家之书，精于医理。［见：《上海县志》］

王维雍 明代吴县（今江苏苏州）人。以医知名。海盐县贺岳，得其指授。［见：《浙江通志》］

王维德 （1669～1749） 字洪绪，又字林洪，号林屋山人，又号定定子。清代江苏吴县洞庭西山人。其曾祖字若谷，为疡科名医，尝集经试效验之方，汇编成书，以为家宝。维德继承家学，精内、妇、儿诸科，尤擅外科。行医四十年，闻名遐迩。尝谓："痈疽无死症。"认为红痈属阳实之证，白疽为阴虚之证，二者以开腠理为要。凡治初起，以消为贵，以托为畏，尤戒刀针毒药。其说与徐大椿略同，为医者所宗。尝整理祖传秘术及生平经验，著《外科证治全生集》，刊刻于乾隆五年（1740），学者宗之。又嗜占卜术，有《卜筮正宗》行世。［见：《清史稿·王维德传》、《吴县志》、《吴门补乘》、《苏州府志》、《外科证治全生集·序》、《中国医学大成总目提要》、《中国历代名医传》］

王维翰 清代安徽芜湖县人。诸生。精通医术，神明古法，知名于时。子王志仁，孙王道亨，皆传承其业。［见：《重修安徽通志》］

王绶荣 字华簪。清代山东恩县后夏寨人。增生。早年习儒，学问渊博，识见高远，不慕名利。晚年潜心医学，为人诊疾不索诊酬，乡邻德之。著有《医学心法》、《临证指南》二书，藏于家。［见：《重修恩县志》］

王琴伯 （1863～1836） 字羲同。清末江苏昆山县人。精医术，兼擅内外两科。著有《素问节要》、《医要便读》、《寿芝医案》等书，未梓。［见：《吴中名医录》］

王博渊 （1893～1931） 近代江苏常熟县梅李镇人。世医王宗锡子。绍承家学，精于医术，惜壮年而卒。子王天如，得祖、父之传，亦以医名。［见：《吴中名医录》］

王彭泽 字五柳。清代湖北汉阳县人。性豪放，精医术，能起沉疴。悬壶于汉口，不论贫富皆往治，其贫者不责偿。曾东走邗江，西游滇粤，囊中有金则召朋旧酣饮，资罄而罢。平素寓居萧寺，与苦行头陀同饮食。［见：《汉阳县志》］

王彭峰 （1487～1559） 明代人。生平里居未详。精医术，为南京太医院御医。与名医薛己（1487～1559）同时。［见：《外科枢要》］

王敬义 字协中。清代江苏上海县人。从邑名医刘梦金游，得其真传。又聚书数千卷，丹铅不辍，故妙悟医理，尤善治温疫、伤寒诸证。远近求治者骈集，有神医之称。构建"息庐"，莳花种竹，神致潇然。寿九十而终。著有《疫疠溯源》一卷，刊于乾隆间（1736～1795），今存道光二十五年乙丑（1845）思宜堂刻本。还著有《女科提要》、《女科选粹》、《斑疹论》诸书，未见刊行。子王筠，门生方星岩，得其传授。［见：《上海县志》、《贩书偶记续编》、《郑堂读书记》、《冷庐医话》、《中医图书联合目录》］

王敬叔 元明间严陵（今浙江桐庐）人。生于世医之家，精其术。杭州王仲德患风湿，注于两足，病在少阴太阳。时医不辨其症，药屡投而症屡变，转致周身尽痛，状似刚痉，举家惊惶无措。适王敬叔造访，遂为诊治，初施以针灸，继服以汤剂，病得大愈。［见：《金元医学人物》（引《柘轩集·赠世医王敬叔序》）］

王朝用 清代河南封丘县人。业医，精其术，曾官医学训科。［见：《封丘县志》］

王朝昌 宋代人。生平里居未详。著有《新集方》一卷，已佚。［见：《宋史·艺文志》、《崇文总目辑释》］

王朝宪 字叔安。明代安徽无为州人。精医术，治伤寒尤神，能疗奇疾。州人有久病不起者，请芜湖名医殷某治之，殷曰："奈何舍叔安而求我也？"凡朝宪断为不治者，殷亦不复予药。［见：《无为州志》］

王朝请 字畴九。明代浙江太平县人。世代业医，尤工痘疹。王朝请以儒习医，其术益神，论生死不逾时日。曾任太医院吏目。每出，随而延请者塞途，无分贵贱悉为诊治，人皆颂其医德。郡守傅某之女患病，朝请应聘诊治，获奇效，郡守令时医群拜师之。著有《三槐堂秘书》，所记皆应验良方，惜未见刊行。子王允昌，善承父业，亦远近推服。［见：《太平县志》］

王朝弼 字良叔。宋末庐陵（今江西吉水）人。早年习儒，涉猎医书而不欲行医。一日，遇数十人患同病，医者曰："此阴证也，其用某药无疑！"药下，数人亡，而医者犹用前药不变。王朝弼断为阳证，稍更其方，服者皆生。王氏痛惜前者之冤死，遂发愤攻医。久之，无不贯

四画

通，辨证察脉，造神入妙。嗣后，广采良方，编为歌括，著《金匮歌》，文天祥为之作序，惜此书已佚。其子王渊，孙王槐，均以医知名。[见：《中国医籍考》]

王朝嵩 清代人。生平里居未详。辑有《医宗便览风证门》，约成书于光绪三十四年（1908），今有抄本存世。[见：《中医图书联合目录》]

王朝瑚 字禹士，号古心。清代江苏上海县人。生平未详。著有《王古心医案》，今未见。[见：《上海县续志》]

王朝赞 字品良。清代江苏常熟人。居西门朱雀桥畔。少习举业，兼工岐黄，有儒医之称。临证处方多巧思，常于平淡中见神奇。有老年人患疟，诸药无效。朝赞令用燕窝三钱，冰糖三钱，先一日炖起，至次日疟作前一时，加生姜三片，滚三次，将姜取出服之，三剂即愈。王氏存济世之心，每逢夏令，施济自制痧药方，用之极效，索取者不绝于门。[见：《海虞医林丛话》]

王联甲 清代安徽婺源县清源人。世医王春榜子。得家传，亦以医知名。[见：《婺源县志》]

王森澍 字沛寰，号云舟。清代江苏上海县引翔港人。名医钱文彦门生。好读书，有医德，遇贫病送诊施药。道光二十七年（1847）与周锡琮倡立厚仁堂，活人甚多。曾裒集医方，编为诗诀，辑《医方切韵》二卷，刊于咸丰三年（1853），今存。嘉庆十三年（1808），曾参订其师《伤科补要》。子王焕崧，亦通医理。[见：《上海县续志》、《伤科补要》、《医方切韵·跋》、《中医图书联合目录》]

王惠伯 清代江苏昆山县南星泾镇人。世医王福基子。得父传，亦精医术。[见：《昆新两县续补合志》]

王惠昭 清代江苏上海县人。精医术，名冠一时，四方求治者踵相接。[见：《对山医话》]

王雅轩 （1904～1986） 现代山西神池县人。十四岁随父学医，后悬壶问世，知名于时。曾任太原市卫生局副局长、山西省中医研究所副所长、省政协委员、省人大代表、省中医学会理事。毕生致力于中西医结合研究，对急性传染性热病、红斑狼疮等血液病证治有独到见解。从医六十余年，临床经验丰富，为山西省著名中医专家。[见：《中医年鉴》（1987）]

王雅南 字以同。清代江苏睢宁县人。自幼习儒，年弱冠，补博士弟子员。旁通医理，多有发明疏解。[见：《睢宁县志》]

王雅卿 清代人。生平里居未详。名医凌奂（1822～1893）门人。[见：《吴兴凌氏二种》]

王紫芝 明代浙江杭州人。精通医术，知名于时。曾治愈桐乡金天衢之病，金氏师事之，后为名医。[见：《桐乡县志》]

王鼎新 明代河南泌阳县人。万历间（1573～1619）诸生。好奇门遁甲之术，兼擅医学。著有《本草互用参考》、《集验奇方》，均佚。[见：《泌阳县志》]

王景仰 明代浙江孝丰县人。精医术，与吴兴陆士龙同为万历间（1573～1619）名医。[见：《陆氏三世医验》]

王景华 字士翘。清末江苏常熟县人。精医学，尤善喉科。与常熟著名书法家萧中孚相友善（中孚为张聿青弟子，精医而未悬壶）。翁同龢晚年家居，每患疾辄请王氏诊治，手札多齿及之。王氏曾与萧中孚重编杨龙九《囊秘喉书》，刊于光绪二十八年（1902）。其女王启生，适顾氏，亦精医理，以妇科知名。[见：《中国历代医史》、《海虞医林丛话》、《囊秘喉科·序》]

王景和 字调生，号仁斋。明清间江苏吴江县同里人。业儒，明易理，善草书。值明末世乱，无意进取，遂业医，精其术。[见：《苏州府志》、《同里志》]

王景韩 字逊魏。明代福建宁化县人。生平未详。著有《神验医宗舌镜》（简称《舌镜》）三卷，今存明刻本。[见：《中医图书联合目录》、《贩书偶记续编》]

王景朝 清代宁夏府宁朔县（今宁夏永宁）人。名医王有莘孙，王万贤子。早年习儒，为增生。天资过人，善书法。兼精医术，知名于时。[见：《朔方道志》]

王舜年 清代人。生平里居未详。名医张璐门生。[见：《张氏医通》]

王鲁直 清末江苏丹徒县人。早年习儒，中举人，后设塾授徒。兼治岐黄，以医术知名。镇江袁焯、丹徒何叶香，为其入室弟子，均有医名。孙王渭川，从袁、何二人学，为现代名医。[见：《名老中医之路》]

王善继 明代广东澄海县安宁人。精医术，嘉靖间（1522～1566）任医学训科。[见：《澄海县志》]

王普耀 字香岩。清末浙江慈溪县人。归安名医凌奂（1822～1893）门生。悬壶杭州，以擅治温热病著称，与钱塘莫尚古齐名。从游弟子甚多，因诊务过繁，无暇教授，特聘通儒讲授《内》、《难》经义，嗣后，亲授临证诸法。著有《温病学讲义》（为浙江中医专门学校讲义，今存）、《医学体用》三卷（门生沈仲圭辑录，今存）。生前所辑《医案》未梓，后人曾摘选数则，刊于《浙江中医杂志》。[见：《王香岩医案》（《浙江中医杂志》1959年第4期）、《中医图书联合目录》]

王道中① 一作王道冲。宋代人。生平里居未详。著有《石药异名要诀》一卷，已佚。[见：《宋史·艺文志》、《崇文总目辑释》]

王道中② 明代安徽无为州人。通医道，洪武间（1368～1398）医名甚盛，为太医院征选，授医官。其孙王大坤，亦为太医院医官。[见：《无为州志》]

王道立 字卓如。近代河南正阳县闾河店人。清末优贡生，后毕业于直隶法政学校。兼通医理，著有《养生治生救生合论》，今未见。[见：《正阳县志》]

王道合 明代四川人。里居未详。精医术，知名于乡。子王天荫，传承父学，任秦府良医，徙居陕西西安。[见：《中国历代名医碑传集》（引王九思《渼陂续集·明故秦府良医正西林王君墓表》）]

王道兴 清代四川简阳县人。精医术，治病不分贫富，亦不较酬。通养生之道，每诫人勿食肥甘，主以澹泊。[见：《简阳县志》]

王道远 字仁仲。元代人。里居未详。精医术，曾任镇江路医学正。[见：《镇江志·学职》]

王道来 明代人。里居未详。精医术，业妇科。友人郑青山亦业妇科，因遭他医嘲讽而发狂。道来闻讯往探，索已服未服诸方视之，一并毁弃之，曰："此神不守舍之虚证，岂豁痰理气清火药所克效哉？"遂令觅上好人参二两，煎汤服之，顿安，三啜而病若失。后与归脾汤调理而愈。[见：《张氏医通》]

王道亨 清代安徽芜湖县人。邑名医王维翰孙，王志仁子。传承家学，亦以医名。[见：《重修安徽通志》]

王道纯 清代人。生平里居未详。曾续编《本草品汇精要》。又曾整理并注释宋人崔嘉彦《脉诀》，撰《脉诀四言举要》二卷，附刻于《本草品汇精要》之后。[见：《中医图书联合目录》]

王道周 明末浙江湖州人。精通医术。门生董说（一作董先），得其传授。[见：《湖州府志》]

王谦益 清代河南卢氏县人。邑名医王桂青子。继承父学，亦工医术，有起死回生之誉，人呼"上大夫"。堂兄弟王应林亦精医术，与之齐名。[见：《卢氏县志》]

王裕庆 字祉庭。清代湖南湘潭县人。通医术，长于喉科。撰有《白喉辨证》、《疟痢成方》等书，刊行于世。[见：《中医图书联合目录》、《中医大辞典》]

王弼元 字右丞。清代四川叙永县人。精医学，辨证尤重四时六气、表里虚实。尝谓："明晰医理，临证方不致游移无据。"识者称其学有根柢。又擅书法，隶书尤绝。[见：《叙永县志》]

王登甲 清代河南巩县王沟村人。因母病习医，精其术。[见：《巩县志》]

王登和 清代四川大足三驱镇人。幼年习儒，志不在举业。及成年，背父母离家，谋生于叙州（今宜宾），充药肆店伙。时肆中有坐堂医杨某，为当时良医，见登和甚喜，收为门生。从学十六年，师殁，而登和技艺已精，善治奇难之症，名噪于时，四方求治者甚众。王登和排行第四，故时谚云："不怕你有稀奇病，王四爷有古怪方。"足见声名之盛。中年广收门徒，从学者前后四五十人，以方易生最为著名。王登和晚年思乡，遂归故里，仍以诊病课徒为务。年九十余，卒于乡。[见：《重修大足县志》]

王登瑜 清代四川简阳县人。家贫业医，精外科。重医德，治病不因贫富而异视，遇贫病之家延诊，虽寒暑风雨不辞，不计酬报。又常备成药，无论识与不识，凡有病者，皆欣然与之。尝谓："医乃活人济世之道，若存倦厌骄假之心，则非医矣！"[见：《简阳县志》]

王登墀 字子丹。清代河南陕县樊村人。邑庠生。以医术济人，尤精外科。[见：《陕县志》]

王瑞邦 清代江苏通州（今南通）人，寓居如皋县。精医术，擅治痘疹。有医德，遇贫病赠以方药。年八十岁卒。[见：《如皋县志》]

王瑞伯 清代浙江鄞县人。嘉庆、道光间（1796～1850）拳术家，颇负盛名。兼精医术，擅长伤科。尝汇集平日治伤经验，编

《秘授伤科集验良方》一卷，刊刻于世。曹炳章《中国医学大成总目提要》曾著录此书，今未见。甘肃省图书馆藏《接骨秘方》抄本，原题"清王瑞伯撰"，疑即此书。王瑞伯门生慈溪陆士逵，尽得其传。[见：《鄞县通志》、《慈溪县志》、《中国医学大成总目提要》、《中医大辞典》、《中医图书联合目录》]

王瑞辰 字星五。清代山东寿张县人。通医理。著有《伤寒论贯解》，未见流传。[见：《寿张县志》]

王瑞澄 字梦兰。清代浙江吴兴县人。生于太平天国时期（1851～1864）。精医术。著有《医案》一卷，今未见。[见：《吴兴县志》]

王瑞麟① 字呈祥。清代山东昌乐县人。自少颖悟，有才思。早年习儒，久不利于科场，乃潜心学医，擅治痘疹诸症。年八十六岁卒。著有《痘疹管窥》，今未见。[见：《昌乐县续志》]

王瑞麟② 清代河南许州（今许昌）人。名医王廷珍长孙。廷珍临终，嘱瑞麟岁制良药济人。瑞麟遵遗命施济，岁费不止万钱。子王映离，亦通医理。[见：《许昌县志》]

王楚珩 清代江苏上海县法华乡人。邑武生。其祖父王大泰，父王丹荣，均以疡科知名。王楚珩绍承家学，亦业医。[见：《上海县志》、《法华乡志》]

王楞仙 （1859～1908） 原名树荣，号桂官。清末顺天府宛平县（今北京卢沟桥镇）人。光绪十四年（1888）选入升平署为伶官。居京城香炉营头条路南。晚年颇精医理，以外科著称。[见：《清代伶官传》]

王献臣 北宋成都（今四川成都）人。以医为业，知名于时。范镇荐之，应国子四门助教考试。王安石（1021～1086）代拟圣批曰："尔有邦人，为吾近侍，称尔尝学，尤良于医。序试一官，往其祗服。可。"[见：《王安石全集·卷五十五·外制》]

王献廷 清代江苏丹阳县人。以医术知名。曾诊视扬州赵文炳疾，见宜兴医者杨宗洛所立方，曰："此可终身服也。"服之果效。[见：《宜兴荆溪县新志》]

王献琯 清代人。生平里居未详。著有《仙传外方》一卷，今存抄本。[见：《中医图书联合目录》]

王雷庵 明代人。里居未详。精医术，曾任太医院御医。万历辛卯（1591），与王肯堂诊治太史余云衢之伤寒证。[见：《证治准绳》]

王颖藜 字芸书，号乙亭。清代河北交河县人。精医学，有名于时。年七十一岁卒。[见：《交河县志》]

王嵩龄 清代山东福山县人。生平未详。著有《医学四诊大成》四卷，未见流传。[见：《福山县志》]

王锡成 字膺三。清代山东阳信县人。太学生。精医术，尤擅治痘疹，临证多奇效，活婴无算。寿至八十余。[见：《阳信县志》]

王锡铎 字德音。清末河北新城县辘轳把村人。自幼习儒，攻读之暇博览方书，于眼科尤有心悟。行医数十年，声誉隆盛，就医者门庭若市。性慈善，治病不分贵贱，识与不识，必竭力救治。遇鳏寡孤独，贫寒乞丐，则施医赠药，并量力资助其调养。乡人感德，欲公送匾额，坚谢却之。年八十四岁，无疾而终。有子三人，次子王金坡，亦善医。[见：《新城县志》]

王锡骐 字曙堂。清代江苏东台县人。精医术，尤擅痘科。年六十二岁卒。[见：《续纂扬州府志》]

王锡惠 字芸阁。清代浙江镇海县人。精医术，以妇科知名。[见：《镇海县志》]

王锡琛 清代江苏江宁府人。生平未详。辑有《医方验钞》，未见刊行。[见：《江宁府志》]

王锡琳 号涤斋。清代江苏川沙县二十保十六图人。监生。四世精医，至锡琳亦深谙此道，活人甚众。兼工吟咏，善绘墨兰。一生好学，年七十岁犹手不释卷。著有《温病探珠》六卷、《蜗寄居吟草》四卷，今未见。其子王若孙，孙王受福，均以医术知名。[见：《川沙县志》、《川沙厅志》]

王锡鑫 字文选，号席珍子，又号亚拙山人。清代四川万县人。性格沉静，工书法，好读书，有学者风范。惟以博济为怀，立志习医。初从幼科名医觉来先生游，后学痘科于彭宗贤、赵吉华。数年间殚精竭虑，遂以医名。治病不计诊酬，又常自制丸药济人，乡里敬之。著有《医学切要全集六种》（包括《医学切要》、《眼科切要》、《痘科切要》、《外科切要》、《奇方纂要》五书，后附黄为良《医学一统》）、《存存汇集医学易读》（包括《存存汇集》、《针灸便览》、《日月眼科》），皆刊行。子王兰廷，曾校订父书。[见：《医学切要·序》、《存存汇集》、《中医图书联合目录》]

王锡爵 一作王赐爵。字丹宇。明代浙江余杭县人。先世为宋代御医。性温厚而至孝，绍承家学，贯通医理。尝为父祈寿于白岳山，遇老人啸歌独酌，遂与共饮，老人授以秘传医籍。归而习之，医术精进，治病药到病除，名振遐迩。年七十余，无疾匡坐而逝。[见：《余杭县志》、《杭州府志》、《浙江通志》]

王锦文 字拙如。清代江苏南汇县人。习医。曾刊刻《经验方书》若干卷，今未见。[见：《南汇县志》]

王锦堂 清代河南郾城县人。精医术，以眼科著称。自父辈至子侄辈，有五人精医。[见：《郾城县志》]

王锦端 字圃卿。清代江苏嘉定县人。世医王屺望长子。早年习儒，为太学生。继承家学，治时证尤有心得。一人痘疹未发，王氏预言胸前、左颊当先发疹数点，继之右颊发数点。翌日，果如所言。晚年偶患腹泻，自诊脉即知不起，次日卒。弟王苗卿，亦以医名。[见：《嘉定县续志》]

王鹏举 明代广东琼山县人。工医术，著名于时。门生马浚、梁端，皆为名医。[见：《琼山县志》]

王廉甫 清代江苏嘉定县广福乡人。幼科名医王杏园子。绍承父学，亦业医。子王遵路，医名益显。[见：《嘉定县续志》]

王新之 清代江苏元和县人。尝搜罗各藏书家所编书目及各省、府、州、县《艺文志》，辑《历代医学书目》数十册。因身后乏嗣，其稿归于婿家，今未见。[见：《吴县志》]

王新午 (1901~1964) 现代山西汾阳县人。其父王礼庭为汾阳名宿，素尚方术，名著乡里。王新午幼承庭训，诗书之外，尤嗜医学，熟读《内经》、《难经》，旁及诸名医方论，临证以治寒温病见长。素重健身，早年从许禹生学太极拳，又从吴鉴泉学岳氏八翻手。艺成，创建国术促进会于太原，对推动医疗体育多有贡献。1950年，出席第一届全国中医会议。此后，历任西安市中医学会主任委员、西安市中医业余大学校长、西安市中医讲师团团长、西安市中医院医务部主任、陕西省政协委员。著有《岳氏八翻手拳法》、《太极拳法阐宗》、《太极拳法实践》、《西安市中医治疗乙型脑炎记实》、《王新午医案医话》等书，刊刻行世。[见：《著名中医学家的学术经验》]

王韵史 〈女〉 清末江苏昆山县人。王兆蓉女。早年父母双亡，依兄嫂成长。贤淑聪慧，能诗，尤擅医学。年四十余，嫁青浦举人戴承澍（1824~1892）为继室。承澍兼精医理，有医著。光绪十八年（1892）承澍亡，家境清贫，韵史遂业医为生。辑有方书、脉案，未梓。[见：《青浦县志》、《青浦县续志》]

王雍中 清代山东历城县曲家庄人。精医术，望色即知生死，与韩仓村任廷荣齐名。一日，乘车出诊，见一农夫劳作田间，叹曰："死已临头，尚不知耶！"驭者曰："壮夫耳，何能遽死？"雍中曰："归自知之。"及归，不见其人，下车访之，果先一时卒矣，闻者服其神断。[见：《续修历城县志》]

王慎轩 (1900~1984) 现代浙江绍兴人。早年就读于上海中医专门学校，得丁泽周、曹家达、黄体仁诸名家传授。1926年悬壶苏州，并拜于缪康寿门下学妇科。同年创办苏州女科社，1934年改组为苏州国医学校，聘请章太炎、谢观任名誉校长。还于20世纪30年代创办《苏州国医杂志》，并任中央国医馆名誉理事。中华人民共和国成立后，任教于江苏省中医进修学校。约1958年应聘任北京中医学院附属东直门医院中医妇科副主任、北京中医学会妇科分会副主任委员。1964年初退隐苏州，虔心修佛，仍以医济世。著有《胎产病理学》、《女科医学实验录》、《曹颖甫先生医案》、《中医新论汇编》、《妇科辨证实验录》及医学讲义近二十种。子王南山，女王景贤，绍承父学。门生有张又良、陈丹华、周自强、胡念瑜、包增南、傅方珍、朱良春、俞济人、石志岐、王子瑜、李书媛、徐友文、蔡小玲、周耀辉等。[见：《苏州国医杂志》（第7期）、《中医文化谈》、《妇科辨证实验录》、《孟河四家医集·附录》]

王慎德 字纫香。清代福建上杭县人。性雅淡，耽吟咏，究心医理。著有《中华医粹》，今未见。[见：《上杭县志》]

王满城 清代江苏吴县人。通医理，曾校正同邑郑树珪内科医书《七嵩岩集》（今本作《七松岩集》），今存。[见：《吴县志》、《中医图书联合目录》]

王福天 清代四川简阳县人。以医为业，知名乡里。[见：《简阳县续志》]

王福五 清末山东济阳县人。岁贡生，试用儒学训导。兼通医理，撰有《医学三字经解》，未见刊行。[见：《济阳县志》]

王福基 字心田。清代江苏高邮县临泽镇人。早年习举业，后攻研医学。能治怪异危重之疾，求治者门庭若市。有医德，凡贫病之家延诊，招之立至。操技数十年，全活甚众。子王惠伯，亦精医术。[见：《三续高邮州志》]

王福誉 (1914~1954) 字振刚。现代江苏昆山市渡头村（今南港镇）人。世医王兆琛长子。1938年从伯父王兆珍学医，三年后悬壶于茜墩，惜其寿不永，年仅四十岁即殁。弟王福民，亦工医术，为南港联合医院中医师，1980年5月退休。[见：《昆山历代医家录》]

王福謇 (1912~1991) 字正公。现代江苏昆山市正仪镇南星溪人。名医王兆珍长子。年十四岁随父习医，二十二岁设诊所于吴县，抗日战争后悬壶沪上。1956年春，参加上海第二人民医院中医科筹建，1960年出任中医科主任，1982年晋升为中医内科主任医师。历任上海市南市区第五、六届政协副主席，中国农工民主党上海市委员会委员，中华全国中医学会上海分会名誉委员，上海市中医文献馆馆员等职。1990年全国评选500位中医专家，王福謇入选，并任上海市继承老中医专家学术经验研究班导师。王氏深得家传，博览医籍，融会古今，以善治外感热病及内伤杂症蜚声海内。著有《昆山王氏对外感热病的学术经验》等20余篇论文及《哮喘与慢支的防治和康复》（学林出版社出版）、《正斋医稿》（待梓）等书。长女王济华、次女王梅华，均绍承家学。[见：《昆山历代医家录》]

王禔紪 宋代济南（今山东济南）人。学问精深，兼通医卜，工真行草篆。不乐仕进，隐居于青崖山之两河。[见：《中国人名大辞典》]

王殿标 (1778~1842) 字佩绅，号春泉。清代江苏无锡县人。生平未详。著有《伤寒拟论》、《金匮管窥》、《喉症辨似》、《外科余论》、《镜症编》等书，均未见传世。[见：《吴中名医录》（引《锡金历朝书目考》）]

王静斋 清代山东历城县人。世医王晋封子。绍承父学，亦精医术。[见：《历城县志》]

王嘉宾 字鹤汀。明代常熟县（今属江苏）人。善医，知名于时。品行修洁，早年丧妻，义不再娶。年九十六岁卒。同时有吴仁孚，与之齐名。[见：《常昭合志稿》]

王嘉嗣 字子佳。清代浙江钱塘县人。名医高世栻门生。清初，钱塘名医张志聪构侣山堂于胥山，集当地名医及弟子讲学著书于其中。志聪卒，高世栻继之，主讲侣山堂有年。康熙三十五年丙子（1696），王嘉嗣等记录高氏所授，编《医学真传》一卷，刊于世。今存。[见：《医学真传·序》]

王慕时 清代河南固始县人。祖上世工医术，至慕时已历六代。以济世为怀，日用所余，必施药济人。性好著述，应诊之暇闭门著书。积手稿若干种，皆毁于兵燹。子王燕昌，继承父学，曾追忆先人经验，撰《王氏医存》十七卷，刊于同治辛未（1871），今存。[见：《河南通志》、《王氏医存·序》、《中医图书联合目录》]

王蜚鸣 清代安徽旌德县人。王汝谦弟。好读医书，推崇名医董废翁，每依董氏《西塘感症》治疗伤寒危证，无不立应，久之积验甚多。[见：《医宗己任编》]

王鹗翔 字心一。清代江苏无锡县人。自幼习医，精研《内经》、《难经》诸书。临证以意为变化，不拘泥经文，所投多效。素怀济利之心，遇贫病资助药饵，不索酬报。[见：《无锡金匮县志》]

王熏梅 字馨斋。清代河南巩县康沟人。通《灵枢》、《素问》诸书，以医术知名。晚年工书画。[见：《巩县志》]

王毓朴 字子实。清代山东章丘县人。幼习举业。后其母罹疾，求良医不得而殁。毓朴深以不知医为恨，乃尽弃所学，攻研医术。苦学十载，精通脉理，洞识病源，能预决死生，后以良医名世。[见：《章邱县志》]

王毓秀 字兰谷，号惺惺斋。清代浙江义乌县环溪人，徙居松溪。邑庠生。博涉经史，兼及岐黄，尤精眼科。相传有异人授以秘方，依法治疾，应手取效，不数年名溢四方，就诊者如市。命长子王发兴、四子王发威、幼子王发枝，分任调治。自身专力于科举，自壮及老，历赴文闱十八科，屡荐不售。孙王为舟、王为通、王为乔、王为道，皆传其术。[见：《义乌县志》]

王毓璋 字湘琬。清代山东桓台县人。廪贡生。精医术，熟谙叔和脉理。著有《证治便览》十二卷，行于世，今未见。[见：《桓台志略》]

王端礼 字懋甫。北宋吉水（今江西吉安）人。元祐三年（1088）举进士，时黄庭坚为试官，亟称其策论。初授连州桂阳尉，升富川县令。年四十岁上表求致仕。著有《疑狱集》，已佚。[见：《吉水县志》]

王端柏 清代湖南清泉县人。精医术，治病不受酬谢，遇贫者赠以药资，终身不倦。

四
画

[见:《清泉县志》]

王精一 字子中。清代河南新乡县人。精医术，擅长眼科。曾任太医院吏目。弟王少白，亦以眼科知名。[见:《新乡县志》]

王肇太 清代河南嵩县庙湾镇人。精通医术，知名于时。[见:《嵩县志》]

王增香 字华亭。清代河南新乡县翟坡人。精医术。遣方用药，多非时医所能及。[见:《新乡县续志》]

王觐宸 清代江苏高邮州人。名医王芝藻三子。与兄王辅宸，绍传父业。[见:《再续高邮州志》]

王震田 清代江苏南京人。精医术。应李俊良之邀，于癸丑年（1853）参加太平军。东王患目疾，王震田日随李俊良、哈文台诊视。清廷闻之，扬言："若果得之，誓杀无赦。"[见:《太平天国记》]

王撰文 佚其名（字撰文）。清代河南方城县南蒿庄人。品端励行，精医术，善内、外、小儿诸科，尤以眼科最擅长。其治病不受酬谢，游艺于缙绅间。著有《六科指南》八卷，为时所重，因家贫未梓。[见:《方城县志》]

王稽典 字徽五。清代四川大邑县人。早年习举业，因母殁于瘟疫，弃儒学医。久之，精通方脉，长于针灸术，尤擅治瘟疫，常挽危症于顷刻，知名于时。晚年与妻周氏隐居于崇庆县西山。年九十余卒。[见:《重修大邑县志》]

王德元① 字朝佐。元代中州（今河南）人。敏慧多能，精医学，兼擅相术。曾寓居湖北当阳，又曾游历京师，为达官显贵所重。[见:《金元医学人物》]

王德元② 字仁甫。清代河南考城县（今兰考）人。弃儒业医，著名于时，求治者不绝于门，遇道远者则亲自驾车往治。[见:《考城县志》]

王德文 明代安徽旌德县人。精通方脉，洞达寿夭，心存济利。宣德元年（1426）知县田谷以明医荐于朝，授医官，在任十余年。景泰元年（1450）因年老致仕。年八十五岁卒。长子王潮，孙王兴宗，继承其学。[见:《旌德县志》]

王德玉 元代人。生平里居未详。曾任镇江路医学教授。[见:《镇江志·医学》]

王德冲 清代湖北沔阳县小新院人。精医术，能决人生死，世以神医称之。有医德，遇贫病赠以药，不索谢。[见:《沔阳县志》]

王德孚 字致和。明代福建邵武县人。嗜医学，每阅脉书辄至深夜。临证精于用药，不拘泥古法，凡他医不能疗者，得致和多愈。素怀济世之心，遇贫病不较酬，活人甚众。[见:《邵武县志》]

王德卿 金代并州（今山西太原）人。为太医。著名诗人元好问《遗山诗集·贺德卿王太医生子》诗云："喜色门阑笑语哗，新儿浴罢诚铅华。岳莲尽发三峰秀，梦笔惊看五色花。此日寿筵分象果，异时云汉望仙槎。并州金马君知否，药笼阴功是故家。"[见:《金元医学人物》]

王德续 字述尧。清末人。生平里居未详。曾任太医院候补医士。[见:《太医院志·同寅录》]

王德森 （1857～1943）字宝书，号玉堂，又号严士、鞠坪、漱六，晚号岁寒老人。近代江苏昆山县（今玉山镇）人。生于咸丰六年十二月十三日。其先祖王安贞，本彰德府安阳人，元延祐间（1314～1320）任昆山知州，遂定居昆山迎熏门内。王德森幼承庭训习儒，年二十岁入县庠，二十九岁补廪，三十二岁成例贡生。后弃举业，肆志于诗文经史，光绪三十四年（1908）应聘任苏州省立优级师范教师。其早年曾学医于父、兄，涉猎医书，明悟《素》、《灵》微旨，后连殇三子，遂专力攻医，通内、外、妇、儿诸科。悬壶数十年，治病多佳效，名著于时。中年徙居苏州，名其室曰市隐庐。著有《保赤要言》五卷，刊于宣统三年（1911）。后四明马炳森欲广其传，请王德森重新修订，补刊《琐语》等三卷于其后，改名《保婴要言》，由上海国光印书局刊于1941年。还著有《市隐庐医学杂著》一卷，刊于1913年。子王延之，谋职于邮电部门，兼精医术，终年八十九岁。[见:《昆山历代医家录》、《保赤要言·序》、《中国医学大成总目提要》]

王德裕 元明间宁国（今安徽宁国）人。精通医理，为当时名医。明初国子监助教贝琼，对王氏评价甚高。[见:《金元医学人物》]

王德魁 字宗颜。清代河南正阳县固城店人。邑庠生。兼通医理，尤善诊脉。[见:《重修正阳县志》]

王颜德 元明间昆山县（今属江苏）人。专擅儿科，医术过人。余彦智两儿患痘，病势甚危。王彦德应邀诊治，如期而愈，且不受酬谢。昆山士大夫纷纷赋诗，赞其医德。谢应芳《龟巢稿》有《赠昆山医士王彦德诗序》。[见:《金元医学人物》]

王遵贵 清代河南正阳县人。精医术，专擅眼科，人称“拨云圣手”。[见：《正阳县志》]

王遵路 字莱洲。清代江苏嘉定县广福乡人。邑名医王廉甫子。继承家学，以内科鸣于时。有医德，遇贫病赠以丸散，或助以药资。[见：《嘉定县续志》]

王澍棠 字德远。清代河南鄢陵县人。其父王映璩，以擅长堪舆、星命著称。王澍棠性质朴，早年习儒，应试不售，以医术终其身。著有《身心要语》，未见流传。[见：《鄢陵县志》]

王澄滨 字竹泉。清末人。生平里居未详。通医术，曾任太医院候补医士。[见：《太医院志·同寅录》]

王鹤年 清代宁夏府（今宁夏贺兰）人。儒医王永和子。传承父业，亦以医名。[见：《朔方道志》]

王履中 清代江苏江宁府人。生平未详。著有《医述》四卷，未见刊行。[见：《江宁府志》]

王燕天 清代河南鲁山县良里大王庄人。邑名医王法岐子。继承父业，有声于时。子王廷侯，传其学。[见：《鲁山县志》]

王燕昌 字汉皋。清末河南固始县人。光绪间（1875～1908）诸生。其父王慕时，为六代世医。至燕昌亦工医术，晚年挟技游于皖江，入西林制府幕下。尝追忆先人经验，撰《王氏医存》十七卷，刊于同治辛未（1871）。还著有《新选验方》一卷，今存抄本。[见：《河南通志》、《王氏医存·序》、《中医图书联合目录》]

王赞廷 字筱园。清代江苏常熟县梅李人。博学强识，嗜于医学，能默背《东垣十书》，以善治伤寒知名。著有《王氏医案》，未见刊行。[见：《常昭合志》]

王儒己 字汝为。清代浙江遂昌县人。邑庠生。仗义急公，尤精医术，拯苦救贫，未尝取酬，时人德之。[见：《遂昌县志》]

王燧周 字亦人。清代安徽婺源县人。邑庠生。性孝友，不利于科场，以医问世。有医德，治病不论贫富，有求必应，人皆颂之。著有《名医品难》、《本草督经》等书，未见流传。[见：《婺源县志》]

王藉登 字蕴斋。清代安徽歙县畔岔人。生平未详。著有《蕴斋医案》，今未见。[见：《歙县志》]

王霞九 清代江西庐陵县人。曾获《麻疯全书》二卷，依书治疾多验，活人甚众。[见：《疯门全书》]

王懋忠 清代江苏青浦县人。精医术。王氏自懋忠、孟贤（即王之佐）以下，世以医名，家藏方书颇富。[见：《青浦县志》]

王懋竑 字子中。清代江苏宝应县人。康熙五十七年（1718）进士，授安庆府教授。雍正初特授翰林院编修，上书房行走。后乞病归，杜门著书。笃志经史，兼明医理。曾撰《石膏论》一文，驳斥缪希雍好用石膏之误，以为本非中道，文载王懋竑《白田草堂集》。[见：《阅微草堂笔记》、《温热经纬》、《中国人名大辞典》]

王燮元 清代四川万县人。名医王锡鑫子，曾校订其父《医学易读》。[见：《存存汇集》]

王彝庆 清代四川南川县石牛溪人。性笃厚。精医术，治病无分贫富，延请立至，不避寒暑。年八十尚康健，踵门求诊者不绝。自恐年老有失，必沉思再三，验以方书，而后始疏方。寿至八十五岁。其弟王香泉，亦工医。[见：《南川县志》]

王瀛洲 字登三。清代山东恩县人。贡生。弃儒习医，承四世家传，专擅针灸。潜心研讨，造诣精深，有针到病除之效，济人甚众。行医一生，从未索酬，亦不望报，远近德之。县令李维缄亲书“世济其美”赠之。著有《五世针灸摘要》，今未见。[见：《重修恩县志》]

王藻墀 字振之。清代浙江秀水县人。博学多识，有声士林。兼通医道。鉴于疡科世乏善本，乃依《医宗金鉴》体例，约取诸家之说，发明各证源流，撰《证因通考》（又作《证治通考》）十卷，刊刻于世。还辑有《今古良方》四卷，亦梓行。[见：《中医图书联合目录》、《嘉兴县志》、《浙江医籍考》]

王馨远 清代人。生平里居未详。善治疯犬咬伤。曾汇集家传经验及名医方论，著《癫狗咬方药研究》。[见：《中国医学大成总目提要》]

王缥堂 清代人。里居未详。王松溪子。渊雅综博，藏书达万种。其父曾手录经验方三千五百余条，辑《卫济余编》，用以拯人疾苦。王缥堂效法其父，披览众籍，随遇辄抄，凡有益世用者皆录之，历三十年，共得一万余条。先将日用、服食、器玩等十八类梓行，颜曰《卫济丛编》。其疗疾诸方，拟另编刊出，今未见。

[见:《中国历代医家传录》(引《雪斋杂记》)]

井

井养源 字涵初。清代山东宁津县人。邑附生。生平未详。通医理,著有《病方合脉》一卷,未见传世。[见:《宁津县志》]

元

元立 宋代寿州(今安徽寿县)霍邱人。少年时获疡科秘书,依方治疾,屡见奇功,遂以疡科知名。后治愈吴彦夔喉痛,吴氏录"治背痈方"四首,辑入《传信适用方》。[见:《传信适用方》、《中医图书联合目录》]

元达 原名守昊。宋元间鸡泽(今河北鸡泽)人。知医善药,尤擅制犀粉,法与众异。其法先解犀角为小块,方一寸许,以极薄纸包裹纳杯中,近贴肉,以人气蒸之,候气熏浃洽,乘热投臼中急捣,应手如粉。[见:《游宦纪闻》、《医说》]

元俗 汉代河间(今河北河间)人。相传常服巴豆,卖药于都市。河间王病瘕,服元俗药,下"蛇"十余条而愈。王欲以女配之,元俗连夜遁去,隐于常山。[见:《古今医统大全·历世圣贤名医姓氏》]

元恪 北魏人。生平里居未详。宣武帝时(500~515),奉敕撰《医方精要》三十卷,已佚。[见:《补南北史艺文志》]

元铎 字振之。金元间获吕(今河北获鹿)人。中统元年(1260),与杨庸皆为燕京行中书省医生。[见:《金元医学人物》(引《秋涧先生大全文集·中堂事记》)]

元阳子 宋代人。生平里居未详,疑为道士。著有《丹诀》二卷、《元阳九转金丹歌》一卷、《金液还丹龙虎歌》一卷、《元阳子歌》一卷、《金石还丹诀》一卷。今存《还丹歌诀》二卷。[见:《通志·艺文略》、《宋史·艺文志》、《中国丛书综录》]

元好问 (1190~1257) 字裕之,号遗山。金代秀容(今山西忻县)人。其世系出北魏拓跋氏。其父元德明,自幼嗜读书,累举不第,放浪山水间。元好问十四岁从陵川郝晋卿学,淹贯经传百家,六年而业成。初不事举业,下太行,渡大河,为《箕山》、《琴台》等诗,名震京师。兴定五年(1221)举进士,历任内乡、南阳县令,官至行尚书省左司员外郎。金亡不仕,构"野史亭",以撰述史事为事。后世纂修《金史》,多本其所著。宝祐丁巳卒,年六十八岁。元好问为金代著名文学家,其诗文称"一代宗工"。兼通医学,家藏医书颇富,与名医麻九畴、常用晦相往还。曾手集亲验效方,编《集验方》若干卷,已佚。[见:《金史·元德明传(子好问)》、《中国医籍考》、《金元医学人物》]

元希声 (?~707) 唐代洛阳(今河南洛阳)人。三岁即善草隶,有神童之称。后举进士,征拜司礼博士,擢吏部侍郎。景龙元年卒。撰有《行要备急方》一卷、《张文仲疗诸风方》(九首),均佚。[见:《宋史·艺文志》、《宋以前医籍考》、《文苑英华》、《河南通志·艺文志》]

元珠先生 佚其姓名。唐代人。生平里居未详。洞明《素问》,究极微奥。太仆令王冰,深得元珠先生之学。[见:《古今医统·历世圣贤名医姓氏》、《医学入门·历代医学姓氏》、《医说》]

无

无名道人 佚其姓名。明代道士。原籍不详。寓居浙江嵊县。自言精通方药,凡针药所不及者,能刳割湔洗,若华佗然。长乐乡某人患噎症,待毙。值道人过,为其行剖胸术,先以麻沸散抹其胸,继以刀剖开七八寸许,取痰涎数碗,复以膏药涂割处。术间,患者昏然无所觉,顷之而苏。四五日创口平复,噎疾遂愈。病家欲酬之,不受而去。[见:《嵊县志》]

韦

韦讯 号慈藏。唐代京兆(今陕西西安)人。性沉默少言,精通医术。武后时(684~704)任侍御医,与洛阳张文仲、李虔纵并以方药擅名。中宗景龙间(707~709)任光禄卿,以年老辞官。开元二十五年(737)复游京师,杖履而行,腰系葫芦数十,广施药饵,疗人多效。玄宗亦器重其术,召入宫,擢官不受,嘱画工图其形,赐号"药王"。晚年归里,常携黑犬巡游民间,遇病者出药救济,为乡里所重。开元末年尚在世,年逾百岁卒。[见:《旧唐书·张文仲传》、《新唐书·甄权传》、《古今医统大全·历世圣贤名医姓氏》、《药王考与郑州药王庙》、《韦慈藏传略》(《医学史与保健组织》1958年第2号)]

韦宙 唐代京兆万年(今陕西西安)人。江南西道观察使韦丹子。推荫授河南府司录参军,后以父功授侍御使,迁度支郎中、太原节度副使。因抗御回鹘有功，升检校尚书左仆射，同中书门下平章事。咸通间（860～873）卒。韦宙素喜医学，政事之余编《韦氏集验独行方》十二卷、《玉壶备急方》一卷，均佚。［见：《新唐书·韦丹传》、《唐书·艺文志》、《宋史·艺文志》、《崇文总目辑释》］

韦编 字勤甫，号警台（一作儆台）。明代浙江乌程县人。自少善病，后游学松陵（即江苏吴江县），遍访名医，复博览《素问》、《灵枢》诸书。久之，大有所得，遂弃儒业医。韦氏重视经络，尝谓："医不知此，何异盲夫就道。"曾将人体从头至足，分为六十六纲，于一纲中又条分众目，有专属一经者，有兼属二三经者，有合众经皆属者，胪列之为正文，随采《内经》诸书为注，而间以意参之，撰成《经络笺注》二卷。每出治病，此书必自随，"因委测源，罔不奇中，其之死而生之者，不可计数"，吴中无不知有警台先生者。年近八旬殁。崇祯丙子（1636），其子韦明辅、韦明杰校订父书，刊刻于世，今存抄本。［见：《中国善本书提要》、《乌程县志》］

韦燮 字锡子。清代四川南川县罗洞坪人。精医术，性谦和，善于养生。年八十余卒。［见：《南川县志》］

韦山甫 唐代人。生平里居未详。倡服硫黄以纵欲，其术大行。服其药者，后多暴死。［见：《唐国史补》］

韦巨源 （631～710） 唐代京兆万年（今陕西西安）人。有吏干。武后时（684～704）官至夏官侍郎、同凤阁鸾台平章事。唐隆元年，临淄王李隆基率兵诛诸韦，巨源为乱军所杀，时年八十岁。据《唐人说荟》载，韦巨源著有《食谱》，已佚。［见：《旧唐书·韦安石传》、《新唐书·韦巨源传》、《唐人说荟》］

韦文达 现代浙江东阳县人。御医韦尚林子。与弟韦文轩、韦文贵，皆绍承父学，以眼科知名于时。［见：《名老中医之路》］

韦文轩 现代浙江东阳县人。御医韦尚林子。与兄韦文达、弟韦文贵，皆以眼科知名。［见：《名老中医之路》］

韦文贵 （1902～1980） 字霭堂。现代浙江东阳县人。生于医学世家。父韦尚林，曾任太医院御医。兄韦文达、韦文轩，皆以眼科知名江南。韦文贵幼承庭训学医，博览古今医籍，尤致力于眼科。年未弱冠，即以医问世，悬壶于杭州西子湖畔。善治内、外眼疾，对角膜溃疡、幼儿视神经萎缩等病有独到研究。尤擅长祖传金针拨障术，经其诊治，盲而复明者甚众，名震南北。有医德，贫病者就诊不取酬金，且助以药。1955年应卫生部之聘至京，历任中国中医研究院学术委员会委员，广安门医院眼科主任。数十年间热心带徒，培养后学，使韦氏眼科得以流传。1980年5月2日殁于北京，终年七十八岁。著有《韦文贵眼科临床经验选》、《前房积脓性角膜溃疡的中医治疗》、《中医治疗视神经萎缩证简介》、《中医治疗沙眼的经验介绍》、《金针拨白内障简介》等书。女韦玉英，绍承家学，任广安门医院眼科主任。［见：《名老中医之路》、《韦文贵同志追悼会悼词》］

韦协梦 清代安徽芜湖县人。生平未详。撰有《医论》一卷，刊刻于嘉庆三年（1798），今存。［见：《八千卷楼书目》、《中医图书联合目录》］

韦行规 唐代人。里居未详。少年任侠，善骑射。曾游京西奉天（今陕西乾县），遇隐者授以剑术，遂以剑侠知名。兼擅养生，著有《保生月录》（又作《月录方》）一卷，今存于《说郛》。［见：《新唐书·艺文志》、《国史经籍志》、《乾州志稿·方技》、《中医图书联合目录》］

韦进德 清代广陵（今江苏江都）人。生平未详。辑有《医学指南》十卷，刊于乾隆七年（1742），今存。［见：《贩书偶记续编》、《中医图书联合目录》］

韦林芳 字春墅。清代河南濮阳县人。精医术，以外科知名。广施方药数十年，活人无算。［见：《开州志》］

韦尚林 清末浙江东阳县人。精医学，专擅眼科。曾侍医于清宫贵胄，有"御医"之称。子韦文达、韦文轩、韦文贵皆精眼科，以韦文贵最负盛名。［见：《名老中医之路》］

韦佩珩 明代浙江东阳县人。生平未详。著有《小儿启予录》，今未见。［见：《东阳县志》］

韦建章 清代浙江东阳县人。生平未详。著有《伤寒提要》、《痘疹摘要录》二书，今未见。［见：《东阳县志》］

韦骏哲 （1831～1916） 清末四川南川县人。究心医学，用心精细，所治多良效。性恬淡，居于田园。年三十丧偶，义不复娶。善养生，年八十五岁，尚能应诊。［见：《南川县志》］

韦善俊 唐代登封县（今河南登封）人。精通医药，深得武则天赏识。相传韦氏曾

四画

101

炼药于河南嵩峰之下，种药于陕西洛南药子岭。今陕西洛南县南二十里有韦善俊墓。[见：《登封县志·隐逸》、《陕西通志》、《直隶商州志》]

云

云川道人

佚其姓名。清代人。生平里居未详。知医，著有《绛囊撮要》五卷，刊于乾隆九年（1744），今存。[见：《贩书偶记续编》、《中医图书联合目录》]

木

木石子

佚其姓名。宋代人。生平里居未详。著有《种子类纂》一卷，已佚。[见：《通志·艺文略》、《医藏书目》]

五

五十四

元代人。里居未详。曾任资善大夫太医院使。后至元三年（1337），与太医院使哈刺歹、太医院经历卜颜帖木儿上书，请立大都三皇庙碑，惠宗准其奏。同年，与太医院同僚审校危亦林《世医得效方》，于至正五年（1345）刊刻于世。[见：《世医得效方》、《金元医学人物》]

五三重

清代人。生平里居未详。著有《难经广说》一卷。今存郁宦光删补本（抄本）。[见：《中医图书联合目录》]

支

支观

字义方（一作文方）。北周人。生平里居未详。著有《通玄方》（又作《通元经》、《通玄经》）十卷，已佚。按，《宋史·艺文志》又著录"支文方《通元经》十卷"，宋·郑樵《通志·艺文略》作"《通元经》一卷，周支义方撰"；清·钱东垣《崇文总目辑释》作"《通元经》十卷，支义方撰"，钱侗按："《宋志》作'文义'，又一部作'支观'撰。"据上书，"支观"即"支义方"，而《通玄方》与《通元方》、《通玄经》、《通元经》为同书异名者，惜原书久佚，无从细考。[见：《宋史·艺文志》、《通志·艺文略》、《崇文总目辑释》]

支贯

字通甫。明代昆山县（今属江苏）人。其先世有名支德者，永乐（1403～1424）初，随三保太监郑和下西洋有功，赐籍太医院。支贯继承祖业，嘉靖间（1522～1566）荐授太医院吏目，升御医，累迁太医院判。[见：《昆新两县续修合志》、《昆山历代医家录》]

支德

明代昆山县（今属江苏）人。通医术。永乐（1403～1424）初，随三保太监郑和下西洋有功，赐籍太医院。后裔支贯，为嘉靖间（1522～1566）御医，升院判。[见：《昆新两县续修合志》、《昆山历代医家录》]

支之麟

后改王姓。字岳千。清代江苏昆山县真义镇黄渎村（今正仪镇大众村）人。痘科世医支东云子。早年习儒，康熙三十七年（1698）庠生。得父传授，亦工痘科。[见：《昆新两县续修合志》、《昆山历代医家录》]

支东云

清初江苏昆山县真义镇黄渎村（今正仪镇大众村）人。父支世珙早卒，赖母周氏抚养成立。其家累代精医，以善治痧痘知名。东云继承祖业，临证有神效。同时有朱铉臣、姚介眉、吕绍闻，皆业医，四人并以幼科闻名于时。又有疡医俞汝翼，亦工其术。东云子之麟，传承父业。[见：《昆新两县续修合志》、《昆山历代医家录》]

支乔望

字兰崿。明代江西进贤县人。精医术，知名于时。曾举乡饮宾。[见：《进贤县志》]

支乔楚

字寰冲。明代江西进贤县人。精通医术，名著于时。天启间（1621～1627）授太医院吏目。[见：《进贤县志》]

支秉中

号改斋主人。明代太仓州（今江苏太仓）人。精通医道，尤擅痘科。尝谓："痘有顺逆，逆者不可治，唯介乎可否之间，间之以他证者，则必藉药力以维持之。"其为治，力主变通，反对墨守，极有见地。曾挟技游京师，凡言可治者，投药辄愈；言不可治者，虽更他医，终不可愈。病家延诊者辐辏于门，疾虽不可为，但愿得其一诊而无憾。隆庆二年（1568）正月，太医院医官徐春甫，集合各地在京名医四十六人，创立一体堂宅仁医会，支氏为会员之一。著有《保婴直指》五卷，已佚。还著有《痘疹玄机》四卷（今存稿本）、《支氏女科枢要》（今上海图书馆藏明万历九年辛巳残刻本）。今中国中医科学院图书馆藏《痘科秘要》抄本一帙，疑即《痘疹玄机》，待考。[见：《医藏书目》、《中国医籍考》、《我国历史上最早的医学组织》（《中华医史杂志》1981年第3期）、《中国历代名医碑传集》（引王稚登《燕市集·太医支秉君传》）、《中医图书联合目录》]

支法存

（?～350?）晋代岭表（指五岭以南地区）僧人。本为胡人，生长广州。自少出家，天性聪慧，妙善医术，遂成巨富。永嘉南渡（310），士大夫不习水土，多患脚软之疾，"染者无不毙踣"，众医不能治，唯支法存能疗之，故天下知其名。支法存藏有八尺氍毹（彩纹细毛毯）及名贵檀香，皆稀世之宝。广州刺史王琰之子王邵之屡索二物，法存不与，竟借故杀之，籍没其家财。支法存著有《申苏方》五卷，内容涉及内、外、妇、儿各科。此书久佚，其方偶见于《肘后备急方》、《外台秘要》诸书。[见：《隋书·经籍志》、《太平御览·方术部》、《异苑·卷六》、《医说·古今名医》、《支法存生平及其佚方与成就》（《中华医史杂志》1981年第4期）]

支殷斋 明代人。里居未详。为太医院御医。精医理，尝谓："痘之所主，皆属心火。"[见：《中国历代医家传录》引《胎产获生篇》]

尤

尤怡 （?~1749） 字在泾（一作在京），号拙吾，又号饲鹤山人。清代江苏吴县花溪人。自幼好学，工诗善书，有才名。少时家境饶富，有田千亩。及长，其兄尤祖鼎因事被累，变卖殆尽，遂赤贫如洗。迫于生计，鬻字佛寺。某年除夕，"盎无粒米，妻儿枯坐室中。晨光透，乃携数十钱，易米负薪而归"。其妻"以针黹佐食，严寒鸡索鸣，刀尺犹未离手"，竟积劳而卒。尤怡追思不忘，二十年不续娶。后致力医学，师事名医马俶。俶素负盛名，门生甚众，晚年得怡甚喜，谓老妻曰："吾今日得一人，胜得千万人矣！"怡既得师传，悬壶于世。初世罕知者，久之治病多奇中，声名渐起。性格沉静，淡于名利，虽一生清贫，往来皆名流，番禺方东华、钱塘沈方舟、宁国洪东岸，皆折节与交。又与同郡顾嗣立（1669~1722）、沈德潜（1673~1769）诸贤结城南之社，诗文往还。其诗入载《清诗别裁集》。晚年医术益精，隐居花溪，著书立说。撰有《伤寒贯珠集》八卷、《金匮心典》三卷、《金匮翼》八卷、《医学读书记》二卷、《静香楼医案》一卷，均梓于世。[见：《清史稿·尤怡传》、《医学读书志》、《金匮翼·大父拙吾府君家传》、《中国医籍考》、《四部总录医药编》、《吴县志》、《吴门补乘》、《清诗别裁集·卷二十九》、《中国历代名医碑传集》]

尤乘 字生洲，号无求子。明清间江苏吴县人。初治举业，弃儒习医。年弱冠，受业于名医李中梓。后遍访良师，又得针灸之传，名重于时。曾任太医院御前侍值，三年后辞归故里。与

同学蒋示吉皆悬壶于世，延治者日盈其门，积岁沉疴，无不立起。著有《喉科秘书》、《食治秘方》、《勿药须知》等书，皆梓行。又参订李中梓著作辑《士材三书》，增订贾所学《脏腑性鉴》，亦刊刻行世。[见：《吴县志》、《中国医籍考》、《中医图书联合目录》、《吴中名医录》、《浙江医籍考》、《中医大辞典》]

尤之均 清初江苏娄县人。儒医许实先外孙。精医术，知名于时。[见：《娄县志》]

尤允机 （1119~1185） 南宋浮梁（今江西景德镇市北浮梁）人。年十八岁，出家于西乡新安寺。其师精通医理，尤允机尽得师传，声噪县邑。所得诊资，悉供修缮寺庙。[见：《中国历代医家传录》（引《夷坚志》）]

尤存隐 清代江苏无锡县人。生平未详。著有《喉科浅秘》二卷，今存乾隆三十六年辛卯（1771）抄本。[见：《中医图书联合目录》]

尤仲仁 字依之。明代无锡县（今属江苏）人。得祖父所传秘方，精医术，尤擅喉科。尝治愈严文靖、范屏麓、孙雪窗危疾，三人感其德，共出资为其补授太医院吏目。[见：《无锡县志》]

尤松年 清代江苏吴县人。精医术，以针灸知名。一人患失音症，名医叶桂（1666~1745）诊之，以为非药所能及。病家遂邀松年，至则针肺俞穴，病者猛嗽一声，吐一痰核而愈。[见：《苏州府志》]

尤枫洲 佚其名（字枫洲）。清代江苏吴江县平望镇人。性嗜饮，贫难自存，依一寺僧为生。后得儿科秘传，以之治病辄效。一小儿面色黄瘦，医治无效。尤氏审视良久，曰："无病。"过数日，病家又请，乃启儿足视之，恍然曰："楼居，足不履地，何由长成？"令此儿每日下楼，席地行坐，遂渐愈。[见：《平望续志》]

尤锡九 字亦夔。清代浙江嘉兴县人。精医理，远近延请者无虚日。[见：《嘉兴县志》]

车

车大敬 （1563~1644） 字衷一。明末湖南邵阳县人。诸生。品格端方，不治家产，食贫自甘。教授儒童四十余年，一时后进皆以及门为幸。尤邃医理及星卜。年八十二岁卒。著有《医说》，今未见。[见：《宝庆府志》]

车以轼 字积中。清代江苏华亭县人。精医术，知名于时。兼善绘画，有《秋山风月

图》。[见:《艺林医人录》]

车世奇

号隽斋。清代江西义宁州崇乡北车人。弃儒就医,拯活甚众。有医德,遇贫病不受谢,且赠以钱药。年六十岁,无疾而终。著有《医学经验》四卷,未见刊行。[见:《义宁州志》]

车希庭

字绍堂。清代山东阳信县人。精医术,擅长外科,知名于时。患疮疖求治者踵接于门,施以膏丹,概不索谢。家道小康,生性朴厚,每年施药所费不下百余贯。年六十患急症卒,无子,宗族争继其家产,三日不得入殓。其妾以有孕告,后果生男,争产者皆退,世人皆谓积德之报。[见:《阳信县志》]

车国瑞

字玉衡。明代进贤县(今属江苏)人。精医术,选授太医院吏目。[见:《进贤县志》]

车宗辂

字质中。清代浙江会稽县人。生平未详。自称得张仲景《伤寒论》残卷于昆山龚藩臣,龚氏得于道士沈月光,嗣后,取后世"发明伤寒诸条,及医经杂说,择其可为定论,而有裨医学者",补缀其后,辑《伤寒第一书》四卷,行于世。此书后经胡宪丰再次增补,重刊于乾隆四十五年(1780)。按,关于《伤寒论》残卷复出之说荒诞不经,乃历来作伪者惯用伎俩,不可信。[见:《伤寒第一书·车宗辂序》、《贩书偶记续编》、《中国医学源流论》]

车洪德

清代四川绵州(今绵阳)人。精数学,兼通医术,以外科见长。嘉庆二年(1797),从参将姜敏功赴达州,值东乡太平军士卒外伤甚多,遂以自制金疮药治疗,无不应手取效。[见:《直隶绵州志》、《绵阳县志》]

区

区景荣

字心安。清代广西龙津县人。廪生。性仁厚。慕范仲淹"不为良相,当为良医"之语,负笈游粤,访名师习医。技成,悬壶于市。后回乡,以医济世。凡以病延请,不分贫富,虽深夜风雨皆赴。未尝计较诊资,遇贫病以药赠之。著有《心安医话》,今未见。[见:《龙津县志》]

区翰府

清代广州人。生平里居未详。著有《伤寒纂要》二卷、《医学要领》二卷,今未见。[见:《广州府志》]

戈

戈恩

字少怀,号镜庐。清代浙江平湖县人。武生。其父戈朝荣,以幼科知名。戈恩亦精幼科,博综古今治法,能参其机变。著有《育婴常语》三卷,未见刊行。[见:《平湖县志》、《嘉兴府志》、《浙江医籍考》]

戈兰亭

明代吴县(今江苏苏州)人。精医术,知名于时。桐乡名医金天衢患疾,戈兰亭治而愈之。金氏遂师事之,后为良医。[见:《桐乡县志》]

戈竹圃

清代浙江平湖县人。儿科名医戈朝荣后裔,亦以儿科知名。[见:《平湖县志》]

戈似庄

清代浙江平湖县人。儿科名医戈朝荣后裔,亦以儿科知名。[见:《平湖县志》]

戈芸岩

清代浙江平湖县人。儿科名医戈朝荣后裔,亦以儿科知名。[见:《平湖县志》]

戈杏庄

清代浙江平湖县人。儿科名医戈朝荣后裔,亦以儿科知名。[见:《平湖县志》]

戈秋堂

清代浙江平湖县人。儿科名医戈朝荣后裔,亦以儿科知名。[见:《平湖县志》]

戈恺君

清代浙江平湖县人。儿科名医戈朝荣后裔,亦以儿科知名。[见:《平湖县志》]

戈颂平

字直哉。清代江苏泰州人。幼习举业,后研精医理。学有本源,于古来医籍无不通览,尤服膺仲景《伤寒论》。尝谓:"庸医杀人,不必方证相反,即药不及病,已足毙人命。"故生平疗疾率用重剂猛攻,他医为之咋舌,而厉疾沉疴,往往立愈。著有《伤寒指归》六卷、《金匮指归》十卷,今存。还著有《素问指归》八十一篇、《神农本草经指归》五卷,未见流传。[见:《中医图书联合目录》、《泰州志》]

戈菊庄

清代浙江平湖县人。儿科名医戈朝荣后裔,亦以儿科知名。[见:《平湖县志》]

戈维城

字存橘。明清间江苏吴县人。业医,擅治伤寒。著有《伤寒补天石》二卷,述仲景立法制方之妙。此书撰于顺治元年(1644),今存康熙六十一年壬寅(1722)抄本、嘉庆十六年辛未(1811)经义堂朱陶性活字本。[见:《四部总录医药编》、《吴县志》、《贩书偶记》、《中医图书联合目录》]

戈朝荣

字瑞斋。清代浙江平湖县人。祖籍河南,其先世随宋室南渡,定居平湖。

四画

早年习儒，为乾隆间（1736～1795）庠生。学医于岳父，擅长儿科，群医所不能疗者，治之多愈。子戈恩，亦精幼科。其后世尚有镜庐、竹圃、秋堂、芸岩、杏庄、菊庄、似庄、恺君，均相沿袭，皆以儿科负盛名。[见：《平湖县志》、《嘉兴府志》]

戈镜庐 清代浙江平湖县人。儿科名医戈朝荣后裔，亦以儿科知名。[见：《平湖县志》]

少

少师 上古医家。相传为黄帝之臣。旧说黄帝与岐伯、伯高、雷公、少师等臣子相问答，创立医学，此为附会之辞。元代元贞间（1295～1296）建三皇庙于京师，少师等十五人祀于东庑，皆西向。[见：《灵枢经》、《中国医学大辞典》]

少俞 上古医家。相传为俞跗之弟，黄帝之臣。精针灸术。旧说黄帝咨访岐伯、少俞、伯高诸臣，而后创立医学，此为附会之辞。今称中医学为"岐黄之术"，盖源于此。[见：《历代名医蒙求》、《针灸甲乙经·序》、《古今医统大全·历世圣贤名医姓氏》]

贝

贝元璜 字彦中，别号存仁。元明间浙江上虞县人，世居北城。元代医学教谕贝良友子。绍承家传，以医济世，人咸敬重之。[见：《上虞县志》]

贝允章 字光泽，号赋琴。清末江苏吴县人，居桃花坞。少年入泮，文字俱佳。后习医，以儒医自鸣，卓然不群。著有《医经序跋》，今存稿本。[见：《吴县志》、《中医图书联合目录》]

贝文一 清代浙江湖州人。设药肆于湖州城，制售丸散，知名于时。[见：《浙北医学史略》]

贝良友 元末浙江上虞县人。精通医术，曾任医学教谕。子贝元璜，亦以医术闻名。[见：《上虞县志》]

贝颂美 清代江苏武进县人。名医巢峻门生。尽得师传，亦工医术。[见：《中国历代医史》]

贝赋琴 清代江苏苏州人。以医为业。治血热而少，不足以养肝，肝气入络，处以生地、羚羊角、橘络、橘叶等。[见：《景景医话》]

贝毓诚 字静安。清代人。生平里居未详。通医理。尝曲证旁参，校订许叔微《伤寒九十论》。[见：《伤寒九十论·胡珽跋》]

牛

牛仁 原名牛理，字仲济。元初河间（今河北河间）人。精医术，往来于公卿间。名儒任士林（1253～1309）为其改名牛仁。[见：《金元医学人物》（引《松乡集·河间牛仁名说》）]

牛元佐 字绋扉。清代山东章丘县人。雍正元年（1723）副贡。兼精医术，所治多奇效。后辈习医者，多遵其遗书用之。[见：《济南府志》]

牛月川 清代河南宝丰县人。儒医牛梦麟子。继承父学，以医为业。[见：《宝丰县志》]

牛凤诏（1840～1904） 字恩宣。清代河北霸县牛各庄人。国学生。课农之余，手不释卷，尤喜书法。有感于范仲淹"不为良相，则为良医"之语，致力医学。精痘科，所治多全活。其家常蓄药品，遇猝病不可待者，出药救之。手辑《痘疹要诀》四卷、《痘疹药性》一卷、《痘疹备方》一卷，藏于家。[见：《霸县新志》]

牛凤翔（1816～1883） 字辉阁。清代河北霸县牛各庄人。贡生。性聪颖，有大志，常怀济世之心。三试秋闱不售，弃儒习医。博览古今医籍十余年，临证洞明窍要，遂为一时名医，方圆百里求医者日盈其门。重医德，凡就医者不分贫富尽心诊治，远近感德，公送"仁术寿世"匾额。平生多义举，凡排难解纷、治河修堤，皆倾力为之。年六十八岁卒。[见：《霸县新志》]

牛书田 字子耕。清代山东临朐县人。廪贡生。官兖州训导，以守城功加光禄寺署正衔。旁通医理，著有《易医通义》，今未见。[见：《山东通志》]

牛同豹 字平阳。清代河南鹿邑县人。岁贡生。幼颖悟，读书日三万言，为文敏妙，援笔立就。性至孝，以亲老多疾，究心医学。乾隆二十二年（1757）选授训导，以目疾辞。年七十五岁卒。著有《脉经直指》一册，今未见。[见：《鹿邑县志》]

牛灿辰 字子莫。清代河南西平县人。少习举业，旋弃去，专心学医，博览方书。光绪（1875～1908）初，时疫大作，踵门求治者日百余人，皆应手取效。不久，应汝南毓生堂药店之聘，悬壶二龙里二十余载。重医德，凡延诊

四画

者，不分炎暑酷寒，应声而至。诊讫，留方即归，曰："恐有患者盼我归也。"平生治疗甚众，从未受酬金，一时贤士皆礼敬之。著有《瘟疫明辨》，未见流传。[见：《西平县志》]

牛枢昈 字孝标。清代顺天府（今北京）人。品行清高，不事趋谒，业医卖药以自给。善绘山水，有《柴门竹深图》，渔洋山人题诗于其上。[见：《中国历代医家传录》（引《清朝画征录》）]

牛清和 字霁园。清代山东桓台县人。太学生。为人爽直无私。光绪十四年（1888）捐资修筑村后大堤，以防锦秋湖泛滥，乡里受益。精医学，善妇、儿、咽喉诸科。著有《医学喉科述余》，藏于家。[见：《桓台志略》]

牛梦麟 字青阁。清代河南宝丰县人。早年习儒，为监生。精通医术。子牛月川，以医为业。[见：《宝丰县志》]

牛殿士 字冠三。清代河南淮阳县人。精医术，专擅妇科。[见：《淮阳县志》]

牛履祥 字吉符。清代山东宁津县人。曾官布政司理问。精医术，有著手成春之誉。殁后，数邑乡绅作诗、建碑，以志其妙术。[见：《宁津县志》]

毛

毛升 南宋人。里居未详。通医理，曾任太医局教官。同官何大任，家藏北宋绍圣间（1094～1097）小字监本《脉经》，"历岁既深，陈故漫灭，字画不能无谬"，久欲重校刊行。嘉定十年丁丑（1217），何氏得毛升及教官李邦彦、王邦佐、高宗卿之助，以累月之功，"正其误千有余字，遂鸠工创刊于本局"。此书今存。[见：《脉经·何大任后序》]

毛泽 明代兰封（今河南兰考）人。以医为业，知名于时。嘉靖四年（1525）任医学训科。[见：《兰封县志》]

毛晔 明代山东阳信县人。元大中丞毛思义曾孙。早年习儒，为邑诸生。兼通医术，擅治痘疹，临证应手辄效，全活甚众。侄毛如琚，能世其学。[见：《阳信县志》]

毛浩 字鸿生，号孟亭。清代江苏吴江县黎里人。名医毛丕烈侄孙。自幼聪颖，读书过目不忘，有神童之称。早年习举业，候选从九品。遍览医书，久之明悟其术，求治者盈门，声噪于时。[见：《黎里续志》]

毛彬 宋代长沙（今湖南长沙）人。为长沙医工。著有《毛彬方》。其家藏《五关贯真珠囊》，作者不详。二书均佚。[见：《幼幼新书·近世方书》]

毛梓 一作毛梓孙。字守庸。明代浙江松阳县人。嗜医学，受业于彭希武，医术甚精。时御史吴叔润病危，众医无措，毛氏往视，数剂愈之。又，程恩与病恶寒欲绝，家人已预办后事。毛氏诊之，曰："可起也。"使掘井，置炉火，设被，令卧其上，覆以重衾，用釜煮药蒸之，霍然而愈，人以神医目之。[见：《松阳县志》、《处州府志》、《浙江通志》]

毛璆 字重之，号麟洲。清代浙江桐城县人。精医术，知名乡里。康熙十七年（1678）奉旨召对，赐玄狐朝帽、紫貂袍褂，授太医院院使，加太仆寺正卿。年六十八岁卒。[见：《桐城县志》、《桐城续修县志》]

毛士达 清代河南滑县城东南官村人。例贡生。精医术，治病多佳效。著有《经验奇方》、《怪症备要》、《本草按症》、《本草医方》、《舌胎三十六种》等书，皆未见刊行。[见：《滑县志》]

毛大鹏 （?～1831） 清代浙江鄞县人。精通医道，悬壶象山垂三十年，知名于时。兼擅绘画，善写竹石，得吴中夏永（字太常）家法。素性嗜酒，戆直而爱名。道光辛卯（1831），名儒冯登府等奉命修《象山县志》，大鹏数言于县令童公，求附姓氏于艺术之末，侯颇厌之，曰："古无生而立传者，若死而后可。"大鹏曰："是不难。"越旬日问之，则于二月七日死矣。冯氏闻其事，为其立传，以异人称之。[见：《象山县志》、《中国历代名医碑传集》（引冯登府《石经阁文集·毛大鹏传》）]

毛云鸩 字公代。明末浙江鄞县人。毛来宾子。博学多识，淹贯经史。值兵燹，事九旬老母，孝养不离。尤善医术，凡贫病危急者，皆出药救之，不取酬。年八十岁卒。著有《医学要旨》十卷，未见流传。[见：《鄞县志》]

毛凤彩 字羽丰。清代江苏武进县人。精幼科，擅治痘疹，全活婴幼甚众。子毛荀一，孙毛景昌，皆精其术。[见：《武进阳湖县合志》]

毛凤翔 字贞所。清代浙江嘉兴县人。善诊脉，识病源，尤擅治伤寒，能立起危证。年二十岁即以医知名，九十九岁卒。行医八十年，活人无算。[见：《浙江通志》]

毛世洪 字达可,号枫山。清代浙江仁和县人,居湖墅。精医理,知名于时。年近八旬,远近病者尚延请视疾。重医德,因患者多耕织之家,故徒步出诊,十里五里,未尝乘肩舆,索重酬,亦未尝迁延时刻,活人甚众。曾汇集方书中治病、养生效方,取其亲验者,辑《便易经验集》一卷、《济世养生集》一卷,约成书于乾隆五十六年(1791),刊刻于世。上二书今存毛氏原著及钱塘汪瑜修订本。[见:《清史稿·艺文志》、《杭州府志》、《八千卷楼书目》、《中医图书联合目录》]

毛世鸿 明代湖南芷江县人。万历间(1573～1619)在世。聪明颖异,自幼习儒,入辰州府庠。儒书外兼读《内经》诸医籍。尝读书于南寺,遇异人秘传脉法,遂以术济人,治病不索谢。曾注释王叔和、李时珍《脉诀》,并著《增补伤寒金口诀》、《增补伤寒歌句》等书,藏于家。子毛国旦,业儒而精医。曾孙毛永簏、毛会之,皆为名医。[见:《芷江县志》、《湖南通志》]

毛丕烈 字元勋,号慎夫。清代江苏吴江县黎里镇人。邑诸生。读书三十载,年四十始学医。得叶天士指授,切脉定方,无不奇中,五旬外医名始显。[见:《冷庐医话》、《黎里续志》]

毛永贵 清代河南郑县人。业医,精其术,知名于时。[见:《郑县志》]

毛永簏 清代湖南芷江县人。名医毛世鸿曾孙。早年习儒,为太学生。后以医术知名,活人无算。观察使张得雨,赠以手集《兰亭禊帖》。凤凰厅司马黄竹安、前县令卢桃坞、黄南轩等,皆有联额赞之。[见:《芷江县志》]

毛在成 字克勤。清代四川简阳县人。三岁丧父,侍母以孝闻。精医术,治病不分贫富,凡以病延请,虽暮夜风雨必往。平日设诊于寺庙、通衢,以便病者。[见:《简阳县志》]

毛有华 字旭仪。清代江西弋阳县圣山人。幼年习儒,后因亲老家贫,遂究心医术,善治危证。张某患疾,势已垂危,目将眩,诸医束手。毛氏诊之,曰:"此火证。"投以丸药,一剂而愈。类此者甚多。[见:《弋阳县志》]

毛存信 明代河南兰封县(今兰考)人。通医术。弘治十三年(1500)任医学训科。[见:《兰封县志》]

毛会之 清代湖南芷江县人。名医毛世鸿曾孙。庠生。工举业,兼通医理。[见:《芷江县志》]

毛汝旭 字仲超,又字仲昭。清代江苏吴江县黎里人。少患反胃症,遂肆力医学,能自调摄。后从名医蒋仲芳游,尽得其学,声噪吴越。孙毛灿英,亦通医术。[见:《黎里志》]

毛如琚 明代山东阳信人。痘科名医毛晔侄。邑增广生。传承毛晔之学,亦通医道。[见:《阳信县志》]

毛来阁 清代四川渠县人。初习举业,绩学不售,遂专攻医术,活人甚众。有医德,治疗贫病不索诊酬,且资以药,时论贤之。[见:《渠县志》]

毛怀景 唐代人。生平里居未详。曾任采药使。开元十二年(724)奉敕往蜀川等州采药。[见:《中国历代医家传录》(引《青城山常道观敕》)]

毛灿英 字重光。清代吴江县黎里人。名医毛汝旭孙。早年习儒,为诸生,兼通医术。晚年术益精,求治者辄效。[见:《黎里志》]

毛国旦 明末湖南芷江县人。名医毛世鸿子。早年习儒,亦工医术。[见:《芷江县志》]

毛春伯 清代四川简阳县人。精医术。与同邑名医汪炳能齐名。[见:《简阳县志》]

毛荀一 字人龙。清代江苏武进县人。邑幼科名医毛凤彩子。绍承父业,亦以医术知名。不苟言笑,每日临证及行事,皆簿记功过以自省。善作诗,著有《梦余草》。子毛景昌,医术益精。[见:《武进阳湖县合志·毛凤彩》]

毛都侯 清代河南辉县人。精医术,擅治伤寒,知名于时。[见:《辉县志》]

毛祥麟 字瑞文,号对山。清末江苏上海县人。监生。好读书,淡于科举,工诗、画。因少年时善病,又久侍亲疾,尤精医术。司马缪理堂之妻,停经年余,腹形渐大,呕不纳谷,日仅饮藕汁一二杯,奄奄待毙。毛祥麟往诊,断为"病在厥阴,损及太阴"。阅前医所立方案,或言气聚,或言癥瘕,杂投辛香燥散之剂,以至危殆。遂改进甘缓之剂,一服逆止,再服食增,继以养阴益气药调养,月经复而胀满除。毛氏平生多善举,民间流行霍乱,创制圣治丸以济人;同治甲子(1864)曾倡赈灾民。年八十余卒。所著《对山医话》四卷,光绪二十八年(1902)连载于《医学报》,今有单行本及《中国医学大成》本存世。此外尚著有《墨余录》、《达生篇详注》(又作《增注达生编》)、《侍亲一得》等书。门生庄春治,传承其术。[见:《上海县续志》、《海上墨林》、

《中国医学大成总目提要》]

毛谈虎（1896～1976）现代浙江桐乡县人。早年从学于名医金子久，尽得师传，为金氏得意门生。行医五十余年，学有根柢，临证多佳效。治病辨证精细，凡有疑难，深夜不眠，遍查方书，得其解而后安。于温病深得其师要领，概括为"清燥救肺，祛邪安正，保津救液"十二字。治疗杂病宗张机、王清任二家。著有《医案》，未梓。[见：《毛谈虎轶事》（《浙江中医杂志》1982年第3期）]

毛鸿印字雪堂，号柏龄。清代河南武陟县人。毛登云长子。早年习儒，道光甲午（1834）中举，选授汝阳县训导，从游者甚众。博闻多识，尤精医术。著有《医家管见》、《瘟疫论新编》等书，未梓。[见：《续武陟县志》]

毛景义字退之。清末河北静海县西翟庄人。生平未详。著有《喉科选粹》二卷（今存1928年鸿记印务工厂铅印本）、《中西医话》（今存1922年江东茂记书局石印本）、《中西医考》十卷、《本草分经解》四卷、《素问注解》若干卷，后三书未见流传。[见：《静海县志》、《中医图书联合目录》]

毛景昌字介侯。清代江苏武进县人。邑幼科名医毛凤彩孙，毛荀一子。幼习儿科，后攻研大方脉。洞彻医理，临证常奏奇功。著有《医案》若干卷，未见流传。[见：《武进阳湖县合志·毛凤彩传》]

毛登贤号玉书。清代顺天府（今北京）人。精医术，性慈善，常施药疗贫，为乡里称颂。[见：《顺天府志》]

毛登第明代浙江松阳县人。精医道，设药肆于家，以善治危疾著称。有医德，凡贫病者求治，不受谢仪；有远方就医者，必留而治之，病愈始令去。县令闻其名嘉奖之，刺吏廉其事，给以冠带。[见：《松阳县志》]

毛嘉赞清代山西夏县人。精医术，尤善脉理，预决生死，百不失一。同邑赵含光，与之齐名。[见：《山西通志》]

毛德宏清代人。生平里居未详。通医理，乾隆（1736～1795）初辑《普济本事方补遗》，今未见。[见：《四部总录医药编》（引《持静斋藏书纪要》）]

毛翰声清代云南石屏县人。精通医术。辑有《求我斋医书》若干卷，今未见。[见：《石屏县志》]

升

升玄子宋代人。生平里居未详。疑为道士。著有《养生论》、《伏汞图》，已佚。[见：《宋史·艺文志》、《通志·艺文略》、《本草纲目》]

长孙

长孙无忌（?～659）字辅机。唐代洛阳（今河南洛阳）人。祖上为拓跋氏，改姓长孙。赅博文史，性通悟，有筹略。少与太宗友善，以参与玄武门之变有功，授左武侯大将军。贞观元年（627）迁吏部尚书，封齐国公。显庆四年（659），奉敕与李勣、于志宁、许敬宗、苏敬等二十四人编《新修本草》五十四卷，其中正文二十一卷（含目录一卷）、药图二十六卷（含目录一卷）、图经七卷。全书载药八百五十种，大行于世详"李勣"条。同年，许敬宗诬其谋反，被解官，流配黔州，逼令自缢而死。[见：《旧唐书·长孙无忌传》、《新唐书·长孙无忌传》、《新唐书·艺文志》、《中医文献辞典》]

长桑

长桑君战国时人。生平里居未详。精通医术。门生秦越人（号扁鹊），尽得其秘。[见：《史记·扁鹊仓公列传》]

仁

仁谞一作仁捐。唐代人。生平里居未详。著有《新修本草音义》一卷，已佚。[见：《日本医学史·宽平年间现存书目》、《中国医学人名志》]

仇

仇远（1247～?）字仁近，一字仁父，号近山村民。宋元间浙江余杭人。居溪山之仇山。工诗文，宋末与白珽齐名，世称"仇白"。元初为溧阳教授。著有《稗史》，书中收载医药史料甚多。[见：《稗史》、《历代人物年里碑传综表》、《中国人名大辞典》]

仇鼎北宋人。里居未详。精通医术，尤擅外科，疗痈肿为当时第一。曾任殿中省尚药奉直医官，迁翰林院医官副使。性情刚躁，人或畏之。卒后，未有能继其术者。[见：《东坡志林·技术·医生》、《王安石集·卷五十五·外制》]

仇澐 字瑞元，号天一。清代浙江钱塘县人。康熙庚午（1690）校阅翁仲仁《痘疹金镜录》，刊刻于世。据《贩书偶记》载，有光绪十七年辛卯（1891）刻本存世。[见：《中国医学大成总目提要》、《贩书偶记》]

仇凤翔 字敬寰。明代浙江建德县人。自幼习医，至壮年通悟方脉诸书，尤擅长儿科。治病常不用药，但视经络所至，以手按摩，令汗出而愈。[见：《浙江通志》]

仇心谷 清代安徽歙县人。精医术，与名医程文囿同时。门生曹肖岩，传其学。[见：《杏轩医案》]

仇廷权 字名皋。清代浙江鄞县人。生平未详。著有《保婴秘书》五卷，传于世，今未见。[见：《鄞县通志》]

仇时御 字汝霖。清初浙江钱塘县人。通医道，知名于时。名医张志聪集合钱塘诸医及门生，讲学著书于侣山堂，前后达四十年。仇时御参与其事，自康熙二年至十一年（1663～1672），参校《伤寒论宗印》、《金匮要略注》、《黄帝内经素问集注》、《黄帝内经灵枢集注》诸书。[见：《伤寒论宗印》、《金匮要略注》、《黄帝内经素问集注》、《黄帝内经灵枢集注》]

介

介亮 字思明。清末河南新安县人。生平未详。著有《医学易知录》，今未见。[见：《河南通志》、《中州艺文录》]

从

从所好 字易安。清代江苏高邮州人。早年习儒，为庠生。世代业医，善承祖业，以治痘疹知名。善察小儿气色，于旬日前知天花发痘时日，预决吉凶。凡时医束手之证，从氏治之辄愈，全活婴儿不可胜数，邑人称为"痘神"。[见：《高邮州志》]

公孙

公孙光 西汉初淄川（今山东寿光）唐里人。精医术，通晓古方，知名于时。临淄淳于意从之学，公孙光授以"化阴阳及传语法"，复荐之于名医公乘阳庆。[见：《史记·扁鹊仓公列传》]

公孙克 宋代人。生平里居未详。著有《针灸经》一卷，已佚。[见：《崇文总目辑释》、《宋史·艺文志》]

公孙绰 春秋时鲁人。尝谓人曰："我能治偏枯，今吾倍为偏枯之药，则可以起死人。"[见：《历代名医蒙求》]

公孙昆邪 西汉北地义渠（今甘肃宁县西北）人。景帝时（前156～前141）为陇西太守。以击吴楚有功，封平曲侯。著书十五篇，论阴阳五行之术，已佚。孙公孙贺，为车骑将军，官至丞相。[见：《庆阳府志续稿》、《庆阳县志稿》、《汉书·公孙贺传》]

公孙知叔 明代人。里居未详。以疡医知名。赋性慈慧，记问赅博，深明百药之性。曾创制五毒之剂，外疗疮疡五证，内应五脏，以之敷疮，无不神效。[见：《名医类案》]

月

月鲁帖木儿 （?～1352）卜领勤多礼伯台氏。元代蒙古族人。幼颖悟，读书强记，倜傥有大志。十二岁入国学，仁宗时（1312～1320）入宿卫，后拜监察御史，累迁右司郎中、山东盐运副使、山南廉访使、汴梁路总管。至正四年（1344）授将作院同知，升大宗正府可札鲁花赤。至正八年（1348）任太医院使，次年加授翰林院学士承旨。至正十二年任江浙行省平章正事，同年病卒。[见：《金元医学人物》]

殳

殳芬 字郁芳。清代浙江平湖县人。嘉庆十年（1805）秋，偶罹目疾，历医数人，过服散风清火之剂，几至归于长夜。后桐乡眼科名医顾锡治之，得留一隙之明。此后从顾氏游，兼读医籍，以图济人自济。[见：《银海指南·殳芬序》]

殳珪 字廷肃。明代浙江嘉善县魏塘镇人。精医术，临证有奇验，名重于时。一孕妇怀胎八月，忽卧床不语，众医敛手。珪曰："此《内经》所谓瘖也，十月当不药自愈。"果及期而痊。无子，赘袁祥为婿。袁祥博洽高旷，不屑为医。珪以秘经授之曰："此不可无传也。"袁祥曰："建文御极四年，不修实录，忠臣死，事泯没无传，医经特琐琐耳。"时袁祥之女已十余岁，遂择钱尊为婿，使受殳珪之术，尊后为名医。尊子钱晒、钱晓，孙钱贽，皆传承医业。[见：《嘉善县志》、《嘉兴府志》、《浙江通志》]

凤

凤岐 清代人。生平里居未详。于光绪二十四年（1898）辑《验方择要》四卷，今存。

四画

[见:《中医图书联合目录》]

凤纲 战国时渔阳（今北京密云县）人。为道士。据传说，凤纲常采集百花，以水渍之，泥封于瓮，自正月迄九月末，使之得天地春、夏、秋三气精华，复埋之百日，煎九火，熬膏为丸。凡猝死者，以药纳口中皆可活。凤纲常服此丸，百岁不老。[见:《太平御览·方术部》、《历代名医蒙求》]

勾

勾复华 清代河北东明县人。精医术，尤擅妇科。凡求治，或望而知之，或诊而断之，未曾黍稷爽。甚或积年沉疴，群谓不起者，经勾氏治疗，则回生可望，故声名大噪，咸称"医林赤帜"。[见:《东明县志》]

卞

卞宝 明代山东东平县人。生平未详。曾任管勾（从七品或八品小吏），故《四库全书总目提要》等书称"卞管勾"。精兽医术。辑有《司牧马经痊骥通玄论》（又作《痊骥通元论》、《马经通元方论》）六卷。清沈初《浙江采进遗书总录》曰："《痊骥通元论》六卷，天一阁藏刊本。明卞宝辑。录医马诸法，凡三十九论、四十六记。"[见:《浙江采进遗书总录》、《补三史艺文志》、《百川书志》、《四库全书总目提要》、《四部总录医药编》、《明史·职官》]

卞模 字仪皇。明代浙江嘉善县人。工医术，能起危疾。与同时名医高隐齐名。[见:《嘉善县志》]

卞大亨 字嘉甫，自号松隐居士。南宋泰州（今江苏泰州）人。初由乡举入太学，升上舍。绍兴间（1131～1162），隐居象山钱仓村，丞相范宗尹以遗逸荐于朝，授怀宁县主簿。无意仕进，未几辞官，手植万松，婆娑成荫，行吟其间。好经史，耽老杜诗，喜怒哀乐一寓于诗。素习养生导引术，极尽医药、占算之妙。亲制药饵济人，全活甚众。著有《传信方》一百卷，已佚。[见:《宝庆四明志》、《世善堂藏书目录》、《宋史·艺文志》、《中国人名大辞典》]

卞之锦 明代浙江湖州人。生平未详。著有《颐生要旨八帖》，今未见。[见:《湖州府志》]

卞元功 字群卫。清代四川合江县人。出身农家，慷慨重义。以医为业，贫病者延请，远近旦暮不辞。尝作《业医自咏》以明志，诗曰："岐黄一术漫推寻，纵说家贫吾亦临。日夜奔驰全不惜，满腔都是活人心。"七十余犹身体力行，坚持出诊。年八十余卒。[见:《合江县志》]

卞石帆 明代人。生平里居未详。著有《无倦斋卫生良方》四卷，已佚。[见:《医藏书目》]

卞坦纶 字如堂。清代江苏扬州人。早年中举，曾任江西某县县令。精岐黄术，与周炎同时，皆以医术知名京师。[见:《扬州画舫录》]

卞祖学 清代浙江嘉兴县人。研究仲景之学，著《伤寒脉诀》、《药镜》等书。今未见。[见:《嘉兴县志》]

文

文起 清代湖南衡山县人。生平未详。著有《痘科辑要》一卷，刊于道光九年己丑（1829）。[见:《中医图书联合目录》]

文挚 战国时宋人。精医道，知名于世。齐闵王患疾，使人至宋，迎文挚。文挚诊之，谓太子曰："非怒则王疾不可治。"遂"不解履登床，履王衣问疾"，王怒不与言，文挚复出陋词重怒之，王呕吐而起，其疾遂愈。然王怒不解，竟以大鼎生烹文挚，太子与母合力争之，不得免。[见:《太平御览》、《历代名医蒙求》、《古今医统》]

文晟 （?～1859）字叔来，号宜亭。清代江西萍乡县归圣乡人。嘉庆二十四年己卯（1819）举人，以大挑一等分发广东，历署东安、清远、连平、海阳等州县，所至有政声，补茂名知县，丁艰归里。服阙，历任归善、新会知县，升嘉应知州，咸丰三年（1853）特授惠州府知府。居恒以气节自负，谙韬略。咸丰九年石郭宗等聚众数万攻嘉应，文晟拒守十三日，城破，力战而亡。文氏兼通医理，曾辑医学丛书《六种新编》（包括《内科摘录》、《外科摘录》、《慈幼便览》、《增订达生编》、《偏方补遗》、《药性摘录》），又撰《妇科杂证》、《本草饮食谱》，皆刊刻于世。子文星昭、文星辉、文星博，曾校订父书。[见:《昭萍志略》、《中医图书联合目录》、《中国丛书综录》]

文祥 （1818～1876）姓瓜尔佳氏，字博川，号猗园。清代满州正红旗人。道光二十五年（1845）进士。官至武英殿大学士、总理各国事务衙门大臣。辑有《医方择要》二卷，今存。[见:《中医图书联合目录》、《近三百年人物年谱知

文通 字通正，号梦香。清代长白（今吉林长白县）人。生平未详。对仲景《伤寒论》有所研究，道光十四年甲午（1834）撰《百一三方解》三卷，刊刻于世，今存。[见：《中医图书联合目录》、《贩书偶记续编》]

文淑 〈女〉 一作文俶。字端容。明代长洲县（今江苏苏州）人。文征明玄孙女。赵凡（字灵均）妻。婚后隐居苏州城西南寒山。文氏世精绘画，天下知名。文淑继承家学，亦工丹青，为苏州闺秀之冠。文征明曾临摹大内珍藏之《本草品汇精要》，携归故里。文俶自万历四十五年至四十八年（1617~1620）据文征明摹本绘《金石昆虫草木状》（又作《寒山草木昆虫状》），曲尽其妙。原图已佚，明末江阴周淑祜、周淑禧曾重绘此图，易名《本草图谱》，今残存五册（绢本）。[见：《池北偶谈》、《中医文献辞典》]

文德 唐代僧人。里居未详。出家于梁山（今陕西乾县）。"形质修伟，志操贞洁"，遇岁凶疫疠流行，则劝人持诵佛经。明焦竑《国史经籍志》、朱睦㮮《万卷堂书目》皆著录"文德《岭南卫生方》三卷"。检今本《岭南卫生方》，多称宋元间僧人继洪重订李璆、张致远《瘴论》所成者，其内容是否包括文德《岭南卫生方》，尚待考证。[见：《国史经籍志》、《乾州志稿·方技》、《岭南卫生方》]

文士龙 字飞涛。清代湖南桃源县人。邑名医文功臣子。继承父学，亦业医，知名于时。年七十六岁卒。子文士彦，孙文上取，皆业医。[见：《桃源县志》]

文士彦 字美士。清代湖南桃源县人。世医文士龙子。绍承父志，亦业医，知名于时。年八十五岁卒。子文上取，孙文锦绪，皆业医。[见：《桃源县志》]

文上取 字则先。清代湖南桃源县人。世医文士彦子。绍承父学，以医为业，知名于时。年八十四岁卒。子文锦绪，传家学。[见：《桃源县志》]

文功臣 字建侯。清代湖南桃源县人。业医，知名于时。年八十岁卒。著有《文氏验方》，今未见。子文士龙，孙文士彦，皆擅家学。[见：《桃源县志》]

文永周 号豁然子。清代四川万县人。生平未详。曾改编邓苑《一草亭目科全书》，易名《一草亭眼科全集》（包括《感应眼科古今药方》、《感应眼科录要药性》、《异授眼科病症问答》、《一草亭眼科全书》四种），今存道光十七年丁酉（1837）万邑永征祥刻本。[见：《中医图书联合目录》]

文成章 清代江苏太仓州横泾人。精医术，善治温热症，与本邑名医陆德隅齐名。[见：《横泾志稿》]

文其焕 字芳玖，号湘橹。清末江西萍乡县人。少孤，事寡母至孝。刻苦励学，弱冠补诸生。癸巳（1893）中第二名举人。后六试春官不第，乃绝意科名，授徒乡里。旁及医术，别有心得。里党有患怪病者，争迎诊候，莫不应手奏效。科举停后，选授盐大使，分发福建。在闽七年，不得志。年五十七岁，病故于惠安场任所。著有《湘橹医案全集》，未梓。[见：《昭萍志略》]

文明伦 清代四川荣昌县人。自幼习儒，及长，穷究医理，精其术。存活人之心，治病不分贵贱，有求必应，不计酬报。年八十二岁卒，闻者莫不痛惜。[见：《荣昌县志》]

文荫昌 （1863~1924） 字裕如。清末河北新城县米家务北庄人。少年丧父，专心于医药。多年辑录古方书，手抄细字成巨帙，博观慎取，技艺日进，凡所诊治，皆应手而愈。辑有《手钞三年脉学》二卷、《痘科选要》二卷、《疹科选要》二卷、《喉科》若干卷，未见刊行。[见：《新城县志》]

文彦博 （1006~1097） 字宽夫。北宋汾州介休县（今山西介休）人。其先本姓敬氏，因避讳改姓。及进士第，历事四朝，居官五十载，累官同中书门下平章事，封潞国公，后世称文潞公。熙宁九年（1076）为王安石所恶，力引去，寻以太师致仕。年九十二岁卒，谥"忠烈"。平素留心医药，尝患病，以多方疗治，弥岁不解。国医龚世昌授以香芎散，服未半剂而愈，遂不复发。有感于此，乃集《伤寒》、《外台》、《千金》诸书，精选切用之方，加以阐注，编《药准》一卷。宋陈振孙《直斋书录解题》曰："所集方才四十首，以为依本草而用药则有准，故以此四十方为处方用药之准也。"此书已佚。[见：《宋史·文彦伯传》、《宋史·艺文志》、《直斋书录解题》、《宋以前医籍考》、《古今名医言行录》]

文道长 又名斌。字静轩。清代山东阳信县人。早年习儒，尤精医道，知名乡里。秉性清廉，读书多悟，言行谦谨，素有君子之称。年七十三岁卒。[见：《阳信县志·清介》]

文锦华 字朴楼。清末江西萍乡县人。处士文瑞庭季子。聪颖好学，博学多识。已

四
画

丑（1889）中举人，丙午（1906）就职直隶州州同。民国初归田，创办西区高小学校。兼精医术，遇瘟疫流行，制送丸药，服则奇效。年七十八岁卒。著有《伤寒病症笺释》、《诗集》，未见梓行。[见：《昭萍志略》]

文锦绣 清代河北南和县人。诸生。习岐黄术，活民无算。著有《验方集锦》、《脉理析义》等书，未见流传。[见：《畿辅通志》]

文锦绪 字他山。清代湖南桃源县人。世医文上取子。祖上世代业医，至文锦绪为第五代，知名当时。年八十四岁卒。[见：《桃源县志》]

文德斋 清代人。生平里居未详。著有《白喉养阴忌表歌诀》，今存光绪二十五年己亥（1899）刻本。[见：《中医图书联合目录》]

方

方士 字邦彦。明代福建莆田县人。精通医术，以济人利物为己任。侄方文谟，传承其学，时推精诣。[见：《福建通志》]

方广 字约之，号古庵。明代安徽休宁县东山人。早年习儒。其母患脾胃病，遍身发斑，时医误以天疱疮治之，遽然而殁。事后，方广取元代名医朱震亨《丹溪心法》读之，始知母为前医所误。痛悔之余，深悟医不可不学，遂尽弃举业，博览前贤医籍，研究张机、刘完素、李杲诸家方论，于朱震亨之书尤致力焉。尝游河洛，旅寓陈留，所至以儒医知名。辑有《丹溪心法附余》二十四卷，刊于嘉靖十五年（1536），大行于世，今存版本甚多。还著有《古庵药鉴》，今存明嘉靖三十五年余氏敬贤堂刻本。还著有《伤寒地理》、《脉药证治》等，今未见。[见：《明史·艺文志》、《千顷堂书目》、《古今医统大全·历世圣贤名医姓氏》、《中国医籍考》、《四库全书总目提要》、《休宁县志》、《中医图书联合目录》]

方开 清代安徽歙县人。生平未详。编有《摩腹运气图考》一卷，未刊。后白颜伟修订此书，易名《延年九转法》，刊于雍正乙卯（1735），今存咸丰二年壬子（1852）广东抚署刻本。今上海图书馆藏《万病回春》，为光绪六年庚辰（1880）刻本，题"方开撰"，此书乃《摩腹运气图考》之同书异名者。[见：《中国医学大成总目提要》、《中医图书联合目录》]

方中① 南宋末钱塘县（今浙江杭州）人。祖籍汴梁（今河南开封），先人随高宗南渡，徙居钱塘。方中为都指挥使方好问子，曾任广东提刑，兼判医事。子方寿孙，曾任广平路医学教授。[见：《金元医学人物》]

方中② 医名华林，字定之。清代江苏江都县人。以医为业，负盛名而好学不倦，昼则忙于诊务，夜则秉烛读书，数十年如一日。所用方药悉遵古法，临证活法圆机，多著佳效。时医遇疑难之证，每就方氏求教，皆剖析其理，授以良方。子方金门，传承父业。[见：《续修江都县续志》]

方仁① 明代安徽歙县人。庠生。其父方超，以医鸣世。方仁随父业医，术亦精。[见：《合肥县志》]

方仁② 清代江西弋阳县人。精通医术，虽险证，一经诊视，无不愈者，一时有当世扁鹊之称。[见：《弋阳县志》]

方氏 〈女〉佚其名。明代安徽休宁县人。邑名医程公礼妻。方氏明达有识，精通幼科，每岁全活不下千人。[见：《幼幼全书·序》]

方达 字惟望。明代安徽歙县岩镇人。精医术，任太医院御医。嘉靖三十四年乙卯（1555），倭寇五十人袭扰歙县。歙久不见兵革，官府紧闭城门，乡民避入山谷，无赖子乘机行劫，司捕不知所为。方达奋然曰："溃贼五十何难！乃自乱也！"即劝乡民返家，又联络各乡堡，汇集健儿持兵自守，寇遂遁去。[见：《歙县志·义行》]

方华 清代江苏扬州人。与颜宝等八人俱精医术，有"淮扬九仙"之称。[见：《古今名医言行录》]

方导 字夷吾，号觉斋居士。南宋临汀（今福建长汀）人。早年游宦江淮广闽之间，中年后居乡著述。素好医方，尝取数十年家藏名方，取其经效者，与一二良医是正，分门别类，辑《方氏编类家藏集要方》（又作《方氏集要方》）二卷，刊于庆元丁巳（1197）。九江太守王南强云："久苦淋疾，百药不效。偶见临汀《集要方》中用牛膝者，服之而愈。"[见：《宋史·艺文志》、《宋以前医籍考》、《临汀汇考·物产》、《故宫所藏观海堂书目》]

方观 字仕艺。清代浙江於潜县人。父方树程，曾任泰州知县，遂定居泰州。方观通医术，至曾孙方国元，凡四世，皆精其业，为一时名医。[见：《杭州府志》]

方连 字秋崖。清代江苏娄县人。精医术，推崇名医朱震亨。方氏立方善用石膏，人称"方石膏"。临证精审，每临危症，归家遍翻医书，以求其当。年七十余卒。[见：《娄县续志》]

方

方谷（1508～?）明代浙江钱塘县人。精医术，曾任钱塘县医官。方氏推崇《内经》、《伤寒》、《脉经》诸书，对脉法多有研究，尝谓："最难者莫甚于脉。"著有《脉经直指》七卷（今存）、《本草纂要》（又作《本草集要》）十二卷（今残存七卷），刊刻于世。万历十二年（1584），方谷寿至七十七岁，尚亲手订正其子方隅《医林绳墨》。门生方勉、邵元，得其传授。［见：《明史·艺文志》、《浙江通志》、《中国医籍考》］

方灿　清代人。生平里居未详。著有《种痘真传》三卷，今存嘉庆二十二年丁丑（1817）刻本。［见：《中医图书联合目录》］

方汴　字可达，号省山。明代安徽桐城县人。少年时得秘传医术，悬壶济世。正德间（1506～1521）挟技游京师，医名达于帝廷，诏授太医院医官。［见：《桐城续修县志》］

方奇　字问之，号偶金，医名善昌。清代江苏甘泉县人，世居邵伯埭。精通医学，兼明道术。著有《修元大道》三卷、《伤寒析义》四十卷，白菊溪、陈芝楣深重之，皆为其书作序，刊刻于世，今未见。［见：《甘泉县志》］

方贤　明代浙江归安县人。精医术，曾任太医院院判，迁院使。成化间（1465～1487）召至殿前，考医论三篇，加封通政使右通政。前太医院使董宿，曾搜集诸家良方，欲汇编成书，未成而逝。方贤惜其采辑未备，乃与御医杨文翰重加订补，撰《太医院经验奇效良方大全》（简称《奇效良方》）六十九卷，今存成化七年辛卯（1471）太医院刻本。方氏还著有《医论》一卷，已佚。门生周升、周冕、周鼎，俱为御医。［见：《明史·艺文志》、《归安县志》、《中国医籍考》、《中医图书联合目录》］

方泽　清代安徽桐城县人。邑名医方晙长子。有文名，宦游于江南。兼通医术而不悬壶。弟方源，以医著称。［见：《桐城县志》、《桐城续修县志》］

方政　字以仁。明代安徽望江县人。精医术。景泰间（1450～1456）以名医召入太医院。［见：《望江县志》］

方城　字彦超。清代安徽桐城县人。国学生。性严正，疾恶如仇，人皆敬服之。善岐黄术。年八十四岁卒。著有《集验新方》，今未见。［见：《桐城县志》］

方荣　明代人。生平里居未详。通医术。曾任太医院医士。弘治十六年（1503），太医院院判刘文泰等奉敕编撰《本草品汇精要》，方氏与中书科儒士吉庆、周时敛、姜承儒、仰仲瞻及太医院医士祝寿、王棠等十四人任誊录。该书毕工于弘治十八年三月，未刊，今存抄本。［见：《本草品汇精要》］

方钦　字席儒。清代江苏如皋县人。初习举业，考授州同知。性至孝，因父病研究医学，久之精其术。后求诊者日众，遂弃儒业医。康熙二十五年丙寅（1686），邑多疫疾，方钦出资购药，令家人煎煮，救治贫病，所活甚众。［见：《通州府志》、《如皋县志》］

方选　字以贤。明代江都县（今属江苏）人。精医术，知名于时。天性慈善，稍有盈余，即周济亲朋中贫困者。［见：《江都县志》］

方勉　字学效。明代浙江钱塘县人。名医方谷门生。［见：《医林绳墨·序》］

方音　字舜和，号恒斋。明代安徽歙县岩镇人。嗜读医书，以仁侠好义著称。早年经商于淮阴，遇书生孙一松，为盗所劫，穷饿困殆。方氏悯之，解囊相助，不留姓名而去。后方音再遇孙氏于途，孙跪拜邀请至家，谢金，不受。孙氏为名医陶华再传弟子，乃以秘传医书相赠。方音归而习之，诊病如神，遂以医知名。本县唐皋（1469～1526）未及第时贫病交加，方音恒送药赠金济之。正德九年（1514）唐皋中状元，授翰林修撰，每与乡人聚会，必虚左以待。由是，方氏医名益显。及方氏殁，唐皋作传，盛赞其为人。子方健，孙方中立，克传家学，俱为名医。后裔方德甫、方嗣塘、方孝绩、方孝儒等，均绍祖业。［见：《歙县志》、《中国历代名医碑传集》（引鲍应鳌《瑞芝山房集·方隐君传》）］

方炯　字用晦，自号杏翁。明代福建莆田县人。有文名，尝与方时举等人创立壶山文会。兼精医术。一僧暴厥口噤，人皆谓已死，炯独言可治，以管吹药纳鼻中，良久，吐痰数升而愈。生平活人甚多，有酬以资者，贫则却之，富则受之，以济穷乏。著有《杏村肘后方》、《伤寒书》、《脉理精微》，均佚。门生郑德孚，得其传授。［见：《福建通志》］

方珩　字楚珍。清代浙江乌程县南浔镇人。精通医术，后入京，名噪京师。康熙二十五年（1686）召对称旨，赐乌云豹衣一袭，授太医院御医。方氏好施予，重然诺，时人敬之。寿至八十余卒。著有《南归集》、《燕山集》（非医书）。［见：《湖州府志》］

方坝　字伯吹。清代江西弋阳县人。邑名医方声炯子。重孝义，先后事两继母皆至孝。精

四画

113

通家学，亦以医术知名。[见：《弋阳县志》]

方壶 清代江苏嘉定县南翔镇人。世医方源子。绍承家学，亦业医。[见：《南翔镇志》]

方健 字一诚，号长塘。明代安徽歙县岩镇人。邑名医方音子。传承父业，临证屡著奇效，名闻遐迩。曾挟技游京师，声动朝野。隆庆二年（1568）正月，太医院医官徐春甫集合各地在京名医四十六人，创立一体堂宅仁医会，方健为会员之一。诸医穷探医经，讨论学术，共戒私弊，患难相济，为我国最早之全国性医学组织，其组织构成、宗旨、会规等刊入《医学指南捷径六书》。子方中立，医名亦盛。[见：《歙县志》、《中国历代名医碑传集》（引鲍应鳌《瑞芝山房集·方隐君传》）、《我国历史上最早的医学组织》（《中华医史杂志》1981年第3期）]

方润 字泽辉。清代安徽婺源县荷田人。精医术，以外科见长。有医德，治病不计酬报。藩宪韩某，书"义行可风"额其门。子方兆琪，克传父学。[见：《婺源县志》]

方晙 一作方峻。字子雅，号竹圃。清代安徽桐城县人。慷慨好义，兼精医术。人有急难，必曲意调护，不形于色。遇灾疫，则携药周视贫乏，每能一诊而愈，全活甚众。著有《医方辨案》数十卷，藏于家。有子四人，长子方泽，有文名。三子方源，继承父业，亦负盛名。[见：《桐城县志》、《桐城续修县志》]

方略 字南熏。清代江西武宁县北乡人。精医术，荐授医学正科。殿撰汪鸣相赠联云："砌上玉枝留美荫，阶前瑶草散奇芬。"著有《尚友堂医案》二卷、《幼科集要》（又作《幼科辑要》）二卷，均存于世。还著有《经脉集要》、《脉诀集要》、《辨证集要》、《伤寒集要》等，未见流传。门人车盖，得其传。[见：《武宁县志》、《尚友堂医案·序》、《中医图书联合目录》]

方焌 明代宁夏卫（今宁夏贺兰）人。精通医道，尤擅治伤寒诸症。撰有《疮疡论》若干卷，已佚。子方策，传承父学。[见：《宁夏新志》、《朔方道志》]

方寅 字直清，号厚堂。清代江苏江宁县人。诸生。晚年精医术。[见：《续纂江宁府志》]

方隅 一作方嵎。明代浙江钱塘县人。钱塘医官方谷子。得父传，亦通医理。著有《医林绳墨》八卷，其父晚年为之校订，刊于万历十二年（1584）。此书以《黄帝内经》、《伤寒论》为主，参以金元诸家之说，结合临证经验，论述八十一证，辨证求因，随证处方。全书深入浅出，

颇便于初学，对后世有一定影响。[见：《杭州府志》、《中国医籍考》、《中医文献辞典》、《历代名医传略》]

方喆 号复斋。明初浙江新登县人。精医理，疗病如神，兼明《易经》，曾任杭州医学正科。洪武间（1368～1398）诏试明医，中选。奉命出使日本国，于舟中注解《伤寒论》，全帙共四册，今未见。[见：《新登县志》]

方超 明代安徽歙县人。游于庐州（今安徽合肥），以善医知名。子方仁，亦精其术。[见：《合肥县志》]

方鼎 明代安徽歙县人。徙居庐州（今安徽合肥）。精医术，善治怪疾，屡有奇效，士大夫皆延致之。有医德，凡贫病无力者，以药赠之。庐州人论名医，必曰："前有李恒，后有方鼎。"[见：《合肥县志》]

方策 明代宁夏卫（今宁夏贺兰）人。邑名医方焌子。绍承父业，亦精医术，求治者门庭若市。卒后，因后人居官，获赠指挥。[见：《朔方志》、《朔方道志》]

方鲁 字望山。清代浙江萧山县人。性质直，无城府。精通医道，"视人之疾，若在厥躬"，凡求治者，虽筚门穷巷，盛暑酷寒必赴。临证以理气为主，谓"人之疾大率起于气滞"，处方多以逍遥散加减，每获佳效，时号方逍遥。乾隆间（1736～1795）卒。子方孔昭，能嗣其业。[见：《萧山县志稿》]

方谟 字静舟，号笛楼。清代江西南昌人。廪贡生。例授训导。家饶于资，遇岁歉不惜倾仓以施。好读书，博览医籍，通悟医理。乾隆三十九年甲午（1774）徙居嘉善县魏塘，求医者踵相接，未尝索酬。年五十七岁卒。著有《集选医话》，今未见。[见：《浙江通志稿》]

方谦 字恪夫。清代江苏奉贤县三团人。监生。好善不倦，晚年精医理，治疑难证辄效。[见：《奉贤县志》]

方煟 字蔚堂。清代安徽定远县人。太学生。精通医道，救济甚众。重医德，遇贫病助以药饵，乡里德之。[见：《定远县志》]

方源① 字绍川。清代安徽桐城县人。名医方晙三子。幼聪颖，性友爱。因善病，父命习医，以所著《医方辨案》授之。源既得家传，以医术名著于时。其长兄宦游于外，偶患疾，方源闻讯不远千里往视，手调汤药，痊愈乃已。后挟技游于江淮间，抱病归，卒。父书及其自著皆遗失旅舍，闻者惜之。[见：《桐城续修县志》]

方源② 清代江苏嘉定县南翔镇人。世医方时中子。绍承家学，亦业医。子方壶，传父业。[见：《南翔镇志》]

方模 字廷瑞。明代山东新城县人。早失慈母，不久父亦卒于官。幼年力任家事，专志经学，尤精祖传医术。凡求治者，不分贵贱，一一诊视，不计利。乡人书其名于旌善亭，名其室曰存仁堂。[见：《新城县志》]

方震 字青来。清代江苏吴县人。能以金针治眼疾，虽瞽可以复明。吴兴太守吴绮，以哭子失明，越数年，就震医治。震出金针，长寸许，从两目角刺入，既入黑睛约半寸许，卷去内障，如风之扫箨，云之过空。术毕，乃书字以示绮，绮曰："某字也。"其神效多类此。孙方文焯，能世其业。[见：《苏州府志》、《吴县志》]

方镕 清代安徽旌德县人。庠生。精医术，诊病立愈。辑有《伤寒摘要》、《温热条辨》、《暑温湿温疫疬疟痢诸条辨》、《胜气篇》、《复气篇》等，未见流传。[见：《重修安徽通志》]

方璞 字葆华，号苻漪。清代江苏清河县人。诸生。中年患瘵疾，研究方药，以求自疗。年未四十卒。著有《医方析义》、《症治宝筏》，行于世，今未见。[见：《清河县志》]

方徽 字若泉。清代安徽休宁县东山人。诸生。工医术，善治时疫，曾遇昏死一日者，灌药而苏，闻者称奇。[见：《休宁县志》]

方燮① 字大章。清代江苏吴县人。通医理。著有《蜀漆辨误》，今未见。[见：《冷庐医话》]

方燮② 清代宁夏府灵州（今宁夏灵武）人。早年习儒，为贡生。兼嗜《本草》、《脉诀》诸书，通晓医理。以医济世，临证多年，用药平稳，多所全活，名重乡里。[见：《朔方道志》]

方耀 字含山。清代浙江海盐县人。邑庠生。力学砥行，工诗画，尤精医理。著述甚富，所撰医书《证治集腋》十卷、《医方歌诀》六卷、《本草补注》六卷，兵燹后散佚不存。[见：《海盐县志》]

方一乐 字成于。清代安徽婺源县平盈人。淳厚温和，无疾言剧色，一生多善举。精医术，虽隆冬暮夜，有以疾延请者，立赴救，概不索酬，活人甚众。著有《痘治答疑》，惜未见流传。[见：《婺源县志》]

方一善 字服之。明代浙江兰溪县人。精医术。曾任太医院医官。[见：《兰溪市医学史略》]

方又胜 清代江西弋阳县五十都人。精熟《脉诀》，善制丸药，虽遇险怪之疾，治之多效。又善疗痨瘵，早延之，能十愈八九。[见：《弋阳县志》]

方士恩 （?～1894）字锡三。清代安徽黟县厚善人。岁贡生。乐善好施，喜排难解纷。尤精医术，诊治贫病不取分文。创本村同益药铺，精制药料。尝谓经理者曰："吾创此业，以便人缓急，勿贪利，免损吾志。"光绪甲午赴乡试，卒于南京试寓，士论惜之。著有诗集、医书各若干卷，藏于家。[见：《黟县四志》]

方士谅 清代河南辉县人。精医术，"脉理精微，方术绝妙"。曾任医学训科。[见：《辉县志》]

方士繇 字伯谟。南宋籍溪（疑即福建崇安）人。精医术。庆元元年（1195）与金华王汉，同治朱熹之疾。病愈，朱熹乃出郭雍《伤寒补亡论》示之，嘱二人校正刊补。[见：《伤寒补亡论·朱序》]

方大彪 字猷宗。清代福建长乐县人。太医院御医方治定子。继承父学，年弱冠即以医知名，能预知病者生死，人呼"方半仙"。乾隆四十二年（1777），县令王隽病笃，群医无策，大彪独言可治，一剂而愈，人皆叹服。[见：《长乐县志》]

方子针 字用中。清代安徽宿松县人。自幼读书，有宿慧。壮年习医，能探《金匮》之奥。某人患病，数月不思饮食，亦不知所苦，诸医束手。子针诊之，诧曰："汝少阴脉失其常度，得毋夜间梦魇焉？"应曰："然。"药下而愈，其神敏率类此。[见：《宿松县志》]

方子敬 元代人。生平里居未详。弃儒业医。洪希文作《赠东园方子敬弃儒学医》诗曰："出门谢孔周，面壁说神农。莫道上池水，根源洙泗中。父师传《肘后》，非桂亦非参。珍重不龟药，毋劳售百金。"[见：《金元医学人物》（引《续轩渠集》）]

方元勋 明代安徽歙县人。生平未详。著有《痘治答难》八卷，今存嘉靖三十三年（1554）刻本。[见：《上海图书馆书目》]

方无咎 元明间鄱阳（今江西波阳）人。其家世为儒医。幼颖异，继承家学，亦工医术。同里贤士徐明善其推重之。[见：《金元医学人物》（引《吴文正公集·赠方无咎序》）]

方中立 字伯能，世称古敦先生。明代安徽歙县岩镇人。邑名医方音孙，方健子。

115

自幼习儒，患目疾，弃学经商。轻财好义，每赈人之困，不久折本而归。其父笑曰："争利者于市，树德者于医。若欲树德而务贾乎?"乃取家藏医籍遍读之，废寝忘食者三载，自信有得，乃悬壶问世。临证洞悉病源，药无不中，声名大噪。每晨起，求治者盈门，逐一诊视毕，即乘舆出诊，或十里，或百里，高门蔽户无不赴请，至午夜方归。笃于内行，事亲至孝。心怀济利，好周贫救急，每贷于人，有不能偿者辄焚其券。晚年贤声与医名并重，乡里皆称古敦先生，郡大夫以"仁让"旌其门。侄方绍文，传承其业。[见:《中国历代名医碑传集》(引鲍应鳌《瑞芝山房集·方隐君传》)]

方中矩 字璇圃。清代四川涪州人。性刚直。精医术，其方尊古而不拘泥，临证多效验。重医德，遇贫病不索谢，活人甚众。[见:《续修涪州志》]

方中履 字素北。清代安徽桐城县人。方以智幼子。性孝友，与兄奉母寻父于南海。后独往，侍父十余载。父卒，奉榇归葬。生平不治举业，博览群书，究心于天人、性命、礼乐、制度、经史、医药等学。著有《论医药》一卷，今未见。医学外尚有《古今释疑》十八卷、《汗青阁全书》数十种。[见:《重修安徽通志》]

方仁渊 (1845~1926) 字耕霞，号思梅。近代江苏江阴县顾山镇人。幼习举业，笃好诗文。少年时从名医王泰林学，未卒业，太平天国战事起，遂辍学，赴苏州药店为店伙，暇则攻读医典。壮岁从名医邵炳扬游，越数年，医道大成，乃悬壶于无锡蠡园等地。光绪(1875~1908)初，徙居常熟，设诊于城内草荡街，求治者踵相接。遇疑难大症，必苦思冥索，力为挽救。于医理重天人合一之说，每据岁运以辨证，进退有度。重医德，尝谓:"为医者，当以病人之痛苦为己之痛苦。"1929年，南京政府卫生部通过余岩《废止旧医案》，方仁渊被公举为常熟医学会会长，集合同道进行坚决抵制。后创办《常熟医学会月刊》，前后出版二十六期。平生好著述，撰有《新编汤头歌诀》一卷、《倚云轩医论》二卷、《倚云轩医案》二卷、《倚云轩医话》二卷，并辑《王旭高医案》四卷，其稿现存中国中医科学院图书馆。子方玉祥，侄方君嘉，均继其业。门人史仲友，为常州市第一人民医院著名中医。[见:《中国历代医史》、《吴中名医录》]

方文伟 字燮宇。清代江苏嘉定县南翔镇人。世代习医。至文伟精于张仲景、朱丹溪、陶节庵诸家之言，别有神悟。善治伤寒等证，常一剂即愈，人称方一帖。著有《伤寒经论》，未梓。子方时中，孙方源，曾孙方壶，俱传祖业。[见:《南翔镇志》、《嘉定县志》]

方文柱 清代安徽婺源县荷田人。商贾方士焕子。精医术，擅长疡科，常购药施送病者。与弟方锡荣辑《外科经验方》，传家济人。[见:《婺源县志》]

方文焯 清代江苏吴县人。眼科名医方震孙。继承祖父之学，亦工医术。[见:《吴县志》]

方文谟 明代福建莆田县人。名医方士侰。亦通医术，时推精诣。治病常一帖即愈，人称"方一剂"。[见:《福建通志》]

方以清 字秋垞。清代江苏娄县人。精医术。尝谓:"病有所挟，而后风寒暑湿得乘机而发。"故治病多用"内通外解"之法。立方多用枳实，时人以方枳实称之。年六十余卒。子佚名，传承父学。[见:《娄县续志》]

方以智 (1611~1671) 字密之，又字鹿起，号曼公，又号龙眠愚者。明清间安徽桐城县人。其父方孔照，为万历四十四年(1616)进士，官至湖广巡抚。方以智自幼习儒，崇祯十三年(1640)举进士，授翰林院检讨。明亡，流寓岭表，隐姓埋名，卖药于市。清军入关，遂削发为僧，改名弘智，字无可，号药地，以谐音暗示不屈，海内莫不服其气节。曾寓居江西金溪县碧溪佛寺，书"砥中阁"三大字，旁题"药地愚者智书"，笔意绝类欧阳询。康熙十年(1671)，赴吉安拜文天祥墓，卒于途，享年六十一。方氏博学广识，于天文、地理、律术、音韵、文字莫不通览。因父病，二十六岁学医，精研历代医书，兼取西医。主张以西洋解剖学、生理学补充中医，为我国早期持中西医汇通思想之医家。长于著述，与医有关者有《东西钧》(包括《脉考》、《古方解》各一卷)、《物理小识》(卷一阐述解剖生理、藏象经络，卷二阐述医药)、《药地炮庄》等。幼子方中履，亦通医理。[见:《清史稿·方以智传》、《桐城县志》、《抚州府志·寓贤》、《明季西洋传入之医学》、《中医图书联合目录》]

方允淳 清代人。生平里居未详。著有《广嗣编》二卷，今存乾隆十五年(1750)刊本。[见:《中医图书联合目录》]

方孔昭 清代浙江萧山县人。邑名医方鲁子。传承父业，亦知名。[见:《萧山县志稿》]

方玉祥 (?～1926) 近代江苏江阴县顾山镇人。名医方仁渊子。得父传，亦以医问世。惜早卒。[见：《吴中名医录》]

方玉简 字岳封。清代安徽绩溪县东青岭人。国学生。潜心医学，师事歙县叶尧士。自《内经》以下诸名家方书，靡不殚究。著有《本草诗笺》十卷，今未见。[见：《绩溪县志》]

方正应 清代四川彰明县人。早年习儒，曾任广西某地知县。博学多闻，兼精医术，治病有长乐陈念祖之风。[见：《彰明县志》]

方正晋 清代安徽合肥县人。精通医术，擅长眼科，知名于时。[见：《重修安徽通志》]

方本恭 字鼎篆，号山子，又号春水。清代浙江嘉兴县人。生平未详。著有《内经述》一卷，刊于嘉庆间（1796～1820），今藏中国中医科学院图书馆。[见：《中医图书联合目录》、《嘉兴府志》]

方叶封 清末江苏太仓县伍胥乡人。其家世代业医，至叶封已第六世，亦精医术，以疡科知名。兄方渊如，精内科。侄方麟祥，得其传授。[见：《吴中名医录》]

方立肇 字修纪，又字平心。清代湖南新化县人。少聪慧，读书过目不忘。三应童试不售，遂改业医。常自采草药，救世济人。有求诊者，不分寒暑，虽星夜必往。嘉庆十九年甲戌（1814）秋，大疫。有余某合家传染，方立肇适经过，闻讯入视。余某贫困，无力购药，慨然出富家所谢诊金相助，一家皆得痊愈。子方应轸，亦工医术。[见：《新化县志》]

方圣德 字国望。清代浙江太平县（今温岭县）人。精医术，尤擅伤寒，治奇疾随手奏效，求诊者门庭若市。有医德，不分贵贱悉为诊视，霜晨雨夜无难色。著有《仲景伤寒补遗》，未见刊行。[见：《太平续志》]

方有执 (1523～1595) 字中行（一作仲行），自号九龙山人。明代安徽歙县人。初未学医，后因两番丧妻，病皆起于伤寒；五殇儿女，咸罹惊风之症，悽恻悲哀，无以言表。乃客游淮楚，值旱灾后疫疠盛行，身染重疾，死信宿而重生，遂发愤学医。初取《伤寒论》、《金匮要略》诸书读之，久之多有解悟。然不自满足，跋山涉水，游历天下以访名师，足迹遍于齐鲁川陕，先后二十余年，始"豁悟默契，潜通言外旨趣"，遂卓然成家。万历二十三年卒，享年七十三。方氏认为《伤寒论》代远年湮，王叔和已改原文，成无己又予窜乱，早失仲景之旧，故竭二十余年之力，考订移整，于万历二十一年癸巳（1593）撰《伤寒论条辨》八卷，刊刻于世，为后世医家所重。方氏还著有《本草钞》一卷、《痉书》一卷、《或问》一卷，均附刻于《伤寒论条辨》之后。[见：《伤寒论条辨·自序》、《痉书·自序》、《遂初轩医话》、《四库全书总目提要》]

方存方 元代弋阳县（今江西弋阳）人。业医，精其术。皇庆二年（1313），鄱阳徐瑞作《送医士方存方归弋阳诗》三首赞之。[见：《金元医学人物》（引《松巢漫稿》）]

方成龙 字奉泉。明清间江苏昆山县南千墩（今千灯镇）人。自少习儒，为庠生。入清后尽弃举业，潜心医学。尤精脉理，一经诊视，生死立决，名著于时。虽家境清贫，其医风为世所重。寿至七十岁殁。弟方成麟，得其传。[见：《昆山历代医家录》（引《淞南志》）]

方成垣 字星岩。清代安徽歙县人。生平未详。乾隆五十一年（1786）著《见闻录》五卷，今存抄本。另著《古方选注》一卷，今未见。[见：《中医图书联合目录》、《新安名医考》]

方成培 号仰松。清代安徽歙县人。生平未详。曾订正歙县师成子《灵药秘方》，并"辑同人屡验之方一卷，附于后"，刊刻于乾隆四十八年（1783），今存。[见：《中医图书联合目录》]

方成麟 字玉塘。明清间江苏昆山县南千墩（今千灯镇）人。儒医方成龙胞弟。得兄传授，亦精医术，临证投剂立效。[见：《昆山历代医家录》（引《淞南志·方成龙传》）]

方廷瑾 字德玉。元明间钱塘县（今浙江杭州）人。其先祖为汴梁（今河南开封）人，随宋高宗南渡，徙居钱塘。曾祖方好问，为宋殿前都指挥使，判太医局；祖父方中，为广东提刑，亦判医事；其父方寿孙，为元广平路医学教授。方廷瑾得家传，亦以医术著称，有起死回生之誉。历任永嘉、天临、平江等地医官，迁松江府医学教授。[见：《金元医学人物》（引《梧溪集》）、《清江文集·送方德玉序》）]

方自然 清代安徽歙县人。少年丧母。稍长，父命就塾读书、经商、议婚，皆辞。问何所愿，答曰："愿学道。"及父殁，乃入终南山求师。历尽艰辛，于岩穴间遇道士，长跪数日，请为弟子。道士叹曰："尔无仙骨奈何？虽然，尔心坚，不可虚来。"出秘书一卷付之，遣归。启视之，则方书也，遂研习之。后以医问世，治病有

奇效。乾隆甲午（1774），寿已八十余，貌若童子，步履如飞。[见：《中国历代名医碑传集》（引王友亮《记事》）]

方仲谐 明代安徽婺源县平盈人。得祖传幼科秘方，精医术。远近数百里皆慕名求治，全活婴幼甚众。孙方起煜，继承家学。[见：《婺源县志》]

方华林 清代江苏甘泉县人。以医知名。与同时名医朱湛溪、夏继昭相往还。[见：《甘泉县续志》]

方兆琪 清代安徽婺源县荷田人。外科名医方润子。得父传，亦精医术。[见：《婺源县志》]

方汝化 明末常熟县（今属江苏）人。精医术，与同邑名医李宏初齐名。[见：《常昭合志》]

方如川 字士弱。明代新都（今四川成都）人。以儒习医，博览古籍，究心本草，崇尚古方，尝谓："金元诸家，背经违论，皆不可取。"曾搜求古论，重校郑泽《重证本草单方》六卷，刊于万历三十八年（1610），今存。[见：《中国医籍考》、《中医大辞典》、《全国中医图书联合目录》]

方如化 字诚庵。明代常熟县（今属江苏）唐市人。以医知名。年九十四岁卒。子方志贞，绍承父业。[见：《江苏历代医人志》]

方好问 南宋末钱塘县（今浙江杭州）人。其先祖为汴梁（今河南开封）人，随高宗南渡，徙居钱塘。生平未详，曾任殿前都指挥使，兼判太医局。子方中，孙方寿孙，曾孙方廷瑾，均通医术。[见：《金元医学人物·方廷瑾》]

方寿孙 元初钱塘县（今浙江杭州）人。其先祖为汴梁（今河南开封）人，随宋高宗南渡，徙居钱塘。其父方中，为南宋末广东提刑，兼通医道。方寿孙继承家学，亦精医术，曾任广平路医学教授。子方廷瑾，为医官。[见：《金元医学人物·方廷瑾》]

方孝绩 明代安徽歙县岩镇人。名医方音后裔。继承祖业，以医知名。[见：《歙县地》]

方孝儒 明代安徽歙县岩镇人。名医方音后裔。继承祖业，以医知名。[见：《歙县地》]

方志贞 明代常熟县（今属江苏）唐市人。邑名医方如化子。绍承父学，亦业医。[见：《江苏历代医人志》]

方志祖 清代江苏兴化县人。生平未详。辑有《外科集成》，未见流传。[见：《兴化县志》]

方声炯 字孚远。清代江西弋阳县人。庠生。性嗜学，名重鹅湖。因母晚年多病，遂究心方脉，熟于经络，精通针灸之术。每处一方，或百剂，或数十剂，预定疗程。违之者，辄未久复发，仍令如数服之乃愈。平生活人以千计，未尝有自德之色。子方坝，传承父业。[见：《弋阳县志》]

方时中 清代江苏嘉定县南翔镇人。邑名医方文伟子。绍承父学，亦业医。子方源，孙方壶，俱传家学。[见：《南翔镇志》]

方秀广 号易生。清代四川大足县人。幼年明悟强记，从诸兄习举业。年十余岁，母病，屡治不效，及延名医王登和诊视，一药而痊。自此，遵母命从登和学医，尽得其传。登和老，凡远路求治者，悉令秀广出诊，效验不下其师。久之，声名大振，成渝各地就诊者，岁无虚日。年七十余，殁于家。[见：《重修大足县志》]

方应时 明代河南信阳县人。万历间（1573～1619）岁贡生。精医术，有神医之称。著有《医方金镜》。今中国中医科学院图书馆藏《医方金镜》抄本一帙，不著撰者姓名，待考。[见：《重修信阳县志》]

方应轸 清代湖南新化县人。邑名医方立肇子。早年习儒，为国子生。守正不阿，乐为义举。兼通医术，有谢以金者，悉购药以济贫病。或劝积之以待有余，应轸曰："待有余，终无济人之日。守财虏，吾不为也。"常记录经验救急之方，传送济人。著有《医镜便读》，人争抄之。[见：《新化县志》]

方补德 清代人。生平里居未详。著有《喉风论》一卷，刊于嘉庆十三年（1808），今存。[见：《中医图书联合目录》]

方君嘉 近代江苏江阴县顾山镇人。名医方仁渊侄。得仁渊之传，亦精医术。[见：《吴中名医录》]

方际远 字抟九。清代安徽绩溪县碣头人。世种神痘，深明治痘之法。[见：《痘诀·许豫和序》]

方雨恩 字渭清，号沛轩。清代安徽怀宁县人。究心医理，活人无算。[见：《怀宁县志》]

方奇恒 字竹堂。清代江苏南汇县人。道光（1821～1850）初，徙居奉贤县南桥。精医术。凡遇善举，勇于自任。[见：《奉贤县志》]

方叔和 字节之。明代浙江建德县人。精通医术，兼读儒书。初任本府医学正科，成化间（1465～1487）礼部列名，钦取赴京，授御医。官至承德郎太医院院判。弘治四年（1491）岐王患疾，叔和奉旨诊疗，有效，累受白金、文绮之赐。弘治十六年（1503），与院判刘文泰等奉敕编撰《本草品汇精要》四十二卷，成书于弘治十八年三月。当年四月，孝宗不豫，刘文泰等太医治疗不效，崩，诸御医皆获罪，方叔和革职。后卒于家。[见：《严州府志》、《浙江通志》、《古今图书集成·医部全录》、《本草品汇精要》、《御制本草品汇精要·考略》]

方国元 清代浙江於潜县人。其五世祖方树程，曾任泰州知县，遂定居于泰州。自其曾祖方观至国元，四世皆为名医。[见：《杭州府志》]

方昌瀛 字锦洲。清代湖北夏口县人。少习儒业，中年弃所学，从母郭氏习医，名著江汉间。素重医德，遇贫病不取酬。某人病重而赤贫，昌瀛往诊之，不取其资，嘱轿夫亦不可取分文，轿夫有怨言。后轿夫母病，昌瀛徒步而往，轿夫坚请乘舆，昌瀛曰："恐汝不愿耳。"轿夫大感悟。年六十三岁卒。著有《寄寰生笔记》，藏于家。[见：《夏口县志》]

方易生 清代四川叙州（今宜宾）人。大足县名医王登和得意门生，名噪于时。[见：《重修大足县志》]

方明旸 明代浙江东阳县人。世代业医，以善治小儿痘疹知名。子方学彦，传父业。[见：《东阳县志》]

方鸣谦 （1910～1987）现代山东掖县人。自少学习中医，熟读《内经》、《伤寒论》、《金匮要略》、《温病条辨》诸医典，博涉百家。兼嗜金石书画，曾师事胡佩衡、胡希丁诸名师。1931年参加中医师考试，以第一名获取医师资格，开始行医生涯。1954年调北京市第二中医门诊部，任科室主任。1956年受聘于北京中医学院，历任内科教研组主任、外科教研组主任兼附属医院外科主任、院务委员会委员、学术委员会委员，并连任北京市第四、五、六届政协委员。方氏临证经验丰富，行医五十余年，兼擅内、外、妇科，善治多种疑难病症。对中医学理论及古典文献亦多有研究，先后主讲《内经》、《伤寒论》等基础课程，参加编写第一版中医高校教材，为现代著名中医学家及教育家。[见：《北京中医药大学校志》]

方质初 清代江西弋阳县三十六都人。以医为业，知名于时。尝应聘治王氏小儿之疾，人皆谓此儿必死，时儿母有微恙，质初并诊之，曰："子病虚热，服地黄汤必愈。母病可忧！"后果然子愈而母亡。[见：《弋阳县志》]

方金山 清代人。生平里居未详。光绪三年（1877）著《胎产秘方》四卷，今存稿本。[见：《中医图书联合目录》]

方金门 清代江苏江都县人。邑名医方中子。继承父业，亦精医术。[见：《续修江都县续志》]

方学彦 字圣区。明代浙江东阳县人。世医方明旸子。自幼敏慧，从父学医，精其术，尤擅治痘疹。及悬壶于世，远近知名，病家争相延迎，唯恐不及。其辨证处方，能得古人方外之意，治疗诸案，盛传于时。[见：《东阳县志》]

方治定 清代福建长乐县人。精医术，曾任太医院御医。子方大彪，亦为名医。[见：《长乐县志》]

方实惠 元代鄱阳（今江西波阳）人。生于书香之家，初习举业，因父母病弃儒学医。精于脉法，临证投药辄效，能愈沉疴。曾任饶州医学教授，各州县慕名求治者甚众。后经浙江行省之荐，征至京师。[见：《金元医学人物》（引《送医教授方实惠序》）]

方承永 字祚远。清代安徽寿州人。岁贡生。嘉庆十九年（1814）议叙主簿。喜施与，常以药饵济人。善养生，年八十岁，尚强健不衰，后无疾而终。著有《医方》三卷，今未见。子方新，能承父志。[见：《凤阳府志》、《寿州志》]

方承佑 字寿民。清代江苏兴化县人。精医术，善治伤寒，以济世为志。光绪十四年（1888），兴化大疫，承佑备药施诊，活人无算，贫民德之。[见：《续兴化县志》]

方绍文 明代安徽歙县岩镇人。邑名医方健孙，方中立侄。传承家学，亦精医术。悬壶京师，名重于时。[见：《中国历代名医碑传集》（引鲍应鳌《瑞芝山房集·方隐君传》）]

方荫山 明代人。生平里居未详。精医术，治噤口痢多验。著有《医案》，已佚，其零散验案收入江瓘《名医类案》。[见：《名医类案》]

方药中 （1921～1995）原名方衡。现代四川省重庆市人。其祖父业医，其父亦深通医理。方氏自幼读书，暇则遵父训学医，诵读《医学三字经》诸书。1940年高中毕业，父殁家贫，遂入重庆市邮局任邮务员。抗日战争期间，全国名医荟萃山城，得以师事京都名医陈逊斋，研习《内经》、《伤寒论》、《金匮要略》等经典，皆能成诵。久之贯通医理，临证针药并用，治病多获良效，渐以经方大家知名。1944年，考取中医师证书，开设方药中诊所于重庆。当时，霍乱、天花肆行，方氏深入贫民区救治，不计报酬，活人甚众，声望日起。1952年，各地选拔优秀青年中医到北京学习西医，方药中入选，至北京医学院医疗系学习五年，1957年毕业。嗣后，出任中国中医研究院西苑医院内科消化系主治医师。先后担任全国中医研究生班副主任、副教授；西苑医院副院长、研究员；中国中医研究院研究生部主任、硕士和博士研究生导师。方氏兼通中西医学，主张两者"取长补短，共同提高"，认为中医学必须遵循固有理论体系，同时以现代科学知识和手段加以发掘、整理、提高。方氏善于诊治肝病、肾病、重症肌无力、恶性肿瘤等内科疑难病症，采用西医诊断、中医治疗的方式，取得较好的临床疗效。方氏毕生探索中西医结合之路，曾提出并主持"方药中对慢性肾衰的诊治体系"科研课题，探索西医辨病与中医辨证相结合的证治模式，具有创新性，该课题获得中国中医研究院科研成果奖。方药中勤于著述，撰写并出版《医学三字经浅说》、《辨证论治研究七讲》、《黄帝内经素问运气七篇讲解》、《温病汇讲》等著作，并先后发表学术论文140多篇。方氏多次出国讲学，1990年获得"阿尔伯特·爱因斯坦世界科学奖"荣誉证书。方药中是当代中医界著名临床专家，也是极富开拓精神的著名学者。[见：《中国科学技术专家传略》]

方星岩 清代江苏上海县人。邑名医王敬义门生。传承师学，知名乡里。[见：《上海县志》]

方养晦 元代安仁县（今江西余干县）人。入紫云山为道士，擅长针灸术。初师事天台桐柏宫沈君，后就学于漆园（今山东曹县）罗君，遂通晓经络、气血诸学。后云游四方，遇良医则结为师友，久之术益精，名震于时。[见：《金元医学人物》（引《侯庵集·赠方养晦针灸序》）]

方洪石 字砺臣，号芑园。清代广东番禺县人。嗜黄老之术，尤精于医。康熙（1662~1722）初，从观察使彭文庵赴云南，任职军中，以医药活人，不责谢，人称长者。后弃官归里，筑芑园居焉。著有《治平术要篇》、《芑园目录》（非医书）。[见：《番禺县志》、《广东通志》]

方洛如 明代松江（今上海松江）人。以医术知名。善丹青，所绘山水灵秀有韵。[见：《艺林医人录》]

方起英 字遇春。清代浙江淳安县（一说义乌县）人。其先世徙居山东历城县，居仙台三新庄。少孤贫，入山樵柴以奉母。稍长，涉猎经史，兼能诗。不利于科场，叹曰："吾遂无济人乎？"乃研习医术，洞究《内》、《难》之奥。年三十余悬壶历城，治病多奇验。一妇人偶咯血，动作如常。起英诊之，辞而不治，未几果殁。一少女忽昏厥，众皆谓已死，起英曰："气郁也。"以醋熏之而苏。有医德，诊治贫病不取酬，活人甚多。著有《诊家手镜》一卷、《千秋铎》（内容为论治伤寒）一卷、《一斑录》（为验案）一卷，总名曰《三昧集》，邵志谦为之作序。今未见流传。[见：《历城县志》、《济南府志》]

方起煜 字孔章。明代安徽婺源县平盈人。邑幼科名医方仲谐孙。得祖父传授，亦精幼科，全活甚众。邑侯赠"仁寿天锡"额其门。子方维伦，传其业。[见：《婺源县志》]

方桂源 明代广东东莞县人。生平未详。著有《医学奇剂》一书，今未见。[见：《东莞县志》]

方原庵 （1866~1946）原名廷坤。近代安徽怀远县人。清末庠生。以儒入医，行道二十余年，求治者踵相接。宣统元年（1909），皖北瘟疫流行，方氏竭力救治，全活无算。崔兴盛患湿温二十余日，医药杂投，病势日危。方氏应聘诊视，以右胸拒按、口干、不大渴、苔白燥，用增液承气法，一服而愈。年八十一岁卒。著有《方氏验方集》，未梓。子方英山，孙方德润，俱传其学。[见：《中国历代医史》]

方晓安 清代浙江绍兴人。精医术。门生曹炳章，为近代名医。[见：《中国历代医史》、《中国医学大成总目提要》]

方益谦 字仁后。清代江苏青浦县人。诸生。瘦如碧鹤，而才艺丰赡，善医，摘阮弹棋，无不工妙。年四十一岁卒。[见：《中国历代医家传录》（引《瓶粟斋诗话》）]

方凌云 清代江西萍乡县人。生性平和，精通医术，为乾隆间（1736~1795）当地名医。重医德，遇贫病赠药施救，多所全活。[见：《昭萍志略》]

方基庆 (1931～1985) 现代山东夏津县人。生于中医世家，父辈以针灸闻名遐迩。善承家学，1950年挂牌应诊，以祖传凤凰展翅补泻手法施针，临证三十余年，临证经验丰富，为山东著名医家。曾任山东省中医医院针灸科副主任医师、中华全国中医学会山东省分会常务理事兼副秘书长、山东省针灸学会副主任委员兼秘书、《中国针灸》杂志编委会委员。先后发表学术论文三十余篇，著有《实用针灸学》等书。[见：《中医年鉴》(1987)]

方清卿 清末江苏太仓县横泾人。精医术。为名医何长治门生。[见：《何鸿舫医方墨迹》]

方鸿藻 字蕴中，号鉴湖。清代安徽婺源县坑口人。附贡生。性耿介。专精儿科，常制备丸散济人。年七十五岁卒。[见：《婺源县志》]

方渊如 清末太仓县伍胥乡人。其家世代业医，至渊如已第六世。亦精医术，以内科知名。弟方叶封，精通外科。渊如子方麟祥，继承家学，兼擅内、外两科。[见：《吴中名医录》]

方维伦 明代安徽婺源县平盈人。幼科世医方起煜子。得父传，亦精医术。[见：《婺源县志》]

方鼎锐 清代人。生平里居未详。著有《医方易简新编》六卷，今有咸丰丁巳(1857)重刊本。[见：《中华医学会中文医书目》]

方嗣塘 明代安徽歙县岩镇人。名医方音后裔。继承祖业，以医知名。[见：《歙县志》]

方锡荣 清代安徽婺源县荷田人。商贾方士焕子。通晓医术，佐父经商，轻财重义。兄方文柱，以疡科知名。二人曾编《外科经验方》，传家济人。[见：《婺源县志》]

方肇权 字秉钧。清代安徽歙县人。生平未详。著有《方氏脉症正宗》四卷。今存乾隆十四年己巳(1749)方氏有仁堂刻本。[见：《中医图书联合目录》]

方震孺 字孩未。明代安徽桐城人，徙居寿州。万历四十一年(1613)三甲第三十六名进士，授沙县知县，迁御史。官沙县时，曾编《治蛊奇书》，刊于世，今未见。医书外尚撰《闽中笔记》、《在沙腐语》、《闽士课》等书。[见：《凤台县志》、《重修安徽通志》]

方德甫 明代安徽歙县岩镇人。名医方音后裔。继承祖业，以医知名。[见：《歙县志》]

方澍桐 号珊珂。清末福建福州人。性纯厚缜密，精医学。先后从学于甘雨卿、张正浚、林芗波诸名医，刻苦研求，诊治多愈。后复从两世名医郭秋泉学，郭氏日诊数十人，澍桐能默录其方无误。光绪庚子、辛丑(1900～1901)闽中大疫，方澍桐日夕诊治，遇贫者则施以药。光绪末年，全闽医药学会成立，方氏出任会长。陈登铠创办三山医学传习所，推之为所长。热心公益，凡乡间有善举事，无不尽力。业师郭秋泉殁，澍桐教其孙郭云团习医，云团后为良医。[见：《中国历代医史》(引《方氏家谱》)]

方麟祥 (1903～1947) 字信孚。近代江苏太仓县伍胥乡人。其家世代业医，至麟祥已第七世。父方渊如，精内科；叔方叶封，专外、疡科。方麟祥早年从父、叔学医，兼工内、外科，尤擅治伤寒、痈疽、疔疮等证。年弱冠悬壶于世，远近求治者踵相接。待人和蔼，凡病家延请，不论昼夜，随请随往。惜中年患结肠癌病逝，年仅四十五岁。子方国苍、方国平，尽得父传，皆业医。[见：《吴中名医录》]

火

火文炜 号蓬山。清代江苏南汇县人。儒医火光大次子。绍承家学，亦精医术。兼工书法，擅长小篆。[见：《南汇县志》]

火光大 清代江苏南汇县人。名儒火炳子。早年习儒，能诗善文，有名士林。兼通医学。著有《医学十全编》，未见刊行。次子火文炜，精医道，擅长书法。[见：《南汇县志》]

火治庵 清代安徽芜湖县人。精通医术，声名甚噪。与名医郑重光同时。[见：《素圃医案》]

计

计佩 字润泉。清代江苏苏州人。居调丰巷。精医术，临证多奇效。山西王贾病危，计氏治而活之；岁饥，食官粥者多患疫，计氏设药局疗治，全活无算。晚年学道，隐居嵩山，寿至百岁。子计孔昭，亦以医知名。孙计牧臣，有祖父风范。[见：《苏州府志》、《吴门补乘》]

计逸 字克桢。清代江苏上海县陈行乡人。精医术，擅长妇科。每出诊，必徒步而往，不计酬报。[见：《上海县续志》]

计楠 字寿乔，又字寿桥，号老匏，又号甘谷外史、惕盒道人。清代浙江秀水县人。廪贡

四
画

生。中年任安吉训导，迁严州教谕。博雅工诗，好游历，精园艺。深谙医理，尤擅妇科，临证重补法，尝曰："诊胎产症二十余年，凡大险大危者，十中挽回七八，皆以用补得宜。"家居筑小园曰一隅草堂，植牡丹、名菊于其中。曾开设药肆，所售丹皮皆出本圃。嘉庆八年（1803）著《客尘医话》三卷，于妇科证治颇有见地。又曾校订张介宾《质疑录》、宁一玉《按部分经录》、张泰《类伤寒集补》等书。以上四书均收入《一隅草堂医书》，乃秀水王赓虞于光绪十九年（1893）从《一隅草堂集·附刻》录出者，为抄本。医书外，尚著有《艺菊说》、《牡丹谱》等。[见:《嘉兴县志》、《冷庐医话》、《客尘医话》、《浙北医学史略》、《中国医学大成总目提要》、《中医图书联合目录》]

计孔昭 清代江苏苏州人。邑名医计佩子。事父极孝，幼承庭训习医，后亦知名。子计牧臣，有祖父风范。[见:《苏州府志》]

尹

尹正 字方水。清代江苏江浦县人。诸生。工书法，善八股文，尤精医学，知名于扬州。[见:《扬州画舫录》]

尹丕 清代云南人。生平里居未详。著有《大小金针八法》若干卷，今未见。[见:《续云南通志稿》]

尹喜 字公度，号文始先生。战国人。里居未详。官函谷关尹。相传老子西游，过函谷关，授尹喜《道德经》五千言而去。据载，尹喜著有《炼丹诀》一卷、《绝谷方》一卷、《黄庭秘言内景经》一卷、《黄庭外景经注》一卷，均佚。[见:《中国人名大辞典》、《宋史·艺文志》、《通志·艺文略》、《太平圣惠方》、《石墨镌华》]

尹璇 字玑文。清代山东诸城县人。生平未详。著有《痘疹心法》六卷，未见刊行。[见:《山东通志》]

尹穆 唐代人。生平里居未详。晋东阳太守范汪撰《范东阳杂药方》一百七十六卷，流传至隋，仅存一百零五卷。尹穆补订范氏书，纂为一百七十卷。据焦竑《国史经籍志》载，尹穆所纂《范东阳杂药方》明代尚存，今佚，其内容散见于《外台秘要》、《医心方》诸书。[见:《隋书·经籍志》、《新唐书·艺文志》、《通志·艺文略》、《宋史·艺文志》、《国史经籍志》、《补晋书艺文志》]

尹士珍 （1741~?）清代四川大竹县人。自幼习儒，屡试不售，家计贫寒，以训蒙自给。兼习方脉，治病多良效。性澹泊，不附势。嘉庆二十四年（1819）值七十九岁，公举为寿民。[见:《大竹县志》]

尹元贞 清代四川泸县人。幼多羸疾，遂习医，知名于时。素重养生，年八十岁，神清脚健，尚能出诊。寿至八十八岁卒。[见:《泸县志》]

尹从龙 世称尹蓬头，又称铁骑鹤仙。明代陕西华州（一说丹阳）人。世间传说其"仙迹"甚多，每以异术为人治疾。弘治间（1488~1505）曾客居名医钱宝寓所。嘉靖间（1522~1566），黄鲁曾尝见之。朝廷恐其惑乱人心，命押解归华州，使居铁鹤观，不知所终。著有《治小儿疳疾方》，未见流传。[见:《丹阳县志》、《续金陵琐事》、《玉芝堂谈荟》、《香祖笔记》、《坚瓠三集》]

尹方远 字乐朋。清代山东邹县小落陵村人。少有隽才，博学能文，弱冠游庠，旋成贡生。兼精医术，于《灵枢》、《素问》颇有心得。济世活人，有著手成春之效，良医之声，著于一时。撰有《伤寒易解》四卷，未见刊行。长子尹怀熔，继承父业，文章医术，均称妙手。[见:《邹县志稿》]

尹乐渠 清代清江（今江苏淮安）人。生平未详。著有《医学捷要》四卷，今存同治二年癸亥（1863）泉文堂刻本。[见:《中国历代医家传录》、《中医图书联合目录》]

尹式衡 字少阿。清末河南郑县马渡村人。通医术，精导引。光绪三年（1877）乘犊车应四方延诊，全活无算。[见:《郑县志》]

尹百祥 号巨川。明代河南汜水县人。工医，兼通天文、风水等术。[见:《汜水县志》]

尹延英 字树百。清代浙江嘉兴县人。生平未详。曾于康熙二十三年甲子（1684）参订萧埙《女科经纶》。[见:《女科经纶》]

尹克海 清代四川大宁县青庄坪人。早年学易。大宁偏远乏医，病家皆于开州、夔州、巫山就治。尹氏有志济世，遂发奋学医，研究《内经》、《伤寒》诸医典，披览历代名医方论，久之精其术，治疾多奇验，知名于时。子孙皆传承其术，孙尹纯一，继业尤精。[见:《大宁县志》]

尹时辂 字质卿。明代江西玉山县人。诸生。其家世业小儿医。尹时辂亦贯通方术，有求即往，不较酬资，不辞远难。年九十岁，犹能书蝇头小字，言笑健步，过于壮夫。兼工绘画，

每兴至，洒墨为红梅小幅，持以赠人。[见:《玉山县志》]

尹怀圣 字安臣。清代江苏上元县人。从医僧仲理庵游，得其儿科秘要。后悬壶济世，用药不拘泥古法，疗病多奇验。有医德，遇贫病赠以药饵，不求酬报。[见:《上元县志》、《江南通志》]

尹怀熔 清代山东邹县小落陵村人。儒医尹方远长子。继承父学，文章医术均称妙手。[见:《邹县志稿·尹方远传》]

尹纯一 清代四川大宁县青庄坪人。邑名医尹克海孙。继承家学，亦精医术。光绪十二年（1886），寿七十余岁，尚筋力强固，日以活人为务。[见:《大宁县志》]

尹林庵 明代山东滨州人。尝登长白山，得异人秘传，以医术驰名，有国医之称。门人周宗岳、刘梦松，得其传授。[见:《阳信县志·刘梦松传》、《滨州志·周宗岳传》]

尹典礼 字淑四。清代湖南茶陵人。州庠生。少年丧父，事母以孝闻。笃志于学，探讨经术，一切声华势利，淡如也。兼通医理，岁制丸散，以拯疾病。曾注释《内经图说》（又作《内景图说》），今未见。子尹绍宗，为增生，善属文。[见:《湖南通志》、《茶陵州志》]

尹昶临 清代河北南皮县人。弃儒就医。治病不分贫富，有求辄应，无不立效。著有《增删观舌心法》、《医学指南》等书，未见刊行。[见:《南皮县志》]

尹耕莘 （1841～1908）清末河北新城县佐各庄人。邑庠生。精医道，擅治痘疹，病家争相延请，活人甚众。年六十八岁殁，人皆悼之。[见:《新城县志》]

尹振昌 字世玉。清末人。生平里居未详。精医术，曾任太医院候补恩粮。[见:《太医院志·同寅录》]

尹逢庚 字毓西。清末河南内黄县人。恩贡生。弃儒业医，精其术。[见:《内黄县志》]

尹隆宾 字君奭。明代湖北汉川县人。贡生。精岐黄术。商贾马允执，久病阳痿，瘦瘠骨立，卧床不起。尽四方之医，历三四年之久，日渐危殆，咸谓旦夕死矣。后请尹氏诊视，一剂而减，再投能步履矣。太守杨公有恶疾，困顿欲求自尽，诸医束手，举署号泣。尹氏治之，投药立愈。著有《医学恰中集》（又作《内外大小恰中集》）、《伤寒慧解》四卷、《薛氏女科删补》，

行于世，今未见。[见:《汉川县志》]

尹颐芝 清代安徽宿松县人。洞达医理，治疾不拘泥古方，颇见奇效。[见:《宿松县志》]

尹慎徽 清代湖南衡山县人。博学多识，诗词书画各臻其妙，尤精岐黄术，通内、外、咽喉各科。外孙李纪方，尽得其传。[见:《白喉全生集·序》]

尹嘉实 字公伦。清代江西雩都县人，徙居赣州。精医术，尤擅幼科，能愈险逆之症。一小儿左颧发一痘，已收靥而烦躁不食。嘉实曰:"此名贼痘，痘未出也，将复出。"急投败毒散二剂，逾日果发，遍体无隙处，病得痊愈。著有《难经辨微》、《脉诀辨微》、《痘科诚求》、《尹氏按验书》，均未见流传。[见:《赣州府志》]

尹瞽医 佚其名。字子清。近代辽宁盖平县（今盖县）城内人。三岁因病失明，聪颖好学，记忆过人。稍长入盲哑学校读书，学习盲文。毕业后以手代目，研究文学。后专力于医学，遍读《素问》、《灵枢》、《伤寒论》诸书，探本求源，久之融会贯通。后以医济世，治病应手奏效，为当时名医。[见:《盖平县志》]

巴

巴应奎 明代安徽歙县人。精通医术，知名京师，与太医院医官徐春甫相往还。隆庆二年（1568）正月，徐春甫集合各地在京名医四十六人，创立一体堂宅仁医会，巴氏为会员之一。诸医穷探医经，讨论四子（指张机、刘完素、李杲、朱震亨），共戒私弊，患难相济，为我国最早之全国性医学组织。巴应奎著有《伤寒明理补论》四卷，今国内未见，日本国立公文书馆内阁文库藏有残本，存卷三、卷四。巴氏还撰有《阐明伤寒论》若干卷，已佚。[见:《医藏书目》、《我国历史上最早的医学组织》（《中华医史杂志》1981年第3期）、《内阁文库汉籍分类目录》、《新安名医考》]

巴纯一 字敬扬，号怀庄。清代安徽歙县人。出家于江苏吴江县平望镇清真道院。其师杨春芳，深于经蕴丹法，纯一虽得其传，谢绝不为。素工刀圭之术，颇有效验。凡贫病者就治，不取诊酬。晚年喜赋诗，时有佳句。乾隆己未（1739）院中大殿毁，巴纯一化缘集资，重修复之。年七十余卒。著有《喉科司命集》，今未见。还著有诗集《可笑斋学吟稿》，亦未见流传。[见:《平望志》、《苏州府志》]

四画

巴堂试 字以功。清代安徽歙县人。以医著称。咸丰间（1851～1861）避乱江西，尤负盛名。著有《病理药性集韵》，今未见。还著有《本草便读》，其孙巴苏仙手抄一帙，后经同邑殷长裕增补，名之曰《本草便读补遗》，行于世。其弟巴堂谊，得兄传授，亦精医术。侄巴锡麟，门生殷蓉舫，皆承其学。[见：《歙县志》、《新安名医考》]

巴堂谊 字道名，又字茗生。清代安徽歙县人。名医巴堂试胞弟。早年习儒，为孝廉。精书法。得兄传授，亦以医术著称。[见：《歙县志》、《新安名医考》]

巴锡麟 字菊仙。清代安徽歙县人。邑名医巴堂试侄。传承伯父之学，亦以医名。按，疑锡麟为巴堂谊之子，待考。[见：《歙县志》]

邓

邓丕 号冷炉。清代广东三水县清塘人。家境素贫，教读为业。娴习医术，活人甚众，知名于时。胸怀洒落，晚年善调气养生，啸傲林下，吟咏自娱。子邓俊，为举人。[见：《三水县志》]

邓石 （1311～1352）字汝贞。元明间江西抚州金溪县人。其祖父邓希颜，为元初吉水县知事；父邓颐，为临江路酒务提领。邓石天性孝友，好宾客。泰定间（1324～1327），从危素读书山中，后隐居于乡，耽玩经史，欲以节义自立。兼通医术，曾挟技游于京师，为侍读学士泰不华、秘书监著作郎李孝光、礼部郎中吴当所器重。治病从不受谢仪，曾愈户部侍郎郝某母疾，郝赠以名画，邓石喜曰："郝公知我者也。"至正十二年（1352），邓氏组织义社，与刘福通红巾军抗衡，卒于军中。[见：《金元医学人物》（引《危太仆续集·邓汝贞墓铭》）]

邓生 佚其名。清代江西南城县洑牛人。世为农夫。好游历，尝遇峨嵋山人，授以针法。归后，以术治人，无不立活。邓氏貌丑，天性朴野，不为富人所喜。乾隆（1736～1795）初，有周公子随父宦游浏阳，病于任所，腹胀如箕，两腓肿甚，度必不起，乃备棺归乡。舟过洑牛，延请邓生视疾，邓针其腓，水溅壁上如洒雨，食顷而止。针腹亦然，病遂瘥。公子遽起，邓止之曰："勿急也。公子病久，荣卫瞀乱，筋脉周张，宜静卧三日，佐以薄粥，乃可复也，不然且废。"如其言调养，果愈。邓生晚年居乡，不复近城市。久之，患逆噎症殁。[见：《南城县志》]

邓观 字我生。明清间江西南丰县人。庠生。久不利于科场，崇祯十五年（1642）试毕，叹曰："文气如此，国祚其弗永乎？"遂绝意进取。于书无所不窥，尤贯通《易经》；于诸技莫不解，以医学为最精。善养生，年九十岁，无疾而终。著有《济生易简》六十四卷，今未见。子邓兆汉，亦博学工医。[见：《南丰县志》]

邓坊 清代河北大城县人。生平未详。通医理，著有《医痘指南》四卷，今未见。[见：《大城县志》]

邓苑 字博望。明清间江西清江县人。顺治八年（1651）中举，选河西令。致仕后，杜门谢客，以搜罗古籍为务。旁涉《素问》诸书，精贯医理。尤善画墨梅，妙绝一时。年七十余卒。著有《一草亭目科全书》（又作《一草亭集》）一卷，约成书于崇祯十七年（1644）。此书分目论、目次、外障、外障治法、内障、内障治法、小儿痘毒治法、小儿疳积眼治法、治小儿雀盲法九篇，所载内服、外治诸方简明实用。今存最早刊本为康熙五十一年壬辰（1712）颍川鹿氏刻本。[见：《清史稿·艺文志》、《清江县志》、《郑堂读书记》]

邓宓 字寄斋。清代安徽桐城县人。精医术，专擅儿科，知名于时。[见：《桐城县志》]

邓珍 字玉佩。元代邵武县（今福建邵武）人。自幼嗜读医书，尤推重汉代张机《伤寒论》、《金匮要略》诸书。元代《金匮要略》传本甚少，邓珍旁索群隐，于后至元六年（1340）获盱江（今江西南城县）丘氏所藏宋刊《新编金匮方论》（即《金匮要略》）三卷，遂自为之序，重刻行世。此书今藏北京大学图书馆，为海内外孤本，亦为现存最早之本，弥足珍贵。[见：《新编金匮方论·邓珍序》、《金元医学人物》、《全国中医图书联合目录》]

邓信 字行甫，自号水石山人。明代广东新会县人。精医术，擅绘画，知名于时。[见：《广东通志》]

邓莹 清代江西萍乡县北区上湖人。邑庠生。精通医术，恪守仲景家法，有儒医之誉。[见：《昭萍志略》]

邓鸿 字尔聚。清代云南昆明县人。精医术，暇时好读诗。挟技游石屏县，治病多佳效，知名于时。享高寿而终。[见：《石屏县志》]

邓敞 字方溪。清代广东曲江县人。幼承庭训，锐志习儒。道光乙酉（1825）拔贡。性刚劲，不同流俗。工书画，通音律。好读方书，尤精伤科，擅续筋接骨。[见：《韶州府志》]

邓焱 字景文（一作京文）。元初抚州崇仁县（今江西崇仁）人。性纯厚，笃于学。早年师事易伯寿（1221～1305），贯通经史。兼精医术，官医学教谕。邓氏对《黄帝内经素问》运气学说有所研究，曾演绎经文，采拾遗意，著《运气新书》，吴澄（1249～1333）为之作序，惜散佚不传。[见：《补元史艺文志》、《中国医籍考》、《金元医学人物》]

邓暄 号春亭。明代常熟（今属江苏）人。御史邓良璧子。自少颖慧，不利于科场，弃儒习医，后入太医院。留京师二十余年，缙绅争相延请，医名不胫而走。后奉命至越闽间采访医药，所至为人疗疾，刀圭之下，历著奇效，其术称神。[见：《海虞文征》]

邓锦 字瀍植，又字绹亭。清代湖北黄梅县人。嘉庆辛酉（1801）举人，授枣阳教谕。体素羸弱，留心医学，善自调养，遂精岐黄之术。平生多善举，常施药济人，又曾捐金助修枣阳县文庙。殁后，枣阳人立碑，颂扬其德。著有医书《伤寒新编》、《小观书》（方书）、《长春录》，未见传世。[见：《黄梅县志》]

邓旒 号乐天。清代福建邵武县人。精医术，以儿科著称。嘉庆间（1796～1820）学人痘接种术于广东，后归福建推广之。著有《保赤指南车》十卷，专论儿科杂证及麻痘防治之法，今存光绪六年庚辰（1880）祖述堂刻本。[见：《重修邵武县志》、《中医大辞典》、《中医图书联合目录》]

邓璜 字渭庵。清代福建沙县人。父邓履亨，以义行著称。邓璜早年习儒，为郡庠生。好排纷解难，片言立决，人皆服其公正。后家道中落，而济人之急如故。素习《内经》、《本草》，精通医道，起沉痼无算，绝不计利。生性好洁，嗜饮佳茶。临卒，口占曰："我今归去作茶仙。"其风致超脱如此。孙邓绥民，医术益精。[见：《沙县志》]

邓乙林 字紫云。清代湖北麻城县七柯松乡人。庠生。博学能文，年二十弃举子业，研究方脉，"起朽生枯"，全活不可胜计。年六十六岁卒。[见：《麻城县志前编》]

邓大成 清代广东归善县人。精医术，知名于时。与同邑名医邓大德、刘渊、龚楚、邓大任、王世仁、李起鸿等齐名，皆卓然有成。[见：《惠州府志》]

邓大任 清代广东归善县人。精医术，知名于时。与同邑名医邓大德、刘渊、龚楚、邓大成、王世仁、李起鸿等齐名，皆卓然有成。[见：《惠州府志》]

邓大通（1727～1810） 清代湖南祁阳县人。精岐黄术。以济人为怀，病愈者酬以金，却而勿受。事继母如亲生，事病兄关爱备至。嘉庆丁巳（1797），寿七十一岁，曾孙绕膝，四世同堂。八十四岁殁。子邓正瑛、邓正瑜，皆为庠生，有声士林。[见：《祁阳县志》]

邓大德 清代广东归善县人。世代业医，父邓文照，叔父邓恭照、邓子照，皆以医术闻世。大德为文照次子，绍承家学，悬壶于乡。前后行医六十年，名噪于时。临证小心谨慎，每遇一病，必诊视详审，明其病源，然后立方，故药之所投，十不失一。尝遇疑难大证，诸医皆束手，唯大德指下了然，力排众议，亟下重剂，应手而愈。当时先后以医著名者尚有刘渊、龚楚、邓大成、邓大任、王世仁、李起鸿等，皆卓然有成。[见：《惠州府志》]

邓子照 清代广东归善县人。精医术，知名于时。兄邓文照、邓恭照，皆精医术。[见：《惠州府志》]

邓天阶 字六符，号嵩溪居士。清代湖南泸溪县人。精医术，知名于时。著有《保幼汇纂》、《顺德堂医案》，总名之曰《从心录》，皆自序。今未见流传。[见：《泸溪县志》]

邓天亨 清代四川中江县人。精通医术，有名于时。年九十一岁卒。[见：《潼川府志》]

邓元锡 明代盱郡（今江苏盱眙）人。生平未详。著有《方技传》、《物性志》二书，今存万历元年（1573）合刻本。[见：《中医图书联合目录》]

邓友益 元代人。里居未详。通医理，曾任广东增城县医学教谕。至顺二年（1331）增城县重修三皇庙，邓氏出力甚多。[见：《金元医学人物》]

邓化南 清代四川江北厅人。通医术，开药肆于合川县，遂定居。子邓德敏，继承父业，亦负盛名。[见：《合川县志》]

邓凤岐 清代湖南常宁县人。精医术，擅诊断，决人生死奇中。同里唐标患疾，凤岐诊之，曰："此小恙也，但心脉每三十至辄止，三年心疾作，弗可瘳。"后果如其言。[见：《新修潼川府志》]

邓方直 清代广东乐昌县人。邑名医曹浚来门生。颇得师传，活人甚众。[见：《乐昌县志》]

邓文可 元明间江西新喻县人。精通接骨术，遐迩闻名。有名刘从忠者，被残垣压伤，左腿骨折三处，右腿骨折一处，举家惊恐，皆谓必成废人。邓氏诊之曰："勿忧。"即施术用药，竟得大痊，行走如初。[见:《金元医学人物》（引《梁石门集·赠医师邓文可序》）]

邓文仲 明代福建永安县贡川人。其家祖传医蛊奇方，其术秘异，服之无不立愈。[见:《延平府志》]

邓文彪 字谦伯，号无为子。元代金溪县（今江西金溪）人。素好道术，游历于吴越间。爱读医书，曾遍考医经，历数十年，编成《医书集成》三十卷，虞集为之作序。是书以人体各部位为条目，下附病症、病因、病原，编写体例独特。邓氏殁，其书为弟子费无隐珍藏，后刊刻于世，今散佚不传。[见:《金元医学人物》（引《道园学古录·医书集成序》）、《补元史艺文志》、《江西通志稿》]

邓文照 清代广东归善县人。与弟恭照、邓子照，皆精医术，而文照尤好行善。次子邓大德，为当时名医。[见:《惠州府志》]

邓孔泗 明代人。生平里居未详。名医李梴门生。曾增订重刊其师《医学入门》。[见:《医学入门》]

邓正哲 清代四川三台县人。精医术，知名于时。年八十二岁卒。[见:《新修潼川府志》]

邓处中 自号应灵洞主、探微真人、少室山人。宋代人。生平里居未详，疑为道士。邓氏自称为汉代名医华佗外孙，得家中旧藏华佗《中藏经》，遂为之作序，刊刻于世。据考，华佗《中藏经》古无记载，至宋代其书始出，且书中避宋讳，当系邓处中伪作。又有学者考证，此书虽伪，其中亦有华佗遗意。[见:《宋史·艺文志》、《医藏书目》、《中藏经·邓序》、《平津馆鉴藏记》、《中国医籍考》]

邓兰乾 清代江西武宁县坊市人。邑名医邓箕三子。其父晚年著《外科经验方》，未竟而卒，兰乾续成之。[见:《武宁县志·邓箕三传》]

邓必昌 清代四川金堂县人。少年时父母双亡，因家贫辍学业农。壮岁攻读医书，后悬壶于世，疗效显著。子邓柏如，得父传授，父子皆称名医。[见:《金堂县续志》]

邓邦安 字伯学。清末江苏江宁府人。徙居上海。两广总督邓廷桢曾孙。工诗文，精篆刻，尤邃于医。著有《听竹轩集》（非医书）。[见:《上海县志》]

邓邦锡 字维光，号安庐。清代广东顺德县龙山乡人。国学生。究心岐黄，尝考取太医院吏目，未就职归。慨然以济人利物为心，诊脉如神，一按即了，人讶其速，而服药辄应。治病以培补元气为主，不轻用寒剂。尝曰："人以元气为本，元气不足故病，补其不足，病乃瘳。若元气一削，虽扁鹊无能为矣。"识者以为至论。年逾七十，犹有童颜，年八十四岁殁。[见:《顺德龙山乡志》]

邓达五 清代江西南丰县人。精医术，名重于时。[见:《南丰县志》]

邓达亮 清代广西贺县莲塘坪人。精医理。曾于光绪十八年（1892），在英属南洋槟榔屿南华医院应医师考试，试题为"辨真阴假阳治法论"，名列第一；光绪二十二年（1896）再次赴考，试题为"痿症治法论"，名列第二；光绪三十一年（1905）第三次应考，试题为"问核症有大渴大热、狂言妄语而能救者，是用何方？有大热不渴、不言不语而不能治者，其说何解？"名列第一。在南洋任医师二十余年，著有《寄尘草庐医案》一部，未刊。其三次赴考答卷内容载于《贺县志·杂记部·邓达亮传》。[见:《贺县志》]

邓师贞 字子丈，号守愚生。清代江西安仁县下坡人。邑庠生，拔贡。资性敏捷，襟怀磊落，好善乐施。与弟邓象晋皆通医术，施药救人，乡里颂之。[见:《安仁县志》]

邓师泰 元代人。里居未详。通医理，曾任吉安路医学教授。后至元间（1335～1340），乡民邓明远以所得赏田之半赠吉安路医学，邓师泰曾管理学田，并请以田租所入修三皇殿及讲堂、斋舍，获准后督办其事。[见:《金元医学人物》（引《道园类稿·吉安路三皇庙田记》）]

邓传章 字鼎书。清代顺德县龙山乡人。善医。时平南王之女患疾，屡医不效，召传章诊视，进药而愈。适夫役多暴死者，请治之。邓氏对曰："夫役暴死，为劳与饥耳。乞广仁德，宽役赈粟，勿药有喜。"王嘉纳之，为宽役焉。陈恭尹尝赠联云："漱玉泉清堪洗药，因君重忆旧渔矶。"康熙甲午（1714），恩赐冠带、粟帛。年八十五，无疾而逝。[见:《顺德龙山乡志》]

邓仲霄 一作邓冲霄。南宋祥符县（今河南开封）人。迁居永丰县（今江西永丰）。早年习儒，兼精医道。宣和间（1119～1125）进士及第。初授翰林，迁太子赞善。因屡愈太子及宫妃之疾，敕授太医院院使，统天下郡、州、县、乡、镇之医。文天祥赞之曰："邓氏儒医两全。"［见：《永丰县志》、《吉安府志》］

邓自然 元代崇仁县（今江西崇仁）青云乡祈真观道士。早年得秘传医术，专擅风科，能愈数十年之痼疾。曾卖药于都市，吴澄（1249～1333）亲见其治验，赋诗赞之。［见：《金元医学人物》（引《吴文正公集》）］

邓兆汉 清初江西南丰县人。儒医邓观子。博学多识，传承父学，尤精医术，知名乡里。［见：《南丰县志》］

邓观汝 字晓亭。清代湖南沅陵县人。生平未详。著有《六治阐要》五卷，刊于道光元年（1821）。此书分表、里、虚、实、阴、阳六章，故曰六治。［见：《中医图书联合目录》］

邓来芝 号灵芝。清代顺天府大兴县（今北京大兴县）人。精通医术，挟技遨游天下。至四川罗江县，遂定居。以医为业，就诊者甚众。［见：《罗江县志》］

邓时通 明代福建光泽县十三都人。精通医道，悬壶济世。其子邓秀实官至刺史，而时通隐居莲花山，凡以疾病延诊，虽道远必往，时人以东汉涪翁喻之。［见：《重纂光泽县志·高士传》］

邓宏仁 清代四川泸县人。世代业医。自少体衰，长于养生，享八十四岁高寿。其妻八十七岁殁；子邓国霖，八十八岁殁；孙邓宗臣，八十四岁殁。一门寿考，为邑中所罕见。［见：《泸县志》］

邓初正 字罗练。明代湖北江夏县（今武汉）人。生平未详。通医理，曾于嘉靖癸卯（1543）校勘张杲《医说》。［见：《经籍访古志》］

邓金璧 字宝门。清代广东顺德县龙山乡人。世以医传，治病多验。与其兄邓海门、邓越门，皆以良医称于时。［见：《顺德龙山乡志》］

邓学礼 字赞夫。清代江西南城县人。生平未详。著有《目科正宗》十六卷，刊于嘉庆十年（1805），今存。［见：《中医图书联合目录》、《江西通志》］

邓经常 清代四川大竹县人。性敦厚，待人诚恳。以医为业，心存济利，乡里敬之。［见：《大竹县志》］

邓荣服 清代四川名医。生平里居未详。著有《脉学易知》，内有内景真传图、脉诀

指掌图、诊男女脉要诀等内容，此书由杨体仁辑入《一壶天》。［见：《古书目录》、《一壶天》］

邓柏如 清代四川金堂县人。邑名医邓必昌子。幼承庭训习医，尽得父传，亦以医知名。［见：《金堂县续志》］

邓树年 清代四川金堂县人。精医，善用成药。著有《丹丸集要》，刊于世。［见：《古书目录》］

邓树纲 清代广东乐昌县人。邑名医曹浚来门生。颇得师传，活人甚众。［见：《乐昌县志》］

邓星伯 （1859～1937）近代江苏无锡县南乡人，居邓巷。幼习经史，后继承家学，为小儿医。某日，应江溪桥杨绅之请出诊，被斥辱。此后发愤深造，从孟河马文植学，苦心孤诣，历时三载，得内、外科奥秘，深受其师赞许。此后，为皇族某治愈湿温伤寒，又经彭玉麟推荐，应征入宫诊疾，获佳效，声名日隆。宣统间（1909～1911），苏州藩台朱某，聘邓氏为医药顾问，久之成莫逆，以婢女赠之为妾。晚年声望益盛，大江南北求治者踵相接，每日门诊二三百人。1937年，抗日战争爆发，日寇飞机轰炸无锡，邓氏年事已高，受惊而殁。遗有《医案》十二册，被苏州门人陈某遗失。另有《或问之医话》，有油印本传世。其发妻朱氏，亦擅外科，早卒。邓星伯继室朱氏，亦精医，擅外科。子邓锡赉、邓学稼，门生百余人，皆得其传。［见：《吴中名医录》、《中国历代医家传录》（引《无锡近代医家传稿》）］

邓复旦 清代人。生平里居未详。著有《医宗宝镜》四卷，刊于嘉庆三年（1798），今存。［见：《全国中医图书联合目录》］

邓彦仁 明代福建福安县人。精医术。急于救人而不求其报，人皆德之。［见：《福建通志》］

邓恺乐 清代安徽怀宁县人。幼习医书，沉酣于《灵枢》、《素问》及历代名著。素重培补元气，临证多效验，病者争相延请。以济人为念，诊疾概不受谢，有强馈者，则对曰："吾岂借此为利哉？但期病愈耳。"人皆高其行。［见：《怀宁县志》］

邓养初 清代江苏江阴县人。以医术知名。门人周文谟，得其传。［见：《中西医学报》］

邓宣文 北齐人。里居未详。少以医术知名，授太医尚药典御。性方直，不避忌讳。

武成王生龋牙,召邓宣文问之,邓氏以实对,帝怒而鞭笞之。复召徐之才问,之才拜而贺曰:"此所谓智牙,生智牙者,聪明长寿。"帝大悦,赐帛万疋,加金玉重宝。[见:《北齐书·徐之才传》、《历代名医蒙求》]

邓恭照 清代广东归善县人。与兄邓文照、弟邓子照,皆精医术。[见:《惠州府志》]

邓笔峰 明代人。生平里居未详。著有《卫生杂兴》,已佚。李时珍著《本草纲目》曾引据该书。[见:《本草纲目·引据古今医家书目》]

邓海门 佚其名(字海门)。清代广东顺德县龙山乡人。世以医传,与弟邓越门、邓金璧,皆以良医称于时。[见:《顺德龙山乡志》]

邓调元 明代人。生平里居未详。著有《摄生要语》一卷,成书于万历十九年(1591),今存万历三十二年(1604)刻本。此书收载摄生名言要语二十余条,内容涉及饮食、气候、房室、劳作、七情、语言行为、卫生习惯等方面。[见:《中医图书联合目录》、《中国医籍大辞典》]

邓绥民 清代福建沙县人。儒医邓璜孙。继承祖志,医术益精。[见:《沙县志》]

邓象晋 字廷接,号检庵。清代江西安仁县下坡人。廪膳生,拔贡。性孝友,品端方,雅琴工诗,多有善举,乡里敬服之。旁通医术,常施药济世。著有《生生心印》、《痘疹全书》,与兄邓师贞同校正。未见梓行。[见:《安仁县志》]

邓鸿勋 字捷卿。清代广东南海县人。自幼习儒,兼读医书。其姐患目疾,延医甚多,两载未愈。后请一僧诊视,断病甚明,治之得痊。酬之以金,分文不受,父遂命鸿勋师事之,尽得其传。嗣后,遇亲友患目疾,辄以所学治之,无不立效。晚年恐师法不传,故分条著述,并博采众说,纂成一书,名曰《眼科启明》,刊于光绪十一年(1885)。[见:《岭南医征略·眼科启明序》、《中医图书联合目录》]

邓越门 佚其名(字越门)。清代广顺德县龙山乡人。世以医传,与兄邓海门,弟邓金璧,皆以良医著称于时。[见:《顺德龙山乡志》]

邓景仪 字云侣。明代江西新城县人。曾整理江梅所授《医经会解》(又作《医经臆语》),刊于崇祯六年(1633)。此书国内未见,今存于日本。[见:《日本现存中国散逸古医籍》、《中

医籍考》、《内阁文库汉籍分类目录》]

邓锡章 清代人。生平里居未详。精医术,曾任太医院御医。乾隆四年(1739)任《医宗金鉴》纂修官。[见:《医宗金鉴》]

邓嘉桢 清代人。生平里居未详。曾于光绪十六年(1890)辑《经验秘方》二卷,今存稿本。[见:《中医图书联合目录》]

邓蔚銮 (1820~1884) 字金坡。清代广东乐昌县人。早年读书,不屑于章句之学。精医术,不轻传授。生平喜以医术济人,晚年术益精,经其诊治者,可计日痊愈,名驰桂粤间。家饶于资,好为慈善事。卒年六十五岁。[见:《乐昌县志》]

邓箕三 清代江西武宁县坊市人。花棚柯孝子授之以外科秘方,用之神效,遂操医术济人。年七十岁,集生平所历,著《外科经验方》,未脱稿而卒,子邓兰乾续成之。[见:《武宁县志》]

邓德敏 字惠先。清代四川江北厅人。其父邓化南,设药肆于合川县,遂定居于此。德敏继承父业,亦知医。遍读《内经》、《难经》、《伤寒论》诸医典,服膺陈念祖《伤寒论浅注》、《金匮要略浅注》二书,以为"简切详明,能窥长沙之闳奥"。为便于后世读《浅注》者记诵,编《长沙串注方歌》二卷,戴美渠为之作序,今未见。[见:《合川县志》]

邓履宽 清代湖北麻城县人。世业岐黄,至履宽医术益精,为乾隆间(1736~1795)当地名医。兼工丹青,擅长书法,为时所重。[见:《麻城县志前编》]

邓曜南 (1800~?) 字升之。清代湖南永兴县人。监生。性至孝,因母早孀多病,弃举业习医。生平活人甚多,不受谢仪。咸丰(1851~1861)初年,倡办育婴、义仓、施棺诸善举,以济贫困。著有《种痘活人》四卷。光绪九年(1883),寿八十四岁,尚健在。[见:《永兴县志》]

邓馨儒 清代江苏扬州人。通医术,讲究五运六气,善痘科。著有《时行痧痘》,今未见。[见:《扬州画舫录》]

双

双泰 字子然。清代人。生平里居未详。著有《痘疹简明编》四卷,今存抄本,书藏中国中医科学院图书馆。[见:《中医图书联合目录》]

孔

孔汪 （？～392）　字德泽。东晋会稽郡山阴县（今浙江绍兴）人。尚书仆射孔愉（268～342）次子。好学有志行，孝武帝时位至侍中。迁尚书太常卿，以不合意，求出。为假节，都督交广二州诸军事，封征虏将军、平越中郎将、广州刺史。在任有政绩，为岭南人所称道。太元十七年卒。辑有《杂药方》（又作《孔中郎杂药方》）二十九卷，已佚。［见：《补晋书艺文志》、《晋书·孔愉传（子汪）》、《隋书·经籍志》、《曲阜县志》］

孔广汉　清代广东番禺县诜墊乡人。孔继溶子。习举业，兼工医术。光绪十三年（1887），学政考核当地医学，孔氏取第一，补府学生员。［见：《番禺县志》］

孔广培　字筱亭。清代浙江萧山县人。通针灸术。著有《太乙神针集解》，刊于同治十一年（1872），今存。［见：《中医图书联合目录》、《浙江医籍考》］

孔广福　字履成，号行舟。清代浙江桐乡县乌青镇人。自少习儒，因病弃学。精岐黄术，学有本源，临证多佳效，远近争相延聘。孔氏治噤口痢不用葛根，每以黄连、干姜投之，药到病除，名医陆以湉甚服其论。为人落拓不羁，以诗酒自娱。孔氏认为东垣以下汤头歌诀"语不雅训"，遂创为《记忆方诗》三百余首，刊刻于世，今存光绪三十年甲辰（1904）桐乡徐氏颐园铅印本。［见：《冷庐医话》、《桐乡县志》、《乌青镇志》、《中医图书联合目录》］

孔弘攉　清代山东曲阜县人。生平未详。著有《疹科》一卷，今存万历三十二年（1604）吕坤校刊本。［见：《中医图书联合目录》］

孔贞大　清代山东寿光县人。精医术，善脉诊。一日，孔贞大与群友饮于城楼，为孝廉杜学诗诊脉，叹曰："尔寿可四年尔，宜速仕。"杜不悦。后竟如其言。［见：《寿光县志》］

孔传熊　清代浙江萧山县人。精通医术，为嘉道间（1796～1850）当地名医。［见：《萧山县志稿》］

孔志约　唐代人。里居未详。高宗永徽（650～655）初，任符玺郎，奉敕与太尉长孙无忌、太子宾客许敬宗等重修《贞观礼》。历官内直丞、礼部郎中兼太子洗马弘文馆大学士，官至太常博士。显庆二年（657），奉敕与李勣、于志宁、许敬宗、苏敬等二十四人编《新修本草》五十四卷，成书于显庆四年。孔志约撰序。该书包括正文二十一卷（含目录一卷）、药图二十六卷（含目录一卷）、图经七卷。全书载药八百五十种，大行于世（今仅存残卷，详"李勣"条）。孔志约还著有《本草音义》二十卷，已佚。［见：《旧唐书·礼仪》、《新唐书·于志宁传》、《新唐书·艺文志》、《国史经籍志》、《新修本草·序》］

孔伯华 （1884～1955）　原名繁棣，别号不龟手庐主人。现代山东曲阜人。少年刻苦攻书，随父宦游河北。其祖父善岐黄之术，耳濡目染，遂有志于医学。年十六岁，随家移居易州，得与蔡秋堂、梁纯仁研讨《内经》等医籍。二十五岁就职于北平外城官医院，与陈伯雅、杨浩如、张菊人、赵云卿诸名医共事，医道益进。1929年，南京政府拟执行《废止旧医案》，孔氏联合同道，创中医药学会，奔走呼吁，迫使当局取消前议。同年，与萧龙友合办北平国医学校，共任校长，并亲临讲台，历时十五年，培育学员七百余人。1949年后，历任政协第二届全国委员会委员、卫生部医学科学研究委员会委员、北京中医学会顾问等职。1955年3月23日病逝，享年七十一。临终遗嘱曰："儿孙弟子等，凡从我学业者，应尽全力为人民很好服务，以亟我未尽之志。"先生悬壶五十年，熟悟经典而不泥于古，临证以保元气为主，重视肝脾关系，于外感热病尤为擅长。与萧龙友、施今墨、汪逢春被誉为"北平四大名医"。又擅长用石膏，有"孔石膏"之称。曾与曹巽轩、陈世珍、陈企董编著《八种传染病证治析疑》十卷，刊于世。晚年著《脏腑发挥》、《时斋医话》、《中风说》、《诊断经验》等书，未梓。［见：《名老中医之路》、《北平四大名医医案选集·孔伯华医案》］

孔周南　宋代人。生平里居未详。著有《灵方志》一卷，已佚。［见：《宋史·艺文志》、《通志·艺文略》、《国史经籍志》、《崇文总目辑释》］

孔彦章　宋代武城（今山东武城）人。为疡医。武城之东有普光寺，寺僧得恶疾，曾延请孔彦章治之。［见：《中国历代医家传录》（引《夷坚志》）］

孔继华　清代浙江台州人。生平未详。著有《孔氏医案》，今未见。［见：《续纂浙江通志·经籍·台州府》］

孔继蒇　字甫涵，号云湄。清代山东滕县人。乾隆丁酉（1777）举人。赴春闱不售，归而读仲景《伤寒论》，旷然有悟，遂致力于医。

博览古方书，能得其要领，投药则立效，知名于时。某友人病，人皆谓不可起。孔氏诊之，曰："此当五日愈耳。"至期复往视，而病转剧，乃问："曾延他医否？"曰："无。"孔曰："勿欺我！此误服某药，分两若干，故至是。"主人大骇，出所延某医之方，果不爽。著有《医鉴草》（又作《一见草》），今存抄本，书藏上海中医药大学图书馆。又，北京中医药大学图书馆藏高延柳等编《孔氏医案》（1932 年铅印本），题"孔继葵撰"。［见：《滕县志》］

孔继溶 字绍修，号苇渔。清代广东番禺县诜塾乡人。孔子六十九世孙。邑庠生。有文名。光绪四年（1878），邑绅梁肇煌、许其昌办册金局，延请孔继溶主文牍，筹划周妥。后就职训导，加五品衔。孔氏兼精医术，凡以奇难证就诊者，罔不立效。以古医书所载经穴之名互有异同，审之不真，差之毫厘，谬以千里，遂著《经穴异同考》一卷。还著有《温病心法要诀》四卷，藏于家。年五十八岁卒。子孔广汉，亦精医理。［见：《番禺县续志》］

孔聘贤 号湮阳。明代云南通海县人。其先祖本东鲁人，自句容入滇，改王姓已数世，孔聘贤请复本姓。早年习儒，为万历乙酉（1585）举人。儒学外，兼精医术。曾任户部郎，出视边储，会岁大疫，念边民或为庸医所误，乃著《可知因病二论》，张帖于通衢。每坐堂，边人皆投牍，言其病状，孔氏即书方授之，全活甚众。

迁贵州宪副，升广西参政。致仕后归乡，以诗文自娱。［见：《滇志》、《通海县志》］

孔熙先 （？～445）南朝宋鲁（今山东省）人。官散骑员外郎。元嘉二十二年（445）与左卫将军范晔谋反，事泄被杀。孔熙先博学多才，通晓文史、星数诸学。又精医术，长于脉诊。宿卫领队许耀患疾，就熙先求治，为合汤一剂，药下而愈。［见：《宋书·范晔传》、《南史·范晔传》］

孔毓礼 字士立。清代江西新城县（今黎川）人。攻举业，补博士弟子员。少年时因父母病习医，后淡于应举，乃专力为之，医术精进，全活甚众。孔氏临证审慎，曾凝思竟日始定一方。遇他人评议增损其方，皆虚怀听之，必使得当而后已。常曰："治某疾不得其故，未敢遽药。其家延他人，以某药而愈，吾心识焉。"遇年少子弟，必诫之曰："慎起居饮食，毋生病，吾药不足恃也。"著有《医门普度瘟疫论》二卷、《医门普度痢疾论》四卷，皆刊于世。［见：《新城县志》、《中医图书联合目录》、《八千卷楼书目》、《中国医学大成总目提要》］

孔毓秀 清代人。生平里居未详。为太医院御医。乾隆三十七年（1772）任《四库全书·医家类》校勘官。［见：《四库全书》］

孔毓楷 字端直。清代福建建宁县黄溪人。廪生。工书法，得怀素、米芾笔意。兼精医道，曾师事名医叶桂（1666～1745），治愈沉疴痼疾甚多。门生朱文珍，得其传授。［见：《建宁县志》］

五　　画

甘

甘仁 清代人。生平里居不详。通医术，曾任太医院额外吏目。乾隆四年（1739）充任《医宗金鉴》收掌官。［见：《医宗金鉴》］

甘大文 明代湖北罗田县人。生平未详。为名医万全门生。［见：《痘疹心法》］

甘大用 明代湖北罗田县人。业医。与名医万全同时。［见：《幼科发挥》］

甘竹亭 清代广东新会县甘边村人。以医为业。子甘作斯，孙甘彝讲，绍传其术。［见：《新会县志》］

甘作斯 清代广东新会县甘边村人。邑名医甘竹亭子。继承父志，亦精医术。著有

《痨瘵十药神书》一卷。子甘彝讲，医名益噪。［见：《新会县志》］

甘伯宗 唐代人。生平里居未详。著有《名医传》（又作《历代名医录》）七卷（已佚）。此书收载自伏羲至唐代名医一百二十人，为我国最早之医学人物专著，其部分内容收入南宋周守忠《历代名医蒙求》。［见：《新唐书·艺文志》、《宋史·艺文志》、《医学入门·历代医学姓氏》、《崇文总目辑释》］

甘雨来 清代人。生平里居未详。著有《伤科方论》，今存。［见：《中医图书联合目录》］

甘雨卿 清代福建福州人。以医术著名。门生方澍桐，得其传授。［见：《中国历代

医家传录》]

甘明叔 号鉴翁。元明间岳阳（今山西古县）人。初业儒，博通天文、地理、阴阳、法家之言。尤嗜于《素》、《难》诸医典，后以医为业。临证切脉知症，投药辄效，知名于时。[见：《金元医学人物》（引《傅与励文集·鉴翁说为医者甘明叔作》）]

甘炜功 字行懋。清代江西萍乡县钦风乡人。自幼习儒，居家孝友，立品端方。性嗜岐黄，博览群籍，洞明病源，虽沉疴痼疾，手到病除，全活甚众。以济人为心，贫困者酬以金，不受。县署多请诊病，方脉之外，绝口不谈公事。先后马、胥二知县皆礼重之，有赠联云"赖有奇方除宿疾，从无一字入公门"。年七十余卒。[见：《昭萍志略》]

甘宗罗 元代人。生平里居未详。后至元三年（1337）任江西南丰州医学正。[见：《世医得效方》]

甘绍曾 字厚持，号绳庵。清代江西奉新县人。嘉庆二十一年（1816）丙子科副贡。初任官学教习，官至九江教授。咸丰十一年（1861），以办洋务得法，加五品衔。嗜学成癖，至老不倦。服官三十余年，以俸禄购书数万卷。兼通医理，精幼科，所至全活甚众。年七十九岁，卒于家。著有《诚求赋》万余言，方证俱备，惜未梓。[见：《奉新县志》]

甘席隆 清末四川重庆（?）人。生平未详。著有《伤寒方歌》，刊于世。[见：《中医图书联合目录》]

甘浚之 字伯齐。南朝梁人。生平里居未详。著述甚富，计有《腑脏要》三卷、《疗耳眼方》十四卷、《本草要方》三卷、《疗痈疽耳眼本草要钞》九卷、《疗痈疽毒块杂病方》（又作《疗痈疽毒肿杂病方》）三卷、《疗痈疽金创要方》十四卷（又作十二卷、十五卷）。均佚。[见：《隋书·经籍志》、《旧唐书·经籍志》、《新唐书·艺文志》、《通志·艺文略》、《国史经籍志》]

甘庸德 字元夫，又字玉山，时称一剂先生。清代广西平南县人。少读书善记，日可万余言，背诵不忘。年十五岁入乡塾，为塾师器重。课余好读医书，尤嗜《太素》、《脉经》，久之通医理。塾友有病，为之疏方，服而病解。及长，以医术知名，造门者车马接途。临证不拘泥成方，深得刘河间、朱丹溪医中意。平素自制成药，以朱砂为衣，如绿豆形，置葫芦中，每出诊按病与之，或三四丸而止，不能用丸者乃开方药，

多有回生之效，人莫测其术。中年开设佐化堂药肆于大安墟，黎、梁、胡、龙诸族多与往还，无论贵贱，无不识"一剂先生"者。里人梁之瑰，赴北方供职，取其药百丸，以备旅途缓急。至都，凡病者服无不应，遂驰书回乡，嘱复制百丸，复以百金购其方。甘氏坚不与方，只寄丸数千而已。又，县令尚政文患疾，服其药而痊，书"才堪华国"四字赠之。著有《药性赋》、《锡葫芦赋》、《药王游猎赋》诸文，流传于世。至于驳正群医之作及秘方，非至亲无见之者。卒时，梁之瑰已致仕家居，作挽联云："济世有方，妙术竟难治老；长生无限，仙方何不传人？"深以良方失传为憾。[见：《平南县志》]

甘嘉宾 字仁山。清末四川双流县人。颖敏好学，尤擅书法。母患疮痍，久治不效，乃研究医学，遍搜秘方，制药疗母。久之术精，以医济世，全活不可胜计。又精数学，曾任津捐局、学务局会计，县令赠联表彰之。[见：《双流县志》]

甘德溥 字尊林。清代江苏宝山县真如里人。性慈和廉洁。承先世之传，以医为业，求治者踵相接，不设酬格。晚年以所著《方案》教授子侄。著有《医学入门》若干卷，未梓。[见：《宝山县续志》]

甘彝讲 字应达。清代广东新会县甘边村人。祖父甘竹亭，父甘作斯皆业医。甘彝讲继承家学，临证多奇验，远近神其术。其父尝治一老妇，法当攻下，虑其年老，不敢投攻下剂。彝讲往视，竟大下之，遂愈。邻村某，久患痰疾，众医穷于术。彝讲所处方，与前医同，唯加童溲为引。前医叹曰："是子聪明，我辈愧矣。"学者叩其著述，答曰："医者意也。规矩准绳，师资俱在，而神明变化，存乎一心。彼言语文字，皆迹也。"[见：《新会县志》]

甘露斋 清代顺天府（今北京）人。出售祖传狗皮膏，闻名京师。[见：《骨董琐记》]

古

古朴 字完夫。清代陕西华县人。酷嗜读书，时号书癖。通五经，能诗文。闭户穷经，敦古笃行，甘贫乐道，高贤多见重之。著述甚富，关于医者有《保生要言》若干卷，今未见。[见：《华县县志稿》]

古诜 宋代人。生平里居未详，疑为道士。著有《三教保光纂要》三卷、《长生保圣纂要

术》一卷，均佚。[见:《宋史·艺文志》、《四库阙书目》]

古大敬 清代广东镇平县兴福人。精医术，不问贫富，有求辄应。平生多善举，尝捐资修路，行人便之。[见:《镇平县志》]

古昆生 字翕斋。清代广西昭平县黄姚人。专力于医术，苦习多年，悬壶问世。治病屡奏奇效，活人甚众，时人以扁鹊誉之。县令及僚属雅重其术，遇奇难之疾必延请诊视，无不药到春回。[见:《昭平县志》]

艾

艾芬 字右苾。清代江西武宁县下南乡人。幼敏慧，有文名。因病习医，于《伤寒》、《金匮》诸医典能洞悉源委。得其传者，临证皆多所全活。著有《伤寒括注》、《杂病略》等书，今未见。[见:《武宁县志》]

艾宏 明代湖北监利县人。善针灸，诊脉能知人生死，活人甚众，不求酬报。后荐为太医院医官。督学使某患病，召其往视。艾宏诊之曰:"公金木俱病，岂饮后常露坐耶?"督学使起谢。一药而愈。[见:《湖广通志》]

艾晟 字叔来，又字孚先（一作子先）。北宋真州（今江苏仪征）人。崇宁（1102～1106）进士，曾任仁和县尉，官至考功员外郎。大观二年（1108）校正唐慎微《经史证类备急本草》（即《证类本草》），易名《经史证类大观本草》（又称《大观经史证类备急本草》，简称《大观本草》），并首次将此书刊刻于世。此书原刻不存，现存最早刊本为宋嘉定四年辛未（1211）刻本，书藏北京图书馆。[见:《四库全书总目提要》、《中国人名大辞典》、《奇效良方》、《现存本草书录》、《中医图书联合目录》、《中医文献辞典》]

艾元英 元代山东东平县人。生平未详。著有《如宜方》二卷，刊刻于世。后明代陈嘉猷附以家传脉法及历试效方，易名《回生捷录》，重刊于世。[见:《补元史艺文志》、《医滕》、《四库全书总目提要》]

艾元美 明代川沙县（今属上海）人。精医术，积书盈千卷，无不亲手批校。其子出仕为官，艾元美犹每日出诊，徒步数十里无倦意。[见:《川沙抚民厅志》]

艾世新 字辅臣。清末人。生平里居未详。精医术，曾任太医院候补御医。[见:《太医院志·同寅录》]

艾如滋 清代湖北钟祥县人。早年习儒，积学不售。精通医术。年九十余卒。著有《脉诀辨同》等书，未见刊行。[见:《钟祥县志》]

艾步蟾 清末江苏吴县人。精医术。门生汪逢春，为北京四大名医之一。[见:《泊庐医案·序》、《中国历代医家传录》]

艾应奎 字文所。清代河南祥符县（今开封）人。善属文，尤精医道，贯通脉理，治病多奇中，以良医著称于时。[见:《祥符县志》]

艾鸣谦 字益斋。清代四川大竹县城南妈妈场人。咸丰丙辰（1856）恩贡生。忠诚谦和，不慕浮华。好学深思，诗文并优。暇时潜心医学，探本溯源，务明其奥。年七十八岁卒。编有《增订医方辑要》二十四卷，行于世，今未见。[见:《续修大竹县志》]

艾依塘 清代山东济阳县人。庠生。工楷书，精医术。著有《赞育真诠》二十二册，颇为名医赏识，今未见。[见:《济阳县志》]

艾惇典 清代湖南桃园县人。读书能文，改业岐黄。重医德，治病不分贫富，延请辄往，全活甚众。其母中年患病，惇典调剂医之，至老不衰。[见:《桃园县志》]

艾锡朋 （约1743～1822）字方来。清代江西抚州东乡人。明艾南英后裔。其父艾子登，年六十四始生锡朋。自幼读书，年十五能属文。其父为豪强所辱，乃弃文习武，于闹市中屈豪强。后学伤科医术，凡斗而伤者，投药辄愈。乐善好施，得其救济者甚众，乡里贤之。因早年废书，课子甚严。每携子之文以示宿儒，闻有进益则喜。道光二年（1822），子艾畅举乡试，是年无憾而卒，寿八十岁。[见:《中国历代名医碑传集》（引梅曾亮《柏枧山房文集·艾方来家传》）]

本

本庆云 清代人。生平里居未详。吴兴名医凌奂（1822～1893）门生。曾参校凌氏《医学薪传》。[见:《吴兴凌氏二种》]

本菽士 清代人。生平里居未详。吴兴名医凌奂（1822～1893）门生。曾参校凌氏《医学薪传》。[见:《吴兴凌氏二种》]

札

札失利 明代蒙古族僧人。精通医术，成化间（1465～1487）行医北京，活人甚众。曾治愈数名太监之病，诸太监捐金建广济寺，札

失利为该寺首任住持僧。[见：《中国历代医家传录》]

左

左忠 字仲恕。明代安徽泾县人。精医术。轻财尚义，谨身修行，生平多善举。年七十岁卒。著有《痘疹方》，行于世，今未见。[见：《泾县志》、《江南通志》]

左焜 字仲元。明初安徽泾县人。自少习儒，后改业医。临证治辄获效，名重于时。洪武间（1368～1398）荐授医学训科。尹天官病危，帝命选良医诊治。左氏应召往治，令以茯苓煮粥服之。尹氏喜曰："昨梦上馈以伞、鼎、粥，何以梦符若此！"依言调理而愈，遂更名尹鼎，厚礼遣左氏归。[见：《宁国府志》]

左锜 字兰釜。清代安徽桐城县人。徙居江苏淮安。曾任邳州吏目。精医学，善望色、辨声、察脉，治病多奇效，沉疴多能立起。[见：《淮安府志》]

左墉 清代江苏丹徒县人。生平未详。撰有《食单》，今未见。此外尚有《云根山馆诗集》，刊于嘉庆间。[见：《续丹徒县志》]

左激 字有昂。明代安徽泾县人。性淳厚，善吟咏。精通岐黄，曾任医学训科。旁通阴阳卜算诸术，凡冠、婚、丧、祭，悉遵古法以倡俗。因子左景居高官，赠监察御史。卒，祀乡贤祠。[见：《宁国府志》、《重修安徽通志》、《中国人名大辞典》]

左见龙 清代山西翼城县人。自幼习医，及长，挟术游于京师。适太医乏人，经推荐应试针灸，针刺铜人之穴多中，遂供职太医院。治宫嫔屡效，皇帝御书"真国手"赐之。不久，卒于任所。[见：《山西通志》]

左斗元 字辰叟。元代庐陵（今江西吉水）人。生平未详。元贞二年（1296），应湖广医学提举刘世荣之请，增订金代太医赵大中《风科集验名方》（此书经刘世荣之师赵素补缀），将原书十集，增至二十八卷，由刘世荣刊刻于大德丙午（1306）。[见：《日本现存中国散逸古医籍》]

左以鉴 字重三。清代湖南湘阴县人。弱冠补弟子员。于书无所不窥，为文纵横排宕，数千言立就。著有河洛、天文、地理、医学诸书数百卷，藏于家。[见：《湘阴县志》]

左永成 清代四川泸县人。精医术，尤以喉科见长。遇危证针药并施，每获奇效。又擅养生，年八十四岁，神智不惛，诊脉施术，应付裕如。[见：《泸县志》]

左庆禄 清代山东莱阳县峨岚庄人。咸丰时（1851～1861），以医术负时誉。著有《医学心悟注解》、《痘疹科秘诀》，未见刊行。[见：《莱阳县志》]

左继贤 字荣叔。宋代泾县（今安徽泾县）人。治《礼》、《易》二经，喜吟咏，明修炼术。通岐黄，曾任医学教谕。好游历，暇则纵游山水。晚年预知死期，告家人曰："吾当某日谢世。"遂别宾朋，理后事，及期衣冠正坐而逝。按，《中国人名大辞典》作"左断炎"，疑误，今从《宁国府志》。[见：《宁国府志》、《中国人名大辞典》]

左盛德 字修之。清末广西桂林府人。素好医方，曾学针灸术于永川邓宪章。后随父宦游岭南，复师事儒医张学正。张氏自称汉代名医张机四十六世孙，继承家学而不以医名，以家藏《古本伤寒论》授左氏。左氏传此书于罗哲初，后由黄竹斋刊行于世。[见：《桂林古本伤寒杂病论》]

左维垣 明代安徽泾县人。医学训科左震道后裔。绍承家学，尤擅治伤寒证，临证多神效，有起死回生之誉。平生以济世为念，起危疾而不受酬金。万历间（1573～1619）授太医院医官。[见：《泾县志》、《宁国府志》]

左震道 明代安徽泾县人。精医术，曾任医学训科。后裔左维垣，继承家学，为太医院医官。[见：《泾县志》、《宁国府志》]

石

石坚 字碧天，号太朴。清代甘肃高台县人。精医术。性仁慈，耐烦冗，凡延请，风雨无阻，虽极贫之家及险证，不辞艰瘁，务生之而后已。一日骑驴行，经目牙湖边，见道旁有人僵卧气绝，即下驴诊视。适县署捕役过，谓之为杀人凶犯。县令不察，施以重刑，遂屈打成招，下狱候斩。会兰州制府某之子患异疾，舌吐不收，群医束手。太朴曰："易治耳。"县令闻，荐之于制府。石氏先令病者发汗，以针刺其喉间，舌立动，徐徐缩入，继服药一二剂而愈。制府大喜，问："何故陷重囚？"石坚乃诉其冤情，曰："如某致死，伤何在？"制府命取全案阅之，毅然平反，白其冤。石坚出诸狱，而医名大噪于兰州，延请者盈门塞巷，朝夕无稍暇，数载始得归乡。晚年术益精，凡危疾得其方多效，活人无算。著有《鸿宝堂医案》，独出心裁，其方多验，高台医者宗之

五画

133

若宝。[见:《新纂高台县志》]

石昊 明代汝阳(今河南汝南)人。精医术。与同郡房景敏齐名,并称国手。[见:《汝宁府志》]

石金 (1415~1481) 字文华。明代江浦县(今江苏太仓)人。石景昱子。其先世为浙江永嘉县人,徙居江浦。石金自幼聪颖,卜筮、星历无不通晓,尤精于医。少年时从本邑名医曾于皋学,"早夜刻励,尽得其术",业成归乡,以良医称于时。晚年得治蛊秘方于西江史氏,临证以意加减,全活甚众。其治病主消导荡涤,尝谓:"误下则虚其虚,死;误补则实其实,亦死。"石金卒于成化庚子(1480)十二月八日,享年六十有六,葬于本乡之石山。有子四人,长子石淮,成化丙戌(1466)进士。[见:《江浦埤乘》]

石泰 (?~1158) 南宋常州(今江苏武进)人。精医术,悬壶于陕西扶风县。治病不取酬,凡愈者令植杏一株,数年间成林,今扶风县杏林镇即由此得名。后学道于张紫阳,著有《还原篇》。绍兴二十八年卒,传说寿至一百三十七岁。[见:《扶风县志》]

石逵 字良仁。明代浙江诸暨县人。洪武间(1368~1398)以辟荐至京师。会诸王有疾,近臣言逵善医,诏治有效,授御医。洪武十九年(1386)三月,明太祖患瘝聚,石逵举荐浦江戴思恭,治疗立效。戴氏从此入太医院,官至院使。[见:《绍兴府志》、《浙江通志》、《中国历代名医碑传集》]

石康 清代湖南人。里居未详。早年习儒,曾教馆于保定某氏,适馆主死,贫不能归。素通医术,辗转至京师,同治(1862~1874)末,居宣武门东大街,卖药于市肆,能为京语,顶已秃矣。常往来于西四牌楼,以达乎宣武门外,折至梁家园而止。朝邑举子阎乃竹,因会试逗留京师,坠马伤颅,血流不止。石康过其旁,出药敷之,血立止。仆从即邀与偕归,复书一方令服。酬以四金,欣然称谢。尚书万青藜患疾,服石氏药而愈,题额赠之。嗣后,医声鹊起,达官贵人皆慕名延诊,景况遂丰裕。明年,称妻病须归视,不知所终。[见:《中国人名大辞典》、《中国历代名医碑传集》(引《近代名人小传》)]

石楷 字临初。明清间浙江海盐县人。邑名医石涵玉子。早年习儒,为邑诸生,兼精先业。尝北游都下,名动公卿。著有《伤寒五法》、《新方八法》等书,行于世,今未见。又补订刘默《青瑶疑问》,改名《证治百问》(又作《证治石镜录》),刊于世,今存康熙十二年癸丑(1673)颐志堂刻本。[见:《海盐县志》、《天一阁书目》、《中医大辞典》]

石震 字瑞章。明代武进县(今属江苏)人。博学多识,为当时名儒。得名医胡慎柔之传,尤精脉理,求治者户外常满。尝谓:"治病必先固其元气,而后伐其病根,不可以欲速计功利。"著述甚富,计有《周慎斋约言》二卷、《运气化机慎斋口授三书》二卷、《脉学正传》一卷、《读仲景书题语》一卷、《治疫记》一卷、《续治疫记》一卷、《医案》六卷、《偶笔》一卷,均未见流传。今存《慎柔五书》五卷,为石震所订正者。[见:《武进阳湖县合志》、《中国医籍考》、《慎柔五书·顾序》、《江苏历代医人志》]

石礦 唐代人。生平里居未详。曾任太医院供奉。剑南西川节度使武元衡(?~813)患胫疮,痛不可忍,百医无效。后至京城为相国,令石礦等人治疗,亦无效。[见:《中国历代医家传录》(引《政和本草》)]

石卜尼 元代人。生平里居未详。曾任资善大夫太医院使。后至元三年(1337),名医危亦林撰《世医得效方》十九卷,由江西医学提举司送太医院审阅,石卜尼与同僚参与其事。至正五年(1345)《世医得效方》刊刻行世。[见:《世医得效方·太医院题识》]

石上锦 字元素。清代安徽绩溪县人。精通医术,与同县胡润川、周汉云、余道溥,并以医名。[见:《重修安徽通志》]

石飞燕 近代江苏青浦县青龙镇人。眼科世医石云青子。继承家业,亦以眼科知名。[见:《青浦县志》]

石元吉 字文藻,又字蓉城。清代湖北黄梅县人。自幼习儒,博览群书,为文雄奇跌宕,有韩愈、苏轼之风。旁涉医学,时称绝技。乾隆三十六年(1771)、四十二年两赴乡试,仅中副榜贡生,遂弃举业,肆力经史。曾官崇阳县教谕。著有《医方通解》、《春秋阐义》等书,未见刊行。[见:《黄梅县志》]

石云青 清末江苏青浦县青龙镇人。八世业眼科,至云青术益精,临证有奇效,驰名江浙。长子石飞燕,继承家业,亦有名。[见:《青浦县志》]

石少衡 清代浙江新昌县人。精医术,擅长内科,名播远近。[见:《新昌县志》]

石中玉 字蕴冈。清代江苏崇明县人。监生。性温厚,嗜于医书,有起死回生之誉。

著有《痰饮论》，未见梓行。[见：《崇明县志》]

石公怀 清代江苏武进县人。世以医名，至公怀亦精其术。遇危急症，每用重剂奏奇功。[见：《武进阳湖县志》]

石公集 唐代同州（今陕西大荔）人。唐文宗时（827～840）名医。三世业眼科，擅治白内障，待硬如白玉，以针拨去即愈，获治者达二百余人。[见：《陕西历代医家事略》（引《中国古代史》）]

石文秀 清代河南正阳县石庄人。六代外科世医。擅治跌打损伤，筋骨碎烂皆可接续，百日内痊愈。[见：《重修正阳县志》]

石文焕 清代江苏崇明县人。生平未详。著有《舌鉴从新》，今未见。[见：《崇明县志》]

石文燝 字右容。清代长白县（今吉林长白）人。生平未详。辑有《卫生编》（方书）三卷，刊于乾隆二年（1737），今存稿本。[见：《中医图书联合目录》]

石方来 清代河南偃师县人。通医理，治病不索酬。[见：《偃师县志》]

石斗辉 字星垣。清代湖北黄安县人。太学生。习儒未遇，精通《内经》，凡求诊视，虽道远徒步不辞，亦不索谢，多所全活。年七十岁，志行不衰。遇荒歉，贷米赈济，远近德之。著有《医镜》，未梓。[见：《黄安县志》]

石水樵 字乾增，号质仙。近代浙江鄞县南乡人。儿科世医石丙辉子。幼承庭训习医，旋就学于同邑儿科名医石霖汝，尽得师传。善治痧、痘、惊、疳四证。中年后声名渐噪，求诊者络绎不绝。子石庭瑶，以医知名于上海。[见：《名老中医之路》]

石玉山 清代四川德阳县。壮岁挟医术遨游四方，徙居达县。临证多佳效，有名于时。兼善诗词，风格清逸。[见：《达县志》]

石世芳 字征远。清代安徽婺源县兴孝坊人。早年习儒，兼通医术，治病不受酬谢。尝至广州，闻某药解毒有奇效，即以高价购回，救治重笃病人甚多。年七十岁尚健在，乡里敬重之。[见：《新安名医考》]

石丙辉 清末浙江鄞县南乡董家眺人。世业儿科，知名乡里。子石水樵，传承家学。[见：《名老中医之路》]

石生芫 清初甘肃高台县人。早年习儒，顺治十二年（1655）岁贡，任宝鸡县训导。兼精医术。著有《名医选要》，藏于家。[见：《新纂高台县志》]

石用之 字藏用。北宋蜀人。以医术游于都城，声名甚噪。治病喜用热药，尝谓："今人禀赋怯薄，故按古方用药多不能愈病。非独人也，金石草木之药亦皆比古力弱，非倍用之不能取效。"有名晁之道者，甚服石氏之论，每见亲友蓄丹药，无论多寡，尽取食之，初不为害，晚年乃病，盛冬伏石上，为寒气所逼而死。余杭医家陈承，治病专用寒凉，与石氏相反，故世有"藏用担头三斗火，陈承箧里一盘冰"之语。二人均为名医，用药偏执，各有所短。[见：《老学庵笔记·卷三》、《医说·用药偏见》]

石成金 字天基，号惺斋，又号惺庵愚人。清代江苏扬州人。事亲孝，重然诺。自幼多病，留意医学，博览医籍，尤善摄生。乾隆（1736～1795）初卒，寿八十余。著有《养生镜》、《长生秘诀》、《石成金医书六种》（包括《举业蓓蕾》、《长寿谱》、《救命针》、《食鉴本草》、《食愈方》、《秘传延寿单方》），皆行于世。又著笑话集《笑得好》，针砭时弊，流传颇广。还撰有《金刚经注》一卷、《多心经注》一卷，存佚不明。[见：《中国人名大辞典》、《笑得好·自序》、《中医图书联合目录》、《江苏历代医人志》]

石光明 明代人。生平里居未详。辑有《家传方》一卷，已佚。[见：《国史经籍志》、《千顷堂书目》]

石光陛 字阶九。清代湖南宁远县石溪人。幼年丧父，力学笃行，于堪舆、岐黄，无不精究，士林重之。道光元年（1821）举孝廉方正，不赴。晚年建来鹤书巢，课训子孙，按纳四方从游者。著有《仁寿编》、《经史日钞》等书，今未见。[见：《宁远县志》]

石寿棠 初名湛棠，字芾南。清末江苏安东县（今涟水）人。其家七世精医。幼承父训，朝而习儒，夕则攻医，历数十寒暑如一日，故儒、医皆精。为人清修廉直，居城市中，不与流辈逐逐，闭门以文籍自娱。早年举孝廉。咸丰九年（1859）世乱，知县命石氏督办民团，夜巡之暇尚勉力著述。晚年候选州同知，奉檄赴巡抚治所，客死于苏州。石氏于咸丰十一年撰成《医原》三卷，总论人身脏腑、阴阳、四诊、内、妇、儿科及用药法则；又于同治六年（1867）撰《温病合编》四卷，皆刊刻于世。[见：《安东县志》、《遂初轩医话》、《中医图书联合目录》、《历代名医传略》]

五画

石圹之 字立仁。清代山东高唐州李官屯人。精医术。著有《医镜》二十卷，藏于家。[见：《高唐州志》]

石松岩 字寿龄。清代安徽宿松县人。好诗酒，工医术。善用补剂，治病以培脾胃、养元气为主，辨证立方，无不效验。[见：《宿松县志》]

石昌琏 宋代人。生平里居未详。著有《明医显微论》一卷、《证辨伤寒论》一卷，均佚。[见：《宋史·艺文志》、《通志·艺文略》、《崇文总目辑释》、《国史经籍志》、《宋秘书省续编到四库阙书目》]

石念祖 字兰孙。清末江苏江都县人。生平未详。尝注释名医王士雄医案，撰《王氏医案绎注》十卷，刊于世。[见：《中医图书联合目录》]

石法鲁 清代四川广元县人。品行端方，学识广博。喜读书，每作长夜读。兼通医理，常倾囊购药，施济贫乏。曾选授峨眉县训导，力辞不仕。著有《奚囊编》（非医书），未梓。[见：《广元县志》]

石荣宗 （1859～1928） 字晓山。近代江苏无锡县人。伤科名医石蓝田子。得父传，兼习针灸、外科。有医德，遇贫病送诊赠药，不论远近，不计酬报。1912年出任中国红十字总会特别委员。民国十七年卒，享年七十。子石筱山、石幼山，孙石纯农、石仰山，均世其业。[见：《中国历代医史》]

石庭训 清代浙江新昌县人。精医术，以内科知名。[见：《绍兴地区历代医药人名录》]

石逢龙 字又岩。清代江苏吴江县人。武生。善医。著有《石生医案》，今未见。[见：《苏州府志》]

石鸿钧 字玉辉。清代安徽歙县人。名医高鼓峰门生。曾校正高氏《四明心法》。[见：《医宗己任编》]

石涵玉 字启泰。明末浙江海盐县人。乐道好善，精通医术，治痘疹尤有奇效。丰山兄弟三人共一子，患痘不起，面青腹痛。涵玉以白芍治之，立愈。一女患痘，其痘色白，面红如涂脂，涵玉曰："内溃证也。"取鞭炮一，令其父燃于耳畔，女大惊，面部痘尽起，数剂而痊。人问其故，答曰："内溃以通窍为主，惊则心窍开，痘不内伏，何足异？"子石楷，亦精父业。[见：《海盐县志》、《浙江通志》]

石雁峰 清代河南林县人。幼习举业，不遇。晚年精医卜星算等术。[见：《重修林县志》]

石巽吉 字庚三。清代河南南乐县人。工医术，知名于时。[见：《南乐县志》]

石蓝田 清代江苏无锡县人。精医术，以伤科知名。子石荣宗（1859～1928），继承父业。[见：《中国历代医史》]

石椿山 近代湖北黄梅县人。祖上三代业医，至石氏亦精祖业，名重于时。门生李聪甫，得其传授，为现代著名医家。[见：《中国科学技术专家传略·李聪甫》]

石筱山 （1904～1964） 又名瑞昌，字熙侯。现代江苏无锡市人。晚清名医石蓝田孙，石荣宗子。少年时就读神州中医专门学校，后从父学。年二十岁设诊于上海，专擅伤科，兼及针灸、外科。其治伤科，内外兼顾，整体调整，多有效验，为当代著名中医学家。1949年后，历任上海中医学院伤科教研室主任、上海市卫生局伤科顾问、上海第一医学院伤科顾问、上海中医学会副主任委员、伤科学会主任委员及中国人民政治协商会议第二、三届全国委员会委员等职。著有《石筱山医案》、《正骨疗法》、《伤科讲义》。[见：《著名中医学家的学术经验》、《中医年鉴》(1983)、《中医图书联合目录》]

石德培 清末广西藤县大旺乡龙腾村人。毕业于红疗医学。著有《伤寒科学释》、《金匮科学释》，未梓。[见：《藤县志稿》]

石霖汝 清代浙江鄞县人。精医术，以儿科著名。门生石水樵，尽得其传。[见：《中国历代医家传录》]

龙

龙文 字化成。清代广东英德县人。诸生。尝设立《乡族条约》，严禁烟、赌，以维风化。同治间（1862～1874），与从弟龙章倡筑黄竹溪桥，行人便之。因父母病而通医术，为人治病不受酬谢，全活多人。著有《妇科要诀》若干卷，未见刊行。[见：《英德县续志》]

龙柏 字佩芳，自号青霏子。清代江苏长洲县人。工诗文，兼通医、卜、星命诸术，对痧胀证治有独到之见。著有《脉药联珠古方考》四卷、《脉药联珠药性考》四卷、《脉药联珠食物考》四卷，均刊刻于嘉庆元年（1796），今存。[见：《清史稿·艺文志》、《吴县志》、《中医图书联合目录》]

龙施 字德敷。明代前卫（今云南昆明）人。嘉靖乙卯（1555）乡试第一，授峨眉县教谕，历任户部郎中，所在声誉甚佳。后升河东运司，以母老辞归。家居二十年，不入公门，著书之外，制药以济贫病。著有《心济医宗》、《群书集韵吟稿》诸书，未见刊行。［见：《云南通志》］

龙士高 字品极。清代湖南芷江县人。性忠直，好济人。精通医术，尤擅长外科，虽奇疾应手而愈。太守蓝公，额其闾曰"灵膏奏效"。年六十二岁卒，其术不传。［见：《芷江县志》］

龙之章 字绘堂。清代河南太康县人。祖父龙复，为乾隆丁酉（1777）举人，因请革除浮税忤贪官，徙居项城县。其父龙麟，为增生，咸、同间（1851~1874）殁于兵乱。龙之章自幼习儒，博学多识，尤擅古学。年弱冠游庠，咸丰间（1851~1861）拔贡。此后久困科场，落落不得志。中年改习医学，穷深探微，嗜古方而善化裁，医术精湛。晚年二子早亡，诸孙幼小，家业衰微。恐后人失业，无以资养，乃取平时历试有验之方，编为歌括，名《蠢子医》，以教诸孙，后刊刻于世。侄龙金门，孙龙镇川，皆以医术知名。［见：《蠢子医·序》、《项城县志·流寓》］

龙四堂 清代四川三台县尾火乡人。嘉庆时（1796~1820）以医名世。善辨证，能决人死生。某家有媳二人，一病危笃，卧床不起；一仅有微恙，尚可劳作。四堂诊之，曰："病甚者可起，轻者则病入膏肓，不可为矣，当早备后事。"果应其言，邑人皆称扁鹊再世。［见：《三台县志》］

龙希达 字云江。明代安徽望江县人。自少习儒，兼精医术。南郡曾可前，患疥疮，久治不愈。后延请龙希达诊治，得痊愈。［见：《望江县志》］

龙金门 字君由。清末河南项城县人。邑名医龙之章侄。得龙之章亲授，亦以医术知名。［见：《蠢子医》］

龙禹门 字品三。清代四川荣县人。因母患痨瘵，久治不愈，奋志习医。久之精其术，临证应手而愈，知名于时。［见：《荣县志》］

龙庭三 字守默。清代四川巫山县南乡人。早岁习儒，补弟子员，旋食饩。教人以敦本为先，文艺次之。兼善医术，全活无算。年七十岁卒。著有《经验医方》、《诗文全稿》等，藏于家。［见：《巫山县志》］

龙祖湘 号跃三。清代四川永川县人。初习举业，因家贫，弃儒习医。后悬壶济世，治病不计较酬报。生性朴诚，光绪辛卯（1891）秋，赴叙州购药，拾遗金四十两，坐待路侧，还原物于失主。［见：《永川县志》］

龙得福 字小槎。清代湖南湘潭县人。通医术，为名医徐圆成门生。［见：《中国历代医家传录》（引《毓德堂医约》）］

龙庸章 清代湖南沅州人。性沉静，寡言笑。通医理，活人甚众，知名于时。治病不较谢仪，捐药疗贫，未尝自德。年八十尚健饭，步履如飞，人以为积德之报。［见：《中国历代名医碑传集》（引李元度《国朝耆献类征初编·方技》）］

龙景云 清代四川南川县西路太平场人。十余岁弃举业，肆力于医药、地理诸学，皆有心得。其治病，断人生死吉凶多验。著有《四诊新解》一卷，论望闻问切之要。其书以《内经》、《难经》立论，简明精透，为诊家之正法。［见：《南川县志》］

龙道生 清代人。生平里居未详。辑有《易简救急方》三卷，今存同治二年（1863）刊本。［见：《中医图书联合目录》］

龙镇川 字兑山。清末河南项城县人。邑名医龙之章孙。得祖父传授，亦精医业，临证多效验。［见：《蠢子医·序》］

龙德纶 （1845~?）字绥若。清代湖南湘乡县人。幼承庭训，好学能文。课二弟读书，均附学籍。晚年精医道，能以刀圭活人。道光二十五年，寿八十有二，尚健在。著有《医学了掌》，行于世，今未见。［见：《湘乡县志》］

龙遵叙 号皆春居士。明代人。生平里居未详。著有《食色绅言》二卷，刊于世，今存于《宝颜堂秘籍广函》。［见：《中医图书联合目录》］

平

平正达 近代江苏青浦县大盈乡大雕浜人。邑妇科名医平步云孙。继承家学，亦以医名。［见：《青浦县志》］

平尧卿 宋代汴梁（今河南开封）人。生平未详。辑有《伤寒证类要略》二卷、《伤寒玉鉴新书》二卷，均佚。宋·陈振孙《直斋书录解题》曰："汴人平尧卿撰。专为伤寒而作，皆仲景之旧也，亦别未有发明。"［见：《宋史·艺文志》、《直斋书录解题》、《国史经籍志》］

五画

平则安
清末江苏青浦县大盈乡大雕浜人。邑妇科名医平步云子。继承父学，亦以妇科知名。兄平佐廷，亦精医。[见：《青浦县志》]

平步云
清末江苏青浦县大盈乡大雕浜人。早年习儒，为举人。其岳父张惠田为世医，平氏得其传授，以妇科名重于时。子平佐廷、平则安，均能继承父业；孙平朗清、平镜如、平正达，有声于近代医林；其重孙辈中亦有精医者。[见：《青浦县志》]

平佐廷
清末江苏青浦县大盈乡大雕浜人。邑妇科名医平步云子。继承父学，亦以妇科知名。弟平则安，亦工医。[见：《青浦县志》]

平希豫
清代江苏上海县人。善用秘方，时称"平怪"，与夏泽生俱以善医知名。辑有《经验良方》，未见行世。[见：《上海县志》]

平神照
一作平照神。清代江苏上海县人。生平未详。著有《医贯直指》，未见刊行。[见：《上海县志》]

平朗清
近代江苏青浦县大盈乡大雕浜人。邑妇科名医平步云孙。继承家学，以医知名。[见：《青浦县志》]

平镜如
近代江苏青浦县大盈乡大雕浜人。妇科名医平步云孙。继承家学，以医著名。[见：《青浦县志》]

东郭

东郭延年
字公游。东汉人。生平里居未详。为方士，能行"容成御妇人术"，为曹操所器重，曾问其术而行之。[见：《后汉书·方术列传》]

北

北山黄公
佚其名。隋唐间昌宁（今山西乡宁）人。精通医术，名重于时。每治病，先令患者寝食，而后施以针药，每获佳效。名儒王通，雅重其术。[见：《山西通志》、《中国历代医家传录》（引《中说》）]

卢

卢山
字静夫。清代福建崇安县人。乾隆庚子（1780）恩贡生。精医术，熟于本草，赴岁考，全篇用药名。临证治病，往往一方即愈，人以"卢一剂"称之。佃农某幼子患对口疮，病垂危，请治。卢山断为走黄，谓之曰："非蛔虫勿治。"视其长子，知有蛔虫者，令服驱虫剂，果下蛔虫二。遂以虫制药，敷少子之疮，二子均得无恙。卢氏尤擅妇科，论室女、寡妇、尼姑多患郁证，独有见地。晚年患目疾，使人代写药方，剂量不差铢黍。年八十七岁卒。著有《脉法归真》一卷，今未见。所制午时茶方，民国时尚流传民间，感冒者服之辄愈。[见：《崇安县志》]

卢氏
佚其名，世称卢医。战国人。生平里居不详。以医知名于时。尝与医者矫氏、俞氏视季梁疾，言季梁之疾"不由天，亦不由人，亦不由鬼，禀生受形，既有制之者矣。"预言不治自愈，不久季梁疾自瘳。季梁称之为神医，赠以重金。后世以"卢扁"赞誉医术精良者，即源于此。[见：《列子·力命篇》、《古今图书集成·医部全录》]

卢玑
（1127～1206）字正甫。金代临潢（今内蒙古巴林左旗）人。礼部尚书卢彦伦子。以荫补阁门祗侯，迁客省使，兼东上阁门使，改提点太医、教坊、司天。官至左宣徽使。子卢亨嗣，官至莒州刺史。[见：《金元医学人物》（引《金史·卢彦伦传（附子玑）》）]

卢志
字宗尹，号丹谷。明代常熟县（今属江苏）梅李人。徙居昆山县。生于世医之家，自曾祖卢佐以下，皆任太医院医官。卢志幼承庭训习医，精贯《素问》、《难经》等医典，洞悉诸名医之论，尤擅脉理。曾以明医应诏赴京师，过徐、沛间，遇一异人，短蓑蔽笠，与之讲论古人运气之学。卢志闻而惊服，多有领悟。不久至京师，就礼部考试，入选为医士。弘治十八年（1505），敕命纂修《本草品汇精要》，卢志任副总裁。后升太医院判，供职御药房。孝贞皇太后、昭圣皇后有疾，诏视立愈，赏赐甚厚，宫中皆敬称"卢胡子"。晚年致仕归乡，赐金绮、三品服。正德（1506～1521）末，武宗南巡，召卢志诊脉。志告近臣："冬得夏脉，于法不治。愿定皇储，以安国本。"后果致其言。年逾八十岁，衣冠皓伟，欣然话当年治病事，津津不置。著有《脉家秘要》（又作《脉家奥学》）、《医药百问》（又作《医学百问》）、《增订医学纲目》等书，均佚。门人朱柔中、龚侍丹、沈怀中、沈慕汀、奚娄潮，皆名著一时。[见：《本草品汇精要》、《苏州府志》、《江南通志》、《昆山新阳合志》、《吴中名医录》、《昆山历代医家录》]

卢极
字泰阶。清代湖北汉川县人。监生。生平正直，乐善好施。精通医术，遇贫病无力购药者，辄解囊相助，济人甚多。道光十一年

五
画

(1831)，捐田二十亩，以为义冢，里党称便。年八十岁卒。著有《医学指掌》若干卷，藏于家。子卢启瑞，庠生，亦善医。〔见：《汉川县志》〕

卢佐 明代常熟县（今属江苏）梅李人。精医术，曾任太医院医官。子孙多传承医业，曾孙卢志，官至太医院判。〔见：《本草品汇精要》、《苏州府志》、《吴中名医录》〕

卢冶 字良侯。清代浙江钱塘县人。生平未详。通医术。康熙间（1662～1722），名医张志聪聚集同道、门生，讲学于侣山堂。卢冶参予其事，与诸同门参订张志聪《黄帝内经素问集注》九卷，刊刻于世。〔见：《黄帝内经素问集注》〕

卢诏 明代河北永年县人。精医术，擅长外科，知名于时。素以济人为怀，凡因病延诊，远近风雨皆赴，不取酬报，有"佛心神手"之誉。年九十一岁，无疾而终。身后一子三孙，皆为诸生。〔见：《永年县志》〕

卢英① 唐代人。生平里居未详。官至兵部侍郎。藏有眼科秘方，凡青盲瞖目、天行风赤、无端忽不见物，悉主之。〔见：《外台秘要》〕

卢英② 字逢年，号晨岚。清代安徽怀宁县人。善医。遇无力购药者求治，馈以药资，未尝有自德之色。岁饥筹赈，尤不避劳怨。〔见：《怀宁县志》〕

卢和 字廉夫，号易庵，一作螱庵。明代浙江东阳县人。精通医术。挟技游江西，以医术鸣于宁藩（今南昌）。清江儒士李象患重疾，闻卢氏名，礼致在馆，未逾年疾瘳，李亦尽得卢氏之学，后以医术知名。卢和推重名医朱震亨，曾取朱氏门人所编诸书，删正裁取，辑《丹溪纂要》，今存明成化二十年（1484）刻本、朝鲜李元诚校刻本等。卢氏还曾选取本草中可食之品，辑《食物本草》二卷，今存隆庆四年（1570）刻本等。又撰《儒门本草》若干卷，已佚。〔见：《东阳县志》、《清江县志·李汉仪》、《本草纲目·序例》、《医藏书目》、《中医图书联合目录》、《浙江医籍考》〕

卢金 明代上海县人。儿科名医沈惠门生。精通医术，与华亭王一鹏齐名。善治贫病者之疾，投药立起；治疗富贵者则不甚效，故一生清贫。〔见：《上海县志》〕

卢朋 字雄飞。近代广东新会县人。生平未详。著有《药物学讲义》、《本草学讲义》、《方剂学讲义》、《医学常识讲义》、《医学通论讲义》、《医学史讲义》、《法医学讲义》等书，由广东中医

药专门学校于1927年～1935年陆续刊印。〔见：《中医图书联合目录》〕

卢复 字不远，号芷园。明代浙江钱塘县人。崇尚佛教，潜心大乘禅理。万历二十二年（1594）矢志学医，研究《神农本草经》、《黄帝内经》、《伤寒论》诸医典，剖疑晰理，颇有心得。后悬壶于世，虽奇难之疾，治之辄效，名动于时。从游者甚众，遂发愿宏扬医道，广济天下，卖田以膳学徒。又聘请同邑名医王继鼎讲论《内经》、《伤寒》、《金匮》诸经典，门生受益良多。卢氏富于著作，今存者有《芷园覆余》、《芷园臆草题药》、《芷园臆草勘方》、《芷园臆草存案》、《芷园日记》（以上五书总名《医种子》）等。又辑复《神农本草经》，注释敖继翁《金镜录》，皆存于世。晚年著《本草博议》（又作《纲目博议》），未成而病危，嘱其子卢之颐（1599～1664）续成之。之颐自天启丙寅（1626）至癸未（1643），历十八春秋，撰药学巨著《本草乘雅》，分为四部，凡冠以"先人"二字者，即出《博议》。不幸遭明末战乱，雕版零落殆尽，虽竭力重订，已不能尽忆，遂易名《本草乘雅半偈》，刊行于世。〔见：《钱塘县志》、《古今名医言行录》、《中国历代名医碑传集》〕

卢昶 北宋霸州文安县（今河北文安）人。世代精医，知名河朔。卢昶幼习家业，课诵勤苦，至老不倦。自《黄帝内经》以下，读书数百家，闳衍浩博，纤细碎杂，无不通究，对唐代孙思邈《千金要方》尤为推崇。政和二年（1112）补太医奉御，奉旨校正《和剂局方》。后升任尚药局使，世称卢尚药。年八十七岁卒。著有《医镜》五十篇、《伤寒片玉集》三卷，皆佚。〔见：《顺天府志》、《大名府志》〕

卢骈 明代浙江鄞县人。精通医术，与同邑王宗衡齐名。〔见：《鄞县志》〕

卢晋 字伯进。明代安徽阜阳县人。早年习儒，兼通医理。嘉靖庚子（1540）中举，授江西兴国县令，迁四川重庆府通判，告归。著有《八法针》、《逸医编》等书，今皆散佚。〔见：《阜阳县志》〕

卢涛 字安泽。明代浙江东阳县人。博学多闻，因母病旁通医理。著有《尝药录》若干卷，已佚。〔见：《东阳县志》〕

卢陵 字跻昆。清代湖北安仁县人。习儒，为增贡生。乾隆壬子（1792）水灾，劝民割稻种豆，以济灾荒，各村效法，为利甚广。性喜吟咏，兼精医术。著有《诗赋》、《医要》等书，藏

于家。[见：《安仁县志》]

卢梅 字调卿。清代河北交河县人。幼习举业，应童试文战不利，弃儒攻医。殚心十余年，未经一试，人议其自高，对曰："人命至重，可轻尝试乎？"后街邻某患疾，更医罔效，病势垂危，遂往诊之，一剂而愈。同年夏季，瘟疫肆行，卢氏钊药兼施，全活甚众。晚年尤精儿科。著有《针灸便用》若干卷，县令朱吉园出资，刊刻行世，今未见。[见：《交河县志》]

卢铣 号水西。明代浙江鄞县人。精医术，善治痘疹。著有《痘疹证治要诀》五卷，此书国内未见，今日本国立公文书馆内阁文库尚藏明代刊本。[见：《鄞县志》、《内阁文库汉籍分类目录》]

卢清〈女〉（1386～1452） 明初昆山县（今属江苏）人。妇科世医郑壬妻。得婆母何淑宁传授，亦精妇科，治病多奇中。子郑文康，正统十三年（1448）进士，亦善医。[见：《昆山历代医家录》]

卢斌 元代豫章（今江西南昌）人。以医为业，技术游于宇内，足迹至北京、扬州等地。贡师泰作《赠卢医诗》述其行迹。[见：《金元医学人物》（引《玩斋集》）]

卢彝 清初浙江钱塘县人。名医卢之颐（1599～1664）子。继承父学，亦通医术。[见：《杭州府志》、《中国历代名医碑传集》（引《道古堂文集》）]

卢源 明代浙江永康县人。邑名医卢君镕子。善承父业，潜心穷理，亦以医术知名。[见：《永康县志》]

卢僎 清代江苏高邮州人。居北乡老人桥。邑名医卢怀园子。继承父业，亦以医术著名。兼善吟咏，有诗集《赵人吟》，未梓。[见：《三续高邮州志》]

卢潜 字奂若。明代浙江永康县人。邑庠生。精通医道，有手到病除之效，无自德之色，亦无倦容，道气盈衿。[见：《永康县志》]

卢乃仓 字佩玉。清代河南修武县人。精岐黄术，知名于时。[见：《修武县志》]

卢士诚 字惟明。明代吴县（今江苏苏州）越来溪人。其父卢本立，早卒。士诚甫七龄，依母王氏抚育成长，家境日衰。稍长，习举业，因体弱成疾。母曰："卢氏宗祀，唯尔是属，盍不习医？"遂改攻医学，自身之患得以治愈，为人治病亦获佳效。天顺癸未（1463），灵芝生于庭院，时人以为孝征。[见：《苏州府志》]

卢士选 字青臣，号月川。清代河南巩县北官庄人。贡生。官至开封府学教授。先世以医术知名。卢士选少年多病，屡患失血症，故浏览方书，自疗而愈。后益加淬砺，研读《三指禅脉诀》、《医宗金鉴》及徐大椿、陈念祖诸名医之书，所得益深。公余为人诊疾，求治者甚众，遂移寓于药室，以行其术。素喜吟诗，积久成帙。著有《月川医案》及诗文集，未见流传。[见：《巩县志》]

卢大蔼 清代人。生平里居未详。名医李梴门生。事迹不详，曾刊刻其师《医学入门》。[见：《医学入门》]

卢万钟（1587～?） 号觉迟子。明末浙江仁和县人。初习举子业，年弱冠，先慈有恙，遂弃儒攻医。穷读医籍，广采名方，罄四十年之力，深悟医理。于痈疽、梅毒、咽喉急证独有心得，临证随手奏效。天启丙寅（1626），年四十岁，著成《医说佛乘》一卷，刊刻于世。此书论病简要，阐发痈疽、梅毒等症多精要之论，对咽喉、难产、小儿百病亦有卓见。该书国内早佚，今日本尚存明代刊本，现已影印回归。[见：《中国医籍考》、《日本现存中国散逸古医籍》、《中医大辞典》]

卢之颐（1599～1664） 字子繇（一作子由、子蒙），又字自观，号晋公，自称芦中人。明清间浙江钱塘县人。邑名医卢复子。幼年木讷，口不能诵，形若木偶，人以为痴。自九岁依父禅坐，听闻谷、憨山二僧讲授佛经，年十五，无奇之者。其父门生甚众，聘请王继鼎（1565～1624）讲授医经。王氏博学多闻，无学究态，先解《素问》，随读随讲，众弟子闻之，"如花落空中，风生座上"，而之颐似不得其旨，聋哑如故。及讲仲景《伤寒论》，忽辩难经义，口若悬河，继鼎往往亦为所困，人始知其智慧超常。年弱冠即为人治疾，用药有度，审证入微，投剂多奏奇效。不久，撰写《金匮要略摸象》。父见其未完稿，促成之。及书成，乃付之火，告之曰："十年后方许汝著书。"自此，奇颖之声渐起。后与名医缪希雍相往还，得其指授，造诣日深。医学之外，博览经史，通明《周易》，善古文词，硕学名彦皆从问业。明末世乱，曾上疏陈国事，不见知于当政。清顺治三年（1646），明鲁王尚在山阴，卢之颐往谒见，拜职方郎。不久事败，归隐于乡。卢氏性严直，见人有过则面折之，俟其改正，欢然如故。晚年虽右目失明，仍著书立说，以期不朽。康熙三年卒，享年六十六。早年修订其父《本草博议》

遗稿，撰成《本草乘雅》，惜尽毁于兵燹。后勉力重辑，终不能尽忆，乃改名《本草乘雅半偈》，刊刻于世。还著有《学古诊则》四卷、《仲景伤寒论疏钞金铙》十五卷、《痎疟论疏》一卷，今存。此外尚有《难经析疑》、《摩索金匮》、《退引曲臂》等书，未见流传。子卢辨，传承父学。[见：《钱塘县志》、《杭州府志》、《浙江通志》、《四库全书总目提要》、《中国历代名医碑传集》（引杭世骏《道古堂文集·名医卢之颐传》)]

卢子冉 清代湖南武陵县人。聪敏博学，精通医术，过于常人。著有《伤寒论金锦》若干卷，刊于世。其书以校典释文之法注解仲景《伤寒论》，精深微妙，世所罕见，惜未见传世。[见：《广阳杂记》]

卢子念 字心苑。清末广东顺德县龙山乡人。其父以医为业。卢子念继承父学，独有神悟，求治者甚众。自本邑名医陈长载之后，顺德医者以卢氏最负盛名。[见：《顺德龙山志》]

卢云乘 字鹤轩，号在田。清初安徽黟县卢村人。其祖父宦游粤西，患疾，为庸医所误。云乘深痛之余，立志习医，攻读《内经》以下诸书，兼览历代名医著述。年十八岁即为人治病，未久，深感阅历不足，乃游历诸省，遍访名贤，学验大进。康熙癸未（1703）春，过汉口，适时疫伤寒流行，卢氏施术疗救，全活无算，声名鹊起，遂悬壶于此。雍正元年（1723），考授医学教授，摄普济堂医务。是年水患成灾，普济堂没于洪水，遂归隐于乡，闭门著述。著有《伤寒医验》六卷，刊于乾隆三年（1738），今存。又有《医学体用》若干卷，今存抄本，疑即前书，待考。[见：《黟县四志》、《新安名医考》]

卢仁沛 号瑀亭，又号石癖子。清代湖南桃源县人。放荡诗酒。精通医术，治病不受酬谢，常起人于濒死。著有《赛花小草》、《眼科汇参》，未梓。[见：《桃源县志》]

卢仁宗 唐代（?）人。生平里居未详。著有《食经》三卷，已佚。[见：《新唐书·艺文志》、《旧唐书·经籍志》]

卢东阳 清代四川古宋县永宁道九姓乡人。精通医学，知名于时。年八十一岁卒。[见：《古宋县志初稿》]

卢由钧 清代人。生平里居未详。著有《经验良方》一卷，今存光绪四年（1878）金陵刊本。[见：《中医图书联合目录》]

卢汉倬 字星舫，号诗樵。清代山东泰安县人。自幼聪敏嗜学，博闻强记，于书无所不读。性矜高，不合流俗。道光丁酉（1837）拔贡，后屡试不利。旁通医理。著有《医学管见》若干卷，未见流传。[见：《泰安县志》]

卢永毂 清代江苏阜宁县人。精医术，以眼科知名乡里。[见：《阜宁县志》]

卢吉坤 清代浙江吴兴县人。名医凌奂（1822～1893）门生。曾校正其师《医学薪传》。[见：《吴兴凌氏二种》]

卢成速 清代湖南桂阳县人。生平未详。著有《继鹊堂验方》一卷（一作六卷），今未见。[见：《湖南通志》]

卢廷山 清代奉天府海城县（今辽宁海城）小河人。邑外科名医卢德升长子。与弟卢廷海，幼娴父业，医名大噪。卢氏一门有小河卢家之称。子侄十四人，皆绍承祖业。[见：《海城县志》]

卢廷海 清代奉天府海城县（今辽宁海城）小河人。邑外科名医卢德升之次子。与兄卢廷山皆习父业，医名大噪。卢氏一门有"小河卢家"之称。子侄十四人，皆悬壶，绍承祖业。[见：《海城县志》]

卢似立 明代浙江杭县人。精通医术，用药善守。与同郡名医沈汝孝、钱惟邦齐名。[见：《杭州府志》]

卢多逊 （934～985） 五代至北宋初怀州河内县（今河南河内）人。后周显德（954～960）初进士，官左拾遗集贤殿修撰。宋建隆三年（962）任祠部员外郎，乾德三年（965）加兵部郎中，四年授翰林学士，开宝六年（973）诏同修《五代史》，迁中书舍人参知政事。太平兴国（976～983）初，拜中书侍郎平章事。后因事流配崖州，雍熙二年卒于流所，时年五十二岁。开宝六年（973）尚药奉御刘翰等奉敕撰《详定唐本草》（即《开宝本草》），卢多逊奉诏刊定之。[见：《宋史·卢多逊传》、《宋史·艺文志》、《崇文总目辑释》]

卢守善 明代吴江县（今属江苏）人。事母以孝闻。精通医术，曾任太医院御医。[见：《吴江县志》]

卢阶平 字衡云。明代河南郾城县人。早年习儒，为庠生。精岐黄之学，多所施济。[见：《郾城县志》]

卢岐嶷 清代福建漳州人。生平未详。著有《金膏玉液钩元》若干卷，今未见。[见：《漳州府志》]

卢怀园 字玉川。清代江苏高邮州北乡老人桥人。善抚琴，工词曲，尤精医术，善妇儿两科。性不苟取，虽医道盛行，而澹泊如初。有张姓小儿患痘，无浆垂毙。卢氏以秘药治之，痘即含浆。嗣因痘痂不落，复用麻黄两许，佐以它药，一服大汗出，痘痂尽落。著有《痘学条辨》、《医学摄要》、《心法摘要》、《卢氏新编》、《医学杂集》诸书，藏于家。子卢僎，亦以医著名。[见：《三续高邮州志》]

卢启瑞 清代湖北汉川县人。邑名医卢极子。早年习儒，为庠生。继承父业，亦精医术。[见：《汉川县志》]

卢君镕 明代浙江永康县人。精医道，贯通《黄帝内经》诸医典，全活甚众。子卢源，潜心穷理，善承父业。[见：《永康县志》]

卢其慎 (?~1923) 字敬之。近代山东临沂县人。以庠生考入山东优级师范。毕业后，与洪仲宾等创立尚志小学，不久因经费告竭停办。此后，弃儒学医，明悟《内经》、《难经》、《伤寒》诸医典。1921年春，应友人蔡某之邀，诊治石某失血症，数剂病除，声名大噪，遂悬壶于上海，求医者络绎不绝。1923年客死沪上。著有《脉学指南》四卷，今存。另有《敬之医话》一卷，今未见。[见：《临沂县志》、《中医图书联合目录》]

卢若兰 清代浙江镇海县人。邑名医袁峻门生。绍承师学，亦精医术，有名于时。子孙世传其业。[见：《镇海县志》]

卢英华 (1901~1984) 现代山东昌邑县人。著名中医按摩专家。1933年悬壶京城。1954年任职于中医研究院（今中国中医科学院），曾任中医研究院广安门医院按摩科主任医师、北京中医学会理事、北京中医学会正骨按摩学会主任委员。行医五十余年，致力于历代医学典籍研究，钻研中医按摩技术，独创一系列按摩手法及点穴治疗法，擅长以按摩治疗内科、妇科、儿科疾病，疗效显著。著有《中医按摩学》，并先后发表《中医按摩治疗概要》、《按摩治疗溃疡病》、《按摩经验谈》等多篇学术论文。[见：《中医年鉴》(1985)]

卢叔原 元明间会稽县（今浙江绍兴）人。曾任江浙行省书佐。通医理，推重李杲治内外伤诸说。至正九年（1349），休宁赵沨卧病，请名医朱震亨治之。震亨诊务烦忙，处方之后，推荐卢氏接诊。赵沨继服卢氏之药，三剂而痊愈。卢氏食徐子贞，亦精医术。[见：《金元医学人物》(引《东山存稿·医说》)]

卢明夫 明代浙江东阳县人。庠生。兼通医理，曾与名医虞抟会诊。[见：《医学正传》]

卢明铨 一作卢明诠。号绍庵。明末浙江乌程县人。攻习举业，因过劳致疾，遂兼究岐黄之学。技成，治病辄奇中，以医名世。生性淳笃，为人诊疾晨昏不休，亦不求报。尝出金建天医院，旁设药局，以济贫病。天启甲子（1624），湖州旱涝为灾，疫病流行，湖州知府堵颜，令设立药局施济。堵氏素重卢明铨、金德生、陆士龙之术，遂命三人董其事，不久疫止民安。卢氏与金、陆为同道至交，曾共相质正，发明医理，著医书一帙，取"存一毙万"之义，名之曰《一万社草》，全书十二卷，堵颜为之作序，行于世。此书国内未见，今日本京都大学图书馆藏抄本。[见：《湖州府志》、《中国医籍考》、《富士川本目录》]

卢庚辛 字玉峰。清代河南淮阳县人。早年习儒，为庠生。后专力于医学，临证多效验，知名于时。[见：《淮阳县志》]

卢荫长 清代山东德州人。生平未详。著有《信验方》、《续信验方》各一卷，刊刻于嘉庆甲子（1804），今存。[见：《北大图书馆藏李氏书目》、《贩书偶记续编》]

卢拱辰 字斗文。清代人。生平里居未详。曾校刻岳阳系屯子《医学入门》四卷，今存乾隆四十年（1775）刊本。[见：《中医图书联合目录》]

卢星文 (1902~1984) 现代河北易县人。曾任华北军医大学卫生部副部长、北京中医学院副院长等职。1927年毕业于河北大学医学院，从事教学、医疗工作。1937年参加八路军，曾救治大批战士和群众，并为部队培养大批医疗卫生骨干。1957年参加北京中医学院组建工作，后出任副院长。在职二十多年，重视中西医结合工作，尊重团结老中医，为中医教育事业作出较大贡献。[见：《中医年鉴》(1985)]

卢星园 清代福建永定县浮山人。精医术，工书法，好莳花草。同治间（1862~1874）痢疾流行，卢氏认为病因饥荒，遂以清热导滞为主，兼养胃阴，获佳效。行医五十年，活人甚众。寿至七十六岁卒。著有《星园医案》、《种兰四时法》等书，未见传世。[见：《永定县志》]

卢思诚 字实夫。清末闽中（今福建）人。生平里居未详。著有《症治备览》二卷，刊于光绪九年（1883），今存。[见：《中医图书联合目录》]

卢炳唐 字艺仙。近代四川苍溪县龙山乡人。自幼习儒，光绪间（1875~1908）补博士弟子员。后屡试不中，弃儒攻医。民国初，四川总监杨维招考医官，卢炳唐赴成都应试，获第一名。后悬壶成都，屡获奇验，医名大噪。受西洋医学影响，主张中西医学汇通。著有《气化的生理学》、《卢氏医案》等书，未见刊行。[见：《苍溪县志》]

卢洪春 字思仁，号东麓。明代浙江东阳县人。万历丁丑（1577）进士。由旌德县令擢礼部祠祭主事。神宗久不视朝，卢洪春直言上疏，神宗大怒，廷杖六十，削籍为民，久之卒。光宗继位，追赠太仆少卿。卢氏旁通医理，著有《医学须知》若干卷，未见刊行。[见：《东阳县志》]

卢祖常 号砥镜老人。南宋永嘉（今属浙江）人。少患异疾，故嗜于医学。与名医陈言相友善，每聚必以医理相切磋。著有《易简方纠谬》（即《续易简方论后集》），刊刻于世，今存。还著有《拟进活人参同余议》、《拟进太平惠民和剂类例》二书，未见流传。[见：《八千卷楼书目》、《中国医籍考》]

卢梦卜 清代河南许州（今许昌）人。早年习儒，为庠生。以医济世，病愈不受谢。年八十余，有延请者，扶杖而往。[见：《许昌县志》]

卢敏政 清代河南修武县人。早年习儒，为岁贡生。晚年究心医术，知名于时。著有《医案》及《素问浅注》、《五运六气图解》诸书，未梓。[见：《修武县志》]

卢敏宽 字仁斋。清代河南洛阳人。早年习儒，为监生。兼精医术，以眼科知名。[见：《河南府志》]

卢清河 字道生。清代四川中江县人。精通医学，尤长于本草药性。技艺超群，未尝自满，常邀二三同道研讨医理。同邑陈大任著医书，文笔刚劲有才力，间有纰缪，卢氏一一指正，析其原委，陈氏深德之。卢清河曾著《本草药性歌括便读》，刊行于世，今未见。[见：《中江县志》]

卢淳贞 字僧孺。明代浙江钱塘县人。通方术、阴符诸学，好搜奇猎秘，有所获则闭门抄写。晚年与兄卢淳熙，隐居南山回峰下，采药以终老。[见：《列朝诗集小传》]

卢淳熙 字长孺。明代浙江钱塘县人。万历癸未（1583）进士，补稽勋郎。素喜搜奇猎秘，通晓方术、阴符诸学。与弟卢淳贞，隐居南山回峰下，采药以终老。[见：《列朝诗集小传》]

卢维雍 字肃卿。清末湖北汉川县人。曾任观察使。兼通医术，有名于时。[见：《中国历代医家传录》]

卢嗣逊 字方舟。清代湖北当阳县人。邑庠生。少孤力学，有文名。家居教授儒童，多行义举。晚年精医，所济甚众。曾举乡饮宾。年七十岁，无疾而终。著有《方舟文集》、《医方解补》诸书，藏于家。[见：《当阳县志》]

卢福尧 清代山西太谷县人。以医为业，精通外科，名重于时。县民有破腹肠出者，卢氏以"铁扇散"治之，得痊愈。其方乃雍正间（1723～1735）得之塞外僧人，救治良多。[见：《外科证治全生集》]

卢精一 清代广东丰顺县北胜南阳人。生性朴诚，以医为业，名重于时。凡病家延请，虽风雨远涉必驰至，无论贫富，不计酬金，救危济世，行之终身。年八十举乡饮，授冠带。[见：《丰顺县志》]

卢德升 字恩如。清代奉天府海城县（今辽宁海城）小河人。天性诚朴，少时家贫，读书不多。偶得秘方，读之有神悟，试疗疔疽等证辄效，遂业医。喜读《东医宝鉴》，深研精求，证以经验，参以他书，久之成外科名家。素重医德，凡病家叩请，虽旦暮必立往，药价从廉，虽富室不多索取。年逾八十卒。子卢廷山、卢廷海，均善承父术，医名大噪，有"小河卢家"之称。孙十四人，皆悬壶，绍传祖业。[见：《海城县志》]

卢遵元 宋代人。生平里居未详。通道学，著有《太上肘后玉经方》一卷，已佚。[见：《通志·艺文略》]

卢鹤宾 明代山阳县（今江苏淮安）人。郡庠生。通医术。著有《妇科一览知》若干卷及《医书稿》三卷，皆佚。[见：《山阳县志》]

帅

帅我 字备皆，号简斋。清代江西奉新县人。早年习儒，康熙间（1662～1722）中举，官中书。弱冠淹通群籍，工书法，善绘画，尤明医理。有文名，曾与进贤县齐之千等为诗文社。著有《墨澜亭集》、《简斋诗文稿》。长子帅仍祖，亦工医术。[见：《中国人名大辞典》]

帅仁寿 字荣魁。清代四川璧山县人。自幼习儒。弱冠丧母，家境贫窘，遂入药肆为徒。后拜师学医，精其业。师殁，自开药肆于驿站，售药行医。有医德，凡贫病者延治，虽远道不惮劳，取药亦不计昼夜，乡人重其义行。[见：《重修璧山县志》]

帅仍祖 字宗道，号介亭。清代江西奉新县人。邑儒医帅我长子。自幼颖异，十岁能诗，以才华自负。及长，屡困于科场，后弃去，闭户读书。绍承父学，亦精医术。著有《嗜退山房稿》。[见：《中国人名大辞典》]

帅念祖 字宗德，号兰皋。清代江西奉新县人。雍正元年（1723）二甲第十九名进士。历官翰林院编修、陕西布政使。曾参修《大清一统志》。后因事谪戍军台，卒于塞外。精于诗，撰《树人堂诗》七卷。旁涉医学，辑《亦存编》一卷，刊刻于世，今未见。[见：《八千卷楼书目》、《中国历史人物辞典》、《明清进士题名碑录索引》]

归

归有祯 字养素。明代昆山县（今属江苏）人。名儒归有光（1506～1571）堂弟。少攻举业，十六岁补诸生，十八岁即设塾授徒。每赴乡试，皆以呕血疾罢归，遂弃儒习医。初读《灵枢》、《素问》、《难经》诸书，久之贯通医术，治病神效，求诊者无虚日。性和厚耿介，克敦孝友，安贫养晦，兄有光亟称其贤。年九十岁，无疾而终。[见：《昆山县志稿》、《昆新两县续修合志》、《昆山历代医家录》]

申

申元 唐代道士。生平里居未详。著有《怡神论》二卷，下卷有神仙秘方三十首，以甘草丸为首，食杏仁法次之。[见：《通志·艺文略》、《中国历代医家传录》（引《野人闲话》）]

申任 字小石。明代河北永年县人。自幼习儒，后精医学，活人无算，邑人皆以医圣称之。子申炳，医名益盛。同时以医著称者尚有范国卿、周以道等。[见：《永年县志》]

申甫 元代人。里居未详。曾任医愈郎诸路医学副提举。元成宗大德二年（1298）九月，诏命申甫领衔重校宋代官修医学全书《圣济总录》二百卷，参加者有医效郎御药院副使王希逸、承直郎太医院判官和思诚、奉训大夫太医院判官隋有、朝列大夫太医院副使王佐、集贤直学士朝列大夫太医院副使欧阳懋孙、中顺大夫太医院使韩公麟、少中大夫同提点太医院事汪斌、嘉议大夫提点太医院事麻维繇、正议大夫同签枢密院事左卫亲军都指挥使提点太医院事李邦宁、昭文馆大学士正太中大夫提点太医院事郑忙古歹、荣禄大夫平章政事大都护提点太医院事脱因纳。大德四年毕工，改题《大德重校圣济总录》，"诏令江浙行省，刊于有司，布于天下"。此书今存多种残刻本。1962 年 10 月人民卫生出版社以诸本重校《圣济总录》，成完璧，刊行于世。[见：《大德重校圣济总录》、《皕宋楼藏书志》、《中医图书联合目录》]

申直 清代四川夹江县人。颖悟好学，有文名。康熙间（1662～1722）举孝廉。不乐仕进，独嗜医学，善辨证，有起死回生之誉。生平嗜酒，每于诊脉后畅饮数杯，始为疏方，服者皆获良效。遇难证则不饮，辗转沉思，或出游于田间，久之而返，复痛饮书方，亦能出奇制胜。若往返再三，不饮而去，则不可救矣。故时人延请者，皆以其饮酒与否为忧喜。著有《花蜜经》十二卷，今未见。[见：《夹江县志》]

申受 北宋衢州（今浙江衢州）人。精通医术，官至太医丞。自言得医术于参政高若讷，得脉理于郝允。[见：《闻见前录·卷十七》]

申相 明代山西长治县人。精医道，通脉理，擅治伤寒，临证多佳效，世称良医。著有《诊家秘要》、《伤寒捷法歌》二书，未见流传。[见：《潞安府志》、《山西通志》]

申炳 字怀淳。明代河北永年县人。邑名医申任子。自幼习儒，为诸生。传承父业，用药持重，不求速效，诊视务中窾要。尝曰："射覆以视病，卤莽以投药，直以人命为戏耳。"申氏殁，乡人追思者甚多。[见：《永年县志》]

申敏 金元间河南安阳人。医学教授申仲康（1203～1269）幼子。继承父学，亦通医术，大德间（1297～1307）任江陵路官医提举。兄申敬，任御药院使。[见：《金元医学人物》]

申敬 字敬先。金元间河南安阳人。医学教授申仲康（1203～1269）三子。性纯朴宽和，敏悟医理，切脉详审，用药精当。至元六年（1269）选授太医院太医。元世祖巡幸两都，北狩东征，申敬皆为侍从御医。曾奉旨治元妃疾，得痊愈，赐玉带、白金。世祖每有所问，直言不讳。帝赞之曰："汝身虽小，口甚辩博。"至元二十七年（1290），由御药院使迁朝列大夫，选授秘书监丞。成宗大德五年（1301），进秘书少监。仁宗皇庆初（1312），任太常卿。弟申敏，亦任医官。[见：《金元医学人物》]

申天禄 南宋汴梁（今河南开封）人。精通医术，以儿科供奉内廷。因其宅常悬金斗为识，故世称"金斗申家"。宣和（1119～1125）末年逢兵乱，徙居秦州（今甘肃天水）社树坪。子申良辅，孙申仲康，皆绍承祖业。〔见：《中国历代名医碑传集》（引《雪楼集·魏郡伯申公神道碑》）〕

申世文 明代人。里居未详。嘉靖间（1522～1566）医士。嘉靖皇帝晚年广求长生之术，遣官求方士于四方。方士王金，伪造万岁芝山、五色神龟，得授太医院御医。于是，天下方士群集京师，有名赵添寿者，进"秘法"三十二种，申世文亦进三种，皆欲得重赏。帝知其多妄，所赐不多。申世文遂与陶世恩、陶仿、刘文彬、高守中伪造《诸品仙方》、《养老新书》、《七元天禽护国兵策》诸书，并制金石药以进。帝用之，初觉有效，陶世恩得授太常卿，陶仿授太医院使，刘文彬授太常博士。未几，帝亡，遗诏归罪王金等五人，命悉正典刑，诸人皆论死系狱。隆庆四年（1570）十月，高拱柄国，宥诸人死罪，编口外为民。〔见：《明史·王金传》〕

申必谊 金元间泰安州（今山东泰安）人。邑名医申国瑞次子。继承父学，亦工医术。〔见：《金元医学人物》〕

申必偕 金元间泰安州（今山东泰安）人。邑名医申国瑞三子。继承父学，亦工医术。〔见：《金元医学人物》〕

申必端 金元间泰安州（今山东泰安）人。邑名医申国瑞长子。继承父学，亦工医术。〔见：《金元医学人物》〕

申光逊 唐代桂林（今广西象县东南）人。曾任曹州观察判官，旁通医术。有名孙仲敖者，患脑痛，申光逊命取辛辣物胡椒、干姜等研屑半杯，以温酒调服；又取一黑漆筒倾置于鼻窍，令吸之至尽。方就枕，有汗出表，其疾立愈。此鼻饮之类也，今已罕用。〔见：《历代名医蒙求》〕

申仲康 （1203～1269）字西叔。元初秦州（今甘肃天水）人。祖籍汴梁（今河南开封）。南宋儿科御医申天禄孙，名医申良辅子。传承家学，亦精医术。少年时世乱，投身戎马之间，以仁义智勇著称。元初卢氏县守将啰约闻其名，召为部属。甲寅年（1254），宋游骑突至，杀啰约于熊耳岭。申仲康率死士数十人袭宋营，得其尸以归。事平，思秦州旧业无存，以申（即河南南阳）乃申氏始祖封地，遂招访亲族，定居于南阳。平素制备善药，凡乡邻之贫病者，穷途逆旅无所归者，必躬自调护，赠以盘费，无问其里居姓名。有富民夫妇暴病垂死，许以重金延请，仲康治之而愈。富者不付酬，仲康一笑置之。常教其子曰："人与天地为三，天地以生生为心，而人不能推而广之，犹谓之人乎？昔人以医比相，良有以也，敢不勖哉！"年六十七岁殁，远近闻者，如父兄之丧。后以子贵，追封中议大夫上骑都尉魏郡伯。有子六人，长子申政，官郡监酒；次子申教，官河渠使；三子申敬，任御药院使，官至太常卿；四子申整，亦官监酒；五子申敦，早卒；幼子申敏，为医官。〔见：《金元医学人物》（引《秋涧先生大全文集·大元朝列大夫秘书监丞汴梁申氏先德碑铭》）、《中国历代名医碑传集》（引《雪楼集·魏郡伯申公神道碑》）〕

申良辅 南宋末汴梁（今河南开封）人。宋御医申天禄子。传承父学，亦通医术。逢兵乱，随父徙居秦州（今甘肃天水）之社树坪。子申仲康，亦精医术。〔见：《中国历代名医碑传集》（引《雪楼集·魏郡伯申公神道碑》）〕

申尚德 明末山西潞州人。天启间（1621～1627）贡生。秉至性，事亲孝，治学有根柢。崇祯时（1628～1644）曾上书阙下，陈"圣学拔本塞源"诸论，不见纳，归而闭户读书。著有《孔氏医说》等书，今未见。〔见：《潞安府志》〕

申国瑞 字伯祥。金元间泰安州（今山东泰安）人。其祖父为金代归德府医学教授。申国瑞明敏刚毅，见义勇为，敦尚诗书。继承家学，精医理，至老研究不倦。至元间（1264～1294）任泰安州医学教官，为众医所推服。赵孟頫为之画像，题赞云："卢扁已逝无良医，苍生有疾医者谁。申君挺生泰山陲，力学至老不少衰。著书立言补阙遗，察脉疗病穷毫厘。要与人世扶灾危，此意自足追黄岐。惜哉不见用于时，空睹画像令我悲。活人有后不我欺，我作此语君应知。"申氏著有《名医录》，传抄于时，今未见。子申必端、申必谊、申必偕，均继承家学。〔见：《金元医学人物》（引《兰轩集·泰安申君墓碣铭》、《松雪斋文集》）〕

申佩琚 字玉方。清代河南武陟县人。邑名医申佩瑀弟。自幼习儒，弱冠入县庠，为学使所器重，颇有文名。喜读医书，久之术精，凡里中人患病，治之辄愈，遂以医术知名。有老妪患头风，双目失明，头痛不已。三年后就佩琚求治，为处方三剂，头痛止而目复明。有时医某氏，深得乔、郭、丘三富室信赖，凡三家生病者，皆诊为痨症，而服药年余必死，前后二十年，凡死十九口。人问其故，佩琚曰："三家者，身逸而嗜膏粱，又喜温补，故其病多痰，食积内热。医者不识病因，投以所好，痰热遇补，久益痞闷，辗转致死。"后丘氏败落，家人患病始就佩琚求诊，而治则获愈，始信其言。申佩琚寿至六十九岁卒。弟子入泮者七十余人，登孝廉者二人。[见：《武陟县志》]

申佩琚 字贯中。清代河南武陟县人。早年从天津名医陆氏学，尽传其术。力学十年始悬壶，临证投剂辄效，凡他医束手之病，或因误诊而致危笃之疾，若申氏曰"可治"，数剂立起。辛卯岁，申氏寓居修武县城，一月间诊治二十七人，愈二十六人，其中一人脉数而结代，申氏谓："结胸证具而烦躁，法不可治。"果如所言。孝廉范元欲赠以匾额，申氏曰："某祖、父名儒仕宦，身业此小道，岂足称哉？"坚辞乃止。晚年著《主客运气图》、《四诊要旨》等书，未成而殁，卒年六十一岁。弟佩瑂，亦精医。[见：《武陟县志》、《河南通志》]

申学苏 字眉山。清代河南武陟县人。自少好学，后专力于岐黄，遂以医术知名。[见：《武陟县志》]

申拱宸 字子极，又字斗垣。明代长洲县（今江苏苏州）人。儒生。早岁游学建康，遇异人授以秘方及道术，遂弃旧之所学，间以余力习医，尤精外科。其方缄藏肘后，时出以济人。著有《伤寒观舌心法》（又作《伤寒舌辨》，今存《伤寒三书合璧》本）二卷、《外科启玄》十二卷（今存明万历三十二年刻本）。[见：《医藏书目》、《中国医籍考》、《中医图书联合目录》]

申赓豫 字赞唐，号雪村。清代山西洪洞县人。精医术，尤擅痘科，全活无算。治病不受馈谢，乡里敬之。[见：《洪洞县志》]

申道玄 世称申先生，又称铁瓮先生。元代镇江（今属江苏）人。镇江古称铁瓮城，故世人以铁瓮先生呼之。精医道，其术宗朱震亨、葛可久。著有《申铁瓮方》一卷，已佚。其中琼玉膏一方，尤为后世所重。[见：《镇江府志》、《本草纲目》、《古今名医言行录》]

申嵩阳 字岳云，号雪宾。清代河南武陟县人。宿儒申剑光次子。性和厚，喜读书，事亲尽孝。道光己酉（1849），赴乡试不利，从此绝意仕途，专以医术济世。临证立方，遵古而不拘泥，所治多奇效。修武县王明府之子患肿胀，股肿如桶，睾丸如罐，群医束手。申氏诊其右关脉沉数，问知二便秘结，口渴饮水，而皮色润泽明亮，断曰："此气水实证。"以舟车丸加减为汤，一剂而二便利，肿消其半；再剂痊愈。又，秦屯张某之侄，患多言而狂，大便秘结。诸医予大承气汤，一剂内热略轻，仍不大便；再剂而结愈甚，渐至目瞪口呆，僵卧若死。申氏诊之曰："服凉药过剂，脏腑冰伏故也。"以理中汤加桂、附、丁香、吴萸之类，连服二剂，下干粪数枚，四剂痊愈。申氏重医德，生平活人无算，从未受谢。又精拳术，得丰顺店张朝奎太极神拳秘传。年七十余，神采奕奕，步趋健利。著有《雪宾医案》八卷，未见梓行。[见：《续武陟县志》]

申屠

申屠义 （1210～1289） 字顺之。金元间汴梁（今河南开封）人。金代考城县令申屠信子。自幼嗜学，曾师事礼部尚书赵秉文。儒学之外，兼精医术，擅妇科。金末世乱，迁居寿张县，经商为业。多善举，平素备制良药，施送病家；遇荒年平价售粮，凡贫甚而无力偿还者，则焚其债券。壮年后，益恬淡寡欲，喜结交方外士。子申屠致远，亦通医理。[见：《金元医学人物》（引《吴文正公集·故善人申屠君墓表》）]

申屠致远 （?～1298） 字大用，号忍斋。金元间汴梁（今河南开封）人。金末随其父申屠义徙居东平寿张县。业儒，肄业于府学。元初任荆湖经略司知事，授太常太祝，兼奉礼郎。至元二十年（1283）累迁江南行台监察御史，曾建言设立司狱医学职员。大德二年病卒。申屠致远一生清修苦节，耻事权贵，聚书万卷，名所居曰墨庄。嗜于古玩彝器，收藏之室名博古堂。兼通医学，曾整理家藏医方，著《集验方》十二卷，已佚。[见：《元史·申屠致远传》、《补元史艺文志》、《千顷堂书目》]

田

田氏 佚其名。元代（?）人。生平里居未详。著有《保婴集》一卷，刊刻于世。今存《济生拔粹》本，又收入《丛书集成初编》。[见：《述古堂书目》、《济生拔粹》]

田伟 字伯逊。明代浙江缙云县人。邑名医田锡子。继承父业，投药无不立效，知名于时。其门人俱以医术著称。[见：《处州府志》]

田杜 字树芳。清代江苏六合县人。邑名医田淑江子。继承父志，亦工医，曾任医学训

科。著有《伤寒论辨》，今未见。其子本德、本良、本泰，皆知医。[见：《六合县志》]

田闰 (1223～1309) 字闰之。金元间中山（今河北定州）人。生于农家，性孝友，为人笃诚。致力于学，不求仕进。曾读医书三年，知医不可轻为，尝谓："夫人之血气衰盛，阴阳薄战，其道欣可知。若微阳伏于盛阴之下，微阴潜于极阳之中，毫厘不辨，生死悬绝，而可轻哉！"遂弃医不学，专力于《易经》及六壬之说。元世祖忽必烈征游，闻田氏善易理，召至麾下。至大二年七月，颁旨赐以光禄大夫大司徒赵国公。田氏预闻，命子速备后事，诏命下而卒。[见：《金元医学人物》（引《雪楼集·赵国公田府君神道碑铭》）]

田枌 字颉云。清代浙江嘉兴县人，居常丰里。键户读书，精医术。长于诗，与方熏、薛廷文为布衣交。著有《医门八法》六十四卷，未见流传。[见：《嘉兴县志》]

田金 清初安徽休宁县人。儒医费密（1623～1699）弟子。与同门蔡治，皆知名于时。[见：《新繁县志》]

田经 南宋人。生平里居未详。曾任历城县儒学教谕。绍兴乙亥（1155），与锦官史崧同校《灵枢经》。[见：《中国历代医家传录》（引《朝鲜医籍考》）]

田顼 明代福建尤溪县人。生平未详。著有《太素集》二卷，今未见，疑为论太素脉之书。[见：《尤溪县志》]

田琮 字子敬。明清间四川广元县人。顺治十一年（1654）举人。弃儒业医，精其术，远近知名。凡疑难之症，他医治而不效者，田氏应手辄愈。某村大疫，适田氏过，不仅义诊，且出资济贫，活人逾千。沈某之妻，停尸待殓。田琮诊之曰："尸厥证，未死也。"以药灌之，俄顷而苏。其妙治多类此。年八十余殁。[见：《广元县志》]

田崀 宋代福建人。里居未详。好学善医，尤擅治疗，未尝有失。重财利，治病察形诊候，度疾浅深，先约定所酬之值，始肯施术，为医中极贪者。田氏后患瘵疾，历试平日所用医方，无一效验，遂死。[见：《遁斋闲览》]

田椿 字锡龄。清代江苏六合县人。邑名医田淑江侄。工医术，曾任医学训科。田淑江曾撰《灵素集解》，田椿继撰《灵素校注》若干卷，今皆未见。子田肇镛，亦以医知名。[见：《六合县志》]

田锡① (940～1003) 字表圣。北宋嘉州洪雅（今四川洪雅）人。幼颖悟，好读书。太平兴国三年（978）举进士，迁左拾遗，能直谏。真宗时，官至右谏议大夫。咸平六年冬，病卒，年六十四岁。生平著述颇多，所撰《曲本草》一卷，为历来少有之作，惜其书已佚。[见：《宋史·田锡传》、《四川通志》]

田锡② 明代浙江缙云县人。以医名世。子田伟，继承父业，亦有盛名。[见：《处州府志》]

田九如 清代人。生平里居未详。著有《治麻新书》三卷。今存道光二十二年壬寅（1842）静寄轩刻本。[见：《中医图书联合目录》]

田万立 清代河南叶县人。邑名医田太平子。继承父业，以良医知名。[见：《叶县志》]

田之丰 字登五。清代三楚人。生平未详。著有《痘疹秘钥》一卷，成书于乾隆三十四年（1769）。今存稿本。[见：《中医图书联合目录》]

田马骑 宋元间杭州人。曾任录事。精伤科术，而生性贪婪。许元公赴省试，坠马，右臂脱臼，神已昏。仆人急援入白中，赁卧轿抬至景德，请田氏医治。田秉烛视患者面色，曰："尚可治。此疾料理费力，先议所酬，方敢用药。此公去省试止旬日，又是右臂，正妨作字，今须作两等商量：如旬日安痊如旧，作一等价；如至期未能就试，即减数，别作一等价。"仆人应其请，遂以药封肿处。翌日，损处已白，其瘀血青暗已移臂白之上，继敷以药。如是数日，伺肿暗移至肩背，用药下之，泻黑血一二升，三五日如旧，臂亦不痛，遂得赴试。南丰州危子美，得田氏之传。[见：《普济本事方》、《医说》、《世医得效方》]

田丰硕 清代山东阳信县人。家道素裕，忠厚待人，饥者食之，寒者衣之，济人甚多。祖传外科良方，遇病者施赠药饵，概不求报，乡里称善。[见：《阳信县志·任恤》]

田太平 清代河南叶县人。精医术。心存济利，起疾不求报。有酬以金币者，婉谢不受。子田万立，继承父学。[见：《叶县志》]

田日华 字大明，世称日华子。五代至北宋初明州（今浙江鄞县）人。深明药性，极辨其微。曾广集诸家本草及当世所用之药，以寒温、性味、花实、虫兽类分之，辑《日华子诸家本草》（又作《大明本草》）二十卷。明代本草学家李时珍著《本草纲目》，曾参阅此书。今该书已佚，其部分内容散见于《证类本草》、《本草纲目》等书。田氏还著有眼科书《日华子鸿飞集论》（又作《鸿飞集七十二问》）一卷，亦失传。[见：《医藏书目》、《本草纲目·序例》、《古今医统大全·历世圣贤名医姓氏》、《浙江通志》、《鄞县志》]

田本良 清代江苏六合县人。邑名医田淑江孙，医学训科田杜子。与兄田本德，弟田本泰皆知医。[见：《六合县志》]

田本泰 清代江苏六合县人。邑名医田淑江孙，医学训科田杜子。与兄田本德、田本良皆知医。[见：《六合县志》]

田本德 清代江苏六合县人。邑名医田淑江孙，医学训科田杜子。与弟田本良、田本泰皆知医。[见：《六合县志》]

田生玠 清代湖南武冈县人。早年习儒，为诸生。幼年善病，稍涉猎《素问》，能通其意。久之弃举子业，肆力仲景、河间、东垣诸家之书，遂精其术。临证立方不拘泥常法，每以意为之，辄有神效。尝构亭于大道旁，日坐其中，煮茗以施行人，有病者饮之辄愈。人谓其茗乃治时疫之药，惜其方不传。[见：《中国历代名医碑传集》（引李元度《国朝耆献类征初编·方技》）]

田廷玉 号辉山。清代安徽阜阳县人。儒生。工诗，精医。著有医书《伤寒集成》、《瘟疫集成》、《痘疹集成》，诗文集《辉山遗草》，未见流传。[见：《重修安徽通志》]

田名珍 清代山东潍县人。生平未详。著有《崇修堂医补》一卷，未见梓行。[见：《潍县志稿》]

田产磷 清代陕西华阴县人。幼习举业，屡试不得志，弃而学医。后以医术著称，远近弛名。[见：《华阴县志》]

田汝文 字子彬。清代河北交河县人。先世五代业医，至汝文术益精，通明药性、脉理，于小儿、痘疹两科尤为擅长。有医德，凡以疾病求治，无不应者。[见：《交河县志》]

田守信 元代人。生平里居未详。曾任奉直大夫太医院经历。后至元三年（1337），名医危亦林撰《世医得效方》，由江西医学提举司送太医院审阅，田氏与诸同僚参与其事。至正五年（1345）《世医得效方》刊刻于世。[见：《世医得效方·太医院题识》]

田祁昌 清代河南林县人。通医理，施医药济人。[见：《重修林县志》]

田运年 清代江苏青浦县小蒸人。邑名医田筱园次子。与兄田康年俱传家学，知名乡里。[见：《青浦县志》]

田伯良 近代人。生平里居未详。辑有医学丛书《中华古圣医经大全》，今存1923年中华书局铅印本。[见：《中医图书联合目录》]

田间来 号是庵。清代浙江山阴县人。早年习儒，喜集医方。晚年以友人沈铭三《神验良方》为蓝本，增以多年所集验方，编《灵验良方汇编》四卷，刊于雍正七年（1729）。今存。[见：《浙江医籍考》]

田昌鼎 字筱园，晚号双榆老人。清代江苏青浦县小蒸镇人。诸生。从名医何长治游，能传其术。性好吟咏，喜莳花草，宅后辟园筑亭，春秋佳日，每与交游唱和其中。年六十六岁卒。著有诗集《野圃吟稿》。[见：《中国历代医家传录》]

田宝华 字辉堂。清代河北献县人。通阴阳、《周易》之学。尤工医术，善治目疾，就医者不远百里求治，车马络绎。著有《药方经验即录》、《钟山诗稿》诸书，未见刊行。[见：《献县志》]

田宗汉 字云槎，号瀛峤。清末湖北汉川县人。幼颖异，诵经史百家之言，皆有所剖析。生当咸同（1851～1874）多事之秋，故挟策游幕于官场，三起三落，后归隐于医。对《伤寒》、《金匮》诸医典颇有心得。著有《医寄伏阴论》（又作《重订时行伏阴刍言》）二卷，刊于光绪十四年（1888）；《痰饮治效方》二卷，刊于光绪二十八年（1902）。[见：《医寄伏阴论·序》、《中医图书联合目录》]

田炳勋 字耀功。清末河南项城县人。早年丧父，事母至孝。晚年殚心医术，有求诊者，寒暑必往。著有《医学节要》若干卷，藏于家。[见：《项城县志》]

田养德 字仁斋。明代桃源县（今江苏泗阳）人。素行敦谨，资质聪慧，读书于大圣桥。曾于除夕日遇异人，授以修炼之法及秘传奇方，遂精医术，所治多奇中。后隐居淮安，以医济人，大江南北所活逾万人。[见：《桃源县志》]

田祚复 字心斋。清代湖南永定县人。邑庠生。通儒学，教授乡里。善养生，好音律，暇则以琴书自娱。晚年杜门习医，取《素问》、《难经》诸书，辨五运六气，著《参赞心编医书》五卷、《贻后知》一卷，未见刊行。[见：《永定县乡土志》]

田晋元 号雪帆。清代浙江山阴县人。贡生。兼通医理。著有《时行霍乱指迷辨正》，今未见。道光七年丁亥（1827）为章楠《医门棒喝》作序，并评点该书。[见：《冷庐医话》、《郑堂读书记》]

田晋藩 （?～1903） 字杏村。清代浙江会稽县观巷人。早年中举，为当地名儒，兼精医术。著有《内经素问校正》、《医经类纂》、《医稗》、《名家杂钞》、《中西医辨》、《田晋蕃日记》、《慎疾格言》等书，刊刻于世。门生董金鉴，传其学。[见：《中医图书联合目录》、《古今医案按选》、《绍兴地区历代医药人名录》]

田砺堂 清代浙江会稽县人。曾整理萧山竹林寺僧秘方，辑《宁坤秘笈》三卷，刊于乾隆丙午（1786），今存。[见：《中国历代医家传录》、《浙江医籍考》]

田倬甫 字叔九。清代四川富顺县人。光绪二年（1876）举人。教授儒童为业，制艺之外，兼通医学、术数。性戆直，不谐流俗，以守拙名其斋。著有《保婴秘录》等书，未见流传。[见：《富顺县志》]

田谊卿 宋代（?）人。生平里居未详。著有《伤寒手鉴》三卷、《千金手鉴》二十卷，均佚。[见：《宋史·艺文志》、《通志·艺文略》、《崇文总目辑释》]

田继和 字致中。清代河南淮阳县人。以医为业，擅痘科。遇贫病者，施药不计值。[见：《淮阳县志》]

田康年 清代江苏青浦县小蒸人。邑名医田筱园长子。与弟田运年俱传家学，知名乡里。[见：《青浦县志》]

田淑农 字云坡。清代山东潍县人。通医理，常与同邑丁仲麟、陈敦甫等讨论医学，雄辩滔滔。[见：《潍县志稿》]

田淑江 清代江苏六合县人。附贡生。工医学。著有《灵素集解》，今未见。子田杜，侄田椿，皆精医术。[见：《六合县志》]

田景瑗 字慕蘧。清代河南鲁山县法里西关人。宿习举业，为监生。好集方书，常以医术济人。曾设立药局，遇贫病以善药赠之，不计其值。[见：《鲁山县志》]

田阔阔 元初燕山（今北京）人。其父以医得幸于铁木真（成吉思汗），初掌管太医，后迁安抚使，战死西域。田阔阔继承父学，亦精医理。性倜傥，重气节，为成吉思汗所器重，赐名"阔阔"。父亡，继任太医，授尚药奉御。曾随大汗征回鹘，密陈方略，以士卒数人生擒回鹘王苏尔坦。以军功诏授提刑转运使，命坐镇朔方，调运军粮。太宗（窝阔台）经略河南、关右，田阔阔任护军，沿途网罗儒、释、道、医，使免屠戮。后复掌太医院事，统天下诸医。曾奏请设立惠民药局，以疗贫病。太宗九年（1237），诏命于燕京等十路设惠民药局，田阔阔与太医王璧、齐楫等出任局官。[见：《元史·食货志》、《新元史·食货志》、《金元医学人物》（引《中庵集·田仲珪孝敬堂记》）]

田登年 号小泉。明代四川忠州人。嘉靖三十八年（1559）三甲第一百名进士，授青阳县令。有干略，青阳无城垣，倭寇为患，田登年督建外城，不避怨劳。迁大理司正，恤刑广东，多所平反，出冤狱五十余人，广人德之。著有《洗冤录》，未见流传。[见：《忠州直隶州志》、《四川通志》、《明清进士题名碑录索引》]

田筱园 清代江苏青浦县小蒸人。贡生。博学能文，工诗。尤精医道，名重一时，求治者不绝于门，门下弟子甚众。子田康年、田运年，俱传家学。[见：《青浦县志》]

田肇镛 字心华。清代江苏六合县人。邑名医田椿子。继承父志，亦精医术，曾任医学训科。著有《灵素类述》、《验方杂志》等书，未见刊行。[见：《六合县志》]

由吾

由吾道荣 （505～589） 北朝至隋琅琊沭阳县（今江苏沭阳）人。少为道士，兼通医药。尝访道四方，初入长白山、泰山，继游于燕、赵，至晋阳遇其师，得授禁咒、阴阳历数、天文、药性诸学，岁余而归，隐于琅琊山。隋开皇（581～600）初，隋文帝备礼征辟，授上仪同三司谏议大夫沭阳县公。开皇九年，从晋王平陈还，苦辞归里，至乡而卒，年八十五岁。[见：《北史·由吾道荣传》]

冉

冉广鲤 字海容，号松亭。清代四川酉阳州人。岁贡生。博学多识，于经史、天文、医卜无所不通。淡于仕途，以莳花种竹自娱。晚年留心古医方，逐一校订，孜孜不倦。年七十余卒。著有《古医方杂论》八卷、《铜人图经考证》二卷，未见梓行。[见：《酉阳直隶州总志》]

冉天明 清代四川汉源县复兴场人。究心《伤寒》、《金匮》诸书，悟其奥旨。临证不泥古方，能自出新意，多获佳效，活人不可胜计。同邑张大和与之齐名。[见：《汉源县志》]。

冉正维 字德隅，号地山，又号醒斋。清代四川酉阳州人。嘉庆辛酉（1801）拔贡，年十八岁入州庠。后不利于场屋，遂隐居讲学。道光六年（1826）诏举贤良方正，坚辞，人益重之。生平淹贯诸子百家，兼通医理。年七十岁卒。著述甚富，有《老树山房文集》六卷、《医验》二卷等，未梓。[见：《酉阳直隶州总志》]

冉性山 清代四川重庆府人。业医。好抚琴。韩古香游蜀，冉性山授之以琴曲《孤猿啸月》。韩称此曲"清洁之况，令人心骨俱冷，体气欲仙，琴中之逸品也。"[见：《中国历代医家传录》（引《二香琴谱》）]

冉雪峰 （1879～1963） 原名敬典，字剑虹。现代四川巫山县人。早年习儒，后弃而攻医。年弱冠悬壶问世，学验两富，知名于时。中华人民共和国成立后，任全国政治协商会议委员会委员、中国中医研究院学术委员会委员。著有《八法效方举隅》、《冉雪峰医案》、《内经讲义》等书。[见：《中医大辞典》、《中医图书联合目录》]

史

史仕 字君显。明代祥符县（今河南开封）人。其九世祖史全，以幼科名世，传至史仕，皆以医显。史仕精研《素问》、《难经》诸书，治病善察虚实，依病制方，无不取验，活人甚众。德清蔡中丞抚河南时，子方三岁，患瘖证发热，诸医皆用芩、连，发热愈甚。或荐史仕往治，诊其脉曰："当补。"蔡初难之，史仕力主其方，暗用附子佐参芪，一服安寝思食，热减大半，又数服而愈。蔡神其术，携至京师，捐资荐为周府良医正。寿至八十七岁。[见：《祥符县志》]

史全 明代河南洛阳县人。精医道，专业幼科。永乐（1403～1424）初，任周府良医正，故徙居汴梁（今河南开封）。自史全至其九世孙史仕，皆以医显。[见：《祥符县志》]

史直 清代河北万全县第八屯人。性端谨，通医理。平生不苟言笑，专以医术济世，活人无算。年八十一岁卒。[见：《万全县志》]

史典 字缙臣。清代江苏扬州人。生平未详。著有《愿体医话》一卷，刊于世，今存。[见：《中国医学大成总目提要》、《中医图书联合目录》]

史宝 字国信。明代浙江萧山县人，侨寓嘉定县。精医理，通阴阳虚实之变。一人冬月鼻中出血，宝令服胡椒汤。病者自思，出血为热症，胡椒亦为热药，疑而不敢服。史宝乃置豆数粒于斗中，急摇之，豆旋转不失，稍缓，遂跃出。释之曰："此则君之病矣。人荣卫调和，则气血流通。君脑中受寒，故血行涩，涩则不得归经，故溢出耳。非热疾也。"病者如其言服药而愈。史宝极重秘方，闻藏之者，必重金求购。著有《伤寒要约》（又作《伤寒要略》）、《伤寒要格》，均佚。[见：《嘉定县志》、《江南通志》]

史垣 字瑞阶。清代江西鄱阳县人。精医术，常施药济人，乡邻德之。[见：《鄱阳县志》]

史炤 清初江苏甘泉县邵伯镇人。其父史以甲，为郡诸生，隐居不仕，以精通天文、地理、方技、医药知名。史炤传承父业，隐居著述，不履仕途。[见：《扬州府志·隐逸》]

史洞 字亦元。清代河南偃师县人。邑庠生。因母病习医。以高寿卒。著有《脉诀》、《伤寒论纂》、《增补寿世保元》等书，今未见。[见：《偃师县志》]

史宰 明代陕西渭南县人。精医术，以儿科著称。其兄史楠，声名益盛。[见：《新续渭南县志》]

史崧 南宋锦官（今四川成都）人。生平未详。史氏通医理，对《黄帝内经》多有研究，"自髫迄壮，潜心斯道，颇涉其理"。靖康丙午（1126），金兵大举入寇，宋室仓促南迁，古籍散失殆尽。绍兴间（1131～1162），史崧叹曰："恨《灵枢》不传久矣！"乃取家藏旧本《灵枢》九卷，参对诸书，再行校正，增修音释，附于卷末，勒为二十四卷，"申转运司选官详定，具书送秘书省国子监"。同时，史氏再次专访名医，更乞参详，刊刻于绍兴二十五年乙亥（1155）。今国人所读《黄帝内经灵枢》，皆出史崧校刊之本。[见：《灵枢经·序》、《天一阁书目》]

史铭 清代四川绵州人。其父史尚贤精医术，悬壶安县湖甄堰，遂定居于此。史铭继承父业，亦精医术，为时所重。[见：《安县志》]

史脱 晋代人。里居未详。性格沉毅，志行敦简。精于医道，善诊候，明消息，多辨论，治黄疸尤为高手。以诊疗精奇，拜太医校尉。[见：《太平御览·方术部》、《历代名医蒙求》、《医说·三皇历代名医》]

史谋 明代安徽黟县人。工医，善针灸，名重于时。以济世为怀，治病不计酬，求治者甚众。凡富户延请，辄令备大宅，以为四方男妇就治之所。每出行多乘小舟，就医之船随行者常达数十艘。山左人某氏患鹤膝风，病势危重，已备后事，闻史氏之名求治。史氏诊之曰："是需时日，未能猝愈也。"其人自扬州随之渡江，历苏州，至吴兴，沿途针治凡百日，竟得大痊。[见：《徽州府志》、《黟县志》]

史堪 字载之。北宋眉州（今四川眉州）人。儒生。精于医药，审证精切。所用药皆依法炮制，不标新立异，数服即效。眉州人彭师古，年三十岁得异疾，不能进食，闻荤腥物辄呕，神倦消瘦，众医莫能愈。后趋郡谒史堪。史堪曰："君之疾在《素问》经中，其名曰'食挂'。凡人肺六叶，舒张如盖，下覆于脾，则子母气和，饮食甘美。一或有戾，则肺不能舒，脾为之蔽，故不嗜食。《素问》曰：'肺叶焦热，名曰食挂。'盖食不下脾，瘀而成疾耳。"制药服之，三日觉肉香，啖之无所苦，自此嗜食，宿恙顿除。蔡京（1047～1126）患便秘，医不能通。史堪诊其脉，曰："请求二十钱"。蔡曰："何为？"答曰："欲市紫菀耳。"即捣紫菀为末，令服，须臾便通。蔡问其故，曰："大肠，肺之传送。今之秘无他，以肺气浊耳。紫菀清肺气，所以通也。"自此，医名大噪。著有《史载之方》（又作《指南方》）二卷，今存。[见：《周氏医学丛书·评注史载之方·附史堪传》、《宋史·艺文志》、《直斋书录解题》、《仪顾堂集》、《医说·三皇历代名医》]

史楠 明代陕西渭南县人。与弟史宰皆精医术，以儿科知名。太仆某，幼时患痘，史楠治之，一剂而愈。其子史邦正，传承父学。[见：《渭南县志》]

史源 南宋明州鄞县（今浙江鄞县）人。右丞相史浩（1106～1194）弟。幼习举业。绍兴二十四年甲戌（1154），自太学归省，适国医常颖士造访，遂请为母诊脉。常氏曰："有蓄热，必渴。但防作疮，觉疮，便著艾于上，热盛则五花灸之。"时史母不引饮，略喜饮水而已。至辛巳年（1161）六月，史母患背疮，初依常氏言灸之，后从时医之说，改用膏药覆之，病势转危。遂复从常氏说，终以艾灸法收功。史源有感于此，于次年详述常氏灸法，参以名医所论，长者所教，辑《治背疮方》一卷，今佚。子史弥宁，嘉定间（1208～1224）官泰州知州。[见：《宋史·艺文志》、《中国医籍考》、《中国人名大辞典·史弥宁》、《鄞县志》、《读书附志》]

史谨 字公敏，号吴门野樵。元明间昆山太仓人。早年从无锡倪瓒（1301～1374）、长洲高启（1336～1374）游。博学好古，工诗画，兼通医理。年弱冠，从戎云南。洪武三十一年（1398），经翰林学士王景推荐，授应天府推官，不久降为湘阴县丞。后以事罢官，侨居金陵，筑独醉亭，行医卖药，吟诗作画终其身。年七十余卒。著有《独醉亭诗集》三卷。[见：《昆山历代医家录》]

史蔚 字仲秀。清代江苏溧阳县人。精医术。有医德，应贫家之聘，必徒步往诊，时以药赠之。年八十余殁。[见：《溧阳县续志》]

史士铨 字晋衡，号慎轩。清代人。原籍不详。乾隆间（1736～1795），其父任巫山县尉，遂家于巫山。史士铨精通医术，活人无算，知名于时。后选授邻水县教谕，卒于赴试途中。诸弟子扶柩归巫，谋葬于巫山北关外官家溪。[见：《巫山县志》]

史大受 字春亭。清代江苏吴县人，居阊门。究心医学二十余年，遍访高明，欲为弟子列而不可得。后博览古人医书，每日对案析疑，久之精其术。生平治学严谨，尝谓："医家有三多，读书多、议论多、临证多。三折肱，九折臂也。《礼》云：'医不三世，不服其药。'乃教人读三代以上书，若家传无学，虽十代亦属庸医。其好奇夸张，欺世盗名，投刺走托，交游吹荐者；畏寒畏热，毫无把握者；更若朝见方书，暮则轻试，皆近时通病，莫可挽回。"又虑医书充栋，繁简杂出，恐后学莫知所宗，遂删繁补简，削伪存真，于乾隆四十六年（1781）撰《史氏实法》八卷，未刊行，今存《史氏实法寒科》（又作《寒科实法》）一卷、《史氏实法妇科》一卷，均为传抄本。《史氏实法》书稿为朱廷嘉所得，朱氏增以幼科诸法，易名为《朱氏实法》，今有抄本藏中国科学院图书馆。[见：《吴县志》、《吴中名医录》、《中医图书联合目录》]

史久华 清代人。生平里居未详。尝评注《邵兰荪医案》，刊行于世。[见：《中国丛书综录》]

史凤集 清代山西稷山县人。性长厚，精针灸术，病愈不受谢仪。邑令黄某，嘉其义行，赠匾旌之。[见：《山西通志》]

史以甲 字子仁。清初江苏甘泉县邵伯镇人。明末按察副使史启元子。早年补郡诸生，后绝意场屋，隐居艾陵湖东之桥墅，耕读自怡，足迹不入城市。于天文、地理、方技、医药诸书，无不究览。少时从名医袁秦邮学，得其脉诀，潜心极研，遂通玄奥，决病者死生，指下立辨。辑有《伤寒正宗》八卷，刊于康熙十七年

五
画

(1678)。子史焴，能传父业。[见：《扬州府志》、《中国医籍考》、《内阁文库汉籍分类目录》、《中医图书联合目录》]

史节音 字声五。清代浙江象山县人。精针灸术，知名乡里。[见：《象山县志》]

史可甦 宋元间余干县（今江西余干）人。生而笃学，博涉群书，旁通医术。元初辟为郡学录，义不忘宋，屡征不就，有陶渊明之风。晚岁隐居鄱阳（今江西波阳），以医术济世，活人甚众。邑人德其起死之功，榜其堂曰更生。章起凤赞曰："术能托乎精微，志不厌乎澹泊，其抱道自晦，寓意于术，以神其用。易称潜德，非其选欤。"[见：《鄱阳县志》、《余干县志》]

史邦正 明代陕西渭南县人。儿科名医史楠子。传承父业，亦精医术，名噪相邻数县。[见：《新续渭南县志》]

史廷立 明代江都县（今属江苏）人。曾任巡盐御史。旁通医药，著有《本草集要》，未见刊行。[见：《江都县志》]

史仲友 现代江苏江阴县人。名医方仁渊门生。曾任职于常州市第一人民医院。[见：《吴中名医录》]

史亦书 字南辉。清代浙江象山县人。邑庠生。究心医术，博参《素问》等书，治病多神效。重医德，遇贫病施药疗之。婿黄廷松，得其传授。[见：《象山县志》]

史纪孔 清代河南渑池县人。精通医术，知名于时。子史修官，传承父学。[见：《重修渑池县志》]

史纪策 字赞明。清代安徽当涂县人。先世以外科著称，至纪策益精。一人为仇家陷害，以寸针刺入腹内。纪策诊之，投药而针自出。一人患异疾，自觉头顶出气，脑若火炙，纪策先令病者酣饮致醉，后以针刺其涌泉穴，出脓碗余，醒而疾愈。[见：《重修安徽通志》]

史克义 清代河南渑池县人。名医史炳文孙。继承家学，以医知名。[见：《重修渑池县志》、《中州艺文录》]

史克实 清代河南渑池县人。名医史炳文孙。继承家学，以医知名。[见：《重修渑池县志》、《中州艺文录》]

史序明 清代河南渑池县人。名医史炳文子。继承家学，以医知名。[见：《重修渑池县志》、《中州艺文录》]

史序昭 清代河南渑池县人。名医史炳文子。继承家学，以医知名。[见：《重修渑

池县志》、《中州艺文录》]

史良誉 清代人。生平里居未详。著有《孝思堂妇人良方》，今存抄本。[见：《中医图书联合目录》]

史尚贤 清代四川绵州人。精医术，悬壶安县湖甄堰，遂定居焉。子史铭，继承父业，亦有名。[见：《安县志》]

史明录 字纪言。清代山东邱县（今河北丘县）邴庄人。自幼习儒，年十九，与兄史明鉴同入泮。后精研医术，不数年，名闻遐迩，户限为穿。贫者来求，无论寒暑，亲往诊治，药到病除，世称"万户生佛"。年四十二岁殁。撰述甚多，惜皆散佚。民国时尚存《史氏医案》，立方准确，论证详尽。邻近业医者，莫不人手一编，临证选法，奏效如神。[见：《邱县志》]

史佳福 清代四川泸县人。精医术，知名乡里。重医德，治病不分贫富，凡延请，虽昏夜雨雪，必戴笠提灯而往。年九十余岁卒。[见：《直隶泸州志》、《沪县志》]

史法章 (1904~1984) 现代河北宣化县许家堡村人。曾任洛阳市第三、六、七届人大代表，洛阳市中医学会副会长，河南省政协第五、六届委员，洛阳市老城区人民医院副院长、中医外科副主任医师等职。少年时随著名中医郭子千习医，二十岁以医问世。从医六十余年，通晓内、外、儿、妇诸科，尤以外科见长。曾自制丸药毒特灵，治梅毒有良效。先后发表《中九丸治愈骨结核》、《中医治疗湿疹的经验介绍》、《乳腺炎200例治疗总结》、《中医药治疗血栓闭塞性脉管炎55例》等十三篇论文。还著有《外科集成》，待梓。[见：《中医年鉴》(1985)]

史树骏 字庸庵。清代江苏武进县人。生平未详。著有《经方衍义》五卷，其卷五为《本草挈要》，介绍药物二百八十种。此书刊刻于康熙十年（1671），今存。[见：《贩书偶记续编》、《中医图书联合目录》]

史修官 清代河南渑池县人。邑名医史纪孔子。继承父学，亦工医术。子史登泰，亦以医名。[见：《重修渑池县志》]

史俊卿 清代山东临邑县城南史家庄人。邑庠生。天资秀敏，精岐黄术。著有《妇科汇方》四卷，藏于家。[见：《临邑县志》]

史炳文 清代河南渑池县人。名医史登泰子。继承家学，精内科，有神医之称。子史序昭、史序明，孙史克义、史克实，皆绍承家学。[见：《重修渑池县志》、《中州艺文录》]

史载铭 字介如。清代四川温江县人。性好读书，闲暇赋诗自适。以医术知名。家有薄田，多种药苗。常悬药笼于庭，凡乡里贫病者求治，即裹药与之，应手取效。不以医谋利，虽愈奇疾，未尝受谢。年七十六岁卒。著有《史氏医案》，未见刊行。子史中立，孙史致祥，皆贤，能世其德。[见：《温江县志》]

史继棠 清代湖北沔阳州人。生平未详。著有《医方便览》，今未见。[见：《沔阳州志》]

史铭鼎 清代湖北沔阳州人。生平未详。著有《医学心得》，今未见。[见：《沔阳州志》]

史清源 清代四川泸州人。性简默，好深思。初习儒学，因邑无良工，弃而学医。擅长脉诊，晚年术益精。年八十岁殁。[见：《直隶泸州志》]

史维元 字尔元。清代江苏丰县人，寓居铜山县。精医术，方圆百里延请者不绝于途，时称"史扁鹊"。年八十余卒。[见：《铜山县志》]

史敬斋 清代顺天府（今北京）人。居廊房二条胡同。通眼科，明药理，所制鹅翎管眼药知名京师。[见：《朝市丛载》]

史景山 清代江苏昆山县人。本邑疡科名医史聘儒子。继承父学，亦精疡科，尤擅治烂喉痧。道光二十三年（1843）四月，潘道根与之讨论医理，史氏阐述烂喉痧及喉风诸症甚详，谓：诸证皆由风邪内伏，复感非时之寒而发。肌表红点隐隐，脉象滑数有力，为其外候。纵喉间糜烂，不可妄投清凉之剂，不但犀、羚、芩、柏，即花粉、连翘亦不能轻用。宜用荆芥、牛蒡、葛根等表散之药，有痧透痧，有疹透疹，无汗有汗，自然喉烂如失。然后微投清解之品，如花粉、马勃之属，诸证自平。若一见喉烂，即用犀、羚、柏、芩、山豆根、射干等药，多致不救。潘道根甚服其论。[见：《昆山历代医家录》（引《隐求堂日记节要·史景山事略》）]

史景玉 （？～1821）字朗山。清代陕西同州华阴县人。幼颖悟，读书数行并下，自六经、诸子，以及医卜杂技，无不通晓。尤工诗古文，凡一稿出，世人争相传抄。性孝而廉，往往绝粮而不告借，居破屋中，旷如也。道光元年五月病卒。著有《周易注》、《医学正宗》等书，未见刊行。[见：《同州府志》]

史景楠 字纪云。清代江苏宜兴县人。精医术，知名乡里。[见：《重刊宜荆续志》]

史阆然 字百发。明代浙江兰溪县人。通医理，著有《伤寒论注》十四卷，已佚。[见：《中国医籍考》、《中国历代医家传录》（引《兰溪县志》）]

史登泰 清代河南渑池县人。邑名医史修官子。继承家学，亦工医术。子史炳文，有神医之称。[见：《重修渑池县志》]

史聘儒 清代江苏昆山县人。通医术，以疡科知名。子史景山，传其学。[见：《昆山历代医家录》（引《隐求堂日记节要·史景山事略》）]

史锡节 字晋公。清末浙江会稽县人。生平未详。著有《痘科大全》（又作《痘书大全》）三卷。今存康熙四十六年丁亥（1707）尺木堂刻本。[见：《中华医学会中文医书目》、《中医图书联合目录》]

史燕翔 字玉怀。清代山东阳信县人。邑庠生。精岐黄术，名重于时。儒学靳春泰赠额"艺通乎神"，典史许兴圻赠额"辨证精详"。[见：《阳信县志》]

史攀龙 字春翔。清代江苏江都县人。武生。精医术，知名乡里。[见：《续修江都县续志》]

叶

叶风 字维风，号亟斋居士。清初安徽休宁县人。父叶升，奉母寓居霍山县，逢寇乱，资助朝廷守御，后定居霍山。叶风力行学古，诗文皆力追唐宋，风发遒厉。中年入南昌郡幕府，厌官场梦浊，弃而返棹，归隐于医。晚年营造茅屋数椽，环蕉百本，颜曰兰庵，有客至，襟袂皆绿。著有诗文集若干卷、医书数种，贫不能梓，仅刻《史论》数篇。叶氏在南昌幕府时，曾刊刻《达生编》（又作《达生篇》）二卷，阐发产育常理，自署"亟斋居士"，不具姓名。此书盛行于世，今存康熙五十四年乙未（1715）张怀德刻本，及清代、近代复刻本、增补本百余种。《达生编》远传海外，如日本安永三年（1774）浪速木孔恭即校订此书，由柳原喜兵卫刻版印行。[见：《霍山县志·文苑》、《达生编·自序》、《清史稿·艺文志》、《中医图书联合目录》]

叶达 字定斋。清代江苏娄县人。精医术，治病不取酬报，知名于时。[见：《松江府志》]

叶时 字紫帆。清初安徽歙县人。徙居吴县。以医为业，专擅幼科。子叶朝采（？～1680），孙叶桂（1666～1745），皆工医术，桂尤负盛名。[见：《清代七百名人传·叶桂》、《杭州府志》、《江苏历代医人志》]

叶玠 宋代人。生平里居未详。著有《五运指掌赋图》一卷，已佚。[见：《直斋书录解题》]

叶炜 字松石。清代浙江嘉兴县人。通医理。著有《煎药漫钞》，今未见。[见：《嘉兴县志》]

叶荄 字培春。清代江西武宁县顺义乡银炉人。其父精通医理，以本草诸书授徒。叶荄年十二岁，窃听熟之，渐得其奥。其姨母病，脉伏汗流，口噤目闭，诸医束手。母命荄往视，诊之曰："血蛊也。"投桃仁三十粒，服之而愈；里人某之子，患暑病垂危，哭声达门外。荄曰："热攻心也。"劈西瓜二枚令食之，立愈。由是名声大噪。为人朴诚，凡以病延请，不分贫富皆往。知州杨浩然，以"术精十全"额其门。子叶孕丹，亦精医术，有父风。[见：《武宁县志》]

叶栋 字松云。清代江苏川沙县高行镇人。精医术，专擅妇科，远近知名。有医德，延请即赴，虽寒暑风雨不辞，无俗医之态。子叶其渊，传承父学。[见：《川沙县志》、《上海县志》]

叶昶 字馨谷，号涪兰。清代安徽歙县梓坑人。徙居休宁县。歙北冯塘名医程有功门生。尽得师传，善治温热病，声振于时。病重者得其诊视，死而无憾，世有"看了叶馨谷，死了不用哭"之谚。咸丰间（1851～1861），皖、浙、赣三省流行疫病，叶氏自设药局于休宁、歙县，奔走救治，针药兼施，活人不可胜数。著有《红树山庄医案》。长子叶熙锟、四子叶卓民，曾孙叶孟辄，皆工医术。[见：《歙县志》、《新安名医考》]

叶桂① （1666～1745） 字天士，号香岩，晚号上津老人。清代江苏吴县人。祖籍安徽歙县，后徙吴，居上津桥。生于世医之家，祖父叶时，父叶朝采，皆以儿科知名。桂十二岁从父习医，十四岁父殁，遂师事父之门生朱某。此后，相继拜十七师，得王子接、周扬俊等名医指授。年十八岁，兼通内、外、妇、儿各科，悬壶于世。临证深明病源，立方不拘成法，投药多奇效，三十岁名满朝野。叶氏推崇汉代张机，师古而不拘泥，倡言卫气营血辨证，对温热病证治有独到见解，尤擅治时疫、痧痘等病，为中医温病学奠基人之一。其温病理论以张机之说为体，以刘完素之论为用；治疗杂证则兼采孙思邈、李杲、朱震亨、张介宾、喻昌诸家，并多有发挥。尝谓："药之寒温，视疾之凉热。自刘河间以暑火立论，专用寒凉；李东垣论脾胃之火，必务温养，惯用参附；丹溪创阴虚火动之论，又偏于寒凉。嗣是，宗丹溪者多寒凉，宗东垣者多温养，近世医者茫无定识，假兼备以幸中，借和平以藏拙，甚至朝用一方，晚易一剂，无有成见。盖病有见证，有变证，有特证，必灼见其初、终、转、变，胸有成竹，而后施之以方。否则以药治病，实以人试药也！"闻者以为至论。叶桂声名既盛，遂以医致富。性好嬉戏，懒出户庭，人病濒危，亟请，亦时有不赴者，故世有非论。然凡赴者辄奏奇效，谤议不能掩其名。年八十岁卒。临终诫其子曰："医可为而不可为。必天资敏悟，读万卷书，而后可借术以济世，不然，鲜有不杀人者，是以药饵为刀刃也。吾死，子孙慎毋轻言医！"生平无暇著述，世传《临证指南医案》、《叶案存真》、《未刻本叶氏医案》、《温热论》等数十种，大多出自后人及门生之手。子叶奕章、叶龙章，皆善医，为父名所掩。孙叶堂、叶坚，曾孙叶万青等，均习儒业。门人顾景文、刘执持、王钟岳，得其传授。[见：《归愚文钞余集·叶香岩传》、《清史稿·叶桂传》、《吴门补乘》、《苏州府志》、《浪迹丛谈·叶天士遗事》、《苏州府志》、《四库全书总目提要》、《清代七百名人传》、《中国历代名医碑传集》]

叶桂② 字小峰。清末江苏吴县人。生平未详。著有《本草再新》十二卷，今存道光辛丑（1841）刊本。[见：《中医图书联合目录》]

叶留 明代人。生平里居未详。著有《延寿录》，今未见。[见：《明史·艺文志》]

叶桷 字伯材。南宋青田县（今浙江青田）人。名医陈言表弟。绍兴辛巳（1161），叶氏委托陈言辑《依源指治》六卷，前叙"阴阳病脉证，次及所因之说，集注脉经，类分八十一门"。稿成，叶氏筹划刊刻行世，未果而卒。[见：《三因极一病证方论·自序》]

叶盛 字公于。清代浙江慈溪县人。通医理。于雍正七年（1729）撰《证治合参》十八卷，今存。是书博采众长，"外感即祖仲景，内伤即法东垣，热病则用河间，阴虚则仿丹溪"，清儒纪昀等称"条理清晰，酌繁简之中，无偏执之弊"。[见：《贩书偶记续编》、《证治合参·序》、《四库全书总目提要》]

叶崧 字瞻嵩。清初浙江嘉兴县人。生平未详。于康熙甲子（1684）参订萧埙《女科经纶》。[见：《女科经纶》]

叶葩 字正叔。清代浙江山阴县人。守备叶仕道子。自少习儒，补博士弟子员。兼精医理。著有《伤寒数编辑注》，未见流传。子叶瑞芳，亦精医。[见：《山阴县志》]

叶斌 清代广东仁化县江头人。武庠生。精通医术，尤擅儿科。重医德，治疾不索酬谢。寿至八十岁终。[见：《仁化县志》]

叶谦 清代人。生平里居未详。著有《温病二百三十七法汤头歌括》一卷。[见：《测海楼书目》]

叶端 字青然。清代浙江遂昌县人。学问纯粹，由廪贡授教谕，历署武义、建德、上虞等县。精通岐黄，凡里人患疾则为诊治，济人甚众。热心公益，道光乙未（1835）协修县志。[见：《遂昌县志》]

叶熔 清末江苏扬州人。名医叶霖子。传承父学，亦精医术。[见：《中国医学大成总目提要·伏气解序》]

叶熊 字应昌。清代江苏江阴县人。生平未详。著有《叶氏珍藏秘方》十二卷、《袖中金》二卷，未见刊布。[见：《江阴县续志》]

叶镇 字玉屏。清代福建延平府人。生平未详。著有《补注洗冤录集证》四卷，刊于道光十三年（1833）。[见：《中医图书联合目录》]

叶潜 （1863～1937） 清末人。里居未详。以琴诗书画自娱，兼精医术，晚年悬壶济世。著有《诗梦斋诗文集》、《医药杂录》等书，今未见。[见：《中国历代医家传录》（引《书苑》）]

叶霖 字子雨。清末江苏扬州人。祖籍浙江绍兴。早年习儒，因世乱废学经商。中年时，家人死于庸医误治，愤而习医，研求数年，名噪一时。然非重证不治，病愈亦不受酬。晚年泛览西籍，每以西医参论中医理法。如解释童便治头痛为"破瘀镇静"，其说虽牵强，然一扫门户之见，诚属可贵。著有《内经类要纂注》、《难经正义》、《金匮要略阙疑》、《增批温病条辨》、《增批温热经纬》、《增订伤暑全书》、《脉说》、《痧疹辑要》、《伏气解》、《伤寒正义》、《古今医话》，刊刻于世（后二种今未见）。子叶熔，门人宝辉，得其传授。[见：《难经正义·序》、《江都县续志》、《中国历代名医碑传集》]

叶瀚 近代人。生平里居未详。著有《本草纲目辑注札记》一卷、《十二经脉考》一卷、《灵素解剖学》一卷、《灵素解剖学述大旨》一卷，刊于世。[见：《中国丛书综录》]

叶灏 字雅卿。清代江苏娄县人。生平未详。曾于咸丰八年（1858）增补唐千顷《大生要旨》一书。[见：《女科书录要》]

叶大椿 字子容。清代江苏无锡县南延乡人。精医术，尤擅痘科，虽危殆之证，应手即愈，人以神医目之。著有《痘学真传》（又作《痘学指南》）八卷，刊于雍正壬子（1732），今存。[见：《无锡金匮续志》、《贩书偶记》]

叶大廉 南宋延平（今福建南平）人。官太社令。性好藏书，于医书尤为注重。宦游四方，每岁辑录医方，抄录成册。后取其试用应验者，略分门类，辑《录验方》三卷，刊刻于淳熙丙午（1186）。今存日本抄本。[见：《直斋书录解题》、《中国医籍考》、《中医图书联合目录》]

叶万青 字讷人。清代江苏吴县人。名医叶桂曾孙。曾搜集家藏诸书所记叶桂验案，编《叶案存真》三卷，刊刻于世。[见：《八千卷楼书目》、《历代医家丛书》]

叶万春 明代浙江天台县太坊人。邑名医叶复旦后裔。精医术，知名乡里。[见：《天台县志》]

叶广祚 明清间广东新兴县人。顺治八年（1651）贡生。生平未详。著有《采艾篇》、《荔谱参》等书，今未见。[见：《新兴县志》、《肇庆府志》]

叶子奇 又名锜，字世杰，号静斋。元明间浙江龙泉县人。少颖悟，专心于理学，旁涉天文、地理、岁闰、音乐、本草诸书。明初龙凤八年（1362），浙江行中书省以学行荐之，授岳州巴陵主簿。洪武十一年（1378）春，有司祭城隍神，群吏窃饮猪脑酒，县学生揭发其事，子奇适至，株连入狱。事释家居，以著述自娱。著有《本草节要》十卷、《医书节要》十卷，均佚。[见：《浙江通志》、《龙泉县志》、《处州府志》]

叶天彝 明代安徽合肥县人。邑名医叶文举子。性方直，继承父学，复得秘授，以医术著名。著有《医宗思知录》，今未见。子叶时发，继承其业。[见：《庐州府志》、《合肥县志》]

叶云龙 字以潜。明代江西南城县人。习举子业，兼精医术。治病应手取效，有神医之称。著有《士林余业医学全书》六卷，刊刻于世，今存万历间（1573～1619）刻本。[见：《医藏书目》、《中国医籍考》、《北京大学图书馆藏李氏书目》]

叶支铺 字杏江。清代安徽歙县仇家塘人。精医术。悬壶杭州，临证应手辄愈，求治者门庭若市，名噪于时。[见：《歙县志》]

叶日春 字完声。清代江苏华亭县人。叶芳枝子。与兄叶向春、弟叶同春，皆精医术，知名于时。[见：《华亭县志》]

叶中枢 字朝阳。清代江苏川沙县人。邑名医叶蕉村子。少有孝行，母病，割股以进。绍承父学，亦精医术。性好施与，自设药肆，凡出诊，遇贫病无力者，出药助之。身后无子，晚年依婿瞿某。年七十八岁卒。著有《医学正命》（又作《斯人正命》）行世，今未见。[见：《川沙抚民厅志》]

叶长文 宋代人。生平里居未详。辑有《启玄子元和纪用经》一卷。今存《元和纪用经》一卷，题"启元子王冰撰"，疑即此书，待考。[见：《宋史·艺文志》、《中医图书联合目录》]

叶长源 字天来。清代江苏上海县杜浦亭人。工书法，精医术，尤擅幼科。康熙四十六年（1707）皇帝南巡，叶氏仿古隶书，献《圣主御宇颂》百韵，蒙恩赏。著有《儒门保赤》若干卷，未见刊行。按，《南汇县志》作"华长源"，今从《上海县志》。[见：《上海县志》]

叶凤翔 字连栋。清代江西广丰县人。精医业，知名乡里。[见：《广丰县志》]

叶文机 清代江苏溧水县人。精医术。简亲王统领岳州，值军民大疫，召叶氏于麾下，投剂即愈。崇明提督刘某因海隅流行瘟疫，聘至军门，疗效甚佳，有神医之称。[见：《溧水县志》、《江宁府志》]

叶文举 字公远。明代安徽合肥县人。精医理，深悟朱丹溪、刘河间之奥，多所全活。子叶天彝，继承父业。[见：《庐州府志》]

叶文献 号近泉。明代浙江松阳县人。自少习儒，不得志，弃而业医。存心仁厚，凡贫病者求诊尽心调理，遇极困窘者不取药金，且资助之，未尝有厌倦之色。[见：《松阳县志》]

叶文龄 字德征，号石峰。明代浙江仁和县人。自幼习儒，不得志，弃而习医。擅长脉诊，临证投剂辄效，一时诸显达慕名延请，治愈奇难异疾甚多。何、陈二侍御推重其术，荐送礼部。屡试皆优等，例授冠带，供职圣济殿，授太医院吏目。嘉靖甲午（1534）召诊，以保和有功，升御医，御书"忠爱"赐之。庚子（1540）升院判。后以母老乞终养，继患风疾，遂致仕。著有《医学统旨》八卷，刊刻于嘉靖十四年（1595），今存。[见：《仁和县志》、《中医图书联合目录》]

叶尹贤 明代浙江永嘉县人。曾任临江通守。鉴于医书浩瀚，卒难检阅，于政余编集验方，次第成帙，辑《拯急遗方》一卷，刊刻于世。此书国内未见，曾流传日本。[见：《中国医籍考》]

叶允仁 原名翘宗，字顺湖。明末吴县（今江苏苏州）人。早年习儒，为庠生。性孝谨，精医理。著有《伤寒指南书》六卷，今未见。[见：《中国医籍考》]

叶以诚 元明间浙江金华人。早年习儒，兼通医术，擅长辟谷之术。初往来于公卿间，不得志于官场，遂以医为业，筑煮石山房居之。曾行医于苏州等地，治病多用秘方，不知其师承所自。[见：《金元医学人物》]

叶以然 字懋春。明代浙江遂昌县人。早年习儒，读书善记。因母病遍请名医，久之亦精医术。诊疾不求酬报，遇贫病则赈济之，活人甚众，为乡里所敬重。[见：《处州府志》]

叶正先 清代湖南善化县人。性笃诚，以孝友闻。精医术，凡有求诊者，星夜往视，未尝有倦色。心怀济利，居常自制膏散，施济贫者。年九十一岁卒。[见：《长沙府志》、《善化县志》]

叶正芳 字兰若。清代安徽徽州人。其先世徙居江苏山阳县，遂定居。精通医术。因漕督林起龙之荐，任太医院医官，官至太医院使。后乞假归里。年七十岁卒。子叶志道，继承父业。[见：《淮安府志》、《山阳县志》]

叶本青 字润彩。清代安徽歙县溪东人。自幼出家于坦平寺，主持僧授以疡科医术。后还俗行医，疡科外兼精内科，治病每获奇效，知名于时。[见：《歙县志》]

叶可翁 元代鄱阳（今江西波阳）人。精医术，兼通内、儿两科，尤擅针灸。凡他医束手之证，治无不愈，知名四方数郡，为士大夫所礼重。性至诚，有医德，施药不望报，全活不可胜计。[见：《金元医学人物》（引《云峰集·送医士叶可翁序》）]

叶兰墅 清代福建闽县人。早年习儒，为举人。兼通岐黄，著有《学医辨惑》一卷，对前代诸家医书多有发明，今未见。[见：《福建通志》、《闽侯县志》]

叶必传 字宛初。清代江苏华亭县人。邑名医叶向春子。继承家学，亦精医术。偶

于府署闻间壁咳声,询知其人,劝之速归。其人抵家,疾发而死,闻者服其神断。[见:《华亭县志》]

叶孕丹 清代江西武宁县顺义乡银炉人。邑名医叶葜子。绍承家学,亦精医术,有其父风范。[见:《武宁县志》]

叶吉斋 清代四川郫县人。幼习举业,长精医术,以善治心疾知名。本邑陈献廷患心怯疾,入夜尤甚,就枕则赫然见棺,群医不识其证。叶氏应邀诊之,曰:"此离魂证也。"依病立方,月余而瘳。[见:《郫县志》]

叶在公 字道南。清代江苏吴江县盛泽镇人。精医术,擅长疡科,辨证精熟。遇大疽,以铜尺量之,可治不可治,立决不爽。[见:《盛湖志补》]

叶在选 号渭荣。近代浙江兰溪县人。邑名医叶晋安子。绍承父业,亦以医名。[见:《兰溪市医学史略》]

叶执中 (1907~1985) 现代山东胶县城南黄埠岭人。1948年挂牌行医。1959年调入山东中医学院任教。曾任山东中医学院副教授、内科副主任医师。晚年悉心研究朱震亨、叶桂学说,擅治内科杂症及精神神经系统疾病,组方遣药以轻小便灵见长,多清补兼施,疗效显著。[见:《中医年鉴》(1987)]

叶尧士 清代安徽歙县人。精医术。门生方玉简,传承其学。[见:《绩溪县志·方玉简》]

叶同春 字完彝。清代江苏华亭县人。叶芳枝子。与兄叶向春、叶日春,俱以医知名。[见:《华亭县志》]

叶廷荐 字凤梧。清代甘肃泾川县人。生平未详。辑有《救急备用经验汇方》十卷,刊于嘉庆六年(1801),今存。[见:《中医图书联合目录》]

叶廷器 明代人。生平里居未详。著有《世医通变》二卷,已佚。[见:《医藏书目》]

叶传古 一作叶传右。宋代人。生平里居未详。著有《医门指要诀》(又作《医门指要用药立成诀》)一卷,已佚。[见:《宋史·艺文志》、《崇文总目辑释》、《国史经籍志》]

叶向春 字完初。清代江苏华亭县人。叶芳枝子。精医术,善治小儿痧痘。著有《痘科红炉点雪》(又作《红炉点雪》)二卷,刊刻于世。弟叶日春、叶同春,子叶必传,皆为良医。[见:《松江府志》、《华亭县志》、《贩书偶记续编》]

叶庆荪 字亦才。清代江苏六合县人。精医术,知名乡里。[见:《六合县志》]

叶汝楠 字子林。元代瓯宁县(今福建建瓯)人。精医术,尤擅痘科,全活甚众。[见:《瓯宁县志》]

叶如玺 清初四川简阳县西柏合寺人。通医学,尤擅痘科。素有医德,治病不分贫富,遇贫者不取诊酬。谦谨务实,凡久治不愈之症,代延他医,事后至病家访察,看他医诊治处方,不存隔膜之见。清初,战火方息,百业待兴,简阳尚无药肆。叶氏颇识药性,不辞担荷之苦,常至外阜购药,唯望起人沉疴。年五十八岁卒。[见:《简阳县志》]

叶如庵 元代黄冈县(今湖北黄冈)人。早年习儒,精通医术,诊视有方。著有《伤寒大易览》若干卷,为时医所宗,今佚。[见:《湖广通志》、《黄州府志》]

叶寿庭 近代浙江兰溪县派堰头村人。绍承祖业,精通医术,知名于时。子叶阿根,继承父学,与同邑"回回堂先生"齐名。[见:《兰溪市医学史略》]

叶运喜 清代四川三台县人。累世业农,至运喜独嗜医学,精通其术。不以医谋利,治疗贫病不取酬报,乡里德之。[见:《三台县志》]

叶孝墅 元代天台县(今浙江天台)人。雅志好学,善楷书。兼通医理,炼金石草木为丹剂,世称精妙。[见:《中国历代医家传录》(引《夷白斋稿》)]

叶志诜 (1779~1863) 字廷芳,号东卿,晚号遂翁。清代湖北汉阳县人。其父官给事中,志诜自幼随侍于京师任所。于书无所不窥,宏览博闻,人罕测其涯涘,然屡踬棘闱。先后师事翁覃溪学士、刘石庵相国,肆力于金石、文字之学,为著名金石收藏家兼鉴赏家,所藏汉鼎等文物,《筠清馆金石录》多采录之。曾得周宣王时鼎,庋诸金山,以公同好,征词人才流,赋诗纪事,其嗜古如此。曾宦游于粤,嘉庆九年(1804)翰林进册,旌表建坊。年六十岁致仕,就养于粤东节署。粤东变作,仓皇归里。同治二年卒于乡,年八十有五。叶氏注重养生,通针灸、经络之学。曾于道光三十年(1850)辑刻《汉阳叶氏丛刻医类七种》包括《神农本草经赞》、《观身集》、《颐身集》、《绛囊撮要》、《信验方录》、《五种经验方》、《咽喉脉证通论》。[见:《汉阳县

志》、《八千卷楼书目》、《贩书偶记》、《中医图书联合目录》、《中医大辞典》]

叶志道 字宗岐。清代江苏山阳县人。太医院使叶正芳子。继承父学，以幼科知名于时，全活婴儿近万人。重医德，遇贫病率给药饵，不取其酬。[见：《淮安府志》、《山阳县志》]

叶连斗 清代四川仁寿县人。医术高超，不以技谋利。凡延请，虽暮夜必往，遇贫病更助以药，为时所重。[见：《补纂仁寿县原志》]

叶时发 明代安徽合肥县人。邑名医叶天彝子。早年习儒，为邑庠生。继承父学，亦业医。[见：《合肥县志》]

叶时荣 清代湖北罗田县人。邑庠生。博学能文，尤精医术，全活甚众。善诊断，咸丰（1851～1861）初，役夫某患咳嗽，时荣诊之，断为不治，数日后果卒。晚年医术益精，声名益噪。县令王同治雅重其术，赠以"妙手回春"匾额。著有《医方纂要》若干卷，未梓。[见：《罗田县志》]

叶时隆 字茂之。清代江苏江阴县人。叶氏自明初即以喉科知名。时隆自幼习医，年十八岁悬壶于乡。治疗喉症有著手成春之效，名噪于时。年八十岁尚执业，不惮其劳。子孙传承家业。[见：《江阴县志》]

叶亨会 字松友。清代福建闽侯县榕岸人。名医陈元犀门生。[见：《女科要旨·叶跋》]

叶应辰 字茂拱。清代江苏无锡县人。弃儒习医，精通其术，屡起危疾。平生救治贫病甚多，而足迹罕至豪门。某年流行疾疫，县令何拯征之赴治。叶氏欣然应曰："往役，义也，亦吾心也。"治之多愈。何拯赠以冠服，坚辞不受。[见：《锡金识小录》]

叶应和 宋元间庐山（今江西九江）人。以医为业。李鹏飞少年时医术未精，常就正于叶氏，叶倾吐所知无所隐。李氏《三元延寿参赞书》稿成，叶氏为之校正，并作跋。[见：《金元医学人物》]

叶启祥 字云松。清代浙江遂昌县人。廪膳生。精通医术，悬壶济世，不计诊酬。总镇某公病笃，叶氏治而愈之，赠匾额彰其庐。[见：《遂昌县志》]

叶灵萃 字爱山。明代浙江寿昌县人，万历间（1573～1619）侨寓江阴县。以医为业，日荷药箱，徒步巡诊四乡，遇贫病出药赠之。

[见：《江苏历代医人志》]

叶际云 字会龙。清代福建周宁县端源人。叶高甲次子。例授国学。善医，尤精痘科。著有《麻痘撮要》若干卷，未见流传。[见：《周敦区志》]

叶阿根 近代浙江兰溪县派堰头村人。世医叶寿庭子。绍承祖业，亦精医术，与同邑"回回堂先生"齐名。[见：《兰溪市医学史略》]

叶劲秋 （1900～1955） 字秋渔。现代浙江嘉善县人。早年毕业于上海中医专门学校，曾任上海中国医学院教授。中华人民共和国成立后出任上海市卫生局中医编审委员会委员。医术精湛，对中医理论多有研究，为著名中医学家。著述甚富，计有《中医基础学》、《临证直觉诊断学》、《中药问题》、《伤寒论启秘》、《仲景学说之分析》、《针灸述要》、《花柳病治疗学》、《灸法自疗学》、《现代名医验案》、《不药疗法验案》等书，皆刊行。[见：《中医图书联合目录》、《中医大辞典》、《中国历代医史》]

叶其渊 清末江苏上海县高行镇人。上海名医叶栋子。继承父志，亦精医术。[见：《川沙县志》、《上海县志》]

叶其辉 明清间武林（今浙江杭州）人。早年习医，与刘紫谷师事名医刘默。顺治丙申（1656）师徒以医理相问答，录以成帙，初名《青瑶疑问》，后易名《证治百问》，刊刻于世。[见：《苏州府志》、《证治百问·序》]

叶其蓁 字杏林，号困庵，又号抱乙子。清代江苏川沙县人。工诗，尤精医学，专擅幼科。著有《诸科指掌》（又作《十三科指掌》），今存《幼科指掌》（又作《抱乙子幼科指掌遗稿》）五卷、《女科指掌》五卷。此外还著有《疫疬脉镜》，今未见。子叶蕉村，孙叶中枢，皆为良医。[见：《郑堂读书记》、《川沙抚民厅志》、《中医图书联合目录》]

叶卓民 清末安徽歙县梓坑人。邑名医叶昶四子。继承父学，亦工医术。著有《种蕉山庄医案》，今未见。[见：《歙县志》]

叶昌秀 字君实。清代江西德兴县一都人。精医术，有名于时。[见：《德兴县志》]

叶明绅 字九章。清代江苏吴县东山人。善制丸药膏丹，所制药以其祖父清宁斋书室匾额为记，患者服之多效，远近驰名。重医德，遇贫病出药赠之，不索酬。年八十岁殁。有子二人，能世家业。[见：《吴县志》]

叶制行 明代浙江天台县太坊人。名医叶复旦后裔。得家传，亦精医术。[见：《天台县志》]

叶法善 (616?～720) 唐代括苍（今浙江丽水）人。自曾祖三代为道士，皆通摄养占卜之术。显庆间（656～660），高宗令广征四方有道之士合炼黄白。法善上言曰："金丹难就，徒废财物。"帝乃止。叶法善卒于开元庚申，或言生于隋大业丙子，据此则寿至一百零五岁。[见：《旧唐书·叶法善传》、《新唐书·叶法善传》]

叶宝珍 (1887～1956) 现代浙江兰溪县派堰头人。邑名医叶晋安孙。幼承庭训，儒医俱优。毕生研读医书，颇有心得，对叶、薛、吴、王等温病名家推崇备至。临证擅治时疫、温病，用药轻灵，收效甚捷，名噪于时。素重医德，诊病不辞辛劳，不计酬报，愈人之疾而后快。又自制丸散，遇贫病则赠之，时人皆尊称派堰头先生。子孙继承其业。[见：《兰溪市医学史略》]

叶承嘉 字子猷。清代浙江桐乡县人。通医术，明药理，名重于时。当道官吏多赠匾额表彰之，县令韩本晋赠额"神镜流辉"，郡守陈虞盛赠额"恒德可风"，又赠"杏林树德"。[见：《桐乡县志》]

叶孟轺 字世官。近代安徽歙县梓坑人。邑名医叶昶曾孙，叶熙锟孙。精医术。著有《两梅庵医案》，今未见。[见：《歙县志》]

叶绍涛 字次山。清代安徽黟县南屏人。邑庠生。精医术，临证多效验，与李体仁、王显璪、吴百祥齐名，有四大名家之称。梗直好义，常施石灰掩埋露棺，施药材以拯危疾。曾独力捐造龙东坞山路，又于岭上山坳造亭，樵者得蔽风雨。子叶斯卓、叶斯永，传承父业。[见：《黟县三志》]

叶南山 明代人。生平里居未详。著有《医灵捷要》一卷，已佚。[见：《医藏书目》]

叶茶山 清代岭南人。生平里居未详。精医术，治病针药并用，颇有效验。著有《采艾编翼》三卷，刊刻于世。[见：《中医图书联合目录》、《中医大辞典》]

叶复旦 字伯清，号橘泉。明代浙江天台县人。永乐十三年（1415）进士叶颖孙。精通医术，名重于时，有"叶半仙"之称。一妇人将产，偶欠伸，觉腹中跳跃不止，举家骇然。叶氏曰："易耳。"置豆于地，令孕妇俯身拾之，且行且拾，而腹已安。某巡道乘船遇风，心中惊怖，至途中吐血数口，心益怖，而疾益重，问证于叶氏。叶曰："因惊失血，失血又惊。"巡道未尝告以故，闻言心服，遂出重币求治，又题"橘井真源"赠之。著有《医方》八卷，已佚。[见：《台州府志》、《天台县志》]

叶庭芝 字无心，号竹庄。明代湖南靖州人。自少习儒，不得志，遂致力命理、医药诸学。凡先天后天之图，《内经》、《千金》之书，靡不探索而得其奥。一生隐居，年八十余尚健在。著有《脉学金丝灯》、《神针简要赋》等书，未见流传。[见：《靖州志》]

叶奕良 字万青，号晓山。清代江苏青浦县人。随父叶宜菖迁居嘉善县枫泾镇。好古嗜学，中年因病就医京口，遂留心岐黄之学，久之通医理。道光己酉（1849）水灾，叶氏襄理赈务，不辞辛劳。辑有《医方荟编》，未见流传。[见：《枫泾小志》]

叶炳林 字佩文。清代安徽婺源县东园人。精医理，临证多良效。平居常备药品，遇贫病、危疾辄赠之，不受谢。年七十四岁卒。[见：《婺源县志》]

叶祚昌 字勖庄，号松窗。清代江苏南汇县四团人。精医术，以外科负时望，求治者室常满。著有《松窗医案》，今未见。[见：《南汇县续志》]

叶珠飞 字灵先。清代江西广丰县人。精通医术，治病应手取效。有医德，遇贫病施以药饵。[见：《广丰县志》]

叶起凤 字仰之，号养晦斋主人。清代安徽祁门县西村庚岭人。早年习儒，为诸生。教塾乡里，课徒之余，采录医家嘉言懿行，辑《医家必阅》，同邑叶兰芬为之作序。此书首列养生、治病、用药诸法，纤细必备；其次罗列古来业医诸家，或心存济世，或意图牟利，或救人适以自救，或害人适以自害，劝戒昭然，历历不爽。此书未见流传。[见：《祁门县志》]

叶晋安 (1839～1898) 号海南。清末浙江兰溪县派堰头村人。传承祖业，精医术，弱冠悬壶问世。曾避兵于衢县、开化等地，治验颇多，时称神医。后归乡里，重振家业，以治伤寒、杂病、小儿痘疹著称，名噪于龙、兰、汤、寿之间。诸葛氏为之作传，有"品评天女之花，光明法眼；驱遣神农之草，变化从新"之句。子叶在选，孙叶宝珍，皆以医闻。[见：《兰溪市医学史略》]

叶桂初 清代山东益都县人。徙居广东合浦县。幼失父母，鞠养于祖母，事之甚孝。

五

画

精医术，尤擅外科。常制药济人，多著奇效。[见：《合浦县志》]

叶逢春 字资实。清代陕西咸宁县人。附贡生。工医术，尤擅铜人针灸，求诊者盈门。怀济世之心，虽严冬盛暑，不辞其劳，乡人皆德之。卒年七十有八，闻讣者无不流涕。[见：《咸宁县志》]

叶梦衢 清代安徽黟县柏林人。早年习儒，有文名。屡试不得志，遂业医以济世。[见：《黟县三志》]

叶淳庞 明代浙江天台县太坊人。邑名医叶复旦后裔。继承家学，精通医术，名著于时。[见：《天台县志》]

叶斯永 字香岩。清代安徽黟县南屏人。邑名医叶绍涛子。早年习儒，为县庠生。继承父学，临证多效，名著于时。兄叶斯卓，子叶德发，俱以医名世。[见：《黟县三志》]

叶斯卓 字东岩。清代安徽黟县南屏人。邑名医叶绍涛子。早年习儒，叙从九品。与弟叶斯永，继承父业，俱以医名。[见：《黟县三志》]

叶葆元 （1868～1916） 字善甫。近代浙江松阳县人。邑庠生。精通医道。性刚毅，有奇气，善吟咏。见世道沦夷，国事日非，每于酒酣耳热之余，吟诗以抒怀抱。光绪丙午（1906）游沪，组织竞业学会，并创办《旬报》，以提倡民权，开通风气。辛亥革命以后，归乡筹集经费，设公益社。曾于1916年两次上书国会，倡言地方自治。是年殁，年仅四十九岁。遗有《医案》，未梓。[见：《松阳县志》]

叶朝采 （?～1680） 字阳生。清初江苏吴县人。祖籍安徽歙县，自先世迁吴。其父叶时，以医为业，专擅儿科。叶朝采绍承父业，亦以儿科知名。少参范长倩晚年得子，无谷道（即肛门），延请叶氏诊视。叶曰："是在膜里。"以金刀割之而开，此子即伏庵太史也。叶氏兼工书画，善鼓琴，轻财好施。年未五十卒。子叶桂（1666～1745），为清代著名医家。[见：《清代七百名人传·叶桂》、《苏州府志》]

叶舒嵩 字明韩。清初江苏吴县人。邑名医蒋示吉婿。曾参订蒋氏《医宗说约》。[见：《医宗说约》]

叶瑞芳 清代浙江山阴县人。邑名医叶范子。绍承父学，亦业医。[见：《山阴县志》]

叶鄞仪 字棣知。清代江苏六合县人。道光十二年（1832）顺天乡试告捷。次年，中二甲第三十名进士。精医善画，有名于时。[见：《续纂江宁府志》、《明清进士题名碑录索引》]

叶楚英 清代湖南醴陵县人。世代业医。传承家学，不争利，不求名，以活人为志，名重于时。[见：《长沙府志》]

叶照林 字东山。清末广东丰顺县人。生平未详。著有《医方易简续编》，今存同治三年甲子（1864）香山集善堂刻本。[见：《中医图书联合目录》、《中国医学人名志》]

叶殿选 字子万。近代浙江寿昌县南乡里人。恩贡生。光绪（1875～1908）末年废科举，改习医学，精选良方以济世。年六十四岁卒。著有《医学经纬》若干卷，未梓。[见：《寿昌县志》]

叶瑶生 字维玉。清代江西乐平县永丰乡人。精医术，知名乡里。[见：《乐平县志》]

叶嘉澍 字夫堂。清代安徽黟县秀里人。精医术，擅长痘科。子孙世承其业。[见：《黟县三志》]

叶嘉毂 字太仓。明代江西玉山县人。早年习儒，博闻强记，不遇于时。曾入郑昌图新昌幕府，豁无辜大狱三十五人。兼通医术，精脉理，活人颇众。县令司道，咸给文牒冠带。[见：《玉山县志》]

叶慕樵 字香侣。清代浙江杭县人。素喜医方，曾摘录新建曹鞠庵《本草纲目万方类编》中平易切用之方，参以他书，辑《平易方》四卷，刊于嘉庆甲子（1804）。还著有《万病治疗指南》十二卷，今存1929年上海中华新教育社石印本。又著《经验痧喉论》若干卷，今未见。[见：《杭州府志》、《重修浙江通志稿》、《贩书偶记》、《中医图书联合目录》]

叶熙锟 字韵笙。清末安徽歙县梓坑人。邑名医叶昶长子。继承父学，亦业医，知名于时。著有《东山别墅医案》三卷，今未见。其孙叶孟轺，传承祖业。[见：《歙县志》]

叶蕉村 清代江苏川沙县人。邑名医叶其蓁子。继承父学，亦精医术。著有《女科医案》、《幼科医案》、《医余小草》等书，未见刊行。子叶中枢，绍承家学。[见：《川沙抚民厅志》]

叶觐扬 （?～1874） 字敏修，号莲因居士。清代江苏江宁县人。少年时从兄叶声扬习儒，善文词。道光十九年（1839）中举，历署淮安、扬州、泰兴学篆。同治二年（1863）选授高邮学正。同治十三年卒。叶氏博学多闻，于音韵、训诂、星算、金石、医学均有研究。辑有《医学通神录》十卷，未见刊行。[见：《江宁府志·蔡世松传》、《上元江宁两县志》]

叶德发 字节之。清代安徽黟县南屏人。邑名医叶绍涛孙，叶斯永子。继承家学，亦工医术，知名于时。[见：《黟县三志》]

叶德明 字霞泉。清代江苏华亭县人。精医术，治病多奇效，知名于时。[见：《松江府志》]

叶德培 清代江苏江阴县人。精通医术，为乾隆间（1736～1795）名医。生前《医案》大多散佚，今仅见姜成之《龙砂八家医案》收入数则。[见：《珍本医书集成·龙砂八家医案》]

叶德辉 （1864～1937） 字焕彬，号直心，又号郋园。近代湖南湘潭县人。祖籍江苏吴县，其祖父于道光、咸丰间（1821～1861）避乱湖南长沙，定居湘潭。叶德辉自幼习儒，才敏学博，嗜书善藏。光绪十一年（1885）中举，十八年登进士，叙官吏部主事。未几，弃官归里，日以访书、刻书、考校撰述为事。先后得同县袁氏卧雪庐、商丘宋氏纬绣草堂以及山东孔晋涵、王士禛、刘喜海、马国翰诸家之部分藏书。继与日本藏书家互补所无，积书富达二十余万卷，其中包括明版《脉经》、《寿亲养老新书》等多种。撰目录学著作《书林清话》、《书林余话》、《郋园读书志》、《宋秘书省续编到四库阙书目》等，为文献学界所重。此外，叶氏还辑刻《素女经》、《素女方》二书，收入《双楳景闇丛书》。[见：《历代史志书目著录医籍汇考》、《中国丛书综录》]

叶澄心 字清叟，号蕴真。元代星子县（今江西星子）人。早年习儒，博学工诗文。曾任隆兴路、南康路儒学学录。方正简默，清慎不阿，非贤不交。深于医道，兼嗜太素脉。曾采药庐山，遇异人授以医方，常依法制药济人。[见：《金元医学人物》]

叶橘泉 （1896～1989） 现代浙江省吴兴县双林镇人。生于贫苦农家，幼年即随父兄耕作。年七岁，得乡先生张天源喜爱，使免费入塾。叶氏勤奋好学，劳作之余，挑灯夜读，苦读十年，贯通儒学。经张天源推荐，入本县名医张克明门下，先后四年，尽得师传。1917 年秋，悬壶于乡。次年，临诊之余，参加铁樵函授中医学校进修，暇则潜心于中外医药名著。研讨有年，医术精进，治愈疑难杂症甚多，名噪乡里。叶氏重视民间验方，主张开展中医药科学研究，20 世纪 30 年代初，在上海《大众医学》副刊发表《合理的民间单方一百例》，受到医界同仁及读者欢迎。1935 年发表《整理中国医药须设医院实践说》，载于《明日医药》，受到国内外医药界重视。同年，在章太炎先生支持下，参与创办苏州国医研究院，任药物学和方剂学教授。1939 年在苏州自设存济医庐，行医济世。1954 年，出任江苏省中医院院长兼江苏省中医学校副校长。历任中国科学院生物学部委员、江苏省科学技术学会副主席、江苏省中药研究所所长。1957 年任江苏省卫生厅副厅长，中国医学科学院江苏分院副院长。1960 年后历任第三、四、五届全国政协委员。1973 年任南京药学院教授、副院长。1978 年任全国政协常委，农工民主党中央副主席。1989 年 7 月逝世于南京。叶氏富于著述，撰有《近世内科国药处方集》、《临床实用药物学》、《校注日本康平伤寒论》、《直觉诊断学》、《中医基石》、《近世妇科中药处方集》、《实用经效单方》、《本草推陈》、《食物中药与便方》、《本草钩沉》等书，皆刊行。[见：《中国科学技术专家传略》]

叶澹翁 字达宁。清代人。生平里居未详。通医术，撰有《叶澹翁医案》四卷，经周小农修订，收入《珍本医书集成》。[见：《珍本医书集成》]

叶藩宣 （1812～1891） 字虎臣。清代广东东莞县大朗人。精医术，尤擅外科，名噪一时。生性孤傲，求医者一言不合，即拂袖去，虽涕泣求之，不为所动。南社谢枝，被枪炮伤足，数年创口不合。叶氏令饱食牛肉、生鸡、鲤鱼等物，至夜足肿痛甚，叩其门，不应。晨起，敷以药，出枯骨而愈。问其故，曰："创未合，以枯骨故。非使复肿痛，焉能出耶？"同里叶某，误中流弹，延某名医治之而愈。藩宣闻而哂之，谓："期年必死。"后果如其言。或问其故，答曰："伊家富，初伤必服人参，医者不知疏解，必遽治其伤，火毒潜伏，发则不治耳。"其神悟多类此。光绪辛卯卒，享年八十。[见：《东莞县志》]

叶麟之 字棠伯。南宋人。生平里居未详。官从政郎，曾任职于惠民和剂局。嘉定九年丙子（1216），为刘信甫《活人事证方》作序。[见：《中国医籍考》]

丘

丘珏 字廷美。明代福建邵武府人。颖悟绝伦。初习举业，旋业医，精脉理，以济人利物为分内事。郡守吴南岳遘疾，群医罔效，遂召珏。

珏诊之曰："是易疗耳。"服药毕，私语其仆曰："漏下二鼓，公渴，宜备汤；三鼓，公饥，宜备粥。"吴果如期索之，俱如意也，以为扁鹊再世，颜其庐曰儒医。其弟丘瑄，侄丘希彭、丘希颐，皆以医闻。[见：《邵武府志》]

丘珏 （?～1474） 一作丘圭。字廷用。明代浙江德清县人。精通岐黄，景泰间（1450～1456）以名医荐入京师，隶籍太医院。凡宫掖府第之有疾者，经其治疗罔不痊愈，医名倾动辇下。成化三年（1467），因年逾六旬，得告南归，诏赐冠带。及归，本县遣吏赍羊慰劳。适医学缺官，县令荐于上司，命丘氏掌医学事。成化十年卒。[见：《德清县新志》、《浙北医学史略》]

丘哲 宋代人。生平里居未详。撰有《备急效验方》三卷，已佚。[见：《宋史·艺文志》]

丘钰 明代人。生平里居未详。官奉议大夫通政使司右参议。弘治十六年（1503），与院判刘文泰等奉敕编撰《本草品汇精要》，丘氏与太医院使李宗周等五人任辨药形质，该书毕工于弘治十八年三月。当年四月，孝宗不豫，刘文泰等太医治疗不效，崩，诸御医皆获罪。经查证，丘氏贪污官银五百两，被追赃革职。[见：《本草品汇精要·官员职名》、《御制本草品汇精要·考略》]

丘铎 字文振。元明间祥符县（今河南开封）人。湖广儒学提举丘诚子。早年师事刘基，通儒学，兼习岐黄家言，名动一时。元末世乱，奉母辗转避于江浙间，以行医卖药为生计。[见：《金元医学人物》（引《宋学士全集·孝子丘铎传》)]

丘浚 （1420～1495） 字仲深，号深庵，又号琼台。明代广东琼山县人。幼孤，母李氏教之读书，过目成诵，七八岁能赋诗，敏捷惊人。家贫无书，尝走数百里借书，必得乃已。力学多年，其举乡试第一。景泰五年（1454）举二甲第一名进士，授庶吉士，迁编修。历任礼部尚书、国子祭酒等职。弘治四年（1491）加太子太保，兼文渊阁大学士，参预机务。弘治八年卒，赠太傅，谥"文庄"。丘浚一生嗜学，晚年有目失明，犹披阅不辍。旁通医学，博览医书，遇良方辄录之。尝抄书三十六家，辑《群书钞方》一卷，今存日本天保九年（1838）多纪元坚抄本。还著有《本草格式》、《重刻明堂经络前图》、《重刻明堂经络后图》，惜皆散佚。兄丘源，官临高县医学训科。长子丘敦，博学多识，兼通医理，惜早卒。[见：《明史·丘浚传》、《琼山县志》、《国史经籍志》、

《中国医籍考》、《中医图书联合目录》、《明清进士题名碑录索引》]

丘菓 字后溪。明代宝山县（今上海宝山）江湾里人。初习举业，后弃儒业医，知名于乡。[见：《江湾里志》]

丘敦 （1460～1490） 字一成，堂号必学斋。明代广东琼山县人。礼部尚书丘浚长子。以荫补太学生。性简默，对人如木偶，不出一语，塾师以为痴。性嗜于学，尽取父所储书读之。曾试京闱，下第，遂尽弃举业，绝无进取之意。其治学以积思自悟为主，终日凝然无言，继以通夕不寐，有所得则发而为文，多不起草，落笔如飞。酷嗜《素问》诸医书，所著《医史》，其中《运气表》曰："运有五，金木水火土是也；气有六，燥暑风湿寒燠是也。"其《三因说》曰："病有三因，因于天，因于地，因于人。岂但内因、外因、不内外因而已？"因思母患疾，弘治三年卒于京邸，年三十一岁。有志著述，多未成书，惟《医史》、《发冢论》脱稿，蒋冕为之作序，行于世，今未见。[见：《广东通志》、《琼山县志》、《琼台志》、《琼州府志》]

丘翔 字翼臣（一作冀臣）。清代湖北黄冈县人。道光二十年（1840）举人。善八股文，试辄冠其曹。两荐春闱，不售，遂绝意仕进，肆力于医学。凡《神农本草》以下诸书，靡不毕览，治病应手成春，知名于时。重医德，凡以疾病延请，风雨寒暑不辞，概不受谢。平素奖掖后进，尤矜恤族戚贫苦。著有《伤寒辨论》二十余卷，能发明仲景微蕴；又著《济世金丹》若干卷。今皆未见。[见：《黄州府志》、《黄冈县志》、《湖北通志》]

丘普 （?～1455） 明代广东琼山县下田村人。元末都元帅府奏差丘均录子。精医术，曾任临高县医学训科。子丘传（1394～1426），年三十三岁而卒。长孙丘源，袭任医学训科。次孙丘浚，官至文渊阁大学士。[见：《中国历代名医碑传集》（引邱浚《重编琼台稿·先兄临高县医学训科公圹志》)]

丘瑄 明代福建邵武人。名医丘珏弟。精医术，亦知名。子丘希颐，孙丘九凤，皆传其术。[见：《邵武府志》]

丘源 （1418～1476） 字伯清。明代广东琼山县下田村人。临高县医学训科丘普长孙，丘传长子。年九岁丧父，赖祖父鞠养成人。传承家学，亦精医道。正统己巳（1449），以名医荐授临高县医学训科。性仁恕，与人交际，谦恭退逊。

在任廉直无私，县丞邹真，以私忿杀县吏王理，惧其家属告发，并系于狱，欲尽毙之。源闻其事，秉公力争，冤案得雪。历官二十三年，成化乙未（1475）致仕。次年卒于家，年五十九岁。弟丘浚，官至文渊阁大学士。子丘岱甫、丘融甫，生平未详。［见：《中国历代名医碑传集》（引邱浚《重编琼台稿·先兄临高县医学训科公圹志》）］

丘熺 字浩川。清代广东南海县人。以经商为业，常贸易于英、法诸国。因见西医疗病别具一格，尤其种牛痘法，便捷而无险，乃从英国人皮尔逊学，尽得其详。初为家人、亲友试种，无不效者。曾与同邑谭国设种痘局于商行会馆，后迁丛桂里三界庙，十余年间接种者累百盈千，皆安然著效。曾翻译西洋书，辑《引痘略》一卷，刊于嘉庆二十二年（1817）。［见：《广州府志》、《引痘略·序》、《古今名医言行录》、《中国历代名医传》］

丘九凤 明代福建邵武府人。世医丘希颐子。继承家学，亦精医。［见：《邵武府志》］

丘士任 字昌文，号仁庵。清代福建上杭县人。性孝友，因父善病，发愤读方书，遂以良医知名。著有《脉诀类纂》、《经验诸方》，今未见。［见：《中国人名大辞典》］

丘天成 字仲彝，号中山。清代陕西渭南县人。知府丘天英仲弟。早年习儒，为廪贡生，候选训导。日与诸名贤讲究心性，每有所得，随手录之，积稿盈箧。兼通医理，撰有《痘疹仙传》，今未见。［见：《渭南县志》、《重辑渭南县志》］

丘云台 字曙东。清代四川郫县人。丘盛麟子。因父老年苦病，久治不愈，发奋学医，兼以济人。毕生好学，至老不倦。约八十五岁卒。［见：《郫县志》］

丘云岘 清代山东诸城县人。生平未详。著有《杏林集》二卷、《痘疹辨证》二卷，未见传世。［见：《诸城县续志》］

丘仁体 字岸山，自号布衣子。清代四川中江县人。有文才，工诗词，尤精医术，凡以疾延治，应手取效。性清高，喜游历，或流连山水之间，或垂钓溪河之滨。尝作《咏白梅》诗，有"天地有心存太素，园林无物比清标"之句。［见：《中江县志》］

丘可封 字汝礼。明代安徽贵池县人。岁贡生。曾任国子监典簿。博览群书，通天文，尤精《黄帝内经素问》。好以太素脉断人休咎终身。著有《经验奇方》等医书，多出自创，今散

佚不传。［见：《广信府志》、《贵池县志》］

丘处机（1148～1227） 字通密，自号长春子。金代登州栖霞县（今山东栖霞）人。年十九岁，求道于宁海昆嵛山，与马钰、谭处端、刘处玄、王处一、郝大通、孙不二等师事全真教道士王重阳，时称"全真七子"。己卯（1219），应召赴蒙古，朝见元太祖，历时四年，行程万余里。太祖问以长生之道，答曰："有卫生之道，无长生之药。久视之道，以清心寡欲为要。"复问治世之法，对曰："以敬天爱民为本。"太祖深契其言，赐以虎符、玺书，以"神仙"称之。丁亥六月卒，年八十岁。撰有《摄生消息论》一卷，今存道藏本、《学海类编》本等。［见：《元史·丘处机传》、《西轩客谈》、《中医图书联合目录》］

丘式金 清代江苏青浦县人。精医术，知名于时。侄丘嘉树，尽得其传。［见：《青浦县续志》］

丘先容 明代泰县（今属江苏）人。精医术，知名于时。与名医殷裕、胡仲礼、刘宗原相往还，四人皆一时名医，仲礼最负盛名。［见：《中医历代名医碑传集》（引罗洪先《念庵文集·故明市隐殷君墓志铭》）］

丘廷试 清代福建光泽县二十三都人。殚心岐黄，尤精脉理，知名于时。重医德，凡乡里延诊，不论远近，虽昏夜必往，且不计酬金。卒后多年，乡人尚追思不已。［见：《增修光泽县志》］

丘传芳 字曜东。清代广东大埔县人。太学生。性严毅，乡里敬惮。精岐黄术，尤擅治小儿疬疫，经手无不立愈。重医德，治病从不索谢。平素预制丸散数十种，以小瓶分贮。遇病家求诊，即撮药若干，杂捣令饮，不移时，爽然若失。他人有欲效仿者，终不可得。年八十四岁卒。［见：《大埔县志》］

丘汝钺 字执甫。清代江苏青浦县人。恩贡生。博雅善文。晚年以医术知名。门下之众，罕与俦比。［见：《青浦县续志》］

丘克孝 字古则，号隘村。清代人。生平里居未详。辑有《隘村医诀》（又作《今古医诀》）五卷。今存康熙八年乙酉（1669）刊本。［见：《中医图书联合目录》］

丘克容 元末吴陵（今江苏泰州）人。精医术，知名于时。门生刘纯，得其传授，名重于时。［见：《中国医学大辞典》］

丘时敏 清代人。生平里居未详。著有《太乙神针》，今存光绪四年戊寅（1878）南

五
画

阳氏刻本。[见：《中医图书联合目录》]

丘希彭 字商臣。明代福建邵武府人。名医丘珏侄。得丘珏传授，治病多奇中，有青出于蓝之誉。对本草、《伤寒论》及王叔和、朱丹溪诸书多所发明。重医德，诊治贫病不受值，人皆敬之。[见：《邵武府志》]

丘希颐 明代福建邵武府人。邑名医丘瑄子。其伯父丘珏，医声尤著。丘希颐继承家学，亦工医术。子丘九凤继之。[见：《邵武府志》]

丘松年 宋代长沙（今湖南长沙）人。业小儿医。著有《丘松年方》，已佚。[见：《幼幼新书·近世方书》]

丘卓伦 字立济。清代广东儋州（今海南儋州）长坡市人。存心慈善，以医术活人，饮誉邻近各县。丘氏七十寿辰，感德而往贺者指不胜屈。年八十三岁殁。[见：《儋县志》]

丘经历 佚其名。宋元间益都县（今山东益都）人。宦游维扬（今杭州），任经历。精医术，尤妙于针法，所治多出人意表。郎中刘汉卿，患牙槽风，久之颊穿，脓血淋漓，诸医皆不效。丘氏治之，针委中及足跟女膝穴，是夕脓血止，旬日而愈。其后张师道亦患此证，如法治之亦痊。又尝治消渴病，以酒醉作汤，饮之而瘳。[见：《癸辛杂识·续集·宋彦举针法》]

丘泰华 号寅阶。清代广东大埔县湖寮人。性孝友，见义必为。术精岐黄，以济人为怀，治病不索酬。年六十四岁卒。[见：《大埔县志》]

丘席珍 清代湖南蓝山县人。生平未详。著有《药性歌诀》，今未见。[见：《蓝山县图志》]

丘渊度 (1835～1905) 字慕颜，号郊川，晚号归巢。清代江苏新阳县（今昆山市玉山镇）人。居甲子弄。同治十一年（1872）捐粟成监生。邑名医张耀南入室弟子。善医术，治病不索高酬。平生好学，读岐黄书寒暑不辍。常谓："医理奥博无涯涘，病者误入庸医手，不如不延医。"有请传其术者，峻拒，以为不可。重然诺，厌阿附，以耿直闻名乡里。曾面斥人过，其人不敢怨。平生嗜酒，喜栽花木，善静修摄养之术。晚年患目眚十数载，寿逾七十岁卒。子丘樾（字荫甫），为新阳县附贡生。[见：《昆山历代医家录》（引《丘氏阐潜集》、《修竹庐文存》）]

丘维祚 清代四川天全州人。邑名医杨奇浩门生。得师传授，精通医理，有声于时。

[见：《天全州志·杨奇浩传》]

丘维魁 清代四川仪陇县人。精岐黄术，知名于时。重医德，凡贫病者求治，尽心疗救，不计酬报，人皆颂德。[见：《仪陇县志》]

丘集勋 号建川。清代广东大埔县同仁人。嗜诗书，兼通医理。敦厚孝友，教塾五十年，士林敬之。孝廉吴佐周赠联颂其良德。年九十六岁卒。著有《调元捷径》，藏于家。[见：《大埔县志》、《潮州府志》]

丘惺堂 清代江苏青浦县人。精医术。门生吴学勤、高仲渊，得其传授，皆为名医。[见：《青浦县续志》]

丘嘉树 字肖岩。清代江苏青浦县人。邑名医丘式金侄。得丘式金传授，亦以医术知名。[见：《青浦县续志》]

代

代荣 宋代人。生平里居未详。著有《医鉴》一卷，已佚。[见：《宋史·艺文志》]

仪

仪师颜 金代人。里居未详。曾任太医院副使。泰和八年（1208），为怀娠宫人范氏诊疾。[见：《金史·章宗元妃李氏》]

白

白凤 字梧冈。清代广东乐昌县人。附贡生。究心医学。生平多善举，遇贫病赠以药，或助以衣食。[见：《乐昌县志》]

白岑 唐代人。里居未详。遇异人授以治背痈秘方，其验十全，遂卖弄求利。淮南节度使高适曾胁取其方，然终不甚效。岑至九江，为虎所食，驿吏于其囊中得真本，太原王升之抄写而传布之。《宋史·艺文志》有"白岑《发背论》十卷"，当即此书，惜已散佚。[见：《唐国史补·白岑发背方》、《宋史·艺文志》]

白鸥 明代颍川（今安徽巢县东南）人。质直，有古侠士风。初习数术，善断人生死。会疫疠流行，行道死者相枕藉，遂弃所学，曰："数知人，能救人乎？"因潜心医理，卖田贮药，施治不取酬。[见：《江南通志》]

白珪 (1226～1304) 字君宝。宋元间普州（今四川剑阁）人。其父白震起，为宋末官吏。珪未冠时即嗜医学，曾师事名医，力学无昼夜，出入古法，尽得机要。及悬壶问世，兼通内外两科，尤以外科最负盛名。悬壶长安（今陕西西安）三十余载，求诊者日不暇接，遂定居。重医德，体恤贫病，虽遇危疾，亦尽力救治，为世人所敬重。当道屡荐授医官，皆婉谢。与朋辈游，退然若无所长，短长不出于口。治家甚严，诸子皆绍业有名。大德癸卯（1303）十二月十六日卒，享年七十有八。长子白从礼，次子白思敬，继承父业。［见：《中国历代名医碑传集》（引《橤庵集·白君宝墓志铭》）］

白珩 清代陕西咸宁县人。廪贡生。精岐黄术，为嘉庆间（1796～1820）当地名医。著有《伤寒论注》，今未见。［见：《咸宁长安两县续志》］

白鹤 清代河南陕县人。精医术，济世活人，一时推为国手。［见：《陕县志》］

白九如 号孔周。清代河南巩县石关人。武庠生。精医术，专擅外科。心存济利，知名于时。子白古勋，传承父学。［见：《巩县志》］

白士伟 明代四川潼川府人。诸生，曾任桃源县教授。其家三世患痈疽，均以秘方治愈。白士伟博学多通，精兵略、象纬、堪舆诸学，得家传秘方，治痈疽尤有奇效，全活数以百计，王公大人莫不折节交之。江西右布政使徐中行（字子与）雅重其学术人品，曾亲访之，坐谈十日。白氏深于养生之旨，谓徐氏曰："易行周流，诎信反复，则气无壅，而疽自不作。"徐以为至论。著有《痈疽摘要》（又作《中流一壶》）、《儒医选要》等书，均佚。［见：《医藏书目》、《中国医籍考》、《千顷堂书目》］

白广文 清代陕西澄城县人。生平未详。著有《义方集》，今未见。［见：《澄城县志》］

白云峰 清代四川双流县人。博学多闻，尤精医道，有名于时。性恬淡，善养生，寿至八十六岁终。［见：《双流县志》］

白仁叙 唐代人。生平里居未详。著有《唐兴集验方》五卷，已佚。［见：《新唐书·艺文志》、《宋史·艺文志》］

白从礼 元初普州（今四川剑阁）人。随父徙居安西路长安县（今陕西西安）。名医白珪长子。继承父学，亦工医术，曾任安西路官医提领。弟白思敬，任乾州医学正。［见：《中国历代名医碑传集》（引《橤庵集·白君宝墓志铭》）］

白允昌 字季文。明代山西阳城县人。白所学子。早年习儒，泰昌元年（1620）恩贡生。不久，弃举业，治古文词，以著述为事。精通医道，名重于时，世以朱震亨比之。年七十五岁卒。著有《医源》、《医汇》、《医约》、《医砭》诸书，未见流传。按，据《阳城县志》，白允昌有"《论医》数十卷"，当即上述四书之总称。医书之外，尚有《苏谭》、《容安斋诗文集》、《蓼解丛编》等著作。［见：《阳城县志》、《山西通志》、《泽州志》］

白玉蟾 字如晦，号海琼子。南宋琼州（今广东琼州）人。原名葛长庚，初至雷州，为白氏继子，名玉蟾。白氏博洽群书，善篆隶草书，工画梅竹。好道术，师事陈翠虚，历九年始得其道。当时传闻，白氏入水不濡，逢兵不害。嘉定间（1208～1224）诏征赴阙，应对称旨，命馆太一宫，封"紫清真人"。一日，不知所之，每往来于名山，神异莫测。宝庆元年（1225）著《金华冲碧丹经秘旨》二卷，今存。弟子彭鹤林，得其传授。［见：《中国名人大辞典》、《中医图书联合目录》］

白古勋 清代河南巩县石关人。邑外科名医白九如子。继承父学，亦工医术。［见：《巩县志》］

白立山 清代河南柘城县人。嘉庆时（1796～1820）在世。精医术，以喉科知名，活人甚众。［见：《柘城县志》］

白永祥 字瑞堂。清末人。生平里居未详。曾任太医院九品医士，兼上药房值宿司药官。［见：《太医院志·同寅录》］

白行简 （775～826）字知退。唐代太原（今山西太原）人。著名诗人白居易季弟。贞元（785～804）末，登进士第，授秘书省校书郎。官至司门员外郎主客郎中。宝历二年冬病卒。著有《天地阴阳交欢大乐赋》一卷，今存残卷。该赋详述房室之乐，为稀有古代性医学资料。［见：《旧唐书·白居易传（附弟行简）》、《中国丛书综录》］

白羽宸 字皓五。清代陕西青涧县人。金事白慧元长子。弱冠时，随父居邱城任所。父死于战乱，羽宸于积尸中求得父骸，间关千里，扶榇归葬。后入都伏阙，以陈父忠，得赠恤典，以荫入太学。后躬耕山野，终身不仕。晚年精医术，著有《医理》二十卷，今未见。年六十三岁卒。［见：《青涧县续志》］

白步川 清代四川广元县白水堡人。自幼习武，后得功名。壮岁发奋读书，兼通医术。善养生，寿至九十六岁。［见：《重修广元县

志稿》]

白启阳

一作白启汤。清代安徽寿州（今寿县）人。自幼习医，曾得秘传，治奇疾多有效验。家境清贫，不以医术谋利，治病只受钱百文，取衣食粗给而已，有余则施济困乏。著有《瘟疫辨论》，行于世，今佚。[见：《初月楼闻见录》、《寿州志》]

白绍曾

清代河南荥阳县三李村人。守备白鹤鸣子。精医理，临证洞彻根源，剖析微芒。[见：《续荥阳县志》]

白思敬

元初普州（今四川剑阁）人。名医白珪次子。随父徙居安西路长安县（今陕西西安）。继承父学，亦工医术，曾任乾州（今陕西乾县）医学正。兄从礼，医名尤盛。[见：《中国历代名医碑传集》（引《槃庵集·白君宝墓志铭》）]

白美瑶

清代广东清远县河洞人。善外科。据传，白氏曾斩鸡脚，接以鸭脚，翌日皆能行走如故。忠勇军统领侯勉忠闻其术，聘为军医。[见：《清远县志》]

白振斯

字之纪。清代渔阳（今河北蓟县）人。生平未详。曾于乾隆五十二年（1787）增订《痘疹辑要》四卷。[见：《中医图书联合目录》]

白毓良

字乐民。清末人，生平里居未详。曾任太医院候补医士。[见：《太医院志·同寅录》]

白鹤鸣

字寿亭。清代河南荥阳县三李村人。武生出身，曾任守备。博览群书，尤嗜岐黄。子白绍曾，亦通医理。[见：《续荥阳县志》]

白履忠

号梁丘子。唐代汴州浚仪（今河南开封）人。贯通文史，厌弃仕途。景云间（710~711），召为校书郎，弃官去。开元十年（722）诏拜朝散大夫，乞还，旋归故里。白氏曾注释《黄庭内景经》，已佚。[见：《新唐书·白履忠传》、《新唐书·艺文志》]

仝

仝兆龙

字乘六。清代湖北江陵县人。生平未详。著有《仝氏家藏幼科指南》四卷。今中国中医科学院图书馆藏有道光九年己丑（1829）汉皋抄本。[见：《中医图书联合目录》]

仝宾王

清末人。生平里居未详。撰有《仝氏痘疹摘锦》五卷。今河南中医学院图书馆藏有抄本。[见：《中医图书联合目录》]

令狐

令狐锼

字仲平。明代山西猗氏县人。幼工文，从御史孙月岩习《尚书》，旁通易理。嘉靖三十四年乙卯（1555），与子同科。壬戌（1562）就试南宫，授确山教谕。甲子（1564）授朝县县令，多异绩，迁合州知州，致仕。著有《保生心鉴》等书，行于世，今未见。[见：《平阳府志》]

令狐开鲁

字曰唯。清代四川汉州王村人。同治间（1862~1874）在世。以父母多病，发奋习医，久之精其术。为人治病不取酬，年七十余尚诊治不倦，乡里德之。[见：《汉州志》]

印

印金章

字万斛。清代人。生平里居未详。万县名医王锡鑫门生。曾参校其师《医学易读》、《日月眼科》二书。[见：《存存汇集》]

乐

乐广

字彦辅。晋代淯阳（今河南阳县南）人。善谈论，约言析理，闻者心服。王戎任荆州刺史，荐为秀才。卫瓘见而喜之，曰："此人之水镜也，见之若披云雾而睹青天。"累迁侍中、河间尹，每离任，人皆思之。官至尚书令，故后世多以"乐令"称之。乐广兼通医理，其医学著作散佚不传。乐氏所创治疗虚劳乐令黄芪汤及治疗风症之治风里急方等收入《外台秘要》。[见：《中国人名大辞典》、《外台秘要》]

乐珍

宋代人。生平里居未详。曾任太医丞。好书法，藏有唐代平卢节度使王敬武与其子王师范真迹。[见：《中国历代医家传录》]

乐夔

近代人。生平里居未详。著有《太平医案》，今存1929年抄本。[见：《中医图书联合目录》]

乐义卿

元代汉中（今陕西汉中）人。生于书香之家，精通医术，为当时名医。其子乐周翰，传承父业。[见：《金元医学人物》（引《闲居丛稿·乐仲宣字说》）]

乐凤鸣

（1661~1742）　字梧冈。清代顺天府（今北京）人。祖籍浙江宁波。太医院吏目乐尊育子。早年习举业，因乡试落第，继承先志习医。康熙四十年（1701）开设同仁堂药室于京师正阳门外大栅栏胡同内。其制药悉遵医典，辨明产地，"炮制虽繁，必不敢省人工；品味虽贵，必不敢减物力"，故声誉日隆，至今仍为国内著名老药店。著有《同仁堂药目》，今存。[见：《中医图书联合目录》、《文史资料选辑》]

乐体善 字心田。清代江苏上元县人。生平未详，名医徐圆成门生。[见：《中国历代医家传录》（引《毓德堂药约》）]

乐咏西 近代人。生平里居未详。辑有《京都颐龄堂药目》一卷，今存1919年颐龄堂刊本。[见：《中医图书联合目录》]

乐周翰 字仲宣。元代汉中（今陕西汉中）人。邑名医乐义卿子。继承父业，亦以医术知名。[见：《金元医学人物》引蒲道源《闲居丛稿·乐仲宣字说》]

乐孟繁 清末顺天府（今北京）人。祖籍浙江宁波。生平未详，北京同仁堂药店创始人乐尊育后裔。曾校订先世《同仁堂药目》，重刊于同治八年（1869），今存。[见：《中医图书联合目录》]

乐理莹 清代人。生平里居未详。通法医学。著有《宝鉴篇补注》二卷，今存光绪六年（1880）云南写刻本。[见：《中医图书联合目录》]

乐尊育 （1630～1688） 明清间浙江宁波府慈水镇人。其先世自明永乐间（1403～1424）移居北京。世为走方医，持串铃巡诊四方。乐尊育继承家学，亦业医。平素喜读方书，善辨识药材，所用丸散无不依法炮制，故临证多良效。清初征入太医院，任吏目。子乐凤鸣，尤精药理，为北京同仁堂药店创始人。[见：《文史资料选辑》]

句

句骊客 佚其姓名。北魏人。生平里居未详。善针灸术，闻名于世。[见：《酉阳杂俎》]

务

务成子 佚其姓名。汉代人。生平里居未详，疑为道士。曾注释《太上黄庭内景经》一卷，已佚。武威太守刘子南，从道士尹公处得务成子萤火丸，能辟疾病疫气、虎狼蛇蜂诸毒。其方又名冠军丸、武威丸，后收入孙思邈《千金翼方》。[见：《宋史·艺文志》、《太平广记》、《宋以前医籍考》]

包

包会 唐代人。生平里居未详。撰有《应验方》三卷，已佚。[见：《新唐书·艺文志》、《宋史·艺文志》、《通志·艺文略》、《国史经籍志》]

包岩 字蘅村（一作衡村）。近代浙江归安县人。喉科名医包三镛子。包岩继承家学，喉科之外，尤擅妇科。早年与福建郑奋扬、余姚徐友丞、鄞县曹炳章同研医学，为千里神交。著有《妇科一百十七症发明》（又作《萧山竹林寺妇科秘书发明》）、《包氏研究录》等书，刊刻于世。又曾编次其父所撰《喉科家宝》，刊于宣统二年（1910）。长子包开善，亦通医理。[见：《中国医学大成总目提要》、《贩书偶记续编》、《竹林寺考》、《中医图书联合目录》]

包诚 字兴言。清代安徽泾县人。少游山左，从名医张琦游。从师命校勘黄元御诸书，于黄氏《伤寒悬解》尤致力焉。以其书文奥义精，最难记诵，乃作《伤寒审证表》一卷。此书钩玄提要，证状毕呈，颇切实用，刊行后流传较广，今存同治十年辛未（1871）湖北崇文书局刻本等多种版本。[见：《清史稿·艺文志》、《伤寒审证表·序》]

包三镛 清末浙江归安县人。精医学，长于喉科。尝编《喉证家宝》一卷，由其子包岩编次，刊于宣统二年（1910）。此书阐论喉证诊治、用药诸法，简切实用。[见：《中国医学大成总目提要》、《归安县志》]

包士燮 字廷中。清代江苏仪征县厂西人。精医术，善切脉，中年后知名于时。撰述甚多，皆缮稿以藏。子包立庵，绍传父业。[见：《仪征县续志》]

包与堂 清代江苏吴县人。生平未详。著有《伤寒说约歌》一卷，未见刊行。[见：《吴县志》]

包开善 清末浙江归安县人。名医包岩长子。光绪二十九年（1903）校订其父所著《妇科一百十七症发明》。[见：《竹林寺考》]

包天白 近代福建上杭县人。名医包识生子。继承父学，亦精医术。其父任中国医院院长期间，包天白任教于该院。[见：《上杭县志》]

包元第 号敬宇。明代浙江兰溪县人。性孝友。精通医术。其祖、父、伯、兄，皆以儒医济世。[见：《兰溪县志》]

包立庵 清代江苏仪征县厂西人。邑名医包士燮子。绍承父学，亦业医。[见：《仪征县续志·包士燮传》]

包永泰 字镇鲁。清代江苏江都县人。世业喉科，至永泰已历五代。所制吹喉药有奇验,医者多尊用之。著有《图注喉科指掌》(又作《喉科杓指》)四卷,刊于嘉庆二十年(1815)。还著有《咽喉大纲论》,今存抄本。[见:《中医图书联合目录》、《江苏历代医人志》]

包仰生 清末福建上杭县人。邑名医包育华三子。与兄包识生、包究生,皆传承家学。[见:《上杭县志》]

包汝载 清代四川南溪县人。邑名医包融芳子。绍承父业,审证立方,融通古今,为当时良医。弟包汝瑶,亦以医术知名。[见:《南溪县志》]

包汝瑶 字韫斋。清末四川南溪县人。邑名医包融芳季子。自幼从父习医,性直率,出语诙谐。光绪十五年(1889),与举人张如翰至福州参加马江之役,师溃而返故里,专事医业。常谓:"吾药能医非常之疾。"或问何方,答曰:"乃诙谐也。"临证先探病源,继以言语释病者重负,然后施治,常获良效。其兄包汝载,侄包崇祐,亦以医名。[见:《南溪县志》]

包究生 清末福建上杭县卢丰人。邑名医包育华次子。与兄包识生,弟包仰生,皆继承家学。[见:《上杭县志》]

包识生 字德逮,又字一虚。近代福建上杭县卢丰人。邑名医包育华长子。生于同治(1862~1874)末年。幼承家学,于《伤寒论》尤有研究,少年时即驰誉乡里。及长,游于潮汕,继悬壶沪上,声名日噪。曾会集同道,组建神州医药总会,并主编《医药学报》。旋主持神州医院教务,兼事著述,又被推任为中国医院院长。此外,还创办时疫诊疗所、粹华制药厂。包氏毕生致力于中医药事业,为近代知名医家。著有《包氏医案》、《包氏医宗》(包括《伤寒论章节》、《伤寒表》、《伤寒方法》、《伤寒论讲义》、《伤寒方讲义》各一卷)等书,刊行于世。子包天白,传父业。门生浙江萧退霞、江苏丁济万、安徽程门雪、陕西王智辉、广东凌逸琴等,皆知名于世。[见:《中国历代医史》、《上杭县志》、《中医图书联合目录》]

包松溪 清代江苏丹徒县人。生平未详。曾校勘汪昂《医方集解》、《本草备要》,吴仪洛《本草从新》、《成方切用》,王洪绪《外科证治全生集》等书,名之曰《瓶花书屋所刊医书五种》,刊刻于道光二十五年(1845)。[见:《中医图书联合目录》]

包国琪 清代江苏丹徒县人。生于世医之家。道光(1821~1850)初,江北瘟疫盛行,随染随亡。其祖父设药局,命国琪随父辈以针灸术救治患者,效果甚佳。[见:《中国历代医家传录》(引《蔡氏治证撮要·包国琪记》)]

包育华 字鹏九,又字桃初,晚号白髯叟。清末福建上杭县卢丰人。性嗜学,精医理。尝谓:"医必宗《神农本草》、《黄帝内经》、《扁鹊难经》、《仲景全书》,乃能见病知源。更宜参阅历代名医学说,以扩其识。"壮年游楚、赣、闽、粤,久客潮州,遇奇难证,治之辄效。平生立方神奇,所用多出人意表。厦门同知张赓扬,顺昌知县徐洪业,皆延治重病,称为神医。族嫂某氏患病三载,百药罔效,育华重用茯苓,人皆疑之。育华曰:"此水脏病也,水一破则百病除。"服之果愈。性好著述,撰有《无妄集活法医书》五卷,光绪壬寅(1902)刊于潮州。此书包括伤寒论章节、杂病论章节、伤寒方法、方歌等内容,今存。此外尚著有《医医歌》、《问切从原》、《医机辨论》、《经方借用方略》、《伤寒杂病论四传》等书,均未刊。子包识生、包究生、包仰生,侄包德崇,皆传其术。[见:《上杭县志》、《包氏医宗·余序》、《中医图书联合目录》]

包崇祐 (1853~1907) 字铁孟。清末四川南溪县人。邑名医包融芳孙。自幼颖悟,善属文。光绪二年(1876)应乡试,礼部不第,注选教职。历任安丘、成都训导,升刑部主事。得祖父包融芳,叔父包汝瑶之传,精于医术。凡危殆之证,治则多效,活人甚众,有神医之誉。光绪三十三年卒于京师,年仅五十五岁。[见:《南溪县志》、《叙州府志》]

包德崇 清末福建上杭县人。邑名医包育华侄。得包育华传授,亦精医术。[见:《上杭县志》]

包融芳 字小和。清代四川南溪县人。邑书法家包宽子。岁贡生。天资颖敏,操行刚正。母病,延访名医,征求方药,久之擅医术,尤精药理,名噪蜀中。其临证切脉,洞明微隐,目无遁证,手无遁方。李庄王某,病瘫月余,融芳为诊讫,索前服十余方视之,择其中一方,加桂枝三钱,服两剂即起。李子章患壮热发狂,融芳诊之曰:"此假热真寒证。"令煮干姜、肉桂、附子等热药,大剂服之,少顷热退。包氏博学能文,尤擅书法,与其父齐名。年六十余卒。曾与张展祖、高友欧同撰《学医心得》一卷,已佚。有子六人,其中包汝载、包汝瑶继承父业,皆为当地名医。[见:《叙州府志》、《南溪县志》]

邝

邝露

字湛若。明末广东南海县人。诸生。工诗文,擅书法,兼通医理。唐王在福州时,仕为中书舍人。永历帝时奉使还广州。清兵来攻,城破,幅巾抱所蓄古琴,徐还所居海雪堂,拥古器图籍与琴殉国。著有《赤雅》三卷,其中论治瘴曰:"治瘴,吐之不可,下之不可,用药最难,但宜温中固下,升降阴阳,及灸中脘、气海、三里,或灸大指及第五指,皆能止热。予试立验。"[见:《中国人名大辞典》、《中国历代医家传录》]

邝贤贞

字文宁。明末湖南临武县人。少习儒,七困棘闱。崇祯戊辰(1628)应贡选,入北雍,授江西定南县令。居官四载,以治行卓异,升云南维摩知州。未几,以母老乞终养,遂绝意仕进。性嗜古学,博览群书,尤精医道。究心于《脉经》、《难经》诸书,临证多效验,全活不可胜计。[见:《临武县志》]

玄

玄俗

西汉河间人。为方士。据传,玄俗常服巴豆、云母,平日卖药于都市,七丸售一钱,能治百病。河间王病,买药服之,下"蛇"十余条而愈。王欲以女妻之,玄俗连夜遁去。[见:《列仙传》、《历代名医蒙求》]

玄悟

一作元悟。宋代人。生平里居未详。著有《四神针经》(又作《四神针法》)一卷,已佚。[见:《宋史·艺文志》、《通志·艺文略》、《国史经籍志》、《崇文总目辑释》]

玄全子

金代人。生平里居未详。疑为道士。著有《诸真内丹集要》三卷。今存。[见:《中国丛书综录》]

兰

兰茂

(1397～1476) 字廷秀,号止庵,又号和光道人、玄壶子。明代河南洛阳人,徙居云南嵩明县杨林村。性颖悟,过目成诵。年十六通经史,博览群书,通晓经史百家,旁及医药、堪舆、丹青诸学。赋性简淡,不乐仕进,故颜其轩曰止庵。著述甚富,其中《滇南本草》三卷,为我国现存最早系统记录云南地方药物之本草学专著。还著有《医门揽要》二卷,上卷论脉法,浅显明透;下卷论方证,多本于《金匮要略》,而治法加详,所举各证尤与云南气候相符(二书俱收入《云南丛书》)。[见:《历代医书丛考》、《云南通志》、《嵩明县志》]

兰槐

明代河南商城县人。初习举业,后弃儒业医,知名于时。[见:《商城县志》]

宁

宁楷

字端文。清代江苏江宁府人。少孤贫,卖卜于市,而力学不倦。后以童生入钟山书院,遂师事吴县名儒杨绳武。乾隆十八年(1753)中乡试,十九年举进士,选授泾县教谕。兼通医道,著有《喻义堂医说》,未见刊行。[见:《江宁府志》]

宁源

明代丹徒县(今属江苏)人。生平未详,嘉靖间(1522～1566)在世。尝取食物中能疗疾之品,辑《食鉴本草》二卷,卷末附"养生食忌"、"养生导引法",刊刻于世。今存万历二十年壬辰(1592)文会堂胡文焕校刻本。[见:《医藏书目》、《本草纲目·序例》、《续丹徒县志》、《中医图书联合目录》]

宁一玉

明代人。生平里居未详。著有《析骨分经》一卷、《按部分经录》一卷,刊刻于世,今存。[见:《中医图书联合目录》、《中国丛书综录》]

宁士均

清代河南辉县人。邑名医孙奏雅门生。尽得师传,亦精医术。[见:《卫辉府志》]

宁元善

字长斋。清代河南陕州(今陕县)人。生平未详。著有《农医寓言》若干卷,未见流传。[见:《中州艺文录》]

宁世斌

清代四川新繁县人。从新都名医杨凤庭游,尽得师传。及悬壶,善决生死,凡沉疴痼疾,著手成春,名噪于时。县令杨迦怪患奇疾,视物皆易形,久治不效。延请宁氏诊视,一剂而痊。杨赋诗赞叹其术,有"山中宰相无尘事,河上仙翁有道经"之句。年八十四岁卒。[见:《新繁县志》]

宁本瑜

字琯香。清代安徽休宁县人。精医术,知名于时。曾校刊过铸《治疗汇要》,重刻于世。[见:《休宁县志》]

宁延枢

字拱极。清代陕西潼关县人。幼习举业。年十八岁,因母病弃儒习医,久之精其术,知名于时。[见:《潼关志》]

宁守道

明初河南扶沟县人。精针灸术。曾应诏入京,试针铜人,举手辄中,授太医院大使。[见:《扶沟县志》]

宁松生

清代四川仪陇县骑龙场宁家梁人。庠生。幼承庭训习儒,而志在医学。尝谓:"为官不济世,医有割股心。"及父殁,专力于岐黄家言，勤修苦学，遂成良医，远近诸县求治者塞途。重医德，遇贫病不计诊酬，且助以药，治富贵者则倍索其资。谓："千家看病，一家出钱。"晚年收门生百余人，分授以妇、儿、伤寒各科。辑有《医林选青》若干卷，行于世，今未见。又著《病论》，未竟而殁。［见：《仪陇县地方志略》］

宁述俞 字绳武，号古愚。清代山西榆次县源涡镇人。幼有奇童之称，及长，成诸生。儒学之外，兼精星象、医学、绘画、围棋等。著有《医经小解》、《伤寒小解》、《脉法小解》、《杂症小解》等书，未见刊行。［见：《榆次县志》］

冯

冯氏 〔女〕 佚其名。南宋海盐县（今浙江海宁）人。医士郭仲敬母。建炎间（1127～1130），孟太后患疾不起，高宗诏遍征名医。郭仲敬因母精通医理，遂引入宫，进药三剂而太后愈。高宗甚喜，封冯氏为安国夫人，敬仲为光禄大夫。［见：《海宁县志》］

冯水 字叔莹。清代浙江桐乡县人。生平未详。辑有《简要良方》一卷、《龙树菩萨眼论》二卷（从《医方类聚》中辑出），二书均存。［见：《中医图书联合目录》］

冯珍 宋代人。生平里居未详。著有《难经注》，已佚。［见：《中国医籍考》］

冯枢 堂号仁知。元明间安徽绩溪县人。世医冯仁伯子。继承父学，亦业医。［见：《金元医学人物》（引《贞素斋集·仁知堂记》）］

冯松 明代河南洛阳县人。世代业医。祖父冯国震，父冯锡，皆精医术。冯松善承家学，亦以医术著称。［见：《河南通志》］

冯昆 字悦实。清代江苏通州（今南通）人。精医术，知名于时。［见：《通州府志》］

冯京 字冠三。清代浙江嘉善县人。通医理。与吴有性同时，曾参订吴氏《温疫论》。［见：《温疫论》］

冯炜 字丹霞。清代浙江嘉善县人。精医术，活人无算，名重于时。［见：《嘉善县志》］

冯相 明代河北栾城县人。弘治十二年（1499）三甲第八十二名进士，授莱州府推官。平生凝重，未尝有喜愠之色。留心医药，著《延生至宝》十卷，行于世，今未见。［见：《正定府志》］

冯适 元代人。里居未详。精医理，官嘉议大夫太医院使。后至元三年（1337），危亦林撰《世医得效方》十九卷，由江西医学提举司送太医院审阅，冯氏与同僚参予其事。至正五年（1345），《世医得效方》刊刻于世。［见：《世医得效方·太医院题识》］

冯科 明代浙江嘉善县人。邑名医冯恺子。绍承先业，博览方书，亦为名医。［见：《嘉善县志》］

冯信 西汉临淄（今山东淄博）人。为齐太仓长。性好医方，精于诊处。淄川王犹以其识见未深，命就名医淳于意学。淳于意教以按法、逆顺、论药法、定五味及和剂汤法。信受之，医术精进，遂擅名汉世。［见：《史记·扁鹊仓公列传》］

冯恺 明代浙江嘉善县人。邑名医冯喆子。绍承父学，博览医书，与同邑名医钱尊并驰。子冯科，亦以医名。［见：《嘉善县志》］

冯泰 明代浙江归安县人。精通医术，知名于时。门生周济，得其传授。［见：《归安县志》］

冯通 字贯一。清代山东陵县人。邑名医冯有名子。继承父学，亦精医术，施药济人，全活甚多。道光元年（1821）疫疠流行，时讹言各村井中有妖人下毒，通乃于园内掘新井，令里人皆来汲取，众疑始释，疫亦息。子冯德常、冯庆常，皆绍传家学。［见：《陵县志》］

冯铭 （1874～?） 字箴若。清末江苏江阴县人。岁贡生。工古文词，以内阁中书衔就职训导。精医术，擅长内科。宣统间（1909～1911）加入中西医学研究会，出任江阴医学研究会会长。［见：《吴中名录》］

冯鸾 字子雍。明代通州（今江苏南通）人。岁贡生。幼通经史，嘉靖壬子（1552）以贡举赴试，高中，授郧西知县。兼精医术，民有疾，常为治之。居官五载，有神君之称。性廉洁，不诣上官，遂解职归田。著有《伤寒统会》七卷、《药性赋》一卷、《医说补遗》一卷、《医学大成》七卷，均佚。［见：《通州志》、《直隶通州志》］

冯翊 清代人。生平里居未详。辑有《经验良方》，今存抄本。［见：《中医图书联合目录》］

冯淇 字颖明。清代江苏娄县仓七图人。擅书法，通琴技，尤精医术，知名于时。年九十六岁卒。同里顾少月，以幼科著称。［见：《娄县志》、《松江府志》］

冯渐 金代河东人。早年习儒，以明经入仕。性与俗忤，弃官居伊水（即河南伊阳），以

符药治疫多效，知名于时。[见：《伊阳县志》]

冯喆 字克顺。明代浙江嘉善县人。刚直重义，精通医术，擅长伤寒、妇科，病者遇之即愈，人呼多吉先生。子冯恺，孙冯科，俱以医术著称。[见：《嘉善县志》]

冯斌 字建武。清代河南正阳县人。附贡生。以儒精医。重医德，凡以病延请，不分远近皆应，遇贫病赠药施治，必痊愈而后已。子冯继宗，习儒。孙冯霖雨，曾孙冯鸣豫，传其医术。[见：《正阳县志》]

冯献 元明间人。里居未详。通医理，曾任兴元路（今陕西汉中）官医提领。至顺元年（1330），冯氏与副提领钟震、医学教授杨浩泽等主持重修本路三皇庙。[见：《金元医学人物》]

冯煦 号旸谷。明代浙江平湖县人。少为庠生，旁通医术。县令顾廷对，素重冯氏之术，后擢御史，出按江右，患蛊疾，诸医罔效。廷对叹曰："必冯生到，吾方有命耳。"藩臬星夜檄迎，冯至，数剂而愈。冯煦后出仕，任罗山知县。[见：《平湖县志》]

冯锡 明代河南洛阳县人。邑名医冯国震三子。早年习儒，为庠生。后传承父业，以医术知名。子冯松，亦承家学。[见：《河南通志》]

冯燮 字调元。清代江苏吴县周庄镇人。世业儿科，以善治痘疹知名。燮自幼研习祖业，亦精儿科。及悬壶，门庭若市，临证投药辄效，预言顺逆生死，不爽毫发，有仙人之称。中年患眼疾，双目失明，命弟子诵医书于前，逐条为之讲解，所论皆精奥。如是十年，目复明，远方迎聘者踵相接。其方案征引详切，惜未能传世。[见：《周庄镇志》]

冯曦 字晴川。清代人。生平里居未详。辑有《颐养诠要》四卷，约成书于雍正元年（1723），今存光绪二十四年（1898）刻本。[见：《中医图书联合目录》]

冯衢 字樽宜。清代江苏丹徒县人。有奇技，善治疮疡。凡痈疽发背，于疮旁以针挑去一物，其色绿，如米粒大，病自愈。次女得父传授，嫁鲍铺为妻，常有妇女就医，惜早卒，其法不传。[见：《丹徒县志》]

冯一梅 清代浙江慈溪县人。生平未详。撰有《西方子明堂灸经校勘记》一卷，刊于世。[见：《中国丛书综录》、《中国医学大成总目提要》]

冯又昭 字义宣。清代河南民权县（原杞县、睢县地）人。早年习儒，究心性理之

学。后精研医术，洞悉运气之学，遂以医名。[见：《民权县志》]

冯三才 （?～1702） 字兼之，号赞庵。清初江苏吴县周庄镇人。自幼嗜学，通周髀、地理之学，兼精医术。曾为昆山绅士某治病，为名医李中梓所赏识。性豪饮，落宕不羁，不合于时。晚年家境益困，康熙四十一年病狂，取四书朱注及平生著作尽焚之，自缢而逝，人皆惜之。[见：《周庄镇志》、《昆山历代医家录》（引《贞丰拟乘·冯三才轶事》）]

冯三朋 清代湖北应山县吴家会人。精医术。诊病不受酬谢，邑人德之。[见：《应山县志》]

冯大业 字功垂。清代浙江海盐县人。名医冯兆张孙。曾校订祖父《杂证大小合参》。[见：《冯氏锦囊秘录》]

冯大成 字用彰。清代浙江海盐县人。名医冯兆张孙。曾校订祖父《杂证痘疹药性主治合参》。[见：《冯氏锦囊秘录》]

冯大任 字天臣。清代浙江海盐县人。名医冯兆张孙。曾校订祖父《女科精要》。[见：《冯氏锦囊秘录》]

冯大章 字国英。清代浙江海盐县人。名医冯兆张孙。曾校订祖父《痘疹全集》。[见：《冯氏锦囊秘录》]

冯飞六 清代广东丰顺县人。业医。初受学于名医曾平楷，精脉诊，能决人生死。诊病处方，服之辄愈，不愈者必死，故有神医之称。惜其寿不永，年四十岁即殁。[见：《丰顺县志》]

冯习卿 明代娄县（今上海松江）仓城人。精通医学，临证应手取效。人皆以蔬果酬之，若赠以钱则药不验也。又工吟咏，不轻示人，人亦鲜知之者。[见：《松江府志》]

冯元会 字集成。清代湖北广济县龙坪镇人。家贫嗜学，事母至孝。精医术，知名乡里。值龙坪疫疠流行，不问贫富，延请辄往，全活甚众。冯氏岳父患疫，亲戚皆屏迹，冯独入视，服药而愈。[见：《广济县志》]

冯云祥 字麟州。清代贵州毕节县人。道光六年（1826）三甲第一百零七名进士。历任安徽、浙江知县，引疾归里，家居四十余年，以著述自娱。年八十六岁卒。兼通医理，著有《经世仁术》，今未见。[见：《贵州通志》]

冯云衢 清代四川大足县双河乡人。幼年丧父，家贫，弃读务农。年弱冠，母病不起，

延医无效，乃自检医书，择方疗治，终无大验。人以县城老医王登和荐，乃变卖器物，迎之。登和至，见所服之方，问："此医为何人？"云衢以实告，登和曰："古人制方，须先有法，法宜活用，故方有加减。如得法，则有起死回生之功；如不得法，执方治病，病有千变，方只数百，徒扰病者，果何益哉？"云衢闻言敬服，乃师事之。苦学数年，医术日精。师殁，遂为大足县医者之冠。其临证精审，每视疾，反复推研，然后立方，服药者皆获佳效。重医德，凡延请，徒步出诊，不计酬金，贫者多受其惠。晚年课子习医，其子诊病归，必详询脉证，如方药未洽，立促返病家更正。尝谓："医者，济人之事，非以自营生计也！"年八十余，卒于乡，邑人无不哀痛悼念。[见《重修大足县志》]

冯中元 字恕亭。近代山东禹城县柳连于庄人。邑名医冯如升子。绍承父学，亦以医知名。山东中西医学研究所曾赠"济世为怀"匾额。子冯来鸣、冯来庆，皆传承家业，各界为其门立匾曰三代医宗。[见《续禹城县志》]

冯仁伯 元明间安徽绩溪县人。生于世医之家。祖父冯贞卿，以医术名噪于时。仁伯继承家学，尤擅治伤寒，曾任县医学正科。入明后隐居终老。子冯枢，传承父业，亦以医名世。[见《金元医学人物》(引《贞素斋集·仁知堂记》)]

冯文轩 清代人。生平里居未详。著有《针灸穴法》，今存光绪元年（1875）抄本。[见《中医图书联合目录》]

冯文智 （953～1012） 北宋并州（今山西阳曲）人。世以方技为业。太平兴国（976～983）间，诣都自陈，诏试，补医学，加东源县主簿。端拱（988～989）初，授少府监主簿。逾年转医官，加少府监丞。咸平三年（1000），明德太后不豫，冯文智侍医而愈，加封尚药奉御，赐金紫。六年（1003），直翰林医官院，转医官副使，又加检校主客员外郎。大中祥符五年卒，终年六十岁。[见《宋史·冯文智传》]

冯心兰 清代广东南海县佛山镇人。生平未详。曾任学使于桂林，得《白喉忌表抉微》，遂详加参订。后梁元辅得其稿，刊印于世。[见《佛山忠义乡志》]

冯心舒 清代江苏通州（今南通）人。以医为业，精幼科，知名于时。子冯秉仁，传承父学。[见《江苏历代医人志》]

冯心耕 字灵田。清代河南开州人。少孤，年十四随伯父冯遇午游寓项城，遂定居。颖异绝伦，读书目数行下，凡子史、星相、地理、卜筮、音韵诸书无不博览，终生手不释卷。得伯父传授，尤精岐黄，活人不可胜数。[见《项城县志·流寓》]

冯以升 字蒙求。清代江苏如皋县人。善治痘疹，屡奏奇功。县令陈某赠以"保赤功深"匾额。年八十一岁卒。[见《如皋县志》]

冯玉琇 字华彰。清代河南淮阳县人。精医术，知名于时。[见《淮阳县志》]

冯世澄 字邠孙。清代人。生平里居未详。著有《笔花医镜增补》，今存原稿本及汪克让续增稿本。[见《北京大学图书馆藏善本书目》、《中医图书联合目录》]

冯立春 清代河南正阳县涂家店人。早年习儒，后研究《灵枢》、《素问》诸医典，遂精医术，以擅治痘疹知名。[见《重修正阳县志》]

冯汉章 字文焕。清代江苏宝应县白水庄人。精医术，知名于时。有阮氏妇，昏厥一昼夜，人皆谓已死。汉章至，拟方灌药，数时而苏，人皆称叶天士复生。岁饥，汉章自制救饥丸济人，全活甚多。[见《宝应县志》]

冯芝馨 清末广东丰顺县潘田人。名医冯秋江子。传承父业，术尤精妙。临证不泥方书，每自出新方，所治无不效。重医德，遇贫病赠以药。潮、澄间富家多聘之为"专东"，岁酬皆数百金。有专东某，患鼠疫证，核结如碗。芝馨命取大水蛭多条，截竹为筒，立结核上，以蛭投其中，使尽吸其毒血，饱则更易之，如是者四，结核得平，继服以药，遂无恙。生平慷慨好善，曾资助本县旅潮学校六百元，无吝色。年五十七岁卒。[见《丰顺县志》]

冯有名 清代山东陵县人。精医术。著有《经验奇方》，未见刊行。子冯通，传承父业。[见《陵县志》]

冯尧杰 清代广东鹤山县越塘人。精医理，知名于时。尝谓："医不能离古方，亦不能泥古方。"每遇奇证，多迎刃而解。与同邑名医易会明先后知名。[见《肇庆府志》]

冯至刚 元明间浙江鄞县人。兼通内外两科，尤以外科知名。至正十九年（1359），袁仲良妻背部发疽，冯氏治而愈之。[见《金元医学人物》(引《春草斋集·赠医者冯至刚序》)]

冯贞卿 元代安徽绩溪县人。精通医术，名噪于时。孙冯仁伯，继承家学，任本县医学正科。[见：《金元医学人物》（引《贞素斋集·仁知堂记》)]

冯则敬 字公甫。清末人。生平里居未详。曾任太医院候补恩粮。[见：《太医院志·同寅录》]

冯兆张 字楚瞻。清初浙江海盐县人。国学生。当地名儒冯瑞芝三子。七岁丧父，早年习儒，为国学生。兼精医术，曾从师访道十载，行医于两浙，六上京师。对内、外、妇诸科均有研究，尤擅儿科。尝集三十年之经验，著医学丛书《冯氏锦囊秘录》二十卷，刊刻于康熙三十三年（1694）。此书包括《内经纂要》、《杂症大小合参》、《脉诀纂要》、《女科精要》、《外科精要》、《药按》、《痘疹全集》、《杂症痘疹药性主治合参》等八种，涉及内、外、妇、儿、药性、脉诊等内容，影响所及，达于越南。门生王士增、王崇志、子冯乾元、冯乾亨、冯乾贞、冯乾正、冯乾吉、冯乾泰，孙冯大业、冯大任、冯大成、冯大章等，皆先后参校兆张之书。[见：《清史稿·艺文志》、《海盐县续图经·冯瑞芝传》、《冯氏锦囊秘录》、《浙北医学史略》]

冯庆常 清代山东陵县人。邑名医冯通子。与兄冯德常，皆继承家学。[见：《陵县志》]

冯汝玖 字叔莹。清末浙江桐乡县人。通医术，擅长儿科。著有《惊风辨误》三篇，其引言称："此篇专举秦汉各家以迄近代医书中各证，凡类于今之名惊风证者，逐条分列；有文义稍晦者，则引原注以释之，或酌加案语，以证今名惊风之误。总期医者、病者知六经中各证原有类乎惊风者，而实无惊与风二者合成之一种证，俾医者或肯于六经中求其六淫之病，不致妄施珠黄凉镇之品；病者亦不致受庸医之欺，任投毒剂而听其夭札焉。"此书刊于宣统三年（1911），今存。[见：《惊风辨误》]

冯安澜 字北庆。清代河南巩县人。工医术，以眼科知名。[见：《巩县志》]

冯如升 字耀东。清末山东禹城县柳连于庄人。精医学，知名乡里。县儒学扁其门曰艺采商山。著有《四字脉诀歌》，未见流传。子冯中元，孙冯来鸣、冯来庆，皆以医术知名，有"三代医宗"之誉。[见：《续禹城县志》]

冯志东 （1886～1983）现代河北蔚县人。曾任四川省中药研究所药化研究室研究员，重庆市第四至七届政治协商委员会委员。早年毕业于协和大学，复就学于燕京大学研究院，研究化学，取得硕士学位。冯氏曾赴日本、朝鲜等国作医药考察。先后在北京协和医学院、原国立药学专科学校、重庆乡林建设学院、北碚相辉学院和西南师范学院担任讲师、教授，从事教学和科研工作，是我国中药界著名学者。曾研究麻黄素制取法，首先将双尿素反应应用于麻黄素定性和定量，还制取了肺丝素及麻黄素的多种衍生物。先后发表医药论文 30 余篇。[见：《中医年鉴》（1984）]

冯志铉 字启周。清代安徽绩溪县五都人。得异人传援，精医术，专擅疡科。寓居歙县严镇，求诊者盈门，人称半仙。通判靳冶斋，以"元化在斯"额其门。[见：《徽州府志》、《绩溪县志》]

冯来庆 字云祥。近代山东禹城县柳连于庄人。邑名医冯如升孙，冯中元子。与兄冯来鸣皆承先业，以医著称，各界为其家立碑曰三代医宗。[见：《续禹城县志》]

冯来鸣 字鹤泉。近代山东禹城县柳连于庄人。邑名医冯如升孙，冯中元子。与弟冯来庆，均精医术。各界为其家立碑曰"三代医宗"。[见：《续禹城县志》]

冯时可 （1552～?）字元成，又字敏卿。明代华亭县（今属上海）人。大理寺卿冯恩八子。幼颖异，隆庆五年（1571），年仅弱冠，及进士第，授刑部主事。迁转刑、兵两曹，历仕五尚书。阅历甚广，早年由蓟门历河、洛、荆、蜀，入夜郎，后自越而楚，而浙，往来万里。晚年尚登太行，至罗浮，泛舟彭越、洞庭。生平好著述，肆力于古文词，海内知名。兼涉医学，著有《上池杂说》一卷、《众仙妙方》四卷，均刊刻于世。[见：《明史·冯恩传（附子时可）》、《松江府志》、《四库全书总目提要》、《中医图书联合目录》]

冯时近 明代江西弋阳县三十六都人。急公好义，取与不苟。自少习医，兼及道术，乡里重之。[见：《弋阳县志》]

冯体和 清末江苏常熟县人，居蒋巷。精医术，擅长妇科。尝谓："女子病症多由气郁而成，气不和，血不调，故必先以理气为主。"故处方每用玫瑰花为引，以苏梗、沉香理气。[见：《吴中名医录》]

冯应麟 号余斋。清代山东历城县人。学针灸术于老医潘子云，精其术，活人无算。

年七十八岁卒。著有《余斋医墨》（又作《余斋遗墨》）十四卷、《针灸汇稿》一卷，均未见流传。[见：《历城县志》]

冯怀宽 字济卿。清末人。生平里居未详。通医术，曾任太医院九品医士，兼寿药房值宿供奉官。[见：《太医院志·同寅录》]

冯其盛 字躬甫，又字安予。明代吴县（今江苏苏州）人。早年攻举业，入庠。久未中第，遂继承家学，以医为业。曾将所积方书汇录成帙，分六十余类，辑成《幼科辑粹大成》十卷，刊刻于万历二十三年（1595）。此书引述唐宋以后医家方论较多，其中不乏久佚之书，故史料价值较高。国内未见流传，日本国立公文书馆内阁文库尚有收藏，现已影印回归。[见：《内阁文库汉籍分类目录》、《中国医籍考》、《日本现存中国散逸古医籍》]

冯英伯 元代人。里居未详。业医，知名于时。陈镒作《赠医人冯英伯》诗，盛赞其术，诗云："一别冯君今十载，重来犹带旧行囊。空窗灸艾消沉疾，新卷编蒲写秘方。阅世已经三折臂，忧时还转九回肠。养生道要如相授，分我刀圭换鬓霜。"[见：《金元医学人物》（引《午溪集》）]

冯国震 一作冯国镇。明代河南洛阳县人。精通幼科，知名于时。善养生，年九十余，体健步步，强壮者追之犹恐不及，人称地仙。著有《痘疹规要》、《幼幼大全》等书，均佚。子冯锡，孙冯松，继承家学。[见：《洛阳县志》、《河南通志》]

冯鸣豫 字乐轩。清代河南正阳县人。儒医冯斌曾孙，冯霖雨子。初习举业，后攻研古代方书，以医名世。知县白渠之母患病，经旬不愈，延请诊视。至则针药并施，数日痊愈，白氏赠匾旌表其庐。年九十三岁殁。[见：《重修正阳县志》]

冯秉仁 字春如。清代江苏通州（今南通）人。邑名医冯心舒子。业儒能文，绍承父业，精内外诸科，尤以幼科知名，全活甚众。惜早卒。闻者皆哭之曰："里人无福。"[见：《江苏历代医人志》]

冯秉枢 清代广东南海县佛山镇人。生平未详。著有《保产备要》，今未见。[见：《佛山忠义乡志》]

冯育才 （1886～1960） 现代江苏武进县人。从无锡名医陈叶吉学，技成，悬壶无锡，以外科著称。其治病倡言"以散为贵"。著有《外科医案》一册，有抄本存世。门生三十余人，遍及无锡、宜兴、武进等县。[见：《江苏历代医人志》]

冯性斋 清末江苏昆山县巴城镇人。以医术知名，与同镇罗勉之、张梦三、顾小江，元和县朱阶泰（1848～1915）诸同道相往还，淬励学术。[见：《巴溪志》]

冯学震 清代人。生平里居未详。著有《脉学汇编》，今存乾隆三十二年（1767）刊本。[见：《中医图书联合目录》]

冯春立 清代河南正阳县涂家店人。早年习儒，兼习《灵枢》、《素问》诸书，精通医理，尤擅痘科。深得四诊妙谛，辨证立方，投药必效。某家幼儿患痘，症状似轻，延请冯氏诊视，断为不救。某家转求冯氏门徒，徒曰："顺症也。"一药而愈，病家喜出望外，亲族皆贺。冯闻之，谓其徒曰："此儿百日内必不保。"后果如所言。冯氏子孙传承家业，均有声乡里。[见：《重修正阳县志》]

冯树勋 字健儒。清末人。生平里居未详。精医术，曾任太医院恩粮，兼东药房值宿供奉官。[见：《太医院志·同寅录》]

冯树堂 清代人。生平里居未详。辑有《保婴要诀》，附刻于《胎产秘书》之后。[见：《中国医学大成总目提要》]

冯钧年 清代江苏江宁府人。工医术。著有《医学探源》、《本草备览》二书，未见刊行。[见：《江宁府志》]

冯秋江 清代广东丰顺县潘田人。少随家人寓居上海，从师习医，复博览历代医书，遂精其术。先后悬壶海阳、澄海各地，声名颇盛。后设诊于潮州仁寿医院，在潮多年，活人无算。晚年患便血证，无可医，乃结庐于家乡南溪山中，种树读书不倦，寻卒。子冯芝馨，传承父业，医术益精。[见：《丰顺县志》]

冯庭干 明代江左人。里居未详。精医术。传术于门生刘纯，且将旧藏徐用诚《医学折衷》授之。[见：《玉机微义·自序》]

冯彦章 （1393～1435） 明代浙江义乌县赤岸镇人。世医朱玉汝婿。自幼嗜学，于书无所不读。得岳父之传，尤精岐黄。存心济世，凡以疾病叩请，即欣然治之，不求报。宣德间（1426～1435），以良医召入太医院，为诸公卿所礼重。[见：《中国历代名医碑传集》（引《赤岸冯氏宗谱》）]

冯泰初 字汇来，又字惠连。清代江苏昆山县陈墓镇（今锦溪）人。业儒，康熙五

十七年（1718）廪生。兼通医理，知名于时。[见：《昆山历代医家录》]

冯躬甫 明代湖南桃园县人。自幼习儒，有名庠序。屡跻棘院，遂取先世所遗幼科诸医书读之，研究探微，悟其精奥，以治里中小儿，无不应手起者，众惊为神。曾博采精校，辑《幼科大成》若干卷，今未见。[见：《桃园县志》]

冯培英 清代山东长清县人。廪贡生。著有《儒医说》，未见流传。[见：《长清县志》]

冯乾元 字龙田。清代浙江海盐县人。名医冯兆张子。通医理，曾参校父书。[见：《冯氏锦囊秘录》]

冯乾正 字立斋。清代浙江海盐县人。名医冯兆张子。通医理，曾参校父书。[见：《冯氏锦囊秘录》]

冯乾吉 字佐民。清代浙江海盐县人。名医冯兆张子。通医理，曾参校父书。[见：《冯氏锦囊秘录》]

冯乾贞 字干臣。清代浙江海盐县人。名医冯兆张子。通医理，曾参校父书。[见：《冯氏锦囊秘录》]

冯乾亨 字礼斋。清代浙江海盐县人。名医冯兆张子。通医理，曾参校父书。[见：《冯氏锦囊秘录》]

冯乾泰 字坦公。清代浙江海盐县人。名医冯兆张子。通医理，曾参校父书。[见：《冯氏锦囊秘录》]

冯乾德 字进修。清代浙江海盐县人。名医冯兆张子。通医理，曾参校父书。[见：《冯氏锦囊秘录》]

冯盛化 字雨亭。清末人。生平里居未详。曾任太医院七品吏目。[见：《太医院志·同寅录》]

冯彩章 清代人。生平里居未详。曾增订《胎产秘书》。[见：《中国历代医家传录》]

冯淑沙 明代人。生平里居未详。著有《本草病因》一卷，已佚。[见：《医藏书目》]

冯寅炳 号荫南。清代广东恩平县居里人。岁贡生。天性颖悟，尤精岐黄。临证诊病，洞见病源，医无不效。生平以普济为心，赠医救贫，活人甚众。[见：《恩平县志》]

冯鼎祚 字心斋。清代浙江嘉兴县人。少擅文名。游于京师，应嘉庆二十三年（1818）京兆试，中副车，考取教习，充实录馆誊录。因忤上官，降调盐经历，发长庐。后转甘肃、

河南，不久乞休。生平工书法，精通医理。著有《增注卫生修养录》，未见梓行。[见：《嘉兴县志》]

冯遇午 字离明。清代河南开州人。精医术，挟技游寓项城，知名于时。侄冯心耕亦以医名。[见：《项城县志·流寓》]

冯遁斋 明代江西金溪县人。得龙兴寺老僧心斋传授，精通外科。与同邑张东、何心仁，并以良医著称于时。[见：《金溪县志》]

冯善甫 元代人。里居未详。工医术，为江南诸道行御史台官医。终日往来于公卿间，凡他医束手之证，治之多愈。重医德，遇贫病求诊亦往，且施以善药。后至元二年（1336）夏，天台僧会翁病笃，脉息几绝，冯氏治之而愈。[见：《金元医学人物》（引《蒲室集·送台医冯善甫序》）]

冯道立 字务堂。清代江苏扬州人。岁贡生。咸丰元年（1851）举孝廉。博学多闻，贯通易学，兼精医道。生平多善举，尝创建义塾，以教贫家子弟。又设栖义所，收养老弱疾病者。七十九岁殁。著有《治痧十法》、《种痘条辨》、《瘟疫会解》等书，未见刊行。[见：《扬州府志》]

冯道玄 元代人。生平里居未详。著有《全婴简易方》十卷，已佚。[见：《补元史艺文志》、《补辽金元艺文志》]

冯谦益 字恭存。清代浙江海盐县人。名医冯兆张侄。通医理，曾参校冯兆张所著医书。[见：《冯氏锦囊秘录》]

冯裕昆 清代河南密县人。工医术，施药济人，乡里德之。[见：《密县志》]

冯淮清 字秋平。清末人。生平里居未详。曾任太医院七品吏目，兼东药房值宿供奉官。[见：《太医院志·同寅录》]

冯嘉谷 字开琅，号润溪。清代广东恩平县人。曾任光禄寺典簿。敦厚仁慈，兼通医术。凡以病求治，详问病情，审慎处方，病愈不受谢，活人甚众。县令何荣樟患痨证，请谒求诊，治疗数月，其疾若失。冯氏善养生，寿至八十八岁。[见：《恩平县志》]

冯肇杞 字幼将。清代浙江会稽县人。精医术。兼工诗文、词曲、绘画，书学米南宫，画竹宗湖州、眉山。[见：《艺林医人录》]

冯德常 清代山东陵县人。邑名医冯通子。与弟冯庆常，皆继承家学。[见：《陵县志》]

冯霖雨 清代河南正阳县人。贡生。儒医冯斌孙，诸生冯继宗子。早年习儒，得祖

父之传，尤精医术。子冯鸣豫，以医知名。[见：《重修正阳县志》]

冯缵圣　字述岐。明代安徽定远县人。天性至孝，精通医理。素以济物为心，尤加意贫乏。为人诊疾，病无大小，应手而除，从不受谢。雍正乙巳（1725），疫疠盛行，敦请者不绝于门，冯氏尽力施救，不避风雨，染疾而卒，邑人深惜之。[见：《定远县志》]

司

司轲　明代山东阳信县人。精医术。按脉察疾，疗病如神，知名于齐鲁之间。[见：《阳信县志》]

司恭　字居敬。明代河南襄城县人。早年习儒，后业医，治病多佳效，知名于时。[见：《襄城县志》]

司马

司马光　（1019～1086）　字君实，世称涑水先生。北宋陕州夏县（今山西夏县）人。宝元元年（1038）进士，迁馆阁校勘同知。神宗时（1067～1084）任御史中丞，攻讦王安石新法，不见纳，居洛阳十五年，不论时政。哲宗继位，起为门下侍郎，拜尚书左仆射。年六十八岁卒，赠太师，封温国公，谥"文正"。司马光博学多才，为著名文学家、史学家。著有《资治通鉴》、《独乐园集》、《书议》等。旁涉医学，有《医问》七卷（已佚）。苏轼评其书曰："《医问》七篇，其文如金玉、谷帛、药石也，必有适于用，无益之文，未尝一语及之。"[见：《宋史·司马光传》、《宋史·艺文志》、《东坡集·司马温公行状》]

司马钧　字笙和。清代江苏江宁县人。道光间（1821～1850）在世。精医术，善治外证。尝谓："医在临证审辨之细，药物运用之灵，不可拘泥成方也。"为有识之见。著有《病机备参》四卷，未见刊行。子司马涛，亦知医。[见：《江宁府志》、《上江两县合志》、《江苏历代医人志》]

司马涛　字小山。清末江苏江宁县人。邑名医司马钧子。绍承父学，亦通医理。[见：《江苏历代医人志》]

司马隆　字季平。明代江宁县（今江苏南京）人。儒医司马元亨子。自少勤学，绍传父业，遂擅医术。苦读《内经》及丹溪、东垣诸书，手不释卷。每遇危疾，端居静思，或通夜不寐，必得病源而后已，故治之即愈。一贫士患疫，亲族皆畏避，隆诊视不辍。尝曰："人皆有死，岂独疫疾能死人哉！"子司马泰，为嘉靖二年（1523）进士。[见：《江宁县志》]

司马大复　字铭鞠。明代无锡县（今属江苏）人。诸生。游于名儒高攀龙之门。后精医术，曾任太医。谨言慎行，人皆礼重之。晚年举乡饮宾。门生缪希雍得其传授，缪氏所著《先醒斋医学广笔记》，往往载大复语。[见：《无锡县志》、《无锡金匮县志》]

司马元亨　明代陕西咸宁县人。徙居江苏江宁。早年习儒，兼精医术。子司马隆，以医知名。[见：《江宁县志》]

司马廷标　字传一。清代江苏江阴县人。世医司马鸿瑰子。绍承祖业，以擅治痘疹知名。读古医书能通变活用，虽绝险之证，每收起死回生之效。[见：《江阴县志》]

司马承祯　（639～727）　字子微，号白云子。唐代温县（今河南温县）人。后周晋州刺史司马裔玄孙。自少好学，淡于仕进。出家为道士，师事潘师正，学符箓、辟谷、导引、服饵之术。尝遍游名山，后隐居天台。武则天闻其名，召至京师，降手敕以赞之。景云二年（711），睿宗令其兄承袆赴天台山召之，引入宫中，问以阴阳术数之事，旋固辞还山。帝赐宝琴一张，遣之。开元九年（721）玄宗又遣使迎入京师，赏赐甚厚。十五年复召之，诏命于王屋山自选形胜，置坛室居之。是年卒于王屋山，享年八十九，谥"贞一先生"。著有《坐忘论》一卷（佚）、《修生养气诀》一卷（佚）、《天隐子养生书》一卷（存）。今《道藏》中尚存有《服气精义论》一卷、《修真精义杂论》一卷，题"司马承祯述"。[见：《旧唐书·司马承祯传》、《新唐书·艺文志》、《河南通志》、《中国丛书综录》、《中医图书联合目录》]

司马鸿瑰　字云从。清代江苏江阴县人。世代业医，至鸿瑰术益精，以儿科知名，求治者户外屡满。性仁厚，每治病，先诊贫苦者。有所入，辄周济兄弟及诸侄。子司马廷标，亦以医知名。[见：《江阴县志》]

司空

司空舆　唐代临淮（今安徽泗县东南）人。水部郎中司空彖子。大中（847～859）初，荐为安邑、上池榷盐使检校司郎中。后入朝，任司门员外郎，迁户部郎中，卒于官。司空舆旁涉医学，著有《发焰录》一卷，已佚。子司空图，

为咸通十年（869）进士。［见：《旧唐书·司空图传》、《新唐书·艺文志》、《崇文总目辑释》］

边

边成章 （1806～1880） 字斐然。清末河北新城县浒州村人。祖上为满州镶红旗人，徙居内地。自幼嗜读，因家道式微，弃儒学医，于岐黄之书无不披览。闻人有秘方，虽千百里，必求得而后已。久之，其技精良，尤擅长疡科。某人患春温衄血，经他医治愈，恐余毒未尽，复延请边氏诊视。成章曰："君疾愈矣。然明春二月间，项间必生巨疽，宜预治也。"其人未信。次年二月，耳下果生一疽，复求治，叩问生疽之因。成章曰："昨岁诊君之脉，迟而滑。夫温邪之脉应洪数，彼时内热已平，鼻血亦止，故知温病已愈；然脉不平而迟滑，迟则为寒，滑则为痰，必过服凉剂所致。及视其方，果为大寒之药，且石膏为君。夫阳明之经行于项之两旁，时当冬令，过用寒凉，内热虽退，而阳明之气必凝于寒，化而为痰，藏于项间。至春，阳气上升之时，阻而不通，故知必生巨疽也。"其人拜服，问曰："余因恐温毒复发，愈后仍服二剂，今尚能消乎？"曰："能。"即用阳和汤加甘遂，一剂泻痰升余，疽消少半，复减甘遂，连服十余剂而愈。边氏悬壶一生，活人甚众，所治疑难奇症不可胜计。重医德，诊病不分贫富，一视同仁。光绪六年，三奇村陈某延诊，疏方毕，掷笔而逝，时年七十有五。遗有《边氏验方》三十卷，发明甚多，其简便而神效者，如以杜仲末醋调摊青布上，贴对口或发背疮初起，百不失一，此功用为本草所不载。惜其书未见传世。有子四人，宝钧、宝善、宝和、宝恒，皆继承家学，有名于乡。［见：《新城县志》］

边佑三 字怡亭。清代河北静海县瓦头人。通医术，善治痘疹。著有《痘疹精言》若干卷，刊于世，今未见。［见：《静海县志》］

边宝和 字子清。近代河北新城县浒州村人。邑名医边成章三子。继承父志习医，尤精儿科。［见：《新城县志》］

边宝钧 字伯洪。近代河北新城县浒州村人。邑名医边成章长子。继承父业，尤精针灸。［见：《新城县志》］

边宝恒 字镇五。近代河北新城县浒州村人。邑名医边成章四子。继承父业，尤精外科。［见：《新城县志》］

边宝善 （1851～1919） 字楚珍。近代河北新城县浒州村人。邑名医边成章次子。廪膳生。习父业，尤精内科。于三焦气化之说有独到见解，尝谓："中国医学发轫于《内经》，历代名医根据之，各有发明。至汉张仲景著《伤寒》、《金匮》二书，实集医学大成。自汉而后，则医林晦昧，误荣为血，不知三焦、经络为何物。李东垣为一代宗工，竟妄谓三焦有二。夫三焦既列于六腑，可知为盛物之脏，盖人身腔内之白膜，即三焦也。因其包括诸脏，故列之于腑，复有膈膜分为三部，故命之曰三焦也。"宝善卒于民国八年，享年六十九。子边增智，亦以医知名。［见：《新城县志》］

边增智 字乐天。近代河北新城县浒州村人。世医边宝善子。继承祖业，悬壶于津沽。认为西方医学重物质，一涉气化，往往束手，遂纂述祖说，以《内经》、《伤寒》为据，证之以生理及理化诸书，称《内经》所指精气，即后之所谓养（氧）气，卫气即轻（氢）气，荣气即炭（碳）气。著有《气化探源》，首论先天后天气化回环之理；次以三因为经，而以炭、轻、养三气为纬，进而论各气偏盛所致之疾。气化之外，又言及经络、气化与病菌之关系。诸说虽牵强，然其大胆探求中西医汇通之路，在当时亦属难得。［见：《新城县志》］

六 画

邢

邢氏 佚其名。南宋杭州人。绍熙间（1190～1194）以医术名世。丞相朱胜非子妇偶患小疾，命邢氏视之，邢曰："小疾耳，不药亦愈，然自是不宜孕，孕必死。"其家以为狂言。后一岁，朱妇得男，其家方有抱孙之喜，未弥月而妇疾作，急遣召之，坚不肯来，曰："去岁已尝言之，势无可疗之理。"越宿其妇果亡。［见：《齐东野语·近世名医》、《浙江通志》］

邢邦 明代山东临清县人。生平未详。曾校刻黄廉《痘疹经验秘方》，易名《秘传经验痘

疹方》。[见:《中国医籍考》]

六画

邢伟 号诗樵。清代浙江乌程县南浔镇人。业儒,为监生。旁通医术,著有《痘疹治案》二卷,未见梓行。[见:《南浔镇志》]

邢沚 (1077～?) 号草庵,自号老牛,法号智融。北宋开封(今属河南)人。善绘画,世少知者。工诗,语意清绝。初以医入仕,靖康(1126)南渡,居临安,时年五十岁,遂弃官,祝发入灵隐寺为僧。[见:《中国人名大辞典》、《艺林医人录》]

邢恺 一作邢慥。北宋人。里居未详。通医道,为翰林医官。神宗元丰元年(1078),高丽文帝六十岁,病中风,宋廷遣安焘、陈睦携诏书及贵重物品慰问。次年,再派王舜封率御医赴高丽往诊,主要成员有翰林医官邢恺、朱道能、沈绅、邵化,同时带去牛黄、龙脑、朱砂、麝香等珍贵药材百种。元丰三年三月,高丽遣户部尚书柳洪入宋答谢,并赠送人参、松子、香油等方物。同年七月,宋廷又派医官马世安再赴高丽。[见:《中国医学史》(高等中医院校参考丛书1991年版)]

邢基 清代浙江乌程县南浔镇人。生平未详。著有《东垣十书批解》若干卷、《脉经注释》六卷,未见流传。[见:《南浔镇志》]

邢默 字子容。清代浙江乌程县南浔镇人。廪生。生平未详。著有《医学指南》四卷,未见梓行。[见:《南浔镇志》]

邢元朴 一作邾元朴。宋代人。生平里居未详。著有《痈疽论》一卷,已佚。[见:《宋史·艺文志》]

邢用意 佚其名,斋号用意。元初禹城(今山东禹城)人。精医术,有声于时。翰林学士王恽(?～1304)重其术,晚年老病,每请邢氏诊之,曾赋《题邢君用意斋》诗二首相赠。其一:"禹城方伎响邢君,顾我龙钟老病身。赋就瘁梨空自惜,几时相对意斋人。"其二:"百疾中来有变常,智人察色信能量。细看难素纵横说,到了何曾有定方。"[见:《金元医学人物》(引《秋涧先生大全文集》)、《新元史·王恽传》]

邢先生 佚其名。唐代青城山(今四川境内)道士。武宗(841～846)患心热疾,众医束手,诏令邢氏诊视。邢氏至,出青丹二粒,绞梨汁进服,立效。帝大悦,赐以重金,不受,遂封以"广济先生"。后帝疾复发,召之,不知所之。[见:《四川通志》、《灌县志》]

邢建明 清代人。生平里居未详。撰有《咽喉秘授》,今存光绪二十九年癸卯(1903)古黔务本堂抄本。[见:《中医图书联合目录》]

邢济川 明代江阴县(今属江苏)人。太医院御医。精医术,名噪大江南北,与同邑名医高叔宗齐名。曾愈王世贞母疾,王氏作诗赞之曰:"在佛说法时,药王为导师。太乙操莲叶,下救人陷危。儒用久寂寞,其功或明医。邢子利涉才,托迹在黄岐。朝饮苏橘井,夕饮长桑池。江阴十万家,家家春风吹。余波来惠吴,起我北堂慈。傅楫吾所难,清泌可乐饥。彼哉问津人,愧汝济川辞。"按,王世贞又有《题萱寿太医邢生母》二首,其一:"橘井汲后绿,杏林种时红。北萱复何忧,年年领春风。"其二:"珊瑚作枝叶作玉,海人添筹出海屋。八千退算应已知,生儿自是邢和璞。"此二诗乃王世贞祝贺太医邢生之母寿诞所作,疑太医邢生即邢济川,"和璞"为邢氏之号,待考。[见:《江阴县志·高叔宗传》、《古今图书集成·医部全录·艺文》]

邢增捷 明代江西新昌县人。自幼习儒,不得志,遂弃所学,究心《素问》、《灵枢》及丹溪、东垣诸书,久之精通医道,兼善导引。邢氏性情冲和,治病不求酬报,临证多奇效,遇甚险之证,每以奇方制胜。著有《医案心法》、《本草辑要》、《伤寒指掌详解》、《脉诀删补》等书,均佚。[见:《新昌县志》]

匡

匡忠 字体道。明代常熟县(今属江苏)人。祖籍山东济南。邑名医匡复斋曾孙。世以医鸣,至匡忠亦承家学,医术益精,起人危疾不求酬报。永乐间(1403～1424),以名医征入太医院。晚岁归乡,以诗酒自娱。年八十岁殁。子匡愚,亦精医。[见:《常熟县志》、《常昭合志》、《重修常昭合志》]

匡铎 明代山东胶州人。嘉靖四十四年(1565)三甲第一百二十三名进士,由左掖出守大名。留心医药,政暇辑《痘疹方》一卷。万历二年(1574),大名府推官王敬民为该书作序,刊刻于世。此书国内未见,日本尚存,现已由中国中医科学院影印回归。[见:《中国医籍考》、《内阁文库汉籍分类目录》、《明清进士题名碑录索引》、《日本现存中国散逸古医籍》]

匡通 字文昌。元代常熟县(今属江苏)人。邑名医匡复斋子。继承父学,亦工医术。[见:《琴川三志补记》]

匡愚 字希颜。明代常熟县（今属江苏）人。祖籍山东济南。太医院医官匡忠子。继承家学，亦以善医征入太医院。曾随郑和三下西洋，归老于乡。[见：《常谊县志》、《常昭合志》]

匡友闻 字志明。元代常熟县（今属江苏）人，祖籍济南。邑名医匡复斋孙。继承家学，亦工医术。[见：《琴川三志补记》]

匡邦宝 字纬韩。清代湖南醴陵县人。例贡生。母早殁，而父体羸多病。匡氏深以不谙医术为憾，乃庐墓三载，遍读秦汉以来诸方书，遂明悟医理。临证望气诊脉，若有仙授，远近以神医称之，其父亦得享遐龄。匡氏立品高洁，县令许凝道雅重其术，赠匾旌其庐。同邑黄朝坊，尽得其传，亦为名医。[见：《醴陵县志》]

匡复斋 元代山东济南人。徙居江苏常熟。世以医术知名。子匡通，孙匡友闻，曾孙匡忠，均传其学。[见：《琴川三志补记》、《常昭合志》]

匡谦吉 字恒甫。清代江苏嘉定县南翔镇人。初攻举业，后习医术。凡《素问》、《伤寒》诸书，无不潜心默究，治病能分阴阳、辨表里。于伤寒、湿温等证，辨别尤精，治疮疡亦应手奏效。著有《药方歌诀》、《女科摘要》等书，惜未见梓行。[见：《嘉定县续志》]

吉

吉广 清代江苏阜宁县人。业精疡医，治效显著，知名于乡里。[见：《阜宁县志》]

吉丕 （？～218） 一作吉平、吉本。后汉人。里居未详。曾任太医令。献帝建安二十三年，吉丕与丞相司直韦晃、少府耿纪等密谋起兵诛曹操，事泄，遭夷族之祸。[见：《后汉书·耿弇传（曾孙纪）》、《三国志·魏书·武帝记》、《中国人名大辞典》]

吉庆 明代人。里居未详。通经史，为中书科冠带儒士。弘治十六年（1503），太医院院判刘文泰等奉敕编撰《本草品汇精要》，吉氏与中书科周时敛、姜承儒、仰仲瞻及太医院医士吴恩等共十四人任誊录。该书毕工于弘治十八年三月，未刊，今存抄本。[见：《本草品汇精要》]

吉人杰 明代上元县（今江苏南京）人。疡科名医吉兆来孙。传承家学，亦精医术。得补唇秘方，七日补其缺，平复无痕。擅技五十余年，名噪于时。[见：《上元县志》、《江宁县志》]

吉心培 字芝田。清代江苏宝应县人。以医为业，知名于时。年七十六岁卒。[见：《宝应县志》]

吉同笙 清代陕西韩城县人。世医吉官铨子。继承家学，亦为名医。[见：《韩城县续志》]

吉兆来 字逢生。明代上元县（今江苏南京）人。父吉秋宇，以诗著称。兆来精医，专擅疡科，尤善用针，临证多奇效。性朴诚，重医德，治病从未计利。有子三人，皆传父业。孙吉人杰，尤善补唇，医名甚噪。[见：《上元县志》、《江宁县志》]

吉来临 清代河南陕县人。早年习儒，为庠生。兼精医术，以儿科知名，全活婴幼无算。[见：《陕县志》]

吉执之 字谦伯。宋代人。生平里居未详。曾任岳州平江县令。辑有《凤髓经》、《飞仙论》、《宝童方》、《联珠论》、《保信论》、《惠济歌》、《吉氏家传》诸书，藏于家。[见：《幼幼新书·近世方书》]

吉坦然 清代江苏江宁县人。流寓湖南衡阳。善医，知名于时。儒医刘献廷，雅重其术。[见：《广阳杂记》]

吉官铨 清代陕西韩城县人。生于世医之家，继承祖业，声著一方。子吉同笙，亦以医鸣世。[见：《韩城县续志》]

吉勒罕 字畅秋。清末人。生平里居未详。曾任太医院候补医士。[见：《太医院志·同寅录》]

吉履和 字在中。清代江苏宝应县人。精医术，重医德，治病不计酬报，遇贫病出资济之。善养生，寿至一百零一岁。[见：《宝应县志》]

巩

巩珍 号养素生。明代南京（今属江苏）人。永乐间（1403～1424）三宝太监郑和奉命出使西洋。宣宗嗣位，复命郑和及王景宏等再使西洋。时巩珍任职于总制之幕，随使往还三年，历二十国，多有见闻。巩氏曾记录异国风土人物，于宣德九年（1434）辑《西洋番国志》一卷，又撰《西洋番药志》，专载西洋药物，今存佚不明。[见：《中国人名大辞典》、《中国医学简史》]

巩文志 字射墟，号阆斋。清代湖南星沙人。生平未详。著有《阆斋姤复遗音》二卷（附《明堂图》），今存。此书上卷论脉及基本

理论，下卷论经络穴道。[见：《中医图书联合目录》]

芝

芝屿樵客
佚其姓名。清代人。生平里居未详。著有《儿科醒》十二卷，今存嘉庆十八年癸酉（1813）刻本。[见：《中医图书联合目录》、《贩书偶记续编》]

西

西方子
佚其姓名。元代（?）人。生平里居未详。撰有《西方子明堂灸经》八卷，今存元代熊氏卫生堂刻本（书藏北京图书馆）及清光绪九年癸未（1883）钱塘丁氏《当归草堂医学丛书》本等。西方子还著有《铜人针灸经》十五卷（一作八卷），今存明正德十年乙亥（1515）山西平阳府刊本，书藏中国中医科学院图书馆。此外，清黄虞稷《千顷堂书目》著录，西方子尚有《本草图形》四卷，今未见。[见：《医藏书目》、《国史经籍志》、《四库全书总目提要》、《天一阁藏书总目》、《述古堂藏书目》、《善本书室藏书志》、《北京图书馆善本书目》、《中医图书联合目录》]

成

成湘
北宋人。生平里居未详。精医道，曾任太医局医官。重和元年（1118）七月，宋徽宗应高丽太子之请，以阁门祗侯曹谊为使，率翰林医官太医局教授赐紫杨宗立，翰林医谕太医局教授赐紫杜舜华、翰林医候太医局教授成湘，迪功郎试医学录陈宗仁、蓝苗携药材赴高丽，诊疗之外，培训医药人才。[见：《中国医学史》（高等中医院校参考丛书1991年版）]

成毅
隋代人。生平里居未详。撰有《杂汤方》十卷，已佚。[见：《隋书·经籍志》]

成濂
字小溪。清代江苏泰州吉安庄人。少年时放荡不羁，家境日窘。及长悔悟，苦读《内经》、《难经》诸医典，渐通医理。适名医吴某投宿其门，成濂纳之，待以师礼。嗣后，凡求诊者至，吴令濂代诊，从旁指授，立方辄效，声名日起。次年独立应诊，立方主宗李中梓、叶天士，兼采孟河费氏之说，随证变通，不拘一格，有手到春回之效，就治者不绝于门。后以医致富，遇贫病施药救济，乡里德之。年八十余卒。[见：《续纂泰州志》]

成瓘
字肃中，号箬园，晚号古稀迁叟。清代山东邹平县人。高唐学正成兆丰孙。年十七补庠生，嘉庆六年（1801）中举。自少嗜读，博学强记，殚精经史，旁及周髀、方舆、方术、杂家。道光十三年（1833）主修郡志，越二年，稿成返里，置玉泉义学，教授其中，不索修脯，远近就学者甚多。年七十九岁卒。著有《箬园医说》四册，上二册为《长沙伤寒新编新测》，下二册为《金匮要略新编新测》，今未见流传。[见：《邹平县志》、《山东通志》]

成无己
金代聊摄（今山东聊城）人。后世尊称成聊摄。约生于北宋嘉祐、治平间（1056～1067），金海陵王正隆元年（1156），寿九十余尚在世。天性明敏，学识广博。其家世为儒医，至成无己益精其术，对张仲景《伤寒杂病论》尤多研究。年逾花甲，遇靖康（1126）之变，被金人虏至临潢（今内蒙古赤峰市巴林左旗林东镇南）。友人王鼎至临潢，居百余日，目睹成氏治病百无一失，感叹不已。皇统二年（1142），成氏撰《伤寒明理论》四卷（包括《方论》一卷），刊刻于世。嗣后，又以《内经》、《难经》诸书为依据，撰《注解伤寒论》十卷，成书于皇统四年（1144），大行于世（国家图书馆、湖南省图书馆藏宋刻本）。成氏为古来注释《伤寒论》第一人，其著述对后世影响深远。[见：《宋史·艺文志》、《四库全书总目提要》、《伤寒明理论·严器之序》、《古今医统大全·历世圣贤名医姓氏》、《医学入门·历代医学姓氏》、《医学读书志》、《内蒙古医学史略》]

成日昱
字锦岚，号三明。清代湖南宁乡县人。自幼习儒，因父废于目疾，知为庸医所误，遂改业岐黄。闻危症辄亲诣诊视，全活甚众。有李氏之子垂死，成氏起之。后李寡，止此子得以绵嗣。著有《锦岚医诀》十余卷，未见传世。[见：《宁乡县志》]

成壬林
（1866～1928）清末浙江兰溪县殿山成村人。自少从师习医。技成，以伤科问世，自制丸散膏丹，用于临床。兼善针灸，善用雷火神针。[见：《兰溪市医学史略》]

成右序
清代山西榆次县相立村人。道光、咸丰间（1821～1861）在世。幼年受医者勒索，愤然攻习医术，遂精。矢志利济，不受馈谢，人咸推服。著有《眼科小语》一册，藏于家。[见：《榆次县志》]

成权来
北宋人。生平里居未详。崇宁间（1102～1106）任太医院太医，与黄庭坚、蒋大年诸名士相往还。[见：《中国历代医家传录》（引《中兴颂·黄庭坚跋》）]

成光殿 清代湖南宁乡县人。生平未详。通医理，著有《折肱启蒙》一卷，未见流传。[见：《宁乡县志》]

成医官 佚其名。明代莒州（今山东莒县）人。精医术，曾任医官。青州知府倪某患疾，延成氏诊视，断为思虑致疾。倪曰："是也，有一窗友，甚思之，不意成疾。"服药而愈。成氏尝与一友携手而行，触其脉而惊，曰："子幸遇我，速市百梨，尽啖之，贮其核，煮水饮之。"未久，友人果背生肿物。成曰："此肉痈也。本不可活，得百梨表之，易治。"服药而痊。其所治多类此。[见：《青州府志》]

成雄文 字建亭。清代广东阳山县人。岁贡生。兼精医术，凡延请者，不分贫富皆往。安贫乐道，读书至老不倦，乡里重之。[见：《阳山县志》]

扬

扬州术士 佚其姓名。唐末扬州人。为江湖术士，一日，其家失火，延烧数千户，法当问斩。临刃，谓监刑者曰："某之愆尤，一死何以塞责？然某有薄技，可以传授一人，俾其救济后人，死无所恨矣。"时高骈镇维扬，延览方术之士，恒如饥渴。监刑者即缓之，驰白于骈。骈召之入，亲问其术。答曰："某无他术，惟善医大风。"骈曰："何以证之？"对曰："但于福田院选一最剧者，可以试之。"遂如言，置患者于密室，饮以乳香酒数升，则憛然无知，以利刃开其胸缝，挑出虫可盈掬，长仅二寸，复以膏药封其疮，别与药服之，令节制饮食动作。旬余，疮尽愈；才一月，眉须已生，肌肉光净，如不患者。骈喜，礼为上客。[见：《玉堂闲话》]

戒

戒子仪 明代句容县（今属江苏）坊廓人。精外科，医术通神。[见：《句容县志》]

戒长生 字俊颖。清初浙江鄞县人。以医为业，推崇明代张介宾诸论，临证多用温补，每有良效。与同邑名医徐国麟、周公望齐名。[见：《宁波府志》、《鄞县志·李琰》]

毕

毕法 清代安徽和州（今和含县）人。生平未详。与许克昌同撰《外科证治全书》五卷，刊于道光十一年（1831），今存。[见：《外科证治全书》]

毕桐 字琴斋。清代江苏娄县人。精医术，以幼科知名。[见：《松江府志》]

毕日澐 字剑津。清代山东益都县人。岁贡生。长于诗词古文。曾任知县，有操守，多惠政。念穷乡缺医，遂选取验方，汇为一编，辑《穷乡救急方》一卷。今未见。[见：《益都县图志》]

毕似范 明代人。生平里居未详。著有《良方》一卷，已佚。[见：《医藏书目》]

毕体仁 清代安徽歙县人。生平未详。著有《医学心得》五卷、《临证主治大法》二卷，今未见。[见：《歙县志》]

毕荩臣 （1595～1642）字致吾。明末山东新城县人。敦厚有古君子风，少喜读书，因家贫弃儒习医。从游于名医刘南川之门，尽得师传。久之，名噪远近，授太医院吏目。临证以伤寒、痘疹见长，诊病先辨南北、审强弱、察四时阴阳气候，投一二剂，无不霍然。有医德，每晨起，虽求治者车马盈门，必次第而诊，不先富贵，不轻贫贱。又常备药施济贫病，不索其值，人皆德之。崇祯十五年殁于兵乱，时年四十八岁。[见：《新城县志》]

毕拱辰 （?～1644）一作毕拱宸，字星伯，号提屛居士。明末山东掖县人。早年习儒，喜读书，工诗。万历四十四年（1616）三甲第二百三十名进士。四十六年授盐城县令。不久，升礼部主事。崇祯七年（1634），谒见德国传教士汤若望于京师，汤若望出西洋《人身图》示之。其图精详，剖劂工绝，毕氏叹为观止。汤若望又以亡友邓玉函《人身说概》译稿授之，毕氏遂重加润色，于崇祯十六年（1643）刊刻于世。此书对西洋医学在我国之传播颇具影响。崇祯十七年，毕拱辰随军围剿李自成，卒于乱军之中。[见：《明史·蔡懋德传》、《明季西洋传入之医学》、《明清进士题名碑录索引》]

毕恒兴 字旺昌。清代江西广昌县人。精通医术，尤擅外科。重医德，救人之急，不避风雨，不计酬报。县令白浚铣，书"触手成春"，旌其门。[见：《广昌县志》]

毕懋康 （1575～?）字孟侯。明代安徽歙县人。早年习儒，弱冠即工古文。万历二十六年（1598）举三甲第五名进士，以中书舍人授御史，巡按陕西，改按山东，擢顺天府丞，因丁忧去职。天启四年（1624）起右佥都御史，抚治郧阳。魏忠贤以毕氏为赵南星所引，遂削籍。崇祯（1628～1644）初，起为南京通政使，越二年，召拜兵部右侍郎，寻罢，再起南京户部侍郎，督粮储，归卒于家。毕氏兼嗜医学，著有《医汇》十八卷（一作十五卷），今未见。［见：《歙县志》、《徽州府志》、《江南通志》、《新安名医考》］

毕懋襄 字君平。明代安徽歙县人。早年习儒，为郡庠生，不久入太学。好学博雅，十入棘闱，不得志，遂弃举子业，山水自娱。晚年精岐黄术，宗朱丹溪之说。里中饥疫，出术救治，全活甚众。著有《医荟》十八卷，今未见。［见：《歙县志》、《徽州府志》］

尧

尧允恭 字克逊，晚号观物老人。南宋海陵（今江苏泰州）人。宋淳祐间（1241～1252）随父徙居京口（今江苏镇江）。景定五年（1264）、咸淳九年（1273）两以词赋领乡荐。宋亡，绝意仕途，匾所居曰葵轩，专意于经传，尤邃《易经》，深得宋儒性命之理。江浙行省檄充濂溪书院、东川书院山长，俱不赴。安贫乐善，四方学者多从其游。大司农燕楠重其学行，称："古心绝俗，清气逼人。"年八十二岁卒。平生留意医药，辑有《德安堂方》一百卷，已佚。子尧稷岳，事迹未详。［见：《补元史艺文志》、《补辽金元艺文志》、《扬州府志》、《镇江志》］

尧驿达 字雨田。清代四川永川县人。幼习举业，弱冠弃儒业医。精于眼科，治病多奇验，经其手复明者甚多。［见：《永川县志》］

过

过龙 字云从，又字泽民，号养拙，自号十足道人。明代吴县（今江苏苏州）人。丰神超逸，精通医术，尤擅针灸，名重于时。与祝允明（1460～1526）、文征明（1470～1559）相友善。年九十三岁卒。著有《针灸要览》、《十四经发挥》、《茶经》各一卷，未见梓行。［见：《苏州府志》、《吴县志》］

过铸 （1839～？）字玉书。清末江苏金匮县（今无锡）人。自幼习医，善内科。及长，遭兵燹，避难江北，悬壶泰州，数年后乱平，始归乡里。右手食指患疮，闻近城某医治疗著名，往求治，与敷药，痛益甚，食指遂废。后数年，中指复患疮，求之医，皆如前医之说，治亦不效。深惧中指再废，乃遍究秘方故籍，虽草泽铃医之方亦录之，自疗而痊。由是，专力于外科数十年，救治甚众。思疗症向无专书，遂撰《治疗汇要》（又作《治疗大全》）三卷，刊刻于光绪二十四年

（1898），时过铸年六十岁。还著有《喉痧至论》一卷、《过氏医案》（又作《过氏近诊医案》）一卷，皆刊刻于世。门生王海涛，传承其术。［见：《治疗汇要·序》、《过氏医案·序》、《清史稿·艺文志》、《中医图书联合目录》］

过孟起 字绛之。清代人。里居未详。曾辑《神农本草经》三卷，今存康熙二十六年丁卯（1687）残刻本，书藏上海中医药大学图书馆。［见：《中医图书联合目录》］

过绛之 清代江苏吴县光福里人。早年习儒，兼通岐黄。怀济利之志，悬壶于乡，以善治痘疹知名。康熙十五年（1676）撰《仙传痘疹奇书》，黄中坚为之作序。还辑有《吴中医案》，刊刻于世。二书今未见。［见：《吴县志》、《光福志》、《吴医汇讲·唐大烈自序》］

曲

曲江 清代奉天府海城县（今辽宁海城）人。家贫，性刚直。少从医士黄麟阁学，精痘疹科，有名于时。［见：《海城县志》］

曲伸 字仁宇。明代山东济南府新城县人。性温和孝友，平生以济人利物为事。工医术，活人甚众。子曲彦真，传承父业。［见：《新城县志》］

曲彦真 字含章。清代山东新城县人。邑名医曲伸子。传承家学，尤精外科。济南朱某，有痼疾，诸医以为虚怯。大司寇王某荐彦贞诊视，曰："肠痈也。后月可疗。"命制银针尺余，及期，一针而愈。周村梁某本无病，戏乞诊脉。彦真曰："将为痈。"梁不信，月余胯上痈作，再三延请不至。三月后乃至，梁谢已过，彦贞曰："非也，痈已成，早至无益，计今熟，故至耳。"治之而愈。子孙世其业。［见：《济南府志》、《新城县志》］

曲盛聘 号兴顺。清初四川南部县人。性沉静，好炼丹术。尤精医道，治病多奇效，远近知名。［见：《南部县志》］

师

师仁趾 明末四川泸州九姓乡长官司人。不求闻达。精通医学，脉法甚妙。巡抚某及兵备许某，先后以重症延诊，均获佳效。［见：《直隶泸州志》］

师功凯 字云苍。明代陕西华阴县人。精医术。以技活人，不求酬报。［见：《陕西通志》］

师成子 清初河北长垣县人。方士。康熙五十七年（1718）著《灵药秘方》二卷，刊于世，今存。[见：《中医图书联合目录》、《中国丛书综录》]

师诵诗 清代河南淅川县人。精医术。重医德，凡无力购药者，常资助之。[见：《淅川县志》]

吕

吕才 （600～665） 隋唐间博州清平（今山东临清）人。自少好学，聪明多能，精研阴阳、方技之书，兼长音律。贞观三年（629），唐太宗征至引文馆，累迁太常博士。尝奉敕与学者十余人重编《阴阳书》五十三卷，刊行于世。显庆二年（657）苏敬上言："陶弘景所撰《本草》，事多舛谬。"帝乃诏中书令许敬宗与吕才、李淳风、礼部郎中孔志约，并诸名医增删旧本，命司空李勣总监定之，撰《新修本草》五十四卷，包括正文二十一卷（含目录一卷）、药图二十六卷（含目录一卷）、图经七卷。全书载药八百五十种，大行于世。详"李勣"条。吕才于龙朔间（661～663）迁太子司更大夫。麟德二年卒。[见：《旧唐书·吕才传》、《新唐书·吕才传》]

吕广 一作吕博，又作吕博望。南朝至隋吴郡（今苏州）人。以医知名，善诊脉论疾。著有《黄帝众难经注》五卷，已佚，其内容散见于《难经集注》。还著有《金滕玉匮针经》、《募腧经》，均佚。[见：《宋史·艺文志》、《三国艺文志》、《太平御览》、《黄帝众难经注、玉匮针经作者吕广的年代问题》（《上海中医杂志》1957年10月号）]

吕申 清代浙江海宁州人。邑名医吕立诚侄。习举业，为诸生。兼精医术。[见：《海宁州志稿·吕立诚》]

吕田 字心斋，又字研平。清代河南新安县人。道光元年（1821）恩贡生。工书法，通医术。尝摘选杨璿《伤寒温疫条辨》，辑《瘟疫条辨摘要》二卷，刊刻于世。还著有《天花精言绪余》，今未见。医学之外尚有《澹成轩诗文集》，为学使吴慈所称许。[见：《新安县志》、《清史稿·艺文志》、《中医图书联合目录》]

吕师 字夔典。清代江苏武进县人。自幼失明，而颖异过人，经史过耳成诵。及长，凡律、算、医、卜、音韵之学，入耳心解。好聚书，所贮有定处，一索即得。善围棋，以仰覆代黑白；管弦丝竹非其所好，而为之即工，一时推为奇士。

著有《医论》、《棋谱》诸书，未见传世。[见：《武进阳湖县合志》]

吕伦 字用寻。明代昆山县（今属江苏）人。景泰间（1450～1456）任太医院医士，迁秦府良医正。子吕昱，亦以医术知名。[见：《昆山县志稿》、《昆新两县志》]

吕讲 （1518～1590） 字明学，号杨村。明代江阴县（今属江苏）杨庄人。邑名医吕坤孙，吕夔子。与弟吕读自幼习儒。稍长，遵祖父之命习医。及悬壶，治病应手辄效，声望鹊起，病家皆以得吕氏兄弟一诊而后安。重医德，未尝以技谋利沽名。尝谓："人治而我收其功，功不必我出；我治而人收其利，利不必我得。"医学之外，博览经史，喜吟咏，好收藏名贤书画，世以儒医称之。年七十三岁卒。无嗣，从子吕应钟、吕应阳，皆绍传家学。[见：《江阴县志》、《中国历代名医碑传集》（引孙继皋《宗伯集·医寿官杨村吕翁墓志铭》]

吕坤① 号巢云。明代江阴县（今属江苏）人。本姓承氏，其父承悛早殁，赖舅氏抚养，遂改吕姓。早年习儒，后弃而业医，知名乡里。晚年病痿，卒。子吕夔，传承父业，声名大著。[见：《江阴县志》、《中国历代名医碑传集》（引孙继皋《宗伯集·医寿官杨村吕翁墓志铭》）]

吕坤② （1536～1618） 字叔简，号新吾（一作心吾）。明代河南宁陵县人。万历间（1573～1619）进士。累官山西巡抚，擢刑部侍郎，为官持正，被人所忌。晚年以讲学著书为事。曾著书批驳朱熹，临终焚毁其稿。同情百姓疾苦，所著《自挽诗》有"不生富贵人，贫贱安得死"之句。旁涉医学，著《痘科真传》一卷，今存于《吕新吾全集》中。[见：《中国历史人物辞典》、《河南通志》、《中国丛书综录》]

吕荣 字声华，号苍公。清代山东黄县人。庠生。精医术，知名于时。一人舌生一窍，血流不止，命在旦夕。吕荣治之，一剂而愈；一女子昏迷数日，四肢僵冷，吕荣予药一丸，嚼化即醒。此类不可枚举。辑有《经验医书》二十余卷，今未见。晚年著《苍公诗草》一卷。年九十一岁卒。[见：《黄县志》]

吕昱 明代昆山县（今属江苏）人。名医吕伦子。继承父学，亦工医术。天顺间（1457～1464）任秦府良医副，迁荆府良医正。[见：《昆山县志稿》、《昆新两县志》]

吕昞 北宋人。生平里居未详。曾任医官。徽宗崇宁二年（1103）六月，宋廷应高丽国之请，派遣医官牟介、吕旸、陈尔猷、范之才等赴高丽，设学馆于兴盛宫，充当医生与教授，使中国医学广泛传入高丽。[见：《中国医学史》（高等中医院校参考丛书1991年版）]

吕复 字元膺，号松风，晚号沧洲翁。元明间浙江鄞县人。祖籍河东（今山西省西南部）。其先祖吕祖谦（字伯恭）为宋代名儒，徙居浙江金华。其曾祖吕宝之，复徙居鄞县。吕复幼年丧父，家道贫寒。及长，从乡先生学《尚书》、《周易》，久之弃去，改习词赋。后以母病究心医道，师事三衢（今浙江衢州）名医郑礼之，郑氏授以秘方及色脉、药论诸书，又令日记病案。历若干年，为人诊病，试辄有验。嗣后，广购古今医书，晓夜研究，及出而行医，取效若神，鄞之病家及以病留鄞者皆归之。吕复淡于仕途，历举仙居、临海儒学教谕及台州教授，皆不就。年老无子，有女四人。因生女不生男，且医术高超，故世人以汉代仓公比之。著述甚富，计有《内经或问》、《灵枢经脉笺》、《切脉枢要》、《运气图说》、《养生杂言》、《脉绪脉系图》、《难经附说》、《四时变理方》、《长沙伤寒十释》、《运气常变释》等，均佚。其部分医案及医论载于戴良（1317～1383）《沧洲翁传》。[见：《明史·吕复传》、《九灵山房集》、《李濂医史》、《金元医学人物》]

吕䒷 （1405～1466）字孟伦，号松云。明代浙江嵊县贵门里人。以儒业医，擅治伤寒，临证每著奇效，名重于时。三子吕笋，亦以医术知名。[见：《吕孟伦与吕秉常系父子》（《浙江中医杂志》1985年第4期）、《嵊县志》]

吕旬 字汝声。明代浙江嵊县人，居罗松里。邑名医吕笋四子。绍承家业，亦精医术，曾任嵊县医学训科。兄吕谦、吕湮，皆精医术。[见：《吕孟伦与吕秉常系父子》（《浙江中医杂志》1985年第4期）]

吕真 字纯阳。清代广东三水县人。生平未详。著有《医道还元》九卷，今存光绪二十年甲午（1894）广州亨记印务局刻本、广州善书总局石印本等。[见：《中医图书联合目录》]

吕钰 （?～1885）字小庄，号仁甫。清末江苏苏州人，居萧家巷。业医，颇有声名。门生陆方石（?～1901），尽得其传。[见：《吴县志》、《吴中名医录》]

吕笋 字秉常，号贞白。明代浙江嵊县贵门里人，徙居罗松里。邑名医吕䒷三子。早年习儒，兼从父习医，以医知名。有子七人，长子吕谦、三子吕湮、四子吕旬，皆精医术。[见：

《嵊县志》、《吕孟伦与吕秉常系父子》（《浙江中医杂志》1985年第4期）]

吕祥 明代人。生平里居未详。著有《急笃怪疑试效奇方》六卷，已佚。[见：《医藏书目》]

吕读 字明经。明代江阴县（今属江苏）人。邑名医吕夔次子。与兄吕讲俱从父学，皆以医术知名。其长子吕应钟，任太医院吏目。次子吕应阳，亦以医鸣世。[见：《江阴县志·吕夔传》]

吕谊 字怀仁。清代安徽婺源县人。贡生。工书法，精医术，全活甚众。邑侯巨公多赠褒额。[见：《婺源县志》]

吕铭 字新廉，号新甫。清末江苏吴县人。善治痘疹，有名于时。光绪庚子（1900），总结临证验方，兼采诸家之论，辑《治疹全书》（又作《麻疹汇要》），刊刻于世（今存咸丰八年婺东赵月航刻本，不著撰人，疑即此书）。后经其孙吕梦庭、吕福申复校，重刊于世。[见：《中医图书联合目录》、《中国历代医家传录》]

吕谦 字汝忠。明代浙江嵊县人，居罗松里。邑名医吕笋长子。继承家学，亦精医术，曾任县医学训科。弟吕湮、吕旬，均以医知名。[见：《吕孟伦与吕秉常系父子》（《浙江中医杂志》1985年第4期）]

吕瑛 明代山西平定县人。精医术，曾任医学典科。天顺间（1457～1464）召入御药局，名动于时。后告归，卒于乡。[见：《山西通志》]

吕越 清代山东章丘县人。诸生。以医为业，尤精痘疹科。章丘尝流行时疫，熏染者多暴死，吕越施方药疗治，全活甚众。著有《医镜》，今未见。子吕希舜，传承父学。[见：《济南府志》]

吕湮 字汝明。明代浙江嵊县人，居罗松里。邑名医吕笋三子。绍承家学，亦精医术，惜中年即殁。兄吕谦、弟吕旬，均以医知名。[见：《吕孟伦与吕秉常系父子》（《浙江中医杂志》1985年第4期）]

吕熊 字文兆，晚号飞叟。明清间江苏昆山县人。邑名医吕天裕子。戴髯铁面，体貌壮硕，酷嗜诗歌、古文及书法，博习不厌。值明亡，父命习医，遂不就试。清康熙二十二年（1683），直隶巡抚于成龙聘入幕府，条陈皆出其手，遭同事忌，遂拂衣去。康熙三十七年（1698）于成龙再次延请入幕，凡所赞划，动中机宜。奉命治理河道，欲荐授通判，固辞。于成龙大书"天下士"

三字，并绘《主宾相对图》以赠。康熙六十一年（1722）徙居苏州，寓梅子真旧隐处，曰梅隐庵，自号飞叟。年八十二岁卒。所著章回小说《女仙外史》，知名于世。还著有《本草析治》诸书，未见刊行。[见：《昆山新阳合志》、《昆山历代医家录》]

吕夔 字大章，号春林。明代江阴县（今属江苏）人。邑名医吕坤子。初习举业，后弃而学医。精研博访，其术日进，声名过于其父，世以吕仙呼之。吴中大疫，吕氏携药囊日治百家，全活无算。抚按授以章服，固辞。嘉靖时（1522～1566）隶籍太医院。著有《运气发挥》、《经络详据》、《脉理明辨》、《治法捷要》等书十卷，知县刘守泰为之作序，惜皆散佚。子吕讲、吕读，俱传家学。[见：《江阴县志》]

吕士立 原名文瑾，字公瑜。清代安徽婺源县人。贡生。秉性温和，广交游。精医术，以技济人，近则舍药，远则传方，病者遇之多获捷效。长沙彭尚书赠匾曰居仁由义。吕氏以医济世，数十年不倦，临终嘱长子吕俊长年施药。[见：《婺源县志》、《新安名医考》]

吕大韶 字伯淳。明代无锡县（今属江苏）人。郡庠生。生平未详，万历间（1573～1619）在世。著有《伤寒辨证》，今未见。[见：《吴中名医录》（引《锡金历朝书目考》）]

吕丰年 清代河北广平府人。著有《续增医方集解》六卷。是书首卷列治鸦片烟癖方，洞悉源流，颇中窾要。余有治疾经验者，亦有抄集成方者，体例颇杂，盖随手录出者，曾有抄本流传，今未见。[见：《中国历代医家传录》（引《广平府志》）]

吕天裕 字日甫。明清间江苏昆山县人。少孤家贫，依食于圆聚寺，僧为延师教之。年十五岁，有少林寺游方僧至，奇其貌，授兵书一卷，并教以刺击之法。明末援例成监生，与朱集璜、陶琰相友善。清顺治二年（1645），参加保卫昆山之役，城溃被俘，谎称东北辽阳旅客，脱身归。后复遇前少林僧，僧授以《玄门秘旨》、《神医案》、《陶弘景医方》等书，遂隐于医。吕氏医术高超，收入颇丰，不屑置产，悉周济贫乏。年七十一岁，自知时至，沐浴趺坐而逝。[见：《昆山历代医家录》]

吕尤仙 清代福建同安县人。性潇洒，精堪舆，尤善医术，以外科知名。有奇癖，不以货财为念，凡病家一不中意，辄拂袖去。其治病，随手拈药数味，皆有奇效。用方甚多，乡里争传抄之。所著《外科秘录》，行于世，今未见。[见：《同安县志》]

吕文仲 字子臧。北宋歙州新安（今安徽歙县）人。后唐歙州录事参军李裕子。举进士，调补临川尉，再迁大理评事，掌宗室书奏。入朝，授太常寺太祝，迁少府监丞。预修《太平御览》、《太平广记》、《文苑英华》，改著作佐郎。太平兴国（976～983）初，诏贾黄中辑《神医普救方》（已佚），李宗讷、刘锡、吴淑、吕文仲、杜镐、舒雅皆参予其事。宋太宗每于便殿观古碑刻，辄召文仲与舒雅、杜镐、吴淑读之，皆有赏赐。后以本官充翰林侍读，寓直御书院，与侍书王著更宿。雍熙（984～987）初，迁著作佐郎，副王著使高丽。复命，改授左正言，巡抚福建。以刑部侍郎、充集贤院学士终。[见：《宋史·李昉传》、《宋史·吕文仲传》]

吕本中 原名大中，字居仁。南宋寿州（今安徽寿县）人。资政殿学士东莱郡侯吕好问子。以荫补承务郎，累迁中书舍人，兼直学士院。初与秦桧（1090～1155）同为郎，相得甚欢。桧既为相，私有引用，本中封还除目。桧怒，劾罢之，使提举太平观。不久卒，谥"文清"，学者称"东莱先生"。著有《童蒙训》三卷，清代朱之榛辑入《保赤汇编》。[见：《中医图书联合目录》、《中国人名大辞典》]

吕四行 元代人。生平里居未详。著有《八段锦术》，今未见。[见：《中国历代医家传录》（引《席上腐谈》）]

吕用宾 清代浙江海宁州人。邑名医吕立诚子。绍承父学，亦精医术。[见：《海宁州志稿》]

吕立诚 字邦孚，号鱼吉。清代浙江海宁州人。精医术，活人甚众。著有《鱼吉方歌》（亦名《方歌大全》，今存道光七年集素堂本）、《金匮类编》（今未见）诸书。弟吕立诚，子吕用宾，侄吕申，皆善医。[见：《海宁州志稿》、《中医图书联合目录》]

吕立诚 清代浙江海宁州人。邑名医吕立诚弟。亦精医术。[见：《海宁州志稿》]

吕永则 清代江苏吴县人。名医马俶门生，亦以医知名。[见：《吴县志》]

吕发礼 字时先。清代安徽旌德县庙首人。监生。少豁达，有豪气。性嗜读书，兼通方脉。曾寓居河南，寒士诣门求医，施药不吝，应手辄效，士大夫延为上客。尝撰《青囊秘选》一卷、《训科指迷》一编，抚军毕秋帆为之作序，

今未见。〔见:《旌德县续志》〕

吕邦相 明末北京人。以医为业,知名于时。崇祯壬午(1642),大臣姜埰因直谏受廷杖,杖数折,昏不知人。吕邦相以刀去其败肉,医治半月而苏,京城皆以君子医称之。〔见:《中国历代医家传录》(引《姜贞毅传》)〕

吕西锋 字昆圃,号瑶亭。清代山东滋阳县人,居城东南隅。性笃诚,博学能文。早岁补博士弟子员,屡试省闱不第,遂弃举业。精通医术,尤擅眼科,四方就医者甚众,投药辄效,有"壶天再世"之誉。著有《眼科撮要》,未见梓行。〔见:《滋阳县志》〕

吕廷玉 元代人。里居未详。曾任太医使。天历二年(1329)三月,燕铁木儿奉命送皇帝玉玺赴明宗行在,从行者有知枢密院事秃儿哈帖木儿等十三人,吕廷玉以太医使身份随行。〔见:《元史·本纪·文宗》〕

吕伯纯 清代人。生平里居未详。元和县名医沈来亨门生。曾编辑《沈氏医案》。〔见:《中国历代医史》〕

吕希舜 字慎微。清代山东章丘县人。邑名医吕越子。喜读其父所著《医镜》及《黄帝内经》诸医典,久之通医道。其侄吕纯叚,以医知名。〔见:《章邱县志》〕

吕希端 字调华。明末濮州(今河南濮阳)人。崇祯十一年(1638)廪监。精通医术,乡里誉为医中之圣。著有《痘疹摘锦》,未见流传。〔见:《濮州志》〕

吕应阳 字元复。明代江阴县(今属江苏)人。其祖父吕夔,父吕读,俱以医术名世。应阳与兄应钟,皆继承家学,均工其术。〔见:《江阴县志》〕

吕应钟 字元声。明代江阴县(今属江苏)人。其祖父吕夔,父吕读,皆为名医。应钟继承家学,精医道,尤擅长望诊。临证不泥成方,所愈痼疾甚多。曾任太医院吏目。著有《葆元行览》、《世效单方》等书,今未见。弟吕应阳,子吕梦征,皆以医名。〔见:《江阴县志》〕

吕启宗 南宋仪真(今江苏仪征)人。生平未详。为医士。嘉定间(1208～1224)曾重刊许叔微《本事方》。〔见:《仪征县志》〕

吕纯叚 清代山东章丘县人。邑名医吕越孙,吕希舜侄。继承家学,亦以医名。〔见:《章邱县志》〕

吕尚清 清代人。生平里居未详。著有《经验良方》一卷,行于世。吕氏自序曰:

"予虽不精于医,窃慕宣公之义。每于读书之暇,检阅孙允贤、李东垣、杨宣、魏君用诸公秘术之书,有益于人身者,以类编集,名曰《经验良方》。"此书国内未见,据丹波元胤《中国医籍考》,书存日本。〔见:《中国医籍考》〕

吕秉铖 字虔甫。清代河北青县吕布村人。弱冠习医,至老尤笃。数十年游于医苑,治伤寒最有心得。著有《医案》,未见梓行。〔见:《青县志》〕

吕法曾 号力园。清代河南人。生平里居未详。著有《力园谈医》一卷,未见流传。〔见:《河南通志》〕

吕宗达 清代江苏武进县人。生平未详。著有《伤寒汇通》四十卷,未见传世。〔见:《武进阳湖县合志》〕

吕承源 字根腴。清代人。生平里居未详。著《医学一得》,刊于光绪二十五年(1899),今存。〔见:《中医图书联合目录》〕

吕绍元 号玉峰。清代江苏金山县人。性格沉静,苦志力学。精通幼科,踵门求治者日不暇接,名著于时。与同邑陈经国合撰《四诊集成》二卷(一说吕绍元撰)、《证治汇辨》六卷,皆未见流传。〔见:《金山县志》〕

吕绍闻 清代江苏昆山县人。约康熙、雍正间(1662～1735)在世。精医术,与支东云、朱铉臣等并以儿科闻名于时。〔见:《昆新两县续修合志》〕

吕砚平 清代河南新安县人。嘉庆间(1796～1820)在世。学问人品,皆冠洛西。兼邃医学,立方精妙,治辄奇中。〔见:《中国历代医家传录》(引《瘟疫条辨摘要·裴念谟序》)〕

吕勉夫 元代寿州(今安徽寿县)人。东莱先生吕本中后裔。与表弟韩明善随师习儒,师兼授以医术,故二人皆善脉,用药如神。邵公儒之父,七月间受惊吓,八月遇吕氏。吕氏偶诊之,告曰:"尔脉变甚,我当为之修治,不尔病将至。"邵父不信,谢之。至九月中旬,忽病血证,亟召吕谋之。吕曰:"事已无及,且夕将去矣。我当留此送之,请召他医治之亦可。"越三日,果如其言。其他治验率多类此。〔见:《中国历代医家传录》(引《农田余话》)〕

吕留良 (1629～1683) 初名光伦,法名耐可,字庄生,又字用晦、不昧,号晚村,又号东庄、耻翁、何求老人。明清间浙江崇德县(清改石门县)人。繁昌县令吕元学子。明末诸生。自幼颖悟绝人,八岁能属文,十二岁与里人为社，一时名宿皆避其锋。年十七岁明亡，悲愤之余，尽散万金家产以结客，图谋复兴。多年往来于湖山之间，跋风涉雨，备尝艰辛。其仇家告讦之，侄吕亮功遇害，而留良幸免，隐于医。常提药囊行世，远近病家争求之，其身愈隐，声名德望愈高。戊午岁（1678），清廷以博学宏词征之，不就。浙省大吏复荐之，留良自誓必死，乃免。越三年，郡守欲以隐逸举荐，留良闻讯，喷血满地，于枕上剪发，袭僧伽服，曰："如是庶可以舍我矣！"嗣后，隐居吴兴县埭溪之妙山，颜所居室曰风雨庵，杜门谢客，著书立说。吕氏于诸儒语录、佛老家言无不穷究，尤服膺朱熹理学。旁精医道，推重赵养葵命门学说，多有发挥，认为"命门之火"宜养不宜伐，故临证善用补法。与名医高鼓峰为莫逆交，时相切磋，志同道合，然不以医闻。著有《东庄医案》一卷、《医贯注》六卷，存于世。吕留良逝世于康熙癸亥八月十三日，享年五十五。雍正时，因曾静案，遭剖棺戮尸，举家被诛者数百人。所著《易经评解》、《评陈子龙稿》等书十余种，均为清廷禁毁。今桐乡县崇福镇中山公园有"吕留良先生纪念亭"，蔡元培先生题额，并撰联云："为民族争存碎尸无憾，以文章报国没世勿谖。"［见：《清代七百名人传》、《清史稿·世宗本纪》、《禁毁抽毁书目》、《吕留良生平事迹考略》（《中华医史杂志》1981年第2期）］

吕恺阳 明代浙江仁和县人。素有济人志，偶得异人传授，遂精伤科。时武闱骑射，每有堕马箭伤者，恺阳皆疗之，敷药即苏，不问姓名，十余年如一日，人以韩伯休誉之。［见：《仁和县志》］

吕起纶 字友柏。清代安徽旌德县人。早年习儒，为贡生。孝友轻财，乐善好施。精医道，远近求诊者日盈其门，应手辄效，名驰江左。大僚巨绅，竞相延请，活人不可胜计。［见：《宁国府志》］

吕致中 清代山西祁县下阎灿村人。精医学。著有《脉理秘诀》，今未见。［见：《祁县志》］

吕梦征 字孟盛。明代江阴县（今属江苏）人。邑名医吕应阳子。继承家学，亦通医术。［见：《江阴县志·吕羲传》］

吕逸人 字如心。元明间江阴（今属江苏）人。以医为业，重医德，常施药济贫。儒生张叙患肺病，其家清贫，遂赊药券，求吕氏诊治。吕氏拒其券，每日赠药一剂，连服数十日而愈。王逢赋《赠吕医》诗赞之曰："橘花开处杏阴青，百草吹香觉地灵。贫士愿留赊药券，故人思续卫生经。玄霜玉臼晴犹湿，华月丹房夜不扃。张叙苦吟仍病肺，好和熊胆护修龄。"［见：《江阴县志》、《金元医学人物》（引《梧溪集》）］

吕朝瑞 （？~1870） 字九霞，号辑侯。清代安徽旌德县人。咸丰癸丑（1853）一甲第三名进士，授编修，迁翰林院庶吉士。历任山西副考官、河南正考官、会试同考官、湖南督学使。同治六年（1867）乞假归，扫墓过芜湖，遂定居焉。庚午，殁于芜湖。生平好学专精，为文理致深曲，朴而不华。早年寓居京师，家境贫甚，日食馈粥，宴如也。及督学湖南，多拔寒俊，文必亲览，不假手幕僚，任满，须发尽白。晚年不治事，惟以书画自娱，善画兰，世争宝之。兼嗜医学，著《金匮悬解补注》若干卷，藏于家。［见：《芜湖县志》］

吕鼎调 清代江苏无锡县人。生平未详。曾汇编闻人规《小儿痘疹论》、胡石壁《痘疹八十一论》二书，辑《宋闻胡两先生痘疮八十一论方》，今存康熙八年己酉（1669）底稿本，书藏中国医学科学院图书馆。［见：《贩书偶记续编》、《中国医籍考》、《中医图书联合目录》］

吕景儒 字纯卿。清代江苏武进县人。善属文，兼精医理。曾任山东知县，后调戍黑龙江，将军斌静甚重之。齐齐哈尔大疫，吕氏请尽封省城水井，唯留三井，预投解疫药于其中。将军从其请，凡饮此水者，病即愈，未半月而疫气全消。绅民皆欲叩谢之，吕氏避不见，遂建长生禄位牌于关帝庙，呼之为吕祖。［见：《黑龙江外记》］

吕湘奇 清代浙江新昌县人。精医术，以内科名盛一时。［见：《绍兴地区历代医药人名录》］

吕登瀛 清代陕西华县人。工医术。著有《医学摘要》（又作《医学辑要》）四卷、《医门便览》四卷，均未见流传。［见：《三续华州志》、《重修华县志稿》］

吕献沂 字鲁南。清代安徽婺源县汾水人。初习举业，屡试不售，弃儒学医。重医德，常自制丸散，遇贫病辄赠之，活人无算。郡守王公赠匾曰行为世则。［见：《婺源县志》］

吕献堂 清末人。生平里居未详。辑有《万应经验良方》一卷，今存宣统三年（1911）铅印本。［见：《中医图书联合目录》］

吕献策 字匡时。明末山东平原县人。自幼习儒，其父患足疾，数年不起，献策日随诸医侍药，检阅医书，久之通其术。著有《痘疹幼幼心书》十七卷，刊于崇祯八年（1635）。〔见：《中国医籍考》、《中医图书联合目录》〕

吕熊飞 字樵翁。清代浙江鄞县人。诸生。咸丰间（1851～1861）以军功授五品衔。精医术，以眼科知名。撰有《眼科易秘》四卷，刊于光绪丙子（1876）。医书外，尚有《蹉跎斋诗稿》二卷、《苦学吟》一卷、《西湖四时词》一卷。〔见：《鄞县通志》、《中国医学大成总目提要》〕

吕肇勋 清代山西祁县人。精针灸术，知名于时。病者日集于门，终日应诊不少懈，病愈不受酬，然有赠花木者则受之，有董杏林之风。〔见：《山西通志》〕

吕震名 （1797～1852） 字建勋，号楳村。清代浙江钱塘县人。吕文燕（字赓扬）长子。世代业儒，道光乙酉（1825）中举，循例就任直隶州州同，分发湖北，署荆门州同知，所至有政声，为按察使林则徐所器重。后忽动归思，解职返乡，杜门不出。平生酷嗜医书，嗣后益肆力研究，精《内经》运气之说，通晓脉理，遍览百家，而以仲景为宗。尝谓："仲景《伤寒论》以人道合天道，使学者有切实下手工夫，不止为伤寒立法。能从六经辨证，则虽繁剧如伤寒，不为多歧所误，而杂证即一以贯之。"识者谓得医道之要领。其临证，问切精审，立方必先起草，阅数刻始定，犹谆谆告以宜忌，故服其药者多奇效，医名噪于海内。有方氏子患伤寒，病势危急，家人遑恐，欲从众议用牛黄清心丸。吕氏应邀诊视，曰："邪在腑，上蒙心包，开之是揖盗也！宜急下存阴。"投以犀连承气汤，次日疾愈。平生治验类此者甚多。寓居苏州二十年，声名极盛。重医德，虽延诊者日不暇接，未尝有倦容。稍有闲暇则手自撰述，阐发仲景之学，寒暑无间，精力由此渐耗。吕氏嗜酒，咸丰二年得肠癖疾，自诊曰："此中满渐也，满则不治。"不久殁于寓所，享年五十有六。著有《内经要论》一卷、《伤寒寻源》三卷，刊刻于世。〔见：《清史稿·吕震传》、《冷庐医话》、《伤寒寻源·吕司马传略》〕

团

团禾 字济川。明代丹徒县（今属江苏）人。祖先本姓朱氏，宋代朱蒙如（字圣源），官团练副使，因忤贾似道，弃官隐于镇江，以官为姓。团禾精通医术，远近知名。抱沉疴求治者甚众，活人以千万计。子团一凤、团一魁，后裔团玉成、团鉴，皆以医术名世。〔见：《丹徒县志》〕

团恭 字鸿春。清代江苏江都县人。精通脉理，治病多奇中。偶自诊，谓家人曰："一经已绝，法三日死。"他医诊之，曰："未疾，何若是？"恭曰："此理难言之。"三日果卒。〔见：《江苏历代医人志》〕

团鉴 字万春。明代丹徒县（今属江苏）人。邑名医团禾后裔。绍承家学，亦以医术知名。〔见：《丹徒县志》〕

团一凤 字绍川。明代丹徒县（今属江苏）人。邑名医团禾子。绍承父学，亦精医术，官至太医院判。弟团一魁，亦以医名。〔见：《丹徒县志》〕

团一魁 字继川。明代丹徒县（今属江苏）人。邑名医团禾子。传承父业，以医知名。兄团一凤，官至太医院判。〔见：《丹徒县志》〕

团分璜 清初安徽芜湖县人。业医，知名于时。与名医郑重光同时。〔见：《素圃医案》〕

团玉成 字如春。明代丹徒县（今属江苏）人。邑名医团禾后裔。绍传祖业，亦以医术知名。〔见：《丹徒县志》〕

团弘春 清初安徽芜湖县人。业医，知名于时。康熙壬申（1692），与名医郑重光会诊。〔见：《素圃医案》〕

朱

朱二 字国维。明清间湖南攸县人。自少习医，无所指授，而技精如神。证果寺有工役，朱氏令其速归，曰："不七日死矣。"僧以其健食如虎，不信。逾五日，果卒于途。有邻女病重，医以伤寒治之。朱氏过窗外，遥望之曰："是密痘症耳。"投以剂，痘发而愈。晚年嗜酒，每出饮，病者环立，信口占方授之，无不获效。〔见：《长沙府志》〕

朱开 号问梅。清代安徽怀宁县人。邑增生。内行敦厚，尤嗜《周易》及诸秘典。尝筑一室曰稻花楼，读书其中，寒暑不辍。著书十余种，有《内经说》一卷、《悔迟轩文集》四卷，未见流传。〔见：《怀宁县志》〕

朱升① 字允升，号枫林。元明间安徽休宁县人。幼年师事乡进士陈栎，栎深器之。至正癸未（1343），资中黄楚望讲道溢浦，朱升偕赵汸往从学焉。后讲学于郡城紫阳祠，次年登乡贡进士榜，丁内艰。后四年戊子（1348），授池州路学正。壬辰（1352）春，秩满归乡。元末世乱，隐居石门，著述不辍。丁酉（1357）秋，朱元璋兵至安徽，召见顾问。朱升对曰："高筑墙，广积粮，缓称王。"嗣后连岁征问，丁未（1367）授翰林侍讲学士中顺大夫知制诰同修国史。帝赐诰词曰："眷我同姓之老，实为耆哲之英。"洪武元年（1368）进翰林学士。逾年，以年高请致仕，归里。年七十二岁卒。朱氏著述甚富，经史外兼涉医学，辑有《诸家医书》若干卷，未见流传。子朱同，官礼部侍郎，坐事死。［见：《徽州府志》］

朱升② 字曙升。清代人。里居未详。名医高世栻门生。曾与王嘉嗣等参订其师《医学真传》。［见：《医学真传》］

朱氏 〈女〉 佚其名。近代人。无锡南乡名医邓星伯（1859～1937）妻。朱氏亦工医术，专擅外科。［见：《吴中名医录·邓星伯》、《中国历代医家传录》（引《无锡近代医家传稿》）］

朱书 （1803～1877） 字拥予，号湘城。清代江苏上海县人。附贡生。幼年多病，研阅方书，洞知奥理，遂以医知名。长于诗赋，兼通堪舆家言。光绪三年卒，时年七十五岁。著有《医学述要》十一卷、《医方叶韵》一卷、《医方一得》六卷，均未见流传。［见：《上海县续志》］

朱正 （1470～1512） 字守中，号僻圃。明代吴县（今江苏苏州）人，世居葑门之廓。朱琳子。生未弥月丧父，母华氏守节抚之。九龄从里师金孟愚学，授读甚严。稍长入县庠，而好学不倦，擅文词，通诗律，兼精书画，风格秀润，识者珍之。倜傥好义，周恤人急，"发箧如拾芥"。与人交，烛照肝胆，与祝允明交往最契。早年以余力从舅父习医，多有造诣，治人往往取奇效。正德（1506～1521）初，郡县以明医征之，荐入太医院，非所愿，未行。正德六年（1511），有司催督上路，与指挥使张延德同行。张病于途，濒死。朱正诊之，一药即愈，他医皆赞叹称奇。即至京师，以母守节而未受旌表，辞归。次年病伤寒，自切脉云："吾何死之亟耶！"旬日而卒，年仅四十三岁。［见：《吴县志》、《中国历代名医碑传集》（引祝允明《怀星堂集·朱守中家传》）］

朱旦 宋代人。生平里居未详。著有《伤寒论方》（又作《伤寒论》）一卷，已佚。按，朱旦，《宋史·艺文志》作"东旦"，疑"东"字误。［见：《宋史·艺文志》、《通志·艺文略》、《宋秘书省续编到四库阙书目》］

朱仝 明代昆山县（今江苏昆山市玉山镇）人。邑名医朱廷玉四子。继承父学，亦工医术。［见：《昆山历代医家录》（引《平桥稿·朱英斋墓志铭》）］

朱汉 字抱村。清代江苏南汇县三团六甲人。少习举业，旋改学医。洞明标本，应手取效。著有《橘荫轩医案》，未见梓行。［见：《南汇县志》］

朱宁 明代昆山县（今江苏昆山市玉山镇）人。邑名医朱廷玉次子。继承父学，亦工医术，名噪于时。因耳聋，又过继姑丈陆廷鉴，故人称"陆聋"。殁于景泰间（1450～1456）。［见：《昆山历代医家录》（引《平桥稿·朱英斋墓志铭》）］

朱权 （?～1448） 号臞仙，又号涵虚子、玄洲道人、丹丘先生、大明奇士，世称宁献王。明代濠州钟离县（今安徽凤阳）人。明太祖朱元璋十七子。洪武二十四年（1391）封宁王，逾二年就藩大宁。永乐元年（1403）改封南昌。未久，有人告朱权"巫蛊诽谤"，帝命人密探，查无实据，得免。自此，朱权构精庐一区，鼓琴读书于其间，日与文人墨客相往还，以为韬晦。宣德间（1426～1435）奉敕辑《通鉴博论》二卷。正统十三年卒，谥"献"。朱权好学博古，尤深于易，旁通释老，重养生，兼明医理。著有《乾坤生意》、《活人心法》（又作《活人心》、《活人心方》）、《延寿神方》（又作《延寿仙方》、《寿域神方》、《寿世神方》）、《庚辛玉册》、《运化元枢》、《臞仙神隐》等书。今存《乾坤生意》二卷、《活人心法》二卷、《臞仙神隐》一卷、《延寿神方》四卷。［见：《明史·宁献王权传》、《明史·艺文志》、《医藏书目》、《本草纲目·序例》、《绛云楼书目》、《日本现存中国散逸古医籍》］

朱臣 字佐时。明代山东济南府人。为当地世族，以乡进士起家。曾与李延寿校刻宋代何大任《小儿卫生总微论方》二十卷，改名《保幼大全》，重刻于弘治二年（1489），今存。［见：《天一阁书目》、《中国医籍考》、《中国善本书提要》］

朱冲 南宋苏州（今属江苏）人。狡狯有智术。家本贫微，遇异人授以方书，乃设肆卖药，病者服之辄效，远近辐辏，家遂致富。后与子朱勔为蔡京（1047～1126）效力，勔官至宁远军节度使，朱氏父子聚敛民间珍异花石以进朝廷，贼害万民，人皆恨之。［见：《宋史·朱勔传》］

朱安 明代昆山县（今江苏昆山市玉山镇）人。邑名医朱廷玉长子。继承父学，亦工医术。［见：《昆山历代医家录》（引《平桥稿·朱英斋墓志铭》）］

六
画

朱如 字六观。清代安徽休宁县月潭人。为武举。博学多才，兼工医术。乐善好施，治病一丝不苟，遇贫病每赠以药。〔见：《新安名医考》〕

朱枃 南宋金华府义乌县（今属浙江）人。为元代名医朱震亨曾伯祖。精通医术。著有《本草千金方》、《卫生普济方》，已佚。〔见：《中国历代名医碑传集·朱丹溪年谱》〕

朱㧑 字好谦。元代人。里居未详。其祖父为儒医，得东平王太医之传。其父继承祖业，复受教于李汤卿之门。王、李皆传刘完素之学。朱㧑幼习经史，及长，通医理，儒医相参，多有所悟。推重李汤卿《心印绀珠经》，读此书而知"法无定体，应变而施。药不执方，合宜应用"，遂重刊印行，并为之作序。〔见：《心印绀珠经·朱序》〕

朱佐 字君辅。南宋湘乡（今属湖南）人。生平未详。辑有《类编朱氏集验医方》十五卷，序刊于咸淳二年（1266），今存。此书前有眉山苏景行序，分风寒诸门，采掇议论详尽曲当，凡所载宋代医书，多不传之秘籍，又皆从善本录出，如《小儿病源方论》长生丸、塌气丸等，较后世影抄本为详。〔见：《四库未收书目提要》、《宋以前医籍考》、《四部总录医药编》、《湖南通志》、《中医图书联合目录》〕

朱沣 字连渭，号南山。清代广东清远县人。幼颖悟，长嗜学。乾隆四十二年（1777）拔贡，廷试一等，充武英殿校录。选授连山县教谕，旋补长乐县教谕。年六十九岁卒。著有《尊生辑要》四卷，今未见。子朱松龄，亦通医理。〔见：《清远县志》〕

朱纲 字子聪。清代山东历城县人。雍正三年（1725），接替杨名时任云南巡抚。迁福建巡抚。卒，赠兵部尚书，谥"勤恪"。著有《检尸考要》，刊于雍正四年（1726），今未见。〔见：《山东通志》、《清史稿·杨名时传》〕

朱莹 清代安徽婺源县沱川人。邑名医朱日辉子。继承父学，亦工医术。〔见：《婺源县志》〕

朱茀 （?～1946） 字绍显，号壶山。近代河南桐柏县人，祖籍安徽婺源。自幼习儒，为庠生。宣统元年（1909）拔贡。民国初就读中州公立法政专门学校。性嗜岐黄，早年师事名医唐宗海。1930悬壶北平，应施今墨之聘，任教于华北国医学院，医名甚噪。著有《伤寒杂病论精义折中》、《内经讲义》、《内科讲义》、《伤寒论通注》、《杂病论通注》。陈慎吾、胡希恕，皆得真传。〔见：《桐柏县志》、《伤寒杂病论精义折中》〕

朱杰① 宋代建康（今江苏南京）人。精眼科，其效如神，针下而翳（白内障）彻。十五世孙朱鼎，亦精眼科，为明代良医。〔见：《溧水县志》、《江宁府志》〕

朱杰② 清代湖南邵阳县人。业儒，与兄朱英、弟朱苏、朱蘅齐名，均为优廪生，时称四朱。杰兼精医术，善赋诗。著有《本草经历》二卷，未见流传。〔见：《宝庆府志》〕

朱林 （?～1564） 明代人。里居未详。为太医院医官。嘉靖甲子（1564），甘皇妃妊娠将三月，适患疟疾，召朱林入宫"跪脉"。朱氏进以柴胡桂枝汤，三剂而病愈。端午节，甘妃与宫娥步金桥，戏龙舟，遂致堕胎。妃惧罪，匿情旷奏，归咎于医。世宗大怒，杀朱林等人，御医万宁等亦遭流徙。〔见：《医贯·序》〕

朱贤 明代浙江义乌县人。名医朱震亨曾孙。生平未详（疑即朱宗善，待考）。据程充《丹溪心法·序》称：朱贤藏有曾祖所遗医书，书为中书王允达所得，程充辑《丹溪心法》曾参考之。〔见：《丹溪心法·序》〕

朱易 号星洲。清代江西新建县人。生于乾隆间（1736～1795）。早年习医，明悟本乡先辈名医喻昌之学。早年挟技游广西桂林，知名于时。桂平程士超遇之，就学门下。师徒二人同返江西，悬壶于浔阳，声名极盛。〔见：《桂平县志》〕

朱采 字素先。清代江西玉山县人。精岐黄术，通医家秘诀。远近延治者甚众，皆称："活人方在肘后也。"〔见：《玉山县志》〕

朱肱 字翼中，号无求子，又号大隐翁，世称朱奉议。北宋归安（今属浙江）人。元祐三年（1088）进士，授雄州防御推官，知邓州录事参军。崇宁元年（1102），上疏历数尚书右仆射曾布之过，不见纳，归隐杭州大隐坊。肱素喜论医，尤深于伤寒。曾寓居邓州南阳郡，值太守盛次仲疾作，召之诊视。朱肱进以小柴胡汤，应手而愈。朱氏潜心《伤寒论》二十年，大观二年（1108）著成《南阳活人书》（又作《伤寒类证活人书》）二十卷。政和元年（1111）表进于朝，授医学博士。五年（1115），因书苏轼诗，贬连州。六年（1116），以朝奉郎提点洞霄宫，著书、酿酒，侨居西湖之上。时《南阳活人书》印行于京师、湖南、福建、两浙等处，各本刻误者颇多，且证与方分为数卷，仓卒难检。肱乃重为参详，改动百余处，于政和八年（1118）命工匠于杭州大隐坊镂板重印。还著有《伤寒百问》六卷，皆存。又有《内外二景图》三卷，今佚。［见：《宋史·艺文志》、《遂初堂书目》、《医藏书目》、《述古堂书目》、《吴兴备志》、《湖州府志》、《乌程县志》、《读书敏求记》］

朱泷 号均修，号培真。清代浙江海宁州人。天性至孝，父患重疾，闻越水姚公杰以医鸣世，延请诊治而愈，遂师事之。遍读《灵枢》、《素问》诸书，于《伤寒论》、《金匮要略》尤研究入微，久之悬壶济世。后又得益州名医"吴老人"传授，术益精进，名重于时。［见：《海宁州志稿》］

朱治 字仲平。清代江苏宝山县大场人。精岐黄术。嘉定县令赵昕子患痘，病势危甚，群医无策。朱治应聘疗之，数日奏效。赵赠以"赤子二天"匾额。［见：《宝山县志》］

朱宜 字驭时。清代江苏泰州白米镇人。父朱为质，通医理，施药济世。朱宜早年习儒，为咸丰元年（1851）举人。继承父志，亦工医术，为人治病六十余年。著有《喉方集解》四卷，未见流传。［见：《扬州府志》、《续纂泰州志》］

朱绂 字汉章。元代镇江（今属江苏）人。世代业医，至绂尤精。至元二十年（1283）选为省医，授本路医学教授。元世祖闻其名，召为御诊太医，赐名塔儿虎，授医愈郎诸路医学副提举。［见：《镇江志》］

朱练 字明羽。明代山东堂邑县人。生平未详。与刘裕德重订宋骆龙吉《内经拾遗方论》，续增病证、治法八十三条，重刊于世。［见：《中国医学大成总目提要》、《贩书偶记续编》］

朱绅 字大章。明代吴县（今江苏苏州）人。始祖朱清，南宋时自北方南迁，世代业医，至绅已十五世。绅出赘滕氏，以疡科称于时。子孙能世其业。［见：《苏州府志》］

朱荧 字乘黄。清代安徽太湖县人。庠生。朱显惠子。好义，有父风。尤善医术，著有《药性补明》二卷、《痘症要》二卷，未梓。［见：《太湖县志》］

朱荥 号松坡。清代安徽舒城县人。太学生。精医术，为人治病，概不取谢金，贫者并济以药饵。著有《种德新编》，未梓。［见：《续修舒城县志》］

朱栋 字东木，号二垞。清代江苏金山县人。徙居青浦县蒸里。弱冠以诗知名。年三十南归于贞溪。三十二岁徙居章练圩。晚年行医，寓居莲花寺。［见：《蒸里志略》］

朱柱 字沧一。清代江苏嘉定县人。诸生。尝以汪昂《医方集解》为蓝本，编《医方采粹》四卷。此书载正方三百七十四，附方四百一十二，辨论明简。今未见流传。［见：《嘉定县志》］

朱星 字意耘，医名湛溪。清代江苏甘泉县邵伯镇人。父朱煜，精医术。朱星自少习儒，通经史。父谓之曰："良士济国，良医济时，一也。愿勿堕先业。"星遂改习医。悬壶之初，未知名。同治间（1862~1874）邵伯镇流行疫疠，星悉心诊治，全活无数。由此，声名大噪，与颜宝等八人有"淮扬九仙"之誉。同里葛姓小儿，年四岁患病，腹大如鼓，筋青色，群医敛手。星教以鸡矢醴法，服之而愈。陈浩恩年六十岁，夏日忽患咯血，日三四盂。家人惊惧，驰书邀星。星按其脉曰："此肠郁勃发症也。"投以犀角、地黄诸药，疾稍平。越日，天热而加甚，血复涌至。星曰："疾诚笃，然非不治症。"乃精思两时许，成一方，以四君子汤为主，辅以阿胶、麦冬、生地，药进而血止。星尝语人曰："人以性命付我，可轻视乎？效与不效，虽有数存，然必尽我心，始无憾也！"年六十余卒。著有《伤寒慎思录》、《伤寒明辨》、《温病论治集要》、《暑症类方》诸书，未梓。子朱涟溪，亦以医知名。［见：《甘泉县续志》］

朱勋 字汝德，号逊泉。明代安徽滁州人。指挥朱源中子。少从王阳明游，涵养沉邃，注重养生。应正德十六年（1521）乡贡入都，上《瘦马吟》于乔大宰，一时传播缙绅。授安福训导，掌白鹿洞事，官至泉州教授。所著有《养生秘诀》、《金刚经解》、《逊泉诗集》，为世传诵。［见：《滁州志》］

朱钥 字子业，号东樵（一作南桥）。清代江苏吴县人。朱之励子。精医术，曾施诊于惠民局。著有《本草诗笺》（又作《惠民局本草诗笺》）十卷，刊于乾隆四年（1739），东阁大学士蒋溥为之序。此书共载药872种，析类分门，每药谐之音律，为七言诗，旨赅词简。朱氏还著有《惠民局选订制济方》四卷，亦刊于世。［见：《冷庐医话》、《吴门补乘》、《郑堂读书记》、《贩书偶记续编》、《吴中名医录》］

朱洵 字山音，号我闻，又号耐园。清初浙江盐官县人。郡廪生。旁通医理，著有《伤寒晰义》、《证始体原》二书，今未见。其兄朱自恒，为康熙丁卯（1687）举人。［见：《海昌备志》］

191

六画

朱珩 字楚白。清末广东花县黄沙塘乡人。朱香圃三子。性聪颖，幼承庭训习儒，十二岁下笔成文，有神童之称。未冠，通经史，工帖括，年十八补郡庠。光绪十一年乙酉（1885）中举，留京任国子助教，究心经世之学，熟习辽、金、元三史，后任总理衙门图馆编辑，期年之间，编《中俄交界图说》、《塞北路程补考》等书十九种。乙未（1895）成进士，官刑部主事，以母老乞归养，十年不仕。服阙入都，充法部统计纂修官，寻迁京师高等审判厅推事，任民庭庭长，平反冤狱，有声于时。好著述，兼通医理，曾选编《证治准绳》、《陈修园十六种》，又撰《针灸秘诀辨证》一卷、《医案》一卷，今皆未见。[见：《花县志》]

朱耽 南朝梁人。生平里居未详。大同间（535～545）曾任太医令。[见：《梁书·侯景传》]

朱恭 字敬斋。清代河南淮阳县人。早年习儒，为太学生。精医术，善治痈疽。乡人赠额曰年高德劭。[见：《淮阳县志》]

朱莹 元代怀远县（今属安徽）人。为五代世医。与朱肯堂、朱赟、刘彦实、秦子通、皇甫示等齐名。[见：《怀远县志》]

朱桂 清代江苏靖江县人。世医朱鼎和孙，朱我峙次子。早年习儒，为诸生。传承家学，亦精医术。子朱鹤庭，孙朱以增，皆以医闻。[见：《靖江县志》]

朱恩 字心农，又字锡农。清末安徽芜湖县人。幼习举业，弱冠后弃儒就医，精究《灵》、《素》诸书，考察气运。生当太平天国时期，转徙无常，手不释卷。乱平旋里，复与宋秋荪、苏得之、周仰之等创立宣和医社，定期研究，各撰论说，由是，学益进而名益彰。于温热杂感尤得秘奥，夏秋之间活人无算。志高尚，不喜沽名，光绪初年创设积善会。著有医书《困学随笔》十三卷，今存光绪二十三年（1897）上海宝善书局石印本。子朱庆云，能继父业。[见：《芜湖县志》、《中医图书联合目录》]

朱峨 字奉璋。清代河北正定县人。监生。儒学之外，兼通医道，名著一时。撰有《痘疹详解》、《伤寒集要》诸书，未见梓行。[见：《正定县志》]

朱钰 字景阳，号琴香。清代江苏昆山县人。明代应天府尹朱隆禧裔孙。世居邑城，后迁居石墩村（今属淀山湖镇）。早年习儒，为监生。三试不第，遂绝意进取，就学于名医郑氏之门，后悬壶于世。兼擅书法，工吟咏。年七十余卒。[见：《昆新两县续补合志》、《昆山历代医家录》]

朱浩 明代昆山县（今江苏昆山市玉山镇）人。邑名医朱廷玉幼子。继承父学，亦工医术。[见：《昆山历代医家录》（引《平桥稿·朱英斋墓志铭》）]

朱浚 清代江苏丹徒县人。诸生。精医术。辑有《本草纪闻》、《脉法集成》，今未见。[见：《金陵通传》]

朱琏 〈女〉（1909～1978）　字景雩。现代江苏溧阳县人。年十七岁学习西医。抗日战争前，任石家庄正太铁路医院医生。1935年加入中国共产党，历任八路军一二九师卫生部副部长兼野战医院院长、延安中国医科大学副校长、延安十八集团军总卫生部门诊部主任、华北人民政府卫生部第一副部长、华北卫生学校校长等职。中华人民共和国成立后，历任卫生部妇幼卫生司副司长、中国中医研究院副院长兼针灸研究所所长、中共中央妇女委员会委员、南宁市副市长、南宁市针灸研究所所长、南宁市七·二一针灸大学校长。1944年10月，响应毛泽东"中医科学化，西医大众化"号召，向任作田老中医学习针灸术。此后三十年，坚持针灸临床及研究。抗战初期，积极举办针灸训练班，推广医疗技术，颇有成效。1949年后，创办针灸研究所，对针灸事业多有贡献。所著《新针灸学》，出版于1951年，在国内外均有影响。[见：《中医大辞典》、《著名中医学家的学术经验》]

朱彬① 字大雅。清代江西高安县古唐人。少习举业，梦其名榜于医学科，遂取岐黄家言尽读之，久之以医术知名。其治病本于五运六气，审色察声，即知生死。其妻兄之子病，已备后事。彬至，命以黄泥涂病者身，泥燥，口鼻微动，灌以药而愈。同里孀妇某，独生子患腹疾，柴瘠欲绝。彬煅砒霜入药，饮之，下如鲶鱼者七条，疾乃愈。其奇验类此者甚多。彬素重医德，治病不索酬，悬壶数十年，活人无算，而家产不加于初。新吴县令赵知希，以彬比陶弘景，书"山中宰相"匾额为赠。帅光祖（乾隆二十八年进士）为彬作传，亦深推许之。彬著有《卫生集》十卷，所记皆生平心得，惜未能传世。[见：《高安县志》]

朱彬② 字武曹。清代江苏宝应县人。自少有志习医，年逾四十，始知其难。与名医吴瑭相往还，嘉庆辛未（1811），评点吴氏《温病条辨》。[见：《温病条辨·朱序》]

朱梅 字廷木。清代江苏嘉定县南翔镇人。工诗，精医，有名乡里。[见：《南翔镇志》]

朱庸 清代河南长垣县人。精医术，曾任太医院吏目。[见：《长垣县志》]

朱清 字景贤。南宋人。里居未详。由北方南迁，定居吴县。世代业医。其十五世孙朱绅，为明代良医。[见：《苏州府志》、《吴门补乘》]

朱裕 清代江苏嘉定县人。生平未详。著有《医案全集》六卷，未见梓行。[见：《嘉定县续志》]

朱绩 字君用（一作君永）。明代浙江嘉善县人。祖籍江苏吴江县。精医术，善决病者生死，百不失一。遇证有疑难，虽名医林立，必待朱氏一言而后决。前后郡县官吏，屡旌其门。[见：《嘉兴府志》、《嘉善县志》]

朱瑛 清代河南淮阳县人。工医术，知名乡里。[见：《淮阳县志》]

朱琳 字昆润，号青溪。清代江苏常熟县人。世为疡医。曾著《药性四六》，未竟而卒。[见：《重修常昭合志》]

朱琨 字玉成。清代江苏兴化县人。工幼科，断天花吉凶，百不失一。[见：《续兴化县志》]

朱超 (1758~1820) 字保真，号济安。清代江苏无锡县人。生平未详。著有《临症管窥》、《四书药性》、《脉诀心法》、《医学指掌图》等书，均未见梓行。[见：《吴中名医录》（引《锡金历朝书目考》)]

朱森 字守先。清代安徽怀宁县人。精医术，尤邃伤寒，悟仲景微旨，治病多奇中，就治者盈门。有医德，虽严寒酷暑，邀之必往，概不受谢。有雪夜叩请者，森披衣起，家人虑其年高，力止之。森曰："治病如救焚，迟则无济。非危证，安肯以此时来耶？"立往诊之。[见：《怀宁县志》]

朱橚 (?~1425) 史称周定王。明代安徽凤阳人。明太祖朱元璋五子。洪武三年(1370)封吴王。十一年(1378)改封周王，十四年就藩开封。二十二年(1389)弃其国至凤阳，太祖怒，徙之云南，寻废徙，使居京师。三十一年(1398)五月，建文帝继位，废橚为庶人。永乐元年(1403)复爵。洪熙元年卒，谥"定"。朱橚好学工词，尝作《元宫词》百章。又留意医药，弱冠时，令王府良医辑《保生余录》五卷（今存明刻本），又令教授滕硕、长史刘醇等辑《普济方》一百六十八卷，大行于世。《普济方》采撷繁富，编次详晰，为后世所重。洪武二十三年庚午(1390)，朱橚命良医辑《袖珍方》四卷，刊行于世。永乐十三年（1415）春，又命重校，再次印行。该书传本甚少，今仅见北京图书馆收藏袖珍本、大字本各一帙。朱橚还曾栽培花、实、根、干、皮、叶可食之植物于园圃，"躬自阅视，俟其滋长成熟，乃召画工绘之为图"，复命人逐一述其产地、形态、性味、良毒、食用方法等，分为草、木、米谷、菜、果五类，辑《救荒本草》四卷，刊于永乐四年(1406)。该书初刻本收载植物四百一十四种，其中转录旧本草者一百三十八种，新增二百七十六种，且插图源于写生，精细美观，为后世学者所重。原书初刻不存，今有多种明清续刻本，各有增损，以美国国会图书馆所藏嘉靖间陆柬刻本为最早者。[见：《明史·太祖诸子·周王橚》、《明史·艺文志》、《本草纲目·序例》、《医藏书目》、《四库全书总目提要》、《中国善本书提要》、《四部总录医药编》、《历代中药文献精华》、《中医图书联合目录》]

朱鼎 明代溧水县（今属江苏）人。宋代眼科良医朱杰十五世孙。遥承祖业，亦工眼科。嘉靖六年(1527)应召入宫诊病，有效，赏赐甚厚。[见：《溧水县志》]

朱遇 字鸿宾。清代江苏通州（今南通）人。诸生。精通医道，不欲以技鸣世。为人治病不受馈谢，或具酒食，亦必以斋戒辞。[见：《南通县志》]

朱铦 字铭也。清代河南新乡县人。精医术，擅内科、针灸，治病多良效。[见：《新乡县志》]

朱傃 字季常。清代江苏沛县人。庠生。性嗜学，精岐黄脉理。终年服药，寿七旬犹健，人谓得益于导养之术。[见：《沛县志》]

朱遂 一作米遂。唐代人。生平里居未详。著有《明堂论》一卷，已佚。[见：《新唐书·艺文志》、《宋史·艺文志》、《通志·艺文略》、《崇文总目辑释》、《国史经籍志》]

朱敦 字斌彩。清代江苏华亭县人。生平未详。于咸丰二年壬子(1852)辑《医学纂要妇人科》，今中国中医科学院图书馆藏有抄本。[见：《中医图书联合目录》、《女科书录要》]

朱禄 明代北京人。以医术知名。著有《痘症全书》四卷，今江西省图书馆存康熙四十六年(1707)抄本。又尝与诸名医各出医案及秘方，由郭鉴辑《医方集略》七卷，刊刻于世。[见：《中国医籍考》、《中医图书联合目录》]

六画

朱裕 字冠千，号芝村。清代江苏嘉定县黄墙村人。邑名医朱鸿宝孙，朱士铨子。得家传，精内、外两科。上海某巨公患大疽，诸医束手。朱裕先进清血之剂，以解其毒，继以温补药收功。巨公感之，力荐入薛苏抚幕，坚辞不应。子朱澧涛，克绍家业。[见:《嘉定县志》、《嘉定县续志》]

朱巽 字嘘万，一作虚万。明代宛陵（今安徽宣城）人。生平未详。尝汇集《金镜录》、《保赤新书》、《丹台玉案》诸书中痘疹之论，编为一帙，未梓。靖江朱凤台得其稿，名之曰《痘科键》，刊刻于世。[见:《八千卷楼书目》、《中国医籍考》、《中医图书联合目录》]

朱楠 字琼枝。清代安徽潜山县人。精医术，知名于时。[见:《潜山县志》]

朱输 字卫公。清初浙江钱塘县人。名医张志聪门生。清初，张志聪讲学、著书于杭州侣山堂，朱氏参予校订《黄帝内经灵枢集注》，此书刊刻于康熙十一年壬子（1672）。[见:《黄帝内经灵枢集注》]

朱颖 字封谷，号脱庵。清代江苏句容县人。精于医术。著有《诊治敬简》，今未见。[见:《金陵通传补遗》]

朱鉴 字骏声，号南乔。清代江苏镇洋县蓬阆镇（今昆山市蓬朗镇）人。早年习儒，为镇洋县庠生。兼工医术。[见:《昆山历代医家录》（引《蓬溪风雅集》）]

朱暄 清代河南淮阳县人。精医术，知名乡里。[见:《淮阳县志》]

朱锦 字文锦，又字云岩。清代江苏通州（今南通）人。世业医，继承家学，以医术知名。[见:《南通志乘》]

朱筠 字达叔。清代浙江海盐县人。早年习儒，为岁贡生。博览群书，究心岐黄，治痰证有奇效。[见:《海盐县志》]

朱煜 字漾溪。清代江苏甘泉县邵伯镇人。精通医术，知名于时。道光十三年（1833）时疫流行，世医惯用陶氏六经，治辄左。煜独用吴有性温疫治法，投剂辄应，活人无算。素重医德，诊病不分贫富，均竭尽心力，故治无不效。年六十二岁卒。著有《五经分类》、《本草类方续选》等书，未梓。子朱星，继承父业。[见:《甘泉县志》]

朱源 明代昆山县（今江苏昆山市玉山镇）人。邑名医朱廷玉三子。继承父学，亦工医术。[见:《昆山历代医家录》（引《平桥稿·朱英

斋墓志铭》）]

朱榕 字若始。清代江苏华亭县人。刑部郎中朱萧后裔。博综群籍，年十四补邑诸生。因父丧母老而习医，兼及道学。不久，弃举业，肆力于古文词，名隆然起。后游京师，值纂修《明史》，应聘入馆，馆臣皆委重焉。著有《医术》等书，未见刊行。[见:《松江府志》]

朱辕 字仲侔。元代明阳（今河南唐河）人。自少至老，穷究本草之学。元代幅员辽阔，驿传发达，西域药物流入中原甚多，人多不识。朱氏以毕生之力增补本草，编成《大元本草》一帙，献于朝廷。该书分三纲九目，破旧本先玉石，后草木，次人部之例，以"人部"为先，并首列《内外景图》，详加注疏，昭示"元命之秘"。另设外部、余部，专收异域药品，注明名称、治症，惜未能细考产地、性味等。此书已佚。[见:《金元医学人物》（引《至正集·大元本草序》）]

朱裳 号思闲。明代嘉定县（今属上海）安亭镇人。以医为业，有"医中之冠"之誉。[见:《安亭志》]

朱锷 （1797～1863）字撰一，号葵畦。清代江苏昆山县陈墓镇（今昆山市锦溪）人。儒医朱傲林子。自幼颖异好学，受业于伯父朱元理（字锡庵）及甫里潘琦（字昼堂）。年二十一岁遭父丧，家道中落，乃外出教塾养家。道光元年（1821）补新阳县庠生。道光三年（1823）大灾，家益贫，遂弃儒习医。先后师事青浦何书田、何小山，从学三年，悬壶于乡。治病应手辄效，名著于时。同里举人陈竺生，病热不解，神昏不能食，群医束手，欲买舟至苏州请医。朱氏与陈为同窗，闻讯至门诊视，按其脉笑曰："此停食耳。"为之疏方，一剂而愈。性洒落，怜贫而傲富，贫病者求诊不应，且不计酬；富家延请，或不应，应亦不即往，故声名未能远播。尝谓："此吾愿也，吾岂为人仆仆奔走者耶？"有子二，长子春源，为新阳县附贡生；次子培源，以贡生选授靖江县儒学训导。[见:《昆山历代医家录》]

朱熊 明代江阴县（今属江苏）人。生平未详。著有《救荒本草活民补遗书》三卷，今未见。[见:《江阴艺文志》、《天一阁藏书总目》]

朱篆 一作朱传，又作朱傅。宋代人。生平里居未详。著有《孩孺明珠变蒸七疳方》一卷、《延龄秘宝方集》五卷，均佚。[见:《宋史·艺文志》、《通志·艺文略》、《崇文总目辑释》、《国史经籍志》]

朱颜 （1913～1972） 又名云高，字亦丹。现代浙江金华县王柴头村人。幼年丧父，初中毕业即辍学，从同邑赵霭堂习医。技成，悬壶邑城，名噪于时。数年后，出任金华国医公会执行委员。年三十二岁，考入国立中正医学院，攻读西医。中华人民共和国成立后，历任北京中医进修学校副教务主任、中国中医研究院中药研究室副主任、内科研究室副主任，西苑医院血液病研究室主任，卫生部医学科学委员会委员，《中华人民共和国药典》编辑委员会委员，《中药通报》编委，科普协会祖国医学宣传组组长，九三学社北京市分社委员等职。还被选为北京市人大代表、第三届全国人大代表。朱颜兼通中西医学，临床经验丰富，对中医药理学及血液病学研究多有贡献，为现代著名医家。著有《中药的药理与应用》、《日用中药常识》、《中医学术研究》、《中国古代医学的成就》等书，刊行于世。〔见：《中医大辞典》、《中国现代名医传》〕

朱澄 字彦清（一作多清）。明代常熟县（今属江苏）人。业医，临证多效验，时称良医。曾任太医士，以韩府良医终。〔见：《常熟县志》、《常昭合志稿》〕

朱豫 字介石。明代上元县（今江苏南京）人。国学生。邃于医理，治内外症应手奏效，活人甚众。重医德，遇贫病者辄济之。年四十九岁卒。〔见：《常昭合志稿》〕

朱蘖 字魏成，号云樵。清代浙江海宁州人。朱自恒子。雍正二年（1724）三甲第六十二名进士，授永清知县。在任五年，以病辞归。平素善病，久病成医，活人甚众。年六十四岁卒。著有《脉纂》、《伤寒余论》等书，今未见。〔见：《海宁州志》、《海昌备志》、《明清进士题名碑录索引》〕

朱儒 （1515～1591） 字宗鲁，号东山。明代吴江县（今属江苏）人。其先世入赘浙江秀水县陈氏，遂改籍。朱儒自少家贫，年弱冠从僧人杨时升习医，复博览医书，久之精其术。后游京师，太医院判朱恭时赏识其学，以同姓引为族属，荐授太医院医士。后升太医院吏目，供职于圣济殿。时疫疠大行，朱儒出术救济，全活甚众。遇贫病者，时以白金藏药中，告其家人曰："必令自开。"病者得金而喜，病皆速愈。其隐德类此者甚多。万历十二年（1584），迁太医院院判，次年迁院使。神宗曾以方书所载奇药及左右所进秘方问之，朱儒进言："诸药多燥，非至尊所宜。"帝乃止。又尝召朱儒切脉，奏曰："肝气未平，胃脉微滞，是以痰壅眩晕。宜宽平以养气，安静以益神。"帝从其言，疾愈，赐宴于太医院。凡两宫太后及后妃、公主有疾，率令宦官言病状，儒为立方，服之多效。缙绅士大夫患病，亦争延致之，医名振于京师。万历辛卯卒，时年七十七岁，赠少保，武英殿大学士。著有《太医院志》一卷，刊于万历十二年，今存抄本。还著有《立命玄龟》七卷（一作十六卷），今未见。子国祯、国祥、国祚、国礼，国祚登进士第。〔见：《浙江通志》、《嘉兴府志》、《嘉兴县志》、《重修秀水县志稿》、《浙北医学史略》、《医藏书目》、《中医图书联合目录》〕

朱赟 元代怀远（今安徽怀远）人。为五代世医，知名于时，与朱肯堂、朱莹、秦子通、刘彦实、皇甫示等齐名。〔见：《怀远县志》〕

朱濂 字遇声。清代江西进贤县五都人。精医理，诊疾治病，每奏奇效，不计谢仪。〔见：《进贤县志》〕

朱霖 字雨苍。清代福建建宁县人。康熙壬午（1702）武举。素怀大志，曾以制西戎策谒见丞相，丞相异之，居京师数年，后以母老归乡。素精医道，尤善疡科，活人不可胜计。晚年悬壶济世，自号韬真子。年五十一岁卒。子朱仕，有文名。〔见：《重纂邵武府志·义行》〕

朱一照 清代湖南临桂县人。精医术，凡求治，无论贫富皆往，遇贫病则赠以药。里中大疫，朱氏广施药饵，存活无算。〔见：《临桂县志》〕

朱一麟 号应我，又号应我山人。明代泾川（今安徽泾县）人。生于世医之家。自幼习儒，为隆庆、万历间（1567～1619）诸生。久淹科场，弃儒习医，治痘症尤有神效，休、歙六县凡染痘者皆以不遇朱先生为恨。曾构别业于本乡城山里，匾其楼曰摘星。早年著有《蓬芦游戏》二编（今南京图书馆藏有《蓬庐三篇》抄本，题"应我山人撰"，疑即此书之续篇）。后二十余年，复总结治痘经验，于万历四十七年（1619）辑成《摘星楼治痘大成》（又作《摘星楼治痘全书》）十八卷，刊刻于世，今存朱氏八世孙朱在田序刊本。〔见：《八千卷楼书目》、《四部总录医药编》、《中医图书联合目录》、《北京大学图书馆藏李氏书目》〕

朱三元 清代河南密县人。精医术，活人甚众，知名于时。〔见：《密县志》〕

朱千臣 清代江西铅山县江村人。康熙间（1662～1722）以医道精妙，名噪于

时。起死回生之功，不可尽述。[见：《铅山县志》]

朱士龙 字月樵。清末江苏丹徒县人。诸生。敏慧好诗，冠绝一时，与张崇兰等有"中七子"之誉。兼通医道，曾与蒋宝素（1795～1873）同治疟症，论理甚精。[见：《医略》、《丹徒县志》]

朱士铨 字秉衡。清代江苏嘉定县黄墙村人。邑名医朱鸿宝子。绍承父业，名著于时。著有《伤寒一得》四卷，其自序曰："冬春伤寒，用麻黄、大小青龙诸汤，投之即愈。若误认温邪，用薄荷、羌、苏诸品，则反伤其气。"此书未见刊行。子朱裕，亦为名医。[见：《嘉定县志》]

朱大贞 清代河南考城县（今兰考）人。遇良师授以秘方，以医济世，活人甚众。[见：《考城县志》]

朱大妹 〈女〉（1896～?） 清末江苏昆山县杨湘泾（今淀山湖镇）人。邑名医贺介眉儿媳。得翁之传，善治鼓胀，虚证用十全大补丸为主，实证用祖传秘方大引丸为主，疗效甚佳，名噪松江、吴江诸县。[见：《昆山历代医家录》]

朱大涣 字启文。清代江苏元和县唯亭人。精岐黄术，兼好吟咏。[见：《苏州府志》、《元和唯亭志》]

朱大鹏 字万程。清代江苏吴县浒墅人。甘贫守正，擅长医术，不受重酬，终身布衣蔬食。[见：《吴县志》]

朱之光 字尔韬。明代安徽休宁县鹤山里人。精针灸术，治疗喉项间诸疾，无不愈者。轻财重义，每有相酬，则转赠贫者。[见：《休宁县志》]

朱之榛 清末浙江平湖县人。通医理。尝汇刻儿科医书七种，名之曰《保赤汇编》，刊于光绪五年（1879）。此书包括《锡麟宝训》、《达生篇》、《产宝》、《福幼编》、《保婴易知录》、《小儿药证直诀》、《童蒙训》等七种，今存。[见：《浙江医籍考》]

朱之稼 字如茨。明清间昆山县安亭（今属上海嘉定区）人。其先世居昆山陈墓，工医术。朱之稼继承祖业，亦以医知名。性至孝，家虽贫，奉亲食必兼味。兼工诗赋，加入东风吟社。著有诗集《东冈倡和集》。[见：《昆山历代医家录》]

朱也亭 清代江苏南汇县人。精疡科，善治疔疮。其法以刀刺疔根，纳以药条，不

忌荤腥。著有《治疗要略》，未见刊行。[见：《南汇县续志》]

朱小南 （1901～1974） 原名鹤鸣。现代江苏南通人。邑名医朱松庆长子。幼年读书于乡。稍长，随父习医，刻苦勤奋，悉心钻研。年二十岁，悬壶上海，中年后以妇科知名。1936年协助其父创办新中国医学院，先任副院长，继任院长，兼妇科教授。该院毕业生遍及大江南北，远及南洋。中华人民共和国成立后，历任上海中医学会妇科组组长、中华医学会妇产科分会委员。晚年撰医学论文甚多，陆续发表于《中医杂志》等刊物。其著作有《朱小南医案医话医论》。[见：《著名中医学家的学术经验》]

朱习存 明代江西庐陵县人。性颖悟仁厚。其家历代习儒，至习存嗜于医学，博览群书，潜心脉理。其治病不拘泥古方，每以己意变通，临证多奇效，凡他医束手之疾，每能应手而愈。有医德，常制药以济贫病。萧司马赋诗赠之，有"碧海难逢不死药，锦囊多是活人篇"之句。子朱伯舒，医术亦精，有神医之誉。[见：《庐陵县志》]

朱子贵 号云帆。清代四川井研县人。精医理，好学深思，推重名医黄氏之说，时出新意。遇疑难，必得病源而后立方。著有《云帆医案》二卷，未见刊行。[见：《井研县志》]

朱子韬 字涵先，号济川。明代金山县（今属上海）朱泾人。嘉靖间（1522～1566）以善治痧痘知名。[见：《朱泾志》]

朱天贤 清代福建晋江县人。少年丧父，事母以孝闻。精通医道，挟技游外国，值国王病，朱氏投以良剂，立愈。王酬以金币，不受，请释中国死囚，全活二百余人。[见：《晋江县志》]

朱天泽 明代河南陈留县人。精医术，性好施与。邑中瘟疫流行，朱氏施药于市，不计药资，活人无算。[见：《陈留县志》]

朱天章 清代安徽泾县南隅人。邑名医朱元益子。继承父学，尤得心法。全活小儿无算，有"佛心仙手"之称。[见：《泾县志·朱元孟》]

朱天璧 字子元，号蓬庵。明清间浙江仁和县人。徙居海宁。崇祯壬午（1642）举人。素工医术，因家贫卖药于海上。时战乱多疫，朱氏出药济之，不计酬报，全活者盈万，人皆称之。著有《医准》数十卷，传于新安程氏、吴氏，今未见。又著《脉旨四言举要注》一卷，今存康

熙四十五年丙戌（1706）刻本。[见：《海宁县志》、《海昌备志》、《杭州府志》、《中医图书联合目录》]

朱元朴 宋代人。生平里居未详。著有《风疾论》一卷，已佚。[见：《宋史·艺文志》、《通志·艺文略》、《崇文总目辑释》、《国史经籍志》]

朱元宾 号晴庵。清代江苏上海县人。精医术，为忌者所排挤，不显于时。[见：《上海县志》]

朱元益 字崇佳。清代安徽泾县南隅人。品行端方，习岐黄学，精痘科。著有《痘症指要》（又作《痘科指要》），中书赵良需为之作序。今未见流传。子朱天章，传承父术。[见：《泾县续志》、《安徽通志稿》]

朱云广 清代四川广安州人。道光、同治间（1821～1874）在世。性慈善，以医为业，远近知名。[见：《广安州新志》]

朱云凤 字丹山。清代江西南丰县人。精医术。凡延诊，不分远近皆往，不惮劳苦，救济甚众。[见：《南丰县志》]

朱云苓 清代江苏扬州人。以医术知名。与颜宝等八人有"淮扬九仙"之誉。[见：《古今名医言行录》]

朱云鹤 清代江苏宝应县人。生平未详。著有《丸散大成》、《刀圭秘要》等书，未见流传。[见：《宝应县志》]

朱少阳 唐代浮山隐士。代宗、德宗（763～804）时人。生平未详。著有《道引录》三卷，已佚。[见：《新唐书·艺文志》]

朱少鸿 （1873～1945）近代江苏江阴县凤戈庄人。世医朱鸿九子。年十四随父习医，二十八岁父殁，始悬壶于乡。年四十岁，行医于江阴、无锡间。五十岁徙居上海，居静安寺路同福里。擅长内、妇两科，治杂病尤有心得。临证不泥前人成方，每用苦辛通降运化中焦，治病多佳效，远近就诊者甚众。毕生忙于应诊，未及著述。卒后，门人顾履庄辑先师治案，撰《江阴朱少鸿医案》，刊于《江苏中医杂志》。另一门人无锡华复初，亦有名。朱少鸿弟朱莘农、子朱凤嘉均精医术。[见：《朱少鸿先生医案》（《江苏中医》1963年第6期）、《江苏历代医人志》]

朱日辉 字充美。清代安徽婺源县沱川人。博闻强记，笃志嗜学，于书无所不读。后弃举业，专治岐黄家言。按脉审方，一以儒理为权衡，所疗多佳效。县令周天建重其术，时加

币聘，朱氏于诊疗外从无私请，周益礼敬之。辑有《医学元要》、《加减十三方》、《试验奇方》等书。其子朱莹，亦以医名世。[见：《婺源县志》、《徽州府志》]

朱曰清 清代江西丰城县泊廉乡人。其父朱文承，精医术，悬壶于四川眉山县。朱曰清自幼家居，躬耕养母，喜读诗书，崇尚理学，尤精家传医术。后遵父命，定居眉山，亦以医为业。重医德，凡病家延请，寒暑霜雪不辞，遇贫病概不索资，即乞丐亦受其惠。[见：《眉山县志》]

朱中柳 清代江西南昌府郡城人。以医为业，知名于时。[见：《南昌府志》]

朱升恒 字应皆，号玉田。清代江苏吴县人，居宋仙洲巷。国学生。旁通医理，著有《木郁达之论》、《颐毒颐字辨》、《方药等分解》等文，刊于《吴医汇讲》。[见：《吴医汇讲·卷八》]

朱长发 字虬如。清代江西乐平县梢田村人。精岐黄术，知名于时。[见：《乐平县志》]

朱长春 字永年。清初浙江杭州人。业医，知名于时。清初，名医张志聪讲学、著书于侣山堂，当地名医从学者甚众，朱氏从之多年，参与《伤寒论宗印》、《金匮要略注》、《黄帝内经灵枢集注》、《黄帝内经素问集注》四书之辑注。朱氏本人还于康熙四年（1665）订正武之望《济阴纲目》。以上诸书皆存于世。[见：《黄帝内经素问集注》、《黄帝内经灵枢集注》、《女科书录要》]

朱长泰 字大来，又字谦茹。明清间山东德平县人。顺治元年（1644）中举，四年（1647）以中三甲第一百一十名进士历官户部主事。精通《易经》，阐发宏深。兼涉医学，辑有《奇方集义》（又作《奇方集史》）一卷、《修真节要奇方》若干卷，未梓。[见：《德平县志》、《德平县续志》、《山东通志》、《明清进士题名碑录索引》]

朱仁荣 字丙鱼，又字又溪。清代浙江海宁州人。庠生。幼颖异，经史皆成诵。不利于科场，遂弃儒习医。自《灵枢》、《素问》至明清诸名医之书，无不研究，尤服膺朱丹溪，奉其书为圭臬，治病应手奏效。性好施予，岁入数千金，遍济贫交。当湖张金镛尝集句以赠之，有"自是君身有仙骨，遍与人间作好春"之句。著有《灵素晰义》四卷，未见刊行。子朱济川、朱承

恩、朱承绶，皆为诸生，均世父业。[见：《海宁州志稿》]

朱丹臣 清初江苏吴县人。名医张璐弟子。与同门袁觐宸、王舜年皆以医知名。[见：《吴县志》]

朱凤台 字慎人。明清间江苏靖江县人，居布市。乡贤朱应鼎子。早年习儒，兼通医理。顺治四年（1647）三甲第九十一名进士，授直隶阜平县令，历官开化县令、兵部车驾司主事。后告归终养。多行善举，曾建育婴堂于西城。晚年五举乡饮大宾。年八十八岁卒。撰有《医学纂要》（又作《医学集要》）九卷，今未见。又订正朱巽《痘科键》，刊刻于世，今存。[见：《靖江县志稿》、《中国医籍考》、《中国医学大辞典》]

朱凤笙 号荫松。清代江苏南汇县人。业儒，任阳湖县训导。旁通医术，知名于乡。[见：《南汇县志》]

朱凤稚 清代人。生平里居未详。著有《时痘论》一卷，收入1930年上海国医书局铅印本《国医小丛书》。[见：《中国丛书综录》、《中医图书联合目录》]

朱凤嘉 现代江苏江阴县凤戈庄人。世医朱少鸿（1873～1945）子。传承家学，亦精医术，有一门三杰之誉。[见：《江苏历代医人志》]

朱文永 明初浙江义乌县人。元代名医朱震亨孙，朱玉汝子。继承家学，亦工医术，曾任医学训科。子朱宗善，绍承家学。[见：《义乌县志》]

朱文玉 字小琴。清代安徽婺源县罗田人。官盐运司经历。善诗文，精绘画。习医济人，全活甚众。著有《便用良方》等书，藏于家。卒后，进士江峰青（光绪十二年三甲第五十三名）为之作传。[见：《婺源县志》]

朱文承 清代江西丰城县泊廉乡人。其父为知名儒医。朱文承亦善医，技术游蜀，侨居四川眉山县王家场，时有"王叔和、叶天士第二"之称。门生彭兆宽，传承师学。子朱曰清，亦工医术，与彭氏甚投契，谊若昆仲。[见：《眉山县志》]

朱文标 （1873～1925） 字蔚之，又字惠之。近代江苏昆山县人。幼年受业于昆山名儒朱寄梅，光绪十五年（1889）为庠生，继补廪膳生。四次应试不中，遂绝意仕途，从苏州名医马士元游，后就学于苏州政法学堂。毕业后返乡，悬壶昆山南街，日诊数十人。擅内外科，自制喉科药"五虎飞仙遥"，专治乳蛾、喉炎，蜚声杏林。重医德，对贫病者免费，且赠以药。宣统二年（1910）秋，昆山、新阳两县实行自治，被推选为玉山市议会议长。武昌起义后，加入同盟会昆山分会，出任《晨钟报》主编。1924年江浙战争爆发，在昆山义务救治士兵，日诊达七十余人，获"活人活国"、"功同良相"匾。次年患肾炎，至冬病逝。著有《医学讲义》、《法学通论》。及门弟子有俞善君、马觐侯、马季康、丘翰文等十余人。子朱寿人，继承父业。[见：《昆山历代医家录》]

朱文珍 字琼仙。清代福建建宁县人。诸生。邑名医孔毓楷门生。传承师学，亦以医闻。重医德，治病不索谢仪。[见：《重纂邵武府志》]

朱文朗 清代河南郾师县人。精医术，以眼科知名。[见：《郾师县志》]

朱方华 字在三，号雪田，又号篱樵。清代浙江海宁州人。乾隆间（1736～1795）在世。工医术，曾任太医院吏目。兼精绘画，善以枯笔写山水，泼墨花卉尤佳。[见：《杭州府志》、《中国人名大辞典》]

朱方灿 字自芳。清代江苏靖江县人。邑名医朱庆云孙，朱心葵子。继承家学，亦精医术，官医学训科。[见：《靖江县志》]

朱为质 清代江苏泰州白米镇人。通医理，常施药济人。子朱宜，继承父志，亦以医知名。[见：《扬州府志》]

朱心正 字晓江。清代浙江海宁州人。监生，候选理问。精医理，活人无算。著有《养吾斋医书》八卷，未见刊行。子朱锡恩、朱锡昌，均精医术。[见：《海宁州志稿》]

朱心葵 清代江苏靖江县人。邑名医朱庆云子。克传家学，亦精医术，曾任医学训科。子朱方灿，绍承家学。[见：《靖江县志·朱庆云》]

朱以义 字武园。清代江苏上海县北桥人。为人敦挚，好读书，尤精于医。初不欲以医闻，非亲故，不轻诊视。后弃举业，悬壶于世。子朱洞宾，继承父学。[见：《上海县志》]

朱以仁 明代泰县（今属江苏）西溪镇人。精医术，永乐四年（1406）任太医院良医正。[见：《西溪镇志》]

朱以增 字准宜。清代江苏靖江县人。庠生朱鹤皋嗣子。鹤皋早卒，力学无资，仍从生父朱鹤庭习医。天性颖异，研读《灵枢》、

《素问》及诸名家著述，过目辄成诵，皆有领悟。后悬壶济世，治病应手取效，治疗时疫尤多奇验，同时诸前辈每叹不及。长子朱庆祺、次子朱俊生、幼子朱兰坡，皆传父业。[见：《靖江县志》]

朱允涵 字养素。清代江苏睢宁县人。家道清贫，精医术，沉疴痼疾，应手而愈。其临证所立之方流传民间，依证试之有佳效。[见：《睢宁县志稿》]

朱孔慈 字志超。清代江苏上海县三林塘人。邑良医朱占春子。性至孝，父患鼓疾，割股肉和药以进。绍承家学，亦业医。中年丧妻，义不再娶。年七十岁卒。[见：《上海县志》]

朱玉汝 明初浙江义乌县人。元代名医朱震亨子。得父亲传，亦以医术知名。长兄朱嗣衍（1303～1355），生平未详。从弟朱嗣汜，子朱文永，孙朱宗善，均为当时名医。[见：《义乌县志》、《中国历代名医碑传集·朱丹溪年谱》]

朱玉昆 清末人。生平里居未详。精医术，曾任太医院候补恩粮。[见：《太医院志·同寅录》]

朱正己 字慎旃，又字敬夫。清代江苏常熟县人。监生。精医术。著有《汇粹续编》六卷、《古方歌诀》一卷，今未见。子朱景运，亦善医。[见：《常昭合志》]

朱正立 字卓亭。清末四川合州南坝人。精医术，治病应手奏效，远近迎诊者甚众。耻以医谋利，诊疾不计酬报，凡以重症延请者，立往救之。同乡刘肇观素服其术，后刘任遵义知县，病于任所，群医束手，乃飞骑延正立。正立至，十日而愈之。光绪（1875～1908）末年卒，寿六十有余。门人徐铭三、王济安、赵炳垣、傅卓之、刘泽溥、黄竹溪、孙树生等得其传授，皆为合州名医。[见：《合州志》]

朱正杰 晚号香厓。清代安徽旌德县大显里人。国学生。生平耽吟咏，擅书法，尤工医术，名噪淮北。老年家居，延医者车马交错于里巷。年八十岁尚健在。著有《脉诀辑要》，论者曰："当附叔和之书以行。"惜未见流传。[见：《旌德县志》]

朱正俶 字简安。清代浙江平湖县人。精医理，知名于时。[见：《平湖县志》]

朱正谊 明代山东济南府人。诸生。兼通医术，诊治多奇效，人咸德之。[见：《济南府志》]

朱世宁 明末安徽贵池县人。祖籍浙江金华，世以医名。邑名医朱良翰少子。继承父学，亦以医术知名。[见：《贵池县志》]

朱世扬 字淇瞻，号猗园。清代江苏无锡县人。雍正间（1723～1735）在世。早年习儒，为太学生。善岐黄术，知名于时。著有《诚求集》，现上海中医药大学图书馆藏承志书屋抄本。同里华虞熏，得其传授，亦知名。[见：《无锡金匮县志·柯怀祖》、《吴中名医录》]

朱世承 字德甫。清代江苏南汇县人。性端谨，工医术，有声于时。[见：《南汇县续志》]

朱世泽 字钟川。清代安徽婺源县人。庠生。屡试不售，因其父精医，遂绍家学。于内、外科各造其微，兼精针灸，远近求者无不应，全活无算。重医德，虽富者不收厚酬，遇贫困无力者，则解囊以助。县令言某旌之曰花城橘荫；学师刘某赠匾曰古道照人。辑有《古今丹方》，传布于世，今未见。[见：《婺源县志》]

朱世续 （?～1768） 清代四川通江县人。得良师传授，精于灸法。保宁府黄氏，一门患传尸瘵，连死数人，其女又染疾，慕名延请朱氏。朱氏谓："有虫之故也。虫去则病可愈。"每日灸肾俞穴五次，兼服以药，竟得痊愈。乾隆三十三年（1768），通江大旱，瘟疫流行，病家叩请者日数十家。时朱氏已老迈，不胜其劳，卒于赴诊之途。[见：《四川通志》、《锦里新编》]

朱世溶 字若始。清代江苏华亭县人。生平未详。著有《诊籍》一卷，刊于康熙十二年（1673）。今藏中国科学院图书馆。[见：《中医图书联合目录》]

朱本中 字泰来，号凝阳子。清代安徽歙县人。生平未详。著有《饮食须知》、《急救须知》、《修养须知》、《格物须知》，总名之曰《贻善堂四种须知》，刊于康熙二十八年（1689），今存。[见：《贩书偶记续编》、《中医图书联合目录》]

朱丕承 清代江苏上海县诸翟镇人。精武术，善伤科，治病不受酬，远近师之。凡受业者，皆以争斗为戒。嘉庆间（1796～1820），尝奉府檄往南汇捕盗。[见：《上海县志》]

朱东璧 明代人。生平里居未详。著有《治病要语》、《肘后秘方》、《济世灵枢》，皆佚。[见：《中国医籍考》]

朱占春 （1809～1881） 字岭梅。清代江苏上海县三林塘人。博通群籍，精医术，通名法之学。遇事敢为，凡里党有冤抑事，往往力为剖白，以是触长官忌。同治（1862～1874）

初，叶廷春任上海县令，深恨占春，必欲罗织罪名而陷之。朱氏遂避于宝山县月浦里，易名若舟，居滕凤鸣家凡三载。在月浦时，为人治病，远近延请，户限为穿。暇则与滕凤鸣、滕凤飞、张人镜、陈观圻、蒋敦复等诗酒唱和，引为乐事。后归三林塘，声誉益重。光绪七年卒，享年七十三。著有《幼科推拿法》、《推拿二十八法》二书，今未见。子朱孔慈，绍承家学，业医。[见：《上海县志》、《月浦里志》]

朱令扬　清代江苏丹徒县大路镇人。精医术，尤擅幼科，名噪一时。远近就诊者，日以百计。[见：《丹徒县志摭余》]

朱乐虞　字若愚。清代江苏青浦县嵩子里人。乾、嘉间（1736～1820）在世。早年习儒，为附贡生。承世业，工于疡医。好济人急，治病常不受酬。晚年声名益高，门生甚众。年七十二岁卒。弟朱寅夏，亦精医术，与之齐名。[见：《青浦县续志》]

朱包蒙　明代山东莱芜县人。庠生。其兄官至中丞，朱包蒙以兄之故，官肥城镇抚，迁守备。儿时嬉戏，常取泥丸为药，以饲禽兽。稍长，读《黄帝内经素问》，一过不忘。久之精医，视病立决死生。臬司毕某，自觉无疾，包蒙诊其脉，曰："当患怔忡，五日后两臂不能曲伸。"果如其言。又，周某之子，周岁患淋闭，包蒙令去襁褓，以雪沃其足，遂愈。诸如此类，不可胜记。年八十余卒。[见：《莱芜县志》]

朱兰台　字增籍。清代湖南湘乡县人。生平未详。著有《疫证治例》五卷，刊于光绪十八年（1892），今存。[见：《中医图书联合目录》]

朱兰坡　清代江苏靖江县人。邑名医朱以增幼子。传承父学，亦通医术，悬壶济世。[见：《靖江县志》]

朱永明　字宗阳。宋元间人。生平里居未详。为道士，通炼丹术，时称朱炼师。曾得宋末太医刘开传授，精通崔嘉彦西原脉学。门生张道中，继承朱氏脉法，著《玄白子西原正派脉诀》一卷。[见：《中国医籍考》、《辍耕录·卷十九·脉》]

朱永弼　北宋人。里居未详。通医术，曾任翰林医候，值宿大内。政和间（1111～1117），宋徽宗敕编《圣济经》十卷、《圣济总录》（又作《政和圣济总录》）二百卷，成立编类圣济经所，命曹孝忠总领其事，下设同校勘官七人，朱永弼任点对方书官（详"曹孝忠"条）。[见：

《且朴斋书跋·跋重修圣济总录》]

朱永爵　清代山西虞乡县（今山西永济市虞山镇）人。太学生。得金针拨障之术，知名于雍、豫间。[见：《山西通志》]

朱芝香　字仙植。清代江苏泰兴县人。国学生。少嗜读，得咯血证，弗竟其业。后尽发古医书读之，穷究奥旨，遂以医术知名乡里。著有《医学玉连环》二十卷，为时所宗，今未见。[见：《泰兴县志》]

朱朴园　佚其名（号朴园）。清代安徽泾县人。官黄州通判。公余好读养生家言，取其平实者，类编成帙，辑《寿世编》一卷。今未见。[见：《安徽通志稿》]

朱百度　字权之。清代江苏宝应县人。精医术，专擅眼科，受惠者甚众。[见：《宝应县志》]

朱存仁　清代河南正阳县皮店人。精医术，尤擅痘科，病家竞相邀诊，车马不绝于途。重医德，治病不索诊酬，慈廉风操，有口皆碑。年七十八岁，无疾而终。子朱炳晖，为庠生。[见：《重修正阳县志》]

朱成璈　字阆仙。清末江苏嘉定县高墙村人。随叔祖朱澧涛习医，以疡科知名。丁家巷农民某，两睾丸溃烂，朱氏先敷以药，外以湿豆腐皮裹之，丸子重生，囊皮亦完好如初。花家桥顾某，百会穴生疽，形若覆碗，硬如铁石。朱氏先敷药使溃，继以刀割之，随烂随割，数月疽去，顶骨尽见，改用生肌药收功。川沙县一小儿患烂喉症，岁余不愈。朱氏知系先天所遗梅毒，授以解毒清火剂而痊。门人张寿颐，为近代名医。[见：《嘉定县续志》]

朱有光　清代四川达县人。父朱良珩，伯父朱良玉，皆精医学。朱有光克传家技，亦负盛名，求治者门庭若市。有医德，治病贫富一视。寿至七十余殁。[见：《达县志》]

朱有治　字君平。清代安徽婺源县罗田人。承先业习医，不泥于方书，临证多良效。杭州吴某之子，病痨数年，久医不效。延朱有治诊视，服药一月即痊；开化县一小儿发痉，其势甚危，众医束手。朱氏疗之，转危为安。著有《便用良方》二卷，未见梓行。[见：《婺源县志》]

朱有恒　号心园。明代浙江嘉兴县人。精通医道，为万历间（1573～1619）当地名医。[见：《嘉兴县志》]

朱有章　北宋人。里居未详。精医术，任太医院医官。嘉祐（1056～1063）初，诏命儒臣掌禹锡、林亿、苏颂、高保衡等重校《神农本草经》等医书八种，复令医官秦宗古、朱有章再次校订，诸臣编辑累年，编成《嘉祐补注神农本草》（简称《嘉祐本草》）二十卷，收药1082种，为当时本草典籍之最。原书已佚，其内容被收入后世本草著作。[见：《重修政和经史证类备用本草·本草图经序》)]

朱有筠 字竹溪。清代江苏常州灵台县人。寓居宜兴县。精医术，知名于时。[见：《宜荆县志》]

朱光斗 字象成。清代四川简阳县西路石板凳人。早年习儒，以教塾为业，设馆于同里廖振宗家。廖氏藏书甚富，光斗得以遍览群书，尤究心于医籍，朝夕研习，深得其奥。后以所学治病，多获良效，一时学馆亦为医馆，就诊者不绝。[见：《简阳县志》]

朱光玉 字石庭。清代湖北武昌县人。性慷慨，家业丰裕。精医术，治病不分贫富，亦不受谢。常制丸药施济贫病，全活甚众。[见：《武昌县志》]

朱光被 字峻明。清代人。生平里居未详。曾撰《金匮要略正义》三卷，启前哲未道之蕴。此书今存日本跻寿馆活字本，为二卷本。又有1936年仁盦学舍铅印本，题《金匮要略浅注摘要》（又作《金匮读本》），其内容即《金匮要略正义》。[见：《中国医籍考》、《中医图书联合目录》]

朱光熙 字一丹。清代河南商丘县人。道光间（1821～1850）诸生。著有《痘疹摘锦》，未见梓行。[见：《河南通志》]

朱光霁 清代江苏金山县张堰镇人。邑名医朱渭阳子。绍传父学，亦业医。[见：《张堰镇志》]

朱光黻 字绣甫。清代浙江余杭县人。咸丰二年（1852）进士。性颖异，读书过目成诵。从戎皖北，胜保聘为司记室，奏议、军书多出其手，名噪一时。殁于军营。所著《诗文集》、《医学汇钞》，毁于兵燹。[见：《余杭县志稿》]

朱同文 清代奉天府海城县（今辽宁海城）人。邑名医朱宝瑚侄，嗣为子。绍承宝瑚之术，亦为良医。[见：《海城县志》]

朱同焕 字明章。清代江苏上海县人。朱在镐曾孙。精医术，遇危证每出卓见，常奏奇效。有医德，凡延诊者，无论贫富皆往。[见：《上海县志》]

朱廷玉 明初昆山县（今属江苏）人。邑名医朱通甫长子。继承父学，亦业医。弟朱时中，子朱安、朱宁、朱源、朱仝、朱浩，皆工医术，以朱宁最负盛名。[见：《昆山历代医家录》（引《平桥稿·朱英斋墓志铭》)]

朱廷用 明代长洲县（今江苏苏州）人。精医术，以疡科知名吴中。婿张铸（1467～1525），得其亲授，亦精医术，曾任太医院医士。[见：《中医历代名医碑传集》（引陆粲《陆子余集·太医院医士张君墓志铭》)]

朱廷臣 字懋佐。明代江西乐平县人。性孝友，善医术，知名乡里。[见：《乐平县志》]

朱廷政 字君任。清代四川荣经县人。工医术，乾隆间（1736～1795）任县医学。朱氏以医济世，不谋私利。尝设药室于通衢，贫病者就诊不取药资。年八十八岁卒。[见：《荣经县志》]

朱廷锦 清代人。生平里居未详。工医术，曾任太医院八品吏目。乾隆四年（1739）任《医宗金鉴》校阅官。[见：《医宗金鉴》]

朱廷嘉 字心柏。清代江苏苏州人。自幼习儒，于功名得失素不介意。弱冠后究心医理，读《内经》、《伤寒》及河间、东垣、丹溪诸大家之书，略有领悟。时顾大田以医术知名于郡，朱廷嘉从游三载，专习内科。嗣后又从曹云洲研习外科。问津既久，仍孜孜研修不辍。道光二十九年（1849），友人携史大受《史氏实法》求售，朱廷嘉出重金购之，置之案头，暇即披览，如获至宝，称此书为"医之宝鉴，度世金针"。咸丰十年（1860），避兵于光福山，摘取幼科各书，选紧要者汇为五卷，补入《史氏实法》，于光绪九年（1883）完成，易名《朱氏实法》（包括《朱氏实法》四卷、《伤寒科》一卷、《幼科》五卷），行于世。今中国科学院图书馆、苏州市图书馆藏有抄本。[见：《吴中名医录》、《中医图书联合目录》]

朱廷銮 字殿臣，号芝圃。清代安徽婺源县带川人。监生。性淳笃，少习举业，赴郡邑试，屡列前茅。弱冠后，精岐黄术，活人甚多。尝游幕于景镇，副将尹某之子患病，诸医无效，延请廷銮诊视，一剂而愈。尹赠以"医比和缓"匾额。著有《芝圃医学治法》，未见梓行。孙朱若璘，笃学能医。[见：《婺源县志》]

朱廷璋 清代甘州（今甘肃张掖）人。精岐黄术，知名于时。与丁建极、张圣斌齐名。诸医卒后，均入祀当地医祖宫。[见：《甘州府志》]

朱自华 字东明。明代萧县（今属安徽）人。好读书，兼精医术。曾授太医院判，逾年归里，施药济众。三举乡饮大宾。年七十九岁卒。著有《医书简要》四卷，传于世，今未见。[见：《江南通志》、《徐州志》]

朱仲畴 元代南平县（今福建南平）人。通医术，曾任南剑路医学录。孙朱彦永（1328~1388），为明初延平府医学正科。[见：《中国历代名医碑传集》（引王直《抑庵文后集·医学正科朱君墓碣铭》）]

朱全峰 字服占。清代河南淮阳县人。太学生。精通医术，知名于时。咸丰二年（1852）疫作，朱氏沿门诊治，日无暇晷，活人不可胜计。[见：《淮阳县志》]

朱庆云① 清代江苏靖江县人。工医术，负盛名，官医学训科。子朱心葵，孙朱方灿，医名益噪。[见：《靖江县志》]

朱庆云② 字少农。清代安徽芜湖县人。儒医朱恩子。早年习儒，为庠生。继承父业，亦工医术。[见：《芜湖县志》]

朱庆申 号松溪。清代浙江人。生平里居未详。岁贡生。著有《松溪诗草》七卷、《保赤慈航》三卷，未梓。[见：《浙江通志稿》]

朱庆祺 清代江苏靖江县人。邑名医朱以增长子。早年习儒，为附贡生。传承父学，悬壶济世。[见：《靖江县志》]

朱齐龙 字澄源。明代安徽休宁县月潭人。精岐黄术，常以药饵济人。曾举乡饮大宾。著有《澄源本草》，行于世，今未见。[见：《休宁县志》]

朱阶泰（1848~1915） 字安甫。清末江苏元和县唯亭（今属苏州）人。祖父朱健侯，父朱荆门，俱以医为业。朱阶泰继承家学，复受业于新阳县名医顾凤荪，医术益精。后悬壶巴城镇，治病应手辄效，求诊者踵相接，遂定居于此。性谦恭，好施济，每月朔望（初一、十五日）送诊，贫者赠以药，旋成定规。与巴溪同道冯性斋、罗勉之、张梦三、顾小江相往还，切磋学术。晚年嗜书法，参佛学，颐养天和。[见：《巴溪志》、《吴中名医录》]

朱如玉 字远斋。明代浙江归安县人。精通医术，声名噪甚。性耿介，与名医陆岳为莫逆交。归安县令某，闻朱氏之名，屡召不赴，大怒，借事系之狱，欲毙之杖下。邑绅十余辈为请，竟不释。其妻奔号求救于陆岳，陆亦无计可施。适按台巡视湖州，患疟疾，诸医治之不效，召陆诊。陆喜曰："机在是矣！"遂应邀诊治。病愈十之六七，乘间谓按台曰："此症虽减，而脉似未减，此余邪未尽，恐后时有变。某有师兄朱如玉，术高某百倍，若得此人商治，百无一失。奈其得罪县尊，现在监禁。"按台遂令捕官赴归安县请朱，朱得获释。及视按台疾，论病证如亲见者，用润字丸三钱先服，继以前汤方加生肠散，是夜下宿垢极多，明日疟止。[见：《续名医类案·疟》]

朱观海 字会东。清代山东阳信人。岁贡生。自幼颖悟好学，博学多通，尤精医道。屡试不得志，设帐授徒，从学者甚众。[见：《阳信县志·文学》]

朱声雷 清代浙江秀水县人。工医术，家藏宋元以来诸名医著述。婿姚鉴，尽得其传。[见：《嘉兴府志》]

朱苍海 清代河南淮阳县人。精岐黄术，以医药济人。[见：《淮阳县志》]

朱克家 字守愚。清代江苏嘉定县人。精医术，专擅疡科。知县吴恒以"术迈灵胎"额其门。侄朱良玉，亦以医知名。[见：《嘉定县志》]

朱杏林 字子正。清代江苏嘉定县人。精医术，存心济世，活人甚多。子朱琬玉，善制武侯膏，治诸疮极验。[见：《嘉定县志》]

朱来凤 字征羽。清代浙江桐乡县人。邑庠生。擅书法，初摹《十七帖》，后参习怀素，日写数千字，如修蛇赴壑。兼通医术。著有《医学明辨》、《植槐堂文集》，未见刊行。[见：《嘉兴府志》、《桐乡县志》]

朱时中 明初昆山县（今属江苏）人。邑名医朱通甫次子。继承父学，亦业医。兄朱廷玉，亦工医术。[见：《昆山历代医家录》（引《平桥稿·朱英斋墓志铭》）]

朱时进 字南珍。清代江苏南汇县人。早年习儒，弃而业医。勤于研究，常手录前人秘本，采撷精华。辑有《一见能医》十卷，刊于乾隆三十四年（1769）。[见：《中国历代医家传录》（引《一见能医·序》）]

朱秀海 清代江苏松江府人。康熙间（1662~1722）在世。业医，知名于时。[见：《中国历代医家传录》（引《述异记》）]

朱我峙 字巍然。清代江苏靖江县人。世医朱鼎和子。国学生。性慈孝而友爱，见称于族党间。绍承家学，精研《内经》诸书，亦以医术知名。次子朱桂，孙朱鹤庭，曾孙朱以增，

均传家学。[见:《靖江县志》]

朱佑之 清末江苏昆山县千墩镇人。精医术,以内科知名。与同镇陈慕贤、潘慰如、徐世寿齐名,有"千墩四柱"之誉。[见:《昆山历代医家录》]

朱伯舒 明代江西庐陵县人。邑名医朱习存子。继承父学,医术精奇,临证应手取效,一时称为神医。[见:《庐陵县志》]

朱伯德 清代河南长垣县人。精医理。曾任太医院八品吏目,迁院判。乾隆四年(1739)任《医宗金鉴》副纂修官。[见:《医宗金鉴》、《长垣县志》]

朱希镐 字松坪。清代江苏宜兴县人。生平未详。著有《究心编痘科》二卷,今存道光十年庚寅(1830)刻本。[见:《江苏历代医人志》、《中医图书联合目录》]

朱应轸 明代浙江钱塘县人。精通医术,知名于时。曾倡建天医院于西湖,供奉陶弘景、吴普、许叔微三位古代名医。[见:《医胜·天医》]

朱怀宇 清初浙江鄞县人。精医术,专擅外科,有名于时。同时以外科知名者有汪少东、张金铉、陆尔真等。[见:《宁波府志》、《鄞县志·李珽》]

朱沛文 字少廉,号绍溪。清代广东南海县人。咸丰间(1851~1861)生于世医之家。幼承庭训,自《内经》、《难经》而下,无书不读。及长,兼阅西洋医书,亲赴西洋人所设医院,观察脏腑真形,故力主中西医学汇通。尝曰:"华洋著说,不尽相同。窃意各有是非,不能偏主,有宜从华者,有宜从洋者。大约中华医者,精于穷理而拙于格物;西洋智士,长于格物而短于穷理。"朱氏曾汇编中西脏腑、体用异同之说,采其浅而易明,简而约要者,著《华洋藏象约纂》三卷,刊于光绪十九年癸巳(1893)。[见:《华洋藏象约纂》、《中国医学大成总目提要》、《中医大辞典》、《贩书偶记》]

朱沧涛 清代江苏娄县人。以医为业,初未为人知。时有某府翁得奇疾,每发病,鼻孔气出如烟,自觉有小儿坠地幻象,心怀忧惧,虽遍延名医,百治不效,数年转剧。朱氏应聘往诊,阅群医之方,独谓其中以肺虚论治者可用,于原方加龙骨三钱,逾月而痊,由是名噪于松江。[见:《娄县续志》]

朱良玉① 字昆冈。清代江苏嘉定县安亭镇人。邑名医朱克家侄。朱良玉亦精

医术,知县吴恒赠"神乎其技"匾额。[见:《嘉定县志》]

朱良玉② 字连城。清代四川达县人。早年读书,熟通经史。因屡踬科场,弃儒习医,术业精良。推崇名医朱震亨,时人赠匾曰丹溪再现。年七十五岁卒。弟朱良珩,侄朱有光,均以医知名。[见:《达县志》]

朱良珩 清代四川达县人。邑名医朱良玉弟。亦精医术,治病不分贫富,就诊者若市。年七十余卒。子朱有光,绍传家学。[见:《达县志》]

朱良能 字致之。元代燕山(今北京)人。元贞元年(1295)官成和郎福建等处官医提举。曾为窦杰《针经指南》作序。[见:《中国历代医家传录》(引《爱日精庐藏书志》)]

朱良翰 字文泉。明代安徽贵池县人。其先系出金华朱氏,世以医名。朱良翰亦工医术,深明脉理,投剂效验如神。其幼子朱世宁,为崇祯间(1628~1644)名医。[见:《贵池县志》]

朱启鉴 字镜秋。清代江苏上元县人。素工医术,诊治不求酬谢。[见:《续纂江宁府志》]

朱诒绪 清代江苏宝山县人。生平未详。著有《医学补旨》二卷,未见梓行。[见:《宝山县续志》]

朱陈应 字惠东。清代广东惠来县人。朱黄子。康熙十九年(1680)岁贡生。素性谦和,言谈笃实,学者宗之。精岐黄术,恒以医药济人。[见:《惠来县志》]

朱纯嘏 字玉堂。清代江西新建县人。幼习举业,后学医术,于痘疹尤得秘传。康熙间(1662~1722)地方大吏荐之于朝,授太医院御医,赐宅第。年七十余乞归。著有《痘疹定论》四卷,今存康熙五十二年(1713)刻本。[见:《新建县志》、《南昌府志》、《郑堂读书记》、《贩书偶记》、《中医图书联合目录》]

朱奉璋 清代江苏句容县人。善接骨。凡珍贵药品,悉力营致,施治贫者不稍吝。[见:《江苏历代医人志》]

朱若木 字春谷,号定禅生。清代江苏奉贤县人。工书画,尤精针灸,知名于时。[见:《奉贤县志》]

朱若璘 清代安徽婺源县带川人。邑名医朱廷銮孙。笃于儒学,兼善医术。[见:《婺源县志》]

六画

朱范莲 清代江苏嘉定县人。与郁璞师事本县名医钱肇然。二人曾整理钱氏医案，辑《兰室医案》一卷，今未见。[见：《嘉定县志》]

朱松庆 (1872～1938) 字永康，号南山（以号行）。近代江苏南通人。家境贫寒。从同乡沈锡麟学医，技成，悬壶于乡，渐有声誉。1916年徙居上海，设诊所于开封路。临证善用伤寒方，尤擅治妇科经带，声望日高。1933年迁北京西路，专以妇科见称，求治者甚众。1936年参与创办新中国医学院，对中医教育有贡献。其治病善用汗、吐、下三法，颇近于张子和。对张介宾"无虚者，急在邪气，去之不速，留则生变"之说，亦极推崇。治妇科则以"肝为女子先天"立论，多著良效。子朱鹤鸣、朱鹤皋，为现代名医。[见：《江苏历代医人志》]

朱松龄 (?～1827) 号苍山。清代广东清远县城内人。长乐县教谕朱沣子。自幼习儒，年弱冠补弟子员，旋食廪饩。中丞韩崶，延聘主讲凤城书院，历时八年。乾隆六十年（1795）举优贡，选授阳江县儒学训导，专心课士，创建学宫，兼主持濂溪书院。道光七年卒于官，灵柩归，送者百余人。生平博览群书，兼精医学。著有《岐轩管豹》三卷、《香芸斋各体诗文》五卷、《清远县志稿》六卷，未梓。[见：《清远县志》]

朱枕山 清代江苏常熟县桐泾港人。业医，与曹存心齐名。著有《医案》，为龚霞伯收藏。[见：《吴中名医录》（引《吴医汇案选辑》）]

朱叔麒 (?～1313) 宋元间婺州义乌（今浙江义乌）人。咸淳四年（1268）进士，历任县尹、州佐等职。兼通医学，在任时，狱囚有疾，必治善药，亲临饮之。晚岁以济人为事，平素储药于室，匾曰存恕，以示及人之意。乡里以疾病告者，必自为治药，又亲视烹之，亲视饮之。曰："药虽善矣，烹之不如法，勿验也；饮之不以其时，亦勿验也。"又谓："疾之望疗，如望拯溺也。"尝烹药于器，携一童于凌晨赴病家，马惊坠于水，虽霜天寒甚，起立无愠色，亟索衣易之，上马复往。从孙朱震亨，为元代著名医家。[见：《中国历代名医碑传集·朱丹溪年谱》]

朱肯堂 元代安徽怀远县人。祖上五代业医，与名医朱彦实、朱莹、秦子通等齐名。[见：《怀远县志》]

朱卓夫 (1893～1969) 字先敬。现代湖南湘潭县人。早年习举业。其曾祖父患虚劳痼疾，虽遍延名医，终殁于治疗失当。朱氏悲痛之余，尽弃所学，立志习医。年二十岁，从湘乡名医易荩荄学，尽得其传。三年后，悬壶于乡。民国时，湘潭城考核医生，就试者百余人，朱氏以典籍娴熟，博论精深，名列前茅。自此，名振遐迩，求诊者络绎不绝。中华人民共和国成立后，移居湘潭市。1957年任市中医院院长。1959年应聘出任湖南中医药研究所特约研究员。并历任湘潭市第一至三届人民代表大会委员、市政协委员。著有《临证心得》、《湖南省老中医医案选·朱卓夫医案52例》等。[见：《著名中医学家的学术经验》]

朱国宾 明代安徽歙县人。精医术，尤善治痘疹。著有《痘疹全书》，今未见。[见：《新安名医考》]

朱昆峰 清代人。生平里居未详。著有《经验良方》，今存光绪七年（1881）抄本。[见：《中医图书联合目录》]

朱昆龄 字鹤栖。清代河北沧县人。精岐黄术，志在活人，老犹不倦，远近称良医。年七十二岁卒。著有《脉诀论》、《万病全方》等书，未见梓行。[见：《沧县志》]

朱鸣春 字晞雍。清代江苏泰兴县人。贡生。旁通医术。著有《真知录》、《药性歌》二书，流传于世。今未见。[见：《泰兴县志》]

朱咏莲 清末江苏吴县周庄镇人。名医何长治门生。[见：《何鸿舫医方墨迹》]

朱季高 字如山。宋代人。里居未详。官潭州司理参军。藏有《朱氏家传》，为其家世传验方集。刘昉编《幼幼新书》，曾参引此书。[见：《幼幼新书·近世方书》]

朱秉钧 字道远。清代河南新乡县人。精医术，知名于时。[见：《新乡县续志》]

朱佩芬 字二允。清代江西南丰县人。精医学。著有《携囊集》，今未见。休宁汪昂著《医方集解》，多引用其说。[见：《南丰县志》]

朱佩湘 字莞山，号蘅溪。清代安徽婺源县带川人。增贡生。颖异嗜学，贯通经史，诗文俱佳，兼涉医学。三赴省试不中，中翰洪梅坪延为西宾三十余载。咸丰间（1851～1861）襄办团练，奖五品衔。光绪三年（1877）刊先贤汪子遗书，延任校勘。年七十六岁卒。著有《明医存养》、《脉诀》、《蘅溪诗集》等书，未见梓行。[见：《婺源县志》]

朱佩麟 清代安徽庐州（今合肥）人。生平未详。著有《医捷》一书，今未见。[见：《庐州府志》]

朱育民 清代江苏宝应县人。精医术，善痘科，有活痘神之称。[见:《宝应县志》]

朱学林 号习之。清代湖南祁阳县人。生性耿直，非良善不交，生平多隐德。尤精医术，善治疑难异证，全活甚众。治病不索谢，或强与之，亦固辞。[见:《祁阳县志》]

朱学泗 （1774～1844） 号鲁泉。清代陕西富平县原镇人。父朱毅斋，游幕四方，家徒四壁，饘粥不继。学泗自幼敏达，读书通晓大义，过目不忘。早年游泮，因母病家贫，弃儒习医。遍读医门经典，以《伤寒论》为宗，久之通悟医理，终愈母疾。临证善诊断，析症论病，知医者靡不折服；处方极精简，时医或谓方症不合，而服之辄愈。有屡服参苓不效者，朱氏诊之，数文钱市药而愈，医名盛极一时。"每以粗衣朴服，出入于府第中，与主人抗礼，与诸医辩论方脉，侃侃而谈，声若金石"。户部主事路德（1784～1851）雅重其学，问曰:"子年长矣，斯道有传人乎?"答曰:"不得其人，轻传反以滋误，不如且已。"晚年幼孙夭折，过哀致疾，竟不起，寿七十有一。子朱东、朱棻，皆业儒。[见:《中国历代名医碑传集》（引路德《柽华馆文集·朱鲁泉墓志铭》)]

朱法思 清代河南中牟县人。恩贡生。品端学博，深明医理。道光二十七年（1847），疫疠流行，朱氏竭力救治，兼备药饵以应贫病，全活不可胜数。[见:《中牟县志》]

朱宝全 字璞庵。清代江苏奉贤县南桥人。精医术，尤善治外证。[见:《奉贤县志》]

朱宝纯 字竹村。清代江苏娄县人。精于医术，专擅疡科，有声于时。[见:《松江府志》]

朱宝瑚 清代奉天府海城县（今辽宁海城）人。幼习绘画，及长，嗜于医书。究心十余载，于伤寒、温病辨析入微，遂以医为业，知名于时。无子，以侄朱同文嗣。同文得其传，亦成良医。[见:《海城县志》]

朱宗善 明代浙江义乌县人。名医朱震亨曾孙，医学训科朱文永子。绍承家学，正统（1436～1449）初，以医著名。尝编辑经验之方，附刻于曾祖《格致余论》之后。[见:《义乌县志·朱玉汝》]

朱实秀 字莘野，号稻香（一作稻青）。清代浙江海宁县人。朱廷枢孙。诸生。旁通医学。著有《医学摘锦》、《医学纂要》（又作《医学撮要》）等书，未见刊行。[见:《海昌备志》、

朱承恩 字榆仲。清代浙江海宁州人。邑名医朱仁荣次子。与兄朱济川、弟朱承绶均为名诸生，皆能传承父学。[见:《海宁州志稿》]

朱承绶 字槐叔。清代浙江海宁州人。邑名医朱仁荣幼子。早年习儒，为诸生。兼精家学，以医为业。兄朱济川、朱承恩均以儒医知名。[见:《海宁州志稿》]

朱承鼎 字理卿。清代江苏南汇县新场人。迁居上海县闵行。补博士弟子员。嗜读书，终日手不释卷。善属文，文风典雅。尤好岐黄之学，博通《内经》、《难经》、《伤寒》、《金匮》诸医典。又精研脉理，治病应手奏效。著有《伤寒述义》四卷，未见梓行。[见:《上海县志》]

朱孟坚 字兼白。清代浙江秀水县人。府庠生。精医术，以痘科知名。中年省闱被黜，饮泣目盲，以手摩挲诊疾，决吉凶无爽。年九十三岁卒。著有《痘科医案》、《临证指南注》（与同里举人陈鹿苹合注）等书，均毁于兵燹。[见:《嘉兴府志》]

朱荆门 清代江苏元和县唯亭（今属苏州）人。邑名医朱健侯子。继承父学，亦业医。子朱阶泰，医名益盛。[见:《巴溪志》]

朱荣国 字治平。清代安徽黟县紫阳里人。早年习儒，为监生。因父病而习医，医术精湛。晚年挟技游于皖上，凡病家延请，即徒步出诊，用药审慎，立方辄效，全活不可胜计。怀宁知县郑泰赠以"回春妙手"匾额。[见:《黟县三志》]

朱栋隆 字子吉，号春海，别号瓶城子。明代丹阳县（今属江苏）人。江西宪副朱平野长子。幼颖异，攻举子业，补京庠弟子员籍，学行优长，有文名，而屡屈场屋。因母病，侍汤药十余年，遂刻意于医学。曾随父历两京、三吴、江右、闽、粤诸地，遍访名医，寻师会友。复博览《内经》、《难经》、《伤寒》诸医典，兼读后世名医之书，悉考究精详，于脉学、痘疹尤为擅长。著有《痘疹不求人》一卷（与其弟朱德隆同撰，又称《经验痘疹不求人方论》，刊于万历二十二年）、《四海同春》（刊于万历二十五年）、《脉药蠡管》八卷（今未见）等书。弟朱德隆，亦通医理。[见:《痘疹不求人方论·序》、《四海同春·序》、《中医图书联合目录》、《贩书偶记》]

朱柏林 清代江苏泰州人。邑名医袁辅治门生。曾整理袁氏验案，撰《应验方》一卷，

收医案三百余例，末附安胎方十首、秘传方八首、内景图说一篇，今存抄本，藏于苏州大学图书馆。[见：《续纂泰州志》、《泰县著述考》、《中国医籍大辞典》]

朱厚煜 （？～1560） 自号枕易道人。明代皇族。赵简王朱高燧（明成祖三子）五世孙，赵庄王朱祐楺子。正德十五年（1520）袭封，史称赵康王。性和厚，事祖母杨妃以孝闻。嘉靖八年（1529）冬，境内大饥，朱厚煜上疏，请辞禄一千石以佐赈。帝嘉其忧国，诏有司发粟，不允所辞。朱氏嗜学博古，文藻赡丽，声誉浃于四方，远近能谭艺者，莫不倾慕风采。文酒燕游，有淮南梁孝之遗风。构一楼名思训，常独居读书。居常每庇护宗室、家奴，故与通判田时雨、知府傅汝砺不睦。嘉靖三十九年十月，傅汝砺以宗室殴府官，尽捕各府人。厚煜由是忿患，竟自缢死。著有《居敬堂集》。朱氏刊印古籍甚多，称赵府居敬堂刻本，其中《补注释文黄帝内经素问》、《黄帝内经灵枢》为现存中医古籍中佳善之本。[见：《明史·成祖诸子·赵王高燧传（附厚煜传）》、《中国人名大辞典》、《善本医籍经眼录》、《中国善本书提要》]

朱厚熜 （1507～1566） 即明世宗。嘉靖元年（1522）登位，四十五年（1566）卒，时年六十岁。留意医方，尝编《世宗易简方》一卷，已佚。[见：《明史·艺文志》]

朱奎光 字健庵，号梅村。清代河南太康县朱堂人。邑庠生。少失恃，依父成人。幼敏慧至孝，父病，每进汤药，必先亲尝。年十二岁即通《五经》，工诗赋。十七岁丧父，及长，以蒙童为业，兼涉猎医书。四十八岁卒。著有《万全医书》、《梅村诗集》，稿藏于家。[见：《太康县志》]

朱显道 元明间携李（今浙江嘉兴）幽湖人。青阳县教谕朱仁甫子。师事兰溪名医王国瑞，获九针补泻法。后悬壶济世，拯救甚多。[见：《金元医学人物》]

朱映同 清代甘州（今甘肃张掖）人。精岐黄术，知名于时。与陈应学、陈应时俱为甘州医官。乾隆十三年（1748），诸人创修药王大殿三间，奉祀历代名医神位。[见：《甘州府志》]

朱映离 （1776～1851） 字瑞廷。清代河北太康县南朱寨人。增生。家贫力学，终日无倦容。性行端谨，不苟合于世，终生以教授生徒为事。咸丰元年卒，享年七十六。著有《养

生录》，藏于家。[见：《太康县志》]

朱映璧 字玉符。明代浙江会稽县人。生平未详。尝订正陶华《伤寒全生集》四卷，刊刻行世。[见：《中国医籍考》、《历代医书丛考》]

朱思简 唐代人。生平里居未详。著有《食经》，已佚。其部分内容尚散见于《医心方》。[见：《日本医学史·医心方引用唐书目》、《医心方》]

朱俨镰 明代湖北江陵县人。生平未详。著有《野菜性味考》，今未见。[见：《江陵县志》]

朱保煦 字慕丹。近代江苏昆山巴城镇人。嗜古能文，兼精医术。抱阐发幽隐之志，怀医人济世之心。每于视疾之余，留心地方掌故，搜罗遗轶，记载见闻，撰《巴溪志》，刊刻于民国二十四年（1935）。[见：《巴溪志·序》]

朱俊生 清代江苏靖江县人。邑名医朱以增次子。传承父学，亦通医术，惜早卒。[见：《靖江县志》]

朱奕梁 清代人。生平里居未详。撰有《种痘心法》、《种痘指掌》各一卷，刊刻于世。今存。[见：《八千卷楼书目》、《中医图书联合目录》]

朱奕章 清代浙江东阳县人。居县城。精医理，善脉法，知名于时。同邑赵焕文、葛知瑞，均精脉法。[见：《东阳县志》]

朱音恬 字咏清。清代四川什邡县人。雍正元年（1723）恩科举人，官蓬州学正。兼通医学，归乡后，以术济人。著有《医理元枢》十二卷，刊于乾隆十八年（1753）。此书包括《运气要略》、《脉法心参》、《医方捷径》、《伤寒论注》、《金匮要略注》、《妇科辑要》、《幼科辑要》等七种。[见：《四川通志》、《重修什邡县志》、《中国丛书综录》、《中医图书联合目录》]

朱彦永 （1328～1388） 号恒轩。元明间福建南平县人。元南剑路医学录朱仲畴孙。幼丧父母，事诸兄如父。敏而好学，未尝以贫困废读。尤嗜医学，博览众书，后以医名世。洪武十七年（1384）设医学，举善其术者授以官。彦永以名医膺荐，出任延平府医学正科，以术济人。次年，摄理西平河泊事。藩府奇其能，适尤溪县令缺员，民请于郡，遂使彦永摄县事，在任民心化服，讼理政平。后又以贤良文学荐，征书下而卒。时戊辰八月初一日，年六十一岁。[见：《中国历代名医碑传集》（引王直《抑庵文后集·医学

正科朱君墓碣铭》）]

朱彦实 元代安徽怀远县人。五世业医，至彦实亦精其术，与同时良医朱肯堂、朱莹、秦子通等齐名。[见：《怀远县志》]

朱洞宾 清末江苏上海县北桥人。朱以义长子。早年习儒，后弃而攻医，精其术，知名于时。[见：《上海县志》]

朱济川 字杏伯。清代浙江海宁州人。邑名医朱仁荣长子。早年习儒，为诸生。绍承家学，以医为业。著有《灵兰馆医案》，未见梓行。弟朱承恩、朱承绶，皆为儒医。[见：《海宁州志稿》]

朱祝三 号尧民。清代安徽庐江县人。增贡生。曾任宁国训导。工篆隶，精易学，"抉河洛理数之微，参阴阳生克之妙"。咸丰间（1851～1861）庐江县办转运，同治四年（1865）清丈地亩，朱氏皆总董其事，有条不紊。中年擅医术，善决人生死，名震一时。著有医话《性理绪余》五卷，刊于光绪五年（1879），今中国医学科学院图书馆藏白鹿山房刊本。还著有《张氏难经赏析性理篇》，未梓。[见：《庐江县志》、《中医图书联合目录》]

朱费元 字怀刚，号杏村。清代江苏青浦县崧子里人。朱德基长子。早岁失恃，及长，从东北乡汪孝先习医，尤殚心疡科，为嘉庆、道光间（1796～1850）良医。著有《临证一得方》四卷、《疡医探源论》一卷。同里陆我嵩赞之曰："发前人所未发。"二书今存抄本，书藏上海中医药大学图书馆。[见：《松江府续志》、《青浦县志》、《中国历代医家传录》（引《临证一得方·序》）、《中医图书联合目录》]

朱逊来 清代江苏长洲县浒墅镇南河里（今属苏州）人。以儿科著称，全活婴幼甚众。与同邑名医罗启周齐名。[见：《吴县志》、《浒墅关志》]

朱逊炌 明代安徽凤阳县人。代简王朱桂六子。宣德间（1426～1435）封灵邱王。好学工诗，尤善医，尝施药治瘟疫，全活甚众。[见：《明史·代简王桂传（附灵丘王逊炌）》]

朱载扬 字克珸，号丹山。清末浙江仙居县人。早年习儒，为诸生。精医术，善治麻症，时人称为"麻仙"。著有《麻证》。王镜澜于光绪五年己卯（1879）见其稿，赞之曰："其看证则辨明气候，其治法则穷究根源，其下药则酌定先后，其食饮则剖分禁忌。取古人之成方，而以平生所历验之证运化之。此诚先生拯婴之美意，

济世之苦衷也。实补千百年医书之所未备矣。"遂与朱载扬族孙朱梦裘参校、增注，分为四卷，名之曰《麻症集成》（《仙居县志》作《麻证集成》），于当年刊刻行世。[见：《仙居县志·艺文志·麻证集成·王镜澜序》、《中国医学大成总目提要》、《中医图书联合目录》]

朱恭时 明代人。生平里居未详。曾任太医院院判。朱儒游京师，朱恭时赏识其学，引为族属，并荐为太医院医士。[见：《浙北医学史略》]

朱桂华 字实夫。清代安徽婺源县人。宋儒朱熹后裔。国学生。祖上数代业医，技术精湛，穷苦者求治不收谢资。[见：《新安名医考》]

朱振声 近代浙江嘉善县人。早年毕业于上海中医专门学校，从丁继万临诊有年，后执业于上海。曾任《卫生报》编辑，《幸福报》主编，新新公司医药顾问。素体孱弱，积劳成疾，不及救治而殁。善著述，今存者《内经运气辑要》、《用药指南》、《百病秘方》、《丹方精华》、《家庭实用验方》、《温病疫疠源流辑要》、《痨病自疗法》、《虚劳研究》、《肺病指南》、《咳嗽自疗法》、《哮喘自疗法》、《肝胃病》、《吐血须知》、《吐血自疗法》、《失眠自疗法》、《妇女病》、《白带自疗法》、《月经病自疗法》、《血崩自疗法》、《孕妇须知》、《求孕与避孕》、《淋浊自疗法》、《遗精自疗法》、《乳病研究》、《咽喉病》等二十余种。[见：《中国历代医史》、《中医图书联合目录》]

朱恩华 字雅南。清末安徽旌德县人。精医术，悬壶扬州。著有《素问运气浅说》一卷，刊刻于世。今存光绪三十二年（1906）商务印书馆铅印本，书藏上海中医药大学图书馆。[见：《中医图书联合目录》]

朱铉臣 清初江苏昆山县人。精医术，以幼科知名。与同邑名医支东云同时。[见：《昆新两县续修合志》]

朱傥林 （1773～1816） 原名文埴，字彦章，又字鸿基，号莘田。清代江苏昆山县陈墓镇（今锦溪）人。宋代名儒朱熹后裔。其先世为安徽婺源人，元至正间（1341～1368）迁居昆山。傥林幼习举业，嘉庆二年（1797）为邑庠生。后因家贫弃儒学医，悬壶于世。临证审慎，稍有疑问即检阅医书，反复研究，秉烛恒至夜半，故所治多效，声名日盛。虽日诊数十人，必详录医案，积久达数十册。年四十供冒暑出诊，患目疾，久之眇一目。数年后病卒，年仅四十四岁。

朱氏于医学外，兼工书画，书学赵孟頫，山水画师法自然。子朱锷，继承医业。[见：《昆山历代医家录》]

朱健侯 清代江苏元和县唯亭（今属苏州）人。业医，知名于时。子朱荆门，孙朱阶泰，皆工医术。[见：《巴溪志》]

朱逢源 清代江苏靖江县人。生平未详。著有《临症治验神行集》，未见流传。[见：《靖江县志稿》]

朱涟溪 清代江苏甘泉县邵伯镇人。世医朱星子。克传家学，亦以医术知名。[见：《甘泉县续志》]

朱润苍 （1909～1960） 字树德。现代江苏昆山县周庄镇人。幼承庭训，由祖父授以四书五经。性聪慧，十三岁能诗文。十五岁从浙江嘉兴朱斐君学习中医，技成归乡，设诊南湖街，业内科。抗日战争时期，亲笔记录侵略者罪行，编《贞丰八年血泪录》，收入1983年第4期《近代史资料》。[见：《昆山历代医家录》（引1992年《周庄镇志》）]

朱家鼐 清代四川简阳县西路草池堰人。邑名医朱容焜子。绍承父业，亦为良医。[见：《简阳县志》]

朱容栋 字二安。明代湖北江夏县（今武汉）人。祖籍安徽凤阳，为明太祖朱元璋十二世孙，宗室朱盛泳子。工医术，知名于时。著有《医宗尺玉》等书，未见传世。[见：《江夏县志》、《湖北通志》]

朱容焜 字跃庭。清代四川简阳县草地堰人。精医术，尤深于脉理，治病多奇效，名噪于时。同乡一妇人，病似甚剧，朱氏诊其脉曰："此病不为害，数日后不药可愈。"病妇兄弟在侧，私谓朱氏技拙，戏令诊脉。朱氏切脉察色，惊曰："邪入膏肓，难于救治。"不数日，皆如其言。朱氏年七十二岁卒。子朱家鼐，亦为良医。[见：《简阳县志》]

朱通甫 元明间昆山县（今属江苏）人。邑名医刘国瑛婿。从岳父习医，尽得其传，为当时良医。长子廷玉、次子时中，皆承父业。[见：《昆山历代医家录》（引《平桥稿·朱英斋墓志铭》）]

朱骏声 （1788～1858） 字丰芑，小名庆元，号允蒨，晚号石隐山人。清代江苏吴县人。贡生朱德垣子。自幼习儒，十三岁受许氏《说文》，一读即通晓。年十五冠郡试，补府学生。钱大昕主讲紫阳书院，一见奇之，曰："衣钵之

传，将在子矣！"纳为门生。嘉庆二十三年（1818）中举，官黟县训导。解职后，置田宅寓居黟县石村。咸丰元年（1851）进所著《说文通训定声》、《古今韵准》、《柬韵》、《说雅》，共四十卷。皇帝披览，嘉其善，赐国子监博士衔，不遏选归。年七十岁，迁扬州府学教授，引疾辞。次年殁。朱骏声为清代著名学者，通经史，工诗赋，尤精小学。兼涉医学，曾著《轩岐至理》四卷，未见流传。子朱孔彰，能传父学，著有《说文粹》等书。[见：《清史稿·朱骏声传》、《吴县志》、《黟县三志·寓贤》、《近三百年人物年谱知见录》]

朱继昌 字慎思。清代江苏宝山县人。乾嘉间（1736～1820）在世。精医理。辑有《济生宝筏》一百一十卷，藏于家。[见：《宝山县志》]

朱培五 清代江苏扬州人。博涉群书，工诗善医，知名于时。[见：《中国历代医家传录》（引《扬州画舫录》）]

朱培华 号亘垣。清代江苏无锡县人。嘉庆间（1796～1820）诸生。生平未详。著有《喉症全书》。[见：《吴中名医录》（引《锡金历朝书目考》）]

朱梦元 清代人。生平里居未详。著有《尚论张仲景伤寒论重论》一卷。今浙江省图书馆藏有抄本。[见：《中医图书联合目录》]

朱捷士 清代人。里居未详。精医术，供职于太医院。汉阳吴承膏从其学，尽得传授。[见：《汉阳县志》]

朱掞芳 号朴斋。清代湖南宁乡县人。监生。博观史传，读书目数行下。未尝肆力于诗，而有所作辄为名家激赏。慕鲁仲连、邵尧夫之为人，论列古今有特识。与人交，善恶无所掩饰，遇气节事，昂藏激切，不畏中伤。少年丧父，事母以孝闻。因母病究心古方书，亲侍汤药，立方审慎。著有《原医》上下篇，今未见。[见：《宁乡县志》]

朱晞阳 清代江西吉安府人。得名医葛乾孙亲授，精通医术。门生喻崇墅，业儒而精医。[见：《盐乘》]

朱崇正 字宗儒，号惠斋。明代江西庐陵县（今吉水）人。通医理，推重名医杨士瀛，曾增补杨氏《仁斋直指方论》、《伤寒类书活人总括》、《小儿方论》三书，分别著《附遗》，附于诸书之后，刊刻于嘉靖间（1522～1566）。[见：《庐陵县志》、《四库全书总目提要》、《四部总录医药编》]

朱崇英 字映阳。清代山东阳信县人。进士朱周业曾孙，庠生朱百揆子。自幼习儒，为邑增生。颖悟过人，通晓地理，尤精医术，擅治痘疹，有著手回春之效。天性恢谐，有晋人风味。年八十三岁殁。[见：《阳信县志》]

朱铭石 字阁书。清代湖南中湘人。生平未详。于同治十三年（1874）编《纲目万方全书》十四卷，今存朱氏自刊本。此书即李时珍《本草纲目》之方剂索引，除卷首为"增补脉诀"、"痘症麻疹"二门外，各卷皆按病症罗列诸方，简述药物、修治、用法、出处，以省检阅《纲目》之繁。[见：《中医图书联合目录》、《中国医籍大辞典》]

朱康侯 清代江苏东台县富安场人。生于雍正间（1723～1735）。精医术。以拯济为念，遇贫病者必细心诊视，行医数十年，活人甚众。[见：《东台县志稿》]

朱焕常 元代昆山县（今属江苏）人。精医术，投药无不效。性好义，不求厚报，远近就治者踵相接。州人王孟章母，中秋暑，神思愦乱，勺水不下，众医辞去。朱氏诊之，一剂而愈。孟章乞同邑名儒殷奎（1330～1375）为文颂之。[见：《昆新两县续修合志》、《昆山历代医家录》]

朱鸿九 清代安徽人，徙居江苏江阴县，遂入籍。朱氏七代业医，至鸿九、锦荣兄弟，声益著，名相埒。鸿九临证每以大刀阔斧取验，锦荣则以细腻熨贴见长，病者均以得朱氏一诊为无憾。鸿九长子朱少鸿、幼子朱莘农，皆以医术闻名。[见：《江苏历代医人志》]

朱鸿寿 字阜山，又字大空。近代江苏宝山县人。早年就读于宝山师范学校，继而专攻医学，肄业于上海新医学讲习社。嗣后，任教于中国体操学校、爱国女校及浦东中学。还出任宝山县视学、刘行乡中西普通医院院长。著有《中西汇通内科学》、《简要中西生理学》等书。[见：《中国历代医史》]

朱鸿宝 字钧石。清代江苏嘉定县黄墙村人。精医术，兼治内外症，于外科尤为擅长。尝曰："外由内发，内自外彰。六气之邪客于营卫，则为伤寒时疫；客于经络，则为痈疽肿胀。先痛后肿者，气伤形也；先肿后痛者，形伤气也。痈疽之源有五，总不出三因。惟神明于内者，能神明于外；亦惟神明于外者，乃能神明于内。故内证，心察其俞穴有无壅滞；外证，先考其六经有无外感。然后表里攻补，施之立瘥。"识者以为至论。著有《内外合参》二十卷，今未见。子朱士铨，孙朱裕，皆传其业。自乾隆至光绪百余年间，嘉定疡科首推黄墙朱氏。[见：《嘉定县志》]

朱鸿渐 字先民。清末湖南汝城县人。岁贡生。自少好学，博览群书。为人豪侠仗义，有智略，曾入山东巡抚陈士杰、广西巡按使张鸣岐幕府，多所臂助。尤邃于医，远近就诊者纷至，应手辄效。重医德，治病不取酬，遇贫者兼施以药。县令龚某赠匾旌其庐。曾掌教长沙官立医校。年六十四岁卒。著有《伤寒讲义》（又作《伤寒论讲义》），今中国中医科学院图书馆藏民国初北洋医学堂活字本。还著有《医案》若干卷，今未见。[见：《汝城县志》、《中医图书联合目录》]

朱鸿雪 字若瑛。清代江苏常熟县人。家境清贫，心存济利。曾选古来名医经验单方，于康熙十六年（1677）辑《方便书》十卷（补遗一卷）、《救急须知》一卷，未见刊行。[见：《中国医籍考》]

朱鸿猷 字仲嘉，号芗圃。清代浙江平湖县人。庠生。幼年刻苦读书，稍长，工诗文，善鉴古。以余力研究医理，兼及星相。年四十二岁卒。著有《养生必读》八卷、《卫生明训》四卷，未见传世。[见：《平湖县志》]

朱涵光 字子韬，号济川。明代华亭县朱泾镇（今属上海金山区）人。精医术，治痧痘取效如神，为嘉靖间（1522～1566）当地名医。兼善抚琴，收藏古琴甚多。[见：《金山县志》]

朱寅夏 字绳甫。清代江苏青浦县嵩子里人。邑名医朱乐虞弟。履行端谨，亦工医术。临证详于辨证，处方常奏奇效，与兄齐名。尝告诫子弟："医者期于济世，名利非所计也。"六十四岁卒。[见：《青浦县志》、《青浦县志续志》]

朱谋㙔 字郁仪。明代安徽凤阳人，定居江西新建县。宁献王朱权七世孙，封镇国中尉。性渊静，无异寒士。万历二十二年甲午（1594），延议增设石城、宜春管理，命谋㙔以中尉理石城王府事。典藩政三十年，宗人咸就约束。朱氏天资颖敏，贯串群籍，通晓朝廷典故，自经史至星纬、历数、农圃、医卜、遁甲、太乙、河洛诸学，皆穷其微妙。著述甚富，有《易象通》、《诗故》、《骈雅》、《藩献记》、《豫章耆旧传》、《玄览》、《异林》、《金海》等，多达一百一十二种，皆手自缮写。其医学著作有《岐黄钩玄》、《医诠》，已佚。[见：《明史·宁献王权传（附谋㙔）》、《南昌府志》、《新建县志》]

朱琢元 清代江西赣县人。博览群书，精通医术，治病多佳效，不计谢酬。生平好

六画

善乐施，解纷排难，有长者风范。[见：《赣县志》]

朱琬玉 清代江苏嘉定县人。邑名医朱杏林子。继承父学，亦精医术，所制武侯膏，治诸疡有奇效。[见：《嘉定县志》]

朱朝樾 字元夫，号师韦。明代古闽沧洲（今福建建阳）人。性豪爽，有文才，蜚声词坛。早年习儒，数困公车。万历壬子（1612）夏，抑郁成疾，遍延名医不愈。仓促中翻检医书自疗，竟得痊愈。此后矢志习医，其术日精，所治多应手取效。曾参阅近百种医书，辑《医学新知》（又题《医学新知全书》）十一卷，天启七年丁卯（1627），翰林陈子壮为之序，崇祯元年（1628）梓行。此书国内已佚，今有孤本存日本国立公文书馆内阁文库，现已由中国中医科学院等单位影印回归，有点校本出版。[见：《医学新知》、《日本现存中国散逸古医籍》]

朱植桢 清代江苏江宁人。生平未详。著有《医学心镜》，未见刊行。[见：《江宁府志》]

朱惠明 字济川。明代浙江长兴县人。少习举业，屡试不中，弃而攻医。专擅幼科，医声甲于郡邑。治病不作时医态，不分贫富，无分早暮，叩无不应，应无不中。间逢不治之症，亦以实告，从未延缓其期。当其破群议，排俗说，则侃侃而论；及成功奏效，口呐呐若不能言。世人不独神其技，益贵其人。乡里之孤寡，村落之茕独，多有承其救治者。著有《痘疹传心录》十六卷，刊于万历二十二年（1594）。还著有《慈幼心传》一卷，亦有抄本存世。[见：《中国医籍考》、《四部总录医药编》、《中医图书联合目录》]

朱斐君 （1894～1954）又名点文。现代浙江嘉兴县人。少从外祖胡星墀习医，苦读三年，夜以继日，精熟《内经》、《难经》及后世各家之说。年十九岁，悬壶朱家巷老宅。未几，医名大噪，病者盈门。为便病家往返，迁居嘉兴北门外芦席汇设诊，相邻诸县延请者无虚日。抗战时期迁沪，远近就治者不绝。[见：《朱斐君先生学术思想与临床经验》《浙江中医杂志》1964年第9期）]

朱紫垣 清代人。生平里居未详。著有《痘疹》一卷，辑入吴世铠《本草经疏辑要》卷九。[见：《现存本草书录·本草经疏辑要》]

朱紫贵 （1868～1921）字子琴。近代上海人。清末庠生。民国初废科举，转而研医，精其术。上海医学研究所成立，被推为评议员，并任中国红十字会上海分会会员。曾创制赤霆救疫夺命丹，遍济病者，全活甚众。著有《疫喉浅论》，今未见。子朱星江，孙朱孔时，均精医术。[见：《中国历代医史》]

朱鼎和 清代江苏靖江县人。精医术，知名乡里。子朱我峙，医名益噪。[见：《靖江县志》]

朱景运 字道济，号晴园。清代江苏常熟县人。邑名医朱正己子。绍承父业，亦以医术知名。著有《片长录》，皆医家经验之谈。惜未见流传。[见：《常昭合志》]

朱景星 清代江苏宝山县月浦里朱村人。精医术，求治者户限为穿。平生谨慎，不用峻剂攻补。尝曰："医和、医缓，乃欲其和缓耳。"[见：《月浦里志》]

朱景韩 字济公。清初浙江钱塘（今杭州）人。名医张志聪门生。张氏集合钱塘名医及门生，讲学、著书于侣山堂。朱景韩参与《伤寒论宗印》、《伤寒论集注》、《黄帝内经灵枢集注》、《黄帝内经素问集注》等书之校订。[见：《伤寒论宗印》、《伤寒论集注》、《黄帝内经素问集注》、《黄帝内经灵枢集注》]

朱集义 字浩然。清代四川简阳县人。早年习儒，教塾为业。因父病而留心医药，于喉科尤有心悟。同邑徐树棠、徐茂才、彭见廷等患喉风，经朱氏诊治，皆一剂而痊。年八十二岁卒。[见：《简阳县志》]

朱善元 一作元善，字体仁。清代江苏昆山县陈墓（今锦溪）人。早年习儒，雍正八年（1730）入县庠。诗文秀逸，兼善医术。[见：《昆山历代医家录》]

朱翔宇 清代四川云阳县人。生平未详。辑有《喉症全科紫珍集》二卷，刊于嘉庆九年（1804）。[见：《中医图书联合目录》、《贩书偶记续编》]

朱道能 北宋人。里居未详。通医道，为翰林医官。元丰元年（1078），高丽文帝六十岁，病中风，宋神宗遣安焘、陈睦携诏书及贵重物品慰问。次年，再派王舜封率御医赴高丽往诊，主要成员有翰林医官邢恺、朱道能、沈绅、邵化，同时带去牛黄、龙脑、朱砂、麝香等珍贵药材百种。元丰三年（1080）三月，高丽遣户部尚书柳洪入宋答谢，并赠送人参、松子、香油等方物。同年七月，宋廷又派医官马世安再赴高丽。[见：《中国医学史》（高等中医院校参考丛书1991年版）]

朱曾润 字雨田。清末人。生平里居未详。通医术，曾任太医院候补七品吏目。[见：《太医院志·同寅录》]

朱曾煜 字星桥。清末人。生平里居未详。精医术，曾任太医院恩粮，兼上药房值宿司药官。[见：《太医院志·同寅录》]

朱渭阳 字占渔。清代江苏金山县张堰镇人。精医术，知名乡里。有周氏女患异疾，痴迷呓语，时见鬼物，诸医罔效。朱渭阳诊为热入血室，投药即愈。子朱光霁，继承父业。[见：《张堰镇志》]

朱瑜忠 字不瑕，号世珍，又号醇如。清代浙江海宁县人。郡诸生。精医术。著有《寿世精要》四卷、《神验录》四卷、《思济汇纂医说》若干卷，未见梓行。[见：《海昌备志》、《海宁县志》]

朱蒙泉 清代浙江杭州人。以医为业，精其术。嘉兴周士涟创立义塾，以经费短绌，积忧成疾。朱氏往为诊视，良久曰："此心病也，非药饵所能疗。"周以实告，遂引为己任，出资玉成之。[见：《杭州府志》]

朱楚芬 字莅滨，堂号破愚斋。清代顺天府宛平县（今北京卢沟桥镇）人。通痘科术。辑有《麻疹集成》二卷，今存道光四年甲申（1824）刻本。还辑有《痘疹集成》四卷，今存道光十七年丁酉（1837）破愚斋家刻本。[见：《贩书偶记续编》、《中医图书联合目录》]

朱睦㮮 (1518～1587) 字灌甫，自号东陂居士，学者称西亭先生。明代安徽凤阳县人，徙居河南祥符（今开封）。周定王朱橚后裔，奉国将军朱安河子。自幼端颖，郡人李梦阳奇之。及长，致力于经学，从河洛间宿儒游。年二十通五经，尤邃于《易经》、《春秋》。万历五年（1577）举文行卓异，任周藩宗正，领宗学十余载。晚年官镇国中尉，屡疏引疾乞休，诏勉起之。又三年卒，享年七十，诏赐辅国将军。朱氏博学尚文，通经史，好著述，素嗜聚书。尝访购古书图籍于苏、浙、漳、淮、陕、鄂诸地，仅得于江都葛氏、章丘李氏图书即达万卷。于宅西建万卷堂，储书其中，论者以汉刘向喻之。所惜者，崇祯壬午（1642）黄河决口，开封被灌，朱氏毕生之藏尽遭浸没。著述甚富，经史小学类有《五经稽疑》、《授经图传》、《韵谱》等。另有《万卷堂书目》六卷，按经、史、子、集分类，共载书目三千九百一十七条，其中医家类载《黄帝内经素问》至《疗痘群玉》二百八十三目。据《祥符县志》载，朱氏还著有《医史》四卷，今佚。[见：《明史·镇平王有炉传（附镇国中尉睦㮮）》、《祥符县志》、《历代史志书目著录医籍汇考》]

朱嗣汜 (1323～?) 元代浙江义乌县人。名医朱震亨侄。得伯父亲授，亦精医术。震亨临终独呼嗣汜至，嘱之曰："医学亦难矣，汝谨识之。"言讫，端坐而逝。[见：《义乌县志》、《中国历代名医碑传集·朱丹溪年谱》]

朱嗣衍 (1303～1355) 元代浙江义乌县人。名医朱震亨长子。生平未详。先父三年而卒。弟朱玉汝，从弟朱嗣汜，均为当时名医。[见：《义乌县志》、《中国历代名医碑传集·朱丹溪年谱》]

朱锡昌 字幼江。清末浙江海宁州人。儒医朱心正子。继承家学，工医术，踵门求治者座常满。著有《医学述闻》四卷，未见刊行。兄朱锡恩，为清末福建邵武知府，亦通医术。[见：《海宁州志稿》]

朱锡恩 字湛清。清末浙江海宁州人。儒医朱心正子。光绪二十年（1894）进士，授编修，官至福建邵武知府。民国初归乡，绍承父业，藉医术以自给。1918年公推总纂《海宁州志》，录稿未送，殁。门人私谥"文靖先生"。著有《王氏八种条辨》，今未见。其弟朱锡昌，以医知名。[见：《海宁州志稿》]

朱锦标 清代浙江海宁州人。生平未详。著有《宇宙长春医说》八卷，今未见。[见：《海昌备志》、《海宁州志稿》]

朱锦荣 清代江苏江阴县人。祖上本为安徽人，徙居江阴。其家七世为医，至锦荣亦精其业。治病以细腻熨贴见长，病者争就诊视。兄朱鸿九，亦善医，二人齐名。[见：《江苏历代医人志》]

朱源绪 (1836～1898) 字子山。清代江苏川沙县人。博学多才，业精岐黄，性好施与。[见：《川沙县志》]

朱福堂 清代四川资州人。以医为业，享有盛名。年八十一岁殁。[见：《资州志》]

朱殿华 字佩实。清末人。生平里居未详。精医术，曾任太医院恩粮，兼东药房值宿供奉官。[见：《太医院志·同寅录》]

朱碧山 元末江苏吴县人。以医为业，精其术，曾任浙江行省太医。临证善用补法。尝谓："医固无南北之异，而习其学者，宜有以消息之。北方风气浑厚，禀赋雄壮，有疾辄以苦寒疏利之剂投之，固快意而通神矣。若夫东南之民，

211

六画

体质柔脆，肤理疏浅。是故北方之治疾，宜以攻伐外邪为先；南方之治疾，宜以保养内气为本。苟能精思而善用，勿一滞于攻伐，勿苟求于快意，斯为得之。"名儒戴良雅重其术，有疾必求诊于碧山。[见《九灵山房集·赠医师朱碧山序》]

朱嘉畅 字葆田。清代四川井研县人。以廪生捐授眉州训导。性倜傥，好议论，于时事得失及兵事要领，尤深切言之。尝叹列强恣横，海防不足恃，每论及此，辄忧愤形于色，座客为之动容。学使张之洞试士眉州，尤器重之，谓非校官中人。晚年好堪舆术，后失明，犹令人状说山水以取适。兼嗜医学，辑有《医学五种》十二卷，包括《灵素精义》、《脏腑源真》、《本草集解》、《医方括要》、《女科备旨》等。其中《灵素精义》主尊张志聪之说，以运气为主；《脏腑源真》以《内经》为本，阐述脏腑部位及经络、血脉；《本草集解》引用陈念祖、叶桂、汪昂诸书，辨其同异。《医方括要》集《金匮》、《外台》、《千金》诸方，选当代名医方论，列于各方条内，辨证诸说；《女科备旨》则重视带下证，所论妇科杂病皆不外此。其胎前、产后诸证，多引成说。此书今未见。[见《井研县志》]

朱嘉猷 清代人。生平里居未详。精医术，曾任太医院八品吏目。乾隆四年（1739）任《医宗金鉴》校阅官。[见《医宗金鉴》]

朱昌顺 字公永。清代安徽婺源县罗田人。太学生。三次会试皆落第，遂弃儒习医，知名于时。名士吴鸣珂，赠以"儒林医宗"匾额。[见《新安名医考》]

朱端生 清代人。生平里居未详。辑有《名医汇论》一卷。今中国中医科学院图书馆藏嘉庆八年（1803）薛学孟抄本。[见《中医图书联合目录》]

朱端章 南宋福州长乐（今福建闽侯）人。淳熙间（1174～1189）任南康郡守。平生留心医药之学，尝谓："民之疫疠，则疾苦之大者，吾可勿问乎？"居官时，常据四时寒暑燥湿之气制药，遍给病者，全活甚众。又取家传方书，命州从事徐安国增补，辑《卫生家宝》六卷（又作《卫生家宝方》，今存日本抄本）。据《宋史·艺文志》，朱氏还著有《卫生家宝产科备要》八卷（今存南宋淳熙十一年甲辰南康郡斋刻本）、《卫生家宝小儿方》（今佚）、《卫生家宝汤方》（今佚）等书。按，南宋建炎元年（1127）翰林医学南康军驻泊郎张永撰有《卫生家宝》及《小儿方》等书。钱大昕《竹汀先生日记钞》称：宋版《卫生

家宝产科备要》目录末页有"翰林医学差充南康驻泊张永校勘"十四字。疑朱端章所谓"家传方书"或即张永所撰诸书，待考。[见《宋史·艺文志》、《读书敏求记》、《铁琴铜剑楼藏书目录》、《百宋一廛书录》、《士礼居藏书题跋记》、《八千卷楼书目》、《竹汀先生日记钞》、《读书敏求记》、《述古堂书目》、《四部总录医药编》、《中国医籍考》、《北京图书馆善本书目》、《中国医籍大辞典》]

朱端植（?～1862） 原名耀曾，号楷亭。清代江苏新阳县真义塘湾村（今属昆山市正仪镇曙光村）人。朱用纯（字柏庐）后裔。幼颖慧，成童即有文名。道光九年（1829）为新阳县庠生。肄业于苏州紫阳、正谊两书院，主讲视之为隽才。屡应乡试不售，咸丰四年（1854），以岁贡生就职训导。善古文诗词，积稿二千余篇，惜皆毁于兵燹。晚岁精医，治病不受酬报。同治元年十月，殁于战乱。[见《苏州府志》、《昆新两县续修合志》、《昆山历代医家录》]

朱增富 字子润。清代浙江山阴县人。精医术，知名于时。[见《绍兴地区历代医药人名录》]

朱增惠 号春坪。清代江苏上海县人。生平未详。同治元年（1862）校刊沈金鳌《妇科玉尺》、强健《痘证宝筏》等书。[见《中医图书联合目录》、《女科书录要》]

朱震亨（1281～1358） 字彦修，号丹溪。元代婺州义乌县（今浙江义乌）赤岸镇丹溪人。祖父朱环（1232～1317），南宋乡贡进士；叔祖朱叔麒（?～1313），精通医道。父朱元（1263～1295），中年而殁。朱震亨自幼好学，日记千言。稍长，从乡先生治经，为举子业。尚侠好义，不肯出人之下。年三十岁，母患脾痛疾，众医束手，由是有志习医，取《素问》诸书读之，历五年，治愈母病。年届中年，悟曰："丈夫所学，不务闻道，而惟侠是尚，不亦惑乎！"延祐三年（1316），闻朱熹四传弟子许谦（1269～1337）讲道于东阳县八华山，乃拜入门下，习道德性命之说。延祐初两赴乡试，皆名落孙山。时许谦得末疾，众医不能疗，问震亨曰："子聪明异于常人，其肯游艺于医乎？"震亨本通医道，及闻师言，乃尽焚举业之书，专力于岐黄之学。至治元年（1321），许谦脾疼腿痛之疾日重，复因冒雪乘船转危。震亨以仲景《伤寒》、《金匮》法调治数月，次年以倒仓法愈之，闻者称奇。元代初，《太平惠民和剂局方》盛行于医界，朱氏初亦读之，

既而悟曰："操古方以治今病，其势不能尽合。苟欲起度量，立规矩，必也《素》、《难》诸经乎！"遂决意访求名师，以开茅塞。于是渡浙江，走苏州，出宣城，抵镇江，达南京，跋涉千余里，皆无所遇。泰定二年（1325）夏，于归途闻杭州罗知悌以医著称，为金代名医刘完素再传弟子，兼通张从正、李杲二家之学，乃登门拜谒。罗氏性格孤傲，朱震亨十往返不得一见，乃逐日拱立门下，大风雨不稍避，"蒙叱骂者五七次，越趋三阅月"。罗氏感其至诚，启门纳之。接谈之后，竟一见如故，即收为门生。嗣后，尽授以刘、张、李诸书，又以《内经》为宗旨，敷扬三家秘奥。每日求医者来，震亨遵师命察症诊脉。罗氏卧听口授：以某药治某症，以某药监某药，以某药为引经。先后一年有余，并无一定之方，震亨始悟辨证施治之奥。罗氏教之曰："医之要，必本于《素问》、《难经》，而湿热相火为病最多。"又曰："长沙之书详于外感，东垣之书详于内伤，必两尽之，方无憾也。"震亨乃取李杲书稿，手自抄录，渐悟"阴易乏，阳易亢，攻击宜详审，正气须保护"之理，而深以滥用局方为戒。泰定四年（1327）罗氏殁，震亨为之营葬，尽得师传而归。及悬壶问世，时医闻其所论，皆讪笑之。后见其辨证施治，虽不胶于成方，而投药辄效，诸医始服其说，继而请为弟子。数年间医名大噪，方圆数百里迎请者无虚日。朱氏极重医德，凡以病延请，不分贫富立往，虽雨雪载途，未尝稍止。仆从有怨声，则谕之曰："疾者度刻如岁，而欲自逸耶！"朱震亨自得师授，医名满天下，然不自满足，晚年汇综三家学说，去其短而用其长，参以太极之理，贯穿《内经》之言，创"相火论"及"阳有余，阴不足"诸论而发挥之，首倡"滋阴降火"之说。又创制越鞠丸、大补阴丸、琼玉膏等多种效方，至今为医者所重。后世尊刘完素、李杲、张从正、朱震亨为金元四大家，而朱氏实为集诸家之大成者。至正十八年六月二十四日，朱震亨逝世，享年七十八，葬于东朱山埠头庵。其著作有《格致余论》、《局方发挥》、《本草衍义补遗》、《金匮钩玄》（经戴思恭校补）、《素问纠略》、《伤寒论辨》、《外科精要发挥》（后三种佚）。医学之外，尚有《风水问答》、《宋论》等。朱氏门人及私淑弟子编辑之书甚多，主要有《丹溪医案》、《丹溪医论》、《脉因证治》、《丹溪手镜》、《丹溪秘传方诀》、《丹溪心法》、《丹溪心法附余》、《丹溪心法类集》、《丹溪纂要》、《丹溪心要》、《丹溪发明》、《丹溪治法语录》、《丹溪脉诀》、《活法机要》等十余种。

长子朱嗣衍（1303～1355）生平未详。幼子朱玉汝，侄朱嗣汜，孙朱文永，曾孙朱宗善，外孙时用思，均以医名世。门生甚众，著名者有罗天益、王履、戴士垚、戴思恭、戴思温、赵良本、赵良仁、赵道震、徐用诚、刘叔渊。[见：《新元史·朱震亨传》、《宋学士全集·故丹溪先生朱公石表辞》、《九灵山房集·丹溪翁传》、《李濂医史》、《百川书志》、《补元史艺文志》、《补辽金元艺文志》、《菉竹堂书目》、《四库全书总目提要》、《义乌县志》、《浙江通志》、《浙江朱丹溪事迹》（《浙江中医杂志》1957 年 1 月号）、《中国历代名医碑传集·卷十三》（附方春阳《朱丹溪年谱》）]

朱德闰 号静斋居士。元代人。生平里居未详。著有《兰台秘藏药物分量》，今存佚不明。[见：《善本医籍经眼录》]

朱德隆 明代丹阳县（今属江苏）人。儒医朱栋隆胞弟。通医理，与兄同撰《痘疹不求人》（又作《经验痘疹不求人方论》）一卷，刊于万历二十二年（1594）。[见：《贩书偶记》]

朱颜驻 字熙安。清代人。生平里居未详。著有《壶中医相论》一卷，今存道光九年（1829）刊本。[见：《中医图书联合目录》]

朱鹤庭 一作朱鹤亭。清代江苏靖江县人。世医朱我峙孙，朱桂子。绍传祖业，亦精医术。子朱以增，继承家学。[见：《靖江县志》]

朱臻露 清代江苏靖江县人。精医术，专擅幼科，所治多效。同时有刘有声、陈甘来，俱以幼科著称。[见：《靖江县志》]

朱澧涛 一作朱丽涛，字少村。清代江苏嘉定县黄墙村人。疡科世医朱裕子。绍传家学，亦以医术知名。著有《续内外合参》八卷、《疡科治验心得》一卷、《临证医案》四卷，均未见流传。[见：《嘉定县志》、《嘉定县续志》]

朱懋昭 字耘非，号琴川。清代江苏常熟县罟里村人。精医理，用药仅数味，而疗效甚佳，人称"朱八味"。辑有医案，经柳宝诒编辑，名之曰《琴川医案》，刊行于世，今未见。[见：《常昭合志》]

朱彝尊 （1629～1709）字锡鬯，号竹垞，又号醧舫、金风亭长，晚号小长芦钓鱼师。清初浙江秀水县人。明大学士朱国祚曾孙。早年习儒，家贫，游学四方。凡丛祠荒冢、破炉残碣之文，莫不搜剔考证，与史传参校同异。归里，约李良年、缪泳辈为诗课，文名益噪。康熙十八年己未（1679）举鸿博，殿试取第一等，授

六
画

翰林院检讨，充《明史》编修官。康熙二十年（1681），充日讲起居注官。典试江南，称得士。后入值南书房，特准紫禁城骑马。康熙三十一年（1692），乞假归。康熙帝南巡，迎驾于无锡，御书"研经博物"额赐之。当时王士祯工诗，汪琬工文，毛奇龄工考据，独彝尊兼有众长。著述宏富，主要有《经义考》三百卷、《明诗综》一百卷、《词综》三十四卷、《日下旧闻》四十二卷、《曝书亭集》八十卷。年八十一岁卒。朱氏博学多识，所著《食宪鸿秘》三卷，为食物本草之书，刊于雍正九年（1731），今中国中医科学院图书馆藏年希尧序刊本。又，朱氏《曝书亭集》收入《石药尔雅跋》等医书跋文十一则，于诸书源流、版本多有考证。[见：《清史稿·朱彝尊传》、《近三百年人物年谱知见录》、《中医图书联合目录》]

朱雝模 （1659～?）字皋亭，号三农，又号南庐。清代浙江海宁州人。善画山水，乾隆十九年（1754）寿九十六岁，犹点染不倦。兼通医术。著有《医学七书》，包括《类经集注》、《伤寒集注》、《证治辑要》、《脉学曙初》、《三方类集》、《本草类集》、《藏象经络原委图考》等，今未见。[见：《海昌备志》、《杭州府志》]

朱鹰扬 明清间北京人。精医术，为当时名医。挟技游于粤，与南海县何侯宗谈医，成密契，尽出丸散秘方授之。[见：《南海县志》]

朱耀荣 字益之。清代津门（今天津）人。生平未详。著有《三批捷编》三卷，今存光绪二十九年（1903）刊本。[见：《中医图书联合目录》]

年

年希尧 （?～1738）字允恭，号偶斋主人。清代广东广宁县人，隶汉军镶黄旗。湖广巡抚年遐龄子。自笔帖式累擢工部侍郎。其弟四川总督年羹尧获罪赐死，希尧及父均夺官。后任内务府总管，官至左都御史。清代烧制瓷器多命工部或内务府司官督造，年希尧奉使造器甚夥，世称"年窑"。乾隆三年卒。年氏博学多才，精数学，善绘画，尤嗜方书，凡河间、东垣诸名家著作，无不取而读之。又喜集良方，耳目所闻，友朋之传，悉举而录之。遇病者，则出方疗之，随试辄效。如是者三十余年，又得廷尉梁文科所赠《集验良方》三卷，遂合以己方，编《集验良方》六卷，刊于雍正二年（1724）。还著有《本草类方》十卷，亦刊行。[见：《清史稿·年羹尧传（附希尧）》、《清史稿·艺文志》、《奉天通志》、

《孙氏祠堂书目内编》、《中国人名大辞典》、《中国医籍考》]

竹

竹渭川 清代四川名山县人。受业于崇庆县名医韩华璋门下。韩氏性豪爽，好拳术，通南北各派，号称技击大师。其医术亦精，疗疮疡、骨损，有妙手回春之效。韩氏门生众多，唯竹渭川尽其学，知名于川西。[见：《崇庆县志》]

竹攸山人 佚其姓名。清代人。生平里居未详。辑有《选方拔萃》一卷，刊于光绪十八年壬辰（1892），今藏上海中医药大学图书馆。[见：《中医图书联合目录》]

竹梅居士 佚其姓名。清代人。生平里居未详。辑有喉科医书《救急应验良方》（又作《急救经验良方》）一卷，今存光绪间（1875～1908）武林竹梅草堂刻本。[见：《中医图书联合目录》、《中国丛书综录》]

乔

乔节 字西埜。明代上海县人。邑名医乔镇后辈族人。精医术，曾任太医院供奉。子乔鼎，继任太医院供奉。[见：《上海县志》]

乔宠 字月湖。明代上海县人。邑名医乔镇后辈族人。医术甚精，名重于时。[见：《上海县志》]

乔迫 明代上海县人。世代业医，至迫益精，尤善治瘟疫，投剂辄起。岁疫，梦神人指水中草云："以是资尔，活此方人。"天明，物色得之，以之治疫，无不立起，由是声名益显，技亦精进。次子乔士琰，孙乔在修，皆精医术。[见：《松江府志》]

乔埰 一作乔采，字善来。明代河南商丘县人。少年时闻"孝亲者不可不知医，慈幼者不可不知医"之语，有所感悟，每于习儒之暇，博览方书，体察病情，对儿科尤多留心。久之，"天启其衷，豁然深悟其妙理"，遂以医术著称。撰有《幼幼心裁》二卷，序刊于崇祯十一年（1638），今存乾隆三十八年癸巳（1773）孝友堂刻本。[见：《幼幼心裁·小引》、《河南通志》、《中医图书联合目录》、《贩书偶记续编》]

乔烺 清代江苏宝应县人。生平未详。著有《医林》，未见刊传。[见：《宝应县志》、《扬州府志》]

乔隆 明代河南新野县人。监生。早年习儒，尤精医理，官医学训科。[见：《新野县志》]

乔鼎 字中立。明代上海县人。太医院供奉乔节子。继承家学，亦征为太医院供奉。[见：《上海县志》]

乔镇 字孟安。明代上海县人，居城内绣鞋桥西。邑庠生。精通医术，名噪于时。偶步郊外，遇出殡者，有血自棺缝出，询之，乃贫妇难产而亡。镇曰："未死，尚可治也。"其夫大喜，就树下启棺。镇以药灌其口，以艾灸其脐，儿嘤然下，妇亦旋苏，时人神之。乔镇后裔多良医，族人乔节、乔宠，均名动于时，世人称乔氏所居巷为药局巷。[见：《上海县志》]

乔士琰 字仲余。明代上海县人。邑名医乔迨次子。自幼好学，博览群书。及长，继承父学，以医名世。尝出游，遇富家子死一日矣，士琰投药一匕，遂苏。富家奉百金以酬，谢绝不受。晚年，预营地作方冢，自为铭曰："黔娄之死，正而不足，千载以下，踵其芳躅，不能为圆，不能为曲，规兹方冢，不知其人，而知其行独。"乔氏有五子，四子乔在修，绍承父业，亦以医术知名。[见：《松江府志》]

乔大迁 清代河南南阳县博望保人。嗜医学，其术颇精。曾卖田购药，制丸散济人，乡里德之。[见：《南阳县志》]

乔义和 清末河南长垣县人。庠生。以儒业医，知名于时。[见：《长垣县志》]

乔中选 字子青。清代甘肃临泽县人。自幼习医，精通内科，知名乡里。同治九年（1870），应邀赴甘州，先后治愈杨提督及夫人杂症，又愈过境大员重疾，声望益噪。性仁慈，治病不择贫富，凡病家延请，不避风雨，徒步而往，遇贫寒者不取脉金，并赠以药，世人贤之。[见：《临泽县志》]

乔可升 清代河南叶县人。通诗文，好吟咏。尤精医理，全活甚众。[见：《叶县志》]

乔在修 字三余。明代上海县人。邑名医乔士琰四子。继承父业，亦以医术知名。临证善用古方，察脉精审，活人甚众。年八十余，无疾而卒。[见：《松江府志》]

乔光庭 （？～1321）元代东阳县（今属浙江）人。世代为医。性耿介，涉猎文史，善抚琴。至治元年病逝。[见：《金元医学人物》（引《渊颖吴先生文集·亡友乔生哀辞》）]

乔行可 清代山西襄陵县人。岁贡生。性超逸，于医学有神悟。遇危证，先诊脉，凡曰可医者，虽垂死亦应手愈。著有《脉诀辨微》若干卷，未见流传。[见：《山西通志》]

乔助澜 清代江苏南汇县北五灶港人。自幼习医，潜心五运六气之理，所制方投辄奇验。生性孤高，富者聘以重金，时或不往，而贫困之家患疾，闻讯即至，且不索酬。临证审慎，每遇疑难，必检阅方书，不轻处方，常彻夜不寐。同时有内科华古愚、外科金颂白、幼科庄桂年，与乔氏同负盛名，时称四大名家。今上海中医药大学图书馆藏《乔助兰医案》抄本，疑"乔助兰"即乔助澜，待考。[见：《南汇县续志》、《上海中医学院藏书目录》]

乔国桢 字世臣。明代山西襄陵县人。生平未详。曾校刻吴有性《温疫论》。[见：《中国历代医家传录》]

乔明扬 字显亭，号凌阁。清代河南长葛县人。贡生。嘉庆间（1796～1820）任西城兵马司副指挥，诰授奉直大夫。致任后，与童二树、郑板桥相往还。旁通医术，辑有《医方集要》，未梓。[见：《长葛县志》]

乔钟泰 字来初。清末江苏上海县人。曾注释《痘疹金镜录》三卷、《保赤心法》二卷，又附《西法要略》一卷于其后，名之曰《幼科痘科金镜录合刻》，今存光绪十四年（1888）上海务本堂刻本及光绪十七年常熟艳芳阁校刻本。[见：《中医图书联合目录》]

乔德征 字升闻。清代山西浮山县人。廪贡生。自幼习儒，以孝友闻名。雍正六年（1728），郡守以"潜修有素"旌其门。次年，荐补广东封川县篆，洁己奉公，勤恤民隐，冤狱多平反。母亡，抱病奔丧，卒于家。著有《增订洗冤录》，藏于家。[见：《浮山县志》]

乔德新 清代江苏上海县人。诸生。精医术，治病有奇效。为人廉洁，心怀济利，治病不计酬报。[见：《上海县志》]

伍

伍凤 明代湖广人。里居未详。精医术。凡患疾者，见凤诣宅则病去三分，故世称卢医。[见：《湖广通志》]

伍宏 西汉人。里居未详。东平王王后之舅。哀帝时以医术得幸，出入禁门。建平三年（前4）哀帝患疾，大臣息夫躬、孙宠等言东平王"日夜祠祭祝诅上，欲求非望"。东平王、王后、伍宏皆坐诛。[见：《汉书·息夫躬传》、《汉书·宣元六王传》]

伍之延 清代四川广安州花桥人。精医术，长于望诊。喜读《景岳全书》，记诵研

六画

习，评点校阅，终生不辍。素怀济利之心，日负药囊施诊，遇贫病不索其值。小陈山陈氏，全家病疫，连殁数口，家贫，医者皆不往。陈氏乞邻人叩请伍氏，至则已停尸于堂矣。伍氏察其状，曰："此尸厥证，气未绝也。"遂候其息，切其脉，取药丸和姜汤灌之。至子夜，病者微动，进以粥，竟苏，旬日病瘥。渠县伍必超，幼子三岁，患不眠，终夜啼号，诸医束手。伍之延曰："此小儿脏气虚故也。"取笔书方，一剂而愈。远近闻之，皆谓扁鹊再现。年七十余卒。子孙世其业。[见：《广安州新志》]

伍子安 元明间浙江江山县人。幼习经史，及长，精医学。延请者门庭若市，皆不求报。郡守张实雅重其术，荐为太医院御医。殁后，学士宋濂志其墓。著有《活人宝鉴》十卷，已佚。孙伍敬仲，克传祖业。[见：《衢州府志》、《江山县志》]

伍子英 明代江西万载县人。幼年习儒，后精于医。远近就诊者应手而瘥，施药不计利。严介溪称其有起死回生之功。尝募修花塘石桥，邑令徐某请给冠带。寿至九十三岁卒。[见：《万载县志》]

伍仲常 清代湖北潜江县人。邑名医刘若金门人。刘氏著《本草述》，未梓而卒。伍仲常竭力营谋，此书得以刊行。[见：《本草述钩元·邹澍序》]

伍庆云 字景如。清代湖南耒阳县人。少习举业，不售。后学医，独得秘传，工痘科，活人数百。惜其寿不永，年三十二岁即卒。著有《痘疹心参》，藏于家。[见：《耒阳县志》]

伍宏杰 字志三。清代江苏江宁府人。自幼习医，乾隆间（1736～1795）任医书馆纂修，议叙一等。[见：《江宁府志》]

伍承橘 明代常熟县（今属江苏）人。精医术，疗病有奇效，与同邑名医张靖齐名。[见：《江南通志》]

伍药樵 明代湖北钟祥县人。精医术，卖药郡中，口不二价，若韩康；喜济人，若孙思邈。活人甚众。[见：《钟祥县志》]

伍起予 南宋人。生平里居未详。通医术。家藏疗背疽秘方，屡用屡效，遂辑《外科新书》一卷，刊于开禧三年（1207）十月，邹应龙为之序跋。其书已佚，陈自明著《外科精要》，尝引据此书。[见：《宋史·艺文志》、《宋以前医籍考》、《外科精要·自序》]

伍益元 清代湖南衡阳县人。精医术，能断病者死生。重医德，治病不分贫富，以济人为己任。著有《内外辨症归旨》，今未见。有子三人，长子伍锦澜，得父遗意，为嘉道间（1796～1850）名医。[见：《衡阳县志》]

伍家榕 字松文。清代广西全县升台瑞长村人。习举业，兼通医理。嘉庆九年甲子（1804）中举，十三年会试，选授国史馆誊录，官至知府。年八十一岁卒。著有《医宗揽要》、《银槎山馆文集》等书，今未见。[见：《全县志》]

伍敬仲 明初浙江江山县人。邑名医伍子安孙。绍传祖业，亦精医术，所愈奇疾甚多。[见：《江山县志》、《浙江通志》]

伍锦澜 清代湖南衡阳县人。邑名医伍益元长子。得父遗意，亦工医术。嘉庆二十四年（1819），制军赵篴楼自京北旋，途次感痧疾，锦澜诊治而瘥。次年，赵手书"十全为上"，额其门。[见：《衡阳县志》]

伏

伏适 唐代人。生平里居未详。著有《医苑》一卷，已佚。[见：《新唐书·艺文志》、《通志·艺文略》、《崇文总目辑释》]

伏羲 一作宓羲、庖牺、牺皇，又称有巢氏。传说为上古帝王，曾"仰观象于天，俯观法于地，近取诸身，远取诸物，于是造书契，以代结绳之政；画八卦，以类万物之情"，又曾"尝味百草，制九针，以拯夭枉"。伏羲氏之后，燧人氏（神农）、轩辕氏（黄帝）继之，史称"三皇"，后世奉为中国古代文化及医学始祖。[见：《帝王世纪》、《路史》、《文献通考·郊社考》、《中国医学大辞典》]

伏天泽 清代四川巴中县人。精医术，知名于时。[见：《巴中县志》]

伏曼容 （421～502）字公仪。南朝梁平昌安丘（今山东安丘）人。早孤，与舅父客居南海。自少笃学，嗜《老子》、《周易》，倜傥好大言。仕宋为尚书外兵郎。齐初任通直散骑侍郎。梁时官拜司马，出为临海太守。天监元年卒于官，年八十二岁。伏氏博学多闻，于音律、射驭、风角、医学、算术，莫不涉猎。[见：《南史·伏曼容传》、《梁书·伏曼容传》]

仲

仲兰 字维馨。明代宝应县（今属江苏）人。自高祖仲明斋以来世代业医。父仲旺，早卒。兰七岁丧父，稍长，工书法。得伯父仲昶亲授，通悟医理。天顺间（1457～1464），伯父征授太医院御医，兰从行。不久医名渐彰，求治者户屦常满。成化间（1465～1487），以书法见知于宪宗，授中书舍人。复以伯父之荐入值御药院，升尚宝司丞。皇太后违和，奉旨治疗四十余日，奏功，特命掌太医院事。又数年，升通政司右通政，兼掌太医院事。孝宗继位（1487），左迁太医院使。未几，以疾告归。居乡四年卒。子仲本、仲棐，皆举进士。[见：《宝应县志》、《中国历代名医碑传集》]

仲昶 字德明。明代宝应县（今属江苏）人。元医学教授仲明斋曾孙，世医仲恭长子。精医术。天顺（1457～1464）初，诏征天下名医，仲昶奏对称旨，进药有效，授太医院院判。成化间（1465～1487），因治疗奏功特赐金带荣之。曾侍帝于便殿，宪宗问曰："尔诸子谁可继业？"昶稽首对曰："惟臣侄兰可嗣之。"帝纳其言。及昶卒，命仲兰为太医院判。[见：《宝应县志》、《中国历代名医碑传集》（李东阳《太医院使仲君兰墓志铭》等）]

仲泰 字济川。清代浙江嘉兴县梅里人。太学生。外科名医仲世俊子。博览方书，临证洞彻病源，远近延请者无虚日。同里杨某，触暑倒地，泰视之曰："脱证也。"令服回阳饮。家人疑之，问亲戚徐敬斋。徐亦精医，于方后批云："非仲公不能书，非敬斋不能知。"急令服之，应手而愈。竹里某店铺生徒，与人赌赛食量，过饱闷绝，六脉皆伏。泰令进人参汤，半时许，腹中雷鸣，脉复出，再投消导剂而瘥。又，某日出行，风阻于乍川，闻哭声，询之，系孕妇难产死，泰以产无死证，出人参煎汤灌之，逾时儿下，母亦苏。仲泰赋性豪迈，喜购书，讲实用之学。著有《老医一得》，今未见。门人张昌寿，尽得其传。[见：《嘉兴县志》、《梅里志》]

仲恭 明代宝应县（今属江苏）人。元医学教授仲明斋孙，仲彦霖子。传承家学，以医为业。长子仲昶，官至太医院判。次子仲旺，中年而卒。孙仲兰，官至太医院使。[见：《宝应县志》]

仲世贞 字朴安。清代江苏嘉兴县梅里人。精医理。与弟仲世俊，皆以外科知名。[见：《梅里志》]

仲世俊 字朴贤。清代浙江嘉兴县梅里人。外科名医仲世贞弟。亦精外科，与兄齐名。子仲泰，医名益盛。[见：《梅里志》]

仲佑长 字以敬。近代浙江钱塘县人。名医仲学辂子。绍承父学，亦精医术。[见：《仲氏世医记》、《钱塘医派》]

仲明斋 元代宝应县（今江苏宝应）人。精医术，曾任医学教授。子仲彦霖，亦业医；曾孙仲昶，为明代太医院判。[见：《宝应县志》]

仲学辂 字昂庭。清末浙江钱塘县人。同治三年（1864）顺天榜举人，历官淳安教谕、宁波教授。通经史，于天文、地理、水利诸学皆有造诣。尤精医术，推重名医张志聪，尊经法古，熟通本草。光绪六年（1880）与薛宝田应诏治慈禧疾，进药而安。事毕南归，主杭垣医局二十载。晚年弃官，行医济世。撰有《本草崇源集说》三卷，经章炳森补订，刊于1910年。子仲佑长，绍承父学。门人章炳森、章炳麟，得其传授。[见：《北行日记》、《仲氏世医记》、《钱塘医派》]

仲宗滋 字德如，号又村。清代江苏吴江县盛泽镇人。业儒，为诸生。擅书法，尤精医理。切脉定方，无不应手而愈。[见：《盛湖志补》]

仲彦霖 明初宝应县（今属江苏）人。元医学教授仲明斋子。传承父学，亦精医道。子仲恭，亦以医闻。[见：《宝应县志》、《中国历代名医碑传集》]

仲理庵 清代江苏上元县人。出家为僧，通医术。俗家弟子尹怀圣，得其秘要。[见：《江南通志》]

任

任芳 清代浙江钱塘县人。儿科世医任允谦子。继承父学，亦业医。子任鹤龄，亦以医名。[见：《钱塘县志》]

任侃 字少鱼。清代江苏宜兴县人。增贡生。官詹事府主簿。其母年八十岁患羸疾，任侃遍读方书，遂精医理。著有《伤寒条辨》、《验方集成》等书，藏于家。[见：《宜荆续志》]

任经 字抑斋。清代浙江钱塘县人。任氏世业小儿医。任经初习举业，为诸生。兼精儿科，知名乡里。善诗文，风格安雅有节，为人称道。晚岁游齐鲁，患疡疾而卒。[见：《杭州府志》]

任荣 明代山西云中县人。生于世医之家，精祖业，活人甚众。弘治间（1488～1505）无疾而终，享年六十。曾孙任服远，亦以医术知名。

[见：《山西通志》]

任度① 隋代人。生平里居未详。据《名医录》载：一人患病，食入即吐，某医者诊之曰："此噎疾、膈气、翻胃三候。"然治之不验。时有老医任度，亦诊之曰："非此三候，盖因食蛇肉不消而致斯病。但揣心腹上，有蛇形也。"病者曰："素有大风疾，常求蛇肉食治，风稍愈，复患此疾。"任度乃以芒硝、大黄合而治之，微泄而愈。时医依此方疗疾，皆有良效。[见：《历代名医蒙求》、《医学入门·历代医学姓氏》]

任度② 本姓陈氏。字林屋。明代通州（今江苏南通）人。精绘画，宗唐宋名家，远所知名。天启间（1621～1627）隐居河北沧州，遂定居。兼精岐黄，医名为画名所掩。[见：《沧州志·寓贤》]

任埙 字德音，号逸园。清代安徽安庆府人。性简淡，不慕荣利。弱冠游庠，寄情诗酒，旷怀高致。凡利人济物之事，无不殚力为之。所著甚富，有《逸园方书》行世，今未见。[见：《安庆府志》]

任钰 字其相。清代江苏宜兴县人。精医术，知名乡里。[见：《宜荆县志》]

任资 原名任毅。字致远。明代河北沧州人。早年习儒，为庠生。性嗜医学，博通《难经》、《本草》诸书，每以"不为良相，必为良医"自许。值朝廷征选良医，任资赴试入选，授太医院医士。以进药屡奏良效，加通政司右通政。不久迁左院判。[见：《沧州志》]

任祥 （1380～1459）字敬祥，号讷斋。明代江西泰和县城北人。任保宜子。九龄丧父，哀痛如成人。稍长，从本乡萧用道习儒。性嗜医学，熟读《内经》以下诸医书，多有心悟。凡以病延请者，不问寒暑风雨皆赴，病愈不求酬报。临证审慎，必穷辨病源而施治，尝谓："人以死生寄于我，岂可苟哉！"乡邻俱以仁人称之。年八十岁卒，葬于北郭楮原山。长子任修，生平未详。次子任衡，官海阳知县。[见：《中国历代名医碑传集》（引王直《抑庵文后集·任敬祥墓志铭》）]

任瑗 字恕庵，号东涧。清代江苏山阳县人。其祖母患痼疾，每延名医至家，任瑗留意辨证用药之理，复攻研医籍，久之精其术，以医知名。著有《赤泉元筌》一卷，今存。[见：《淮安府志》、《中国丛书综录》]

任暄 字光远。清代河南安阳县人。早年习儒，为太学生。兼精医术，尤长于针灸。[见：《彰德府志》]

任溁 明代安徽旌德县十八都人。精医术，本县以明医举荐于朝，成化间（1465～1487）供职太医院。[见：《旌德县志》]

任遑 字士兴。清代江苏宜兴县人。精医术，知名于时。[见：《宜荆续志》]

任潮 （?～1830）字海梧，号沨波，一作风波。清代浙江山阴县人。附贡生。邑名医任越安孙，任雨辰子。初习举业，后传承家学，弃儒业医。悬壶乡里三十余载，临证多良效，名噪一时。著有《医学心源》、《伤寒舌鉴》、《任氏临症指南》诸书，藏于家。其祖父撰有《伤寒法祖》二卷，任潮读之，视如鸿宝，秘不示人。其稿后为裘庆元所得，刊入《珍本医书集成》，今存。[见：《伤寒法祖》、《山阴县志》、《浙江通志稿》、《浙江医籍考》、《珍本医书集成》]

任赞 字药斋。清末广东新会县紫霞村人。初习儒，为诸生，兼通医术。曾以名儒入幕府，后归隐，悬壶于市。著有《保赤新编》二卷，刊于光绪十年（1884），今存。[见：《保赤新编·序》、《贩书偶记续编》、《北京大学图书馆藏李氏书目》]

任二琦 字瑞庵。明代浙江杭州人。本姓宋氏，为宋代韩忠献公（韩琦）后裔。其先世学儿科于任氏，遂改任姓。任二琦得家传，医术益精。儿科世号哑科，而二琦巧发中微，观病儿啼号，即知痛苦所在，投剂辄效。素怀济利心，遇贫者则却其金钱，反赠以药。尝至某富家诊病，一人彷徨立其侧，二琦察之，问所欲，答曰："某家在邻近，儿患痘，欲邀公一视，以不能具酬，故不敢启齿耳。"二琦即往视，病儿患痘甚险，视毕赠药，加人参不吝。后数日，过其门必入视，儿愈乃已。贫者德之，饮食必先祝祷，复绘像于家拜之。任氏早年丧母，事继母张氏惟谨，有孝名。子任允谦、任懋谦，皆善医。[见：《浙江通志》、《杭州府志》]

任大枢 字慎斋。清代江苏如皋县人。精通医道，擅长幼科。咸丰癸丑（1853）痧疹大行，任氏出奇技，全活婴幼无算，邑人赠匾曰保赤心诚。子任宗涟、任宗俊，均传承父业。[见：《如皋县续志》]

任子羽 元明间人。生平里居未详。元末征为太医。王逢作《赠任子羽赴太医院辞》，诗云："天医台院五云深，曳紫腰犀杂佩音。中使日供驼背酒，六宫时赐马蹄金。丹砂钟乳来南国，赤箭青芝满上林。知尔去乡承荐剡，赠言惭比太和箴。"[见：《金元医学人物》（引《梧

218

溪集)]

任元受 字尽言。南宋人。里居未详。精医术。事母尽孝，母老多病，未尝离左右。尝言："老母有疾，其得疾之由，或以饮食，或以燥湿，或以语话稍多，或以忧喜稍过，尽言皆朝暮候之，无毫发不尽，五脏六腑中事，皆洞见曲折，不待诊脉而后知，故用药必效，虽名医不迨也。"[见：《老学庵笔记·卷三》]

任中彪 清初陕西长安县（今西安）人。早年习儒，为康熙间（1662～1722）贡生。兼通医理，著有《疹略》（又作《麻疹约要》）一卷，今存道光六年丙戌（1826）常恒益斋刻本。[见：《贩书偶记续编》、《咸宁长安两县续志》、《续陕西通志稿》]

任中麟 字伯祥。清代河南密县人。精通祖传痘科，临证有佳效。重医德，有求即应，不受谢仪。[见：《密县志》]

任介亭 清代江苏丹徒县人。邑疡科名医任仲英子。绍承家学，精通疡科，兼擅内科。[见：《丹徒县志》]

任凤鸣 清代河南伊阳县人。徙居陕西靖边县。博览医籍，精医理，诊脉立方，投药多效。[见：《靖边县志》]

任允谦 号谷庵。清初浙江杭州人。邑名医任二琦长子。自幼习儒，善读书，少年时补博士弟子员。继承父志，以医济人，专擅儿科。无贫富贵贱，悉殚心诊视，应手取效。著有《普慈医案》，医学外尚有《迈种堂集》、《性理析解》等书。清代初叶，名医张志聪创办侣山堂，聚钱塘名医及门生讲学其中，任氏参予其事，并参予校订《黄帝内经灵枢集注》九卷，刊刻于康熙十一年（1672）。子任芳，孙任鹤龄，皆嗣其业。任氏世工儿科，杭人数百年间多称"任小儿"云。[见：《杭州府志》、《钱塘县志》、《黄帝内经灵枢集注》]

任永年 清代人。生平里居未详。为诸生。乾隆四年（1739），以儒学生员遴选《医宗金鉴》副纂修官。[见：《医宗金鉴》]

任光显 元明间江西泰和县人。以医为业，知名于时。同里刘嵩患病，不能进食，任氏治而愈之。刘作《赠医师任光显诗》赞之。[见：《金元医学人物》（引《槎翁诗集》）]

任光德 元代江西泰和县人。当地经学名家任迪吉子。其家世以儒医著称，至光德亦精医术。子任保宜、任保冲，皆承家学。[见：《中国历代名医碑传集》（引王直《抑庵文后集·赠同知任君墓表》）]

任廷荣 字华堂。清代山东历城县董家乡韩仓村人。早年学医于东庑乡神武村杨庚六，从师六年，师谓人曰："此子医术胜我数倍。"及悬壶，投药辄效，断人生死尤奇中，名噪于时。与邑庠生赵席珍友善，一日至席珍家，值其姐归宁，谓席珍曰："急送姐归，不过明午矣。"席珍曰："姐无病。"廷荣曰："疾不可为矣！"姐亦以无病，不愿归，席珍托故，强送归夫家。明日未晡，凶声至。又，王家庄儒生王尚志应试患病，口不能言，目不转瞬，已二日，众医束手。廷荣应邀诊视，以针自下而上刺其腧穴，至喉则气上目动，投以汤剂，十余日痊愈，闻者称奇。任氏虽负盛名，子孙无业医者，其术遂不传。[见：《续修历城县志》]

任仲英 清代江苏丹徒县人。精通疡科。熟谙经穴脉络，能默绘铜人图，人以《内经》、《难经》核之，无一错者。所用膏丹必亲手虔制，故疗效极佳，医名著于大江南北。设医室于镇芳桥上，赠匾额者以百计，无地悬挂，乃"汇而缩书，总为一额"。重医德，凡贫病者求治，不取诊金。年七十余卒。子任介亭，绍承家学，兼通内科。门生杨宇春，亦负盛名。[见：《丹徒县志》]

任向荣 字钦若。清代河北高阳县人。精医术，擅内、外科。著有《内外科合集》，未梓。[见：《高阳县志》]

任庆辰 清代江苏如皋县人。生平未详。著有《医证验方》一卷，未见流传。[见：《如皋县志稿》]

任兴泰 字景阳。清代河南淮阳县人。精脉理，持脉即知患者所苦，有神医之称。[见：《淮阳县志》]

任寿昌 字香亭。清代广东番禺县人。生平未详。著有《痘症备方》一书，成书于光绪四年（1878）。[见：《中国历代医家传录》（引《痘症备方·跋》）]

任步青 （1889～1956）原名述然，字蔼云。现代江苏扬州西湖乡任庄人。其家世代业医，至步青已历十代。年弱冠，随父任若然悬壶扬州北小街。光绪三十三年（1907），应两淮盐运司医士考试，获优等凭照。四十三岁独立设诊于市南十三湾，与弟任继然皆享盛誉。诊病谨慎，每遇险证，即翻阅医书，必使有效而后已。有医德，遇贫病不收诊费，常助以药资，人皆敬重之。中华人民共和国成立后，出任扬州市政协委员、卫生协会委员。1956年11月1日，患喉癌病故，各界吊祭者千余人。[见：《任步青先生事略》（《江苏中医》1958年第2期）]

任邮书 字子涵。清代江苏兴化县人。任槐里子。习举业，为附贡生。务经世之学，邑苦水患，著《复淮篇》。曾主讲昭阳书院。兼涉医学，著有《陈修园医书集注》，未见梓行。[见：《兴化县志》]

任作田（1886~1950） 现代辽宁辽阳县人。为针灸学家，于针术有丰富经验。"九一八"事变后，投身抗日救亡斗争。后转至延安，热心传授医术，曾被评为中西医合作模范。著有《针术》一文，对针刺手法有独到见解。[见：《中医大辞典》]

任应秋（1914~1984） 原名鸿宾，又名鸿都。现代四川江津县油溪镇人。生于书香之家。幼年丧父，四岁开蒙，塾师授以十三经，皆能成诵。稍长，就读于江津国学专修馆，得经学大师廖季平指授。经学之外，兼及训诂、考据、诗文诸学。年十七岁，遵祖父命从经方派名家刘有余学医。三年后技成，悬壶问世。嗣后，遍游沪上及湘水间，力求深造。1936年入上海中国医学院学习，先后问业于丁仲英、谢观、曹家达、蒋文芳、郭柏良、陆渊雷、夏应堂诸名医，医理、临床均有进益。1937年抗日战争爆发，辍学归蜀，悬壶于乡，求治者门庭若市。20世纪40年代，出任《华西医药杂志》主任编辑。嗣后，致力于中医基础理论研究及古医籍整理。1952年任重庆市中医学校教务主任，开始教学生涯。1957年，应聘出任北京中医学院教授，历任该院科研办公室主任、院务委员会委员，医古文、医学史、各家学说教研室主任，中医系主任。先后出任全国政协委员、农工民主党中央委员、国家科委中医专业组委员、国务院学位委员会中医评议组召集人、卫生部学术委员会委员、《中华人民共和国药典》编辑委员会委员兼中医组组长、中华全国中医学会副会长、中医研究学术委员会委员。1980年，以著名中医学家身份，随首批中医教育界赴日本讲学团出国讲学，受到日本医学界隆重欢迎。任氏一生致力于中医事业，对中医基础理论、医学史及中医教育多有贡献，尤以整理研究古典医籍冠冕于时。其晚年座右铭曰"一息尚存，此志不容稍懈"。1983年患癌症，医治无效，于1984年10月17日凌晨逝世，享年七十一。生前著有《中国医学史略》、《通俗中国医学史讲话》、《内科治疗学》、《病机临证分析》、《中医病理学概

说》、《中医药理学》、《伤寒论语译》、《金匮要略语译》、《伤寒论证治类诠》、《濒湖脉学白话解》、《重订中医脉学十讲》、《内经十讲》、《五运六气》、《阴阳五行》、《祖国医学整体观》、《中医舌诊》、《新辑宋本伤寒论》、《中医各家学说》等。此外，还撰写学术论文五百余篇，晚年自选一百一十九篇，编《任应秋论医集》刊行。长女任廷革，次女任廷苏，均从事中医学研究。[见：《任应秋论医集·自序》、《中国现代名医传》、《著述宏博的中医学家任应秋》、《中国大百科全书》、《中国现代名中医医案精华》、《医学别新·序》]

任沛霖 字砚云。清代浙江海盐县人。精医术，有名于时。[见：《海盐县志》]

任雨辰 清代浙江山阴县人。邑名医任越安子。绍承父业，行医江左，凡遇奇证应手霍然。子任潮，亦精医术，有"三世良医"之誉。[见：《山阴县志》]

任迪吉 元初泰和县（今江西泰和）人。宋文丞相麾下兵马医录任显叔子。自幼习儒，以经学著称。通医理而未悬壶。子任光德，孙任保宜、任保冲，皆业医。[见：《中国历代名医碑传集》（引王直《抑庵文后集·赠同知任君墓表》）]

任贤斗 字师韩，号瞻山。清代湖南浏阳县北乡人。早年习举业，为监生。后欲习医，先后事两师，未得其要，乃博览古医书，精研奥旨，三年始有得，对阴阳虚实辨之甚明。后悬壶于世，所治多佳效。一人患异疾，日中而叹，日暮而哭，夜半乃止。任氏曰："午，阴生；子，阳生。其候为阴贼阳。"投以扶阳之剂，哭果止。任氏临证谨慎，诊病必先切脉，而后问诊，决死生多奇中，门下弟子多达数十人。常谓："治病如防敌，当知寇所出没，与所以安良之术，不然，且速祸。"曾于乾隆元年（1736）撰《任氏医案》（又作《瞻山医案》）五卷，今存1924年木活字本。[见：《浏阳县志》、《湖南通志》、《中医图书联合目录》]

任服远 明代山西云中县人。世医任荣曾孙。幼习家业，精医术。万历庚辰（1580）瘟疫大行，患病者亲友不相访问，染之即不起。任服远亲身诊视，以普济消毒饮投之，全活者数千，人以神医称之，远近礼迎。[见：《山西通志》]

任学淳 清代江苏如皋县人。世业岐黄，尤擅幼科。年八十六岁卒。[见：《如皋县志》]

任宗俊 清代江苏如皋县人。邑名医任大枢次子。早年习儒，为国学生。后与兄任宗涟绍承父学，以医为业。[见：《如皋县续志》]

任宗涟 清代江苏如皋县人。邑名医任大枢长子。克传父学，以医问世。弟任宗俊，亦业医。[见：《如皋县续志》]

任承亮 北宋人。生平里居未详。景祐元年（1034）任御医院提点。[见：《中国历代医家传录》（引《会圣宫碑》）]

任显叔 南宋末泰和县（今江西泰和）人。以儒通医。随文天祥抗元，任兵马医录。子任迪吉，孙任光德，皆以儒通医。[见：《中国历代名医碑传集》（引王直《抑庵文后集·赠同知任君墓表》）]

任思铭 清代四川铜梁县人。慷慨尚义，精武学，兼通医术。年七十三岁卒。[见：《铜梁县志》]

任保冲 元末泰和县（今江西泰和）人。儒医任光德次子。与兄任保宜皆通医道，悬壶济世。兄中年无子，遵父命以长子任敬立（1373～1408）为其嗣子。敬立传承家学，官医学训科。次子任敬敏，习儒，出任知县。[见：《中国历代名医碑传集》（引王直《抑庵文后集·赠同知任君墓表》、《抑庵文集·任处士挽诗序》）]

任保宜 （?～1388） 元末泰和县（今江西泰和）人。儒医任光德长子。与弟任保冲皆传家学，以医为业。中年无子，以弟之长子任敬立为嗣。晚年生子任祥，二子皆承家学。[见：《中国历代名医碑传集》（引王直《抑庵文后集·赠同知任君墓表》）]

任洪逵 字九峰。清代四川南充县李家场人。业儒，兼通医术。凡贫病求治，常济以方药，活人甚众。[见：《南充县志》]

任高鉴 字燮钧。近代江苏无锡县人。世代业医，富有心得。后研究西学，以期沟通中西医。宣统间（1909～1911）加入中西医学研究会。[见：《中西医学报》]

任越安 一作任越庵。清代浙江绍兴府山阴县人。以医济世，凡遇奇证，应手霍然，知名乡里。尝改编名医柯琴《伤寒论翼》，辑《伤寒法祖》二卷，今存。还撰有《发藻堂纂辑灵素类言》三卷，今未见。子任雨辰，孙任潮，皆以医术知名，时称"三世良医"。[见：《山阴县志》、《伤寒法祖》、《浙江医籍考》]

任敬立 （1373～1408） 明初江西吉安府泰和县人。世以儒医显，五世祖任显叔，仕宋为文丞相麾下兵马医录；曾祖任迪吉，以经学知名；祖任光德，父任保冲，皆业医。敬立生七月，祖父命嗣于伯父任保宜，遂为其后。自幼颖敏，才气不凡，从乡先生萧尚仁父子习儒，深有造诣。博览百家，尤精医道。年十七，荐授泰和县医学训科，所治多奇效。洪武（1368～1398）末，援例求退。建文元年（1399），以《书经》赴试不售。江西藩宪惜其才，荐授龙泉儒学训导。永乐戊子（1408），广西开科取士，任氏为考官。归途至英德患疾，十月初五日卒。以子任能让贵，追赠奉政大夫直隶太平府同知。[见：《中国历代名医碑传集》（引王直《抑庵文后集·赠同知任君墓表》）]

任鼎炎 字南暄，号铁香。清代江西铅山县人。乐善好施。嘉庆己卯（1819），大成殿坍塌，任氏出银数千两修复。曾纂辑《资生集》、《丹桂集》等救急医书，刊印布送。年八十二岁卒。[见：《广信府志》]

任鼎镛 字朝衡。清代江苏嘉定县安亭镇人。邑庠生。精医术，尤擅书法。年八十余卒。[见：《安亭志》]

任景荣 清代陕西石泉县人。精医术，知名于时。[见：《石泉县志》]

任道宏 清代陕西定边县人。擅书法，尤精医术，知名于时。年七十余卒。[见：《定边县志》]

任锡庚 字修如。近代北平（今北京）人。博学多闻，尤精医术。曾任太医院掌印御医，兼上药房值宿供奉官。著有《难经笔记》二卷、《医宗简要》十八卷，有抄本存世。又著有《太医院志》一卷，刊刻于1923年，今存。[见：《太医院志》、《中医图书联合目录》]

任毓秀 字伯起。清代山东费县人。善歌词，工书法，精篆刻。兼通医药，活人甚众。著有《医学易知录》十二卷，未见梓行。[见：《费县志》]

任履真 一作履贞，字子山。金代许州长葛县（今河南长葛）人。好读书，喜杂学，深通医理，闻名于时。行医不求利，活人甚众，乡里德之。贞祐（1213～1216）初，召入太医院，不久辞归。筑遂安草堂于家，自谓："今吾名不隶于仕版，身不涉于行伍，足不迹于是非之场，口不涉于是非之境，吾安焉。"与赵秉文、李纯甫、刘从益等相友善。卒后，赵秉文为之作墓志铭，以张机、王冰譬之。[见：《金元医学人物》（引《闲闲老人滏水集》、《归潜志》）]

任鹤龄 清代浙江钱塘县人。儿科世医任允谦孙，任芳子。继承家学，亦业医。[见：《钱塘县志》]

任懋谦 字汝和。明代浙江杭州人。名医任二琦次子。为诸生。继承父之志业医，以儿科知名。笃于行谊，颇有父风。[见：《浙江通志》]

伦

伦常 字棣卿。清代广东东莞县望牛墩人。精医术，就诊者户外常满。[见：《东莞县志》]

仰

仰企 清代人。生平里居未详。著有《痘科正宗》，今存乾隆十年（1745）重刊本。[见：《中医图书联合目录》]

仰大任 明代浙江德清县人。本县医学训科陆鹤鸣赘婿。继承岳父之学，亦以医术知名乡里。[见：《德清县志》]

仰仲瞻 明代人。里居未详。通经史，为中书科儒士。弘治十六年（1503），太医院院判刘文泰等奉敕编撰《本草品汇精要》，仰氏与中书科吉庆、周时敛、姜承儒及太医院医士吴恩等共十四人任誊录。该书毕工于弘治十八年三月，未刊，今存抄本。[见：《本草品汇精要》]

仰道人 晋代岭表（指五岭以南）僧人。以聪慧入道，兼精医术。晋朝南迁，衣缨士族不习水土，多患脚软之疾，"染者无不毙踣"，仰道人独能疗之，天下知名。[见：《历代名医蒙求》、《太平御览·方术部》]

华

华佗 一名旉，字元化。东汉末沛国谯（今安徽亳州）人。早年游学徐土，兼习数经，以医学为最擅长。沛相陈圭荐为孝廉，太尉黄琬亦请出仕，辞而不就。一生致力医学，于外科尤多造诣。临证疗疾，处剂不过数味，"心识分铢，不假称量"，而患者服之则愈。若当灸，每处不过七八壮，病即断除。若当针，亦不过一二处，下针预告病者："当引某处，若至，语人。"病者言："已到。"应声拔针，病即断除。若疾发，结于内，针药所不能及者，令以酒冲服麻沸散，即昏醉无所觉，乃剖破腹背，抽割积聚。若在胃肠，则断截湔洗，清除疾秽，既而缝合，涂以药膏，四五日创愈，一月之间皆平复。佗挟技游于四方，医名振于宇内。曹操病笃，使佗专视。佗思归，乃求还乡取方，至家托以妻病，不返，后为曹操所杀。吴普、樊阿、李当之，皆华佗弟子。佗尝告吴普曰："人体欲得劳动，但不当使极耳。动摇则谷气得消，血脉流通，病不得生。譬犹户枢，终不朽也。是以古之仙者为导引之事，熊经鸱顾，引挽腰体，动诸关节，以求难老。吾有一术，名'五禽之戏'，一曰虎，二曰鹿，三曰熊，四曰猿，五曰鸟。亦以除疾，兼利蹄足，以当导引。体有不快，起作一禽之戏，怡而汗出，因以著粉，身体轻便而欲食。"吴普依言施行，年九十余，耳目聪明，齿牙完坚。佗又授樊阿漆叶青黏散，令久服，阿从之，寿至百余岁。华佗尝著医书一部，临终付狱吏，吏畏法不敢受，佗不强与，索火烧之。佗殁，弟子汇其经验，著《枕中灸刺经》、《内事》、《观形察色并三部脉经》、《华佗方》等书，均佚。至宋代，有《中藏经》行世，为假托之作，然据近代学者考证，其中亦有华氏遗说。[见：《后汉书·华佗传》、《三国志·魏书·华佗传》、《隋书·经籍志》、《宋史·艺文志》、《崇文总目辑释》、《历代名医蒙求》、《医学入门·历代医学姓氏》]

华岳 字芳伯。清代江苏人。生平里居未详。著有《急救霍乱方》一卷，刊入金德鉴《小耕石斋医书四种》，今存。[见：《中医图书联合目录》]

华河 字夔飏。清代江苏南汇县人。精医理，名动于时。子华逊修、华敬修，俱享时誉。后辈中又有名华思植者，尤能昌明家学。[见：《南汇县志》]

华坝 字昌伯。清末江苏上元县人。祖父华维周，父华益堂，皆通医理，俱有著述，稿毁于兵燹。华坝亦通医理，对药学有所研究。尝谓："脉理不精，不足以辨证；药性不熟，何从而立方？所以本草一书，广收博采，为吾道之最要熟。"曾采录各家本草，节选本地常用者，辑《编注本草骈文便读》十卷，刊于同治壬申（1872）。又撰《痧麻明辨》一卷，刊于光绪己卯（1879）。[见：《四部总录医药编》、《中医图书联合目录》]

华振 清代江苏常熟县人。精医术。著有《拂蠹编》，其书以原始、调摄、诊法、本病、治法为类，分为五篇，今未见。[见：《常昭合志》]

华湘 明代江苏人。生平里居未详。著有《灵枢秘要》，今未见。[见：《江苏通志稿》]

华嵩 字瞻岳。清代浙江遂昌县人。廪贡生。早年习儒，博闻强识。尤精医道，以术济

人，不取诊酬。乡人感德，以"再造"二字额其门。[见：《遂宁县志》]

华模 字宇范。清代江苏上元县人。重孝义，精医术。悬壶二十年，全活甚众，为乾隆间（1736～1795）上元名医。子华承燕、华承熊，俱为庠生。[见：《上元县志》、《上元江宁两县志》]

华颙 宋代人。生平里居未详。著有《医门简要》十卷，已佚。[见：《宋史·艺文志》、《崇文总目辑释》]

华镒 字时重。明代浙江遂昌县人。早年习儒，事母以孝闻。由岁贡生授苏州府长洲县训导，升湖广郧西县教谕，以母老不赴。精医道，以术济人，乡里称之。[见：《遂宁县志》]

华子颙 宋代人。生平里居未详。疑为道士。著有《制药总诀》一卷、《相色经妙诀》一卷、《修玉粉丹口诀》一卷，均佚。[见：《宋史·艺文志》、《通志·艺文略》、《国史经籍志》]

华元化 字之风。明代武进县（今属江苏）人。精医术，授太医院医官，后辞归。悬壶六十年，全活甚众。寿至八十岁。著有《外科宗要》，由其子华文起续纂行世，今未见。子华文起，孙华泽山，皆传其业。[见：《武进阳湖县合志》]

华文灿 （1660～1739） 字纬五，号天游。清代江苏无锡县人。诸生。兼通医理。著有《伤寒五法辨论》、《治病方论》十二卷，今皆未见。[见：《吴中名医录》（引《锡金历朝书目考》）]

华文桂 （1737～1775） 字季直，又字子同。清代江苏无锡县人。通医理。著有《喉科秘方》（今未见）、《喉科秘书补要续录》（今存道光间华文械校录本）。又工诗，著有《闲吟诗草》。[见：《中医图书联合目录》、《吴中名医录》（引《锡金历朝书目考》）]

华文起 明代武进县（今属江苏）人。邑名医华元化子。通医术，曾续编其父《外科宗要》，刊行于世，今未见。子华泽山，绍传家业。[见：《武进阳湖县合志》]

华古愚 清代江苏南汇县沅溪人。精通内科。临证探微抉隐，应手取效。与同邑乔助澜、金颂白、庄桂年有四大家之称。门人蔡承祉，亦以医名。[见：《南汇县续志》、《川沙县志》]

华石云 原名廷元，字倬辰，号蓼庭。明末无锡县（今属江苏）人。生平未详。著

有《医林明鉴》，已佚。[见：《吴中名医录》（引《锡金历朝书目考》）]

华北恒 （1708～1787） 字子方，号景南。清初江苏无锡县人。生平未详。著有《经验喉症证治准绳》、《养正斋良方》等书，未见梓行。[见：《吴中名医录》（引《锡金历朝书目考》）]

华礼贤 （1701～1774） 字裕柔。清代江苏无锡县人。生平未详。著有《叶天士医方集解》，今未见。[见：《吴中名医录》（引《锡金历朝书目考》）]

华克成 字绎如，号壶天逸叟。清代四川简阳县人。庠生。工词赋，善诗文。弃儒习医，活人甚众。著有《神效验方》、《壶天逸叟诗草》，今未见。[见：《简阳县志》]

华希闵 清代江苏金匮县（今无锡）人。名医余元度甥。通医理，曾整理舅父医论，辑《用药心法》若干卷，抄写二帙，一授其子华嘉，一授从弟某，今未见。华氏还曾校刻孙思邈《千金翼方》，重刊于乾隆二十八年癸未（1763）。[见：《中国医籍考》、《四部总录医药编·千金翼方》]

华希高 清代人。生平里居未详。辑有《洗冤录全纂》四卷，刊于嘉庆八年（1803），今存。[见：《中医图书联合目录》]

华沛恩 清代江苏无锡县荡口镇人。精医理。外孙赵元益，得其传授。[见：《昆山历代医家录》]

华宏璧 字尧章。清代江苏南汇县横沔人。名医沈璠门生。精医术，尝入都，值太医院考医生，赴试高中，入值内药房。与翰林编修顾成天、孝廉顾昺讲究医理，技益精进，名动公卿间。雍正十年（1732），调兵出塞，选医偕行，宏璧中选。雍正帝召见，赐以白金，官太医院吏目。既还，以疾卒。[见：《南汇县志》]

华若新 清代江苏南汇县人。世代业医，至若新益精其术，为时所重。[见：《南汇县志》]

华秉庵 （1869～1943） 又名承模，自号医隐。近代江苏无锡人。世居熙春街。自幼习儒，年二十五岁，中光绪癸巳（1893）科举人。初授福州船政局文案，迁广东遂溪知县，以治绩闻，补知府用。以讼事累，遣戍迪化。1912年任新疆警厅所长、中俄学堂提调等职，旋即归乡，弃政务医，自号医隐。曾于无锡熙春街寓所举办中医函授班，后移至上海白克路永年里。晚年著《医学心传》（包括《华氏临证经验良方》等书），

六
画

刊于 1932 年。此书介绍用药体会，论述脏腑虚实，分门别类，收载验方颇多。[见：《吴中名医录》、《中医图书联合目录》]

华宗寿 五代后唐人。生平里居未详。著有《升元广济方》三卷（一作十卷），已佚。[见：《宋史·艺文志》、《通志·艺文略》]

华泽山 明代武进县（今属江苏）人。邑名医华元化孙，华文起子。传承家学，亦精医术。[见：《武进阳湖县合志》]

华承美 字以彰。明代无锡县（今属江苏）人。生平未详。万历十四年（1586），吴县陈履端重校宋代刘昉《幼幼新书》，华承美任校对事。[见：《幼幼新书》]

华南田 字岫云，号苕溪漫士。清代江苏无锡县人。嗜于医学，虽不业医，常存利济救人之心。素慕吴县名医叶桂，留心觅其医案，搜采数十年，所积万余条，遂分门别类，于乾隆三十一年（1766）辑《临证指南医案》十卷，刊刻于世。此外，还辑有《续选临证指南》四卷、《种福堂公选良方》一卷，亦梓行。[见：《临证指南医案·序》、《种福堂公选良方·杜玉林序》、《中医图书联合目录》、《苏州府志》]

华思植 字莲洲。清代江苏南汇县人。邑名医华河后裔。华氏世以医术知名，至思植尤能昌明家学。[见：《南汇县志》]

华逊修 清代江苏南汇县人。邑名医华河子。与弟华敬修，皆精医术，屡起沉疴，俱享盛名。[见：《南汇县志》]

华耕礼 清代江苏南汇县人。邑名医华曾绪子。传承父学，亦以医名。[见：《南汇县续志》]

华益堂 清末江苏上元县人。邑名医华维周子。传承父学，亦通医理。曾有著述，其稿毁于兵燹。子华埙，尤精药理。[见：《四部总录医药编》]

华润球 （1563～1625）字廷鸣，又字衣言。明代无锡县（今属江苏）人。万历甲午（1594）举人。因中年多病致力医学，精其术。凡他医束手之证，深思其故，投药多能立起。[见：《江苏历代医人志》]

华硕藩 （1632～1673）字价臣。明清间江苏无锡县人。生平未详。著有《医方考》一书，未见流传。[见：《吴中名医录》（引《锡金历朝书目考》）]

华维周 清代江苏上元县人。通医理，知名于时。曾有著述，其稿毁于兵燹。子华益堂，孙华埙，皆通医理。[见：《四部总录医药编》]

华敬修 清代江苏南汇县人。邑名医华河子。与兄华逊修皆精医术，屡起沉疴，名噪于时。[见：《南汇县志》]

华曾绪 字景山，又字云洲。清代江苏南汇县人。精医术，善治伤寒、湿热诸证。子华耕礼，能世其业。[见：《南汇县续志》]

华摛藻 字丽涵。明清间江苏无锡县人。早年习儒，为诸生。后弃举业，从名医李中梓学，以医为业。[见：《无锡县志》、《无锡金匮县志》]

华虞熏 清代江苏无锡县人。从邑名医朱世扬学，尽得师传，知名于时。[见：《无锡金匮县志》]

华筱崖 佚其真名（字筱崖）。清末江苏丹徒县人。画家华秋崖子。精内功运气之术。年七十岁，犹能健步登高山绝顶。克绍家学，尤精绘画，晚年益知名。著有《却病汇编》二卷，逢诞日则以此书答赠贺友，首题十字："行功能却病，积德可延年"。[见：《丹徒县志掫余》]

华凝和 字用康。清代江苏无锡县人。以医济世，求治者踵相接，远近推重之。[见：《锡金续识小录》]

华燮臣 清代安徽盱眙县（今属江苏）人。精医术，所立之方，药仅数味，服之辄效。其内弟某，患血疾，燮臣适外出，戒勿服他药，而其弟暗中求他医治之。及归，诊其脉曰："服药已误，不可治矣!"如言而亡。著有《医学心余注》，未见梓行。[见：《盱眙县志》]

伊

伊尹 一名挚，号阿衡。商代莘（今山东莘县）人。耕于莘野。尝负鼎俎，以滋味（烹调术）游说于汤。汤使人以礼聘迎，拜为相，尊之为"阿衡"。汤崩，其孙太甲无道，伊尹放逐于桐。三年，太甲悔过，复归于亳。沃丁八年，伊尹寿至百余岁而卒。相传伊尹深明本草药性，后世有"伊尹著《汤液本草》"之说。[见：《史记·殷本纪》、《帝王世纪》、《甲乙经·序》、《太平御览·方术部》、《历代名医蒙求》]

伊枳 字东泽。明代浙江汤溪县人。祖、父皆为良医。伊枳继承先业，亦精医术。兰溪唐梦渔患疾，枳治而愈之，唐氏作《杏林书屋序》赠之。胡九峰亦有诗为赠。孙伊天叙，考授本县医学训科。[见：《汤溪县志》]

伊天叙 明代浙江汤溪县人。邑名医伊枳孙。精祖业，考授本县医学训科。著有《医学正论》、《汤液衍传》各若干卷（一说为其祖父所著），均佚。[见：《汤溪县志》]

伊元复 字顺行。清代福建宁化县人。廪生。淹贯经史，泛及天星、堪舆、医卜诸书，诗文极雅。值"耿逆之变"，伊氏曾联合乡勇守城。著有《医学集注》，未见流传。[见：《福建续志》]

伊精阿 清代满族人。生平里居未详。著有《秘传内府经验女科》（又作《坤中之要》）一卷，刊于嘉庆庚申（1800）。其书列女科一百一十三证，简述其证候，附方七十六首。[见：《贩书偶记续编》、《中医大辞典》]

向

向忠 字晦庵。清代云南姚安县人。咸丰间（1851～1861）监生。精习内外方脉，曾任楚雄府署医官。学参《灵》、《素》，遣药立方，多有奇效。重医德，诊病不计酬资，求诊者日盈其门。著有《内经条解》、《验证指南》二书，今未见。[见：《姚安县志》]

向大平 字铭时。清代湖南桃园县人。早年习儒，小试未售，弃而业医。重医德，治病不索酬报。善养生，寿至八十五岁。[见：《桃园县志·耆寿》]

向文兰 字海门。清代四川叙永县大坝人。早年习儒，有文才，选授峨眉县教谕，因母老辞归。兼精医术，存济利心，治病不索酬，贫病多赖以活。[见：《叙永县志》]

向正耘 （1797～?）清末四川营山县人。精医术，兼善养生。光绪十五年（1889）寿九十三岁，尚神志不惯，能为人治疾。[见：《营山县志》]

向宁亨 清代四川双流县人。其父为贡生，诸兄皆游庠。宁亨淡于仕途，好读《南华经》。年二十四丧妻，不复娶，专力于医学。技成，悬壶于乡，治病不受酬谢，活人甚众。年八十岁卒。[见：《四川通志》、《双流县志》]

向廷赓 字修野，号陆海，晚号花溪老人。清代四川成都县人。康熙三十五年（1696）举人。夙性聪慧，博览群书，工吟咏。两试春闱不第，绝意仕途，教授生徒为业。以余力攻研医学，刀圭所及，每能立起沉疴。中年出仕，历任巴县、邛州、潼州儒学教官，性甘澹泊，三十余年寒毡自守。大学士鄂尔泰总督滇黔，闻其名，荐授湖南巴陵知县，未几告归。乾隆四年（1739）以博学鸿词荐，辞不应。晚年行医于浣花溪畔，号花溪老人。年七十余，卒于乡。著有《医述》四卷、《陆海文集》若干卷，未梓。[见：《成都县志》、《四川通志》]

向国贵 清代四川丰都县人。精医术，知名于时。性澹泊，好吟咏，善养生，年九十四岁卒。[见：《重修丰都县志》]

向官德 清代河南彰德县人。其先世徙居四川铜梁县。以医为业，全济甚众，知名于时。善养生，寿至一百零四岁。[见：《铜梁县志》]

向春山 清代四川宣汉县人。学医于同邑唐某，尽得师传，擅长针灸。治病多奇效，有妙手回春之誉。行医一生，年七十余应诊不辍。卒后，其术不传。[见：《宣汉县志》]

向著道 字明阶。清代四川宣汉县人。业儒工医。与士大夫相往还，每疗疾，多获奇效。[见：《宣汉县志》]

向敦本 清代湖南黔阳县人。少能文，不遇于时，仅得理问衔。通医理，闻病即往，不计远近，遇贫病贷以药饵，里中多赖全活。著有《医方便览》，今未见。[见：《黔阳县志》]

全

全顺 字诚斋。清末人。生平里居未详。曾任太医院御医，兼东药房值宿供奉官。[见：《太医院志·同寅录》]

全锦 （1712～1789）字纲章，号上池。清代江苏震泽县（今吴江县）人。少年习儒，因家贫学医，受业于妻伯薛雪，尽得其传，临证刻期奏效，远近称之。专以济人为事，治病未尝求报，拯救贫病，痊愈乃止。凡贫交故旧患疾，徒步往返，不辞其劳。乾隆二十一年（1756）岁饥民疫，踵门者日数十辈，全锦耳听、目视、手切，未尝厌倦。遇阖家病困者，则先赠钱买米煮粥，后投药救治，多所全活。晚年医术益精，声名益著，求治者骈至，日不暇接。后身患噎疾，仍诊疗不倦，于乾隆五十四年病殁，享年七十八。全锦驰名甚久，生前尚书沈德潜赠额"学承元起"，尚书彭启丰赠额"心地长春"，学使曹秀先赠额"寿世耆英"，历任知县王铭锡、高辰、龙铎皆有题赠。子全士淳，业儒，为乾隆二十五年（1760）副榜贡生。[见：《震泽县志续》、《苏州府志》]

全元起 一作金元起。南朝齐梁间人。里居未详。曾官侍郎。精医学，缙绅慕之如神，凡患疾者争延致之，以为"得元起则生，舍之则死"。据《南史》载：全元起任侍郎时，欲注解《黄帝内经素问》，曾造访王僧孺，问以"砭石之道"，后撰成《素问训解》八卷（《素问》原为九卷，当时卷第七亡佚），刊行于世。唐初杨上善撰《黄帝内经太素》，王冰撰《黄帝内经素问注》，均参阅全氏《素问训解》，今佚。〔见：《南史·王僧孺传》、《隋书·经籍志》、《新唐书·艺文志》、《宋史·艺文志》、《太平御览·方术部》、《崇文总目辑释》、《古今医统大全·历世圣贤名医姓氏》〕

全循义 明代人。生平里居未详。通医理，曾任太医院医官。与同官金义孙合辑《针灸择日编集》一卷，刊于正统十二年（1447），今存清代复刻本。该书谓人处天地之中，禀受阴阳之气，人体脏腑与天干相应，经络与四时相通，施针灸亦须择日，故摭拾群书，编集针灸择日之法，并附针灸杂忌、点艾火法等内容。〔见：《中医图书联合目录》、《中医文献辞典》〕

危

危素 （1303～1372） 字太仆，号云林。元代抚州金溪县（今江西金溪）人。唐抚州刺史危全讽后裔，儒医危永吉子。少通五经，游吴澄之门。至正元年（1341）荐授经筵检讨。奉旨修宋、辽、金三史，校注《尔雅》，书成，赐黄金及宫人，不受。由国子助教迁翰林编修。累官太常博士、兵部员外郎、监察御史、工部侍郎，转大司农丞、礼部尚书。二十年（1360）拜参知政事，不久授翰林学士承旨，出为岭北行省左丞。言事不报，弃官居房山。元亡归明，洪武二年（1369）授翰林侍讲学士，帝数访以元兴亡之故，诏撰《皇陵碑》文，皆称旨。御史王著等论素亡国之臣，不宜列侍从，诏谪居和州，岁余卒。危素早年从金溪名医黄大明游，故兼通医理。〔见：《明史·危素传》、《补元史艺文志》、《金元医学人物》（引《道园类稿·黄东之墓志铭》）〕

危子美 元代江西南丰州人。祖籍抚州。名医危云仙子。继承家学，复学脉法于刘岳，学妇科于建昌新城县陈氏，学伤科于杭州田马骑。子危碧崖，侄孙危亦林，皆精医术。〔见：《世医得效方·序》〕

危云仙 南宋抚州（今江西抚州）人。徙居南丰县。早年游学东京（今河南开封），遇董奉二十五世孙，授以大方脉，归而医道大行。子危子美，传承其术。五世孙危亦林，为元代著名医家。〔见：《世医得效方·序》、《医学入门·历代医学姓氏》〕

危永吉 （1272～1328） 字德祥。元代抚州金溪县（今江西金溪）人。潮州小江等处盐司危龙友子。好读书，深通易学，擅长诗文。性孝友，好施济，每获先儒格言，辄书于屏间以自励。兼通医道，常施药济人。晚年过九江，登庐山，不久病逝。黄溍为之作墓志铭。著有《医说》一卷，已佚。子危素，仕元为参知政事，明初官翰林侍讲学士，亦通医理。〔见：《补元史艺文志》、《江西通志稿》、《金元医学人物》〕

危亦林 （1277～1347） 号达斋。元代南丰州（今江西南丰）人。世医危碧崖孙，危熙载侄。自幼好学，博极群书。及长，嗜岐黄术，尽发家藏医书，晓夜披览。此后，复从本州江东山学疡科，从临川范叔清学咽喉口齿科。力学多年，通晓内、外、妇、儿各科，尤以骨伤科见长。天历元年（1328）任本州医学学录，迁官医副提领，官至杭州医学教授。危氏有感于"医书浩若沧海，卒有所检，目不能周"，遂精选古来验方，历时十载，于后至元三年（1337）七月撰成《世医得效方》十九卷，由江西医学提举司送太医院审阅。当年十月初二日，元惠帝御批："绣梓广行，庶传永久，以济生民。"至正五年（1345）由建宁路官医提领陈志刊刻行世（今存）。此书分大方脉杂医科、小方科、风科、产科、妇人杂病科、眼科、口齿兼咽喉科、正骨兼金疮科、疮肿科九大类，对骨伤科治疗及麻醉剂用法论述尤精。如，正骨类有用麻药法，规定：凡"骨肉疼痛，整顿不得"者，"先用麻药服，待其不识痛处，方可下手"；若效果不佳，"可加曼陀罗花及草乌各五钱，用好酒调些少与服。若其人如酒醉，即不可加药"，"有出血甚者，此药逐时相度入用，不可过多"。又如，本书记载以悬吊法治疗脊柱错位，复位之后，以桑树白皮、杉木板固定，并规定"莫令屈"等护理原则，水平之高，远非他书可比。《世医得效方》为我国元代临床医学巨著，对后世医学发展影响深远。〔见：《世医得效方·自序》、《医学入门·历代医学姓氏》、《补元史艺文志》、《医藏书目》、《建昌府志》、《中国大百科全书》〕

危运倜 清代四川安岳县人。幼年失怙，家境贫寒，母纺绩供其读书。及长，究心医术，为当地良医。〔见：《安岳县志》〕

危尚志 清代人。里居未详。曾任信阳县主簿。通医理。与信阳名医陈再田、举人戴炳荣、廪生姚寿朋相友善，常切磋医理。〔见：《重修信阳县志·陈再田》〕

危恕中 清代河南信阳县人。生平未详。辑有《近仁堂济世良方》，未见刊行。[见：《信阳县志》]

危碧崖 宋元间南丰州（今江西南丰）人。邑名医危子美子。继承家学，复从黎川大礤周氏学小儿科，知名于时。子危熙载，孙危亦林，皆精医术。[见：《建昌府志》]

危熙载 宋元间南丰州（今江西南丰）人。世医危碧崖子。继承家学，又从福建汀州程光明学眼科，从南城县周后游学治瘵疾，以医术知名。侄危亦林，医名益盛。[见：《世医得效方·序》]

危毓相 清代四川綦江县东溪上塝人。乾隆间（1736～1795）在世。家贫，以医为业。治病不分贫富，遇鳏寡孤独必亲往，不取其酬，人咸德之。年七十一岁殁。[见：《綦江县志》]

负

负局先生 佚其姓名。三国时吴人。负石磨镜，只取一钱。精医术，遇人辄问："得无疾苦乎?"有疾则出紫丸、赤丸与之，服之神验。后疫疠流行，先生家至户到，施药救济，活人甚众。[见：《历代名医蒙求》、《医说·三皇历世名医》]

多

多庆 清代人。满族。其先世为满州镶红旗人，入关后定居成都。通儒学，任八旗学正教习凡五十年，笃学深思，兼精医术。凡诊治概不索酬，强予之，则散施贫乏，虽为满官，人皆敬之。[见：《重修成都县志》]

多弘馨 字卿和，号素庵。清代河北阜城县人。秉性端方，自幼嗜学，博涉经史，网罗百家。优文翰，工诗律，尤精医术。以明经授真定府新东县训导。寿至八十二岁。著有《素庵六书》，未见流传。[见：《阜城县志》]

邬

邬彬 字岐秉，号拙夫。清代浙江镇海县人。诸生。早年习儒，赴省试不售，隐于医。行医三十余年，于产科尤有心悟。晚年著《产后证治经验心法》（又作《产后诊治书》）若干卷，嘱后裔珍藏之，毋视为寻常著作。惜未见刊行。子孙以医世其家。[见：《镇海县志》]

邬左升 清代江西弋阳县人。以医为业，治病多奇效，名著于时。[见：《弋阳县志》]

邬有坦 字直斋，晚号静虚老人。清代江西新昌县宣凤乡人。少时习儒，锐志古学。尝游吉安，从邹守益问业。同列有名喻崇墅者，博学多识，有坦敬事之，相得甚欢。一日，有坦语及《黄帝难经》疑义，喻氏详为辨析，谓之曰："儒道、医道，殊途同归，其旨深矣! 抑亦为仁之术也。斯道之秘，余受之先师朱晞阳，先师受之葛可久，其由来甚远。吾子亦有意乎?"有坦曰："谨受教。"喻氏遂取旧藏医书尽授之。研习有年，精通医术，决死生若合左券。著有《伤寒发微》、《保赤全书》、《幼幼心书》、《全生金镜》（又作《卫生金镜》）、《神楼秘籍》、《医学指南》、《诊视家秘》、《巾帼遗编》等书，惜未见流传。尤喜吟咏，与郡人吴光禄、王徽州、吴内翰、李南川、蔡青门、胡乐轩诸人相唱和，辑《静虚遗稿》一卷。[见：《新昌县志》、《盐乘》]

邬廷谋 字砚亭。清代人。生平里居未详。著有《医学撮要》，今未见。[见：《中国医学大辞典》]

邬启明 清代江苏阜宁县人。精医术，擅长外科，一时推重之。[见：《阜宁县志》]

邬知相 清代人。生平里居未详。辑有《痘疹辑要》五卷，刊于咸丰间（1851～1861），今存佚不明。[见：《中国历代医家传录》（引《南京图书局书目二编》）]

邬俊才 （1900～1954） 字元杰，号济庐。现代江苏昆山县张浦镇周巷村人。自幼颖异，攻读儒书，博通诸经。年十四从甪直镇汤德习内科，复从昆山戴莲汀学妇科。十九岁学成返里，悬壶于世，治病多良效，声望鹊起。1938年设诊于县城宣化坊，屡起沉疴，医名大噪。1946年昆山县中医师公会成立，邬氏出任常务理事。中华人民共和国成立后，当选为第一、二届人民代表大会代表。1953年与同道共办新生联合诊所，任主任，诊务繁忙，每日诊治近百人。邬氏兼精内、外、妇科，擅治伤寒、温病，所制丸散膏丹疗效颇佳，其中哮喘膏尤为世称道。性敦厚，遇贫病者不取诊资，且赠以药，其德望为时所重。著有《济庐医案》一册，未梓。子邬贞（1920～1966），孙邬良岗，皆继承先业，为当地名医。[见：《昆山历代医家录》]

邬振瑜 号韫山。清代广东大埔县同仁人。少年丧母，侍继母以孝闻。精岐黄术，凡有延请，虽远不辞，遇贫乏不受诊资，且赠药金。平生多善举，常于冬季购炭施济贫寒。晚年举乡饮。寿至八十九岁卒。[见：《大埔县志》]

六画

邬继思 字沂公。清代江苏丹徒县人。以医为业,知名于时。工诗赋,好宾客,四方遗老名宿多与之交。[见:《丹徒县志》]

庄

庄乐 字伯和。元明间昆山县(今属江苏)碛奥里人。天性洒脱,谈笑恢谐。精通医术,能起奇疾。本县石浦镇叶盛(1420~1474)雅重其术,叶官至吏部左侍郎,每值同僚患疾则曰:"恨不得吾乡伯和治之。"子庄允恭,亦以医术知名。[见:《昆新两县续修合志》、《昆山历代医家录》(引《水东日记》)]

庄固 宋代人。生平里居未详。著有《气诀》一卷,已佚。[见:《宋史·艺文志》]

庄珍 清代河南仪封县人。儒医庄之海子。继承父学,亦工医术。曾任医学训科。[见:《仪封县志》]

庄绰 字季裕。南宋清源县(今属山西)人。学有根柢,多识轶闻旧事。曾宦游顺昌、澧州等地。高宗建炎间(1127~1130),任朝奉郎、前江南道都总管同干公事。建炎元年八月至泗滨,感痎疟,为庸医误治,荣卫衰耗。次年春,苦肤肿腹胀,气促不能食,持杖勉为行走。后得左司谏陈瓘(1060~1124)家传灸膏肓法,依法灸治,诸证悉除,遂得康宁。后留意医学,师事常熟名医潘琪,通针灸微蕴,以医术显于时。著有《灸膏肓法》(又作《膏肓腧穴灸法》)二卷、《本草节要》三卷、《明堂针灸经》二卷。上三书国内今未见,日本存《新刊庄季裕编灸膏肓腧穴法》抄本,为日本天正二年(1574)王月轩写本。庄氏代表作为笔记《鸡肋编》,后世史家重之,今存。[见:《直斋书录解题》、《琴川三志补记》、《常昭合志稿》、《吴中名医录》、《内阁文库汉籍分类目录》、《宋史·艺文志》、《中国医籍考》]

庄栻 字中白。清代江苏丹徒县人。深思好学,博览穷经,旁通星度、阴阳、医术。尝仿晋杜予《春秋释例》,撰《金匮释例》二卷,未见梓行。[见:《续丹徒县志》]

庄锦 字制亭。清代江苏武进县人。曾官长芦候补监运司知事。幼承庭训习儒,兼涉猎医书。每遇时疫,出术治之,多获良效。曾校刊名医余霖《疫疹一得》,刊于世。[见:《中国历代医家传录》(引《疫疹一得》)]

庄瑶 清代人。生平里居未详。著有《便方备用》二卷,今存咸丰元年(1851)残刻本(下卷缺)。[见:《中医图书联合目录》]

庄一夔 字在田。清代江苏武进县人。官湖北荆州吏目,治事精详。深明医理,尤以儿科见长。时医多谓"小儿无补法",故治热邪惊风诸证,多投以寒凉表散之药,恒致无救。庄氏曰:"风药多则阴伤而亡阳,气亦随耗。再进以苦寒,则阳明失司运之权,失传送之度,杀人毒手,未有甚于此者!"其治痘之法,主温补兼散;治疹之法,主养血兼散。俱忌寒凉消导。凡小儿患疾,即濒于死亡,群医束手,庄氏每能力排众议,以一二剂回春。著有《福幼编》、《遂生编》(亦称《痘疹遂生编》)各一卷,大行于世。[见:《武阳志余》、《清史稿·艺文志》、《中医图书联合目录》]

庄士英 字古三。清代江苏奉贤县庄行镇人。诸生。精医术,能起沉疴,有仙医之誉。邻居陈氏女及笄,得异疾,医者不识,已治敛具。后延请庄氏诊之,药下病除。[见:《松江府志》、《奉贤县志》]

庄之义 字路公。明代吴江县(今属江苏)震泽镇人。通明医理,与沈念祖齐名。著有《伤寒说约》一书,未见梓行。[见:《震泽镇志》]

庄之海 字朝宗,号杏林。清代河南仪封县人。早年习儒,兼精医理。治病不分贫富,延请即往,应手即愈。子庄珍,绍承父业。[见:《仪封县志》]

庄子正 元明间吴兴(今属浙江)人。生于没落世家。自幼孤贫,就学于张息堂、龙麟洲、甘梅坡诸先生之门,贯通经史。后屡试不中,落魄江淮间,感叹曰:"吾学之利,果不得施于人乎?君子存心于爱人,不得为良相,愿为良医。"遂弃儒习医,开辟医室,名曰来德堂。平生多所全活,赠诗颂德者极众。晚年传医术于李德睿。[见:《金元医学人物》]

庄曰璜 字渭川,号磻溪。清代江苏震泽县人。工山水,萧疏淡远,师法倪、黄。间作兰竹,亦清绝。精通岐黄,以医济人,至无暇日。子庄镐,善绘花鸟。[见:《垂虹识小录》]

庄心鉴 字其渊,号镜湖。清代浙江嘉善县人。道光十五年(1835)亚魁。幼年丧父,承母训读书。晚年精医,每值暑月,病家驾无篷舟延请,持伞即行,无难色。选授武义教谕,未赴任而卒。尝摘记医要,辑《秘旨真传》,未见刊行。[见:《嘉善县志》]

庄允恭 明初昆山县(今属江苏)碛奥里人。邑名医庄乐子。诚实不欺,能读父书,

亦以医名。[见：《昆新两县续修合志》、《昆山历代医家录》]

庄玉堂 又名善著。清代江苏丹徒县人。世医庄培五子。绍承家学，未弱冠即以医术著名。后世乱，避居昭阳，终老于此。[见：《丹徒县志》]

庄兰枝 字湘园。清代江苏江浦县人。庄文节九世孙，名儒庄竑子。性颖悟，早年习儒，游庠后嗜于《素问》、《难经》诸书，苦读二十年，始为人视病，凡他医棘手之证，每能化危为安。尝谓："阴阳五行，南北燥湿，质判强弱，医之原也；博览群书，究极理蕴，医之实也；临证细心，辨析是非，然后执定见，参活法，经权互用，医之取径也。观此则艺且进乎道矣！"[见：《江浦埤乘》]

庄永祚 字天申，号西堂。清代江苏华亭县人。庄征麟子。贡入太学，闱试屡绌。因病归乡，取医书遍读之，立方自治，竟得痊愈。后悬壶为业，凡他医束手之证，投药辄效。又精诗词，风格隽拔。著有《医案》若干卷，吴骐为之序，今未见。医书外尚有《西堂诗稿》二十卷。[见：《松江府志》]

庄成烈 字世缨，号心洲。清代江苏金山县张堰人。精医术，专擅幼科。县令温公，以"杏林施济"额其门。年逾八十岁卒。[见：《张堰志》]

庄汝济 号乐清。清代广东饶平县宣化乡人。以医为业，技艺精湛。上自官绅，下至百姓，造门求治者无虚日。有医德，凡以病延请，不论昼夜寒暑，道里远近，皆往救之，于贫寒者救心益切，乡人莫不感悦。年逾八十，犹孜孜行善。按，《潮州府志》作"庄以济"，今从《饶平县志》。[见：《饶平县志》、《潮州府志》]

庄守和 清代山东潍县人。曾任太医院左院判，官居六品。光绪六年（1880）慈禧太后病重，与右院判李德昌、山东济东泰武临道薛福辰、阳曲知县汪守正，先后诊脉拟方，至八年（1882）十二月痊愈，诸臣皆获二品顶戴。门人陈步云，官太医院吏目。[见：《潍县志稿·谭嗣煦》、《中国历代名医碑传集》（引徐一士《一士类稿》）]

庄寿山 字越堂。清末人。生平里居未详。曾任太医院驻署官，授七品吏目。[见：《太医院志·同寅录》]

庄连甫 清末江苏昆山县人。业医。门生陈湘士，得其传授。[见：《昆山历代医家录》]

庄伯斋 清代江苏川沙县人。邑幼科名医庄贵严子。绍承父学，亦以医术知名。[见：《川沙县志》]

庄应祺 明代人。生平里居未详。著有《补要袖珍小儿方》十卷，刊刻于永乐乙酉（1405），今存。[见：《中国医籍考》、《中医图书联合目录》]

庄纯熙 字赤霞。清代江苏奉贤县庄行镇人。少习举业，历试不售，弃而攻医。性豪放，嗜酒，工诗词。遇投契者，辄倾肝胆，家贫艰食，不减其乐。遗有诗稿二十余卷，惜毁于兵燹。[见：《奉贤县志》]

庄春治 清代江苏武进县人。上海名医毛祥麟门生。精医术，临证颇有机变。[见：《对山医话》]

庄贵严 字月舟。清代江苏川沙县长人乡十七保十三图人。业幼科，名噪一时。从学弟子十余人，以蔡元瓒、杨善培最知名。子庄伯斋，绍承父业。[见：《川沙县志》]

庄桂年 清代江苏南汇县人。精幼科，名重于时。与乔助澜、华古愚、金颂白，并称南汇四名家。[见：《南汇县续志》]

庄润孙 清代人。生平里居未详。著有《痘症摘要》一书，今存抄本。[见：《中华医学会中文书目》]

庄继光 字敏之。明代延陵（今江苏丹徒县延陵镇）人。为儒生，兼嗜医学。名医缪希雍旅居金沙（江苏南通金沙镇），庄氏时时赴寓问业，并手录缪氏口授药品、伤寒、温病、时疫要旨。天启二年（1622），以笔录补入缪氏《先醒斋医学广笔记》，重刊于世。[见：《先醒斋医学广笔记》、《炮炙大法》]

庄培五 清代江苏丹徒县人。世代业医。数传至培五，其术益精。为人谦厚，不与俗医争名利，而延诊者服药辄效。子庄玉堂，亦以医名。[见：《丹徒县志》]

庄逵吉 字伯鸿。清代江苏武进县人。庄炘子。早年习举业，屡困场屋。后援例为知县，分发陕西，历任蓝田、咸宁知县，官至潼关府同知。中湿致足疾，病卒。旁通医理，著有《保婴备要》六卷，未见梓行。[见：《武进阳湖县合志·庄炘》]

庄基永 清代江苏震泽县人。生平未详。著有《却老编》，未见刊行。今上海图书馆藏无名氏《却老编》抄本，或即庄氏书，待考。

六

画

[见:《苏州府志》]

庄惟一 清代江苏吴县人。博通经史,尤精医道,治病多良效,名著于时。[见:《苏州府志》]

庄程鹭 字潄六,号荇塘。清代江苏奉贤县人。候选县主簿。性诚朴,乐善不倦。精岐黄术,遇贫病辄助以药资,人咸德之。[见:《奉贤县志》]

庄肇麟 字木生。清代江西新昌县人。生平未详。辑有《长恩书室丛书》,包括董汲《旅舍备要方》、韩祗和《伤寒微旨》、王贶《全生指迷方》三种宋代医籍,刊刻于咸丰四年(1854)。[见:《中医图书联合目录》]

庄履严 字杏旸。明代江阴县(今属江苏)人。善赋诗,尤工医术。诊治有奇验,活人不可胜记。著有《妇科百辨》,今存庄氏二十七世孙庄憩樵抄本。还著有《医理发微》,习医者多宗之,惜已散佚。另有诗集《复苏草》,亦不传。[见:《江阴县志》、《江阴县续志》、《吴中名医录》]

庆

庆恕 (1841~1920) 原名庆恩。字云阁。萨克达氏。清代满州镶黄旗人,祖籍奉天(今沈阳)。早年习儒,于书无所不读,兼通医理,推重名医黄元御、陈念祖。同治庚午(1870)中举,光绪二年(1876)举进士,授户部主事。陈开源节流二十六条,迁郎中。二十二年京察一等,简放凉州知府,转兰州知府,所至有政绩。甲辰(1904)拜青海大臣;戊申(1908)任青海垦务督办。清亡,得同乡彭英甲等资助,始得归奉天。赁屋以居,行医自给。著有《养正山房诗文集》、《讲武要法》、《三字心法》、《大学衍义约旨》等书。又撰医学丛书《医学摘粹》,包括《伤寒十六证类方》、《伤寒辨证》、《四诊要诀》、《杂证要法》、《本草类要》等,今存光绪二十二年丙申(1896)刻本。[见:《奉天通志》、《中国丛书综录》、《中医图书联合目录》]

刘

刘川 明代江西安福县人。其先世改罗姓,凡九世。刘川感物无二本,遂复本姓。精通医术,善疗奇疾,为成化间(1465~1487)安福名医。子刘述文,深通《素问》、《难经》诸书,善起沉疴。[见:《安福县志》]

刘开 字立之,号复真先生。南宋末南康军星子县(今江西星子)人。早年师事道士崔嘉彦,得脉学真传,遂精医术,有神医之称。诊脉单用食指,依次候寸、关、尺三部,故世称"刘三点"。据《百川书志》载:刘氏曾仕宋为太医。又据《南康府志》,刘氏曾奉元帝之召赴阙,赐号"复真先生"。约淳祐间(1241~1252)卒,葬于西古山。刘开曾以崔嘉彦《脉诀》为基础,撰《脉诀理玄秘要》(又名《刘三点脉诀》、《察脉神诀》)一卷,今存。还著《太素脉诀》、《医林阐微》、《伤寒直格》等书,已佚。其孙刘岳,弟子严用和、朱永明,皆以医术知名。朱永明授医术于张道中,张道中授于闵一无,医学史称"西原脉派",对中医脉学影响深远。[见:《宋史艺文志补》、《百川书志》、《医藏书目》、《国史经籍志》、《世善堂藏书目录》、《南康府志》、《宋以前医籍考》、《日本现存中国散逸古医籍》、《崔嘉彦西原脉学及其学术成就》(《中华医史杂志》1993年第1期)]

刘太 北宋陕州夏县(今山西夏县)人。以医为业。重孝义,居亲丧,三年不食酒肉,司马光称之为闾阎之善者。[见:《容斋随笔·卷七·洛中耆江八贤》]

刘伋 字宁思。明代河南杞县人。嘉靖间(1522~1566)诸生。善太素脉,兼通医理。吕坤《去伪斋集》称刘氏"洞悉《素》、《难》之旨,学博而理精"。著有《太素脉经》四卷,已佚。[见:《河南通志》]

刘用 宋元间易县(今河北易县)人。精医术,擅长外科。施药济人,不求酬报。富于资产,好善乐施。曾建老子祠,四周修筑房舍,供过往学道者食宿;又曾收养年老贫病十余人,赡养终身。先后二十余年,资产耗尽,刘氏亦殁。[见:《金元医学人物》(引《静修先生文集·归云庵记》)]

刘礼 明代人。生平里居未详。通医术,曾任太医院太医。天顺间(1457~1464),大臣李贤患脚疾,英宗帝命刘礼诊治之。[见:《中国历代医家传录》(引《天顺目录》)]

刘迁 字立斋。清代江苏武进县人。精医术,知名于时。临证虚心切询,凡疑险者,与群医咨议,立方不执己见,病愈不居功。[见:《武阳志余》]

刘休 字引明。南齐沛郡(今安徽天长县西北)人。善相术,多艺能,见宠于明帝,官至豫章内史,加冠军将军。年五十四岁卒。曾著《食方》,已佚。[见:《南齐书·刘休传》、《隋书·经籍志》]

刘仲 明代江西吉安府永新县人。精通医术，专擅幼科，有名于时。兄刘奎，亦以医名。
[见：《吉安府志》]

刘伦 字宗序。明代长洲县（今江苏苏州）人。太医院院判刘观孙。继承家学，亦精医术，成化间（1465～1487）任御医。吴县同知仰璇之姐中暑，仰璇用六合汤、香薷饮治之，反增虚火上升、面赤身热诸证。后邀请刘伦诊视，六脉疾数，三部豁大无力，伦曰："此病先因中气不足，内伤瓜果生物，致内虚发热，非六合、香薷所能治疗。况夏日伏阴在内，重寒相合。此为阴盛格阳之证。"急用补中益气汤加附子三钱，煨干姜一钱同煎，置冰中浸冷服之。其夜得熟寐，至天明微汗而愈。璇拜谢曰："伏阴之说已领教矣，但不解以药冰之何也？"伦曰："此即《内经》热因寒用，寒因热用之义，何难之有？"璇大叹服。刘伦著有医学丛书《济世经验全方》，刊刻于世。是书包括《济世内科经验全方》三卷、《济世外科经验全方》一卷、《济世女科经验全方》一卷、《济世儿科经验全方》一卷。该丛书国内未见，日本国立公文书馆内阁文库收藏明刊本及抄本。
[见：《苏州府志》、《内阁文库汉籍分类目录》、《续医说·古今名医》]

刘会 明代人。生平里居未详。曾宦游云阳等地。旁通医学，辑有《脉法正宗》二卷，流传于世。此书国内未见，今日本国立公文书馆内阁文库藏抄本。刘氏另著《伤寒集要》若干卷，今未见。[见：《内阁文库汉籍分类目录》、《中国医籍考》]

刘名 明代人。生平里居未详。著有《医学拾遗》若干卷，已佚。[见：《医藏书目》]

刘兴 字善述。清末四川合州西里刘家岩人。少习举业，屡赴童试不售，弃儒习医。尤留心药学，读书临证，攻苦半生。年六十余卒。刘氏尝谓："医之大端，经脉、方剂、药物三者而已。诊视虽审，刀圭虽适，而药非其药，犹无当也。"故采辑川东土产草木金石等物，察其性质，究其作用，区分类别，集成医方，撰《草木便方一元集》二卷，刊于同治九年（1870），今未见。[见：《合川县志》]

刘宇 字志大。明代河南禹县人。成化壬辰（1472）三甲第四十六名进士，官至山西按察司副使。弘治九年（1496），校订宋陈直《养老奉亲书》、元邹铉《寿亲养老新书》、明娄子贞《恤幼集》等书，题名为《安老怀幼书》，合刊于世。[见：《百川书志》、《四库全书总目提要》、《四部总录医药编》、《明清进士题名碑录索引》、《禹县志·经籍》]

刘安 （前179～前122） 西汉沛郡丰邑（今江西丰县）人。汉高祖刘邦孙，淮南厉王刘长子。封阜陵侯，嗣淮南王，后因谋反自刭。刘安嗜读书，善文词，好黄老神仙之术，招致宾客、方术之士数千人。每入京见帝，谈说方技、赋颂，昏暮始罢。曾作《内书》二十一篇、《外书》若干篇、《中篇》八卷，均佚。今存《淮南枕中记》一卷，题"刘安撰"。[见：《史记·淮南王安》、《汉书·淮南王安》、《中国丛书综录》]

刘祁 （1203～1250） 字京叔，号神川遁士。金元间浑源县（今山西浑源）人。御史大夫刘从益子。八岁随祖、父至南京（今开封），习举子业。应进士试不中，闭门苦读。金末世乱，遂浪迹天下，辗转二千里，于甲午岁（1234）归乡，筑居室曰归潜，以著述自娱。其代表作《归潜志》，成书于此时。刘祁自幼多病，故涉猎医书，对药学尤为留心。在淮阳时，尝手辑《本草》一帙，辨药性大纲。以为是书"通天地间玉石、草木、禽兽、虫鱼万物性味，在儒者不可不知。又饮食、服饵、禁忌，尤不可不察，亦穷理之一理也"。后移居大梁，得赵秉文家藏《素问》善本，其书有赵公批注，"黾缘一读，深有所得"。惜逢世乱，二书皆散佚。己酉（1249）秋，游于山西平水，郡人张存惠重刻《证类本草》，其书增入宋人寇宗奭《本草衍义》，求为序引。刘祁遂为之书跋，附刻卷末。[见：《金史·刘从益传》、《归潜志·续录·书证类本草后》、《重修政和经史证类备用本草·刘祁跋》、《金元医学人物》]

刘观 字士宾。明代长洲县（今江苏苏州）人。世以医显。其父刘毅为燕府良医，后坐事谪戍，殁于戍所。永乐帝继位（1403），追念邸臣，召刘观入太医院，擢御医，赐居第，凡中外贵戚、近臣患疾，多命往治。后升任太医院院判，掌院事。永乐初，帝系一带，乃龙脑合成者，问刘曰："此带何如？"答曰："龙脑寒肾，惟有香耳。"帝遽命解之。晚年从帝北征，归而卒。子刘溥，孙刘伦，皆精医术。[见：《苏州府志》、《姑苏志》、《吴县志》、《寓圃杂记》]

刘玚 号中山野叟。明代大梁（今河南开封）人。隐居不仕。著有《胤嗣录》一卷，成书于嘉靖二十六年（1547），今存。[见：《中医图书联合目录》、《女科书录要》]

刘坊 字朝礼，别号征泉。明代长洲县（今江苏苏州）人。少司马刘畿（1509～1569）

子。少年时其父未仕，家境清贫，遂弃学经商，南走岭外，数年间致富。性喜文事，不废旧学，尤善岐黄家言。嘉靖三十五年（1556），其父官吏科给事中。坊进京省父，例授太医院吏目。不久，朝廷兴建永寿宫，刘坊任将作吏士。宫成，迁太医院御医。久之倦游，致仕归乡，遂不复出。年五十六岁卒。[见:《中国历代名医碑传集》（引王世贞《弇州四部稿·故太医院吏目征泉刘君墓志铭》）]

刘甫 宋代人。生平里居未详。著有《十全博救方》一卷，已佚。[见:《宋史·艺文志》、《国史经籍志》]

刘坚 （1240~1276） 字彦实。金元间河南洛阳人。性警敏，自少习儒。后弃儒学医，师事名医张仲文，尽得其传。心怀济利，治病不责酬报，活人甚众。至元十三年三月卒，年仅三十七岁。[见:《金元医学人物》（引《滋溪文稿·洛阳刘氏阡表》）]

刘亩 字扣中，号和斋。元代瓯宁县（今福建建瓯）人。业医而精，性乐施与。凡遇贫困者，病则与之药，亡则与之棺，世人感德。卒之日，乡邻无不泣下。[见:《瓯宁县志》]

刘灼 号桃蹊。清代江西湖口县人。精医术。重医德，遇贫病馈以药，全活甚众。年五十三岁卒。[见:《湖口县志》]

刘祀 字茂先，号固穷山叟。南宋衡阳（今湖南衡阳）人。得翰林侍御太医戴尧道真传，精通幼科，知名朝野。五世孙刘思道，深通家学。[见:《活幼心书·自序》]

刘词 （891~955） 字好谦，号茅山处士。唐末至五代元城（今河北大名）人。后梁贞明间（915~920），投奔邺帅杨师厚，以勇悍闻。后唐庄宗时（923~925），列于麾下。后周世宗时，官至永兴军节度史，兼侍中，行京兆尹事。显德二年（955）卒于镇，时六十五岁，谥"忠惠"。刘氏辑有《混俗颐生录》二卷，今存道藏本。[见:《旧五代史·周书·刘词传》、《五代史记·刘词传》、《宋史·艺文志》、《中国丛书综录》、《中医图书联合目录》]

刘纯① 一作刘醇，字宗厚（一作景厚）。元明间泰县（今属江苏）人。其父刘叔渊为名医朱震亨门生，深明医理。纯勤奋好学，博览群籍，工文词，喜吟咏，尤嗜岐黄。初传承父学，复从同乡冯庭干、许宗鲁、丘克容诸君子游，得众家之长，道愈明而艺益精，医名大噪。有赵显宗者，病伤寒至六七日，因服下药太过，致发

黄喘呕，小便赤涩，肢凉烦躁，欲于泥中卧。刘纯诊其脉，沉细迟无力，乃先投茵陈橘皮汤，喘呕立止；次服小茵陈汤半剂，脉微出；次日又授茵陈附子汤半剂，四肢转温，得小便二三升，至午大汗而愈。临证类此者甚众，闻者称奇。洪武间（1368~1398）因事徙居陕西咸宁县。据方步范《遂初轩医话》载：刘纯为盛名所累，每自叹"多受权要掎摭"，故其北迁或出于无奈也。刘纯推重会稽名医徐用诚，尝获徐氏《医学折衷》残卷于其师冯庭干，遂为之增补，辑《玉机微义》五十卷，刊于洪武二十九年（1396），大行于世。还著有《医经小学》五卷、《伤寒治例》一卷、《杂病治例》一卷，今存。另有《伤寒秘要》一卷、《寿亲养老补遗》若干卷，今未见。西安王天荫得刘纯指授，官秦府良医正。[见:《遂初轩医话》、《玉机微义·自序》、《医经小学·自序》、《明史·艺文志》、《医藏书目》、《医学入门》、《四库全书总目提要》、《陕西通志》、《咸宁县志》]

刘纯② 字希文。清代河北献县人。工医术，四方就诊者踵门不绝。素有济人之心，凡求治者皆给以饮食，未尝受一钱之酬，以是损家产，弗顾也。乡众公举其善。[见:《献县志》]

刘英 清代河南封丘县人。精医术，知名于时。曾任县医学训科。[见:《封丘县志》]

刘奇 宋代蜀（今四川）人。生平里居未详。精通医术，尤擅针灸，诵经络如流水。[见:《中国医籍考》]

刘矿 明清间大兴县（今北京大兴）人。相传其祖上乃吴人，因任太医而徙居大兴。刘矿绍承家学，为当时名医。子刘献廷，致力于经世之学，亦留心医术。[见:《鲒埼亭集·刘继庄传》]

刘昉 （?~1150） 后改名刘旦，字方明。南宋潮阳县（今广东潮阳）人。宣和六年（1124）进士，绍兴九年（1139）以礼部员外郎兼实录检讨官，出知虔州。绍兴十三年（1143）八月知潭州，兼荆湖南路安抚使。镇抚之暇，每患小儿疾苦，不惟世无良医，且无全书。遂取前贤方论及世传之方，命干办公事王历、乡贡进士王湜，汇编成帙，名之曰《幼幼新书》，凡四十卷。绍兴二十年（1150）秋，此书刻至三十八卷，刘昉因病而殁。荆湖南路转运判官楼璹知其事，即"促工以成其美"，合末二卷为一卷，复纂辑历代求子方论为一卷，冠于篇首，是年十一月刻成，印行于世。此书原刻不存，今有明万历十四年（1586）陈履端写刻本。[见:《宋史·艺文志》、

《中国善本书提要》、《直斋书录解题》、《皕宋楼藏书志》、《绛云楼书目》、《国史经籍志》、《四部总录医药编》]

刘明 元代人。里居未详。工医术。泰定间（1324～1327）官和宁路医学教授，参与修建和林县（今内蒙古和林格尔）三皇庙。[见：《金元医学人物》（引《和林金石录·和林三皇庙残碑文》）]

刘岳 （1239～?） 字公泰，号东崖。宋元间南康军星子县（今江西星子）人。其祖父刘开，为宋末名医。刘岳早年读于白鹿洞书院，兼精家传医术，尤精脉理，诊病以单指依次抚按寸、关、尺三部，即知受病之源，故与祖父均有"刘三点"之称。年近三十岁出仕，宋末世乱，徙居于吴（今江苏苏州）。元世祖平定江南，诏求南士。有司以刘岳荐，至元二十四年（1287）召对于便殿，善其才，授奉议大夫太医院院使。未几，改翰林学士中顺大夫知制诰，同修国史。至元三十一年（1294）授嘉议大夫，出为建昌路推官，卒于任所。著有《东崖小稿》。[见：《新元史·刘岳传》、《姑苏志》、《金元医学人物》（引《秋涧先生大全文集》、《养蒙文集》）]

刘佺 字尧先。清代山东阳信县人。精医术，善治痈疽，临证多奇效。县令徐家杰赠以"著手成春"匾额。晚年举乡饮宾。[见：《阳信县志》]

刘沫 字道源。宋代彭城（今江苏铜山）人。生平未详。著有《刘沫疮疹诀》若干卷，已佚。[见：《幼幼新书·近世方书》]

刘泽 （1759～1833） 字化普。清代山东历城县人。刘继祖子。幼习举业，年十六岁，父母相继辞世，遂弃儒学医。尝谓："医，易为而难精也！今操不精之艺，率然治病，不异操戈矛贼人也！"故读书苦思，昼夜不辍。如是数年，自信有得，始悬壶问世。凡他医敛手之证，治之则效，声名大起，求诊者日众。行医多年，坦白无私，不自高异。治病不因贵贱贫富而异视，遇贫甚者每资助之。毕生以济人为先，晚年不改其行。一夕风雪甚急，延诊者至门，肩舆不具，家人以年事高劝勿往。怒曰："彼可待耶！"策杖而出。乡人盛称其术，尤敬其为人。道光十三年五月二十九日殁，享年七十五。著有《卫生编》、《异证杂录》各若干卷，未见梓行。子刘登俊，孙刘成己、刘正己，皆承先业。[见：《续修历城县志》、《中国历代名医碑传集》（引蒋庆第《友竹草堂文集·刘处士墓表》）]

刘宝 北宋人。里居未详。曾任庐江助教。著有《经验名方》，今佚，其内容散见于朱端章《卫生家宝产科备要》卷五。[见：《卫生家宝产科备要·陆心源叙》]

刘诚① 字恭则。清代江西万年县石门楼人。邑庠生。性敏慧，得邑名医胡国棠医书，能窥其蕴奥。后行医济人，存活无算。[见：《万年县志》]

刘诚② 字朴怀。清代浙江仁和县人。精小儿医，治痘尤神。一日，于舆中见路旁小儿，急下，手批其颊，旁观者皆骇然。刘诚曰："此儿闷痘已现，必不治。今猝惊之，可无害。"逾数日，此儿果出痘，经刘氏诊治得生。世人敬服其术，奉之如神，守城士卒必俟刘诚归，始下钥。[见：《杭州府志》]

刘绅 清代人。里居未详。精医术，任太医院八品吏目。乾隆四年（1739）敕命太医院判吴谦等纂修《医宗金鉴》，刘氏充任纂修官。[见：《医宗金鉴》]

刘珍 明代人。生平里居未详。通医术，曾任修职郎太医院御医。弘治十六年（1503）敕编《本草品汇精要》，刘氏任验药形质。[见：《本草品汇精要》]

刘相 （1499～1580） 字士良，号中桥。明代江西庐陵县人。世医刘九达子。幼习举业，尊父命习医。潜心《内经》以下诸书，多有心悟，及悬壶，名满闾巷。嘉靖十七年（1538），工部侍郎顾璘督修显陵，疫疠流传于工匠间，延聘刘氏医治，全活甚众。工竣，巡抚以医疗功荐于朝，授南京太医院医官，赐白金甚多。居官数载，以母老告归。还乡后仍以医术济人，"近而叩门，远而虚车"，举世以神医目之。郡人童承叙、御史胡彦方皆于无病时请脉，退而告人曰："童公月余必不起，胡公年余不起矣。"果如其言。凡遇异疾，他医束手者，刘氏治之无难色；他医谓易易者，刘氏每摇首去，终不可为。或问行医之要，答曰："用志不分，乃凝于神。"性嗜法书名画，暇时与亲族宴游，酒酣之际诵唐杜工部、元孙一元诗，抵掌谈说，旁若无人。万历庚辰正月初一日卒，享年八十二。子刘维年，为郡庠生。孙刘永亨，生平未详。[见：《中国历代名医碑传集》（引陈文烛《二酉园文集·太医院医官中桥刘公墓志铭》）]

刘栋 字隆吉。清末河南修武县人。邑庠生。精医术，知名于时。[见：《修武县志》]

刘奎① 明代江西永新县人。精通幼科，擅名于时。弟刘仲，亦精幼科。[见：《吉

安府志·蓝玉仲传》]

刘奎② 字文甫，号松峰。清代山东诸城县人。监生。其父刘引岚，精通医理。刘奎幼聆庭训习儒，暇时取家藏医书纵观之。后因不利于场屋，尽弃举业，专攻医学，临证以治疗瘟病见长。其为医，志在救人，不求财贿，对贫困者尤为关心。其著书，多为穷乡僻壤艰觅医药者说法。著有《松峰说疫》六卷、《瘟疫论类编》五卷，刊于乾隆间（1736～1795）。二书影响较大，远传日本等国。又有《松峰医话》、《灊西救急简方》、《景岳全书节文》、《四大家医粹》等书，未见传世。子刘秉锦，传承父学，亦精医术。[见：《清史稿·刘奎传》、《清史稿·艺文志》、《瘟疫论类编·序》、《松峰说疫·序》、《诸城县续志》]

刘咸 字泽山。元代浙江西安县人。衢州路医学教授刘光大子。绍承父学，亦精医术。曾设济民药局，治疗贫病。子刘全备，孙刘仕聪，皆传承家业。[见：《衢州府志》、《浙江通志》]

刘览 字月梧。明代浙江嘉善县人。太医院吏目刘性良子。事亲至孝，精通家传医术。云间孝廉陆庆绍之母患奇疾，刘览治之神效，陆酬以五百金，却而不受。后董其昌、陈继儒荐之于朝，授太医院御医。[见：《嘉善县志》]

刘勋 元代西安县（今浙江衢州）人。精通方脉，施药济民，知名于时。年九十五岁卒。[见：《衢州府志》]

刘贶 唐代徐州彭城（今江苏铜山）人。左散骑常侍刘知几长子。博通经史，通明天文、律历、音乐、医药诸术。开元（713～741）初，官左拾遗。著述甚富，医书有《真人肘后方》三卷，已佚。子刘滋，官至宰相。[见：《旧唐书·刘子玄传》、《旧唐书·刘滋传》、《新唐书·刘子玄传（子贶）》、《新唐书·艺文志》]

刘叟 佚其名，自号刘山人。五代魏州成安（今河北成安）人。善医卜诸术，卖药于民间。其女即后唐庄宗皇帝之后。[见：《五代史记·唐太祖家人传·皇后刘氏》、《五代史记·伶官传》]

刘复 （1897～1960） 字民叔，堂号一钱阁。现代四川双流县华阳镇人。徙居成都。早年与杨师尹同学于经学大师廖平之门。1926年至上海，寓居南京路保安坊，达三十四年。刘氏博学多识，经史之外，兼习医经，对《伤寒论》诸书多有研究。著有《时疫解惑论》、《伤寒霍乱训解》、《素问痿论释难》、《神农本草经》（辑佚）、《华阳医说》、《鲁楼医案》。[见：《国学大师与中

医学》（《医古文知识》2003年第4期）、《杨绍伊先生〈考次汤液经序〉》（《医古文知识》2005年第1期）、《刘民叔先生〈汤液经〉跋》（《医古文知识》2005年第4期）]

刘顺 明代安徽泗州署户人。精医术，知名于时。一贵官患口疮，迁延不愈，召刘顺疗之。刘氏削桂一片，令衔之。贵官有难色。刘曰："口疾久不愈，以服清凉之药过多也，非此不瘥。"如言即瘥。[见：《泗州志》]

刘勉 字仲勉。元明间吴县（今江苏苏州）人。其先世为汴梁（今河南开封）人，宋室南渡始徙吴。世为疡医，至勉益精。至元间（1264～1294）因大臣之荐，召为尚医，食太医俸禄。入侍帷幄，出随扈从，恩遇特加。因母病乞归。不久，台省交荐，授保冲大夫、江浙官医提举。明初，以明医召至京师，后以老病放归，卒于家。生平视病者平等如一，遇颠连无告者，出资赈济之。尝曰："富者，吾不利其所有；贫者，吾不倦其所求。"世人敬重之，以为有道者。[见：《苏州府志》]

刘冠 明代河北仪封县人。其祖父刘浩，为明太祖时医官。刘冠亦精医理，预断孕妇产男女甚验。[见：《畿辅通志》]

刘祐 隋代荥阳（今河南荥阳）人。隋开皇（581～600）初为大都督，封索卢县公。精于占卜，兼知律历、医术。尝奉敕撰《产乳志》二卷，已佚。[见：《隋书·刘祐传》、《北史·刘祐传》]

刘昶 南宋人。里居未详。生于世医之家。以荫补官，曾任江东提刑司缉捕官。绍熙五年（1194）寓居鄱阳。[见：《夷坚志》]

刘珩 字奉三。清代河北交河县郝村人。性聪敏，才华超逸，博通古今。精通医术，声振于时。著有《保赤录》若干卷，今未见。[见：《交河县志》]

刘堨 明代浙江西安县人。精通方脉，施药济人，知名于时。寿至九十五岁卒。[见：《西安县志》]

刘莱 号畅园。清代浙江慈溪县人。生平未详。著有《胎产续要》一卷，附刻于陈笏庵《胎产秘书》之后。[见：《中医图书联合目录》]

刘莹 字完石。清末四川三台县人。邑庠生。邑名医刘福庆子。继承父志，亦深于医道。其父著《医录便览》六卷，莹于每证后附以验案，募款刊刻于光绪三十年（1904），今存。又自著《痢疾探源》等书，惜未见流传。[见：《三台县

刘彧 （?～472） 南朝皇帝，史称宋明帝。著有《香方》一卷，已佚。[见：《丹徒县志·书目》]

刘党 又称刘真人、琼瑶真人。明代（?）人。生平里居未详。著有《不自秘方》一卷、《紧要二十四方》一卷、《针经》（又作《八法神针》）三卷，均佚。今有《琼瑶发明神书》二卷，题"刘党撰"，前有北宋崇宁元年（1102）序，序中涉及元明间名医滑寿，卷一有"宣德十年"字样，显为伪作。[见：《天一阁书目》、《国史经籍志》、《补元史艺文志》、《读书敏求记》、《述古堂书目》、《历代医书丛考》、《四库全书总目提要》、《中医图书联合目录》]

刘晓 清代江西彭泽县人。生平未详。著有《济人宝笈》二卷，刊刻于世。[见：《中医图书联合目录》]

刘恩 清代宁州（今甘肃宁县）人。擅长医术，活人无算，道府州县无不器重之。道台张文炳延诊夫人病，刘恩曰："孕也，当娩男。"后果如其言。著有《脉诀》若干卷，今未见。[见：《宁州志》]

刘烜 清代人。生平里居未详。著有《经验简便医方》一卷，成书于道光十七年（1837），今存。[见：《中医图书联合目录》]

刘烇 字慧夫。清代湖北兴国州（今阳新）人。习儒，为名诸生。肄业于江汉、鹿洞两书院，学益精进，而屡荐不售。为人外刚内慈，面折人过，皆服之。好济人急，虽家境不丰，见贫苦必设法周济，施送膏丹，岁以为常。年七十九岁卒。著《医学艺学易知录》若干卷行世，今未见。[见：《兴国州志》]

刘辉 字文华。明代河南祥符县人。自幼嗜医，受学于同郡李宽，尽得师传而归。尝曰："神圣工巧，非可以言辞求；天运物理，必待夫体察者。"于是益博极《素问》、《难经》诸书，无寒暑晨夜之限，久之，以医鸣于汴中。上至王公贵人，下逮闾巷士庶，愈其疾而著奇验者不可胜记。遇贫病者报答，辄谢曰："非吾愿也。"年七十岁，有司推举为乡社师。[见：《开封府志》、《河南通志》]

刘浩① 明代河南仪封县人。从明太祖征张士诚有功，授都指挥使，不受，愿就医。令随徐武宁调治军士，遂徙居山海。刘氏治病审慎，不轻试药饵。孙刘冠，传承其术。[见：《畿辅通志》]

刘浩② 号是斋。清代湖南宁乡县人。庠生。虽屡困棘闱，读书不辍。刘氏兼通医道，著有《医学规巧》、《医方附录》二书。大学士觉罗德厚为前书作序，以张仲景比之。刘浩曾孙刘愔，道光间（1821～1850）入内廷如意馆，以曾祖《医方附录》示太医院萧廷季。萧氏奏闻于上，并为其书作跋。[见：《宁乡县志》]

刘祥 字瑞初，号雪溪。明代福建长乐县人。精医术。尤工丹青，以善绘龙虎著称。[见：《中国人名大辞典》]

刘焘 字无言。北宋长兴县（今浙江长兴）人。刘谊次子。自幼习儒，未冠即游太学，善属文，精书法，与陈亨伯等有八骏之称。元祐三年（1088），苏轼知贡举，称刘焘"文章典丽，必岩谷间苦学者"，遂中甲科，任秘书阁修撰。曾注释《圣济经》，散佚不传。[见：《长兴县志》、《浙江通志》]

刘基 （1311～1375） 字伯温，谥号文成，世称刘青田。元明间浙江青田县人。刘濠曾孙。聪明绝人，初学于郑复，得濂洛心法，对天文、地理、兵法、数学皆有研究。元代至顺癸酉（1333）举进士，官高安县丞，以廉直称。后弃官归乡。明太祖定括苍，聘至金陵，基陈时务十八策，建礼贤馆使居之。嗣后，佐太祖灭陈友谅，执张士诚，降方国珍，北伐中原，遂成帝业。初授太史令，累迁御史中丞。诸大典制，皆刘基、李善长、宋濂计定。封诚意伯，以弘文馆学士致仕。性刚疾恶，与时多忤，为胡惟庸所构，忧愤卒。正德中追谥"文成"。刘基博通经史，尤精象纬之学。今存《金疮秘传禁方》、《跌打损伤秘方》二书，题"刘基撰"。[见：《处州府志》、《中国人名大辞典》、《中医图书联合目录》]

刘菽 明代福建人。里居未详。邑诸生。因善病而习医，治病多奇中。尝自言：负病之时，一医者令其独居一室，内设木案，案上置瓦瓶食器，使鸡飞于其上，器皿辗转欲坠地，菽遵医嘱不为所动。医者曰："病可治也。"菽以此悟"精神进，志意定，故病可愈"之理。后以医问世，亦以此法锻炼病者意志。刘氏对丹溪诸论及《本草经》、《肘后方》诸书多有研究，多独到见解。重医德，遇贫病不受酬谢，人益归之。[见：《医腾》、《福建通志》]

刘乾 清代浙江嘉善县人。精医术，知名于时。重医德，遇贫病施赠药饵，无吝色。邻人张老者家贫患病，刘乾往治，并厚赠之。乾隆间（1736～1795）寿八十四岁，无疾而终。[见：《嘉

善县志》]

刘彬 字文质。明代河北兴济县人。弘治间（1488～1505）以医知名。素重孝义，不阿权贵。外戚张鹤龄之母患疾，遣苍头迎治，刘彬叱之曰："皇亲虽贵，亦人子也！为母病欲坐致医耶？刘文质非侯门听召者，汝去矣！"后张氏兄弟登门拜请，始前往诊治。[见：《中国历代医家传录》（引《说听》）]

刘捄 清代湖北沔阳州人。精明医理，知名于时。子刘兴湄，传承父业，声名益盛。[见：《沔阳州志》]

刘敏 明代吴江县（今属江苏）人。名医盛寅门生。绍承师传，亦以医术知名。[见：《吴江县志·盛寅》]

刘售 字守道，号恒心。明代安徽滁州人。世代习儒，至刘售以医术鸣于时。重医德，凡以急病延请，不远数百里往救。后以子刘恺贵，赠监察御史。[见：《滁州志》]

刘逸 字登贤。清代人。生平里居未详。嘉庆五年（1800）著《坤中之要》（又作《内府经验女科》），今存。[见：《中医图书联合目录》]

刘渊 字圣泉。清代广东惠阳府归善县人。乾隆间（1736～1795）在世。自幼习武，娴熟弓马。兼嗜医术，治病好用温补峻烈之剂。辑有《医学纂要》（又作《医学纂要灵机条辨》）六卷，刊刻于世。[见：《中国医学大辞典》、《中医图书联合目录》]

刘淳 清代浙江平湖县人。生平未详。辑有《续名医类纂》若干卷，未见梓行。[见：《平湖县志》]

刘寅① 北宋人。里居未详。深通张仲景方术，治伤寒屡验，知名于时。崇宁、大观间（1102～1110），叶梦得于京师遇之，雅重其术，评其医技曰："非江淮以来俗工可比也。"[见：《避暑录话·卷上》]

刘寅② 明代山西崞县人。洪武四年（1371）二甲第九名进士，授江西佥事。以事谪金齿（今云南龙陵），货药训业。其自铭曰："少游溽阳，老滞永昌。道不遂其初志，必终焉而遑遑。研究典籍，著述文章。愧无补于名教，徒取笑于大方。知非思改，得善虑亡。幸获享于中寿，即九原而徜徉。"著有《武经直解》、《伤寒脉赋》、《标幽赋注》，皆未见流传。[见：《龙陵县志》、《明清进士题名碑录索引》]

刘寅③ 字硕龄。清代湖北沔阳州人。庠生。性正直，重孝义，平生多善举。读书

以穷理为先，尤潜心濂洛关闽之学。精通医道，治病多奇中。遇贫苦者，资以药饵。著有《脉学纂要》、《洋痘释义》、《实学录》等书，今未见。[见：《沔阳县志》]

刘寂 字福通。元初人。生平里居未详。名医王得福婿。工医术，曾任太医。[见：《金元医学人物》]

刘维 （1790～？）清末四川资阳县人。精医术，擅养生。光绪二年（1876），寿八十七岁，尚为人治病。[见：《资州直隶州志》]

刘绶 明代松江（今上海松江）人。世医何凤春婿。得岳父传授，亦通医术。[见：《何氏八百年医学》]

刘琼 明代六合县（今属江苏南京）人。精医术，名重于时。成化间（1465～1487）应明医荐，侍宪宗，并疗郑世子。授太医院御医，敕进迪功郎。[见：《六合县志》]

刘植① 北宋人。里居未详。通医道，曾任奉议郎太医学博士。政和间（1111～1117），宋徽宗敕编《圣济经》十卷、《圣济总录》（又作《政和圣济总录》）二百卷，成立编类圣济经所，命曹孝忠总领其事，下设同校勘官七人，刘植任检阅官。政和六年，曹孝忠奉敕修订唐慎微《证类本草》，刘植任同校勘官，书成，易名《政和新修经史证类备用本草》（简称《政和本草》），刊刻颁行。[见：《重修政和经史证类备用本草》、《且朴斋书跋·跋重修圣济总录》]

刘植② 清代人。生平里居未详。通医理，曾任太医院额外吏目。乾隆四年（1739），充任《医宗金鉴》纂修官。[见：《医宗金鉴》]

刘敞① （1019～1068）字原父。北宋临江新喻县（今江西新余）人。庆历间（1041～1048）举进士，廷试第一，官至集贤院学士。熙宁元年卒，享年五十。刘敞学识渊博，自佛老、卜筮、天文、方药、山经、地志，皆究知大略。[见：《宋史·刘敞传》]

刘敞② 字芳洲。清代江苏仪征县人。幼因贫困失学，深以自苦。偶检敝笥，得书数册，见其标目，为《药性赋》，叹曰："我其医林中人耶？"遂肆力医学。其外家万氏，世为名医，藏书甚多，供敞搜览。久之，学富技精，治愈奇症甚多，名弛远省，声动公卿。兼精书法，辙迹所至，皆有题咏。著有《伤寒汇参》、《瘟疫论辨》、《葆真堂医案》等书，今未见。子刘承泰、刘承毅，皆为举人。孙刘星源，传承祖父医业。

[见：《仪征县志》、《扬州府志》]

刘鼎 宋代人。生平里居未详。为道士。著有《四气摄生图》一卷，已佚。[见：《崇文总目辑释》、《通志·艺文略》]

刘智 明代陕西渭南县人。善方脉，精通伤寒运气钤法，能预决病人生死于数年之前，所言无不奇中。孙刘天民、刘尧民，传承其术。[见：《新续渭南县志》]

刘皓 宋代人。生平里居未详。著有《疗小儿眼论》一卷、《眼论准的歌》一卷，均佚。[见：《宋史·艺文志》、《通志·艺文略》、《国史经籍志》]

刘然 字西涧。清代江苏江宁县人，居上海南街。好藏书，家藏宋、元、明诗集甚多。旁通医理，著有《灵素真诠》若干卷，未见刊行。[见：《上江两县志》]

刘斌 字雅士。清代河南正阳县人。以医济世，临证应手取效，知名于时。重医德，未尝以术谋利。弟刘纯士，医名亦盛。[见：《重修正阳县志》]

刘曾 字彦清。明初江西鄱阳县人。刘耕云六世孙。性喜读书，重孝义，以医术世其家。子刘孟启，继承家学，永乐间（1403～1424）荐入太医院。[见：《鄱阳县志》]

刘裕 （356～422）字德舆，小字寄奴，史称宋武帝。晋末京口（今江苏镇江）人。刘宋开国皇帝。据《隋书·经籍志》载，刘裕辑有《杂戎狄方》一卷，已佚。[见：《宋书·武帝传》、《隋书·经籍志》]

刘翚 明代人。里居未详。通医术，曾任太医院医士。弘治十六年（1503），太医院院判刘文泰等奉敕编撰《本草品汇精要》，刘氏与太医院医士徐镇、夏英、钱宙、徐浦、徐昊、吴钺、郑通、张铎及中书科儒士王珑等共十人任纂修官。该书毕工于弘治十八年三月，未刊，今存抄本。[见：《本草品汇精要》]

刘缘 明代人。生平里居未详。锦衣卫后千户所舍人。弘治十六年（1503），太医院院判刘文泰等奉敕编撰《本草品汇精要》，刘氏与赵铎、赵海、吴璨等八人任绘画。该书毕工于弘治十八年三月，未刊，今存抄本。[见：《本草品汇精要》]

刘瑞 字相林。清代河北沧县人。刘继德孙。早年习儒，为岁贡生，品学俱优。深通青囊之术，为时医所宗。著有《医案》及《批注本草》等书，惜皆毁于兵燹。[见：《沧县志》]

刘勤 字伯芸。清代河北东安县（今廊坊）张家务人。精医术，知名于时。子刘湛清，传承父业。[见：《安次县志》]

刘楹 字持正。清代江苏盐城县人。精岐黄术，知名于时。[见：《盐城县志》]

刘锡① 北宋人。里居未详。真宗咸平间（998～1003）官转运使。太平兴国（976～983）初，太宗诏贾黄中辑《神医普救方》，李宗讷、刘锡、吴淑、吕文仲、杜镐、舒雅皆参予其事，惜其书散佚不传。[见：《宋史·李昉传》、《宋史·吴廷祚传》]

刘锡② 字廷爵。明代安徽歙县人。自幼习医，尤擅儿科。极重调摄，尝谓："养子者，不惟节爱养于形生之后，且谨胎教于未生之先；不惟审医疗于有疾之日，且预防于未病之时。"著有《活幼便览》二卷，正德五年（1510）刊刻于世，今存。[见：《活幼便览·自序》、《天一阁书目》、《中国医籍考》、《全国中医图书联合目录》、《贩书偶记续编》]

刘锦 明代四川犍为县人。以儒著称。工诗，兼通医术。与嘉定"四谏"安盘、彭汝寔、徐文华、程启充等交谊甚厚。[见：《犍为县志》、《嘉定府志》]

刘筠 宋代人。生平里居未详。著有《刑法叙略》一卷，刊刻于世。[见：《八千卷楼书目》]

刘慈 （?～1488）明代长洲县（今江苏苏州）人。太医院御医刘毓长子。传承父学，亦业医。弘治元年七月，后父一月而卒。弟刘节，为府学生；刘奉，早卒。[见：《医学入门》、《苏州府志》、《中国历代名医碑传集》（引吴宽《太医院御医刘公墓表》）]

刘溥 字元博，号草窗。明代长洲县（今江苏苏州）人。燕府良医刘毅孙，太医院御医刘观子。八岁即能赋诗，有神童之誉。及长，侍祖、父游学两京，研覃载籍，工绘画，尤精天文、律历，为景泰十才子之一。通医理，宣德（1426～1435）初，授惠民药局副使，调任太医院吏目。推崇名医李杲，用药多守而少攻。撰有《手足经分配四时说》、《广嗣全书》及文集《草窗集》等。族弟刘遵道，子刘伦，皆为良医。[见：《医学入门·历代医学姓氏》、《苏州府志》、《中国人名大辞典》、《列朝诗集小传》、《中国历代医家传录》]

刘溶 字配千，医名佩谦。清代江苏江都县人。师事同里痘科名医陈千畿，尽得其传。行医数十年，全活甚众。[见：《续修江都县续志》]

237

六画

238

刘鹗 (1857~1910) 字铁云，号洪都百炼生。清末江苏丹徒县人。少精数学，能读书，放旷不守绳墨。后自悔，闭户苦读医书，历年余，行医于上海。曾入河道总督吴大澄、山东巡抚张曜幕府，一生坎坷不得志。光绪丙午（1906）著小说《老残游记》，其中描述医药情节甚多，皆合于中医理法。［见：《中国历代医家传录》（引《五十日梦痕录》）］

刘锴 字尔惕，号存庐。清代江西南丰县人。七岁就塾，日记数百言。年二十，母患足疾，锴日夜穷究草木药石之性，越一年，治愈母疾，遂以医术知名。咸丰三年（1853）岁饥，出粟数十石，又踵富室，求出粟数千石，以赈饥者。年六十三岁卒。著有《脉论》二卷，未见刊行。［见：《南丰县志》］

刘毓 (1417~1488) 字德美，号益斋。明代长洲县（今江苏苏州）人。祖籍南京，自高祖刘季德徙居长洲。毓生弥月而孤，母徐氏抱之鞠养于娘家，初从徐姓。徐氏业药，故少年时即通本草。及长，遵母命习医，师事名医盛寅，得丹溪正传。久之悬壶问世，治疾多奇中，名噪于时。性平和谦厚，未尝以危言求利，亦未尝以医术邀名，人服其德。自少恬淡，不慕仕进。成化间（1465~1487）朝廷诏征吴中名医，毓年已老，仍在选，遂冒风雪至京。至则入太医院为医士，不久选入御药房。帝患疾，诸医束手。毓进药而效，帝始知其能，欲升其职，为人所阻，不果。后其人得罪去职，始授御医。三年后考绩，名列最优，赐敕进阶。又六年，以年老辞归。归后帝犹问："前日白须老人安在?"又二年，以疾卒，享年七十有二。长子刘慈，能传父业，后父一月卒。［见：《医学入门》、《苏州府志》、《中国历代名医碑传集》（引吴宽《太医院御医刘公墓表》）］

刘銮 字结斋。清代四川广元县钟子铺人。为人方正，不苟言笑。嘉庆（1796~1820）初，以教馆为业，从学者甚众。旁通医术，诊疾不取酬报，人皆信之。［见：《广元县志》］

刘瑾 字永怀，号恒庵。明代人。里居未详。针灸名医陈会门人。曾奉宁献王朱权之命，校补陈会《广爱书》，书成，易名《神应经》，刊刻于世。［见：《八千卷楼书目》、《中医大辞典》、《中医图书联合目录》］

刘聪 南朝人。里居未详。遂安县令刘澄子。澄精通医术，与徐嗣伯齐名。刘聪传承父术，亦通医理。［见：《南史·何佟之传（附刘澄）》］

刘德 晋代彭城（今江苏徐州）人。少以医方自达，长以才术知名，当朝缙绅，伏膺附响。善治众疾，于虚劳证尤为精妙，疗之随手而效，千里外闻风而至者甚多。官至太医校尉。［见：《太平御览》、《历代名医蒙求》、《医说·三皇历代名医》］

刘磐 字介夫。清代山东安邱县人。精医术，尤擅痘科，全活婴幼甚众。著有《疹症辑要》一卷，未见刊行。门人马兴隆、张咸熙、贺克敏，得其传授。［见：《安邱县志》］

刘毅 字彦敬。明代长洲县（今江苏苏州）人。通医术，曾任燕府良医，后坐事谪戍，殁。子刘观，亦精医道，后为御医。［见：《苏州府志》、《中国历代名医碑传集》］

刘澜 一作刘羽澜。字文水。清初山东阳信县人。邑名医刘梦松孙，镇安县令刘新国子。早年习儒，为岁贡生。传承家学，精通医道，全活甚众。［见：《阳信县志》、《济南府志》］

刘澄 南朝人。里居未详。曾任遂安县令。精通医术，与名医徐嗣伯齐名。子刘聪，能传其术。［见：《南史·何佟之传（附刘澄）》］

刘璞 字石友，号尔琢。明清间河南沈丘县人。监生。早年丧父，事母以孝闻。明亡，不求仕进，足不履城市，闭门谢客，以读书自娱。精通医理，凡求诊，无论雨雪必诣病家，遇贫者出药赠之。著有《医学集要》六卷，刊刻于康熙二十一年（1682），今存。［见：《沈丘县志》、《中医图书联合目录》］

刘翰① (919~990) 五代至宋初沧州临津（今河北沧县）人。世医出身。后周时任护国军节度巡官。显德（954~960）初，诣阙献《经用方书》三十卷、《论候》十卷、《今体治世集》二十卷。世宗嘉之，命为翰林医官，其书付史馆。后加封卫尉主簿。宋太祖北征，命刘翰从行。建隆（960~962）初，加鸿胪寺丞。时太常寺考较翰林医官，以刘翰为优，绌其不精者二十六人。开宝五年（972），太宗在藩邸，患疾，命翰与马志诊视，获愈，迁尚药奉御，赐银器、缯钱、鞍勒马。开宝六年（973），刘翰奉诏与道士马志、医官翟煦、张素、吴复珪、王光祐、陈昭遇等同编《开宝新详定本草》二十卷。次年，虑此书所释或有不当，又命刘翰、马志等重订，由李昉、王祐、扈蒙等看详，名《开宝重定本草》，刊刻于世。后世统称二书为《开宝本草》，为我国第一部版刻官修本草。此后，刘翰迁检校工部员外郎。太平兴国四年（979），命刘翰为翰林医官使，加检校户部郎中。雍熙二年（985），滑州刘遇患疾，帝诏刘翰往治，翰归，奏称："遇疾必瘳。"既而刘遇死，坐责，贬和州团练副使。端拱初（988），起为尚药奉御。淳化元年，复任医官使，是年卒，享年七十二。［见：《宋史·刘翰传》、《天津府志》、《宋史·艺文志》、《崇文总目辑释》、《医学入门》、《本草纲目·序例》、《中医文献辞典》］

刘翰② 字鹤锦，号鹿场。清代安徽桐城县人。好学能文，尤精医术。深明《内经》之旨，博览历代医书，察脉辨证，治病多效。一生救逆活人甚众，名噪一方。殁后，人常思之。［见：《桐城县志》］

刘整 元明间江西吉安府人。精医理，兼好道术。邓雅作诗赞之曰："方书传几世，丹鼎有神功。身在壶天里，民跻寿域中。杏林藏一虎，宝匣卧双龙。欲问长生药，螺山隔几峰。"［见：《金元医学人物》（引《玉笥集》）］

刘冀 字仲山。元代人。里居未详。早年从师学医，复博览医籍，尤深于脉理。临证胆大心细，所治多良效，知名于时。后遇异人，传之以炼丹术及长生延寿之法。［见：《金元医学人物》（引《吴文正公集·丹说赠刘冀》）］

刘默 字默生。明清间浙江杭州人。早年习医，师事名医缪希雍。技成，悬壶于世，临证多奇效，屡起危疾，名噪于时，缙绅先生无不礼敬之。晚年颇厌晋接，顺治丙申（1656），筑青瑶轩，闭门静养，日与门生刘紫谷、叶其辉诸人讲论医理。刘、叶常以疑难进问，默一一解答，发明经旨，剖析疑义。二人虑师学不传，乃笔录为书，三年成帙，辑为《青瑶疑问》，后易名《证治百问》（又作《证治石镜录》），刊刻于世。刘默还著有《本草发明纂要》若干卷，未见流传。［见：《苏州府志》、《证治百问·序》］

刘赟 北宋人。里居未详。精医术，擅长外科，曾任太医院医学。都指挥使韩勋从太祖征晋阳，弩矢贯其左髀，镞不出者近三十年。景德（1004～1007）初，真宗命赟诊视，敷药而镞出，步履如常。帝悦，赐以白金，迁医官。［见：《宋史·冯文智传》］

刘彝 字执中。北宋福州（今福建闽侯）人。居乡以孝义著称，善治水。庆历六年（1046）举进士，授邵武尉，调高邮主簿，迁胊山令。神宗择水官，以彝熟悉东南水利，授都水丞。后因治水有功，迁两浙转运判官，知虔州。时民俗尚巫鬼，不事医药，刘彝乃著《正俗方》二卷

（已佚），又取缔淫巫三千七百家，使以医易其业，民俗遂变。后加直史馆、知桂州。晚年因故贬官为民。元祐（1086～1093）初，以都水丞召还，因病卒于道，时年七十岁。［见：《宋史·刘彝传》、《宋史·艺文志》、《直斋书录解题》、《闽侯县志》］

刘劢 字勖山，号赞轩。清代福建闽县人。性孝友而任侠，济人之急，千金不惜。同治甲子（1864）举于乡，曾任长泰教授。儒学之外，研究医理，著有《瘟病条理》四卷，未见流传。年六十九岁卒。［见：《闽侯县志》］

刘鳞 号疾鳌子。清代湖南新化县人。生平未详。著有《新增舒氏伤寒》十卷，今存。［见：《中医图书联合目录》］

刘灏 清初人。生平里居未详。著有《佩文斋广群芳谱·药谱》八卷，刊于康熙戊子（1708）。［见：《中医图书联合目录》］

刘一明 号悟元子，又号素朴子、被褐散人。清代山西曲沃县人。博学工书，尤精医道。曾寓居甘肃金县（今甘肃榆中）、兰州等地。著述甚富，关于医学者有《经验奇方》、《经验杂方》、《杂疫证治》、《眼科启蒙》等，皆刊刻于嘉庆间（1796～1820）。还著有《痧胀全书》十二卷，今未见。［见：《金县志》、《重修皋兰县志》、《中医图书联合目录》］

刘一诚 明末江西南昌人。寄籍山东沾化县。精医术，通脉理，知名于时。善诊断，能预知病者生死，全活甚众。［见：《济南府志》］

刘一斋 清末人。里居未详。深通医理。同治二年（1863）避乡祸，寓居潮州贵山书院。著有《一斋医学》若干卷，为注释古方之作，曾有稿本传世，今未见。［见：《潮州志》］

刘一鹏 明代河南扶沟县人。少年落魄，游于燕、蓟间，逢海内异能之士，辄师事之。久之博学多通，尤擅医术。每论天文地理、太乙奇门、五运六气之理，雄辩滔滔，无能穷其说者。曾游河朔濮上，与诸缙绅谈医，间以诗赋酬唱，其诗逸旷有侠气。［见：《扶沟县志》］

刘乙铨 字尚选。清代江苏丰县人。业儒十余年，后弃文习医。临证应手回春，远近以福星称之。次子刘振图，亦以医术著称。［见：《丰县志》］

刘乙然 字星阶。清末人。生平里居未详。曾任太医院候补医士。［见：《太医院志·同寅录》］

刘九达 明代江西庐陵县人。祖上五代业医。传承家学，亦以医闻。子刘相，曾任太医院医官。[见：《中国历代名医碑传集》（引陈文烛《二酉园文集·太医院医官中桥刘公墓志铭》）]

刘三锡 清代四川垫江县人。徙居盐源县。以医为业，凡病者皆悉心疗治，乡民敬之。从学门生甚众。[见：《盐源县志·流寓》]

刘于灿 字文典，号味胆。清代江西南昌县梓溪人。精医术，有名乡里。[见：《南昌县志》]

刘士吉 字子谦。清代云南腾越厅（今腾冲）人。博览群书，兼精医学，士大夫多神其术。著有《溥仁堂验方》四卷，今未见。[见：《云南通志》]

刘士材 号挺生。清代江西瑞昌县边街人。祖上单传七代，至士材慨然有济世心，专精医理。凡以疾病延请，立往救治，必俟痊愈而后安，全活甚众。卒后，子孙林立。德化贡生何之曙为之作传。著有《伤寒纪效书》，未见梓行。[见：《九江府志》、《瑞昌县志》]

刘大化 字宇参。清代浙江山阴县人。生平未详。曾评点陶华《伤寒全生集》，撰《陶氏全生集评》，刊刻于世。据曹禾《医学读书志》，此书问世后，坊贾窜人伪序，藉名医叶桂之名以求速售。[见：《医学读书志》、《中国医籍考》]

刘大师 唐代人。生平里居未详。宪宗时（806~820），骑白马行于某村落，不知其所从来，人有病，与药辄愈。一日，向乡人郑氏乞地为室，未许。俄人林中，跌坐而逝。时人异之，即其地立寺，名枣林院。[见：《江南通志》]

刘大年 清代江苏铜山县人。本县针灸名医刘广荫子。传承父学，亦业医。[见：《铜山县志·刘广荫》]

刘大成① 明代山东文登县人。诸生。以儒医者德为乡党所推重。相传刘氏曾得一瓶，内贮竹浆，以之治病极效，活人甚多。寿八十余卒。[见：《池北偶谈》]

刘大成② 清代陕西孝义厅（今柞水）人。精通医学，时称妙手。天性和易，凡以病延请，不辞跋涉，不收谢仪，济人甚众。[见：《孝义厅志》]

刘大亨 金元间人。里居未详。精医术，名著于时。至元二十五年（1288）前后，任南阳医学提举。其所居室曰斯得斋。[见：《元医学人物》（引《牧庵集·奉议大夫广州治中阎君墓志铭》）]

刘大肇 字照生。清代江西广昌县人。以监生候选鸿胪序班。兼工医术，擅长脉诊。性好施济，凡救人之厄，每忘寝食寒暑，虽费逾千金，未尝吝惜。家世显贵，而自处俭约，不别寒素。殁之日，受其德者皆为流涕。[见：《广昌县志》]

刘万青 清代山东无棣县人。邑名医刘日诚子。绍承父学，亦精医术。[见：《无棣县志》]

刘万顺 清末四川彭山县文殊堰人。精医术，尤擅疡医，知名乡里。[见：《重修彭山县志》]

刘上金 字亦川。清代安徽休宁县人。邑庠生。精通医学，擅长书法，知名于时。[见：《新安名医考》]

刘山泉 清代广东番禺县人。祖籍安徽桐城。精医术，知名于时。侄刘敬时，得其传授。[见：《中国历代医家传录》（引《广州文史资料》）]

刘广余 清代陕西醴泉县人。少习举业，不利于科场，弃儒习医，有国手之称。重医德，治病不取诊酬，全济甚众。乡人赠以"临证分明"匾额。[见：《醴泉县志》]

刘广荫 字锡斋。清代江苏铜山县人。精针灸术。济宁某人之子患疯疾，时医皆称不可治。刘氏应邀诊之，一针而愈，自此声名远闻。子刘大年，传承父业。[见：《铜山县志》]

刘之余 清代湖南永顺府龙山县人。博学工医，喜施济。有贫而病者，辄往诊之，且资以药饵。家境饶富，因此中落，不改其行。重孝义，母殁，露宿墓侧，一夜有虎至，不为所动。家人劝之不应，后因感冒致疾，乃舁之归。年八十余卒。[见：《中国历代名医碑传集》（引李元度《国朝耆献类征初编·方技》）]

刘之府 清代河南正阳县人。精医术，善望诊，尤长于幼科，治痘疹有奇效。弟刘之通，亦以医术著称。[见：《重修正阳县志》]

刘之通 清代河南正阳县人。邑名医刘之府胞弟。亦精通医术，与兄齐名。[见：《重修正阳县志》]

刘之琦 字奇玉。明清间四川会理州人。幼聪颖，性倔强。初习举业，因病误服庸医之药，弃儒攻医。久之技精，远近知名。同乡千总某，回族人，患二便不通，诸医投药罔效，腹闷欲死。刘之琦令置大木桶，满贮温水，命病者裸蹲其中，水冷辄易之，历一时许，二便俱下。素重医德，治疗贫病不取诊酬。生性节俭，最珍稻粟，有富人求诊，治后留食，其人食豆后唾壳，刘氏怒而逐之，永不为治。清初，肃亲王入川，病困，谕各卫举荐良医，刘氏应荐，药下而愈。时孝康章皇后患目疾，太医皆束手，肃亲王以刘氏荐，数剂翳散云开，目明如旧。帝赐以官，坚辞不受，仅求放归，遂赐匾额、医籍、珍玩，谕沿途各府、厅、州、县舆马驿送。自此，医名益噪。晚年隐居东坝，寿至九十余殁。[见：《会理州志·隐逸》]

刘之暹 字东升。清代湖北沔阳州人。性豪迈，精熟方药。善治大麻风及结毒怪证，能速痊，接续断骨尤有奇效。[见：《沔阳州志》]

刘飞健 字次元。清代江西万年县人。太学生。幼与兄刘飞翰、弟刘飞彩，同习举业。飞健屡试不售，乃攻研医道。及以医问世，切脉立方，投药即愈，知名于时。县令朱学昌，书"绍传经术"匾额，旌表其门。年八十二岁卒。[见：《万年县志》]

刘子仪 字竹亭。明代江西万安县人。精医术，官医学训科。左春坊刘三梧作《竹亭记》，盛赞其学。[见：《万安县志》]

刘子科 清代安徽旌德县人。精医术，以目科知名。其六世祖刘华卿，少游京师，遇异人授以眼科秘书，依法施治，皆有良效。传至刘子科，声名远播，求医者络绎于门，遂专治一宅，以接待远方就医者，一时有"刘神仙"之称。[见：《宁国府志》]

刘子益 元代人。里居未详。精医术，曾任太医。戊辰（1268）春，中书左丞张文谦（字仲谦）患半身麻木不遂，刘氏以木香丸、续命丹与服，汗大出，一剂即愈。[见：《卫生宝鉴》]

刘子清 清代河北东安县（今廊坊）张家务人。精通医术，尤善治伤寒、瘟疫。同治间（1862～1874）卒。门生张汉三，传承其业。[见：《安次县志》]

刘子铣 清代江苏阳湖县人。名医陈廷儒门生。[见：《中国历代医家传录》（引《诊余举隅录》）]

刘子维 清末人。生平里居未详。著有《圣余医案》，成书于光绪二十九年（1903），今存。[见：《中医图书联合目录》]

刘开学 （1796～1876） 清代四川资州人。居城东门外。秉性敦厚。以医为业，有

名于时，登门求治者甚众。光绪二年卒，时八十一岁。[见：《资州直隶州志》]

刘开选 字登庸。清代湖南宁乡县人。诸生。屡困棘闱，慨然以医术济世。临证多奇验，有谢以金者，概辞之。著有《幼科精要》若干卷，今未见。[见：《宁乡县志》]

刘天民 明代陕西渭南县人。邑名医刘智孙。与弟刘尧民皆传承家学，名重于时。子刘尚礼，亦精医术。[见：《新续渭南县志》]

刘天和 （?～1545） 字养和，别号松石。明代湖北麻城县人。正德三年（1508）二甲第三十二名进士，授主事，改御史。出按陕西，忤宦官寥堂，谪金坛县丞。后历任湖州知府、右都御史，官至兵部尚书，以年老乞致仕。家居三年而卒，赠太子少保，谥"庄襄"。刘氏兼通医理，好著述，撰有《保寿堂经验方》（又作《刘松石保寿堂活人经验方》）四卷，今存万历三十六年（1608）刊本。李时珍撰《本草纲目》，曾引据此书。刘氏还著有《陶节庵伤寒六法注》，已佚。[见：《明史·刘天和传》、《麻城县志》、《黄州府志》、《本草纲目·序例》、《明清进士题名碑录索引》、《世传珍本〈保寿堂经验方〉》《中华医史杂志》1985年第1期）]

刘天瑞 元初庐陵县（今江西吉水）人。崇仁县招隐堂道士。曾获眼科秘方，能去翳障，使盲者复明。性仁爱，求治者踵门如市。曾出行医所得，重修招隐堂。[见：《金元医学人物》（引《吴文正公文集·崇仁县招隐堂记》）]

刘天锡 字九畴，号炯泉。清代江苏吴县人。居阊门外河田。通医理，著有《辨书音义》、《夏日忌枳说》等文，刊于唐大烈《吴医汇讲》。[见：《吴医汇讲》]

刘元宾 字子仪，号通真子。北宋庐陵郡安福县（今江西安福）人。业儒，连魁乡举。初授邵州邵阳县主簿，熙宁间（1068～1077），迁谭州司理。刘氏通晓阴阳术数，尤精医理。尝得坊间所刻《王叔和脉诀》，"观其词语，亦甚鄙俗"，遂参以《内经》、《难经》诸典籍，为之注解，撰《补注王叔和脉诀》（又作《脉诀机要》、《通真子续注脉赋》）三卷，成书年代未详，序刊于元祐五年（1090），今存。嗣后，又取《脉诀》七表八里之说，增以奇经八脉，吟成七言脉歌一百零三首，编《脉要秘括》（又作《脉要新括》）二卷。此书国内已佚，今存日本刊本，已由中国中医科学院影印回归。此外尚著有《神巧万全方》（今存日本丹波元坚辑佚本）十二卷、《洞

天针灸经》、《通真子伤寒诀》（又作《伤寒括要诗》）、《脉诊须知》等书，大多散佚。[见：《宋史·艺文志》、《宋史艺文志补》、《直斋书录解题》、《明史·艺文志》、《医藏书目》、《安福县志》、《中国医籍考》、《日本现存中国散逸古医籍》]

刘元瀚 字既明。清代江苏宝应县人。精医术，每起他医束手之证。有医德，凡病剧延诊者，不分严寒酷暑，皆徒步往治，虽深夜不辞。著有《医玄漫录》若干卷，今未见。[见：《宝应县志》]

刘云西 元代庐陵县（今江西吉水）人。博学多闻，与奎章阁学士虞集相友善，诗文往还。晚年以济人为务，行医治病，多蓄良方。长子刘学云，亦工医术。[见：《金元医学人物》（引《麟原后集·赠刘学云序》）]

刘云抟 清代江苏丹徒县人。生平未详。著有《温病条辨歌括》一卷，今存古藤阴馆稿本。[见：《中医图书联合目录》]

刘云峰 字岚亭。清代山东无棣县人。嘉庆三年（1798）武举。精医理，善制膏丹成药。邻村有妇，常负子至市，刘氏询之，妇曰："家贫夫死，遗此子，腋下生疮，足不能行。现已五岁，动辄背负，甚累人也。"云峰审视之，曰："尚可治。"敷以丹药，另付汤剂令煎服，数月而能行。道光二年（1822）岁饥，人不得温饱。次年岁丰，人多患腹胀腹肿之疾，死者无数。云峰谓："此脾虚胃湿症也。"立方施药，活人颇多。曾与刘日诚参考古书，著《医学管见录》若干卷，未见梓行。[见：《无棣县志》]

刘友兰 元代安成（今江西安福）浮梁津人。世居刘志翁子。继承父学，亦精医术。元末红巾军起义，天下鼎沸，朱门多为废墟。刘氏以名医应诊四方，不论雪雨风霜，有求必应，活人甚众。[见：《金元医学人物》（引《石初集·中和堂记》）]

刘日升 明初江西吉水县人。河间名医刘完素后裔，元末医学教授刘允中（1314～1383）幼子。少年丧父，勤学自励，永乐二年（1404）以书法选入翰林。母李氏亦通医理，日升与胞兄文升、复升，皆通医术。异母长兄方升，以医知名江淮，惜中年而卒。[见：《中国历代名医碑传集》（引解缙《文毅集·刘君允中墓志铭》）]

刘日汀 清代湖南湘南人。生平里居未详。著有《羊毛痧验方》一卷，今存光绪八年（1882）重刊本。[见：《中医图书联合目录》]

刘日诚 字中孚。清代山东无棣县人。邑名医刘云峰兄。日诚亦精医术，临症多奏佳效。一日，路遇异亡妇棺过市者，鲜血点滴于途。刘氏视之，并非死血，令抬归。开棺细视，似有微息，投药一剂，须臾妇苏而胎下，此乃难产未死，而误殓也。后日诚殁，妇披麻来奠，以再生父哭之。与弟云峰合著《医学管见录》若干卷，今未见。子刘万青，能继父志，亦善医。[见：《无棣县志》]

刘日新 元代庐陵（今江西吉水）人。世代习儒，尤精小儿医。刘日新善承家学，亦工医术。性质朴，重医德，救人危厄，不遗余力。刘英远之子患疾，刘氏极力调护，转危为安。侄刘维行，亦以医术知名。[见：《金元医学人物》]

刘升俊 号子英。清代湖南蓝山县南平乡人。庠生。沉静寡言，授徒不计修脯。兼精医术，知名于时。尝与弟镇南、校青等曰："弟等勉力于当世之务，吾老矣，志事无可行者，行吾医术，庶可补过。"晚年其术益精，诊人必活，远近皆称仲景复生。年六十五岁卒。著有《回春钞》若干卷，今未见。[见：《蓝山县图志》]

刘长白 清代江苏兴化县人。精医术，专擅幼科，知名乡里。[见：《兴化县志》]

刘长启 字开仁。清代安徽望江县人。世代业医，善治痘疹诸证，望色能知吉凶。素怀救世之心，常捐金施药，以助贫病，世人感德之。有治世之才，曾奉命督修化龙桥，县令马公赠"惟德之隅"匾额表彰之。[见：《望江县志》]

刘长春 明代人。生平里居未详。著有《经验方》若干卷，已佚。[见：《本草纲目》]

刘仁周 清代四川合州方溪口人。邑名医刘尚灿子。继承家学，亦为良医。[见：《合州县志》]

刘化文 字焕章。清代河南淮阳县人。邑名医刘景太子。继承父学，亦工医术，历著奇效。[见：《淮阳县志》]

刘化鲸 清代河南柘城县人。以医为业，知名于时。[见：《柘城县志》]

刘从周 南宋饶州曲江（今江西波阳）人。妙于医术，有自得之见，著书十篇，与世俗相异。其书论痢疾云："常人以白痢为冷证，赤痢为热证，故所用药如冰炭，其实不然。但手足和缓则为热，当煎粟米汤，调五苓散，继服感应圆二十粒即愈；手足厥冷为寒，当服已寒圆之类。凡治痢当以此别之，初不问赤白也。如盛夏发热，有伤寒、冒暑之证，若热有进退，则为冒暑；一向热不止，则为伤寒，当以此别之。"又云："谷道外肾之间所生痈毒，名为'悬痈'，医书所不载，世亦稀有知者。初发时唯觉甚痒，状如松子大，渐如莲实，四十余日后，始赤肿如胡桃，遂破，若破则大小便皆自此出，不可治矣。"其药用横纹大甘草一两，截为条，每长三寸许，取山涧东流水一大盏，以甘草蘸水，文武火慢炙，水尽为度，继以无灰酒两碗煮，俟至一半，作一服，温服之。过二十日痈消不破，可保安平。广东提刑林谦之，与刘从周相友善，尝许诺为其书作序，未果，从周殁，书亦散失。后兴化太守姚康朝患悬痈，林氏授以此方，两服而愈。[见：《夷坚志》、《历代名医蒙求》、《医学入门》]

刘凤文 字桐森。清代江苏赣榆县人。附贡生。品学兼优，精通医术，临证有胆有识，活人甚众。年八十余卒。著有《医方集解》若干卷，以惠学者，今未见。[见：《赣榆县续志》]

刘文太 字胜彰。清代山东新城县人。精岐黄术。凡奇疾险证，他医不能措手者，治之多愈，一时有和、缓之称。[见：《新城县志》]

刘文开 字际明。明代山东新城县人。精医术，专擅外科。临证治无不效，品行尤为医家所少。益州孙文定雅重其术，尤重其人。[见：《新城县志》]

刘文升 明初江西吉水县人。河间名医刘完素后裔，元末医学教授刘允中（1314～1383）次子。与异母兄方升，胞弟复升、日升，皆传承家学。[见：《中国历代名医碑传集》（引解缙《文毅集·刘君允中墓志铭》）]

刘文华 字云樵。清代广东惠来县神泉镇人。生平未详。尝汇集群书，博采众长，辑《保产金丹》四卷，今存光绪十二年丙戌（1886）仁寿堂刻本。[见：《中国医学大成总目提要》、《中医图书联合目录》]

刘文易 字沧阳。明代河南镇平县人。以医术知名。兼精太素脉，好以其术断人吉凶。[见：《镇平县志》]

刘文英 字翰臣。清末人。生平里居未详。通医术。曾任太医院八品吏目、东药房值宿供奉官，兼掌库吏目。[见：《太医院志·同寅录》]

刘文范 清代安徽人。生平里居未详。著有《羊毛瘟疫新论》一卷，今存安徽大生堂刊本。[见：《中医图书联合目录》]

刘文品 （1783～?） 清代四川新宁县人。精医学，善养生。同治八年（1869），寿八十七岁，犹康健如故，切脉施治，神思不惯。[见：《新宁县志》]

刘文恪 明代人。生平里居未详。著有《医房举要》二十卷，已佚。[见：《世善堂藏书目录》]

刘文泰 明代江西上饶县人。通医理。宪宗时入太医院，官至右通政、太医院使。成化二十三年（1487）宪宗不豫，太医院进药不慎，十余日驾崩。孝宗继位，给事中韩重、御史陈殽等弹劾刘文奏，降为院判。明孝宗素喜医药，每于紫禁城南垣修合丸药，以赐臣民。刘文泰与太监张瑜、掌太医院事施钦、太医院使李宗周诸人迎合圣意，倍受宠幸，赏赐不可胜计。弘治十六年（1503），诏修本草，初命翰林院翰林总其事，会同太医院官"删繁补缺，纂辑成书，以便观览"。太医院官施钦等极力阻挠，后改为由太监张瑜任督，太医院施钦、王玉任提调，刘文泰、王槃、高廷和等任总裁，下设副总裁、纂修、催纂、誊录、验药形质、绘图，参与者多达四十九人。弘治十八年（1505）三月书成，由刘文泰、王槃、高廷和上表进呈，孝宗赐书名《本草品汇精要》，亲撰序言。全书分四十二卷，目录一卷，仿《永乐大典》格式抄录。刘氏常往来于礼部尚书丘浚之门，以求迁官，为吏部尚书王恕所沮。刘氏乃自为表章，诬王恕变乱。后事发，下锦衣狱，鞫之得实，贬为御医。十八年四月二十八日，孝宗患疾，发热鼻衄，刘文泰及院判方叔和、御医高廷和、医士徐昊等进以热药，五月初六日，崩于乾清宫。宪宗继位，刘文泰与太监张瑜、御医高廷和论死。后免死刑，谪戍广西，卒于戍所。后裔刘应槐，亦工医术，为清初上饶名医。按，《本草品汇精要》共收载药物一千八百一十五种，配工笔彩色药图一千三百七十一幅，为明代唯一官修药物学专著，惜因孝宗之死未能刊行。其书原本流落日本，今存于日本杏雨书屋（隶属武田株式会社）。另有抄本多部，皆流落海外，意大利罗马国立图书馆藏有清初怡亲王府原藏精抄本，该本于2002年由中国九州出版社影印出版。[见：《明史·王恕传》、《明会要》、《万历野获编·补遗》、《本草品汇精要·官员职名》、《御制本草品汇精要·本草品汇精要考略》]

刘文烜 清代陕西泾阳县人。精医理，每以一剂起沉疴，时称"刘一帖"。遇贫病施

药济之，例年费银百两不吝。年七十余卒。[见：《泾阳县志》]

刘文焕① 清代河南正阳县城东人。精医术，专治臁疮，收效甚捷。[见：《重修正阳县志》]

刘文焕② 字灿章。清代山东阳信县人。自少聪颖过人，精通医术，求医者车马盈门。子刘香亭，传承父业。[见：《阳信县志》]

刘文富 (1926～1986) 现代河北深县人。中国中医研究院基础理论研究所研究员。曾任浙江省中西医结合研究会常务理事。1952年浙江医学院毕业，后在绍兴市第一人民医院、浙江省中医药研究所任职。研究中医药多年，从事蛇伤防治研究，多有成就。著有《毒蛇咬伤防治》、《中国的毒蛇及蛇伤防治》等著作，及《精制蝮蛇、五步蛇抗毒血清》等论文，并多次获得卫生部及浙江省科技成果奖。[见：《中医年鉴》(1987)]

刘文辉 清代四川古宋县人。生性豁达，以医济世。兼擅书法，笔下有宋人气势。年约八十五岁卒。[见：《古宋县志初稿》]

刘文锦 清代江苏清河县人。专精幼科，人称医儿神手。著有《幼科》一卷，未见梓行。同时有丁汝弼、陶云章、张燮堂、熊鉴堂、程少楼，皆以医术著称。[见：《清河县志》、《续纂清河县志》]

刘方升 明初江西吉水县人。河间名医刘完素后裔，元末医学教授刘允中(1314～1383)长子。传承家学，以医术知名江淮，惜壮年而卒。异母弟文升、复升、日升，皆通医术。[见：《中国历代名医碑传集》(引解缙《文毅集·刘君允中墓志铭》)]

刘方舟 清代江苏仪真县(今仪征)人。以医为业，知名于时。虚心好学，曾研究温病证治，心怀疑虑。后获吴有性《温疫论》，读之，向之所疑，涣如冰释，遂锓版重刻，公诸同道。[见：《中国医籍考》]

刘方晓 字训俗。清末河南淮阳县人。三世业医，悉心研究，见称于时。[见：《淮阳县志》]

刘斗枢 清代山东武城县人。博学多识，兼通医卜、地理诸术，知名于时。门人张修业，得其传授。[见：《武城县志续编》]

刘心愧 清代人。生平里居未详。著有《经验杂方》一卷，今存宣统二年庚戌(1910)潮州同文善堂刻本。[见：《中医图书联合目录》]

刘引岚 清代山东诸城县人。为官吏。精通医理，闻人疾苦，竭力拯救。子刘奎，为著名医家。[见：《松峰说疫·序》]

刘允中① (1314～1383) 元明间江西吉水县人。河间名医刘完素后裔。其祖父刘芳茂徙居江州，复迁吉水，遂定居。其父刘德荣，生平未详，当亦通医理。允中传承家学，医术尤精，临证以攻邪为主，效如桴鼓。后至元间(1335～1340)官本州医学教授。自幼淳厚寡言，悃然忠信，平生抚孤济贫，未尝有自德之色。至正壬辰(1352)世乱，刘氏遇盗于乡，盗将杀之，有数人大呼："是真善人，何可杀也!"遂得免。及入明，医名益振，沉疴痼疾，投药则效，郡人皆敬信之，凡患重病者，得刘氏一诊，死而无憾。洪武十六年卒。妻毛氏，生子方升；继室李氏，生子文升、复升、日升，皆传家学。[见：《吉安府志》、《中国历代名医碑传集》(引解缙《文毅集·刘君允中墓志铭》)]

刘允中② 字雨亭。清代江苏江都县瓜洲虹桥乡人。自幼习儒，稍长，从王之政学医，尽得师传。道光十一年(1831)，江州水灾为患，时疾流行，刘允中制药散济，活人甚众。咸丰三年(1853)，江南北营军士不习水土，刘氏驰诊无虚日，所疗多获佳效。子刘礼耕，官浙江知县。[见：《江都县续志》]

刘允德 字懋勋。清代人。里居未详。家学渊源，尤嗜古学。编有《伤寒三字经》，将《伤寒论》经旨条分缕析，依韵编排，令阅者开卷了然，且易记诵。[见：《中国历代医家传录》(引《伤寒三字经·黄汝梅序》)]

刘以仁 清代人。生平里居未详。著有《活人心法》四卷，后经名医王文选编辑，成书于道光十八年(1838)。又著《活人心法诊舌镜》六卷、《脉法条辨》一卷，皆梓于世。[见：《中医图书联合目录》、《中医大辞典》]

刘以衡 字芷坪。清代山西洪洞县人。善绘画，工篆刻，尤精书法。晚年研究医理，常施药济人。[见：《山西通志》]

刘双祥 字莲卿。清代河南滑县傅村人。精通医道，以善治瘟症知名。[见：《滑县志》]

刘双清 字莲卿。清代河南祥符县人。以医为业，有名于时。[见：《祥符县志》]

刘孔熠 字春城。明代山东栖霞县人。早年丧父，事母尽孝。从林东冈习医，尽得师传。行医六十年，决死生，起沉疴，多所拯救，有神医之誉。其师老，迎养于家，直至终年。刘孔熠寿至八十余卒。[见：《栖霞县志》]

刘书珍 清代河南淮阳县人。世医刘德成长子。与弟刘书珩，均精祖业，书珍尤称神技，治疗险症多奏奇效。郡守邹公，赠额“堂构争辉”；鹿邑舍人梁锡康赠额“恩同再造”。著有《妇科指南》、《眼科详解》、《医学入门》等书，未梓。[见：《淮阳县志》]

刘书珩 字楚卿。清代河南淮阳县人。世医刘德成次子。精通医术，立方用药，多暗合古人。兄刘书珍，亦以医名。[见：《淮阳县志》]

刘玉章 清代山西辽州人。好学能文，尤精医理，能察死生于未病之前，名噪于时。[见：《山西通志》]

刘玉衡 字仰斗。清代河南淮阳县人。精医术，知名于时。有医德，贫家延诊，不索药资。[见：《淮阳县志》]

刘玉藻 字景山。清代江苏上海县华泾人。监生。善医，以治伤寒奇证见长。有医德，遇贫者助以药资。[见：《上海县志》]

刘正己 字午峰。清代山东历城县人。邑名医刘登俊（1798～1876）次子。自幼习儒，通诗文，兼精兵法。以增贡生出任利津县训导，转宁阳县训导。容貌质朴，言呐呐若不能出口，而见义必为。曾请于桂阳陈中丞，于泺阳书院旁僻地建局，名之曰广仁，恤孤贫，施医药，时人德之。咸丰十一年（1861）世乱，遵父命出粮赈济难民，全活甚众。父晚年病重卧床，亲事涤濯，三四年如一日，世以孝子称之。传承家学，亦通医术，虽不悬壶，遇病者辄出术诊治。年六十七岁卒。著有《医案》，未见梓行。医学外尚有《贝邱吟草》、《阵图》、《刀枪谱》等。兄刘成已，亦精医学。[见：《历城县志》]

刘正字 （1879～1946） 字伯松，号野樵。近代陕西镇安县人。幼颖异，有神童之誉。十岁应童子试，中第二名。及长，从狄慕梁学针灸术，融针灸、推拿、按摩于一炉，其术日精。武昌起义爆发，刘正字隶吴长世部下，任参谋。后任上海中国医学院教授。著有《四因病理学》、《诊断学》、《六经直指》、《奇经直指》等书，刊刻于宜昌。门人王济，传承其术。[见：《中国历代医史》]

刘正岱 字泰瞻。清代山东历城县人。少孤好学，因母久病，致力于医学，母病得以痊愈。此后，问疾者踵相接，不择贫富远近，必徒步往治，遇极贫者，赠以药饵。布政使王用霖，偶患不语，诸医皆曰中风。正岱诊之，曰：“非也。”乃令一人伪报已擢尚书，王闻言大笑而能语。众问其故，曰：“恚怒伤肝，惟喜可胜怒，非药物所能疗也。”年七十六岁卒。[见：《济南府志》]

刘正祥 字嘉振，号墨溪。明代安徽桐城县人。精医术，早年授太医院吏目，后以病辞归，悬壶乡里。曾赴舒城出诊，至北峡关见一十五六少年病亡，即详视之，告其家人曰：“勿哭。”按穴针之，立苏，少年父母感激跪谢。素重医德，凡乡里贫民患病者皆为诊治，并授以药，不取酬金。年八十四岁卒。[见：《桐城续修县志》]

刘世佐 字翼明。清代江西弋阳县万全乡人。父早亡，事母以孝闻。弃儒业医，精通其术，善治危疾。有医德，病愈不受一钱，赖以全活者甚众。生九女而乏嗣，里党惜之。[见：《弋阳县志》]

刘世贤 清代四川汉州人。世代业医。有医德，凡贫穷者求治，无不应，亦无不效。[见：《汉州志》]

刘世相 清末四川定远县人。精医理，为同治间（1862～1874）定远名医。年八十一岁卒。[见：《定远县志》]

刘世荣 字君卿，号颐斋。元代人。里居未详。少年时学医于道士赵素，后任湖广官医提举。赵素早年得金代太医赵大中《风科集验名方》，后加以增补，晚年以书授世荣。元贞二年（1296），刘世荣访左斗元于沙羡寓舍，出示此书曰：“此济世奇书也，然愈传久，讹愈多，敢以校雠为请。”左斗元乃为之增补，重刊于大德丙午（1306）。[见：《经籍访古志补遗》、《风科集验名方·左斗元序》、《日本现存中国散逸古医籍》]

刘世顺 清代甘肃榆中县人。通医理。道光间（1821～1850）与高寿田辑《外科医门一助》，版藏新寺，今皆散亡。[见：《青城记》]

刘世祯 （1867～1943） 字昆湘。近代湖南浏阳县人。早年从同邑蔺斗杓习医，尽得师授。后悬壶济世，名著于时。曾挟技游于江西，遇张姓老者，授以《古本伤寒杂病论》十六卷，与世行北宋林亿校本多异。刘世祯乃师事之，凡书中疑义“悉质而记之”。约光绪二十五年（1899）归乡，命门生刘瑞瀜校订，请何云樵缮写，重印刊行。此后，以六年之力对此书详加注释，于光绪三十一年撰《伤寒杂病论义疏》十六卷。不久世乱，其稿大半散失，深以为憾。1924年，在刘瑞瀜辅助下，又历十年，复成完璧，于1934年刊行。刘氏还著有《医理探源》十卷，刊于1935年。以上三书皆存。[见：《伤寒杂病论义疏》、《中医图书联合目录》、《刘仲迈与长沙古本〈伤寒杂病论〉》]

刘节和 清代江苏仪征县人。精医术。年二十余，徙居句容县，悬壶于陈家店，世少知者。邵阳魏源在陆制军幕府，患疾，群医辞不能治。刘节和后至，书方，以白萝卜汁为引，服之病若失，由是声名大噪。后徙居钱家村，垂四十年，远近奔赴，全活甚众。其治病长于攻痰，尝谓："百病皆缘痰起，症之变皆痰为之。"南人多患湿痰，经刘氏治疗，无不奏效。孟河名医马文植（1819～1897）雅重其术，凡遇句容之求医者辄曰："诸君何远行？刘节和今妙手也。"年八十余尚健在，白发童颜，见者疑为人中仙。[见：《句容县志》]

刘本元 清代云南腾越厅（今腾冲）人。精医术，以擅治瘴疠知名。乾隆间（1736～1795），大学士傅恒统军征缅甸，至老官屯瘴疠大作，副将阿里衮及士卒多染疾，檄腾越厅吴楷访求良医。吴楷闻命，敦聘刘本元，亲送至军中疗治，全活甚众。傅恒嘉其功，奏请赐太医院典籍。刘氏善摄生，寿至九十六岁。著有《医案》，今未见。[见：《云南通志》]

刘本仁 字起元。元末河间路（今河北河间）人。其父任临江路儒学教授。本仁中年北上京师求仕，不得志。后遨游名山，至庐山遇异人，授以秘藏医书，遂精医术。后行医吴中，心怀济利，视病者痛苦如身受，诊疾不因贫富而异视，知名于时。[见：《金元医学人物》（引《东维子集·仁医赠刘生》)]

刘丕显 字文谟。清代河北东明县人。精外科，善以针灸法治痈疽，无不立效。又善制药，手创"黑虎膏"、"红灵丹"诸药，依证施治，皆有奇验。[见：《东明县志》]

刘石峰 清代湖南常宁县人。邑名医刘克厚族弟。得族兄传授，亦精医术。曾注释刘克厚《痘麻得心》，并刊刻于世，今未见。[见：《常宁志》]

刘仕伟 字信吾，又字鼎隅。清代四川梁山县人。自少习武，为乾隆十年（1745）武进士。诗文书画俱佳，通天文、地理、医卜、星算诸术。为人治疾，每奏奇效。[见：《梁山县志》]

刘仕廉 （1809～?） 字清臣。清代四川双流县人。幼习诗文，为名儒宋西桥所器重。道光壬寅（1842），患足痿疾，遍请名医，五载不愈。后研究医书，自疗而瘳。此后尽弃儒学，专攻医术，历十余年，始悬壶问世。平生临证颇多，沉疴痼疾，随治即效，名噪于时。著有《医学集成》四卷，刊于同治癸酉（1873）。子刘永钟，门人张望之、李子乾，传承其术。[见：《医学集成·序》、《双流县志》、《中医图书联合目录》、《贩书偶记》]

刘仕聪 元代浙江西安县人。衢州路医学教授刘光大曾孙，名医刘全备子。继承家学，亦工医术。著有《方脉全书》（一说刘光大著），已佚。[见：《浙江通志》、《衢州府志》、《西安县志》]

刘用元 明初浙江钱塘县人。邑名医刘钧美子。继承父业，亦工医术。[见：《钱塘县志》]

刘用康 字锡侯。清代山东安邱县人。恩贡生。邃于医理，以妇科著称。所用方剂多变化，人多不解其义，而应手奏效。凡邑中善举，皆勉力襄助，为乡里所敬重。著有《医镜》、《临症便览》、《妇科辑要》各一卷，皆未见刊行。[见：《安邱县续志》]

刘尔科 明代河北遵化县人。精医术，知名京师。隆庆二年（1568）正月，太医院医官徐春甫，集合各地在京名医四十六人，创立一体堂宅仁医会，刘氏为会员之一。诸医穷探医经，讨论四子（指张机、刘完素、李杲、朱震亨），共戒私弊，患难相济，为我国最早之全国性医学组织。[见：《我国历史上最早的医学组织》（《中华医史杂志》1981年第3期）]

刘立仁 清末河南修武县人。精医术。光绪四年（1878）大疫，刘氏施术救治，活人无算。[见：《修武县志》]

刘立志 清代河北威县人。精喉科，临证颇奏奇效。与本邑名医张同德齐名。[见：《威县志》]

刘汉臣 字麓樵。清代江苏泰州姜埝镇人。精鉴赏，收集书画、碑版甚富，所藏宋刻及传抄秘籍百余种。晚年精医，治病多效验，知名于时。著有《内经揭要》、《脉学指掌》诸书，未见流传。同邑陈宝晋，亦精医嗜古，二人齐名。[见：《泰州志》]

刘汉贤 清代河南偃师县人。精医理，以术济人，治病不索酬谢。[见：《偃师

县志》]

刘汉基 清代人。生平里居未详。著有《药性通考》八卷，成书于康熙（1662～1722）末年，今存。其书前六卷为药性考，载药四百一十五种，介绍性味主治，颇有见解；后两卷集录祛效单方，并列述诸疾证治。[见：《中医图书联合目录》、《中医大辞典》]

刘永安 清代河南濮州引马里刘双楼人。幼习举业，屡试不中，弃儒攻医。擅治时疫、咽喉诸症，时称妙手，远近活人无算。重医德，遇贫病施送丸散，不取其酬。著有《咽喉七火论》，今未见。[见：《濮州志》]

刘永和 清代山西闻喜县人。生平未详。通医理，著有《小儿要略》，今未见。[见：《闻喜县志斟》]

刘永钟 字幼臣。清代四川双流县人。邑名医刘仕廉子。继承父学，亦通医术。[见：《医学集成·序》]

刘永椿 字超千。清末山东阳信县城西刘家庄人。性豪爽，不拘小节，以孝友闻。精通医道，知名于时。光绪壬寅（1902）兵乱后，霍乱流行河朔，群医束手，病亡者枕藉。刘氏研究前贤方案，悟时医"泻阳补阴"之误，遂重用解毒驱热之剂，皆著手成春，全活甚多。乡人感其德，公送"赞化调元"匾额，举乡饮大宾。年八十一岁殁。[见：《阳信县志·笃行》]

刘发祥 （?～1834） 字瑞生，号经余。清代陕西华阴县人。自幼嗜学。稍长，从任圣征习儒，距家五里，每归省，往返途中，必诵一经。性仁慈，好周恤。生平惟苦志读书，经史子集之外，旁及星卜、堪舆、医药诸学。著有《医学握要》十余卷，今未见。[见：《华阴县续志》]

刘圣与 明代江西庐陵县人。精通医术，名重于时。旁通儒学，兼工诗赋。尝集诸名家医说，著书行世，为医者所守循，惜已散佚。世人以刘氏尽心济世，有造物之仁，咸称与春先生。[见：《庐陵县志》、《吉安府志》]

刘邦永 自号废翁。明代广东从化县水东人。少孤贫，樵采山中，遇异人呼与俱去，授以岐黄术及刀圭之法。久之，尽其秘而归，以医行世，一时号称国手。临证望形察色，以一指按脉即可断人吉凶。凡可治者则用药，不问资财；不可治者不与药，问之，则屈指算曰："某日去也。"无不应验。用药不拘古方，率以己意变通，人多莫测。又好神仙术，嗜太素脉，好以脉象断人寿夭，人以为神，迎请无虚日。为人狂脱，常垢衣敝履，纵谈仙家飞升事，人以为颠废，遂自号"废翁"。自创药方甚多，得其方者，依证施治辄效。著有《惠济方》四卷，流传于世，今佚。[见：《广东通志》、《广州府志》]

刘邦绩 字怀橘。清代湖北沔阳州人。庠生。少通医术。后游于吴越诸名郡，博求异人异书，医术益精，求治者常一药即愈。平生端方检饬，不苟言笑，人皆敬畏之。子刘善锡，为康熙辛酉（1681）举人。[见：《沔阳州志》]

刘吉甫 元代人。生平里居未详。师从名医朱震亨门生刘荣甫，尽得丹溪之学。门生潘阳坡，传承其术。[见：《心印绀珠经·序》]

刘吉林 清代江苏仪征县人。痘科世医刘沛生五子。绍承祖业，亦以痘科问世。[见：《重修仪征县志》]

刘芝璧 （1917～1983） 现代河北安国县人。十五岁为药店学徒，一生刻苦钻研药学，擅长中药鉴别炮制。曾任新疆维吾尔自治区中医医院药剂科主任、主任中药师、中国药学会天津药物分会委员、中国药学会新疆分会副理事长、天然药物组主任、中华全国中医学会新疆分会常务理事、新疆维吾尔自治区卫生行业评定技术职称委员会委员。1954年调新疆维吾尔自治区中医医院工作。1958年加入中国共产党。先后当选为乌鲁木齐市第八、九届人民代表大会代表。刘氏毕生致力于中药专业，为培养自治区民族医药人才作出较大贡献。著有《中药传统经验鉴别》。[见：《中医年鉴》（1984）]

刘有声 清代江苏靖江县人。精医术，以儿科著称。凡延治者，每投以丸散，应手奏效。同时有朱臻露、陈甘来，亦精儿科。[见：《靖江县志》]

刘有余 字泽普，号云谷，又号守中子、守和子。近代四川江津县人。精通岐黄，尤擅伤寒，临证多奇效，为当地著名经方派医家。曾应聘出任黔军军医处处长。后与廖岐轩创办江津医学研究社，任社长，开设内难经、伤寒学、温病学、疫症学、女科学、外科学、本草学、古方学、卫生学等课程，培育中医人才甚多。著有《医学别新》（包含《伤寒补方》、《金匮补方》、《寒温释疑》、《天人转度》、《改良经方实验记全录》五种），其稿为门生任应秋珍藏。[见：《医学别新》]

刘有益 字赓韶。清代广东仁化县人。以明经典教三庠，表正士习。兼精医术，诊

疾不受馈谢。[见:《韶州府志》]

刘有培 字锡藩。清代四川简阳县龙泉驿人。自少业儒,后弃学攻医。与人诊疾,无分贫富贵贱,皆尽心力,为乡里所敬。[见:《简阳县续志》]

刘有德 字慎先。清代河南新安县人。庠生。早年习儒,兼精医术,活人无算。同邑名医王琮与之齐名,王氏有神医之称,刘氏有仙医之号。[见:《新安县志》]

刘存诚 清代湖北汉川县人。少习举业,以明经出仕粤西,未几解绶归。精岐黄术,溯源家学,尤推重名医袁黄、王肯堂,以易合医,以医合儒。与人谈医理,缕析条分,娓娓不倦。遇人急病,投一二剂立愈,远迩敬慕。晚岁羁荆郢间,日以浇花莳药为娱,久之返乡。著有《原生集》,李以笃为之序,行于世,今未见。[见:《汉川县志》、《湖北通志》]

刘成己 清代山东历城县人。邑痘科名医刘登俊(1798~1876)长子。早年习儒,候选县丞。绍继家学,亦精医术。周急济贫,多倡义举。弟刘正己,儒医两精。[见:《历城县志》]

刘成玑 (1733~1813) 字启后(一作启厚)。清代陕西咸宁县人。邑名医刘英堂子。幼习父业,尽得其术。尤精外科,凡药饵不能治者,施以刀针,病虽垂死,应手取效,名动公卿间。四川制军文公、军机大臣阿桂、湖北毕制军、陕甘勒制军等先后延聘,联额赠言,琳琅满室。初援例捐从九品官,一时名公皆劝出仕,谢之。晚年好道,鸠工修葺终南山八仙庵,"暇则焚香趺坐,悟清净妙明之旨"。嘉庆十八年正月十九日卒,享年八十有一。生前辑有《医案》,惜未见传世。[见:《咸宁长安两县续志》、《中国历代名医碑传集》(引叶世倬《刘成玑墓志铭》)]

刘成钦 字靖江。清代四川荣县人。业医,知名于时。尚俭朴,终身不华服,所得诊金尽济贫乏。每值灾年,倾力施救,乡里敬之。[见:《荣县志》]

刘成琨 字元英。清代云南昆明县人。邃于医理,能闻声知病。曾出仕为官,后归田家居,以济人为事。尝为一人视病,热证也,欲投以瓜,因问彼家人:"此间有瓜否?"家人未及应,一邻人答曰:"我处有瓜。"答者固无病之人也,成琨闻声惊曰:"此人肺将绝矣!"亟呼诊之,曰:"肺脉实绝,肺为气主,肺绝则气绝,不可治。"后原病者食瓜而愈,无疾者果暴死,闻者

叹服。[见:《昆明县志》]

刘执中① (1242~1296) 字仲和。金元间汴梁(今河南开封)人。金怀远将军邓州节度副使刘安子。金亡,徙居大名。刘执中自少好学,有大志。及长,为太师窦默所器重,以女嫁之。窦氏精医术,以针灸名震宇内。执中得其传授,遂精针术。至元十年(1273),经太子赞善王恂之荐,以医侍真金太子。元世祖制定朝仪,刘执中进《礼乐图》,授奉议大夫左侍仪使,升朝列大夫。后历任滨州尹、淮西宣慰副使、江阴总管、吉州总管。元贞二年九月,平定湖南造反流民,中岚瘴致疾,卒于安福,终年五十五岁。[见:《元史·王恂传》、《金元医学人物》(引《吴文正公文集·元故少中大夫吉州路总管刘侯墓志铭》)]

刘执中② 元初益都县(今山东益都)人。业医。至元七年(1270),元帅也速歹儿之妻患疾,延刘执中治之,刘误针脏腑而死。刘氏获罪,判杖刑一百零七,并罚营葬银若干。[见:《金元医学人物》(引《元典章》)]

刘执持 清代江西南丰县人。少年时随父客居苏州,从名医叶桂(1666~1745)学医。能以一指诊脉,决死生不爽。著有《苏医备要》若干卷,未见流传。[见:《南丰县志》]

刘执蒲 字剑堂。清代山东益都县北关人。监生。著有《痘科辑要》八卷,未见梓行。[见:《益都县图志》]

刘执德 清代山西孝义县人。夙习举业,兼精医术,好施药济人。[见:《山西通志》]

刘尧民 明代陕西渭南县人。邑名医刘智孙。与兄刘天民皆传承家学,以医术知名一时。[见:《新续渭南县志》]

刘至元 清代四川安义县人。本邑幼科名医刘道景孙,刘望仪子。继承家学,亦以幼科问世。[见:《安义县志》]

刘至临 字茂之。元初满城县(今河北满城)人。全真派道士。性洒脱,好交游,喜济人急。曾得异人传授,精通医术,尤擅外科,有著手成春之效。所到之处,贫病者户外常满,不辞其劳。郝经之父,为断垣伤腰,昏厥数日,得良医治愈。甲寅(1254)夏,旧疾发作,疼痛不堪,日夜呼号。刘氏诊之,令服汤剂,便血数斗而愈。丙辰(1265)夏,郝父又染风疾,小便结塞十余日,脐左突起如覆杯,众医束手无策。刘氏诊之,曰:"是针不能达,药不能及,有一术可愈。"遂以按摩法治之,由章门至气海,血尿并

出而愈。刘因作《疡医刘茂之》诗赞之曰:"炼心如石补天缺,炼心如泥补地裂。白蟆正饱丹凤饥,心能竹实亦能铁。乾坤疮痍今几年,谁家药笼金石坚?千金此方不一试,云山注目秋风前。"[见:《金元医学人物》(引《陵川集·赠刘茂之》、《静修先生文集》)]

刘此山 字绍平,自号平峿。元明间江西安成县人。其先辈得明师秘传,精通医术。此山得家传,治病极灵验,病家争相延诊。有医德,享盛名而无傲气,遇贫病皆悉心诊视。[见:《金元医学人物》(引《桂隐先生集·刘绍平号平峿》)]

刘贞吉 字正凝。清初江苏上海县人。邑名医刘道深子。康熙二十九年(1690)中举,官长洲教谕。兼通医术。子刘梦金,业儒而善医。[见:《上海县志·刘梦金》]

刘光大① 字宏甫,号适庵。宋元间浙江衢州西安县人。祖籍鄱阳(今江西波阳),其先世随宋南渡,定居衢州。刘光大素精理学,兼擅医术。至元二十三年(1286)任衢州路医学提领,升本路医学教授。尝创建衢州三皇庙,塑圣像,置四斋,左曰调神全生,右曰精微虚静。又创建惠民药局以疗民疾,世人德之。著有《方脉全书》、《药性病机赋》、《适庵文集》诸书,均佚。子刘咸,曾建济民药局。孙刘全备,曾孙刘仕聪,皆传承家学。[见:《浙江通志》、《衢州府志》、《西安县志》]

刘光大② 清代奉天府海城县(今辽宁海城)人。邑名医顾长龄门生。与同门姜文川俱以医术著称。[见:《海城县志》]

刘光壬 字剑泉。清代湖南慈利县人。增生。精通眼科,临证有奇效。桃源某人踵门告病,刘为诊视毕,谓之曰:"吾不能治也。"某行,刘乃命子曰:"汝迂道绕前,待其行及某地,可挽之复来。"某行抵某地,一瞳忽爆,水汪然泛衣襟。于是追者至,遂偕返。刘氏曰:"曩恐若睛炸迸吾室,亵吾术,损吾名。今若此,一目犹可完。"留治之,一目得无恙。刘氏著有《银海医案》,今未见。[见:《慈利县志》]

刘光汝 字毓先。清代江西永新县人。幼年习儒,因父母病习医,知名于时。常施送丸散,以济贫病,乡里德之。年八十岁卒。著有《医案》,今未见。[见:《永新县志》]

刘光济 清代四川云阳县人。邑名医刘靖之子。传承父业,亦以医名。[见:《云阳县志》]

刘廷点 明代江西南丰县人。生平未详。著有《脉症约解》八卷,已佚。[见:《南丰县志·艺文志》]

刘廷桢 字铭文。清末浙江慈溪县人。生平未详。著有《中西骨格辨正》一卷(附《中西骨格图说》一卷)刊于光绪丁酉(1897),今存。[见:《全国中医图书联合目录》、《贩书偶记》]

刘廷载 字渭渔。清代江苏兴化县人。世代工医,至廷载尤精幼科,凡他医束手者,治之多著良效,名重于时,公卿士绅赠诗文甚多。年九十岁端坐而逝。[见:《兴化县志》、《扬州府志》]

刘廷琮 明代甘肃平凉府庐镇人。王府良医正张好问门生。精医术,亦授王府良医正。后为庸医所陷,谪戌宁夏。[见:《平凉府志》]

刘廷髦 清代山东莱阳县唐家洼村人。三世习医,尤擅长外科。一人下颚生物,暴长尺许,廷髦令服药百剂。其人服半数而愈,不再服。后复发,廷髦曰:"非二百剂不可!"患者从之,后终生不发。著有《自制医方备要》若干卷,未见梓行。[见:《莱阳县志》]

刘廷璨 号玉堂。清代湖南沅江县人。精通医术,晚年益精脉理。常携药以疗贫病,全活甚众,为乡里所敬重。[见:《沅江县志》]

刘先举 字绍庵。清代四川资阳县人。乾隆间(1736~1795)以医术知名,延请者日不暇接。[见:《资阳县志》]

刘竹园 清代广东大埔县湖乡人。世代业医,知名于时。其孙落水,神昏腹胀,便闭。竹园先后用化痰、安神、开窍等药治疗,经旬不效,日见危笃,乃延请本邑张岸舫诊治。张氏以五苓散重用姜、桂、滑石,一服而愈。[见:《大埔县志》]

刘延辉 字增光。清代广东仁化县墟里人。岁贡生。贫约自守,授生徒不计修仪。品学兼优,锦江文士悉仰为师范。兼擅医术,虽昏暮叩门,皆往诊治。晚年荐授信宜训导,未赴任而卒。[见:《仁化县志》]

刘仲一 字裕充。明清间江苏东台县人。初习举业,明亡,隐居东陶,改习医学。键户十年,博览群书,遂精医理,患者不远千里求诊。日得百钱,皆付酒家,醉后杜门狂歌,人皆称狂先生。子刘良彪,传承父学。[见:《东台县志》]

刘仲宣 元代安成县（今江西安福）人。精医道，兼擅诗赋。延祐（1314～1320）初，授太医院待诏尚方。曾奉旨赴漠北，治疗藩王重疾，获效，赏赐甚厚。生性高傲，每与诸太医辩论《内经》、《难经》疑难，为人所忌。泰定间（1324～1327）告归乡里。至正四年（1344）复应召入京，容貌苍老而议论不衰。晚年归隐东阳山下。太史刘某赠诗云："东阳山色好，此去想夷犹。草树春长绿，田园遂有秋。穿云砍灵药，带月上渔舟。何日京华客，归来访旧游？"著有《东阳诗卷》。其弟刘仲宾，亦通医术。[见：《安福县志》、《金元医学人物》]

刘仲宾 元代安成县（今江西安福）人。太医院御医刘仲宣弟。精医术。怀济世志，悬壶城市，不营于利。约至正七年（1347），欧阳玄以病告归浏阳，或荐仲宾精医，遂延治，果获佳效。仲宾归乡，欧阳玄赠诗曰："老病侵寻蚤引年，命车先向里门悬。献方漫有求文客，市药应无买赋钱。顾我燕毛惭晚进，感君鸿宝试家传。青原旧友如相问，雪夜时乘访戴船。"[见《金元医学人物》]

刘仲祺 清末人。生平里居未详。曾任太医院候补医士。[见：《太医院志·同寅录》]

刘自化 字伯时。明代陕西高陵县人。刘时迁子。嘉靖四十四年（1565）二甲第二十二名进士，授户部主事，司崇文门税务。迁岳州知府，官至浙江都运使，在任以廉能见称。遭父丧归乡，遂不复出。刘氏兼通医理，著有《四时颐养录》五卷，已佚。又于万历二年（1574）校勘葛洪《肘后备急方》，由李栻重刻印行。[见：《世善堂藏书目录》、《高陵县续志》、《中医图书联合目录》]

刘自成 （1281～1334）字宗道，号可闲。元代金溪县（今江西金溪）人。其先祖为宋代显宦，以儒学世家。刘自成幼ույ敏悟，壮年父母谢世，以长子主持家务，不避辛劳。读书之余，留意医药，凡病家求诊，治辄痊愈，乡邻皆感其德。平生好藏古名画，性喜佳木修竹，自得其乐。宅旁有亭名可闲，世人皆以"可闲"称之，渐成名号。[见：《金元医学人物》（引《道园类稿·刘宗道墓志铭》）]

刘向图 清代陕西咸阳县人。生平未详。著有《活幼全书》若干卷，未见刊行。[见：《咸阳县志》]

刘全备 字克用。元代浙江衢州西安县人。本路医学教授刘光大孙，名医刘咸子。事亲至孝。习举业不售，思欲利济天下，遂专力于家传医学。悟《素问》、《难经》诸书之奥，治病随手奏效，不索酬报。曾注释祖父《病机药性赋》，撰为《注解病机赋》、《注解药性赋》（内附《四时六气权正活法论》）二书，刊刻于世。上二书多次重刊，正德四年（1509）《明刊医书四种》亦收载二书。子刘仕聪，亦业医。按，《彰德府志》、《内黄县志》称刘全备为"明代河南内黄县人"，疑误，或刘氏曾徙居内黄，待考。[见：《浙江通志》、《衢县志》、《彰德府志》、《内黄县志》、《北京大学图书馆藏李氏书目》、《医藏书目》、《述古堂书目》、《读书敏求记》、《医学入门·历代医学姓氏》]

刘全春 清代四川广元县人。邑名医韩昌敖入室弟子，亦精医术。[见：《重修广元县志稿》]

刘全德 字一仁，号完甫。明代上海县人。生平未详。著有《医学传心录》（又作《传心诀》），今存道光间（1821～1850）抄本，已由河北人民卫生出版社重刊。还著有《考正病源》，今有嘉庆元年（1796）抄本存世。明代《医藏书目》载刘全德《钩玄秘集》一卷、《伤寒神镜》一卷，今未见。[见：《上海县志》、《医藏书目》、《江苏历代医人志》、《中国历代医家传录》]

刘旭珍 字席观，号全石。清代江西分宜县桐岭村人。事父母以孝闻。早年习儒不遇，遂无意仕途。博览天文、地理诸书，尤得医家秘旨。为人疗病，不惮辛劳，不受馈谢，遇贫困不能具药者，解囊助之。晚年爱铃北山水，徙居湖泽，乡人牵裾送于三十里外，皆含泪不忍别。居湖泽五载，无疾而终，享年八十。生前与庐陵萧晓亭相友善，晓亭临终托旭珍代梓所著《疯门全书》，书将刻成，旭珍卒。[见：《疯门全书·序》、《分宜县志》]

刘兆奎 清代四川峨眉县人。幼年失怙，赖母抚育成长。以医为业，抚危济困，活人甚众，乡里敬重之。[见：《峨眉县续志》]

刘兆晞 字孟旭。清代山东阳信县人。邑庠生。世业岐黄，至兆晞医术益精，活人甚众。曾赴省试，济东道台陈某招之诊脉，决来春必发对口疮，至期果发，治之而痊；又诊藩台张某脉，决中秋必有中风证，亦验。年七十余卒。著有《刘氏遗方》、《本草类编》，未见刊行。曾孙刘省三，能世其业。[见：《阳信县志》]

刘兴湄 字秋浦。清代湖北沔阳州人。太学生。其父刘揆，神明医理。兴湄善承家学，治病多奇效。邻村戴某，野耕遇雨，血暴下，神思昏愦，诸医束手。兴湄曰："是日大雷，盖为其所震也。《经》曰：恐则气下，血即随之。验其脉必乍大乍小。"诊之果然。为之疏方，二剂而愈。著有《脉对》、《伤寒对》诸书，未见传世。[见：《沔阳州志》]

刘次元 清代江西万年县港边人。精医术，尤擅内科。目空一世，唯服膺名医汪四喜。[见：《万年县志》]

刘次庄 字中叟（一作忠叟），自号戏鱼翁。北宋长沙（今湖南长沙）人。熙宁六年（1073）赐同进士出身，崇宁间（1102~1106）官至侍御史。博洽淹贯，词赋绝伦，尤嗜书法，临摹古帖，最得其真。元祐间（1086~1093），谪居新淦，筑室东山寺前，俯瞰清流，自谓得濠梁间趣，因自号戏鱼翁。著有《青囊本旨论》一卷，已佚。[见：《长沙县志》、《湖南通志》、《中国人名大辞典》]

刘汝松 清代四川绵州人。精医术，尤擅治暑病。嘉庆五年（1800）大旱，中暑者极多，刘氏针药并施，活人甚众。[见：《绵阳县志》、《直隶绵州志》]

刘汝泉 字鼎玉。清代河南正阳县人。早年习儒，为诸生。精眼科，尤擅针灸，知名于时。当道官吏闻其名，亦礼重之。年九十余殁。[见：《重修正阳县志》]

刘汝楷 字式之。清代广东番禺县人。名医徐圆成婿。得岳父传授，亦精医理。[见：《中国历代医家传录》（引《毓德堂医约》）]

刘汝耀 字明之。清代广东番禺县人。名医徐圆成门生。[见：《中国历代医家传录》（引《毓德堂医约》）]

刘守诚 字希明。清代奉天府海城县（今辽宁海城）牛庄人。隐于医。远宗《内经》，近法长沙，立方不拘源头，随证加减多著奇效，有声于医林。悬壶三十余年，活人无算。[见：《海城县志》]

刘安章 清代四川巴中县人。精医术，知名于时。年五十无嗣，须发半白，始重摄生，与妻徙居山村。行医之余，采食黄精、何首乌以自养，至七十余，须发转黑，人皆异之。[见：《巴中县志》]

刘观光 清代四川德阳县人。幼敏悟，博学强记，文思敏捷。生性至孝，为刘氏独生子。绝意功名，精研岐黄，后以医术知名。善治老年病，遇孤贫，常助以药资，亡者代为营葬，乡人德之。[见：《德阳县志》]

刘观宏 清代湖南清泉县人。早年习儒，读书未遂。有济人之志，究心岐黄，医术精湛，远近争相延诊。重医德，急病人之急，遇贫病尤先往视。康熙四十九年（1710），城中病疫，衡阳县令张延相设立药局，施药于西湖寺。刘观宏奉命主持其事，尽心诊视，全活数以万计。张赠额曰寿我生民。年七十岁，以寿终。著有《袖中经验》、《救生便览》（又作《救生要览》），皆未见流传。[见：《清泉县志》、《衡州府志》、《衡阳县志》、《湖南通志》]

刘观澜 清代江西铅山县人。国学生。擅岐黄术。重医德，凡求治者，不分远近，莫不奔赴，且赠以丸药，数十年施治不倦。年五十二岁殁。[见：《铅山县志》]

刘纪廉 （?~1846） 字介卿。清代湖南邵阳人。自幼从父贸易于武冈县，定居于此。性好学，善属文，不为制举业。通医、卜、堪舆及炼丹术，尤工篆刻。曾参修《宝庆府志》，道光二十六年，因过劳卒于志局。著述甚富，关于医学者有《治疫全书》若干卷，今未见。[见：《宝庆府志·隐逸》、《湖南通志·艺文》]

刘寿山 （1904~1979） 原名刘泉。现代北京市人。早年尚武，兼嗜医学。年十九岁，师事伤科名家文佩亭、桂香五，尽得师传。20世纪40~50年代以骨伤科问世，因疗效显著，就医者甚众，载誉京城。1959年应北京中医学院之聘，出任附属东直门医院正骨科主任医师，历任正骨科副主任、主任。刘氏从医近六十年，对中医筋骨气血理论有独到见解，其正骨手法别具一格，治疗跌打损伤尤有奇效。临证持"七分手法三分药"之说，总结出刘氏正骨二十四法，所愈患者不可胜数，为现代著名中医骨伤科专家。其著作有《简明中医伤科学》、《刘寿山正骨经验》等。[见：《北京中医药大学校志》]

刘赤选 （1897~1979） 现代广东顺德县人。十五岁自学中医，技成，悬壶济世，知名乡里。后执业于广州。精通伤寒、温病，以善治内科杂病著称。自1930年始，先后任教于广东省立国医学院、华南国医学院、广东省中医药专科学校、广东省中医进修学校、广州汉兴中医学校，主讲伤寒论、温病学等课。1956年广州中医学院成立，担任伤寒、温病教研组主任，教务处副处长、学院顾问等职。1978年晋教授职称。此外，先后出任广州市卫生工作者协会执行委员、广州市政协委员、广州市中医学会执行委员、第三届全国人民代表大会代表、全国政协第五届委员会委员。刘氏一生从事中医教学与临床，为现代著名中医学家。著有《温病学》、《教学临证实用伤寒论》、《刘赤选医案医话》等书。[见：《中医年鉴》(1983)]

刘孝友 清末人。生平里居未详。著有《妇科备要》一卷，今存抄本。[见：《中医图书联合目录》]

刘声涛 号松坡。清代湖南攸县人。天性颖异，工诗书，研究易理。赴童试不售，遂捐弃功名，旁搜诸家。兼精医术，治病不受谢仪。年五十余卒。著有《医方驳案》若干卷，家贫未梓。[见：《攸县志》]

刘志翁 堂号中和。元代安成县（今江西安福）浮梁津人。世代业医，精通其术。性谦谨，澹泊安分，所到之处，病家争相迎请。子刘友兰，医名益盛。[见：《金元医学人物》（引《石初集·中和堂记》）]

刘芷塘 清代四川成都县人。精医术，知名于时。邛崃郑寿全，传承其术。[见：《邛崃县志》]

刘芳茂 宋末河间府（今河北河间）人。名医刘完素后裔，徙居江州（今江西九江）。吉水名医梁过泉游江州，二人志同道合，与之俱归吉水，遂定居。子刘德荣，生平未详。德荣有子七人，幼子允中（1314～1383），为元代医学教授。[见：《中国历代名医碑传集》（引解缙《文毅集·刘君允中墓志铭》）]

刘克任 清代山东宁阳县王家楼人。精通医术，知名齐鲁间，一时推为国手。子刘淑遂，亦以医显。[见：《宁阳县志》]

刘克光 字桂岩。清代福建长乐县人。初以经纪谋生，后研习岐黄，通晓医书，尤精脉理。立方不悖古，亦不泥古，所治百不失一。咸丰间（1851～1861）时疫大作，刘氏著《吐泻辨》，遍贴乡里，赖以全活者不可胜数。[见：《长乐县志》]

刘克厚 清代湖南常宁县人。性颖异，工医术，临证多奇效。著有《痘麻得心》若干卷，族弟刘石峰为之注释，梓以行世，今未见。[见：《常宁志》]

刘杏五 清代河北晋县杨家庄人。性格沉静，精通医道。凡临证，诊脉即知病源，用药多能立效，医名噪甚，有刘扁鹊之称。虽负盛名，如证遇不治，即婉言谢之。著有《女科三要》若干卷，进士杨宣骅为之作序，盛行于世，

今未见。[见：《晋县志》]

刘丽川 （1820～1855） 原名刘源，小字阿混。清代广东香山县人。由粤来沪，任洋行通事。疏财仗义，博施济众，有江湖侠义之风，旅沪同乡均敬服之。尝因失业，落魄沪江，凭借方书，为人治病，多有效验。凡贫苦无力者求医，慷慨不收诊金，下层民众皆服其义。久之，上海各帮会推之为领袖。咸丰三年（1853）八月，周立春起事。上海小刀会应之，推刘丽川为首领，攻克上海。咸丰五年（1855），清兵借法军之助，围攻上海城。刘丽川力战不敌，弃城走，遇害于虹桥。[见：《太平天国全史》]

刘时雨 清代陕西高陵县人。武庠生。精通医道，延诊者户外屦满，名重于时。以济世为怀，每出诊自备车马，必先至贫苦之家，且赠以药饵，活人不可胜计。[见：《高陵县续志》]

刘秀山 清代江苏江都县人。精医术，专擅痘科，与名医杨天池齐名。子刘昆山，传承父业。[见：《江都县续志》]

刘佐武 清代顺天府（今北京）人。精岐黄术。心存济利，凡以礼延请者，无分昼夜寒暑，即往诊治。遇贫乏之家，往往资以药饵。[见：《顺天府志》]

刘体恕 清代人。生平里居未详。撰有《大洞治瘟宝录》（又作《治瘟录》）二卷，今存咸丰八年戊午（1858）刻本。[见：《测海楼书目》、《全国中医图书联合目录》]

刘作栋 字青藜。清代湖北罗田县人。监生。笃学未遇，晚年精通医术。著有《青藜外科》若干卷，未见传世。[见：《罗田县志》]

刘作铭 字鼎扬，号意亭。清代江苏南汇县下沙镇人。邑名医钱时来婿。早年习儒，后得岳父传授，以医术知名。朱氏妇腹部隆起，众医皆诊为癥瘕。作铭曰："此孕妇也。"及月，果生一男。道光元年（1821）疫疠大作，他医多束手。作铭用香薷饮加减，投之辄效，求诊者填门，日不暇给，遂刊刻其方，广布于世，全活者甚众。著有《彭城医案》，未梓。[见：《南汇县志》]

刘作霖 字元铨。清代福建闽县人。岁贡生。少年多病，究心岐黄之学，积久有神悟，临证多佳效，人呼"刘半仙"。家道小康，不藉医为生计，远近闻名者造庐延请，皆勉力诊治。侄某患疟日久，服堂兄刘祖宪之方，半年未愈，祖宪博览医书，竟未收效。作霖自外归，诊其脉，

索方视之，谓祖宪曰："治经则尔擅其长，治医则尔不能。尔泥于方法，不能神而明之，疾所以弗瘳也。"为之重定方剂，数日霍然。刘氏临证三十余年，亦有误诊之时，痛告其孙善性曰："尔曹戒之，以盖余愆。"著有《医录》若干卷，今未见。[见《闽侯县志》]

刘伯升 元明间人。里居未详。业医，知名于时。与丁鹤年相友善，曾愈丁氏痼疾。丁氏作《谢刘伯升愈疾》诗曰："故人素擅岐黄术，今我兼承管鲍知。高义百年存古道，觉疴一旦起神医。杏林春早繁花合，橘井秋深美实垂。最爱相酬无长物，数篇清绝盛唐诗。"[见《金元医学人物》(引《鹤年诗集》)]

刘伯详 明代福建汀州人。通医道，授汀州医官。尝注释《太素脉秘诀》二卷，刊刻于世。[见《八千卷楼书目》、《贩书偶记续编》、《中国历代医家传录》]

刘伯桓 宋代崇安县(今福建崇安)人。天资淳朴。遇异人授以岐黄之术，以医问世，经治者无不痊愈。[见《福建通志》]

刘余俶 字子元。清代陕西高陵县东吴里人。人品高洁，天才超逸，少负才名，试辄冠军。因多病绝意科举，精医道，尤善诊断，预决病者生死无或爽，知名于时。子刘玥，有声庠序。[见《高陵县续志》]

刘希璧 字以赵。清代安徽建德县青山保人。幼习举业，不得志，弃儒业医。重医德，治病不计利，常以药饵赠人。县令盛某，以"满指阳春"额其门。著有医书数种，人咸珍之，惜未见流传。[见《建德县志》]

刘含芳 号芎林。清代安徽贵池县人。生平未详。于光绪二十一年(1895)辑《信天堂汇刻医书三种》，刊刻于世。[见《中医图书联合目录》]

刘应传 字薪斋。清代河南淮阳县人。精医术，以痘科冠绝一时。[见《淮阳县志》]

刘应龟 字元益。宋元间义乌县(今浙江义乌)人。宋咸淳间(1265~1274)太学生。宋亡不仕，筑室南山，自号山南隐逸，卖药以自晦。至元间(1264~1294)，部使者强起之，主教乡邑，迁杭州学正。著有《山南先生集》。[见《中国人名大辞典》]

刘应泰 明代人。里居未详。曾任鲁王府侍医。著有《鲁府秘方》四卷，刊刻于世。书前有万历二十二年甲午(1594)鲁王序。[见《四库全书总目提要》]

刘应槐 字于谦。清初江西上饶县人。明太医院院判刘文泰后裔。早年好酒任侠，后得文泰遗书，自谓："此亦济人之一术也。"乃潜心研读，悟其奥理。临证不拘泥常法，人以为深得医意。一妇既产，而腹胀如未产时。应槐诊之，曰："左右有神，必孪生也。"投以补剂，次日果再产一子；又一妇，产后腹胀，诊之无脉，欲辞去，偶见其哺儿，乃索其乳汁，尝之甘甜，曰："实证也!"以下法治之而愈。[见《上饶县志》]

刘序鹓 清代人。生平里居未详。辑有《喉科心法》一卷，经潘诚增订，易名《增补喉科心法》，刊于咸丰三年(1853)，今存鼎元堂刻本。[见《中医图书联合目录》]

刘闰芳 字仲阳。宋代饶州鄱阳郡(今江西波阳)人。隐于医。治家久疾，辄置钱席下，别时令其家人自得之，病者喜而疾已解半。刘氏子孙繁盛，世传家业。[见《医学入门·历代医学姓氏》]

刘灿奎 字炳台。清末安徽宿松县人。廪贡生。好学能文，工诗赋。晚年精岐黄术，以医济世，人多德之。尝言："医学，非沉深理学书者不能。"曾研究阴阳五行之理，以合于人身，著《医理阐微》二卷，今未见。医书外，尚撰《娱意斋文稿》、《朗垣诗存》等。兄刘秉钺，亦通医理。[见《宿松县志》]

刘沛生 字雨亭，号外秋。清代江苏仪征县人。世代精医，专擅痘科，见点即能辨生死顺逆，百无一失。尝谓："顺、逆、险，顺者勿庸治，逆者无可治，所待治者险证耳。"五子刘吉林，继承祖业。[见《重修仪征县志》]

刘完素 (约1110~?) 字守真，号河间居士，又号通玄处士、宗真子，赐号"高尚先生"。金代河间(今河北河间)人。少聪敏，博学多识，无意仕途。耽嗜医书，二十五岁刻意研究《黄帝内经》，日夜不辍，久之深探奥旨，于火热病机尤有独到见解。善治热证，临证多用凉剂，立方以降心火、益肾水为主，治病多奇验，医名震于四方，为河间学派开山。后世尊刘完素、李杲、张从正、朱震亨为金元四大家。安国军节度使程道济推重刘完素之学，曾慕名造访。刘氏自谓：年六旬，得二道士秘授，从此"日至心灵，大有开悟"。程氏称异不绝。刘完素晚年名倾朝野，金章宗(1190~1208)三聘不起，赐号"高尚先生"。著有《素问玄机原病式》一卷、《黄帝素问宣明论方》三卷、《素问病机气宜保命集》三卷、《伤寒标本心法类萃》二卷、《三消论》一卷，刊刻行世，今存。另有《保童秘要》、《内经运气要旨论》（又作《运气要旨》）、《素问药注》、《治病心印》、《灵秘十八方》等，今佚。裔孙刘芳茂、弟子穆子昭、荆山浮屠、马宗素、刘荣甫、董系等，传承其学。[见：《金史·刘完素传》、《医学入门》、《畿辅通志》、《医藏书目》、《百川书志》、《补元史艺文志》、《素问病机气宜保命集·自序》、《古今医统大全》、《四库全书总目提要》、《世善堂书目》、《万卷堂书目》、《拜经楼藏书题跋记》、《金元医学人物》、《中国历代名医碑传集》（引《金文最·素问玄机原病式·程道济序》）]

刘宏璧① 清代江西南昌县人。生平未详。著有《伤寒论注》十一卷、《杂病症方》四卷，未见刊行。[见：《南昌县志》]

刘宏璧② 字廷实。清代人。生平里居未详。通医理，曾删补周扬俊《伤寒论三注》，重刊行世，今存。还自著《删补伤寒医方歌诀》一卷、《瘟疫论集补方》一卷，存佚不明。疑二刘宏璧为同一人，待考。[见：《中医图书联合目录》、《中国医学大成总目提要》]

刘良孟 元明间人。生平里居未详。业医，知名于时。郭钰作《赠医士刘良孟》诗赞之云："移家久住大江隈，种德堂深酒满杯。秋雨一林芝草长，春风千树杏花开。虎收新谷岩前卧，龙捧奇方海上来。嗟我素髭无染法，若为携手访蓬莱。"[见：《金元医学人物》（引《静思集》）]

刘良彪 清初江苏东台县人。邑名医刘仲一子。绍承父学，亦业医。[见：《东台县志》]

刘良弼 南宋寿春（今安徽寿县）人。通医术。淳熙丙午（1186）校正叶大廉《录验方》。[见：《中国历代医家传录》]

刘启芳 字桂甸。清代广西邕宁县刘墟人。生平未详。辑有《良方汇编》四卷，今未见。[见：《邕宁县志》]

刘君佐 字顾三。清代河北新河县人。精岐黄术，断生死不爽，知名于时。[见：《新河县志》]

刘君卿 元初山东济南人。曾任后卫亲军千户。一生多病，故留意医药。在京时好搜集名医验方，久之成巨帙，遂类为十九门，编《刘氏集验方》，刊于至元三十年癸巳（1293）。同郡刘敏中与刘氏相交三十年，曾为刘氏书作序，并题诗于卷末。此书今佚。[见：《金元医学人物》（引《中庵先生刘文简公文集》）]

刘君翰 宋代人。生平里居未详。著有《伤寒式例》一卷，已佚。[见：《通志·艺文略》、《国史经籍志》]

刘纯士 佚其名（字纯士）。清代河南正阳县人。精医术，知名于时。县令雅重其学，登庐访之。兄刘斌，医名益盛。[见：《重修正阳县志》]

刘青山 清代河南渑池县人。精医术，专擅疡科。平素制药济人，不求酬谢。[见：《中州艺文录》]

刘若金 (1585～1665) 字用汝，号云密，自号蠢园遗叟。明清间湖北潜江县人。天启五年（1625）三甲第九十五名进士，授古田知县，调补浦城县令，擢南京吏部主事，转郎中，出为淮海兵备佥事。刚肠直节，好面折人过，为当事者所忌，罢归。崇祯（1628～1644）末，膺荐复起，官南通政司右参议，督抚闽广。官至刑部尚书。明亡，隐居于乡，杜门谢客，题书屋曰嘿然轩，足不出户者三十年。刘氏中年善病，以医药自辅，故兼通医学。康熙四年卒，时八十一岁。著述甚富，归隐后历三十年之力撰《本草述》三十二卷，载药六百九十一种，成书于康熙三年（1664），今存。[见：《本草述·原序》、《清史稿·艺文志》、《湖北通志》、《潜江县志》、《郑堂读书记》、《医学读书记》、《中国人名大辞典》、《明清进士题名碑录索引》]

刘茂萱 字增荣。清代河南宁陵县人。监生。善岐黄术，尤精外科，诊视针砭，日不暇接。重医德，遇贫病者食养于家，必令治愈乃去，未尝受谢。[见：《宁陵县志》]

刘英堂 清代陕西咸宁县人。精医术，知名于时。子刘成玑，继承父业。[见：《咸宁长安两县续志》]

刘雨时 明末四川新繁县人。精通医术，知名乡里。门人费密，亦为良医。[见：《新繁县志》]

刘雨亭 清代江苏仪征县人。业医，推重邑名医李德汉。德汉殁，雨亭作挽联曰："待同岑无妒忌心，实意在保全赤子；倘阖邑有疑难病，那时才追忆先生。"[见：《仪征县志》]

刘述文 明代江西安福县人。邑名医刘川子。继承父学，深悟《素问》、《难经》之理，治愈沉疴痼疾甚多。太史罗念庵赠以序。[见：《安福县志》]

刘杰元 清代广东新会县人。精通医术，有声于时。道光二年（1822）大疫，刘氏

施送丸散，全活甚众。［见：《新会县志》］

刘松元 一作刘松岩。清代山东长山县人。生平未详。著有《目科捷径》（又名《眼科大全》）三卷、《绛雪丹》（又作《绛雪丹全书》）一卷，经刘景芬增订，合刻刊行，今存光绪六年庚辰（1880）盛京同文山房刻本。［见：《中医图书联合目录》、《贩书偶记续编》］

刘松泉 明代仪真县（今江苏仪征）人。世以医名，至松泉益精。重医德，凡延请者，无分贫富，悉奔其急，不责酬报。尝行于路，遇某家孕妇未娩而死，刘氏诊之曰："可活。"一剂而苏，母子俱无恙。又，其弟啖鱼羹而噎，与人言则通，下勺水即塞。松泉命取象牙镑屑，以沸酒和饮之，立下饮食。弟亦知医，请其故，答曰："此非骨鲠，乃鱼鳞横于气门也。鳞性轻，语出则肺气外冲而开，外物入则掩而闭。象乃龙种，性能化诸骨，以热酒下之，未有不融者。"松泉尝夜遇偷儿洞壁入室，即以昼所得诊金与之，诚之曰："度此足汝生计。此何事？后勿为也！"后每日于药台见及时鲜品，如是者数年，莫知其所来。一日，见一人置新桃一笈，松泉疾趋而出，挽讯其故，即当年暮夜受金者也。松泉复诚之，馈始绝。晚年失偶，其子买婢以进，乃顾其子曰："吾今老矣，奈何误人少女？"遂置妆嫁之。寿至七十余。［见：《仪真县志》］

刘松篁 明代人。生平里居未详。著有《经验方》三卷，已佚。［见：《澹生堂书目》］

刘叔渊 号橘泉。元末吴陵（今江苏泰州）人。受医术于名医朱震亨。其子刘纯，继承父学，有名于时。［见：《医学入门》、《医经小学·序》、《四库全书总目提要》］

刘尚义 字柏山。明代山西汾州人。嘉靖十四年（1535）三甲第七名进士，以御史任朝邑尹。曾获闻人规《小儿痘疹论》抄本，遇患痘者试之辄效。此书后经丁永荣校勘，重刻于世。［见：《小儿痘疹论·刘序》］

刘尚礼 明代陕西渭南县人。邑名医刘天民子。传承家学，亦精医术。［见：《新续渭南县志》］

刘尚灿 字光裕。清代四川合州方溪口人。幼承家传，以医为业。临证问病周详，书方谨慎，不以捷速自玄，延请者不绝于门。有医德，治病不问贫富，遇急证不分昼夜立往。年七十六岁卒。子刘仁周，继承父业，亦为良医。［见：《合州县志》］

刘尚纯 清代河南渑池县洪阳人。通医术，客游大梁（今开封），以技活人，知名于时。［见：《中州艺文录》］

刘国昺 明代安徽旌德县人。得异人传授，精通医道。逢大疫，施药救济，活人无算。［见：《重修安徽通志》］

刘国符 明代江阴县（今属江苏）人。素尚侠义。医术工巧，知名于时。［见：《江阴县志》］

刘国瑛 一作刘国英。元代昆山州（今江苏昆山市玉山镇）人。居马鞍山前，建宅于街，东西相向数十间。生于世医之家，术精而业盛。无子，长婿何子云、幼婿朱通甫，得其传授，皆为良医。［见：《昆新两县续修合志》、《昆山历代医家录》］

刘国镇 清代湖南茶陵州人。监生。年甫十八，父母双亡，弃儒业医。重医德，遇贫病解囊助之。八十五岁殁。著有《医案举隅》，未梓。［见：《茶陵州志》］

刘昆山 清代江苏江都县人。邑痘科名医刘秀山子。绍承父学，亦业医。［见：《江都县续志》］

刘昌祁 清末江西南丰县人。生平未详。著有《白喉治法要言》，今存光绪二十六年（1900）南丰刘氏刻本。［见：《中医图书联合目录》］

刘昌杰 字伟望。清代江西上饶县人。夙精岐黄，名噪于时。冷水岭某氏，患咯血疾数年，诸医束手。昌杰治之，月余而愈。骆村有蔡姓者，家境贫窘，患喘疾而无力延医。昌杰赠以良方，又馈药饵，未半载而痊，乡里称奇。［见：《上饶县志》］

刘季喜 清代江苏上海县人。生平未详。为孟河名医费伯雄门生。［见：《古今名医言行录》］

刘秉南 字钧亭。清代广东人。徙居四川安县东乡。业农，家道小康。自幼习儒，兼嗜医学。尝得治痢奇方，遂自制丸药，广施病者，服者无不愈。后思一人之力难救天下病患，遂广集良方，辑《成方便览》，刊布于世，今未见。寿至八十五岁殁。［见：《安县志》］

刘秉铖 字钧台，号石樵。清末安徽宿松县人。附贡生，候选训导，以军功加六品衔。性轩爽，朗朗如玉山上行。工诗画，有王维之风。其书法尤为时所推重，结体严峻，愈大愈遒。同治、光绪间（1862～1908）邑中联额碑记多出其

手。兼通医理，著有《本草集联》二卷，未梓。弟刘灿奎，精通医术。[见：《宿松县志》]

刘秉锦 清代山东诸城县人。邑名医刘奎子。究心医道，与父终岁穷研《灵枢》、《素问》，探玄索微。佐其父撰《松峰说疫》、《濯西救急简方》等书，刊刻于世。[见：《瘟疫论类编·序》、《中国医籍考》]

刘秉德 字性斋。清代山西岳阳县（今安泽）高崖庄人。乐善好施，乡望素孚。精通医道，擅长外科，疗病施药，未尝受人分文，时称刘善人。道光间（1821～1850）举乡饮耆宾，县令匾其门曰形端表正。孙刘致中，为贡生。[见：《岳阳县志》]

刘岳云 清末江苏宝应县人。生平未详。著有《医案》及《医集论》、《西药性考》、《医问》、《医学丛话》等书，今未见。[见：《宝应县志》]

刘岱云 字澍普。清代河南渑池县人。潜心儒术，学问广博，兼通医理。著述甚富，关于医者有《四诊述要》、《奇疾辑考》等，未梓。[见：《渑池县志》]

刘金方 （1825～1888） 一作锦芳，原名台钫。字子成，号淮山儒士。清末江苏淮阴人。父早逝，随祖父习医。名重于时，与颜宝等八人有"淮扬九仙"之称。著《临证经应录》五卷，成书于咸丰九年（1859），今存抄本。[见：《中国历代医家传录》、《淮阴中医》]

刘性良 号仰松。明代浙江嘉善县人。精医术，专擅外科，授太医院吏目。其子刘览，传承父术，后为御医。[见：《嘉善县志》]

刘学云 字龙渊。元代庐陵（今江西吉水）人。儒医刘云西长子。继承父学，亦工医理。施术济世，有其父之风。李寿明患痈疽，学云以药疗之，拔毒核，去死肌，不日奏功。[见：《金元医学人物》（引《麟原后集·赠刘学云序》）]

刘学博 清代河北正定县人。精研方书，临证应手奏效，四方祈请者不绝。[见：《正定县志》]

刘泗桥 （?～1930） 近代浙江镇海县黄瓦跟村人。幼聪颖，十三岁失怙。悉心研习医学，待技艺精熟，悬壶沪上。曾任淞沪教养院义务医生、各路商联会医药顾问，并任教于国医学院。曾参加编辑《皇汉医学》，任校对事。惜殁于车祸，年仅三十余岁。[见：《中国历代医史》]

刘泽青 字渭川，号浊翁。清代安徽无为州人。早年习儒，为诸生。精医术，以妇科

知名。著有《女科指南》二卷，今未见。[见：《无为州志》]

刘泽溥 清末四川合州人。受业于同邑名医朱正立，知名乡里。[见：《合州县志》]

刘泾洛 南宋人。里居未详。精外科及针灸术，为太医院御医。乾道元年（1165），禁卫幕士盛皋骤得疾，胸膈噎塞刺痛，饮食不入，日渐瘦削。招医诊疗，皆不能辨其名状，多指为伤积，迁延二百余日不愈。后延请刘氏诊视，刘曰："是为肺痈，艾炷、汤剂，力所不及，须当使火针攻之。"遂取两针，其长径尺，尾如华表，于火上烧之。取笔点左右肩上两穴，隔以大钱，先针其左，入数寸，旁观者缩头不忍视，而皋无所觉。拔针复刺其右，即毕，皋殊自如，全不见脓血。刘乃使其倒身，从背微搋之，血液倾出如涌泉。第三日，刘复至，喜曰："毒已去尽，行即平安矣。"敷以大膏药两枚，贴于创口。临去曰："吾不复再来，三数日间便当履地，无所苦也。"果如其言。后十五年盛皋卒，疾未复作。[见：《夷坚志》]

刘宗玉 明初江西饶州府人。以医为业，知名于时。洪武三十一年（1398），太医院御医杨文德自京师归田，舟抵饶城。刘宗玉闻而谒之，杨氏为其讲解医家心法，并以所著《太素脉诀》授之。后宗玉子刘烈将此书刊刻于世。[见：《饶州府志》、《读书敏求记》]

刘宗向 字仁庵。清代安徽凤阳县人。精通医术，治病多奇效，知名于时。[见：《凤阳县志》]

刘宗原 明初扬州（今属江苏）人。精医术，知名于时。与名医殷裕、胡仲礼、丘先容相往还，四人皆一时名医，仲礼最负盛名。[见：《中医历代名医碑传集》（引罗洪先《念庵文集·故明市隐殷君墓志铭》）]

刘定国 字寀臣。清代云南黎县人。生性谦谨，多行善举。自奉俭约，一冠一履，十年不易。晚年留心医学。著有《目疾汇函》四十余万言，今未见。[见：《黎县志》]

刘定侯 字行以。清代江西新昌县新安乡人。太学生。自幼习医，精通脉理，决病者生死甚验。有富家子病，延请刘氏诊治。刘氏赴请，得见其媳，语其父曰："令郎无害，令媳神已离舍，不久当疾作矣。"其媳起居无异，父未之信。越三日，媳果暴卒，闻者皆神其技。著有《医案》一帙，家贫未梓。[见：《新昌县志》]

刘官宝 字寅工。清代江西铅山县人。自幼习儒，十七岁入郡庠，屡蹶省闱。后究心医学，精其术，活人甚众。有济世之心，遇贫病助以药资。享高寿而卒。[见:《铅山县志》]

刘承宗 字继仁，别号培橘。明代吴县（今江苏苏州）南濠人。年十五岁从祖父习医，有神悟。有祝某得奇疾，众医不能治，适其祖父他往，乃迎承宗。承宗曰:"易治耳，用某药可愈。"诸医以其年少诋之，而服之竟愈，由此声名大噪。重医德，日应四方延请，风雨不辞。嘉靖甲寅（1554）倭寇入犯，我军士兵远骑奔驰，多染疫疾，承宗以大锅煮药饮之，僵踣立起。万历（1573～1619）初，其子刘宏道举进士，世人遂不敢登门求诊，而承宗救治如初。年六十五岁卒。[见:《苏州府志》]

刘承模 字近楷。清代江苏武进县丰北乡人。潜心岐黄，博览医书，行医数十年，知名乡里。[见:《武阳志余》]

刘孟启 明代江西鄱阳县人。邑名医刘曾子。绍承家学，亦精医术。永乐间（1403～1424）荐入太医院。[见:《鄱阳县志》]

刘孟超 清代四川渠县人。精医术，知名乡里。[见:《渠县志》]

刘绍先 号秀溪。明代江西庐陵县隍北人。好读书，兼通医理。构小轩于宅旁，颜曰秀溪书屋，乡人皆以"秀溪先生"称之。著有《脉理灵通》、《周易悟解》等书，行于世，今未见。孙刘溥，为景泰五年（1454）进士。[见:《吉安县志》]

刘绍敨 清代陕西三原县人。生平未详。著有《灵兰秘要》若干卷，未见流传。[见:《三原县志》]

刘绍熙 字庶咸。清代四川合川县刘家岩人。早年就学于东川书院，师事丰都名儒徐昌绪。诵读之暇，酷嗜医学，常取《陈修园医书十六种》阅之，同门偶有患疾者，为之书方，效如桴鼓。后累试不中，遂尽弃儒学，专攻医道。辑有《公余医录》六卷，刊刻于世，今未见。[见:《合川县志》]

刘春斋 清代江苏南京人。精医术，以内科知名。曾得兵部李克斋所授接骨秘方，故亦精骨科。淮安人孟望湖，耳中闻人声，日夜不休，邀刘氏诊治。刘曰:"暴病谓之胃火，怪病谓之痰。"用滚痰丸下之而愈。周晖内人病血崩，诸医束手无策。刘氏用当归一两，荆芥一两，酒水各一钟煎服，立止。[见:《中国历代医家传录》]

（引《续金陵琐事》、《医暇卮言》）]

刘贲卿 字以成。明代河南鄢陵县人。南康知府刘巡孙。贲卿起家乙榜，初官于隶宁，因忤魏忠贤革职。崇祯元年（1628），特旨补监利知县，丁父忧，不赴。后改授博野知县。崇祯帝器重之，御书"直节劲气"以赐，后人传以为荣。以夔州知府致仕。刘氏兼通医学，著有《伤寒传经论》若干卷，已佚。[见:《鄢陵县志》]

刘荆璧 清代河南上蔡县人。附贡生。勤学擅书，晚年精医。咸、同间（1851～1874）瘟疫大作，刘氏施药救济，全活甚众。曾汇粹经验所得，著《小儿科瘟疫解》，亲友争相抄阅。未能付梓，人多惜之。[见:《上蔡县志》]

刘荣甫 金代人。生平里居未详。为名医刘完素门生。刘吉甫得其传授。[见:《心印绀珠经·序》]

刘南川 明代山东新城县人。以医术知名。门生毕荩臣，官太医院吏目。[见:《新城县志》]

刘南辉 清代人。生平里居未详。著有《伤寒卒病论分证辑注》六卷，今存抄本。[见:《中医图书联合目录》]

刘树蕃 字菊人。清代浙江仁和县人。徙居江苏吴县。生平未详。著有《樱花馆医论》二卷，未见梓行。[见:《吴县志》]

刘厚山 清代湖北沔阳州周长府人。性颖悟，精医术。能以脉象决人生死，治吐血证尤多神效，时人呼为活仙。兼通奇门遁甲之术，慎秘不轻言。著有《痰火心法》若干卷，未见流传。[见:《沔阳州志》]

刘省三 佚其名（字省三）。清代山东阳信县人。邑名医刘兆晰曾孙。绍承家学，以医为业，亦知名。[见:《阳信县志》]

刘显儒 号健斋。清代四川大竹县人。邑增生。志行修洁，足不履城市。性好读书，年七十余，手不释卷。兼通术数、地理、医药诸学。年八十一岁卒。著有《医方辑要》等书，藏于家。[见:《大竹县志》]

刘星元 （1907～1986）现代河北迁安县人。中医主任医师。曾任甘肃省民盟委员会委员、政协委员、省中医学会副会长、天水市中医学会名誉会长。青年时期从北京范更生先生习医，1942年通过北京考试院考核，获中医师职称。后在兰州开业行医，参与组建兰山中医学校、上池国医研究社，对早期中医教育及研究作出较大贡献。1951年被聘为全国卫生科学研究会中医专门委员会委员，1955 年任兰州大学医学院祖国医学教研室主任，兼附属医院中医科主任。著有《中国药物学》、《中医理论浅说》、《祖国医学通论》、《刘星元临证集》、《中医治疗手册》等书，并先后发表学术论文数十篇。［见：《中医年鉴》(1987)］

刘星源 清代江苏仪征县人。邑名医刘敞孙。继承家学，亦精医业。［见：《仪征县志》］

刘思齐 清代江苏东台县人。工医术，治病有奇效，不计财利。［见：《东台县志》］

刘思敬 号碧幢山隐，又号觉岸先生。清代人。生平里居未详。康熙间 (1662～1722) 著《彻滕八编》二卷，今存汤溪范氏栖芬室藏本。本书内容包括敬身格言、四大为身论、头面脏腑形色观、诊候微商、奇经八脉、五运六气标本说、考证、取鉴八个部分，为综合性医书。［见：《中医图书联合目录》］

刘思道 字直甫。宋元间衡阳（今湖南衡阳）丞西高原人。儿科名医刘祀五世孙。深得家学，治病多效，著名于时。门人曾世荣，尽得其传，为元初儿科名家。［见：《活幼心书·曾世荣序》］

刘贵昺 字斗南。明代安徽旌德县十二都人。资性明敏，得异人传授，精岐黄之术。遵古方而不拘泥，临证每自出新意，每获奇效。崇祯六年 (1633) 旌德大疫，刘氏施药疗病，施粥赈饥，世人感德。［见：《旌德县志》、《宁国府志》］

刘钟俊 清代河北大城县人。生平未详。著有《针灸摘要图考》一卷，今未见。［见：《大城县志》］

刘钟衡 字时育。清代湖南湘乡县人。生平未详。著有《中西汇参铜人图说》，刊于光绪己亥 (1899)，今存。［见：《中医图书联合目录》］

刘钧美 号阆耕。明初浙江钱塘县人。居北郭甘泉里。以医知名。洪武间 (1368～1398)，以闾右实京师，徙居南京织锦坊，仍以医问世。喜售善药，货不二价，四方求医购药者甚众。每晨起应诊，必先诊丐者，而后次第诊视。人问其故，曰："勿使丐者自谦己不来也。"晚年医术益精，活人益多。谢缙、杨士奇俱赋诗称之。年九十岁卒。著有《拔萃类方》四十卷、《刘氏庆源录》三卷，均散佚。子刘用元，传承父业。［见：《钱塘县志》］

刘选钱 字成一。清代江西瑞昌县下南乡人。少聪慧，未冠游庠。后屡试不中，年三十弃举业，自谓"医能济世"，乃究心轩岐之道。疗疾有奇效，未尝责报，遇穷困辄施送药饵，赖以全活者甚众。辑有《医方前编》、《医方续编》各数卷，因兵乱散佚。［见：《瑞昌县志》、《九江府志》］

刘复升 明初江西吉水县（今河北河间）人。河间名医刘完素后裔，元末医学教授刘允中 (1314～1383) 三子。与异母兄方升，胞兄文升，弟日升，皆传承家学。［见：《中国历代名医碑传集》（引解缙《文毅集·刘君允中墓志铭》）］

刘复先 清代四川安县人。精岐黄术，曾任安县医学。［见：《安县志》］

刘复初 清代江苏上海县长桥人。精医术，擅长痘科。凡以病延请，徒步出诊，虽酷暑不辞，且不计诊酬。［见：《上海县续志》］

刘复性 清代河南巩县人。通医术，善治痘疹，尤精儿科，知名于时。［见：《巩县志》］

刘香亭 字馨甫。清代山东阳信县人。邑名医刘文焕子。少习举业，为岁贡生。传承父业，亦以医术名世。［见：《阳信县志》］

刘禹锡 (772～842) 字梦得。唐代中山无极（今河北无极）人。殿中侍御史刘锽子。贞元九年 (793) 举进士，又中博学宏辞科，授监察御史。以附王叔文，贬朗州司马，作《竹枝词》十余首，武陵夷俚悉歌之。久之召还，又以作《玄都观诗》，语涉讥忿，出为播州刺史。后由和州刺史人为主客郎中，集贤直学士。晚年迁太子宾客，官至检校礼部尚书。刘禹锡平生不得志，以文章自适。素善诗，晚年尤精，风格通俗流利，多感伤愤时之作，白居易推之为"诗豪"。兼通医理，曾采集经验良方，辑《传信方》二卷，成书于宪宗元和十三年 (818)，今存。此外，《刘禹锡集》中还载有《答道州薛郎中论方书书》、《鉴药》、《述病》等医论文章。［见：《旧唐书·刘禹锡传》、《新唐书·艺文志》、《中州古代医家评传》］

刘信甫 号桃溪居士。南宋桃溪（今福建龙岩）人。自幼习儒，屡摈科场，弃而习医。及长，挟技游于四方，活人甚众。凡治疗取效之方，及所得秘方，皆随手抄录，久之辑《活人事证方》二十卷。嘉定丙子 (1216)，叶麟之为此书作序，刊刻于世。刘氏还撰《活人事证方后集》、

《新编类要图注本草》等书，皆流传于世。[见：《中国医籍考》、《四部总录医药编》、《中医大辞典》]

刘俊丞 清代人。生平里居未详。为武进孟河名医巢峻门生。[见：《中国历代医史》]

刘彦实 元代怀远县（今安徽怀远）人。为五代世医。仰慕董奉、壶公之为人，悬壶于市。[见：《金元医学人物》]

刘恒久 清代宁夏府（今宁夏贺兰）人。精医术，知名于时。用药有法度，虽遇疑难杂症，不过三剂即愈。擅诊脉，能立断生死。当时医者应邀出诊，必先问病家："刘先生诊否？"可见声名之盛。[见：《朔方道志》]

刘恒龙 字兰亭。清代浙江钱塘县人。幼娴医术，用药峻猛效捷，人称火药刘。挟技游桐乡县，居濮院镇五十余年，遂定居。年七十岁，无疾而逝。[见：《桐乡县志》]

刘恒瑞 字丙生，又字吉人。清末江苏镇江人。以医名世。曾总结临证三十余年经验，撰《察舌辨证新法》，以教授门生。宣统二年（1910），镇江袁焯、杨燧熙、叶子实等创办《医学扶轮报》，以昌明医学。刘氏十年前即有此志，不觉鼓舞附骥。因来稿不多，遂将《察舌辨证新法》连载于该报（后收入《中国医学大成》）。另著有《伏邪新书》一卷、《外科学讲义》一卷、《经历杂论》一卷，皆刊于世。又辑校《丹溪脉诀指掌》一卷，亦梓行。[见：《中国医学大成总目提要》、《察舌辨证新法·自序》、《中国历代医史》、《中国丛书综录》、《中医图书联合目录》]

刘闻一 清代河南南乐县人。骨科名医顾言门生。传承师学，亦工医术。著有《正骨秘法》若干卷，未见流传。[见：《南乐县志》]

刘炳炀 清代江西萍乡县人。邑名医张振文门生。得师真传，亦以医术著称。[见：《昭萍志略》]

刘举京 字海珊。清代安徽太湖县人。精医术，有名于时。[见：《太湖县志》]

刘洪潮 字汇川。清末江西萍乡县人。岁贡生。除有关文教之事，概不与闻。光绪三十四年（1908），赴部注册，授江西袁州府经历，以年老力衰，不作出山之想，浩然归里。素精医术，曾设医学于南台学校。年八十岁卒。著有《医学撷华》一卷，未见梓行。[见：《昭萍志略》]

刘济川① 字瀛舫。清代湖南新化县人。其父刘奎娄，邃于经术。刘济川幼读诸经，皆父口授。后从同里苏士瑛（字铁卿）游，

未冠即补弟子员。后屡试不得志，绝意进取，读《养生论》、《黄帝内经》诸书以自娱。著有《医鉴》六卷，今未见。[见：《新化县志》]

刘济川② 清代天津人。生平未详。著有《外科心法真验指掌》一卷，今存光绪十三年（1887）天津全顺堂刘氏自刻本。[见：《中医图书联合目录》]

刘济川③ （1883～1947）近代江苏无锡县人。祖居城北礼社。童年入塾读书，因家境清寒，十四岁至苏州张祥丰蜜饯作坊为徒。该店有名师数人，皆膂力过人，精拳棒，擅治跌打损伤。刘氏得诸师传授，亦通武学，兼通伤科。后苏州伤科名医楚秀峰寓居无锡，悬壶问世，医声四传。刘氏遂入楚氏门下，与诸师兄切磋经络腧穴，练习续骨要法，又研读《针灸大成》、《医宗金鉴·正骨心法要旨》诸书，历十八载技成返乡。嗣后，悬壶于无锡高济春药号。临证汤剂、外敷、手法兼施，功力深粹，手法纯熟，名噪于时。年六十五岁，患中风症殁。长子早卒。次子刘秉夫，继承父业。[见：《吴中名医录》（引《无锡近代医家传稿》)]

刘济民 （1893～1966）又名纯仁。现代山西原平县人。世代业医，以外科著称。刘济民幼承庭训学医，年甫二十，即随父侍诊。1923年，为求深造，就读于山西省国医传习所，两年后毕业，仍回乡行医。1948年徙居内蒙古呼和浩特市，继续设诊。中华人民共和国成立后，加入呼市大西街联合诊疗所。1956年后，任呼市医院中医科主任、市中医研究所副所长、市政协委员，并连任第三、四、五届市人民代表大会代表。著有《刘济民医案》，1964年刊行。[见：《著名中医学家的学术经验》]

刘济翁 字爱山。宋元间庐陵（今江西吉水）人。精医术，善词章，为王公贵人座上宾。其诗师法杜甫，兼采各家，声情并茂，不事雕凿。[见：《金元医学人物》]

刘祖寿 字惟春，号介眉。清代湖南湘潭县人。名医周贻观门生。道光十年（1830）校订其师《秘珍济阴》。[见：《女科书录要》]

刘起运 字泰来。清代人。生平里居未详。著有《济阴全生集》，今浙江医科大学图书馆藏有抄本。[见：《中医图书联合目录》]

刘原政 清代河南封丘县人。工医术，曾任本县医学训科。[见：《封丘县志》]

刘振图 字圣则。清代江苏丰县人。邑名医刘乙铨次子。幼年习儒，入郡庠。后励

志于医学，远近延致，全活其众。[见：《丰县志》]

刘晓山 清代人。生平里居未详。通医术，著有《刘氏医案》，今存光绪间（1875～1908）抄本。[见：《中医图书联合目录》]

刘铉丹 清代顺天府（今北京）人。居宣武门大街路东。生平未详。通医药，所制山楂丸盛行于世。[见：《新增都门记略》]

刘特生 明代江西瑞昌县人。文学士，性嗜医，知名乡里。治病尚补法，立方不离参、芪、姜、桂。尝曰："病无不从虚入者。"年弱冠即笃信佛教，四五十年精勤如一日。晚年得微疾，沐浴更衣，向西膜拜，趺坐诵佛而逝。[见：《九江府志》、《瑞昌县志》]

刘豹子 宋代楚人。生平里居未详。著有《刘豹子眼论》一卷，已佚。[见：《宋史·艺文志》、《通志·艺文略》、《崇文总目辑释》]

刘逢吉 清代四川新都县人。博学多闻，通经史，尤擅长书法。晚岁工医，以术济世。[见：《重修新都县志》]

刘逢源 字近淞。清代江苏武进县人。因亲老多病而习医，精通其术。乾隆间（1736～1795）武进大疫，刘氏出术疗济，全活颇多。[见：《武阳志余》]

刘资深 宋元间浙江永嘉县人。祖传世医，与同邑戴焴齐名。元初郡中大疫，郡守以肩舆迎之，投剂皆愈。[见：《永嘉县志》、《温州府志》]

刘涓子 晋末京口（今江苏镇江）人。为宋营浦县侯刘遵考之父。曾任彭城内史。据传，刘涓子射猎于丹阳郊外，得《痈疽方》一帙，药一曰。后从宋武帝刘裕北征，有被金疮者，以药涂之，随手而愈。遂演为十卷，名之曰《鬼遗方》。其后，南齐龚庆宣，自称得此书于涓子之孙刘道庆，并重加编次，刊刻于永元元年（499），今存。[见：《宋书·营浦侯遵考传》、《鬼遗方·序》、《历代名医蒙求》、《太平御览》、《崇文总目辑释》、《古今医统》、《读书敏求记》]

刘浴德 字子新，号肖斋，又号壶隐子。明代淮阴（今属江苏）人。曾任太医院太医。洞庭叶氏欲自毙，吞针十余根，悔之，造刘问方。刘氏教之曰："以栎炭末三钱，用井水调服可下。如未下，可再服之。"或曰："愚言欲饵磁石。"刘曰："不可，宜取磁石两大块，置肛门外，或庶几焉。"如法治之，针果出。著有《壶隐子应

手录》一卷、《壶隐子医谭一得》一卷、《脉诀正伪》一卷、《脉赋训解》一卷。又与朱练订正宋骆龙吉《内经拾遗方论》，并刊于世。[见：《中医图书联合目录》、《中国丛书综录》、《续金陵琐事》、《本草纲目拾遗》]

刘润甫 元代和林（今内蒙古和林格尔）人。以医为业，知名于时。[见：《金元医学人物》（引《和林金石录》）]

刘润堂 清代河北沧县人。诸生。业医，善针法。著有《三才解》六册。前五册言针法，驳《针灸大全》之论，独辟新说。第六册言砭法，按穴以小石擦磨，左旋若干遍，嘘气几口者为泄；右旋若干遍，吸气几口者为补，用之均有奇效。其书未见传世。[见：《沧县志》]

刘祥庆 清代四川三台县人。以医为业。善养生，九十三岁卒。[见：《三台县志》]

刘难经 佚其姓名。宋代东都（今河南开封）人。精医理，"诊疾察脉，无隐不知"。肘后有二药橐，装药末数品，每视病毕，取药末合和加减，分为剂料，令服若干次，皆效。一人服药未尽其数，病未愈。他日再诊，斥之曰："此服不如数耳！所余当有几。"闻者服其神术。享高寿而终。刘氏对《黄帝八十一难经》多有研究，病前代注释《难经》者多失其旨，乃自为诠解，撰《难经注》一帙，献于朝廷，今散佚不传。[见：《中国历代医家传录》（引《王氏谈薮》）]

刘继芳 字养元。明代安徽芜湖县人。祖籍盱眙县，久寓于芜，遂定居。早年殚心儒学，后得良师传授，精通医学，尤擅外科。四方造请者屡常满，有求辄应，虽疑难异症，随手奏效。著有《发挥十二动脉图解》、《怪症表里因》（又作《怪症表里集》）等书，已佚。长子刘翱鲤，考授太医院吏目。季子刘翊鲤，授医官。[见：《芜湖县志》、《太平府志》、《重修安徽通志》]

刘继皇 清代湖南安化县横溪人。性廉直，喜读书，尤精医术。有医德，遇贫病施药不吝。年九十五岁卒。[见：《安化县志》]

刘继盛 清代甘州（今甘肃张掖）人。精岐黄术，知名于时。继陈光裕之后，接任医学正科。卒后，入祀当地医祖宫。[见：《甘州府志》]

刘继德 清代河北沧县人。通医理。辑有《医案》若干卷，藏于家。孙刘瑞，深得青囊之秘。[见：《沧县志》]

刘教授 佚其姓名。金元间人。生平里居未详。通医理，曾任保定医学教授。王恽作

《题保定医学刘教授庆八十诗卷》云："八秩光阴积庆多，笑看金秋手摩挲。前知来事疑思邈，集验儒门似子和。药笼功名闲等第，醉乡风月饱经过。溪川如画郎山秀，好有春风十二窠。"［见：《金元医学人物》（引《秋涧先生大全文集》）］

刘培裕 清代山东人。生平里居未详。著有《孝慈真诀》若干卷，未见流传。［见：《山东通志》］

刘梦松 字崐石。明末山东阳信县人。进士刘一孝子。性冲淡，平易近人。早年从济南名医尹林庵学，尽得师传，沉疴痼疾，应手奏效。曾任德府良医正，抚军、辖臬皆礼敬之。子刘新国，为陕西镇安县令，兼精医理。孙刘澜，善承家学，全活甚众。［见：《阳信县志》、《济南府志》］

刘梦金 字雽来（一作敷来）。清代江苏上海县人。祖父刘道深，得名医李中梓传授，知名于时。父刘贞吉，为康熙二十九年（1690）举人，亦能医。刘梦金生性率直，崇尚气节。早年习举业，善诗文，以明经终。兼工书法，善弈，尤精医理。子刘应璧，乾隆十八年（1753）举人。门生王敬义，传承其术。［见：《上海县志》］

刘梦飙 字炎瑞。清代江苏丹徒县人。诸生。少负经济之才，尝献策于军府，不得志，归隐于医。精究医学四十余年，著《脉理晰疑》十卷，藏于家。［见：《续丹徒县志》］

刘辅秦 清代安徽无为州人。太学生。屡试不售，弃儒就医，于古今医书无所不读。著有《脉理大全》（一作"刘辅清撰"）若干卷，今未见。［见：《庐州府志》］

刘常彦 一作刘长彦。字凛斋。清代湖北麻城县人。生平未详。著有《医学全书》九卷，今存光绪五年（1879）述古堂刊本。［见：《麻城县志前编·艺文志》、《中医图书联合目录》］

刘常棐 清代山西太平县人。早年习儒，曾任训导。其子刘嘉会，为嘉庆二十二年（1817）二甲第二十三名进士。刘常棐以子贵，封文林郎象山知县。著有《济阴宝筏》十六卷，刊刻于嘉庆十七年（1812），今存原刻本。［见：《中医图书联合目录》、《太平县志·艺文、封赠》、《明清进士题名碑录索引》］

刘崐珊 清代江苏江都县人。郡增生。自幼习儒、兼精医术，以痘科著称，医名稍亚于同邑杨和。［见：《江都县续志》］

刘崇浚 字禹川。清代浙江泰顺县杨山人。诸生。沉潜简默，敏悟绝伦。通星卜、音律诸术，尤精医理，知名于时。晚岁学琴于林鄂，自娱以终。［见：《分疆录》］

刘铭彝 清代山东长清县人。廪贡生。著有《症治便览》若干卷，今未见。［见：《长清县志》］

刘康侯 字安国。清代江苏丰县人。太学生。品行端方。精医术，以痘科见长。求治者车马盈门，诊视不分贫富，以先后为序。［见：《丰县志》］

刘康锦 清代人。生平里居未详。著有《济急良方》六卷，今存嘉庆二十一年（1816）五柳堂刊本。［见：《中医图书联合目录》］

刘章甫 字峨峰，号望衡居士。清代湖南长沙人。以医为业，兼嗜绘画，知名于时。［见：《中国历代医家传录》］

刘章宜 清代江苏江浦县人。生平未详。著有《保生书》若干卷，今未见。［见：《江浦埤乘·艺文上》］

刘翊鲤 明代安徽芜湖县人。邑名医刘继芳幼子。继承家学，亦业医，曾授医官。［见：《芜湖县志》］

刘望仪 清代江西安义县人。本邑幼科名医刘道景子。继承父学，亦业医。子刘至元，传承家业。［见：《安义县志》］

刘惟一 清代江苏仪征县人。邑名医吴大贞外孙。幼从外祖居，及长，亦以医闻世。［见：《仪征县续志》］

刘惟寅 清代江苏海门厅人。生平未详。著有《证治纂要》十三卷、《药品》三卷，今未见。［见：《续海门厅图志》］

刘清华 号澹如。清代江西安义县人。候选中书科中书。以儒入医，博览方书，所治多奇效。著有《我愧草》若干卷，未见梓行。［见：《南康府志》］

刘清曲 清代河南正阳县人，世居土扶桥。家道殷富，少时游惰，其父恶而逐之。后悔过，独号泣于大树下，遇异人授以《素问》、《灵枢》诸医书，归而习之，能剖析其秘，遂为良医。著有《方论》若干卷，今未见。［见：《正阳县志》］

刘清海 唐代人。生平里居未详。著有《五脏类合赋》五卷，已佚。［见：《新唐书·艺文志》、《宋史·艺文志》、《崇文总目辑释》、《国史经籍志》］

刘鸿恩 （1821～1887）字位卿，号春舫。清代河南尉氏县人。道光二十六年

(1846) 进士，官陕西凤邠道，署按察使。同治三年（1864）辞官返里。因善病而博览医书，与受业诸生论文之暇，即讨论医学。求诊乞方者日盈其门，遂举平生所得，于光绪六年（1880）著《医门八法》四卷，门人徐春元刊刻行世。此书今存尉氏县卫生局重印本。[见：《河南通志》、《中州古代医家评传》]

刘淑随

字贞九。清代山东宁阳县王家楼人。邑名医刘克任子。自幼颖悟，读书寓目不忘，为文独抒心得。弱冠补诸生，屡荐省闱不第。后尽弃举业，留心医术，能传父学。上自《尚书·洪范》、《素问》、《灵枢》、《伤寒》，下至后世诸医书，无不穷其主旨。治病用古方而能变通，应手奏效，世以为卢、扁再生。年六十余卒。著有《医原》、《医律》、《医宗》、《医方》、《本草》、《医案》各若干卷，藏于家。[见：《宁阳县志》]

刘浞武

字绍庭，晚号颐叟。近代甘肃皋兰县人。宣统间（1909～1911）以优贡朝考，授七品京官。民国初归乡，因贫困，宦游青海、新疆等地。晚年隐于乡，以诗酒自娱。兼通医术，著有《刘氏医畴》，今未见。[见：《皋兰县志》]

刘渊然

赐号高道，又号长春真人。明初江西赣县人。自幼为祥符宫道士。洪武二十六年（1393），太祖闻其名，召至，赐号"高道"，馆于朝天宫。永乐间（1403～1424）复进京。仁宗时赐号"长春真人"，授二品印诰。宣德七年（1432）乞归朝天宫。年八十二岁卒。刘渊然兼通医理，著有《济急仙方》一卷，今存。门生邵以正，亦通道业。[见：《明史·刘渊然传》、《中国医籍考》]

刘维行

元代庐陵（今江西吉水）人。世代习儒，兼精医术，以儿科著称，四方就诊者甚众。其叔父刘日新，医术尤精。[见：《金元医学人物》]

刘维经

字建常。清代河南项城县人。世业岐黄，专擅痘科，临证多奇效。遵祖训济人，不市药，不索酬，乡里德之。有少年乘马过村外，维经望之曰："此人未出天花，后将有患。"命人燃鞭炮于马前，马惊，少年坠地。维经告以实情，引至家，夜间令睡卧马兰草上。三日后少年疹痘全出，调治十余日而愈，闻者称奇，皆以刘神仙称之。[见：《项城县志》]

刘维祥

字麟仪。明代吴县（今江苏苏州）人。庠生。精医术，擅长幼科。识见卓越，

投剂辄效，保婴甚众。嗣子刘嘉孙，医名亦盛。[见：《吴县志》]

刘维新

字焕然。清代河南淮阳县人。祖、父皆以医术知名。刘维新善承家学，精通针灸及儿科，尤善治疯癫症。重医德，治病不择贫富，不受谢仪。[见：《淮阳县志》]

刘琼玉

字润芳。明代江西鄱阳县人。体貌修硕，涉猎书史，能诗，隐于医。其术多奇，往往起人于濒死，且不求酬报。著有《清华集》（非医书）。[见：《鄱阳县志》]

刘敬时

（1830～1926）　近代广东番禺县人。祖籍安徽桐城。年弱冠，得伯父刘山泉之传，精通医术。先后治愈大臣杨书之痰火症、两广总督岑春煊之斑症，荐入京师，任太医院御医。宣统间（1909～1911）告老还乡，设医馆于小北太平横街，慕名求诊者户限为穿。年逾八十，不复应诊，潜心著述。撰有《痘科秘要》、《斑麻痘疹大全》、《藜映氏医案》，存佚不明。子刘福谦，继承家学，亦为当地名医。[见：《广州文史资料·第二十六辑》、《岭南医征略》]

刘森然

佚其名（字森然）。清末江西新昌县天宝乡人。性纯朴，重然诺。曾遇名师，授以引种牛痘法，遂成刀圭妙手，独冠一时。先是，时医多用人痘吹苗法治痘，险而功费，往往十失四五。刘氏恻然，出其技，与人点种牛痘，全活婴儿不下数千。往来于豪门数十年，士大夫无不以礼致之。辑有《引种方书》，大枢密陈孚恩、方伯徐思庄、少宰胡家玉为之作序。[见：《新昌县志》]

刘惠民

（1900～1977）　又名诚思。现代山东沂水县人。自幼嗜于医学，曾师事当地名医李步鳌，得其传授。青年时，任职于奉天（今沈阳）立达中医院，深受名医张锡纯影响。后考入上海中医专门学校，毕业后返归故里，以医为业。抗日战争及解放战争时期，先后担任鲁中八路军第二支队医务主任、山东大药房副经理、山东省人民政府卫生总局临沂卫生合作社社长、山东省沂水县参议员等职。中华人民共和国成立后，应邀为毛泽东、周恩来等国家领导诊病，颇受好评。1959年加入中国共产党。先后担任山东中医学院院长、山东中医研究所所长、山东省立中医医院院长、山东省卫生厅副厅长、山东省科委中医组组长、山东中医学会理事长等职，并当选山东省第三届人民代表大会代表，全国人民代表大会第二、三届代表。刘氏从事中医临床近六十年，擅长内、妇、小儿诸科，经验丰富，疗效

显著，为现代著名中医学家。著有《刘惠民医案》等书，刊行于世。[见：《中医年鉴》(1983)、《著名中医学家的学术经验》]

刘惠芳 (1785~?) 清代广东番禺县仙岭人。生于世医之家。嘉庆十四年（1809），年二十五岁，其母李氏因痛女殇得狂疾，延医罔效，后为惠芳自医而愈。嗣后，以医问世，临证多效验。重医德，遇贫病施以药饵，不受酬谢。[见：《番禺县志》、《岭南医征略》]

刘惠卿 南宋安福县（今江西安福）人。以善医著称。杨万里推重其术，赋诗赠之，有"活却千人药一囊，阴功吹作满城香"之句。[见：《吉安府志》]

刘雅岚 (1893~1961) 现代天津武清县人。少年时学徒于北京同仁堂药店，钻研中药配制，并向师兄学习诊脉、处方诸法，医药俱精。1927年，由同仁堂乐氏出资，创建北京乐寿堂（今乐仁堂）药店。此后，又建分店于天津、保定、石家庄、郑州、开封、太原等地，并设医馆于家，为患者诊病，以擅治温病知名。晚年著《温病条辨心得》，未竟而殁。次子刘文巨，为中国中医研究院中药研究所研究员。三子刘维，任北京中日友好医院中医骨伤科主任。[见：《刘雅岚生平》(刘文巨稿)]

刘紫谷 明清间浙江杭州人。早年与叶其辉等从刘默学医。顺治丙申（1656），师徒以医理相问答，录以成帙，名曰《青瑶疑问》，后易名《证治百问》，刊刻于世。[见：《苏州府志》、《证治百问·序》]

刘紫贵 字世采。清代江西吉水县人。贡生。精医术，遇贫病无力购药者，时解囊代购，不求偿还，亦无自德之色。[见：《吉水县志》]

刘景太 字际昌。清代河南淮阳县人。业医，治病历著奇效，知名于时。子刘化文，传承父业。[见：《淮阳县志》]

刘景先 后赵人。生平里居未详。为道士。著有《神仙养生秘术》一卷，今存道藏本。[见：《道藏》、《中国丛书综录》]

刘景泽 清代四川合川县人。世居城北外登云街。邑名医刘肇鹏次子。与兄刘景霈、弟刘景潭，皆继承父业，各树一帜。治病不择贫富，延请者踵相接。[见：《合川县志》]

刘景章 字文轩。清代河南正阳县寒冻店人。其先祖得异传，精眼科术。景章继承家学，亦以眼科知名，拨翳如神。重医德，遇贫

病不计药资，富贵者听其自便。子孙世承先业。[见：《重修正阳县志》]

刘景裕 宋代人。生平里居未详。著有《小儿药证》一卷，已佚。其部分内容散见于《医方类聚》。[见：《崇文总目辑释》、《宋史·艺文志》]

刘景潭 清代四川合川县人。世居城北登云街。邑名医刘肇鹏三子。与兄刘景霈、刘景泽，皆继承父业，各树一帜。治疾不分贫富，延请者甚众。[见：《合川县志》]

刘景霈 清代四川合川县人。世居登云街。邑名医刘肇鹏长子。继承父业，亦以医名。治病不择贫富，延请者日不绝踵，足迹遍于江北、巴县、泸州等地。弟刘景泽、刘景谭，皆精医业。[见：《合川县志》]

刘舜臣① 南宋人。里居未详。绍熙五年（1194）任鄱阳郡医官，医技甚高。鄱阳士人汪某妻喻氏，初秋感疾，伏枕两旬，更数医治疗无效。后遣仆延请刘氏，至则天已将暮，喻氏病状危笃。刘投以二药，及旦，洒然而苏，信宿而愈。[见：《中国历代医家传录》(引《夷坚志》)]

刘舜臣② 元代人。生平里居未详。曾任太医院太医。与翰林学士刘敏中相友善。[见：《金元医学人物》(引《中庵集·与刘太医舜臣》)]

刘善性 清代福建闽县人。儒医刘作霖孙。继承家学，亦工医术。某年夏月，其祖父冒暑过朱厝乡，有乡人延诊，未及细诊，定为暑症，书白虎汤付之。及归家，善性来问安，祖父问："最近出诊否？"对曰："昨往朱家诊一人，脉似洪大，按之虚，微寒证也。"祖父大惊，知适才误诊，急遣人告朱家曰："顷所定方剂勿服！"朱家曰："已服矣。"是夜其人死。祖父痛告善性曰："吾临证三十年，未有错误。今稍不慎，竟至杀人，悔之不及！尔曹尚其戒之，以盖余愆。"[见：《闽侯县志》]

刘道中 南宋汴梁（今河南开封）人。精医术，知名于世。西湖兴教寺某僧，年方四十余，得头软疾，扶之则仰，按之则俯，股足无力，困顿逾月。先后易二十医，皆诊为中风，而投药不效。后延请刘道中诊视。刘氏询僧曰："师须记得，缘何得此疾？"僧曰："去岁夏间以伤暑吐泻，服来复丹，两服而愈。思药力之妙，遂日服百粒，防疾再发，百日不辍。"刘曰："来复丹于劫病诚有功，在法只宜两服，盖其品剂有焰硝，

若积之五脏，硝毒发作，能令人骨软，师正坐此耳。"于是先服药清其硝毒，后进调气丸、嘉禾散、建中汤诸药，一月而复故。[见：《中国历代医家传录》（引《夷坚志》）]

刘道芝

清末四川合州人。业医，知名于时。门生蒋鸿模，得其传授，声名益噪。[见：《合川县志》]

刘道深

（1622～1694）一作刘道源，字公原，晚号鸥翁。明清间江苏上海县南汇人。宿儒刘抚治子。自幼习儒，值明亡，尽弃举业，从表兄李中梓习医。力学二载，尽得其术。及中梓殁，世人以道深为其高足，争来就诊，医名渐起。康熙三年（1664）疫疾大作，道深昼夜疗治，活人不可胜计，声誉益盛。大学士王掞视学两浙，夫人久病，更数十医不效。慕名延请道深，诊之曰："病深矣，药不百剂，疢疾不去。"依言服药而瘳。性慈善，人有危疾如在己身，凡求诊者，不分贵贱皆应，遇贫困之家辄资助之。有客商病于槜李镇，资财耗尽，匍匐求治。道深恻然，舍之于萧寺，时一往诊，供以饮食药饵，两月疾愈。复计其道里，赠路费使归。晚年医名益广，驰驱江浙间无暖席。尝赋诗自况，有"黄花篱下迎人笑，老去求闲不自由"之句。年七十三岁患疾，尚有病者叩门，子刘贞吉以父病谢绝，道深每呵止之。弥留之际，尚为友人诊脉，令门生代为书方。及友人辞别，就枕而殁。著有《症脉合参》、《伤寒探微》、《医案心印》等书，均散佚。子刘贞吉，为康熙二十九年（1690）举人，亦通医理。孙刘梦金，书法、医学俱精。[见：《上海县志》、《江南通志》、《中国历代名医碑传集》（引张云章《朴村文集·鸥翁刘君墓志铭》）]

刘道景

号仰山。清代江西安义县人。精通幼科，时称圣手。靖安县舒某，三岁幼儿患病，症极危殆，慕名延请。道景至稍迟，儿已入殓，趋视之曰："可救！"旁观皆掩口。主人泣请治法。道景曰："此热闭之极，正气将绝未绝，然治不得法则速其死耳。"急取铜镜覆于脐，少顷换下，镜热炙手，如是数易，微有喘息。先后递换十余次，渐作呱啼，继投以汤药而愈。临证奇效类此者甚多，一时有神仙之称。著有《幼科精华》行世，今未见。子刘望仪，孙刘至元，皆传承家业。[见：《安义县志》]

刘遂时

（1554～1614）字汝振，号行可，晚号乐休山人。明代浙江绍兴县人。监生。博综经史，累试不售。以余力治医学，知名于时，然非其所好。后选授庆阳卫经历，受知于

藩伯李维桢。晚年倦游返里。年六十一岁卒。著有《医方考义》、《可也堂诗稿》等，藏于家。[见：《绍兴府志资料》]

刘曾庆

字敬余。清代江苏崇明县人。精通医道，以术济人，知名于时。[见：《崇明县志》]

刘敦寓

字公硕。清代河北永年县人。国子生。素性淳谨，雅善岐黄，治疾不计酬报，远近全活甚众。雍正十一年（1733），巡视畿南御史评公图患膈疾，危甚，延请刘氏诊治，一药而愈，赠以"品端金玉"匾额。著有《胎产须知》、《救急良方》等书，行于世，今未见。子刘文玑，邑廪生。[见：《广平府志》、《永年县志》]

刘湛清

清代河北东安县（今廊坊）张家务人。邑名医刘勤子。传承父术，亦以医名。[见：《安次县志》]

刘温舒

北宋人。里居未详。元符间（1098～1100）任朝散郎太医学司业。刘氏对《素问》多有研究，认为《素问》运气学说乃治病之要，而原书答问纷繁，读者难知，遂于元符二年（1099）撰《素问入式运气论奥》三卷，刊刻于世。该书卷末附刻《素问遗篇》一卷，内容为《素问》久佚之《刺法论》、《本病论》二篇，据北宋林亿等考证，乃后世伪托之作。[见：《宋史·艺文志》、《四库全书总目提要》、《廉石居藏书记》、《中医图书联合目录》]

刘富年

清末人。生平里居未详。曾任太医院候补医士。[见：《太医院志·同寅录》]

刘裕铎

清代人。里居未详。与吴谦同为太医院御医。乾隆四年（1739）敕编《医宗金鉴》，二人皆任总修官。乾隆七年（1742）书成，升太医院右院判，食五品俸。[见：《清史稿·吴谦传》、《医宗金鉴》]

刘登俊

（1798～1876）字步瀛，又字澹人。清代山东历城县人。邑名医刘泽（1759～1833）子。早年习儒，候选州吏目。少年丧父，薄田二十亩，家境清贫，侍继母以孝闻。友人断炊，质所服裘以济之，己未尝言寒。传承父业，行医自给，以痘科知名于时。尝谓："痘发脾经者，十有八九，而古法弗详。时医不通变，遇即弗救。"乃为之制方定量，遵之者皆应手取效。重医德，贫病者求治不受酬，更赠以药饵，人皆谓有乃父风范。年七十九岁卒。著有《育婴集》、《痘科补阙捷响》，流传于世，今未见。长子刘成己，次子刘正己，均业儒而精医。[见：《历

城县志》、《中国历代名医碑传集》(引蒋庆第《友竹草堂文集·候选州吏目刘君墓表》)]

刘登洲 明代山东邹县人。曾任县吏，因侍母而弃官。其母患眼疾，目不能视，登洲遍访医药，得奇方治之，母病遂愈。此后以所获秘方制药，济人甚众。[见：《邹县志》]

刘登高 字临川。清代天津府人。精医术。尝旅居南宫县，闻邻家子病笃，举家无措，乃为之诊疗，投数剂而愈。病家以重金谢之，不受。[见：《天津府志》]

刘瑞溁 字仲迈。近代湖南浏阳县人。毕业于北京大学生物系。因母病不起，师从当地名医刘世祯（1867～1943），尽得师传。后执教于南京中央国医馆国医研究班。其师曾得《古本伤寒杂病论》十六卷本于张姓老者，刘瑞溁遵师命重校，于1932年刊行。此后，协助老师详释此书，完成《伤寒杂病论义疏》十六卷，刊于1934年。刘瑞溁曾于1924年撰《国医科学化讲稿》五万余言，又于1935年撰《整理国医学之见》，对振兴中医学术有独到见解。门生陈伯涛，亦以医名。[见：《中医图书联合目录》、《整理国医学之见》、《刘仲迈与长沙古本〈伤寒杂病论〉》]

刘勤贵 字锡贵。清代河南民权县人。精医术，以喉科知名。[见：《民权县志》]

刘椿林 （1780～1852） 字仙圃。清代河北大城县人。刘泰斌子。自幼习儒，嘉庆二十五年（1820）补博士弟子员。性廉洁，有古风。精通医道，以疡科著称于时，求药者踵相接。平生多善举，凡有所得，辄救济族中贫者。咸丰二年五月十二日，无疾而终，享年七十三。著有《济美堂集》一卷。[见：《大城县志》]

刘献廷 （1648～1695） 字继庄，又字君贤，别号广阳子。清代顺天府大兴县（今北京大兴）人。相传先世乃吴人，因任太医，徙家大兴。其父刘矿，为当时名医。献廷颖悟绝人，博览负大志，不肯为词章之学，志在利济天下，故究心于经世之学。读书竟夜不卧，父母禁之，不予膏火，燃香代之，久之眇一目。于象纬、律历、音韵、农桑、边塞要害、财赋军器之属莫不精通，旁而岐黄者流，释道之言无不留心。又重泰西之说，尝研究西医《人身图说》等书。自十九岁云游海内，一生不得志，康熙乙亥卒于吴。遗有《广阳杂记》五卷。门生汤万煜，传承其学。[见：《鲒埼亭集·刘继庄传》]

刘献珠 清代广东仁化县上历林村人。性朴而质鲁，欲学济人利物之术，遂究心岐

黄。后以医术济世，不索谢，不居功，遇无力购药者辄资助之。[见：《仁化县志》]

刘辑瑞 清代四川灌县太平场人。医术卓绝，闻名于青城山下。[见：《灌县志》]

刘嗣宗 字南瑛。清代山东福山县人。自幼好读医书，壮岁远游四方，遍访名医，以正所学。曾遇名医刘奎，叹服其医论。据民国二十年《福山县志》，刘嗣宗撰有《瘟疫论类编》。考今本《瘟疫论类编》，作者当为刘奎。[见：《福山县志》、《松峰说疫·序》]

刘锡瑜 （1749～1840） 字怀谨，号琢斋。清代江苏仪征县人。贡生刘孟瞻子。年十二岁入塾，甫三载已熟经书。因家贫辍学，习经商，而所业不足以自立。性嗜医学，购医书乘夜诵习，久之精其术，求治者多应手而愈，遂改业医。有医德，诊病不问贫富皆往，遇贫者赠以药饵，且资助之。遇疮溃腥臭，家人不敢近者，亲为洗涤，敷以膏丹，病瘥乃止。晚年声名益噪，而行医济贫，不改其初。道光庚子八月八日殁，享年九十有二。子刘文淇（字敏棩），嘉庆二十四年（1819）优贡生，有文名。[见：《清史稿·刘文淇传》、《续碑传集·刘国子家传》]

刘禀秀 清代陕西蒲城县人。精医术，知名于时。[见：《蒲城县志》]

刘靖之 清代四川云阳县阳坝人。祖籍湖北宝庆，先人自清初徙居云阳。刘靖之早年习儒，中年患痨瘵，遂穷研医书，自疗而愈。后业医，求治者甚众。重医德，出诊不假车马，治疾不索酬谢，活人无算。道光十三年（1833）选恩贡，无意仕途，唯家居课子而已。年八十八岁卒。子刘光济，亦以医术知名。[见：《云阳县志》]

刘新国 字师文。明清间山东阳信县人。父刘梦松，为德府良医。新国尽得父学，不以医名。博极群书，门下弟子多名士。顺治（1644～1661）初，由贡生授陕西镇安县令，侨寓三水数载。后归乡里，求医者接踵户外，应手辄效。间有所酬，正色谢之，盖其志在活人，非以医为市也。安贫乐道三十余年，寿至八十二。子刘澜，能传其学。[见：《阳信县志·文学》、《济南府志》]

刘慎思 字粤勉。清代山东庆云县人。增生。其文章得曾祖刘曦若之传。晚年习医，其术甚精，延诊者络绎不绝。著医书若干卷，惜散佚不传。[见：《庆云县志》]

刘源长 清代山东宁津县人。廪贡生。兼通医道。著有《脉诀要论》、《药性辨同》

等书，未见梓行。[见：《宁津县志》]

刘福庆 字莘田。清末四川三台县人。庠生。教馆为生，暇则研究医学，博览名家方论。晚年著《医录便览》六卷，为时医所推崇。其子刘莹，亦深于医道，曾订正父书，于原稿每症之后附以验案，光绪三十年（1904）募款刊行，今存三台刘氏原刻本。[见：《三台县志》、《中医图书联合目录》]

刘福修 字洪九。清代福建闽清县人。师事名医许燮，多有神悟。行医五十年，治愈内外沉疴，指不胜屈。曾收集平素经验效方，辑《临证验方》若干卷，今未见。[见：《闽清县志》]

刘福谦① 清末云南腾越厅（今腾冲）人。邑名医刘德俊子。早年习儒，为光绪辛卯（1891）岁贡生。继承父业，亦通医术。著有《医案》，今未见。[见：《云南通志》]

刘福谦② 近代广东番禺县人。名医刘敬时子。少承家学，造诣颇深，亦为当时名医。[见：《广州文史资料·第二十六辑》]

刘碧源 元代人。生平里居未详。以医为业，知名于时。胡天游作《赠医士刘碧源》诗云："老去刘郎鬓未华，枕中鸿宝鼎中砂。仙源十里蒸霞色，半是桃花半杏花。"[见：《金元医学人物》（引《傲轩吟稿》）]

刘嘉孙 字应泉。明代吴县（今江苏苏州）人。邑名医刘维祥嗣子。绍承家学，亦业医，有名于时。[见：《吴县志》]

刘嘉谟 号南川。明代江西新城县人。天性不慧，十余岁方就塾，读书不解。旋改习岐黄，搜古今医书寻绎之，终不解。一日遇雨，投古刹暂避，出行笈内《王叔和脉诀》朗诵之。忽一人冒雨至，问所读何书，遂为之开陈指示，当下了然。此后读书益勤，及以医问世，投剂无不愈者。门生毕苌臣，得其传授。[见：《新城县志》]

刘嘉璠 清代江西新昌县宣风乡人。精通医术，治病概不受酬。撰有《急救方书》二卷，未见梓行。[见：《新昌县志》]

刘蔚立 清代福建福州人。居西关外塘下乡。业儒，兼精医术。著有《治鼠疫医案》若干卷，今未见。[见：《鼠疫约编》]

刘毓经 字祥发。清代江西上饶县人。性朴诚，好施济。精通医术，遇危险证，每能起死回生。凡贫困之家求治，不受谢仪，且赠以药料，活人甚多。年九十岁卒。无子，以侄刘元

丰嗣之。[见：《上饶县志》]

刘毓麟 清代江西萍乡县北区东村人。精医术，有著手成春之效，踵门求诊者络绎于途，日不暇接。重医德，治病不索酬谢。[见：《昭萍志略》]

刘肇鹏 （1837～1905）字云程。清末四川合川县人。襟怀坦白，不苟言笑，好急人之难。以医为业，穷究医书，好搜集历代验方，临证应手辄效。重医德，凡贫病者延诊，不乘车马，不较酬报，应之无分寒暑，有善士之誉。光绪三十一年卒，享年六十九。子刘景需、刘景泽、刘景潭，皆以医闻世。[见：《合川县志》]

刘墨卿 清末人。里居未详。为举人。品端学优，为当时名士，亦为名医。当时疫痧及霍乱吐泻病流行甚多，刘氏遂刊刻《医学急证》，以济民病。[见：《中国历代医家传录》（引《医学急证·陈序》）]

刘德成 字培心。清代河南淮阳县人。六世业医，名著于时。平生广集方书，按症施药，活人无算。著有《验方八阵》若干卷，藏于家。子刘书珍、刘书珩，皆善承家学。[见：《淮阳县志》]

刘德荣 元代河间路（今河北河间）人。为河间名医刘完素后裔。其父刘芳茂徙居江州，后迁吉水，遂定居。德荣生平未详，其父以医行世，其幼子刘允中仕元为医学教授，德荣亦当通晓医道。[见：《中国历代名医碑传集》（引解缙《文毅集·刘君允中墓志铭》）]

刘德俊 清代云南腾越厅（今腾冲）人。邑名医刘本元曾孙。继承家学，益光大之。尤善治瘴疟，腾越、永昌、龙陵各地染瘴者争相延请，无不应手奏效。光绪间（1875～1908）中法之战爆发，云贵总督岑毓英派师往援安南，檄腾越厅，聘请刘德俊为军医。刘氏以道远不欲行，配制截疟追瘴丸送至云南，军中赖以全活者甚众。著有《医案》，未见流传。子刘福谦，亦以医术知名。[见：《云南通志》]

刘德振 字行九。清代河北景州人。资性颖敏，精究《素问》、《难经》诸书，熟谙医理，临证洞若观火。著有《五六要论》一卷，未见刊行。医学之外，兼善小楷，曾镂唐人七律于瓜子上，刻画如发，疏秀可观，见者以为神品。[见：《景州志》]

刘德煌 清代湖北沔阳州人。生平未详。著有《急救奇痲续》若干卷、《医学待遗七种》十二卷，未见流传。[见：《沔阳州志》]

刘德懋 明末河北人。里居未详。秀水名医陈文治门生。从师三年，乞归省亲，其师以手辑《伤寒集验》书稿授之。刘氏归乡，闭户研究十年，对伤寒证尤多心悟，及悬壶问世，治病如神，医名大噪于燕赵之间。刘氏不自居功，时以师书示人，不忘其本。[见:《伤寒集验·序》]

刘德馨 清代人。生平里居未详。于光绪二十七年（1901）著《惊风辨证必读》，今存。[见:《上海图书馆书目》]

刘遵道 明代吴县（今江苏苏州）人。邑名医刘溥族弟。亦业医，精通其术。有渔人误吞钓钩，遵道令溶蜡为丸，以线系之，入患者口，钩端入蜡，乃导而出之。其妙思多如此。[见:《医学入门·历代医学姓氏》]

刘澍渊 （1861～1930） 字静堂。近代河北阳原县人。业儒，每试辄冠侪辈。出贡后，因体弱学医，以期自救救人。不数年学成，著手无不成春，名声大噪。民国十九年殁，享年七十。遗著有《刘氏验方丛录》等，未见刊传。[见:《阳原县志》]

刘澄鉴 清代山东济宁州人。生平未详。著有《温证治》一卷，未见梓行。[见:《济宁直隶州志》]

刘儒宾 字子珍。清代山东庆云县人。性嗜读书，博览经史。体弱多病，腿患寒疾，服药年余始愈，以此矢志学医。得外祖张伯筠之传，于脉理别有会心，尤善治伤寒证，远近推重之。有医德，凡以病延请，无论昼夜寒暑，徒步而往，未尝辞劳。著有医书数卷，藏于家。[见:《庆云县志》]

刘翱鲤 明代安徽芜湖县人。邑名医刘继芳长子。绍承家学，亦负盛名。曾考授太医院吏目。弟刘翅鲤，亦工医术。[见:《芜湖县志》]

刘懋武 明代河南陈州人。历官武定、澄江知府，以福建转运使致仕。留意医药，著有《宦游奇方》，行于世，今未见。[见:《陈州府志》]

刘燮阳 清代江苏阜宁县人。寓居丹徒县。邑名医刘耀宗子。幼年从父习医，及长，访师于江南，精内外两科，名著于时。惜年三十五岁即殁。[见:《阜宁县新志》]

刘霖生 明末江南人。生平里居未详。精医术。黄冈李之泌得其传授，名噪于时。[见:《黄冈县志·易时泽》]

刘耀先 字延年。清末人。生平里居未详。著有《眼科金镜》一卷，今中国中医科学院图书馆藏1926年保阳益文印刷局石印本。[见:《中医图书联合目录》]

刘耀宗 清代江苏阜宁县人。以医为业，悬壶东坎，知名于时。子刘燮阳，传承父业。[见:《阜宁县新志》]

刘耀南 字致道。清代广东香山县人。居城东门。咸丰间（1851～1861）诸生。通医术。著有《医方理镜》二卷，今未见。[见:《香山县志续编》]

刘哈剌八都鲁 （?～1295） 元初河东人。本姓刘，家世业医。至元八年（1271），元世祖驻跸北海，以近臣之荐召之，谓其目有火光，异之，留侍左右，赐名"哈剌斡脱克"。至元十七年（1280），擢太医院管勾。尝从宗王别里铁木尔征昔里吉，帝赐以环刀、弓矢、裘马等物。后疗宗王妃之疾，与药即愈，王奏为长史。至元二十四年（1287）升宣抚使。二十七年迁正奉大夫、河东山西道宣慰使。二十九年赐名"哈剌八都鲁"。元贞元年（1295）召为御使中丞，行至懿州病卒。[见:《元史·刘哈剌八都鲁传》、《新元史·刘哈剌八都鲁传》]

齐

齐显 元代人。里居未详。曾任承直郎太医院判。后至元三年（1337），名医危亦林撰《世医得效方》十九卷，由江西医学提举司送太医院审阅，齐氏与同僚参与其事。至正五年（1345）《世医得效方》刊刻于世。[见:《世医得效方·太医院题识》]

齐桂 清末河南陕县人。精岐黄术，知名于时。专以济世为心，咸丰（1851～1861）初，瘟疫流行，齐氏和药施济，全活无算。[见:《陕县志》]

齐瑞 清代四川叙州人。邑名医齐秉慧子。事迹不详，曾参订其父《齐氏医案》。[见:《齐氏医案》]

齐楫 元代人。生平里居未详。为太医院太医，曾任惠民药局局官。[见:《元史·食货志》]

齐太封 字履先。清代河南陕县后川人。贡生。早年习儒，晚岁工岐黄术，以济世为怀，乡里德之。[见:《陕县志》]

齐化宁 号康庵。清代河南淮阳县人。精医术，名重于时。乡人以"十全为上"额其

门。[见：《淮阳县志》]

齐正臣 元初人。里居未详。精医术，官太医大使。罗天益得齐氏所传眼科良方鱼胆丸，收入《卫生宝鉴》。[见：《卫生宝鉴·卷十》]

齐功枚 字毓麟。清代安徽婺源县人。监生。少嗜诗书，下帷苦读，赴郡邑试，屡列前茅。中年不得志，弃儒习医，精其业，远近求治者甚众。不以技谋利，病者赠以金，却而不受。辑有《医方》若干卷，未刊。[见：《婺源县志》]

齐式杰 清代浙江天台县人。通医道，有名乡里。子齐传苞，声名尤著。[见：《天台县志稿》]

齐至道 清代河南汜水县人。以医济世，就诊求药者日盈其门。凡危难之证，他医束手者，治之多愈。常亲制丸药以济贫病，不求其报。年八十六岁，无疾而终。[见：《汜水县志》]

齐传苞 字惟履，号东藩。清代浙江天台县人。邑名医齐式杰子。早年习儒，为诸生。重孝义，幼年丧母，以泥为像，置座侧，朝夕祭奠，抱持痛哭。父殁，三年不食酒肉，不入内室。嘉庆十五年（1810）赴乡试，遇雨跌仆，衣衫尽污。叹曰："功名未必可得，奈何以父母遗体行殆至是乎？"遂绝意科举。此后，绍承父学，以医术名重乡里。值天台大疫，阖城传染，亲戚不敢问讯。传苞亲制丸散，遇贫病辄予之，全活不可数计。尝谓："学以存心为主，而在医尤切。"作得心斋铭云："心犹水也，水净则清。亦犹火也，火洁则明。沉于利欲，梗于物情。沙淤杂下，中生棘荆。澄之汰之，适摇其精。吹之扬之，且减其生。保厥伊始，庶几有成。积功非他，归于存诚。"朝廷诏举孝廉方正，有司欲以齐氏应，力谢之。著有《医林集腋》二十四卷，今未见。[见：《天台县志稿》]

齐仲甫 南宋人。里居未详。精医道，尤擅妇科。宁宗时（1195～1224）任太医局教授。著有《女科百问》（又作《产宝百问》）二卷、《产宝杂录》一卷，刊刻于世，今存明王肯刻本。[见：《女科百问·序》、《医藏书目》、《中医图书联合目录》]

齐任吾 明代福建闽县人。精医术，知名于时。孙齐洪超，传承家学。[见：《闽侯县志》]

齐秉慧 （1765～？） 字有堂。清代四川叙州人。幼年习儒，弱冠时随父徙居长邑。因家贫，教馆糊口。自幼多病，形容枯槁，后经商于渝、泸间，访求良医，不遇。偶得《薛氏医案》，遂对症选方，拣买良药，数年间服汤药数百剂，药丸百十斤，饮食健旺，身体康壮。嘉庆丁巳（1797），复贸于汉镇，遇黄超凡，黄乃名医喻昌、舒诏弟子，时年七十，未有传人。齐秉慧拜于门下，从学三年，尽得其传。归乡后屏弃营谋，志于济世，治虚劳杂证十愈八九，远近知名。尝汇集所治验案，编《齐氏医案》六卷，刊于嘉庆十一年（1806）。又著《家传医秘》、《痢症汇参》、《痘麻医案》等书，皆梓行。门生王臣僚，得其传授。子齐瑞，事迹不详，曾参订父书。[见：《齐氏医案·序》、《冷庐医话》、《中医大辞典》、《中医图书联合目录》、《四川医林人物》、《北大图书馆藏李氏书目》]

齐闻诗 清代江苏丰县人。精医术，以痘科闻名于时。平生制药济人，全活婴幼甚众。年八十五岁卒。[见：《丰县志》]

齐洪超 字仪鲁。明末福建闽县人。邑名医齐任吾孙。早年习儒，未承家学，母郑氏病痢而卒，深以未早习医为恨，遂究心医理，久之深通其道。重医德，遇贫者则赠以药，不受值，乡里以仁医称之。时东南遭倭乱，民多露宿，患泄泻病者甚多。齐氏于痢症多有研究，治之多愈，名重于时。巡抚许公，刻薛氏《保婴全书》以济世，称通其学者以洪超为最。著有《痢症辨疑》若干卷，今未见。[见：《闽侯县志》]

齐祖望 字望子，号勉庵。清代河北鸡泽县人。康熙九年（1670）三甲第十八名进士，历任督捕主事、刑部郎中、巩昌知府，以事谪归。著有《增补洗冤录》，未见梓行。[见：《鸡泽县志》、《明清进士题名碑录索引》]

齐继邕 宋代人。里居未详。精通医术，尤善儿科，曾任翰林医学。值皇女有疾，呼之切脉。宋代御医着绿袍，皇女见人衣绿辄惊，宫人为之易以绯袍，始得诊视。疾愈，赐绯。[见：《中国历代医家传略》（引《唐宋遗史》）]

齐能之 号实轩。南宋新安（今安徽歙县）人。精研医理，深究脉法，以施药济人为事。兼擅太素脉，以脉象测人贫富贵贱。著有《太素造化脉论》、《太素脉经诗诀》各一卷。二书国内未见，曾流传日本，现存佚不明。[见：《中国医籍考》]

齐惠善 明代陕西咸宁县（今西安）人。精通医术，知名于时。好弈，逢棋局流连忘返。[见：《咸宁县志》]

齐履谦 （1263～1329）字伯恒。元初人。里居未详。父齐义，善算术。履谦六岁从父至京师，七岁读书，一过即能记忆。至元十六年（1279），初立太史局，改编新历，履谦任星历生。至治元年（1321）拜太史院使。天历二年九月卒。履谦笃学勤苦，家贫无书，及为星历生，得广读诸书，自六经诸史、天文地理、阴阳五行、医药卜筮无不淹贯。[见：《元史·齐履谦传》]

齐德之 元代人。里居未详。精通外科，善治疮肿、痈疽等证。曾任医学博士、御药院外科太医。著有《外科精义》三卷，成于后至元元年（1335）。此书于外科多有发明，为后世医家所重。[见：《百川书志》、《四库全书总目提要》]

齐德成 字仲孚。明代福建闽县人。朴实好义，事亲尽孝。弟卒无嗣，抚孤女如已生。精岐黄术，尤擅儿科。诊治贫者予良剂，不望酬报，全活婴幼甚众。年八十余殁。著有《全婴宝鉴》十卷，今未见。[见：《福建通志》、《闽侯县志》]

羊

羊欣 （370～442）一作羊昕。字敬元。东晋至南朝宋泰山南城（今山东泰安南）人。桂阳太守羊不疑子。羊欣少静默，无竞于人。美言笑，善容止，泛览经籍，尤擅隶书。羊不疑初为乌程令，羊欣年十二岁，时王献之任吴兴太守，甚知爱之。羊欣早年仕晋为辅国参军，隆安间（397～401）朝廷渐乱，欣优游私门，不复仕进。桓玄辅政，领平西将军，以欣为平西参军，转主簿，参预机要。寻称病自免，屏居里巷，十余年不出。刘宋初授新安太守，在任十三年，以简惠著称。后改义兴太守，称病自免归，授中散大夫。元嘉十九年卒，时七十三岁。羊欣素好黄老之术，有病不服药，饮符水而已。兼善医术，撰有《羊中散药方》三十卷、《羊中散杂汤丸散酒方》一卷、《疗下汤丸散方》十卷，均佚。[见：《宋书·羊欣传》、《南史·羊欣传》、《隋书·经籍志》、《太平御览·方术部》、《历代名医蒙求》、《医说·羊昕》、《山东通志》、《补晋书经籍志》、《补南齐书艺文志》]

羊其峻 清代广东儋县（今属海南）官田人。早年习儒，举雍正十年壬子（1732）第十七名乡荐，任龙川儒学训导。垂老乡居，精医学，所用验方流传于世，其中秘传调经种子方功效显著，人称官田方。[见：《儋县志》]

羊金晖 字定宇。清代广东儋县（今属海南）公一村人。赋性温良，待人忠厚。操医业，不贪利，诊治各证，多能痊愈，乡邻称之。子羊景春，生平未详。[见：《儋县志》]

羊焕文 清代广东儋县（今属海南）新田村人。业儒，为贡生。精通医术，曾愈某夫人疾。[见：《儋县志》]

羊敬安 清代江苏靖江县西乡人。从本县疡科名医孟有章游，尽得师传，亦负盛名。[见：《靖江县志》]

关

关信 字近恕，自号新岗山人。清代甘肃西宁县人。其父关振，为恩贡生。关信自少聪俊好学，初习举业，每赴试，按例搜身，信耻之，慨然曰："昔范文正公有言，不为良相，当为良医。士何必役役于科举，以求荣耶！"由是专攻岐黄之术，擅决人死生，见微知著，用药如神，遂以医名。年九十四岁，无疾而卒。著有《伤寒证治揭要》二卷，今未见。子关其道，孙关丕显，侄孙关英贤，皆业医。[见：《西宁县志》]

关洵 字济众。清代河南长葛县南关屯人。邑名医关吉堂曾孙。继承家学，专力岐黄，殚究义蕴，尤精伤寒，为当时名医。[见：《长葛县志》]

关梓 字向春。清代浙江杭县人。生平未详。辑有《精选集验良方》二卷，刊于咸丰三年（1853）。[见：《中医图书联合目录》、《中国丛书综录》]

关士通 字经训。清代河北南宫县人。恩贡生。其祖父关云凤，父关景文，皆为名医。士通好读家藏医籍及祖父所撰《经验良方》，潜心研究，遂精医道。子关和圃，亦工医。[见：《南宫县志》]

关云凤 字德辉。清代河北南宫县人。恩贡生，绩学能文，究心医学。于医书无所不读，据病立方，皆应手而愈。治病不索谢，亦无自德之色，人称君子医。著有《经验良方》，今未见。次子关景文，传承其术。[见：《南宫县志》]

关月波 近代北京人。精医术，擅长内、妇、儿诸科，知名于时。子关幼波，为北京名医，曾任北京中医医院副院长、北京第二医学院教授。[见：《著名中医学家的学术经验》]

六画

269

六画

关文炳 (1788~?) 清末广东南海县九江人。生平未详，光绪九年（1883）已九十六岁，尚在世。著有《伤寒杂气辨证》二卷、《脚科风痰鹤膝标本论》一卷，未见流传。[见：《南海县志》、《九江儒林乡志》]

关世楷 号仰三。清代甘肃西宁县人。世医关英贤孙。少承庭训习儒，读书敦行。后继承祖业，以医济世。著有《伤寒相舌浅说》一卷，今未见。[见：《西宁县志》]

关丕显 清代甘肃西宁县人。邑名医关信孙，关其道子。继承家学，亦业医。[见：《西宁县志》]

关汉卿 号已斋叟。金元间大都（今北京）人。金末解元，后为太医院尹。金亡不仕。关汉卿为元曲四大家之首，著有杂剧《救风尘》等六十种。[见：《中国人名大辞典》]

关吉堂 字普照。清代河北长葛县关庄人。邑庠生。父子、兄弟、祖孙俱业医。吉堂性慈善，好积德，凡以疾延请者，召之即往，不索谢。辑有《经验方论》数十册，未见梓行。弟关庆云，子关崇道，侄孙关锡蕃、关积学，均以医显。[见：《长葛县志》]

关庆云 清代河北长葛县关庄人。邑名医关吉堂弟。继兄而起，亦以医术知名。[见：《长葛县志》]

关其道 清代甘肃西宁县人。邑名医关信子。继承父学，以医为业。子关丕显，亦绍先业。[见：《西宁县志》]

关英贤 字钟秀。清代甘肃西宁县人。邑名医关信侄孙。得关信亲传，亦以医知名于时。性慈而介，贫者求治辄却其诊金，活人甚众。有老妇某，病月余不起，家人已备后事。英贤往诊，视心际尚暖，谓："可救。"以药灌之而愈。寿至九十二岁殁。著有《四诊辨证辑要》一卷，藏于家。孙关世楷，能继祖业。[见：《西宁县志》]

关和圃 清代河北南宫县人。邑名医关景文孙，关士通子。初习举业，后继承家学，亦工医术，有三世儒医之称。[见：《南宫县志》]

关积学 清代河南长葛县关庄人。邑名医关吉堂侄孙。绍承家学，亦以医术知名。[见：《长葛县志》]

关崇道 清代河南长葛县关庄人。邑名医关吉堂子。增生。积学未遇，以医知名。[见：《长葛县志》]

关景文 字画山。清代河北南宫县人。邑名医关云凤次子。继承家学，临证谨慎，

洞达病源，有起死回生之誉。子关士通，绍承父业。[见：《南宫县志》]

关锡蕃 清代河北长葛县关庄人。邑名医关吉堂侄孙。绩学未遇，以医知名。[见：《长葛县志·关吉堂》]

关履端 清代广东顺德县人。生平未详。著有《治痘歌诀》，今未见。[见：《顺德县志》]

关耀南 清代人。生平里居未详。著有《伤寒类证》十五卷，刊刻于光绪十二年（1886），今存。[见：《中医图书联合目录》]

米

米友仁 字元晖。北宋襄阳（今属湖北）人。礼部员外郎米芾（1051~1107）子。米芾为著名书法家。友仁力学嗜古，亦擅书画，世号"小米"。官至兵部侍郎、敷文阁直学士。据宋吴彦夔《传信适用方》载，吕岩弟子陆先生创制伤寒方"仙授散"，传授弟子元道人，元道人于三茅山传方于米友仁。[见：《传信适用方》、《宋史·米芾传（附子友仁）》]

米致五 清代江苏丹徒县人。邑名医王之政门生。得师传，著名于时。[见：《丹徒县志》]

米福赞 清代四川蓬溪县人。以医知名，性和善，重养生，饮食清淡，勤于运动，寿至八十八岁。[见：《潼川府志》]

米遡伊 字苍葭。清代人。生平里居未详。著有《医粹》二卷，今中华医学会上海分会图书馆、上海中医药大学图书馆藏有抄本。[见：《中医图书联合目录》]

冲

冲真子 佚其姓名。宋代人。生平里居未详。著有《内经指微》十卷，已佚。[见：《通志·艺文略》、《国史经籍志》]

江

江兰 字芳国。清代安徽歙县江村人。儒医江进子。自少英敏，多才能，以贡生应试，初任兵部武选司主事，擢郎中，转鸿胪寺卿。嘉庆元年（1796）补兵部右侍郎，转左侍郎，引疾归。未几卒。其家累世制药布施，乾隆五十年（1785），江兰与弟江蕃校刻其父《集古良方》十二卷，并为书作序，今存乾隆五十五年庚戌（1790）三瑞堂刻本。[见：《歙县志》、《安徽通志

稿》、《集古良方》、《贩书偶记续编》〗

江进 字可亭。清代安徽歙县江村人。通医理，世代制药施送，惠及乡里。曾搜录验方，编歌括千余首，分为四十八类，辑《集古良方》十二卷，由其子江兰、江蕃刊于乾隆五十年（1785），今存乾隆五十五年庚戌（1790）三瑞堂刻本。〔见：《歙县志》、《贩书偶记续编》、《集古良方》、《中医图书联合目录》〕

江芬 字诵清，号秋帆。清代安徽婺源县漳溪人。岁贡生。笃志力学，名噪儒林。因母病究心医学。著有《人子须知》四卷，藏于家。〔见：《婺源县志》〕

江彤 清代人。生平里居未详。著有《仙传麻疹秘要》一卷。今中国中医科学院图书馆藏有乾隆二十九年（1764）抄本。〔见：《中医图书联合目录》〕

江沆 字湘屿。清代安徽黟县大星人。精医术，挟技游于江西，治奇证每获佳效。广信同知周晓廉，赠以"佛手仙心"匾额。〔见：《黟县三志》〕

江河 字百川。清代河南鲁山县人。精医术，擅内外两科，知名于时。〔见：《鲁山县志》〕

江诚 一作江城。字抱一。清代浙江衢州人。性沉静，寡言笑。初学举业，以媚母多病，弃儒习医，从游于名医雷丰之门。于医理剖析入微，凡他医束手者，治之每获佳效。志气高傲，治贫病或不取资，富者非敦请再三不往，于官宦家尤甚。曾得苹香居士《本草诗三百首》一卷，"嫌其太简，不免遗漏，因细按本草功能，编为七言绝句，合计三百五十余种"，辑《本草诗补》一卷，今存稿本。此外，与同门程曦、雷大震合撰《医家四要》四卷，刊于光绪十二年（1886）。此书分"脉诀入门"、"病机约论"、"方歌别类"、"药赋新编"四章，荟萃群书，附以临证心得，为中医入门读物，今存。据《衢县志》载，江诚还著有《医粹》，今未见。〔见：《衢县志》、《重修浙江通志稿》、《中医图书联合目录》、《现存本草书录》〕

江昱 清代安徽歙县人。生平未详。著有《药房杂志》（今佚）、《跌打秘方》（今存抄本）二书。〔见：《中医图书联合目录》、《新安名医考》〕

江秋 字涵暾，又字禹门，号笔花。清代浙江归安县人，侨居嘉兴。早年习儒，旁乃医经。嘉庆十三年（1808）举进士，官广东会同知县。因病归乡，贫乏不能自存，行医以为生计。

著有《笔花医镜》四卷、《奉时旨要》七卷，今存。〔见：《笔花医镜》、《归安县志》、《明清进士题名碑录索引》、《浙江医籍考》〕

江珩 字佩苍，号杏村。清代浙江海宁县人。监生。少时多病，讲求养生之旨，遂以医名于时。年七十七岁卒。著有《医案节存》（又作《医杂节存》）三卷，未见梓行。〔见：《海昌备志》、《海宁县志》〕

江桢 字怡谷。清代安徽歙县人。生平未详。曾订正唐千顷《仙方合集》。〔见：《中医图书联合目录》〕

江涛 字有声，号秋砚。清代江苏如皋县人。邑名医江汉龙次子。早年习儒，候选州司马。得父传，亦精医术，知名于时。性好施济，平生多善举。〔见：《如皋县志》〕

江宽 字立夫。清代江苏青浦县人。康熙、雍正间（1662～1735）在世。中年读张机、刘完素、朱震亨诸家医书，贯通融化，师其意而不拘其方，遂以医术知名。由刑部尚书徐乾学荐入太医院。重医德，治病不分贫富，所得诊金多施济贫病。〔见：《青浦县志》〕

江祥 （1771～1854）字考卿，又字国兴，号瑞屏。清末安徽婺源县清华人。精通伤科，推崇明代异远真人《跌损妙方》之说，治疗跌打损伤多有奇验，名重于时。其侄江某尿道闭塞，每溺以竹丝引导始滴数点，痛不可忍。江祥诊之，先令服麻药，然后剖其阴茎，去除赘肉而后缝合，数日创平而愈。数年后，其侄妇生男女各一。某人患痰迷证，自刃肾囊，昏不知人。江祥施以手术，割除一侧破碎睾丸，敷以伤药，愈后虽独肾，亦连举数子。著有《伤科方书》（又作《江氏伤科学》）一卷。该书包括生死症秘诀、秘授不治法、受伤治法、通用方等内容，阐述骨伤理论及整复手法，收载历代效方五十余首，内容翔实，颇具特色。今存《珍本医书集成》本、《三三医书》本等。〔见：《婺源县志》、《中国丛书综录》、《中医文献辞典》〕

江梅 号寒古。明代福建泰宁县人。初习举业，赴试不得志，遂弃儒攻医。博览群书，精究学术，对医理有独到见解。著有《医经会解》八卷，约成书于崇祯六年（1633）。此书为综合性医书，卷首署"闽泰宁寒谷江梅授，新城云侣邓景仪述"。国内已佚，日本存明代刊本，现已影印回归。据《泰宁县志》载，江梅有《医经臆语》、《未然防》二种行世。据考证，《医经臆语》即《医经会解》，《未然防》未见流传。〔见：《泰宁县

志》、《重纂邵武府志》、《日本现存中国散逸古医籍》]

江梓 (1858～?) 字问琴，号曲阿否否子。近代曲阿（今江苏镇江）人。自幼习儒，夙性嗜医，弱冠时，每于窗课有暇，辄事于此。光绪三年丁丑（1877）游庠，时年二十岁。后尽弃举业，专攻医学，四阅寒暑，理法粗谙。壬午（1882）春三月，入孟河名医马文植门下。著有《时邪日知录》，今上海中医药大学图书馆藏有抄本。[见：《中国历代医家传录》（引《时邪日知录》）]

江喆 字明远。南宋婺源县（今江西婺源）人。以医名家十五世，至喆益精，远近病者群集，常一剂即瘥。邑尝大疫，喆煮药遍饮之，多有效验。宋理宗久病不豫，前郡守范钟荐之，召至，进药而安。宝祐间（1253～1258），又愈公主漏胎之疾。帝屡官之，辞而不受。居京师十年，称疾乞归，赐宅一区。子江世良，任供检郎；孙江雷，举进士。[见：《婺源县志》、《医学入门·历代医学姓氏》]

江锋 清代湖北宜都县石首人。生平未详。著有《简括录医书》，今未见。[见：《宜都县志》、《湖北通志》]

江楫 清代江苏娄县人。喉科名医江灏子。早年习儒，为太学生。传承家学，亦以医著称。子江式之，继业尤精。[见：《松江府志》、《娄县志》]

江煋 字春圃。清代安徽人。里居未详。业医，擅画兰竹。[见：《中国历代医家传录》（引《海上墨林》）]

江源 字笏溪。清代江苏娄县人。晚年业医，治喉证有神效。[见：《娄县续志》]

江墉 字少庭。清代江苏泰州人。邑名医袁辅治高足，著名于时。撰有《温病阐微》，未梓。[见：《续纂泰州志》]

江蕃 字均佐。清代安徽歙县江村人。儒医江进子。早年习儒，曾出仕，理盐政于广陵（今江苏扬州），多有政绩，由知府晋秩二品。乾隆五十年（1785），与兄江兰校刻其父《集古良方》十二卷，今存乾隆五十五年庚戌（1790）三瑞堂刻本。子江士相、江士栻，皆有父风。[见：《歙县志·义行》、《集古良方》、《贩书偶记续编》]

江镇 (1850～1906) 字篪春，又字丽春。清末江苏泰州人。家世贫困，从舅父袁济安学医，尽得其传。年二十二岁悬壶于世，治病应手奏效，名噪于时。有医德，凡以病延请，不论风雨远近皆立往，不求馈谢。遇贫病施药济之，资以钱米，为世人所敬重。其学术一本东垣，著有《仁术肩墙录》十卷、《温病抉微》一卷（一说即上书之一部分），经其子江祖韩、江范同选录，刊载于《光华医药杂志》。[见：《江苏历代医人志》、《泰县志稿》、《续纂泰州志》]

江瓘 (1503～1565) 字民莹，号篁南。明代安徽歙县溪南人。自幼习儒，年十四岁丧母，益自奋励，终不利于科场。遵父命经商，以求生计，而未尝废学。会督学萧子雍至县，补县诸生。翌年赴乡试，复失利。益下帷苦读，历寒暑，穷日夜，顷之患呕血疾，延医十余曹，不效。因涉猎医家旨要，自疗而瘳。此后十余年，疾病缠身，遂罢举子业，专事养生，暇则读《离骚》、《素问》诸书，久之体健神旺，而医名益著。江氏博通经史，好吟咏，言笑步履，动法古人。曾游历黄山、武夷、匡庐诸名山，所至皆有题咏。江瓘有感于《褚氏遗书》“博涉知病，多诊识脉”之论，念山居僻处，博历无由，遂广辑古来名医“治疗奇验之迹”，类摘分门，历时二十年，于嘉靖己酉（1549）撰成《名医类案》十二卷，未刊而卒，享年六十三。有子三人：江应元、江应宿、江应乾。次子江应宿，继承父志，亦通医理，曾重订《名医类案》遗稿，先以其父医案分类附之，复以已之医案附之，又历十九年，五易其稿，刊刻于万历辛卯（1591）。是书摘引汉代《史记》至明代文献百余种，为我国第一部系统而完备之医案专著，颇具参考价值。[见：《名医类案》、《徽州府志》、《安徽通志稿》、《歙县志》、《国史经籍志》、《医藏书目》、《四库全书总目提要》、《中国历代名医碑传集》（引汪道昆《太函集·明处士江民莹墓志铭》）]

江灏 清代安徽歙县人。喉科名医江中鲤子。随父徙居江苏娄县。传承家学，亦精医术。子江楫，孙江式之，均工祖业。[见：《松江府志》、《娄县志》]

江一道 字养初。明代安徽婺源县人。少负侠气，遇异人授以轩岐秘术，遂以医术知名。其兄都御史江一麟（嘉靖三十二年进士），督漕淮河，值疫疠流行，死者相枕藉。一麟言其弟善医，尚书潘某以礼召致之。一道按证疗治，所活甚众。潘特荐于朝，授太医院吏目。[见：《婺源县志》]

江士先 (1862～1937) 自号梅溪老人。近代浙江遂昌县人。精通医术，尤以治温病见长。光绪皇帝患病，久治乏效，于江浙考选医者。士先取最优等第七名，尚未进京而光绪去世，遂留南京中西医院为官医生。1912年归故里。[见：《江士先先生治疗温病经验》（《浙江中医杂志》1963年第3期）]

江之兰 字含微。清代安徽歙县人。生平未详。著有《医津一筏》（又作《医津筏》、《内经释要》）一卷，刊刻于世（今存）。此书以《内经》治则要语为标题，分十四篇，予以阐论发明。江氏谓：时医"但知治法之所当然，而不知治法之所以然"，遂折衷诸家之言，参以己意，析疑解难，论述精辟，颇有独到见地，对初学尤多启发。[见：《清史稿·艺文志》、《四库全书总目提要》、《中医文献辞典》]

江之迈 字怀民。清初安徽祁门县十三都中涧人。初习举业，弃儒研医，精其术，知名于时。曾诊治鄂都疫疾，应手而效，遂相善。康熙五十一年（1712）至京都，以鄂氏之荐供奉太医院。[见：《祁门县志》]

江之源 字昆圃。清代安徽歙县人。邑名医江启铺子。继承父学，亦精医道。好善乐施，乾隆十六年（1751）饥荒，汪氏出米平粜。次年，里中大疫，汪氏施医药，给饮食，全活甚众。[见：《歙县志·义行》]

江子汜 号抱一。明代安徽婺源县旃坑人。邑外科名医江碧云子。继承家学，诊治多奇验，医名盛于其父。[见：《婺源县志》]

江子振 明代安徽歙县人。精医术，以妇科知名。子孙传承其术，历九世不衰。[见：《歙县志》]

江天元 明代安徽婺源县旃坑人。邑名医江德泮子。继承父学，亦以医术知名。子江震亨，传其术。[见：《婺源县志》]

江日新 清代江苏武进县人。精习医术，尝制膏药济人，概不受值。乐善好施，至老不倦。[见：《武进阳湖县合志》]

江中鲤 清代安徽歙县人。早年习儒，为庠生。遇异人授以喉科秘术，挟技游于娄县，遂定居。子江灏，孙江棁，皆承其业。[见：《松江府志》、《娄县志》]

江文照 字绍源。明代浙江兰溪县太平乡人。幼攻举业，事母以孝闻。遵母命习医，技艺精湛，虽危重疑难之疾，多能应手奏效，声闻两浙，远近求治者踵相接。素重医德，不以医谋利，兵部尚书王家彦作传称之。[见：《兰溪县志》]

江允� 字东扶。清代安徽歙县人。性善好施，每岁施棺，四十余年不倦，约计万余

具。通医理，著有《胎产秘书》、《痘证集验》，今未见。[见：《歙县志》]

江正黻 清代四川秀山县人。精医术，知名于时。善养生，寿至九十岁。[见：《秀山县志》]

江世铭 字芸圃。清代四川江津县人。早年学文，因患足疾习医。精研数十年，出其心得，创制肠痈方，邑人顾善征刊刻行世。又制红喉药、白喉药，尤有效验。晚年著《临证偶得》若干卷，今未见。[见：《江津县志》]

江龙锡 字策旗。清初安徽婺源县人。诸生。为名医喻昌门生。曾注释喻氏《尚论篇》。[见：《常昭合志稿》]

江汉龙 字时化，号东庵。明清间江苏如皋县人。精医术，为顺治间（1644~1661）如皋名医。尝谓："人以心为主，心脉治，病危亦生；心脉绝，肤理虽生，亦死。"顺治九年（1652）冒襄（1611~1693）以赈饥致疾，僵卧七日，如死状。县令陈公祷神不应，诣汉龙求诊。汉龙视之，曰："脉伏重渊，春气至，冰未即释，三日当自起。"果如其言。有医德，贫乏者就诊，常赠粮米药饵。年七十余卒。长子江源，为辛卯（1651）举人。次子江涛，亦以医术知名。[见：《通州县志》、《通州直隶州志》、《如皋县志》]

江必昌 字定远。清代安徽旌德县人。邑幼科名医江希舜曾孙，江有令子。继承家学，亦以医术知名。扬州富商汪上章，开医药义局于平山堂，特延必昌。按脉调治，多有良效，镇江诸名宿无不推服。[见：《旌德县志》、《宁国府志》]

江有令 字惟行。清代安徽旌德县人。邑幼科名医江希舜孙。继承家学，亦以医名。子江必昌，继业尤精。[见：《宁国府志》]

江有诰 （?~1851）字晋三，号古愚。清代安徽歙县人。精通音韵之学，对《素问》、《灵枢》古韵多有研究（详江氏《先秦韵读》）。江氏早年读顾炎武、江永两家书，嗜之忘寝食。谓江书能补顾书未及，而音韵分部仍多罅漏，乃析江氏十三部为二十一，与戴震、孔广森多暗合。书成，寄示段玉裁，玉裁深重之，曰："余与顾氏、孔氏皆一于考古，江氏、戴氏则兼以审音。晋三于前人之说择善而从，无所偏徇，又精于呼等字母，不惟古音大明，亦使今韵分为二百六部者得其剖析之故，韵学于是大备矣。"著有《诗经韵读》、《群经韵读》、《楚辞韵读》、《先秦韵读》、《汉魏韵读》、《唐韵四声正》、《谐声表》、

《入声表》、《二十一部韵谱》、《唐韵再正》等书，总名《江氏音学十书》，王念孙父子皆重其学。晚岁著《说文六书录》、《说文分韵谱》。道光末，室灾，尽焚其文稿。晚年失明，郁郁而卒。[见：《清史稿·江有诰传》、《皖志列传稿》]

江式之 字辉远。清代江苏娄县人。祖籍安徽歙县，其曾祖江中鲤行医至娄县，遂定居。其祖父江灏，父江楫，皆以喉科名世。江式之自幼习儒，为诸生。工文章，善绘画，继承祖业，尤精医术，与同邑名医陶惟璨齐名。[见：《松江府志》、《娄县志》]

江曲春 字泽之。清末江苏兴化县人。恩贡生。精医术。著有《舟车便览》，又与谢池春合撰《治验方》，皆未见刊行。[见：《兴化县志》]

江廷铺 字景昭。清代安徽婺源县人。江懋奇后裔。贡生。性孝友，好施济。教塾于淮，馆金悉归儿，抚孤侄，兼周贫乏。善属文，尤工诗赋。兼精医术，得严太医心传，活人无算。著有《江抱一公医论医案参补》、《痘疹心法补遗》等书，行于世，今未见。[见：《婺源县志》]

江仲谦 元代浙江绍兴（一作杭州）人。早年习儒，尤精医理，挟术周游四方，名噪于时。甲午年（1354），刘基举家迁绍兴，水土不服，多生疾病，延仲谦诊视，投药皆愈。刘以金馈谢，坚拒不受。江氏药室称恒德堂，黄镇成作《江仲谦恒德堂诗》云："江君世令族，家在君山住。君山四千仞，上有白玉床。云气出阴豁，灵苗产阳冈。仙人时往来，石室留禁方。江君往得之，归为恒德堂。九转空青砂，沃以神楼汤，散入刀圭匕，冬炎夏清凉。天阏一以全，吾心乃夷康。四海患痿痹，齐民生痈疮。国医敢束手，忍视全膏肓？大山多灵药，食之可年长。安得往从君，吹笙住药房？"[见：《浙江通志》、《金元医学人物》（引《秋声集》）]

江兆康 清代江苏吴县人。世代业医。咸丰庚申（1860）避乱，迁居香山后塘桥。善治伤寒，每遇危疾，一剂即愈，人称"江一帖"。性嗜酒，多饮则发狂，病家伺其醒始敢登门。[见：《吴县志》]

江旭奇 明代人。生平里居未详。著有《痘经》（又作《痘经大全》）三卷，刊于崇祯五年（1632）。此书国内未见，今日本尚存。[见：《内阁文库汉籍分类目录》、《中国医籍考》]

江志洪 字禹襟，自号存济。明代安徽婺源县旃坑人。幼年丧父，克自卓立，事母尽孝。初攻举业，凡天文、地理、诸子百家之言，无不洞悉。因志未遂，弃儒就医，深得轩岐之秘。尝设药局济世，沉疴痼疾，投剂立瘳，活人甚众，前后县令皆表彰之。[见：《婺源县志》、《徽州府志》]

江时途 字正甫。明代安徽婺源县江湾人。幼年多病，及长，遍阅方书，精研奥旨。后遇异人与谈方术，遂了了顿悟。有少年病悸，亲戚咸惴惴危之。江氏治之，一剂霍然。自此名著郡邑，求治者户外之屦常满。前后邑令，咸推重之，两举乡宾。著有《医学原理》三十卷、《丹溪发明》五卷，医家争相传诵，今未见。[见：《婺源县志》]

江希舜 字孺慕。清代安徽旌德县人。精幼科，创种痘良方，为时所重。著有《痘疹元珠》等书，多载种痘良方，惜今未见刊传。孙江有令，曾孙江必昌，皆以医术知名。[见：《宁国府志》]

江应全 字左衡。明代安徽歙县人。父殁于楚，妾万氏遗腹生应全。应全精医术，寓居江苏东台县，先后达二十年。事两母兼尽孝养，尝与妻杨氏割股救嫡母。居两母丧，各庐墓三年。著有《汤剂指南》、《活人书》，均佚。[见：《东台县志·流寓》]

江应宿 字少微。明代安徽歙县人。邑名医江瓘（1503~1565）次子。自幼从父习医。年弱冠，游学滇南、江浙、山东、河北等地，博采前人奇验之方。其父著《名医类案》，稿甫成而殁。应宿重为编次增补，历时十九年，五易其稿，刊刻于万历辛卯（1591）。此书大行于世，为后世医家所重。[见：《医藏书目》、《名医类案·序》、《四库全书总目提要》]

江启铺 字凤仪。清代安徽歙县人。天资过人，少即善医，治病应手奏效。郡守魏化麟、县令杨易迪，皆赠匾额，名重一时。子江之源，能世父业。[见：《歙县志》]

江国膺 字元礼。清代江苏兴化县人。以医术知名。知府吴某之母患奇疾，或荐国膺赴郡诊视，至则立效。著有《医方选要》十卷，未见梓行。同时有解上珍、李嵩山、吴硕庵，俱精内科。[见：《重修兴化县志》]

江泽之 清代江苏兴化县人。从邑名医赵术堂学医。刻意研究，学粹品端，为人极慎笃。[见：《古今名医言行录》]

江宗淇 字筠友。清代江西信丰县人。武库生。好吟咏，精岐黄、道家之术。著有

《丹丸善本》、《丹膏善本》、《痘科善本》、《本草类编》诸书,未见流传。[见:《信丰县志》]

江宗模 字范卿。近代江苏吴县人。名医马士元高足,专精内外科。宣统间(1909~1911)加入中西医学研究会。[见:《吴中名医录》]

江诚立 字朝宗。清代江苏吴县人。居平江路。业医。著有《核骨踝胫腨踹辨》一文,载于唐大烈《吴医汇讲》。[见:《吴医汇讲·卷三》]

江承宗 一作江承枀,或作王承宗。唐代人。生平里居未详。曾任凤翔节度要籍。辑有《删繁药咏》(又作《删繁药脉》、《删繁药诀》)三卷、《药录》二卷,已佚。[见:《新唐书·艺文志》、《通志·艺文略》、《宋史·艺文志》、《崇文总目辑释》、《国史经籍志》]

江承俊 字怀玉。明清间福建瓯宁县(今建瓯)人。精医术。曾于丙戌、丁亥间(1646~1647)以医药侍于清总督李率泰兵营。戊子(1648)清兵攻克瓯宁,江氏为兵所俘,李率泰熟视之曰:"汝江大夫耶?"承俊曰:"然。"李解其缚,命供事营中。在军中屡愈奇疾,李旌之曰国手。[见:《瓯宁县志》]

江南春 字敬修,号梅屿。清代安徽婺源县人。增贡生。少失怙,事母至孝。工篆书,尤精医术,治病不受谢。著有《敬修医说》、《静寄轩诗钞》等书,未见刻行。[见:《婺源县志》]

江南梅 号又樵。清代浙江海宁州人。诸生。著有《医案录取》,未见梓行。[见:《海宁州志稿》]

江映川 字绍周。清代安徽寿州人。早年习儒,为监生。精医术,善济人。著有《医术全集》二十卷,未见流传。[见:《凤阳府志》]

江原岷 明代安徽婺源县旃坑人。名医江德泮曾孙,江震亨子。从父学医,亦知名。[见:《婺源县志》]

江梦熊 字其光。清代安徽黟县人。通医术,活人甚众。[见:《黟县志》]

江维城 字建宗。清代安徽黟县江村人。咸丰九年(1859)举人。精医术。为人侠义,有肝胆,可共患难。族侄江懋烈,传其术。[见:《黟县志》]

江道源 字仲长。明末江西金溪县人。精医术,崇祯间(1628~1644)授武冈(今属湖南)岷府良医。工诗词,爱武冈威溪山水,遂定居于此。著有《尊生世业》,人争传之,今佚。

[见:《江西通志》、《宝庆府志》]

江腾龙 明末湖北蕲水县人,徙居四川隆昌县。崇祯十三年(1640)中武进士。素精医术,以济人为事,知名于时。晚年归故里,八十五岁卒。[见:《叙州府志》]

江碧云 字抱日,号五株。明代安徽婺源县旃坑人。精医术,尤擅疡科,治背疽有奇效,诸医皆服之。子江子汜,术益精。[见:《婺源县志》]

江震亨 明代安徽婺源县旃坑人。邑名医江德泮孙,江天元子。从父习医,能继家业。子江原岷,亦业医。[见:《婺源县志》]

江德全 清代江苏通州(今南通)人。世医孙宝衡旁传弟子。善疡科,虽危重证,治之辄愈,享誉四五十年。年八十余,远近延请者尚不绝于途。[见:《南通县志》]

江德泮 字文育。明代安徽婺源县旃坑人。读书屏风山中,适异僧在山,以外科秘术授之,诫曰:"以此济人,无网利也。"自此致力医学,内、外、针灸诸科皆洞灼玄微,遇怪证应手而苏,全活甚众。一生遵僧训,施药济贫。其子江天元,孙江震亨,曾孙江原岷,皆以医问世。[见:《婺源县志》]

江德章 字湛源。清代江苏常熟县何市人。其先祖自浙徙虞。精医术。遇贫病不索值,虽诊视数十次,无怠色,人皆敬之。[见:《常昭合志稿》]

江澍泉 (?~1858) 字双楼。清代安徽全椒县人。道光间(1821~1850)举人。博通经史,尤精医术。咸丰八年卒。著有《脉理便览》,行于世,今未见。[见:《全椒县志》]

江懋烈 字骏声。清代安徽黟县江村人。本邑儒医江维城族侄。得维城传授,亦工医术。[见:《黟县三志》]

江耀廷 字紫垣。清代河南正阳县大林店人。早年习儒,为庠生。聪慧绝伦,幼通经史,淡于名利,潇洒出尘。善丹青,所绘蝴蝶栩栩如生。晚年精医术,救济甚众。年七十岁,无疾而终。[见:《重修正阳县志》]

池

池秋蟾 佚其名(号秋蟾)。元明间武进县(今属江苏)人。崇信道学,元天历末(1329)弃家事,携孙池德澄,飘然游四方,多逢异人,得授秘传医术,遂以医名。卒于明初。孙池德澄,传承其术。[见:《金元医学人物》(引

《龟巢稿·赠义士池德澄序》)]

池德澄 元明间武进县（今属江苏）人。池秋蟾孙。得祖父传授，通道术，兼精医学。元末随祖父游历四方，明初归乡，卜居武进城东。好玄谈，崇尚高致，有祖风。曾独自远游，见闻益广，医术益精。里人刘文忠患恶疾数年，屡治不愈，濒危。洪武十七年（1384）延请德澄诊治，指日而痊。刘以币酬谢，辞而不受。[见：《金元医学人物》（引《龟巢稿·赠义士池德澄序》)]

汝

汝可霆 字鸣寰。明代吴江县（今属江苏）黎里人。早年习儒，后弃而学医，精其术。其族侄某，殁三日，将殓。可霆往吊唁，见死者面有生气，诊其脉曰："此阳虚也。投以参附可救。"口噤不得入，多方导之，入药而苏，自是医名大噪。重医德，凡踵门求治者无不应，遇贫病不索药资。[见：《黎里志》]

汝先根 字天培。明代吴江县（今属江苏）黎里人。本邑伤科良医汝承源子。继承家学，益精其术，临证肢断可接续，肠出可纳入，名动浙西数郡。循例荐授太医院吏目，以亲老辞。族弟汝先椿，得其传授。[见：《黎里志》]

汝先椿 字佺期。清代江苏吴江县黎里人。本邑伤科名医汝先根族弟。得族兄传授，亦以伤科知名。年八十余卒。子汝祖炅，能承父业，惜早卒。[见：《黎里志》]

汝昌言 清代江苏吴江县黎里人。生平未详。著有《药性歌》，未见梓行。[见：《黎里续志》]

汝季民 清代江苏吴江县盛泽镇人。其先世有名钦恭者，得伤科秘方，治辄神效。季民继承其术，疗治多奇中。肢体断折者，能使复续，远近称之。[见：《盛湖志》]

汝金镛 字传钧，号梅村。清代江苏吴江县黎里人。监生。年十七岁，代父对质县庭，辨析明通，白其事而归。及长，通晓医书、葬经及刑名家言，尤好吟咏。著有《医学类钞》三卷、《北厓草堂诗》一卷，未见梓行。[见：《黎里续志》]

汝承源 字养蒙。清初江苏吴江县黎里人。武将汝钦恭子。家贫，研习其父所得伤科秘方，试辄效，藉以自给。子汝先根，亦业伤科，名动于时。[见：《黎里志》]

汝钦恭 字允肃。明清间江苏吴江县黎里人。少习韬略，膂力过人。值明末丧乱，遂从戎，为抚军张国维所器重，署为亲将。得伤科秘方于军中，传其子汝承源，遂世以伤科知名。[见：《黎里志》]

汝祖炅 清代江苏吴江县黎里人。邑伤科名医汝先椿子。能继承父业，惜早卒。[见：《黎里志》]

汝锡畴 字勤访，号琴舫。清代江苏吴江县黎里人。少好读书，工楷法。因病习医，覃思研究，务穷其奥，遂精医理。其立方每出新意，多著佳效，对温病证治尤有心得。与元和名医陆懋修相往还，又推重薛雪、徐大椿之书，而以叶桂、章楠之温热说为谬误。著有《治温阐要》一卷，今上海中医药大学图书馆藏1927年铅印本。[见：《黎里续志》、《上海中医学院中医图书目录》]

汤

汤文 字涵春。明代金坛县（今属江苏）人。生于嘉靖间（1522~1566）。家贫，昼耕夜读，手不释卷。种田时，倦则卧畦畔苦吟；负担时，则展书担头而诵。继而拜师学医，考究病源，明悟《内经》之秘，投药辄效。万历（1573~1619）初，授太医院吏目。尝谓："士，遇则为良相，不遇则为良医，皆以燮理阴阳为道耳。若使诊视诸证，莫辨二气互胜之理，疾何由愈？"名医王肯堂以为至言。次子汤宗禹，亦以医闻。[见：《金坛县志》]

汤玉 明代武进县（今属江苏）人。世业妇科，至玉尤精，治病有奇效。时有他医视为虚证，不敢用药者，玉每投以大黄而愈，岁用大黄至数百斤。弟汤玠，子汤文英，皆精医术。[见：《武进县志》]

汤尧 字伯高，自号常静处士。元代盱江（今江西南城县）人。谦恭嗜学，深明医理，临证用药，常获奇效。与同时名医徐桢、郭南寄齐名。[见：《金元医学人物》（引《揭傒斯全集·赠医者汤伯高序》)]

汤贞 明代嘉定县（今属上海）人。邑名医汤哲子。传承父学，亦以医术著称。[见：《太仓州志》]

汤灯 字亦山。清代江苏上元县人。邑庠生。善属文，好宾客，以孝友闻。尤精医术，遇沉疴痼疾，能洞见病源，有仓公再世之誉。著有《痘疹截略》，今未见。子汤得桂，以医世家。[见：《上元县志》]

汤玠 明代武进县（今属江苏）人。邑妇科名医汤玉胞弟。亦精妇科，临证擅用大黄。有义行，尝行于野，见林中有商人自缢，急救之。询知其货尽为歹人所骗，遂出所携药资相赠，空囊而返。子汤文佐，亦以医知名。[见：《武进县志》]

汤京 （1299～1348） 字师尹，又字景山。元代处州龙泉县（今属浙江）人。其父汤镛，隐居行义，置义田二百亩，赡养同族，善名闻于乡里。汤京自幼颖异，读书过目成诵。习进士业，入州学，下笔"光焰逼人"，同学自愧不如。无意仕进，尝谓："仕固足以泽物，然有命焉，不可必致。所以必者，其惟医乎？"遂精研《内经》，积久有成，察脉辨证，多收奇益。辟仁济堂，蓄四方善药，凡来求诊者，皆为医治，不求酬谢。平生多善举，虑父所置义田不敷施济，与兄汤滨各捐良田百亩扩充之。凡乡邻老病无靠者，按月供给粟米，赡养终身。遇地方苛政，民不堪命，辄上书行省，或造访守令请命，每返，百姓执彩旗迎于道。[见：《金元医学人物》（引《宋学士全集补遗·故龙泉汤师尹甫墓碣铭》）]

汤洪 字锡之。清代江苏武进县人。世代业医，至洪技艺尤精。子汤经邦，传承父业。[见：《武进阳湖县志》]

汤哲 字浚冲，自号愚谷道人。明代嘉定县（今属上海）人。侨寓虎丘（即苏州）。邑诸生。穷研医术，为时所宗。后归老于乡，自为墓志。著有《伤寒心镜》、《医学渊珠》、《证治问答》、《天花秘集》等书，未见梓行。子汤贞，亦以医术著称。[见：《太仓州志》、《嘉定县志》]

汤钖 字画溪。清代江苏宜兴县人。精通医术，博览医书近百种。遇艰危证候，群医束手者，多能起死回生，而从未自炫。常谓："药常偏胜，不宜多服。"晚年自处俭约，士林称之为君子医。[见：《宜荆县志》]

汤铉 字鼎辅，号念水。清代河北南皮县人。邑名医汤宾孙，汤性鲁子。自少善文，兼工书法。于历代掌故及阴阳、律历、医卜无不博涉。著有《养生十诀》等书，未见刊行。[见：《天津府志》]

汤宾 字继寅，别号交川。明代河北南皮县人。嘉靖庚戌（1550）三甲第五十七名进士。嗜于医学，著有《明医杂著》四卷、《药性指南》一卷。后书经其子汤性鲁增补，分为二卷。两书均未见流传。[见：《南皮县志》、《明清进士题名碑录索引》]

汤谊 本姓黄，字于宣。清代四川安岳县人。幼年孤贫，入药肆习医。力学二十余年，无书不读，技艺日精，求治者日不暇接。毕生不涉官场，时称隐君子。[见：《安岳县志》]

汤睃 号默庵。南宋武义（今浙江武义）妃山人。自少读书，累举不第。曾遍游淮汴间，及归，结庐以居。素善医，中年既绝仕进，而术益精妙。建炎间（1127～1130），婺守室女患蛊疾，诸医束手，郡吏荐汤睃诊治，应手而效。[见：《浙江通志》]

汤鼎 字象九。清代江苏昭文县翰村人。能文工诗，兼精医术。家藏医书甚富。著有《补益元机》等书，未见梓行。兄汤沐三，亦精医学。门人徐洙，得鼎传授，诗文、医术俱精。[见：《常昭合志稿》]

汤溥 字文金，号沛仁。清代江苏武进县人。以医为业，知名于时。[见：《武进阳湖县合志》]

汤德 （1879～1936） 号逸生。近代江苏常熟县辛庄人。世代业医。幼习经史，后绍承家学，悬壶于甪直镇。兼通内外两科，尤擅伤寒、杂病，名噪于时。民国初，嘉定顾维钧之母患病，势甚危重，汤氏治而愈之。顾氏以船三艘装厚礼送之归，沿途以吹鼓手奏乐，并赠"国手"巨匾。又擅外科，自制神蟾散，治疗疮有良效。晚年迁居昆山县内城河岸，继续行医。后患气喘病卒。汤氏善古文词，喜书画金石。字学郑板桥，怪而不瘦，自成一格；画尚水墨，善绘水族，虾蟹游鱼跃然纸上。又能治印，粗犷古朴。崇信佛教，拜灵岩山印光法师为师，每日必习静打坐。[见：《昆山历代医家录》（引《吴县文史资料》）]

汤衡 宋代东阳（今浙江东阳）人。邑儿科名医汤民望孙，进士汤麟之子。绍承祖业，医术益精。著有《博济婴儿宝书》（又作《明验方》）二十卷，散佚不传。[见：《直斋书录解题》、《国史经籍志》、《中国医籍考》、《浙江通志》]

汤颢 字效程。清代江苏吴县人。尝搜集医籍中养生法，著《保生编》，今未见。[见：《中国医学大辞典》]

汤万煜 清代江苏苏州人。精医术，为大兴名医刘献廷高足。子汤世煌，亦以医知名。[见：《苏州府志》]

汤开璞 字玉溪。清代湖南永定县人。国学生。性恬澹，寡言笑。精通医术，虽沉疴能立起之。不以医谋利，人酬以物，不受，遇贫病反资以药。著有《寿世津梁》若干卷，藏于家。[见：《续修永定县志》]

汤元凯 字辛阳。清代浙江萧山县人。汤成德子。性真挚，精通医道，治疑难症应手取效。重医德，凡因病求诊，无不立应。兼精卜筮，善抚琴，工钟王书法，尤擅丹青，所绘花卉竹石皆精绝。不喜沽名，因幼抱废疾，不良于行，遂托枯树以自况，号枯木道人。[见：《萧山县志稿》]

汤日升 清代湖南清泉县人。邑名医汤应龙长子。邑庠生。与弟日昶、日旦、日晟，继承父学，皆工医术。[见：《衡阳县志》]

汤日旦 字扶东。清代湖南清泉县人。邑名医汤应龙三子。邑庠生。继承父学，亦工医术。著有《伤寒经条》、《病因》、《病略》诸书，今未见。兄日升、日昶，弟日晟，亦精祖业。[见：《衡阳县志》、《清泉县志》]

汤日昶 清代湖南清泉县人。邑名医汤应龙次子。邑庠生。与兄日升，弟日旦、日晟，继承父学，皆工医术。[见：《衡阳县志》]

汤日晟 清代湖南清泉县人。邑名医汤应龙幼子。邑庠生。与兄日升、日昶、日旦，继承父学，皆工医术。[见：《衡阳县志》]

汤文佐 明代武进县（今属江苏）人。邑妇科名医汤玠子。绍承父学，亦以医知名。[见：《武进县志》]

汤文英 明代武进县（今属江苏）人。邑妇科名医汤玉子。绍承父学，亦以医知名。[见：《武进县志》]

汤尹才 号龙溪隐士。南宋龙溪（今福建龙溪）人。生平未详。著有《伤寒解惑论》一卷，刊于乾道癸巳（1173），已佚。[见：《国史经籍志》、《中国医籍考》]

汤世煌 字殿公。清代江苏苏州人，居娄门。父汤万煜，精医学，为大兴刘献廷得意门生。世煌绍承家学，自幼习医，即晓大义。及长，博闻慎思，声誉甚盛。与名医李王臣友善，尝同治山阴杨某，二人各自疏方，及对验，所用药皆同。[见：《苏州府志》、《吴县志》]

汤处士 佚其名。明代秦郡（今江苏南京六合区）人。生平未详。著有《保产机要》、《绣阁宝生》二书。后柯玠将二书合编，总名《保产机要》，刊刻于世，今存乾隆五十二年丁未（1787）濮川同善堂刻本。[见：《中国医籍考》、《中医图书联合目录》]

汤汉章 元代蕲州（今湖北蕲春）人。精医术，时称上医。性慈善，平生多善行义举。程周卿患奇疾，汤氏治之而愈，程氏请文士撰文，表彰其事。[见：《金元医学人物》（引《吴文正公集·题汤汉章为程周卿治病卷后》)]

汤民望 宋代东阳（今浙江东阳）人。精小儿方脉，治病不分贫富。著有《婴孩妙诀论》三卷（一说汤衡所著），已佚。子汤麟，举进士。孙汤衡，尤精祖业。[见：《宋史·艺文志》、《直斋书录解题》]

汤执中 南宋人。原籍未详。宋南渡时徙居江西永丰县。与金吉甫均任医官，二人俱擅妇科。[见：《永丰县志》]

汤光铦 字清轩。清代湖南永定县人。性孝友，好施舍，通晷数及青囊言。尤精医理，岁活人以百计，终身不受谢资。及殁，有三老者，须发皓然，不通姓名，哭奠而去。著有《汤氏医案》三卷，今未见。[见：《永定县乡土志》]

汤伊勋 字孝思。清代江苏武进县人。以医为业，精妇科，知名于时。孙汤隆谊，绍承其学。[见：《武阳志余》]

汤兆馥 字仿兰。清代江西永丰县西坊人。国学生。自幼颖悟，受先世医传，尽悟秘奥，世称神医。又善绘画，泼墨淋漓，得荆、关遗意。蒋士铨、汪轫、谢本量，皆赠以诗。著有《补天斋医方证验》，未见梓行。[见：《永丰县志》]

汤寿名 清代江苏武进县人。早年习儒，性嗜岐黄，研经之暇留意医学，对温热病证治尤多心得。著有《温热一隅》一卷，今未见。[见：《武阳志余》]

汤应龙 字云从。清代湖南清泉县人。自幼业儒。及长，研习《灵枢》、《素问》诸书，遂以医术著称。挟技游于吴越，诸权贵争相延致。著有《太和篇》、《运气删本》、《毓麟要览》等书，今未见。子汤日升、汤日昶、汤日旦、汤日晟，皆游庠序，世承医业。[见：《衡阳县志》、《清泉县志》]

汤应邦 字观我。清代江西永丰县人。精医术，知名乡里。[见：《永丰县志》]

汤应乾 字纯斋。清代江苏娄县人。精医术，以内科知名。[见：《松江府志》]

汤沐三 清代江苏昭文县翰村人。精医术，知名乡里。弟汤鼎，儒医俱精。[见：《常昭合志稿》]

汤启旸 字及泉。明代武进县（今属江苏）人。世业妇科，善承祖业，知名于时。性和易，与人无忤。年九十七岁，举乡饮宾。[见：《武进县志》]

汤招贤 清代河南阌乡县人。庠生。以儒精医，悬壶于世，知名乡里。[见：《阌乡县志》]

汤明峻 清代湖南衡阳县人。汤昌铭子。通医理。父子皆以宽恕化俗著称。乾隆间（1736～1795），明峻已老，盛夏旲坐竹间，有无赖子来索钱，遽拳其腹。明峻徐起曰："暑甚，子劳远行，得无乏阙乎？"借谷二石，饮以酒而遣之。著有《脉理纂要》一卷、《伤寒杂证歌赋》一卷、《脾胃论》一卷，今皆未见。[见：《衡阳县志》]

汤性鲁 明代河北南皮县人。邑名医汤宾子。绍承家学，亦通医理。尝增补其父《药性指南》，未见刊行。子汤铉，亦传家学。[见：《南皮县志》、《天津府志》]

汤宗禹 字养原。明代金坛县（今属江苏）人。名医汤文子。继承家学，亦以医名世。切脉用药有独到见解，每起危证而生之。素有义行，曾获丰资，遇人有急，悉施予之。万历壬子（1612），授太医院吏目。后举乡饮宾。年八十四卒。[见：《金坛县志》]

汤诚礼 清代安徽黟县汤村人。精医术，官本府医学正科。著有《医学先难》二卷，今未见。[见：《黟县四志》]

汤经邦 字德宜。清代江苏武进县人。世医汤洪子。继承父学，亦精祖业，每视疾，立方不过数味，服之立效。[见：《武进阳湖县志》]

汤显忠 清代四川乐山县人。生平未详。著有《新三医书医案》十二卷，今未见。[见：《乐山县志》]

汤宸槐 号廷三。清代广东香山县（今中山）亨里人。通医理。著有《医学集腋便览》二十卷、《妇科便览》一卷、《幼科便览》一卷，今未见。[见：《香山县志续编》]

汤逸民 原名彬堂，号丰翁。近代江苏吴江县震泽镇花山头人。清末庠生。精通医术，无师自通，治病多效。抗日战争期间避难上海，执教于某中医学校。中华人民共和国成立后返乡，衰老不问外事，仍时常为人诊病。[见：《吴中名医录》]

汤得桂 字济五。清代江苏上元县人。儒医汤灯子。传承父学，悬壶济世。[见：《上元县志》]

汤望久 字来苏，号雨时。清代浙江石门县语溪人。工书法，精医理。挟技游于粤中。晚年侨寓乌程县，卖药以自给。辑有《脉因证治》二卷，刊于乾隆四十年（1775）。周中孚评此书曰："是书大抵掇拾《丹溪心法》、《格致余论》、《金匮钩玄》、《局方发挥》诸书而成。凡七十篇，颇便于学者。此即丹溪书之节本。"还撰《天人爱稿》，今未见。[见：《郑堂读书记》、《贩书偶记续编》、《浙江通志稿》]

汤隆谊 清代江苏武进县人。邑妇科名医汤伊勋孙。善承家学，医术精湛，每以数味起危疾。[见：《武阳志余》]

汤御龙 字荣光。清代浙江乌程县人。乾隆丙子（1756）武解元。其家世业外科，擅长接骨治伤，治辄奇效。御龙善骑射，精书法，而医技尤绝伦。遇难证每出新意治之。其家佣者某，采桑于树，枝折坠地，腹触枯枝而破，其人昏晕，伤口二寸余，已透膜，内系红肉，不见肠，欲以线缝之，而形似口张，不能合。御龙令旲归，饮以药酒，即不知痛楚，复以刀割伤口使宽，用铁钩钩膜内红肉出，则其大如掌，乃宿患之疝母，按法敷治伤口，数日而愈，宿疾亦除。有邻叟，因鼻疮发痒，信手以钓钩入鼻搔痒，钩有倒刺，着疮口不得出，顺逆取之，皆痛不可忍，就御龙求疗。御龙令取一鸡，拔鸡翎，剪成管，入鼻套钩尖，应手而出。又有富翁某，倾跌伤臂脱臼，其人护痛，不令人动摇，他医束手。御龙至，令患者向隅立，一手取冷水，泼其顶，患者仓卒发寒噤，乘势托其臂，骨入骱而愈。其手法之巧，人皆叹服。[见：《湖州府志》]

汤震龙 字鲤门。清代河南阌乡县人。廪生。博学嗜古，兼通医道，常施药济人。[见：《阌乡县志》]

宇文

宇文士及 （?～642）字仁人。隋唐间京兆长安（今陕西西安）人。隋右卫大将军宇文述子。隋文帝时，士及尚南阳公主，封尚辇奉御。后与唐太宗平宋金刚，以军功封新城县公，太宗以宗室之女妻之。历任秦王府骠骑将军、郢国公、中书侍郎、太子詹事。太宗继位，封中书令，寻以本官检校凉州都督。贞观十六年卒，谥"纵"。宇文士及辑有《妆台方》（又作《妆台记》）一卷，已佚。[见：《旧唐书·宇文士及传》、《新唐书·宇文士及传》、《宋史·艺文志》、《崇文总目辑释》]

宇妥

宇妥·宁玛元丹贡布 又译作元旦贡布，或称老宇陀。唐代西藏堆龙给那（今堆龙德庆）人。藏族。

任藏王松赞干布御医。出生于藏医世家，其事迹有大量神话传说，认为宇陀乃药王佛祖化身。曾赴内地五台山及印度、尼泊尔等国习医，对藏医诊断学有极深造诣。注重以脉诊及尿诊判断疾病之寒热属性。还擅长心理疗法，曾为藏王赤松德赞治疗眼疾，先转移患者对病变部位注意力，然后治愈其病。宇妥强调综合疗法，精通针刺、放血、汤剂、丸剂、按摩、饮食疗法等。重视医德，治病不避臭秽，诊疗不分富贵贫贱，以慈悲为怀，故举世奉之为医圣。曾竭数十年心力，参阅《医学大全》、《月王药诊》等书，撰藏医学巨著《四部医典》（藏名《居悉》，又译为《医方四续》），为后世所宝重（今存）。据考，还著有《脉学师承记》、《原药十八种》等书，今未见。[见：《中医大辞典》、《中国古代医学》、《中国大百科全书》]

安

安凤 明代山东新泰县人。精医术，擅内外两科。永乐间（1403～1424）掌惠民局，全活甚众。[见：《新泰县志》]

安传 字执中。明代山东淄川县人。庚子科举人，署滕县教谕，迁南京国子监助教。历刑部主事郎中，多所平反，释冤狱三十余人。升卫辉知府，有政绩。著有《无冤录》等书，今未见。[见：《济南府志》]

安治 字舜琴。清代河南祥符县（今开封）人。精医术，留心济世。贫者有疾，无不慷慨往诊，且助以药资。平生自奉极俭，而周济族人，绝不吝惜。其训子曰："勤读书，作好人。"年六十五岁，无疾而终。[见：《祥符县志》]

安肃 明代河南临颍县人。县医学训科安琚子，继承父业，亦工医术，治病应手辄效。成化间（1465～1487）入太医院。[见：《临颍县志》]

安泉 字凤林。清代江苏无锡县人。少读儒经，既长习医，精疡科，就诊者屡满户外，舟接河滨。重医德，遇贫病家延请，徒步携药而往，不求报，数十年如一日，人咸德之。安氏名其庐曰飞香圃，杂植花、药，贮古书、鼎彝、翰墨于其中。子安思桂，能世其术。[见：《无锡金匮续志》]

安坢 字文恢。宋代人。生平里居未详。著有《万全方》（又作《万金方》）三卷，已佚。[见：《宋史·艺文志》、《通志·艺略》、《崇文总目辑释》、《国史经籍志》]

安琚 明代河南临颍县人。工医术，曾任医学训科。子安肃，绍承父业。[见：《临颍县志》]

安期 世称安期先生。秦代琅琊（今山东诸城县西南）人。学神仙术，兼通医药，卖药于东海边。时李少君采药泰山，病困殆死，安期赠以神捷散，服一钱而愈。秦始皇东游，召见之，与语三日三夜，赐金、璧数千，皆弃置阜乡亭而去。[见：《列仙传》]

安增 字益洲，号卓泉。清代河南确山县人。同治三年（1864）举人。旁通阴阳医卜等术。[见：《确山县志》]

安藏 （?～1293）字国宝。元代畏兀儿族（即维吾尔族）人，世居别失八里（今新疆吉木萨尔北破城子）。幼习浮屠法，兼通儒学。性颖异，读书日诵万言。宪宗闻其名，召之，奏对称旨，赐坐。世宗即位（1260），进《宝藏论天渲集》十卷。至元八年（1271），与许衡谏言："知人用人，天下归之。"帝嘉纳之，特授翰林学士知制诰，同修国史。曾奉旨将《尚书》、《资治通鉴》、《难经》、《本草》诸书译为蒙文以进，迁翰林承旨，加正奉大夫，领集贤院会同馆道教事。至元三十年（1293）卒。延祐二年（1315）追赠太师，封泰国公，谥"文靖"。[见：《新元史·安藏传》、《内蒙古医学史略》]

安兆麟 字玉山。清代归绥县（今内蒙古土默特左旗）东乡人。潜心医籍，上自仲景书，下至张隐庵、陈修园所著，精研二十年，尤深于伤寒，为归绥名医。安氏认为，唐宋以后诸家多贵阴贱阳，后世惯用六味丸、八味丸，皆偏于扶阴，服者不慎，易致痰壅，流弊甚大，故力主"扶阳仰阴"之说。曾根据医理，证以临证经验，著《医学琐言》，其中《伤寒传经考》、《辨伤寒传经为热直中为寒之谬》、《论久服地黄之害》及《论厉风之证》诸篇，皆词旨明切，为医界所称道。安氏还撰有《四诊要言》若干卷，皆未见流传。[见：《绥远通志草稿》]

安守绪 字锡之。清代山东日照县人。诸生。晚年邃于医理。著有《疡医会要》，未见梓行。[见：《日照县志》]

安宗义 （?～1158）金代人。生平里居未详。曾任太医院御医。海陵王正隆三年（1158）正月五日，皇子矧思阿补病亡，海陵王迁怒于御医、乳母，竟杀太医院副使谢友正、医者安宗义，王子乳母亦遇害。[见：《金史·矧思阿补传》]

安思桂 清代江苏无锡县人。儒医安泉子。继承父学，亦工医术。[见：《无锡金匮续志》]

安竟成 清代河南淮阳县人。早年习儒，为庠生。遂于医学。光绪三年（1877），安氏旅居开封，值疫疾流行，施术救治，全活不计其数。[见：《淮阳县志》]

安道全 清代四川雅安人。以医济世，技艺深湛，有神医之誉。[见：《四川医林人物》]

安丘

安丘望之 字仲都，世称安丘丈人。汉代京兆长陵县（今陕西咸阳东北）人。少治《老子》，兼通医术，行医民间。性恬静，终身不求仕进。成帝闻其名召之，辞而不往，帝益重之。著有《老子章句》。[见：《中国人名大辞典》、《咸阳府志》]

祁

祁芳 清代山西长治县人。其父祁惠之，精医术，徙居高平县城北村。祁芳自幼敏慧好学，听父讲论脉理，多有领悟。及长，遍览医书，深明奥理。后悬壶于世，治病多效，远近延请者盈门。诊疾不择贫富，人服其德，公举为医学训科。[见：《山西通志》]

祁坤 字广生，号愧庵，又号生阳子。清初浙江山阴县人。明末右金都御史祁彪佳（1602～1645）子侄辈。敏悟好学，举业之外，兼读诸子百家。自彪佳殉前明之难，弃儒业医。清初，应召入太医院，授御医，侍值内廷，谨慎自重，累擢太医院判。遇休沐之日，以医理教诸子，即隆冬盛暑，常至午夜。后丁母忧家居，编辑平素旧稿，撰《外科大成》四卷，锓版印行。又撰《内科症治粗评》若干卷，今未见。有子五人，嘉锡、嘉钊、嘉铤、嘉铉、嘉铭，皆曾参校父书，其中字"昭远"者，亦官至太医院判。孙祁宏源，继承家学。[见：《外科大成·祁宏源序》、《四部总录医药编》、《古今名医言行录》、《浙江医籍考》]

祁宰 （?～1159） 字彦辅。宋末江淮人，徙居甘泉县（今江苏江都）。宋时以医术补官。金兵破汴京得之，令供职太医院。后历官中奉大夫太医院使，数被赏赉。正隆四年（1159）十二月，海陵王将伐宋，祁宰欲谏，不得见。会元妃有疾，召宰诊视。既入见，即上疏谏，言甚激切。海陵怒，命戮于市，籍其家产，天下哀之。金世宗继位，于大定四年（1164）追封资政大夫，复其田宅。章宗泰和（1201～1208）初，赐谥"忠毅"，诏访其子平定州酒监祁公史，擢为尚药局都监。[见：《金史·祁宰传》、《甘泉县志》]

祁煦 清代江苏靖江县人。邑儿科名医祁溆子。传承父学，悬壶济世。[见：《靖江县志》]

祁溆 字莲奎。清代江苏靖江县人。国学生。幼年失怙，弃儒业医，以儿科知名，远近延请者无虚日。凡出诊皆步行，不乘肩舆，贫家患儿赖以全活者尤众。自处节俭，侍人以诚，为乡里所称道。子祁煦，绍承父业。[见：《靖江县志》]

祁公史 金代甘泉县（今江苏江都）人。太医院使祁宰子。曾任忠勇校尉平定州酒监。海陵王正隆五年（1160），祁宰因直谏被杀。世宗继位，祁宰得平反。章宗泰和（1201～1208）初，诏擢祁公史为尚药局都监。[见：《金史·祁宰传》、《甘泉县志》]

祁正明 清代江苏长洲县人。业医，曾与薛雪（1681～1770）共同诊病。其临证医案附于《叶案存真》之后。[见：《中国医学大成总目提要》、《薛一瓢医案》]

祁尔诚 字竹岩。清代山西凤台县北尹寨村人。道光十五年（1835）三甲第一百一十七名进士，授兴国知州。好博览，于堪舆、医学靡不研究。曾评注傅山《傅青主女科》二卷，刊于道光十一年（1831），今存。[见：《凤台县续志》、《中医图书联合目录》、《明清进士题名碑录索引》]

祁宏源 原名弘源（避乾隆讳改）。清代浙江山阴县人。祖父祁坤，父祁昭远，皆任太医院院判，以外科著称。宏源兄祁弘涛早卒。弟国兴，乾隆十三年（1748）举进士，无暇习医。宏源少年时，父祁昭远谓之曰："嗣我家学者，其惟汝乎。"遂遵训学医，"用是黾勉，不敢自逸"，历五十余年不懈，对家传外科尤多心悟。时太医院判吴谦等奉敕纂修《医宗金鉴》，宏源参与其事，任副纂修官，取祖父《外科大成》而敷扬之，撰《外科心法要诀》。嗣后，虑先业失传，又重刻《外科大成》，刊于乾隆八年（1743）。子祁邦相、祁邦柱，事迹不详。[见：《外科大成》、《医宗金鉴》]

祁昭远 佚其名（字昭远）。清代浙江山阴县人。太医院判祁坤子。继承父学，亦精医道，曾与诸兄弟参校其父《外科大成》。早年

六画

六画

入太医院，官至院判。子祁宏源，绍承父学。按，祁坤有五子，嘉锡、嘉钊、嘉钲、嘉铉、嘉铭，"钊"有"远"义，疑"嘉钊"即祁昭远，待考。〔见：《外科大成·序》〕

祁惠之 清代山西长治县人。徙居高平县城北村。精医术，知名于时。子祁芳，公举为医学训科。〔见：《山西通志》〕

祁嗣篆 字肖虚。明代丹徒县（今属江苏）人。家贫，自幼入崇福观为道士。嗜于医学，擅长针术。羽士韩平叔至丹徒，嗣篆尊礼之。平叔欲授以烧炼神术，却而不受，乃授以疗痈疽诸方。既得秘授，治异毒多获奇效，决病者死生百不失一。年七十一岁卒。门人周文炳得其传，官至太医院判。〔见：《丹徒县志》、《镇江府志》、《江南通志》〕

许

许川 字景安，号澜亭。清代浙江天台县人。性倜傥，善属文，风格纵横驰骤。精医术，治病应手取效，求诊者屡满户外。有医德，遇贫病赠以药。孙许金铉，亦以医名。〔见：《天台府志》〕

许友 字有介。清代福建侯官县人。诸生。兼通医术，著有《医梦草》一卷，今未见。〔见：《闽侯县志》〕

许宁 一作许凝。字裕卿。明代安徽歙县人。少攻举业，工诗，善画竹石。因病习医，精针灸推拿诸法，能以手代针，其法罕传。曾往来歙县、休宁间，凡大僚巨室，数千里驰书相迎，治辄奇效。著有《医学论理》、《医纪》诸医书，今佚。〔见：《江南通志》、《徽州府志》、《安徽通志》〕

许弘 唐初人。里居未详。精医术，曾任太医令。显庆二年（657），奉敕与李勣、于志宁、许敬宗、苏敬等二十四人编《新修本草》五十四卷，成书于显庆四年。该书包括正文二十一卷（含目录一卷）、药图二十六卷（含目录一卷）、图经七卷。全书载药八百五十种，大行于世。详"李勣"条。〔见：《新唐书·艺文志》〕

许至 字芳墅。清代江苏无锡县人。善诗文，工篆刻。尤精医术，常自制丸散，以济贫病，不责其报。〔见：《无锡金匮县志》〕

许庄 字德征。明代嘉定县（今属上海）人。随先人徙居滦州兴义屯（一说城南响堂庄）。年十四试经策，即食廪饩。闭户读书，凡天文、地理、阴阳、战阵、律吕、兵刑、医卜之术，皆

穷源竟委。弘治癸丑（1493）举进士。初奉旨纂修《孝宗实录》、《三十二郡志》，后擢山东金事。时辽东变，又遣分巡辽海，上《安辽十四策》，升陕西参议，调山西粮储。尝以安边四事上言，武宗不纳，遂辞官归乡，专事著述。著有《养心鉴》一卷，已佚。〔见：《滦州志》〕

许孙 明代人。生平里居未详。著有《疮科方论》一卷，已佚。〔见：《文渊阁书目》、《菉竹堂书目》〕

许观 明代南京人。祖籍浙江嘉兴县。太医院院使许宗升孙，名医许忠子。早年习儒，为通州庠生。传承祖业，亦精医道，补太医院医士。以医疗功屡得升迁，官至太医院院判。子许绅，医名极盛，官至太子太保礼部尚书。〔见：《嘉兴府志》、《中国历代名医碑传集》（引张文宪《光禄大夫太子太保礼部尚书掌太医院事谥恭僖许公绅墓志铭》）〕

许杨 字伟君。汉代汝南平舆（今河南汝南）人。少好术数。王莽辅政，召为郎，迁酒泉都尉。及莽篡位，许杨变姓名为巫医，逃匿他方。王莽事败，方还乡里。〔见：《后汉书·许杨传》〕

许抚 清代河南灵宝县杏花村人。增生。重孝义。攻研医术，尤邃仲景《伤寒论》，知名于时。〔见：《灵宝县志》〕

许希 北宋开封（今河南开封）人。以医为业，补翰林医学。景祐元年（1034），仁宗患疾，侍医进药不效，冀国大长公主推荐许希。希诊后奏曰："针心下包络之间，可亟愈。"左右力争，以为不可。诸黄门祈以身试，试之无所害，遂令许希施治，针进而仁宗疾愈。授翰林医官，赐绯衣、银鱼及金币。许希谢恩毕，又西向拜。帝问其故。对曰："扁鹊，臣师也。今者非臣之功，殆臣师之赐，安敢忘师乎？"请以所赐金币兴建"扁鹊庙"。帝即命筑庙于城西隅，封扁鹊为灵应侯。庙成，学医者归趋之，后立太医局于其侧。许希官至殿中省尚药奉御。著有《神应针经要诀》，行于世，今佚。许希卒，录其子许宗道至内殿崇班。〔见：《宋史·许希传》、《医学入门·历代医学姓氏》、《医藏书目》、《天津府志》〕

许宏 （1340～?） 一作许弘，字宗道。明初福建建安县人。自幼习儒，隐于医。凡奇证异疾，治之辄效。又工诗文，善写山水花卉，皆臻其妙。宣德四年（1429），寿九十岁，尚健在。著有《金镜内台方议》（又作《金鉴内台方议》）十二卷，今存。年八十二岁，汇集效方，编《全

生类要湖海奇方》（简称《湖海奇方》）八卷，此书国内未见，日本尚存（现已影印回归）。许氏还著有《通玄录》（又作《通元录》），未见传世。［见：《建安县志》、《八千卷楼书目》、《四部总录医药编》、《中国医籍考》、《日本现存中国散逸古医籍》］

许规 元末人。里居未详。精医术，官平江路昆山州医学教授。至正十九年（1359），与同官王晔，重修昆山州三皇庙，二十三年竣工，并立碑记其事。［见：《金元医学人物》（引《昆山州重修三皇庙记》）］

许奇 字彦国。南宋开封（今河南开封）人。自幼习儒，不第，遂弃举子业。精通医术，官至太医院院判。建炎间（1127～1130），孟太后赴赣州，许奇扈驾，遂定居江西渝江。乾道五年（1169）孝宗因骑射伤目，令所在贡医，有司以许奇应。许氏诊疗毕，奏曰："兴复之举，任能为大。射骑细事也，愿勿学。"孝宗然之，擢太医院使。年八十七岁卒。著有《黄农襟绪》，藏于家。［见：《新喻县志》］

许忠 明代浙江嘉兴县人。永乐十五年丁酉（1417）随父定居应天府江宁县（今南京）。父许宗升，官太医院医士。许忠继承祖业，亦以医术著称。未出仕。子许观，孙许绅，皆精医术，绅尤知名。［见：《明史·许绅传》、《嘉兴府志》、《嘉兴县志》、《中国历代名医碑传集》（引张文宪《光禄大夫太子太保礼部尚书掌太医院事谥恭僖许公绅墓志铭》）］

许咏 唐代人。生平里居未详。著有《六十四问》（又作《六十四问秘要方》）一卷，已佚。［见：《新唐书·艺文志》、《宋史·艺文志》、《崇文总目辑释》］

许岱 清代江苏无锡县人。儿科世医许鸥子。继承家学，亦精儿科，声名胜于其父。［见：《无锡金匮县志》］

许庚 字星垣。清代江苏上元县人。邑名医许鹤年子。早年习儒，以贡生任震泽训导。绍承父传，亦通医理，知名于时。［见：《上元江宁两县志》］

许绅 （1478～1543）字大章，别号警庵。明代应天江宁县（今南京）人。祖籍浙江嘉兴。曾祖许宗升，为太医院医士，永乐十五年（1417）扈驾至京师，遂定居北京。祖父许忠，父许观，皆精医道。许绅性资敏慧，少习儒学，既成弃去，究心祖传医术，深悟轩岐奥旨，临证应手奏效。弘治五年（1492），以世医子弟充冠带医

士。正德十一年（1516）选供事御药房。嘉靖元年（1522）奉命诊视帝疾，"立方进剂，俱当上意"，升御医。自是屡承召对，方药精当，每用辄效。嘉靖五年升院判；九年升院使；十一年升通政司右通政，掌本院事；十三年转左通政；十六年诊疗太子有功，升通政司使。十八年（1539）太子册立，拜礼部右侍郎。次年升工部尚书，仍司院事。嘉靖二十一年（1542）十月，宫娥杨金英等以帛缢帝，气已绝。许绅急调桃仁、红花、大黄诸下血峻药，自辰时至未时始作声，吐血数升而愈。后叙功，晋太子太保礼部尚书。许绅尝患脾疾，至此复发，谓家人曰："吾不起矣。曩者宫变，吾自分不效必杀身，因此惊悸，非药石所能疗也。"乃辑录《经验方》一部，并上疏荐举本院官医数员。帝准其请，诏诰赠三代，荫其子许长龄为官生。嘉靖二十二年五月十六日卒，享年六十有六。帝闻讣悼惜不置，九遣礼官论祭，谥"恭僖"。许绅器宇端重，言简而行确，诸缙绅雅重之。曾捐俸刻针灸书、铜人图像于公所，俾习者有所考证，惜散佚不存。［见：《明史·许绅传》、《嘉兴府志》、《嘉兴县志》、《顺天府志》、《冷庐医话》、《中国历代名医碑传集》（引张文宪《光禄大夫太子太保礼部尚书掌太医院事谥恭僖许公绅墓志铭》）］

许荣 明代人。生平里居未详。知医，著有《小儿痘疹证治方》一卷，刊于世。［见：《八千卷楼书目》、《中国丛书综录》］

许柄 字耀南。清代河南洧川县（今尉氏县）人。自幼习儒，后研究医学，精通其术。常制丸散膏丹，以济贫病。［见：《洧川县志》］

许奎 明代昆山县（今属江苏）人。世医许叔和孙，许德瑞子。幼年丧父，遵母训读书，儒医俱精，兼善吟咏，工书法。及长，医道盛行，名重乡里，补本县医学训科。重医德，治病不分贫富，延请则往，不计酬，救济亲邻、贫病甚多。［见：《昆新两县续补合志》、《昆山历代医家录》］

许昭① 字来兹。清代江苏无锡县人。自少嗜读书，工诗赋。体弱多病，研习岐黄，遂以医著称。重医德，治病不求酬报，尤能体恤贫病。性亢直，不阿附，乡里称之。［见：《无锡金匮县志》］

许昭② （1865～1922）字明君，号明斋。近代江苏常熟县人。幼习举业，博通经史。屡试不第，以教塾为业。转辗于赣、湘二十年，后任教于上海远东商业学校。于授学之暇，研究医学，兼参西法，尤擅小儿痘科。年五十八

岁卒。著有《世界历代名医传略》，今存 1917 年绍兴医药学报社铅印本。许氏姑表侄张谔，亦通医理。[见：《中国历代医史》、《吴中名医录》、《中医图书联合目录》]

许矩 字仲方。元末昆山州（今江苏昆山市玉山镇）人。原籍不详，其父许伯宜，于元代南渡至昆山，定居于此。许矩精通医学，官本州医学教授。推重名医李杲，治病以固本为先，不求捷效，活人甚众。长子许律、次子许度、幼子许量，皆承先业，并以医名。[见：《昆山县志》、《昆新两县续修合志》]

许律 字用韶。明初昆山县（今属江苏）人。元末医学教授许矩长子。得世传之秘，凡他医不能疗者，必就律求治，一经诊视，生死立判，人以为神。其弟许度、许量，皆以医名。子许公辅，官太医院医士。[见：《昆山县志》、《昆新两县续修合志》]

许度 字用衡。明初昆山县（今属江苏）人。元末医学教授许矩次子。绍承父学，与兄许律、弟许量，皆以医名。[见：《昆山县志》、《昆新两县续修合志》]

许洪 南宋人。里居未详。祖、父均业医。许洪善承家学，好读方书，亦以医知名。曾供职四川总领所检察惠民局，授太医助教。嘉定元年（1208）《太平惠民和剂局方》再版，许洪为之作序，并编次《指南总论》三卷，附于书后，简述药物合和、炮制及数十种病证之治法、用药等。[见：《太平惠民和剂局方·序》、《本草纲目·序例》、《中国医籍考》]

许逊 字敬之。晋代人。里居未详。曾任湖北旌阳县令。性好道术，兼通医理。在任时疫病流行，郡民染疾者十有八九。许逊以奇方拯救，兼施符咒，沉疴无不立起。邻郡闻其名，病者皆远道求疗，日以千计。著有《灵剑子引导子午记》一卷，今存道藏本。[见：《古今医统大全·历世圣贤名医姓氏》、《医学入门·历代医学姓氏》、《中国丛书综录》]

许栽 字培之，号高阳山人。清代浙江海盐县人。国学生。名医吴仪洛高足。人品高洁，专精医学，每遇他人束手之证，治之辄愈。著有《古今名方摘要歌》、《劳倦内伤论》、《医案赏奇》、《痢症述》、《金匮述》等书，皆未见刊行。兼工诗赋，有《高阳山人诗稿》。[见：《海盐县志》]

许起 字仁甫，又字壬瓠，号吟坞。清代江苏元和县甫里人。贡生。工诗古文，擅书法。

少从同里名医顾惺游，得医学真传。尝避兵沪上，结识道州何绍基，得其指授，书法益精进。年七十六岁卒。著有《霍乱燃犀说》二卷，今存《珍本医书集成》本。[见：《吴县志》、《珍本医书集成》]

许晖 北齐高阳新城（今山东淄博）人。其父许遵，通《周易》，善卜筮。许晖从父习妇人产法，预言产男女及生产日无不中。武成时（559～560），以其术获赏赐。[见：《北史·许遵传》]

许宸 字君辅。元代曲沃（今山西曲沃）人。名医许国桢子。随父侍元世祖于潜邸，进退庄重，赐名"忽鲁火孙"，使从许衡学。后入备宿卫，忠慎小心。不久，授礼部尚书，提点太医院事。后改尚医太监，转正议大夫，仍提点太医院事。成宗继位，迁中书右丞，改陕西行中书省右丞。仁宗时，特授荣禄大夫大司徒，终身食禄。卒，追封赵国公，谥"僖简"。[见：《元史·许国桢传》、《新元史·许国桢传》]

许恕 （1322～1373） 字如心，号北郭。元末江阴县（今属江苏）人。邑名医许中行子。早年习儒，兼承父学。元末荐授澄江书院山长，不久弃职归，隐于医。有《北郭集》（文集）传世。[见：《全元医学人物》（引《梧溪集》）]

许琏 初名映涟。字叔夏，号珊林。清代浙江海宁州人。生有至性，及长，勉于文行。道光十三年（1833），举二甲第四十六名进士，授直隶知县。荐修《国子监金石志》，书成叙劳，改山东平度知州，居官廉介。任事七载，审结新旧案一万三千六百有奇，昭雪冤狱甚多。迁镇江知府，值水患，亲率舟拯救，全活三万余人。调徐州知府，河决，日至灾区，拯千万人。晚年改授江苏督粮道，亦多政绩。以病乞归，寻卒，享年七十六。许琏笃治经术，精治六书，深明律学，工书法，对《说文解字》多有研究。兼通医理，尤留心尸伤痕损，曾校注宋慈《洗冤集录》，辑《洗冤录详义》四卷。又校订倪枝维《产宝》一卷、宋异僧《咽喉脉证通论》一卷，皆刊刻于世。还校正《徐评外科正宗》、《咽喉脉证通论》二书，今未见。弟许楣，与琏同年成进士，亦通医理。[见：《八千卷楼书目》、《浙江通志稿》、《杭州府志》、《海宁州志稿》、《中国医学大成总目提要》、《中国人名大辞典》、《明清进士题名碑录索引》]

许谌 字元孚，自号娄愚。元明间昆山县（今属江苏）娄东人。祖籍鸾江（今江苏仪征），随宋室南渡，徙居昆山。少从名医王履游，博通儒典，深造医学之妙，知名于时。著有《娄愚稿》、《野情集》（诗文集），皆佚。无子，婿陶浩，传承其业。［见：《昆山县志》、《昆新两县续修合志》、《壬癸志稿》、《苏州府志》］

许期 明代江西万安县渡头人。以医为业，知名于时。慕李杲赈恤之举，乐善好施，屡受郡县表彰。司徒许国，荐之于朝，敕授太医院掌院，在任二十余年。许国曾作诗赠之，有"春积杏林三月醉，泉流橘井四时香"之句。以高寿终。［见：《万安县志》］

许敬 字孟寅。明代浙江嘉兴县感化乡人。曾祖许庭芝，祖许文达，父许景芳，皆以医术著称，江南治口齿咽喉症者，以许氏为最。许敬继承祖业，亦精医术。宣德间（1426～1435），太医院使蒋主善荐之入内院。英宗患喉风，更数医不效，许敬进绛雪丹，令帝噙之，疾愈，授太医院御医，赐敕奖谕。年七十，援例致仕。著有《经验方》三卷，已佚。［见：《嘉兴县志》、《浙江通志》］

许棠 字思召。清代江苏江阴县人。娴于医术，尤擅外科，治病多奇效。有医德，凡无力购药者，于方纸加盖小印，使径向药肆索取，代偿其值。凡乡里善举，必捐资以倡。殁后，有至墓前泣拜者。［见：《江阴县续志》］

许量 字用广。明初昆山县（今属江苏）人。元末医学教授许矩幼子。绍承父学，与兄许律、许度，皆以医名。［见：《昆山县志》、《昆新两县续修合志》］

许景 南朝梁高阳（今山东淄博）人。名医许道幼子。传承父学，亦精医术。梁武陵王时（552），官咨议参军。子许智藏，医名极盛。［见：《隋书·许智藏传》］

许楣 （1777～1870） 字辛木。清代浙江海宁州人。道光十三年（1833）二甲第十七名进士，官户部主事。同治元年（1862），兄子许诵宣官东台县令，奉以同来，遂寓居东台。许楣兼精医理，通外科及导引术，尤善治瘰病。常购求良药，亲制膏丹，治危症多效，活人甚众。年九十四卒。著有《重订外科正宗》十二卷，未见刊行。兄许琏，亦道光十三年进士，兼通医理。［见：《东台县志稿·流寓》、《中国医学大辞典》］

许鹍 清初江苏无锡县人。邑儿科名医许德基子。与兄许鹏皆以儿科著称。子许岱，声名益盛。［见：《无锡金匮县志》］

许鹏 清初江苏无锡县人。邑儿科名医许德基子。与弟许鹍，皆传父业，知名乡里。［见：《无锡金匮县志》］

许溶 字月波。清代浙江钱塘县人。以医为业，以医德称于时。尝诊疗病人，疏方而归，已就寝，忽念曰："是病非人参莫济。"亟披衣起，叩店门购人参，立趋病家。患者服其药，病得痊愈。［见：《杭州府志》］

许镃 （1472～1528） 字待时。明代山东历城县人。许瑍子。自幼习儒，补郡诸生。入庠不久患疾，迁延数载始愈，而母陈氏亦病。嗣后，弃儒习医，研读《内经》以下诸方书，多有领悟，终愈母疾。推重名医张子和，常以汗、吐、下三法治人，皆获佳效，临证三十余年，知名于时。其弟许镒，信巫不信医，一日家人患病，召巫作法。镃闻，执利锥驱之，自此许氏无复谒巫者。嘉靖七年卒，享年五十七。子许邦才，业儒。［见：《中国历代名医碑传集》（引李攀龙《明故许处士配张孺人合葬墓志铭》）］

许琎 北宋人。里居未详。曾官登仕郎。政和间（1111～1117），宋徽宗敕编《圣济经》十卷、《圣济总录》（又作《政和圣济总录》）二百卷，同时成立编类圣济经所，命曹孝忠总领其事，下设同校勘官七人，许氏任点对方书官（详"曹孝忠"条）。［见：《且朴斋书跋·跋重修圣济总录》］

许奭 北朝至隋高阳（今山东淄博）人。仕于梁，为太常丞中军长史。精通医术，方药之术特妙，与名医姚僧垣齐名。隋初，随柳仲礼至长安，拜上仪同三司。子许澄，以医名世。［见：《北史·许智藏传》、《隋书·许智藏传》］

许遵 北齐高阳新城（今山东淄博）人。明周易，善卜筮，兼通医术，以相术知名。其子许晖，传其"妇人产法"。［见：《北史·许遵传》］

许澄 隋代高阳（今山东淄博）人。名医许奭子。博学多识，克传父业，尤尽其妙，声名过于其父。历任尚药典御、谏议大夫，封贺川县伯。著有《备急单要方》三卷，已佚。［见：《北史·许智藏传》、《隋书·许智藏传》、《医学入门·历代医学姓氏》］

许璞 字雯来。清代浙江海盐县人。精医术，志存利济。天真洒落，以诗酒自娱。晚年补辑《名医类案》，大费苦心，有益后学。今未见。［见：《海盐县续图经》］

许鲲 字荫清。清代河北清河县人。庠生。得家传，善疗瘟疫，断病精确。同邑宫姓某得疫症，病势甚危，他医诊之，谓必不起，令其家

六画

预备后事。迄请许鲲，至则言："无妨。"人共危之，鲲不为所动，为之立方，曰："果死，我当偿之。"嗣服药，霍然而愈，人益神之。其家有手抄《瘟疫论》一册，凡遇瘟病，后人依方施治，无不立效。[见：《清河县志》]

许燮 字阳吉，号理齐。清代福建闽清县人。生有异质，博闻强记，善诗文。不求之于制艺，有以童子试劝之者，辄曰："否，否。"精通医术，凡以难证延诊，全活者颇多。尝往侯官县治病，中途遇雨，乃避于小村人家，雨止天晚，方谋寄宿，主人家以病者濒死辞。與夫曰："此名医许先生也。"即延入。许氏诊毕，只令以黄土水调服，阅数时许，病者生气渐复，翌日疾愈。其神效多类此，一时衔恩者口碑载道，登门习业者亦不乏人。生平多与文人学士相往还，谈吐诙谐，后辈未有以老厌之者。晚年撰《雕篆诗集》、《伤寒汇证》诸书，今未见。门生许炳西，得其传授。[见：《闽清县志》]

许三元 清代河南镇平县人。精医术，活人甚众，知名于时。[见：《镇平县志》]

许于陞 字北卿。清代江西万年县株源人。邑增生。谦谨敦厚，轻财尚义，尤精医术。县令汪之祯，赠以"德义悠隆"匾额。年七十八岁卒。[见：《万年县志》]

许大椿 佚其名（字大椿）。清代江苏长洲县金墅航船浜人。业疡医，兼理伤科。凡他医不治之症，大椿以为可治，无不应手愈。悬壶四十余年，疗危疾无算，名噪江浙数省。其辨证、用刀，独有薪传，与他医相异。同治间（1862～1874），浒关朱朗如自楼屋跌下，头骨裂为数块，医者皆谓必死。大椿曰："脑盖未碎，可为也。"为之洗瘀血，敷以药，不数时，渐有微息。治三月余，康复如初。著有《外科辨疑》八卷、《合药指南》四卷，未梓。子许文鸿，传承父业。[见：《吴县志》]

许天觐 字韩侯。清代安徽泾县岸前都人。幼年丧父，事母曹氏以孝闻。精岐黄术，以药活人，不受馈谢。[见：《泾县志》]

许元礼 清代江苏高淳县人。精儿科，辨痘疹吉凶如神。诊疾不计利，遇贫病赠以药资，人称君子医。[见：《江宁府志》、《高淳县志》]

许日荣 明代句容县（今属江苏）坊郭人。邑名医许崇本子。继承父学，亦以医名。[见：《句容县志》]

许中行 元代江阴（今属江苏）人。古心古貌，寄业于医，知名当时。子许恕，传承

其学。[见：《金元医学人物》（引《梧溪集》）]

许长春 号华修。明代安徽怀远县人。精通医术，善治痘疹，针灸尤神。以医术为福藩上宾，欲授以官，闻而逃去。曾私乘王府千里马，一夕至家，不作一言而返。闻者怪之，答曰："儿辈不可不一见，然岂可共语也?"其生平游戏三昧，风趣可知。著有《慈幼集》六卷。其自序云："痘无死法，死于古法。药无生法，生于我法。我法无生，顺天地之气，参动息之微则生。"其子许谧，携父稿出游，散佚无存。[见：《怀远县志》]

许长增 清代江苏丹徒县人。精医术，以痘科见长。重医德，疗治贫病，常不取酬。著有《痘疹形色论》、《伤寒余注》二书，未见梓行。[见：《丹徒县志》]

许仁则 唐代人。生平里居未详。精通医理，为唐代著名医家，与僧深、崔尚书、孙处士、张文仲、孟同州、吴升等齐名。撰有《子母秘录》十卷，已佚。《外台秘要》载许氏医论、医方甚多，涉及伤寒、天行时病、黄病、疟疾、霍乱、呕吐、咳嗽、诸风、脚气、痢病、痔疮、淋症、便闭、小便数多、吐血、堕损、瘴疟及产后诸证，可窥许氏学术之一斑。《证类本草》亦载许氏遗说。[见：《崇文总目辑释》、《国史经籍志》、《外台秘要》]

许仁沐 原名仁杰。字壬伯，号庸斋。清代浙江海宁州人。礼部尚书许汝霖六世孙。自幼颖慧，稍长，随父习儒。同治乙丑（1865）中举。三试礼部报罢，援例任教职，官至平湖县教谕。晚年擢严州府教授，未赴任卒。兼通医药，辑有《觉今庵方录》二卷，今未见。[见：《海宁州志稿》]

许公辅 明代昆山县（今属江苏）人。世医许律子。继承父学，精通医术，获赐医士。永乐间（1403～1424）随郑和下西洋，钦赐冠带。子许叔和，传承家业。[见：《昆山县志》、《昆新两县续补合志》]

许凤池 清末房山县（今北京房山）人。生平未详。著有《痘科摘要》一卷、《痘症疑似实辨》二卷，未见梓行。[见：《房山县志》]

许凤麟 清代浙江上虞县人。幼年时得医书，刻意研究，遂精外科，能望而断病。一日至姚邑贩牛，适主人之子患喘症，诸医以为瘵。凤麟视之曰："此肺痈也。可奏刀矣。"诸医大骇。其家求治，即刺其胁，取脓数升而愈。主人感德，赠二牛酬谢。[见：《上虞县志》]

许文达 明初浙江嘉兴县感化乡人。邑名医许庭芝子。传承父业，以医鸣世，江南治口齿咽喉者，以许氏为最。子许景芳，孙许敬，皆以医术知名。[见：《嘉兴县志》]

许文林 字守联。清代浙江天台县人。邑名医许金铉子。绍承父学，以医传家。[见：《天台府志》]

许文叔 宋元间临川（今江西抚州）人。世以医名，兄弟子侄，各有著述，每聚谈医理，多精到之论。门生黄大明，得其传授。[见：《金元医学人物》（引《道园类稿·黄东之墓志铭》）]

许文美 元代人。里居未详。曾任奉训大夫同知太医院事。后至元三年（1337），名医危亦林撰《世医得效方》十九卷，由江西医学提举司送太医院审阅，许氏与同僚参与其事。至正五年（1345）此书刊刻于世。[见：《世医得效方·太医院题识》]

许文鸿 号鹤丹。清代江苏长洲县金墅航船浜人。邑名医许大椿子。继承父学，精通疡科、骨伤之术。[见：《吴县志》]

许水华 字深如，号明川。清代浙江嘉善县人。早年研习医学，技成，以术济世。[见：《嘉善县志》]

许玉良 字蓝田。清代河北清河县人。庠生。遂于经学，著有《周礼注疏》若干卷。晚年精医。曾通读《陈修园医书十六种》，详加注解，见地精确。临证擅治时疫，立方简当，有药到病除之效。其治血崩症，常用白芍一两，当归身二两，服之立效。年六十岁卒。[见：《清河县志》]

许正芳 清代江苏句容县人。邑外科名医许修震子。传承父学，亦精外科，所制丹药有奇效。子许起龙、许起凤，皆以医知名。[见：《续纂句容县志》]

许正国 清代四川郫县守忠乡人。淳朴谦和，以医为业。于伤寒有独到见解，凡患伤寒证者，得其治疗即自庆不死。诊疾不分贫富，童叟妇女，负贩走卒，皆悉心治疗，活人甚众。[见：《郫县志》]

许正绶 字玉海。清代浙江人。里居未详。自幼好学，工诗善文，老而弥笃。尤精医理，著有《医学源流》、《桑梓丛谈》，未梓。[见：《浙江通志稿》]

许世煜 明代无锡县（今属江苏）人。精医术，天启间（1621～1627）任太医院御医。子许德基，亦以医名世。[见：《无锡金匮县志》]

许世锦 字敬亭。清代湖北广济县人。精通医术，遇沉疴多能起之，求诊者踵相接。[见：《广济县志》]

许可乐 清代江苏镇江人。寓居江阴县。精医术，专擅内科。有医德，遇贫病，施诊赠药以为常。[见：《江阴县志》]

许东望 字应鲁。明代山东聊城县平山卫人。嘉靖戊戌（1538）进士。初任山阴县令，历官户部郎中、浙江参议，以行太仆寺卿致仕。习养生家言，年八十余，目光炯炯，灯下能书蝇头细字。辑有《古今名方》若干卷，已佚。[见：《聊城县志》]

许叶熊 字太占。清代江苏无锡县嵩山人。精医术，擅长眼科，能以金针开瞖。与同邑名医殷耀奎齐名。[见：《无锡金匮续志》]

许令典 字稚则，号同生。明代浙江海宁县花溪人。万历三十五年（1607）三甲第六十八名进士。历任上饶、无锡县令。因疏放，贬为淮安教授。官至淮安知府。晚年引疾归里，六十五岁卒。著有《食史》（又作《食谱》）一卷，未见梓行。[见：《海昌外志》、《海宁县志》、《花溪志》、《明清进士题名碑录索引》]

许宁基 （?～1754）字心宗，号右榭。清代浙江海宁州人。工诗词骈文，风格清新瑰丽。年十七应京兆试，有声太学。乾隆十五年（1750）举北闱，才名日起。又四年而卒，人皆嗟叹。许氏幼年患疾，留心医药，曾辑《攻坚偶笔》二卷，未见梓行。[见：《海昌备志》、《海宁州志》]

许永年 清代江苏如皋县人。生平未详。通医理，著有《本草集成》、《医学精华》等书，今未见。[见：《如皋县志稿》]

许永彰 字朗清。清代江苏铜山县人。生平未详。著有《医学指南》九卷，今未见。[见：《铜山县志》]

许弘直 唐初人。里居未详。精医术，官尚药局直长。显庆二年（657），奉敕与李勣、于志宁、许敬宗、苏敬等二十四人编《新修本草》五十四卷，成书于显庆四年。该书正文二十一卷（含目录一卷）、药图二十六卷（含目录一卷）、图经七卷。全书载药八百五十种，大行于世。详"李勣"条。[见：《新唐书·艺文志》]

许成仁 字子美。明代浙江丽水县人。早年习儒，不遇于时，弃而攻医。技艺精湛，凡经调治，无不愈者。不以医谋利，凡贫病者就

治，赠以药饵，遇孤苦无靠者，亲为煎药。郡县官吏，皆赠匾表彰之。[见：《处州府志》]

许贞才 字逸卿。清代山西闻喜县宋店人。监生。兼通医理。著有《勿药有喜》四卷，今未见。[见：《闻喜县志斠》]

许廷哲 字潜修。清代江苏荆溪县人。精医术，中年后，知名于荆楚间。著有《保产要旨》四卷，今存嘉庆十一年丙寅（1806）迎曦书屋刻本。还著有《保产节要》，今未见。[见：《宜荆县志》、《贩书偶记续编》]

许仲举 元末余姚县（今属浙江）人。业医，知名于时。至正甲午（1354），乡人吴易之，年七十岁患背痈，病发数日，就许氏诊疗。许氏循古法医之，旬日间获痊。吴氏感其德，请宋禧撰《赠许仲举序》，为之延誉。[见：《金元医学人物》（引《庸庵集》）]

许仲逵 清代安徽合肥县人。世医许绍衡子。与弟许育鲸，继承家学，皆精医术。[见：《安徽通志》、《合肥县志》]

许行可 清代江苏高淳县人。太学生。精医术，专擅幼科，凡痧痘、杂证，能预定吉凶，时称赛神仙。[见：《高淳县志》]

许兆祯 字培元，号吴兴山人。明代浙江乌程县南浔镇人。初习举业，后弃去，研习医术。取家藏善本及历代医书，细研潜玩，三为裘葛，明悟医家之奥。及悬壶问世，上自王侯大臣，下至里井百姓，凡患疾病者，治之辄效，远近闻名。好著述，撰有《素问评林》、《素问便读》、《伤寒解惑》、《女科要论》、《衍嗣宝训》、《痘疹笔议》、《外科集验》等书，均佚。唯所撰《医四书》（包括《诊翼》、《医辨》、《药镜》、《方纪》）尚存。[见：《医四书·序》、《南浔镇志》、《医藏书目》]

许兆熊 字凫舟，又字黼周。清代江苏吴县光福人。画家徐坚弟子。好藏金石，兼精医术。于其家辟六君子斋，又筑池上草堂，养鱼莳菊，专意著述，时与诸名流觞咏其间。著有《药笼手镜》四十卷，今未见。医书外，尚有《两京名贤印录》、《东篱中正》、《凫舟诗稿》，各若干卷。[见：《吴县志》、《光福志》、《苏州府志》]

许汝楫 字济川。清末福建莆田县人。生平未详。著有《温症瘰疹辨证》一卷，刊于光绪戊子（1888）。[见：《八千卷楼书目》、《清史稿·艺文志》]

许守中 元代江阳（今江苏扬州）人。世代业医，至守中已历十余世，名声甚盛。

推重后汉名医董奉之为人，凡以病延请，不分贫富皆往，治辄奇中，概不索酬。淞江谢伯曾，聘画工绘《杏林图》赠之。[见：《金元医学人物》（引《东维子集·杏林序》）]

许安澜 清代江西萍乡县人。邑庠生。兼通医道，著有《土药类志》，今未见。[见：《昭萍志略》]

许观曾 （1899～1938） 字盥孚，号半龙。近代江苏吴江县人。幼颖悟，善诗文，早年受学于金天翮，与柳亚子、陈去病为友。嗣后，以"医可活人"，遂从舅父陈仲威研习外科，尽得其术。欲再深造，乃求学于上海中医专门学校，师事孟河丁泽周等。毕业后，悬壶于故乡芦墟镇司浜"师让小筑"。擅治痈疽诸证，察人气色，预知病时。宅心仁厚，惜贫悯苦，凡贫病求诊，必徒步而往，或施以药，人咸德之。后应业师丁泽周之召，赴上海开业。与王一仁、秦伯未等创立上海中国医学院，并任教授等职，又兼上海广益中医院外科主任，医名鼎盛，声噪于时。著有《中医诊断学大纲》、《疮科纲要》、《外科学大纲》、《药夜启秘》（又作《外科制剂法》）、《内经研究之历程略考》、《内科概要》（又作《内科普通疗法》）、《方剂学枢要》、《杂病处方法》、《外科学》、《疡科学》、《喉科学》、《内科处方法》、《中西医之比观》等书。[见：《吴中名医录》、《中国历代医史》、《中医大辞典》]

许孝宗 一作许孝崇。唐代人。里居未详。曾任尚药奉御。显庆二年（657），奉敕与李勣、许敬宗等二十四人编辑《新修本草》，显庆四年编成。是书为我国第一部国家颁布之药典。详"李勣"条。许氏另著《箧中方》三卷，已佚。[见：《新唐书·艺文志》、《崇文总目辑释》、《国史经籍志》、《中医文献辞典》]

许克昌 清代安徽和州人。生平未详。与毕法合撰《外科证治全书》五卷，刊于道光辛卯（1831），流传颇广。[见：《外科证治全书》、《贩书偶记》]

许丽京 字务滋，号兰园。清代安徽桐城县人。少孤，受学于伯祖许兼才。日诵万言，过目不忘，工诗古文，擅八分书。年二十三举于乡，道光六年丙戌（1826）成进士，授浙江安吉知县。兴利除弊，颇著政绩。继宰陕西、雒南，权篆耀州、商州，士民爱戴。精岐黄之学，活人无算。著有《兰园诗集》、《骈体文》。又辑方书《医方新编》，今未见。[见：《重修安徽通志》]

许体仁 字西岩。清代浙江萧山县人。乾隆间（1736～1795）诸生。著有《痘科合参》、《麻症合参》二书，未见梓行。[见：《萧山县志稿》]

许佐廷 字乐泉。清代安徽歙县许村人。自少习儒，为贡生。漕督吴棠器重之，咸丰十一年（1861）以知县调江北，办筹防善后诸政。光绪十一年（1885）迁清河知县，平反冤狱，治理水患，多有政绩。许氏留心医药，推重同乡喉科名医郑璜，辗转得郑氏《喉科秘钥》，穷三昼夜抄录之，遇喉症即按方施治，无不神效，遂重加增订，刊刻于同治乙丑（1865）。许氏前后治喉证四十余年，多有心得，晚年撰《喉科白腐要旨》一卷，由其子许思文编校，刊于光绪元年（1875）。许氏还与侄许继贤编《活幼珠玑》一卷，刊于同治癸酉（1873）。[见：《清史稿·艺文志》、《歙县志·宦迹·许佐廷》、《八千卷楼书目》、《中国医学大成总目提要》]

许希周 字近濂。明代湖南道州人。进士许完斋子。少攻举业，嘉靖间（1522～1566）中举。辛亥（1551）授定远县知事。举业之暇，好读医书。深以诸家本草浩瀚难记为病，故杂举诸药性味相对者，属之以词，言其用途，缀成骈句，以便记诵。久之积成一帙，题曰《药性粗评》，厘为四卷，刊刻于世，今存嘉靖三十年辛亥（1551）刻本。[见：《医藏书目》、《天一阁书目》、《中国医学大成总目提要》]

许应奇 明代安徽祁门县人。精医术，知名京师。隆庆二年（1568）正月，太医院医官徐春甫集合各地在京名医四十六人，创立一体堂宅仁医会，许氏为会员之一。诸医穷探医经，讨论四子（指张机、刘完素、李杲、朱震亨），共戒私弊，患难相济，为我国最早之全国性医学组织。[见：《我国历史上最早的医学组织》（《中华医史杂志》1981年第3期）]

许完斋 明代湖南道州人。自少习儒，兼通医术，远近时或赖之。后举进士，任职大理，以疾卒。子许希周，官定远县知事，亦通医理。[见：《中国医籍考》、《四部总录医药编》]

许宋珏 字式如，号长吟子。清代浙江鄞县人。精医理。尝谓："注张仲景《伤寒论》者几百家，惟成无己为最古，得其旨。间有纰缪，以王叔和《伤寒论（注）》误之也。"有鉴于此，积二十年之力，撰《伤寒论全书本义》，今未见。后以医问世，治病应手奏效。年五十岁卒。[见：《鄞县志》、《鄞县通志》]

许宏训 字洪敷，号学获。清代广东兴宁县古泉坊人。明医理，尤工针灸。凡踵门求治者，先饱以酒食，然后疗之，著手成春，毫不受谢。年七十七岁卒。[见：《兴宁县志》]

许补之 南宋人。生平里居未详。淳熙间（1174～1189）在世。著有《伤寒辨疑》一卷，今未见。[见：《述古堂书目》]

许其仁 字宅真，号甚远。明末武进县（今属江苏）人。精究奇门遁甲之术，尤工医学，投药无不效。明亡，出家为僧，自号甚远。[见：《武进阳湖县志》]

许若璧 元代人。里居未详。通医术，曾任昌国州（今浙江定海）医学提领。至元二十九年（1292），与本州医官李继之、陈锡寿，买民居建立州医学，前祀三皇，后为宣讲医学之所。[见：《金元医学人物》（引《昌国州图志》）]

许直初 清末人。里居未详。精医术，得子午流注、灵龟八法之秘，以针灸见长。门人吴显宗，尽得其传。[见：《回忆吴棹仙老师》（《山东中医学院学报》1982年第3期）]

许叔和 明代昆山县（今属江苏）人。太医院御医许公辅子。继承祖业，精通医术。景泰间（1450～1456），以名医荐入京师。子许德瑞，继承父业，惜早卒。

许叔微 （1079～1154） 字知可。南宋真州（今江苏仪征）人。家道贫寒，笃志经史，兼通医理。尝获乡荐，而省闱不利。后专力于医学，术益精妙，虽奇难怪证，治之辄愈。治病不问贵贱，诊候与药，不受酬谢，所活不可胜计。绍兴二年（1132）以第六名登进士第，官集贤殿学士，后世以许学士称之。建炎（1127～1130）初，兵燹后大疫，许叔微亲行里巷视疗，所活甚多。对《伤寒论》多有研究，著有《伤寒百证歌》、《伤寒发微论》、《伤寒九十论》，今存。又善化裁古方，创制药剂，晚年荟萃平生所得，辑《类证普济本事方》十卷，大行于世。还著有《仲景脉法三十六图》、《治法八十一篇》、《翼伤寒论》、《辨类》等书，皆散佚。门生范应德，尽得其传。[见：《宋史·艺文志》、《武进县志》、《夷坚甲志》、《仪征县志》、《古今医统大全·历世圣贤名医姓氏》、《医学入门·历代医学姓氏》、《医藏书目》、《四库全书总目提要》、《许叔微本事》（《医学史与保健组织》1957年第4号）]

许国忠 明代安徽歙县人。精医术，知名京师。隆庆二年（1568）正月，太医院医官徐春甫，集合各地在京名医四十六人，创立一体

六
画

堂宅仁医会，许氏为会员之一。诸医穷探医经，讨论四子（指张机、刘完素、李杲、朱震亨），共戒私弊，患难相济，为我国最早之全国性医学组织。[见：《我国历史上最早的医学组织》（《中华医史杂志》1981年第3期）]

许国桢 字进之。元代山西曲沃县人。祖父许齐，为金绛州节度使；父许日严，为荣州节度判官，皆通医术。母韩氏，亦以医术侍元庄宪太后。许国桢博通经史，尤精医术。金乱，避地嵩州永宁县，后归寓太原。元世祖忽必烈在潜邸，许氏以名医征至翰海，留掌医药。庄太后有疾，国桢治之，刻期而愈。太后时年五十三岁，遂以白金铤如年数赐之。元世祖过饮马乳，得足疾，国桢进药味苦，却而不服。国桢进"良药苦口利于病，忠言逆耳利于行"之言，世祖悦，赐以七宝马鞍。宪宗三年（1253），国桢从忽必烈征云南，参与机密，深得宠信。世祖即位，授荣禄大夫，提点太医院事，赐金符。至元三年（1266），改授金虎符。十二年迁礼部尚书，拜集贤大学士，进阶光禄大夫。每进见，世祖呼之为许光禄，不称其名，由是内外皆以许光禄称之。官至翰林集贤大学士。年七十六岁卒，谥"忠宪"，追封蓟国公。许氏尝著《御药院方》二十卷。又于至元二十一年（1284）与翰林承旨撒里蛮奉敕撰《至元增修本草》。子许扆，绍承父学，亦任职于太医院。[见：《元史·许国桢传》、《新元史·许国桢传》、《御药院方·序》、《补三史艺文志》、《山西通志》]

许国瑚 字荆岩。清代浙江余杭县人。早年得秘传医术，临证投药辄效，且不计诊酬，声振于时。又善太素脉，决人寿夭多奇中。达官贵人闻其名，争相延致。慷慨好施，遇人有急难，倾力相助，乡里德之。[见：《余杭县志》]

许国器 字玉田，号云椒。清代江苏青浦县金泽镇人。徙居元和县周庄镇。青浦县庠生。两耳重听，好吟咏。尤以医术知名，专精伤寒，分经辨证，深得仲景之旨，治病几臻十全。[见：《周庄镇志》、《吴县志》]

许金铉 字宰甫，又字鼎象。清代浙江天台县人。邑名医许川孙。邑诸生。传承祖业，亦善医，尤精幼科。著有《痘疹证治》，未见梓行。子许文林，世父业。[见：《天台府志》、《浙江医籍考》]

许育鲸 清代安徽合肥县人。世医许绍衡子。与兄许仲遂皆继承家学，精医术。[见：《安徽通志》、《合肥县志》]

许学文 字博我。清代安徽合肥县人。自少习儒，及长，精医术，尤善痘科，多所全活。著有《痘科约言》、《保赤正脉》二书，又刻《孙真人宝训》，以劝医者。均佚。子许继先，孙许绍衡，曾孙许仲遂、许育鲸，皆传家学。[见：《安徽通志》、《合肥县志》]

许宗升 一作许升。明初浙江嘉兴县人。精通医道，知名于时。洪武间（1368～1398），以富户实京师，遂占籍江宁（今南京）。不久以名医征入太医院，任医士。永乐十五年丁酉（1417）扈驾至北京。子许忠，孙许观，重孙许绅，皆以医术著称。[见：《明史·许绅传》、《嘉兴府志》、《嘉兴县志》、《中国历代名医碑传集》（引张文宪《光禄大夫太子太保礼部尚书掌太医院事谥恭僖许公绅墓志铭》）]

许宗正 字星东。清代四川射洪县人。著有《尊经本草歌括》、《伤寒论方合解》、《金匮论方合解》、《脉学启蒙》等书，刊刻于世。[见：《中医图书联合目录》]

许实先 字名子。明清间江苏娄县人。自少好读，师事大学士史可法。明亡，闭户著述，兼习医学，知名于乡。著医书若干种，殁后皆散佚。外孙尤之均，亦以医知名。[见：《娄县志》]

许建吴 隋代（?）人。生平里居未详。著有《脉经钞》二卷，已佚。[见：《隋书·经籍志》、《通志·艺文略》、《国史经籍志》]

许参可 清代江西德化县人。其祖父得接骨方于道士，屡试屡效，遂以医术名世。其家堂前有"完残肢而登寿域，续断骨以抵全人"之联。许参可绍承祖业，医术亦精，有许接骨之称。[见：《九江府志》]

许承生 明清间湖北黄冈县人。儒医李之泌门生。精医术，知名于时。同门易时泽，医名尤盛。[见：《黄冈县志》]

许绍曾 字探梅。清代安徽歙县唐模人。居岩寺。纳资为兵部郎。咸丰时（1851～1861），佐张文毅守徽州。喜为诗，善画墨梅，兼通医术。著有《林下人诗集》十二卷，及《诗说》、《杜诗评选》、《谈兵》、《省身录》、《禅机语录》、《酒谱》诸书。所撰医书有《保赤心书》一卷，今未见。[见：《歙县志》]

许绍衡 清代安徽合肥县人。儒医许学文孙，许继先子。继承家学，亦精医术。[见：《安徽通志》、《合肥县志》]

许相卿 (1480~1558) 字伯台,又字台仲,号九杞,晚号云村老人,又号云村病翁。明代浙江海宁县袁花里人。正德十二年(1517)二甲第一百一十二名进士。辛巳(1521)授兵科给事中,每犯颜极谏。居官三载,引疾归里(时年四十五岁)。慕海盐紫云村山水之胜,卜居村南茶磨山。高洁不群,博学好古,聚书万卷,足迹不入城府。年七十九岁卒。兼涉医药之学,辑有《良方辑要》,已佚。[见:《海昌备志》、《海宁县志》、《海昌县志》、《明清进士题名碑录索引》]

许树芳 字佩兰。清代江苏高淳县人。精大小方脉,名闻四境,求医者车马盈门。有医德,每遇贫苦,必多行方便。[见:《高淳县志》]

许昭远 五代人。生平里居未详。梁武帝时(503~549)任医官。[见:《旧五代史·梁书·太祖本纪》、《五代史纪·梁本纪·太祖本纪》]

许思文 字隽臣。明代安徽歙县许村人。附贡生。其父许佐廷,官清河知县,兼精岐黄。许思文继承父学,亦通医术,尤擅长喉科,临证多佳效。年四十岁卒。尝撰《喉科详略》、《妇科阐微》、《幼科简便良方》、《墨罗痧问答》、《星轺避暑录》等书,未见流传。[见:《歙县志》]

许修震 字秉刚。清代江苏句容县人。少习举业,暇时好读外科书,常制膏丹,以济贫病。后悬壶于世,知名乡里。子许正芳,医术益精。[见:《续纂句容县志》]

许勉焕 字陶初。清代浙江海宁州人。监生。官大理评事。其父许维楷,康熙四十五年(1706)进士。父子俱嗜藏书,父构一可堂,子建敦叙楼,藏书甲于海宁,后皆散失。许勉焕尝广取古来医书,编排手纂,成《名医类案》一百二十卷、《续名医类案约编》三卷,今未见。[见:《海宁州志》、《海昌备志》]

许胤宗 唐初常州义兴(今江苏宜兴)人。初仕于陈,任新蔡王外兵参军。柳太后中风不语,诸名医治之不愈,脉沉而口噤。胤宗诊之,曰:"口不可下药,宜以汤气熏之,令入腠理,周理即差。"乃煎黄芪防风汤数十斛,置床下,气如烟雾,其夜便得语。许氏因治疗功,拜义兴太守。陈亡,仕于隋,任尚药奉御。唐武德(618~626)初,授散骑侍郎。时关中多骨蒸病,得之必死,递相连染,诸医无能疗者。许胤宗治之,无不痊愈。或谓曰:"公医术神,何不著书以贻将来?"胤宗曰:"医者意也,在人思虑。又脉候幽微,苦其难别,意之所解,口莫能宣。且古之名手,唯事别脉,脉既精别,然后识病。夫病之于药有正相当者,唯须单用一味,直攻彼病,药力既纯,病即立愈。今人不能别脉,莫识病源,以情臆度,多安药味,如此疗疾,不亦疏乎?假令一药偶然当病,复共他味相和,君臣相制,气势不行,所以难差。谅由于此,脉之深趣既不可言,虚设经方岂加于旧?吾思之久矣,故不能著述耳。"年九十余卒。[见:《旧唐书·许胤宗传》、《新唐书·甄权传》、《历代名医蒙求》、《医学入门·历代医学姓氏》]

许庭芝 元明间浙江嘉兴县感化乡人。精医术,擅治口齿咽喉病,知名于时。子许文达,孙许景芳,曾孙许敬,皆以医著称。[见:《浙江通志》]

许恢基 字三峰。清代广东兴宁县古泉坊人。精岐黄术,制丸散以济人。凡以病延请,皆赴诊,毫不受谢,人皆德之。年八十一岁卒。[见:《兴宁县志》]

许炳西 字阳庚,号梦园。清代福建闽清县四都葫芦门人。少习举业,不得志,乃学医于许燮之门。专心致志于医道,大有神悟,当时咸以国手目之。曾协助其师编《伤寒汇证》等稿。兼擅书法,得其墨宝者,皆珍视之。[见:《闽清县志》]

许养冲 明代人。生平里居未详。著有《葆元一鉴》,已佚。[见:《医藏书目》]

许起凤 清代江苏句容县人。邑外科名医许正芳次子。与兄许起龙传承父学,亦以外科知名。[见:《续纂句容县志》]

许起龙 清代江苏句容县人。邑外科名医许正芳长子。与弟许起凤传承父学,亦以外科知名。[见:《续纂句容县志》]

许振文 字光甲。清代山东夏津县许营子人。幼应童子试,不售,遂治岐黄业。精通脉理,遇危难证,他医束手,治之多愈,医名振于时。著有《经验治疗方论》、《女科五带论》二书,未见梓行。[见:《夏津县志续编》]

许恩普 字子博。清代江苏赣榆县人。诸生许文煌子。笃于孝友,强直任气。读书一目十行,务达大义,不屑为章句之学,于朝章国故、本邑利病,尤所殚悉,兼通医理。以国子生援例授县丞,分发山东。咸丰(1851~1861)初,加同知衔,赏戴花翎。提督张国梁、总兵陈国瑞,辟以兵职,辞不就。先后督建选青、怀仁、溯沂三书院，又兴办养济院、众善堂。平生疾恶如仇，曾揭发县令等人恶行，遭诬陷，入狱十年。会左宗棠督两江，子许鼎霖为之诉讼，冤乃昭雪。晚年就养京师，以医术济世，暇则诗酒自娱。年七十九岁卒。著有《许氏医学》若干卷，行于世，今未见。[见：《赣榆县续志》]

许逢时 字检斋。清代湖南巴陵县人。精医术。病家或酬之以金，择而后受，受则尽以养母。著有医书一卷，藏于家。[见：《巴陵县志》]

许高仪 清代云南宜良县人。文生。精通岐黄，慷慨好施。嘉庆间（1796～1820），疫病盛行，许氏捐资购药，全活甚众。[见：《云南通志》]

许能典 字敬修。清代江苏高淳县人。精医术，擅长幼科，名闻郡县。[见：《高淳县志》]

许继先 清代安徽合肥县人。儒医许学文子。继承父学，亦精医术。[见：《安徽通志》、《合肥县志》]

许继贤 清代安徽歙县人。儒医许佐廷侄。通医理。曾与许佐廷合撰《活幼珠玑》一卷，刊于同治癸酉（1873）。[见：《清史稿·艺文志》、《八千卷楼书目》、《中国医学大成总目提要》]

许梦熊 号环山。明代南京（今江苏南京）人。其祖父任职于太医院。梦熊徙居仪真县，继承家学，以方脉著称于时，其诊视之法，异于时医。尝曰："药有味有性，调味辨性，须按五行而相证投之。"一日，有病者患火证，诸医饮以凉药，狂躁异常。梦熊诊曰："当急以参、桂、姜、附投服。"有人曰："狂躁若此，再用热剂，喷血奈何？"梦熊曰："不难，药用井水浸冷服之，当立效。"如法治之，一服狂躁稍定，再服而安卧，数日病愈。或问其故，梦熊答曰："此证阴虚阳浮，寒凉激之，故发狂。我以暖补，使其水生而火不上炎。水火既济，心神自宁。"其用药入神，大率类此。侄许嘉庆，得其传授。[见：《仪真县志》]

许崇本 明代句容县（今属江苏）坊郭人。以医术知名瓜州，世称刀圭圣手。子许日荣，亦以医名世。[见：《句容县志》]

许康正 号牧童。清代河南柘城县人。初习举业，不利于场屋，弃儒业医，活人颇众。[见：《柘城县志》]

许维藩 字梓敬。清代江苏宜兴县上墅村人。精通医理，虽疑难之证，治辄应手取

效。性好学，晚年须发如霜，犹手不释卷。[见：《宜荆县志》]

许敬宗 （592～672） 字延族。隋唐间杭州新城人。隋给事中许善心子。自幼聪敏，善属文。大业间（605～617）举秀才，调淮阳书佐，补涟州别驾。太宗闻其名，召署文学馆学士。贞观间（627～649）授著作郎，兼修国史，累转给事中，封高阳县男、检校黄门侍郎。高宗在东宫，迁太子右庶子。帝爱其藻警，使专掌诰令。帝将立武昭仪，大臣皆谏阻，许敬宗独助之，拜侍中，监修国史，赐爵郡公。许氏立后有功，"阴连后谋"，逐韩瑗、来济、褚遂良，杀梁王、长孙无忌、上官仪，威宠炽灼，权倾朝野。改右相，以疾辞，拜太子少师、同东西台三品。年老，不任趋步，特诏与司空李勣，乘小马至内省。许氏第舍华僭，造连楼，使诸妓走马其上，纵酒奏乐自娱。咸亨元年（670）以特进致仕，续其俸禄。三年卒，时八十一岁，帝亲为举哀，陪葬昭陵，谥"恭"。显庆二年（657），许氏奉敕与李勣、于志宁、苏敬等二十四人编《新修本草》五十四卷，成书于显庆四年（659）。全书计正文二十一卷（含目录一卷）、药图二十六卷（含目录一卷）、图经七卷。全书载药八百五十种，大行于世。详"李勣"条。[见：《新唐书·艺文志》、《新唐书·许敬宗传》]

许景芳 明代浙江嘉兴县感化乡人。邑名医许文达子。江南治咽喉、齿痛者，以许氏为最。永乐间（1403～1424），许景芳因太医院使戴元礼之荐，召至京师，授梁府良医正。年老辞归，还乡而卒。子许敬，传承父业，有声于时。[见：《嘉兴县志》]

许智藏 隋代高阳（今山东淄博）人。名医许道幼孙，咨议参军许景子。许智藏少以医术自达，初仕于陈，为散骑常侍。陈灭，隋文帝授之以员外散骑侍郎，使诣扬州。会秦王俊有疾，文帝驰召之。智藏为俊诊脉，曰："疾已入心，即当发病，不可救也。"果如其言，数日而亡。文帝奇其妙，赐物甚厚。炀帝即位，许智藏已致仕，帝每有所苦，辄令中使就宅询访，或以辇迎入殿，扶登御床，视脉制方无不效者。年八十岁，卒于家。[见：《隋书·许智藏传》、《医学入门·历代医学姓氏》]

许道幼 南朝梁高阳（今山东淄博）人。仕梁为员外散骑侍郎。幼年因母病而读医书，精其术，世称名医。尝诫其子许景曰："为人子者，尝膳视药。不知方术，岂谓孝乎？"由是，

世相传授。子许景，精医术，官咨议参军。孙许智藏，为著名医家。[见：《隋书·许智藏传》、《历代名医蒙求》]

许渭滨 字周佐。清代江苏宜兴县人。国子生。精医术，知名乡里。[见：《宜荆续志》]

许登榜 清代四川安县人。精医术，官安县医学。[见：《安县志》]

许照来 清代江苏无锡县人。因禀弱而习医，精其术。重医德，治病不求酬报。[见：《无锡金匮县志》]

许嘉庆 号春环。明代南京（今江苏南京）人，徙居仪真县。世医许梦熊侄。得梦熊亲授，亦精医术。[见：《仪真县志》]

许嘉谟 字宗武。清代安徽婺源县泉田人。国学生。读书屡试不第，遂专精医道。重医德，治病不计酬。年七十九岁卒。著有《医学纂要》，未见刊行。[见：《婺源县志》]

许德基 字承垣。明清间江苏无锡县人。明太医院御医许世煜子。心地和厚。继承父学，精通医术，尤擅幼科，远近神其术。子许鹏、许鹍，孙许岱，均传家学。当时许氏儿科、尤氏喉科、朱氏骨科，为邑中三专家。[见：《无锡金匮县志》、《无锡金匮续志》]

许德瑞 明代昆山县（今属江苏）。世医许叔和子。继承父业，亦精医术，惜仅三十岁即殁。子许奎，传承家学。[见：《昆新两县续补合志》、《昆山历代医家录》]

许德魁 字斗文。清代江苏高淳县人。世业幼科，至德魁益精其术，不特痘证能预识吉凶，凡危殆之证，他人不治者，多能活之。[见：《高淳县志》]

许德璜 号甘泉。清代浙江嘉善县枫泾镇人。幼喜读书，因多病而弃举业，究心医理，间或为人治病，每获良效。平生多义举，道光癸未（1823）水灾，出资助赈。年八十岁，犹耳聪目明，手不释卷。尝注释《医学心悟》，未见流传。[见：《枫泾小志》]

许澄清 清代河北唐山县人。精医术，重医德，治疾不受谢仪。[见：《唐山县志》]

许鹤年 （?～1853） 字鸣九。清代江苏上元县人。幼习举业，后弃儒为医，名动公卿。弟子有窃其术者，或反轧鸣九，鸣九不愠也。遭癸丑（1853）之乱，卒于城中。子许庚，儒医两精。[见：《上元江宁两县志》]

许豫和 （1737～?） 字宣治，号橡村。清代安徽歙县人。幼习举业，少年时弃儒研医，从邑名医程天佑游。凡古今医籍，无所不窥，精贯医理，声名振于郡邑，就诊者屡满户外。著有《许氏幼科七种》，包括《痘疹金镜录注释》、《怡堂散记》、《怡堂散记续编》、《小儿诸热辨》、《小儿治验》、《橡村痘诀》、《痘诀余义》等，刊刻于乾隆五十年乙巳（1785），今存。[见：《歙县志》、《徽州府志》、《安徽通志稿》、《贩书偶记续编》]

许麟书 清代安徽怀宁县人。邑名医许麟瑞弟。兄弟二人均以医名。[见：《怀宁县志》]

许麟瑞 清代安徽怀宁县人。善医。有求辄应，不索谢。陈某患疮毒，值盛暑，秽气逼人，人不敢近。麟瑞治之，出药为敷患处，旬日而愈，一时有长者医之称，就医者日众。弟许麟书，亦以医术知名。[见：《怀宁县志》]

异

异远真人 一作异真道人。明代人。生平里居未详。著有《秘传跌打损伤妙方》（又作《跌损妙方》）一卷，今存道光十六年（1836）刻本。[见：《中医图书联合目录》]

阮

阮玗 清代广东高州茂名县人。以医术知名。撰有《辨舌认症图》一卷、《喉科施治图》一卷，今未见。子阮郭高，习儒，为嘉庆间（1796～1820）贡生。[见：《高州府志》]

阮侃 字德如。晋代陈留郡（今河南开封）人。自幼敏慧好学，性沉静，有大度。以秀才授郎官，位至河内太守。博习方技，尤嗜于本草、经方、治疗之法。著有《摄生论》二卷，已佚。医书外尚著有《符子》二十卷，亦佚。[见：《补晋书艺文志》、《隋书·经籍志》、《历代名医蒙求》、《医说·卷一·阮侃》、《古今医统大全·历世圣贤名医姓氏》]

阮炳 字叔文。东汉末陈留郡尉氏（今河南开封）人。清河太守阮武之弟。阮炳曾任河南尹，故世称阮河南。精通医术，著有《阮河南药方》十六卷，已佚。[见：《裴注三国志·魏书·杜夔传（注引《杜氏新书》）》、《旧唐书·经籍志》、《新唐书·艺文志》、《河南通志》]

阮鉴 清代浙江金华府人。精通医术，知名于时。[见：《金华府志·周镐》]

阮大同 字惠生。清代江西广丰县人。精医术，知名乡里。[见：《广丰县志》]

阮世东 号东岑。清代江苏丹徒县人。善医，喜作诗。其药室曰半步斋，江石帆诸诗人每游憩于此。[见：《丹徒县志》]

阮孝著 清代四川永川县人。以医知名，治病多奇效。寿至八十二岁。[见：《永川县志》]

阮亨珣 字献廷。清代陕西白河县人。博通经史，尤擅医学，治病从不索谢。[见：《白河县志》]

阮怀清 字秉文。清末浙江黄岩县谷岙人。浙东名医韩履实门生，以内科知名。晚年辑校临证笔录，厘为四册，藏于家。其孙阮圣寿，将祖父手稿献赠浙江省中医研究所。[见：《浙江中医杂志》（1959 年第 12 期）]

阮贵堂 清代浙江奉化县长寿赤山人。初习举业，因其姐产后患疾，医药罔效，经年卧床，遂弃儒攻医。尽购古来妇科书，晓夜研究，姐之病竟得痊愈。嗣后，慨然以医术济世，临证不执常方，服之立愈，声名大噪，求诊者青裙绿鬓满座。素重医德，虽愈重疾，不取分文。平生概主门诊，虽至亲的友，不出门也。咸丰九年（1859），郡城王姓妇，孕稘余不产，卧床已数月，求医不知凡几，皆无效验，遂至赤山延请贵堂。贵堂弟阮贵显以法激兄出诊，至则生子，取名阮生。著有《阮氏妇科》行世，今未见。[见：《奉化县志》]

阮泰琩 （1855~1922） 字昆山。近代河南正阳县人，居城南街。太学生。性刚直，重孝友，自幼读儒书。年十四患失血症，转业医，精其术。凡延请，无分寒暑，不辞劳瘁。值大疫，或盛夏之时，必备应时之药，以济贫病。施诊四十余年，活人无算。民国十一年九月卒，时年六十八岁。著有《阮氏家藏医解》二册，未梓。[见：《正阳县志》]

阮遂松 （1554~1647） 字嵩阳，号大生子。明末广东南海县官窑人。五世为医。幼失怙恃，依两兄成立。博览好学，为诸生。年四十未有嗣，遂谢青襟，搜家传，究医道，久之术精，治病多奇效。以利济为心，造门求治者无虚日。性仁厚，貌清癯。晚年耽仁术，喜修炼，通太素脉。所著有《大生方论》、《三元秘录》、《七发真言》、《玉枕记》、《锡类编》、《惠阳行草》诸书（后五种非医书，诸书今未见）。顺治四年丁亥（1647），无病沐浴，就寝而卒，时年九十四岁。[见：《南海县志》]

阮樟清 字瑞铭。近代浙江兰溪县人。居县城文襄巷。世业儿科。绍承家学，好读医书，于《医宗金鉴·幼科心法要诀》尤有体会。善治麻痘、风痰、食积诸症，名闻城乡，求诊者甚众。[见：《兰溪市医学史略》]

阳

阳庆 （约前 250~前 177） 一作杨庆，又称公乘阳庆，字中倩。西汉初临淄（今山东淄博）元里人。精通医术。家道殷富，不肯行医，故其名不显。高后八年（前 180），名医公孙光荐弟子淳于意从其学。时阳庆年七十余，无子，欲将医术尽授之，遂出所藏"脉书、上下经、五色诊、奇咳术、揆度、阴阳、外变、药论、石神、接阴阳"诸禁书尽授之。淳于意从学三载，后成一代名医。[见：《史记·扁鹊仓公列传》]

阳昢 南朝梁人。生平里居未详。著有《药方》二十八卷，隋代即散佚。[见：《隋书·经籍志》]

阳喜望 清代四川大竹县人和场人。以医为业，专擅幼科。以小儿为纯阳之体，稚阴之躯，发病急，传变快，故常备应急药于囊中，凡有延请，携囊而往，全活婴幼甚众。年八十岁卒。[见：《续修大竹县志》]

阴

阴贞 北魏河南（今河南洛阳）人。世医出身，曾与太医令周澹（？~419）并受封爵。[见：《魏书·周澹传》]

阴光 一作阴羌。北魏人。里居未详。道武帝时（386~409）为太医令。襄城公拓跋题击慕容骥于义台，中流矢。帝命阴光治疗，伤重而卒。帝谓阴光"视疗不尽术"，诛之。道武帝曾服寒食散，自阴氏死后，药数发动。天赐六年己酉（409）夏，转致忧懑不安，不食不寝，喜怒乖常。至冬十月，帝崩。[见：《魏书·上谷公纥罗传（附子题）》、《魏书·帝纪·太祖》]

阴永明 清代四川罗江县人。雍正间（1723~1735）以方脉驰名。著有《管窥测蠡》诸方书，今未见。门生数十人，各得其传，皆有名于时。[见：《罗江县志》]

阴有澜 号九峰。明代浙江太平县（今温岭）人。精医术，官太医院吏目。临证以五行生克为本，治病奇验，远近求治者踵相接，皆计日取效。博览群书，医学外尤嗜理学，曾问学于豫章（即江西南昌）胡、郭、邹诸名儒。年八十八岁犹往来讲学，是年殁，祀于阳明书院。阴氏自习医之初，即兼治痘疹，所治不知几千百，有所得辄笔录之，久之成《痘疹一览》五卷。直隶监察御史刘曰梧，见其书而善之，于万历三十年壬寅（1602）亲为作序，刊刻于世。此书国内未见，据丹波元胤《中国医籍考》著录，曾传入日本。阴氏还著有《医贯奇方》一卷，今存明书林张起鹏校刻本。另有《稀痘方》一卷，已佚。子阴德显，官蔚州知府。［见：《太平县志》、《医藏书目》、《中国医籍考》］

阴国华 字叔文。清末山西沁源县人。居城内尚贤街。孝廉阴国垣兄。为人慷慨，擅长文学，娴于医术。著有《百病原解》等书，今未见。［见：《沁源县志》］

阴秉旸 字子寅，自号卫涯居士。明代河南汲县人。嘉靖二十六年（1547）进士，授余干知县。有善政，擢监察御史，毅然以风纪自任，前后抗疏数十上，朝绅惮之。为忌者所排，谪同州通判。后历迁馆陶知县、平凉同知、陕西佥事参议，所至皆有政绩。晚年告归，肆力于学。旁通医理，尝谓："原病有式，针灸有经，医疗有方，诊视有诀，运气则《全书》，药性则《本草》，独始生之说未及闻。"因诠次《内经》，收四时，敛万化，著《内经始生考》（又作《内经类考》）三卷，刊于隆庆元年（1567），今存。［见：《明史·艺文志》、《医藏书目》、《读书敏求记》、《述古堂书目》、《汲县志》、《中医图书联合目录》］

阴维新 字振业。清代河南郑县（今郑州）人。早年习医，精通脉理，尤擅治婴儿痘疹。著有《痘疹金鉴》，今未见。［见：《郑县志》］

牟

牟介 北宋人。生平里居未详。曾任医官。徽宗崇宁二年（1103）六月，宋廷应高丽国之请，派遣医官牟介、吕昞、陈尔猷、范之才等赴高丽，设学馆于兴盛宫，充当医生与教授，使中国医学广泛传入高丽。［见：《中国医学史》（高等中医院校参考丛书1991年版）］

牟耜 字子良。清代山东日照县人。诸生。议叙训导。晚年习疡科。著有《疡医亦云录》，未见梓行。［见：《日照县志》］

牟必达 清代四川大邑县人。以医为业，精其术。门人倪万林，尽得其传。［见：《大邑县志》］

孙

孙广 字又黄。明末安徽太平县人。少习举业，屡试屡蹇，遂弃儒攻医。时歙县医者程衍

道名满徽宁，孙广裹粮从之学，尽得其传。归而悬壶于乡，投药无不立起。怀济利之心，富者不受谢，贫者施以药。［见：《太平县志》、《太平府志》］

孙让 明代河南阳翟县人。世医孙希礼子。绍承家学，亦工医术。子孙镐、孙钊，传其学。［见：《禹州志》］

孙耒 字取益。明代常熟县（今属江苏）人。笃孝友，重然诺，精通医理。待诏太医院。［见：《常昭合志稿》］

孙权 字明之。金代邢州（今河北邢台）人。正大元年（1224）进士。天兴二年（1233）元军陷汴梁，金哀宗逃至蔡州（今河南汝阳），军士多病，遂设惠民司，由太医数人轮流坐诊，孙权与同年进士张翊，皆任医药官。［见：《金元医学人物》（引《汝南遗事·设惠民司》）］

孙贞 字恒心。明代无锡县（今属江苏）人。广阅医书，遇良师授以针诀，遂以医知名。直指使者朱公，患左手不仁年余，孙氏应邀诊治，针下病除，宿疾尽去。朱公谓属吏曰："此乃神授良医！"子孙一元，为举人。［见：《无锡金匮县志》、《锡金识小录》］

孙伟 号望林。清代顺天府（今北京）人。慷慨好义，自少有习医济世之志。早年家贫，随兄贩米为生，闲暇则钻研医药。自二十许涉历江湖，流寓浙江常山，卖药为业。数年后归乡，悬壶于崇文门内。行医二十余年，为王公大臣所重，延请者无虚日。后供职于太医院方略馆，历时十四年，改授贵州山岭管驿。年近七十辞官，归故里。任职贵州时，整理五十年行道之方，编《经验藏书》二卷，刻版运送京师，刷印三千余部，今未见。还著有《良朋汇集经验神方》五卷，刊刻于康熙五十年（1711），今存。［见：《中国医籍考》、《中医图书联合目录》］

孙华 （?～1358）字元实，号果育。元代永嘉县（今浙江永嘉）人。随父孙处仁徙居松江（今属上海）。幼颖悟，所学之书，随口成诵。十三岁肄业于郡庠，好吟咏，为翰林学士张国卿赏识。兼嗜医学，好蓄良药。凡以疾延请，虽贫家亦往；巨室求诊，非礼不往，虽赠以千金，终不肯一顾。曾任金华医学教授，后辞归，隐居松江。居宅有小阁，列置彝鼎、字画，字非佳墨熟纸不写，馔非精洁不食，人非贤良不交。后三荐医学教授，皆不赴。又有旨待诏尚方，以母老辞。年八十余卒，贡师泰为之志墓。子孙程、孙穆、孙稹，皆业儒。［见：《金元医学人物》、《中国历

代名医碑传集》（引《玩斋集·孙元实墓志铭》)]

孙会 唐代人。生平里居未详。著有《婴孺方》十卷，已佚。[见：《新唐书·艺文志》、《崇文总目辑释》]

孙兆 北宋卫州（今河南卫辉）人。尚药奉御孙尚次子。进士及第，曾任殿中丞尚药奉御。精通医道。治平间（1064～1067），有显官坐于堂，忽耳鸣，孙兆诊之曰："心脉太盛，肾脉不能归耳。"以药凉其心肾，脉乃复归，耳鸣立止。孙兆对《黄帝内经》、《伤寒论》等医典颇有研究，著有《素问注释考误》十二卷、《伤寒方》二卷、《伤寒脉诀》、《孙兆方》等书，惜皆散佚。嘉祐二年（1057）朝廷设立校正医书局，命掌禹锡、林亿、高保衡、孙奇、孙兆等校订医书。历时十余年，完成《素问》、《难经》、《伤寒论》、《金匮要略》、《脉经》、《诸病源候论》、《千金要方》、《千金翼方》、《外台秘要》等大批古医籍之校勘，刊布于世。其中《素问》初经林亿、孙奇、高保衡等校正，书成，孙兆奉旨重改其误。据《直斋书录解题》，孙兆自称为唐代名医孙思邈后裔。兄孙奇，亦精医理。[见：《直斋书录解题》、《通志·艺文略》、《医学入门·历代医学姓氏》、《遂初堂书目》、《国史经籍志》、《明史·艺文志》、《廉石居藏书记内编》、《中国医籍考》]

孙讷 字吾容。清代江苏通州（今南通）人。郡诸生。自少习儒，有大志。后遇良师，授以岐黄家书，遂精医术。曾挟技游京师，入太医院，在职三十八年，官至院判。闻母病驰归，母殁，绝意仕进。晚年以绘画自娱。年七十四岁殁。著有《灵素直指》，未见梓行。子孙镗，亦有父风。[见：《通州县志》、《通州直隶州志》]

孙玘 字鹤堤。清代江苏太仓州人。生平未详。辑有《痧证汇要》四卷，刊于道光二年（1822）。[见：《贩书偶记续编》]

孙钊 明代河南阳翟县人。世医孙让子。继承家学，亦有医名。子孙清，克绍家业。[见：《禹州志》]

孙佑 字慎修。清代安徽休宁县人。业医，悬壶于苏州。乾隆五十一年（1786）补订缪希雍《医学传心》四卷，今存道光四年甲申（1824）百本菊花斋刻本。[见：《中医图书联合目录》、《新安名医考》]

孙杰 清代江苏吴江县人。生平未详。著有《痘疹歌诀》二卷，今未见。[见：《儒林六都志》]

孙郁 字兰士。清代江苏丹徒县人。诸生。精研经学，与邑人柳兴恩友善，博考详说，互相切磋。著有《周易备览》、《五经荟说提要》、《纲鉴提要》等书。旁及医药，曾撰《本草识小》，藏于家。子孙庆熺、孙庆甲，皆能世其家学。[见：《续丹徒县志》]

孙奇 北宋卫州（今河南卫辉）人。尚药奉御孙尚长子。进士及第，授朝奉郎。与弟孙兆皆精医理，嘉祐二年（1057）朝廷设校正医书局，命掌禹锡、林亿、高保衡、孙奇、孙兆等校订医书。历十余年，完成《素问》、《难经》、《伤寒论》、《金匮要略》、《脉经》、《诸病源候论》、《千金要方》、《千金翼方》、《外台秘要》等大批古医籍之校勘，刊布于世，对中医古医籍之流传贡献极大。[见：《直斋书录解题》、《宋以前医籍考》、《中国历代医家传录》]

孙尚 字用和。北宋卫州（今河南卫辉）人。客居河阳。性识明敏，通经学，尤精医道，擅以伤寒方治疾。治平间（1064～1067），光献皇后患病，国医束手。帝问后曰："在家用何人医？"后曰："妾随叔父官河阳，有疾服孙用和药辄效。"帝即召孙氏治之，投剂而愈，授尚药奉御。自此，医名大显，熙宁、元丰间（1068～1085），无出其右者。著有《家传秘宝方》五卷，今存残抄本三卷。长子孙奇、次子孙兆，皆登进士第，以医术知名。三子孙宰，官河东漕属。[见：《邵氏闻见录·卷二》、《宋史·艺文志》、《直斋书录解题》、《八千卷楼书目》、《古今医统大全·历世圣贤名医姓氏》、《宋以前医籍考》、《中医图书联合目录》]

孙昉 字景初，自号四休居士。北宋人。里居未详。曾任太医院太医。善养生，以"四休"健身，颇为时人称道。黄庭坚（1045～1105）问其术，答曰："粗茶淡饭饱即休，补破遮寒暖即休，三平四满过即休，不贪不妒老即休。"黄氏赋诗赞之，有"太医诊得人间病，安乐延年万事休"之句。[见：《中国历代医家传录》（引《林下盟》)]

孙侗 字溪南。清代山东福山县人。精医术。嘉庆（1796～1820）末，挟技游京师。道光元年（1821）大疫，死者枕藉，孙侗出术救治，多所全活。著有《凡见集》、《探源秘论》二书，不拾前人牙慧，多有发明，惜未见传世。今存孙侗《济贫利乡篇·经验方》六卷，为光绪三十三年丁未（1907）上海章福记书局石印本。[见：《福山县志》、《中医图书联合目录》]

孙庚 字位金。清代江苏仪征县人。通医理。辑有《医方诗要》二卷，内容简明实用，颇便初学。今未见。[见：《仪征县志》]

孙春 清代江苏靖江县人。邑名医孙光远族裔。以医知名。[见：《靖江县志稿》]

孙垣 字魏贤。清代河南淮阳县人。世代业医，知名于时。深得《外台秘要》奥旨，临证洞明病源，治病不拘成方。[见：《淮阳县志》]

孙奎 字启文，号曲洞。明代江西泸溪县人。积学敦行，重孝义。辟馆舍，以延纳四方学者。尤喜吟咏，每策杖泉石间，有所得辄书之。兼通堪舆、岐黄之术。著有医书若干卷，已佚。[见：《泸溪县志》]

孙相 元末河南阳翟县人。精通医术，曾任山西平阳府医学教授。子孙思忠，继承其学，亦知名。[见：《禹州志》]

孙钝 一作孙纯，字公锐，号一松。明代浙江仁和县人。父孙瑸，以医知名杭郡。钝早年习儒，兼及易理。后其父授以家学，遂以医知名，造请者盈门，全活不可胜数。行道六十年，所愈奇疾甚多，皆记录备存，久之，辑《试效集成书》（又作《试效方》），刊刻于世，曾为李时珍所引据。还著有《经脉药石》，亦梓行，二书今皆散佚。钝尝遇异人授以却老方，按方服药，年九十岁犹童颜不老。其孙孙如槐，亦精医道。[见：《仁和县志》、《钱塘县志》、《本草纲目·引据医家书目》]

孙适 字孟博，晚号东岩老人。明代浙江钱塘县人。博览群籍，有诗名，善行草书。尤精针灸术，治疾未尝责报。隐居甘泉里，有《东岩老人集》。[见：《中国人名大辞典》]

孙泰 字盛时。清代河北永年县人。自幼习医，博览群籍，技艺精粹，尤擅治伤寒证。著有《瘟疫伤寒辨》若干卷，未见梓行。[见：《广平府志》]

孙桢 字志周，号石云。明代丹徒县（今属江苏）人。太学生。自幼聪颖嗜学，自经史、艺文、象纬、堪舆、彝鼎、书画、医学无不涉猎。与湛若水、唐顺之（1507～1560）相往还，究心性命之学。著有《痘疹论》（又作《痘症论》），已佚。今存《石云先生浒迂谈》一卷。[见：《镇江府志》、《丹徒县续志》、《中国丛书综录》]

孙铎 字南宣。清代江西永丰县人。生平未详。著有《培心堂医案》，未见梓行。[见：《江西通志》]

孙浦 字滨江。明代浙江余姚县人。庠生。万历间（1573～1619）寓居桐乡县。精医术，尤擅妇科，悬壶以济世。尝出行，见举殡者，血从棺出，问知难产死者，遂以指蘸血嗅之，曰："速启棺，吾能生之。"众人闻言惊骇，素知其医名，依言开棺。孙氏以温汤湿其腰腹，继以针刺其穴，少顷病妇甦醒，乃上下按摩之，呻吟间生一男婴，母子皆无恙，远近传为神医。孙氏无嗣，殁后葬于清河禅院之侧，寺僧春秋祭扫之。[见：《桐乡县志》、《冷庐医话》]

孙浚 号杏庵。清代江苏山阳县人。生平未详。著有《杏庵医余》，未见刊行。[见：《山阳县志》]

孙理 明代浙江桐庐县坊郭人。精医术。洪武间（1368～1398）授太医院御医。[见：《桐庐县志》]

孙珹 字靖白。清代河北交河县人。弃儒习医，长于针灸，名振四方，有神针之誉。素重医德，凡求治者，无不应，活人甚众。乡人感其恩，公送"著手成春"匾，并建碑颂其德。其子孙世守祖业。[见：《交河县志》]

孙铨① 清代人。生平里居未详。太医院遴选医生。乾隆四年（1739）充《医宗金鉴》副纂修官。[见：《医宗金鉴》]

孙铨② 字兰谷。清代江苏江都县人。早年学医于王之政，尽得师传，切脉察证入微。尝谓："医非易事，不能洞见症结，药未有不误投者。"悬壶瓜洲数十年，活人甚众。年八十九岁卒。同时有胡佩绅，亦以医名。[见：《江都县续志》]

孙清 明代河南阳翟县人。世医孙钊子。随父习医，尽得家传，知名于时。孙氏自元末孙相，以医知名，传至孙清，凡历七代，有孙氏世医之称。[见：《禹州志》]

孙淦 字丽泉，号筱坪，又号耐修子（一作耐休子）。清末山东潍县人。光绪十四年（1888）举人。博学多识，工诗词，与弟孙淇（字左泉）俱有文名，时称"二泉"。孙淦幼子患白喉，延医不效而亡，后偶读郑梅涧《重楼玉钥》，知白喉"只可滋阴，不可伐表"，悟幼子之亡实误于庸医。此后，以数年之力研究喉症，著《白喉忌表抉微》一卷，托称"洞主仙师"所授，以求广传，刊刻于世。此书影响甚大，自问世后有翻刻本近百种。[见：《潍县志稿》、《古今名医言行录》、《中医图书联合目录》、《中国医学大成总目提要》]

孙琳 字路铃。南宋人。里居未详。善医。本为殿前司健儿。宋宁宗幼时患淋证，国医罔措。有人荐孙琳，琳以淡豆豉、大蒜、蒸饼三物研烂为丸，日进三服，三日而愈。或问其故，曰："小儿何缘有淋？只是水道不通利。蒜、豉皆通利，无他巧也。"张知阁久病疟疾，年余骨立。医以为虚证，令服鹿茸、附子诸药，发热愈甚。后招孙琳诊视，许谢金五十万。孙笑曰："但安乐时，湖上作一会足矣。"命于官局赎小柴胡汤三帖服之，热减十九；又一服，脱然而愈。孙曰："是名劳疟，热从髓出，又加刚剂剥损气血，安得不瘦？盖热药不一，有去皮肤中热者，有去脏腑中热者，若髓热非柴胡不可。北方银川柴胡只须一服，南方力减于此，故三服乃效。今可进滋补药矣。"一少年娶妻后得软脚病，疼痛特甚，医以为脚气。孙闻之，曰："吾不必诊视，但买杜仲一味，寸断片析，每一两用半酒半水合一大盏，煮六分，频服之。"三日，少年能行。又三日，如未病者。孙曰："府第寝处高明，衣履燥洁，无受湿之理。特新娶，色欲过度致然。杜仲专治腰膝，以酒行之，则为效易矣。"其技奇验若此。[见：《谈薮》、《医学入门·历代医学姓氏》]

孙登 清代江苏吴江县人。生平未详。著有《医方证绳纂释》，今未见。[见：《儒林六都志》]

孙楷 清代江苏靖江县人。邑名医孙光远孙。继承家学，亦工医术。[见：《靖江县志》]

孙照 字明章。清代山东潍县人。邑儿科名医孙仲采子。绍承父学，亦以医名。[见：《潍县志稿》]

孙镗 字寄云。清代江苏昆山县篆溪（今陆家镇）人。精医术。与重固名医何鸿舫为莫逆交，遇难证则书信探究。性好吟咏，著有《梦淞轩诗稿》，未梓。年七十岁卒。[见：《昆新两县续补合志》]

孙鹏 （1452～1511） 字起溟。明代上海县人。其曾祖入川屯垦，遂定居绵州。鹏自幼好学，无意仕途，以医为业，远近知名。重医德，治病不问贫富，凡延请即往，寒暑风雨不辞。子孙万钟，克传父学。[见：《直隶绵州志》、《绵阳县志》]

孙廉 一作孙兼。宋代人。生平里居未详。著有《金鉴方》三卷、《金匮方》三卷，均佚。[见：《宋史·艺文志》、《崇文总目辑释》、《国史经籍志》]

孙煓 字绮琴，号蜷园，晚号香禅。清代四川泸县人。家世清贫，自少习医，兼工诗词，书法尤绝。每晨起，踵门求医、购字者甚众。午后，即闭户读书、临帖，或以吟咏自娱。年七十八岁卒。[见：《泸县志》]

孙瑸 明代浙江仁和县人。精医术，名闻杭郡。子孙钝，亦以医术著称。[见：《仁和县志》]

孙璜 号淞渔。清代江苏昆山县安亭镇（今属上海嘉定区）人。邑名医孙天骐子。武庠生。继承父学，以医行世。子孙飞熊，亦以医名。[见：《昆新两县续修合志》、《昆山历代医家录》]

孙墀 字丹平。清代河南中牟县人。廪膳生。兼通医学，以术济人。[见：《中牟县志》]

孙镐 明代河北阳翟县人。世医孙让子。幼承庭训习医，尽得家传，以医著称。弟孙钊，亦工医术。其家有嘉靖间（1522～1566）知州莫公所赠"世医孙氏"匾额。[见：《禹州志》]

孙潮 清代江苏靖江县人。邑名医孙光远次子。继承家学，亦工医术。[见：《靖江县志稿》]

孙壁 字蓝田。清代江苏华亭县人。以医为业。好学工诗，善画兰竹。[见：《松江府志》]

孙橹 号南屏。明代浙江东阳县人。资性颖异，因父周颐斋久病，致力于医学，精其术，闾里求治者盈门。五都单某之妻难产，昏死三日，心口尚温。孙橹偶过，诊视之，用药一剂而苏，顺产一子。著有《医学大成》、《活命秘诀》、《脉经采要》等书，均佚。子孙行南、孙肖南，孙孙泗滨，皆善承家业，数世以医知名。[见：《浙江通志》、《东阳县志》]

孙耀 清代江苏扬州人。精通医道，悬壶济世。家僮杨文，得其传授，后成名医。[见：《德清县志》]

孙一奎① （1522～1619） 字文垣，号东宿，又号生生子。明代安徽休宁县人。嘉靖、万历间在世。诸生孙文学子。幼习举业，稍长，随堂兄经商于括苍，遇异人授以秘方，用之屡验，遂立志学医。初从汪机弟子黄古潭游，又访师于江浙间，久之贯通医理。挟技游于公卿间，活人无算，名重于时。著有《赤水玄珠》三十卷，是书分杂证七十五门，另有伤寒、妇人、小儿、痘疹、外科五门，每门下各分子目，辨别疑似，大旨专以论证为主。此书编成，尚未定名，会有方士挟术游里中，一奎请命名，遂定为《赤水玄珠》。孙氏还著有《医旨绪余》、《痘疹心印》、《孙文垣医案》等，皆刊刻于世。子孙泰来、孙明来，曾参校父书。[见：《医藏书目》、《徽州府

《志》、《安徽通志稿》、《休宁县志》、《八千卷楼书目》、《四库全书总目提要》、《中国医籍考》、《中国善本书提要》]

孙一奎② 清末江苏江阴县青旸镇人。邑名医孙伯棠长子。传承父学，亦精医道，知名于时。[见：《中国历代名医碑传集》(引缪荃孙《艺风堂文续集·世医孙德甫家传》)]

孙士明 金代亳州(今属安徽)人。以医为业。金章宗泰和三年(1203)，孙氏以黄纸大书"敕赐神针先生"，又于纸尾年月间朱篆"青龙"二字。有司以"伪学御宝"捕之。适值大赦，而大理寺议："伪造御宝，虽遇赦不应原。"刑部尚书贾铉奏曰："天子有八宝，其文各异，若伪造，不限用泥及黄蜡。今用笔描成青龙二字，既非八宝文，论以伪造御宝，非本法意。"帝纳其言，赦之。[见：《金史·贾铉传》]

孙士荣 清代江苏泰州人。世医孙桂山长子。继承父学，亦业医，有名于时。著有《伤寒辨似》四卷，未见梓行。[见：《续纂泰州志》]

孙大起 清代江苏娄县人。邑名医怀远内弟。性嗜学，工医术，专擅幼科。[见：《古今医彻》]

孙万先 字后庵。清代四川温江县人。以医为业。重医德，遇贫病，概不索资；凡病殁而不能殓者，施棺营葬，人皆德之。善摄生，年九十七岁卒。[见：《温江县志》]

孙万钟 明代四川绵州人。邑名医孙鹏子。幼承父学，穷究医理，有青出于蓝之誉。瓦屋山人高第泉《山阡记》云："翁为绵郡名医，应人之求，不以富贵贫贱二其心，吾郡人赖以生还者不可胜数。"[见：《直隶绵州志》]

孙之基 清代江苏嘉定县安亭镇人。生平未详。著有《伤寒六书节要》，今未见。[见：《安亭志》]

孙之普 明代山东高唐州人。精医术，用药审慎，每能活人于危殆之中。州守赠"一匕神楼"匾表彰之。[见：《高唐州志》]

孙飞熊 (?~1891) 号子渔。清末江苏昆山县安亭镇(今属上海嘉定区)人。邑名医孙天骐孙，孙璜子。早年习儒，同治八年(1869)为廪膳生，光绪间例贡生。刻苦励学，尤精医理。光绪庚寅(1890)秋，游于京师，旋就河南学使邵松年之聘，襄校试文。次年抱病归，殁于途次，年仅三十余岁。[见：《昆新两县续补合志》、《昆山历代医家录》]

孙子千 清代四川简阳县人。以医问世，临证用药平和，泻、散、寒、热之类皆不取，视大黄、细辛为禁品，而治疾多效，远近知名。同邑陈树周深以为非，著《医学卮言》以驳之。[见：《简阳县志》、《近代名人小传》]

孙子奕 明代松江(今上海松江)人。博学能诗，精脉理，尤善用药。荐授本府医学正科。[见：《松江府志》]

孙丰年 字际康。清代江苏南京人。生平未详。乾隆五十年(1785)著《幼科三种》(包括《幼儿杂证说要》、《治痘汤丸说要》、《治痘药性说要》)，今存。[见：《中医图书联合目录》]

孙天仁 号探玄子。明代容山人。生平未详。辑有《神速万应方》(又作《三丰张真人神速万应方》)四卷，今存抄本。[见：《国史经籍志》、《中医图书联合目录》]

孙天泽 明代夔州(今四川奉节)人。万历间(1573~1619)在世。幼年失怙，弃儒习医。有医德，治病不分贫富，不辞劳苦，乡里敬之。[见：《奉节县志》]

孙天骐 (?~1849) 字德甫，号苏门。清代江苏昆山县安亭镇(今属上海嘉定区)人。邑诸生。自动力学，博闻强识，喜吟咏。道光五年(1825)入昆山县学。形貌魁梧，因家贫习医，日夜研读《灵》、《素》诸医典，考究金、元四大家及明清诸名医之作。及悬壶问世，切脉洞悉脏腑，求治者如市，医名大噪。道光间，儒医潘道根见孙氏《停云馆医案》，大为叹赏，称孙氏之医"三折肱矣"。孙氏性好施与，不以医谋利，殁之日，家无赢资，受其惠者皆相顾而泣。著有《医林杂俎》、《停云馆医案》(又作《停云馆医问》)、《咽喉问答》诸书，曾梓板，后毁于兵燹。子孙璜，号淞渔，武庠生；孙孙飞雄，号子渔，廪贡生，皆以医行世。[见：《昆新两县续修合志》、《昆山历代医家录》、《隐求堂日记》]

孙元曙 本姓沈，字来年。明代吴江县(今属江苏)人。世代业医，至元曙尤精，兼善内外科，治疮疡能起大症。性仁善，不以医邀利。家有书楼，左图右史。庭前杂植花卉，累石为山，时称雅士。弟沈元朗，侄沈参之，皆有医名。[见：《同里志》]

孙云台 清末山东恩县人。生平未详。著有《实用植物图说》一卷、《有毒植物学》一卷，今未见。[见：《重修恩县志》]

孙云章 清代陕西三原县人。泾阳名医张文桢门生。工医术，驰名于江汉间。[见：

《泾阳县志》]

孙友金 字傅庆。清代浙江嘉兴县人。精医术，知名于时。[见：《嘉兴县志》]

孙友鳌 清代山西虞乡县（今山西永济市虞乡镇）人。精通医道，阅历有得，诊脉能预知病势。重医德，治病概不索谢，遇贫寒更加意悯恤。著有《经验良方》，未梓而卒，享年七旬有奇。[见：《虞乡县志》]

孙日烈 字雨珊。清代浙江钱塘县人。曾任广东巡检。旁涉医学，著有《医学随笔》四卷，未见梓行。[见：《杭州府志》]

孙日琏 （1703～1756） 字景初。清代江苏震泽县（今吴江）轸角圩人。孙之焕遗腹子。太学生。少孤苦，多疾病。及长，事母以孝闻。念“为人子者不可不知医”，弃举子业，从母舅沈宗恪习医。无间寒暑者十余年，精通男妇方脉，声名大振。乾隆十三年（1748）时疫大行，孙氏立誓济人，奋不顾身，凡他医束手无策者，治辄奇效，医名益盛。值乾隆二十年大荒，饥饿而死者不知几千万。次年四五月瘟疫遍行，家无不病，病无不死。上宪设立药局，延聘名医施诊施药。孙日琏为松陵众医之首，慨然应聘，每日凌晨出诊，至二三更始归，无一息之停，历时两月，全活千有余人，而孙氏竟以劳瘁而殁，享年五十四，闻者莫不哀恸。[见：《震泽县志续》、《苏州府志》]

孙曰简 清代江苏高淳县人。自幼习儒，不利于科场，弃而攻医，尤精脉理。性刚正，重医德。凡延请，随呼而至，未尝索值，遇贫病者尤加恤济。[见：《高淳县志》]

孙长仪 字奉朝。清代江苏通州（今南通）骑岸乡人。少年学艺于药肆，精医理。凡贫病求治，一无所取。遇岁时疫疠，出药活人，乡里德之。年七十八岁卒。[见：《南通县志》]

孙仁化 字健一。清代江苏吴县人。谦和端谨，以医为业，尤精针灸。一妇人产后癃闭，八日不通。仁化往视，针气海、关元、足三里等穴，应手而愈；辰州陈延庆，久患臂痛，五载不能举。仁化针之，立愈。其他如病喑不能语，或中风不省人事者，不过四五针即愈。[见：《苏州府志》]

孙介봉 清代四川什邡县人。性沉静，肆力于《素问》、《难经》及金元诸家之书，尤推重《伤寒论》，乾隆间（1736～1795）以医知名。乡人霍荣朝患寒疾，头痛欲裂，群医束手。介봉至，曰：“此黄涎入脑也。”一剂而安。一妇新产，瞑目不语，悲伤饮泣。介봉诊之曰：“脏躁证也。”药下而愈。尚宅之妇患滞下，无异常人，唯不思饮食，迎请介봉。诊视毕，曰：“痢怕脾开，今脾神已出，不数日当死。”果如所言。晚年著《脾胃续论》一卷，殁后，其稿散佚不传。[见：《四川通志》、《重修什邡县志》]

孙从仁 清代河北正阳县大林店人。邑名医孙培初孙。得祖父所遗痘疹方，治病辄效，名噪于时。[见：《正阳县志》]

孙从添 （1692～1767） 字庆增，号石芝。清代江苏常熟县人。邑庠生。寓居吴县葑溪。有书癖，虽家徒四壁，而所藏逾万卷，名书室曰上善堂，撰《藏书记要》，言之甚详备。尤精医术，誉满东南，大吏名绅，皆器重之。其立方用药，每出人意表，妇孺皆呼为“孙怪”。著有《石芝医话》，刊载于《吴医汇讲》。还著有《活人精论》，今存稿本。乾隆丁亥卒，享年七十六。[见：《苏州府志》、《吴医汇讲》、《常昭合志稿》]

孙月鹏 字瞻云。清代江苏南汇县人。世业针灸，至月鹏尤精。一人患目疾而盲，月鹏为下一针，目即开朗，人共神之，声名益噪。[见：《松江府志》]

孙文胤 一作孙文允（后人避清世祖讳改），字薇甫，又字对薇，号在公，又号尊生主人。明末安徽休宁县人。自幼学儒，有声士林。因患瘵疾，究心医学，与诸名医相砥摩，久之精其术，病亦痊愈。后悬壶京口，所投辄中，求诊者踵相接，日不暇给。性不耐纷繁，寓居江苏吴县，行医之暇，益肆力于仲景、元素诸家之秘旨。嗣后，遇道士于武林（今杭州），授以“还丹接命，解形度世之术”。晚年学佛，推崇天台大师止观之学，尝谓：“能精止观观病之法，则可以称神医矣！”其医学思想深受佛道影响。孙氏曾采集《灵枢》、《素问》、《难经》及历代名医之书，考古证今，历时二十载，撰《丹台玉案》六卷，刊刻于崇祯十年（1637），今存。还著有《医经经方两家指诀》、《伤寒捷径书》、《螽斯秘宝录》等书，皆佚。门生黄袁仁，曾参订《丹台玉案》。[见：《丹台玉案·自序》、《郑堂读书记》、《安徽通志稿》、《中国医籍考》、《四部总录医药编》]

孙文韬 隋代人。生平里居未详。疑为道士。著有《合丹要略序》一卷，已佚。[见：《隋书·经籍志》]

孙以仁 字楚山。清代江苏崇明县人。自幼学儒，工诗。年五十始为诸生。旁通医术，治病多效验，然不欲以医名世。总兵陈伦炯、

王澄，先后赠以匾额。知县许惟枚，额其庐曰济世名医。年七十岁，无疾而终。[见：《崇明县志》]

孙允贤 元代文江（今江西吉水）人。世为儒医，至允贤好蓄良方，通明医理，与同邑名医李南翁齐名。延祐间（1314～1320）选宋元医家方论，辑《医方大成》十卷，刊刻于至治元年（1321），今存明末刻本。此书后经熊彦明增补，改题《类编经验医方大成》（又作《类编南北经验医方大成》），亦流传于世。[见：《吉安府志》、《四库全书总目提要》、《补元史艺文志》、《类编经验医方大成·王元福序》]

孙玉田 清代河南武陟县东司徒村人。精医术，擅内外两科。遇疑难症，再三斟酌，数易其方，故投之多效。每日延请者盈门，车马不绝。乡人某，患疔毒求治，玉田急出药付之，令速归速服。其人行至半途，觉甚不安，就地开药，嚼而食之，食毕而睡，及醒稍安，数剂而愈。著有《病源》数册，散佚不传。[见：《续武陟县志》]

孙世柱 字砥中。清代山东博山县人。精医学，工书法。著有《见山堂医案》，未见刊行。[见：《博山县志》]

孙世赞 字豳环。明代山东莘县人。庠生。气度冲和，事母尽孝，喜周济贫乏。旁通医术，值瘟疫肆行，倾囊施药，全活甚众。年七十余，公举为乡饮宾。[见：《莘县志》]

孙出声 字振铎。明代山东潍县周家庄人。诸生。幼承庭训习儒，读书至夜分不辍。年八十四岁卒。旁通医理，著有《针法辨》一卷，已佚。[见：《潍县志稿》]

孙立鳌 字凌沧。清代安徽黟县郭隅人。嗜医学，熟读《灵枢》、《素问》，于王冰《素问注》，马莳《灵枢注证发微》、《素问注证发微》等注本手加点校，一字不遗。尤推重汉名医张仲景，《伤寒论》、《金匮要略》悉能背诵，终卷无误。好学深思，临证处方深合古人法度。[见：《黟县三志》]

孙兰溪 〈女〉 清代浙江嘉善县人。诸生顾尧封继室。工吟咏。晚年精医。殁后，从弟孙广文辑其旧稿，辑《吟香室遗草》一帙，今未见。[见：《嘉善县志·列女》]

孙冯翼 字凤卿。清代江苏阳湖县人。名儒孙星衍侄。好学博闻，研丹吮墨，日以经史为事。曾与孙星衍辑复《神农本草经》。[见：《神农本草经·张炳序》]

孙汉忠 明代人。生平里居未详。疑为道士。著有《金丹真传》，今存旧抄本。[见：《中医图书联合目录》]

孙永吉 字子庆。清代河南长垣县人。监生。兼精医理，知名于时。[见：《长垣县志》]

孙芑华 字凤林，号传轩。清代浙江长兴县人。岁贡生。兼涉岐黄，著有《医学纂要》，未见梓行。[见：《长兴县志》]

孙西台 〈女〉 清末广东揭阳县榕城镇人。儒医丁乃潜妻。性嗜医学，喜读《素问》、《灵枢》诸书，遇病者辄出术救治。晚年研究益勤，夫妇常挑灯谈医，达旦不倦。辑有《昼星楼医案》一卷，经丁乃潜删订，刊刻于世，今存。[见：《丰顺县志·丁乃潜》、《揭阳书目叙录》、《中医图书联合目录》]

孙式元 字冠英。清末安徽黟县古筑人。廪生。家贫力学，精通医术，悬壶江北，凡所施治，辄奏佳效。用药处方备案成帙，光绪十年（1884）水灾，其稿荡然无存，人皆惜之。[见：《黟县四志》]

孙在崶 字麓山。清代山东阳信县人。邑庠生。精医术，专擅痘科，治病应手奏效。著有《痘疹集》，未见梓行。[见：《阳信县志》]

孙有仁 清代河南淮阳县人。少得父传，精通医术。县令赠匾曰杏林春煦。[见：《淮阳县志》]

孙成文 字郁双。近代辽宁岫岩县人。精通医术，于疗毒恶疮，尤为擅长。早年就学于日本神户中国精神研究会，颇有心得。归国后，入张青林中西医院学习四年，继赴上海医学讲习社专学内科，毕业后悬壶于世。曾总结历年经验所得，参用中西医药，制效方十余种，如千金妇女宝、健胃消食水、止嗽清肺浆、小儿定风珠等，临床颇著奇效。撰有《卫生指南》一文，于卫生保健之法及病后选医、购药、治疗，言之甚详，今未见。[见：《岫岩县志》]

孙扬美 字武惟。明代浙江余杭县人。孙桂枝子。岁贡生。读书过目成诵，十一岁赴童子试，中第一名，为县令程汝继所器重。居恒攻苦，不辍寒暑，博通经史及历代古文、理学诸书。晚年兼精医理，撰《医论》百篇，已佚。其兄孙奕美，万历三十一年（1603）举人。[见：《杭州府志》、《余杭县志》]

孙光业 清末安徽歙县人。生平未详。著有《幼科仁寿录》一卷，今存光绪三十一

年（1905）抄本。[见：《中医图书联合目录》]

孙光远 字和中。清代江苏靖江县人。明代乡贤孙同伦五世孙。例贡生。幼颖悟，读书过目不忘。精通医术，与苏州名医叶桂（1666～1745）相往还。同邑有许姓者，患时症，昏死一昼夜，家人皆谓已死。光远诊之，抚其胸尚温，投以药顿苏。刘氏仆人患疫证，垂毙。光远以砭石导之，一吐而愈。其他奇验，类此者甚多。性亢爽，治病不计酬报，遇贫困者赠以药饵。著有《医学穷源》、《临证治验神行集》，未见梓行。次子孙潮，孙孙楷，皆继承家学。同时有族裔孙春，亦以医名。[见：《靖江县志稿》、《靖江县志》]

孙光裕 字太初，号浮碧山人。明清间浙江余杭县人。幼年失怙，赖母抚养，笃志于学。后患病，仓卒求医，几为庸医所误，遂于攻读之余研习《素问》、《金匮》等书，渐通医理。尝参考诸家脉论，著《太初脉辨》二卷，刊于崇祯八年（1635）。还著有《血证全集》一卷。二书国内未见，今日本尚存，已由中国中医科学院影印回归。[见：《日本现存中国散逸古医籍》、《中国医籍考》]

孙光豫 字怀坞。明清间云南昆明县人。陕西巡抚孙继鲁孙。精医学，崇祯间（1628～1644）授太医院院判。后解职归乡，专心济人，不计所酬。平生多善举，族党有婚丧疾苦，竭力助之，始终无倦。年九十三岁，无疾而逝。[见：《昆明县志》]

孙回璞 唐代济阴（今山东曹州）人。精通医道，曾任殿中侍御医。贞观十三年（639），从太宗至九成宫三善谷。贞观十七年，奉旨往疗齐王佐之疾。[见：《曹州志》]

孙廷问 （1727～?） 字我舟，又字雨香。清代江苏通州（今南通）人。十二岁丧父，赖母李氏抚养成立。早年习儒，因病兼学岐黄。乾隆四十年（1775）悬壶于世，名震三吴，活人甚众。后迁居苏州，寿登八旬，手不释卷。晚年选编平生验案，辑《寸心知》四卷，藏于家。光绪四年（1878），其孙孙凤生为此书作序，今有残抄本存世。子孙冕荣，亦工医术，有《孙竹亭医案》传世。[见：《中国历代医家传录》（引《寸心知·孙凤生序》）、《程门雪读书记一则》（《中华医史杂志》1982 年第 3 期）]

孙廷辉 字伯长。宋代安福县（今江西安福）龙泉人。善以祝由术疗疾，知名乡里。其治痈疽瘰瘤诸病，不用针石药饵，运神摄气，祝之而愈。[见：《吉安府志》]

孙传伦 清代安徽寿州人。儒医孙家勤子。早年习儒，为监生。继承父业，亦工医术。[见：《凤阳府志》]

孙仲仁 元代歙县（今属安徽）人。世代习医，传至仲仁，又得名医传授，故其术尤精。为人温和谦谨，不以医术自诩。[见：《金元医学人物》（引《筠轩集·医者孙仲仁字说》）]

孙仲采 字伊火。清代山东潍县人。居城内仓巷。精医术，善治小儿痘疹。一日过某氏门，见女仆牵小儿立门外，仲采察儿颜色，上前执其手挝之，儿惊哭，女仆怒而骂之。主人闻声出，见仲采，知有异，询以缘故。仲采曰："儿将生恶痘，势必死。预移其处，虽重无恙。"后果如所言。著有《痘疹抉微》一卷，已佚。子孙照，能传父业。[见：《潍县志稿》]

孙行南 明代浙江东阳县人。邑名医孙橹长子。绍承父业，以医知名。弟孙肖南，亦善医。[见：《东阳县志》]

孙兆本 字秀年。清代安徽芜湖县人。徙居庐江县。自幼业儒，后精医术。治病有神效，每值疫疬盛行，诊视不避炎暑，赖以回生者甚众。晚年博采群书，著《医道用中》一帙，凡数万言，家贫未梓。年六十七岁，以寿终。[见：《庐江县志》]

孙兆蕙 字笠江，号树之。清代江苏昆山县人。祖父孙麟趾，官阳信知县。父孙铨，为乾隆四十年（1775）庠生，以书画知名。兆蕙早年出仕，官陕西鳌屋县丞，道光间（1821～1850）迁陕西石泉知县，历任云南呈贡、顺宁知县。后因失察，降谪库大使，卒于任所。孙氏工医术，善绘画，曾取明兰茂《滇南本草》坊刻本及明杨慎传抄本，合校汇编，易名《一隅本草》。此书收录云南地方草药 410 种，每药附以己说，并绘以插图，惜散佚不传。[见：《昆新两县续修合志》、《昆山历代医家录》]

孙旭英 〈女〉 字晓霞。清代江苏无锡县人。侍亲不嫁，人称孝女。通医理，能诗善画。[见：《中国历代医家传录》（引《清朝书画家笔录》）]

孙庆甲 清代江苏丹徒县人。邑儒医孙郁次子。与兄孙庆熺，皆传承父业，尤以经学见称。[见：《续丹徒县志》]

孙庆曾 清代人。生平里居未详。与名医叶桂（1666～1745）同出一门，精通内、妇、儿诸科。无锡沈金鳌，得其亲授，后为名医。

[见：《中国医学大成总目提要》]

孙庆熺 清代江苏丹徒县人。邑儒医孙郁长子。与弟孙庆甲，皆传承父业，以经学见称。[见：《续丹徒县志》]

孙汝南 字幼成。清代浙江嘉善县人。儒医孙锡金子。绍承父学，亦工医术。与青浦名医何迪甫相友善，切磋医理，集二家之长，医术精进，晚年求诊者甚众。著有《脉诀》二卷，未见流传。[见：《浙江通志稿》]

孙宇辉 字静斋。清代浙江诸暨县人。嘉道间（1796～1850）在世。以医术知名。[见：《绍兴地区历代医药人名录》]

孙守勋 字铭常。清代江苏句容县人。于书无所不读。精通医术，四方延请者无虚日。[见：《续纂句容县志》]

孙安四 字能迁。清代四川彰明县人。通医理，擅治小儿斑疹。曾总结临证经验，著《阙待新编》二卷，刊于光绪六年（1880），今存。[见：《中医图书联合目录》、《贩书偶记续编》、《中医大辞典》]

孙如槐 明代浙江仁和县人。邑名医孙钝孙。得祖父传授，医道盛行。[见：《仁和县志》]

孙孝问 （1915～1995）现代江苏昆山市玉山镇人。昆山外科名医孙粹伯长子。1934年肄业于上海中国中学，后从父学医。1936年9月插班入苏州国医专科学校三年级学习。次年因抗日战争爆发，学校停办，随父襄诊。1938年设诊于县城北城河岸，1941年悬壶巴城镇。1951年参加血吸虫病防治，次年任石牌联合诊所主任，转巴城联合诊所主任。1958年调蓬阆卫生院，任中医师。1979年退休。子孙九光，任昆山市中医医院主治医师，以擅治肝病著称。[见：《昆山历代医家录》]

孙志云 号柳溪居士。清代河南叶县人。自少习儒，善属文。因父病，弃举子业，潜心岐黄之学，后以医知名。[见：《叶县志》]

孙志尹 （?～1645）字咸一。明末嘉定县（今属上海）人。其父某，避役徙居昆山县。志尹少喜习武，善射击。兼精医术，能治奇疾。早年游京师，中武科举人，获京营游击衔而归。顺治二年六月，昆山民众杀降清县丞阎茂才，公推原狼山副总兵王佐才为帅，守城抗清，志尹守西门。七月初五日，清军攻城，知县杨永言率民兵迎战。孙志尹策马为前锋，连毙二敌，胸部中箭，坠马殉国。[见：《昆山历代医家录》]

孙志宁 南宋永嘉（今属浙江）人。名医陈言门生，知名于时。于淳祐元年（1241）撰《增修易简方论》，已佚。[见：《宋以前医籍考》、《永嘉医派研究》]

孙志宏 字克容，号台石。明末浙江钱塘县人。邑名医孙桂岩子。幼习举业，长乃学医。尝采药三山，遇良师授以"龙宫秘诀"，所治辄效。崇祯二年（1629），已行医五十余载，汇集前代经验及数十年心得，著《简明医彀》八卷，刊于崇祯三年（1630），今存。[见：《简明医彀·序》、《四库全书总目提要》]

孙志祖 字述堂。清末山西安泽县孙家寨人。同治十二年（1873）拔贡，光绪五年（1879）举于乡。幼颖悟，负奇才，气宇轩昂，见之者咸目为燕赵之士，不知其为晋人也。好读书，博通经史，为文独开生面，不落前人窠臼。奇论宏议，沉雄豪迈，有俯视一切之概。因母病，守程子"事亲不可不知医"之训，研究方书，亲撰《四言药性赋》，以便记诵，母病屡赖以痊。后出任山阴、怀仁训导，兼署应州学正。清亡后，解职归里。[见：《安泽县志》]

孙克任 字莘臣（一作莘臣）。清代安徽寿州人。曾出仕为官，以理问加同知衔，后议叙加州同衔。年七十五岁卒。好辑医方，于嘉庆二十一年（1816）编《应验简便良方》二卷，刊刻于世，今存。医学外，尚辑刊《勉学篇》、《慎思集》、《孙氏世范家诫》等书。[见：《凤阳府志》、《寿州志》、《中医图书联合目录》]

孙连芳 字兰亭。清代陕西三原县人。明悟医理，事母以孝闻。弟孙联芳，从其学，医术益精。[见：《三原县志》]

孙肖南 明代浙江东阳县人。邑名医孙橹次子。与兄孙行南，皆善承家业，以医知名。[见：《东阳县志》]

孙时灿 清代湖南邵阳县人。嗜读书，不理生计，家道中落，遂业医。性谨慎，未尝轻用克伐之剂。尝谓："病迟愈无害，不可伤人元气也。"嘉庆元年（1796），寿八十余，当道官吏给以耆民冠带。著有《医方集解补注》若干卷，今未见。[见：《宝庆府志》]

孙时杰 （1806～?）清代四川资州人。精医学，重养生，性好宣讲。光绪二年（1876），寿七十一岁，尚精神矍铄，诲人不倦。[见：《资州志》]

孙秀岩 字瑞峰。清末人。生平里居未详。曾任太医院候补医士。[见：《太医院

孙

志·同寅录》]

孙作生 字活宇。清代河南巩县人。以医为业，擅治热证及痘疹，知名于时。[见：《巩县志》]

孙伯棠 （1844~1883） 字憩南，号德甫。清末江苏江阴县青旸镇人。名医孙绣峰长子。幼承庭训读书，兼及医术。父早卒，复从良师游，遂精医道，悬壶济世。门诊日数十人，名重于时。有医德，凡来延请者，虽风雨深夜，无不即往，遇贫苦者却其诊酬，时予药饵，远近十余里中，无不感戴。尝于春夜出诊，马逸坠河伤胸，骤得血证，是以不永其年。病逝之时，年仅四十岁。长子孙一奎，能传父业。次子孙建奎，生平未详。[见：《中国历代名医碑传集》（引缪荃孙《艺风堂文续集·世医孙德甫家传》）]

孙希礼 字秀章。明代河南阳翟县人。医学典科孙奉源子。绍承家学，宣德间（1426~1435）任太医博士。学正朱仲坚患病，迎请诊视，应手而愈。子孙让，孙孙镐、孙钊，皆精医术。[见：《禹州志》]

孙应奎 字文宿，号东谷。明代河南洛阳县人。正德十六年（1521）进士，授章丘知县，官至户部尚书。旁通医术，以活人为心，凡有疾者，不限尊卑，即与方药。著有《内经类钞》、《医家大法》、《大旨必用》、《医家必用》、《医家必用类选》等书。前三种未见传世，《医家必用》今存日本国立公文书馆内阁文库，现已影印回归。[见：《明史·孙应奎传》、《古今医统大全·历世圣贤名医姓氏》、《中国医籍考》、《日本现存中国散逸古医籍》]

孙应科 字研芝（一作彦之），号小康居士。清代江苏高邮州人。廪贡生。邃经学，工古文词。自建一室，藏先世书版，榜曰书窝。旁涉医学，著有《半吾堂医方》，今未见。曾于道光十六年（1836）校刊《跌损妙方》。[见：《扬州府志》、《中国历代医家传录》]

孙怀仁 清代江苏上元县人。四世业医，至怀仁审证益精，用药益灵，名著于时。[见：《上元江宁两县志》]

孙沐恩 字波及。清代河南巩县罗庄人。以孝友闻。晚年留心医学。辑有《药方类编》十卷，未见梓行。[见：《巩县志》]

孙诒让 （1848~1908） 字仲容，号籀廎，又号籀膏。清末浙江瑞安县人。同治六年（1867）举人。光绪十二年（1886）任刑部主事，不久引疾归，专意于著述。博通经史，尤精文字、训诂之学。著述甚富，撰有《札迻》，内有校正王冰《素问注》数条，颇有见地，至今为学者所重。[见：《清史稿·孙诒让传》、《近三百年人物年谱知见录》、《札迻》]

孙奉源 明代河南禹州阳翟县人。邑名医孙思忠子。绍承家学，亦精医术，曾任医学典科。子孙希礼，官至太医博士；孙孙让，医术尤精。[见：《禹州志》]

孙卓三 明代江西浮梁县（今江西景德镇市北浮梁）北乡人。精医术。正德间（1506~1521），王府觅良医于浮梁，王严酷，里人王严欲害卓三，举之以应，迫之行。卓三至府，药下病除，获重赏而归，声名大起。治病不循常法，每以意疗之，均获佳效。"宸濠之变"，县令夫人避乱山中，小便五日不通，腹膨如鼓，仰卧张目，气息已微，急召卓三。卓三诊之曰："此盛暑急驱，饮水过度，羞溺而胞转也。"命取猪尿胞，吹气贯满，令女仆执之，对夫人溺孔冲之，溺淋淋下，病遂愈；新安县一男子患淋溺不止，日渐萎黄，诸医束手。卓三医之，亦不效。偶以手戏弄水罐，塞后孔则前窍水止，开则通，顿有所悟，遂灸脑后穴三壮，疾愈。[见：《饶州府志》、《江西通志》]

孙尚臷 明代人。生平里居未详。辑有《药方》三卷，已佚。[见：《国史经籍志》]

孙国敉 原名国光，字伯观。明末六合县（今属江苏南京）人。天启五年（1625）恩贡生。廷试第一，授延平府训导，官至内阁中书。晚年辞官归乡，年六十八岁卒。兼涉医学，撰有《刀圭通》十卷，未见梓行。[见：《江宁府志》、《六合县志》]

孙明来 字济孺。明代安徽休宁县人。邑名医孙一奎子。与兄孙泰来，整理父书，辑《孙文垣医案》五卷，刊刻于世。[见：《四库全书总目提要》]

孙和鼎 字亮居。清代江苏宝山县高桥人。精医术，后患肺痈而殁。著有医书，未能传世。[见：《宝山县志》]

孙秉公 （1902~1941） 原名锡爵，字秉公，号天哀。近代江苏太仓县老闸人。自幼习儒，从洪叙伦学。年十七岁，从归庄徐又谦学医，十九岁悬壶于世，精内科时症及妇科。治病不拘成见，不泥古法，往往一药即效，求医者踵相接。年三十岁，负笈上海西医周星一门下，后临证中西并用，声名益噪。素重医德，其处方印"随请随到，贫病不计"八字，遇贫病不收诊

304

金，反赠钱买药。兼工韵语，远近诗社多罗致之，知名于常熟虞社。抗日战争初期，奉亲避难，舟次无锡鹅湖，遇敌机轰炸，其父殉难，遂扶柩归葬。虽身陷敌后，而报仇之志甚切，不久参加抗日义勇军，与太仓地下县长浦太福等从事地下抗日活动。后组织贫民施诊所，收集日伪情报，并给《江南》、《铁犁》、《大众》等新四军地下刊物撰稿。1941年患肠癌病逝，年仅四十岁。世人深婉惜之，联名赠挽联曰："一代名医殒，万家尽悲恸；高山空仰止，音容千古存。"遗有《医案》，未梓。子孙振源，继承父业。［见：《吴中名医录》］

孙秉衡 清代河南固始县人。精医术，通脉理，尤擅治痘疹，投剂立愈。［见：《固始县志》］

孙岳亭 号乐志亭主人。清代江苏江宁县人。生平未详。通妇科，辑有《治妇人生产方》一卷。乾隆壬寅（1782），取此书与柯炂《保产机要》一卷合刻，总题《至验要方》（又称《续增至验良方》），刊刻于世。［见：《贩书偶记续编》］

孙岱岳 字鲁青。清代山东诸城县人。岁贡生。精通医术，与同邑臧应詹、刘奎齐名。有论著藏于家。［见：《诸城县续志》］

孙金兰 号谷香。清代江苏青浦县圆寿塘人。诸生。精究方书，通明脉理，以医知名。［见：《青浦县志》］

孙炎丙 字次乙，号文峰。清代山东平度县盆里孙家屯人。耽于经史，兼通医学。尝客居京师，同乡士大夫有疾，则就其诊视，多获良效。曾注释名医黄元御书，撰《孙氏遗书八种》，未见刻行。［见：《平度县续志》、《山东通志》］

孙学成 字敬修。清代江苏高淳县人。儒医夏焕勋高足。深得师传，诊病应手取效，性和平谨慎，见重于时。［见：《高淳县志》］

孙泗滨 明代浙江东阳县人。邑名医孙橹孙。绍承家学，亦以医名。［见：《东阳县志》］

孙宗岳 清代江苏睢宁县人。精医术，临证以意施治，应手辄效。乾隆二十三年（1758），灵璧知县贡震抱病，群医束手。宗岳应聘往诊，笑曰："此肉积也。"一药而愈，赠以金，不受。某太守幼子病剧，延请宗岳，以手摸之曰："无病，思玩物耳。"询乳媪，果有银铃失去数月，

寻给玩之，越三日，病若失，人以"孙一摸"称之。晚年术益精，名振江淮。著有《孙氏医案》，今未见。［见：《睢宁县志稿》］

孙建业 清代河南密县人。自少嗜于医学，怀济世之心，好施药，不索谢。［见：《密县志》］

孙承恩 号芷邻。清代湖南澧州（今澧县）人。以廪贡肄业太学。工诗文，精书画，旁及医术。与会稽章实斋相友善，翰林学士朱筠（1729～1781）亦重其诗才。孙氏曾修订《伤寒六书》，未见流传。［见：《直隶澧州志·文苑》、《近三百年人物年谱知见录》］

孙绍远 字稽仲。宋代人。里居未详。官朝散大夫。兼通医药。辑有《大衍方》十二卷，所收药品仅四十九种，皆临证必备者，药后附以方剂，已佚。［见：《直斋书录解题》、《国史经籍志》、《文献通考》］

孙绍闻 字又月。清代江苏兴化县人。岁贡生。博览群书，好著述。晚年精医理，淹贯《内经》诸书，取其精微，临证以意立方，多获佳效。著有《十二经络分解》，流传于世，今未见。［见：《高邮州志》、《扬州府志》］

孙奏雅 字君协。清代河南辉县人。庠生。因父病留心医药，励精探讨，凡阴阳气运、切脉察理、药性君臣，无不贯通。年八十八岁卒。曾搜录古人诸方，参酌己意，辑《医学宗传》三十卷。今中国科学院图书馆藏《医学宗传》抄本一帙，不著撰人姓名，或即孙氏书，待考。门生宁士均，亦以医名。［见：《卫辉府志》、《中医图书联合目录》］

孙埏柱 清代人。里居未详。廪贡生。乾隆四年（1739）遴充《医宗金鉴》纂修官。［见：《医宗金鉴》］

孙荣台 号南屺。清代浙江嘉兴府人。生平未详。著有《内经指要》、《女科指要》、《南屺脉学》等书，未见梓行。［见：《嘉兴府志》］

孙荣祺 号松舟。清代江苏上海县三林塘人。精医术，尤擅外科，知名于时。子孙陛联，绍承父业。［见：《上海县续志》］

孙荣福 清代云南鹤庆人。事母以孝闻。精医道，兼工书法。著有《医家十全》、《病家十戒》，今未见。宗其术者，辄应验焉。［见：《云南通志》］

孙树生 清代四川合州人。从本邑朱正立习医，尽得师传，知名于时。［见：《合州志》］

孙树桂 字月仙。清代江苏江阴县人。生平未详。著有《经畲堂医案》一卷，未见刊行。[见：《江阴县续志》]

孙树藻 字勖和，号漱荷。清代安徽黟县古筑人。早年习儒，曾任当涂县教谕。兼精医术，尤通脉理，临证不待详述病况，诊脉即洞见病源，踵门求治者甚众，皆交口称其神效。[见：《黟县四志》]

孙奎台 清代人。生平里居未详。著有《保产良方》一书，今镇江市图书馆存清刻本。[见：《中医图书联合目录》]

孙星衍 (1753～1818) 字伯渊，又字渊如。清代江苏阳湖县人。乾隆五十二年(1787)一甲第二名进士。历官翰林院编修、刑部主事、刑部郎中、山东兖沂曹济道兼管黄河兵备道、督粮道。嘉庆四年(1799)丁母忧归乡。服满，再为山东粮道。后因病辞官，寓居杭州。应浙江巡抚阮元之聘，主讲诂经精舍，以经史疑义及小学、天文、地理、算学、词章诸学教授诸生。嘉庆十六年(1811)引疾归里。二十三年(1818)卒，享年六十六。孙氏博览群书，淹贯经史，精通文字、训诂、校雠之学，旁及诸子百家，于医学亦有研究。著述甚富，尝搜采古代医籍，辑复《神农本草经》三卷、《素女方》一卷，还辑有《秘授清宁丸方》一卷、《服盐药法》一卷，皆梓行。又校刊《华氏中藏经》、《宋提刑洗冤录》、《千金宝要》诸书，对古代医籍整理多有贡献。[见：《清史稿·孙星衍传》、《清史稿·艺文志》、《近三百年人物年谱知见录》、《上元县志·寓贤》、《中医图书联合目录》]

孙思忠 明初河南阳翟县人。元末山西平阳府医学教授孙相子。绍承父学，亦工医术，知名于时。子孙奉源，亦以医名。[见：《禹州志》]

孙思邈 (541～682) 世称孙真人，又称药王。隋唐间京兆华原县(今陕西耀县)孙家塬人。自幼颖悟，七岁就学，能日诵千言。洛川总管独孤信(503～557)，见而异之，以圣童、大器称之。孙氏幼年多病，屡造医门，汤药之资，几罄家产。稍长，惮心于老、庄及百家之言。尤嗜医学，博览古籍，于切脉、诊候、采药、合和、服饵、将息及养生之术，无不精研，凡一事长于己者，不远千里往之。年弱冠即明悟医理，"在身之患，断绝医门"。此后，久隐太白、五台山学道，兼采种草药，济世救人。凡亲邻乡众有疾厄者，皆为诊治，用药如神，所活不可胜计。孙氏

学识广博，淡于仕途。隋文帝辅政，以国子博士召之，不拜。唐太宗贞观(627～649)初，召至京师，授以官爵，不受。显庆四年(659)，高宗复召见，拜谏议大夫，复固辞。上元元年(674)称疾还山，高宗赐以良马，又赐原鄱阳公主府第使居之。永淳元年(682)卒，遗令薄葬，不藏冥器，不奠牲牢，时寿一百四十二岁。后世于华原五台山建药王庙祠之，香火历千余年而不衰。孙氏素重医德，尝曰："若有疾厄来求救者，不得问其贵贱贫富，皆如至亲之想。见彼苦恼，若己有之，勿避昼夜寒暑，饥渴疲劳，一心赴救，如此可为苍生大医，反此则是含灵巨贼。"又曰："人命至重，贵于千金……为医之法，不得炫耀声名，自矜己德。偶然治瘥一病，则昂头戴面，而有自许之貌，谓天下无双，此医人之膏肓也。"当时名士孟诜、宋会文、卢照邻等皆师事之。卢照邻曾请教"良医愈疾之道"，孙氏乃阐述精义，其中有"胆欲大而心欲小，智欲圆而行欲方"之语，至今被医家奉为圭臬。孙氏著述甚富，其代表作《备急千金要方》(简称《千金方》)三十卷、《千金翼方》三十卷，大行于世，对后世医学影响极大。还著有《太常分药格》、《医家要妙》、《芝草图》、《养生要录》、《气诀》、《五脏旁通明鉴图》、《玉函方》、《脉经》、《针经》等书，皆散佚。医书之外尚著有《庄子注》、《老子注》等，亦散佚不传。[见：《旧唐书·孙思邈传》、《新唐书·孙思邈传》、《千金要方》、《千金翼方》、《医学入门·历代医学姓氏》、《太平御览》、《历代名医蒙求》、《西安府志》、《陕西通志》、《三原县志》、《宋史·艺文志》、《直斋书录解题》、《崇文总目辑释》、《医藏书目》、《中国历代名医碑传集》]

孙钦安 清代江苏新阳县真义镇(今昆山市正仪镇)人。敦重古道，以医知名。子孙兆璜，为新阳县庠生。[见：《昆山历代医家录》(引《信义志稿》)]

孙复吉 字见心。明代浙江嘉善县人。世医出身，研究《内经》、《脉诀》诸书，深明医理。推崇名医薛己(1487～1559)，与王肯堂(1549～1623)相友善，常往复参究，切磋医理。重医德，虽至贫之人求诊，亦尽心疗救，寒暑昼晦无倦色，远近敬之。天启丁卯(1627)尚在世，寿至八十余卒。其《医案》散佚不传，仅《古今医案按》收入数则。[见：《嘉善县志》、《嘉兴府志》、《中国历代名医传录》]

孙复初 清代浙江杭州人。生平未详。辑有《续刊经验集》一卷，收入《养生经验

合集》，今存道光二十二年（1842）余姚胡氏紫薇花馆刊本。［见：《中医图书联合目录》］

孙保之 字厚培。清代江苏泰兴县人。精医术，知名乡里。［见：《泰兴县志》］

孙俊奎 字聚五。清代浙江山阴县人。其友人王殷玉，与陶承熹相友善，欲刊刻陶氏《惠直堂经验方》，未成而卒。孙俊奎慨然捐资，参予校订，刊刻于雍正十二年甲寅（1734）。［见：《珍本医书集成·惠直堂经验方》］

孙美善 字心如。清代安徽黟县古筑人。待人忠厚，律己端严。其父素好施与，常合药赠人。美善继承父志，研究医道，尤擅疡科，施药诊病四十余年，未尝受病家一钱。同族某，痈疽发于背，诸医束手。时孙氏寿已八十，亲为调治，卒起沉疴。［见：《黟县四志》］

孙宫干 宋代人。生平里居未详。明医理。浙东提刑陈才甫任郎官时，尝苦臂痛。孙氏令服补髓丹，臂痛即安，平日腰痛之疾自此亦不复作。［见：《中国历代医家传录》（引《普济方》）］

孙宪曾 清代河南淮阳县人。初习举业，为庠生。后从本邑孙鹤鸣学医。曾与师合撰《脉经精义》，今未见。宪曾撰有《四诊述要》（又作《四诊备要》）一卷，今存 1937 年河南淮阳孙氏石印本。［见：《淮阳县志》、《中医图书联合目录》］

孙陞联 号莲生。清代江苏上海县三林塘人。外科名医孙荣祺子。绍承父业，亦以医闻。［见：《上海县续志》］

孙泰来 字中孺。明代安徽休宁县人。名医孙一奎子。与弟孙明来校订其父遗稿，编《孙文垣医案》五卷，刊刻于世。［见：《四库全书总目提要》］

孙泰溶 （?～1785） 字学成。清代江苏昆山县人。其祖父孙振，率家徙居苏州郡城。泰溶平生好学，不务空言，有济世之志。尝遍历四川、陕西、湖南、江苏诸幕府，所至必访求民间疾苦，以速去之为快。晚年采药，制丹丸济人，多获奇效。乾隆五十年卒。辑有《经验方》若干卷，未见刊行。［见：《吴门补乘》］

孙起凤 清代湖南沅陵县人。精医学，曾任本县医官。对王叔和《脉经》有研究，熟谙脉理。督宪郭琇病笃，孙氏投药即愈，由是声名益噪。存心仁厚，治病不计利，不辞劳，始终如一。［见：《沅陵县志》］

孙桂山 字馨谷。清代江苏泰县东乡莫家庄人。世精岐黄，至桂山益臻纯粹，能以平和之剂愈疾，有起死回生之誉。性慈善，常施药济贫，虽费重资不吝。邻县青墩石桥坍塌日久，孙氏出资修葺，以便交通。著有《医学心传》四卷，未见刊行。有子三人，长子孙士荣，传承家学。［见：《续纂泰州志》］

孙桂岩 明代浙江钱塘县人。业精岐黄，为嘉靖、隆庆间（1522～1572）名医。子孙志宏，绍传父业。［见：《四库全书总目提要》、《中国医籍考》］

孙凌霄 字芸棂。清代安徽盱眙县（今属江苏）人。精医术，为嘉庆间（1796～1820）当地名医。［见：《盱眙县志稿》］

孙家勤 字予九。清代安徽寿州人。邑庠生。精医术，遇危疾，虽严寒盛暑必往，诊辄应手愈。年八十岁殁。辑有《医方要言》行世，今未见。子孙传伦，为监生，继承父学，亦工医。［见：《凤阳府志》］

孙绣峰 清代江苏江阴县青旸镇人。精医术，名重江南。长子孙伯棠，传承其业。［见：《中国历代名医碑传集》（引缪荃孙《艺风堂文续集·世医孙德甫家传》）］

孙培初 字本真。清代河南正阳县大林店人。精研医术，独有心得。治病随证裁方，用药只三五味，无不奇效。生性儒雅，敦品励行，享誉士林。年五十岁殁。著有《心得专集》，未梓，为同族某所秘。孙孙从仁，得祖父痘疹方，亦以医术知名。［见：《正阳县志》］

孙冕荣 （1765～?） 字冠唐，又字斗南、采邻、亮揆，号竹亭。清代江苏通州（今南通）人。儒医孙廷问子。绍承父学，亦工医术。曾辑《孙竹亭医案》，有抄本传世。又校订其父《寸心知医案》（简称《寸心知》），今存光绪四年戊寅（1878）残抄本。［见：《中国历代医家传录》、《程门雪读书记一则》（《中华医史杂志》1982 年第 3 期）］

孙崇朴 清代河南巩县七里铺人。工医术，熟于方剂，知名乡里。［见：《巩县志》］

孙鸿祥 清代河南正阳县白土店人。自幼读书，得祖父传授，精通针灸、方药。以医济世，诊病不受酬谢，方圆数十里，得其救治者皆感德之。年八十余殁。［见：《重修正阳县志》］

孙淑璐 字达夫。清代山东博山县人。冲淡超逸，好读书，兼善医术。著有《浣雪轩古方精义》，未梓行。［见：《博山县志》］

孙渊如 明清间江苏昆山县人。业医。熟谙张仲景书，凡《金匮》古方，人不敢轻用者，投之辄效。黄潭（今正仪镇东北村）钱某患疾，胸有留饮作痛，孙氏以甘遂半夏汤治之。钱诘曰："甘草与甘遂反，并用何也？"答曰："正取其相反攻击，以去病根耳。"服之腹大痛，吐泻交作，痰饮尽除，十年痼疾，一旦而愈。[见：《苏州府志》、《昆新两县续修合志》、《昆山历代医家录》]

孙联芳 字惠亭。清代陕西三原县人。邑名医孙连芳弟。幼失父母，从兄学医，术益精，全活甚众。好施不求报，借券盈箧，一举焚之。[见：《三原县志》]

孙敬亭 清代河南淮阳县人。早年习儒，为增生。工书法，兼精医术。[见：《淮阳县志》]

孙萼士 清代江苏奉贤县人。青浦名医何长治门生。[见：《何鸿舫医方墨迹》]

孙景会 字际昌。清代安徽太和县人。贡生。居家教授数十年，喜栽培寒俊。尤博综岐黄家书，临证不泥古方，能以意为变化。年七十一岁卒，乡人勒碑，以颂其德。著有《医案》数百则，今未见。[见：《太和县志》]

孙景祥 明代人。里居未详。以医为业，精其术。成化二十一年（1485），长沙李东阳患脾病，能食而不能化，日渐消瘦。医者皆谓瘵疾，以药补之，而病愈剧。后延请老医孙景祥诊视，问曰："得非有忧郁之患乎？"李悟曰："是也。"盖其先时丧妻、亡弟，悲怆交集，积久成病，医不能识，而自亦忘之。景祥为之立方，嘱三日一服，病乃愈。[见：《续医说·古今名医》]

孙御千 清代江苏江阴县人。精医术，名噪于时。乾隆三十二年丁亥（1767），王仲良患伤寒阳虚，病势危殆。孙御千与同邑名医姜健、王与谦、戚向书会诊，几经调治，"起一生于九死"。辑有《医案》，姜成之选录十一则，刊入《龙砂八家医案》。[见：《珍本医书集成·龙砂八家医案》]

孙翔凤 清代江苏丰县人。精医术，求治者踵相接，无不应手取效。[见：《徐州府志》]

孙蒲壁 字铁峰。清代江苏南通县白蒲镇人。深研《素问》、《难经》、《伤寒论》诸书。乾隆七年（1742）疫疠流行，孙氏置大锅煮药，呻吟而来者，皆霍然而去。[见：《通州府志》、《白蒲镇志》]

孙署卿 清代江苏常熟县人。青浦名医何长治门生。[见：《何鸿舫医方墨迹》]

孙锡金 字淡成。清代浙江嘉善县人。邑庠生。精医术，于《伤寒论》尤有心得。求诊者踵相接，贫病不受酬，活人无算。著有《诊治刍言》，今未见。子孙汝南，传承父学。[见：《浙江通志稿》]

孙锦瑚 字琢甫。清代江苏青浦县人。光绪乙酉（1885）拔贡。早年以词赋擅名，晚岁寓居松江县城，以医自给。年七十岁卒。[见：《中国历代医家传录》（引《青浦后续诗传》）]

孙靖游 清代江苏泰兴县人。庠生。笃志医学，闻华墅王钟岳得叶桂真传，拜于门下。从学三年，深得其秘，遂以医名世。为人坦诚慈善，多所全活。又善丹青，与陈中、薛珩相伯仲。[见：《泰兴县志》]

孙煜曾 字士惟。清末人。生平里居未详。精医术，曾任太医院恩粮（医官），兼上药房值宿司药官。[见：《太医院志·同寅录》]

孙碧云 清代人。生平里居未详。为武当高士，创制无极丸方，为通瘀重剂。[见：《中国历代医家传录》]

孙毓汉 字云皋。清代山东济宁州人。幼年失怙，年未冠，补博士弟子员。道光二年（1822）举于乡。屡上春宫，不得一第，遂弃举业，闭门谢客。潜心医学，施药以济贫病，全活甚多。年七十六岁卒。著有《传验方》，刊刻于世，今未见。[见：《山东通志》]

孙毓昆 字崇山。清代河北交河县人。家贫业医，尤善针灸，治病应手取效。有医德，诊病不索谢，有求必应，不辞其劳，五十年如一日。[见：《交河县志》]

孙粹伯 （1887～1960） 原名汝谦。现代江苏昆山县玉山镇人。早年就读上海龙门师范，未及毕业而辍学，从中医外科名医顾莲伯学。1912年悬壶于玉山镇前浜，享誉于时。1954年任东门联合诊所外科医师，两年后转入吴县淞南联合医院。1960年患鼻咽癌病逝。长子孙孝问，长孙孙九光，皆传其学。[见：《昆山历代医家录》]

孙演书 字洞明。明代陕西甘泉县道士。精通医术，治病奇效。[见：《陕西通志》]

孙肇庆 字又章。清代江苏上海县人。精医术，擅长针灸。曾任太医院御医。[见：《松江府志》]

孙震元 字秋水。清代浙江仁和县人。精通医学。著有《天神真略》（又作《天神征略》）五十卷、《医鉴》四十卷、《疡科会萃》（又作《疡科汇治》、《凤鸣堂疡科汇粹》》五十卷、《金樱小录》八卷。今存《疡科会萃》抄本，余书未见。[见：《杭州府志》、《中医图书联合目录》]

孙德芳 元代永年县（今属河北）人。自幼笃学，及长，师事谷氏，学按摩科，后以医术知名。延祐（1314～1320）初，举为太医。[见：《永年县志》]

孙德钟 字退甫。清代浙江山阴县人。生平未详。辑有《活人一术初编》，今存道光十八年（1838）刊本。[见：《中医图书联合目录》]

孙德润 字慎之。清代河北丰润县浭阳人。生于嘉庆间（1796～1820）。笃好医学，博览群书，尤善著述。尝摘录历代医书，分门别类，删繁补缺，辑《医学汇海》三十六卷，刊于道光六年（1826）。[见：《中医图书联合目录》、《中国历代医史》]

孙德彰 字韫玉。清代河南巩县鲁村人。世代业医，善承家学，精医理，别具心得。[见：《巩县志》]

孙鹤鸣 字廷选。清代河南淮阳县人。精医术，知名于时。张春芳母，瘫卧十二年，鹤鸣治之，服药数月能行；林宏儒女、王茂林兄，先后以危疾延诊，皆应手奏效。晚年与门生孙宪曾合撰《脉经精义》，稿甫脱而卒，其书未见流传。[见：《淮阳县志》]

孙燮和 字越阳。明末浙江山阴县人。好施与，精医术。治病不论贫富，皆详审细察，遇难症则检阅方书，几废寝食。庚辰（1640）岁荒，时疫流行，副使邓瑄、奉常金兰、抚军祁彪佳，共设药局，延请孙氏主诊，全活无数。次子孙宣化，康熙六年（1667）进士，授阳曲县令。[见：《山阴县志》]

孙布益歇化觉 清初青海人。藏族。精汉藏医学。曾于塔尔寺设曼巴扎仓，传授藏医学。著有《医疗海洋心室简集》、《甘露流》等五部医学著作。[见：《中医大辞典》]

纪

纪岩 字敬公。清代山东宁阳县伏山村人。明代医官纪朝德后裔。纪岩亦精医术。郡守蔡廷辅有痼疾，纪治之立愈，声名大振。后裔纪开泰，亦以医术负盛名。[见：《宁阳县志》]

纪朋 唐代吴郡（今江苏苏州）人。以医术知名。观人颜色、谈笑，即知病之浅深。玄宗闻之，召至掖庭，令治某宫人疾。其人每日黄昏则笑歌若狂，足不能履地。纪朋诊之，曰："此必因食饱而大促力，顿仆于地而然。"饮以云母汤，令熟寐，醒而失所苦。问其病因，答曰："因太华公主载诞，宫中大陈歌吹，某乃主讴，惧其声不能清且长，吃豚蹄羹，饱而当筵歌大曲，曲罢，觉胸中甚热。戏于砌台上高而坠下，久而方苏，遂病狂，足不能步也。"门人周广，尽得传授，亦为开元间（713～741）名医。[见：《明皇杂录》、《医林撮要》、《吴县志》]

纪能 字伯通，晚号最乐。明代安徽滁州人。性敦笃，不习时态。父母早丧，奉养祖母以孝闻。精通医术，济世周贫，郡人赖以全活者甚众。[见：《滁州志》]

纪开泰 字来西。清代山东宁阳县伏山村人。邑名医纪岩后裔。雍正间（1723～1735）监生。自少习医。精研《内经》，遍览仲景以下诸医书。临证洞察标本，深明阴阳变化，虽危证，投药立起，远近造请者无虚日。尝游于历下，会巡抚李公患重疾，诸医罔效。纪开泰应聘往治，一剂而瘳。李神其术，挽留于幕府，力辞归。晚年颐养于林泉，年近八旬，视听不衰，髭须尽黑，见者以为神仙中人。旋以寿终。著有《医学箕裘集》二十四卷，今未见。四子纪体润，绍传父业，亦知名。[见：《宁阳县志》]

纪天崇 字青峰。清代山东宁阳县伏山村人。邑名医纪开泰孙，纪体润子。克传家学，亦以医知名。子纪茜珠，绍承父业。[见：《宁阳县志》]

纪天锡 字齐卿。金代山东泰安县人。早年弃儒学医，精其术，知名于时。撰有《集注难经》五卷，大定十五年（1175）上书于朝，授医学博士。[见：《金史·纪天锡传》]

纪丛筠 字竹伍。清代江苏句容县人。邑诸生。举止娴雅，能诗善医。著有《瘟病辨》四卷、《蔬香斋诗稿》若干卷，今未见。[见：《句容县志》]

纪廷桓 字尊九。清代江苏太仓州璜泾镇人。国学生。性端方，举止不苟。精医术，治疗贫病不索酬，反赠以药资，邑人称其德。[见：《璜泾志稿》]

纪体润 清代山东宁阳县伏山村人。邑名医纪开泰四子。绍承家学，亦精医术。子纪天崇，孙纪茜珠，曾孙纪若鼎，皆以医知名。[见：《宁阳县志》]

纪若鼎 字梅臣。清代山东宁阳县伏山村人。世医纪茜珠子。克传家学，亦以医术著称。[见：《宁阳县志》]

七画

纪学乾 字健行。清代江苏太仓州横泾人。精医术，知名于时。性耿介，不苟取与。子纪宗器，好学能文，传承父业。[见：《横泾志稿》]

纪宗器 清代江苏太仓州横泾人。邑名医纪学乾子。好学能文。传承父业，亦以医名。[见：《横泾志稿》]

纪茜珠 字支园。清代山东宁阳县伏山村人。世医纪天崇子。绍传家学，亦以医知名。子纪若鼎，传父业。[见：《宁阳县志》]

纪南星 字寿门，号秋墀。清代浙江乌程县南浔镇人。道光间（1821～1850）在世。善弈，与同里名手邵典纶相去不远。兼通医学，著有《痘科集腋》三卷，未见梓行。[见：《南浔志》、《南浔镇志》]

纪桂芳 字中伟，晚号次荷老人。清代江苏泰县人。乾隆间（1736～1795）当地名医。著有《河间宣明论方发明》七卷、《东垣用药大旨》一卷、《庆余堂医案》一卷，今存稿本。[见：《江苏历代医人志》]

纪朝德 字东川。明代山东宁阳县伏山村人。精医术，曾任医官。著有《医症经验集解》八卷，已佚。后裔纪岩，亦以医闻。[见：《宁阳县志》]

纪翰魁 字星楼。清代广东灵山县那陵村人。生性刚直。精岐黄术，治疾多良效。心怀济利，病愈不受一文一饭，遇贫困者，助以药资，乡里德之。[见：《灵山县志》]

七　画

寿

寿征 字骥起。清末人。生平里居未详。曾任太医院恩粮，兼东药房值宿供奉官。[见：《太医院志·同寅录》]

寿凤来 字菊生。清代江苏宝山县杨行镇人。徙居罗店镇。精医术，以外科知名。子寿时中，亦以医负盛名。[见：《宝山县续志》]

寿文熙 字协庵。清代江苏青浦县人。诸生。早年习儒，晚岁精通医理。[见：《青浦县志》]

寿如椿 字曼生，自号壶中子。清代江苏宝山县杨行人。国学生。援例授府照磨。精诗文，壮岁游皖北，与诸名士交。旁通医术，平生乐善好施。著有《痧疹从源》若干卷，未见梓行。[见：《宝山县志》]

寿时中 字镜澄。清代江苏宝山县杨行镇人。随父徙居罗店镇。外科名医寿凤来子。绍承父学，以医为业。早年从青浦名医陈秉钧游，历时三载，尽得师传，通内、外两科。后悬壶于上海，颇负时名。年四十六岁，中风而殁。[见：《宝山县续志》]

寿应培 字砚农。清代江苏青浦县人。精医术，知名于时。子寿炳昌，声名益盛。[见：《青浦县志》]

寿炳昌 字书盟。清代江苏青浦县人。邑名医寿应培子。传承父学，亦精医术，与同邑名医陈刚、丘嘉澍先后抗衡，腾声乡里。著有《医案选存》一书，未见梓行。[见：《青浦县续志》]

麦

麦乃求 （1814～1875）字务耘，号飞驼山人。清代广东香山县人。诸生。性嗜医学，贯通《内经》、《伤寒》，临证取效如神，知名于时。撰有《伤寒法眼》二卷，刊于光绪二年（1876），今存。[见：《广州府志》、《伤寒论研究大辞典》、《中医图书联合目录》]

贡

贡一帆 清代江苏江阴县人。精医术，名噪于时。乾隆五年（1740）六月，陈尔华患胸痹，名医叶桂治之不效。贡氏诊之，投以瓜蒌薤白半夏汤而愈。生前所辑《医案》大多散佚，惟姜成之《龙砂八家医案》收载三则，今存。[见：《珍本医书集成·龙砂八家医案》]

孝

孝思 唐代（?）人。生平里居未详。辑有《杂汤丸散方》五十七卷，已佚。[见：《旧唐书·经籍志》、《新唐书·艺文志》]

巫

巫妨 一作巫方。上古时人。相传为尧之臣，精医道，能判病者生死。据载，巫妨撰《小

儿颅囟经》，其书不传。今世传《颅囟经》乃宋人伪托之作。[见：《世本》、《千金要方·序》、《诸病源候论·序》]

巫咸 上古时人。相传为尧之臣，精医道，善祝由科。[见：《世本》、《太平御览·方术部》、《历代名医蒙求》]

巫烽 （1873～1938） 字伯荣。近代四川新繁县人。早年习儒，为诸生。少年时病虚损，遂究心方药，熟谙《内经》、《伤寒》诸书，久之精其术，治病辄验。民国二十七年卒，享年六十五。著有《伤寒论广训》八卷、《中西医略》一卷，刊于世。弟子洪家栋，传承其术。[见：《新繁县志》、《中医图书联合目录》]

巫彭 上古时巫医，为黄帝臣。相传黄帝命巫彭、桐君"处方盅饵，湔浣刺治"，世人得以尽天年。[见：《路史》、《世本》、《吕氏春秋·勿躬篇》]

巫育桥 字衡庵。清代四川简阳县北路镇子场人。以医为业。重视民间单验方，平素勤于搜采，检验于临证，逢疫疾流行，取其应验者合药施济，邑人皆颂其德。[见：《简阳县续志》]

严

严元 字宗仁。明代浙江余杭县人。慷慨豁达，事亲至孝，有古风。自幼习儒，不售，弃而习医。久之精其术，深察标本，洞晓阴阳脉络，"起人疲癃，无枉死者"。重医德，遇贫病施药救治，不受其报。尝随父严籽谒选京师，值诏选医士，严元就试礼部，授太医院吏目。嘉靖间（1522～1566）奉敕编修《袖珍诸方录》，书成，赐银币甚多。世宗巡视承天，命严元扈从。帝及后宫患疾，多宣诏诊视，皆获良效，赐金绮及御前酒馔以奖之。任职九载，经考绩授御医。会司药署缺员，特旨委任严元。后为人所忌，竟中蜚语落职，士论惜之。[见：《余杭县志》、《杭州府志》]

严汉 字陵坡。明代浙江嘉兴县人。精通医术，临证用药以和缓取效，善治妇科病及痨瘵不起者。与邑名医陆朝同时，名亚于朝。[见：《嘉兴府志》、《嘉兴县志》]

严驭 元代秀州（今浙江嘉兴）人。祖籍汴梁（今河南开封）。世医严秋蟾孙。传承家学，亦通医术。孙严胜，为锦衣卫力士，亦通家学。[见：《嘉兴县志》]

严庆 （1246～1330） 字仲祥。元代滕州（今山东滕县）人。其父严珍，曾路经孟尝君墓，翻然醒悟，归家取债券尽付之火，乡里交口赞之。严庆有父风，心怀济利，贯通医术，治病不分富贵贫贱，诊治不遗余力，常恨无回生之术。毕生重礼法，凡婚丧诸事，皆依礼而行。晚年以子贵，至顺元年（1330）封赠承务郎济南路同知滨州事。同年七月殁，享年八十五。[见：《金元医学人物》（引《申斋集·元封济南路同知滨州事严府君墓志铭》）]

严观 宋代仁和县（今浙江杭州）人。精医术，治病不拘古方，颇有胆识。尝用姜汁制附子，人难之曰："附子性热，当以童便制，奈何复益以姜？"观曰："附子性大热而有毒，用之取其性悍而行速。若制以童便则缓矣，缓则非其治也。今佐以生姜之辛而去其毒，不尤见其妙乎？"临证多用此法，皆获奇效，人称"严附子"。著有方书行世，今未见。弟严泰，亦精医术，尤擅治伤寒。[见：《浙江通志》]

严龟 唐末梓州盐亭县（今四川盐亭）人。镇南军节度使严谯子。昭宗天复二年（902）任汴岐协和使。著有《严龟食法》十卷，已佚。[见：《新唐书·艺文志》、《盐亭县志》]

严昌 号种杏。明代常熟县（今属江苏）人。以医知名。徐武功有诗赞之曰："富春山下隐君家，留得乃祁种杏花。十里香风消酒渴，入门何必问丹砂？"[见：《昭文县志》]

严珍 字尊五。清代安徽桐城县人。名医严官方子。县学生。不乐仕进，传承父业，所治辄奇效，人惊以为神。子严大勋，孙严统，俱传承家学，以医名世。[见：《桐城县志》、《桐城续修县志》、《安徽通志稿》]

严胜 元代秀州（今浙江嘉兴）人。祖籍汴梁（今河南开封）。世医严驭孙。荐于锦衣卫力士，随沐西平征云南。兼通家学，亦通医理。子严锁，以医名世。[见：《嘉兴县志》]

严洁 字青莲，号西亭。清代浙江余姚县人。早年习儒，文章之外，夙精岐黄。与施雯、洪炜合编医学丛书《盘珠集》（又作《盘珠集胎产症治》）十八卷，包括严洁《运气摘要》、洪炜《虚损启微》二卷，及三人合著之《脉法大成》二卷、《胎产证治》三卷、《得配本草》十卷，刊于乾隆二十六年（1761），今存。[见：《余姚县志》、《浙江医籍考》]

严统 清代安徽桐城县人。世医严大勋子。绍承家学，亦精医术，有国手之称。子严瑾，医名益盛。[见：《桐城县志》]

严逊 字时敏。清代江苏如皋县人。邑名医严惠次子。早年习儒，为国学生。精堪舆、命理、卜相等术，不轻语人。绍承父学，精通医术，年四十始知名于世，四方延请者无虚日。六十一岁卒。兄严毅，医术尤精。[见：《如皋县续志》]

严泰 宋代仁和县（今浙江杭州）人。邑名医严观弟。继兄而起，精通方脉，治伤寒效如决川，为时所重。[见：《浙江通志》]

严萃 字蓄之。明代浙江嘉兴县人。太医院医官严乐善后裔。早年习医，后改业儒，以贡人太学。后复读医书，曰："此吾祖业，可尽忘乎？"穷研数年，曲畅旁通。弘治十一年（1498），授广东阳江令，在任七月即有政绩，百姓拥戴。居官八月，挂冠归里。年六十五岁卒。著有《药性赋》四卷，分寒热温平之异，惜散佚不传。[见：《嘉兴县志》]

严鄂 字雨生。清代江苏长洲县人。精医术，知名于时。尝过刘氏寒碧小庄，从王椒畦游，学写山水。不喜临摹，偶作一幅，颇自矜赏。[见：《艺林医人录》]

严绶 一作严缓，字止堂。清代浙江海宁县人。早年习儒，博通经史，名噪艺林。后因病习医，推重嘉善名医俞震（1709～?），于刘完素、李杲诸名医之书致力尤多。行道数十年，知名于时。尝取历代名医验案，著《医医集》二卷，成书于道光三年（1823），朱有莱为之序。此书以古今医案为主，旁及诸名家医论，引述俞震医论最多，惜未见刊行。[见：《海昌备志》、《海宁县志》]

严惠 字泰常，号中伦。清代江苏如皋县人。孝友乐善，精通医术，知名于时。年八十三岁卒。子严毅、严逊，皆以医知名。[见：《如皋县志》]

严棠 清代江苏如皋县人。邑名医严毅孙，严保善子。传承家学，亦以医名。[见：《如皋县续志》]

严景 （1397～1471）字克企，又字彦昭，号牧庵。明代南京（今属江苏）人。祖籍吴县。祖父严道通，悬壶金陵，遂入籍。父严尚节，官梁府良医。严景自幼颖悟，好学不倦，通晓《易经》。后专力于家学，能熟诵《内经》、《难经》、《伤寒》诸书，每与人论辩医理，即随口引用。永乐间（1403～1424），诏太医院选送名医子弟读书备用，命名医赵友同、吴敏德教授之。时严景年方弱冠，在选中。赵友同、吴敏德皆器重之，称："是子不群，他日必以儒医鸣也。"后果名噪京都。凡藩府旧臣患疾，帝必遣严景诊视。姚广孝病头风，他医束手，饮严景药辄愈。或问其故，景曰："病得之当风而坐，清其头目可也。"

陈都督病伤寒，表证未解，严氏汗之而愈。王郎中之弟患伤寒，脉沉而实，景曰："法当下。"他医汗之而死。刘金宪自湘湖来，有疾，严景诊之，私谓其兄曰："病在死法中，不出月矣。"果如其言。严景重医德，虽求治者不绝于门，不问富贫，不避寒暑皆赴救，人皆贤之。平生气岸甚高，动必以礼，勇于行义，又善吟咏，有古逸士之风。晚年屏居一室，匾曰颐老，左图右史，玩索其中，常经旬不出。年七十三岁殁。子严缙、严纶，俱贤而克家。[见：《上元县志》、《中国历代名医碑传集》（引倪谦《倪文僖集·牧庵先生墓志铭》）]

严锁 号春窝。明初浙江嘉兴县人。世医严秋蟾裔孙，锦衣卫力士严胜子。严氏世代通医，锁潜心祖术，深明医理，悬壶济世。乐善好施，起危疾甚多，未尝受谢，遇极贫者赠银五分，以为粥饵之费，求治者不绝于门。子严清成，事迹不详。[见：《嘉兴县志》]

严煜 字文若，号元虚子。清代江苏常熟县人。生平未详。曾校订蒋示吉《医宗说约》。[见：《医宗说约》]

严瑾 字春来。清代安徽桐城县人。邑名医严统子。自幼读书敏捷，及长，随父习医，复博综古来医籍，贯精医理。遇奇难异症，依证立方，治辄奇效，且能预决生死之期。家境素裕，持身俭朴，遇贫乏不能自存者，或助以药饵，或给以衣食，至于赈饥、恤难，无不殚竭心力。后家道中落，犹不改济世之志。金陵彭镜湖，谓严氏"仁心仁术，世罕能及"。著有《医学指南》、《医方辟谬》诸书，今皆未见。[见：《皖志列传稿》、《安徽通志稿》]

严震 字宗远。明代浙江嘉兴县人。太医院医官严贵和子。绍承家学，深达药理，事父极孝。袭任太医院医官。子严乐善，传承父学。[见：《嘉兴县志》]

严毅 字杏村。清代江苏如皋县人。邑名医严惠长子。早年习儒，屡试不得志，乃习医，远近争相延致。曹学师赠以"保赤心诚"匾额。弟严逊，亦精医术。子严保善，孙严棠，皆传承医业。[见：《如皋县续志》]

严燮 字兼三，号武林遁叟。清代浙江杭县人。诸生。旁通医术。著有《医灯集焰》二卷，刊于同治三年（1864），今存光绪七年（1881）武林潘煦刻本。[见：《杭州府志》、《八千卷楼书目》、《中医图书联合目录》]

严颢 字守愚，号克斋。清代安徽桐城县人。邑名医严大鹏孙。善承家学，亦精医术。著

有《杂证一贯》、《女科心会》、《虚损元机》、《非风条辨》诸书，未见梓行。[见：《桐城县志》]

严三点

佚其名。宋元间江西人。里居未详。精通医术，以单指按脉，凡三按，即能知六脉之受病，世人奇之，遂以"严三点"称之。周密（1232～1308）闻其事，称："余未敢以为然者也，或谓其别有观形察色之术，姑假此以神其术，初不在脉也。"著有《脉法撮要》一卷，今未见。据丹波元胤《中国医籍考》，此书曾流传日本。[见：《齐东野语·卷十八·近世名医》、《中国医籍考》]

严士则

唐代盩厔县（今陕西周至）人。精医术，大中间（847～859）官尚药奉御。曾采药于终南山，迷途绝粮，幸遇隐士赠饭指路，后随樵夫出山。[见：《盩厔县志》]

严大勋

字以恬。清代安徽桐城县人。邑名医严宫方孙，严珍子。继承家学，亦精医术，有国手之称。曾整理祖父所撰《伤寒捷诀》（又作《医方捷诀》），请姚鼐作序，刊刻于世，今存。子严统，亦以医术知名。[见：《桐城县志》、《安徽通志稿》、《皖志列传稿》]

严大鹏

字誉广，号云轩。清代安徽桐城县人。其父为当时名医。大鹏初习举业，不利于科场。后袭承家学，博精方书，临证应手奏效，遂以医著称。年八十余卒。著有《十三科参互对勘》若干卷，未见流传。孙严颢，克绍家学。[见：《桐城县志》]

严子成

字伯玉。元初汴梁（今河南开封）人。其前辈严秋蟾卖药于浙江，遂定居秀水（今嘉兴）。严子成生于大德间（1297～1307），绍承家学，以医术著称。诊病不计利，决人死生多验。京师设御药局，征之，不赴。赵孟頫患疾，已殆，严氏治而愈之。赵感悦，绘《杏林图》及孙思邈像赠之，故世人皆以药师称之。性好施予，笥不留资。年八十九岁，无疾而终。后人严贵和，亦以医知名。[见：《嘉兴县志》、《嘉兴府志》、《浙江通志》、《秀水县志》]

严云会

字位夫。清代广东顺德县大良人。精医术，善治目疾，远近就治者甚众。一人患难治之症，许以重金，云会谢曰："予贫，无力济人，敢因以为利哉？"待疾愈，终不受其酬。年九十余卒。子严凤诏，绍承父业。[见：《顺德县志》]

严云衔

清代浙江乌程县人。精医术，尤擅痘科，为康熙、雍正间（1662～1735）当地名医。[见：《乌程县志》]

严长明

字冬友，又字道甫。清代江苏江宁府人。博学多识，工诗文。乾隆二十七年（1762），皇帝巡视江南，严长明献赋，召试，特赐举人，授内阁中书，充方略馆纂修官，入军机处行走，升内阁侍读。因连遭丧事归乡，遂不复仕。后出游秦、楚、大梁，晚年任庐江书院山长，卒，时年五十七岁。平生好著述，撰医书《素灵发伏》、《养生家言》，未见梓行。[见：《江宁府志》、《中国医籍考》]

严仁泉

明代江西金溪县人。嘉靖间（1522～1566）在世。为人真诚，性情凝重。精通医术，谙彻脉理，诊病百不失一。弟严苏泉，亦精医术。[见：《金溪县志》]

严凤诏

清代广东顺德县大良人。诸生。邑眼科名医严云会子。绍承父业，亦以医名。[见：《顺德县志》]

严文昶

（1710～1793）字景玉，号晚耘。清代浙江仁和县人。严超蛟子。性端静颖悟，研习经史，旁及诗词古文。久不利于科场，家道中落，弃儒习医。及悬壶，应手取效，知名于时。重医德，凡贫而病者，悉心视视，施以善药，不取诊酬。生性孝友，待人厚宽，尤乐助人，遇亲朋穷乏困顿者，必竭力救济，因是家无十日储。乾隆五十七年十二月二十八日卒，享年八十有三。著述甚富，既习医，皆弃不存，唯《秋山书屋诗钞》一帙藏于家。子严树本、严树谷、严树功，生平未详。[见：《中国历代名医碑传集》（引梁同书《频罗庵遗集·晚耘翁家传》)]

严正笏

字哲人。清代湖北石首县人。诸生。秉性朴直，为时推重。兼涉医药，辑有《古今医案》若干卷，今未见。[见：《石首县志》]

严世美

明代浙江嘉兴县人。邑名医严乐善后裔。继承家学，亦精医术，弘治间（1488～1505）任医官，郡县达官皆礼重之。时逢大疫，严氏请命于郡伯，请宽政缓刑，"病者予之药，俟疫气稍平而正罪未晚"。郡伯纳其言，全活甚众。[见：《嘉兴府志·严乐善传》]

严用和

字子礼。南宋末南康军星子县（今江西星子）人。年八岁即喜读书。十二岁，受学于名医刘开，尽得师传。十七岁以医问世，四方求治者甚众，声名倾动，过于其师。重医德，常奔走数千里，以赴人之急，王公贵人皆以礼致之。宝祐元年（1253），严氏整理临证三十余年经验，撰《济生方》十卷，刊刻于世。咸淳三年（1267），又撰《济生续方》八卷，亦梓行。

二书原刻久佚，今有辑佚本存世。[见：《济生方·序》、《中国医籍考》、《四库全书总目提要》]

严冬荣 字桂岩。清代江苏泰州严家庄人。世精喉科，数传至冬荣，尤邃其术。临证不偏主寒凉，尝谓："医宜审证用药，不可执死方治活病。如近代白喉证最为危险，世医多宗养阴清肺法，并刊布《白喉忌服药表》，奉为厉禁。不知病有虚实寒热之异，执一例百，收效者鲜。予用汗、下、温、清等法以治白喉，往往多所全活。神而明之，存乎人耳。"为有识之论。[见：《续纂泰州志》]

严乐善 明代浙江嘉兴县人。太医院医官严震子。绍承家学，亦精医业，知名于时。斜塘有大姓，兄弟争夺家严。永乐十一年（1413）乐善理药于星湖市南，一男子造其室，出金饰一器，跪而进之曰："先生请受，而后敢言。"因附耳低语，未竟，乐善掷金大骂，警告曰："我今不发汝隐，若更求他医杀汝同气，我必讼于官！"逾年，男子感悟，特来致谢。吴太史王震泽为之作记，盛赞其品德。严氏善养生，能运气凝神，又精通子午按摩法。年七十五岁卒。后人严胤芳、严世美，皆精医术。[见：《嘉兴县志》、《浙江通志》]

严有恒 元代人。里居未详。精医术，延祐七年（1320）官惠民药局提点，职封医效郎。[见：《金元医学人物》（引《樛庵集·任正卿妻曹节君墓志铭》）]

严有裕 字绰然。清代湖北沔阳州人。善岐黄。病者求诊，不受酬谢。平生多善举，修造庙宇桥梁，周济戚邻，不惜巨费。著有《医学法悟》、《本草便览》等书，今未见。[见：《沔阳州志》]

严存性 宋元间新喻县（今江西新余）人。自少习儒，博览经史，兼及医药诸书。值宋亡，废除科举，遂专力于医学。曾游学四方，因家中遭变故返里。后悬壶于乡，医术不同流俗，名重一时。[见：《金元医学人物》（引《傅与砺文集·赠儒医严存性序》）]

严兆楞 字澹人。清末江苏上海县人。中年潜心方书，又得张思臻传授，兼擅内外科，所治辄效，名重于时。有医德，治病不计酬金，遇贫者不受诊费。[见：《上海县志》]

严防御 佚其名。南宋临安（今浙江杭州）人。精医术，善治痢，设小药肆于郡城。孝宗患痢，众医治而不效，太上皇赵构忧之。一日偶见小药肆，遣中使询之曰："汝能治痢否？"严答曰："专科。"遂宣入宫。严先问得病之由，知因多食湖蟹所致，复诊脉，断曰："此冷痢也。其法用新采藕节，研细，以热酒调服。"如其法，数服而愈。赵构大喜，以捣药金杵臼赐之，授官防御使，一时举世皆以"金杵臼严防御"称之。[见：《船窗夜话》、《浙江通志》]

严寿逸 （1278～1348） 字仁安。元代建昌南城（今江西南城县）人。本县儒学教谕严惟政孙。自幼聪敏好学，及长，以儒家子弟入选县医学。从庐陵曾昭先习《内经》诸书，明悟旨趣，为曾氏器重。元贞初（1295），得建昌儒学教授胡长孺指授，领悟古人运气奥旨。肄业后，以医问世，知名于时。不久，选授南丰州（今江西南丰）医学正。历官吉安路医学教授、临江路（今江西清江）医学教授、天临路（今湖南长沙）医学教授。曾北游京师，与同乡程钜夫、名儒吴澄、揭傒斯、危素相往还。自游学北地，获名医刘完素、张从正诸名医之书，医道精进，临证应手奏效，医名振于朝野。至正八年卒，享年七十一。危素为撰墓志。著有《医说》若干卷，吴澄（1249～1333）为之作序，今佚。[见：《南城县志》、《金元医学人物》（引《危太仆续集》、《吴文正公集·医说序》）]

严苏泉 明代江西金溪县人。嘉靖间（1522～1566）在世。精医术，尤谙脉理。朴诚敦厚，诊病谨慎无失。兄严仁泉，亦以医知名。[见：《金溪县志》]

严谷绪 清代江苏娄县人。精医术，知名于时。乾隆间（1736～1795）大疫，严氏出技救治，活人甚众。尝研究岁运司天之旨，著书一册，刻印分送时医，依其法治病者皆效。生一女，嫁张宗美，张亦善医。[见：《娄县续志》]

严证源 清代浙江海盐县通元人。邑名医严南湘子。绍承父业，兼通幼科、骨科，知名于时。[见：《海盐县志》]

严尚节 明代吴县（今江苏苏州）人。其父严道通，业医起家，徙居南京。严尚节传承父学，亦精医术。以名医召为太医院医士，擢梁府良医。子严景，为太医院御医。[见：《上元县志》、《中国历代名医碑传集》]

严国柱 清代江苏娄县人。精医术，知名于时。[见：《娄县志》]

严秉彝 字季常。清代浙江海盐县人。庠生。得良师秘传，精医术。与侄严慵皆善操琴，时号"二琴"。年八十余殁。[见：《海盐县志》]

严岳莲 清代陕西渭南县人。家藏善本医籍甚富，颇刊刻之，以广其传。辑有丛书《医学初阶》，包括《本经逢原》、《伤寒论浅注方论合编》、《金匮要略浅注方论合编》、《温病条辨》等四种，刊于光绪戊申（1908）。晚年更拟编辑医家名著，辑《续医统》，未竟而卒。[见：《中医图书联合目录》、《中国历代医家传录》（引《伤寒条辨·严式海序》）]

严治朝 字重甫。明末浙江山阴县人。精医术，任太医院医官。于崇祯十三年（1640）撰《医家二要》三卷，刊刻于世，今存。[见：《中国善本书提要》]

严肃容 清代浙江平湖县人。祖籍江苏南汇县。四世精医，尤擅针灸，名闻遐迩，有"严针灸"之称。[见：《浙北医学史略》]

严南湘 清代浙江海盐县通元人。精幼科，擅接骨，知名于时。次子严证源，绍承父业。[见：《海盐县志》]

严贵和 字大用。元明间浙江嘉兴县人。邑名医严子成后裔。善承先业，医术益精，洪武十三年（1380）任太医院医官。次年禾中大疫，死者枕藉。严氏向郡伯请命，购置良药，以大锅煮之，遣数十人广施于市，先后月余，活人甚多。辑有《医案》若干卷，已佚。子严震，嗣父医官。[见：《嘉兴县志》]

严钟铭 字策勋。清代安徽来安县人。邑名医严景陵侄。业儒，为乾隆五十三年（1788）举人。曾整理严景陵遗稿，辑《奇验录》若干卷，刊刻于世，今未见。[见：《来安县志》]

严秋蟾 南宋汴梁（今河南开封）人。其先世有任太医院医官者，靖康（1126）南渡后迁吴。秋蟾传承家学，亦通医药，咸淳间（1265～1274）至秀州（今浙江嘉兴），卖药于竹林巷，人争趋之，遂定居。孙严驭，亦通医术。其裔孙又有名严子成者，为明代嘉兴名医。[见：《嘉兴县志》、《秀水县志》]

严保善 清代江苏如皋县人。邑名医严毅子。传承家学，悬壶济世。子严棠，亦以医闻。[见：《如皋县续志》]

严胤芳 一作严引芳。明代浙江嘉兴县人。邑名医严乐善后裔。继承家学，研究医书甚精，治病应手而效，名重于时。曾任医官。[见：《嘉兴县志》、《嘉兴府志》]

严彦博 字文益，号葆真居士。北宋太和县（今江苏泰和）人。居乡以德义著称。博极群书，邃于理学，尤好炼丹术。政和间（1111～1117）诏求遗书，使者闻名访之，见其童颜鹤发，称得道奇士，遂以所著《内外丹图诀》上于朝，赐号葆真居士。[见：《泰和县志》]

严宫方 字则庵。清代安徽桐城县人。自幼聪慧，读经书一过不忘。父病，侍汤药三年，百计调治，始得痊可。此后弃儒业医，博览群书，上自《内经》、《伤寒》，下及河间、东垣、丹溪诸名医著述，无不研究，荣卫虚实，辨析毫芒。尤善治奇病，凡时医不解之疾，经严氏诊视，症结毕见。著有《则庵医案》一百卷，未梓。又撰《伤寒捷诀》一卷，刊刻于世，今存。子严珍，传承父业，有国手之称。[见：《伤寒捷诀·序》、《江南通志》、《桐城县志》、《桐城续修县志》、《安徽通志稿》]

严恩锡 （1853～1932）字康甫。近代江苏无锡县人。自幼嗜学能文。稍长，从岳父黄某习医。黄素精医术，富于藏书，严恩锡亲受教诲，博览群籍，久之贯通医理。后悬壶县城，工内科，以善用大黄著称，延诊者甚众。每晨起，至崇安寺听松茶馆品茗，与画家吴观岱、名儒吴稚晖评画论文。1923年，与无锡中医友谊会张亮生、沈奉江、张砚芬、顾旭泉创办《医钟》月刊，初任名誉编辑，后与沈葆三、华实孚等先后任编辑主任，四年间出版三十六期。1927年，以七十五岁高龄参与创立无锡中医讲习所，并出任所长，造就人才甚多。年八十岁殁。[见：《无锡近代医家传稿》]

严鸿志 字痴孙。近代浙江慈溪县人。精医理，好著述。贯通古今医籍，兼读西洋医著，凡英国合信氏《全体新论》、美国妥玛氏《妇科精蕴》诸书，皆有涉猎。撰有《退思庐医书四种》，包括《感证辑要》、《女科证治约旨》、《女科精华》、《女科医案》（又作《古今女科医案选粹》），另有《金匮广义》四卷，皆刊于世。[见：《中医图书联合目录》、《近代著名中医妇产科医家与著作》（《中华医史杂志》1998年第4期）]

严景陵 字义孚。清代安徽来安县人。以医为业，知名于时。临证不尽遵古法，以意制方，治辄奇效。侄严钟铭，整理其遗案，辑《奇验录》若干卷，刊刻于世，今未见。[见：《来安县志》]

严道通 明代吴县（今江苏苏州）人。以医为业，挟技游南京，知名于时，遂定居。子严尚节，孙严景，皆传家学。[见：《上元县志》、《中国历代名医碑传集》]

严锡州 清代江苏宝山县真如里人。生平未详。撰有《本草须知》、《万方汇源》诸书，

今未见。[见：《真如里志》]

严锡龄 字鹤田。清代广东阳江县城南白沙洞人。早年习儒，咸丰五年（1855）举于乡。家贫力学，课徒自给。远方闻其博雅，争以重金聘主讲席，念母病瘵，终不忍离。先后遭父母丧，哀毁骨立。严氏世代业医，故兼精岐黄。著有医书多种，皆散佚。[见：《阳江县志》]

严德甫 元代庐陵县（今江西吉水）人。生平未详。著有《元元集》若干卷，已佚。[见：《江西通志》]

严器之 金代洛阳（今河南洛阳）锦屏山人。以医为业。自幼及老，耽味仲景之书五十余年，每自叹："虽粗得其门而近升乎堂，然未入于室，常为之歉然。"天眷间（1138～1140），邂逅聊摄名医成无己，见其术业精专，议论弘博，深为折服。数年后，成无己以所著《伤寒明理论》、《注解伤寒论》相示。严氏展卷读之，叹为观止，称其书"实前贤所未言，后学所未识，是得仲景之深意者也。昔所谓歉然者，今悉达其奥矣！"于是分别为之作序，相继刊刻于皇统二年（1142）及四年（1144）。《宋史·艺文志》著录"严器之《伤寒明理论》四卷"，当系史家失考。[见：《宋史·艺文志》、《注解伤寒论·序》]

芮

芮经 明代宁夏卫（今宁夏贺兰）人。精医药，通脉理，尤善制丸散，用之每著奇效，一时重之。著有《杏苑生春》八卷，今存明代刻本。[见：《朔方道志》、《医藏书目》、《中医图书联合目录》]

芮养仁 字六吉。清代安徽太平府当涂县人。精于医道，有独到见解。为人诚恳，广于闻见，士大夫多与之交。著有《五方宜范》（今存清抄本）、《医经原始》（今未见）等书十余卷。按，《太平府志》著录《医经原始》，作"芮养谦撰"，今暂两存其说。[见：《太平府志·方技》、《江南通志·方技传》]

芮养谦 清代安徽太平府人。生平未详。著有《医经原始》、《医学发明》二书。今未见。按，《太平府志》、《江南通志》皆谓《医学发明》作者为当涂芮养仁，暂两存其说。又，疑养谦亦为当涂人，或为养仁之兄弟辈，待考。[见：《太平府志·艺文》、《江南通志》]

花

花绣 字彰侯。清初江西德化县人。邑名医花自达子。继承父业，亦精医术，名播四方。

世人既重其妙术，且敬其人品。一生诊治不倦，临终，念治蔡孝廉子病当服丸药未制，端坐裁一方，详注炮制法，书毕，令子花雨授病者，嘱曰："毋仓卒中失此纸！"雨泣请遗训，曰："勉作好人善事。"言讫而终。著有《医案》，未见传世。[见：《德化县志》、《九江府志》]

花盛 明代江西弋阳县人。天性孝友，好施予。凡姻族贫乏者，必以所余赈之，其贫病者则施以药。时医以针法治喉证，多致死伤。盛乃博求诸方，得吹药数品，施治则效，全活甚众。士大夫称之为"博济先生"。卒后，大学士焦芳为其志墓。[见：《弋阳县志》]

花三格 清代人。里居未详。精医术，曾任太医院御医。乾隆四年（1739）敕纂《医宗金鉴》，花氏为纂修官之一。[见：《医宗金鉴》]

花自达 字乔石。明清间江西德化县人。诸生。天性笃孝。其父（花质宇）患痔，自达手调饮食，侍寝处者六载。后致力医学，精其术。当事闻名召之，不应，曰："我为老诸生，奈何以方技饰面目向人耶？"然乡邻中贫苦无告者患病，不待请即往，且赠以饮食。城东门有孤贫老妇患痛，痛楚不堪，又乏饮食。自达闻讯往诊，曰："年高正气虚，邪气实。不攻邪，正气无以自存。"遂令服败毒散，五剂而痛消。又日送饮食，兼服补剂而愈。一丐者患肿胀症，自达召之至家，供以饮食，煎茵陈五苓散饮之。半响，小腹胀痛不可忍，丐者横出怨言。自达强令饮温水酒一壶，溺如泉涌，卧具尽湿，肿胀立消。复令服启脾丸，调养半月而痊。清初医界乏人，县医官萧国柱以花自达荐，知府周璜敦请之，不就。晚年得剧疾，取笔疾书："生平无所得，惟此两三壶。一朝带不去，撒手随太虚。"掷笔而逝。著有《尊经集》二卷，后附医案，闾里争诵之，今未见。子花绣，七世孙花锦堂，亦以医术知名。[见：《德化县志》、《九江府志》]

花映墀 清代人。生平里居未详。曾任太医院使。嘉庆十二年（1807）为吴贞《伤寒指掌》作序。[见：《伤寒指掌》]

花锦堂 清代江西德化县花家桥人。邑名医花自达七世孙。精医术，疗病十不失一，活人甚众。不重资财，虽家贫，常馈粥不继，而遇贫病则以药赠之，仁心良术，绰有祖风。年九十二岁卒。[见：《德化县志》、《九江府志》]

劳

劳潼 字莪野。清末广东南海县佛山镇人。博学多识，贯通经史。受知武进刘星炜、大兴翁方纲、余姚卢文弨，得名甚早。事母至孝，不肯再应礼闱，以引爱后学为己任。始教塾于乡，继设教羊城，及门知名之士指不胜屈，士林多奉为圭臬。兼涉医学，著有《保产备要》，今未见。[见《佛山忠义乡志》]

劳之成 清代人。生平里居未详。辑有《全活万世书》二卷，今存康熙三十六年丁丑（1697）刻本，书藏上海中医药大学图书馆。此书首列丹溪治小儿痘疹法，次述痘疹病因病机、症状、鉴别、诊断、形状、兼症等，后录治疗痘疹方一百六十六首。[见《中医图书联合目录》、《中国医籍大辞典》]

劳凤翔 字虞廷。清代山东阳信县人。少工举业，博闻强识，经史而外，泛览百家。精通医理，尤嗜孙思邈《千金要方》、葛洪《肘后备急方》诸书。凡乡里贫困无告者求治，虽严寒盛暑立往，未尝有倦色。晚年得异人传授，悟铜人腧穴之奥，精通针灸。劳氏曾校订陈尧道《伤寒辨证》四卷，重刊于嘉庆十一年（1806）。子劳树棠，以儒通医。[见《伤寒辨证·序》、《中医图书联合目录》]

劳守慎 字朗心。清代广东南海县人。生平未详。辑有《经验杂方》，上部选载急症治疗方一百二十首，下部论述痰核、瘰疬、癥瘕等杂症辨证，卷末附病例若干，刊刻于世。又辑《蛊胀脚气经验良方》一卷、《恶核良方释疑》（改编罗汝兰《鼠疫汇编》而成）一卷，合编为《济众录》。以上诸书现存光绪二十九年癸卯（1903）南海劳礼安堂刻本（广州宏经阁藏板）等。[见《中医图书联合目录》、《中国医籍大辞典》、《岭南医征略》]

劳树棠 （1739～1816） 原名劳瑾，号镜浦（一作镜甫）。清代山东阳信县人。儒医劳凤翔子。乾隆四十九年甲辰（1784）三甲第七名进士，授兵部车驾司主事。历官职司员外郎、江南道监察御史、江苏督粮道。嘉庆十三年（1808）任江南文闱监试，诰授中义大夫。劳氏居官尚简，兴利除弊，所在有政声。性廉洁，居官与寒士无异，殁后家无余资，一贫如洗。兼承父学，通医理，为纪昀所器重。纪氏奉敕辑《四库全书》，延请劳树棠校订医籍。年七十八岁卒。子劳长龄，官江宁布政司仓大使。[见《伤寒辨证·序》、《伤寒痘疹辨症合编·纪昀序》、《阳信县志》]

劳梦鲤 字肯之，号素轩。清代浙江余姚县人。郡增贡生。善隶书，尝谓："隶必先学陈仲弓等碑，参曹全碑，方不是描头画角。"工诗，推重杜甫、苏轼二家。有诗集《涵静楼稿》。兼精医术，遇危证，诸医束手，梦鲤立案疏方，无不奇中。嘉庆二十二年（1817）痧疫流行，梦鲤出秘方治法，广为传布，又施诊于保心局，全活甚众。著有《伤寒集成》、《六气精蕴》、《痧疫疹子专门集》等书，今未见。[见《余姚六仓志》]

劳禧长 字庆斋。清代山东阳信县人。早年习儒，候选从九品，居家不仕。性慈善，重孝义，因亲病研究岐黄，久之精医术，虽险恶之症治无不愈。重医德，凡以病延诊，虽严寒盛暑不辞，且不索谢金。年六十七岁殁。[见《阳信县志·孝友》]

苏

苏世 字公载。明代福建建阳县人。读书好礼，无意仕进。精医术，好施药济人，岁歉则周济贫者，乡里称之。[见《建宁府志》]

苏庄 字敬临。清代山东宁阳县苏家楼人。增贡生。有文行，性廉介。兼精医理，活人无算。子苏云旋，亦精医术。[见《宁阳县志》]

苏讷 字季友。清代江苏铜山县人。自少工诗，尤精医术，治病多应手奏效，从不计诊资。[见《铜山县志》]

苏松 字带湖。清代山东章丘县人。精通医术，尤善外科。行医六十年，临证多奇效，名重于时。[见《济南府志》]

苏杲 清代江苏吴县人。精医术。门生李方熙，得其传授，以医知名。[见《宝山县续志·李方熙》]

苏钦 明初陕西凤翔府宝鸡县人。曾任医官。洪武十五年（1382），苏钦等奉诏，遍访名山，以寻张三丰之迹。[见《玉堂漫笔》、《高坡异纂·卷上》]

苏泰 清代江苏江阴县人。邑名医苏廷荫子。绍承父学，以医术得官。[见《江阴县志》]

苏耽 世称苏仙公。汉代桂阳（今湖南郴县）人。早岁失怙，事母至孝。醉心于神仙术，兼知医理。曾隐居郴州高秀之峰，种橘凿井，以救时疫。据《列仙传》载，苏耽于汉文帝时得道，一日谓母曰："吾受命仙录，不能常侍。明年天下大疫，庭中井水及橘树之叶，服之立愈。"后

317

果如其言。此事固不可信，然后世以"橘井"比喻以医术济人，其典即源于此，特记之。[见：《列仙传》、《渊鉴类函》]

苏轼 （1036～1101） 字子瞻，号东坡居士。北宋眉州眉山（今属四川）人。嘉祐二年（1057）进士，仕途多艰，屡遭贬谪。文气豪纵，工诗词、书法、绘画，兼通医药。元祐四年（1089），调杭州太守，时大旱，饥疫并作，捐金五十两，加以府库纹银，创设安乐坊，收纳贫病，愈者数千。苏轼著述甚富，医书有《圣散子方》、《医药杂说》、《医方》（又作《苏学士方》）等。后人将其《医方》与沈括《良方》合刻，名之曰《苏沈良方》，盛传于世。[见：《宋史·苏轼传》、《宋史·艺文志》、《直斋书录解题》、《医藏书目》、《四库全书总目提要》、《宋以前医籍考》、《眉山县志》、《四川通志》]

苏颂 （1020～1101） 字子容。北宋泉州南安（今福建同安）人。父苏绅，葬于润州，故徙居丹阳（今江苏丹徒）。庆历二年（1042）举进士，授南京留守推官。历任馆阁校勘、朝奉郎太常博士集贤校理、颍州知州、杭州知州、翰林承旨、尚书左丞。官至右仆射兼中书侍郎，封魏国公。绍圣四年（1097），拜太子少师，致仕。建中靖国元年夏至，自草遗表，次日卒，时年八十二岁，赠司空。苏颂天性仁厚，襟怀宏远，以礼法自持，虽居高官，自奉如寒士。平生嗜学，于经史、诸子百家、图纬、律吕、星宫、数学、山经、本草无所不通。尝曰："医乃丞相应知之事。"仁宗嘉祐二年（1057），诏设校正医书局（又称校正医书所）于编修院，以太常少卿直集贤院掌禹锡、职方员外郎秘阁校理林亿、殿中丞秘阁校理张洞、殿中丞馆阁校勘苏颂等同修本草。诸臣以宋初《开宝本草》为底本，参校诸家著述，累年编成《嘉祐补注神农本草》（简称《嘉祐本草》）二十卷，收药1082种，为当时本草典籍之最。书上于朝，又诏令天下郡县"图上所产药本"，"并以逐味各一二两，或一二枚封角，因入京人差赍送当所投纳，以凭照证"。苏颂"刻意此书，俾专撰述"，于嘉祐六年绘成《本草图》；次年知颍州，在颍州完成《本草图经》二十卷，考证详明，颇有发挥。今《嘉祐本草》、《本草图》及《本草图经》皆佚，其大部分内容被收入《证类本草》等药学著作。[见：《宋史·苏颂传》、《宋史·艺文志》、《重修政和经史证类备用本草·奏敕》、《郡斋读书志》、《本草纲目·序例》、《丹徒县志》]

苏卿 字可茶。明代昆山县（今属江苏）练城人。幼年丧父，家境清贫，立志习医以养母。其姐丈沈氏为儿科世医，苏卿师事之，日记其方，归则录之；又观其制剂和丸，熟而习之。此外研读《太平惠民和剂局方》诸书，尤推重丹溪之学。技成，悬壶于乡，多有效验。初，病家以红菱、青葱赠之，母见而喜，曰："是子医必效。"嗣后，益自奋励，遂以儿科著称一方。嘉靖四十年（1561），归有光（1506～1571）之孙患痘疹，苏卿应聘诊之，昼夜调治，获安。归有光感叹其术之精，作传颂之。[见：《中国历代名医碑传集》（引归有光《震川先生集·可茶小传》）]

苏浚 明代福建南安县人。精医术，好收藏秘方。凡以病求药者无不与，且不受酬谢，世以德之。[见：《福建通志》]

苏庶 明代宁夏卫（今宁夏贺兰）人。精医术，尤擅外科。能治他医束手之病，屡建奇功，名噪一时。[见：《朔方道志》]

苏越 唐代人。生平里居未详。著有《群方秘要》三卷，已佚。[见：《旧唐书·经籍志》]

苏敬 唐代湖北人。里居未详。初官朝议郎，迁右监门长史、骑都尉。精通医药，唐代脚气病盛行，时医多束手。苏敬善疗此疾，"驰名于上京，显誉于下邑"。显庆二年（657）苏敬上言："陶弘景所撰《本草》，事多舛谬。"请加删补。帝准其奏，敕命英国公李勣，光禄大夫于志宁（《新修本草》未署其名），太尉长孙无忌，侍中辛茂将，太子宾客弘文馆学士许敬宗，礼部郎中兼太子洗马弘文馆大学士孔志约，尚药奉御许孝崇（一作许孝宗）、胡子象、蒋季璋，尚药局直长蔺复珪、许弘直，侍御医巢孝俭，太子药藏监蒋季瑜、吴嗣宗，丞蒋义方，太医令蒋季琬、许弘，丞蒋茂昌，太常丞吕才、贾文通，太史令李淳风，潞王府参军吴师哲，礼部主事颜仁楚，右监门府长史苏敬等二十四人，"增损旧本，征天下郡县所出药物，并书图之"，历时二年，于显庆四年正月撰《新修本草》五十四卷，颁行天下。全书计正文二十一卷（含目录一卷）、药图二十六卷（含目录一卷）、图经七卷。今原书完帙不存，仅日本残存正文十卷，另有敦煌古抄残简三种，皆流落海外。唐《新修本草》载药八百五十种，为世界第一部由国家颁布的药典，原书虽残佚，其内容基本收入宋《证类本草》等书，今有尚志钧辑复本印行。苏敬还撰有《脚气论》，后吴升取徐之才、唐临所著与之合编，称《三家脚气论》，盛传于世，今佚。按，宋人避太祖赵匡胤祖父赵敬名讳，故宋以后文献中多改苏敬为"苏恭",或称"苏鉴"。[见:《旧唐书·吕才传》、《旧唐书·经籍志》、《新唐书·艺文志》、《唐会要·卷八十二》、《外台秘要·卷第十九·灸用火善恶补泻法》、《崇文总目辑释》、《唐·新修本草》(尚志钧辑复本)]

苏游 唐代人。生平里居未详。疑为道士。著有《玄感传尸方》一卷、《太一铁胤神丹方》三卷、《铁粉论》一卷,均佚。今有少量医方收入《外台秘要》。[见:《旧唐书·经籍志》、《新唐书·艺文志》、《外台秘要》]

苏辑 清代浙江会稽人。生平未详。撰有《秘传痘麻纂要》一卷,约成书于同治十三年(1874)年。该书今存剡溪严咏棠氏抄本,书藏中国中医科学院图书馆。[见:《中医图书联合目录》]

苏澄 一作苏澄隐,号栖真子。五代至宋初真定(今河北正定)人。为道士,住龙兴观。得摄生之术,年八十余不衰老。后唐明宗下诏召之,又令宰相冯道致书谕旨,并辞疾不至。后唐开运末(946),契丹主耶律阮欲立,访求有名僧道加以恩命,惟苏氏不受。当时公卿自冯道、李崧、和凝而下,皆在镇阳,日造其室与谈宴,各赋诗以赠。后周广顺、显德间(951~960),诏存问之。宋太祖征太原还,驻跸镇阳,召见于行宫,命中使扶掖升殿,谓之曰:"京师作建隆观,思得有道之士居之,师累辞召命,岂怀土耶?"对曰:"大梁帝宅,浩穰繁会,非林泉之士可寄迹也。"太祖察其意,亦不强之,赐茶百斤、绢二百匹。又亲幸其观,问曰:"师年逾八十而气貌益壮,善养生者也。"因问其术,对曰:"臣之养生,不过精思练气尔,帝王养生即异于是。老子曰:'我无为而民自化,我无欲而民自正。'无为无欲,凝神太和,昔黄帝、唐尧享国永年,得此道也。"上大悦,赐紫衣一袭、银器五百两、帛五百匹。苏澄寿至百岁而卒。尝著《婴孩宝鉴方》十卷,已佚。[见:《宋史·艺文志》、《宋史·苏澄隐传》、《郡斋读书志》、《太平御览·疾病部》、《世善堂藏书目录》、《国史经籍志》]

苏士珩 字彦升。清代湖南新化县人。邑名儒苏士瑛弟。自幼颖异好学,及长学文。其师陈笔谈,素精医道,谓其父苏德伊曰:"此子天机清妙,可业岐黄。"遂以《难经》、《脉诀》诸书授之,久之贯通医道。善治疑难重症,一妇人病,众医技穷,士珩应邀往视,曰:"是为喜征,应得孪生,然一男一女。"又诊一娠妇,曰:"当生男女,男先,一可成立;女次,夭折。"后皆如所言。其他病重濒死者,遇苏氏即霍然,且预言愈期,应言如响,一时有神医之誉。素重医德,若投药不效,终宵不寐。治病从不索谢,贫病者延诊,虽远道不乘轿舆。性孝友,年四十,谓其弟苏士琛、苏士瑛曰:"余切父母脉,寿应耄耋。二弟当逾古稀。余禀受薄,不过三四年也。"兄弟相持泣下。病亟时,群议延医,士珩笑而却之,遂不药而逝。在世时,有欲从之学医者,士珩谓曰:"医道了于口易,了于指难,了然于心指之间则尤难。今既自误,复以误人,罪兹大矣。"故殁后其术不传。著有《药方摘要》、《脉理微参》二书,未梓。[见:《新化县志》]

苏万民 字明吾。明清间山东滋阳人。少游江西,时有王克明者,以旧阁臣子隐居,见苏氏甚相契,授以太素之学,归而以医术名震远近。鲁王欲试其术,乃佯狂,令苏氏诊视。苏坚持无恙,王曰:"神医也。"清代初叶,益汲汲以济人为务。金乡庠生郑春荣病,势甚危笃。苏氏往诊,见家人环哭,惟喉下余气未绝。立灌以药,豁然而醒。一人坠马,脑裂血流。苏氏敷以药,封固之,数日而瘥。其妙治类此者甚多。次子苏绍德,亦精医术,曾编纂父书,成《脉诀》四卷、《脉案》一卷、《按症方药》二卷、《秘方》一卷、《炮制诸药性解》一卷,惜皆散佚。[见:《兖州府志》]

苏才御 字朴庵(一作璞庵)。清代广东顺德县西渚人。精医理,种药以济人。凡求医者,仅取药值,遇贫者反以钱米赠之。康熙五十二年(1713)岁饥,苏氏竭力捐赈,郡丞颜其阁曰青囊素位。[见:《顺德县志》、《广州府志》]

苏天枢 字拱之。清代陕西韩城县人。精医术,尤擅诊脉,知名于时。[见:《韩城县续志》]

苏元明 号青霞子。晋代人。生平里居未详。太康间(280~289)在世。疑为道士。撰有《太清石壁灵草记》一卷、《龙虎还丹通元要诀》二卷、《龙虎金液还丹通元论》一卷、《宝藏论》三卷、《授茅君歌》一卷,今皆散佚。[见:《通志·艺文略》]

苏云旋 字坤盘。清代山东宁阳县苏家楼人。儒医苏庄子。早年习举业,官八品衔。传承父学,公余以医术济人,不计利。著有《新产》,皆经验良方,惜未见流传。孙苏毓峄,曾孙苏振彪,皆以医知名。[见:《宁阳县志》]

苏长吉 字又生。清代江苏元和县唯亭镇人。精医理,以术济人,闻请即往,不计

七画

酬报,贫民尤蒙惠焉。同邑唐桂森,与之齐名。[见:《元和唯亭志》]

苏文广 字始中。金代人。里居未详。精医术。至元间(1264~1294)任洋州医学正。在任期间,创建本地三皇庙。继任医学正何应申,又捐奉续修之。[见:《金元医学人物》(引《闲居丛稿·洋州三皇庙记》)]

苏文灼 字俊三。清代河北交河县人。廪贡生,候选训导。素通医术,凡以病延诊,不论贫富,无不立应,人皆感德。[见:《交河县志》]

苏文杰 字俊英。清代江西广丰县人。业医,临证多神效,名噪于相邻郡县。遇贫者不受谢,且赠以药资。[见:《广丰县志》]

苏文韩 明代如皋县(今属江苏)人。生平未详。辑有《苏氏家钞良方》十四卷,已佚。[见:《如皋县志稿》]

苏正西 字改之。清代江苏常熟县人。诸生。性亢爽,长髯,善饮。兼精医术,知名于时。[见:《常昭合志稿》]

苏尔赓 清末河北交河县人。附贡生。官鸿胪寺序班。精医道,有著手成春之誉。治病不论贫富,有求必应,四乡感其义,1913年乡众公送"寿世活人"匾。[见:《交河县志》]

苏永莘 清代陕西鄠县(今户县)真守村人。自曾祖父辈即业医。至永莘善承祖业,医术益精,名重于时。每晨起,骑驴巡诊四乡,日治数十人,未尝厌倦。[见:《鄠县志》]

苏廷臣 字文林。清代河南鄢陵县人。精医术,名重于时。值疫疠流行之时,迎聘者踵相接,全活甚众。[见:《鄢陵县志》]

苏廷荣 明代浙江遂昌县人。世代业医,至廷荣益精。每值大疫,必遍行诊治,遇贫不能具药者,施赠之。尝应邀治龙泉县令陈公疾,于道边拾银七十两,遂坐候失主,半日不至,前行十里许,见投水者,亟拯之,饮以药。俟其苏,诘之,乃徽州木商汪某,即失金者也。验其数,皆合,遂如数还之。至龙泉,诊视投药,县令亦愈。令闻还金之事,益钦敬之,因赠以诗,有"常施箧里君臣药,笑掷人遗子母钱"之句,可为苏氏写照。寿至八十岁殁。[见:《处州府志》]

苏廷荫 字南棠。清代江苏江阴县人。精通医业,兼擅内外科。有医德,遇贫病者常施以药,虽参芪不吝。子苏泰,继承父业,以医术得官。[见:《江阴县志》]

苏廷琬 字韫辉,号灵泉。清代浙江海宁县人。通晓医药。编有《药义明辨》十八卷,刊于乾隆五十三年(1788)。[见:《贩书偶记续编》、《海宁县志》、《海昌备志》]

苏仰伊 清代山西曲沃县人。诸生。因母病致力医学,晚年术益精。远近求诊者云集,从无自德之色。年九十岁卒。[见:《山西通志》]

苏向荣 清代河南长垣县人。精医术,知名于时。[见:《长垣县志》]

苏沛霖 字化苍。清代河南尉氏县人。以医为业,尤精眼科,知名于时。[见:《河南通志》]

苏国春 字阳和。清代四川简阳县人。精医术,知名乡里。有医德,为人治病不惮劳,遇贫病施赠药饵,人皆重之。[见:《简阳县志》]

苏明珩 清代广东顺德县杏坛人。以医为业,卖药于增城,多所全活。为人好义,友人谢某家贫,几至鬻妇,明珩倾囊助之。[见:《顺德县志》]

苏绍德 明清间山东滋阳县人。邑名医苏万民次子。绍承父业,亦精医术。曾编纂其父遗稿,成《脉诀》四卷、《脉案》一卷、《按症方药》二卷、《秘方》一卷、《炮制诸药性解》一卷,惜皆散佚。[见:《兖州府志》]

苏荣生 清代山西泽州人。处士,以孝友著称。素精医学,全活甚众。著有《病镜》若干卷,未梓。[见:《泽州志》]

苏施霖 字恩溥。清末人。生平里居未详。曾任太医院八品吏目,兼上药房值宿司药官。[见:《太医院志·同寅录》]

苏振彪 清代山东宁阳县人。监生。其父苏毓峰,业儒而精医。振彪传承父学,亦精医术,知名于时。[见:《宁阳县志》]

苏效东 (?~1885) 字少卿。清末江苏苏州人。居史家巷。业医,用药平稳,颇合师法。弟兆翔,嗣于陈姓,得其传授。[见:《吴县志》、《吴医汇案选辑》]

苏梦松 字公兆。清代河南南乐县人。博学能文,邃于医。曾官驿丞。卒于汴梁(即开封)。[见:《南乐县志》]

苏淳斋 元代杭州人。精医术,知名于时。至大元年(1308)十月二十五日,郭畀客居杭州,慕名拜访苏淳斋,小饮于市肆。[见:《客杭日记》]

苏道元 字秀松。清代沧县(今河北沧州)人。精医术。当时有前辈名医朱昆龄,名重于时。苏道元继之而起,亦享盛名。[见:《沧县志》]

苏韬光 宋代仁和县（今浙江杭州）人。官侍郎。素通医术，任清流县知县时，有县尉申屠行父，其子妇患疾，苏氏治而愈之。又创制变化丸，治赤白痢疾甚效，救济甚多。［见：《中国历代医家传录》（引《本草纲目》、《普济方》）］

苏熙载 字禹功。清代安徽黟县人。诸生。精医术，有行谊。咸丰间（1851～1861）为太平军所执，不屈而死。［见：《重修安徽通志》］

苏毓峄 清代山东宁阳县苏家楼人。儒医苏云旋孙。监生。儒学外兼精医术，知名于时。子苏振彪，亦善医。［见：《宁阳县志》］

李

李元① 金代河南兰考县人。幼攻举业，兼擅医术，于天文历数之学无所不精。曾任阴阳训术。［见：《考城县志》］

李元② 字善长。元代山东滕州人。名医李浩子。窦默荐李浩于世祖，浩老，遂召元至京师，令掌御药局。后从北安王那木罕西征，行程万余里。至元七年（1270），世祖命北安王守上都，李元任断事官。至元十四年，昔里、海都诸王叛乱，劫北安王，李元亦被俘，至元二十二年（1285）始得脱归。二十三年六月，觐世祖于行在，世祖问其经历，嘉之曰："此人万里归我，其忠孝虽蒙古人弗逮。"赐钱五千贯，貂裘、貂帽各一，锦帛三千匹，授奉训大夫都总管府达鲁花赤。改顺德路总管，晋嘉义大夫，迁通议大夫益都路部总管，又改般阳路。以年老致仕，退居滕阳。八十四岁卒。追封东平郡公，谥忠穆。子李唐佐，性恬退，不喜仕进。孙李谦，官至集贤大学士、荣禄大夫。［见：《兖州府志》、《新元史·李元传》、《元史·李谦传》］

李艺 字六公。清代河南郏县人。早年习儒，为庠生。究心医学，遇病施药，知名于时。［见：《郏县志》］

李中① （？～1120）字不倚。北宋奉化（今浙江奉化）人。博学善文，有贤行。元符元年（1098）游太学。崇宁（1102～1106）初，晦于时禁，谢同门，拂袖归乡。宣和二年卒，葬禽孝乡日岭。楼钥题其墓曰"国子乡先生"。著有《本草辨正》三卷，已佚。［见：《奉化县志》］

李中② 金代人。生平里居未详。曾任太医院保全郎。海陵王在位时（1143～1160），以医侍太子光英。官至宣武将军太子左卫副率。［见：《金史·海陵诸子》］

李斗 字艾塘。清代江苏仪征人。通医理。著有《论痘》一文，其文曰："小儿之生，以种痘为要。不然，则治法有二：其一，用升提托补，以催其脓，聂久吾《活幼心法》发其端，朱锡碬《痘疹定论》详之。其一为通下以泻其毒，始于《救偏琐言》，而扬其流于《痘科正宗》。盖痘毒原于先天，势宜外发，不容内解，以常法治之，则聂氏之说为胜。或因天行感染，其病与瘟疫相表里，则《正宗》攻下之法为宜。此仲景伤寒治法，与吴有性《温疫论》所以并行不悖者也。近世时医偏用泻下，一二好古之士，执聂以呵斥之，不知皆偏论也。"［见：《扬州画舫录》］

李书 清代四川珙县人。乾隆三十七年壬辰（1772）恩贡。为当地名儒，其学远宗孔孟，近接程朱。性敦孝友，因家贫亲老，无人侍养，终身不赴乡试。著述甚富，有《续明纪纲目》、《经世纪年》、《乐岸堂文稿》、《草堂燕集诗钞》等二十余部，关于医学者有《闺阁元珠医录》四卷，今未见。［见：《珙县志》］

李玉 字成章，又字廷佩，号南楼。明代安徽六安州人。善骑射，曾任六安卫千户。精通医术，尤善针灸，两京号称"神针李玉"。有跛者扶双杖求疗，李玉针之，立去其杖。李玉兼善方剂，浙江有病痿者就诊，李玉察诸医之方，皆与病合，疑之，忽悟曰：药有新陈，则效有迟速，此病在表而深，非小剂能愈。乃熬药二锅，倾于缸内，稍温，令病者单衣坐其中，以药浇之，逾时汗大出而愈。［见：《明史·凌云传（附李玉）》、《六安州志》］

李石 唐代人。生平里居未详。通兽医术。辑有《司牧安骥集》四卷，今北京图书馆藏明万历间（1573～1619）刻本。该书对后世影响较大，曾远传日本等国。据《宋史·艺文志》，李石还著有《司牧安骥方》一卷，已佚。［见：《宋史·艺文志》、《文渊阁书目》、《中医大辞典》］

李禾 清代人。生平里居未详。无锡名医叶大椿门生。曾参校其师《痘学真传》（又作《痘学指南》）八卷，刊于雍正壬子（1732），今存。［见：《痘学真传》］

李仪 明代河南兰封县（今兰考）人。精医术。洪武（1368～1398）末年，官医学训科。［见：《兰封县志》］

李汉 清代河南洛阳县人。邑名医李宏安子。继承父学，精通医术，知名于时。［见：《洛阳县志》］

李宁 号正晦先生。北宋敷水（今陕西华阴）人。精医药，通摄生之理，故老而不衰。常以药施人，或以金帛为报，辄拒之。景德间（1004～1007），万安太后不豫，驰驿召宁赴阙，未至而太后崩。大中祥符四年（1011），赐号"正晦先生"，并赐茶、药、缯、帛，辞赐物不受。[见：《宋史·柴通玄传》]

李永 东晋人。生平里居未详。为金疮医。咸和三年（328），后赵石勒擒前赵刘曜，命李永为曜疗伤。[见：《晋书·刘曜传》]

李芭 原名式夔，字叔诚（一作淑诚）。清末浙江瑞安人。诸生。受知于督学徐致祥、唐景崇。科举废后，专力于诗词书画及医道，而医尤精。就诊者屡履盈门，依病立方，多获佳效，时称神手。著有《东瓯本草》四卷，今存残抄本。[见：《瑞安县志稿》、《浙江医籍考》]

李协 字允恭，又字梧冈。清代江苏元和县甫里人。好学能诗，后患羸疾，遂隐于医，平居以养真。年七十二岁卒。[见：《吴郡甫里志》]

李存 （1281～1354）字明远，又字仲公，号俟庵。元代饶州安仁（今江西锦江）人。自幼聪敏，举止如成人。及长，好学多闻，于天文、地理、阴阳、名法、医卜、佛道之书无所不读。应科举不利，遂隐居授学，从游者满斋舍。与祝蕃、舒衍、吴谦齐名，合称"江东四先生"。李存自幼体弱，四龄丧母，父多病，遂从师学医，精通其术。为人治病不图报，贫困者延请亦赴救。后因误诊，遂绝口不言医。[见：《中国人名大辞典》、《金元医学人物》（引《俟庵集》）]

李仿 清代河南兰封县（今兰考）人。通医术。永乐八年（1410）授医学训科。[见：《兰封县志》]

李关 字子羽，号北源先生。元代海阳（今属广东）人。父早丧，事母至孝。通《春秋》，余经诸子皆知大略。至正间（1341～1368）隐居教授，凡贫家子弟助以笔札。尤精医术，乡人赖之。[见：《广东通志》、《中国人名大辞典》]

李迅 一作李逸。字嗣立。南宋泉州（今福建晋江）人。世以儒术名家，官至大理评事。以医著名，尤精外科。背疽一证，世医以为奇疾，每望风敛手，李迅乃精选验方，撰《集验背疽方》一卷，刊于世。《四库全书总目提要》评此书曰："于集方之前俱系以论说，凡诊候之虚实，治疗之节度，无不斟酌轻重，辨析毫芒，使读者了如指掌。中如五香连翘汤、内补十宣散、加料十全汤、加减八味丸、立效散之类，皆醇粹无疵，足称良

剂。至忍冬丸与治乳痈发背神方，皆只金银花一味，用药易而收功多。于穷乡僻壤难以觅医，或贫家无力服药者，尤为有益，洵疡科中之善本矣。"原书已佚，清人自《永乐大典》、《苏沈良方》、《世医得效方》、《赤水玄珠》诸书中辑出，收入《四库全书》。[见：《集验背疽方·序》、《直斋书录解题》、《通志·艺文略》、《国史经籍志》、《四库全书总目提要》、《清史稿·艺文志》]

李寿 宋代人。生平里居未详。与杨全迪合撰《产后论》一卷，已佚。[见：《通志·艺文略》、《崇文总目辑释》]

李玒 明代广东高明县人。早年习医，名著于时。兼善图纬，能炼形服气。晚年研究佛、道，"汇释老而一之"。[见：《高明县志》]

李坛 字道登，号杏墅。清代广东嘉应（今梅县）人。乾隆间（1736～1795）举人。官教谕。博学多才，于天文、乐律、医经、丹青、篆刻无所不通。著有《退学轩诗文集》。[见：《中国人名大辞典》]

李均 字子衡，号次评。清代河北南皮县人。精外科，求无不应，著手奏效，里人德之。著有《美在其中》，未见传世。[见：《南皮县志》]

李芹 清代山东栖霞县杨础村人。精医理，善儿科。著有《福婴指掌》，言小儿脏腑经络、寒热虚实甚明。此书今未见。[见：《栖霞县志》]

李芳 （1256～1313）字子英。宋元间和州历阳（今安徽和县）人。值宋末世乱，随父徙居溧阳（今江苏溧阳）。世代习儒，其父李起潜，好韬略，宋末官进义校尉，壮年死于庸医之手。李芳深以不知医为憾，遂弃儒习医，博览医籍，钻研辨证治疗诸法。及悬壶，求诊者络绎不绝，名噪于时。重医德，治病不分贫富，又购备良药，广施于人。至元辛卯（1291）荐授溧阳医学教授，门生甚众。任满，筑别墅于城西，与friends饮酒赋诗于其间。翰林承旨姚燧廉访江南东道，书"诚斋"二字额其室。皇庆二年参与修建医庙三皇殿，因过劳而殁，享年五十八。长子李士贤，有文名，亦绍承先业。[见：《金元医学人物》（引《巴西集·医学教授李君墓碣》）]

李苏 字元育。明代陕西咸宁县人。弱冠领乡试第一，授襄垣教谕。居官廉慎，喜读书，五经百家无不通晓。嗜天文、堪舆，于昆虫草木，无不赅博。著有《医谈》一卷，已佚。[见：《咸宁县志》]

李医 佚其名。宋代抚州（今江西临川）人。医道大行。崇仁县有富民病，邀李治之，约

病愈以五百缗为谢。李治疗旬日不差，乃求去，临行以临川王医荐之。李归未半途，适逢王医，遂以曲折告。王曰："兄犹不能治，今往无益。"李曰："不然，吾得其脉甚清，疾不愈者，乃自度运穷，故告辞。公但一往，吾所用药尚有之，公只以此治之，必愈。"王素敬重李，乃携其药往治，微易汤使，三日而瘳。富家以五百缗谢之。王以一半遗李医，李不受而去。[见:《历代名医蒙求》]

李杜① 字思齐。明代仪真县（今江苏仪征）人。邑名医李伯楼子。传承父学，亦以医术名世。邑令嘉其谊，两举乡饮。寿至八十四岁卒。[见:《仪真县志》]

李杜② 字友棠。清代宁夏府宁夏县（今宁夏贺兰）人。精医理，知名于时。兼善书法，风格秀丽。[见:《朔方道志》]

李材 明代江西南昌府人。生平未详。著有《博济良方》一卷，未见刊行。[见:《南昌府志》]

李助 字翁君。东汉涪（今四川涪陵）人。博极名方，通晓医术，与名医郭玉齐名。著有《经方颂说》，已佚。[见:《华阳国志·梓潼人士》、《补后汉书艺文志》]

李旸 明代福建晋江县人。初习儒学，后得异人之传，遂精岐黄术。凡有疾者，皆就诊治，全活甚众。年八十四岁，无疾而逝。[见:《福建通志》]

李听 （799～839） 字正思。唐代洮州临潭（今甘肃临洮）人。太尉李晟子。七岁以荫封协律郎。开成（836～840）初，任河中晋绛慈隰节度使。四年，以疾求还，复拜太子太保，寻卒，年六十一岁，赠司徒。李听素好方书，常择其经验者题于帷帐，墙屋皆满。[见:《新唐书·列传第七十八·李晟（附李听）》]

李秀 （1746～?） 字蘅堂。清代江苏松江府人。为乾嘉间（1736～1820）松江名医，与徐铺同时。李氏兼擅绘画，嘉庆十年乙丑（1805）世医何其伟题其《榕阴独坐图》，有"余艺精岐黄，静修六十载"之句。[见:《医学举要》、《鬓山草堂诗稿》]

李佑 字增生。清代江苏阜宁县人。精医术，知名于时。[见:《阜宁县志》]

李亨 字之会。元代清州会川县（今河北青县）人。名医李克让子。绍承父学，亦精医术。曾官河间路医学教授。后至元庚辰（1340），许有壬应诏赴京，至清州病暑热，李亨治而愈之。

[见:《金元医学人物》（引《至正集·故济宁路医学教授李君墓碣铭》）]

李彣 字珥臣。清初浙江钱塘县人。早年多病，先后入张遂辰、潘楫门下习医，尽得师传。对《内经》、《伤寒论》诸书多有心悟。尝谓："欲入仲景之室而究《伤寒论》之旨者，舍《金匮要略》无由从。"撰有《金匮要略广注》三卷，刊于康熙壬戌（1682），至今为学者所重。[见:《金匮要略广注·序》]

李沛 字鸿寿。清初江苏丹徒县人。世医何镇门生。曾校订何氏《本草纲目必读类纂》、《家传集效方》二书。[见:《何氏八百年医学》]

李沐 号素轩，又号桑苎园老圃。清代湖州归安县人。邑诸生。幼年多病，留意医学，所治辄中，尤能博览群书，为一郡诸医之冠。当时医者多推崇叶桂《临证指南医案》，李氏不以为然，遂校订所藏明陆士龙《三世医验》抄本，题名《习医铃法》，刊刻于世。今存。[见:《归安县志》、《陆氏三世医验·序》]

李良 自号李八百。北宋方士。里居未详。曾炼药于嵩峰之下，诈称寿八百岁，故号"八百"。度支使加右卫大将军陈从信（912～984）敬事李良，冀其传授，竟无所得。方士魏汉津自称李良门人，得师授"鼎乐之法"。《宋史·艺文志》载"《李八百方》一卷，疑非医书，已佚。[见:《宋史·魏汉津传》、《宋史·陈从信传》、《宋史·艺文志》、《崇文总目辑释》、《登封县志》]

李诇 一作李调，字孟言，号樗散生。元代浙江钱塘县人。少年时受业于名儒杨维桢（1296～1370）。负气节，善为诗，兼工医术。曾卖药金陵（今南京市），名其室曰樗亭。凡病者趋门，售以善药，人皆贤之。按，或谓李驷（字子野）《脉诀集解》为李诇所撰，恐误，存疑待考。[见:《杭州府志》、《钱塘县志》、《医学入门·历代医学姓氏》、《明史·艺文志》、《千顷堂书目》]

李纲 （1221～1289） 字文纪。金元间真定（今河北正定）人，随父徙居内乡（今属河南）。金代广威将军李显荣子。年十二能诗，宿习举业，兼读医书，以孝行闻名乡里。其父天兴元年（1232）奉命出征，自此杳无音信。纲年二十岁，忽闻有见其父于云中（今山西大同）者，往返寻觅而不得，号哭而归，双目遂失明。因念老母尚需赡养，乃自疗三年，得复明。元中统元年（1260），选授南京路（治所即今河南开封）医学教授。至元二十一年（1284）改襄阳路医学教授。是年，朝廷诏修本草，征天下博学良医，纲在被征之列，以年老辞。年六十九岁，卒于邓州。姚燧《牧庵集》有《南京路医学教授李君墓志铭》，述其事迹甚详。[见：《金元医学人物》（引《牧庵集》）]

李苗 字硕田。清代山西平陆县人。贡生。事继母尽孝，喜施予。尤精医理，常以重资购药，以图活人，乡里敬重之。[见：《山西通志》]

李范 明代浙江缙云县人。庠生李素子。范未出生而父亡，赖母养育。及长，遵母命习医济世，治病不求酬报。著有《博爱编》、《葆和集》，未见梓行。[见：《缙云县志》]

李枝 字季虬。明代常熟县（今属江苏）人。名医缪希雍门生。曾协助其师撰《本草经疏》。[见：《先醒斋医学广笔记·李枝序》]

李松 明代四川简阳县人。嘉靖间（1522～1566）徙居井研。以精通方脉著称，所治多效验，能预期病者生死。性慷慨，好施与，所得诊金随手散济贫乏。嘉靖二十二年癸卯（1543）水患成灾，城南石板井、石桥塌废，李松捐资修复，县人德之。[见：《井研志》、《简阳县志》]

李拔 号峨峰，又号东溪。清代四川犍为县人。李杜后裔。乾隆十六年辛未（1751）三甲第四十一名进士，授长阳知县。晋阶福宁、福州二府，再知长沙府，累官湖北荆宜施道。以爱人为本，而察吏极严。知福宁时，教民植桑，闽知养蚕，实自拔始。擢道后，以事谪官，识者惜之。著述甚富，有《四书旁注》、《东溪文集》等二十余种，关于医者有《养生质语》若干卷，今未见。[见：《犍为县志》、《明清进士题名碑录索引》]

李果 字尚用。明代河北成安县人。景泰元年（1450）举人，授平阳通判，分理易州。迁杭州同知，筑堤以障湖水，升济南知府。卒于官。李果性倜傥，自奉殊薄，为文古雅。素喜医学，尝校补罗天益《卫生宝鉴》。[见：《成安县志》、《畿辅通志·艺文略》、《广平府志》]

李杲 （1180～1251） 字明之，晚号东垣老人。金代真定府真定县（汉东垣县，今河北正定）人。家道殷实，财冠乡里。自幼颖异，忠信笃厚，重名节，慎交游，与人接无戏言。建书院于宅间隙地，延待儒士。先后从内翰王从之学《论语》、《孟子》，从于叔献学《春秋》，多有心悟。泰和间（1201～1208）岁饥，民多流亡，李杲极力赈救，全活甚众。母王氏患疾，先后延医多人，温凉寒热各异其词，虽百药备尝，终至不救，殁时竟不知何证。杲痛悔不知医而失亲，发愿曰："若遇良医，当力学以志吾过。"及闻易水张元素以医术名振燕赵，即捐千金从之学。历数

载，尽得师传而归，擅治伤寒、痈疽、眼目诸疾。后捐资得官，出任济源监税官。济源县流行大头瘟，时医多以攻下法医治，虽服药者多死，而不以为过。李杲"恻然于心，忘餐废寝，循流讨源，察标求本"，创制新方，患者服之奇效，遂刻版刷印，贴于通衢。世人以为仙授神方，复刻于石，广为流传。李杲早年不以医问世，世人亦罕知其术。金末世乱，杲避兵汴梁，挟术游于公卿之间，此后医名大振。壬辰（1232）北渡，寓居东平。甲辰（1244）返归故里，已六十五岁高龄，欲传道后世，不得其人。友人周德父以罗天益荐，遂纳为弟子。罗氏从师三年，刻苦力学，久而不倦。杲喜，以白金二十两赠之，嘱曰："吾知汝活计甚难，恐汝动心，半途而止，可以此给妻子。"罗坚辞。杲曰："吾大者不惜，何吝乎细？汝勿复辞。"越数年，李杲辞世，享年七十二。临终，以平生所著书罗列几前，嘱天益曰："此书付汝，非为李明之、罗谦甫，盖为天下后世。慎勿湮没，推而行之。"李杲于医学推重《内经》、《伤寒》诸典，临证不泥古训，凡群医束手之病，每能著手成春，有神医之誉。与名医刘完素、张从正、朱震亨齐名，史称金元四大家。于医理多有发明，首倡"内伤脾胃，百病由生"之说，著《脾胃论》阐发其论，自成补土一派。所创补中益气汤至今为医者遵用。著述甚富，《脾胃论》之外，尚有《内外伤辨惑论》三卷、《兰室秘藏》二卷、《活法机要》一卷、《医学发明》九卷、《东垣试效方》九卷（罗天益辑）。还著有《药类法象》一卷（已佚，今有郑金生辑佚本）、《伤寒会要》（已佚，仅存元好问序）若干卷。李杲有同门师弟王好古，未卒业而师殁，遂受学于李杲，后亦为名医。[见：《元史·李杲传》、《新元史·李杲传》、《东垣试效方·东垣老人传》、《本草纲目·引据古今医家书目》、《卫生宝鉴·序》、《畿辅通志》、《藁城县志·罗天益传》、《四库全书总目提要》、《医藏书目》、《医学入门·李杲传》、《历代医书丛考》]

李炅 字三英。明代浙江钱塘县人。宋代名医李信后裔。炅早年习儒，为诸生。博学有胆识，性慷慨，重然诺，尝破家产以济友人之急，人皆称之。精通医术，擅痘科，遇险逆证，众医不能治者，每应手愈，有国工之誉。尝曰："医之用药如布棋，须占定先着。若见某证，始议用某药，则已落后着矣。所谓以药候证，毋以证候药也。"[见：《浙江通志》、《钱塘县志》]

李图 清代山西静乐县人。岁贡生。学优品粹，屡蹶棘闱。晚年精医术，为时所称。[见：

《山西通志》]

李昉 （925～996） 字明远。五代至北宋间深州饶阳（今河北饶阳）人。后晋时以荫补斋郎，选授太子校书。后汉乾祐间（948～950）举进士，为秘书郎。后周时官至屯田郎中，翰林学士。宋初，加中书舍人，年七十岁特进司空。至道二年，陪太宗祭祀于南郊，礼毕入贺，因拜舞仆地，数日而卒，时年七十二岁。赠司徒，谥"文正"。开宝六年（973），宋太祖命翰林医官刘翰等详定《唐本草》，撰《开宝新详定本草》。次年，虑"所释或有未当"，复命李昉、卢多逊、王祐、扈蒙等"详覆"，广采众议，考订讹误，成《开宝重定本草》二十一卷（简称《开宝本草》），刊刻行世。李昉等序称："以白字为神农所说，墨字为名医所传，唐附今附，各加显注，详其解释，审其形性。证谬误而辨之者，署为今注；考文意而述之者，又为今按。义既判定，理亦详明。今以新旧药合九百八十三种，并目录二十一卷，广颁天下，传而行焉。"此书为我国第一部刻版印行之官修本草，原书已佚，其内容尚存《证类本草》。子李宗讷，太平兴国（976～983）初，参与编辑《神医普救方》一千卷，颁布于世，已佚。［见：《宋史·李昉传（子宗讷）》、《宋史·刘翰传》、《宋史·艺文志》、《崇文总目辑释》、《中医大辞典》]

李鸣 清代安徽当涂县人。岁贡生。官睢宁训导。兼通医理，著有《保产机要》若干卷，今未见。［见：《安徽通志》]

李岫 明代河北长垣县人。精医理。曾任医学训科。［见：《长垣县志》]

李佩 字斑麓。清代山东章丘县人。通医术。有孕妇某，患闭结。李佩诊毕，谓其夫曰："只须倒持摇之，可勿药也。"如其言，遂愈。诘其故。答曰："胎动下垂耳。"同里某，自命伤寒专门，后患疾，自治弗效。其兄与佩相友善，为延之，一剂而瘳。历任县令皆重李氏之术，多嘉奖之。［见：《章邱县志》]

李庚 原名世保。字佐之，号芋卿，晚号余庆，又号赘疣老人。清代浙江乌程县南浔镇人。早年应童子试不售，弃儒经商，客居河南，亦不得志，乃游心艺事。善画芦雁，以生动之笔写萧疏之致，寄兴悠远，且每画必题以诗，得者珍为双璧。晚年归里，日以诗酒自娱。又以平生所好之医卜、风鉴之术行于乡，求者无不应。年七十一岁卒。著有《痧症方案》一卷，今未见。［见：《南浔志》]

李炌 明末丹徒县（今属江苏）人。以医名世。子李增，声名益盛。［见：《丹徒县志》]

李洋 （1845～1909） 字饮香。清末河北万全县人。廪贡生。嗜读书，一生谨慎，不苟言笑，不轻然诺，为士林所重。屡失意于场屋，中年后设帐授徒，以资糊口。对医学多有研究，课余则施诊，活人甚多。宣统元年卒，时六十五岁。［见：《万全县志》]

李泌 字道源。金代广平（今河北永年）人。业儒而工医，知名于时。年九十岁卒。子李师孟，为明昌间（1190～1195）进士。［见：《南村辍耕录·卷二十四·历代医师》、《金元医学人物》（引《秋涧先生大全文集·跋董右丞师中撰李道源先生阴德记后》）]

李泳 字太素，又字靖庵，晚号太虚散人。明代上元县（今江苏南京）人。嗜古学，工医术，知名于时。［见：《金陵通传》]

李治 （1192～1279） 字仁卿，号敬斋。金元间真定栾城（今河北栾城）人。幼颖悟，好读书，有成人之风。既长，与河中李钦叔、龙山冀京甫、平晋李长源为同年友。正大七年（1230）登词赋进士第，调高陵主簿，未上。从大臣辟权知钧州，时调度方殷，李掌出纳，无规撮之误。壬辰（1232）正月城溃，李氏微服北渡，流落忻、崞间，后定居太原。元初藩府交辟，皆不就。至元二年（1265）召拜翰林学士，次年称疾辞归，居元氏县封龙山。十六年卒，享年八十八。李氏博学多识，兼通医道，对《黄帝内经》多有研究，所撰《敬斋古今黈》十四卷，载医论数篇，见解多精辟，学者重之。［见：《敬斋古今黈》]

李泽 清代湖南常宁县人。诸生。素习举业，析理渊深，尤工书法。擅养生，年九十六岁卒。著有《时气集要》六卷，今未见。［见：《常宁志》]

李审 宋代人。生平里居未详。撰有《颐神论》一卷，已佚。［见：《宋史·艺文志》、《崇文总目辑释》]

李实 明代人。生平里居未详。著有《痘疹渊源》，已佚。李时珍著《本草纲目》曾引据此书。［见：《本草纲目·引据古今医家书目》]

李诚 字师林，号静轩。清代浙江黄岩县石曲人。岁贡生。早年为学使刘凤诰器重，调诂经精舍肄业。嘉庆十八年（1813）选成均，朝考二等，分选云南，候补直隶州州判。入仕后，受知于制府阮元，委修《云南通志》。李诚旁通地理，兼善医学。著有《医学指迷》一卷，刊于道光七年（1827）。今北京图书馆、中华医学会上海分会图书馆各存残卷一部。此书凡十七条，首论医学贵精，次论医学源流及方脉诸书，大抵专尊《内经》、《伤寒》，而力斥张介宾之温补。［见：《黄岩县志》、《路桥志略》、《中医图书联合目录》］

李肃 字彦昭，号杏林。明代人，原籍未详，徙居浙江金华县。其祖父李晋卿，为元代西湖书院山长。李肃年十岁丧父。初习医于赵良仁，赵为名医朱震亨高足，肃尽得师传。后挟技游松江，声振于时，遂定居金华。永乐（1403～1424）初，荐授松江府医学正科。年近七旬，召至京师，奏对称旨，赐金织缎服。未几扈驾北征，特给从人、名马及御寒之具。子李敬，举永乐十五年（1417）乡科。念父年老，上疏乞就禄养，特授上海儒学训导。遇假必放舟泝潮，夕发晓至，上堂拜寿，信宿而返，如是者十载。肃孙李祥，为天顺元年（1457）进士。［见：《松江府志·寓贤》］

李駧 一作李詗，字子野，自号晞范子（一作希范子）。南宋末临川（今江西临川）人。生平未详。诵诗读书之余，留意医学，尤重脉理。咸淳二年（1266）撰《脉诀集解》（又作《集解脉诀》）十二卷，邑人何桂发序之，已佚。又著有《黄帝八十一难经纂图句解》（又作《句解八十一难经》）七卷，今存道藏本。还著有《脉髓》，已佚。［见：《宋史·艺文志》、《曝书亭集》、《绛云楼书目》、《国史经籍志》、《九灵山房集·沧州翁传》、《中国医籍考》、《补元史艺文志》、《万卷堂书目》、《静嘉堂文库书目》］

李玹 字廷仪，人称李四郎。五代梓州（今四川三台）人。其祖先为波斯人，隋代来华，世业香药，唐初随国姓改李氏。玹行止温雅，善弈，喜游历。好养生术，日以炼丹药为事，倾家产而不惜。雍熙（984～987）初游青城山，于岩壑间遍觅奇花异石。兄李珣（907～960），著《海药本草》六卷。［见：《茅亭客话》、《陈垣学术论文集·回回教入中国史略》、《四川医林人物》］

李荣 一作李荣。字岚溪，号樵阳子。明代福建邵武县人。博览群书，深明医理，活人以万计。著有《闺门宝鉴》一卷。该书曾与魏直《博爱心鉴撮要》合刻，名《二难宝鉴》，今存明嘉靖二十一年（1542）刻本。李氏晚年欲汇集百试百效之方以传后世，未果而卒。外孙谢毓秀，得其传授，亦精医道。［见：《中国医籍考》、《浙江医籍考》］

李荪 字南洲。清代湖北云梦县人。早年习儒，为附贡生。其诗得家传，清拔可诵。师事

邑名医彭维燕，故精通医术。重医德，虽极贫贱者，亦亲为诊视，出药赠之，多不取值。晚年家境贫困，而以药活人如初。著有《内外科证治方书》，今未见。［见：《云梦县志略》、《湖北通志》、《德安府志》］

李相 字作羹。清代江西金溪县铜岭人。性宽厚，好宾客，待人不以穷达为高下。治儒学，尤嗜古文，兼通医理。著有《灵枢经注释》等书，藏于家。［见：《金溪县志》］

李椁 字与几。南宋当涂（今属安徽）姑孰溪人。宣和间（1119～1125）进士。绍兴间（1131～1162）迁监察御史。因忤秦桧意，出知信州。以饶州知州致仕。李椁精易学，善星占，旁通医理。著有《伤寒要旨》一卷（今存）、《小儿保生要方》三卷（已佚）。［见：《宋史·艺文志》、《直斋书录解题》、《中国人名大辞典》、《中医图书联合目录》］

李奎 字石梁。明代浙江鄞县人。少时负气尚侠，避仇亡窜湖海间，十余年始归。后折节读书，从名医李珽游，遂精医术。洞究内外科，心揣手追，尽得其妙。善起痼疾，他医所不治者，常能生之。有误吞指甲者，喉梗几殆。奎令剪他人指甲，烧灰服之，立愈。人疑乃故方，奎曰："不然，此《内经》所谓衰之以属者也。"闻者叹服。奎性好金石及名人墨迹，居处遍植花草。年八十三岁卒。同邑徐国麟，得其传授。［见：《鄞县志》、《浙江通志》］

李贵 元代人。里居未详。曾任太医院太医，又为岭北行省省医。至顺元年至二年（1330～1331）与岭北行省省医胡景勖、武舜谦，和林惠民局良医杨仲文，参与修建内蒙古和林格尔三皇庙。［见：《金元医学人物》（引《和林金石录·和林三皇庙残碑文》）］

李适 （742～805）唐德宗皇帝。贞元十二年（796）撰《贞元集要广利方》五卷，收方五百八十六首，亲为制序，颁行天下。此书已佚，其部分内容散见于《医心方》、《证类本草》诸书。［见：《旧唐书·本纪·德宗》、《新唐书·艺文志》、《宋史·艺文志》、《通志·艺文略》、《太平御览·方术部》、《国史经籍志》］

李秋 字思杏。明末江西南昌人。时宁献王朱权著《庚辛玉册》，李时珍著《本草纲目》，皆镂版江右。李秋购得其书，晨夕研究，用药恒出人意表，遂以医知名当代。为人坦直平易，艺愈高而接物愈谦，故两荐乡饮。知府赠以"笃行善士"之匾。年九十岁卒。［见：《南昌府志》］

李修 字思祖。北魏阳平馆陶（今河北馆陶）人。名医李亮次子。继承父学，亦精医术。曾任中散令，迁给事中。太和（477～499）中，常在禁内，文明太后时有不豫，修侍针药多效，赏赐累加，车服第宅，号为鲜丽。咸阳公高允年且百岁，而气力尚康，孝文帝、文明太后时令修诊视之。一日，修奏言："允脉竭气微，大命无逮。"未几果亡。孝文帝迁都洛阳，授修前军将军，领太医令。后数年卒，追赠威远将军青州刺史。李修曾集诸学士及工书法者百余人，编撰《药方》（又作《诸药方》）百余卷，刊刻于世，今佚。子李天授，亦通医术。[见：《魏书·李修传》、《魏书·高允传》、《北史·李修传》、《隋书·经籍志》、《医学入门·历代医学姓氏》、《冠县志》、《大同府志》]

李信① 别号李车儿。宋代汴梁（今河南开封）人。精小儿医，曾任太医院院判。从高宗南渡，遂移家于杭州义和坊。高宗患危疾，诏李信人侍，因年老，赐安车入禁中，故时号李车儿。[见：《杭州府志》、《浙江通志》]

李信② 字用诚。明代河南祥符县（今开封）人。其先世于宋代即精小儿医，尝治愈皇子胫疡，赐金钟悬其门，故世称金钟李氏。李信得家传，亦精小儿医。凡以疾延请者，无分远近、晦明、风雨，皆亲往治之，一经诊视则生死立决。自正统至成化间（1436～1487）缙绅先生迎请无虚日。郡守括苍金文雅重之，赋《安幼堂诗》以赠。子李敬，继承父业。[见：《祥符县志》、《开封府志》、《河南通志》]

李俊 字子俊。清末四川崇庆县人。生平未详。光绪二十九年癸卯（1903）注释刘子维《圣余医案》，辑《圣余医案诠解》一卷，刊于世。今存1945年成都德胜印刷社铅印本。[见：《中医图书联合目录》]

李亮 北魏阳平馆陶（今河北馆陶）人。少习医术，未能精究。世祖时（424～451）投奔刘义隆于彭城，又与王安道从沙门僧坦学医，略尽其术，针灸、授药，罔不有效，其术高于安道。后行医徐、兖间，多所救恤。崇信佛教，多善行，尝修建大屋，供病者居住，死者则置棺殡葬，亲往吊视，仁厚之名播于宇内。曾任府参军都护，本郡士门、宿官皆与相交，车马金帛，酬赉甚多。子李元孙、李修，皆遵父业，以李修最优。[见：《北史·李修传》、《魏书·李修传》、《中国佛学人名辞典》]

李恃 字宗鼎。清代湖南衡山县人。邑监生。孝事嫡母，友爱兄弟。兄大观游岳，病殁于途。李恃奉母命寻之，载棺归，抚养遗孤。其友人欠债数十两，无力偿还，恃慨然代偿，无自德之色。通医理，晚年岁恒施药，制炒必亲视。一日，方坐椅视药，有人请起，甫离坐，有蠹橡堕其处，椅立碎，人谓积德之报。年近七旬，以寿终。子李诚斯，孙李永藩，俱为庠生。[见：《衡山县志》]

李恒① 字伯常。明初安徽庐州（今合肥）人。洪武（1368～1398）初，以医术鸣世，选入太医院，擢周府良医。永乐间（1403～1424）致仕，王亲赋诗以饯，又命长史瞿佑序其事。其后有方鼎，与李恒齐名。庐人言名医，必曰："前有李恒，后有方鼎。"洪武二十三年庚午（1390），李恒奉周定王朱橚之命辑《袖珍方》（又作《新刊袖珍方》、《魁本袖珍方大全》）四卷（又作八卷），刊刻于世。该书传本甚少，今仅见北京图书馆藏袖珍本、大字本各一帙。[见：《明史·艺文志》、《千顷堂书目》、《江南通志》、《合肥县志》、《中国善本书提要》、《北京图书馆藏中国医药书目》、《中医图书联合目录》]

李恒② 明代湖北荆州府江陵县人。从父官粤。性好施予，故弃儒业医。其父止之，恒曰："家世以来，冠进贤者不下十余人，何爱一第？恒自料为官亦无补，且财力俱不足以济人，不如学医。"终以医术名冠于时。凡里中疫病流行，恒必携仆持药，沿门诊视。或举家不起者，则留仆以伺，日馈薪米，病愈乃已。[见：《荆州府志》]

李恬 字于珍。清代江苏宝山县真如里人。少孤善病，究心医术。遇疑难证，每能独出卓见，活人甚众，有李仙之称。门人程思洛，疗病亦奇中。[见：《宝山县志》]

李炳 （1729～1805）字振声，号西垣。清代江苏仪征县人。自幼习医，不得其奥，乃习《易经》，十年而有得，顿悟"阳长阴消"之理，遂通《内经》、《伤寒》之旨。挟技往来于楚、越、江、淮间，晚年多寓居邵伯镇及瓜洲北湖。临证有定见，不随众浮沉，病愈则令勿药，不以调理为名射利。擅以白术治病，应手得效。一妇人数日不更衣，胀甚，时医用通便药，益剧。炳令专服白术，至五日而便通胀止。一人大渴，服诸凉药不效。炳使服白术，次日即愈。或问其故，答曰："皆仲景法也。"李炳用伤寒法治疾，常异于他医。一人患伤寒，见阳明证，时医治以寒剂，病转剧。炳诊之曰："此寒证也，宜温中。"乃进附子一两，服之病益剧，炳曰："剂轻矣！"加附子至二两，与人参二两同服。众医难之，炳曰："吾自见及，试坐此待之如何？"力迫之服，至明日，霍然而愈。谓诸医曰："病之寒热，辨于脉之往来。此脉来动而去滞，知其中寒而外热。仲景所已言，诸君未见之耳。"重医德，为贫士治疾竭尽心力，寒暑暮夜，闻召即行，必令疾愈而后快。足迹罕至豪富显贵之家，故身后无余财。嘉庆十年七月卒，享年七十七。著有《辨疫琐言》一卷，今存。还著有《金匮要略注》二十二卷、《西垣诊籍》二卷，未见刊行。焦循撰《李翁医记》二卷，述其事迹甚详。[见：《辨疫琐言·序》、《李翁医记》、《扬州府志》、《江都县续志》、《仪征县志》、《中国历代名医碑传集》（引焦循《雕菰集·名医李君墓志铭》）]

李炽 字昆阳。清代江苏金山县人。邑名医李藻子。绍传父业，能以色脉预决生死。尤精疡科，屡著奇效。其药皆购自远方，不惜重价，故疗效非时医所及。郡中自徐光宗之后，能起危疾者必推李氏，享誉数十年不衰。其子李培淦，传承家业。[见：《金山县志》、《松江府志》]

李洽 号憩棠。清代江苏昆山县陈墓镇（今昆山锦溪）人。约道光、同治间（1821～1874）在世。善医。手抄书数十卷，藏于家。年六十三岁卒。诰赠文林郎。[见：《陈墓镇志》]

李宣 字艺园。清代江苏仪征县人。庠生。精医术，知名于时。[见：《重修仪征县志》]

李宪① 宋代人。生平里居未详。著有《德生堂经验方》，已佚。[见：《中国历代医家传录》（引《济生方》）]

李宪② 字王春。清代山东淄川县人。生平未详。著有《养生录》百卷、《四香斋集》三十卷、《黄庭经集注》若干卷，藏于家。[见：《淄川县志》]

李冠 字公冕。明代徐州（今属江苏）人。博学能诗，善隶书。晚年以医术知名。[见：《徐州府志》]

李昶 字启明。元代姑孰（今安徽当涂）人。好读书，能吟诗，善楷书，以医术知名于时。今《故宫周刊》第七卷二十八期载李昶墨迹。[见：《中国历代医家传录》（引《清河书画舫》、《故宫周刊》）]

李绛 （764～830） 字深之。唐代赞皇（今河北赞皇）人。以进士拜监察御史。元和二年（807）授翰林学士，知制诰。累迁户部侍郎、华州刺史、兵部尚书、御史大夫，宝庆（1225～1227）初，拜尚书左仆射。文宗继位，召为太常

卿，以检校司空任山南西道节度使，累封赵郡公。大和四年（830），奉旨率军至蜀平蛮，未半途，遇兵变而卒，时年六十七岁，赠司徒，谥"贞"。李绛兼通医学，撰有《兵部手集方》三卷，已佚。[见：《新唐书·李绛传》、《宋史·艺文志》、《国史经籍志》、《赵州志》]

李勣 （584～669） 本姓徐，名世勣，字懋功。隋唐间曹州离狐（今河北东明）人。家道豪富，隋大业（605～617）末，投翟让军。武德（618～626）初降唐，授黎州总管，封莱国公，赐姓李。后避太宗李世民讳，改名李勣。贞观三年（629），任通漠道行军总管，败突厥军，诏拜光禄大夫，领并州都督府长史。贞观十六年，授太子詹事，同中书门下三品。高宗立，迁尚书左仆射，诏得乘小马出入宫禁。官至司空、太子太师，封英国公。总章二年卒，时年八十六岁，谥"忠武"。显庆二年（657），李勣奉旨与光禄大夫于志宁（《新修本草》未署其名），太尉长孙无忌，侍中辛茂将，太子宾客弘文馆学士许敬宗，礼部郎中兼太子洗马弘文馆大学士孔志约，尚药奉御许孝崇、胡子豪、蒋季璋，尚药局直长蔺复珪、许弘直，侍御医巢孝俭，太子药藏监蒋季瑜、吴嗣宗，丞蒋义方，太医令蒋季琬、许弘，丞蒋茂昌，太常丞吕才、贾文通，太史令李淳风，潞王府参军吴师哲，礼部主事颜仁楚，右监门府长史苏敬等编《新修本草》五十四卷，包括正文二十一卷（含目录一卷）、药图二十六卷（含目录一卷）、图经七卷。全书载药八百五十种，书成于显庆四年，大行于世。原书完帙不存，仅日本尚残存正文十卷，另有敦煌古抄残简三种，亦流落海外。唐《新修本草》为世界第一部由国家颁布之药典，原书虽残佚，其内容被收入宋《证类本草》等书，现有尚志钧辑佚本刊世。[见：《新唐书·李勣传》、《新唐书·艺文志》、《新唐书·于志宁传》、《崇文总目辑释》、《中医文献辞典》]

李素 元末山东章丘县人。得张明远传授，精医卜之术。张士诚拜为隆平府丞。李素之女李姬，得其传授。[见：《中国历代医家传录》（引《李姬传》）]

李珣 （907～960） 字德润。五代梓州（今四川三台）人。其祖先为波斯人，隋代来华，世业香药，唐初随国姓改李。珣好辞章，有诗名，为蜀后主王衍所知爱。所作《浣溪沙》词，有"早为不逢巫峡夜，那堪虚度锦江春"之句，为词家所传诵。著有《琼瑶集》若干卷。又好医药之学，撰有《海药本草》六卷，其中海桐皮、天竺

桂、没药等，为当时药书所未载。原书已佚，其内容尚散见于《证类本草》、《本草纲目》诸书，今有尚志钧辑佚本刊世，收载药品一百三十一种。[见：《国史经籍志》、《通志·艺文略》、《本草纲目·采集诸家本草药品总数》、《海药本草》（尚志钧辑佚本）、《潼川府志·轶事》、《四川医林人物》、《陈垣学术论文集·回回教入中国史略》]

李斑 字兰泉。明代浙江鄞县人。以医名世。著有《医说》若干卷，搜剔秘奥，穷极本源，能发前人所未发，惜未见流传。其所辑《医案》，历历奇中而悉本于理，传于门人李奎，奎传徐国麟，二人皆为良医。[见：《鄞县志》]

李恭 明代河南禹州人。以医术著称。永乐三年（1405），司马廉知荐之于太医院。[见：《禹州志》]

李根 明代河南商城县人。早年习儒，以医术著称于时。[见：《商城县志》]

李栻 明清间人。生平里居未详。撰有《伤寒述微》三卷，刊于世。今日本国立公文书馆内阁文库藏有顺治三年（1646）南益堂刊本。[见：《内阁文库汉籍分类目录》、《中国医籍考》]

李桂 字蟾客，又字秋芳。清代江苏上海县二十二保人。诸生。重孝义，精幼科，知名于时。嘉庆十六年（1811）重游泮水。年八十岁卒。著有《医案》及《痘疹秘录》诸书，未见刊行。子李熊，亦精幼科。[见：《上海县志》、《上海县续志》]

李桐 号仙琴。清代河南陈留人。通医理。乐善好施，所施丸药必亲自修合，不敢购之药肆。[见：《陈留县志》]

李梴 字健斋。明代江西南丰县人。其家为当地望族。兄李桥，嘉靖二十三年（1544）二甲第四十九名进士。李梴早年习儒，为邑庠生。负奇才，超然物外，为人以不欺为本，养性为功，行仁为要，博极群书为究竟。尝谓："学者不深入易，则于死生之故不达，利济人物终无把握。"隆庆、万历间（1567～1619）因病习医，攻研数十年，用力精专。尝客居闽省，其术大行。著有《医学入门》八卷，刊于万历三年（1575）。该书以明初刘宗厚《医经小学》为蓝本，以歌赋为正文，以注文补充阐述，简明实用，为海内外所重。今存初刻本，日本、朝鲜刻本及多种清刻本。族侄李聪，曾参校《医学入门》。门生邓孔泗、卢大蔚、杨文辉，传承其学。[见：《南丰县志》、《建昌府志》、《天一阁书目》、《中国医图书联合目录》]

李原 （1341～1418） 字廷坚（一作庭坚），号素庵。明代常熟县（今属江苏）人。早年习举业，因母病习医。曾出游南京、凤阳等地求师，得金针刘氏针法。往返数年，医术精湛，始归乡济人，声名日著。永乐（1403～1424）初，常熟县重建医学，县令柳敬中曰："医书非儒弗能读。"命求儒而医者先入选。李原得乡里公举，经考试授职。其孙李颙，克绍家学，任太医院医士。[见：《海虞文征》、《常昭合志》]

李振 字显臣。清末人。生平里居未详。曾任太医院八品吏目。[见：《太医院志·同寅录》]

李贽 （1527～1602） 原名载贽，号卓吾，又号宏甫，别号温陵居士。明代福建晋江县人。回族。嘉靖三十一年（1552）举人，授辉县教谕，迁姚安知府，士大夫好禅者，往往从贽游。年五十四岁，自去其发，冠服坐于堂，上官勒令解任。既解官，徙居黄安，日引士人讲学，杂以妇女，专崇佛教，卑侮孔孟，抨击理学。后北游通州，为给事中张问达所劾，卒于狱中。李贽为明末杰出思想家，兼知医学，著有《养生醍醐》一卷，今存。[见：《中国丛书综录》、《中国人名大辞典》、《中国历史人物辞典》]

李钺 一作李越。宋代人。生平里居未详。撰有《新修荣卫养生用药补泻论》十卷，已佚。[见：《崇文总目辑释》、《宋史·艺文志》、《国史经籍志》]

李钤 字珍同。清代河北南皮县（一作宁津）人。例贡生。通医学，精天文历算，善堪舆，凡金石、青乌、医卜之书无所不读。喜丹青，所绘山水得倪、黄法，参以华亭笔意，与南皮张文达为画友。爱种菊，得种菊子之法，变成异色者甚多，所著《菊谱》，言种子法甚详。撰有《医学传心录》、《女科指南》二书，未见刊行。[见：《南皮县志》、《宁津县志》]

李铎 字省斋。清代江西南丰县人。精医术，临症必究其本源，所治多奇中。著有《医案偶存》，今存同治四年乙丑（1865）琴城小安山房刻本。[见：《南丰县志》、《中医图书联合目录》]

李积 北宋兖州（今属山东）人。业医，知名于时。司马光卒，其子司马康居丧，因寝地得腹疾，召李积于兖。乡民闻之，告李积曰："百姓受司马公恩深，今其子病，愿速往也。"[见：《中国历代医家传录》（引《渊鉴类函》）]

李高 明代河南虞城县人。曾任襄陵知县。兼通医理，辑有《经验良方》一卷，已佚。[见：《百川书志》]

李涛 （1901~1959） 字友松。现代河北良乡县路村（今属北京市房山区）人。1925年毕业于北京医学专门学校（即北京医学院前身）。毕业后就职于北京协和医学院细菌学科，不久调该校中文部，历时十余年，先后搜集中国历代医籍数千种，兼讲授中外医学史课程。1935年秋，与王吉民、伍连德等共同创建中华医史学会。1942年该校停办，李氏与友人组建北京清源医院，任院长。1946年北京医学院成立医史学科，李氏出任主任教授。1947年任《医史杂志》编辑委员；1955年任《中华医史杂志》主编。同年，兼任中医研究院医史研究室主任，直至去世。著有《医学史纲》，是为我国第一部中西医学史合编之医史学著作。[见：《李涛》（《中华医史杂志》1980年第2期）]

李涉 自号清溪子。唐代洛阳（今河南洛阳）人。元和间（806~820）官太子通事舍人。大和间（827~835）任太学博士。著有《伤寒方论》二十卷、《李涉诗》一卷，皆佚。[见：《宋史·艺文志》、《河南通志·艺文志》]

李浩 宋元间山东滕县人。祖籍曲阜，其五世祖官于滕县，遂定居。祖父李义，父李玉，皆为名儒。李浩仰慕汉代仓公（淳于意）之为人，究心医药，尤精针灸术，诊病能预决生死，其效如神。元初常往来于东平间，挟技活人。其子李元，亦精医术。李元门人窦杰，官至太师，尝荐李浩于元世祖，浩以年老不能就征，诏有司给钱米，终其身。著有《伤寒钤法》十卷及《仲景或问》（又作《伤寒或问》）、《诸药论》诸书，均佚。[见：《滕县志》、《新元史·李元传》、《国史经籍志》]

李海 明代人。生平里居未详。为秦王府医官。宋徽猷阁直学士郭思，曾摘录唐孙思邈《千金要方》，择其实用简效之方，辑《千金宝要》，于宣和六年（1124），刻石于华州公署。隆庆六年（1572），秦王朱守中以原碑字小漫漶，命工重刻为四块巨碑，置于耀州药王山孙思邈真人洞前。李海奉命督办，并任校勘事。[见：《千金宝要碑》、《四部总录医药编》]

李润 明代人。里居未详。通医术，曾任太医院冠带医士。弘治十八年（1505），刘文泰等奉敕编《本草品汇精要》，李润参与其事，任誊录。[见：《本草品汇精要》]

李宽 明代祥符县（今河南开封）人。精医术。门人刘辉，尽得其传，以医术鸣于汴中。[见：《开封府志》]

李祥① 字庆宜。清代江苏沛县大李庄人。精医术，善治痘疹。晚年目盲，以手触摸病者，立方辄效。人皆谓："李祥之手，胜于庸医之目。"[见：《沛县志》]

李祥② 近代湖北麻城县二里河人。儒医李廷淦子。与兄李代恩绍承父学，以医济世[见：《麻城县志前编·李廷淦》]

李谅 宋代信州（今江西上饶）人。通医术，官驻泊医。创制安肾丸，治元气怯弱，筋骨无力。[见：《洪氏集验方》]

李姬 〈女〉 元末山东章丘县人。名医李素女。得父传授，亦精医术。[见：《中国历代医家传录》（引《李姬传》）]

李绰 清代河南南阳县人。曾任户部广东司郎中。深明医理，知名京师。[见：《南阳县志·乡宦》]

李焘 （1115~1184） 字仁甫。南宋眉州丹棱（今属四川）人。唐宗室曹王之后。父李中，登进士第，知仙井监。焘博学多识，绍兴八年（1138）擢进士第，调华阳主簿，再调雅州推官。历任双流知县、荣州知州。居官多政绩，以余暇治学，博极载籍，搜罗百氏，慨然以史自任。乾道三年（1167），召对称旨，授兵部员外郎兼礼部郎中。次年上《续通鉴长编》一百零八卷。五年（1169），迁秘书少监兼权起居舍人，寻兼实录院检讨官。八年，直宝文阁，帅潼川兼知泸州。淳熙十一年春，以敷文阁学士致仕。寻卒，时年七十岁。谥文简，赠太师、温国公。李焘兼涉医学，著有《卫生方》、《七十二候图》，皆佚。[见：《宋史·李焘传》、《中国历代医家传略》]

李菩 字东白，号梅山。清初浙江绍兴县人。长于儿科，尤专痘疹，尝谓"不明三元甲子与五运六气者，不可以业痘科"。认为王肯堂《幼科证治准绳》博而不约，难以检阅，于康熙四十年辛巳（1701）撰《痘疹要略》四卷。李菩还撰有《杂证要诀》四卷。二书国内未见，日本国立公文书馆内阁文库藏有抄本。[见：《绍兴医学史略》、《中国医籍考》、《内阁文库汉籍分类目录》]

李捷 明代人。生平里居未详。著有《小儿脉辨方论》一卷，已佚。[见：《医藏书目》]

李铦 （1832~1898） 字朴存。清代江苏吴县人。初学医于丘宝山，后师事曹庭伯，尽得二人之传，善治痧痘、伤寒诸证，医名极盛。先住颜家巷，后迁碧凤坊，卒于濂溪坊。[见：《吴县志》、《吴医汇案选辑》]

李铭 字西堂。清代四川西昌县人。善属文，风格清新俊逸。尤精医术。同邑何品高患吐血症，诸医投以温、凉、补、涩之药，皆不效，缠绵床褥，群医皆谓不起。李铭诊之曰："此积热也，宜下。"众皆咋舌，以为不可。铭复察其脉，益持下法，药入而血止，自是声名大噪。铭素重医德，治病不分贫富，凡延请无不往，遇贫者不取诊酬，人皆敬之。[见：《西昌县志》]

李称 清末四川西昌县人。通中西医理。著有《医学总论》。此书分二十章，试图以西学论证《内经》、《难经》之理。今未见。[见：《西昌县志》]

李象 字汉仪，号石泉子。明代江西清江县人。嘉靖间（1522～1566）诸生。幼习举业，殚力于《易经》，出入诸子百家，博学工诗。曾遭重疾，时东阳名医卢和以医术鸣宁藩，遂礼致在馆，未逾年疾瘳，而李象亦尽得卢氏之传。后复潜心于《素问》、《难经》诸书，以良医知名。尝遍游海内，至京师，公卿争以礼致之，然必以医往，于荣利漠无所干。后倦游归乡，凿石得泉，结精舍，读《易经》于其中，因自号石泉子。著有《医略正误》（又作《医略正误概论》）二卷，阐论发热证治甚精，敖英序而刊之，今中国中医科学院图书馆藏明嘉靖刻本。[见：《清江县志·李汉仪》、《江西通志稿》、《中国医籍考》、《中医图书联合目录》]

李清① 隋唐间北海（今山东益都）人。隋开皇四年（584）入云门山窟，遇异人授书一轴，甫旬归，开所授书，乃小儿医方。李清按方治病，屡试屡验。[见：《畿辅通志·艺学》]

李清② 字泉石。清代浙江嘉兴县人，隐居新篁镇西北乡。精岐黄术，性好济人。[见：《嘉兴府志》]

李鸿 字羽仪，又字渐卿。明代昆山县（今属江苏）真义里（今正仪镇）人。万历间（1573～1619）在世。庠生李坦（字冰谷）子。鸿为宰相申时行（1535～1614）婿，就婚京邸，遂补涿州庠生，入国子监。万历十六年（1588）中顺天乡试，二十三年中三甲第一百二十七名进士，授江西上饶知县，有政绩。万历间宦官柄政，太监潘相任江西矿监，横征暴敛，以致殴伤将官，逮系宗室，吏民多不敢言。潘相至上饶勘察矿洞，李鸿戒邑人："敢以食物市者死！"潘竟日饥渴，疲惫而归，深恨鸿，罢其官。上饶百姓为鸿筑生祠。李鸿归乡后五年卒，年五十岁。李鸿兼通医理，著述甚富，其医书有《伤寒纂要》、《本草纂

要》、《脉法指要》，皆佚。[见：《明史·选举》、《明史·吴达可传》、《明史·宦官》、《吴郡甫里人物考·李鸿》、《昆新两县续补合志》、《昆山历代医家录》、《信义志稿》、《明清进士题名碑录索引》]

李密 字希邕。北齐赵郡平棘（今河北赵县）人。魏东郡太守李伯膺孙，河内太守李焕子。天保（550～559）初，齐高祖起兵山东，李密率兵举义，遥授并州刺史，封容城县侯。累迁襄州刺史，在州十余年，甚得安边之术，威信闻于外境。卒，赠殿中尚书济州刺史。李密性方直，以孝闻。其母患疾经年，延名医疗治不愈，乃精习经方，洞晓针药，母疾得除。当世皆服其明解，由是亦以医术知名。撰有《药录》二卷，已佚。子李道谦，武平间（570～575）官侍御史；李道贞，官南青州司马。[见：《北齐书·李元忠传（族弟密）》、《北史·李子雄传》、《历代名医蒙求》]

李绪 字逢州。清代山东历城县人。生平未详。著有《医学临证举隅》一卷，成书于道光五年乙酉（1825）。今存光绪二十五年（1899）刻本。[见：《中医图书联合目录》]

李绶 字紫臣。清代江苏吴江县平望镇人。精通医术。康熙二十八年己巳（1689）入都，任太医院御医。[见：《平望志》]

李琥 清代浙江嘉兴县梅里人。生平未详。著有《医学水镜》四卷，未见刊行。[见：《梅里志·著述》]

李琮 字玉昆。清代浙江嘉兴县人。擅岐黄术，临证多效验，誉满于时。[见：《嘉兴府志》]

李琬 字玉亭。清代山西洪洞县人。曾任正九品小吏。精医理，尤善幼科推拿术。所全活婴孩，远近难以指数。乡党公送"慈慧天性"匾额。寿至七十八岁卒。[见：《洪洞县志》]

李彭 字永年。清代山西壶关县人。性亢直，事亲以孝闻。因母患足疾而究心医术，知名于时。有延请者，一视同仁，未尝计较诊酬。以高寿终。[见：《山西通志》]

李敬 明代河南祥符县（今开封）人。儿科世医李信子。传承家学，亦业儿科。[见：《祥符县志》]

李萱 清代山西洪洞县北段村人。仁厚好学，精岐黄术。求诊者踵接于门，不论贫富概不受谢。光绪（1875～1908）初大旱，播种维艰，李萱捐资治水，一方得以有秋，乡人嘉其义行。[见：《洪洞县志》]

李植 清代江西新喻县石龙人。邑名医李之音长子。早年习举业，为郡附生。克传父业，

亦精医理。曾手辑医书及家藏《医案》，未梓。弟李模，亦业医。[见：《新喻县志》]

李挥 (1347～1421) 字伯葵。元明间江西吉安府庐陵县螺冈人。祖籍南京。宋有尚书郎李义，徙家江西吉水，数迁至庐陵。其曾祖李良叔，祖李华道，皆隐于医。父李廷宾，仕元为天临路医学教授。挥自少颖敏，读书过目不忘，受《毛诗》于进士王绍。值元末世乱，随父辗转避乱，不及卒业。明初天下大定，遂业医以奉亲，不复有出仕之想。挥工诗文，尤长于五言，高古雅健，有汉魏之风，时人称"李五言"。吉之遗老宿儒，若翰林修撰张弘义、兵部郎伯颜子中、刑部尚书吴山立，皆折节与交。其为医，以济人为怀，不以术富家。凡病者叩请，不分贫富皆亲往。尤善治奇疾，凡众医不能疗者，每能愈之，医名甚盛。姻亲周仁远之子病危，延挥诊视。比至，群医集议不决。挥诊之曰："脉洪数而心闷，此内热也。"投以凉剂而愈。值岁疫，邑大姓刘氏阖门皆病，亲邻及医者避之犹恐不及。挥闻之侧然，携一老仆往宿其家，日夜调治，先愈其病重者，复劝刘氏亲族，使相与扶持。施治月余，疾者尽起，始归。前后令守及大吏重其学行，多欲授以官，恳辞以止。晚年致力性理之学，杖策吟咏于清流之间，因自号盘洲钓者。年七十五岁卒。著有诗文集《盘洲渔唱稿》、《永言集》，藏于家。长子李祯，官至河南布政使。[见：《中国历代名医碑传集》（引杨荣《故盘洲李处士墓志铭》）]

李辉 号石洞逸叟。明代人。生平里居未详。辑有《夏氏小儿良方》一卷。今存正德七年壬申（1512）抄本，书藏中国中医科学院图书馆。[见：《中医图书联合目录》、《中国历代医家传录》]

李棠 字述卿。明代昆山县（今属江苏）人。光禄丞李谨孙。少习举业，因病辍止，以医为业。虽贫好施，家常储药，以济贫病者。岁饥，道遇饥困者，扶归养之，待复故，听其自去，全活甚多。子李同芳，为万历八年（1580）进士。棠以子贵，赠山东左布政使。年七十八岁卒。著有《原病治效》（又作《原病治要》）若干卷，未见梓行。[见：《苏州府志》、《昆新两县志》、《昆新两县续修合志》]

李畴 又名传闲，号艺圃。清代江苏高淳县人。初为太学生，后攻习眼科。治病不计利，医无不验，远近称之。[见：《高淳县志》]

李筌 号少室山达观子。唐代人，居少室山。曾任荆南节度副使、仙州刺史。早年好神仙术，常游历名山，博采方术。尝至嵩山虎口岩石室，得《黄帝阴符经》绢素抄本，题云"大魏真君二年七月七日，道士寇谦之藏之名山，用传同好。"筌抄读数千遍，竟不晓其义理。后入秦，逢骊山老姥，为其讲说阴符之义，诫之曰："阴符者，上清所秘，玄台所尊，理国则太平，理身则得道……日诵七遍，益心机，加年寿，出三尸，下九虫，秘而重之！"嗣后，李筌推演幽奥，为之诠注，撰《阴符玄义》一卷，读之者皆称"鬼谷、留侯复生"。此书已佚。[见：《医学入门·历代医学姓氏》、杜光庭《墉城集仙录·骊山姥》、《神仙感遇传》、《五杂俎》、《新唐书·艺文志》]

李循 北魏人。里居未详。为御医。北魏孝文帝太和十一年（487）正月，镇军大将军高允（390～487）微有不适，行止如常。文明太后闻之，遣李循往诊。循诊脉毕，告以无恙，归而密陈太后曰："允荣卫有异，惧其不久。"数日后，允夜半卒，家人莫觉。[见：《历代名医蒙求·循陈高允》、《魏书·高允传》]

李舒 字墨樵。清代江西武宁县二十五都人。精医理。每诊脉毕，凝神静思，定一方常三四易纸；或立数方，嘱以先服、中服、后服。与同邑胡勿迷相友善，胡亦精医，每聚首则相与辩论，务求至理，远近赖之。二人合著《医理互验》数卷，因贫未梓。李舒年五十余卒。[见：《武宁县志》]

李善 字吉夫。清代湖南衡山县人。精岐黄术。乐善好施，为贫者治病赠以药。同族子弟贫不能读者，出资助之。乾隆丙申（1776）大饥，施粥以济贫者。是冬大寒，又施棉袄数百领，乡里德之。[见：《衡山县志》]

李楷 字献葵。清代江苏上海县法华乡人。明中书舍人李赞化玄孙，名医李邦俊孙。潜心家学，临证切脉精审，远近称颂。子李廷壁，世其业。[见：《法华乡志》、《上海县志》]

李楼 明代江南人。里居未详。究心医理，尝谓："人病不外三因，而每有种种怪证，使医者穷于术。推之因果，有是病必有是理，有一理必有一由，不究其理由而施救，要医何为？"乃考证群书，著《怪证奇方》二卷，传于世。今江西省图书馆藏乾隆二十四年己卯（1759）柴国璇抄本。[见：《医藏书目》、《国史经籍志》、《古今名医言行录》、《中医图书联合目录》]

李醯 战国时期秦国人。通医术，官秦太医令。人品低劣，自知医技不及秦越人，使人刺杀之，为医界千古罪人。[见：《史记·扁鹊仓公列传》]

李雷 字慕杏。明代常熟县（今属江苏）唐市人。以医鸣世。嘉靖二十四年（1545）倭寇入境，不屈，骂贼而死。[见：《唐市志补编》]

李鉴 字渊和。清代安徽宿松县人。精通医术，于《素问》、《灵枢》诸书颇有所悟。诊疾识脉辨证极确，故用药最简，愈病最捷。门生得其衣钵者，皆以医雄于时。[见：《宿松县志》]

李暄 一作李温。号清溪子。唐代人。生平里居未详。著有《万病拾遗》三卷、《岭南脚气论》一卷、《脚气方》一卷、《发背论》二卷、《青溪子消渴论》一卷、《脉诀》一卷，均佚。[见：《新唐书·艺文志》、《宋史·艺文志》、《通志·艺文略》、《崇文总目辑释》、《国史经籍志》、《广东医征略》、《广东通志》]

李铜 宋代绵州（今四川绵州）人。于书无所不读，尤长于医，活人数以千计。[见：《直隶绵州志》]

李源 字承源。明代安徽寿州人。医术精妙，断人生死极验，为乡人所钦服。[见：《寿州志》]

李滨 字次卿。明代吴县（今江苏苏州）人。庠生李伦子。少习举业，后遵父命习医。从盛、杜二师学，历三载，得肯綮，治病有佳效。凡乡人求治，虽寒暑暴风雨必往，病愈则喜，不求其报。[见：《吴县志》]

李溶 字千古。清代河南西华县人。贡生。官柘城县训导。其父李正本，通医学。溶得父传，亦精医理。著有《伤寒指南》一卷，今未见。其书以仲景《伤寒论》为宗，兼采金元诸名医方论，首论伤寒各证要领，次发明十二经见证，再次为论五十篇，阐述各证变化，附以医治诸方。[见：《河南通志》]

李谨① 明代河南长垣县人。精明医术，知名于时。曾任医学训术。[见：《长垣县志》]

李谨② 清代江苏阜华县人。早年习儒，为举人。以医术知名。与南汇名医徐镛同时。[见：《医学举要》]

李碧 清代江苏阜宁县人。精医术，以针灸知名。[见：《阜宁县志》]

李瑢 明代河南开封府人。宋代儿科名医李信八世孙。继承家学，以幼科鸣于时。永乐间（1403～1424）应召入京，官御医，遂徙居南京北郭。因其门植槐，后世子孙每以槐为字。[见：《杭州府志》、《浙江通志》]

李毂 号东斋。元明间大名长垣县（今属河南）人。通百家书，尤精医道。元顺帝时（1333～1368）任怀庆路医学提举。明洪武（1668～1398）初，改长垣县医学训科。子李敬恒，孙李樽，皆传承家学。[见：《大名府志》、《长垣县志》]

李熙 明代江西南丰县人。生平未详。著有《瘕瘕集》若干卷，已佚。[见：《江西通志稿》]

李模 清代江西新喻县石龙人。邑名医李之音次子。早年习举业，为邑增生，后弃儒业医。道光壬午（1822）曾参修县志。兄李植，亦业医。[见：《新喻县志》]

李谟 字钦仲。三国时梓潼涪（今四川涪陵）人。通易理，于五经、诸子无不博览。又好技术，于算术、卜数、医药、弓弩机械之巧无不留意。仕于蜀汉，初任州书佐、尚书令使。延熙元年（238）后主立太子，以谟为中庶子，迁仆射，转中散大夫右中郎将。景耀间（258～262）卒。[见：《三国志·蜀志·李谟传》、《历代名医蒙求》]

李端 北宋人。里居不详。以医为业，知名于时。蔡襄荐之，应国子四门助教试。王安石（1021～1086）代拟圣批曰："尔从事于医久矣，而吾左右亲信之臣，称尔之行能，请一命焉。厥有故常，以为尔宠。其思淑慎，以称褒嘉。可。"[见：《王安石全集·卷五十五·外制》]

李潆 字伯清，号禹门。清初河北高邑县人。临洮郡丞李鹏程子。自幼习儒，旁通医术。顺治辛卯（1651）中乡试，任滋阳知县。后因事谪戍关外，以医术济人，有仁声，人称关西神人。著有《身经通考》，今未见。[见：《高邑县志》]

李熊 清代江苏上海县人。廪贡生。邑幼科名医李桂子。通家学，精于幼科。著有《金镜录约注》，今未见。[见：《上海县志》]

李瑾 字怀兹。清代江苏吴江县人。博闻强记，潜心医学。为名医张璐契友。张璐评之曰："君子也，所可议者，务博而不知所宗，浅涉而未探突奥。"[见：《千金方衍义·张璐序》]

李璇 字衡五。清代浙江钱塘县人。生平未详。乾隆四十二年（1777），审定董魏如《医级宝鉴》（又作《医级》）。[见：《医级宝鉴》]

李璋 清代人。生平里居未详。著有《伤寒遗书》若干卷。中华医学会上海分会图书馆存抄本，共十四册。[见：《中医图书联合目录》]

李璆 字西美。宋代汴梁（今河南开封）人。登政和（1111～1117）进士第，调陈州教授，入为国子博士，出知房州。绍兴四年（1134），以集英殿修撰知吉州。累迁徽猷阁直学士、四川安抚制置使。成都旧城多毁圮，璆至，首命修筑，民赖以安。三江有堰，久废失修，璆率部刺史合力修复。民受其利，绘像祠于堰所。有《清溪集》二十卷。又与户部侍郎张致远合辑《瘴论》二卷，原书已佚，今有宋元间宋僧继洪增补本，易名《岭南卫生方》。[见：《宋史·李璆传》、《宋史·艺文志》、《医藏书目》、《中医图书联合目录》]

李增 字根仙。明清间江苏丹徒县人。邑名医李炡子。自幼习儒，及长，传承父业，擅长针灸，凡奇疾，经手多效。治病先约以日期，令病者饱食，然后施术，应手而愈。有医德，遇贫病者求医，不取诊酬。家境素丰，备藏方书，并编撰医书数卷。临终尽焚其书，毁弃其药，曰："毋令后人继我业，恐其心不净，业不精，非济人，实杀人耳。"及殁，里中贫民送葬者数千人，莫不流涕。弟子窃其方药者，医名均大噪。子李镠，仁厚如其父。孙李藻，为名诸生。曾孙李春英，复操医业。[见：《丹徒县志》、《丹徒县志摭余》]

李聪 字时思。明代江西南丰县人。名医李梴族侄。曾参校李梴《医学入门》。[见：《医学入门》]

李蕙 清代人。生平里居未详。为嘉兴名医沈明宗门生。[见：《中国医学大成总目提要》]

李蕃 字伯衍。清代安徽铜陵县人。邑名医李应扬子。绍承父业，亦以医名。著有《医言》若干卷，今未见。[见：《铜陵县志》、《重修安徽通志》]

李奭 （?～1122） 辽代析津（今北京大兴）人。宰相李处温子。保大二年（1122）三月，李处温与都统萧乾拥立魏王为"天锡皇帝"，处温为太尉，奭为少府少监，提举翰林医官。六月，魏王死，其妻萧氏为皇太后，主军国事，诛李处温及李奭。[见：《辽史·李处温传》、《辽史·本纪·天祚皇帝》]

李震 元代人。里居未详。通医术，延祐三年（1316）任常德路医学正。元代儒学正、儒学录等官皆着公服，唯医学正、医学录、医学教谕等官则着常服，与百姓无异。李震奏请依儒学诸官制公服，获准。医学教官穿戴官服自此始。[见：《元典章新集·礼部·儒教》]

李暗 字叔如，号稼翁。元明间华亭县（今属上海）人。原籍冀北，其父李可壬，元末任华亭县尹，故入籍于此。李暗善医学，能诗文。卒，葬陶溪之纯阳庵。著有《汤液本草》及《稼翁集》（诗集），均未见流传。[见：《松江府志》、《奉贤县志》]

李潭① 北魏清河（今北京清河县东）人。生平未详。善医，以针术见知于朝。[见：《魏书·周澹传》]

李潭② 明末山东武城县人。精医学，一经诊视，即知预后吉凶。崇祯十四年（1641）瘟疫流行，李谭施药救贫，病者大半获愈，全县请给冠带表闾。年八十岁犹善饮，行步如飞。八十四岁，无疾而终。有子八人，孙四十余人，其子李廷机，八十四岁尚壮捷无比。[见：《武城县志》]

李鹤 字钜业。清代江苏睢宁县人。习儒而精医，长于痘科，全活四方幼儿无算。年七十余卒。[见：《睢宁县志稿》]

李樽 字士德。明初河南长垣县人。元末怀庆路医学提举李毅孙，明医学正科李敬恒子。继承家学，精其术，亦授医学正科。[见：《大名府志》、《长垣县志》]

李翱 字习之。唐代陇西（今甘肃陇西县西南）人。后魏尚书右仆射李冲十世孙。翱为韩愈门生，早年成进士，调校书郎。元和（806～820）初，为国子博士、史馆修撰。大和（827～835）初，授谏议大夫，七年（833）改授潭州刺使，以检校户部尚书襄州刺使致仕。会昌间（841～846）卒。翱旁通医术，能望色而知病之所在。一日宴客，见席上舞妓颜色忧悴，曰："汝有病，在胸膈间，当坚大如盘，痛不可忍。"妓曰："诚如公言。"翱乃予以药，下血饼三枚，其痛若失。翱又善采药，尝得何首乌，如人形，乃作《何首乌传》一卷，传于世，今佚。[见：《旧唐书·李翱传》、《新唐书·李翱传》、《崇文总目辑释》、《宋史·艺文志》、《古今名医言行录》]

李濂 （1489～?） 字川父，号嵩渚子，又号嵩渚山人。明代河南祥符县（今开封）人。正德八年（1513）举乡试第一。次年成进士，授沔阳知州，迁宁波同知，擢山西佥事。嘉靖五年（1526）罢归。濂少负俊才，时从侠少年联骑出城，搏兽射雉，酒酣则悲歌慷然。慕信陵君门客侯生之为人，作《理情赋》以舒志。友人左国玑持赋示李梦阳，梦阳大嗟赏，访之于吹台，濂自此声驰洛雒间。既罢归，益肆力于学，以古文鸣于时。初受知梦阳，后不屑附和，里居四十余年，著书自娱。李濂留心辑录历代医家事迹，撰《医史》十卷，刊刻于世。此书共收载古代名医七十一人，其中自《左传》医和至金代李杲，见于史传者五十五人；自宋代张扩至张养正，见于诸家文集者十人；张机、王熙、王冰、王履、戴原礼、葛应雷六人不见于史乘文集，则为之补传。此书为现存较早之医史人物传记专书，今存明刻本及抄本。李濂著述弘富，《医史》外还有《祥符乡贤传》、《祥符文献志》、《汴京遗迹志》、《李氏居室记》、《观政集》、《嵩渚集》等。〔见：《明史·李濂传》、《明史·艺文志》、《医藏书目》、《四库全书总目提要》、《李濂医史》、《中国名人大辞典》、《室名别号索引》〕

李懋 字思勉。明代苏州（今属江苏）人。与刘毓俱受学于名医盛寅，尽得师传。成化间（1465~1487）征为御医。〔见：《苏州府志》〕

李翼 南宋福州（今属福建）人。以医为业。庆元元年（1195）春，挟技游侯官县。〔见：《中国历代医家传录》（引《夷坚志》）〕

李鉴 明代甘肃安定县人。精通医术，活人甚众。曾任本县医学训科。〔见：《安定县志》〕

李瞻 号小塘。明代仪真县（今江苏仪征）人。以眼科知名。一人患目肿疾，性躁，火益炽。瞻曰："子目易愈也，但恐此客火将流毒于股，旬日必暴发。"其人素知瞻名，遂日以股为忧，至第三日，一药而愈，股亦无恙。又一人，气虚目暗，如行雾中，服苓、术即眩。瞻不予之药，仅曰："子以沸水浴两足。"亦至第三日服药而痊。或问其故，答曰："性暴人患疾，每欲急愈，故火上攻于目，以忧移其意，火下即易疗；气虚人荣卫不和，涌泉穴位足底，热之则上，可达于泥丸，血活而药始效。"瞻又善用针，王荆石两瞳反背，瞻令端坐，置书于几，用金针从脑颊刺之，初拨，曰："见黑影矣。"次拨，曰："见行款矣。"三拨则笔划朗然。谢曰："君果神授耶？"酬以千金，不受。著有《七十二问》，按七十二证候阐述内外障得失。还撰有《育神夜光丸方》、《莲子金针说》、《鼠尾金针说》等书，均佚。〔见：《仪真县志》〕

李颢 字伯武。清代江苏常熟县人。邑名医李维麟子。性恪谨，亦善医，有名于时。〔见：《苏州府志》〕

李藻 字鸿文。清代江苏金山县松隐人。精医术，知名于时。子李炽，声名益噪。〔见：《金山县志》〕

李曦 字日驭，号西翰。清代山西闻喜县人。性孝谨。康熙甲午（1714）举于乡。因父病，不赴礼闱，躬侍汤药，十年不倦。母老多疾，顷刻不离左右。著有《寻乐堂诗集》若干卷、《医方便览》三卷，今未见。〔见：《闻喜县志》〕

李耀 清代云南盐丰县人。生平未详。著有《岐黄心得汇编》，今未见。〔见：《盐丰县志》〕

李夔 号一足。明代人。里居未详。貌甚癯，方瞳微髭。好读书，尤精易理，旁及星历医卜之术。足迹遍天下，天启七年丁卯（1627）至大梁，访鄢陵韩叔夜诸名士。著有《依刘集》一卷。〔见：《中国历代医家传录》（引《王猷定集·李一足传》）〕

李一鸣 字绩成。清代江苏江宁府人。诸生。性严正，处事有方。精医术，知名于时。〔见：《续纂江宁府志》〕

李二阳 清代河南河内县人。康熙五十五年（1716）武举。旁通医理，著有《脉诀详注》，未见梓行。〔见：《河内县志》、《河南通志》〕

李乃果 字天木。清代河南伊阳县人。早年习儒，为邑增生。晚年究心医术。著有《经验良方》、《痘疹备览》等书，今未见。〔见：《伊阳县志》〕

李了一 元末浦城（今福建浦城）人。祖上九代业医，传承家学，名重于时。著有《伤寒宝鉴》，流传于世，今佚。子李敬义，亦以医名。〔见：《金元医学人物·李敬义》（引《鹤田蒋先生文集·赠世医李敬义序》）〕

李士龙 字应明。明代宝山县（今属上海）江湾里人。岁贡生。任教职于余姚、嘉兴，嘉靖间（1522~1566）授福建建宁教授。告归，以书画吟咏自适。李士龙兼通医理。弟李士鹏，得其传授，以医知名。〔见：《江湾里志》〕

李士贤 元代溧阳县（今江苏溧阳）人。邑名医李芳长子。自幼习儒，颇有文誉。传承父业，以儒医知名。〔见：《中国历代名医碑传集》（引邓文原《巴西集·医学教授李君墓碣》）〕

李士周 清代江苏如皋县人。精医术。乾隆丙午至戊申间（1786~1788）饥疫，士周设局施药，全活多人。著有《药考》、《医录》诸书，未见流传。〔见：《如皋县志》〕

李士林 清代江苏兴化县人。得祖、父之传，精医术。诊病如见脏腑，虽险证投药立效，人多奇之。〔见：《续兴化县志》〕

李士英 元明间钱塘县（今浙江杭州）人。以医术知名。天资明敏，性格刚烈，救人之难，奋不顾身。有文才，善隐语，明诗赋，通戏曲，撰有《折征衣》、《群花会》、《金章宗御赛诗禅记》等剧本。〔见：《金元医学人物》（引《录鬼簿续编》）〕

七画

李士祥 清代陕西蒲城县北姚村人。精医术，求治者车马盈门。重医德，为人诊病，贫者不取酬，富者不计多寡。凡药物必用新者，虫蚀、雨淋则弃之。享年八十三。[见：《蒲城新志》]

李士鹏 字应祯。明代宝山县（今属上海）江湾里人。十岁丧父，遵兄李士龙之教，通岐黄书。曾任太医院吏目。著有《审脉赘言》，未见刊行。[见：《江湾里志》]

李士麟 字孝则，号静山。清代浙江海宁县人。生于累代书香之家，父李颛玉早卒，赖母胡氏养育成人。自幼习儒，弱冠补弟子员，试辄高等，旋入太学，候选州同知。县令许三礼嘉其德行，题"人中孤凤"，额其室。晚年闭门著述，有《古今文韵》、《心影》诸集行世。兼通医理，辑有《集验方》八卷，刊于康熙二十二年癸亥（1683），卷首有蒋德昌序、李士麟自序，卷末有黄龙眉跋。原刻已佚，今上海图书馆藏康熙四十二年癸未（1703）敬恕堂重刻本，易名《寿世良方》。[见：《海宁县志》、《海昌备志》、《中医图书联合目录》]

李大才 字怡青。明代浙江兰溪县人。徙居海盐县。工医术。心怀济利，厚施不求报，遇贫病尽力疗治，施赠参芪无所吝。[见：《海盐县志》]

李大成 字集庵，别号如林。明清间江苏仪征县人。早年习儒，逢乱世弃学，攻读家藏医书，久之神而明之。乙酉年（1645），某将军患奇疾，诸医束手。后慕名延请李氏，投药而起。将军感其恩，以兄弟视之，强授以饶州郡丞。不久天下大乱，辗转迁居南昌蓼洲，仍以医问世。日治数十人，皆应手取效，世以韩伯休比之。[见：《中国历代名医碑传集》（引黎元宽《进贤堂集·李先生传》）]

李大吕 明清间湖北黄冈县人。儒医李之泌子。继承父学，亦工医术。著有《伤寒心要》若干卷，识者以为正宗，其书已佚。[见：《黄冈县志·易时泽》]

李大昌① 元明间信义（今江苏昆山县正仪镇）人。祖籍福建，为宋延平先生李侗七世孙。其父李谟元，元顺帝时进士，至正间（1341～1368）来馆于苏。明兴，吴与闽阻绝，不能归，寄居寒山寺，贫无所依，其诗有"首阳薇蕨无从来，分作寒山一饿夫"之句，穷饿以卒。大昌亦元末进士，始由南剑州剑浦徙居吴之昆山信义乡。著有《救荒草木疏》一卷，已佚。[见：《信义志稿》]

李大昌② 字堂诏，号因培。清代江西龙泉县石围人。早年习儒，为监生。兼精医术，工眼科，兼擅杂证。著有《眼科宝镜录》若干卷、《杂科》七卷，太史吴杰为之作序。二书今未见。[见：《龙泉县志》]

李大绍 字闻农。清代山东济宁州人。业儒，为乾隆三十九年甲午（1774）举人。晚年养真履素，道味粹然。著有《卫生集》，今未见。[见：《山东通志》]

李大桢 清代湖南永定县人。因母病习医，精其术，有"仙手佛心"之誉。[见：《续修永定县志》]

李大瞻 清代江苏吴县浒墅人。生平未详。辑有《叶氏医案》，今未见。[见：《浒墅关志》]

李万生 字百苍。清代河南尉氏县人。生平多义举。精医术，知名于时。[见：《河南通志》]

李万库 明代陕西渭南县人。精医术，以针灸知名，时称"金针李"。知州母失明十年，李氏以金针拨障法治之，复明如初。[见：《渭南县志》]

李万春 字昆圃。清代山东清平县肖家寨人。邑庠生。博通医术，尤善治瘟疫，虽垂危之证，治之辄效。著有《瘟疫良方》若干卷，今未见。[见：《清平县志》]

李万轴 字邺三，号春岩。清代河南长葛县人。端品励行，以副榜贡生选授商水县教谕。其训迪诸生，先德行而后文艺。尝谓："学者之所以为学，与教育之所以为教，均当本于'居敬穷理'四字。"尤邃医学，著有《奇经灵龟飞腾八法》、《针灸述古》，未梓。及卒，门人私谥"真惠先生"。[见：《长葛县志》]

李才干（1841～1920）字子桢。清代广东南海县栅下茶基人。尚书李忠定公支裔。少有膂力，善技击。年十一岁，逢太平天国事起，骁勇少年大半从之。李避居城西之石门。金山寺僧智明喜其朴诚，以跌打医术授之。乱后归里，设医馆于平政桥沙涌坊，学有真传，声名大噪。尚义轻利，不屑以小利居奇。遇两姓互殴致伤，势将械斗，往往乘其求医，居间调和。凡乡绅素有资望者，延请立至，仅取药资，不受谢仪，贫者反资助之。执业数十年，家无蓄积，自颜其室曰平恕堂。尝有富家子跌伤，女主人责小婢不慎，毒挞不休，呼号之声达于户外。李应邀出诊，敷药即毕，谓主人曰："汝子之伤，依我治法，可保无虞。惟汝婢过出无心，只可薄惩，不宜过虐。入告夫人，慎勿再尔，否则我不再来，恐汝子殆矣。"主人惭谢。晚年援例报捐同知，加捐道衔，赏戴花翎。年八十岁终。子李广海，孙李家铿，均能继承先业。[见：《南海县志》]

李上云 字摩青。清初山西和顺县人。禀贡生。聪明勤学，兼精医术。著有《摩青脉理》。太原傅山雅重其术，尝曰："李先生方，一味不可移易，活人甚多。"[见：《重修和顺县志》]

李上交 宋代人。生平里居未详。辑有《柴先生脉诀》一卷，已佚。[见：《通志·艺文略》]

李千乘 宋代人。生平里居未详。疑为道士。撰有《黄庭中景经注》一卷、《太上黄庭外景经注》三卷，均佚。[见：《宋史·艺文志》、《通志·艺文略》]

李川衡 字越岑。清代安徽怀宁县人。岁贡生。敏慧勤学，博通经籍，尤邃于易。又得诸生张森传授，精数术，占多奇中。年六十岁，自知次年病殁之日，为楹联以自挽。著有《易象谛释》、《周官辨义》、《读经偶录》等书。兼读医书，辑有《景岳节钞》十二卷，今未见。[见：《怀宁县志》]

李广海 清末广东南海县人。伤科名医李才干子。继承父学，亦工医术。子李家铿，亦精医术。[见：《南海县志》]

李广谦 清代河南淮阳县曹堂人。精医术，全活无算，知名于时。[见：《淮阳县志》]

李义如 字京惠。清代河南长垣县人。精医术，知名于时。孙李河云，绍承其学。[见：《长垣县志》]

李之和 字节之，号漱芳。清代河北平乡县人。道光乙酉（1825）选贡。嗜学不倦，尝谓"儒者所重，不在词章"，慨然有述古之志。后绝意仕进，益潜心经学，旁及医、卜、星、算、音乐诸学。郡县闻其名，争以礼罗致，辞而不往。晚年酷好琴，静坐无事，辄鼓琴自娱。生平著述甚富，经学有《礼记集说》、《说易存参》、《宫室图说》；医学有《漱芳六述》、《六述补遗》、《外科六述补遗》、《本草杂著》等，均未见梓行。[见：《平乡县志》]

李之泌 字郙仙，号庸皋。明清间湖北黄冈县人。父李云筑，诸生，以诗文名。李之泌早年习儒，穷究性理，发程朱之旨。明亡，绝意仕进，受医法于江南刘霖生，遂以医问世，隐白云剑峰下，岁荐及征辟皆不就。为人严正，

不妄交，喜默坐，有财辄分与故旧贫乏者。殁前二日，犹与故交论学。与何履仕齐名，人称"何李"。著有《庸皋医学宝露》、《医方人华集》，已佚。子李大吕，门生易时泽、易时范、黄念贻、何子康、欧斯万、许承生，皆以良医知名，故黄冈医学独称师授，过于他邑。[见：《黄冈县志》、《黄州府志》]

李之音 字先春，号雪岩。清代江西新喻县石龙人。其父以医术知名，尝着草履立雪中，为贫者疗病。人讶曰："先生何不畏冷耶？"答曰："人命为重，焉敢辞劳？"病愈亦不索酬。李之音年未冠补博士弟子员，屡战棘闱不第，遂弃儒业医。其术精湛，活人无数。长子李植，次子李模，均业儒而善医。[见：《新喻县志》]

李子余 清代人。里居未详。精医术。光绪间（1875～1908）任太医院院判。门生韩善长得其传授，后任御医。[见：《中国历代医家传录》（引1984年12月《健康报》）]

李子建 一作李子立。南宋人。里居未详。与名医陈自明同时。李氏祖、父皆殁于伤寒，感伤之余，取仲景书读之，深绎熟玩，八年之后，始通悟阴阳经络，病证药性。不久，"江淮之民，冒寒避寇"，患伤寒者颇众，李氏依仲景法随证施药，所活不啻数百人，悟伤寒本无恶证，祖、父之殁，皆妄投药剂所致，遂著《伤寒十劝》一卷，自序称："不欲成文，冀人易晓，而以为深戒云。"此书国内未见，据《中国医籍考》，日本尚存。[见：《中国医籍考》]

李子范 金代林虑（今河南林县）人。早年刻意岐黄，及得张从正《儒门事亲》，喜而不舍，深悟妙理，医道遂大进。士大夫有疾者，亦造其门焉。[见：《儒门事亲·序》]

李子昭 字云卿。唐代赵郡（今河北赵县）人。曾官丽正殿修书学士。"幼志道法，以栖名山，往来茅嵩山，经三十载"。李氏曾创制五补丸、七宣丸，王焘《外台秘要》称：此方"所以安七魄，镇五脏，坚骨髓，养神明，久服长生，百病日去，发黑，行及奔马。"[见：《外台秘要·古今诸家九方一十八首》]

李子乾 字仲元。清末四川双流县人。从邑名医刘仁廉学，能传承师学。[见：《医学集成》、《双流县志》]

李子毅 字庆申。清代湖北蕲水县人。生平未详。著有《痰疬法门》一卷，刊刻于世。是书对痰症之鉴别、治疗、禁忌、服药、饮食等均有论述，并有临证经验及验方。[见：《中

《国医学大成总目提要》]

李子豫 晋代人。里居未详。自少习医，精其术。豫州刺史许永之弟患疾，心腹坚痛十余年，殆死，使人延请子豫。子豫视之，曰："鬼病也。"出八毒赤丸与服，须臾腹中雷鸣，大利数行，病乃愈。世人盛称其术。[见：《医说·三皇历代名医》、《太平御览·疾病部》]

李王臣 字士诚。清代江苏吴县人，居阊门之西。少明敏，始为诸生，试而未达，遂穷研《内经》、《伤寒》诸书，以医术知名。与同邑名医汤世煌相友善，并为当时良医。曾治山阴县杨某之疾，两人先后至，所用方药不谋而合。[见：《苏州府志》、《吴县志》]

李开基 字华国。清代湖北黄梅县人。精医术，知名于时。邑某官病笃，延开基治，应手而痊。某赠以"拯我于危"匾额，并跋其后曰："不计利，不辞劳，一意实心，济人利物。"[见：《黄梅县志》]

李天成① 明代四川彭水县人。贡生。母病，求良医而不得，遂弃儒攻医，终愈母疾。此后，以医问世，救治甚众。诊病概不受谢，尝曰："吾济于人者，若济吾母也。"著有《古今医方》四卷，已佚。[见：《四川通志》、《酉阳直隶州总志》]

李天成② 字显生。清初浙江兰溪县人。其父李磐石，精医术，携家徙居江苏金山县松隐镇。天成绍承家学，亦以医知名。著有《医验》二卷，未见流传。[见：《金山县志》]

李天怀 清代江苏高邮州人。性旷达，不屑治举业。精医术，临证不泥古方，不矜己见，名噪淮北。[见：《续增高邮州志》]

李天林 清代四川达县人。精医术，知名于时。善养生，年八十六岁卒。[见：《达县志》]

李天培 清代山西榆社县人。贡生。业医，以擅治痘疹知名。凡延请者，道远风雨不辞。遇贫困不能购药者，出金助之，所活无算。[见：《山西通志》]

李天基 字嵩山。清代江苏兴化县人。邑名医李朝光子。绍承父学，亦负盛名。[见：《扬州府志》]

李天授 北魏馆陶（今河北馆陶）人。太医令李修子。袭父爵任汶阳令。通医术，技不如其父。[见：《魏书·李修传》]

李天澄 字公怀，号瘦仙。清代江苏江都县人。精医道，工书法，尤好吟咏。性敦笃，重友谊，与二三同志结西林吟社，其诗"刻邃屈强，力避时尚"。终生不娶，亦不治家产，衣敝履穿，处之泰然。年六十八岁卒，知府伊秉绶为之题写墓碑。著有《指鸿阁诗钞》、《瘦仙遗草》。[见：《江都县续志》]

李元立 南宋（？）福建建安县（今建瓯）人。生平未详。曾编辑《难经十家补注》，刻于家塾。其书卷首称：《难经》有十家补注，除秦越人外，有"吴太医令吕广注、济阳丁德用补注、前歙州歙县尉杨玄操演、巨宋陵阳草莱虞庶再演、青神杨康侯续演、琴台王九思校正、通仙王哲象再校正、东京道人石友谅音释、翰林医官朝散大夫殿中省尚药奉御骑都尉赐紫金鱼袋王惟一重校正"。原书今不存，现有日本重刻《王翰林集注黄帝八十一难经》五卷（此书我国有光绪后重刻本），题"王九思辑"，疑即本书重刻本。[见：《中国医籍考》、《中医图书联合目录》]

李元吉 （1916～1971） 现代上海市嘉定严庙乡人。针灸名医李培卿孙。元吉父瘦鹤，亦业医，悬壶外冈天和堂药店，从事革命活动，不幸于1928年被捕遇难。是年元吉十二岁，由祖父抚养，遂从学针灸医术。1933年随叔父陆瘦燕（嗣于陆氏）行医于昆山。1936年独立开业，设诊昆山南街，声名渐起。1946年加入昆山县中医师公会，不久出任理事。先后至吴县唯亭问心堂、嘉定黄渡镇饮和堂等药店应诊，声名大噪。1953年参加昆山新生联合诊所，任针灸医师。后调省中医院针灸科，任科负责人，享誉省城。李氏深得家学精髓，又博采众长，于针灸学术造诣颇深。先后发表《中国针灸学源流纪略》、《针药并用治疗中风的初步报告》等十五篇论文。长女李梅芳，为江苏省中医院针灸科主任医师。[见：《昆山历代医家录》]

李元孙 北魏馆陶（今河北馆陶）人。名医李亮长子。学医而术不及父。曾随毕众敬赴平城，以功拜奉朝请。弟李修，任太医令。[见：《魏书·李修传》、《北史·李修传》]

李元忠 （486～545） 北齐赵郡柏仁（今河北唐山）人。安州刺史李显甫子。少有志操，以孝义知名。历官南郡太守、骠骑大将军兼中书令晋阳县伯。粗览书史，兼及阴阳、术数、鼓筝，有巧思。早年因母老多病而留心医药，研习积年，遂精其术。性仁恕，凡以疾求治者，不问贵贱皆尽其术。[见：《太平御览·方术部》、《北齐书·李元忠传》、《北史·李元忠传》]

李元显 清代山西太谷县人。贡生。精医学。重医德，每有所入，购药济人，全活甚众。子孙皆以医为业。[见:《太谷县志》]

李元恭 清代湖南华容县人。医理入微，望气而知人生死。凡疾病经其手，无不立愈。临证用药不袭用成方，惜未有传其术者。[见:《华容县志》]

李元基 清代广东龙门县蓼溪龙江人。善医药。一妇人坠楼，首裂气绝。元基先以药灌之，有顷而苏；继捣生药敷于伤处，数日颅骨自合，人惊以为神。有欲面试其技者，元基引之至竹林，断一笋而合之，敷药于外，翌日笋生如初。一人入山，误触机弩，箭入足踝骨中，元基敷以药，镞自出。其妙技类此者甚多。[见:《龙门县志》、《广州府志》、《岭南医征略》、《中国历代医史》]

李元弼 明代广东东莞县人。生平未详。著有《尊生要览》，今未见。[见:《东莞县志》]

李元魁 字梅亭。清代河南汜水县（今荥阳）西史村人。邑名医李寅宾孙。工医术，尤精疡科，知名于时。子李兆麟，继承家学。[见:《汜水县志》]

李元馨 （1893~1982） 现代江西临川县人。继承家学，博览医书，通明内、妇、小儿诸科。行医六十余年，德高望重，誉满赣东，为江西省著名医家。曾任江西抚州市人民医院副院长，中国科学院江西分院研究员，抚州市中医学会名誉理事长，抚州市医药学会理事，抚州地区中医学会副理事长，江西省中医学会理事等职。还曾当选为抚州市历届人大代表、政协常委，江西省历届人大代表。著有《李元馨医案》，未梓。[见:《中医年鉴》（1983）]

李无垢 字元素。明清间浙江钱塘县人。精医术，明末南京太医院医士。清顺治十三年（1656）至梅里，以二童子随，榜其门曰"李无垢，总理内外大小十三科方脉"。医者嫉其大言，谤者蜂起。时朱彝尊（1629~1709）妻冯氏患疾，发热十四日，不汗。逾二旬，病势转剧，诸医皆以为伤寒，称不可治。彝尊与无垢相友善，邀之诊视。无垢曰:"所居阁，四面俱木围之，木生火，触暑脉伏，无他恙也。"即令食甘瓜，饮井水，不药而愈。不久，无垢客死梅里。著有《本草经注》，已佚。[见:《嘉兴县志》、《杭州府志》、《曝书亭集》]

李云川 清末安徽黟县三都人。世医李能谦孙。继承家学，习医济世。[见:《黟县四志》]

李云汉 字献朴。清代河北定州种阜财村人。工医术，专擅眼科。自制方剂数十种，详载于所著《眼科新方》中，此书未梓。[见:《定县志》]

李云卿 （?~924） 五代人。里居未详。博通经史，善医。隐居庐山，以济人为心，千里之外求治者门庭若市。明徐春甫《古今医统大全》称"后唐同光二年八月，白日飞升"，当卒于是年。[见:《古今医统大全·历世圣贤名医姓氏》]

李云庵 清末人。生平里居未详。通医理，著有《经验便捷奇方》一卷，今存1932年明善书局石印本。[见:《中医图书联合目录》]

李云章 字照纬。清代江苏吴江县平望镇人。善医，兼工篆书。[见:《平望志》]

李云婷 〈女〉（1852~1917） 字德坤。清代浙江嘉善县人。李蔚云女，元和县附生高世恩妻。能诗，素研医理，不轻为人医，而医辄见效。[见:《中国历代医家传录》（引《瓶粟斋诗话》）]

李少君 汉代人。里居未详。武帝时（前140~前87）与董仲舒相友善。据传，董氏体枯气少，少君予之药，三服而齿落更生，五服而体健逾于常人。少君好黄老之术，曾以祠灶、谷道、却老方见武帝，武帝遵之。及少君死，世人皆谓仙去。[见:《汉书·郊祀志》、《太平御览·方术部》、《历代名医蒙求》]

李少思 清代江西雩都县人。邑名医李其吉子。得家传，亦以医著名。子李品尊，绍承父业。[见:《雩都县志》]

李少琳 清末江苏苏州人。自其曾祖徙居宝山县。精医术，太平天国后，专以医为业，求治者踵相接。子李安曾，绍承父学。[见:《中国历代医史》]

李日普 南宋溧阳（今属江苏）人。生平未详。辑有《续附经验奇方》，刊刻于大定十二年壬辰（1172），今存。[见:《中医图书联合目录》]

李日谦 字葆初。清代山东德县人。临安太守李嵩屏子。以荫选授宜山知县，嗣调署怀集县，未几，又调苍梧县，擢郁林州牧，寻升柳州知府。兼精医术，在京候选时，医名达于帝廷，屡召诊疾，尝以良医奖之。罢官后，侨居襄阳。著有《药言随笔》四卷，行于世，今未见。

[见：《德县志》]

李中立① 字士强。明代华亭县（今上海松江）人。兵部主事李尚衮子。早年习儒，万历二十三年（1595）三甲第一百六十名进士，授公安知县。历官大理寺右评事、四川主考。兄李中梓（1588～1655），子李延昰（1628～1697），皆以医术名噪于世。按，李中立一生为官，未见涉足医学之记载。明末河南杞县有儒士，亦名李中立，撰《本草原始》十二卷，盛行于时，后世多与华亭李中立相混，特为表出，以明原委。[见：《上海县志》、《本草原始·朱彝尊〈高士李君塔铭〉》、《明清进士题名碑录索引》]

李中立② 字正宇。明末河南雍丘（今杞县）人。自幼颖异，多才艺。少从本县名儒罗文英（万历三十五年进士）游，博极秦汉诸书，兼涉医学，尤通药理。鉴于时医不通本草，每"谬执臆见，误投药饵"，遂广采《本草纲目》诸书，参以己意，选常用药品四百五十二种，分为草、木、谷、菜、果、石、兽、禽、虫鱼、人等十部，辑《本草原始》十二卷，刊刻于世。渤海（即山东安丘）马英龙（万历二十年进士）曾任杞县知县，在任时，称李中立"年幼而姿敏，多才艺，其医虽不敢即谓与古人方驾，而偏至之能，有足取焉"，及《本草原始》撰成，马氏应邀撰序。该书图文并茂，简捷实用，于药材鉴别、炮炙尤多精要之论。今存万历四十年（1612）雍丘李氏原刻本，又有后世翻刻本二十余种。[见：《医藏书目》、《本草原始·马应龙序》、《李中立及其〈本草原始〉的考察》（《中华医史杂志》1987年第1期）、《四部总录医药编》、《中国善本书提要》]

李中和① 北宋人。里居未详。官泗州儒学助教。兼精医道，知名于时。崇宁二年（1103），某达官夏秋患腹泻，日泄三四十次，名医皆诊为痢疾，而迁延两月不愈。后遣人召李氏诊视，李察其脉，断为伏暑症，曰："此非痢也。"患者怒且疑之。李曰："血多白少，小便涩少，即非痢。"令服通草散，数剂而安。[见：《中国历代医家传录》（引《奇效良方》）]

李中和② 字喜然。清代江西永丰县禄江人。隐于医，用药多奇中，人谓王叔和复生。[见：《永丰县志》]

李中莹 字云卿。清代四川叙永县人。早年习儒，为李汇川弟子。后家道中落，改研医学。博览《内经》、《金匮》诸书，为当地名医。[见：《叙永县志》]

李中梓（1588～1655） 字士材，号念莪。明清间江苏华亭县（今上海松江）人。明兵部主事李尚衮子，大理寺右评事李中立兄。早年习举业，为诸生，有文名。因病攻研医学，于古代医典及金元四大家诸书多有心得，临证多奇效，名噪于时。金坛王肯堂素以医术著称，年八十岁患脾泄，众医以年高体衰，辄投以滋补药，病转剧。中梓视之，曰："公体肥多痰，愈补愈滞，法当用迅利药荡涤之，能勿疑乎？"肯堂曰："当今之医，惟我二人。君定方，我服药，又何疑焉。"中梓乃用巴豆霜，下痰涎数升而愈。鲁王患疾，时方盛暑，寝门重闭，床施毡帷，悬貂帐，身覆貂被三重，犹呼冷。中梓诊之，曰："此伏热也。古人有冷水灌顶法，今姑为变通。"用石膏三斤煎饮，作三次服。一服去貂被，再服去貂帐，三剂则毡帷尽去，遍体流汗而愈。其所治类此者不胜枚举。素自矜贵，非富贵家不能延致。明末，凤阳总督马士英拥立福王，独揽大权，侦知中梓家藏董其昌手书长卷，欲巧取之，不果。南明乙酉（1645），以中梓知兵法，授中书舍人，令监军杨文聪敦促上道，阮大铖复修书劝仕。中梓乃佯狂，并求钱谦益调停，其事乃寝。从此闭门谢客，学道修禅，隐居不出。年六十八岁卒。著述甚富，今存者有《内经知要》二卷、《医宗必读》十卷、《删补颐生微论》四卷、《诊家正眼》二卷、《本草通玄》二卷、《伤寒括要》三卷、《寿世青编》二卷、《病机沙篆》一卷、《镌补雷公炮制药性解》六卷。李中梓不欲以医世家，虽生徒满于宇内，誓不传子孙，仅兄子李延昰得其指授。门生甚众，著名者有沈颋、尤乘、沈廉、徐彬、蒋示吉、程衍道、刘道深、马俶等。[见：《遂初轩医话》、《上海县志》、《松江府志》、《明史·艺文志》、《四库全书总目提要》、《墨余录·卷二》、《中医图书联合目录》、《内经知要·序》、《脉诀汇辨·凡例》]

李中馥 字凤石。明代山西太原府人。天启间（1621～1627）举人。雅嗜读书，晚年益勤，朝夕不释卷。编有《本草目录》、《银杏园文集》、《古文要丛》，藏于家。[见：《太原府志》、《山西通志》]

李长忠 清代山东宁津县人。精针灸术，尤善治目疾。重医德，遇贫病常助以饮食，恤孤济贫，毕生如一日。[见：《宁津县志》]

李长科 字小友，号广仁居士。明末兴化县（今属江苏）人。内阁首辅李春芳曾孙。博学多识，学综古今，两中副车，以贤良方正荐授广西怀集县令，多善政。以外艰归乡。李氏中年乏嗣，后服祖传秘方，其妻连举六子。产四子时甚艰，母子几殆，亟用蓖麻子，侥幸无恙。自此，发愿编辑胎产书，以保天下妇婴。遂总汇家传秘方，兼取金世英《产家要诀》，撰《胎产获生篇》一卷，刊刻于世。[见：《兴化县志》、《扬州府志》、《胎产获生篇·序》、《中国医学大成总目提要》、《清史稿·艺文志》、《浙江医籍考》]

李长福 清代安徽虹县（今泗县）人。附贡生。世代业医，至长福尤有心悟。晚年著《李氏薪传》八卷，未刊而逝。子李锦春，亦工医术，续成父书，梓行之，今未见。[见：《泗虹合志》]

李仁山 清代人。里居未详。道光二十四年（1844）赴日本长崎，传授中国种痘术。[见：《中国历代医家传录》（引《医史特辑》）]

李仁仲 宋代人。生平里居未详。以医术知名京师。[见：《医勝》]

李仁厚 清末陕西华阴县人。山东巡抚李德孙。其父亦官至道台。李仁厚自幼习儒，兼通医术。凡乡人以病求治，皆赴其请，不以宦门自高。[见：《华阴县志》]

李仁惠 金代人。里居未详。曾任太医院提点太医近侍局使。承安元年（1196）十二月，奉敕劳赐北边将士，共授官一万一千人，获赏者近二万人，凡用银二十万两、绢五万匹、钱三十二万贯。[见：《金史·本纪·章宗》]

李化楠 字石亭。清代四川罗江县人。留意食物本草，辑有《醒园录》二卷，今存李调元抄本。[见：《中医图书联合目录》、《现存本草书录》]

李从泰 字亨斋。清代山西曲沃县南熏里人。自幼习儒。因母病揣摩岐黄术，久之精方脉，活人无算，以医知名。著有《纂要伤寒金镜录》、《三十六舌法》、《验舌辨证》等书，未见流传。[见：《新修曲沃县志》、《山西通志》]

李从善 元代人。工医术，曾任医官。宋褧《送李从善之湖南医官》诗云："衡岭云开去路长，名山艺术气芬芳。多因采得逢仙子，乞与延年第一方。"[见：《金元医学人物》（引《燕石集》）]

李从趫 字则野。清代河南宝丰县人。精通医术，求治者门恒如市。[见：《宝丰县志》]

李凤昌 （1857～1930）字鸣岐。近代河北新城县老岗村人。精医术，知名于时。重医德，凡以疾病延诊，不择贫富，不辞昼夜。性好游历，暇则外出，所至以医术济人。年七十四岁卒。[见：《新城县志》]

李凤周 清代安徽涡阳县人。因母病延医不至，攻研方药。切脉取独字诀，三呼吸即知病状。尝谓："久诊思惑。某经有异，病在某经，用药亦然，不可诛伐无辜。"又谓："药宜廉价，非赚钱也。"藏有疗疟痢方，传于后人。今未见。[见：《涡阳风土记》]

李凤阁 字东方。清代河南陕县人。监生。早年习儒，兼精医术，知名于时。[见：《陕县志》]

李凤翔 清代四川江津县人。业医，通祝由科。[见：《江津县志》]

李文中 元明间江西永丰县人。业医。邓雅作《送医士李文中归永丰》诗云："葛仙仙去几百年，尚留丹井阳山前。丹气夜烛东南天，不知妙道何人传。李君好仙仍好学，到处题诗兼卖药。只今归隐白云深，服食金丹养黄鹤。"[见：《金元医学人物》（引《玉笥集》）]

李文仪 字窦长。清代江西雩都县人。少攻举业，洞彻文理。因家贫弃儒学医，博览《素问》诸书，苦志深思，遂精其术。曾任县医学训科。有医德，凡延请者，不问贫富，虽寒暑必往治，遇贫乏者助以药饵，不取诊资。手录《脉诀》、《诸科经验方》等八十余卷，传其子李其吉，其吉传子李少思，少思传子李品尊，皆以医名世。[见：《雩都县志》]

李文田 （1834～1895）字仲约，又字畬光，号芍农，又号若农，小字胜儿。清末广东顺德县人。貌华秀而不威，而于义不合，一介不取。咸丰九年举进士，官至礼部左侍郎。精书法，熟于西北舆地、历史。与梁学塘、招致常、易佩坤有四君子之誉。兼通岐黄家言，初宗张仲景，继学吴瑭。尝批注张、吴两家医书，惜未能传世。子李渊硕，亦精医，以针灸见长。[见：《岭南医征略》、《海上墨林》、《中国历史人物生卒年表》、《中国历代医家传录》]

李文来 字昌期。清代安徽婺源县人。生平未详。与名医汪昂相往还。汪氏曾撰《医方集解》、《本草备要》二书，浅显易明，颇行于世。李文来撮合二书，"条分缕析，分类排纂"，成书十卷，名之曰《李氏医鉴》，更辑《续补》二卷。书成，请正于汪昂，昂"详校差讹，玉成完璧"，又授以《三焦命门辨》一篇，附刻卷末，行于世。该书今存康熙三十五年丙子（1696）李氏

贻安堂刻本。[见:《四库全书总目提要》、《徽州府志》、《全国中医图书联合目录》]

李文城

字镇野。清代江苏上元县人。太学生。精通医道。乾隆丙午（1786）大疫，李氏捐资施药，诚心诊视，活人无算。子李永淳，亦工医术。[见:《上元县志》]

李文庭

清代安徽太和县人。生平未详。于嘉庆二十三年（1818）著《医法征验录》（又作《医法经验录》）二卷。今存道光二十九年（1849）王名声补注本。[见:《中医图书联合目录》、《中医大辞典》]

李文炳

字焕章。清代河北交河县人。曾任奎文阁典籍。兼通医术，远法岐黄，近宗仲景，虽奇险之症，每能著手成春，为一时名医。著有《珍珠囊》二卷，今未见。又有《仙拈集》（又作《李氏经验广集良方》）四卷，今存。[见:《交河县志》、《中医图书联合目录》]

李文荣

字冠仙，晚号如眉老人。清代江苏丹徒县人。诸生。好读医书，得其精粹。又从月湖名医王之政游，得其传授，以医知名数十年。寿至八十三岁卒。著有《仿寓意草》二卷，成书于道光十五年乙未（1835），还撰有《知医必辨》一卷、《医案》一卷，皆行于世。[见:《丹徒县志摭余》、《中医大辞典》、《中医图书联合目录》]

李文祥

字文庵。清代河南南乐县人。继承家学，以医为业。[见:《南乐县志》]

李文敏

明代人。生平里居未详。著有《经验药方》，成书于正德五年（1510），后收入杨瑞《良方类编》。[见:《中医图书联合目录》]

李文渊

字静叔，又字叔卿。清代山东益都县人。幼颖异，父早亡，遵母命习儒。既冠，志向日广，旁通医术。母多病，调护适宜，母多倚之。文渊晚年患病，久之，母亦病，文渊强起视医药。母殁，文渊病遂剧，自为文志墓，卒。著有《得心录》一卷。据《四库全书总目提要》，该书载方十九首，皆文渊自制，且介绍贵重药材之代用品，尤便于贫病之家。[见:《益都县图志》、《清史稿·艺文志》、《四库全书总目提要》]

李文谟

字显明。清代江西兴安县二十四都人。以医为业，善治咽喉、小儿、推拿三科，知名于时。重医德，凡延请立往，不避风雨，不计资谢。著有医书四卷，未见刊行。[见:《兴安县志》]

李文锦

字襄湄，号治庵，堂名淑景。清代江苏上元县许村人。自幼习儒，受业于秣陵镇王元音。三试不售，因家境清贫，授徒自给。李氏颖悟好学，泛览百家，凡医卜星相，诗词书画，每见辄学，每学辄成。性豪迈，广交游，乾隆十七年（1752），邂逅名儒周易斋、周正庵兄弟，得授阴阳五行之义。后从金陵赵式张习医，"屏弃一切，专攻轩岐"。推重张仲景《伤寒论》，熟读深思，穷极蕴奥，兼取刘完素、李杲诸名家之论，久之通悟医理。及悬壶济世，日出诊病，夜归秉烛读书，造诣日深，有儒医之称。尝谓："宁可识病而不能医，不可能医而不识病。"性好著述，于乾隆二十九年（1764）撰成《思问集》（包括《伤寒杂病论衬解》、《改订珍珠囊药性赋》、《慎医杂著》、《医药箴言》、《医药集案》等），刊刻于乾隆四十一年（1776），今存三多斋刻本。[见:《思问集·序》、《中医图书联合目录》]

李文意

字德诚。清代安徽黟县三都人。精医术，悬壶济世，施药不受酬谢。平生轻财好义，早年经商汉阳，所入与兄均之。尤乐善好施，尝居客舍，见穷乏者过，暗置金于路使拾之。岁饥买婢，询知为世家女，即赠金遣归。寿八十余，恩赐八品衔。子李寿昌，孙李能谦、李能敬，皆以医术知名。[见:《黟县三志》、《新安名医考》]

李方熙

字青山。清代江苏宝山县人。精医术，得吴县苏杲传授，治伤寒尤多奇验。医学之外，兼善画梅。[见:《宝山县续志》]

李心复

字象初，号来庄。清代安徽怀宁县人。郡庠生。幼聪颖，目数行下，为文千言立就。隐于医，活人无算。自镌印章曰"活人一术"。李氏尚气节，重交游，箪瓢屡空，宴如也。幕游大江南北，名公巨卿莫不倒屣相迎。平生肆情诗酒，以一衿终。著有《来庄诗存》八卷、《吴游杂记》二卷、《医理从源》四卷，未见刊行。[见:《怀宁县志》]

李允佳

字晴生。清代江苏丹徒县人。世医李恩蓉子。绍承父业，亦以医术知名。凡孤寡贫苦患病，送诊上门，活人甚众。[见:《丹徒县志摭余》]

李允恭

明代人。生平里居未详。著有《集秘方》一卷，已佚。[见:《国史经籍志》、《千顷堂书目》、《万卷堂书目》]

李玉峰

字环山。清代四川温江县人。初习举业，后从名医赵廷儒学。业儒之暇，整理其师文稿，繁者修之，简者饰之，补其未备，阐其未详,编辑成帙,名之曰《赵李合璧》,刊行于世,今存光绪二十年甲午(1894)刻本。[见:《赵李合璧·序》、《中医图书联合目录》]

李玉斋 清代四川邛崃县孔明庙人。业医,精其术,活人无算。[见:《邛崃县志》]

李正本 清代河南西华县人。精医学。子李溶,得其传授。[见:《河南通志》]

李正国 字如山。清代四川双流县人。天资颖悟,幼承祖父之教,业儒而精医。及长,远近求治者甚众。晚年双目失明,而踵门求疗者日数十人。年九十岁卒。子李成谷,继承父业,亦为良医。[见:《双流县志》]

李正瑜 字润玉,号实斋。清代江西鄱阳县人。精医术。多善举,岁饥,罄其所有施粥,全活甚众。[见:《鄱阳县志》]

李世则 字思若,号眛霞,又号语石。清代江苏昭文县人。善琴曲,得松弦馆之传。工绘画,其山水宗元人,间仿荆关,法度谨严。尤精医术,治病多奇验,知名乡里。[见:《苏州府志》、《中国人名大辞典》、《中国历代医家传录》]

李世安 明代句容县(今属江苏)坊郭人。精外科,有名于时。[见:《句容县志》]

李世沛 字丰龄。清代广东新会县荷塘人。少好读书,工吟咏,兼精医术。遇疫作,沿门医治,病愈不受谢,遇贫无药资者,倾囊相助,名重一时。年七十七岁卒。子李献怀,亦以医名。[见:《新会县志》、《广州府志》]

李世英 字少颖,号雪岩。南宋鄞县(今属浙江)人。世业外科,壮岁复从古绾陆从老学。指下明彻,如洞见脏腑,用药多奇中,治痈疽尤多神效。晚岁术益精,独步于鄞,曾任太医。史定叔患背痈,数日间肿大如杯,势极可虑,礼聘世英诊视。世英察其脉,举手相贺曰:"此阴证也,无庸过忧,但多备雄、附等料耳。"服药数日,病者大觉烦躁,谓世英曰:"汝以附子杀我!"世英但笑而唯唯,谓:"今夜乃止此药。"退而语病者诸子曰:"今正是服附子时,舍此则无药可进。况病人饮食精神皆不失常,疮溃而脓如涌泉,皆善证也。非附子之功而何?但用附子,稍杂以他剂而进之。"诸子如其言,遂收全功。李氏行医五十余年,至晚年惮于出入,整理家传累世秘效之方,参考古来名家之论及前辈诸先生之教,编《痈疽辨疑论》二卷,刊于淳祐二年(1242)。此书国内不存,今日本国立公文书馆内阁文库尚存残抄本(缺下卷)。[见:《中国医籍考》、《内阁文库汉籍分类目录》]

李世奎 字云圃。清代福建上杭县人。精医术,凡《素问》、《灵枢》、《证治准绳》、《东垣十书》、《薛立斋医案》诸书,无不探索奥义,务求贯通。其治病,效捷如神,虽贫困之家延请,无不往诊。好秦汉篆隶,摹石极工。尝诠注《难经》、《王叔和脉诀》等书,内外阴阳之辨,颇得妙旨,惜未见刊行。[见:《上杭县志》]

李世轴 清代江西吉安府莲花厅上西乡平溪村人。邑名医李学吾三子。与兄李世辕继承父学,皆以医名。[见:《莲花厅志》]

李世楷 清代江苏昆山县千墩里人。约乾嘉间(1736~1820)在世。父李惇,为雍正十一年(1733)庠生,晚年举乡饮大宾。李世楷为四子,精通医术,曾议叙太医院医官。[见:《昆山历代医家录》]

李世瑞 字非凡,号月庵。清代广西苍梧县长洲人。遇三藩之变,徙居长行乡,后迁梧城水街。康熙四十一年(1702)岁贡。少孤,奉母以孝闻。家贫嗜学,博览群书,兼通医术。以勤俭成家,乐善好施,建宗祠,置义田,以赡族人。立义学、社学,以兴文教。设义渡,以济行旅。舍田于各庙寺,以奉香火。积贮备饥,施药救病,善无不为。曾选修仁县训导,辞不就。寿至八十余。著述甚多,有《集验医案》一卷,梓于世,今未见。[见:《苍梧县志》]

李世靖 清代四川绵竹县人。康熙间(1662~1722)以医术知名乡里。同邑张纪元与之齐名。[见:《绵竹县志》]

李世辕 清代江西吉安府莲花厅上西乡平溪村人。邑名医李学吾次子。与弟世轴继承父学,皆以医名。[见:《莲花厅志》]

李本立 字仁卿。明代湖北东湖县(今宜昌)彝陵人。早年习儒,博学强记,著述之暇,辄抚琴自娱。晚年攻岐黄术,远近赖以生全者甚众。尝谓:"延生三品,药、养性、操琴,吾事足矣。"又喜赋诗,有"石径扫烟春种树,竹窗留月夜鸣琴"之句。著有《心制神方》、《柱史目录》,有裨于后学。[见:《东湖县志》]

李本修 字健业,号筼田。清代云南河阳县(今澄江)人。业儒,为嘉庆间(1796~1820)诸生。兼通医理,著有《瘟疫集要》二卷,昆明钱允济为之序。今未见流传。[见:《云南通志稿》]

李可大 字汝化。明代河南杞县人。初习儒,为诸生。后因母病遍览医书,久之大悟,遂业医,名著于时。以名医征入太医院,授修职郎，官至太医院院判。时朱锦衣之子甫一岁，昼夜啼不止，请可大医之，诚勿见儿，恐成客忤。可大曰："但隔壁听声足矣。"听其声毕，曰："啼而不哭为痛。"用桔梗汤调乳香灌之而愈。有族母某，年七十余，中酒昏迷，气息全无，诸儿以为已死，将入殓。可大至，见目未陷，心尚温，曰："此母不死，吾能起之。"命取井底泥涂胸，复灌以黄连葛根汤，果苏。一时皆称可大能起死回生。又，李进士病虚损泻痢，腹痛异常，可大以人参、五灵脂治之，众医皆讶曰："二物相畏，奈何同用?"可大曰："不闻相畏而后能相使乎?"药下果愈。一妇人产后大喘，医者禁用人参，可大诊之曰："此孤阳绝阴也，正宜用参。"遂以人参加苏木为汤，饮之喘止。其神验类此者甚多。鄢陵陈县令病伤寒甚危，家人已备后事。可大诊之曰："此可救也。"用竹茹、犀角，灌之而愈。后陈氏巡抚中州，欲赠匾表彰之，而可大已殁，卒年六十有九。门生董养性，传承其学。［见：《杞县志》、《明史·李时珍传》、《国朝献征录·太医院判李公可大传》］

李可全　明代河南祥符县（今开封）人。精医术，兼习《素书》（以脉象推究寿夭福禄之书）。为人治病不计利，全活甚众，时号神医。［见：《祥符县志》］

李丙炎　字荔白，号醒园。清代湖南常德府桃源县漆河乡人。自幼习儒，苦读诗书，足不出户。弱冠补府学生员，旋以优等食廪饩。中年兼习岐黄，于《内经》、《难经》诸书无所不读，遇奇难症，莫不立愈。后悬壶常德，远近求治者踵相接，活人无算。年五十八岁卒。［见：《桃源县新志稿》］

李龙起　清代江苏兴化县人。精医术，专擅外科。子孙皆世其业。［见：《兴化县志》］

李东阳　清初江西人。父李天芳为明末兵部主事，谪四川大宁知县，去官后欲归不果，遂定居焉。东阳性恭逊，事继母尽孝。以医为业，不以贫富易其术，名重于时。年八十二岁卒。［见：《夔州府志》、《大宁县志》］

李生鲁　清代河南商城县人。早年习儒，后业医，知名乡里。［见：《商城县志》］

李代旭　(1805～?)　清代四川资州人。以医知名。重养生，光绪二年（1876），已七十二岁，尚精神矍铄，应诊不倦。［见：《资州志》］

李代恩　字丹筹。近代湖北麻城县二里河人。儒医李廷淦长子。绍承父学，亦工医术。著有《病理学》一卷，刊行于世，今未见。弟李祥，亦传父学。［见：《麻城县志前编·李廷淦》、《麻城县志续编·艺文》］

李代桀　字铕文。清代湖南善化县人。生平未详。辑有《痘疹集要》一卷，成书于同治三年（1864），今存光绪二十年甲午（1894）刻本。［见：《中医图书联合目录》］

李仙材　字伯珩。清代河南汝南县人。博学多识，精通医术，知名乡里。［见：《重修汝南县志》］

李仙根　字澹凝。清代江苏上海县闵行人。邑名医李鹏冲子。绍承父学，亦精医术。初未知名，后一妇产后病痫，其势甚危，仙根治之而愈，人皆叹服，声名始盛。［见：《上海县续志》］

李用成　北宋人。里居未详。仁宗时（1023～1063）任小方脉医官。时公主因伤食而病，用成诊脉，谎奏曰："夹惊伤寒。"仁宗大骇，再三宣谕："用心下药。"用成再奏曰："只今下药，但公主鼻端额角微汗，少时便安。"遂以常服伤食之药合丸服之，少时公主利下一行而安。仁宗大喜，特授禁中神医。［见：《历代名医蒙求》］

李用粹　字修之，号惺庵。清初浙江宁波府人。随父李赞化徙居上海。初习举业，才识明敏，无书不读。三赴考场不中，遂翻然改计曰："不为良相，当作良医。"此后从父习医，博涉医经，诊脉处方臻于神妙。商丘宋荦巡抚江南，延入幕府。临归，书"行贤宰相事"赠之。著有《证治汇补》八卷，刊于康熙丁卯（1687）。门生唐廷翊汇录李用粹临证验案，编《旧德堂医案》一卷，亦刊行。用粹堂兄弟李邦俊，亦精医。子李揆文，孙李春山，俱以医名世。［见：《上海县志》、《证治汇补·序》］

李印绶　字公佩。清代河南渑池县李家寨人。岁贡生。授鄢陵训导。学问渊博，兼精医术。著有《脉诀集要》、《本草类典》、《杏林集》诸书，未见刊传。［见：《渑池县志》、《中州艺文录》］

李印菱　清末浙江平湖县人。光绪六年庚辰（1880）就学于青浦名医何长治之门。［《何鸿舫医方墨迹》］

李立之　南宋临安（今浙江杭州）人。以小儿医擅名一时。有婴儿忽患喑，求治。立之令以衾裹之，投于地，儿大惊，遂发声能言。人问其故，答曰："此乳搐心也，非药石所能疗。"［见：《浙江通志》］

李立本 字起生。明清间河南商水县人。早年习儒，隐居不仕，托业于医。通悟岐黄之奥，决病者死生不爽毫发，有神医之称。西华王都宪夫人病，其子特邀太医院名医调治，两月不愈。后延请立本，至则一药而痊，人皆叹服。[见：《商水县志》]

李玄伯 (?～860) 唐代人。里居未详。宣宗时任太医，得恩宠。曾与方士炼丹剂以进，帝服之疽生于背。懿宗立，归罪于玄伯及方士王岳、虞紫芝等，俱诛死。[见：《新唐书·毕诚传》、《东观奏记》]

李玄真 清代奉天府海城县（今辽宁海城）将军屯人。性聪慧，有异才。从江南某术士受形家堪舆秘诀并卜筮、针灸诸术，遇疾施治，随手奏效，人称其术入神。[见：《海城县志》]

李汉征 清初江苏华亭县（今上海松江）人。名医李延昰子。生平事迹不详。曾遵父命校正贾所学《药品化义》，重梓于世。[见：《药品化义·李延昰序》]

李永泏 字声远。清末安徽黟县三都人。世医李能谦次子。事亲极孝，父殁，绘像堂上，敬事如生时。以昌明祖业为志，尤擅疡科，医名噪于一时，所活达千人。尝训子李培芳曰："医之精义尽在书，不达书理而欲成名医，未之有也。"年六十岁卒，犹及见培芳入乡庠。[见：《黟县四志·名医李声远先生别传》]

李永泽 清末安徽黟县三都人。世医李能谦长子。继承家学，亦业医。[见：《黟县四志》]

李永铉 清末安徽黟县三都人。世医李能谦四子。继承家学，亦业医。[见：《黟县四志》]

李永铎 清末安徽黟县三都人。世医李能谦三子。继承家学，亦业医。[见：《黟县四志》]

李永堃 清末安徽黟县三都人。世医李能谦幼子。继承家学，亦通医道。[见：《黟县四志》]

李永淳 字静川。清代江苏上元县人。儒医李文城子。早年习儒，为邑庠生。传承父学，亦以医名。曾游京师，稽相国赠以"春在肘中长不老，书藏腹内自生香"联句。[见：《上元县志》]

李弘初 明代常熟县（今属江苏）人。精医术，擅内外两科。种菊隐居，时称高雅。[见：《常熟县志》]

李圣传 字宗鲁。清代山东恩县人。精医术。著有《医世要言》十卷，藏于家。[见：《恩县志》]

李幼昌 (1918～1991) 现代云南昆明人。名医李继昌子。自幼随父习医，深悟家学。1943年云南大学文史系肄业。1951年云南省首届中医进修班毕业。1949年调昆明医学院第一附属医院，历任中医教研室副主任、中华医学会医史分会理事、云南中医学会常务理事。李氏从事中医临床及教育四十八年，为全国500名著名中医专家之一。1978年整理出版《李继昌医案》。主持完成"李幼昌诊疗泄泻病计算机专家系统"，该项目获1988年云南省卫生厅科技进步三等奖。[见：《中国卫生年鉴》1992年]

李邦兰 字国香。清代江苏嘉定县西胜塘人。精医理，知名于时。尤工绘画，宗王椒畦笔法，善绘青绿山水及花卉草虫。年七十九岁卒。[见：《嘉定县续志》]

李邦宁 初名保宁，字叔固。宋元间钱塘县（今浙江杭州）人。为宋末太监。宋亡，受宠于元世祖，任礼部尚书，提点太医院事。成宗继位，进昭文馆大学士、太医院使。武宗时，加大司徒尚服院使，遥授丞相行大司农，领太医院事，阶金紫。仁宗时，以疾卒。元成宗大德二年（1298）九月，李邦宁奉旨与医愈郎诸路医学副提举申甫，御药院副使王希逸，提点太医院事郑忙古歹、麻维鲧等十二名医官校订宋代大型全书《圣济总录》，于大德四年完成，更书名为《大德重校圣济总录》，诏令江浙行省刊刻，颁赐各地医学。[见：《元史·李邦宁传》、《皕宋楼藏书志》、《大德重校圣济总录》、《中医图书联合目录》]

李邦光 清代福建长乐县人。本邑痘科名医李耀堂子。早年习儒，为监生。绍承父学，医术精妙。年六十岁卒。[见：《长乐县志》]

李邦俊 字彦章。清代江苏上海县人。名医李用粹堂兄弟。业医五十余年，活人无算。曾订正李中梓《诊家正眼》及李用粹《证治汇补》二书。年八十六岁卒。孙李楷，亦以医知名。[见：《上海县志》]

李邦彦 南宋人。里居未详。通医理，曾任太医局教官。同官何大任，家藏北宋绍圣间（1094～1097）小字监本《脉经》，"历岁既深，陈故漫灭，字画不能无谬"，久欲重校刊行。嘉定十年丁丑（1217），何氏得李邦彦及教官王邦佐、毛升、高宗卿之助，以累月之功，"正其误千有余字，遂鸠工创刊于本局"。此书今存。[见：

七画

《脉经·何大任后序》]

李芝岩 清代人。生平里居未详。著有《瘟疫三方》一卷，今存张九苍增补本。
[见：《中医图书联合目录》]

李再华 字大中，号琢山。清代江西鄱阳县珠湖三门村人。精岐黄术。施丸散济人，有酬不受。年七十九岁卒。[见：《鄱阳县志》]

李协和 清代广东新会县人。工医术，善治疫疠暑热诸急证。好吟咏，其诗有唐人风骨。[见：《新会县志》]

李在淑 清代葭州（今陕西佳县）人。早年习儒，为庠生。以医术知名。辑有《经验良方》，今未见。[见：《榆林府志》]

李存安 字心平。清代河南正阳县潘店人。精医术，擅治痘疹，有著手成春之效。子李建儒，绍承父业。[见：《重修正阳县志》]

李百全 字几道。北宋舒州桐城（今安徽桐城）人。从名医庞安时游，尽得其传，为桐城名医。有何翁者，以资财豪于桐城，嗜酒色。年五十，手足偏废不举，就百全求疗，医治月余而愈。将去，与何翁共饮，酒半问曰："死与生孰美？"翁愕然曰："公，医也，以救人为业，岂不知死不如生？何用问？"百全曰："吾以君为不畏死耳。若能知死之可恶，甚善。君从死中得生，宜永断房室，若不知悔，则必死矣！不复再相见也。"翁闻言大悟，归家即结草庵独居，却妻妾不见。如是二年，勇健如三十许人，徒步进城，一日能行百二十里。[见：《夷坚甲志·桐城何翁》、《历代名医蒙求》]

李成凤 (1823～1902) 字来仪。清代河北威县人。邃于医术，尤善治伤寒、瘟疫等证。村人某，项生一疡，群医束手。成凤笑曰："易耳。"捣药搓患处，数日结痂，又数日愈。光绪壬寅（1902）瘟疫大作，延请者踵相接。时成凤已老，犹切脉称药，无间昼夜，终因积劳而卒，时年八十岁。遗有《咽喉科良方》若干卷，未见传世。[见：《威县志》]

李成谷 字景修。清代四川双流县人。儒医李正国子。侍父母以孝闻。继承父业，亦精岐黄，尤重医德，诊病不论贫富皆不索酬，乡里贤之。[见：《双流县志》]

李成举 (？～1895) 字玉林。清末四川合川县南漕湾人。精拳术，好杂艺，尤擅医学，通内外科，尤以外科见长。邑城南津街某氏，患恶疮有年，愈治愈烂，仅余残喘。或荐李成举诊视，至则先割除腐肉盈掌，脓血溢盘。许以时日，至期而愈。某人偶欠伸，口张不能合，莫知所为。成举至，以左手扶其颈，右手撼牙腮摇之，如是数次，乘势拍合，开闭如常。有五龄儿，失足跌地，肩骨顿挫，肿痛不能举。成举以竹片夹之，撒豆升许于地，谓之曰："俯拾净尽，则予以钱物。"左倦则易以右，右倦则易以左，逐日行之，七日失夹，活动如常。知州陈琇患背痛，群医无策。成举至，先施以针，又为汤剂内托，不十日痊。陈金书"华扁真传"，额其门。光绪二十一年卒，时年七十有余。遗有《针灸真诠》二册，藏于家。[见：《合川县志》]

李成栋 清代四川简阳县安佛保人。精医术，知名于时。子李著松，继承家学，为同、光间（1862～1908）名医。[见：《简阳县续志》]

李成贵 字培章。清代洧川县（今河南尉氏）人。多义举。精通医理，知名于时。[见：《洧川县志》]

李成素 一作李成寿，字九标。清代湖南祁阳县人。附贡生。事父以孝闻。曾辑刻医书《痘麻远害》，又刻《功过格》、《集古约言》等书，均其父有志而未成者，今皆未见。[见：《永州府志》、《湖南通志》]

李光大 号懋轩。清代湖南善化县人。性直鲠，习儒书。兼通医术，得《伤寒》、《金匮》要义，自负为"长沙后身"。遇危证，探病举脉，静坐良久，出一方，服之多奇中。重医德，遇贫病者，必亲往诊视，全活甚众。[见：《善化县志》]

李光武 字祖岩。明代安徽休宁县中市人。以孝友闻。世习轩岐业，活人颇众。[见：《休宁县志》]

李光祖 南宋浦城（今福建浦城）人。为五代世医，精医术，名重于时。曾孙李集翁，亦以医名。[见：《金元医学人物·李敬义》（引《鹤田蒋先生文集·赠世医李敬义序》)]

李当之 一作李谙之。三国时人。里居未详。少通医经，得名医华佗传授，知名于时。著有《李当之本草经》一卷、《药方》一卷，均佚。今《说郛》中尚存李当之《药录》一卷。[见：《古今医统大全·历世圣贤名医姓氏》、《隋书·经籍志》、《本草纲目·序例》、《中国医籍考》、《中国丛书综录》]

李师圣 南宋濮阳（今河北大名）人。为官吏，曾仕于淮西。李氏曾得《产论》二十一篇，深以有论无方为憾。后医学教授郭稽中以验方附于诸论之末，成《产育保庆集》一卷，刊刻于世。原书已佚，清儒自《永乐大典》中辑出，编为《产育宝庆（集）方》二卷，今存清刻本。[见：《直斋书录解题》、《竹汀先生日记钞》、《四库全书总目提要》、《产育宝庆方·序》]

李师克 南宋人。里居未详。为医官。绍兴三十二年（1162）永嘉郡主（宋孝宗长女）卒，高宗诏治医官李师克等属吏之罪。时孝宗为太子，奏曰："臣女幼而多疾，不宜罪医。"事遂寝。[见：《宋史·公主·孝宗二女》]

李师昌 元明间人。里居未详。业儒而精医。教授儒童于白沙（今江西吉水县以北），暇则为人治病，其术不同流俗，治则灵验。家贫，挟技游公卿间，以诊疗所得养亲。[见：《金元医学人物》（引《麟原前集·送李师昌序》）]

李同轨 （500～546） 北魏赵郡高邑（今河南汝宁）人。体貌魁岸，学综诸经，兼通佛理，又好医术。年二十二举秀才，迁著作郎典仪，注修国史，官至国子博士。东魏太平间（534～537），转中书侍郎。武定四年夏卒，年四十七岁，谥"康"。[见：《魏书·李熙族孙同轨传》、《北史·李义深传》]

李则星 清代山西临晋县人。精《易》理，善卜筮。兼精医术，治病应手取效。[见：《山西通志》]

李廷阶 清代河南考城县（今兰考）人。精通医术，临证应手即愈，名噪于时。[见：《考城县志》]

李廷杨 字良辅。清代湖南武陵县人。乾隆间（1736～1795）武陵名医李兆鲸子。绍承父学，亦精医术。有余氏子呕血，胸肉坟起，时医莫辨。廷杨曰："血可缓调，胸肉宜急去。捣韭汁一大盂，兑淡酒四两，每服一小杯。俟饮毕，当呕黑血数升，急备人参三分，以防其昏。胸肉消三日，方可治本病。"主人从之，月余而瘳。萧氏子年盛力壮，病卧如僵。李氏一见，曰："是子必狂，速缚之，不然将损其肢体，且伤人。"言未毕，病者自床起，张目赤视，升屋登墙。其父乃按其手足，李氏取秤锤烧赤浸醋，以沸汤入醋少许，灌之数次，病者力弱目闭矣。次日服药而愈。[见：《武陵县志》、《湖南通志》、《常德府志》]

李廷庚 字献之。清代四川太平县人。为人诚朴，精医理，活人无算。年七十岁卒。[见：《万源县志》]

李廷环 清代山东邹平县人。邑增生。嗜医学，著有《李氏后天补遗》若干卷，未见刊行。[见：《邹平县志》]

李廷举 明代四川井研县人。深明医理，存济世心，有求必应，不避风雨，亦不责报。其子李宏犹，绍承家学，有其父之风。[见：《井研县志》]

李廷桂 字允亨。清代安徽婺源县万田人。资质聪敏，闻西方牛痘术传入福建，遂亲往寻师。学后归里，设牛痘总局于屯溪，种痘之外，教授门生，名重于时。[见：《新安名医考》]

李廷宾 元代庐陵县（今江西吉水）人。邑名医李良叔孙，李华道子。传承家学，精通医道，曾任天临路医学教授。子李撰，医名尤盛。[见：《中国历代名医碑传集》（引杨荣《故盘洲李处士墓志铭》）]

李廷宗 （?～1856） 字干臣。清代河南滑县城北善堂集人。精岐黄术，知名于时。咸丰六年殁。[见：《滑县志》]

李廷淦 号静甫。清末湖北麻城县二里河人。光绪八年（1882）举人。生有至性，笃于孝友，待人诚恳。旁涉《灵枢》、《素问》诸医典，就治者踵接于门，活人无算。友人张翊辰素有才名，然吸鸦片成瘾，李氏赠钱米药饵，力劝其禁绝乃已。张后得拔贡，朝考以知县用，乡里传为佳话。李氏晚岁筑小园，教子课孙，莳花种树，以娱暮年，名其居曰怡怡庄。著有《三焦论》三卷，藏于家。子李代恩、李祥，皆传承其学。[见：《麻城县志前编》、《麻城县志续编》]

李廷琛 清代四川长寿县万顺场人。举人李长仲之子。幼承庭训习儒，生平正直。及长，以医术驰名县内，就诊者常盈门。卒之日，哭悼者甚众。[见：《长寿县志》]

李廷祺 字百实。清代山东莒县泉子头村人。精医术，远近知名，延聘者踵相接。著有《岐黄易知录》，今未见。子李树锦，能传父学，尤精脉理。[见：《莒志》]

李廷璧 字环英。清代江苏上海县法华乡人。邑名医李楷子。绍承家学，亦工医术，切脉极审慎。乾隆丙子（1756）大疫，挟技施救，所治多效。[见：《上海县志》、《松江府志》]

李廷麟 清代江西信丰县人。初习举业，天性纯孝。父尝患病，延医罔效，默祷于神，愿以身代，久之乃愈。因念"为人子者，不可不知医"，遂弃儒习医，后以医知名。[见：《信丰县志》]

李先芳 自号北山野史。明代濮州（今河南濮阳）人。性好读书，博学多闻，于经

七
画

史、象纬、堪舆、医药均有研究。著有《医家须知》、《一壶千金》（救急方选编）、《壶天玉镜》（养生书）等，均佚。［见：《濮州志》]

李先春 明代云中（今山西大同）人。世代业医。资性聪颖，博通经书，精研脉理，用药不拘古方，所投辄效。常怀济人利物之心，无论远近贫富，凡有求者，莫不赴请，全活甚众。虽达官缙绅延请无虚日，从容处之，无自德之色，人呼为李仙。［见：《古今图书集成·医部全录》（引《山西通志》）]

李延昰 (1628～1697) 原名彦贞，字我生，改名延昰，改字辰山，又字期叔，号寒村，别号漫庵。明清间江苏华亭县（今上海松江）人。明兵部主事李尚衮孙，大理寺右评事李中立子，名医李中梓侄。早年习儒，师事同郡举人徐孚远，为师所器重。生当乱世，志不得遂，乃穷研家学，博览方书，得伯父李中梓指授，医术臻于妙境。后客居江苏常熟，尽得名医缪希雍遗稿，及周礼《独得编》，朝夕研究，参以张介宾《类经》诸书，医术遂精进，凡沉痼之疾，诸家罔措者，多能着手成春，名满大江南北。明亡前后，随师徐孚远至浙闽，周旋于诸义军之间，以图匡复。先后扶助明宗室鲁王、唐王，并受命为官。后事败，改易名字，遁迹平湖县祐圣宫为道士，行医自给。生平事迹，不以告人，人亦不能知。晚年与朱彝尊相往还，康熙三十六年丁丑（1697），自知不起，值朱氏来访，披衣起，以所著《崇祯甲申录》、《南都旧话录》（又作《南吴旧话录》）、《放鹇亭集》及藏书二千五百卷赠之。又遗命弟子以浮图法焚之，葬于塔下。朱彝尊为作《墓志铭》，镂刻于平湖洁芳桥东北石塔之上，今遗迹尚存。李延昰撰有医书《脉诀汇辨》十卷，刊于康熙五年（1666），为后世医家所重。还编辑《李中梓医案》一卷，亦刊刻行世。尚著有《医学口诀》、《痘疹全书》等，散佚不传。子李汉征，遵父命校正贾所学《药品化义》，重梓于世。［见：《上海县志》、《上海县志札记》、《脉诀汇辨·序》、《清史稿·艺文志》、《中国医籍考》、《略谈李延昰之生平及其医学成就》（详《中华医史杂志》1981年第2期）]

李仲元 字履乾（一作筱乾），又字蒙石。清代陕西三原县人。早年习儒，光绪元年（1875）举顺天乡试，大挑教职，不就。游于楚、蜀间，抱布贸丝为商。尝病困宜昌，误请庸医，饮药几死。叹曰："好远游者而弗通方书，必为庸医杀矣！"遂研习岐黄。初遍究医书，然病症与书不尽相合，即合而立方又不甚效，莫所适从。一日游梁山双桂堂，为一人治疾。书方毕，有老僧过其前，索方视之，曰："方是而病非也。"仲元问："子能医乎?"答曰："习此五十年，特不敢问世耳。"仲元奇之，乃引述古籍，与之辩论。老僧笑曰："君误矣！古来著书者多文人，非必良医也。故议论娓娓，临证则左。君不观热症热治、寒症寒治之说乎？其为遁词明矣。或分人身为三焦，而曰某药达某焦，是则入口之后，不必先纳之于胃矣，其谬更甚。以其如此，故辩论愈工而杀人愈众。故治一病必任其终始，然后以得失详晰记之。然一人一日，诊及三症，可以止矣。由是积累岁月，所记既多，得失之数了然于胸。持此应世，庶几起其十有七耳。"仲元惊服其论，欲奉为师，坚辞不受。及归，依法行之，后果为名医，世人以"李半仙"称之。［见：《三原县志》、《中国历代名医碑传集》（引《近代名人小传》）]

李仲芳 清代江苏上海县人。名医张克振门生。传承师学，亦以医名。［见：《上海县志》]

李仲易 清代安徽芜湖县人。精通医道，知名乡里。与名医郑重光同时。［见：《中国历代医家传录》（引《素圃医案》）]

李仲南 一作李中南。又名乃季，号栖碧。元代安徽黟县人。仲南无世俗嗜，尝就道士习丹术，后悟曰："丹之道远矣。庶几明方脉，以寿吾母耳。"遂广集古人医籍，择其精要，编辑成书，复钤以图。名医孙允贤与仲南相友善，允贤以此书略于治法，故为之补订加详，至顺二年（1331）著成《锡类钤方》二十二卷。时仲南母已殁，衔哀茹痛，故改名《永类钤方》，刊刻于世。［见：《医藏书目》、《医学入门》、《读书敏求记》、《北大图书馆藏李氏书目》、《补元史艺文志》、《中国医籍考》、《中国善本书提要》]

李华峰 字莲甫。清代河南长垣县人。精医术，尤擅妇科。［见：《长垣县志》]

李华章 清代河南正阳县城东人。祖传疯科秘方，依方治病，取效如神。［见：《重修正阳县志》]

李华道 宋元间庐陵县（今江西吉水）人。邑名医李良叔子。传承父学，以医为业，隐居不仕。子李廷宾，仕元为天临路医学教授。［见：《中国历代名医碑传集》（引杨荣《故盘洲李处士墓志铭》）]

李行芳 清代山东长清县人。生平未详。著有《针灸摘要六十二证》、《医学补遗》、

今未见。[见:《长清县志》]

李会通 南宋人。里居未详。精医术,曾任太医令。宫中有疾,李会通进以汤剂,不效。翰林医学张永观其方,改为散剂,服之遂愈。诏赏会通,会通归功于永,二人遂同授驻泊郎。[见:《绍兴府志》、《河南通志》]

李会霖 清代濮州(今河南濮阳)人。州贡生。博洽多闻,长于诗歌,通《周易》,善草书。尤精医术,治病奏效若神,不望酬报。凡疫疾流行,州牧皆就之请教,必依天时立方,全活不可胜记。著有《伤寒论辨脉诗》,今未见。[见:《濮州志》]

李兆兰 字庆堂。清末贵州大定县人。邑名医李树荣孙。优廪生。初习举业,屡困秋闱。既而存心济世,专精医术。值郡中大疫,施药救疗,全活贫病者甚众,时论高之。[见:《大定县志·李树荣》]

李兆琳 (?~1860) 字阆园。清代江苏吴县人。监生。性好善,工医术,治贫病者不索酬。咸丰初,屡出资助饷。咸丰十年(1860)太平军至苏州,死于战乱。[见:《吴县志》]

李兆鲸 字腾海。清代湖南武陵县人。精医术,名振乡邑。乾隆间(1736~1795)武陵狱囚多病死,县令患之,使兆鲸任医学训科,历三载,狱中无疾者。县令问其术,答曰:"狱无病人。此非医者之术,乃治狱者之术。情真罪当,彼心既贴服,安于图圄,饮食寒暑,亦知自卫,疾自不由内生也;司监吏勤于扫除,无燥湿之侵,疾又不自外作矣。"县令善其言。观察使董公雅重其术,邀请至黔。时方大疫,兆鲸令人担荷药饵随行,逐户施济,所至病除。子李廷杨,传承先业。[见:《武陵县志》、《湖南通志》、《常德府志》]

李兆鳌 清代山西曲沃县人。精医术,知名于时。子李彭龄,亦以医著称。[见:《山西通志·苏仲伊》]

李兆麟 清代河南汜水县(今荥阳)西史村人。世医李元魁子。继承家学,亦善医。[见:《汜水县志》]

李名惠 清代湖南永兴县人。精岐黄术。好施药饵,全活甚众。[见:《永兴县志》]

李庆恩 (1801~?) 清代奉化县(今吉林梨树)人。性刚直。自幼习儒,弱冠应童试,不遇,毅然弃之,改习医学。推重吴有性《温疫论》、吴瑭《温病条辨》、杨璿《伤寒瘟疫条辨》三书,"熟读精思,寝不安席",久之深有领悟,于瘟疫证治"竹成于胸,券操于手",屡试屡验,达十全之境。瘟疫之外,又精痘科,医名传于四方。每值天灾盛行,就治者门恒若市,活人不可胜数。晚年尤乐善不倦,喜涉猎群籍,遇劝惩之说,则手录之,附以议论,著《观感益识录》四卷。又总结五十年临证经验,参以前贤诸论,辑《瘟疫摘要》二卷,藏于家。光绪十一年(1885),李氏享寿八十有五,仍健在。[见:《奉化县志》]

李庆嗣 金代广平郡洺州(今河北永年)人。少举进士不第,弃而学医,读《素问》诸书,洞晓其义。天德间(1149~1152)大疫,广平尤甚,贫者往往阖门卧病。庆嗣携药、米救济,全活甚众。年八十余,无疾而终。著有《伤寒纂类》四卷、《改证活人书》三卷、《伤寒论(注)》三卷、《针经》一卷,传于世,今皆散佚。[见:《金史·李庆嗣传》、《世善堂藏书目录》、《永年县志》、《医学入门·历代医学姓氏》]

李齐芳 明代兴化县(今属江苏)人。生平未详。其兄李春芳,为嘉靖二十六年(1547)状元。李齐芳通医理,著有《幼科图诀药方》二卷、《官邸便方》若干卷,均佚。[见:《扬州府志》、《兴化县志》、《明清进士题名碑录索引》]

李亦科 字隽贤。清代安徽婺源县人。自幼家贫,赖母抚养成立。稍长,随商贾贸易于江北。后兼习医术,遇贫病不取诊酬。曹尚书赠"慈竹生香"匾,赞其为人。[见:《新安名医考》]

李充庆 清代河北正定县人。精医术,尤擅妇科,活人无算。年七十二岁卒。[见:《正定县志》]

李兴诗 字可之。清代河南巩县人。早年习举业,为诸生。中年患病,弃儒研医,造诣日深,知名于时。[见:《巩县志》]

李汝均 字维甸。清代河北交河县人。自幼习儒,才质英敏,为文雄浑,书法得赵氏笔意,而屡蹇科场。同治间(1862~1874)年已八旬,始以十一州县第一名考中庠生。旁通医术,尤精痘科。著有《痘疹辨症》二卷,未见流传。[见:《交河县志》]

李汝逊 字仲谦。清代江西广昌县洗马村人。精通医术,尤擅痘疹,治辄验,人称神医。[见:《广昌县志》]

李汝霖 字良弼。清代河南柘城县人。精医术,知名于时。[见:《柘城县志》]

李

七画

李汤卿 元代人。里居未详。通医术，明《素问》之理，宗仲景之法，兼采刘完素、张从正、李杲诸家之长。撰《心印绀珠经》二卷，刊刻于世。[见：《心印绀珠经·序》、《拜经楼藏书题跋记》、《四库全书总目提要》、《中国医籍考》]

李守仁 清代四川乐山县人。赋性仁厚，因家贫弃儒攻医，精其术。求治者日不绝踵，常以诊金置药，以济贫病，乡人德之。年七十余卒，哭悼者甚众。[见：《四川通志》、《乐山县志》]

李守先 (1736~?) 字善述。清代河南长葛县人。自少读针灸书，未尝一日少懈，因无明师口授，不敢轻试。至乾隆丙午（1786），李氏年五十一岁，乡里患疟疾者十人而九，遂出术施治，救治甚众。著有《针灸易学》二卷，其书"将古法著之于前，愚见列之于后，浅而易知，显而易明"，刊刻于嘉庆三年戊午（1798），今存。[见：《针灸易学·自序》、《中医图书联合目录》]

李守钦 号肃庵，又号洞元真人。明代河南氾水县人。聪明善悟，尝因读书损神，病将危，得蜀医某治之而愈，即北面受其业。后游峨嵋，邂逅异人，"得岐伯要旨"，自此医道日精。归乡后，又从道士游，学太素脉。一生活人甚众，诸王、台省皆敬礼之。寿至九十八岁。著有《方书一得》、《太素精要》等书，均佚。[见：《氾水县志》]

李守道 字存吾。明代福建浦城县人。少治壁经。尝读《华佗传》，抚案太息曰："狱吏畏法，不敢受遗书，曷不授吴普、樊阿？仅为五禽之戏耶？"自此，日仰卧帐中，绎《素问》、《灵枢》之旨，久之，悟诊疗不出阴阳，为人治疾，屡试辄验。有患痰痈者，其证殊怪，诸医环视技穷。守道诊之，扪其腕曰："疾易耳。"令俯首，以艾炙颅后；又令口衔药少许，不久病愈。素重医德，有济世心，见贫病者辄治之，每出门，舆前拥乞丐，罄药笼与之，不取其酬。贫困者赖其术全活，每诣门加额颂祝而去。[见：《建宁府志》]

李安仁 宋代人。里居未详。精通医道，曾任翰林医官，有国医之称。吴彦夔《传信适用方》收载李安仁"四神附子煎"方，谓："此药比之四神丸，尤为有造化也。"宣和五年（1123），高丽国求医于宋，徽宗诏派医官二员赴高丽。次年，命翰林医学杨寅、医官李安仁、郝洙替换原遣医官。[见：《传信适用方》、《中国医学史》（高等中医院校参考丛书1991年版）]

李安曾 又名李原，字平书，壮岁改名钟珏，号瑟斋，晚号耳顽老人。近代江苏苏州人。其曾祖徙居上海，继迁至宝山，遂为宝山人。其父李少琳，兼通医理，太平天国后以医为业。李安曾幼年习儒，十九岁入学，后出仕为官。对医学多有研究，曾与上海名医陈秉钧、黄春甫、周雪樵等创办中华医学会、神州医学会、神州医院、上海医院等。又组建粹华药厂于上海，对中医药发展多有贡献。[见：《中国历代医史》]

李如玉 字显权。清代浙江镇海县人。以医为业，临证应手取效。治病无分贫富，于孤贫者及亲知，则不受值。[见：《镇海县志》]

李如龙 字古春。清代江苏上海县人。监生。工绘画，旁通医术，知名乡里。[见：《上海县志》]

李如珠 清代浙江象山县人。李钺孙。精医术，治病多神效，有名于时。部使者得隐疾，群医不识。县令荐如珠，治之立愈。李氏志在济人利物，未尝以医谋利，人皆敬重之。著有《医解》若干卷，藏于家。[见：《象山县志》]

李如霖 字媚泽，号蕃英。明代河南沈丘县人。早年习儒，为天启元年（1621）举人，授山西沂州学正。晚年留心岐黄。著有《伤寒》、《痘疹》诸书，刊刻行世，今未见。[见：《沈丘县志》]

李观民 宋代人。生平里居未详。曾任南康太守。辑有《集效方》一卷，已佚。[见：《直斋书录解题》、《宋史·艺文志》]

李观澜 字虚舟。清代浙江山阴县人。生平未详。辑有《补辑洗冤录汇纂》五卷。[见：《中医图书联合目录》]

李纪方 字伦青。清末湖南衡山县人。得外祖父尹慎徽传授，兼通内、外、咽喉各科，于白喉证治尤得奥秘。衡州府同知汪箑雅重其术，聘入幕中。著有《白喉全生集》一卷，刊于光绪九年癸未（1883），今存。[见：《白喉全生集·序》、《中医图书联合目录》]

李寿昌 字体仁。清代安徽黟县三都人。邑名医李文意子。早年习儒，为监生。绍承家学，精通医道，尤善外科，知名于时。乐善好施，毕生以医药济人，又建万福亭于西武岭，置长垅义冢于森川，乡里敬重之。子李能谦、李能敬，皆以医名。[见：《黟县三志·尚义》]

李寿龄 字辛垞，别号匏垒。清代江苏吴江县盛泽镇王江泾人。禀贡生。著有诗文、

350

古文稿。曾参与修撰《续吴江县志》、《松陵文录》。兼通医术，为何其超门生。著有《医话》一卷、《医方选》一卷、《药性摘要》一卷、《医案效验》若干卷，惜皆散佚。门生凌洤，得其传授。［见：《退庵医案·跋》、《藏斋诗钞》］

李寿增 字松乔。清末河南汝南县罗店人。早年习儒，为邑增生。世精岐黄，传承家学，亦以医术知名。［见：《重修汝南县志》］

李辰拱 字正心。宋元间延平（今福建延平）人。少承家学，擅长妇产科。壮岁游三山县，遇名医杨士瀛，志趣相投。杨以所撰《伤寒类书活人总括》授之，语之曰："治杂病有方，治伤寒有法，一法既通，其余可触类而长矣。"辰拱归乡，取杨氏书读之，研精覃思，历三十年，编《伤寒集成方法》（未见传世）。思杨氏之书独阙产科，遂采摭古来效验方，分为安胎、伤胎、漏胎、护胎等二十五门，引据古代方书五十四种，于延祐五年（1318）撰《胎产救急方》一卷。该书国内未见，今日本国立公文书馆内阁文库藏三种手抄本，已由中国中医科学院影印回归。［见：《中国医籍考》、《日本现存中国散逸古医籍》、《内阁文库汉籍分类目录》］

李远玺 字甸西。清代山东肥城县人。雍正七年（1729）武举。酷好读书，擅书法。兼通医术，济人甚多。辑有方书数卷，今未见。［见：《山东通志》、《肥城县志》］

李志己 字敏修，晚号遗叟。清代四川三台县人。精医学，善吟咏。著有《梦溪诗草》。素重养生，年九十六岁卒。［见：《三台县志》］

李志星 字伴辰，晚号杏林子。清代湖南新化县人。究心《灵枢》、《素问》诸书，精医道。凡延之者，虽雪夜必往，子弟或阻其行，则曰："病者之望医，如旱苗之望雨，张介宾言之。吾年虽老，不敢辞劳也。"至则应手取效，遇贫者更施药救之。晚年慕董奉之为人，自号杏林子。［见：《新化县志》］

李严焯 字青渊。清代浙江嘉兴县人。生平未详。通医理，著有《医学圭指》三卷，今存道光二十二年壬寅（1842）严馨德堂刻本。［见：《贩书偶记续编》、《全国中医图书联合目录》］

李克广 字德心。清代山东章丘县人。监生。李慎修次子。早年得诊脉术于吴六吉，能知人寿夭。著有《医学寻源》十卷，未见传世。次子李体诚，传承父学。［见：《章邱县志》］

李克让 （1260～1342） 字仲谦，号庸斋。元代清州会川县（今河北青县）人。自幼颖悟好学，九岁丧父，随母张氏归外祖家，以孝养闻。外舅张仪之，为燕赵名医。克让从之学，颇有所得。太医院征辟为沧州医学正，迁河间路医学教授。所至为官绅所礼重，从学者甚多。历任真定路、卫辉路、济宁路医学教授。晚年辞官归里，颜所居室曰庸斋。乡人患病者多赖之。子李亨，官河间路医学教授。［见：《金元医学人物》（引《至正集·故济宁路医学教授李君墓碣铭》）］

李克惠 字熹涛。清末江西丰城县梅冈人。从南京名医叶古红游，尽得师传，声名甚盛。其治病主温补，尝谓："近人柔脆，寒凉攻伐，动辄贻害。"时西学东渐，守旧者诋欧尊夏，维新者斥古崇今。李氏汇考中西医学，著《中国发明之科学药方》、《中国药理篇》、《中华医药》、《验方辑要》诸书，行于世，今未见。［见：《丰城县志》］

李连衡 字原平。清代四川资州人。以医名世。救死扶伤，不以技谋利，数十年如一日，乡里敬之。［见：《续修资州志》］

李步墀 字志摩，又字南溟，号鹿池。清代广东龙门县人。生而颖异，读书过目成诵，七龄能作诗文，以神童称于时。及长，博极群书，酷嗜左史庄骚，为文务出于奇而不同流俗。兼工各体书法，善作擘窠大字。凤负经济才，以不合时趋，终无所遇，士论惜之。中年时，伯兄李步蟾为其谋求按察司照磨官职，怒拒之。结茅村外，颜曰伍草山房，吟啸其中。招贤峰顶有卧鹿池，绝爱之，取以为号，人称鹿池先生。自奉俭约，见贫苦者无所吝。素精岐术，屡起沉疴无德色。遇贫病者，每赠以药资丹丸，全活无算。年六十岁卒。著述甚富，不自珍惜，散佚殆尽，仅存《伍草山房诗文集》一卷、《经史辨疑》一卷、《庸言》一卷，又有医书《医的》四卷，藏于家。［见：《龙门县志》］

李步鳌 近代山东沂水县人。精通医道，知名于时。门生刘惠民（1900～1977），为现代著名医家。［见：《中医年鉴》（1983）、《著名中医学家的学术经验》］

李足为 字汝宣。清代安徽太平县南贾人。通医术。著有《经验良方》，梓于世。今未见。［见：《太平县志》］

李时中 明代人。里居未详。隆、万间（1567～1619）医士，曾任衡王府良医正。隆庆间与马崇儒同校《摄生众妙方》；万历十三年

(1585)与施文举校正《保赤全书》,刊印于世。[见:《善本医籍经眼录》、《四部总录医药编》]

李时兰 明代古燕(今北京)人。生平未详。撰有《方脉正宗》七卷,已佚。[见:《医藏书目》]

李时白 字若亭。清代江苏嘉定县人。精医术,有声乡里。[见:《嘉定县志》]

李时珍 (1518~1593) 又名可观,字东璧,晚号濒湖山人。明代湖北蕲州(今蕲春)瓦硝坝人。邑名医李言闻次子。自幼习儒,因体弱善病,兼嗜家传医术。十四岁补诸生。师事名儒顾日岩,凡子史、经传、声韵、农圃、医卜、星相、乐府诸家,无所不览。嘉靖十三年(1534)赴武昌乡试,落榜。嘉靖十六年、十九年再赴乡试,皆不售。此后绝意科场,刻志读书,十年不出户庭,于家学尤致力焉。凡乡里贫病者,皆为诊视,多不取酬,医名震于四方,每有千里外登门求治者,治则奇效。富顺王朱厚焜嫡子罹疾,时珍治之而愈。嘉靖三十年辛亥(1551),楚恭王朱英㷬闻其名,聘为楚府奉祠正,掌良医所事。世子暴厥,时珍立活之。王乃荐于朝廷,遂入太医院任职。淡于利禄,次年托疾归里。是年,李时珍三十五岁,断绝出仕之想,肆力于家传医学,并着手编撰《本草纲目》,历时二十六年,至万历六年(1578)毕稿。嘉靖四十年(1561),移家于雨湖北岸,取《诗经》"考盘在阿,硕人之㽵"意,名所居曰㽵所馆,以濒湖山人为号。万历八年(1580)赴太仓,访王世贞于弇山园,留饮数日。王世贞曾为《本草纲目》作序,称李氏"晬然貌也,癯然身也,津津然谭议也,真北斗以南一人",称其书"博而不繁,详而有要,综核究竟,直窥渊海"。李时珍嘉靖四十三年(1564)撰《濒湖脉学》一卷、隆庆六年(1572)撰《奇经八脉考》一卷,皆梓于世。万历十八年(1590),《本草纲目》由金陵胡承龙镂版梓行,历时三年毕功。书甫成而李时珍逝世,享年七十六,葬于蕲州东门外竹林湖畔蟹子地。万历二十四年,次子李建元上《进本草纲目疏》,进呈《本草纲目》五十八套。皇帝批曰:"书留览,礼部知道。"此后,《本草纲目》大行于世。天启甲子(1642),以孙李树初贵,敕封"太医院判"。李时珍著述甚富,上述三种之外,尚有《㽵所馆医案》、《脉诀考证》、《白花蛇传》、《五脏图论》、《三焦客难》、《命门考》、《集简方》等,惜皆散佚。有子四人,长子建中,官至永昌府通判;次子建元、四子建木,皆为诸生;三子建方,为太医院医士。有孙五人,曰树初、树宗、树声、树勋、树本。诸子孙皆曾助修《本草纲目》。弟子瞿九思,从李时珍习儒,为万历间举人;庞宪,传承李时珍医术,曾参修《本草纲目》,后亦为名医。李时珍《本草纲目》五十二卷,全书分为十六部,载药一千八百九十二种,增加新品三百七十四种,考引前代古籍八百余家,为我国本草学巨著,对中医药学贡献极大。该书自问世至今,有七十多种版本刊世,先后被译为日、英、法、德、俄、拉丁等文字,遍传于世,有中国医学百科全书之誉。[见:《本草纲目·序》、《进本草纲目疏》、《明史·李时珍传》、《明实录》、《白茅堂集·李时珍传》、王吉民《李时珍先生年谱》、《李时珍先生年谱中的几个小问题》(《中华医史杂志》1985年第3期)、《也谈李时珍任院判之争》(《湖北中医杂志》1986年第2期)、《国史经籍志》、《明史·艺文志》、《中国医籍考》、《四库全书总目提要》、《医学读书志》]

李时遇 明代江宁(今江苏南京)人。邑名医李尚元孙,李言曾子。与兄李钟懋,皆继承家学,以医名世。[见:《江宁府志·李尚元》]

李吟莲 字亚青。清代湖南嘉禾县人。业儒不售,喜读方书,善针灸术。赴诊步行,不受人一钱,遇贫病辄赠以药资。为人温善,凡道路荆棘亲手披之,倾陷者修补之。怡情山水,蓼冈峰下桂岩,其足迹所至也。[见:《嘉禾县图志》]

李秀才 清代江苏金山县人。康熙间(1662~1722)庠生。精医术,以疡科知名。投药则中,数百里外皆延致之。[见:《江苏历代医人志》]

李体仁 清代安徽黟县人。精医术。与叶绍涛、王显璇、吴百祥有四大名家之称。[见:《黟县三志》]

李体诚 清代山东章丘县人。本县良医李克广次子。克绍父业,亦业医。性好施予,遇贫病辄解囊医治。[见:《章邱县志》]

李伯雅 字莲塘。清代河南中牟县人。太学生。博学多识,家藏先儒语录、象数、医卜诸书十余万卷,领会贯通,悉心研读。[见:《中牟县志》]

李伯楼 明代仪真县(今江苏仪征)人。以医术知名。子李杜,绍承父学。[见:《仪真县志》]

李近宸 字鹄亭。清代河北密云县(今北京密云)新城村人。童试未第,遂发愤研医，钩沉索隐三十余年，颇有心得。凡远近求诊，无不立应，以是颇得时誉。某药行少东，染病岁余，遍延名医，迄无效果，乃就李氏求治。李视其脉平和，谓之无病，而势已垂危。因细思之，无他，乃用药过多，中药毒耳。遂用甘草四两，病即霍然。自此，世人皆以李神仙称之。著有《医学自迩》若干卷、《医学启蒙》三卷，藏于家。[见：《密云县志》]

李希春 一作熙春。字含章。清代江苏吴县人。精医术，擅长痘科。有贵戚出镇浙江，舟至金昌，适诸子痘发，敕府召医。知府武宏祖亲至居所，延请李氏。调治月余，奏功告归。抵家，知府复踵门慰劳，巡抚周国佐赠以"一经独圣"匾额。[见：《苏州府志》、《吴县志》]

李希舜 号栗斋。清代云南宜良县人。雍正元年（1723）举人，五年（1727）授寻甸学正。八年（1730）乌蒙乱起，与州牧崔乃镛协理军务，固守城垣，著有劳绩，为鄂文端赏识，保荐昭通教授。乾隆十年（1745）升江南兴化知县，调上海、常熟知县，迁太仓知州。善政多端，尤尽心赈灾事，为士民所爱戴。兼精医术，著有《经验良方》二卷，刊刻于世，贾纶为之作序。今存乾隆十八年癸酉（1753）敬修斋原刻本。[见：《宜良县志》、《中医图书联合目录》]

李希藩 清代河南偃师县人。早年习儒，为庠生。晚年邃于岐黄，多所全活，知名于时。[见：《河南府志》]

李含光 （683～769） 原名李弘（避唐高宗讳改），号玄谷，又号玄靖先生。唐代广陵（今江苏江都）人。神龙（705～706）初，以清行度为道士，隐居金坛县茅山。玄宗闻其名，召赴阙，赐号"玄靖先生"。天宝七年（748），乞还金坛，玄宗令丹阳太守林洋为之修造观宇。大历四年（769）十一月十四日，卒于茅山。李含光博览群书，工书法，善著述。尝念本草之书事关性命，难用因循，遂著《本草音义》二卷，行于世。明代李时珍著《本草纲目》曾参考此书，今佚。[见：《新唐书·艺文志》、《宋史·艺文志》、《颜鲁公文集·茅山玄靖先生广陵李君碑铭》、《金坛县志》、《江南通志》、《江都县志》]

李含郁 字春溪。清代陕西长安（今西安）人。太学生。长诗律，精岐黄。著有《医学辑要》若干卷，今未见。[见：《咸宁长安两县续志》]

李言少 宋代人。生平里居未详。著有《婴孺病论》（又作《婴孩病源论》）一卷，已佚。[见：《宋史·艺文志》、《崇文总目辑释》]

李言闻 字子郁，号月池。明代湖北蕲州（今蕲春）瓦硝坝人。诸生。博洽经史，尤精医术，名著于时，曾任太医院吏目。荆王妃刘氏，年七十岁病中风，不省人事，牙关紧闭，群医束手。言闻诊视，浓煎藜芦汤灌之，吐痰而苏。性至孝，多善举。里中有兄弟争田，诉讼不休。言闻具酒食，召其人，劝解之。其人既醉，争执如前。言闻入跪父灵之前，曰："儿无状，不能感闾里。"言讫大悲痛。讼者闻之大笑。后数年，讼者死狱中，族人瓜分遗田。言闻为敛葬焉。著有《四诊发明》、《医学八脉法》、《痘疹证治》、《蕲艾传》、《人参传》等书，均佚。还曾删补旧题宋崔嘉彦所撰之《四言举要》、《脉学入门》、《医灯续焰》、《医方药性赋》诸书，刊于世。长子李果珍，事迹不详。次子李时珍，为明代杰出医药学家，为药学巨著《本草纲目》作者。[见：《明史·艺文志》、《本草纲目·引据古今医家书目》、《白茅堂集·李时珍传》、《黄州府志》、《蕲州志》、《李时珍先生年谱》、《中国历代医家传录》]

李言恭 字思可。清代滇南人。生平里居未详。乾隆元年（1736）撰《医师秘籍》二卷，今存乾隆四十二年丁酉（1777）云南顺宁刻本。[见：《中医图书联合目录》]

李言曾 明代江宁（今江苏南京）人。名医李尚元子。绍承家学，亦以医名。子李钟懋、李时遇，皆精医术。[见：《江宁府志·李尚元》]

李应五 字鉴堂。清代湖北汉川县人。自幼习儒，负异姿，重气节。癯弱善病，学医尤工，决人死生，往往奇中，屡起沉疴。家不甚饶，为人治疾，非病愈不取酬，遇贫者，或以参桂济之，不求报。年六十三岁始为贡生，是年卒。著有《伤寒禹鼎》，今未见。[见：《汉川县志》]

李应日 明代浙江嵊县东隅人。早年习儒，读书过劳而目眇。旁通医术，治病多效验，知名乡里。[见：《嵊县志》]

李应节 明代安徽祁门县人。精医术，知名京师。隆庆二年（1568）正月，太医院医官徐春甫，集合各地在京名医四十六人，创立一体堂宅仁医会，李氏为会员之一。诸医穷探医经，讨论四子（指张机、刘完素、李杲、朱震亨），共戒私弊，患难相济，为我国最早之全国性医学组织。[见：《我国历史上最早的医学组织》（《中华医史杂志》1981年第3期）]

李应龙 字熙寰。明代江西进贤县人。性洒脱，待人诚恳。曾任太医院吏目，以医术

驰名舒、庐之间。[见：《进贤县志》]

李应扬 清代安徽铜陵县人。早年得异人传授，以医术知名。子李蕃，绍承父业。[见：《铜陵县志》]

李应光 字思泉。明代山阳县（今江苏淮安）金竹人。性纯厚，精医术。金竹李氏世代业医，久著名于濠泗间。至应光声名益显，诊治贫病不受酬谢，活人甚众，淮人重之。子李润民，官平远知县。[见：《淮安府志》]

李应时 字霖泉。明代浙江缙云县人。幼年习儒，后弃而业医，治病奇中。著有《卫生全书》，从弟李铽序刊之，今未见。[见：《缙云县志》]

李序礼 字国华。清代河南延津县人。早年习儒，为举人。精通医术，知名于时。[见：《卫辉府志》]

李怀安 清代四川人。寓居贵州湄潭县黄都坝二十余年。生性好静，不与人较短长。精岐黄术，每以济人为念，凡疗疾，必诚意推求，未尝稍忽，当地人士皆与过从。门下弟子甚多。[见：《湄潭县志》]

李怀周 清代安徽蒙城县人。庠生。性至孝，继母患痼疾，延医不效，遂殚心于医，久之术精，有著手回春之效。年八十七，无疾而终。子李纯文，亦精医。[见：《重修蒙城县志》]

李怀亮 清代河南郾城县人。精医术，著名于时。[见：《郾城县志》]

李怀瑗 字玉如。清代河南郾城县人。通医理，知二十七脉，识五运六气。著有《学医捷术》四卷，未见刊行。[见：《郾城县志》]

李沐荣 清代河南汜水县（今荥阳）人。以医术知名。子李寅宾，曾孙李元魁，皆精医。[见：《汜水县志》]

李宏安 清代河南洛阳县人。精通医理，怀济世之心，施药五年，一文不取。年逾九十，无疾而逝。子李汉，能世父业。[见：《洛阳县志》]

李宏初 明末常熟（今属江苏）人。与张又渊、方汝化、丁崑璧，皆为当时名医。[见：《常昭合志》]

李宏犹 明代四川井研县人。邑名医李廷举子。继承父业，亦以医名，以诚谨敦厚，乐于助人著称。[见：《井研县志》]

李宏金 字侃勤。清代江苏青浦县人。国学生。精医术，擅长疡科，临证每获奇效，远近延请者不绝于门。重医德，诊治贫病不受酬

谢，更赠以药。同时有李藻、陈佑槐，与之齐名。[见：《松江府志》]

李良叔 宋末庐陵县（今江西吉水）人。尚书郎李义后裔。精医术，隐居不仕。子李华道，传承其术。[见：《中国历代名医碑传集》（引杨荣《故盘洲李处士墓志铭》）]

李良栋 号台垣。明代浙江长兴县人。万历二十三年乙未（1595）进士，授泉州推官。素重养生，撰有《摄生要义》，今未见。[见：《重修浙江通志稿》]

李启让 清代陕西华阴县员庄人。庠生。性和而介，沉默寡言。自幼不喜章句之学，博览群书，嗜先贤语录。精岐黄术，有延请者，虽风雨不辞，所馈财物，一概辞谢。著有《贤良内训》、《脏腑定论》，今未见。[见：《华阴县续志》]

李启和 字雍庭。清代四川三台县人。幼习儒业，工文字。屡试不售，遂弃儒习医。从游于邑名医萧歧盛之门，探讨《灵》、《素》奥旨，娴习内外方脉，尤擅幼科。著有《验方萃编》二卷、《幼科心法》一卷。邑中医门后学，多抄诵之。[见：《三台县志》]

李启河 号西坡。清代浙江永嘉县枬溪人。自少习医，颇有心得。年七十余，著《医林析义》三十卷，"症备七科，法宗四子"，贡生朱景燎为之作序，惜未见流传。[见：《永嘉县志》]

李君玉 元代广平（今河北广平）人。业医，善赋诗。曾游于江淮间，遇异人授以针法。王恽《秋涧先生大全文集》有《跋针者李君玉诗卷》。[见：《金元医学人物》]

李君卿 金代人。生平里居未详。通医理，曾主持药局。李俊民《庄靖集·李君卿药局会疏》云："秦缓未来，罕悟膏肓之疾；孟孙犹在，复何药石之忧？生不可轻，命由所养。固尝愧扁鹊之失见，岂徒望叔微之阴功？细详肘后之方，洪济笼中之物，用虽一粒，重若万金。知伯休之价乎，守之不二。受康子之馈者，达则敢尝。"[见：《金元医学人物》]

李际斯 字述尼。清代江西南昌板溪里人。精医术，知名于时。[见：《南昌府志》]

李纯文 清代安徽蒙城县人。儒医李怀周孙。传承祖父之学，亦精医术。[见：《重修蒙城县志》]

李其吉 清代江西雩都县人。医学训科李文仪子。研习其父所录《脉诀》、《诸科经验

方》等书，久之精医理，为当时名医。子李少思，孙李品尊，皆以医术知名。[见：《雩都县志》]

李枝桂 字健林。清代江苏上海县闵行人。附贡生。质直有文名，兼精医术。客居京师，乾隆六十年（1795）钦赐国子监学正。嘉庆元年（1796）与千叟宴，赏赐如例。著有《内经指要》、《医宗约贯》、《医林证验》等书，均未见刊行。[见：《上海县志》]

李枝源 字天和，号春江。清代江苏上海县人。监生。精医理，治伤寒应手奏效。泛览诸家医书，以为无出仲景之右者。著有《医学指要》，未见刊行。子李调梅、李舒亭，皆能传父业。[见：《上海县志》]

李茂兰 明代浙江上虞县人。从本县周一龙学医，尽得其传，有名于时。[见：《上虞县志》]

李茂盛 字隆德。清代广东澄海县人。业医，以小儿科名重于时，全活甚众。性孝友，所得财不自私，兄弟数人皆得举火，未尝有吝。[见：《澄海县志》]

李若恒 字月如。清代河南新安县李家坡人。精医术，活人甚众，知名于时。乾隆四十年（1775）学使周公赠以"悬壶宿儒"匾额。年八十一岁卒。有子五人，俱以医名。[见：《新安县志》]

李英士 字应聘。清代河南淮阳县人。精医术，善诊脉，断患者吉凶无或爽。县令罗某，以"扁鹊仙术"额其门。[见：《淮阳县志》]

李松溪 清末江苏吴江县人。精医术，擅妇科，颇负时望。年逾花甲，子嗣相继早亡，遂以医术尽授门生邹云秋。[见：《吴中名医录·邹云秋》]

李雨村 字万春，号鹤龄，又号清源居士。清代山西清源县人。生平未详。著有《医易引端》，今存抄本。[见：《中医图书联合目录》]

李雨若 清代河南南阳县人。精医术，以儿科知名。弟李遇文，亦工医，专擅眼科。[见：《南阳县志》]

李雨春 字元绶。清代江苏吴县人。寓居上海。工医术。临证精审，按脉立方，多著良效，有声于时。[见：《松江府志》]

李奋生 清代陕西韩城县人。精医术，知名于时。[见：《韩城县续志》、《同州志》]

李叔亮 元代和林（今内蒙古和林格尔）人。与宋郁、高侃皆任和林医学正。至顺元年至二年（1330～1331）参与和林三皇庙扩建。[见：《金元医学人物》（引《和林金石录·和林三皇庙残碑文》）]

李典三 清代甘肃青城人。精岐黄术，决病者死生极验。著有《王叔和脉诀注》若干卷，今未见。[见：《青城记》]

李典礼 字又善，号楫亭。清代江苏高邮人。早年习儒，为附监生。天性旷远，不屑治举业，遂精于医。临证不泥古方，不矜己见，名噪淮北。善清谈，其诗亦清脱可诵。婿姚元复，得其传授，亦以医名。[见：《高邮州志》]

李典荣 清代江苏高淳县人。少承庭训学医，精其术，尤擅治瘟疫，远近知名。[见：《高淳县志》]

李尚元 字仰春。明代江宁（今江苏南京）人。精医术，以擅治伤寒证知名。病者服其药，必预言某时当睡，某时当下，皆应。焦太史雅重其术，赠以文，略云："自古论病，惟伤寒最为难疗，表里虚实，稍不审辄不可救。尚元有三胜焉：每用药，言某时当得睡，某时当得下，时刻皆应，一也；有一儿病，误服补剂几殆，尚元所用独异，群咻之不为动，卒以奏功，尝曰：仓公言，吾以脉法治而愈，二也；庞安常治伤寒有名，传称其乐义耐事，如慈母而有恒，尚元为人似之，三也。"子李言曾，孙李钟懋、李时遇，皆世其业，有声于时。[见：《江宁府志》]

李尚新 字顺泉，又字怀德。明代仪真县（今江苏仪征）人。世代业医，至尚新亦精祖业，工幼科，为万历间（1573～1619）名医。医学之外，兼擅书法，好吟咏。著有《育婴家秘》一卷，未见流传。子李奎燦，孙李相如，皆以医名。[见：《扬州府志》、《仪征县志》]

李国龙 （1788～1851）又名泽明。清代人。里居未详。道光（1821～1850）末，侨居广东大埔县，开设种杏堂药铺于城内横街。擅外科术，名振于时。城内人吴某与其侄素有仇隙，一日，其侄以匕首从腰部斜刺之，肠流于地，血出如注，急延国龙救治。国龙审视良久，曰："肠虽尽出，幸未破裂，尚有一线生机。"遂以药水洗之，肠自缩入，再以线缝伤口，外敷药末，十余日愈。梅树坑袁姓妇悍泼异常，一日与妯娌争水灌田，举锄戳彼脑盖，重创之。国龙应聘往治，亦愈之。谓伤者曰："此症虽愈，但伤时脑内已受风，恐将有头痛之疾也。"后果如所言。李氏重医德，凡病家延诊，不论寒暑远近，随请随到，不计诊酬，不受谢礼，遇贫者助以药资。后因洪

水为患，迁居坪沙。咸丰元年卒，寿六十有四。［见：《大埔县志》］

李国勋 清代人。时居未详。为太医院医士。乾隆四年（1739）参予修纂《医宗金鉴》，任副纂修官。［见：《医宗金鉴·诸臣职名》］

李国聘 清代湖南永兴县人。精医理。凡遇异疾，治辄痊愈，名重于时。［见：《永兴县志》］

李昌栐 清代湖南绥宁县人。早年习儒，为增生。性方正，好学不倦，工书法。尤精医理，通脉诀，施药活人甚众。［见：《绥宁县志》］

李昌翁 字翼唐。清代湖南长沙县人。弃儒业医，屡著奇验，知名于时。年八十岁卒。著有《经验医案备览》四卷，今未见。按，光绪十一年《湖南通志》作"《经验医案集览》四卷，长沙李昌符撰"，未知孰是，待考。［见：《长沙县志》、《湖南通志》］

李明杞 清代四川三台县建林驿人。幼年丧父，赖叔父李茝抚教成人。其乡某氏，秘藏治狂犬病神方，秘之不传，藉以获利。李氏以重金购其方，按方制药，普施于人，乡里德之。［见：《三台县志》］

李明甫 宋代嘉兴东阳（今浙江东阳）人。善医，尤精针法。相传义乌县令患心痛疾，垂死。李氏视之曰："有虫在肺下，药所不及，针砭乃可。然非易也。"遂阳谓将在背上点穴，秘取冷水喷之，县令方惊悸而针已入，曰："虫已死矣。"既而腹大痛，下黑水数升而愈。［见：《嘉兴府志》、《金华府志》］

李明远 明代扬州（今江苏扬州）人。其先世徙居济南新泰县。精医术，治病不计利，贫富皆感之。［见：《济南府志》］

李明昌 清末云南昆明人。世代业医，至明昌亦精其术，知名乡里。子李继昌，为现代名医。［见：《著名中医学家的学术经验》］

李明哲 字浚泉。清代江苏沛县人。庠生。专力于医学，名噪一时，每岁活人无算。［见：《沛县志》］

李明渠 字镜波，号亦痴。清代河南夏邑县人。早年习儒，数困乡闱，改业岐黄。临证多奇效，知名于时。兼风鉴，著有《地理辑要》，藏于家。［见：《夏邑县志》］

李果皓 字又白，号用吉。清代四川夹江县人。博学多才，康熙五年丙午（1666）举于乡，授湖北嘉禾县令。时兵革方息，疫病流行，李氏素精医药，下车伊始，问民生疾苦，延聘四

方医者广为施治，居中指导，民赖以安。乡人感其清廉，列名宦祠。［见：《夹江县志》］

李鸣珂 清代浙江鄞县人。生平未详。著有《医学直法》四卷，未见刊行。［见：《鄞县通志》］

李鸣皋① 字闻宇。明代河南荥泽县人。居广武山畔。邑庠生。嗜医学，曾走访高士，习本草药性，制丸散以济人。［见：《荥泽县志》］

李鸣皋② 字闻天。清代河南柘城县人。邑庠生。精书法，工医术，专擅痘科。［见：《柘城县志》］

李知先 字元象，号双钟处士。南宋陇西人。生平未详。李氏对《伤寒论》有研究，推重北宋朱肱《南阳活人书》，尝谓："尝观论伤寒，自仲景而下凡几百家，集其书则卷帙繁挈，味其言则旨意微深，最当者，惟《活人书》而已。"李氏恐"世医未得其要领"，遂"撮其机要，错综成文，使人人见之了然明白"，撰《活人书括》三卷，刊于乾道二年丙戌（1166）。原书国内已佚，日本丹波元胤《中国医籍考》著录"《活人书括》三卷，存"，或日本尚存李氏原本。明代御医吴恕，曾增补李知先《活人书括》，改名《伤寒活人指掌》，增为五卷，今存杨守敬观海堂旧藏明万历间刻本（书存台湾省）。明代儒医熊均，取吴氏增补本再次增订，改题《伤寒活人书括指掌图论》，分为十卷，刊刻于世，今存。［见：《中国善本书提要》、《中国医籍考》、《四部总录医药编》、《故宫所藏观海堂书目》、《中医图书联合目录》、《本草纲目·引据古今医家书目》］

李和锡 清代四川南部县人。以医知名。有医德，诊病不分贫富，穷困者尤受其惠。［见：《南部县志》］

李季伦 清代江苏仪征县人。其前人自宋代即以医术著称，至季伦尤负盛名，治痘疹能预言生死，人以"鬼眼"称之。子孙世承家业。［见：《仪征县续志》］

李季安 元代江西崇仁县人。早年习举业，博览群书。中年业医，治病不择贫富，虽贫困不能自存者，必拯其危急，有儒医之称。著有《内经指要》（又作《内经旨要》），已佚。［见：《中国医籍考》、《江西通志稿》、《金元医学人物》（引《吴文正公集》）］

李季青 一作李季清。清代浙江乌程县（今吴兴）人。为名医凌奂（1822～1893）门生。曾校正凌氏《医学薪传》。［见：《吴兴凌氏

二种》、《中国历代医家传录》]

李秉钧

字硕甫。清代河北交河县人。究心医术，攻研既久，洞彻药性，精明脉理，有起死回生之誉。[见：《交河县志》]

李秉彝

宋代人。里居未详。李温如子。温如曾得疗发背药方，用之神效，救人甚多，秘其方不传。李秉彝亦依方活人，终不以方授人。[见：《传信适用方》]

李侨与

清代江西石城县石中里罕坑人。早年习儒，因亲病究心《灵》、《素》诸医书，久之以医知名。著有《一中辑略》，未见梓行。[见：《石城县志》]

李佩华

字子实。清代山西长治县人。诸生。自幼读书，有济人志。精医术，凡方书无不参究，活人甚众。年七十余，无疾而卒。[见：《山西通志》]

李佩沅

字鼎臣。清代辽宁台安县人。光绪辛卯（1891）举人。官广宁斗秤捐局总办。北洋大臣袁公重其才，委充直隶永平府知府，未接篆而卒。生平识大体，不矜细行。与文林李世雄、郝桂芬、李如柏、刘春焗、朱显廷诸人相往还，人呼为辽西七杰。著有《医学新编》、《青梅诗集》，散佚于兵乱。[见：《台安县志》]

李欣园

清代江苏丹徒县人。名医王之政关门弟子，得其师真传。[见：《丹徒县志》、《中国历代医史》]

李受之

清代江苏常熟县人。以医知名，素好蒔菊。年七十余卒。[见：《常昭合志稿·王家瑞》]

李金堂

清代广东新会县人。邑名医李雅垻子。早年习儒，为诸生。克继父业，亦以医名。[见：《金堂县志·李橙光》]

李金铺

字文澜。清代浙江宁波人。通医术，为名医徐圆成门生。[见：《中国历代医家传录》（引《毓德堂医约》）]

李育元

字瑞庚。清代浙江余杭县人。其先祖为宋代御医，靖康（1126）后徙居江南，世以小儿科著名。李育元善承家学，医术精奇，远近求治者门庭若市。性孝友，慷慨好施，遇贫士困窘者辄以薪米助之。子李瑄，为儒生。[见：《余杭县志》]

李性善

元明间人。里居未详。业医，精其术。邓雅《寄医士李性善》诗曰："白首攻医业，青山养道心。药炉犹伏火，杏树已成林。岁月仙家永，尘氛世虑深。欲过龙虎峡，相即坐松荫。"[见：《金元医学人物（引《玉笥集》）》]

李怡庵

（1905～1966）原名占凤。现代浙江昆山市玉山镇人。自幼入塾，民国后就读于玉山第二初等小学、昆山县第一高等小学。1922年考入上海中医专门学校。四年后毕业，设诊于昆山县城。擅治伤寒内科，疗效显著，知名于时。1932年"一·二八"事变，避难苏州，诊疗之余兼任苏州国医学校讲师。1937年抗日战争爆发，避难吴县光福，旋赴沪，次年返昆山巴城镇行医。1939年悬壶于乡，直至中华人民共和国成立。1954年任昆山县中医学术研究会筹委会委员。次年，参加血吸虫病防治组，以中医药治疗血吸虫病。1956年3月加入城区民康联合诊所，任中医内科医师，又出任昆山县第一届政协委员，并连续被推选为县第二、三、四届人大代表。1958年10月民康联合诊所并入马鞍山公社医院（1966年改玉山镇卫生院），任门诊部副主任。同年出任中医学徒班讲师组副组长。李氏精通中医经典，授课深入浅出，深受学生欢迎。临证善于辨证，脉案隽秀，处方严谨，疗效颇佳。1962年被江苏省卫生厅评为急需继承学术经验的老中医。[见：《昆山历代医家录》]

李学川①

字三源，号邓尉山人。清代江苏吴县人。著有《针灸逢源》六卷，刊于嘉庆二十二年丁丑（1817），今存。[见：《贩书偶记续编》、《中医图书联合目录》]

李学川②

清代浙江归安县人。生平未详。辑有《笔花医镜》四卷，道光二十二年壬寅（1842）由江陵邓氏刊行。按，归安名医江秋，号笔花，撰《笔花医镜》四卷，盛传于世。疑《重修浙江通志稿》著录有误，李学川或为《笔花医镜》之校订者，待考。[见：《重修浙江通志稿》]

李学正

字子芳，号松园。清代河南正阳县汪湖人。岁贡生，候选儒学训导。精医术，救济极多。汝南人士作文赞之曰："业精岐黄，称为国手。济世活人，汝南罕有。水生珍珠，石蕴琼玖。先生之风，奕世不朽。"著有《伤寒三疫论》、《松园癣论》、《醒迷传》等书，刊刻于世，今未见。[见：《正阳县志》]

李学吾

字贯扩，号敬亭。清代江西吉安府莲花厅（今永新县）上西乡平溪村人。自少读书能文，不遇于时，遂攻医学，名闻三湘二水间。济人周急，不责其酬，遇疫疬流行则捐施药饵，全活甚众。居乡以孝友闻，雅好推解。年五十六岁卒。著《医宗要义》一书，未见梓行。子李世辅，为进士，官修仁知县；李世辕、李世

轴，能世父学。[见：《莲花厅志》、《吉安府志》]

李河云 清代河南长垣县人。邑名医李义如孙。继承祖父之学，亦精医术。[见：《长垣县志》]

李法谦 本姓宋。明代山东青州乐安县（今广饶）人。其父以武功授官，徙居池州石埭县之七里街。李法谦隐于医，术甚精，心甚正，治病不求酬报，药虽屡效而家境长贫。卒后，乡人思其德，周济其家。[见：《池州府志》]

李治民 （1887～1982） 字明远，号壶隐。现代吉林梨树县人。生于世医之家。自幼颖异强记，八岁入塾，经史之外，兼习诗文。年十八岁无意仕途，弃儒习医。先后拜两师学艺，肆力于《内经》、《伤寒》、《金匮》诸书，于内、妇、儿诸科均有造诣。二十四岁悬壶于益兴泰药铺，以幼科问世，后兼治内、妇诸科，时称小李先生，为乡里所敬。嗣后，复问业于梨树"三李"（李化宣、李甲三、李辉武）等前辈名医，历十余年，医技大进。军阀混战时期，梨树瘟疫流行，李氏竭力施救，活人过百，声名日起。1931～1933年，三应本县中医考核，均中魁元，为同道所推重。1949年，迁居四平市，坐堂于老广生堂，求医者车马盈门，名望日隆。1958年出任四平市第二医院医务主任。1964年任教于四川医专。两次当选市人大代表，三次当选市政协委员。李氏一生致力医学，治学严谨，博览群书，广取众长，于理、法、方、药均有独到见解，为吉林省著名医家。次子李维贤，为原中国中医研究院教授；三子李维学，任四平市妇婴医院中医科主任。[见：李维贤《吉林省著名老中医李治民先生传记》]

李泽溥 字沛苍。清代湖北蕲州人。岁贡生。工诗古文，才识过人。知州张六庵有疑案不能决，延泽溥至，立辨。家承贵显，饶于资，泽溥赈贫乏，济姻族，制汤药，施棺木，乡里德之。蕲俗富家每多佃，溥独不多，令子孙世守。著有《雨湖阁文集》、《津梁医书》，今未见。[见：《蕲州志》]

李宝堂 字森斋。清代贵州遵义人。岁贡生。博涉百家，归于六经，而尤邃于易。旁精医方，治辄获效。家贫，昼负药囊市于街巷，夜则灯下苦读。后教塾于郡城，前后达三十年，生徒甚众。年七十三岁卒。著有《格致编》、《素问集注》，今未见。[见：《贵州通志》、《遵义府志》]

李宝琛 字琳卿。清代山东济宁人。熟于音韵训诂之学，兼通医理。查景绶从之游，亦善医。[见：《济宁县志·查景绶》]

李宗讷 （949～1003） 北宋深州饶阳（今河北饶阳）人。司空李昉子。颇习典礼。太平兴国（976～983）初，诏贾黄中集《神医普救方》，李宗讷、刘锡、吴淑、吕文仲、杜镐、舒雅皆参与其事。雍熙（984～987）初，李昉在相位，上欲命宗讷为尚书郎，昉恳辞，以为非承平故事，止改秘书丞，历太常博士。淳化间（990～994），吕端掌礼院，引宗讷同判，累迁比部郎中。咸平六年卒，年五十五岁。子李昭回，官屯田员外郎；李昭逊，官太子中舍。[见：《宋史·李昉传（子宗讷）》]

李宗周 明代人。里居未详。通医理，弘治间（1488～1505）官太医院使。弘治十六年（1503），与院判刘文泰等奉敕编撰《本草品汇精要》四十二卷，成书于弘治十八年三月。当年四月，孝宗不豫，刘文泰、高廷和、李宗周等太医治疗不效，崩。诸御医皆获罪，李宗周降职二级，改院判。武宗正德间（1506～1521）复任太医院使。[见：《万历野获编》、《御制本草品汇精要·考略》]

李宗昉 字静远，号芝龄。明代山阳县（今江苏淮安）人。先世有号金竹翁者，元代末年以医术知名濠泗间，明初迁居山阳，子孙皆世其业，世称金竹李氏。李宗昉继承家传，亦为良医。[见：《山阳县志》]

李宗泌 清代江苏宝山县江湾里人。道光甲辰（1844）诸生。晚年精医理，治病应手奏效。[见：《江湾里志》]

李宗宾 字瞻甫。清代江苏青浦县白鹤镇人。性俭约，乐善好施。素精医术，为同光间（1862～1908）名医。重医德，贫病求治必应，徒步出诊，不论寒暑，每以药赠之。[见：《青浦县志》、《青浦县续志》]

李宗焱 字南景，号洞阳，晚号太青。近代山西新绛县禅曲村人。幼从其父至豫，读书伏牛山中。弱冠返里，补博士弟子。赴秋闱不中，尽弃所学，隐居鲁山。尝语子侄曰："甲午之役，日人夺我台湾、辽东。当日朝中岂乏能文之士？满纸风花雪月，饥不能食，渴不能饮，何补于国也。"李氏通儒学，善诗文，兼精医药、卜筮诸术，知名于时。年五十三岁殁。著有《半醒堂诗文集》。[见：《新绛县志》]

李宗源 号一亭。清代广东罗定县开阳乡人。生平未详。著有《医纲提要》八卷，刊于道光十年（1830）。[见：《中医图书联合目录》]

李定源 字本之。清代奉天府铁岭县（今辽宁铁岭）人。生平未详。曾重校魏之琇《续名医类案》。[见：《中国历代医家传录》]

李宜卿 元代新淦（今江西新干）人。世代业医，其祖、父皆为医官，为士大夫所重。李宜卿早年习儒，兼精家学，远近求治者甚众。不求闻达，名其室曰诚求。平素积蓄良药，诊病不分贫富，不计酬报。太医院荐授医官，不受。[见：《金元医学人物》（引《傅与砺文集·赠医者李宜卿序》)]

李建元 明代湖北蕲州人。名医李时珍次子。黄州府儒学生员。助其父编撰《本草纲目》，并绘制药图。万历二十四年丙申（1596），父书刊刻于金陵，建元乃上《进本草纲目疏》于朝廷，同时呈送《本草纲目》五十八套。万历皇帝御批："书留览，礼部知道。钦此。"[见：《本草纲目》、《明实录》、《李时珍先生年谱》]

李建木 字泰阶。明代湖北蕲州人。名医李时珍幼子。少为诸生，性澹泊，耽书史，有声士林。万历三十六年（1608）大水，饿殍载道，建木施粥以济饥民，全活数百。卒，祀乡贤祠。曾参订其父《本草纲目》。[见：《黄州府志》、《本草纲目》、《李时珍先生年谱》]

李建中① 字龙源。明代湖北蕲州人。名医李时珍长子。性至孝。自幼习儒，十岁能文，年十二为诸生，嘉靖甲子（1564）举于乡。万历三年（1575）授蓬溪知县，以廉称。十五年（1587）擢云南永昌府通判，以亲老辞归。卒于乡，殁后祀乡贤。曾参修其父《本草纲目》，又自著诗文集《蜀游草》、《明月山诗》数卷。嗣子李树初，举进士，官至山西按察副使。[见：《黄州府志》、《本草纲目》、《李时珍先生年谱》]

李建中② 字绍唐。清代山东日照县人。岁贡生。工书翰，精绘事，尤娴吟诵，抒写性情，老而弥笃。晚年精医术，著《初学指南》、《医法心参》、《丛桂山房诗集》诸书，未见刊行。[见：《日照县志》]

李建方 明代湖北蕲州人。名医李时珍三子。绍承父学，精医术，官太医院医士。曾参修其父《本草纲目》。[见：《本草纲目》、《李时珍先生年谱》]

李建昂 字竹轩。清代四川大足县大堡场人。初习儒，以家贫弃学攻医，声名远噪。青龙桥王某患异疾，喜独居暗室，不近灯火，偶出则病剧，遍延名医不效，乃请建昂诊视。建昂先不予药，索王某所作之文，乱其句读，朗声而诵。王止之，不听，乃夺其文曰："客非此道中人，不解句读，何其狂妄？"因就灯而坐，指明其误，遂不复畏光。建昂又处一方，服之疾愈。或问其故，答曰："此病郁也，得怒而郁解，故有此为。"又，同邑医者胡辉屏之子病，头痛如斧劈，晨发午退，日以为常。胡氏令服小柴胡汤，不效，乃邀建昂。建昂视之，曰："病在肝而不在胆，服小柴胡不愈者，以半夏故也。"以原方去半夏服之，霍然而愈，闻者叹服。[见：《重修大足县志》]

李建善 清末甘肃崇信县郭家堡人。自幼习儒，光绪间（1875～1908）中举。兼精医道，晚年以术济人，虽远不辞，不计诊资，乡里感德。[见：《崇信县志》]

李建儒 清代河南正阳县潘店人。邑名医李存安子。继承父学，亦工医术，尤擅治痘疹。[见：《重修正阳县志》]

李承欢 字菽长。清代广东龙门县人。岁贡生。慷慨乐施，凡利济事，皆力任不辞。究心医术，多贮药料，有求医者则赠之，不计值，全活甚众。[见：《龙门县志》]

李承宝 号信斋。明代河南新乡县人。岁贡生。素善谈兵，抚院本兵尝欲聘之大用，不果。又精脉理，每有诸医束手之疾，承宝至辄起之。性耿介，凡贵家延诊不乐往，里巷贫病者招之则赴，不受诊酬。平日短衣曳杖，自若也。晚年官灵山卫教授。著有《医卜闲谈》诸书，未见流传。[见：《新乡县志》]

李承烈 清代湖南桃源县上香山村人。少倜傥有大志，积学未售，屡困名场。后入幕府，参军筹，以功授七品衔，非其志也。晚年设义学，培育人才，远近从游者并资以膏火。兼工医术，施药以济困穷。著有《经验妙方》，藏于家。[见：《桃源县志》]

李承超 字逊卿。清代安徽婺源县人。幼聪颖，四龄丧母，与祖母相依。七岁习举业，弱冠后博览群书，专务考据之学。因祖母善病，究心医术。同治十二年（1873）旌表孝子。著述甚多，医书有《脉法正宗》、《伤寒辨证》及《医案》等，未梓。[见：《婺源县志》]

李绍发 清代甘肃人。生平里居未详。通医理，曾著医书若干卷，今未见。[见：《甘肃省乡土志稿》]

李绍青 字桃溪。清代四川巴中县人。初业儒，屡试不第，弃而攻医。于《内经》、《伤寒论》及当代医书无不披览，通内外两科，治疾以速效闻，人争致之。晚年著《医学入门》，未梓而殁。[见：《巴中县志》]

李绍绩 清代陕西咸阳人。监生。素习医术，常施药活人。[见：《陕西通志》]

李绍菠 清代甘肃镇番县人。乾隆十七年（1752）岁贡。少聪慧，博极群书。通数术，尤邃于医，决吉凶生死无不验者。著有医书若干卷，今未见。[见：《镇番县志》]

李春山 清代江苏上海县人，祖籍浙江宁波。名医李用粹孙，李揆文子。绍承家学，亦以医名。[见：《上海县志·李用粹》]

李春台 字怀川。明代湖南邵阳县人。世代精医，至春台尤负盛名。有医德，治病不求酬报，故贫病者日填其门，未尝有倦容，遇途远不能逐日至者，计日增减处方，嘱其依次服药，无不验者。生性坦诚，胸无城府，与人语倾吐无讳，济人缓急"若切肌肤"。重孝义，延师以教诸弟，弟长成，以家产尽让之。多善举，历年出资购棺以葬暴骸。巡抚张公雅重其术，常致书招之。年八十岁卒，以乐施鲜积，遗其子以贫云。[见：《宝庆府志·任侠》]

李春先 明代山西云中县人。世医出身。资性聪颖，博通经书。精研脉理，用药不拘古方，临证随投辄效，人呼为"李仙"。怀济人利物之心，无论远近贫富，凡有求者，莫不赴治，全活甚众。当地官绅延请无虚日，淡然处之，无自德色。[见：《山西通志》]

李春华 字子实。清代山西新绛县光村人。精医术，尤擅外科，临证多奇效，有神仙之称。晚年举乡饮宾。著有《外科奇方》若干卷，今未见。无子，其术遂不传。[见：《新绛县志·杂传》]

李春英 清代江苏丹徒人。邑名医李增曾孙。研习医术，精于制药，名闻乡里。子李恩蓉，绍承家学。[见：《丹徒县志摭余》]

李春茂 明代吴县（今江苏苏州）人。生平未详。著有《妇人诸证辨览》，已佚。[见：《吴县志》]

李春显 清代湖南绥宁县人。庠生。性孝友。精医术，名重于时。有医德，凡延请，虽酷暑风雪，必步行往视，不计谢仪，活人无算。[见：《绥宁县志》、《靖州直隶州志》]

李春泰 字泽普。清代山东阳信县人。精通医术，于喉科尤所擅长。值疫疠流行，白喉痧大作，传染遍乡里，远近赖其术全活者甚众。平素制药备急，遇患者辄施济，岁以为常。又多善举，凡地方公益事，无不竭力提倡。县令仓永培以"嘉惠士林"额其门。[见：《阳信县志·任恤》]

李春耀 清代湖南绥宁县人。精堪舆术，兼通医道，治病辄效，全活者数百人。[见：《绥宁县志》]

李荣孝 字显庭。近代辽宁盖平县城厢人。少时读书不多，后从邑庠生宋自申问学，数年寒暑无间，文义遂日明。宋殁于乡，诣其墓，躬奠焉，而人未知也。经异人指授，精通外科，悬壶城市，声名渐著。性明敏，后兼通内科，得诸治要领，临证能体验变通，善疗白喉、痘疹、小儿痞积诸病。其针法亦有渊源，迥异世俗，然不轻示人。民国间任盖平医药研究会副会长。著有《女科宗要》、《痘疹正治》、《白喉辨微》诸书，今未见。子李树新，亦业医。[见：《盖平县志》]

李荣陶 字风高。清代江西万载县人。诸生。天性旷逸，不重科名。精医理及推拿术，屡起危疾。曾与挚友高某相晤，见神色有异，索手诊其脉，曰："君外虽无恙，然某脏已亏，宜速治。"未几，高某果死。府教授熊日华、萍乡县令张敉皆礼敬之。著有《医家宗旨》数万言，其弟李荣陞见而叹曰："倘得梓行，有补于世不少。"[见：《万载县志》]

李荣滋 字春暄。近代辽宁盖平县东关宫家屯人。精通医术，悬壶四十余年，临证审慎，以妇科知名。有医德，每逢朔望及持观音斋期，踵门就诊者概不取诊资。[见：《盖平县志》]

李荫远 清代河北霸县夹河村人。精医术，知名于时。门生贾维桢，声名尤盛。[见：《霸县新志》]

李荫棠 清代山西汾阳县小罗城人。好读书，精小儿痘科。远近延请，日夜无少暇，活人无算。山长胡苍岩尝曰："先生阎君也，能定生死，神乎技矣！"著有《秘藏痘科集》一卷，今未见。[见：《汾阳县志》]

李荫槐 字植三。清代江西广昌县人。精岐黄术，遇疑难大症，投剂多瘳，一时称良医。[见：《广昌县志》]

李药师 佚其名。唐代人。生平里居未详。著有眼科书《金鎞秘论》十二卷，其书分十二门，皆论医目之法，取佛书"金鎞刮眼"之义，故名"金鎞"。清代编《四库全书》，收入两淮盐政采进本《金鎞秘论》。原书自题"梁溪流寓李药师撰"，自序称："唐李靖以三等法教士，故亦以三等法治病。"按，李靖，字药师，唐太宗时官尚书右仆射，封卫国公。故纪昀《四库全书总目提要》曰："殆亦寓名欤？"乃疑"李药师"即李靖。[见：《四库全书总目提要》、《续通志艺文略》]

李相如 明代仪真县（今江苏仪征）人。世医李尚新孙，李奎燡子。绍承家学，亦通医术。治病不因贫富而异视，患者多赖之。[见：《仪征县志·李尚新传》]

李柱国 佚其名。西汉人。生平里居未详。汉成帝时（前32～前23）侍御医。汉初古籍散亡甚多，孝武帝时"建藏书之策，置写书之官，下及诸子传说，皆充秘府"。至成帝时，复"使谒者陈农求遗书于天下。诏光禄大夫刘向校经传诸子诗赋，步兵校尉任宏校兵书，太史令尹咸校数术，侍医李柱国校方技。每一书已，（刘）向辄条其篇目，撮其指意，录而奏之"。李柱国等校订医经类、经方类医书十八种，共四百九十卷（今存者仅《黄帝内经》一种，余皆散亡），初著录于刘歆《七略·方技略》，后收入《汉书·艺文志》。[见：《汉书·艺文志》、《中医大辞典》]

李树本 明代湖北蕲州人。名医李时珍孙。曾任荆州府引礼生。曾助修祖父所著《本草纲目》。[见：《本草纲目》]

李树初 字客天。明代湖北蕲州人。名医李时珍孙，蓬溪知县李建中嗣子。习儒，为庠生。举万历四十六年（1618）乡试，次年成进士，授户部主事，官至山西按察副使。曾助修祖父所著《本草纲目》。顾景星作《李氏四贤传》，称李时珍、李建中、李建木、李树初为李氏四贤。[见：《白茅堂集·李树初墓志铭》、《本草纲目》、《李时珍先生年谱》]

李树声 明代湖北蕲州人。名医李时珍孙。习儒，为庠生。曾助修祖父所著《本草纲目》。[见：《本草纲目》]

李树宗 明代湖北蕲州人。名医李时珍孙。习儒，为庠生。曾助修祖父所著《本草纲目》。[见：《本草纲目》、《李时珍先生年谱》]

李树荣 字香池。清末贵州大定县人。岁贡生。年弱冠即究心岐黄之术，后以医名家。凡古今医学诸书，靡不浏览披寻，枕席间屡杂堆积，寝食与俱，终其身无少间。每诊视，遇疑难诸症，必历一二时辰之久，凝神一志，务得病源而后已，故屡见奇效，踵门乞请者如市。家设药室，遇贫乏无资者，辄以药馈送。每日午后出诊，挨户视脉，常三更始归。利济数十年，全活无算。年八十岁患病，谓家人曰："是必不愈矣，医药亦无益。"如言而卒。著有《药性歌括》一卷、《医学歌括》若干卷，今未见。婿黄辑五，孙李兆兰，俱得亲传，皆以医擅名。[见：《大定县志》]

李树勋 明代湖北蕲州人。名医李时珍孙。习儒，为庠生。曾助修祖父所著《本草纲目》。[见：《本草纲目》]

李树培 字万峰。清代江苏宜兴县人。精医术，治病应手取效。曾分析风、寒、暑、湿、虚、实、内、外，著《八阵图说》，未见刊行。长子李逊庄，传承父业。[见：《宜兴荆溪县新志》]

李树新 近代辽宁盖平县城厢人。邑名医李荣孝子。绍承父学，亦业医。[见：《盖平县志》]

李树锦 字晓帆。清代山东莒县泉子头村人。邑名医李廷祺子。绍承父学，亦工医术，尤精脉理，预决死生无或爽。[见：《莒志·李廷祺》]

李南翁 元代吉安府庐陵县（今江西吉水）人。精通医道，名重乡里。同邑孙允贤，与之齐名。[见：《吉安府志》]

李厚培 清代四川荣昌县人。精医术，知名乡里。年八十八岁卒。[见：《荣昌县志》]

李奎燡 明代仪真县（今江苏仪征）人。世医李尚新子。绍承父学，亦工医术，治痘疹有神效。子李相如，传承祖业。[见：《仪征县志》]

李临安 号真一子，又号玉峰闲士。清代人。生平里居未详。著有《医学枢要》六卷，今存咸丰十年庚申（1860）抄本。[见：《中医图书联合目录》]

李显祚 字仲奕。清末山西新绛县人。国学生。性仁孝，父病，不远百里延医调治。后致力医学，随病制方，用辄获效。[见：《新绛县志》]

李显常 字镜海。清代江苏上海县人。邑庠生。性刚果断，明事理。因病习医，治人辄愈，不受酬谢。[见：《上海县志》]

李星炜 号云鹤山人。明代云南鹤庆人。性真诚简严。幼习举业，读书每忘寝食。

后因病学医，洞彻方脉。以起人沉疴为念，不计利。著有《奇验方书》、《痘疹保婴心法》，多发前人未发之旨。[见：《云南通志》]

李昭明 唐代人。生平里居未详。著有《嵩台集》三卷，已佚。[见：《新唐书·艺文志》、《崇文总目辑释》]

李昭南 清代广东新会县荷塘人。侨居南海佛山。嘉道间（1796～1850）以医术著称，尤以妇科见长。性聪慧，于岐黄书无所不览，而临证不泥成法。尝谓："治病当如治兵，运用之妙，存乎一心而已。"诊脉能辨寿夭，预决生死罔不验。洋商伍氏，岁致重币聘之，然相知者走请，无不立往。年六十八岁卒。其同乡容茂元，以儿科知名。[见：《新会县志》]

李昭融 字心如。清代安徽婺源县理田人。为人慷慨好义，精通医道，尤擅痘科。[见：《新安名医考》]

李畏斋 佚其名（号畏斋），自号医隐居士。清代湖南湘潭县人。工医术，名重于时。居常手录方书，种植药材。邻里有求医者，皆上门诊治。百里内外造门延请者，询问其病状，可治则往，应手辄效；不可治则不往，病亦终不能愈。宁乡黄本骧，亦通医道，曾撰文赠之，称为国医。[见：《湖南通志》、《湘潭县志》]

李品尊 清代江西雩都县人。世医李少思子。绍承家学，亦以医知名。[见：《雩都县志》]

李重人 （1909～1969） 原名伦敦，号凤笙。现代四川万县人。自幼随父习医，1929年悬壶问世。1934年开设尊生药房，既经营药业，又应诊治病。1935年创建启华中医院，同时创办《启华中医杂志》、《医铎周刊》。抗日战争及解放战争期间，李重人以行医之便，多次掩护、营救抗日志士及革命同志。1950年，李重人当选为万县市中医界代表，同年加入中华医学会。1951年，组织建立万县市第一联合诊所。1954年当选为万县市第一届人民代表大会代表，同年调成都中医进修学校任教。1956年调卫生部中医司，任教育科科长，协助创办北京中医学院，解决了校址、师资诸难题。此后，参与组织全国中医教材编写和评审；又受卫生部委托起草《关于西医离职学习中医班总结报告》，呈送中共中央。毛泽东主席批示："中国医药学是一个伟大的宝库，应该努力发掘，加以提高。"1962年，李重人调北京中医学院任副教务长，兼中医系副主任。到任后，与秦伯未、任应秋、陈慎吾、于道济等

联名撰写《对修订中医学院教学计划的几点意见》，呈送卫生部及学院领导，对中华人民共和国成立初期改进中医教学、提高教育质量作出重要贡献。李重人勤于著述，撰有《应用方剂学》、《中医病理与诊断》、《丁甘仁遗方歌括一百零三首》、《温病条辨歌括》等书。[见：《北京中医药大学校志》]

李钟奇 清代四川古宋县人。精岐黄术，行医凡六十余年，救治甚众，乡人德之。[见：《古宋县志》]

李钟岳 字伊恒。清末四川简阳县人。幼年习儒，因多病，兼从杨琼龄习医。清末废科举，钟岳已到始衰之年，自愧初不屑为医，乃悬壶为业。其临证善变通，不泥古方，治疗神效，知名于时。以活人济世为心，不计诊酬。遇贫病无药资者，必使痊愈而后已，虽暮夜风雨不辞其劳。其治疾，遇奇难证辄记录之，久之撰《变时医案》一卷，刊刻于世，今未见。[见：《简阳县志》、《简阳县续志·经籍·变时医案自序》]

李钟培 原名朝玉，字芷臣。清代四川汉源县人。以骑射见长，兼通音律、书法、医术，并能相马。知县唐松仙雅重之，每语人曰："汉源文武学者中，如李钟培者有几许！"[见：《汉源县志》]

李钟溥 清代云南鹤庆州人。貌修伟，髯丰而长，人皆以胡子先生称之。精通医术，擅内外科，为乾隆间（1736～1795）鹤庆名医。晚年遇一湖广道人，授以升降二丹，治无名怪疮极验。太守辛某赠匾额曰华佗真传。著有《医学集要》、《眼科》诸书，今未见。子孙绍承先业，皆工医术。[见：《鹤庆州志》]

李钟㮣 明代江宁（今江苏南京）人。名医李尚元孙，李言曾子。与弟李时遇，俱绍承家学，以医术知名。[见：《江宁府志》]

李顺钦 清代湖北沔阳县通海口人。业儒，为监生。兼精医术。于脉理推重王叔和，妙手活人，贫者不取资。弟李顺祥，医术尤精妙。[见：《沔阳州志》]

李顺卿 元初人。里居未详。精医术，官医学教授。罗天益得李氏所传椿皮散，治血痢及肠风下血，屡用有效。[见：《卫生宝鉴·卷十七》]

李顺祥 清代湖北沔阳县通海口人。邑名医李顺钦之弟。精医理，善诊断，预决吉凶，无不验者。[见：《沔阳州志》]

李信龙 字诚一。清代四川简阳县路东龙泉寺人。酷喜读书，潜心经世之学，于医卜、星算，无所不通；古书、奇药、怪石无所不藏；刀创恶疾、接骨续筋之方无所不知。治病不问亲疏，必尽其技。恒谓："吾非以此为业也，但与人方便耳。"年八十八岁卒。[见：《简阳县志》]

李俊良 （?～1856） 清代广西人。初经营药材，兼通医术。咸丰元年（1851），太平天国天王洪秀全染疾，延请李俊良医治，获愈，封"国医"。咸丰三年三月，擢检点，在京征聘医士，选办药材，为内医之长。七月，东王杨秀清患目疾，甚剧，李氏治之获瘳，封"天侯"。咸丰六年天京内讧，李俊良罹难。[见：《太平天国全史》]

李衍昌 字龙标。清代江苏武进县人。精研医术三十余年，尝曰："《内经》为明道之书，《本草》为载道之书。"同邑周氏妇，腹胀经年，衍昌诊之曰："蛊疾也。"与之药，下蛊数升而愈。东郊钱氏子患痨证，衍昌曰："滋阴降火之技穷矣。"遂用古人养脾阴法治之，其疾果愈。[见：《武进阳湖县志》]

李律凤 号蔚中。清代湖南善化县人。读书能文，兼精医术，贫病者求治立往，豪贵家不能强其一顾，卒老于穷困。[见：《善化县志》]

李胜友 清代江西弋阳县人。以医为业，居心仁厚。凡贫病无力延医者，皆持药往治之，未尝有自德之色。郡判包某、邑令赵某、孙某、卢某皆表彰之。[见：《弋阳县志》]

李勉钊 清代安徽宿松县人。业儒未就，转而学医，精通《灵枢》、《素问》诸书，时称医中国手。有手录方书，已佚。李氏有同族兄弟李就熔，亦以医知名。[见：《宿松县志》]

李盈统 清代四川简阳县人。业医，知名于时。弟子胡济全，得其传授。[见：《简阳县志》]

李恒吉 字庆夫。清代山西洪洞县人。品行端方，不尚浮华。工翰墨，尤精岐黄，以外科驰名。著有《外科秘要》二卷，今未见。寿至八十四。[见：《洪洞县志》]

李闻田 清代广东儋县（今属海南）德庆里盐厂村人。郡学廪生。精医学，活人甚众，尤能观气色预知生死。[见：《儋县志》]

李闰嫄 〈女〉 清代河南固始县人。精通妇科，有国手之誉。何氏病血溃，李氏诊之曰："经行有常道，顺其性则调。前药多涩剂，如堤蓄水，水愈高，堤愈峻；蓄愈久，势愈烈。一旦堤崩，横流莫治矣。法宜理之归源，又制丸时时疏之，不滞则不溃也。"曹氏月事停，李氏诊后曰："经停日久，败血足为患。肝病盛则从肝助其虐，胃病甚亦然，无病亦复自积成痞块，散之殊难。经行后须加峻剂，毋使血凝，乘隙入他证。"又，阎氏经行不畅，李氏诊曰："此甚易耳，皆前医多事累之也。人身无二血，必分之曰此心血，此肺血，此常行血，欲使经通，固心固肺，杜他血。不知杜者畅，而畅者滞矣。唯常补其源，于生血处养其神，裨有以养身，则万血归统于一，不必杜，不必多药，但先补剂固其本，而后清剂利之，不一载生男矣。"闻者以为至论。[见：《中国历代医家传录》（引《扬州梦》）]

李炳芬 清代人。生平里居未详。曾于咸丰六年（1856）撰《医林集传》一卷，今存抄本。[见：《中医图书联合目录》]

李炳铨 字少琳。清代江苏上海县人。徙居宝山县高桥镇。精医理，工诗赋，擅书画。[见：《中国历代医家传录》（引《海上墨林》）]

李炳藻 字梅臣。清代河北交河县人。读书屡试不中，去儒就医。究心于《内经》、《难经》及各名医之论，求治者累累，活人无算。尝著医书若干种，皆散佚。[见：《交河县志》]

李烁懿 字翚岩。清代浙江上虞县人。邑增生。精医术，人呼"李半仙"。晚年专以医药济世，全活甚众。[见：《上虞县志》]

李洞玄 唐代人。生平里居未详。工医术，唐初任医博士。据宋·周密《齐东野语》，长孙皇后怀高宗，将产，数日不能分娩。诏医博士李洞玄候脉，奏云："缘子以手执母心，所以不产。"太宗问曰："当何如？"洞玄曰："留子母不全，母全子必死。"皇后曰："留子帝业永昌。"遂隔腹针之，透心至手，皇后崩，太子即诞。按，唐高宗生于贞观二年（628），其母长孙皇后崩于贞观十年，《齐东野语》所载失实。[见：《齐东野语·针砭》]

李济湘 字石帆。清代湖南湘阴县人。精医术，兼通地理、星卜诸学。性格刚直，质实无欺，乡人服其德望。年七十四岁，无疾而终。[见：《湘阴县图志》]

李冠武 字配京。清代安徽蒙城县人。庠生。精医术，工书画，知名于时。[见：《重修蒙城县志》]

李柔克 字从仲。清代山东章丘县人。与名医王生周比邻，为莫逆交。慕王氏术，购医书吟哦，日夜不息。王闻之辄大笑不能止，问之亦不答。柔克知王素有洁癖，乃潜至其下榻处，跣足洒扫，率以为常。王心异久之，竟不知洒扫者为谁。一日佯出，潜归居处，视之乃柔克，大惊，以排行呼之曰："阿三果有志斯道，何罪我乃尔！"自是倾心指授，如师弟之谊。岁余，王氏于士大夫家见前医所疏之方，问曰："孰为此者？"主人告曰："李柔克所立。"王愀然曰："夺我席者，必从仲也！然我死乃显。"王氏殁，李名大噪。[见：《章邱县志》]

李逊庄 清代江苏宜兴县人。邑名医李树培长子。绍承父学，亦业医。侄李道中，得其传授。[见：《宜兴荆溪县新志》]

李泰俨 字东鲁。清代河南汝州（今临汝）人。精医术，知名于时。[见：《汝州全志》]

李素青 清代浙江归安县人。名医凌奂（1822～1893）门生。传承师学，亦以医术知名。[见：《中国历代医家传录》]

李起鸿 清代广东归善县人。精医术，与当时名医邓大德、刘渊、龚楚、邓大成、邓大任、王世仁等先后知名。著有《医宗辑要》，今未见。[见：《惠州府志》]

李晋永 字旭培。清代江苏嘉定县人。精医术，知名于时。[见：《嘉定县志》]

李莲云 清代江西武宁县杨浦人。精医术，预决病者死生顺逆多奇中。[见：《武宁县志》]

李桂实 字天香。清代河南淮阳县人。精医术，知名于时。临证审慎，善治妇女、小儿痞块，屡试屡效。[见：《淮阳县志》]

李桂庭 清代临溟（今辽宁海城）人。生平未详。著有《药性诗解》、《诊视要编》二书，今存光绪二十二年（1896）稿本。[见：《中医图书联合目录》]

李础生 清代河南登封县人。生平未详。著有《外科集验》，今存李映奎监刻本。[见：《中医图书联合目录》]

李振坤 清代河南镇平县人。善岐黄术。平素施药，以济贫病。[见：《镇平县志》]

李振祖① 字士俊。清代河南睢州人。精岐黄释老之学，隐居东村。[见：《续修睢州志》]

李振祖② 字西平。清代北京大兴县人。生平未详。曾得治金创刀伤单方，相传此方在西秦及巴里坤军营救愈多人。乾隆间（1736～1795）李氏将此方授于北京古北口陈杰，陈氏刊入所著《回生集》。[见：《回生集·外症门》]

李虔纵 唐代洛州洛阳（今河南洛阳）人。精医术，武后时（684～704）任侍御医。虔纵与乡人张文仲、京兆人韦慈藏并以医术知名，时推三人为众医之首。[见：《旧唐书·张文仲传》、《新唐书·甄权传》]

李虔修 清代安徽蒙城县人。天性聪颖，深悟岐黄之奥，善决生死，屡起沉疴，医名远振。某氏病笃，群医束手，将易箦矣。适虔修过，诊其两手，六脉俱绝，乃就足踝切之，曰："尚无虞。"授药二帖，服之果愈。又，友人某氏偶过，相与问讯而去，事后叹曰："其命将绝，不可为也。"未半月，某氏果亡，闻者叹服。[见：《重修蒙城县志》]

李晃宇 字曦廷。清代广东东莞县缺口新塘村人。生平未详。通医理。著有《伤寒备要》二卷，今未见。[见：《东莞县志》]

李恩拔 字泰初，别号砚庄。清代湖南邵阳县人。素习举业，道光五年乙酉（1825）拔贡。倜傥好学，早负文誉，兼通医理。性慷慨，不治生产，刻苦自励，而赴人之急必尽其力。丙戌（1826）北上，朝考报罢，就任直隶州州判。辰沅道翟声焕雅重其学，聘主镇篁、敬修及浦市观澜书院讲席。年五十三岁卒。著有《通晓斋文集》、《通晓斋诗集》、《邵陵诸老言行录》，医书有《增订医门普度》若干卷，今未见。贡生汪德彰，与李氏交厚，欲至江汉投所知以终，来别。恩拔止之曰："君垂老而涉重湖，焉知所往能如愿否？"遂授以医术，以为资生之计。[见：《宝庆府志》]

李恩蓉 字东云。清代江苏丹徒县人。其高祖李增，精医术。父李春英，亦以方术知名。恩蓉少习举业，兼随父习医，入学后绝志进取，专力岐黄。病者凡经诊视，应手取效。性廉洁，取予不苟。著有《集注难经浅说》、《删补陈修园医学三字经》，今未见。子李允佳，能世父学。[见：《丹徒县志摭余》]

李恩澍 字均沾。清代河南长垣县人。精医术，尤善妇科，知名于时。[见：《长垣县志》]

李爱元 清代江西武宁县人。自幼习儒，后致力于医学。精研《内经》诸书，尽悟诸家之旨，尤深于脉理，能预决病者生死。尝与一少年同席，注目久之，谓曰："子阳气外达，真阴不守，病且发矣。宜速归。"后数日，少年果气脱而亡。一产妇暴卒，爱元审视良久，曰："是为恶血所冲，无死理。"以艾灸数壮，大下瘀血而苏。

其用药以少为贵，常以一二味为方，服十余剂不易，病皆断除。曰："多方以求者，见病未真耳。病在一经，以一二味攻之足矣。伐其无过，《经》所戒也。"著有《医准》、《反约论》，其言与喻昌、张介宾合。二书未见刊行。[见：《武宁县志》]

李逢吉①（758～835） 字虚舟。唐代陇西（今属甘肃）人。父李颜有痼疾，逢吉自料药剂，遂通方书。后擢进士第，德宗时官至门下侍郎同中书门下平章事。为人性忌，险谲多端。年七十八岁卒，谥"成"。[见：《旧唐书·李逢吉传》、《新唐书·李逢吉传》]

李逢吉② 清代四川三台县人。生平未详。通法医学，著有《检验实则》，今未见。[见：《三台县志》]

李兼善 元明间新淦（今江西新干）人。邑名医李嵩可孙。绍承家学，亦业医。邓雅见李兼善祖父所撰《运气书》稿，感而赋诗曰："纷纷事医术，李氏独专门。学究《内经》秘，心知万化原。著书忘岁月，种杏满林园。抚卷怀先哲，题诗付后昆。"[见：《金元医学人物》（引《玉笥集》）]

李资深 清代甘肃古浪县人。精医术，知名于时。门生杨维仁，绍承其学，官皋兰县医学训科。[见：《古浪县志》、《重修皋兰县志·杨维仁》]

李浩泉 清代江苏阳湖县人。生平未详。为邑名医陈廷儒门生。[见：《诊余举隅录》]

李润光 号景辉。清代广东南海县佛山堡人。操行勤俭，赋性慈和。精医术，以痘科名世。同治、光绪间（1862～1908）痘证流行，李氏疗之，存活甚众。年九十岁终。[见：《南海忠义乡志》]

李浚源 字醴泉，自号嶷隐山人。清代湖南嘉禾县陈家湾人。早年习儒，年将四十始入学，不耐教授，弃儒攻医，兼善占候。施术求之于诚，不涉矜夸。[见：《嘉禾县图志》]

李家骏 清代河南河内县人。生平未详。著有《崇辨堂医课》，未见刊行。[见：《河南通志》]

李家铿 清末广东南海县人。邑伤科名医李才干孙，李广海子。继承家学，亦工医术。[见：《南海县志》]

李家福 字少梅。清代湖南湘潭县人。早年习儒，乾隆壬子（1792）中举，再试春官不第，遂绝意仕途。筑室黄龙山下，名之曰涵碧山庄，读书其中。旁构古阴亭、泊岸舟、槃花

亭，日与诸名士觞咏。通医术，家设药肆，凡贫而病者，亲诊而给以药，全活甚多。[见：《中国历代名医碑传集》（引《国朝耆献类征初编·方技》]

李宾门 清代湖南醴陵县人。自幼体弱多病，故致力医学。嘉庆九年甲子（1804），受业于攸县名医贺升平，内外小儿诸科，罔不研究，而于瘟疫尤加意焉。及悬壶问世，诊疗谨慎，得心应手，远近求治者甚众，活人不可胜计。嘉庆二十五年（1820）疫证渐多，每以不能遍救为憾，遂广取方书，"删其繁冗，择其简要，有益于治疗者，编为三卷，上立法，中论变，下解方"，撰成《瘟疫辑略》。县学训导吴鲸为之作序，刊刻于世。今中国中医科学院图书馆藏道光八年戊子（1828）蟠根别墅刻本。[见：《醴陵县志》]

李调元 字雨村。清代四川绵竹县人。生平未详。乾隆间（1736～1795），李氏自文渊阁本《四库全书》抄录宋代郭稽中、李师圣《产育保庆集》（又作《产育宝庆集》），重刻于世。[见：《郑堂读书记·卷四十二·医家类》、《丛书举要》]

李调梅 清代江苏上海县人。邑名医李枝源子。与弟李舒亭，皆传承父业。[见：《上海县志》]

李展文 清代广东英德县课田村人。其母十九岁而孀，遗腹生展文。少有至性，及长业儒，兼精岐黄。家贫，不营名利，以训蒙行医养母。年七十岁卒。[见：《佛冈县志》]

李能敬 字佑祥，号启悦。清代安徽黟县三都人。邑名医李寿昌子，李能谦弟。早年习儒，授州同衔。精医术，凡他医棘手之症，"治之若无事焉"，远近求诊者踵相接，活人无算。芜湖道台患疾甚重，延请能敬诊治，奏效甚速。同邑程寿保在省得疾，已遣人回乡邀诊，后因病笃昇归，与李氏相遇于贵池县之田家乐，李氏设法以牛黄灌下，危疴顿愈。程寿保感激，赋诗相赠。名儒胡朝贺亦推重李氏之术，书"著手成春"匾赠之。[见：《黟县四志》]

李能谦① 字光瑞，又字启赞。清代安徽黟县三都人。祖父李文意，精医术。父李寿昌，以医名重六邑。李能谦兄弟五人，能谦为长子。存心正直，在家孝友，继承祖、父学，益自振拔，弱冠精医，以擅治温病、疮疡知名。临证不泥成方，以意变通，多获奇效。挟技游于公卿间，数起郡邑官吏重疾。曾国藩在祁门行营得病，时方暮春，群医以为怔忡宿恙，投药未效。

能谦诊之曰："脉弦数而濡，两颧红，干呕，热未退而肝风将作，乃平素阴虚之质感疫也。非大承气汤不可。"众医难之。能谦于大承气方中加犀角、羚羊角、鲜石斛、生地、丹皮、元参、竹茹、料豆、绿豆衣、银花、荷叶、黄土。一剂知，二剂可，遂如厕，结粪下而瘳。祁门汪某得单腹胀，家素贫，无力延医。能谦以桂附理中治之，凡进二十余剂，危疴得痊。其妙治类此者甚多，惜验案大多散佚，仅歙县汪宗沂抄录数则，载于《黟县四志》。李氏曾因徽防有功，保授六品衔。年六十九岁卒。弟李能敬，亦工医术。能谦有子五人，永泽、永油、永铎、永铉、永塈，皆通医理。永油业医，声名亦盛。孙云川、培源、培芳，亦以医著称。[见：《黟县四志·世医李君传》]

李能谦②
字玉云。清代广东南海县九江人。壮岁贩茶于湖广，中途遇风，邻船倾覆，能谦呼曰："有能拯一人者，予钱十千。"遂拯得五人。内一人为茶行巨商，感其恩，赠白金百两，却而不受。能谦两耳失聪，巨商因出家藏外科秘方相赠，劝其学医。能谦归乡，自设药肆，依秘方治病，每获奇效，家遂饶富。[见：《中国历代医家传录》（引《九江儒林志》）、《岭南医征略》]

李继之
元代人。里居未详。通医术，曾任昌国州（今浙江定海）医官。至元二十九年（1292），与本州医学提领许若璧、医官陈锡寿，买民居建立州医学，前祀三皇，后为讲肄医学之所。[见：《金元医学人物》（引《昌国州图志》）]

李继白
清代四川永川县人。精通医术，名重于时。[见：《永川县志》]

李继昌
（1879～1982） 字文桢。现代云南昆明人。明代名医李中梓堂兄弟李之梓后裔。明末世乱，之梓徙居云南，遂世居昆明。李继昌早年随父李明昌习医。1907 年至法国所建某医院附属医校学习西医。五年后毕业，仍以中医治病，兼及西医。家学之外，潜心研究各家之长，广集民间验方，临证多良效，为现代著名医家。早年与昆明诸同道举办中医讲习班，创立中国神州医学会云南分会，发行《神州医学报》，对中医学发展多有贡献。中华人民共和国成立后，任昆明市盘龙区医院院长。先后被选为一至四届云南省政协委员、中华全国中医学会云南省分会及昆明市分会名誉理事长。1956 年，将家藏医书五百九十三卷捐献国家，受到省卫生厅嘉奖。著有《李继昌医案》，于 1978 年梓行。另有《李继昌医话》、《伤寒衣钵》二书，待梓。[见：《著名中医学家的学术经验》、《中医年鉴》（1983）]

李继皋
唐代人。生平里居未详。辑有《南行方》三卷（一作十卷），已佚。[见：《新唐书·艺文志》、《宋史·艺文志》、《崇文总目辑释》、《国史经籍志》]

李继隆
字持盈。清代安徽徽州人。迁居江苏宝山县江湾。精通医术，知名于时。子李维界，能传父业。[见：《宝山县志》]

李培芳
清末安徽黟县三都人。世医李能谦孙，李永油子。早年习儒，为庠生。继承家学，以医济世，亦负盛名。[见：《黟县四志·名医李声远先生别传》]

李培郁
字馥垣。清代四川双流县人。生平未详。辑有《医理汇精》二卷，刊于同治十二年癸酉（1873），今存。[见：《中医图书联合目录》]

李培庠
字秀升。清末人。生平里居未详。曾任太医院九品医士，兼东药房值宿供奉官。[见：《太医院志·同寅录》]

李培卿
（1865～1947） 字怀德。近代江苏嘉定（今属上海）人。年二十二岁，师事四明名医陈慕兰，深究金元四家之说，兼习窦杰、杨继洲诸家之长，于《内经》诸典钻研尤深。早年悬壶嘉定严庙乡，后辗转江浙，广出求贤，凡一得之见，一技之长，必以师礼事之，技艺日进，尤以针灸见长。20 世纪 20 年代迁居昆山县集街之夏姓宅内，设诊行医，名噪于时。后悬壶上海，求治者甚众，声誉斐然。平生无暇著述。其子媳等凭记忆，撰《针灸科李培卿的学术经验》一文，可略见其医术之一斑。子陆瘦燕（嗣于陆氏），亦以医鸣。[见：《吴中名医录》、《江苏历代医人志》]

李培淦
清代江苏金山县人。疡科名医李炽子。传承家学，亦精医术，而声名不及其父。[见：《松江府志》]

李培源①
清代河南西平县人。生平未详。通医理，著有《医学备考》、《妇科捷要》二书，未见梓行。[见：《西平县志》]

李培源②
清末安徽黟县三都人。世医李能谦孙。早年习儒，为庠生。继承家学，以儒医著称。[见：《黟县四志》]

李基德
字纯修，号云浦。清代江苏吴县人。居齐门外蠡口。国学生。旁通医术。著有《烂喉痧论》一文，刊载于唐大烈《吴医汇讲》。[见：《吴医汇讲·卷三》]

李著松
清末四川简阳县安佛保人。邑名医李成栋子。继承父学，亦以医名。[见：

《简阳县续志》]

李萃然 明代河南阳武县人。精医术,知名于时。[见:《阳武县志》]

李梦月 字英男,别号百田夫。清代江西泸溪县(今资溪)人。邑廪生。性敏嗜读,家虽素贫,购书充栋。康熙戊子(1708)、辛卯(1711)以五经荐,不遇,而力学不辍。兼通医药,辑有《经验良方》,刊刻于世,今未见。[见:《泸溪县志》、《江西通志稿》]

李梦龙 字君宾。清代金沙(今江苏南通金沙镇)人。精医学。于《素问》、《本草纲目》及各家论著靡不参究,尤推重《丹溪心法》。处方用药,手到病除,活人无算。兰陵(今江苏常州)徐人凤,得其传授。李梦龙撰有《医法指南》一卷,刊刻于世。此书国内未见,日本国立公文书馆内阁文库藏有康熙二十六年丁卯(1687)刻本,现已由中国中医科学院影印回归。[见:《日本现存中国散逸古医籍》]

李梦莹 号荔村。近代湖南长沙人。生平未详。曾辑佚唐代《新修本草》。今中国中医科学院图书馆藏1922年稿本。[见:《中医图书联合目录》]

李梦鹤 明代人。里居未详。通医术,因礼部尚书桂萼之荐,任太医院御医。后给事中王准劾萼荐举私人为御医,给事中陆粲复劾梦鹤与萼家人居间行贿事,皇帝下诏削李梦鹤医籍。[见:《明史·桂萼传》]

李盛广 清代河南开封四都人。居城内。公正慈惠,好行善事,遇贫困者有疾病死丧,施药施棺无少吝。精于医道,曾任县医学训科,治病不求谢,当道屡赠匾旌表其门。[见:《开封县志》]

李盛春 明代人。里居未详。业儒而通医。著有《医学研悦》,包括《治伤寒全书》、《脉理原始》、《病机要旨》、《胤嗣全书》、《小儿形证》各一卷。今存天启六年丙寅(1626)刻本。[见:《中国医籍考》、《中医图书联合目录》]

李盛卿 清代人。生平里居未详。著有《脉度运行考》一卷,今存光绪二十四年戊戌(1898)云南刻本。还撰有《伤寒瘟疫条辨眉批》(刊于光绪十四年)、《温病证治述要》(刊于光绪十八年)。[见:《中医图书联合目录》]

李盛萃 清代广东仁化县石塘人。善技击,尤精外科。年八十八岁卒。著有《日新验方新编》,行于世,今未见。[见:《仁化县志》]

李常在 佚其名(号常在)。东汉蜀郡(今四川成都一带)人。少治道术,兼通医药。据传,治病困者三日愈,病微者一日愈。[见:《神仙传》]

李崇白 字又张。清代湖南嘉禾县富乐乡蓝白塘人。幼习举业,屡困于童试。后弃儒习医,精熟陈念祖、叶桂、喻昌诸名医之论。临证望闻问切之详,立方不稍游移,每能起沉疴。重医德,所至常守候数日不去,必效乃已。病家赠"席分良相"匾额,李氏辞曰:"医不易言,某焉敢邀誉与利乎?"与李崇白同时有李清润,年稍长,亦以医著称。[见:《嘉禾县图志》]

李崇庆 宋代人。生平里居未详。编有《燕台集》五卷、《穿玉集》一卷,皆佚。[见:《宋史·艺文志》]

李惟熙 宋代舒州(今安徽潜山)人。以医为业。为人清妙,善论物理。其论药曰:"菱、芡皆水物,菱寒而芡暖者,菱开花背日,芡开花向日故也。"足见观察之细。[见:《医学入门·历代医学姓氏》]

李焕文 清代浙江奉化县忠义乡人。善医术,远近求治者甚众。著有《医略》二十余篇,未见刊行。[见:《忠义乡志》]

李焕寅 字霁初。清代湖南巴陵县人。邃于易学,精通医术。怀济世之心,常予人良药,以救危疾,杯水无所受。殁十余年,乡里贫乏者犹颂其德。[见:《巴陵县志》]

李清华 字淮钦。清代江苏奉贤县人。李坤孙。幼习举业,为诸生。兼通岐黄,好读书,于医理多有发明。家境清贫,悬壶以自给。性廉介,诊病未尝受人一饭,遇路远者自携果饵而往,时论贤之。[见:《奉贤县志》]

李清俊 字春泉。清代江苏元和县人。以医为业。于古人载籍无所不窥,治病有神效,知名于时。钱塘陈文述患疾,病愈后左足短二寸,不能履地。李氏治之,二月而瘳。与钱塘名医陈鸿庆交厚,陈氏欲重刊朱肱《伤寒类证活人书》,未竟而殁,李清俊续成其志。李氏还与长洲叶万青重校周扬俊《金匮玉函经二注》,重梓于道光十三年癸巳(1833),今存。[见:《重刊金匮玉函经二注·陈文述序》、《中医图书联合目录》]

李清润 清代湖南嘉禾县富乐乡人。邑增生。浑厚孝友,以医著称。与同乡名医李崇白同时,年略长于崇白。[见:《嘉禾县图志》]

李清隐 元代霍丘（今属安徽）人。擅长针灸。相传金代全真派道士赵魔哥精针术，传术于洞玄李公、高山陈公，再传于王通甫、李清隐。清隐兼习窦太师飞腾针法，传术于昆山李德睿。［见：《昆山县志·李德睿》、《金元医学人物》］

李鸿龄 字子孚。近代辽宁盖平县三岔村庙上屯人。精通医术，以擅治妇女痨瘵、男子肺病及鼓症著称。临证多年，遇他人不治之症，往往应手奏效。有医德，遇贫病者不取诊金。［见：《盖平县志》］

李鸿模 清代江苏上海县法华乡人。精医术，治伤寒杂证，应手取效。曾任县医学训科。［见：《法华乡志》］

李渊硕 字孔曼。清代广东顺德县人。礼部左侍郎李文田子。习儒而能医，善外科，尤精按摩，知名于时。徐珂《大受堂札记》载李氏治举人卢礼荪乳疽，以按摩法疗之，三日而愈。［见：《中国历代医史》］

李淳风 唐初岐州雍（今陕西凤翔）人。其父李播，仕隋为高唐尉，以秩卑不得志，弃官为道士。淳风幼俊爽，博涉群书，尤明天文、历算、阴阳之学。贞观（627～649）初，授太史令。显庆元年（656），以修国史功封昌乐县男。显庆二年，奉敕与李勣、于志宁、许敬宗、苏敬等二十四人编《新修本草》五十四卷，成书于显庆四年。该书正文二十一卷（含目录一卷）、药图二十六卷（含目录一卷）、图经七卷。全书载药八百五十种，大行于世。详"李勣"条。龙朔二年（662）改授秘阁郎中。咸亨（670～673）初，复为太史令。年六十九岁卒。［见：《旧唐书·李淳风传》、《新唐书·艺文志》］

李寅宾 清代河南汜水县西史村人。邑名医李沐荣子。绍承父业，亦工医术，知名于时。孙李元魁，曾孙李兆麟，皆克传家学。［见：《汜水县志》］

李隆基 （685～762）唐代皇帝，史称唐玄宗。明医药，尝撰《开元广济方》五卷，于开元十一年（723）九月颁行于世。已佚。［见：《旧唐书·玄宗本纪》、《新唐书·艺文志》、《太平御览·方术部》］

李绳检 字述祖。清代河南商水县人。工书翰，尤精岐黄，知名于时。重医德，凡邻里贫病无力延医者，以药赠之，不索酬谢，一时皆称善士。［见：《商水县志》］

李维刚 字敦伦。清代河南密县人。国学生。精岐黄术，活人甚众，未尝索谢。［见：《密县志》］

李维界 字大千。清代江苏宝山县江湾人。邑名医李继隆子。绍承父业，亦工医术。［见：《宝山县志》］

李维梁 又名纯龄，字锡碫。清代四川简阳县武庙沟人。精医术，治病不以贫富异视，人咸敬重之。年七十七岁卒。［见：《简阳县续志》］

李维景 清代陕西华阴县人。庠生。弃儒习医，博览《内经》、《本草经》、《伤寒论》、《脉诀》诸书，又遍访名医求教。久之贯通经旨，遂以医知名，就诊者不绝于门，活人甚众。平生好著述，惜皆焚于兵燹。［见：《华阴县志》］

李维翰 清代湖北汉阳县人。性朴诚，以医为业。素以济利为心，遇贫病者不取诊金，人以此益敬重之。［见：《汉阳县志》］

李维麟 字石浮。明代常熟县（今属江苏）人。孝友纯笃，精通医术，尤善辨脉，预决死生多奇中。俞斐然患尸厥证，僵卧二十五日。维麟诊之曰："可生也。"一剂而瘳。撰有《内经摘粹补注》、《医宗要略》二书，均佚。子李颢，亦以医名。［见：《苏州府志》、《常熟县志》］

李琼超 清代四川合江县人。生平未详。撰有《增辑急救方》，刊于光绪十四年戊子（1888）。［见：《中医图书联合目录》］

李超卓 清代湖南醴陵县人。宅心仁厚，弃举子业，专精医学，妙悟超绝，活人甚众。著有《医学指南》，今未见。［见：《醴陵县志》］

李彭年 字步箂。清代人。里居未详。辑有《青囊立效秘方》二卷，今存光绪九年（1883）刻本。［见：《中医图书联合目录》］

李彭龄 清代山西曲沃县人。邑名医李兆鳌子。自少好学，有济世之才，以廪生贡太学以终。绍承父学，时称国手。［见：《山西通志·苏仲伊传》］

李敬义 元明间福建浦城县人。李氏祖上十一代业医，其六世祖李光祖，祖李集翁，父李了一，皆负盛名。李敬义绍承家学，术业精专，名药室曰存心，乡人患病者皆赖之。至正甲辰（1364）夏，西山书院山长杨子仁侄感时疫，服药不效，已垂危。延请李氏诊视，调治十日，脱然而愈。［见：《金元医学人物》（引《鹤田蒋先生文集·赠世医李敬义序》）］

李敬恒 明初河南长垣县人。元末怀庆路医学提举李彀子。绍传父学，亦精医术，

官医学正科。子李樽，亦官医学正科。［见：《大名府志》、《长垣县志》］

李斯炽 （1892～1979） 现代四川成都市人。早年就读于成都中学堂，后考入成都高等师范学校。1915年毕业于该校理化部，留校任教。嗜于医学，曾从成都老中医董稚庵学习。1929年，南京国民政府拟废止中医，李斯炽愤慨之余，弃学从医。1932年，与医界同仁创建四川医学会，时值瘟疫流行，即组织壬申防疫队，深入疫区，疗救患者。1936年倡建四川医药改进会，并创办《医学改进月刊》。同年，与赖华锋、邓绍先、何伯勋等创办四川国医学院，先后任教务长、副院长、院长。中华人民共和国成立后，历任成都市中医进修班班主任、成都市卫生工作者协会宣教部长、副主任委员、四川医学院中医教研组主任、成都中医学院院长、中华医学会四川分会副理事长等职。先后当选成都市人民代表，四川省政协委员，第二、三届全国人民代表大会代表，第五届全国政协委员。1959年荣获卫生部颁发之金质奖章。1978年被授予教授职称。李氏从医六十余年，对《内经》、《伤寒论》、《金匮要略》诸医典多有研究。临证以内科最为擅长，注重辨病与辨证相结合，审证精详，处方灵活，所愈顽证甚多，为现代著名医家。著有《中医内科杂病讲义》、《李斯炽医案》，刊行于世。［见：《中医年鉴》(1983)］

李朝凤 清代四川彭县人。性纯厚。其父有宿疾，家贫无力就治，乃发奋习医，朝夕揣摩，终成良医。有医德，治疗贫病者不取诊酬，活人甚众。年八十余卒。［见：《彭县志》］

李朝正 （1096～1155） 字治表。南宋溧阳（今江苏溧阳）人。性刚直，不苟于势力。游太学，建炎二年（1128）登进士第。历任敕令所删定官、溧水知县、太府寺簿、户部侍郎、平江知府等职。绍兴二十五年卒，年六十岁。李氏留心医药，辑有《备急总效方》四十卷，刊于世。今存《备全总效方》四十卷，当即此书。［见：《溧阳县志》、《宋史·艺文志》、《直斋书录解题》、《贩书偶记》］

李朝光 字御瞻。清代江苏兴化县人。因父母有疾，日检方书，至中年医术精湛。凡请诊者，必一日两视其脉，谓："子午二时，阴阳递传，天之气候与人之脉络相通，少有参差，便多贻误。"又谓："《灵枢》、《素问》非黄帝时书，多魏晋间人伪托，惟论五行为切要耳。"著有《医学切要》二卷，未见刊行。子李天基，亦以医知名。［见：《扬州府志》、《续兴化县志》］

李朝栋① 清代河南武陟县人。业儒，为庠生。精医术，知名于时。［见：《武陟县志》］

李朝栋② 字石樵。清代广东南海县人。生平未详。光绪二十年甲午（1894），删改杨璇《伤寒瘟疫条辨》，辑《寒温条辨治疫累编》一卷，刊刻于世。今存粤东润身社刻本。［见：《中医图书联合目录》、《中国历代医家传录》］

李朝珠 字佩玟，号坦溪。清末河北曲阳县人。咸、同间（1851～1874）诸生。少孤贫，性亢直，不偕于流俗。深恶宋明诸儒空谈心性之弊，主张"历实行，济实用"。因医学有益于世，故究心岐黄之术。著有《医学心得》、《卜医辟误》、《药性赋》各一卷，未见梓行。［见：《曲阳县志》］

李植纲 字立卿，号约斋，又号天门山人。清代浙江鄞县人。博览群书，工篆隶，善绘画。生平淡名利，取予不苟。屡试不得志，而向学益锐。其家世以医名，植纲尤精其术。所著《医论》，折衷仲景而贬斥唐、宋诸家。其诗文稿曰《天门山人未定草》。［见：《鄞县通志》］

李雯华 字元道。清代江西新建县人。精医术，曾任太医院御医。［见：《新建县志》］

李揆文 清代江苏上海县人。祖籍浙江宁波。祖父李赞化，父李用粹，皆工医术。李揆文继承家学，亦以医名。门生陆大木，得其传授，治伤寒有奇验。子李春山，绍承父业。［见：《上海县志》］

李雅坝 字懋光。清代广东新会县人。工医术，擅治劳伤、带下诸疾，有声于时。兼工书法，得赵松雪笔意。子李金堂，克继父业。［见：《金堂县志》］

李雅堂 清代河南柘城县人。精岐黄术，知名乡里。［见：《柘城县志》］

李景旭 字孟阳。清代山东武城县人。道光壬辰（1832）岁贡。精医术，活人甚多。辑有《经验良方》，未梓。［见：《武城县志续编》］

李景芳 明代人。生平里居未详。著有《慈幼玄机》二卷，今中国中医科学院图书馆藏明刻本。［见：《中医图书联合目录》］

李景宽 字公硕。清代河北霸县宋村人。性戆直，不苟言笑，事父母以孝闻。精通医道，凡以病延请，服药辄效，不索谢仪。乡邻感德，公送"补造化工"匾额。年七十三岁卒。［见：《霸县新志》］

李景福 字益三。清末人。生平里居未详。曾任太医院八品吏目，兼上药房值宿供奉官。[见:《太医院志·同寅录》]

李景濂 字亦周。明清间浙江鄞县人。少失父母，事继母何氏以孝闻。早年习儒，为诸生。明亡，弃儒为医。[见:《清史稿·李景濂传》]

李景繁 字邦泰。明代河南仪封县在坊乡人。成化五年(1469)进士，授三原知县。历迁太仆寺丞、都水郎中、山西参议。以四川左参政致仕，进阶嘉议大夫。年七十七岁卒。兼通医学，著有《本草捷径》四卷，未见刊行。[见:《仪封县志》]

李鼎玉 字水樵。清代河南陈州沈丘县人。顺治九年(1652)进士，以中书升监察御史，迁山东济南提刑。为官清廉，有"李青天"之称。归乡后，留心医学，全活不可胜计。著有《伤寒》、《痘疹》诸书，缮刻成集，今未见。[见:《陈州府志》、《明清进士题名碑录索引》]

李鼎环 明代江西高淳县人。工医术，善治目疾，应手取验，有"还人日月"之誉。[见:《新修江宁府志》]

李鼎新 清末河南长垣县人。精医术，知名于时。[见:《长垣县志》]

李鼎彝 字铭勋。清代安徽蒙城县人。庠生。擅长诗文，尤精医道，知名于时。年七十余卒。[见:《重修蒙城县志》]

李畴人 (1902~1951) 现代江苏苏州人。少年时师事名医侯子然，与侯锡藩、祝怀冰为同门师兄弟。李氏勤奋好学，年未弱冠，即为人治病，有"小郎中"之称。悬壶近三十年，声望日隆，知名苏城。重视培养人才，诊余课徒，不遗余力，门墙桃李，多达百余人。曾参考汪昂、李中梓、方仁渊诸家方论，撰《医方概要》，今存1915年苏州医醒社铅印本。还著有《秘传推拿小儿病原赋》，今存抄本(经祝仲舫重编)。李氏重视古医籍整理，1930年校刻陈耕道《疫痧草》、薛古愚《万金方》二书，刊印于世。又与叶橘泉校刊出版康平本《伤寒论》。[见:《吴中名医录》、《中医图书联合目录》]

李遇文 清代河南南阳县人。精医术，以眼科知名。兄李雨若，亦工医，专擅儿科。[见:《南阳县志》]

李傅霖 字润苍。清代江苏昆山县人。监生。少习举业，后弃而学诗，间及医道。道光元年(1821)时疫盛行，县设立药局，李傅霖施术疗贫，随病制方，十不失一。昆山、新阳两县知县各赠扁额褒赞。晚年益尽力于地方善事，十数年不倦。寿至七十余卒。著有《医学启蒙》，今未见。[见:《昆新两县续修合志》]

李集翁 元代浦城(今福建浦城)人。为九代世医，精医术，名重于时。子李了一，孙李敬义，皆以医名。[见:《金元医学人物·李敬义》(引《鹤田蒋先生文集·赠世医李敬义序》)]

李舒芳 字万英。明代山东巨野县安兴镇人。祖籍江西丰城，曾祖李福，于成化八年(1472)始居巨野。李舒芳早年习儒，兼通医理。万历七年(1579)举乡荐，授武功知县。历任无为州知州、庆阳府同知。因病辞归，课子孙，施医药，乐之不倦。年七十六岁卒。著有《治胎须知》、《医方摘要》等书，藏于家。[见:《定陶县志》]

李舒亭 清代江苏上海县人。邑名医李枝源次子。与兄李调梅，皆传承父业。[见:《上海县志》]

李就镕 清代安徽宿松县人。业儒未就，转而学医。精通王叔和《脉经》，一时称为医中国手。有手录方书，已佚。同族兄弟李勉钊，亦以医知名。[见:《宿松县志》]

李道中 字行甫。清代江苏宜兴县和桥人。其祖父李树培，伯父李逊庄，皆以医名世。道中从伯父学，尤精脉理。南昌万立钧任宜兴县令时患疾，道中治而愈之。后万氏夫人及子媳俱病，道中亦愈之。[见:《宜荆县志》]

李遂良 近代人。生平里居未详。著有《新释伤寒论》一卷，今存1927年天津新中医学社铅印本。[见:《中医图书联合目录》]

李敩白 字啸北。清代江苏仪征县人，寓居高邮县。精医术，知名于时。[见:《再续高邮州志》]

李温如 号八行。宋代人。里居未详。藏有疗发背药方，用之神效，救人甚多，秘其方不传。子李秉彝，得父传授。[见:《传信适用方》]

李渭公 字开周。清代河南商水县人。业儒，为监生。精通医术，治病应手取效，知名于时。重医德，治病不索谢，遇贫者施赠药饵，凡危证延请，虽寒暑风雨必往，全活甚众。尝谓:"医，小道也。苟慈祥为心，于人未必无济。"又戒子侄曰:"医不精，易于杀人。汝辈宜安心耕读本业，万勿浅尝试之。"天性和善，与人交蔼然可亲。年八十余尚骑驴出行，苍颜白发，

望之若仙。[见:《商水县志》]

李渭滨 清代江苏奉贤县画栏桥人。以医为业，专擅幼科。多秘方，治病有神效。[见:《重修奉贤县志》]

李裕达 字子通。清末云南河阳县人。武生。通医术，所用药皆常剂，或杂以食物，服之立效。他人袭用其方，多不效。傅忠通公征缅甸回省，染瘴甚剧。李进以萝卜汁，服之而愈。兼习导养术，竟日默坐，颜如渥丹。通太素脉，好以术断人穷通寿夭。著有《通微脉诀》一卷，约成书于宣统三年（1911)，今存1926年李宏道抄本。[见:《中医图书联合目录》、《中国历代名医碑传集》（引李元度《国朝耆献类征初编·方技》)]

李登儒 字书林。清代湖南桃源县人。以孝友见称，尤精医术。诊病不受分文，并施药以拯贫病。卒年八十一岁。著有《痘症新书》，行于世，今未见。[见:《桃源县志》]

李蓬山 清代陕西临潼县人。李元春兄。学医数十年，察病诊疾，十不失一。尝谓："医不由学问来，终不能精。"[见:《陕西历代医家事略》]

李献怀 清代广东新会县荷塘人。儒医李世沛子。绍承父学，亦以医名。[见:《新会县志》、《广州府志》]

李龄寿 清代浙江秀水县人。生平未详。著有《古今医案》，今未见。[见:《秀水县志稿》]

李照莲 字晴川。清代湖南浏阳县城东人。强识能文，名儒苏良枋深器重之。赴试不售，弃而学医，精通其术。诊病必立医案。性好游览，后倦归，授徒自给。年七十三岁殁。善著述，文史书有《晴川素论》、《史论》、《射虎集》、《晴川古文》、《小有洞天逃夫诗草》。所辑医书《痘疹虚中天》、《重订福幼篇》，刊刻于世。另著《医易贯通》、《医学折衷》、《晴川心镜》等，未梓。诸书今皆未见。[见:《浏阳县志》]

李嵩山 清代江苏兴化县人。精医术，擅长内科。与同邑江国膺、解上珍、吴硕庵齐名。[见:《兴化县志》]

李嵩可 元代新淦（今江西新干）人。业医，撰有《运气书》一卷，吴澄（1249～1333）为之作序。孙李兼善，绍承祖业。邓雅题《运气书》诗云："纷纷事医术，李氏独专门。学究《内经》秘，心知万化原。著书忘岁月，种杏满林园。抚卷怀先哲，题诗付后昆。"[见:《金元

医学人物》（引《玉笥集》)]

李锡良 清代江西分宜县田心人。品学兼优，通医理，有起死回生之誉。守志清高，一生未娶。著有《启门新草》，未见刊行。[见:《分宜县志》]

李锡庚 字少白。清代河南灵宝县阁李村人。素习举业，以增贡生举孝廉方正。事亲孝，持己廉，处世和平。精医术，活人甚众。著有《医方心得》、《养性篇》等书，未见刊行。[见:《灵宝县志》]

李锡琛 字敏叔，号亩竹。清代江苏吴江县盛泽镇人。少从孝廉沈日窗游，以诗鸣于时。兼通岐黄，晚年境困，业医以为生计。[见:《盛湖志补》]

李锡龄 字孟熙。清代陕西三原县人。生平未详。曾校订罗天益《卫生宝鉴》，刊入所编《惜阴轩丛书》。又曾校刊齐德之《外科精义》，行于世。[见:《中医图书联合目录》、《中国医学大成》]

李锡璋 字艺林。清末人。生平里居未详。曾任太医院候补御医。[见:《太医院志·同寅录》]

李锦春 字绣章。清代虹县（今安徽泗县）人。世医李长福子。早年习儒，为国学生。绍承家学，亦工医术，尤擅脉诊，决人生死无或爽。其父晚年著《李氏薪传》八卷，未刊而逝，锦春续成之，梓于世，由是声名大噪。惜其书未见流传。[见:《虹泗合志》]

李魁春① 字元英，号筠叟。明清间江苏吴县人。明末庠生。好谈古今节烈事。甲申（1644）国变，北向号哭，家人知其有死志，日夕环守，不得死。后凿坯高隐，直至终年。生平著述甚富，明亡后，皆付诸火。晚年作《痘科合璧》，今亦佚。[见:《苏州府志》、《长洲县志》]

李魁春② 清代江苏宝山县人。生平未详。通医理，著有《传世录》，未见梓行。[见:《宝山县志》]

李腾万 字文峰。清代江西武宁县北乡滁阳村人。精岐黄术，有名于时。[见:《武宁县志》]

李腾龙 字耀云。清代山西长治县人。习堪舆术，兼精医学。性廉介，慎交游。年七十七岁卒。[见:《山西通志》]

李鹏飞 (1222～?) 字廷赞，晚号澄心老人。宋元间池州建德（今安徽东至）人。生母姚氏为嫡母不容，改嫁罗田县朱氏。鹏飞初

不知，年十九始闻，思母哀痛，誓学医济人，愿早见母。初就学于邑名医叶应和，叶氏倾其所知，无所隐，遂通医术。年三十余，寻母于江淮间，历时三载，至蕲州罗田县得母所。其时疫疠流行，朱氏合家感染，鹏飞治之，痊愈者二十余人。事毕，迎母还乡奉养。久之复归朱氏，时时渡江往觐。及母殁，每年率子孙祭扫，孝名满天下。宋咸淳戊辰（1268），李氏赴杭州应试，过飞来峰，遇宫道人。道人年逾百龄，鹤发童颜，其神韵与十年前相见时无异。李氏叩以长寿之道，道人曰："人之寿，天元六十，地元六十，人元六十，共一百八十岁。不知戒慎，则日加损焉。精气不固，则天元之寿减矣；谋为过当，则地元之寿减矣；饮食不节，则人元之寿减矣。当宝啬而不知所爱，当禁忌而不知所避，神日以耗，病日以来，而寿日以促矣。其说俱见于黄帝、岐伯《素问》，老聃、庄周及名医书中，其与孔孟无异。子归，以吾说求之，无他术也。"言毕，授以图二幅。李氏尊道人所教，博览古来养生诸书，行摄养之道，年七十三岁尚健在。晚年搜集诸书，于至元辛卯（1291）撰《三元延寿参赞书》五卷，刊刻于世，今存道藏本。还撰有《救急方》一帙，已佚。[见：《元史·羊仁传（附李鹏飞）》、《新元史·李鹏飞传》、《三元延寿参赞书·序》、《金元医学人物》、《医藏书目》、《绛云楼书目》、《百川书志》、《补元史艺文志》、《补辽金元艺文志》、《中国丛书综录》]

李鹏冲　清代江苏上海县闵行人。以医知名。子李仙根，医名益盛。[见：《上海县续志》]

李韵伯　清代江苏武进县人。精通医理，论述透辟。朱文颖患呕吐病半载，医者或谓胃反，或谓关格，或谓伏饮，大都投以辛温诸品，病势转剧。李韵伯诊之，断为积热，劝服大寒苦降之剂。朱氏从之，病渐痊愈。[见：《舌鉴辨正·朱文颖跋》]

李慎修　字思永，号雪山。清代山东章丘县人。康熙壬辰（1712）进士。历官内阁中书、杭州知府、刑部郎中、江西监察御史，以湖南衡永郴桂道致仕。著有《检验说》诸书，未见刊行。[见：《山东通志》]

李慎斋　明代安徽太平县下村人。精岐黄术，授太医院吏目。每日求医者门庭若市，慎斋兼听其诉，各随证候缓急，道里远近付方，无不见效，人咸称其神术。[见：《太平县志》]

李塞翁　原名文藻，字晓云，又字笑云，别号陆沈子。清代浙江人，自父辈移居吉林通化县。李氏自幼聪颖，读书过目成诵。不利于场屋，投笔参赞戎幕。光绪二十六年（1900），经东边矿物总办阮毓昌保荐，办理通、桓、临、柳、辑五县矿物。值忠义军蠢乱，夺其良马，因改名塞翁。民国改元，留恋旧制，蓄发为道人装。性嗜酒，喜交游。晚年好学，嗜花木。年八十二岁尚健在。著有《蛛隐庐诗集》、《文集》各一卷，《说疫摘要》四卷，未见刊行。[见：《通化县志》]

李福海　明初四川定远县人。通晓医术。性倜傥沉毅，处事公直，德望素著。其孙李永宁，正统乙丑（1445）举进士。[见：《定远县志·政绩》]

李群雅　清代广东始兴县石下人。其父善医，至李群雅尤精。性慈厚，为人治病，惶惶然如己患疾，悉心诊治，必待痊愈而后快。行医数十年，有"手到回春"之誉。[见：《始兴县志》]

李殿魁　字鼎臣。清代四川珙县人。性好施与，亲邻有急难，倾囊相助。通医理，曾辑刻《救急切方》，今未见。[见：《珙县志》]

李嘉应　字元长。清代安徽望江县人。精明医道，投药辄效。治疾不分贫富，口不言钱。康熙四十八年（1709），奉恩例选授太医院医士。次年，升太医院吏目。[见：《望江县志》]

李嘉言　清代山西安邑县人。精医术，与同邑名医卫华、胡天祉齐名。诸医皆以仁术济世，治病不受馈谢。[见：《安邑县志》]

李嘉儒　清代四川射洪县人。精于医术，善治伤寒证。官潼川府医学。道光癸巳（1833），邑人某之子病殆，延请嘉儒，至则昏不知人矣。嘉儒察脉辨证，急投方药，移时而苏，次日病减。或询何证，答曰："此疹毒入少阴经也。"其所治类此者甚多。年七十余殁。[见：《射洪县志》]

李熙和　字时育。清代江苏武进县人。生平未详。撰有《医经允中》二十四卷，刊于世。今存康熙间（1662～1722）刻本。[见：《武进阳湖县合志》、《贩书偶记续编》、《中医图书联合目录》]

李熙林　清代湖南长沙县人。生平未详。著有《四不求人书》四卷，今未见。[见：《长沙县志》]

李毓春 字秀卿。近代河北新城县褚官营人。邑庠生。人品正直，性格平和。深通医道，悬壶济世，求医者盈门，日不暇食，全活甚众。年七十余，尚应诊不倦。[见：《新城县志》]

李毓清 清代人。里居未详。精医术，任太医院御医。乾隆四年（1739），充任《医宗金鉴》纂修官。[见：《医宗金鉴》]

李彰五 清代人。生平里居未详。著有《仲景脉法续注》二卷，今存光绪十七年辛卯（1891）贵阳刻本。[见：《中医图书联合目录》]

李端伯 北宋成都（今属四川）人。名医唐慎微之师。元祐间（1086～1093），李端伯招唐慎微居成都。[见：《宾退录·卷三》]

李端愿 宋代人。生平里居未详。辑有《简验方》五卷，已佚。[见：《宋史·艺文志》]

李端懿 字元伯。北宋潞州上党（今山西长治）人。连州刺史李继昌长子。其母为真宗（998～1022）胞妹。李端懿天性和厚，好学工诗，精书画，颇通阴阳、医术、星经、地理之学。知益州，以宁远军节度使致仕。[见：《宋史·李端懿传》、《古今图书集成·医部全录·引欧阳文忠公集》、《中国历代医家传录》]

李肇鹏 字遇主。清代安徽宿松县人。熟谙《医宗金鉴》，精外科，善以膏丹治疾。远近求方者踵相接，名重于时。[见：《宿松县志》]

李璋煜 字方赤。清代山东诸城县人。早年习儒，嘉庆十八年（1813）拔贡。嘉庆二十五年中二甲第二十七名进士，授刑部主事，升四川司郎中。道光十七年丁酉（1837），授江苏常州府知府，署扬州府，所至有政绩。历官江宁盐巡道、江宁布政使、广东按察使，迁广东布政使。庚戌（1850）以病归，杜门谢客，不预外事，日课幼子诸孙，以娱暮年。李氏通晓法医检验之学，曾重订瞿中溶《洗冤录辨证》一卷，刊刻于世，今存。[见：《诸城县续志》、《明清进士题名碑录索引》、《中医图书联合目录》]

李聪甫（1905～1990）原名李明，又名凤池，号老聪。现代湖北黄梅县人。自幼颖异好学，因家贫辍读。年十三岁，只身赴江西九江，入赵恒兴中药店学徒，工余大量阅读医书。1922年返乡，入县城名医石椿山先生门下，研修《伤寒》、《金匮》诸书之外，随师侍诊，历时三载学成。1925年，至县城福生祥药号坐堂行医。1930年，军阀方振武败兵劫掠黄梅，避乱于九江，屡愈危重瘟疾，声望鹊起。抗日战争爆发，1938年九江沦陷，李聪甫携妻挈子，辗转迁徙于湘潭、湘乡、新化、沅陵等地，行医糊口，备尝艰辛。1940年，湘西南地区麻疹肆行，李聪甫施术救治，又撰《麻疹专论》，印刷刊布，拯救婴儿甚多。抗战胜利后定居长沙，临证之外，撰文抵制废止中医之谬说。中华人民共和国建立之初，余岩等人重提废止中医主张，李聪甫于1950年撰《对余岩〈中医问题处理草案〉的批判》，予以抨击，得到中医界广泛支持。1952年，李聪甫出任湖南省立中医院院长，兼省中医进修学校校长。1957年任湖南省中医药研究所所长，兼湖南省血吸虫病研究委员会副主任委员。1966年任湖南中医学院副院长，兼省中医药研究所所长。1987年出任湖南省中医药研究院名誉院长。此外，还先后被推选为第一、二、五届湖南省人大代表，第三届全国人大代表，第五届全国政协委员，卫生部医学科学委员会委员，中华全国中医学会常务理事，湖南省中医学会会长。1988年4月，以八十三岁高龄加入中国共产党。李聪甫从医七十年，对李东垣脾胃理论多有研究，提倡"形神学说为指导，脾胃学说为枢纽"之整体论，结合临床，确立"益脾胃、和脏腑、通经络、行气血、保津液，以至平衡阴阳"的治疗大法。此外，对中医教育、文献整理亦卓有贡献。先后发表学术论文七十余篇，编著《麻疹专论》、《中医生理学之研究》、《李聪甫医案》、《李聪甫医论》、《脾胃论注释》等书，并主持编撰《金元四大医家学术思想之研究》、《传统老年医学》等著作。[见：《中国科学技术专家传略》、《湘医源流论》]

李觐光 清代广东兴宁县程乡人。精医术，有求即应。平生不事权贵，邑令秦某染疾，诸医罔效，敦请再三，始往诊视，数日即愈。此后复绝迹公门。[见：《兴宁县志》]

李敷荣 字春晖。清代山东历城县人。岁贡生。嘉庆十八年（1813）举人，授海丰训导。学有本原，善属文，工书法。邃于医理，尤精痘科，全活甚众。著有《救劫论》，精确简易，亟排时医攻毒消热之说，注重发、透、托三法。又辑平生经验方，编《痘科经验随笔》一卷，附于上书之后。惜未见刊行。[见：《历城县志》]

李德元 清末顺天府（今北京）人。久任太医院判。精通医术，兼治内、外、针灸诸科，颇能断人生死。曾与裕德共饮，裕德友人蒲荐之在坐，德元突问："君有疾否？"蒲对曰："无有。"席散，私谓裕德曰："蒲咳声甚异，目已失神，三日内死矣！曷早为之所？"裕德以为妄言，置之。越两日，蒲氏竟死。自此，人以扁鹊、医缓比之，迎请者无虚日。常出入王公府第，故投剂多取平和，其名遂掩，而识者称其医术在马文植之上。曾治同治帝疾，不效，为言官弹劾，几蒙祸。后知所劾不实，仅予薄惩。晚年卒于官，赐恤颇厚。[见：《中国历代医史》、《中国历代名医碑传集》（引《近代名人小传》）]

李德中 字允执。清代河北交河县东李庄人。邑庠生。弃举子业，究心于医，精其术。求无不应，活人甚多。著有《医学指南》，今未见。[见：《交河县志》]

李德汉 字倬云。清代江苏仪征县人。监生。祖上十四世业医，至德汉亦精明医理，尤擅痘科，知名于时。求治者日盈其门，悉心诊疗，不以贫富分畛域。年八十余卒。刘雨亭作挽联曰："待同岑无妒忌心，实意在保全赤子；倘阖邑有疑难病，那时才追忆先生。"其佳行良术，为同道钦佩如此。兄李德礼，与之齐名。[见：《仪征县志》、《扬州府志》]

李德礼 字爱堂。清代江苏仪征县人。名医李德汉兄。亦精医术，与弟齐名。著有《保婴撮要》，未见梓行。[见：《扬州府志》]

李德孝 字时慕，号孩如。明代浙江东阳县人。笃志儒理，兼习经世之学。平生善调息之法，昼夜凝神端坐，百虑俱忘。年八十余，耳聪目明，逾于少壮。旁通医学、天文、舆地诸书。著有《医学正蒙》、《家学格言》等书，未见传世。[见：《浙江通志》、《东阳县志》]

李德昌 清末人。里居未详。精医术，曾任太医院右院判，官居六品。光绪六年（1880）慈禧太后病重，与左院判庄守和、山东济东泰武临道薛福辰、阳曲知县汪守正，先后诊脉拟方，至光绪八年（1882）十二月痊愈，诸臣皆获二品顶戴。[见：《中国历代名医碑传集》（引徐一士《一士类稿》）]

李德卿 号高岩。明代安徽休宁县中市人。精岐黄术，以医药济人，每奏奇功。仰慕陶渊明、孙思邈之为人，隐居林泉。曾荐授太医院御医，坚辞不赴。[见：《休宁县志·隐逸》]

李德彰 清代广东顺德县人。善医。以药济人，未尝责报。[见：《广州乡贤传》]

李德睿 （1302～1373）字士明，号鹤瓢道人。元明间昆山县（今属江苏）人。幼颖悟，有出尘之想，父母知其志不可摇，令入郡城迎真观，从赵中习玄学。及长，度为道士。凡三皇内文，九鼎丹法，延龄卫生之术，罔不该博。后从庄子正游，兼通医学，凡黄帝岐伯之书，先

贤证治之论，悉造奥旨。又遇霍丘李清隐，得授窦太师飞腾针法，由是以医鸣世。一时上至王公贵人，下至布衣百姓，皆敬慕之。年七十二岁，无疾而终。[见：《昆山县志》、《昆山县志稿》、《昆新两县志》]

李德麟 明代云南鹤庆县人。精方脉，能治奇疾，远近就医者屡满户外。尝至洱河东，有贫者患疾，无力延医，德麟治而愈之。[见：《云南通志》]

李磐石 字文之。明清间浙江兰溪县人。明末避乱，寓居金山县（今属上海）松隐镇。曾受方书于僧人无碍，后以医术知名，预决病者生死多奇验。子李天成，继承父学。[见：《金山县志》]

李澈生 清代四川古宋县人。以医为业。生平怜老恤贫，治疗贫病不受谢，人咸德之。年八十岁卒。[见：《古宁县志初稿》]

李鹤山 清初浙江鄞县人。精医术，以眼科知名。与同邑眼科名医王奇峰齐名。[见：《宁波府志》、《鄞县志·李斑》]

李鹤千 字眉年。清代江苏吴江县平望镇人。精医术，知名乡里。[见：《平望志》]

李鹤来 字友松。明代四川遂宁县人。祖籍湖北麻城，自曾祖父时迁遂宁。其父李元桂为儒生，擅长书法。鹤来自少习儒，兼精医术。万历庚戌（1610）大疫，制药施救，全活甚多。子李实，官吴县县令。[见：《遂宁县志·李实》]

李豫亨 字元荐，号中条。明代松江（今上海松江）人。自幼好学博览，通诗赋，喜谈兵，兼习星通、射弩诸法。自楚归吴，即弃凤好，专习举业，游庠有声。时文衡山诸公以书画鸣，豫亨慕之，遂学书法，旁及古迹、绘画，善鉴赏。继而嗜养生，搜集佛道典籍数百种，兼及医药。撰有《推蓬寤语》九卷，约成书于隆庆四年（1570）。王兰远节录其中关于医药养生者，辑为一卷，行于世。今存《三三医书》本。[见：《推蓬寤语》、《中医图书联合目录》]

李翰林 佚其名。唐代天台（今浙江天台）人。旁通医术。有相识莫生，患喘病久治不效，求治于翰林。翰林诊其脉，曰："汝此病日久矣，我与治之。"乃取青橘皮一片，展开，入刚子一个，将麻线缚定，火上烧之，烟尽留性为末，合以生姜汁、酒，服之，过口喘定，人以为神方。[见：《历代名医蒙求》]

李赞化 字与参。明清间浙江宁波人。工医术，刀圭所及，沉疴立起。明崇祯间

（1628～1644），因叔父李金峨之荐，赐中书舍人。晚年侨寓上海，以医问世。性乐善，有还遗金、完破镜之事。子李用粹，孙李揆文，曾孙李春山，俱以医知名。［见：《上海县志》］

李镜仙 清代人。生平里居未详。著有《临证便录续集》，今存光绪十八年壬辰（1892）刻本。［见：《中医图书联合目录》］

李儒珍 清代河南长垣县人。精医术，以擅治温病知名。［见：《长垣县志》］

李翼龙 清代陕西华阴县人。早年习儒，屡试不举，转而习医，知名于时。重医德，遇贫病赠以药，乡里敬之。［见：《华阴县志》］

李缵文 清代江苏吴县人。生平未详。著有《订正仲景伤寒论释义》十六卷，今存光绪十九年癸巳（1893）刻本。［见：《中医图书联合目录》］

李耀堂 清代福建长乐县人。精医术，专擅痘科，经其手者皆得十全。有医德，兼施良药济贫，不受谢仪。终年七十三岁。子李邦光，监生，绍承父学。［见：《长乐县志》］

李强哇麻 明代西藏人。藏族。著名藏医舒卡·年姆尼多吉门生之一。诸徒对理论、药性、治疗各有所长，传抄刻印大量藏医古籍，对藏医发展多有贡献。［见：《中医大辞典》］

杜

杜山 明代吴江县（今属江苏）人。精通医道，曾治愈文征明（1470～1559）疾，有国医之称。婿盛应宗，尽得其传，医术益精。［见：《中国历代名医碑传集》（引王世贞《弇州四部稿续稿·冠带儒士盛少和先生墓志铭》）］

杜壬 北宋人。里居未详。精医道，与孙兆皆得高若讷指授，名重于时。王安石（1021～1086）患背疮，经仇鼎治疗平复，尚因风气冒闷，言语謇涩。帝宣杜壬诊治，得痊愈。王安石上《谢宣医札子》，以谢帝恩。杜氏著有《医准》一卷，记其平生治病用药之验，今佚。《证类本草》载"杜壬方"十条，疑即《医准》佚文。叶梦得《避暑录话》记其中一则："郝质子妇，产四日，瘛疭戴眼，弓背反张。壬以为痉病，与大豆紫汤、独活汤而愈。"后叶妻分娩，突患此症，仓卒间忆及《医准》此案，急取独活煎服，药下则愈矣。［见：《避暑录话·卷上》、《王安石文集》］

杜公 佚其名。五代江左（指长江以东地区）人。善治目疾，每收奇功，当世呼为神灵翁。年百余岁尚在世。［见：《历代名医蒙求》］

杜本 （1276～1350） 字伯原，又字原父，号清碧。元代清江县（今江西清江）人。祖籍京兆（今陕西西安），宋南渡时徙居天台，后定居清江。少年时从学于名儒吴澄（1249～1333），苦志经史，博学善文。于天文、地理、律历、数术无不探究，兼擅篆隶，妙通绘画。值江浙饥馑，杜本上《救荒策》，米价顿平。行省丞相忽剌忧，雅重其学，荐于武宗，遂召至京师，授以官。不乐仕进，未几辞归，游于金华，与柳贯、许谦、吴师道相往还。后应詹天麟之邀，入武夷山，筑思学斋、怀友轩，拟久居焉。文宗在江南，闻杜氏名，及即位，下诏征之，力辞不赴。顺帝至正三年（1343）诏修三史，拟蒙古、色目、汉人、南人各举一处士。右丞相脱脱以杜本荐，帝遣使赐以金织文币、上尊酒，以南人处士征授翰林待制奉议大夫。使者至，告以顺帝、丞相之意，促其行。杜不得已应诏，至杭州，称疾固辞。致书于脱脱曰："以万事合为一理，以万民合为一心，以千载合为一日，以四海合为一家，则可言制礼作乐，而跻五帝三王之盛矣。"遂不行。后世以杜征君称之。杜氏湛静寡欲，无疾言遽色。与人交尤笃于义，凡贫无以养亲、无资为学者，皆济之。平居书册未尝释手，富于著述。所著有《四经表义》、《六书通编》、《十原》等书。至正十年八月卒，年七十有五。杜氏兼嗜医学，曾师事武林（今杭州）名医罗知悌，尽得秘传。精于舌诊，尝读敖继翁《金镜录》，以敖氏舌法十二首未尽诸症，遂续增为三十六法，绘以彩图，附列治法方药，于至正元年（1341）撰成《敖氏伤寒金镜录》一卷，大行于世。是书为我国现存最早之舌诊专著。门生蒋易，得其传授。［见：《元史·杜本传》、《八千卷楼书目》、《中国医学大成总目提要》、《四部总录医药编》、《历代医书丛考》、《金元医学人物》］

杜任 明代安徽汶县人。精医术，尤擅幼科，名重于时。有孟生者，其子方数岁，患疾，他医数人治之无验。延请杜氏，数日见效，逾月而平复。人询之曰："君以何药主之？"杜任告之以方。其人惊曰："公所言皆药之至温者，他人不取，君用之能起其疾，其义可闻乎？"杜氏曰："孟生，富家也。众医皆用犀、珠、金、银主之，其性至凉，久则寒其胃。由是多不喜食，日益羸瘠，则溃其元，失其本矣。吾之剂，先温其胃，使其饮食如故，然后攻其他疾，是以先壮其本而无失者焉。"识者以为至论。［见：《医说》、《医学入门·历代医学姓氏》］

杜严 字若洲。清代江苏六合县人。精通医术，所治多效验，知名于时。[见：《六合县志》]

杜杞 字伟长。北宋无锡（今属江苏）人。礼部侍郎杜镐子。强敏有才，博览书传，通阴阳数术之学。曾任尚书虞部员外郎，知横州。累官真州通判、解州知州、京西转运按察使。官至天章阁待制，环庆路经略安抚使，知庆州。庆历四年（1044）正月，广西欧希范反，聚众数千，谋建"大唐国"，岭外骚然。次年，杜杞命致书劝降，不听。勒兵攻之，希范等七十余人降。杞谓将佐曰："贼以穷蹙降我，威不足制则恩不能怀，所以数叛，不如尽杀之。"乃于环州设宴，诱饮以"曼陀罗酒"，悉杀之，凡剖五十六腹。宜州推官吴简主其事，详绘为图，传布于世，此即《欧希范五脏图》。御史梅挚，劾杞"杀降失信"，诏戒谕之，改授两浙转运使。年四十六岁，自言见希范等索命，未几卒。按，自《黄帝内经》以降，我国仅西汉王莽时诛翟义党，曾令太医、尚方与"巧屠"解剖案犯，"共刳剥之，量度五脏"。宋代《欧希范五脏图》为有史以来第二次大规模人体解剖，虽无医者参予，但其图流传至广，为后世《脏腑图》之范本。[《宋史·杜杞传》、《宋朝事实·卷十六》、《涑水记闻·卷四》]

杜春 明代浙江鄞县人。生平未详。著有《医家指要》，未见刊行。[见：《鄞县志·艺文》]

杜玹 南宋婺州（今浙江金华）人。以医为业。曾"附益"《产育保庆集》，颇为详备。其稿已佚。[见：《直斋书录解题》、《文献通考·经籍考五十·医家》]

杜信 西汉人。里居未详。为高永侯家丞。性度温恭，谦而好学。因善病，潜心学医，以"安人济众"为志。曾师事名医淳于意，历时二载，得授《上经》、《下经》及五诊之法，后以医术鸣世。[见：《史记·扁鹊仓公列传》、《历代名医蒙求》]

杜度 东汉末年人。里居未详。为名医张机弟子。识见宏敏，器宇重深，淡于骄矜，尚于救济。多获其师之方，亦为名医，当时称为上手。[见：《历代名医蒙求》、《古今医统大全·历世圣贤名医姓氏》]

杜野 明代浙江桐庐县桃源乡人。生平未详。著有《医家指要》六卷，今佚。[见：《桃源乡志》]

杜婴 号大醇。北宋仪真（今江苏仪征）人。博学善读，为人旷达而清廉，以医济世。治疾无贫富贵贱，请辄往。与之财，非义则谢而不受，虽时时穷乏，几不能自存，未尝有不足色。善言性命之理，廓然无累于物。王安石（1021～1086）谓："予尝与之语，久而不厌。"杜氏卒，安石赋诗悼之。[见：《仪征县志》]

杜镐 字文周。北宋无锡（今属江苏）人。举明经。太宗时累官直秘阁。真宗时官右谏议大夫。大中祥符间（1008～1016），进秩礼部侍郎，寻卒。镐博闻强记，年逾五十尚日治经史数十卷。性和易清素，有德行，士论推重之。太平兴国（976～983）初，宋太宗诏贾黄中辑《神医普救方》，李宗讷、刘锡、吴淑、吕文仲、杜镐、舒雅参与其事。子杜杞，官庆州知州。[见：《宋史·李昉传》、《中国人名大辞典》]

杜馨 清代河南叶县人。儒士。雅安澹泊，不求荣利，惟耽《黄帝内经素问》诸书，以名医见称于世。著有《福生遂生编增注》，多所发明，今未见。[见：《叶县志》]

杜大章 字子华。明代人。生平里居未详。著有《医经纂华》二卷（佚）、《医学钩元》八卷（今存）。[见：《医藏书目》、《中医图书联合目录》]

杜天成 字懿德。清代河北广平府人。杜国士子。少业儒，家贫，从父学医，精于脉理。道光壬寅（1842）瘟疫大作，施药救治，多所全济。著有《医案》及《集验良方》，未见刊行。[见：《广平府志》]

杜元美 清代江苏无锡县人。精医术，知名于时。子杜有功，医名益盛。[见：《无锡金匮县志》]

杜五七 字知非。清代安徽太平县人。秉性恬淡，三十丧偶，义不续娶。初习举业，兼通岐黄，多有妙悟。行医七十余年，活人甚众，从未计利，人咸以仙人称之。县令金某，赠以"春生妙手"匾额。年九十九岁，无疾而逝。著有《险症医案》、《存济录》，藏于家。[见：《太平县志》]

杜文燮 字汝和。明代宛陵仙源（今安徽太平）人。通医理，于药学尤有研究。著有《药鉴》二卷，刊于万历戊戌（1598）。其书卷一，"首察病原，以补东垣之缺；次辨药力，以佐仲景之偏"；卷二为各论，载常用药一百三十七种，详述其性味、归经、炮制、功能、配伍。该书流传不广，今有上海人民出版社重排本刊世。[见：《药鉴·序》]

杜玉田 字瑞麟。清代四川乐山县人。幼攻医学，贯通仲景、东垣诸书。及长，以

医著称，延请者无虚日。年六十一岁卒。[见：《乐山县志》]

杜生含 明代南汇县（今属上海）人。精于医术。天启间（1621～1627）官至太医院使。[见：《南汇县志》]

杜生南 字召芳，号宗川。清代河南巩县人。岁贡生。晚年业医，善治痘疹。著有《订正神应心书》二卷，未见刊行。[见：《巩县志》]

杜有功 字升侯。清代江苏无锡县人。邑名医杜元美子。早年习儒，为诸生。绍承父业，亦精医术，虽奇症险证，应手辄效。治病不责酬报，贫者尤德之，呼曰医仙。[见：《无锡金匮县志》]

杜光庭 （850～933） 字圣宾，又字宾至，号东瀛子，赐号广成先生。唐末括苍（今浙江丽水）人（一作京兆杜陵，又作处州缙云）。早年喜读经史，工词章翰墨。唐懿宗设万言科选士，光庭应举不第，乃入天台山为道士。唐僖宗至蜀，召见大悦，赐紫衣，充麟德殿文章应制，赐号广成先生。王建据蜀，待之愈厚，号为天师，授谏议大夫，进户部侍郎。后隐居青城山白云溪，年八十四岁卒，葬于清都观。著述甚富，多道家之书，如《广成义》（又作《道德真经广义》）、《天坛王屋山圣迹记》、《墉城集仙录》、《历代崇道记》、《神仙感遇传》等。还著有《文集》三十卷，其中《虬髯客传》流传甚广。杜氏兼通医理，著有《玉函经》一卷（今存元刻本）、《了证歌》一卷（一说为他人伪托）。[见：《旧五代史·僭伪列传·王建》、《五代史补》、《医藏书目》、《四川通志·人物》、《四库全书总目提要》、《读书敏求记》、《平津馆鉴藏记》、《孙氏祠堂书目》、《浙江通志》、《黄帝内经太素研究》]

杜廷标 字锦堂。清代河南伊阳县人。精通医术，设药肆以济贫病，知名于时。[见：《伊阳县志》]

杜仲文 元代人。里居未详。精医术，以眼科知名。许有壬赠诗云："老禅生具正法眼，外物几时能晦冥。只有阮家烦妙手，莫教为白只为青。"[见：《金元医学人物》（引《至正集》）]

杜自明 （1878～1961） 现代四川成都人。满族。六岁入塾读书，并从习练少林武功。稍长，随父侍诊，学习骨伤科。历时十六年，通悟家传医术。嗣后，数次外出寻师访友，兼习各门派武学及伤科技法，造诣日深。1902年悬壶成都，治愈疑难重病甚多，名重于时。杜氏为人正直，性格豪爽，医德高尚，治疗贫寒患者不收诊金，且解囊助以药资，为世人所敬重，良医硕德，誉满西南。1951年，应聘任成渝铁路工地特约医生。1953年任成都铁路医院医师，兼四川医学院特约医生。同年当选成都市人民代表及成都市人民委员会委员。1956年应聘赴京，任卫生部中医研究院广安门医院骨科医师，声望隆盛。杜氏行医六十年，精于正骨术，擅长以手法治疗筋伤，深得患者信赖。殁后，门人整理其经验，辑《中医正骨经验概述》，刊于1960年。[见：《中国现代名医传》、《中国科学技术专家传略》、《中医大辞典》]

杜兆太 清代河南陕县人。精医术，专心济世，知名乡里。[见：《陕县志》]

杜亦衍 字荫祈，自号泥穷野人。清代山西太谷县人。性孝友，不求闻达，遁迹医林。名其居曰互疗，取"我疗人疾，人疗我贫"之义。临证多效验，起死回生之功遍及乡里。著有《情来草集》，今未见。[见：《太谷县志》]

杜阳生 清代四川合川县人。从邑名医陈启予学，尽得师传。[见：《合川县志·陈启予传》]

杜芳州 清代陕西长安县（今西安）人。举人杜念祖子。自幼习儒，光绪十一年（1885）岁贡。精医术，决人寿夭多奇中。凡诸医束手之病，往往一诊辄愈。著有《医理探源》、《脉诀便诵歌》，惜毁于兵燹。[见：《咸宁长安两县志》]

杜良一 清代江苏上海县人。名医沈璠门生。业医，知名于时。其《医案》完帙不存，有数则收入《古今医案按选》。[见：《古今医案按选》、《沈氏医案》]

杜良奎 清末陕西米脂县人。早年习儒，博览群书，过目成诵。旁通星相、岐黄诸学。光绪间（1875～1908）任西安教习。后家居，读书自娱。凡以病求治，虽盛暑严寒，必亲往诊视，乡里德之。[见：《米脂县志》]

杜启周 清代江苏句容县人。以医知名。兄杜启明，医名益盛。[见：《续纂句容县志》]

杜启明 清代江苏句容县人。精医术，名重于时。有医德，一意活人，不计财利。弟杜启周，亦为良医。[见：《续纂句容县志》]

杜启蘅 清代浙江东阳县人。生平未详。著有《疹证金针》，今未见。[见：《东阳县志》]

杜茂英 字家珍，号俊园。清末广东人。里居未详。整理晋人蓝桐所授医方，辑

《不内外因家藏妙方》六卷。此书未梓，今存同治三年（1864）残抄本，书藏广东省中山图书馆。[见：《岭南医征略》、《中医图书联合目录》]

杜郁林 清代湖南桃源县人。精医术，常施药疗贫。曾挟技游蜀中，中道遇虎，嗅其襟而不害。年九十余，颜如童子。[见：《桃源县新志稿》]

杜国士 清代河北广平人。以医知名。子杜天成，继承家学，亦以医名。[见：《广平府志》]

杜金山 元代人。里居未详。精医术，以眼科知名，擅治内障。王恽有《题眼科杜金山卷》诗曰："白日青天堕海冥，百年未满苦为生。金篦一刮神光烂，此艺争传杜氏精。"[见：《金元医学人物》（引《秋涧先生大全文集》）]

杜法顺 隋代雍州万年（今西安）人。巫医。隋文帝重其术，月给俸银供之。据载，凡有病者，对之危坐，少刻即愈；生而聋者，与言即聪；哑者，与语即能言；狂癫者使人领至，向之禅定，少顷神志清，拜谢而去。[见：《中国历代医家传录》（引《续文献通考》）]

杜思敬 （1235～1320） 字敬夫，又字亨甫，号醉经，晚号宝善老人。元代汾州西河（今山西汾阳）人。其父杜丰，为金代平遥义军谋克，率部降元，己丑（1229）破泌州（治所在铜鞮，即今山西泌县），乙未（1235）授泌州长官（元初高爵），遂定居焉。杜思敬为杜丰三子，初侍忽必烈于藩邸，以平阳路同知，累迁治书侍御史。出为顺德路总管，改安西路总管，金陕西行省事。历汴梁路总管，再入为侍御使。未几，拜参知政事，改四川行省左丞，不赴，升中书左丞。致仕家居。年八十六岁卒，谥"文定"。杜氏重视医学，尝谓："医之为业，切于用世。"推重金代名医张元素，晚年取张元素及其门人著作，"择其尤切用者，节而录之，门分类析，有论有方，详不至冗，简不至略"，编《济生拔粹》十九卷，刊于延祐二年（1315），时杜氏已八十一岁高龄。[见：《元史·杜丰传》、《济生拔粹·序》、《金元医学人物》]

杜映芹 字鲁宫。清代陕西华州（今华县）人。早年习儒。因母患乳痈，延医不愈，乃攻研医学。精其术，活人甚众。[见：《华州乡土志》]

杜昭怀 号东溪。清代四川云阳县人。襟怀洒落，赋性聪颖。业精岐黄。里中贫困者罹疾，叩请即往，不辞辛劳，活人甚众。乡众赠以"有心殷济"、"理究轩岐"等匾额。著有《东溪心法》，行于世，今未见。[见：《云阳县志》]

杜钟英 字灵川。清代山西洪洞县万安镇人。廪生。学识渊博，品高望重。尤邃医理，以技济世，活人甚众。乡里德之，树"教泽"、"德行"二碑于镇东。[见：《洪洞县志》]

杜钟骏 字子良。近代江苏江都县人。清末宦游于浙水，历数十年。从政之暇，博览群书，尤通医理。经浙江巡抚保荐，任御医。清亡，为袁世凯招至京，复出仕，督淮年余。后行医京城，诊务甚忙，有起死回生之誉。每临证洞察微隐，不拘古法，所疗多效验。著有《杜氏医书五种》（又作《药园医书五种》），包括《药园医案》、《扶癃刍言》、《白喉问答》、《德宗请脉记》、《管窥一得》。[见：《江苏历代医人志》]

杜勉初 字彬雅。清代山东夏津县人。道光十年庚寅（1830）岁贡，为学使刘凤诰所赏识。屡蹶棘闱，六荐不售，遂与叔父杜炳文研究医学。炳文精痘科，勉初一经指点即豁然通悟。行医数十年，不以术谋利。晚年著《痘科类编》，后人奉为圭臬，今未见。其后五代相传，为著名世医。[见：《夏津县志续编》]

杜炳文 清代山东夏津县人。增贡生。精医术，擅治痘疹，临证应手奏效。杜氏之医与邢先生之数学、桂先生之伤寒，称山东三绝。侄杜勉初，得其传授，亦以医知名。[见：《夏津县志续编》]

杜桂林 字枝山，号月樵。清代山东东平人。咸丰辛酉（1861）拔贡，授教谕。光绪间（1875～1908），经山东巡抚张勤果保荐，官知县。生平喜清淡，工诗文，留意医药。辑有《验方录小言》三卷，未见刊行。子杜莲生，贡生，有文名。[见：《东平州志》]

杜晓村 元代人。里居未详。世代业医，精其术。外孙项昕，幼年从之学，后为名医。[见：《九灵山房集·抱一翁传》、《李濂医史》]

杜凌云 字仰之。清代阌乡县（今河南灵宝）人。业儒，为庠生。擅医术，全活甚众。[见：《阌乡县志》]

杜润夫 北宋人。里居未详。曾官登仕郎。政和间（1111～1117），宋徽宗敕编《圣济经》十卷、《圣济总录》（又作《政和圣济总录》）二百卷，成立编类圣济经所，命曹孝忠总领其事，下设同校勘官七人，杜氏任点对方书官（详"曹孝忠"条）。[见：《且朴斋书跋·跋重修

圣济总录》]

杜盛元 清代四川达县人。嗜学善医,兼精书法,草书尤绝。年七十九岁卒。[见:《达县志》]

杜梁叟 元代金华(今浙江金华)人。初治举业,后弃儒习医。初学针灸术于窦默,以儒理推演之,久之术精。尝谓:"人者,天地阴阳之会。天,雨露风霆;地,山川草木水火土石;人,九脏百骸。天,四时寒暑温凉;地,高下燥湿。人喜怒哀乐,饮食起居,莫非阴阳而已。夫得是气以生,亦由是气以病。然病有标本,有上下,有内外,有奇恒。吾切其脉,视其色,察其神气形志,审其阴阳,参伍相合而知其所舍。而又揆之于天,度之于地,验之于己,而后行之。或治其俞,或治其合,或治其经。井荥溪谷之分,筋骨肤肉之部,四时之施,各有其当;九针之用,各有其宜。虚者实之,盛者微之,暴者夺之,脆者坚之,不足补之,有余折之,奇之偶之,缓之急之,上之下之,顺之逆之,正之反之。吾治极于一,然随应而动,此吾之所以用吾术也。"又因《素问》云:"静意视义,观适之变,是谓冥冥,莫知其形。见其乌乌,见其稷稷,从见其飞,不知其谁。"故名所居曰乌稷堂。曾挟技游闽中,历三十余年,四方就诊者门庭若市,车马塞巷。重医德,有贫民于路途求治,欣然诊之,无愠色。名儒吴海雅重其术,患病皆就杜氏,治无不愈。[见:《金元医学人物》(引《闻过斋集·乌稷堂记》)]

杜敬轩 清代湖南清泉县人。为人洒落,幼攻儒书,不第,改习岐黄。久之精其技,求者填门,治无不验。著有《脉经七十二种》、《方书十二种》,藏于家。[见:《清泉县志》、《衡州府志》]

杜舜华 北宋人。里居未详。精医道,曾任太医局医官。重和元年(1118)七月,宋徽宗应高丽太子之请,以阁门祗侯曹谊为使,率翰林医官太医局教授赐紫杨宗立、翰林医谕太医局教授赐紫杜舜华、翰林医候太医局教授成湘、迪功郎试医学录陈宗仁、蓝茁,携药材赴高丽,诊疗之外,培训医药人才。[见:《中国医学史》(高等中医院校参考丛书1991年版)]

杜善方 唐代京兆(今陕西西安)人。为医工。撰《本草性事类》一卷,今佚。此书摘取本草各药,按类解释,附以诸药制使、畏恶、解毒、相反、相宜而成。[见:《通志·艺文略》、《宋史·艺文志》、《本草纲目·引据古今医家书目》、《陕西通志》]

杜鹏举 唐代濮阳(今属河南)人。礼部尚书杜暹族兄弟。隐居白鹿山。因母疾,与崔沔同受医术于兰陵萧亮,尽得其术。历官右拾遗。玄宗东行游畋,鹏举上赋讽谏。终安州刺史。子杜鸿渐(708~769),官至同中书门下平章事。[见:《新唐书·杜暹传(附杜鸿渐)》]

杜德基 字万年。明代浙江平阳县人。早孤,致力于儒学。嘉靖间(1522~1566)试于浙闱,以策忤时事,不第。晚年授嘉善县教谕。殚精医理,著有《医学启蒙》(又作《医药启蒙》)若干卷,未见流传。[见:《平阳县志》]

杜缵宇 字公甫。明代山西阳曲县人。自幼习儒,补博士弟子员。得羸疾,故治岐黄家言,以图自疗,凡八年而病愈,医术亦精。间或为人疗疾,凡他医技穷之证,缵宇多以奇方收功。邑人王道价患危疾,缵宇投剂十余次,有起色,嘱宜静养。王不戒,一日忽呕痰数升,营脱脉代,太溪绝于指下。缵宇曰:"代脉有暴损者,可治。"戒勿饮食,日夜进附子、独参汤,又为灸天枢、气海、关元诸穴百余壮,脉始得还。共服人参十斛、附子八两有奇,不杂他药一铢,百余日而愈。或云附子有毒,缵宇笑曰:"附才二十分之一,而以参制之,毒将焉施?"闻者服其论。杜氏不欲以医问世,巡抚魏允贞母病,固请不往。魏屏侍从,诣其室跪请,乃行。病愈,魏出诸医之方视之,缵宇指一方曰:"此与愚意同,但必百剂乃克痊。公求效太速,一投不效即被斥矣。公可以酬某者酬之。"魏益加敬焉。后以岁贡授兖州府通判。[见:《山西通志》]

杨

杨广 (569~618) 一名英,史称隋炀帝。隋文帝次子。弑父即帝位,骄奢淫逸,大兴土木,为著名暴君。然登极后曾敕撰《四海类聚单要方》三百卷,有益于医学。此书已佚。[见:《隋书·经籍志》、《新唐书·艺文志》]

杨云 原名杨荣。明代浙江武义县人。世医杨恭子。精通祖业,医术精湛。宣德乙卯(1435)应召赴京,入对称旨,特授御医。英宗患疾,进药奏效,特升太医院使,赏赐甚厚。宠遇与少师杨士奇等,名动朝野。原名杨荣,英宗以其与尚书杨荣同名,不便宣召,故赐名"云"。[见:《浙江通志》、《武义县志》]

杨介 字吉老。北宋泗州(今江苏盱眙县东北)人。史馆检讨张耒(1054~1112)之甥。世医出身,初为州太医生。精通家学,以医术知名四方。曾举孝廉，不就。徽宗患脾疾，诸医用理中汤不效，杨介以冰水煎药与服，立愈。杨立之自广州府判归楚州，喉间生痈，浓血流注，寝食俱废。适杨介来郡，杨立之命其子邀请之。杨介诊之，令啖生姜，服至半斤，痛处觉宽，至一斤，始觉辛辣，脓血顷尽，饭食无滞。询问其故，曰："公好食鹧鸪、竹鸡，此二禽好食半夏，遗毒于喉间，非姜无以解半夏之毒。"崇宁间（1102～1106），泗州刑贼于市，郡守李夷行，命杨介与画工往观，"扶膜摘膏，曲折图之，尽得纤悉"。嗣后，杨介以"烟萝子"《脏腑图》校正新图，补入十二经络，成《存真环中图》（又作《存真图》、《内照图》）一卷，流行于世。该图原本虽佚，但经后世医家摹写，辗转流传，对我国古代人体解剖学之发展产生重大影响。杨介还著有《明堂针灸图》三卷、《四时伤寒总病论》六卷、《伤寒论脉诀》一卷，惜皆散佚。婿李生（佚名），得其传授。［见：《医学入门·历代医学姓氏》、《古今医统》、《宋史·艺文志》、《郡斋读书后志·医书类》、《世善堂藏书目录》、《春渚纪闻》、《挥麈余话》、《盱眙县志稿》、《宋以前医籍考》］

杨文 字世章。清代浙江德清县人。为扬州孙耀家僮。孙耀业医，杨文从之学，治疫症多良效，尤精伤寒，郡中韩、温诸望族争相延请。［见：《德清县志》］

杨正 字致君（一作赐君），又字鹤琴。近代四川温江县人。诸生。不事帖括学，为人质直不阿。性和易，娓娓与人言，无倦意。博学多识，凡天文、地理、佛道、兵家、易数、医学，莫不洞究。对张仲景《伤寒论》、《金匮要略》诸书研究有年，广取各家学说，尤推重名医柯琴。为人治病，处方用药极缜密，每获奇效。同志会之役（1911），杨正佐某氏起义。中年后，迁居郫县，适县中清欠粮，杨正与其事，月有车马费，婉拒之曰："清粮所以除民之疾苦也，今事未竣而先受馈，馈皆民膏血，是重扰也。"居久之，自以为无所用于世，乃专事著述。于甲寅（1914）秋撰《伤寒读本》七卷，次年撰《玉函读本》四卷、《玉函翼》三卷，此外还著《血证管窥》、《医律琼函》、《医律轨辙》、《伤寒炳麟》、《疮痛彻玄》等书，惜皆未见行世。医学外，尚著《孙子略解》、《大学中庸撷粹》等书。［见：《郫县志》、《温江县志》］

杨仪 字梦羽。明代常熟县（今属江苏）人。嘉靖五年（1526）进士，官至山东副史。称病辞归乡里，以读书著述为事。同邑顾颙以医著称，其孙顾朴，曾孙顾昱、顾恩，玄孙顾宗阳，继业皆精。杨仪作《五明医传》以彰显之，今未见。［见：《重修常昭合志》、《中国人名大辞典》］

杨屾 字双山。清代陕西兴平县南乡桑家镇人。监生。邃于医道，治病多奇效。邻家牛误吞铁钉，屾与一方，仅寻常药品，而钉应时下，医者皆不解。著有《燮和直指》若干卷，未见刊行。［见：《兴平县志》］

杨华 近代甘肃和政县杨家窑人。邑名医杨俊孙。传承家学，亦精医术。［见：《和政县志》］

杨安 清末浙江山阴县人。名医赵彦晖门生，亦以医著称。［见：《绍兴医学史略》］

杨进 元代浙江武义县人。好学善医，官至御史。后辞职，请敕云游采录医方。行至东海，将所编《秘方》一册、指甲一枚并家书寄归，不知所终。子杨景希，孙杨恭，曾孙杨云，皆以医术知名。［见：《武义县志》］

杨芷 字文植，又字次泉。明代湖北安陆人。嘉靖三十二年（1553）进士。初授吴江知县，累迁江西布政使。后告归林泉，家居三十年。对养生颇有研究，著有《澹泊养生说》二卷，已佚。［见：《湖北通志》］

杨芳 （?～1846） 清代贵州松桃厅人。由行伍历拔镇远镇标千总。嘉庆二年（1797）黔楚苗疆平，以功升台供营备。二十年擢甘肃提督，道光元年（1821）调直隶提督，九年晋封二等果敢侯，加太子太傅。十五年以老病辞归。兼通医道，撰有《寿世医窍》。今有光绪二年（1876）陈廷沄刊本，不题撰人，当即此书。［见：《贵州通志》、《浙江医籍考》］

杨亨 元代鲁山县（今属河南）人。精通医术，尤善脉理，曾任鲁山县医学教谕。至正元年（1341），县令刘毅捐俸重修鲁山医学讲堂，杨亨任督修事。［见：《金元医学人物》（引《汝州志》、《鲁山县志》）］

杨孜 明代江西丰城县人。生平未详。著有《证治类方》，已佚。［见：《丰城县志》］

杨茂① 明代南京（今属江苏）人。精通医道，以内科著称。辨证用药悉尊古法，异于俗流，时医视为迂怪。后辈医者周文铨得其指授，亦负盛名。［见：《中国历代名医碑传集》（引顾璘《息园存稿·周汝衡小传》）］

杨茂② 字时育。清代河南内乡县杨集人。邑名医杨绾孙，杨锡康子。绍承家学，尤精脉理，临证诊疾，无不奇中，知名于时。

[见:《内乡县志》]

杨苑 一作杨范。字子建。南朝梁易州定兴县（今属河北）人。受医术于同郡杨士林，尤精经方。举孝廉，曾任安州医学录。著有《胎产大通论》一卷，后经北宋张声道增补，改题《注解胎产五十四证大通论》（又称《注解胎产大通论》），今存明抄本。[见:《注解胎产大通论·张序》、《中医图书联合目录》]

杨杰 明代人。生平里居未详。著有《医论解》一卷，已佚。[见:《医藏书目》]

杨咏 字永言。清代湖北江夏县（今武汉）人。精医术，名著于时。撰有《痘科协中》二卷，今未见。[见:《湖北通志》]

杨和 字育龄，号燮堂。清代江苏江都县人。四世业医，精通儿科，治痘证尤神。时医多谓痘证由小儿先天热毒所发，历来多以凉剂攻伐，每有误伤者。杨和因时制宜，力辨其不可偏执，故临证多奇效。郡人争相延请，常昼夜不得宁。著有《燮堂医案》一卷，刊于世，今存嘉庆间（1796～1820）刻本。还著有《幼科秘旨》二卷、《订正秦昌遇幼科折衷》四卷，未见传世。子杨上衡、杨持衡，皆诸生，上衡能传父业。同时有刘崑珊，亦精痘科，名稍逊于杨和。[见:《江都县续志》、《扬州府志》、《中医图书联合目录》]

杨府 字见山。明代浙江平湖县人。幼从姚江诸燮习儒。隆庆戊辰（1568）会试中乙榜。官沧州牧，调宁州。后解官家居，值倭寇犯境，杨氏竭力助修城垣，地方得以保全。平素留意医学，辑有《医学搜精》，已佚。[见:《嘉兴府志》]

杨炜① 清代江苏常州人。生平未详。著有《方义指微》一卷，今存乾隆五十一年（1786）刻本，书藏中国科学院图书馆。[见:《中医图书联合目录》]

杨炜② 字赤文。清代浙江桐乡县人。生平未详。著有《灵兰青鸟要旨》，今未见。[见:《桐乡县志》]

杨炎 晋代人。生平里居未详。通医理，创制南行方，治吹奶疼痛不可忍，载于葛洪《肘后备急方》。[见:《肘后备急方·卷五》]

杨泽 宋末祥符县（今河南开封）人。以医知名。次子杨元直，绍承父学，医名尤显。[见:《祥符县志》]

杨祉 清代湖北沔阳州人。生平未详。通医术，著有《眼科外科医案》二卷，今未见。[见:《沔阳州志》]

杨莛 字牧生。清初河南商城县人。康熙间（1662～1722）官汜水训导。博通诸子百家，工诗赋，尤擅岐黄，诊脉辨证，全活无算。[见:《商城县志》]

杨栋 字世资。清代蒲州（今山西永济）人。聪敏博览，尤精医道，名重于时。灵宝何御史欲试其术，以童子卧帏帐中，伪称女子，令杨氏诊脉。杨氏诊之，曰："乃童男无病者。"何氏深服之。子杨叙，事迹不详。[见:《平阳府志》]

杨拱 一作杨珙。明代人。生平里居未详。著有《医方摘要》十二卷，刊于隆庆六年（1572），今存。[见:《医藏书目》、《本草纲目》、《中医图书联合目录》]

杨昺 字柳春，号跛渔。清代江苏高邮州人。寓居江都郡城。精医理，治病应手奏效，知名于时。[见:《江都县新志》]

杨钧 字在川，号慎阶。清代江西彭泽县人。监生。自少习儒，不利于科场。慕范文正"不为良相，当为良医"之言，刻意研究方书，遂通岐黄奥旨，医名远播，全活甚众。观察使凌广赤任福建粮道时，延请杨钧入幕府。适一将军征台湾，病暗，诸医袖手。广赤荐杨钧诊治，立愈。将军大喜，曰："良医也！从吾行。"及得胜归朝，欲奏补太医院医官，固辞，厚赠之，亦不受。[见:《九江府志》、《彭泽县志》]

杨俊 （1827～1906）字秀峰。清末甘肃和政县杨家窑人。早年习儒，为庠生。擅风鉴，尤精医术。博览历代医籍，兼访各处名医，参互研究，悟其精要。治病审慎，毕生未尝误诊。用药不拘成法，善于变通，尝谓："用药犹用兵，用兵拘成法者败，用药拘成法者亦败。"识者以为名言。光绪三十二年（1906）卒，终年八十岁。孙杨华，传承家学。[见:《和政县志》]

杨胐 宋代人。生平里居未详。著有《闽海蛊毒记》一卷，今存。[见:《中国丛书综录》]

杨恒 明代人。里居未详。通医药，官太医院惠民药局副使。弘治十六年（1503）敕修《本草品汇精要》，太监张瑜为总督，太医院院判刘文泰、王棨，御医高廷和为总裁，杨氏与太医院御医施鉴、刘珍等五人任验药形质。该书于弘治十八年（1505）告竣，未刊，今存抄本。[见:《本草品汇精要·官员职名》]

杨炳 字文彪。明代山西蒲州治城人。精医术，决人生死不爽，有神医之誉。尝治某藩王疾，既愈，赐金一笏，故世称"杨一笏"。尝以事赴安邑，途中求宿，旁有一少年识之，谓人曰："此所谓神医杨某也，吾姑试之。"时少年方饱食，即从窗中跃出，僵卧床上，呻吟求炳救治。炳诊视大惊曰："郎君殆将不起。"左右皆窃笑之。是夕少年果死。或问其故，杨答曰："肠已裂，不复可治也。"其奇中类此者甚多。炳卒后，子孙多习医，州人皆称药丸杨氏。崇祯间（1628～1644），侍郎李公为杨炳立祠于州城东门。[见：《平阳府志》、《山西通志》]

杨洪 字映川，晚号警斋。清代湖南黔阳县人。精刑名术，兼善医道。著有《警斋余话》、《西湖纪游》、《陶情偶吟》诸书。[见：《中国人名大辞典》]

杨昶 字长舒。清代人。里居未详。为名医高世栻门生。与同门王嘉嗣等记录其师所授，辑《医学真传》一卷，刊于康熙三十八年己卯（1699）。[见：《医学真传》]

杨珣 字楚玉，号恒斋。明代陕西长安人。推重丹溪之学，博览医籍，精通医理，诊治殊验。以名医召入太医院，授武功县医学训科。著有《伤寒撮要》、《针灸详说》、《本草衍义补遗》、《丹溪心法类集》（本名《丹溪心法》，刊于景泰间（1450～1456），诸书均佚。今存杨氏《针灸集书》残卷，藏于中国中医科学院图书馆。浙江图书馆又藏《伤寒摘玄》，题"杨珣撰，黄伯淳编"，疑黄氏改编《伤寒撮要》而成者，待考。[见：《医藏书目》、《长安县志》、《武功县志》、《明史·艺文志》、《国史经籍志》、《百川书志》、《中医图书联合目录》]

杨起 字文远。明代昆山县（今属江苏）人。生平未详。著有《简便单方》二卷，刊于嘉靖四十五年（1566），今存。还著有《名医验方》十卷，已佚。[见：《医藏书目》、《苏州府志》、《昆新两县续修合志》、《中医图书联合目录》]

杨载 字博庵。明代安徽无为州人。以医为业。善治伤寒，临证多奇效，全活者甚众，时称杨家伤寒。[见：《无为州志》]

杨恭 明代浙江武义县人。邑名医杨景希子。绍承父业，亦精医术。曾膺荐赴京，宿太医院廨中。当夜太医院失火，杨恭受牵连，谪戍广西。子杨云，正统间（1436～1449）以医术得宠于英宗，授太医院使，乞恩除其父戍籍，获准。[见：《武义县志》]

杨峻 字孔征。清代江苏上元县人。邑庠生。精通医术，尤擅儿科，全活婴幼不可胜数。[见：《上元县志》、《江宁府志》]

杨钰 一名贯中，字子坚。清代四川双流县人。邑庠生。杨清梧子。早年习儒，从刘止唐先生学。读书以圣贤为楷模，介然不苟。教授生徒，多所成就。年八十四岁卒。兼涉医学，著有《医说》一卷，未见刊行。[见：《双流县志》]

杨倓 字子靖。南宋崞县（今山西崞县）人。历官户部员外郎、枢密使、昭庆军节度使、靖海军节度使，封繁畤郡开国侯。曾汇纂家藏验方，辑《杨氏家藏方》二十卷，刊刻于淳熙五年（1178），今存。[见：《宋史·艺文志》、《直斋书录解题》、《中国医籍考》、《中医图书联合目录》]

杨健 明代河北柏乡县人。通兽医学，著有《养马经》，今佚。[见：《柏乡县志》]

杨润 字浣亭。清代山东历城县人。精医术，好施与，活人甚众。曾与同邑名医曹施周合刻《遵生集要》（又作《遵生要集》，又作《醒医六书》），刊于嘉庆四年（1799）。此书包括元杜清碧《舌镜》，明吴有性《温疫论》，清景日昣《增补方论》、戴天章《存存书屋摘钞》、倪东溟《产宝家传》、无名氏《咽喉总论》等六种。[见：《历城县志》、《中国医籍大辞典》]

杨浚 清代河南长垣县人。邑外科名医杨志诚子。绍承父业，亦以外科著称。子杨魁章，业儒而精医。[见：《长垣县志》]

杨谈 〈女〉 字允贤。明代无锡县（今属江苏）人。生平未详。通医理，著有《女医杂言》一卷，今存万历间（1573～1619）锡山谈氏纯敬堂刻本，书藏中国中医科学院图书馆。[见：《中医大辞典》、《中医图书联合目录》]

杨庸 字君卿。金元间燕京（今北京）人。精医术。中统元年（1260），与元铎皆任燕京行中书省医生。[见：《金元医学人物》（引《秋涧先生大全文集·中堂事记上》）]

杨寅 宋代人。里居未详。精医道，曾任翰林医官。宣和五年（1123），高丽国求医于宋，徽宗诏派医官二员赴高丽。次年，命翰林医学杨寅，医官李安仁、郝洙替换原遣医官。[见：《中国医学史》（高等中医院校参考丛书1991年版）]

杨渊 （?～1880） 字子安，号寿山。清代江苏吴县人，居富仁坊巷。本地名医沈安伯弟子。精医术，以善治伤寒著称，与顾锦、张大燨齐名。著有医话《寿山笔记》一卷，未见刊行。今存《杨寿山医案》抄本，书藏南京中医药大学图书馆。[见：《吴县志》、《吴中名医录》、《中医图书联合目录》]

杨深 清代江苏人。生平里居未详。著有《体心延寿编》若干卷，今未见。[见：《江苏通志稿》]

杨绾 清代河南内乡县杨集人。以医为业，名著于时。子杨锡康，孙杨茂，绍承其术。[见：《内乡县志》]

杨量 字子充。明代福建建安县人。少为诸生。患疾，卧榻三年，遂弃儒习医。精熟方脉，临证有独到见解。年八十五岁卒。[见：《建安县志》]

杨皓 字国栋。清代湖南桃源县人。精医术，以疡科知名于世。擅治痈疽，未溃时以草药解其毒，溃后敷以生肌膏丹，无论已溃未溃，皆令内服方药，以清病源，多能应手取效。某氏患恶疮，杨氏命以连翘、天冬内服，外以苦瓜叶口嚼敷之，逾时立溃。又某氏头生大疖，年余不愈，杨以甘草、生姜，令人嚼细，和糖调敷，俄而殷血淋漓，月余而瘳。惜其效方不传。[见：《桃源县新志稿》]

杨斌 字全臣。清代山西猗氏县人。杨可楫曾孙。例贡生。自幼习儒，因父病耽心内典，久之精医，有药到病除之效。重医德，治病不分贵贱，皆一视之。遇不可治者，馈赠虽丰，却而不受，曰："吾明知其症而受之，于义何居？"常以医术出入官府，有以事求关说者，皆不应。著有《类方三订》、《病机总鉴》诸书，未见刊行。[见：《续猗氏志》、《山西通志》]

杨谦 字吉人。清代江苏嘉定县人。少年力学，究心古文诗词，慨然有济人利物之志。当时医家无精于外证者，谦乃澄心研讨，广辑良方妙药。寄迹邗沟，凡疑难险恶之证，针砭立方，应手而愈，全活不可胜计，人皆感德。兼善篆刻，尤工牙竹印，师事文三桥、汪呆叔。著有外科诸集，未见刊行。[见：《嘉定县续志》]

杨瑞 明代关西（指函谷关以西地区）人。生平未详。辑有《良方类编》，刊于嘉靖辛卯（1531），今存。[见：《中医图书联合目录》]

杨椿 （1119～1152） 字大年。南宋广汉（今四川广汉）人。性持重而敏悟，多技能，尤擅抚琴。其家世代通医，常以术救济贫病。杨椿幼年失怙，及长，探究岐黄经典，兼习后世方书脉诀，虽不悬壶，平素制备丸剂以施病者。辛未（1151）春，郡中大疫，死者相藉，亲族走避犹恐不及。椿不择贫富，出入病家救治，不惮其劳。家人惧其，拘之不令外出，乃托以他事，赴病家诊治不辍，赖以全活者甚众，而未尝自德。平生多善举，每出行怀钱于袖，遇贫且病者，不论识与不识，随手济之。史尧弼过广汉，与椿相识于房公湖，赞赏其术，益重其人。次年，杨椿病卒，年仅三十四岁。史氏应椿子杨浩之请，为撰墓志。[见：《中国历代名碑传集》（引《莲峰集·广汉杨君大年墓志铭》)]

杨鹏 清代广东儋县（今属海南）顿积人。与其父皆工医术，而父尤精，诊脉可知一年疾病，针术尤奇。杨鹏诊脉可预知一季之疾，而针灸神效一如其父。[见：《儋县志》]

杨廉 （1452～1525） 字方震，号月湖先生。明代江西丰城县人。成化二十三年（1487）进士，授翰林院庶吉士。弘治三年（1490）授南京户科给事中，官至尚书。凡八疏请归，居家三年卒，年七十四岁。赠太子少保，谥"文恪"。留心医学，著有《医学举要》、《名医录》，皆散佚。[见：《丰城县志》、《南昌府志》]

杨慎 （1488～1559） 字用修，号升庵。明代四川新都县人。太子少师杨廷和子。正德六年（1511）状元，授翰林修撰。武宗好游历，杨慎上书谏阻，不纳，称病归乡。世宗继位，起为讲官。嘉靖三年（1524）因直谏谪戍云南永昌卫，在滇三十五年，多有政绩，暇则究心著述。晚年欲辞官长归，遭谗言，病卒，时年七十二岁。穆宗即位，追赠光禄少卿，谥"文宪"。杨慎博学能文，戍滇南时多病，遂读岐黄之书，钻研颇深，通明医理。著有《素问纠略》三卷、《何首乌传》一卷、《男女脉位图说》一卷、《药市赋》一卷，今皆散佚。明代记诵之博，著作之富，推杨慎为第一，其著述载于《明史·艺文志》者多达五十余种、四百四十余卷。[见：《明史·杨慎传》、《明史·艺文志》、《新都县志》、《四川通志》、《华阳县志》、《太史升庵遗集》]

杨溥① （1376～1446） 字弘济。明代湖北石首县人。建文二年（1400）举进士，授翰林编修。永乐初，迁太子洗马。永乐十二年（1414）触怒皇帝，下锦衣卫狱十年，于囹圄中奋读经史、诸子数遍。仁宗即位，获释出狱，擢翰林学士。正统三年（1438），进太子少保、武英殿大学士。正统十一年卒，时七十五岁，赠太师，谥"文定"。杨溥留心医药，曾辑《用药真珠囊括》，已佚。[见：《明史·杨溥传》、《中国医籍考》]

杨溥② 自号水云居士。明代湖南长沙县人。官长沙卫指挥使。曾重修岳麓书院，捐田助膏火。卒后祀乡贤。杨氏博学多识，弘治间（1488～1505）撰《水云录》二卷。《四库全书总目提要》称此书"上卷载十二月种植花果、饮馔及文房杂用。下卷分卫生、养生、器用、牧养四门，所记多农圃种畜法，颇为琐屑。"按，《湖南通志》著录长沙"杨溥《用药真珠囊》"，此书实为石首县杨溥撰，《通志》误。[见：《湖南通志》、《长沙县志》]

杨蔚 字笃生。近代河南洛阳人。生平未详。撰有《医学韵编》二卷，刊于 1922 年。[见：《中医图书联合目录》]

杨璜 字渭书。清代湖南衡山县人。精岐黄术，知名于时。平生多义行，岁饥施粥米济人，全活甚众。著有《医学本源》、《临产真言》等书，今未见。[见：《衡山县志》]

杨璇 （1706～1795） 字玉衡，号栗山。清代河南夏邑县人。贡生。自幼聪敏，博学多识。乾隆间（1736～1795）蜚声黉序，"所读四书五经各书，随在注录，俱见精义"。因不利于科场，弃儒攻医。推重《温疫论》、《伤寒缵论》二书，于伤寒、温病证治颇有研究。年九十岁卒，无子。著有《伤寒瘟疫条辨》六卷、《温病医方撮要》一卷，刊刻于世。[见：《伤寒瘟疫条辨·序》、《夏邑县志》、《河南通志》、《中医图书联合目录》]

杨磊 字嘉玉。清代安徽桐城县人。博学多识，尤邃于医，活人甚众。与名医严宫方齐名。[见：《江南通志》]

杨濂 明代南京（今属江苏）人。精医术，为隆庆间（1567～1572）当地名医。[见：《中国历代医家传录》（引《重刻本草·梅守德序》）]

杨一苍 字明周。清代江苏句容县人。生平未详。著有《病言》一卷，未见刊行。[见：《续纂句容县志》]

杨人代 字瑞山。清代湖南衡山县人。早年习儒，工诗文，著有《蒙训录》、《分类增广七十二峰古歌》，梓于世。又擅书法，其字苍老古劲，得尺幅者珍若拱璧。旁及医术，全活甚众。辑有《喉科经验良方》、《齿科经验良方》等书，藏于家。[见：《衡山县志》]

杨九牧 字莲峰。清代江苏海汇县人。乾隆癸未（1763）迁居嘉兴。擅针灸，以治杂病著称。鉴于嘉兴卑湿，痹证居多，缠绵难愈，乃深究痹证机理，潜心探求方药，创健虎丸等方。又开设同善堂药肆，坐堂施诊，针药兼施，疗效显著，名噪于苏、嘉、沪等地。同善堂至今隆盛。[见：《嘉兴县志》、《杨九牧痹证验方健虎丸》（《浙江中医杂志》1964 年第 9 期。）]

杨乃修 （1665～?） 清代四川江安县人。自幼习儒，屡踬科场，遂改习医，深得奥妙。尤重摄生，乾隆甲戌（1754）已九十高龄，犹康强，能作健步行。[见：《直隶泸州志》、《江安县志》]

杨三捷 号介夫。清代安徽涡阳县梁疃村人。邑庠生。精通医术，擅治痘疹、时疫，即险恶之症，应手而愈，全活不下数百人，名重于时。品行清正，凡以病延请，烟茶之外，一介不取。本村张某子，年十四出天花。杨氏视之，曰："此先天毒重，乃险症也，每日须服药十二次。"病家从之，果愈。杨氏曾赴蒙城，遇驴背一女子，年方及笄。杨氏命仆掀女于地，女父怒，欲殴其仆。杨氏语之曰："此儿痘闭闷于内，非惊恐不得出。命之不恤，而责瓜李嫌乎?"女父遂邀杨氏至其家，至夜女大热燥，翌日痘苗出，服药而痊。一日，杨氏垂钓于河畔，见舟中人大哭。视之，有小儿奄奄待毙，问其病，曰痘也。杨氏审视之，曰："此大火症也，虽险尚可为。"急取荇藻寸许，卧儿于其上，移时儿竟苏，痘瘢出矣。嘉庆二年（1797）春，霍乱流行，患者多死。杨氏制方购药，病者服之辄愈，踵门求药者日数十起，全活不可胜计，乡人德之。著有《痘疹秘诀》、《应验良方》二书，已佚。子杨国华，绍承父业。[见：《涡阳县志》、《涡阳乡土记》]

杨于绩 字咸熙。清代湖南衡山县人。究心医理，精通其术。于新桥市结庐，作为施药所，全活无算。八十余殁。[见：《衡山县志》]

杨士阶 字端友。清末广东顺德县人。生平未详。光绪二十六年（1900）与南海江灏勤校刊《异授眼科》。[见：《中国历代医家传录》（引《异授眼科》）]

杨士杰① 字留仁。清代湖南新化县人。岁贡生。博涉经史，为文力追先贤，尤擅书法。性矜介，丝毫不苟取。素谙岐黄业，治病不受谢仪，遇贫困者助以药资。撰有《伤寒来苏辨论》若干卷，今未见。[见：《新化县志》]

杨士杰② 字侣三。清代江苏上海县人。邑名医杨锡祐孙。绍承家学，精医术，知名于时。[见：《上海县志》]

杨士贤 字圣傅。清代河南淮阳县人。太学生。精通医道，延请立往。平素采集古今验方，合药济人，屡著奇效。不以术求利，有赠以金者，悉返还之。乾隆五十一年（1786）岁大饥，杨氏出资赈困，时人比之"橘井"。子杨金铎，继承父业。[见：《淮阳县志》]

杨士恒 清代江西金溪县人。生平未详。著有《脉经汇贯》若干卷，未见刊行。[见：《金溪县志》]

杨士霖 字沛苍。清代万州（今广东万宁）后朗人。由岁贡授惠来县训导。学由积累，行归笃实，娴于教授，成就颇多。精医理，活人甚众。[见：《万州志》]

杨士瀛 字登父，号仁斋。南宋怀安（今福建闽侯）人。世代业医，至士瀛尤精。长于著述，于景定五年（1264）撰《仁斋直指方论》（又作《仁斋直指》，或作《仁斋直指方》）二十六卷，其自序称："明白易晓之谓直，发踪以示之谓指，剖前哲未言之蕴，摘诸家已效之方，济以家传，参之附后，使读者心目了然，对病识证，因证得药，犹绳墨诚陈之不可欺，庶几仁意周流，蕈蕈相续，非深愿欤。"还著有《伤寒类书活人总括》七卷、《仁斋小儿方论》四卷、《医脉真经》二卷，刊刻于世，今存。此外尚有《医学真诠》二十卷、《方脉论》、《真损方论》、《婴儿指要》各若干卷，皆佚。[见：《福建通志》、《福州府志》、《闽侯县志》、《古今医统》、《医学入门》、《国史经籍志》、《四库全书总目提要》、《中国善本书提要》、《日本访书志补》、《中医图书联合目录》]

杨大川 字汝舟。清末安徽婺源县人。自其祖父时迁居当涂。世代业医，至大川益精，名噪一时。临证用药平淡，而著手即效，全活甚众。性好施济，散棉衣，济钱米，助棺木，掩暴骨诸善，无岁不为。[见：《安徽通志》、《当涂县志》]

杨大均 北宋蔡州（今河南汝南）人。本染匠子，事父至孝。性好道术，宣和间（1119～1125）自匿姓名，隐居山中为道士。熟谙医理，能背诵《素问》、《本草经》、《千金要方》等书。诊脉后不出药，但云："此病若何，当服何药，是在《千金方》某部某卷。"即取纸书而授之，分两不少差。叶梦得至蔡州，亲见其事，曾问曰："《素问》有记性者或能诵，《本草》则固难矣，若《千金》但药名与分两剂料，此有何义而可记乎？"大均答曰："古之处方，皆因病用药，精深微妙，苟通其意，其文理有甚于章句偶俪，一见何可忘也？"蔡鲁公闻杨氏名，以手书延请，使者数十返不得。后世乱，遂不知所终。[见：《避暑录话·卷上》、《汝阳县志》]

杨大邺 一作杨大业。宋代人。生平里居未详。著有《三十六种风论》一卷、《婴儿论》二卷、《五脏论》（又作《连方五脏论》）一卷、《产后十九论》一卷、《咽喉口齿方论》五卷、《采药论》一卷、《小儿方术论》一卷、《五劳论》一卷、《夭寿性术论》一卷，均佚。[见：《宋史·艺文志》、《国史经籍志》、《崇文总目辑释》]

杨大烈① 清代山西长治县人。邑外科名医杨禄章子。继承父业，亦以外科闻世。[见：《长治县志》]

杨大烈② 清代四川彰明县人。自幼聪慧，读书过目不忘。弃儒从医，直窥《内经》、《难经》之奥，为人治病无败例，一时号为良医。[见：《龙安府志》]

杨大霮 一作杨大有，字慎庵。清代湖南武陵县人。幼年丧父，事母以孝闻。以医为业，名重于时。某妇人病，水饮随下数月，群医束手。杨氏以绢数尺，加地黄数两煎膏，搅极细，用小茴香煎水冲服，遂愈。人问其故，曰："此膀胱破也。丝性缠缚，辅以地黄，能助元气，小茴引入少腹，故愈。"盖以意为之也，治他证亦时出新意。[见：《湖南通志》、《武陵县志》、《中国历代医家传录》]

杨才俊 清代四川天全州人。邑名医杨奇浩次子。绍承家学，医技胜于其父，惜因误食毒物而亡。其兄杨才栋，亦以医名。[见：《天全州志》]

杨才栋 清代四川天全州人。邑名医杨奇浩长子。继承家学，技胜其父，后因伤酒而亡。其弟杨才俊，亦精医道，寿亦不永。[见：《天全州志》]

杨万占 字一庆。清代福建连城县人。精医术，对伤寒、杂病尤有研究，所治辄愈。大兴朱文公督学汀州，患危疾，诸医束手。廪生杨登璐荐万占，延诊遂愈。著有《医案》，见解超凡，曾刊行，惜书版毁于兵燹。弟杨斌占，亦以医名。[见：《连城县志》]

杨万里 字石宗。明清间江苏昆山县人。工医术，惜早卒。著有《病言》一卷，未见刊行。[见：《昆新两县续修合志》、《昆山历代医家录》（引《国朝昆山诗存》）]

杨万璧 号连城。清代四川大竹县人和场人。邑名医杨自裕三子。绍承父学，亦精医术。居乡有善名，遇贫苦者请诊，不受酬值，并给以药。[见：《续修大竹县志》]

杨上善 （589～681）隋唐间燕州辽西县（今北京顺义）人。祖籍弘农郡华阴县（今陕西华阴）。北齐朔州刺史杨相孙，隋并州大都督杨晖子。自幼聪慧好学，崇尚道教，年十一岁出家修行，"博综奇文，多该异说"，兼通佛典。

及长，深通医理，诊疗精奇，能起沉疴笃疾，人皆称神。唐高宗显庆（656～660）末年，受知于太子李贤，以七十余高龄奉诏入朝，授弘文馆直学士。龙朔元年（661）授沛府文学，累迁左武卫长史。麟德二年（665）改左卫长史。约上元二年（675）迁太子文学。仪凤间（676～678）迁太子司议郎，主持撰注图书。调露元年（679）拜太子洗马。次年太子李贤废，杨上善辞归故里。永隆二年八月十三日卒于家，享年九十有三。杨氏对《黄帝内经》多有研究，尝奉敕重编《内经》，将原书重加编次，厘为二十类，详加注释，约上元二年完成《黄帝内经太素》三十卷。此书为我国最早对《内经》进行分类整理之作，亦为现存最早之《内经》注本。南宋初期《太素》亡佚，幸其书自唐代即远传日本，丹波家族等累世传抄，直至仁安间（1166～1168）尚存。此后，《太素》在日本亦失传。19世纪20年代，于京都仁和寺发现由丹波赖基抄毕于仁安二年之《黄帝内经太素》卷子本（残存二十五卷），此诞生于一千三百年前之中医宝典奇迹般复出。杨上善还著有《黄帝内经明堂类成》（简称《黄帝内经明堂》）十三卷，现有古抄卷子本残卷存于日本（仅存杨氏自序及第一卷）。以上二书今有影印本及中日两国学者重校本刊行。[见：《新唐书·艺文志》、《旧唐书·经籍志》、《玉海》、《李濂医史》、《唐代墓志汇编续集·大唐故太子洗马杨府君及夫人宗氏墓志铭并序》、《杨上善生平考据新证》（《中医文献杂志》2008年第5期）、《黄帝内经太素新校正·后记》]

杨上衡 清代江苏江都县人。世医杨和子。诸生。传承父学，亦以医术著称。[见：《江都县续志》、《扬州府志》]

杨小谷 清代江苏东台县人。精医术，与当时名医颜宝等八人齐名，世称"淮扬九仙"。[见：《古今名医言行录》]

杨开化 清代湖南永绥厅人。家贫嗜学，不遇于时。因病肆力医学，久之术精，凡城乡老幼，患病者皆就诊视，全活不可胜数，有国手之誉。重医德，行医四十余年，治病不分贫富，即昏暮叩户，随请随至，从未受分文之谢。尝谓："医本仁术，不可射利。"同知某公，赠以"高明简妙"匾额。[见：《永绥厅志》]

杨开泰 字万新。清代浙江诸暨县人。从萧山谢心阳习医，对麻证颇有心得。乾隆五年（1740），杨氏合辑谢氏《痘子要领》及沈氏所传《郁氏遗书》，编《麻科合璧》一卷，刊刻于世，今存道光三年（1823）宜春彭肇刻本、光绪二十六年（1900）刻本等。[见：《中医图书联合目录》、《麻科合璧·序》]

杨天民 明代丹徒县（今属江苏）人。精医术，名重于时。与当时名医游桂、何汝亨（1491～1566）鼎足而立。[见：《何氏八百年医学》]

杨天池 清代江苏江都县人。精医术，以幼科享誉于时。尤善治痘，有痘神之称，虽点粒未发，能预决轻重生死。有小儿患痘，杨氏诊之，以不治辞。其弟子江崑池强治之而愈，儿之父母设酒酬谢，并招杨氏饮。杨氏洒然而至，席间演戏剧，患儿闻锣声而惊，病发而死，众人始服其术。同时有刘秀山，与杨天池齐名。[见：《江都县续志》]

杨天惠 （1048～1118） 字伯文，又字佑父，号回光居士，又号西州文伯。北宋郫县（今四川三台）人。后徙居郫县。自幼警敏，工诗文。熙宁三年（1070）举进士，知双流县。元符二年（1099）任彰明令，有政声。徽宗时上书言宫禁中事甚凯切，元符末，上书言事，入崇宁党籍。尝取韩愈、欧阳修文意，作歌十数篇，老师宿儒，相传警叹，苏轼亦称许之。卒，左丞冯澥志其墓。著有《彰明附子传》（又作《附子传》），详论附子之栽培及医效，今存。此外尚有《杨天惠集》六十卷、《三国人物论》三卷，存佚不明。[见：《宋史·艺文志》、《三台县志》、《郫县志》、《潼川府志》、《本草纲目·引据古今医家书目》、《中医图书联合目录》]

杨元直 字大方。宋元间祥符（今河南开封）人。邑名医杨泽次子。继承父业，亦精医道。以所著书得官，历仕元世祖至泰定帝数朝，官至文明馆大学士，兼太医院掌医卿。卒，赠光禄大夫河南北行中书省平章柱国，追封梁国公，谥"忠穆"。[见：《祥符县志》]

杨元俊 字灼三，号退一居士。精医术，知名于时。兼解音律，工书画，尤善绘花卉山水。[见：《中国历代医家传录》（引《艺林医人录》）]

杨元卿 元代大都（今北京）人。幼年丧父，卓然自立。京师妇科名医单周臣，喜其为人，招为赘婿，尽以平生所学授之。杨氏既受岳父之教，刻苦攻研，废寝忘食，久之精通其术。性好读书，擅书法，自题居室曰志勤。曾荐授礼部小吏，秩满，选授九品官。[见：《金元医学人物》（引《燕石集·志勤斋记》）]

杨元敬 字乾夫。清代四川什邡县人。生平未详。乾隆十八年（1753）参订朱音恬《医理元枢》一书。［见：《中国历代医家传录》（引《三三医社通借书目》）］

杨元禧 唐代弘农华阴（今陕西华阴）人。西台侍郎杨弘武次子。元禧亦出仕，官尚舍奉御，善医，为武后所信爱。尝忤张易之、张劲之，诏贬资州刺史。张易之伏诛，元禧复任京官。［见：《新唐书·杨弘武传》］

杨云瑾 清代湖南长沙县人。生平未详。通医术，著有《杨氏医案》一卷，今未见。［见：《长沙县志》］

杨云翼 字之美。金代乐平县（今山西昔阳）人。祖籍河北赞皇，其六世祖杨忠，徙居乐平。云翼天资颖悟，初学语辄画地作字，日诵数千言。明昌五年（1194）以首名登进士第，词赋亦中乙科，特授承务郎、应奉翰林文字。承安四年（1199），出为陕西东路兵马都总管判官。泰和元年（1201），召为太学博士。大安元年（1209），翰林承旨张行简荐杨氏精通术数，召授提点司天台，兼礼部郎中。兴定元年（1217），迁翰林侍讲学士，兼修国史，知集贤院事。哀宗即位，命摄太常卿，寻拜翰林学士。杨氏天性雅重，自律甚严，待人则宽。与人订交，死生祸福不稍变。于国家事，知无不言。素精医道，每以医理为谏。尝患风痹，正大三年（1226）稍愈，帝亲问痊愈之方，对曰："但治心耳，心和则邪气不干。治国亦然，人君先正其心，则朝廷百官莫不一于正矣。"又，河南大旱，诏遣官理冤狱，而不及陕西。杨氏奏曰："天地人通为一体，今人一肢受病则四体为之不宁，岂可专治受病之处而置其余哉。"帝从之。著述甚富，有《勾股机要》、《象数杂说》等十余种，藏于家。［见：《金史·杨云翼传》、《中国人名大辞典》］

杨五德 清代浙江诸暨县人。幼年善病，父亡母寡，故究心医学，摄养调护，母寿至六十五，自身疾患亦痊。曾行医于嘉定、上海、青浦，数月愈人万余，三邑皆盛赞其神术。著有《女科辑要》、《儿科汇纂》、《眼科心得》、《外科薪传》（总称《杨氏医学四种》），刊行于世，今未见。［见：《诸暨县志》］

杨太仆 佚其名。唐代官吏。生平里居不详。著有《太仆医方》一卷，已佚。［见：《新唐书·艺文志》、《宋史·艺文志》、《崇文总目辑释》］

杨太和 明代湖北沔阳州人。精医术，善治寒疾。盛暑时，浸青蒿水，与人服之多效，世称"杨一帖"。［见：《沔阳州志》］

杨友敬 清代人。生平里居未详。著《本草经解要附余》一卷，附于《本草经解要》（原题"叶桂撰"）之后，刊于雍正二年（1724）。［见：《中国丛书综录》、《中医图书联合目录》］

杨巨源 字恩波，号浚川。清代江西清江县人。以廪贡选授新昌训导。嘉庆己卯（1819）举于乡，历任房山、迁安、贵筑知县。道光癸卯（1843）擢浙江绍兴知府。戊申（1848）授河南开归陈许道。后因病归里，居家养疴。年七十一岁卒。通法医学，著有《洗冤录表》，未见刊行。［见：《临江府志》］

杨日炜 清代江西分宜县逢塘人。博览经史，力追先正。因试棘闱不遇，遂致力医学，精通其术。生平多善举，凡邑中建考棚、兴义学、修桥、铺路诸善举，悉捐资襄助。晚年五世同堂，寿八旬时，广东翰林何南巨为之作序。著有《医学渊源》数十篇，未见流传。［见：《分宜县志》］

杨日恒 字立方。清代江苏吴县人。居县城内平桥。通医理，著有《读伤寒论附记》一文，刊于唐大烈《吴医汇讲》。［见：《吴医汇讲·卷八》］

杨日暄 清代福建连江县人。生平未详。撰有《医理汇参》七十二卷，今未见。［见：《连江县志》］

杨中和 清代广东顺德县大良人。卖药于城北市，精通儿科。晨旦负儿求医者，恒百十人。饭后即就病家出诊，一伞一扇，纳笔砚于行囊，遍行村落以便贫者。或几榻弗备，即于膝上书药帖，盖小印章，令往己店领药，不取药金，亦不索谢。孝廉薛灿玉赠句曰："道行三万六千日，活尽东西南北人。"年九十九岁，患痘而卒。孙杨孔麟，能世其业。［见：《顺德县志》］

杨长青 （1818～1869）字子开。清代贵州遵义府北乡龙塘人。岁贡生。自幼习儒，年未冠入邑庠。天性锐敏，尤富才气。郡守杨书魁器重之，召至署读书。咸丰以后，黔乱日棘，遂弃举子业，专力于兵事，尤善岐黄家术。十一年（1861）唐炯知锦州，招杨氏至，以讨四川潭友盛功，保荐县丞。同治七年（1868），佐唐炯平贵州，加同知衔。八年，随军至重安江，卒于幕中，年仅五十二岁。杨氏精医术，常以术济人。著有《临症要诀》、《经验刍言》，散佚不传。［见：《遵义府志》］

杨介眉 清代江苏上海县人。精通医术，虽名重海内，而虚心求师，执礼甚恭。[见:《对山医话》]

杨从道 清代河南林县丁冶集人。通医理，施药多年，赖以全活者甚众。[见:《林县志》]

杨凤来 字营若，号仪庭（一作仪人）。清代广东大埔县人。康熙间（1662～1722）贡生。攻举子业，为文援笔立就。屡困棘闱，以明经终老。夙性端洁，好施济，不苟取。尝设帐饶平，睹山路崎岖，捐金修葺，行人称便。素重摄生，撰有《身心宝鉴》若干卷，今未见。[见:《大埔县志》、《潮州志》]

杨凤鸣 号应阶。清代山西凤台县人。精岐黄术，官太医院吏目。常随杨超武侯军幕，甚见器重。著有《验方奇闻》，今未见。按，疑"杨超武侯"即"杨超曾"，为乾隆（1736～1792）初兵部尚书，《清史稿》有传。[见:《凤台县续志》]

杨凤庭 字瑞虞，号西山。清代四川新都县人。乾隆间（1736～1796）名儒。幼负奇资，读书过目不忘。嗜于周子《太极图说》，于阴阳生化之旨，皆如夙悟。乾隆元年丙辰（1736）举于乡，次年会试不第。奋志研稽，并究天文、地理、星象、农圃诸书。尤精医术，为人治疾，应手取效，活人甚众。川督黄廷桂推重其学，拟列荐剡，力辞乃止。晚岁习静，喜谈玄。年七十余卒，卜葬青城山中，学者称西山先生。所著《失血大法》，为门人抄存，私为鸿宝，今存咸丰五年乙卯（1855）成都惠林堂刻本。还著有《弄丸心法》八卷、《一壶天》三卷，亦刊刻于世。此外尚撰《医门切要》、《女科枢》、《分门辨证》、《脾胃总论》、《脉理入门》、《修真秘旨》等书，有抄本存世。医书外，尚有《易经解》、《道德经注》等著作，存佚不明。新繁宁世斌从杨氏学，亦为名医。[见:《新都县志》、《锦里新编》、《华阳县志》、《中医图书联合目录》、《血证论·序》]

杨凤阁 清末河南嵩县人。业医，知名于时。子杨朝栋，绍承父学。[见:《嵩县志》]

杨文山 清代四川营山县人。自幼随父习医，博通医理。早年挟技游于贵州，历时多年，全活甚众。父殁，返归故里。[见:《营山县志》]

杨文纪 号杏村。清代湖南湘阴县人。勤学强记，端重寡言。肄业于城南书院，二十年间屡试不售。四十岁尽弃举业，博极群书，隐居于樟湖畔。著有《地理心得》四卷、《选择辨正》四卷。兼通医理，有《医学春台》四卷，今未见。[见:《湘阴县志》]

杨文忠 字尚彬，号檀园。清代江苏上海县曹河泾人。性诚谨，精通医术，知名乡里。[见:《上海县续志》]

杨文修 字仲理（一作中理），号佛子。南宋诸暨（今浙江诸暨）枫桥人。淳厚孝友，笃于至情。早年习儒，年十五岁，因母多病，弃举子业，学岐黄之书。朱熹（1130～1200）以常平使者过枫桥，闻文修名，特就见之，与谈名理、医学、天文、地理之书，竟夕乃去。杨氏晚年著《医衍》二十卷，藏于家。年九十九岁卒。[见:《古今医统大全·历世圣贤名医姓氏》、《诸暨县志》]

杨文赐 字聿修。清代云南昆明县人。初任湖北应山县平靖关巡检。乾隆二年（1737）因伯父杨永斌巡抚湖北，引嫌改湖南沣州嘉山镇，署石门典史、沣州州判。以政绩卓著，荐补永绥厅花园汛巡检，升授安徽安庆府照磨。后引疾归，徙居黔阳县，子孙遂为黔阳人。家居多隐德，尝手书格言，启迪后进。年七十三岁卒。杨氏兼通医药，辑有《经验方书》，以应求者，惜未见流传。[见:《黔阳县志》]

杨文辉 清代人。里居未详。名医李梴门生。曾校刻其师《医学入门》。[见:《医学入门》]

杨文蔚 宋代人。里居未详。精医术，曾任翰林医官。梁承议之子梁谅，病膝痛不能跪，杨文蔚诊之，令服海桐皮散，药下而愈。著有《杨文蔚方》，已佚。[见:《肘后备急方·第二十三·附方》]

杨文德 元明间江西乐平县万全乡人。精医理，兼善太素脉。明初，征至太医院。洪武三十一年（1398）乞归田里，太祖亲书"种德"二字赐之。舟抵饶州，医者刘琼玉执弟子礼问业，杨文德为之讲岐黄心法，又授以太素之术。紫宫道士朱某患疾，文德诊之，数日而愈，朱以银饮器谢之，却之再三方受。归途长叹，时刘琼玉子刘烈从行，问其叹息之故。文德曰："徒受其惠！明年春肝木旺，脾土受克，疾当复作。"至期朱某果死。杨氏著有《太素脉诀》一卷，已佚。[见:《饶州府志》、《乐平县志》、《读书敏求记》]

杨以培 字荫庄。清代江苏上海县人。本邑妇科名医杨孝福子。传承家学，又师事宝山名医马秉义，以医术知名。[见:《上海县志》]

杨孔思 唐代人。生平里居未详。著有《杨孔思方》若干卷，已佚。《外台秘要》曾引《杨孔思方·卷四》所载疗疟敔心丸，方用香豉、常山、大黄、附子四味，用之常验。[见：《外台秘要·卷五·疗疟方二十一首》]

杨孔麟 清代广东顺德县大良人。邑名医杨中和孙。得祖父传授，亦以医术知名于时。[见：《顺德县志》]

杨玉生 （1829～1890） 清代陕西白河县人。庠生。早习儒，后入太和山修道。兼精医道，负药囊巡行于穷乡僻壤，所至为人疗疾。光绪十六年卒，时六十二岁。[见：《白河县志》]

杨玉乾 清代山西永济县节义里人。精医道，通脉理，擅长内科，尤工痘疹。临证立方，药品必亲勘，寥寥数味，剂亦不重，而效验如神。生前有手抄方书数卷，皆多年历验之方，精微之论，惜未见流传。同族杨光庭，以外科、针灸知名。[见：《永济县志》、《山西通志》]

杨正华 字廷秀。清代湖南沅陵县人。事母尽孝，每冬夜预卧母榻，俟衾褥温乃起，请母入眠。精通医术，凡远近延请，无论贫富悉往，遇极贫者赠以药资。[见：《沅陵县志》]

杨正纪 字恒春。清代江苏句容县人。得金陵医者陶春田秘传，精针灸术，活人无算。有巨室子患肠痈，群医束手。杨氏应聘诊之，针入而效。其时，有一老者过，杨氏观其色，欲为针治。老者曰："吾无疾，针何为？"坚不肯，至夜而疾发，乃唇疗也，痛不可忍，急请杨氏，针治而瘥。临证类此者甚多，世以小神仙称之。惜其寿不永，年未三十即卒。[见：《句容县志》]

杨正修 清代四川乐至县人。自少习儒，兼精岐黄。平生以医济世，为乡里所敬重。[见：《续增乐至县志》]

杨正璠 清代四川安县人。精医术，知名于时。曾任安县医学。[见：《安县志》]

杨世芬 字菊农。清末人。生平里居未详。曾任太医院八品吏目，兼上药房值宿司药官。[见：《太医院志·同寅录》]

杨世映 清代四川营山县人。精医术，知名于时。天性笃厚，待病人如至亲，活人甚众。年八十六岁卒。[见：《营山县志》]

杨世珍 字伯重。清代江苏阜宁县人。得祖父杨鹤云传授，精通幼科，知名于时。弟杨世琦，亦以医名。[见：《阜宁县志》]

杨世琦 清代江苏阜宁县人。与兄杨世珍，得祖父杨鹤云传授，皆以幼科名世。[见：《阜宁县志》]

杨世葆 字心源。清末人，生平里居未详。曾任太医院八品吏目，兼东药房值宿供奉官。[见：《太医院志·同寅录》]

杨石山 清末人。生平里居未详。著有《杨氏时疫白喉捷要》一卷，今存1920年雍睦堂刻本。另有《杨氏同仁类萃疡医》一卷、《喉科秘录》一卷，今存抄本。[见：《中医图书联合目录》]

杨石林 明代常熟县（今属江苏）人。博学多识，精通医道，不以医术行世。甲申（1584）夏，治愈缪希雍妻之病。[见：《先醒斋医学广笔记》]

杨龙九 清代江苏常熟县人。精医术，以喉科知名。著有《囊秘喉科》二卷。光绪三十年（1904），常熟王士翘重订刊行。另著《咽喉急症秘书》、《喉科真诀》、《喉科七种》（包括《喉科秘方》、《喉科秘本》、《喉科要领》、《喉科抱珍集》、《曾氏世传喉科》、《喉科秘方二集》、《喉科全部》等），诸书未梓，有抄本存世。[见：《中医图书联合目录》、《中国历代医史》、《江苏历代医人志》]

杨归年 宋代人。生平里居未详。著有《修真延秘集》三卷，已佚。按，《崇文总目·道书类》、《通志·艺文略》皆作"杨文人《修真延秘集》三卷"，疑"文人"乃杨归年之字，待考。[见：《宋史·艺文志》、《崇文总目辑释·道书类》、《通志·艺文略》]

杨归厚 唐代人。里居未详。宪宗朝官左拾遗。元和七年（812）十一月，以直谏忤帝，贬凤州司马、虢州刺史。兼通医药，辑《产乳集验方》三卷，收方九百一十一条，已佚。[见：《新唐书·艺文志》、《新唐书·李吉甫传》、《旧唐书·本纪·宪宗》、《宋史·艺文志》、《崇文总目辑释》、《中国医籍考》]

杨旦升 字旭东。清代四川梁山县人。生平未详。曾摘取《伤寒论》、《景岳全书》、《本草纲目》等书，编《杨氏提纲医方纂要》四卷，刊刻于雍正六年（1728），今存。[见：《中医图书联合目录》、《中医大辞典》]

杨四知 明末河南祥符县（今开封）人。万历二年（1574）二甲第七名进士。官至文林郎福建巡按。在任期间，目睹闽广蛊疾盛行，以致"行旅不敢食宿，亲戚不能相保"，遂"慨然冀除斯害"，于万历十二年（1584）博采治蛊诸方，辑《惠民正方》二卷，刊发各属县，又榜示通衢，以便民众。此书国内已佚，日本尚存明刊

本及抄本，其中明刊本现已影印回归。[见：《日本现存中国散逸古医籍》、《中国医籍考》、《明清进士题名碑录索引》]

杨生春 清末四川太平县（今万源）八区人。以医为业，知名于时。远近病者多踵其门。与妻彭氏偕老，俱寿至八十三。[见：《万源县志》]

杨仙枝 清代陕西咸阳县人。官漳县知县。兼通医理，撰有《伤寒准绳》若干卷，今未见。[见：《咸阳县志》、《重修咸阳县志》]

杨用安 字存心。元代崇仁县（今江西崇仁）人。出身望族，祖、父皆业医。用安绍承家学，究心《内经》诸书，治病多奇效。曾任武昌路医学教授。医学外，兼善太素脉，常以术预测他人前程休咎，年数修短。与吴澄相往还，吴氏赠诗曰："医业已三世，药功能十全。脉精平旦诊，事测数年前。奇中嗟工巧，预知疑佛仙。期君还旧里，共启《内经》玄。"[见：《崇仁县志》、《抚州府志》、《金元医学人物》（引《吴文正公集·赠杨教授》）]

杨用道 金代淄州长山县（今山东邹平县长山镇）人。天会间（1123～1137）举进士，天眷三年（1140）授阳谷知县。约皇统四年（1144）迁儒林郎汴京国子监博士。大定间（1161～1189）知宁海军。官至中奉大夫。杨氏精通诗文，留心医药，任职汴京时，以辽乾统间（1101～1110）所刊葛洪《肘后备急方》为底本，摘取宋《证类本草》方，分以门类，附于每证之下，冠以"附方"二字，辑成《附广肘后方》八卷，刊于皇统四年（1144）。后世刊刻之葛洪《肘后备急方》，多以杨氏本为底本。[见：《长山县志》、《阳谷县志》、《山东通志》、《四库全书总目提要》、《补辑肘后方·尚志钧序》]

杨立本 清代山东阳信县人。业精岐黄，诊脉能决人生死，知名于时。[见：《阳信县志》]

杨立勋 清代河南宜阳县人。精医术，知名于时。曾官医学训科。[见：《宜阳县志》]

杨玄亮 一作杨元亮。唐代襄州（今湖北襄樊）人。初为工匠，曾参修虔州汶山观。据传说，于武则天久视年间（700）得"神授"，遂精医术，所疗无不痊愈。赣县里正某，背生痈肿，其大如拳，杨玄亮以刀割之，数日平复。[见：《朝野金载·卷一》、《历代名医蒙求》]

杨玄操 一作杨玄，又作杨元，或作杨元操。唐初人。里居未详。官歙州歙县尉。精训诂，性好医学，问道无数，于《难经》章句

特承师授，耽研十载，多有解悟。曾重注太医令吕广《难经注》，凡吕注不尽者，皆予详释，附以音义，以明其旨，历时十载，著成《黄帝八十一难经注》五卷。还著有《素问释音》、《针经音》、《本草音注》、《黄帝明堂经注》（又作《明堂音义》）等书，惜皆散佚。[见：《旧唐书·经籍志》、《新唐书·艺文志》、《宋史·艺文志》、《郡斋读书志》、《通志·艺文略》、《国史经籍志》、《畿辅通志》、《艺风藏书续记》、《中国历代医家传录》]

杨必达 明清间人。生平里居未详。曾补刻《经史证类大观本草》，重刊于顺治十四年丁酉（1657），今存。[见：《全国中医图书联合目录》]

杨永润 字一章。清代浙江镇海县人。精医理，尤通脉学，能断生死于一年之前，历历不爽。[见：《镇海县志》]

杨永锡 清代河南密县人。以医术知名。著有《痘疹详说》十二卷、《伤寒摘要》八卷、《杨氏医案》若干卷，藏于家。子杨鼎三，医名益盛。[见：《密县志》]

杨弘斋 （1891～1971） 字敏德。现代江苏高邮县人。业医凡五十年，专攻外科，以贴敷外治见长。临证多佳效，求治者甚众，知名于时。晚年著《疡科一得》，曾作为研究资料印行。[见：《江苏历代医人志》]

杨发林 字荫棠。清代陕西同官县人。贡生。早年习儒，博通经史。兼精医术，凡以病延请者，不论风雨远近，皆立赴。某年，杨氏一子亡，值乡邻因子病延请，家人婉拒之。杨氏闻其事，责家人曰："吾殇一子，岂可令人亦殇一子乎！"立赴病家诊治。[见：《同官县志》、《陕西历代医家事略》]

杨百城 （1861～1928） 字如侯。近代江苏泰兴县人。早年习儒，肄业于南菁书院。后弃举业，博览群书，尤潜心理化等新学。宣统元年（1909）应邀执教于山西法政学校。辛亥（1911）后，任山西警务卫生科医生，治医益勤。1919年，应聘任山西中医改进研究会理事，兼编辑主任，主编医学杂志。1921年，该会创立医校，遂主持中医部教学。杨氏治学思想开明，主张研究中医学从《内经》入手，参合西说，分门类纂，使之科学化。著有《医学新论》、《灵素生理新论》、《灵素气化新论》、《五色诊钧元》、《温病讲义》等书，刊刻于世。[见：《中国历代史》、《江苏历代医人志》、《中医图书联合目录》]

杨百禄 清代河南淮阳县人。精医术，临证善用古方。设药局于家，拯救甚众。
[见：《淮阳县志》]

杨有德 清代宁夏府中卫县（今宁夏中卫）人。早年习儒，为邑庠生。精医术，活人甚众，乡里称之。[见：《朔方道志》]

杨成文 字百侯。清代广东大埔县人。儒士。博览群书，尤精岐黄，为当时名医。性敦厚淳朴，寄居药肆，以术济人，治病不分贫富，有求必应，虽昏夜叩门，不惮其劳。尝谓："余业医，自揣虽未能于物必有所济，然于心安之无憾。"[见：《大埔县志》]

杨成博 清代人。生平里居未详。撰有《穴道秘方》一卷。此书今存抄本，题"杨成博先生遗留穴道秘方"，书藏广东省中山图书馆。[见：《全国中医图书联合目录》]

杨尧章 字芝樵。清代湖南长沙县人。自幼丧母，事父以孝闻。好读书，喜济人急。工诗，出游四方，所交多当时名士。精医理，以术济人，全活无算。曾辨析吴有性《温疫论》，著《瘟疫论辨义》（又作《瘟疫辨义集》）四卷，刊刻于咸丰丙辰（1856），今存。医书外尚著《立山堂诗稿》、《岭右苔岑集》，存佚不明。[见：《长沙县志》、《中医图书联合目录》]

杨师之 清代永吉县（今属吉林）人。精通医术，尤擅痘科，名重于时。著有《痘疹辑要》一编，为门生翟崇喜所珍藏，今未见。[见：《永吉县志》]

杨师尹（1888～1948）又名思复。字绍伊，又字回庵，号履周。近代四川成都人。早年与刘复同学于经学大师廖平，受学儒典，兼习古医经。盛年妻死子夭，遂不复家。1930年，尽散家财，飘然出游。1931年至重庆，翌年赴上海，1933年游南京。1936年重赴上海，终老沪上。杨氏寓居陋巷，安贫乐道，不求闻达，讲学行医，隐居不出。对秦汉以前医学源流多有研究，认为远古之季，有汤液家、岐黄家并存，前者以六经统百病，汉时孤微已极；后者以五脏六腑统百病，盛行于时。幸有医圣张仲景"去班氏未远，得执业此经"。仲景之前，有伊尹《汤液经》传世，卷帙不繁。后仲景作《广汤液经》，乃扩为十数卷，则《汤液经》全文，在仲景书中，一字未遗"。经多年研究，杨氏断言：今本《伤寒论》中，凡以"六经"二字题于文首者，为伊尹原经，凡以"伤寒"二字题于首者，为仲景所增广。基于以上观点，晚年辑复《汤液经》八卷。同门刘复，亦治仲景之学，见杨氏书而"尽弃己辑"。评杨书曰："校勘考订，几复古经之旧。精湛妥帖，殆非叔和所及。于是世之治国医者，于方脉有定识，于据注有定本，叔和撰次，亦可以废矣。"1948年孟春，杨氏《汤液经》完稿，未及出版，溘然长逝。是年冬，刘复与妻曾福臻，倾资刊刻杨氏遗稿，《汤液经》遂得以行世。杨师尹富于著述，医学之外，尚有《论语绎语》二十卷、《语助词核》二卷。[见：《国学大师与中医学》《《医古文知识》2003年第4期》)、《杨绍伊先生〈考次汤液经序〉》(《医古文知识》2005年第1期)、《刘民叔先生〈汤液经〉跋》(《医古文知识》2005年第4期)]

杨师程（1874～1937）字百城。近代江苏常熟县人，居和平街。祖籍句容，其先祖于明末徙居常熟。自幼多病，几至危殆，幸遇良医获生。嗣后，有志习医，稍窥门径。后从邑名医黄仲瑜先生游，钻研五六载，尽得师传，遂精内科。年二十三岁悬壶于乡。后遇老医蒋君维，蒋谓其所学未纯，杨氏乃拜于门下，医道精进。蒋临终，嘱子蒋星华师事之。杨氏敦朴恳挚，好善乐施，有古人风。人以疾病延请，不分晨暮立赴，虽小恙亦不懈忽，济世活人，至老不倦，邑人敬重之。尝谓："医者须怀割股之心，胆欲大，心欲细，然后施治，庶几可矣。"对温病证治多有研究，推重张石顽《张氏医通》，临证多所取法。年六十三岁卒。遗有《拥书庐临证医案》六卷、《温病条辨歌诀》等书，皆毁于抗日战争期间。门人张炳昌，曾保留部分先师医案，于1947年3月起，陆续发表于《常熟医报》。及门弟子四十余人，分布城乡，如张蕴石、许志英辈，皆享誉医林。杨氏有女名钟虞，适杨寄渔，婿、女同传其业。[见：《中国历代医史》、《吴中名医录》]

杨光有 清代河南信阳县人。家境贫寒，自幼为人放牧。性嗜医学，借岐黄家书读之，久之通明医理。讲论脉理，审察证候，为时医所不及。[见：《信阳县志》]

杨光国 字尚宾，号澹园。清代山西洪洞县人。嘉庆壬申（1812）岁贡。博通古今，淹贯经史，尤邃于医。以术活人，乡里德之。[见：《洪洞县志》]

杨光亮 清代江西玉山县人。精医术，重医德，治病不索谢金。[见：《玉山县志》]

杨光庭 清代山西永济县人。精外科，善针灸，以立方简洁，医效速捷著称。族人杨玉乾，亦为当时名医。[见：《山西通志》]

杨光照 清代江苏川沙县八团人。邑儿科名医杨善培子。传承父业，亦以医术著称。[见:《川沙县志》]

杨光黼 字缉文，别号野农。清代榆树县（今属黑龙江）太平川人。自幼颖异，二十二岁入邑庠。素有大志，为士大夫所器重。光绪十年（1884）徙居延寿县。十三年大饥，民苦无告，杨氏急至厅，请办赈济，全活无算。十四年冬十二月，率民团剿匪，督战竟夕，擒获甚多，地方得以保全。中日战起，杨氏为吉林将军常忠靖器重，擢为九营统领，招练新军。义和团事起，俄兵进犯延寿，杨氏缮甲兵，具车乘，完堡垒，与之对峙数月，俄军卒不得逞。黑龙江抚军程雪楼，与杨氏交厚，欲委以知府实职，力辞不就。嗣后，专办林业，淡于仕进。杨氏精通医术，程雪楼抚江省时，患瘫痪疾，累年不愈。招杨氏诊治，应手霍然。晚年隐居林下，诗酒自娱。卒年七十有六。著有《医学修养表》，得之者奉为至宝，惜未见流传。[见:《延寿县志》]

杨则民 （1893～1948） 又名寄玄，字潜厂。近代浙江诸暨县人。自幼刚直，聪颖过人，好学深思。早年就学于浙江杭州第一师范学校，因接受马列主义哲学，被学校除名。后回乡任教，曾任诸暨南屏学校校长，同时从事地下革命活动，两次被捕入狱。后出任诸暨民报编辑，开始自学中医。对《内经》、《伤寒论》、《金匮要略》、《本草经》及诸家医著多所涉猎，兼读西医、数理、哲学诸书。后经同乡徐究仁介绍，执教于浙江中医专门学校。任教期间严于治学，勤于著述，医名大振，颇得浙江名贤推重，与王治华、徐究仁有诸暨三杰之誉。著有《内经讲义》、《药物学概论》、《方剂学通论》、《症候学通论》、《伤寒论讲义》、《伤寒论附翼》、《内科学》、《儿科学》，有石印本刊行。还有手稿《国医今释》、《中药方论》、《医事类记》、《读书小记》、《旅桐随记》、《医林独见》、《古医斟今》、《诊余随笔》、《医学杂记》，及学术论文多篇。[见:《中医年鉴》（1987）]

杨廷广 清代四川成都县人。精医术，知名于时。嘉庆甲子（1804）瘟疫流行，杨氏自购药材，配制丸散，施济贫病，全活不可胜数，乡党高其义行。[见:《成都县志》]

杨廷柱 字云础。清代江苏六合县人。工诗，精医，善治痘疹，能决人死生。有医德，治疗贫病不取诊金，且资以药饵。[见:《六合县志》]

杨廷璧 清代广东电白县北桥村人。精医术，与同邑名医易汝弼齐名。[见:《电白县志》]

杨伟才 清代江西崇仁县人。生平未详。辑有《医方纂要》若干卷，今未见。[见:《江西通志稿》]

杨传纲 清代江苏高淳县人。精医术，擅长内科。以济人为怀，凡以病延请，虽风霜路遥，未尝惮劳，遇贫病出药赠之。[见:《高淳县志》]

杨延庆 清代山东高密县人。性廉介，精通医术，凡治病所需贵重药品，皆亲手选制，贫病者用之不取药金。远近求医者接踵于门，活人无算。著有《伤寒论辨》四卷，未见刊行。[见:《高密县志》]

杨仲文 元代人。里居未详。精医术，曾任和林（今内蒙古和林格尔）惠民局良医。至顺元年至二年（1330～1331）与岭北行省省医李贵、武舜谦、胡景勋，参与修建和林三皇庙。[见:《金元医学人物》（引《和林金石录·和林三皇庙残碑文》）]

杨仲和 清代江苏青浦县章练塘人。通医术，兼精内、儿两科，名闻遐迩。每日晨起，求诊之船泊至西栅外，镇中小吃店等赖以成市。弟杨安敦，亦精医术，声名尤盛。[见:《青浦县志》]

杨自裕 清代四川大竹县人和场人。以医为业。重医德，以拯救贫病为己任，乡人敬重之。三子杨万璧，绍承其业。[见:《大竹县志》、《续修大竹县志》]

杨全迪 宋代人。生平里居未详。与李寿著《产后论》一卷，又与崔氏著《小儿论》一卷，均佚。[见:《通志·艺文略》、《宋史·艺文志》、《崇文总目辑释》]

杨旭东 清代人。生平里居未详。撰有《杨氏提纲全书》三册，成书于道光十三年（1833），今存佚不明。[见:《中国历代医家传录》（引《医献书目》）]

杨名山 清代广东万州（今万宁）后朗人。行端履洁，见义必为，潜心力学，足迹不入公门。精通医术，救济甚众，人称隐君子。[见:《万州志》]

杨名江 （?～1750） 字熙宇。清代山东历城县人。精痘科，全活婴幼甚众，名重于时。善诊断，望色即断人生死，若称不可治，终无能生者。有族子患痘，请杨氏诊视，叹曰："此死症也，不可治。"病家觅他医治之，良愈，儿壮健如初。杨氏曰："能过百日，尚可言活。"至百日，儿戏于庭，忽登床偃卧，家人意其倦也，近视之，已气绝。其神断多类此。乾隆十五年殁，哭送者几百人。[见：《续修历城县志》]

杨名远 号万里。明代安徽巢县人。昭勇将军杨义九世孙。相传杨义晚岁归乡，留心仁术，有名医以妇科医术谒见，义命次子师事之，子精其术，大显于时。传至名远，为第八代，医术益精。名远子杨淑桢，又遇高僧，授以内外名方，故声名益盛。[见：《巢县志》]

杨齐颜 一作颜齐。宋代人。生平里居未详。著有《灸经》十卷、《明堂灸法》三卷，皆佚。按，《宋史·艺文志》作"杨颜齐"，不知孰是，待考。[见：《通志·艺文略》、《宋史·艺文志》、《国史经籍志》]

杨兴诗 清代四川广元县人。早年习武，勇猛多智。后研究医学，精外科，擅治疮痈肿毒，临证多奇效，遂以医名世。[见：《广元县志》]

杨汝卿 明代山东禹城县人。邑名医霍恺之婿。得岳父传授，亦以医术著称。[见：《禹城县志》]

杨汝梅 字小鹤。清代河南新乡县人。少聪颖，嗜岐黄家书，久之精医，尤善诊脉，能预决病者生死。晚年好道，通炼形服气之法。[见：《新乡县志》]

杨汝器 字铺在。清代江苏武进县人。通医理。著有《女科正宗》若干卷，未见刊行。[见：《武阳志余》]

杨宇春 清代江苏丹徒县人。疡科名医任仲英门生。传承师学，亦以疡科知名。[见：《丹徒县志》]

杨守伦 清代安徽歙县人。精医术，知名于时。子孙世传其术，至裔孙杨章国，为第七代，医名亦盛。[见：《歙县志》]

杨守吉 明代上元县（今江苏南京）人。精医理，尤善治伤寒诸证。正德、嘉靖间（1506~1566），以医术名噪于时。有谢五老者，夫妇患外感月余，饮食入口即吐，众医皆谓不治。适杨氏过其门，应邀入诊，曰："无伤，此蛔虫次扰作恶耳，但多进食，当勿药而愈。"即以冷茶投于粥，令以大盂进服。病者从之，初尚作呕，后渐喜食，食已沉睡，醒而霍然。与其同时者，有产科李氏、姚氏；妇科周氏；杂症曾氏；疡科李氏、刁氏、范氏；儿科孟氏；内科曹氏；骨科樊氏；眼科袁氏；口齿科钟氏，皆各专一门。[见：《江宁府志》、《上元县志》]

杨守敬 （1839~1915） 字惺吾，号邻苏。清末湖北宜都县人。同治元年（1862）举人。同治四年考取景山官学教习。精通版本、金石、考据诸学。光绪六年（1880）夏，应驻日大臣何如璋之聘，以使馆随员出使日本。其时，日本提倡新学，屏弃古典汉籍，杨氏在日四年，搜购中国散佚古籍三万多卷，其中包括日本医家小岛尚质请佚本手杉本要藏影抄之《黄帝内经太素》古抄本等大批珍贵医书。归国后，出任湖北黄冈县教谕，先后主讲湖北两湖书院、勤成书院。光绪十四年（1888），于黄州筑园藏书，其地与苏东坡旧居相邻，故取园名"邻苏"。光绪二十九年（1903），杨氏移书武昌，并建观海堂贮之。辛亥革命期间避居上海，1912年其藏书运抵上海，后归故宫博物院收藏。抗日战争期间，其中珍本随故宫文物转藏美国，今收藏于台湾省。杨氏精通目录学，撰有《日本访书志》，又曾翻译日本丹波元简《聿修堂医学丛书》等。[见：《杨守敬学术年谱》、《日本访书志》、《八千卷楼书目》、《中医图书联合目录》、《近三百年人物年谱知见录》、《黄帝内经太素研究》]

杨安敦 清代江苏青浦县章练塘人。邑名医杨仲和胞弟。精通医术，尤擅脉诊，名重于时。名医陈秉钧、赖元福雅重其术，每遇练塘人就诊，皆曰："练塘有杨安敦，何必至此？"[见：《青浦县志》]

杨安普 字德甫。清代山东阳信县人。初习举业，以孝友闻。父早卒，弟与子皆幼，改习医学，悬壶济世。[见：《阳信县志·孝友》]

杨如时 字应顺。清代湖南桃源县人。早年习儒，为举人。精医术，临证不拘泥古方，多有效验，为乾隆间（1736~1795）当地良医。兼嗜占卜，时人重之。子杨逢游，为举人。[见：《桃源县志》]

杨进蕃 （1841~1899） 字笠台，又字渔侪。清代湖南靖州绥宁县人。康熙癸巳（1713），其祖父入蜀，遂定居合州双凤场。进蕃颖悟能文，同治间（1862~1874）应童试，名列前茅。年三十岁，主明善义塾讲席。暇时研读《内经》、《伤寒》、《金匮》诸书，久之贯通医理。初以术疗父目疾，虽不能复明，而诸病尽去，身心霍然。其母终生无疾苦，享天年而终，亦进蕃之力。间或为乡邻治疾，皆应手愈，慕名延请者舆马不绝，往往辞谢不应，唯族戚中患病者始一往诊之。张家骥患风热，时医治之，诸证悉去，唯郁闷不食，十余日不减，势渐不支。进蕃往视，问所服方。张以栀子豉汤示之。进蕃曰："此可用。"原医者曰："用而无效矣。"进蕃曰："其时未至，今可用矣。"从其言服药，一剂而瘳。平生治验甚多，不欲以医名世，不肯辑为医案，仅存数案载于《合州志》。光绪己亥卒，享年五十九。著有《医学探骊》二卷，医者多遵用之，今未见。[见：《合州志》]

杨孝福 字竹孙。清代江苏上海县人。幼习举业，屡试不售，改习医学。专擅妇科，审脉察因，必求至当，临证应手取效。子杨以培，绍承父学。[见：《上海县志》]

杨志可 元代清江县（今江西崇仁）人。精医术，悬壶济世。善养生，年九旬犹视听不衰。孙杨道玄，绍承家学。[见：《金元医学人物》]

杨志仕 清代云南安顺府人。岁贡生。世代业医，自建功过格，每临证必如实记录疗效，至老不倦。天性孝友，多行善举，曾倡修郡城考棚，又约立施棺会，以助贫寒。著有《经验救急便方》，今未见。[见：《安顺府志》]

杨志诚 字实庵。清代河南长垣县人。精医术，以外科知名。子杨浚，孙杨魁章，皆绍传家业。[见：《长垣县志》]

杨甫庭 清代湖南桃源县西东村人。业医，以外科著称。凡跌打损伤，或恶疮毒疽，治之辄效。重医德，诊病不索谢金，遇极贫者施赠药费，乡里称之。[见：《桃源县新志稿》]

杨扨谦 清代河南偃师县人。精医术，知名于时。重医德，治病不索谢金。[见：《偃师县志》]

杨时文 清代四川达县人。精医术，知名于时。重医德，治病不索谢，亦不居功，至老施诊不倦。[见：《达县志》]

杨时乔 明代人。生平里居未详。通兽医学。著有《新刻马书》十四卷，刊于万历二十二年（1594）。此书为明代以前相马术及治疗马病之经验总结，附刻马针灸穴位图及多种疾病图。[见：《中医大辞典》]

杨时安 清代江苏六合县人。精医术，以幼科知名。[见：《六合县志》]

杨时修 清代四川崇庆县人。精医术，名重于时。有医德，治病不择贫富，延请者甚众。[见：《崇庆县志》]

杨时泰 （?～1838） 字贞颐，又字穆如。清代江苏武进县人。早年习儒，博雅多识。

嘉庆己卯（1819）中举，道光戊戌（1838）大挑一等，署山东莘县知县，未逾年，卒于任所。杨氏精通医理，好读《灵枢》、《素问》诸书，推崇名医周慎斋及金元四大家。善以脉象诊断脏腑寒热虚实，遇错杂难明之证，每以数味奏功，时医莫测其奥。道光六年，杨氏得刘若金《本草述》未订本于京师，爱不能释，遂删而约之，历时六年辑《本草述钩元》三十二卷，生前未及刊刻。门生伍仲常，珍藏先师遗稿，竭力营谋，刊刻于道光二十二年（1842），今存。[见：《本草述钩元·行略》、《本草述钩元·序》、《武进阳湖县合志》、《武阳志余》、《中医图书联合目录》]

杨吴山 字迈峚。清代人。里居未详。名医高世栻门生。曾参订其师《医学真传》。[见：《医学真传》]

杨岐正 清代山西荣河县人。通堪舆家言，尤精医学。家道不丰，性喜施予，凡疾病延请，风雨寒暑不避，遇贫困无力者，每赠药资。[见：《山西通志》]

杨秀钟 清代安徽宿松县人。其先人得异传疡科秘方，故以医术著称。秀钟善承家学，凡痈疽肿毒，无不应手奏效。[见：《宿松县志》]

杨体仁 字生庵。清代四川渠县人。善针灸术。著有《一壶天合集》，今存1929年果州石印本。是书分三集，上集辑录蜀中名医邓荣服《脉学易知》，有内景真传图、内景真传说、脉诀指掌图、望闻问切说、定生死歌、病机说、察二便说等内容；中集纂辑新都杨西山《失血大全》；下集为杨氏自撰《针灸心法》及卫生却病秘要、延年六字诀等。[见：《中医图书联合目录》、《中国历代医家传录》]

杨体泗 清代湖北沔阳县东方人。精医术，于伤寒尤得秘奥，知名于时。著有《伤寒摘要》，未见刊行。[见：《沔阳州志》]

杨希闵 字钱佣，号卧云居士。清代江西新城县人。道光丁酉（1387）拔贡，候选内阁中书。兼通医道，著有《伤寒论解略》、《金匮百七十五方解略》（上二书今存咸丰二年稿本）、《盱客医谈》（今存稿本）。[见：《新城县志》、《中医图书联合目录》]

杨希洛 明代人。生平里居未详。与冀州夏惟勤订正元无名氏《明目至宝》四卷，重刊于万历二十一年（1593），今存太原吕坤刻本。杨氏还著有《本草经解考证》，今未见。[见：《中医图书联合目录》、《历代医书丛考·本草

经解》]

杨应会 清代河南偃师县人。精医术，以技活人，不索诊酬。[见：《偃师县志》]

杨应春 字子化，号少川。明代吴县（今江苏苏州）人。初习儿科，后兼及大方脉。学有根柢，察脉投剂，多见奇效。治病以济人为宗旨，不计酬报，全活贫病尤多。性慈善，好施予，稍有积余，赈济贫乏不稍吝。年八十七岁卒，无子，闾里哀之。[见：《吴县志》]

杨应选 字君立。清初浙江钱塘县人。名医张志聪（1610～1694？）门生。康熙初，其师构侣山堂于胥山，集钱塘诸医及门生数十人，讲论医学，校注古典医籍。杨应选参予其事，参校《黄帝内经素问集注》九卷，刊于康熙九年庚戌（1670），今存。[见：《黄帝内经素问集注》]

杨应期 明代浙江余姚县人。生平未详。辑有《痘证医宗》二卷，今未见。[见：《中国历代医家传录》（引《鸣鹤山房书目》）]

杨怀芳 清代四川大邑县东乡人。端庄慈慧。少业儒未就，弃文习武。旋以医自勉，精于外伤科。为人诊治，常应手而愈，为时医所宗。重医德，凡以病延请，不问亲疏皆赴，病愈不居功，不计谢仪。与西乡武生鄢正常相往还，志趣相投，行事相类，聚则切磋医理，终生为挚友。著医书数种，流传乡里，惜未能梓行。[见：《大邑县志》]

杨宏中 元明间人。里居未详。以医为业，知名于时。梁寅赋《题杨宏中药室》诗云："药室花潭近，悬壶柳市幽。昼云生瓮牖，春水入苔沟。捣药香尘散，烧丹伏火留。苓从松径斸，蒲向石根求。《素问》晨窥阅，仙方夕校雠。金膏如可觅，吾亦慕元洲。"[见：《金元医学人物》（引《梁石门集》）]

杨良玉 清代四川太平县人。以医为业。有医德，凡远方就治者，必亲视汤药；遇贫而病者，则赠以药，数十年施济不倦。[见：《太平县志》、《万源县志》]

杨启凤 字季衡。清代江苏武进县人。生平未详。曾参订李长科《胎产获生篇》。[见：《女科书录要》]

杨启甲 字丽南。清代安徽休宁县人。生平未详。曾增注吴有性《温疫论》，今未见。[见：《休宁县志》]

杨际泰 字平阶。清代湖北广济县人。诸生。精医术，知名于时。著《医学述要》若干卷，行于世，今未见。[见：《广济县志》]

杨纶焕 清代湖南宁乡县人。邑名医杨经济子。传承父学，亦以医名世。[见：《宁乡县志》]

杨青云 清代宁夏府（今宁夏贺兰）人。早年丧父，访师习医，技成，悬壶济世。临证审慎，多所全活，有名于时。曾以名医出任医官。[见：《朔方道志》]

杨表凡 清代江西安义县依仁里人。通医理，治病不取诊金。年八十一岁卒。[见：《安义县志》]

杨其绥 字存畏，号葆善。清代江西清江县人。其父杨兆班，贸易于武冈州，遂定居湖南。杨氏兄弟幼年时父丧，又逢清江连年水旱，武冈遭火灾，家道中落。杨氏遂辍读业医，究心《灵枢》、《素问》诸书，年少力勤，所业日邃。旁通星卜、堪舆诸术，暇则与文士雅歌投壶，赋诗饮酒。每晨光熹微，病家延请者车马塞途，一一诊视，无问贫富，日晡始归。归则众宾杂进，座上常满，雅意周旋，人人恐其辞去。更深人静，一灯荧然，发箧陈书，丹黄并下，数十年如一日。虽隐于医，内行纯挚，天性乐平，与之游者未尝见其戚戚。至凭吊古今，议论时世，则感喟苍凉，意气豪宕。精书法，善鉴赏，收藏甚富。年六十岁卒。著有《医案》一卷。晚年撰《灵枢病机摘句》，未竟而殁。医书外尚有《围棋捷要》、《受子谱》、《对子谱》、《官子谱》各一卷，今皆未见。[见：《武冈州志》]

杨雨苍 清代江苏上海县人。精医术，以骨伤科知名。弟子钱文彦，得其传授，后为名医。[见：《中国医学大辞典》]

杨雨森 一作杨雨霖。清代江苏高淳县人。读书而不应试。生平精研岐黄，尤善妇科。著有《保产摘要》若干卷，行于世，今未见。侄杨锡朋，得其传授。[见：《高淳县志》、《江宁府志》]

杨奇浩 字贞白。清代四川天全州人。博学多才，精明医理，以儒医名世。设宏济堂施诊，活人数以千计。其妻王氏，生于世医之家，亦通医道，每与奇浩讨论病因，切磋方药，并合著《舌辨图考》、《辨证条议》等书。子杨才栋、杨才俊，门人丘维祚，皆得其传授。[见：《天全州志》]

杨拔桂 字步月。清代安徽太平县马村人。官布政司理问。通针灸术，凡以疾病延请，无不应诊。子杨逢年，孙杨毓璋，皆以好善著称乡里。[见：《太平县志》]

杨卓立 清末河南宝丰县人。精医术,知名于时。[见:《宝丰县志》]

杨国华① 清代安徽涡阳县梁瞳村人。邑名医杨三捷子。绍承父学,亦精医术,以痘科知名,活人甚众。[见:《涡阳县志》]

杨国华② 清代江苏阜宁县大河卫人,世居云梯关。山阳县庠生。其祖父某,父杨绍先,皆通晓医理,施医药以济贫病。国华绍承先志,施药拯急,毕生不倦。年八十余卒。[见:《阜宁县志》]

杨国芳 (?~1861) 清代江苏奉贤县五十六图人。习牛医,知名于乡。卒于咸丰十一年。[见:《奉贤县志》]

杨国钦 清代陕西合阳县人。性孝友,精医术,知名于时。[见:《合阳县志》]

杨国泰 清代山西沁州人。早年习儒,官太原儒学教谕。兼通医理。与同邑儒医郭明威相往还,持论相合。二人合撰《删定伤寒论》,论医家得失,以为庸医泥古妄用之戒,惜未见传世。[见:《山西通志》、《沁州复续志》]

杨昌尚 字仁盛。清代四川天全州人。世为儒医,至昌尚亦精家学,远近延请者络绎不绝,有国手之誉。生平尤推重《医宗金鉴》、《医学心悟》诸书,以为文浅理深,易于记诵,切合实用。荥经县令金朝觐患奇疾,昌尚诊之,一剂而愈。金以“术近于神”额其门。晚年喜交儒士,重养生,尤好读书。诊疗之余,捧卷高诵,凡经史子集、医卜星相之类,无不披览。尝谓:“读书为明理之本,节欲为延寿之本,慎言为远害之本,虚心为受益之本,积善为裕后之本。”[见:《天全州志》]

杨昌诗 字兴起。清代湖南靖州人。邑名医杨显敬子。传承父学,亦精医术。生性驽钝,而好学不倦,曾苦读十年,参知天人一气之理,悟二十八脉以缓脉为宗。为人治病,决生死不爽。里人有患气喘欲死者,六日不能成眠。昌诗诊其脉,乍伸乍缩,静中一跃,似“虾游”死候。细审之,根神不竭,脾脉浮,肝脉逆,遂断为“肝木干土”,为之疏方,药下而愈。其他妙验多类此。尝作歌诀授门生黄汉信,其诀曰:“不作阴功莫学医,阴阳虚实几人知。死生只在须臾候,指下分明莫迟疑。”[见:《靖州乡土志》]

杨昌浚 (1826~1897) 字石泉。清代湖南湘乡县人。诸生。与罗泽南办团练抗击太平军,因军功授知县。迁衢州知府,官至福建巡抚。嗜医学,曾为虞庠《类经纂要》作序。杨氏辑有《急救经验良方》一卷,今存光绪二年丙子(1876)刻本。[见:《类经纂要·序》、《清史稿·杨昌浚传》、《中医图书联合目录》]

杨忠熙 号敬亭。清代贵州兴仁县人。邑名医杨继航子。普安恩贡生。性冲澹,容止端正,与人无竞,崖岸自立。工诗文,沉酣经术。咸丰回变,与安顺黄卓元避于四川,鬻文自食。同治(1862~1874)末返里,举优行,秋闱中副榜,出壬申科恩贡生。继游于黔抚曾璧光幕府,于黔省肃清案内保奖内阁中书,候选教谕。好古文词,派衍桐城,其诗有李白风骨。承父教,通医理,每为人治疾,药到病除,有国手之称。年六十五岁卒。著有《医案》,藏于家。[见:《兴仁县志》]

杨鸣先 清代四川蓬溪县人。通医理。曾游于南海,得无名氏《醒医录》,归乡后翻刻,遍赠乡人。[见:《潼川府志》]

杨知元 宋代人。生平里居未详。撰有《淮南王炼圣石法》一卷,已佚。[见:《通志·艺文略》]

杨季蘅 明末江西新建县(?)人。以医为业,知名于时。与柳敬亭同时,曾为左良玉(1599~1645)幕客,为一时名士。曾荐授武昌守,后辞官归,仍操故业。[见:《中国历代医家传录》(引《吴梅村集》)]

杨质安 清代浙江会稽县人。精医术,以内科知名。[见:《绍兴地区历代医药人名录》]

杨金式 字占春。清代江苏句容县人。附贡生。淡于荣利,重孝义,事父母以孝闻。母殁,过哀而卒。曾抄辑《秘本方书》,传于世,今未见。[见:《续纂句容县志》]

杨金铎 字振鲁。清代河南淮阳县人。太学生。邑名医杨士贤子。继承父业,亦以医术著称。[见:《淮阳县志》]

杨庚六 清代山东历城县东庑乡神武村人。精医术,知名于乡。门生任廷荣,传承其学,声名益盛。[见:《续修历城县志》]

杨育英 号竹溪。清代湖南武陵县人。生平未详。撰有《痘疹真传》(又作《痘症篇》)一卷,今存嘉庆十六年辛未(1811)刻本,书藏中国中医科学院图书馆。[见:《武陵县志》、《常德府志》、《全国中医图书联合目录》]

杨学典 原名述孝,字以文,号识之。清代湖北江陵县沙市人。少习举业,研精覃思。先人世以眼科擅名,年三十后,不应有司试,专力于医术，济人甚众。咸丰（1851～1861）初，挟技游于省垣，因世乱归乡。性高洁，不妄交，暇则静坐，诵读经史。曾赋《五十咏怀》诗，有"消尽闲愁惟守分，任人推许任人嘲"之句，为其写照。授徒之暇，手辑《评按各医书》二卷。医学外，尚撰《读史杂著》一卷、《草堂随笔》一卷，皆藏于家。[见：《沙市志略》]

杨学春 清代江苏句容县人。精医术，知名于时。或问："子之医何以若是其神效也？"答曰："予岂有异术哉？不过多读书，明理耳。"[见：《续纂句容县志》]

杨法恭 清代河南林县人。精医术，知名于时。[见：《重修林县志》]

杨治生 字郅轩，号涵九。清代浙江孝丰县人。杨春喈长子。监生。道光十年（1830），援例以知县分发福建，任永福知县，历官归化、宁化、彭湖知县。在永福时，值严禁鸦片，杨氏倡言以药戒烟，多有成效。兼明医理，官彭湖时，时疫盛行，亲为投药救治。著有《台疆笔记》，书中载治疫之事，今未见。[见：《孝丰县志》、《安吉县志》]

杨宗元 清代浙江孝丰县人。精医术，擅长眼科。著《眼科辨要》一卷，未见刊行。[见：《孝丰县志》]

杨宗立 北宋人。里居未详。精医道，曾任太医局医官。重和元年（1118）七月，宋徽宗应高丽太子之请，派遣阁门祗侯曹谊为使，率翰林医官太医局教授赐紫杨宗立、翰林医谕太医局教授赐紫杜舜华、翰林医候太医局教授成湘、迪功郎试医学录陈宗仁、蓝茁携药材赴高丽，诊疗之外，培训医药人才。[见：《中国医学史》（高等中医院校参考丛书1991年版）]

杨宗洛 号旷直。清代江苏宜兴县人。好读书，屡试不中，遂精研医道。后得梁溪王济时指授，术益精进。其业师赵文炳客居扬州，患虚损疾，宗洛往诊之。丹阳名医王献廷后至，阅其方曰："此可终身服也。"服之果效。著有《旷直医案》，未见刊行。[见：《宜兴荆溪县新志》]

杨定勋 清代四川资阳县人。早年习儒，弃学攻医，全活甚众。著有《伤寒痢疾应验方》，今未见。子杨茂庭，道光乙未（1835）举人，官南充教谕。[见：《资阳县志》]

杨建午 清代四川广安州花桥鸡公岭人。邑名医杨顺恩子。继承父业，亦以医术著称。[见：《广安州新志》]

杨建芳 清代广东罗定县人。徙居信宜县合水乡。精医术。曾遇乡人昇棺过，滴血鲜红，询之，知孕妇跌伤，气绝而死。建芳谓："未死。"令启棺，灌药而苏，自是医道大行。尤精脉理，三年前自言死期，至期而卒。[见：《罗定县志》]

杨建邑 字历侯。清代安徽蒙城县人。精通医术，名著于时。重医德，凡以疾病延请，虽风雨昏夜，徒步即往，不乘车轿。遇贫困无力之家，出药赠之。年八十三岁卒。[见：《重修蒙城县志》]

杨居午 清代河南禹县人。精通医术，但不欲以医成名。著有《伤寒夺命》若干卷，传抄于时，今未见。[见：《禹县志》]

杨居耀 字穆如，号虚中。清代江西新城县人。少攻举业，壮习岐黄，精研《内经》，治病多奇中。凡里中贫病不能具药饵者，赠药济之。性至孝，其母病疟，自谓得鲢鱼可疗，觅而不得，母竟以此疾殁，遂终身废鱼不食。著有方书《杨氏家藏》，今未见。[见：《新城县志》]

杨孟钧 字调元，号静庵。清代安徽宿松县人。颖敏能文，精通易学，工书画，兼善医道。以恩贡生授来安教谕，历官滁州、东流，所至以正学为宗，士林倾心。凡故旧患疾，皆为诊治，虽起死，概不受酬，遇贫病者赠以药，家道中落而不改初衷。道光（1821～1850）末，连年水灾为患，杨氏劝捐放赈，董理尽善，受惠者甚众。著有《药性类编》，收载药物七百余品，以"升、降、发、收、温、清、消、补"八字类分之，简要明晰，颇便初学，惜未能梓行。[见：《宿松县志》]

杨绍云 清代浙江龙阳县人。太学生。精医术，以眼科著称。有就医者，常留养于家，服以汤药，无不效者。性好施予，救济匮乏甚多，无自德之色。晚年四世同堂，以高寿终。[见：《龙阳县志》]

杨绍先① 清代河南武陟县高村人。端方忠厚，读书力行。久困童试，年六十岁始入县庠。素习医方，尤精眼科，远近患目疾者争趋之，治则奏效。著有《眼科辑妙》，藏于家。[见：《续武陟县志》]

杨绍先② 字振祖，号省斋。清代江苏阜宁县大河卫人，世居云梯关。其父通医理，好以医药济世。绍先继承父志，亦通晓医术，素以施药拯急为事。曾刊刻其父所辑《普济良方》，行于世，今未见。子杨国华，亦好施济。

[见:《阜宁县志》]

杨绍和（1832～1875）字彦和，又字勰卿。清末山东聊城县人。同治四年（1865）进士。历官翰林院编修。其父杨以增（1787～1865），累官江南河道总督，嗜书善藏。值道光之际，江南战乱频繁，旧家藏书多难保守，如长洲汪氏艺芸书舍、桐乡鲍氏知不足斋、阳湖孙氏廉石居之藏书率多外散，多为杨氏所得，并于聊城建海源阁以庋藏。杨绍和善承父志，复多增益。更于同治间得怡亲王乐善堂之珍藏，积书富达三千三百余种，二十余万卷。与江苏常熟瞿氏铁琴铜剑楼之藏书相对峙，时有"南瞿北杨"之称。清末最负盛名之四大藏书楼，即江苏常熟瞿氏铁琴铜剑楼、山东聊城杨氏海源阁、浙江杭州丁氏八千卷楼、归安陆氏皕宋楼。杨绍和于政暇整理家藏诸书，取宋元善本撰写题记，先后辑成《楹书隅录初编》、《楹书隅录续编》二帙。光绪间（1875～1908），由其子杨保彝校刊行世。该目录著录医书三种，分别为《宋本脉经》十卷、《宋本证类本草》三十二卷、《精钞本石药尔雅》二卷，又有法医学著作《校元本宋提刑洗冤集录》五卷，皆珍善之本。民国间，阁书由杨保彝继子杨敬夫主持，两度遭匪劫荡，知难永保，遂高价售出，一代藏书雅业，从此遽告陵替。[见:《历代史志书目著录医籍汇考》]

杨绍溪字莲塘。清代河南汜水县（今荥阳）人。廪贡生。早年习儒，晚岁通医。尤擅治伤寒、瘟疫，辨证甚精，活人无算。[见:《汜水县志》]

杨经济清代湖南宁乡县人。精医理，知名于时。性笃厚，凡以病延请，无远近寒暑必往，遇贫困者施药济之。年七十二岁卒。著有《达生编》，未见刊传。子杨纶焕，传承父学。[见:《宁乡县志》]

杨春喈字凤冈，号乔翘。清代浙江孝丰县人。年十三岁入郡庠。嘉庆丁卯（1807）举于乡，考取教习。期满，补授山东淄川知县。道光甲午（1834）迁铜仁知府。己亥（1839）任都匀知府，以疾乞退，上宪苦挽留之。又数年，始遂所请，而病已深，未抵家而卒，时年六十五岁。杨氏兼精医理，有以病求治者，必拨冗调治，多应手痊愈。辑有《医案》一帙，未梓。医书外，尚著《公余杂钞》二卷。有子四人，长子杨治生，亦通医理。[见:《孝丰县志》、《安吉县志》]

杨春蓝字玉田。清代四川简阳县东普安保人。幼颖悟好学，不图仕进。早年从堂叔杨登政学医，尽得其传，临证投剂辄奇中，遂以医名世。乡人王某暴厥，脉伏若无，诸医皆谓不治。春蓝诊之，曰："可活，此乃邪入心包，故现此证。"急以牛黄解毒丸灌之，俄顷而苏，二剂则神清脉复，人皆叹服。年八十四岁卒。[见:《简阳县续志》]

杨贲亨明代江西鄱阳县人。博览医书，精贯脉理，每以意立方，多获奇效。有患善饥症者，诸医以火证治之，不效。贲亨久思之，亦不得其解。偶见堂上木凳自仆，视之，乃为湿气所蒸而朽也，顿悟水能消物，不独属火，此湿消也。投以热剂而愈。某显贵患目障，性躁忧切，病情日重。贲亨谓之曰："目可计日而痊，唯惧毒发于股。"显贵乃日忧其股，目疾渐愈而股亦无恙，盖诱其心火下降尔。自此，医名大振。[见:《鄱阳县志》、《续名医类案·消》]

杨树棠（1849～1897）字伯臣。清代福建连城县人。弱冠入邑庠，旋食廪饩。光绪二十三年丁酉（1897），王督学临汀试士，录取一等。次年为选拔期，初试后患病，督学以其未到院报名，停试一天。未久杨树棠病卒，时年四十九岁。天性友爱，生前精仲景之学，求医者络绎不绝。著有《医方辑览》四卷，辛丑（1901）大水，漂没无存。[见:《连城县志》]

杨显敬字臣极。清代湖南靖州人。精医理，推重《王叔和脉诀》，临证以五色诊病，救治贫乏甚多。著有《脉诀》，多精辟之论，惜未见流传。子杨昌诗，传承父业，声名益盛。[见:《靖州乡土志》]

杨钟浚字岷樵。清末湖南宁乡县人。大定知府杨熙瑞子。县学生。忠厚寡言。光绪间（1875～1908）巡抚赵尔巽遣送日本留学。逾年归，适尔巽移督四川，檄钟浚管理鄂西盐税。武昌变起，归乡家居。兼通医道，撰《杨氏医解八种》七十六卷，包括《形体大略解》六卷、《脏腑解》五卷、《经络解》八卷、《四诊法解》六卷、《经证解》十五卷、《杂病解》十八卷、《药解》八卷、《方解》十卷，今未见。[见:《宁乡县志》]

杨钟虞〈女〉近代江苏常熟县人。邑名医杨师程女。绍承父学，亦精医术。丈夫杨寄渔，亦传岳父之业。[见:《中国历代医史》、《吴中名医录》]

398

杨复元 明代浙江吴兴县人。业医，知名于时。曾与乌程名医陆桂会诊。[见：《陆氏三世医验》]

杨秋亭 清代江苏上海县颙桥人。邑名医杨德馨子。传承父业，亦精医道，尤善治伤寒。子杨毅齐，亦精家学。[见：《上海县志》]

杨顺恩 清代四川广安州花桥鸡公岭人。精医术，治病多良效，知名于时。善养生，寿至八十四岁卒。子杨建午，传承父业。[见：《广安州新志》]

杨保和 清代浙江新昌县人。生平未详。著有《温病治验录》，今未见。[见：《绍兴地区历代医药人名录》]

杨俊三 清代福建连城县芷溪人。少年丧父，事母以孝闻。家境贫寒，弃儒业医，临证善断而谨慎，知名于时。重医德，治病不分贫富，虽远必赴，病愈乃已。亲墓在本乡笔架山，故结庐于山侧，颜其室曰小洞天。子某，传承父业。[见：《连城县志》]

杨俊海 清代河南渑池县官庄人。精医术，专擅疡科，临证手到病除，名重于时。[见：《中州艺文录》]

杨恒山 清初安徽休宁县人。通明医理，与当地名医吴学损相友善。推重名医陶华，撰有《伤寒宗陶全生金镜录》，吴氏评之曰："赅简精当，诚仲景之功臣，节庵之正传也。"此书今佚。[见：《痘疹四合全书》、《中国医籍考》]

杨恒基 清代河南阌乡县（今灵宝）人。太学生。早年习儒，后以医问世。施药济贫，多有善举。[见：《阌乡县志》]

杨济时 (1522～1620) 字继洲。明代浙江衢县人。出身世医之家，祖父某，任太医院御医，撰《集验医方》进呈，帝命刊行天下。杨济时幼习举业，博学能文，数厄于有司，遂弃儒学医。家藏历代医籍甚多，取而读之，数历寒暑，贯通医理。及悬壶，凡以疾病造请，应手奏效，声名藉甚。嘉靖间（1522～1566），以名医征入太医院，疗效显著。隆庆二年（1568）供奉圣济殿。杨氏行医四十余年，临证经验丰富，尤擅针灸，治病常针药并用。万历间（1573～1619）山西监察御史赵文炳患痿痹疾，医人接踵，莫能奏功。后迎聘杨氏于都门，至则施以针灸，三针而愈。赵氏叩其术，杨氏出所著《针灸秘要》示之。赵氏阅之，以为尚未大备，复命人取针灸诸书增补重编，勒为十卷，易名《针灸大成》（又作《针灸集成》），于万历二十九年（1601）镂版于平阳郡斋。该书征引广博，考证详明，为明代著名针灸学著作，对后世针灸学影响极大。杨氏还撰有《玄机秘要》，已佚。[见：《遂初轩医话》、《针灸大成·序》、《浙江通志》、《衢县志·艺文志》、《中国医籍考》]

杨泰义 清代四川万县人。精医术，治病不分贫富，不索谢，亦不居功。行医数十年，闻名乡里。[见：《万县志》]

杨泰基 (1747～?) 字觐宸，号勉斋，堂名存耕。清代江苏吴县人。居阊门外资福桥。早年习儒，游于乾隆丙戌（1766）状元张西峰之门。后从叶天士再传弟子钟南纪学医，悬壶于世。撰有医论《保护元阳说》，阐发医易互通之理，刊载于唐大烈《吴医汇讲》。[见：《吴医汇讲·卷八》]

杨起云 字从龙。清代河南淮阳县人。精医术，以擅治痘疹知名。[见：《淮阳县志》]

杨振镐 字海珊。清代浙江仁和县（?）人。工诗文，兼通医理。早年出仕，历官福建、广东丞尉十余任。其诗经韶州知府沈映钤选定。撰有《医学随笔》四卷，今未见。[见：《浙江通志稿》]

杨振藩 号蕉隐。清代江苏常州人。官参军。能诗善画，兼谙医学。曾以活鲫鱼治黄疸，极验。名医陆以湉目击其效，甚推重之。[见：《冷庐医话·卷四·疸》]

杨损之 唐代华阴县（今属陕西）人。精医药，约开元（713～741）后，任润州（今江苏镇江）医博士兼节度随军。杨氏以本草诸书所载药物颇繁，难于检索，遂删除非急用及有名未用者，辑《删繁本草》五卷，已佚。[见：《宋史·艺文志》、《医学入门·历代医学姓氏》、《本草纲目·历代诸家本草》、《国史经籍志》、《华阴县志》、《丹徒县志》]

杨恩溥 清代四川渠县人。精医术，善治险症，有十全上工之誉。[见：《渠县志》]

杨钰泉 清末湖南绥宁县人。忠厚和平，娴于医学，精通脉理。凡以疾病延请，星夜必赴，不惮其劳，人皆德之。[见：《绥宁县志》]

杨乘六 字云峰，号潜村。清代浙江湖州人。少承家学，殚心医理，后悬壶于世。临证重视舌诊，多有心悟。尝谓："危急疑难之顷，往往证无可参，脉无可按，而惟以舌为凭。妇女幼稚之病，往往闻之无息，问之无声，而惟舌可验。是以阴阳虚实，见之悉得其真；补泻寒暄，投之辄神其应。人以见之无不真，投之无不应也,未尝不称以为奇者。不知予于四诊之中,于舌更有独得之秘也。"后总结验舌经验,著《临证验舌新法》一卷,刊刻于乾隆十年乙丑(1745),今存。又增校高斗魁《医宗己任》,补入董废翁《西塘感证》、吕留良《东庄医案》,重刻行世。杨氏尚撰有《潜村医案》二卷,上二书今存乾隆十年衔三堂刻本。[见:《临证验舌新法》、《中国医学大成总目提要》、《全国中医图书联合目录》、《贩书偶记续编》]

杨积功
清代山西洪洞县安子村人。精通医理,知名于时。兄杨积德,亦以医术著称。[见:《洪洞县志》]

杨积德
字道源。清代山西洪洞县安子村人。监生。性谨厚,重然诺。与胞弟杨积功皆精医理,知名于时。性慈善,平生施药活人,济贫助葬,乡里德之。著有《痘证辑要》(又作《痘疹辑要》),今未见。[见:《洪洞县志》]

杨浩泽
元代人。里居未详。精医理,官兴元路(今陕西汉中)医学教授。至顺元年(1330),与官医提领冯献、副提领钟震,重修本路三皇庙。[见:《金元医学人物》(引《闲居丛稿·三皇庙学记》)]

杨通艳
清代四川乐至县人。业医,尤精外科。行医三十余年,有华佗再世之誉。[见:《乐至县志》、《乐至县续志》]

杨继航
清代贵州兴仁县人。精医术。工诗赋,建别墅于关东,名之曰咏月诗巢。子杨忠熙,传承父学,亦精医理。[见:《兴仁县志》]

杨培俊
清代湖南绥宁县人。庠生。精医道,尤邃脉理。以术济人,全活甚多。善摄生,年逾七旬,精力不衰。[见:《绥宁县志》]

杨盛芝
字成章。清代湖南会同县人。存心正直,尊师重道。好善乐施,曾捐钱三百余贯,以修神镇桥。不惜重费,延师教育子侄。年登九旬,无疾而终。曾集录《简易良方》,传送济人,今未见。[见:《会同县志》]

杨崇魁
字调鼎,号搜真子。明代河北肥乡县人。生平未详。著有《本草真诠》二卷,刊于万历三十年壬寅(1602),今存。[见:《中医图书联合目录》、《北大图书馆藏李氏书目》]

杨敏字
字锡章。清代四川武胜县东路惠里人。少年习儒,学业优异。不利于科场,改业医,远近求治者踵相接。重医德,遇贫病尤不惮劳,亦不取资,为世人所敬重。生平好读书,晚年益勤,常书"勤谦忠恕"四字,以为座右铭。年七十一岁殁。[见:《武胜县新志》]

杨得山
字峻峰。清末人。生平里居未详。曾任太医院八品吏目。[见:《太医院志·同寅录》]

杨得春
明代人。生平里居未详。著有《疡科通玄论》三卷,已佚。[见:《国史经籍志》]

杨象乾
字元如。清初浙江钱塘县人。以医为业,知名于时。康熙初,名医张志聪(1610~1694?)构侣山堂于胥山,集钱塘诸医及门生数十人,讲论医学,校注古典医籍。杨象乾参与其事,与诸医合撰《黄帝内经灵枢集注》、《黄帝内经素问集注》、《伤寒论宗印》诸书,刊刻于世。[见:《黄帝内经灵枢集注》、《黄帝内经素问集注》、《伤寒论宗印》]

杨康侯
字子建,号退修。北宋青神县(今属四川)人。博览群书,尤嗜医学,无师自通,精贯医理。黄庭坚(1045~1105)至青神,杨康侯以所著《通神论》十四卷相示。黄欣然为之作序,评曰:"其说汪洋。蜀地僻远,无从问所不知,子建闭户读书,贯穿黄帝、岐伯。无师之学,至能如此,岂易得哉!然其汤液皆以意调置,则不能无旨矣。方皆圣贤妙于万物之性者然后能作,巧者述之而世知者也。今子建发五运六气,叙病裁药,错综以针灸之方,与众共之,是亦仁人之用心云尔。"《通神论》之外,杨氏尚著《十产论》一卷、《护命方》五卷,惜皆散佚,其部分佚文散见于郭稽中《产育宝庆集》。[见:《国史经籍志》、《四川通志》、《青神备征录》、《郡斋读书志》、《中国历代医家传录》、《全国中医图书联合目录》]

杨章华
清代湖南善化县人。国学生。为人诚朴,通晓铜人经络,活人甚多。辑有《医方秘要》行世,今未见。[见:《善化县志》]

杨章国
清代安徽歙县人。邑名医杨守伦裔孙。祖上六世业医,至章国为第七代,医术益精,名噪于时。[见:《歙县志》]

杨惟正
字叔子。明代山东益都县人。早年习儒,从房可壮学十余年。兼精医理,多有神悟。好以医术济人,每遇群医束手之证,多能一剂而愈。著有《痘疹辨言》、《小儿便方》、《脉解》及痰集、杂证、伤寒、妇人诸书,均佚。[见:《益都县图志》]

杨清叟
元代禾川(即江西永新)人。精外科。著有《外科集验方》(又作《仙传外科集验方》),论述痈疽阴阳虚实甚详,并保存大量民间验方。此书由杨氏传于门人吴宁极,宁极传子吴有本，有本传西平李观善，李观善传于浚仪赵宜真，宜真门人萧天倪于明洪武十一年（1378）捐资刊行。[见：《国史经籍志》、《中国医籍考》、《仙传外科集验方》]

杨清源 字润之。清代云南昆明县人。世以医显。天性聪颖，自幼嗜学，以医为业，知名于时。旁通堪舆、星命诸术。家境清贫，而视人之疾不惮劳，不计利，乡里高之。[见：《昆明县志》]

杨鸿业 清代江苏六合县人。精医术，专擅儿科，有活痘神之誉。[见：《六合县志》]

杨淑桢 明代安徽巢县人。邑名医杨名远子。英山籍廪贡生。传承父学，亦通医理。早年随从祖杨衡州游南岳山，遇高僧，为其阐释医理，授以内外科秘方，归而医术益精。[见：《巢县志》]

杨深甫 金元间河汾（今山西省黄河与汾河交汇处）人。幼习岐黄，弱冠即以医术名汾州县。段克己、段成己诸名流雅重其术，多赠诗赞颂。段成己诗中有"杨生头角非凡子，少以医名汾州里"之句，可见声名之盛。[见：《金元医学人物》（引《二妙集》）]

杨寄渔 近代江苏常熟县人。邑名医杨师程赘婿。与妻杨钟虞，皆传杨氏之学，精通医术，知名于世。[见：《中国历代医史》、《吴中名医录》]

杨维仁 字伯廉。清代甘肃皋兰县（今兰州）人。以医知名，官本县医学训科。幼嗜医术，弱冠南游江浙访师，得吴江徐大椿医书六种以归。后师事古浪县名医李资深，复得钱塘张志聪《素问集注》、《灵枢集注》、《伤寒论集注》、《本草崇原》诸书。潜心体究，至忘寝食，诊病洞见本源，无不应期奏效。生平论述甚富，每能发前人所未发。晚年尤好《易经》。著有《伤寒体注》、《医学阶梯》及《周易汇参》诸书，今皆未见。[见：《重修皋兰县志》]

杨琼龄 字玉堂。清代四川简阳县龙泉寺人。性倜傥，好读书。自少习武，后究心医学。同里曾崇芳素通医术，琼龄初与为友，同习拳技，后欲习医，遂师事之。久之精其术，与曾氏齐名，有药王之誉。晚年设馆蓉城（即成都），锦江书院山长童槭，与之为道义友，为延誉于大僚，每以轻剂起沉疴。颜所居室曰乐我斋。著有《乐我斋医案》四卷，今未见。门人李钟岳，亦以医名。[见：《简阳县志》]

杨超群 字拔生。清代四川大竹县人和场人。廪贡生。状貌魁伟，敏慧能文，尤长于词赋。学使张之洞按试绥定，见其文而器重，荐入成都尊经书院肄业。后因母病归乡，潜心医学，遂以济世活人为志，延请诊治者甚众。惜未及中年而殁。[见：《续修大竹县志》]

杨博良 （1880～1952）原名尔厚。现代江苏武进县横山桥西崦村人。其父为左宗棠麾下大将，同治十三年（1874）参与收复新疆之役，卓有战功。博良先生幼习举业，十五岁即以童生应试。颖异好学，诗书俱精，有声士林。戊戌（1898）后废除科举，遂绝意功名，恪守"不为良相，当为良医"之家训，锐志习医。师从孟河名医马文植高足邓星伯，尽得师传。师训之外，研读《内经》、《伤寒》诸医典，对《务存精要》、《马征君医案》、《外科集腋》、《青囊秘传》诸书尤有心解。技成，悬壶常州茅司徒巷，以外科问世，就诊者日众。久之，兼治内、妇、儿、咽喉、口齿各科，皆圆通无碍，声望鹊起。1935年返归故里，而医名已远播宁沪皖浙，上自达官显贵，下逮贩夫走卒，慕名延请者户庭常满，治辄奇效，活人不可胜计。素重医德，治病不分贫富贵贱，皆倾力救治，日夜应诊，未尝有倦容。世人盛称其医术，益敬佩其硕德，各界名贤题赠"功同扁鹊"、"广被太和"等匾额，可为其写照。毕生济世活人，临终尚为人治病，诊脉时溘然长逝，享年七十三，哭送者甚众。杨博良为近代孟河医派重要传人，于医理以《内经》、《伤寒》为宗，而临证兼取百家，不拘成法。临证用药似平淡无奇，而起死回生之效甚著，识者称其医术深达化境，非泛泛者可比。生前诊务过繁，无暇著述，早年曾撰写《临床手册》数万言，授门生张元凯，惜散佚于乱世。嗣后，张氏遍访同门，竭力搜集先师遗稿、验案，辑《杨博良医案》三十万言。该书经范智超、邱浩整理，于2010年由学苑出版社排印刊行。杨博良门生甚众，除张元凯外，尚有颜绍棠（即北京中医药大学颜正华教授）、李中华、王泽华、姚中明、吕元英、陆子立、季志仁、蒋少枫、孙德然、王益之、潘焕林、张郊良、谢绍安、吕元阳、吴寿生、吴宣育、徐铁之、戴民康、李培德、许伯羲、江朝良、周少伯等，皆为当代名医。[见：《杨博良医案》]

杨喜霖 字雨亭。清代奉天府海城县（今辽宁海城）城南土台子人。读书能文，久困场屋。中年改习医学，于伤寒、温病诸证颇有心得。著有《温病论》、《药性歌括》等书，未梓，其稿散佚不传。[见：《海城县志》]

杨彭年 清末人。生平里居未详。著有《喉科备急方》一卷,今存杨氏铅印本。[见:《中医图书联合目录》]

杨联芳 号桂山。清代四川天全州人。性豪爽,善骑射。精岐黄术,治疾多奇效,知名于时。[见:《天全州志》]

杨敬斋 明代浙江常山县人。生平未详。撰有《秘传针灸全书》二卷,经陈言重辑,刊刻于世。今存万历十九年辛卯(1591)书林余碧泉刻本,书藏中国中医科学院图书馆。[见:《中医图书联合目录》]

杨朝典 字晓亭。清代四川灌县人。熟谙医理,知名于时。著有《寒门要诀》一卷,今未见。出其门下者多良医,如何世芳、蔡曲江、张敬三等,皆以儒生习医,有名于时。同时以医术知名者,有崇义乡苟氏、魏氏、黄氏,皆为世医。[见:《灌县志》]

杨朝杰 字万才。清代湖南人。生平里居未详。著有《医理折衷》二卷,成书于道光六年(1826),今存。[见:《中医图书联合目录》]

杨朝栋 清末河南嵩县人。邑名医杨凤阁子。绍承父学,亦精医术,知名于时。重医德,凡以病延请,不分贫富远近,徒步往诊,遇贫困者不取诊金,乡里德之。[见:《嵩县志》]

杨朝陞 清代江苏上海县人。邑名医杨锡祐次子。与兄杨朝辉俱传父业,以医著称。[见:《上海县志》]

杨朝辉 清代江苏上海县人。邑名医杨锡祐长子。与弟杨朝陞俱传父业,以医著称。[见:《上海县志》]

杨斐成 清代人。里居未详。曾任太平天国内医。宋耕棠曾隶其统下,后宋氏颇得天朝信任,实得杨氏拔擢之力。[见:《中国医学人名志》]

杨辉先 清代四川荣昌县人。性端方,精医术,知名于时。怀济世之心,年八十五尚应诊,求治者门庭若市。[见:《荣昌县志》]

杨辉第 清代四川乐至县人。性仁厚,弃儒业医。悬壶于放生场,救治贫病,活人甚众。[见:《又续乐至县志》]

杨景希 元末浙江武义县人。其父杨进,曾任御史,后辞官云游,采集医方。景希得父所遗秘方一册,奉而行之,遂成当时名医。子杨恭,传承其学。[见:《武义县志》]

杨景福 清代河南渑池县人。生平未详。著有《一见能医书》,未见刊行。[见:《渑池县志》]

杨鼎三 清末河南密县人。邑名医杨永锡子。传承父学,亦以医术知名,人皆呼杨七先生而不名。尝诊一无病之人,曰:"汝于二年后立秋日当不起。"后果如所言,闻者神之。[见:《密县志》]

杨鼎光 清代广西桂平县上都里人。精医术,能熟背名医陈念祖之书。善治疟疾,他医十数辈不瘳之证,鼎光每能一二日奏功。光绪(1875~1908)以来,论岐黄学者多宗其术。[见:《桂平县志》]

杨鼎钟 清代江苏宝山县月浦里人。业外科,名噪于时。年七十余,精神矍铄,至四五里外应诊,皆徒步而往。[见:《月浦里志》]

杨集安 清代河北蓟县人。研究医理,推崇汉代名医张机。善治肺痿、噎嗝、消渴、伤寒诸病,多有效验。著有《学医一得》,未见刊行。[见:《蓟县志》]

杨舒和 号馥蕉(一作馥樵)。清末浙江杭州人。生平未详。辑有《丹方二百种》,今存1935年上海中国医学书局铅印本。又与潘耀墀辑《经验秘方》一卷,今存光绪十四年戊子(1888)刻本。[见:《八千卷楼书目》、《中医图书联合目录》]

杨斌占 字一雄。清代福建连城县人。邑名医杨万占胞弟。精医术,擅长痘科、喉科,有名于时。撰有医学专著,惜散佚不传。[见:《连城县志》]

杨善培 字庆余。清代江苏川沙县八团人。杨锦荣子。得本县名医庄贵严传授,精通医术,以幼科知名。悬壶三十年,全活甚众。著有《杨氏经验医案》一卷,未见刊行。子杨光照,传承父业。[见:《川沙县志》]

杨道玄 元代清江县(今江西崇仁)人。世为良医,其祖父杨志可,年九十视听不衰。道玄绍承家学,亦以医术知名。尤嗜儒学,名其室曰道玄斋,暇则读轩岐、孔孟之书于其中,为文人士大夫所雅重。[见:《金元医学人物》(引《樗隐集·道玄斋记》)]

杨道芳 清代浙江长兴县人。精医术,乾隆间(1736~1795)以外科知名。[见:《长兴县志》]

杨道珍 宋代建康(今江苏南京)人。本系兵籍,以罪配成饶州,遂徙家定居,自称道人。素善医,尤精针灸。市民余百三苦鼻衄,更十医不效,后招杨试之。杨知其家富赡,索诊资三十千，乃为诊治。令病者卧于门扇，两针甫止，举体顿轻。王温州季先，于丁巳春亦感此疾，绵延岁月，遍服善方不愈。后延请杨氏，随针即瘥。有妇人怀妊八月，朝夕厌厌困卧，食不下咽，口不能言。杨氏诊其脉，出曰："此非好孕，正恐怪胎耳。"其家皆忿怒不平，出语苟责。杨曰："何必尔，他日当知之。吾今日不敢用药，且如常服安胎壮脾丸散可也。"后二月，其妇产一物，小如拳，状类水蛙，人始信其言不谬。[见:《中国历代医家传录》（引《夷坚志》）]

杨禄章 清代山西长治县人。精医术，以外科知名，凡疮痈应手而愈。晚年兼通内科。子杨大烈，传承其业。[见:《长治县志》]

杨登政 字衡轩。清代四川简阳县东普安保人。精通医术，知名于时。堂侄杨春蓝，得其传授，亦以医术著称。[见:《简阳县续志》]

杨楚玉 明代人。里居未详。嗜于医学，推崇元代名医朱震亨。景泰间（1450～1456）辑《丹溪心法》三卷，刊行于世。后程充又予增订，并重梓。[见:《天一阁书目》、《丹溪心法·程充序》]

杨鉴淇 字菉泉。清代江苏宜兴县人。精针灸术，治病多奇效。挟技游于公卿间，病者争延致之。[见:《江苏历代医人志》]

杨照藜 字素圃。清代河北定州人。为诸生，有文名。道光二十五年（1845）三甲第三十一名进士，历官宜黄、临川、金溪知县，后擢道员。以事去官，卜居宁河之南青坨。博览群书，旁及舆地、金石、历算，尤精于医。著有《温病纬》四卷，为李文忠、徐季和所称道。又著《江西全省舆地考》、《诗存》等书，兵燹后罕有存者。[见:《定县志》、《明清进士题名碑录索引》]

杨锡祐 字介眉。清代江苏上海县人。工医术。临证根据古方，参以己见，虽危险之症，应手而愈。凡贫者求诊必先应之，世人高其义行。著有《习医心录》，未见刊行。子杨朝辉、杨朝陞，孙杨士杰，皆传承其学。[见:《上海县志》]

杨锡朋 清代江苏高淳县人。本县妇科名医杨雨森侄。传承雨森之学，亦以医术著称。[见:《高淳县志》]

杨锡康 清代河南内乡县杨集人。邑名医杨绾子。继承父业，亦以医术知名。子杨茂，声名益盛。[见:《内乡县志》]

杨锦堂 清代江苏阜宁县人。业医，专擅儿科。与同邑名医高民齐名。[见:《阜宁县志》]

杨魁章 清代河南长垣县人。邑外科名医杨志诚孙，杨浚子。邑庠生。早年习儒，后绍承家学，亦以外科著称。[见:《长垣县志》]

杨鹏飞 （?～1813）字云涛。清代浙江慈溪县人。精通医道，年未弱冠即游京师，投药无不奇效。有他医称小疾者，杨独谓不活，虽众医杂治，终不可愈，名噪公卿间。寓居某重臣之府，先后三十年，治疾之外未尝言私事。重友谊，某贫友之母患病，尽力诊治，病已渐愈。时山西巡抚冯鲁庵招之，不得已赴请。越数日，屈指计曰："友人母当易某方，亟请告归。"巡抚出千金挽留，一笑却之。其学以李杲、朱震亨为宗，尤推重同邑柯琴。然戒习《景岳全书》，谓："此眉山议论文字耳，不可施于用，顾其辨可畏，火可寒，冰可热，宜乎人之易惑之也。"于虚损证治尤有体会，尝曰："阳犹君也，阴犹民也。阳亢贲兴，阴不能赴，是犹政急而民敝也，阴尽而阳亦无所附，则曷可为矣？"又曰："夫知其未病而后病可已也，故黄帝、岐伯言未病。"识者以为至论。嘉庆十八年过吴中，染瘟疫而卒。[见:《慈溪县志》、《中国历代名医碑传集》（引钱仪吉《衍石斋记事稿·杨云涛传》）]

杨鹏占 清代人。生平里居未详。著有《秘传麻证全书》一卷，今存光绪二十四年戊戌（1898）刻本。[见:《中医图书联合目录》]

杨宣骐 字翼垣。清代河北晋州（今晋县）人。恩贡生。十八岁游库，赴乡试十一次不中，隐居授徒。平生工诗赋、擅书画，晚年精医。年七十九岁卒。著有《寿世宝笺》若干卷，未见刊行。[见:《晋县志》]

杨福南 清代四川郫县人。世代业医，至福南益精，熟知方药，投剂多奇效。凡贫病延请立赴，虽狂风骤雨不避。性嗜酒，年四十余，过饮而卒。[见:《郫县志》]

杨静山 清代四川资阳县人。以医知名，施药济人，数十年如一日。年八十四岁殁。[见:《资阳县志》]

杨熙龄 字铸园，又字著园。近代河北大兴县人。生平未详。撰有《著园药物学》三卷、《著园医话》五卷、《白喉喉痧辨正》一卷，皆刊行。[见:《中医图书联合目录》]

杨蔚堃 字子厚。清代河北柏乡县方鲁村人。业儒，兼通算术。光绪二十四年（1898）以案首入泮。后屡试屡颐，遂生"不为良相，即为良医"之想，久之精其术，尤擅幼科。治病不专恃方书，多以理学为立方根据，全活甚众。著有《理学痘疹浅说》若干卷，今未见。
[见：《柏乡县志》]

杨榜元 字孟龙，号媿庵。清代福建连城县人。自幼习儒，以府案第一名入邑庠。家境寒素，设馆授徒以自给。庚子（1840）以后，国事日非，叹曰："帖括之学，曷足济世！"遂改习岐黄，悬壶于世。晚年皈依佛门。年六十六岁殁。平生好吟咏，遗有《自娱吟草》一卷。[见：《连城县志》]

杨毓斌 清代江苏江宁人。生平未详。著有《治验论案》一卷，今存光绪十八年壬辰（1892）南京王吉源石印本。[见：《中医图书联合目录》]

杨銮坡 字瑞甫。清末安徽怀宁县人。自幼习儒，颖异嗜学。光绪十九年癸巳（1893）中举，以候补知县待缺于金陵（今南京）。家贫，课徒自给，暇则搁管记所得，积纸盈篋箕，偶出游必携卷而行。喜研农桑、医术，于西学亦究心探讨。凡以病延请，不论亲疏皆往，不索谢仪。尝谓："吾借是展济物心耳。"在金陵，曾上"农桑条陈"数千言，方伯黄建笎大奇之，将不次擢用，旋卒。著有《医余留考图》一卷、《灵素要略》二卷、《医学探源》二卷，医学外尚有《欹萃新集》、《艺园诗文》等书，今皆未见。[见：《怀宁县志》]

杨澈川 近代人。生平里居未详。著有《辨脉平脉歌》一卷，今存抄本，书藏浙江医科大学图书馆。[见：《中医图书联合目录》]

杨德中 元明间浙江杭州人。精医术，知名于时。钱钧年十五，饮食失节，中满寒热，状似疟疾，病势危笃。杨氏诊其脉，断为伤寒，治疗二十日而愈。钱氏祖父奉重金为谢，坚拒不取。[见：《金元医学人物》（引《始丰稿·序医》）]

杨德宾 字钦若。清代河北迁安县人。邑庠生。其祖父邃于医学。德宾亦精其术，素以儒生自居，不肯以医问世，虽富贵家坚请，终不应诊，而田父野老求治，则应邀往治。李伯度三子幼年时患腹泻，时医或补或下，皆不见效，束手无策。适德宾至，为处一方，众医视之莫解，以为妇人下乳之方，服之一剂泻止。章某患呃逆，人以为噎之渐也，急治之，遂大病，枯弱不能起，盛暑缄窗垂幕，畏风入室。德宾诊其脉，曰："无疾，忧疑耳。"立使去窗幕，投以药，三服而愈。闻者莫不叹服。辑良方数种，流传于世，今未见。[见：《迁安县志》、《永平府志》]

杨德曙 字旭亭。清代江苏嘉定县黄渡镇人。其祖父杨春荣，得秘授验方，以医知名。德曙绍承家学，复博览群籍，治愈险症甚多，立方多出人意表，与青浦名医何世仁齐名。县令姚学申，赠"活人国手"匾额褒奖之。[见：《黄渡镇志》]

杨德馨 清代江苏上海县颛桥人。博通医理，名重于时，求治者甚众。子杨秋亭，长于伤寒。孙杨毅齐，善治瘵疾。[见：《上海县志》]

杨德懿 清代山东临沂县人。杨蕃孙，杨瓒子。曾任鸿胪寺鸣赞。为人端谨，性嗜医学。曾辑《经验良方》若干卷，刊刻行世，以济药饵所不及，今未见。弟杨德裕，子杨宏，事迹不详。[见：《临沂县志》]

杨毅齐 清代江苏上海县颛桥人。邑名医杨秋亭子。绍承家学，亦精医术，以善治瘵瘵知名。[见：《上海县志》]

杨遵程 清代山西平陆县人。由岁贡官灵邱训导。精医理，求治者门常如市，应手取效，病愈不受酬谢。年九十余卒。著有《拨迷金针》，未见刊行。[见：《山西通志》]

杨鹤云 清代江苏阜宁县人。精医术，擅长幼科，知名于时。孙杨世珍、杨世琦，皆传其业。[见：《阜宁县志》]

杨履恒 字孚敬。清代江苏江阴县人。生平未详。著有《本草赘余》一卷，今未见。医学外尚撰《隙明碎语》一卷、《效颦诗集》一卷。[见：《江阴县续志》]

杨履泰 清代江苏丹徒县人。天资甚高，笃行力学，深通算学、医理。门生马宗元，得其传授，精通周髀、岐黄之学。[见：《丹徒县志摭余》]

杨燧熙 （1866～?） 字德樾，又字书培。近代江苏丹徒县人。幼年习儒，志存利济。性喜医学，从名医王纪堂游，深得师传。诊病审慎，应手奏效，活人甚多。后就学于西医传习所及西医速成科，均获最优等证书。曾创办镇江京江医院及清心医院，平素施诊给药，日以为常。又襄助《上海医学报》、《医学公报》、《中西医学报》、《绍兴医学报》等刊物，有著述发表。[见：《中国历代医史》]

杨耀祖 字丕显。明清间山西平定县人。幼得汪健阳指授，遂精医术，为当道所重。后流寓太原，与傅山友善，傅氏有疾，非耀祖药不服。康熙三年（1664）举进士，居京师，王公

大臣皆礼敬之，名动一时。[见：《山西通志》]

吾

吾翕 字廷顺，号浚庵。明代浙江开化县人。早年习儒，以乙榜署天长县教谕。正德三年（1508）举三甲第一百一十名进士，授长洲知县。博学多识，四方从游者甚众。著有《易说》、《浚庵稿》、《读礼类编》等书。兼通医理，撰《医书会要》若干卷，今未见。[见：《开化县志》、《明清进士题名碑录索引》]

束

束立诚 清代河南项城县人。邑名医束择升子。继承父学，亦业医。子束兆崑，传承祖业。[见：《项城县志》]

束兆崑 清代河南项城县人。邑名医束立诚子。绍传家学，亦业医。[见：《项城县志》]

束择升 字应选。清代河南项城县人。性敏慧，和气宜人。精岐黄术，治病不受谢仪，全活无算。乡邻欲公送匾额颂德，坚辞不受。平生多善举，恤孤济贫，力行不倦。尝训示子孙曰："务崇德以培根本，勿嗜利以蠹心田。"子束立诚，孙束兆崑，皆业医。曾孙束连榜，为附贡生。[见：《项城县志》]

邴

邴味清 清代满族人。里居未详。以医为业，有声于时。曾挟技游长沙，有人中风延诊，邴应邀往治。处方毕，病家言："尚延蔡三先生参证。"邴自负己能，闻言不平而去。蔡至，略改数味，一服病愈。邴再至病家，索方阅之大惊。蔡适至，邴再三求教。蔡氏乃告以曾得《伤寒论》真本，谓邴氏曰："君有缘，可授吾道。惟吾自脉，不久人世，君可速来吾家取书。"邴嗜鸦片，慵懒未即去，后忆及蔡先生语，访之，则蔡已殁。向蔡子求书，惟以副本付之，其真本匿而不出。嗣后，托有力者再索之，则蔡子亦死，仲景真本竟不知存亡。据《荷香馆琐言》载，邴氏所得《伤寒论》副本与今本不同者甚多，皆今本所脱夺讹误者。其编次：首太阳，次阳明、少阳，次太阴，次厥阴、少阴。《金匮要略》附于其中，浑然一体，非别立篇目也。其中有"小品"三卷，所载皆二三味药之简方，而用之极效。[见：《中国历代医家传录》（引《荷香馆琐言》）]

医

医和 一作秦和。春秋时期秦国人。为我国早期专职医生，与医缓齐名，后世并称"和缓"。晋平公十六年（前532），平公患疾，求医于秦，秦使医和往治。医和诊之，知其色欲过度，病入膏肓，已不可治，告之曰："疾不可为也。是谓近女室，疾如蛊，非鬼非食，惑以丧志，良臣将死，天命不祐。"平公询问病因，医和乃详述"过则为病"之理，谓："天有六气，淫生六疾，过则为灾。阴淫寒疾，阳淫热疾，风淫末疾，雨淫腹疾，晦淫惑疾，明淫心疾。"此为中国医学史上关于"六气"致病学说之最早记录。按，《左传》记医和治晋平公事在鲁昭公元年（前541），疑误。[见：《左传·卷四十一·昭公元年》、《历代名医蒙求》、《太平御览·方术部》、《医学入门·历代名医姓氏》、《李濂医史》]

医竘 春秋秦国人。精医术，擅长外科，为当时良医。张某背肿，就竘求治，曰："背非吾背，任子治焉。"竘施术疗之，疾愈。竘又尝为宣王割痤，为惠王疗痔，皆愈。[见：《尸子》、《历代名医蒙求》、《太平御览·方术部》]

医缓 一作秦缓。春秋时期秦国人。为当时良医，与医和齐名，后世并称"和缓"。晋景公十九年（前581），景公患疾，求医于秦，秦桓公使医缓治之。缓至，曰："疾不可为也，在肓之上，膏之下，攻之不可，达之不及，药不至焉，不可为也。"景公不逾十日而亡。[见：《左传·成公十年》、《搜神记》、《历代名医蒙求》、《太平御览·方术部》、《医学入门·历代医学姓氏》]

医道人 佚其姓名。宋代道士。生平里居未详。有四明延寿寺僧，自首至踵，平分寒热，莫晓所以，遍问医者，皆不知何症。街有道人，囊药就市，人皆忽之。僧召而问之，道人曰："此生偏肠毒也。"药之而愈。[见：《船窗夜话》]

邳

邳彤 字伟君，后世尊为药王。汉代信都（今河北冀县）人。父吉，为西汉辽西太守。邳彤初为王莽和成郡（今河北平乡县）卒正。更始二年（23）正月，举城归降光武帝，仍命为太守。不久授后大将军，连克堂阳、信阳、邯郸诸城，封武义侯。建武元年（25），更封灵寿侯，行大司空事。建武六年就国（今河北安国）。邳彤本与医药学无涉，相传宋初秦王赵德芳（赵匡胤子）患疾，诸医束手。一医后至，进药数丸，服之立愈。

问其姓名,对曰:"祁州南门外人也。"扬长而去。王遣使至祁州,寻其地,有汉灵寿侯邳彤墓,遂以为神。王即命立邳彤王庙祀之。宋徽宗建中靖国元年(1101)追封灵贶侯,旋封灵贶公。咸淳六年(1270)加封明灵昭惠佑王。此后数百年间,该庙香火不绝,百姓俗呼药王庙,称神祇为"皮场大王"。久之,少有知邳彤之名者。[见:《后汉书·邳彤传》、《安国县志》、《安国药王庙》、《中国历代医家传录》]

来

来复 字伯阳(一作阳伯),又字星海。明代浙江萧山县人。寄籍陕西三原县。万历四十四年(1616)二甲第四名进士,授户部主事,升郎中。天启七年(1627),官扬州兵备道,巡盐御史率僚属为魏忠贤建生祠,候来复同拜。来复乘舟,扬帆径赴海州矣。不久阉党败,得免于祸。迁山西右布政使,治兵云中(今山西大同),"北房"数万骑突至城下,来复戎服登城,指挥战守,凡七日夜退敌。嗣后"倦倦借饷修战,而司农告匮",忧愤成疾,卒于官。来氏重气谊,广交游,工琴弈,擅书画,所绘山水"格力极胜",寸缣尺幅,海内珍之。兼究岐黄,究其奥理。辑有《二神方》,又校刻《南阳活人书》、《泰定养生主论》,皆散佚。[见:《萧山县志稿》、《三原县志》、《中国历代医家传录》(引《征说·序》)]

来师会 字成溪。明末浙江桐庐县人。精医术。崇祯间(1628~1644)授太医院吏目。[见:《桐庐县志》]

轩辕

轩辕集 号罗浮山人。唐代罗浮山(今福建霞浦县南五十里)道士。广州监军使吴德埔,离阙日患脚疾,已蹒跚矣。越三载归京,足疾平复。玄宗诘之。吴奏曰:"罗浮山人轩辕集,医整而愈。"玄宗闻之,命驰驿召轩辕集赴京,授以朝奉大夫、广州司马,不受。留京岁余,放归。[见:《东观奏记》]

连

连方 宋代人。生平里居未详。撰有《五脏论》一卷,已佚。[见:《宋史·艺文志》、《通志·艺文略》]

连士俊 (?~1861)清代江苏奉贤县十四保二十九图人。以医为业,知名于时。[见:《奉贤县志》]

连文冲 字聪肃。清末浙江钱塘县人。光绪六年(1880)三甲第八十四名进士,官内阁中书,迁侍读,充军机章京。历官户部陕西司郎中、江西赣州知府。因义和团事夺职。祖父连宝善,父连自华皆精医。连文冲继承祖志,亦精医道。官内阁时,京师大疫,疏方施药,不受一钱。著有《霍乱审证举要》一卷,刊于光绪二十五年(1899)。[见:《杭州府志》、《中国医学大成总目提要》、《中医图书联合目录》、《明清进士题名碑录索引》]

连斗山 字叔度,号南轩。清代安徽阜阳县人。连际遇三子。敦敏嗜学,博通经史,兼涉医学。由廪贡官江口府学训导。引疾归,结庐于郡城北七枣庄,研讨百家,专攻注疏,日以著述为事,足不履城市者十余年。后任太平府学训导,学使朱筠雅重其学。年六十七岁卒。著述甚富,医书有《医学择要》,今未见。[见:《阜阳县志》]

连自华 字书樵。清代浙江钱塘县人。邑名医连宝善子。以优贡生官湖南知县,历任慈利、醴陵、衡山、宜章、兴宁知县,武冈知州,为官多惠政。绍承家传,亦精医道,性好著述。撰有《程文仿》、《望诊》、《望诊补》、《温热指南批本》、《妇科心法志疑》、《喉科方案》、《京城白喉约说》、《京城白喉外治三法》、《汪仲伊杂病辑逸》、《证治针经广证》、《行余书屋医论》、《有恒杂记》、《寄京医札》、《医略》、《示儿编》诸书,总名之曰《连自华医书十五种》,刊刻于世,今存。[见:《杭州府志》、《中国历代医史》、《中医图书联合目录》]

连运青 清代福建崇安县人。生平未详。辑有《良方集验》,今未见。[见:《崇安县新志》]

连希谷 明代福建泉州人。祖籍江右。得异授丹方,治病有奇效。子孙传承其术,皆以善医知名。[见:《福建通志》]

连卓琛 清代广东长乐县人。事媪母以孝闻。年二十六即茹长素。善技击,腾跃如飞,然从不与人争竞。兼精伤科医术,广惠间皆知其名。辑有《跌打方书》二十卷,详注通身骨节及十二时用药节候,其方甚验,惜未见流传。[见:《长乐县志》]

连宝善 字楚珍。清代浙江钱塘县人。其先世由上虞迁杭。世精医术,尤擅外科。数传至宝善,以内科著称。善用膏丹成药,虽险症必痊,活人甚众。设药肆于居处,名全仁堂,

所备善药，平价出售，遇贫者施赠之。子连自华，传承父业。[见：《杭州府志》]

连卿勋 清代江西上饶县人。奋志习儒，久困场屋。后精研医理，存活多人。病家酬以缗金，概辞不受。生平洁身端行，乡里重之。道光丙午（1846）授恩耆。年八十四岁卒。[见：《上饶县志》]

连得春 清代四川彭山县人。武举连得昌兄。精医术，尤善疡科。世有对口疮，发于项后发际，病者痛不可忍，每有朝发夕死者。连氏自创艾炷，隔蒜灸患处，复捣葱白，调蜜敷其上，日灸四五次，不过十日即愈。人服其技，皆以太医称之。[见：《重修彭山县志》]

求

求澧 字宗衡。明代浙江嵊县人。苦志习经史，旁及稗官小说。与兄求渔，皆以文学知名，世称大求、小求先生。澧著有《医学秘集》，未见传世。[见：《嵊县志》]

吴

吴几 字惟善。明代高邮州（今属江苏）人。精医术，正德间（1506～1521）任太医院医官。[见：《高邮州志》]

吴山① 字心重。清代江苏昆山县车塘（今属陆家镇）人。世医吴道隆孙，吴傃子。早年读书，有文名。继承祖传治风疾秘术，兼通《伤寒论》，医名闻于遐迩。康熙四十一年（1702）程大复任昆山知县，雅重吴山之术，荐为太医院医官，不赴。吴氏兼精书画，工篆隶，尤善绘兰。子孙世承祖业，多以医术见称。清末有吴培生，为吴山十一世孙，以医鸣于时。[见：《昆新两县志》、《昆新两县续修合志》、《昆山历代医家录》]

吴山② 字南行。清代浙江桐乡县人。诸生。少能文章，每赴试辄名列前茅。以儒理通医理，家境清贫，悬壶以自给。重医德，凡贫苦之家求治，不受谢仪，或倾囊以助，乡里德之。[见：《桐乡县志》]

吴升 一作吴弁。唐代人。生平里居未详。曾汇集徐之才、唐临、苏敬之书，撰《三家脚气论》一卷。又与宋处撰《新修钟乳论》一卷，今皆散佚。唐王焘《外台秘要》述《三家脚气论》撰述缘起曰："吴氏窃寻苏长史、唐侍中、徐王等脚气方，身经自患三二十年，各序气论，皆有道理。具述灸穴，备说医方，咸言总试。但有效验，比来传用，实愈非虚。今撰此三本，勒为二

卷。色类同者，编次写之，仍以朱题苏、唐、徐姓号，各于方论下。传之门内，以救疾耳。"[见：《宋史·艺文志》、《崇文总目辑释》、《通志·艺文略》、《外台秘要·卷十八·脚气论》、《中国医籍考》]

吴仁 （1898～1966）字半淞。现代江苏常熟县人。世医吴景星孙，吴英子。绍承祖业，以医著称。擅治湿温等证，处方灵活，为同道所推重。[见：《吴中名医录》]

吴龙 字善疆。清代安徽望江县人。少聪颖，攻举子业，不售，遂究心医学。病愈不索谢，亦不自炫。乡里以疾求治，风雨不吝步。兼善水墨画，得意之作不减名家。遇索画者，先饮酒数瓯，则山水花卉意到笔随。年六十余卒。[见：《望江县志》]

吴仪 清代人。生平里居未详。著有《痘疹金针图说》一卷，今存咸丰元年辛亥（1851）刻本。[见：《中医图书联合目录》]

吴彻 字播书，号芜杉。清代江苏江宁府人。精医术，以善治痘疹知名。[见：《续纂江宁府志》]

吴宁 号静庵。明代武进县（今属江苏）人。邑名医吴玘子。传承父学，亦以医名。子吴杰，官至太医院院使。[见：《中国历代名医碑传集》（引夏言《明故诰封奉政大夫进阶朝列修政庶尹太医院院使吴公墓志铭》）]

吴朴 初名雹。字子华，又字华甫。明代福建漳州诏安县人。其貌不扬，而博洽群书，于天文、方域、金石、阴符、医药之秘，无不条析缕解。不修边幅，人以狂士目之。时有督学欲为死难义士陈教授立碑，不详始末。吴氏著文上其事，以此补邑诸生，更名吴朴。嘉靖间（1522～1566），林希元从征安南，辟参军事，机宜多出其谋。安南平，林不录吴氏功，以他事下狱。吴著书以自白，所撰《龙飞纪略》即成于狱中。辑有《医齿问难》若干卷，已佚。[见：《漳州府志》、《诏安县志》]

吴协 字寅斋。清代云南保山县人。乾隆五十七年壬子（1792）举人，授四川新宁知县。善养生，著有《尊生十说》，今未见。[见：《续云南通志稿》]

吴达 字东旸，晚号澹园老人。清代江苏江阴县人。壮年患病，几为庸医所误，遂兼究岐黄之学。谙熟《内经》、《伤寒论》诸医典，兼读河间、东垣、丹溪、景岳诸名家之书，深通医理。临证四十余年，所愈沉疴痼疾甚多，而不欲以医

自鸣。著有《医学求是》二集，共三十一篇，初集包括《治伏暑赘言》、《血证求源论》等十篇；二集包括《伏暑再论》、《霍乱赘言》、《治痢赘言》等二十一篇，另附《吴东旸医案》一卷。全书主要论辨伏暑、血证、咳嗽、痰饮、外感寒热、胃脘腹痛、运气应病、小儿痦疹、小儿惊风等，指斥拘泥运气，滥投滋阴诸弊，多有卓见。全书始刻于光绪六年（1880），经其子吴际昌、门人曹绛人校订，毕工于光绪十一年（1885）。［见：《医学求是·序》、《吴东旸医案·序》、《中国医籍大辞典》、《中医图书联合目录》、《吴东旸论伏暑》（《浙江中医学院学报》1983年第2期）］

吴成 字山则。元代人。里居未详。精医术，曾任官医提领。吴澄（1249～1333）作《赠杏林吴提领》诗云："董仙采实频收谷，石子成名亦悟真。重见杏林林下客，剩分梅岭岭头春。一心恻恻生慈悯，万命悬悬正苦辛。我欲乘风问良相，急投方匕活疲民。"［见：《金元医学人物》（引《吴文正公集》）］

吴迈 字大年。清代安徽歙县人。素习举业，为贡生。生于世医之家，通医理。著有《方症会要》（又作《方证会要》）四卷，刊于乾隆二十一年丙子（1756），今存。［见：《歙县志》、《徽州府志》、《贩书偶记》、《中医图书联合目录》］

吴贞 字坤安。清代浙江归安县人。少多疾病，遂究心岐黄，以求卫生之道。于医书无所不读，上自《伤寒》、《金匮》，下至王肯堂《六科准绳》、喻昌《尚论篇》、叶桂《临证指南医案》，兼及金元诸家之作，无不淹贯。悬壶三十年，深探伤寒之秘，治病常数剂即愈。嘉庆元年（1796）撰《伤寒指掌》六卷，刊刻于世，今存嘉庆十二年（1807）刻本。该书参照《伤寒准绳》、《医宗金鉴》、《伤寒来苏集》诸书之论，所述先伤寒，后温热，并论述兼证、变证，对病因、病机、病证、治法、方药皆有阐发。近代何炳元曾删订此书，易名《感症宝筏》，重刊行世。吴贞弟吴钧，亦通医术，有《类伤寒辨》一卷存世（一说此书为二人合撰）。［见：《清史稿·吴贞传》、《伤寒指掌·自序》、《归安县志》、《感症宝筏·花映墀序》、《贩书偶记续编》、《中医图书联合目录》］

吴迁 字松乔。清代安徽泾县人。官刑部司狱。工行草书，尤善岐黄，活人无算。尝注释名医张介宾《传忠录》、《新方八阵》二书，刊行之，今未见。［见：《安徽通志》］

吴江 字钟奇，又字济真。清代江苏高邮州人。少攻举业，兼习医术，考授太医院吏目。擅长幼科，医名振于大江南北，延请者不绝于途，岁活婴儿无算。为人朴诚，重医德，遇贫病不取其酬，乡人敬之。总漕吴公驰驿招致，与之交最深。晚年两举乡饮大宾，年七十四岁卒。著有《痘疹心书》（一说其子吴谷撰），今未见。长子吴桓，为庠生。次子吴谷，研习父业，多所著述。［见：《高邮州志》、《江南通志》、《上江两县合志》］

吴讷 （1372～1457） 字敏德，号思庵。明代常熟县（今属江苏）人。父遵，任沅陵主簿，坐事系京师。讷上书，乞以身代，事未白而父殁。讷感奋力学，经史外兼通医理。永乐间（1403～1424），以医术荐至京师，任太医院医士，曾得太医院判蒋武生指授。仁宗监国，闻其名，命教授功臣子弟。成祖召对称旨，俾日侍禁廷，备顾问。洪熙元年（1425），侍讲学士沈度荐讷"经明行修"，授监察御史。宣德（1426～1435）初，出按浙江，以振风纪，植纲常为务。宣德五年进南京右金都御史，寻进左副都御史。正统四年（1439）以老致仕。讷博览，议论有根柢，于性理之奥多有发明。归家，布衣蔬食，环堵萧然。周忱抚江南，欲新其居，不可。天顺元年卒，享年八十六，谥"文恪"。尝撰法医书《棠阴比事补编》一卷，传于世，今未见。［见：《明史·吴讷传》、《尧山堂外纪·吴讷》、《中国人名大辞典》、《仪真志》、《八千卷楼书目》、《江苏通志稿·经籍》］

吴玑 明初武进县（今属江苏）人。祖籍无锡县梅里镇。邑名医吴祖肇子。传承家学，以医济世。子吴宁，孙吴杰，俱绍先业。［见：《中国历代名医碑传集》（引夏言《明故诰封奉政大夫进阶朝列修政庶尹太医院院使吴公墓志铭》）］

吴芾 （1087～1161） 字子通。南宋湘潭县（今湖南湘潭）人。生于书香之家，曾祖惟忠、祖仁信、父仲明，皆业儒。芾少而孝友，父早殁，侍母抚弟，乡里贤之。早年应广西经略使吕源之聘，以布衣补为属官，有政绩。后迁诸路回易总领司，主管文字。时秦桧擅权，主战大臣多遭贬谪，芾堂堂往来于迁客间，探问不绝。曾随路允迪往南京，陷于敌，以智脱归。后返归故里，不复出仕。少年时因父病习医，研习《内》《难》诸书，久而得其精妙，诊脉辨证，如洞见五脏，投剂无不应验，非平庸守纸上语者可比。母病瞀十余年，精意治疗，复明如初。在京师时，士大夫雅重其术，传阅吴芾所撰医书，皆叹赏之。及归湘中，乡党患疾者皆赖以诊治。有持金帛相报者，谢而不受，虽家徒四壁，处之澹然。绍兴

辛巳八月五日终于家，享年七十有五。[见：《湘潭县志》、《中国历代名医碑传集》（引《南轩集·吴监庙墓志铭》）]

吴芹 本姓姚。字瘦生，号古年。清末浙江归安县下昂村人。初习儒，为诸生。后攻医学，精其术，名噪远近，为道光间（1821～1850）名医。素怀济人之志，诊治贫病不受诊酬，富贵之家延请，亦不锱铢计较。著有《本草分队发明》二卷、《相鹤堂医案》三卷，未见刊行。外甥凌奂（1822～1893），得其传授，名振于时。[见：《湖州府志》、《归安县志》、《中国历代医史》]

吴芬 字畹生。明代如皋县（今属江苏）白蒲镇人。精医术，尤擅幼科。治痧痘惊风诸证，无不超神入妙，春回指下，知名于杭州十郡。[见：《白蒲镇志》]

吴芳 字岳甫。清代福建古田县水口人。诸生。通阴阳术数之学，善堪舆，兼精岐黄业。著有医书，未见流传。[见：《古田县志》]

吴岊 字嵩南。清代安徽霍邱县人。少读儒书，好游名山。自言于华山遇异外士，授以秘诀，遂精医术，于痘科尤精。又能预决生死，屡言不爽。临证立方辄效，乡里称神医。平生所活无算，不受一谢。所著方书流传于世，阅者多不得其玄微，术竟失传。[见：《霍邱县志》]

吴秀 字平山。明代人。里居未详（疑为吴江人）。与吴江名医沈与龄相往还，沈氏以所著《医便》赠之，告曰："迄今三十年，索者犹踵至。"吴氏珍重此书，宝藏于家。后见世行二刻《医便》，托为"御院本"，知非佳本。及见朱济川、黄文洲增补本问世，以朱、黄为当时良医，"所采集当不谬"，故取此本与所藏原本合校删订，补以本人已试方，于万历三十年壬寅（1602）编《增补医便续集》四卷，重刻于世，今存王三才重校本，张懋辰、姚学颜增订本、《珍本医书集成》重排本等。[见：《中国医籍考》、《江南通志》、《震泽县志·沈与龄》、《吴江县志续编·沈与龄》、《中国医籍大辞典》]

吴谷 清代江苏高邮州人。太医院吏目吴江（钟奇）次子。传习父业，亦精医术，尤擅幼科，知名于时。性好著述，有《痘疹心书》行世（一说为其父所撰，今未见）。子吴令尹，为国学生，考授州同；令尹子吴江鲲、吴江鲸、吴江鳞、吴江鳢，并以幼科知名。[见：《高邮州志》]

吴甸 字禹南，号志堂。清代安徽婺源县人。幼失父母。天资颖悟，初入塾辄自为文，师大奇之。弱冠为庠生，文名大噪。后以举业无适

于用，改习朱熹理学。晚岁出任和州司铎，有廉名。年七十二岁卒。吴氏因病涉猎医书，曰："仁术也。"著有《麻疹切要篇》，行于世，今未见。[见：《婺源县志》]

吴奂 一作吴焕。字德章，号兰渚。明代浙江兰溪县人。刻志好学，博通书史，擅书札。精通医道，得何瑭曾孙何仲昙之传，"功力兼人，益造其微"，为兰溪诸医之冠。著有《古简方》十二卷、《诸集方》四十余卷，均佚。还有诗集《兰渚渔歌》，存佚不明。[见：《世善堂藏书目录》、《兰溪县志》、《兰溪市医学史略》]

吴灿① 字云亭。清代四川成都县人。生平未详。编有《济婴摄要》十七卷，刊于嘉庆元年（1796）。[见：《中医图书联合目录》]

吴灿② 清末河南长垣县人。精医术，知名乡里。[见：《长垣县志》]

吴良 明代人。生平里居未详。著有《原病集》八卷，刊刻于世。按，此书仅见于《习医钤法》第三集，长春中医药大学图书馆藏《习医钤法》抄本，不著撰人姓名。疑《习医钤法》或即吴良所著，待考。[见：《天一阁书目》、范邦甸《天一阁藏书总目》、《中医图书联合目录》]

吴武 明代人。生平里居未详。著有《雷公炮制便览》五卷。此书国内未见，据丹波元胤《中国医籍考》，日本曾有传本。[见：《中国医籍考》]

吴英 （1875～1933）字幼如。近代江苏常熟县人。世医吴景星子。幼聪颖，攻习举业，屡试不第。时翁同龢（1830～1904）任浙江抚台，与医父有旧，遂捐授浙江洙州县令。辛亥（1911）清亡，归乡，重理旧业，以医问世。擅治伤寒时症，精内外两科。某岁，福山镇台于华云夫人足生外疡，吴氏治而愈之。丁亲题"著手成春"匾额以赠。嗣后，专业内科，于热病远宗仲景，近法叶、吴，用药轻灵，辨证精审，常立起沉疴，有"吴一帖"之称。与当时名医杨师程、陆祖熙鼎足而三。子吴仁，继承父业。[见：《吴中名医录》]

吴杰 （1467～1544）字士奇，自号旸谷。明代武进县（今属江苏）人。其曾祖父吴祖肇，祖父吴玘，父吴宁，皆以医名。杰自幼好学，凡天文、地理、阴阳、星卜之书，无不通究，尤专精轩岐之术，活人甚众。弘治元年（1488），以名医征至京师，经礼部考试，以高等入选。按旧例，高等入御药房，次者入太医院，下者遣还。杰言于尚书曰："诸医被征，待次都下十余年，一

旦遣还，诚流落可悯。杰愿辞御药房，与诸人同入院。"尚书义其言，许之。正德间（1506～1521），武宗罹疾，杰治之，一药而愈，即擢御医。后连愈帝疾，每愈一疾，辄进一官，积至太医院使，前后赐彪虎衣、绣春刀及银币甚厚。帝每出行，必以杰扈从。杰精通脉理，遣方用药多以脉象为依据，不专主古方。其治帝疾，有不得不用古方时，亦无不效。正德末年，帝欲南巡，杰奏曰："圣躬未安，不宜远涉。"帝怒，叱左右掖出，遂留京师。驾行至淮，帝渔于清江浦，溺水得疾，至临清急遣使召杰，比至，疾已深，遂扈归通州。时江彬握兵居左右，虑皇帝晏驾得祸，遂力请幸宣府。杰忧之，语近侍曰："疾亟矣，仅可还大内。倘至宣府有不讳，吾辈宁有死所乎？"近侍惧，百方劝帝，始还京师，甫还而帝崩。不久，吴杰亦致仕。初居京师，后还故里，遂不复临诊，而亲戚故人患危疾，众医不效者，亦为治之，应手而愈。晚年嗜老庄之书，醉心于金丹内外秘诀，以冀长生不老，每指小腹谓人曰："此中有物矣！"嘉靖甲辰六月二十五日卒，享年七十八。有子六人：长子希颜，补太医院冠带医士；次子希曾，中顺天甲午乡试；三子吴希孟，壬辰进士，官至广信知府；次希周、希程、希张，皆习儒。[见：《明史·吴杰传》、《武进县志》、《医学入门》、《中国历代名医碑传集》（引唐顺之《旸谷吴公传》、夏言《明故诰封奉政大夫进阶朝列修政庶尹太医院院使吴公墓志铭》)]

吴旻 字近山。明代湖北江夏县（今武汉）人。自幼习儒，读书之外漫无所嗜，惟好医学。尝"积之见闻，汇以成书"，辑《扶寿精方》一卷（或作二卷），刊于嘉靖甲午（1534），今存。此书所载之方，自"诸虚"至"伤寒"，凡分二十九门。[见：《扶寿精方·自序》、《医藏书目》、《中国善本书提要》、《四部总录医药编》]

吴钺 字惟善。明代高邮州（今属江苏）人。精医术，知名于时。弘治间（1488～1505）游京师，授太医院医士，官至通政使司通政使。弘治十六年（1503），太医院院判刘文泰等奉敕编撰《本草品汇精要》，吴氏与徐镇、夏英等十人任纂修官。该书毕工于弘治十八年三月，未刊，今存抄本。[见：《高邮州志》、《本草品汇精要》]

吴充 字鲁山。宋代人。里居未详。曾官湖南干运。著有《吴氏家传方》，今佚。宋·刘昉撰《幼幼新书》，曾引据吴氏书。[见：《幼幼新书·近世方书》]

吴诚 字纯伯（一作诚伯）。明代武进县（今属江苏）人。高祖吴栎堂，为宋代名儒。父吴可大，徙居吴县，以医名世。吴诚继承父业，尤擅治伤寒，知名于时。后有施宗文、施盛文，继之而起，亦以伤寒著称。[见：《苏州府志》、《姑苏志》、《吴县志》]

吴栋 字毓山。清代江西浮梁县（今江西景德镇市北浮梁）杭溪人。少读儒书，久试不遇，弃居攻医，精其术。神明古法，凡治病以意为之，其方益奇，疗效益速。求疗者甚众，多不求报，人皆赞之。撰有《东木堂医方集钞》十卷，未见流传。[见：《浮梁县志》]

吴昺 原名彦博，字小潞。清代浙江嘉兴县人。博览医书，精其术，遇奇难怪证每能愈之。辨证施治，往往出人意表。一女子逢人便泣，日数发。吴氏诊之曰："津液亏耳。"为之立方，药下而瘥。吴氏曾夜赴灯市，入某肆，肆主人问曰："我父不寝不食，亦不溺，此何证也？"次日往诊之，骇曰："不过翌晚子时殁矣！"果至期而卒，人服其神断。[见：《嘉兴县志》]

吴显 明代福建同安县人。邑名医吴容子。继承父学，亦业医。[见：《福建通志》]

吴钧① 字友石。清代浙江归安县人。邑名医吴贞弟。吴钧亦通医术，撰《类伤寒辨》（又作《伤寒类辨》）一卷，今存。该书论述伤寒与类伤寒之别，谓"伤寒"为外感热病总称，因于寒者为"正病"；因于暑、湿、燥、火及疠气者为"类伤寒"，包括风温、湿温、温病、寒疫等证。[见：《贩书偶记续编》、《伤寒指掌》、《中医图书联合目录》、《中国医籍大辞典》]

吴钧② 字念曾，号墨隐。清代浙江秀水县人。善画山水，通医理，善静养，年七十余，精神如少壮。[见：《中国人名大辞典》]

吴俊 字简亭。清代江苏川沙县人。候选从九品。能吟诗，兼明医理。[见：《川沙抚民厅志》]

吴音 唐代（？）人。生平里居未详。通医理。唐·王焘《外台秘要》引吴音论痈发肿高，曰："谓诸气结亦有肿，久久不消成痈，疗之宜散气，气已散。若初肿处有浮气，年衰皆发痈，疗之宜及年盛，并折散热，可无此忧。"[见：《外台秘要·卷二十四·痈疽方》]

吴美 北宋建安（今江苏仪征）人。为军士，犯"伪印罪"，坐死。司理参军王炳之，"怜其晓事，常加存恤"。吴氏临刑，感泣曰："生平有二方，治疾如神，常卖以自给，惜死而不传。"

遂以其方献炳之。其一为"川楝散"，治小肠气下元闭塞不通；其一为专治内外疮方。后王炳之依方治疾，屡用有验。[见：《苏沈良方》卷八、卷九]

吴炳① （1829～1884） 字云峰。清代浙江嘉善县魏塘人。本姓陆，嗣于吴氏，遂改吴姓。幼聪颖，家贫好学。初习举业，为国子生。候选府经历。儒学外，兼究壬遁、天文、兵法诸学。弱冠从儒医张仁锡游，尽得其传，擅治内科杂证，临证多效验，登门求治者户外屡满。凡贫病乞诊，不取酬，且赠以药。晚年撰著医书，兼治先儒语录。训诸子曰："儒者求科第，非为禄也，以植品砥行为先。"年五十六岁卒。著有《证治心得》十二卷，刊于光绪丙子（1876），今存。该书每论一证，或详其理而援引经义，或师其法而直陈己见，融会古今，以毕生经验为指归，为实用切要之作。长子吴仁培、次子吴仁均、少子吴仁基，皆工医术。[见：《嘉善县志》、《中国历代名医传》、《中医图书联合目录》]

吴炳② 清代江苏常熟县人。生平未详。辑有《喉科附方》一卷，附刻于《锡山尤氏喉科秘本》之后，刊于嘉庆十三年（1808）。[见：《贩书偶记续编》]

吴炯 清代湖南长沙县人。生平未详。著有《医方纂要便览》（又作《医方纂要备览》）二卷，今未见。[见：《长沙县志》、《湖南通志》]

吴烽 字小珊。清末浙江山阴县人。博涉经史，旁通医学。虑后学读医书不知取材，著《医学辑要》四卷，刊于世。今存道光五年乙酉（1825）海陵刻本。[见：《医学辑要·陈照序》、《重修浙江通志稿》、《中医图书联合目录》]

吴洪 一作吴淇。号悠斋。明代浙江兰溪县太平乡人。世习小儿科，以口诀传授。吴洪孝悌柔和，诊小儿风寒麻痘等证，诊脉察色，不厌再三，有如己出，乡人感之。用药慎确，加减轻重，必重思之，不误伤人，不受馈谢，有儒医之风。著有《痘疹会编》一卷、《诊脉须知》五卷、《诊脉要诀》三卷。上三书国内已佚，据丹波元胤《中国医籍考》，后二书曾流传日本。[见：《明史·艺文志》、《医藏书目》、《兰溪县志》、《中国医籍考》]

吴洋 号池上公。明代安徽歙县严镇人。世代业医，以眼科著称。吴洋性嗜医学，少年时立志博采众家，不以家传眼科为满足。闻"不学易无以知阴阳"，则从博士诸生受易学；闻"不学针灸无以明经络"，则从浙江凌氏学针法；闻常山杨氏主伤寒，则东游而受业杨氏；闻祁门汪机主补中，其术倾郡，则西游而受业汪氏。汪机得洋甚喜，以名医期许之。及悬壶问世，屡起奇疾，声名鹊起。其故居在九龙池上，邑人皆以池上公称之。当地诸医向以滋阴为主，视参、芪不啻鸩毒。吴洋谓：临证用药，"务察寒热虚实，得当辄投。得实热则乌、附、黄、芒惟所宜；得虚寒则重剂参、芪与谷食等。"于是难者蜂起，引朱丹溪、王好古之说以驳之。洋叹息曰："此在《内经》，顾诸君弗察尔。"久之，众医目睹吴氏屡起危疾，治辄奇中，始服其说，郡人习服参、芪，实自洋始。平生活人甚众，汪道昆为之作传，录其验案甚详。子吴桥，传承家学，医名益盛。[见：《歙县志》、《中国历代名医碑传集》（引汪道昆《太函集·世医吴洋吴桥传》）]

吴宣 字泰然。元代浙江嘉兴县人。元初管军千户吴森孙。自幼颖悟好学，得祖父传授，通医道。后遇良师授以子午流注针法，医术益精。性豪侠，元末苗兵压境，欲屠城。吴氏独至军营，请以一身赎贷民命。主帅敬其义勇，遂罢。晚岁好溪山之胜，放情苕溪、雪溪间，殁于四安山。著有医书《子午流注通论》（或谓吴森撰），又撰《道德经注》，皆佚。子吴弘道，绍承父学，明初召为御医。[见：《嘉兴县志》、《嘉善县志》、《金元医学人物》]

吴冠 清代浙江乌程县人。早年从名医林之翰学，先生"面命耳提，于望、询、闻三致意焉"。初疑师所授乃浅近法门，及以医问世，临证百不失一，始悟"四诊并重，而望、闻、问尤为切脉之符节"。曾书跋于林之翰《四诊抉微》之后。[见：《四诊抉微·跋》]

吴昶 宋代人。生平里居未详。疑为道士。通导引术。著有《道引治身经》一卷。[见：《通志·艺文略》]

吴屏 字云屏。清代浙江吴兴县人。生平未详。著有《证治心法》，今未见。按，今上海中医药大学图书馆藏《证治心法》抄本，不题撰人，不知是否吴氏所著，待考。[见：《吴兴县志》、《中医图书联合目录》]

吴泰 字延之。明末华亭县（今属上海）人。精诗文，擅书法，为董其昌、陈继儒所推重。精通医术，明末征为御医。后归隐于松江南城。[见：《上海县志》、《松江府志》]

吴敖 一作吴熬。号左竹山人。明代安徽歙县人。生平未详。曾校正吴正伦《养生类要》二卷，刊刻于世。今上海图书馆藏万历十六年（1588）新安吴氏木石山房刻本，当即此本。

按，疑吴氏为歙县名医吴正伦后裔，待考。[见：《中医图书联合目录》、《新安名医考》]

吴起 清代河南商城县人。早年习儒，为庠生。潜心医学，以术济人。[见：《商城县志》]

吴晋 字晋明。明代通州（今江苏南通）人。万历（1573～1619）初庠生。重孝义，好博览，兼通医术。凡危重之疾，异而求治，得一剂辄起。全椒吴编修抱疴家居，闻晋名，以礼招之。晋溯江而上，为起疴疾，遂订终身之交。子吴道淳，亦精医。[见：《通州志》]

吴桥 字伯高。明代安徽歙县严镇人。邑名医吴洋子。自幼聪敏自负，不欲为医。及父殁，家境清贫，始下帷苦读父书，悬壶问世，多著良效。其父治疾以奇胜，而桥务求十全，用药审慎得当，久之名出父上。淮南王朱习患病，潮热遗精，唾痰咳血，迁延逾年，久治不愈。闻桥之名，遣中使迎诊。桥察其脉，举之则弦细而数，按之则短涩而沉，谓王曰："王玉体故下虚，重以饮色男女无节，今且极阳浮越于上，无所依。请以清上补中之剂进之。"一服喘定咳止，三服而脉渐和，诸病如脱。桥临证妙治甚多，汪道昆为吴氏父子作传，记载甚详。子吴和仲、吴文仲，皆承家学。[见：《歙县志》、《中国历代名医碑传集》（引汪道昆《太函集·世医吴洋吴桥传》）]

吴恩 明代人。生平里居未详。通医术。曾任太医院医士。弘治十六年（1503），太医院院判刘文泰等奉敕编撰《本草品汇精要》，吴氏与中书科儒士吉庆、周时敛、姜承儒、仰仲瞻及太医院医士祝寿、王棠等十四人任誊录。该书毕工于弘治十八年三月，未刊，今存抄本。[见：《本草品汇精要》]

吴钺 字行荪。清代浙江湖州荻港人。庠生。弃儒业医。擅丹青，画梅有名。[见：《中国历代医家传录》（引《新民晚报》许寅文）]

吴甡 字鹿友。明末兴化县（今属江苏）人。万历四十一年（1613）进士，历任邵武、晋江、潍县知县。天启二年（1622）擢御史。七年二月，忤魏忠贤意，削籍。崇祯元年（1628）复官，先后任河南巡按、陕西巡按、大理寺丞、左通政、右金都御史、山西巡抚、兵部左侍郎、礼部尚书兼东阁大学士。明亡不仕，久之卒于家。据《中医图书联合目录》载，吴氏辑有《脉诀筌蹄》，今存清初可继堂刻本。[见：《明史·吴甡传》、《中医图书联合目录》]

吴悌 （?～1568） 字恩诚。明代江西金溪县人。嘉靖十一年（1532）进士，授乐安知县，调繁宣城，征授巡按直隶监察御史。十六年，应天府诸生答策多讥时政，诏停举子会试。悌为举子求宽，诏下狱。后出视两淮盐政，时海溢，淹没民居，悌先发漕粮赈之，而后奏闻，寻引疾归。不久还朝，任河南按察使。严嵩当国，悌恶之，引疾家居垂二十年。嵩败，起故官，一岁中迁至南京大理卿。与吴岳、胡松、毛恺并称南都四君子。隆庆元年（1567）迁刑部侍郎。明年卒，赠礼部尚书，谥"文庄"。乡人建祠，与陆九渊、吴澄、吴与弼、陈九川并祀，曰五贤祠，学者称之为"疎山先生"。吴氏兼嗜医书，尝参照旧本，校订《黄帝内经素问》十二卷、《黄帝内经灵枢》十二卷，刊刻于世。今存。[见：《明史·吴悌传》、《中国善本书提要》、《黄帝内经文献研究》]

吴悦 号三峰。明代浙江平湖县人。性明敏，自少读书。尝患危疾，遂究心医道以自疗，久之精其术。后征入太医院，官至院使。天启间（1621～1627），因进药屡效，熹宗三赐金币。[见：《平湖县志》]

吴悮 号高盖山人，又号自然子。宋代人。生平里居未详。疑为道士。著有《丹房须知》一卷，今存道藏本。[见：《中医图书联合目录》]

吴益 元初孟州河阳县（今属河南）人。以医术侍世祖忽必烈左右。子吴恭祖，官至兵部尚书。[见：《新元史·吴恭祖传》]

吴烜 字宾嵎。清代安徽歙县岭南人。名医吴澄孙，吴宏定子。传承家业，亦以医名。[见：《不居集·吴师朗传》]

吴烨 字与春。明代宝山县（今属上海）高桥人。世代业医，至烨尤精，治伤寒效验如神。[见：《宝山县志》]

吴海 （约1314～?） 字朝宗，号鲁客。元明间福建闽县人。元末以学行著称，文章严整典雅，贯穿理学，为学者崇仰。值世乱，绝意仕进，读书谈道，怡然自乐。洪武（1368～1398）初，守臣欲荐之于朝，力辞。既而征至史局，复辞。年七十余卒。有《闻过斋集》行世。早年游学武林（今浙江杭州），元统三年（1335）因病归乡，遍延名医不效，遂检家藏医书读之，自疗年余，竟得痊愈。此后益留意方书，遇家人患疾，治辄获效。后汇录所用验方，辑《自试方》一帙，其书已佚，今存题记。[见：《明史·吴海传》、《补元史艺文志》、《金元医学人物》（引《闻过斋集·自试方题记》）]

吴容 明代福建同安县人。少游于吴，祝发为僧，习岐黄术。后还俗，居温陵，以方药

济世。为人清廉有恕，不苟取。李光缙为之作传。子吴显，能世其业。[见：《福建通志》]

吴谅 南宋休宁（今安徽歙县）人。本嗜儒学，后遇异人于郊，授以秘藏医籍，遂造活人之妙。子吴豫，孙吴源，皆以医名。[见：《李濂医史·吴源传》]

吴恕 字如心，号蒙斋。元代钱塘县（今浙江杭州）人。博学能医，家道贫寒，卖"乌蛇丸"以治风疾。时某御使患风疾，召恕与谈，惊服其论，遂求治，其疾痊愈，自是医名大振。后征至京师，授太医院御医。吴氏推重《伤寒论》，称其书"旨意幽深，非穷理之至者莫窥其要"，故融会《伤寒论》及北宋朱肱《南阳活人书》，编《活人指掌赋》一卷，附于南宋李知先《活人书括》卷首，总名之曰《伤寒活人指掌图》，刊刻于世。此书今存明万历间（1573～1619）熊均增补本（十卷），乃杨守敬观海堂藏书，抗日战争期间暂存美国国会图书馆，现存台湾省。[见：《钱塘县志》、《杭州府志》、《浙江通志》、《医学入门·历代医学姓氏》、《医藏书目》、《故宫所藏观海堂书目》、《中国医籍考》、《四部总录医药编》]

吴通① 明代宁夏卫（今宁夏贺兰）人。博览《素问》、《脉经》、本草诸书，尤擅针法，治病如神，有儒医之称。[见：《朔方道志》]

吴通② 字春林。清代江苏仪征县人。精医术，与本县名医陈实孙、金彭齐名。[见：《续纂扬州府志》]

吴球 字茭山，号句吴通人。明代括苍（今浙江丽水）人。博学慕古，轻财重义。早年游心经术，于医学尤得精蕴，知名于时。好著述，撰有《诸证辨疑录》、《活人心统》、《食疗便民》、《方脉主意》，共十六卷。大宪胡钜卿雅重吴氏之术，命知县郑临等校订，刊刻于嘉靖十八年己亥（1539）。以上四书，今存《诸证辨疑录》四卷（明代残刻本及抄本各一部）、《活人心统》四卷（日本国立公文书馆内阁文库藏江户初期抄本，为海内外孤本）。后二种佚。吴氏还撰有《用药元机》若干卷，曾东传日本，今亦亡佚。[见：《活人心统·序》、《内阁文库汉籍分类目录·方论》、《中国医籍考》、《日本现存中国散逸古医籍》]

吴辅 字康伯（一作伯康），号芘斋。明代浙江吴兴县双林镇人。好学能诗，精通医理。辑有《百宝方书》，已佚。[见：《双林镇志》]

吴冕 字君信。元代休宁县璜源（今属安徽）人。精通医学。曾任徽州路医学正，迁饶州路医学教授。[见：《新安名医考》]

吴崑 （1552～1620） 字山甫，号鹤皋，又号参黄子。明代安徽歙县澄塘人。祖父吴元昌，父吴文韬，俱修德而隐者。叔祖吴正伦，堂叔吴行简，皆以医鸣世。吴崑自幼颖悟，稍长习举业，善属文。年十五应试不中，弃儒习医。其家多医书，日夕取而读之，自《素问》、《灵枢》、《甲乙经》、《难经》至后世诸名医方论，无不精习。越数年，精通医理，复问业于同邑名医余午亭。居三年，"与师论疾，咸当师心，师勉会友天下士"，遂挟技出游。由三吴循江浙，历荆襄，抵燕赵，访有道者师事之，所至以医济人，全活不可胜计。临证不拘泥古方，人以秘方授之，拒而不受，曰："以古方治今病，是以结绳治季世也，去治远矣。"识者以为至论。泰昌元年卒，享年六十九。著有《医方考》六卷、《素问注》二十四卷、《脉语》二卷、《针方六集》六卷，刊于世。还著有《脉纂》、《十三科证治》、《参黄论》、《砭焫考》、《药纂》等，未见流传。[见：《医方考·鹤皋山人传》、《歙县志》、《新安名医考》、《天一阁书目》、《中医图书联合目录》、《中国历代名医传》]

吴鸾 字扶霄，号述斋。清代安徽桐城县人。早年习儒，为监生。自幼纯孝，有感于程颐"人子不可不知医"之语，弃举业，习岐黄之学，尤精于痘科。年八十岁卒。[见：《桐城县志》]

吴垄 清代福建崇安县人。廪贡生。道光九年（1829），授湖南城步县令，治民有方，优礼士林，县境肃清。后调署邵阳。政暇撰《阴骘汇编》，详载岐黄，盛行于时。今未见。[见：《城步县志》]

吴章 清代江苏常熟县人。祖籍安徽，先祖徙居常熟，遂家焉。父吴惠园，以医知名。吴章绍传父学，亦业医。子吴景星，孙吴英，皆为名医。[见：《吴中名医录》]

吴焕 清代浙江吴兴县人。生平未详。曾与钱守和同辑《慈惠小编》三卷，今存乾隆四十年（1775）刊本。[见：《中医图书联合目录》]

吴淞 字书亭。清代江苏吴县人。精医术，兼工书法。[见：《吴县志》]

吴淑 字正仪。北宋润州丹阳（今南京）人。父吴文正，官至太子中允。吴淑自幼聪颖，属文敏速。韩熙载、潘祐以文章著名江南，深器重之。后荐赴学士院考试，授大理评事。参修《太平御览》、《太平广记》、《文苑英华》，累迁职方员外郎。吴氏纯静好古，文词典雅，擅书法，尤工篆籀。太平兴国（976～983）初，宋太宗诏贾黄中辑《神医普救方》（已佚），李宗讷、刘锡、

413

吴淑、吕文仲、杜镐、舒雅皆参予其事。[见：《宋史·李昉传》、《宋史·吴淑传》、《中国人名大辞典》]

吴渊 字冰渔。清代江苏江阴县人。名医吴簪子。绍承父学，读《内经》诸书，得其奥旨。兼长诗文，肆力于古，著有《江干纪闻》十余卷。孙吴锡纶，亦精医学。[见：《江阴县续志》]

吴密 清代陕西韩城县人。绍承家学，以医术名噪一时。[见：《韩城县续志》]

吴隐 字存己，又字澹夫。明代宿迁县（今属江苏）人。吴明德子。性慷慨，济人之难，千金不吝。工诗，兼精于医。著有《医案大成》若干卷，已佚。[见：《徐州府志》、《宿迁县志》]

吴绶 明代浙江钱塘县人。其曾祖父吴仁斋，祖父某，父吴仕宗，三世精医。绶早年丧父，遂荒于医。及长，始研读《内经》、《伤寒论》诸书，憒憒然若望洋，不能了悟。后乃"访求师范，穷究诸书，申请讲解三十余年，颇有所得"，遂以医知名。后见知于当道，举为医学正科。未几，以名医征至京师，选进御药院供事。后侍于太子，进药颇有效验，累迁御医院判。居无何，以病告归。北归时，湖墅有名冯英者，病伤寒，诸医议用承气汤，不能决，邀吴绶视之。吴曰："将战汗矣，非下证也。当俟之。"顷刻，果得汗而解。晚年居家著述，"搜辑仲景伤寒大要之法，而为之主，旁取诸书，钩其玄者附益之"，撰《伤寒蕴要全书》四卷。嗣后，复积四年之力，三易其稿，于弘治十八年乙丑（1505）毕工，刊刻于世。此书今存明代残刻本、清代翻刻本及手抄本。[见：《浙江通志》、《中国医籍考》、《中医图书联合目录》]

吴琪 字东璧。清代江苏阜宁县人。究心医术，多有神悟，知名于时。地方官以"志心仙品"旌其门。[见：《江宁府志》、《阜宁县志》]

吴超 清代河南商城县人。早年习儒，为庠生。精通医术，施药活人，乡里德之。[见：《商城县志》]

吴森 字君茂。元代浙江嘉兴县人。至元间（1264~1294）为管军千户。通医道，好施与，曾捐田二顷，建塾延师，以教后进。廉访使以其事奏闻，表其门曰义士。孙吴宣，以孝友闻，亦通医理。[见：《嘉兴县志》]

吴鼎 字涉台，号新甫。清代江西南丰县人。乾隆甲午（1774）贡生。以教习授黄梅知县，后调任孝感知县。素性耿直，以忤上官免职。于经学有研究，尝作《学庸讲义》。旁通医术，编

有《医学辑要》，今未见。[见：《南丰县志》]

吴景 字宗卫。明代浙江海宁人。元海宁医学教授吴瑞六世孙。素有祖风，亦以医术知名。郡邑中延治者接迹其门，活人甚众。篁墩程先生推重其术，有病则服其药，屡见奇效，遂书"景素堂"三字，以颜其轩。其六世祖吴瑞著有《日用本草》八卷，年代久远，世所罕见。吴景欲以家藏旧本重校刊行，未就而卒。其子吴镇，续成父志。[见：《日用本草·序》、《医学统宗·医书大略统体·日用本草》]

吴傃 字履常。清初江苏昆山县车塘（今属陆家镇）人。世医吴道隆子。绍承家学，亦业医，以擅治疯疾著称。子吴山，传承父业。[见：《昆新两县志》、《昆新两县续修合志》、《昆山历代医家录》]

吴普 三国时广陵（今江苏江都）人。名医华佗弟子。性恬澹，精医术，多所全济。素重养生，常习华佗所授五禽之戏，年九十余尚健，耳目聪明，齿牙完坚，饮食无损。魏明帝（227~239）尝召普，使演五禽戏。时普已年老，手足不能相及，乃以其法告医者，以达明帝。吴普曾辑录华佗之方，编《华佗方》（又作《华氏药方》）十卷。又参阅《神农本草经》等前代药书，辑《吴普本草》（又作《吴氏本草》、《吴氏本草因》）六卷。原书已佚，部分内容散见于《证类本草》、《太平御览》等书，今有尚志钧辑佚本，由芜湖医学专科学校于1961年油印，在国内交流。[见：《旧唐书·经籍志》、《新唐书·艺文志》、《国史经籍志》、《后汉书·华佗传》、《补后汉书艺文志》、《三国志·华佗传》、《医藏书目》、《历代中药文献精华》]

吴曾 字虎臣。南宋崇仁（今江西崇仁）人。倜傥负志气，诗文俱佳。吕本中称吴氏文"宏大奇伟，言高旨远，当与江西诸名公并称"。高宗朝（1127~1162），吴曾以献书得官，累迁吏部郎中。孝宗朝（1163~1189），以严州知府致仕。平生嗜学，好著述，以《能改斋漫录》最为著名。又以济世为怀，博采古书中方药，推阐前人制方之意，辑《医学方书》（又作《医药方书》）五百卷，收入秘府，今未见。年七十二岁卒。[见：《崇仁县志》、《抚州府志》]

吴禄 字子学，又字宾竹。明代松陵（今江苏吴江）人。生平不详。曾任松陵训科。著有《食品集》二卷，刊于嘉靖丁酉（1537），今存。[见：《食品集·序》、《天一阁书目》、《百川书志》、《江苏通志稿》、《中国历代医家传录》]

吴谦 字六吉。清代安徽歙县人。以诸生肄业于太医院。官至太医院院判，供奉内廷，屡受赏赐。乾隆五年（1740），皇帝敕编医书。太医院使钱斗保奏请"发内府藏书，并征集天下家藏秘籍及世传良方，分门聚类，删其驳杂，采其精粹，发其余蕴，补其未备，编书二部。其一小而约，以便初学；其一大而博，以为学成参考。"后改议专编一书，期速成，命吴谦与同官（按，太医院设院判两名）刘裕铎为总修官。书成十之八九，吴谦亲自增减，对《伤寒》、《金匮》订正阐注尤多。乾隆十四年（1749）书成，赐名《医宗金鉴》，大行于世。［见：《清史稿·吴谦传》、《医宗金鉴·序》、《歙县志》、《四库全书总目提要》、《中国医学大成总目提要》］

吴瑞① 字瑞卿（一作元卿）。元代海宁（今浙江海宁）人。精医术，天历间（1328～1329）任海宁县医学教授。鉴于世人于日常饮食常"珍其味而不顾其毒"，多因食致疾，故提倡重视食补、食疗。曾摘选《神农本草经》、《证类本草》及历代名贤诸书，取切于日用饮食之药五百四十余种（除其重复，实约三百种），分为米、谷、菜、果、禽、兽、鱼、味八门，逐一详解，撰《日用本草》八卷，序刊于至正三年（1343）。原刊久佚，嘉靖四年（1525），吴瑞七世孙吴镇重刊此书（国内佚，日本尚存）。今国内有明泰昌元年（1620）钱允治重刻十卷本，前七卷为卢和《食物本草》，后三卷为吴氏《日用本草》，书藏北京大学图书馆。吴瑞六世孙吴景，七世孙吴镇，皆精医术。［见：《日用本草·序》、《医学统宗·医书大略统体·日用本草》、《百川书志》、《医藏书目》、《本草纲目·历代诸家本草》、《海宁县志》、《中国医籍考》］

吴瑞② 字玉书。清代云南永北人。生于世医之家，绍承祖业，精研《伤寒》、《脉诀》诸书。远近就诊者甚众，治辄获效。撰有《伤寒论（注）》二卷，今未见。［见：《续修永北直隶厅志》］

吴瑄 字元恪，号宜蛮。清代湖北黄安县人。乾隆三十九年（1774）举人。通五运六气之学。撰有《五行塵谈》，今未见。［见：《湖北通志》］

吴蒙① 字正公（一作正功），号砚北。清代江苏苏州吴趋坊人。乾隆间（1736～1795）诸生。通医术，思致敏妙，临证多效验。某妇难产，蒙往视之，是日立秋，阶前忽堕桐叶一片，蒙曰："此叶应秋气而落，可煎汤服之。"汤下而妇人立产。尝与名医薛雪（1681～1770）重校周扬俊《温热暑疫全书》。［见：《苏州府志》、《冷庐医话》、《吴中名医录》］

吴蒙② （1872～？）号愈愚。近代江苏震泽县（今吴江）人。廪贡生。兼嗜中西医学，研习有年。宣统间（1909～1911）加入中西医学研究会。［见：《吴中名医录》（引《中西医学报》第4期）］

吴楚 字天士，号畹庵。清代安徽歙县澄塘人。名医吴正伦五世孙，吴崑族孙。其父吴万春（字元生，又字敬阳），以绘画知名。吴楚自幼习儒，专力于举业。康熙十年辛亥（1671），其祖母患危疾，时年已七十四岁高龄，遍延诸医，日益增剧，一息奄奄。楚彷徨无措，乃竭一昼夜之力，翻检族祖吴崑所遗医书，"自投一匕，沉疴立起"。嗣后，兼习医术，康熙二十年（1681）弃儒业医。临证擅用甘温补中法，推重李杲之说而不拘泥，每有独到见解。著有《宝命真诠》四卷、《前贤医案》一卷、《吴氏医验录》四卷、《兰丛十戒》一卷，皆刊刻于世。孙吴宗岷，咸丰间曾校刊祖父《宝命真诠》。［见：《吴氏医验录·自序》、《歙县志·吴万春》、《贩书偶记》、《贩书偶记续编》、《新安名医考》、《中国历代医家传录》（引《珍医类目》）］

吴鉴① 字宗道。明代江浦县（今江苏太仓）人。幼习岐黄，贯通医理，为本县医学训科。名儒庄昶喜其聪敏，劝令读书，遂从之学。数年后能诗，善草书，而医术亦日臻精妙。临证洞悉病源，用药不拘常法，随证立方，沉疴痼疾应手而愈。有孕妇难产而亡，家人已备葬具。吴鉴临视，验其血有生气，遂针患者胸，子生而母苏，闻者叹服。所著医书博极古方，时出新意，惜散佚不传。［见：《江浦埠乘》］

吴鉴② 字镜湖。清代江苏高邮人。精伤科，善按摩术。凡跌仆伤损筋骨者，经手立愈。［见：《三续高邮州志》］

吴嵩 字骏堂。清代江苏川沙县人。候选从九品。旁通医理。藏书近万卷，校阅不辍。［见：《川沙抚民厅志》］

吴锦 字襄文。清代江苏如皋县人。精医术，擅治外科。年八十一岁卒。［见：《如皋县志》］

吴筠 （?～778）字贞节。唐代华州华阴（今陕西华阴）人。初习儒，善文词。举进士不第，遂入嵩山为道士。开元间（713～741），南游金陵，访道茅山。久之，东游天台。筠精于诗，与李白、孔巢父等相往还。玄宗闻其名，遣使召之，命待诏翰林院。天宝间（742～755），吴氏以李林甫、杨国忠之辈权重，知天下将乱，坚求还山，累表不许，诏于"岳观"别立道院。后知安禄山将反，求还茅山，许之。此后逍遥林泉，大历十三年卒于越中。吴筠擅于摄养，所撰道书甚多，其中关于养生者有《著生论》一卷、《形神可固论》二卷。［见：《旧唐书·吴筠传》、《新唐书·吴筠传》、《崇文总目辑释·道书类》、《河南通志》］

吴简 一作灵简。北宋人。生平里居未详。庆历间（1041～1048）任宜州推官。庆历四年正月，广西欧希范反，聚众数千，谋建大唐国，岭外骚然。次年，环庆路经略安抚使杜杞率军攻之，欧希范等七十余人降。杜杞诱服以曼陀罗酒，悉杀之，凡剖五十六腹。吴简以推官主持其事，由绘工宋景详绘为图，传布于世。自《黄帝内经》以降，我国仅西汉王莽时诛翟义党，曾令太医、尚方与巧屠解剖案犯，"共刋剥之，量度五脏"。北宋《欧希范五脏图》为有史以来第二次大规模人体解剖，虽无医者参与，并且存在若干错误，但其图颇为当时及后世医家重视，流传至广，成为后世《脏腑图》之重要范本。［见：《宾退录》、《宋史·杜任传》、《宋朝事实·卷十六》、《涑水记闻·卷四》、《宋代的人体解剖图》（《医学史与保健组织》1957年第2号）］

吴煜 字茶坨。清代浙江仁和县人。生平未详。曾校订《竹林寺三禅师女科三种》（又作《胎产新书》），刊于乾隆癸丑（1793）。［见：《珍本医书集成·胎产新书》、《中医图书联合目录》］

吴源 （?～1173） 字德信，晚号南薰老人。南宋休宁县（今属安徽）人。其曾祖吴谅，父吴豫，皆以医术名世。吴源工诗文，兼精家学，尤擅治劳瘵，有神医之称。因枢密使汪勃保荐，入京应医生试。赴者数百人，试官以医学七经考之，独冠其首，遂入内府为医。不久，迁翰林医官。自谓："医至十全，不过一艺。官至和安，不过一医。"遂弃官，隐于儒。乾道癸巳（1173）冬，建康留守洪枢密抱病，群医不能疗。程叔达以同乡之好，强引吴源治之。吴诊毕，曰："由惊气入心而得。"洪惊悟曰："何其神也！"服药即廖。洪留以待春，源曰："吾无春脉。"归乡甫旬，摄衣而逝。著有《南薰诗集》。［见：《李濂医史·吴源传》、《医学入门·历代医学姓氏》、《休宁县志》］

吴禔 北宋邵武（今福建邵武）人。辟雍生。奉敕注释宋徽宗《圣济经》十卷，政和八年

（1118）告竣，颁布天下学宫（今存清刻本）。元吕复论其书曰："释诸字义，失于穿凿，良由不考六书之过。瑕瑜具存，固无害于美玉也。"清儒周中孚评之曰："所注极为详赡，非深通医术者不能作，亦可谓其时之上士矣。"［见：《郑堂读书记》、《直斋书录解题》、《皕宋楼藏书志》、《中医图书联合目录》、《重纂福建通志》、《圣济经·陆心源序》］

吴群 五代后蜀人。生平未详。撰有《意医纪历》一卷，已佚。［见：《补五代史艺文志》、《崇文总目辑释》、《通志·艺文略》、《宋史·艺文志》、《四川通志》］

吴瑭 （1758～1836） 字配珩，又字鞠通。清代江苏山阳县（今淮安）人。早年习儒。年十九岁，其父患病，年余而亡。瑭哀痛欲绝，以为"父病不知医，尚复何颜立天地间？"遂广购方书读之，至张机《伤寒论·序》"外逐荣辱，内忘身命"之说，慨然弃举业，专攻方术。乾隆癸卯（1783）秋赴京师，时四库馆开，得以读秘阁所藏医书，医道大进。及见吴有性《温疫论》，深服其说，遂潜心习之。吴瑭究心医术十余年，有所得而未敢轻施于人。乾隆五十八年（1793）京师温疫大行，时医以伤寒法治之不效，诸友人强使疗之，瑭乃以温病法救治，存活者数十人，自此名声大噪。吴瑭鉴于世医墨守《伤寒论》，治温病不知变通，乃撰《温病条辨》六卷，首倡"三焦辨证"之说，对中医温病学发展贡献甚大。另著有《吴鞠通医案》五卷（一作四卷）、《医医病书》二卷，均刊刻于世。子吴廷莲，侄吴嘉会，曾参校《温病条辨》。［见：《清史稿·吴瑭传》、《山阴县志》、《清代七百名人传·吴瑭》、《温病条辨·序》、《吴鞠通年谱约编》、《何处当年问心堂》（《浙江中医杂志》1985年7月号）］

吴嘉 明代人。生平里居未详。著有《针灸原枢》，今未见。［见：《中国历代医家传录》（引《医史特辑》）］

吴境 清代湖南永绥厅人。诸生。兼嗜《内经》，以医术知名。用药不泥古方，每以意为之，所治多奇验，川黔延请者踵相接。尝见时医治一病，病家持方示之。境曰："服此方当愈。"病家曰："已服之，无效。"境曰："此方当用浙贝母，适所用者必川贝母也。"检之果然，易以浙贝母，病遂愈。［见：《永绥厅志》、《永绥直隶厅志》］

吴兢 （?～749） 唐代汴州浚仪（今河南开封）人。励志勤学，博通经史。魏元忠、朱敬则深器重之，荐入史馆，修国史。历任右拾遗内

供奉、右补阙、起居郎、水部郎中、谏议大夫、修文馆学士、荆州司马、台洪饶蕲四州刺史、光禄大夫、相州长史、邺郡太守等职。好读书，其家聚书极多，尝辑《吴氏西斋书目》。天宝八年卒于家，时年八十余。著述甚富，以史为主，计有《梁史》、《齐史》、《周史》各十卷，《陈史》五卷，《隋史》二十卷，《唐史》八十余卷，又撰医书《五脏论应象》一卷，已佚。[见：《旧唐书·吴兢传》、《新唐书·艺文志》、《宋史·艺文志》、《崇文总目辑释》]

吴肇 字友山。明代无锡县（今属江苏）人。洪武间（1368～1398）举明经，官至监察御史。建文（1399～1402）后，变姓名，流亡楚蜀间。正统间（1436～1449）禁解而归，卜筑于孟墅，以行医终。[见：《中国人名大辞典》]

吴熊 号梅颠。清代安徽歙县人。幼不知书，中年得《杜诗笺》、《兰亭》石拓，遂工古近体诗，兼擅书法，桐城刘海峰雅重其学。家贫无以自给，隐于医。性嗜酒，豪放不羁，非所欲见者，虽显贵造门，弗顾也。年六十，筑生圹，种梅百株，自题其碑曰梅颠醉卧处，语人曰："来年当死。"及期而卒。[见：《中国历代医家传录》（引《初月楼闻见录》）]

吴璋 字文赞。明代安徽全椒县人。成化二年（1466）三甲第一百五十三名进士。历官户部郎中，升云南鹤庆知府，擢参政，未赴任卒。吴氏自幼颖敏好学，事继母克孝，自弟子员至服官，非公事未尝谒县令。筮仕初，抽分芜湖，秋毫无所取，日用不给，则渡江取盈于家，敝衣羸马，不以为意。时当道有以钱粮私嘱者，璋忤其意，遂有滇之行。居官重民生，曾编辑医方以拯民病，全活甚众。[见：《全椒县志》、《明清进士题名碑录索引》]

吴鼐 （1755～1821） 字山尊，又字柳庵。清代安徽全椒县人。嘉庆四年（1799）二甲第三十二名进士，官至侍讲学士。以母老告归，主讲扬州。擅长骈文，有名于时。对法医学有研究，曾汇刻《宋元检验三录》八卷，刊于嘉庆十七年（1812）。[见：《清史稿·吴鼐传》、《中医图书联合目录》、《法医学》、《明清进士题名碑录索引》]

吴镇 字世显。明代浙江海宁人。元宁寿医学教授吴瑞七世孙，邑名医吴景子。绍承家学，亦通医术。其父欲重刊吴瑞《日用本草》，未竟而卒。镇继承父志，于嘉靖四年（1525），取家藏旧本，重订梓行。吴镇刻本国内已佚，日本尚存孤本，现已由中国中医科学院等单位影印回归，并重排出版。[见：《日用本草·序》、《医学统宗·医书大略统体·日用本草》]

吴镕 字国器。宋代宁国（今安徽宁国）人。业儒，隐于医。全活甚众，略不计利。善养生，年近百岁，耳聪目明，发黑如漆，人称不老仙。其孙吴应昂中举，镕得授迪功郎，寻卒。[见：《宁国县志》、《重修安徽通志》]

吴澄① 字鉴泉，号师朗。清初安徽歙县岭南人。自幼颖悟，嗜读《易经》。早年随父客居吴越间，遇精星命者，叩以功名，许为九流魁首，益奋力于举业，而久不得志。嗣后，以易通医，取《灵枢》、《素问》、《难经》诸书精研之，颇有深悟。凡遇沉疴痼疾，经手无不立愈，医名噪甚。对虚损内伤证治尤有心得，尝谓："百病不出内外二因，内伤类外感，东垣已发明于前，外感类内伤，自汉迄今无专辨，以致虚虚实实，杀人多矣。"遂汇辑秦越人及宋、元、明诸名家治法，参以心得，撰《不居集》五十卷，成书于乾隆四年（1739），今存道光十三年（1833）刻本。还撰有《伤寒证治明条》、《推拿神书》、《医易会参》、《师朗医案》诸书，今未见。子吴宏定，孙吴烜，皆承家学。[见：《不居集·吴师朗传》、《中国历代名医传》、《中医图书联合目录》]

吴澄② 字秋潭。清代江苏金山县七保二十二图人。监生。少年丧父，尊母命学医于舅父胡维中，博涉方书，精于辨证，名重于时。青浦何其伟、同邑沈琏，皆兄事之。不轻易授徒，子侄辈有以医术问者，正色拒之曰："此虽小道，其实甚难。非好学深思，心知其意者，误人必多！"[见：《金山县志》]

吴澄③ 字清之。清代江苏宝山县人。诸生。性行端敏，虽仓卒下笔，未尝苟作行草。力学授徒，视之如骨肉。兼通医学，以术济人，虽寒暑雨雪，必吐哺以应，不以富贵贫贱异视。积劳遘疾而卒，年仅三十五岁。门生邵如藻，传其医学。[见：《宝山县续志》]

吴豫 号松萝居士。南宋休宁（今安徽歙县）人。长于诗。得祖父吴谅传授，精医术。子吴源，以医名世。[见：《李濂医史·吴源传》]

吴霖 号时雨。清代江西南城县人。精医学，尤擅幼科。究心于《内经》诸书，善辨疑难症，应手立愈。著有《小儿秘要》若干卷，未见传世。[见：《南城县志》]

吴樽 （1806～1886） 又名安业，字尚先，又字杖仙、师机，别号潜玉居士。清代浙江钱塘县人。奉天府丞吴清鹏（字笏庵）子。幼习举业，道光十四年（1834）中举，官内阁中书。中年丧偶，不复娶。负经世之志，以活人为务，精通医术，尤擅外治法。咸丰三年（1853）奉母避地海陵（即江苏泰州）俞家垛，其地卑湿，人多疾患，远近求治者，日二三百人。每晨起，依次听述病因，视颜色，察部位，分别给以薄贴（即膏药），不半日而毕。有危重者，药至三四易，每能脱然而愈。同治四年（1865）返乡，设存济药局于观巷，专以膏药施治。重医德，凡遇贫病无力者，必出手疗救，活人甚众。光绪九年（1883）重游泮宫。年八十一岁卒。吴氏曾整理外治经验，历时二十年，著《外治医说》，后据《子华子》"医者理也，药者瀹也"之意，易名《理瀹骈文》，刊刻于同治四年（今存多种版本）。［见：《杭州府志》、《甘泉县志·吴清鹏传》、《清史稿·艺文志》、《中医年鉴》(1987)、《中医大辞典》］

吴辙 字中衡。元明间浙江会稽县人。祖父某，仕元为浙江医学提举，遂即居杭州。辙天性聪敏，幼年从乡先生读经，皆能背诵。成童即熟读《内经》、《脉诀》、《活人》诸医书。于吹箫、鼓琴、舞剑，亦不学而能。元末，应南台买里古思之聘任幕官。古思遭陷获罪，辙变易姓名，挈家避于海上，行医卖药以养亲。长洲故交赵执中，举家病疫，邻里无敢相过者。辙亲为诊治，饮以药，数日间皆获痊。执中父母妻子跪拜，奉币酬谢。辙固辞曰："朋友患难，不相救乎！"县丞俞某罹脚软疾，而赤贫无药资。辙为诊治，赠以药，历两月余始愈，报礼丝毫不受，吴人皆以义士称之。吴江县富户沈氏患疾，遣人迎诊。及门，见主人方事巫祷，拂袖而去。翌日，沈氏复以重金固请，辙返其金，终不赴焉。［见：《中国历代名医碑传集》（引《龟巢稿·义士吴先生墓志铭》）］

吴默 明清间江苏昆山县车塘（今属陆家镇）人。浙江王彭行，昆山名医吴橘泉收为养子，遂改吴姓。尽得橘泉传授，悬壶济世，以擅治疯疾著称。子吴道隆，继承父业。［见：《昆新两县志》、《昆新两县续修合志》、《昆山历代医家录》］

吴簏 字简庵，号渭泉。清代江苏如皋县人。少负经济才，游于京师，为公卿所重。历官金溪县丞、东流县令、太和县令、两淮运使等。后调任山东运使，未赴任以疾告归。卒年七十七岁。善画菊，尤精医术，公卿造庐求请者甚众。致仕后，著《临证医案笔记》六卷，刊于道光丙申（1836），今存。［见：《临证医案笔记·序》、《如皋县续志》、《中医图书联合目录》］

吴簪 字竹坪。清代江苏江阴县人。为人爽直。精岐黄术，凡群医束手之证，延诊辄愈。辑《验方摘要》四卷，经周履端选编，刊于世。今存嘉庆四年己未（1799）清慎堂刻本。子吴渊，亦以医术知名。［见：《江阴县续志》、《中医图书联合目录》］

吴瓒① 字器之。明代浙江仁和县人。弘治三年庚戌（1490）三甲第一百四十五名进士，授弋阳县令，调永新县。后任南通知州，两月乞归。年九十余卒。好吟咏，多撰述。兼通医理，著有《徐氏轩辕经解》，已佚。［见：《杭州府志》、《明清进士题名碑录索引》］

吴瓒② 明代人。生平里居未详。通绘画，为宫廷画士。弘治十六年（1503），太医院院判刘文泰等奉敕编撰《本草品汇精要》，吴氏与赵铎、赵海、郑宣等八人任绘画。该书毕工于弘治十八年三月，未刊，今存抄本。［见：《本草品汇精要》］

吴灏 清代人。生平里居未详。为太医院医生。乾隆四年（1739）敕修《医宗金鉴》，吴氏任副纂修官。［见：《医宗金鉴》］

吴一凤 元代宜黄（今属江西）人。世代业儒，至一凤改习医学。泰定四年（1327）任建昌路医学录。［见：《金元医学人物》（引《吴文正公集·赠建昌医学学录》）］

吴乙照 字然青，号子校。清代浙江海宁县人。嘉庆丁卯（1807）举人，戊辰（1808）联捷进士，授山东福山县知县。以母老乞归。母亡，遂不复出。乙照精熟周秦诸子著作，善校雠，工于诗，曾辑《历朝诗选》。晚岁通医术，亲族中无力延医者，必为诊治，未尝厌倦。年六十五岁，卒于家。著有《医测》二卷，未见传世。弟吴春照，亦通医理。［见：《海昌备志》］

吴人驹 字灵稚。清代安徽休宁县人。生平未详。著《医宗承启》六卷，刊于康熙壬午（1702），今存。［见：《贩书偶记续编》、《中医图书联合目录》］

吴九言 字去疾。清末广东番禺县人。生平未详。撰有《瘰疬秘传》、《白喉证治歌诀》等书，刊刻于世，今存。［见：《中医图书联合目录》］

吴士龙 号渤海。明代安徽休宁县临溪人。颖敏任侠，通韬略，喜击刺，琴箫诗画俱精。早年习儒，不利于科场，弃而攻医。于《黄帝内经》以下诸医籍无不精读，切脉、制方、针灸悉依古法，治则奇中，医名振于乡里。时医有不识其学者考之，所答皆出古代医籍。性慈善，治病不求酬报，有所蓄亦取以济贫，为医中有德者。其子吴文衮少年而亡，遂无嗣。尝自题其斋云：一钱罄矣还栽菊，四壁萧然不卖琴。年逾七十而卒。[见：《休宁县志》]

吴士乔 字渐达。清初浙江钱塘县人。业医。康熙（1662～1722）初，名医张志聪集合同道及门生，讲学、著书于侣山堂，吴氏参与其事。康熙二年（1663）参订《伤寒论宗印》八卷，刊刻于世，今存。[见：《伤寒论宗印》]

吴士勋 字光猷。清代江西玉山县人。精医术，有名于时。[见：《玉山县志》]

吴士振 清代湖北监利县人。娴于医术，尤擅幼科，投方必效，贫不计谢。著有《医理医意》数千言，悉中窾要，今未见。[见：《监利县成》、《重修荆州志》]

吴士瑛 一作士英。字甫恬（一作甫田），号阳壶山人，又号子虚子。清代江苏江阴县人。太学生。熟于《素问》诸医典，道光、咸丰间（1821～1861）以医术知名。著有《痢疾明辨》一卷，成书于咸丰丁巳（1857），万青藜为之作序。今存抄本及《三三医书》排印本。[见：《江阴县志》、《痢疾明辨·序》、《中医图书联合目录》、《吴中名医录》]

吴士鉴 （?～1933） 字䋲斋。近代浙江杭州人。光绪间（1875～1908）官翰林侍读。精究史学，有《晋书斠注》行世。所撰《补晋书经籍志》约成于光绪中期。全编四卷，凡分四部，四十一类，合著录书目二千余种。其中卷三医家类，收录医书十一家，共二十八种，有裨于中医目录学。[见：《历代史志书目著录医籍汇考》]

吴士璋 字尔馨。清代江苏奉贤县竹冈人。世为小儿医。士璋尤勤其业，村童里妪提灯叩门，无不即往，不计酬报，乡里德之。[见：《奉贤县志》]

吴大贞 清代江苏仪征县人。以医为业，知名乡里。外孙刘惟一得其亲授，亦以医闻。[见：《仪征县续志》]

吴大同 清代江苏高邮州塔儿集人。精医术，诊脉能决死生，名噪于时。[见：《续增高邮州志》]

吴大和 字达夫。清代江苏江宁人。性外和而内刚。苦攻儒书，因患咯血疾，留心医药，久之自通医理。晚年著《医论》若干卷，未几卒。[见：《江宁府志》]

吴大绥 字经传，号鹤亭。清代江苏新阳县真义（今昆山县正仪镇）人。精医术，刀圭所及，活人无算，为乾嘉间（1736～1820）当地名医。乐善好施，每拯人于危急。平素栽花种竹，闲情雅致，至老不衰，盖得养生之秘也。[见：《信义志稿》]

吴大椿 字宜园。清代安徽休宁县和村人。监生。母患瘫疾，延医不愈，遂攻读医书，朝夕不辍。后亲制方药，母病竟得愈痊，远近闻其名，求治者纷至。重医德，同宗遗孤患病，孀居两代环泣待毙。吴氏闻讯赴救，解囊代购参、桂等药，药下而愈。居常备制丸散，遇贫病辄赠之，活人甚众。督学戴公以"甘谷流香"额其门。[见：《休宁县志》]

吴广陈 字丹泉，号西斋。清代江苏青浦县人。诸生。博学多才，兼精医学。曾寓居濮阳数年，就医者纷至沓来。[见：《青浦县志》、《青浦县续志》]

吴之英 字伯朅。清代四川名山县人。博通群经，尤精三礼，兼及医学。自幼习儒，年十五岁饩于县庠，以高才调尊经书院，住院十年，举优行。朝考以训导就职灌县。先后主讲于资川艺风、简阳通材及尊经、锦江各书院，请业者常数百人。著有《寿栎庐丛书》，1920年，里人胡存琮募资，由傅守中校刻行世。此书包括礼器图、文集、诗集等十种，其中《经脉分图》四卷，有裨于医学。[见：《名山县志》、《中医图书联合目录》]

吴子向 号更生。明代浙江吴兴县人。生平未详。著有《伤寒五法集注》，已佚。[见：《吴兴县志》]

吴子扬 字居敬，号东园。明代安徽泾县茂林都人。资性淳明，少时多疾，厌举子业，从事心学，尝游南野、龙溪之门。喜吟咏，工绘画，尤精医术，于痘科最精，临证能立判生死。心怀济利，人以疾求诊，无难色。著有医书《痘症要诀》、《蠢子录》、《痘症撮要》，皆行世。后二种佚，今存《痘症要诀》二卷，见于《保产痘症合编》，详"陈治道"条；又存明万历三十九年（1611）刻本，题《小儿痘疹要诀》，不分卷。王肯堂（1549～1613）雅重吴氏之术，为此书作序曰："东园往来吴楚闽粤间，人称为神。其书虽专主痘症，而实参《内经》、《伤寒》诸论，贯而通焉。余《证治准绳》之刻，多用其言。"吴氏曾侄孙吴有诰，八世孙吴启泰，皆以良医见称。[见：《泾县志》、《中医图书联合目录》]

七

画

吴开荣 字华堂。清代河南正阳县汝南埠人。早年习儒,为廪生。精研医书,得岐黄之秘,有药到病除之妙。临证望气切脉即断生死,无不验者。[见:《重修正阳县志》]

吴天挺 清代安徽盱眙县(今属江苏)人。庠生。以善医知名。著有《伤寒辨论》、《幼科集要》等书,未见刊行。[见:《盱眙县志》]

吴天祥 字云集。清代江西安义县卜邻里人。邑名医万际斯高足。克绍师传,专精幼科,临证心细手和,治无不应,屡起危疾。著有《诚求纪录》,未见传世。[见:《安义县志》]

吴天植 清代安徽当涂县博望槎溪人。精痘科,活人甚多。凡以病敦请,一贫一富,则先赴贫者;家境相当,则先治重症,远近感其德。著有《奇验方书》若干卷,今未见。子吴文修,传承父业。[见:《当涂县志》]

吴天爵 字修能。明代吴县(今江苏苏州)人。潜心医理,以实学济世,赖以生全者甚众。[见:《吴县志》]

吴元冲 (?~1664) 字函白,号鹿臣。明清间江苏太仓县人。父吴泰行,业医,率家徙居昆山县。元冲幼读医书,行刀圭术。父命习举业,遂补吴县庠生,岁试辄高等。顺治二年(1645)避兵昆山城南郭新漕浦,买地一亩,建茅屋篱院以居,遂不复治儒业。平居喜吟诗,蓄名琴,坐竹林深处挥弦,竟日不倦。尤工书法,遒逸多姿,深得二王风骨。素精医术,就诊者不绝于途,而知县召之不赴。康熙三年(1664)染疾,不肯服药,以苦茗清涤肠胃,不食数日而卒。[见:《昆山历代医家录》、《昆山新阳合志》、《昆新两县志》]

吴元庆 字贞生。明代如皋县(今属江苏)白蒲镇人。精通方脉,治病殚心竭思,效出诸名医之上,求治者甚众。每值盛夏出诊,汗出透衣,不以为劳。善养生,年逾大耋,鸠杖不扶,年八十五岁殁。长子吴远青,袭承父业。[见:《白蒲镇志》]

吴元松 清代安徽无为州人。精医术,授太医院吏目。著有《脉诀》一部,今未见。[见:《庐州府志》]

吴元祥 字存恕。清代四川荣县人。早年习儒,不得志,弃而学医,活人甚众。平生好学,年近七旬,闻峨眉山僧人有奇技,乃远涉求教,故晚年医术益精。[见:《荣县志》]

吴元祯 唐代长安(今陕西西安)人。以医为业,名重京师。博士元颓言:中表间

有一妇人,从夫南中效官,曾误食一虫,常疑之,由是成疾,频疗不愈。后延请京城医者吴元祯诊之,吴知病之缘起,乃请主人姨奶中谨密者一人,预戒之曰:"今以药吐泻,但以盘盂盛之。当吐之时,但言有一小虾蟆走去,然切勿令娘子知之。"其奶仆遵之,此疾永除。[见:《北梦琐言·卷十》、《中国历代医家传录》]

吴元善 字秋山。清代江苏吴县人。名医曹存心门生。曾辑录曹氏医案编《延陵弟子纪略》一卷,今有咸丰间(1851~1861)家刻本。[见:《三三医书》]

吴元溟 字澄甫,又字小川。明代安徽歙县人。随父徙居钱塘县(今浙江杭州)。太医院吏目吴志中子。自幼习儒,弱冠时母病,仓皇侍汤药。母语父曰:"茕茕孤子,即令习儒,不若兼业医,以广其学。"父然之,遂以家传秘奥授之。元溟亦详求博考,究脉探源,渐通医理。万历间(1573~1619),浙江大疫,随父治疗,日活数十人。后专攻痘疹幼科,声名日噪。素性仁厚,重孝义,多善举。崇祯十三年(1640),岁大饥,购米五百斛,散给亲故。年八十二岁卒。著有《痘科切要》一卷,今存抄本,书藏上海中医药大学图书馆。晚年述其父与邵愚斋、俞小亭相与质正之方,参以临证所得,辑《儿科方要》一卷,序刊于崇祯十一年(1638)。此书国内久佚,日本国立公文书馆内阁文库藏原刻本,今已影印回归,有重排本刊行。[见:《儿科方要·自序》、《钱塘县志》、《杭州府志》、《日本现存中国散逸古医籍》、《中医图书联合目录》]

吴元福 清代四川南部县人。五世业医,至元福亦精,以眼科著称。濒盲之人,经其手则获光明,所愈甚众。邑人齐某患目疾,双睛突出。元福疗之,旬日而愈。嘉庆九年(1804),县令陈闲以"眼科独步"额其门。[见:《南部县志》]

吴元禧 (?~1861) 原名承保,字宝三。清末浙江海宁人。咸丰癸丑(1853)岁贡。监理万松书院有年,后任象山学篆(训导)。辛酉(1861),太平军破海宁,吴氏避地长安村落,绝粒而死。著有《景岳新方注》若干卷,未见传世。[见:《海宁州志稿》]

吴云川 明代安徽休宁县人。精通医术,有名于时。无子,授业于施邦宁,邦宁遂改吴姓,后亦以医著称。[见:《休宁县志·吴邦宁传》]

吴云纪 原名汝恒。字冠良,号星甫。清代江苏吴江县平望镇人。苏州府学生。因

善病而习医，于《内经》诸书及唐、宋以来名医之论辩，皆能钩摘幽隐。乡人以疾求疗者，不计酬谢，而权势之家以厚币聘请，必谢却之。道咸间（1821～1861），赁居黎里蒯氏观稼楼二十余年。晚年好道，恒避喧于青牛观，弹琴赋诗，怡然自适。年六十二岁卒。著有《女科集说》、《外科须知》等书，未见刊行。子吴家楗，亦善医。[见：《平望续志》、《黎里续志》]

吴云间 字高淳。清代广东阳江县人。生平未详。著有妇产科书《熊罴梦》四卷，刊于道光十九年（1839），今存。[见：《中医图书联合目录》、《贩书偶记续编》]

吴友柏 清代四川铜梁县人。少习举业，屡试不第，弃而业医。重仁义，有医德，名重乡里。[见：《铜梁县志》]

吴少怀 （1895～1970） 字元鼎。现代浙江杭州人。1916年入济南市大同医院学习中医。五年后，独立开业。中华人民共和国成立后，历任济南市医学讲习所中医部副主任、市医务进修学校中医部主任、市中医医院院长，山东省及济南市中医学会副理事长等职。同时当选为省、市历届人民代表及市人民委员会委员。吴氏精于内科，对肝胆、脾胃病证治多有研究，为现代山东名医。著有《胆胃证治》、《吴少怀医案》等书，刊行于世。[见：《著名中医学家的学术经验》]

吴少垣 明代江西金溪县人。吴氏先祖自嘉靖间（1522～1566）以小儿医著称，其名不可考。传至吴少垣与弟吴继轩，皆有声于时。[见：《金溪县志》]

吴日葵 字汝典。清代浙江海盐县人。工书法，精医术，知名于时。[见：《海盐县志》]

吴曰标 字汝建。清初安徽贵池县人。少习举业。弟吴运新，为顺治十六年（1659）三甲第七名进士。曰标兼精岐黄，病者日造其庐，全活甚众。博通经史子集，工诗赋，善琴棋。郡伯喻公，月夜访之，闻琴声，立户外，俟其终阕始入。后延入署内，书额旌之，曰清映菊潭。年八十三，犹手不释卷。性喜施与，曾弃家产周济贫乏。著有《病思录》等书，今未见。[见：《贵池县志》]

吴中允 字养素。明代湖南石门县人。幼年丧母。性敦笃，有志操。兄弟中有欲分家产者，中允辄推与之，家徒壁立，而奉养老父未尝少缺。精通医术，凡延诊者，不分贫富皆亲往，病愈不求其酬，乡党敬重之。[见：《石门县志》]

吴中行 元代钱塘县（今浙江杭州）人。世代业医。博学多识，志趣高古。精通医道，兼善剑术。当道屡荐为官，固辞。慕名医董奉之为人，以杏林春名其室。吴县旧俗尚鬼，赵彝合家染疫，族人惧"疫鬼"，皆避之。适中行游吴中，遂逐日上门诊治，施药送粥。赵彝病愈，以金酬之，却而不受。吴氏以佳术良德知名江浙，士大夫赠诗甚多，久之编为《杏林春诗卷》，流传于世。[见：《金元医学人物》（引《龟巢稿·杏林春诗卷序》）]

吴中秀 （?～1645） 字端所。明末华亭县（今属上海）人。精于医道。高仲阳三年不寐，诸医以为虚证。中秀按其脉，左右皆洪，曰："此膈上顽痰也。"以瓜蒂散吐之而愈。李某素无疾，偶过中秀家，为诊视之，问："君有子乎？"对曰："有子十岁。"中秀曰："幸矣，君明年某时当患病，非药石所能疗。"至期果如所言。吴氏行医六十年，全活无算，声名与名医秦昌遇相伯仲。生平贮书数万卷，筑天香阁藏之。顺治二年，清兵破城，吴中秀遇难，时年八十余。著有《医林统宗》、《伤寒备览》二书，未见传世。子吴懋谦，能读父书，亦工医术。[见：《松江府志》、《华亭县志》]

吴中宪 字履平。清代江苏江都县人。诸生。早岁工诗词、骈体，后为散体文，高古淡永。曾任浙江山阴县县丞，卒于官。著述甚富，有《乐律全书》、《乐府字句谱略》、《词调今存录》、《两汉资臣考》、《谈苑》等。旁涉医学，撰《医林》若干卷，今未见。[见：《扬州府志》]

吴见田 清代江苏高邮人。邑幼科名医吴承先族侄。得吴承先传授，亦以医知名。心存济利，力拯孤贫，乡里德之。[见：《续增高邮州志》]

吴仁均 字可安，号调卿。清末浙江嘉善县魏塘人。邑名医吴炳次子。绍承父学，亦精医术。[见：《嘉善县志》、《中国历代名医传》]

吴仁孚 字寿先。明代常熟县（今属江苏）人。精医术，以针灸知名。同时有王嘉宾，亦工医术。[见：《常昭合志稿》]

吴仁叔 元代葛溪（今江西弋阳）人。与弟同得丹法，以丹药为人疗疾，活人甚众，世人重之。[见：《金元医学人物》（引《吴文正公集·丹说赠吴生》）]

七画

吴仁荣 改名范仁荣。元代仁和县（今浙江杭州）人。祖籍汴梁（今河南开封），宋南渡时徙居仁和。其曾祖吴崇明，父吴德诚，皆以儿科名世。仁荣继承家学，亦以医名，曾任杭州路医学录。长子吴观善，传承世业。[见：《仁和县志·吴观善》、《金元医学人物》]

吴仁斋 明代浙江钱塘县人。以医为业。孙吴仕宗，曾孙吴绶，皆以医知名。[见：《中国医籍考》]

吴仁培 字育生，号树人。清末浙江嘉善县魏塘人。邑名医吴炳长子。绍承父学，亦精医术，咸、光间（1851～1908）医名过于其父，与青浦名医陈秉钧齐名。光绪二年丙子（1876），吴氏曾校订其父《证治心得》十二卷，刊刻于世。门生陈士楷（1868～1920），尽得其传，知名于时。[见：《嘉善县志》、《中国历代名医传》、《陈良夫专辑》、《中医图书联合目录》]

吴仁基 字静初，号寿田。清末浙江嘉善县魏塘人。邑名医吴炳幼子。早年习儒，光绪十五年（1889）举人。绍承父学，兼精医术。[见：《嘉善县志》、《中国历代名医传录》]

吴公望 清代浙江杭州人。精医术，有魄力。冯景母病，内热极盛，八日不遗矢，心益烦懑。时医以年高，不敢用大黄。公望独曰："脉洪实，可用！剂不更举矣。"果一服而下宿恶如黑弹丸，体遂平。有胡氏女，年十三岁，病热发狂，缘木升高，跳梁反常。时有名王形上者，亦杭之良医，下石膏一两，明日倍之，明日又倍之，跳梁如故。公望曰："可救。"用石膏至一斤，疾愈。[见：《杭州府志》]

吴丹霞 字之聘。清初浙江鄞县人。精方脉，擅治杂证。与本邑名医徐国麟、吴守庵、祝天祐、范叔向齐名。[见：《宁波府志》、《鄞县志·李埏》]

吴凤翔 明代湖北黄安县人。邑名医吴廷辅孙。得祖父传授，神明医术，名著于时。[见：《黄安县志》]

吴文才 清代四川郫县城西河口楼人。早年习儒，弃而攻医，精其术，尤善脉理。一妇自觉无病，文才诊其脉，曰："是将不可救。"果半月而卒。怀济世之心，治病贫富一视，家贫无力者，以药赠之。[见：《郫县志》]

吴文仲 明代安徽歙县严镇人。世医吴桥子，传承家学，亦以医名。[见：《歙县志》]

吴文修 清代安徽当涂县博望楼溪人。痘科名医吴天植子。克传父学，亦业医。[见：《当涂县志》]

吴文炳 字绍轩，号光甫，又号沛泉。明代盱江（今江西南城县）人。通医理，好著述。辑有《新刻吴氏家传养生必要仙制药性全备食物本草》四卷、《明医校正参补难经脉诀合编》（序刊于万历丁巳）一卷、《医学赤帜益辨全书》十二卷、《纂集家传心法活幼全书》、《神医秘诀遵经奥旨针灸大成》（又作《吴氏家传遵经奥旨针灸大成》）四卷，皆刊于世，今存。还著有《新刊军门秘传》四卷、《太医院纂急救仙方》（又题《刻太医院增补诸症辨疑》）一卷。二书国内未见，日本存合刻本，现已由中国中医科学院等单位影印回归，并收入《日本现存中国稀觏古医籍丛书》。吴氏还曾考订《新刻东垣李先生精著珍珠囊药性赋》二卷，有明刊本藏日本国立公文书馆内阁文库。[见：《中国医籍考》、《日本现存中国稀觏古医籍丛书》、《新刊军门秘传》、《太医院纂急救仙方》、《中医图书联合目录》、《内阁文库汉籍分类目录·本草·药性》、《日本现存中国散逸古医籍》]

吴文朗 字介夫，号观澜。明代江西高安县人。重孝义，业儒不售，从父习医。淹贯《素问》、《灵枢》诸书，遂以医显。常以济人为心，而道德渊懿，见之如沐春风。名彦显贵，折节礼致，赠"理学名医"匾额，以观澜先生称之。年八十一岁卒。[见：《高安县志》]

吴文冕 （1606～1680） 字从周，号真如子，晚号白岳逸民（一作白鹤逸民）。明清间浙江杭州人，徙居海盐县澉川。杭府庠生。与中丞吴麟瑞昆季称莫逆交，以文章节义相尚。崇祯甲申之变，文冕时年三十九，杜门不出，日以著书为事。年七十五，以寿终。吴氏于儒学外留心堪舆、岐黄、摄养之术。著有《医学指南》十卷、《经验良方》十二卷、《幼幼心法》二卷，未见传世。[见：《海盐县续图经》、《海盐县志》]

吴文涵 （1865～1928） 字玉纯，堂名行素。近代江苏江阴县顾山镇人。早年习儒，为庠生。后师事名医张乃修，研究《伤寒论》诸书，兼学金元四大家之长，多有心悟。技成，悬壶于顾山镇，临证多良效，颇具时望。光绪二十九年（1903）迁居常熟城内，医名益盛。吴氏曾倡办常熟中医学会，以增进中医学术交流。又与名医张谔创办《常熟医学月刊》，对促进中医学发展多有贡献。年六十四岁殁。著有《行素书室医草》，今存抄本。生前曾撰写与运气学相关论文多篇，刊载于《绍兴医学报》。又与吴县郭汇泰等搜集先师验案,辑《张聿青医案》六册,刊印行世。子吴企矶,继承父业。门人程庭玉,亦得师传。[见:《中国历代医史》、《吴中名医录·郭汉泰》、《海虞医林丛话》、《中医图书联合目录》]

吴文献 字三石。清代安徽婺源县花桥人。邑诸生。自幼好岐黄术,既补邑诸生,犹不废方书。慕古人"不为良相,则为良医",竟辞博士业,专攻医学,殚精于《素问》诸书。著有《三石医教》四十卷、《药性标本》十卷,侍御洪觉山、司徒余中宇为之作序,未见刊行。侄孙吴性情,克绍其学。[见:《徽州府志》、《婺源县志》]

吴文澄 号南艿。清代安徽歙县人。能诗,善医,尤工书画,凡篆隶真草、山水人物、花卉翎毛,以及刻碑摹印诸事,无不通而习之。嘉庆十八年(1813),以布衣诣阙上书,奉旨回籍。晚年尝寓居吴门,行医以自给,可谓奇士。[见:《中国历代医家传录》(引《履园画学》)]

吴文蕙 明代湖南武冈州人。通医术,每以医药济人,不索值。性诚笃,尚节义,州人修学宫,文蕙参与其事。[见:《武冈州志》、《宝庆府志》]

吴为昺 字灿若(一作焕若)。清代四川中江县人。业儒,曾官綦江教谕。兼精医术,擅诊断。著有《寒门三十六舌》,今未见。[见:《中江县志》]

吴心完 (1909~1970) 原名吴良。现代江苏昆山县陆家镇车塘村人。世医吴培生次子。十七岁从西古名医钱景虞学,二十一岁随父襄诊。次年父殁,遂悬壶于乡。自1930年始,相继行医于昆山、安亭镇。1947年9月,经考试获中医资格证书。1956年参加车塘联合诊所,任中医内科医师。临证四十余年,善治风科顽证,知名于时。[见:《昆山历代医家录》]

吴以成 (1873~1917) 字绎之。清末浙江海宁人。生而颖异,十三岁读《十三经》已卒业,为刺使李圭、太守黄书霖所赏识。光绪丁酉(1897)拔贡。庚子(1900)、辛丑(1901)并科顺天举人。丁未(1907)考取军机章京。宣统三年(1911),陆军部奏改官制,吴氏签分礼部。丁巳年春,病逝于京邸,时年四十五岁。吴氏中年时有感于"不为良相,当为良医"之说,留意医学。辛亥(1911)后,绝意仕途,遂以诊疗为事,求治者户外履满。1916年冬,京师大疫,吴氏治之,痊愈者甚多。著有《石湖医话》、《桂村医案》,今未见。[见:《海宁州志稿》]

吴以凝 一作吴以宁。字凝之(一作宁之)。元代徽州(今安徽歙县)人。家境饶富,性仁厚。天历元年戊辰(1328),广南土著叛,郡将尽发属卒征之。临行,悍卒钟乙等十余人劫掠富户,吴以凝家遭劫。有司收卒于狱,拟以强盗论罪。大府遣官,召以凝问状。以凝曰:"兵兴,卒求贿耳,无杀人意。"官用其言,破械出之。吴氏通医理,撰有《去病简要》二十七卷,已佚。[见:《徽州府志》、《千顷堂书目》、《补元史艺文志》、《补辽金元艺文志》]

吴允升 字初吉,号西园。清代江苏太仓县璜泾镇六河人。少攻举业,因母多病,弃儒习医,遍阅方书,穷其奥旨,治病每奏奇效。苏州富商郭某久病,诸医多以血分治之,独吴氏用理气之药,数剂而愈,声名遂大振,留苏州施诊三载。临证亦有因泥古而失治者,为时医所攻。年七十余卒。士人赠挽联云:"自古良医皆孝子,于今直道少斯人。"[见:《璜泾志稿》]

吴允诚 佚其名(字允诚)。清代江苏吴县人。早年习儒,精通医术。临证重视培本,不轻用攻伐,投药多效验,名重于时。谨厚重义,坦诚待人,不因贵贱而异视,乡人翕然信之。大中丞商丘公雅重之,以"君子医"匾其庐。[见:《中国历代名医碑传集》(引邵长蘅《青门賸稿·君子医说》)]

吴孔昭 清代山东桓台县人。生平未详。著有《麻痘》一卷。今存抄本,书藏中国中医科学院图书馆。[见:《中医图书联合目录》]

吴玉文 (1900~1976) 现代江苏昆山县陆家镇车塘村人。世医吴培生长子,为吴氏风科第十八代传人。十三岁随父学医,二十二岁独立应诊。年二十六,悬壶于昆山北城。抗日战争初,迁至上海福裕路设诊。复迁至松江华阳镇,往来应诊于青浦、昆山、嘉定、南翔等地。1946年重回昆山北城设诊。次年九月就试于国民政府考试院,获中医资格证书。1953年参加城区新生联合诊所,任中医内科医师。1956年迁居嘉定县城东大街,开业行医。1976年患癌症,病逝于青浦。吴氏行医五十余年,以祖传风科医术济世,活人甚众。尤以治疗麻风、类风湿病、风湿病、皮肤病最具佳效,驰名大江南北。子吴正石,继承父业,现为毕节中医医院主任医师。[见:《昆山历代医家录》]

吴玉池 清代江苏奉贤县竹冈人。精幼科,能起危疾,知名于时。[见:《重修奉贤县志》]

吴正己 字子德。清代湖南耒阳县人。邑诸生。因母病习医，久之精其术，恃青囊以供朝夕。喜风雅，工书画。座右书一联曰："折节卑躬，百端暧昧，只博得肥肉美酒；安贫守己，一味疏狂，不过是蔬食菜羹。"著有《春台捉证》、《济阴备要》诸书，今未见。[见：《耒阳县志》]

吴正伦 字子叙，号春岩子。明代安徽歙县人。幼年丧父，家贫力学，笃好医方。早年遍游三吴求师，医术日精。后行医于山东、北京等地，名噪一时，王公贵人多延致之。神宗（即万历帝，1573～1619年在位）幼年患疾，正伦治之而愈。穆宗（即隆庆帝，1567～1572年在位）贵妃病，召至宫，一剂立愈。太医院御医忌其术，竟以毒酒害之，卒于京邸，时论惜之。著有《养生类要》二卷，约撰于嘉靖四十三年（1564），新安吴敦刊刻于万历十六年（1588），即"新安吴氏木石山房刻本"。又撰《脉症治方》（又作《脉证治方》）四卷，今存康熙八年己酉（1669）刻本；还著有《医案》及《活人心鉴》、《虚车录》等，未见行世。子吴行简，曾孙吴冲孺，俱传家学。其弟元昌，为名医吴崑祖父。[见：《歙县志》、《徽州府志》、《重修安徽通志》、《四库全书总目提要》、《中医大辞典》]

吴正芳 （1849～1905）字矩安。清末四川合江县人。精医术。早年行医于黔蜀间，所至为人疗疾种痘，病者皆感其德。光绪乙巳殁，时年五十七岁，闻者莫不落泪。[见：《合江县志》]

吴正学 字敬方。清代江苏荆溪县（今宜兴）人。少颖异，博习经史，尤嗜医学。尝师事名医叶桂（1666～1745），叶曰："脉无可传，唯子自悟耳。"授以"气运、经界、天和、岁气"八字，归而隐居太华山，熟诵《灵枢》、《素问》诸经，深思积岁，废寝忘食，遂尽通其学。嗣后，诊视诸疾，洞悉受病之源，为当时良医。[见：《荆溪县志》]

吴正封 字固亭。清代四川永川县人。擅儿科，负子求医者门常若市。治病不惮烦，亦不索谢，乡人德之。著有《因病制宜方》一卷，未梓。[见：《永川县志》]

吴正橒 字宜士。清代安徽婺源县蕉源人。精医术，通《内经》诸书，于本草尤有心得，延诊者门庭如市。繁昌司训王朝玥患风疾，吴氏应聘治之，著手而愈。王赠以"春满杏林"匾额。[见：《婺源县志》]

吴去疾 近代浙江淳安县人。其父为清末浙江提督。去疾生平好学，尤精医术，寓沪应诊。曾任《神州医学报》编辑，为文短练紧峭。生性正直，不合流俗，尝谓："君子固穷，有曲肱而枕之乐。"年六十二岁卒。[见：《中国历代医史》]

吴世达 清代湖北黄冈县人。精医术。与同邑名医程之骅、樊明睿齐名。[见：《黄冈县志》]

吴世昌 字半千。清代湖北江夏县（今武汉）人。生平未详。辑有《奇方类编》二卷，今存康熙五十八年己亥（1719）钱塘孙氏渊藻堂原刻本。[见：《中医图书联合目录》]

吴世英 明代安徽绩溪县十一都人。通医术，尤擅治伤寒，知名于时。[见：《绩溪县志》]

吴世金 明代安徽休宁县人。精医术，知名京师。隆庆二年（1568）正月，太医院医官徐春甫集合各地在京名医四十六人，创立一体堂宅仁医会，吴氏为会员之一。诸医穷探医经，讨论四子（指张机、刘完素、李杲、朱震亨），共戒私弊，患难相济，为我国最早之全国性医学组织，其组织构成、宗旨、会规等刊入《医学指南捷径六书》（今存明万历金陵顾氏、新安黄氏同刊本）。[见：《我国历史上最早的医学组织》（详《中华医史杂志》1981年第3期）]

吴世铠 字怀祖。清代江苏常熟县人。善医，有名于时。尝节录缪希雍《本草经疏》，编《本草经疏辑要》十卷（其中卷九为朱紫垣《痘症秘要》，卷十为《集效方》），刊于嘉庆己巳（1809）。[见：《贩书偶记》、《常昭合志》、《现存本草书录》]

吴世缨 字养虚。明代浙江乌程县人。精通医术，尤擅痘疹，时称保婴国手。[见：《乌程县志》]

吴可大 明代武进县（今属江苏）人。曾祖吴栎堂，为宋代名儒。至可大徙居吴县，以医术知名。子吴诚，传承父学，尤精伤寒。[见：《苏州府志》、《吴县志》]

吴可教 字凌虚。清代江苏华亭县人。因病习医，精其术，后以儿科知名。闻声望气，能知生死。凡以病延诊，不惮寒暑风雨，不分富贵贫贱。生平好学，年八十岁，手不释卷。[见：《松江府志》]

吴右厓 清代江苏吴江县平望镇人。名医吴金寿侄。生平未详。曾参校吴金寿《三家医案合刻》。[见：《三家医案合刻》]

吴东初 清代安徽宿松县人。好学精医。凡疑难之证，他人望而却步者，每能一药

而愈。晚年声名尤著。[见:《宿松县志》]

吴东园 字子扬。明代泾上人。生平未详。著有《小儿痘疹要诀》四卷、《痘疹二症全书》四卷,均佚。[见:《医藏书目》、《中国医籍考》]

吴平格 字庚生。清末浙江钱塘县(今杭州)人。孟河马文植(1819~1897)门生。邃于医理,曾补注赵学敏《串雅内编》。[见:《中国历代医家传录》(引《串雅内编·许增序》)]

吴由周 清代安徽怀宁县人。性谨厚,终身不言人过。精医术,活人无算。遇贫病给以汤药,不求酬报。[见:《怀宁县志》]

吴生甫 (1816~1871) 佚其名(字生甫)。清末江苏吴县人。品端学粹,守正不阿。为名医金绍成入室弟子。临证悉遵经典,逢疑难证,必深思病源,而后用药,屡奏奇效。[见:《吴县志》]

吴仕宗 明代浙江钱塘县(今杭州)人。其祖父吴仁斋,父某(佚名),皆工医术。仕宗绍承家学,为三世良医。子吴绥,术益精,官至太医院判。[见:《中国医籍考》]

吴仪洛 字遵程。清代浙江海盐县人。徙居海宁州硖石镇。诸生。自幼习儒,力学砥行,私淑张履祥。尝游历楚、越、燕、赵,以征考文献。又曾至四明,读范氏天一阁藏书,故博学多闻。其家藏书甚富,少年时即旁览医籍。至中年,欲以良医济世,益广读岐黄家言,遂通医家秘奥。尝读汪昂《本草备要》,谓汪氏"本非岐黄家,不临证而专信前人,杂采诸说,无所折衷,未免有承误之失。"故重加改订,著《本草从新》六卷,刊布于世。还著有《成方切用》十四卷、《伤寒分经》十卷,亦为医家所重,此三书今存。据载,尚著有《女科宜今》、《杂证条律》、《四诊须详》、《一源必彻》等,未见传世。门生许裁,尽得其传。[见:《清代七百名人传·吴仪洛传》、《嘉兴府志》、《海昌备志》、《清史稿·艺文志》、《四库全书总目提要》]

吴尔端 字鲁男。清代河南安阳县人。贡生。二龄丧母,十一岁丧父。天性笃孝,事继母以孝闻。继母病,恐误于庸医,究心岐黄。后以术济人,求诊者无不立效。重医德,治病不论贫富,不计诊酬。著有《医方选要》四十卷、《症治诗歌》二十卷,未见传世。[见:《彰德府志》、《安阳县志》]

吴立法 清代浙江遂昌县西乡人。精内科,以治肝病见长,诊病能断生死。咸丰间(1851~1861),医名远播邻县。龙泉县人为便求医,特以石块铺路一条,可见声名之盛。[见:《遂昌吴立法肝病医案选》(《浙江中医杂志》1960年第2期)]

吴兰若 清代安徽绩溪县市西人。精医术,擅大小方脉,知名于时。[见:《新安名医考》]

吴汉仙 (1876~1948) 字捷三,号桦湖医叟。近代湖南岳阳鹿角南乡人。幼年失怙,赖母刘氏养育。年十七补博士弟子员。科举既废,从祖父吴南塘习医,不数年,闻名乡里。1928年奉母至长沙,悬壶于世。时值废除中医之风盛行,吴氏愤然而起,发动医界请愿,全国景从。继而致力于中医教育,与同道兴办湖南国医专科学校、湖南国医院,并创办中医刊物,对振兴中医学多有贡献。著有《医界之警铎》、《中西医四系全书》、《雪鸿医学五种》,行于世。[见:《湘医源流论》]

吴宁极 元代人。里居未详。外科名医杨清叟门生。杨氏撰《外科集验方》一帙,传于宁极。宁极传子吴有本。[见:《国史经籍志》、《中国医籍考》]

吴永玉 字式如。清代湖南常宁县人。父吴而升,为常宁名宿。永玉少承庭训习儒,通明经史。一试棘闱不售,即投笔曰:"太上活国,其次活人。"遂专攻岐黄术,能预决人生死,求方者填门,无倦色。[见:《常宁县志》]

吴永成 字莲生。清代安徽歙县人。以医术知名。兼工绘画,写兰竹颇得古法。[见:《海上墨林》、《艺林医人录》]

吴永昌 字世隆。明代河北邢台县人。郡庠生。淡于仕进,性喜医学。曾搜采古医方,制药疗疾,活人甚多。[见:《邢台县志》]

吴永泰 字进三。清代江苏江浦县人。博览医书,家藏多善本,手自丹黄。临证多奇效,起沉疴痼疾甚多,与当时名医蒋廷钟齐名。吴永泰传术于婿陈锦章,陈氏亦知名。[见:《江浦埤乘》]

吴弘道 一作吴宏道(后世避清高宗讳改)。元明间浙江嘉善县人。邑名医吴宜子。绍承父学,亦精医术,治病多良效,名显于时。每愈一人,则令植竹一竿,寻至万株,遂号其地曰竹所。洪武(1368~1398)初,应召至京师,擢御医。子吴继善,官至黄门给事,兼通医术。孙吴振民、吴蒙吉,医名尤盛。[见:《嘉兴府志》、《嘉兴县志》、《嘉善县志》、《浙江通志》]

吴召棠 清代江苏武进县人。精医术。子吴宗煮，继承家学，有名于时。[见：《中国历代医史·吴宗煮》]

吴圣功 清代江苏高淳县人。邑眼科名医吴汝静孙。克绍祖业，亦业医。[见：《高淳县志·吴汝静》]

吴邦宁 字惟和。明代安徽休宁县黎阳人。原姓施，因传吴云川医业，遂改吴姓。刚直豪爽，善解纷排难，士大夫谓其仙风道骨。医术精湛，尤擅儿科，济世五十年，屡起危疴，活人甚众。尝教子曰："世事变幻如浮云，惟读书明理，修身克己为究竟。"令长子吴璜复本姓，璜勉承父志，以儒学见称。吴邦宁著有《痘疹心法》，已佚。[见：《休宁县志》]

吴邦宪 字君佐，世称"长眉老人"。明代浙江仁和县人。相传四十一世祖吴真人以医术显。邦宪得祖上遗方，穷究其术，治病多奇效。子吴绍裕，传承其业。[见：《仁和县志》]

吴邦铨 号鲁斋。明代无锡县（今属江苏）安富乡人。生平未详。著有《鲁斋医案》（今佚）。[见：《无锡安富乡志稿》]

吴考槃 （1903～1993） 现代江苏海门县人。1922年毕业于海门中兴医学校。1924年任教于上海浦东中医医药专门学校。1933年创办海门保神医学校，任校长兼教员。1959年执教于南京中医学院。吴氏从事中医事业七十余年，于中医古籍研究造诣精深。著有《伤寒论百家注》、《金匮要略五十家注》、《本经集义》、《难经集义》、《素灵辑粹》、《麻黄六十五方义》、《黄帝素灵类选校勘》、《黄帝素问集成》等书，先后发表学术论文六十余篇，并担任《中药大辞典》、《诸病源候论校注》等重大课题撰稿、审稿工作，在国内外享有盛誉。[见：《中国中医药年鉴》1994年]

吴芝山 清代江苏青浦县人。邑儿科名医吴青田子。继承父学，精幼科，擅推拿。子吴时行，医名益著。[见：《青浦县续志》]

吴有方 北宋人。生平里居未详。通医理，官太医院御药。熙宁七年（1074）旱，神宗遣御药吴有方诣集禧观设醮。且谕之曰："久旱，斋心致祷，庶有感应。汝宜前期检视醮科。"有方奏曰："臣固当检视醮科，陛下亦宜检视政事。"帝不悦。翌日，帝笑曰："吾昨夜三复汝言，甚当。足见汝之用心。吾已修政事，答天戒。汝更宜为吾严设。"有方再拜，往设醮焉。[见：《能改斋漫录·卷十三·记事》]

吴有本 元代人。里居未详。其父吴宁极，为外科名医杨清叟入室弟子，杨氏以所撰《外科集验方》一帙授之。吴有本绍传父业，后将《外科集验方》授门生李观善。[见：《国史经籍志》、《中国医籍考》]

吴有齐 元代人。里居未详。精医术，知名于时。曾任台州路（治所在今浙江临海县）医局提举。陈高作《送吴有齐提举台州医局》诗云："崷崒天台山，玉立东海湄。芝草生其阿，碧色甘如饴。昔年刘阮辈，采之疗长饥。丘陵变深谷，宁复思来归？神仙竟何事，绝物只自饴。今春捧檄去，遥与猿鹤期。优游百896底，白日和天倪。山中固云乐，民瘼当眷思。"[见：《金元医学人物》（引《不系舟渔集》）]

吴有性 （约1587～1657） 字又可，号澹斋。明清间江苏吴县人，居太湖洞庭山。精医道，善治温病，名振于时。崇祯十四年（1641），南北直隶、山东、浙江大疫，医者多以伤寒法治之，不效，死亡枕藉。有性乃推究病源，察其传变，认为此疾"非风非寒，非暑非湿，乃天地间别有一种异气所感"，遂首倡"疠气"之说。又谓："瘟疫自口鼻入，伏于膜原，邪在不表不里之间。"并首创"三消"、"达原"等方，为时医所遵用。吴氏鉴于前代无瘟疫专书，撰《温疫论》二卷，刊于崇祯十五年（1642）。此书为我国第一部系统论述瘟病之专著，对后世有深远影响。[见：《清史稿·吴有性传》、《温疫论·序》、《四库全书总目提要》、《中国历代名医传》]

吴有诰 清代安徽泾县人。邑名医吴子扬曾侄孙。传承家学，亦以医术知名。著有《金镜录》一卷，今未见。还曾手订曾祖所遗《痘症要诀》、《蠢子录》、《痘症撮要》三书，合为一集。今有《痘症要诀》单行本存世，未见三书合刻本。[见：《泾县志·吴子扬》、《中医图书联合目录》]

吴有磐 字鸿于，号培庵。清代安徽休宁县山背人。吴时煐子。年三岁丧父，奋发自立，事祖父母尽孝。及壮，游钱塘、姑苏、齐、鲁间，出入数年，感危疾还。病中读方书，得摄生之要，自疗而愈。自此立志习医，闻旌德谭先生善目科，往执弟子礼，未一载尽其术；嗣后，复师事同邑儿科名医叶某，日夕覃思，亦得精义。由是医名振于远近，就诊者不绝于门。所用之药必亲制，不假手他人，奏效则深以为喜，遇疑难辄博求古法，必令疾愈而后已。重医德，治病不以贫富而异视，虽昏夜来请必赴，十里以内者不乘肩舆，全活者甚众。有贫困者性极躁烈，以目病就治。吴氏供以饮食，多方娱之，旬月间霍然，不谢而去，吴不以为意。汪由敦（1692～1758）为之作传，以隐君子称之。子吴廷钫，生平未详。
[见：《休宁县志》、《徽州府志》、《中国历代名医碑传集》（引汪由敦《松泉集·吴隐君传》）]

吴百祥 字家裕。清代安徽黟县叶家湾人。监生。精医术，尤擅儿科。远近知名，省垣大府，不时延请。与同邑名医叶绍涛、王显璇、李体仁有四大名家之誉。知县吴甸华赠"回春指上"匾额；知县承寿赠"幼科世业"匾额。年八十八岁卒。子吴毓春，孙吴培基、吴郁文，皆绍祖业。[见：《黟县三志》]

吴成友 清代甘肃靖远县人。专精外科。凡患疮疾者，皆施药敷治，手到春回，毫不受谢。曾授本邑医学训科。[见：《靖远县志》]

吴成基 字建时，号东岩。清代浙江嘉善县人。精医术，有名乡里。[见：《嘉善县志》]

吴式金 字希白。清代江苏奉贤县青村港镇人。监生。精医术，专擅伤科，遇贫病施药济之。[见：《重修奉贤县志》]

吴师哲 唐初人。里居未详。曾官潞王府参军。显庆二年（657）奉旨与英国公李勣、光禄大夫于志宁、右监门府长史苏敬等编《新修本草》五十四卷，大行于世。详"李勣"条。[见：《新唐书·李勣传》、《新唐书·艺文志》、《中医文献辞典》]

吴光克 号礼田。清代湖南善化县人。性淳朴，精通医术，治病不受谢，遇贫困者辄给以药资。年荒减粜，乡里赖之。[见：《善化县志》]

吴光熙 字云逵。清代江苏宜兴县人。家产不丰，习医以济人。辑有《诸家医旨》若干卷，未见传世。[见：《宜兴荆溪县新志》]

吴光霁 字月潭。金元间人。生平里居未详。著有《伤寒一览方》，已佚。[见：《中国医籍考》]

吴光慧 字海山。清代四川合川县人。邑名医陈启予高足。著《劝读张仲景书》，列医论十则，语皆精简，刊行后颇受好评。还撰有《伤寒存真录》二卷，今皆未见。[见：《合川县志·陈启予传》]

吴吕渭 字雨公。明代吴县（今江苏苏州）人。幼得三山名医郑钦谕亲授，及长，以医知名。凡危剧之证，投剂多愈，活人甚众。子吴钱枚，克绍父学，亦有名。[见：《吴县志》]

吴廷光 清代四川宣汉县人。业医，精其术。年二十丧偶，时其子方一岁，不再娶，寄思于医。有医德，贫病者求治不取酬，乡里皆颂其德。[见：《宣汉县志》]

吴廷庆 字呈章。清代台湾县西定坊人。郡学增广生。天分高朗，精工医理。辨证立方，投药多效。有医德，闻人患疾，不待纳履而行，世人敬之。[见：《台湾县志》]

吴廷绍 五代南唐人。里居未详。精医术，为太医令。烈祖喉中痒涩，他医进药无验，廷绍进楮实汤，服之顿愈。宰相冯延已病脑痛，久疗不痊。廷绍至，先诘其家人曰："相公酷嗜何物？"对曰："每食山鸡、鹧鸪。"廷绍进姜豆汤，一服而瘥。或问其故，对曰："烈祖常服饵金石，吾故以木之阳实胜之。冯公所嗜之二鸟，皆食乌头、半夏，姜豆乃解其毒尔。"群医大服。[见：《医说》、《医学入门·历代医学姓氏》]

吴廷桂① 字东山，号殿香。清代江苏无锡县人。精医理，于伤寒洞悉微奥。著有《伤寒析义》十四卷、《灰余集》六卷，未见传世。[见：《无锡金匮续志》]

吴廷桂② 清代陕西扶风县人。邑儒医吴秉周长子。岁贡生。绍承父学，亦精医术。[见：《扶风县乡土志》]

吴廷莲 清代江苏山阳县人。名医吴瑭（1758～1836）子。生平未详，曾参校其父《温病条辨》。[见：《温病条辨》]

吴廷辅 明代湖北黄安县人。因母病，精岐黄。凡以疾求治，立至，不受谢。县令李某，其眷属患鹤膝风，召治而痊，赠"儒医济世"匾额。著有《医方秘诀》若干卷，已佚。孙吴凤翔，得其亲传，亦神明医术。[见：《黄安县志》]

吴廷楷 清代陕西扶风县人。邑儒医吴秉周三子。能读父书，亦能医。[见：《扶风县乡土志》]

吴廷耀 字焕臣。清末人。生平里居未详。曾任太医院七品吏目，兼东药房值宿供奉官。[见：《太医院志·同寅录》]

吴竹君 清代江苏青浦县观音堂镇人。儿科世医吴时行子。继承家业，颇负时望。兄弟吴如竹，亦工儿科。[见：《青浦县志》、《青浦县续志》]

吴延龄 字介石。明代浙江归安县双林镇人。郡庠生。性耿直，遇事敢为。常出粟济贫，虽绝粮无悔，里戚得其周济者不可胜数。旁通医术，广集药饵，疗人疾苦。有贫者某，以沉疴就医，匝月而愈，归则卖产以酬，延龄立还之。平生好学，宅后筑小园，读书其中。撰有《经络腧穴》、《医学质疑》等书，未见传世。［见：《浙江通志》、《双林镇志》］

吴伟度 清代安徽休宁县人。生平未详。曾搜集疗疔疮诸方，刊入叶志诜所辑《五种经验方》，今存道光三十年庚戌（1850）粤东抚署刻本等。［见：《中国医学大辞典》、《中医图书联合目录》］

吴仲亨 元末新喻州（今江西新余）人。居新淦（今江西新干）。早年习儒，后业医，名药室曰种德堂。以术济世，知名于时。诸名流纷纷赠诗，积稿成集。［见：《金元医学人物》（引《梁石门集·吴氏种德堂诗序》）］

吴仲朗 清代人。生平里居未详。其先世廉宪公精医蕴，其父吴比部继之。仲朗继承家学，博览群书，殚心三十年，遂精医道。尝谓："服热而误，十可救九；服寒而误，百无一生。"其按脉制方，以培元气，固脾土为本，治则立应，岁全活数百人。著有《医验遗书》十八篇，未见传世。［见：《中国医籍考》］

吴仲高 元初开化（今属浙江）人。吴恭甫子，吴庆甫侄。吴氏世代业医，以儿科著称。仲高绍承祖业，名重于时。处士鲁贞年幼时出疹，仲高携子舜卿治之，投药而愈。自此，鲁氏患病必服吴氏之药。仲高子吴舜卿，孙吴得新，皆精家业。［见：《金元医学人物》（引《桐山老农集》）］

吴仰泉 明代浙江兰溪县太平乡人。邑名医吴敬泉族人。淳厚有德，亦精医术，知名于时。［见：《兰溪县志》］

吴仰虞 字怀岵。清代福建永定县人。幼习儒业。以母多疾，专心医道，尤精外科。以技活人，乡人咸感其德。县令梁孔珍，奖以"精习经方"之额。撰有《详注心法要诀》三十二卷，今未见。［见：《永定县志》］

吴行之 清代江苏南汇县人。精医术，名噪于时。［见：《松江府志》］

吴行简 字居敬。明代安徽歙县人。邑名医吴正伦次子。继承家学，亦业医。孙吴冲孺，曾孙吴楚，皆以医名。侄吴崐，为明代著名医家。［见：《歙县志》、《新安名医考》、《中医大辞典》］

吴全宾 清代陕西韩城县人。于医书无所不窥，又善太素脉，以脉决人福寿，十不失一。著有《脉书》，藏于家。所遗丸散方甚多，后

裔资为生计。［见：《韩城县乡土志》］

吴名望 字东来。清代江苏宜兴县人。武生。精医术，尝谓："医非易事，不读书数万卷，不足与言医也。"镇江太守某，患掌心奇痒不可忍，久治不效。吴氏往诊，曰："有大惊所致。惊伤肝，肝木横伤脾，脾主四肢。法宜服养肝补脾之剂。"盖太守尝发上宪贺函，误以他文寄之，后得是疾，人皆不知。闻名望言，惊服其术，服药而安。［见：《续增宜兴县旧志》］

吴庆甫 宋元间开化（今属浙江）人。世代业医，以儿科著称。至庆甫亦工祖业，著有《吴氏及幼方》，刊刻于世，今佚。弟吴恭甫，侄吴仲高，皆精儿科。［见：《金元医学人物》（引《桐山老农集》）］

吴亦飞 堂名范志斋。清代福建晋江县下梧村人。庠生。家境清贫，迁居泉州城内桂坛巷（与学院考棚毗邻），设私塾课徒，以为生计。雍正十一年（1733），遇丐者行乞，吴氏周恤之。丐者感其德，赠制曲方而去。吴氏旁通岐黄，思行医济世，遂依方制曲，名之曰建曲。大比之年，某监考官住泉州考院，患病，服建曲而效。回京，值太后有病，其证与考官相类，试推荐之，亦效。帝悦，敕封神曲。此后，吴亦飞因此致富，遂建范志大屋，屋后有巷，遂名范志巷。建曲又称范志曲、泉州神曲、吴老范志万应神曲，距今二百余年畅销不衰。赵学敏《本草纲目拾遗》评建曲曰："驰名万应神曲，气味中和，清香甘淡，能搜风解表，开胸快膈，调胃健脾，止泻利水，治四时不正之气。"［见：《本草纲目拾遗》、《名牌中药述古新解》（详《上海中医药杂志》1987年第1期）］

吴亦鼎 字砚丞。清代安徽歙县人。精医理。鉴于世医多以汤液为本，于灸法不甚重视，故参考王焘、西方子等人针灸之作，取其所长，补其不足，编《神灸经纶》四卷，经其孙吴云路校订，刊于咸丰辛亥（1851）。又撰《麻疹备要方论》一卷，刊于咸丰癸丑（1853）。［见：《中国医学大成总目提要》、《中国丛书综录》、《神灸经纶·引言》］

吴冲孺 字象先。明代安徽歙县人。邑名医吴正伦曾孙，吴行简孙，吴崐族侄。继承家学，亦业医。康熙间（1662～1722）校订曾祖《脉症治方》四卷，刊刻行世，今存康熙八年己酉（1669）刻本。其同宗兄弟吴万春，以绘画知名。万春子吴楚，弃儒业医。［见：《歙县志》、《中国历代医家传录》（引《珍医类目》）、《新安名

医考》、《中医图书联合目录》]

吴兴基 清代四川中江县人。乾隆间（1736～1795）在世。自幼尚武，习少林派武功，曾传授乡里子弟，以为防身健体之术。中年以贩药为业，曾于金沙江畔降服恶熊。晚年喜静坐，以医为业，待贩夫舆人，尤其情深。年七十二岁卒。[见：《中江县志》]

吴兴瑜 字玉先。清代浙江遂昌县人。质直好义，尤精岐黄，邻县就医者接踵于门。重医德，遇贫病者不取诊酬，活人甚众。年六十七岁殁。[见：《遂昌县志》]

吴江鲲 清代江苏高邮县人。名医吴谷孙，国学生吴令尹长子。江鲲绍承祖父之学，亦以幼科名世。[见：《高邮州志》]

吴江鲸 清代江苏高邮州人。名医吴谷孙，国学生吴令尹次子。绍承祖父之学，亦以幼科名世。[见：《高邮州志》]

吴江鳞 清代江苏高邮县人。名医吴谷孙，国学生吴令尹三子。江鳞绍承祖父之学，亦以幼科名世。[见：《高邮州志》]

吴江鲼 清代江苏高邮县人。名医吴谷孙，国学生吴令尹幼子。绍承祖业，以幼科知名。[见：《高邮州志》]

吴汝兰 字韵轩。清代广西恭城县人。性刚介不阿，工吟咏，精岐黄。著有《集兴诗》一卷、《杂体诗文》二卷。又手纂医书《伤寒检验提要》三卷，藏于家。[见：《恭城县志》]

吴汝纪 号肃卿。清代四川成都县人。生平未详。辑有《每日食物却病考》二卷，今存光绪二十二年丙申（1896）上海书局石印本。[见：《中国历代医家传录》、《中医图书联合目录》]

吴汝静 清代江苏高淳县人。性慷慨，尚气谊，重然诺。尝遇异人授以方书曰："子志在济人，然家贫，得此可矣。"及归，启视之，则眼科书。汝静研读此书，尽悟其术，试以治疾无不验者，遂以眼科知名四方，求医者车骑络绎于门。子吴闻野，孙吴圣功，传承其术。[见：《高淳县志》]

吴汝潮 字非止。清代安徽歙县人。生平未详。乾隆五年（1740）参校程林《圣济总录纂要》。[见：《圣济总录纂要》]

吴守庵 清代浙江鄞县人。精方脉，擅治杂证。与本邑徐国麟、张兰坡、吴丹霞、范叔向诸名医齐名。[见：《宁波府志》、《鄞县志·李斑》]

吴如竹 清代江苏青浦县观音堂人。世医吴时行子。绍承家学，亦工医术。兄弟吴竹君，医名益盛。[见：《青浦县续志》]

吴观善 字思贤，自号东皋隐者。元代仁和（今浙江杭州）人。祖籍汴梁（今河南开封），宋南渡时徙居仁和。杭州路医学录吴仁荣长子。吴氏世业幼科，至观善益精，为合邑小儿医之冠。以济世为心，不乐仕进，行医之余，以草木禽鱼为乐。兼通经史，擅诗赋，工书画。其高祖吴崇明赘于范氏，遂改范姓。观善母改适朱姓，故又改朱姓，后复归吴姓，名医室曰归本堂。[见：《仁和县志》、《金元医学人物》]

吴羽仪 字逵。明清间安徽歙县人。早年习儒，通九经诸史，凡黄石兵法、稗官小说，无不通览。生逢明末乱世，经商养家，足迹遍于边关海隅。后家境渐贫，又苦于疾病，遂潜心医学，洞彻奥义，切脉投剂，奏效如神。嗣后，悬壶京师，全活不可胜数，一时冠盖往来，多巨公显达。或欲荐授药局医官，谢绝之。素以济人为怀，好周人之急，"见病即治，病愈即休，未尝较有无多寡"，故在京近三十年，而囊无长物。久之倦于酬答，移家滏水之阳，卜居大司空刘简斋宅侧。因治愈监察御史卢世㴐危疾，遂诗文往还。晚年归乡奉母。年五十七岁，虽鬓发如雪，而精神矍铄。卢氏为之作传，述其事迹甚详。[见：《中国历代名医碑传集》（引卢世㴐《尊水园集略·吴于逵传》）]

吴寿棠 近代浙江兰溪县吴泰仁村人。儿科世医吴佩铃次子。绍承父学，亦精儿科。[见：《兰溪市医学史略》]

吴寿槐 近代浙江兰溪县吴泰仁村人。儿科世医吴佩铃长子。绍承父学，亦精儿科。[见：《兰溪市医学史略》]

吴辰伯 明代如皋县（今属江苏）白蒲镇人。素习举业，兼通医道，以儒医鸣于时。子吴奋庸，医名益盛。[见：《白蒲镇志》]

吴辰灿 字鹤山。清代江苏无锡县人。生平未详。与高秉钧、姚志仁同辑《景岳新方歌》，刊于嘉庆十年乙丑（1805），今存。[见：《中医图书联合目录》]

吴远青 明代如皋县（今属江苏）白蒲镇人。邑名医吴元庆长子。袭承父业，亦善医。[见：《白蒲镇志》]

吴志中 字道川。明代安徽歙县人。徙居钱塘（今杭州）。其先世精医，志中绍承家学，又从芜湖丁氏学痘科，术益精。凡男妇大小

七画

患疾者，投剂辄效，名动于时。曾任太医院吏目。万历间（1573～1619），杭州瘟疫大行，吴氏毁产施药，活人逾万。子吴元溟，绍承父业。[见：《痘科切要·序》、《杭州府志》、《钱塘县志》、《中医图书联合目录》]

吴志成 近代浙江兰溪县吴泰仁村人。儿科世医吴佩铃孙。绍承家学，亦精儿科。[见：《兰溪市医学史略》]

吴志明 近代浙江兰溪县吴泰仁村人。儿科世医吴佩铃孙。绍承家学，亦精儿科。[见：《兰溪市医学史略》]

吴志泰 字誉吉。清代江苏上海县洋泾人。业小儿科，决痘疹生死，百不爽一。有富家独生子患痘，危甚。志泰视之曰："依吾法，儿当生。"遂令移病儿于中堂，燃茅灰布地，覆以雨蓑，卧儿于上。嘱守者："俟痘疮发，移入寝室，服药。"如言而愈。子吴朝翰，孙吴宝海，皆世其业。[见：《上海县志》]

吴克相 清代广东和平县城南人。重礼义，忠厚传家。弱冠勤学能文，晚年精岐黄术，求方问药者接踵，虽昏暮叩门，未尝有愠色。遇贫家，慷慨资助，乡里德之。年九十六岁殁。[见：《和平县志》]

吴克勤 字绍基。清代四川郫县人。有文名，精于医道。临证有主见，不苟同他人异议，亦不泥于前人成说。遇疑难证，必参透病因而后治，故多有良效。医名与同邑钟瑞书相伯仲。[见：《郫县志》]

吴杏缨 字养虚。明代浙江乌程县人。精医术，擅幼科，时称保婴国手。[见：《乌程县志》]

吴甫恬 清代江苏江阴县华墅镇人。精医术，咸丰间（1851～1861）与锡山儒医顾文山交厚，常书信往来，讨论医理。著有《自存医案》，今存清光绪间（1875～1908）抄本，书藏南京图书馆。[见：《医中一得》、《中医图书联合目录》]

吴时行 字竹生。清代江苏青浦县人。其祖吴青田，父吴芝山，均工小儿医，擅推拿术。吴时行继承家学，声名益著。平生俭朴如田叟，所居仅草屋数间。其治病，立方平和，而用之多验。尝曰："小儿脏腑娇嫩，用药岂堪猛烈？"遇他医束手之证，与药二三味辄霍然。著有《幼科经验》、《推拿直诀》等书，未见传世。子吴竹君、吴如竹，绍传家业。[见：《青浦县志》、《青浦县续志》]

吴吟香 清代人。里居未详。湖州名医费涵门生。其师著《诊学汇参》、《批正伤寒论》等书，未梓。吴氏抄录二种传世，余多散佚。[见：《中国历代医史》]

吴钊森 字良模，号晓钲。清代江苏吴江县震泽镇庙头人，迁居黎里镇。性耿介，不苟合。好读经史百家之书，长于诗律，词锋敏捷。尤洞晓医术。曾赴京兆试，诸名公以吴大儒称之。尝受业于陈福畴，读书艳雪斋，后馆于陈氏敬恕堂。著有《活人一术》四卷，未见刊行。医书外尚有《蓬心草》一卷、《独弦录》二卷。[见：《黎里续志》]

吴体元 字守善。清代江苏高邮州人。以医为业，专擅疡科。壮年游江浙，遍访名流，辨识药草，所至为人疗疾，多良效。苏州李某，患恶疮，误服轻粉，取效一时，后毒发，遍体溃烂。体元予之丹丸数十粒，一月而愈。晚年好道术，有老庄之风。[见：《三续高邮州志》]

吴伯时 清代江苏嘉定县南翔镇人。云间（今上海松江）名医李中梓门生，知名于时。门生滕见垣，得其传授。[见：《南翔镇志》]

吴伯参 明代处州（今浙江丽水）人。颖慧缜密，信实无欺。精太素脉，断人福寿修短多验。有脉象当死者，为定其时，至期应验不爽。[见：《处州府志》]

吴伯春 元代人。里居未详。精医术，知名于时。黄枢妻患疾，伯春治之，曰："此症无忧，服药则愈。但恐年寿不永。"三年后，黄妻复病，不赴请也。子吴道中，绍传父业，声名益盛。[见：《金元医学人物》（引《后圃集·赠吴伯春子道中》）]

吴希言 宋代人。生平里居未详。著有《风论山眺经》（又作《风论仙兆经》，疑"仙"字误）二卷、《医门括源方》一卷，均佚。[见：《宋史·艺文志》、《崇文总目辑释》、《国史经籍志》]

吴希渊 一作晞渊。字元复，号克轩。清代浙江海盐县人。吴中丞孙，吴衮仲长子。少孤，长工诗文，不屑举子业，究濂洛诸书，造诣醇粹。因自幼体弱，兼涉医术。著《续名医类案》若干卷，今未见。年七十六岁卒。无子，以仲弟之子吴子重为后。[见：《海盐县志》、《海盐县续图经》]

吴希舜 （1846～1912） 字月槎，又字文八。清末浙江平阳县灵溪塘下乡人。务农为业，兼精医术。临证多神效，活人甚多，乡人呼为八仙。晚年名噪瓯东,求诊者极多。所著《医案》藏于家。[见:《现代名医医案选》、《吴八仙医案》(《浙江中医杂志》1959 年第 8 期)]

吴希颜 明代武进县(今属江苏)人。太医院使吴杰(1467~1544)长子。传承父学,亦精医术。曾任太医院冠带医士。[见:《中国历代名医碑传集》(引夏言《明故诰封奉政大夫进阶朝列修政庶尹太医院院使吴公墓志铭》)]

吴谷如 清代浙江嘉兴府人。精医理,熟于《素问》、《难经》等医典。[见:《嘉兴府志》]

吴应刚 (1923~1970) 原名恒。现代江苏昆山县陆家镇车塘村人。世医吴培生幼子。十七岁从西古名医钱景虞学,仅年余师亡,遂从长兄、次兄学医。1944 年悬壶于乡。1956 年 3 月加入车塘联合诊所,任中医内科医师。年四十八岁殁。[见:《昆山历代医家录》]

吴应汤 明代人。生平里居未详。著有《慈幼痘疹说问》十八卷,已佚。[见:《医藏书目》]

吴应玑 清代浙江东阳县人。邑增生。生平未详。辑有《本草分经》,未见传世。[见:《东阳县志》]

吴汶锦 清代山阴县人。名医王清源门生。曾参订其师《医方简义》。[见:《医方简义》]

吴宏沛 清代湖南龙阳县人。节妇雷氏子,事母诚孝。精医术,时有奇验。自制疏消六合丸,以济无力市药者,垂数十年不倦。年七十一,沐浴更衣,谈笑而逝。[见:《龙阳县志》]

吴宏定 又名宏格,字文洲,号静庵。清代安徽歙县岭南人。名医吴澄子。传承父业,亦精医道。著有《新方论注》四卷,阐发张介宾制方之旨,议论颇精(今未见)。又有《景岳新方八阵汤头歌括》一卷,今存乾隆三十二年丁亥(1767)浣月斋刻本。子吴烜,亦承家学。[见:《不居集·吴师朗传》、《中国历代名医传》、《贩书偶记续编》]

吴良宪 清末江苏兴化县人。工医术。光绪戊子(1888)大疫,倡施医药,全活甚众。著有《乐寿堂医案》,又与赵履鳌合著《霍乱新编》,均未见传世。[见:《兴化县志》]

吴良贵 字君玉。宋元间京口(今江苏镇江)人。祖籍临安(今浙江杭州)。涉猎经史,兼精医术。遇病者皆为诊疗,且施以药。为人慎言谨行,乡里称善人。入元后,当道征访之,

无意仕途,隐居市井。年九十一岁殁。[见:《镇江志》]

吴启泰 清代安徽泾县人。邑名医吴子扬八世侄孙。通医理,嘉庆间(1796~1820)汇编吴子扬遗书,编《东园痘症全书》七卷,以曾祖吴有诰《金镜录》一卷附其后,刊行于世,今未见。[见:《泾县志》]

吴君宁 明代浙江吴兴人。庠生。博学多识,旁通医术。[见:《中国历代医家传录》(引《陆氏三世医验》)]

吴君美 清代四川富顺县人。父母老病,乡医不能疗,遂发奋习医,后以医术知名乡里。[见:《富顺县志》、《叙州府志》、《锦里新编》]

吴君棠 清代江苏武进县人。世代业医,至君棠亦工其术。子吴宗骞,声名益噪。[见:《中国历代医家传录》]

吴陆平 清代湖南湘阴县人。精医术,以行医活人自负。[见:《湘阴县图志》]

吴际昌 字慧仙。清代江苏江阴县人。名医吴达子。曾参校其父《医学求是》。[见:《医学求是》]

吴奉璬 清代陕西乾县人。庠生。精医术,治病多奇验。生性仁厚,为乡里所敬重。[见:《乾县新志》]

吴青田 清代江苏青浦县观音堂镇人。精小儿医,擅推拿术,为乾、嘉间(1736~1820)名医。子吴芝山,孙吴时行,皆以医名。[见:《青浦县续志》]

吴环照 法名永彻。清代浙江嘉兴县人。幼年出家于楞严寺。性恬澹,善写兰竹。尤精眼科,擅金针拨障术,能开一二十年瞽目。诸生杨翼皇,暮年尚欲入场,目昏不能视书,诣郡城楞严寺求治。吴曰:"目翳尚嫩,未可治也。归食发物,使其障厚,视日如昏夜,乃可奏功。请俟期年后。"至期则已盲矣,环乃施其术,投针于黑白睛之间,周围转绞,尽去其膜,又投针于黑睛之中,瞳神之外,转绞如前,游刃有余,而患者不甚苦。术毕,以绢衣包之。付药数剂,曰:"慎勿见风,俟三日始可矣。"杨归途过慎,加衣一领,三日后发红,再叩诊。吴曰:"有微火耳。"又服药一二剂,清明如初。戊午秋入闱,能灯下誊卷,不减少年也。[见:《中国人名大辞典》、《中国历代医家传录》(引《东湖乘》)]

吴规臣 〈女〉 字香轮,号飞卿,又号晓仙。清代江苏金坛县人。长洲顾小云妻。

为吴中画家潘溶皋女弟子。奇情偶俶，精医理，通剑术，工诗词，擅书画，尤长写生。得溶泉之传，赋色研澹，神夺瓯香。其夫顾小云远宦，飞卿常往来金陵、维扬间，鬻书画自给，人称闺阁中未易才女。[见：《医林艺人录》]

吴其安 字少衰。清代福建崇安县西乡洪溪人。邑廪生。嗜于医学，推重名医张仲景。闻徽州多名医，亲往访之，无所得。归乡，益肆力于古今医籍，遂以医术知名。乡乡患癫痫，吴制五石汤予之，服之而瘥。撰有《经方新歌一百十三首》，今未见。曾手录《医宗金鉴·杂病心法》，误者正之，遗者补之，其稿今佚。[见：《崇安新志》]

吴其浚 (1789～1846) 字瀹斋，号吉兰，别号雩娄农。清代河南固始县人。父吴烜，兄吴其彦，皆由翰林官至侍郎，屡司文柄。其浚初以举人纳资为内阁中书，嘉庆二十二年(1817)中一甲第一名进士，授修撰。道光初，值南书房，督湖北学政。历太子洗马、鸿胪寺卿、通政司副使，超迁内阁学士。道光十八年(1838)，擢兵部尚书，督江西学政，调户部。后历任湖广总督、湖南巡抚、云南巡抚、云贵总督、福建巡抚、山西巡抚。道光二十六年(1846)，乞病归，寻卒，赠太子太保。吴氏宦游各地，所至之处广集植物标本，绘制成图，著成《植物名实图考长编》三十二卷。后复参阅前代本草书籍及相关文献八百余种，历时七年，编成《植物名实图考》三十八卷，未刊而卒。道光二十八年由山西巡抚陆应谷序刊行世。是书共收植物1714种，分为谷、蔬、山草、隰草、石草、水草、蔓草、芳草、毒草、群芳、果、木十二类，据陈重明统计，其中五百一十九种未见于前代文献。其书插图精准，多为写生所得，极具学术价值。《植物名实图考》为我国第一部大型区域性植物志，对植物分类学及本草学研究均有较高参考价值。[见：《清史稿·吴其浚传》、《清史稿·艺文志》、《植物名实图考·序》、《历代中医文献精华》、《吴其浚和〈植物名实图考〉》(《中华医史杂志》1980年第2期)]

吴奋庸 字协华。明代如皋县(今属江苏)白蒲镇人。儒医吴辰伯子。克承家学，精研仲景、东垣之书，活人不可胜计。[见：《白蒲镇志》]

吴郁文 清代安徽黟县叶家湾人。幼科名医吴百祥孙，吴毓春子。与兄吴培基绍承祖业，皆以幼科知名。[见：《黟县三志》]

吴瓯玉 号仁斋。清代安徽桐城县人。府增生。少有隽才，不屑章句之学，署其室曰勤斋。年二十始攻举业，乡试三荐不售。晚年精通医术，临证多效验，人酬以金，却而不受。著有《对鸥轩文集》、《医学寻宗》八卷，今未见。[见：《桐城续修县志》、《皖志列传稿》]

吴叔和 (?～1860) 清代江苏宜兴县人。精医术，以伤科知名。有医德，贫者就治不受谢，时赠以药。[见：《宜兴荆溪新志》]

吴国勋 清代浙江兰溪县人。业医。其治疾，凡用前人诊法而验者，皆录之，先记前人诊法，后附自己经验。日久，辑《诸家医案经验录》十余册，惜皆毁于兵燹。[见：《兰溪县志》]

吴国珖 字生次，号西园，又号清阁氏。清代湖南郴州宜章县人。笃于孝友，持身严介，兼嗜医学。乾隆辛酉六年(1741)拔贡。隐居松竹林，自号清阁氏。性好著述，有《风帆编》、《诗赋文集》、《居家四礼》等。所撰医书有《医门保身录》、《西园刊方》，惜未见流传。[见：《直隶郴州总志》、《宜章县志》]

吴国恕 清代四川郫县吴家坝人。工医术，善养生，年八十五岁卒。[见：《郫县志》]

吴国翰 明代人。里居未详。初不识医，子息多艰，先后得子十余胎，止存活三男一女，余皆死于惊风、痘疹，而死于痘疹者最为酷烈。国翰为此发奋习医，广求诸家著述，辑《痘疹保婴汇粹衡集》三卷。该书国内未见，今日本国立公文书馆内阁文库藏有抄本。[见：《内阁文库汉籍分类目录》、《中国医籍考》]

吴尚相 字宾阳。清代安徽徽州人。通医术。著有《宾阳医案》一卷，今未见。[见：《徽州府志》]

吴和仲 明代安徽歙县严镇人。世医吴桥子，传承家学，亦以医名。[见：《歙县志》]

吴季常 清末江苏松江人。生平未详。通医术，为青浦名医何长治(1821～1889)门生。[见：《中国历代医家传录》]

吴秉周 字岐都。清代陕西扶风县大通里人。恩贡生。性沉静，好读书，尤嗜《近思录》。教子训徒，不沾沾为章句学。晚年精医术，延者虽贫不辞，亦不受谢，乡里颂其德。著有《痘证新方》，今未见。有子三，长子吴廷桂，贡生，兼工医术；次子吴廷桢，早卒；幼子吴廷楷，能读父书，亦能医。[见：《扶风县乡土志》]

吴佩声 清代江苏太仓县璜泾镇人。居伍胥庙之北。工医术。天分既高，心术又良，远近延请者甚众，名噪一时。晚年丧子，自愧乏术，有延请者则曰："吾已医杀人矣，何来请？且吾之子尚不能活，安能活他人乎？"然求治者益多。[见：《璜泾志稿》]

吴佩铃 （1841～1931） 字维鹤。近代浙江兰溪县吴泰仁村人。世传儿科。毕生精究医理，推重《小儿药证直诀》、《幼幼集成》诸书。论儿科证治，独具灼见，能预决患儿生死，挽救于危倾。其名远达邻县，妇孺皆知泰仁吴先生。晚年著有《验方集》、《采录封轩》、《秘传家藏幼科》、《病机赋》、《痘麻证歌》等书，稿藏于家。子吴寿槐、吴寿棠，孙吴志明、吴志成，皆承先业。[见：《兰溪市医学史略》]

吴佩衡 （1886～1971） 原名钟权。现代四川会理县人。十八岁时，受业于邑名医彭恩溥，1908年独立行医。1930年代表云南中医界赴沪，出席全国神州中医总会，抗议南京政府卫生部《废止旧医案》。其后留沪行医六载。抗日战争前夕移居昆明，被推选为中医师公会理事长。曾创办《国医周刊》，以促进中医交流。1948～1950年，创办私立中医药专科学校，任校长。中华人民共和国成立后，历任云南省中医进修学校副校长、云南省中医学校校长、云南中医学院院长、中华医学会云南中医分会副会长、《云南医药杂志》编辑委员会副主任、云南省政协常委等职。1959年加入中国共产党。吴氏毕生从事中医事业，对继承发扬祖国医学多有贡献。著述甚多，主要有《中医病理学》、《伤寒论条解》、《伤寒与瘟疫之分辨》、《麻疹发微》、《伤寒论新注》、《吴佩衡医案》等。[见：《著名中医学家的学术经验》]

吴征凤 字文威。清代安徽休宁县隆阜人。浙籍庠生。精医术，有医德，备药囊以济人，不取酬报。[见：《休宁县志》]

吴金寿 原名鸣钧，号子音。清代笠泽（今江苏吴江）平望镇人。吴士坚从子。苏州府学生。博学好古，工于诗。从吴县名医张文燮游，遂精医术。曾汇编名医叶桂、薛雪医案，又取其师手录缪遵义医案，辑《三家医案合刻》三卷，又校订陈平伯《温热病指南集》，易名《温热赘言》，附刻其后。今存道光十一年辛卯（1831）吴氏贮春仙馆刻本。吴金寿门人凌又新，侄吴右厓，曾参校《三家医案合刻》。[见：《三家医案合刻·序》、《平望续志》、《中医图书联合目录》、《吴中名医录》]

吴庚生 字平格。清末浙江钱塘县人。从名医马文植（1819～1897）学，精医术。曾注释赵学敏《串雅内编》、《本草纲目拾遗》二书。[见：《中国医学大辞典》、《中国历代医家传录》（引《珍医类目》）]

吴性情 清代安徽婺源县花桥人。儒医吴文献侄孙。得吴文献传授，亦工医术。[见：《婺源县志》]

吴学易 明代浙江分水县人。邑名医吴嘉言子。继承父学，亦以医术知名，曾任雷州吏目。[见：《严州府志》]

吴学损 字损斋，又字损庵。清初安徽休宁县人。擅治痘疹。与本县名医杨恒山相往还。曾汇刻《痘疹四合全书》，其书包括《痘疹集图善本》、《痘疹金镜录》、《痘疹百问秘本》、《痘疹心法秘本》四种，刊于康熙丙辰（1676）。其中《痘疹集图善本》一卷，为吴氏自撰，书中罗列痘疹形色老嫩，论辨痘证五善七恶，判定顺、逆、险三境，并绘五运、六气二图，论述运气与痘疹之关系。[见：《中医图书联合目录》、《中国医籍大辞典》]

吴学泰 清代安徽歙县人。生平未详。著有《医学刍言》、《人镜》二书，今未见。[见：《歙县志》]

吴学勤 字业韩，自号虹滨小隐。清末江苏青浦县人。光绪丁酉（1897）举人。博学能文，长于史，经次之，能以史证经。余如历象、卜筮、棋经、数理，靡不推究。不利于科场，乃从丘悍堂习医。久之通《素》、《难》诸书，精脉理，医术超群，名噪江浙之间。著有《医理论》、《用药经纬便读》等书，惜未刊行。[见：《青浦县志》、《中国历代医家传录》（引《青浦后续诗传》）]

吴宝海 清代江苏上海县洋泾人。邑儿科名医吴朝翰子。绍承家学，亦业医。[见：《上海县志》]

吴宗岷 清代安徽歙县澄塘人。世医吴楚孙。咸丰间（1851～1861）曾校刊其祖父《宝命真诠》。[见：《中国历代医家传录》（引《珍医类目》）]

吴宗洙 明代人。生平里居未详。著有《痘法指南》二卷。今未见。[见：《中国历代医家传录》（引《红雨楼书目》）]

吴宗培 清代江苏青浦县人。邑痘科名医吴绍礼子。绍承父学，亦以医名世。[见：《青浦县志》]

吴宗焘 字菊舫。近代江苏武进县人。世医。从父吴召棠学，尽得家传。武昌起义时，移寓沪上。宗焘性颖悟，为人诚笃。每值病家就诊，不论病之深浅，必详审证状，慎重处方，判断安危毫发不爽，医名振于沪、锡之间。重医德，凡贫苦者不收诊金。生前所遗《医案》甚多，门人吴莲洲曾整理数十则，刊于《神州医报》。[见：《中国历代医史》]

吴宗硕 字彦文。清代安徽休宁县石岭人。精通《脉诀》，治病多奇效，知名于时。[见：《休宁县志》]

吴宗善 字达侯。清末江苏吴县人。生平未详。辑有《内经精要》八卷，刊刻于宣统间（1909～1911）。1980 年上海古籍书店复印此书，重刊于世。[见：《中医图书联合目录》]

吴宗骞 清代江苏武进县人。世医吴君棠子。绍承父学，精通医术。清末移寓上海，名震沪、锡之间。[见：《中国历代医家传录》]

吴宗潜 （约1607～1686）号东篱野人。明清间江苏吴江县震泽镇人。吴振远之弟。兄弟七人皆有才藻，宗潜与弟宗汉、宗泌尤知名。负经济才，清初乙酉、丙戌间（1645～1646），往来于南都、东浙，以图复明，数蹈危险。知事无成，归隐于乡。后十年，集文人墨客，建惊隐诗社，为友人诗集作序触忌讳，与当事者入狱，久之得释。后隐于医，名振于时。治病不问贵贱，而官吏召之必不往。临终之日，忽起坐曰："吾尚有诗债未了。"急呼孙，口授《挽沈介轩长歌》，烂漫数十韵，诗成，瞑目而逝，享寿七十八。著有《医案》及《惊隐篇》、《东篱野人诗草》，已佚。[见：《震泽县志》、《吴江县志续编》、《苏州府志》]

吴官贤 字仁康，晚号寿山。清代广东南海县九江乡梅圳人。祖、父皆能医。吴官贤绍承家业，设药肆于大范乡市，名噪一时。某人患闭口痢，日数百起，腹痛欲绝。吴氏诊曰："此热隔在胃。"为之疏方，一泻而愈。朱惠畴妻新产，胞衣不下，众医束手。吴氏后至，投药立下。素与历表乡彭和瑞友善，一日过其门，值彭氏沽酒归，谓吴曰："盍为我一诊近脉如何？"吴按其脉，遽惊曰："观子状殊健，何脉乃至此！"谓其子曰："而翁雀啄脉起，命在数日间耳，善备之。"是时彭氏饮食兼人，笑谓其谬。逾数日突患急证，数日而逝。吴氏素重医德，有求辄应，从不因诊金厚薄而异视。又仗义疏财，岁入千金，皆随手救济亲族，故家无余积。年八十一岁卒。[见：《南海县志》]

吴建钮 清代人。生平里居未详。著有《异传稀痘经验良方》一卷。该书国内未见，据丹波元胤《中国医籍考》，日本尚存传本。[见：《中国医籍考》、《中国医学人名志》]

吴承先 清代江苏高邮州人。精幼科，医术精湛。族侄吴见田，得其传授。[见：《续增高邮州志》]

吴承膏 字雨亭。清代湖北汉阳县人。幼习举业，工诗，屡试不售，援例入成均（国子监）。从太医院朱捷士游，尽得其传，活人无算。著有《吴氏医案》，行于世，今未见。还著有《桑榆诗集》，未梓。[见：《汉阳县志》]

吴绍礼 字尚凡。清代江苏青浦县人。精医术，擅治痘疹，以补法见长，为乾、嘉间（1736～1820）青浦名医。重医德，曾遇贫病者无力购参，绍礼乞取富家煎过之参，治愈贫儿痘证。富家求诊，不因其富而多索诊金。子吴宗培，袭承父学。[见：《青浦县志》]

吴绍康 （1849～1935）近代浙江兰溪县殿山芷芳岗前刘人。继承祖业，以医问世。擅长儿科，治痘疹良验，兼通妇科。[见：《兰溪市医学史略》]

吴绍裕 字益之。明代浙江仁和县人。世医吴邦宪子。继承父学，亦以医问世。[见：《仁和县志》]

吴春照 字迟卿，号子撰。清代浙江海宁县人。嘉庆戊辰（1808）进士吴乙照弟。深通小学，善校雠，撰文萧疏淡荡，如其为人。其家藏书数千卷，丹黄几遍。不得志于场屋，遂纵酒自娱，酒后清言，时见名理。暇则寄情绘画、操琴、布算、占卜诸艺。以豪饮得噎疾，卒。撰有《字说》、《汉书校勘记》等书。吴氏兼通医术，尝谓："痧瘰之名，于古无考。究其指归，亦不外乎伤寒瘟疫。"遂阐发其说，著《痧瘰辨证》若干卷，未见刊行。[见：《海昌备志》、《海宁县志》]

吴垣丰 字阳春。清代广东阳春县邑城人。乐善好施，精岐黄术。凡邻里贫病者，诊治不索酬，且施以药，人称菩萨心肠。嘉庆（1796～1820）末，参修县志，襄办公事，为县令所倚重。[见：《阳春县志》]

吴荣照 原名吴焱，号南合。清末广东增城县石滩人。少年丧父，事母以孝闻。天资聪颖，笃学能文，弱冠冇于庠。光绪五年己卯（1879）领乡荐。十五年（1889）以大挑二等选教职，署翁源县训导。后转儋州训导，寻授高明县教谕。先后司铎十余年，造就后学，勉尽人师之责。淳朴寡言，澹泊仕进，终其身以讲学课士为务。研经之余，旁及医学，疗疾时有奇效。尝综究医家诸书，参以己见，编《拯世锦囊》一帙，珍而藏之，以为家传秘钥，今未见。晚年解职家居，创设石滩崇实初等小学堂，旋任本县官立高等小学堂长。年六十五岁，卒于家。著有《榔阴寄笔》，梓行。子吴焕彬，传承其医学。[见:《增城县志》]

吴荫堂 （1880～1939） 号森森，世称回回堂先生。近代浙江兰溪县回回堂村人。初习举业，工诗文，擅书法。后弃儒习医，博览医经，兼读《十药神书》、《理虚元鉴》、《血证论》、《医林改错》诸书，深悟医理。早年悬壶兰溪，以内科知名。擅治血证、虚损诸疾，投药辄效，远近求治者甚众。撰有《吴荫堂血证脉案》，藏于家。[见:《兰溪市医学史略》]

吴南阳 字龙湾。明代山东东阿县人。本县诸生吴洞之子。幼习经史，兼精医术，为人诊脉，断生死不爽。一吏部郎赴京，舟经东阿，忽不能言语，饮食不进，但点首瞪目而已，诸医束手。南阳诊其脉，曰："先生无他病，中半夏毒耳。"复问，"嗜食何物?"其子答曰："素嗜鹨鸪鸟。"南阳曰："鹨鸪食半夏，此中半夏毒何疑?"令熬姜汁一盏，用茶匙入滚白水内，每钟入二匙饮之，汁尽而能言。部郎酬以五十金，辞曰："吾志在活人，非为利也。"著有《南阳活人书》一卷、《脉经图说》一卷，皆散佚。[见:《东阿县志》]

吴相明 一作胡相明，号调宇。清代安徽太平府溧水县人。生于世医之家。博学能诗，尤精祖业。病者云集，日诊数百人，皆奇效。年八十岁犹应诊不暇，数县之内，病者皆以得其一诊而无憾。毕生轻财好义，所得诊金皆以济人，殁之日，家无余积。著有《医案留解》（一作《医宗留解》），于医理多有神解，惜未见流传。按，《太平府志·艺文》作"吴相明"，《方伎》作"胡相明"，当系音近致误，今暂从《艺文》，待考。[见:《太平府志》]

吴树敏 清代湖南永定县人。贡生。兼精医术。凡延请，不论远近皆赴。以术济世，常施药以疗贫病。[见:《续修永定县志》]

吴树蕙 清代河北正定县人。善医术，尤精小儿科，所活甚众。年九十余而终。[见:《正定县志》]

吴显忠 字用良，号雪窗。明代安徽休宁县人。世代业儒，至显忠兼嗜岐黄，精通医

理。曾以利、温、和三法补张子和汗、吐、下三法，撰《医学权衡》若干卷，已佚。[见:《古今医统大全·历世圣贤名医姓氏》]

吴显宗 （1892～1976） 字棹仙。现代四川巴县人。儒医吴俊生子。幼承庭训习儒，兼读医书。光绪三十一年（1905）入重庆巴县医学堂，三年后毕业。是年，该校改名重庆官立医学校，复入师范班学习，成绩优秀。此后，又就学于重庆医学研究会公立医校、存仁医学校。1915年，重庆当局考核医生，赴试者二百零二人，吴氏名列第三，从此正式行医。1916年与同学集资开设双桂堂药店，与名医王恭甫轮流坐堂施诊。凡求治者，不取诊金，极贫者并赠以药，活人甚众。两年后药店因战乱倒闭，复悬壶于重庆国药馆、光华国药公司、永生堂药店等处。后从针灸名医许直初游，得子午流注、灵龟八法秘传，医道大进，声名日噪。吴氏先后创办国医药馆、国医传习所、重庆中医院、巴县国医学校、苏生国医院、重庆中华医学科学讲习所等，深受医界赞许。中华人民共和国成立之初，任教于重庆中医进修学校。后出任重庆市中医医院院长，成都中医学院医经教研组主任、针灸教研组主任等职，并先后被选为四川省第二届政协委员、四川省第三届人大代表。一九五五年出席政协会议，献《子午流注环周图》于毛泽东主席，受到嘉勉。吴氏治学严谨，重视实践，经验丰富，深通医理，尤长于经方，行医六十余年，屡起沉疴，为当代著名经方大家。著有《子午流注说难》、《医经生理学》、《医经病理学》、《灵枢经浅注》等书。医学之外，尚撰有《性灵集》、《养石斋诗稿》等。[见:《回忆吴棹仙老师》（《山东中医学院学报》1982年第3期）]

吴映川 清代四川巴中县人。精医术，治病多捷效。不妄索谢，以仁厚著称。年七十八岁卒。其子（佚名）继承父业。[见:《巴中县志》]

吴思泉 明代人。里居未详。御医院医官。万历间（1573～1619）知名京师。[见:《中国历代医家传录》（引《温热暑疫全书》）]

吴省三 字泉之。清代江苏南汇县人。辑有医学丛书《艺海珠尘》，该书收入《苏沈良方》、《一草亭目科全书》、《伤寒论翼》三种，今存嘉庆（1796～1820）南汇吴氏听彝堂刻本。[见:《中医图书联合目录》]

吴省庵 清代江西新城县人。生平未详。著有《医阐》若干卷，未见传世。[见:《江

西通志稿》]

吴钟祥 元明间金华府（今属浙江）人。精医术，擅疡科。悬壶三十年，济人甚多。同郡童冀，撰《赠医者序》，颂扬其事迹。[见：《金元医学人物》（引《尚纲斋集》）]

吴钦甫 （1912～1986）原名明。现代江苏昆山县陆家镇车塘村人。世医吴培生三子。十九岁从西古名医钱景虞学。两年后随兄襄诊。1934年悬壶于乡。1947年，经考试获中医资格证书。1956年组建车塘联合诊所，任主任。1958年10月，诊所并入菉葭公社卫生院，改任夏桥门诊部中医师。1976年3月任陆家中心卫生院中医科内科医师。1979年7月退休家居。临证近五十年，经验丰富，尤擅治风科诸疾，盛名历久不衰。[见：《昆山历代医家录》]

吴重憙 字仲怿。清代海丰（今山东无棣）人。生平未详。辑有《豫医双璧》二种，今存宣统元年己酉（1909）海丰吴氏梁园节署铅印本。[见：《中医图书联合目录》]

吴复古 字子野，号远游。北宋潮阳蓬州（今广东揭阳）人。父吴宗统，官翰林待制。复古以荫得皇宫教授。丁父母忧，庐墓三年，葺治园林，教养子弟。后谢妻子，筑庵，隐居潮阳（今潮安）之麻田山中。时出游四方，遍交公卿，然一无所求。每论出世法，以长生不死为余事，炼气服药为土苴。苏轼兄弟皆倾下之，问养生，对以"日安曰和"，且曰："邯郸之梦犹是难忘而归真，今子目见而身履之，亦可以悟矣。"及轼遇赦还，吴氏送至清远峡，患病，不服药，溘然而逝。尝著《养生论》一篇，今未见。[见：《揭阳县志》]

吴复珪 北宋人。里居未详。精医道，宋太祖时任太医院医官。淳化间（990～994）任太宗侍御医，与名医刘翰齐名。开宝六年（973），奉敕与尚药奉御刘翰，医官翟煦、张素，道士马志等编修《开宝新详定本草》二十卷。太平兴国七年（982），参与编辑《太平圣惠方》，书中收入吴氏所集医方。上二书对后世影响甚大。吴氏还著有《金匮指微诀》一卷，已佚。[见：《宋史·刘翰传》、《宋史·艺文志》、《崇文总目辑释》、《古今医统大全·历世圣贤名医姓氏》、《中医大辞典》]

吴俊生 近代四川巴县人。早年习儒，精通岐黄，以医著称。子吴显宗，为现代著名医家。[见：《回忆吴棹仙老师》（《山东中医学院学报》1982年第3期）]

吴勉学 字师古，又字肖愚。明代安徽歙县丰南人。博学多藏书，尝校刻经、史、子、集数百种，为明代著名出版家。辑校刊行医书甚多，主要有《诸病源候论》五十卷、《医说》十卷、《医学原理》十三卷、《百代医宗》十卷、《河间六书》、《丹溪心法》等，尤以所刻大型丛书《古今医统正脉全书》最为著名，该书收入《黄帝内经》等医学名著四十四种，刊于万历二十九年辛丑（1601），至今为学者所重。吴氏还曾编辑《师古斋汇聚简便单方》七卷、《痘疹大全》一卷，亦刊于世，今存。[见：《徽州府志》、《歙县志·士林》、《四库全书总目提要》、《中医图书联合目录》]

吴亮揆 清代江苏吴县人。名医叶桂（1666～1745）弟子。门生高梅，传承其术。[见：《临证指南医案·高序》]

吴彦德 明代湖北随州人。少业儒，不售，弃而习医，精其术。凡患疾者，大小咸诣其家，欣然疗之。遇贫困者，冻则与衣，饥则与食，乡人称为"笃行君子"。子吴旻，举于乡。[见：《德安府志》]

吴彦夔 号拙庵。南宋人。生平里居未详。辑有《传信适用方》二卷，刊于淳熙庚子（1180）。纪昀等《四库全书总目提要》曰："此本由宋椠影写，前后无序跋，所录皆经验之方，中有'八味圆问难'一条，尤深得制方之旨。其余各方，虽经后人选用，而采择未尽者尚多。末附'夏子益治奇疾方三十八道'。其书罕见单行之本，明李时珍《本草纲目》所载，疑或从此抄出也。"该书今有道光八年（1828）鲍氏刻本、光绪四年（1878）当归草堂刻本等，皆源出《四库全书》本。[见：《宋史·艺文志》、《直斋书录解题》、《四库全书总目提要》、《中医图书联合目录》]

吴闻野 清代江苏高淳县人。眼科名医吴汝静子。继承父学，以医名于乡里。[见：《高淳县志》]

吴炳贵 清代湖南宜章县人。生平未详。撰有医书《批注医案》，今未见。[见：《宜章县志》]

吴济民 明代江西金溪县人。名医龚廷贤门生。万历间（1573～1619）参校其师《云林神彀》。[见：《云林神彀》、《中国善本书提要》]

吴宣崇 字子存。清末广东吴川县人。早年习儒，举名经。兼精医理，于鼠疫证治尤有研究。辑有《治鼠疫法》。光绪十七年

436

(1891)，友人罗汝兰见此书而善之，遂予增订，易名《鼠疫汇编》，刊于光绪二十一年（1895）。后闽县郑奋扬再次重编，易名《鼠疫约编》，重刊于光绪二十三年，今存高州会馆刻本。[见：《鼠疫约编·序》、《中国历代医家传录》（引《粟香随笔》）、《中医图书联合目录》]

吴宫桂 号惠农酒民。清代福建闽侯县人。生平未详。辑有《洴澼百金方》十四卷，今存乾隆五十三年戊申（1788）榕城嘉鱼堂活字本。[见：《清史稿·艺文志》、《中医图书联合目录》]

吴祖肇 元代无锡县（今属江苏）梅里人。通医术，悬壶济世，知名于乡。天历间（1328～1329）避乱兰陵（即江苏武进），遂定居。子吴玘，传承父业。[见：《中国历代名医碑传集》（引夏言《明故诰封奉政大夫进阶朝列修政庶尹太医院院使吴公墓志铭》）]

吴贺恪 字澹圃。清代安徽宿松县人。溧阳儒学训导吴叶之子。博学嗜古，工吟咏，擅书法。随父居溧阳。后弃举业，以医术济人。著有《医学精蕴》，今未见。[见：《宿松县志》]

吴泰行 明末太仓县（今属江苏）人。以医为业。明末举家迁居昆山县。子吴元冲，业儒而精医，知名于时。[见：《昆山历代医家录》、《昆山新阳合志》、《昆新两县志》]

吴泰寰 明代安徽歙县徐村人。精医术，通内外科，知名乡里。同时有吴赓载，亦有名。[见：《歙县志》]

吴起甫 清代安徽歙县人。业医甚精。著有《家传痰火秘方》一卷，新安吴维周为之校正。[见：《新安名医考》]

吴都昶 清代人。生平里居未详。著有《幼科集要杂证治法》，今仅存抄本一帙，书藏上海中医药大学图书馆。[见：《中医图书联合目录》]

吴恭甫 宋元间开化县（今属浙江）人。世代业医，以儿科著称。与兄吴庆甫继承祖业，皆以医闻。子吴仲高，孙吴舜卿，俱精儿科。[见：《金元医学人物》（引《桐山老农集》）]

吴晋光 清代江苏吴县人。通医术。与同邑幼科名医王寿田合著《痘疹拟案》一卷，今未见。[见：《吴县志》]

吴振之 字又唐。清代湖北武昌县马二里人。诸生。善岐黄术，凡求诊者，虽夜深路远必赴，遇贫病给以药资。生平活人甚众，乡里德之。[见：《武昌县志》]

吴振民 明代浙江嘉善县人。太医院御医吴弘道孙，黄门给事吴继善子。吴氏世代工医，至振民益精，曾任平湖县医官。弟吴蒙吉，亦通医。[见：《嘉善县志》]

吴振先 清代河北天津人。精医术，屡愈奇疾。有医德，治病不索谢。[见：《天津府志》]

吴钱枚 字曰调。明代吴县（今江苏苏州）人。邑名医吴吕渭子。克绍父业，能起沉疴，遐迩赖之。[见：《吴县志》]

吴润川 清代四川长寿县人。性淳朴，精医术，挟技以济世。年八十一岁卒。[见：《长寿县志》]

吴家灿 号慎士。清代湖北汉阳县人。以医为业，求治者盈门，车无停轨。遇贫苦无力者，辄解囊济之，为世推重。后游京师，名噪一时。曾考授太医院医士。年七十六岁卒。[见：《汉阳县志》]

吴家棫 字翘生。清代江苏吴江县平望镇人。名医吴云纪子。随父徙居黎里镇，赁居蒯氏观稼楼二十余年。绍承父学，亦工医术。[见：《黎里续志》]

吴继川 明代安徽歙县徐村人。外科名医吴福仕幼子。继承父学，亦擅外科。[见：《歙县志》]

吴继轩 明代江西金溪县人。吴氏先祖自嘉靖间（1522～1566）以小儿医著称。传至吴继轩与兄吴少垣，皆有声于时。[见：《金溪县志》]

吴继善 明代浙江嘉善县人。太医院御医吴弘道子。曾任黄门给事。传承父学，亦精医术。子吴振民、吴蒙吉，以医知名。[见：《嘉善县志》]

吴继湘 清代安徽宿松县人。幼时体弱多病，群医以为不可治。稍长，研读《素问》、《难经》诸书，并取汉、唐以下各名家医著，手录而精研之，久之自愈其病。后以医术行世，凡遇难疗之症，必沉思以得其要，所治各病，多出时医意料。[见：《宿松县志》]

吴培生 （?～1930） 近代江苏昆山县车塘（今属陆家镇）人。世医昆山十一世孙。绍承祖业，总结前人十余世治风证经验，临证多佳效，四方求医者络绎不绝。有子四人，吴玉文、吴心完、吴钦甫、吴应刚，皆工家学。[见：《昆山历代医家录》]

吴培基 清代安徽黟县叶家湾人。幼科名医吴百祥孙，吴毓春子。与弟吴郁文绍承祖业，皆以幼科知名。[见:《黟县三志》]

吴梅玉 字景仁，号香岭。清代安徽婺源县人。初习举业，秋闱两荐未售。因养亲而精医，全活甚多。家境清贫，不苟取，遇贫者送诊施药。著有《医学源流》四卷，未见刊行。[见:《婺源县志》]

吴硕庵 清代江苏兴化县人。精医术，以内科知名。同邑江国膺、解上珍、李嵩山，皆为当时内科名家。[见:《兴化县志》]

吴雪香 清代震泽县（今江苏吴江县震泽镇）人。邑庠生。兼精医术，中年悬壶，审证精细，求治者盈门。[见:《冷庐医话》]

吴崇明 一作吴从明。字公亮。南宋仁和县（今浙江杭州）人。祖籍汴梁（今河南开封），宋南渡时徙居仁和。儿科名医范防御赘婿，改范姓。范防御之学得于徐防御，因无子，遂尽授崇明。崇明既得真传，遂以儿科名世。孙吴德诚，曾孙吴仁荣，五世孙吴观善，皆克传家学。按，吴氏子孙皆改范姓，至五世孙恢复本姓，今皆以本姓收载，不另立条目。[见:《仁和县志·吴观善》、《金元医学人物》]

吴笠山 清代人。生平里居未详。著有《吴笠山医案》一卷，成书于光绪二十八年壬寅（1902）。今存1921年曹峻明抄本。[见:《中医图书联合目录》]

吴敏叔 明代浙江兰溪县人。精医术。官医学训科，后征授太医院吏目，供奉御药房。[见:《兰溪市医学史略》]

吴敏修 字时宰。南宋人。里居未详。为宁宗时（1195～1224）国医。精医术，对《伤寒论》多有研究。撰有《伤寒辨疑论》（又作《伤寒类证辨疑》，今佚）一卷。开庆元年己未（1259），名儒许衡（1209～1281）为之作序，云："先朝国医吴敏修著《伤寒辨疑论》，实得仲景伤寒之要……尝谓医方有仲景，犹儒者有六经也。必有见于此，然后可与议医……今是书辨析疑似，类括药证，至发先贤之未发，悟后人之未悟。虽愚之不敏，一读且有开益，彼专门业医者，得是说而推之，所谓茫乎不可涯涘者，当了然矣。目曰辨疑，夫岂徒云!"[见:《医藏书目》、《中国医籍考》]

吴得夫 宋代人。生平里居未详。编《集验方》七卷，已佚。[见:《宋史·艺文志》]

吴得新 元代开化（今属浙江）人。世医吴舜卿子。绍承祖业，名重于时。处士鲁贞，年七十三岁，于夏月患喘疾。得新应邀往，断为痧症。先以绳刮疗，红点如沙；后以针刺指甲缝，出黑血。继服汤药而安。吴氏曾命其子（佚名）重刊曾祖吴庆甫《吴氏及幼方》，鲁贞为之序。此书已佚。[见:《金元医学人物》（引《桐山老农集》）]

吴惟仁 明代浙江兰溪县太平乡人。邑名医吴敬泉族人。淳厚有德，精医术，知名于时。[见:《兰溪县志》]

吴惟元 明代浙江兰溪县太平乡人。邑名医吴敬泉族人。淳厚有德，精医术，知名于时。[见:《兰溪县志》]

吴惟贞 一作维贞。明代浙江嘉兴人。生平未详。辑有《药性赋大全》十二卷、《家钞济世良方》七卷，刊于世。二书国内未见，曾流传日本。[见:《医藏书目》、《中国医籍考》、《浙江医籍考》]

吴焕彬 清代广东增城县石滩人。儒医吴荣照子。绍承父学，以医问世。[见:《增城县志》]

吴焕然 清代江苏江宁县人。生平未详。著有《曙沤九镜》，今未见。[见:《上元江宁两县志》]

吴尊熹 字闳源，号幔亭。清代江苏如皋县白蒲镇人。素羸弱，参苓芝术不离口，时人比之李百药。后弃儒习医，精其术，里中赖以全活者甚众。惜未及中寿而殁。[见:《白蒲镇志》]

吴尊夔 清代人。里居未详。为太医院医官。乾隆三十七年（1772）任《四库全书·子部·医家类》校勘官。[见:《四库全书》]

吴鸿銮 字棻园，号杏坡。近代江苏吴县人。庠生。善古文词，研究新医学。宣统二年（1910）加入中西医学研究会。[见:《吴中名医录》（引《中西医学报》）]

吴添梁 字肇周。清代湖南湘阴县人。从邑名医黄周育游，精其术。以行谊称于时。[见:《湘阴县图志》]

吴隐泉 明代福建人。生平里居未详。著有《医方约解》、《经验医案》，已佚。[见:《重纂福建通志》]

吴维周 号白鹤山人。清代安徽歙县人。生平未详。曾校正本县名医吴起甫《家传痰火秘方》一卷。此书未见流传。[见:《新安名医考》]

吴越人 （?～1944）近代江苏东台县人。家贫好学，笃志于医。早年从名医王先聘游，为师所器重。未几，能独立临诊，遂悬壶于乡，求治者踵至。行医数十年，无暇著述，唯《医话》、《临证验录》各数十则存世。［见：《江苏历代医人志》］

吴越继 清末人。生平里居未详。著有《白喉新编》一卷，今存光绪六年庚辰(1880)刻本。［见：《中医图书联合目录》］

吴朝翰 字南英。清代江苏上海县洋泾人。邑儿科名医吴志泰子。早年习举业，为监生。后亦业医。子吴宝海，袭承家学。［见：《上海县志》］

吴敬一 清代江西新城县人。精医术。曾治产后便泄，谓："虚寒而兼下陷，用补中益气汤加味。"应手取效。与名医沈又彭同时，曾会诊。［见：《中国历代医家传录》］

吴敬泉 明代浙江兰溪县太平乡人。精通医道，凡以疾延请，必先治贫者，赠药而不取资。若贫而居远乡，不能再请者，则察病之浅深，自初服至疾愈，按日立方，不爽毫末。黄公敏为之作传，称"仙风道骨，慧眼仁心，近今罕觏"。族人吴仰泉、吴惟仁、吴惟元，俱为名医，皆谨厚有余，世称泰人吴。［见：《兰溪县志》、《兰溪市医学史略》］

吴惠园 清代江苏常熟县人。祖籍安徽，先祖徙居常熟，遂家焉。以医为业。子吴章，孙吴景星，曾孙吴英，世以医名。［见：《吴中名医录》（引陶君仁《海虞医林丛话》）］

吴斐融 一作吴仲融，字仲山。清代江苏阳湖县人，居印墅。吴氏世代业医，专精外科，临证善用草药，有"吴草头"之称。吴斐融绍承家学，亦擅外科，凡痈疽巨毒，得膏药一帖，痛即止，求治者日不下百人。每临证，口占汤剂，手量刀圭，门生环立听命，依其指授。林则徐巡抚江苏，尝就诊于吴氏，获良效。江苏督学李小湖，亦慕名造访。一时医名大噪，与武进费伯雄（1800～1879）相伯仲。尝捐官，得二品衔。年八十余卒。著有《医案》若干卷，今存抄本，为常州戚墅堰医院何文伟医师所宝藏。［见：《江苏历代医人志》、《武进阳湖县志》、《武阳县志》、《冷庐医话》］

吴鼎铨 字六长，号逸樵。清代浙江淳安县人。诸生。嗜读兵书，兼攻医术，尤擅治疮疡，时称国手。其疗疾预言痊期，敷以膏剂，不爽晷刻。人以钱物酬之，不受，曰："吾以此活人，初不图阿堵物也。"中丞宋又希以奇士目之。著有《医案》二卷，传于世。此书国内未见，据

丹波元胤《中国医籍考》，日本尚存。［见：《淳安县志》、《中国医籍考》］

吴最良 字季常，自号眉公。清代浙江吴兴县人。贡生。通医理，明术数。著有《医学纂奇》四十卷，又有《医方正误》、《六壬汇纂》（术数之书）二种，今皆未见。［见：《吴兴县志》］

吴景玉 字子珍。近代辽宁义县人。幼习举业，后弃儒攻医，研究《伤寒论》、《金匮要略》诸书，临证多效验，名噪于时。民国初，义县创办医学研究会，时吴氏年届花甲，众医推举为医会科长。为开悟医会中后辈，吴氏整理所撰《伤寒论正解》（又作《伤寒论注解》）、《金匮要略（正解）》二稿，"编辑成书，以留研究会诸君参阅"。二书今未见。［见：《义县志》］

吴景范 字济亨。清代江苏江阴县人。精医术，所治多奇验。学使王以衔赠以"春满上池"匾额，周系英赠以"得仓扁传洞明五内，精岐黄术名满三吴"联句。［见：《江阴县志》］

吴景贤 隋代人。生平里居未详。精医术，曾服役军中，为将军麦铁杖治疗黄病。据《隋书·经籍志》载，吴景贤著《诸病源候论》五卷（《旧唐书·经籍志》作"五十卷"）。按，今本《诸病源候论》历来题"隋巢元方撰"，故清纪昀等《四库全书总目提要》曰："《巢氏诸病源候论》五十卷，隋大业间（605～617），太医博士巢元方等奉诏撰。考《隋书·经籍志》有《诸病源候论》五卷，目一卷，吴景贤撰；《旧唐书·经籍志》有《诸病源候论》五十卷，吴景撰。皆不言巢氏书。《宋史·艺文志》有巢元方《巢氏诸病源候论》五十卷，又无吴氏书。惟《新唐书·艺文志》二书并载，书名卷数相同。不应如是之相复，疑当时本属官书，元方与景，一为监修，一为编撰，故或题景名，或题元方名，实止一书，《新唐书》偶然重出。观晁公武《读书志》，称隋巢元方等撰，足证旧本所列不止一名。然则《隋志》吴景作吴景贤，贤或监字之误。其作五卷，亦当脱一'十'字。如止五卷，不应目录有一卷矣。"［见：《隋书·经籍志》、《隋书·麦铁杖传》、《北史·麦铁杖传》、《旧唐书·经籍志》、《新唐书·艺文志》、《国史经籍志》］

吴景星 （1848～1896）字学如。清末江苏常熟县人。祖籍安徽，先祖徙居常熟，遂家焉。祖父吴惠园，父吴章，皆业医。景星秉承家学，复从常熟董浜名医徐小斋学，尽得其传而归，悬壶城北通江桥。精内外两科，求治者背负手携，舟楫塞途，名噪于时。心怀济利，治病

不计酬报，诊毕，任患者量力自投于小箩筐。时翁同龢（1830～1904）罢官归里，偶患小恙，每延请诊治，故声望益隆。翁氏手札有称"吴医"者，即吴景星。[见：《吴中名医录》（引陶君仁《海虞医林丛话》及吴韵玉、储维明、褚玄仁稿）]

吴景渡 清代安徽歙县昌溪人。父吴铉瑞，以乐善好施著称乡里。景渡通医理，饶有父风。乾隆五十七年（1792）南乡大荒，里中疫作，景渡奉父命广蓄良药，沿门布施，全活甚众。[见：《歙县志》]

吴景隆 号梅窗居士。明代人。里居未详。幼习举业，不利于科场，弃儒学医。曾取各家之长，著《脉证传授心法》一卷，序刊于弘治壬子（1492）。此书国内未见，曾流传日本。[见：《中国医籍考》]

吴景澄 （1824～?）号小舫，又号晓舫。清代河南潢川县人。邑庠生。弃儒习医，师承家技。同治四年（1865）获《青囊纂要》（旧题华佗撰），临证依方试之，有佳效。后合以陈士铎《石室秘录》，辑《秘录青囊合纂》六册，成于光绪四年（1878）。今存1926年抄本六册。[见：《河南省潢川县发现清代医著〈秘录青囊合纂〉抄本》（《中华医史杂志》1986年第1期）]

吴晴川 明代安徽歙县徐村人。外科名医吴福仕次子。继承父学，亦擅外科。[见：《歙县志》]

吴集五 清代江西广丰县人。精医术，延治者甚众。每出诊，自负药囊，凡贫不能购药者，出丸治之，未尝计酬。[见：《广丰县志》]

吴舜卿 元初开化（今属浙江）人。儿科世医吴仲高子。绍承家学，亦以医名。子吴得新，继承父学。[见：《金元医学人物》（引《桐山老农集》）]

吴赓扬 号也述。清代安徽婺源县赋春人。附贡生。少年丧父，事母尽孝。有感范文正"不为良相，当为良医"之语，遂兼通医术。县令杨明园，雅重其才，订莫逆交。著有《医考》四卷，未见传世。[见：《婺源县志》]

吴赓载 明代安徽歙县徐村人。精医术，通内外科，知名乡里。同时有吴泰寰，亦有名。[见：《歙县志》]

吴道中 元代人。里居未详。名医吴伯春子。绍承父学，亦以医术知名。黄枢内弟汪伯会患重疾，延请吴伯春诊治，伯春遣道中赴诊，投药一剂，起死回生。黄枢赠诗曰："吴公有阴德，卖药似韩康。虎守林中杏，龙传海上方。

日长书满屋，岁歉谷盈仓。家学尤精妙，郎君玉树长。"[见：《金元医学人物》（引《后圃集·赠吴伯春子道中》）]

吴道心 字世孚，号慎庵。清代江西鄱阳县十七都人。邑诸生。素好养性，举动不苟。尝值暴雨将至，疾趋数步，旋自悔，复转回趋处，徐行而归。著有《天人理气图例》，未见刊行。[见：《鄱阳县志》]

吴道昌 字西河，号默泉。明代山东宁阳县人。博学能文。嘉靖间（1522～1566），由岁贡授蒲州判，不久，改判邓州，迁安塞知县。著有《养生论》、《默泉诗文稿》，藏于家。[见：《宁阳县志》]

吴道淳 字味先。清初江苏通州（今南通）人。邑名医吴晋子。弱冠入州学。后传承父业，医术益精。康熙间（1662～1722）游于京师，授太医。尝随军出征楚北，凡营中患疾者，投以膏丸立愈。以军功授荆州同知，赐名"天选"。甫就职，旋即告归，以医济世。子孙传其业。[见：《直隶通州志》]

吴道隆 字奉泉。明间江苏昆山县车塘（今属陆家镇）人。先世本浙江籍，王姓。明万历间（1573～1619），其父王默随祖父王彭迁居昆山车塘。时有名医吴橘泉，抚默为子，故改吴姓。橘泉通医，擅治疯疾，传术于默，默传道隆。道隆术益精，病者不远千里就治，名重于时。子吴傃，绍承家学。[见：《昆新两县续修合志》]

吴道源 字本立。清代江苏常熟县梅李镇人。幼习举业，兼攻岐黄。历试不中，遂以方技问世。行医数十年，有名乡邑。著有《痢症汇参》十卷、《女科切要》八卷，皆刊于乾隆癸巳（1773）。[见：《痢症汇参·序》、《贩书偶记》、《常昭合志》、《中医图书联合目录》]

吴温夫 明初浙江余姚县人。与周原启、骆则诚、骆则敬，皆为名医滑寿入室弟子。诸人尽得师传，俱以医名。[见：《余姚县志》、《中国历代名医碑传集》]

吴渭山 佚其名（字渭山）。清代浙江平湖县人。精岐黄术，有名乡里。[见：《平湖县志》]

吴谦如 清代顺天府宛平县（今北京卢沟桥镇）人。生平未详。撰有《伤寒神秘精粹录》，曾有嘉庆间（1796～1820）稿本传世。[见：《贩书偶记续编》]

吴巽榕 字吟香。清代浙江湖州人。精医术，以儿科、推拿知名。[见：《湖州府志》]

吴蓬莱 清代河南濮阳人。精医术，以善治伤寒著称。撰有《仲景存真集》二卷，成书于同治甲子（1864），刊刻于世。[见：《中医图书联合目录》]

吴蒙吉 明代浙江嘉善县人。太医院御医吴弘道孙，黄门给事吴继善子。吴氏世代精医，蒙吉继承家学，以医为业。兄吴振民，为平湖县医官。[见：《嘉善县志》]

吴嗣宗 唐初人。里居未详。精医术，曾任太子药藏监。显庆二年（657），奉敕与李勣、于志宁、许敬宗、苏敬等二十四人编《新修本草》五十四卷，成书于显庆四年（详"李勣"条）。[见：《新唐书·艺文志》]

吴嗣昌 字懋先。明清间浙江仁和县人。世以医显，至嗣昌别有会悟，名噪于时。明末世乱，浙江大疫，嗣昌挟术救治，辨证制方，全活甚众。浙江总督赵清献患危疾，嗣昌力排众议，投冰水而愈，赵敬之若神。吴氏晚年失明，隐居于河渚。著有《伤寒正宗》、《医学慧业》、《伤寒心汇》等书，均佚。康熙（1662～1722）初，钱塘张志聪为诸医之冠，筑侣山堂，集合同道及门生，讲学、著述于其中，吴嗣昌参与其事。康熙十一年（1672），诸医合撰《黄帝内经灵枢集注》九卷，刊刻于世，吴嗣昌为该书第四卷主笔。门人宋尔珏、潘锡祉，传承吴氏之学。[见：《仁和县志》、《杭州府志》、《浙江通志》、《续纂浙江通志》]

吴嵩山 字桂芬。清代浙江吴兴县人。精医术，知名乡里。[见：《吴兴县志》]

吴锡光 字寿臣。清末人。生平里居未详。曾任太医院七品吏目。[见：《太医院志·同寅录》]

吴锡纶 字霁亭。清代江苏江阴县人。邑名医吴渊孙。性耿介，工诗，擅书法，亦精医学。[见：《江阴县续志》]

吴锡明 字月川。清末人。生平里居未详。曾任太医院候补医士。[见：《太医院志·同寅录》]

吴锡玲 字蓝庄。清代四川西昌县樟木乡人。幼习举业，弱冠后究心医道，久之精其术，名著四乡，邻邑慕名延诊者络绎不绝。宁远知府唐翼祖、建昌总兵向殿魁，皆推重之。年逾七十岁卒。著有《医圣合璧》十六卷（包括《伤寒论注》六卷、《金匮注》七卷、《脉经注》三卷）、《吴氏医案》若干卷，未见传世。[见：《西昌县志》]

吴锡璜 （1872～1950）字瑞甫，号黼堂。近代福建同安县人。早年习儒，光绪间（1875～1908）中举人，授广西候补知县。后以清廷腐败，弃官就医。吴氏七世祖吴拗吉，精通医道，历代相传，未尝中绝。锡璜初受其父吴筼谷之教，复学麻、痘两科于大田杨氏，先后师从多人。技成，悬壶厦门，屡起沉疴，名震遐迩。临诊慎于辨证，论治果决，人称"心热胆坚"。1931年，不顾当局禁设中医学校之令，创办厦门国医传习所，继而建立厦门国医学校，所收学员遍及海内外。1938年，日寇侵占厦门，胁迫吴锡璜出任维持会长，不为所屈，远避新加坡，爱国之举深为国人敬佩。生平著述甚富，计有《中西温热串解》、《删补中风论》、《新订奇验喉症明辨》、《中西脉学讲义》、《评注陈无择三因方》、《校正圣济总录》、《四时感证》、《伤寒纲要》、《诊断学》、《卫生学》等。[见：《同安县志》、《中医年鉴》（1983）、《吴瑞甫与伤寒纲要》《新中医》1984年第1期）]

吴锡灏 字杏村。清代江苏上海县人，居龙华。邑痘科名医吴省三之子。锡灏克传父业，亦以医术知名。性好善，上海夏疫流行，曾设"施医局"于漕河庙，全活甚众。[见：《上海县志》]

吴溶堂 字宁澜。清代江苏阳湖县人。生平未详。著有《保婴易知录》二卷，今存嘉庆十七年壬申（1812）汪和鼎刻本。还撰有《宜麟策续编》一卷，今未见。[见：《贩书偶记续编》、《中国历代医家传录》]

吴福仕 元末歙县（今安徽歙县）徐村人。精医术，以外科知名。子吴静川、吴晴川、吴继川，皆以医闻。吴氏自元至明，世擅外科。[见：《歙县志》]

吴静川 明代安徽歙县徐村人。外科名医吴福仕长子。继承父学，亦擅外科。[见：《歙县志》]

吴嘉训 明代浙江分水县人。邑名医吴嘉言弟。得兄传授，亦以医术著称。[见：《分水县志》]

吴嘉会 清代江苏山阳县人。名医吴瑭侄。得瑭传授，亦业医。曾参校吴瑭《温病条辨》。[见：《温病条辨》]

吴嘉言 （1507～?）字梅坡。明代浙江分水县人。世以医名，至嘉言深悟《素问》、《难经》诸典，有当世名医之誉。曾征入太医院，授太医院吏目。礼部尚书潘晨、祭酒余有丁皆有

七画

题赠。当道官吏为建三世名医坊，以表彰之。万历己卯（1579），大司马凌公病脾胃，嘉言治而愈之。凌氏索其家传经验方，欲捐俸梓行，以广其传。嘉言遂撰《医经会元》十卷，刊于万历庚辰（1580）。还著有《医学统宗》三卷、《针灸元枢》二卷，未见刊世。其弟吴嘉训，子吴学易，亦以医知名，有"吴门扁鹊"之誉。［见：《分水县志》、《严州府志》、《医经会元·自序》、《天一阁书目》]

吴嘉祥 字志成。清末浙江衢县人。性好施与，乐善不倦。尝改筑吾平堰，创保婴局，建麻坝桥，修德平坝，办诚意小学校，凡劝募积谷，无不尽力图之。尤精于医，善治眼科，远道求诊者踵至，不取药资，借以济世也。道台邹仁溥旌以"乐善家风"，县令徐懋简旌以"一乡善士"。年八十岁卒。撰有《眼科新新集》二卷，刊于光绪三十一年（1905），今存。还撰有《痘疹撮要》一卷，未见流传（今安徽省图书馆有无名氏《痘疹撮要》抄本，或即此书，待考）。吴氏有子五人，长子吴瑞，举孝廉方正；次子吴璋，为庠生。［见：《衢县志》、《重修浙江通志稿》、《中医图书联合目录》]

吴嘉善 号恒春。明末安徽合肥县人。事母以孝闻。通岐黄术。崇祯十三至十四年（1640～1641）大疫，服吴氏方者皆愈，有司礼请乡饮。年九十三岁卒。［见：《合肥县志》]

吴嘉德 字藕汀。清代浙江钱塘人。生平未详。著有《保赤辑要》（又作《保赤篇》）二卷，刊于世。今存道光间（1821～1580）刻本，书藏上海中医药大学图书馆。［见：《中国丛书综录》、《中医图书联合目录》]

吴毓昌 字玉涵。明末浙江钱塘县人。太学生，曾任内阁中书。重然诺，能济人之急。当国家危难之时，无所附丽，人皆贤之。善岐黄术，施济甚多。撰有《重订本草纲目》二十卷，已佚。子吴尧善，事迹不详。婿尚绷（？～1679），得其传授，以医术知名。［见：《浙江通志》、《杭州府志》、《钱塘县志》]

吴毓春 清代安徽黟县叶家湾人。幼科名医吴百祥子。绍承父业，亦精幼科。子吴培基，传其术。［见：《新安名医考·吴百祥》]

吴毓嘉 明代江西湖口县人。生平未详。辑有《经验良方》，已佚。［见：《湖口县志》]

吴端甫 （1811～?）　字章侯。清代安徽歙县人。通医理。曾编辑《攒花易简良方》，历时五载，成书于咸丰二年壬子（1852），

时吴氏年四十二岁。惜此书未见传世。［见：《冷庐医话》]

吴墨农 清代广东南海县人。素业儒，兼通岐黄。侍郎李文田赐及第初归，遭时疫。墨农雅重其人，亟往治之，病立已。文田亦知医，谈相合，契益深。咸丰庚申（1860）之变，太常龙元僖告假南旋，抑郁致疾，久不起，慕名延请吴氏。诊视毕，曰："此肝病也。前医投以补剂，误矣。"依法拟方，寻愈。遂留其家经年。龙氏富藏书，医书尤备，吴氏得肆意浏览，凡各家著述及医案，靡不融会贯通，受益良多。后来求医者众，辞归，设馆于佛山。吴氏治病，以审证为主，对证用药，味数不多，又皆通行品，服者辄效，咸乐其便。药肆腾议，谓："吴先生药不值一钱，非国手所为。"墨农曰："药在对证，奚取多且贵乎？今服吾药者皆效，他且勿管，吾岂能为他辈所用哉！"平生爱才，遇知名寒士，辄却诊金，病急则亲至其家，舍车徒步无所吝。于同道中自高声价，藉医牟利者，恒鄙之。在佛山十余年，活人不可胜计。［见：《南海忠义乡志》]

吴德汉 字宗海，又字为章，号南溪。清代湖南宜章县人。早年习儒，举乾隆二十一年丙子（1756）乡试，官善化县教谕，兼课岳麓、城南两书院。博览群书，旁通医术，远近延请者踵相接，所至必获奇效。重医德，其贫乏无力购药者，则解囊济之，全活甚众。热心公益，本邑学宫、考棚、书院东塔、奎星阁、洞庭祠、两学署，皆其倡建。洁己奉公，乡里莫不推服。辑有《医理辑要》十三卷，又撰《类经要语》一卷，列于卷首，翰林院庶吉士刘宗珮、大学士刘权之为之作序，刊刻于乾隆壬午（1762），今存。［见：《宜章县志》、《直隶郴州总志》、《贩书偶记续编》、《中医图书联合目录》]

吴德初 明代福建安溪县人。幼习举业，兼精岐黄，以儒医名世。尝有幼童出痘，死竟日，吴氏投药而苏，世人异之。重医德，广济救人，并不求偿。卒后，遗方皆散佚，论者惜之。［见：《安溪县志》]

吴德诚 改名范德诚。元明间浙江仁和县人。祖籍汴梁（今河南开封），宋南渡时徙居仁和。其祖父吴崇明，为名医范防御赘婿，改范姓，精儿科。德诚绍传祖父之学，亦以医术著称。子吴仁荣，传承家学。［见：《仁和县志·吴观善》、《金元医学人物》]

吴德新 元初开化县（今属浙江）人。儿科世医吴仲高孙，吴舜卿子。绍承家学，

亦工医术。其祖父撰有《吴氏及幼方》，刊刻于世。至德新时，书版毁于战乱，遂命子（佚名）重辑刊行。处士鲁贞为之作序。惜此书散佚不传。[见：《金元医学人物》（引《桐山老农集》）]

吴德熙 字群洪。清代安徽休宁县人。生平未详。辑有《食物本草》，今未见。[见：《新安名医考》]

吴德濂 字莲甫。清代四川达县人。少颖异。贵州苗乱，与兄吴潜甫守遵义有功，晋秩游击，弃之而归。曾得太医院秘本，精研医学，所治多效，遂以医鸣。著有《医学证治表解》二十二卷、《本草药性真治》二卷、《脉诀要旨》一卷，行于世，今皆未见。[见：《达县志》]

吴履中 号竹田。清代江苏高邮州人。邑庠生。性洒脱，与世无争。善丹青，一丘一壑自辟蹊径，识者称画家逸品。又精医道，晚年以医术济人，亦负盛名。年八十四岁卒。[见：《高邮州志》]

吴橘泉 明代昆山县（今属江苏）车塘（今属陆家镇）人。早年得秘传医术，擅治风证，治辄神验，遂以医鸣。万历间（1573～1619），收养浙江王彭幼子王默，改名吴默，以其术尽授之。吴氏子孙多以风科知名，始自吴橘泉。[见：《昆新两县志》、《昆新两县续修合志》、《昆山历代医家录》]

吴羲坤 字太元。明代吴县（今江苏苏州）人。精医术，善治疫症。崇祯（1628～1644）末，疫疠流行，吴氏施术疗救，多所全活。[见：《苏州府志》]

吴辨夫 金代东平（今属山东）人。幼失父母，年十七，尚医王继先授以医，又以为赘婿。贞祐二年（1214），金迁都汴梁，吴氏充侍药局药童。正大元年（1224）升任太医院掌药，寻任皇太后医正局掌药。累官怀远大将军。天兴元年（1232），元兵破汴梁，吴氏遂归乡，以医为业。后任元总管府医工都管勾。[见：《金元医学人物》（引《遗山先生文集·尚药吴辨夫寿冢记》）]

吴懋谦 明清间江苏华亭县人。邑名医吴中秀子。能读家藏医书，工岐黄之学，继承父业。[见：《松江府志》]

吴翼文 清代人。生平里居未详。名医叶桂（1666～1745）门生。[见：《临证指南医案·泄泻·蒋式玉注》]

吴麟书 （1786～1860） 字耀寰。清代江苏苏州人。居桃花坞。业医，凡贫病来诊，俱不受谢。庚申年，殁于战乱。[见：《吴县志》]

员

员从云 清代人。生平里居未详。著有《产科一得》，今存清代抄本，书藏上海图书馆。[见：《中医图书联合目录》]

时

时贤 唐代人。生平里居未详。曾任翰林学士。撰有《产经》二卷，已佚，其部分内容散见于宋郑汝明《胎产真经》。[见：《观聚方要补·采书目》、《中医大辞典》]

时世瑞 字静山。清代江苏太仓州人。业疡医。著有《疡科捷径》三卷，今存道光十一年辛卯（1831）刻本。[见：《太仓州志》、《中医图书联合目录》]

时用思 字复庵。明代浙江义乌县人。名医朱震亨外孙。传承震亨之学，以医著称。曾游学于吴，潘赟（1409～1454）、张用谦、浦尹平、吴仲高、丁定瑞等拜入门下，用思以丹溪正学授之。诸门生既得其传，乃辑《摘玄方论》（又作《医方摘玄》）二十卷，大行于时。今中国中医科学院图书馆藏《丹溪摘玄》二十卷（共两部），不著撰人姓名，为万历间（1573～1619）手抄本，疑即此书，待考。[见：《无锡县志》、《中国历代名医碑传集》（引秦夔《五峰遗稿·尚古处士潘君墓碣铭》）]

时立山 字静函。清代江苏沛县狄庄人。增贡生。敦品力学，精岐黄术，一时推为名医。常曰："医者寄人死生，审证立方，当慎之又慎！"著有《脉方辨证》数卷，今未见。[见：《沛县志》]

时光斗 字映奎。清代河南长葛县城西南时庄人。精医术，以喉科知名。[见：《长葛县志》]

时连茹 清代山东潍县人。徙居临沂县。武庠生。善属文，兼精医术。嘉庆（1796～1820）初，充任沂州营马兵，随军征西蜀，兵败，逃入山中。其地杳无人迹，忽遇异人，貌若五十余者，指示草木之实，使啖之，得不死。日久，又以医术授之。一日谓连茹曰："子非此中人也。今川省已平，即可作归计矣。"乃授方遣出。至省，值督帅病，连茹自荐，应手而愈。督师感之，授以官，迁至守备。后弃职归乡，设药肆而隐于医。其术与时医大异，然治则奇效。一人患痘，已危，连茹令埋雪中，须臾，热气蒸腾而愈。有九十老人病，垂毙，连茹命于床前烹各种食物，病者嗅其气渐苏，略进饮食，数日竟愈。其奇异多类此。然性殊怪异，不轻施治。生平著书数十种，临殁悉焚之，曰："后人不善用，贻害无穷也！"有《痘疹治略》二卷，为友人抄存，今未见。[见：《临沂县志》]

时孟阳 明代山东人。生平里居未详。精医术，曾任医官。隆庆壬申（1572），重校《证类本草》，凡药性之有禁忌者增注之，可省可用，或不可多用者，更详补之。[见：《中国历代医家传录》（引《证类本草·傅希挚序》）]

时逸人 （1896～1966） 现代江苏无锡人。民国初徙居镇江。自学成才，少年时即蜚声医林。1928年创江左国医讲习所于沪上。次年，应山西中医改进研究会之聘赴晋，任理事，主编《山南医学杂志》，兼医学专门学校教授。抗日战争爆发，避乱于武汉、重庆、上海等地，行医之外，主编上海《复兴中医杂志》，并创办上海复兴中医专科学校。1941年，日寇占领租界，时氏再返山西，行医谋生。1948年，应施今墨之邀主持南京首都中医院。中华人民共和国成立后，任教南京中医进修学校、江苏省中医学校。1955年应卫生部之聘赴京，任中医研究院西苑医院内科主任。1961年派赴宁夏，任自治区医院中医科主任，兼宁夏医药卫生学会副会长。1966年病逝于南京。时氏主张融贯古今，中西汇通，创立新医学。毕生致力于中医学，对临床及医学教育多有贡献。著述甚富，今存者有《时氏内经学》、《时氏生理学》、《时氏病理学》、《时氏诊断学》、《中国药物学》、《时氏处方学》、《温病全书》（沈啸谷改编）、《中国时令病学》、《中医伤寒与温病》、《中国急性传染病学》、《中国传染病学》、《中国内科病学》、《中国妇科病学》、《中国儿科病学》、《时氏麻疹病学》等十余种。[见：《江苏历代医人志》、《中医图书联合目录》]

时德元 金代人。里居未详。精医术，曾任太医判官。承安六年（1201），西夏王赵纯佑母病风，求医于金，金遣太医判官时德元、王利贞往治。[见：《金史·西夏传》]

旷

旷南 字懋祥。明代江西永新县人。邑名医旷处良后裔。绍承祖业，亦以医术名世。著有《已试便方》四卷，已佚。[见：《医藏书目》、《永新县志》]

旷世儒 字秉和。明代江西永新县人。邑名医旷处良曾孙。绍承家学，亦业医，名

噪于世。当时有旷景儒，精星命之术，皆为士大夫所礼重，故时谚曰"命非景儒不谈，药非世儒不服"。后世子孙多以医术知名。[见：《永新县志》、《吉安府志》]

旷处良 字易直。元初江西永新县人。少习举业，后从庐陵名医王平游，复博览《素问》、《灵枢》诸经，深究阴阳五行之理，广集古来名医方论，久之以医名世。曾应同郡邹元标诸名卿之请，任职京师，宣讲医学。著有《旷氏家钞》、《医鉴要删》等书，今皆散佚。曾孙旷世儒，医名益显。其后裔旷南、旷建伾、旷建佶、旷建河、旷伟业等，相继以儒医闻世。[见：《永新县志》、《吉安府志·王东野传》]

旷伟业 明代江西永新县人。邑名医旷处良裔孙。业儒而精医。善承先业，精医术，官医学训科。[见：《永新县志》]

旷建伾 明代江西永新县人。邑名医旷处良裔孙。儒生。善承先业，兼精医术，以儒医知名。[见：《永新县志》]

旷建佶 明代江西永新县人。邑名医旷处良裔孙。儒生。善承先业，兼精医术，以儒医知名。[见：《永新县志》]

旷建河 明代江西永新县人。邑名医旷处良裔孙。业儒而精医。善承先业，精医术，官医学训科。[见：《永新县志》]

旷葵生 清代湖南衡山县人。庠生。事亲尽孝，委曲承欢。兼通岐黄，以医药济人，不计诊酬。[见：《衡山县志》]

旸

旸谷 明代人。生平里居未详。著有《痘疹》一卷，已佚。[见：《医藏书目》]

岐

岐伯 一作歧伯，又称岐天师。相传为上古黄帝之臣，精通医药。据载，黄帝曾与岐伯、伯高、少俞诸臣讨论医药，"上穷天纪，下极地理，远取诸物，近取诸身，更相问难，垂法以福后世"。此说乃后人附会之辞，而后世称中医学为"岐黄之术"、"轩岐之术"，盖源于此。后世托名岐伯所著之书有《岐伯经》十卷、《岐伯灸经》一卷、《岐伯精藏论》一卷，均佚。现存最早之医典《黄帝内经》（包括《素问》、《灵枢》各九卷），多载黄帝、岐伯问答之词，据考证，为战国至汉代医家所依托。明朝嘉靖间，京师三皇庙定为先医庙，"天师岐伯"等十五人祀于东庑，皆西向。

[见：《帝王世纪》、《黄帝内经·素问》、《太平御览·方术部》、《医学入门·历代医学姓氏》、《历代名医蒙求》、《隋书·经籍志》、《新唐书·艺文志》、《国史经籍志》、《中国医学大辞典》]

岑

岑国福 清代四川名山县人。与伤科名医张一真相友善，曾辑录张氏平生应验方药，辑《岐黄一得》。今未见。[见：《名山县志》]

秀

秀耀春 清末人。生平里居未详。著有《救人良方》一卷，今存光绪辛卯（1891）青州刻本。[见：《中医图书联合目录》]

何

何广 字毅中，号诚斋。明代松江府人。世医何士方次子。精医学，曾任太医院医士。[见：《何氏八百年医学》]

何飞 （1268～1329）字德明。宋元间丹徒县（今属江苏）人。何易宇孙。精通幼科，诊视如神。著有《慈幼论》，因以"慈幼"名其堂，惜其书已佚。子何水，亦通医理，为至顺元年（1330）进士，曾任洛阳知县。[见：《丹徒县志》、《何氏八百年医学》]

何升 （1421～1489）字仲昭，号思杏。明代丹徒县（今属江苏）人。世医何俊长子。德行文章，均为乡里推重，尤擅医名。孙何汝亨，裔孙何玉、何桢、何国柱，皆绍承家学。[见：《何氏八百年医学》]

何仁 （1334～1372）字希颜。元明间昆山县（今属江苏）人。本邑外科名医何天佑子。幼承家学，淬厉不息，取《素问》、《难经》以下诸书，熟读研思，故兼通内外科。及悬壶，每著良效，有众医所不及者。重医德，见人之疾，如在己身，病愈不居功，亦不求报，全活者甚众。尝谓："为医者，当半积阴德半养生可也。"故人皆敬重之。为人坦诚，性孝友，善与人交，平居好读史书，画竹石以自适，澹然无他好。洪武五年四月患微疾，因他人讼事受牵连，系于京狱。及事白，病剧，是年十月九日殁于逆旅，年仅三十九岁，乡人皆扼腕叹惜。子何增，事迹不详。[见：《中国历代名医碑传集》（引殷奎《强斋集·故处士何希颜墓志铭》）]

何介 字介民。明代安徽休宁县后田人。平素廉介自好，博览经史，深于《易经》。嗜医学，精通《灵枢》、《素问》诸典。著有《医易》、《事亲精要》、《素言录》、《易原》等书，今未见。[见：《休宁碎事》]

何凤 （1250～1327）字天仪，号遁山。宋元间兰溪县（今属浙江）人。南宋史馆校勘何基侄。仪态丰美，博学多才，尤精医理。宋亡，绝意仕途，以医为业。凡以病延请，不避风雨寒暑，不分富贵贫贱，有求辄应，遇贫者不取酬，名重于时。元贞元年（1295），荐授婺州（今浙江金华）医学教授，转江西医学提举。年七十八岁殁。金华许谦赋诗挽之，有"曾分上池水，遗受在人间"之句，胡翰为之志墓。[见：《泾县志》、《中国人名大辞典》、《金元医学人物》（引《胡仲子集·何遁山墓志铭》）]

何水 （1295～1357）字思洁，号静轩。元代丹徒县（今属江苏）人。世医何飞子。至顺元年（1330）进士，授河南洛阳知县，以廉惠称。何氏兼精医学，在任时疾疫盛行，施药救治，全活者数万。至元间（1335～1340）政乱，知天下将多故，遂致仕归。市药于镇江，累征不出。子何禄元，以医知名。[见：《何氏八百年医学》、《镇江府志》、《丹徒县志》]

何玉 （1726～?）字琢庵，号佩夫。清代江苏丹徒县人。世医何升九世孙。继承家学，亦业医。[见：《何氏八百年医学》]

何仪 （1394～1489）字孟敏，号敬轩。明代丹徒县（今属江苏）人。世医何渊次子。幼年随父居南京，遂定居焉。继承父学，亦精医理，曾任太医院使，例授奉政大夫。长子何景，为太医院医士。[见：《何氏八百年医学》]

何弘 明初华亭县（今属江苏）人。世医何士芳长子。与弟何广，绍承家学，皆精医术。[见：《何氏八百年医学》、《中国历代医家传录》]

何光 字约明。近代广东大埔县人。四世业医，其先世或游惠阳，或至福建，常收集先贤遗著。何光继承家学，为"三三医社"成员。1922年检先人遗箧，得破头黄真人《喉科秘诀》二卷（宫兰翁、姜白石传述），爱加编录，列方十数首，又述二十余种喉风病之诊治法，刊入《三三医书》。[见：《中医人物辞典》]

何全 （1409～1474）字廷用，号翠谷。明代华亭县（今上海松江）人。太医院副使何严长子。幼年失怙，正统丁卯（1447）中举。不弃故业，精研医术，屡起沉疴，不求酬报。尝奉诏至京，特授御医，后升掌院正使。以治疗功，赐建俊士坊于乡，并赐金铸神农黄帝像。时太监王振把持朝政，何全遂以母老告养南归，帝御制诗文送之。及母亡，绝意仕进，专力于岐黄，有盛名。寿至六十六岁殁，葬玉屏山。著有《翠谷良方》，未见传世。四子何凤春、七子何凤池，孙何九经，裔孙何德昭，皆以医术知名。[见：《松江府续志》、《华亭县志》、《奉贤县志》、《何氏八百年医学》]

何丞 （1667~1742） 字禹臣，号禹源。清代江苏丹徒县人。世医何金顼次子。继承家学，亦业医。长子何如桂，次子何如兰，均克传家学。[见：《何氏八百年医学》]

何远 字履方。明代松江（今上海松江）人。名医孙文胤门生。[见：《丹台玉案》]

何均 （1733~1816） 原名何塾，字心斋。清代江苏丹徒县人。世医何俊十一世孙。以医著名，乐善安贫，不妄取利。著有《医学绪言》，今未见。三子何春生，绍承家学。[见：《何氏八百年医学》、《丹徒县志》]

何严 （1390~1434） 字公谨，号著存。明代华亭县（今上海松江）人。世医何士方孙。天资聪颖，学力过人，工诗文。尤精家学，疗病如神，名重于时。宣德四年（1429）中副榜，九年（1434）以名医应诏赴京，入太医院，授太医院院判。甫四月得疾，御医盛寅诊之，已不可为，卒于南熏坊寓所，年仅四十五岁，归葬薛山之麓。长子何全，亦入太医院，官至掌院正使。次子何员，任太医院医士。[见：《何氏名医类汇》、《何氏八百年医学》、《重修奉贤县志》]

何杨 （1695~1771） 字序东，号五峰。清代江苏丹徒县人。世医何应佐孙。继承家学，亦业医。[见：《何氏八百年医学》、《中国历代医家传录·历代医家师承传受表》]

何员 字廷规，号朴轩。明代华亭县（今上海松江）人。世医何严次子。继承家学，亦精医术，曾任太医院医士。曾孙何十世，号景岩，亦以医术知名。[见：《何氏八百年医学》]

何灿① （1676~1733） 字英士，号述宗。清代奉贤县庄行镇人。世医何枚长子。习祖业，亦工医术。[见：《何氏八百年医学》]

何灿② （1648~1729） 字云舒。清代江苏松江府人。何旭孙。为何氏第十九代世医。[见：《何氏八百年医学》]

何炉 （1562~1636） 字显卿，号仁源。明代丹徒县（今属江苏）人。世医何钟之曾孙。克绍家学，亦以医术名世，曾任镇江医官。有医德，遇贫病尽心诊视，不屑财利。曾重校《伤寒

全生集》，刊于世。天启三年（1623），参订同官沈应旸《明医选要济世奇方》，刊刻于世。年七十五岁，无疾而卒。长子何应周、四子何应壮、六子何应圻，孙何金玟、何金琇、何金瑄、何金简、何金瑾，皆精医。[见：《镇江府志》、《何氏八百年医学》、《中医人物辞典》、《日本现存中国散逸古医籍》]

何汾 字丹流，又字丹楼。清代江苏泰兴县人。何大年长子。早年习儒，为太学生。兼精医道，岁施药饵，活人甚众。喜刊刻善本医籍，曾删订王凯《痧证全书》三卷，重刻于世。弟何沇，精通正骨术。[见：《四部总录医药编》、《泰兴县志》]

何纶 （1494~1573） 字朝美，号晴海。明代华亭县（今上海松江）人。世医何朝柱裔孙。体貌修伟，年十九岁入郡庠，科试冠军，食饩。九困棘闱，遂弃帖括，肆力于先业，亦工内科。[见：《何氏八百年医学》、《中国历代医师传录·历代医家师承传受表》]

何枚 （1652~1699） 字臣宗。清代江苏奉贤县庄行镇人。世医何汝阑长子。精家学。子何灿，亦业医。[见：《何氏八百年医学》]

何昆 明代东台县（今属江苏）梁垛人。工医术，诊脉即知死生，无不奇验。同乡王荃，亦精医，二人齐名。[见：《东台县志》]

何旻 （1439~1483） 字仲仁，号月亭。明代丹徒县（今属江苏）人。世医何渊孙。工诗精医。著有《京江小梅诗稿》。其孙何庠，官太医院医士。[见：《何氏八百年医学》]

何侃 字直哉。南宋华亭县（今上海松江）青龙镇人。祖籍汴梁（今河南开封）。世医何彦猷四世侄孙。早年习儒，宋理宗绍定间（1228~1233）选授严州淳安县主簿，任满不仕，归隐于医。著有方书数十卷，藏于家。子何处恭，四世孙何銮，均工医术。[见：《松江府志》、《上海县志》、《何氏八百年医学》]

何京 字惠川（一作东川）。清代浙江仁和县人。生平未详。尝搜集实用医方，辑《文堂集验方》四卷，今存乾隆四十年（1775）刻本。此书专为穷乡僻壤济急而备，所收之方或采于古本，或传自良师，皆按症类方，先论症因，次列简捷治法，为便民之书。[见：《文堂集验方》、《杭州府志》]

何泽 明代昆山县（今属江苏）人。邑名医何顺中子。继承父业。轻财好义，颇有父风。[见：《昆山历代医家录》]

何实 （1715～1769） 字若虚。清代江苏奉贤县庄行镇人。何鸿堂长子。早年习儒，为庠生。后习世业，以医知名。[见：《何氏八百年医学》]

何荣① 号杏园。清代江苏常熟县人。生平未详。辑有《胎产秘书》四卷，刊于乾隆乙卯（1795），今存。[见：《贩书偶记续编》、《女科书录要》、《中医图书联合目录》]

何荣② （1713～1747） 原名何润，字观我。清代江苏奉贤县庄行镇人。世医何炫孙。早年习儒，为府庠生。天资聪明，文笔英锐，工吟咏，其诗选入《四友堂吟稿》。制举之余，兼习祖业。不幸早逝。子何鹏宵，以医术知名。[见：《何氏八百年医学》]

何荥 （1676～1738） 字会若，号恕斋。清代江苏丹徒县人。世医何金璓三子。国学生。以医术知名。[见：《何氏八百年医学》]

何栋 （1683～1756） 字南云。清代江苏奉贤县庄行镇人。徙居青浦泗泾镇。世医何汝闾次子。绍承祖业，精通医学。[见：《何氏八百年医学》]

何栟 南宋汴梁（今河南开封）人。徽宗时（1101～1125）官吏部侍郎。高宗时（1127～1162），以忤秦桧，隐于医。按，疑何栟即"何公务"，待考。[见：《何氏八百年医学》]

何柬 （约1510～?） 字文选，号一阳子。明代泰县（今属江苏）人。嗜医学。于医理反对空谈，排斥金元诸家，独重名医滑寿。嘉靖间（1522～1566）游学四方，询师质友，与兴化名医潘弼相友善，曾相与探讨《内经》医理。辑有《医学统宗》八卷，国内已佚，今日本尚存（现已影印回归）。此书包括《难经本义补遗》、《治病针法》、《滑氏诊家枢要》、《医书大略统体》、《滑氏厄言》、《杂录》六部分。其中《杂录》主要为医科试题答卷，对研究医学流派及明代医学教育有重要史料价值。其中《滑氏厄言》，仅见于此本，弥足珍贵。[见：《医藏书目》、《日本现存中国散逸古医籍》]

何昱 （1423～1511） 字仲显，号寿庵。明代丹徒县（今属江苏）大港镇人。徙居孟河镇。世医何俊次子。绍承祖业，亦以医术著称。子何永锢，裔孙何应珩，皆工医术。[见：《何氏八百年医学》]

何钟 （1464～1542） 字惟鸣，号晓谷。明代丹徒县（今属江苏）人。世医何俊孙。精通家学，悬壶城东谏壁镇。长子何溥、五子何浚、孙何棐、何植，均工医术。[见：《何氏八百年医学》]

何钦 字大敬。明代安徽怀远县人。先世为濮人，元代迁居怀远。世代业医，至钦尤精，凡诊视，断生死不爽。有学者请穷其术，钦曰："李明之、朱彦修，皆通经学古之士也。汝必欲究其术，当先读《易》以察时变，读《禹贡》以识九州山川风景，博极方书归约于《内经》，庶可以与汝言耳。"王鸿儒至凤阳采辑宪宗实录，疾作，更数医不愈，闻何钦名而延之，一剂而痊。鸿儒喜甚，为文记之。[见：《怀远县志》]

何选 号克斋。明代嘉定县（今属上海）人。太医院籍，世业岐黄。何选早年习儒，万历十一年（1583）中三甲第一百八十七名进士。万历二十五年（1597）官湖广监察御史。长子何其厚，幼子佚名，皆工医术。[见：《四海同春·何选序》、《明清进士题名碑录索引》]

何俊 （1392～1440） 字孟宏，号惠庵。明代丹徒县（今属江苏）人。太医院使何渊长子。得父传，亦精医术，医名振于宇内。荫父职，入太医院，亦官至院使，例授奉政大夫。长子何昇、次子何昱，孙何钟、何永锢，皆精医术。[见：《丹徒县志》、《何氏八百年医学》]

何衍 （1640～?） 字子长。清代江苏丹徒县人。世医何镇长子。生平未详。曾编次其父《何氏附方济生论》十八卷。又与何应时同编《集效方》十八卷。[见：《何氏八百年医学》]

何庠 （1503～1556） 字养文，号杏山。明代丹徒县（今属江苏）人。世医何昱孙。精家学，曾任太医院医士。[见：《何氏八百年医学》]

何炫 （1662～1722） 字令昭，号嗣宗，又号自宗、也愚、二瞻、怡云。清代江苏奉贤县庄行镇人。世医何汝阈孙。自幼颖悟，读书过目不忘。有疑之者，乱抽架上书试之，果背诵如流。初习举业，入华亭县庠，康熙辛未（1691）成贡生。积学不售，遂专心家学。医术精湛，起沉疴，愈痼疾，效验如神。悬壶数十载，游历于吴越间，上自公卿，下至庶民，争相延请。素重医德，未尝以医谋利。年六十一岁卒。著有《何氏虚劳心传》（又作《何氏心传》）、《何嗣宗医案》及《怡云诗稿》，今皆存世。还著有《伤寒本义》、《金匮要略本义》、《保产全书》等，今未见。又修订祖父《伤寒纂要》，易名《何氏伤寒纂要》梓行。子何鸿堂、何王模，孙何荣，曾孙何二膺，皆继承祖业，以医名世。[见：《何氏八百年医学》、《奉贤县志》、《松江府志》、《中国医学大成总目提要》]

何炽 (1678~1729) 字安士，号宗江。清代江苏奉贤县庄行镇人。世医何汝阘孙。习家学，通医道。子何金铿，孙何鹤，皆工医术。[见：《何氏八百年医学》]

何洪 (1638~1683) 字钟远，号如龙。清代江苏丹徒县人。世医何金朋次子。继承家学，亦业医。子何梅，为国学生，以医术知名。[见：《何氏八百年医学》]

何洵① (1366~1440) 字景浐，号存心。明代华亭县（今属上海）人。世医何士方侄。克绍先业，诊治莫不奇验，声动京国。永乐五年（1407）征入太医院，从永乐帝北征。后丁母忧，归乡庐墓。服阕赴京，授太医院院使。公勤清慎，六历寒暑，以年老辞归故里。有医德，凡遇遘疾之人，不论贵贱贫富，悉心治疗；遇孤寒愁苦之辈，不取其酬，世人德之。子何谦，亦工医术。[见：《何氏名医类汇》、《何氏八百年医学》]

何洵② (1649~1727) 字允绪，号肖源。清代江苏丹徒县人。世医何金瑄次子。继承家学，亦业医。[见：《何氏八百年医学》]

何契 (1622~1696) 字雍南，号晴江。明清间江苏丹徒县人。世医何俊八世孙。通医理。早年习儒，为郡增广生。富于文才，以古文诗词自鸣，所交多名士。著有医书《幼科精诣》，今未见，又有诗文集《晴川阁集》、《诗概汇编》等十余种。[见：《何氏八百年医学》、《丹徒县志》、《何氏名医类汇》]

何栻 字莲舫。清代江苏江阴县人。道光二十五年（1845）进士，官至知府。兼通医术，尤善妇科。[见：《中国历代医家传录》]

何桢 (1687~1741) 字俊如，号晓源。清代江苏丹徒县人。世医何升八世孙。精医术。著有《晓源医略》九卷，未见流传。[见：《丹徒县志》、《何氏八百年医学》]

何烈 (1554~1600) 字武卿，号肖充。明代丹徒县（今属江苏）人。世医何钟曾孙。精于家学，曾任太医院院判，赠承德郎。子何应载，孙何金奏、何金璜，皆绍家学。[见：《丹徒县志》、《何氏八百年医学》]

何秩 (1707~1770) 字大猷，号嵩岑。清代江苏丹徒县人。世医何渐长子。得家传，以医术知名。子何凤瑞，亦业医。[见：《何氏八百年医学》]

何烜 (1730~?) 字丹谷。清代江苏丹徒县人。世医何游孙。早年习儒，为郡庠生。精家学，以医术知名。[见：《何氏八百年医学》]

何涝 (1648~1692) 字瞿涛，号京元。清代江苏丹徒县人。世医何镇次子。绍承家学，亦通医理。曾编次其父《何氏附方济生论》。[见：《何氏八百年医学》]

何涞 (1657~1740) 字汇南，号世源。清代江苏丹徒县人。世医何金玟子。继承家学，亦业医。[见：《何氏八百年医学》]

何浩 (1628~1703) 字公直，号世充。清初江苏丹徒县人。世医何应璧孙。精医术，悬壶于扬州大桥镇，后移居五州。长子何廷杰、四子何廷枢，均擅医。[见：《何氏八百年医学》]

何浣 (1666~1729) 字又新，号又充。清代江苏丹徒县人。世医何金组次子。得父传，亦业医。[见：《何氏八百年医学》]

何浚 (1503~1594) 字宗源，号东畦。明代丹徒县（今属江苏）人。世医何钟五子。精医术，官医学正科。孙何燔，亦业医。[见：《何氏八百年医学》]

何祥 明代人。里居未详。通医术。曾任太医院冠戴医士。弘治十六年（1503），太医院院判刘文泰等奉敕编撰《本草品汇精要》，何氏与中书科儒士吉庆、周时敛、姜承儒、仰仲瞻及太医院医士吴恩、王棠等十四人任誊录。该书毕工于弘治十八年三月，未刊，今存抄本。[见：《本草品汇精要》]

何琏① (1726~1780) 字心逸，号漱万。清代江苏吴县人，世居兔子桥。精医理。殁于乾隆庚子，时年五十五岁。著有《趋庭杂记》一文，经其子何国栋抄录，刊于《吴医汇讲》。[见：《吴医汇讲》]

何琏② 字春田，号宗器。清代江苏华亭县庄行镇人。世医何鼎祥孙。继承家学，亦工医术，曾任太医院医士。[见：《何氏八百年医学》]

何逮 明代浙江丽水人。邑名医何明鼎次子。继承父业，亦精医术。巡按牟某，以"褆躬启后"额其门。[见：《处州府志·何明鼎》]

何培 (1743~1790) 字元本，号贞源。清代江苏丹徒县人。世医何之炌长子。继承家学，亦业医。[见：《何氏八百年医学》]

何梅 (1661~1729) 字羹臣，号龙翔。清代江苏丹徒县人。世医何洪子。早年习儒，为国学生。以医术知名。长子何炜然、次子何灿然，皆业医。[见：《何氏八百年医学》]

何偁 字德扬。宋代括苍（今浙江丽水）人。曾任太常博士。知医药，辑有《何氏方》

（又作《经验药方》）二卷，已佚。[见：《宋史·艺文志》、《直斋书录解题》、《国史经籍志》]

何烺 字光曙。明代浙江分水县人。早年习儒，后随外祖父杨子琴学医，其术甚精。杭州祝氏子病剧，时医皆束手。何烺最后至，投药二剂而愈。善诊断，曾赴邻村出诊，闻庭下一人语声，告之曰："尔病甚殆。"其人愕然曰："我无病。"烺请诊之，曰："三日内将死，药石无及矣。"此人及期果亡。晚年家居，有问疾者不辞，亦不计诊酬，乡里德之。[见：《分水县志》]

何鸿 字宾王，号肃岩。清代江苏奉贤县庄行镇人。世医何金铿长子。继承家学，亦业医。[见：《何氏八百年医学》]

何渐 （1674~1727） 字于磐，号衣源。清代江苏丹徒县人。世医何瑾三子。继承家学，亦善医，悬壶句容县夏阁镇。子何秩，孙何凤瑞，均精医。[见：《何氏八百年医学》]

何淀 （1671~1717） 字宁万，号会源。清代江苏丹徒县人。世医何矿曾孙。继承家学，亦善医。长子何伟业，传承父学。[见：《何氏八百年医学》]

何渊 （1372~1432） 字彦澄，号澄斋，堂号皆春。明初丹徒县（今属江苏）人。世医何煜孙，何璧子（一说为何禄元子）。性颖异，博通六经、诸子。尤精医道，自伤寒诸证，以至小儿、带下、诸疡，皆有造诣，名重于时。永乐五年（1407），以鸿博征至京师，任太医院御医。仁宗在东宫，礼遇极隆，呼其字而不称名。仁宗登极，屡欲官之，不受，乃优以太常寺正卿俸禄，赏赐甚多。供职太医院二十余载，上自公卿显贵，下至平民百姓，遇难症皆登门延请。渊不择高下，皆为诊视，不因寒暑风雨而稍缓，病家以财物谢之，分毫不取，卒之日家无余资，为医中术高而望重者。六十一岁殁。自亲王至公卿，皆赠诗挽之。少师杨士奇为之志墓，归葬于城南凤凰山。著有《内外证治大全》四十八卷，已佚。另著《伤寒海底眼》二卷，今存。有子四人，何俊、何仪、何伦、何佑。俊、仪皆传承家学，余二子事迹不详。[见：《镇江府志》、《丹徒县志》、《何氏八百年医学》、《医学入门》、《中国历代名医碑传集》（引杨士奇《东里文集·故太医士何彦澄墓志铭》、《东里续集·何子玉合葬墓表》）]

何禄 （1649~1723） 字清湘，号传龙。清初江苏丹徒县人。世医何一才孙。究心医学。著有《运气纂要》一卷、《脏腑发明》一卷、《脉法心参》二卷，皆未见传世。[见：《丹徒县志》、《何氏八百年医学》]

何梁 明末湖南桂阳人。何锐曾孙。通风角、壬遁之术，兼通医学。年六十五卒。子何文廉，亦通医术。[见：《桂阳直隶州志》]

何宷 （1685~1751） 字彬臣，号祖源。清代江苏丹徒县人。世医何澐子。继承家学，亦业医。[见：《何氏八百年医学》]

何琳 （1699~1766） 原名景旦，字肇鲁，号素庵。清代江苏丹徒县人。世医何金琇孙，何澉长子。继承家学，亦业医。孙何坚永，曾孙何锡，皆业医。[见：《何氏八百年医学》]

何植 （1554~1628） 字从建，号松泠。明代丹徒县（今属江苏）人。世医何浚次子。精通家传医术，曾任医学正科。长子何文显，亦业医。[见：《何氏八百年医学》]

何榆 （1671~1719） 字维梓，号开源。清代江苏丹徒县人。世医何矿裔孙。继承家学，亦业医。[见：《何氏八百年医学》]

何棐 （1526~1583） 字从周，号守谷。明代丹徒县（今属江苏）人。世医何钟孙。继承家学，以医为业。[见：《何氏八百年医学》]

何景 明代丹徒县（今属江苏）人。世医何仪长子。继承家学，亦精医术，任太医院医士。[见：《何氏八百年医学》]

何悾 （1597~1679） 字君栗，号象山。明清间湖北钟祥县人。太学生何绍南次子。幼颖慧，年十五冠试一邑，与兄何钦同补诸生。性孝友，父病，寝床下三年。初慕郑庄、陈同甫之为人，风雅好客，座上常满。已而忽自悔，谢绝一切交游，杜门读书，文风雄迈，享誉士林。明亡，隐居不出。晚年精医，全活甚众。年八十三岁卒。著有医书《本草归一》、《针灸图》、《保婴摘要》，另著《四书正义》、《考盘居集》等，今皆未见。子何方畅、何方亨，皆为庠生。[见：《钟祥县志》、《中国历代名医碑传集》（引金德嘉《何象山墓志铭》）]

何舒 （1884~1954） 字竞心，号舍予居士。现代湖南邵阳县严塘乡光辉村湾里人。何氏世代工医，祖父何振翰，叔父何骧，皆名著于时。何舒幼治儒学，兼好佛经。早年毕业于苏州东吴大学，精通外语。曾欲求学海外，因子女众多作罢。后从叔父习医，克绍家传。学成，悬壶沪上。后返湘，寓居桃源县，患瘟疫，几至危殆，得长沙名医张必明诊治而愈。嗣后，师事张氏，精勤三载，尽得其术。后因父病返乡，行医于邵阳县城。创办邵阳中医灵兰医会，广收门生，讲授医学，培育人才甚多。何氏著述宏富，计有《伤寒论发微》、《病因证治问答》等十九种，辑为《何竞心医学丛书》，由其子何致萧珍藏，现捐献于湖南中医药大学图书馆。[见:《湘医源流论》]

何然 (1548～1612) 字时安，号少东。明代丹徒县（今属江苏）人。世医何溥孙。继承家学，亦工医术，官医学正科。子何应瑞，亦业医。[见:《何氏八百年医学》]

何曾 (199～278) 字颖考。魏晋间陈国阳夏（今河南太康）人。魏阳武亭侯何夔子。少年袭爵，好学博闻。魏明帝初，迁散骑侍郎。嘉平间 (249～253) 迁尚书，官至司徒。晋武帝时，授丞相，加侍中，官至太傅。咸宁四年卒。何曾穷奢极欲，所食日费万钱，犹言无下箸处。尝纂《食疏》，为我国早期食谱专著，已佚。[见:《晋书·何曾传》]

何游 (1663～1741) 字次偃，号澹庵，又号悟天道人、三教子。清代江苏丹徒县人。邑名医何金琇长子。先世何渊、何仁源、何绳源，皆以医术名著朝野。何游虑家学失传，苦志习医。家藏医书甚多，无不悉心讨究，久之精通内、外、针灸诸科，于脉理、医方均有妙悟。凡经诊视，多奏奇效，四方争延致之，车轨马迹遍历九省。性好施与，尝屡致万金，皆散济贫乏。自谓："医者以空手取人财，不用之于施与，而安用耶？"曾重刻《好生录》、《痘疹正宗》等书，刊于世。著有《医学折衷论》十卷、《何氏十三方注解》一卷、《医案》四十卷，均未见流传。子何修业，孙何梦熊、何梦鹤、何梦釜、何烜，皆以医术知名。[见:《何氏八百年医学》、《丹徒县志》]

何浩 清代江苏泰兴县人。何大年三子。自幼多病，遵父命学导引法，得康复。后行医，以正骨术知名，多所全济。兄何汾，医术尤精。[见:《泰兴县志补》]

何滋 南宋人。里居不详。精医术，博览群书，治杂病罔不奏效，有国手之称。乾道间 (1165～1173) 任保安大夫，为皇帝诊疾，兼应奉太子宫。何氏曾研究《伤寒论》，凡书中病证之疑似，阴阳之差殊，悉为之阐释，久之积三十余条，辑《伤寒辨疑》一卷，已佚。[见:《读书敏求记》、《中国医籍考》]

何谦① 字益之。明代华亭县（今属上海）人。世医何洵长子。继承家学，工医术。官太医院医士。子何鼎祥，亦工医。[见:《何氏八百年医学》、《松江府志》]

何谦② (1524～1607) 字益卿，号龙泉。明代丹徒县（今属江苏）人。世医何庠长子。医学精邃，尤擅外科。子何其益，亦精医术。[见:《何氏八百年医学》]

何瑗 (1796～?) 字又蘧，号寿轩。清代江苏丹徒县人。世医何天赐长子。继承家学，亦业医。[见:《何氏八百年医学》]

何楷 (1665～1733) 字斯诚，号启元。清代江苏丹徒县人。世医何应佐孙。绍承祖业，悬壶于世。[见:《何氏八百年医学》、《中国历代医家传录·历代医家师承传受表》]

何槎 字汉云。清初江苏奉贤县庄行镇人，徙居孙家桥。世医何汝闾长子。继承祖业，亦精医学。[见:《何氏八百年医学》]

何雷 (1682～1739) 字震一，号怀源。清代江苏丹徒县人。世医何金琦长子。继承家学，亦业医。[见:《何氏八百年医学》]

何鉴 明代浙江山阴县人。得本邑名医黄武授，以医术鸣于时。[见:《山阴县志》]

何愚 字谨庵。清末安徽休宁县人。早年从张廷桂习医，得《伤寒瘟疫医案》一册，学之颇有所得。曾与师弟朱㩧详注其师《辨舌十二图》，成《舌图辨证》一卷。光绪三年 (1877)，南屏禅师、龙眠道长、季汉华等人复增以辨证论说、歌诀及图论等内容，刊刻于世，今存光绪间刻本。[见:《中医人物辞典》、《中医图书联合目录》]

何煦 (1711～1776) 原名鹏举，字昭东。清代江苏丹徒县人。世医何金汤曾孙。继承家学，亦业医。[见:《何氏八百年医学》]

何锦① (1781～1825) 字云裳。清代江苏丹徒县人。世医何兴基长子。早年习儒，为郡廪生。继承家学，亦业医。[见:《何氏八百年医学》]

何锦② 清代江苏金山县张堰镇人。生平未详。著有《回春谱》，未见流传。[见:《重辑张堰志·艺文》]

何廉 (1569～1633) 字时介，号肖东。明代丹徒县（今属江苏）人。世医何溥孙。继承家学，以医术著名。兄何黑，次子何应佐，曾孙何杨，皆工医术。[见:《何氏八百年医学》]

何愷 字百庸。清代云南石屏人。先世精通岐黄，数传至愷，医技益神。有郡某行市中，忽吐血数斗而仆，气已绝。愷视其色，曰："未死也。"急以独参汤灌之而愈。所治类此者甚多。年九十余卒。[见:《石屏县志》]

何煜 字景宜。元代镇江路丹徒县(今江苏丹徒)人。镇江路医学录何暹子。传承父学,亦精医道,知名于时。以济世为怀,活人甚众。次子何璧(1352～1408),以孝友著称。[见:《中国历代名医碑传集》(引杨士奇《东里续集·何子玉合葬墓表》)]

何溥① 字会通。南唐宜春(今江西宜春)人。天资颖异,善地理家言。元宗时累诏起之,擢国子祭酒。后以净谏忤旨,谪休宁令。后主时隐居芙蓉山,削发为头陀。虽假迹禅门,绝不谈释语,每诵《道德经》必叹曰:"圣人也!孔子岂欺我哉!"由是专修长生炼化之术。著有《论气正诀》一卷,已佚。[见:《分宜县志》]

何溥② (1492～1556) 字宗德,号东郊居士。明代丹徒县(今属江苏)人。世医何钟长子。幼年习儒,后潜心家学,博览历代医书,以医术鸣于时,曾任医学正科。临证谨慎,视人之疾,不啻在己,稍不得当,晓夜沉思,至废饮食,故所愈奇疾怪症甚多。尝言:"医者意也。世人生质异禀,兼以天时异候,地气异宜,虽前哲治法备具,而执经泥古,何与病情?"孙何然、何罴、何廉,均工医术。[见:《何氏八百年医学》、《何氏名医类汇》]

何演 (1654～1716) 字紫澜,号绍源。清代江苏丹徒县人。世医何炉曾孙,何如涧弟。继承家学,亦业医。康熙十一年(1672),编次何应时《集效方》。[见:《何氏八百年医学》]

何缜 (1518～1554) 号晴洲。明代华亭县(今属上海)余何潭人。世医何珙三子。精家学,授太医院医士。性旷达,敏慧便捷,人服其能。[见:《何氏八百年医学》]

何瑭 (1474～1543) 字粹夫,号柏斋。明代河南武陟人。七岁见家有佛像,抗言去之。十九岁读许衡、薛瑄遗书,欣然忘寝食。弘治十五年(1502)成进士,选庶吉士,迁修撰,官至南京右都御史。卒,谥"文定"。生前好养生,留意医学,著有《阴阳律吕》一卷、《医学管见》一卷,收入所撰《柏斋集》,今存。何氏对阴阳学说有独到见解,认为世界本源有二,即一阴一阳,今人称之为"心物二元论"。其《医学管见》为医论之作,所述不拘一格,不囿成说,多具新意。名医徐春甫评之曰:"发前圣之未发,开后学之晦盲。观其著伤寒、咳嗽、相火等论可知矣。"而《四库全书总目提要》则云:"其说皆主于大补大攻,非中和之道。其第十九篇论久病元气太虚,病气太盛,当以毒药攻之,尤不可训。

其论金石药一条,则名言也。"何瑭曾孙何仲畏,精通医道。[见:《明史·何瑭传》、《四库全书总目提要》、《日本现存中国散逸古医籍》、《泾县志·艺术·吴奐》]

何慕 (?～1645) 字孺思。明末昆山县(今属江苏)人。祖籍浙江长兴县。邑名医何弁山孙。绍承祖父之学,亦业医。顺治二年,清兵攻昆山,何慕率里兵设卫,设酒菜犒守城将士。及城破,何氏遇害。[见:《昆山历代医家录》(引《昆山新阳合志》)]

何榛 原名兆桐。清代江苏丹徒县人。世医何谦十世孙。生于嘉庆间(1796～1820)。继承家学,悬壶苏州。[见:《何氏八百年医学》]

何罴 (1565～1617) 字时祥,号肖雯。明代丹徒县(今属江苏)人。世医何溥孙。继承家学,亦工医术,官南京太医院吏目。子何应奇,亦为医官。[见:《何氏八百年医学》]

何锵 (1627～1705) 字子蒋,号真元,又号陶庵。明清间江苏丹徒县人。世医何应时次子。继承家学,亦业医。[见:《何氏八百年医学》]

何銮 字廷音,号育泉。明代华亭县(今属上海)人。世医何鼎子。早年习儒,为府庠生。后继承祖业,以医术知名。临证每有奇验,治疾不受值。精通太素脉,每以之测人福寿。平生多善举,嘉靖二十一年(1542),延为乡饮大宾。弟何天祥,四世从孙何如曾,皆善医。[见:《何氏八百年医学》、《松江府志》、《上海县志》]

何漋 (1668～1733) 字乘御,号健庵。清代江苏丹徒县人。世医何金琇子。早年习儒,为太学生。继承家学,以医著称。长子何琳、六子何鹏腾、八子何鹏远、九子何景适,皆以医名。[见:《何氏八百年医学》]

何漳 字龟涛。清代江苏丹徒县人。世代习医,至漳亦精,悬壶问世。尤嗜六书,工篆刻,通音律。平素爱抚琴,唯所配姜氏知之,姜氏卒,遂不复弹。[见:《续丹徒县志》]

何鼎 号兰畹。明代江苏松江府人。世医何宗武四子。早年习儒,为庠生。后习祖业,悬壶于世。子何銮、何天祥,均工医术。[见:《何氏八百年医学》]

何震 字以升,号彦升。明代华亭县(今属上海)人。世医何士贤孙。品德端方,有古君子风。继承家学,精明医术,曾任太医院医士。[见:《何氏八百年医学》]

何暹 号明德。元初镇江路丹徒县(今江苏丹徒)人。祖籍汴梁(今河南开封),其先世有号进斋者，从宋高宗南迁，始居丹徒，世代业儒。遏刻苦力学，名所居斋曰明德，用以自警。学成不仕，以医能济世，遂精究岐黄，久之术精，知名于世。曾任镇江路医学录。子何煜，亦深于医。[见：《镇江志·学职》、《中国历代名医碑传集》（引杨士奇《东里续集·何子玉合葬墓表》）]

何镇 （1620～1674） 字龙符，号培元。明清间江苏丹徒人。世医何应时子。继承家学，以医术驰名，四方就诊者不远千里，全活甚众。著有《本草纲目必读类纂》十二卷，刊于康熙十一年（1672）。此书选取《本草纲目》常用药六百余种，重加类分，颇简切实用。还著有《家传集效方》三卷、《济生邃论》十八卷，今存康熙十五年（1676）刊本。门生李沛，得其传授。长子何衍、次子何洺，侄何如澶，曾侄孙何凤翔，皆工医术。[见：《本草纲目必读类纂·序》、《何氏八百年医学》、《中医人物辞典》、《中医图书联合目录》]

何澐 （1654～1736） 字公御，号接元。清代江苏丹徒县人。世医何炉曾孙。继承家学，亦业医。子何㟧，传承祖业。[见：《何氏八百年医学》]

何澢 （1677～1743） 字盈潭，号殷源。清代江苏丹徒县人。世医何俊八世孙。早年习儒，为国学生。后继承家学，以医问世。[见：《何氏八百年医学》]

何澄① 北宋人。里居未详。以医为业，精其术，尤以医德为世称道。宣和间（1119～1125），一士人抱病经年，久治不效。其妻闻澄善医，召至，引入密室，告曰："妾以良人抱疾日久，典卖殆尽，无以供医药之资，愿以身相酬。"澄正色拒之曰："小娘子何出此言？但放心，当为调治取效，切不可以此相污。"遂诊其夫，赠以药，未几病者痊愈。闻者无不赞叹。后数月，皇后得疾，国医不能疗，诏访草泽医。何澄应诏，进剂而愈，赐钱三千贯，授初品官。自此医道盛行，京师号为"何药院家"。[见：《医说·医不贪色》]

何澄② 字澄之。明代松江（今上海松江）人。世医何天祥孙。继承家学，精通医术。宣德间（1426～1435），召治东宫疾，得瘳，授震府良医正，食二品俸。终明之世，子孙多任职太医院。[见：《松江府志》、《奉贤县志》、《何氏八百年医学》]

何澍 （1675～1728） 字用霖，号超宗。清代江苏奉贤县人，居李匠桥。世医何友晏孙，

何麟长子。继承家学，颇得神解，知名于时。子何廷铨，亦工医术。[见：《奉贤县志》、《何氏八百年医学》]

何溴 （1649～1709） 字子来，号来源。清代江苏丹徒县人。世医何应壮孙。早年习儒，为国学生，考选州同。继承家学，以医名世。[见：《何氏八百年医学》]

何鹤 字素纯，号逸岩。清代江苏奉贤县庄行镇人。世医何炽孙。继承家学，亦工医。[见：《何氏八百年医学》]

何穆 字孟深，号橘林。明代松江（今上海松江）人。世医何子英曾孙。继承家学，精医术，声名远播。生平乐善循理，轻财好义。次子何宗武，传承父学。[见：《何氏八百年医学》]

何镠 字金式。明清间江苏昆山县人。家贫好学，善词赋，兼精医术。性沉静，不慕荣利。外戚徐乾学官刑部尚书，数致书招之，固辞。后流寓嘉定南翔镇，以医自给，终其身。卒后，归葬城南祖茔。[见：《昆山历代医家录》（引《隐求堂日记节要·何镠事略》）]

何燔 （1564～1640） 字盛卿，号恒所。明代丹徒县（今属江苏）人。世医何浚孙。继承家学，亦业医。子何应参，传承父学。[见：《何氏八百年医学》]

何燧 （1675～1718） 字天垂，号绎宗。清代江苏奉贤县庄行镇人。世医何汝阆孙。继承家学，精通医理。据《何氏八百年医学》称，同邑名医秦之桢《伤寒大白》，乃由何燧代笔而成。该书初刊于康熙五十三年（1714），大行于世。[见：《何氏八百年医学》、《中医图书联合目录》]

何澹 （1681～1759） 字静若，号致庵。清代江苏丹徒县人。世医何金琇四子。平生乐善，尤精医学。次子何树功，亦业医。[见：《何氏八百年医学》]

何濩 （1680～1752） 字声远，号昆源。清代江苏丹徒县人。世医何炉曾孙。继承家学，以医为业。孙何天赐，绍传祖业。[见：《何氏八百年医学》]

何鏊 字君调。清代浙江海盐县人。性警敏，寡言笑，殚心举业，成童即游庠。兼通医理，辑有《医论方书题解》，今未见。[见：《海盐县志》]

何瀍 （1645～1698） 字西都，号统源。清代江苏丹徒县人。世医何金瑄长子。继承家学，亦业医。曾编次何应时《何氏类纂集效方》，又补订何镇《济生邃论》，辑《附方济生邃论》。

子何茂枝，传承父学。[见：《何氏八百年医学》]

何璧（1352~1408）　字子玉。元明间丹徒县（今属江苏）人。世医何煜子。为人和厚谦慎，事亲至孝。多善举，凡宗族之孤幼者养育成人，鳏独者供养终身。贤士君子，多乐与交。虽未悬壶，而先世数百年间以医闻世，当亦通医理。长子何渊，医名甚噪，官至太医院使。幼子何彦宗，生平未详。[见：《中国历代名医碑传集》（引杨士奇《东里续集·何子玉合葬墓表》)]

何疆（1761~1831）　号时庵。清代江苏丹徒县人。世医何之炘三子。继承家学，亦业医。[见：《何氏八百年医学》]

何骧　字云汉。清末湖南邵阳县人。邑名医何振翰子。继承父学，亦以医名。兄子何舒，得其传授。[见：《湘医源流论·何舒》]

何麟（1650~1721）　字游圣，号圣宗。清代江苏奉贤县庄行镇人。世医何友晏子。习世业，亦称克家。长子何澍，以医知名。[见：《何氏八百年医学》]

何一才（1584~1647）　字子美，号孺龙。明代丹徒县（今属江苏）人。世医何其益长子。精岐黄术，临证有奇效。翰林编修陈仁锡为之作传。长子何金朋，孙何渌，皆工医术。[见：《何氏八百年医学》]

何一龙　字在深。清代湖南祁阳县人。性敦厚，事父母以孝闻。尝谓："事亲者不可不知医。"故致力于医学，精其术，兼以济人。[见：《祁阳县志》]

何二典（1777~1822）　字赓源，号阜南。清代江苏奉贤县庄行镇人。世医何如森三子。早年习儒，为太学生。继承家学，亦精医术。[见：《何氏八百年医学》]

何二闻　清代江苏奉贤县庄行镇人。生平未详。为何氏第二十二代世医。[见：《雪斋杂记》]

何二淳　字文止，号淀山，又号瓶城。清代江苏奉贤县人。乾隆壬子（1792）恩贡生。世医何炫曾孙。得叔祖何王模传授，工医术。著有《淀山集诗稿》。[见：《何氏八百年医学》]

何二鹰（1748~1813）　字凤山，号莱堂。清代江苏奉贤县庄行镇人。世医何炫曾孙。嘉庆元年（1796）岁贡生。沉静好学，工诗。继承先业，尤精医术，善起危病。侄何三阶、何三珠，皆善医。[见：《何氏八百年医学》、《重修奉贤县志》]

何十世　号景岩。明代华亭县（今属上海）人。世医何员曾孙。继承家学，亦工医术，声名远振。寿至八十岁殁。[见：《何氏八百年医学》]

何十奇　字彦伯。明代华亭县（今属上海）人。世医何九经长子。精家学，曾官太医院医士。[见：《何氏八百年医学》]

何十信（1527~1582）　字言伯，号晓江。明代华亭县（今属上海）人。世医何凤池孙。继承家学，以医名世。次子何从教、三子何从效，俱精世业。[见：《何氏八百年医学》]

何十洲　字集仙，号忆岩。明代松江（今属上海）人。徙居张堰镇。世医何九传侄。精家学，医道大行。尝遇客舟病疫者数人，悉扶至家，治疗之。生平乐善好施，大都类此。次子何从台，亦以医术著称。[见：《何氏八百年医学》]

何十哲　字明伯，号浚泉。明代华亭县（今属上海）人。世医何全曾孙。早年习儒，为府庠生。通医学，工吟咏。[见：《何氏八百年医学》]

何十儒　字俊伯，号晓峰。明代华亭县（今属上海）人。世医何凤池孙。通祖传医术，曾官太医院医士。[见：《何氏八百年医学》]

何十翼（1517~1599）　字辅伯，号承云。明代华亭县（今属上海）人。世医何九经次子。继承家学，亦精医术。年十八岁赴京，授景府良医正。景王薨，转授楚府良医正，摄长史事。隆庆四年（1570），致仕归里，江南数郡登门求治者车马塞途。所得诊金甚多，悉散济贫者，里中皆称仁人。次子何从政，为太医院医士。曾孙何汝闿、何汝闻、何汝聞，皆工医术。[见：《重修奉贤县志》、《华亭县志》]

何九传　字宗裔，号述庵。明代华亭县（今属上海）人。太医院御医何凤春长子。继承家学，亦工医术。袭父职，任太医院医士。侄何十洲，亦以医著名。[见：《何氏八百年医学》]

何九经　字宗礼，号野云。明代华亭县（今属上海）人。太医院御医何凤春四子。早年习儒，为华亭县廪生。尤精祖传医术，曾任伊府良医正，升御医，封迪功郎，食三品俸。世宗时（1522~1566），奉旨往广东拣选药材，还朝称旨，赐锦绮二端。卒，归葬薛山。长子何十奇、次子何十翼，孙何从政，皆官太医院医士。[见：《青浦县续志》、《何氏八百年医学》]

何乃赓 （1851～1909） 字辛伯。清代江苏青浦县人。世医何昌龄孙。继承家学，亦善医。[见：《何氏八百年医学》]

何三阶 （1786～1825） 字星台，号晴峰，又号半田。清代江苏奉贤县庄行镇人。世医何二膺侄。早年习举业，为邑庠生。继承家学，亦通医术。[见：《何氏八百年医学》]

何三珠 （1800～1844） 字懋政，号砚圃。清代江苏奉贤县庄行镇人。世医何二膺侄。习世业。[见：《何氏八百年医学》]

何三湘 字襄文，号帆随。清代江苏奉贤县人。世医何二膺次子。邑庠生。工诗，善医。著有《帆随吟稿》，何其超选入《四友堂合稿》，有"著履朝寻药，盈室独方书"；"岐黄久阐灵兰秘，桃李群沾化雨鲜"等佳句。年六十六岁卒。[见：《何氏八百年医学》]

何士才 清代陕西镇安县人。工医术，知名乡里。[见：《镇安县志》]

何士方 （1339～1418） 字叔刚，号慧芳。元明间华亭县（今属上海）人。世医何天祥五子。早年习儒，兼通医术。元代末年，任嘉兴府医学教谕。与陶九成等相往还。仁慈爱物，诊病不受酬，人称何长者。长子何弘、次子何广，皆绍家学。侄何洵，孙何严，亦精医术。[见：《何氏八百年医学》、《中国历代医家传录》]

何士达 号方山。清代四川铜梁县人。以医为业，知名于时。年六十四岁卒。[见：《铜梁县志》]

何士会 清代安徽黟县轴上人。附贡生。精通医术，知名于时。孙何多衿、何多祝，传承祖学。[见：《黟县三志》]

何士贤 （1329～1419） 字伯愈，号慎节。明代华亭县（今属上海）人。世医何天祥三子。博学广记，涉猎经史，儒医兼通，为士林所重。明初以良医从事某总兵官，下辽阳，跋涉海道。晚年以医术济世。著有《海道纪行》（诗稿）。孙何震，任太医院医士。[见：《何氏八百年医学》]

何士举 清代广东增城县接龙铺人。和易谦退，好济人之急。精岐黄术。负药笼周行村落间，有求治者，以药与之，不受值。筑室于大龙江畔，环植名花于其中，终生不涉仕途。年九十二岁卒。[见：《岭南医征略》]

何士敬 明代华亭县（今属上海）人。为何氏第十四代世医。精医术，曾袭职太医院医士，升潞府良医正。[见：《何氏八百年医学》]

何士镁 （1786～1810） 字鸣銮。清代江苏丹徒人。世医何梦釜孙。继承家学，以医知名。[见：《何氏八百年医学》]

何大川 清代江苏华亭县人。工医术，知名于时。同时以医著称者有高鉴、胡庚和、施太初等。[见：《娄县志》《松江府志》]

何大方 元代信州（今江西上饶）人。早年习儒，精医学，兼嗜道术。袁桷《送儒医何大方归信州》诗云："双橹鹅鸣野水高，天风落叶响林皋。空堂桂露流金乳，旧鼎铅霜长玉膏。丹府久虚存夜气，上池新饮察秋毫。山中猿鹤惊相问，肯为缁父染素袍。"[见：《金元医学人物》（引《清容居士集》）]

何大任 南宋濠梁（今安徽凤阳）人。通医道，曾任太医局医官。推重王叔和《脉经》，称其书"纲举目分，言近旨远，是以自西晋至于今日，与黄帝卢扁之书并传"。鉴于南渡以来，世无善本，久欲以家藏绍圣间（1094～1097）小字监本为底本，重校刊行，事冗未果。嘉定十年丁丑（1217）得本局教官毛升、李邦彦、王邦佐、高宗卿等参与，"博验群书，孜孜凡累月，正其误千有余字，遂鸠工创刊于本局"。何氏还著有《太医局诸科程文格》一卷（今存辑佚本）、《小儿卫生总微论方》二十卷，刊行于世。[见：《宋史艺文志补》、《脉经·何大任后序》、《澹生堂藏书目》、《千顷堂书目》、《传是楼书目》、《邵亭知见传本书目》]

何大芳 字灿如。清代四川达县人。早年习儒，后弃而攻医，精其术，就诊者无虚日。又通气象之学，能预知天之晴雨，岁之丰歉。[见：《达县志》]

何大英 字经才。明代西安（今浙江衢县）人。有济世志，业精岐黄。尝游学四方，参师访友，得不传之秘，遂深明医理，活人甚多。嘉靖十年（1531）撰书三编：首编"发明证治"，分风、寒、暑、湿、燥、火等门，论病证，列方治；次编"精义语录"，列举病机三十余条，阐其机理，详论慎疾养身之义；末编"南市心术"，专论针灸、子午流注、飞腾灵龟八法、河图洛书、八卦五行。三编合刊，以《发明证治》统称全书，刊行于世，今存嘉靖十年辛卯（1531）刻本。[见：《本草纲目·引据古今医家书目》、《中医人物辞典》、《中医图书联合目录》]

何万春 字古梅。清代广东始兴县新村人。精岐黄术，乡人受惠者甚多。县令舒隆，以"医同良相"额其门。年八十岁卒。[见：《始

何

兴县志》]

何义增 (1773~?) 字德生，号心田。清代江苏丹徒县人。世医何之炝次子。继承家学，亦业医。[见：《何氏八百年医学》]

何之炝 (1720~1787) 字光耀，号益源。清代江苏丹徒县人。世医何茂榛长子。继承家学，亦业医。长子何培、三子何疆，皆承祖业。[见：《何氏八百年医学》]

何之炎 (1705~1772) 字鸣山，号国源。清代江苏丹徒县人。世医何茂椿长子。继承家学，亦业医。[见：《何氏八百年医学》]

何之炖 (1729~1802) 号正庵。清代江苏丹徒县人。世医何茂榛三子。继承家学，以医术知名，声振江北。长子何仁埙、次子何义增，皆绍家学。[见：《何氏八百年医学》]

何之勋 (1717~1776) 字遵尧，号少源。清代江苏丹徒县人。世医何茂桢长子。继承家学，亦业医。子何兆坤，传其学。[见：《何氏八百年医学》]

何之炴 (1722~1768) 字照临，号述庵。清代江苏丹徒县人。世医何茂榛次子。继承家学，亦业医。[见：《何氏八百年医学》]

何之照 (1720~1775) 字廷耀，号洋源。清代江苏丹徒县人。世医何茂桢次子。继承家学，亦业医。[见：《何氏八百年医学》]

何之璜 字天一。清代北京大兴县人。由教习授福建建安县丞，迁上海知县，未赴任，以内艰归。后补授商城知县。晚年归里，究心岐黄，全活甚多。著有《矜情录》，今未见。[见：《大兴县志》]

何子云 元末昆山（今江苏昆山市玉山镇）人。邑名医刘国瑛长婿。尽得岳父传授，精通医术，知名于时。后裔传承其学，以曾孙何顺中最著名。[见：《昆山县志》]

何子华 字仲华。元代松江（今上海松江）人。世医何贵实次子。早年习儒，至正间（1341~1368）官扬州路院学提举，有封诰。得家传，亦精医术。子何养浩，以医术名世。[见：《何氏八百年医学》]

何子英 字伯英。元代松江（今上海松江）人。世医何贵实长子。业儒，兼精医术。至正间（1341~1368），官平江路儒学录。曾孙何穆，尤工医术，声振于时。[见：《何氏八百年医学》]

何子荣 字荣甫。元初镇江（今江苏镇江）人。精医术，官镇江路医学录。[见：《金元医学人物》（引《镇江志》）]

何子康 明清间湖北黄冈县人。与易时泽等就学于儒医李之泌。精医术，知名于时。[见：《黄冈县志·易时泽》]

何子鉴 元初人。里居未详。自幼学医，精研医经，洞悟奥旨。曾任医学正。著有《字说》，蒲道源为之作跋。[见：《金元医学人物》（引《闲居丛稿·跋何子鉴字说》）]

何王模 (1703~1783) 字铁山，号萍香。清代江苏奉贤县庄行镇人，徙居青浦北簳山。世医何炫四子，青浦方氏赘婿。早年为嘉兴府学庠生，两试棘闱不第，年未三十，弃儒习医。工诗善医，不欲以方技名家，而就医者踵至，视之如仙，故医名与父相埒。壮岁挟技周游江浙间，与名医薛雪相往还，论医甚合。晚年构屋种梅，颜曰香雪轩。年八十一，偶患微疾，诵偈曰："铁山老人坚如铁，瘦骨撑持多岁月。九九总归八十一，千丈麻绳一个结。"溘然而逝。著有诗文集《倚南轩集》四卷、《萍香诗草》二卷。另有医书《寿世编》，今存。长子何云翔、三子何云鹏、四子何云鹤，孙何世仁，俱精医术。[见：《何氏八百年医学》、《奉贤县志》、《青浦县志》、《松江府志》、《清代名医何书田年谱》]

何开荣 (1677~1737) 字慎枢，号承源。清代江苏丹徒县人。世医何炉四世孙。继承家学，亦业医。孙何兴基、何依基，俱工医术。[见：《何氏八百年医学》]

何天佑 元末平江路昆山县（今江苏昆山）人。生于书香之家。自幼习儒。及长，赘于本县潘氏，遂业外科，知名乡里。子何仁（1334~1372），传承父学，精内外两科。[见：《中国历代名医碑传集》（引殷奎《强斋集·故处士何希颜墓志铭》）]

何天伯 清代福建晋江县人。精通医道，"凡《素问》、《难经》、《脉诀》、经方、本草、十三科之旨，皆洞极精微"，知名于时。兼嗜太素脉，每以之测人休咎。晋江县城隍庙种德堂徐镜心万应神曲名驰天下，此即何天伯所授。卒，葬于花园后城边之麓。[见：《晋江县志》]

何天补 字方亭，号守愚。清代广东龙门县西楼人。国子生。少好读书，精岐黄术，能预决病者生死，名重于时。凡患奇难症者，必就何氏医之，求治者户外履满，病愈不受谢。年七十八岁卒。子何廷侨，贡生；何廷机，监生，皆以医知名。孙何博鹏，诸生。[见：《龙门县志》、《广州府志》]

何天祥 字克善，号德斋。元代华亭县（今上海松江）青龙镇人。迁居郡城之东。世医何侃曾孙，何仁山长子。继承家学，亦精医术，起危疾如神，未尝求报。至正间（1341～1368）任医学教谕。后告归，卜居松江，筑"壶春丹房"。至正乙酉（1345）杨维桢作《壶春丹房记》，盛赞其仁心良术。郡守某，颜其居曰世济堂，世人多以"世济堂何氏"称其家。第三子何士贤、第五子何士方，孙何澄，皆精医术。[见：《何氏八百年医学》、《樗寮文集》、《重修奉贤县志》]

何天赐 （1765～?） 字锡纯，号达源。清代江苏丹徒县人。世医何澴孙。继承家学，亦业医。子何瑷，传承父学。[见：《何氏八百年医学》]

何天锡 字均善。清代江苏奉贤县庄行镇人。世医何仁山四子。研究家学，洞窥岐黄之奥。性木讷，不善谈吐，故郡人莫知其能。隐居鹤城东之华表里，遇患疾者，诊脉即知病因，若合符节，从未较酬，人始争传其能，兼颂其德。天锡曰："处厥职，任厥事，理宜然也，讵德行而市美耶？"[见：《何氏八百年医学》、《何氏名医言行录》]

何天衢① 字伯槐。清代广东三水县人。邑庠生。居恒读书乐道，专力于身心性命之学，终日孜孜，常恐不及。精医理，兼通刑家言。踵门求诊者无虚日，未尝一日以他事辞。晚年绝出仕之想，好学勤笃如初。年九十四岁卒。[见：《三水县志》]

何天衢② （1755～?） 字钟梁。清代江苏丹徒县人。寄籍兴化县。世医何应璧六世孙。继承家学，亦业医。[见：《何氏八百年医学》]

何元吉 字迪翁。清代陕西长安县（今西安）人。好读书，尤嗜医学。遵守先轨，非各逞家技者可比。著有《惠济遗方》，今未见。[见：《咸宁长安两县续志》]

何元巩 （1772～1858） 字殿超，号文坚。清代安徽黟县何村人。议叙布政司理问。幼孤，学贾江西，患噎疾，进食辄吐，不能纳粒米，病危将死。至鄂，途遇异人，教以炼硫黄法，服至一斤，病愈。居鄂十年，乃谢归。居家日，每依法服食硫黄，兼通医方，治病多效。年八十三岁，患热疾，几至发狂。同邑余必朗诊之，曰："此丹发也，脉洪大不挠，非死证。"用鲜溪螺二百枚，铁落一两，川连、木通各三钱，二服而愈。

何氏寿至八十七岁。著有《历验方》一卷，已佚。[见：《黟县三志》、《黟县四志》、《重修安徽通志·补遗·人物志·余必朗》]

何元宏 （1789～1853） 字骏声。清代江苏丹徒县人。何春元子。其家自宋代即以医名（其父事迹未详，当亦通医理），传至元宏，亦以医闻。[见：《何氏八百年医学》]

何元培 （1727～1777） 字汝植，号龙门。清代江苏丹徒县人。世医何炜然子。国学生，亦业医。[见：《何氏八百年医学》]

何元康 （1832～1895） 原名后康，字仲英，号迪夫。清代江苏青浦县人，徙居西塘。世医何昌龄次子。邑庠生，工诗精医。[见：《何氏八百年医学》、《中国历代医家传录》]

何元弼 宋代（?）人。生平里居未详。著有《神效方》，已佚。[见：《中国医籍考》、《中国医籍大辞典》]

何元廛 （1841～1884） 原名后钰，字式如，号玉壶。清代江苏青浦县人。世医何其章孙。邑庠生，善医。[见：《何氏八百年医学》]

何云翔 （1729～1776） 原名云祥（避其七世祖天祥讳改），字北海。清代江苏青浦县人。世医何王模长子。太学生。精通医术，名振于时。子何世仁，医名益盛。[见：《松江府志》、《清代名医何书田年谱》]

何云鹏 （1734～1792） 字南洲。清代江苏青浦县人。世医何王模三子。精医术，重医德，救治甚众。侄孙何其伟作《哭南洲叔祖》诗曰："呜乎吾叔祖，雅抱轶流俗。少读神农书，济世日不足。无论贱与贵，延请赴必速。"长子何世义、次子何世英，皆工医。[见：《清代名医何书田年谱》]

何云鹤 （1735～1803） 字西亭，号若松，晚号学耕。清代江苏青浦县人。世医何王模四子。工诗文，精医术。著有《西亭诗稿》。孙何其峻，以医知名。[见：《清代名医何书田年谱》]

何五征 字伯鸿。清末江苏青浦县人。世医何昌龄子。早年习儒，同治甲子（1864）中举。工诗文，兼善医术。[见：《奉贤县志》、《何氏八百年医学》、《何氏世系考》（《中华医史杂志》1954年第1期）]

何五峰 清代湖南益阳县人。精医术，善治奇疴怪疾，有名乡里。[见：《益阳县志》]

何五煌 （1840～?） 字愚伯，号爕卿。清末江苏奉贤县庄行镇人。世医何炫裔孙。

祖上世以医名，至五煌已二十五代。早年习儒，为奉贤庠生。工家传医术，尤擅儿科。时人赠联曰：二十五代为医，必服其药；一千余里抱病，幸赖此君。[见：《何氏八百年医学》]

何友晏 （1618～1675） 字九升。明清间华亭县（今上海松江）人，居李匠桥。世医何汝暹子。少年时父母双亡，曾祖何从教延师训诲，发愤读经书。及长，为府庠生，试辄冠其曹。擅书画，工吟咏，通家学，为世所推重。子何麟，孙何澍，皆克传家学。[见：《何氏八百年医学》、《清代画史》、《奉贤县志》]

何少冈 明代安徽歙县人。精医术，专擅外科。[见：《歙县志》]

何中山 清代江西安福县库溪人。精通医道，挟术游云南师宗县，授本县医官，遂定居。子何从龙，传承其学。[见：《中国历代名医碑传集》（引刘大绅《寄庵文钞·何云岩传》）]

何长治 （1821～1889） 原名昌治。字补之，号鸿舫，晚号横柳病鸿。清末江苏青浦县重固镇人。名医何其伟三子。何氏历代业医，至长治递传二十四世。其五岁时从嘉定李亚白习儒，通古文词，兼擅书画。早年为太学生，曾授浙江补用知县，升知县（似未赴任）。年二十九岁奉母避水灾，徙居松江，后迁于上海颛桥，晚年寓居上海南市。长治幼承家学，兼精医术。中年弃儒业医，治病有奇效，名振于时。重医德，常假舟出诊，往返于重固、罗店、颛桥等地。又备药罐、炭炉于寿山堂药店，以便患者。遇贫病者求治，不收诊金，且赠以钱、药。光绪十五年冬殁，享年六十九。著有《续医人史传》。其医案见于陆晋笙《重固三何医案》。孙何时希，为现代著名中医学者，尝整理祖父遗案，辑《何鸿舫编年药方墨迹》、《何鸿舫医案》二书，刊行于世。何长治长子何振宇、次子何振实，皆精医道。门生王松亭、方清卿、田昌鼎、孙尊士、孙署卿、朱咏莲、李印菱、吴季常、沈子庚、沈寿龄、沈挹芝、陆方石、陈玉如、陈寿昌、陈叔田、胡省三、徐少卿、姜仲渔、姚益甫、顾丹泉、顾华谷、顾印谷、顾裁士、钱子杰、高守先、曹伯荣、蒋仲韬、蒋尧松，得其传授。[见：《何氏八百年医学》、《中国历代医家录》、《中医年鉴》（1983）、《何鸿舫医案·清代名医何鸿舫先生传略》、《中国历代名医碑传集》]

何仁山 原名深仁，号仁山，又号仁斋。元代丹徒县（今属江苏）人。世医何侃孙，何处恭侄。大德间（1297～1307）进士，任医学管勾。后世乱，避居中亭桥，筑汲古阁，著书以终老。长子何天祥、四子何天锡，均工医术。[见：《何氏八百年医学》]

何仁沾 （1658～?） 字人元。清代江苏丹徒县人。世医何应时孙。继承家学，亦业医。[见：《何氏八百年医学》]

何仁堉 （1768～1832） 原名何坦，字道生，号寿山。清代江苏丹徒县人。世医何之炖长子。继承家学，以医术知名江北。子何金泽，亦业医，早殁。[见：《何氏八百年医学》]

何从龙 字云岩。清代江西安福县库溪人。父何中山，挟医术游于云南师宗县，遂定居。从龙传承父学，尝游广西，至新兴，医名甚盛。后悬壶昆明，凡仕宦平民，无不知其名，自旦至暮，迎请者不绝于门。重医德，每出诊必徒步往，不乘轿舆，遇贫困无力者不取诊酬。当道者闻其名，授本县医官。以过劳致疾，年四十六岁卒，闻者叹惜。子何爨珍，生平未详。[见：《中国历代名医碑传集》（引刘大绅《寄庵文钞·何云岩传》）]

何从台 字君辅，号斗元。明代华亭县（今上海松江）人。世医何十洲次子。早年潜究儒书，兼通家学。晚年医术益精，全活无算。孙何庭冀，亦精医术。[见：《何氏八百年医学》]

何从政 （1568～1642） 改名其通。字明卿，号心云，又号云江。明代华亭县（今上海松江）人。世医何九经孙，何十翼次子。继承家学，亦精医术，曾任太医院医士。卒，葬于薛山。长子何应宰，行医于庄行镇。孙何汝间、何汝阙，皆工医术。[见：《何氏八百年医学》、《青浦县续志》、《松江府志》]

何从效 （1550～1625） 字庠卿，号及江。明代华亭县（今上海松江）人。徙居望河泾。世医何十信三子。轻财好施。继承家学，亦精医术。子何克绳，传其术。[见：《何氏八百年医学》]

何从教 （1547～1613） 字瑞卿，号少江。明代华亭县（今上海松江）人。世医何十信次子。性慷慨，有胆识。精家学，年甫弱冠，医名鹊起，用药多奇中。长子何克绍、三子何克缙，侄孙何家彦，皆精医术。[见：《何氏八百年医学》]

何公务 字子忠，号贞白。南宋汴梁（今河南开封）人。绍兴间（1131～1162）官康州防御史。精医理，高宗患疾，征入内廷侍药，疾愈，授德寿宫太医院使。时秦桧柄政，何公务辞官隐居，市药于京口（今江苏镇江）。不久卒，赐葬凤凰山。胡铨志其墓。子何朝柱，袭官太医院使。[见：《丹徒县志》、《何氏八百年医学》、《镇江府志》]

七画

何公若 明代安徽歙县人。精医术，擅长疮科，知名于时。[见：《歙县志》]

何凤池 （1451～1514） 字文美，号希杳。明代华亭县（今上海松江）人。世医何全七子。精家学，与兄何凤春齐名。孙何十信、何十儒，皆以医闻。[见：《何氏八百年医学》]

何凤春 字以仁，号爱山。明代华亭县（今上海松江）人。太医院副使何全四子。府庠生。继承父学，亦精医术，官太医院御医。成化间（1465～1487）进太平丸，有奇效。晚年告归省墓，后复应召赴京，途次坠清河而卒。帝思其进药功，特配享功臣庙，春秋二祭。长子何九传、四子何九经，孙何十翼，皆为名医。凤春有女，适刘绶（一作刘瑗），刘氏遂得何氏秘传。[见：《华亭县志·何全传》、《松江府志》、《何氏八百年医学》]

何凤翔 （1739～1782） 字吉人，号紫庭。清代江苏丹徒县人。世医何廉六世孙。邑增生。曾节录何镇《何氏济生论》，厘为六卷，惜未见流传。[见：《何氏八百年医学》]

何凤瑞 （1732～1803） 字鸣梧，号峄圃。清代江苏丹徒县人。世医何秩子。继承家学，亦业医。[见：《何氏八百年医学》]

何文龙 （1561～?） 字化之，号春宇。明代丹徒县（今属江苏）人。世医何永镭曾孙。精家传医术，曾官医学正科。[见：《何氏八百年医学》]

何文安 清代四川定远县人。儒医何觐光子。得父传授，以医知名。[见：《定远县志·何觐光》]

何文显 （1580～1645） 字君谟，号顺泠。明代丹徒县（今属江苏）人。世医何植长子。继承家学，亦业医。[见：《何氏八百年医学》]

何文荣 （1554～?） 字贵卿，号润西。明代丹徒县（今属江苏）人。世医何永镭曾孙。继承家学，亦业医。长子何应绶，传其业。[见：《何氏八百年医学》]

何文致 清代四川中江县人。少多羸疾，遵父命弃儒攻医。自览方书，有奇悟，治病多获良效。惜年仅二十余即殁。[见：《中江县志》]

何文绮 清代四川定远县人。儒医何觐光侄。得何觐光传授，亦有医名。[见：《定

远县志·何觐光》]

何文煜 （1575～?） 字仁泉。明代丹徒县（今属江苏）人。世医何禄元八世孙。工医术，曾任医学正科。[见：《何氏八百年医学》]

何文廑 （1625～?） 字景昭。明清间湖南桂阳人。邑名医何梁子。幼习举业，年二十明亡，不欲应试。母惧祸，迫之往，遂垂涕出试，为州生员。自此不复赴考，布衣穷巷，宴如也。读父书，承继医学，托医以自隐。所学甚博，凡经义、文词、历法、占候、医卜皆有所通解。时西洋传教士汤若望等传历法入中国，曾颁行。文廑作《时宪历裁改宫度议》、《历法辨》等文以非之。后二年，果改用旧法。著有《医林文献》若干卷、《医门辑秘》六卷，未见流传。孙何尊铎，以医术知名。[见：《桂阳直隶州志》]

何文默 （1549～1627） 字讷卿，号云江。明代丹徒县（今属江苏）人。世医何俊五世孙。继承家学，亦工医术，官医学正科。五世孙何为龙，以医知名。[见：《何氏八百年医学》]

何为仁 （1726～1789） 字恺夫，号永庵。清代江苏丹徒县人。世医何如楹子。继承家学，工医术，曾任医学正科。[见：《何氏八百年医学》]

何为龙 （1717～1771） 字作霖，号康庄。清代江苏丹徒县人。世医何文默五世孙。早年习儒，为国学生。兼精祖传医学。著有《仰堂医案》，今未见。[见：《何氏八百年医学》]

何心仁 明代江西金溪县人。得龙兴寺老僧心斋之传，精外科术。与同邑冯遁斋、张东并称名医。[见：《金溪县志》]

何以润 号云岩。明代湖南桂阳人。祖父何进卿，以雄武闻于元代。以润自少读书，不乐科举。精医术，挟技游于江湖。性好施与，有义侠名。[见：《桂阳直隶州志》]

何以锦 （1792～?） 原名以镒。字天织，号宗源。清代江苏丹徒县人。世医何兆坤三子。继承父学，亦业医。[见：《何氏八百年医学》]

何以銮 （1787～?） 字殿臣，号继源。清代江苏丹徒县人。世医何兆奎子。继承家学，亦业医。[见：《何氏八百年医学》]

何允升 字西园。清代山东东明县人。附贡生。性慈和，喜施与。慕宋代范仲淹之为人，尝谓："人行天地间，如不能达而在上，即司操一行之长，以济世而寿民，较之墨守占毕，自伴蠹鱼为有用也。"遂弃儒学医。苦攻力研数年，

始出诊疾，每起沉疴，全活甚众。有医德，遇贫困者，或逆旅而无所归者患病，闻讯立至，且施以药，人皆德之。平生澹定，不喜仕进。乾隆(1736~1795)末年，河督旗籍某，知何氏精医，拟荐入太医院，坚辞不受。年五十三岁卒。著有医书数种，藏于家。[见：《东明县新志》]

何允恭 字克让。明代浙江丽水县人。性纯朴，寡言笑，好善乐施，事父母以孝闻。其家世以医名，至允恭益精。每晨兴，袖药出诊，依次遍及，不求其报。狱中每流行疫疾，常施药疗之。生平全活不可胜记，乡人皆诵其德。[见：《处州府志》]

何玉柱 清代四川大足县人。居南门外。家贫不能就读，自幼投师学医，精其术，有名于时。[见：《大足县志》]

何玉陞 (1694~1731) 字怀封，号三宗。清代江苏奉贤县庄行镇人。世医何汝阈曾孙。习世业。[见：《何氏八百年医学》]

何世义 (1756~1803) 字宜民，又字方其，号见山。清代江苏青浦县人。世医何云鹏长子。早年习儒，为县庠生。工于诗，绍承家学，亦精医术。著有《见山吟稿》。弟何世英，以医著称。[见：《何氏八百年医学》、《清代名医何书田年谱》]

何世仁 (1752~1806) 字元长(一作元常)，号澹安，晚号福泉山人。清代江苏青浦县重固镇人。世医何王模孙，何云翔长子。早年习儒，喜书画篆刻。父早殁，祖父授以医术，后悬壶问世，前后逾三十年，盛名不衰。精医理，擅诊断，处方参错古今，所愈沉疴痼疾甚多。有医德，治病不以贫富异视，慕名求治者舟车不绝，至塞衢巷。性和易，喜宾客，豪侠好义，有所得辄散诸贫乏。嘉庆(1796~1820)初，由两湖总督经略毕沅保荐，任湖南布政使司理问，授宣德郎。晚年于福泉山侧之重固镇构屋一区，颜其堂曰爱日。著有《治病要言》(又作《治症要言》)四卷、《簳山草堂医案》十六卷(又有《福泉山房医案》十卷，疑为一书)、《何氏秘本伤寒辨类》二卷。陆晋笙《重古三何医案》亦载何氏医案。子何其伟、何其瑞、何其顺、何其章，均继承家学，以其伟最著名。[见：《伤寒辨类·何元长考略》、《松江府志》、《初月楼闻见录》、《冷庐医话》、《中医图书联合目录》]

何世芳 清代四川灌县人。邑名医杨朝典高足。以医术知名。[见：《灌县志·杨朝典传》]

何世英 (1770~1813) 字人杰，号春园。清代江苏青浦县人。世医何云鹏次子。早年习儒，为贡生。工诗词，擅书法，尤精医术。重医德，不分贫富远近，有请必赴。庚午年(1810)寓居淀山湖滨，日诊数十人，多应手愈，声名日噪。子何其超，亦以医名。[见：《何氏八百年医学》、《中国历代医家传录》]

何世德 清代台湾人。精医术，知名于时。嘉庆十八年(1813)，兵备道兼提督学政糜奇瑜赠以"妙手回春"匾额。[见：《台湾府志》]

何古朴 明代浙江余杭县进贤里人。幼颖悟，业儒，隐居不仕。博览群书，尤精医学。撰有《医家蕴奥》四卷(日本尚存)及《修真正术》、《求嗣秘要》等书，后二种佚。[见：《中国医籍考》、《中国医学人名志》]

何可量 字汝器，号玉溪。明代山东平阴县人。曾任邳州州判。工书善画，兼精医术。凡有求治者，虽昏夜亦应之，且不求报。[见：《平阴县志》、《奉安府志》]

何本立 字务中。清代江苏清江县人。生平未详。尝摘选《本草纲目》药物五百余种，附以歌诀，编《务中药性》十八卷，刊于道光乙巳(1845)。[见：《中医图书联合目录》、《中医大辞典》]

何龙池 (1694~1763) 字又江，号让庵。清代江苏丹徒县人。世医何金简四子。幼年丧父，及长，锐志医学，有名于时。著有《医学管窥》十二卷，今未见。[见：《何氏八百年医学》、《丹徒县志》]

何叶香 近代江苏丹徒县人。与袁焯俱为名医王鲁直入室弟子，尽得师传。鲁直孙王渭川，从袁、何二人学，为现代名医。[见：《名老中医之路》]

何出图① 字启文。明代河南扶沟县人。万历十四年(1856)进士，授山西长子知县，官至南京户部主事。年七十八岁卒。好养生，辑有《摄生浅言》，未见流传。[见：《扶沟县志》]

何出图② 清代陕西宁强州人。性刚直。精医术，知名于时。[见：《宁强州志》]

何四尊 清代浙江萧山县人。生平未详。著有《医论》，未见传世。[见：《萧山县志稿》]

何仪俊 清代广东崖州人。居城东。雍正间(1723~1735)岁贡生。敦厚浑朴，不事纷华，启迪后进，多所成就。兼习医术，全活

甚众。乾隆十三年（1748）选授保昌训导，辞不就。[见：《崖州志》]

何处恭 一名何伸。号梅轩，私谥安素先生。宋元间松江府（今属上海）人。名医何侃子。因世乱不仕，绍传父学，以医为业。元世祖时（1260～1294）征召不出。子何贵实，继承家学。[见：《何氏八百年医学》、《中国历代医家传录》]

何立元 （1864～?） 字节臣。清末江西修水县人。初习举业，光绪十五年（1889）其幼子多病，同邑世医陈筱石治而愈之，遂弃儒习医，师事陈氏。陈氏祖传"回龙幼科秘旨"，其前辈陈凤仪著《保赤金丹》，即阐述此法，然不知渊源。何立元访求多年，1928年遇岩巅和尚，乃知此术出自嘉庆间（1796～1820）修水回龙山镜池和尚，历传同邑慧修禅师、饶瑞典、爱砚和尚。1933年，何立元重刊《保赤金丹》，撰"保赤金丹历史"，置于卷首，易书名为《保赤穷源》。[见：《中国历代医家传录》（引《保赤穷源》）]

何立业 （1685～1719） 字维岳。清代江苏丹徒县人。世医何金瑾孙。继承家学，亦业医。[见：《何氏八百年医学》]

何汉寿 唐代人。生平里居未详。以疗风泪出眼痒痛散方治目疾，疗效颇佳。[见：《外台秘要·卷第二十一·目风泪出方六首》]

何永清 清初四川绵阳县人。邑名医何继武孙。克传祖业，以医知名。[见：《绵阳县志》]

何永锡 （1460～1524） 字惟善，号绍庵。明代丹徒县（今属江苏）人。世医何昱子。继承家学，亦业医。曾孙何文龙、何文荣，俱绍家学。[见：《何氏八百年医学》]

何弁山 明代昆山县（今属江苏）人。本为浙江长兴县李氏子，自幼嗣于昆山何天衢，遂袭何姓。及长，以医术著名。孙何慕，绍承祖业。[见：《昆山历代医录·何慕》]

何在汶 （1687～1750） 字自鲁，号鲁源。清代江苏丹徒县人。世医何俊八世孙。继承家学，亦业医。[见：《何氏八百年医学》]

何百钧 字公权，又字蔚岩。清代浙江山阴县人。岁贡生。其父卒于官，家贫，依姑母于诸暨。自少好学，而性愚钝，苦读多年始悟。经史外，泛览群书，尤留意医学，于本草、脉诀、伤寒、痘疹，莫不究其精奥。著有《医学适性编》五十卷、《痘疹须知》二卷（上二书未见）、《伤寒论注》一卷（今存稿本）。[见：《山阴县志》、《绍兴府志》、《诸暨县志》、《贩书偶记续编》]

何成基 （1735～1786） 字式周。清代江苏丹徒县人。世医何金汤曾孙。继承家学，亦业医。[见：《何氏八百年医学》]

何光启 字君荣。南宋京口（今江苏镇江）人。祖籍汴梁（今河南开封）。太医院使何朝柱子。早年习儒，补国子监生。精通家学，宁宗朝（1195～1224）授御医。子何易宇，亦精医术。[见：《何氏八百年医学》]

何光藻 （1822～1849） 原名后传。字承伯，号景门。清代江苏青浦县人。世医何昌福长子。早年习儒，为邑庠生，议叙九品。从父学医，工其术。叔父何长治赞之曰："颇有见识。"[见：《何氏八百年医学》]

何廷机 清代广东龙门县西楼人。儒医何天补次子。早年习儒，为监生。与兄何廷侨，皆以医术知名。[见：《广州府志》]

何廷杰 （1675～1748） 字苏莲，号昶斋。清代江苏丹徒县人。世医何浩长子。早年习儒，为邑增生。工诗能书，兼擅家传医学。[见：《何氏八百年医学》]

何廷枢 （1691～1776） 字维斗，号玉庵。清代江苏丹徒县人。世医何浩四子。继承家学，以医著名。孙何家坤、何家墥，均业医。[见：《何氏八百年医学》]

何廷侨 清代广东龙门县西楼人。邑名医何天补长子。早年习儒，为增贡生。继承父学，以医知名。弟何廷机，亦善医。[见：《广州府志》]

何廷俊 字杰臣。清末人。生平里居未详。曾任太医院八品吏目，兼上药房值宿司药官。[见：《太医院志·同寅录》]

何廷柯 字怀霖。清代江西南昌人。精通医术，有名于时。年九十七岁卒。[见：《南昌府志》]

何廷铨 字述曾，号体宗。清代江苏奉贤县庄行镇人。世医何澍子。继承家学，亦通医术。[见：《何氏八百年医学》]

何廷楠 （1713～1769） 字致和，号恒元。清代江苏丹徒县人。世医何应时曾孙。继承家学，亦业医。[见：《何氏八百年医学》]

何廷熙 （1735～1798） 字景衡。清代江苏丹徒县人。世医何磐业子。继承家学，以医术知名。子何绍文，亦业医。[见：《何氏八百年医学》]

何廷璋 (1855~1902) 原名诚复，字端夫，又字稼生、介孙。清代江苏青浦县人。世医何其超孙，何昌梓子。早年习儒，为诸生。继承家学，精通医术。著有《斡山志略》。光绪间（1875~1908）曾续修《斡山何氏族谱》。[见：《何氏八百年医学》、《青浦县续志》、《江苏历代医人志》]

何伟业 (1692~1742) 字铭常，号朴庵。清代江苏丹徒县人。世医何淀长子。继承家学，亦业医。[见：《何氏八百年医学》]

何传瑶 字石卿。清代广东高要县人。诸生。兼通医术。道光二十五年（1845）校订《麻疯全书》。[见：疯门全书·序]

何仲畏 明代河南武陟县人。南京右都御史何瑭曾孙。何瑭兼精医道，仲畏遥承曾祖之学，贯通医理，造其精微。门生吴奂，尽得其传。[见：《兰溪县志·艺术·吴奂》]

何旭荣 字培哲。清代河南镇平县人。慷慨好义，顺治十一年（1654），土匪陈储屠戮乡里，旭荣率勇擒杀之，民赖以安。精通医术，治疾不受馈谢，活人甚众。寿至百岁卒。[见：《镇平县志》]

何兆坤 (1758~1815) 字应源，号用六。清代江苏丹徒县人。居江北再兴州七圩。世医何之勋子。继承家学，亦业医。三子何以锦，传承家学。[见：《何氏八百年医学》]

何兆奎 (1738~1807) 字光源，号立庵。清代江苏丹徒县人。居仙女庙河南。世医何其烺长子。继承家学，亦业医。子何以鋈，传承祖业。[见：《何氏八百年医学》]

何多祝 字献尧。清代安徽黟县轴上人。名医何士会孙。继承家学，亦以医知名。兄何多裕，声望益隆。[见：《黟县三志》]

何多裕 字振周。清代安徽黟县轴上人。名医何士会孙。继承家学，亦精医术，求诊者踵至。有医德，治疗贫病不取诊金，且助以药。弟何多祝，亦工医。[见：《黟县三志》]

何庆长 宋元间乐安县（今江西乐安）人。儒医何季新子。善词章，尤精医术，名闻遐迩。[见：《金元医学人物》（引《吴文正公集·送何庆长序》)]

何兴基 (1762~1825) 字于诗，号愚谷。清代江苏丹徒县人。世医何开荣孙。邑增生，以医术知名。长子何锦、三子何秉锟，均业医。[见：《何氏八百年医学》]

何汝旭 (1598~1657) 字君默，号碧江。明清间江苏华亭县人。世医何克绍四子。少孤力学，以医名世。[见：《何氏八百年医学》]

何汝亨 (1491~1566) 字贞甫，号伴蒲。明代丹徒县（今属江苏）人。世医何升孙。继承家学，亦工医术，曾任太医院吏目。同时有杨天民、游桂，与何氏齐名，而论恻怛慈惠之心，则何氏过之。[见：《何氏八百年医学》]

何汝闿 (1612~1649) 字六成，号成江。明代华亭县（今属上海）人。居小蒸镇。世医何十翼曾孙，何汝闾六弟。精家学。[见：《何氏八百年医学》]

何汝闻 (1607~1659) 字协虞，号文江。明代华亭县（今属上海）人。世医何十翼曾孙，何汝闾四弟。精世业。[见：《何氏八百年医学》]

何汝间 (1649~1687) 字楚三。清初江苏华亭县人。世医何从政孙。习家学。赘居庄行镇庄氏。长子何槎、次子何栋，均精医术。[见：《何氏八百年医学》]

何汝晃 (?~1664) 字君明，又字朗生，号明江。明清间江苏华亭县人。世医何克缙子。继承家学，亦业医。徙居青浦县朱家阁，医道大行。[见：《何氏八百年医学》]

何汝闾 (1598~1671) 后改名洞。字邃英，号卧云。明清间江苏华亭县人。世医何十翼曾孙。早年习儒，为上海县庠生。博物洽文，擅诗词古文，兼工医术。晚年居小昆山，著书自娱。弟何汝闿、何汝闻，皆工医术。[见：《何氏八百年医学》、《松江府志》]

何汝阄 (1618~1693) 字宗台。明清间江苏奉贤县庄行镇人，徙居章溪。世医何应宰长子。绍承家学，医术精湛，四方造请者舟车鳞集，活人逾万。重医德，临诊不惮劳，不计酬，富贵贫贱皆一视，以平等心，行利济事。平生多善举，凡施衣赠药，捐修塘坝诸事，多倾力襄助，有济世公、医中君子等美称。著有《伤寒纂要》，今存抄本及何炫重订本（易名《何氏伤寒纂要》）。孙何炫、何燧，皆以医知名。[见：《何氏八百年医学》、《奉贤县志》、《江南通志》]

何汝景 字君安，号念怡。明清间江苏华亭县人。世医何克绍第三子。精家学。李世祺赞之曰："甫壮龄已读等身书，操三指以立名海内。"[见：《何氏八百年医学》、《何氏医学类汇》]

七画

何汝阑 (1629～1658) 字圣猷。明清间江苏华亭县人。世医何应宰次子。习家学，通医术。长子何枚，孙何炽，俱精医道。[见：《何氏八百年医学》]

何汝暹 字君进，号晴江。明末华亭县（今属上海）人。世医何克绍长子。精家学。子何友晏，府庠生，通家学。[见：《何氏八百年医学》]

何汝夔 清末四川成都人。生平未详。著有《脉诀秘传》、《经方阐奥》、《分经方义》、《伤寒原旨》诸书，皆刊行于世。[见：《中医图书联合目录》]

何守愚 字芥园。清代南海人。生平未详。曾汇集名家方论，分种子、安胎、保产、福幼四类，撰《广嗣金丹》三卷，今存光绪十二年（1886）青湘阁书坊刻本。[见：《中国历代医家传录》、《中医图书联合目录》]

何如兰 (1698～1769) 字苍来。清代江苏丹徒县人。世医何丞次子。继承家学，亦业医。[见：《何氏八百年医学》]

何如桂 (1697～1728) 字燕山，号大源。清代江苏丹徒县人。世医何丞长子。继承家学，亦业医。[见：《何氏八百年医学》]

何如涧 (1646～?) 字东畿，号仁东。清代江苏丹徒县人。世医何炉曾孙。继承家学，悬壶于溧阳。[见：《何氏八百年医学》]

何如曾 字希鲁，号盾斋。明代华亭县（今属上海）人。居青溪。邑名医何銮四世从孙。克绍家学，尤善诊脉，名著于时。平生多善举，遇灾疫年，广施药饵济人。与孝廉张省廉交厚，张欲赴试，如曾知其病已深，劝缓行，张不悟，至武进疾作，还家数日而殁。苏州某太夫人患重疾，六脉俱沉，群医束手。适如曾至，视其脉曰："此经所谓双伏，乃阳回，吉兆也。"以一剂投之，得汗而愈。[见：《松江府志》、《何氏八百年医学》]

何如森 (1729～1806) 原名何容，字新柏。清代江苏奉贤县庄行镇人。世医何鸿堂三子。太学生。习世业。子何二典，亦精医术。[见：《何氏八百年医学》]

何如楹 (1691～1750) 字丹书，号立庵。清代江苏丹徒县人。世医何炉四世孙。继承家学，亦业医。子何为仁，官医学正科。[见：《何氏八百年医学》]

何如瀍 字绎源。清代江苏丹徒县人。世医何镇侄。康熙十一年（1672）与何镇同编《何氏附方济生论》。[见：《何氏八百年医学》]

何红书 (1880～1918) 字嘉生，号南屏。清代江苏青浦县人。世医何振基次子。继承家学，精医术。长子何承泮，传其学。[见：《何氏八百年医学》]

何纪堂 字山甫。清代浙江杭州人。郡贡生。精医术，治病应手奏效，活人甚众。[见：《杭州府志》]

何寿彭 (1860～1905) 原名诚履，字安孙，又字考祥。清代江苏青浦县人。邑名医何昌梓子。克绍家学，亦精医道。诊视之余，惟喜探讨医经精义。凡古人处方立说，足资参考者，无不摘录，久之成《医镜》三十卷。尝谓："南方地暖，温病为多。"又著《温病说》以发挥之。子何锡勋，亦工医术。[见：《何氏八百年医学》、《青浦县续志》]

何运亨 (1837～1872) 字眉寿，又字守讷，号八愚。清代江苏青浦县人。世医何昌福四子。早年习儒，为太学生，保举布政司照磨。精通医术，年二十余悬壶宝山县罗店镇。咸丰庚申（1860）行医于上海漕河泾。所至求治者甚盛，遇贫病者，并给以药，活人无数，人咸德之。平生好济世扶危，岁得酬金以万计，皆挥手去，故身后萧条。次子何绅书，精家传内科，兼工小儿推拿。[见：《何氏八百年医学》]

何运隆 字翥鹏。清代湖南平江县人。邑诸生。仗义疏财，凡乡曲义举，遇事必出力。精医术，道光壬辰（1832）大疫，施术疗救，活人甚众。著有《医方便利》四卷，未见流传。[见：《平江县志》]

何志姜 清代江苏青浦县人。世医何昌铃子。与五弟何诚像克承家学，皆以医术著称。[见：《何氏世系考》《中华医史杂志》1954年第1期）]

何志雄 (1913～1983) 现代广东大埔县人。广州中医学院教授，广东省名老中医。1937年毕业于上海中国医学院，曾师事近代著名医家恽树钰，后在马来西亚行医。中华人民共和国成立后，至广州中医学院任教，曾任伤寒教研室主任。擅长用经方治疗疑难病证，对《伤寒论》有独到见解，认为《伤寒论》奠定辨证论治基础，乃医家必读之书。著有《伤寒论选释和题答》、《伤寒论概要》等书。[见：《中医年鉴》(1984)]

何克绍 (1567～1616) 字守卿，号怡江。明代华亭县（今属上海）人。世医何从教长子。继承家学，精世业。长子何汝暹、三子

何汝景、四子何汝旭，皆以医名。[见：《何氏八百年医学》]

何克谏 一作何谏，原名其言，号青萝山人。明清间广东番禺县人。早年习儒，明亡，随父兄隐居沙湾青萝嶂。兼通岐黄，采药著书，以医术济人，年八十六岁尚健在。曾整理当地草药，收集《本草纲目》未载者三百一十五种，撰《生草药性备要》二卷，卷末附以草药应验方，刊刻于康熙二十年（1681）。此书每以草药形态推断药性，如茎梗方形、叶对生者性温，梗圆者寒凉等，其说为以往药书所罕见。何氏还与侄何省轩增订沈李龙《食物本草》，辑《增补食物本草备考》二卷，刊于雍正十年（1732）。[见：《岭南医征略》、《中医人物辞典》、《中医图书联合目录》、《贩书偶记续编》]

何克绳 字武卿，号豫江。明代华亭县（今属上海）人。世医何从效子。继承家学，亦工医术。子何家章，传承父业。[见：《何氏八百年医学》]

何克缙 （1606～1628） 字绅卿，号以江。明代华亭县（今属上海）人。世医何从教三子。性情峭直，不戾于俗。精通家学。子何汝晁，医道大行。[见：《何氏八百年医学》]

何步蟾 （1740～1823） 字桂岩，号月坡。清代江苏丹徒县人。徙居盐城县上冈镇。世医何鹏腾子。继承家学，亦业医。子何坚德，以医著称。[见：《何氏八百年医学》]

何坚永 （1773～1840） 字引长，号荣久。清代江苏丹徒县人。世医何琳孙。继承家学，亦业医。子何锡申，以医知名。[见：《何氏八百年医学》]

何坚埔 （1787～?） 字南屏。清代江苏丹徒县人。世医何金琇四世孙。继承家学，亦业医。[见：《何氏八百年医学》]

何坚德 （1789～1849） 字达三，号固庵。清代江苏丹徒县人。世医何步蟾子。早年习儒，为国学生。以医术著称。子何锡庆，亦精医。[见：《何氏八百年医学》]

何时希 （1915～1997） 原名维杰，号雪斋。现代上海市青浦县人。系南宋以来江南何氏世医第二十八代传人。幼随祖父习医。1934年结业于私立上海中医学院，曾师从名医程门雪。1934年悬壶上海，兼任私立上海中医学院、上海中国医学院、私立上海中医专科学校教授。1956年就职于北京中医研究院。1975年调上海中医学院中医研究所。此后，历任中国中医研究院特约研究员、研究生部客籍教授，解放军第二军医大学长海医院顾问，上海中医药大学专家委员会委员，上海市人民政府参事等职。何氏富于著述，撰有《清代名医何书田年谱》、《清代名医何鸿舫事略及墨迹》、《中国历代医家传录》、《女科一知集》、《读金匮札记》、《何氏历代医学丛书》等著作十余种。子何新寿、儿媳王薇，皆为现代知名医家。[见：《何氏八百年医学》、《中国中医药年鉴》1998年]

何秀山 清末浙江山阴县长乐乡人。精医理。尝谓："老医断病，如老吏断狱。善断病者，必善治病。"著有《古医格言》，又选注俞肇源《通俗伤寒论》。孙何炳元（1861～1929），以医术知名。[见：《丛桂草堂医案》、《通俗伤寒论·杜子极序》]

何利邦 字磐山。清代广东始兴县新村人。增贡生。精医术。家道丰裕，心存济利，以术活人。县令陈大有，作文赞之，谓得和缓真诠。[见：《始兴县志》]

何伯巽 明代果州（今四川南充）人。进士及第。留意医学，用药多奇中。周定王朱橚孙女患痢，易三医不效，招伯巽，数服而愈。[见：《普济方》]

何近仁 字少云。清代广西临桂人。名医徐圆成门生。[见：《中国历代医家传录》（引《毓德堂医约》）]

何希彭 北宋福州闽县（今属福建）人。居太平公辅坊。谨慎自守，通方技之学，为乡间所重。太平兴国三年，宋太宗敕编《太平圣惠方》一百卷，颁布各州郡。何氏选录其中便于民用者6096条，辑《圣惠选方》六十卷。庆历六年（1046），福州知州蔡襄为该书作序，并雕刻木版，列于州衙左右，供人摹印。此书今佚。[见：《通志·艺文略》、《中国医籍考》、《闽侯县志》]

何应申 元代人。里居未详。精医学。继苏文广之后，任洋州（今陕西洋县）医学正。捐资五百二十五缗，买地扩建洋州三皇庙，建拱圣楼收藏《圣济总录》等医籍。又完善医学讲堂、惠民药局，有功于地方医学。[见：《金元医学人物》（引《闲居丛稿·洋州三皇庙记》）]

何应壮 （1599～1636） 字尔谦，号印源。明代丹徒县（今属江苏）人。世医何炉第四子。继承家学，以医名世。次子何金琪、四子何金顼，孙何渡，皆工医术。[见：《何氏八百年医学》]

何应圻 (1607~1661) 字尔萃，号澄源。明清间江苏丹徒县人。世医何炉六子。继承家学，亦精医术，官医学正科。长子何金堡、次子何金玙、三子何金琦，孙何茹油，皆工医术。[见：《何氏八百年医学》]

何应时 (1590~1663) 字尔中，号继元。明清间江苏丹徒县人。世医何钟四世孙。继承家学，亦工医术，悬壶于丹阳。著《何氏类纂集效方》十八卷，今存。长子何镇、次子何锵，孙何仁沾，曾孙何廷楠，俱克传祖业。[见：《何氏八百年医学》、《中图图书联合目录》]

何应佐 (1602~?) 字鸣皋，号启东。明末丹徒县（今属江苏）人。世医何廉次子。继承家学，亦业医。孙何杨、何楷，绍传祖业。[见：《何氏八百年医学》]

何应奇 (1584~1654) 字成志，号幼雪。明清间丹徒县（今属江苏）人。世医何黑子。精家传医学，任礼部医官。长子何金瓒、次子何金铛，克传家学。[见：《何氏八百年医学》]

何应佩 (1597~?) 字巽池。明代丹徒县（今属江苏）人。世医何文煜长子。继承家学，亦精医术。子何金鼎，任丹阳县医官。[见：《何氏八百年医学》]

何应周 (1590~1641) 字起文，号达源。明末丹徒县（今属江苏）人。世医何炉长子。继承家学，亦工医术，官医学正科。[见：《何氏八百年医学》]

何应举 (1575~?) 字素恒，号肖春。明代丹徒县（今属江苏）人。世医何俊裔孙。继承家学，亦业医。[见：《何氏八百年医学》]

何应祉 (1589~?) 字锡甫，号继美。明代丹徒县（今属江苏）人。世医何溥曾孙。与兄何应祯，继承家学，俱业医。[见：《何氏八百年医学》]

何应参 (1617~?) 字省之，号继恒。明末丹徒县（今属江苏）人。世医何燔次子。继承家学，亦业医。[见：《何氏八百年医学》]

何应勋 字德辉。清代安徽黟县何村人。短身精悍，善拳术，得少林寺武学。精骨伤科，擅治跌打损伤，虽至骨折，经手无不立愈。[见：《黟县四志》]

何应载 (1592~1670) 字坤甫，号嗣充。明代丹徒县（今属江苏）人。太医院判何烈子。敕授承德郎，以名医荐，授太医院判。与族兄何应璧，俱以医术负盛名，有当代医王之称。长子何金鼎、三子何金组、五子何金钺，俱精医术。[见：《何氏八百年医学》、《产科护生篇·李长科序》]

何应珩 (1615~1680) 字季白，号玉吾。明清间江苏丹徒县人。世医何昱五世孙。继承家学，亦业医。[见：《何氏八百年医学》]

何应宰 (1591~1672) 字台甫，号益江。明清间江苏华亭县人。世医何从政长子。少攻举子业，两试不售，遂日夕研习家学，兼读《素问》诸书，悉窥其奥。技成，悬壶于世，凡一切危疾，他医束手者，治则霍然，咸称其再生之德。此后声望日隆，自朝至夕屦满户外，两浙达官巨室，亦越境敦请，岁无虚日。其长子何汝阆、次子何汝阘，均克绍家学。[见：《何氏八百年医学》、《何氏名医类汇》]

何应祥 (1578~?) 字兆甫，号继垣。明代丹徒县（今属江苏）人。世医何溥曾孙。继承家学，亦业医。徙居河南（丹徒县之南）。[见：《何氏八百年医学》]

何应祯 (1573~1632) 字吉甫，号继东。明代丹徒县（今属江苏）人。世医何溥曾孙。继承家学，精通医术。早年悬壶杭州，居柳巷，名噪于时。崇祯（1628~1644）初，偕三子定居于此。其弟何应祉，亦业医。[见：《何氏八百年医学》]

何应绶 (1586~1647) 字伯宠，号振西。明代丹徒县（今属江苏）人。世医何文荣长子。继承家学，亦业医。迁居孟河镇固村珠树下。[见：《何氏八百年医学》]

何应瑞 (1572~1626) 号继雪。明代丹徒县（今属江苏）人。世医何然子。继承家学，亦业医。[见：《何氏八百年医学》]

何应魁 字斗文。明清间武林（今浙江杭州）人。生平未详。于康熙四年（1665）订正武之望《济阴纲目》。[见：《女科书录要》]

何应豫 明代丹徒县（今属江苏）人。生平未详。为何氏第十三代世医。著有《妇科备考》四卷，今存嘉庆间（1796~1820）刊本。[见：《何氏八百年医学》、《中医图书联合目录》]

何应璧 (1574~1638) 字次奎，号继充。明代丹徒县（今属江苏）人。世医何钟四世孙。早年习儒，为太学生。性颖悟，于医学独有神解，精贯医理，通十三科，名震海内。当时镇江医者甚多，以应璧最负盛名，病人服诸医之药不愈者，执原方赍正于应璧，稍加减辄效，一时有在世医王、山中宰相之誉。重医德，遇贫病济之以药，助之以资。性极慈善，诊人不活，泪簌簌自落。平生好学，藏医书数千卷，任取其一问之，皆应答如流。性孝友，与兄何应奎和睦无异产，视兄子如己子。族弟何应载，与之齐名。侄何金砺、何金琇，孙何浩，裔孙何天衢、何种琪，皆精医术。[见：《何氏八百年医学》、《镇江府志》《丹徒县志》]

何灿然 （1689～1737） 字印龙。清代江苏丹徒县人。世医何梅次子。早年习儒，为国学生。继承家学，亦业医。[见：《何氏八百年医学》]

何启仁 字乐山。清代四川安县南乡河坝人。性慈善，多义举。精医术，治病不索酬，活人甚多。年七十五岁卒。[见：《安县志》]

何诒霱 （1779～?） 字春渠。清代河北正定县人。性凝重，嗜经史文词，博学强识。年十六游庠。二十六岁登嘉庆甲子（1804）贤书。乙丑（1805）中三甲第二十九名进士，以知县改就河间教授。旁通医术，全活甚多。晚年著述甚富，医书有《儒医圭臬》，今未见。[见：《正定县志》、《明清进士题名碑录索引》]

何际隆 字赓虞。清代江苏淮阴县王家营镇人。少从丁楼学儒，壮岁始习医。性慈惠，治疗贫病，未尝求报。[见：《王家营志》]

何纯祺 字天申。明代松江（今上海松江）人。何说（非医家）子。为何氏医学世家第十一代传人。与弟何纯禧，俱行医浙江，后徙居运盐河。[见：《何氏八百年医学》]

何纯禧 明代江苏松江府人。何说（非医家）子。为何氏医学世家第十一代传人。与兄何纯祺，俱行医浙江，定居运盐河。[见：《何氏八百年医学》]

何环玉 元明间临川（今江西抚州）人。早年游历浙江，得医术归，试用常获良效，其法大抵宗张仲景诸前贤。李存《赠何环玉》诗云："吾虽老逢掖，每喜论医事。兀兀山中居，荦荦无所试。何君方壮年，得法自浙水。家居师峰下，陇亩多壤地。看看杏成林，百年有余美。"[见：《金元医学人物》（引《俟庵集·赠何环玉》）]

何若冲 （1793～1861） 字丽川。清代江苏丹徒县人。世医何钟琪子。继承家学，亦业医。[见：《何氏八百年医学》]

何若愚 金代南唐人。擅长针灸。尝撰《流注指微论》三卷，是书"探经络之赜，原针刺之理，明荣卫之清浊，别孔穴之部分"，为系统论述针灸之作，惜散佚不传。此书问世后，流传未广，何氏遂取其精义，撰《流注指微赋》一卷。《指微赋》后亦稀觌，清代编《四库全书》，始自《永乐大典》中辑出。贞元元年（1153），常山（河北正定）阎广明获何氏《指微赋》，遂加以校注，以《流注经络》、《井荥图》、《歌诀》附于卷末，易名《子午流注针经》，重刻于世（今存《针灸四书》本）。[见：《四库全书总目提要》、《金元医学人物》、《补元史艺文志》、《中医图书联合目录》]

何茂谷 （1696～?） 字慎思，号德源。清代江苏丹徒县人。世医何茹浤四子。继承家学，以医为业。[见：《何氏八百年医学》]

何茂枝 （1670～1733） 字因丌，号本源。清代江苏丹徒县人。世医何灙子。继承家学，亦业医。[见：《何氏八百年医学》]

何茂桂 （1683～1751） 字维馨，号调源。清代江苏丹徒县人。世医何茹浤次子。继承家学，亦业医。悬壶扬州张汪镇，遂定居于此。子何炀，传其学。[见：《何氏八百年医学》]

何茂桢 （1691～1749） 字千英，号硕源。清代江苏丹徒县人。世医何茹浤三子。继承家学，亦业医。长子何之勋、次子何之照，俱业医。[见：《何氏八百年医学》]

何茂椿 （1677～1724） 字千纪，号泰源。清代江苏丹徒县人。世医何茹浤长子。继承家学，亦业医。子何之炎，传其学。[见：《何氏八百年医学》]

何茂榛 （1686～1768） 字翁陵（一作翁陵），号广源。清代江苏丹徒县人。世医何茹泪子。继承家学，亦业医。长子何之炲、次子何之炜、三子何之炖，皆工医术。[见：《何氏八百年医学》、《中国历代医家传录》]

何其大 明代江西金溪县人。徙居湖北随州，遂定居。通医理。著有《医学管见》，已佚。子何宗彦，万历二十三年（1595）进士，官至吏部尚书、建极殿大学士。何其大以子贵，得朝廷封赠。[见：《德安府志》、《明史·何宗彦传》]

何其伟 （1774～1837） 学名庆曾，字谷治，号韦人，又号书田，晚号竹箬山人。清代江苏青浦县人。邑名医何世仁长子。幼年遵父命习儒，年十八岁为增贡生。通音韵，善诗词，尤精祖传医术。父殁后始悬壶于世，临证起疾如神，为嘉庆、道光间江苏名医之冠。林则徐抚吴，患脚软疾，其伟治而愈之。林喜甚，赠以联云："橘井活人真寿客，箬山编集志诗豪。"由是往来甚密。而其伟介节自持，未尝干以私，世皆重其

465

人品。时列强偷运鸦片入华，流毒极广，其伟撰文痛陈其害，又创制戒烟方，张贴于通衢及巡抚大堂，救人甚多。道光间（1821～1850），著《救迷良方》，欲请旨颁行天下，以广救嗜烟之人。时清廷与外洋屈辱议和，其伟闻之大恸，抑郁而殁，终年六十四岁。遗有《医学妙谛》（原名《杂证总诀》）三卷，系采取蒋仲芳、叶天士两家学说，取精去芜，参以平生经验而成者。曹炳章称此书曰："法从叶派，善能变化，言简意赅，切合实用。"还著有《医人史传》（已佚）、《何氏药性赋》、《重古三何医案》、《竹簳山人医案》等。医书之外，尚有诗集、水利等书多种。弟何其瑞、何其章，从弟何其超，皆有医名。长子何昌干早卒，次子何昌福、三子何长治、四子何昌焕、五子何昌霖，皆精家学。[见：《清代名医何书田年谱》、《冷庐杂识》、《清代名医医案精华》、《古今名医言行录》、《青浦县志》、《青浦县续志》、《何端叔医案·作者考略》、《杂证总诀·竹簳山人传》]

何其沧 清代安徽铜陵县顺安镇人。以医术知名，全活甚众，遇贫者恒以药济之。年七十五岁，无疾而卒。著有《幼科指南》，今未见。[见：《铜陵县志》]

何其厚 明代嘉定县（今属上海）人。世医何选子。从父命，师事名医朱栋隆，后以医知名。曾任太医院医士。万历二十五年（1597），校订朱栋隆所著脉书《四海同春》。[见：《四海同春》]

何其顺 （1785～1815） 字愉堂，号渔塘。清代江苏青浦县人。世医何世仁三子。为太医生。善医。[见：《何氏八百年医学》]

何其峻 （1821～1881） 原名德曾。字俊人，号肖岩。清代江苏青浦县人。世医何云鹤孙。邑庠生。继承家学，以医术著称。[见：《何氏八百年医学》]

何其益 （1557～1589） 字春堂。明代丹徒县（今属江苏）人。世医何谦子。继承家学，亦业医。子何一才，传其学。[见：《何氏八百年医学》]

何其高 字仁所。明代嘉定县（今属上海）人。初习儒，为诸生。精通医术，征授太医院吏目，累迁御医，加鸿胪寺署丞。万历三十六年（1608），京师疫疾流行，何氏施诊施药，全活无算。年七十岁卒。著有《素问辨疑》、《济世良方》（又作《济世奇方》）等书，未见流传。[见：《苏州府志》、《嘉定县志》、《太仓州志》]

何其焜 （1708～1756） 字利中，号朝源。清代江苏丹徒县人。世医何茂桂子。继承家学，亦业医。长子何兆奎、次子何聚奎，均业医。[见：《何氏八百年医学》]

何其章 （1785～1827） 字耀文，又字琢甫，号小山。清代江苏青浦县人。名医何世仁四子。初习儒，为诸生。质性纯厚，好学深思，工于诗词。早岁悬壶嘉善县胥塘镇，历时十余年，经治病人甚众，多应手取效，医名日噪。道光癸未（1823）秋，归乡，不复出游，而远近以疾见招者，不论贫富亲疏，有无酬报，随请随赴，即徒步数往返，不以为劳，人皆敬重之。丁亥（1827）夏，天旱多疫，何其章冒暑出诊，十余日不遑寝处，遂成重疾。七月初二日病发，犹对客处方，九日殁于家，年仅四十三岁。三子何昌龄、五子何昌墀，孙何元廛，皆继承家学。[见：《何端叔医案·作者考略》、《何氏八百年医学》、《青浦县续志》]

何其超 （1803～1871） 字古心，号藏斋。清代江苏青浦县人，居簳山北赵巷。世医何世英子。父早逝，幼从母训，习举业，诗文俱佳。咸丰二年（1852）恩贡生，就职教谕。好游历，曾入都、入洛，揽太行、嵩山之胜。得从兄何其伟指授，亦精医学。年二十八岁始行医，悬壶于金山县朱泾镇法忍寺，垂三十年，活人无算。年六十九岁卒。著有《藏斋医案》十卷、《春煦室医案》二卷、《春煦室医论》一卷。医书外有《藏斋诗集》、《枣花老屋词稿》、《归山集》等。长子何昌梓、三子何昌钤、四子何昌圻、五子何昌燧，孙何廷璋，门人蒋元焜、李寿龄，传承其学。[见：《青浦县志》、《金山县志》]

何其瑞 （?～1853） 字玉符，号希白。清代江苏青浦县人。邑名医何世仁次子。武庠生。与兄何其伟，弟何其顺、何其章皆精医术。子何昌畴、何昌期，俱绍承家学。[见：《何氏八百年医学》、《何端叔医案·作者考略》]

何述樵 清代江西南昌人。精痘科。与同邑名医王大国齐名，时称"二仙"。[见：《南昌府志》]

何叔夷 （1862～1922） 清末广东大埔县同仁嵩社人。性仁慈，精岐黄术。壮年挟技游南洋群岛，每赴医院、医社场考，俱列前矛。有医德，贫寒之家延诊，概不受酬，并给以药费。其他公益慈善诸义举，亦量力捐助，亲友告贷，罔不立应。民国十一年卒，享年六十一。晚年著《医学集览》，未梓。另有《儿科秘要》四册，刊

刻行世，今未见。[见：《大埔县志》]

何迪启 清末浙江瑞安县人。业医。光绪二十八年（1902），浙东大疫，邑名医陈侠创建利济医院于城北，与何迪启、陈葆善等主诊其间。[见：《瑞安县志稿》]

何国柱 （1681～?） 字殿臣，号龙源。清代江苏丹徒县人。世医何升裔孙。继承家学，亦业医。[见：《何氏八百年医学》]

何国栋① （1726～1780） 字桂岩，号蓼斋。清代江苏吴县人。世居兔子桥。精医学，曾任吴县医学训科。其父何琏，通医理，撰有《趋庭杂记》一文，何国栋摘录此文，刊入唐大烈《吴医汇讲》。[见：《吴医汇讲·卷六》]

何国栋② 清代四川盐亭县人。以医术著称。长于养生，年九十六岁卒。[见：《潼川府志》、《盐亭续志》]

何国模 字默庵。清代福建光泽县人。通儒学，精医理，以善诊断著称。某亲戚之妻患瘰疾，就国模求治。诊视毕，嘱长服丸药。久之病如故，遂改服他医之药，越三日，病者亡。国模阅所服方，叹曰："若妇之病，譬灯燃膏且竭，引膏绳亦将尽。骤加膏则绳不胜，骤拨绳则膏无继，皆灭也。某医能得病情，而未达治理，骤用莽药，犹纳硫脑于残釭，得须臾光明，实速其灭耳。"生前著述甚多，仅知有《默庵医论》，皆未梓行，藏之者视为秘本。[见：《增修光泽县志》]

何昌圻 （1835～1890） 字季平，号寄瓶。清代江苏青浦县斟山人。世医何其超四子。太学生。精家传医术。曾迁居嘉善县，后还斟山。[见：《何氏八百年医学》]

何昌贲 字文林。清代广东兴宁县人。精医术。治病不计诊酬，病愈无自德之色，济人甚众。士大夫多重之。[见：《兴宁县志》]

何昌钤 （1832～1904） 字斌华，号叔游。清代江苏青浦县人。世医何其超三子。太学生。精家学，尤工绘事。咸丰十年（1860）侨居天马山，遂家焉。子何志姜、何诚豫，均精医术。[见：《何氏八百年医学》、《何氏世系考》（《中华医史杂志》1954年第1期）]

何昌梓 （1827～1880） 字辛木，又字慎悔，号伯颖，又号伯行。清代江苏青浦县斟山人。世医何其超长子。自幼习儒，工诗，咸丰九年（1859）副贡。好学深思，制举之余，攻研家传医术，悟医理，通脉法，治病应手奏效。咸丰十年（1860）随父至上海，旋分居亭林行医，

与父齐名。同治七年（1868）归乡。著有《香雪轩医案》（南京图书馆藏《何伯行医案》抄本，疑即此书）四卷，医书之外尚有《烬余诗钞》、《春煦堂诗》等。子何廷璋、何寿彭，均精医术。[见：《何氏八百年医学》、《中国历代医家传录》、《青浦县续志》、《中医图书联合目录》]

何昌焕 （1824～1896） 字鼎甫，又字炳之，号蔚如。清代江苏青浦县人。名医何其伟四子。初习儒，咸丰二年（1852）中举，保举教谕，拣选知县。夙精医学，不乐仕进。次子何振基，以医著称。[见：《何氏八百年医学》、《青浦县续志》]

何昌期 字宝瑜，号达孚。清代江苏青浦县人。世医何其瑞次子。邑庠生。善医。[见：《何氏八百年医学》]

何昌畴 （1803～1859） 字宝陇，号新畬。清代江苏青浦县人。世医何其瑞长子。太学生。善医。[见：《何氏八百年医学》]

何昌福 （1802～1858） 字平子，号泉卿，又号荷新主人。清代江苏青浦县人。名医何其伟次子。自幼习儒，长为监生。后随父习医，潜研七八年，深得家学。父殁，医名继之而起，远近闻名。素重医德，不以贫贱富贵而异视，乡里敬之。其为医，大致守法东垣，取裁景岳，而不为所囿。曾评论李东垣医论曰："东垣谓土，以气言，专主升清，则是燥土。意欲因其法而参以养营，则为润泽之土，土润泽，斯木发荣矣。"顾观光深然其说。著有《壶春丹房医案》三卷、《温热暑疫节要》（附《瘟疫摘要编诀》）、《论病条辨》一卷、《荷新主人医案》一卷。长子何光藻、四子何运亨、五子何履亨，均精医术。[见：《何氏八百年医学》]

何昌龄 （1810～1863） 字端叔，号厚斋。清代江苏青浦县人。世医何其章三子。早年习儒，为邑庠生。得伯父何其伟及父何其章亲授，精于医术。悬壶吴江县苏家港，求治者盈门。著有《何端叔医案》，经侄何时希编校，刊于1983年。长子何五征、次子何元康，孙何乃庚，皆工医术。[见：《何端叔医案》、《何氏八百年医学》、《吴江县续志》、《何氏世系考》（《中华医史杂志》1954年第1期）]

何昌墀 （1816～1855） 字六芳，号子丹。清代江苏青浦县人。世医何其章五子。邑庠生。继承家学，工医术。[见：《何氏八百年医学》]

何昌燧 （1839～1875） 字嵩玉。清代江苏青浦县人。世医何其超五子。继承家学，

七画

亦工医术。[见:《何氏八百年医学》]

何昌霖 （1828~1867） 字本之，号石根。清代江苏青浦县人。名医何其伟五子。精通家学，审证甚详。同治元年（1862）悬壶东乡颛桥镇，马立中患疾，昌霖诊之，以附子收功。[见:《何氏八百年医学》、《中国历代医家传录》]

何易宇 字业新。南宋镇江（今江苏镇江）人。祖籍汴梁（今河南开封）。太医院御医何光启长子。通易学，精医理，名闻朝野。孙何飞，继承家学，尤精幼科。[见:《何氏八百年医学》]

何明鼎 字丹泉。明代浙江丽水县人。秉性正直，居心慈善。精通方脉，以医为业。治病不分贫富，遇孤苦者患疾，每自携炉炭，煎药救之。居常课子读书，长子何远、季子何达，均业儒，为庠生。次子何遂，继承父业，亦以医闻。[见:《处州府志》]

何鸣銮 清代湖北钟祥县人。邑名医何增荣子。邑庠生。继承父业，亦工医术。[见:《钟祥县志》]

何季新 宋元间乐安县（今江西乐安）人。世代书香，享誉郡邑。善词章，兼通医术，知名于时。子何庆长，医名胜于其父。[见:《金元医学人物》（引《吴文正公集·送何庆长序》)]

何秉钧 号衡石。清末广东大埔县人。幼年习儒，十四岁失学从商，能自振拔。事继母以孝闻，老而弥笃。为人谦恭，而处事强毅。平生多善举，修桥铺路，建风雨亭、丹心亭，乡里德之。光绪戊子（1888），举人丘晋亨设养蚕局，何氏襄助之。年六十余，犹好学不倦。生平缀辑《前贤格言》、《医书精要》，积抄成帙，高可盈尺。[见:《大埔县志》]

何秉锋 （1803~?） 清代江苏丹徒县人。世医何梦鹤孙。继承家学，亦业医。[见:《何氏八百年医学》]

何秉锟 （1797~?） 字式如。清代江苏丹徒县人。世医何兴基三子。太学生。继承家学，亦业医。[见:《何氏八百年医学》]

何佳琪 （1777~1856） 字子圩（一作子玛），号止叟，又号觉一。清代江苏丹徒县人。世医何廉六世孙。岁贡生，品行文学俱优，选授本县儒学训导。自幼敦敏好古，善仿唐人书法。尤精医理，能阐传家学。不以医为业，人以疾求治，不轻诺，诺即往诊。诊脉必四无人声，屏息细切，数移晷刻乃罢。视其证可治则立方，不可治则谢去。立方极审慎，每思考竟日，翌日

始就，故服其药无一失者，所愈沉疴痼疾甚多。尝习静养功，早晚运气有常度。咸丰间（1851~1861）世乱，避居东乡。年八十岁，无疾而终。[见:《何氏八百年医学》、《丹徒县志》]

何佩瑶 字焕廷，号璞函。清代广东南海县镇涌堡南村乡人。其祖、父皆为当时名医。佩瑶性聪慧，传承家学，精幼科，治痘疹尤造神诣。每值天花流行，远近争相延请，随证判其顺逆生死，百无一爽。重医德，疗富者不索厚报，遇贫乏出药助之。至豪势之家，礼貌稍衰，拂衣径去，虽许以重金，弗顾也。多才艺，精通九章算术，偶亦赋诗，纵谈名理，每令宿儒结舌。晚年恩赐九品衔。年八十四岁卒。[见:《南海县志》]

何依基 （1781~1819） 字于仁。清代江苏丹徒县人。世医何开荣孙，何兴基弟。继承家学，亦业医。[见:《何氏八百年医学》]

何征图 清代人。生平里居未详。为太医院八品吏目，乾隆四年（1739）充《医宗金鉴》纂修官。[见:《医宗金鉴》]

何金汤 （1623~1692） 字元巩，号崌东。明清间江苏丹徒县人。世医何俊七世孙。继承家学，亦精医术。悬壶扬州东关。曾孙何煦、何成基，均业医。[见:《何氏八百年医学》]

何金玙 （1632~1673） 字与玉，号溯源。明清间江苏丹徒县人。世医何应圻次子。继承家学，亦业医，悬壶于六安州。[见:《何氏八百年医学》]

何金朋 （1609~1656） 字兰生，号龙芝。明清间江苏丹徒县人。世医何一才长子。继承家学，亦业医。子何洪，传承父学。[见:《何氏八百年医学》]

何金泽 （1798~1823） 字霖成，号大川。清代江苏丹徒县人。世医何仁埙子。继承家学，亦业医。惜早殁。[见:《何氏八百年医学》]

何金玟 （1628~1698） 字文玉，号复源。明清间江苏丹徒县人。世医何炉孙。继承家学，亦业医。子何涞，绍传其学。[见:《何氏八百年医学》]

何金组 （1626~1692） 字元绶，号仍充。明清间江苏丹徒县人。世医何应载三子。继承家学，以医术知名。子何浣，传其学。[见:《何氏八百年医学》]

何金奏 （1598~?） 字元雅，号寅充。明末丹徒县（今属江苏）人。世医何烈孙。继承家学，业医，寓居常州。弟何金璜，亦业医。[见:《何氏八百年医学》]

何金根 (1609～1632) 字元辂，号小酉。明代丹徒县（今属江苏）人。世医何俊七世孙。继承家学，亦业医。性躁易怒，早殁。［见：《何氏八百年医学》、《丹徒县志》］

何金珙 (1626～1696) 字共玉，号绳源。清代江苏丹徒县人。世医何应壮次子。早年习儒，为清初国学生，敕封儒林郎，继承家学，精医术。康熙三十三年（1694）奉特诏入京，因年老，命乘肩舆入大内。后奉旨校医书于南书房，事竣，赐人参、纹绮、冠、靴等物，驰驿归里。［见：《丹徒县志》、《何氏八百年医学》］

何金顼 (1641～1711) 字端玉，号纯源。清初江苏丹徒县人。世医何应壮四子。继承家学，亦业医。子何丞，传其学。［见：《何氏八百年医学》］

何金砺 (1592～1666) 字元石，号绍充。明清间江苏丹徒县人。世医何应璧侄。太学生。继承家学，以医著名。［见：《何氏八百年医学》、《丹徒县志》］

何金钺 (1629～1678) 字元芮，号振充。清初江苏丹徒县人。世医何应载五子。继承家学，亦业医，悬壶于丹阳。［见：《何氏八百年医学》］

何金琇 (1635～1716) 字秀玉，号崇源。清初江苏丹徒县人。世医何炉孙，何应璧侄。初习儒，为县诸生，有声庠序。屡试不得志，弃而就医。尽发累世所藏医书，钻研阴阳表里、虚实补泄之法，医术大进，临诊多良效，延请者无虚日。性好道术，念药物可以疗病，难用以养生，故参考《参同契》、《悟真篇》，编《冲真子金丹直论》、《金丹正理》诸书，未见流传。长子何游、次子何瀆、三子何荣、四子何澹，皆工医术。［见：《丹徒县志》、《何氏八百年医学》］

何金铛 (1610～1656) 字元峰，号寅东。明清间江苏丹徒县人。世医何应奇次子。继承家学，亦业医。孙何懋德，克传祖业。［见：《何氏八百年医学》］

何金堡 (1631～1714) 字森玉，号溥源。清初江苏丹徒县人。世医何应圻长子。继承家学，亦业医，悬壶扬州嘶马镇。子何茹洼，传承父业。［见：《何氏八百年医学》］

何金琦 (1637～1714) 字奇玉，号衡源。清初江苏丹徒县人。世医何应圻三子。继承家学，亦业医。子何雷，孙何嘉栋，均善医。［见：《何氏八百年医学》］

何金铿 (1713～1777) 字锦江。清代江苏奉贤县庄行镇人。世医何炽长子。素习家学，工医术。子何鸿，亦业医。［见：《何氏八百年医学》］

何金鼎 (1622～?) 字大还。明末丹徒县（今属江苏）人。世医何应佩子。继承家学，工医术。官丹阳县医学。［见：《何氏八百年医学》］

何金瑄 (1620～1684) 字宣玉，号宗源。明清间江苏丹徒县人。世医何炉孙。继承家学，以医术著名。辑有《重订何氏本草类纂》（何镇原著），又参订何镇《何氏附方济生论必读》（又作《济生邃论》），皆刊于康熙十五年（1676）。长子何灛、次子何洵，俱业医。［见：《何氏八百年医学》、《丹徒县志》］

何金简 (1640～1704) 原名金华，字和玉，号友兰。清初江苏丹徒县人。世医何炉孙。继承家学，以医著称。四子何龙池，绍传父学。［见：《何氏八百年医学》］

何金鼎 (1613～1659) 字九和，号理充。明清间江苏丹徒县人。世医何应载长子。继承家学，亦工医术，官医学正科。［见：《何氏八百年医学》］

何金璜 (1604～1670) 字元玮，号觐充。明清间江苏丹徒县人。世医何烈孙，何金奏弟。继承家学，亦业医。［见：《何氏八百年医学》］

何金镕 字剑光。清代河南汝南县人。童年入庠，旋补增生。性恬淡，潜心于医书，兼好占验之术。咸同间（1851～1874），因术数名高，为人所忌，托疾寓居县城，以医济世。著有《伤寒论（注）》、《瘟疫论（注）》、《经验良方》等书，知府廖甡为之刊刻行世，今未见。堂侄何其祥，亦以好学知名，不求仕进。［见：《重修汝南县志》］

何金瓒 (1606～1690) 原名金铠，字元师，号衷雯。明清间江苏丹徒县人。世医何应奇长子。继承家学，精医术，官医学正科。孙何懋赏，亦业医。［见：《何氏八百年医学》］

何金瑾 (1638～1696) 字笔玉，号宏源。清初江苏丹徒县人。世医何炉孙。继承家学，以医术著称。子何渐，孙何立业、何磐业，俱业医。［见：《何氏八百年医学》］

何炜然 (1686～1749) 字从龙。清代江苏丹徒县人。世医何梅长子。继承家学，亦业医。子何元培，传其术。［见：《何氏八百

七画

何泽洪 清代湖南新化县人。精医术。凡县中患奇疾者，延治必愈。尝语人曰："凡治病以伤寒为要，能治伤寒则百病可医，细辨六经则病源缕析矣。如病在太阳而用少阳之药，是为引贼自坏。病过少阳而犹用太阳之药，是为诛伐无过。病诸内者，必形诸外。病一分，药止一分。如斯调治，无不随手奏效矣。至于奇疾，又当先顾根本，勿妄为治。医之道，尽于此矣。"习其术者，皆为良医。[见：《新化县志》、《宝庆府志》]

何宗武 号博济。明代松江（今上海松江）人。世医何穆次子。孝友洒落，直道待人。继承家学，亦精医术。四子何鼎，庠生，绍承家学，兼工医术。[见《何氏八百年医学》]

何宜健 明代河南洛阳人。早年中举，授阜城知县。因病归乡，研究医术。治病取效如神，凡诊视，无不立判死生。[见：《河南通志》]

何诚豫 (1863～1893) 改名廷琮，字同孙，又字桐荪，号明夫。清代江苏青浦县人。世医何昌钤五子。擅长家传内科，兼精外科。[见《何氏八百年医学》]

何承元 明代华亭县（今属上海）人。何氏第十七代世医。曾任太医院御医，授潞府良医正。[见《何氏八百年医学》]

何承泮 (1906～?) 字宝衡。近代江苏青浦县（今属上海）人。世医何红书长子。继承家学，亦工医术。[见《何氏八百年医学》]

何承耀 (1889～?) 字补榆，号老圃。清末江苏青浦县人。世医何乃赓子。继承家学，工医术。孙女何新慧，为现代中医名家。[见《何氏八百年医学》]

何孟龙 明代云南石屏县人。持躬清介，以善医著名。与同时名医高肇尧齐名。何撰《医集》，高著《医案》，皆为岐黄家所宗。[见《临安府志》]

何孟明 明代云南石屏县人。持躬清介，以善医知名。著有医书，今佚。[见：《云南通志》]

何孟春 字子元，号燕泉。明代湖南郴州人。云南按察司佥事何俊孙，刑部郎中李说子。少颖异，世称奇童。稍长，游李东阳之门，博学多识。早年游寓安仁县，聚生徒讲学于龙源村石门寺，后寓居老君观读书。登弘治六年（1493）进士，授兵部主事。历官河南参政、太仆少卿、云南巡抚、吏部右侍郎等职。嘉靖初，以诤谏夺俸，调南京工部侍郎。嘉靖六年（1527）引疾归，不复起。久之，卒于家。隆庆（1567～1572）初，追赠礼部尚书，赐谥"文简"。所居有燕泉，学者称"燕泉先生"。何氏留心医学，曾辑《续群书钞方》（又作《群方续钞》）一卷，以补丘浚《群书钞方》之不足，此书已佚。[见：《明史·何孟春传》、《百川书志》、《国史经籍志》、《直隶郴州总志》、《湖南通志》、《安仁县志·游寓》]

何绅书 (1869～1926) 字子谷，号子愚，又号根泉、艮夫。清代江苏青浦县人。世医何运亨次子。精家传内科，兼善小儿推拿。[见：《何氏八百年医学》、《中国历代医家传录》]

何绍文 (1780～1827) 字培源。清代江苏丹徒县人。世医何廷熙子。继承家学，亦业医。[见《何氏八百年医学》]

何绍业 字子毅。清代湖南道州人。户部尚书何凌汉次子。荫生。长书画，研金石，工医道，通音乐。惜不寿，年三十余而卒。[见：《书谱》、《中国人名大辞典》]

何绍京 字子愚。清代湖南道州人。户部尚书何凌汉四子。道光（1821～1850）举人，候选道员。精书法，兼通医道。辑有《何氏经验良方》一卷，今存光绪二十七年（1901）刻本。[见：《八千卷楼书目》、《中国人名大辞典》、《中医图书联合目录》]

何春生 (1767～1814) 字启源。清代江苏丹徒县人。世医何均三子。继承家学，亦业医。[见《何氏八百年医学》]

何茹洇 (1662～1735) 字时霖，号仙源。清代江苏丹徒县人。世医何应坼孙。继承家学，亦业医，悬壶扬州嘶马镇。子何茂榛，传其术。[见《何氏八百年医学》]

何茹洼 (1653～1717) 字卜远，号东源。清代江苏丹徒县人。世医何金堡子。继承家学，亦业医。子何茂椿、何茂桂、何茂桢、何茂谷，均业医。[见《何氏八百年医学》]

何相元 字辅之。清代四川汉源县大田人。早年习武，后改学医，精骨伤科。凡跌折筋骨，虽甚危之证，治之多愈，名重于时。[见《汉源县志》]

何树功 (1702～1759) 字绳庵。清代江苏丹徒县人。世医何澹次子。继承家学，亦业医。撰有《全生镜》六卷、《仰日堂医案》十六卷，均未梓。[见：《何氏八百年医学》、《丹徒

县志》]

何星照 字斗南，号慈明。清代安徽怀宁县人。自幼嗜学，及长，言笑不苟。尤精医理，贫病求诊，每赠金助药，乡里高其义。曾以盐大使需次四川，甫到省，不乐，托疾归。著有《医学集证》、《醒世箴言》，未见传世。[见：《怀宁县志》]

何思恭 清代四川安县人。精医术。雍正间（1723～1735）任安县医学。[见：《安县志》]

何贵孚 清代人。生平里居未详。潜心医学二十余年。撰有《伤寒论大方图解》、《金匮要略大方图解》（合称《伤寒金匮大方图解》）。其书以《医宗金鉴》、《尚论篇》二书为主，兼采喻昌、张介宾、程应旄、汪昂四家医论，并参以己见，加绘脏腑经络图，以详释《伤寒论》、《金匮要略》二书所载诸方。[见：《中医人物辞典》、《中医图书联合目录》]

何贵实 一名佺，号信斋。元代松江府（今上海松江）人。世医何处恭次子。精研祖业，绝意仕进。延祐五年（1318），修葺九世祖何沧墓。子何子英、何子华，俱精医术。[见：《何氏八百年医学》]

何贵麟 （1768～?）号趾庵。清代江苏丹徒县人。居富安场。世医何鹏远次子。继承家学，亦业医。[见：《何氏八百年医学》]

何钟岳 （1749～1820）字嵩山。清代江苏丹徒县人。世医何俊十二世孙。继承家学，亦业医。[见：《何氏八百年医学》]

何钟琪 （1769～1809）字蕴山。清代江苏丹徒县人。世医何应璧六世孙。继承家学，亦业医。子何若冲，传其学。[见：《何氏八百年医学》]

何顺中 明初江苏昆山（今昆山市玉山镇）人。自曾祖何子云以下，世代业医。传至顺中，极著工巧，任职太医院四十年，为当时名医。家固清贫，而平生重义轻财，不阿权贵，凡王公贵人延诊，若非亲敬，必不往。年七十余卒。子何泽，颇有父风。[见：《昆山县志》、《昆新两县续修合志》、《昆山历代医家录》（引《平桥稿·朱英斋墓志铭》）]

何侯宗 字克公。明清间广东南海县镇涌堡人。初习儒，寻弃儒为吏，又弃吏归医。精研方书，能辨识药品，兼工炮制。清初，名医朱鹰扬自京来粤，与何氏谈医，成密契，遂尽出囊中丸散秘方授之。嗣后，何氏精选良药，亲手炮制，故治病辄应，声名远闻。虽隐于医，而性耽风雅，弟子郑际泰、李朝鼎、彭演、韩海，皆一时名隽。臬司王令尤重之，颜其居曰仁寿堂。康熙三十四年乙亥（1695），城中大火，火越何氏宅而过，前后左右皆为灰烬，人皆称奇。[见：《南海县志》]

何修业 （1689～1746）字学庵，号晓亭。清代江苏丹徒县人。世医何游子。早年习儒，工诗，为太学生，候选州同。克传家学，声名不亚其父。子何梦熊、何梦鹤、何梦釜，皆工医术。[见：《何氏八百年医学》、《丹徒县志》]

何庭蕖 字仲孚，号青莲。明代华亭县（今属上海）人，徙居吕港。世医何从台孙。继承家学，精医术。[见：《何氏八百年医学》]

何彦猷 南宋汴梁（今河南开封）人。官大理寺丞。绍兴十一年（1141），岳飞被诬系狱，大理寺丞李若朴、何彦猷，大理卿薛仁辅，并言飞无罪，皆罢官。后隐居京口（今江苏镇江）十字街，以医问世。四世侄孙何侃，以医著称。[见：《何氏八百年医学》、《宋史·岳飞传》、《中国历代医家传录》]

何养浩 字彦直。元明间松江府（今属上海）人。世医何子华子。继承父学，以医名世。[见：《何氏八百年医学》]

何首乌 宋代顺州南河县（今广西陆川县西）人。其祖父何能嗣，慕道术，尝随师入山修行。一日，醉卧山野，见藤二株，苗蔓相交，久而分解，解后复交，能嗣惊讶其异，天明掘其根而归。一老者示之曰："子既无嗣，其藤乃异，恐神仙之药，何不服之？"遂杵为末，空心酒服一钱。数月后似觉强健，遂加至二钱，长久服之，旧疾皆痊，发黑颜少，数年之内即有子，名延秀。延秀之子名首乌，后世乃以"首乌"名此藤，以为药中神品。[见：《历代名医蒙求》]

何炳元 （1861～1929）字廉臣，号印岩，晚号越中老朽。近代浙江绍兴人。出身于世医之家。幼习举业，为庠生，后弃儒习医。尝从名医樊开周临证三载，后研究叶桂、王士雄诸家之说，而临证仍有不效者。光绪十二年（1886）放弃诊务，出游访道。曾寓苏州一年，居沪上三载，遇名医辄相与讨论，仍不自足，复取西医译本读之。归乡后，与绍派名医赵彦晖结忘年交，深受其影响。自光绪三十二年（1906）起，何氏出任绍兴医学会会长、绍兴医药学会会长、绍兴中西医学会监察委员会委员。光绪三十四年（1908）六月与裘庆元等创办《绍兴医药学报》，何氏任副总编。1915 年，出任神州医学会绍兴分会评议长。行医五十余年，精内、妇、儿诸科，尤以伤寒最为擅长，医界称之为越州翘楚。生平著述甚富，主要有《全国名医验案类编》、《增订通俗伤寒论》、《内科证治全书》、《中风新论》、《痛风新论》、《湿温时疫治疗法》、《儿科诊断学》、《实验药物学》、《药学汇讲》、《肺痨汇篇》、《喉痧白喉证治全书》、《何廉臣医案》等三十余种。子何幼廉，绍承父学，亦精医道。[见：《何廉臣生平及其对祖国医学之贡献》(《中华医史杂志》1984 年第 2 期)、《中国历代医史》]

何炳展 清代陕西宁强县人。早年习儒，为贡生。继承家传医术，知名于时。[见：《宁强县志》]

何炳椿 (1844～1918) 字茂堂。清末四川合江县南四区人。读书能文，累试不售，改习医。于历代名医著述无不探究，佐以经验所得，能别出见解。立方简约，尤善调治寒温，临证著手即愈。年七十五岁卒。著有《茂堂医书》，藏于家。此书共二卷，首卷为《伤寒金匮歌括》，二卷为《伤寒瘟疫辨似论》，卷末附《瘟疫类方》。此书未见流传。[见：《合江县志》]

何洪本 明代句容县（今属江苏）人。精医术，专擅儿科，知名于时。[见：《句容县志》]

何洪源 字浚流，又字默仙。清代福建建宁县人。精医术，挟技游寓南昌，知名于时。兼善诗，风格简质清迥，多出世语。著有《默仙诗集》。[见：《重纂邵武府志》]

何洛英 明代河南汝南县人。寓居长安。夙多病，究心医术，临证主变通，不拘泥于古书。初不善痘科，子女数亡于庸医，悲痛之余，日取小儿方书读之，久之明悟，乡人携幼求治者甚众。刑部尚书陈某命其著书，以备幼科采择。名医吴贞一又敦促之，遂著《痘疹发微》一卷，成书于万历三十二年（1604）。此书国内未见，今日本国立公文书馆内阁文库有藏本。[见：《中国医籍考》、《内阁文库汉籍分类目录》]

何振宇 (1842～1895) 原名振寅，字孟诚，号虚谷，又号虚白、爱年。清末江苏青浦县人。邑名医何长治长子。早年习儒，为太学生，候补国子监典籍。工书法，精医术。子何绩书，亦工医术。[见：《青浦县续志》、《何氏八百年医学》、《中国历代医家传录》]

何振实 (1844～1917) 字诚中，号右韩，又号又安。清末江苏青浦县人。名医何长治次子。太学生。继承家学，亦工医术，知名于时。[见：《何氏八百年医学》]

何振基 (1853～1908) 字季雅，号鲁廷。清末江苏青浦县人。世医何昌焕次子。早年习儒，为附贡生。后随父习医，苦志钻研，治伤寒、温病尤神，病家争延致之。叔父何长治以医负盛名，振基承其后，声望亦隆。次子何红书，绍传父业。[见：《何氏八百年医学》、《青浦县续志》]

何振翰 字九皋。清代湖南邵阳县人。精医术，知名于时。子何骧，绍承家学。[见：《湘医源流论·何舒》]

何晓生 (1883～1971) 现代广东南海县人。为广东湛江地区人民医院蛇伤医师。自少随父学疗蛇伤，后游学四方，博采众长，以擅治毒蛇咬伤知名于南方数省。1958 年任中山医学院蛇医顾问。1959 年被选为湛江市政协委员。同年被评为全国先进工作者，并出席全国群英大会。1962 年被选为广东省政协委员。晚年撰《蛇医学概论》。所创秘方何晓生蛇药捐献于湛江医药公司，定名湛江蛇药，批量生产。[见：《中医人物辞典》]

何高民 (1909～1986) 现代河南安阳县人。毕业于河南省立第一高中。早年参加革命，1934 年被捕入狱，在狱中自学中医，并师事难友程先生。出狱后赴太行抗日根据地，历任县委书记、县长、地委宣传部长、专员等职。中华人民共和国成立后，历任卫生部中医司副司长、《健康报》总编、全国中医学会理事、山西省中医学会副理事长，并当选山西省第四届政协常委。曾负责筹建中国中医研究院。1959 年下放山西省中医研究所，任副所长。1964 年开始研究明末医家傅山，考证其生平及医学著作。先后撰辑《傅青主医学著作考》、《傅山医学手稿》、《大小诸证方论》、《青囊秘诀》、《傅山验方秘方辑》、《本草秘录》、《傅青主女科校释》、《傅青主男科重编考释》等著作。生前拟出版《傅青主医学全集》，未果。[见：《中医年鉴》(1987)]

何高雍 (?～1857) 字简斋。清代福建光泽县人。岁贡生。性刚介，言谈不苟。肆力于古文词，行文质朴。晚年精医术。著有《医学求真》十二卷，今未见。咸丰七年太平军陷光泽，何氏与长孙何芳栋卒于乱军。[见：《增修光泽县志·文苑》]

何高慰 字孟思。清代福建光泽县人。候选知府何长聚子。天性敏达，幼承庭训读书，善古文，通诗律，道光丙午（1846）中举。平生多善行，素习医术，不问贫富皆为诊视，乡里德之。[见:《增修光泽县志·文苑》]

何家坤（1757～1818）　原名家墅，字体乾，号实庵。清代江苏丹徒县人。世医何廷枢孙。继承家学，亦业医。次子何鉴章，传其学。[见:《何氏八百年医学》]

何家彦　原名汝昊，字君旦，号元江。明代华亭县（今属上海）人。世医何十信曾孙。早年习儒，通经史，工诗文，为邑庠生。兼精家传医学，洞窥六脉，名重一时。[见:《何氏八百年医学》]

何家章　字阆儒，又字藏叔，号珠江。明代华亭县（今属上海）人。世医何克绳子。性狂放不羁，继承家学，精通医术。徙居青浦县沥上，悬壶于世，声名远震。[见:《何氏八百年医学》]

何家墣（1772～1841）　号永庵。清代江苏丹徒县人。世医何廷枢孙，何家坤弟。继承家学，亦业医。[见:《何氏八百年医学》]

何继武　明末四川绵州人。侨居石泉县。精医术，颇负时望。排行第三，人皆以三翁称之。石泉县大疫，染者十不活一，何继武终日采药救治，救人甚多。[见:《直隶绵州志》、《绵阳县志》]

何继宗　明代人。生平里居未详。撰有《何氏医机心鉴》二卷，已佚。[见:《医藏书目》]

何继高　字泰宁。明代浙江山阴县人。万历癸丑（1613）进士，授刑部郎中，历官临江知府、福州知府、江西参政。博学强识，旁及医学。著有《轩岐新意》一卷，未见流传。[见:《山阴县志》、《浙江通志》]

何继德　字秦方。清末人。生平里居未详。曾任太医院御医，兼东药房值宿供奉官。[见:《太医院志·同寅录》]

何梦釜（1735～1808）　字冶成，号镕亭。清代江苏丹徒县人。世医何游孙，何修业子。与兄何梦熊、何梦鹤，皆以良医闻名于时。孙何士镇，亦精医术。[见:《何氏八百年医学》]

何梦熊（1728～1798）　字太占，号心冰，又号晚桥。清代江苏丹徒县人。世医何游孙，何修业长子。与弟何梦鹤、何梦釜，皆以良医闻名于时。著有《覆瓿草》一卷。[见:《何氏八百年医学》、《丹徒县志》]

何梦瑶（1693～1764）　字报之，号西池，又号研农、绀山。清代广东南海县云津堡人。自幼习儒，颖悟绝伦，十岁能文，十三岁应童子试，而屡考未能入学。二十七岁，充巡抚署掾，仅三月，拂衣去。年二十九，应康熙辛丑（1721）岁试，受知于学使惠士奇，入籍县庠，与劳孝舆、吴世忠等七人一时并起，有惠门八子之誉。雍正七年（1729）拔贡，领乡荐。次年联捷成进士，时年三十八岁。初分发广西，大府闻其名，令修省志。历任义宁、阳朔、岑溪、思恩等县县令，擢奉天辽阳知州，寻引疾归。何氏少年时善病，故究心岐黄，精明医理。任思恩县令时，瘟疫流行，曾广施方药，饮者辄起，存活甚众。官辽阳时，亦时起沉疴，世人皆服其术。晚岁辞官归里，著书自娱，悬壶自给。大府聘主端溪、粤秀、越华书院讲席，肇庆府吴绳年聘修府志，因自称研农。富于著述，所撰医书甚多，计有《本草韵语》、《绀山医案》、《针灸吹云集》、《乐祇堂人子须知韵语》（简称《人子须知》）、《妇幼痘三科辑要》、《伤寒论近言》、《妇科良方》、《幼科良方》、《痘疹良方》、《痘疹辑要》（与刘鼎合撰）、《神效脚气秘方》等（前三种今未见）。其代表作《医碥》，采撷前贤之言，参以己意，救偏正失，注重辨识病因、病状、病机，简明扼要，为后世医家所重。门生陈国栋，得其传授，以儒医鸣于时。[见:《清史稿·何梦瑶传》、《医碥·序》、《冷庐医话》、《广州府志》、《南海县志》、《中国医籍大辞典》]

何梦鹤（1730～1774）　字元素，号雪塘。清代江苏丹徒县人。世医何游孙，何修业次子。与兄何梦熊、弟何梦釜，皆以良医闻名于时。孙何秉锋，继承家学。[见:《何氏八百年医学》、《丹徒县志》]

何梦麟（1759～?）　字玉书。清代江苏丹徒县人，居富安场。世医何鹏远长子。继承家学，亦业医。[见:《何氏八百年医学》]

何第松　字任迁。清代安徽婺源县高仓人。自少习儒，年弱冠，二弟俱亡，父母悲伤成疾。何第松侍汤药四十余日，父愈，而母成痫症，久治不效，遂弃儒习医。遍读方书，潜心研究，阅四年，母病得痊。嗣后医术日精，药下病除，活人甚多。重医德，凡贫病无力者，必资助之。著有《经穴分寸歌》、《针灸诀歌》、《药性捷诀》各一卷，未见传世。[见:《婺源县志》]

何惇大　清代广东大埔县人。性至孝，以父病而精医术。弃童子试，设诊于药肆，

贫者求医不索诊酬。[见:《大埔县志》]

何深基 字正卿。元代松江府（今上海松江）人。世医何仁山族弟。登进士第，授医学管勾。其后裔何镇，为明代太医院医士。[见:《何氏八百年医学》]

何鸿恩 (1852~?) 字泽如，号小臣。清末江苏丹徒县人。世医何琳四世孙。继承家学，亦业医。[见:《何氏八百年医学》]

何鸿堂 (1689~1762) 字惟丹（一作维丹），号绳宗。清代江苏奉贤县庄行镇人。世医何炫子。早年习儒，为太学生。精家学，诊视立方，悉中病紧，江浙远近争延致之。为人谦谨和易，蔼若春风。弟何王模，亦以医名。长子何实、三子何如森，皆精医术。[见:《何氏八百年医学》、《奉贤县志》]

何鸿铨 (1841~?) 字选廷，号少占。清代江苏丹徒县人。世医何锡申次子。继承家学，亦业医。[见:《何氏八百年医学》]

何鸿器 字克庵。清代安徽南陵县人。邑廪生，入太学。博览经籍，有会心处辄手录之。晚年潜心理学，以濂洛关闽为宗。著述甚富，多经史、性理、诗文之作。重养生，有《卫生集》若干卷，今未见。[见:《南陵县志》]

何淇泉 清代江苏淮阴县王家营镇人。五世业疡医，至淇泉亦精其术，求诊者甚众。[见:《王家营志》]

何淑宁 （〈女〉(1346~1428) 元明间昆山县（今属江苏）人。郑忠妻。盛年守寡，早暮纺织，赡养公婆，抚育幼子。得郑氏祖传妇科医术，明脉善药，治奇难怪疾多奇中。年八十三岁殁。子郑壬，以医术知名。[见:《昆山历代医家录》]

何寅初 明代安徽歙县人。精医术，擅长疮科，知名于时。[见:《歙县志》]

何绩书 (1872~1918) 字裴士，号八子，又号稚白。清末江苏青浦县人。世医何振宇三子。邑庠生。精医术，工书法。曾设诊于上海姜氏衍泽堂药店，墨迹流传于沪者甚多。[见:《何氏八百年医学》、《中国历代医家传录》]

何朝宗 元明间越（今浙江绍兴）人。精医术，知名于时。王仲元患痔疮，痛苦不堪，时医不能疗。何氏煮药熏之，尽去其毒而愈，众医叹服。[见:《金元医学人物》（引《兔藻集·赠何医师序》）]

何朝柱 字鼎臣。南宋京口（今江苏镇江）人。祖籍汴梁（今河南开封）。太医院院使

何公务子。继承父学，亦精医术。父卒，袭任太医院院使。子何光祖、何光启。光启精医术，后为御医。[见:《何氏八百年医学》、《丹徒县志》]

何掌文 (1749~1816) 字凤书。清代江苏丹徒县人。世医何俊十一世孙。继承家学，亦业医。[见:《何氏八百年医学》]

何鼎亨 字德嘉，号容斋。清代安徽休宁县城东人。早年习儒，为庠生。性耽诗书，兼嗜医学，曾师事万安名医俞圣瑞，擅长幼科，治痘证有起死回生之效。著有《活法启微》三卷，成书于乾隆元年（1736），今存。次子何雍源，亦以医知名。[见:《休宁县志》、《徽州府志》《中医图书联合目录》]

何鼎祥 字迪善。明代华亭县（今属上海）人。世医何谦次子。精医术，名振一时。居东城，人以世济堂名其居。孙何琏，官太医院医士。[见:《何氏八百年医学》、《松江府志》]

何景才 (1848~?) 字羨亭。清末河北三河县人。幼年家贫失学，后习疡科，虚心求教高明，久之精其术。临证三十余年，多有心得。晚年撰《外科明隐集》四卷(1902)，述外科诸证病因主治，并附有医案。[见:《中医人物辞典》、《中医图书联合目录》]

何景适 (1720~1783) 字南宫。清代江苏丹徒县人。世医何金琇孙，何濒九子。继承家学，亦业医。[见:《何氏八百年医学》]

何焜生 (1858~?) 字锦珊，号石庵。清代江苏丹徒县人。世医何钟十三世孙。继承家学，亦业医。[见:《何氏八百年医学》]

何道行 清代河南长垣县人。精医术，以外科知名。[见:《长垣县志》]

何尊铎 号天木。清初湖南桂阳人。父何文廉，兼通医术，曾梦名医孙思邈抱儿授之，遂教以《灵》、《素》诸书。尊铎后成名医，兼通风角之术。相传曾以明医选入京师，补太医院医士，行至武昌，望南方白气，诧曰："吾州当大疫。"遽还，果发疫，遂疗救之，随手而愈。卒后，州人尚传用何氏天木方。[见:《桂阳直隶州志》]

何禄元 (1337~1392) 字天祐。元代丹徒（今江苏镇江）人。洛阳知县何水子。何水晚年谓禄元曰："吾家世习医学，一遵古方。今丹溪弟子戴元礼最得丹溪心法，盍往从之?"禄元遂拜入戴氏门下，数年间尽得其传。后以医问世，虽遇奇证，投剂立效，时谓小神仙。长子何渊，裔孙何应佩，八世孙何文煜，均精医术。

[见：《何氏八百年医学》]

何瑞玉 明代湖北京山县人。寓居于郢（湖北钟祥）。性磊落，尚义气。精外科术，治异疮入手便愈。凡士兵受伤，皆延请之，多获奇效。董思白赠以"不二华佗"匾额。[见：《钟祥县志》]

何鉴章 （1795～?） 字名安。清代江苏丹徒县人。世医何家坤次子。继承家学，亦业医。[见：《何氏八百年医学》]

何锡申 （1799～1870） 字惠伯，号巽占，又号金堂。清代江苏丹徒县人。世医何坚永子。精家学，医名远震。子何鸿铨，继承其学，亦业医。第四女适胡克斋，胡亦业医。[见：《何氏八百年医学》]

何锡庆 （1810～1881） 字来章。清代江苏丹徒县人。世医何坚德长子。继承家学，以医术著称。[见：《何氏八百年医学》]

何锡勋 （1887～1926） 字钟奇，号子祥。清末江苏青浦县人。世医何寿彭子。继承家学，亦精医术。长子何承志，现任青浦县中医医院主任医师。[见：《何氏八百年医学》]

何锡龄① （1752～1825） 字天遐，号春占。清代江苏丹徒县人。世医何谦十二世孙。继承家学，亦业医。[见：《何氏八百年医学》]

何锡龄② （1817～1879） 字梦征，号伯臣。清代江苏丹徒县人。世医何琳曾孙。奉侍生。继承家学，亦业医。[见：《何氏八百年医学》]

何锦华 号鹤汀。清代人。生平里居未详。上海名医钱文彦门生。嘉庆十三年（1808）曾校订钱氏《伤科补要》。[见：《伤科补要》]

何鹏远 （1717～1784） 字汉扬（一作汉阳）。清代江苏丹徒县人，居富安场。世医何金琇孙，何瀔八子。继承家学，亦业医。长子何梦麟、次子何贵麟，均业医。[见：《何氏八百年医学》、《中国历代医家传录》]

何鹏腾 （1713～1754） 原名景太，字履青。清代江苏丹徒县人。世医何金琇孙，何瀔六子。习儒而精医。子何步蟾，以医为业。[见：《何氏八百年医学》]

何鹏霄 （1717～1767） 字祖培，号药上。清代江苏丹徒县人。世医何荣次子。继承家学，以医术知名。兼工诗文，著有《自怡诗草》。[见：《何氏八百年医学》]

何雍源 字肇昆。清代安徽休宁县人。邑名医何鼎亨次子。传承父业，亦以医名。[见：《新安名医考》、《休宁县志》]

何嘉诜 字牧云。清代安徽黟县人。精岐黄术。纂注医书多种，未肯轻易刊行。得其方者，皆珍之。[见：《黟县四志》]

何嘉栋 （1722～1761） 字廷弼，号惠源。清代江苏丹徒县人。世医何金琦孙。继承家学，亦业医。[见：《何氏八百年医学》]

何聚奎 （1740～1785） 字坤源，号映瑞。清代江苏丹徒县人。世医何其煨次子。继承家学，亦业医。[见：《何氏八百年医学》]

何熙煜 字毓山。清代四川马边县人。初习举业，博闻强记。家贫，弃儒习医，精研《内经》诸书，遂以医术知名。[见：《叙州府志》]

何觐光① 字浣斋。清代福建建宁县北乡珠溪坊人。性耿介笃实，器量才干过人，以孝友好施著称。初习举业，父令主家事，遂弃所学。尝曰："吾不能为官以活人，当以医活人也。"遂潜心医学，能断人死生于数年之前，无不验者。凡延请皆往，或中夜赴召，未尝厌倦，亦未尝望报。尝自谓："余自五十后，医术疑有神助，故治人辄效。"乾隆甲寅（1794）坊中大疫，死者甚众。其母亦染疫，觐光亲奉汤药，衣不解带者弥月。著有《急救奇方》、《内伤砭肓》二书，今未见。[见：《建宁县志》]

何觐光② 清代四川定远县人。习举子业，兼通医术，远近延治者不绝于途。年七十八岁殁。子何文安，侄何文绮，皆以医名。[见：《定远县志》]

何增荣 字景五。清代湖北钟祥县人。少习医，精脉理，诊病以脉象为断。尤善治疫，每值夏秋盛行，求诊者络绎于途。性好施，岁终，凡亲族中贫乏者，以薪米周济之。著有《伤寒问答》。子何鸣銮，邑庠生，能继其业。[见：《钟祥县志》]

何增祐 （1761～1806） 字笃周。清代江苏丹徒县人。世医何炉六世孙。继承家学，亦业医。[见：《何氏八百年医学》]

何德坚 （1746～1812） 字玉岩。清代江苏丹徒县人。世医何谦十一世孙。国学生。亦业医。[见：《何氏八百年医学》]

何德昭 字广明。清代江苏奉贤县人。世医何全裔孙。习外科。[见：《何氏八百年医学》、《中国历代医家传录》]

七画

何德藻 字芙卿，号鸿仪。清末岭南（今广东）人。年八岁随父宦游江右，寓居江西浔阳。早年习儒，博学多识，工诗善画。不利于科场，就任小吏。生平乐善好施，每慨贫病者无力就医，遂研习岐黄。此后，施术疗贫，数十年如一日，活人甚众。著有《拾慧集》十二种（分为正、续二编），其子何家鲲刊刻于光绪二十二年（1896）。此书包括《长沙杂病》五卷、《杂病补阙》二卷、《长沙妇科》、《长沙外科》、《医学准绳》、《寒温明辨》、《眼科辑要》、《喉科要旨》、《保幼八则》、《痘门六法》、《麻疹重新》、《伤损秘传》各一卷。[见：《拾慧集·序》、《中医图书联合目录》]

何潮元 清代广西人。里居未详。早年习医，擅祝由科。太平天国时，任军内医师，弃祝由术，专尚药饵。壬子二年（1852）六月，擢内医监军。咸丰三年（1853）三月，升前军内医。六月，封恩赏丞相。后领兵战于皖、赣，颇具战功。[见：《中国医学人名志》]

何履亨 （1839～1881） 字九思，号究筜，又号玖诗。清代江苏青浦县人。世医何昌福五子。早年习儒，议叙从九品。工书法，精篆刻。继承家学，亦善医。[见：《何氏八百年医学》]

何履和 字间村。清代江苏金山县张堰镇人。精医术，名重一时。[见：《重辑张堰志》]

何操敬 清代湖北随州人。生平未详。著有《医学秘传》，今未见。[见：《湖北通志》]

何懋忠 明代松江（今上海松江）人。为何氏第十七代世医。精医术。曾任潞府良医正。[见：《何氏八百年医学》]

何懋赏 （1663～？） 字功受，号如东。清代江苏丹徒县人。世医何金瓒孙。继承家学，亦业医。[见：《何氏八百年医学》]

何懋德 （1672～1739） 字恕思，号东园。清代江苏丹徒县人。世医何金铊孙。继承家学，亦业医。[见：《何氏八百年医学》]

何燮阳 字纯熙。清代四川西充县人。流寓南充县。以医为业，临证每获奇效。年二十七丧妻，终生不复娶，惟以读书为乐。年九十岁，尚能健步出诊。[见：《南充县志》]

何璧斋 清末浙江新昌县人。生于世医之家，继承祖业，学贯中西。晚年著《中西一贯伤寒圆机奥义》，今未见。[见：《绍兴地区历代医药人名录》]

何耀光 字韫峰。清代广东大埔县双坑人。性纯孝。精医术，以外科知名。重医德，凡求治，不辞风雨寒霜，急觅药调治，不受谢仪，远近德之。年八十岁卒。[见：《大埔县志》]

何耀庚 字子长。清代广西藤县五裤厢人。生平未详。著有《本草摄要》、《何氏食谱》、《子长诗文稿》，未梓。[见：《藤县志稿》]

伯

伯乐 名孙阳，字伯乐。春秋时期秦国人。精兽医学，尤以擅长相马著称。撰有《相马经》、《疗马经》、《治马杂病经》（疑即上书）、《针经》等兽医著作，已佚。今存《安骥集》，收入署名伯乐之《十二经络图》。[见：《隋书·经籍志》、《宋史·艺文志》、《四库全书总目提要》、《山西通志》、《中国人名大辞典》]

伯高 传说中之上古名医。为黄帝时臣，精通医理。旧说黄帝与岐伯、伯高、少俞诸臣讨论医药，从而创立医药理论，是为附会之词。《黄帝内经》以黄帝与岐伯、伯高等问难形式成书，当系汉儒所附会。[见：《中医大辞典》、《历代名医蒙求》、《古今医统》、《黄帝内经》]

佟

佟文斌 字质夫。清末北京人。精医术。官至太医院统务（全称为"太医院花翎三品顶戴协办清察管理太医院事务"），兼上药房值宿供奉官。子佟成海，绍承父学，以医术知名京师。[见：《太医院志·同寅录》]

佟成海 （1890～1962） 字阔泉。清末北京人。太医院统务佟文斌子。幼承庭训学医，十八岁入太医院学馆习业。曾任太医院御医，兼御药库帮掌印御医。清亡，悬壶京城二十余载。中华人民共和国成立后，出任北京积水潭医院中医科主任。擅长妇科及内科杂病，尤以调治肝病经验丰富。尝谓："肝为内科万病贼，万病不离于郁。"故治疗妇科崩漏及月经不调，每以调肝法见卓效。[见：《太医院志·同寅录》、《中医人物辞典》]

伴

伴哥 元代蒙古人。后至元（1335～1340）初，官资善大夫太医院使。时大都（今北京）三皇庙年久失修，针灸铜人及《针灸图经》石刻字迹漫漶难辨。伴哥与同官上书，请求修复。惠宗诏工部修葺，焕然一新。后至元三年（1337），名医危亦林撰《世医得效方》，初经江西医学提举司校正，又送诸路医学提举司重校，再上京师太医院，由伴哥与院官二十余人审核，颁布于世。

476

[见：《世医得效方·太医院题识》、《金元医学人物》（引《至正集·大都三皇庙碑》）]

佘

佘鹤 字觐五。清代安徽繁昌县人。初习举业，因父病弃儒习医。殚心研虑，竟成良医。尝过某病妇家，举室仓惶。佘鹤询之，谓妇人已气绝。亟为诊视，急令取巴豆半斤，沥油于纸，灼烟入病者鼻。经食顷，呕痰数升，病良已。素重医德，凡以疾病延请，虽暑雨严寒不辞。著有《医砭》一卷，藏于家。[见：《安徽通志》、《太平府志》]

余

余江 字石台。清代浙江慈溪县人。诸生。工诗能医。家境清贫，晚年行医于吴淞三泖间，知名于时。[见：《慈溪县志》]

余远 字文度。清代江苏无锡县人。生平未详。著有《伤寒直指》二卷，详论伤寒诸症病机、脉象及妇人孕产期伤寒病诊治法、秘方等。[见：《中医人物辞典》、《中医图书联合目录》]

余纯 号一清道人。近代浙江寿昌县（今建德）人。性嗜医学，研习内外科数十年，多有心得。后师事姚寅生、韦格六，专习针灸。有感于《黄帝内经》阐述针灸经络之文十居八九，而时医多不明经脉穴道，遂考证《针灸大成》诸书，附以歌括及小儿推拿法，辑《针灸指南》，以便初学。此书今存上海明善书局铅印本。[见：《中医人物辞典》、《中医图书联合目录》]

余纲 字尧举，自号修真居士。南宋青田县（今属浙江）人。少时习儒，及长，慕老庄之学，兼精医理。白玉蟾访之不遇，题屋壁曰："半斤雷火烧红杏，一点露珠凝碧荷。锦帐中间藏玉兔，银瓶里面养金鹅。铅花朵朵开青蕊，汞叶枝枝发翠柯。我欲刀圭分付汝，料因汝未识黄婆。"余纲撰有《选奇方》十卷、《选奇方后集》十卷。前书已佚，其内容散见于《本草纲目》等书；后书国内仅存残卷，日本国立公文书馆内阁文库有藏本，题《芝田余居士论证选奇方后集》。按，余纲，《国史经籍志》作"秦纲"，疑误。[见：《直斋书录解题》、《青田县志》、《内阁文库汉籍分类目录》]

余岩 （1879～1954）字云岫。近代浙江镇海县人。早年研究中医，于中医古籍训诂考据有一定造诣。后赴日本大阪学医，归国后任上海医院医务长、上海医师公会会长等职，后开业行医。余氏认同日本明治维新取缔汉医之举，盲目崇拜西学，主张废医存药。1929 年，余氏任中央卫生委员会委员，提出《废止旧医以扫除医事卫生之障碍案》（简称《废止旧医案》），并在卫生部第一届中央卫生委员会会议上通过。此提案在《社会医报》刊出后，引起中医界极大愤慨，全国各省迅即成立全国医药团体总联合会，推选谢观、陈存仁、隋翰英、张梅庵、蒋文芳等组成晋京请愿团，迫使南京政府搁置废止中医提案。中华人民共和国成立后，余氏参加第一届全国卫生工作会议，重提废止中医之议，遭到与会者一致反对。余氏著有《古代疾病名候疏义》、《医学革命论》（亦名《余氏医述》）、《医学革命论续集》（亦名《余氏医述二集》）、《灵素商兑》等书。[见：《中国大百科全书·中国传统医学》、《中医年鉴》(1987)]

余念 字济川。清代江西奉新县人。自幼习儒，补博士弟子员。精通医理。推重名医喻昌，每以喻氏无幼科专书为憾，遂撰《正宗幼科》四卷，今存乾隆三十年乙酉（1765）德星堂刻本。[见：《中医人物辞典》、《中医图书联合目录》]

余彦 清代人。生平里居未详。编有《吴氏痘科秘本》五卷，今存抄本。[见：《中医图书联合目录》]

余淳 字敦父。明代安徽黟县城西隅人。休宁县儒学训导余时启子。博综经史，工吟咏。其父精医术，万历戊子（1588）大疫，以秘方救治，全活不可胜计，后定居休宁。余淳传承父学，亦精岐黄家言，知名于时。[见：《黟县志》、《休宁县志》]

余淙 字午亭。明代安徽歙县富山人。万历间（1573～1619）在世。早年习儒，不利于科场。堂兄余傅山，曾任县令，归隐于医，谓淙曰："士人遭际不遇，诚能益世利人，斯不负所学。"淙乃从之学医，尽得精奥。后悬壶济世，临证数十年，活人数以万计，名振于时。余氏博览前贤之书，临证善变通，不拘泥成说，每有独到见解。时医惟知"湿能化热"，余氏则倡言"热亦能化湿"，认为"湿亦有生于热者，概因热气熏蒸，水液不行，日久成湿。脉细而首如裹，后重而粪稀溏，此热中之湿也。"又重视前人经验，尝谓："百家之言，殊多则繁，寡约则漏。"遂搜集古人"不易之说，纯正之方，核于经旨而确实无疑者"，参之以临证心得，辑《诸证析疑》（又作《苍生司命》）四卷，共载病症六十六种，列方八百七十五条，且附有医案、医论，稿成未梓，传

477

抄者其多。此书初经其曾孙余士冕增订，后复经八世孙余昭令编次，刊刻于乾隆十一年（1746）。余淙还著有《余午亭医案》、《医宗脉要》等书，均佚。门人吴崑，为著名医家。子余时雨、余小亭、余仰亭，孙余幼白，曾孙余士冕，俱精医术。[见：《徽州府志》、《歙县志》、《新安名医考》]

余铸 清代江苏丹徒县人。生平未详。撰有《伤寒要法》一卷、《证治辨疑》一卷，曾有底稿本传世。[见：《贩书偶记续编》]

七画

余斌 字小池，号晓墅。近代江西上犹县人。为中医界极端复古派，固执中医"今不如昔"之说。1920年撰《中华医学》十六卷，推重汉代名医张机，攻击汉以后历代方书。还著有《读陈修园》十五卷、《晓墅脉学》三卷，全盘否定王叔和、李时珍脉学理论，专以仲景脉法为规矩，以手背寸口为阳，以腕内关、尺为阴，撰《人迎、趺阳脉法图说》，以阐述其观点。以上三书合称《余氏医书三种》。[见：《中医人物辞典》]

余弼 清代浙江嘉兴县梅里人。生平未详。著有《医缀》二卷，今未见。[见：《梅里备志》]

余雷 字振为。清代安徽婺源县沱川人。资质聪颖，精通音律。兼精医术，擅伤科，临证效验如神，名噪于时。[见：《新安名医考》]

余锵 字璎鸣，号怡柯。清代浙江龙游县人。诸生。长于诗，兼通医学。撰有《抱梓山房诗稿》四卷、《医鉴》（又作《医筌》）十二卷，未见传世。[见：《龙游县志》]

余霖 字师愚。清代安徽桐城县人。自少习儒，奋志读书，有不可一世之概。屡试不第，遂弃举业，专务岐黄。博览群籍，对温疫证治有独到见解。乾隆甲申（1764），桐城大疫，其父亦染疾，为庸医误治而殁。时余霖客居大梁（今河南开封），及奔丧归，审视诸方，皆不外治伤寒法。遂检阅《本草》，至"石膏"条下曰"性寒，大清胃热，味淡而薄，能表肌热，体沉而降，能泄实热。"恍然悟曰："非此不足以治热疫！"此后，遇此证辄投以大剂石膏，皆获良效。乾隆甲寅（1794）至京师，又逢大暑，疫疾大作，世医以张介宾法治之多死，以吴有性法治之亦不尽验。时鸿胪卿冯应榴姬人患此症，呼吸将绝。余霖治以大剂石膏，应手而痊。所著《疫疹一得》二卷，刊刻于世，为医者所重，今存。[见：《清史稿·余霖传》、《疫疹一得·序》、《中医图书联合目录》、《中国医学大辞典》]

余懋 字啸松。清末浙江嘉兴县梅里人。名医余恕堂子。继承父学，亦以医闻。辑有《方解别录》一卷、《洄溪秘方》一卷、《牛痘要法》（蒋致远原撰）一卷、《万选良方》一卷，总名《白岳庵杂缀医书四种》，刊于光绪己丑（1889）。另有《推拿述略》一卷，亦刊于世。[见：《中国医学大辞典》、《八千卷楼书目》、《梅里备志》、《中医图书联合目录》]

余韹 号鉴泉。清代江西德兴县在市人。监生。博览群书，善属文，屡试不售，遂弃举子业。筑小轩于城西菜圃中，莳花竹，养禽鱼，吟诗围棋以自适。兼通医道，凡《灵枢》、《素问》诸书，靡不深究。尝自吟曰："物理闲中见，柴门草自春。浮云空过眼，白日去如轮。怕有虚名累，须求慧业新。萧然林处士，梅鹤自相亲。"著有《脉诀辨误》若干卷，藏于家。[见：《德兴县志》、《江西通志稿》]

余馨 字向吾。清代安徽婺源县沱川人。岁贡生。少颖悟，孜孜向学，为文典雅，试辄冠军。性恬逸，寡言笑，未尝臧否人物。素精医术，远近求诊者甚众，无不应手奏效。年八十余卒。撰有《医理析微》二卷，未见传世。[见：《婺源县志》]

余二田 清末人。生平里居未详。辑有《喉症指南》四卷、《白喉捷要合编》一卷、《达生保赤篇》一卷，均刊于世。[见：《中医图书联合目录》]

余士仁 字元德。清代浙江山阴县人。生平未详。曾于康熙五十年（1711）重订《景岳全书》。[见：《景岳全书》]

余士冕 字子敬。明清间安徽歙县富山人。世医余幼白子。继承家学，医术益精，治则奇中，屡起沉疴。曾订补曾祖余淙《诸证析疑》（又作《苍生司命》）。子余之俊、余志宁，皆精医术，与父齐名。[见：《歙县志》]

余之俊 一作之隽，字吁三，又字抑庵。清初安徽歙县富山人。世医余幼白孙，余士冕子。少有才名，不慕荣利，旷怀高致，人以南熏居士比之。继承家学，工医术，尤精脉理，求医药者立活。著有《脉理会参》（又作《脉理会要》）三卷，休宁金伟、虬溪吴蕤为之作序，今存康熙间（1662～1722）原刻本。弟余志宁，亦工医术。[见：《安徽通志稿》、《徽州府志》、《歙县志》、《中医图书联合目录》]

余之谓 字文宇。清代江苏宜兴县人。工医术。凡贫病无力延医者皆为诊视，并

助以药资。[见:《重刊宜荆续志》]

余飞龙 清代四川营山县人。以医为业，喜文词。待人诚挚，事母尽孝，乡里敬之。[见:《营山县志》]

余小亭 明代安徽歙县富山人。名医余淙次子。继承父学，亦业医。兄余时雨，弟余仰亭，皆业医。[见:《歙县志》、《徽州府志》]

余天遂 （1882～1930） 原名寿颐。字祝荫，号荫阁，又号疢侬、颠公。近代江苏新阳县（今昆山县玉田镇）人，迁居蓬阆镇。幼习举业，为名儒胡蕴入室弟子。光绪二十七年（1901）庠生。三十年执教于苏州苏英女学，越二年女校停办，乃毁家兴学，自办弘志女学。数年后，掌教苏州草桥中学。宣统二年（1910）经柳亚子介绍加入南社，以诗情激昂闻名。次年入粤军北伐总司令姚雨平戎幕。1912年任临时大总统府秘书。孙中山辞职，余氏转赴上海，任《太平洋报》主笔，抨击袁世凯。1916年任教于上海澄衷中学。余氏多才艺，工书画，善治印，兼精医学，治病多奇效。或劝悬壶应世，则云："挂牌则就诊者多，多则忙，忙则未免有错，错而杀人，得毋罪乎？不如日诊一二人，审慎周至，对症下药为妥善。"1927年，花桥祁巷徐燕谋之母病危，中西诸医皆嘱备后事。余氏应邀诊视，投以重剂，沉疴立起。后徐母寿至九十余。余氏一生奔波，积劳成疾，病逝于上海，年仅四十八岁。[见:《昆山历代医家录》]

余元龙 清代江西德兴县在市人。精医术，多义举，人多赞之。[见:《德兴县志》]

余元度 佚其名（字元度）。清代江苏无锡县人。精医术，其学传自镜机子，治病百无一误。尝谓："治病之法在望、闻、问、切。切，以探其内之情；望、闻、问，以尽其外之形。情隐而形显，故望、闻、问较先于切。今人喜言切脉而略于对证者，蔽也。"又谓："病一而证之变凡几；证一而候之变凡几。识其证，审其候，而后可以用药。"其甥华希闵，曾辑录元度医论，辑《用药心法》，传于后世，今未见。[见:《中国医籍考》]

余元惠 字敏斋。清代四川简阳县海螺河人。精医术，活人甚众。素重医德，凡以急症延请，不及履袜而往，或代煎汤剂，或以口度药，不避臭秽，人皆德之。[见:《简阳县志》]

余元懋 明代安徽婺源县沱川人。精医术，善诊脉，治病多奇中。为人质朴无华，虽愈危证，未尝求报，乡人称为长者。[见:《婺源县志》]

余无言 （1900～1963） 原名愚，字择明，又字愚庵，别号不平。现代江苏阜宁县人。幼读经史，工诗词，博览诸子百家。后随父余奉仙习医。勤读医经，深究仲景学说。年十八岁，悬壶本县益林镇。时西学东渐，乃赴上海从俞凤宾博士习西医内科，继从德国医生维都富尔学外科。1929年移居上海，与张赞臣合办诊所，并创办《世界医报》，自此以改进中医为素志，历数十年不移。1934年出任中央国医馆名誉理事，兼编审委员。此间，先后任教于上海中国医学院、中国医学专修馆、苏州国医研究院、上海新中国医学院。1938年，与张赞臣再度合作，创立上海中医专科学校，主管教务，兼授《伤寒论》、《金匮要略》、《外科学》等课。1942年春，日寇占领上海旧租界，学校被迫停办，余氏摘下医生招牌，拒绝到伪政府立案登记，以示不屈。中华人民共和国成立后，积极推动中医改进。1956年应聘赴京，先后任职于卫生部、中医研究院、北京中医学院，对中医理论及中医教育多有贡献。余氏兼通中西医学，力主"中医科学化，西医中国化"，认为"医为仁术，不应有所谓中西之分，宜取长补短，熔治一炉"，为有识之论。其临证，融经方、时方于一炉，辨证精审，诊断明确，立方颇具胆识。素重医德，治病不因贫富而异视，为同道及患者所敬重。著有《伤寒论新义》、《金匮要略新义》、《湿温伤寒病篇》、《斑疹伤寒病篇》、《实用混合外科学总论》、《实用混合外科学各论》、《翼经经验录》，刊行于世。另有《愚盦诗草》等著作。子余瀛鳌，任中国中医科学院研究员，论著甚多，为现代著名中医学家。[见:《江苏历代医人志》、《翼经经验录》、《中医人物辞典》]

余云谷 明代浙江开化县人。业医，自谓眼科捷手。万历间（1573～1619）曾与名医孙一奎会诊。[见:《孙文垣医案》]

余中瑞 字静斋。明代贵州安化县人。博学能诗，尤精医术，能起沉疴。年八十五岁尚矍铄，行城市中不依鸠杖，人称半仙。[见:《贵州通志》]

余文本 字仁山，号友芝。清代江苏吴县人。善绘画，工山水兰竹，兼擅画松。精医术，知名于时。[见:《中国人名大辞典》]

余文佩 号松坡。清代江西德兴县三十六都柏溪人。郡庠生。性坦直，待人不设城府。师事江左名医程泽周，揣摩十余寒暑，深明医道。凡遇危险症，依经按脉，每能立起沉疴，相传曾一时救三命。其所制方，人多不解，而随手奏效，询之皆有至理。撰有《医学秘诀》、《临症按脉》诸书，均散佚。[见：《德兴县志》]

余文柏 字华麓，号芸窗。清代江西德兴县在市人。廪贡生。性聪敏，淹贯经史，善属文，操笔立就，试辄高等。县令李芸湘、杨芷溪雅重其学。旁涉医术，颇得秘奥。著有《芸窗偶稿》、《华麓医案》二书，藏于家。[见：《德兴县志》]

余以谦 元明间章贡（今江西赣州）人。世代为医，数传至以谦，益精其术，名重于时。有医德，凡以病延请，不问贫富，不避风雨，立往救之。通郡老幼，皆赖以治，未尝自炫，亦未尝以术求利。[见：《金元医学人物》（引《麟原后集·赠医士余以谦诗序》）]

余正宗 字秉赤。明代安徽休宁县西门人。精医术，殚精"天人性命"之旨。素怀济人之志，有隐德，常以人参等贵重药隐置药中，不令贫病者知，活人甚众。[见：《休宁县志》、《徽州府志》]

余世规 明代浙江龙游县人。宋宰相余端礼七世孙。精岐黄术，凡经诊视，罔不获效。逐日求治者环门，不分贫富，皆救疗之。正统间（1436～1449）授医学训科。[见：《龙游县志》、《浙江通志》]

余仙蓬 字仁山。清代四川双流县人。精医术，以伤科知名。凡跌仆损伤者，皆为施治，治则获效。年七十岁卒。[见：《双流县志》]

余尔可 清代安徽绩溪县人。痘科名医余海宁孙。继承祖父之学，亦业医。[见：《绩溪县志》]

余汉伯 清代安徽怀宁县人。精医术，以疡科知名于时。[见：《怀宁县志》]

余必朗 清代安徽黟县人。生性高傲，精医理，不欲以术名世，鲜知之者。咸丰间（1851～1861），同邑理问何元巩服食硫黄，患热疾，几至发狂，诸医束手。闻必朗名，强邀治之。必朗诊之曰："此丹发也。脉洪大不挠，非死证。"用鲜溪螺二百枚，铁落一两，川连、木通各三钱，二服而愈。[见：《重修安徽通志》]

余幼白 明代安徽歙县余家山人。邑名医余淙孙。继承家学，亦精医术。子余士冕，孙余之俊、余志宁，皆以医名。[见：《歙县志》、《徽州府志》]

余成章 字敏求。清代江苏苏州人。少习举业，因母病，弃儒为医。后援例授浙江从

九品职。[见：《苏州府志》]

余成椿 字麓泉。清代江苏宜兴县人。邑名医余葆蕖子。绍承父业，亦精医术，名振于时。道光丙申（1836）大疫，成椿施术疗救，治则获效。侄余景和，医名益噪。[见：《吴中名医录》、《宜兴荆溪新志》、《中国历代医家传录》]

余光宗 字克敬。清代安徽黟县双溪人。早年习儒，授从九品衔。通医术，擅长外科，凡危殆之症，投药辄效，名重于时。临证审慎，尝谓："诊脉辨证，须凝神静气，细审寒热虚实，自无误投之药，亦无不愈之疾。"[见：《黟县四志》]

余光第 字协恭，号云帆。清代安徽婺源县沱川人。邑庠生。家贫，夜读经书，日授蒙童，不以生计贻父忧。兼精医术，延请者踵相接。著有《医案》四卷，未见传世。[见：《婺源县志》]

余廷勋 字瓒黄。清代浙江鄞县人。好搜集医方，遇病者辄出以治之，每获良效。乾隆四十年（1775）辑《不药良方》，刊刻于世。道光元年（1821），铁岭人衍秀得此书，为之分门别类，重刊于道光十八年（1838）。[见：《中医人物辞典》]

余廷瑞 明代福建晋江县人。世代业医，至廷瑞术益精，深悟张机五运六气之妙，用药鲜不效者。洪武间（1368～1398），荐授本郡医学正科。闽郡郑定、庐陵胡广，曾赋《橘井秋香》诗，称颂其妙术。[见：《福建通志》]

余仰亭 明代安徽歙县人。邑名医余淙三子。继承父学，亦业医。兄余时雨、余小亭皆精医。[见：《歙县志》、《徽州府志》]

余兆芝 清代陕西孝义厅人。早年习儒，曾任儒学训导。精医道，为人治病不辞劳，不取酬。[见：《孝义厅志》]

余志宁 一作余克宁，又作余志凝。字林发。清初安徽歙县余家山人。世医余士冕子。继承家学，医验一如其父。兄余之俊，亦工医术。[见：《徽州府志》、《歙县志》]

余丽元 字介石。清代安徽婺源县沱川人。名医余含辉侄。通医术。撰有《滑伯仁先生传》，附刻于余含辉《脉理存真》卷末。子余显廷，以医知名。[见：《中医人物辞典》、《中医图书联合目录》]

余来龙 清代河南人。里居未详。精医术，善养生。嘉庆二年（1797）游蜀，至平武县，爱山川之秀，遂定居东乡安乐寺，以医术

济人。年九十九岁犹健旺。[见:《龙安府志》]

余时启 明代安徽黟县人。自少习儒,兼精医术,尤擅针灸。曾任休宁县儒学训导。万历戊子(1588)大疫,余氏出秘方救治,全活不可胜计,休人挽留之,遂定居。子余淳,传承父学,亦精医术。[见:《黟县志》、《休宁县志》]

余时雨 明代安徽歙县人。邑名医余淙长子。继承父学,亦业医。弟余小亭、余仰亭,皆精医。[见:《歙县志》、《徽州府志》]

余作宾 字见山。清末安徽休宁县人。生平未详。同治八年(1869)校正曾鼎《妇科指归产后方》。[见:《女科书录要》]

余伯陶 (1868~?) 字德埙。近代江苏嘉定(今属上海)人。精通医理,擅长内科。光绪二十六年(1900)徙居上海,目睹西洋医学影响日广,中医渐趋衰落,遂立振兴中医之志。1902年,与李平书、陈秉钧、黄春圃等创立上海医会。后组建上海医务总会,并出任中国医学会(周雪樵、蔡小香主办)评议。辛亥革命后,与包识生创办神州医药总会,任会长,并共同主编《神州医药学报》。民国初,临时教育会议颁布各类学校课程,唯中医教育不予列入。余氏愤然通告全国,得十九省医界响应,于1914年底组织医药救亡请愿团,向北洋政府请愿。1918年建立神州医药专门学校,任校长。著有《鼠疫抉微》、《疫症集说》等书,刊于世。[见:《中医人物辞典》、《中医图书联合目录》]

余含棻 字芬亭,号梦塘,别号杏林子。清代安徽婺源县沱川人。郡庠生。性刚直,少负经世之志,于书无所不读。精医术,探究《内经》、《伤寒》、金元四家之书,而折衷于立斋、景岳、士材、肯堂、路玉、鼓峰、养葵、韵伯、天士等书,订谬正论,多所发明。中年客居粤东,适海疆多变故,乃指陈形势,前后上策万余言,以军功议叙候选通判。制府祁埙、中丞梁宝,雅重其才,有"留侯借箸,景略扪虱"之誉。著有医书《保赤存真》十卷,今存光绪二年(1876)慎德堂刻本。还著有《医林枕秘》十卷、《麻痘合参》二卷,未见流传。兄余含辉,亦工医术,早殁。[见:《婺源县志》、《中医图书联合目录》、《中国医学大成总目提要》、《保赤存真·序》]

余含辉 字燕峰。清代安徽婺源县沱川人。自幼习医,精究脉理,深得要领,兼善针灸术。因病枉卒。遗有《脉理》书稿,经其侄余文英、侄孙余显廷参订,编成《脉理存真》三卷,今存。此外还著有《校定铜人图》一卷、《针灸图》一卷,已佚。弟余含棻,亦以医知名。[见:《中医人物辞典》、《脉理存真·序》、《中国医学大成总目提要》]

余亨信 清代江西德化县人。品端行谨,究心岐黄,心存济利。凡民间延请,无论远近贫富,无异视,乡里称之。[见:《德化县志》、《九江府志》]

余应奎 明代江西上饶县人。生平未详。辑有《太医院补遗本草歌诀雷公炮制》八卷,今存明书林陈乔刻本,题"元李杲编,明余应奎补遗"。又订补龚信《医学源流肯綮大成》十六卷,今存万历三十四年丙午(1606)建邑积善堂刻本。[见:《中医图书联合目录》、《北京大学图书馆藏李氏书目》、《中国医籍考》]

余奉仙 (1860~1939) 字涤凡。近代江苏阜宁县人。幼年习儒,后随曾祖余赞襄学医。资质聪敏,读书善悟,于《内经》、《难经》、《伤寒》及金元以后医书无不探究。弱冠悬壶于乡,以善治伤寒、温病、时疫及风科杂证知名。中年后设诊于南京。晚年返里,执业于益林镇甘溪沟,求诊者户限为穿。余氏临证精审,以见闻广博著称,医名与兴化赵履鳌、淮安张子平相埒,有苏北三大名医之誉。著有《医方经验汇编》,刊于1955年。另有《经验辨录》若干卷,未梓。子余无言,为现代著名中医学家。[见:《江苏历代医人志》]

余其周 清代广西兴安县人。精岐黄术。重医德,恒赠药以济贫病。[见:《兴安县志》]

余苹皋 清代人。生平里居未详。曾注解范在文《药性赋》,撰《药性赋音释》一卷,刊行于世。今存明辨斋刊本。[见:《中医图书联合目录》、《八千卷楼书目》]

余述祖 字宗承,号小黼。清代安徽婺源县沱川人。其父余龙光(1803~1867),为道光十五年(1835)举人,曾任青浦知县。述祖为龙光长子,资质鲁钝,年逾十八始习完五经。后独居萧寺,昼夜攻苦,学业精进。辛亥(1851)举于乡。会试屡荐不售,旋以郎中签分工部屯田司行走,充玉牒馆纂修。太平天国事起,奉召回籍办团练,因擅动帑款罢职。三十九岁卒。余氏因父病习医,兼通岐黄。撰有《医白》、《伤寒翼》诸书,未见传世。[见:《婺源县志》、《近三百年人物年谱知见录·余龙光》]

余迪兹 清代江苏江都县瓜州镇人。以医知名。与名医郑重光同时。[见:《素圃医案》]

481

余国用 号怀泉。明代江西弋阳县四十七都人。早年务农养亲，后得名医传授，以医为业。悬壶三十年，所愈不下万人。年九十岁卒。[见：《弋阳县志》]

余国佩 字振行。清代安徽婺源县沱川人。国学生。因避兵祸徙居泰州姜埝。性格沉静，待人温恭。中年弃儒就医，由《参同契》悟岐黄三昧，名噪一时。重医德，治疗贫病不计诊酬。自制余氏普济丸、辟痧丹、仓公散等成药，用之颇效。著有《痘疹辨证》二卷、《燥湿论》一卷、《医案类编》四卷、《吴余合参》四卷、《金石医原》四卷，皆未见传世。子余鉴，为同治戊辰（1868）进士。[见：《婺源县志》、《泰州志·流寓》]

余国锡 字伯荣。清初浙江钱塘县人。业医，知名于时。清初，名医张志聪构侣山堂于胥山，集合当地名医及门生，讲学著书于其中。余国锡参与其事，曾参校《黄帝内经灵枢集注》九卷，刊刻于康熙十一年壬子（1672），今存。[见：《黄帝内经灵枢集注》]

余易元 清代湖北麻城县人。习儒不售，弃而业医。贯通《素问》、《灵枢》，于历代名医方书靡不毕览，尤以仲景《伤寒》、《金匮》为宗。临证药简而剂重，治辄奇验，识见远出时医之上。[见：《麻城县志前编》]

余鸣盛 字晓山。清代安徽婺源县沱川人。早年习儒，为诸生，捐职州同。忠厚好义，兼精医术。凡求治者，不受谢资，遇贫困无力者赠以药。[见：《婺源县志》]

余冼氏 〈女〉 清代广东南海县下金瓯堡人。本姓冼，嫁余宗礼为妻。性慈惠宽和。幼时从母习小儿医，洞明精要，于婴孩病源，皆能曲中。后以小儿医问世，应手辄效。治病不取诊金，但取丸散成本。遇贫家延请，虽远必到。年逾九十，尚扶杖至各乡诊病，全活童幼，指不胜屈。年九十七岁殁。[见：《南海县志》]

余学渊 清代四川彭山县人。精医理，有独到见解。著《造命广嗣法》一卷。书凡五章，一为劝耕心田，言欲得子孙繁衍，须心地纯正；二为预储真种，强调男子平素须少近房帷，以使肾气充沛；三为务及良时，言男女交接有时，不可失之迟早；四为培养灵根，谓妇人成胎之后将息之法；五为补偏救弊，阐述不孕症调养治疗之法。书末附《产科》一卷，以明产褥事宜。余氏还著有《医学杂撮》一卷，内有脉诀百言、痈疽总论、治痢要诀等内容。以上二书，今未见流

行。[见：《重修彭山县志》]

余治勋 号燮堂。清代湖南平江县人。精岐黄术，尤擅目科。常施眼药济人，多所全济。治病不受谢，凡远来贫病者，辄留家医治，供其饮食。咸丰（1851～1861）初，力办团防，抵御太平天国军，由县主簿升县丞，授五品阶。[见：《平江县志》]

余宝焜 清代江苏丹徒县人。邑名医余祚宸子。诸生。与兄余炳焜，皆世父业。门生王继恒深得其传。[见：《丹徒县志摭余》]

余孟勋 字功言。清代云南昆明县人。以医名世。凡延请者，不计贫富，虽中夜必往，有古豪士风。[见：《昆明县志》]

余绍宁 字义周。清代江西南城县人。徙居新城县南机坳。幼攻举业，二十岁弃儒习医。初博览唐以后诸名医之书，后遍访名师，得异传，决人生死多奇中。尝制万应丸施济，全活甚众。著有《元宗司命》二十卷，其书伤寒、内、外、妇、儿、针灸诸方无不精备。又著《天时运气》、《金丹秘旨》、《道书全集》等（皆道家书），均未见刊行。及门弟子二十余人，子余景汤、余景立，皆承其业。[见：《建昌府志》、《南城县志》、《新城县志》]

余奏言 字子鸿。清代浙江诸暨县人。以医术知名。[见：《绍兴地区历代医药人名录》]

余南桥 明代浙江山阴县人。精医，以疡科知名。曾治愈上虞葛通议背疽，葛氏之孙葛焜感其德，捐资刊刻余氏医案，名之曰《广仁编》，今未见。[见：《名医类案》]

余显廷 字廉斋，自号橘泉子。清代安徽婺源县沱川人。名医余含辉侄孙，余丽元子。好学多能，尤精医术。曾任两浙青村场大使。辑有《医案》四卷，未梓。其叔祖余含辉，曾撰《脉理》一书，余显廷参以滑寿《诊家枢要》，并自撰"诊脉分配部位"，又将其父余丽元《滑伯仁先生传》附于卷末，辑为《脉理存真》三卷，刊于世。[见：《婺源县志》、《中医人物辞典》]

余钦臣 清代安徽望江县人。精医术，治病不计财利，人称长者。年八十二卒。[见：《望江县志》]

余俊修 又名兆秀，字友梅。清代浙江遂安县人。性潇洒，工词赋，尤精医术。嘉庆间（1796～1820）知县张本以"术精手妙"额其门。著有《跌打精英》，未见刊行。[见：《遂安县志》]

余炳焜 清代江苏丹徒县人。邑名医余祚宸子。早年习儒，为诸生。继承父学，工医术。弟余宝焜，亦通医。[见：《丹徒县志摭余》]

余冠贤 字耀廷，号芝湖。清代安徽婺源县沱川人。少聪颖，工诗文。以冠军入郡庠。后肄业于紫阳书院，与太史董筱槎、中翰施胜卿相友善。某督学聘之襄校，以父母年高，谨守"不远游"之诫，不就。道光乙酉（1825）参修县志，极详慎。恒谓："习医以延亲寿，觅地以妥先灵，皆人子分内事。"故兼工医术，尤擅儿科。著有《医学险证随笔》、《活幼心传》、《芝湖诗稿》等书，未见传世。[见：《婺源县志》]

余祚宸 字六含，号紫珊。清代江苏丹徒县人。其父患疾多年，久治不效。祚宸慨然曰："为子者焉可不知医！"遂潜心医学，凡《内经》以下诸书无不研读。后因避乱，侨寓高邮，得赵、吴两医秘传，术乃精进，尝愈他医所不治者。平生以济人为心，不计财帛，不论贫富，靡不尽心诊治。著有《内难经撮》、《伤寒温病歌括》等书，未见刊行。子余炳焜、余宝焜，皆为诸生，能世父学。[见：《丹徒县志摭余》]

余泰琛 字雪樵。清代浙江仁和县人。生平未详。通法医学，辑有《洗冤录通纂》八卷，未见刊行。[见：《杭州府志》]

余恭黻 字善浦。清代人。生平里居未详。钱文骥门生。曾参校其师《温病条辨证方歌括》。[见：《温病条辨证方歌括》]

余振元 字继鸿，号渭泾。近代江苏宜兴人。随父徙居常熟。名医余景和三子。早年习儒，曾任教于常熟。后从名医丁泽周学，技成，以医为业。尝助丁氏创办上海中医专门学校及广益中医院，任专校教务主任及医院医师。年四十七岁卒。著述散见于《中医杂志》。子余鸿孙、余鸿仁，均承父业。兄余振基，亦工医。[见：《吴中名医录》、《中国历代医史》]

余振基 字幼鸿，号渭涯。近代江苏宜兴人。随父徙居常熟。名医余景和次子。继承父学，以医知名，惜早卒。弟余振元，医术益精。[见：《吴中名医录》、《中国历代医史》]

余致恭 清代安徽芜湖县人。业医。与名医郑重光同时。[见：《素圃医案》]

余逢源 清代江西德兴县三十五都人。邑庠生。博览古今方书，凡立方全凭心悟，活人甚众。有以钱相请者，厉声曰："余岂以术求金哉？"著有《脉诀全书》，未见传世。弟余濂伊，亦工医术。[见：《德兴县志》]

余益之 元代慈溪（今浙江宁波北之慈城）人。其祖上得蜀僧所授秘方，治痈疽神效无比。余益之得家传，以疡医为业，知名于时。凡疽发于身，自顶至踵，随所在施治，无不应手取效。其治病不用刀针，服以疗疽秘方，内毒自二便排出，疮平而愈。或有腐肉者，则先敷以药，后服以方，取效神速，非时医所能比。至正乙未（1355），余姚宋元仪疽生于背，数日间暴肿，如负斗米。时医以艾灸之，痛楚不堪，而疗效甚微，遂请余氏诊视。余氏曰："火攻多此一举。"于五鼓时作丸药令服，不久患处痛痒，气殷殷鸣于肠间，溲出赤黄浊液。三日之内，服药五六次，内毒全清，皮肤如初，遂愈。[见：《金元医学人物》（引《庸庵集·赠余益之序》）]

余海宁 清代安徽绩溪县市南人。精医术，以痘科知名。孙余尔可，传承祖业。[见：《绩溪县志》]

余朗亭 清代安徽歙县人。为嘉、道间（1796～1850）名医，与程文囿同时。[见：《杏轩医案》]

余恕堂 清代浙江嘉兴县梅里人。精医术。子余懋，继承其学。[见：《中国医学大辞典》]

余崇灏 字古村。清代江苏奉贤县刘家行人。以医济世，知名乡里。[见：《重修奉贤县志》]

余象斗 明末人。生平里居未详。曾增补福建邵武县医家谢毓秀《回生达宝秘传明论医方》，在原书之外，补入药性、治法、歌赋等内容，刊刻于世。此书国内已佚，今日本东京国立公文书馆内阁文库藏有万历二十四年（1596）双峰堂余氏三台馆刊本，全书八卷，总名《新锲千选回生达宝秘传明论医方》。此书已由中国中医科学院影印回归。[见：《日本现存中国散逸古医籍》]

余鸿钧 （?～1930）字申甫，又字升孚，号心禅。近代江苏昆山县（今玉山镇）人。出身儒医世家。少攻举业，光绪七年（1881）补邑庠生。早年从父读《素问》、《灵枢》、《金匮》诸医典，后负笈于常熟墩头丘（今辛庄镇苏村陈家宕）姑丈陈憩亭门下学医。陈氏为江南名医，鸿钧侍诊师侧，久之深有所悟。学成返昆山，悬壶问世。行医之外，兼任塾师，课读族中子弟。宣统元年（1909）举孝廉。1917～1919年，本县纂修《昆新两县续补合志》，余氏任市区采访。平生与表兄陈如山、儒医王德森友善，常往还切磋医理。著有《医学启蒙》，藏于家，今存稿本。
[见：《昆山历代医家录》]

余鸿熹 字瑞三。清代安徽婺源县沱川人。庠生。家居教塾，事母以孝闻。旁通医术，治病多效，不受谢仪。殁后多年，乡人尚至墓祭扫。著有《医案》二卷，未梓。[见：《婺源县志》]

余葆藻 一作余宝渠。清代江苏宜兴县人。精医术，知名于时。子余成椿，传承父学。[见：《宜兴荆溪新志·余成椿》、《中国历代医家传录》、《吴中名医录》]

余朝杰 字伯明。清代安徽婺源县沱川人。精医术，以痘科著名。重医德，凡延诊立赴，遇贫病则赠以药。卒之日，乡人莫不哀悼。[见：《婺源县志》]

余辉丁 字汉卿。清代湖北麻城县七里陂乡人。庠生。精通医理，全活无算，远近驰名。年六十八岁卒。[见：《麻城县志前编》]

余景立 清代江西新城县人。邑名医余绍宁次子。与兄余景汤，皆世父业。[见：《建昌府志》]

余景汤 清代江西新城县人。邑名医余绍宁长子。与弟余景立，皆传承父学。[见：《建昌府志》]

余景和 (1847～1909) 字听鸿。清末江苏宜兴县人。太平天国间（1851～1864）迁居武进县孟河镇，后又迁常熟县。早年习儒，候选主簿。兄业医，早殁。景和初从伯父余成椿习医，后学徒于药肆，暇时熟读《灵枢》、《素问》诸书。嗣后，又从名医费兰泉游，尽得其传，医道大进，长于内科，兼工喉科、外科。自徙居常熟日，悬壶济世，全活不可胜数，有余仙人之称。素重医德，凡贫病者求治，不收诊金，且赠以药。推重名医柯琴《伤寒来苏集》，尝逐句疏注，以此教授门生、儿辈。后经门生胡筠青抄录成集，名曰《余注伤寒论翼》，刊行于世。此外尚著有《外证医案汇编》四卷、《诊余集》一卷（再版时易名《余听鸿医案》），亦梓行。余姚胡虞祥得其传授，有名于时。次子余振基业医，早故。三子余振元，传承父学，复从名医丁泽周习业，为近代名医。[见：《吴中名医录》、《余听鸿先生传略》（《江苏中医》1958年第2期）、《中国历代医史》、《宜荆续志·徐祝封传》、《余姚六仓志·方技·胡虞祥传》]

余赐山 元代人。里居未详。至元三年（1266）任江西等处官医副提举。[见：《世医得效方》]

余傅山 明代安徽歙县余家山人。正德、嘉靖间（1506～1566）在世。早年习儒，兼通医术。曾任湖北钟祥县令。归田后，得隐者传授，以医问世，知名于时。著有《余傅山医案》，今存名医郑梅涧手抄本。嘉靖癸卯（1543），余氏与新安名医汪宦、吴篁池、汪双泉讨论医学，后辑为《乌聊山馆医论汇粹》，所论涉及脉法、伤寒、杂证、妇科、儿科等，此书今亦存。堂弟余淙，得其亲授，声振于时。[见：《新安名医考》、《徽州府志》]

余道善 号乐真。清末云南大理人。宣统三年（1911）入川，设坛习乩，发"校正医书"之愿。1929年，改动《伤寒论》、《金匮要略》原文，窜入医方四百余首，名之曰《仲景大全书》，声称乃"仲景先师临坛降补"，"孙思邈真人降序"，不过借神坛作伪。[见：《中医人物辞典》]

余道溥 字问舟。清代安徽绩溪县人。精通医术，与同县胡润川、石上锦、周汉云，并以医名。[见：《重修安徽通志》]

余谦牧 字心恭。清末湖南平江县人。生平未详。曾重校《金匮玉函经》，行于世。宣统三年（1911）撰《伤寒论类注》八卷，今存残抄本。[见：《中医图书联合目录》、《中国历代医家传录》]

余登孙 字明可。元代盱江（今江西南城县）人。精医术，以儿科知名。曾任建昌路医学正，迁医学教授。程钜夫之孙三岁患病，时医或谓惊症，或谓风疾，皆不愈。后延请登孙，一望即曰："此伤暑也。"投药一剂而痊。程氏侄女一岁病疡，众医束手。登孙诊治，三剂康复。程氏亲书"麓泉"二字赠之。[见：《金元医学人物》（引《雪楼集》、《吴文正公集》）]

余登俊 字雅南，号铁冈。清代湖南桃园县人。精通医学，不以技谋利。晚年自题居室曰隐居独善。年八十一岁殁。[见：《桃园县志》]

余锦麟 清代陕西孝义厅人。早年习儒，为贡生。精于医，临证多效验。重医德，凡延诊不辞劳，亦不取酬，乡里敬之。[见：《孝义县志》]

余煜吉 清代人。生平里居未详。尝得《眼科神应方》一册，用之屡验。后命胡鳖抄附于《经验良方》之后，刊刻于道光二十九年（1849）。[见：《中医人物辞典》]

余殿香 清代河南信阳县人。生平未详。撰有《保赤全书》，未见传世。[见：《信阳

县志·艺文》]

余毓湘 字潇友，号南湖。清代浙江诸暨县人。侍御余缙幼子。自幼习儒，喜读书，于经史百家无所不窥，以诗知名。天性孝友，尝曰："为人子者不可不知医，精于此，庶于口体之养不无稍补耳。"故兼精岐黄。伯兄余毓澄患疾，毓湘闻讯奔赴，亲调药饵，三年如一日。[见：《诸暨县志·卓行》]

余肇钧 清末湖南长沙人。生平未详。光绪三年（1877）浙江书局刊印《黄帝内经》，余氏与黄以周担任总校。[见：《中国医学书目》]

余鹤龄 清代江苏铜山县人。工医术，以儿科著称。与同邑名医陶锡恩齐名。[见：《铜山县志》]

余濂伊 清代江西德兴县三十五都人。邑名医余逢源弟。精医术，古方之外别用奇方，方药之外兼用针灸，临诊十不失一，远近求治者甚众。尝自审己脉，知寿不满三十二岁，后果如所言。[见：《德兴县志》]

余鹭振 字彩轩。清代安徽婺源县人。初业儒，为监生。父殁后，经商于崇明。精通医术，光绪壬寅（1902）崇明痧疫大作，余氏出技治之，全活无算。著有《瘰瘭痧论》，详述病源及治法。上海医学馆主笔周雪樵见其稿，深器重之，函请加入中国医学会，又选录其《医案》，连载于《医学报》。余氏光绪三十三年（1907）归里，求诊者踵相接。暇则著述方书，用心太过，年仅三十六岁殁。[见：《婺源县志》]

谷

谷泉 字明之。元代钧州密县（今河南密县）人。幼颖异，读书有神解。弱冠贯通经史，志在济世。尝曰："古人以良医比良相，吾其为医乎！"尽取古来方书读之，遂以医术知名。大德（1297～1307）初，由大臣举荐，征为元成宗侍医。供职勤勉，先后赐以珍贝玉带、服饰鞍马及宅第。累官朝列大夫、同签太医院事。至大元年（1308），授朝散大夫广平路总管。在任清廉，重儒学，亲主大成庙、三皇庙祭祀。任满，迁中议大夫殷阳路总管。至治二年（1322）迁安丰路总管。[见：《金元医学人物》]

谷广儒 字仲凯。清代江苏高淳县人。精通医理，于名人医书无不披览而精思之。临证辨温凉，酌虚实，审表里，皆遵古而不拘泥，故所治多奇效。县令陈某旌之以匾。[见：《高淳

县志》]

谷日章 明代浙江江山县人。精医术，知名京师。隆庆二年（1568）正月，太医院医官春甫集合各地在京名医四十六人，创立一体堂宅仁医会，谷氏为会员之一。诸医穷探医经，讨论四子（指张机、刘完素、李杲、朱震亨），共戒私弊，患难相济，为我国最早之全国性医学组织，其组织构成、宗旨、会规等刊入《医学指南捷径六书》（今存明万历金陵顾氏、新安黄氏同刊本）。[见：《我国历史上最早的医学组织》（详《中华医史杂志》1981年第3期）]

谷芳甸 字禹畿。清代山东阳信县人。秉性正直，待人和厚，治家有道。通明医理，每岁施药以济贫病，概不索酬，活人不可胜计，乡里德之。年七十四岁终。[见：《阳信县志》]

邸

邸自重 字敬修。清代陕西高陵县上石里人。自少读书，家贫不能卒业，改习疡医。技成，悬壶济世，治病应手取效，名著于时。性孝友，重操行，乐善好施。嘉庆间（1796～1820）岁饥，尽出所贮周济困乏，一时有善人之称。晚年举乡饮宾。[见：《高陵县续志》]

狄

狄仁杰 （630～700） 字怀英。唐代并州太原（今山西太原）人。夔州长史狄知逊子。自幼读书，高宗朝，以明经荐授汴州判佐，后经工部尚书阎立本之荐，授并州都督府法曹。历任度支郎中、宁州刺史、江南巡抚使、豫州刺史等职。武则天天授二年（691），转地官侍郎，同凤阁鸾台平章事。因来俊臣之诬下狱，贬彭泽令。万岁通天元年（696），征为魏州刺史，俄转幽州都督。神功元年（697）入为鸾台侍郎，同凤阁鸾台平章事。圣历三年卒，时七十一岁。武则天为之举哀，废朝三日，赠文昌右丞，谥"文惠"。睿宗时，追封梁国公。据《集异记》载，狄仁杰兼通医药，尤擅针术。显庆间（656～660）应制入关，行至华州，见众人围观巨碑，其上大字云："能疗此儿，酬绢千匹。"碑下卧一富家儿，年可十四五，鼻端生赘瘤，其大如拳，两眼翻白，痛楚危极，顷刻将绝。仁杰恻然久之，曰："吾能为也。"即于脑后下针寸许，询病者曰："针气已达病处乎？"病人领之，仁杰遂抽针，疣赘应手而落，并无痛楚。患儿父母且泣且拜，以绢物赠之。仁杰笑曰："吾非鬻技者也。"不顾而去。[见：

《集异记》、《旧唐书·狄仁杰传》]

狄文彩 字云轩。清代贵州贵筑县人。年十二丧父，家贫废学，事寡母以孝闻。稍长，通医业，每日所诊，夜必记之，以验病之增减，药之调剂。重医德，凡以病延请，不论贵贱，中夜必往。有仓惶求治者，狄氏至其间，则患者已僵矣。诊之曰："可治。"以艾灸数处，微有鼻息，渐苏，旋服以汤药，数剂而瘥。时人奇之，谓有起死之术。狄氏曰："此即卢医起虢太子之旧证，非予起死人也。"闻者服其精识。嗣后，声名日噪，医名振于西南，而家道亦渐小康。性好施予，凡亲知中婚葬不能举者，必尽力相助。每值岁末，辄以银或三钱，或五钱作数十小封，怀之以行，遇贫困不能举火者，暗投其门，不令知，而自食甘淡以终其身。性好著述，辑有《图注脉诀》、《脉诀集注摘要》、《狄氏秘传》（又作《狄氏医传摘要》）、《经验幼科》（又作《幼科经验方》）、《狄氏医案》、《医戒》等，惜皆未传世。[见：《贵阳府志》、《贵州通志》]

邹

邹观 号介庵。明代浙江临安县人。精通医术，有医德。凤亭贫民某，患疔毒，邹氏治之而愈，其人赠耕牛相谢，辞而不受，世人传为美谈。[见《临安县志》]

邹岳 字五峰，号东山。清代江西南城县人。邑诸生。精医学，善内外科。其医宗张仲景，辨虚实证极确。著有《医医说》，为时医所推服，惜未能传世。又著《外科真诠》二卷，刊于道光十八年戊戌（1838），今存原刻本。[见：《南城县志》、《贩书偶记续编》、《中医图书联合目录》]

邹放 北宋淮海（今江苏甘泉）人。善医。秦观（1049～1100）赠诗曰："百工皆圣作，惟医有书传。绪余起人死，妙处实通天。邹子本淮海，弱龄初讨研。岐扁逢卷中，遂知百病先。往岁游京室，公侯纷荐延。国工不敢妒，遣儿求执鞭。晚弃本州役，青衫鬓萧然。临衢开大肆，旁午送金钱。嗣子颇不凡，文场早周旋。行期抬青紫，善积神所怜。"[见《甘泉县志》]

邹衍 一作驺衍。战国时齐人。早年习儒，后深研"阴阳消息之变"，作《终始》、《大圣》十余万言，时称"谈天衍"，为阴阳学派代表人物。著有《重道延命方》，世人莫见。汉武帝时（前140～前87），宗正丞刘德获此书，其子刘向献于宣帝。今佚。[见：《史记·孟子荀卿列传》、《汉书·楚元王传》、《山东通志》]

邹逊 明代福建瓯宁县（今建瓯）人。邑名医邹福次子。绍承父学，亦业医。有司荐为医官，辞不就。[见：《医学入门》、《瓯宁县志》、《福建续志》]

邹铉 （约1238～?） 一作邹铉。字冰壑，晚号敬直老人。宋元间泰宁县（今属福建）人。至元（1264～1294）初，官于中都（今北京），遇异人授以怡神养性之旨，遂擅养生。大德乙巳（1305）官某处总管，取宋人陈直《奉亲养老书》一卷，增为四卷，更名《寿亲养老新书》，刊布于世。此书卷一即陈直原书，卷二为历代事亲养老嘉言善行七十二事；卷三、卷四为"太上玉轴六字气诀"及起居器服、馔粥饮膳、药石之宜，并附录妇女、小儿食疗方三百五十条。其书征引方药多奇秘，对老年养生论述较详，对后世影响甚大，翻刻本甚多。元大德（1297～1307）末年，邹氏寿七十岁，尚健在。[见：《补元史艺文志》、《百川书志》、《泰宁县志》、《金元医学人物》]

邹彬 字文质。清代甘肃临洮县人，寓居吴县。博学多识，平生手抄百氏书殆千卷。尝阐论张仲景《伤寒论》，撰《运气或问》一卷，未见刊行。[见《吴县志》]

邹楒 字敬轩。清代四川涪陵县人。庠生。于岐黄之学独多心得，所处之方，莫不奇效。辑有《医案》，今未见。孙邹增祜，亦精医术。[见《续修涪州志》]

邹福 字鲁济。明代福建瓯宁县（今建瓯）人。以医为业，善察脉，能预决生死。遇奇症，他医不能治者，投药数剂辄愈。尝曰："病知其源则治，证不泛药，剂不多品，举其要，斯效速矣。"辑有《经验良方》十卷，已佚。次子邹逊，克绍父业。季子邹员，领乡荐，任连山知县。[见：《明史·艺文志》、《医学入门·历代医学姓氏》、《瓯宁县志》、《福建续志》]

邹澍 （1790～1844） 字润安，晚号闰庵。清代江苏武进县人。曾祖邹应智，祖邹协凤，父邹汝奎，代有隐德。邹澍年十六丧母，事父及继母以孝闻。阅六载，又遭继母丧，哀毁如亲生。家境清贫，艰于就傅，乃勤奋自学，于书无所不读，虽沍寒盛暑，披览不辍。通天文地理诸学，诗赋古文卓然成家。性嗜医学，博览医籍，于《内经》、《伤寒》、《本草》皆多心解，悬壶济世，名振于时。父与弟邹显先后病卒，负债累累，皆一身任之。道光元年（1821），诏举山林隐逸，乡先辈议荐邹澍，固辞。知府张丹邨、程芝圃先后授以官，俱谢绝之。性好著述，所著以医家言为多。其中《伤寒通解》、《伤寒金匮方解》、《医理摘要》、《医经书目》、《长沙方疏证》、《读医经笔记》等，皆不传。刊行者有《本经疏证》十二卷、《续疏证》六卷、《本经序疏要》八卷。无子，以弟邹显子梦龙为嗣。[见：《清史稿·邹澍传》、《医学读书志》、《中国历代名医传》]

邹士锜 明代江西德兴县八都人。初习举业，不售，弃儒攻医。精通方脉，多所全活。性慈善，遇贫病施以药饵，时称春宇先生。[见：《德兴县志》]

邹大熔 字纯佩，号耘云。清代江苏上海县法华乡人。附贡生。好读书，手不释卷。尤精岐黄，博览诸名医之书，以为无出仲景范围者。擅治伤寒，应手取效。著有《挑灯剩语》，未见流传。[见：《法华乡志》]

邹大麟 字玉书。清代江西宜黄县人。监生。体屡弱，养疴于狮石书舍，研习岐黄之术。颖悟过人，不藉师承，冥心独思，凡《灵枢》、《素问》之奥，《肘后》、《千金》之秘，皆有深悟。素以济人为念，凡踵门求诊者，延之立至，其贫困无力者以药赠之。崇仁县金万盛患异疾，遍体发痒，搔之乃止，肤如蛇蜕，历治不瘳，问诊于邹氏。邹曰："毋须药。"令取红米粥皮服之，霍然而愈。询其故，答曰："凡物皆有精华，皆浮于上。粥皮者，米谷之精华，养阴润燥；红者，入血分也。以皮理皮，以类相从，胡怪焉？"一族人抱病，邹氏授之方，嘱服百剂。族人服至半，疾如故，闻皖省汪昂为江南名医，不远千里求治。汪为之立方，与邹氏方不差厘毫，惟药引不同耳。其人曰："此方何济？某早服数十剂矣！"汪错愕，患者告以故，汪乃叹服。邹氏治病不执古方，时出新意，类此者甚多。著有《伤寒汇集》一卷、《男妇脉诀》一卷，未梓。[见：《宜黄县志》]

邹子成 清末四川南溪县人。举人邹以鉴子。精通医术，治病多奇效，知名于时。[见：《叙州府志》]

邹元吉 字蔚甫。清代湖南乾州人。诸生。幼年丧母，父性最严，奉事惟谨。与人交往，和善平易，乡里称长者。道光庚子（1840）科赴试不售，居家训蒙为业。素精医术，志在活人，凡以病延请，无论暑雨严寒，或出诊，或予方，不惮烦，不受谢。年六十五岁卒。[见：《乾州厅志》]

邹元标 （1551～1624） 字尔瞻，号南皋。明代江西吉水县人。九岁通五经，弱冠从泰和胡直游，即有志为学。举万历五年（1577）进士，观政刑部。上疏劾张居正，遭廷杖，谪戍贵州都匀卫。益究心理学，学以大进。居正殁，召拜吏科给事中。慈宁宫灾，元标上时政六事，帝怒，谪南京。居南京三年，引疾归。里居讲学，历三十年，从游者日众，名高天下。光宗立（1620），召拜大理卿，进刑部右侍郎，迁左都御史。明年，引疾去。陛辞，上《老臣去国情深疏》，历陈军国大计，而以寡欲进规，人争传诵。天启四年，卒于家。崇祯（1628～1644）初，追赠太子太保、吏部尚书，谥"忠介"。邹氏素喜医学，政事之余，汇编《剑江李司马亲验方》、《麻城刘司马彰赐堂集方》、《焦翰墨宝斋集方》、《贺大学所集海上奇方》等书为一峡，名之曰《仁文书院集验方》，刊于泰昌元年（1620）。该书国内已佚，书存日本，现已由中国中医科学院影印回归。[见：《明史·邹元标传》、《中国医籍考》、《内阁文库汉籍分类目录》]

邹云秋 （1881～1954） 原名邹涤，号尚志。近代江苏无锡县人。其曾祖官县令，后家道中落而务农，徙居吴江县。邹云秋少从吴江名医李松溪学妇科，尽得师传。后构宅乌浦，悬壶数十年，名重于时。自设同春堂药室，拣选良药，遵法炮制，故所治多佳效。后遭"清财帮"绑架，倾尽家产始脱危厄。晚年笃信佛教，诊余辑录《吟余砚耕验方集》三卷，惜散佚不传。[见：《吴中名医录》]

邹文才 明代江西新建县人。早年游历于三湘七泽间，遇异人传授，遂精医术。过澧州，当地士绅皆尊信之，遂定居。子邹易道（1554～1614），传承父业。[见：《中国历代名医碑传集》（引丁绍轼《丁文远集·御医邹先生墓表》）]

邹文苏 字望之，别号景山。清代湖南新化县人。七岁丧父，性敏嗜学。年十二应童子试，为学使钱澧所器重，隶郡学，次年拔贡。嗣后，屡试举人不售，乃绝意进取。以郑、贾之学教授乡里，自辟精舍，名古经堂，与弟子讲明小学、考证典礼。年六十三岁卒。同县邓显鹤志其墓。兼通医理，撰有《产书博论》一卷。其书取郭稽中《产育保庆集》（又作《产育宝庆集》）之"二十一论"，反复推阐，详审精义，惜未见刊行。有子六人，长子邹汉纪、次子邹汉璜，兼涉医学。[见：《宝庆府志》、《新化县志》]

邹文彦 元代瓯宁县（今福建建瓯）人。精通医道，名重于时。府吏林泽侄女，产

七画

后大热，唇焦口糜，心烦胸结，隆冬以手置水中方快。众医以寒凉治，皆不效。邹氏诊之，曰："脉大无力，此虚热也。"投以沉香、附子，热退而愈。[见：《金元医学人物》(引《鹤田蒋先生文集·送医士邹文彦序》)]

邹文炳 字简亭。清代江苏宜兴县人。得岳父陆明先传授，精通医术。与同邑名医余成椿齐名。[见：《宜兴荆溪新志》]

邹文翰 清末人。生平里居未详。辑有《验方选易》三卷，刊于光绪丁亥(1887)。[见：《贩书偶记续编》、《中医图书联合目录》]

邹世卓 清代广东丰顺县璜坑人。邑名医邹锡纶子。继承父学，亦精医术。[见：《丰顺县志》]

邹世贤 元代宜黄县(今属江西)人。业儒而精医，名所居室曰愿学斋。[见：《金元医学人物》(引《吴文正公集·愿学斋记》)]

邹立坤 明代湖北云梦县人。世代业医，以秘方相传，不为世人所知。[见：《云梦县志》]

邹汉纪 字伯申。清代湖南新化县人。邑名儒邹文苏长子。刻苦好学，精详考据，兼涉医学。著有《三百六十骨节考》一卷，今未见。[见：《宝庆府志》、《新化县志》]

邹汉璜 字仲辰，号稼江。清代湖南新化县人。邑名儒邹文苏次子。兄弟六人，俱承父学，精详考据，每联床辩析，达旦不寐。撰有医学丛书《邹氏纯懿庐集》，计有《素灵杂解》、《难经解》、《伤寒卒病论笺》、《伤寒翼》、《金匮要略解》、《寒疫论》、《千金方摘钞》、《疮疡》等八种，今存道光二十年(1840)稿本。[见：《新化县志》、《新化县志》、《中医图书联合目录》]

邹存淦 字俪笙。清末浙江海宁州人。监生。精医术，以外科知名。辑有《外治寿世方初编》四卷，刊于光绪三年(1877)。本书仿《理瀹骈文》体例，辑录外治法方药，分六十八门，共收二千二百余方，今存光绪三年杭州勤艺堂刻本。还辑有《外治寿世方二编》，今未见。[见：《海宁州志稿》、《海宁县志》、《中医大辞典》、《中医图书联合目录》、《贩书偶记续编》]

邹成东 字小鲁。清代福建长汀县人。监生。儒医邹砥柱子。精医术，治病手到病除，有"邹活人"之称。性好施药疗贫，不取其酬。乾隆丙午(1786)，知府刘公赠"杏林春暖"匾额。著有《保产篇》、《简便方》、《稽古汇编》等书行世，今未见。[见：《长汀县志》]

邹式范 号蘅斋。清代湖南善化县人。庠生。工诗文，笔下有奇气。以军功保授儒学训导。兼精医术。年六十九岁，无疾而终。[见：《善化县志》]

邹廷光 清代湖北荆州人。精医术，知名于时。诊病必先立案，证以群书，不效则敛神静思，必愈乃已，不受馈谢。乾隆癸丑(1793)，郡中大疫，投方立应。荆南道来鸣谦，招致署中，挽留数月，赠以千金。年九十岁卒。著有《医家经验方案》四十卷，今未见。[见：《重修荆州志》]

邹廷瑞 清代江苏阜宁县人。精医术，擅推拿、针灸二科，治病有奇效。与同邑李碧齐名。[见：《阜宁县志》]

邹全斋 清代四川荣县人。家贫，少年时佣工于骆登榜家。骆氏通医理，喜其好学深思，乃尽传以医术，邹氏遂以医知名乡里。[见：《荣县志》]

邹兆麟 清初浙江西安县人。素行淳谨，性好施济。精岐黄术。康熙十年(1671)及十三年(1674)疫疠两次流行，邹氏皆捐食赠药，全活甚众。督院李公赠"心存济世"匾额褒奖之。[见：《西安县志》]

邹庆瑚 (1889～1905) 号树珊。现代江苏昆山县蓬阆镇马家泾人。十四岁从太仓泥泾镇外科名医周韵笙学，历时三年，学成返里。归乡悬壶，以咽喉外科问世，每日病者盈门。白昼应诊，夜间苦读医书，神疲书坠乃止。因劳瘁过甚，行医三月而逝，年仅十七岁。弟邹庆瑜，继兄而起，以医著称。[见：《吴中名医录》、《昆山历代医家录》]

邹庆瑜 (1893～1965) 号叔怀。现代江苏昆山县蓬阆镇马家泾人。其次兄邹庆瑚，业咽喉外科，早亡。庆瑜继兄业，师事太仓泥泾镇外科名医周韵笙，学成返里，悬壶于蓬阆北市梢。擅治咽喉疾病及外科疔疮，名闻于时。著有《青囊奇秘》，今存抄本。子邹维德、邹维善，继承父业。[见：《吴中名医录》、《昆山历代医家录》]

邹兴智 清代四川仁寿县人。业儒而精医。凡阴阳表里，温清补泻，卓有定见，名重于时。著有《医案》若干卷，今未见。[见：《仁寿县志》]

邹兴鉴 清代湖南宁乡县人。少年时随父客居潭湾，从师习拳术，十余人莫敢近。师授以伤科秘术，凡刀伤跌损，先以符水喷之，继之以手法，无不痊愈。后归乡，以术济人。有刘某自高树坠下，气垂绝，稍扶动则碎骨嚓嚓有声。邹氏施以手法，移时其人能立，数日而愈。平生活人无算，不居功，不受谢，乡里德之。[见：《中国历代名医碑传集》（引李元度《国朝耆献类征初编·方技》)]

邹志夔

字鸣韶，号丹源子。明末丹阳（今江苏镇江）人，徙居靖江县。自少习儒，数试不售，遂弃去。为人朴雅尚古，怡情坟典，于书无所不窥。中年精医术，尝广取古代医籍，参以刘完素、李杲诸家之说，著《脉辨正义》五卷，以发明《素问》、《灵枢》之旨，今存康熙十九年庚申（1680）经济堂刻本。靖江朱家栻曾为邹氏作传。[见：《靖江县志稿》、《靖江县志》《中医图书联合目录》]

邹希鲁

号橘泉。明初湖北麻城县牛棚山人。精医术，名重于时。曾任医学训科。著有《橘泉方卷》，东吴钱溥为之序，已佚。六世孙邹顺庵，亦以医名。[见：《麻城县志》]

邹启裕

清代山东德县人。贡生。兼涉医学，知名乡里。辑有《单方汇编》若干卷，未见流传。[见：《德县志》]

邹易道

（1554~1614）字仲仁，号性宇。明代江西新建县人。父邹文才，挟医术游于湖南澧州，遂定居。易道天性颖敏，髫龄能诵古文诗赋。及长，屡试不利，遂弃儒业医。临证投药辄起，有青出于蓝之誉。中丞袁洪溪镇楚，赞赏其术，遂携之入京，于是名噪京师，延诊者无虚日。宗伯范公荐之于朝，授御医。不久辞归。京师诸显贵渴慕其术，争相迎请，乃再赴京城。万历丁未（1607），进士丁绍轼于清晨造访，见寓外车马塞途，皆求医问药者，至夜始得坐谈，可见诊务之繁。医学之外，兼嗜太素脉，每以术断人生死福禄。万历甲寅六月，忽唤从者曰："吾病矣，当亟归！"即速返乡，至家旬日而殁，享年六十。子邹泰豫、邹泰恒，皆国子生。[见：《中国历代名医碑传集》（引丁绍轼《丁文远集·御医邹先生墓表》)]

邹承禧

号杏园。清代江苏山阳县人，徙居阜宁县东沟镇。太学生。精医术，知名于时。著有《辨证求是》五卷，成书于道光二十二年壬寅（1842），今存咸丰元年辛亥（1851）春回堂刻本。[见：《阜宁县志》、《中医图书联合目录》]

邹绍观

字海澜。清代四川安岳县人。早年习儒，嘉庆甲子（1804）解元，联捷成进士，以知县分发广东。性嗜学，淹贯百家，通天文、舆地、声韵诸学。精医术，好济人之急，

并施药饵。通经络之学，著有《人身经脉图》。医学外，尚撰《天文图》、《西征日纪》、《声音韵字谱》、《古今文赋时艺》、《太乙钤》、《慎惧余篇》等书，皆未梓。[见：《安岳县志》、《新修潼川府志》]

邹顺庵

明代湖北麻城县人。邑名医邹希鲁六世孙。早年习儒，遇异人授以方脉，遂业医。精于切脉，洞悉表里之微，名重于时。[见：《麻城县志》]

邹闻望

字名世。明清间江苏常熟县人。厚重简默，博学尚气节。凡天官地理、六壬太乙之书，无不精究。明亡，弃巾衫，焚笔砚，足迹不入城市，隐于医。年八十余殁。[见：《常昭合志稿》]

邹砥柱

清代福建长汀县人。早年习儒，为太学生。兼精医术，临证手到病除，名著乡里。性好施药疗贫，不取其酬。子邹成东，传承父学，亦以医知名。[见：《长汀县志》]

邹梦莲

号晓江。清代江西宜黄县潭坊人。生有凤慧，遂于经学。年十八补博士弟子员。三十一岁以《易经》举于乡。五十岁后补兴安县教谕。年六十五乞假归里，授徒自给。旁通医学，多所发明。辑有《痘科集成》等书，未梓。[见：《宜黄县志》]

邹道英

清代湖南新宁县人。精医术，治病奇效，知名于时。遇岁疫流行，造丸散施送，全活甚多。[见：《湖南通志》、《宝庆府志》]

邹道鲁

清代湖南新宁县人。早年习儒，为诸生。屡试不第，遂弃举业，攻研医学。曾得异人秘授，临证有起死回生之效。尝挟技游滇蜀间，名公贵族延请无虚日。后厌其纷杂，以所积千金尽散贫人，返归故里。隐居于易家山石室，名之曰宝滕处。年九十六岁卒。[见：《湖南通志》、《宝庆府志》]

邹锡纶

清代广东丰顺县璜坑人。世业外科，家传秘方甚多。好以医术济世，遇急症及贫病者，皆赠以药，从未取值。子邹世卓，继承父学。[见：《丰顺县志》]

邹锡恩

清代广东南海县人。生平未详。著有《景岳新方歌诀》一卷、《幼幼集成评》一卷、《蛋家小儿五疳良方记》一卷，皆未见流传。[见：《南海县志》、《广州府志》]

邹增祜

字受丞。清代四川涪陵县人。邑名医邹榾孙。早年习儒，淹贯经史，诗文俱佳。曾任广东嘉应直隶州知州，加知府衔。在任有政绩，两次奏保循良，传旨嘉奖。晚年致力医学。著有《医学丛钞》若干卷，未见刊行。医

书外，尚撰《天风海水楼诗文集》、《薏言》等。[见：《续修涪州志》]

邹履泰 字绥之。清代广东河源县老城青云里人。儒士。性嗜学，博览群书，善属文，工诗赋，兼精楷草。通岐黄术，著有《医方便览》若干卷，未梓。[见：《河源县志》]

邹麟书 (1782~1813) 字鲁瞻，号北山。清代江苏无锡县人。乾隆三十六年(1771)举人，官淮安府教授。晚年举乡饮大宾。兼通医理，著有《医学示程》若干卷，今未见。[见：《吴中名医录》(引《锡金历朝书目考》)]

应

应元 字霖舒，号渔村，又号容安。清代江苏上海县人。雍正二年(1724)举人。旁通医术，能以金针拨翳，治瞽复明。年七十五岁卒。应元曾参加编纂《古今图书集成》。自著《启麟堂医方》若干卷，又撰诗集《容安吟草》，今皆未见。按，《上海县志》又载"金坚《启麟堂医方》"，应元与金坚关系待考。[见：《上海县志》]

应诠 字子衡。清代江苏丹徒县人。诸生。兼通医术。为人治病，不以医名。[见：《丹徒县志摭余》]

应胜 号行素。明代浙江永康县人。精医术，百试百效。时人书赠"济生堂"匾，悬其药室。[见：《永康县志》]

应麟 字渔石。明代浙江桐庐县人。生平未详。曾重订周文采《医方选要》，"大加考订，删存十之六七"，辑为《删补医方选要》十卷。此书今国内未见，日本尚存。[见：《郑堂读书记》、《中国医籍考》]

应从周 字绍文。清代江苏宝应县瓜山庄人。精医术，擅长治瘟，望色即决生死。弟子管瑚，传承师学，亦以医名。[见：《宝应县志》]

应克信 明代浙江永康县人。精医术，扣门延请者无虚日。重医德，治病未尝求报。[见：《永康县志》]

应尚达 字厚兼。清代福建长乐县人。绍承父业，精通医术，活人甚多。年八十三，无疾而终。后裔多以医业世家。[见：《长乐县志》]

应昌魁 字叔梧。明代浙江永康县人。世代业医，至昌魁益精其术。凡延请者，不辞寒暑，不求酬报。或病家贫甚，更赠以善药薪米，虽再三往，未尝惮劳，全活甚众。乡人感其德，颜所居室曰种德堂。[见：《永康县志》]

应昌德 清代福建建宁县人。通医理。著有《麻科要诀》、《痢科要诀》及佚名医书一册，今未见流传。[见：《建宁县志》]

应侣笙 字其南。清代浙江慈溪县人。精医术，擅长外科，以治疗疮知名。临证每用针法，按穴施治，不日肿消而愈。著有《疗疮要诀》一卷、《挑疗图说》一卷，其侄应遵诲刊于同治十三年(1874)。后又经张镜校订，附以图诀，总名《刺疗捷法》，重刻于光绪二年(1876)。[见：《刺疗捷法·张镜序》、《贩书偶记续编》、《中医人物辞典》、《中国历代医家传录》]

应宗炋 字灿然。清代浙江鄞县人。邑儿科名医应统枚子。继承父学，亦通医术。著有《痘疹直诀》一卷，未见刊行。[见：《鄞县通志》]

应诗洽 字在阳，号莲桥。清末浙江鄞县人。少年时，逢英吉利之变，郡城失守，作《愤感诗》寄意，塾师见而异之。家境素贫，其父授以医药、农圃诸术。乡居苦盗，于是兼习击刺骑射，成武生。后试于行省，各艺俱绝，因舞刀石进，惊典试官，被斥。后专意于医，以幼科知名。著有《幼科简易集》四卷(包括《幼病要略》、《种痘要略》、《治瘄要略》、《儿科心法十三诀发挥》各一卷)、《答楹儿问》六卷及《医学问津》、《伤寒论读》等，诸书今皆未见。[见：《鄞县通志》]

应统枚 字德遴。清代浙江鄞县人。从同邑陈某学医，精通儿科。重医德，凡以病延请，虽隆冬盛暑，携囊即往，惟恐其迟。至贫户陋室，虽秽溺触鼻，亦省视周密。尝过慈溪，见死儿弃于门外，呼其家人曰："儿面未灰，可活也！"刺一穴而啼声作，闻者惊服其术。著有《治瘄要言》(又作《治瘄书略》)一卷，言简意赅，多前人所未发，惜未见流传。子应宗炋，亦工医术。[见：《鄞县志》]

应遵诲 字味农。清代浙江慈溪县人。外科名医应侣笙侄。事迹不详。同治十三年(1874)刊刻应侣笙《疗疮要诀》、《挑疗图说》二书。[见：《贩书偶记续编》、《中医图书联合目录》、《中国历代医家传录》]

辛

辛全 字复元，号天斋。明代绛州(今山西新绛)人。少称神童，年方总角，即讲河图、洛书，语惊长辈。弱冠教塾于乡，有志圣贤之学，每读程、朱书，焚香端坐，录其言行，以

为法则，一时有辛夫子之称。著有《养心录》、《四书说》，还辑医书《救急单方》，已佚。[见：《直隶绛州志》]

辛文献 字炳蔚。清代河南中牟县人。太学生。习岐黄，兼精堪舆。[见：《中州古代医家评传》（引《宋以前医籍考》）]

辛生氏 清末人。生平里居未详。通医理，著有《内外科良方摘要》，今存光绪七年辛巳（1881）抄本。[见：《中医图书联合目录》]

辛召棠 近代河南陕州樊村人。附贡生。以医术知名于时。1918 年瘟疫流行，辛氏独运心机，参以医理，凡经诊治，无不药到病除，赖以全活者甚众。著有《医学一得》，其稿散佚。[见：《陕州志》]

辛茂将 （?～659） 唐初人。里居未详。显庆三年，以大理卿兼侍中。次年十一月卒。辛氏曾于显庆二年奉敕与李勣、于志宁、许敬宗、苏敬等二十四人编《新修本草》五十四卷，成书于显庆四年。该书正文二十一卷（含目录一卷）、药图二十六卷（含目录一卷）、图经七卷，全书载药八百五十种，大行于世。详"李勣"条。[见：《新唐书·本纪·高宗》、《新唐书·艺文志》、《中医文献辞典》]

辛秉纯 字云仙。清代河南淮阳县人。精医术，贯通脉理，所治辄效。[见：《淮阳县志》]

辛炳炎 字用晦。清代江西万载县东都人。早年习儒，英爽特达，为文立就。县儒学教谕鲁鸿，深奖异之，屡试前茅，而终不售。年五十乃精医，其用药，时医多不解，而应手奏效。一亲戚至家贺岁，炳炎授一药丸，令急服，曰："迟将不治。"其人不信，翌日疗发于唇，遂死。一妇孕而患病，延之诊视。炳炎以药下之，立产数物似蛇，疾乃愈。其临证类此者甚多。著有《医通》及《医案》若干卷，藏于家。[见：《万载县志》]

怀

怀训 （1856～?） 姓温彻合恩，字绍伊，号聘卿。清末满洲世族，祖居长白山小叶赫。扈清世祖驾至奉天（今沈阳），驻防新民县，遂定居。父存善，官永陵防御。怀训自幼聪颖，年十六遍读十三经，奋发有大志。十九岁名冠县庠。二十一岁，中光绪二年丙子（1876）恩科举人。嗣后三荐不售，以父老不再应试，耕读娱亲二十余年。父晚年好佛，怀训赈饥施药，以成父志。

父卒，适甲午战事起，荐授东征军粮局会办。以功叙知县，分直隶。未到省，复奉檄充任北洋练军总医官兼马队军糈采办。积劳成疾，请假归，卒。怀训负才不傲，笃行不矜，胸怀坦荡，意气蔼如。为学尚实，不喜空谈，其诗文朴茂无华。尤善岐黄，疗人无算。著有《痘治法》十卷，今未见。[见：《新民县志》]

怀远 字抱奇。清代江苏娄县人。少治儒术，壮岁弃去，肆力医学。临证善于察色、审声、辨脉，灵活变通，每获卓效，为嘉庆间（1796～1820）名医。怀远博览古今医籍，参以自身经验，历二十余年，著成《古今医彻》（又作《伤寒医彻》）四卷，由其孙怀履中（为诸生）校刻于嘉庆十三年（1808）。是书阐发伤寒、杂病及诸科证治，间附以验案，对庸医时弊颇多针砭。妻弟孙大起，专擅儿科。[见：《古今医彻·序》、《娄县志》、《中医人物辞典》]

怀和 宋代宛丘（今河南淮阳）人。名医怀敏子。继承父学，亦精医道。子怀遘，亦传家业。[见：《陈州志》]

怀庭 清末吉林长白县人。生平未详。辑有《集验简易良方》四卷，刊于光绪戊申（1908）。[见：《贩书偶记》]

怀敏 字仲讷。宋代宛丘（今河南淮阳）人。少喜医方，于《神农本草》、《黄帝内经》、《黄帝外经》、《史记·扁鹊仓公列传》无所不读，遂以医闻世。曾任医博士，为人治疾，屡获奇效。居官数年，厌之，以其方传授子孙，筑室独居，聚佛家书，闭门读之，世称怀居士。淮浙诸名僧无不造访，王公大人多与之游。年七十岁卒。子怀和，孙怀遘，皆传承家学，有三世医之誉。[见：《陈州志》]

怀遘 宋代宛丘（今河南淮阳）人。邑名医怀敏孙，怀和子。继承家学，亦为名医。[见：《陈州志》、《淮阳县志》]

怀应聘 字莘皋。清代浙江嘉兴人。生平未详。康熙甲子（1684）参订萧埙《女科经纶》。[见：《女科经纶》]

怀履中 清末江苏娄县人。邑名医怀远孙。早年习儒，为诸生。曾校刻祖父《医彻》。[见：《娄县志》]

闰

闰辰震 清代陕西潼关人。曾任鲁山典史。精医术，知名于时。工书法，最善狂草。[见：《续潼关志》]

闵

闵姊 〈女〉 清末江苏新阳县巴城镇白塔港人。伤科名医闵籍长女。早年从父习医，兼学武功。后随父襄诊，医术渐精。及长，嫁苏州思婆巷殷氏，应诊于殷宅，治伤每获奇效，声闻遐迩。一农夫自树跌坠，致尾椎骨错位，萎顿不能立，家人舁之就诊。闵氏命二人左右扶掖，坐于凳，从背后熟视之，突以脚猛蹬伤处，应声而愈。患者起，叩拜谢之，观者叹为神技。弟闵思启，亦精通家学。子殷企范、殷仲良，侄殷震贤，皆传其术。[见：《昆新两县续修合志》、《吴中名医录》、《昆山历代医家录》]

闵珮 一作闵佩，字玉苍，号雪岩。清代浙江乌程县人。徙居钱塘。康熙四十五年（1706）三甲第二十八名进士，授峨嵋知县。为官清廉，累迁御史。平素留心医药，撰辑《本草纂要》十卷，未见刊行。[见：《乌程县志》、《明清进士题名碑录索引》、《中国人名大辞典》]

闵铖 字昔公。明清间江西奉新县人。少颖异，傲岸自负。清初以贡生游太学，后与南昌郭日燧、新建张泰来诸文士相往还，其学精进。顺治间（1644～1661）应试，中举人。此后，杜门著述，聚书万余卷，足不出户者十余年，自谓有得。晚年旁及医道，研读《素问》、《难经》诸书。辑有《本草详节》十二卷，今存。上海第二医学院图书馆收藏《脉几经脉发挥》五卷，题"闵铖等辑"，为康熙二十一年（1682）刊本。[见：《奉新县志》、《南昌府志》、《中医图书联合目录》]

闵震 字炳章。近代江西南昌人。民国初学习种牛痘。认为预防天花为世人生死大关，且江西种痘法尚未普及，遂与刘昌祈、杜汉滨、孙馥棠等十一人创办痘疹讲习所，自任教习，意在以牛痘法取代人痘吹苗法。1914年，该所编成《痘疹讲习所讲义》，讲述人工种痘理论、源流及相关中西医基础知识，今存熙明印刷所铅印本。[见：《中医人物辞典》、《中医图书联合目录》]

闵暹 字曙公，号迈庵。明清间江苏元和县甫里人。性孝友，工诗赋，有声士林。尤精医术，云间李中梓尤器重之。著有《内科心典》，未梓。其稿经徐时进整理，现存抄本（一说为徐时进所撰）。曾孙闵志行，继承祖业，亦以医术著称。[见：《吴郡甫里志》、《吴中名医录》、《中医图书联合目录》]

闵籍 字鉴亭，一作坚亭。清代江苏新阳县巴城镇白塔港人。嘉庆至同治间（1796～1874）在世。自幼习武，早年常收埋暴骨，熟悉人体骨节。得家传伤科秘术，凡求治者应手辄愈。后结交山东高僧，得授武功及治伤秘方，医术精进，乃悬壶于世，为苏沪间伤科名家。年七十四岁卒。长女闵姊、子闵思启，传承父术，俱以伤科著称。[见：《昆新两县续修合志》、《巴溪志》、《吴中名医录》、《昆山历代医家录》]

闵一得 号金盖山人。清代浙江乌程县人。为著名道士。撰有《养生十三则阐微》、《琐言续》、《续纂上品丹法节次》、《管窥编》、《如是我闻》各一卷，皆梓行。又重订沈太虚《女功指南》，序刊于道光十年（1830）。[见：《中国丛书综录》、《浙江医籍考》]

闵刀刀 佚其名。清代四川叙永县东城人。精外科，擅以手术治病，世人以"闵刀刀"称之。平素粗缯破褥，遨游四方，凡求诊者，无问贫富，招之即至，治则奇效，有"华佗再生"之誉。其施治，常剖腹割肠，先喷"神水"，继施以刀，血淋注襟，观者股栗，而病者无甚痛苦。[见：《续修叙永厅县合志》、《叙永县志》]

闵日观 字观我。明末浙江乌程县人。生平未详。与名医陆士龙同时。崇祯甲戌（1634），与闵齐伋参订《旭后方》。[见：《中国历代医家传录》]

闵礼略 字简文。清代湖南安化县人。家境贫寒，思求济世之术，遂业医。临证审慎，每治疾，常夜稽古法，务求病源而后已。酷喜读书，虽家无贮粟，处之泰然。[见：《安化县志》]

闵芝庆 号松筠馆主人。清代浙江吴兴县人。精医理，于《伤寒论》尤有研究。著有《伤寒明理论删补》四卷、《伤寒阐要编》七卷，行于世，今未见。[见：《清史稿·吴谦传》、《中国医籍考》]

闵光瑜 字蕴儒，号韵如。清代浙江乌程县人。诸生。精医术，尤擅治痘疹，有起死回生之誉，远近数百里就医者门庭若市。贫家延治不索诊酬，并备参、苓以济之。著有《伤寒明理论》若干卷，未见流传。族人闵体健，以眼科知名。[见：《乌程县志》]

闵自成 字思楼。明末浙江钱塘县丰宁坊人。性孝友。精医术，通内外科，名播郡城。求治者日不暇给，遇贫乏概不受值，诊视必先之。尝曰："倘后彼，恐其惭恧不亟来，其疾必殆矣。"素日丐者盈门，一一应之不厌，远近翕然称长者。年七十一岁殁，里人绘其像，祀于祠堂。子闵振儒，传承父学。［见：《钱塘县志》、《杭州府志》、《浙江通志》］

闵齐伋 字遇五。明末浙江乌程县人。生平未详。曾于崇祯甲戌（1634）与闵日观参订《虺后方》。［见：《中国历代医家传录》］

闵守材 明代归德（今河南商丘）人。精医术。郭鉴有宿疾，因过劳卧床不起。闵氏治之，竟得大痊。［见：《中国医籍考》］

闵守泉 明代安徽太平人。生平未详。著有《医学汇纂》若干卷，今未见。［见：《太平府志》］

闵志行 清代元和县（今江苏苏州）甫里人。儒医闵暹曾孙。继承祖父之学，亦以医术名世。［见：《吴郡甫里志》］

闵体健 原名体乾，字元一，号壶春。清代浙江乌程县人。精医术，以眼科名世。康熙五十八年（1719），礼部尚书陈诜，其妻双目失明五载，慕名敦请。体乾视之曰："是瞳人反背，宜金针拨转。"择晴明之日治之，复明如初。次年，陈诜荐之于朝，召入内廷供奉，遂改名体健。后以年老请辞，仍命留值畅春园。越二年，乞假归里。［见：《湖州府志》、《乌程县志》］

闵纯夫 清代江苏江都县人。生平未详。曾重订陈士铎《石室秘录》。［见：《石室秘录》］

闵承诏 明代安徽歙县人。名医王肯堂门生，曾参校其师《证治准绳》。［见：《证治准绳》］

闵绍贤 字厚轩。清代四川云阳县人。以医为业，技艺精湛，以救死扶伤为怀，全活无算，世人以"菩萨"称之。善作雅谑之语，吐词明敏，每赴宴集，坐客为之倾倒。［见：《云阳县志》］

闵思启 字迪甫。清末江苏新阳县巴城镇白塔港人。伤科名医闵籍子，闵姊胞弟。绍承父学，武功医术俱佳，尤擅柳枝接骨秘技，医效显著，病者盈门，名播于江浙间。光绪十年（1884），青浦金泽镇遭风灾，屋宇倒塌，断肢破腹之民数以百计。青浦知县延请闵思启救治，多应手奏效。县令欲厚酬之，闵氏以灾情惨烈，辞而不受，乡民皆颂其德。光绪二十五年（1899），闵氏举家徙居苏州，居娄门内仓街八十九号，悬壶应诊。性慷慨尚义，常救济贫困者，岁获万金，随手散尽。遇患者因斗殴致伤，必正言斥责，诊金分文不可少，以示惩戒。年六十四岁殁。子闵钟杰、闵钟文、闵钟璆，俱善承父业。［见：《昆新两县续补合志》、《吴中名医录》、《昆山历代医家录》］

闵钟文 （1877～1939） 字采臣。近代江苏新阳县巴城镇白塔港（今昆山市玉山镇白塔村）人。伤科世医闵思启次子。光绪二十五年（1899），随父徙居苏州娄门内仓街。传承父术，初在苏州寓所应诊。民国初返乡，悬壶于县城小西门内学桥塊。能活用祖传治伤绝技，善制伤科膏药等，凡跌打损伤、骨折脱胯、扭伤曲筋，治无不愈，蜚声江浙各地。1929年3月17日，与同邑名医戴人龙等赴沪，出席全国医药团体代表大会，抗议南京政府卫生部通过余岩《废止旧医案》。同年6月16日，组织成立全国医药联合会昆山县支会，被推举为常务执委。1934年10月24日，昆山中医公会成立，出任常务执委。平素热心公益事业，深得世人赞许。业余爱好昆曲，为著名票友。1937年，日寇飞机轰炸昆山县城，闵宅坍塌，闵氏伤足，赴苏州由弟闵钟璆医治，旋避难于吴县光福。1938年春赴沪养病，次年病故于白克路永年里寓所。有子五人，闵廉伯、闵清华、闵清麟、闵清鸿、闵锡安，皆继承伤科祖业。［见：《吴中名医录》、《昆山历代医家录》］

闵钟杰 （1875～1910） 字万青。清末江苏新阳县巴城镇白塔港（今昆山市玉山镇白塔村）人。伤科世医闵思启长子。幼年从父学医。光绪二十五年（1899），随父徙居苏州娄门内仓街。光绪末年，于上海白克路（今凤阳路）永年里设伤科诊所。三十六岁患痢疾，盛年而逝。无子，以弟钟文长子廉伯为嗣子。［见：《昆新两县续补合志》、《昆山历代医家录》］

闵钟璆 （1897～1956） 字蕴石。现代江苏新阳县巴城镇白塔港（今昆山市玉山镇白塔村）人。伤科世医闵思启幼子。光绪二十五年（1899），随父徙居苏州娄门内仓街。自幼从父习医。长兄闵钟杰，赴沪行医；次兄闵钟文，悬壶于乡。钟璆留守苏州应诊，善用祖传医技及伤科秘方伤药，疗效显著，诊务繁忙，享誉遐迩。子闵清凤，孙闵大权、闵大联，皆传承家学，为现代伤科名医。［见：《昆山历代医家录》］

闵振儒 字士先。明清间浙江钱塘县丰宁坊人。邑名医闵自成子。继承父学，亦工医术。清代初叶，名医张志聪构侣山堂于胥山，与钱塘诸医及门生讲学、著书于其间。闵振儒参予其事，先后参撰《黄帝内经素问集注》九卷、《黄

七画

帝内经灵枢集注》九卷，刊刻于世。[见：《杭州府志·闵自成》、《黄帝内经素问集注》、《黄帝内经灵枢集注》]

闵萃祥 字颐生。清代江苏华亭县人。名儒张文虎弟子，工诗古文，学宗桐城派。兼精医术，通数学，淡于名利。光绪间（1875～1908）隐居沪南十余年。著有《式古训斋诗文集》。[见：《中国人名大辞典》]

闵清华 （1902～1934） 字漱六。近代江苏新阳县巴城镇白塔港（今昆山市玉山镇白塔村）人。伤科世医闵钟文次子。自幼随父学医。技成，逢长兄廉伯病故，遂至上海应诊，继承祖业。不幸患伤寒，盛年早逝，年仅三十三岁。子闵康，继承家学，亦精伤科。[见：《昆山历代医家录》]

闵清鸿 （1916～1959） 字幼逵。现代江苏新阳县巴城镇白塔港（今昆山市玉山镇白塔村）人。伤科世医闵钟文四子。早年从父习医，1936年赴上海白克路永年里伤科诊所应诊。两年后回昆山开业。1955年加入城区大仁联合诊所，任副主任。1958年出任马鞍山公社医院中医伤科主任。1957年后，历任昆山县第一、二届政协委员。1958年献出祖传伤科膏药等治伤秘方，受到政府表彰。次年患食道癌病故。妻马诒慧（1916～1989）、三子闵华，皆为骨伤科名医。[见：《昆山历代医家录》]

闵清麟 （1915～1966） 字贯玉。现代江苏新阳县巴城镇白塔港（今昆山市玉山镇白塔村）人。伤科世医闵钟文三子。早年随父兄习医。1934年二兄闵清华病故，与父及弟闵清鸿轮流赴沪应诊。1938年在沪独立开业，定期至苏州潘儒巷家寓应诊。1953年加入上海北站区第七联合诊所，任中医伤科医师。[见：《昆山历代医家录》]

闵道扬 明代安徽歙县人。生平未详。著有《医指如宜方》四卷、《医学集要》五卷、《伤寒纂要》二卷，皆散佚。还著有《保婴要览》（又作《全婴要览》）二卷，今存清代刻本。[见：《医藏书目》、《贩书偶记续编》]

闵瑞林 清代江苏宜兴县官村人。业儒。性豪侠，通拳技。善治金疮折损，凡筋骨断绝者，治之辄愈，知名于时。[见：《宜兴荆溪新志》]

闵锡安 （1917～1979） 现代江苏新阳县巴城镇白塔港（今昆山市玉山镇白塔村）人。伤科世医闵钟文幼子。早年毕业于苏州桃坞

中学，后从父学习伤科。1939年迁至常熟县城太平巷开业。1956年组织民安联合诊所，任主任。1959年任虞山镇卫生院门诊部主任，升副院长。治伤医术高超，尤以手法著称，擅长用复位椅治疗肩关节脱位。子闵光，继承家学，为伤科主治医师。[见：《昆山历代医家录》]

闵锡嘏 字纯夫，医名德谦。清代江苏江都县人。邑名医王廷桢门生。临证精细，用药审慎，亦以医术著称。年甫六十，因心气虚耗，患失眠症殁。[见：《续修江都县续志》]

闵廉伯 （1896～1918） 近代江苏新阳县巴城镇白塔港（今昆山市玉山镇白塔村）人。伤科世医闵钟文长子。过继伯父闵钟杰为嗣子。自幼从父学医，伯父早逝，以嗣子赴沪白克路诊所接替应诊。不幸患肺结核，英年早逝，年仅二十三岁。[见：《昆山历代医家录》]

况

况留 清末人。生平里居未详。于光绪三十三年（1907）辑《经验良方》。[见：《中国历代医家传录》（引《医献书目》）]

况烈文 字芝亨。清代江苏上元县人。精通医术，尤善诊断，知名于时。一妇人停经腹大，其夫远游归，疑之，妇不能白。况氏闻而诊之，曰："非孕也。此寒气客胞门，使经血凝聚所致。"用温经汤调治而愈。乾隆丙午（1786）大疫，况氏携药囊出诊，周视贫乏之家，全活颇多。[见：《上元县志》《江宁府志》]

冷

冷谦 字启敬，道号龙阳子。元明间秀水（今浙江秀水）人。博览众书，擅绘画，精方药。洪武（1368～1398）初，以善音律仕为太常协律郎，郊庙乐章，多所撰定。好养生术，提倡四季起居调摄诸法。永乐间（1403～1424）卒。著有《修龄要指》一卷，今存。[见：《中国人名大辞典》、《秀水县志稿·经籍》、《中医人物辞典》、《中国丛书综录》、《中国历代医家传录》]

冷开泰 字玄赞。明代四川云阳县人。生平未详。著有《天花谱史》三卷，详论天花源流、辨证、治则、疗法，对研究中国古代痘科发展史极具价值。该书史乘所不载，仅美国国会图书馆藏明代抄本一部，为海内外孤本，弥足珍贵。[见：《中国善本书提要》]

冷寿光 东汉人。生平里居未详。为方士。行"容成公御妇人法"，常屈颈鹤息，须发

尽白，而色理如三四十岁者。相传寿一百五六十岁尚在世，卒于江陵。[见：《后汉书·方术列传》]

汪

汪仁

（1327～1410） 字泉荣，号存诚。元明间安徽歙县人。天性敏悟，居家孝友，以轻财好义著称。早年习儒，兼通阴阳地理之学，于医药尤有心得。逢元末乱世，曾举家避兵于山谷间。事宁，辟一室，居善药，凡远近病家求诊，或施针砭，或以药剂，咸脱所苦，世人皆感德之。善养生，至老耳聪目明，能书细字，可健步出行。永乐八年殁，享年八十有四。子致和、致贤、致达，事迹不详。[见：《中国历代名医碑传集》（引唐文凤《梧冈集·明故处士存诚汪公墓志铭》)]

汪本

字镜泉。清代江苏江宁府人。工医术，知名于乡。[见：《续纂江宁府志》]

汪吉

宋元间婺源县（今江西婺源）人。徙居杭州新城。南宋翰林太医汪镛子。绍承父学，亦精医术。入元后任登仕郎建德路寿昌县尹。卒后，赠资善大夫太医院使。子汪斌，传承祖业，医术益精。[见：《金元医学人物》（引《野处集·元故嘉议大夫邵武路总管兼管内劝农事汪公行状》、《陈定宇先生文集·太医院使汪公挽诗跋》)]

汪机

（1463～1540） 字省之，号石山居士。明代安徽祁门县临清朴墅人。邑名医汪渭子。早年习儒，业《春秋》，补邑庠生。塞于科场，从父命学医，又值母病呕，攻习益勤，后亲愈母病。父晚年三得疾，亦三起之，习医之志益坚。初偶为郡人治病，每获良效，求诊者日众，乃慨然曰："仕不至相，其泽反不若医之博也！"遂尽弃举业，专力于医，久之声名大振。家传之外，私淑朱震亨之学，尊"阳常有余，阴常不足"之说，但强调补气血为先，尤当培补血中之气，使阳气充足，以化生阴血。临证善用参芪，尝谓："阴不足者，补之以味，参芪味甘，甘能生血，非补阴而何？"又曰："阳不足者，温之以气，参芪气温，又能补阳。可见参芪不惟补阳，而亦补阴。"殁于嘉靖己亥十二月初四日，享年七十七。著述甚富，计有《读素问钞（注）》（又作《续素问钞》）三卷、《运气易览》三卷、《针灸问对》三卷、《医读》七卷、《医学原理》十三卷、《痘治理辨》一卷（《附方》一卷）、《外科理例》七卷、《伤寒选录》（国内未见，或存日本）、《内经补注》（《千顷堂书目》著录，今未见）、《本草汇编》（佚）等。汪机还曾整理戴思恭旧稿，辑《推求师意》二卷，盛传于世。门人陈桷、许忠、周臣、

黄古潭、汪副护等，记录恩师验案，裒为一集，名《石山医案》三卷，刊刻于世。[见：《祁门县志》、《祁门志》、《医藏书目》、《本草纲目》、《外科理例·题辞》]

汪汲

号古愚，又号海阳竹林人。清代清河县（今江苏淮阴）人。修学好古，著书满室。旁及医学，著有《解毒编》、《汇集经验方》、《怪疾奇方》各一卷，皆刊刻于世。孙汪椿，亦通医理。[见：《清河县志》、《中医图书联合目录》]

汪进

明代安徽黟县人。精医术。曾至江西，逢疫疠流行，即制药施治，饮者辄愈。又刻印药方传布四乡，全活益众。嘉靖间（1522～1566），汪氏后代兴旺，人皆谓修德之报。子汪辛，事迹不详。[见：《重修安徽通志·方技·胡朝礼》]

汪均

字柳圃。清代江苏宝山县罗店镇人。世医汪煜子。绍承家学，医术尤精，临证十不失一。子汪铎，孙汪沆，俱传家学。[见：《罗店镇志》]

汪怀

清代浙江钱塘县人。雍正、乾隆间（1723～1795）钱塘名医。著有《草药纲目》，乱后散佚。[见：《杭州府志》]

汪沆

字芷兮。清代江苏宝山县罗店镇人。世医汪铎子。铎早卒，沆从祖父汪均习医，究心《内经》之旨，审阴阳，辨表里，必得万全。及悬壶于世，求治者门庭若市。县令李树菜病，延请汪沆及青浦何长治诊视，二人议不合，李以沆说为是，服其药，果愈，赠"守数精明"匾额。又尝与青浦陈秉钧相遇于病家，辨证立论精当，陈氏为之折服。曾汇辑胎产婴幼良方，撰《增订寿世编》（一作《增注寿世编》），初刊于乾隆间（1736～1795），后屡有增补。今未见。[见：《宝山县续志》、《罗店镇志》]

汪沆

字槐堂，又字西灏。清代浙江钱塘县人。诸生。少从厉鹗学诗，博极群书，与王曾祥、杭世骏、符之恒、张熷称"松里五子"。曾参修《浙江通志》、《西湖志》，举鸿博，报罢。客居天津查氏水西庄，南北骚客争趋焉。大学士史贻直欲以经学举荐，以母老辞。生平讲求实用之学，自农田水利、边防军政、古今沿革、方俗利病，皆能条贯言之。著有《说疟》（又作《疟苑》）一卷，杭世骏为之作序。此书今未见刊行本，中国中医科学院藏有抄本，不著撰人，当即是书。[见：《杭州府志》、《道古堂集》、《中国医籍考》]

汪宏

（1831～?） 字广庵。清末安徽歙县槐塘人。幼孤，亲戚曹氏携之至衢州。稍长，

嗜读书，手不释卷。名儒程墇见其好学，志在于医，出家藏医典，任其揣摩，为之讲解。嗣后，汪宏复问道于陈思槐，问医于周洁川，遂精岐黄之术。临证重视诊断，多有心悟。尝谓医学"法门有二，一曰诊，二曰治。望闻问切者，诊法也；针灸药石者，治法也。将欲治之，必先诊之，非诊无以知其病，非诊无以知其治也。"年四十岁，总结临证经验，著《望诊遵经》二卷，今存光绪元年（1875）求志堂原刻本。还撰有《注解神农本草经》六卷，今存光绪十四年戊子（1888）会贤堂刻本。另有《伤寒论集解》、《金匮要略集解》各若干卷，今未见。此外，今存清光绪十四年歙东汪村竹里刻本《汪氏医学六种》残卷，阙《本经歌诀》，存《注解神农本草经》、《入门要诀》、《望诊遵经》、《本草附经歌括》、《脉诀》五种。［见：《望诊遵经·自序、程珽跋》、《歙县志·艺文志》、《中医图书联合目录》、《中国医籍大辞典》］

汪纲 字仲举。南宋黟县（今安徽黟县）人。淳熙十四年（1187）中铨试，调镇江府司户，迁平阳县令，以户部侍郎致仕。学有本原，多闻博记，兵、农、医、卜、阴阳、律历诸书，靡不研究。［见：《宋史·汪纲传》］

汪奇 明代安徽休宁县人。通医理，著有《治麻方论》，已佚。［见：《徽州府志》］

汪轮 字世备。明代安徽祁门县临清朴墅人。汪道昱子。通医术，知名乡里。深沉善谋，临事果决，以孝义闻。子汪渭，传承父学，医术尤精。［见：《石山医案·先考府君古朴先生行状》］

汪昂 （1615～?） 号讱庵。明清间安徽休宁县西门人。寄籍括苍（今浙江丽水）。早年业儒，于经史百家，靡不殚究，为明末诸生。明亡，尽弃举业，归隐林泉。尝谓："帖括浮名，雕虫小技，纵邀虚誉，无裨实功。唯医一道，福庇最长。"于是致力于《素问》、《灵枢》及仲景、叔和之书，多有心悟。虑世行医书"义蕴殊少诠释，千书一律，开卷茫然"，故"博采群书，遐稽经册，集前人之长，成一家之说"，撰《素问灵枢类纂约注》三卷、《医方集解》三卷、《本草备要》四卷，总名《延禧堂医书》，其弟汪桓为之作序，刊刻行世。此外，陆续编辑《汤头歌诀》、《经络歌括》、《药性歌括》、《濒湖二十七脉歌》诸书，亦梓行。汪氏所辑诸书通俗易解，为医学入门佳作，流传颇广，至今盛行不衰。按，《古今名医言行录》云："汪昂家资富厚，思著有俾世道之书，传诸千古，乃于康熙二年起，以厚俸延聘名医，

历四年，著医书四部，曰《素灵类纂》，曰《本草备要》，曰《医方集解》，曰《汤头歌诀》，刊刻遍送亲友。"其说与文献所载有异，未知所据，录以备考。［见：《清史稿·艺文志》、《安徽通志稿》、《重修安徽通志》、《休宁县志》、《清代七百名人传》、《古今名医言行录》、《中国历代名医碑传集》（引汪桓《延禧堂医书序》）］

汪征 （1901～1972） 字仲清。现代浙江兰溪县人。1923年毕业于兰溪中医专门学校，学业优良，留校任教。后开业行医，兼通内、妇两科，兼擅针法，知名于时。1955年出任兰溪联合医院副院长。20世纪60年代初，调金华地区医院工作。［见：《兰溪市医学史略》］

汪京 字紫庭，晚号长啸老人。明代安徽歙县人。善啸，而年又高，故人皆呼为啸翁。善歌工画，兼通医道。［见：《中国历代医家传录》（引《明代轶闻》、《啸翁传》）］

汪定 字静庵。清代湖南沅陵县人。精医术，按脉投剂，多获奇效。平生施药施茶，凡济人之事，多勉力为之。戚友有疾，虽毫釐，不惮寒暑赴诊。遇富人，则非礼不至。乾隆间（1736～1795）卒，享寿八十。［见：《沅陵县志》］

汪诠 明代安徽绩溪县人。精医术，知名京师。隆庆二年（1568）正月，太医院医官徐春甫，集合各地在京名医四十六人，创立一体堂宅仁医会，汪氏为会员之一。诸医穷探医经，讨论四子（指张机、刘完素、李杲、朱震亨），共戒私弊，患难相济，为我国最早之全国性医学组织，其组织构成、宗旨、会规等刊入《医学指南捷径六书》（今存明万历金陵顾氏、新安黄氏同刊本）。［见：《我国历史上最早的医学组织》（《中华医史杂志》1981年第3期）］

汪绂 （1692～1759） 又名烜，字灿人，小字重生，别号双池。清代安徽婺源县人。明代户部尚书汪应蛟曾孙。父汪士极，负才不羁，贫而好游，经年流连于湘、楚、闽、越间。绂少不能从师，母江氏通经史，授以四书诸经，数年皆成诵。母亡，赴金陵省父。其父贫困不能自存，逼令返里。绂无以自给，乃往景德镇画碗为役。后入闽，教馆为生计。年逾三十，卓然有成，益肆力经学，旁及阴阳、医卜、篆刻、绘画。五十岁始就试，补邑庠生。乾隆二十四年卒，时六十八岁。生平著述甚富，辑有《医林纂要探源》十卷，成书于乾隆戊寅（1758），刊刻于世，今存。［见：《医林纂要探源·自序》、《清史稿·艺文志》、《徽州府志》、《婺源县志》、《皖志列传稿》］

汪经 字子隆。清代河南正阳县人。工医术，尤擅外科，活人无算。重医德，治病未尝受谢。县令高其行，赠匾嘉奖。[见：《重修正阳县志》]

汪荃 字香谷。清代安徽黟县宏村人。世代业医，至荃尤精，患者千里延致，为咸丰间（1851～1861）名医。尝治三岁羸女，取白猫矢炙研，以无灰酒灌之，病得痊愈。常州名医法冠卿，推重汪氏之学，某日治水肿不愈，命患者执原方就教。汪氏视其方曰："方佳，少活虾蟆作引耳。"依言试之，肿消而愈。汪氏虽享盛名，而临证审慎，常曰："治病夜必检书，辨同异，虑谬误，不敢掉以轻心也。"从弟汪香，子汪济舟，侄汪松谷，皆得其亲授。[见：《黟县三志》]

汪奎 字德昭。明代安徽婺源县大畈人。性颖悟，能诗文。同族汪梧，精医术，奎从之学，遂以医闻。活人甚众，不责报，乡里德之。[见：《婺源县志》]

汪香 字艺书。清代安徽黟县宏村人。邑名医汪荃从弟。早年习儒，为监生。得汪荃亲授，精通医术。学宗张介宾，临证屡著奇效，求诊者盈庭。安徽张巡抚夫人病，众医束手，慕名延请汪氏，至则数剂而愈，张赠额曰艺苑摘华。朱枲使患疾，汪氏起之，朱赠额曰先圣杏林。子汪松谷，亦得汪荃传授。[见：《黟县三志》]

汪俊 字伟堂，号鹿峰。清代安徽潜山县人。精医术，治病多效。[见：《潜山县志》]

汪浒 清代湖南桂阳州人。性温雅，好读书，家累千金，澹如也。尝遇异人授以方术，归而研习医术。凡诊疾不索一钱，州人义之。郴州潘金韦，内子得奇疾，时医皆束手。浒至，一剂而愈。厚酬之，不受。郴州何孟春祖父病，谒汪氏诊治，效如桴鼓。于是，两州人神其术，以汉代苏耽比之。孟春为汪氏作传，述其事迹甚详。子文昌、文质、文选，皆彬彬雅士。[见：《桂阳直隶州志》]

汪宦 字子良，号心谷。明代安徽祁门县人。幼颖敏，从兄汪寀习举业。后弃儒就医，潜心于《素问》诸书，有神领心得之妙。为人质朴，不以有学自矜，从游者甚多，以太医院医官徐春甫最知名。隆庆二年（1568）正月，徐春甫集合各地在京名医四十六人，创立一体堂宅仁医会，汪宦亦入会。诸医穷探医经，讨论四子（指张机、刘完素、李杲、朱震亨），共戒私弊，患难相济，为我国最早之全国性医学组织。汪氏著有《医学质疑》一卷，今存抄本，收藏于南通市图书馆。还著有《统属诊法》、《证治要略》二书，皆散佚。

[见：《古今医统大全·历世圣贤名医姓氏》、《祁门志》、《我国历史上最早的医学组织》（《中华医史杂志》1981 年第 3 期）、《新安名医考》、《中医图书联合目录》]

汪桂 字小山。清代人。里居未详。名医陈念祖门生。撰有《伤寒论注》，今未见。[见：《伤寒论浅注》]

汪烈 清代安徽歙县人。生平未详。著有《药性会参》二卷，今未见。[见：《歙县志》]

汪钰 字勉斋。清代安徽休宁县小坑人。少从太医汪国瑞学，尽得其奥。及归，益研精百氏，而以李杲为宗。尝寓涿州，值时疫盛行，钰乃制避瘟丸散，涿人传服，无不立愈。后家居，就诊者日填门下，所得医资，随手济人。平生多善举，如立义塾，置义冢，修桥路，凡力所及，为之不倦。著有《难经析义》，今未见。[见：《休宁县志》]

汪铎 字觉斯。清代江苏宝山县罗店镇人。世医汪均子。传承父业，亦能医，绩学早卒。子汪沅，克承家学，求治者若市。[见：《宝山县续志》、《罗店镇志》]

汪浩① 字仙航。清代江西玉山县人。习岐黄术，以医知名。[见：《玉山县志》]

汪浩② 清代河南考城县（今兰考）人。早年习儒，为邑庠生。精医术。重医德，遇贫乏者不受药资，时给以钱物，活人数以百计。[见：《考城县志》]

汪焘 （?～1836） 字子黄。清代浙江秀水县人。道光二年（1822）举人。工诗擅书，兼谙医学。道光十五年乙未（1835），与陆以湉寓居都城库堆胡同，求治者踵相接。次年正月，忽患身热汗出，自以为阳明热邪，宜用石膏，服一剂，热即内陷，肤冷、泻利、神昏，三日而卒。事后，有医家分析其症曰："本桂枝汤证，不当以石膏遏表邪也。"[见：《冷庐医话·卷一·慎药》]

汪乾 字健夫。清代江苏泰县人。晚年以医济世。曾辑《保产万全经》、《集验新方》二书，刊于乾隆三年（1738），今未见。[见：《江苏历代医人志》]

汪梧 字济风。明代安徽婺源县大畈人。嗜医学，闻衢州开化县人林氏精医，遂慕名投师，尽得其传。后悬壶于乡，临证投药即效，四方延请者车马填门。兼通太素脉，每以脉断人终身休咎。同邑汪奎，得其传授。[见：《婺源县志》]

汪淇 字瞻漪，又字右之。清代浙江钱塘县人。生平未详。辑有《保生碎事》一卷（今

七画

存)、《济阴纲目笺释》十四卷（今存）、《慈幼纲目》九卷（未见），刊刻于世。侄汪锌，康熙四年（1665）参订《保生碎事》。［见：《清史稿·艺文志》、《四库全书总目提要》、《女科书录要》、《中国医籍考》、《中医图书联合目录》］

汪渊 字深甫。清代河南正阳县寒冻店人。精医术，善治筋骨损伤，摸捏即愈。重医德，有求必应，不计谢金。知县秦本，以"捏骨神手"额其室。寿八十二岁殁。［见：《重修正阳县志》］

汪琥 字苓友，号青溪子。清初江苏长洲县（今苏州）人。早年习儒，后改业医。平日购求诸名家医书，潜心抄阅。遇疑难险证，必悉心推求，悬壶数十年，名振于时。对《伤寒论》多有研究，尝谓："伤寒非寒者，盖寒病则治以热剂，热病则治以凉剂，此自然之理也。伤寒之病名虽为寒，其所见之证皆热。"曾汇粹群书，参以己见，撰《伤寒论辨证广注》十四卷，为后世学者所重，今存康熙十九年庚申（1680）吴郡萧家巷汪氏自刻本。还著有《痘疹广金镜录》三卷、《养生君主编》三卷，今亦存。另有《医意不执方》、《中寒辨论注》（又作《中寒论辨证广注》）、《增补成氏明理论》等书，今未见。［见：《清史稿·艺文志》、《清史稿·吴谦传》、《八千卷楼书目》、《中国医籍考》、《吴门补乘》、《吴县志》］

汪喆 字朴斋。清代安徽休宁县人。歙县名医程国彭门生。尽得师传，尤擅妇产科。行医数十年，凡经诊治，虽垂毙多能救之，大江南北皆称卢扁复出。汪氏尝博考众书，汇综朱震亨、张介宾诸名家方论，参以本人临证经验，于乾隆四十五年庚子（1780）撰《产科心法》二卷。原稿未刊，嘉庆九年甲子（1804），石门蔡德淳得友人周苇庭抄本，遂捐资撰序，由秀水王绵文刊刻于世（今存原刻及后世重刊本达三十余种）。该书分种子、胎前、临产、产后诸门，每门下罗列方证，其方多简切有效。汪氏于孕产有独到见解，如谓娶妇而不生子者，非妇人之过，每与男子阳虚精薄、血虚、早泄诸证有关；又谓疗阳痿不育，若浪用附子、鹿茸、海狗、硫黄等助阳热剂，反而耗伤精血，识者以为至论。［见：《产科心法·序》、《新安名医考》、《新安医籍考》、《贩书偶记续编》、《中医图书联合目录》］

汪然 一作江然。字成斋。清代江苏江宁县（今南京）人。精岐黄术。存心仁厚，凡延请者，必先至贫家，遇无资者解囊赠之，乡人皆感其德。［见：《上江两县志》、《新修江宁府志》、《江宁府志》］

汪斌 （?～1312） 宋元间婺源县（今江西婺源）人。南宋翰林太医汪镛孙，元寿昌县尹汪吉子。早年刻意习儒，慨然以功业自许。宋亡，废科举，乃继承家学，研究医术。元朝攻克江南，行省征之为医官。至元二十三年（1286），元世祖征召天下贤才，御史以汪斌应诏。世祖召见，应对称旨，切脉奇中，用药立效，拜太医院医官，官至少中大夫同提点太医院事。元成宗大德二年（1298）九月，奉旨与医愈郎诸路医学副提举申甫、御药院副使王希逸、提点太医院事郑忙古仄、麻维骤等十二名医官校订宋代大型全书《圣济总录》，于大德四年完成，改题《大德重校圣济总录》，诏令江浙行省刊刻，颁赐各地医学（今存）。汪氏历仕三朝，除医事外，多进陈治国之道、民间得失。累官昭文馆大学士、资善大夫、太医院使。卒后，追封徽国公。子汪从善，继承父学。［见：《金元医学人物》（引《野处集·元故嘉议大夫邵武路总管兼管内劝农事汪公行状》）、《陈定宇先生文集·太医院使汪公挽诗跋》）、《皕宋楼藏书志》、《大德重校圣济总录》、《中医图书联合目录》］

汪渭 （1433～1516） 字以望，号古朴。明代安徽祁门县临清朴墅人。邑名医汪轮子。自幼聪慧，凡诸技艺，皆明肯綮。性嗜医学，家传之外，读东垣、丹溪诸书，诵读不释手。尝曰："东垣主于升阳补气，丹溪主于滋阴降火。东垣、丹溪，易地则皆然。然病当升阳，治法则从东垣；病当滋阴，治法则从丹溪。不可以南北异宜而执泥也。"存心济世，有病者求诊，即往应之，不计酬报，活人不可胜计。休宁县流口有妇科李医，其妻产后病喘，不能卧，消谷善饥，汗出如洗，李治之不愈。渭应邀诊视，曰："此阴虚阳亢，当合东垣、丹溪两法治之。"为之疏方。李视之，与己所用相类，仅引经药稍异，疑之。渭曰："医之用药，如将之用兵，使之以道，则从使之；不以道，则弗听。"如言服药，十余日痊愈。婺源县延山有余姓者病噎，人皆谓不起。渭应邀至，曰："此正合丹溪胃口干槁之论。"用滋阴养血、补脾开胃法立方，加竹沥以清痰，人乳以润燥，疾愈。汪氏正德乙亥十二月二十六日殁，享年八十三。子汪机，继承家学，医名益盛。［见：《古今医统大全》、《石山医案·先考府君古朴先生行状》］

汪椿 初名光大。字春园。清代江苏清河县（今淮阴）人。儒医汪汲孙。自幼强记，攻习举业。贡成均，屡试不得志。于学无所不窥，与苏征君谈易最合。又与山阳（今淮安）丁晏论学，绝相得，丁氏延主家塾。汪氏兼读医书，著有

《黄帝内经鬼臾区之术其来甚远论》，已佚。[见：《清河县志》、《山阳县志·丁晏》]

汪瑜 字天潜。清代浙江钱塘人。生平未详。曾修订毛世洪《济世养生方》、《便易经验集》，改题《便易经验良方》，重刊于世。[见：《四部总录医药编》、《中医图书联合目录》]

汪颖 明代湖北江陵人。正德间（1506～1521）官九江知府。曾得东阳卢和《食物本草》书稿，遂厘为二卷，分为米、谷、菜、果、禽、兽、鱼、味八类，刊刻于世。此书今存万历庚申（1620）钱允治刻本，改题"李杲撰"。[见：《本草纲目》、《现存本草书录》、《中医图书联合目录》]

汪晸 清代人。生平里居未详。著有《寿人经》一卷，今存咸丰二年壬子（1852）广东抚署刻本。此书记述导引、坐功等八法，后收入叶志诜《颐身集》。[见：《中医大辞典》]

汪锌 字钟如。清代浙江钱塘县西陵人。汪淇侄。康熙四年（1665）参订汪淇《保生碎事》。[见：《女科书录要》]

汪煜 字汉炎。清代江苏宝山县罗店镇人。外科名医汪文标子。传承父业，亦精外科，兼习内科。著有《临证杂志》，今未见。子汪均，术益精绝。[见：《罗店镇志》、《宝山县续志》]

汪源 明代安徽歙县人。生平未详。通医理，撰有《辑注保婴全书》若干卷，今未见。[见：《歙县志》]

汪缙 字秋士。清代江苏海州人。弱冠以医术自给，遇贫病不取酬。逢大疫流行，活人无算。[见：《江苏历代医人志》]

汪熊 字苍光（一作昆光）。清代江苏仪征县人。自幼嗜医。父母殁，因悲痛而目盲，经年始愈，习医之志益笃。后从常州名医钱人俊学，得师真传，通悟《伤寒》、《金匮》之旨，医术日精。知府患羸疾，诸医皆谓必不起，熊以仲景法疗之，不数旬而痊。尝诫弟子曰："医家当视人疾如己疾，不可稍有疏虞，以戕人命。"年八十一岁卒。著有《医学真诠》二卷，今未见。[见：《重修仪征县志》]

汪震 清代浙江嘉善县人。以医知名。与名医王士雄同时，二人宗旨略同。[见：《清史稿·王士雄传》]

汪潜 原名祥龙。字秋潭。清代江苏青浦县重固镇人。诸生。善医，好吟咏。[见：《中国历代医家传录》（引《青浦后续诗传》）]

汪鹤 字家麟。清代江苏泰兴县人。精医术，有名于时。[见：《泰兴县志》]

汪镛① 南宋末婺源县（今江西婺源）人。精通医术，曾任翰林医官。子汪吉，孙汪斌，绍承其学，亦工医术。[见：《金元医学人物》（引《野处集·元故嘉议大夫邵武路总管兼管内劝农事汪公行状》、《陈定宇先生文集·太医院使汪公挽诗跋》）]

汪镛② 近代江苏无锡县人。祖籍安徽歙县。世医汪培荪子。绍承祖业，亦精医术。年未六十而殁。[见：《吴中名医录》]

汪歊 字越孙。清代人。里居未详。曾任湖北蕲水县令。雍正十一年（1733），撰《洗冤录补遗》三则，李观澜辑入《洗冤录补辑》。[见：《中国历代医家传录》（引《中国医学简史》）]

汪黝 明代安徽歙县人。生平未详。著有《痘疹玄言》二卷（《附录》一卷），今存明代程氏刻本。[见：《中医图书联合目录》]

汪灏 字洋子。清代浙江杭州府钱塘县人。生平未详。康熙四年（1665）订正武之望《济阴纲目》第三卷。[见：《女科书录要》]

汪一蛟 明代安徽绩溪县余川人。博学多才，精岐黄术，荐入太医院。万历三十三年乙巳（1605），太后患疾，汪氏治而痊愈，迁医官。[见：《新安名医考》]

汪十洲 号约斋。清代安徽休宁县鹤山里人。精医术，知名于时。子汪文誉、汪文绮，侄汪明紫，皆以医名。[见：《休宁县志》、《杂症会心录·程序》]

汪士贤 明代安徽徽州人。生平未详。撰有《芝谱》一卷，今佚。[见：《徽州府志》]

汪士钟 字阆源。清代江苏苏州人。生平未详。道光八年戊子（1828）覆刻南宋版《鸡峰普济方》，有裨于古籍流传。此书今存。[见：《中医图书联合目录》]

汪士珪 字礼青。清代安徽婺源县石井人。自少习儒，不利于科场，遂以医济世，求治者盈门。重医德，凡以病延请，不分晨昏皆往，遇贫者赠以药。[见：《婺源县志》]

汪士珩 字节渠。清代人。里居未详。名医谢星焕门生。侍门下阅三十余载，与同门绍基，汇集谢氏医案，辑《得心集医案》六卷，今存咸丰十一年辛酉（1861）浒湾延寿堂刻本、《珍本医书集成》本等。[见：《珍本医书集成》、《中医图书联合目录》]

汪士桂 字森远。清代浙江仁和县人。生平未详。著有《生原医学》，未见刊行。[见：《杭州府志》]

七
画

汪士涵 清代安徽黟县城西人。邑名医汪大镛长子。自幼习儒，为府廪生。兼通医术，知名乡里。[见：《黟县三志》]

汪士震 清代安徽歙县富堨人。精医学，知名乡里。子汪元珣，孙汪世渡，皆为名医。[见：《歙县志》]

汪士燮 字理斋。清代江苏无锡县人。乾隆间（1736～1795）在世。著有《三疟心得集》，今未见。[见：《江苏历代医人志》]

汪士骧 号铁樵。清代浙江杭州人。家传外科单方，专治磕破擦伤而烂者，以此敷之，即结痂而愈。其方取野鸡脚（雌雄成对），瓦上焙干，研极细末收贮。[见：《冷庐医话·杂方》]

汪大年 字自培。清代安徽歙县人。生平未详，当为汪启贤、汪启圣后裔。曾增补汪启贤、汪启圣所撰医学丛书《济世全书》，刊于世。今存康熙间（1662～1722）刻本、清殷氏刻本、抄本等。[见：《中医图书联合目录》]

汪大镛 字采宜。清代安徽黟县城西人。重孝义，让产于兄，奉母居六都徐村，养寡妹，抚孤侄，并有恩义。精医理，学宗仲景，知名于时。重医德，凡以疾病求治，立应。晚年善养生，能辟谷七旬。著有医书两种，今佚。子汪士涵，为廪生，通医道；汪士济，为县学生；汪士治，经商。[见：《黟县三志》]

汪万兴 清代江西万年县人。邑名医汪四喜孙，汪可理子。绍承家学，亦业医，知名乡里。[见：《万年县志》]

汪之琦 字奇玉。清代浙江杭州人。生平未详。康熙四年（1665）订正武之望《济阴纲目》第六卷。[见：《女科书录要》]

汪子舟 清代江苏丹徒县人。寓居句容县下蜀镇。精医理，尤擅妇科，治不孕证多有良效。性孤僻，不轻授徒，流传之方，人多宝之。[见：《续纂句容县志》]

汪子符 字石生。清代江苏真州（今仪征）人。得明代何渊《伤寒海底眼》残卷，经二十余年博采旁搜，始得字别义详，集腋成裘，尚少其主方之一册。于同治九年庚午（1870）抄录成册。今藏于中国科学院图书馆。[见：《中国历代医家传录》、《中医图书联合目录》]

汪开楚 字友熊。清代浙江钱塘县西陵人。汪淇侄。康熙四年（1665）参订汪淇《保生碎事》。[见：《女科书录要》]

汪天章 清代江苏金山县朱泾镇人。与侄汪成章俱精大方脉，擅治时疫及一切杂证。[见：《朱泾志》]

汪夫人 〈女〉 佚其姓名。北宋兰溪（今浙江兰溪）人。知书善医，擅治妇人病，有名于时。尝掌内府药院事，封温国太夫人。子孙世承其业，靖康间（1126）随宋南迁，散居于浙江东西，杭州、绍兴、金华皆有其族。[见：《兰溪县志》]

汪元本 清代安徽婺源县人。以医知名。施药济世，沉疴立起。著有《医学心传》、《痘科辨论》，今未见。[见：《安徽通志》]

汪元亮 字明之，号竹香。清代江苏长洲县人。邑名医汪光爵孙，医学训科汪元轼兄。早年习儒，乾隆二十七年壬午（1762）中举，候选知县。与弟元轼节录祖父《医要》，曾取其中"虚劳论"一篇，刊载于唐大烈《吴医汇讲》。[见：《吴医汇讲》]

汪元恺 字东亭。清代江苏赣榆县人。一生嗜学，得力于有恒。晚年精医。年七十四岁卒，乡人私谥"端惠先生"。[见：《赣榆县志》]

汪元珣 字东蕃。清代安徽歙县富堨人。邑名医汪士震子。得父传，亦精医术，名著于时。子汪世渡，继承其学。[见：《歙县志》、《徽州府志》]

汪元轼 字正希，号古香。清代江苏长洲县人。儒医汪光爵孙。继承家学，亦精医术，官长洲医学训科。曾与兄元亮整理祖父遗著《医要》，节选"虚劳论"一篇，附以元轼所撰《读先祖保阴煎谨记》，刊载于《吴医汇讲》。[见：《吴医汇讲》]

汪友栋 字廷玉。清代四川成都县人。随父客居叙州。早年习儒，兼通医术。后家道中落，遂以医问世。每值会试，应诊于考棚外。南充诸生李世纯赴乡试，届期忽罹危疾，汪氏治之，至期而愈，由是领乡荐。[见：《重修成都县志》]

汪少东 清初浙江鄞县人。精医术，专擅外科，有名于时。同时以外科著称者有朱怀宇、张金铉、陆尔真等。[见：《宁波府志》、《鄞县志·李珽》]

汪曰桢 （1812～1882） 字刚本，号谢城，又号薪甫、荔墙塞士。清代浙江乌程县南浔镇人。母赵荼，系出名阀，博通经史，教子读书。曰桢得力慈训颇多，故学有根柢。早年厄于小试，纳粟为上舍生。赴秋闱者十三，咸丰二年壬子（1852）始举于乡，补会稽教谕。汪氏博学多识，经史之外，长于推步、勾股、音韵之学。

历修《南浔镇志》、《乌程县志》、《湖州府志》。光绪壬午卒于官，年七十一岁。兼通医理，著有《随山宇方钞》二卷，今存光绪四年（1878）乌程汪氏《荔墙丛刻》本。还撰有《温热经纬评》五卷，今未见。［见：《南浔志》、《清史稿·王士雄传》、《八千卷楼书目》、《中国丛书综录》］

汪中立 字抵峰。清代安徽婺源县晓起人。邑庠生。初入塾即勤夜课，年十三丧父，服阕，益奋励。常日夕自省，故一生寡过。晚年精医，施济方药，不受馈谢。著有《岐黄总括》、《春秋举要》等书，未见梓行。［见：《婺源县志》］

汪从善 （1276～1342） 字国良。元初婺源县（今江西婺源）人，徙居杭州。宋翰林医官汪铺曾孙，元太医院使汪斌子。年十三岁，随父奉芍药及香药入觐元世祖。世祖爱其才，命习儒术。大德元年（1297），由脱因纳、李邦宁等重臣举荐，入侍元成宗。大德六年升典瑞监丞，累官松江知府。元统元年（1333）迁嘉议大夫邵武路总管兼管内劝农事。后至元二年（1336），因母丧辞官，隐居松江，以撰述为事。著书颇多，关于医者有《博爱堂家藏方论》若干卷，已佚。［见：《补元史艺文志》、《金元医学人物》（引邵亨贞《野处集·元故嘉议大夫邵武路总管兼管内劝农事汪公行状》、陈栎《陈定宇先生文集·太医院使汪公挽诗跋》）］

汪文标 字逸藻。清代江苏宝山县罗店镇人。精外科，疗病多奇效。凡治愈难症，皆追记取效之因，积百数十则。子汪煜，孙汪均，皆以医闻。［见：《罗店镇志》］

汪文炳 清代四川简阳县人。精医药。性慷慨，好济人之急。年八十六岁卒。［见：《简阳县续志》］

汪文绮 字蕴谷。清代安徽休宁县鹤山里人。世医汪十洲次子。自幼习儒，尤精家学。研究《内》、《难》诸医典，博涉金元诸名医之作，尤推重明代张介宾。临证多效验，求诊者户限为穿。乾隆十七年（1752），疫疠流行，汪氏取仲景建中汤意，以培补正气，济阴解毒立法，制救疫汤施济，全活甚众。著有《杂症会心录》二卷，今存乾隆二十年（1755）率川自余堂刻本。尚撰《脉学注释汇参证治》（又作《卫生弹求集》、《秋香馆弹求集汇参证治》、《证治汇参》）二卷，亦梓行。另有《瘟疫论两注》若干卷，散佚不传。兄汪文誉、从弟汪明紫，皆以医术著称。［见：《休宁县志》、《新安名医考》、《贩书偶记续编》、《中医图书联合目录》］

汪文誉 字广期，又字文芳。清代安徽休宁县鹤山里人。邑名医汪十洲长子。少补县庠生，博雅能文，尤精医术，用药甚平淡，而奏效如神。有医德，遇贫病者赠以药，人咸德之。弟汪文绮、从弟汪明紫，子汪羲一，孙汪秋苑、汪松如，皆精医术。前人赠联曰：“橘井泉声是父是子，杏林花发难弟难兄。”［见：《休宁县志》、《徽州府志》］

汪允俶 字载南。清代江苏扬州人。好善乐施，熟谙药性。施送紫雪丹、再造丸，虽一粒千金，弗吝也。［见：《扬州画舫录》］

汪允璋 字礼南。清代安徽婺源县晓起人。性和善。精医术，求诊者踵相接，不受谢，遇贫困者赠以药资。年七十六岁卒。［见：《婺源县志》］

汪甘节 字吉甫。明代安徽婺源县人。名医孙一奎门生。曾校梓其师《赤水玄珠》。［见：《赤水玄珠》］

汪世培 字亦庄。清代安徽休宁县人。精医术，以喉科见长。道光十四年甲午（1834）池州喉疫流行，诸医束手，汪氏治之，屡获奇效。［见：《新安名医考》］

汪世渡 字问舟。清代安徽歙县富竭人。祖父汪士震，父汪元珣，皆精医。世渡能守家学，博考群书，不泥成法，而应手奏效。著有《时疫类方》四卷，未见流传。［见：《歙县志》、《徽州府志》］

汪本照 清代人。生平里居未详。编有《理瀹骈文要方》二卷，刊刻于世，今存佚不明。［见：《八千卷楼书目》］

汪可理 字成才。清代江西万年县齐埠人。邑名医汪四喜子。幼应童试，不中，改业医。能继承家学，精东垣脉诀。业内科者倚之若长城，遇疑难症，辄劝病家迎至，切脉商可否。手辑医书十余卷，又著《医案》数卷，俱未刊行。子汪万兴，传承父业。［见：《万年县志》］

汪石云 清代江苏奉贤县南桥人。精小儿医，治病多奇效，名重于时。有医德，遇贫乏者赠以药，不受酬，一方倚为司命。［见：《重修奉贤县志》］

汪东庵 明清间人。生平里居未详。名医汪绮石次子。初习举业，明亡，尽弃所学，潜心于医。其父撰《理虚玄鉴》（清代避康熙讳，改题《理虚元鉴》），书成而殁。东庵尝增补父书，发明甚多。此书原刻不存，今有乾隆三十六年辛卯（1771）重刻本。［见：《中国医学大辞典》、

《中医图书联合目录》]

汪由敦 (1692~1758) 字师茗，号谨堂。清代安徽休宁县人。徙居浙江钱塘。雍正二年（1724）举进士，选庶吉士。乾隆二年（1737）授侍读学士，累迁工部尚书，调刑部，兼署左都御史。乾隆十二年命在军机处行走，十四年加太子少师，二十二年授吏部尚书。二十三年卒，谥"文端"。汪氏博闻强记，学问渊深，文词雅正。擅书法，兼谙医理，尝评吴瑭《温病条辨》，论温热、湿温证治颇有见地，名医陆以湉深然其说。[见：《清史稿·汪由敦传》、《冷庐医话》]

汪四喜 字履亭。清代江西万年县齐埠人。精医理，以外科鸣于时。饶、广、徽、婺数百里，仰之若卢扁，舟车迎请无虚日。港边刘次元，为内科名手，目空一世，惟折服汪氏。汪氏好读书，精细勤敏，手抄医书成帙者五六十卷。著有《内科杂病论》、《疠风证治》、《便毒症治》、《景岳外科证》、《外科钞录》、《外科杂录》、《外科心法撮要》、《幼幼删繁撮要》、《杨梅集参》、《杨梅疮科》、《咽喉牙齿证治》、《经验记录》、《医症日录》、《碎录亲验医方》、《医学杂录》等书，均未梓行。子汪可理，孙汪万兴，俱世其业。[见：《万年县志》]

汪代棠 清代湖南黄冈县人。生平未详。撰有《医学提要》，今未见。[见：《黄冈县志》]

汪必昌 号燕亭。清代安徽歙县人。精医术，嘉庆间（1796~1820）任御前太医。博览医书，好著述，撰有《医阶辨证》一卷、《聊复集》五卷、《伤寒三说辨》等，皆刊行于世。长子汪国瑞，亦任太医；次子汪国祥、幼子汪国英，事迹不详，曾参校父书。[见：《贩书偶记》、《中医图书联合目录》、《新安名医考》、《休宁县志·汪钰》]

汪有信 字敬然。清代安徽歙县人。生平未详。著有《新刻删补产宝全书》四卷，今存康熙间（1662~1722）樾荫斋刻本。[见：《中医图书联合目录》、《中国历代医家传录》]

汪有容 清代人。里居未详。安徽歙县名医程文囿门生。曾与诸同门参订其师《杏轩医案》，刊刻于世。[见：《杏轩医案》]

汪有德 字铣泉。清代安徽黟县钟楼厦人。曾任里正，县官优奖之。得家传，精医术，以治蛊胀知名。[见：《黟县三志》]

汪存耕 元代休宁县（今属安徽）人。出身望族，读儒书外，兼习医术。曾任殷阳路医学提领。年五十岁，御史以茂材异等荐之，改授建宁路医学教授。[见：《金元医学人物》（引《陈定宇先生文集·送汪存耕之建宁医序》）]

汪成章 清代江苏金山县朱泾镇人。邑名医汪天章侄。精医术，以善治内科杂病及时疫知名。[见：《朱泾志》]

汪光正 字祚三。清代安徽休宁县人。精医术，有著手回春之妙，知名于时。[见：《休宁县志》]

汪光昌 清代陕西镇安县人。精医术，知名于时。[见：《镇安县志》]

汪光爵 (1663~1718) 又名光园，字缵功，号学舟。清初江苏长洲县人。初为太学生，屡试不售，遂业医。临证善诊脉，不拘古方，治病多奇中。康熙戊戌卒，享年五十六。著有《医要》，未梓，有抄本流传乡里。其孙汪元亮、汪元轼节录《医要》"虚劳论"一篇，刊载于《吴医汇讲》。[见：《吴县志》、《吴医汇讲·卷十》]

汪廷元 字瓒禾（一作瓒和），号赤崖。清代安徽歙县城内人。与邑名医许豫和为姻亲。其祖父汪序周，父汪昆玠，皆以医术闻名于时。廷元自幼习儒，为庠生。少年时即习神农、轩岐之书，壮年益肆力于王叔和《脉经》、皇甫谧《甲乙经》、王冰《黄帝内经素问注》，尤推重《伤寒论》，谓仲景为医学大宗师。嗣后更出入于百家之说，以博其识。及以医问世，治病多奇验，名重于时。凡愈奇重之疾，皆笔录其案，岁久积稿极富，遂摘选百条，著《新安医案》、《广陵医案》（又作《广陵医案摘录》）二书，刊于世。《新安医案》久佚，今有《广陵医案摘录》汪氏自刻本存世，书藏上海中医药大学图书馆。[见：《歙县志》、《徽州府志》、《安徽通志稿》、《中医图书联合目录》]

汪廷业 字立人，号笠人。清代安徽歙县人。徙居浙江乌程县南浔镇。精医术，兼工于诗。著有《医门纲要》四卷、《伤寒津要》四卷、《保婴大成集》四卷，今皆未见。[见：《南浔镇志》]

汪廷珍 (1757~1827) 字瑟庵。清代江苏山阳县人。乾隆己酉（1789）进士，官至礼部尚书。通医理，与同邑名医吴瑭相往还。嘉庆十七年（1812），参订吴氏《温病条辨》，刊刻于世。[见：《温病条辨·汪廷珍序》、《清史稿·汪廷珍传》]

汪延造 字深之，别号懒圣。明清间安徽潜山县人。善属文，工词赋，博极群书，落落不事生产，积书充栋。受知于刘遐、陈周政等，一时名士翕然从之。明季世乱，汪氏上六书于史可法（1602～1645），建言朝政。顺治壬辰（1652）参修县志。晚岁筑博易斋，专事著述。年七十一岁卒。撰有《周易图说》、《周易讲义》、《四书讲义》、《兼山堂集》、《史学三笔》、《星卜要诀》等。间涉医学，撰有《医家图说》，皆流传于世，今未见。［见：《潜山县志》、《安庆府志》］

汪仰陶 清代安徽休宁县石田人。精医术，颇负时望。门生程鉴，亦以医名。［见：《新安名医考》］

汪庄英 号端溪。清代湖南衡山县人。业儒。以孝悌闻。壮年丧妻，义不续娶。屡试不售，究心岐黄，遂以医术知名。［见：《衡山县志》］

汪亦临 清代河南商城县人。早年习儒，以医术知名。［见：《商城县志》］

汪兴昱 字永生。清代安徽黟县宏村人。性聪慧，少年失怙，事母以孝闻。博涉《内经》、《难经》、《神农本草经》及《伤寒论》诸医典，精通医理。临证尊古而不拘泥，多著奇效，活人无算。咸丰间（1851～1861）应湘礼营之聘任官医。令宪周章家属久疾，诸医束手，延请汪氏诊视，应手而愈，赠以"著手回春"匾额。子汪隆祥，绍承父业。［见：《黟县四志》］

汪汝桂 字景南。明代安徽休宁县渠口人。自幼体羸，遂习医。尝游姑苏、常熟，得名师传授，兼宗李杲、朱震亨诸名医之学，医道大行。挟技游于黟县、祁门，所在皆奏奇功。为人言不妄发，浑涵长厚，世称有道长者。［见：《休宁县志》］

汪汝淮 字禹绩，号溶川。清代人。里居未详。康熙间（1662～1722）举人。穷经治史，工文词，尤讲求经世之学。著有《明堂图考辨》，未见刊行。［见：《中国人名大辞典》］

汪汝懋 字以敬，号遁斋，又号桐江野客。元代歙州（今安徽歙县）人。徙居淳安县。官定海县尹凡五年，以慈恕简静著称。以老病请致仕，不许。一夕扁舟宵遁，客于鄞之沈氏，因讲学于鄞。汪氏兼通医学，著《山居四要》五卷，刊于世，今存万历三十一年癸卯（1603）虎林胡氏文会堂校刻《格致丛书》本。［见：《医藏书目》、《中国人名大辞典》、《中医图书联合目录》］

汪汝麟 字石来。清代广东海阳县人。生平未详。辑有《证因方论集要》四卷，刊于道光庚子（1840），今存。［见：《中医图书联合目录》］

汪守正 字子常。清代浙江钱塘县人。生于书香之家，藏书富甲一方，称振绮堂汪氏。早年习儒，事父母以孝闻。年十九岁补博士弟子员，有声庠序。纳粟为知县，分发河南，授鲁山知县。历任郾城、虞乡知县。调平遥知县，值大旱，赤地千里，集资赈济，全活无算。复设育婴堂，以养孤儿。精通医理，光绪六年（1880）任阳曲知县，值慈禧太后患重疾，山西巡抚曾国荃荐之，与薛福辰赴京诊治。进药渐效，授扬州知府，仍留京继续医治。至光绪八年（1882）十二月，病痊愈，赏加二品顶戴，调天津知府。与李鸿章议不合，调宣化知府。不数年，郁郁以卒，年六十六岁。［见：《中国历代名医碑传集》（引《子常公传略》）、《一士类稿》］

汪守安 清代人。生平里居未详。著有《秘传育婴杂症论治》一卷，今存。［见：《中医图书联合目录》］

汪守英 字嗣远。清代安徽婺源县港头人。家境饶富，慷慨好义，凡修路济贫，无不尽力。精医术，救治甚众，乡里敬之。［见：《婺源县志》］

汪守斋 明代安徽婺源县人。邑名医汪显高子。与弟汪接斋，俱世父学。［见：《婺源县志》］

汪如龙 字健川，号阳坡。清代安徽宣城县人。举人。康熙十八年（1679），授山东淄川知县。天性慈善，廉洁俭素。居官不令家眷相随，以门板为卧榻。刑部尚书高某，赠以木床。在任设立义学，捐施药饵。后引疾辞官，得邑人聚资相助，始克归。撰有《寿世汇编》、《阳坡诗集》，今未见。［见：《济南府志》］

汪寿卿 北宋蜀（今四川）人。精医术，其道盛行，求诊者门庭如市。元符元年（1098）八月，哲宗患疾，汪氏应召往诊，检帝脉，奏曰："圣体极康宁。"时有少卿张子颜，常幻觉有白衣人在前，自谓有缘见佛，乃不食酒肉，然日益瘦瘠多病。知汪寿卿善医，遂造访求脉。汪诊其脉大惊，不复言，但授以大丸数十，小丸千余粒，嘱曰："十日中服之当尽，却以示报。"张服药数日，幻觉渐消，药尽而神气清爽也，乃告汪氏。汪曰："吾固知矣。公脾初受病，为肺所克。心，脾之母也。公既多疑，心气一不固，自然有所睹。吾之大丸实其脾，小丸补其心，肺为脾之母，既不能胜其母，其病自当愈也。"子颜大神之，因密问帝脉如何？汪实告曰："再得春气，

503

七
画

脉当绝，虽司命无如之何也。"至元符三年（1100）正月，帝崩。汪氏后入华山隐居，时年已八十余矣。[见：《中国历代医家传录》（引《道山清话》）]

汪孝先 清代江苏青浦县东北乡人。精医术，知名乡里。门生朱费元，传承其学。[见：《青浦县志》]

汪志毅 字健行。清代江苏金山县张堰镇人。生平未详。著有《伤寒经注》，今未见。[见：《重辑张堰志》]

汪求参 明代安徽婺源县大畈人。邑名医汪继昌子。与兄汪法参皆继承父学，均以医知名。[见：《婺源县志》]

汪时珂 字鸣玉。清代安徽婺源县港头人。早年习儒，无意仕进。嗜于医学，多有妙悟，治疑难症，每获奇效。尝外出，遇幼儿患病，势甚危殆。汪氏先施以针，继服以药，一剂而愈，世以扁鹊称之。[见：《婺源县志》]

汪时泰 字春溥。清代安徽休宁县人。通医理，对《伤寒论》有研究。著有《伤寒经晰疑正误》十二卷，今存道光二十一年辛丑（1841）抄本，书藏安徽省图书馆。[见：《新安名医考》、《中医图书联合目录》]

汪时鹍 明代安徽祁门县石潭人。精通医术。以济人为怀，破产施药，甘贫不怨。遇贫病需参苓而无力措办者，购药赠之，救治甚多。著有《加减汤头歌括》，今佚。[见：《祁门县志》]

汪伯儒 明清间人。里居未详。儒医汪绮石长子。能读父书，亦通医理。[见：《理虚元鉴·赵何序》]

汪近垣 清代人。生平里居未详。撰有《金匮要略阐义》一卷，今存抄本，书藏南京图书馆。[见：《中医图书联合目录》]

汪序周 清代安徽歙县邑城人。精通医术，知名于时。子汪昆玠，孙汪廷元，皆绍其业。[见：《歙县志》、《徽州府志》]

汪沧洲 清代江苏靖江县人。精医，专擅疡科，施治多奇效。同时有周永辉、薛希州，皆以疡科著称。[见：《靖江县志》]

汪启圣 字希贤。清代安徽歙县人。疑为汪启贤弟。与汪启贤合编医学丛书《济世全书》，包括《中风瘫痪验方》等十四种，今存清康熙间（1662～1722）刻本、清殷氏刻本、抄本等。[见：《歙县志·书目》、《中国医籍大辞典》、《中医图书联合目录》]

汪启时 清代安徽婺源县人。以医术知名。施药济世，沉疴立起。[见：《安徽通志》]

汪启贤 字肇开。清代安徽歙县人。生平未详，疑为汪启圣之兄。与汪启圣合编医学丛书《济世全书》，包括《中风瘫痪验方》、《虚劳汇选应验良方》、《蛊膈汇选验方》、《外科应验良方》、《广嗣秘诀验方》、《幼科汇选应验方》、《添抽接命宗丹大道》、《医学碎金》、《脏腑辨论》、《脉诀金机》、《汤液须知》、《食物须知》、《明医治验》、《醒世理言》十四种，今存康熙间（1662～1722）刻本、清殷氏刻本、抄本等。今又存《济世全书》一卷，题"汪启贤、汪启圣撰，汪大年增补"。据《歙县志》，汪启贤还撰有《应验神方》一卷、《女娲炼石补天》（非医书）一卷。今未见。[见：《歙县志·书目》、《中国医籍大辞典》、《中医图书联合目录》]

汪启淑 清代人。生平里居未详。知医，著有《经络歌诀》一卷，行于世。[见：《八千卷楼书目》]

汪纯粹 字惇士，号春圃。清代安徽黟县十都人。初习举业，为诸生。久困棘闱，自愤不得以文售于时，遂肆力攻医，精其术。雍正癸丑（1733），疫疠时行，纯粹所至，沉疴辄起。遇贫病不能具药饵者，赠其资，予以汤剂，全活无算，颂其德者遍于里间。著有《孝慈备览伤寒编》（又作《孝慈备览》）四卷，今存雍正十二年甲寅（1734）杭城并育堂刻本。还著有《游秦医案》，今未见。[见：《黟县志》、《徽州府志》、《贩书偶记续编》、《中国医籍考》]

汪若源 明代人。生平里居未详。著有《痘疹大成》（又作《汪氏痘书》）一卷，刊于世。[见：《中国医籍考》、《北大图书馆藏李氏书目》]

汪松如 清代安徽休宁县鹤山里人。邑名医汪文誉孙，汪羲一子。与兄汪秋苑绍承祖学，皆以医名。[见：《休宁县志》]

汪松谷 清代安徽黟县宏村人。邑名医汪香子。得伯父汪荃传授，以医为业，知名于时。[见：《黟县三志》]

汪国英 字俊名。清代安徽歙县人。御医汪必昌幼子。生平未详。曾参校其父《聊复集》。[见：《聊复集》、《新安名医考》]

汪国祥 字履吉。清代安徽歙县人。御医汪必昌次子。生平未详。曾参校其父《聊复集》。[见：《聊复集》、《新安名医考》]

汪国瑞 字芝圃。清代安徽歙县人。御医汪必昌长子。传承家学，亦精医道，任太

医院御医。又与弟国祥、国英参校其父《聊复集》。[见：《聊复集》、《新安名医考》]

汪昆玠 清代安徽歙县人。邑名医汪序周子。绍承父业，亦以医知名。子汪廷元，医术益精。[见：《歙县志》]

汪明紫 字东来。清代安徽休宁县鹤山里人。世医汪文誉从弟。继承祖业，亦精医术。著有《脉学注释》、《证治括言》，今佚。[见：《休宁县志》]

汪鸣凤 号兰圃。清代江苏震泽县（今吴江）平望镇人。同知汪琥子。生平未详。乾隆五十年乙巳（1785），与兄汪鸣珂校梓《圣济总录》。[见：《四部总录医药编》、《中国历代医家传录》（引《圣济总录·序》）]

汪鸣岐① 清代江苏东台县台丰场人。精外科，能治奇症。乾隆三十六年（1771），陈某与人械斗，刀伤阴囊，两睾丸出，众医不能治。鸣岐疗之，敷以药，十余日平复。县令王公颜其门曰医家之良。[见：《东台县志》]

汪鸣岐② 字凤山，号药洲。清代广东番禺县员冈人。徙居广州。品格高雅，文章医学，皆见重于同道。其为医不事求奇，而证亦不失。与同邑崔必钰相交最厚，遇疑难症，往往相邀会诊，每获奇效。论者称：汪氏之学乃由景岳之重浊而出以轻清，尤时医所不及云。著有《驳王肯堂诸嗽宜桔梗论》，今未见。[见：《广州府志》、《评琴书屋医略》]

汪鸣珂 一作汪珂。字宣纶，号瑶圃。清代江苏震泽县（今吴江）平望镇人。同知汪琥子。自少通敏，善读书，诗文并擅胜场。曾任广西上思知州。兼精岐黄，所至之处，以医术精奇见称，受其利济者甚众。乾隆五十年乙巳（1785），与弟汪鸣凤校梓《圣济总录》。撰有《经方合璧》十卷，今未见。[见：《平望志》、《苏州府志》、《四部总录医药编》（引《慈云楼藏书志》）、《中国历代医家传录》（引《圣济总录·序》）]

汪和鼎 清代江苏阳湖县人。生平未详。辑有医学丛书《毓芝堂医书四种》，包括《宜麟策》、《达生篇》、《保婴易知录》、《丛桂山房集验良方》，刊于嘉庆壬申（1812）。[见：《中医图书联合目录》]

汪秉钟 字松坪。清代江苏泰兴县人。通医术，为常熟派名医。[见：《泰兴县志》]

汪质庵 清末浙江杭州人。通医理。著有《戒鸦片烟第一真验良方》，名医何其伟病其冗杂，予以删订，撰《指迷良方》，行于世，今未见。[见：《中国历代医家传录》（引《指迷良方·跋》）]

汪学旭 清代四川中江县人。幼攻儒业，因母病究心医学，精其术，凡以疾求治，投剂无不愈，有国手之誉。咸丰庚申（1860），川北农民举事，征汪氏诊疾，军中无怠慢者。汪氏终以义军为寇，自缢于文昌庙，义军殓葬于庙后，立碑记之。[见：《中江县志》]

汪学济 字巨川。清代安徽婺源县罗谷人。业医，设药店于城西。治病不计报酬，遇贫病赠以药。[见：《婺源县志》]

汪法参 明代安徽婺源县大畈人。邑名医汪继昌子。与弟汪求参继承父学，皆以医名世。[见：《婺源县志》]

汪宗沂 （1837～1906） 字仲伊，又字咏春，号韬庐（一作弢庐处士）。清代安徽歙县西溪人。汪运镳子。自幼聪颖，三岁能诵《论语》、《大学》、《中庸》、《孟子》。四岁，母许氏授以《尔雅》、《毛诗》，寓目成诵。汪氏为歙县巨族，建不疏园以贮书。宗沂居园数年，手披口诵，以夜继昼。尤好经世之学，研治兵、农、礼、乐诸端。初师事临川李联琇，继受汉学于仪征刘文淇，受宋学于桐城方宗诚，于九流百家之学，靡不博涉。曾作《礼乐一贯录》，谒曾国藩于两江督署。光绪二年（1876）举于乡。六年（1880）成进士，签分山西知县，告病归。乙未（1895）安徽学政以学行荐于朝，加五品卿衔。其进士出常熟翁同龢之门，同龢许为命世之才，称先生，不用师弟礼。曾主讲安庆敬敷、芜湖中江、本郡紫阳各书院。笃信所学，迄老不衰，尝谓："举吾术以措之，太平易致也。"年届七十，论及世变，声屈座人。薄游江淮，足迹由扬州至江宁。光绪三十二年丙午，年七十，卒于杭州。著述甚富，有《周易学统》、《尚书今古文辑佚》、《管乐元音谱》、《声谱》、《汉魏三调乐府诗谱》、《黄庭经注》等十余种。汪氏自幼以孝闻，因侍亲病，研习医术，对仲景学说多有心悟。撰有《张仲景瘟疫论》，今存光绪十四年（1888）刻本。还著有《伤寒杂病论合编》、《杂病论辑逸》，皆有光绪间刻本存世。[见：《歙县志》、《安徽通志稿》、《皖志列传稿》、《中国人名大辞典》、《中国历史人物生卒年表》]

汪宗淦 字稚琢。清代江苏吴县人。生平未详。辑有《素灵汇萃》，今存抄本，书藏上海中医药大学图书馆。[见：《中医图书联合目录》]

汪春苑 字锦如。清初浙江开化县人。儒医汪德凤子。克承父志，亦工医术。性淳谨，多行善事。顺治十六年己亥（1659），宪檄运

七

画

木，汪氏予其事，不避艰险。晚年卜居南郭拙耕山房。著有《医约类书》、《眼科珍言》，藏于家。[见：《开化县志》]

汪显高 字道斋。明代安徽婺源县大畈人。以儒医游乡绅间，所治多奇中，活人甚多。尝于中丞座上得识某道士，道士授以性命秘旨，此后医术益神。次子汪守斋，三子汪接斋，俱世其业。[见：《婺源县志》]

汪思履 字介纯。清代安徽婺源县晓起人。幼颖敏嗜学，稍长，入郡庠。儒学外，兼精医术，投药辄效。一庠生忽昏闷不语，汪氏诊其脉，出丸药令服，入口而愈。赠以诊金，坚辞不受。平生多善举，凡修路建桥，赈灾济贫，皆尽力焉。县令吴某，以"为善最乐"额其门。[见：《婺源县志》]

汪钟堃 清代四川简阳县草池堰人。邑名医汪炳能长孙。继承家学，亦以医名世。[见：《简阳县志》]

汪秋鹤 明代人。生平里居未详。著有《痘疹》，已佚。[见：《医藏书目》]

汪剑秋 清代江苏武进人。邑名医巢峻门生。得师传授，亦工医术。[见：《中国历代医史·巢峻》]

汪彦超 清代江苏扬州人。精医术。有患风疾者，诸医束手，延请汪氏诊之。汪氏检视原方，曰："用疏风散者不错，加以破蕉扇边为引，则愈矣。"试之果然。[见：《扬州画舫录》]

汪炳能 字益谦。清代四川简阳县草池堰人。幼年习儒，颖悟敏捷。母张氏有夙疾，炳能尝雪夜叩医者门，医者畏寒，非至晓不行，炳能感愤，遂立志习医。闻道士马昆山精医术，拜于门下，渐通医理，以附子理中汤治愈母疾。嗣后，益潜心研习，医术日精，声名日隆。一人患眼疾，双目肿痛，几不能视。炳能以"肝风夹热"论治，一剂而愈。又一人除夕过食，胸腹胀痛，服硝、黄不效。炳能诊之，曰："此寒食结聚，须用温下。"令服大黄附子汤，须臾而通。其灵验类此者甚多。七十六岁卒。子汪基敦，长孙汪钟堃，皆世其业。[见：《简阳县志》]

汪济川 (1495～1549) 字希说。明代安徽歙县岩镇里人。父汪添生，性柔善，中年病虚怯疾，闻人声辄仆地欲死，家产被人骗卖殆尽。济川十五岁发愤习儒，日诵千言。然家境益贫，遂改习医，以诊疗所入奉养父母，供弟读书。暇则博览《内经》诸书，久之尽探医家要旨，治病应手取效，声名大噪，远近迎请者日盈户庭。

性梗介，不喜阿附权贵，而缙绅显贵闻其名，过郡延诊者不绝。无奈，避地南京，为大学士张公、冢宰熊公所重，荐授太医教习。不喜仕途，旋以母老辞归。居乡性情如故，部使者唐公病目，命差役召之，以服丧辞。唐公壮之，亲书请笺，束帛再请。其刚毅不屈若此。性好著述，曾重订滑寿《读素问钞》及历代本草、《巢氏病源》、《伤寒论注》等书，今未见。嘉靖己酉十一月二十二日卒，享年五十有五。子汪儒、汪俨、汪俸，生平未详。[见：《中国历代名医碑传集》（引吴子玉《大鄣山人集·汪大医行状》）]

汪济舟 清代安徽黟县宏村人。邑名医汪荃子。绍承父学，亦工医术。[见：《黟县三志》]

汪祖坤 字启绶。清末江苏吴兴县人。徙居上海。弱冠侍母疾，潜研医理，有神悟。为人治病多良效，登门求诊者日数十人。汪氏曾集合同道，兴办医药研究会。[见：《上海县志》]

汪祝尧 字画山。清代浙江钱塘县人。诸生。名医吴樽（1806～1886）妹丈。汪氏亦精医术，兼善内外两科。吴樽在泰州以薄贴法治病，祝尧为之助。著有《外科易知》二十卷，其书根柢先贤，自抒己见，识者以为外科指南，惜未刊而卒。[见：《中国医学大辞典》、《杭州府志》、《理瀹骈文》]

汪莲石 清代安徽婺源县人。早年习儒。年二十余游于江浙，夏秋之际得热病，就医求治，医谓暑热，而服药不效。后连更数医，皆以暑热论治，服药俱无功。迁延月余，至冬自愈。来年复病如初，时医诊断如前，服药又不效。如此三年，终不遇良医，遂归乡休养，不服药，待其自愈而已。不久，其父脘痛旧疾发作，延医亦不效。汪氏感于世无良医，遂发愤研习岐黄。遵叔父指教，精研《灵枢》、《素问》、《神农本草》、《伤寒》、《金匮》诸医典，兼取历代名家方论读之，于仲景学说尤致力焉。初不能尽解，后得进贤名医舒诏《伤寒集注》，群疑冰释，妙悟奥理，终以医术名振江浙。著有《伤寒论汇注精华》九卷，刊刻于世，今存稿本及1920年上海扫叶山房石印本。门生丁泽周、恽树珏、程门雪，皆为名医。[见：《新安名医考》]

汪铎简 清代湖北荆州人。生平未详。著有《活录医书》，今未见。[见：《重修荆州府志·艺文志》]

汪逢春 (1884～1949) 原名朝甲，号凤椿。近代江苏苏州人。为吴门望族。早年习举业，后从名医艾步蟾游，焚膏继晷，三更不辍。及学成，复博览医籍，孜孜探求，对时令病及胃肠病证治尤多体会。壮岁游京师，述职法曹，又从儒医力钧游，术益精进。后悬壶京城，前后三十余年，虽奇变百出之症，治之辄愈，求诊者门庭若市，名振于时。民国间报界评选"北平四大名医"，汪氏与孔伯华、施今墨、萧龙友获此殊誉。1938 年成立国医职业公会，汪氏被选为会长。曾于 1942 年创办国药会馆讲习班，对培育中医人才多有贡献。一生忙于诊务，无暇著述，仅有《中医药理学》、《泊庐医案》（门人所辑）二书存世。[见：《泊庐医案·序》、《中国现代名医传》、《中国历代医家传录》]

汪祥云 字仲华。清代安徽绩溪县市南人。精通医道，尤善制丸丹成药，活人甚众。后荐授医学训科。[见：《绩溪县志》]

汪继昌 字伯期。明代安徽婺源县大畈人。承先世业，工医术。通阴阳司天、五行生克之说，活人无算，称国手。尤精于治痘，有异传，尝语人曰："痘科无死证，其不治者，医之咎也。"性谦退，喜施予，好济人之急，从无自德之色。著有《痘科秘诀》，已佚。子汪法参、汪求参，世其学。[见：《婺源县志》]

汪培荪 (1838～1900) 字艺香。清末江苏无锡县人。祖籍安徽歙县。名医汪致和子。性敦厚，早年承父衣钵，熟读《素问》、《灵枢》诸书，尤能滔滔背诵《难经》。临证审慎，每定一方，皆注明出于某经。擅治温病及小儿痧痘，医声赫赫，名重一时，求诊者门庭若市，终身无一日闲。后迁居苏州，悬壶于观前街。每于汤方中合丸散以为行导，独具匠心，卓然自成一家。年逾七十岁卒。生前无暇著述，仅遗《医案》十余帙。门生龚锡春，尽得其传。汪培荪临殁，曰："得我真髓者，惟锡春一人而已。"子汪铺，亦精父业。[见：《锡金续识小录》、《无锡近代医家传稿》、《吴中名医录》（引《无锡近代医家传稿》）]

汪基绪 字绍唐。清代四川简阳县兴隆场人。早年习儒，后弃而业医，求诊者甚众。重医德，诊病不惮劳，不分贫富，皆尽心力。尝谓："医乃活人之术，非积财之事。"寿至八十八岁殁。[见：《简阳县续志》]

汪基敦 清代四川简阳县草池堰人。邑名医汪炳能子。绍承父业，亦以医知名。长子汪钟堃，亦业医。[见：《简阳县志》]

汪梦兰 字荀山。清代安徽休宁县人。附贡生。生于世医之家，弃儒学医，精其术，

尤善诊脉。[见：《休宁县志》]

汪副护 字天相，号培元。明代安徽休宁县城西人。少通儒术，改业医。初师事祁门名医汪机，继至姑苏、京口访师，久之贯通医道。于医理推重李杲，治病以扶助元气为主，因自号培元。行医四十余年，全活甚众。生平乐善好施，曾建凉亭于四城通衢，颇便行者。又曾尽出卖药之金，助修远近庙宇。著有《试效集成》（又作《试效大成》）等书，未见刊行。本县程霁春，得其传授。[见：《休宁县志》、《徽州府志》]

汪赉孙 清代江西弋阳县人。州同知汪来青次子。初习举业，屡试不中。有感范仲淹"不为良相，则为良医"之说，潜心医学，久之精其术。重医德，凡诊视，一无所取，遇贫病解囊助之，虽参、桂重资不吝。弋阳疫疠流传，凡延请汪氏者皆愈，活人无算。[见：《弋阳县志》]

汪接斋 明代安徽婺源县大畈人。邑名医汪显高三子。与兄汪守斋，俱世父业。[见：《婺源县志》]

汪秾苑 清代安徽休宁县鹤山里人。邑名医汪文誉孙，汪羲一子。与弟汪松如绍承祖学，皆以医名。[见：《休宁县志》]

汪鸿熔 清代安徽歙县人。生平未详。著有《医学撮要》二卷，今未见。[见：《歙县志》]

汪隆祥 清代安徽黟县宏村人。邑名医汪兴昱子。绍承父学，亦业医。[见：《黟县志》]

汪绮石 世称绮石先生。明末人。生平里居未详。精医理，对虚劳证治多有研究。著有《理虚玄鉴》（清代避康熙名讳，改题《理虚元鉴》）二卷，未刊而卒。后经次子汪东庵补订发明，刊行，今存乾隆三十六年辛卯（1771）刻本。长子汪伯儒，读父书，亦通医理。次子汪东庵，精通医术。[见：《中国医学大辞典》、《中医图书联合目录》]

汪期莲 字梅轩。清代湖北枝江县人。生平未详。辑有《瘟疫汇编》十六卷，刊于道光戊子（1828）。[见：《贩书偶记续编》、《中医图书联合目录》]

汪朝邦 字用宾。明代安徽婺源县段莘人。早年习儒，兼善堪舆诸术。以医知名，远近求治者盈门。著有《方书集说》若干卷，已佚。[见：《婺源县志》]

汪朝瑞 字壁池。清代安徽婺源县人。精医术，知名于时，活人颇众。性谦和，世人敬之。[见：《婺源县志》]

七画

汪鼎铉 字台末。清代安徽婺源县人。庠生。自幼嗜读，精于医术，能预决生死。县令张公母病，诸医束手。鼎铉至，数剂而痊，张赠额"名高橘井"，遂相与订交。此后，凡署中疾病，皆鼎铉诊治，从未干以私。著有《四字病机》一部，今未见。子孙世其业。［见：《婺源县志》］

汪景庵 清代浙江嘉兴县人。精医术，以儿科知名。［见：《嘉兴府志》］

汪遇开 字澹如。清代江苏上元县人。精医，延治者盈门，日不暇接。重医德，每出诊，择贫者先往。［见：《金陵通传》］

汪普贤 字希颜。明代浙江常山县人。襟怀旷达，笃志经学，工辞赋。尤精究方书，以救人为心。晚年游江山县，爱其山水林木，遂定居于此，名其宅曰"环山"。著有《医理直格》二卷，已佚。［见：《江山县志·流寓》］

汪渭塘 清末浙江嘉兴县人。精医术，知名于时。［见：《中国历代医家传略》（引《松江医药杂志》）］

汪腾蛟 明代安徽祁门县人。精医术，知名京师。隆庆二年（1568）正月，太医院医官徐春甫，集合各地在京名医四十六人，创立一体堂宅仁医会，汪氏为会员之一。诸医穷探医经，讨论四子（指张机、刘完素、李杲、朱震亨），共戒私弊，患难相济，为我国最早之全国性医学组织，其组织构成、宗旨、会规等刊入《医学指南捷径六书》（今存明万历金陵顾氏、新安黄氏同刊本）。［见：《我国历史上最早的医学组织》（《中华医史杂志》1981 年第 3 期）］

汪廉夫 清代人。生平里居未详。著有《危恶典言》一册，有黄圃芹抄本传世。［见：《中国历代医家传录》］

汪嘉谟 一作家谟，字至言。清代安徽休宁县人。少攻举业，援例入国学。性豪爽，好施济，手散巨金不惜。后悟济世之术，莫重于医，遂改习岐黄，尤擅妇科，知名于时。辑有《妇科胎产经验良方》（又作《胎产辑萃》）四卷，刊于乾隆丙寅（1746），今存。［见：《新安名医考》、《贩书偶记续编》、《中医图书联合目录》］

汪镇国 字载扬。清代安徽休宁县万安人。府庠生。精医术，擅治目疾，有"拨云见青"之誉。撰有《明光奥旨》，问序于曹竹墟。此书今未见。［见：《休宁县志》］

汪德凤 清代浙江开化县人。早年习儒，兼工医术。子汪春苑，克承父学。［见：《开化县志》］

汪羲一 清代安徽休宁县鹤山里人。邑名医汪文誉子。绍承祖学，亦以医名。子汪秾苑、汪松如，皆传家业。［见：《休宁县志》］

汪曜奎 字星阶。清代人。生平里居未详。辑有《续经验方》，行于世，今未见。［见：《景景医话》］

沐

沐英 明代安徽定远县人。生平未详。著有《滇南本草图说》一卷，今未见。［见：《凤阳府志》］

沙

沙金 字廷玺，号杏轩。明代仪真县（今江苏仪征）人。以医济人，不责其报，贫甚者，反资助之。子沙稷，举进士，授工部主事。［见：《医学入门·历代医学姓氏》］

沙璞 字莹侯。清代河南郑县（今属郑州）人。世居东街。早年习举业，以孝闻。后弃儒业医，名重于时，延请者踵相接。［见：《郑县志》］

沙九成 字晓峰。清代江苏武进县孟河镇人。徙居丹徒县大港镇。沙氏前人得名医叶天士传授，世以医术知名。至沙九成亦精医术，尤擅外科，为当地名医。子沙景韶，孙沙书玉、沙书瑞，均工医术。［见：《沙石庵先生传》（《江苏中医》1957 年第 6 期）、《江苏历代医人志》、《丹徒县志摭余》］

沙书玉 （1802～1887） 号石庵。清代江苏丹徒县大港镇人。先世为武进县孟河镇人，自祖父沙九成徙居丹徒。其家世以医名，父沙景韶名重于时。书玉得家传，精内、外、咽喉各科，尤以治温病见长，声振大江南北。治病喜用辛凉、甘寒之剂，用石膏多至半斤许。又善用大承气汤，攻下之后，以鲜地、鲜斛等滋养之，虽危证亦能挽救，活人甚众。一妇人患肺病，饮食行动尚如常，书玉闻其咳嗽之声，即断曰："此证来春不起矣！"后果如所言。又一妇产后患温病，诸医皆泥于"产后宜温"之说，书玉令食西瓜半个，病家有难色，书玉坚令食之，瓜入而病霍然。有医德，穷困者求治不取诊酬，且赠以药金。性慈善，每岁末施送钱米以济贫乏，凡疏浚河道，拾骨助葬，建义塾、育婴堂、公善堂诸义举，均竭力襄助，弟书瑞佐之。著有《医原纪略》、《疡科补苴》二书，刊刻于世。子沙用圭，孙沙承桢，皆精家学。［见：《沙石庵先生传》

（《江苏中医》1957 年第 6 号）、《续丹徒县志》、《丹徒县志摭余》]

沙书瑞 字序五。清代江苏丹徒县大港镇人。祖籍武进县孟河镇。邑名医沙景韶子，沙书玉弟。传承家学，亦精医术，知名于时。子沙用庚、沙用儒、沙用璋，均业医。[见：《丹徒县志摭余》]

沙用圭 （1847～1908） 字桐君。清末江苏丹徒县大港镇人。世医沙书玉子。继承父学，亦以医术知名。子沙承桢，绍承父业。[见：《沙石庵先生传》（《江苏中医》1957 年第 6 号）、《丹徒县志摭余》]

沙用庚 字永清（一作咏清）。清末江苏丹徒县大港镇人。世医沙书瑞长子。继承父学，亦工医术。子沙承标，绍传家学。[见：《丹徒县志摭余》]

沙用璋 字爕堂。清末江苏丹徒县大港镇人。世医沙书瑞三子。克承先志，有父风。精通家学，名噪于时，公卿争礼延之。子沙承志，传承家学。[见：《丹徒县志摭余》]

沙用儒 清末江苏丹徒县大港镇人。世医沙书瑞次子。得家传，亦工医术。[见：《丹徒县志摭余》]

沙达周 清代江苏武进县孟河镇人。邑名医沙晓峰子。继承父学，谙脉理，善刀针，为乾隆间（1736～1795）孟河名医。后裔沙书玉，徙居丹徒县，亦以医知名。[见：《中医年鉴》（1985）]

沙沛沾 清代江苏宜兴县人。世代业医，至沛沾亦精，知名于时。[见：《增修宜兴县旧志》]

沙承志 近代江苏丹徒县大港镇人。世医沙用璋子。得家传，亦以医知名。[见：《丹徒县志摭余》]

沙承标 字锦舟。近代江苏丹徒县大港镇人。世医沙用庚子。绍承家学，亦以医知名。[见：《丹徒县志摭余》]

沙承桢 字献庭。近代江苏丹徒县大港镇人。世医沙用圭子。绍承家学，亦以医知名。[见：《丹徒县志摭余》]

沙晓峰 清代江苏武进县孟河镇人。工医术，知名于时。子沙达周，继承其学。[见：《中医年鉴》（1985）]

沙福一 （?～1425） 字春山。元明间河南开封人。世代习儒，因世乱改习医。明初徙居长洲（今江苏苏州），以医术知名。洪武（1368～1398）初，征入太医院，疗军中将士，多著功效，赐二品服俸。京师大疫，奉命设局救治，全活无算。洪熙元年（1425）卒，谥"贞惠"，敕建祠祀。[见：《长洲县志》]

沙耀宗 清代江苏丹徒县大港镇人。精于医术，尤善治痧喉。于医理推重《疡医大全·痧疹论》，其治痧之色紫艳者，用活血法，佐以清热；治闷证用吹鼻法；治咽喉壅肿用针刺法、吐法、外敷法等，皆行之有效。曾整理临证所得，著《经验方治》。[见：《中医人物辞典》、《江苏历代医人志》]

沙图穆苏 一作萨里弥实，字谦斋，号竹堂。元代蒙古族人。泰定间（1324～1327）以御史出任建昌太守。兼精医术，治内科、妇科病最为擅长。著有《瑞竹堂经验方》十五卷，刊行于世。此书处方醇正，不轻用金石药，其中女科八珍散，应用尤广。原书久已失传，清乾隆间（1736～1795）有《永乐大典》辑佚本五卷，仅及原书十之四五。后刊行《重订瑞竹堂经验方》，乃据《医方类聚》再加补辑者，共载方三百四十四首。[见：《四库全书总目提要》、《四库全书简目》、《中医人物辞典》、《清史稿·艺文志》]

沃

沃壤 字培之。清代浙江平湖县人。名医徐圆成外孙。受业于外祖，亦工医术。[见：《中国历代医家传录》（引《毓德堂医约》）]

沈

沈见 号鹤林。清代江苏金山县张堰镇人。邑名医沈宗岱子。诸生。绍承家学，精医术。临证投药病除，闻名遐迩。子沈琎，绍传家学。[见：《重辑张堰志》、《中医图书联合目录》]

沈方 明代昆山县（今属江苏）人。邑名医沈贞长子。绍传父学，亦工医术。子沈愚，继承祖学。[见：《昆山历代医家录》]

沈平 清代浙江仁和县人。生平未详。道光间（1821～1850）与明德同辑《金疮铁扇散》，今存。[见：《中医图书联合目录》]

沈仕 明代人。生平里居未详。著有《摄生要录》一卷，今存于《说郛》。还著有《怡情小录》，今存于《学海类编》。[见：《中医图书联合目录》]

沈玄 （1369～1432） 一作沈元（清代因避讳改）。字以潜，号潜斋。明初长洲县（今江苏苏州）人。祖籍汴梁。宋代医官沈良惠后裔。

元末江浙行省医学提举沈德辉孙，名医沈绹子。少孤，刻励于学，年弱冠即穷先世之术，不自满足，进而习《素》、《难》、仲景之书，究洁古、东垣之旨。临证不执古方，审病求源，随证用药，用之皆效，求诊者踵接户外。凡遭庸医误治而危殆者，遇玄则安，诊酬多寡不计也。郡太守闻其名，荐为医学正科，以母老辞。宣德（1426～1435）初，礼部以名医征至京师，隶太医院。会太医院蒋用文病，宣宗遣中使问曰："卿若死，谁可代？"蒋以沈玄对，即擢御医。玄诊疗用药皆称旨，不负所举，帝谓蒋用文能知人。在任屡次奉诏诊治总兵官之疾，而京师士大夫患病，皆以礼延致，故名重京师。玄为人平易质重，不以巧言媚俗。暇则鼓琴吟诗以自适，未尝求知于人。宣德七年十一月三日，卒于北京，享年六十四。杨士奇志其墓。著有《潜斋诗集》，吴宽序而行世，其内容亦载入钱牧斋《列朝诗选》。弟启占，亦工医。子沈寅、沈宾、沈宇、沈宙，皆传家学。[见《苏州府志》、《家藏集·潜斋诗集序》、《中国历代名医碑传集》（引杨士奇《东里续集·太医院御医沈君墓志铭》）]

沈耒 一作沈来。字韵楼，又字韵梅。清代江苏青浦县人。居县城西门内。邑疡科名医陆光裕门生。亦以疡科知名。[见《青浦县志》、《青浦县续志》]

沈贞① 一作沈真。字士怡，别号绝听老人。明代昆山县（今属江苏）人。居城中鳌峰桥北。祖籍浙江钱塘，先祖沈晦，宋绍兴间（1131～1162）官镇江知府，徙居吴县竹桥，后定居昆山。祖父沈伯源，父沈叔阳，事迹未详。沈贞志操简淡，不事华饰。业精于医，志在济人，未尝以技谋利。其治疾，能预决死生。一人自北门入求治，沈贞诊后谢曰："吾不能治此症，亦无此药，宜急归毋缓。"其人迤逦而南，沈贞知桥南亦有售药者，即往问之。售药者曰："吾与药去矣。"沈贞叹曰："其人必死于途。"使人察看，果死于北城下，药犹在手。沈氏因伤寒难治，故以张仲景《伤寒论》为主，参以李浩《伤寒或问》、郭雍《伤寒补亡论》，兼取后世诸家伤寒医论，辑《伤寒会通》，吴下诸医谓能补仲景之未备。此书已佚。子沈方，孙沈愚，皆工医术。[见《昆山县志》、《苏州府志》、《昆山历代医家录》、《吴中名医录》]

沈贞② 字默安，号缓斋。清代浙江余姚县人。少聪慧，八九岁能篆刻及绘画。既壮弃去，肆力坟典，购书数千卷。尤工诗，风格峭

拔，与郑镜清、潭为霖、孙珍符辈相酬唱。道光己亥（1839），英国海军溯江入侵，沈氏献奇计击敌艇，不果，每以负才未展，抚髀泣下。晚年喜佛老，自画面壁辟支佛，寻卒。兼涉医药，著有《试验良方》二卷，今未见。医书外，尚撰《半读书屋笔谈》、《缓斋诗草》、《修斋琐语》、《古文古诗选》等。[见《余姚六仓志》]

沈舟 字醴泉。清代江西湖口县人。通医术，知名乡里。[见《湖口县志》]

沈宇 明代长洲县（今江苏苏州）人。邑名医沈玄三子。继承家学，亦工医术。[见《家藏集·潜斋诗集序》、《中国历代名医碑传集》]

沈寿 字仁业，号眉亭。清代江苏青浦县人。能书，善画，工诗，隐于医。[见《中国人名大辞典》、《艺苑医人传》]

沈辰 字用维。明代兴化县（今属江苏）人。精医学，知名于时。[见《兴化县志》]

沈远 清代江苏南汇县人。穷究医理，临证应手奏效。尝谓："药以治病。病去当补者，药不如食。"[见《南汇县志》]

沈谷 清代江苏吴县木渎镇愚家皋人。邑名医沈渊子。早年习儒，为诸生。传承父学，亦业医术。[见《木渎小志》]

沈彤 （1688～1752）字冠云，一字贯云，号果堂。清代江苏吴江县人。沈自南曾孙。彤总角即能文，有声于县学。乾隆元年（1736）荐举博学鸿词，不遇。荐修《一统志》、《三礼》，书成，授九品官，以亲老辞归。彤笃志经学，沉酣典籍，文风深厚古质，神似韩昌黎。兼通医理，与名医徐大椿相友善。年六十五岁卒，门人私谥"文孝先生"。著述甚富，关于医者有《释骨》一卷（今存），其书取《黄帝内经》所载人身诸骨，参以他书所说，逐条释之，多所辨正。还撰有《气穴考略》五卷、《内经本论》若干卷，今未见。[见《苏州府志》、《吴江县续志》、《四库全书总目提要》、《中国历代医家传录》（引《沈彤墓志铭》等）]

沈灿 清代江苏上海县二十九保人。伤科名医沈泰子。传承父学，亦业伤科。[见《上海县志》]

沈宏 字惟远。明代浙江石门县人。嘉靖乙未（1535）进士，官至广东按察司。后乞归田里，构友于轩，课诸子其中，家风穆和。沈宏质实谦和，以俭约自守，与里中蔡天锡、吕栋、胡钥、范栻、姚汝吉、孙谷、郭鼎、范鹏、吕希周、吕翀诸耆旧为真率会，徜徉林圃，有洛下风。

年七十七岁卒。兼涉医学，著有《医筌》，已佚。[见：《浙江通志》、《石门县志》、《嘉兴府志》]

沈环① 字瑞西。清代江苏震泽县（今吴江县震泽镇）人。邑名医沈念祖子。继承父业，亦精医术。[见：《震泽镇志》]

沈环② 字篆玉，号松圃。清代江苏吴江县黎里人。儒医沈翱子。明医理，潜心研究，不泥古方，治疾有良效。因家贫，卖药自给。[见：《黎里续志》]

沈规 字伯门。清代江苏常熟县人。邑名医沈英长子。博学多通，尤精梵文佛典，门生甚众。与弟沈矩，俱绍承家学，以医知名。[见：《常昭合志》]

沈英 字梅卿，号铁瓢。清代江苏常熟县人。少习举业，熟读经史。因父病而习医，从范筠谷学。博考诸家，参以变化，治病有奇验。尤好鉴藏，断缣残瓦，倾囊购取，著《骨董琐言十三说》。为人慷慨笃友谊，寄情吟咏，与赵子梁、蒋伯生、邵环林辈唱和。曾仿司空图《诗品》，撰《医品》，又著《名医列传》八卷、《铁瓢医案》十二卷，未见刊行。其诗集有《生春阁集》四卷，杂著有《铁瓢近稿》十二卷。子沈规、沈矩，俱通医学。[见：《常昭合志》、《常昭合志稿》、《苏州府志》]

沈忠 字德芳，号丹厓。清代江苏吴江县人。工绘画，精鉴赏，兼通医术。[见：《中国人名大辞典》]

沈岩 字维瞻。明代宝山县（今属上海）人。世以医名，至岩专精妇科，求治者无虚日。孙沈云闲，亦以妇科知名。[见：《宝山县志》]

沈炜 明代兴化县（今属江苏）人。世医沈日贲子。绍承家业，亦工医术。[见：《兴化县志》]

沈宙 明代长洲县（今江苏苏州）人。邑名医沈玄幼子。传承家学，亦工医术。长子沈杰，成化二十年（1484）进士；幼子沈㷖，弘治六年（1493）进士。[见：《家藏集·潜斋诗集序》、《中国历代名医碑传集》]

沈建 汉代丹阳（今安徽当涂县小丹阳镇）人。其父官长史。沈建独好道术，不肯仕宦，学延年却老、导引服食诸法。兼善医术，病无轻重，诊治辄愈，奉事者数百家。后不知所终。[见：《神仙传》、《历代名医蒙求》]

沈承 一作沈承泽。宋代人。生平里居未详。辑有《集妙方》三卷，已佚。[见：《宋史·艺文志》、《通志·艺文略》、《崇文总目辑释》、《国史经籍志》]

沈绂 清代人。生平里居未详。著有《十二经脉络》，今存。[见：《中医图书联合目录》]

沈绅 北宋人。里居未详。通医道，为翰林医官。北宋神宗元丰元年（1078），高丽文帝六十岁，病中风，宋廷遣安焘、陈睦携诏书及贵重物品慰问。次年，再派王舜封率御医赴高丽往诊，主要成员有翰林医官邢恺、朱道能、沈绅、邵化，同时带去牛黄、龙脑、朱砂、麝香等珍贵药材百种。元丰三年（1080）三月，高丽遣户部尚书柳洪入宋答谢，并赠送人参、松子、香油等方物。同年七月，宋廷又派医官马世安再赴高丽。[见：《中国医学史》（高等中医院校参考丛书1991年版）]

沈絅 字日章，又字中美。明代长洲县（今江苏苏州）人。宋代医官沈良惠后裔。父沈德辉，为元末江浙行省医学提举。沈絅三十岁丧妻，义不复娶。传承家学，知名于时。重医德，凡以病邀诊立赴，不计酬报，遇贫病则以药赠之。毕生好学，至晚岁尚读书不辍。年八十五岁殁。子沈玄、沈启占，传承父业。[见：《上海县志》、《苏州府志》、《长洲县志》、《中国历代名医碑传集》]

沈绎 字成章，又字诚庄。明代长洲县（今江苏苏州）人。宋代医官沈良惠后裔。父沈德辉，为元末江浙行省医学提举。沈绎绍承家学，尤精医道。洪武间（1368~1398）因事谪戍兰州卫，保授肃府良医。肃王患疾，召绎诊之。闻肃王素嗜奶酪，遂烹浓茶进之，疾愈。王问何故，对曰："茶能涤除膈中之腻故也。"王神其术，奏授太医院院使。绎好学笃行，善琴工诗，与昆山丁晋、钱塘杨志善，俱以高寿耆德见称，时号金城三老。著有《医方集要》、《平治活法》等书，未见流传。弟沈绀，侄沈玄，皆为名医。[见：《吴县志》、《长洲县志》、《中国历代名医碑传集》]

沈政 字文正。明代上海县新场人。工医术。永乐间（1403~1424）丁文膺荐之于朝，任太医院医士。后升御医，晋阶迪功郎。[见：《上海县志》]

沈柄 一作沈炳。宋代人。生平里居未详。著有《产乳十八论》若干卷，已佚。[见：《宋史·艺文志》]

沈括 （1031~1095）字存中。北宋钱塘县（今浙江杭州）人。沭阳主簿沈周子。早年袭父爵，嘉祐间（1056~1063）擢进士第。神宗时，迁太子中允，提举司天监。因制浑天景表、编新历，转太常丞。熙宁（1068～1077）初，出使契丹交涉边界事，有功，擢知制诰，拜翰林学士。九年（1076），因事贬为宣州知州。元丰五年（1082）御西夏有功，授龙图阁待制，出知延州。未久，贬为均州团练副使。元祐（1086～1093）初，徙秀州，继以光禄少卿分司居润。绍圣二年卒，时六十五岁。括博学善文，通天文、方志、律历、兵法、音乐、卜算诸学。著述甚富，代表作《梦溪笔谈》二十五卷，为宋代科学技术史重要文献。沈括对医药亦有研究，尝广集民间验方，取目睹效验者，笔之于帙，辑《良方》（又作《沈氏良方》）十卷。后世以苏轼《医药杂说》附益之，易名《苏沈良方》，大行于世（今存）。该书记载以人尿炼制秋石之法，为世界最早成功提取性激素之记录，比外国医学家同一发现早八百余年。沈括还辑有《灵苑方》二十卷，已佚。[见：《宋史·沈括传》、《宋史·艺文志》、《四库全书总目提要》、《性激素的发现》]

沈省 字曾三。清初安徽芜湖县人。邑名医沈大望子。承父业，神明古方，诊视能立断生死寿夭。求治者填门，时称国医。重医德，遇贫病无力市药者，必购给之。尹制府患痢，久不痊，闻沈氏名，招之至署。沈投以刀圭药，病良已，遂大尊信之，为忘形交。年七十岁卒。著有《集验方》，行于世，今未见。[见：《芜湖县志》、《安徽通志》]

沈铨 清代浙江嘉善县枫泾镇人。生平未详。著有《痧痘要诀》，今未见。[见：《枫泾小志·书目》]

沈矩 字仲絜。清代江苏常熟县人。邑名医沈英次子。与兄沈规，俱绍承父学，一生得力于兄教，以医知名。[见：《常昭合志》]

沈亮 （1423～1511）字克明，号菊庄。明代上海县人。性孝友，工医术。治病不分贫富，皆实心诊疗，必求痊愈而后已，远近就治者无虚日。年五十，有司刻其名于旌善亭，又赠匾表彰。年八十三岁，恩赐冠带。年八十七，须发重黑，复生二齿，貌如童颜。正德辛未卒，享年八十九。[见：《上海县志》]

沈津 字润卿。明代苏州（今属江苏）人。精医术。正德间（1506～1521）选入太医院。[见：《中国人名大辞典》]

沈泰① 清代江苏上海县二十九保人。武生。兼精医术，善伤科。年八十一岁卒。子沈灿，传其业。[见：《上海县志》]

沈泰② 字安洲（一作安州）。清代浙江嘉善县人。名医沈又彭侄。精医术，有名于时。著有《晚香草诗集》。[见：《嘉善县志》]

沈轼 字亦苏。近代江苏无锡县人。名医沈祖复子。绍承父学，亦工医术。能佐父业，历主各地施诊局事。早卒。子沈龙需，事迹不详。[见：《无锡近代医家传稿》]

沈阄 字师闵。清代江苏震泽县（今吴江）北麻人。博学多识，工诗，善古文，推重韩昌黎，曾撰《韩文论述》，沈彤谓：“近世善论古文之法者，惟桐城方苞与阄也。”沈氏尝与张步阶同撰《黄帝逸典评注》十四卷（幼科书），今存。[见：《苏州府志》、《贩书偶记续编》]

沈涛 一作沈焘。字安伯，号平舟。清代江苏元和县人。邑名医沈心伯孙。绍承祖业，亦工医术。著有《紫来堂方案》四卷，今存光绪二十年甲午（1894）王霖抄本。门生顾锦、杨渊得其传授，皆以医闻世。[见：《吴县志》、《中医图书联合目录》]

沈宾 明代长洲县（今江苏苏州）人。邑名医沈玄次子。传承家学，亦工医术。[见：《家藏集·潜斋诗集序》、《中国历代名医碑传集》]

沈珊 一作沈璉。字大末（一作大来），号卿云，又号卿之。清代江苏金山县张堰镇人。邑名医沈见子。诸生。从儒医谭华荪游，尽得师学。初以文名，后悬壶济世，远近延治，投药病除。著有《医学启悟》一卷，今存嘉庆二十五年庚辰（1820）古槐书屋刻本。[见：《重辑张堰志》、《金山县志》、《中医图书联合目录》]

沈棻 字宝香，号兰亭。清代浙江嘉善县人。早习儒，援例得国子监主簿。精岐黄术，名噪一时。有富家子病怔忡，诸医脉案皆累牍，沈氏独以“心动神疲”四字赅之，人服其简要。又有人患腹痛，百治罔效，沈氏诊之，云：“此中蛇毒。”投剂霍然。所治多类此。年七十三岁卒。著有《杂证随笔》、《痘疹心得》二书，未见刊行。[见：《嘉善县志》]

沈萃 字聚九。清代山东长山县人。庠生。幼颖异，读书一览辄记。究心医术，尤擅痘科，全活甚众。年七十六岁卒。著有《痘疹庸谈广编》，行于世，今未见。[见：《长山县志》]

沈野 字从先。明代吴县（今江苏苏州）人。早年习儒，工诗文，兼通医理。孤僻寡言，不善治家产。或教授里中，或卖药于市，虽甚饥寒，不受人衣食。曹学佺（1574～1647）见其诗，激赏之，延至石仓园，题所居室曰吴客轩。著有

《暴证知要》二卷，今存日本抄本，书藏中华医学会上海分会图书馆。沈氏还撰有《诊家要略》若干卷，已佚。[见：《吴县志》、《内阁文库汉籍分类目录》、《中国医籍考》、《中医图书联合目录》]

沈铢 北宋人。里居未详。官秘书省正字。绍圣二年（1095）校订《华佗玄门秘诀内照图》。按，此书非华佗所撰，乃宋人伪托之作。[见：《中国医籍考》]

沈铦 号诚斋，又号元咸。清末江苏上海县人。精医理，擅名于时。[见：《上海县续志》]

沈庶 号绩荨。明初青浦县（今属上海）人。国子生。擅长书画，精于篆刻，兼善诗词。尤熟习岐黄，人称良医。中丞韩文绮题赠"灵素真传"匾额。著有《内科证治》、《女科抉微》、《眼科镜缘》诸书，皆未见流传。[见：《青浦县志》]

沈焕 字心白。清代江苏长洲县人。邑名医沈廷飏孙。精于疡科。有名王靖者，鼻中生菌，气不通，医者谓不能治。焕以白梅肉塞其鼻孔，一夕尽消。两江总督高晋患痈，势甚危，焕治之，应手而愈。高晋亲书"品术端醇"旌之。[见：《苏州府志》]

沈渊 字少愚。清代江苏吴县木渎镇愚家皋人。祖父沈振，父沈鲲，俱以诗名。沈渊精医术，遇贫病不取酬，邀之即往。亦工诗，学宗盛唐，多感慨悲凉之作。性纯孝，同治十年（1871）以孝行旌表其门。年六十二岁卒。子沈谷，传承父业。[见：《苏州府志》、《木渎小志》]

沈寅 （?~1432） 明代长洲县（今江苏苏州）人。邑名医沈玄长子。得家传，亦工医术。宣德七年九月，先父两月而卒。子沈熙，传承父业。[见：《苏州府志》、《家藏集·潜斋诗集序》、《中国历代名医碑传集》]

沈谔 字昂若，号懋堂。清代江苏吴县周庄镇人。嗜吟咏，尤精医理，谙熟摄养之术。年九十岁卒。著有《行乐小草》（诗文集）。[见：《周庄镇志·沈天相传（附：沈谔）》]

沈绶 清代江苏江阴县人。精医术，与同邑名医戚秉恒、黄五辰、陈明祈齐名。著有《山林相业》十卷，藏于家。子孙克绍祖业，咸称良医。[见：《江阴县志》]

沈瑛① 元代平江路长洲县（今江苏苏州）人。宋高宗时御医沈良惠后裔。传承家学，亦精医术，曾任医学提领。子沈彦才，孙沈德辉，皆为元代医官。[见：《中国历代名医碑传集》（引杨士奇《东里续集·太医院御医沈君墓志铭》）]

沈瑛② 清代浙江德清县人。邃于医学。著有《医方辑要》，今未见。子沈鸿谟，传承父学。[见：《德清县续志》]

沈琳 字明卿，号南昉。明代吴县（今江苏苏州）人。精通医术，尤擅治伤寒，世以医和、医缓喻之。万历二十三年（1595）常熟大疫，刑部郎中赵开美家"臧获率六七就枕席"。沈氏出术救治，"起死亡殆遍"。赵氏盛称其术，请教医学奥理。沈氏答曰："予岂探龙藏秘典，剖青囊奥旨而神斯也哉？特于仲景之《伤寒论》窥一斑两斑耳"。并出所藏成无己《注解伤寒论》相示，自此二人订交。万历二十七年赵开美翻刻宋本《伤寒论》，沈氏参与校订。[见：《仲景全书·赵开美序》]

沈葵 （1777~1845） 清代江苏上海县人。儒医沈复云孙。善词章，精医理，于天文、地理、历史诸学无所不窥。编有《类经摘注》、《斠山何氏医案》，中国中医科学院图书馆藏有《何氏医案》无名氏抄本，疑即后书，待考。[见：《上海县续志》、《中国中医古籍总目》]

沈惠 字民济，晚号虚明山人。明代华亭县（今属上海）人。幼得异传，为小儿医，有起死回生之妙。尝从浦南归，闻岸上哭声甚悲，询知某氏仅一子，自塾中归，暴绝。沈惠即往视，见小儿胸间尚温，急作汤剂灌之，药下而苏。有富家子患痘危剧，已备棺木，沈惠药之而愈，取棺以施贫儿。鉴于时医多秘其书不传，乃覃思博考，著《扁鹊游秦》等医书九种，学者以为津梁，惜未见流传。沈惠与同邑名医王节之齐名，二人交往甚厚，沈惠遇疑难必质正于节之。门人王一鹏、卢金，皆以儿科著称。[见：《松江府志》、《娄县志》]

沈颋 字朗仲。明清间江苏吴县人。名儒沈颢（字朗倩）弟。品行高雅，性好吟咏，为士林所重。究心岐黄，师事名医李中梓，学宗李杲，为吴县名医。著有《病机汇论》十八卷，今存康熙五十二年癸巳（1713）观成堂刻本。同门师弟马俶，得其指授。[见：《苏州府志》、《吴县志》、《八千卷楼书目》、《贩书偶记续编》、《中国人名大辞典》]

沈谦 （1669~1732） 字受益，号牧庵。清代江苏吴县莘溪人。居乌鹊桥东。早年习儒，以医术闻。与诸缙绅诗文往来，当道官吏亦多契合，然非治病，不轻造访。生三子，长子沈笠舫，府庠生，兼通医学。次子沈说庭，以医知名，考授太医院吏目。三子沈秋澹，庠生。长孙沈旭岑，

七

画

登科甲；次孙沈箸粗，国学生，精医而不临证；再次沈丹山、沈果之、沈晋孙、沈思勖、沈维祥，俱业医。[见：《吴医汇讲·卷四》]

沈翱 字丹起，又字木庵，晚号耐谷。清代江苏吴江县黎里人。本姓凌，明太常少卿沈信十三世孙。郡学生。少以诗名，专尚性灵。因病习医，善于制方。凡以疾病请诊，皆往治之，不计酬谢。嘉庆五年（1800）薄游西泠，卖药葛仙岭下，与名医计楠相往还。嘉庆九年为计氏《客尘医话》作序。晚年病剧，诫子勿作佛事。著有《红叶山庄吟稿》、《木庵焚余稿》、《炙砚杂钞》。子沈环，绍承父学，亦明医理。[见：《黎里续志》、《客尘医话·沈序》]

沈椿 字元龄。清代浙江钱塘县人。寓居华亭县（今属上海）。究心医学，临证多奇验，知名于时。为人戆直，遇不平事震怒直言，人呼沈义。内弟方廉官郡守，椿二年不入官舍，亦未尝片语及之，人皆服其操守。[见：《松江府志·寓贤》]

沈愚 字通理，号倥侗。明代昆山县（今属江苏）人。名医沈贞孙，沈方长子。清修好学，博览群书，积书数千卷，通诸子百家之学，尤以诗名扬吴下，与刘溥等九人齐名，世称景泰十才子。善行草，晓音律，词牌乐府，脍炙人口。不乐仕途，传承世业，悬壶于世。兼教授生徒，以终其身。年六十九岁卒，葬马鞍山西麓。著有《药能》若干卷，今未见。医书外，尚有《箕籀集》二十卷、《吴歈集》五卷。[见：《昆山县志》、《苏州府志》、《昆山历代医家录》（引《列朝诗集小传》)]

沈源 又名沈江。字岷源，晚号抱元子。清代浙江嘉兴县新塍镇人。精医术，曾任太医院医官，以母疾辞归乡里。有医德，凡贫者延请，辄徒步出诊。遇疑难症，每中夜不寐，设法治之。善自修养，故晚号抱元子。预知死期，与亲友诀别，沐浴而逝。著有《奇症汇》八卷，今存乾隆五十一年（1786）刻本。[见：《新塍镇志》、《嘉兴府志》]

沈溥 字天如。清代江苏崇明县人。知医，治病多异术。一邻妇因忿气绝，将殓。溥曰："体有微温，犹可救也。"令以爆竹环放，妇乃苏。年九十二岁卒。著有《学医必读》四卷，今未见。同时有樊圣传，与溥齐名。[见：《崇明县志》、《直隶太仓州志》]

沈槀 明代浙江嘉善县人。生平未详。著有《诗经漫语》、《摄生要义》，今未见。[见：《重修浙江通志稿》]

沈熙 明代长洲县（今江苏苏州）人。世医沈寅子。传承家学，亦工医术。有子四人，次子沈廛，医名尤盛。[见：《苏州府志》、《中国历代名医碑传集》]

沈赓 字晋臣。明清间江苏吴县（?）人。名医李中梓高足。与同门沈颢、尤乘，皆负盛名。[见：《遂初轩医话》]

沈震 字天威。明代嘉定县（今属上海）人。世为小儿医，常周济贫苦。[见：《嘉定县志》]

沈暹 字震彩。明代上海县人。嗜医学，曾手抄方书数百卷。年七十七岁卒。[见：《上海县续志》]

沈廛 （1437～1501）字宗常，自号怡晚。明代长洲县（今江苏苏州）人。宋御医沈良惠后裔，邑名医沈熙次子。早年习儒，有志于家学。其家藏良方甚多，父兄相处，言必及医事，耳濡目染，多有心悟。及悬壶，数著奇效，名振于时。乡人金汝声，患鼻衄血出，神思昏乱，数饮凉剂不能止。廛诊之，投人参、附子。或问："血热则行，附子大热，奈何？"廛曰："脉细弱，非此药不可。"服药果愈。长洲吴县丞妻，产后受惊，他医饮以清心安神诸药，寝息益不安。廛曰："惊从外入，盖胆伤所致。"令服抱胆丸，亦愈。其治验类此者甚多。沈氏家道饶裕，故治疾不望报，常曰："吾衣食自有余，医特寓吾济人之心耳。"闻者敬之。弘治辛酉卒，享年六十五。无嗣，以季弟沈圭之子沈锷为后。[见：《中国历代名医碑传集》（引吴宽《家藏集·吴医沈宗常甫墓志》)]

沈毅 字简重。明代昆山县（今属江苏）人。博学强记，精医术。人称双松先生。[见：《苏州府志》]

沈澄 明代浙江钱塘县人。早孤，事母至孝。不求仕进，攻岐黄以治生。凡求诊者，不择显晦贫富，召即往，治辄验，名重于时。有医德，遇道旁贫病无告者，施药济之。平生多善举，治病不取厚酬，有所得，计养母之外，所余则赈济邻里贫乏。中年后戒绝酒肉，结舍于紫阳洞山之下，闭门静修，人以半仙称之。[见：《中国历代名医碑传集》（引汪循《汪仁峰先生文集·沈半仙传》)]

沈鹤 字寿祥。明代湖南宝庆县人。世医出身。精通仲景、河间之术，勤于活人，知名公卿间。年未四旬丧偶，不复娶，有司旌其门曰义夫。[见：《医学入门·历代医学姓氏》]

沈璠 （1653～?）　字鲁珍。清代江苏上海县一团人。性亢直。精通医道，昼视疾病，夜参方书，临证多效验，远近称神医，江浙人就医者无虚日。于医理多宗《内经》之旨，但不泥古法。其用药多豁痰清火，浙江盐使噶尔泰，血病月余，服人参至二斤，转剧。沈氏以其脉实，朝用香连丸，暮用保和丸，痊愈。有老妇八十余患痢，声气皆实，如前法治之，亦痊。著有《鲁珍医案》（又作《沈氏医案》），今存。还有《驳正医宗必读札记》、《景岳全书评》、《脉诀》等书，今未见。门生甚众，以华宏璧、王日煜、杜良一等最知名。[见：《上海县志》、《南汇县志》、《珍本医书集成·沈氏医案》]

沈镜　字薇垣。清代河北河间县人。生平未详。辑有《删注脉诀规正》二卷，刊于康熙三十二年（1693）。[见：《贩书偶记续编》、《中医图书联合目录》]

沈穆　字石匏。清初浙江吴兴县人。通医药。尝读李时珍《本草纲目》，叹其精博完备，乃效法李氏，采英撷备，兼取历代名贤所著，益以经史稗官，著《本草洞诠》二十卷，刊于顺治辛丑（1661）。[见：《中国医籍考》、《中医图书联合目录》]

沈衡　字南冈。清代浙江嘉善县人。精岐黄术，知名乡里。年七十一岁卒。[见：《嘉善县志》]

沈羲　五代后周吴郡（今江苏苏州）人。尝学道蜀中，兼精医术，善消灾治病，救济百姓甚多。[见：《神仙传》]

沈潞　字镜塘，号宽夫。清代浙江嘉善县人。名医沈又彭子。颖悟如其父，博综经史，兼通医术。其诗风恬雅，其文磊落多奇趣。乾隆乙酉（1765）举于乡，再上春宫不第，慨然曰："吾家以手指活人，医而良，何殊良相？"遂绝意仕进，继父所业。治病多佳效，远近奉之若神。性淡于利，踵门求疗者门庭若市。后部檄催之出仕，不赴，曰："毋使松菊笑人。"家有小园，杂莳花木，与二三故旧，樽酒论文为乐。著有《敦仁堂医案》，今未见。子沈图荣，亦精医术。[见：《嘉善县志》]

沈箎　字叔琏。清代浙江嘉善县人。事亲至孝。精岐黄术，知名于时。重医德，诊视贫乏者，必以药饵相济。子沈廷桢，绍承其业。[见：《嘉善县志》]

沈露　字苓田。明代兴化县（今属江苏）人。世代业医，至沈露尤精。嘉靖间（1522～1566）供职太医院。世宗感疾，旬日不饮食，诸医束手。召沈露诊视，一剂而愈，擢院判，命校正医典。裔孙沈日贲，绍传其业。[见：《兴化县志》]

沈麟　字汉卿。近代江苏人。生平未详。著有《温热经解》一卷，约成书于1936年。今存太原中兴石印馆石印本。[见：《中医图书联合目录》]

沈人文　字明止，号咏楼。清代浙江乌程县人。诸生。精研《内经》、《伤寒》及本草诸书，探其本源，深通医理。尝谓："病因万变，见证亦多端。病者合诸证以成病，医者即合诸药以成方。有一证，自有治此证之一药，必先审证以识病，而后议药以处方。同一热药，而干姜异于附子；同一寒药，而石膏别于黄连。用之而当，硝黄可以拯命；用之不当，参术适以戕生。"闻者以为至论。沈氏临证审慎，虚心体察，故投药多效，名噪于时。一人患热证，误服温补剂，已濒危，众医束手。沈氏投以轻清之药，二剂而愈。又有富家媪，偶感微疾，起居饮食如常，沈氏断曰："已不治，不出半年。"众人笑而不信，届期果死。一人中暑气绝，已将棺殓，沈氏灌药而苏。由是声名益盛，延治者争至。后以积劳而卒。著有《医论》一卷，今未见。[见：《乌程县志》]

沈人杰　字养源。清代四川大竹县双河场人。光绪丙戌（1886）贡生。性端方，博学多识，凡词章、书法、天文、地理、医卜、星相靡不通晓。为人治疾，每获良效。年八十九岁卒。[见：《续修大竹县志》]

沈又彭　（1699～?）　字尧封（一作尧峰）。清代浙江嘉善县人。少习举业。通星占、风水之术，兼精医理。年三十，以国子生三赴省闱，皆不遇，遂闭门专攻医书。苦读十载，技成，治病有奇效。重医德，诊治不计利，不居功。遇贫病则施以药，或留治于家，病愈始令归，人皆感德。邻人某氏，家贫母老，其子患病甚危，沈氏闻讯，竭力救治。时杭州盐商以重金相聘，沈恻然曰："富者不得我，转聘他医，可活也。此子非我不活，忍以区区长物而令人死且绝乎？"遂不应聘，邻人子终得痊愈。乾隆五年（1740），制府以"曾饮上池"旌表其庐。沈氏性旷达，工吟咏，与曹六圃相往还，酬和之诗，隽绝一时。著有《医经读》一卷，刊于乾隆三十年（1765）。此书以"去非存是"为宗旨，精选《灵枢》、《素问》之文，归于平、病、诊、治四类之中。历来分类整理《内经》诸书中，以此书最简洁。沈氏还著有《伤寒论读》（又作《伤寒杂病论读》）、《女科辑要》、《治杂病读》、《证治心编》、《治哮证读》、《女科读》等书，后四种今未见。子沈潞，孙沈图菜，皆善医。[见：《嘉善县志》、《伤寒论读·凡例》、《清史稿·艺文志》、《中医图书联合目录》]

沈三才 清初震泽县（今江苏吴江）人。邑名医沈自明子。绍承父学，亦以医术济世。康熙十八年（1679）举乡饮。[见：《震泽县志续》]

沈三慰 字尔望。清代江苏嘉定县人。以医为业，存心济世。[见：《嘉定县志》]

沈士逸 （1586～1651） 字逸真，号廷献。明清间浙江仁和县临平里人。邑名医沈复春孙，沈怡春子。幼习举业，稍长，治《诗经》。试有司不利，弃而习骑射。应武科，旋复报罢。后献策于经略邢公，邢奇之，置为裨将，令督兵海上，以军功升游洋将军。后其父、祖相继殁，母媚弟幼，遂绝意疆场。初，奉母侨居郡城，家境清贫，乃慨然发奋，思复祖业。于是"探箧读禁方，日尽一卷，得其要领"，遂悬壶问世。数年间医名大起，日造请者数十家，全活不可胜数。性隐恻，赴人之急，寒暑风雨不辞。士大夫轩车到门，多不出见。而以疾来者，则率尔命驾，无问远近。既老，于居所旁构园池，多树竹木，日抱琴书，著述其中。业医十年，携家返临平故里。年六十有六，病疟卒。著有《翊世元机》等书，未见传世。[见：《浙江通志》、《中国历代名医碑传集》（引柴绍炳《沈翁传》）]

沈大生 字仲旭，又字禹川。明代嘉定县（今属上海）人。以医为业，兼工雕镂。[见：《嘉定县志》]

沈大至 （?～1665） 字伯雍，晚号一三居士。清代江苏上海县人。庠生。嗜濂洛之书，讲学五十余年。通数理，工医术。康熙四年（1665）举乡饮大宾。是年卒，私谥"敬修先生"。[见：《上海县志》]

沈大纶 字达观。清代福建连城县人。侍奉继母童氏，克尽孝道，不异亲生。研究岐黄养生术，制药济人，所活甚多。著有《回春编》，今未见。[见：《连城县志》]

沈大润 字雨苍。清代浙江余杭县人。早年官浙江绍协把总。乾隆二十五年（1760）至晋，得金疮铁扇散秘方以归。适余杭有争斗刎伤者，治之辄愈，于是造门求治者踵相接。[见：《中国历代医家传录》（引《外科证治全生集》）]

沈大望 字震甫。明末安徽芜湖县人。精通医术，名重于时。崇祯间（1628～1644），太湖、池州时疫大作，沈氏出术救济，全活无算。素重医德，遇贫而病者，出参芪疗之，不使人知。子沈省，传承父业，为清初名医。[见：《芜湖县志》、《安徽通志》]

沈与龄 号竹亭。明代吴江县（今属江苏）震泽镇人。工医术。不为危言高论，而所治十不失二三。又能预决人死生，远近神之，称为沈仙。著有《医便》二卷，约刊于嘉靖（1522～1566）末年。该书问世后不胫而走，先有伪托御院本之重刻本刊行，继有王君赏隆庆三年（1569）校刻本，吴兴黄文洲、朱惠明补遗本，吴秀万历三十年（1602）《增补医便续集》四卷本，王三才万历四十二年（1614）校刻本，张懋辰（又名受孔）增订本梓行。以上皆明代所刊，入清以后未见翻刻。据丹波元胤《中国医籍考》，日本尚存吴秀增补本。此外，上海中医药大学图书馆藏明代徐应登重刻张懋辰增补本，《珍本医书集成》收入王三才校刻本。[见：《江南通志》、《震泽县志》、《吴江县志续编》、《珍本医书集成·医便》、《吴中名医录》]

沈之问 号花月无为道人。明代人。生平里居未详。对麻风病有研究。其曾祖沈怡梅、父沈艾轩抄有治麻风方若干，沈之问整理、补充之，于嘉靖庚戌（1550）编成《解围元薮》四卷，刊刻于世。此为我国早期麻风病专著，对后世颇有影响。[见：《中国医学大成总目提要》、《贩书偶记续编》、《中医大辞典》]

沈子庚 清末江苏宝山县人。生平未详。通医术，为青浦名医何长治门生。[见：《中国历代医家传录》（引《何鸿舫医方墨迹》）]

沈子威 近代浙江桐乡县乌镇人。精医道，知名于时。门生张兰（1878～1954），得其传授。[见：《张艺城先生医案》（《浙江中医杂志》1964年第9期）]

沈子畏 清代人。生平里居未详。著有《沈子畏先生医案》，今存程麟书抄本，书藏中华医学会上海分会图书馆。[见：《中医图书联合目录》]

沈子复 字嘉澍。清代人。生平里居未详。著有《养病庸言》一卷，今存光绪三年丁丑（1877）刻本。[见：《中医图书联合目录》]

沈子禄 字承之，号鹤泉。明代吴江县（今属江苏）人。业医。著有《经脉分野》二卷，托友人徐师曾作序。沈氏卒，徐氏重订此书，另撰《经络枢要》续其后，易名《经络全书》，其稿传抄于世，未梓。约二百年后，清代名医尤乘得其稿，再予增补，名《重辑经络全书》，刊于世，今存康熙二十七年戊辰（1688）刻本。[见：《苏州府志》、《孝慈堂书目》、《中国医籍考》、《中医图书联合目录》、《中国历代医家传录》]

沈王佐 字松仙。清代浙江嘉善县枫泾镇人。业儒，旁通医术，知名于时。[见：《枫泾小志》]

沈天锡 清代安徽当涂县人。邑外科名医沈达士子。传承父业，亦以医名。[见：《重修安徽通志》]

沈天彝 清代浙江山阴县人。自幼习儒，学识渊博，不利于科场。喜剡中山水，遂定居嵊县。精通医道，遇时疫则出术救治，全活甚众。[见：《嵊县志》]

沈元龙 字秋坪。清代人。生平里居未详。著有《宁寿堂经验济急丹方》，今存道光十九年己亥（1839）苏州三槐堂刻本。[见：《中医图书联合目录》]

沈元吉 明初华亭县（今属上海）人。精医术。明诊断，善用药，屡起危疾。与同邑名医姚蒙，皆为洪武间（1368～1398）名医。[见：《松江府志》]

沈元凯 号少微山人。清代人。生平里居未详。著有《伤寒大乘》一卷，今存稿本，书藏中国中医科学院图书馆。[见：《中医图书联合目录》]

沈元星 字永灿。清代浙江开化县玉畈人。业医，其术通神。一人背生痈如黍，元星问："痛乎？"曰："无之。"问："痒乎？"曰："奇痒透骨。"授以方，嘱之曰："必服二十剂，不然将癫。"其人服药及半而愈，未继服。三年后果再发，竟死于癫疾。有健妇扶一病妇求诊，元星望之，曰："病者将愈，若虽健，病不可为。"健妇果月余而亡。沈氏一生行医，往来苏、杭、广、饶间，活人无算。县令侯某赠匾曰质朴扶风。著有方书一帙，家贫未梓。[见：《开化县志》]

沈元朗 明代吴江县（今属江苏）人。邑名医孙元曙胞弟（元曙改姓孙氏）。工医术，亦知名于时。子沈参之，传承家学。[见：《同里志》]

沈元裕 字介征。清代江苏上海县人。有长者风，邃于医理。邑称李、刘、徐、沈为四大家（指李中梓、刘道深、徐子瞻、沈元

裕），而元裕尤称神妙。孙沈左城，继承其业。[见：《上海县志》]

沈云闲 字翼仙。清代江苏宝山县人。邑妇科名医沈岩子。得家传，亦精妇科。曾孙沈以义，绍承家学。[见：《宝山县志》、《嘉定县志》]

沈太洽 一作沈大洽。晚年改名沈逸。字愚公，又字不异，号梅痴。明代浙江钱塘县人。年十五应童子试，高中。十六岁家遭变故，无力读书，遂业医。其术大行于时，求治者户外履满，车马迎请者无虚日。后不屑业医，遂改名沈逸，避走山水间，以诗酒自娱。多置别业，在湖曲，曰蔬园；在法华山，曰万竹庐；在清平麓，曰梅花屋。置生圹于泉畔，期与花同死，自号梅痴。又置读书舫于西湖，所跨蹇驴曰苍雪，山童曰秋清，携杖自随，乌巾鹿裘，望之若神仙。往来于两堤、三竺间三十年。生平多贵游，皆泛泛应之，不为屈。大学士沈一贯辟之，弗就。卒后，李流芳为撰墓志。著有《生生直指》八卷，约成书于嘉靖四十五年（1566）。今中国科学院图书馆藏明刻本[见：《浙江通志》、《杭州府志》、《中医图书联合目录》]

沈巨源 字晓庵。清初浙江杭县人。业医，于痘科尤多心悟。著有《痘科正传》六卷，刊于康熙丙子（1696）。[见：《痘科正传·序》、《中医图书联合目录》]

沈日贲 明代兴化县（今属江苏）人。嘉靖间（1522～1566）太医院判沈露斋孙。绍承家业，亦工医术。子沈炜，传承父业。[见：《兴化县志》]

沈日富 清代江苏吴江县人。邑名医陈希恕婿。撰《陈先生治疾记》一卷，收入文集中，今未见。[见：《吴江县志续编·陈奂》]

沈中旭 字启白。清代江苏吴县人。少年豪宕，能急人之难。后习岐黄术，以医名于时。性善好施，遇贫病不取药资，或助以钱粟。[见：《吴门补乘》]

沈升堰 字棨堂。清代浙江桐乡县青镇人。桐乡县恩贡生。道光丙申（1836）举明经。兼通医理，著有《医学心传》，未见刊行。今浙江省图书馆藏有《医学心传》抄本，不题撰者姓名，或即此书，待考。[见：《乌青镇志》]

沈长庚 明代江西新建县人。邑名医沈应善子。早年习儒，为诸生。绍传父业，亦工医术。著有《本草纲目注释》，已佚。[见：《南昌府志》、《新建县志·沈应善传》]

沈月光 清代浙江德清县人。雍正间（1723～1735）学道深山。沈氏称张仲景《伤寒论》原为十六卷，分治九州之疾，亡逸于乱世。又称得《伤寒论》原本之"治扬州法"，后以此书传昆山龚蕃臣，龚氏传车宗辂。车氏遂以此书为底本，补入后世相关论述，辑《伤寒第一书》四卷，刊于世。该书后经胡宪丰重订，刊于乾隆四十五年庚子（1780），今存。按，关于《伤寒论》残卷复出之说荒诞不经，乃历来作伪者惯用伎俩，不可信。[见：《伤寒第一书·序》、《中国医学大辞典》]

沈月楼 清代江苏青浦县人。精医术，以外科名重于时。[见：《青浦县志》]

沈丹山 清代江苏吴县甪溪人。邑名医沈谦孙。绍承祖业，亦工医。[见：《吴医汇讲·卷四》]

沈丹泉 明代吴江县（今属江苏）同里人。精医术，知名于时。[见：《同里志》]

沈凤山 明代浙江海宁县人。幼年患痿痹疾，八岁不能行立，父母缚草为圈，依倚其中。一日，有道者过其门，授药一丸，吞之满口芬芳，不觉之间迈步能行矣。嗣后致力于医学，以外科知名乡里。年逾六十岁卒。[见：《海宁州志稿》]

沈凤葆 （1857～1909） 字子畏。清末浙江桐乡县乌镇人。邑名医沈兰舫孙。绍承家学，复融会诸家，独标真谛，求诊者门庭若市。弟子数十人，皆传其业。世称浙西人士精岐黄者，导源于乌镇焉。宣统元年卒，享年五十三。[见：《桐乡县志》]

沈凤辉 （?～1801） 字丹彩。清代江苏嘉定县人。早年失怙，屡困童试，遵祖父命，研习轩岐，以继家学。肆力于《内经》、《难经》、《中藏经》、《甲乙经》诸医籍，十更寒暑，仍觉茫然。复取晋、唐以下诸名家著述读之，又十年，始觉领悟。其读书偶有所得即笔录之，生平著述甚富，大抵经学较多。所著医书有《洞垣录》、《医谱》、《济世握灵方》等，因家贫未梓，唯《伤寒谱》得钱憩南赞助，刊于嘉庆壬戌（1802），今存。[见：《伤寒谱·序、跋》、《中国医籍考》]

沈文术 清初浙江仁和县人。名医沈好问曾孙，沈宜民子。早年习儒，为富春诸生。传承家学，亦精医术。[见：《中国历代名医碑传集》（引孙治《孙宇台集·沈君宜民传》）]

沈文龙 清代人。生平里居未详。著有《葆寿集》八卷，今存嘉庆二年丁巳（1797）刻本。[见：《中医图书联合目录》]

沈文奎 明代浙江富阳县坊郭里人。习岐黄术，不闻于时。子沈汝孝，后为名医。[见：《杭州府志》]

沈文渊 字绎明。清代江苏无锡县人。少多病，习医自治，遂精活人术。邑大疫，染病者延之，投药即起。性慈善，凡鳏寡及婢仆、乳媪，延请立往，曰："此辈求医最难，不可缓也。"[见：《无锡金匮县志》]

沈文燮 字玉调。清代人。生平里居未详。通医道，为名医唐大烈门生。曾校订其师《吴医汇讲》。[见：《吴医汇讲·卷一》]

沈为仁 字进淳，号蔼轩。清代江苏如皋县人。精痘科，全活婴幼甚众，有痘仙之称。[见：《如皋县志》]

沈心伯 佚其名（字心伯）。清代江苏吴县人。世代业医，至心伯声名尤盛。孙沈焘，传其业。[见：《吴县志》]

沈以义 字仕行。清代江苏宝山县人。邑妇科名医沈云闲曾孙。监生。隐居自乐，不求荣利。承先世医业，声名甚噪。征士张云章荐于巡抚张清恪，沈氏以不谙吏治辞。巡抚移书敦促，坚不赴。性好清洁，室中图书彝鼎，无不精古。复于西墅凿池迭石，杂莳花木，过从者相戒，不敢唾污。著有《医案》及《灵素诸家要论》、《本草发明》诸书，未见刊行。[见：《宝山县志》、《嘉定县志》]

沈允扬 明清间浙江仁和县人。名医沈好问幼子。继承家学，亦精医术。早年行医乡里，后悬壶长兴县泗安镇，寓居井亭岗，知名于时。子沈宜民，传承家学。[见：《浙江通志》、《中国历代名医碑传集》（引孙治《孙宇台集·沈君宜民传》）]

沈允昌 字耿文。清代浙江桐乡县后珠村人。自元末以来，世以医名。数传至允昌，尤精脉理，治病多奇效，望色闻声即决生死，百不一爽，远近目为神仙。年七十二岁，无疾而卒。子沈嗣龙，得其传授。[见：《桐乡县志》]

沈允振 （?～1640） 字慎伯。明清间浙江仁和县（今杭州）人。名医沈好问长子。继承家学，亦为良医，有其父之风。[见：《浙江通志》]

沈玉修 清代江苏上海县人。精医理。松江何嗣宗门人严茂源侨寓金闾，常与沈氏讨论医典。[见：《古本难经阐注》]

沈玉堂 字蒲庄。清代江苏无锡县东绛人。工医术。子沈步云，绍传父业。[见:《吴中名医录》(引《无锡近代名医传稿》)]

沈世岱 字华峰。近代辽宁盖平县城东沈家屯人。精医术，兼善针灸诸法。临证审慎，起危疾甚多，知名于时。[见:《盖平县志》]

沈左城 清代江苏上海县人。邑名医沈元裕子。继承父学，亦业医。[见:《上海县志》]

沈东亭 清代江苏奉贤县人。诸生。精医术，知名于时。[见:《奉贤县志》]

沈四雅 明代松江(今上海松江)人。寓居吴中。精通医术。陆晦庵患疾，吐血暴涌如潮，七八日不止，诸药莫救。沈氏慨然担当，方用人参、附子、肉桂，陆氏举家惊惶，不敢轻用。越二日，其血益甚，更请视脉，求改用稍缓之方。沈氏曰:"喘呕脱血，数日不止，且头面哄热，下体厥冷，正阳欲脱亡之象，命在呼吸。若今日不进，来日不可为矣。"家人又恳求裁减参、附，坚执不允，令放胆煎服，坐候成功。家人见其如此，料可无虞，遂依方进服。其方用熟附二两(煎十余次，取汁入甘草)，人参五两，煎成，入童便、地黄汁一大碗，调肉桂末，冷服。少顷，下体至足微汗，便得熟睡。醒后血止喘定，周身柔和，渐可转侧，后调治而痊。[见:《张氏医通》]

沈仪庭 清代江苏松江人。精医。门生张友长、惠梦松，皆得其传。[见:《中国历代医家传录》]

沈令誉 明代震泽县(今江苏吴江)人。少负侠气，学医于常熟名医缪希雍，得其传。游于京师，以医术往来公卿间，礼部侍郎郭正域雅重之。[见:《震泽县志》]

沈兰亭 清代江苏川沙县八团人。业医，通内、外科。为人磊落有古风，重固名医何鸿舫亟称道之。[见:《川沙县志》]

沈兰舫 字成美。清代浙江桐乡县乌镇人。得尼僧越林传授，精医术。孙沈凤葆(1857~1909)，绍传其业。[见:《桐乡县志》]

沈汉澄 一作沈以澄。字芗湛，号晓堂。清代浙江吴兴县双林镇人。庠生。素体羸弱，不耐烦琐。中年闭关谢客，屏弃俗务，专力于性理、医卜诸书，至晚年不辍。年七十六岁卒。著有《治痢金丹》八卷，姚学墋、徐玉章为之序，今存嘉庆十三年戊辰(1808)养心堂刻本；还著有《咳嗽治法》一卷，沈雨棠为之序，今存道光八年(1828)刻本。[见:《双林镇志》、《中医图书联合目录》]

沈礼意 号心斋。清代浙江会稽县人。嗜医经，读诸家之书，访求《脉经》善本而不得。嘉庆十七年壬申(1812)，知府张古愚得《脉经》善本，因沈氏知医，出以示之，沈遂捐资付梓。[见:《脉经·沈序》]

沈必孝 明代安徽泾县人。自少习儒，精通医术。好义周贫，名重乡里。知县王公赠以"佛心仙手"匾额。[见:《泾县志》、《宁国府志》]

沈永年 字青原，号息非。清初江苏华亭县人。善山水，得元人意。精医学。康熙间(1662~1722)侍于内廷，任御医，太医院使倚重之，旋归里。年六十七，无疾趺坐而逝。[见:《艺林医人录》、《清朝画征录》]

沈邦元 字朗西。清代福建连城县人。邑庠生。仁厚孝友，仗义好施，精通医学。叔父沈鸿基，艰于嗣，其父沈际周乃指腹为之嗣。邦元甫生，婶即抚养之，及长，鸿基妾连生五子，而独爱邦元，立为嫡嗣，故兼祧两房。沈氏一生喜排解，息争讼。以济世为怀，行医数十年，不受诊金。晚年勉为收受，将所得资助族中贫寒、修筑路桥，终其身囊橐无余。原配陈氏，琴瑟静好，中年丧偶，不忍续娶。著有《经验辑要》，散佚不传。[见:《连城县志》]

沈达士 清代安徽当涂县人。精医术，以外科著称。重医德，活人不言酬报，世论贤之。子沈天锡，亦以医名。[见:《重修安徽通志》]

沈尧中 字心唐，又字执甫。明代浙江嘉兴县人。万历庚辰(1580)进士。初授南陵令，迁苏州郡丞，晋南比部正郎。左迁开州，不赴。闭户著书，凡十五年而卒，人称隐君子。沈氏好学博古，于书无所不窥。著述甚富，有《嘉兴府志》、《燕居备鉴》(为县志)、《沈氏学弢》、《治统纪略》、《筹边七略》等书。兼涉医学，辑有《保赤全书》二卷，刊于世。沈氏原刻为阳春堂本，已佚，今存《保赤全书》乃李时中、管橛、施文举等校补，金陵周曰校续刻本。[见:《嘉兴县志》、《嘉兴府志》、《中国善本书提要》]

沈光明 元代华亭县(今属上海)人。据传，其先世受术于印度"龙树先师"，于眼科内外障七十二证，悉能治而去之。沈光明克绍家学，以擅治目疾鸣世，士大夫咸称许之。贺章患眼疾，视物不清，沈氏治而愈之，贺乃请贝琼撰《赠医师沈光明序》以彰其德。[见:《松江府志》、《金元医学人物》(引《清江文集·赠医师沈

七画

光明序》》]

沈光埏 字辉宇。清代浙江会稽县人。贡生，候选训导。自少习举业，因家贫弃儒读律，致力于经世之术，兼涉医学。咸丰间（1851~1861）著成《孙吴兵法直解》、《游艺杂录》、《脉理阐微》等书，今未见。子沈兆圻（字叔琪），善古文。[见：《绍兴县志资料·第1辑》]

沈廷对 字君召。清代浙江会稽县人。顺治间（1644~1661）迁居山东泰安县。精岐黄术。著有《痘疹撮要》、《医学心法》二书，今未见。[见：《泰安县志》]

沈廷飏 字佩游。清代江苏长洲县人。初习举业，后精研医理，所治无不效。案边置铁斗，凡馈遗，听自投，不计较锱铢，先取之济人，余以自给。尝手校《玉机微义》五十卷，今未见。孙沈焕，亦工医术。[见：《苏州府志》、《吴县志》]

沈廷杰 字汉三。清代河南祥符县（今开封）人。习岐黄术，尤精针灸，活人无算，名重乡里。尝于兵荒大疫之年，以药食载于舟车，不惮艰辛，游历远近，饥者食之，病者药之，济人甚众，世呼活菩萨。著有《外科指南》、《奇证良方》等书，未见刊行。[见：《祥符县志》]

沈廷奎 字庚梅。近代江苏上海县洋泾镇人。居沈家弄。幼有大志，不屑举业，专攻医学。鉴于近代西医颇有发明，除研究中医外，兼肄业于中日医学校，得医学士学位。曾任淞军军医科长，并在乡里施医给药，以济贫病。邻人患痧证，延某针医治疗，时廷奎在旁，问之曰："凡用针须旋而进，亦旋而出，此何理也？"医者瞠目不能答，廷奎曰："针细而滑，旋则不伤腠理。汝为针医，尚不知此理乎？"医者赧然而去。沈廷奎年三十四岁卒。著有《沈氏医学汇书》五卷，今未见。[见：《上海县志》]

沈廷桢 清代浙江嘉善县人。邑名医沈簋子。绍承父学，亦业医。[见：《嘉善县志》]

沈廷魁 字昂干。近代江苏吴江县震泽北乡大圩田人。幼而好学，毕业于震泽中学。后有志习医，遂考入上海中医学校，四年卒业，悬壶于乡。数年之间，其道大行，方圆数十里就治者踵相接。惜不永年，中华人民共和国成立后不久即辞世。[见：《吴中名医录》]

沈廷翰 字维馨。清代浙江嘉兴县人。生平未详。康熙二十三年甲子（1684）参订萧壎《女科经纶》。[见：《女科经纶》]

沈竹人 清代江苏青浦县人。邑名医沈景凤孙，沈树赓子。继承家业，亦工医术。后徙居上海。[见：《青浦县续志》]

沈竹亭 明代吴江县（今属江苏）震泽镇人。精医术，为万历间（1573~1619）名医，远近知名。曾与名医孙一奎会诊。[见：《孙文垣医案》]

沈仲圭 （1901~1986） 现代浙江杭州人。早年师事当地名医王普耀，尽得其传。曾任教于上海国医学院、中国医学院，后出任重庆北碚中医院院长、陪都医院妇科主任。1951年任重庆中医进修学校教员。1955年调北京中医研究院，任中医主任医师。沈氏从医六十余年，学识渊博，长于教学，精心笔耕。著有《仲圭医论汇选》、《温病概要》、《医学碎金录》、《中医内科临证方汇》等著作十余部，发表学术论文数十篇。[见：《中医年鉴》（1987）]

沈仲寰 号松岩。明代昆山县（今属江苏）人。邑名医王伯承之婿。王伯承无子，以术尽传仲寰。仲寰子沈昌嗣，绍承先业，早卒。昌嗣次子沈承先，亦善医。[见：《昆山县志》、《苏州府志》、《昆山历代医家录》]

沈自东 字君山。明清间江苏吴江县人。副使沈琎子。诸生。淳谨好学，能诗文，兼涉医学。乙酉（1645）后，杜门著述。年七十一卒。著有《医学博议》，辑入其《小斋雅制十一种》，今未见。弟沈自南，博学多识。[见：《吴江县志》、《苏州府志》]

沈自明 明代震泽县（今江苏吴江）人。少攻书史。善岐黄术，识奇症，济贫病，知名于时。崇祯间（1628~1644）征太医院御医，以父年老，请终养。知县叶公举乡饮大宾。著有《伤寒（注）》、《三友堂诗稿》等书，今未见。子沈三才，康熙十八年（1679）举乡饮，亦以医济世。[见：《震泽县志续》]

沈自南 字留侯。清初江苏吴江县人。沈琎少子。自幼习儒，与诸兄皆以文学享盛名。顺治乙未（1655）举进士，选授蓬莱知县。在任清介廉明，失上官意，上官令县民讦知县罪，竟无应者，益怒，遂劾免之，自南怡然处之，乡里传为美谈。著有《饮食篇》四卷，分饔膳、羹豉、粉糍、煎脍四类，对饮食之古义阐述颇详。今存顺治间（1644~1661）刊本。兄沈自东，博学善医。子沈永智，以诗知名。曾孙沈彤（1688~1752），以儒学见称，亦通医理。[见：《苏州府志》、《中医图书联合目录》]

沈华国 号景村。明代浙江嘉兴县人。精通医道，为万历间（1573～1619）当地名医。[见：《嘉兴县志》]

沈兆龙 字见田。清代山东任城县人。生平未详。康熙六十一年壬寅（1722）校订王尚濒《妇人科经验良方》。[见：《女科书录要》]

沈庆修 字诒亭。清代江苏震泽县（今吴江）人。知医，家传治三阴疟方，治疟多人，服一剂立愈。其方用山楂、槟榔、枳壳、甜茶各三钱，于疟发之日前二时，水煎服。陆以湉谓："此方药峻，藜藋之体及疟初起者宜之。"[见：《冷庐医话·卷三·三阴疟》]

沈交泰 清代安徽宿松县人。世代业医，经验宏富，有逾寻常。每入病家，望色闻声，即知能治与否。[见：《宿松县志》]

沈守义 字敬持，号听松。清代江苏震泽县人。太学生。沈启斋孙。乾隆九年（1744），吴江知县丁公延聘绅士纂修邑乘，沈氏参与其事。丁赠一诗，有"规时论切倾兰座，入世心雄挦虎须"之句，见重若此。沈氏兼精医术，遇贫病以药遗之，活人无算。[见：《震泽县志续》]

沈守伦 号晓峰。清代江苏武进县安东乡人。精医术，治病多良效。[见：《武阳志余》]

沈安国 字升光。清代浙江钱塘县人。善岐黄术，常施药济人。闻邻妇死，往视之，见指尖出衾外，曰："生人也。"急以末药吹鼻，呕痰数碗，旋瘳。又有患唇疔者，垂危，沈氏以竹尖刺其龈，以磁锋拨其颊，毒出而愈。[见：《杭州府志》]

沈汝孝 字太国。明代浙江富阳县坊郭里人。其父沈文奎，习岐黄术，不闻于时。汝孝童年即知医，所投辄效。万历间（1573～1619），孝廉周计偕患"关阁"疾，众医不能愈。汝孝以三棱、莪术诸药，投三十剂而瘳。周氏次子周兆斗，因劳郁致病，几至不救。杭医钱惟邦曰："周郎病劳惫，郁极而尸厥也，下之则生矣。"会医士卢似立过寓，切其脉，抚掌笑曰："正所谓阳脉下逐，阴脉上争，胃气闭而不通，故脉乱形厥，不可骤攻，须七日少间，三七日而愈。"汝孝闻二者之言，忽有所悟，为疏方，病乃愈。盖钱氏能攻，卢氏善守，而汝孝适于二者之中，三人称鼎足焉。汝孝寿至八十而卒。子孙能世其业。[见：《杭州府志》]

沈好问 （?～1640）字裕生，号启明。明末浙江仁和县人。其先世有号沈铁针者，以针灸术隶籍太医院。宋朝南渡，徙居于杭。沈好问少孤力学，聪颖绝人。性嗜医学，取祖传秘籍，昼夜研习者数年，医道大行，有秦医和缓之称。尤以治痘证最为神效，全活甚众。有闵氏女阿观，年八岁，出痘甚恶，众医以为必死。好问曰："此儿一身死痘，然有一生痘，尚可生。"令取五年抱雏母鸡，以药入鸡腹，外裹以糯米蒸之，令食尽。未久，右手寸关脉出痘二粒，明艳如珠，不久痊愈。许季明幼子患痘，好问曰："顺证也，不必补。小儿纯阳，阳盛必克阴。"许氏不从，补之，痘愈，乃讥好问妄言。好问曰："儿且死。"许益不悦。至十二日，儿熟睡，久之不醒，视之，已气绝矣。士大夫皆重其术，侍御郭太薇邀至闽，大中丞喻醒哲邀至蜀，督帅王总戎邀至大同，沈氏皆以一剂起之。崇祯七年（1634）应邀至京师，为诸公卿所重。崇祯九年（1636），命孙沈宜民来京侍诊，次年因病归乡。崇祯十二年再至京师，将荐授太医院院判，患疾不起。是年十二月十五日卒于京邸。著有《痘症启微》（又作《痘疹启微》，或作《痘瘄启微》）、《本草类要》（又作《本草类证》）、《素问灵枢要注文》、《素问集解》等书，均佚。长子沈允振、幼子沈允扬，皆承家学。次子沈正侯，生平未详。[见：《浙江通志》、《仁和县志》、《钱塘县志》、《冷庐医话·卷一·求医》、《中国历代名医碑传集》（引孙治《孙宇台集·沈君宜民传》）]

沈寿龄 字子庚。清代江苏宝山县人。重孝义，以母老，家居终养。从青浦名医何长治游，尽得师学，遂以医术知名。重医德，凡贫病者求治，每资助之。自设药肆，所用药材必躬自选制，然后入剂，终身不懈。撰有《养真医案》若干卷。又辑录何长治临证经验，编《兰陔室医案辑存》。诸书未见梓行。[见：《宝山县续志》]

沈远夫 清代浙江乌程县人。精医术，以内科知名。[见：《乌程县志》]

沈志裕 字保铭，号怡庵（一作怡荐）。清代浙江平湖县人。平生重然诺，好施与。中年习医，以疡科著名。凡治病，必察其血脉、经络、骨髓、虚实、阴阳及受病之本末，又不惜重金，购良药以备用，故所治多效。著有《疡科遗编》（又作《片石居疡科治法辑要》）二卷，刊于道光八年（1828）。还著有《救急良方》一卷，今未见。《上海图书馆目》著录"沈志裕《获效良方》一卷"，疑即《救急良方》，待考。此外，尚撰《毓德堂医约》一卷，后经海盐徐圆成辑补，编为若干卷，由其子徐天麟刊刻于世。此书完帙不存，中国中医科学院图书馆藏有光绪二年丙子（1876）残本，存卷三、卷四。又，今苏州中医院图书馆藏《救急成方》，题"清沈保铭（怡葊）撰，徐圆成（古春）编"，疑即《毓德堂医约》，待考。〔见：《平湖县志》、《重修浙江通志稿·著述》、《中医图书联合目录》〕

沈志藩 字价人，号守封。清代江苏上海县人。早年习举业，赴童试未售，改习医学。精其术，治病多良效。年四十岁始游庠。著有《药性歌括》一卷，今存 1937 年铅印本。〔见：《上海县续志》〕

沈杏苑 （1870～1956） 现代上海浦东人。性慈善，从名医徐建村先生游，精内外科。治病精细不苟，全活者甚众。尝创办震修小学，捐资甚多。中华人民共和国成立后，被聘为中医文献研究馆馆员，捐献中医书二千余册。沈氏著有《药论》，未梓，有抄本传世。门人黄宝忠、徐顾之，俱以医术知名。〔见：《中国历代医史》、《中医图书联合目录》〕

沈李龙 字云将。清代浙江嘉兴县檇李人。通医学。因抱病年余，深知病由口入，故于日用饮食之外，殊切戒严。尝广辑群书，如淮南王崔浩《食经》、竺暄《膳馐养疗》、孙思邈《古今食治》、孟诜《食疗》、陈良士《食性》、昝殷《食经心鉴》、娄居中《食经通说》、陈直《奉亲养老》、吴瑞《日用本草》、汪颖《食物八类》、宁原《食鉴》、周宪王《救荒本草》，一一穷搜其精要，又益以见闻，著《食物本草会纂》十二卷，书后附以《脉诀秘传》、《日用家钞》，刊于康熙辛未（1691）。还著有《诊法集成》，今未见。〔见：《郑堂读书记》、《四部总录医药编》、《中国善本书提要》〕

沈丽生 清代江苏上海县三林塘人。世医沈思义子。绍承家学，亦业医。早卒。子孙世代业医。〔见：《上海县志》〕

沈来亨 字菊人。清末浙江元和县人。生于咸丰间（1851～1861）。精医学，工诗善画。临证治病必探究本源，明辨慎思，斟酌至当，然后处方，故用药无不应手而愈。门人李筱云、吕伯纯，辑《沈氏医案》二卷，未梓。〔见：《中国历代医史》〕

沈连山 清代江苏长洲县人。邑名医沈硐山子。绍承父业，亦工医术。〔见：《吴县志》〕

沈步云 （1825～1898） 改名融照。字小庄，号莲乙。清末江苏无锡县东绛人。邑名医沈玉堂子。自幼颖悟好学，从钱及何习儒，

屡试未第。后继承先业，行医赡家。咸丰庚申（1860），太平军攻至县境，举家避居上海，复徙南翔，侨居设诊。翌年夏归乡。战乱后疫疠流行，遂在乡应诊。光绪初，迁居新塘桥，曾设塾课徒。历四载，又赴上海行医，历时八年。光绪戊戌秋殁，时年七十四岁。著有《竹林妇科》三集、《淞沪吟草》二卷。〔见：《吴中名医录》（引《无锡近代名医传稿》）〕

沈步青 字天申。清代江苏宝山县真如里人。性颖异，博览经史，于书无不窥，毫而不倦。兼通方脉，能预决生死。著有《本草辑略》、《药性赋》、《辨惑论》等书，今未见流传。〔见：《宝山县志》、《嘉定县志》、《太仓州志》、《真如里志》〕

沈时誉 字明生。明清间江苏华亭县人。徙居吴县，居桃花坞唐寅别墅。早年师事名医陆履坦，尽得师传，切脉若神，投剂辄起，名噪于时。与名医张璐（1617～1700）、程应旄同时，曾同治幼科医士汪五符之病。晚年筑室山中，足迹罕至城市。著有《医衡》（又作《医衡集》）四卷，经梅蕃等辑校，刊刻于世，今存顺治十八年辛丑（1661）刻本。另有《病议》、《治验》、《药案》三书，称《鹤圃堂三录》，今存抄本。〔见：《医衡·序》、《苏州府志》、《吴县志》、《续名医类案》、《古今医案按》〕

沈佑民 佚其名（字佑民）。清代江苏吴县周庄镇人。性敦厚，为人谦和。精医术，为康乾间（1662～1795）名医。每临证处方，务尽其心。尝曰："医乃济人仁术之最，若计利必无仁心，何能精其业？"平生好学，读书编录不辍。寿至八十余。〔见：《周庄镇志》、《吴县志》〕

沈应元 字宇静，自号句曲山人。明代福建浦城县人。自少习儒，受业于给事中曾六德之门。万历四十一年（1613）曾六德以直谏贬官。应元感愤时事，遂弃举业，自称句曲山人。沈氏工诗，尤擅书画，研精医理。所著有《洗晴楼诗草》、《园居集唐》、《医约》四卷。今未见。〔见：《浦城县志》、《明史·翁宪祥传》〕

沈应旸 字绛斋。明代镇江（今属江苏）人。精医术，曾任镇江府医官。著有《明医选要济世奇方》（又作《明医秘传济世奇方》）十卷，经同郡医官何炉（1562～1636）参订，云林周汝寿订正，丹徒进士王政新作序，由潭阳詹伯祯刊于天启三年（1623）。此书国内存明刻十卷本。日本国立公文书馆内阁文库存十一卷本，其第十一卷"小儿门"，为十卷本所无。〔见：《中医

图书联合目录》、《日本现存中国散逸古医籍》]

沈应善 字嘉言。明代江西新建县人。事亲至孝，亲殁，庐墓三年。初习举业，屡试不售，遂弃而学医。师事蜀人韩隐庵，韩初授以《素问》诸书，复传以导引术及秘藏诸方。苦研三年技成，行医于世，投药无不效者，声闻四方。每值疫疠流行，施药济贫，世人德之。于宅旁构一舍，名之曰来安堂，诸药饵饮食，无不俱备。年八十一，沐浴而卒。著有《素问笺释》二卷、《医贯集补》二卷，均佚。子沈长庚，能世其业。[见：《南昌府志》、《新建县志》]

沈良惠 佚其名。宋代汴京（今河南开封）人。徙居平江府长洲县（今江苏苏州）。以医术得官，高宗御书"良惠"以赐，故吴人皆以"沈良惠"称之。沈氏后裔多承家学，自宋至明延绵四百余年不绝。在元有沈瑛、沈彦才、沈德辉，在明有沈绎、沈绚、沈玄，沈玄医名最盛。[见：《吴县志》、《中国历代名医碑传集》（引杨士奇《东里续集·太医院御医沈君墓志铭》）]

沈启占 字恒勋。明代长洲县（今江苏苏州）人。邑名医沈绚子。得父传授，亦以医术知名。八十八岁卒。兄沈玄，为太医院御医。[见：《上海县志》]

沈君实 明代武林（今浙江杭州）人。名医汪绮石门生，能广师传。[见：《理虚元鉴》]

沈灵犀 清代浙江钱塘（今杭州）人。生平未详。著有《泉唐沈氏医书九种》，包括《伤寒分类集成》、《伤寒摘要》、《读金匮要略大意》、《温病方书》、《中风简要》、《虚劳要则》、《诸痹汇要》、《痿症大要》、《水气指南》。此书未刊，其稿本藏中国中医科学院图书馆。[见：《中国中医古籍总目》]

沈际飞 明末鹿城（今河北束鹿）人。生平未详。著有《人元脉影归指图说》二卷，刊于世。今存明崇祯间（1628～1644）刻本。[见：《中医图书联合目录》]

沈陈麟 号囊隐道人，又号枕石叟。清代江苏吴江县人。沈自春孙。受业于邑名医凌淦。凌氏撰有医案，沈氏"自季夏迄季秋，凡三阅月"，抄录成帙，名之曰《退庵医案》。[见：《中国历代医家传录》（引《退庵医案》）]

沈青芝 清代江苏溧阳县人。生平未详。于光绪十六年壬寅（1890）著《喉科集腋》二卷，今存广陵王文澡抄本。[见：《中医图书联合目录》]

沈其仁 字石庵。清代江苏青浦县人。太学生。精医术，为乾、嘉间（1736～1820）青浦名医。著有《养生便方》一卷，今存嘉庆九年甲子（1804）南村草堂刻本，书藏上海中医药大学图书馆。[见：《青浦县志》、《青浦县续志》、《浙江医籍考》]

沈若济 字子丹。清代浙江杭州人。精医学，有名于时。[见：《杭州府志》]

沈叔瑶 字南溟。清代福建连城县人。入籍贵州思南。性平易，业岐黄，全活颇众。临证审慎，必求其合始处方。日有所治，晚必记之，以验效否，久之存方十余册。又工书画，善铜弦，盖文士兼艺事者。所著方书，散佚不传。[见：《思南府续志》]

沈卓士 （1701～1752） 字悦庭，号越亭。清代江苏吴县韨溪人。邑名医沈谦次子。绍承家学，以医闻名于时，曾考授太医院吏目。著有《治肝补脾论》一文，刊载于唐大烈《吴医汇讲》。[见：《吴医汇讲·卷四》]

沈国体 字季常。清代四川蓬州人。沈国光季弟。痛父兄早逝，不事举业，以布衣终。通医理，知名于时。著有《青囊存真录》一卷，未见流传。[见：《蓬州志》]

沈国柱 字公任，号青溪。清代浙江山阴县人。自先世徙居淳安县赋溪。工医术，妙解经脉，诊病必究本源。处方不过数种，或直用古方，或径以己意，服之辄效。凡以病延请者，寒暑不辞，亦不以酬金丰啬为去留。非重疾不劝人服药，曰："毋宁不药而得中医乎？"雍正间（1723～1735）与乡饮宾筵。著有《医通》四十卷、《青溪治验》五十则，均未见流传。[见：《山阴县志》、《淳安县志》]

沈昌嗣 （?～1517） 明代昆山县（今属江苏）人。邑名医王伯承外孙，沈仲宽子。绍承父业，惜早卒。次子沈承先，以医术知名。[见：《昆山历代医家录·著名世医撷菁》]

沈明宗 字目南，号秋湄。清初浙江嘉兴县檇李人。少攻举业，旋即潜心禅宗。后从海盐名医石楷游，精通医典，对仲景《伤寒论》多有研究，抱病求拯者踵相接。诊治之暇，与诸弟子考论医宗，凡二十余年。著有《伤寒六经纂注》二十四卷、《金匮要略编注》（又作《张仲景金匮要略》）二十四卷、《温热病论》二卷、《虚劳内伤》二卷、《女科附翼》一卷、《客窗偶谈》一卷，以上六书总名《医征》，刊刻于康熙三十二年（1693）。还著有《伤寒六经辨证治法》八卷（今存康熙世德堂刻本）、《伤寒论注》八卷（今未见）。门生甚众，今知者有李蕙，得其真传。[见：《贩书偶记》、《中国医学大成总目提要》、《嘉兴府志》、《重修浙江通志稿》、《伤寒六经辨证治法》、《中医图书联合目录》]

沈明道 号南山。明代浙江嘉兴县人。早岁习医，通《素问》诸书。万历间（1573～1619）遇异人授以秘方，疗金疮有奇效，遂以医名。里人岳之宣伤足，病情危重，沈氏以红药水一瓶涂布伤处，立愈，闻者称神。怀救世之心，平生唯求济人，不望酬报，食贫淡如，远迩雅重之。[见：《嘉兴县志》]

沈明儒 号仰川。清代浙江德清县韶村人。精医术，以幼科知名。年九十，尚为人治病。[见：《德清县志》]

沈果之 （1739～1785） 字实夫，号橘园。清代江苏吴县人。邑名医沈谦孙。初习举业，为国学生。兼知医理。辑有《医学希贤录》十卷，未梓。还著有《四维相代阳气乃竭解》、《膀胱者州都之官津液藏焉气化则能出矣解》等文，刊于唐大烈《吴医汇讲》。长子沈家熊，精医术；次子沈家黑，事迹不详。[见：《吴医汇讲》、《吴县志》]

沈忠谨 清代江苏松江府人。生平未详。著有《校正伤寒全生集》四卷，今未见。[见：《松江府志》]

沈图荣 字素忱。清代浙江嘉善县人。邑名医沈又彭孙，沈潞子。岁贡生，继承祖业，亦精医术。[见：《嘉善县志·沈又彭》]

沈知言 号金鹅山布衣。唐代人。生平里居未详。著有《通玄秘术》三卷，今存道藏本。[见：《宋史·艺文志》、《中医图书联合目录》]

沈秉均 字予平。清代浙江乌程县人。生平未详。道光间（1821～1850）在世。曾参订钱青抡《济阴纂要方》、永福氏《求嗣指源》。[见：《女科书录要》]

沈金鳌 （1717～1776） 字芊绿，号汲门，又号再平，晚号尊生老人。清代江苏无锡县人。居城中西水关之堰桥。廪贡生。早岁习儒，博通经史，兼工诗文。年近四十，屡试京兆不售，叹曰："昔人云：不为良相，当为良医。余将以技济人也。"遂从名医孙庆曾游，凡男、妇、小儿之脉，皆得亲授。又肆力于《灵枢》、《素问》诸书，历四十年不辍，深明医理，治病无不奏效。周文俊患肝疾，医者误以湿证治之，咽干舌缩，齿腭皆黑，胸膈如火，日夜不寐，自分必死，举

家遑然。沈氏力排众议，投以平肝清火之剂，诸证皆平，得痊愈。世人以宋张方平比之，乃赠号"再平"。著有《沈氏尊生书》七十二卷，包括《脉象统类》、《诸脉主病诗》、《杂病源流犀烛》、《伤寒论纲目》、《妇科玉尺》、《幼科释迷》、《要药分剂》等七种，成书于乾隆三十八年（1773），今存。另有《痧胀源流》、《痧症燃犀照》（冯敬修述，沈金鳌录），皆刊行。[见：《沈氏尊生书》、《医学读书志》、《无锡金匮续志》、《沈金鳌先生传略》（《江苏中医》1963年第3期）、《中国历代医家传略》、《中医图书联合目录》]

沈念江 字源昆，号敦堂。清代江苏上海县人。精医术，尤擅外科。以济世为心，制药不惜重金，病愈不计酬报。[见：《上海县续志》]

沈念祖 字址厚。清代江苏震泽县（今吴江县震泽镇）人。少习举业，后从名医缪遵义学，尽得其传，与庄之义齐名。子沈环，府学生，亦善医。[见：《震泽镇志》]

沈庚铺 字少芸。清代江苏金山县人。通医术，为海盐名医徐圆成门人。[见：《中国历代医家传录》（引《毓德堂医约》）]

沈育柏 清代云南通海县人。明药理。曾于雍正六年（1728）创立老拨云堂药店，制售拨云锭眼科良药，药名取"拨云驱雾见青天"之意。二百多年来，此药畅销国内及缅甸、泰国等地。[见：《中国历代医家传略》]

沈学明 近代江苏无锡县人。邑名医沈祖约子。继承家学，亦工医术，悬壶于东亭。[见：《无锡近代医家传稿》]

沈学炜 字同梅。清代江苏宝山县人。少孤，入塾苦读，母毛氏珍爱之，不令过劳，而所读倍常。因目疾不赴试，援例入太学。习祖传医术，临证能自出精意，奏效如神。著有《医方补论》，未见刊行。子沈慧孙，亦精医术。[见：《宝山县志》]

沈宝篆 清代浙江嘉兴府人。生平未详。著有《医述》二卷，今未见。[见：《嘉兴府志》]

沈宗和 （1869～？） 号卧云轩主人。清末人。里居未详。幼习举业，困于科场十余年。至二十五岁，弃儒学医。初随父游无锡，戊戌之岁（1898）独寓苏州。次年至昆山县石牌镇，历三载。时沈氏年三十有四，尽窥世故，遂淡于名利，惟专力于医学一事，取临证所遇奇难病证，撰《医学精要奇症便览》一卷。此书未见刊本，今存光绪间抄本，书藏上海中医药大学图书馆。

[见:《中国历代医家传录》(引《医学精要奇症便览·自序》)、《中医图书联合目录》]

沈宗学 字起宗,自号墨翁,堂号学庵。明代吴县(今江苏苏州)人。好学不倦,博学多识,擅长书法,精于炼墨,能作径尺大字。中书詹孟举评其字曰:"兼欧、虞、颜、柳,有冠裳佩玉气象,为本朝书家第一。"兼精医道,与名医王宾、徐用诚相往还。徐氏撰《医学方论通》三十卷,其间参考互订,多经沈氏之手。惜其书垂成而用诚殁,未及撰写外科。嗣后,沈氏撰《外科新录》十卷,友人王行为之作序,是年沈氏已六十八岁高龄。沈氏还著有《本草发挥精华》、《十二经络治疗溯源》及《墨法集要》、《增补广韵七音字母》等书,未见刊行。子沈贵成,亦擅书法。[见:《吴县志》、《中国历代名医碑传集》(引王行《半轩集·外科新录序》)]

沈宗岱 号陡然。清代江苏金山县张堰镇人。精医术,远近延治,投药病除,名重于时。子沈见,孙沈琩,皆绍家学。[见:《重辑张堰志》]

沈宜民 (约1622~?)字亮臣。明清间浙江仁和县人。名医沈好问孙,沈允扬子。自幼习儒,勤奋好学。年十三岁,随父寓居长兴县泗安镇,居井亭岗。朝则随父至镇行医,夜则就母宿于岗上,往来十里,不以为苦,人称其孝。又二年,奉祖父之召赴京,侍于左右,承训习医。崇祯十二年(1639)祖父殁于京邸,次年正月与伯父沈正侯扶榇归乡,伯父卒于途,宜民亦病,勉力扶二棺返家,备受艰辛。嗣后,益发奋读书,兼业医以养父母。不久,补富春诸生,试辄高等。七试棘闱,皆不遇,遂专力于医。受京师刘公之聘至京,上自王公贵人,下及士庶民众,无不临门求诊,名噪于时。某公主重病,众医或曰癥瘕,或曰闭结,言人人殊。沈氏独谓:"察其形色气脉,实孕也,而又何害?"至期果顺产一子。年五十余,遭父丧还里,未及营葬,即为权贵强使返京,郁郁不欢。年未六十岁即殁。子沈文术,能世家学。[见:《中国历代名医碑传集》(引孙治《孙宇台集·沈君宜民传》)]

沈参之 明代吴江县(今属江苏)人。邑名医孙元曙侄(元曙改姓孙氏),沈元朗子。传承家学,亦以医名。[见:《同里志》]

沈承先 (1478~1520)字引仁。明代昆山县(今属江苏)人。邑名医沈仲宣孙,沈昌嗣次子。四岁丧父,赖母抚育成立。自幼颖异,稍长习举业,已而弃去,尽读先世所遗医书,自《内经》以下无不探究,遂精家学。临诊刻意求效,医术大行,时称医林翘楚。邻居金某,其妻患病,不省人事。沈氏诊之,其脉俱败,手足厥强,断为真寒证,急与圣散子加生附二片,煎汤灌之,得大汗而愈。又,朱羽青患疫数日,午夜号叫,声达邻近。某医误诊为阳明证,欲用承气汤。沈氏诊其脉,浮洪无力,遂曰:"此乃虚邪,宜用补气血之剂,稍加附子。"其医从之,而用附子过量。少顷,沈氏复至病家,朱妻惊告:"手足痉挛,命将绝矣!"沈氏察病者之色,曰:"无妨。必是用附子过多之故。"急令煎甘草汤灌之。至三盂,热退神清,不久痉愈。其所治类此者不胜枚举。素重医德,治病不求厚报,乡里贤之。县令方豪,母病甚危,沈承先治而愈之。方氏书"助孝"二字赠之。沈氏性孝友,曾筑别业于西鹿城,奉母以居。母暴病而殁,沈氏朝夕哭泣,旧日消渴疾由是加剧,六年后齿脱目盲,卒于正德庚辰八月四日,年仅四十三岁。葬于城东北蒋泾之松字圩。有子三人:沈友、沈恭、沈孝,生平未详。[见:《昆山历代医家录》(引《昆山名贤墓志铭》)、《昆山县志》]

沈树菁 清代浙江吴兴县人。生平未详。著有《学医强识》六卷,未见流传。[见:《湖州府志》、《吴兴县志》]

沈树赓 字寅侯。清代江苏青浦县南村人。自父辈迁居章堰。邑名医沈景凤子。克承家学,亦以医为业。[见:《青浦县续志》]

沈显曾 字子扬。清代江苏宝山县人。少工诗翰,不得志,遂隐于医。其家世传妇科方,故以妇科知名。诊妊娠脉能别男女,言辄有验。年六十一岁卒。[见:《宝山县续志》]

沈思义 号子兰。清代江苏上海县三林塘人。祖沈裕功,父沈湘春,均业医。思义健谈豪饮,善弈,尤精医学,擅妇科。子沈丽生,亦行医,早卒。沈思义令长孙随侍,尽以其术传之。[见:《上海县志》]

沈复云 字成章,号守愚。清代江苏上海县人。诸生。性谨厚。工诗文,其诗宗盛唐,尤擅长古风。旁涉堪舆、医卜之学。孙沈葵,亦通医理。[见:《上海县续志》]

沈复东 号东斋。元代浙江钱塘县人。幼颖悟,好读书。既长,受医术于海昌慧力寺僧忠上人。取《内经》、《伤寒》及刘完素、李杲诸家医书,穷日夜读之,深悟医理,其师亦无以过之。及悬壶问世,屡起危疾,求治者踵至。以利天下为心,其施甚博,而取于人者甚廉,人称

有宋清之风。后徙居紫微山麓，名所居室为东斋。[见：《浙江通志》、《清江贝先生文集·卷九·东斋志》]

沈复吉 明初青浦县（今属上海）人。通儒学，博览经史，精究医学，知名于时。[见：《青浦县志》]

沈复因 清代人。生平里居未详。著有《鸣惊集纂》十二卷，曾有抄本传世，今未见。[见：《八千卷楼书目》]

沈俊文 字延广。清代福建永安县堂堡人。自幼习儒，为监生。及壮，目睹病者为庸医所误，遂研习岐黄之学。遍阅诸名家医书，得其秘诀，治病悉应手取效。行医六十余年，惟以济人为念，从未计利。著有《医书撮要》二卷，今未见。孙沈奕烂，绍承其业。[见：《永安县志》]

沈俊卿 清代人。生平里居未详。著有《救吞生烟笔记》，今存光绪二十三年丁酉（1897）江阴南菁书院刻本。[见：《中医图书联合目录》]

沈奕烂 清代福建永安县人。邑儒医沈俊文孙。绍承祖学，亦以医问世。[见：《永安县志》]

沈彦才 元代平江路长洲县（今江苏苏州）人。医学提领沈瑛子。传承家学，亦精医道，官平江路医学录。子沈德辉，亦为医官。[见：《中国历代名医碑传集》（引杨士奇《东里续集·太医院御医沈君墓志铭》）]

沈彦先 佚其名（字彦先）。清代江苏吴江县黎里人。善医，治病有奇效。一日，见新丧家移尸，遂直入诊其脉，见有生机，投以煎剂，果醒。远近惊以为神。后因误药损人命，深自悔恨，日坐舟中，击小鼓为号，沿路治病，不取酬谢，冀以自赎。未几，抑郁而终。[见：《黎里志》]

沈彦模 字子范。清末浙江归安县（今吴兴）人。名医陆懋修婿，师事同邑儒医莫文泉（1862～1933），亦以医名。曾参校陆氏《世补斋医书》。[见：《归安县志》、《世补斋医书·莫枚士研经言序》]

沈恒川 清初浙江鄞县人。精医术，专擅儿科。与同邑名医胡绍泉齐名。[见：《宁波府志》、《鄞县志·李埏》]

沈恒宷 清代人。生平里居未详。精医术，为太医院御医。乾隆四年己未（1739）充任《医宗金鉴》校阅官。[见：《医宗金鉴》]

沈闻典 字宁庵。清代江苏嘉定县人。幼习举业不就，弃而学医，晨夜探索，不数年其术称神。为人忠厚端恪，素以济人为事。凡因病叩请者，虽贫难之家，无不立赴。著有《医学津要》，未见刊行。[见：《太仓州志》、《嘉定县志》]

沈炳荣 字吟梅。清代浙江桐乡县人。曾官州判。精熟医理，官直隶时，曾治一妇，年二十八，因丧夫而得癫疾，时发笑声。沈氏用六味地黄汤加犀角一钱，服二剂即瘥。[见：《冷庐医话·卷二·今人》]

沈觉香 （1852～1935） 号泄如。清末江苏吴江县野鸭滩日晖坝人。少年入县庠。天赋聪颖，好学不倦。年十七岁，拜师习医，历三年，通《内》、《难》、《伤寒》诸书，精于本草，对痔瘘一门独有心得，深得其师嘉许。旋即悬壶于世，悉心治病，风尚谦和，医术与日俱增，称誉乡里。慕名求诊者接踵而至，声名远播吴、嘉。行医六十余年，虽擅长痔瘘，却用心于整体，理法方药应用得宜，辨证论治，融汇贯通，故医业久盛不衰。子孙皆传其业。[见：《吴中名医录》]

沈济远 字宇宁。清代浙江桐乡县人。徙居石门县。祖上十六世皆业医，至济远声名益盛。著有《女科名医类案》十卷、《本草类方》若干卷，中丞陈用敷为之序。二书今未见。[见：《石门县志》]

沈祖约 字葆三。清末江苏无锡县人。祖籍湖州。儒医沈祖复弟。早年习儒，光绪庚寅（1890）入庠，丁酉（1897）成举人。后以医名世。兼究佛学大乘义。曾任《医钟》月刊编辑、中医讲习所所长等职。子沈学明，继承家学，悬壶于东亭。[见：《无锡近代医家传稿》]

沈祖志 清代浙江嘉兴县人。生平未详。通医理，著有《医学指要》四卷，今未见。按，《嘉兴府志》作"沈祖赤"，今从《嘉兴县志》。[见：《嘉兴县志》、《嘉兴府志》]

沈祖复 （1862～1925） 字礼庵，号奉江，别号鲐翁。近代江苏无锡县人。祖籍湖州。幼聪慧，读书史，过目成诵。执笔论古人，才气磅礴，词藻富丽。于八股文不喜推敲，故屡试不售，援例为国子生。赴乡闱，又未得志。光绪二十年甲午（1894），入孟河名医马文植门下，问难质疑，洞见症结。随师临证日久，默识心悟，对古今医方法理，无不融会贯通，而善灵活运用。光绪二十三年（1897），悬壶无锡，设诊所于崇安寺，禅房清旷，花木扶疏，求治者络绎不绝，遐迩传名，活人无数。县令杨士晟等雅重其术，赠以匾额。1922年秋，与同道严康甫、华实孚、邓季芳等，组织无锡中医友谊会，自任理事。翌年春，创办《医钟》月刊，任名誉编辑，发表论文甚多。行医四十载，医疗经验丰富。著有《医通》一卷，刻入家乘，今未见。还著有《医验随笔》，收入《三三医书》。弟沈祖约，亦精医道。子沈轼，传承父业。孙沈龙需，事迹不详。门生甚众，以王冠西、丁士铺、季鸣九、周逢儒、许锡纶、赵友渔最著名。[见：《三三医书·医验随笔》、《无锡近代医家传稿》]

沈说庭 一作沈悦庭。清代江苏吴县葑溪人。邑名医沈谦次子。绍承祖业，以医知名。考授太医院吏目。[见：《吴医汇讲·卷四》、《中国历代医家传录》]

沈陛诏 明清间浙江杭州人。邑名医沈燿文长子。传承父业，亦以医名。敬业重德，有乃父风范。[见：《中国历代名医碑传集》（引范承谟《范忠贞集·医官沈燿文传》）]

沈泰之 唐代人。生平里居未详。著有《疡疽论》二卷，已佚。[见：《新唐书·艺文志》、《国史经籍志》]

沈起凤 号泳楼。清代江苏新阳县真义（今昆山县正仪镇）人。早年习儒，道光三十年（1850）入县庠。天分绝高，才思横溢。兼精医理，工绘画，皆有心得，不落凡庸。[见：《信义志稿》、《昆山历代医家录》（引《国朝昆新青衿录》）]

沈耿文 清代浙江桐乡县后珠村人。精医术，名著于时。一新婚者患疾，诸医以虚证治之，补剂杂进，身体日殆。沈氏诊之，见卧室妆奁甚多，皆新漆饰成，曰："此乃为漆气所伤，俗名漆咬，非病也。"令取木匠家杉木屑煎汤洗之，复投解漆毒之药，不日霍然。[见：《冷庐医话·卷五·杂方》]

沈晋孙 清代江苏吴县葑溪人。邑名医沈谦孙。绍承祖业，亦工医。[见：《吴医汇讲·卷四》]

沈晋垣 字亮宸。清代浙江仁和县人。早岁习儒，为诸生。精医术，治危疾应手而活。郡县官吏雅重其术，患疾则以礼延请，治病之外，从无私谒，巡抚范承谟尤重其人品。清初，名医张志聪讲学、著书于杭州侣山堂，沈氏参予其事，康熙十一年壬子（1672）参订《黄帝内经灵枢集注》。[见：《杭州府志》、《黄帝内经灵枢集注》]

沈莲台 （?～1643） 明代娄县（今上海松江）南郊人。好读书，多识难字。精医道，擅长眼科，知名于时。性狷介，相国钱锡孙有目疾，沈氏治而愈之，赠以金帛，辞曰："吾生平不衣帛，不敢多取。"乃赠以二金双布。又曾为顾元庆治目，愈而不受谢。元庆问其故，答曰："尔祖以田数万助役，是义士也。为义士之孙治疾而受酬，岂贫者必不能为义乎？"崇祯十六年夏五月，预知死期，遍别亲友，念佛作偈，趺坐而逝。[见：《娄县志》]

沈夏霖 号柳桥。清末人。生平里居未详。著有《沈氏遗稿二种》，包括（《医法汇编》、《医则》），成书于光绪二十三年（1897），今存稿本。[见：《中医图书联合目录》]

沈烈扬 字南庄。清代江苏崇明县人。诸生。熟谙医理，尤精眼科。[见：《崇明县志》]

沈挹芝 清代江苏苏州人。青浦县名医何长治门生。[见：《中国历代医家传录》]

沈峻山 清代四川云阳县人。以医为业。喜山川之秀，恶市侩之俗，长养生之术。年八十一岁殁。[见：《云阳县志》]

沈乘麟 字仲翔。清代江苏青浦县人。附贡生。隐于医，悬壶沪上，为道、咸间（1821～1861）名医。[见：《青浦县续志》]

沈家份 字曾武。清代安徽合肥县人。任县医学三十年，全活甚众。曾手录《同寿堂药方》，藏于家。子沈榜弁，孙沈理延，皆以医知名。[见：《庐州府志》]

沈家骏 清末浙江湖州人。世居新市之西句城。名医凌奂（1822～1893）婿。精医术，继凌氏而起，渊源有自，尤精妇科。子孙世传其业。[见：《中国历代医家传录》（引《凌晓五行状》）]

沈家瑗 字思勋，号小隈。清代江苏吴县葑溪人。邑名医沈谦曾孙。受业于叔父沈果之，尽得其传，亦以医名。著有《辨素问浊气归心之讹》一文，刊载于唐大烈《吴医汇讲》。[见：《吴医汇讲·卷四》]

沈家熊 字惟祥，号香岩。清代江苏吴县葑溪人。邑名医沈谦曾孙，沈果之子。国学生。继承家学，精医术。著有《六味地黄丸方解》、《八味地黄丸方解》二文，刊载于唐大烈《吴医汇讲》。[见：《吴医汇讲·卷十》]

沈朗然 清代江苏宝山县人。生平未详。著有《医学通论注》，未见流传。[见：《宝山县志》]

沈理延 清代安徽合肥县人。邑名医沈家份孙，沈榜弁子。绍承家学，亦精医术，尤擅长痘科，知名于时。[见：《庐州府志》]

沈理治 字子元，号芝台。清代安徽合肥县人。庠生。世代精医，擅书法，早年好道术。恒独居小楼，存神炼汞，丹将成，而目眚其一。后专力于方药，时称妙手。堂弟沈理浩，亦善疗疾，与之齐名。道光元年（1821），时疫大作，理治、理浩二人采辑应验良方，合刻《杂疫萃精》，并附临证医案于其后，今未见。[见：《庐州府志》]

沈理浩 字嗽石。清代安徽合肥县人。邑名医沈理治堂弟。精通绘画，尤深于医，"以古方伎，行济世之心"，有儒医之称。道光元年（1821），时疫大作，与兄理治，采辑应验良方，合刻《杂疫萃精》，并附临证医案于其后，行于世（今未见）。[见：《庐州府志》]

沈培基 清代浙江嘉兴人。生平未详。著有《医话箴规初集》四卷，未见刊行。[见：《嘉兴府志》]

沈梅清 清代浙江桐乡县乌镇人。邑名医丁授堂弟子。绍承师学，精通内科，知名于时。[见：《桐乡县志》]

沈铭三 清代浙江山阴县人。通医理。著有《神验灵方》一册，未梓。友人田间来喜集医方，取沈氏稿增辑为四卷，易名《灵验良方汇编》，刊于雍正七年（1729），今存。[见：《浙江医籍考》、《中医图书联合目录》]

沈笠舫 号卓雅。清代江苏吴县人。世居蔀溪乌鹊桥东。名医沈谦子。府庠岁贡生。绍承父学，兼通医道。撰有《卓雅集》行世。[见：《吴医汇讲·卷四》]

沈望桥 清代浙江太平县（今温岭）人。生平未详。著有《沈氏痘疹方》二卷，曹氏集古阁藏有抄本，今未见。按，今存赵廷海所编《沈氏麻科》，为光绪二年（1876）浙江台州刻本，即沈望桥《沈氏痘疹方》之改编本。[见：《鄞县通志》、《中医图书联合目录》、《浙江医籍考》]

沈鸿谟 字良范。清代浙江德清县人。庠生。邑名医沈瑛子。得父心传，亦工医术。又善吟咏，名其斋曰不改乐斋。著有《济世堂医案》、《不改乐斋诗集》、《家乘》等书，藏于家。[见：《德清县新志》]

沈淑慎 字仰峰。清代浙江鄞县人。博览医籍，颇有心得，治病活法圆机，无不

验者。著有《藕香室医案》，未见刊行。[见：《鄞县通志》]

沈维祥 清代江苏吴县蔀溪人。邑名医沈谦孙。绍承祖业，亦工医。[见：《吴医汇讲·卷四》]

沈维基 号心斋。清代浙江盐官县人。著有《沈氏经验方》，刊于乾隆丁亥（1767），今存《三三医书》本。[见：《中医图书联合目录》]

沈敬思 字钦明。清代江苏嘉定县人。善祝由科，治小儿惊痫、五疳，应手奏效。晚年治养生家言，得导引辟谷术。年七十四岁卒。[见：《嘉定县志》]

沈朝桢 清代人。生平里居未详。著有《活泼斋经旨心解》，今存抄本，书藏中华医学会上海分会图书馆。[见：《中医图书联合目录》]

沈棣怀 清代江苏吴县人。通医理。康熙五十九年庚子（1720）夏，集同人为讲学会，届期用《类经》、《伤寒论》、《本草纲目》诸书互相讲论，分题注疏，作为文论，数月间得文百余篇，颇能发明书义，不违经旨。雍正二年（1724）春，知有考医之政，遂与周亮斋选文论数十篇，编辑成书，名之曰《医学三书论》，钱晋珏为之序，刊刻于世。此书今存抄本，书藏上海中医药大学图书馆。[见：《中国历代医家传录》、《中国医籍大辞典》、《中医图书联合目录》]

沈砸山 清代江苏长洲县人。精医术，有名于时。子沈连山，传其学。[见：《吴县志》]

沈景凤 字翼之，晚号沈聋。清代江苏青浦县南村人。迁居章堰镇。早年师事名医何其超，技成，悬壶问世。值天行时疫，众人所患相同，沈氏推测气化，定方施治，全活甚众。晚年失聪，自号沈聋，远近皆闻其名。著有《沈氏医案》，未见刊行。子沈树赓，克承父业。[见：《青浦县续志》]

沈敦和 字仲礼。近代浙江鄞县人。任职于上海中国公立医院。1910年沪上流行鼠疫，人心惶惶。沈氏与名医郁闻尧、丁福宝、杨心梅辑《鼠疫良方汇编》，刊于1911年。今存。[见：《浙江医籍考》]

沈善丰 清末人。生平里居未详。著有《牛痘新编》二卷，今存光绪十一年（1885）刻本。[见：《中医图书联合目录》]

沈善兼 字达三（一作达之），号吉斋。清代浙江桐乡县乌青镇人。生于书香世家，

绝意进取，筑精庐，朝夕读书于其中，不闻户外事。其先世好施药，踵而行之，每岁有加。精熟于岐黄家言，不欲以医名，戚友中有求治者皆往，活人甚多。著有《喉科心法》二卷，今存光绪四年戊寅（1878）刻本。还著有《经验方》（又作《经验良方》）二卷，今存光绪二十二年丙申（1896）柽溪沈氏择古斋刻本。[见：《乌青镇志》、《桐乡县志》]

沈道先 字岸生。清代安徽霍山县人。廪生。母年耄耋，因寒暖失宜，背发莲子疽。时医诊之，皆称危证，以药解其毒，而收效甚缓。沈氏起卧侍于母侧，时以口吮毒，次第进药，旬余而愈。嗣后，勤力于医学，久之精其术，遇贫病不能延医者，皆为诊视，乡里德之。沈氏语言木讷，不言人过，行不诡俗，后进敬而亲之。工书法，善悬腕作蝇头楷书。曾订正陈念祖《南雅堂医方全集》。[见：《霍山县志》]

沈道恭 五代后周人。里居未详。幼习儒业，后留心医药，精通其术。显德间（954～960），行医京都。时史令公族人有罹疾者，国医名手皆不效，有人荐道恭。道恭畏令公威势，又闻先约赐钱三千缗，乃面诣荐者，诉曰："医不惮，固命薄，恐为厚赂所障。未审更欲募何人？"荐者曰："惟周德济也。"道恭曰："周德济素无医名，惟德济得好命耳，幸同召之。"道恭遂与诊处，推究病因，特令德济用药，果奏效。[见：《历代名医蒙求》]

沈道辉 明代泰州（今属江苏）人。善岐黄术。相传如皋县有石氏女子，自称梦与神交，腹渐膨大，家人皆惊怪，乃往谒道辉。道辉诊之曰："此鬼胎也。"以药下之，得二肉块，外黑而中白如脂。[见：《泰州志》]

沈曾植 字子培，号乙庵。清代浙江嘉兴县人。光绪六年（1880）三甲第九十七名进士，官至布政使。重孝义，每侍母疾，医药必亲尝，久之精通医道。[见：《清代七百名人传》、《明清进士题名碑录索引》]

沈湘春 清代江苏上海县人。邑名医沈裕功子。绍承父学，以医为业。子沈思义，以妇科知名。[见：《上海县志》]

沈棨森 （1804～1870） 字羿卿，号戟门。清代江苏吴江县人。性和易，谙修养之术，工诗文书画。咸丰十年（1860）避乱，寓居元和县周庄镇。战乱平息，家人劝归，沈氏以周庄民风敦厚，遂终老焉。精岐黄术，每出技济人。同治九年暮春偶染微疾，抱膝而逝，时年六十七岁。[见：《周庄镇志·游寓》]

沈裕功 清代江苏上海县人。以医为业，知名乡里。子沈湘春，孙沈思义，曾孙沈丽生，皆业医。[见：《上海县志》]

沈登阶 （1813～1892） 字青芝，号青霞。清末江苏溧阳县人。以医为业。光绪十八年壬辰（1892），年届八旬，著《青霞医案》一卷。是书经无锡周小农校订，刊印于世，今存于《珍本医书集成》。[见：《珍本医书集成·青霞医案》]

沈瑞廷 字彤甫。清代浙江象山县人。其父沈炳如，为咸丰元年（1851）举人。瑞廷幼习举业，生性至孝。年十七岁，父死于庸医误治，遂弃儒习医。博览古来方书，治病应手奏效，名重乡里。有医德，凡病家求诊，不计寒暑旦夕，皆徒步而往，不受酬谢，世人德之。平生多善举，遇岁饥即出粟赈贫。又割腴田五十亩为义庄，颜曰承志堂。1915年，县知事呈请褒奖，获"好行其德"匾额。[见：《象山县志》]

沈虞卿 北宋人。生平里居未详。著有《卫生产科方》一卷，已佚。[见：《宋史·艺文志》、《仪顾堂集》]

沈嗣龙 清代浙江桐乡县后珠村人。世医沈允昌子。传承家学，精医业，名其室曰同寿堂，知名于时。表弟张千里家贫，读书于其家十余年，得其指授。嗣龙临终托孤张氏，张氏后亦为名医。[见：《桐乡县志》]

沈锡麟 清末江苏南通人。早年习儒，为举人。精医理，其术颇近张子和，主张去邪务尽。门生朱松庆，为近代上海名医。[见：《中国历代医家传录》]

沈锦桐 清代人。生平里居未详。著有《法古宜今》一卷、《毓麟策》一卷，收入《经史秘汇》，今存。[见：《中国丛书综录》]

沈嘉贞 清代江苏南汇县人。生平未详。著有《针灸机要》，未见流传。[见：《南汇县志》]

沈嘉春 字玉海。清代浙江德清县人。生平未详。著有《医学源流》若干卷，今未见。[见：《德清县志》]

沈嘉澍 字子复。清代江苏太仓县人。寓居吴县。著有《养病庸言》一卷，刊于光绪三年（1877）。今存。[见：《吴县志》、《中医图书联合目录》]

沈榜弁 清代安徽合肥县人。县医学沈家份子。性聪敏，人品正直。以医为业。承父

训，以利济为心，造门求治者踵相接。年六旬卒。子沈理延，绍传家学。[见：《庐州府志》]

沈箬耕

清代江苏吴县葑溪人。邑名医沈谦孙。业儒，为国学生。兼嗜医学，未尝释卷，不以医问世。[见：《吴医汇讲·卷四》]

沈慧孙

字稚聪，别号茶湾野史。清代江苏宝山县人。儒医沈学炜子。诸生。绍传家学，亦工医术。晚年侨居沪上，悬壶十余年，知名于时。有感时事，作《海市杂诗》。著有《医犀稿》一编，未梓。[见：《宝山县志》]

沈德孚

字文敷，号馨堂。清代浙江海宁县人。祖籍桐乡县后珠村。早年习儒，为道光庚戌（1850）贡生。祖上世代业医，至德孚亦精其术。性和厚，凡求诊者，寒暑昏旦，随时而赴，不以贫富异视，乡里目为长者。好吟诗，宗法张香山，平易近情，如其为人。辑有《再续名医类案》四卷，未见刊行。同时有张浚，辈行稍后，而德孚每亟称之。[见：《海宁州志稿》、《海宁县志》]

沈德祖

字王修，自号中华子。清代江苏上海县法华乡人。习儒不就，托志于医。乾隆辛丑、壬寅间（1781～1782）游吴，活人无数。偶于座间诊无病者，曰："君将大病。"其人不信，不旋踵果病，遂百计出之于险。其神解类此者甚多。曾得旧题"晋王叔和原辑"之《越人难经真本说约》四卷，深信不疑，遂详加校注，又附自著《金兰论指南集》一卷于其后，刊刻于乾隆四年（1739）。按，清儒周中孚《郑堂读书记》评此书曰："实即明李敬伪托之本也。"[见：《上海县志》、《法华乡志》、《郑堂读书记》]

沈德辉

字伯新（一作日新）。元末平江路长洲县（今江苏苏州）人。祖籍汴梁。宋御医沈良惠后裔。元平江路医学录沈彦才子。绍承祖业，亦精医道，官江浙行省医学提举。至正十年（1350）夏，沈孝子九十岁祖母病腹泻，德辉调其饮食，脾健而愈。高启作《杏林图》，并题诗赞之曰："绛雪纷纷满翠条，叩门都是病家邀。如今不用施方药，闻得花香疾自消。"子沈绎、沈绅，孙沈玄，皆传家学，俱以医名。[见：《姑苏志》、《苏州府志》、《长洲县志》、《金元医学人物》、《中国历代名医碑传集》（引杨士奇《东里续集·太医院御医沈君墓志铭》）]

沈履安

字泰阶，号淡人。清代昆山县陈墓镇（今锦溪）人。自幼习儒，久困童试，年逾花甲而志不衰。世代通医，绍承先业，亦精医理。[见：《陈墓镇志》]

沈履素

字因伯。清代江苏震泽县人。精岐黄术，临证应手取效，能预决生死于数年之前，名重于时。有医德，治病不论贫富，延请即往，遇穷困者资助不吝，起富人疾亦不求报。年逾八十，步履如飞。一日无疾沐浴，整衣而逝。[见：《震泽县志续》]

沈鞠存

号东阳聋叟。清代浙江东阳县人。生平未详。著有《东阳聋叟医存》，凡载医案三百零五条。今存抄本，书藏上海中医药大学图书馆。[见：《中国历代医家传录》、《中医图书联合目录》]

沈懋发

字萍如。清代浙江会稽（今绍兴）人。精医理。客居金陵（今南京）四十余年，舟车游历十一省，所交四方医士近百人。著有《鲞残篇》一卷，今存乾隆间刻本。还著有《服食须知》，今存乾隆四十年乙未（1775）刻本。[见：《中国历代医家传录》、《中医图书联合目录》]

沈懋孝

明代浙江平湖县人。早年患咯血疾，西蜀赵大洲授以导引图诀，依诀习之，其疾遂愈。后又得方术之士授以导引诀数家，复借得陈希夷《图诀》，遂合订为一书，名《导引图诀》，以传好导引术者。此书今未见。[见：《重修浙江通志稿》]

沈懋官

字紫亮，号怀愚子。清代浙江吴兴县人。精医理。著有《医学要则》四卷，刊于乾隆己巳（1749），今存。门生蔡云龙，曾参校师书。[见：《中国医籍考》、《中国历代医家传录》（引《三三医社通借书目》）、《中医图书联合目录》]

沈懋翔

字紫云。清代浙江吴兴县人。沈懋官兄。曾校订其弟《医学要则》。[见：《中国历代医家传录》]

沈燿文

（?～1658）字赤甫，号恒全。明清间浙江杭州人。自少习儒，兼通医道。及长，悬壶济世，临证洞明病源，决生死如烛照，求治者盈门。久之声名远播，王公大人无不知名医沈氏，冀得一诊而后安。吏部闻其名，征授太医院吏目。值疫病流行，沈氏制药救济，全活者不可胜数。大疫之后，饥荒复起，又煮粥施济，获生者亦众。平生重孝义，多善举，世以笃行君子称之。顺治十五年，以高寿卒。长子沈陛诏，传承父业。[见：《中国历代名医碑传集》（引范承谟《范忠贞集·医官沈燿文传、沈孝妇传》）]

宋

宋中

清末人。生平里居未详。撰有《慈幼全书》，成书于宣统三年（1911）。今上海图

530

书馆藏有抄本。按,据《金山县志》,宋甲祖父宋世德著有《慈幼全书》。疑"宋中"为"宋甲"之讹,待考。[见:《中医图书联合目录》]

宋甲 字冲怀。明末华亭县(今属上海)朱泾镇人。邑名医宋世德孙,宋道昌子。绍承家学,亦精医术。子宋仪、孙宋枝芳,皆以医名。[见:《金山县志》]

宋仪 字成怀。明末华亭县(今属上海)朱泾镇人。世医宋甲子。绍承家学,亦工医术。子宋枝芳,传承父业。[见:《金山县志》]

宋邑 汉代临淄(今山东淄博)人。率性仁爱,志尚医术。名医淳于意门生。从师年余,得授五诊、脉论诸学,遂为良医。[见:《史记·扁鹊仓公列传》、《太平御览·方术部》]

宋武 字汝南。明代安徽凤阳人。生于世医之家。好贤敦宜,能诗文。尤精家学,治则奏效。总兵周仁凤患急症,已在弥留间。宋武命到葱一束,置脐上,以火熨之,须臾目开,乃启其口,灌药而愈。宋武尝设立药局,施药数载,全活者千余人。著有《青溪草堂集》(诗文集)。[见:《凤阳府志》]

宋郁 元代和林(今内蒙古和林格尔)人。与李叔亮、高侃,皆任和林医学正。至顺元年至二年(1330~1331)参与和林三皇庙扩建。[见:《金元医学人物》(引《和林金石录·和林三皇庙残碑文》)]

宋贤 字又希。明清间浙江建德县人。天启二年(1622)进士。明亡后家居,以课子孙、奖后学为事。著有《岐黄要旨》等书,未见流传。[见:《建德县志》、《严州府志》]

宋迪 北宋人。里居未详。熙宁间(1068~1077)任邠州知府。其侄患伤寒,时医见烦渴、多汗,以凉药治之,遂成阴毒,六日而亡。迪深痛之,遂撰《阴毒形证诀》一卷,流传于世(今佚)。[见:《通志·艺文略》、《中国医籍考》]

宋尚 隋代人。生平里居未详。疑为道士。著有《太一护命石寒食散》二卷,已佚。[见:《隋书·经籍志》、《国史经籍志》]

宋和 (1213~1290) 字君和。金元间太原乐平(今山西昔阳)人。宋宣和间(1119~1125)进士宋德谦曾孙,金代进士宋洪之孙。自幼嗜学,遭离乱,转徙各地,而嗜书不舍。稍长,通晓六经大旨。后立志济物,乃刻意习医,凡方书无所不读。及以医问世,求诊者填门塞巷,不分亲疏贫富,皆以善药治之。性慈善,遇穷困不

能自存者,亲至其门调药,济以粮米,活人甚众。子宋超,儒医两精。[见:《金元医学人物》(引《雪楼集·太原宋氏先德之碑》)]

宋侠 唐初洺州清漳(今河北肥乡)人。北齐东平王文学宋孝正子。以医术著名。唐初官至朝散大夫药藏监。尝撰《经心录》(一称《经心方》)十卷,已佚。其部分内容散见于《外台秘要》、《医心方》等书。[见:《旧唐书·宋侠传》、《新唐书·甄权传》、《旧唐书·经籍志》、《新唐书·艺文志》、《历代名医蒙求》、《中国医籍考》]

宋法 明代浙江鄞县人。精医术,知名京师。隆庆二年(1568)正月,太医院医官徐春甫,集合各地在京名医四十六人,创立一体堂宅仁医会,宋氏为会员之一。诸医穷探医经,讨论四子(指张机、刘完素、李杲、朱震亨),共戒私弊,患难相济,为我国最早之全国性医学组织,其组织构成、宗旨、会规等刊入《医学指南捷径六书》(今存明万历金陵顾氏、新安黄氏同刊本)。[见:《我国历史上最早的医学组织》(《中华医史杂志》1981年第3期)]

宋诩 明代华亭县(今属上海)人。生平未详。曾著《谷菜宜法》、《闺阁事宜》,皆佚。又与子宋公望辑《竹屿山房杂部》,今存。[见:《中国历代医家传录》]

宋修 明代人。生平里居未详。著有《铜人腧穴图经》三卷,已佚。[见:《国史经籍考》]

宋炳 字豹文。清代江苏奉贤县人。疡科名医宋鼎子。继承父学,亦精医术。县令许逢元之母患疗,诸医谢不能治。宋炳独曰:"无害。"治之果痊,人服其能。有医德,凡贫困者请诊,虽昏夜雨雪必往。性喜花木,一日晨起,顾庭柯曰:"与尔别矣。"至晚无疾而卒,时年六十九岁。[见:《奉贤县志》]

宋桂 清代山东乐安县(今广饶)大相村人。乾隆庚子(1780)举人。通医术。著有《女科真传》、《麻症集要》、《痘疹集要》诸书,未见刊行。[见:《乐安县志·宋镐传》]

宋候 隋代人。生平里居未详。著有《经心录方》八卷,已佚。[见:《隋书·经籍志》]

宋培 字太素。明代河北长垣县(今属河南)人。庠生。因父病究心医学,推重金元诸家,而临证不拘泥成法。著有《太素心法便览》(又作《心法便览》)四卷。该书参引古方,阐述"病变而药亦变"之理。今存明崇祯二年(1629)王永光删正本。[见:《长垣县志》、《中医图书联合目录》、《中医人物辞典》]

宋铨 明代山西潞州人。尝遇异人授以秘方，遂精医术。嘉靖八年（1529），郡别驾傅必用夜宴德凤亭，醉酒，坠折左股，医莫能治。铨出药三粒，大如豆，服之骨续有声，更以手熨之，后起行如常，一时称神。[见：《山西通志》]

宋清 唐代长安（今陕西西安）人。通晓药性，卖药长安，历四十余年。所备皆佳药，凡医者购其药，所制成方效佳易售，患者亦乐购其药，以冀速愈。宋氏尤好济人，遇有急难者，常倾财相救。求药者或不执钱，亦以善药赊之。故时谚云"人有义声，卖药宋清"。[见：《唐国史补·宋清有义声》]

宋绶 （991～1040） 字公垂。北宋赵州平棘（今河北赵县）人。尚书度支员外郎李皋子。自幼聪颖，为外祖杨徽之所器爱。徽之无子，家藏书悉与绶。绶母亦知书，每躬自训教，以故博通经史百家，文章为时所尚。年十五，召试中书，真宗爱其文才，授大理评事，命读书于秘阁。大中祥符元年（1008），复试学士院，授集贤校理，与父皋同职。后赐同进士出身，迁大理寺丞。历任左正言、史馆修撰、户部郎中、左司郎中、翰林学士、尚书工部侍郎兼侍读学士。官至兵部尚书、参知政事。卒，赠司徒兼侍中，谥"宣献"。家藏书万余卷，亲自校雠，博通经史百家，其笔札尤精妙。校正医书局翰林医官副使赵拱等奉敕校勘《诸病源候论》，宋绶为之撰序并题辞。[见：《宋史·宋绶传》、《诸病源候论·宋绶序》]

宋琳 字承三。清代浙江嵊县西隅人。国学生。通医道，常自制药饵以济贫乏，乡里德之。[见：《嵊县志》]

宋超 元初太原乐平（今山西昔阳）人。儒医宋和子。早年习儒，兼精医术。曾任医官，历侍四朝，恩宠不衰。[见：《金元医学人物》（引《雪楼集·太原宋氏先德之碑》)]

宋鼎 字禹九。清代江苏奉贤县南桥人。精医术，擅疡科，能起危疾。江宁巡抚汤斌，颜其庐曰青囊独授。孙宋炳，绍承祖业。[见：《奉贤县志》]

宋筠 字秋荪。清代安徽合肥县人，寓居芜湖县。通太素脉，善断人寿夭。精医术，专以经方治病，无不神效，为咸丰间（1851～1860）名医。耳失聪，置竹筒于耳，人向筒口言，听之丝毫不爽。求诊者甚众，名公巨卿，咸来延聘，如两江总督马新贻、安徽巡抚英翰、藩司吴坤修、皖南道李荣，最为倾慕。芜湖医者朱恩等创立宣和医社，分期研究，各撰论说，推举宋筠为社主，

评定优劣。善吟咏，辑有《诗集》。所撰医书有《医学正宗》、《医案》，皆未梓行。[见：《芜湖县志》、《庐州府志》]

宋慈 （1186～1249） 字惠父。南宋建阳（今福建建阳）人。年九岁，受业于同邑吴雉。宁宗开禧元年（1205）入太学，从理学家真德秀游。嘉定十年（1217）举进士，授浙江鄞县尉，因父丧守制。理宗宝庆二年（1226）任赣州信丰主簿。绍定四年（1231）迁长汀县令。历官邵武军通判、南剑州通判、广东刑狱提点。淳祐七年（1247）迁直秘阁，湖南刑狱提点。八年（1248）升直宝谟阁，奉使四路，都司刑狱事。九年（1249）擢直焕章阁，知广州，兼广东经略安抚使。是年三月十七日，卒于官，享年六十三，归葬建阳崇雉乡昌茂村山中。追赠朝议大夫，御书墓门以旌表之。宋氏毕生数任提刑官，决事果断，以雪冤禁暴为己任。尝谓："狱事莫重于大辟，大辟莫重于初情，初情莫大于检验。"故处理诸案"审之又审，不敢萌一毫慢易心"。登仕数十年，深谙法医检验之道，尝博取当世诸书，自《忠恕录》以下，凡数家，会而粹之，增以己见，撰《洗冤集录》（又作《洗冤录》）五卷，刊刻于淳祐七年（1247）。是书为我国现存第一部司法检验专书，比欧洲最早的法医专著早三百五十余年。1779年，法国《中国历史艺术科学杂志》首先节译刊出《洗冤录》，以后相继有英、荷、德、日、朝等多种译本问世，广传于世界各国。[见：《宋史翼·宋慈传》、《宋经略墓志铭》、《福建通志》、《临汀志》、《洗冤集录·自序》、《百川书志》、《法医学》]

宋澄 字多清。明代常熟县（今属江苏）人。精医术，曾任太医院医士，官至韩府良医正。[见：《常熟县志》]

宋霖 宋代人。生平里居未详。著有《丹毒备急方》三卷，已佚。[见：《宋史·艺文志》]

宋铺 字杏庄。明清间江西九江人。自少习儒，曾中进士，后改业医。得邵仙翁之传，术益精，尤擅痘科，名噪京师。宋氏认为：前贤治痘有用温、用凉之分，实皆因运气不同，以致证候有异。治宜四诊合参，先辨天时运气。曾撰《痘疹发微》十二卷，论痘疹证治及稀痘之法，附录方药，颇切实用。此书今存康熙二年（1663）天瑞堂刻本。[见：《中医人物辞典》、《中医图书联合目录》]

宋穆 字宾于，号枳田。清代浙江山阴县人。生平未详。辑有《万方类纂》八卷，刊于嘉

庆二十二年（1817）。[见：《贩书偶记续编》、《中医图书联合目录》]

宋一秀 明代安徽无为州人。痘科名医宋金铺孙。绍承家学，亦精医术，尤好济人急难。[见：《无为州志》]

宋三锡 清代陕西醴泉县人。业医。重医德，治病不计谢仪。[见：《醴泉县志》]

宋广述 清代河南荥阳县人。痘科名医宋捷三子。绍承父学，亦业医。[见：《续荥阳县志》]

宋之圣 明代安徽无为州人。痘科名医宋金铺后裔。绍承家学，亦工医术。[见：《无为州志》]

宋之范 字蜀公。清代河南淮阳县人。庠生。好诗工书，重孝义。旁通医理，常施药济人，全活甚众。曾考订李时珍《本草纲目》，手抄成帙。[见：《淮阳县志》]

宋之美 明代安徽无为州人。痘科名医宋金铺后裔。继承家学，亦工医术。[见：《无为州志》]

宋子京 明代湖北黄冈县人。初习举业，不售，弃儒攻医。读《素问》、《灵枢》诸书，悟"脏腑内外，穴穴相应"之理，心智洞朗，一望而知病源。有巡道某，无他疾，但不能食。郡守荐宋氏诊之。宋曰："当先观之。"伺巡道出，乃敝衣冠，垢污而进，巡道不悦。宋氏出曰："病瘳矣！"果如其言。次日，巡道诘其故。答曰："昨日垢敝，乃医公者也。公因喜致疾，一怒而喜消病愈，故能食矣。"又，尝于县城，见抬棺过市者，漏血一滴，宋氏视之曰："此可生也。"问之，则妇人因难产而亡。呼其夫至，开棺，针其穴而苏，娩一男，母子俱全。[见：《湖广通志》]

宋开仲 字季埍。清代山东临沂县人。以医为业，兼精地理。著有《医学问答》、《中西效方集妙》、《地理辨真》等，皆未梓。[见：《临沂县志》]

宋开第 清代河南汜水县（今荥阳）人。儒医宋凤起侄。贡生。精医术，悬壶于须水镇，以针灸知名。子宋运善、宋运时，侄宋吉人，皆以医闻。[见：《汜水县志》]

宋云公 金代河内（今河南河内）人。素喜医学，自谓："仆于常山医流张道人处秘受《通玄类证》，乃仲景针法也。彼得之异人，而世未有的本。"遂以此书为底本，于大定癸未（1163）撰《伤寒类证》三卷，今存明赵开美《仲景全书》本。[见：《中国医籍考》、《中医图书联合目录》]

宋云吉 字瑞峰。近代辽宁盖平县城南沙沟子人。精医术，尤擅治小儿痘疹。察色辨脉，安危立判，虽沉疴重疾，投药辄效，有起死回生之誉。[见：《盖平县志》]

宋公玉 明代人。生平里居未详。著有《饮食书》六卷。此书国内未见，曾流传日本。[见：《中国医籍考》]

宋公望 明代华亭县（今属上海）人。宋诩子。与父同辑《竹屿山房杂部》，其中《种植》、《尊生》二部，为公望所撰。[见：《中国人名大辞典》]

宋凤起 清代河南汜水县（今荥阳）人。廪贡生。精医术，名噪于时。门生宋捷三，得其传授。侄宋开第，侄孙宋运善，皆精医。[见：《汜水县志》]

宋文昭 宋代河南荥阳县人。通医理。以术济人，有善士之名。[见：《续荥阳县志》]

宋孔传 字斐成。清代江苏崇明县人。庠生。潜修力学，工诗词古文，兼知医理。年五十余卒。著有《伤寒辨》，未见刊行。[见：《崇明县志》、《直隶太仓州志》]

宋世德 字修之，别号二怀。明代华亭县（今属上海）朱泾镇人。孝友廉介，隐于医，以儿科著称。临证察脉候气，洞识病源。有医德，视疾必先贫者，尝曰："吾非以医谋利也。"著有《慈幼全书》，未见刊行。子宋道昌，孙宋甲，曾孙宋仪，皆工医术。[见：《松江府志》、《金山县志》]

宋东村 明代山东临清人。生平未详。辑有《东村方》，未见流传。[见：《临清直隶州志》]

宋北川 清初浙江鄞县人。精医术，专擅妇科。与本县名医徐国麟、范叔向齐名。[见：《宁波府志》、《鄞县志·李珽》]

宋尔珏 清初浙江仁和县人。邑名医吴嗣昌高足。宋尔珏与潘锡祉多年从师，均为当时名医。[见：《浙江通志》]

宋永寿 号信翁。南宋衡阳（今湖南衡阳）人。通儒学，工诗文，隐居不仕。兼精医理，博览《内经》诸书。中书舍人陈傅良（1137～1203）闻其名，访于萧寺，接谈甚欢。次日再访，则随舟出游矣。陈傅良官长沙时患疾，宋氏闻讯至，日视医药，疾愈复去，以是益敬重之。撰有《产经》一帙，陈傅良为之作跋，今未见。[见：《湖南通志》]

宋邦和 字际雍。清代浙江常山县人。勤搜方药，尤留意小儿痘疹、糠疹两症，全活婴幼甚多。晚年广集医方，殚心竭虑，择其切要者，编《痘糠辑要》四卷，刊于乾隆辛卯（1771）。此书述痘糠病因、见症、杂症、调治诸方等。[见：《中医人物辞典》、《贩书偶记续编》、《中医图书联合目录》]

宋吉人 清代河南汜水县（今荥阳）人。世医宋开第侄。继承祖业，亦以医问世。子宋其义、宋其瑾，传承父业。[见：《汜水县志》]

宋存仁 清代陕西神木县人。以医知名。每逢疫疬流行，辄出奇方救治，活人无算，有神医之称。门生裴天富，得其传授。[见：《神木乡里志》]

宋成佳 字晴溪。清代四川屏山县人。附贡生。家贫，教塾为业。门下食饩、游庠者，每岁常数人。秋闱屡荐不售，援例入贡。精岐黄术，施药济人，日不暇接，活人甚众。年七十余卒。著有《医学正源》十六卷，今未见。[见：《屏山县续志》]

宋光成 （1771～1861） 字盛元。清代四川合江县人。通医术，重养生。年九十一岁卒。[见：《合江县志》]

宋光绅 号横秋。明代江西彭泽县人。业儒不遇。先世有名杏庄者，善治小儿痘证，游于四方，遇异人授以秘书，遂成名医。光绅研习此书，亦擅名一时。病人延之，风雨不避，诊视发药，不计谢仪。一日暮归，道拾遗金，送还失主，其人以半数谢之，一笑却之。[见：《彭泽县志》、《九江府志》]

宋廷圭 字文之。元代长平（今山西高平）人。业医，悬壶上党，知名于时。名医王好古过上党，慕名走访宋氏，有患阴证者就诊，王好古为之疏方。宋视方骇然，其药皆自谓决不可用者，而病者服之奇验，自叹曰："误人多矣！"[见：《阴证略例·麻革序》]

宋廷选 清代江苏睢宁县人。业儒而精医。治病应手奏效，时人目之为医和、扁鹊。[见：《睢宁县志稿》]

宋廷琯 清代四川温江人。邑名医赵廷儒门生。[见：《温江县志》]

宋自应 字德孚。清代安徽太湖县人。郡增生。敦品励行，博涉典籍，尤精《易经》。尝通其意以论医，于阴阳刚柔，消息盈虚之理，无不阐发精微，遂以医名世。安徽巡抚陈大受夫人胎腐腹中，痛不可忍，皖中名医历治不效。县令朱宸荐宋氏诊之。宋投以药，下一死胎，疾稍瘥。次日复诊，又投前剂，复下一死胎，沉疴若失。陈叹曰："真良医也！"酬以千金，不受。著有妇科书，专门纂辑前人名方；又阐述痰火七十二症，撰《医学折衷》，凡数卷，命门生彭显周传于世。二书今皆未见。[见：《太湖县志》]

宋华国 清代江西雩都县人。生平未详。著有《痢疫合编》，未见刊行。[见：《雩都县志》]

宋向元 （1905～1966） 原名春葆，字觉之，号寿轩。现代天津市人。早年习医，1929年通过天津市中医考试，不久悬壶问世，以儿科知名。1950年加入中国民主同盟；1954年任天津市中医门诊部儿科主任；1956年转入中国农工民主党。先后出任天津市政协委员、《天津医药》杂志总编、天津中医学会副主任委员。1957年调入北京中医学院，历任医史教研组组长、儿科教研组主任、主任医师，中华医学会医史学会全国委员会委员、北京医史学会委员。宋氏学识渊博，治学严谨，尊古而不拘泥，提倡古为今用，对中医脏腑学说、阴阳学说多有发挥。临床擅治杂症，尤以治疗儿科疾病名著当代。又注重考证，多年致力于中国医学史研究，卓有见地。毕生撰有学术论文三十余篇，曾三次编撰《医史讲义》，并于1960年主编全国高等中医院校第一版《中国医学史》教材。[见：《北京中医药大学校志》]

宋会之 元代浙江杭州人。以医术知名，善治水蛊。其法以干丝瓜一枚，去皮剪碎，入巴豆十四粒同炒，以色黄为度，去巴豆，以丝瓜炒陈仓米（量与丝瓜等），米色黄，去丝瓜，研之为末，和清水为丸，如桐子大。连服百丸，其效如神。尝自释方义曰："巴豆，逐水者也；丝瓜，象人脉络也，去而不用，藉其气而引之也；米，投胃气也。"[见：《香祖笔记》、《浙江通志》]

宋会谦 字益斋。清代河南淮阳县人。博览医书，精通岐黄。治危疾立起，病家皆目之为福星。长子宋清兰、次子宋馥兰，皆精家学。[见：《淮阳县志》]

宋兆玙 清代江西永丰县吉江人。精医术，知名于时。[见：《永丰县志》]

宋兆淇 字佑甫。清代江苏吴县人。名医薛承基外孙。自幼习医。及长，悬壶问世，以善治伤寒著称，与同邑前辈名医张大燨齐名。舅山毕长庆得不寐症，十年不愈，辗转床褥，午夜彷徨，诸医束手。兆淇诊之，应手而愈。喜读医书，治病之暇，朝夕披览，详加注释。光绪戊寅（1878）辑《南病别鉴》一卷，刊刻于世。此书包括叶桂《温病论治》、薛雪《湿热条辨》、薛公望《伤寒直解辨证歌》及自著《节录辨证要略》。宋氏还辑有《马氏医案》，今存抄本。子宋宝馨，亦以医知名。[见：《南病别鉴·序》、《吴县志》、《吴中名医考》、《中医图书联合目录》]

宋多三 清代河南荥阳县人。邑名医宋辛酉孙。传承祖业，亦以医名。[见：《续荥阳县志》]

宋汝桢 字鞠舫。近代浙江湖州人。初从傅岩习医，后为恽树钰遥从（即函授）弟子。究心《伤寒论》数十年，多有心得。鉴于历代注家多遵汉唐旧例解之，愈注愈晦，乃仿日本丹波氏《伤寒辑义》，作《伤寒卒病论简注》（简称《伤寒论简注》）六卷，引《千金》、《外台》诸书之文，附注于仲景各条之下。1933年应国医公会之托，办中医补习班，以此书作讲义，并加以修订，历时十年，于1944年定稿刊行。[见：《中医人物辞典》、《中医图书联合目录》]

宋安道 原名国昌。北宋人。里居未详。为皇城使。始以医进，景祐（1034～1037）初，累迁药局奉御。[见：《涑水记闻·卷三》]

宋运时 清代河南汜水县（今荥阳）人。儒医宋开第次子。廪贡生。绍承家学，亦工医术，以儿科知名。[见：《汜水县志》]

宋运善 字普斋。清代河南汜水县（今荥阳）人。儒医宋开第长子。幼习举业，议叙八品。绍承家学，亦工医术，以儿科知名。[见：《汜水县志》]

宋杏庄 明代江西彭泽县人。善治小儿痘疹。挟技游历四方，遇异人授以岐黄秘籍，由是医名益显。后裔宋坤绅，得阅家传秘书，亦以医鸣于世。[见：《彭泽县志》]

宋言扬 字春农。清代山东胶州人。生平未详。著有《本草便记歌》、《伤寒便记歌》、《脉诀便记歌》、《痘科便记歌》等书，均未见刊行。[见：《山东通志》]

宋辛酉 字位西。清代河南荥阳县人。邑名医宋懋容孙。继承祖业，洞悉《素问》、《难经》，能以脉决人生死。子树琴、树棋，皆以医名。[见：《续荥阳县志》]

宋怀璟 清代四川乐山县人。生平未详。著有《伤寒论翼》一卷，今未见。[见：《乐山县志》]

宋良卿 清代江苏阜宁县人。通医术，尤精外科。[见：《阜宁县志》]

宋其义 清代河南汜水县（今荥阳）人。世医宋吉人长子。与弟其瑾，皆绍传家学，以医为业。[见：《汜水县志》]

宋其瑾 清代河南汜水县（今荥阳）人。世医宋吉人幼子。与兄其义，皆绍传家学，以医为业。[见：《汜水县志》]

宋林皋 号养吾生。明代四明（即浙江鄞县）人。生平未详。万历四十年（1612）著《四明宋氏女科秘书》，今存抄本。[见：《女科书录要》、《中医图书联合目录》]

宋枝芳 字宁怀。清初江苏华亭县朱泾镇（今属上海金山区）人。世医宋仪子。继承家学，亦以医名。[见：《金山县志·宋世德传》]

宋和之 号恒斋。元代济宁（今山东巨野）人。业儒而精医。性沉静，简言辞，为人诚朴。至元壬午（1282），胡祗遹迁济宁路总管，访当地儒医，雅重宋氏之学。[见：《金元医学人物》]（引《紫山大全集·恒斋记为医者宋和之作》）

宋金镛 字杏庄。明代安徽无为州人。善治痘疹，有名于时。子宋春从，孙宋一秀，与之齐名。又有宋之圣、宋之美者，皆其后裔。[见：《无为州志》、《重修安徽通志》]

宋学洙 清代湖北江陵县人。生平未详。通幼科，著有《保赤一粒金》，今未见。[见：《江陵县志》]

宋泽溥 清代河南汜水县（今荥阳）人。恩贡生。精医术，名噪于时。侄宋开第，侄孙宋运善、宋运时，皆工医术。[见：《汜水县志》]

宋宝馨 （?～1916） 字轮一。清末江苏苏州人。名医宋兆淇子。早年习举业，为诸生。后继承父业，以内科问世。其方案不同流俗，行文有书卷气。因积劳成疾，于1916年春病故。门生钱星若，寓居震泽，为江苏名医。[见：《吴中名医录》]

宋函可 清代江苏金山县朱泾镇人。世医宋景祥子。绍承父业，精通痘科。一贫者独生子患痘，延治。函可知非人之莫救，视其家贫，告以"不可治"而去。贫者泣求其父景祥，景祥立出家藏人参赠之，得不死。[见：《朱泾志》]

宋春从 明代安徽无为州人。邑痘科名医宋金镛子。继承父学，亦以医知名。好善乐施，济人甚多。[见：《无为州志》]

宋树棋 清代河南荥阳县人。邑名医宋辛酉次子。传承父业，亦以医名。[见：《续荥阳县志》]

七
画

宋树琴 清代河南荥阳县人。邑名医宋辛酉长子。传承父业，亦以医名。[见：《续荥阳县志》]

宋畏三 清代河南荥阳县人。邑名医宋辛酉孙。传承祖业，亦以医名。[见：《续荥阳县志》]

宋钧衡 清代人。生平里居未详。著有《杏苑丛谭》一卷，今存手稿本。[见：《中医图书联合目录》]

宋庭臣 宋代人。生平里居未详。著有《黄帝八十一难经注释》一卷，已佚。[见：《宋史·艺文志》]

宋彦举 宋元间人。里居未详。精针灸术，善运气行针，其效如神。每治病，初进针病者即感发热，自觉有气流于经络，顷刻间至于患处；继则以补、泻诸法治之，病愈而气血流通。[见：《癸辛杂识·宋彦举针法》]

宋济霖 明代河南滑县人。精医理。曾任医学训科。[见：《滑县志》]

宋耕棠 清代江苏上元县人。业儒，兼通医术。咸丰三年（1853），太平天国入南京，耕棠隶内医杨斐麾统下。会东王部属覃二患时疫，耕棠以民间方投之而愈，众人目之为神医。后随国医李俊良等入诊东王，升靥理内医。咸丰四年（1854）正月，天王之后患疾，诏诊而愈，封恩赏丞相。[见：《中国医学人名志》]

宋爱人 （1898～1963） 原名宋翼，字鼎基，号翼庐。现代江苏吴江县人。幼年随父宋寅伯学医。后从吴县名医顾允若继续深造，致力于伤寒、杂病，得其薪传。技成，执业于苏州城内，前后达四十余年，传授弟子十八人。1955年，应聘执教于江苏省中医进修学校。1957年加入中国共产党。1958年任南京中医学院伤寒、温病教研组组长。宋氏于医理宗仲景学说，旁及喻昌、叶桂、王士雄诸家之学，治伤寒、温病学说于一炉。临床辨证以六经为纲，卫气营血为纬。实证重视阳明，虚证重视少阴，对伏暑、湿温尤多阐发。如认为伏暑一证，凡暑、湿、燥、火等邪，皆可兼而有之，阐发脾湿肺燥、脾湿肾燥、阴凝生燥、阴竭生燥等证候和治法，使伏暑证治更为全面。晚年对中风、肺痨等杂病之调治，颇有心得。著有《医经读本》、《伤寒论讲义》、《春温伏暑合刊》、《湿温演绎》（以上四种已刊行）、《伤寒论脉学串解》、《伤寒论注释》、《历代名医伤寒医案选》、《翼庐医案》等书。此外，尚发表《湿温演绎》、《杂病调理六个病例分析》等论文10余篇。[见：《宋爱人同志小传》（《江苏中医》1963年第2期）、《中医人物辞典》]

宋继璟 字云思。明清间江苏高邮州人。早年丧父，母龙氏抚育成人。重孝义，自幼嗜学，十三岁游庠。淡于仕途，读书焦山，淹贯群籍。平生多善举，屡倡办育婴、放生诸会，从之者数十百家。重摄生，著有《养生主》若干卷，今未见。子宋骧，顺治丁酉（1657）举人，官至浙江同考官。[见：《高邮州志·笃行》]

宋捷三 字锡堂。清代河南荥阳县人。从汜水名医宋凤起学。技成，以擅痘科知名。子宋广述，传承父业。[见：《续荥阳县志》]

宋清兰 清代河南淮阳县人。邑名医宋会谦长子。绍承家学，医术精妙。[见：《淮阳县志》]

宋淳熙 清代人。生平里居未详。著有《轩辕碑记医学祝由十三科》二卷，有光绪三十二年（1906）刊本传世，今存佚不明。[见：《四部总录医药编》]

宋绳祖 （1895～1961） 字霖若。现代江苏吴江县震泽镇人。年十三岁习医，师事太湖儒医徐鹿萍，攻读古医籍。凡三年，再投浙江德清名医金子久门下，刻苦钻研，颇得师传。年二十一学成归里，悬壶于乡，足迹所至，远达平望、南浔诸镇。行医四十余年，疗效显著，体恤贫病，就诊者甚众，名噪于时。与同邑名医钱星若相往还，讨论学术，切磋医理。1949年后，就职于吴江县震泽中心卫生院，致力于血吸虫病治疗，率门人深入农村，虽风雨寒暑不辍。1960年出席全国文教群英大会。曾任吴江县人大代表、苏州市血吸虫病防治委员会副主任。晚年著有《医案》，今存稿本。还著有《血吸虫病中医中药治疗汇编》、《小儿暑热消渴证治》，刊行于世。门生孙颂声等，得其传授。[见：《吴中名医录》、《江苏历代医人志》]

宋博川 清代浙江鄞县人。生平未详。辑有《四明宋氏家传产科全书秘本》四卷，今存冯绍蘧增补本。[见：《中医图书联合目录》]

宋紫卿 清代浙江鄞县人。邑妇科名医宋北川后裔。绍承祖传医术，以妇科知名。曾重订宋北川所遗秘书，删繁就简，著《女科秘录》，藏于家。卒后，子孙不复深研医术，凡求诊者，略问病状，依书抄方，虽有应验，误人亦复不少。[见：《鄞县通志》]

宋景祥 明末金山县（今属上海）朱泾镇人。邑名医宋世德裔孙。工医术，以痘科知名。一乡人独生子患痘，势甚危，请景祥子宋函可诊治，函可以不可治告之。乡人复泣求景祥，景祥立往诊之，曰："尚可生，晚间来取药。"归家责其子曰："某家儿何为轻弃？"对曰："其家贫甚，安得参而活之？"景祥曰："我已许其生矣！"乃手煎一瓯药与之，得不死。盖入人参五分，乡人不知也。［见：《朱泾志》］

宋道方

（1048～1118） 字义叔（一作毅叔）。北宋河东（今山西省东部）人。其父宋可德，好"五行三式，星历丹经，神奇奥衍之学"，从方外士游梁宋间，遂徙家襄陵（今河南睢县）。道方幼习诗书，家境贫寒，年十五岁弃儒学医。取《内经》、《伤寒》、《千金要方》诸书，日夜苦读，历时二载，自信有得，遂悬壶问世。初以年少后起，时医多轻之。已而见其议论宏博，药有本原，众讥始平，久之竟成一代医宗，名振四方。曾挟技游南京，病者皆扶携以求脉，故无暇出诊。政和（1111～1117）初，田登任郡守，母病危甚，呼道方不至。登怒，令人擒于庭下，呵之曰："三日之内不痊，则吾当诛汝以徇众！"道方曰："容为诊之。"既而曰："尚当活。"处以丹剂而愈。田喜甚，厚赠遣之。旬日后，田母之疾复作，呼之，则全家遁去，田母遂亡。盖其疾已在膏肓，道方以良药迟其死也。政和三年（1113）征授将仕郎太医学谕，迁修职郎。居数月，恳祈大臣求去，乃令主管中山府北岳庙，使归食其禄。四年秩满，又乞致仕，未报，以疾卒于家，享年七十有一。著有《全生集》，已佚。婿王现，得其传授。［见：《挥麈余话》、《医学入门》、《中国历代名医碑传集》（引《襄陵文集·修职郎宋侯墓志铭》）］

宋道昌

字克孝，号如怀。明代华亭县朱泾镇（今属上海金山区）人。邑名医宋世德子。传承家学，尤精儿科，危症遇之辄愈。董其昌赠额曰护诸童子。著有《幼科集要》，已佚。子宋甲，孙宋仪，曾孙宋枝芳，均精医术。［见：《金山县志》］

宋蕤宾

字应午。清代河南鲁山县人，居良里雅街。自幼习医，遇难症先诊脉，后闭户独坐，斟酌处方，殚极思虑，故多能应手奏效。尝集经验方数百条，辑《医方摘要》二十卷，未见刊行。［见：《鲁山县志》］

宋德顺

字仁斋。清代江苏南汇县人。海盐名医徐圆成门生。［见：《中国历代医家传录》（引《毓德堂医约》）］

宋懋容

字子温。清代河南荥阳县人。以医为业。治病不计酬，药资听人自给。孙宋辛酉，继承祖业。［见：《续荥阳县志》］

宋馥兰

清代河南淮阳县人。邑名医宋会谦次子。继承父业，以医术知名。［见：《淮阳县志》］

宋麟祥

字钟岳。清代山东堂邑县人。业医。康熙辛亥（1671）得费启泰《救偏琐言》，观其所论形色证治，理真词快，遂师其法，历二十余年，颇有心得。后编辑《痘疹正宗》（又作《痘疹指南》）二卷，刊于世，今存康熙三十四年乙亥（1695）江阴宝文堂刻本。［见：《中国医学大成总目提要》、《贩书偶记》］

初

初虞世

字和甫。北宋襄阳（今属湖北）人。博学多识，早年以医术游于京师，与黄庭坚相友善。后归乡，入灵泉山削发为僧。初虞世深究《素问》、《难经》诸医典，每有超人之见。曾治愈文彦博、李公仪诸重臣之疾，天下闻其名，公卿争相延致。其术虽精，诊断亦有失误，据《老学庵笔记》载："元符（1098～1100）中，皇子邓王生月余，得痫疾，危甚，群医束手。虞世独以为必无可虑。不三日，王薨。"著有《养生必书》三卷（一作《养生必用方》十六卷），成书于绍圣丁丑（1097），其自序曰："古人医经行于世多矣，所以别著书者，古方分剂与今铢两不侔，用者颇难。此方其证易详，其法易用，苟寻文为治，虽不习之人，亦可无求于医也。"还著有《四时常用要方》（又作《遵生要诀》）二卷。二书皆散佚不传。［见：《宋史·艺文志》、《老学庵笔记》、《直斋书录解题》、《襄阳四略》、《世善堂藏书目录》、《国史经籍志》、《冷庐医话》、《中国历代医家传录》］

灵

灵宝

唐代人。生平里居未详。疑为道士。撰有医书《黄帝九灵经》十二卷，又撰道书《神仙玉芝瑞草图》二卷等，今皆散佚。［见：《旧唐书·经籍志》、《通志·艺文略》］

张

张及

宋代人。生平里居未详。著有《脉经手诀》一卷，已佚。［见：《宋史·艺文志》、《通志·艺文略》、《崇文总目辑释》］

七画

张壬 原名日杰，号乐泉。清代江西分宜县西关人。自少读书，通晓大义。及长，入邑庠。屡岁秋闱，荐而不售，乃援例捐贡。后助修袁城，恩授盐运司知事，郡守赠以"义重斯文"匾额。家道故丰，积而能散。曾捐巨宅，建钤阳书院，俾诸生肄业得所。他如学宫、考棚、道路、桥梁诸义举，无不竭力。道光癸卯（1843）冬，为蜚语所中，几成冤狱。嗣后，无意仕途，隐居于乡，自署其室曰乐泉，研究《易经》，足迹不涉城府。暇则致力医学，考究《灵枢》诸书，于痘科多有心悟。尝谓："吾不能医国，医人可乎？"年五十八岁卒。张壬曾订正谢玉琼《麻科活人全书》，撰《麻科全书订正》若干卷，行于世，今未见。[见：《分宜县志》]

张仁 明代高邮州（今属江苏）人。精岐黄术，以医侍韩王府，遂定居甘肃平凉。后裔张好问，为嘉靖间（1522～1566）平凉名医，官王府良医正。[见：《平凉府志》]

张从 字常逊。清代广东始兴县江口人。贡生。性颖异，读书别有见解，为文清娇奇奥，不染纤尘。尝研究医理，精晓方脉，随证发药，沉疴顿起。[见：《始兴县志》]

张正 字贞庵。清末浙江嵊县人。因母患痈疽，延医不效，遂究心岐黄。遍览《内经》以下诸医书，久之精通外科。后施术济人，亦多良效。尝汇集平生经验，撰《外科医镜》一卷，成书于光绪九年（1883），刊刻于世，今存。[见：《外科医镜·序》、《中国医学大成总目提要》]

张世 明代句容县（今属江苏）坊郭人。世医张约子。继承家学，精通医术。存心济世，知名于时。[见：《句容县志》]

张节 字心在，号梦畹。清代安徽歙县绍村人。岁贡生。约乾隆、嘉庆间（1736～1820）在世。幼颖异，八岁能诗，十余岁咏梅花，平韵再周，海阳汪存宽惊为奇才。及长，凡诸子百家及岐黄之书，无不淹贯，下笔辄数千言，而讲经尤多心得，每发前人所未发。晚年究心忠恕义蕴，矜躁俱释。著述甚富，撰医书《张氏医参七种》，今存宣统元年（1909）张氏家刻本。此书包括《学医一得》、《持脉大法》、《本草分经》、《温疫论》（节录吴有性原著）、《痘源论》、《伤燥论》、《附经》等七种。还撰《张氏医话》一卷，今存抄本。另有《张氏医案》一卷，今未见。[见：《徽州府志》、《中医图书联合目录》]

张东① 字杏林。明代吴县（今江苏苏州）甫里人。祖居王江泾。貌古性简，精医术，悬壶甫里，遂定居焉。[见：《吴郡甫里志》]

张东② 明代江西金溪县人。得龙兴寺老僧心斋之传，精外科。与何心仁、冯遁斋诸同门，皆知名于时。[见：《金溪县志》]

张田 宋代人。生平里居未详。编有《幼幼方》一卷，已佚。[见：《宋史·艺文志》]

张禾 字铁葫。清代浙江桐乡县人。邑名医张季瀛子。早年习儒，为国学生。继承父学，亦精医道，诊病胆识过人。有乡农病喘十余日，服药不效，登门求治。禾令服小青龙汤，其人有难色。禾曰："服此二剂，仍不得卧者，余甘任其咎！"乡人去，家人讶其失言。禾曰："彼喘而延至十余日不死，非实证不能，又何疑焉？"阅数日，乡农复来，病果瘳矣。[见：《冷庐医话》、《桐乡县志》]

张兰 （1878～1954）字艺城。现代浙江桐乡县乌镇人。早年从乌镇名医沈子威游，尽得其传，精内科，以治伤寒、杂病见长。洸院某人患重病，行将就木。张兰至，一药而安，自此名誉鹊起，从游者日众。后移寓杭州，抗战时期迁居上海。1954年秋去世，时年七十六岁。著有《医案》，未梓。[见：《张艺城先生医案》、《浙江中医杂志》1964年第9期]

张让 字子奉。三国曹魏时人。里居未详。太监，职封中常侍。魏文帝曹丕在位时（220～226）任太医令。善戏谑，"与人饮酒，辄掣引衣裳，发露形体，乱其鞋履，使小大无不倾倒"。此辈不学无术，以狎浪邀宠为事，虽位居太医令，实为帝王耳目。[见：《太平御览·职官部二十七·太医令》（引曹丕《典论》）]

张礼 字懋园。清代江苏太仓州人。监生。少习举业，后弃儒习医，知名于时。重医德，凡以病延请，虽寒暑风雨，无不立赴，不受谢仪，遇贫病助以药资。年八十余岁卒。[见：《太仓州志》、《壬癸志稿》]

张永 南宋洛阳（今河南洛阳）人。精医术，官翰林医学。与太医令李会通同时。宫中有疾，李用汤剂不效。张永观其方，改为散剂，服之而效。诏赏会通，会通归功于永，二人遂同授驻泊郎。张永排行第八，人呼"八伯驻泊"。靖康丙午（1126）扈高宗南渡，遂移居余姚，后登进士第，官至礼部尚书。建炎元年（1127），张永撰《卫生家宝》，今存日本天明八年（1788）残抄本。据《余姚县志》、《两浙著述考》，张永还辑有《小儿方》，已佚。按，据《宋史·艺文志》，南宋淳熙间（1174～1189）南康郡守朱端章"取家传方书"，俞州从事徐安国增补，辑《卫生家宝方》六卷、《卫生家宝产科备要》八卷（今存）、《卫生家宝小儿方》二卷（佚）、《卫生家宝汤方》三卷（佚）。钱大昕《竹汀先生日记钞》著录：宋版《卫生家宝产科备要》目录末有"翰林医学差充南康驻泊张永校勘"十四字。疑朱氏所谓"家传方书"即张永所辑撰，待考。[见：《绍兴府志·寓贤》、《河南府志》、《余姚县志·寓贤》、《竹汀先生日记钞》、《两浙著述考》、《中医大辞典》、《中国医籍大辞典》]

张耒 （1054~1112） 字文潜，又字柯山，号冶风。北宋楚州淮阴（今江苏淮阴）人。幼颖异，十三岁能为文，十七岁作《函关赋》，已传人口。游学于陈，学官苏辙爱之，因得从苏轼游，轼亦深知之，称其文"汪洋冲澹，有一倡三叹之声"。弱冠举进士，历临淮主簿、寿安县尉、咸平县丞。元祐（1086~1093）初，授秘书省正字，迁著作佐郎，改著作郎，兼史馆检讨。居三馆八年，擢起居舍人。绍圣（1094~1097）初，以直龙图阁知润州。坐元祐党落职。久于投闲，家益贫，郡守翟汝文欲为买公田，谢不取。晚岁监南岳庙，主管崇福宫。张耒兼涉医学，辑有《治风方》一卷，已佚。其甥杨介，以医知名。[见：《宋史·张耒传》、《直斋书录解题》、《世善堂藏书目录》]

张吉 字丹崖。清代浙江余姚县人。生平未详。著有《丹崖方书》，未见流传。[见：《余姚县志》]

张权 字浩然，号知归子。明末吴江县（今属江苏）人。贯通儒典，旁及百家。尤嗜医学，于《灵枢》等书有所研究，明经络之学。曾增补滑寿《十四经发挥》，于崇祯庚辰（1640）撰《十四经合参》十六卷。此书国内未见，今日本宫内厅存明末刻本。[见：《中国医籍考》、《日本现存中国散逸古医籍》]

张机 字仲景。后汉南阳郡南阳（今河南南阳）人。约生于东汉汉安、和平间（141~150），卒于建安（196~219）末年。自幼嗜医学，为同邑何颙所称许。稍长，从名医张伯祖学，工于治疗，贯通经方，渐有时誉。张机生逢乱世，灵帝建宁二年至中平二年（169~185）疫疬肆行，死者枕藉。张氏宗族二百余口，不及十年，"其死亡者，三分有二，伤寒十居其七"。其时医风颓败，医者各承家技，墨守旧法，治病不求根本，误人甚多。张机深痛之余，勤求古训，博览《内经》、《难经》、《阴阳大论》、《胎胪》、《药录》等

书，专力于内科杂病，尤注重伤寒热病研究，为人治疾，疗效显著。曾游京师，以医术名振朝野，时称上手。相传张机曾遇王粲（177~217），时粲年二十，观其色曰："君有病，四十当眉落，眉落半年而死。"令服五石汤，以免此疾。王嫌其言忤，受汤而不服。逾三日，张机复见之，问："服汤否？"王佯答："已服。"张机叹曰："色候固非服汤之诊，君何轻命也！"王犹不信，后二十年果眉落而死。何颙赞张机之学曰："仲景之术，精于伯祖，起病之验，虽鬼神莫能知之，真一世之神医也。"后代医家皆推重其术，尊为医中亚圣、医家周孔，至今河南南阳尚有医圣祠，祭祀不绝。相传张机曾任长沙太守，故世称张长沙，然其事不见载于史乘，未能定论。张机富于著述，见于记载者有《辨伤寒》十卷、《脉经》一卷、《五脏论》一卷、《口齿论》一卷、《疗黄经》一卷、《评病要方》一卷、《疗妇人方》二卷、《广伊尹汤液》、《金石制药法》等。仲景原书传抄于世，医家得之，视为秘宝。魏太医令王熙推重仲景之学，搜集其遗稿，辑《张仲景方》十五卷，也作《张仲景药方》，至隋唐始称《伤寒杂病论》，又名《伤寒卒病论》，流传于世。至北宋，仲景书凋残不完，经林亿、孙奇等整理，其伤寒部分辑为《伤寒论》十卷（今存明赵开美翻刻本）；当时，翰林学士王洙（997~1057）于馆阁蠹简中得张机《金匮玉函要略方》三卷，上卷论伤寒，中卷论杂病，下卷载方剂，并疗妇人之法。林亿、孙奇等删其上卷，辑为《金匮要略》三卷。二书流传至今，为历代医家所宝重，称为众方之祖。张机有弟子杜度、卫汛等，皆以医术见称。[见：《伤寒论·自序》、《甲乙经·序》、《太平御览·方术部》、《历代名医蒙求》、《李濂医史·张机补传》、《医学入门》、《世补斋医书·补后汉书张机传》、《隋书·经籍志》、《宋史·艺文志》、《直斋书录解题》、《南阳县志》、《张仲景研究集成》]

张存 东晋甘肃敦煌人。精针灸术。为人残暴，家奴好逃亡，存夜间以针缩奴脚，役使则以针解之。按，疑张存即"张子存"，待考。[见：《太平御览·卷八百三十》（引《敦煌实录》）]

张成 字修己。清代江苏上海县人。乾隆三年（1738）领乡荐。朴诚敦笃，善诗文，工书画，并精于医。著有《医学心参》、《万竹居诗稿》，今未见。[见：《上海县志》、《中国人名大辞典》]

张扩 字子充。北宋歙州（今安徽歙县）人。少好医术，从蕲水名医庞安时游。同学者六

十余人，安时独喜扩。后闻蜀人王朴善脉，能以太素脉知人贵贱祸福，扩乃从之期年，得其秘藏《素书》，尽录其诀而归。扩既得庞安时、王朴之学，治病多奇中，断生死不爽，名振当时，尤以治伤寒见长。建中靖国元年（1101），范纯仁应召而疾作，问扩曰："吾此去几何？"扩曰："公脉气不出半年。"范曰："使某得生至京师，则子之赐也。"张扩遂与范氏偕行。至京师，奏补扩为承务郎。未几，范果不起。张扩后以罪谪永州，至洪州而卒。生平济人甚众，然受王朴影响，常以太素脉论人祸福寿夭，为其所短。弟张挥，得兄传授，亦为名医。张扩次子张师孟，传承父学，亦以医闻。［见：《歙县志》、《李濂医史·张扩传》、《医学入门》］

张年 字公寿，号杏园。元明间浙江嘉兴县鸳湖人。元末避兵于华亭县白沙乡。父张纶，曾任太医，洪武间（1368～1398）因事入狱。张年徒跣奔阙，冒死陈状，父冤得白。绍承父业，悬壶于世，治病若神。永乐间（1403～1424），廷臣荐其才，两次诏聘，皆辞，时人高其雅尚。善诗文，于宅旁隙地种杏成林，人称杏园先生。及卒，四方名流赋诔章挽之，有"萝室半间俱是药，云山千顷总成诗"；"旧业尚余芸阁在，春花空发杏园幽"等句，其见重于时如此。著有《杏园稿》，已佚。［见：《松江府志》、《上海县志》］

张伦① 字文伯。明代吴县（今江苏苏州）人。绩学善文，与高启、徐贲、张羽诸名士相友善。永乐间（1403～1424）帝重医术，敕命贵宦子弟皆读岐黄书，悉由张伦讲授。［见：《中国历代医家传录》（引《见闻录》）］

张伦② 一作张纶。明代人。里居未详。通医术，弘治间（1488～1505）官承德郎太医院院判。弘治十六年（1503），与院判刘文泰等奉敕编撰《本草品汇精要》四十二卷，成书于弘治十八年三月。当年四月，孝宗不豫，太医治疗不效，崩。诸御医皆获罪，院判张伦、王槃、钱钝三人降职二级，改太常寺典簿。［见：《本草品汇精要》、《御制本草品汇精要·考略》］

张华 （232～300）字茂先。魏晋间范阳方城县（今河北固安）人。魏渔阳郡守张平子。少孤贫，牧羊为生。博学强识，辞藻温丽，朗赡多通，时人比之子产。同郡卢钦见而器重之。乡人刘放亦奇其才，以女妻之。张华好读图纬、方技之书，精通经方、本草，诊论工奇，疗病多效。陈留阮籍见其赋，叹曰："王佐之才也！"由是声名始著。郡守鲜于嗣荐华为太常博士。卢钦言之

于文帝，授佐著作郎，迁黄门侍郎，封关内侯。太康间（280～289），拜中书令，因伐吴功，封广武侯。惠帝即位（290），拜太子少傅，进右光禄大夫。永康元年，赵王司马伦篡位，张华遇害，时年六十九岁。［见：《晋书·张华传》、《历代名医蒙求》、《古今医统大全·历世圣贤名医姓氏》］

张庆① 元代人。里居未详。精医术，曾任镇江路医学教授。［见：《镇江志·学职》］

张庆② 字善斋。清代山西襄陵县人。专心医理，尤精疡科。著有《外科决胜》二卷，今未见。［见：《山西通志》］

张约 字孟节。明代句容县（今属江苏）坊郭人。邑名医张与敬子。绍承父学，亦精医术，存心济世。享寿八十，荣膺冠带。子张世，传承家业。［见：《句容县志》］

张圻 字树封。清代江苏新阳县人。幼习举业，师从吴映辰。嘉庆八年（1803）入邑庠。早年弃儒习医，精贯李杲之书。虽遇难证，凝思切脉，付以方曰："服此若干剂愈矣，不必再踵门也。"皆如言愈。性洒落，尚俭约，见后进谨饬士及纨袴子弟，必举以训其子曰："若者可与游，若者当以为戒。"言貌质朴，有古人之风。［见：《昆新两县续修合志》、《昆山历代医家录》（引《国朝昆新青衿录》）］

张芳 号梅村。清代安徽婺源县人。世医张正金子。善守家学，以医为业。著有《痘科管窥》、《梅村便得方》，未见刊行。［见：《婺源县志》］

张连 字鼎玉。清代湖南会同县人。性嗜易学，兼精医术，以针灸知名。［见：《会同县志》、《靖州直隶州志》］

张听 字耀临。清代江西丰城县塘边人。精岐黄术，有名于时。［见：《丰城县志》］

张岗 字昆南，号古樵。清代江苏长洲县人。隐于医。好古琴，能诗。著有《鹤健堂诗钞》。［见：《中国人名大辞典》］

张纶 元明间浙江嘉兴县鸳湖人。元末避兵，徙居上海。精医术，明初任太医院太医。洪武间（1368～1398）蒙冤入狱。其子张年，徒跣诣阙，冒死陈状，得白父冤。张年后亦为名医。［见：《上海县志》、《松江府志》］

张玠 字秀甫。明代安徽凤阳府人。工医，诊病奇中，断生死不爽。监司徐五桥病痞块，张玠治之，先投大黄数两，后用独参两余，下痰若败卵数升，遂愈。陆某病心痛，玠投以苦楝子，下虫无数而痊。徐某病势甚危，玠曰："是脉必

540

生。"时徐某之父体健而善饭，玠曰："大可虑也。"旬日，果父死而子生。其奇中多类此。[见：《凤阳府志》]

张坤① 字隐峰。明代丹徒县（今属江苏）人。其先祖宋代张德诚，官宗丞，随宋南渡，家于镇江，世为名医。张坤善承家学，深通医理，临证着手奏效，名噪于时。重医德，治疗贫病不计诊酬。尝路得遗金，守之弗去，求其主还之，人服其义。族侄张育，得其传授，亦负盛名。[见：《续丹徒县志》]

张坤② (1874～1920) 字子厚。近代河南陕县会兴镇人。自幼习儒，年三十八入郡庠，旋食廪饩。宣统二年（1910）授度支部主事，不久升河南高等大学堂监督。民国初，任众议院议员、大总统府政治咨议。民国九年十一月，病卒于渑池寓所。着有《兵法十三家类要》、《左传分类》、《陕县乡土志》诸书。兼涉医学，撰《中西医学串讲》若干卷，未见刊行。[见：《陕县志》]

张苗 晋代人。里居未详。雅好医术，消息诊处，多有奇效，为时所重。陈廪丘得疾，连服发汗剂，汗不出。众医皆云："发汗不出者死。"陈氏自思："可蒸之如中风法，令温气于外迎之，必得汗也。"遂问苗，苗乃烧地，布桃叶于上蒸之，即得大汗。又于被下傅粉，身极燥乃起，疾遂愈。[见：《太平御览·方术部》、《历代名医蒙求》、《古今医统大全·历世圣贤名医姓氏》]

张杰 宋代人。生平里居未详。着有《子母秘录》十卷，已佚。按，据《崇文总目》、《国史经籍志》、《外台秘要》诸书所载，《子母秘录》为唐代许仁则所撰。[见：《宋史·艺文志》]

张枢 字抚辰。清代江苏高邮州人。精研《难经》，直穷秘奥。为人诊疾，必得病源而后已，为道光时（1821～1850）高邮名医。乡人某患风挛，误食蛇肉不化，腰间如束带，气塞垂危。张枢以大剂白芷、焦山楂与服，其病立解，所治类此者甚多。着有《医学摘要》，未梓。[见：《三续高邮州志》]

张枞 明代河南长垣县人。儒医张可爱子。传承父学，亦精医术。[见：《长垣县志》]

张松 字茂之。南宋人。里居未详。曾任承节郎监饶州在城征税。兼习医术，诊疾不问贵贱，皆精察体认，以求受病之源；每用一药，不问精粗，未尝不审酌寒温，以图愈病之效。一生以济人为务，不图专己之利。尝博采古来验方，掇拾家传、已试经验，辑《究源方》五卷，成书

于嘉定六年（1213），今佚。[见：《宋史·艺文志》、《中国医籍考》]

张郁 (1793～?) 清代四川彭县人。工书画，精医术，长于养生。光绪四年（1878），已八十六岁，尚康健，为人治病，神识不昏。[见：《彭县志》]

张迪 清代山西洪洞县东崔堡人。庠生。精医术，多所全活。病者赠以金，坚辞不受，廉介自持。某年岁阑，囊空如洗，犹诵读不辍。适友人邰岐阳至其家，询何以度岁？迪默然。邰薄有所赠，仍辞不受，邰责其过拒，语以朋友通财之义，乃受之。[见：《洪洞县志》]

张杲 字季明。南宋歙州（今安徽歙县）人。名医张挥孙，张彦仁子。早年习儒，绍承家学，尤精医理，治病多效验，活人甚众。平居安贫乐道，博览诸子百家、古今传记，凡议论养生治疾者，皆采而录之。究心五十余年，辑《医说》十卷，罗颀为之作序，刊于淳熙己酉（1189），今存。[见：《直斋书录解题》、《医说·序》、《徽州府志》、《安徽通志》、《歙县志》]

张果 号通玄先生，又号姑射山人。唐代恒州道士。晦其乡里，隐居中条山，往来汾、晋间。善调气息，能累日不食，世传善长生秘术。武后遣使召之，张果佯死不赴。开元二十一年（733），玄宗令通事舍人裴晤往迎，至则气绝而仆，久之乃苏。次年春，再遣中书舍人徐峤至恒州迎请，张果不得已，随至东都。玄宗亲问道理及神仙、方药之事，欲以公主尚之，固辞。后恳请还山，诏可。擢银青光禄大夫，号通玄先生，赐帛三百匹，给扶侍二人。至恒山蒲吾县，未几卒。帝为立栖霞观。着有《气诀》一卷、《张果伤寒论》一卷、《神仙得道灵药经》一卷、《阴符经太无传》一卷、《丹砂诀》一卷，均佚。今有《玉洞大神丹砂真要诀》一卷，收入《道藏》，疑即《丹砂诀》。[见：《旧唐书·张果传》、《旧唐书·本纪·玄宗》、《新唐书·艺文志》、《新唐书·张果传》、《畿辅通志》、《中医图书联合目录》]

张昂 字方晖。清代浙江嘉善县人。精脉理，决人死生多奇中。一少年貌甚肥，就昂医病。昂切其脉曰："汝速归。"或询其故，昂曰："彼不久将死。"是夜竟以暴疾亡。又治一妇，谓其家人曰："今无可虑，明年复发，必不治。"如期果验。其子张埏，继承父业。[见：《嘉善县志》]

张明① 明末人。生平里居未详。于崇祯三年（1630）编绘《绘图经络图说》，今存清初刻本，书藏北京大学图书馆。[见：《中医图

张

张 七画

书联合目录》]

张明② 清代山西高阳县人。邑名医张云翼次子。与兄张聪，俱以医知名。[见：《山西通志》]

张岩 清代江苏上元县人。邑名医张昌祚长子。自幼习儒，与弟张岱继承父业，皆以儒医著称。[见：《上元县志》]

张迥 字人远，号古民。清代江苏宝山县罗店镇人。业医，知名于时。兼能诗，与弟张涛及诸名士结诗社，擅名诗坛。[见：《宝山县志》、《罗店镇志》]

张岳 字东岩。清代浙江海宁县人。诸生。兼精医术。钱泰吉初至海昌，感疾甚剧，经张岳、江珩、沈德孚共同诊治，得愈。[见：《海昌备志》]

张岱 清代江苏上元县人。邑名医张昌祚次子。自幼习儒，与兄张岩继承父业，皆以儒医著称。[见：《上元县志》]

张征 字以周。明代陕西三原县人。精通方脉，天顺间（1457～1464）举为太医院医士。治病屡见佳效，授御医，升太医院判。[见：《三原县志》]

张肱 宋代蜀人。里居未详。名医张立德子。传承父业，亦享盛名。眉山揭颖臣患消渴疾，饭量倍常，服消渴药逾年，病日甚，自度必死。苏轼素重张肱之术，遂命诊之。张诊揭氏疾，笑曰："君几误死。"乃取麝香当门子，以酒濡湿，作十许丸，用棘枸子煎汤吞之，遂愈。人问其故，张曰："食果实、酒物过度，积热在脾，所以食多而饮水，水饮既多，溺不得不多，非消非渴也。"闻者叹服。[见：《东坡杂记》、陈邦贤《中国医学史》（引《苏东坡文集》）]

张育 字顺溪。明代丹徒县（今属江苏）人。世医张坤族侄。得坤亲授，邃于医术。临证察气观色，即决死生，百不爽一。遇他医束手之证，育每奏奇效，江淮间称名医者，首推张氏。卒后，邑人谈自省志其墓。[见：《续丹徒县志》]

张炜 字碧亮。清代广东普宁县人。精医术，治病辄验。雍正五年丁未（1727），疫疠流行，染病者亲戚不敢近。张炜救人心切，不避传染，自晨至昏，沿门诊视，分送方药，不取诊资，活人不可胜计，远近颂其德。平生多行善举，至老不倦。终年八十六岁。[见：《普宁县志》]

张炎 清代河北永年县人。诸生。以孝义著称。通医术，以药济人，不论财利。年九十四卒。[见：《永年县志》]

张泳 五代后周人。里居未详。显德（954～960）初，进所撰《新集普济方》五卷，诏付翰林院考验，授翰林医官。[见：《册府元龟·总录部·医术第二》]

张泽 明代河南伊阳县洁泊镇人。精医术，名重于时，有卢扁再世之誉。县令李公重其学，保举为医学训科，以"学参灵素"榜其门。[见：《伊阳县志》]

张诗 字孟传。清代江苏上海县人。张照赏侄。诸生，有学行。能医好施，兼工书法。年八十二岁卒。[见：《上海县志》]

张诚① 字信甫。元代河中（今山西永济）人。自幼颖敏，读书一过，即通大旨。兼精医术，凡以病求诊，不论亲疏远近，竭力疗治。遇贫病者，施以善药，助以衣食。平生多善举，遇饥荒，发放粮米，赈济乡邻。寿七十四岁殁。[见：《金元医学人物》（引《伊宾集·张君信甫行述》）]

张诚② 字雨苍。清代浙江桐乡县人。儒医张达龄长子。善承家学，精通医术，官医学训科。弟张公望，亦以医名。[见：《桐乡县志》]

张祉 字天与，号筠石。明代江西铅山县人。幼习举业，为翰林濮公高弟。因继母患疾不愈，弃所学，遍访名医，遂精针灸之术。后益究心诗律书法。为人尚义，病者多赖以生，未尝责报。及卒，县令秦礼为诗哭之。著有《筠石集》（非医书）。[见：《铅山县志》]

张组 清代山西高阳县人。以诸生贡太学。屡举不遇，退而究心古方书。善治伤寒，深得仲景奥旨，活人无算。子张云翼，克绍父业。[见：《山西通志》]

张经 字舆权。元代绍兴（今属浙江）人。世代精医，尤善儿科，传至张经，已历八世。初悬壶于乡，后挟技游于四方，全活甚众。四世孙张廷玉，官至太医院使。[见：《绍兴医学史略》]

张珍① 明代河南固始县人。自幼习医，诵读《素问》、《难经》诸医典。及长，以医鸣世，有神医之称。[见：《固始县志》]

张珍② 字连城。清代江苏通州（今南通）人。得医学秘传，悬壶于世，名重于时。郡守屡荐为医学官，辞而不就。[见：《南通志乘》]

张坤 字曾传。清代浙江嘉善县人。邑名医张昂子。继承父业，活人无算。[见：《嘉善县志》]

张荣① 字伯仁。明代浙江常山县人。徙家如皋县。少精医术，凡以病延请，不论

542

晨夜雨雪立至，投药辄奏奇效，酬报有无不问也。嘉靖己未（1559），倭寇犯境，浙江兵备副使刘景韶率部抗御，会军中大疫，荣为救治，起者千余人。隆庆（1567～1572）末，下邳有治河之役，疫死者过半，张荣自请往治，至则夫役皆就茅蓬下卧，一一疗之，皆得生还。生平好施与，卒之日，家无余资。[见：《如皋县志》]

张荣② 号继川。明代江西新城县人。太医院使张福兴四世孙。绍承家学，亦以医为业。崇祯丙子（1636）、壬午（1642），出米赈饥，邓澄制"仁寿"匾额，表彰其义行。[见：《建昌府志》]

张栋 字隆吉。明代湖北沔阳州人。性谦谨。善小儿医，兼精眼科。[见：《沔阳州志》]

张枳 明代河南长垣县人。儒医张可爱侄。得张可爱亲授，亦工医术。[见：《长垣县志》]

张柏① 字世茂。明代安徽歙县人。自祖父时徙居浙江兰溪县。少习举业，其父病痞，久治不愈，遂弃儒攻医，研读《内经》以下诸医书，深悟岐黄之奥，终愈父疾。后悬壶济世，医道大行。其治疾，大抵主参术补法，随证定方，所治多奇效。有长者风，治病不求厚报，人以病延请，即一夜十数起，弗辞。辑有《医案》若干卷，徐学恕为之作序，今佚。[见：《兰溪县志》]

张柏② 字埔舟。清代四川汉州（今广汉）人。张邦伸五子。身材修伟，素具大志，究心经世之学。纵横古今，议论风生，常语惊四座。年未三十，母殁，遂不应乡举，以诸生终。邃于医学，尝谓："世传《脉诀》，伪书也。"得古《脉经》本，校雠而刊行之，今未见。还撰有《太仓公医案注》，未梓。兼精星纬之学，以推步诸法教授子弟。晚年终日独坐，罕与人接。有大府欲见之，终不往。惟二三老友，杯酒过从而已。所为文，典赡风华；其书法褚河南，皆足为世楷模。[见：《续汉州志》]

张挥 字子发。北宋歙州（今安徽歙县）人。名医张扩弟。就学于兄，尽得其术。尝与兄居建业，有妇人叩门求医，时扩不在，挥为诊之。扩归，视其方曰："弟与药如是，且瘳矣。"挥为人纯孝有常，士大夫多雅重之。子张彦仁、孙张杲，皆精医术。[见：《李濂医史·张扩传》、《歙县志》]

张轸 号汉聚。明代浙江秀水县人。精痘科。临证以意为治，多奇验，名重于时。所至之处，婴童竹马迎之。性好施济，亲朋故旧，多赖其资助。[见：《浙江通志》、《秀水县志》]

张思 字成学。明代常熟县（今属江苏）人。以医为业，精针灸术，著称于时。兄张恐，弟张恩、张连山，皆工针灸术。[见：《常昭合志稿》]

张保 明代河南考城县（今兰考）人。精岐黄术，诊脉能预知生死，知名于时。[见：《考城县志》]

张信 南宋人。里居未详。高宗时扈驾南迁，任太医院使。积劳进秩三品大夫，赐第于衢，遂定居西安（今浙江衢县）。[见：《西安县志》]

张庠 明代人。生平里居未详。著有《元经图》一卷，已佚。[见：《世善堂藏书目录》]

张恒① （?～1805） 字成季。清代江苏昆山县人。精医术。性高雅，工诗赋。家贫，居马鞍山南，老屋数椽，掩关静坐。与孝士潘汤盘（潘道根之父）相交最契，每相酬唱。长芦盐运使李世望，与恒同邑，欲一见而不可得。[见：《昆山历代医家录》（引《国朝昆山诗存》）]

张恒② 清代陕西潼关人。精通医术，凡以医就诊，不求其酬，名振华、蒲、阌、灵间。著有《加减效验良方》，未见流行。[见：《续潼关厅志》]

张恢 字充轩，号绰亭。清代山西洪洞县东张村人。幼有至性，以古圣贤期许。事亲尤孝，亲病躬侍汤药，衣不解带者累月。道光丁酉（1837）以岁贡官潞城学篆，勉务实学，以端士习。解组归乡，潜心读书，于易、礼尤致力焉。经史外，兼及天星、地志、乐律、医药诸学。年五十五岁卒。著述甚富，所撰医书有《医学便读》（又作《医学便览》）若干卷，今未见。[见：《洪洞县志》、《山西通志》]

张恺 明代江西鄱阳县人。邑名医张季民孙。继承先业，亦以医闻，善疗奇疾。有女子呵欠，两臂直上，不能下，诸医莫治。恺令其母偕女独坐寝室，解其裙褥，忽扬言："医入！"女急执手掩下体，举动遂如初。一小儿坐高处，悬跌于地，瞳仁倒视，见房舍皆翻覆。恺令有力者将小儿颠倒数次，其视则顺。凡疾非药石可疗者，恺多不执乎脉，以意治之，无不立愈。[见：《鄱阳县志》]

张炳 字明叔。宋代建宁浦城（今福建浦城）人。少有奇疾，师事名医史载之，遂极医学之妙。及归，以医济世，推心究物，无问贵贱，凡谒必往视之，全活甚多。嗜学能文，老而不倦，同郡魏掞之（1116～1173）称其为太古遗民。历

任蕲州主簿、丰州录事参军。卒年九十有一。[见:《建宁府志》]

张炯 清代陕西兴平县人。生性坦率,不修边幅。精通医术。临证尊崇古经,用药必出《神农本经》,立方皆本仲景《伤寒》,而治辄奇效。尝谓:"神农《本经》、长沙经方,医之规矩准绳也。时珍《本草》,夸多矜赡,犹安国之说《春秋》,失经旨矣。景岳辈模棱两可,医中之苏味道也。"[见:《兴平县志》]

张洁 字清泉。明代山东临邑县人。初习举业,为儒生。后厌弃之,留心医药,兼好养生家言。尝搜集古来历代验方,编《仁术便览》四卷,刊刻于万历十三年(1585),今存。按,后世目录书或作"张浩","浩"乃"洁"形误。[见:《仁术便览·序》、《中医图书联合目录》]

张洞 字仲通。北宋开封祥符(今河南开封)人。太常少卿张惟简子。少颖异,为文甚敏。未冠,晔然有声,遇事慷慨,自许有为。仁宗宝元元年(1038)平西王赵元昊反,洞以布衣上方略,召试舍人院,擢将作监主簿。寻举进士中第,调涟水军判官,迁颍州推官。以荐授秘阁校理、判祠部。后出知棣州,转尚书祠部员外郎,迁开封府推官。英宗即位,转度支员外郎。帝欲重用之,为大臣所忌,出为江西转运使,转工部郎中。年四十九岁卒。自嘉祐二年(1057)至六年(1061),与直秘阁学士掌禹锡、林亿、苏颂等同修本草,以《开宝本草》为蓝本,参校诸家著述,撰《嘉祐补注神农本草》二十卷。[见:《宋史·张洞传》、《宋史·掌禹锡传》、《郡斋读书志》、《本草纲目·序例》、《河南通志》]

张济 宋代无为军(今安徽无为县)人。得异人秘授,精通医道,尤擅针灸。值岁饥大疫,张济出术疗救,凡治一百七十人,无不应验。有孕妇因仆地而腹偏左,济针其右手指而胎正。有久患脱肛者,针其头顶穴而愈。有伤寒翻胃,呕逆累日,饮食不下者,针其目眦,立愈。所用之法皆古方书所不载。陈莹中曾为之作传。[见:《闻见后录》、《医学入门·历代医学姓氏》]

张津 字道梁,号荷村。清代山东历城县人。先世自枣强迁历城。幼嗜岐黄之书,精通医理。著有《点次瘟疫方论注释》,发前人所未发,惜未见刊行。子张京业,乾隆五十一年(1786)举人。[见:《续历城县志》]

张宣 字冠亭,号静庵。清代江西宜黄县人。精通医术,治病有奇效,知名于时。年七十四岁卒。[见:《宜黄县志》]

张昶 字甲弘,号海澄。明代大梁(今河南开封)人。宋名医张锐后裔。幼从伯父张维屏习医。万历六年戊寅(1578)春,染时疫,转为虚损,迁延三载始愈。患病数年间,遍读古来医籍,于虚损证尤留意焉。久之撰《百病问对辨疑》五卷,刊刻于世,今存明万历间曲沃张学诗刻本。还著有《运气毂》、《小儿诸证补遗》,今皆存世。[见:《中州古代医家评传》、《中医图书联合目录》]

张勇 字飞熊。明清间陕西咸宁县人。为明末副将,顺治间(1644~1661)降清,授游击将军。累迁甘肃总兵、云南提督。平吴三桂有功,授靖逆将军,官至少傅,兼太子太师,封一等侯。卒,谥"襄壮"。张勇善病,留心医药,曾将《本草纲目》所载方药重新分类,编《方以类聚》五十卷,序刊于康熙十六年(1677)。此书国内未见,日本尚存。[见:《中国医籍考》、《中国人名大辞典》]

张泰① 字景东。清代江苏长洲县人。诸生。工医术。著有《类伤寒集补》一卷,今存计楠参补本。还撰有《张景东医论》一卷,今存苑林抄本。[见:《吴县志》、《中医图书联合目录》]

张泰② 字清平。清代四川资州发轮乡人。幼年习武,后遇良师,授以医术,遂以外科著称。自配药液,刀伤者立止其血,疮毒立清其肿,用之无不奇验。[见:《资中县续修资州志》]

张素 北宋人。里居不详。精医道,曾任翰林医官。开宝五年(972),宋太祖诏命尚药奉御刘翰(919~990)、道士马志、翰林医官翟煦、张素、吴复珪、王光祐、陈昭遇等编《开宝新详定本草》二十卷。书成,又命刘翰、马志等重订,由李昉、王祐、扈蒙等看详,定名《开宝重定本草》(简称《开宝本草》),刻版印行。此书今佚。[见:《宋史·刘翰传》]

张恐 字渊学。明代常熟县(今属江苏)人。以医为业,精针灸术,著称于时。弟张思、张恩、张连山,皆以针灸术知名。[见:《常昭合志稿》]

张晋 清代甘肃狄道州(今临洮)人。生平未详。性好著述,所撰医书有《医经》一卷,今未见。[见:《狄道州志》、《甘肃省乡土志稿》]

张莅 字庄吾。明清间湖南善化县人。倜傥好施,精通医术,日携药囊济人,无倦色,多所全活。当道官吏迭赠匾额,子孙列宫墙者多人。著有医书四十卷,未见流传。[见:《长沙府

志》、《善化县志》、《湖南通志》]

张莹 字瑶峰。清代江苏通州（今南通）人。善医，凡延诊皆立至。尝谓："望医如望岁，胡迟迟作态也。"[见：《通州府志》]

张晟 字德斋。明代江宁（今江苏南京）人。嗜古好学，稍有所得，即以市书。精通易数、星历、摄生诸学。晚年潜心内典，穷究性命。预知死期，援笔题诗，投笔而逝。著述甚富，有《摄生图说》若干卷，已佚。[见：《江宁府志》]

张恩 字荣学。明代常熟县（今属江苏）人。精医术，以针灸名世。兄张恐、张思，弟张连山，皆善针灸。[见：《常昭合志稿》]

张晖 明代浙江海盐县中所人。精医术，善治伤寒，有起死回生之誉。子张翰，继承其业。[见：《海盐县志》]

张钐 字楚英。清代安徽歙县人。其家屡遭变故，尽弃余产，侨寓新乡县。精岐黄术，名显于时，老而益著。丧偶终身不娶，士大夫高其义，皆与交游。为人豪迈，善弈，每客至，楸枰满四座，对局称无敌。年八十余卒。[见：《新乡县志》]

张铎 明代人。里居未详。精医术，曾任太医院冠带医士。弘治十六年（1503）敕修《本草品汇精要》，命太监张瑜为总督，太医院院判刘文泰、王槃、御医高廷和为总裁，张氏与太医院医士徐镇、夏英、钱宙、徐浦、徐昊、吴钺、郑通、刘翚，中书科儒士王珑等共十人任纂修官。该书毕工于弘治十八年三月，未刊，今存抄本。[见：《本草品汇精要·官员职名》]

张秘 字子蕴，堂名相天。明代江都县（今属江苏）人。生于世医之家。幼承庭训读书，稍长传承家学，博览众书，尽悟医理。及悬壶，临证不执成方，治辄奇中。按察使乔景叔病头痛，人谓风证，而张秘以火治，获愈。寇尚千病寒热渴甚，人以为温证，张秘以疟论治，病瘥。缙绅父老闻其名，争相延致，安车结驷于门。重医德，治病不计酬报，先后施济贫病不下千人。嘉靖甲寅（1554）大疫，出术救疗，全活甚众。光禄卿马伯循，以"医能赞化"称之，书"相天"二字颜其门。晚年声望日隆，知县举之为乡饮宾，力辞。隆庆改元（1567），以高龄茂德，赐爵一级，冠服一御。年八十岁卒。[见：《中国历代名医碑传集》(引温纯《温恭毅集·相天张君莹记》)]

张倬① 字飞畴。清代江苏吴县人。名医张璐次子。绍承父学，对《伤寒论》多有研究。著有《伤寒兼证析义》一卷，刊于康熙六年（1667）。又与兄张登，参订其父《伤寒缵论》、《伤寒绪论》二书，皆刊刻行世。弟张以柔，亦承家学。[见：《四库全书总目提要》、《清史稿·张璐传》、《八千卷楼书目》、《苏州府志》]

张倬② 字云昭。清代江西新昌县太平乡人。太学生。精通脉理，疗疾有奇效，未尝责报。尤善导引之术，为人气静神恬，独居本乡之回龙观数十年，医者咸景慕焉。年七十五岁卒。著有《医案立训》、《脉诀心传》数卷，散佚不传。[见：《新昌县志》]

张玺 字仕朝。清代安徽舒城县人。嗜医学，自《灵枢》、《素问》以来医书，无不博览，多有心悟。遇病者必详审再三，务明辨其证，然后疏方。久之，变化从心，药无不效，遂以医名世。著有《金鉴集解》若干卷，藏于家。[见：《续修舒城县志》]

张旅 字盖仙。清代江西武宁县北乡人。自幼读书，能识大意。及长，以医为业，洞彻脉理，博览诸家书而变通之。每遇疾，闭目凝思，寻其源委，立方多奇，同道皆重其术。著有《孺子篇》，议论精当，其兄张望，为之作序，今未见。[见：《武宁县志》]

张烜 字熙止。清代河南密县人。岁贡生。精医术，知名于时。[见：《密县志》]

张涛 字紫澜。清代江苏宝山县罗店镇人。业医，治伤寒应手奏效。著有《治法删补》若干卷，未见流传。兼能诗，与兄张迥齐名。[见：《宝山县志》、《罗店镇志》]

张浩 明代河南兰封县（今兰考）人。精医术。成化十五年（1479），官医学训科。[见：《兰封县志》]

张润 字永和。清代河南汜水县王留村人。潜心岐黄，贯通《伤寒论》、《金匮要略》诸书，多有妙悟，以医知名。[见：《汜水县志》]

张浚 一名之翰，字墨林。清代浙江海宁县人。少习《内经》，研究十载，遂精医理。临证每获奇效，名重于时。同邑名医沈德孚，辈行长之，而每称道其术。又工书法，擅作擘窠大字，佛寺、道观多其遗墨。[见：《海宁州志稿》]

张朗 字希周。明代青浦县（今属上海）人。万历间（1573～1619）在世。性孤介，不乐与俗为伍。能诗，善行楷书。家贫，行医以自给。[见：《青浦县志》]

张恕 字推己，号重隐。清代河南禹州（今禹县）人。居东门外留侯洞。精易理，以医为业。寡言笑，绝交游，十年足不出户，远近求

医者户外屡满。著有《合意录》一卷，行于世，今未见。子张百祥，能继父业。[见：《禹州志》]

张琏 清代浙江仁和县人。诸生。邑名医张文启次子。与兄张璟，皆传承父业。[见：《浙江通志》]

张培① 字抱一，自号画禅。明代浙江平湖县人。诸生。有文誉，性澹泊。以医知名，专精痘科。素重医德，凡贫苦者延请，皆赴，不避风雨。善画山水，时携好友往来天目、笠泽间。无子，临殁，取平生所藏名画、书籍、古玩器，召诸友分赠之，又罄囊中金，散诸兰若，修然而逝。[见：《平湖县志》]

张培② 字伯凝。明代浙江山阴县人。张元汴曾孙。培自幼聪慧，读书过目成诵。性慷慨，好急人之难，挥千金无难色。善医，以济人为己任。[见：《山阴县志》]

张培③ 字天眷，号写斋。清代湖北枝江县人。性朴实，敦孝友。年十七岁，其父病逝。叹曰："为人子者，不可不知医。"嗣后，穷经之余，兼览古今方书，于《黄帝内经》、张仲景《伤寒论》尤有心悟，遂通医术。其母享高寿，得张培以医药扶持之力。著有《伤寒类编》若干卷，今未见。[见：《枝江县志》]

张基① 字德载（名犯宣宗讳，以字行）。明代苏州（今属江苏）人。自幼习儒，嘉靖十九年（1540）举于乡。以孝义闻名于时。父张铨，卒于南安，德载千里奔丧。服满当试，念祖母年高不赴。祖母殁，因避倭寇，奉母入郡。后再试不第，遂屏冠服，为野人装，题其室曰爱日，朝夕奉母。于书无所不窥，尤邃经术。隆庆元年（1567）诏求山林遗逸，抚按交荐，不应。岁饥，有米百斛，悉以赈济。年五十九岁卒，学者私谥"靖孝先生"。撰有《养生汇》一卷，已佚。[见：《江苏通志稿》、《苏州府志》]

张基② 字近溪，一作镜溪。清代江苏江宁县人。性嗜医学。虽家境清贫，耻以医谋利。性好吟咏，与周铺相友善。曾访医吴门，遇歙县友人金子，赠以古本《难经》，遂撰《难经解》若干卷，今未见。[见：《上江两县合志》]

张彬 清代四川遂宁县人。以医知名。善养生，年九十七岁终。[见：《潼川府志》]

张梅 字雪堂，号鹤斋。清末山东临沂县宋家庄人。精医学，尤擅目科，所制眼药驰名远近。生平多义举，光绪间（1875～1908）倡修大桥，倡建圩墙，乡里德之。著有《经验汇编》、《瘟症条辨》、《汤头歌》等书，未见梓行。[见：《临沂县志》]

张梓① 明代人。生平里居未详。著有《药性类明》（又作《药证类明》）二卷。此书国内未见，据丹波元胤《中国医籍考》，日本尚存。[见：《医藏书目》、《中国医籍考》]

张梓② 清代河南渑池县傅村人。精医术，遐迩慕名延请。重医德，治病不分贫富，皆徒步往诊。[见：《中州艺文录》]

张彪 字翰如。清代浙江嘉兴县人。精医术，擅长伤科，专以手法治病。[见：《嘉兴县志》]

张崑 字伯玉。清代河南汝南县人。邑庠生。孝友嗜学，博览文史。少从祖父游京师，为士大夫所器重。未几归乡，绝迹城市，肆力于王肯堂《证治准绳》诸书，贯通医理，能起人沉疴。知县杨仪雅重其学，延为幕宾。年七十岁卒。子张馨，举于乡。[见：《重修汝南县志》]

张傻 又名全贵，号保安。清代四川巴县人。澳门提督马健纪外孙。幼孤，寄居外祖家。尝误食腐鹿肉中毒，故留心医道，博览群籍。后游泸县，寓居西关，为人诊疾，效若桴鼓，全活甚众。临证不拘古方，以意治之，每取奇效。一人患病，手欠伸而不能下。傻令立于市中，佯去其裤，其人惶遽，急以手执裤，疾愈。[见：《泸县志》]

张逸 字退庵，一作泰庵。明代浙江嘉善县人。早年习医，贯通《素问》、《脉诀》诸书。初以痘科问世，继精大方脉，三吴巨室，舟车相迎。善抚琴，工绘画，称此二事为医家逸品，药饵之外，能养人性情。[见：《嘉善县志》]

张鸾 明代六合县（今属江苏南京）人。精医术，擅外科，知名于时。重医德，不以贫富异视。[见：《六合县志》]

张翊 字万纪。金元间邢州（今河北邢台）人。正大元年（1224）进士。兼通医道。天兴二年（1233），元军陷汴梁，金哀宗逃至蔡州（今河南汝阳）。值军士多疾病，药饵奇缺，哀宗命设立惠民司，由太医数人坐诊。张翊与同年进士孙权，皆选授医药官。[见：《金元医学人物》（引《汝南遗事·设惠民司》）]

张望 字樱檀。清代江西武宁县人。生平未详。辑有《古今医诗》五十三卷，今存。[见：《中医图书联合目录》]

张鸿 清代江苏华亭县人。生平未详。著有《医案续编》八卷，今存。还著有《医科约旨》六卷，未见流传。[见：《松江府续志》、《重修华亭县志》、《中医图书联合目录》]

张淮 明末陕西西乡县人。精医术，知名于时。明末世乱，时疫流行，张淮施药救治，全活甚众。[见：《西乡县志》]

张淦 清代山东栖霞县泥都社人。幼业举业，于书无所不读。久困科场，慨然曰："名相治国，名医活人。人贵于人有济耳！"遂绝意功名，专力于医学。后悬壶于世，尤以外科见长，能决人生死，活人无数。著有《外科杂集》二卷，未见刊行。[见：《栖霞县志》]

张渊 金元间人。里居未详。精医术，官怀州（今河南沁阳）医学教授。壬子年（1252），与同官赵元、管勾张嗣兴，共创怀州三皇庙。[见：《金元医学人物》（引《青崖集·重修怀州三皇庙记》)]

张淳 字任先。清代江苏高淳县人。颖悟过人，弱冠入庠。精通医术，处方不甚依古，诊病以问、切为主，疗效极佳，与吴下叶天士齐名，时称人中仙。[见：《高淳县志》]

张寅 清代江苏太仓州人。昆山县庠生。自言本为卢姓，缘事改张姓。寓居长洲县浒墅，以医为业。著有《痘疹大成》一卷，今未见。[见：《苏州府志》、《吴县志》]

张宿 清代江西人。生平里居未详。撰有《针盘释义》，今未见。[见：《江西通志稿》]

张谔 （1894～?）字汝伟，号寿石居主人。近代江苏常熟县人。居县城东颜港桥。邑名医许昭（1865～1922）姑表侄。早年从唐瑞（1872～1930）学医，以医术知名。曾与武进谢金声编《医学指导录》周刊，又与吴文涵创办《常熟医学月刊》。著有《养生须知》、《咽喉病》、《临症一得》、《医林诙谐文》、《绍兴医药学报社社友治验录》等书。[见：《中国历代医史》、《吴中名医录》、《中医图书联合目录》]

张隆 清代人。里居未详。精医术，官太医院九品吏目。乾隆四年（1739）敕修《医宗金鉴》，张隆任副纂修官。[见：《医宗金鉴》]

张维 字国持。明代湖北石首县人。官凤阳府同知。兼通医理，辑有《经验良方》三卷，已佚。[见：《湖北通志》]

张琪 字昆冈。清代广东英德县溪头人。乾隆五十七年（1792）武举。嘉庆九年（1804）选授山东济宁卫远千总，持廉守法，深孚众望。邃于医道，遇漕丁染病，必亲诊理，体恤备至。后积劳致疾，当事欲破格升迁，而琪引疾回籍。闭门养疴十五年，七十一岁卒。[见：《英德县志》]

张琳 （1438～1506）字天瑞。明代浙江余姚县人。其七世祖张应炎，改姓史氏。至琳，奏请复姓。自幼习儒，登成化二年（1466）进士，授工科给事中。历官陕西参议、江西参政。弘治间（1488～1505）擢右副都御史，巡抚保定诸府，兼提督紫金等关。迁右都御史。正德元年正月卒，年六十有九。琳状貌魁岸，博闻多艺，射、弈、书、绘、兵法、地理、推步、占候、方药诸学，无不涉猎。辑有《医说妙方》十卷，已佚。[见：《百川书志》、《余姚县志》、《绍兴府志》]

张琦① 明代宁夏卫（今宁夏贺兰）人。通医术，兼善太素脉，断病者生死多奇中。[见：《朔方道志》]

张琦② （1764～1833）初名翊，改名舆权，后改现名。字玉可，又字翰风，号宛邻。清代江苏阳湖县人。廪贡生张蟾宾（字云墀）次子。出生四月父卒，家境清贫。四五岁，母姜氏口授以书，兄惠言为之讲解。稍长，好学不倦，日夜苦读，年弱冠熟通经史，教授里中。二十五岁补县学附生。嘉庆十八年（1813）中举。举业之外，兼嗜岐黄，早年得歙县金辅之指授，初通医理。嗣后，研读《素问》以下诸医典，于名医黄元御之书尤为推崇，久之多有心悟。道光三年（1823），年届六旬，始以誊录授山东邹平知县。是冬大旱，小麦皆枯萎，琦抵任时已值岁末，亲察四乡数百村，即日请缓春征，乡民数千人扶老携幼叩谢。在任一年，无一私书至，结案二千有余，无翻控者，世以清廉称之。道光五年补山东馆陶知县，在任八年，多有政绩。丙戌（1826）春大旱，有富民屯粮居奇，琦依法惩治，民众感德。重民疾苦，在任时，因士民求诊者甚众，设医局于署西，命族侄张赐施诊其中，亲为指授，治愈宿疴痼疾不可胜数。晚年欲治理卫河，多方筹划，积劳而病。道光十三年三月十二日卒于任所，享年七十。张氏竭二十年之力诠释《素问》，著《素问释义》十卷，刊于道光十年（1830）。另有《本草述录》六卷，未刊。又于道光十二年校刻黄元御《素灵微蕴》、《伤寒悬解》、《长沙药解》、《四圣心源》诸书（今称宛邻书屋本）。长子张珏孙，早卒；次子张曜孙，任武昌知县，兼工医术。张琦门生包诚，传承师学，曾参校黄氏诸书。[见：《清史稿·张琦传》、《清代七百名人传》、《武进阳湖县志》、《素问释义·序》、《伤寒审证表·序》、《中国历代名医碑传集》（引张曜孙《先府君行述》)]

七

画

张琨 字玉堂。清代浙江桐乡县人。邑名医张达龄孙。继承家学，精医术，尤好金石碑版。[见：《桐乡县志》]

张琰 字逊玉。清代山东宁阳县人。精痘科。自言祖上得名医聂久吾指授，精种痘法，数代相传。琰读父所遗医书，遍临痘证，几及万人。晚年力衰，无复四方之志，遂将生平所学，悉笔于书，辑《种痘新书》十二卷，刊于乾隆辛酉（1741）。是书注重临证，内容丰富，为我国早期种痘专书之一。[见：《中国医籍考》、《中医大辞典》]

张喆 清代甘州（今甘肃张掖）人。精岐黄术，知名于时。曾任医学正科。在三皇庙后创修医祖宫，供奉历代名医牌位。张氏卒，入祀医祖宫。[见：《甘州府志》]

张敬 清代四川彰明县人。精医术。施医送药，以济贫病，乡里敬之。[见：《彰明县志》]

张确 字介石。明代安徽蒙城县人。岁贡生。七岁丧父，事继母以孝闻。好读书，冬夏手不停披。举优行，辞不应。尤善岐黄，治病应手而痊，知名于时。著有《观物篇医说》四卷，太史夏晓堂鉴定之，今存稿本及雍正十年（1732）观物堂刻本。子张以谦，传承其业。[见：《颍州府志》、《重修蒙城县志》、《中医图书联合目录》、《中国医籍考》]

张雯 清代浙江仁和县人。生平未详。著有《折肱随录》，未见刊行。[见：《杭州府志》]

张鼎 号冲和子，又称中和先生。唐代人。生平里居未详。著有《冲和先生口齿论》一卷、《冲和子玉房秘诀》（又作《房秘录诀》）十卷、《冲和子太清璇玑文》七卷。又增补孟诜《食疗本草》（一说增补孟诜《补养方》而成），新加药品八十九种。诸书均佚。今有《食疗本草》辑佚本行世。[见：《新唐书·艺文志》、《旧唐书·经籍志》、《崇文总目辑释》、《医学入门》、《中国医籍考》]

张景 字光启。明代河南汝阳县人。嘉靖二年（1523）三甲第一百五十三名进士，曾任御史。辑有《疑狱三集》六卷，凡一百二十八事。此书未见流传。[见：《百川书志》、《明清进士题名碑录索引》]

张辉 字旭之。清代河南鹿邑县人。监生。幼丧父母，庶祖母杨氏鞠养之。及长，事杨氏尽孝。杨氏多病，辉侍汤药，衣不解带，遂究心医术。道光二十一年（1841）大水，张氏捐资修堤，人皆感德。著有《妇科摘要》数卷，未见流传。[见：《鹿邑县志》]

548

张赐 清代江苏阳湖县人。名医张琦（1764～1833）族侄。早年习医，复得张琦指授，医术精湛。道光间（1821～1850），张琦官山东馆陶知县，设医局于衙署之西，命赐主诊其中，活人甚众。[见：《中国历代名医碑传集》（引张曜孙《先府君行述》）]

张锐 一作张涣，字子刚。北宋郑州（今河南郑州）人。五世为小儿医，未尝改科。徽宗时（1101～1125），太子寿王尚幼，常发痫疾，诸太医无能愈者。时张锐以草泽医士游于都下，召之入内，用药即效，授翰林医正。曾任太医局教授，官至成州团练使，以医知名。政和间（1111～1117），蔡鲁公孙妇有娠，临产而病伤寒，国医惧胎堕，不敢投凉剂。锐应邀诊之，曰："儿处胞中十月，将生矣，何药能败？"遂如常法与药，且使倍服，半日生子，病亦若失。慕容彦逢母病，召锐于郑，锐至则慕容母已殁。时方盛暑，锐欲入视，慕容疑其欲求钱，乃曰："道路之费，当悉奉偿，不烦入也。"锐曰："伤寒法，有死一昼夜复生者，何惜一视？"乃入视，曰："不死也。"趋出取药，命人灌服，戒曰："善守之，至半夜大泻则活矣。"夜半，守者觉有声勃勃然，视之，遗矢满席，出秽恶物斗余，一家尽喜，敲门呼锐，锐曰："明日方可进药也。"天且明，张锐留平胃散一帖，悄然命驾归郑，盖忿求钱之疑也。慕容母数日良愈。靖康元年（1126）著《小儿医方妙选》三卷，自为之序，惜散佚不传。还著有《鸡峰普济方》五十卷（据清陆心源考证，为孙兆所著）、《鸡峰备急方》一卷，刊刻于世。今存《鸡峰普济方》三十卷，为清道光八年戊子（1828）汪士钟覆南宋刻本（艺芸书舍藏版）。[见：《宋史·艺文志》、《夷坚乙志》、《直斋书录解题》、《历代名医蒙求》、《宋以前医籍考》、《景宋本备急灸方·题辞》]

张智 清代山西高阳县人。邑儒医张组孙，张云翼侄。继承家学，亦以医术知名。[见：《山西通志》]

张敦 宋代庐陵县（今江西吉水）人。精医术。浪迹岭外，曾侨寓潮州。[见：《夷坚丁志》]

张焞 清代山西阳曲县西鸣村人。庠生。善医学，尤精针灸术，知名于时。[见：《阳曲县志》]

张尊 东汉人。生平里居未详。为济南王府医士。简王刘错为太子时，爱其父之鼓吹妓宋闰，使张尊招之，不得，遂杀尊。[见：《后汉书·济南王康传》]

张湛 字子然，又字仲玄。北魏敦煌酒泉（今属甘肃）人。魏执金吾张恭九世孙，为河西望族。其父张显，受知于武昭王，官至酒泉太守。湛弱冠知名凉土，好学能文，有大志。仕沮渠蒙逊，位兵部尚书。凉州平，拜宁远将军，赐爵南蒲男。司徒崔浩识而礼之。湛至京师，家贫不立，操尚无亏。浩常给其衣食，荐为中书侍郎。湛知浩必败，固辞。每赠浩诗颂，多箴规之言。浩诛，湛闭门却扫，庆吊皆绝。以寿终。撰有《养生要集》十卷、《延年秘录》十二卷、《养性论》二卷，皆佚。[见：《北史·张湛传》、《隋书·经籍志》、《旧唐书·经籍志》、《新唐书·艺文志》、《甘肃省乡土志稿》]

张温 明代安徽婺源县甲道人。自少习儒，因父母年老而业医。妙解医理，尤精仲景方书，凡伤寒诸证，常不尽剂而起，人号张半帖。太平县进士李元调之父患疾，手麻木不能屈伸，累治不效，张温投数剂即愈。[见：《婺源县志》]

张谟 字廷策，号虚斋。明代江西铅山县汭川人。精通医术，以技活人。性端谨，博涉书史，冲淡自如，不求仕进。[见：《铅山县志》]

张禄 明代安徽颍上县人。精医术，曾任南京太医院吏目。子张大本，善承家学，亦以医名。[见：《颍上县志》]

张登 字诞先。清初江苏长洲县人。名医张璐长子。与弟张倬、张以柔皆继承家学，以医知名。曾参阅《观舌心法》诸书，增以亲身经验，撰《伤寒舌鉴》一卷，刊于世。是书绘舌象图一百二十幅，颇显明易见。[见：《清史稿·张璐传》、《四库全书总目提要》、《郑堂读书记》]

张骙 字公度。宋代潞州（今山西长治）人。家世业医，至骙尤精方脉，意在活人，不责酬报。翰林黄庭坚（1045～1105）母病秘结，诸医治之不效。张骙投药即愈，黄厚赠之，却而不受，飘然而去。[见：《襄垣县志》]

张蒙 元代真定（今河北正定）人。苏天爵（1294～1352）妹丈。精通医术，知名于时。曾任真定路医学录。[见：《金元医学人物》（引《道园类稿·苏氏先茔碑》）]

张颐 字养正。明代长洲县（今江苏苏州）人。世医张缙孙，御医张希文长子。绍承家学，以医术知名。中年双目失明，而气岸峭直不衰。周忱（1381～1453）巡抚吴下，宾礼之，议论侃侃不屈也。其医大略以保护元气为主，处剂多用参、术，每著奇效。又能预决人死生，往往奇中。弘治乙丑（1505），教谕闻恭患赢疾，吴医率用三白汤治之，不甚效。一日，谒张颐求治，亦用三白汤。闻氏曰："前医用之多矣！"颐正色曰："子勿哓哓！吾用汤使不同！"投熟附片二三片同煎，服之即愈。都御史高尚达，久患咳疾，医者咸以为外感，颐曰："胃之正气损，似外感而非也。"卒用补剂而瘥。百户李庆，患呕血症，吴下名医皆在，颐后至，问曰："诸公以为何如？"咸曰："未死。"颐谓其家人曰："亟来与诀，顷之不能言矣！"其家未信，顷之果然。吏部侍郎叶盛（1420～1474）有悸疾，颐治而愈，问以医药之道，答曰："吾医无过人者，但病有深浅，治有缓急，扶持元气，取自然之效耳。"叶氏敬服其说。子张济，生平未详。孙张世华，亦以医知名。[见：《明史·李时珍传》、《李濂医史·张养正传》、《续医说·古今名医》、《医学入门·张颐传》、《苏州府志》、《中国历代名医碑传集》]

张楫 字巨川。清代江苏太仓州璜泾镇人。精医术，知名于时。惜早卒。[见：《横泾志稿》]

张楷① （1714～?） 字端书，号非旭。清代楚南人。博学多闻，理学儒宗，无秘不窥。尤精医术，临证投方，捷若桴鼓。著有《医宗辑要》十卷，自序于乾隆五十一年丙午（1786），时年七十有三。[见：《中国历代医家传录》（引《医宗辑要·序》）]

张楷② 字端木。清代山西孟县人。精医术，针灸尤神效。遇病人必尽心疗治，不较馈谢。年臻期颐，健步如飞，寿百有五岁卒。[见：《山西通志》]

张楷③ 字端勖。清代河南郾城县人。廪贡生。精医术，全活不可胜计。[见：《郾城县志》]

张雷 （1294～1342） 字子威。元代信州贵溪县（今江西贵溪）人。其祖父博学工诗，为宋进士，官德兴知县。其父为元初池州路儒学教授。张雷自幼丧父，赖母冯氏养育成长。守不远游古训，躬耕奉母。性喜藏书，博学多识，儒学外兼精医道。凡乡邻患病者，皆为诊治，世人敬之。曾荐授医学录，辞而不赴。至正二年病卒，年四十九岁。[见：《金元医学人物》（引《侯庵集·李子威墓志铭》）]

张鉴 字春冶，又字荀鹤，号秋水，晚号负疾居士。清代浙江乌程县南浔镇人。少从诗人计发游，弱冠补诸生。教馆于刘氏眠琴山馆，遍读刘氏所藏书，学问益博。自经史、地理、水利、布算、音韵、篆隶、金石、绘画、医药无不周悉。道光甲辰（1844）冬，河决高家堰，粮船不能行，

鉴力主海运，为侍郎英和所采纳。年八十三岁卒。著述甚富，医书有《神农本草经存真》三卷，未见刊行。[见：《南浔镇志》]

张锡 字百朋，号复哉。清代浙江嘉兴县篁里人。国学生。自幼颖异，父母早亡。听塾师讲《礼记》，至"亲有疾，饮药，子先尝之"，痛哭失声。及长，肆力医学，精通其术。乾隆辛卯（1771）夏，武原、当湖流行滞下疾，张锡治之，全活甚众。张锡殁，海盐进士吴懋政为其撰墓志铭。著有《素问质疑》、《伤寒论质疑》二书，未见刊行。[见：《嘉兴县志》]

张锦 字时万。明代江西万载县人。性刚直，重孝义。究心医学，参酌变化，随试辄效。后又得治蛊秘方，虽危殆之证，投药无不愈。素重医德，治病不索酬谢。[见：《万载县志》]

张氲 号洪厓子。唐代晋州（今山西临汾）人。为道士，隐居姑射洞。玄宗召见，拜官不受，还山。洪州大疫，有狂道士卖药，得者必愈。玄宗曰："必氲也。"三召不赴。天宝（742～755）末年殁。[见：《中国人名大辞典》]

张銮 一作张鸾，字五云。清代山东济南府历城县人。国学生。善岐黄术，尤工痘科，全活小儿不可胜计。撰有《痘疹诗赋》二卷、《幼科诗赋》二卷，刊于道光间（1821～1850）。[见：《历城县志》、《中医图书联合目录》、《北大图书馆藏善本书目》]

张廉 字通源，号霞溪。清代浙江诸暨县人。道光四年（1824）岁贡生。博通经史，善古文词，有声士林。屡不得志于名场，乃著书立说，"积稿高至三四尺许，皆明理学，辨是非，论治乱，有关身心性命，天下国家之言"。性孝友，因父病习医，涉猎众书，贯通医理。诸暨曾流行麻疹，病者甚众，凡时医束手者，张氏治辄获痊，人皆神之。著有《麻疹阐微》四卷，刊于道光二年，今存。还著有《胎产秘要》若干卷，未见流传。[见：《诸暨县志》、《麻疹阐微·叙》、《中医图书联合目录》]

张靖 字涵高。明代苏州（今属江苏）人。张横渠后裔。少习举业，既而弃去，谓曰："人当以利济为事，然穷达有命，必俟显达而后云利济，徒虚语耳。"遂究心岐黄家言，尤精痧痘，一望而知生死，名重于时。治病不受谢仪，即富室所赠，亦取以济贫。同时有黄五芝、伍承橘，与张靖齐名。[见：《江南通志》、《苏州府志》]

张煜 字仲华。元代镇江（今江苏镇江）人。精医术，曾任镇江路医学正。[见：《镇江志·学职》]

张源① 字复本。明代华亭县（今属上海）人。早年以幼科知名。永乐间（1403～1424）征入太医院，供奉禁廷，侍从北巡，常受金缯之赐。洪熙元年（1425），赐宅第于皇华坊。宣德间（1426～1435）授御医。正统间（1436～1449）迁院判。丁母忧，赐乘传奔丧。治丧毕，还职。景泰间（1450～1456）乞归。置宅第于城西南隅，有园池花竹之胜。常出赐金以会宾客、赡贫乏。年八十八岁卒。[见：《松江府志》]

张源② 明代浙江温州永嘉县人。精通医术，知名于时。同时有名医蔡伟节、翁朝缙，与张源齐名。[见：《温州府志》]

张源③ 字中照，号晴川。清代浙江嘉善县人。工医，尤精痘疹，决死生无不验。著有《痘科正宗续集》，未见传世。子张汝桂，克传其业。[见：《嘉善县志》]

张谨 字敬民。元明间太仓州（今江苏太仓）双凤里人。以医为业，善起危疾，病愈不求酬报。荐授太医院医师。年七十二岁卒。[见：《太仓州志》]

张缙 字文叔。明初长洲县（今江苏苏州）人。元江浙行中书省官医提举张元善子。传承家学，亦精医道，名重于时，为工部尚书周忱（1381～1453）所礼重。子张希文，永乐（1403～1424）初征授医官。[见：《苏州府志》、《长洲县志》、《中国历代名医碑传集》]

张瑶 清代河南叶县人。精通方脉，治疗多验，四方迎谒者络绎不绝。家极寒素，然遇贫者患病，必亲往施治，不辞劳，不受馈。著有《伤寒集解》若干卷，藏于家。按，天津中医药大学图书馆藏《伤寒集解》抄本，不著撰人姓名，疑或即此书，待考。[见：《叶县志》、《中国医籍大辞典》]

张霆 号芝田。明代浙江海盐县人。与同邑谈宠皆精小儿医，先后著名于嘉靖、隆庆间（1522～1572）。子孙并嗣其业。[见：《海盐县志》]

张睿 字仲岩。清代江苏通州（今南通）人。邑名医王檀门生，儒医俱精。入太医院为御医，官至院使。康熙四十四年（1705），随帝南巡。长洲名医张璐之子张以柔进献其父遗著《伤寒缵论》、《伤寒绪论》，帝命张睿查看。睿阅毕奏曰："此书原于《内经》，可比《证治准绳》。"帝乃命装订备览。张氏撰有《医学阶梯》二卷、《修事指南》一卷，今存雍正九年辛亥（1731）文光堂刻本。[见：《四部总录医药编》（引《浙江采集

遗书总录》)、《张氏医通·序》、《历代名医传略》、《中医图书联合目录》]

张璇 字纪天，号未庵。清代江苏丹徒县人。早年习儒，弱冠补博士弟子员。年逾四十，弃科举，专事著述。撰有《医宗官制沿图》等书，未刊。[见：《丹徒县志》]

张墀 字锦堂。清末四川井研县人。同治六年（1867）举人，以大挑授犍为训导。教谕忤学使，遭弹劾，牵连张墀，罢官归。年六十岁卒。张氏兼通医理，撰有《寒热辨疑表说》二卷。其表分为四格，首曰病象，次曰格寒，三曰格热，四曰上热下寒。评者称："博采古书，加以试验，诚临证之指南也。"惜未见流传。[见：《井研县志》]

张横 宋代徽州（今安徽歙县）人。为当地巫医。因事入狱，拘押于推勘院。有王医，以医职值宿，久之与张横稔熟，张口授通经圆方，治妇人寻常血气凝滞疼痛，数剂即效。[见：《中国历代医家传录》（引《本事方》）]

张聪 清代山西阳高县人。邑名医张组孙，张云翼子。聪与弟张明，皆继承祖业，以医知名。后迁居大同，时称三世儒医。[见：《山西通志》]

张碥 原名士才，字杏村，号方成。清代江苏常熟县人。工书法，兼精医理。著有《伤寒歌诀》、《澹云集》二书，未见梓行。[见：《常昭合志》]

张震 字兰谷。清代浙江嘉兴县人。监生。通医理。著有《医学发蒙》若干卷，未见刊行。[见：《嘉兴府志》、《嘉兴县志》]

张镇 （?~1868） 张式如。清代河北丰润县齐家坨人。丹徒县令张印子。镇少得足疾，绝意仕途。从父宦游江浙，读书自娱。好藏书，所收宋元孤本及清初乾嘉诸儒手校善本百余种，日事丹黄，学益精博。经史外，旁及音律、医卜诸学。同治戊辰，卒于华亭。生平校注之书甚多，医书有《古方辑要》六卷，未见流传。[见：《丰润县志》]

张镈 （1467~1525） 字汝声。明代长洲县（今江苏苏州）人。疡科名医朱廷用之婿。早年读书，旁涉史传，皆晓大义。得岳父之传，遍读《素》、《难》诸书，得其肯綮。及以医问世，视病处方，十不失一，廷用每叹不如。生性梗直，不迎合豪门，医术虽高，不为人知。设药肆于门，而问者寥寥，家境清贫。晚年以荐入京，就试礼部，入为太医院医士。不久，以事乞归。及再赴京师，不幸患寒疾，卒于逆旅，年五十九岁。门生为治棺，归葬于乡。有子四人：张潮、张瀚、张涛、张涣，事迹不详。[见：《中医历代名医碑传集》（引陆粲《陆子余集·太医院医士张君墓志铭》）]

张澜 清代湖南善化县人。国学生。精通医术。性浑厚，喜周乏。邻人遭瘟疫，亲友无至门者，张澜亲为诊治，得活一家。[见：《善化县志》]

张豫 （1400~1483） 字至和，号恒斋。明代长洲县（今江苏苏州）人。世医张缙孙，御医张希文次子。早年从太史张怡庵读儒书，精义理。及阅朱丹溪传，慨然慕之，曰："吾本医家，可自悖哉！继志述事，分当然也。"于是悉取医门诸书，昼夜研究，日有领悟，而未敢自恃。及父随三宝太监出使海外归，为之析疑辨难，始沛然无滞。嗣后，出以济人，治辄收效，临门延请者无虚日。重医德，不以技谋利邀功。琴川大姓钱公达，患背疽日久，恶证悉见，诸医束手。豫诊之曰："疾虽危，盖误尔，非本病也，宜大补元气，犹有生意。"投药而愈。其家酬以重金，豫曰："吾治疾来，非索也。"一笑而去。平生救济甚众，活人不可数计，遇颠连无告者，尤惓惓拯治，时助以薪米。天顺（1457~1464）初，征天下名医。数百人萃集京师，拔其特优者止七人，而豫居其首，遂擢御医。在京之日，治验甚多。通妙邵真人请诊脉，豫惊曰："不出六日，法当中风。"时邵固无恙，未信，越六日果如其言。太医院使董君，伤寒病愈而脉未平，请豫诊之。豫曰："防四七日。"第五日董氏卒，闻者称奇。一时名震京师，达官贵人折节与交，以图康济。而豫以年高龙钟，屡疏乞还，久而获准。成化十九年十月二十七日殁，享年八十四。有子三人：张淮、张沐、张淳，生平未详。[见：《苏州府志》、《长洲县志》、《中国历代名医碑传集》（引祝颢《明故太医院御医致仕张公墓志铭》）]

张璟 清代浙江仁和县人。诸生。邑名医张文启长子。传承父业，精医术。弟张璇，亦以医闻。[见：《浙江通志》]

张翰① 明代浙江海盐县中所人。邑名医张晖子。继承父业，尤擅伤寒，临证常一服而愈，时称"张一帖"。[见：《海盐县志》]

张翰② 号珊洲。清代江苏上海县人。生平未详。著有《医学六经汇粹》、《珊洲医案》二书，未见刊行。[见：《上海县志》]

张镛 字鲁生。清代山东武城县人。庠生。其祖父张修业，父张敬止，皆业儒而精医。张

铺善承家学，亦邃于医。著有《痘义解》、《张氏痘疹》、《外科法程》诸书，未见刊行。[见：《武城县志续编》]

张镜 字蓉亭。清末江苏吴县人。曾取慈溪应侣笙《疔疮要诀》等书，"校其异同，参其奥旨，删繁就要，详明经络各穴，绘以总图，编为歌诀"，编《刺疔捷法》一卷，刊于光绪五年（1879），今存。[见：《刺疔捷法》、《八千卷楼书目》、《中医图书联合目录》]

张澹 字新之，号春水。清代江苏吴江县人。孤贫力学，工诗，擅书画，并精医道。早年游学武陵，晚岁卜居海上。著有《风雨茅亭稿》。[见：《海上墨林》]

张璐（1617～1700） 字路玉，号石顽。明清间江苏长洲县人。明按察使张少峰孙。璐颖敏好学，博通经史，久困场屋，弃儒习医。自《内经》、《伤寒》至薛己、张介宾诸名医之书，无不披览，立论平实，不立新异。甲申（1644）世乱，张璐隐居于洞庭山，著书自娱。离乡十六年，辑医书一帙，书成始归故里，故名之曰《医归》。诸同人促其付梓，璐自思尚有未惬者，仅将其中《伤寒缵论》、《伤寒绪论》刻行（今存）。康熙初，前明儒士多移志于医，谈医者比比皆是，学风大振。至康熙中叶，风气渐衰，张璐深以为忧，乃取《医归》残稿，从头检点。命次子张倬补入《目科治例》，三子张以柔补入《痘疹心传》，易名《医通》（又称《张氏医通》）。书未付梓，张璐辞世。康熙四十四年（1705），皇帝南巡至吴，张以柔持父书进呈，奉旨交御前儒医张睿查看。四十七年下旨发同德堂，另为装订备览。张璐著述甚富，今存除《张氏医通》、《伤寒缵论》、《伤寒绪论》外，尚有《千金方衍义》、《本经逢原》、《诊宗三昧》等。子张登、张倬、张以柔，门生朱丹臣、袁觐宸、王舜年，均传其学。[见：《张氏医通·序》、《清史稿·张璐传》、《清代七百名人传》、《吴县志》、《苏州府志》、《四库全书总目提要》]

张翼① 字君辅。元代滁阳（今安徽全椒）人。自父辈徙居京口（今江苏镇江）。其父张元珪，官中奉大夫太医院使。张翼继承父学，复师事名医朱震亨，医术益精。曾任镇江路医学正，迁本路医学教授。后至元（1335～1340）初，与父同时任职太医院，官至资善大夫太医院使。后至元三年（1337），名医危亦林撰《世医得效方》十九卷，由江西医学提举司送太医院，张翼与同僚奉旨审阅。至正五年（1345）该书刊刻于

世。[见：《世医得效方·太医院题识》、《镇江志·学职》、《金元医学人物》、《中国历代名医碑传集》]

张翼② 元代和林（今内蒙古和林格尔）人。以医为业。同时有周中信、刘润甫、常士富、王仲贤，皆知名当地。[见：《金元医学人物》（引《和林金石录·和林三皇庙残碑文》）]

张璧 号云岐子。金代易州（今河北易县）人。名医张元素子。绍传父学，亦以医术著称。曾参考《内经》、《脉经》、《伤寒》诸书，撰《云岐子七表八里脉诀论并治法》（简称《云岐子脉法》）、《云岐子保命集论类要》（又作《伤寒保命集》）、《云岐子论经络迎随补泻法》等书，刊行于世。还著有《脉谈》、《医学新说》、《叔和百问》等，已佚。[见：《古今医统大全·历世圣贤名医姓氏》、《中国医籍考》、《济生拔萃》]

张瀚 字秋纯。清代江苏上海县人。善画墨兰，尤工书法。相传文星阁之"人物权衡"匾额，为瀚十六岁时所书。兼工医术，以外科见称。[见：《上海县志》]

张骥（?～1951） 字先识。现代四川双流县人。清末庠生。民国初入京应文官考试，列选，以县知事分发陕西，先后任米脂、栒邑等县知事。骥博闻强记，于书无不读，尤邃宋儒理学及佛学。晚岁卜居成都，设义生堂药肆，卖药治病，多所全活。年七十余病殁。著书三十余种，有医书《周礼医师补注》、《雷公炮灸论》（辑佚）、《内经方集注》、《医古微》、《史记扁鹊仓公传补注》、《三字经合编》、《内经药瀹》、《难经缵义》、《三世脉法》、《五色诊奇觯》等，刊行于世。[见：《中国历代医史》、《中医大辞典》]

张镳 字文起。清代江苏嘉定县人。事亲至孝，其父患微疾而卒，自痛不知医，未能尽事亲之责，乃博览医书，久之渐得门径，治病辄效。后以医济世，无论贫富概不受酬，虽隆冬深夜，一招即赴，遇穷困者罄囊相助，乡里皆感其德。[见：《嘉定县续志》]

张鳍 明代山西寿阳县人。少年丧父，孝行纯笃。其母因病失明，鳍忧劳侍奉，髭发尽白。性嗜于学，兼通天文，凡阴阳休咎，率能预知。晚年就任绥德州训导。曾推钟律运气之奥，纂注《灵枢经》及《日月五星志》，今皆散佚。[见：《平定州志》、《寿阳县志》]

张灏 字又梁。清代浙江钱塘县人。性孤僻，常诵经食淡。精疡医，多异方。凡奇证，诸医不治者，遇之多痊。[见：《杭州府志》]

张一飞 清代江苏南汇县人。其父张传丰，擅治疯疾。一飞传承父学，遂以医术知名。道光间（1821～1850），川沙同知何士祁，以"妙手回春"额其门。子张丹桂，亦工医。[见：《南汇县续志》]

张一真 字玉芳。清代四川名山县人。遇异人授以方术，遂精医术，尤擅祝由科。善疗肿痛诸证，无不应手取效。中年修练内功，虽隆冬行路，不著帽而汗气蒸腾。年九十岁殁。时有岑国福，搜集张一真所用方药，辑《岐黄一得》若干卷，未见传世。[见：《名山县志》]

张一谟 清代山西永宁县人。以医为业，治病悉遵《内经》。悬壶城市，治病不计财利，遇贫者施赠药饵。尤重孝义，凡为父母求医者，闻请即赴，尝曰："世人知重妻子，彼以父母为重，吾可不因其急而急乎？"[见：《山西通志》]

张九文 字象乾。近代四川简阳县人。生性明敏，心地仁善。肄业凤山书院，屡蹇场屋，弃儒攻医。凡《素问》、《灵枢》、《难经》、《脉诀》诸书，靡不诵习，得其精蕴，治病多奇中。九文偶适戚家，闻邻舍有哭声，出视，见一幼儿弃置廊下，谓主人曰："此疾可治，何悲若此？"先施以针，后灌以药，儿疾遂瘥。素重医德，治病不分贵贱，凡延请，虽寒暑晨夜，立至。尝治李某病，李氏家贫，欲质衣以偿医药之资。九文止之曰："汝勿尔，吾当为汝尽力医治。"病者得愈。1911～1920年，简阳县疫病流行，张氏自制九龙丸、气痛丸、时症丸、红灵丹、太平散等成药，每日诊治不倦，活人甚众。著有《风寒阐微》一卷、《医案随录》二卷，未见流传。[见：《简阳县志》]

张九经 字芸亭。清代河南阌乡县（今灵宝）人。精医理，名冠一时。[见：《阌乡县志》]

张九思 字兰亭。清代湖南宁乡县人。生平未详。辑有《审病定经》三卷，约成书于道光五年（1825），今存道光十四年甲午（1834）集贤堂刻本。[见：《中医图书联合目录》]

张九钺 清代湖南湘潭县人。张垣子。其外祖父马眉，以儒医名世，著有《医门正旨》四十卷。九钺研习外祖遗书，亦通医理。[见：《湘潭县志》]

张乃来 字敏修。清代河南淮阳县人。精医术，尤善外科。著有《疮症辨》、《瘟疫条辨》二书，藏于家。[见：《淮阳县志》]

张乃修 （1844～1905） 字聿青，号莲葆，晚号且休馆主人。清末江苏无锡县人。祖籍常熟奔牛镇。其父张甫崖，以医为业，名噪于时。乃修兄姊众多，自幼清贫。年十岁入塾读书，奋志攻习，学业精进。同治元年（1862）教馆于杨蔼棠家，有生徒四人。此时其父医名极盛，就诊者日盈庭户，乃修遂留意医学，侍诊父侧，跬步不离，馆事由兄代庖。同治三年霍乱流行，甫崖公四出应诊，积劳染病。乃修代父出诊，所治多效，声誉鹊起。同年，甫崖公卒。乃修行医之志益坚，博取《内》、《难》、《伤寒》、《金匮》及各名家之书，晨夕苦读，几至废寝忘食。同治五年悬壶于大市桥信性堂，诊视之余，兼攻举业。同治十二年（1873）冬，应府院试，丁外艰，未试而归。此后，屏弃举业，专力医学，名所居曰师竹。张氏对前人医著多有妙悟，临证按病施治，不株守一家之言，故能应手取效。尝旅居沪上十余年，挽救奇难大症不可胜数，名震于时，从游者甚众。生前忙于诊务，无暇著述。弟子邵正蒙、吴玉纯与吴县郭汇泰等合辑《张聿青医案》（又作《医论治案》）二十卷，刊刻于世。[见：《锡金续识小录》、《清代无锡名医张聿青先生轶事》（《江苏中医》1957年第2期）、《江苏历代医人志》、《清代名医医案菁华》、《吴中名医录·郭汇泰》]

张又渊 明末常熟（今属江苏）人。与李宏初、方汝化、丁崑璧，皆为当时名医。[见：《常昭合志》]

张三丰 原名张通，又名全一，或作君宝，号三丰，又号玄玄子、张邋遢。元明间辽东懿州（今辽宁黑山）人。为道士。硕而伟，龟形鹤背，大耳圆目，须髯如戟。寒暑唯一衲一蓑，所啖升斗辄尽，或数日一食，或数月不食。善嬉谐，旁若无人。洪武间（1368～1398）游武当诸岩壑，语人曰："此山异日必大兴。"时五龙、南岩、紫霄俱毁于兵火，三丰与其徒去荆榛，辟瓦砾，创草庐居之，已而舍去。通医术，常为人治病，用药不过数味，服辄奇效。洪武二十四年（1391），明太祖遣使觅之，避而不见。晚年居宝鸡金台观。一日，自言当死，留颂而逝。卒后，世间屡传张三丰死而复活，终莫测其存亡也。天顺三年（1459），英宗赐诰，追赠通微显化真人。著有《医方》若干卷，已佚。[见：《明史·张三丰传》、《高坡异纂·卷上》、《古今名医言行录》]

张三锡 字叔承（一作叔永），别号嗣泉。明代南京（今属江苏）人。世代业医，精通医理。尝博采群书，编《医学六要》二十卷，包括《四诊法》、《经络考》、《病机部》、《治法汇》、《本草选》、《运气略》等六种。名医王肯堂对其评价甚高,以医圣称之。[见:《四库全书总目提要》、《中国医籍考》、《八千卷楼书目》、《江宁府志》]

张于廷 字平轩。清代湖北安陆县人。岁贡生。性笃孝,负笈数百里学医,术精始归,备药以济贫病。尝督修龙头堤工,岁饥,施粥赈济,竭尽心力。著有《医案新编》,今未见。[见:《安陆县志》、《德安府志》]

张士吉 清代河南方城县月庄人。精医术,擅内外科。重医德,以济世为心,治病不索谢仪。[见:《方城县志》]

张士奇 (?~1864) 原名张泰。字钟英,号菊池。清代江苏上海县三十保陶家桥人。邑名医张思伦子。少攻举业,试辄前茅,曾任奎文阁典籍。后患心悸疾,遂弃儒攻医,久之精其术,治病应手奏效。同治三年秋,疫疠流行,远近延请者甚众。士奇悯恤贫病,多徒步出诊,竟以奔走劳瘁而卒。[见:《上海县志》]

张士政 唐代荆州人。精外科,善治伤折。王潜在荆州,有军人损胫,求张治之。张先令饮药酒,继破肉,取碎骨一片,大如两指,复涂药膏封之,数日如旧。[见:《酉阳杂俎·卷五·怪术》]

张士雄 字谷香。清代江苏上海县法华乡人。世代业医,以幼科知名。至士雄兼通大方脉,所治多良效。子张子香,传承家学。[见:《上海县志》]

张士璧 字元一。清代江苏上海县人。世业疡科,神于针砭。性诚笃,乡里敬之。年八十岁卒。子张大山,号庐屏,以诗画著称。[见:《上海县志》]

张士骧 字伯龙。清末山东蓬莱县人。天资英敏,淹贯文史。其父张墨园,膺张之洞保荐循吏,积劳多病。士骧因父病寝馈方书,研习有年,多有心悟。会父患时疾,群医束手,士骧即起之,由是声名鹊起。著有《雪雅堂医案》二卷,刊刻于世。[见:《中医图书联合目录》、《山东通志》、《雪雅堂医案》]

张大本 字汝立。明代安徽颍上县人。南京太医院吏目张禄子。幼承家学,年弱冠即以医名。善脉诊,立方不尽如古,能变化巧中,投药辄效。有富室病寒嗽,抱火不能离。时医断为阴证,投以温热药,寒嗽益甚。后延请大本,诊之曰:"此内热也,阳乘阴于内,阴不能藏而外附,则苦寒而形战不自止。"为之疏方,一剂即愈。一人病狂,号叫奔走,数人不能执其手足。时医诊为阳证,用清火药,狂益甚。张大本诊之,曰:"此阴内亏而阳不收,故其形强多躁。然气壮尚能狂,可生也。"投药而狂止。左州牧高天祐家居,与大本相往还。高氏子患痘,毒攻于目,双眼生翳。值大本远游,延他医治之,竟致失明。后高氏少子翼耀复患此症,问诊于大本,大本曰:"是何难?"以菾柿蘸谷精草,令子啖之,数日目翳尽退。大本子张问政,亦精医道,曾任太医院医官。[见:《颍上县志》]

张大声 字振寰,号琼田。清代江苏南汇县人。少习举业,循例入监。精医术,往来吴越间,活人无数。性豪迈,喜吟善饮。著有《琼田诗稿》,已佚。族人张德馨,亦工医术。[见:《南汇县志》]

张大纲 字玉田。明代浙江宁波府人。谦和温厚,博览群书,通晓星卜、堪舆之术。自幼研习医学,洞悉源流。自公卿大夫至布衣山野之士,咸乐与交,聆其言论,津津忘倦。张氏医术既工,又有利济之心,不问贵贱贫富,疏戚远迩,有邀必赴,人以此益亲厚之。丁酉岁,巡按王元曦特旌其善行。[见:《宁波府志》]

张大和 清代四川汉源县富林镇人。精医术。临证善变通,不泥古方,自成一家之法,每能出奇制胜。复兴场冉天明,与之齐名。[见:《汉源县志》]

张大治 号鉴堂。清代江西德兴县在市人。善岐黄,活人甚众。[见:《德兴县志》]

张大经 字景和。明代浙江余杭县人。居心纯厚,博览医经。按脉察色,能预知生死,有遇微疾而直曰必死者,有患重病而决曰必生者。临证用药平和,而每于平淡中见神奇。重医德,凡无力购药者,欣然捐资调治,存活无算。时谚云:"但愿世间无疾病,不患架上药生尘。"可为大经写照。[见:《余杭县志》]

张大临 字吉咸。清代湖北沔阳州人。精医道,行医三十余年,活人无算。遇贫病辄助以药,乡里贤之。[见:《沔阳州志》]

张大举 清代四川合江县人。业儒,兼通医术,疗疾多效验。晚年好养生,得享天年。[见:《合江县志》]

张大亮 字韫轩。清代山西孟县人。国学生。习堪舆家言,兼善医术,远近知名。治病不受酬谢,遇贫困者随证赠药,终其身如一日。[见:《山西通志》]

张大俊 (1796～?) 清代四川定远县人。秉性正直，精通医术，知名于时。光绪元年（1875），年已八十，尚能应诊。[见：《定远县志》、《武胜县新志》]

张大厚 元代江西南昌人。精医术，以儿科著称于世。[见：《金元医学人物》（引《梁石门集·洪崖图为小儿医张大厚题》）]

张大章 佚其名（字大章）。明清间浙江钱塘县人。性嗜医学，慨然有济世之志，博览《内经》、《伤寒》以下诸书，朱墨陆离，悉留手泽。晚年欲著书立说，以传后世，未果。嘱其子张锡驹曰："汝当继吾志。"锡驹不负先志，撰《伤寒论直解》、《胃气论》等书传世。[见：《遂初轩医话》、《伤寒论直解·自序》]

张大龄 字如冈，号西园。清代浙江海盐县人。为人淳厚质朴。喜读书，擅长古诗文。性好著述，有《西园诗稿》八卷、《怀真自言》四卷、《杜诗选注》十卷。又旁通医术，著《医学辨伪》十卷，未见流传。[见：《海盐县志》]

张大燨 字仲华，号爱庐。清代江苏吴县胥江人。精医术，擅治伤寒，为嘉庆、道光间（1796～1850）名医。晚年撰《临证经验方》（又作《爱庐医案》）一卷，今存道光二十六年丙午（1846）稿本及多种刻本。[见：《吴县志》、《中医图书联合目录》]

张万礼 字德先。清代湖南善化县人。纯谨好道，飘然尘外。精岐黄术，治病不分贫富，皆不计利，全济甚多。享高寿而卒。[见：《善化县志》]

张万春 字复泉。明代浙江嘉善县人。精通医术，治婴孩病尤神效。尝闻里中孺子啼，入室灌药数匙，即欢笑矣。年九十六，授冠带医官。子孙能继其业。[见：《嘉善县志》]

张万福 唐代人。里居未详。初为名医，擅长脉诊。后出仕，官于泗洲。郎中柳芳之子患重疾，延请张氏往治。张至，诊儿脉五六息，告曰："此子何忧也，寿且逾八十。"乃留方数十字。后此儿果寿至九十。[见：《酉阳杂俎》、《历代名医蒙求》]

张与权 元代余姚县（今属浙江）人。世代为医，至与权已十三世，尤擅小儿科。挟技游于宁波、绍兴之间，活人甚众，其居室名生意垣。中书参政危素为其题匾额，秘书少监揭法作记，戴良撰赞。[见：《金元医学人物》（引《九灵山房集》、《张处士全归集》）]

张与敬 明代句容县（今属江苏）坊郭人。邑名医张在中子。传承父业，以医称于时。子张约，孙张世，皆为名医。[见：《句容县志》]

张千里 (1822～1879) 字子方，又字广文，号梦庐。清代浙江嘉兴县人。徙居桐乡县后珠村。张心源子。自幼习儒，为廪贡生。博学能文，擅长书法。家境清贫，以教塾为生。同村眉寿堂沈嗣龙，其家自南宋以来世代业医。千里与之为中表，馆于其舍十四年，读书之暇，留心医药，博览沈氏所藏方书，久之通明医理。沈氏殁，临终托孤于张千里。嗣后，弃馆悬壶，医声大振，就诊者日达百人。其志不在此，待家道小康，筑珠村草堂，聚书数万卷，讲求古文词，日与吴越名士相唱合。十试秋闱，屡荐不售，遂就任教职，历官绍兴府教授、新城县训导。生平多善举，囊有余资则出以济人，时人德之。道光十二年（1832）浙西大水，张氏与同道倡捐助赈，全活甚多。年五十八岁卒。嘉兴李富孙为之作传。著有《珠村草堂医案》（又作《千里医案》），今存稿本。还著有《四时感证制治》、《外科方案》等书，今未见。三子张光裕，门生徐国琛，皆传承其术。[见：《桐乡县志》、《乌青镇志》、《冷庐医话》、《中国历代名医碑传集》]

张广忠 字蓂臣。清代山东阳信县人。博览好学，通算术，性孝友，不求闻达。尤精医道，善外科，知名乡里。[见：《阳信县志·孝友》]

张广思 字集九。清代山东阳信县人。善言词，磊落不群。素业岐黄，经验丰富，知名乡里。年七十七岁殁。[见：《阳信县志·方技》]

张义銮 清代四川射洪县人。以医为业，知名于时。重养生，与妻白首齐眉，终年皆八十九岁。[见：《潼川府志》]

张之杲 字东甫。清代浙江钱塘县人。曾官于嘉定县。最善谈医，与世医何其伟（1774～1837）同时。[见：《何书田年谱》]

张子儿 佚其真名（乳名子儿）。明代湖北沔阳州人。善治发背疮，每治病先以掌挲之，疮发则劝人食羊肉，继以草药数服辄愈。其方失传。[见：《沔阳州志》]

张子平 近代江苏淮安人。精医术，与兴化赵履鳌、阜宁余奉仙齐名，有苏北三大名医之称。[见：《江苏历代医人志》]

张子存 东晋末前凉人。生平里居未详。著有《赤乌神针经》一卷，已佚。按，疑张子存即"张存"，待考。[见：《隋书·经籍志》、

《黄帝众难经注、玉匮针经作者吕广的年代问题》（见《上海中医杂志》1957年10月号]

张子英 金代人。里居未详。金宣宗时太医院太医。兴定五年（1221）十月，与太医侯济诊皇孙疾，不效，皇孙亡，罪当死。宣宗曰："济等所犯诚宜死。然在诸叔及弟兄之子，便应准法行之。以朕孙故杀人，所不忍也。"命杖七十，除太医名。[见：《金史·本纪·宣宗》]

张子修 近代上海人。邑名医张世镳侄孙。传承家学，亦精医术。悬壶于城中南市，有医德，治病不计较诊金。[见：《清稗类钞》]

张子信 （?～577） 北齐河内（今河南沁阳）人。性沉静，颇涉文学。少以医术知名，隐于白鹿山。时出游京邑，甚为魏收、崔季舒礼重。大宁间（561），征为尚药奉御。武平（570～575）初，又以太中大夫征之，岁余谢病归。齐亡，子信卒。[见：《北齐书·张子信传》、《太平御览》、《历代名医蒙求》]

张子香 清代江苏上海县法华乡人。邑名医张士雄子。自幼颖异，继承父学，亦工医术。[见：《上海县志》]

张子彦 北齐人。里居不详。精通医术，为当时名医。天统间（565～569）中书侍郎李德林丧母，悲哀致疾，张子彦曾为其合汤药。[见：《隋书·李德林传》]

张子益 元代人。生平里居未详。隐士，寄身医业，名其室曰医隐斋。刘敏中作《张子益医隐斋》诗云："形迹虽殊我自同，偶然流寓亦何穷？题诗只说医为隐，未必高怀识此翁。"[见：《金元医学人物》（引《中庵先生刘文简公文集》）]

张子麟 明代人。生平里居未详。辑有《新刊经验秘方》，此书被关西杨瑞收入《良方类编》。[见：《中医图书联合目录》]

张丰盛 清代河南阌乡县（今灵宝）人。深明医理，常施药以济贫病，乡人德之。[见：《阌乡县志》]

张开运 清代安徽桐城县人。生平未详。撰有《洗冤录摭遗补》一卷，约成书于光绪二年（1876），今存。[见：《中医图书联合目录》]

张开第 字讷亭。清代河南祥符县（今开封）人。康熙间（1662～1722）贡生，官至钱塘知县。著有《洗冤述论》，未见刊行。[见：《河南通志》]

张开愚 字慎术。清代湖南永定县人。自少习儒，为诸生。因病习医，博览古今方书，尤精脉理。临证审慎，诊病必凝思五六刻，始以端楷书方授之，所愈奇疾每出人意表，名重于时。兼通堪舆家言。年九十岁卒。[见：《续修永定县志》]

张天枢 清代江苏上海县人。邑名医张兆龙次子。与兄张天衢，俱传父业。[见：《上海县志》]

张天泽 清代安徽怀宁县人。自幼习儒，少应童子试，屡冠军。后隐于医，以术活人，治疗贫病，不取一钱。年九十，有司旌其寿。著有《行素斋秘要》、《脉宗管见》诸书，未见传世。[见：《怀宁县志》]

张天衢 清代江苏上海县人。邑名医张兆龙长子。与弟张天枢，俱传父业。[见：《上海县志》]

张元士 元代安肃（今河北徐水）人。业医，以治病济人为己任，世人敬之。[见：《金元医学人物》（引《保定郡志》）]

张元代 字名世。清代湖南武陵县人。早年习儒，不遇于时。熟谙岐黄，通药理，尤擅伤科，临证应手而愈。重医德，治病不索酬谢。年九十四岁卒。[见：《武陵县志》]

张元龙 字汉超。清代江苏上海县人。十一岁丧母，哀痛逾成人。及长，景慕游侠，又喜读《易经》。后以医为业，以用药谨慎称于时。重医德，遇贫病解囊助之。乾隆二十年（1755）岁饥，倾家产赈济亲族。[见：《上海县志》]

张元寿 字孝原。清代江苏泰兴县人。因父病习医，精其术，有名于时。[见：《泰兴县志》]

张元良 清末山东乐安县（今广饶）张家庄人。生于光绪间（1875～1908）。早年习儒，因家贫务农、经商，后以医术知名。著《方药条陈》、《痘疹萃选》诸书，未见刊行。[见：《乐安县志》]

张元和 （?～1869） 清代湖北黄安县水阁楼人。嘉庆间（1821～1850）遇异人授以医术，起死回生，活人无算，绝不受人酬谢。因避乱寓居麻城县城边堰苏狮子寨，喜山川之秀，谓家人曰："我殁后当栖此山。"同治八年卒，当地人立庙祀之。[见：《麻城县志前编·仙释》]

张元泽 元代人。里居未详。曾任资善大夫太医院使。后至元三年（1337），名医危亦林撰《世医得效方》十九卷，由江西医学提举司送太医院审阅，张氏与同僚参予其事。至正五年（1345）《世医得效方》刊布于世。[见：《世医

得效方·太医院题识》]

张元祝 清代四川太平县花萼山人。工医术，为乡邻疗疾不知倦。年九十二岁殁。[见：《万源县志》]

张元珪① 南宋丹徒县（今江苏丹徒）人。建炎间（1127～1130）任太医院御医。高宗太子有痄疾，张氏治之得愈，赐金虾蟆一，并金帛酒果。敕书曰："朕置太医院，储奇艺以寿国脉，蓄药饵以拯疾厄。其任匪轻，非知运变权宜之士，其奚以堪？尔元珪业由世授，术贯天人，神功圣巧，悉皆备焉，可宜旌嘉，用彰不朽。太子久患痄疾，诸医未瘳，未究其源。卿不雷同，深识标本，一药而愈，安不移时。朕甚异之，对以虾蟆痄也。特赐金虾蟆及金帛酒果，以赍不次之功。钦哉！非怪证无以显奇效，非奇效无以著神功。加秩褒宠，无待费辞。"该敕书曾镌刻于石，六百余年后尚存。张氏后裔多以医术名世，时称"张虾蟆"。[见：《镇江府志》、《丹徒县志》]

张元珪② 字廷玉。元代滁阳（今安徽全椒）人，徙居京口（今江苏镇江）。世以医闻。泰定间（1324～1327），以医侍太子图帖睦尔于金陵（今南京）怀王府。天历元年（1328），文宗登极，授从仕郎典瑞院都事。历官征仕郎太医院判、文林郎同知太医院事。至顺间（1330～1332）迁正议大夫太医院使。后至元间（1335～1340）官中奉大夫太医院使。后至元三年，名医危亦林撰《世医得效方》十九卷，由江西医学提举司呈送太医院，赵元珪与同僚审阅其稿，于至正五年（1345）刊刻于世。张元珪子张翼，与父同时任职太医院，官资善大夫太医院使。[见：《世医得效方·太医院题识》、《镇江志·学职》、《金元医学人物》]

张元素 字洁古，世称张易水。金代易州（今河北易县）人。幼习举业，八岁举神童。二十七岁试经义进士，犯皇帝讳下第，退而习医。苦研经年，洞彻医理。时河间名医刘完素患伤寒，已八日，头痛脉紧，呕逆不食。元素往候，刘面壁不顾。元素曰："何见待若斯之卑哉？"诊脉毕，问曰："若病某乎？"刘答："然。"复问："若服某药乎？"刘答："然。"元素曰："误矣！某味性寒下降，走太阴，今脉如此，非某药不效！"刘完素惊服其论，饮药而愈。自此，张元素医名沸起，见之者若遇和、扁。于医理推重《内经》诸书，而临证多不循古，尝谓："运气不齐，古今异轨，古方新病不相能也。"久之自成家法，宗其学者甚众，为易水学派之开山。不弃儒学，曾以

明经任涿州学正。著有《医学启源》三卷、《洁古本草》二卷、《珍珠囊》一卷，《洁古家珍》一卷、《洁古注叔和脉诀》十卷、《脏腑标本寒热虚实用药式》一卷，均刊于世。子张璧，门人李杲、王好古，皆得亲授，俱以医术著称。[见：《金史·张元素传》、《医学启源·序》、《古今医统大全·历世圣贤名医姓氏》）、《四库全书总目提要》、《直隶易州志》、《补辽金元艺文志》、《日本现存中国散逸古医籍》]

张元铭 字演中。明代浙江浦江县人。读书有神悟，通三易、六乐，从游名士百余人。曾游京师，与张懋学、高攀龙、何栋如诸名士论乐于神乐观。年八十岁卒。著有《乐则》六卷、《原乐大成》、《三皇五纪》、《地理连山》等书。兼涉医学，撰《医坟款要》若干卷，今未见。[见：《浦江县志》]

张元善 字性之。元代长洲县（今江苏苏州）人。祖籍汴梁（今河南开封）。嘉兴路官医提领张应元子。质禀温存，贯通儒学，有君子之称。尤精医术，切脉如神，名噪于时。重医德，治病不计酬报，不因贫富异视，凡以疾延请，虽寒暑路遥不辞。曾任平江路医学录，累迁江浙行中书省官医提举，阶保冲大夫。至正十八年（1358），行枢密院断事官唐伯刚患疾，愤懑舌僵，手足痿痹，人皆谓中风。元善诊之，曰："此痰积于中，浸淫脉络，走注四肢，节宣失度，天和乖戾，故病厥耳，非中风也。"投以理气药，应手而痊。元善勤学嗜读，其书室称静学斋。任医官时，上疏重修三皇庙，增祀历代名医于两庑，一如孔庙之制。殁后，侍御史周伯温为作墓志铭，称"医名儒行之君子也"。子张缙，亦以医名。[见：《苏州府志》、《长洲县志》、《金元医学人物》、《中国历代名医碑传集》]

张元富 清代四川渠县人。邑名医张步云门生。精医术，与其师齐名。[见：《渠县志》]

张元鼎 字君调。明清间江苏上海县人。初习举业，明亡，弃儒就医。子孙世以医名，九世孙张世镳，声名益著。[见：《中国历代医家传录》]

张元鹏 字春仁。清代四川荣县人。自幼聪颖，四龄丧父，赖母抚育成立。及长，教塾为业。因母病留心医药，得名师指授，遂精其术。心怀济利，凡以病求诊，皆为治疗，概不索酬。年八十余殁。[见：《荣县志》]

张元潆 清代江西南昌府人。业医，治病多奇中，知名于时。年七十六岁卒。[见：

《南昌府志》]

张无妄 字必醇。清初山西临晋县人。父张璈，任蒲州文学，为李自成义军所杀。无妄奉母寓居虞乡县城，定居县东之平壕村，读书甚勤。后弃儒习医，精通脉理，活人甚众，为一时名医。著有《伤寒条辨要解》（又作《伤寒要解》）、《本草便读》二书，今未见。[见：《山西通志》、《虞乡县志》]

张云川 清代江苏川沙县八团人。邑眼科名医张坤岩子。传承父学，亦擅眼科，兼通大方、推拿诸科。著有《推拿秘要》一卷，未见流传。其后裔张清湛，医名甚噪。[见：《川沙县志》]

张云会 字思对。清代江西广昌县白家寨人。习医，精内外两科。自备药饵，有求必应，隆冬盛暑不辞。年逾七十，犹亲视不倦。[见：《广昌县志》]

张云翼 清代山西高阳县人。邑名医张组子。早年习儒，为举人。克绍父业，亦精医术，名满朔平府。子张聪、张明，侄张智，皆以医闻名。后迁居大同，时称三世儒医。[见：《山西通志》]

张太极 号莘野。明代浙江龙泉县人。为医官。明彻医理，治疗贫病，不计酬报，抚院道府交奖之，号为神医。[见：《龙泉县志》]

张太素① 号青城山人。唐代人。生平里居未详。著有《太素脉秘诀》二卷，后经汀州医官刘伯祥注解，刊行于世。是书虽载脉法及妇人病诊法等内容，然主旨在于以脉象判定寿夭、智愚、官运、财运等，荒诞不经，对后世医学有消极影响。[见：《八千卷楼书目》、《北大图书馆藏李氏书目》、《中国医学大成总目提要》]

张太素② 字白民。清代江苏常熟县人。业医，诊脉能决死生，多奇中。好济人缓急，时人称道其义。[见：《常昭合志稿》]

张友长 清末江苏松江府人。得伯父张书田传授，复受业于名医沈仪庭门下，以医术著称。门生夏仲芳、陆竞新，为近代名医。[见：《中国历代医家传录》（引《松江医药杂志》）]

张友忠 清代四川安县人。工医术，曾任安县医学。[见：《安县志》]

张友桂 字月香。清代山东博兴县贺家庄人。性纯洁，才敏学博，以诗文见称于时。兼精医术，咸、同间（1851～1874）民间多疾疫，友桂拟方施药，活人无算。著有《内科秘录》，藏于家。子张立功、张立言，孙张升堂、张龙堂，

俱以医术知名。[见：《博兴县志》]

张日丰 字愚堂。清代江苏南汇县人。精医术，重医德，遇贫病助以药资，名闻四境。门人甚众。[见：《南汇县志》]

张中发 字自志。明清间浙江钱塘县人。崇祯十二年（1639）举人。明亡，隐居山野，以医活人，不复出仕。有司胁迫之，不得已乃出。[见：《上海县志》]

张中和① 字介石，号曹洞俗汉。清代广东南雄保昌县（今南雄）人。倜傥有干才。康熙初，由监生授韶州府经历。曲江、仁化、乳源乱，郡守遣往招安。张氏以一子为人质，携叛首出降。而文武大员皆背信，杀戮贼首，其子遂遇害。上官更坐以激变之罪，罢官系狱，三年乃得昭雪。嗣后，不复出仕，业医以自给，所治多神效，知名于时。著有《资蒙医径》（地方志误作《知蒙医镜》）三卷。此书国内未见，日本国立公文书馆内阁文库藏康熙八年（1669）序刊本，现已由人民卫生出版社点校出版。[见：《南雄府志》、《资蒙医径》、《日本现存中国散逸古医籍》]

张中和② （1826～1888）清代广东和平县大同乡人。任职于布政司。慷慨好义，质直有决断。精通医学，家藏药品，凡登门求医者，皆予之，人感其德。年六十三岁卒。[见：《和平县志》]

张中瑚 清代山东莱阳县双山村人。咸丰时（1851～1861）邑庠生。深通医理。著有《治瘟症书》，未梓。[见：《莱阳县志》]

张升堂 清代山东博兴县贺家庄。邑名医张友桂孙。与弟张龙堂，俱以医术知名。[见：《博兴县志》]

张升蛟 字潮青。清代浙江归安县人。精医术，尤擅痘科。博览医书，随时笔记，达三十余年，汇萃痘科难症，辑《危险录》十四卷（后易名《痘疹前编》）。晚年复约前书之义，另辑《研精录》四卷（后易名《痘疹后编》）。二书为现存痘科著作中较完备者。[见：《中国医学大成总目提要》、《中医图书联合目录》]

张仁卿 元代人。生平里居未详。精医术。至正间（1341～1368）任鲁山县医学教谕。[见：《鲁山县志》]

张仁斋 元明间吴县（今江苏苏州）人。世为名医，早年师从陈鼎庵，受《内经》之学，兼读刘完素、张从正、李杲三家之书。及以医问世，擅长脉法，用药多奇验。元末时，授惠民药局提领。将军那木哥病危，张氏诊之，谓

寒凉太过，投温药而愈。禅师泐公，素无疾病，偶遇张氏，请诊脉色。张曰："师虽康强，其中多滞痰，后有中风之患。"闻者多不信，而后果然发病，手足痿痹。张氏以辛凉剂汗而下之，得痊愈。明洪武七年（1374），元降将李思齐（1323～1374）患病，太祖遣使召张仁斋诊治。张切其脉，奏曰："尺脉已绝，虽能饮食，一月后必死。"果应其言。贝琼推重张氏之术，曾作《送医师张仁斋》诗云："悬壶长向市中藏，海底龙公夜授方。庐阜仙人知董奉，长安女子识韩康。药存九转芙蓉暖，松化千年琥珀香。暂到京华即归去，一毫荣辱总相忘。"［见：《金元医学人物》（引《宋学士全集补遗·赠惠民局提领仁斋张君序》）、《清江贝先生诗集》）］

张仁锡 （?～1860） 字希白。清代江苏青浦县人，侨寓嘉善县魏塘镇。早年习儒，后从陆其焕习医。精于脉诊，于斑疹颇有研究，尝谓："脉证须并参，不可偏执一见。"著有《斑疹新论》（今存铅印本）、《药性蒙求》、《临诊碎玉》（上二书今存抄本）、《痢症汇参》、《四言药性》、《奇锦琐言》、《医说》、《医案》，为其弟子吴炳所存，后五种散佚不传。［见：《嘉善县志》、《青浦县续志》、《中医图书联合目录》］

张仁邶 字胄仲。清代浙江天台县人。精医术，擅长眼科，治辄奇效，名重于时。性笃孝，其母病风，卧床褥者七年，张氏晨夕侍奉汤药。辑有《眼科七十二证》二卷，经其孙张廷琛重校，改题《眼科过庭录》，传抄于世。今有《眼科七十二症医法》抄本存世，不著撰人，疑或即此书，待考。张仁邶子仙礼，传承父学，医术尤精。［见：《台州府志》、《天台县志稿》、《中医图书联合目录》］

张化凤 字超凡。清代河北交河县人。精通医道。以术济世，凡以疾延请，无不应。［见：《交河县志》］

张化麒 字献琛，号古珊。清代江苏上海县三十保人。精外科，合药不惜费，临证不较酬。著有《超心录》、《临证病源》、《外科摘要》等书，未见流传。子张乾佑，孙张燮澄，皆以医术知名。［见：《上海县续志》］

张介宾 （1563～1640） 字会卿（一作惠卿），号景岳，别号通一子。明代浙江山阴县人。先世居四川绵竹县，明初以军功授绍兴卫指挥，始出山阴。其父张寿峰，为定西侯幕宾，素通医理。介宾素性端静，幼习经史，年十三随父至京师，从名医金世英学，尽得其传。年四十从戎幕府，游河北，随军出山海关，历碣石（河北昌黎东南）、凤城（今属辽宁），渡鸭绿江。居数年，无所成就，以亲老家贫归乡，肆力于医学。遍读名医之书，医术日进，声名日彰。其于医，效法李东垣、薛立斋，喜用熟地，故人呼"张熟地"，为明代医界补土学派代表人物之一。介宾每慨世医茫无定见，多勉为杂应之术，处方则"假兼备以幸中，借和平以藏拙"，故其临证，必沉思病源，所立单方重剂，莫不应手霍然。一时谒者盈门，沿边大帅，皆遣金币致之。年七十八岁卒。介宾博学多识，凡韬略、相术、星纬、堪舆、律吕无不通晓，于医道最为精博。对《内经》尤多研究，尝历三十年，于天启四年（1624）编成《类经》三十二卷。是书将《内经》分门别类，详加注释，多所发明，为后世医家所推崇。此外，尚著《类经图翼》、《类经附翼》、《质疑录》、《杂证谟》、《传忠录》、《本草正》、《伤寒典》、《外科钤》、《脉神章》、《古方八阵》、《新方八阵》、《慈幼新书》、《痘疹诠》、《小儿则》、《妇人规》、《宜麟策》等书，大都收入《景岳全书》中。［见：《南雷文定前集》、《山阴县志》、《会稽县志》、《浙江通志》、《景岳全书·林日蔚序》、《四库全书总目提要》］

张介庵 明代浙江鄞县人。生平未详。曾选取《医方大成》、《和剂局方》、《御药院方》、《宣明论方》等三十九家医方，辑《保生余录》二卷。上卷列大人科十八症，共一百七十九方；下卷列眼科、口齿咽喉科、妇人科、小方脉科十六症，共二百四十三方。此书国内未见，今日本国立公文书馆内阁文库藏有嘉靖三年甲申（1524）序刊本。［见：《内阁文库汉籍分类目录》、《日本现存中国散逸古医籍》］

张从正 （约 1159～1232） 字子和，又字戴人。金代睢州考城（今河南民权县以东）人。曾寓居宛丘、郾城等地。生于世医之家，幼承家学，淹贯《素》、《难》诸书，年逾四十，始知名于世。推重名医刘完素，用药偏主寒凉，而起疾救死，多获奇效。古人有汗、下、吐诸法，用之得当则去病，不当则速其死。张从正于此三法用之最精，故后世称张子和汗下吐法，宗其法者称攻下派。兴定间（1217～1221）召补为太医院太医，不久辞去。子和久居陈州（今河南淮阳），与常用晦、麻九畴诸名士相往还，日游濮水之上，讲论医理。张从正与刘完素、李杲、朱震亨齐名，世称金元四大家。著有丛书《儒门事亲》十四卷，包括《儒门事亲》三卷、《治病百法》二卷、《十形三疗》三卷、《杂记九门》一卷、《撮要图》一卷、《治法杂论》一卷、《三法六门》一卷、《治法心要》一卷、《世传神效名方》一卷，大行于世。《四库全书总目提要》评其书曰："其曰《儒门事亲》者，以为惟儒者能明其理，而事亲者当知医也。从正宗河间刘守真，用药多寒凉，其汗吐下三法当时已多异议，故书中辨谤之处为多。丹溪朱震亨亦讥其偏，后人遂并其书置之。然病情万状，各有所宜，当攻不攻与当补不补，厥弊维均。偏执其法固非，竟斥其法亦非也。惟中间负气求胜，不免过激。欲矫庸医恃补之失，或至于过直。又传其学者不知察脉虚实，论病久暂，概以峻利施治，遂致为世所借口。要之未明从正本意耳。"张从正还著有《伤寒心镜》一卷，今存。又有《三复指迷》一卷、《张氏经验方》二卷、《秘录奇方》二卷、《汗下吐法治病撮要》一卷，今未见，疑为前举诸书之异名者，待考。〔见：《金史·张从正传》、《河南通志》、《郾城县志》、《儒门事亲》、《四库全书总目提要》、《国史经籍志》、《千顷堂书目》、《中国医籍考》、《中国历代名医碑传集》〕

张公寿 明代松江（今上海松江）人。精通医术，然不肯以医问世。其乡某妇人怀孕将产，一日跌仆，遂闷绝，延请张氏诊视。张取头上针，使妇开胸襟，当心针之，即顺产一子。〔见：《中国历代医家传录》（引《都公谭纂》）〕

张公望 字临川。清代浙江桐乡县人。儒医张达龄次子。与兄张诚，绍承父业，皆官医学训科。〔见：《桐乡县志》〕

张公裔 清代河南西华县人。生平未详。著有《医门法眼》，今未见。〔见：《西华县志》〕

张丹桂 清代江苏南汇县人。本邑疯科名医张一飞子。克传父业，亦精医术。光绪间（1875～1908），县令袁树勋以"存心寿世"旌之。〔见：《南汇县续志》〕

张凤仪① 清代山东邹县人。庠生。绳言墨行，有古人之风。精医术，善治痘疹，有求必应，四方沐德。著有《痘疹经》，今未见。〔见：《邹县志稿》〕

张凤仪② 清代江苏川沙县八团人。眼科世医张金照子。继承家学，亦以眼科知名。〔见：《川沙县志》〕

张凤诏 字以挥。明代安徽歙县定潭村人。其父张守仁（1550～1598），获劳力伤寒散秘方，以医术知名。凤诏自幼习儒，后传承父术，致力医学。擅治伤寒杂证，声达皖、浙、赣数省。〔见：《新安名医考》〕

张凤鸣① 清代浙江山阴县人。伤科名医张梅亭孙。继承家学，亦以伤科名世。〔见：《绍兴医学史略》〕

张凤鸣② 清代湖南永定县东乡人。父张九思，以慈善著称乡里。凤鸣亦善救人危难，有父风。精岐黄术，著有《医方便览》，藏于家。〔见：《续修永定县志》〕

张凤庭 字宪堂。清代四川资州人。早年习儒，不售，弃而攻医。晚年技益精，活人无算。年八十一岁卒。〔见：《资中县续修资州志》〕

张凤阁 清代河南西平县人。生平未详。著有《瘟证秘诀》，未见刊行。〔见：《西平县志》〕

张凤基 清代四川简阳县人。业医。性仁厚，视人之疾若在己身，凡求治，不分险远，虽风霜暮夜，必急往。遇贫病之家，虽无谢仪，未尝忽之。年八十岁卒。〔见：《简阳县志》〕

张凤翔 字梅泉。清代浙江乌程县（今吴兴）人。生平未详。著有《伤寒论赞》、《内经门识》，今未见。〔见：《乌程县志》〕

张凤龄 字仪庭。近代河北霸县高各庄人。自高祖以下皆擅岐黄，尤精眼科。凤龄仰承家学，益求精进，立方每多奇效，求诊者日盈其门。重医德，遇贫寒者常济以药，善名播于遐迩。1918年，各村公送"五世良医"匾额。是年中亭河决口，饥民遍野，凤龄首倡赈济，全活甚众。平生不矜己长，不言人过，乡里称善。子张祐民，曾任霸县教育局长。〔见：《霸县新志》〕

张文介 号玉泉子。明代人。生平里居未详。著有《玉泉子金闺秘方》一卷（此书日本有传本）、《医要见证秘传》二卷、《医要脉学秘传》三卷，后二书已佚。〔见：《医藏书目》、《中国医籍考》〕

张文左 字鸣举。清代安徽绩溪县人。张绍鹏子。邑庠生。性朴诚，精医道，悬壶济世。诊病善察性情，每不药而愈疾，人以为神。年九十五岁殁。〔见：《绩溪县志》〕

张文立 字秀夫。清代江苏江都县瓜洲镇人。精医术，以眼科知名。〔见：《瓜洲续志》〕

张文仲 （?～700） 唐代洛阳（今河南洛阳）人。与同邑李虔纵、京兆韦慈藏，并以医术知名，官至尚药奉御。武则天时，为侍御医。大臣苏良嗣上朝而疾作，绝倒庭中，武后令张文仲、韦慈藏随之至宅诊视。文仲曰："此因忧愤，邪气激也。若痛冲胁则剧，难救。"顷告胁痛。文仲又曰："若入心即不可疗。"俄顷心痛，不复入药，遂卒。张文仲善疗风疾，武后令其聚集当时名医，共撰《疗风气诸方》，诏麟台监王方庆任监修官。文仲奏曰："风有一百二十种，气有八十种。大体医药虽同，人性各异，庸医不达药之行使，冬夏失节，因此杀人。惟脚气、头风、上气，常须服药不绝，自余则随其发动，临时消息之。但有风气之人，春末夏初及秋暮要得通泄，即不困剧。"于是撰《四时常服及轻重大小诸方》十八首以上朝廷。文仲还著有《随身备急方》三卷、《法象论》一卷，诸书均佚。[见：《旧唐书·张文仲传》、《新唐书·张文仲传》、《河南通志》]

张文先 字幼泉。清代浙江嘉善县人。幼科世医张世显长子。与弟张文衡，继承家学，以医闻名。父子皆年逾八十殁。[见：《嘉善县志》]

张文启 字开之。明清间浙江仁和县人。游于名医张遂辰、潘楫之门，尽得二师传授。于古医书无所不读，深明医理。曾与同道设立惠民药局，全活甚众。平生多善举，凡创育婴堂，建天医院，皆倾力为之。清初，名医张志聪集合杭州名医及门生，讲学著书于侣山堂。张文启参与其事，参撰《侣山堂类辩》二卷、《黄帝内经灵枢集注》九卷，皆刊行。年六十八岁卒。子张璟、张璇，皆为诸生，能世家学。[见：《浙江通志》、《杭州府志》、《黄帝内经灵枢集注》]

张文英 明代河北东安县（今廊坊）西储村人。精医道，闻人有疾，持药即往，不求酬报，赖以全活者甚众。殁后，葬于禅房寺，民国间其碑尚存。[见：《安次县志》、《东安县志》]

张文宝 宋代人。里居未详。为军医。本不精医，借军职以庇门户而已。建康游奕军将士李进，年仅三十岁，健勇有力，感染时疫，热甚。主将命张文宝治之。张氏不辨温凉，误认作阴虚，投以大剂附子。药才下咽，李进觉五脏如沸汤浇沃，胸中烦闷，剧痛不堪忍。骂张曰："附子烧杀我矣！我必死，当诉汝于九泉之下！"言讫气绝，肌体皆斑黑。此后，张文宝日夕见李进在侧，两月而死。[见：《夷坚志·甲志·卷三》]

张文虎 (1808～1885) 字孟彪，号啸山。清末江苏南汇县人。诸生。尝读元和惠氏、歙县江氏、休宁戴氏、嘉定钱氏诸家书，慨然叹曰："为学自有本。"遂取汉、唐、宋注疏、经说，由形声以通其字，由训诂以会其义，由度数名物以辨其制作，由语言事迹以窥古圣贤精义，

旁及子史，莫不考其源流同异。精天算，尤长校勘。同治五年（1866），两江书局开，文虎为校《史记三注》，成《札记》五卷，最称精善。著有《舒艺室随笔》、《舒艺室杂著》、《华亭县志》、《南汇县志》等书。张氏曾校订名医何其伟《救迷良方》；又应邓沛庭之请，校订陈笏庵《胎产秘书》，并作序。[见：《清史稿·张文虎传》、《中国历代医家传录》]

张文彦 (1881～1918) 字洛钧。近代江苏嘉定县（今属上海）人。吴门名医黄醴泉门生，从师五年，所造精纯。后复从西医习疡科。惜年三十八岁即殁。[见：《重订中风斠诠·序》]

张文桢 字周卿。清代陕西泾阳县社树村人。性孤介，眇一目，不屑与富豪交。精通医术，凡乡里求治者，虽奇难之证，皆应手而愈，名噪于时。著有《本经疏证》若干卷，曾流传于世，今未见。[见：《重修泾阳县志》]

张文涛 清代江苏吴县相城北谢泽人。邑名医张毓庆孙，张金鉴子。继承家学，亦以医名。子张廷枚，医名益显。[见：《相城小志》]

张文基 字道阶。清代湖北广济县人。监生。精太素脉。有某生素无病，张按其脉，曰："是当得筋急疾。"又伍姓遭重疾，延请诊治，张按其脉，曰："是不惟不死，并当得子。"阅数年，皆验。[见：《广济县志》]

张文盛 字彬之，晚号巽翁。元初句容县（今属江苏）人。至元间（1264～1294）在世。精医理，常蓄药以济贫病。[见：《续纂句容县志》]

张文焘 字缉羽。清代江苏武宁县安乐乡人。业医五十载，熟谙《灵枢》、《素问》诸书。年八十余卒。[见：《武宁县志》]

张文德 字舜敷。清代安徽婺源县绯塘人。世代业医。善承家学，名著于时。知县母病危，文德应邀往治，投药而愈。知县以"春暖青囊"额其门。[见：《婺源县志》]

张文衡 字观泉。清代浙江嘉善县人。幼科世医张世显次子。与兄张文先，皆继承家学，以医闻名。父子皆年逾八十殁。[见：《嘉善县志》]

张文燮 (1754～?) 字容庭，号友樵。清代金阊（今江苏苏州）人。以医为业，名著于时。尝谓："医之事岂易言哉，非讨论而悉其源，无以施临证之功；非临证而著其效，无以验讨论之力。二者未至，不足以言医也。"识者以为至论。张氏推重吴中叶桂、薛雪、缪遵义三先生。

其门生吴金寿辑《三家医案合刻》，刊刻于世。[见：《苏州府志》、《三家医案合刻·序》、《叶氏医效秘传·序》]

张文邃 字振凡。明代金坛县（今属江苏）人。精医术，尤善治胎产诸证。万历四十年（1612）授太医院医官。著有《保生集要》一卷，提学副使冯公序而刊之，今未见。子张祥元，官太医院吏目。[见：《金坛县志》]

张文耀 字会公。清代山西大同府人。因母平氏患痼疾，潜心医理，终愈母病。张氏尤擅治伤寒，遇危重之证，每收起死回生之功，郡人皆称许之。[见：《山西通志》]

张文懿 唐代人。生平里居未详。著有《脏腑通元赋》一卷、《本草括要诗》三卷，均佚。[见：《新唐书·艺文志》、《宋史·艺文志》、《崇文总目辑释》]

张方香 清代河南渑池县山底人。邑名医张平眉孙，张步霄子。继承家学，亦通医术，知名于时。[见：《中州艺文录》]

张为炳 字镇轩。清代湖北汉阳县人。太学生。生性勤俭，人品端方，见人行善，必多方扬励。素工医术，以利济为事。嘉庆十三年（1808），疏通太头河港，捐田开利水道，而不求免粮。总督汪志伊、县令裘行恕，俱以"大义可风"褒奖之。十五年重修白土禅林，以存古迹。教授本县生徒，多有入邑庠者。著有《医案险录》一卷、《左传类集》十卷，今未见。[见：《续辑汉阳县志》]

张为铎 字天木。清代松源（即福建松溪）人。生平未详。著有《秘授精选药性》一卷，今存清抄本。[见：《中医图书联合目录》]

张心良 明代浙江东阳县人。生平未详。撰有《手经脉诀》二卷，已佚。[见：《东阳县志》]

张心易 字允中。清代河南杞县人。庠生张三捷子。心易因母病访医，久之精其术，有求治者，应手奏效。性亢直，虽达官贵人之前，不苟俯仰，人皆敬服。其子张发，居高官，而心易布衣蔬食如昔，乡里贤之。年六十八岁卒。著有《医学汇编》一百卷，未见刊行。[见：《杞县志》]

张心源 号静渊。清代浙江桐乡县乌青镇人。张履成子。通医理，辑有《柿叶山房经验方》，今未见。子张千里，以医术知名。[见：《乌青镇志》]

张以恺 字林倩（一作林茜）。清代江苏上海县洋泾人。聪慧强记，习医，推重李杲之说。曹锡寓幼年时，患痘将死，以恺治之而愈。一僧喉闭三日，病势甚危，以恺用鸡毛沾桐油搅其喉，出痰如饴，遂愈。以恺居家俭朴，而遇贫病辄助以药资，时论贤之。年八十九，无疾而卒。著有《医方论解》、《林倩医案》等书，未见流传。[见：《上海县志》]

张以柔 清初江苏长洲县人。名医张璐三子。通医理。康熙四十四年（1705）圣祖南巡，张以柔持父遗著《张氏医通》进呈，温旨留览。兄张登、张倬，皆以医知名。[见：《清史稿·张璐传》]

张以谦 明代安徽蒙城县人。儒医张确子。绍承父学，亦通医术。[见：《重修蒙城县志》]

张允桢 字干材，号述园。清代江苏吴江县平望镇人。邑疡科名医张学潮子。善承父学，精通医术，年未三旬，其道大行。重医德，凡四方以疾迎请者，虽霜雨昏途，鼓棹兼程而往。尝谓："病者度刻如年，敢自暇自逸乎！"道光己酉（1849）大水，张氏捐三百金，散给桑梓。复访孤寡老病，招之来而厚待之。举乡饮宾。年七十余卒。子张秋甫、张谅甫，皆以医术世其家。[见：《平望续志》]

张允积 明代苏州府（今属江苏）人。世医张康忠子。继承家学，亦善医，尤精脉理。[见：《苏州府志》]

张允通 一作张元通，号瑞阳。明代浙江会稽县人。以医名家，其术高妙。为贫者疗疾不受谢，活人不可胜数。长子张时鼎、次子张时位，皆有文名，并传父业。父子三人医名驰于两浙，遐迩受惠。太史倪元璐、宗伯姜逢元、知府施肇元、司理刘光斗、知县孙辚，先后额表其庐。被活之家，子孙颂祝不置。[见：《会稽县志》]

张允嘉 字宪只。清代安徽亳州人。祖籍扬州，自先世迁亳。少颖敏，因咯血疾辍举业。后究心医学，谓："是亦有济于世也。"辑有《经验方》，未梓。[见：《亳州志》]

张允蹈 宋代真源县（今河南鹿邑）人。官知兴化军。家藏祖传《外科保安要用方》三卷（一说五卷），参政龚茂良、太史刘凤为之作序、跋，刊刻于世，今佚。[见：《宋史·艺文志》、《直斋书录解题》、《河南通志》]

张书田 清末江苏松江府人。精医术。侄张友长，传承其学。[见：《中国历代医家传录》(引《松江医药杂志》)]

张书绅 字佩之。清代河北霸县策城镇人。庠生。善画山水人物。精岐黄学，于妇科最擅长，求医者络绎不绝。暮年闭户著书，不外出应诊。著有妇科书若干卷，未梓而卒。有子四人，皆习举业。[见：《霸县新志》]

张书阁 清代河南项城县人。儒医张朝卿长子。传承父学，以医为业。子张世泽，候选知县。[见：《项城县志》]

张玉庭 清代江苏常熟县碧溪人。精医术，知名于时。门生殷敏若，得其传授。[见：《常昭合志稿》]

张玉斑 清代安徽凤阳县人。邑名医张永年孙。传承祖父之学，亦精医道，知名于时。[见：《凤阳县续志》]

张玉振 清代山东馆陶县人。邑名医张同心子。善承父业，亦以医名。子张锡龄、张锡朋，皆传家学。[见：《馆陶县志》]

张玉堂① 清代浙江海盐县人。善医，知名于时。[见：《海盐县志》]

张玉堂② 清末江苏川沙县人。生平未详。著有《玉堂医案》五卷，经其孙张思义补辑。今未见。[见：《川沙县志》]

张玉衡 清代江苏宝山县人。精医理，知名于时。子张荣新，继承父学，亦以医术著称。[见：《宝山县志》]

张正金 字汝南，号丹崖。清代安徽婺源县人。世业岐黄。高怀逸致，嗜丹青，工墨竹，兼善吟咏。年近七十岁殁。子张芳，善守家学。[见：《婺源县志》]

张正铭 字德昭。清代浙江嘉善县人。世业小儿医，有名于时。卒年八十二岁。[见：《嘉善县志》]

张正雅 清代陕西岐山县人。通医理，以活人为心，知名于时。[见：《岐山乡土志》]

张正嵩 清代四川合州(今合川)人。邑名医张世玙长子。继承父学，亦精医术，所交多名士。[见：《合川县志》]

张去非 (1246~1328) 号实堂，人称张太素。宋元间东阳县(今属浙江)人。其父张润，以修德尚义，名著乡里。去非兄弟五人，去非年最幼，而警敏有大志。壮年时入元，不求闻达，隐于医。其术精湛，效验如神，尤擅太素脉，预测吉凶、贵贱、寿夭，往往奇中。至元二十六年(1289)，尚书左丞史弼讨台州杨镇龙，患重病，寝食俱废。延请张去非诊治，投药而愈，遂留幕下。不久，授婺州路官医提领。大德五年(1301)，随史弼入京。七年，授太医院尚医奉御，食五品俸禄。八年，扈驾至上京(今内蒙正蓝旗东)，奉旨治楚王阿忽都疾，获痊。翌年，又愈阿都忽之孙明安帖木儿奇疾，医名震于朝野。寻授成全郎江西等处官医提举。任满，去官还乡。性情温厚，凡乡邻以病延请，皆立赴。晚年授江浙官医提举，到任数月，辞归。天历元年三月，殁于家，享年八十三。张氏早年获青城山王朴《太素脉诀》，曾奏请刊行，今存刘伯祥注本。张去非有子二人，长子张安道，官杭州路医学教授；次子张至道，官昌国州(治所在浙江定海)医学教授。[见：《金元医学人物》(引《黄文献公集·成全郎江浙官医提举张公墓志铭》)]

张功学 清代四川资州人。家贫力学，博雅多能。尤精医术，临证多效验，病者赠匾甚多。[见：《资中县续修资州志》]

张甘僧 字佛村。清代河北南皮县人。岁贡生。光绪间(1875~1908)授同知，赠中宪大夫。通医理，著有《针灸摘要》、《眼科经验良方》、《外科集要注解》等书，未见刊行。子张瑜森，官居四品。[见：《南皮县志》]

张世仁 字元若，号香谷。清代浙江平湖县人。通医理，有名于时。[见：《平湖县志》]

张世华 (1468~1550) 字君美，别号思惠。明代长洲县(今江苏苏州)人。世代工医，祖父张颐，精通医术，能决人生死，《明史》有传。父张济，早卒。世华自幼聪明超特，初锐志于儒，涉猎经史，贯通大义。即而父母相继亡，家道中衰，遂专修家学。临证治辄奇效，求治者门庭若市，名重三吴。正德间(1506~1521)，吴中大疫，世华携药囊于通衢，随请随应，有酬以金帛者，辄笑而却之，活人数以千计。吴县有富室子，病瘘三载，诸医束手。世华诊之曰："此病在疡也，急以五毒之剂攻之即起矣。"服药果愈。其人酬以百金，笑而却之曰："吾何利哉! 姑验所见耳。"临证类此者甚多，不可殚述。以名医征入太医院，曾从使西南诸国，军士行道而病者，多赖全活，不受谢。以医疗功，迁太医院判。嘉靖二十九年殁，享年八十三。著有《医家名言》若干卷，藏于家。长子张承祖，业儒，为府学生；次子张承宗、三子张承仁，皆为太医院医官。[见：《苏州府志》、《长洲县志》、《中国历代名医碑传集》(引吕本《期斋吕先生集·太医院

七画

院判思惠张君墓志铭》)]

张世玙 字云泉。清代四川合州人。儒医张可兴孙。少承家业,有良医之名。早学习儒,博学而不遇,终身未得青其衿也。惟癖耽佳句,诊视稍暇,辄推敲诗句,吟哦不休。撰有《他山吟草》。长子张正嵩业医,所交多名士;次子张正仑(字君弼,号海门),以诗知名。[见:《合州志》、《合川县志》]

张世昌 字静莲,晚号顽翁。清代江苏青浦县人。廪贡生。以小儿医著称。工诗赋,善谈谑。年六十七岁卒。著有《有慎余居诗稿》一卷。女弟子马淑君,传承其学。[见:《青浦后续诗传》]

张世炜 字焕文,号雪窗。清代江苏吴江县平望镇唐湖人。早年习儒,工诗文。年三十岁习医,洞彻病源,远近延请者无虚日,治贫者不受一钱。晚年患痰疾,而力学不倦。年七十二岁卒。著有《伤寒汇参》四卷,今存其子张守坚订补本。还著有《辑注读素问钞》,今未见。医书外尚撰有《杜诗正义》、《历朝诗约选》、《松陵诗约》、《唐人真赏集辑注》、《秀野山房初集》、《秀野山房二集》。[见:《平望志》、《贩书偶记续编》]

张世贤 字天成,号静斋。明代浙江鄞县人。生于世医之家。早年习儒,后承家学,洞究脉理,尤擅针灸,为正德间(1506~1521)名医。与杭州徐昂相友善,一日乘舟访徐,值徐母病危,世贤疗之,数剂痊愈。对《难经》多有研究,撰《图注八十一难经》八卷,行于世。还著有《图注王叔和脉诀》四卷,此书将北宋高阳生《脉诀》误作王叔和之书,且所附之方,限某脉用某方,亦非圆通之论。[见:《图注八十一难经》、《明史·艺文志》、《郑堂读书记》、《四库全书总目提要》、《天一阁书目》、《鄞县志》、《中国历代名医传》]

张世荣 清代河南密县人。精岐黄术,常蓄方药,以济人急。凡以疾延请皆赴,不索谢金,病愈无自德之色。[见:《密县志》]

张世显 字寰泉。清代浙江嘉善县人。祖、父皆以幼科知名。世显善承家学,尤擅治痘疹,名重于时。年逾八十岁殁。子张文先、张文衡,皆传父业。[见:《嘉善县志》]

张世亮 清代湖北沔阳州石板里浮图院人。精岐黄术,治病不索谢。兼通太素脉,能以脉象定人寿算。子张国清、张国秀,继承父业。[见:《沔阳州志》]

张世煜 清末江苏上海县人。邑名医张麟祥次子。继承父学,与兄张世臻、弟张世镛,俱以医闻。[见:《中国历代医史》]

张世臻 清末江苏上海县人。邑名医张麟祥长子。与弟张世煜、张世镛俱业医。[见:《中国历代医史》]

张世镛 (1854~1925) 字景和,号骧云,又号隐盦、冰壶。清末江苏上海县人,居平桥路。世医张麟祥三子。传承父学,与兄张世臻、张世煜俱业医,以擅治伤寒著称。中岁得耳聋疾,佐以传声筒诊病,远近皆知名医"张聋"。每晨七时启门,候诊者已群集,遇华服丽衣,佩奇邪饰品者,必诟责之,谆谆以"谨行止,务朴实"训示,而就诊者仍归之如流水。不因盛名而自高身价,富者延请出诊收银洋一元,门诊四角;贫者就诊不足二角亦可,时以贵重药相赠。与青浦名医陈秉钧友善,陈氏五次奉召治慈禧疾,行前必与陈氏商讨方案。晚年诊务愈繁,应接不暇,乃令子张星若,侄孙张杏园、张蔚孙助之。又令侄张汝南、张古农,侄孙张益君、张子修、张忍安等于城中南市应诊,诊金多寡亦不计较。[见:《清稗类钞》、《中国历代医史》、《中国历代医家传录》]

张古农 近代上海人。邑名医张世镛侄。传承家学,亦精医术。悬壶于城中南市,有医德,治病不计较诊金。[见:《清稗类钞》]

张本元 清代四川犍为县人。同邑梅子元,得异人所授《针诀》,及卒,书归其婿沈氏。本元从沈氏得此书,迁居四川临邛,自许能医,善针法。世人未知其传授,无信之者。值邻人张氏妇难产,举家惶恐,不知所为。本元治之,一针而子下,人始知其能。又有彭楚锡者,苦于疟疾,寒热时作,头痛不止,延请本元。本元曰:"当针腓。"楚锡曰:"吾病在首,而子针腓,可乎?"本元不与言,针入而痛止。又尝治瘰疬,针患者脊背而愈,终身无恙。自是声名渐噪,求治者盈门,人皆以"神针张本元"称之。其针或尺余,或寸许,约七十余枚,用则取之含口中,言笑如常。本元卒,无子,传术于女。女死,其书亦佚,术遂不传。[见:《四川通志》、《锦里新编》、《中国历代名医碑传集》(引李元度《国朝耆献类征初编·方技》)]

张本翰 字墨斋。清代四川阆中县人。道光、咸丰间(1821~1861)以医知名。精四诊,察色即知气之盛衰,切脉而明病之症结,投药多奇中,有医中圣手之称。[见:《阆中县志》]

张可兴 号农溪。清代四川合州（今合川）人。家世清贫，力学不售，改而为医，知名于时。求诊者颇众，以利济为心，不择贫富，不索谢金。暇则读书，甘贫乐道。著有《农溪琐言》一卷、《枫落吴江诗稿》一卷，今皆未见。孙张世玛，亦为良医。[见:《合州志》、《合川县志》]

张可爱 明代河南长垣县人。初习举业，弃而学医，精通其术。嘉靖十七年戊戌（1538）瘟疫大作，知县杜纬捐俸银购药，命张氏及诸医修药调剂，赖以全活者甚众。著有《蠡子医便》、《伤寒捷径》，未见流传。子张桭、侄张枳，传承其术。[见:《长垣县志》]

张可象 清代河南郏县人。贡生。少年时就读于叶县，通诗文，旁通医理。曾任密县教谕，廉洁自爱，成就后学甚多。生员张耿南家贫，读书于寺庙，常不能举火，张可象助以饮食，又与讲业，耿南不久举于乡。张可象晚年致仕，定居叶县。著有《注金匮要略》、《鸿雪斋诗稿》等，未梓。[见:《叶县志》]

张右陶 清代江苏上海县人。弃儒习医，治病多效，知名于时。[见:《上海县志》]

张龙甲 字蜇元。明代河南汝阳县（今汝南）人。诸生。兼精医术，治愈奇疾甚多，知名于时。不以技谋利，病愈不取酬报，远近士大夫皆礼重之，赠以"松蕉精舍"匾额。[见:《汝阳县志》]

张龙堂 清代山东博兴县贺家庄人。邑名医张友桂孙。继承家学，亦以医术见称。[见:《博兴县志》]

张平山 清代四川大竹县周家场人。性孝友。以医为业，知名于时。[见:《大竹县志》]

张平眉 清代河南渑池县山底人。精医术，知名于时。子张步霄，孙张方香，皆精家学。[见:《中州艺文录》]

张东岭 字震山。清代河南通许县人。通医术，尤擅眼科。重医德，诊治贫病，概不索酬。[见:《通许新志》]

张东昌 字西园。清代江苏江宁县人。侨寓宝山县。以医为业，治病有良效。兼精技击。后裔传承其业。[见:《宝山县续志》]

张号曾 清代河北正定县人。业儒而通医，所读五经及医书，皆手自抄录。年九十余卒。[见:《正定县志》]

张四维① 字国本，号筠亭。明代安徽怀宁县人。为候补官吏。生于世医之家，其父张憨仙，以医知名。张四维继承家学，博览《内经》、《伤寒》及李杲、朱震亨之书，术益精进，方圆百里皆知其名，求治者户外常满。士大夫所赠匾额、诗文甚多。著有《医门秘旨》十五卷，颇切实用。此书国内已佚，今日本存万历间（1573～1619）同安张氏恒德堂刊本，现已由中国中医科学院等单位影印回归。[见:《中国医籍考》、《日本现存中国散逸古医籍》]

张四维② 清代四川涪州人。早年业儒，因母病学医。辨证精当，处方准确，为时所重。[见:《重修涪州志》]

张生荣 字可庵。清代陕西醴泉县人。早年习儒，后负贩经商。晚年精医术，擅治疮疡，求治者甚众。[见:《醴泉县志》]

张仕哲 清代四川南部县人。自幼习儒。后师事本县名医张登相，时登相已九十高龄。仕哲聪敏勤谨，待师甚诚，登相临殁，授之以生平所辑秘方，为之阐扬隐奥，仕哲遂成名医。[见:《南部县志》]

张仙礼 一名建勋，字人士，号诚斋。清代浙江天台县人。本邑眼科名医张仁雅子。传承父业，医术尤精。黄岩徐某患眼疾，目生膜障，诸医无措，延请张氏治之，应手而痊。又王某中年失明，其家贫甚，邻人郏氏代请张氏诊治，亦得痊愈。明经王用予，素以名医自负，而独折心仙礼，尝拟刊刻其验方，未果。[见:《天台县志稿》]

张用均 清代浙江镇海县人。诸生。通医药之学。著有《本草经纬》、《本草指微》、《本草掇遗》诸书，未见传世。[见:《镇海县志》]

张用谦 明代无锡县（今属江苏）人。早年师事当地名医黄叔洪，尽得师传，知名于时。名医朱震亨外孙时用思游学于吴，用谦与潘贲、浦尹平、吴仲高、丁定瑞诸人师事之。时氏授以医学心法，遂得丹溪正传。学成，诸门生撰《摘玄方论》二十卷，大行于世。据《无锡县志》，张用谦曾著《医方摘元》若干卷；今中国中医科学院图书馆藏《丹溪摘玄》二十卷（抄本），不著撰人姓名。疑二书即《摘玄方论》，待考。[见:《无锡县志》、《中国历代名医碑传集》（引秦夔《五峰遗稿·尚古处士潘君墓碣铭》）]

张处环 宋代人。生平里居未详。辑有《张处环方》三卷，已佚。[见:《通志·艺文略》、《国史经籍志》]

张立功 清代山东博兴县人。邑名医张友桂长子。与弟张立言，皆传父业。[见:《博兴县志》]

七画

张立言 清代山东博兴县人。邑名医张友桂次子。与兄张立功,皆传父业。[见:《博兴县志》]

张立松 字秀舆。清代安徽歙县柔岭下人。以孝行著称。曾习医,诊治贫病不受谢,遇疑难症,出资使转求良医,世人德之。[见:《歙县志·孝友》]

张立德 宋代蜀人。里居未详。精医术,名重于时。子张肱,传承父业,亦享盛名。[见:《东坡杂记》、陈邦贤《中国医学史》(引《苏东坡文集》)]

张兰坡 清初浙江鄞县人。精方脉,擅治杂证。与本邑徐国麟、吴守庵、祝天祐、吴丹霞、范叔向诸名医齐名。[见:《宁波府志》、《鄞县志·李珽》]

张兰阜 清代山西定襄县人。邃于脉理。樊柳亭之子病,延请兰阜,乘便出腕令诊。兰阜曰:"郎君胎疟,无妨。君脉已空矣!今年十月宜慎之。"柳亭方强健,深嗤其妄,而至期果不起。[见:《山西通志》]

张兰畦 (?~1870) 字香圃。清代河北东安县(今廊坊)人。精医术,尤擅长痘科。其学得于先人口授,又博览诸家医籍,融会贯通,临证著手成春,活人不可胜计。同治九年卒。[见:《安次县志》]

张汉三 清代河北东安县(今廊坊)张家务人。同里名医刘子清门生。尽得师传,善治伤寒、瘟疫,活人甚众。[见:《安次县志》]

张汉槎 (1818~?) 原名从梯,字云航。清代四川简阳县石桥井人。道光丙午(1846),年二十九,由附生举于乡,官至兵部主事。在部时,傲骨嶙峋,不趋权贵,嫉时卑浊,不合流俗,不久返故里。雅好医,晚岁尤多研究,临证洞见癥结,立起沉疴,为世所重。军门钱裕兴,患不能食,求汉槎诊视。汉槎先索五十金,为制丸之资,服药数日而瘥。问:"所患何症?所用何药?"汉槎笑而返其金,曰:"君病因肠胃肥腻,吾思去脂垢者莫若豆腐渣滓,故以为丸,是以偶中耳。"又问:"胡不早言。"答曰:"倘先使君知,肯服欤?"著有《医理推陈》四卷、《医法钩玄》四卷,未见流传。[见:《简阳县志》]

张必明 字韵章。近代湖南长沙县人。精医术,知名于时。门生何舒(1884~1954),尽得其传。[见:《湘医源流论·何舒》]

张永年① 元初镇江路(今属江苏)人。精医术,官镇江路医学录。[见:《金元医学人物》(引《镇江志》)]

张永年② 清代安徽凤阳县人。精医术,善诊脉,能预决生死。当道官吏赠"铁镜重光"匾额。孙张玉斑,传承其术。[见:《凤阳县续志》]

张永和 字恶风。清代山东历城县人。其父张阶平,以医知名。永和继承父业,于脉学尤有研究。曾括群贤之奥旨,著《脉象辨真》一书,咸丰五年(1855)六月,马国翰为之作序。此书今未见。[见:《历城县志》]

张永荫 字海驷。清代河北南皮县人。早年习儒,为增生。精医学,就诊者常满门,活人无算。著有《针灸摘要》、《勿药玄铨》、《济世建白》、《集益济生》、《喉科白腐要旨》、《戒烟方论》各一卷,皆未见流传。[见:《南皮县志》]

张圣功 字魁一。清代奉天府海城县(今辽宁海城)人。其父为诸生。圣功幼习医术,尤擅幼科,于小儿杂证体验入微。尝谓:"小儿病因不外食、火两端,诊视稍疏,易致错误,不可不慎。"品行端方,士林多与论交。年逾七十卒。[见:《海城县志》]

张圣治 字化斋。清代江西古田县人。精医术,治病不计诊酬。慷慨好施,惠及闾里,有仁医之称。[见:《古田县志》]

张圣陛 字九仪。明清间湖南新化县人。明代诸生。明亡,弃儒服,以医为业。毕力于《内经》及张仲景、刘河间、薛立斋诸书。著有《医案》、《医论》,均未传世。[见:《新化县志》、《宝庆府志》]

张圣格 清代人。里居未详。精医术,任太医院医士。乾隆四年(1739)诏修《医宗金鉴》,张氏任副纂修官。[见:《医宗金鉴·诸臣职名》]

张圣斌 清代甘州(今甘肃张掖)人。精岐黄术,知名于时。与丁建极、朱廷璋齐名。诸医卒后,均入祀当地医祖宫。[见:《甘州府志》]

张圣源 字宗发。清代江苏武进县人。业医,善用清和理气之剂,颇奏神效。[见:《武进阳湖县志》]

张圣遴 字玉洲。清代浙江海宁州人。精通医道,治危疾多著奇效,求诊者户外屦满。挟术游于檇李,一时皆谓仓公复生。年八十五岁,无疾而逝。[见:《海宁州志稿》]

张对扬 清代人。生平里居未详。著有《名医通汇》一卷、《本草观止》二卷,今存

抄本。[见：《中医图书联合目录》]

张吉士 字瑞庵。清代河南宜阳县（今汝阳）人。通医理，治病不择贫富，不计药资，世人德之。[见：《宜阳县志》]

张地山 清末江苏丹徒县人。精研明代周于蕃《推拿秘术》，遂以推拿知名，自婴儿至男妇成人，治无不效。族兄张言礼之子得疳疾，诸医治而不效，病势转危，皆谓断无生理。地山以按摩法治之，当夜下黑便而痊。一生秘其术不传，殁后，张言礼借所遗书抄之，委托张振鋆厘正，易名《厘正按摩要术》，刊刻于世。[见：《厘正按摩要术·序》]

张芝芳 字香泉。清代河南荥阳县人。笃于孝友。通岐黄术，以医济人。[见：《续荥阳县志》]

张朴庵 清代浙江开化县人。精医术，脉法通神，治无不效。著有医书数十卷，未见流传。[见：《开化县志》]

张在中 明代句容县（今属江苏）坊郭里人。精医术，知名于时。子张与敬，孙张约，曾孙张世，皆传家学。[见：《句容县志》]

张在浚 字念亭。清代陕西三原县人。生平未详。尝整理林开燧医疗经验，辑《林氏活人录汇编》十四卷，刊于乾隆癸酉（1753）。[见：《中医图书联合目录》]

张有光 字家星。清代广东始兴县水云村人。郡增生。幼颖异，早年游庠，为人笃诚。后习岐黄，精究其理，虽沉疴痼疾，无不立起。学师刘沧，以"十全之技"表其间。[见：《始兴县志》]

张有成 元代延陵（今江苏武进）人。弃儒从医，卖药自给。嗜酒工诗，擅抚琴。同邑谢应芳作《赠医师张有成》诗云："嗟哉延陵古城廓，旧家乔木秋萧索。先生眉寿气如春，借问平居果何乐？笑言吾乐得于天，燕飨不劳钟鼓作。人从无梦见周公，青箱五经束高阁。便便老腹只医书，颇学挂壶人卖药。药囊得钱尽沽酒，儿舞斑衣我杯勺。有时出郭看青天，手策筇枝曳芒屩。扬子江头漏湖口，晞发沧洲吟杜若。归来一曲焦尾桐，今古闲愁总忘却。"[见：《金元医学人物》（引《龟巢稿》）]

张有临 字莅南。清代河南固始县人。自少习儒，因父病究心岐黄，遂臻精妙。平生活人甚众，远近知名。[见：《固始县志》]

张百祥 清代河南禹州（今禹县）人。邑儒医张恕子。继承父学，亦以医闻。[见：《禹州志》]

张存惠 字魏卿。金元间平阳（今浙江平阳）人。博学多闻，尤精星历，以好学见称于时。金亡，隐居不求仕进，记事用金年号，示不忘故国。曾重校《政和经史证类备急本草》，以宋人寇宗奭《本草衍义》内容分附各药之下。书成，麻革为之作序，刘祁为之书跋，刊刻于淳祐九年（1249）。[见：《补元史艺文志》、《归潜志·续录·书证类本草后》、《重修政和经史证类备用本草》序、跋]

张达之 清代四川成都县人。家贫，自幼从师学医。为人谨慎，向不自满，孜孜求知，终无倦心。每出诊必详书病案，至夜细审各案，确认方病皆合，始得安寝。子张汝珍，传承父学，亦业医。[见：《重修成都县志》]

张达泉 明代安徽怀宁县人。落魄不羁，遇异人授以脉诀，遂致力医学。临证善变通，不拘成方。吏部主事颜浑年幼时中痘昏厥，人皆谓已死。达泉视之曰："未死也。"急令掘地作坑，置儿其中，取新汲水，以纸蘸之，重贴其身。少顷，有细气起，儿手微动，达泉喜曰："生矣！"复以水沃之，气蓬蓬上蒸，儿大啼数声，乃抱起，进以药，不数日愈。吴幼安之妇怀孕，偶触胎欲堕。达泉诊其脉，令食烹鲤而安。生平嗜酒，病者治酒相待，欣然往；赠以金，则拂衣去。每谓人曰："吾年有六十四，因嗜酒减四算。"果以六十岁终。[见：《安庆府志》]

张达龄 字嵩年。清代浙江桐乡县人。自幼习儒，不利于科场，弃而习医。曾设诊于杭州，治病多验，医名大噪。乐善好施，诊金所入，皆救济贫乏。年七十余殁。有子二，长子张诚，次子张公望，皆世父业。孙张琨，亦善医。[见：《桐乡县志》]

张尧时 清初江苏川沙县人。邑名医张兆元子。继承父学，亦以医为业。子张禹功，绍传家学。[见：《川沙抚民厅志》]

张成龙 字世宾，别号顺阳。明清间广东大埔县人。早年习儒，于书无所不读。明亡，弃举子业，究心医术，兼精太素脉。用药不依古方，皆应手取效。治病不分贫富，一经诊脉，毫发不爽，名著于时。年八十三岁卒。[见：《大埔县志》]

张成惠 清代浙江新昌县人。精医术，以擅治伤寒著称于时。子孙继承其业。[见：《绍兴地区历代医药人名录》]

张至和 明代吴县（今江苏苏州）人。精通医术，名震于时。某人患腹疾，先为庸医误用热药，后请张氏。张诊其脉，知不可疗，辞之。病家改延周济广，一药而愈，遂令仆人备礼谢之。仆道经张氏门，张氏问之。答曰："吾主疾愈，置礼以谢周某。"张曰："亟回家，此时当大便下脓，若恐不及见矣。"果如所言。顾棠年十二病瘵，延请张氏诊治。张索银百两为谢，顾父请减三十两。张为立方，嘱服百剂，如言服药而愈。顾棠弘治十八年（1505）举进士，官至按察使。张至和医道虽精，然以术谋利，时论非之。[见:《医学入门·历代医学姓氏》、《名医类案》、《说听·卷下》、《明清进士题名碑录索引》]

张至道 元初东阳县（今属浙江）人。名医张去非次子。继承父学，精通医术，曾任昌国州（治所在浙江定海）医学教授。兄张安道，官杭州路医学教授。[见:《金元医学人物》（引《黄文献公集·成全郎江浙官医提举张公墓志铭》]

张师文 字遵古。金代山西太原人。自父辈迁居河北南宫县。世代业医，至师文已历七代。资性仁爱，以济人为己任，贫困者求治，欣然往诊，不求酬报，反助饮食。州内医家逾百，张氏学识最博，为诸医之冠。性谦退，凡文人学士造访，虚怀若谷，未尝自炫。子张伯全，传承父业。[见:金元医学人物》（引《遗山先生文集·张遵古墓碣铭》]

张师孟 北宋歙州（今安徽歙县）人。名医张扩次子。传承父学，亦以医术著称。[见:《歙县志》、《李濂医史·张扩传》、《医学入门》]

张师英 字书凤。清代浙江平湖县人。岁贡生。世医张廷章三子。传承家学，精通方脉，名著于时。[见:《平湖县志》]

张师厚 字钦渠。清代浙江平湖县人。太学生。世医张廷章次子。传承家学，以幼科著称。[见:《平湖县志》]

张师敬 字怀九。清代浙江平湖县人。庠生。世医张廷章长子。传承家学，以儿科著称。弟师厚、师英，俱有医名。[见:《平湖县志》]

张尘生 字以行。清代江西南城县人。精通医术，善眼科、喉科，尤以外科著称。临证擅用按摩、药熨、针灸、割治诸法，取效如神。性嗜酒，喜纵论古今事。人请治疾，惟留饮，不取诊酬。晚年医术益精。著有《论喉科三十六种》若干卷、《眼科》十二卷、《杂科》四卷，家贫未梓。子张如鳌，传承父业。[见:《南城县志》、《建昌府志》]

张光斗 清代广东顺德县人。生平未详。撰有《增补药性雷公炮制》十卷，刊于嘉庆十四年（1809），今存素位堂刻本。[见:《岭南医征略》、《中医图书联合目录》]

张光汉 清代四川眉山县多悦乡人。其父张士达，习儒，教塾为业。光汉精通医术，名噪于时。[见:《眉山县志》]

张光生 字耀廷。清代湖南永绥厅（今永绥县）人。通晓医术，用药不拘古方。尝谓："运气不齐，古今异轨，古方新病不能也。"临证每以意为之，所治辄效。重医德，凡贫困之家延请，虽远必赴，世人德之。[见:《永绥厅志》]

张光先 字绳武。清代河南巩县人。生于世医之家，绍承先业，深悟岐黄奥理。[见:《巩县志》]

张光宗 清代河南滑县人。精医术，擅儿科，尤精痘疹，知名于时。[见:《滑县志》]

张光裕① 字雨衫。清代桐乡县后珠村人，祖籍浙江嘉兴。名医张千里（1782～1839）子。早年习儒，为桐乡县庠生。继承家学，以医为业。工倚声填词，尤善绘画，其山水着墨无多，颇有逸趣。年四十八岁卒。[见:《桐乡县志》、《艺林医人录》]

张光裕② 字近人。清末人。生平里居未详。著有《桂考》一卷，成书于光绪十五年（1889），今存光绪十七年（1891）湘霞仙馆刻本。[见:《中医图书联合目录》]

张光照 清代河南正阳县岳城店人。邑名医张淑仪侄。得叔父传授，以喉科知名，活人甚众。[见:《重修正阳县志》]

张同仁 清代河南伊阳县（今汝阳）人。生平未详。著有《痘疹便览》，今未见。[见:《伊阳县志》]

张同心 字协力。清代山东馆陶县（今属河北）庄固村人。自幼习儒，因母病改业医。立志济人，广储方药，凡以病延请，不分贫富贵贱，尽心诊治，着手成春。遇极贫者，赠以药饵，概不受值，且施以粥饭。方圆数十里内外，就医者络绎不绝，虽祁寒暑雨、风霜深夜，有急病求医，立诊不稍缓。遇奇险疑难诸症，审脉察机，应病投药，百不失一。晚年著《脉诀简要》、《妇科要旨》等书，未见刻行。子张玉振，孙张锡龄、张锡朋，曾孙张岚清，皆以医名。[见:《馆陶县志》]

张同德 字共善。清末河北威县人。习儒之暇，喜抄方书，思以医术广济于世。后念医学广大，非一己聪力所能遍习，乃专攻咽喉。

568

凡《喉科指掌》，《白喉忌表》、《走马喉疳》诸书，皆潜心研究，所诊治，无不立效。李焕堂患喉疾，气垂绝。同德诊之，先以散剂除其标，后以汤药治其本，数日而痊。李杰母，患咽闭数日，汤水不能人，求治。同德以丹药吹入喉间，不时许，食下矣。翟福增喉管雍肿，呼吸不通，同德治之立愈。诸如此类，难以枚举。著有《喉科秘诀》，藏于家。同时有刘立志，与张同德齐名。[见：《威县志》]

张廷玉 字坦庵。元代绍兴（今属浙江）人。邑名医张经四世孙。善承家学，亦精医道，官太医院使。尤善矫引按摩，其术甚奇，非时医之所闻。名医项昕，得其指授。[见：《九灵山房集·抱一翁传》、《绍兴医学史略》]

张廷良 清代四川荣县人。精通医术，时称名医。[见：《荣县志》]

张廷枢 （?~1844）字一清。清代奉天府海城县（今辽宁海城）老古林子人。父兄俱以医知名。廷枢得家传，精针灸术，治病按穴针砭，奏效极速，人誉之为八法神针。甲辰日俄之战，张廷枢殁于兵乱，人多惜之。[见：《海城县志》]

张廷枚 字景贤。清代江苏吴县相城北谢泽人。世医张文涛子。绍承家学，数授名师，医名极盛。吴县知事郭公赠以"万家生佛"匾，姚文澄送"学绍南阳"匾，朱家元送"感遇良医"匾。[见：《相城小志》]

张廷录 字献千，号香泉。清代江苏昆山县陈墓镇（今锦溪）人。乾隆二十五年（1760）昆山县庠生。兼通医理，有名于乡。[见：《昆山历代医家录》（引《陈墓镇志》、《国朝昆新青衿录》)]

张廷相 字宁瞻。清代山东文登县人。邑庠生。性敦厚。祖、父均业医。廷相幼承家学，专心致志，精于伤寒、虚劳证治，活人甚多。不以医谋利，执业多年，家道渐落。著有《医要心镜》二卷，未见刊行。[见：《文登县志》]

张廷桂 字子襄。清代人。生平里居未详。精医术。撰《眼科要旨》一卷，今存光绪元年乙亥（1875）嘉平园复道人刻本。还著有《辨舌十二图》，经门生何愚、朱黻详注，易名《舌图辨证》，刊于光绪间。[见：《中医人物辞典·何愚》、《中医图书联合目录》]

张廷章 字文江。清代浙江平湖县人。庠生。操行方正，继承祖业为医，活人无算。手评医书数十种，所评《救偏琐言》，发前人所未发，最为著名。子张师敬、张师厚、张师英，皆以医闻。[见：《平湖县志》]

张廷琛 清代浙江天台县人。眼科名医张仁龃孙，张仙礼子。通医理。曾重校祖父《眼科七十二证》，易名《眼科过庭录》，传抄于世。今有《眼科七十二症医法》抄本存世，不著撰人，疑或即此书，待考。[见：《台州府志》、《天台县志稿》、《中医图书联合目录》]

张廷献 字秀卿。清代安徽蒙城县人。庠生。工诗文，善书画，尤精医道，悬壶济世。性孤介，非诊疾不入朱门。重医德，遇贫苦之家求治，必尽其力焉。[见：《重修蒙城县志》]

张廷锷① 字应雷。清代江苏昆山县陈墓镇（今锦溪）人。乾隆三十四年（1769）昆山县庠生。精通医理，知名于时。[见：《昆山历代医家录》（引《陈墓镇志》、《国朝昆新青衿录》)]

张廷锷② 字若廉，号韬庵。清代浙江桐乡县乌青镇人。诸生。工诗，兼精医理。著有《医超》八卷，未见流传。[见：《乌青镇志》]

张廷赞 明代浙江临海县人。精医术，知名京师。隆庆二年（1568）正月，太医院医官徐春甫，集合各地在京名医四十六人，创立一体堂宅仁医会，张氏为会员之一。诸医穷探医经，讨论四子（指张机、刘完素、李杲、朱震亨），共戒私弊，患难相济，为我国最早之全国性医学组织，其组织构成、宗旨、会规等刊入《医学指南捷径六书》（今存明万历金陵顾氏、新安黄氏同刊本）。[见：《我国历史上最早的医学组织》（《中华医史杂志》1981年第3期）]

张廷燮 字夔梅。清代江苏江阴县人。增贡生。精天文，尝自制浑天铜仪，上置日月轮，以候晦、朔、弦、望、节气、时刻。又擅长医学，凡遇沉疴，决生死多奇中，求诊者踵相接。[见：《江阴县志》]

张延珧 清代江苏句容县戴村人。精妇科，擅治产后难症，方圆百里，皆闻其名。[见：《续纂句容县志》]

张延登 字济美，号华东。明代山东邹平县人。万历壬辰（1592）进士，官至右都御史。卒，赠太子太保，谥"忠定"。旁涉医学，辑有《悬袖便方》四卷，刊于崇祯二年（1629），今存。[见：《山东通志》、《贩书偶记续编》]

张自厚 清代四川彰明县人。早年习儒，兼通医术，治疾多奇效。凡贫困者患病，

求之必应，乡里敬之。[见：《龙安府志》、《彰明县志》]

张自修 明代安徽无为州人。邑幼科名医张名藩子。传承父业，亦精医术。[见：《无为州志》]

张传丰 清代江苏南汇县人。擅治疯疾，踵门求治者甚众。有聘出诊者，则坚拒曰："治一人而误多人，于义不可。"故终生不出诊。子张一飞，孙张丹桂，皆以疯科著名。[见：《南汇县续志》]

张仲元 字午樵。清末人。里居未详。曾任太医院院使，迁太医院督办，兼上药房值宿供奉官。宣统元年（1909）曾疏请变通太医院旧制。[见：《清史稿·职官志》、《太医院志》]

张仿祖 清代四川南溪县李庄人。乾嘉间（1736～1820）南溪名医张懋章侄。与弟张展祖，皆传叔父之术，以医知名。子张铭德，侄张荣德，皆承家学。[见：《南溪县志》]

张全仁 字统万。清代河南伊阳县（今汝阳）人。邑增生。博览儒经传注，贯穿古今，为文千言立就。晚年究心医术。著有《经验良方》、《痘疹备览》等书，未见流传。[见：《重修伊阳县志》]

张会卷 清代河南许昌县椹涧保人。袭承数世心传秘诀，精通医术，名显于时。尤擅治肺痈、恶疮诸症，凡经诊治，应手奏效。年八十余卒。[见：《许昌县志》]

张兆元 字完赤。明末川沙县（今属上海）人。世业幼科，通晓阴阳五行，临证善变通，求诊者无虚日。崇祯间（1628～1644），因巡抚张泰阶之荐，任太医院吏目。子张尧时，孙张禹功，皆传世业。[见：《川沙抚民厅志》、《上海县志》]

张兆龙 字震翀。清代江苏上海县人。事亲至孝。精医，洞晓《素问》，能决生死。尤擅导引术，邑中称神。年八十，无疾而终。子张天衢、张天枢，传承其业。[见：《上海县志》]

张兆锡 字用之。清代江苏嘉定县人。居南城。精医术，以幼科知名。[见：《嘉定县志》]

张兆璜 字玉师。清代浙江钱塘县人。名医张志聪长子。传承父学，亦精医理。曾参校其父《黄帝内经素问集注》九卷、《黄帝内经灵枢集注》九卷，刊刻于康熙间（1662～1722）。[见：《清代七百名人传·张志聪》、《黄帝内经灵枢集注》、《黄帝内经素问集注》]

张名藩 字镇寰。明代安徽无为州人。精通医术，擅长幼科，求治者填门。行医一生，至老不懈。子张自修，传承父业。[见：《无为州志》]

张齐珠 清代河北定州人。康熙元年（1662）开设金牛眼药铺于州城。乾隆帝南巡，患眼疾，用其药而愈，御书"金牛张铺"匾额赐之。[见：《中国历代医家传录》（引《健康报》崔志铎文）]

张问达 明代山西芮城县西厢人。得异人传授，精通医术，以治伤寒知名。子张吾仁，绍承父学，声名益显。[见：《芮城县志》]

张问政 字有恒。明清间安徽颍上县人。邑名医张大本子。十三岁承庭训学医，其父以疑难试之，所答每出人意表。及长，悬壶济世，屡起奇疾。曾路经某里，见贫家妇死，已殓，而衣有血迹甚鲜，询之，乃难产而死者。问政曰："未死，勿葬。"以针刺妇人胸，子产而母苏，闻者惊服。此后，医名噪于京都，达官贵人皆延致之。天启四年（1624）应诏入太医院，授医官。崇祯（1628～1644）末，奉旨采药四川、湖广，值明亡，遂入南京，后复任御医。[见：《颍上县志》]

张问惺 字觉初，又字玉仑。清代四川南溪县人。举人张学铭子。早年习儒，光绪丙子（1876）贡生，甲午（1894）中举，选昭化县训导。深通医学、天文、历算等术。[见：《南溪县志》]

张冲虚 一作仲虚。明代吴县（今江苏苏州）人。善医，多奇效。有道人就灶吹火，一蜈蚣伏于火筒，误吸入腹，痛不可忍。张氏诊之，命捣鸡蛋数枚，倾碗中啜之，良久痛稍定，复取生油与服，须臾大吐，鸡蛋与蜈蚣缠束而出，遂无恙。[见：《苏州府志》、《吴县志》]

张兴贤 字容众。清代山西沁州人。恩贡生。天资敏达，博极群书，隐居教授。课读之暇研究医理，久之精其术。嘉庆（1796～1820）初，学使某感疾，服药增剧，闻兴贤名，延之诊视。兴贤曰："此为庸医所误，徒按时令，专尚补益所致也。非用大凉之剂补泻兼施不可！"学使出前方质之，果不谬。别投以剂，病若失。学使厚酬之，不受，匾旌其门。[见：《山西通志》]

张江栅 清代江苏南汇县人。精医术，擅长儿科，有幼科圣手之称。[见：《南汇县续志》]

张汝南 字衡山。近代江苏上海人。邑名医张麟祥孙。从叔父张世镳学医，专精伤寒，治病有奇验。慷慨任侠，贫困者踵门告贷，恒赠以金，不求其偿，阖邑视为善士。天性纯孝，光绪二十一年（1895），当道以孝子旌之。学使龙湛霖，亲书"采兰艺黍"额其门。[见：《上海县志》]

张汝珍 字子培。清末四川成都县人。徙居新繁县。邑名医张达之子。早年习儒，于古今书无所不读，旁及释老，兼习家学。少年入庠，至壮年未能登科，而业益勤，文益富，有声士林。后退而为医，于温病证治颇有研究。主张简化温病名目，遂撰《春温三字诀》一卷，刊于咸丰辛酉（1861），今存。[见：《春温三字诀·序》、《重修成都县志》、《中医图书联合目录》]

张汝桂 清代浙江嘉善县人。邑名医张源子。继承父业，亦精医术。[见：《嘉善县志》]

张汝滨 字观澜。清代河南汝南县人。庠生。精通岐黄。以医术济世，不分贫富，有求辄应。[见：《重修汝南县志》]

张汝霖① 号济川。明代山西平阳府猗氏县杜村人。少为儒生，后弃所学，专心于岐黄之术，研精入妙。邑绅陈起登为诸生时患疾，经年不愈，汝霖诊之曰："若得变证伤寒，则大愈。"未几，陈果变证，患热疾而增剧，家人惶遽求汝霖，汝霖备问寝息唾嗽之状，曰："可勿药有喜也。"家人以不用药为疑，汝霖乃出一方，曰："但令发汗，疾即愈矣。"视其方，药只数味，无异寻常，服之，汗出而愈。汝霖素重医德，有求必应，应则尽心调治，从不计利，世人重之。然深信太素脉，每以脉象断人寿夭，不足取法。寿九十四岁卒。[见：《平阳府志》、《山西通志》]

张汝霖② 清代河南伊阳县人。通岐黄术，以医药济人。[见：《伊阳县志》]

张汝翼 明代河北祁州人。以医济世，为乡里所推重。著有《痘疹秘诀》三卷，未见传世。[见：《祁州乡土志》、《保定府志》]

张宇杰 字士兴，号汉表。明代浙江永嘉县人。幼颖敏，励精于学，总角即应乡试。已而善病，遂精医道，于痘疹尤有心悟。曾撰《东瓯张氏清源活水保婴痘证百问歌》（简称《痘证百问歌》）九卷，李廷玑、王任重、何乔远、庄时讲等分别作序，刊刻于万历三十年（1602）。是书国内未见，今日本存原刻本，近年已影印回归。张氏还撰有《张仲景伤寒论翊》、《痰火虚损》、《三世医要》等书，皆散佚。[见：《中国医籍考》、《内阁文库汉籍分类目录》、《日本现存中国散逸古医籍》]

张守仁 （1550～1598） 字立仁。明代安徽歙县定潭村人。性淳厚，好济贫寒。曾入山樵采，见乞丐病饿昏厥，遂背负至家，精心护理。乞丐病愈，临行赠以劳力伤寒散秘方。张氏依方制药，用之多验。后几经增改，定药十八味，称"十八罗汉"，服者一剂即愈，全活甚众。张氏因此药成名，世称"张一帖"。子张凤诏，传承父术，为一时名医。[见：《新安名医考》]

张守坚 清代江苏松江府人。生平未详。撰有《若山居医学读本》（又作《订补明医方论》）三卷，曾有底稿本存世。[见：《贩书偶记续编》]

张守沂 字云泉。清代河北南皮县人。增广生。精医学，擅眼科。著有《眼科精微》若干卷，行于世。今未见流传。[见：《南皮县志》]

张安道 元初东阳县（今属浙江）人。名医张去非长子。继承父学，精通医术，曾任杭州路医学教授。弟张至道，官昌国州（治所在浙江定海）医学教授。[见：《金元医学人物》（引《黄文献公集·成全郎江浙官医提举张公墓志铭》）]

张防御 佚其名。宋元间人。里居未详。通医术，为宋末谢太后殿医官。宋亡，出入杨驸马家，言殊好异，人称张疯子。然其人尚义，不徇流俗。[见：《中国历代医家传录》（引《志雅堂杂钞》）]

张阶升 清代江苏江都县人。精小儿科，与同邑名医常心池齐名。[见：《瓜州志》]

张阶平① 清代河南鹿邑县人。生平未详。著有《外科集成》三十六卷，未见刊行。[见：《鹿邑县志》]

张阶平② 清代山东历城县人。以医为业，知名于时。子张永和，继承父业。[见：《历城县志》]

张如良 清代河南荥阳县人。精医术，知名于时。孙张复曾、张珍瑞，绍传其术。[见：《续荥阳县志》]

张如修 字永叔。清代河南密县人。国学生。兼精医术，尤擅眼科，名闻于时，延诊者门庭如市。[见：《密县志》]

张如翼 字超然，号滇南。清末云南景东县人。幼年丧父，性至孝，母病，晨起为母盥沐，洗涤秽污，恭进早餐毕，乃敢入塾，五载不懈。光绪十五年（1889）成举人。主讲龙吟书院，景东取科名者多出其门。善养生，撰有《养生元诠》一卷，今未见。[见：《云南通志》]

张如鳌 清代江西南城县人。邑名医张尘生子。绍传父业，乡里称之。[见:《南城县志》]

张好问 字希明。明代甘肃平凉府人。祖籍江苏高邮，先祖张仁，以医事于韩王府，遂定居平凉。张好问多髯，善持论，世号"髯张"。精通祖业，临证审病求源，不拘古方，治病神验。官王府良医正。重医德，诊病不分贫富，不较诊酬，拯救不可胜数。夏季，有患伤寒者，其症类疟，众医以清暑剂疗之。好问曰："南方湿热，故清之而平。平凉地寒而燥，冬有积寒，遇夏伏阴为害。"饮以附子理中，立愈。嘉靖戊子(1528)冬，刑部主事某得寒疾，众医皆诊为"少年好内，遇寒"，欲以附子热药治之。好问诊之，独谓乃寻常风寒，不须用药，汗出即愈。病者从其言，发汗而瘥。平生嗜酒，年七十余，治韩昭王疾，忧其难起，饮烧酒致醉，遂卒。著有《张氏医经》、《太素集》等书，皆佚。无子，以弟张好古遗腹子张治安为嗣子。治安亦精医，官王府良医副。张好问门生甚众，以庐镇刘廷琮最良。[见:《平凉府志》、《平凉县志》]

张纪元 字旭初。清代四川绵竹县人。康熙间(1662~1722)以医知名。治疾不用峻剂，每于平淡中见奇功。遇不治之证，亦能预决死期，慕名求诊者甚众。[见:《绵竹县志》]

张驰翰 字绍机。清代四川资州人。性颖敏，精轩岐术，临证每获奇效。光绪丙申(1896)秋，资州大疫，驰翰亲制丸散以济贫病，活人无算。平素教授生徒，讲论性命之理，娓娓而不倦。恒谓："苟能清心寡欲，自然能却病延年；即有病些微，亦可不药而愈。"乡里以儒医称之。年七十五岁卒。[见:《资中县续修资州志》]

张寿颐 (1873~1934) 字山雷。近代江苏嘉定县人。初习举业，通考据之学。年十九入泮，为邑庠生。因母患风痹疾，迁延不愈，弃儒习医。初从吴门黄醴泉学内科，历时三载。复从同邑黄墙村朱成璈学外科，并协助朱氏创办黄墙医校。1919年，兰溪知县盛鸿焘办中医专门学校，次年，聘张寿颐为教务主任，在任十余年，门墙遍于宇内。张氏于教学之外，开业行医，兼治内、外、妇科。远近慕名求诊者甚众，愈疑难大症甚多，声名隆盛，与当时盐山张锡纯、慈溪张国华齐名，时称"三张"。1934年5月8日，逝世于兰溪世德路寓所。著述甚富，有《重订中风斠诠》、《沈氏女科辑要笺正》、《钱氏小儿药证直诀笺正》、《经脉俞穴新考正》、《本草正义》、《难经汇注笺正》、《张洁古脏腑药式补正》、《谈医考证集》、《疡科纲要》、《脉学正义》、《籀簃医话》、《重订医事蒙求》、《全体新论疏证》、《湿温病医案平议》、《病理学读本》等数十种。[见:《热心中医教学的张山雷先生》(《浙江中医杂志》1958年4月号)、《中医图书联合目录》、《嘉定县续志》]

张远游 北齐人。以医药、道术知名。文宣时(551~559)，奉诏与术士合九转金丹。丹成，帝置于玉匣，曰："我贪人间乐，不能飞上天，待我临死方可服之。"[见:《太平御览·方术部》、《古今医统大全·历世圣贤名医姓氏》、《历代名医蒙求》]

张贡琳 清代四川涪陵县人。武生。其兄张明轩孝廉设帐授徒，名医潘廷彦之子就学门下。张贡琳闻潘氏藏有医书秘本，向潘子借阅，未还。后竟以医术知名，愈疾甚多。[见:《续修涪州志》]

张声道 北宋人。生平里居未详。曾注释杨苑《胎产大通论》，撰《注解胎产五十四证大通论》(又作《注解胎产大通论》)一卷，于天圣三年乙丑(1025)进于朝廷。此书今存明抄本。张氏还著有《经验方》若干卷，已佚。按，或谓张氏即南宋进士张声道，疑误。[见:《洗冤集录·救死方》、《国史经籍志》、《重修浙江通志稿》、《宋以前医籍考》、《浙江医籍考》]

张孝直 南宋人。里居未详。精医术，曾官成和郎太医院御医，兼太医局教授。绍兴二十九年(1159)，王继先命高绍功、柴源、张孝直等任检阅校勘官，重校北宋唐慎微《证类本草》，改题《绍兴校定经史证类备急本草》(简称《绍兴本草》)，再次刊行。此书完帙不存，国内外仅见多种残刻本。[见:《绍兴本草》(郑金生等辑复本)]

张孝培 字宪公。清代江苏吴县人。对《伤寒论》颇有研究。于康熙间(1662~1722)著《伤寒论类疏》，未梓。名医汪琥曾亲见初稿，评之曰："能出己见，而不蹈袭诸家之说。"[见:《中国医籍考》]

张孝庸 字平甫。清末江苏上海县人。庠生。工书法，善绘山水，笔意苍古。尤精医术，治病不论贫富远近，邀之即至，就医者甚众。年六十四，无疾而逝。[见:《上海县志》]

张志文 (1856~?) 字蔚堂。近代辽宁盖平县城厢人。赋性明哲，精通绘画。壮年习医，临证慎重，悬壶数十年，有医林老成之誉。曾任盖平县医药研究会会长。晚年不轻出门户，凡延请者多危重病患，往往投药回春。1930年，寿七十五岁，尚健。著有《瘟疫浅论》，今未见。子张培芝，为近代名医。[见：《盖平县志》]

张志刚 清代河北正阳县人。邑喉科名医张淑仪孙。绍承家学，亦精喉科，施药济人，全活无算。[见：《重修正阳县志》]

张志行 元代吴县（今江苏苏州）人。精医术，善诊脉，名重于时。郡人秦文刚患奇疾，诸名医束手，张氏治之而愈，闻者叹服。[见：《金元医学人物》（引王祎《王忠文集·赠医师张君序》）]

张志良 清末江苏常熟县人。精幼科，知名于时。子张道禄，孙女张倚霞，皆传祖业。[见：《吴中名医录》、《中国医学史略》]

张志远 字鹏期。清代山西阳曲县人。诸生。品行端洁，博学通儒，善诗词，工书法，旁通医术。晚年治学益勤，广聚群书，手自评骘。著有《诗词稿》三卷、《诗业正韵》一卷、《切音要诀》一卷，还辑医书《医学钞要》八卷，今未见。[见：《阳曲县志》]

张志杰 字子占。清代湖北蕲州人。州诸生。素习儒业，兼涉医药。为人尚义，岁试归，遇妇人泣于途。询之，其夫欠官钱，鬻妻以偿，妇不忍别，故悲泣。志杰慨然代偿，妇得归家。著有《松筠堂诗集》及本草诸书，今未见。[见：《蕲州志》]

张志忠 五代后唐人。里居未详。初为医官，明宗天成元年（926）迁太原少尹。[见：《五代史记·唐本纪》、《五代史·后唐明宗纪》]

张志明 清代浙江嵊县人。生平未详。撰有《医学秘集》，今未见。[见：《嵊县志》]

张志聪 （1610～1680?）字隐庵，别署西陵隐庵道人。明清间浙江钱塘县胥山人。自称东汉名医张仲景后裔。幼年丧父，初习举业，后专攻岐黄，从名医张遂辰游，尽得师传。嗣后，博览前代医书，对《素问》、《灵枢》、《神农本草经》、《伤寒论》、《金匮要略》诸医典多有研究。当时卢之颐以医术名动江浙，志聪继之而起，声名与之相埒。清初构侣山堂于胥山，集合钱塘诸名医及门生，讲论医学，校注医学典籍。参与侣山堂医事活动之名医多达数十人，可考者有仇时御、王逊、任允谦、朱长春、徐开先、马宗杰、张子马、张文启、莫承世、莫承艺、闵振儒、杨象乾、董儒林、赵尔功、郑尚仁、卢冶、嵇镐、余国锡、吴士乔、吴嗣昌、宋之问、沈晋垣、沈泰亨、周祐、季荣春、尚绚、俞金亮、姚宗、倪

洙龙、徐桢等三十人。顺治十七年（1660），张志聪诸人完成《伤寒论集注》六卷，刊刻于世。此后陆续纂成《伤寒论宗印》八卷、《金匮要略注》四卷、《黄帝内经素问集注》九卷、《侣山堂类辩》二卷、《黄帝内经灵枢集注》九卷、《伤寒论纲目》九卷、《本草崇原》三卷、《医学要诀》四卷，皆梓行（今存）。以上九种外，还有《针灸秘传》二卷，已佚。张氏门生甚众，以高世栻最负盛名。其余如王弘义、王庭贵、朱景韩、朱输、金绍文、计大伸、倪昌大、倪昌世、徐永时、莫善昌、莫瑕、曾时泰、曾镨、黄绍姚、杨应选等，俱传志聪之学。子张兆璜、张兆献、张兆珩，皆承父业。[见：《清史稿·张志聪传》、《清代七百名人传》、《杭州府志》、《伤寒论宗印》、《黄帝内经灵枢集注》、《黄帝内经素问集注》、《侣山堂类辩》、《本草崇原》、《伤寒论宗印》、《金匮要略注》、《医学读书志》、《中国医籍考》、《中国历代名医碑传集》]

张志颎 字启常。清代浙江慈溪县人。精医术，无所师承，不用古方，而发无不中。寓居浙西余杭，踵门就诊者日以百计，全活无算。[见：《慈溪县志》]

张克明 近代浙江吴兴县人。三世业医，名重于时。门生叶橘泉，为现代著名医家。[见：《中国科学技术专家传略·叶橘泉》]

张克振 字承启。清代江苏上海县人。祖籍浙江仁和县。其先世有名瞻源者，受医术于舅父夏东升，遂以医术传家。传至克振，继业益精，尤擅治时症，虽危殆皆能起之。每值暑秋疫甚之时，延请者不绝于门。为人真挚，年六十余犹徒步临诊，风雨无间，不计酬报，遇贫病反赠以药，时称长者。子张钟涛，孙张麟祥，门人李仲芳、钮汇源，皆以医闻。[见：《上海县志》]

张克肇 清代安徽阜阳县裴家埠人。精通医术，名重于时。凡以病求诊，虽昏夜必往，治辄奇效。太和李文焕，卧病十二载，饮食肌肤不减，而身一转动，气辄绝。张氏诊之，曰："此眩晕证也。"为之疏方，再剂而瘥。有孀妇李氏，欲休童养媳，问其故，曰："媳腹中有小儿鸣。"张氏告之曰："此病也，岂可以此枉人名节？"治之而愈。早年游大梁，遇富家子患痘垂危，家人谓必死。张氏视之曰："无害。"治之得瘥。富家欲厚酬之，则悄然遁矣。晚年卧病不出，求方者日踵其门，皆口授医方与之。年八十余殁。著有《万锦集》一卷、《汇补敷炙歌》一卷，今未见。[见：《阜阳县志》]

七画

张杏林 （?～1862） 字春卿。清代江苏高邮州人。庠生。精医理。道光二十九年（1849）水灾，赈捐出力，授八品顶戴。咸丰三年（1853）办团练有功，赏戴蓝翎，分发河南，调胜保营办文案。同治元年与捻军战于陈州鲁台，营破被执而死，追赠道衔。著有《注释本草纲目》若干卷及《一枝春馆全集》，未见刊行。[见：《续纂扬州府志》]

张杏园 近代上海人。邑名医张世镳侄孙。传承家学，亦精医术。[见：《清稗类钞》]

张吾仁 号春台，又号春堂。明末山西芮城县西厢人。邑名医张问达子。早年习儒，入县庠，为增广生。潜心父书，精通医理，以济人为志。万历戊午（1618），崇祯壬申（1632）、辛巳（1641）间，瘟疫大行，传染遍乡间。张氏屡施药救疗，全活甚众。辑有《撰集伤寒世验精法》八卷，论者称"发前人所未发，深合仲景心法"。此书经其孙张于乔编录，刊刻于康熙五年（1666），今存。张吾仁还著有《伤寒辨舌》、《诸方论》各若干卷，今未见。[见：《芮城县志》、《中医图书联合目录》、《贩书偶记》]

张吾瑾 字鹤洲。清初四川成都县人。生平未详。曾重刻钱雷《脏腑证治图说人镜经》八卷、张俊英《续录》二卷，今存。[见：《中医图书联合目录》]

张甫崖 清末江苏常州奔牛镇人，徙居无锡县。彬彬儒雅，素工医术，名噪于时。子张乃修（1844～1905），继承父学，为近代著名医家。[见：《锡金续识小录》]

张芳耀 清代浙江绍兴人。精医术，兼擅内、妇二科。子张若霞，尽得父学。[见：《绍兴医学史略》]

张连山 字志道。明代常熟县（今属江苏）人。工医术，以针灸著称。兄张恐、张思、张恩，皆善针灸。[见：《常昭合志稿》]

张连元 字仲三。清末人。生平里居未详。曾任太医院七品吏目。[见：《太医院志·同寅录》]

张报晖 清代广东始兴县东流坝人。郡庠生。继承父业，精通医术，尤擅脉理。悬壶济世，知名于时。[见：《始兴县志》]

张步云 清代四川渠县人。精通医术，有名于时。弟子张元富，得其传授。[见：《渠县志》]

张步阶 清代江苏震泽县人。生平未详。清乾隆间有无名氏《轩辕逸典》十四卷刊世，张步阶与沈闿合撰《黄帝逸典评注》十四卷，张氏评，沈氏注，今存道光四年（1824）刻本。[见：《贩书偶记续编》、《上海图书馆书目》]

张步霄 清代河南渑池县山底人。邑名医张平眉子。继承父学，亦精医术。子张方香，绍传家业。[见：《中州艺文录》]

张坚斋 清代人。生平里居未详。撰有《雷火神针》一卷，今存养生堂石印本，书藏山东省图书馆。[见：《中医图书联合目录》]

张园真 原名戴缋。字凤翼，号岩征，又号岩贞。清代浙江桐乡县青镇人。幼年多病，十七岁入郡庠。读书谈道，向老不倦。时海内文社大兴，园真追随其间，文名盛于时。又好辑书，康熙间（1662～1722）编《书画谱》、《明文大观》，未竟而卒。兼涉医药，辑有《脉谱》、《医谱》、《本草谱》，未见流传。[见：《桐乡县志》、《乌青镇志》]

张时龙 明代浙江山阴县人。精通医术，与倪涵初、施应期先后知名。终生未娶。[见：《山阴县志》、《绍兴府志》]

张时达 字步云。清代江苏崇明县人。通医理，有名于时。[见：《崇明县志》]

张时位 号行素。明代浙江会稽县人。邑名医张允通次子。早年业儒，有文誉。后传承父业，专意救世。病者经其诊治，颠危立起，遐迩受惠，声驰于两浙。重医德，遇贫乏却其诊金，被活之家，子孙颂祝不置。兄张时鼎，亦以医术知名。[见：《会稽县志》]

张时彻 （1464～?） 字维静，号东沙，又号芝园主人。明代浙江鄞县人。礼部尚书张邦奇族叔。年少于邦奇二十岁，故从邦奇学。嘉靖二年（1523）举进士。累官南京兵部尚书，因抗倭不利罢归。寄情于诗酒，而不忘用世之志。著有《芝园集》五十六卷。喜集医方，编有《摄生众妙方》十一卷、《急救良方》二卷，刊刻于世。又撰《伤寒金镜录》一卷，今未见。[见：《明史·张邦奇传》、《天一阁书目》、《四库全书总目提要》、《中国人名大辞典》、《浙江医籍考》]

张时杰 字际三。清代陕西兴平县岳阜村人。精通医术，拯人之危，不受馈谢。里人有争执，得其一言，咸折服焉。[见：《兴平县志》]

张时鼎 号元素。明代浙江会稽县人。邑名医张允通长子。初业儒，有文誉。未几，与弟时位，皆承父业，专意救世。病者服其药，危疾立起，贫乏者不受值，活人以万计，遐迩受惠，声驰两浙。[见：《会稽县志》]

张时雍 字谷香。清代江苏上海县法华乡人。究心《灵枢》、《素问》诸医典，专擅产科，医道大行。子孙传承其术，皆以医闻。[见：《法华乡志》]

张岚清 清代山东馆陶县（今属河北）人。邑名医张同心曾孙。绍承家学，亦精医术。[见：《馆陶县志》]

张秀升 清代江西鄱阳县大港人。精岐黄术，延请即至，不受馈遗，踵门求治者日不暇给。重医德，遇贫病无告者，倾囊相助，一生施济，老而忘疲。年七十五岁殁。[见：《鄱阳县志》]

张秀言 一作章秀言。宋代人。生平里居未详。辑有《草木诸药单方》一卷，已佚。[见：《宋史·艺文志》、《通志·艺文略》、《崇文总目辑释》、《国史经籍志》]

张伯元 清代江苏崇明县人。生平未详。著有《运气指掌》，未见流传。[见：《崇明县志》]

张伯全 金代河北南宫县人。祖籍山西太原。世医张师文子。绍传家学，勤勉业医，以济世活人为己任。曾游郾城，与名医张从正、麻九畴讨论刘完素学说，受益良多。[见：《金元医学人物》（引《遗山先生文集·张遵古墓碣铭》）]

张伯宜 金代人。里居未详。业医，曾主持药局，出家传良方以济世。李俊民《庄靖集》引《张伯宜药局疏》云："未精所业，猥叨三世之医；欲济于人，赖有万金之药。岂云小补，非敢自私。"[见：《金元医学人物》（引《庄靖集》）]

张伯祖 东汉南阳郡南阳（今河南南阳）人。性志沉简，笃好医方，精明脉证，疗病十全，为时所重。门人张机得其亲授，以医名振天下。[见：《注解伤寒论·医林列传》、《医说》、《李濂医史》]

张伯筠 清代山东庆云县人。精医术。外孙刘儒宾，得其真传，以医名世。[见：《庆云县志》]

张伯熙 （1880～1949）近代江苏武进县人。祖籍无锡。世代精医，擅内外两科，治时疫尤具特长。1919年悬壶上海。著有《蓉湖医案》十卷，存佚不明。[见：《江苏历代医人志》]

张位存 号辛人。清代江苏长洲县浒墅人。工书法，善绘画。从郡城张亮揆学医，治病多效，声望日起。笃于师生之宜，一日夜间，闻其师患病，即买舟往省，霜浓板滑，失足跌伤，得咯血疾，竟至不起，年仅四十余，闻者惜之。[见：《吴县志》、《浒墅关志》]

张位西 清代河南郑县（今郑州）人。精医术，知名于时。[见：《郑县志》]

张近辰 字枢元。清代四川绵竹县人。精医术，治病有奇效。辑有《袖中方》，未见流传。子孙多业儒，亦有习医者。[见：《绵竹县志》]

张希文 号怡庵，晚号怡老翁。明代长洲县（今江苏苏州）人。元官医提举张元善孙，名医张文叔子。博学明理，重义轻利。传承家学，精通医道。永乐（1403～1424）初，以名医征入太医院。三奉圣旨随郑和出使海外。及归，自号怡老翁。生三子，长张颐，次张豫，皆以医鸣。[见：《苏州府志》、《长洲县志》、《中国历代名医碑传集》]

张希圣 清代河南渑池县东庄人。邑名医张鹤眉孙，张其平子。继承家学，亦以医术知名。[见：《中州艺文录》]

张希纯 清代人。生平里居未详。撰有《针灸便用图考》一卷，经苏元箴整理，刊刻于世，今存咸丰六年（1856）永怡堂刻本。[见：《中医图书联合目录》]

张希周 号一中子。清代江西金溪县人，徙居乐平县。精医理，通贯《灵枢》、《素问》诸医典。年八十三岁卒。著有《脉诀》若干卷，未见传世。[见：《乐平县志》]

张希载 清代河北永年县人。廪贡生。自少勤学，屡试不售，慨然弃儒习医，尤善治痘疹。平生施药济人，活人无算，家业为之中落。著有《痘疹精要集》，未见传世。[见：《永年县志》、《重修广平府志》]

张希曾 字省斋。清末河南郑县（今郑州）人。世居官井巷。自幼好学，研习医术。积书案头，翻阅研究，不得其解不止。其治病以针为主，针灸不能及者，继以方药，所疗多捷效。光绪二十五年（1899），郑州学正朱炎昭以"金针度世"旌其门。著有《针要诀》，未见流传。[见：《郑县志》]

张希德 元代乐安县（今江西乐安）云盖乡人。家道饶富，其父以慈善闻于乡。希德嗜于医，尤注重儿科。闻名医，必登门访求；闻奇方，必抄录备存。平素修制丹药，遇乡邻婴孩染疾，施以善药，必愈而后已，人皆德之。[见：《金元医学人物》（引《吴文正公集》）]

张彤元 字丹亭。祖籍山东诸城。为庠生。世习举业，兼通医道，以训蒙终其生。子张锡纯，为近代著名医家。[见：《中国科学技

术专家传略》]

张应元 元初长洲县（今江苏苏州）人。祖籍汴梁（今河南开封）。邑名医张端礼子。传承父业，亦精医术。曾任海道万户府官医提领。子张元善，以名医征授保冲大夫。[见：《苏州府志》、《长洲县志》、《中国历代名医碑传集》]

张应昌 清代浙江杭州府人。曾取名医赵学敏《串雅》、《本草纲目拾遗》二书，按类编次，以正传抄诸本之误，重刊于同治间（1862～1874），今未见。[见：《杭州府志》]

张应诞 字让龄。清代浙江嘉善县人。自少习医，精其业，世称"张半仙"。芦墟宦家女病笃，延请张氏诊治，甫至而气已绝，切其太溪之脉，曰："疾可为也。"即以热水贮盆中，熨其胸，复取所炼药丸五分灌之，呕痰六七枚，状如鸽卵，疾乃愈。[见：《嘉善县志》]

张应奎① 字聚东。清代山东阳信县人。庠生。自幼好学，入泮后逢瘟疫流行，死于病者有之，死于药者亦有之。应奎目睹神伤，遂专力于岐黄之道，博览历代名医著述，精益求精，后悬壶济世。志在活人，不售药谋利，时论贤之。年八十二岁殁。[见：《阳信县志》]

张应奎② 字静徽，号鱼门。清代广东东莞县人。诸生。精医术，尤擅长儿科。番禺、沙湾、市桥等乡镇，以神仙目之。光绪乙未、丙申间（1895～1896）疫起，张氏出秘方制药施赠，全活甚众。著有《自适轩医案》、《保赤良篇》等书，未见传世。[见：《东莞县志》]

张应星 清代四川犍为县观音场人。精医术。乐善好施，治疾不分贫富，名重于时。[见：《犍为县志》]

张应祖 字劭嗣。清代江苏太仓州人。诸生。自少循谨，刻苦为文词。有感于宋儒"人子不知医，比于不孝"之说，专心研讨《素问》诸书，治病颇效。[见：《壬癸志稿》、《太仓州志》]

张应椿 字树堂。清代浙江萧山县人。精鉴赏，工篆刻。广诸古今医书，无不披览，乾嘉间（1736～1820）以医名世。里人汪辉祖患风痹积年，群医囿于"治风先治血"之说，重用地黄，痰湿转增。应椿独主补气，重用参芪附子，每剂重逾一斤，见者骇然，汪氏信而服之，久病渐愈。应椿尝谓："中风，中字当读平声，中虚则气亏血热，风自内生，与外感不同。惟猝中之中读去声，其风乃由外入，法不可治。"闻者服其持论精确。其后有孔传熊，嘉道间（1796～1850

以善医闻。[见：《萧山县志稿》]

张应雷 号梅轩。元代镇江路（今江苏镇江）人。世代业医。至元间（1264～1294）召为太医。晚年归乡，授本路医学教授。[见：《镇江志》]

张应遴 字选卿，号又元。明代常熟县（今属江苏）人。诸生。受医术于名医缪希雍。著有《炎黄绪余》、《悬壶衣钵》二书，今未见。医书外，尚有《海虞文苑》二十四卷，为明代常熟名人诗文集。[见：《常昭合志稿》、《常昭合志》、《支溪小志》]

张应鳌 字晓策，号海峰。清代河南阌乡县南麻庄人。性孝友。昆弟四人，排行居仲，兄弟皆逝，抚诸侄辈成立，友爱之情甚笃。由廪贡生补授陈留县训导。陈留临大河，学宫毁于水患，张氏捐资修复，士论贤之。值内乱频繁，奉府命守西城，以抗捻军，积劳成疾，辞归乡里。光绪三年（1877）阌乡县大饥荒，人相食，应鳌出粟赈恤，多所救济。因幼年多病，留心医道，久之精其术。晚年读书益勤，深明《伤寒》、《金匮》秘蕴，全活者甚多。著有《伤寒辨证》、《验方杂编》二书，今未见。[见：《阌乡县志》]

张序均 字礼庠，号柳人。清代江苏新阳县人。其父张景煦，精诗赋，为当地著名藏书家。序均自幼习儒，嘉庆二十三年（1818）入县庠。精医术，通算学，与同邑儒医潘道根相往还。晚年家道中落，道光十八年（1838）悬壶以自给。咸丰（1851～1861）末年，避战乱，卒于乡村。[见：《昆新合志》、《苏州府志》、《昆山历代医家录》]

张序晟 字慎予。清代湖南永定县人。颖敏嗜书，喜岐黄家言，悟其要理。临证诊脉精审，用方不拘常法，所治多奇效。千户周鹤林，因妻孕逾期不产，延请诊视。张曰："病也。由经余入浴，寒客子宫，致伤冲任。"予以药丸，下黑血块斗余，腹消而痊。族人张九挺患伤寒，病十余日，六脉全无。序晟曰："此误治，使邪闭于内。"以酒合姜汁灌之，脉复出，依仲景法立方，病愈。孝子吕敦孚，家境清贫，序晟以女妻之。著有《拯危备要》、《广济类编》（又作《广济类篇》），今未见。[见：《续修永定县志》、《湖南通志》]

张怀贵 明代四川绵竹县人。道士。曾云游贵州黄平县，居宝珠寺。精通医药，尤擅诊断，医名大噪。能预知死生，可治者则予药，不治者虽百计恳求，终不与。从学者甚众，或授

以切脉法，或授以针灸术，或别传技艺，皆各得所长。年八十三岁终。[见：《四川通志》、《直隶绵州志》]

张怀潼 又名柏子。清代四川汉州人。体貌修长，好议论，留心经世之学。以儒习医，谓世行《脉诀》为伪书，故取古本《脉经》重订而刊之。还著有《太仓医案注》，皆未见流传。[见：《续汉州志》]

张怀瑾 唐代人。生平里居未详。曾任升州司马。著有《药石论》一卷，已佚。[见：《直斋书录解题》]

张宏业 字图远。清代河南中牟县人。精医理，为人疗疾不居功，不受谢。乾隆二十六年（1761），黄河决堤，族人避灾，投靠其门者甚多，皆计口赡其朝夕，居二月，无倦容。[见：《中牟县志》]

张宏钻 字继轩。清代四川兴文县人。精通医药，知名于时。设药肆于县城，不以营利，专以济人，为乡里所称许。[见：《叙州府志》、《兴文县志》]

张良佑 元代长洲县（今江苏苏州）人。祖籍汴梁（今河南开封）。邑名医张应元子。传承父业，亦精医术。曾任嘉兴县官医提领。子张元善，以名医征授保冲大夫。[见：《苏州府志》、《长洲县志》、《中国历代名医碑传集》]

张良枢 清代浙江钱塘县人。邑名医张所望子。绍承父学，亦工医术。[见：《杭州府志》]

张良卿 字弘道。元代婺源县（今江西婺源）人。纯朴笃实，贯通理学，尤擅医道。荐授绍兴路医学教授。年七十二岁卒。[见：《徽州府志》]

张启元 清代河北东安县（今廊坊）人。庠生。性纯谨，重孝友。精通岐黄，擅治痘科。重医德，遇贫困之家求诊，虽昏夜不辞，徒步而往，兼施药饵，乡人皆感其德。[见：《安次县志》]

张启文 （1907～1956）现代江苏昆山县蓬阆泾人。本县外科名医张善孚子。早年丧父，初从蓑葭钱景虞学中医内科，历时三年，又入常熟沈绍莘之门，学习内外两科。及悬壶问世，享誉于昆山东乡。1954年任昆山县中医学术工作者协会筹备委员会副主任委员。次年任县卫生工作者协会副主任。1956年夜间出诊，归途不慎失足坠河而殁，闻者无不痛惜。门生吕君雅、邵锡田、汪静海、钱葭飞，得其亲授。长子张廷琪、长女张廷璆，皆继承父业。[见：《昆山历代医家录》]

张启倬 字天章。清代湖南衡阳县人。生平未详。辑有《杏林碎锦》二卷，约成书于乾隆四十九年（1784），今存1917年唐成之抄本。[见：《中医图书联合目录》]

张君宜 北宋人。里居未详。精医术，善疗痈肿，为元丰间（1078～1085）名医。用心平和，专以救人为事。当时有名医仇鼎，年长于张君宜，二人声名相埒，然仇氏性躁，世人多畏之。[见：《东坡志林·技术·医生》]

张君房 北宋安陆（今属湖北）人。景德间（1004～1007）进士，官尚书度支员外郎，充集贤校理。大中祥符三年（1010），官开封府功曹参军，迁御史，谪官海宁。真宗崇尚道教，以秘阁道书付杭州，令戚纶等校正。纶等荐君房主其事。君房乃编次，得四千五百六十五卷进之。复摄其精要，总一万余条，成《云笈七签》一百二十二卷，《道藏》精华具备于此，今存。张氏还著有《服气长生辟谷法》一卷，亦道家养生之书。[见：《中国人名大辞典》、《宋史·律历》、《河南通志》]

张君临 清代广东始兴县东流坝人。附贡生。幼孤多病，博览医书，贯通其旨，制方辄验，远近争相迎请。邑令陈如嵩，常延之入署，敬礼有加。又尝兴办水利，造福乡里。[见：《始兴县志》]

张岊善 清代四川三台县毕月乡人。积学多识，工书法，谙史鉴。不利于科场，屏弃儒学，倾心于针灸术。尝见咯脓血者，诊之曰："此木火刑金之肺痈也，外无形而内患深。"循经取穴，针之而愈。年九十二岁卒，其技不传。[见：《三台县志》]

张忍安 近代上海人。邑名医张世赣侄孙。传承家学，亦精医术。悬壶于城中南市，有医德，治病不计较诊金。[见：《清稗类钞》]

张纯义 清代四川广元县人。生于书香世家，幼承庭训，学识渊博。及长，教馆为业，暇则究心医术，活人不居功。常急人之难，乡里敬之。年七十二岁卒。[见：《重修广元县志初稿》]

张武魁 字英豪。清代河北南宫县人。邑名医张峻德孙。绍承家学，亦精岐黄，活人甚众。著有《痘疹辨疑》二卷，未见传世。[见：《南宫县志》]

张坤仁 号海臣。清代江苏上海县人。邑庠生。精通医术，兼能诗歌，擅长书画。著有

《啸云窝诗》。[见：《上海县志》、《艺林医人录》]

张坤贞 清代江苏沛县人。家贫学富，肆力于古。晚年尤精医术。著有《脉理臆解》一卷，今未见。[见：《沛县志》]

张坤岩 清代江苏川沙县八团镇人。精眼科，知名于时。子张云川，绍承父学，兼通内科及推拿术。[见：《川沙县志》]

张其平 清代河南渑池县东庄人。邑名医张鹤眉长子。与弟张其寅，继承父学，俱以医名。子张希圣，亦精医术。[见：《中州艺文录》]

张其相 清代江苏南汇县人。得不传之秘，精通医道，以喉科闻名于时。[见：《南汇县志》]

张其寅 清代河南渑池县东庄人。邑名医张鹤眉次子。与兄张其平，继承父学，皆以医名。[见：《中州艺文录》]

张英涛 字友松。清末人。生平里居未详。曾任太医院恩粮，兼寿药房值宿供奉官。[见：《太医院志·同寅录》]

张述祖 清代四川永川县人。曾任镶黄旗教习。擅书法，草、隶、篆尤绝，年逾六旬尚能作蝇头小楷。兼精医理，与人疗疾，每奏良效。著有《隶正草帖录》二卷。生前有《医案》，惜散佚无存。[见：《永川县志》]

张林春 清代山西阳曲县西鸣村人。善医学，尤精针灸。重医德，凡以病延请，风雨暮夜必赴。路途虽远，不假车马，所至不轻一饭，贫富贵贱，不受诊酬。有病者投门，必先款以饮食，虑其虺弱不胜也。昆弟七人同居，家人九十八口，未尝有违言。年八十余殁。子张焞，为庠生。[见：《阳曲县志》]

张松龄 字九苍。清代河北遵化县人。早年习儒，善吟咏。后弃学攻医，悬壶京师，求治者门庭若市。曾任太医院吏目。著有《知医便览图》一卷，未见梓行。[见：《遵化县志》]

张叔伦 字偕让。清代山东临沂县人。精医理，悬壶于世。凡男女各科杂证，洞见症结，药到病除。著有《卫生集》，行于世，今未见。[见：《临沂县志》]

张叔和 宋代人。生平里居未详。编有《新集病总要略》一卷，已佚。[见：《通志·艺文略》、《宋史·艺文志》、《崇文总目辑释》、《国史经籍志》]

张叔瑗 清代山东新城县人。生平未详。著有《医学示掌》、《医学指南》二书，未见流传。[见：《新城县志》]

张叔鹏 清末江苏苏州人。性慈善，早年习儒，举孝廉。兼通医道，不为人治病，创办制药所，施送丸散成药有年，因不善经营而失败。年七十三岁卒。有诗稿《屑泪吟》，又撰医学论稿若干篇，刊于《绍兴医药学报》。[见：《中国历代医史》]

张尚朴 字素恬。清代湖北夏口县人。积学未遇，转而研医，颇有心得，活人无算。心怀济利，遇贫困无力者，辄解囊助之。年八十岁，无疾而终。著有《医学觉梦集》、《澹定轩尺牍》，藏于家。[见：《夏口县志》]

张尚容 唐代人。生平里居未详。著有《大五脏论》一卷、《小五脏论》一卷、《延龄至宝钞》一卷，均佚。[见：《宋史·艺文志》、《崇文总目辑释》]

张国宁 字祖槐。明代吴江县（今属江苏）平望镇人。克承世业，精通医术。弱冠悬壶问世，治病多奇中，名动江浙。临证审慎，遇疑难症，日夕彷徨，形诸梦寐，故他医束手之疾，治之多愈。后以劳瘵卒，年仅四十九岁。[见：《江苏历代医人志》]

张国光 清代河北大城县人。太学生。博览医籍，凡《素问》、《脉经》、《医宗金鉴》无所不读。尚补而不尚泻，临证三十余年，无一失手。道光间（1821～1850），青邑杨赵官村有名郭争群者，生"人面疮"于膝，七窍皆具，遍延名医，一药无灵，遂投张氏门下，哀恳祈治。国光投药攻之，治疗月余，霍然而愈。厚赵官村李树患奇症，一呼则周身毫毛俱起，一吸则俱偃，消瘦日甚，命在旦夕；又，贡生厚颖川次女，患朝食暮吐，绿涎成胶，七日不食。此二症诸医皆束手，国光疗之，独见神效。由是求治者朝夕造门，纷纷如市。国光心存普济，尤恤孤贫，其不能具车马者，则徒步出诊，虽沐雨栉风，不觉其劳。暮年训子成名，以继其志。著有《脉诀指南》四卷，未见传世。[见：《大城县志》]

张国华 字生甫。近代浙江慈溪县人。幼习举业，弃儒攻医，知名于时。与盐山张锡纯、嘉定张寿颐齐名，时称"三张"。撰有《虚劳要旨》二卷，今存1917年宁波钧和印刷公司铅印本。又辑《张氏方案》，藏四川省图书馆。[见：《虚劳要旨》、《中医图书联合目录》、《热心中医教学的张山雷先生》（《浙江中医杂志》1958年4月号）、《浙江医籍考》]

张国成 清代四川资州人。家境极贫，自幼离家习医。性豁达，重医德，为人疗疾，

不计谢资。年九十岁卒。[见:《资州志》]

张国沧 清代广东南海县九江堡人。隐于医，兼精风角、壬遁、杂占之术。[见:《南海县志》]

张国秀 清代湖北沔阳州石板里浮图院人。邑名医张世亮次子。与兄张国清，皆继承父业。每值病人延请，衣履不暇整饬，立往诊治，虽严冬盛暑，不改其常。生平未尝索一酬，遇贫病不能购药者，助以药资。[见:《沔阳州志》]

张国纲 元初人。里居未详。以医为业，知名于时。刘因作《名医张国纲挽卷》诗云:"良医不出户，真隐要逃名。宿草今如此，春风宛若生。一囊三世药，两子万籤金。平昔忧多病，怀贤倍有情。"[见:《金元医学人物》(引《静修先生文集》)]

张国治 字子瑜。清代浙江嘉善县枫泾镇人。曾任清浦县主簿。好吟咏，尤精于医。著有《本草注释》四卷、《伤寒金匮合编歌注》八卷、《枕中诀》四卷、《石经书屋吟稿》二卷，均未见流传。[见:《枫泾小志》]

张国泰 明代吉州(今江西吉安)人。业儒而通医。推重名医龚延贤，曾摘选龚氏《万病回春》、《寿世保元》等书，辑《外科集要》三卷，刊于万历四十七年己未(1619)。此书国内不传，今日本尚存(现已影印回归)。[见:《日本现存中国散逸古医籍》]

张国深 明代浙江兰溪县人。精医术。官太医院吏目。[见:《兰溪市医学史略》]

张国清 清代湖北沔阳县石板里浮图院人。邑名医张世亮长子。与弟张国秀，皆继承父学，以医著称。[见:《沔阳州志》]

张国槐 清代山西大同府人。精医术。辟杏雨斋居之，求诊者户外屡满。嘉庆(1796~1820)初，由廪生举孝廉方正。[见:《山西通志》]

张国瑄 清代河南西平县人。生平未详。著有《方脉摘验》、《胎产指南》二书，未见刊行。[见:《西平县志》]

张忠寅 字宾日。清代江苏青浦县人。例贡生。精医术，亦工书法，知名于时。[见:《青浦县志》]

张昌寿 字鲁祺。清代浙江嘉兴县梅里人。诸生。从本县名医仲泰游，亲聆绪论，所得独深，称入室弟子。[见:《梅里志》]

张昌祚 字世臣。清代江苏上元县人。少年丧父，其母通医，亲为指授，久之术精。乾隆乙酉(1765)，瘟疫流行民间，昌祚诊病施药无虚日，全活甚众。平生力行善事，年登大耋。子张岩、张岱，皆以儒医名世。[见:《上元县志》、《江宁府志》]

张昌麟 清代河南镇平县人。庠生。精通医道。尤善诊断，决人存亡，毫发不爽，世称医中和缓。[见:《镇平县志》]

张明征 字定甫。清代安徽婺源县甲路人。性仁厚。世精岐黄，授太医院医官。后归里，开医馆于南京，四方求治者踵至，应之不倦。尝日暮归，于江右遇贫困无告者患痢于途，视之恻然，令仆负之归，以药饵调摄之。月余体复，乃给资遣归，并不诘问其为谁家子也。邑人詹轸光赞之曰:"视天下如一家，救路人如骨肉。"编有《形证心法方书》，行于世，今未见。子张盛昌，能世父业。[见:《婺源县志》]

张明贤 字众超。清代山东宁津县人。乾隆间(1736~1795)庠生。好学不倦，晚年耽于医学，施药济贫，活人无算。尤善导引之术，年届期颐，犹若童颜。寿至一百零三岁，无疾而终。[见:《宁津县志》]

张明德 字显道。宋代襄陵县(今属山西)人。出家为道士。精于医，常施药济人，而尤急贫困，远迩求治者无虚日。太原提刑钟师道以疾求诊，明德授以药，立愈。师道感悦，以朝廷所降"妙应大师敕旨"赠之。[见:《山西通志》]

张鸣凤 字仲喈。明代浙江永嘉县人。少时随父谒选京邸，遇异人，授以养生导气术，又出袖中秘方与之曰:"习此可以长年，可以寿世。"鸣凤即弃儒学，遍游方外。每遇危痾，投剂无不立愈。[见:《温州府志》]

张鸣皋 字松云。清代浙江嵊县东张人。邑诸生。工书法，兼精岐黄，好施药饵，人咸德之。[见:《嵊县志》]

张岸舫 原名维新。字仕攀。清代广东大埔县人。幼习岐黄，常谓:"医者意也。苟能体会入微，则治病应若桴鼓。"故名其庐为"耕意堂"。凡遇病家延治，运用巧思，不拘泥方书，投药多奇效。嘉庆戊午(1798)，本县湖乡世医刘竹园之孙落水，神昏腹胀，便闭。先后用化痰、安神、开窍等药治疗，经旬不效，日见危笃，竹园与诸医皆束手，乃延请岸舫诊治。岸舫按其脉和缓，断曰:"盖缘饮水多，阳气为水所伏。寒水凌心，故神昏不语;气不化，故小便不通。且心与小肠相表里，小便若通，病当自已。"即以五苓散重用姜、桂以通神，滑石以利窍，一剂而小便下，熟睡一昼夜而病若失。其所治多类此。晚年重养生，寿至九十四岁。孙张莲溪，亦能医。[见:《大埔县志》]

张罗英 字人千。明代浙江西安县人。早年习儒，有名士林。后弃文习医，悬壶济世，有手到春回之誉，殁后五十年，乡邻犹盛称之。[见:《西安县志》]

张季民 明代江西鄱阳县人。精医术，知名于时。孙张恺，以善治奇疾著称。[见:《鄱阳县志》]

张季瀛 字云寰。清代浙江桐乡县人。深明医理，求治者门常如市。陆以湉表兄周士勋，夏日身热不退，脉虚自汗，医者用清暑药不效。季瀛诊之，曰:"口不渴，舌少苔，且神气虚弱，乃大虚证也，再服暑药则脱矣。"投以八珍大补之剂获愈。其子张禾，亦精医术。[见:《冷庐医话·卷二·今人》]

张秉成 字兆嘉。清末江苏武进县人。贯通医理，于本草、医方、脉学，皆有研究。光绪十三年（1887），摘选前贤诸书，取常用药品二百余种，辑《本草便读》四卷，命其子校对抄录，使之诵习。嗣后，又撰《脉诊便读》、《成方便读》二书，先后刊刻行世，今存。[见:《成方便读·自序》、《中医图书联合目录》]

张秉乾 字启人。清代江苏娄县人。得岳父施立人传授，精通医术，临证多奇效，知名于时。性端厚，有阴德。尝有偷儿入室，燃烛视之，乃邻家子也，给米三斗，令改行，其人感泣，卒为善士。邻居某不戒火，延烧殆尽，秉乾室岿然独存，人称积德之报。子张润贞、张轩贞，皆业儒，有声士林。[见:《松江府志》]

张岳元 字献廷。清代陕西安定县高林村人。孝友纯挚，器宇清高。自幼习儒，年十九岁，与弟同科入泮。精医术。好古木佳石，善雕刻，其作品为世所珍。年七十三，无疾而终。[见:《安定县志》]

张岱宗 字日方，号旸谷。清代浙江山阴县天乐人。生平未详。著有《胎产要诀》二卷，成书于雍正七年（1729），今存抄本。[见:《中医图书联合目录》、《女科书录要》]

张佩兰 清代江苏吴江县盛泽镇人。邑名医薛汉冲门生。绍传师学，亦精医术。[见:《吴江县续志》、《盛湖志》]

张佩程 清代河南渑池县坻坞人。增生。弃儒业医，兼精伤寒、妇科，知名于时。[见:《中州艺文录》]

张佩道 字行之。清末云南姚安县人。光绪间（1875～1908）诸生。家贫力学，潜心医术，于《灵枢》、《素问》探赜研机。凡患沉疴者，悉求诊治。著有《内经四言韵语》，今未见。[见:《姚安县志》]

张所望 字卫生。清代江苏溧阳县人。徙居钱塘（今杭州）。精医术，以疡医鸣世。理安寺僧人患水疔走黄，绝水谷三日，众医莫能治。张氏诊视，曰:"毒已入里。"以针自疮顶刺入，深至寸许，僧始觉痛，张曰:"生矣。"以膏药涂之，复投丹药数粒，拔其疔根寸许，坚黑如铁，疾遂愈。有产妇已举子，而号痛欲绝。张氏曰:"腹内犹有一子未下。"投以药，果再产一子，得无恙。其所治类此者甚多。子张良枢，继承父业。[见:《杭州府志》、《续名医类案》]

张金印 字玉堂。清代河南淮阳县人。以医为业，知名于时。[见:《淮阳县志》]

张金铉 清初浙江鄞县人。精医术，专擅外科，有名于时。同时有汪少东、朱怀宇、陆尔真，皆以外科著称。[见:《宁波府志》、《鄞县志》]

张金照 清代江苏川沙县八团镇人。世医张清湛子。精家传眼科，尤擅大方脉。著有《素灵汇要》三卷、《察舌辨症》一卷、《证治汇补》一卷、《时症直诀》一卷，均未见刊行。其子张凤仪，传父业。[见:《川沙县志》]

张金鉴① 字心衡，号子愚。清代江苏吴江县黎里人。少习举业，困于童试，弃而学医。于《灵枢》、《素问》诸书，靡不精思详究，复师事吴门顾庭纲，能罄其学。顾氏称赞曰:"胆大心细，识精见卓，异日明道，必能追叶、薛诸贤也。"金鉴秉性朴诚，毫无粉饰。其切脉治病，常获十全之效。遇不药可愈之病，必坦诚告曰:"此苦水也，寻当自愈。"有病炎暑热疮者，金鉴曰:"服野菊花汁，渣敷患处足矣。"遂不与药。后贫甚，有劝其稍学时派，以适时俗。金鉴曰:"医虽小道，至险之事也。我道不行，命也。若以此为糊口之计，则大谬矣。"年六十二岁殁。[见:《黎里续志》]

张金鉴② 清代江苏吴县相城北谢泽人。邑名医张毓庆子。继承父业，亦以医名。子张文涛，孙张廷枚，皆继承家学。[见:《相城小志》]

张念虚 清代浙江人。自幼嗜医，少游京师，入太医院，得名师传授，造诣日精。

能讲《内经》，字字有着落。医病处方，不用奇药。从其兄宦游于蜀，遂定居成都。性古直，不附权势，苟非其人，虽许重金，不予诊治。[见：《重修成都县志》]

张采田 字孟劬。清末浙江钱塘县人。专精喉科。著有《白喉证治通考》一卷，今存光绪二十八年（1902）刻本。[见：《中国医学大成总目提要》、《重修浙江通志稿》]

张育万 清代河南淮阳县人。精医术，知名于时。孙张耀来，继承家学。[见：《淮阳县志》、《陈州府志》]

张性仁 清代河南巩县人。究心于《内经》、《伤寒论》诸书，以医为业，有声于时。[见：《巩县志》]

张学正 字修之。清代河南南阳人，寄居光州。自称医圣张仲景四十六世孙，绍承家学而不以医名。习儒，曾宦游岭南。家藏祖传《伤寒杂病论》十六卷抄本，向秘不示人。同治三年（1864），将此书授于门生左盛德。光绪二十年（1894），左盛德传书于门生罗哲初。罗哲初之子罗继寿于1956年将书献出，重刊于世，名之曰《桂林古本伤寒杂病论》。[见：《桂林古本伤寒杂病论》、《中医年鉴》（1985）]

张学礼 明代长洲县（今江苏苏州）人。祖父张世华，父张承宗，先后任太医院判。学礼绍承家学，亦供职太医院。[见：《苏州府志》、《长洲县志》]

张学潮 字文海，号素涛。清代江苏吴江县平望镇人。精医术，以疡科著称。素重医德，数里内出诊不乘舟楫，常曰："病家少一钱浮费，即助一钱汤药，劳人财以逸吾身，不敢为也。"平生周贫济困甚多，而从未彰显己德，时人敬重之。子张允桢，继承父业。[见：《平望志》]

张学醇 字筱浦（一作筱溥）。清末浙江山阴县人。早年出仕，素不知医。同治丙寅（1866）乞假南归，日事药炉，留心医道。得高世栻《素问直解》，朝夕讽诵，遂明阴阳五行之理，盈虚消长之道。研究有年，遂以医问世，所治之病，百不失一。著有《医学辨正》，刊于光绪七年（1881）。是书阐发己见，纠正前人之误，颇有特色。[见：《医学辨正·序》、《绍兴医学史略》、《中医图书联合目录》]

张学懋 明代四川梓州人。嗜医学，推重唐代名医孙思邈。宋徽猷阁直学士郭思，曾摘选孙思邈《千金要方》，择其简切实用之方，撰《千金宝要》，刻石于华州。至明代，《千金宝要》多次重刊、刻石，而错漏颇多。张学懋深恐贻害后世，遂与金陵医士程文格、徐经洪，及栾恒所、范华宇等合力校正，撰《千金宝要补》三卷，序刊于泰昌元年（1620）。此书国内未见，据《中国医籍考》，日本尚存。[见：《中国医籍考》]

张治安 明代甘肃平凉府人。张好古子。其伯父张好问，精岐黄术，官王府良医正，无子，以治安为嗣子。治安传承伯父之学，官王府良医副。[见：《平凉府志》]

张宝仁 字健元。清代江苏娄县人。其先世有名张清渊者，为明末员外郎，清初迁于青龙江之福泉山，隐于医。阅八世至宝仁，复迁松城。于医学尤精，凡《素问》、《金匮》诸医典，无不洞悉。尝游于江浙间，为士大夫所礼重。陶澍抚吴时深契重之，赠以联额，称其术曰："不坠仲景家法。"著有《伤寒论增注》、《三疟正虚论》二书，未见梓行。有子二，能世父业。[见：《娄县续志》]

张宝藏 唐代人。里居未详。贞观间（627～649），张宝藏年七十，任金吾长。时太宗苦于气痢，众医不效，即下诏问殿庭左右，有能治此疾者，当重赏之。宝藏尝困是疾，即具疏，进乳煎荜拨方，太宗服之立愈，授以鸿胪卿。[见：《续前定录》]

张宗元 清代山东新城县人。儒医张振祚子。早年习儒，为诸生。后袭承父学，亦业医。[见：《新城县志》]

张宗良 字留仙。清代江苏吴县人。素精医理，于喉科尤有心得，治验取效者不可胜计。著有《喉科指掌》六卷，成书于乾隆二十二年（1757），今存乾隆间（1736～1795）云间张应时刻本，后世重刊本甚多。还撰有《咽喉秘宗》一卷，今存清抄本。[见：《喉科指掌·序》、《中医图书联合目录》]

张宗恒 字明远，号落魄。明代江西德兴县一都人。精医术，兼善堪舆。著有方书数十卷，已佚。[见：《德兴县志》]

张宗美 清代江苏娄县人。乾隆间（1736～1795）名医严谷绪之婿。宗美亦善医，知名乡里。[见：《娄县续志》]

张宗程 清代江苏砀山县（今属安徽）人。精医术，有名乡里。[见：《徐州府志》]

张定远 字子廉。清代福建永安县人。廪贡生。雅好五子书，以无欺笃行为本。永安之民生艰于生计，女红尤拙，张氏购置织机，劝人织，始自族姓，继而乡邑，不数年比户皆机声。

本乡土豪霸占渡口，勒索钱财，稍不如数，则生争斗。张氏倡同人告于官，巡抚岑毓英为禁除之，县勒碑焉。张氏撰有《乐寿合编》一卷，为养生学著作，今未见。[见：《福建通志》]

张官曙 清代湖南永顺县外塔卧官仓坪人。精医术，好用古方，而临证善化裁，知名于时。辑有《伤寒补注》、《医门法律》等书，未见梓行。[见：《永顺县志》]

张肃安 字敬斋。明代祥符县（今河南开封）人。初习举业，弃儒业医，知名于时。[见：《祥符县志》]

张始生 近代江苏海门县人。先世业药。至始生研究药物三十年，开设医药学校，设求真馆于上海。精于制药，营销远近。1929年，南京政府拟废止中医，张氏两度与各地同道进京请愿，最终该提案未能实施。此后组织全国医药团体总联合会，张氏任常务委员。多年致力于国药改进，创药品陈列所，辟药圃于南翔镇，又请立中央国医馆。历任国医学院、中医专门学校、中国医学院药学教授。著有《资证药鉴》十二卷，今未见。[见：《海门县图志》]

张承仁 明代长洲县（今江苏苏州）人。太医院判张世华（1468～1550）三子。绍承家学，任太医院医士。[见：《长洲县志》、《中国历代名医碑传集》]

张承宗 明代长洲县（今江苏苏州）人。太医院判张世华（1468～1550）次子。绍承父学，继业尤精。初任太医院医士，以保御劳，累迁太医院判，供职圣济殿。子张学礼，亦为医官。[见：《苏州府志》、《长洲县志》、《中国历代名医碑传集》]

张承诗 字致修。清代江苏嘉定县人。诸生。精通医术。乾隆二十年（1755）大疫，承诗以术施济，活人甚众。著有《笔麈》四卷，未见流传。[见：《嘉定县志》]

张承祚 清代湖北江陵县人。康熙间（1662～1722），官郧州（今陕西富县）同知，告归。雅擅医术，多所全济。里中尝大疫，诊之辄起，又制良药施济举室患病者，世人德之。年八十一岁卒。[见：《荆州府志》]

张绍修 字养吾。清末湖南浏阳县人。精医，于白喉一症，颇多独到之见。撰有《白喉捷要》一卷，刊刻于世。[见：《清史稿·艺文志》、《中国医学大成总目提要》]

张绍棠 字又堂。清代安徽合肥县人。以父母年老，留心医药。曾寓居南京，修合成药，以济贫病。推重李时珍《本草纲目》，因当时坊刻本粗疏错漏，遂校其讹误，重为锲板，重刊于光绪十一年（1885）。还曾增辑鲍相璈《验方新编》，重刊于世。[见：《重订本草纲目·张序》、《中医图书联合目录》]

张经始 字民沾。清代江苏无锡县人。精通医道，知名于时。兼工文翰，温雅有儒风，士大夫皆礼敬之。[见：《无锡金匮县志》]

张春园 清代山东博兴县人。精医术，与侄张冠贤，同时以医济世。踵门求诊者甚众，不分贵贱，一例视之。[见：《博兴县志》]

张春育 字养源。清代四川太平县人。性孝友。精通医术，驰名于时，活人无算。[见：《万源县志》]

张春榜 字茂良，号礼元。清代江苏金山县张堰镇人。初习举业，弃儒业医，治病多效。道光庚戌（1850）重游泮水。著有《临证医案》，未见流传。子孙传承其业。[见：《张堰志》]

张珍瑞 清代河南荥阳县人。邑名医张如良孙。与兄张复曾继承家学，皆精医术。[见：《续荥阳县志》]

张荣新 （?～1834） 字耕心。清代江苏宝山县人。父张玉衡，精于医理。荣新传习父业，俭约好施，乡里重之。道光十四年（1834），邑中大疫，终日驰诊，竟因劳瘁而卒。[见：《宝山县志》]

张荣德 清代四川南溪县李庄人。邑名医张展祖子。继承家业，亦以医名。[见：《南溪县志》]

张荩臣 清代浙江平湖县人。善针灸术，其法传自蒙古，与南方异。著有《经俞图说》四卷，未见流传。[见：《平湖县志》]

张荫潮 （?～1939） 近代河北盐山县张边务乡人。名医张锡纯长子。绍承父学，亦精医道，临证胆识过人，有乃父风范。曾任京畿卫戍司令部医官。子张铭勋，亦承祖业，行医于原籍。[见：《医学衷中参西录·盐山名医张锡纯先生事略》]

张南坡 字邦翰，又字世良。清代浙江新昌县人。精医术，知名于时。[见：《绍兴地区历代医药人名录》]

张相臣 近代河北青县人。博览群书，精通医道。1913年，冯国璋（1857～1919）在南京，延聘张相臣为医官。公余治疗民病，刀圭所至，无不春回。张氏热心中医事业，在医界颇有声望。裘庆元创办《绍兴医药学报》，收集古

籍，张氏赞助尤多。[见：《中国历代医史》]

张树生 清末四川合川县人。从师学医，精通其术，知名于乡。[见：《合川县志》]

张树检 号毅夫。清代湖南善化县人。性严正，持家勤俭。精研医术，施药济人。道光间（1821～1850）喉疫流行，张氏出术疗救，全活甚多。年七十三岁殁。[见：《善化县志》]

张树德 清代四川荣昌县人。究心岐黄，尤擅脉理，治病百不失一，名重于时。年八十余卒。[见：《荣昌县志》]

张临丰 字润田。清代河北青县伊家庄人。国学生。研医十余年，内外两科兼擅其长。咸丰九年（1859）、同治元年（1862），瘟疫两度流行，传染蔓延，比户惊惶。医者怀戒惧之心，屏足观望。临丰慨然出诊，数日不归家门，全活无算。又善治奇症恶疾，针砭之余，施以割剖，无不应手奏效。静海王某，长砍头疮，自枕骨至两腮前后皮肉皆烂，筋骨毕露，气已将尽，阅医甚多，皆言不治之症。临丰往治，先将浮筋以刀割断扭出，将浮肉洗净，复以针遍刺，然后敷药，一月而平复如初。张临丰寿至七十三岁卒。遗有《张临丰医案》，藏于家。[见：《青县志》]

张星余 清代人。生平里居未详。著有《节穴身镜》二卷，今存抄本，书藏中国国家图书馆。[见：《中医图书联合目录》]

张星灿 清代江苏无锡县人。生平未详。于乾隆间（1736～1795）著《医书宝筏》、《医书济时》二集，今未见。[见：《吴中名医录》（引《锡金历朝书目考》)]

张星若 近代上海人。邑名医张世镰子。传承家学，亦精医术。[见：《清稗类钞》]

张显艺 字攀桂。清代湖南城步县张家寨人。监生。好学能文，屡踬场屋。读书求实，为人端谦平和，乡里敬重之。晚年究心岐黄，活人甚多，不受馈谢。年八十二岁殁。著有《医方便览》二册，未梓。[见：《城步县志》]

张显赐 清代四川南川县人。娴熟医理，乐于疗贫，乡里敬之。年近八十岁殁。[见：《南川县志》]

张映月 清代陕西横山县人。生平未详。著有《经验奇方》，今未见。[见：《横山县志》]

张映汉 字云衢。清末山西沁源县人。生平未详。撰有《尊生导养编》一卷，刊于道光癸未（1823）。是书以讲按摩手法为主，今

存。[见：《中医图书联合目录》]

张思义 清末江苏川沙县人。邑名医张玉堂孙。宣统二年（1910）当选川沙议员。兼通医理，著有《喉痧要旨》一卷，又尝补辑祖父《玉堂医案》。二书未见刊行。[见：《川沙县志》]

张思云 元代云间（今上海松江）人。以医知名。其药室位于西门外河北大街，至今遗迹尚存。[见：《中国历代医家传录》（引《云间第一宅志》)]

张思田 清代浙江嘉兴人。生平未详。著有《幼科采要》五卷，今未见。[见：《嘉兴府志》]

张思伦 字叙堂，号彝斋。清末江苏上海县三十保陶家桥人。监生。精外科，设诊于关渡浦南口。有患痼疽者，经久不愈，病势垂危，思伦一治辄效，人呼为"张仙人"。子张士奇，官奎文阁典籍，亦精医术。[见：《上海县志》]

张思教 字孺修。清代安徽歙县绍村人。贡生。幼颖异，年九岁与群儿避乱山庄，镇定不使惊散，一时传为佳话。及长精医，尤擅脉理。曾设药局，以济贫病。平生多善举，绍村溪流湍急，汲水不便，张氏出资掘井，以便民需，乡里德之。著有《瓶城诗集》、《黄山记游》、《农里礼要》诸书。子张登镗，为雍正间（1723～1735）名儒。[见：《歙县志》]

张思臻 清末江苏上海县人。精医术，兼擅内外科，知名于时。门生严兆楞，得其传授。[见：《上海县志》]

张品九 清代湖南茶陵人。精通医术，治病神效。晨夕巡诊，所愈沉疴甚多。同时有贺弼公，与之齐名。[见：《茶陵州志》]

张钟秀 清代陕西长安县（今西安）人。精医术，知名于时。著有《医学入门》，今未见。[见：《咸长两县续志》]

张钟涛 字文澜。清代江苏上海县人。祖籍浙江仁和县。世医张克振子。绍承父业，精医术，擅用豆豉治伤寒时气。求治者日不暇接，深夜露行，食宿不定，活人甚众。子张麟祥，传承其术。[见：《上海县志》、《中国历代医家传录》（引《上海中医药杂志》)]

张重耀 清代河南渑池县东崇村人。庠生。以儒业医，知名于时。[见：《中州艺文录》]

张复纯 清代江苏江宁府人。精医术，有名于时。[见：《江宁府志》]

张复恒 字久道。清代河南正阳县人。精通医术，知名于时。重医德，有求必应，

务尽其术，病愈不索酬。殁后，乡人立石，以志遗德。[见：《重修正阳县志》]

张复曾 清代河南荥阳县人。邑名医张如良孙。与弟张珍瑞继承家学，皆精医术。[见：《续荥阳县志》]

张秋水 佚其名（字秋水）。明清间浙江鄞县人。明儒将张煌言（字苍水）弟。值明亡，尽弃仕途，奔走四方。遇异人授以针灸术，能开十年瞽目。与丹阳名儒秦岂霖相往还，二人俱以医名。[见：《中国历代名医碑传集》（引陈鼎《留溪外传·蔡儒医传》）]

张秋甫 清代江苏吴江县平望镇人。邑名医张允桢长子。与弟张谅甫，皆传承家学，以医为业。[见：《平望续志》]

张修业 字舜卿。明末山东武城县人。善诗画，精音韵学，好读《文献通考》。曾从刘斗枢习医、卜、地理诸学。崇祯十三年（1640）武城大疫，修业以药施济，全活甚众。著有《医方大成》八卷、《名方集》二卷、《医案》一百卷，均未见刊行。子张敬止，为儒生，兼通医理。孙张铺，尤邃于医。[见：《武城县志续编》]

张修龄 字子逸。清代江苏吴江县人。遍读《内经》、《伤寒》诸书，精医理。一村民周身如锥刺，痛不可忍。修龄诊之，曰："此血痈，不急治则溃脓血而死。"用赤皮葱烧灰淋洗，饮豆豉汤数杯而愈。一人发寒热，四肢坚如铁石，击之作钟鸣。修敬用茱萸、木香等分煎，药下而愈。[见：《吴江县续志》]

张信之 元初邺县（今河北临漳）人。精医术，曾挟技游钱塘，知名于时。门生尚从善，尽得其传，后为太医院太医。[见：《皕宋楼藏书志·伤寒纪玄妙用集·序》、《金元医学人物》（引《清原居士集》）]

张信贤 字赓俞，号简吾。明末河南鹿邑县人。年十四补博士弟子员，至四十七始贡于乡。晚年以诗文自娱。著有《家训》一卷、《诗文》二卷、《古文选》若干卷。兼通医道，辑有《集医良方》一卷，藏于家。[见：《鹿邑县志》]

张俊英 明末浙江鄞县人。生平未详。撰有《脏腑证治图说人镜经续录》（简称《人镜经续录》）二卷，今存明刻本及清初张吾瑾刻本等。[见：《中医图书联合目录》、《北大图书馆藏善本书目》]

张禹功 清代江苏川沙县人。世医张尧时子。绍承家学，亦业医。[见：《川沙抚民厅志》]

张衍泽 字子厚。清代奉天府海城县（今辽宁海城）人。少从慈溪郎椿翼习医，尊仲景学说，又旁采群书以引申之，多有妙悟，遂成名家。重医德，遇贫病者，恒施方药。某岁，营川大疫，张氏奔走施救，全活甚多，竟积劳而卒。有子三人，庭素、庭枢、庭朴，皆绍父业。[见：《海城县志》]

张衍思 字有恒。清代人。生平里居未详。撰有《传悟灵济录》二卷，今存同治八年（1869）稿本。[见：《中医图书联合目录》]

张剑南 清代江苏江浦县人。诸生。精通医术，擅外科，通针灸，兼善炮制药物。平素针刀、药囊不离左右，凡痈疽怪证，经其疗治无不获痊，声振于时。[见：《江浦埤乘》]

张亮生 清代江苏无锡县人。精医术。与沈祖复同时。[见：《中国历代医家传略》（引《医验随笔》）]

张亮揆 清代江苏苏州人。精医术，知名于时。门生张位存、缪丹为，传承其学。[见：《吴县志》、《浒墅关志》]

张庭朴 清代奉天府海城县（今辽宁海城）人。邑名医张衍泽幼子。与兄张庭素、张庭枢，皆绍传父业。[见：《海城县志》]

张庭枢 清代奉天府海城县（今辽宁海城）人。邑名医张衍泽次子。与兄张庭素、弟张庭朴，皆绍传父业。[见：《海城县志》]

张庭素 清代奉天府海城县（今辽宁海城）人。邑名医张衍泽长子。与弟张庭枢、张庭朴，皆绍传父业。[见：《海城县志》]

张彦仁 南宋歙州（今安徽歙县）人。名医张挥子。绍承父学，亦精医术。子张杲，医名益盛。[见：《李濂医史·张扩传》、《歙县志》]

张彦明 南宋歙州（今安徽歙县）人。精通医道，轻财好义，以医德著称乡里。凡僧道、贫士、军兵求药，皆不受钱，或反以钱米赠之。病家来请，虽至贫之家亦往。富者以钱求药，必多与药，期于必愈，不令再费钱钞。病若危重，亦多与好药，以慰其心，终不肯受其钱。同邑名医张杲，敬彦明之为人，以"医中第一等人"称之。某日城中火灾，周围房舍尽毁，而彦明所居独存。张杲叹曰："此神明佑助！"录其事迹，编入所著《医说》，遂成千载美谈。[见：《医说·卷十·医以救人为心》]

张恒斋 元末仪真（今江苏仪征）人。以医著名，元末提领常州路惠民药局事。早年习儒，后致力岐黄，于《内经》以下医籍无不探赜索隐，洞晓奥义。临证多奇效，虽危重之病，凡断曰可治者，皆如期而愈。丁以道之子病危，众医束手。张氏治之，投药而愈。[见：《金元医学人物》（引《龟巢稿·赠医士张恒斋序》)]

张炳宇 清末四川简阳县东禾场人。精医术。堂侄张锦楼，得其传授。[见：《简阳县续志》]

张炳灿 明代河南郾城县人。精医术，专擅外科。重医德，治病不受谢仪。[见：《郾城县志》]

张炳良 字景旸。明代江西广丰县人。幼习举业不售，祈梦于神，梦神授以葫芦及针，及觉，曰："我殆方外士乎？"即弃举业，穷研医书，遂精岐黄。一日自京师归，路遇出殡者，见血自棺缝滴出，问曰："生人入棺耶？"举枢者答以贫妇产难，气绝两日矣。炳良曰："吾活其子母。"令启枢，施以针药，母生而子产焉。邻有仇家子疾笃，负荆请诊，炳良慨然往诊，疾愈。有詹某病，炳良诊之，曰："服药须百剂。"其人服十之九，诸证悉除，私投以补药，疾复作，请再诊。曰："卢扁莫为矣。"崇祯二年（1629），就职太医院。县令高公，颜其室曰后秦越人。辑有《医案》十卷，已佚。[见：《广信府志》、《广丰县志》]

张炳熙 字咸斋。清代江苏兴化县人。庠生。精通医术，有名乡里。[见：《续兴化县志》]

张总管 宋代北方人。精于用针，其徒某粗得其传。一日，赵信公侍姬患脾血疾，垂殆。时张总管在旁郡，其徒往治之，至则曰："此疾已殆，仅有一穴或可疗。"乃针足外踝二寸余，而针为血气所吸留，竟不可出。某仓惶请罪曰："此非吾师不可，请急召之。"于是命流星马宵征，凡一昼夜而张总管至，笑曰："穴良是，但未得吾出针法耳。"遂别于手腕之交刺之，针甫入而外踝之针出焉，即日疾亦愈，人以为奇。[见：《齐东野语》]

张觉人 近代人。生平里居未详。著有《外科十三方考》三卷，今存1947年重庆中西医药图书社铅印本。还著有《救痨手册》，今存1948年成都张氏药化实验室铅印本。[见：《中医图书联合目录》]

张洪宪 字海珊。清代长白（今吉林长白）人。生平未详。光绪二十四年（1898）与璈珞同辑《救急良方》一卷，今存。[见：《中医图书联合目录》]

张济伍 清代湖南善化县人。精通医术，与同邑莫际曙齐名。某氏患瘵疾，累治不效。张氏应邀诊之，以不治辞。病家复请莫氏，服药而起。张氏曰："疾终不可为也。"莫曰："信然，今虽不死，来岁一发则无治。"二人之言果验。[见：《中国历代名医碑传集》（引易达英《莫际曙墓志铭》)]

张宪浩 字瑶简。清代山东诸城县人。张侗曾孙。博闻强识，善古文词，钦赐翰林院检讨。游学四方，足迹半天下。年八十四岁卒。门下弟子陈震、马允刚、杨嗣曾，皆一时名士。张氏兼通医理，著有《痒说》二卷，未见流传。[见：《诸城县续志》]

张冠贤 字辅臣。清代山东博兴县人。业儒而精医。与叔父张春园皆以医术济世，踵门求诊者应接不暇，不分贵贱，一例视之。著有《痘疹新法》、《内外科集要》、《小儿科杂志》、《女科摘要》、《张氏心铭》等书，未见流传。[见：《博兴县志》]

张昶溪 字世宏。明代陕西三原县人。世代业医。善承家学，博览《素问》、《难经》诸医典，医术胜于前人。[见：《三原县志》]

张祖勋 字崇先。明清间陕西西安县人。清初入蜀，定居四川彭水县长龙桥。精医药，名重于时。[见：《酉阳直隶州总志》]

张祚云 字子凌。清代安徽婺源县新田人。通岐黄术。济人不责报，远近颂德。县令张公赠以"杏苑春融"匾额。[见：《婺源县志》]

张泰恒 （约1672～1766）字德一，号踽踽子。清代河南邓县人。举人。中年弃儒从医，精贯仲景之学，擅男妇老幼诸科。著有《伤寒类证解惑》四卷，光绪十五年（1889），由其孙张炳义刊刻于世。[见：《伤寒类证解惑·序》、《历代名医传略》]

张起芳 字伯荣。明代常熟县（今属江苏）人。迁居太仓。喜读书，尤精医学。子张世昌，亦以医术知名。[见：《太仓州志》]

张起校 字宗夏。清代安徽婺源县城西人。性行安雅，不逐声利，生平辞嚣守寂，以书史自娱，不轻与人接。通岐黄术，殷然以济人为心，有求医者欣然治之。著有《医证心法》若干卷，未见刊行。[见：《婺源县志》]

张起麟 字龙骧，号春桥。清代浙江平湖县人。精岐黄术，知名于时。年七十八岁卒。[见：《平湖县志》]

585

张莲溪 清代广东大埔县人。邑名医张岸舫孙。继承家学,亦精医术。[见:《大埔县志》]

张桢臣 清代安徽宿松县人。工医术。里人某,病噎欲绝,已易箦矣。桢臣至,望其色,切其脉,谓其子曰:"而翁非不治症也。"予药灌之,少顷,喉间汩汩有声,嘘气吐痰而苏。[见:《宿松县志》]

张翊远 字讷斋。清代河南宜阳县流渠人。美髯有风仪。少好读书,博通经史,文章豪迈有奇气。及长,潜心程朱理学,不乐仕进,河陕人士多从之游。晚年精岐黄业。著有《讷斋医说》,行于世,今未见。[见:《宜阳县志》]

张振文 清代江西萍乡县北区人。通医术,诊脉尤精细,知名于时。子孙皆绍承家学,有三世医之称。门生刘炳炀,亦得其真传。[见:《昭萍志略》]

张振苞 清代江苏奉贤县萧塘人。精医术,推重名医张介宾,治病应手辄效。[见:《奉贤县志》]

张振祚 字玉声。清代山东新城县人。诸生。早年习儒,因试不利,专研医术,深有会心。善变化古方以治奇疾,多佳效。富不索谢,贫不惮烦,全活甚众。著有《脉理会心真解》,未见传世。子张宗元,传承父业。[见:《济南府志》、《新城县志》]

张振家 字筱林。清代江苏吴县人。以医为业,曾以术三致千金。咸丰(1851~1861)初,以重金购得徐大椿(1693~1771)所评叶天士(1667~1746)《叶案真本》,遂详加校勘,刊刻于光绪十四年(1888)。[见:《中国历代医家传录》]

张振祥 字琛伯。清代江苏宝山县江湾里人。业医,善施刀针,病者不觉痛苦。子张大昌,兼善内、外两科。[见:《江湾里志》]

张振基 字克猷。清代江苏青浦县人。康熙、雍正间(1662~1735)诸生。性嗜学,读书于淀山。兼精岐黄。尝谓:医为儒门事亲之术,不可不通。[见:《青浦县志》]

张振鋈 原名醴泉,字筱衫,又字广文,号惕厉子。清末江苏宝应县人。负济世之志,肆力于医。服膺《灵枢》、《素问》诸经,又能博览方书,于医学多有领悟。每治一证,必审慎周详,回生起死甚众。谆谆以施济为念,以视人命如儿戏为戒。丹徒张言礼喜藏方书,尝于族弟张地山家抄得明代周于蕃《推拿要诀》,珍藏二十年,经张振鋈增补校订,易名《厘正按摩要术》,刊于光绪十四年(1888)。[见:《厘正按摩要术·序》、《中国医学大成总目提要》]

张致远 (1090~1147) 字子猷。南宋南剑州沙县(今福建沙县)人。宣和三年(1121)进士。宰相范宗尹荐其才,擢枢密院计议官。绍兴五年(1135),授户部侍郎。八年(1138)正月,再召为给事中。出知广州,寻以显谟阁待制致仕。年五十八岁卒。张致远博学多识,兼知医药,尝与李璆著《瘴论》二卷。原书已佚,今存宋元间医僧继洪增补本,易名《岭南卫生方》。[见:《宋史·张致远传》、《宋史·艺文志》、《岭南卫生方》]

张致和① 明代吴县(今江苏苏州)人。精医术,曾任御医。素重医德,凡求治,召之即往,往则必尽其心力。一日,有老妇拜于途,泣而告曰:"妾子病,濒于死,贫无药资,公能恤之乎?"致和欣然往,视其脉,授以药,又封裹数物,嘱之曰:"日后启之。"后依言启其封,乃钱帛也。老妇往询其故,致和曰:"若子之疾,积忧所致耳。今虽愈,安知不以贫苦而复作也?吾为此计,欲慰尔子之心,俾尔衰年有所倚赖耳。"老妇感泣,拜谢而去。[见:《续医说·古今名医》]

张致和② 清代江苏上元县人。精医术,以擅治痘疹享誉乡里。[见:《上元江宁两县志》]

张恩普 清代江苏兴化县人。邑名医张尊新子。绍承父业,亦精医术。[见:《续兴化县志》]

张恩煦 清代河南商城县人。早年习儒,兼精医术,知名于时。[见:《商城县志》]

张峻德 字克明。清代河北南宫县人。精岐黄术。著有《济世丛书》六卷,今未见。子张辉廷,孙张武魁,继承其业。[见:《南宫县志》]

张倚霞 〈女〉 现代江苏常熟县南溪人。名医张道禄女。继承父业,亦以医术知名。[见:《吴中名医录》、《中国历代医史》]

张效京 字砚侯。清代江西南丰县人。张广琅次子。秉性沉潜,刻苦励学,博极群书,精通经史,兼擅书法。早年补诸生,以廪贡生选授吉水训导,迁宜黄教谕。在任二十一年,年七十岁辞归故里。寿至九十岁卒。旁涉医学,辑有《百病勿药钞》、《良方备览》等书,未梓。次子张履春,举进士,官安陆知府。[见:《南丰县志》]

张竞生 清代广东饶平县人。生平未详。撰有《新食经》，曾刊行，今未见。[见：《潮州志》]

张悦曾 号笃斋。清代广东大埔县保安甲人。张凤彩曾孙。精岐黄术，治病不索谢，遇贫者捐药赠之。凡利人济物义举，无不襄成，有善人之称。[见：《大埔县志》]

张凌奎 字星垣。清代河南修武县人。例贡生。早年习儒，兼嗜医学，探《内经》、《金匮》之奥，知名于时。[见：《修武县志》]

张凌魁 清代广东丰顺县建桥人。痘科世医张缵烈孙。继承祖业，亦精医术。卒后，乡人有出麻痘者，将原方调治，无不药到春回。[见：《丰顺县志》]

张益君 近代上海人。邑名医张世镰侄孙。传承家学，亦精医术。悬壶于城中南市，有医德，治病不计较诊金。[见：《清稗类钞》]

张兼善 明代人。生平里居未详。著有《伤寒发明》二卷，已佚。[见：《菉竹堂书目》]

张海成 清代河南商水县人。性仁厚，好施济。精通医术，凡求诊者，出所储良药救治，无论贫富皆不计酬，人皆感德。光绪（1875～1908）初，与侄张研理祭拜伏羲陵，得异人指授，医术精进，求诊者络绎于门。[见：《商水县志》]

张海鹏 清代人。生平里居未详。辑有《借月山房汇钞》、《墨海金壶》，皆刊于嘉庆间（1796～1820）。[见：《中医图书联合目录》]

张润之 清代江苏泰州人。庠生。兼精医理，光绪间（1875～1908），曾与姚龙光会诊。[见：《中国历代医家传录》（引《崇实堂医案》）]

张宸辉 字朝翰，号漱六。清代江苏新阳县人。自幼习儒，乾隆三十二年（1767）入学，为廪膳生。工书法，通天象，尤精医术，知名于时。嗜藏书，贮书数万卷，甲于一方。[见：《昆新两县续修合志》、《昆山历代医家录》]

张家勋 号介庵。清代安徽庐江县（今属合肥）人。早年习儒，工吟咏。患目疾，三年不愈，遂潜心医学，自疗得愈，而医术亦精，治病有神效。适遇瘟疫盛行，不论贫富远近，延请即往。疫传比户，其家独免。著有《临症条辨》、《验方》诸书，藏于家。[见：《庐江县志》]

张祥元 字元如。明代金坛县（今属江苏）人。邑名医张文远子。继承父学，亦精医术，曾任太医院吏目。[见：《金坛县志》]

张谅甫 清代江苏吴江县平望镇人。邑名医张允桢次子。与兄张秋甫，皆传父业。[见：《平望续志》]

张展祖 字布先。清代四川南溪县李庄人。邑名医张懋章侄。与兄张仿祖，皆得叔父传授，以医为业。年八十岁，尤乐恤贫，穷病者得其救治者甚多。与同邑包融芳、高友欧同撰《学医心得》一卷，未见刊行。子张荣德，继承家业。[见：《南溪县志》]

张绥宗 字升来。清代江苏嘉定县黄渡镇人。精医理，为乾隆、嘉庆间（1736～1820）当地名医。[见：《黄渡志》]

张继川 明代江西新城县百岁里人。精医术，与本县灌湖名医上官榜齐名。[见：《新城县志》]

张继宽 清代河南偃师县人。精医术。有医德，治病不索谢，乡里德之。[见：《偃师县志》]

张继烜 清代人。生平里居未详。著有《味义根斋偶钞》十八卷，成书于嘉庆十五年（1810），今存抄本。[见：《中医图书联合目录》]

张培芝 字仙圃。近代辽宁盖平县城厢人。邑名医张志文子。幼承庭训，学习中医。清光绪间（1875～1908）考入大连南满医院讲习班，肄业后，任盖平（今盖州市）防疫事务所医官。宣统二年（1910），由奉天（今沈阳）医学所毕业，公举为本县医药研究会会长。民国时历任陆军军医长、军医官、军医正，总司令部少校副官、中校副官，升陆军步兵中校，获五等文虎勋章、四等嘉禾勋章。1930年回原籍，仍从事医业。著有《妇科精蕴》，未见刊行。[见：《盖平县志》]

张培绪 清代河北肥乡县人。精医理，济世活人，唯恐不及。年七十，无疾而终。[见：《肥乡县志》]

张基年 清代河南密县人。增广生。业儒，善诗文。兼精医术，知名于时。[见：《密县志》]

张乾佑 字健行，号惕夫。清代江苏上海县人。邑名医张化麒子。善承父学，亦精医术，擅伤寒、妇科。重医德，治疗贫病，不受酬谢。年八十五岁卒。子张燮澄，以外科知名。[见：《上海县续志》]

张梦三 清末江苏昆山县巴城镇人。精医术，知名乡里。与同镇罗勉之、冯性斋、顾小江，元和县朱阶泰（1848～1915）诸同道相往还，淬励学术。[见：《巴溪志》]

张梅亭 清代浙江山阴县人。自幼家贫，出家于下门寺。僧人南洲，素得绍兴嵇氏伤科之秘，因张梅亭聪颖，以术尽授之。张氏既得师传，遂还俗，以医为业，声名大噪，四方就诊者不绝于途。重医德，为方便患者，每逢二、五、八日赴萧山县城坐诊；一、四、七日在本寺应诊；三、六、九日到绍兴宝珠桥河沿坐诊，故绍兴人皆称"三六九伤科"。门生甚众，以王俊林最知名。其孙张凤鸣，继业尤精。[见：《绍兴医学史略》]

张盛昌 清代安徽婺源县人。邑名医张明征子。绍承家学，亦工医术。为人好义，有其父之风。[见：《婺源县志》]

张盛璠 字荆岩。清代江苏如皋县人。精医术，知名于时。道光十三年（1833）瘟疫流行，张氏挟技施治，活人甚多。县令范仕义赠联曰："奇技自敌山中相，秘术人称地上仙。"年六十四岁卒。[见：《如皋县续志》]

张崇傃 (1748～1818) 字孝则，又字补庵。清代江苏嘉定县人。恩贡生。通经史，工诗文，留心时务。嘉庆丁卯（1807），淮阳灾民东下，崇傃倡议设局收养，主客两安。嘉庆戊寅卒，享年七十一。旁通医理，著有《医论》，未见流传。[见：《嘉定县志》]

张崇锟 字廷拔。清代湖南武冈县人。幼读诗书，聪颖异于常儿。年弱冠，弃儒习医。技成，悬壶于世，投剂立效，闻风求诊者车马盈门。重医德，平素自制丸散，以济人急。遇贫苦之家患病，解囊助以药资，全活不可胜数。辑有《经验良方》，今未见。[见：《武冈州志》]

张铭新 清代陕西长安县（今西安）人。精医术，以外科知名。[见：《续陕西通志》]

张铭德 清代四川南溪县李庄人。邑名医张仿祖子。继承家学，亦业医。[见：《南溪县志》]

张得云 清代山东临沂县安靖村人。本县针灸名医张麟图子。继承父学，亦精针术。子张鸿林、张鸿宾，皆传家学。[见：《临沂县志》]

张康忠 字孝资，号廉水（一作涟水）。明代吴县（今江苏苏州）横塘人。精通医术，尤擅脉诊，临证有胆识，治辄奇验，名重于时。名儒纪华山，不利于科场，更无子，悒悒不快，病痞胀四载，肌肉削尽，自分必死。张氏诊之，戏之曰："公哪须药，一第便当霍然。"以当归六钱，韭菜子一两，香附（童便炒）八钱，下之。

纪有难色，减半服之，是夜梦中遗便，举家遑恐，急延张氏。张曰："吾正欲其通耳。"仍以前半剂进。药下而胸膈觉快，下黑粪数升，宿疾顿失。又，吴兴董尚书患不寐症，已四十日，以百金聘请。时康忠方服亲丧，至则令更孝服而进。康忠愠曰："此岂可易哉？汝金俱在！"置金返棹欲还。董氏家人不得已，听其麻衣入视。康忠诊毕立方，一剂安寝，数剂而愈。嘉兴某大家之妇，病腹痛，康忠治之，下一物似蛇，疾遂愈。其奇效多类此。平生不治家产，有所得即以济贫。晚年修绮川崇神观以居，修致虚守静之法。年九十四，终于观中。卒之日，家无余资。子张允积，亦以医闻。[见：《横山志略》、《吴县志》、《苏州府志》、《中国历代医家传录》]

张望之 字文俨。清代四川双流县人。从本邑名医刘仕廉游，传承师学。[见：《医学集成》、《双流县志》]

张惟一 字贯之。明代山东高苑县人。早年学道于崂山，遇异人授以丹书。兼精医术，能疗奇疾。时有王名高者，亦隐于方脉，与张氏齐名。[见：《高苑县志》]

张惟弟 佚其名（字惟弟），号行恕。明代无锡县（今属江苏）泰伯里人。早年习医，师事同里名医黄叔洪，日质所疑，夜归诵读，无惮寒暑。数年有成，临证切脉，炮制和剂，为时医所不及。嗣后，复就教于师兄张用谦，"与之讲论，以相资益，故学愈精"，求诊者日不暇接。治病审慎，凡遇疑难辄遍检方书，必得其说乃用药，曰："人命不可试也。"重医德，虽富家延请，不责其酬；贫者报之，必却而不受。所居狭陋，扁曰斗室，或劝广之，不应。年八十而精神不衰，赴人之求，虽数十里亦步行，不索舆马。及殁，户部侍郎邵宝（1460～1527）为其志墓。子张景昭，弱冠而卒，其术不传，闻者惜之。[见：《中国历代名医碑传集》（引邵宝《容春堂别集·行恕丈人传》）]

张惟寅 字子清。清末人。生平里居未详。曾任太医院御医，兼东药房值宿供奉官。[见：《太医院志·同寅录》]

张惟善 清代浙江嘉兴县人。生平未详。辑有《几希录良方合璧》，今存同治八年（1869）姑苏得见斋刻本。[见：《中医图书联合目录》]

张清渊 明清间江苏娄县人。明末官员外郎。明亡，避乱青龙江之福泉山，隐于医。其八世孙张宝仁，尤工医术。[见：《娄县续志》]

张清湛 号见山。清代江苏川沙县八团镇人。其先世张坤岩、张云川,两代俱擅眼科。传至清湛,初习眼科,后兼通妇科、杂证。尝著《女科撮要》一卷、《校补张氏疑难杂证》一卷,未见流传。子张金照,孙张凤仪,传承其术。[见:《川沙县志》]

张鸿林 清代山东临沂县安靖村人。邑针灸名医张得云长子。与弟张鸿宾,皆精针术,知名于时。[见:《临沂县志》]

张鸿宾 清代山东临沂县安靖村人。邑针灸名医张得云次子。传承父学,针法尤妙。著有《针灸摘要》,藏于家。兄张鸿林,亦善针灸。[见:《临沂县志》]

张淑仪 清代河南正阳县岳城店人。精喉科,活人无算。著有《咽喉摘要》十二卷,未见刊行。侄张光照,孙张志刚,皆精喉科。[见:《重修正阳县志》]

张淮源 清代河南尉氏县人。以医为业,知名于时。素重医德,以技活人,不索谢仪。[见:《河南通志》]

张宿辉 近代江苏江阴县人。幼年家贫,从包昭兹习医,历十年,尽得其传,遂行医于本乡。经多年研求,于外科颇有所得,尤长于手术。其诊内痈、流注等证,虽外表不红不肿,凭手按即知脓之多寡、深浅,开刀若干分寸,几天收口,言之不爽毫厘,远近咸趋之。晚年徙居常熟,悬壶于洙草浜,声名益振。殁于1920年前后,享年七十余。有子三人,长子张渭滨,业医,早故;次子张稻田、幼子张稻村,均继承父业。门生甚众,其中顾山周淡安、江阴季友龙、常熟张梦痕,皆有名医界。[见:《中国历代医史》]

张隐居 宋代蒙山人。生平未详。著有《菖蒲传》一卷,已佚。还著有《张真人金石砂论》一卷,今存。[见:《宋史·艺文志》、《中医图书联合目录》]

张维一 字汝菊。清代贵州余庆县人。张了原同胞兄弟。博闻多识,性好闲逸,不求闻达,喜谈性理。精通医术,著有《六经辨正》,为时医所推崇,惜未见传世。子张生明,以儒学著称。[见:《余庆县志》]

张维国 明代湖北石首县人。曾任凤阳同知。辑有《经验良方》二卷,已佚。[见:《百川书志》]

张维贤 清代四川汉源县人。六应童试不中,弃儒习医,通岐黄奥旨而不悬壶。常谓:"吾非以此养家也。因念距市远,请医捡药颇不易,故习此以利民。"凡急证所需之药,无不购备于家,乡人有求医者,诊脉毕,发药一剂,另处方付之,嘱曰:"如病退,可持方往市购药,不效则另就高明。"平生活人甚多。[见:《汉源县志》]

张维勋 清代江苏上海县人。生平未详。著有《传心集》,未见刊行。[见:《上海县志》]

张维垣 字济清。清代江苏武进县人。生平未详。著有《医学指掌》二卷,刊于光绪丙午(1906)。[见:《中医图书联合目录》]

张超云 字尔卓。清代广东灵山县人。附贡生。精通医术。以济世为怀,邻人有病延诊,不受谢资,遇贫病馈以药饵,无自德之色。[见:《灵山县志》]

张彭寿 字福延。清末人。生平里居未详。曾任太医院候补医士。[见:《太医院志·同寅录》]

张彭龄 字汉三。清代山东阳信县人。专精医业,按脉察疾,治多奇效,知名于时。[见:《阳信县志》]

张联飞 字汉三,号蔼香。清代浙江德清县新市镇人。性颖异,精通医术。惜年三十四岁即殁。[见:《德清县志》]

张联纬 字经五。清代河南氾水县白杨村人。精医术,知名于时。[见:《氾水县志》]

张联登 字世型。清代浙江遂昌县人。例贡生。慷慨好施,精岐黄术。重医德,不论贵贱邀诊即往,遇贫乏者赠以药饵。[见:《遂昌县志》]

张联照 清代四川中江县人。精医术,知名于时。年八十九岁卒。[见:《潼川府志》]

张萼新 字古生,号华亭。清代江苏兴化县人。工医。咸丰八年(1858)灾疫流行,萼新日至医局诊治,全活甚众。子张恩普,亦以医知名。[见:《续兴化县志》]

张葆焜 清代四川长寿县葛兰乡人。举人张培祖子。不谐儒业,独好医学,为一时名医。[见:《长寿县志》]

张敬三 清代四川灌县人。从名医杨朝典游,得其传授,有名于时。[见:《灌县志》]

张敬止 字熙甫,号鹤翁。清代山东武城县人。儒医张修业子。幼习举业,为岁贡生。家贫嗜学,教徒为业,澡身励行,言动不苟,为当地名儒。著述甚富,有《四书说》、《韵学》、《鹤翁诗稿》等十余种。克承父学,兼通医术。著有《删定张景岳全书》、《脉诀》、《医林洒翰》等,

未见流传。子张镛，邃于医理。[见：《武城县志》、《武城县志续编》]

张敬敷 字惠宽。清代江苏武进县人。生平未详。撰有《桐影书屋脉诀》一卷，今存抄本，曾由《浙江中医杂志》分期刊载。[见：《中医年鉴》(1985)]

张朝桂 清代江苏宝山县人。生平未详。著有《大生集》二卷，今未见。[见：《宝山县再续志》]

张朝卿 字月林。清代河南项城县人。自幼习儒，年弱冠，以府试第一名入庠。因家人病习医，博览群书，久之术精，后悬壶济世，活人甚众。年三十余丧妻，终身不续娶。学士高勉之患牙痏，群医束手，朝卿治之，一药而愈。袁文诚公重其技，欲聘为官医，许诺奏授官爵，朝卿婉言谢之。为人有雅量，尝曰："处世黑白不必太分，太分则不能容人。"有子四人，长子张书阁，能世父业。孙张世泽，候选知县。[见：《项城县志·人物志（补遗）》]

张朝魁 人称"毛矮子"。清代湖南辰溪县南乡人。年二十余，遇远来乞丐，朝魁厚待之，乞丐授以外科异术，遂精医道，善治痈疽、瘰疬及跌打损伤等证。能以刀剖割皮肉，去瘀血于脏腑，又能续筋正骨。每动刀时，旁观者惊栗股战，而病者毫无痛楚，术后敷以药，多获奇效。刘某食后登高，仆于地，腹痛濒死。朝魁往视，曰："病在大小肠。"剖其腹二寸许，伸指入腹理之，数日而愈。辰州知府某，乘舆越银壶山，堕于岩下，折上臂骨。朝魁以刀刺之，拨正，敷以药，运动如常。[见：《清史稿·张朝魁传》、《辰溪县志》]

张朝震 字东川。清代河南渑池县南庄人。曾任潞城典史。嗜星命术，善断人休咎，曾撰《星命集验》。尤精医学，著有《揣摩有得集》一卷，今存光绪十四年戊子（1888）上党刘鼎新刻本。[见：《渑池县志》、《中医图书联合目录》]

张博文 金元间汤阴县（今属河南）人。针灸名医郑玘门生。得师真传，精通医术，名其室曰一真堂。临证有胆识，遇不当用药者，则曰："吾药攻病，无病不可用也。"遇大实之证，常以重剂取效。人疑而问之，答曰："遇其病即用其剂。遇其病而不用其剂，则与无病而强之以药者等矣。"至正（1341～1368）初，左丞许有壬辞官归乡，凡家人患疾，皆赖张氏诊治而安。[见：《金元医学人物》（引《至正集·一真堂记》）]

张惠田 清末江苏昆山县人。世代业医，至惠田已历十八世，知名于时。婿平步云，传承其术，以妇科著称。[见：《青浦县志》]

张雁题 字杏园。清代河北南皮县人。自幼聪慧，乾隆乙酉（1765）拔贡。英年高才，意气不可一世，而一试大廷不第，遂郁郁无聊。初就职北城兵马指挥，在官三月，告归，不复出。兼知医理，著有《所慎集医书》六卷，未见刊行。[见：《南皮县志》]

张辉廷 字朝甫。清代河北南宫县人。邑名医张峻德子。继承父学，亦业医。著有《胎产保元》二卷，未见传世。子张武魁，传承父学。[见：《南宫县志》]

张鼎成 字丹陵。清代甘肃榆中县青城（今条城镇）人。户部主事张照南次子。官陕西华县等县知县。精医学，辑有验方数十则，传抄于世，今未见。[见：《青城记》]

张景山 元代茶陵（今湖南茶陵）人。宋文定公张方平十一世孙。博学多才，曾任武昌儒学正、松江儒学教授。生性孤洁，言行不苟。精通医术，凡以病求诊，不避风雨寒暑赴治，不求酬报，全济甚众。其祖父名居室曰善余堂，景山继承堂号，以儒医著称。[见：《金元医学人物》（引《至正集·善余堂记》）]

张景远 元代太平路（今安徽当涂）黄池镇人。以医为业，知名于时。贡师泰作《送医师张景远归太平之黄池》诗曰："秋塘雨白水平堤，有客撑船系屋西。司马赋多病渴，葛洪丹熟尚封泥。满阶花落惟金风，开户香来是木犀。昨夜月明天似水，橹声不觉过龙溪。"[见：《金元医学人物》（引《玩斋集》）]

张景皋 明代宁夏卫（今宁夏贺兰）人。通医术，精太素脉，可治则予以药，不可治则断以时日，百无一失。著有《难经直解》，今未见。[见：《朔方道志》、《宁夏府志》]

张景焘 字鲁峰。清代浙江会稽县人。幼有神童之誉，弱冠登嘉庆戊寅（1818）贤书。后因亲老弟幼，不应礼闱。十余年后，三荐不售，遂就任京职，不久归里。家有晚翠楼，藏书万卷，为其研经之所。博学多能，凡经史、音律、河渠、兵政、术数，无不精通。尤精于医，临证之暇，著作宏富。本已成书十三种，惜罹咸丰（1851～1861）兵燹，片纸无存。晚年好学益勤，又著《蝎塘医话》一卷、《肝气论》一卷，经曹炳章点校，刊行于世。医书外尚有《四书补注》、《韵字综释》、《十三经分类》及诗文集多种，

皆未梓。[见:《中国医学大成总目提要》、《中医图书联合目录》、《绍兴医学史略》]

张景隆 明代人。生平里居未详。著有《眼目对证心法》一卷,已佚。[见:《国史经籍志》]

张景颜 清代江苏无锡县人。生平未详。著有《外科集腋》一卷,今存嘉庆十九年(1814)鹊印堂刻本。[见:《中医图书联合目录》]

张晴川 明代人。生平里居未详。著有《痘疹便览》,已佚。[见:《本草纲目·引据书目》]

张暎垣 字玄暎。明代吴县(今江苏苏州)人。曾编校王肯堂《医镜》,附自著《急救丹方》一卷于其后,刊刻于崇祯十四年(1641),今存。[见:《中医图书联合目录》]

张舒咏 字纯颂。清代福建永定县乡宾东安人。精岐黄术,独具慧心,治病取效如神。重医德,遇贫病之家,尝施药饵,不取诊资,赖以全活者遍及龙岩、漳州等处。某县令公子患病,数易名医,投药无效,遣人迎请张氏。适张氏诊视危证之家,不遑趋署,乃向来者问症,疏方付之,药下而愈,众皆服其神术良德。著有《医案》及《应验奇方》诸书,未见流传。[见:《永定县志》]

张舒缨 字簪九,号龙谷。清代陕西咸阳县萧相里人。读书博览,不求仕进。精通医学,施药活人,不计诊酬。排难解纷,不辞劳瘁。曾购一皮盒,归而视之,皆贵重首饰,即觅原主归之。咸阳驿丞刘廷瓒,素重张氏为人,将离任,遗一妾以侍箕帚,力辞不受。晚年自筑小园茅屋,终老其中。[见:《咸阳县志》]

张敦本 字道源。清代山东济宁州人。增生。因三弟误于庸医,潜心医学,精通其术。知县曾启埙,赠以"仁心济世"匾额。著有《脉学折中》、《验方随笔》,未梓。[见:《济宁直隶州续志》]

张善六 清代江苏上海县人。业医,以疡科著称。医学之外,兼善冶银。[见:《上海县志》]

张善启 清代河北青县人。生平未详。著有《妇科经验集》,未见传世。[见:《青县志》]

张善孚 近代江苏昆山县蓬阆泾人。精通医术,以外科知名乡里。子张启文(1907~1956),孙张廷琪、孙女张廷璆,皆继承家学。[见:《昆山历代医家录》]

张道中 号玄白子。元代淮南人。里居不详。嗜于医学。早年学脉法于朱永明,朱氏脉法得刘开之传,刘开受学于崔嘉彦。大德五年(1301),张道中整理师授,撰《玄白子西原正派脉诀》一卷,该书以图配歌诀,流传较广。张道中还从李氏习内科,于中风、伤寒等证多有心悟,撰有《古今通变仁寿方》若干卷,吴澄为之作序,今散佚不传。[见:《辍耕录·卷十九·脉》、《金元医学人物》(引《吴文正公集》)、《中国医籍考》]

张道禄 (1882~1954) 字幼良。现代江苏常熟人。父张志良,擅长幼科。道禄十八岁从父习医,又师事名医赵复庵,卒业后,悬壶于东唐市镇。越数年父殁,返城,开业于书院弄,兼营义泰烟号,获利甚丰。乃置宅,迁中巷,医务日繁,遂弃烟业,专注医事。于儿科最负盛名,时称圣手,求治者门庭若市。行医五十年,治愈者无算。1920~1928年,先后与邵顺凡、顾见山、吴俊成等组织医学实行研究会、中西医界协会,出版月刊,冀融中西医学于一炉,开辟蹊径,树立新医学。更与吴俊成、杨百城等改进中药剂型,创立粹华药房,惜财力不雄,未半年即终辍。1930年被推选为中医公会理事长,热心公益,为同道所敬。1947年中风偏瘫,1954年病逝。女张倚霞,继承父业。[见:《吴中名医录》、《中国历代医史》]

张道龄 汉代人。生平里居未详。疑为道士。著有《辨灵药经》,今佚。[见:《江西通志稿》]

张遂辰 (1589~1668) 字卿子,号相期,又号西农。明清间浙江仁和县人,卜居武康之三桥里。监生。少颖异,于书无所不窥,善为诗。早年以国子生游金陵,时名大起,见赏于董其昌诸名公。自少羸弱多病,久医不效,乃自检方书,自疗获愈。明末隐居里巷,业医自给,有起死回生之誉,人争迎致之。塘栖一妇人患伤寒十日,热不得汗,医以大黄下之,主人惧,延请遂辰。遂辰曰:"舌黑而润,不渴,此附子证也。不汗者,气弱耳,非参芪助之不可。"一剂汗出而愈。月塘沈文学咯血,遂辰处一方,退谓其友曰:"当小愈,再发则不可治矣!"病家易以他医,果愈,阅数月而死。友人骇之,请其故,答曰:"一日咳血,遂卧床蓐,此不独心肺伤,五脏皆损矣。得稍延者,年壮力胜也。"遂辰推崇成无己《注解伤寒论》,尝以此书为蓝本,博采各家,撰《张卿子伤寒论》七卷,刊刻于世。还著有

《张卿子经验方》、《简验良方集要》、《杂症纂要》，今存。又撰《易医合参》，今未见。门人张锡驹、张志聪、张文启、沈亮辰、李迈，皆以医术著称。[见：《仁和县志》、《杭州府志》、《浙江通志》、《遂初轩医话》、《湖州府志》、《浙江医籍考》]

张渭生 清末江苏武进县孟河镇人。精通医术，悬壶于昆山县管家弄，定居于此。为人谦恭，治病不分贫富，一视同仁，深受病家爱戴。次子张福谦，绍承父业。婿俞善君，以内科著称，悬壶上海。[见：《吴中名医录》、《昆山历代医家录》]

张谦甫 字声驰。清末江苏松江南塘人。研究《灵》、《素》之学，通五运六气之理。光绪十七年（1891），校刊徐镛《医学举要》，今存。[见：《中国历代医家传录》、《中国医学大成总目提要》]

张登岚 （1844～1912） 字晓山。清末山东邹县人。幼聪慧好学，同治六年（1867）为诸生。以耕读传家，提倡文教，设馆授徒，以尚公、尚实为宗旨，世人敬重之。性嗜书，熟于经史掌故，旁及阴阳、星历、地舆、医药诸学。著述甚多，所撰医书有《痘疹诗赋辨误》，藏于家。[见：《邹县志》]

张登相 清代四川南部县人。业医。年九十岁，收同邑张仕哲为徒，临终授以平生所辑秘方。[见：《南部县志》]

张登鳌 字魁元。清代山东阳信县人。邑增生。学粹品端，教授生徒。晚年精医术。年八十一岁卒。著有《医学注解》数卷，未见流传。[见：《阳信县志》]

张瑞五 清代江苏吴江县平望镇人。早年习儒，涉猎方书，试之颇有效，以此助馆谷所不足。后其道大行，遂成一镇名家。寿至七十余卒。[见：《中国历代医家传录》（引《洄溪医案》）]

张瑞凤 字吉人。清代江苏如皋县人。天性放达不羁，文如泉涌。道光十九年（1839）中副榜，考授州判。工诗词，兼精医术。著有《阴阳虚实寒暑表里辨》，未见流传。[见：《如皋县续志》]

张瑞恩 字子和。清末人。生平里居未详。曾任太医院候补医士。[见：《太医院志·同寅录》]

张瑞淮 字汇江。清代安徽绩溪县人。监生。精医术，施药济人，不计酬报。[见：《绩溪县志》]

张献晖 清代浙江杭州人。精医术。著有《医法心得》，未见刊行。门人陈永治，尽得其传。[见：《杭州府志》、《余杭县志稿》]

张楚山 清代江苏常熟县人。以医为业。曾选成方之良者，与陆咏之合编《敬信要录》。该书择取徐荣《敬信录》之精要，以新选良方附于后，邵渊耀为之作序。今未见刊行。[见：《常昭合志》]

张畹香 （1791～？） 清代浙江绍兴府洗马池人。精通岐黄，学验两富，为绍派伤寒名家，声振于时。同治庚午（1870），年已八十，须发似雪，声如洪钟，望之若神仙。著有《医案》二卷、《医病简要》一卷、《温暑医旨》一卷，刊刻于世。[见：《中国医学大成总目提要》、《绍兴医学史略》]

张嗣灿 字英三，号星川。清代山东新城县人。幼颖悟，工书法。及长，学方书，尤精痘疹，一望即辨生死，百不失一。远近求治者甚众，全活无算。卒后，人以所遗方治病，亦多奇效。[见：《济南府志》]

张锡纯 （1860～1933） 字寿甫。近代河北盐山县张边务乡人。祖籍山东诸城，其先祖自明初徙居盐山。家道小康，累业业儒，父张彤元（字丹亭）为庠生，以训蒙终其生。张锡纯天资颖悟，遵家训，读经之暇，游艺方书。光绪七年（1881）补博士弟子员。赴北闱乡试，落第。后教塾乡间，研究医学益勤，治愈沉疴痼疾甚多，求诊者盈门。盐山名医高鲁轩、毛仙阁，皆称道其术。光绪十九年，再应乡试不中。嗣后专力于经世之学，中医之外，兼攻代数、几何、西方医学，多有造诣。宣统元年（1909）以后，张氏提出"衷中参西"之说，主张中西医学汇通，并在《绍兴医药学报》发表文章，医名著于海内。1912年，德州驻军统领黄华轩聘请张锡纯为军医正，随军至武汉，后辗转于大名、广平、邯郸、邢台、德州等地，颇受军政要人青睐。1918年，奉天成立中医立达医院，张锡纯就聘院长。后直奉战争爆发，于1923年回关内，设诊于沧县。1926年，应前清道尹胡珍簠之邀，携眷赴天津，任胡氏专馆教员，兼行医济世。1927年春，天津诊所正式开业，名为中西汇通医社。张氏学贯中西，临证以中医为主，兼采西说，其处方常中西药并用，相得益彰。遇西医难治之证，经张氏诊视，每能立起，声望隆于海内。与江苏陆锦燧、杨百城，广东刘蔚楚齐名，时称医林四大家。又与慈溪张国华、嘉定张寿颐齐名，世称"三张"。

七画

素重医德，临证审慎，凡有疑义，必遍查医书，沉思至夜，有所悟则立赴病家，携药督煎，维护达旦，数十余年如一日。其处世治学，以诚信为本，故名书屋曰志诚堂。素以发扬中医学术为己任，1933年春，不顾年事已高，创办四年制函授学院，亲订讲义，兼任教务。终因劳瘁过度，至秋一病不起，逝世于天津，享年七十三。张锡纯富于著述，医著有《医学衷中参西录》二十九卷。医学之外，尚撰《代数鉴源》、《易经图说》、《种菊轩诗草》等书。长子张荫潮，绍承父学，曾任京畿卫戍司令部医官，1939年卒。次孙张铭勋，亦承祖业，行医于原籍。张锡纯及门弟子甚多，如隆昌周禹锡、如皋陈爱棠、李慰农、通县高砚樵、深县张方舆、天津孙玉泉、李宝和、辽宁仲晓秋，皆一方名医。[见：《医学衷中参西录·先祖锡纯公传略、盐山名医张锡纯先生事略》、《名医治学录》]

张锡朋 清末山东馆陶县（今属河北）庄固村人。邑名医张玉振次子。与兄张锡龄，皆传承父业，以医术知名。[见：《馆陶县志》]

张锡驹 字令韶。清代浙江钱塘县人。生于世医之家。父张大章，欲著书传世，未就，遗命继志为之。锡驹不负父望，毕生勤力于家学。早年师事名医张遂辰，朝夕研读历代医典，多有心悟。及悬壶问世，名噪于时。推重仲景《伤寒论》，认为是书"义理邃微，章句奥折，往往意在语言文字外"，"后人不思经旨，触类旁通，徒泥章句，仅以伤寒视之，抑成氏注之未及欤？"遂于诊疗之暇参考众书，详释《伤寒论》，自康熙甲子至壬辰（1684～1712），"与宿学同人，并及门诸子汇集群书，悉心参订"，历时二十八载，完成《伤寒论直解》六卷、《伤寒论附余》一卷，刊刻于世，今存钱塘张氏三余堂初刻本。张氏另有《胃气论》一卷，今存日本东都书林刻本、博施堂刻本及抄本。[见：《杭州府志》、《伤寒论直解·自序》、《遂初轩医话》、《清史稿·张志聪传（附张锡驹）》、《八千卷楼书目》、《四部总录医药编》]

张锡类 字禄香。清代江苏青浦县张库人。善幼科，兼精推拿术，知名于时。状貌魁伟，长髯过腹。年八十三岁卒。同时有吴时行，亦精儿科。[见：《青浦县续志》]

张锡龄 清末山东馆陶县（今属河北）庄固村人。邑名医张玉振长子。与弟张锡朋，皆工医术，知名于时。[见：《馆陶县志》]

张锡璜 字志曰，号渔溪。清代浙江鄞县人。康熙二十三年（1684）举人。精医理，

善鼓琴，尤长于诗，兼工绘画。[见：《艺林医人录》（引《甬上耆旧集》）]

张锡爵 字晋三。清代山东临朐县人。监生。兼通医理，著有《痘疹揭要》若干卷，未见刊行。[见：《山东通志》]

张锦楼 字东铭。清末四川简阳县东禾丰场人。性明敏，读书能文。学医于堂叔张炳宇，精通其术。善以轻剂起重疴，多年不愈之病，经其诊视，多获奇效。年七十四岁卒。门人段玉松，传承其术。[见：《简阳县续志》]

张腾光 字云青。清代安徽休宁县龙源人。早年习儒，候选州同。精堪舆术，尤擅岐黄，就诊者不绝于门，治辄奇效，时称神手。平素制备丸散以济贫病，全活不可胜计。[见：《休宁县志》、《徽州府志》]

张鹏万 字云翼。清代江苏上海县人。诸生。立品高峻，邃于医学，治病随手奏效，知名于时。[见：《上海县志》]

张鹏云 清代河南渑池县常村人。祖上三代业医，至鹏云亦精医术，以善治痔漏著称。[见：《中州艺文录》]

张慎初 佚其名（字慎初）。清初江苏溧阳县人。少习举业，及长弃去，攻岐黄家言，以医术知名乡里。同乡陈某，幼与慎初同学，后官至大学士，患重疾，医满堂上，皆望色而走。忆慎初精通医道，遂手书致府县索之。时慎初方醉，知县以大舆昇之登舟，火速进京。至则诊视，调治而愈，于是知名京城。顺治七年（1650）监察御史李敬患疟，滞下日数十行，群医束手。慎初诊之曰："脉顺无害。"视他医所立方，多攻伐为主，乃投以参术，数剂而愈。后陈某获罪，慎初哭之过哀，呕血数升，竟卒于京邸。[见：《中国历代名医碑传集》（引李敬《退庵文集·张慎初传》）]

张满开 字五车。清代广东南海县云津堡云滘乡人。周岁丧父，就读时，同学有问其父者，归而问母，母以父小像示之，谛视不释手，即悬之堂上，且夕瞻仰。稍长，悯母之劳，急谋奉养，搜父遗书，得林氏秘授儿科专方，试以诊治，应手取效，遂辍读习医，颜其室曰遇林堂。后悬壶市中，远近就诊者甚众，沉疴痼疾，无不立愈，以儿科独步一时，樵山左右无不知者。素重医德，遇贫苦者每赠以药，病愈不受其谢，故声名益噪。寿至九十岁。[见：《南海县志》]

张福田 字郁彬。清代江西武宁县（?）人。生平未详。著有《脉理宗经》三卷，约

撰于同治七年（1868），今存光绪六年（1880）武宁张绛雪堂刻本。[见：《中医图书联合目录》]

张福兴 明代江西新城县人。精医术，擅幼科。成化间（1465～1487）荐入太医院，获殊宠，官至太医院使。致仕之日，大学士刘诩等赋诗以赠。四世孙张荣，继承其业。[见：《建昌府志》]

张福谦 近代江苏武进县孟河镇人。随父徙居昆山县管家弄，定居于此。名医张渭生次子，绍承父业，亦以医术见称。[见：《吴中名医录》]

张殿元 清代河南正阳县人。博学多识，有古儒之风。兼精医术，知名于时。曾应聘任西区八善局医生，先后十余载，诊疗救济，活人甚众，未尝受谢。光绪丁酉、戊戌（1897～1898），连年岁荒，张氏以芝麻和药制丸，施济饥民，全活者百余家，后人追念不忘。[见：《重修正阳县志》]

张殿卿 （?～1928）字荩臣。近代甘肃和政县宁河人。自少读书，熟通经史。家境清贫，应杨都司之聘，教馆于牙塘，遂定居。课徒之暇致力于医学，博览群籍，广访名医，研究有年，明悟奥义。后以医济世，于内外两科皆得心应手。尤精脉理，一经诊视，即决人生死，无或爽者，世以儒医称之。民国十七年春病殁。[见：《和政县志》]

张碧山 明代陕西泾阳县人。通医理，擅长八法神针，知名于时。袁黄曾得其指授。[见：《泾阳县志》]

张嘉禾 字以实。明代江西鄱阳县北隅人。自幼读书，通经史。因丧父家贫，弃学习医。治病多奇效，授淮藩良医正。时臬司李开芳患疯疾，诸医治之不效。嘉禾诊之，令以蕲艾为衾及衣，七日而愈。李赠以诗曰："前身君是费长房，市上悬壶有禁方。采得青泥炊作饮，不愁二竖入膏肓。"张氏年八十岁卒。著有《医方选要》，未见刊行。[见：《鄱阳县志》]

张嘉甫 元明间人。里居未详。精通眼科，行医于京城，擅以家传秘方治疗翳障，曾获元帝恩赏。谢应芳老年患眼疾，一目几盲，慕名求诊，张氏治而愈之。谢赠诗曰："重瞳天子真天人，择医乃得天麒麟。金篦不刮眼中膜，家有异药能通神。璇霄沉瀣和玄雪，洗涤灵台烟火热。刀圭微入阿堵中，风卷微云出明月。天颜咫尺频为喜，白金紫骝恩甚侈。岂无太史载册书，继美仓公上池水。老夫一目云模糊，扶篁远来烦扫除。京华道上鬼揶揄，尔诗将比蛇衔珠。"[见：《金元医学人物》（引《龟巢稿·赠眼医张嘉甫》）]

张嘉昺 字石渠。清代浙江鄞县人。风节甚高，为碳名士，隐于医。好吟咏，工绘事。[见：《艺林画人录》（引《两浙名画记》）]

张慕曾 字效鲁。清代河南夏邑县人。曾任六品武职。精医术，心存济利，全活甚多。[见：《夏邑县志》]

张蔚孙 近代上海人。邑名医张世镳侄孙。传承家学，亦精医术。[见：《清稗类钞》]

张熙荣 清代河南渑池县常村人。精医术，擅治痔漏，人称专门。[见：《中州艺文录》]

张毓庆 字子祥。清代江苏吴县相城北谢泽人。祖籍无锡，迁居相城。精医术，知名于时。长洲知县赠以"董仙仁术"匾额。子张金鉴，孙张文涛，曾孙张廷枚，皆为名医。[见：《相城小志》]

张毓秀 清代陕西鄠县（今户县）元王村人。贡生。不求仕进，精研医学。治病多奇效，延请者甚众，医界推之若山斗。年八十余卒。生前遗有医书，其稿为本县谢氏药店所得，未梓。[见：《鄠县志》]

张瘦荫 清代陕西咸阳县人。道光元年（1821）举人。天性恬澹，不乐仕进。王弼等以孝廉方正举官，已获准，而张氏力辞之。官绅以"让善弥彰"、"士表民坊"旌表其门。嗜医学，尤精幼科。著有《保幼全书》，今未见。[见：《重修咸阳县志》]

张端礼 南宋末长洲县（今江苏苏州）人。祖籍汴梁（今河南开封）。宋南渡时，其曾祖张彦，以防御使拥兵卫吴，遂占籍长洲。三传至端礼，以医术名世。子张应元，传承父业，官海道万户府官医提领。[见：《苏州府志》、《长洲县志》、《中国历代名医碑传集》]

张肇文 原名国俊，字宅三。清末四川三台县人。留心医药，乐于助人，凡求治者概不取资，活人甚众。[见：《三台县志》]

张肇基 字培元。清代河北南皮县人。性恬静，博通医学，尤精痘科。著有《痘疹要论》二卷，未见刊世。[见：《南皮县志》]

张肇瑞 清代江苏常熟县人。生平未详。著有《重编伤寒论》六卷，刊刻于世，今未见。[见：《常昭合志》]

张鹜翼 字青万，号乐山。清代古吴（即江苏苏州）人。生平未详。曾重订陈实功

《外科正宗》。[见:《中医图书联合目录》]

张璇华 (1752～1823) 字贡植,号查山。清代江苏南京人。乾隆乙卯(1795)举人。精医术。工诗词古文,善绘山水,宗北苑、大痴。嘉庆甲子(1804)名医何其伟病暑于金陵寓所,张氏投剂而愈,何赋诗谢之。[见:《中国历代医家传录》、《艺林医人录》]

张震山 清代河南南阳府人。自幼习儒,及长学医,尤精眼科。悬壶于通许县吴诏集,知名于时。[见:《通许县志》]

张德成 清代山西定襄县人。世业岐黄,至德成医术益精。素重医德,遇贫病必先往,疾愈不取一钱,贫甚者更资助之。忻州民某,父子皆病,延请张氏诊视,令服大黄根汁,药下而愈。[见:《山西通志》]

张德纯 清代安徽宿松县人。精医术,贯通《素》、《难》之学。察脉治病,取效如神,知名于时。[见:《宿松县志》]

张德迎 字瑞临。清代江西德兴县二十九都人。精岐黄术,施药活人,多所全济。[见:《德兴县志》]

张德枢 字子蕃。清末人。生平里居未详。曾任太医院御医,兼寿药房值宿供奉官。[见:《太医院志·同寅录》]

张德诚 南宋人。里居不详。曾官宗丞,随宋南渡,徙居镇江。精通医术,子孙世为名医。明代张坤,为其后裔,医名甚盛。[见:《续丹徒县志》]

张德型 字康平。清代江苏句容县人。博览《素问》、《难经》诸书,贯通医理,知名于时。[见:《续纂句容县志》]

张德奎 (1729～1806) 字聚东,号默斋。清代浙江乌程县南浔镇人。监生。性慈和,妙解医理。嘉庆丙寅卒,年七十八岁。著有《桐雷歌诀》二卷,未见流传。[见:《南浔镇志》]

张德铣 字石农,号半山。清代山东安邱县人。廪贡,官宁海县学正。旁涉医学,著有《半山岐黄术》,未见流传。[见:《山东通志》]

张德音 字辋山。清代浙江海宁州人。诸生。兼通医理,著有《杏林室医谈》,未见流传。[见:《海宁州志稿》]

张德恭 字子安。明代河南光山县人。嘉靖三十八年(1559)进士。历官户部主事、姑苏别驾、泸州丞、河间丞、河东运副。晚年致仕归乡。兼涉医学,著有《易解岐黄》诸书,今未见。[见:《光州志》]

张德祥 清代浙江桐乡县人。精医术,善以针法治疬症,行医数十年,百不失一。其所刺部位,与《疬胀玉衡》不同,惜其术不传。[见:《潜斋医话》]

张德棋 字继琴。清代浙江遂昌县人。早年习儒,官从九品。性好施与,素精医道,为人治病不计酬报,时人德之。年七十三岁卒。[见:《遂昌县志·笃行》]

张德裕 字钜标(一作巨标),号术仙,又号目达子。清代浙江鄞县人。通医理,于药学多有研究。鉴于历来本草多按物种分类,不便于临床,乃以攻补归类,撰《本草正义》二卷,今存道光八年(1828)刻本。按,近代张寿颐有同名著作,疑修订此书而成者,待考。[见:《浙江医籍考》、《中医图书联合目录》]

张德馨① 号吾亭。清代湖南永顺县人。世代业医,至德馨益精其术。尝游星沙,愈方伯之疾,医官奖以匾额。[见:《永顺县志》]

张德馨② 号雪香。清代江苏南汇县人。与儒医张大声同宗。善吟咏,工医术。著有《本草征要》二卷,未见刊行。[见:《南汇县志》]

张鹤书 字畅斋。清末人。生平里居未详。曾任太医院候补医士。[见:《太医院志·同寅录》]

张鹤仙 明代浙江嘉兴县人。少孤,以医为业。初携药入松江,世少知者。郁水轩患阳证伤寒,平素体虚,群医束手,不敢下药,曰:"脉已绝矣,下之则死。"张诊其足脉独大,曰:"可治。"投大承气汤,一剂而愈,声名遂振。巡院杨裁庵,脉证如前,张氏亦愈之。由是吴之称名医者,以鹤仙为首,延请者满吴下。终其身取效达数百,多以大黄收功,俗呼张大黄。常制大黄丸自服,曰:"此泻南方,补北方,人弗知也。"年九十岁卒。[见:《上池杂说》]

张鹤眉 清代河南渑池县东庄人。精医术,知名于时。子张其平、张其寅,孙张希圣,皆继承家业。[见:《中州艺文录》]

张鹤溪 明代娄县(今上海松江)人。精岐黄术,善疗奇疾,为嘉靖间(1522～1566)名医。御史包节之母,年六十七,暴中气绝,积日不苏。群医毕集,皆曰:"风中脏腑,不可治。"鹤溪独曰:"此气虚挟痰,可下人参剂,七日当苏。"众皆笑之,既而和剂以进,如期而醒,众医口噤而走。[见:《松江府志》、《娄县志》]

七
画

张鹤腾 （1554～1635） 字元汉，又字凤逵。明代河南颍州人。兵部尚书张鹤鸣弟。万历二十三年（1595）进士，历官云南副使、陕西司郎中。崇祯八年，农民起义军破颍州，张鹤腾与兄皆被执，不屈而死。万历戊子（1588），张鹤腾患暑证，几为庸医所误，幸遇徽医汪韫石，令服益元散、加味香薷饮而愈。张氏有感于此，遂撰《伤寒伤暑辨》一文，于暑月刊布通衢，兼施药饵，其效甚捷。后发愿搜罗群书，著为全帙以济世。天启三年（1623）编成《伤暑全书》二卷，刊刻于世。是书为我国现存最早之暑症专书。［见：《明史·张鹤鸣传（弟鹤腾）》、《天一阁书目》、《中国历代名医碑传集》］

张憨仙 佚其名（号憨仙）。明代安徽怀宁县人。郡庠生。笃学好古，精专易理。因母病投笔学医，积有年而术精。其治病据古方，出己意，每奏奇效。性澹泊，重医德，凡请皆赴，不计酬报，所得诊金多助贫病，有仁医之称。子张四维，亦以医闻世。［见：《日本现存中国散逸古医籍》］

张履和 字应中。清代浙江平湖县人。张海藩长子。幼习举业，为庠生。喜读医经，因体弱多病，专事医学，知名乡里。撰有《七情管见录》二卷，今存光绪十三年丁亥（1887）刻本。［见：《浙江医籍考》］

张履益 字集堂。清代福建邵武县人。廪贡生。幼年丧父，事母以孝闻。母老多病，乃殚心岐黄术，踵门求医者不绝，遇险恶难治之疾，每出奇方，无不立愈。尤喜施济，遇贫病者赠以药饵。平生多义举，乾隆间（1736～1795）出资修葺学宫，里人称之。［见：《重纂邵武府志》］

张赞臣 （1904～1993） 现代江苏武进县人。1926年毕业于上海中医学院。同年5月创办《医界春秋》杂志，任主编，直至1937年3月停刊。该刊物以"结合国医同志，共策学术之进展，增进民族之健康；唤醒同仁，团结一致，抗御外来侵略"为宗旨，受到广大医界读者欢迎。1929年3月，南京国民政府卫生部通过余岩《废止旧医案》。张赞臣率先组织全国医药团体联合会，并参加赴京请愿团进行抗争，使该提案未能执行。1930年，张氏创办《世界医报》于上海，与余无言同任主编。1931～1940年，出任中国医学院、上海中医专科学校教授。中华人民共和国成立后，先后任职于上海市中医门诊部、上海市卫生局中医处、上海市中医文献馆、上海中医学院。历任上海市第五、七届人大代表，上海市第

一、二、四、六届政协委员，中国中医药学会耳鼻喉科学会名誉主任，中国中医药学会外科学会顾问等职。张氏一生致力于中医事业，精通内、外、妇、儿各科，尤以外科、喉科见长，为我国现代著名医家。著有《中国诊断学纲要》、《咽喉病新镜》、《中西医结合治疗扁桃体未分化癌》、《张赞臣临床经验选编》、《中医外科诊断学》等书，并发表学术论文数十篇。［见：《中医年鉴》（1987、1994）］

张懋辰 又名受孔（一作孔受）。字远文，号心如。明末安徽休宁县人。万历三十四年（1606）举人。通医理。曾与姚学颜重订沈与龄《医便》五卷，又摘选李时珍《本草纲目》及《濒湖脉学》，辑《草木便》二卷、《脉便》二卷，诸书皆刊行。［见：《医便》、《休宁县志》、《中医图书联合目录》、《中国医籍考》、《医滕》］

张懋忠 明代浙江仁和县人。崇祯（1628～1644）初，由举人授叶县教谕。崇祯七年（1634），中三甲第二百三十二名进士。潜心理学，兼涉医方。著有《医统》诸书，未见刊行。［见：《叶县志》、《明清进士题名碑录索引》］

张懋昌① 清代四川崇庆县人。世代业儒，至懋昌独隐于医。究心张仲景《伤寒杂病论》，悟其精要，临证多奏奇效。晚年著《伤寒溯源论》一卷，论凡七篇。书成，未梓而卒。明于医者，恒取法焉，惜未能传世。［见：《崇庆县志》、《崇庆州志》］

张懋昌② 字九之。明代河南内黄县人。精医术，知名于时。［见：《内黄县志》］

张懋章 字子美。清代四川南溪县李庄人。精医术，长于辨证。乾隆（1736～1795）末，知县陈焕章猝得暴疾，卧若僵尸，口噤不语，群医束手。懋章应聘至，诊之曰："疾伏十七年矣，今发故剧。可救。"进药顷刻，肢体即可动，不数日痊愈。懋章侄张仿祖、张展祖，传承其业。［见：《南溪县志》］

张磻玉 清代河南鹿邑县人。生平未详。著有《本草辑要》四卷、《万方集成》十卷、《群方荟萃》二卷，均未见流传。［见：《鹿邑县志》］

张徽猷 宋代人。生平里居未详。官抚州知州。撰有《张氏家传》，已佚。刘昉撰《幼幼新书》，曾引用此书。按，"徽猷"为官名。［见：《幼幼新书·近世方书》］

张燮堂 清代江苏清河县人。精医术，知名于时。同时有丁汝弼、刘文锦、陶云章、熊鉴堂、程少楼，亦以医术著称。［见：《续纂清

河县志》]

张燮澄 字静溪,号志清。清代江苏上海县人。邑名医张乾佑子。早年习儒,为庠生。传承父学,擅长外科,知名于时。[见:《上海县续志》]

张曜孙 字仲远。清代江苏阳湖县人。山东馆陶知县张琦子。自幼习儒,为道光二十三年(1843)举人,选授湖北武昌知县,以军功迁候补道。前后督抚皆重其才,然不能尽其用,仅一署督粮道,郁郁以卒。其父精通医理,曜孙幼承父训,亦通其术。官知县时,尝坐堂为民诊病。鉴于产孕多险症,每致母子陨绝,居恒留意产科,临证多有效验。著《产孕集》二卷,刊于道光丁酉(1837),今存。[见:《武进阳湖县志》、《产孕集》、《清史稿·王士雄传》、《中国医学大成总目提要》]

张缵烈 字庆光。清代广东丰顺县建桥人。幼承家学,以医济世,尤精痘科。重医德,遇贫病求诊,不受谢金,且出资为之购药,人多德之。寿逾七旬而殁。著有《麻痘验方》二册,流传于世,今未见。孙张凌魁,继承其业。[见:《丰顺县志》]

张耀来 字光临。清代河南淮阳县人。邑名医张育万孙。继承家学,亦以医名。[见:《陈州府志》、《淮阳县志》]

张鼍龙 唐代人。生平里居未详。精眼科。有郭太尉者,真州人,久患目盲,有白翳膜,延鼍龙治之,曰:"此眼缘热药过多,乃生外障。"遂用猪胆微火煎膏,入冰脑粒如黍米大,点入眼中,顿觉翳轻。其治翳另有一法:将猪胆白膜皮曝干,合作小绳,如钗大小,烧灰,待冷点翳,亦能治之。[见:《历代名医蒙求》]

张露锋 字子锐,号敏卿。清代河北徐水县人。素通医学,精于脉理,有求必应。著有《医学指南》二卷,未见传世。[见:《徐水县新志》]

张稣荼 一作张和荼,字性如,号莘野。清末浙江慈溪县人。寓居鄞县。幼多疾厄,留意医学。长侍母病,屡调汤药,其术遂精。凡戚友以病邀诊,皆往治之,常立起沉疴。后悬壶沪上,以擅治伤寒、喉痧、脚气著称,于妇科、劳损亦多心得。著有《急治汇编》,收入自著《五疫症治辨》、《喉痧治验录》、《脚气证辑要》及徐缄《吊脚痧方论》、俞成甫《霍乱新论》五种。又著《经验良方大全》、《戒烟善后策》,皆刊行。另有《医悟》、《医案》,今未见。[见:《急治汇编·

序》、《鄞县通志》、《中医图书联合目录》、《浙江医籍考》]

张麟书 号镜斋。清代浙江松阳县平乡人。博学多能,专精医术,名噪于时。凡沉疴痼疾,一经诊治,无不立愈。有童子患风痹疾,寸步不能移。张氏为立一方,嘱服百剂。已服五十剂,病家请改方。张曰:"定服百剂。"如言服药,其病果愈。张氏寿逾古稀殁。著有《经验医方》、《医学发明》,今未见。[见:《松阳县志》]

张麟图 清代山东临沂县安靖村人。幼时流落西蜀。嘉庆间(1796~1820),与本县时连茹同事一师学医。后以针灸术应诊,治病著手奏效,远近驰名。子张得云,孙张鸿林、张鸿宾,皆以针灸著称。[见:《临沂县志》]

张麟祥 字玉书。清代江苏上海县人。世医张克振孙,张钟涛子。少时随父应诊,已崭露头角。及壮,以治伤寒见称,尤邃脉理,断病无讹,为道光、咸丰间(1821~1861)上海名医。因误食河豚而殁。子张世臻、张世煜、张世镳,俱业医。[见:《上海县志》、《中国历代医史》、《江苏历代医人志》、《墨余录》]

改

改师立 清代人。里居未详。监生。乾隆四年(1739)充任《医宗金鉴》誊录官。著有《医林大观书目》,今未见。[见:《医宗金鉴》、《中国历代医家传录》]

陆

陆才 明代安徽太平府人。太医院院判陆惟恭子。继承父业,亦精医术,名噪京师,时称陆一帖。景泰间(1450~1456)官至太医院院判。生子三,长子陆豫、次子陆道常、三子陆道源,皆通医术。[见:《太平府志》]

陆尹 (1375~1442) 字仲文。明初长洲县(今江苏苏州)人。自幼颖敏,名医王宾见而爱之,尽以己学授之。宾殁,乡人患疾者失所赖,强延陆尹诊视,而所疗皆愈,医名鹊起。天性至孝,悬壶养母,无出仕之想。永乐间(1403~1424),诏征天下名医,陆尹在选,以老母在堂求免,不获准。无奈,留长子侍母,赴京师太医院为医士。不久,子死,尹即请于上官,归乡省侍。在家年余,有司催促返京甚急,乃留其妻奉母,只身独行。正统辛酉(1441)诏赦天下,凡庶人在官者,亲老皆许归养。陆尹以母九十四岁高龄,陈情于朝,为礼部某官所阻,执不许归。尹忧愤而病，竟致不起，次年五月卒，临终尚呼母不绝，闻者恻然。陆尹读书求通大义，不治章句，为诗务奇，不顾声病。好读《通鉴》，与人议论，必辩曲直，不肯苟从，故自号其堂曰知耻斋。重医德，徐有贞之父病中风，延请陆氏诊治。陆曰："疾势虽剧，脉应而正，无忧也。但老年疾难顿去，必勤视之，久乃可愈。"于是朝夕皆一至，治疗百日，病愈过半，又数月而痊。徐氏执币登门酬谢，尹辞曰："治疾，医职也。疾不治，则失吾职。今疾幸治，吾得不失吾职耳，谢之何哉！彼因人之疾以为功而傲利者，吾窃耻之。"徐有贞肃然起敬，以有道儒医称之。[见：《中国历代名医碑传集》(引徐有贞《武功集·陆仲文墓志铭、赠医士陆仲文序》)]

陆玑 字在衡。清初江苏常熟县人。受学于云间名医李中梓（1588～1655）。善起危疾，知名于时。[见：《常昭合志稿》]

陆因 明代浙江平湖县璜溪人。精医术，知名于时。婿唐守元，尽得其传。[见：《平湖县志》]

陆阳 (？～1139) 字义若。宋代宣城县（今安徽宣城）水阳村人。以医为业，无医德。建炎间(1127～1130)，编修朱莘老之妻避寇受惊得疾，陆误投小柴胡汤，病者亡。高淳镇李氏子患瘵疾，陆治之未效，复索钱及酒馔，李氏不与，陆投刚剂数十粒，又杀之。绍兴九年，陆氏暴病，大呼："朱宜人、李六郎，休打我，我便去也！"旬日而死，闻者称快。[见：《医说·医功报应·水阳陆医》]

陆圻 (1614～1687?) 字丽京，又字景宣，号讲山。明清间浙江仁和县人。吉水县令陆运昌子。自幼颖异，读书过目不忘，六七岁即能诗，为父所钟爱。及长，为贡生。与弟陆阶、陆培，皆以文章经术著称，有"三陆"之称。又善诗，为西泠十子之一，曾与陈子龙等结登楼社。明亡，尽弃所学，于顺治二年（1645）徙业为医，提囊三吴间，治病奇效，多所全活，吴人称"讲山先生"。康熙二年（1663），湖州庄钟私撰《明史》，为人告讦，辞连陆圻、查继佐、范骧等，械系刑部。久之获释，叹曰："今幸得不死，奈何不以余生学道耶？"遂弃家远游，入粤拜谒天然和尚，皈依佛门，法名今龙（又作今竟，又作德龙），字与安。后师事澹归法师（前明进士），遂居丹崖精舍。富于著述，关于医学者有《本草丹台录》二卷、《医林口谱》二卷、《诊籍》一卷、《伤寒捷书》二卷、《医林新编》（又作《医林新

论》）、《灵兰墨守》等，未见刊行。次子陆寅，有文名，康熙二十七年（1688）举进士。[见：《仁和县志》、《杭州府志》、《吴县志》、《中国医籍考》、《中国历代名医碑传集》]

陆灿 字鉴霞。清末江苏新阳县巴城镇人。读书求志，沉静谨严，好以善言劝人。尝考究方书，按时采药，修合丹方，施治疾苦，多有佳效。晚年手栽花木，参究方外之书，寿逾八十岁终。[见：《巴溪志》]

陆完 字用全，号橘庵。明代浙江德清县人。世医陆颐子。曾出仕，官指挥。继承家学，亦精医术，用药有独得之妙。遇危重之疾，诸医缩手者，陆氏每许以不死，治之皆无恙。[见：《德清县志》]

陆昂 字季高。明代浙江会稽县人。徙居鄞县。幼习举业，于经史、百家、翰墨，无不旁搜博采。性刚方，与人寡合。因父病弃儒习医，久之术精，声名大噪。永乐（1403～1424）初，征至京师，参修《兰台金匮》、《元机素要》等书。年六十五岁卒。[见：《鄞县志》]

陆岳 字养愚。明代浙江乌程县人。自幼习儒，及长，洞明医学。深通修身养性之旨，故临证与时医殊异。嘉靖间（1522～1566）名重三吴，远至福建、广东，皆敬信之。与董浔阳、茅鹿门、朱如玉为莫逆交。朱氏亦为名医，不事权贵。归安县令召朱氏诊病，不赴，系于狱，欲毙之杖下。陆岳救友心切，计无所出。值按院巡视湖州，病疟，诸医束手，遣人迎聘。陆氏应召，乘间推荐朱氏，遂解朱氏之厄，一时传为佳话。陆岳著有《医案》，书成未梓，其孙陆士龙编入《陆氏三世医验》，今存道光十六年丙申（1836）刻本。子陆桂，孙陆士龙，皆精医术，有三世医之誉。[见：《湖州府志》、《乌程县志》、《续名医类案·疟》]

陆金① 号云峰。明代华亭县（今属上海）人。徙居浙江平湖。精医道，尤擅幼科。每旦启户，病者鳞集，以入门先后为切脉序。子陆道光、陆道充，皆传父学。[见：《平湖县志》、《浙江通志》、《中国医籍考》]

陆金② 明代浙江会稽县人。精医术，悬壶义乌，有名于时，遂入籍。子陆潭，孙陆崧，绍承家业。[见：《义乌县志》]

陆怡 号悦道。元代华亭县（今属上海）人。为人诚朴，尝于杭州得遗珠，价值千金，候失者还之。尤精医术，名著于时。汴人段氏，客居比邻，一夕暴亡。陆怡命取马槽，置大釜上，

异死者于槽，以葱药熏蒸，翌晨，皮腐而气复。大德间（1297～1307），召至京师。右丞相答剌罕哈剌哈孙，欲试其技，暗以线束左足大趾，令怡切脉。怡曰："丞相无疾，惟左足大趾一脉不到。"哈孙叹为神人，授以官，力辞。及归，帝赐号"悦道处士"。[见：《松江府志》]

陆参 清代山东阳信县人。初为补锅匠，遇一道士病卧村庙中，陆氏扶持归家，调养而愈。道士无以为报，授以秘传医方。陆氏依方治病，多著奇效。[见：《阳信县志》]

陆荃 字紫诠。清代江苏武进县人。明天文、历算、音律、医药诸学。常施药济人，至老不倦。咸丰十年（1860）世乱，难民受伤者甚多，陆氏施术救治，所活甚多。[见：《武阳志余》]

陆荣 字月卿。清代江苏嘉定县陆家行人。通医理。著有《医学要旨》，书未成而卒，长子陆锦林续成之。未见流传。[见：《嘉定县续志》]

陆厚 一作陆蒙。号东园散人。明代青浦县（今属上海）人。博通经史，精于孙吴兵法。遇异人授以子午按摩法，治病不施针药而愈。淡于仕途，人或劝其出仕，则沉默不应。撰有诗集《古渔唱》。[见：《青浦县志》、《医学入门·历代医学姓氏》]

陆钟 字肇宗，号元圃，自号娄村小隐。清代江苏昆山县人。居东关外。精通医理，兼擅书法。[见：《昆山历代医家录》（引《国朝昆山诗存》）]

陆俊 字智千，又字不然，号猗竹，晚号鹤癯道人，又号白鹤山道人。清代江苏震泽县（今吴江）平望镇人。徙居黎里镇。自幼颖异，读书过目成诵。初从张栋学画，久之厌弃。年甫弱冠，得咯血疾，医者曰："能静养则愈矣。"乃独居精室，静坐数月，尽取祖父藏书读之，数月疾愈。一日，闻邻人某患病难治，俊曰："当用《圣济总录》某卷某方治之。"试之果愈。自此，求医者无虚日，俱有神效。诸生陈子谅之子患病，已濒危，诸医束手。邀陆俊诊治，药下即瘳。陈氏乃撰《治陈易斋子痘论》一文，叙其始末甚详。陆俊年五十三岁卒。子陆纫兰，能传承其医术。[见：《平望志》、《黎里续志》、《垂虹识小录》]

陆桂① 字肖愚。明代浙江乌程县人。名医陆岳子。绍承父学，亦以医术知名。所遗医案由其子陆士龙编入《陆氏三世医验》（又作《陆氏三世医案》、《习医钤法》），部分验案亦见于魏之琇《续名医类案》。[见：《乌程县志》、《续名医类案》]

陆桂② 字根岳，号小山。清代浙江平湖县人。精医理。年六十八岁卒。[见：《平湖县志》]

陆贽 （754～805） 字敬舆。唐代嘉兴（今浙江嘉兴）人。秘书监陆齐望孙。十八岁登进士第，中博学弘词。建中间（780～783），迁监察御史，召为翰林学士。虽有宰相主大议，贽常居中参裁可否，时号"内相"。累迁中书侍郎，同平章事。后为裴延龄所谗，贬忠州别驾。顺宗立，召之，未至而卒，年五十二岁。赠兵部尚书，谥"宣"。贽在忠州时，其地多瘴，疫疠流行，乃抄撮药书，编《陆氏集验方》十五卷，今佚。[见：《旧唐书·陆贽传》、《新唐书·陆贽传》]

陆烜 字子章，又字秋阳，号梅谷，又号巢虚子。清代浙江平湖县人。弱冠补庠生，一赴乡试不售，即弃去。废产购书，锐意著述，兼通岐黄家言。性嗜山水，尝游四明、天台，北涉江淮，所至以医自给。著述甚多，有《人参谱》一卷，今存。[见：《清史稿·艺文志》、《平湖县志》、《浙江医籍考》]

陆培 明清间浙江仁和县人。明末吉水县令陆运昌三子。与兄陆圻、陆阶，皆以文章经术见称于时，有"三陆"之誉。明亡，隐于医。[见：《仁和县志》、《杭州府志》]

陆彬 明末人。里居未详。精医术，官中议大夫太医院院使。崇祯甲申（1644），陆氏曾为傅仁宇《审视瑶函》作弁言，对此书评价甚高，称"直尊为海岸慈航可矣"。[见：《审视瑶函·弁言》]

陆敔 字懋韶。明代安徽太平府人。太医院判陆才孙，邑名医陆豫次子。绍承家业，精通医术，尤善治伤寒。观形察色，即知病源，投药多捷效，为时所重。曾任太平府医学正科。兄陆敏，亦工医术。[见：《太平府志》]

陆旿 一作陆岩。宋代奉化（今浙江奉化）人。以医术知名。新昌县徐氏妇难产，不远二百里以肩舆致之，及门，妇已昏不知人，但胸间犹微热。陆入视之，曰："此血阀也。购红花数十斤，则可活。"主人亟购如数。陆乃以大锅煮之，候汤沸，以三木桶盛汤于中，取窗格令妇人寝其上，汤气微则又进之。有顷，妇人指动，半日遂苏。盖取红花活血之效也。[见：《浙江通志》、《稗史》]

陆崧 明代浙江义乌县人。祖籍会稽县。祖父陆金，以医术知名义乌，遂入籍。父陆潭，医名尤盛。崧自幼习儒，兼通家学，后亦悬壶。

[见：《义乌县志》]

陆敏 字懋学。明代安徽太平府人。世医陆豫长子。早年为太医院医生。景泰元年（1450）中顺天乡试。弟陆敬，医术尤精。[见：《太平府志》]

陆鸿 清代江苏通州（今南通）人。生平未详。著有《医学洞垣编》，未见刊行。[见：《直隶通州志》]

陆琦① 字云襄。明清间浙江钱塘县人。早年习武，为崇祯（1628～1644）初武生。精通医学，自《素》、《难》以下诸经典无不读，读一过辄终生不忘，故治病多神解，非按方授药者可比。明亡，悬壶济世，名重于时。南村有老翁入山采药，获一石，光泽可爱，嗅之，忽僵仆，医者莫知其由。陆氏诊其脉，曰："中毒矣。"取大锅置床下，舁老翁于床，煮甘草数十斤蒸之，移时而醒。孕妇张氏，病热七日，胎气上冲，目瞑牙闭。陆氏诊其脉，呈鱼翔虾游之象。令母按其腹，灸手如火。即命取山泥，以井华水和之，敷于腹。片刻燥裂，易泥再敷，热气渐消，竟得无恙。临证类此者甚多，闻者称奇。陆氏性冲淡，终身无怒容，亦未尝言人之过，内行修敛，多有隐德。曾路遇夫妇相持恸哭，询之，乃鬻妇以偿税者，亟归，取家中簪珥代偿。闻者赞其义行。[见：万斯同《明史·方技》]

陆琦② 清代江苏嘉定县人。生平未详。著有《养生编》，未见刊行。[见：《嘉定县志》]

陆琮 字宗玉。清代江苏常熟县支塘人。幼科世医陆守仁子。继承家学，亦以幼科知名。[见：《常昭合志稿》]

陆喆 明代人。生平里居未详。善丹青，曾绘《本草纲目图》三卷，今存万历三十一年（1603）刻本。[见：《上海图书馆书目》]

陆朝 字绍泉。明代浙江嘉兴府海盐县人。景泰间（1450～1456）名医陆麟后裔。深通《内经》、本草诸书，切脉洞见病源，能预决生死，治伤寒随手奏效。治病每求速效，遇女子及瘰疬不起者，辄推荐严汉。汉治疾以和缓取效，不效，亦不峻为攻补，名亚于朝。时嘉兴称良医者，陆、严二人而已。[见：《嘉兴府志》、《浙江通志》]

陆辉 字时行。清代江苏宜兴县人。邑名医陆鸣先子。绍承父学，以医著称。[见：《宜兴荆溪新志》]

陆焜 字复华，号吟竹。清代江苏太仓人。工书画篆刻，兼精医理。有《吟竹斋诗集》。

[见：《中国人名大辞典》]

陆游（1125～1210） 字务观，自号放翁。南宋越州山阴县（今浙江绍兴）人。陆宰子。年十二能诗文，早有文名。以荫补登仕郎。孝宗时授枢密院编修，以宝章阁待制致仕。陆游才气超逸，为宋代杰出诗人。其先祖陆贽，著有《陆氏集验方》，陆游复集宦游所获验方，辑《陆氏续集验方》二卷，序刊于淳熙庚子（1180），今佚。[见：《宋史·陆游传》、《宋史·艺文志》、《中国医籍考》]

陆颐 字养斋（一作养济），号琴月。明代浙江归安县梓墟里人。徙居德清县新市。五世祖陆青山，精通岐黄。至陆颐医术益精，声名大振，环县百里内患病者，皆诣陆氏。子陆完，孙陆鹤鸣，皆继承家学。[见：《德清县志》、《德清县新志》]

陆椿 字蕙堂。清代江苏青浦县泖上沈溪人。以医为业，知名于时。[见：《青浦县志》]

陆嵩 字希孙，号方山。清代江苏元和县人。寓居镇江。廪贡生。道光戊戌（1838）官镇江医学训导，在任二十年。著有《医门辨证引方》二卷，未见刊行。还辑有《易卢孙三家医案》，今存抄本。子陆懋修，医名益盛。孙陆润庠，为同治十三年（1874）状元。[见：《苏州府志》、《吴县志》、《中医图书联合目录》]

陆筠 字觐父。清代浙江平湖县人。早年习儒，家贫，授徒自给。湖州教谕王毅、常熟修撰汪绎，皆陆氏门生。康熙四十八年（1709）举进士，授隆平知县。调江西上犹，抑豪猾，扶善良，士民称神明焉。归田后，闭户读书，如未达时。其诗出入唐宋，有《树德堂集》。兼善医术，著有《医学纂要》六卷，未见流传。[见：《平湖县志》]

陆溥 清代宁夏府宁夏县（今宁夏贺兰）人。以医著称。博览群书，过目不忘，凡治愈之病，虽十年后犹能记忆。蒙古王推重其术，有疾病则迎聘诊治。[见：《朔方道志》]

陆澄 字其清。清代江苏吴县人。精通医理，知名于时。年十五家贫失学，借书昼夜抄写。严冬乏炭，屈足腹下，冷暖交换，见者匿笑。手抄至千卷，有朱存理、钱谷之风。精于鉴赏，三代秦汉物，及唐宋以下书画名迹，无不通晓。四方好古之士，皆就教焉。嘉兴曹溶过吴，访之，欢若旧识，每谓人曰："陆生有隐操，吴门第一流也。"秀水朱彝尊，典试江南，亦造门订交，朱氏晚年选编《诗综》，有缺则就陆澄借之。陆澄著有

《佳趣堂书目》,今存。[见:《吴县志》]

陆增 字秋山。清代浙江平湖县人。生平未详。著有《瘟疫新编》(又作《痘疫新编》),未见刊行。[见:《平湖县志》、《中国历代医家传录》(引《三家医案合刻》)]

陆震 清代浙江桐乡县人。早年习儒。乾隆三十九年(1774),以举人授德平知县。通医理,辑有《急救方》,今未见。[见:《德平县志》]

陆鲤 字时化,号野塘。明代吴江县(今属江苏)同里镇人。弘治间(1488~1505)在世。天资颖异,善诗,模仿汉魏隋唐古人,花晨月夕,与名流宴集唱和,飘然若仙。通明医理,精仲景之学。辑有《伤寒论略》及《钓滩集》,已佚。[见:《同里志》]

陆潭 字本深。明代浙江会稽县人。其父陆金,悬壶义乌,遂入籍。潭绍承家学,亦精医术,知名于时。为人谦慎审密,裁方制剂惟主平和,不妄投劫药以取奇功,而亦应手奏效,人皆敬信。晚年声价益重,郡邑士大夫及邻县士民延请无虚日。子陆崧,亦传家业。[见:《义乌县志》]

陆豫 字克贤。明代安徽太平府人。太医院判陆才长子。绍承父学,通医术,尤善治伤寒。弟陆道常、陆道源,子陆敏、陆敬,均以医名。[见:《太平府志》]

陆碧 字峻声。清代江苏太仓人。监生。精医术,擅长外科,遇险证应手而愈。性落拓,治病不求报。某人因救火被压伤,仅存一息,陆氏治之,竟得无恙。一舆夫背生疽,危甚。陆氏施以膏药,大如盘,贴之痊愈。[见:《壬癸志稿》]

陆瀚 字星槎。清代浙江桐乡县人。名医陆以湉兄。自少好学,因善病兼览医书,久而精其术。曾任化县知县,年老罢官,贫不能归,悬壶于会城顺德县。县令徐某之子,夏月泄泻,服清暑利湿药不效,渐至发热不食,神疲息微。徐年已老,只此一子,计无所出,延瀚求治。瀚曰:"此由寒药伤脾,阳虚欲脱,宜进温药以救之。"令服附子理中汤,徐疑而不敢服,瀚曰:"此生死关,前药已误,岂可再误?设此药有疏虞,我当任其咎!"药下,诸症俱轻,连进数剂痊愈。徐大喜,倾囊厚赠,复为乞援同僚,瀚因此得携家归里。著有《制方赘说》行世,今未见。[见:《冷庐医话》]

陆耀 字朗夫。清代江苏吴江县人。徙居浙江秀水县。乾隆壬申(1752)举人,考授中书,出知大理府。历任登州知府、西宁道、山东运河道、山东布政使、湖南巡抚。因病而卒。陆耀自少励学,博涉经史百家言,兼留意医药。著有《急救方》、《洗冤录节要》、《甘薯录》等书,未见刊行。[见:《嘉兴府志》]

陆麟 明代浙江海盐县人。精医术。景泰间(1450~1456)从军出征,以医疗将士有功,授医官。子孙世善其业,后辈中有名陆朝者,医术尤精。[见:《嘉兴府志》、《海盐县志》]

陆乃兴 号逢生。清代广东顺德县南古朗人。业医,善治伤寒。县令某母病,延请诊视,药下而愈。县令为捐八品衔以报之。[见:《顺德县志》]

陆士龙 字祖愚。明末浙江乌程县人。祖父陆岳,父陆桂,皆工医术。士龙袭承家学,亦以医知名,有三世医之称。天启甲子(1624),湖州旱涝成灾,疟疠流行,湖州知府堵颜命设立药局施济。堵氏素重陆士龙、卢明铨、金德生诸医之术,命三人董其事,疫止而民安。陆士龙与卢、金二医相友善,曾"共相质正,发明医理",著医书一帙,取"存一毕万"之义,名《一万社草》,全书十二卷,堵颜为之作序,行于世(此书国内未见,今日本京都大学图书馆藏有抄本)。陆氏曾选祖、父及本人验案,编《陆氏三世医验》(又作《陆氏三世医案》、《习医钤法》)五卷。原书未梓,其稿为清代归安名医李沐所得,刊刻于世,今存道光十八年戊戌(1838)刻本。与陆士龙同时者有黄文洲,亦以医术知名。[见:《乌程县志》、《湖州府志》、《归安县志》、《中国医籍考》、《陆氏三世医验》、《中医图书联合目录》]

陆士科 清代广东钦州(今钦县)人。精岐黄术。治病不取诊金,遇贫病赠以药。平生活人甚多,乡人德之。[见:《钦县志》]

陆士逵 字鸿渐,号如玉。清代浙江慈溪县东乡陶家山人。随父徙居鄞县。少年时与同辈角力,误伤手臂。时鄞人王瑞伯以技击及伤科著称,陆氏登门求治,应手而愈,遂师事之,尽得其传。嗣后,北游齐、鲁、燕、赵间,广交奇技异能之士,获秘传医方甚多。后倦游归乡,以伤科名噪一时。性孝友,事父母及二兄极谨。尤好施与,凡贫病者就诊不取酬金,且赠以药。年八十三岁卒。著有《伤科》一卷,未梓。子孙世传其术。[见:《慈溪县志》、《浙江医籍考》]

陆士谔 原名守先。近代江苏青浦县人。明陆文定公后裔。父陆兰垞,为青邑名儒。士谔博学明经,名重一邑。屡困场屋,遂精研轩岐之学。初悬壶于松江,继迁沪上,求治者甚众。

殁于抗日战争前夕。著有《医学南针》、《新注汪
讱庵汤头歌诀》、《丸散膏丹自制法》、《家庭医
术》、《士谔医话》、《国医新话》等书，皆刊于世。
子陆清洁、陆清源，传承家学。[见：《医学南
针·序》、《中医图书联合目录》]

陆大丰 字古愚。清代江苏嘉定县人。精医术，
专擅幼科。有医德，遇贫病求诊，不
受一钱。尝举乡饮宾，县令赠"耆年硕德"匾额，
以表彰之。[见：《嘉定县志》]

陆大木 字用成。清代江苏上海县人。事母以
孝闻。善绘画。学医于李揆文，治伤
寒有奇验。[见：《上海县志》]

陆大朝 字彦清。明代浙江海盐县人。少英敏，
通儒籍。绍承家学，临证用药不拘古
方，以医知名。嘉靖间（1522～1566）东南大疫，
陆氏悉心诊治，当政重其功，授以医官。[见：
《海盐县志》]

陆之杞 号一航老人。明代安徽桐城县人。资
性颖敏。少习举业，就试不遂，究心
岐黄。后以医问世，临证取效如神，名动于时。
曾任太医院御医。辑有《证治本草》十四卷，刊
于隆庆五年（1571）。此书国内未见，美国国会图
书馆藏明隆庆间刻本，为海内外孤本。该书选录
金元医家成无己、张元素、李杲、王好古、朱震
亨及明代徐用诚、王纶诸名医著作而成。全书分
为三部，卷一为上部，以《神农本草经》、《黄帝
内经》立论，阐述古人用药大旨；卷二至卷十一
为中部，系中药各论，分草木、菜果、米谷、禽
兽、虫鱼、金石六类，各条先述前贤成论，后附
本人见解，详述各药功能主治；卷十二至卷十四
为下部，论说各药药性、气味、寒热、升降、兼
及产地、采收、异名、畏恶、良毒，以备临证制
方之需。此书立意在于"临病据方"，故实用性较
强，对中医临床及中药研究多有裨益。[见：《四
部总录医药编》、《中国善本书提要》]

陆小洲 清代江苏南汇县二十保人。邑名医陆
清泰次子。绍承父学，通外科，于喉
科证治尤精。[见：《南汇县志》、《川沙县志》]

陆子正 宋代人。生平里居未详。著有《胎产
经验方》一卷，已佚。[见：《直斋书
录解题》、《国史经籍志》]

陆子良 元末浙江衢州人。世代业医，至子良术
益精妙，名重于时。子陆仁友，继承父
业。[见：《金元医学人物》（引《胡仲子集》）]

陆元恺 字舜臣。清代江苏南汇县人。业儿科，
擅治痘疹。[见：《松江府志》]

陆元聘 明代华亭县（今属上海）卫城人。精
医术，尤善望诊，能预决病者生死，
知名于时。尝见一童子戏于地，望之叹曰：
"噫，是儿死矣！"儿父母恳求诊治，授药一丸
令服。越三日，儿头部生疮而溃，其家急延陆
氏，至则敷药而愈。临去诫之曰："毋食雀。"
后此儿竟因食雀而死。[见：《重修华亭县志》、
《松江府志》]

陆友松 字鹤俦。清代江苏青浦县人，居沈巷。
诸生。刻志励行，旁涉医学。年六十
岁卒。著有《时疫大略》一卷、《病机辑要》二
卷，未见刊行。子陆旭照，亦为诸生。[见：《青
浦县志》]

陆长庚 字元白，又字西星，号津阳，又号潜
虚。明代浙江平湖县人。万历八年
（1580）进士，授广德知州，升南通政使。忤权贵
意，乞归。以兵部侍郎优游林下二十余年，抚按
七荐不起。年七十八岁卒。陆氏究心于黄老之学、
养生家言。著有《方壶外史》二卷、《金丹四百字
测疏》一卷、《金丹就正篇》一卷、《金丹大旨图》
等，今存。还撰有《老子元览》二卷、《南华副
墨》八卷、《周易参同契测疏》一卷、《楞严述旨》
十卷。又于万历三十二年（1604）刊刻彭用光
《体仁汇编》，今存。[见：《平湖县志》、《浙江通
志》、《中国丛书综录》、《中医图书联合目录》、
《浙江医籍考》]

陆长青 字子芳。清代浙江海盐县人。精医术，
以"不为良相，则为良医"自负。扶
危济困，功称再生。[见：《海盐县志》]

陆仁友 元明间浙江衢州人。世医陆子良子。
继承家学，亦精医术。元末，衢州
（朱元璋辖区）教授胡翰患痈疽，时医治之，余毒
不尽。陆氏应聘诊视，不用剽杀之剂，病愈。胡
翰作《医前论》，盛赞其术。[见：《金元医学人
物》（引《胡仲子集》）]

陆仁龙 字少唐。清末江苏昆山县天福庵人。
早年习儒，以授徒为业。兼精医术，
治病多奇效。平生热心公益，乡里重之。年八十
三岁卒。[见：《昆新两县续补合志》]

陆介石 清代江苏常熟县人。邑名医陆襄汉子。
绍承家学，以痘科知名。[见：《常昭
合志稿》]

陆从老 南宋汴梁（今河南开封）人。精医术，
名重于时。楼钥（1137～1213）曾与
之论脉，叹为当世良医。门生李世英，为太医院
御医。[见：《中国医籍考》]

陆文圭 （1256～1340） 字子方，号墙东。宋元间江阴县（今属江苏）人。幼颖悟，读书过目成诵，博览经史百家，兼通天文、地理、律历、医药、算术诸学。宋咸淳（1265～1274）初，年十八岁，以《春秋》中乡选。宋亡，隐居城东，学者称墙东先生。元帝数遣使驰币聘之，以老疾辞。年八十五岁卒。遗有《墙东类稿》二十卷。[见：《元史·陆文圭传》、《中国历史人物生卒年表》]

陆文齐 清代浙江杭州人。以医为业。康熙四十二年（1703）赴日本行医，对中日医学交流有所贡献。[见：《日中文化交流史》]

陆方石 （?～1901） 清末江苏苏州人，居十全街。早年学医于苏州吕钰（?～1885），继师事青浦何长治（1821～1889），尽得师传。学成归乡，悬壶苏州葑门，名重于时。于温病证治尤有造诣，熟谙《温病条辨》、《温热经纬》诸书。与曹沧州、鲍竺生、贝赋琴齐名，时称吴中四大家。其治案收入《七家诊治伏邪方案》。兄陆世庆，亦精医理。[见：《吴县志》、《吴中名医录》]

陆心源 （1834～1894） 字刚甫，号存斋，晚号潜园老人。清末浙江归安县（今吴兴）人。咸丰己未（1859）举人，历官广东南韶兵备道，继调高廉钦道，光绪间（1875～1908）官至福建盐运使。性喜聚书，同治初，得上海郁氏宜稼堂旧藏，继乃力事搜求，积书雄冠江南。其家建皕宋楼、十万卷楼以储藏书。其名"皕宋"者，谓储宋本二百种，足见庋藏之富。陆氏皕宋楼与江苏常熟瞿氏铁琴铜剑楼、山东聊城杨氏海源阁、浙江杭州丁氏八千卷楼齐名，世称清末四大藏书楼。所著《皕宋楼藏书志》，序刊于光绪八年（1882），全编一百二十卷，按四部之序，析为四十三类，所载诸书断自明初，皆属旧椠、旧抄，稀于流传者。其中卷四十三至卷四十七为医家类，收录医书六十七目，皆精善之本。光绪五年，陆氏辑刻《十万卷楼丛书》，其中包括《史载之方》、《阴证略例》、《本草衍义》、《医经正本书》、《注解伤寒发微论》、《注解伤寒百证歌》、《圣济经注》、《卫生家宝产科备要》八部珍本医籍。陆心源还著有《巢氏诸病源候论校》一卷、《外台秘要校》九卷，收入《潜园总集》（今存）。陆氏殁，其子陆树藩不肖，竟于光绪三十三年（1907）以十万银元之价，悉举先人珍藏转售日本岩崎氏静嘉堂。一代文化宝库，就此流失海外，闻者无不动容。[见：《中国人名大辞典》、《历代史志目著录医籍汇考》、《中国丛书综录》、《中医图书联合目录》]

陆以湉 （1802～1865） 字敬安，号定圃。清末浙江桐乡县乌青镇人。道光二年（1822）举人，考取宗室官学教习。十六年（1836）举进士，以知县分发湖北，从父命改就教职。父亡，选授杭州府教授。以母老思乡，呈请终养。咸丰十年（1860），避居乡曲，训蒙糊口。后携家至上海，江苏巡抚李鸿章闻其名，聘为忠义局董事。同治四年（1865），应浙江巡抚蒋益澧之聘，主讲杭州紫阳书院，甫及半年而殁，享年六十四。陆氏博学多识，凡经史子集及方书、药谱，无不涉猎，从游者三百余人。好著述，与医相关者有《冷庐医话》四卷，今存。另有《再续名医类案》十六卷，其稿本今藏美国葛思德东方图书馆。[见：《冷庐杂识·序》、《乌青镇志》、《四部总录医药编》]

陆世仪 字道威。明清间江苏太仓州人。诸生。博学多识，通天文、地理、礼乐、兵法、医方诸学。明亡，绝意科举，以著述自娱。顺治间（1644～1661），督学张能鳞，具礼聘辑《儒宗理要》。后讲学于锡山东林书院，说易于毗陵大儒祠，设教于云阳黄塘，从学者甚众。年六十一岁卒，门生私谥"文潜先生"。著有《简易活人方》三卷，未见刊行。[见：《太仓州志》、《壬癸志稿》]

陆世庆 清末江苏苏州人。邑名医陆方石之兄。精医理。族人陆锦燧得其指授，后为名医。尝谓锦燧曰："多看书，勿专一家，并勤摘录。究其理，不必记其方。用其药，久自贯通。"[见：《吴中名医录·陆锦燧》]

陆本源 清代江苏上海县人。邑外科名医陆肇祺子。袭承父学，亦以外科知名。[见：《上海县志》]

陆乐山 清代人。生平里居未详。著有《养生镜》（又作《挑疔疮秘诀》）一卷，刊刻于世，今存。[见：《中医图书联合目录》]

陆尔真 清初浙江鄞县人。精医术，专擅外科，有名于时。同时以医知名者，有徐国麟、汪少东、张金铉、朱怀宇等。[见：《宁波府志》、《鄞县志·李珽》]

陆兰伯 清末江苏川沙县人。世医陆瑞镛子。绍承家学，亦精医术。[见：《川沙县志》]

陆兰溪 清代广西桂平县上秀里南乔村人。博学精医，推重名医李杲，治病专尚温补。著有《兰溪医案》，今未见。[见：《桂平县志》]

陆有元 清代四川广元县东山堡人。精医术。宗仲景之学,熟读《伤寒论》,治疗沉疴痼疾,每易如反掌。重医德,凡以病延请,不分风雨昼夜立往。善于养生,年逾八旬,犹精神爽健,能爬山涉水。寿至九十三岁殁。[见:《重修广元县志初稿》]

陆成一 字培初。清末江苏吴县人。生平未详。通医理,与陆锦燧合著《香岩径》二卷、《病症辨异》四卷,刊于世。按,疑陆成一为陆锦燧后辈,待考。[见:《中医图书联合目录》]

陆成本① 清代四川雷波厅人。早年出仕,官至府同知。兼精医术,好济人,处方精简,用之多效。雷波东有华仙宫,祀后汉名医华佗。嘉庆间(1796~1820),陆氏选常用效方,书于庙壁,病者对证索方,颇能愈病。华仙宫内有观音阁,供奉吕纯阳,陆氏将药方制为药签,分男女各科,令信众依方治病,不致吞符误人。陆氏夫妇皆享天年,光绪(1875~1908)初,同日而逝。[见:《雷波厅志》]

陆成本② 字画村。清代浙江萧山县人。唐忠宣公之裔。编有《经验良方》三卷,刊于道光四年甲申(1824),今存。[见:《浙江通志稿》、《贩书偶记续编》]

陆师章 字琢如。清代江苏青浦县七汇人。邑名医陆其焕子。附贡生。绍承父学,亦精医术。[见:《青浦县续志》]

陆光裕 字吟云。清代江苏青浦县人。工医术,尤擅疡科。著有《伤寒易晓》八卷,未见刊行。子陆芳润,门人沈末,传承其术。[见:《青浦县续志》]

陆廷珍 字子贤。清代江苏崇明县人。潜心医学,考古参今,融会贯通。临证数十年,活人甚众,为道光间(1821~1850)名医。曾总结生平经验,著《六因条辨》三卷,刊刻于世,今存。[见:《珍本医书集成·六因条辨》]

陆廷章 (1810~?) 字翼堂。号金凤。清代江苏苏州人。寓居北京大外郎营。以医为业,擅长外科,名其室曰同荫堂。后改唱昆曲旦角,知名梨园。[见:《菊部群英》、《梨园系年小录》]

陆仲安 (1882~1949) 近代北京人。精医术,执业于上海。上海神州医学会成立,陆氏任常务委员,又兼任中西疗养院常务董事。孙中山先生患病,曾延请诊治,亦敬佩其学识。子陆震青,改习西医。[见:《中国历代医史》]

陆仲远 元明间安徽青阳县人。通医道,能察腧穴经脉,审荣卫顺逆。不以医谋利,常曰:"医家之书近于仁,医家之事近于利,不志于利,仁者心也。"有逸士风,园池竹石,觥筹铿铿然乐也。年老尚思九子(即九华山)芙蓉不能释怀,遂迁居姑溪。著有《千金圣惠方》,已佚。[见:《医学入门·历代医学姓氏》、《江南通志》、《太平府志》、《重修安徽通志》、《补辽金元艺文志》]

陆仲德 佚其名(字仲德)。明清间江苏常熟县人。以医为业。喜读名医缪希雍《本草经疏》,究心于本草之学。缪希雍殁后二十余年,陆氏著成《本草拔萃》若干卷,钱谦益为之作序。今未见。[见:《常昭合志》、《中国医籍考》]

陆庆长 宋代长乐(今属福建)人。官寺丞。精医术,诊脉投剂,与史载之、许叔微相伯仲。著有《家传方》一编,已佚,其部分内容收入《普济方》。[见:《普济方》]

陆齐寿 原名振之。字泲山。清代浙江海宁州人。咸丰三年(1853)岁贡生。好吟咏,工书法,善绘兰竹。年八十岁卒。旁涉医学,著有《医学萃精》,今未见。[见:《海宁州志稿》]

陆汝衔 字稼山,一字芥山。清代浙江海盐县人。恩贡生。历知四川大足、新繁、蒲江、中江等县,有政声。工诗,兼精医术。临证随机应变,不拘成法,多著奇效。曾愈川督丁宝桢痼疾,名噪于时。著有《内症通用方》、《外症通用方》各一卷,今存1915年成都钟文虎刻本。还著有《医学总论》二卷,今存光绪二十一年(1895)钱氏清风室刻本。医学外尚著《蜀游丛稿》、《燕游丛稿》。[见:《浙江通志稿》、《中医图书联合目录》]

陆宇怀 (?~1583) 明代浙江海盐县人。少习蔡氏书,游邑庠,为博士弟子员。通医术,挟技游于海盐、平湖间。忠信谨厚,安贫守义,乡里敬之。[见:《中国历代医家传录》(引《崔鸣吾纪事》)]

陆守仁 字士安。清代江苏常熟县支塘人。祖籍太仓。祖父陆献陛,业幼科,徙居支塘。守仁绍承祖父业,治病有奇效。谢氏小儿昏死七日,独心窝灼热。守仁诊之曰:"此痧邪,内作表治,脏气郁结故也,法当下。"灌以朱铁散,有气腾出,再下前药,腹鸣,通体皆暖,越三日而痊。陆守仁寿至九十一岁卒。子陆琮,袭承父业。[见:《常昭合志稿》]

陆守弘 字子怡。清代江苏常熟县人。隐居修德，精星历，善抚琴，兼通医理。年七十三岁卒。著有《难经注》、《药性》诸书，今未见。[见：《常熟县志》]

陆纫兰 清代江苏吴江县平望镇人。儒医陆俊子。工绘画。绍承父学，亦精医术。[见：《平望志》]

陆志远 （1894～1944） 原名陆超，自号守石居士。近代江苏新阳县南星渎镇人。师事甪直镇名医汤德，三年学成，悬壶于乡。业内科，以擅治温病伤寒著称。1929年迁居昆山县小西门大街开业，诊务繁忙，自备篷船，每应邀出诊，深夜始归。1937年抗日战争爆发，避难上海，先后坐堂于童涵春、庆余堂，声誉鹊起，每日就诊者逾百人。1944年夏，病逝于沪上。子陆振为，表弟殷士方，侄陆颂安，门生俞伯君，传承其术。[见：《昆山历代医家录》]

陆芳润 字艺林。清末江苏青浦县人。邑名医陆光裕子。继承父业，以儿科享名，尤善种牛痘，推行城乡，全活婴幼甚众。青浦县接婴堂设牛痘局，自陆芳润始。[见：《青浦县续志》]

陆时化 号心泉。明代浙江嘉兴县人。精通医道，为万历间（1573～1619）当地名医。[见：《嘉兴县志》]

陆时行 清代江苏宜兴县人。精医术，知名于时。子陆鸣岐，传承父业。[见：《宜荆县志》]

陆佑三 清代江苏吴县浒墅关人。精医术，遇危证能收奇效。与名医黄维森、夏元良齐名。年未五十岁卒。[见：《吴县志》、《浒墅关志》]

陆应陶 字勋远。清代江苏江阴县人。精医术，尤擅痘科，治险症无不痊愈。[见：《江阴县志》]

陆陈宝 清代人。生平里居未详。辑有《得宜本草分类》一卷、《古方选注成方切用合参》一卷，今存抄本。[见：《中医图书联合目录》]

陆青山 明代浙江归安县梓墟里人。精通医术，知名于时。五世孙陆颐，徙居德清县，医名益盛。[见：《德清县志》]

陆垆虹 清代浙江杭州人。读书自爱，居僻巷中。研习岐黄，长于小儿痘疹。处方效奇径捷，服其药者皆脱然痊愈。[见：《杭州府志》]

陆其焕 字元坤。清末江苏青浦县七汇人。通医理。著有《医案存考》、《药性验》，今未见。子陆师章，门生张仁锡，皆传其学。[见：《青浦县续志》]

陆雨田 字苍虬。清代江苏宝山县人。上海名医钱秀昌门生。嘉庆十三年（1808）参订其师《伤科补要》。[见：《伤科补要》]

陆鸣先 字长春。清代江苏宜兴县人。以医知名。子陆辉，传承父学。[见：《宜兴荆溪新志》]

陆鸣岐 字凤祥。清代江苏宜兴县人。邑名医陆时行子。咸丰间（1851～1861），搜辑先世验方，精研深思，神悟其术。治病审慎，能切中病源。用药不过十一二味，力专而易达。[见：《宜荆县志》]

陆咏媞 〈女〉 字佩玢。近代江苏吴县人。名医陆晋笙长女。辑有《要药选》（一说为其父所撰），今存抄本及1921年绍兴医药学报社铅印本。又曾参校其父《鲆溪外治方选》。[见：《鲆溪外治方选》、《中医图书联合目录》]

陆咏婺 〈女〉 字佩珣。近代江苏吴县人。名医陆晋笙次女。辑有《鲆溪医案选摘要》一卷，今存1920年铅印本。又曾参校其父《鲆溪外治方选》。[见：《鲆溪外治方选》、《中医图书联合目录》]

陆和伯 元明间云间（今上海松江）人。五世为良医。陆和伯业儒而精医，名药室曰真仁堂，为人真诚，济人而不自矜。杨维桢作《真仁堂记》，盛赞其为人。[见：《金元医学人物》（引《东维子集·真仁堂记》）]

陆岱林 清末江苏川沙县人。世医陆炜铺子。绍承父学，亦精医业。[见：《川沙县志》]

陆征士 清代江苏常熟县沙溪镇人。随父徙居长洲。邑名医陆舜元子。传承父学，亦精医术。曾悬壶京师，有名于时。[见：《沙头里志》]

陆受诒 字绳曾。清代江苏长洲县金墅人。迁居浒墅镇。工绘画，擅山水。尤精医术，专擅幼科。继罗启周、朱逊来而起，知名于时。[见：《吴县志》、《浒墅关志》]

陆受诗 号篆云。清代安徽当涂县博望楂溪人。生平未详。著有《医学便览》，成书于咸丰三年（1853），今存抄本。[见：《中医图书联合目录》]

陆炜镛 号筠梅。清末江苏川沙县人。世医陆瑞镛弟。业医，知名于时。子陆岱林，克传家学。[见：《川沙县志》]

陆法和 北齐人。里居未详。隐居江陵百里洲，衣食居处，一与苦行沙门同。耆老自幼见之，容色常不定，人莫能测。初，八迭山多患恶疾之人，陆法和采药疗治，不过三服皆愈。[见：《北史·陆法和传》、《北齐书·陆法和传》]

陆宝后 清代江苏如皋县人。生平未详。著有《临证遗稿》若干卷，今未见。[见：《如皋县志》]

陆实善 字伯纯。清末人。生平里居未详。曾任太医院候补医士。[见：《太医院志·同寅录》]

陆建侯 字树人。清代江苏崇明县人。县学生。不利于科场，弃举业，精医术，常以技活人。著有《温病条辨补义》若干卷，未见流传。[见：《崇明县志》]

陆承宣 字凤山。明代浙江嘉兴县人。唐代陆贽后裔。有才力，居武职。精外科医术。后隐居吴县。著有《济人说》行世。子陆拱台，继承其业。[见：《吴县志》]

陆承祖 字武昭。清代江苏青浦县人。康熙、雍正间（1662~1735）举人，官宝应县教谕。工诗文，兼通医理，著有《医论》一卷、《方论辑要》二卷，未见刊行。又有《杏林书屋诗稿》，存佚不明。[见：《青浦县志》]

陆承桃 字燕贻。清代江苏南汇县人。以医为业，于医理有独到之见。一人久患瘵瘵，承桃曰："药气旺，谷气衰。宜投所嗜，然后施治。"病家从其言，以饮食调养半月，服药而愈。[见：《松江府志》]

陆经学 字圣宣。清代江苏常熟县人。精医术，治痘疹尤验。子陆襄汉，孙陆介石，皆世其业。[见：《常昭合志稿》]

陆南英 （1743~1822） 字超亭，号千士。清代江苏上海县法华乡人。邑名儒陆思诚子。南英早年习儒，为太学生。自幼多病，弃学就医。年四十岁后，名闻遐迩，一乡称善。性好施与，济人甚众。道光二年卒，享年八十。著有《医学钩元》四卷，未见流传。[见：《法华乡志》、《上海县志》]

陆树峥 字青山。清代广东信宜县人。岁贡生。幼年丧父，事母至孝。博闻强识，性澹静，廉而好施，赈灾恤患，排难解纷，乡人德之。精通医术，屡起沉疴，所济甚众。殁之日，遐迩流涕。[见：《信宜县志》]

陆咸宁 清代江苏南汇县人。生平未详。著有医书《陆氏家言》，今未见。[见：《南汇县志》]

陆拱台 字明三。明代浙江嘉兴县人。外科名医陆承宣子。继承父学，亦精外科。[见：《吴县志》]

陆彦功 明代安徽歙县人。三世以医知名。彦功幼读儒书，后绍承家学，精究《素问》、《难经》、《伤寒》诸医典，治疾辄效，名闻遐迩。擅长内科杂证，于伤寒尤有研究，临证不拘泥方书，不求酬报，活人甚众。成化间（1465~1487）召入太医院，中宫有疾，服其药即愈，赐冠带膳帛。因母丧归乡。弘治间（1488~1505）再召，年老不能赴。晚年著《伤寒类证便览》十卷，刊于世，今存弘治间刻本。[见：《古今医统大全·历世圣贤名医姓氏》、《国史经籍志》、《徽州府志》、《伤寒类证便览·唐高仁序》]

陆恒颖 清代江苏上海县人。陆文旺十世孙。家贫至孝，精通医术。平生多善举，施药助棺，历年不怠。[见：《上海县志》]

陆炳义 字质夫。清代江苏上海县人。监生。精医术，以眼科著称。[见：《上海县志》]

陆炳炜 号颂武。近代江苏无锡县人。附贡生。精内外科。为山东中西医院医生。宣统间（1909~1911）加入中西医学研究会。[见：《中西医学报》第4期]

陆祖熙 （1884~1934） 字敬臣。近代江苏常熟人。世居县城小步道巷。早年习儒，嗜岐黄术，后弃儒就医。从支塘名医邵似松游，习内外科。学成回里，初悬壶即崭露头角。行医数十年，临证审慎，处方谨严，所治多佳效，名噪江浙数县。曾整理临证所得，分门厘订，撰《医案》十册，藏于家，惜皆散佚于抗日战争期间。从学门生甚众，远及浙省，先后达二十余人。[见：吴中名医录]

陆载熙 字寅斋。清代浙江乌程县人。生平未详。著有《医案》一卷，今未见。[见：《乌程县志》]

陆振为 （?~1946） 字伯良。近代江苏新阳县南星渎镇人。邑名医陆志远（1894~1944）子。继承父业，亦为良医。惜不永年，父殁后二载即辞世。[见：《昆山历代医家录》]

陆悟村 近代浙江桐乡县乌镇百岁坊人。邑名医陆紫笤（1851~1925）子。继承父

606

学，亦精医道。[见：《桐乡县志》]

陆润庠 (1841～1915) 字凤石。清末江苏元和县人。名医陆懋修子。同治十三年(1874)状元，授修撰。迁侍读，出督山东学政。丁父忧归里。服阕，迁国子监祭酒，擢内阁学士，礼部侍郎。历任左都御史、工部尚书，官至东阁大学士。七十五岁年，谥“文端”。陆氏兼通医学，任左都御史时，曾管理医局。远族陆锦燧，得其指授，以医知名。[见：《清史稿·陆润庠传》]

陆祥镛 号亦吉。清代江苏川沙县人。居城区西门外。邑名医陆瑞镛、陆炜镛之弟。亦精医术，有名于时。[见：《川沙县志》]

陆敏杰 字隽叔，晚号守中子。清代河北大兴县人。咸丰（1851～1861）初，任四川广安知州。离任后，爱广安山川钟灵，寓居桐林寺，精研医道，究心丹经，颇有所悟。后定居化龙沟，以医济世，活人甚多。卒后，葬于渠县。[见：《广安州志》]

陆得梗 字禹川，号畏庭。清代江苏吴江县平望镇人。县学生。家贫多变故，几不能糊口。工诗文，尤精医术，为名医叶桂（1666～1745）门生。著有《痘学钩元》，未见刊行。曾为叶桂《医效秘传》作跋。[见：《平望志》、《历代医书丛考》]

陆惟恭 明代安徽太平府人。精医术。诊视高祖有功，授太医院院判。子陆才，传承父学，景泰间（1450～1456）授太医院院判。[见：《太平府志》]

陆清泰 字苹洲。清代江苏南汇县二十保人。精习外科，治病奇效，求诊者云集。著有《谦益堂医案》，未见刊行。次子陆小洲，以喉科知名。[见：《南汇县志》、《川沙县志》]

陆渊雷 (1894～1955) 原名彭年。现代上海川沙县人。自幼聪慧，入乡塾读书，发奋自励，为师长所称许。1906年就读于松江中学。1912年考入省立第一师范，从朴学大师姚孟醺习经学、小学，兼涉诸子百家、历史、地理、物理、书法、天算诸学，于医道尤致力焉。自1914年始，先后任教于武昌高等师范学院、省立师范学院、国学专修馆、暨南大学、上海持志大学、上海正风文学院。教学之暇，遍览中医名著，渐萌弃教从医之志。1925年恽树钰创办医学函授学校，渊雷致函恽氏，拜其为师。恽氏退其学费，邀请协办函校。1928年，任教于上海中医专门学校、上海中国医学院。同年，徐衡之出资，与陆渊雷、章次公、章巨膺、祝味菊等创办上海国医学院，陆氏任教务长。1932年，应各地学者之请，主办遥从部，以函授形式教授学员，姜春华、岳美中、樊天徒、范行准、谢仲墨、唐丽敏、赵锡宽等皆为陆氏“遥从”弟子。陆氏曾创办《中医新生命》杂志，共出三十余期，对促进中医学术交流贡献颇大，后因抗日战争停刊。中华人民共和国成立后，历任全国人大代表、上海市中医学会主任委员、上海市卫生局中医顾问，对发展中医学术多有贡献。晚年笃信佛教，对其医学思想产生一定影响。1955年6月1日病逝，享年六十一。著有《伤寒论今释》、《金匮要略今释》、《生理补证》、《病理补证》、《诊断治疗》、《陆氏论医集》等书，刊行于世。还著有《中医生理术语解》、《中医病理术语解》、《流行病须知》、《伤寒论概要》、《脉学新论》、《舌诊要旨》等书，未梓。[见：《中国现代名医传》、《中医大辞典》、《中医图书联合目录》、《中国大百科全书》]

陆敬铭 字师尚。清代江苏上海县人。善医，兼工书法。著有《伤寒论正宗》若干卷，今未见。[见：《上海县志》]

陆紫贫 (1851～1925) 近代浙江桐乡县乌镇百岁坊人。业医五十余载，专擅儿科，其“分经察纹诊法”，独具特色。临证治疾，汤药与推拿、针灸并重，疗效显著。子陆悟村，绍承父业。[见：《桐乡县志》、《陆氏儿科“分经察纹法”》(《浙江中医杂志》1964年第9期)]

陆遇芳 字石绣。明清间湖北钟祥县人。崇祯壬午（1642）副榜。清顺治（1644～1661）初，任沔阳州学正，振兴文教，捐助寒士，人争颂之。兼涉医学，撰有《医说》，今佚。[见：《钟祥县志》]

陆遇春 字元叔。明代吴县（今江苏苏州）横塘人。幼年丧父，天资颖悟，初习举业。因病废学，改攻岐黄，医术精湛，人赖以生，尤有功于贫病。性至孝，所得药资，尽以娱亲。万历己丑（1589）大饥，勉力赈救，多所全活，远近颂其仁德。年七十八岁卒。[见：《吴县志》]

陆舜元 字序立。清代江苏常熟县沙头里人，徙居长洲。精外科，知名于时。子陆征士，绍承父业。[见：《沙头里志》]

陆道充 号宾旸。明代华亭县（今属上海）人，随父陆金徙居浙江平湖县。诸生。自幼习儒，晚年精医。与兄陆道光皆精儿科，世称“二难”。著有《陆氏金镜录》(又作《痘疹金镜录补遗》，一说为陆道光撰)、《范蒙医会录》、《增补麻疹心法》等书，后二种已佚。子

陆从诰，为举人。[见：《平湖县志》、《浙江通志》、《中国医籍考》]

陆道光

一作陆道元。字明旸（一作南旸）。明代华亭县（今属上海）人，随父陆金徙居浙江平湖。从父习医，以幼科知名。一小儿过食水果，腹胀气急，众医束手。道光以桂、麝、瑞香三味为丸，一服即愈。一儿染奇疾，四肢坚不可屈，道光曰："此非药石能疗，另有术焉。"令举伞覆之，绕床焚安息香、檀香。众人皆笑之，而患儿不久平复。少间，病又发，服以沉香屑而痊。曾增补翁仲仁《痘疹金镜录》，辑《陆氏金镜录》（又作《痘疹金镜录补遗》，一说为陆道充撰），序刊于万历戊午（1618）。弟陆道充，亦精儿科。子陆从谕，举进士。[见：《浙江通志》、《平湖县志》、《中国医籍考》]

陆道常

字克容。明代安徽太平府人。太医院院判陆才次子。继承家学，亦精医术。曾任芜湖县医学训科。兄陆豫、弟陆道源，皆精医术。[见：《太平府志》]

陆道源

字克贞。明代安徽太平府人。太医院院判陆才三子。克传家学，亦精医术。任太医院御医。兄陆豫、陆道常，皆精医术。[见：《太平府志》]

陆登公

清代广东钦州（今钦县）葵子人。精医术，治病不受诊金，活人甚众。乡人德之，建饮和亭以纪念之。[见：《钦县志》]

陆瑞铺

号吟香。清末江苏川沙县人。世代业医，精于内科。兵燹后，悬壶沪上，求治者踵相接。旋归乡里。治病不计诊酬，凡他医束手之症，瑞铺至，每见良效。乡人有谚："包进秀才——陆雪香；包看病好——陆吟香。"足见医名之盛。嗜读书，手抄方书数十种。弟陆炜铺、陆祥铺，子陆兰伯，侄陆岱林，皆传其术。[见：《川沙县志》]

陆献陛

字季修。清代江苏太仓县人。徙居常熟县支塘。精医术，以幼科知名。孙陆守仁，继承其业。[见：《常昭合志稿》]

陆锦林

清代江苏嘉定县陆家行人。邑名医陆荣长子。其父晚年撰《医学要旨》，未成而卒，陆锦林续成之。此书今未见。[见：《嘉定县续志》]

陆锦燧

字晋笙，号鲟溪。清末江苏吴县鲟溪人。早年习儒，以举人历任济阳、上杭知县。陆氏人丁众多，兄及姐妹八人，大都死于疾病；子女二十人，因病亡者十人。感伤之余，深以不知医药为憾，故留意岐黄之学。曾得远族陆润庠、陆世庆指授。陆世庆谓之曰："多看书，勿专一家，并勤摘录。究其理，不必记其方。用其药，久自贯通。"嗣后，博览医书，贯通医理。案牍之暇，为平民及亲朋治病，每获奇效。辛亥革命起，弃官寓居沪上，悬壶于世，名所居曰景景医室，以擅治内科、时疫知名。著有《鲟溪医述》十五种，包括《外候问答》、《病症辨异》、《据证分经》、《据证定名》、《治法述》、《用药禁忌》、《百药能力类述》、《要药选》、《医方选》、《医论选》、《鲟溪内服单方选》、《鲟溪外治单方选》、《诸家得失论》、《景景医话》等。此外尚有《鬼傀术》、《香岩径》、《景景医稿杂存》、《学医便读》、《存粹医话》、《认病识病辞典》、《存粹社医报》等，皆存。其女陆咏媞、陆咏娈，皆通医理。[见：《景景医话》、《江苏历代医人志》、《中医图书联合目录》]

陆简静

元代钱塘县（今浙江杭州）人。精通医术。尝谓："古今医方，同一矩度。"余姚名医项昕，尝问学于陆氏。[见：《九灵山房集·抱一翁传》]

陆瘦燕

（1909~1969）原名陆昌。现代上海嘉定区严庙乡人。邑名医李培卿幼子，随母陆氏姓。幼颖异，十六岁随父习医，夜则研读《内经》、《难经》、《甲乙经》、《类经》、《针灸大成》诸书，昼则侍诊实践。十八岁至上海，考取开业执照，并加入神州医药总会。此后悬壶于昆山县南街及上海南市。1935 年设诊于上海八仙桥福德里五号，声名鹊起。1952 年，任上海市公费医疗第五门诊部特约门诊医师。1955 年应聘任第二军医大学及上海市干部疗养院中医顾问，同年加入中国农工民主党。1958 年，出任上海中医学院针灸教研室主任、针灸系主任，附属龙华医院针灸科主任。嗣后，历任上海针灸研究所所长、国家科学技术委员会委员、第三届全国政协特邀代表、中国农工民主党上海市委员会委员。"文革"期间被诬为"反动学术权威"，抄没家产。1969 年 4 月 27 日迫害致死，闻者无不哀痛。1979 年 2 月 28 日，得以平反昭雪。1989 年，上海市成立"陆瘦燕针灸学术研究会"，同时召开陆氏学术经验交流会。陆瘦燕为我国当代著名针灸学家，其生平事迹载入《中国医学百科全书》。陆氏著述甚富，已出版有《针灸正宗》、《针灸学讲义》（高等中医院校教材）、《经络学图说》、《腧穴学概论》、《刺法灸法汇论》、《针灸腧穴图谱》等。还撰有《针灸穴名解》、《针灸歌赋选释》、《针灸治疗学总论》等，其手稿皆毁于"文革"期间。子陆

筱燕、陆李还、陆敏、陆伦，女陆莉芳、陆焱垚，皆继承父业，均为当代针灸名医。[见：《吴中名医录》、《昆山历代医家录》]

陆韵珂 清末浙江湖州人。以医为业，知名于时。有《医案》传世，今未见。[见：《湖州府志》]

陆肇祺 字介昭。清代江苏上海县人。得外祖父曹六韬传授，善外科。时医多言过其实，以为邀功，陆氏无此陋习，士论贤之。子陆本源，继承父业。[见：《上海县志》]

陆儋辰 (1777～1842) 字笠泉，别号耳乡。清代江苏泰县海安镇人。郡廪生。博览群书，于学无所不窥，尤邃于医。《内经》、《伤寒》诸经烂熟于胸，所疏方案笔法古雅，引述经文如己出。善用古方而不拘泥，临证立方新颖异常，非好学深思者，莫晓皆源自古经方也。道光元年（1821），镇中霍乱流行，陆氏疏方救济，全活甚众。多才艺，工琴善书，里党得其方寸绢素，视为珍宝，而名不远近。又喜博弈，著有《弈谱》四册。里中有铁匠某氏，称国手，一日与之对局，偶不胜，遂不复谈弈。道光二十二年十一月十一日殁，享年六十五。陆氏收藏古医书甚夥，生前皆据善本校正。曾集诸家精粹，编《医学证治赋》十二种（包括《伤寒证治赋》、《中风证治赋》、《暑湿证治赋》、《瘟疫证治赋》、《燥火证治赋》、《湿热证治赋》、《秋时晚发证治赋》、《肿胀证治赋》、《咳嗽证治赋》、《痰饮证治赋》、《虚劳证治赋》、《风温辨治赋》），又撰《伤寒医方歌括》、《虚劳医方歌括》、《痧辨》、《运气辨》，总名《陆笠泉医书十六种》，刊刻行世，今存 1923 年海陵丛刊铅印本等。[见：《扬州府志》、《泰县志稿》、《运气辨·陆笠泉先生传略》]

陆德丰 字孚发。清代广东信宜县人。增广生。事父母以孝闻。咸丰十一年（1861），陈金缸陷城，德丰奔茂名，以医术糊口，有余则分济兄弟及同族贫困者。后远游，不知所终。[见：《高州县志》]

陆德阳 字广明，又字子幼。清代江苏兴化县人。精医术，有济世之志。尝以三十年之力，注释《伤寒论》、《金匮要略》二书。还著有《卫生浅说》三十六篇，阐述三因致病之旨，兼论养老、种子、保幼、择医、习医、辟邪、祛惑诸事，康熙四十二年（1703），李枏为此书作序。诸书均未见刊传。[见：《扬州府志》、《兴化县志》]

陆德隅 字义抑。清代江苏太仓州横泾人。诸生。尝因省试至江宁，夜梦人授以药

一囊，寤而叹曰："吾盖学医也。"遂不复试，购医书读之。研习一年，精其理，临证审慎，能起痼疾。时吴门叶天士以医名噪江南，凡邻县延请者，叶氏辄曰："尔处有陆义抑，曷须我？"其名重如此。同时又有文成章，善治温热症，与陆氏齐名。[见：《横泾志稿》]

陆鹤鸣 字九皋，号声野。明代浙江德清县人。邑名医陆颐孙。绍承家学，亦精医术。曾官医学训科。赘婿仰大任，继承其术。[见：《德清县志》]

陆履坦 字应泰。清代江苏吴县人。早年习儒，不利于科场，遂业医，知名于时。门人沈时誉，得其传授。[见：《医衡》]

陆鲲化 字叔上，号紫岑。明清间江苏武进县人。中丞陆卿荣子。诸生。才艺绝伦。明亡，隐居不出，遁于医。年八十三岁卒。病时医泥古不化，戕害人生，著《医医集》二十卷。其书分为二十类，包括内、外、妇、幼各科，始论病源，次引古书，参以心得，附以前贤及本人验案。是编凡数易稿，至八十余岁始定稿本。此外，尚有《证治理会》若干卷，未见刊行。[见：《武阳志余》]

陆懋修 (约 1818～1886) 字九芝，又字勉旃，号江左下工，又号林屋山人。清末江苏元和县人。镇江府学训导陆嵩子。早年习儒，咸丰癸丑（1853）恩贡生，补授镇江府训导。七试省闱不售，遂致力医学。研精覃思三十余年，以儒医名世。初寓居吴江县黎里镇，求医者无虚日。咸丰间（1851～1861）避乱上海，医名极盛。其子陆润庠登第，官山东学政，遂就养山左学署，以著述自娱，至老不倦。年六十九岁卒。陆氏精研《素问》，贯通运气诸说。于仲景《伤寒论》尤多研究，推重柯琴、尤怡两家，谓得仲景意为多。又据《难经》"伤寒有五"之说，认为"仲景撰用《难经》，温病即在伤寒中，治温病法不出《伤寒论》外"，又曰："瘟疫有温有寒，与温病不同，医者多混称。吴有性、戴天章为治疫专家，且不免此误。"曾刊刻《世补斋医书》六种，包括《文集》十六卷、《不谢方》一卷、《伤寒论阳明病释》四卷、《内经运气病释》九卷、《内经运气表》一卷、《难经难字音义》一卷；又刻《世补斋医书续集》四种，包括《重订傅青主女科》九卷、《重订戴北山广温热论》五卷、《重订绮石理虚元鉴》五卷、《校正王朴庄伤寒论注》十二卷，今存光绪十年（1884）文益堂刻本。陆懋修父陆嵩，子陆润庠，婿沈彦模，皆通医道。[见：《清史稿·陆懋

修传》、《黎里续志》、《吴县志》、《中医图书联合目录》]

陆襄汉

清代江苏常熟县人。邑名医陆经学子。继承父学，擅治痘科。子陆介石，亦以医名。[见：《常昭合志稿》]

阿

阿尼哥

(1244～?) 原名八鲁布。元初尼波罗国（即尼泊尔）人。幼敏悟，异于常儿。稍长，诵习佛书，期年能晓其义。同学有为绘画妆塑业者，读《尺寸经》，阿尼哥一闻，即能记。及长，善画塑，及铸金为像。中统元年（1260），帝师八合斯巴，奉命建黄金塔于吐蕃，尼波罗国选送工匠百人，仅得八十人。阿尼哥年十七，请行。众以其幼，难之。对曰："年幼心不幼也。"遂同行。帝师一见奇之，命监其役。明年塔成，请归。帝师勉以入朝，乃祝发受具为弟子，从帝师入见世祖忽必烈。世祖视之良久，问曰："汝何所能？"对曰："臣以心为师，颇知画塑铸金之艺。"遂命取明堂针灸铜像示之，问曰："此宣抚王楫使宋时所进，岁久阙坏，无能修完之者，汝能新之乎？"对曰："臣虽未尝为此，请试之。"至元二年（1265）新像成，关鬲脉络皆备，注以水，关窍毕达。金工叹其天巧，莫不愧服。至元十年（1273），授人匠总管，赐银章虎符。十五年，诏令还俗，授光禄大夫大司徒，领将作院事，宠遇赏赐，无与为比。卒，赠太师，谥"敏慧"。[见：《元史·阿尼哥传》、《腧穴图拓本·朱彝尊跋》]

阿老丁

元代蒙古族人。后至元（1335～1340）初，官承直郎太医院都事。后至元三年（1337），名医危亦林撰《世医得效方》十九卷，由江西医学提举司送太医院审阅，阿老丁与僚属二十余人参予其事。至正五年（1345）此书刊刻于世。[见：《世医得效方·太医院题识》]

阿忽察

元初人。宪宗二年（1252）十月，命阿忽察掌祭祀、医巫、卜筮，阿剌不花副之。[元史·本纪·宪宗]

阿恒臣

近代人。生平里居未详。著有《医学金针集》一卷，今存1916年稿本，书藏中国中医科学院图书馆。[见：《中医图书联合目录》]

阿庶顿

清末人。生平里居未详。著有《胎产举要》一卷，今存光绪十九年癸巳（1893）羊城博济医局刻本，书藏军事医学科学院图书馆。[见：《中医图书联合目录》]

阿剌不花

元初人。宪宗二年（1252）十月，命阿忽察掌祭祀、医巫、卜筮，阿剌不花副之。[元史·本纪·宪宗]

陈

陈人

号东野。明代福建邵武人。早年习儒，旷怀高谊，风流儒雅。后致力医学，立方入仲景之室，辨脉登叔和之堂。临证善治疫疠、内伤，知名于时。年九十余卒。[见：《邵武府志》]

陈丰

字来章。清代安徽歙县人。生平未详。著有《苇航集》十四卷，今存康熙五年（1666）抄本。[见：《中医图书联合目录》]

陈元①

唐代苍梧（今江苏灌云）道士。精通医术，知名于时。会稽太守思翊，因居处潮湿，罹患痹症，医药无效，命在旦夕。时陈元卖药于市，应邀诊治，以膏药摩敷患处，每日二次，至十五日平复。嗣后，凡家人患此病，思翊皆取陈氏膏药治之，无不愈者，遂献方于朝廷。此方载于《外台秘要》。[见：《外台秘要·卷第三十一·古今诸家膏方》]

陈元②

(?～945) 一作陈玄。唐末至五代间京兆（今陕西西安）人。生于世医之家，初事河中王重荣。乾符间（874～879），李存勖自太原率师攻王行瑜，重陈玄医术，遂以医官留侍左右。后唐立国，授太原府医学博士。李刚暴好杀，无敢谏者。每有暴怒，陈元从容启谏，得以免祸者甚多，晋人德之。后唐明宗时，官太原少尹，入为太府卿。长兴间（930～933），集平生所验方七十五首，并修合药法百条，撰《北京要术》（简称《要术》）一卷，刻石置于太原府衙之左，以示于众，病者赖焉（今佚）。后晋天福间（936～943），因年老上表求退，以光禄卿致仕。开运二年卒于晋阳，年八十余。[见：《旧五代史·陈元传》、《新唐书·艺文志》、《宋史·艺文志》、《中国历代名医碑传集》（引《纪异录》)]

陈仁

字象贤。清代江西古田县人。邃于医，诊脉处方，多有效验。又擅导引，能决病者死生。年七十五岁卒。子陈世宏，传承父业。[见：《古田县志》]

陈伋

字余山。清代浙江鄞县人。自幼好学。嘉庆十八年（1813）举人，道光十三年（1833）授陕西咸长知县，摄定边。勤政爱民，所至多善举。公余好读书，经史小学，皆有撰述，尤擅诗赋。旁涉医学，辑《保生夺命方》六卷，今未见。[见：《鄞县通志》]

陈书 字伯初。清末福建侯官县人。光绪元年（1875）举人，官博野县知事。通医理，著有《冲脉审谛》一卷、《脉诀真知》一卷、《治喉举要》若干卷，今皆未见。[见：《闽侯县志》]

陈玉 字无环。明代陕西朝邑县人。成化间（1465～1487）在世。精医术，知名于时。凡问病者，随口述方，服之辄效。[见：《朝邑县志》]

陈古 字石云。清代江苏华亭县七宝里人。寓居嘉定县南翔镇。为人豁达，精医术，兼工诗画。著有《药性便蒙》二卷，今存抄本。子陈瑄，孙陈良元，曾孙陈大进，俱传祖业。[见：《南翔镇志》、《中医图书联合目录》]

陈龙 明代安徽歙州（今歙县）人。精医术，知名于时。子陈统尧，孙陈应熊，皆传承家学，以医闻世。[见：《歙县志》]

陈劢 字子相。清代浙江鄞县人。生平未详。辑有《寿世良方》（又作《寿世良方辑》）四卷，今存光绪十四年（1888）四明积善堂刻本。[见：《中医图书联合目录》、《鄞县通志》]

陈田 字书圃。清代山东历城县人。幼年丧父，侍母以孝闻。母病瘫痪九载，求医维艰，遂习岐黄。久之术精，知名于时，自缙绅至乡里妇孺，无不识陈先生者。与人交诚信无欺，不轻然诺，多有义行。某人买五岁幼婢，嫌其不慧，弃之。陈氏收养于家，及成人，备奁择嫁，不异己女。善养生，晚岁能灯下作小楷。著有医书若干卷，已佚。子陈大鹏，咸丰八年（1858）举人。[见：《续修历城县志》]

陈立 号醉轩。清代江西崇仁县语漳人。豪于诗酒，好读书，尝带经樵采。晚年精医，治病不计酬报，活人甚众。年七十余，每晨起，必读书数过。著有《各家医论辨疑》（又作《医论辨疑》）若干卷，未梓。[见：《崇仁县志》、《抚州府志》]

陈礼① 明代广东番禺县人。雅好吟咏，尤精医术，成化间（1465～1487）官香山县医学训科。子陈骏，传承父业。[见：《番禺县续志》]

陈礼② 字愿华。清代江苏常熟县人。邑名医陈世霖子。传承父业，深明五运六气之旨。著有《医学指迷》四卷，未见传世。[见：《常昭合志稿》]

陈亚 宋代人。生平里居未详。著有《药名诗》一卷，已佚。[见：《宋史·艺文志》]

陈扩 字有张，又字仲山。清代福建长乐县人。邑诸生。中年遇良师，得授诊脉秘法，能预决病者死生。生平重义，友人董某患绝症，知不可为，仍诊视三月，未尝以夜深路遥辞。[见：《长乐县志》]

陈刚 字鹤亭。清代江苏青浦县人。邑增生。精医术，重医德，遇贫病不受诊金。与同邑寿炳昌、丘嘉澍先后抗衡，腾声乡里。[见：《青浦县续志》]

陈迁 一作陈选。南宋海昌（今浙江海宁）人。精医术，绍兴间（1131～1162）任翰林院御医供奉。陈氏世以妇科秘术相传，至明清尚有世医陈木扇，即其后裔。著有《秘兰全书》四卷，成书于绍兴三年（1133），藏于家。今上海中医药大学图书馆藏《妇科秘兰全书》旧抄本，题"宋陈选撰"。[见：《海昌备志》、《中医图书联合目录》]

陈开 宋代人。生平里居未详。著有《医鉴后传》一卷，已佚。按，"开"与"年"同。[见：《宋史·艺文志》]

陈会 字善同，号宏纲。明代人。生平里居未详。据传为桑梓君席宏远十一世弟子，专擅针灸术。著有《广爱书》十卷，后经门人刘瑾校补，易名《神应经》，刊印于世（今存）。[见：《神应经·序》、《四部总录医药编》]

陈交 明代丹徒县（今属江苏）人。精医术，知名京师。隆庆二年（1568）正月，太医院医官徐春甫，集合各地在京名医四十六人，创立一体堂宅仁医会，陈氏为会员之一。诸医穷探医经，讨论四子（指张机、刘完素、李杲、朱震亨），共戒私弊，患难相济，为我国最早之全国性医学组织，其组织构成、宗旨、会规等刊入《医学指南捷径六书》（今存明万历金陵顾氏、新安黄氏同刊本）。[见：《我国历史上最早的医学组织》（《中华医史杂志》1981年第3期）]

陈志① 元代人。里居未详。精医术，官建宁路官医提领。至正二年（1342），名医危亦林过建宁，陈志北面师之，危氏以所撰《世医得效方》稿十二峡尽授之。此书虽于后至元三年（1337）十月得元惠帝御批"绣梓广行"，实仅行文于各路医学而已。陈志慨然命工绣梓，以广其传，于至正三年作序，至正五年毕工。该书得以问世，陈氏功不可没。[见：《世医得效方·陈志序》]

陈志② 字赞皇。清代江苏上海县人。乾隆间（1736～1795）随父陈睿徙居新阳县真义落霞浜。与兄陈忠，俱精医术，求诊者不绝于门，无不应手奏功。子陈元凯，传承父业。[见：《昆新两县续修合志》、《昆山历代医家录》]

陈志③ 清代河北交河县人。早年习儒,嘉庆辛酉(1801)拔贡。旁通医理,著有《岐黄便录》四卷,今未见。[见:《交河县志》]

陈均 一作陈钧。字璇图,号陶万。清代广东长乐县人。幼习经史,博览群籍。乾隆九年(1744)经元,十九年(1754)进士,官四川潼川府教授,遂定居金堂县。先世富于藏书,所储近十万卷。少年时雅意经世,于天下山川形势、郡县要冲、民生利弊靡不研究。善属文,提笔千言立就。年九十岁卒。曾著书数十万言,涉及天文、地舆、医、卜、星、圃诸学,专门者皆以为不及,江陵名士朱遐唐见其稿叹曰:"某三十年不见此种著作矣!"又撰《医纂》四卷,今未见。[见:《金堂县志》、《金堂县续志》、《四川通志》、《明清进士题名碑录索引》]

陈芸 清代湖北蕲州人。生平未详。撰有《神农本草歌括》,今未见。[见:《湖北通志》]

陈芮 清代宁夏府(今宁夏贺兰)人。回族。精医术,为当地医官。性情平和,临证审慎,用药无误。以济人为怀,闻人有疾,不待延请即往。年八十余犹强健,行路不策杖,乡党赠以"年高德绍"匾额。寿至九十余卒。[见:《朔方道志》]

陈芳 清代山西屯留县人。精医学,遇奇证以意疗治,多能痊愈。有医德,病者酬以金,谢而不受。[见:《山西通志》]

陈抟 (?~989) 字图南,自号扶摇子,赐号希夷先生。五代至宋初亳州真源(今河南鹿邑)人。幼颖悟,读书过目成诵。后唐长兴间(930~933)举进士不第,遂不求禄仕,以山水为乐。自言曾遇孙君仿、獐皮处士,谓之曰:"武当山九室岩可以隐居。"遂栖居于此,服气辟谷二十余年,仅日饮酒数杯。后移居华山云台观,每寝处,多百余日不起。周世宗召之至阙,拜谏议大夫,不受。宋太宗亦重其人,遣宰相宋琪问以修养之道。抟曰:"抟山野之人,于时无用,亦不知神仙黄白之事,吐纳养生之理,非有方术可传。假令白日冲天,亦何益于世?今圣上龙颜秀异,有天人之表,博达古今,深究治乱,真有道仁圣之主也。正君臣协心同德,兴化致治之秋,勤行修炼,无出于此。"太宗善其言,雍熙元年(984)十月,赐号"希夷先生",赐紫衣一袭,留抟阙下,令有司增葺云台观,数月放还。端拱二年卒。著有《九室指玄篇》(又作《指玄篇》)一卷,全书八十一章,言导养及还丹之事,已佚。今存《陈希夷坐功图》一卷。[见:《宋史·陈抟传》、《宋史·本纪·太宗》、《鹿邑县志》、《归德府志》、《中国丛书综录》]

陈抃 宋代建安(今福建建瓯)人。生平未详。著有《手集备急经效方》(又作《陈氏手集方》)一卷,已佚。[见:《宋史·艺文志》、《直斋书录解题》]

陈虬 (1851~1904) 原名国珍,字志三,晚号蛰庐。清末浙江瑞安县人。原籍乐清县。光绪十五年(1889)举人。家贫,祖上三代,无知书者。自幼勤学好读,潜心经史,于诸子百家,皆能得其旨要,慨然有四方之志。与宋恕、陈黻宸为莫逆交,人称"温州三杰"。曾参加"戊戌变法",与蔡元培等人筹建"保浙会"。早年钻研医典,师事名医孟河费氏,医技精湛。光绪十一年(1885),与瑞安陈葆善、陈绂宸,创办利济医院、利济医学堂于瑞安,与何迪启、陈侠等主诊其间。光绪二十一年(1895),建利济医院分院于温州,并创《利济学报》于杭州。光绪二十八年(1902)夏,东瓯霍乱大行,死亡接踵,医者多深匿不敢出。陈氏独日夜出诊,不顾艰危,活人甚多。光绪二十九年十一月十四日(1904年1月1日)卒,时年五十三岁。著有《瘟疫霍乱答问》、《蛰庐诊录》等书,刊于世。还著有《利济医药讲义》、《元经宝要》、《利济本草》、《利济选方》、《利济验方》、《利济新方》、《利济医统》、《医家月令》、《医学绀珠》、《医纬》、《医雅》、《医铎》、《明道录》、《利济新案》、《黄帝世纪集注》、《中西古今医史》、《医林古今人物表》、《格致厄言》、《艺事稗乘》等书,未见流传。陈氏弟子甚众,最知名者有胡润之、杨伯畴、陈侠等。[见:《中医图书联合目录》、《清末医学教育家——陈虬的生平及学术思想》(《浙江中医杂志》1982年第3期)、《瑞安县志稿》、《近三百年人物年谱知见录》]

陈岐 字德求。清代人。生平里居未详。著有《医学传灯》二卷,约成书于康熙三十九年(1700),今存抄本。[见:《中医图书联合目录》]

陈彻 一作陈澈,号三山。明代福州三山(今属福建)人。生平未详。撰有《雪潭居医约》八种,包括《格致要论》、《脉色解微》、《疾病阐疏》、《六淫分类》、《内伤条辨》、《杂症汇考》、《女科正录》、《药症忌宜》各一卷,今存崇祯十四年辛巳(1641)刻本。[见:《中医图书联合目录》、《贩书偶记》]

陈奂 字章伯。清代江苏吴江县芦墟人。邑疡科名医陈策孙,陈琳子。绍传家学,益精其术。子陈希曾、陈希恕,皆工医术。[见:《吴江

县志续编》、《苏州府志》、《冷庐医话》]

陈言① 字无择。南宋青田（今浙江青田）人。敏悟绝人，长于方脉，治病有捷效。遇不可治者，则预告以期，无不中者。曾任四明医学提举。与永嘉名医卢祖常友善，每聚首则切磋医理。陈言著有《三因极一病证方论》（原题《三因极一病源论粹》，又作《三因病源方》）十八卷，为后世医家所重（今存）。此书载方一千零五十余首，论及脉诊、病因、病症、方剂，重点阐述"三因"说。陈氏发挥《内经》、《金匮要略》关于病因之论，将繁杂病因归于三类，即内因、外因、不内外因，对后世有深远影响。陈氏曾受表弟叶楠之托辑《依源指治》六卷，已佚。门生孙志宁、王硕，传承其学。[见：《浙江通志》、《处州府志》、《青田县志》、《直斋书录解题》、《宋史·艺文志》、《浙江医籍考》]

陈言② 号西溪。明代福建建阳县人。生平未详。著有《秘传常山杨敬斋针灸全书》二卷，今存万历十九年辛卯（1591）书林余碧泉刻本。[见：《中医图书联合目录》]

陈灿① 清代人。里居未详。精医术，任太医院御医。乾隆四年（1739）敕修《医宗金鉴》，陈灿任校阅官。[见：《医宗金鉴·诸臣职名》]

陈灿② 字梅峰。清代浙江山阴县人。精医术，名噪于时。子陈坤，传承父学。[见：《冷庐医话》]

陈汪 字东溪。明代太仓州（今江苏太仓）人。明经好古，以诗名于时。兼工医理，通《素问》、《难经》诸书。著有《伤寒全集》，行于世，今未见。子陈桐，以儒通医。孙陈操，继业尤精，任太医院御医。[见：《太仓州志》、《壬癸志稿》]

陈沂 字素庵。南宋汴梁（今河南开封）人。政和间（1111～1117）翰林院待制陈元忠后裔。陈氏世精医术，至沂益精，尤善妇科。建炎丁未（1127），徙居临安（今浙江杭州）斯如里。时康王妃吴氏患危疾，沂治而愈之。授翰林金紫良医，督学内外医僚，赐御前罗扇，便宜出入禁中。著有《素庵医要》十五卷，刊行于世，今存明代刻本。后裔陈静复、陈清隐，继承家学，亦以妇科知名。不忘君惠，刻木为扇，以为世传，人称"陈木扇"。至明代又有陈谢表，徙桐乡县，医名甚噪。[见：《浙江通志》、《杭州府志》、《桐乡县志》、《四部总录医药编》、《日本现存中国散逸古医籍》（引《陈氏族谱》）]

陈完 近代人。生平里居未详。撰有《本草韵言》一卷，成书于1938年，今存新津刻本。[见：《中医图书联合目录》]

陈纯 明代太仓州（今江苏太仓）娄东人。业医，精内科。治病不泥古方，有起死回生之妙。荐授梁府良医副。[见：《太仓州志》]

陈纶 清代四川绵阳县人。自幼孤贫，勤奋嗜学。及长精医，以外科知名。[见：《直隶绵州志》、《绵阳县志》]

陈孜 字师夏，号杏村。明代吴县（今江苏苏州）甫里人。精岐黄术，知名于时。年九十三岁卒。[见：《吴郡甫里志》]

陈玠 号健庵。清代燕山（今北京）人。生平未详。与兄陈璞同著《医法青篇》，今存嘉庆二十二年（1817）稿本。[见：《中医图书联合目录》]

陈坤 字载庵。清代浙江山阴县人，居柯桥。邑名医陈灿子。传承父学，博览群书，虚心临证，屡起危疴。名医陆以湉雅重其学。[见：《冷庐医话》]

陈范 明代泰兴县（今属江苏）人。万历间（1573～1619）诸生。精医术。泰兴多疫，陈氏调药施治，无不获痊。毕生济人，至老不倦，乡里敬之。[见：《泰兴县志》]

陈直 北宋人。生平里居未详。元丰间（1078～1085）官承奉郎泰州兴化县令。著有《奉亲养老书》（今本作《寿亲养老书》）一卷。元代邹铉续增为四卷，易名为《寿亲养老新书》。[见：《宋史·艺文志》、《千顷堂书目》、《直斋书录解题》、《中国善本书提要》]

陈杰 号乐天叟。清代北京古北口人。出仕为官，乾隆间（1736～1795）任职于云间（即上海松江）。素患痰疾，兼有左膝寒痛，先后二十载，屡治不瘥。乾隆五十三年（1788）得秘方，依方治之，宿疾顿除。嗣后遍访世间经验良方，得四百余首，遂著《回生集》二卷、《续集》二卷，刊于乾隆五十四年。还辑有《樱花易简良方》四卷，亦刊行。[见：《回生集·序》、《中医图书联合目录》、《贩书偶记》]

陈林 字杏庵。明代浙江钱塘县人。祖籍汴梁（今河南开封）。妇科世医陈惟康长子。继承家学，亦精妇科。天顺四年（1460）钦取附用太医院。子陈谟、陈诰，皆以医显。[见：《杭州府志》、《日本现存中国散逸古医籍》（引《陈氏族谱》）]

陈松 清代福建长乐县东渡人。精通医术，名著于时。子陈衡，继承父业。[见：《长乐县志》]

陈卓① 明代人。生平里居未详。著有《育婴编》一卷，胡文学为之作序。今未见。[见：《天一阁书目》]

陈卓② 字自立，号兰皋。清代浙江德清县新市镇人。儒医陈定国子。庠生。家境清贫，人品高洁，不妄与人交游。中年患目疾，息意名场，课徒、卖字以自给。传承父学，亦工医术，间亦为人治病，然非心所乐，故争名者亦不妒之。[见：《新市镇续志》]

陈典 字驭虚。清初北京人。性豪宕，喜声色犬马，富贵而不喜仕宦。自幼习医，无所不通，尤擅治疫症，患疫者闻其来视，即自庆不死。康熙辛未（1691），江南才子方苞游京师，仆人遘疫，延请陈氏治之。陈氏先令饮冰水，然后服药，汗如雨注，遂愈。方苞惊叹其术，问愈疾之理。陈曰："是非医者所知也。此地人畜骈阗，食腥膻，而城久湮，无广川大壑以流其恶。方春时地气愤盈上达，淫雨泛溢，炎阳蒸之，中人膈臆而为疠疫。冰气厉而下渗，非此不足以杀其恶。"陈氏家境饶裕，饮酒歌舞，月费千金。或劝其出仕，曰："吾日活数十百人，若以官废医，是吾日杀数十百人也。"晚年，荐授太医院医士，陈使家人宣称病笃而死，竟杜门不出。值方苞欲东归，登门辞行。陈曰："吾逾岁当死，不复见公矣。"康熙乙亥（1695），方苞复至京师，陈典已卒，遂为之志墓。[见：《中国历代名医碑传集》（引方苞《方望溪先生全集·陈驭虚墓志铭》）]

陈杲 字德明。明代嘉定县（今属上海）人。自幼习医，年未冠，已名闻四方。侄孙陈钦训，得其传授。[见：《嘉定县志》]

陈忠 字尚岐。清代江苏上海县人。乾隆间（1736～1795）随父陈睿徙居新阳县真义落霞浜。与弟陈志，俱精医术，求诊者不绝于门，无不应手奏功。[见：《昆新两县续修合志》]

陈侠 字醉石。清末浙江瑞安县人。少年时因病习医，从乐清名医陈虬游，尽得其传。夙性寡言，不轻出诊，有情所不能却者，必躬自临视，不待邀促。贫困之家延请必往，往必助以药饵。远方来就诊者，款以茶饭。尝曰："贫与饥能伤人，我恐重其疾也。"临证审慎，遇剧疾，时时遣人探访，病家侍疾者或厌其勤，侠弗顾也。光绪二十八年（1902）浙东大疫，陈侠施药于利济医院，全活甚多。平生自奉俭约，食粗粝，衣布褐。行医数十年，未尝受人一金之馈，一物之谢。邻人有赤贫而病者，侠治之尚未痊愈，适瓯海道尹公遣使来聘，以邻人故不赴，闻者贤之。年四十五岁卒。曾撰《内经发隐》、《伤寒论解》、《达生篇商榷》诸书，皆未竟。成书者有《医案》数卷，存佚不明。[见：《瑞安县志稿》]

陈征 字聘夫。明代吴县（今江苏苏州）人。博览诸家医书，融会贯通，处方制剂，异于时医。凡以病延请，不分贫富皆往。一妇人产后患疾，愿以首饰三十金为谢。陈征应邀诊治，及病愈，却其金而去。[见：《吴县志》]

陈庚 号杏山。元代盱江（今江西南城县）人。祖、父皆业医。陈庚生性质朴，不善词令。继承家学，精通医术。临证多效验，能急病者之急，士林重之。同乡周秋潭书"杏山"二字，名其药室，遂以为号。曾游京师，历时七载。后任江西官医提举司都目。延祐二年（1315），应程钜夫之聘赴京疗疾，程氏为作《杏山药室记》。[见：《金元医学人物》（引《雪楼集·杏山药室记》）]

陈泌 清代湖北汉阳县人。邑名医陈五太子。继承父学，亦以医名。子陈梦龙，克传家业。[见：《汉阳县志》]

陈治① 字以求。明代浙江乌程县人。精医术，善疗疑难大症。性慈善，每倾囊济贫。得炼神养气之法，至晚年童颜不老。[见：《乌程县志》]

陈治② 字山农，又作三农。清代江苏娄县璜溪人。诸生。工诗善画，兼通医术。平生好游历，足迹遍天下。耿精忠闻其名，致书币相召，坚辞不应。晚年隐居乡僻。著有《证治大还》四十四卷，包括《伤寒近编前集》五卷、《后集》五卷、《诊视近纂》二卷、《药理近考》三卷、《医学近编》二十卷、《济阴近编》五卷、《幼幼近编》四卷。今存康熙间（1662～1722）贞白堂刻本。子陈师柴，亦通医理，曾校订父书。[见：《松江府志》、《四库全书总目提要》、《中医图书联合目录》]

陈定 字以静。明代浙江青田县人。明医术。洪武庚午（1390）、甲戌（1394），里中大疫，求诊者满户，全活甚众。正统间（1436～1449）卒。著有《痘疹歌诀》、《伤寒钤领》、《人身肖天地图》，均佚。[见：《青田县志》]

陈宠 （1469～1542）字希承，又字希正，别号春斋。明代吴县（今江苏苏州）人。太医院院判陈公贤次子。早年随父居京师，诵读之余，兼承家学。其父医名甚盛，造门请诊者无虚日，每命宠代治。后专力于医，博览古今名医方论，造诣日深。临证活法圆机，不泥成法，治疾多效，名声渐起。弘治（1488～1505）初，选为太医院医士。不久，治太子疾奏功，入御药房供事。明孝宗留心艺文，曾亲录《永乐大典》秘方赐之，一时以为殊荣。在职日久，当升御医，请让吏目钱益，人称其贤。正德（1506～1521）初，大臣奏太医院多冒滥，诏令考覈，宠居第一，始授御医。又数载，擢南京太医院院判，掌院事九载。嘉靖元年（1522）考绩，朝臣奏陈宠"艺精术良，不可使去左右"，乃留为太医院使。以医疗功获赐金带，视同四品。两宫违和，屡命诊治，又命出视重臣之疾，恩赉有加。好进者嫉之。宠曰："吾以布衣入都，幸际圣明，荣遇至此过矣。止足之戒，吾其敢忘！"即引疾乞罢，疏再上，乃准致仕，加秩右通政。既归老吴中，徜徉山水间，竟日忘返。暇则与诸名士结社，觞咏自娱。嘉靖壬寅卒，享年七十有四。［见：《吴县志》、《中国历代名医碑传集》（引徐缙《太医院院使进通政使司右通政陈公宠墓志铭》）］

陈诗 清代云南宜良县人。邑增生。精岐黄术，凡疑难险症，治则奇效。时有孕妇，患疮疾，百药罔效，时医束手。延请陈氏，诊视毕，曰："此妊娠痘疮候。应于外治之。"投以药而愈。［见：《宜良县志》］

陈承 北宋阆州阆中（今四川阆中）人。太子太师陈尧佐曾孙。少年丧父，奉母于江淮间，闭门蔬食以为养，君子称孝。通晓诸家之说，精识超绝，临证多佳效。当时名医石藏用喜用热剂，陈承善用凉药，故时谚云："藏用檐头三斗火，陈承箧里一盘冰。"元祐间（1086～1093），陈氏官至将仕郎措置药局检阅方书，与太医令裴宗元、尚书库部郎中陈师文奉敕撰《太平惠民和剂局方》，刊布于世（今存）。此书盛行于世，远传朝鲜、日本诸国。陈承曾合编《神农本草经》、《本草图经》二书，辑《重广补注神农本草并图经》二十三卷，已佚。［见：《泊宅编》、《医说》、《太平惠民和剂局方·进表》、《陈承的籍贯、生平及其对医药学的贡献》（《浙江中医杂志》1982年第11、12期）］

陈经 字宗理。明代上海县人。儒医陈常子。早年习儒，兼承父业。教授里中，循循有规度。［见：《松江府志》］

陈钺 字象衡。清代江苏仪征县人。江西布政使陈嘉树次子。咸丰六年（1856）进士。与兄陈铭，皆精医学。［见：《续纂扬州府志》］

陈垣 清代江苏青浦县青龙镇人。随父徙居珠里。外科世医陈秦子。庠生。绍传家学，亦工外科。子陈秉钧，为清末太医院御医。［见：《青浦县志》］

陈荣 字近光。清代江苏上元县人。父陈其玑，博通内外科。荣早孤，习儒而精医。嘉庆二十三年（1818）举于乡。赴京应试不中，遂专力于医，尤以外科知名。著有《伤寒杂病说》、《瘟疫合订》、《痧证辨惑》、《疹病简易方》诸书，今未见。［见：《江宁府志》、《上江两县合志》］

陈标 字少霞。清代江苏苏州人，居史家巷。受业于王受田。同治、光绪间（1862～1908）以儿科知名，尤擅治痧痘。著有《痧痘金针》三卷、《陈氏方案》（又作《陈氏幼科医案》）一卷，今存抄本。其后有沈硐山、沈连山父子，亦精儿科。［见：《吴县志》、《中医图书联合目录》］

陈贵 号南金先生。明代浙江德清县黄安村人。精医理，永乐间（1403～1424）任本县医学训科。明成祖患背疽，诏征天下名医，德清知县荐陈贵赴京。进以秘方，帝用而愈，特命加一品服，力辞归乡。及卒，帝遣华亭翰林张益撰文祭之。［见：《德清县志》］

陈钟 明代南京（今江苏南京）人。祖籍浙江鄞县。名医陈恺长子。传承家学，亦精医术。曾任太医院医士。［见：《金陵通传》、《中国历代名医碑传集》］

陈修 字敬斋。清代河南灵宝县牛庄村人。贡生。通儒学，兼精医术，知名于时。［见：《灵宝县志》］

陈俊 清末山东临清县人。宣统间（1909～1911）岁贡生。精医术，尤善妇科。著有《胎前产后全书》，未见刊行。［见：《临清县志》］

陈衍 字万卿，号斋沐，又号丹丘隐者。南宋黄岩（今浙江黄岩）人。早年习儒，熟读经史，有文名。读书之暇，从事于医。戴复古雅重其术，赠诗曰："本草有折衷，儒医功用深。何须九折臂，费尽一生心。药物辨真伪，方书通古今。有时能起死，一刻值千金。"陈氏鉴于《本草》为医学之源，而世行之书"异同杂糅，泛切混淆，披检之际，遽难适从"，"说者多歧，观者滋惑"，遂"考古验今，权是订非"，潜心是正，历时有年，于宝庆丁亥（1227）撰《宝庆本草折衷》（初名《本草精华》）二十卷。稿成，无力梓行，此后二十年，续有增补。淳祐八年（1248）新安太守谢养浩、荆溪吴子良分别作序，次年得友人邵省元等资助印行。今北京国家图书馆藏宋刻残帙，

615

存卷一至卷三、卷十至卷二十。1991 年有郑金生等辑佚本刊行。[见：《宝庆本草折衷·序》（郑金生辑佚本）、《黄岩县志》、《中国医籍考》]

陈恺（1390~1468） 字仲和，号艾庵，堂号培德。明代南京（今江苏南京）人。祖籍浙江鄞县。宋昭化军节度使陈申之后裔。洪武间（1368~1398），其父陈珫，以名医征至京师，任太医院医士，遂有应天（即南京）籍。恺天性淳厚，居家孝友。传承家学，读书不辍。永乐间（1403~1424），明成祖北巡，其父当扈从。恺请于太子，乞代父行，不许。嗣后，以医留侍左右，日见亲宠，多所嘉赉。曾得秘传医书，术益精进，治病常一剂即愈，世称"陈一帖"。心存济利，未尝求报，世人德之。好古今法书名画，景泰间（1450~1456），居所毁于火灾，唯抱历世遗像自烈焰中奔出，他一无所恤。晚年奉诏优老。以子贵，得赠文林郎黔阳知县。长子陈钟，任太医院医士。次子陈钢，成化元年（1465）贡士，官湖广长沙府通判。幼子陈镜，天顺壬午（1462）贡士。[见：《金陵通传》、《中国历代名医碑传集》（引倪谦《倪文僖集·故艾庵陈先生墓志铭》、倪岳《青溪漫稿·明故湖广长沙府通判陈君墓志铭》）]

陈洙 字经传。清代浙江嘉兴县人。精医术，尤擅妇科。究心于《素问》、《难经》及诸名家之书，尤推重仲景之学。其所居濒湖，求诊者舟船常满。年八十九岁卒。[见：《嘉兴县志》]

陈宥 明代吴县（今江苏苏州）人。世医陈公贤幼子。传承家学，亦精医术。[见：《中国历代名医碑传集》（引王鏊《震泽集·太医院判陈君墓志铭》）]

陈宪 字文中。明代吴县（今江苏苏州）人。儿科世医陈公贤长子。幼承家学，亦精医术，尤擅痘科，临证善用热药。徐氏子患痘，泄利不止，众医皆谓不可治。宪曰："非附子不能疗。"一剂见效，二剂而愈。弟陈宠，官至太医院使。清代时，其裔孙陈洪度，医术尤精。[见：《苏州府志》]

陈祚 清代浙江分水县人。业儒，道光十六年（1836）岁贡生。兼通医理，著有《人寿堂医学心悟》，未见流传。[见：《分水县志》]

陈诰 一作陈浩。明代浙江钱塘县人。祖籍汴梁（今河南开封）。妇科世医陈林次子。与兄陈谟，皆传祖业，知名于时。[见：《杭州府志》、《日本现存中国散逸古医籍》（引《陈氏族谱》）]

陈珫（?~1443） 字伯俊，号菊隐。明初浙江鄞县人。宋昭化军节度使陈申之（为秀国公陈升之弟）后裔。申之子陈泽，补京秩，以言青苗谪四明（今鄞县）。陈珫祖父陈澋，仕元为四明驿丞。父陈杞，生平未详。珫精通医术，洪武间（1368~1398），以名医征至京师，任太医院医士，遂入应天（今江苏南京）籍。永乐间（1403~1424），明成祖北巡，陈氏扈从。晚年归老，居南京。正统八年卒。子陈恺，传承家学。[见：《金陵通传》、《中国历代名医碑传集》（引倪谦《倪文僖集·故艾庵陈先生墓志铭》、倪岳《青溪漫稿·明故湖广长沙府通判陈君墓志铭》）]

陈埙 字声伯。清代浙江衢县人。邑庠生。好学能文，博览群书，于天文、地理、算术、医学皆有心悟。屡试乡闱不售，就任衍圣公奎章阁典籍。尤嗜医学，研究此道二十余年，谓"医学四书，本草书、经络书、方书、脉书，缺一不可"，故先后撰《本草备要后编》、《经络提纲》、《脉学寻源》、《伤寒类辨》四书。后虑其繁多，不易记诵，复取四书精要，撰《医家四诀》四卷，以便初学。道光庚戌（1850），天痘流行，时医多以泻火为治，儿童受害不浅，陈氏损折二孙。有鉴于此，乃遍阅痘书，以为"痘必由感冒而发，病标是痘，病本属伤寒，治法当宗仲景。"遂以《伤寒论》立论，治疗幼孙及里中贫困家小儿，多有效验。后摘记时医治痘之误，凡二十三条，撰《痘科记误》一卷。诸书皆未梓，其稿本今亦未见。[见：《衢县志》]

陈晋 清末江苏泰兴县人。生平未详。著有《内经存粹》一卷，今存稿本。[见：《中医图书联合目录》]

陈桐 字安道。明代太仓州（今江苏太仓）人。儒医陈汪子。好读书，从吴与弼参讲理学。诚心历行，言笑不苟。兼通医理，著有《医说》，已佚。子陈操，医术尤精，任太医院御医。[见：《太仓州志》、《壬癸志稿》]

陈辂 字朴生。清代江苏仪征县人。江西布政使陈嘉树长子。辂早年习儒，道光二十四年（1844）中举。素性澹泊，不务声华，肆力于经传。尤癖嗜医学，博览张志聪、高世栻、陈念祖、黄元御诸家之书，尽通其枢要。行医十余年，活人甚众。年三十九岁，殁于头痛疾。著有《伤寒明理论赘语》等书，未见流传。弟陈披，亦精医术。[见：《仪征县志》、《扬州府志》]

陈恩 字上宠。明代江西清江县建安乡人。精医术，治病多效验。嘉靖四十二年（1563），萧鸣邦领军征云南，陈恩书除瘴诸方，有效，诏赐冠服。享高寿而卒。[见：《清江县志》]

陈钰 字联璧。清代河北满城县人。儒医陈永图子。幼承庭训，博学多识，工书法，不求仕进。精医术，尤擅儿科，施药济人，凡求诊无不立应，全活甚众，乡里感德。著有《痘疹秘诀》、《思乐斋诗草》，未见流传。子陈之彬，亦业医。[见：《满城县志略》]

陈秘 辽代人。生平里居未详。保大（1121～1125）初，曾任翰林医官。因参与国事有功，赐进士及第，并授官。[见：《辽史·本纪·天祚皇帝》]

陈俶 清代江苏嘉定县人。生平未详。撰有《静功集要》三卷，今未见。[见：《嘉定县志》]

陈倬 字序六。清末湖南湘乡县人。生平未详。撰有《儿科便览》（又作《儿科集要》）一卷，今未见。[见：《湘乡县志·丛纪》]

陈颀 （1414～1483）字永之，号味芝居士。明代长洲县（今江苏苏州）人。世医陈良绍子。母韩氏，为太医院判韩彝（?～1413）之女。少孤，鞠于继母，就学于舅氏福州教授王应良，通《春秋》，兼精医道。景泰元年（1450），以邑学生中应天府乡试。明年会试，中副榜，授湖州府学训导。历官荆州、阳武训导。博学工诗文，以清修介持，名重于时。初至荆州，太守钱公为颀故交，知其贫，赠一官马，以便出入。他日纳还。钱公告以此马可受之故。颀曰："受则伤廉，且亦为公污。"竟谢却。颀状貌癯然，早衰，年五十五岁致仕归。深通家学，治病多验。晚年家居，行医以自给，然不若时医之计利也。成化十九年八月二十五日卒，享年七十。撰有《洪都纪行》、《味芝居士集》、《闲中今古》等集。子陈廉甫、陈钦甫，生平未详。[见：《吴县志》、《中国人名大辞典》、《中国历代名医碑传集》（引吴宽《家藏集·河南阳武县儒学训导陈先生墓表》）]

陈浚 字心田，号退庐。清代浙江绍兴人。生平未详。著有《退庐医案》，今存。[见：《中医图书联合目录》、《绍兴地区历代医药人名录》]

陈陶 字冶亭。清代浙江绍兴人。生平未详。编有《医歌》，今未见。[见：《绍兴地区历代医药人名录》]

陈恕 字子如。清代浙江桐乡县人。贡生。通医术，知名于时。著有《幼科述古》，未见流传。子陈斯皇、陈铭常，皆承父业。[见：《嘉兴府志》]

陈骏 明代广东番禺县人。香山县医学训科陈礼子。传承父学，为弘治间（1488～1505）名医。袭任父职，亦官医学训科。[见：《番禺县续志》]

陈焘 字宇泰。清代江苏青浦县青龙镇人。徙居珠里。外科世医陈佑槐子。贡生。袭承父学，亦以外科著称。子陈垣，继承家业。[见：《青浦县志》]

陈理① 一作陈公理。北宋句容（今江苏句容）人。精医术，端拱间（988～989）以医任玉台秘书。后裔多以儒医著称，元末有陈从善，明代有陈景魁，医术皆精。[见：《医学入门·历代医学姓氏》、《句容县志》]

陈理② 字用和，号橘庄。明代浙江乌程县南浔镇人。精通医术，尤擅长妇科，天顺间（1457～1464）名冠两浙。子陈嘉言，孙陈子重，皆为太医院医官，世传家业。其家妇女皆通医术，故时称陈药婆家。[见：《南浔镇志》]

陈琅 清代江苏上海县人。诸生。工医术，知名于时。[见：《上海县志》]

陈基① 字树本，号杉山。清代江苏吴江县盛泽镇人。监生。精医术，专擅疡科，所治无不应手奏效。苏州知府何观澜患疽，诸医无策。后聘请陈氏，诊视而愈，声望益重。性喜吟咏，出诊四方，即景赋诗，颜其舟曰寻诗艇。著有《痧喉心法》、《杉山遗稿》，未见刊行。[见：《苏州府志》、《盛湖志补》]

陈基② 清代河南汝州（今临汝）周家营人。精医术，知名于时。[见：《汝州全志》]

陈彬 字文贵。清代江苏靖江县人。居平政桥东河沿。以疡科负盛名。一农人为牛所伤，腹裂肠流，彬为之徐徐纳入，以线缝其创，得痊愈。其接骨术尤妙，所治皆应手见效。县令朱济川，以"业擅青囊"额其门。子陈大鹏，传承父业。[见：《靖江县志》]

陈桷 字惟宜。明代安徽祁门县石墅人。名医汪机门生。曾汇集诸同门所录汪氏验案，编《石山医案》三卷，刊于正德己卯（1519）。[见：《四库全书总目提要》]

陈赉 字俊村。清代福建长乐县江田人。邑庠生。性仁厚，治岐黄术。值鼠疫盛行，患者十死八九。陈氏曰："鼠疫之证，为《伤寒》、《金匮》所无。"遂参酌古今，立一方，传布远迩，全活甚众。著有《医学研余》六卷，今未见。[见：《长乐县志》]

陈彪 字文波。清代广东顺德县龙山人。生平未详。通医术，撰有《文波医案》，今未见。[见：《顺德县志》]

七
画

陈常 字用恒。明代上海县汉成里人。早年习儒，得外家邵艾庵传授，以医知名。永乐十四年（1416），皇帝遣使下西洋，陈氏以医士从行，为上官所器重。先后十余年，凡三往返，所历自占城至忽鲁谟斯，凡三十国。子陈经，传承父业。[见：《上海县志》]

陈鄂 字实夫，号棣原。清代湖南湘乡县人。幼承庭训习儒。少壮时立志习医，遍览方书，洞达阴阳五行之理，指陈表里虚实之源，遂以医名。辑有《一见知医》六卷，刊于同治八年（1869）。[见：《一见知医·序》、《中医图书联合目录》]

陈铣 字九皋。清代四川金堂县人。精医理，尤好读本草，凡山巅水涯所生草木，多能辨识。有求治者，采以授之，服之多愈。[见：《金堂县志》]

陈偰 字溧阳。清代河南新乡县人。明五运六气，通脏腑经络，以医知名。子陈锦塘，孙陈杞枳，皆工医术。[见：《新乡县续志》]

陈渐 明代人。生平里居未详。著有《小儿麻疹新书》一卷，已佚。[见：《医藏书目》]

陈淮① 宋代庐山人。生平未详。曾增订初虞世《四时常用要方》，辑《尊生要诀》二卷，已佚。[见：《直斋书录解题》]

陈淮② 明代浙江山阴县人。从本邑名医黄武学，后亦为名医。[见：《山阴县志》]

陈淙 字少南。明代无锡县（今属江苏）人。世业疡医，兼精内科。性慷慨大量，乡里重之。[见：《锡金识小录》]

陈涵 明代浙江分水县人。邑名医陈綵裔孙。传承家学，亦有医名。[见：《分水县志》]

陈谏 字直之，号苠斋。明代浙江钱塘县人。妇科世医陈椿长子。精通先业，亦擅妇科，预料妊娠男女，生死多奇中。著有《苠斋医要》十五卷，胡世宁、陈铖、韩廉、吴玭等为之作序，刊于嘉靖七年（1528）。此书内容包括运气、伤寒、杂病、妇人、小儿等内容，各症前述叙论，后载验方，有较高学术价值。该书国内今未见流传，仅日本国立公文书馆内阁文库尚存，现已影印回归。孙陈引泉、陈引川，继承家学。[见：《医藏书目》、《浙江通志》、《杭州府志》、《日本现存中国散逸古医籍》（引《陈氏族谱》）]

陈隆 清代安徽当涂县人。世代业医，至陈隆亦精，知名于时。曾孙陈日超，医名尤盛。[见：《重修安徽通志》]

陈骐 字梦祥。明代广东南海县人。少喜技击，善绘画，通医术。年二十九岁，有司使视重囚，入狱中，秽不可忍，耻之，遂习举子业。景泰丙子（1456）举于乡，明年登进士第，授大理寺评事，晋左侍副修撰。罗伦以刚直许之，升江西佥事，有能名。分巡岭北，民病瘴，陈氏以药治之，全活不可胜计。任云南副使时，镇守太监钱能家人不法，陈骐依法抑之，遭钱中伤，落职归乡。年八十余卒。[见：《中国历代医家传录》（引《广州乡贤传》）]

陈綵 明代浙江分水县人。工诗文，尤精医理，所治多佳效，不求酬报。裔孙陈涵，亦有医名。[见：《分水县志》]

陈瑛 清代浙江人。生平里居未详。善医，尤精儿科。撰《痘科要诀》，行于世，今未见。[见：《浙江通志稿》]

陈琳① 清代江苏吴江县芦墟人。邑疡科名医陈策子。绍传家学，亦以疡科名世。子陈奂，孙陈希曾、陈希恕，皆工医术。[见：《吴江县志续编》、《苏州府志》、《冷庐医话》]

陈琳② 字玉林。清代四川安县东乡花街场人。性敏悟，自幼习儒，学有根柢。因病弃学就医，以术活人，全济甚众。[见：《安县志》]

陈琥 宋代人。生平里居未详。著有《小儿方》一卷，已佚。[见：《通志·艺文略》]

陈琼 字景辉。清代浙江兰溪县人。世代业医，至琼亦精。[见：《兰溪市医学史略》]

陈琮 字玉山。清代广东始兴县兴仁里人。博学能文。以监生应乡试，屡荐不售。筑云山书院一所，聚书数千卷，朝夕诵读。经史而外，旁及天官、卜筮、青囊、风鉴、刑名、医药诸学。兼擅武功。道光间（1821～1850）土匪倡乱，匪首谢某，骁勇无对。琮率数百人往捕，亲与格斗数十合，杀之。县令杨耀祖上其事，议奖把总之职，一笑却之。撰有医书《伤寒述》二卷，"上卷守其经，下卷通其变"，成书于道光十年（1830），今未见。[见：《始兴县志》]

陈瑄① 字西玉。清代江苏华亭县七宝里人。其父陈古，以医知名于时，迁居嘉定县南翔镇。瑄绍承父学，亦业医。子陈良元，孙陈大进，均工医术。[见：《南翔镇志》]

陈瑄② 清代贵州湄潭县人。龙泉县儒医陈道人门生。尽得师传，知名于时。[见：《湄潭县志》]

陈超 清末安徽无为州人。邑儒医陈立基季子。监生。传承家学，亦以医名。重医德，有其父之风。[见：《庐州府志》]

陈葵 字莐夫。明代浙江秀水县人。名医徐谦门生。曾删定其师《仁端录》，刊刻于世。[见：《四库全书总目提要》]

陈颖 （1705~1783）原名陈彭，字述庵。清代山东曲阜县人。祖籍上海。其祖父陈公元，客死济宁，父开泰不能归，遂定居曲阜。陈颖好读书，贯通经史百家。性沉默，不逐声誉，世鲜知者。素精医术。兖沂道台张公患支饮，医者集门，颖后至，疏木防己汤。众医恶其异于己，乃投以人参，病加剧，汗下如雨，解衣据案。颖仍进原方，继服葶苈大枣汤而愈。张公谢曰："吾昏，不能早用子。子活我，请为子执鞭。"历城周永年，因征校《四库全书》，就陈颖问医学源流，颖作《医书考》报之。无意仕进，晚年补诸生，旋弃去。乾隆三十五年（1770），作生圹于城南舞雩坛侧。阅十三年，于癸卯年卒，时年七十有九。桂馥为之作墓志铭。著有《伤寒卒病论考》八卷、《诊法一隅》三卷，藏于家。[见：《曲阜县志》]

陈鼎 明代浙江钱塘县人。妇科世医陈谟长子。与弟陈萧，俱精医术，皆为太医院医士。[见：《杭州府志》]

陈畴 字箕臣。清代江西古田县人。以医术知名。一人素健壮，畴诊其脉，决其逾月必死，果应所言。又一人患重疾，众医皆以为不起，畴独谓："不然。"投药即愈。世人叹服其技。[见：《古田县志》]

陈铿 字鲁岩。清代江苏华亭县人。侨寓泗泾。精于医术，声名甚盛。曾著《医学折中》，未竟而卒。子陈祖庚，亦以医知名。[见：《松江府志》]

陈嵇 字几山，又字雪庐，号雪道人。清代浙江仁和县人。乾隆三十年（1765）举人。好游历，往来粤东西凡三十年。工书法，善诗赋，旁及医药。著有《雪道人脉纂》，未见刊行。[见：《杭州府志》]

陈策① 清代江苏吴江县芦墟人。邑诸生。曾得外科秘方于外家潘氏，后以医为业，知名于时。子陈琳，孙陈奂，传承其术。[见：《吴江县续志》、《吴江县志续编》、《冷庐医话》]

陈策② 字文进。清代江苏泰州人。监生。少年丧父，侍母以孝闻。工医术，治病应手而愈，知名于时。[见：《泰州志》]

陈道 字本道。元明间吴县（今江苏苏州）人。元平江路医学正陈新斋子。陈道为儿科名医孟景旸赘婿，得岳父亲授，遂以儿科著称。洪武（1368~1398）初，与景旸先后谢世。子陈彦斌，传承父业。[见：《吴县志》、《苏州府志》、吴宽《家藏集·慈幼堂记》、《中国历代名医碑传集》]

陈湘 号柘庵。清代江苏江都县瓜洲人。邑名医陈如銮子。绍承家学，亦精医术，知名于时。凡求治者，不论贫富，一视同仁。其子早卒。孙陈元椿，医名尤盛。[见：《瓜洲续志》、《江都县续志》]

陈滋 清代人。生平里居未详。撰有《最新种痘全书》，存佚不明。[见：《中国历代医家传录》、（引《国学用书类述》）]

陈谟① 明代浙江钱塘县人。祖籍汴梁（今河南开封）。妇科世医陈林长子。与弟陈浩，皆工医术。谟曾任顺天府医学大使。子陈鼎、陈萧，俱为太医院医士。[见：《杭州府志》、《日本现存中国散逸古医籍》（引《陈氏族谱》）]

陈谟② 清代湖南耒阳县人。诸生。工吟咏，尤精医道，知名于时。[见：《耒阳县志》]

陈谢 字左山。明代浙江钱塘县人。徙居石门县（今桐乡县崇福镇），遂入籍。陈氏始祖陈仕良，为南唐妇科名医。传至宋代陈沂，于建炎间（1127~1130）治康王妃疾，获奇效，赐御前罗扇，凡宫中有疾，持扇出入禁中，侍卫不得阻挡。后世子孙皆精妇科，刻御赐木扇为记，其扇刻"宋赐宫扇，陈氏女科，君惠不忘，刻木为记"十六字，故世称"陈木扇"。宋时尚有陈谏，为沂之后，仍居钱塘，医名极盛。传至明代陈谢，为石门陈氏妇科第一人，治病多验，名闻遐迩。撰有《女科秘要》，为家藏秘本，流传较少。至清初陈梦熊，医名亦盛，前后递传二十四世，盛名不衰。按，疑陈谢与"陈谢表"为同一人，待考。[见：《石门县志》]

陈谧 字右泫。清初山西阳曲县人。妙解医术。与名医傅山相往还。[见：《山西通志》]

陈裕 号无知子。清代人。生平里居未详。辑有《伤寒句解释意》一卷，今存乾隆间（1736~1795）抄本。[见：《中医图书联合目录》]

陈巽 宋代江左人。生平里居未详。曾任医官。著有《陈巽方》，已佚。苏颂撰《本草图经》曾引用此书。[见：《证类本草·卷二十八·假苏》]

陈瑄 明代河南襄城县人。邑名医陈亮工子。继承父业，亦以医名。重医德，起人沉疴，

不计诊酬。[见:《许州志》]

陈瑚 字言夏,号确庵。明末常熟县(今属江苏)人。崇祯十五年(1642)举人。读书、讲学于昆山、太仓间,学者称安道先生。著有《治病说》一卷,今未见。[见:《常昭合志》]

陈椿① 字橘庵。明代浙江钱塘人。祖籍汴梁(今河南开封)。妇科世医陈惟康次子。与兄陈林,皆以医知名。子陈谏、陈赞、陈谨,皆以医为业。[见:《杭州府志》、《日本现存中国散逸古医籍》(引《陈氏族谱》)]

陈椿② 字汝大,号竹轩。明代福建闽县人。其父陈子文,为嘉靖八年(1529)进士,官湖广宪副。陈椿幼习举业,为庠生。儒学外,兼治堪舆家言。因母病习医,母得康复。著有《善生悟言》三十卷、《竹轩杂录》十卷、《景于集》八卷,皆散佚。[见:《闽侯县志》]

陈楹 字殿柱。清代河北南宫县人。工医术,治病以意立方,不拘成法,多奇效。凡求治,不分贫富必往,寒暑不辞,遇贫病更助以药,乡里称之。[见:《南宫县志》]

陈雷① 宋代人。生平里居未详。著有《炮炙论》三卷,已佚。[见:《通志·艺文略》、《崇文总目集释》]

陈雷② 字汝殷。清代福建德化县人。聪颖绩学,通明医理。凡奇症异疾,治之悉效,知名于时。[见:《永春州志》]

陈辑 清代江西石城县人。生平未详。辑有《素问钞》、《脉诀钞》、《药性钞》诸书,今皆未见。[见:《石城县志》]

陈鉴① 清代江西崇仁县人。邑诸生。家贫力学,淹贯经史,旁及字学、音学、医方、本草诸书。著有《医方本草考辨》,今未见。[见:《崇仁县志》]

陈鉴② 字镜蓉。清末人。生平里居未详。曾任太医院恩粮,兼上药房值宿供奉官。[见:《太医院志·同寅录》]

陈锁 明代浙江分水县人。早年习儒,官青城县丞。精医术,尤精儿科,知名于时。辑有《痘科要诀》,刊刻行世,今未见。[见:《分水县志》]

陈锜 (1399~1465) 字有容。明代吴县(今江苏苏州)人。世医陈孟玉次子。为人谦退,性好著述。善承家学,尤精医道。永乐(1403~1424)初,代父应召,任太医院医士。久之父殁,居丧患疾,遂不复任。成化元年卒,享年六十七。有子五人,陈倬、陈俌、陈俏、陈似、

陈佩,事迹未详。兄陈镒,亦通医道。[见:《吴县志》、《中国历代名医碑传集》]

陈锦 字绣谷。清代江苏华亭县人,居姚家弄。诸生。从名医戴因本游,精通医术。[见:《松江府志》]

陈镎 字子平。明代浙江慈溪县人。其父陈镠,任云南铜鼓卫教授。镎随父至铜鼓,得良师授以医学秘术,能以灵心运古法,常以意为治,眼前一草一木,拈取为药,沉疴立起。有医德,贫者以物谢之,不受,世人皆称杏林先生。[见:《慈溪县志》、《浙江通志》]

陈简 字以能。清代河北安州人。精医术。著有《伤寒暗室明灯录》、《痘疹心传》诸书,未见刊行。[见:《保定府志》]

陈靖 (?~1072) 字唐臣。北宋巨野人。少倜傥,有气节,通《诗经》、《周易》。景祐五年(1038)进士,以太子中舍致仕。值岁荒,徙家京师,买药自给。朝之公卿多故人,有踵门者,避而不见;赠以金,亦随手散去,未尝有所蓄。嘉祐四年(1059),思武陵山水之嘉,结庐于高梧市。七年卒。[见:《中国历代医家录》(引《括异志》)]

陈雍① 字敦仁。清代湖北蕲州人。州诸生。博古能文,尤善医方,治病多奇中。重医德,诊疗贫病,药不取值。著有《医方三昧》若干卷,今未见。[见:《蕲州志》]

陈雍② 字子贞。清代广西南宁人。生平未详。撰有《医学正旨择要》二十卷,今存光绪间(1875~1908)云南刻本。[见:《中医图书联合目录》]

陈煜 字若庵。清代江苏江都县瓜洲镇人。世医陈元椿侄。传承叔父之学,亦精医术,知名乡里。[见:《江都县续志》]

陈谨① 明代浙江钱塘人。妇科世医陈椿三子。与兄陈谏、陈赞,皆传承家业,以妇科知名。[见:《杭州府志》、《日本现存中国散逸古医籍》(引《陈氏族谱》)]

陈谨② 明代武进县(今属江苏)人。生平未详。著有《精选良方》二卷、《续方》一卷,今未见。[见:《百川书志》、《千顷堂书目》]

陈模 清代人。生平里居未详。著有《喉科七十二症总论》,今存抄本。[见:《中医图书联合目录》]

陈睿 字宏才。清代江苏上海县人。精医术。乾隆间(1736~1795)行医于昆山县,继迁居新阳县真义落霞浜。子陈忠、陈志,传承其术。

[见:《昆新两县续修合志》、《昆山历代医家录》]

陈寨 唐代泉州晋江(今属福建)人。巫师,善禁祝之术。以巫术治疾,人多信之。[见:《稽神录》]

陈熊 字达璋。清代广东番禺县石楼人。精医术,重医德,遇贫病不取诊金。年六十一岁卒。[见:《番禺县志》]

陈璆 清代广东始兴县人。邑庠生。精医术,家道小康,行医不受酬报。卢某猝患暗哑,数年不愈,疑成痼疾。璆诊之,曰:"可治。"服药十余剂,即能言。又有黄某,患狂疾,服璆所投之药,吐痰数升而愈。所愈奇疾难证甚多,同业敬服。[见:《始兴县志》]

陈瑞 清代陕西蓝田县人。邑诸生。自少嗜古,精医术。有医德,遇贫病者求治,不取酬,且施送丸药,乡里重之。[见:《蓝田县志》]

陈震 字豫东。清代江苏兴化县人。精医术,兼善吟咏。[见:《续兴化县志》]

陈鼐 明代浙江钱塘县人。妇科世医陈谟次子。与兄陈鼎,皆精家学,隶籍太医院为医士。[见:《杭州府志》]

陈镒 (1374～1455) 字有戒,号介庵。明代吴县(今江苏苏州)人。生于世医之家。早年习举业,永乐十年(1412)成进士,授四川道御史。官至太保,兼左都御史。年八十二岁卒,谥"僖敏"。陈镒学博才赡,于书无所不读,兼通医理。著有《玉机微义》、《介庵稿》等书,未见刊行。弟陈锜,以医知名。[见:《苏州府志》]

陈澐① 字丹宇。明代兴化县(今属江苏)人。年十岁读《本草纲目》,及长,以医知名。遇群医束手之疾,一言剖决,多能立起。子陈守一,传承父学。[见:《江南通志》、《兴化县志》]

陈澐② 清代四川简阳县人。邑名医陈济章子。继承父学,亦以医名。[见:《简阳县志》]

陈鹤 号海樵山人。明代广东南海县人。少敏慧,年十余岁,已知买奇帙名画,穷昼夜浏览。十七岁得奇疾,百疗不效,遂自学为医。久之得其旨,自疗七年而愈。[见:《广东通志》]

陈璞① 清代广东番禺县人。生平未详。著有《医学十书》,今存光绪七年(1881)羊城云林阁刻本。[见:《中医图书联合目录》]

陈璞② 字琢之。清代燕山(今北京)人。生平未详。与其弟陈玠合著《医法青篇》八卷,今存嘉庆二十二年(1817)稿本。[见:

《贩书偶记续编》、《中医图书联合目录》]

陈翰 字莼汀,又字未堂。清代江西义宁州崇乡远溪人。增广生。性至孝,母侯氏病剧,亲侍汤药,衣不解带者累月。生平无他嗜,经史之外,潜心医理。凡他人不能医之证,服其药立愈。贫病无措者,助以药饵,不求偿。殁后多年,乡里犹颂其德。著有《本草药性》、《主治订要》,今未见。[见:《义宁州志》]

陈樵 字时彩,号勿庵。明代浙江义乌县人。隐居雾溪,足迹未尝至城市。守正疾邪,人以王烈比之。弘治(1488～1505)初,王汶欲表彰其行,以风励一方,樵力止之。著有《群医纂集》若干卷,藏于家。[见:《义乌县志》]

陈操 明代太仓州(今江苏太仓)人。儒医陈汪孙。精通家学,任太医院御医。著有《养生堂集》,今佚。[见:《太仓州志》]

陈镛 字漱溪。清代江苏宜兴县人。善草书,兼精医理。值战乱,以术济人,全活甚多。年四十余即殁。[见:《宜荆县志》]

陈镜 字叔明。清初江苏常熟县人。邑名医陈廷瓒孙,昌邑知县陈启元子。少攻举业,以孝友闻。得祖父传授,以幼科问世,治痘疹应手奏效。康熙十七年(1678)夏,大疫。官府设局施药,陈镜捐资修制丸散,遍施贫病,全活甚众。历任道、府、县先后赠匾嘉奖。晚年两举乡饮宾。年八十余卒。[见:《常昭合志稿》]

陈赞 明代浙江钱塘县人。妇科世医陈椿次子。与兄陈谏,弟陈谨,俱传承祖业,以妇科知名。[见:《杭州府志》、《日本现存中国散逸古医籍》(引《陈氏族谱》)]

陈衡 清代福建长乐县东渡人。邑名医陈松子。继承家学,亦以医术著称。子陈兆泰,声名益盛。[见:《长乐县志》]

陈羲 清末广东顺德县人。生平未详。著有《医方不求人》,包括《提携便览》、《应验良方》二书,今存光绪三年(1877)永成书庄铅印本。[见:《岭南医征略》、《中医图书联合目录》]

陈濂 清代山东平度县西乡沙岭村人。邑名医于溥泽门生。尽得师传,亦以医知名。弟子马景烈,传承其术。[见:《平度县续志》]

陈骥 字千里。明清间江苏常熟县人。学医于喻昌之门,治病随手取验。好藏法书名画,莳花种竹,所交皆一时名流。[见:《苏州府志》、《常昭合志》]

陈瓘 (1060～1124) 字莹中,号了翁。北宋南剑州沙县(今属福建)人。少好读书,不喜为进士业。父母勉以门户事，乃应举，出则中甲科，调湖州掌书记，签越州判官。历官太学博士、秘书省校书郎。徽宗即位（1101），召为右正言，迁左司谏。宣和六年卒，享年六十五，谥"忠肃"。陈瓘毕生嗜读，每观百家文及医卜等书，开卷有得，则片纸记录，粘于壁间，环坐既遍，即合为一编，积数十册。建炎元年丁未（1127）八月，庄季裕之泗滨，感痎疟，久治不效，"胕肿腹胀，气促不能食，而大便利，身重足痿，杖而后起"。次年，得陈瓘家传灸膏肓法，依法灸之痊愈。后庄氏传术于亲旧间，皆获奇效。[见：《宋史·陈瓘传》、《中国历代医家传录》（引《澹生堂藏书约》）、《续名医类案》]

陈灏 清代山西闻喜县人。生平未详。辑有《便验良方》若干卷，今未见流传。[见：《闻喜县志斠》]

陈一升 明末江西人。里居未详。精医术，崇祯间（1628～1644）任广东澄迈县医学训科。[见：《澄迈县志》]

陈三洲 清代江西南昌县东山关人。其从祖陈文敏，父陈右尹，皆以善医知名。三洲少习举业，应试有声。因善病，父强之习医，遂精研《素问》诸书。久之，深明脉理，随证施治，无不效者。间以意治病，用药往往出人意表，而应验如神。治伤寒尤专门，一按诊，即能决生死，远近迎请者踵相接。每出行，人多攀留，常数日不能归。年八十余卒。[见：《南昌府志》]

陈于公 清代浙江庆元县人。早年习儒，后精医术。一产妇将娩气绝，陈氏诊之，曰："尚可生也。"治疗而愈。县令王开泰颇知医理，一日因误药病危，召陈氏切脉。于公曰："无能为也，不过七日矣。可速料理诸务。"王闻言叹曰："真良医也！"如期果亡。陈氏著有《伤寒辨论》等书，今未见。[见：《处州府志》]

陈于玉 明代江西弋阳县北隅人。少习举业，不售，改习医学。专精脉理，用药如神。日以救人为事，贫者不受一钱，活人甚众。县令刘公赠以"饮取上池"之匾。有子三人，次子能传父业。[见：《弋阳县志》]

陈于宿 字光议，又字官业。清代四川简阳县西柏合寺人。幼颖悟，擅书能文，淡于仕途。平生精研医学，于《内经》、《难经》、《伤寒》、《金匮》诸书深窥蕴奥，而立方不拘古法。凡沉疴痼疾，群医束手者，治之多愈，名噪于时。重医德，治病不分贫富，不受谢仪，遇至贫者代偿药资。人问其故，答曰："吾素抱济世

活人志也。"生性平易，凡讨教医理者，必详为指陈，未尝有愠色。年六十一岁卒。[见：《简阳县志》]

陈士元① 明代人。生平里居未详。辑有《经验方》十卷，未见流传。[见：《国史经籍志》]

陈士元② 明代湖北人。生平里居未详。著有《堤疾恒言》十五卷。是书著录于程大中《归云书目记》。清光绪八年（1882），邑人王承禧购获其卷七至卷十五，卷一至卷六佚。今残卷存佚不明。[见：《湖北通志》]

陈士龙 字凤林。明代泰兴县（今属江苏）人。精通医术，曾任太医院吏目。性慈善，常施药以济贫病。晚年无依，出资修葺药王庙，栖息其中。[见：《通州直隶州志》、《泰兴县志》]

陈士庆 字凤典。明清间河南邓州新野县人。少年时父命其读书，不成，改习百工之技，亦弃去。日与道士往来，闻神仙之术，欣然慕之，乃辞父母，遍游名山求师。至终南山，遇老道人辟谷于岩洞，请为弟子，不见纳。陈氏累日跪拜不去，道人无奈，出书一卷付之曰："尔遍体凡浊，求仙非汝事也。"陈氏拜谢而去，视其书，乃伤科秘方。及归河南，有巡抚女荡秋千折足，骨出于外，医者莫能疗，悬赏二百金求良医。陈氏依方试之，立愈，得金而归。此后天下大乱，张献忠破邓州，陈氏举家逃亡，为献忠所俘，欲杀之。陈呼曰："吾有禁方！能使死者复生。"献忠曰："姑留之。"后献忠破武昌，得楚王婢女，甚宠爱之。一日，误以婢女为刺客，以佩刀反手击之，腹破肠出而死。献忠大悔，逼令陈氏救治。陈氏急以酒合药灌之，喉间即格格有声；又取水润其肠，还纳腹中，引针缝之，敷以药，夹以木板，用绳缚之。逾七日，婢步履如常矣。嗣后，屡愈重伤濒死者，营中皆以"老神仙"称之。越数年，献忠兵败死，部众星散。军中感陈氏恩者护卫之，逃往云南。永历（1647～1661）初，以医术往来于明朝旧王室间，筑室城东，悠然不问世事。永历帝败走缅甸，陈氏从之，至腾越而卒，其术遂绝。[见：《云南通志》、《锦里新编》、《中国历代名医碑传集》（引戴名世《陈士庆传》、方亨咸《记老神仙事》）]

陈士良 南唐汴州（今河南开封）人。精通医药，曾任陪戎副尉、剑州医学助教。慕古人以食养治疗百病，故摘取诸家本草中关于饮食之药，辑《食性本草》十卷，集贤殿学士徐锴（920～974）为之作序。此书已佚。[见：《宋

史·艺文志》、《通志·艺文略》、《医学入门·历代医学姓氏·明医》、《本草纲目·序例·食性本草》、《四川通志》]

陈士矿

清代人。生平里居未详。通法医学，辑有《折狱厄言》一卷，刊刻于世。

[见：《八千卷楼书目》、《故宫所藏观海堂书目》]

陈士贤

字印宪。明代福建人。嘉靖四十一年壬戌（1562）进士，官至副都御史。兼嗜医学。曾广集验方，与通州医官孙宇共同考定，辑《经验良方》十一卷。其书首载医旨、脉诀、药性，正文以病证为纲，下分五十二类，有方而无论。此外尚著《本草要旨》若干卷。二书皆散佚。[见：《福建通志》]

陈士冠

清代四川丰都县人。通经史，工诗文，尤精医术。怀济世志，每值疫疬流行，皆施药出粟，以济乡人。[见：《重修丰都县志》]

陈士铎

（约1627～1707）　字敬之，号远公，别号朱华子，又号大雅堂主人。明清间浙江山阴县人。诸生。自少习儒，屡试不售。后出游京师，复不得志，遂究心医学。初研习祖父陈安期所遗医学秘本，复博览古来医家名著，久之通悟奥理。及悬壶问世，投药多奇效，病愈不受酬谢。尝谓："习医救一人，不若救一世也。救一世不若救万世也。"乃立志编纂医书，以益后学。年八十余卒。著有《辨证录》十四卷、《石室秘录》六卷、《洞天奥旨》（又作《外科秘录》）十六卷、《外经微言》九卷、《脉诀阐微》一卷，今存。还著有《内经素问尚论》、《灵枢新编》、《脏腑精鉴》、《辨证玉函》、《六气新编》、《伤寒四条辨》、《婴孺症治》、《伤风指迷》、《历代医史》、《济世新方》等书，今未见。据考证，陈氏《辨证录》、《石室秘录》、《洞天奥旨》等书与明末名医傅山《傅青主女科》、《傅青主男科》内容多互见，有学者认为，陈氏为傅山门生，因密图反清复明，不以师徒相称。[见：《山阴县志》、《绍兴府志》、《清史稿·艺文志》、《中医图书联合目录》、《中医年鉴》（1983）、《傅青主医学著作考》、《中国历代名医碑传集》]

陈士缙

字绍充。清代安徽休宁县由溪人。世代业医，至士缙术益精，名重于时。性慈善，常扶危济困，曾造凉亭于田间，以憩行者，乡人皆称绍充亭。子陈廷善，继承家学。[见：《休宁县志》]

陈士辉

清代安徽旌德县陈村人。邑名医陈以周子。与弟陈汝霖，继承家学，皆精医术。[见：《旌德县志》]

陈士楷

（1868～1920）　字良夫，号静庵，又号颍川。清末浙江嘉善县魏塘镇人。祖陈锡光，父陈仪吉，均业儒而知医。陈士楷幼习举业，常读书至深夜，年十九入县庠。后弃儒学医，从同邑名医吴仁培游，尽得其传。博览《内经》、《难经》、《伤寒》、《金匮》诸医典，尤推重金元四大家，深悟奥旨。技成，悬壶于世，声名日噪，嘉兴、平湖、金山、上海等县，慕名求治者甚众。行医三十年，享誉于时。著有《颍川医案》十二册，由其子陈可南保存（部分内容收入《清代名医医案菁华》）。今有《陈良夫专辑》行世。门人孙凤翎、徐石年、陈昌年等，得其亲传。[见：《陈良夫专辑》、《嘉善县志》]

陈士锦

字文珊。清代江苏元和县人。迁居奉贤县。诸生。精医理。博考张、刘、李、朱四家之说，著《医规》若干卷，今未见。子陈泰来，继承父业。[见：《奉贤县志》]

陈士璠

字鲁章。清代浙江钱塘县人。工医术，知名于时。[见：《杭州府志》]

陈大伦

字起蛟。清代福建建宁县人。邑名医孔毓楷门生。传承师学，亦精医术。尝谓："医贵用意，倘执古方，则隔阂而少验矣。"挟技游于江西，屡治奇疾，皆获佳效。[见：《重纂邵武府志》]

陈大庆

清代四川绵阳县永兴乡人。世代业医。幼年习儒，屡踬科场，年逾四十，其子已能应试，愤然弃儒业医。设药肆于家，治病不分贫富，凡请则往。遇贫病无依者，施赠药饵，名重乡里。[见：《绵阳县志》]

陈大进

字希文。清代江苏嘉定县南翔镇人。邑名医陈良元子。邑庠生。早年习儒，试辄优等。因父年老病目，兼习医术，名噪远近。[见：《南翔镇志》]

陈大忠

字双塘。明代湖南武陵县人。邑庠生。置家塾以教弟子，屡为乡饮大宾。曾撰《双华堂家训》三十则。兼通医理，著有《药性录》一卷、《医史》一卷，皆佚。[见：《常德府志》、《武陵县志》]

陈大勋

清代湖北荆州人。精医术，临证投药辄效，不受谢仪。尝按方合药，持以赠人，不索值，终身行之，习以为常。著有《幼科医方录》，今未见。[见：《重修荆州志》]

陈大积

号资万，又号志范。清代江苏吴县人。随父陈凝和侨居嘉定县。初习举业，为吴县庠生。中年习医，深入堂奥。以《内经》为经，以诸家学说为纬，撰《四诊纂要》一书，

623

未梓。[见：《嘉定县续志》]

陈大缙 字鲁斋。清代浙江会稽县人。素好收录验方，捐资施药，救济甚众。辑有《惠怡堂经验方》四卷，刊于乾隆二十三年（1758），今存同治七年（1868）刻本。[见：《浙江医籍考》、《中医图书联合目录》]

陈大谟 字显功。清代河南密县人。国学生。精医术，擅长疡科。凡以病延请，不惮辛劳，不受谢仪。[见：《密县志》]

陈大鹏 字宗藩。清代江苏靖江县人。邑疡科名医陈彬子。早年习儒，为郡庠生。继承父学，亦精疡科，尤擅接骨，名重于时。子陈天骏、陈定安，俱承先业。[见：《靖江县志》]

陈大痴 字起蛟，号铁瓢山人。清代福建建宁县人。博览道书，自言为仙不难。尤精医理，"其术通神，活人无算"。性孤傲，凡豪富之家延请，稍忤其意，辄拂袖去。平生所得诊金甚多，悉散济贫病之家。晚年无疾而终。遗有《大痴诗集》。[见：《重纂邵武府志》]

陈万选 清代四川云阳县人。性朴诚，精通医术，活人甚众。[见：《云阳县志》]

陈万镒 字含珍。明代安徽无为州人。邑名医陈嘉诏子。绍传父学，亦以医术著称。[见：《无为州志》]

陈与道 元代江西人。里居未详。精通医术，悬壶洪州（今江西南昌）。达官贵人、黎民百姓、故友新知、远近过客，求诊问药者不断，诊无不中，药无不效。性忠厚，有医德，治病救人，不求利益，世人敬之。晚年返乡，吴澄作《赠陈与道序》，赞其妙术良德。[见：《金元医学人物》（引《吴文正公集》）]

陈上印 字位方。清代安徽芜湖县周皋永城圩人。少孤家贫，事母以孝闻。及长，倜傥不羁，好武功，有豪士风，曾游于京师。精通医术，闻名于世。善治奇难怪症，无不应手取效，世以陈半仙称之。年六十三岁卒。著有《济世新编》，曾刊刻行世，今未见。子陈瑾瑜，传承父学，亦以医名。[见：《芜湖县志》]

陈山提 北朝颍川（今河南许昌）人。本为颍川王尔朱兆家奴。北齐宣武帝时，因"驱驰便僻，颇蒙恩遇"，授尚食典御，后官至东兖州刺史、谢阳王。北周武帝平齐，拜大将军。大象元年（579）六月，第八女陈月仪选为德妃，立为天左皇后。陈山提以此超授上柱国，进郯国公，除大宗伯。据《旧唐书·经籍志》，陈氏辑有《杂药方》十卷，已佚。[见：《北史·后妃·宣帝后陈氏》、《北史·崔季舒传》、《北史·恩幸》、《旧唐书·经籍志》]

陈千畿 清代江苏江都县人。精医道，以痘科知名。同里刘溶，得其传授。[见：《续修江都县续志》]

陈广涛 字文灏，号鲈江。清代江苏川沙县长人乡人。精通医术，擅长内科，名噪一时，从游弟子甚众。著有《医学提要》二卷，其宗旨悉本前人六气、六疫之说，汇集群书以成。子陈叙卿，孙陈宝善，曾孙陈伯梅，皆传承其术。[见：《川沙县志》]

陈义和 清末四川古宋县人。业医，精其术。遇贫病者求治，不取酬金，活人甚众。光绪二十一年（1895）乡人以"作善延年"额其门。年七十五岁殁。[见：《古宋县志初稿》]

陈之彬 清代河北满城县人。邑名医陈钰子。传承父学，亦业医。[见：《满城县志略》]

陈之遵 字道升，号靖庵。明清间浙江盐官县人。寄籍嘉郡。贡生。顺治十一年（1654）中副榜，官蓬莱知县。著有《灵兰典要》（又作《灵兰要典》）、《金液篇》、《玉液篇》等书，皆佚。[见：《海昌备志》、《杭州府志》]

陈子云① 元代人。里居未详。自少习儒，以医为业，知名于时。重医德，遇贫病施诊赠药。儒生倪仲权晚年贫病，陈氏治而愈之，不取其酬。张庸雅重其人，屡赋诗颂其佳术良德。[见：《金元医学人物》（引《张处士全归集》）]

陈子云② 清末江苏吴县人。世代业医，至子云益精，知名于时。子陈鹗厚，绍承家学。[见：《中西医学报》第11期]

陈子仙 （1850~1920）一作陈志先。近代江苏新阳县西乡落霞浜（今属昆山）人。世医陈椿年幼子。自幼聪颖，继承祖业，研习医经。及长，悬壶于乡，治病多效验，享誉遐迩。身后无子，以侄孙陈香涛为嗣孙，授以医技。[见：《昆新两县续修合志》、《昆山历代医家录》、《吴中名医录》]

陈子刚 元代人。里居未详。业医，知名于时。张庸作《雨龙图为医者陈子刚赋》诗云："天瓢翻雨若悬河，眼底焦枯绿渐多。争似君家开橘井，只消涓滴起沉疴。"[见：《金元医学人物》（引《张处士全归集》）]

陈子华 号梅山。元代吴县（今江苏苏州）人。精医术，以儿科著称。陈深为之作铭文，称："吾宗子华，揽玄华英。观梅于山，而得

养生。寓仁于术，慈视孩婴。充之自兹，以达八纮。"[见:《金元医学人物》(引《宁极斋稿》)]

陈子重 明代浙江乌程县南浔镇人。太医院医官陈嘉言子。继承父学，亦任太医院医官。[见:《南浔镇志》]

陈子靖 号无尘。元代崇仁县(今江西崇仁)人。上方观道士。资质清粹，勤奋务学。通三教之书，于医学尤有心得，堪称工巧。曾选辑古来名医验方，编《医方大成》若干卷。吴澄为之作序，称"备而不繁，要而不略"。惜其书散佚不传。[见:《金元医学人物》(引《吴文正公集·医方大成序》)、《中国医籍考》]

陈天士 清代江苏青浦县人。精疡科，名驰四方，就医者日不下数十人。其所用药，皆亲手配制，岁久中药毒，晚年指生恶疽，知不可疗。闻南去百五十里，地名潭中，有老叟精针灸术，遂赴治。叟曰:"非吾力所及。何不往质陈天士乎?"陈氏无言而返。归则疽溃，神昏而殁。[见:《中国历代医家传录》(引《质直谈耳》)]

陈天玉 明代上元县(今江苏南京)人。邑名医陈翔梧子。绍承家学，亦精医术。[见:《江南通志》]

陈天佑 元代长洲县(今江苏苏州)人。祖籍永嘉县，祖父陈文骥，仕宋为苏州茶盐常平干办公事，始留居长洲。父陈子荣，官汾水县儒学教谕。天佑精医术，官平江路医学正。子陈元善，传承其学。[见:《中国历代名医碑传集》(引吴宽《家藏集·河南阳武县儒学训导陈先生墓表》)]

陈天益 北宋汴梁(今河南开封)人。精医术。真宗时(998~1022)官防御史。其后裔陈谏，为明代妇科名医。[见:《日本现存中国散逸古医籍》(引《陈氏族谱》)]

陈天骏 清代江苏靖江县人。邑疡科名医陈彬孙，陈大鹏长子。与弟陈定安从父学医，皆精疡科，尤擅接骨，知名于时。[见:《靖江县志》]

陈天赐 字寿眉。清河南夏邑县张秋店人。精医术，以痘科知名。[见:《夏邑县志》]

陈天璇 字元运。清代福建人。里居未详。乾隆间(1736~1795)布衣。通医理。著有《医案》及《医悟》诸书，今未见。[见:《福建通志》、《重纂福建通志》]

陈元凤 字鹤坡。清代江苏南汇县人。业医。治病虽无赫赫之功，而辨证详慎，药不妄投，济人甚众。[见:《南汇县志》]

陈元功 字晏如。清代江苏吴县人。世为武将。早岁习儒，博览群书，文武兼备。尤究心医药，通本草之学，遂以医问世。临证据病处方，施无不效，人以为别有秘术。陈氏曰:"我非有异人药也，亦以用药者有微异耳。"又曰:"学医而不读本草，犹之为将而不晓用兵，皆以人之性命儿戏者也。"鉴于本草之书过繁，使人不胜读，读亦不胜记，遂选常用之品一百八十余种，撰《本草纂要》一卷，王心一为之作序，刊刻于世。此书国内未见，据丹波元胤《中国医籍考》，日本尚存。[见:《中国医籍考》]

陈元凯 字士兰，号良哉。清代江苏新阳县人。祖籍上海。邑名医陈志子。少习举业，旁及医学。乾隆五十六年(1791)入县庠。后专力于家学，医名大噪。临证察脉，必凝神澄虑，所治多效。年甫逾五十岁卒。著有《陈士兰先生医案》一卷，今存潘道根抄本，书藏苏州医学院图书馆。长子陈椿年，绍承祖业。[见:《昆新两县续修合志》、《昆山历代医家录》]

陈元忠 北宋汴梁(今河南开封)人。神宗时(1068~1088)宣徽南院金事陈明遇后裔。世精医术。政和间(1111~1117)任翰林院待制。[见:《日本现存中国散逸古医籍》(引《陈氏族谱》)]

陈元祐 明末浙江分水县人。性孝友，与人无争。精医术，治病不计酬报，知名于时。[见:《分水县志》]

陈元豹 字道彪。清代福建长乐县人。名医陈念祖长子。继承父学，亦工医术。弟陈元犀，亦善医。[见:《陈修园传》(《福建中医药杂志》1957年第3期)]

陈元善 元代长洲县(今江苏苏州)人。平江路医学正陈天佑子。传承父学，亦精医术。袭父职，亦任平江路医学正。子陈希武，克绍家业。[见:《中国历代名医碑传集》(引吴宽《家藏集·河南阳武县儒学训导陈先生墓表》)]

陈元犀 字道熙，号灵石。清代福建长乐县人。名医陈念祖次子。与兄陈元豹，传承父业，皆以医名世。[见:《陈修园传》(《福建中医药杂志》1957年第3期)、《中国历代医家传录》]

陈元椿 字大山，号寿庵。清代江苏江都县瓜洲镇人。邑名医陈如銮曾孙，陈湘孙。幼年丧父，继承家学，研究《内经》及丹溪、东垣诸书，明悟医旨。遇危疾，熟思审处，探其病源，立方谨慎，生平未尝误诊。素重医德，凡贫病之家延请，不受酬谢，或无药资，则解囊赠之，时称长者。子陈锡鼎，为道光二十四年（1844）举人。兄子陈煜，亦精医道。［见《江都县续志》]

陈元赟 （1587～1671）原名陈珦。字义都，又字士升，号既白山人，又号香斋逸叟。明清间浙江余杭县人。幼颖悟，通诗文，工书画。年二十七，赴河南少室山少林寺学艺，主管寺内陶器、药材，久之通晓医药、针灸、气功、食疗等学，于烹饪及茶叶炮制、茶具制作尤有研究。万历四十七年（1619）秋，东渡日本。侨居异国五十二年，与日本医药、文化界名人相往还，对中日文化交流多有贡献。［见《中国历代医家传录》、《明末东渡传播中国文化的方技家——陈元赟》（《浙江中医杂志》1965年第12期）]

陈云山 明代湖北麻城县人。通医术，方脉俱精，临证有独到见解，知名于时。［见《麻城县志前编》]

陈云峰 字奇观。清代河南淮阳县人。精医术，脉理、针法皆出时医之上。乡人赠额曰功参化育。［见《淮阳县志》]

陈五太 字健夫。清代湖北汉阳县人。精岐黄术，预知病人生死。凡诊视，应手奏效。平生结交寒士，不趋权贵。御史吴达及郡县官吏屡请，皆不赴。年八十岁卒。子陈泌，孙陈梦龙，俱善医。［见《汉阳县志》]

陈五典 清代河北临漳县人。生平未详。著有《救急便方》二卷，刊于康熙丁未（1667）。［见《贩书偶记续编》]

陈五鼎 字斯至。清代江西古田县人。诸生。善医，知名于时。有远乡人，年七十二岁，患病甚危，欲星夜舆归。陈氏诊之，曰："不特不死，且延十年。"越二日，果无恙。知其无子，劝之曰："按公脉息，当有一子，盍娶妾？"远乡人从其言，殁时，子八岁矣。著有《脉经》八卷，今未见。［见《古田县志》]

陈太初① 字遂轩，又字云门。清代浙江会稽县人。生平未详。著有《嫏嬛青囊要术》（又作《琅环青囊要》）四卷，今存嘉庆八年癸亥（1803）抱兰轩活字本。［见《贩书偶记》、《重修浙江通志稿》、《中国历代医家传录》]

陈太初② 清代江苏阜宁县人。邑名医陈宗培子。与兄陈启明，皆传承父业。［见《阜宁县志》]

陈止敬 清代人。里居未详。精医术，官太医院左院判，食五品禄。乾隆四年（1739）敕修《医宗金鉴》，陈氏任提调官。［见

《医宗金鉴》]

陈日允 字耀甫。清代江苏青浦县青龙镇人。得嘉定疡医郁士魁传授，善刀针，能治危症，医名与师并称。子陈御珍、陈履豫，孙陈维禄，曾孙陈廷钧，俱精家学。［见《青浦县志》、《嘉定县志》]

陈日可 明清间山西武乡县段村人。顺治二年（1645）贡生，候选通判。工诗，精医术。著有《兰谷山房诗集》、《医诀心传》，今未见。［见《武乡县志》]

陈日超 清代安徽当涂县人。世医陈隆曾孙。早年习儒，为诸生。传承家学，医术尤精，活人不可胜计，名重于时。［见《重修安徽通志》]

陈日彪 字丽廷，号炳如。清代浙江建德县人。庠生。性谦谨，好读书，尤精医术。每遇疑难症，忧思达旦，必求奏效而后已。重医德，见贫甚者，助以药饵。年六十一岁卒。曾手批《景岳全书》、《薛氏医案》、《医学心悟》、《外科正宗》诸书，皆独具灼见，惜皆未梓。［见《建德县志》]

陈曰让 清代山东博兴县人。邑名医陈莱九孙。继承家学，亦精医术。［见《博兴县志》]

陈长贞 字起元。清代山东潍县人。赋性聪颖。其家世代习医，旧藏医书甚富。长贞朝夕披览，尤留心脉理。少孤家贫，供事于天德堂药店，师事马湘，于一切方脉，无不默识于心，精探奥意。壮年以医问世，治病应手取效，声名日噪。知县朱靖宣，额其门曰著手成春。光绪七年至八年（1881～1882），流行白喉症，伤人极多。长贞独创一方，奏效如神，活人无算，诸医皆奉其方为圭臬。每晨求诊者数十人，敦请出诊者更难缕数。早饭前乘舆而出，其后车马相随，络绎于道，终日不得家食，深夜始归。虽极劳瘁，迄不稍息，不忍病者之久待也。年四十一岁，积劳而卒。著有《伤寒秘要》，藏于家。［见《潍县志稿》]

陈长卿 字宁澜。明代人。生平里居未详。通医理，撰有《伤寒五法》（又作《窥垣秘术》）五卷。该书经湖北黄安县志明增补，刊于崇祯四年（1631），今存。［见《中国医籍考》、《中国医籍大辞典》]

陈长载 字翊文。清末广东顺德县龙山乡人。邑名医陈年光子。幼年丧父，聪敏绝人。及长，从族兄陈正亨学医（陈正亨之术，得

自长载父陈年光），尽得其传。后悬壶问世，拟方神效，名重于时。乡人言良医，必举长载。光绪间（1875～1908）卒，寿未及五旬。[见：《顺德龙山乡志》]

陈仁诏 字崇仁。清末福建长乐县东隅人。邑庠生。仁厚好施，精通医术。光绪己卯（1879）秋，时疫盛行，陈氏出术疗治，投剂辄效。有贫穷孀妇，其子甫六龄，患霍乱垂危。陈氏诊之，赠以丹药，病得痊愈。著有《各种医解》，今未见。[见：《长乐县志》]

陈仁轩 明代南京（今江苏南京）人。迁居六合县。精通内科，尤擅脉诊。年逾八旬，尚视疾不倦。[见：《六合县志》]

陈化新 清代四川乐山县人。生平未详。著有《药性辨要》，今未见。[见：《乐山县志》]

陈从礼 字廷谕。清末江苏江浦县人。邑名医陈锦章子。绍承父学，临证应手取效，知名于时。[见：《江浦埤乘》]

陈从善 元明间句容县（今属江苏）人。北宋名医陈理后裔。业儒，兼精医术。洪武（1368～1398）初，以儒医知名。后裔陈景魁，医名甚盛。[见：《句容县志》]

陈介卿 清末四川西昌县人。识博才广，精通医术，名噪西川。子陈绂生，继承父业。[见：《中国历代医家传录》]

陈今冠 号兰溪。清代湖南新化县人。读书好博览。因体弱善病，究心岐黄家言，久之精其术。有医德，凡延请即往，治则获效。安化罗绕典（道光进士）巡抚贵州，邀陈氏同行。适其地痘疹盛行，养济院患痘濒危者百余人。陈氏一一调治，皆得痊愈。著有《种痘新编》，罗绕典与抚军乔远炳各撰弁言，梓于世，今未见。[见：《新化县志》]

陈公亨 （1323～1371）字以通。元明间浙江鄞县人。世医陈居仁四子。少有异质，从学于乡先生纪十之、纪文凯父子，能诗善文。尤致力于家学，自《灵枢》、《素问》、《难经》及诸家奇方秘籍，钩玄撮要，了如指掌。日与诸兄侍于父侧，询问医理，辩论疑难。年二十余，即以善医闻名，上自达官富贵，下而闾阎百姓，凡求治必赴，风雨寒暑不辞，遇贫者更施以药。平素配制药剂，讲求地道药材，择良而用，故药无不善，用无不效。至正间（1341～1368）藩省上其事，授江浙行省医学提举，以志向不合，不就。洪武三年（1370），浙江省荐为本府教授提领。次

年卒，享年四十九。[见：《鄞县志》、《金元医学人物》（引《荥阳外史集·陈以通父葬记》）]

陈公贤 （1433～1500）原名庆，字公贤，改字公尚。明代吴县（今江苏苏州）人。幼科世医陈仲和次子。七岁丧父，赖母陆氏抚育。甫成童，有志传承家学，日夜诵读先世遗书，苦习多年，贯通奥旨，于幼科尤有心得。及悬壶，治辄奇验，迎诊者填门，名扬吴中。成化间（1465～1487）以名医征入太医院，任医士。不乐仕进，以母年高，乞归侍养。久之，太医院小方脉乏医，复起之。至京一月，即选入御药房，旋授御医，出入禁中。调护诸王，累奏奇效，晋升院判。孝宗继位，依例仍为御医。弘治元年（1488）四月，朝廷考核医官，与孙泰、许观、黄绶、钱钝、谢惟广等六人获一等御医。弘治三年授迪功郎，入视东宫疾有效，加俸一级。公贤性孝友，为人谦退，值禁垣十四载，恭慎周密，屡获赏赐。心怀济利，轮值之余，凡求诊者，不分寒暑昼夜，不论富贵贫贱，仆仆走视，用药精审，必求全功。治病不求酬报，遇贫病者济以薪米，公卿大夫皆以医中君子称之。弘治十年（1497），以衰病上章乞归。帝曰："如陈某者，何可使去左右？"再上章恳辞，遂准致仕，特擢院判以荣之。居乡三载，病卒，享年六十八。帝命守臣谕祭。子陈宪、陈宠、陈宥，皆传祖业。吴下小儿医，以钱（指钱瑛）、陈二家称最。[见：《吴县志》、《苏州府志》、《中国历代名医碑传集》（引吴宽《明故太医院判陈君公尚墓表》、王恕《王端毅奏议》）]

陈公学 明代吴县（今江苏苏州）人。儿科名医陈仲和长子。继承家学，亦以儿科著称。弟陈公贤，官至太医院院判。[见：吴宽《家藏集·慈幼堂记》]

陈公望 清代浙江山阴县人。初业儒。心存济世，得异人传授，精通医术，知名于时。殁后，祀于社庙。著有方书，散佚不传。[见：《浙江通志稿》]

陈月坡 清代浙江仁和县桐扣乡人。精医术，知名于时。鄞县谢宣子室人妊娠转胞，陈氏治之，一剂而愈。[见：《冷庐医话·卷二·古书》、《中国历代医家传录》（引《述异记》）]

陈丹六 清代江苏清河县人。工医术，治病多奇中，世人惊以为神。年七十七岁卒。[见：《清河县志》]

陈丹崖 明代兴化县（今属江苏）人。精医术。治一妇虚烦不得眠，疗效甚奇。叩其所用方，乃温胆汤也。名医缪希雍曰："此必有痰

而善饭者也。"〔见:《先醒斋医学广笔记》〕

陈凤仪

字九峰。清代四川叙永厅白沙人。淡于功名,遨游山水间,豪放不羁。嗜医学,贯通《素问》、《灵枢》诸医典。为人疗疾,屡获良效,求方者踵相接。重医德,诊疗贫病,不惮其劳。兼善诗文,精书法,年七十尚能作蝇头小楷,秀丽端工。其诗书直追白沙先生陈宪章,时人以"少白沙"称之。〔见:《续修叙永厅县合志》、《叙永县志》〕

陈凤年

字集五。清代山东临朐县人。通医理,尤擅儿科。著有《小儿科方针》、《痘疹经验集》,未见流传。〔见:《山东通志》〕

陈凤佐

字鸣岐。清代江苏如皋县人。精医术,治病多奇中。著有《伤寒论辨》、《难经析疑》二书,未见流传。〔见:《如皋县续志》〕

陈凤起

字鸣瑞。清代江苏兴化县人。工医术,性慈善,遇贫病施赠药饵。子陈祝尧,绍承父业。〔见:《续兴化县志》〕

陈凤翔

字羲宸。清代江苏吴江县人。与名医吴有性(约1587~1657)同时。曾参订吴氏《温疫论》。〔见:《温疫论》〕

陈文三

清代江苏阜宁县人。邑名医陈启明子。绍承家学,亦工医术。〔见:《阜宁县志》〕

陈文中

字文秀。南宋宿州符离(今安徽宿县)人。初居金地,金亡归宋,寓居涟水十五年。精通医道,明大小方脉,于小儿痘疹尤造其妙。自守将至达官富绅,皆重其术,凡群医缩手之症,延治多愈。至于闾阎细民,凡以病求诊,皆往救治,全活不可枚举。久居涟水,世人无论大小,识与不识,皆称之为"宿州陈令"。后迁居杭州,医名益盛。约淳祐间(1241~1252),授和安郎太医局判,兼翰林良医。著有《小儿病源方论》四卷、《小儿痘疹方论》一卷,今皆存。同时有翰林医正郑惠卿,亦以医闻。〔见:《医学入门·历代医学姓氏》、《小儿病源方论·郑序》、《小儿痘疹方论·自序》〕

陈文礼

明代浙江分水县人。世代业医。传承家学,知名于时。兄子陈应选、陈应魁,皆绍祖业。〔见:《分水县志》〕

陈文杰

清代浙江东阳县松山人。生平未详。著有《保赤全生录》二卷,今存咸丰八年(1858)松山陈毅堂刻本。〔见:《中医图书联合目录》〕

陈文枫

字震甫。清代安徽怀宁县人。习岐黄术,尤精伤寒,窥仲景之奥。临诊决

生死,定可治,百不失一。康熙二年(1663),大司马石图患剧疾,危甚,诸医束手。陈文枫投以药,立起。石赠"今代卢扁"表彰之。〔见:《怀宁县志》〕

陈文治

字国章,号岳溪。明代浙江秀水县人。自幼学书,长而学剑,即而工黄石阴符之术,为塞外名将。因事羁迹燕市,后寓居益津,一时名士多归之。贯通岐黄之学,阐论医理,精妙入神。撰有《诸证提纲》十卷,今存万历四十年(1612)刻本。还撰有《疡科选粹》八卷、《痘疹真诀》二卷、《广嗣全诀》十二卷、《伤寒集验》一卷,亦刊行(今存)。另著《春田一览》、《济阴举要》、《重光要诀》、《习医轨范》等书,已佚。门生刘德懋,从学三年,以医知名。〔见:《医藏书目》、《伤寒集验·序》、《天一阁书目》、《女科书录要》、《中医大辞典》、《中医图书联合目录》〕

陈文敏

清代江西南昌府东山关人。以医为业,有声于时。侄陈右尹,亦工医术。〔见:《南昌府志》〕

陈文焕

字大章。清代江西高安县安溪人。行谊高洁,好学嗜古。补本邑博士弟子员。不利于科场,遂致力医学,精其术,活人甚众。郡守刘楠、县令朱沛然,均褒奖之。著有《传心录九种》、《医学周行》诸书,今未见。〔见:《高安县志》〕

陈文斌

字武烈。清代湖北黄梅县人。祖籍江西,自祖父辈迁梅。业医,精其术,屡起沉疴。有医德,遇贫病不计较诊酬。平生多善举,常点夜灯,以照行人。著有《伤寒纂要》等书,未梓。〔见:《黄梅县志》〕

陈方厓

元末建宁(今福建建瓯)人。精通医术,知名于时。子陈玉林,继承父业,声名益显。〔见:《金元医学人物》(引《鹤田蒋先生文集·送医师陈玉林序》)〕

陈方国

清代浙江上虞县人。精医术,名闻相邻诸县,活人无算。时谚云"病势笃,见方国",可见声名之盛。〔见:《上虞县志》〕

陈为研

字克光。清代福建长乐县人。邑诸生。精医理,制丸药济人,全活甚众。总督刘世明赠以"湖海风高"匾额。〔见:《长乐县志》〕

陈斗南

明代四川峨眉县人。为道士,兼精医术。门生韩懋,得其传授。〔见:《峨眉县志》〕

陈心兰

清代福建长乐县人。名医陈元犀次子。袭承家学,以医为业。道光辛丑(1841)参校祖父陈念祖《女科要旨》。〔见:《陈

修园传》(《福建中医药杂志》1957 年第 3 期)、
《女科要旨·跋》]

陈心典 清代福建长乐县人。名医陈念祖长孙。
袭承家学,以医为业。[见:《陈修园
传》(《福建中医药杂志》1957 年第 3 期)]

陈心泰 清代四川万县人。精医术,知名于时。
善养生,寿至八十二岁。著有《伤寒
详注》、《脉诀提纲》、《药性切指》、《医方歌正》
等书,未见刊行。[见:《万县志》]

陈引川 明代浙江钱塘县人。妇科世医陈谏次
孙。与兄陈引泉继承祖业,亦精妇科。
曾编辑经验奇方,撰《引川心秘》若干卷,今未
见。[见:《杭州府志》]

陈引泉 明代浙江钱塘县人。世医陈谏长孙。
与弟陈引川继承家学,精通妇科。张
翰犹子妇患病,始笑泣,既多言,后不语,绝饮
食。引泉诊之曰:"此痰证,孤凤散主之。"调药
饮之,获奇验。[见:《杭州府志》]

陈以礼 字景和。元代抚州崇仁县(今江西崇
仁)人。早年从吴澄习儒,后破家产,
遂改习医。资质敦厚,品端谨行。擅长赋诗,取
法自然,不事雕琢。[见:《金元医学人物》(引
《吴文正公集·陈景和诗序》)]

陈以周 清代安徽旌德县陈村人。邑名医陈允
昺孙。得祖父传授,亦精医术。子陈
士辉、陈汝霖,皆继承家学。[见:《旌德县志》]

陈以诚 号处梦。明代浙江嘉善县枫泾镇
人。工诗善画,尤精医术。永乐间
(1403~1424)荐入太医院,屡从郑和出使西洋诸
国,官至太医院判。晚年归乡。临终赋辞世诗,
有"九重每进千金剂,四海曾乘万斛船"之句。
[见:《浙江通志》、《嘉兴府志》、《嘉善县志》、
《枫泾小志》]

陈以哲 (?~1860) 字少庵。清代江苏昆山县
落霞浜人。监生。世代业医。咸丰庚
申(1860)四月,卒于战乱。[见:《昆新两县续
补合志》]

陈以乾 字静若。清代广东儋县(今属海南)
王五圩人。廪贡生。性淳和,聪颖嗜
学,博览群书,于星卜、医药,靡不贯通。晚年
悬壶,著名于时。重医德,凡远近请诊,虽风雨
昏夜不辞。年六十岁卒。[见:《儋县志》]

陈以善 字东平。元明间浙江钱塘县人。妇科
世医陈仲常长子。与弟陈南轩袭承家
学,皆以妇科知名。子陈惟康,亦精祖业。[见:
《杭州府志》、《日本现存中国散逸古医籍》(引

《陈氏族谱》)]

陈允文 元代瑞安县(今属浙江)人。性耿介,
不治生产,不求仕进。仰慕汉徐雅、
晋陶潜之为人,赋诗弹琴以自乐。精通医术,全
活贫病甚众。[见:《温州府志》]

陈允昺 字尔光。清代安徽旌德县陈村人。宅
心仁厚,立品端严。精通医道,博览
群书,研究殆尽。存心济世,从未计利,四方延
请者不绝于门。著有《药性纂要》、《女科得解》,
学者奉为金鉴,惜未见流传。孙陈以周,曾孙陈
士辉、陈汝霖,皆传其术。[见:《旌德县志》]

陈孔硕 字肤仲。南宋侯官县(今属福建)人。
自少刻苦治学,以圣贤自期。尝从张
栻(1133~1180)、吕祖谦(1137~1181)、朱熹
(1130~1200)游。孝宗淳熙二年(1175)登进士
第。绍熙间(1190~1194)任邵武知县,居官清
廉,有古良吏风,甚得民心。历官瑞金知县、淮
东广西提举常平,终秘阁修撰。陈氏少年时母病,
久治不效,遂发愿习医,久之精通其术。嘉定二
年(1209)京师大疫,诏命陈孔硕统领诸医,制
方以拯民疾。辑有《伤寒泻痢要方》一卷,今佚。
又曾校订王叔和《脉经》,重刊于世。陈氏富于著
述,医学外尚有《释奠仪礼考正》、《中庸大学讲
义》、《篆书》、《北山集略》等。[见:《直斋书录
解题》、《脉经·序》、《邵武府志》、《闽侯县志》]

陈书谟 清代浙江鄞县人。生平未详。著有
《医方论》、《一得草》等书,今未见。
[见:《鄞县通志》]

陈玉义 清代宁远县(今属甘肃)人。生平未
详。通医理,著有《经验续方》、《医
宗问答》,今未见。[见:《甘肃省乡土志稿》]

陈玉如 清末江苏上海县人。青浦名医何长治
门生。[见:《何长治编得药方墨迹》]

陈玉林 元明间建宁县(今福建建瓯)人。邑
名医陈方匡子。继承家学,精研《灵
枢》、《素问》诸医典,论证用药,务穷其本。曾
愈御史中丞吴公腹泻疾,名著士林。[见:《金元
医学人物》(引《鹤田蒋先生文集·送医师陈玉
林序》)]

陈玉显 清代浙江新昌县人。精岐黄术,尤擅
妇科。子孙世承其业。[见:《绍兴地
区历代医药人名录》]

陈玉峰 宋元间临安(今浙江杭州)人。祖籍
汴梁(今河南开封)。妇科世医陈静
复、陈清隐后裔。官至宣抚使提举。宋亡,屏弃
仕途,绍承祖业,以妇科名世。后裔陈仪芳,亦

承先业。[见:《日本现存中国散逸古医籍》(引《陈氏族谱》)]

陈玉德 字光庭。清代江苏泰州院庄人。早年习医,博览《灵枢》、《素问》、《伤寒论》、《金匮要略》诸书,悉心研讨,多有心悟。及悬壶,治辄获效,求诊者不绝于门。重医德,遇贫病者赠以药饵。著有《医林愿学编》若干卷,今未见。[见:《续纂泰州志》]

陈正亨 清代广东顺德县龙山乡人。邑名医陈年光族侄。得年光传授,亦精医术,惜早卒。生前,将医术还授陈年光之子陈长载。[见:《顺德龙山乡志》]

陈正通 清代人。生平里居未详。著有《经验眼科秘书》,今存咸丰十年庚申(1860)刻本。[见:《中医图书联合目录》]

陈甘来 清代江苏靖江县人。业医,以幼科知名。同时有刘有声、朱臻露,皆工幼科。[见:《靖江县志》]

陈世成 (1307～1373) 字希文,号清远处士。元明间苏州(今江苏苏州)人。祖籍溧阳县。元平江路官医提领陈桂发孙,陈德华子。性仁恕,事亲孝,继承先业,医术精湛,活人甚众。好善乐施,宗族寡弱者,多抚恤之。洪武六年十二月丙辰卒,享年六十七,乡里髫稚,莫不叹悼。长子陈祖义,早卒。次子陈祖善,幼子陈祖统,绍承先业。[见:《中国历代名医碑传集》(引高启《凫藻集·陈希文墓志铭》)]

陈世芳 字菊坡。清代江苏丹徒县人。好读书,精医术,尤擅长妇科。著有《灵枢集注》、《素问集注》二书,今未见。[见:《丹徒县志摭余》]

陈世宏 清代江西古田县人。邑名医陈仁子。太学生。绍承父学,以医为业。[见:《古田县志》]

陈世杰 字怀三。清初江苏上海县人。幼攻举业,因病学医,于《伤寒论》、《金匮要略》尤多研究。壮岁寓居吴门,坐卧一阁,近十年所,博览医籍,手不释卷。及以医问世,遇群医束手之证,常能起之,同道称奇。生性务实,不求名利,而声名久振。尝两游京师,有谒必往。切脉诊病,可治与否,直言以对,不为要挟期幸。凡儒门寒士延诊,虽酷暑严冬不辞。曾校订张仲景《金匮玉函经》、钱乙《小儿药证直诀》二书,名之曰《起秀堂刊医书两种》,刊刻于康熙五十八年己亥(1719),今存。[见:《金匮玉函经·序》、《小儿药证直诀·序》、《中医图书联合目录》]

陈世昌 字芸莽。清末四川金堂县人。光绪间(1875～1908)徙居温江县,居城东。性刚直,以医为业,治病务求其本,名重于时,延请者甚众。重医德,不以术谋利,一生清贫。温江士人赠诗曰:"拔地奇才清似月,支天瘦骨冷于冰。"清末卒,葬于成都。[见:《温江县志》]

陈世凯 字紫山。清代江西清江县人。生平未详。曾重订熊应雄《小儿推拿广意》,刊刻于世。[见:《中医图书联合目录》]

陈世泽 字我如。清代浙江桐乡县乌镇人。廪贡生。其先祖有名陈会千者,自太湖迁居乌镇行医,至世泽已十余世。早年习儒,后承祖业,造诣尤深。著有《素灵类纂集解》,汇集诸说,有裨学者,惜未见传世。弟陈世璜,亦以医知名。[见:《乌青镇志》]

陈世珍① 字鲁儒,号青峰。清代湖北远安县人。九岁丧父,母周氏抚育成立。嘉庆(1796～1820)初,张汉潮犯境,陈世珍与族众抵御于襄城老君庙,张怒焚城,陈背负老母,避走洪砦。乱平,业医活人,治疗贫病不受谢金。平生慷慨好施,设义学、戒争讼、修文昌宫,重道尊儒,乡里敬之。年八十岁卒。著有《医案》行世,今未见。[见:《远安县志》]

陈世珍② 字企眉,号纲珊。清代江苏南汇县人。岁贡生。性至孝,曾割臂疗父母疾。平生多善举,乙巳(1905)飓风成灾,海溢,漂没人畜。陈氏遍历灾区,掩埋浮尸,计口发赈。精通医术,治沉疴应手则愈。著有《学医摘要》、《内科秘方》诸书,今未见。[见:《南汇县续志》]

陈世璜 字渭卿。清代浙江桐乡县乌镇人。邑名医陈世泽弟。亦工医术,求治者踵至,知名于嘉湖百里间。著有《医案》四卷,今未见。[见:《乌青镇志》]

陈世霖 清代江苏常熟县人。以医为业,治病不求酬报。子陈礼,亦精医术[见:《常昭合志稿》]

陈本礼 清代湖南茶陵州人。太学生。弃儒学医,淹贯群籍。善治危疾,效如桴鼓,郡邑争延致之。治病不拘古方,有心得辄记其治验,久之辑《医案》一帙。又"以脉隶证,以症附方",撰《六脉辑要》若干卷,门生蔡渌江梓行,今未见。[见:《茶陵州志》]

陈本淦 字彦吾。清代湖南长沙县人。诸生。以经术友教四方,前后掌教陕西横渠、古莘两书院。专精易学,曾汇览古来解易、象数诸书，编纂成帙。工诗赋，有《律赋搜程》四卷刊行。兼精医理，凡求治者，应手辄愈。清代俞焕曾补订钱峻《经验良方》，陈氏再次增补，编《观心书屋经验良方》一卷，由湘阴李概梓行，今存道光二十五年乙巳（1845）观心书屋主人刻本。[见：《长沙县志》、《中医图书联合目录》]

陈本虞 清代河南西平县人。生平未详。著有《本草解要》、《妇科铁镜》二书，未见流传。[见：《西平县志》]

陈丕显 字文谟。清代山东昌邑县李伍社人。业儒，善画菊，兼习医术。性廉正，所交多名士。著有《医会》、《外科心裁》、《医学摄要》、《针法易简》诸书，均未见流传。[见：《昌邑县续志》]

陈石屏 清代江西义宁州人。邑名医陈嘉言孙。绍承家学，治愈奇疾无算。刺史胡梁，以"德媲良相"额其门。年六十二岁卒。著有《保赤金丹》二卷，未见流传。[见：《义宁州志》]

陈石眉 清代浙江海宁人。工诗赋，精医理，名著于时。[见：《海宁州志稿》]

陈右尹 清代江西南昌府东山关人。邑名医陈文敏侄。绍承家学，亦精医术。子陈三洲，亦传父业。[见：《南昌府志》]

陈龙正 明代浙江嘉善县人。官祠部郎。辑有《救荒策会》七卷，今存佚不明。[见：《四库采进书目》]

陈龙辅 宋代镇江（今江苏丹徒）人。生平未详。著有《传家至宝》三十卷，已佚。[见：《丹徒县志》]

陈平伯 字祖恭，号寄瓢子。清代江东人。里居未详。精医术，尤善治外感风温。著有《温热病指南集》一卷、《医约》一卷，今存。[见：《中国医学大成总目提要》、《历代医书丛考》、《中医图书联合目录》]

陈仕良 唐代（?）钱塘县（今浙江杭州）人。精医术，官药局奉御。按，《陈氏族谱》奉陈仕良为陈氏世医之始祖，其后裔有宋代陈天益、陈明遇、陈元忠、陈沂等。又称：陈仕良"唐乾宁乙卯（895）奉敕撰《太平圣惠方》"。考《太平圣惠方》乃宋太平兴国三年（978），陈昭遇、王怀隐、王祐、郑奇等奉敕所撰。疑陈氏族谱所载有误，或陈仕良即陈昭遇，尚待考证。[见：《石门县志》、《钱塘县志》、《日本现存中国散逸古医籍》（引《陈氏族谱》）]

陈仕贤 字邦宪。明代福建福清县人。嘉靖四十一年（1562）进士，官至副都御史。

辑有《经验济世良方》十一卷，今存明刻本。还著有《医指》一卷，已佚。[见：《医藏书目》、《四库全书总目提要》]

陈仪芳 元代临安（今浙江杭州）人。祖籍汴梁（今河南开封）。妇科世医陈玉峰后裔，绍承祖业，亦以医名。后裔陈仲常，继业尤精。[见：《日本现存中国散逸古医籍》（引《陈氏族谱》）]

陈白云 元代浙江绍兴府人。精医术。门人项昕，得其传授，为当时名医。[见：《绍兴府志》]

陈尔康 清末人。里居未详。为太医院肄业生，曾任太医院上药房值宿供奉官。[见：《太医院志·同寅录》]

陈尔猷 北宋人。里居未详。精医术，曾任医官。徽宗崇宁二年（1103）六月，宋廷应高丽国之请，派遣医官牟介、吕昞、陈尔猷、范之才等赴高丽，设学馆于兴盛宫，充当医生与教授，使中国医学广泛传入高丽。[见：《中国医学史》（高等中医院校参考丛书1991年版）]

陈立方 字振恒。清代江苏昆山县人。明嘉靖间（1522~1566）太医院院判陈尚恒六世孙。世业儿科，至立方亦精，名著于时。子陈德昌，孙陈惟修，皆绍家业。[见：《昆新两县续修合志》]

陈立兴 明代吴县（今江苏苏州）蠡口人。家贫笃孝。母病，遇异人授以药瓢、方药，遂以之济人，取效如神。卒后，乡人立祠祀之。[见：《医学入门·历代医学姓氏》]

陈立基 号湖村。清代安徽无为州人。监生。性聪颖，博极群书，工诗能文，尤精医术。道光辛卯（1831）、己酉（1849）大水，瘟疫流行，乡邻有举室染病者，陈氏遍为诊视，全活无算。年九十四岁卒。著有《医方辑略》二卷，今未见。季子陈超，传承父业。[见：《庐州府志》]

陈必勤 字淑震。清代广东潮阳县贵屿乡人。素性廉介，少业儒，有诗名。后就学于蓝太医之子，切究脉理，凡丸药秘方，无不考据精核。力学十余年，始悬壶问世，临证多奇效，名闻惠、潮两郡，与同邑名医林启镐齐名。重医德，治病不计诊酬，遇贫困者，购药济之。著有《脉诀》、《鸿宝良方》二书，藏于家。子陈廷锡、陈廷纲，俱传父业。[见：《潮阳县志》]

陈永运 清代河南正阳县朱家店人。精岐黄术，于痘疹研究尤深，凡经诊治，多能化险为夷；若断为绝症，终不可救，时称"痘科圣

手"。［见：《重修正阳县志》］

陈永图 字怀亭。清代河北满城县人。邑庠生。性淡名利，精通医术。与同邑康湘南、李鄂源为道义交。著有《医方备览》，未梓。子陈钰，亦精医术。［见：《满城县志略》］

陈永治 (1690～1755) 字北山，号广田。清代浙江余杭县人。太学生陈嘉惠子。孝友端悫，动必以礼。弱冠入郡庠，屡试不中，弃儒习医。师事名医张献晖，尽得其术。及悬壶，治辄奇效，知名于时。早年游京师、山左、江淮间，晚岁家居，有隐君子之风。桑调元子妇患奇疾累年，一诊而愈。桑氏奇其术，作传颂之。乾隆乙亥三月二十二日卒，享年六十六。著有《灵枢素问注》、《百病主治》二书，未见刊行。［见：《余杭县志稿》、《中国历代名医碑传集》（引桑调元《弢甫集·陈广田传》）］

陈司成 字九韶。明末浙江海宁州人。祖上八世业医。自幼习儒，不通医理。年二十岁，与友人某赴试虎林，某狎妓染病，不敢彰言，私请司成诊治。司成尽发先人遗书，遍检各家秘方，竟愈友人之疾。后因家贫，弃学业医。披览《素问》、《难经》、《针经》诸书，于老人、带下、婴儿三科均有会心，尤善治杨梅疮。曾挟技游于三吴，行医二十余年，全济甚众。著有《霉疮秘录》六卷，刊于崇祯壬申（1632）。此书为我国最早之梅毒治疗学专著，曾远传日本诸国。［见：《霉疮秘录·自叙》、《重修浙江通志稿》、《遂初轩医话》］

陈司叔 清代浙江石门县人。本县妇科名医陈叔衡子。继承父学，亦以妇科著称于世。［见：《石门县志》］

陈民瞻 字学古。清代福建建宁县人。幼习举业。年十六，弃儒攻医，精痘科，擅治瘟疫。壮岁游湖粤间，每遇疫病流行，辄制药布施，全活不可胜计。著有《种痘秘要》，今未见。［见：《建宁县志》］

陈圣诚 清代江苏华亭县（一说娄县）人。早年游虎丘，得授眼科秘方，依方治病极效，遂以医知名。子陈舜道，传承父术，亦精眼科。［见：《松江府志》、《娄县志》］

陈驭虚 清代人。里居未详。精通医术，以善治疫症著称。曾治方望溪家仆疫病，命购冰，以大罂贮之，使纵饮冰水，当晚以汤剂攻之，大汗如雨，遂愈。方氏尝造访陈氏，及门，见豪势之家敦促出诊，使者稽首阶下，陈氏伏案作呻吟状，称疾固辞。使者退，陈笑曰："若生有

害于人，死有益于人，吾何视为？"［见：《中国历代医家传录》（引《大受堂札记》）］

陈邦良 清末安徽祁门县人。邑名医陈鸿猷子。继承父业，亦工医术。曾校订其父《管见医案》，刊于同治十二年（1873），今存。［见：《新安名医考》、《中医图书联合目录》］

陈邦玠 字玄秉。明代吴县（今江苏苏州）人。业医。精析《内经》，探究标本，辨论医理，每有独到之见。［见：《吴县志》］

陈邦典 号楗斋。清代福建建宁县蓝田石溪人。邑庠生。精医学，知名于时。尤擅书法，宗王羲之，笔法苍老，结构严整，得其片纸者珍为至宝。［见：《建宁县志》］

陈邦贤 (1889～1976) 字冶愚，又字也愚，晚号红杏老人。现代江苏镇江人。十三岁学习中医。1910年师事丁福保，学习中西医学，于医学史尤有研究。1924年，撰《中国脚气病史》一文。同年赴日本出席远东热带病医学会。1934年后，兼任江苏省医政学院医学史、疾病史教授。20世纪40年代，任职于教育部医学教育委员会、中医教育专门委员会、国立编译馆。1954年，任中央卫生研究院医史研究室副主任。1956年，任中医研究院医史研究室副主任。先后被选为第四届全国政协委员、农工民主党中央委员、《中华医学杂志》编委、中华医史学会常务委员。1976年2月5日病逝，终年八十七岁。陈氏为我国著名医史专家，著述宏富，所撰《中国医学史》，为我国第一部医学通史。先后出版《中外医事年表》、《医学史纲要》、《中国医学人名志》、《二十六史医学史料汇编》、《十三经医学史料汇编》、《诸子集成医学史料汇编》等书，对医史文献研究卓有贡献。［见：《中国大百科全书》、《中医大辞典》、《二十六史医学史料汇编·后记》］

陈再田 清代河南信阳县洋河店人。家境清贫，好读书，善属文，弱冠入邑庠。无意仕途，独嗜医学。博览医书，对《黄帝内经》、仲景《伤寒》、叔和《脉经》多有研究。临证诊断寻源，起死回生甚多，乡里赖之。每与县主事危尚志、孝廉戴炳荣、廪生姚寿朋诸儒医相切磨，独能屏弃名利，专意于医。平生不附权贵，鄙薄富豪，常有车马恭迎而不应者，礼貌稍弛，拂袖便去。一生清贫，敝衣粝食，宴如也。晚年发明医理，著《伤寒阐微》、《金匮要旨》诸书，稿多散佚。［见：《重修信阳县志》］

陈协埙 号补堂。清代浙江临海县人。岁贡生。兼精医术，擅外科。著有《疗疔心法》

一卷、《医学会编》若干卷，未见刊行。[见：《台州府志》、《临海县志》]

陈在山 清末人。生平里居未详。著有《运气举要》、《医学杂俎》、《云深处医案》，今存抄本。[见：《中医图书联合目录》]

陈在荣 字仁山。清代四川遂宁县人。自幼习儒，积学不售，乃淡于功名，潜习修善，以课徒为事。兼精地理、医方，乐为人治病，皆无师而自通。[见：《遂宁县志》]

陈有严 字达夫。清代浙江海宁县人。先世富藏医书，多达数百种。有严尽发而读之，久之通医，知名于时。[见：《海宁县志》]

陈有统 号环海。清代福建长乐县江田人。初习举业，因母病潜心岐黄，遂以医名。凡夏秋疫疠流行，斟酌古方施治，远近全活甚众。著有《伤寒论注》、《医学阐微》二书。殁后，其稿散佚无存。[见：《长乐县志》]

陈达夫 （1905～1979） 字大泗。现代四川西昌县人。祖上三代业医，名噪于时。陈达夫幼承庭训习儒，博览经史，工诗词，兼读医学典籍。1930年，任西昌中学校医，兼教国文。1933年悬壶于世，通治内、妇、儿诸科，尤以眼科见长。中华人民共和国成立后，历任成都中医学院教授、眼科主任、中医学会理事、四川省科协副主席等职，又被推选为四川省政协委员、四川省人大代表。著有《中医眼科六经法要》，刊于1978年。[见：《著名中医学家的学术经验》]

陈达如 （1844～1906） 清末江苏新阳县人，居西乡落霞浜。妇科世医陈椿年长子。早年入赘龚氏，妻殁，仍归本家。勤奋好学，刻苦攻读医书，善承祖业。初悬壶于乡，后设诊昆山县西门。子陈海源，亦以妇科著称。[见：《昆新两县续修合志》、《昆山历代医家录》]

陈达叟 宋末清漳（今山东肥城）人。生平里居未详。著有《木心斋蔬食谱》一卷，约成书于景炎元年（1276）。还著有《中朝食谱》一卷，二书皆存。[见：《中医图书联合目录》、《丛书举要》]

陈成烈 字用銮。清代福建长乐县十四都㧾峰人。国学生。精医术，求诊者日盈其门。一人暴病，口不能言，而眠食如故。成烈应邀往视，谓其人曰："无患。当三十五日暗自开。"及期仍不能言，疑其言为妄，复延请之。陈至，病者忽自床起，曰："先生来矣。"举家欣然拜谢。同道闻之，亦皆叹服。[见：《长乐县志》]

陈扬祖 字耀甫。清代福建长乐县江田人。精医术，专擅幼科，治痘疹有奇效。著有《痘疹新书》，今未见。子陈明佃，传承父业。[见：《长乐县志》]

陈扬镳 字午庄。清代江苏丹徒县人。精医术，治病应手奏效，求者盈门。尝谓："良相良医，皆可救世。吾诚有愧良医，但尽吾心而已。"[见：《丹徒县志摭余》]

陈尧叟 （961～1017） 字唐夫。北宋阆中（今四川阆中）人。其先河朔人，高祖翔，为蜀新井令，遂定居阆中。其父陈省华（939～1006），官左谏议大夫。尧叟端拱三年（990）举进士，授光录寺丞、直史馆，迁秘书丞。累官检校太傅同平章事，拜右仆射，知河阳。天禧元年四月卒，年五十七岁，谥"文忠"。陈氏任广南西路转运使时，岭南民俗信神而不服药，尧叟出所辑验方，令镌刻于驿站石柱，以济病者。还著有《集验方》一卷，已佚。[见：《宋史·陈尧佐传（附兄尧叟）》、《四川通志》、《中国人名大辞典》]

陈尧道 字素中。明清间陕西三原县永清里人。富商陈训子。少习举业，为诸生。颖异好学，博通经史，工诗赋古文。与名士石羡等友善，以诗文结社，有声文坛。素性恬退，诸文友相继得功名，而尧道屡试不遇，不以为意。居常野服毡帽，足迹不至公府，然名噪一时。明亡，绝意仕进。通天官、地理、星历、医卜诸学，而尤邃于医学。早年研读李中梓《士材三书》，得医学门径。后博览李杲、丹溪诸名家之书，深悟医家奥义。癸未、甲申之际（1643～1644），中原鼎沸，陈氏行医于市，治疾多获奇效，远近求诊者盈门。重医德，凡以病迎请，不分贵贱，不避寒暑风雨，有古人遗风。为人方正纯谨，常施药济贫，排纷解难，乡里敬重之。著有《伤寒辨证》（又作《活人书辨证》）四卷，其子陈嘉绩校定付梓，今存康熙间陈氏家刻本。顺治三年（1646），陈氏撰《痘科辨证》二卷，后重加增补，易名《痘疹辨证》，亦刊于世，今存康熙二十二年癸亥（1683）刻本。长子陈嘉绩，康熙癸卯（1663）举人，官至御使。次子陈孚青、幼子陈祇和，生平未详。[见：《三原县志》、《陕西通志》、《中医图书联合目录》]

陈式瀚 清代江苏徐州人。生平未详。通医理，著《医中易知录》十卷，未见梓行。[见：《徐州府志》]

陈贞乙 一作陈贞一。明末安徽歙县人。业医，悬壶阳羡（今江苏宜兴），时称名医。

后泾县名医查万合寓居宜兴，凡陈氏不能治者，查氏皆愈之。陈自悔曰："吾所习者，杀人术耳。"遂停医业，就学于查氏之门，尽得其传。[见：《医家秘奥·查了吾先生列传》、《江南通志》]

陈师文 北宋杭州（今属浙江）人。精医术，曾任尚书库部郎中提辖措置药局。大观间（1107～1110），陈师文与陈承、裴宗元等奉诏校正方书，辑《太平惠民和剂局方》十卷，大行于世，今存。[见：《宋史·艺文志》、《通志·艺文略》、《郡斋读书志》、《直斋书录解题》、《太平惠民和剂局方·序》]

陈师柴 字羔愚。清代江苏娄县璜溪人。邑名医陈治子。继承父学，亦通医理，曾校订父书。[见：《松江府志》、《女科书录要》]

陈师镐 字道雍。清代福建侯官县人。诸生。博览医经，专精幼科，尤擅治痘疹，有药到病除之效。或症不可治，则预断死期，皆不爽晷刻。乾隆庚午、辛未（1750～1751），痘症流行，小儿殇折甚多。师镐竭力救治，凡一百九十余日，日治小儿数百人，全活不可胜计。晚年体衰，每日坐诊室，待病者至，按病缓急为先后，故患者恒惴惴焉，恐其先及，不以久候为苦也。[见：《闽侯县志》]

陈光汉 清代人。生平里居未详。辑有《医学汇编·胎孕》、《医学备考·产育类》，今存抄本。[见：《中医图书联合目录》]

陈光华 清末四川冕宁县人。精医术，知名于时。[见：《冕宁县志》]

陈光远 明代昆山县（今属江苏）人。成化间（1465～1487）侨寓安亭里。医术甚精，所治多奇验。重医德，诊病不受酬谢，平素身佩金牌，上镌"不近女色"四字。一小儿患痘亡，其父将葬之，适光远至，诊之曰："汝子不死，吾当活之。"灌药而苏。某御史病，召光远诊视，光远长揖不拜，且索坐。既诊脉，曰："大人无疾，往时病中应服补中汤二十剂，灸膻中二十壮乃瘥，皆中半而止，所以复发。满之自愈。"御史惊以为神，改容谢之。他日御史造访其庐，茅舍三楹，不蔽风雨，欲为修葺，固辞不受。[见：《苏州府志》、《昆新两县续修合志》、《安亭志》]

陈光昌 字佩占，号梧村。清代江苏吴江县黎里镇人。诸生。善诗文，尤工楷书，得欧阳询笔意。以医为业，专擅妇科。著有诗集《梧村吟稿》。[见：《黎里续志》]

陈光淞 字根儒，号赘道人。清末浙江萧山县人。早年多病，读书之暇，检阅方书。后居官吴下，慕名医叶桂之学，遂考订叶氏《温热篇》，著《温热论笺正》一卷，刊于世。[见：《中医图书联合目录》、《中国历代医家传录》]

陈光裕 明清间甘州（今甘肃张掖）人。精岐黄术，知名于时。清初授医学正科。自康熙三年（1664）始，甘州医官授以印信，并置官地三十二亩，以助医学。医官印于乾隆二十四年（1758）上缴停用，官田尚存。陈氏致仕之后，刘继盛、贾秉懿先后继任医学正科，皆负盛名。诸医殁，均入祀当地医祖宫。[见：《甘州府志》]

陈光鉴 字燮经，又字雪经，自号画怡叟。清代江苏南汇县陈家行人。精医术，知名于时。[见：《南汇县续志》]

陈光熙 清末四川万县人。陈大方子。清末灾祸频繁，遂发奋习医，四乡求治者盈门。平素酌备药饵，救济甚众。[见：《万县志》]

陈当务 字惠民。清代江西抚州人。生平未详。著有《证治要义》十卷，今存乾隆四十年乙未（1775）刻本。[见：《中医图书联合目录》]

陈廷佐 清代广东连县西溪冲口人。自幼随父陈沛然习儒。一日，其父故人过访，谈及古人名相名医，皆足济世。遂弃科名，专习岐黄。得名医黄汝相指授，精通方脉，能断生死。某年秋，疠疫流行，朝发夕死，登门求医者踵趾相接。陈氏不分昼夜诊治，存活甚众。殁后多年，乡人尚追念其德。[见：《连县志》]

陈廷纲 清代广东潮阳县贵屿乡人。邑名医陈必勤次子。与兄陈廷锡，皆继承父业。[见：《潮阳县志》]

陈廷诏 字嘉言。清代四川蓬溪县人。祖陈懋绩、父陈鸿仪，皆以医术知名。廷诏幼习举业，屡试不中，遂从父习医。于医理推重李杲，临证多效验。一人腰痛如折，小便失禁，廷诏投以四君子汤，加螃蟹数个，立愈。某人久疟，廷诏投以六君子汤加蚕茧、马尾（煅灰），水煎服，亦得痊愈。[见：《蓬溪近志》]

陈廷治 清末四川合州蔡坝人。从邑名医陈启予游，尽得师传，亦为良医。[见：《合川县志》]

陈廷柱 字能睿。清代江苏太仓州人。儒医陈顾涞子。好读书，明医理。重孝义，尝随父至松江，遇盗，盗执刃向其父，廷柱以肩背受之，父得脱。年七十四岁卒。著有《医学便览》若干卷，未见流传。[见：《太仓州志》]

陈廷诰 （?～1913）字屡墀。清末江苏上海县北桥人。邑名医陈亦保孙，庠生陈先耀子。廷诰早孤，母潘氏教养成立。及长，语人曰："科举非经世之学。"遂弃举业，绍承祖业行医，专擅伤寒科。素重医德，治病不计酬金，亦不求名。光绪三十三年（1907）八月，应塘湾乡董望山之聘出诊，归途遇疾风猛雨，雷电大作，震毙轿夫二人，廷诰安坐无恙。自后，世人盛称"天打郎中"，声名益噪。[见:《上海县志》]

陈廷钧 清代江苏青浦县青龙镇人。邑痘科名医陈日允曾孙，陈维禄子。袭承家学，亦工医术。[见:《青浦县志》]

陈廷铨 字部曹，号隐莽。清代湖南清泉县人。幼攻举业，壮岁究心《内经》以下诸医书。积有岁月，临证得心应手，于针灸尤有心悟。尝谓："医者不熟十二经络，开口动手便错。"故数历寒暑，"上溯轩辕，下逮李唐，迄元明以来诸名家，搜罗其遗蕴，辑《罗遗编》三卷，刊于乾隆二十九年（1764），今存。[见:《罗遗编·序》、《中医图书联合目录》]

陈廷善 字敬充。清代安徽休宁县由溪人。世医陈士绪子。继承父学，悬壶济世。重医德，遇贫病施以药饵，赠以薪粟，活人无算。兼精绘画，善抚琴，知名乡里。[见:《休宁县志》]

陈廷楹 字两阶。清代湖北汉川县人。监生。积学不售，究心岐黄，名重于时。凡以病延请，虽风雨不辞，无论贫富，皆不取酬。九十一岁卒。著有《医方汇解》八卷，藏于家。[见:《汉川县志》]

陈廷璋 字崑山。清代四川渠县青龙场人。岁贡生。早年业儒，博通群籍，设教二十余年，邑中名达半出门下。兼精医术，治病不分贫富，皆悉意诊疗，时论贤之。平生多善举，凡修庙建桥、设仓备赈诸举，无不鼎力玉成，乡里受惠。[见:《渠县志》]

陈廷锡 清代广东潮阳县贵屿乡人。邑名医陈必勤长子。与弟陈廷纲，皆继承父业。[见:《潮阳县志》]

陈廷儒 字匊生。清代江苏阳湖县人。早年得家传，精医理。中年客游南北，活人无算，公卿交誉，名振于时。著有《诊余举隅录》二卷，刊于光绪二十三年（1897）。门生王攸芋、李浩泉、刘子铣，得其传授。[见:《诊余举隅录·何铭序》、《中医图书联合目录》]

陈廷瓒 一作陈廷赞。字襟宇。明代常熟县（今属江苏）人。推官陈璨玄孙。业小儿医。凡村童、里妪叩门，虽昏夜必往。至贫病之家，患儿啼于败絮之中，便溲狼藉，腥臊垢秽，

未尝蹙眉掩鼻。其子陈启元、陈调元，皆官县令，陈廷瓒致书诫之曰："医误，杀一人。吏误，杀一邑。我有十指糊口，无以盗泉为鼎养也。"年八十三岁卒。著有《本草发明》，未见流传。孙陈镜，得其传授，为清初名医。[见:《常昭合志稿》、《苏州府志》]

陈年光 字应元。清代广东顺德县龙山乡人。邑名医陈伟文子。继承父学，亦精医术，制方多速效。求诊者甚众，日不暇给，竟以劳致疾。殁之日，乡里深惜之。族侄陈正亨，得其传授。正亨复以术还授年光之子陈长载。[见:《顺德龙山乡志》]

陈乔玉 清代四川射洪县人。精医术，知名于时。善养生，寿至九十一岁。[见:《潼川府志》]

陈先春 明代浙江分水县人。世医陈应选长子。与弟陈仲春皆传承家学，以医名世。[见:《分水县志》]

陈先得 （1244～1327） 字辰翁。宋元间吉安太和（今江西泰和）人。早年习儒，应试不第。入元后废科举，读书不辍，兼善诗赋。其曾祖某，以医术驰名。陈先得善继祖学，兼通医术，一生救济贫病，乐此不疲。年过四十出游，累官赣州学录。年近六十，任兴国县、赣县教谕，升瑞州路西涧书院山长。任满，名上中书省，礼部注为将仕郎、赣州路儒学教授，致仕归。次年卒于家。[见:《金元医学人物》（引《吴文正公集·故将仕郎赣州路儒学教授陈君墓碣铭》)]

陈迁耀 字遴客。清代广东揭阳县霖田人。曾官州同。重义轻财，凡邻里贫乏者，助资本使之营生；遇病者，授以药饵方药。[见:《揭阳县志》]

陈延之 东晋末至南朝人。生平里居未详。著有《小品方》十二卷。该书为我国古代重要方书，唐代明文规定：陈延之《小品方》与张仲景《伤寒论》皆为医者必读之书。惜该书至宋代即亡佚，故校正医书局诸臣皆"痛其遗逸无余"。所幸其内容散见于《外台秘要》、《医心方》、《证类本草》诸书，现有辑佚本刊行。1985年日本学者真柳诚、小曾户洋在前田育德会尊经阁文库发现镰仓末期《小品方》抄本残卷（存第一卷），其文不避唐太宗讳，原书当在7世纪前半叶传入日本。[见:《隋书·经籍志》、《小品方·序》、钱超尘《〈小品方〉残卷与仲景医书》]

陈伟文 字杼周。清代广东顺德县龙山乡人。邑名医陈粗文族弟。精医术，户外求

治者履常满。每遇疑难证，未尝率意立方，必遍稽医书，务得确解乃已。子陈年光，能世父业。[见：《顺德县志》、《顺德龙山乡志》]

陈传焯 一作陈传倬。字见三。清代江苏元和县人。生而颖异，善读书。其父因事为富人所讼，破其家产，时传焯年仅十五，发奋读书。以养家故，兼习医学，弱冠即神明其术，有声于乡。后游扬州，治疾每获奇效，声望日隆，遂徙家于扬。尝谓："古人治疾，皆入山采药。今人取药于廛肆间，故医者依方治疾，或不效，非尽医不良，药亦有误焉。"于是即所居之傍设肆市药，亲督子弟经理，诚信不欺。凡求治疾者兼求药，治效益神。遇贫病者，与药不取值，扬州人益重之。年逾八十，始谢病不复临诊。[见：《初月楼闻见录》、《吴县志》]

陈仲达 元代饶州安仁县（今江西鹰潭）人。继承先业，精通医理，善识药物，治病多良效。博涉经史，勤奋好学。与同郡李存相友善，每相聚，辄清言至午夜。[见：《金元医学人物》（引《俟庵集》）]

陈仲和 明代吴县（今江苏苏州）人。儿科名医陈彦斌子。继承家学，亦以儿科著称。长子陈公学、次子陈公贤（1433～1500），皆以医名，公贤官至太医院判。[见：《吴县志》、《苏州府志》、吴宽《家藏集·慈幼堂记》]

陈仲经 元末括苍（今浙江丽水）人。精医术，兼擅针灸。推重金代名医李杲（1180～1251），临证多效验。曾挟技游京师，翰林承旨张翥，雅重其术。[见：《金元医学人物》（引《胡仲子集·送陈仲经赴京师序》）]

陈仲春 明代浙江分水县人。世医陈应选长子。与兄陈先春皆传承家学，以医名世。[见：《分水县志》]

陈仲威 清代人。里居未详。精医术，擅长外科。甥许观曾（1898～1939），得其传授。[见：《中国历代医史》、《吴中名医录》]

陈仲常 字明扬。元末钱塘县（今浙江杭州）人。祖籍汴梁（今河南开封）。妇科世医陈仪芳后裔。远祖陈沂，精通妇科，宋建炎、绍兴间（1127～1162）官翰林金紫良医，因医疗功，获赐御前罗扇，子孙世以为荣。传至仲常，亦精妇科，名重于时。宋时罗扇已敝，乃刻木为扇，悬于门首，世以"陈木扇"称之。子陈以善、陈南轩，孙陈惟康，皆以医著称。[见：《杭州府志》、《日本现存中国散逸古医籍》（引《陈氏族谱》）]

陈伊相 清代四川大竹县人。通医学，以术济人，遇贫病助以药资。性好善，广修桥路。同治元年（1862）捐谷四百石，县令赠额"急公好义"。年八十七岁卒。[见：《续修大竹县志》]

陈伦炯 字见万。清代福建人。里居未详。由荫生晋狼镇总兵，官至松江提督。因祖母年老多病，留意医学，手辑医方成书，朝夕披阅，藉以调养。[见：《海曲拾遗续补》]

陈自明 字良甫。南宋临川（今江西临川县西）人。自幼好学，尤好读家藏医书。年十四岁，乡人郑虎卿妻黄氏，怀孕四月余而病，每午惨戚悲伤，泪下不止，群医束手。陈自明乃令人告郑曰："先人曾治此证，名曰脏躁悲伤，非甘麦大枣汤不愈。"郑以医书印证之，相合，一剂而愈。及长，医道大行，嘉熙间（1237～1240）任建康府明道书院医学教授。尝谓："医之术难，医妇人尤难。医产中数证，则又险而难。"故潜心妇产科，颇有建树。晚年复致力于外科，采摭群言，参以《内经》诸医典，自成体系。著有《妇人良方》（又作《妇人大全良方》）二十四卷，刊于嘉熙元年（1237）。纪昀等于《四库全书总目提要》评此书曰："采摭诸家，提纲挈领，于妇科证治详悉无遗。"陈氏还著有《外科精要》三卷，成书于景定四年癸亥（1263），后世奉为圭臬，今存明薛己校订本。另有《备急管见大全良方》十卷，今存抄本。[见：《宋史艺文志补》、《世善堂藏书目录》、《抚州府志》、《中医大辞典》、《中医图书联合目录》]

陈自道 字太古。明代华亭县（今属上海）人。邑名医陈时荣次子。袭承父业，亦以医术知名。[见：《松江府志》]

陈全之 字粹仲。明代福建闽县人。嘉靖二十三年甲辰（1544）进士。兼通医药。辑有《食物本草》二卷，今佚。[见：《闽侯县志》]

陈企棠 清代江苏川沙县长人乡二十保二十五图人。业外科，善治骨伤。曾游学浙东，得高僧秘传，由是医术益精。[见：《川沙县志》]

陈兆泰 字祖偕，号六符。清代福建长乐县东渡人。世业医，其祖陈松，父陈衡，皆有声于时。兆泰袭承家学，精研《伤寒》、《金匮》诸典籍，临证洞见本源，细心体验，投方效如桴鼓。道光间（1821～1850），县令王履谦以"恒心"二字旌其门。著有《证治一隅》十六卷、《医学时习》十二卷、《万方主治》八卷，均未梓。[见：《长乐县志》]

陈兆翔 字荣甫,号星华。清末江苏苏州温家岸人。邑名医苏效东胞弟。嗣于陈氏,故改陈姓。得兄传授,亦精医术,知名于时。[见:《吴县志》、《吴医汇案选辑》]

陈名宦 清代湖南宜章县人。监生。例授修职郎。以医为业,兼精内外科。重医德,遇贫病施诊赠药,其他善举亦多,乡里贤之。[见:《宜章县志》]

陈名标 字昌道。清代湖南郴州人。贡生。性朴诚,好学不倦。掌教东山书院二载,训课不辍。年八十岁,犹赴乡试,皆不遇。精医理,求治者盈门,活人甚多。八十四岁卒。著有《医宗摘要》等书,今未见。[见:《直隶郴州总志》]

陈亦保 字肃庵。清代江苏上海县北桥人。府庠生。工书法,精医术。闵行巡检沈祥煊,平素无疾,陈氏谓其将患"心悬气怯"症,不久果如所言,治疗获愈,人以为神。年八十二岁卒。著有《自讼斋医案》四卷,今未见。子陈能澍,亦善医。[见:《上海县续志》]

陈冲素 字虚白。明代人。生平里居未详。著有《规中指南》二卷,今存明洪梗校订本。[见:《中国医学人名志》、《中医图书联合目录》]

陈兴璜 清代福建邵武县人。善岐黄术,活人甚众,名重于时。寿九十一岁殁,不知姓名者皆来吊唁。[见:《重纂邵武府志》]

陈汝守 字允贞,号柏园。清代山东昌乐县人。监生。貤封承德郎内阁中书。精医术。年九十岁卒。著有《柏园集》,存佚不明。[见:《昌乐续志》]

陈汝明 清代四川雷波厅人。精医术,屡起沉疴。重医德,诊病不索酬,遇贫病施济药饵。道光十九年(1839),兵燹后疫疠肆行,陈氏制药传方,全活甚众。[见:《雷波厅志》、《叙州府志》]

陈汝霖 清代安徽旌德县陈村人。邑名医陈以周子。与兄陈士辉,皆继承家学,以医知名。[见:《旌德县志》]

陈汝懋 字克修,号月航。清代江苏吴江县人。乾隆间(1736~1795)在世。幼年多病,隐于医,得养生术。生平好善乐施。年七十五岁卒。

陈守一 明代兴化县(今属江苏)人。邑名医陈澪子。绍承父学,亦工医术。著有《医学运气考正》,未见刊行。[见:《兴化县志》]

陈守瓶 (1857~1911) 清末江苏青浦县金泽区田山庄人。从本邑卫氏学医,通针灸、咽喉、外科。学成归里,悬壶于乡,医名大噪,四方就诊者云集。好学钻研,熟读《医宗金鉴·外科心法》。于喉证尤精,所用丸散膏丹,必选地道药材,亲自修合,依法保藏。光绪间(1875~1908)喉症流行,日治百余人,每多危重者,无不转危为安。又擅刀针,指日收功。医德高尚,恤贫怜苦,为乡里所称颂。年五十五岁卒。有三子一婿,皆继承其术。[见:《青浦县志》]

陈安定 清代江苏靖江县人。邑疡科名医陈彬孙,陈大鹏长子。与兄陈天骏从父学医,皆精疡科,尤擅接骨,知名于时。[见:《靖江县志》]

陈阶升 字念义。清代浙江山阴县人。精通医术,善治肺病,名闻百里之外。著有《医案》,惜毁于太平天国时期。同邑高润之,尽得其传。[见:《绍兴医学史略》、《绍兴地区历代医药人名录》]

陈如山 清代江苏常熟县墩头丘人。邑名医陈憩亭子。继承父学,亦工医术。著有《陈如山方案》,今存。[见:《江苏历代医人志》、《中医图书联合目录》]

陈如銮 清代江苏江都县瓜洲镇人。精医术,知名于时。子陈湘,曾孙陈元椿,皆传承家学。[见:《江都县续志》]

陈观山 字云鸿。清代浙江桐乡县人。精医术,知名于时。[见:《桐乡县志》]

陈寿昌 清末江苏上海县人。生平未详。通医理,为青浦名医何长治门生。[见:《何鸿舫编年药方墨迹》]

陈均锡 明初吴县(今江苏苏州)人。邑名医陈德卿子。传承父业,亦精医术。子陈孟玉,孙陈锜,皆以医名。[见:《中国历代名医碑传集》]

陈孝钧 清末江西丰城县小港乡人。其父陈瀚琇,得少林寺武学真传,兼精伤科。孝钧仅得其父伤科秘方,未继承武功。[见:《丰城县志》]

陈孝积 号倥侗子。明代浙江龙泉县北隅人。涉猎史学,尤精医道,为永乐间(1403~1424)龙泉名医。著有《灵兰指要》、《存爱遗论》等书,行于世,今未见。[见:《龙泉县志》]

陈志明 字养晦。明代湖北黄安县人。早年习医,不得肯綮,遂游学天下,遍访名师。北游燕蓟,西入关中,东至白下(今南京),

南涉湘沅，久之妙悟医理，临证无不奇中。于伤寒阴阳二证、汗吐下三法，尤有体会。曾增补陈长卿《伤寒五法》（又作《窥垣秘术》）五卷，安陆雷芳利刻行世，业医者宗之。今存崇祯四年（1631）树滋堂刻本。康熙五年（1666），石楷又校订本书，并增按语重刊，今亦存。[见：《黄安县志》、《湖北通志》、《中国医籍大辞典》]

陈芳生 清初浙江仁和县人。生平未详。撰有《疑狱笺》四卷、《洗冤集说》八卷、《辟谷方》一卷，今皆存。[见：《重修浙江通志稿》、《中医图书联合目录》]

陈克宾 （1835～1913）字东侯，号敬堂。清末湖南蓝山县人。陈太虚五子。文行兼修，旁通医术，临证极审慎，名重于时。民国二年四月卒，享年七十九。葬之日，哭送者甚众。辑有《医方》八十余种，今未见。[见：《蓝山县图志》]

陈克恕 字体行，又字健清，号目耕，又号吟香。清代浙江海宁县人。工篆刻，精眼科。好著述，所作医书有《银海金锓》（又作《银海金针》）若干卷，未刊。医书之外，尚有《篆刻针度》、《几希斋印存》、《篆学示斯》、《篆体经眼》、《印人汇考》、《砚说笔谭》等。[见：《海宁州志稿》、《海昌备志》、《海宁县志》]

陈杏林 元代人。里居未详。精通医术，官潮州医学教授。李孝光赠诗赞之曰："三千驿路上滩船，九品医官半百年。药市得钱添月俸，杏林收谷当公田。北书渐觉江鸿远，南食初尝海鳄鲜。不用越巫驱瘴疠，家家传取卫生篇。"[见：《金元医学人物》（引《五峰集补遗·送陈杏林赴潮州医学教授》）]

陈杞枳 清代河南新乡县人。邑名医陈锦塘子。绍传父学，亦精医术。[见：《新乡县续志》]

陈吾典 明代吴县（今江苏苏州）甪直人。性坦直。精医术，专擅幼科。四方抱携求诊者，不远百里。年七十九岁卒。[见：《吴郡甫里志》]

陈医博 佚其名。宋代人。生平里居未详。以医术知名，世称陈医博。台州徐侍郎患时疾，初愈未及十日，与宠姬同床，当夜头昏发热狂躁，诸医疗之不效。陈医博与徐相友善，闻讯诊视，令取宠姬内衣，割当阴处之布烧灰，以乳香、酒调服，药下而安。徐问："此方出甚文字？"医博答曰："出于《外台秘要》。"[见：《历代名医蒙求》]

陈步云 清代山东潍县北乡田尔庄人。早年教读于太医院判庄守和家，遂从之习医。术既精专，入内廷诊病，获奇效，授太医院吏目。惜不永年，病殁京寓。[见：《潍县志稿》]

陈步梯 清代人。生平里居未详。撰有《新编济世良方》一卷，今存光绪十七年辛卯（1891）台湾刻本。[见：《中医图书联合目录》]

陈时升 字云衢。明代高淳县（今属江苏）人。精通数学。晚年因病习医，以术济世，活人甚多。[见：《高淳县志》]

陈时宠 明代浙江青田县人。世代业医，至时宠亦精。邻人举家染疫，连亡数人，亲族惊避。时宠登门施治，应手奏效。[见：《青田县志》]

陈时荣 字颐春。清代江苏华亭县人。精医理，治病多奇效。遇危疾，终夕沉思，必求治愈而后已。江西张植之客游华亭，患羸疾。时荣诊之曰："肺为虫蚀。"投以药，下虫及恶血，百日而痊。一女子患病求治，至则气绝。时荣以布覆其身，以井水渍委中穴，复以针刺之，血如泉涌，遂苏。上海乔时敏患寒疾，毒留两胫如锥刺，法当截足。时荣作大剂，炊热，盛布囊中，纳足于内，冷则易之。治疗五日，起行如常。陈氏重医德，常施药以济贫病，遇危疾辄终夜沉思，必求愈之乃已。八十四岁卒。著有《二难一览》（又作《三难一览》）、《病机提要》二书，均未见刊行。次子陈自道、侄陈明善，皆为名医。[见：《松江府志》、《中国医籍考》]

陈时瑞 清代四川简阳县人。邑名医廖振宗门生。从师有年，尽得师授，亦以医名世。其师生前辑《医案会编》八卷，未竟而殁，时瑞续成之，今未见。[见：《简阳县志》]

陈秀森 字岱燊。清代江苏高淳县人。精医术，专擅儿科，求治者甚众。[见：《高淳县志》]

陈我章 字斐然。清代四川资阳县人。少习举业，父殁家贫，习医以养媵母。性格平易，医术精湛，沉疴痼疾，应手奏效，名播于四乡。[见：《资阳县志》]

陈佐清 字睿选，号勉堂。清代江苏铜山县人。精医理，临证增减古方，悉中症结。尝曰："医病只可七分，留三分自愈，方不伤病者元气。"年九十二岁卒。[见：《铜山县志》]

陈佑槐 （?～1806）字学山。清代江苏青浦县青龙镇人。外科世医陈御珍子。继承父学，声名益噪，与世医何世仁齐名。嘉庆丙寅

（1806）秋，何世仁疽发于颈，邀陈氏诊治。时陈氏已抱病，至则先请何氏诊脉，然后治何氏之疮。事后，何对家人曰："陈公疾不可为矣。"陈氏出，亦诊断何氏病入膏肓，不久于人世。至九月，何氏辞世。未半年，陈佑槐亦殁。子陈焘，绍承家学，亦工外科。［见：《青浦县志》］

陈体全 清代广东南海县人。家境清贫，天性纯孝。母病瘫疾，三年不愈，体全祈祷于西樵山，遇采药翁，出篮中草药一把，方书一卷，授之曰："嘉子纯孝，草可疗母疾，方书习之，一生衣食勿虑也。然利济之心不可忘。"体全敬受其教，归家煎药疗母，服之竟得痊愈。后勤诵方书，久之精医，治病多奇效。嗣后，手制丸药，施济贫病，全活无算。年九十，无疾而终。子陈祖光、陈祖开，皆以医术知名。［见：《广东通志》］

陈体芳 号我兰。清代浙江永嘉县人。诸生。生性高洁，不谐流俗。儒学之外，致力于《素问》、《难经》诸医典，参以前代名家方论，遂贯通医理。临证以切脉为主，治病多获良效。好以医术济人，遇贫病者馈之以药，乡里德之。著有《医门撮要》十二卷、《养春堂脉法求是》若干卷，惜未见刊行。［见：《永嘉县志》］

陈作新 字振起。清代湖南泸溪县人。诸生。精医术，察脉投药，多获奇验。方壮年丧偶，义不再娶。［见：《辰州府志》］

陈伯光 明初浙江丽水县人。传祖、父业，以医术知名。曰："三才一理，治道无二。天地将病，祲祥豫形；人生将病，气色先征。病之将至，其机乃萌。防微遏机，百病不生。机动形见，力倍功半。"御史中丞刘基，雅重其术。［见：《浙江通志》］

陈伯适 清代江西崇仁县人。生平未详。著有《诊家索引》八卷。此书条列二十八脉，分脉象、主病、参变三门，考证精微，辨类明晰。今未见流传。［见：《崇仁县志》］

陈伯梅 清代江苏川沙县长人乡人。世医陈宝善子。继承家学，亦以医名。［见：《川沙县志》］

陈伯潮 字子南。明代昆山县（今属江苏）淞南千墩镇人。父陈镛，为嘉靖元年（1522）举人。伯潮幼习举业，为县学生员。后传冯氏眼科，遂精医术。凡青盲痼疾，点药可愈，名闻遐迩，多所救济。［见：《淞南志》］

陈希武 元代长洲县（今江苏苏州）人。平江路医学正陈元善子。传承父学，不仕，以医为业。子陈孟敷，亦承家学。［见：《中国历代名医碑传集》（引吴宽《家藏集·河南阳武县儒学训导陈先生墓表》）］

陈希恕 字养吾，又字梦琴。清代江苏吴江县芦墟人。疡科名医陈兔次子。早年习举业，为诸生。善诗，笃于朋友之交。壮年家道中落，从其兄陈希曾学医，以疡医著名。著有《陈希恕医案》二百二十二卷，又手撮其要，编为十册，以训子侄。子陈应元，袭承家业。婿沈曰富，撰《陈先生治疾记》，记述其医疗事迹。［见：《吴江县续志》、《苏州府志》、《冷庐医话》］

陈希曾 字省吾。清代江苏吴江县芦墟人。疡科名医陈兔长子。幼习家学，亦以疡科问世，知名于时。弟陈希恕，中年从其学，亦著名。［见：《吴江县志续编》、《苏州府志》、《冷庐医话》］

陈含章 清代人。生平里居未详。著有《保童济世论》一卷，刊行于世，今未见。［见：《清史稿·艺文志》、《八千卷楼书目》］

陈应义 号小楼。清代广东罗定县西门人。咸丰间（1851～1861）附贡生。以儒精医，知名于时。［见：《罗定县志》］

陈应元① 字菊庭。明代浙江丽水县人。精医术，知名于时。当地多疫疠，以术施济，不计药值，全活甚众，人皆德之。著有《经验良方》，为医家所重，今未见。子陈启慧、陈启秀，俱传父业。［见：《丽水县志》、《处州府志》］

陈应元② 字骈生。清代江苏吴江县人。疡科世医陈希恕子。绍承父学，亦工医术。［见：《吴江县续志》］

陈应时 清代甘州（今甘肃张掖）人。精岐黄术，知名于时。与朱映同、陈应学俱为甘州医官。乾隆十三年（1748），诸人创修药王大殿三间，奉祀历代名医神位。［见：《甘州府志》］

陈应泗 清代河南禹县人。精医术，知名于时。［见：《禹县志》］

陈应学 清代甘州（今甘肃张掖）人。精岐黄术，知名于时。与朱映同、陈应时俱为甘州医官。乾隆十三年（1748），诸人创修药王大殿三间，奉祀历代名医神位。［见：《甘州府志》］

陈应选 明代浙江分水县人。邑名医陈文礼侄。陈氏世代业医，至应选尤精其术，治辄获效，不计酬报。有司旌表其门。弟陈应魁，子陈先春、陈仲春，俱有医名。［见：《分水县志》］

陈应埙 清代江苏江阴县人。精医术，知名于时。与同邑戚秉恒、沈绶、黄五辰、陈明祈齐名。[见:《江阴县志》]

陈应常 字芝城。清代福建长乐县人。邑名医陈元犀门生，黄奕润之婿。[见:《中国历代医家传录》(引《女科要旨·陈跋》)]

陈应旄 明代人。生平里居未详。著有《秘传痘疹神书慈幼玄玄》，今存明万历三十八年庚戌 (1610) 刻本。[见:《中医图书联合目录》]

陈应期 清代浙江德清县新市镇人。精医术，著有《初鸣集》若干卷。子陈定国，早年习儒，后研习父书，遂精医理。[见:《新市镇续志》]

陈应魁 明代浙江分水县人。世医陈文礼侄。与兄陈应选皆得叔父传授，以医术知名。[见:《分水县志》]

陈应熊① 明代安徽歙县人。邑名医陈统尧子。继承父学，亦工医术。[见:《歙县志》]

陈应熊② 号明川。明代浙江金华县人。深通易理，精明方脉，治病不计利。[见:《金华县志》]

陈怀斗 字裕光。清代四川温江县人。早年习儒，家贫，教塾自给。兼精医理，为人疗疾，从未受一钱。性忠厚，好养生术，年九十八岁卒。[见:《温江县志》]

陈怀玉 清代山西猗氏县人。儒医陈暨均孙。初习举业，以增生贡太学。得祖父传授，医术益精，求诊者无虚日，未尝索谢。[见:《山西通志》]

陈怀瑀 字介浦。清代四川罗江县人。自幼多病，然好学不倦，常作子夜读，恐母戒止，每闻母至，辄移灯暗处，俟母去，挑灯复读如故。留心医药，久之精其术。乡邻以病延请，皆赴诊，应手辄效。[见:《罗江县志》]

陈沛鹤 清代浙江镇海县人。精医术，专擅幼科。邻人小儿患气逆证，家人以为气绝，将葬之。沛鹤燃菜油灸儿脐，又针穴位多处，得活。[见:《镇海县志》]

陈灿庆 字履安。清代江苏丹徒县人。精医术，治病多奇效。年五十八岁卒。子陈奎壁，亦以医知名。[见:《丹徒县志摭余》]

陈宏远 字又班。清代浙江石门县人。世医陈善南侄。早年习儒，为府庠生。善承家学，亦精医道，能辨疑难病症。性诚挚，即视微疴，亦不敢草率。尝曰:"剧症皆由微疾成，吾辈死生所寄，岂可忽略为哉!"[见:《石门县志》、《海宁州志稿》]

陈宏宾 清代湖南零陵县人。邑名医陈贤安子。绍承父业，亦以医名。[见:《零陵县志》]

陈宏晓 清代湖南长沙县人。生平未详。著有《痘疹济世真诠》三卷，今存嘉庆十六年辛未 (1811) 刻本。[见:《长沙县志》、《中医图书联合目录》]

陈宏烈 字伯襄，号休道人。明代浙江慈溪县人。诸生。性恬静，不慕荣利，家境清贫，茹蔬衣褐，箪瓢屡空，晏如也。究心医术，治病多奇效。工诗，与钱文荐相唱合。著有《医学艺余》、《休道人诗集》，未见流传。[见:《慈溪县志》、《宁波府志》]

陈良元 字王初。清代江苏嘉定县南翔镇人。邑名医陈琯子。太学生。继承家学，亦工医术。子陈大进，克传父业。[见:《南翔镇志》]

陈良友 元代临川 (今江西抚州) 人。三世业医，至良友术益精。治病不择贫富，不计酬报。一日，为乡里恶少所害，双腿骨折。伤愈残废，策杖始能行走，然济物之心不泯，日理丹药，孜孜不倦。肃政廉访使程钜夫，素重陈氏良德佳术，延至苏州。吴澄亦赋诗赞之曰:"直躬为惠不为贪，股折肱存幸未三。施报稍乖疑有怠，精坚自誓转无惭。人虽微疾肯坐视，药试奇功在立谈。凡候熟知消息事，相逢一笑问图南。"[见:《金元医学人物》(引《吴文正公集·赠医人陈良友序》)]

陈良佐 字锡山，又字锡三。清代浙江山阴县人。潜心研医，博览《内经》、《难经》、《伤寒论》、《金匮要略》诸医典，尤推重吴有性《温疫论》。撰有《陪赈散论说》一卷，刊于道光二十年 (1840)。又撰《陪赈散方论》(又作《二分晰义》)一卷，刊于咸丰十年 (1860)。[见:《浙江医籍考》、《绍兴医学史略》]

陈良绍 明代长洲县 (今江苏苏州) 人。世医陈孟敷子。传承家学，以医知名乡里。娶妻韩氏，为太医院判韩彝 (?~1413) 之女。子陈颀，任武阳县儒学训导，亦通医术。[见:《中国历代名医碑传集》(引吴宽《家藏集·河南阳武县儒学训导陈先生墓表》)]

陈良炳 元代吴县 (今江苏苏州) 人。祖籍临淮，先世宦宋南渡，占籍于吴。精通儒学，兼工医术。曾任翰林院学士同知太医院事，官居三品。子陈新斋，孙陈道，皆通医术。［见：《苏州府志》、《金元医学人物》、《中国历代名医碑传集》（引王鏊《震泽集·太医院判陈君墓志铭》）］

陈启予

清代四川合州（今合川县）永里蔡坝人。弃儒习医，精其术，治病多效。不自满足，出游访师，足迹遍大江南北，无所遇。后遇江西汤某，以《灵枢》、《素问》、《伤寒》、《金匮》诸书疑难处请教之。汤某穷源竟委，解释尽然。启予折服其学，因执弟子礼。从学年余，医术大进。后设医学堂于汉州、金堂、什邡等地，从游弟子甚众。晚年归乡，诊视之暇，仍辟馆授徒。活人之余，兼治牛马羊豕等病，皆一二剂获效。先后收徒四百余人，其著名者，若吴光慧、邵时韬、陈廷治、杜阳生、陈春山、袁后安，皆其高足。启予后以寿终。著有《本草歌括》、《伤寒金匮附翼韵编》等书，为当时教授之本，诸门生视为秘宝，转相传抄，未梓。［见：《合川县志》］

陈启见

字文明。明清间湖南祁阳县人。祖籍衡阳县排山铺。早年遇异人，授以治疟痢方，疗效如神，遂以医知名。顺治（1644~1661）初，清军征两粤，贝勒某自衡阳得痢疾，过祁阳，嘱县令访名医。县令举陈氏，投剂而愈。遂偕赴粤月余，赠五百金以归。［见：《祁阳县志》］

陈启秀

明代浙江丽水县人。邑名医陈应元子。与兄陈启慧，皆传父业。［见：《丽水县志》］

陈启运

清代顺天府宛平县（今北京卢沟桥镇）人。生平未详。著有《痘科摘要》四卷，今存道光十五年（1835）绿竹轩刻本。［见：《中医图书联合目录》］

陈启明

字旭东。清代江苏阜宁县人。邑名医陈宗培子。自幼习医，足不出户者三载，遂精其术。按脉观色，决死生无或爽，名噪大江南北。弟陈太初，子陈文三，皆工医术。［见：《阜宁县志》］

陈启胤

字叔开，号忆山。明代吴县（今江苏苏州）角直人。世以医名。淡于仕途，有隐德。［见：《吴郡甫里志》］

陈启善

字敬臣。清代江苏沛县人。太学生。深研理学，兼精医道。临证投剂辄效，求治者盈门。年七十三岁卒。［见：《徐州府志》、《沛县志》］

陈启源

清代广东南海县人。生平未详。著有《理气溯源初集》，今存。［见：《中国历代医家传录》（引《理气溯源初集》）］

陈启慧

明代浙江丽水县人。邑名医陈应元子。与弟陈启秀，皆传父业。［见：《丽水县志》］

陈君佐

元明间江都县（今属江苏）人。善医。性滑稽。洪武（1368~1398）初，任太医院御医。太祖尝问之曰："朕似前代何君？"君佐对曰："陛下酷似神农。"太祖："朕闻神农形体极异，卿何以言之？"对曰："陛下不似神农，如何能尝百草？"盖天下未定时，太祖与士卒曾掘草根而食，故以"尝百草"对之。太祖闻言大悦。永乐时（1403~1424），弃官为道士，戴黄冠，卖药于武当山中。卒，葬山中石穴。［见：《扬州府志》、《江都县志》］

陈君镇

字与公。清代浙江乌程县人。少习举业，中年探求医理。博览群经，融会仲景、河间、子和、东垣、丹溪诸家。处方不泥古法，每见奇效。曾随严宗伯入京师，达官贵人争以礼致之。［见：《湖州府志》、《乌程县志》］

陈际昌

清代四川潼南县人。世代业医，至际昌术益精。临证有胆有识，善用重剂以治重病，人或疑而畏之，而药下辄效。尝谓："重所当重，重则易于见功；轻不当轻，轻则反以滋过。"同道皆服其论。金堂县举人邓林，在于筠琏幕中，旧恙复发，连更数医，日重一日，已濒于危。时有唐、张二医，皆谓当以重剂治疗，而不敢用药，故力荐陈际昌。邓氏从其言。际昌至，连进大剂，经旬而沉疴起，渐次而痊。邓林深感其德，及陈际昌以所撰《医道溯源》四卷相示，邓遂为之作序，惜未见流传。陈氏还著有《脉诀一见晓》一卷，今陕西中医学院图书馆藏有《陈氏脉学》一卷，题"陈际昌撰"，为清代刻本，疑即此书，待考。［见：《潼南县志》、《中医图书联合目录》］

陈青云

字从龙。清代河南新安县后峪人。其祖、父均善治痘症。青云袭承家学，术益精。陈氏世重医德，有祖训"医学五戒"：一曰正人品、二曰慎口过、三曰勿爱利、四曰无惜名、五曰慎粗率。青云曾以先人《痘疹精言》、《痘疹琐言》二稿为蓝本，证以古人之书，辑《痘疹条辨》若干卷，未见刊行。子陈禄存，孙陈德慧，亦以痘科知名。［见：《新安县志》］

陈青传

清代江苏上海县人。精医术。孤介绝俗，书法工致。所制药方作尺牍式，纸墨鲜好，钤以引首押尾，印章经数十年墨色如初，人多收藏之。［见：《上海县志》、《海上墨林》］

七画

陈坦飞 清代山东人。生平里居未详。著有《伤寒论（注）》、《痘疹论》，今未见。[见：《山东通志》]

陈英明 清代广东普宁县人。邑名医陈勋士子。继承父学，亦以医名。[见：《普宁县志》]

陈其玑 字玉衡。清代江苏江宁府人。工医术，通内外科。临证审慎，遵古方而运以心裁，时奏奇效。将卒，召子陈荣，告之曰："医以活人，非利术也！愿尔习业济人，成吾未竟之志。"[见：《新修江宁府志》]

陈其昌 字兆隆。清末河南获嘉县人。光绪间（1875～1908）岁贡生。通医理。尝谓："汉张机著《伤寒论》，后世有伤寒、温病之分，而不知治法虽有不同，其理实有可通。"著有《寒温穷源》一卷，今未见。另著《温证发微》二卷，今存1923年河南商务印刷所铅印本。[见：《获嘉县志》、《中医图书联合目录》]

陈其晋 字康斋。清代浙江海盐县人。生平未详。著有《康斋医案偶存》一卷，今存。还著有《痉症汇考》一卷，亦刊行，今未见。[见：《八千卷楼书目》、《中医图书联合目录》]

陈其殷 字楚奎。清末湖北蕲州人。弱冠补弟子员。键户读书，久不赴乡闱。同治九年庚午（1870），师友强就试，遂获售。一试春官不中，绝意进取。铨选知县不就，日以经史自误。著有《知鉴录》五十六卷、《续纲目》八卷、《读史余言》二卷。因善病，精岐黄术。著有《脉法指掌》、《经络全解》、《古方辨略》、《新方解略》、《医学指要》等书，藏于家。[见：《黄州府志》、《蕲州志》]

陈其瑞 字蕙亭。清代浙江平湖县人。初习举业，赴试不售，乃以末秩试吏于吴中，仍落落不得志。自少读黄帝书，精通医理，通明药性，疗病辄效。省垣设官医局于吴县，陈其瑞董其事，与李灵石朝夕共事十二年，活人无算。著有《本草撮要》十卷，刊刻于世，今存光绪二十八年（1902）资生堂刻本。[见：《本草撮要·序》、《中医图书联合目录》]

陈林南 明代昆山县（今属江苏）人。工医术，永乐间（1403～1424）官越府良医正。公卿达人，多折节与交，诗文酬赠。[见：《昆新两县续修合志》]

陈奇生 清代锦州（今属辽宁）人。精医术，擅长痘科。著有《痘科扼要》（又作《陈氏痘书》）一卷，传于门生穆氏。穆氏治愈锦州知府金山之子，金氏遂刊刻此书，今存雍正十三年（1735）刻本。[见：《中医图书联合目录》、《中国医学大辞典》]

陈叔田 清末江苏常熟县人。青浦名医何长治门生。[见：《何鸿舫编年药方墨迹》]

陈叔衡 佚其名（字叔衡）。清代浙江石门县人。精医术，以妇科著称。子陈司叔，侄陈韶舞，皆工医术。[见：《石门县志》]

陈贤书 清代湖南人。生平里居未详。著有《伤寒论笺》十卷、《外科集要》二卷，未见流传。[见：《湖南通志》]

陈贤安 清代湖南零陵县麻园人。精医术，名重于时。每日鸡鸣，延请者满户，按路远近，依次施治。有医德，遇贫病赠以药，不取钱。尤擅小儿科，全活危重患儿甚多，以父事之者多达数十辈。子陈宏宾，传承父业。[见：《零陵县志》]

陈尚恒 佚其名（字尚恒）。明代昆山县（今属江苏）人。其先祖为苏州人，世业儿科，后徙居昆山。陈尚恒善承祖业，医术尤精，嘉靖间（1522～1566）官太医院院判。因愈皇子疾，世宗赐匾"良士堂"，并"道在恒心传世久，志存培德活人多"楹联。尚恒有二子（皆佚名），遂命长房子孙以"恒"为字，次房以"培"为字。六世孙陈立方，七世孙陈德昌，皆以医术负盛名。[见：昆新两县续修合志》、《昆新两县志》]

陈国坦 字泽丰。清代广东始兴县顿纲人。岁贡生。性情质直，文章纯雅。留心医术，下药谨慎，每遇危证，以缓治为宗，不以人命侥幸取利。重医德，治病不计诊酬，赖以全活者甚众。[见：《始兴县志》]

陈国彦 字康民。清代江苏嘉定县人。诸生。工诗、善医，兼精堪舆术。著有《陈氏医案》二卷，未见流传。[见：《嘉定县志》]

陈国栋 字一隅。清代广东新会县人。性孝友。自幼习儒，从南海何梦瑶游。何深于医理，国栋传承师学，以术活人，救济甚众。弱冠探视其父友人梧州李星垣，以捕盗功，授官把总。旋往云南，奉檄入缅，备尝艰阻，著有劳绩。乾隆（1736～1795）末归乡，筑盘园草屋，吟咏其中。年近八十，无疾而终。[见：《南海县志》、《新会县志》]

陈国笃 清代人。生平里居未详。著有《眼科六要》一卷，今存咸丰元年辛亥（1851）贵州胡霖刻本。[见：《中医图书联合目录》]

陈国泰 清代四川资州人。精医术，擅伤科，接骨尤有神效。遇人手足跌折，骨节断碎，施以手法，复故如常，百不失一。重医德，遇贫病者，概不取酬。年九十岁卒。子孙世承其业。[见：《资中县续修资州志》]

陈国榜 字士登。明代安徽休宁县人。徙居霍山。世代业医，至国榜术益精，知名于时。[见：《休宁县志》]

陈国睿 (1776～1854) 清代四川云阳县人。精医术。性格平易，襟怀坦白，以济人为念，乡里敬重之。年七十八岁卒。[见：《云阳县志》]

陈昌胤 一作陈昌允。宋代人。生平里居未详。曾官太常主簿。著有《百中伤寒论》三卷，已佚。[见：《崇文总目辑释》、《通志·艺文略》、《国史经籍志》]

陈昌祚 宋代人。生平里居未详。著有《明时政要伤寒论》三卷，已佚。[见：《宋史·艺文志》、《通志·艺文略》]

陈昌浩 字邦华。明代广东南海县人。生性至孝，十余岁代父掌家务。少有文才，不利于科场。因母病习医，以资奉养，遂以医终其身。[见：《南海忠义乡志》]

陈昌龄 字元益，号半帆。清代江苏吴县人。居北濠街。国学生。从本县名医顾文烜学，为乾隆间 (1736～1795) 吴县名医。著有《痧疹今昔不同治法亦异说》、《辨活人书妇人伤寒之说》二文，刊于《吴医汇讲》。[见：《吴医汇讲》、《吴县志》]

陈易生 清代广东平远县石正人。幼失父母，勤俭成家。以医为业，舍药济人。年八十余，犹鹤发童颜，飘然若仙。[见：《平远县志》]

陈明佃 清代福建长乐县江田人。本邑幼科名医陈扬祖子。继承父学，亦精儿科，尤善种鼻痘。[见：《长乐县志》]

陈明祈 清代江苏江阴县人。精医术，与同邑戚秉恒、沈绶、黄五辰、陈应埙齐名。[见：《江阴县志》]

陈明善 字抱元。明代华亭县（今属上海）人。邑名医陈时荣侄。三岁丧父，由陈时荣养育成人，授以医术。后以医术知名。[见：《松江府志》]

陈明遇 北宋汴梁（今河南开封）人。真宗时 (998～1022) 防御史陈天益后裔。世精医术。神宗时 (1068～1088) 官至宣徽南院金事。后裔陈元忠，官翰林院待制，亦通医理。[见：《日本现存中国散逸古医籍》（引《陈氏族谱》）]

陈明曦 清代湖南长沙县人。生平未详。著有《本草韵语》二卷，刊于光绪二十一年 (1895)，今存。[见：《中医图书联合目录》]

陈鸣佐 明代山东鱼台县人。幼年丧父，赖寡母养育。年既长，事母以孝闻。思有益于世，乃潜心学医。悬壶四十余年，活人甚众。重医德，治病不计利，遇贫者赠以药，世称其德。[见：《鱼台县志》]

陈季桐 清末浙江鄞县人。从天台名医赵廷海学，追随既久，深通秘奥，尤擅种牛痘。曾增订其师《增补牛痘三要》，附自著《牛痘余论》于卷末，重刻于世。[见：《鄞县通志》、《中国医学大成总目提要》]

陈秉钧 (1840～1914) 字莲舫，号庸叟，又号乐余老人。清末江苏青浦县人，居朱家阁。世代行医，历传十九代不衰。其祖陈煮，父陈垣，皆以外科著称。陈秉钧幼习举业，补生员。曾纳资为候补刑部郎中。既而南归，绍承家学，精研经方，洞晓脉理，擅内、外科。于医理推重李杲，临证以保胃气为本，所疗多奇效，有国手之称。光绪二十四年 (1898)，皇帝患病，特诏征四方良医。两江总督刘坤一、湖广总督张之洞皆力荐秉钧。至京师，所定方出于诸医之上。嗣后，孝钦皇后病，复征之。先后入宫五次，皆称旨，赐匾"恩荣五召"，命留御药房审查方药，每退值，辄令内监扶掖。生性质朴，不喜自炫，遇病家邀诊皆步行，贫困者不受酬谢。光绪三十四年 (1908) 迁沪设诊，寓居叙桥，时称陈御医。曾任上海广仁堂医务总裁及各善堂施诊所董事。著有《女科秘诀大全》、《医学启悟》、《陈莲舫先生医案》、《加批时病论》、《十二经分寸歌》、《医案拾遗》、《御医请脉详志》等，今存。另有《瘟疫议》、《庸庵课徒草》、《风痨臌膈四大证论》、《加批伤寒集注》、《医言》等，皆毁于火。子陈山农，侄陈箓猗，孙陈范我，均继承家学，以医名世。[见：《江苏历代医人志》、《中国历代名医传》、《清代名医医案菁华》]

陈所蓄 明代福建邵武县人。精医术，凡他医不能治者，延之多愈。专以救人为务，不因贫富而异视。[见：《福建通志》]

陈金声 字子和。清代江苏泰县人。生平未详。著有《伤寒金匮辨正》四卷，分水知县吴同甲为之作序，称其书"采诸家说，其要以能述古切理，治人中病为主"。今未见流传。[见：《泰县志稿》]

陈金岐 字小嵩。清代湖南攸县人。善琴好弈，暇日静处书室，焚香诵《南华经》。每会客，抚弦操琴，使人意消。逸兴未阑，则楸枰继之。晚年精研《素问》，深通医理，郡县推为国手。年八十岁卒。著有《铜人图说》若干卷，惜未见流传。[见：《攸县志》]

陈念祖 （1753～1823） 字修园，又字良有，号慎修。清代福建长乐县湄村人。祖父陈居廊，博学通医。父陈廷启，号二如，早卒。念祖幼年家贫，刻苦习儒，兼习古代医典，尤推重仲景之书。早年肄业于福州鳌峰书院。乾隆五十一年（1786）补诸生。此后随名医蔡宗玉学，尽得师传。乾隆五十七年中举，寓居京师。刑部郎中伊朝栋中风，不省人事，手足偏废，汤米不入者十余日，群医皆云不可治。念祖以大剂起之，声名大震，求治者日盈其门。次年，某权贵强令念祖馆于其家，辞不赴，托病归乡。乾隆五十九年，授威县县令，善体民情，不事鞭挞，遇事能断，公余为民治病，绰有贤声。嘉庆六年（1801）夏，奉命察灾于恒山，时温疟流行，误死于庸医者甚多。念祖审天时，问世俗，相人体之肥瘠寒暖，制药丸三品，散给城乡，全活无算。又精选验方一百零八首，编《时方歌括》，广布于世。嘉庆二十四年（1819）以年老乞休，讲医学于嵩山井上草堂，从学者甚众。凡来请业者，必先授以自著《伤寒论浅注》、《金匮要略浅注》二书。居乡仍以医济世，临诊必详审脉息，料断如神，回生起死，远超众医之上，人以仲景后身称之。道光三年卒，享年七十一。生平好著述，大多语言浅近，便于初学，故流传颇广。除上述三书外，尚有《长沙方歌括》、《金匮方歌括》、《伤寒医诀串解》、《神农本草经读》、《医学三字经》、《医学实在易》、《医学从众录》、《女科要旨》、《时方妙用》、《景岳新方砭》、《十药神书注解》、《医医偶录》等数十种，刊刻于世。子陈元豹、陈元犀，孙陈心典、陈心兰，皆继承家学。[见：《长乐县志》、《陈修园传》（《福建中医药杂志》1957年第3期）、《清史稿·陈念祖传》、《中医图书联合目录》、《长乐六里志·陈修园先生年表》]

陈迩行 清代江苏吴县浒墅关人。邑名医陈懿玉族人。以幼科著称于世，全活婴童无算。[见：《浒墅关志》、《吴县志》]

陈怜时 （1883～1952） 字觇丹。现代江苏青浦县（今上海青浦区）金泽镇田山庄人。咽喉外科名医陈守瓶次子。自幼随父学医，深究医理，侍诊多年，尽得父学。初悬壶于金泽镇，1939年徙居吴县周庄镇行医，专业咽喉外科。精于辨证施治，认为"外症不废内因，治外必先治内"。时医多谓喉症总归于火，相沿成习。陈氏不循旧说，谓喉症亦有阳虚，当以补火治之，独具灼见。每遇疑难病症，皆能悉心辨证，妙手回春，声名益噪，求诊者四方云集。行医五十余载，深得病家赞誉。撰有《疗疮外科与咽喉治验》及《医案》，皆散佚于兵燹。次子陈正一、四子陈仲仁，皆善承父学，为当代名医。[见：《昆山历代医家录》]

陈学了 清代四川崇宁县人。祖籍湖南，康熙间（1662～1722）随父经商入川，定居崇宁。性惇厚，尚俭朴。晚年精医术，暇则遍览释老诸书，与青城山僧道尤友善。居常破衲布衣，出则携杖，挂一葫芦，腰悬药囊，贮丸散膏丹及针灸等物，遇人疾苦，随处而治。有赵生患疫，家人恐传染，弃于庙中，奄奄待毙。陈氏闻之，独赴庙中，晨夕调治，饮食便溺，皆亲料理。月余，赵氏痊愈，终生感其盛德。[见：《崇宁县志》]

陈学可 清代浙江镇海县人。精医术，治病未尝望报，乡里德之。[见：《镇海县志》]

陈学礼 字体舒。清代江西广昌县丁家庄人。究心医术，施药济人。[见：《广昌县志》]

陈学洙 字兰亭。清代江苏川沙县长人乡王家港人。祖上七代业外科，善治疮毒。学洙善承家学，挟技游于江浙各地，所至闻名。苏松太兵备道余晋珊，推重其术，赠以"神乎其技"匾额。[见：《川沙县志》]

陈学恭 字敬亭，号焰山。清代福建侯官县金沙人。名医陈元犀门生。[见：《女科要旨·跋》]

陈学乾 字健行。清代江苏太仓州璜泾镇人。性耿介，以医术知名。子陈宗器，传承父业。[见：《璜泾志稿》]

陈学程 字传道。清代河南柘城县人。以医为业，擅治痘疹，知名于时。[见：《柘城县志》]

陈法昂 字肇甫，号艺兰室主人。清初浙江山阴县人。生平未详。曾修订明代龚太宇《伤寒心法大成》四卷，刊刻于康熙四十三年（1704），今藏中国中医科学院图书馆。[见：《浙江医籍考》]

陈治典 字伯雍。清代江苏华亭县人。祖父陈圣诚，父陈舜道，皆工眼科。伯雍生性磊落慷慨，绍承家学，亦以医术知名。太仓王

时敏病目，坐深阁重帏中，医疗经年无效。陈氏应聘往，诊为积寒未解，为之立方，以火燃药徐徐熏之，目遂张，三日后自帏中出，闻者称奇。陈氏子孙繁盛，多以儒医知名。［见：《娄县志》《松江府志》］

陈治道 字贤本，号玉台。明代湖北蕲阳（今蕲春）人。通医理，精产科。尝谓："生育，妇人之常，非病也，故不用药，不延医，瓜熟蒂落，原无难生、倒生、横生之异。岁时无不罹此苦者，由女流生长闺阁，理即载书，何曾习闻？临产时徒以两命，寄一稳婆之手。遇老练善良者，顺缓急而调之，子母俱适于安，此亦偶中，而非谙于理也。值蠢而恶者，全昧节次，率意妄施，或顺令之逆，因而伤命。"有鉴于此，遂"据胎产古本，参以耳目见闻，集为一书"，撰《保产万全书》二卷，刊刻于世。此书原本国内已佚，据丹波元胤《中国医籍考》，日本尚存。万历四十一年（1613），吴兴吴子扬整理陈氏书，合以自撰《痘症要诀》，名之曰《保产痘症合编》，重刻于世，今存梁治麟刻本，书藏上海中医药大学图书馆。［见：《中国医籍考》、《泾县志·吴子扬传》、《中医图书联合目录》］

陈宝光① 字文曙。清代江苏昭文县人。诸生。精医术，治病应手辄效。暇则治经史不辍。晚年研究《周易参同契》，习导引术，竟因是得疾，寻卒，时年五十余。著有《读易钩沉》、《春秋发微管见》、《两汉臆断》等书，存佚不明。［见：《常昭合志稿》］

陈宝光② 字珍阁。清末广东新会县人。生平未详。著有《医纲总枢》四卷，今存光绪十六年庚寅（1890）刻本。［见：《中医图书联合目录》、《中国历代医家传录》］

陈宝晋 字守吾。清代江苏泰州贺曹庄人。嗜古学，喜收藏，尤精医术，与同邑刘汉臣齐名。［见：《泰州志》］

陈宝善 清代江苏川沙县长人乡人。诸生。邑名医陈广涛孙，陈叙卿子。绍传家学，亦工医术。子陈伯梅，亦以医闻。［见：《川沙县志》］

陈宗仁 北宋人。里居未详。精医道，曾任太医局医官。重和元年（1118）七月，宋徽宗应高丽太子之请，以阁门祗侯曹谊为使，率翰林医官太医局教授赐紫杨宗立，翰林医谕太医局教授赐紫杜舜华，翰林医候太医局教授成湘，迪功郎试医学录陈宗仁、蓝苗携药材赴高丽，诊疗之外，培训医药人才。［见：《中国医学史》（高等中医院校参考丛书1991年版）］

陈宗文 明代江西泰和县人。自幼随父宦游浙中，遇良师授以医术，尤善太素脉，断病无不奇中。性豪放，嗜酒，视财利如土芥。重气节，虽权贵子弟，必以礼延请，方为诊治。［见：《吉安府志》］

陈宗和 字惠卿，号甘泉。清代四川金堂县人。廪贡生。官金堂县丞。兼通医术，著有《甘泉医案》，今未见。医书外，尚有《青门兵燹录》、《汉南诗草》诸书，存佚不明。［见：《金堂县续志》］

陈宗培 清代江苏阜宁县人。通医术，擅内外科，名重一时。［见：《阜宁县志》］

陈宗望 宋代人。生平里居未详。著有《陈氏小儿方》一卷，已佚。［见：《通志·艺文略》］

陈宗器 清代江苏太仓州璜泾镇人。名医陈学乾子。好学能文，传父业，以医知名。［见：《璜泾志稿》］

陈定国 字建奇，号淳庵。清代浙江德清县新市镇人。邑名医陈应期子。邑增生。文品并著。尝赴秋试；游吴山，遇卜者言："科名、子嗣不可兼得，君其奚择？"自此，决志不应科举。取父所著《初鸣集》及家藏《灵枢》、《素问》诸书，刻意研寻。久之洞明医理，临证能以己意参互用之，所治率应手而愈，遂以医鸣。子陈卓，亦工医术。［见：《新市镇续志》］

陈定泰 字弼臣。清代广东新会县人。自少习医，而治验不多。道光九年（1829），因母病访医羊城，遇其师王昭孚，得见王清任《医林改错》，慨然有探访经络之志。友人胡琴川曰："非求西洋医不可。"遂造访外国医生，得阅人体解剖之书。嗣后，以西洋人体图考证王清任诸说，兼及古代脏腑经络图，著《医谈真传》二卷，成书于道光二十四年（1844），刊刻于世，今存光绪元年（1875）刊本。还著有《风月楼医谈》二卷、《症治辨源》四卷、《医一贯》一卷、《本草亲尝》二卷、《（本草）总纲》一卷，家贫未梓。子陈绥尊，继承父学。［见：《明季西洋传入之医学》］

陈定涛 字德渊，号一瀔。清代福建侯官县人。父陈纲，邑庠生，有癫痫疾，发则昏仆，醒则如常。定涛朝夕侍汤药，遂攻研医学。父殁家贫，悬壶长乐县，岁积数十缗，归葬父母，敬先睦族。其医以古法为宗，而临证活法圆机，多著奇效，延治者不绝于门。尝谓："但愿人无病，何妨我独贫。"晚年尤精脉法，能知人生死。道光甲午（1834），郡多疫病，犯吐泻者多暴死，凡得陈氏诊治者，百不失一。福清县谢某腹胀脐突，医书以肿及脐突为不治，陈氏勉为治之。同郡名医陈念祖怪为妄，及闻治效，大为叹服。著有《药义辨伪》二卷、《药性补遗》一卷、《伤寒论集说便读》六卷，未见刊行。[见：《闽侯县志》]

陈实功（1555～1636）字毓仁，号若虚。明代通州（今江苏南通）人。幼年多病，及长，究心《素问》、《难经》诸医书，于外科尤得秘要。行医四十余年，治病不求报，大江南北赖以全活者不可胜计。有老妇年七旬，背生巨疮，奄奄待毙，家人皆以为不可治。实功诊视，曰："根脚两无混杂，脏腑各无败色，可治。"以葱艾汤淋疮口，复以利剪去其顽肉，通其脓管，出污血三碗，敷以药。继服回元大成汤，不出百日而痊。一妇腮生毒疔，延请陈氏诊视。实功曰："疔毒走黄，当不治。"妇闻之泣下如雨，曰："吾全家将绝！"实功问："何以至此？"妇曰："丈夫不肖，儿女幼，无以托，终将流落！"实功不忍弃之，乃备火酒，刺疮出脓三四碗，外敷膏，内服药，三月竟瘳。晚年得黄白之术而不为。年八十二岁卒，闻者无不悲泣。著有《外科正宗》十二卷，大行于世。[见：《通州直隶州志》、《外科正宗·自序》、《医藏书目》、《中医大辞典》]

陈实孙　字又群，号师竹。清代江苏仪征县人。如皋县诸生。工诗、善医。慷慨好交，排难解纷，不厌其烦，有"穷孟尝"之称。尝语人曰："人不作良相，当作良医，以其济于世也。"值大疫之年，以药活人，全济甚众。著有《时疫大意》一卷，其门人崇仁县令万宗洛为梓行，太傅阮元、祭酒吴锡麒，为之作序。还著有《医学大意》一卷、《春草堂诗集》若干卷，今皆未见。[见：《仪征县志》、《通州志稿》、《扬州画舫录》]

陈居仁①　字宅之。元代浙江鄞县人。温州路医学正陈瑞孙次子。生性忠厚，洞明经史，精通医术，善治奇疾。地方大吏荐授昌国州医学正，辞而不受。后复荐为医学教授，敕命未下而卒。四子陈公亨，继业尤精。[见：《鄞县志》、《金元医学人物》、《补元史艺文志·难经辨疑》]

陈居仁②　清代福建长乐县西隅人。精医学，善诊脉，能预决死期，世以卢扁称之。[见：《长乐县志》]

陈孟玉　明代吴县（今江苏苏州）人。世医陈均锡子。传承家学，亦精医术。永乐

（1403～1424）初，诏访名医入京，孟玉在选。次子陈锜，虑父年高不胜其劳，代任太医院医士。长子陈镒（1374～1455），官至左都御史。[见：《吴县志》、《中国历代名医碑传集》]

陈孟敷　明代长洲县（今江苏苏州）人。平江路医学正陈元善孙，邑名医陈希武子。传承家学，以医为业，知名乡里。子陈良绍，继承其学。[见：《中国历代名医碑传集》（引吴宽《家藏集·河南阳武县儒学训导陈先生墓表》）]

陈承羔　字赟卿。清代江西武宁县安乐乡晓湾村人。幼习举业，因亲老弟幼，家境寒窘，弃儒业医。研究《内经》之旨，疗病多中。重医德，遇贫病无依者，赠以药，乡里感德之。县令张凤辉，以"和缓遗风"额其门。年过六旬卒。辑有《经验急救方》及《医案》，未梓。[见：《武宁县志》]

陈绶生　近代四川西昌县人。邑名医陈介卿子。继承父业，亦以医名。[见：《中国历代医家传录》]

陈绍诗　清代人。生平里居未详。著有《学轩医略》一卷，其子陈浑然刊刻于道光丙午（1846），今存佚不明。[见：《贩书偶记续编》]

陈绍勋　字云门。清末人。生平里居未详。著有《内经撮要》三卷，今存1946年旭升印刷社石印本。[见：《中医图书联合目录》]

陈绍虞　字舜卿。清代河南新乡县人。性刚直，好术数。善察阴阳五行之气，能预测晴雨旱涝。著有《五运六气详图》、《奇门全图》，藏于家。[见：《新乡县志》、《新乡县续志》]

陈经国　号南庐。清代江苏金山县人。诸生。精通医术。与同邑吕绍元同辑《四诊集成》二卷（一说为吕绍元撰）、《证治汇辨》六卷，未见刊行。[见：《金山县志》]

陈春山　清代四川合川县人。从邑名医陈启予游，尽得师传，亦享盛名。[见：《合川县志》]

陈珍如　明代吴县（今江苏苏州）人。儿科名医陈履端子。继承父学，亦精儿科。[见：《吴县志》、《苏州府志》]

陈南轩　佚其名（字南轩）。明初浙江钱塘县人。祖籍汴梁（今河南开封）。妇科世医陈仲常次子。与兄陈以善继承家学，皆工妇科。[见：《日本现存中国散逸古医籍》（引《陈氏族谱》）]

陈枳田　明代吴县（今江苏苏州）人。世代工医，至枳田益精，尤擅幼科。曾得宋代刘昉《幼幼新书》残卷，传其子陈履端。履端

访觅多年，竟得该书全璧，遂重刻于世。[见：《幼幼新书·陈履端序》]

陈树周 字献之。清代四川简州人。廪贡生。家富于资，少而好学，通经史，明故训，兼通医理。不善治家，好宾客，晚年家产罄尽，悬壶成都，以为生计。日诊不过五人，重症则一人而止。其人"宽衣博冠，长身鹤立，望之若古人"。常宿青羊宫中，喜眠，能数日不起饮食，人以陈抟喻之。于医理有独到见解，尝疑《本草》不尽可信，谓："如黑色入肾，赤色入心，通草通气之类，皆不足信。"同邑名医孙子千，临证用药和平，视大黄、细辛为禁品。陈氏深以为非，尝谓："世人惑于医者意也一语，创为种种奇方，实皆不中理解，故有心疾食豕心，肺疾食豕肺者。又有菊花去蒂，竹叶抽筋，桑枝取东向，河水用逆流，自矜精细，以炫俗流，而医学晦盲。故世之病而弗死者，皆疾有转机，自能霍然，非医药之力也。不服药为中医之说，顾未可厚非哉！"著有《药性论》上中下三篇、《医学卮言》四卷，今未见。[见：《中国历代名医碑传集》（引《近代名人小传》）]

陈树培 字吉夫。清代四川南溪县人。精医理。凡诊视，必殚心竭力，乡里称之。[见：《南溪县志》]

陈树蕙 清代湖南湘潭县人。精医术。门生周贻观，得其传授。[见：《秘珍济阴·序》]

陈咸亨 字邦弼，号瀛峤。清代江苏吴江县黎里镇人。少习举业，屡不得志，遂肆力古学。尤深于医，为人治病，著手辄效。年七十余，犹走烈日下不惮。[见：《黎里续志》]

陈咸寿 （1906～1944） 字雨香。近代江苏昆山正仪镇落霞浜人。世医陈锡钵四子。绍承祖业，为陈氏世医第七代传人。随父学医，技成，悬壶于千墩镇（今茜墩镇）。[见：《昆山历代医家录》（引《陈氏七世中医》）]

陈咸喜 （1900～1922） 字时香。近代江苏昆山正仪镇落霞浜人。世医陈锡钵次子。绍承祖业，为陈氏世医第七代传人。随父学医，技成，悬壶于太仓沙溪镇，名驰遐迩。[见：《昆山历代医家录》（引《陈氏七世中医》）]

陈咸善 （1903～1934） 字墨林。近代江苏昆山正仪镇落霞浜人。世医陈锡钵三子。绍承祖业，为陈氏世医第七代传人。随父学医，技成，悬壶于嘉定县南翔镇。民国初加入神州医药总会。颇负时望，病家赠"妙手回春"匾。[见：《昆山历代医家录》（引《陈氏七世中医》）]

陈咸嘉 （1897～1956） 字香涛。现代江苏昆山正仪镇落霞浜人。世医陈锡钵长子。绍承祖业，为陈氏世医第七代传人。幼承家学，从叔祖陈子仙学。技成，悬壶于菉葭浜、夏驾桥、昆山县城，擅治伤寒、妇科。因治愈某妇产后沉疴，声名大噪。临证审慎，依证立方，疗效显著，治不孕症尤多奇功，名闻方圆数县。重医德，出诊常步行，以减轻病家负担。1946年加入昆山中医师公会，被推举为常务理事。1953年任城区联合诊所主任。门人夏铭德等，传承其学。[《昆山历代医家录》（引《先父陈香涛生平事略》）]

陈咸熹 （1916～1945） 字震香。近代江苏昆山正仪镇落霞浜人。世医陈锡钵幼子。绍承祖业，为陈氏世医第七代传人。随父学医，技成，悬壶于安亭镇。[见：《昆山历代医家录》（引《陈氏七世中医》）]

陈奎璧 字绍安。清代江苏丹徒县人。邑名医陈灿庆子。传承家学，亦精医术。[见：《丹徒县志摭余》]

陈显嘉 清代江苏常熟县梅李镇人。业疡医。治病刀针、药饵并用，每能顷刻奏效。嘉庆间（1796～1820）双目失明，以手诊病，不异初时，乡里称奇。[见：《常昭合志稿》]

陈昭遇 字归明。北宋南海（即广东南海）人。世以医术知名，至昭遇益精。开宝（968～975）初，挟技游京师。时军中病者甚多，陈氏日治百余人，风、劳、气、冷诸疾，治之无不愈，声名日盛。未久，荐入太医院，充翰林医官。医疗有功，授温水主簿，加光禄寺丞，赐金紫，举世以神医称之。平生不读医书，人请其所习，不能应答。尝语所亲曰："今之医者虽明方书，不会医病，岂胜我哉？"开宝六年，奉敕与刘翰、马志、翟煦、吴复珪等详校本草，编《开宝新详定本草》二十卷，已佚。太平兴国三年（978），又与王怀隐、王祐、郑奇等编修《太平圣惠方》一百卷，大行于世，今存。[见：《宋史·王怀隐传（附陈昭遇）》、《宋史·刘翰传》、《历代名医蒙求》、《南海县志》]

陈思齐 字景贤。北宋鄱阳（今江西波阳）人。幼聪慧，读书过目不忘。既长，遭家难废学，投笔叹曰："晦迹方剂，亦仁术也。"乃挟医术遍游天下，悦宜兴山水清丽，遂定居。临证悉遵古法，沉疴痼疾，他医不能治者，指日可愈，名重于时。有医德，见人患病，"心惴惴焉如己苦之"，遇贫困者，济以薪菽，赖以全活者甚众。年六十二岁卒。子陈存成、陈阜成、陈敏成、陈彦

647

成，皆习举业，阜成官舒城县尉。[见:《中国历代名医碑传集》（引《摛文堂集·陈君墓志铭》)]

陈思堂 字孔坚。清代湖北兴国州永章里人。监生。精通医术，全活无数，诊病概不受值。著有《伤寒辨正》二卷，今未见。[见:《兴国州志补编》]

陈思敬 字泰初，号鹤山。清代台湾府台湾县人。连江县训导陈鹏南子。思敬自幼习儒，补同安县庠生。乾隆十八年（1753）中副榜贡生。兼精医学，自设药肆，以疗贫病，乡人称为善士。著有《鹤山遗稿》，未见梓行。[见:《台湾通志》]

陈思椿 字念劬。清代江苏崇明县人。精医术，知名于时。年七十二岁卒。[见:《崇明县志》]

陈星斗 清代四川大邑县人。深于医理，临证善以古方加减，每见奇效。年九十五岁卒。[见:《重修大邑县志》]

陈勋士 清代广东普宁县人。自幼好学，通岐黄，以术济人，凡所诊视，洞见病源。性坦率，平生多善举，乡里贤之。子陈英明，继承父学。[见:《普宁县志》]

陈峰峰 清代江苏南汇县人。精医术，知名于时。门生瞿焕文，尽得其传。[见:《南汇县志》]

陈钟莲 清末人。里居未详。以医为业，知名于时。子陈渔洲，传承父业。[见:《中国历代医家传录》（引《白疹秘钥·袁敬仁序》)]

陈钟盛 字雅德，号怀我。明代江西临川县人。祖父陈文遂，父陈用朝，皆博学有文名。钟盛自幼习儒，万历四十七年己未（1619）举进士，授海丰县令。历任松江府教授、国学助教、礼部主事、南京兵部主事、礼部郎中、苏州知府、曹濮道等官。晚年因病归乡，逾年卒。陈氏留心医药，辑有《奚囊便方》四卷。按，今存天启乙丑（1625）刻本《奚囊便方》四卷，题"陈朝阶撰"，陈朝阶与陈钟盛关系待考。[见:《临川县志》]

陈钦训 明代嘉定县（今属上海）人。邑名医陈杲侄孙。得陈杲亲传，工医术。[见:《嘉定县志》]

陈复正 字飞霞。清代广东惠州人。自少好学，网罗百氏，淹贯群言，于《周易》、《尚书》、《参同契》诸书，皆穷究其枢要。因病究心医术，于幼科尤有研究。早年入罗浮山为道士，名所居曰种杏草堂，得养生导引诸法。后邀游海岳，行迹几半宇内，所至之处，以医药济世，沉疴立起。重医德，遇贫病者不受酬谢，且以参术相资。天性疏放，不随俗俯仰，意所不合，虽豪富显贵，招之不至。行医四十余载，济人甚众。对儿科尤多心悟，曾著《幼幼集成》六卷，刊于乾隆十五年庚午（1750），为后世医家所重，该书今存。[见:《幼幼集成·自序》、《遂初轩医话》、《中国医学大成总目提要》、《中医大辞典》]

陈复我 清代江苏无锡县人。自少习医，专精痘科。寿至一百零二岁。[见:《锡金识小录》]

陈叙卿 清代江苏川沙县长人乡人。邑名医陈广涛子。继承家学，亦工医术。子陈宝善，孙陈伯梅，皆传医业。[见:《川沙县志》]

陈胜民 清代江苏常熟县人。精外科，治瘰疬尤奇验，知名于时。[见:《常昭合志稿》]

陈亮工 明代河南襄城县人。精医术，知名于时。子陈瑄，继承其业。[见:《许州志》]

陈亮斯 清代湖南武陵县人。生平未详。曾于康熙间（1662～1722）著《伤寒论注》，未梓。[见:《中国医籍考》]

陈奕山 清代浙江鄞县人。生平未详。著有《痘科辑要》一卷。鄞县曹氏集古阁曾藏有旧抄本，今未见。[见:《鄞县通志》]

陈奕端 （?～1910）字恪三，号章甫。清末四川蓬溪县人。性颖敏，善属文。尝从邓德生讲心性之学，自励励人。其授徒，学规整肃，循循善诱。素精医术，宣统元年（1909）任京师平和戒烟局事，大兴鹿相国礼重之。京师医学式微，陈氏至则声名大噪，活人以千计，而不轻诊王公贵人。在京甫一年，病归，旋卒。射洪文映江为之作传。著有《章甫遗集》十卷、《北京医案》一卷，藏于家。[见:《蓬溪近志》]

陈彦斌 明初吴县（今江苏苏州）人。儿科名医陈道子。父早卒，受医术于母，后亦以儿科名世。子陈仲和，继承家学。[见:《吴县志》、《苏州府志》、吴宽《家藏集·慈幼堂记》]

陈恒峰 明代广东南海县人。精医术，知名于时。侄陈善谋，医名尤盛。[见:《南海忠义乡志》]

陈炳星 清代河南渑池县裴村人。邑名医陈景虞子。继承父学，亦以医名。[见:《中州艺文录》]

陈炳泰 字鲁彦。清末人。生平里居未详。撰有《颍川心法汇编》，今存光绪十九年（1893）刻本。[见：《中医图书联合目录》]

陈总卿 字华父。宋代人。生平里居未详。著有《经验方》，已佚。[见：《中国医籍考》]

陈洪进 清代福建仙游县人。世代业医，知名于时。子陈锦泉，传承父业，门生甚众。[见：《中国历代医家传录》]

陈洪范 字禹书。清代江苏泰州戚家湾人。早年习医，师事温病名家袁辅治，多有心得，知名于时。开设半济堂药店于苏州，远近驰名。道光二十二年（1842）疫疠流行，陈氏游历七省，施药济世，全活甚众。[见：《续纂泰州志》]

陈洪度 字大庵。清代江苏吴县人。世医陈宪后裔。早年习儒，候选州同知。绍承家学，于幼科尤所擅长。每值痘疹流行，竭力救治，全活无算，巡抚赠匾表彰之。子陈琼葆，传承父业。[见：《吴县志》]

陈洪春 清代四川江津县人。生平未详。著有《新刊经效妇科》一卷，今存咸丰七年丁巳（1857）刻本。[见：《古书目录》、《中医图书联合目录》]

陈洞天 佚其名（号洞天先生）。明代云南鹤庆县罗陋川人。早年遇异人，授以炼丹术。归则炼制丹药，广济穷困，世人德之。遇瞽者，投丹少许，光明如好目。远近踵门求济，户限为穿。晚年以所得著《洞天秘典》一书，多前贤未发之旨，人争购之，遂号"洞天先生"。[见：《云南通志》]

陈济功 字巨川。清代四川简阳县八角庙人。性敏悟，善属文。屡试不利，弃儒习医。博览古来医籍，洞悉枢要，求治者不绝于门。尝谓："药乃戕生之物，少服为要。"诊疗之暇，性嗜读书，经史、数术，无不备览。年六十二岁卒。[见：《简阳县续志》]

陈济庵 宋末庐陵县（今江西吉水）人。精医术，知名于时。子陈恕翁，传承父业。[见：《金元医学人物》（引《青山集》）]

陈济章 清代四川简阳县东禾丰场人。精医术，曾治愈某大吏奇疾，医名顿起。不以医谋利，虽延诊者车马盈门，馈遗有加，视之若尘土。年八十四岁卒。子陈澐，亦以医术著称。[见：《简阳县续志》]

陈冠六 （1898～1983）现代江苏昆山市人。早年毕业于山西大学，读书期间从名医施今墨习医。1921年随施氏入京，侍诊于和平门内中西医院，后入施氏所创中医学社深造。先后从师十余年，医术大进，遂悬壶上海。1929年任中央国医馆设计委员。后行医于苏州，病者远道求治。1957年，配合上海医史博物馆收集苏州中医药文物，寻访徐灵胎画眉泉别墅及摩崖石刻二十六题，访得大境村徐灵胎墓及吴江涧溪草堂旧址、薛雪扫叶山房故居、陆九芝《世补斋医书》木版等，得王吉民馆长函谢。1979年人大常委会胡厥文副委员长患病，陈氏应邀赴京会诊，遣方投药，疗效显著。胡厥文亲书"医学大师，多年硕德，济人不倦，广留后泽"条幅致谢。陈氏著有《苏州历代名医录》（今存稿本）、《中国历代瘟疫考》、《苏州药材生产情况》等书（后二书已佚），皆未梓行。[见：《昆山历代医家录》、《吴中名医录》]

陈祖开 清代广东南海县人。邑名医陈体全次子。继承父学，亦以医名。[见：《广东通志》]

陈祖光 清代广东南海县人。邑名医陈体全长子。继承父学，亦以医名。[见：《广东通志》]

陈祖庚 字秋晴。清代江苏华亭县人。邑名医陈铿子。传承父学，复师事名医何其伟（1774～1837），侍诊十年，切脉、处方，尽传其学，师殁始归。[见：《松江府志》]

陈祖统 明初苏州（今江苏苏州）人。祖籍溧阳县。世医陈世成（1307～1373）幼子。与兄祖善，皆传承家学。[见：《中国历代名医碑传集》（引高启《凫藻集·陈希文墓志铭》）]

陈祖绥 字培之，号寿世。清代江西新昌县天宝乡人。精医术，活人不可胜计，名重于时。[见：《新昌县志》]

陈祖善 明初苏州（今江苏苏州）人。祖籍溧阳县。世医陈世成（1307～1373）次子。与弟祖统，皆传承家学。[见：《中国历代名医碑传集》（引高启《凫藻集·陈希文墓志铭》）]

陈祝尧 字献三。清代江苏兴化县人。邑名医陈凤起子。继承父学，亦工医术，遇贫病施赠药饵，有其父之风。[见：《续兴化县志》]

陈统三 清代山东昌邑县下湾社人。诸生。同治丁卯（1867）因办军饷有功，奖五品衔。善医，治病不受谢，遇贫病赠以药，人多敬之。著有《痘疹辨伪》、《眼科要略》二书，未见刊行。[见：《昌邑县续志》]

陈统尧 明代安徽歙县人。邑名医陈龙子。继承父学,亦工医术。子陈应熊,克传家业。[见:《歙县志》]

陈逊斋① (1608～1672) 明末南京(今江苏南京)人。早年习儒,出仕为官,后辞归乡里。家贫,专心研习医学,请益名流,勤力精进,寝食俱忘。历二十余年,淹贯《内经》奥理,通悟阴阳之道。虽未悬壶,医术过于专门,病家常延请诊视,无不死而复生。陈亮功之子患病,卧病十载,遍延名医不愈。陈逊斋后至,诊之曰:"必不死!"遂为立方,用人参、附子至数两,诸医皆摇首咋舌。幸病者深信不疑,依方服药,霍然而愈。陈氏早年与兄师事董其昌(1555～1636),请益书法。董氏教以运腕之法,复以平素所服延寿丹长寿秘方授之。陈氏既得良方,自服甚验,年逾七旬,童颜渥丹,白髭再黑,不愿自秘,遂刊刻印行,以广其传。此方详载于《卫生汇录》,今存。[见:《卫生汇录·重刻大宗伯董玄宰先生秘传延寿丹方》、《中国历代医家传录》]

陈逊斋② (1888～1946) 近代福建长乐县人。名医陈念祖七世孙。初习举业,中年后以医问世。曾办国医传习所于南京。抗日战争时避居四川广安县,与承澹盦(1893～1957)合办国医内科训练班。著有《伤寒论改正并注》、《金匮要略改正并注》、《温病学讲义》,前二种今存。还著有《笔记》一编,为应用仲景方历验心得。[见:《江苏历代医人志》、《中医图书联合目录》]

陈耕道 字继宣。清代江苏常熟县人。监生。以医为业,擅治喉疫。著有《疫痧草》一卷,刊于嘉庆六年(1801),今存。[见:《常昭合志》、《贩书偶记续编》]

陈泰来 清代江苏元和县人。儒医陈士锦子。随父迁居奉贤县。继承先业,亦工医术。著有《女科选注》、《时气会通》,今未见。[见:《奉贤县志》]

陈起凤 清代湖北沔阳州人。善医,以儿科知名,求治者踵相接,全活甚众。年九十岁卒。子陈辅廷,传承父业。[见:《沔阳州志》]

陈起蔚 字祖熙。清代福建政和县城北人。廪贡生。居家敬事父母,与兄弟友爱,终日怡怡,恳挚之情,实根天性。凤与进士罗攀桂、孝廉范如璋结诗社。于书无所不读,尤精医术,志在济人,不受诊金,遇贫病赠以药资。鳏居二十七载,不再娶。凡修文庙,立育婴堂,均

参与襄助。年七十五岁殁。著有《医方说略》,今未见。[见:《政和县志》]

陈恭溥 号退翁。清代福建侯官县人。幼习举业,及长,从父学医,对《伤寒论》尤有心得。后北游访师,见闻益广,遂以医术著称。著有《伤寒论章句》四卷、《伤寒论方解》二卷,今存咸丰元年(1851)合刊本。[见:《中医图书联合目录》、《伤寒论研究大辞典》]

陈莘田 号枫江。清代江苏吴县枫桥人。精外科,知名于时。著有《枫江合药方》一卷、《枫江疡案》四卷,未见刊行。今存《陈莘田外科临证医案续集》(见《黄寿南钞辑医书二十种》)。[见:《苏州府志》、《吴县志》、《中医图书联合目录》]

陈莱九 字近仙。清代山东博兴县人。精医术,凡以疾求治皆应,寒暑不辞。著有《集古良方》传世,无力延医者奉为准绳,今未见。孙陈曰让,医术亦精。[见:《博兴县志》]

陈莲夫 清代浙江鄞县人。以医知名。著有《南阳医政》十六卷,未见流传。[见:《鄞县通志》]

陈桂发 元代溧阳县(今江苏溧阳)人。精医术,官平江路官医提领。任满,当地人挽留之,遂定居吴县。子陈德华,孙陈世成,皆传其学。[见:《中国历代名医碑传集》(引高启《凫藻集·陈希文墓志铭》)]

陈顾涞 一作陈涞。字就列,号遽蓬。清代江苏太仓州人。诸生。精通医术,能起危疾,有"陈仙"之称。著有《遽庐医案》十卷,未见流传。子陈廷柱,门生王成博、王九来,传承其术。[见:《太仓州志》]

陈振孙 字伯玉,号直斋。南宋安吉县(今浙江安吉)人。端平间(1234～1236),为浙西提举。嘉熙(1237～1240)初,改知嘉兴府。淳祐间(1241～1252)官国子司业,官至侍郎。生卒年不详。其长子陈造,官嘉禾令,病卒于宝祐丙辰(1256)。陈振孙曾仕于福建,以通判摄兴化府(今莆田)篆。在任"传录"夹漈(在今莆田县西北)郑氏、方氏、林氏、吴氏旧藏之书,多达五万一千一百八十余卷。后仿晁公武《郡斋读书志》体例,撰《直斋书录解题》二十二卷,刊刻行世。原书已佚,清乾隆间纂修《四库全书》,从《永乐大典》中辑出,校订成帙,流传至今。该书卷第十三为医书类,共收录自《黄帝内经素问》至《李氏集验背疽方》八十七种(中有一条连举数书者,故实为九十一种)医书,卷

第七又收录法医书《折狱龟鉴》一种。每书之下皆有详尽注释，为目录学名著，历来为文献学者所重。[见：《中国人名大辞典》、《齐东野语·义绝合离、陈周士》、《历代史志书目著录医籍汇考》]

陈振亨 字九衢。清代四川安县东乡花街场人。善诗文，以医著名，延请者踵相接。志在活人，不计脉礼多寡，执业数十年，家境清贫，世人称颂其德。[见：《安县志》]

陈笔谈 清代湖南新化县人。精医术，知名于时。门生苏士珩，尽得其传。[见：《新化县志》]

陈笏庵 字敬之。清初浙江山阴县人。生平未详。整理钱氏秘方，辑《胎产秘书》（又作《胎产金针》）二卷，附《保婴要诀》于卷末。今存嘉庆元年（1796）陈鸿仪刻本。[见：《浙江医籍考》、《珍医类目》]

陈健西 清代人。生平里居未详。辑有《急救应验良方》一卷，今存光绪三年（1877）啸园刻本。[见：《中医图书联合目录》]

陈逢尧 字瞻云，号朴园。清代浙江海宁州人。性耿介，嗜酒，工篆刻，尤精医理，知名于时。著有《朴园韵语》。[见：《海宁州志稿》]

陈益清 清代浙江山阴县人。精医术，知名于时。[见：《绍兴地区历代医药人名录》]

陈海东 清代四川达县人。精医术，知名于时。年九十余卒。[见：《达县志》]

陈海源 近代江苏新阳县人，居西乡落霞浜。妇科世医陈达如（1844～1906）子。传承家学，亦以妇科著称。[见：《昆山历代医家录》]

陈家隽 清末江苏新阳县人，居西乡落霞浜。世医陈椿年四子。道光二十八年（1848）入县庠。善承祖业，亦以医名。[见：《昆新两县续修合志》、《昆山历代医家录》]

陈家璋 字叔元。清代四川南溪县人。通医理，善摄生。家居城南，庭树交绿，莳花四时，诊余寄情于花草。年六十八岁殁。[见：《南溪县志》]

陈恕翁 宋元间庐陵县（今江西吉水）人。邑名医陈济庵子。早年从赵文习儒。后传承家学，以医问世。赵文作《赠陈恕翁序》，收入《青山集》。[见：《金元医学人物》（引《青山集》）]

陈能澍 字肖岩。清代江苏上海县北桥人。儒医陈亦保子。通地理。袭承父业，精医术，尤擅针灸。著有《针灸知要》一卷，未见刊行。[见：《上海县续志》]

陈继尧 清代福建连城县人。邑名医张继辉弟。早年习儒，为增生。兼精岐黄，亦有医名。[见：《连城县志》]

陈继武 字汉翘。清代人。生平里居未详。辑有《中西验方新编》，约成书于道光间（1821～1850），今存上海商务印书馆铅印本。[见：《中医图书联合目录》、《中华医学会中文书目》]

陈继辉 字曜斋。清代福建连城县人。性颖悟，弱冠游庠。工书画，尤精岐黄。早年承父业，经商于赣。后归乡，悬壶济世，颜所居曰艾香斋，活人甚众。弟陈际尧，亦善医。[见：《连城县志》]

陈继谟 字五彝。清代湖北黄冈县人。学问博洽，屡试不遇，遂业医。临证多奇效，声达京师，由太医院荐举，授八品吏目。在任六年，以亲老告归。性孝友，行橐甚丰，归即尽散诸兄弟。生平著述甚富，因所居滨河，水涨坏其居，仅存《陈氏医案》，业岐黄者皆奉为准绳。[见：《黄冈县志》]

陈继儒 （1558～1639）字仲醇，号眉公，又号麋公。明代华亭县（今属上海）人。幼颖异，能文章，同县徐阶特器重之。长为诸生，与董其昌齐名。太仓王锡爵招与子王衡读书支硎山，王世贞亦雅重之，三吴名士争欲得为师友。年二十九岁，取儒衣冠焚而弃之，隐居小昆山。构草堂数楹，焚香晏坐，意境澹如也。时锡山顾宪成讲学东林，招之，谢弗往。亲亡，葬神山麓，遂筑室东畬山，杜门著述。陈氏工诗善文，兼善绘画。又博闻强识，经史、诸子、方技、稗官，无不涉猎。御史吴甡、给事中吴永顺、侍郎沈演等，先后荐之于朝，屡奉诏征用，皆以疾辞。年八十二岁卒。著有《养生肤语》一卷，今存。陈继儒曾师事儒医殷仲春，仲春卒，继儒手校其《医藏书目》遗稿，由仲春子殷志伊刊刻行世。[见：《明史·陈继儒传》、《松江府志》、《医藏书目》]

陈骏八 （1876～1945）近代浙江平湖县人。早年从清末御医陈秉钧游，陈氏谢世，复入青浦名医赖元福门下。前后研习十余年，治学严谨，论理精细。后悬壶于平湖、嘉兴、上海等地，执业四十年，知名江浙。选择门生极严，每须座前抄方一年，视其品学兼优，方举行仪礼，收入门墙，故弟子不多。所辑《医案》多散佚，今存者唯友人吴玉林、胡良夫所藏《医案录》抄本。[见：《陈骏八先生经验简介》（《浙江中医杂志》1964年第9期）]

陈耟文 字甸周。清代广东顺德县龙山乡人。少聪敏，博览书史，尤精岐黄。尝谓："学医必须源头探求，始有根柢。非下帷数年，不能有成。"故登阁读《灵枢》、《素问》诸古医籍，复遍览历代诸名家。先后五年，始出问世，一出而名振里闬。其诊脉，必息心静气，务得病源而后已。遇远来患者，先令少憩，然后诊视，故用药辄效。晚年名播省垣，士大夫争相延请。族弟陈伟文，亦精医术。［见：《顺德县志》、《顺德龙山乡志》］

陈菉猗 清末江苏青浦县人。世医陈秉钧（1840～1914）侄。继承家传，亦工医术。［见：《江苏历代医人志》］

陈梦龙 清代湖北汉阳县人。邑名医陈五太孙，陈泌子。继承家学，亦以医名。［见：《汉阳县志》］

陈梦雷 （1652～1741） 字则霞，又字省斋，晚号松鹤老人。清代福建侯官县人。康熙九年（1670）二甲第三十名进士。曾任翰林院编修等职。康熙十三年耿精忠反，陈与李光地并具密疏，列述叛军虚实。光地独上之，及精忠败，陈以"附逆"下狱，贬戍奉天，十余年释还。康熙三十七年（1698）奉召回京，入内苑，为诚亲王胤祉所器重。康熙四十年，奉命编修大型类书《古今图书集成》，"目营手检，无间晨夕"，历时四年毕工。全书一万卷，分为三十二典，其中医部全录共五百二十卷，分类辑录一百二十多种历代医籍，是研究中国医药学的重要著作。雍正即位，陈梦雷因辅佐胤祉受牵连，流配黑龙江，乾隆六年卒于戍所。《古今图书集成》后经蒋廷锡核定，刊布于世。［见：《清史稿·李光地传》、《中医大辞典》、《明清进士题名碑录索引》］

陈梦熊 字宇春。清代浙江石门县人。博通经典，尤精医术，知名于时。子陈德潜，继承父学，亦以医名。［见：《石门县志》］

陈盛南 清代广东顺德县喜涌人。精医术，以痘科知名。同时有黄廷矩、潘成善，皆为顺德名医。［见：《顺德县志》］

陈盛瑶 字玉光，别字耀章。清代湖南龙阳县人。幼颖异，善属文，以郡试第一补诸生。事亲以孝闻，省城去家三百余里，乡试时闻父病，不毕试，两昼夜步行归。生平手不释卷，训子侄甚严，来学者不取脩币。精医术，治疗贫病，兼赠药食。著有《医方效编》二卷，藏于家。［见：《龙阳县志》］

陈辅廷 清代湖北沔阳州人。邑名医陈起凤子。绍传父业，有声于时。［见：《沔阳州志》］

陈崇仁 号守恒。明代安徽六安州人。曾任六安卫千户。好读书，尤精医术，诊脉洞见病源，投药无不立起，活人无算。曾举乡饮宾。［见：《六安州志》］

陈崇尧 字遵三，号烘山。清代湖北天门县人。陈永定之子。贡生。早入太学，十龄丧父，克自砥行，性介而和，动必以礼，里党角争者，见崇尧至，皆引避。中年丧偶，不复娶。有故人子负重债，陈氏鬻田代偿。祖遗藏书甚富，博览精究，间涉医学，著有《内经解》若干卷，今未见。［见：《天门县志》］

陈铭常 清代浙江桐乡县人。儒医陈恕次子。与兄陈斯皇，皆继承父业。［见：《嘉兴府志》］

陈第瑞 字蕴生。清代四川绵竹县人。儒医贾廷玉门生。继承师学，儒医两精，治病多效验，乡里称之。［见：《绵竹县志》］

陈敏士 清代福建长汀县人。精医术，所制痧丸驰名四方。撰有《济世新编》，今未见。子陈献瑜，亦以医名。［见：《长汀县志》］

陈得祥 明代山东章丘县东锦普集人。少好玄学，尝遇道士，授以太素脉诀，语之曰："世所传《脉经》、《脉诀》大谬，汝持此游人世，可无两手。"后以术行于乡，世人皆沿习北宋高阳生《脉诀》，不信其说，乃北走燕京。始落落寡合，久之声名暴起，人以国手视之，缙绅迎请无虚日。后归里，董复亨识其脉，效应如响，遂相遇恨晚，颜其居曰长桑真脉。［见：《章丘县志》］

陈康成 号华樵。清代陕西潼关人。精通医术，知名于时。兼工丹青，擅绘山水。［见：《潼关志》］

陈鹿苹 清代浙江嘉兴府人。业儒，曾中举人。与同里朱孟坚合撰《临证指南医案注》，今未见。［见：《嘉兴府志》］

陈惟直 字寅斋。明代四川洪雅县人。少以奇童闻名。居官有耿直声。乞假归里。言官交荐，补山西宪副，历湖广左布政使。生平以名节自持，宪副山西，黜唐佞臣宋之问祠，废其祀。兼涉医学，著有《刀圭录》，已佚。［见：《洪雅县志》］

陈惟修 字六恒。清代江苏昆山县人。儿科世医陈德昌长子。监生。继承家学，亦业幼科，所治无不效，名重于时。［见：《苏州府志》、《昆新两县续修合志》］

陈惟康 字恒崖。明初浙江钱塘县人。祖籍汴梁（今河南开封）。妇科世医陈以善子。继承家学，亦工妇科。子陈林、陈椿，传承其术。[见：《杭州府志》、《日本现存中国散逸古医籍》（引《陈氏族谱》)]

陈焕堂 清代广东东莞县人。生平未详。著有《伤寒论归真》七卷，今未见。[见：《东莞县志》、《广州府志》]

陈清远 清代江西临川县人。监生。自幼喜读医书，久之精其术。弱冠后经商，客居滇南。有求治者，应手而愈，谢之金不受，曰："吾业贾，幸获裕。姑以此术济人可矣！"久之，医名噪于滇省，官吏争延致之。布政使宫某宿有痼疾，乾隆丁巳（1737），得清远治愈，谢银五百两，并裘服、玉石等物，均不受。又曾治愈巡抚阿公母病，酬谢尤厚，亦不受。著有《青囊余锦》六册，其友黄钦荣携去，欲为作序梓行，因失火，荡然无存，人皆惜之。[见：《临川县志》]

陈清隐 南宋临安（今浙江杭州）人。祖籍汴梁（今河南开封）。建炎、绍兴间（1127～1162）翰林金紫良医陈沂后裔。与陈静复为堂兄弟。陈氏世精妇科，至清隐亦传祖业。先人陈沂获赐御前罗扇，日久扇敝，遂刻木为扇，举世皆知妇科世医"陈木扇"。后裔陈玉峰，亦承祖业。[见：《日本现存中国散逸古医籍》（引《陈氏族谱》)]

陈清溪 明代浙江东阳县人。精医术，闻名于时。其后有葛思寅，亦以医著称。[见：《东阳县志》]

陈鸿一 清末浙江嘉兴县人。精医术，为光绪间（1875～1908）名医。[见：《中国历代医家传录》（引《松江医学杂志》)]

陈鸿仪 字羽亭。清代四川蓬溪县人。邑名医陈懋绩子。袭承父学，亦以医名。其学以《内经》、《金匮》诸书为根柢，兼取历代诸名医之说。临证用药，似平淡无奇，然每获良效。子陈廷诏，亦传家学。[见：《蓬溪近志》]

陈鸿庆 清代浙江钱塘县人。陈文述弟。深通医理，知名于时。与元和名医李清俊最契。陈氏欲重刊朱肱《伤寒类证活人书》，未竟而殁，李氏续成其志。[见：《重刊金匮玉函经二注·陈文述序》]

陈鸿典 字云书。清代浙江海宁县长安镇人。祖籍汴梁（今河南开封），远祖陈沂，以妇科著称，宋建炎（1127～1130）初，扈驾南迁。因治愈康王妃危疾，赐御前罗扇。子孙迁长安镇，后分居城市，凡世医业者，各树木扇于门，世称"陈木扇"。鸿典早年习儒，有文誉，食饩邑庠。中年双目失明，因素精脉诀，尤善妇科，遂业医，四方就诊者填户塞巷。殁后，所遗方书尚流传于远近，今未见。[见：《海宁州志》]

陈鸿猷 字长谷。清末安徽祁门县人。精医术，知名于时。撰《管见医案》一卷，其子陈邦良刊刻于同治十二年（1873），今存。[见：《新安名医考》、《中医图书联合目录》]

陈淑茂 字五莲。明代江西玉山县人。以医为业。用药平缓，临证先斟酌病之初、中、末，兼顾体质强弱，故所治多奇效，知名于时。[见：《玉山县志》]

陈渔洲 清末人。里居未详。其父陈钟莲，夙以医名。渔洲早年习儒，兼通家学，亦业医。著有《白疹秘钥》二卷，袁敬仁为之序。今存1937年广东东莞康寿堂药局铅印本。[见：《中医图书联合目录》、《中国历代医家传录》（引《白疹秘钥·袁敬仁序》)]

陈淳白 （1884～1948）原名瑞梯，又名易简，字无咎，又字茂弘、揽登，号壶叟，又号绿潇、兰澄、无垢居士，自署黄溪。近代浙江义乌县人，世居黄山。早年习儒，善诗词，工书法。为清末诸生，赴省试高居榜首。清亡，就读两浙高级师范，兼习法科，旁涉哲学、解剖、生理、心理、物理、化学诸新学。其先世为望族，人口众多，注重医学，凡习举业者，皆通医理。陈淳白幼年丧父，奉母命习医，于《内经》、《难经》颇有研究，尤推重丹溪之学。中年倾向民主革命，1911年参加辛亥革命，后讨袁之役失利，寓居上海。次子光炬殇于蛾疹，悲痛之余，益致力医学。1915年游杭州，遇病者则出术诊治，应手取效，医名大噪。1919年，奉孙中山先生之召入粤，先后担任浙江省长办公署咨询顾问、护法浙江军总司令行营机要秘书、鄂东靖国军参赞军务兼秘书长、驻粤代表。在粤期间，常出入总统府，为中山先生诊病，深得器重，亲笔题"磨夷研室"匾额赠之。嗣后，致力于中医学，1925年，召集南北名医，创汉医学院、丹溪学社于沪上，培养中医人才。1938年出任上海丹溪大学校长，接受名誉医学博士学位，南京政府特授七级嘉禾勋章，奖以"保卫桑梓"匾额。1929年，卫生部通过《废止旧医案》，禁止中医办学。陈氏撰文曰："我以为中华民国各种学校，重要莫过于中医；中国各科学术整理起来，其完善也莫过于中医；中医学术之湛深，有特殊之途径，足以代表中华民国一切文化。"申明捍卫祖国医学之主张。此后，历任《神州医药学报》主笔、中华医学会编审主裁、中央国医馆学术委员，并主持中医学术名词统一整理工作。抗战胜利后，任南京政府简任参议、监察院设计委员、国史馆简任百席纂修、上海市文献委员会委员等职。著述甚富，有《黄溪医垒丛书》百余万言，厘为五辑：一曰《医量》、《医学通论》；二曰《医轨》、《脏腑通论》、《妇科难题》；三曰《医事前提》、《黄溪方案》、《在抱室问答》；四曰《黄溪校议》、《刚底灵素》、《医垫》；五曰《伤寒论蜕》、《中国儒医学案》。此外，还著有《黄溪大案》、《内经辨惑提纲》、《中医内科学讲义》、《金匮参衡》、《明教方》、《周易简解》等。[见：《黄溪医垒·黄溪医博陈无咎小传》、《陈无咎生平及其〈明教方〉简评》(《浙江中医杂志》1982年第11、12期)、《内经辨惑提纲·自叙》、《中国历代名医碑传集》]

陈隆泽 清代浙江鄞县人。生平未详。辑校《求志居丛书·医学五种》，今存光绪二十二年丙申(1896)原刻本。[见：《中医图书联合目录》]

陈维礼 字会原。清代江苏青浦县蟠龙人。通医术，知名于时。年六十九岁卒。[见：《青浦县志》]

陈维枚 字叔衡。清代石门县(今浙江崇德)人。陈宜南子。熟读医学典籍，博通诸家，名振一时，世称八百年世医。[见：《石门县志》]

陈维禄 清代江苏青浦县青龙镇人。邑疡科名医陈日允孙。袭承祖业，亦工医术。子陈廷钧，亦以医名世。[见：《青浦县志》]

陈绥尊 清末广东新会县人。邑名医陈定泰子。继承父学，亦工医术。[见：《明季西洋传入之医学》]

陈琨山 字玉峰。清末河南长垣县人。精医术，尤擅针灸，知名于时。[见：《长垣县志》]

陈琼林 字瀛仙。清代四川大竹县北月华场柏树湾人。邑增生陈典五长子。幼颖异，有神童之誉。年未弱冠入邑庠，同治丁卯(1867)中乡试副榜。曾主讲达县鸿文学社八年，主讲新宁县凌云书院五年。课读之余，旁及天文、地理、杂艺。尤精医术，乡中赖以全活者甚众。年七十三岁卒。平生著作甚富，惜无存者。[见：《续修大竹县志》]

陈斯皇 清代浙江桐乡县人。儒医陈恕长子。与弟陈铭常，皆继承父业。[见：《嘉兴府志》]

陈联陞 字步堂。清代陕西汉阴县人。监生。精医术，施诊赠药，从未取酬。[见：《陕西通志》]

陈葆善 (1861～1916) 字栗庵，号评花馆主，又号笃迦子。近代浙江瑞安县人。早年习儒，为诸生。光绪十年(1884)协助名医陈虬创立利济医院、利济医学堂，兴办《利济学报》，并在陈虬指导下研习《内经》、《伤寒》诸书，久之多有心悟。陈葆善认为，今本《素问》脱"秋伤于燥"内容，故前贤治法不传后世。吴瑭《温病条辨》虽本喻昌、沈明宗之说，略示门径，然未有专书，遂撰《燥气总论》一卷，其书首明本义，次述病候，再详脉理，终出治法，多有发明。还撰有《本草时义》(又作《本草时艺》)、《白喉条辨》各一卷，诸书皆有刊本传世。[见：《瑞安县志稿》、《重修浙江通志稿》、《燥气总论·序》、《中国历代名医碑传集》]

陈敬夫 元明间吴县(今江苏苏州)人。精医术，隐居于濠泗间(今安徽凤阳一带)，悬壶济世。蓄善药以应人需，建居室若干，名之曰杏田。[见：《金元医学人物》(引《清江贝先生文集·杏田记》)]

陈朝阶 明代江西临川县人。生平未详。著有《奚囊便方》十卷，刊于天启乙丑(1625)。按，《临川县志》著录"陈钟盛《奚囊便方》四卷"，疑陈朝阶为陈钟盛后裔，待考。[见：《贩书偶记续编》]

陈朝璋 字所翼。明代江西抚州人。以贡生考授常州通判。著有《扶正堂医书》，未见流传。[见：《抚州府志》]

陈惠畴 字寿田。清代湖南湘潭县人。早年习医，苦世无良师，遂游学京师，习业于太医院。后悬壶乡里，操术独精，尤擅长针灸，名重于时。著有《经脉图考》四卷，本县黎培敬序而刊之，今存光绪四年戊寅(1878)贵州黎培刻本。[见：《湘潭县志》、《湖南通志》、《中医图书联合目录》]

陈颖焕 字于官。清代江苏宜兴县人。精医术，治病多奇中，远近推服。[见：《增修宜兴县旧志》]

陈鼎庵 元末吴县(今江苏苏州)人。精通医道。门生张仁斋，得其传授，名重于时。[见：《金元医学人物》]

陈鼎熔 字幼陶。清代浙江平湖县人。早年立志习医，以求济世，后以医术知名。

[见:《平湖县志》]

陈景元 字太虚,赐号真靖,自称碧虚子。北宋建昌南城县(今江西南城)人。先后从高邮韩知止、天台山张无梦学道术。喜读书,工书法,通儒典,精医理。早年游京师,诏对天章阁,改章服,累迁至右街副道箓。宝元己卯(1039)乞归庐山,赐白金助之。既归,行李百担,皆经史也。筑室庐山,所居以道书、儒书、医书各为斋馆,四方学者来从其游,则随所类斋馆相与校雠,于是人人得尽其学。一时名公如王安石(1021~1086)、王珪,皆喜与之游。年七十,沐浴更衣,端坐而逝。[见:《宣和书谱·卷六·道士陈景元》]

陈景文 清代江苏奉贤县人。早年习儒,屡踬场屋,弃而习医。医术精湛,能起沉疴,知名于时。年七十岁卒。[见:《奉贤县志》]

陈景初 北宋金陵(今江苏南京)人。精医术,通内、外、针灸各科,名重于时。王安石(1021~1086)族人患病,陈氏治而愈之,王作《送陈景初金陵持服》诗曰:"举族贫兼病,烦君药石功。专安何日到,一一总归鸿。"又赋诗赞其妙术曰:"吾尝奇华佗,肠胃真割剖。神膏既傅之,顷刻活残朽。昔闻今则信,绝技世尝有。堂堂颍川士,察脉极渊薮。珍丸起病瘵,鲙鱼随泄呕。挛足四五年,下针使之走。一言傥不合,万金莫可诱。又复能赋诗,往往吹琼玖。卷纸夸速成,语怪若神绶。名声动京洛,踪迹晦良莠。相逢但长啸,遇饮辄掩口。独醒竟何如,无乃寡俗偶。顾非避世翁,疑是壁中叟。安得斯人术,付之经国手。"元丰间(1078~1085),陈景初创制香附散,李伯时更名天仙藤散,盛传于时。[见:《中国历代医家传录》(引《王安石诗集》、《女科辑要》)]

陈景灿 清代湖南永顺县人。通医理,凡以病延请,著履即行。道途间闻人有疾,不请即至,病愈不受谢。遇贫病代出药资,不论久暂,病愈方休。[见:《永顺县志》]

陈景纯 字士上。清代江苏丰县人。岁贡生。幼颖悟,有神童之称。十五岁入泮,旋食廪饩。博通经史,深明理学,行文如凤构,稿成不易一字,远近有成之士多出其门下。性高洁,淡名利,足迹不入城市。兼精岐黄,以术济人,多所全活。晚年著《医宗易知录》,镂版行世,今未见。[见:《徐州府志》、《丰县志》]

陈景泮 清代浙江镇海县人。生平未详。著有《经络全图》,未见流传。[见:《镇海县志》]

县志]

陈景咨 元代抚州崇仁县(今江西崇仁)人。世代习儒,以贤良忠厚称于乡。景咨兼通医术,曾任吉水、新喻二州医官。元代制度,医官所需皆取之于医户。景咨在任清廉,为诸医所敬重。[见:《金元医学人物》(引《吴文正公集·送陈景咨序》)]

陈景春 字垂万。清代江西瑞昌县人。精医术。有贫家独生子患病,僵卧垂毙,余气欲绝。景春取姜水推动四肢,继以灯火烤之,立苏。其家借钱酬之,不受。又尝至友人家,适友人患疾,景春诊其脉,语他人曰:"三日后不复为吾友矣!"越二日,疾愈,人皆笑陈氏之妄。次日晨,友卒,人乃服其神断。[见:《九江府志》]

陈景虞 清代河南渑池县裴村人。精医术,通明脉证,名驰晋豫。子陈炳星,继承父学。[见:《中州艺文录》]

陈景魁 字叔旦,号斗岩。明代句容县(今属江苏)人。北宋初,其祖有名陈理者,以医术官玉台秘书。元明间又有陈从善,亦以儒医知名。景魁自幼敏慧,善记诵。其父病疫,诸医罔效,遂弃儒习医,久之精其术,尤善针灸。一人吐血半斗,脉弦急,景魁曰:"是薄厥证。得于大怒气逆。"投以六郁汤而愈。一人遍体生疣,久治不效,景魁诊之,曰:"此证乃太阳风邪化虫。以百部、蛇床子、草乌、楝树叶煎汤浴洗当愈。"病者遵其言,一月果瘳。又一孕妇,堕胎后十余日,腹腥发热、气喘脉促、面赤、舌青、口臭。景魁曰:"胎未堕,故面赤,心盛而血干,舌青、口臭,肝气竭,胎已死矣。"用蛇蜕煎汤,调平胃散加归尾、芒硝一倍,使服之。须臾,复下一胎而安。著有《医案》,所记皆奇疾异方,惜未见流传。还著有《五诊集》,亦未见。[见:《医学入门·历代医学姓氏》、《句容县志》]

陈景潮 字小韩。清代浙江分水县人。嘉庆庚辰(1820)岁贡。笃学嗜古,善诗词。晚年习医,活人甚多。著有《医学汇纂》(又作《医学汇参》)二十卷,未梓。[见:《分水县志》]

陈遇天 清代江苏奉贤县萧塘人。精医术,擅长妇科,疗病如神。著有《妇科切要》,未见流传。[见:《奉贤县志》]

陈辉远 清代湖南武陵县人。精医术。兼善太素脉,好以脉象决人穷通寿夭,声名甚著。[见:《武陵县志》]

陈铿韶 字尚声。明代福建闽县人。年二十余丧妻,遂尽散家财,学长生不老之生术。时时至鼓山绝巅，默坐竟日，久之乃辟谷。其父以为狂，拘系于室，见其能数日不食，信而释之。自此，远游大茅、武当诸名山，途遇乡人，虽有相识者，亦不与言。数年后归乡，以药囊遗母。士大夫有仰慕之者，迎请至府，亦不与言，后莫知所终。其母启其囊，皆干桑叶也。[见：《福州府志》]

陈策良 清代湖南宁乡县人。生平未详。撰有《眼科一得》，今未见。[见：《宁乡县志》]

陈舜道 字重华。清代江苏娄县人。其父陈圣诚，得异人传授疗目秘方，治病奇效。舜道善承父业，亦精眼科。为人诚笃，曾拾遗金，奉还失主。事母至孝，母寿至九十五。知府方岳贡请为乡饮宾，以"德寿"题其堂。子陈治典，医术益精。[见：《娄县志》、《松江府志》]

陈御珍 字天士。清代江苏青浦县青龙镇人。邑外科名医陈日允长子。与弟陈履豫，皆传父学，以外科著称。子陈佑槐，继承家学。[见：《青浦县志》]

陈鲁岩 明代松江（今上海松江）泗泾人。精通医术，有名乡里。[见：《中国历代医家传录》（引《怪病神医录》）]

陈敦甫 清代山东潍县人。通医理。与同邑名医丁仲麟、田淑农相往还，每聚首则辩论医理。[见：《潍县志稿》]

陈善甫 清代广东罗定县人。从阳江水月庵伍和尚学针灸术，擅治鹤膝、杖疮、跌打等症。其法先施针术，继敷以药膏。或用灸法，亦效。[见：《罗定县志》]

陈善南 字嘉言。清代浙江石门县人。宋代妇科名医陈沂二十二世孙。早年习儒，为国子生。三战秋闱不捷，舍举子业，攻读祖遗医书，遂精其术，声闻吴越之间。平生好善，凡贫病者求诊不受诊金，且赠以药。遇戚友有缓急，周恤不倦。暮年始得子，犹及见孙辈成行。著有《医案综略》，今未见。子陈晟煊（后改名宝恩），为道光己酉（1849）举人，官至知县。侄陈宏远，亦善医。[见：《石门县志》、《海宁州志稿》]

陈善堂 清代人。生平里居未详。著有《眼科集成》二卷，今存 1920 年渝城治古堂刻本。[见：《中医图书联合目录》]

陈善谋 字贻永，号霞外子。明代广东南海县人。邑名医陈恒峰侄。幼习举业，颖悟博雅，久不得志于有司，遂以医鸣。凡他医不能治者，善谋治之无不活。遇不可治者，辄先以

死日告之，皆如所言。尝曰："人以元气为本，元气不足故病。补其不足，病乃弗瘳。时医不究其本，以病治病，是以弗效也。若元气既索，虽卢扁安能为哉？"一时求医者远近辐辏。[见：《南海忠义乡志》]

陈善道 明代江西建昌人。徙居福建将乐县。世代精医。善道幼习举业，兼通祖传医术。性敦孝义，抆术养亲。[见：《延平府志》]

陈翔梧 字一纶。明代上元县（今江苏南京）人。精通医术，治病多奇中。性喜施与，遇贫病施药救治，不取一钱，世人德之。寿至七十岁卒。子陈天玉，能世其业。[见：《江南通志》]

陈道人 号正乐。清代浙江龙泉县鹿井人。寓居贵州湄潭县之永兴。好读书，不慕荣利。精医术，广施博济，稍有余积，则救助贫乏。兼精性命之学，从游者众。门生陈琯，颇得其衣钵。著有《六经便读》、《丹经易注》、《太极图说》诸书，行于世，今未见。[见：《湄潭县志》]

陈道生 清代四川宣汉县人。少时习武，中年游历江湖。后因失手伤人，弃武习医，活人无算。卒后，乡人塑其像，祀于白马庙。[见：《宣汉县志》]

陈道修 号贯一。清代福建连城县隔川人。幼聪颖，读书善悟。及长，负笈汀州，从汤志尧习儒。性喜医学，举业之余，浏览方书不辍。久之，于医理有心得，处方能中病。师异之，父兄以为不可。师曰："良医济人，功等良相。"时有太医归林下，师乃荐道修从之游，尽得其秘，造诣颇深，遂以医问世。重医德，遇穷困病患之人，施赠方药无吝啬。年七十一岁，无疾而终。著有《脉学》、《临证扼要》诸书，未梓，其稿毁于兵燹。[见：《连城县志》]

陈道著 号犹子。清代福建长乐县人。名医陈念祖门生。既学师术，又承师志，名重于时。曾汇编先师遗意，续入陈念祖《伤寒医诀串解》，以补其缺。[见：《伤寒医诀串解·序》]

陈道善 字翰园。清代湖北兴国州（今阳新）仁义里人。监生。精医术，常备药施送，活人无算。道光己酉（1849）水灾，邻人有不举火者，陈氏倾囊赈之。同治壬申（1872）富川门外起火，有妇人赤身逃出，陈氏解衣衣之。又创善会，培古冢，葬旅榇，义行美举，不一而足。著有《医学便览》四卷，今未见。[见：《兴国州志补编》]

陈湘士 (1882~1930) 近代江苏新阳县北乡上新塘人。同邑名医庄连甫门生。擅内科，工诗文。子陈千里（1910~1959），传承父业，亦以内科闻名。[见：《吴中名医录》、《昆山历代医家录》]

陈滋和 清代四川新繁县人。精医术，知名于时。门生王廷俊，得其传授。[见：《任应秋论医集·蜀医渊薮》]

陈禄存 清代河南新安县后峪人。邑名医陈青云子。继承父学，精医术，以善治痘疹知名。子陈德慧，亦传家学。[见：《新安县志》]

陈禄寿 清代四川彭山县人。通医术，善治手颤。一人嗜酒手颤，医者诊为湿热，禄寿曰："此血不足。"令以当归、附片煮羊肉食之，疾遂愈。曾开设药店，名"陈禄寿堂"，享誉于时。[见：《重修彭山县志》]

陈瑞孙 字廷芝（一作庭芝）。宋元间浙江鄞县人。祖籍广平（今属河北），先祖为翰林医官，随宋南渡，遂定居鄞县。其父陈后良，事迹不详。陈瑞孙早年师事名儒王应麟，得文章典故之传。精通医理，入元后官温州路医学正。卒后，因长子陈居礼贵，赠从事郎、行宣政院都事。著有《难经辨疑》，征引广博，识者称之，惜散佚不传。次子陈居仁，孙陈公亨，皆工医术。[见：《鄞县志》、《金元医学人物》、《补元史艺文志》]

陈瑞鸿 字步逵。清代河北清苑县人。祖籍浙江山阴县。好书嗜酒，中年染疾而耳聋。自伤身患废疾，又慨世乏良医，遂习岐黄家言，至忘寝食。及以医问世，诊病如洞见肺腑，延请者无虚日。问证以笔代口，应手取效。素重医德，遇贫病助以药资，远近皆知有"陈聋子先生"。年六十七岁卒。著有《德星堂医案》、《医术拾遗》二书，未见刊行。[见：《保定府志》]

陈瑞麟 字仁溥。清代广东阳山县通儒坊人。少孤贫，品端孝友，侍母敬兄。以医为业，怀济人之志，病者邀之，虽风晨雪夜必急赴，遇贫者赠以药。[见：《阳山县志》]

陈颐寿 字君诒。近代浙江鄞县人。贡生。年四十业医，精于望诊，能治人所不治，求医者户限为穿。著有《古本难经阐注校正》四卷，存佚不明。[见：《中国历代医史》]

陈献瑜 清代福建长汀县人。邑名医陈敏士子。继承父学，亦以医名。[见：《长汀县志》]

陈谢表 字左山。明代浙江杭州人。其先祖陈沂，精通妇科，授翰林院金紫良医。陈谢表于万历间（1573~1619）卜居禾郡，舟至皂林风阻不前，湮泊至桐乡县康泾镇，遂定居。绍承家传妇科，悬壶济世，一时为妇科之冠。子孙皆世其业。按：《石门县志》记载世医"陈谢"事迹，疑即陈谢表，待考。[见：《桐乡县志》]

陈椿年 字征庭，号佩华。清末江苏新阳县人，居西乡落霞浜。世医陈元凯长子。监生。绍承家学，亦精医术，尤擅伤寒。虽危重证，切脉用药，多应手取效，里人称之。卒，葬于九里桥。次子陈达如、四子陈家隽、幼子陈子仙，婿王世美，皆传其术。[见：《昆新两县续修合志》、《昆山历代医家录》]

陈楚良 号益元道人。明代浙江杭县人。生平未详。著有《武林陈氏家传仙方》（附《佛法灵寿丹方》），刊于万历十六年（1588）。[见：《浙江医籍考》]

陈楚湘 又名诗怀。清代浙江鄞县人。贡生。兼通医理，著有《本草摘要》，未见刊行。[见：《鄞县通志》]

陈楣贺 字杏庄。清代江苏宜兴县人。善作诗，尤精医术，知名于时。[见：《宜荆县志》]

陈虞宾 清代人。生平里居未详。著有《脉学全书》二卷，今存同治间（1862~1874）刻本。[见：《中医图书联合目录》]

陈虞绪 清代浙江昌化县人。邑廪生。朴实无华，明悟义理。有感于苏轼"病无医"之叹，究心岐黄，存活甚众。[见：《昌化县志》]

陈锡寿 元代人。里居未详。通医术，曾任昌国（今浙江定海）医官。至元二十九年（1292），与本州医学提领许若璧、医官李继之，购买民居建立州医学，前祀三皇，后为讲肄医学之所。[见：《金元医学人物》（引《昌国州图志》）]

陈锡灿 字星占。清代浙江诸暨县人。早年习儒，兼精医术，尤擅外科，治疮疡皆奇中。咸丰间（1851~1861）悬壶于浙江萧山，遂定居。尝与韩鹏论医曰："外科不读《灵枢》、《素问》，不究司天气运，何可问世？"著有《青囊准绳》二卷、《痈疽虚实寒热辨》一卷，未刊。子陈翼亮，为举人。[见：《萧山县志稿》]

陈锡朋 (1835~1908) 字勉亭，号蝶庵。清末浙江会稽县人。生质鲁钝，初读书，日不过二十行。及长，探求古奥，不屑拾人牙慧，文誉卓然。弱冠患肝风，遍求医药，经年不愈，乃取《灵枢》、《素问》、《本草》诸经，遍读而深思之，有所心得，自疗悉效。年二十七，遭粤难，避于乡僻。再应院试，得入县学为诸生。嗣后，屡试不得志，决然弃举业，纵力子史，参老庄，究内典。赋质本弱，自治老庄，胸次为之展舒，惟体魄不能强健，益肆力岐黄。至三十岁，积久有得，于喻昌、尤怡、吴有性诸家论说，咸有心悟。间为人治病，应手取效。四十以外，虽不业医，而盛名振于遐迩，与田晋藩、周岩称三鼎足。巡抚嵩骏、学使张滭卿、杭守陈文騄、绍守霍顺武、熊起磻等，先后延诊，治无不效。其治法悉宗于古，凡遇奇难各症，随时应变，独出匠心，有非时手所能仿佛者。心地慈善，遇贫病助以药炭之资，数十年如一日。光绪三十四年卒，享年七十有四。著有《伤寒论尚论评注》、《伤寒贯珠评注》、《金匮要略评注》、《瘟疫论评注》、《经验医方》、《医方论评注》、《小儿脐风惊风合编》等书，今皆未见。晚年有诗集《蝶庵吟》一帙，今存。嗣子陈延宗，孙陈时瀛，绍承其业。[见：《绍兴县志采访稿》、《宁波府志》、《绍兴医学史略》]

陈锡钤 (1874～1932) 字海源，号吉人。近代江苏新阳县人，居西乡落霞浜。世医陈达如子。继承祖业，以妇科著称。悬壶于昆山县南街，业务兴盛，病愈者赠匾甚多。民国初加入神州医药总会。有子五人，陈咸嘉、陈咸喜、陈咸善、陈咸寿、陈咸熹，皆承祖业。外甥张定良，门生吴淞冯伯九、昆山李志明、巴城陈渭阳，得其亲授。[见：《昆山历代医家录》（引《陈氏七世中医》）]

陈锡麒① 字襄夔，号补斋。清末浙江海宁州人。幼颖异，能诗文。补郡庠诸生。博览六经、诸子、医卜、壬遁之书。同治元年 (1862) 成进士，历任栾城、静海、东光、邢台、清苑等县知县。因曾国藩之荐，擢天津河捕同知。年六十五岁卒。著有《洗冤录补》一卷，今未见。[见：《海宁州志稿》]

陈锡麒② (1859～1906) 字伯麟。清末四川宜宾县人。贡生。性明敏，世代业医，至锡麒尤精。重医德，临症审慎，对贫苦者尤关爱，每赠药而不受诊金。晚年著《历代医书评语》，未竟而卒。1937年邻火延烧，遗稿遂失。[见：《中国历代医史》]

陈锦泉 (1860～1922) 字世清，号耀西。近代福建仙游县人。从父陈洪进习医，究心医典，临证有起死回生之效。曾设诊于圣袒堂、知者来两家药店，知名于时。著有《验方汇集》，未梓。有门生温敬修、陈廉、陈陶等十三人，皆从

师三年，独立应诊。[见：《中国历代医史》]

陈锦章 (1772～1834) 清代江苏江浦县人。得岳父吴永泰传授，精通医术，悬壶济世。道光十四年 (1834) 邑中大疫，锦章终日驰诊，全活甚众，竟因劳瘵而卒，终年六十三岁。子陈从礼，传承家学。[见：《江浦埤乘》]

陈锦鸾 字灵羽。清代江苏宿迁县人。邑诸生。好学深思，尤粹易学，著述甚富。兼涉医学，辑有《伤寒论注抄撮》，未见梓行。[见：《宿迁县志》]

陈锦塘 清代河南新乡县人。邑名医陈傻子。绍传父学，亦精医术。子陈杞枳，亦以医名。[见：《新乡县续志》]

陈稔春 字树滋。清代江苏常熟县人。四岁丧父，少年刻苦好学，博涉群书。尤精医术，兼通内、外科及古针灸法。专以济人为心，富者不责酬报，贫者常赠以药。若有急症求诊，虽深夜必往，近则徒步，远则棹舟。平生好善乐施，缙绅赠额曰谊高儒行。年四十，因过劳呕血卒。[见：《常昭合志》、《常昭合志稿》]

陈筱石 清末江西修水县人。世代精医，以幼科知名。其前辈陈凤仪，著《保赤金丹》一书，阐述祖传回龙幼科秘旨，然不知渊源。陈筱石门生何立元访求多年，1928年遇修水岩巅和尚，乃知此术出自嘉庆间 (1796～1820) 修水回龙山镜池和尚，遂重刊《保赤金丹》，撰"保赤金丹历史"，置于卷首，易书名为《保赤穷源》。[见：《中国历代医家传录》（引《保赤穷源》）]

陈筱宝 (1872～1937) 又名云龙，号丽生。近代上海人。祖籍浙江海盐县。世医陈耀宗子。秉承家学，复受业于妇科名医诸步阶，深明医理。年弱冠即以医问世，初设诊于浦东圹桥善堂，后悬壶市区三牌楼。行医四十余年，病者日盈其门，终身盛况不衰，为近代妇科名家。素重医德，遇贫病施诊赠药，活人无算。1907年，由李平书介绍加入同盟会，光复上海，助力甚巨。富于藏书，诊余披览甚勤。著有《医事散记》四卷，惜毁于日寇烽火。子陈盘根、陈大年，继承家学。[见：《中国历代医史》、《江苏历代医人志》]

陈意斋 元代人。里居未详。精医术，知名于时。吴澄作《寄题医士陈意斋》诗曰："百千万变十三科，泥古方书奈病何。看取慈亲求赤子，有如姹女藉黄婆。重轻按举精思巧，加减称停活法多。此妙不传君独得，可能纸上觅机佗。"[见：《金元医学人物》（引《吴文正公集》）]

陈新斋 佚其名（号新斋）。元代吴县（今江苏苏州）人。翰林院学士同知太医院事陈良炳子。传承父学，亦精医道。曾任平江路医学正。子陈道，以儿科名世。[见：《苏州府志》、《金元医学人物》、《中国历代名医碑传集》（引王鏊《震泽集·太医院判陈君墓志铭》）]

陈慎吾 （1898～1972）原名祖望，字绳武，号慎吾。现代福建闽侯县人。清末内阁学士陈宝琛侄。幼读持书。1916年考取北京大学经济系。因亲族殁于庸医误治，立志习医。1930年师事名医朱壶，贯通医理。1936年与胡希恕合办医著者联合诊所，临诊之余致力中医教育。1938年执教于北平国医学院，讲授《内经》、《伤寒论》。1940年该院停办，临证带教之余，以集体授课形式亲授中医经典。1948年创办北平中医研究所（1956年更名北京汇通中医讲习所），培养学员千余人。1950年就职中央卫生研究院中医研究所。1952年入华北中医实验所工作。1954～1955年参与筹建中医研究院。1955年12月为全国第一届西医离职学习中医研究班授课。1956年调北京中医学院，历任伤寒教研组组长、院务委员会委员。1958年，北京汇通中医讲习所由北京市中医进修学校接办。1962年与秦伯未、李重人、于道济、任应秋联名撰写《对修订中医学院教学计划的几点意见》，呈送卫生部，对加强中医基础研究、保证教学质量，完善中医教育有重要贡献。"文革"期间五名学者均遭批斗，备受摧残。1972年7月，陈慎吾先生含冤逝世。陈氏博学多识，精通中医理论，临证经验丰富，为国家培养出大量中医人才，是现代杰出中医理论家、教育家。主要著作有《伤寒论讲义》、《金匮要略讲义》、《经方证治及方剂分类表》。[见：《中医教育家陈慎吾》（《北京中医杂志》1986年第4期）、《中华中医昆仑、《北京中医药大学校志》）]

陈静复 南宋临安（今浙江杭州）人。祖籍汴梁（今河南开封）。建炎、绍兴间（1127～1162）翰林金紫良医陈沂后裔。世精妇科，至静复亦善承祖业。先人陈沂获赐御前罗扇，日久扇敝，不忘君惠，乃刻木为扇，举世皆知妇科世医"陈木扇"。后裔陈玉峰，亦承祖业。[见：《日本现存中国散逸古医籍》（引《陈氏族谱》）]

陈嘉会 清代四川永川县人。精医药，善起危疴。凡众医束手之症，每能愈之，世称药王。[见：《永川县志》]

陈嘉言① 明代浙江乌程县南浔镇人。天顺间（1457～1464）名医陈理子。继承父学，亦精医术，曾任太医院医官。子陈子重，传承其术。[见：《南浔镇志》]

陈嘉言② 明代四川綦江县人。卖药为业，兼通医理。邑中瘟疫流行，嘉言制备药饵，广施普济，全活甚众。[见：《綦江县志》]

陈嘉言③ 清代江西义宁州武乡人。太学生。业医，尤精幼科。其家常备药物，活人甚多。有艾姓小儿患病气绝，嘉言嚼药丸入其口，得痊愈，乡里传为佳话。年八十三岁卒。著有《活幼勋奇》四卷，未见刊行。其孙陈石屏，传承家学，声名亦盛。[见：《义宁州志》]

陈嘉诏 字忆庵。明代安徽无为州人。精医理。值疫疠流行，施药疗救，活人甚多。事闻于直指使，赠匾表彰之。子陈万镒，传承父业。[见：《无为州志》]

陈嘉绩 字顾青。清初陕西三原县人。儒医陈尧道长子。康熙癸卯（1663）举于乡，累困公车。捐资授河南浚县知县，官至御史。曾校订其父《伤寒辨证》、《痘科辨证》二书，刊刻于世，今存。[见：《三原县志》、《中医图书联合目录》]

陈嘉琛 字献传，号缄斋。清代江苏吴县人，居虎丘山塘。庠生。精医术，知名于时。撰《人身一小天地论》一文，刊于唐大烈《吴医汇讲》。[见：《吴医汇讲》、《吴县志》]

陈嘉谟 （1486～?）字廷采，号月明。明代安徽祁门县人。究心丹溪之书，精通医药。晚年辑《本草蒙筌》十二卷，历时七载，五易其稿，嘉靖四十四年（1565）书成，陈氏已八十岁高龄。此书正文载药四百四十八种，附录载药三百八十八种，分为十大类，列述气味、阴阳、升降、良毒、归经、产地、形态、炮制、功效、主治、配伍等，全书采用对语体裁，便于初学。名医李时珍评此书曰："创成对语，以便记诵，间附己意于后，颇有发明。"今存嘉靖四十四年醉耕堂刻本等。陈氏还撰有《医学指南》若干卷，今佚。[见：《本草蒙筌·自序》、《祁门县志》、《徽州府志》、《医藏书目》、《中医文献辞典》]

陈嘉璲 字树玉，号友松。清代江苏武进县人。名医周震（号慎斋）门生，亦以医术著称。曾整理先师遗论，加以注释，撰《医学粹精》（又作《医家秘奥》）二卷，刊于康熙三十三年（1694），今存。[见：《武进阳湖县合志》、《中医图书联合目录》]

陈聚多 字晋康。清代广东德庆州云塱人。监生。好读书。精医术，能切脉决人生

死。求治者座常满，遇贫病馈以药，时号"半华佗"。[见：《德庆州志》]

陈蔚山 清代湘南人。生平里居未详。著有《诸证灵犀》一卷，今存咸丰十一年辛酉（1861）抄本。[见：《中医图书联合目录》]

陈慕兰 清末浙江鄞县人。精医术，知名于时。门生李培卿（1865～1947），尽得其传。[见：《名老中医之路》]

陈慕贤 清代江苏昆山县千墩镇人。精医术，以儿科知名。与同镇名医徐世寿、朱佑之、潘慰如齐名，有"千墩四柱"之誉。[见：《昆山历代医家录》]

陈熙年 字遐龄。清代河北南宫县人。邑庠生。博览众书，尤精医学。虽极险之症，著手成春，活人无算。[见：《南宫县志》]

陈熙隽 号星堂。清代湖南长沙县人。生有至性，家贫力学。不遇于时，遂无意进取，键户读书。经史之外，兼通数学及医术。医人以济贫为急，时为出资购药。遇荒年，见里中不举火者，袖粮米潜置其门。年七十岁卒。著有《证方辨集》八卷，未见梓行。[见：《长沙县志》]

陈鹗厚 原名清鹗，字膺先。近代江苏吴县人。世医陈子云子。传承家学，复师事名医王吉安，精通内科。早年毕业于江苏法政师范，官广东补用巡检，继任南洋江阴要塞工程营军医长。宣统三年（1911）加入中西医学研究会。[见：《中西医学报》]

陈韶舞 清代浙江石门县人。本县妇科名医陈叔衡侄。继承家学，亦以妇科著称。[见：《石门县志》]

陈粹然 清代福建长汀县宣成里人。生平读书好古，后弃儒业医。著有《医案》二卷，今未见。[见：《长汀县志》]

陈暨均 字正平。清代山西猗氏县人。早年习儒，有文名。慷慨尚义，精研医理，全活甚众。年八十岁卒。孙陈怀玉，医术益精。[见：《山西通志》]

陈瑾瑜 清代安徽芜湖县周皋永城圩人。邑名医陈上印子。继承父学，亦精医术，远近求诊者甚众。年七十岁卒。著有《医生十劝》、《试验新方》二书，未梓。[见：《芜湖县志》]

陈瑊卿 字卜三，号石眉，又号天目山人。清代浙江海宁县人。廪生。精音韵反切之学，得周松霭之传。工诗词，善画梅，兼通医理。辑有《本草集说》二卷、《药字分韵》二卷、《气运合参》一卷、《膏秫知方》一卷，今皆未见。

医书外尚有《唐诗双雕玉》六卷，约成书于嘉庆戊辰（1808）。[见：《海昌备志》、《杭州府志》、《重修浙江通志稿》]

陈震曜（1779～1852） 字焕东，号星舟。清代台湾嘉义县人。迁居台南府。少聪敏，博通经传。嘉庆十五年（1810）以优行贡太学。二十年回省，历任闽清、平和等县教谕。道光六年（1826）任同安训导。十五年（1835）选授陕西宁羌州州同。三十年（1850）因病归乡。陈氏博通经史，好宋儒理学。嗜于医学，晚年益精。尝采辑古来名方论医，编医书若干卷，未见流传。[见：《台湾通志》]

陈德华 元代溧阳（今属江苏）人。平江路官医提领陈桂发子。随父定居江苏苏州。绍承家学，亦精医术。子陈世成，医术益精。[见：《金元医学人物》（引《兔藻集·陈希文墓志铭》）]

陈德昌 字懋恒。清代江苏昆山县人。儿科世医陈立方子。国学生。袭承家学，亦工幼科，治病多奇效。性和厚，凡小儿不服药者，必婉言劝诱，务令尽剂。遇危证，焦虑凝思，至废寝食，然未尝求报。长子陈惟修，亦工医术。次子陈景崧（字介岩），业儒。[见：《苏州府志》、《昆新两县志》、《昆新两县续修合志》]

陈德明 号梅坡。里居未详。名医周扬俊门生。康熙二十六年（1687）校订其师《金匮玉函经二注》。[见：《金匮玉函经二注》]

陈德荣 清代河北交河县人。早年习儒，保奖七品衔。精医术，专擅眼科，独有妙方。重医德，凡求治者，无不立往，遇贫病分毫不取，且施以药，遐迩感佩。[见：《交河县志》]

陈德卿 元末吴县（今江苏苏州）人。以医为业，知名于时。子陈均锡，传承其学。[见：《中国历代名医碑传集》]

陈德辉 元代溧阳县（今属江苏）人。精医术，知名于时。曾任御诊太医。年三十五岁，卒于大都（今北京）。[见：《金元医学人物》（引《兔藻集·陈夫人许氏墓志铭》）]

陈德新 字辉彩。清代河北南宫县交马寨后陈村人。精医术，活人甚众。年七十八，无疾而终。著有《经验良方》二卷、《集验良方》二卷，未见流传。[见：《南宫县志》]

陈德溥 字新甫。清代江苏江都县人。精医术。心存济利，虽值盛暑，犹行数十里出诊。[见：《续修江都县续志》]

陈德龄 字惠常，号醴泉。清代江苏上元县人。乾隆间（1736～1795）在世。早年习

儒，年四十余患臂风，弃儒习医，精其术。[见：《江苏历代医人志》]

陈德慧 清代河南新安县人。邑名医陈禄存子。继承父学，亦工医术，以擅治痘疹知名。[见：《新安县志》]

陈德潜 清代浙江石门县人。邑名医陈梦熊子。继承父学，亦工医术。[见：《石门县志》]

陈遵希 字又广。清代四川金堂县人。六岁双目失明，请人读明张介宾《景岳全书》、《类经》诸书，过耳不忘。久之妙悟医理，名噪于时。金堂医者读景岳之书，自遵希始。[见：《金堂县志》]

陈澍霖 字稚泉。清末河北青县人。生平未详。著有《妇科心得》四卷，今存1933年待月处石印本。[见：《全国中医图书联合目录》、《女科书录要》]

陈鹤鸣 号云门。清代广东新会县石头人。性孝友，好学能文。弱冠补郡廪。凡建祖祠，设书田，修文庙，创书院，皆力成之。精岐黄术，知名于时。年七十，授乐昌训导，在任十二载告归。卒年八十六岁。[见：《新会县志》]

陈履熙 字穆如。清代江苏华亭县人。善医，悬壶济世。后遇异人授以医术及药草，治病益奇效。有二人病危，其一已气绝，其一昏死二日。履熙应邀至，断言可活，灌药入口，皆得再生。[见：《奉贤县志》、《江南通志》]

陈履端 字于始，号见田。明代吴县（今江苏苏州）人。世医陈枳田子。早年习儒，工书法，得米南宫笔意。后专攻家学，尤善幼科，名噪江南。少年时读家藏宋安抚使刘昉《幼幼新书》残卷，甚宝重之，而百计不得全书。后闻云间顾研山收藏钱氏残本，恳切求借，得抄为全璧。此后，潜心研读，删繁理乱，载易寒暑，稿凡四易，重订《幼幼新书》四十卷，刊刻于万历十四年（1586），王士贞、冯时范、张应文等为之作序，今存。子陈珍如，继承家学。[见：《幼幼新书·序》、《吴县志》、《苏州府志》、《医藏书目》]

陈履豫 清代江苏清浦县青龙镇人。疡科名医陈日允次子。与兄陈御珍，皆传父学，精通疡科。[见：《青浦县志》]

陈憩亭 清末江苏常熟县墩头丘人。其先世以外科闻名。憩亭善承祖业，兼通内科，四乡知名，全活甚众。光绪（1875～1908）初卒。著有《陈憩亭医案》，今存。子陈如山，亦以外科著称。[见：《吴医汇案选辑》、《江苏历代医人志》]

陈穆卿 清代浙江嵊县罗松店人。读书通经史，领府试第一。方赴院试，闻父病，即不试而归。父卒，家居授徒。博精岐黄之术，制药疗病，全活甚众。年八十余，尚施济不倦，人以隐君子称之。[见：《嵊县志》]

陈赞图 字直斋。清代福建闽县人。同治十三年（1874）乡试第一名举人。光绪二年（1876）中二甲第三十三名进士，官刑部主事。以母老善病，乞终养。尝曰："为人子不可不知医。"乃博阅古来诸家医书，批释考证，以医母病。旦夕体察，日进一药，竟延母寿至九十余龄。居常亦为人疗疾，全活无数。[见：《闽侯县志》、《明清进士题名碑录索引》]

陈璧文 字任卿。清代江西新昌县天宝乡人。邑庠生。兼习医学，治病多奇效。重医德，遇贫病求治，每出资助之。著有《素问集注》若干卷，未见梓行。[见：《新昌县志》]

陈藏器 唐代四明（今浙江鄞县）人。开元间（713～741）任京兆府三原县尉。精通医药，名重于时。陈氏鉴于《神农本草经》虽经陶弘景、苏敬补集，然遗误尚多，乃编《本草序例》一卷、《本草拾遗》六卷、《本草解纷》三卷，总名《本草拾遗》，成书于开元二十七年（739），流传于世。明代药学家李时珍推重陈氏之学，赞之曰："其所著述，博极群书，精核物类，订绳谬误，搜罗幽隐，自《本草》以来，一人而已。肤谫之士，不察其详核，惟诮其僻怪，亦多删削。岂知天地品物无穷，古今隐显亦异，用舍有时，名称或变，岂可以一之见，而遽讥多闻哉！"《本草拾遗》原书已佚，其内容散见于《证类本草》、《医心方》等书。今有1983年尚志钧辑校本刊行，考校颇详。[见：《新唐书·艺文志》、《医学入门·历代医学姓氏》、《本草纲目·序例》、《浙江通志》、《中医文献辞典》]

陈懋仁 字无功。宋代嘉兴（今浙江嘉兴）人。性嗜古，尚侠义，足迹遍于海内。晚年归里，著书二十余种，有《寿者传》三卷，已佚。[见：《浙江通志》、《中医大辞典》]

陈懋绩 清代四川蓬溪县人。精医术，名重于时。子陈鸿仪，孙陈廷诏，皆以医闻。[见：《蓬溪近志》]

陈翼虞 清代四川南溪县人。精医理，善摄生。性格开朗，年六十岁，尚与童稚相戏，至老善饮食，神志不衰。寿至九十二岁。[见：《南溪县志》]

七
画

陈藩西

清代四川涪州人。精医术，挟技游于广西，所至活人甚多。[见：《续修涪州志》]

陈瀚琇

（1819～1884） 字福绅。清代江西丰城县小港乡人。性好游侠，弱冠时学武于少林寺门人饶森荣，得授正面、背面穴道全图秘本及小手扣拿点穴秘法。道、咸之际，太平军攻陷河口镇，走避不及，被执，与数十人同拘一室，以竹竿贯其发辫，悬于梁间。夜半，鼓勇毁竿，得以逃脱。后隐于商，设估衣店于宜春，不复出游。通骨伤科，常出术治疗跌打损伤，不受酬报。著有《十二时辰血脉歌》、《三十六桩歌》、《小手扣拿点穴医方》、《封血止痛秘诀》等书，未梓。子陈孝钧，仅得传授药方，其武功遂失传。[见：《丰城县志》]

陈耀宗

清末浙江海盐县人。迁居上海。世代业医，知名于时。子陈筱宝，绍承家学。[见：《中国历代医家传录》、《江苏历代医人志》]

陈耀昌

字绪熙。清代河北安州人。嘉庆六年（1801）三甲第一百四十四名进士，官国子监助教。精岐黄术。著有《医方集腋》若干卷，未见刊行。[见：《保定府志》、《明清进士题名碑录索引》]

陈懿玉

字楚珩。清代江苏长洲县浒墅人。工医术，治病不计诊酬，知名于时。宫保李世杰染沉疴，陈氏数剂愈之，遂与订交。后李氏总制两江，因公至苏，特至浒墅造访，而懿玉已殁，遂书"永怀橘颂"匾额，并作跋以志之。同时有陈�逜行，为陈懿玉族人，以儿科著称。[见：《吴县志》]

陈懿典

字叙五。清代山西长子县人。邑诸生。少孤贫，事媚母尽孝。好学，夜读乏灯火，借他馆之光以照字。后业医，治病不求酬报，尝言："医为济人，岂利薮耶？"[见：《山西通志》]

陈麟炳

字寅生。清末北京人。诸生。通医术，工书画。同治（1862～1874）初，京城厂肆专售墨盒者，于盒上刻字始于陈氏。[见：《中国历代医家传录》（引《骨董琐记》）]

邵

邵元

字材书。明代人。里居未详。为钱塘名医方谷（1508～?）门生。[见：《医林绳墨·方序》]

邵化

北宋人。里居未详。通医道，为翰林医官。北宋神宗元丰元年（1078），高丽文帝六十岁，病中风，宋廷遣安焘、陈睦携诏书及贵重物品慰问。次年，再派王舜封率御医赴高丽往诊，主要成员有翰林医官邢恺、朱道能、沈绅、邵化，同时带去牛黄、龙脑、朱砂、麝香等珍贵药材百种。元丰三年三月，高丽遣户部尚书柳洪入宋答谢，并赠送人参、松子、香油等方物。同年七月，宋廷又派医官马世安再赴高丽。[见：《中国医学史》（高等中医院校参考丛书1991年版）]

邵弁

（1510～1598） 字伟元，号玄沙。明代太仓州（今江苏太仓）沙溪里人。岁贡生。自幼习儒，深通经术，好谈易理。家世业医，故兼精岐黄家言。临证用药不过五剂，沉疴立起。尝谓："药功不过五剂，彼言十百剂者，实以掩拙。即朱彦修，浪得名耳。"时医多讳其言，故里人亦且尊且疑，医名不彰。久之屡起危疾，声望渐盛，达官显贵皆慕名延请。邵氏性坦荡，与人交，心无彼此，身不饱糠粃，而喜急人之难。晚年目矇，"下帘匡坐，气息仅属，及叩问名理，如屑木缠丝，雅自斐然"，后辈学者为之折服。万历二十六年卒，享年八十九。著有《南华经解》、《老庄汇诠》、《春秋通议》、《诗序顾颐》，藏于家。所撰医书有《运气占候补汇》、《医学纲目补遗》、《十二经发挥》、《重编古本东垣十书》，惜未见流传。[见：《太仓州志》、《中国历代名医碑传集》（引王锡爵《王文肃公文草·邵玄沙墓志铭》）]

邵达

字行甫，号仁山，又号纯山。明代长洲县（今江苏苏州）人。邑名医邵念山子。喜读司马迁书，手不释卷。自幼体弱，不能终举业，从父命研读岐黄书。越数年，稍悟医理，父以皇甫中《明医指掌》示之曰："向尔所习仲景伤寒，东垣内伤，河间热病，丹溪杂病，此学之博者也。约而精则有是书，尔其宗之。"邵达受命，朝夕研考，医术遂精进，为人治疾，有手到病除之效。生平多善举，有邻人极贫，因乏食致疾，濒死。邵达裹金于药中饷之，遂霍然。乡里皆重其德，以"仁山先生"称之。曾增补皇甫中《明医指掌》，于天启二年（1622）辑《订补明医指掌》十二卷，刊刻于世。子邵之鹏，继承家学，亦为名医。[见：《中国医籍考》、《江南通志》、《吴县志》]

邵讷

明代浙江余姚县人。生平未详。著有《本草摘要》一卷、《易简经验方》二卷，刊刻于世，今未见。[见：《天一阁书目》、《余姚县志》]

邵柏

又名邵鹤。清代人。生平里居未详。通医理。于康熙间（1662～1722）撰《脉诀阶梯选要》一卷。内容包括内经分配三部脏腑脉法、寸关大义、诊法、脉象辨、七绝脉法等，卷末附四言脉诀歌。其书引经据典，参证诸家，简明扼要，便于记诵，尤宜初学。今存康熙五十九年（1720）抄本，书藏江西中医学院图书馆。［见：《中国医籍大辞典》］

邵亭 字荫棠。清代河南内黄县人。早年习儒，深通经史。晚年博览医书，存心济世。凡与谈岐黄者，无不服其精妙。［见：《内黄县志》］

邵恒 字咸斋。清代浙江上虞县人。随其父邵以懋迁居常熟。邵恒自少习儒，屡试不中，遂负笈杭州，从老医何某游，尽得其传。何语之曰："若非尘埃中人，异日当以术鸣天下，吾不足为若师。"恒乃辞归，悬壶常熟，治病奇验，名噪于时。支塘有倪氏妇，患痼疾，恒诊之，投数剂即愈。支塘人挽留之，遂定居焉。汪应铨奇其术，言于文华殿大学士蒋延锡，蒋挈以入都，名噪京师。后荐入太医院，授额外御医，因年老，不随班值宿。供奉数年，乞骸骨归。年七十岁卒。著有《经验方》、《医案》诸书，藏于家。［见：《常昭合志稿》］

邵泰 明代浙江金华府人。精医术，为时所重。嘉靖二十四年（1545）郭鉴辑《医方集略》，收入邵氏经验方。［见：《中国医籍考》］

邵悦 字贞父。宋元间务东（今安徽休宁）人。师事同郡胡方平，通明理学。宋亡不仕，隐于萝山精舍。研究易象，编辑古方书，施药活人。两荐本路惠民局副使，皆不赴。寿终于家。［见：《休宁县志》］

邵浚 一作邵俊，字昼人。清代浙江乌程县南浔镇人。生平未详。著有《昼人脉论》、《伤寒心得》、《杂病汇参》（又作《杂病汇纂》），今皆未见。［见：《南浔镇志》、《乌程县志》］

邵铨 字履南。清代江苏新阳县人。居城北渡桥里。少习儒业，赴试不售，改习武功，补武庠生。邵氏精通文史，嗜于书法，晚年犹临摹不辍。兼工岐黄，治辄效验。寿至七十九岁卒。［见：《昆新两县志》、《昆新两县续修合志》］

邵铭 字新甫。清代江苏无锡县人。早年习医，通医理。曾校订叶桂《临证指南医案》。［见：《临证指南医案·邵序》］

邵斌 字琇之。明代高邮州（今属江苏）人。布政使邵文卿曾孙。祖上三代皆通医道，至斌术益精，名重于时。景泰（1450～1456）初，冢宰赵公抚江淮，途经高邮患奇疾，众医束手。邵斌后至，投一剂而愈。赵惊叹其学，举荐于朝。太医院诸医以"表里攻守之方"难之，所答皆中

式，授本州医学典科。［见：《高邮州志》］

邵敬 字乾来。清代江苏太仓县璜泾镇人。业医，于书无所不览。晚年术益精，遇危殆之症，治与不治，一言即决。吴下名医叶桂（1666～1745）、薛雪等，交口称之。年八十三岁卒。子邵学古、邵善述，俱传父业。孙邵登云，医名益盛。［见：《璜泾志稿》］

邵鼎 字佐臣，号铉亭。清代江苏昆山县人。精岐黄术，工书画，事亲至孝。年五十岁卒。次子邵崧臣，继承父学，亦以医名。［见：《昆新两县续修合志》、《吴郡甫里志》、《吴郡甫里人物考》］

邵楷 清代湖南保靖县人。精医术，名重于时。性慷慨，重医德，贫富无二视。凡所疏方剂，必剖析病源，精心炮制，故圭勺沾口，辄有奇验。［见：《保靖县志》］

邵颎 明代太仓州（今江苏太仓）沙溪人。邑医学典科邵启南孙。继承家学，亦工医术。后征入太医院。［见：《常熟县志》］

邵潜 （1581～1665）字潜夫，号五岳外臣。清代江苏通州（今南通市）人。工诗善文，兼精书法。著有《邵潜夫别集》，其中《引年录》二卷，为养生学著作。［见：《中国丛书综录》、《中国历史人物辞典》］

邵澍 字作霖，又字子雨。清代浙江平湖县人。有才略，长于诗，兼精医术。著有《成方辑要》四卷，刊于道光九年（1829）。另著《外科辑要》四卷，今存1919年上海锦章书局石印本。又有门生所辑《医学偶评》四卷，未梓。［见：《平湖县志》、《浙江医籍考》］

邵一仕 字学海。清代湖北沔阳州人。研习《黄帝内经》诸书，精医术。远近求治者甚众，投剂立效，不索一钱。过贫病无力之家，赠药饵不吝。嘉、道间（1796～1850）瘟疫盛行，邵氏制丸散施救，全活多人，乡里称其德。［见：《沔阳州志》］

邵大年 清代浙江慈溪县人。精医术，以幼科知名。孙邵琴夫，以善治喉痧著称。［见：《喉痧证治概要》］

邵之鹏 字三山。明清间江苏长洲县人。其祖邵念山，父邵达，皆精医术。邵之鹏继承家学，复深造而广大之，精内、外、妇、儿诸科，求治者户外恒满。于伤寒证治多有研究，晚年著《伤寒辨略》，尤侗为之作序，惜未见流传。还曾校订张登《伤寒舌鉴》，今存。子邵鸣山，亦传家学。［见：《吴县志》、《伤寒舌鉴》、

《中国医籍考》]

邵之翰 明代人。生平里居未详。著有《调理四时切要》（又作《调理四症切要》），已佚。[见：《千顷堂书目·医家类·明代》、《澹生堂藏书目》]

邵子明 明代广东澄迈县人。精医术。万历间（1573~1619）官医学训科。[见：《澄迈县志》]

邵元三 （1836~1904）字抢才。清末河北定州城东齐堡人。自幼颖异，读书有神悟。事亲至孝，其父邵清澜患痼疾，遂尽弃儒业，专习岐黄，久之贯通脉理，尤善诊断。临证处方不过数品，而效若桴鼓，遂以医著称。家道小康，终身施医，未尝受人一钱，遇贫病助以药资，全活甚众。年六十九岁殁，讣闻，乡人无不泣下。子邵凤翰，孙邵润霖，皆传承家学。[见：《定县志》]

邵友濂 清代浙江余姚县人。生平未详。著有《保产良方》一卷，今存光绪十九年癸巳（1893）京华印书局石印本。[见：《中医图书联合目录》]

邵升阳 字日中，号忍山。清代陕西富平县人。年逾三旬，始发奋读书，有志圣贤，后隐于医。著有《故历医书》十二卷、《圣脉源流考》一卷，今皆未见。[见：《富平县志稿》]

邵长勤 字功敏。清代河南淮阳县人。精医术。临证立方，必细心斟酌，曰："他人性命，系此指间。稍不尽心，是死于医也。"[见：《淮阳县志》]

邵化及 元代人。里居未详。曾为高丽国王制药。尝谓："人参极坚，用斧断之，香馥一殿。"[见：《中国历代医家传录》（引《格致镜原》）]

邵化南 字临棠。清代山西虞乡县（今山西永济市虞乡镇）白坊村人。幼颖悟，攻举业。嘉庆庚申（1800）恩科第五名举人。治学以穷经汲古为先，所披阅即为诠注。著有《周易诠释》、《世范杂说》诸书。兼涉医学，撰《针灸发明》若干卷，藏于家。[见：《虞乡县志》]

邵凤翰 近代河北定州城东齐堡人。邑名医邵元三子。传承父业，亦以医闻。子邵润霖，亦继承家学。[见：《定县志》]

邵文卓 字向如。清代江苏武进县人。以医为业，善治小儿痧痘。每临变证，以意疗之，无不立效。年八十岁卒。尝著《痢疾辨》，其书云："痢疾在肝肾，当用急流挽舟之法，清阳

达表，则寒邪散，而痢自止。"此书今未见。侄邵企宗，亦以幼科知名。[见：《武进阳湖县合志》]

邵文然 清代浙江乌程县南浔镇人。生平未详。著有《广救急良方》一卷，成书于道光元年（1821）。今未见刊行。[见：《南浔镇志》]

邵以正 （?~1462）号通妙真人。明代江西雩都县人。为道士。早年学道于长春真人刘渊然。渊然老，荐之于朝，授道录司左元义。正统间（1436~1449），迁左正一，领京师道教事。景泰时（1450~1456），赐号"通妙真人"。天顺六年八月卒。辑有医学丛书《青囊杂纂》，包括《仙传济阴方》、《徐氏胎产方》、《仙传外科集验方》、《小儿痘疹证治》、《秘传外科方》、《济急仙方》、《上清紫庭追痨仙方》、《仙授理伤续断秘方》、《秘传经验方》等九种，今存。[见：《明史·张正常传》、《中国医籍考》、《中医图书联合目录》、《雩都县志》]

邵正蒙 清末江苏吴县沙洲杨舍镇人。邑庠生。早年习儒，后从名医张乃修游。技成，悬壶于乡。与同里名医郭汇泰相友善，曾合辑先师遗案，欲刊布传世。编撰年余，邵氏病殁。后郭氏与吴玉纯合作，辑成《张聿青医案》，刊刻于世。[见：《吴中名医录·郭汇泰》]

邵仙根 佚其名（号仙根），字芝生。清代浙江乌程县南浔镇人。监生。通医术，尤精伤寒证治，行医二十余年，屡起危疾。著有《仙根医述八种》，已佚。还曾评注吴贞《伤寒指掌》，撰《伤寒指掌评注》，刊于世。此书后经何炳元重订，易名《感证宝筏》，再次刊行，流传始广。子邵楠，事迹未详。[见：《南浔镇志》、《乌程县志》、《中国历代医史》、《感证宝筏·序》]

邵兰荪 （1855~1910）原名国香。字蓝生。清末浙江绍兴人，世居杨泛桥。幼从王清源习医，平生服膺叶桂《临证指南医案》、程钟龄《医学心悟》二书。天资颖悟，临证神于变化，对温暑时疫、虚劳、经带诸疾多有心得，为浙东名医。每日应诊，户限为穿，无暇著述。曹炳章钦佩邵氏之学，曾积十余年之力，收集其医案，编《邵兰荪医案》四卷，复请史久华评注，刊布于世。[见：《中国医学大成总目提要》、《中医大辞典》、《中国历代医史》、《邵兰荪的生卒年》（《绍兴中医》1981年第2期）]

邵有辉 清代山西虞乡县（今山西永济市虞乡镇）乡头镇人。通医术，全活不可胜数。凡以病延请，无论贫富远近，召之必往。辑有《医方集验》四卷，今未见。[见：《虞乡县志》]

邵成平 字庸济。清代人。生平里居未详。著有《伤寒正医录》十卷，今存乾隆九年甲子（1744）三当轩刻本。还著有《幼科痘疹心医录》一卷，今存乾隆三十一年丙戌（1766）刻本。［见：《中医图书联合目录》］

邵同珍 字葆诚（一作葆丞），号四九居士。清代湖北江夏县（今武汉）郑城人。精医术。淡于仕进，"甘心济世，每半日送诊，不以为疲"。著有《医易一理》一卷，今存光绪二十三年丁酉（1897）小安乐窝原刻本。［见：《医易一理·王景葬序》、《中医图书联合目录》］

邵似松 佚其名（号似松）。清末江苏常熟县支塘人。精通医道，知名于时。门生陆祖熙（1884～1934），得其传授。［见：《吴中名医录》］

邵企宗 清代江苏武进县人。邑儿科名医邵文卓侄。精医术，亦以儿科知名。［见：《武进阳湖县合志》］

邵聿修 清末江苏常熟县支塘人。精医理，识见超常，延请者门庭若市。每出诊，必有患者中途求治，人称"邵木排"，盖谓其时走时停，未能畅行如船也。喜读名医张介宾、张璐之书，用药偏主甘温。为人亢爽，不言人短，不攻同道，有疑难不耻下问。临证审慎，遇重病，必详书脉案，述其原委。与宜兴名医余景和（1847～1909）相往还，余氏赞之曰："学术经验，为常昭两邑医生之冠，无出其右者。"［见：《吴中名医录》、《江苏历代医人志》］

邵如藻 字伊人。清代江苏宝山县人。诸生。禀承父训，刻苦励学。从本邑吴澄习儒，兼传其医学。诊治贫病，不轻用贵重药品，而往往有奇效。嗜于诗，风格冲淡，如其为人。著有《痧原大略》，明辨痧证来源及治法，稿藏于家。［见：《宝山县续志》］

邵时韬 清代四川合川县人。从名医陈启予游。与袁后安皆为陈氏高足。［见：《合川县志·陈启予》］

邵伯俞 元明间太仓州（今江苏太仓）沙溪人。邵良辅子。精医术，尤擅疡科。明初征入太医院，随朱元璋北征，殁于燕。子邵启南，世袭其职。［见：《壬癸志稿》、《太仓州志》、《中国历代名医碑传集》（引王锡爵《王文肃公文草·邵玄沙墓志铭》）］

邵应甲 字春轩。清代河南巩县迥郭镇人。中年习医，造诣日深，用药轻灵，每奏奇效，知名于时。［见：《巩县志》］

邵启南 明代太仓州（今江苏太仓）沙溪人。邑疡科名医邵伯俞子。绍承父业，治病多效验。永乐（1403～1424）初，县令柳敬中荐之，任医学典科。孙邵颢，征入太医院。［见：《常熟县志》］

邵纶锦 （1755～1806）字晴江，号香谷，晚号补楼。清代江苏无锡县人。因母病习医，知名于时。著有《医学本草摘要注释》、《编选良方》、《临证医案》、《传家秘方》等书，今未见。［见：《吴中名医录》、《江苏艺文志》］

邵英俊 唐代（？）人。生平里居未详。撰有《口齿论》一卷、《排玉集》二卷（一作三卷），均佚。［见：《新唐书·艺文志》、《宋史·艺文志》、《通志·艺文略》、《国史经籍志》］

邵肯堂 字楹五。清代山东平原县人。精医术。著有《医学钩元》、《脉理辨证》，藏于家。［见：《平原县志》］

邵明彝 字锡九。明代浙江兰溪县椒石人。早岁习儒，为诸生。中年因母病习医，博极方外秘书，不拘泥成说，能随症活用，投剂辄效，医名振于遐迩。［见：《兰溪县志》］

邵鸣山 清初江苏长洲县人。曾祖邵念山，祖邵达，父邵之鹏，皆以医名世。邵鸣山继承家学，亦精医术。［见：《中国医籍考》、《吴县志》］

邵念山 佚其名（号念山），字从皋。明代苏州（今属江苏）人。其父邵釜山，笃志医林，驰誉江东，晚年遘疾，治不能瘥，临终嘱念山曰："汝不为良相，且为良医。"继而母丧，连失怙恃，遂弃儒攻医。技成，悬壶于世，以擅治伤寒、痘疹著称，医名极盛。行医五十余载，吴城内外，老幼男女，皆就诊治，全活不可计数。子邵达，号仁山，传承父业。［见：《吴县志》、《中国医籍考》］

邵学古 清代江苏太仓县璜泾镇人。邑名医邵敬子。与弟邵善述，俱传父业。［见：《璜泾志稿》］

邵显士 明代河南濮州（今濮阳）人。幼年随父迁居新泰县。精医术，熟谙方脉，临证多效验，活人甚众。［见：《新泰县志》］

邵炳扬 字杏泉。清代江苏吴县人。邑名医邵登瀛曾孙。弱冠入庠，不久弃举业，专攻医学。行医三十余年，临证触类旁通，深得曾祖遗书之旨。著有《三折肱医书》、《邵氏方案》（上二书今存抄本）、《经验方》（未见）。同治三年（1864），校订曾祖《四时病机》、《瘟毒病论》、

《女科歌诀》，辑《邵氏医书三种》，由其子邵景尧、邵景康，刊刻于光绪（1875～1908）初。门生方仁渊，为近代名医。[见：《苏州府志》、《吴县志》、《中国历代医史》、《吴中名医录》、《女科书录要》]

邵济民 号瓜田。元明间昆山县（今属江苏）人。祖上世精医理。邵济民博览《本草》、《灵枢》、《素问》诸书，深通医道，名著于时。元末世乱，遂效法秦末邵平，隐居于乡，开田种瓜。谢应芳重其为人，作《瓜田记》，述其始末。[见：《金元医学人物》（引《龟巢稿》）]

邵润霖 近代河北定州城东李堡人。邑名医邵元三孙，邵凤翰子。传承家业，亦以医闻。[见：《定县志》]

邵家兰 字廷香。清代湖北沔阳州人。性刚直，喜读《易经》。精医术，以针灸见长。[见：《沔阳州志》]

邵继稷 字子才。明代浙江富阳县人。万历二十三年乙未（1595）岁贡，授华亭县训导。教士有成法，每月庭集诸生，论文讲艺，饮酒赋诗，道义之中，洽以性情。所拔士如顾之璇、陈敏吾、俞廷谔辈，皆成名家。后转升云和县教谕。云和土风朴厚，乃灌以文学，津津日上，师道益尊。在任两载，以病乞休。居家二十余年，以提携后进为事。年八十七岁卒。兼涉医学，著有《经验良方》若干卷，今未见。[见：《富阳县志》]

邵崧臣 一作邵崧。清代江苏昆山县人。邑名医邵鼎次子。继承父学，亦以医术鸣于时。以敦行著称，施治不望报。[见：《昆新两县续修合志》、《吴郡甫里志》、《吴郡甫里人物考》]

邵崇基 字乐山。清代江苏常熟县人。本邑骨科名医邵鸿逵曾孙。绍承家学，精通接骨术。[见：《常昭合志稿》]

邵悼元 字仁斋。清代江苏常熟县人。邵齐焘曾孙。性倜傥，好读书，尤精医术，名著于时。有寓公中风不语，一名医诊之，曰："必死，死必在三更。"又一医声名更盛，后至，诊之微笑曰："近之矣，死必在黎明。"邵悼元最后至，诊之曰："无死法也。殆三更能言，而黎明能食也。"投药一剂，如言而愈，自此声名益噪。邵氏年未满四十殁，人皆惜之。[见：《常昭合志稿》]

邵鸿逵 字文云。清代江苏常熟县人。性和粹，端重有品。其叔父邵静公，传外家沈氏接骨医术。鸿逵幼随叔学，精其理，屡奏奇效。曾孙邵崇基，亦以接骨术知名。[见：《常昭合志稿》]

邵维时 字与游，又字虚舟。明代浙江兰溪县人。徙居吴县甫里。精医术。遍交名士，性孝友，人尊为长者。[见：《吴郡甫里志》]

邵琴夫 清代浙江慈溪县人。邑名医邵大年孙。绍承祖父之学，以善治喉痧著称。[见：《喉痧证治概要》]

邵联珠 字秋墅。清代江苏青浦县章堰人。府学生。性慧行笃，工文通医。[见：《青浦县志》]

邵善述 清代江苏太仓县璜泾镇人。邑名医邵敬子。与兄邵学古，俱传父业。[见：《璜泾志稿》]

邵登云 字亮采，号约斋。清代江苏太仓县璜泾镇人。邑名医邵敬孙。早年习儒，为监生。绍承家学，精通医术，师古而不拘泥，临证多佳效。远近数百里内，延治者车马填塞，婆心国手，一时罕有伦比，人皆敬称约斋先生。年六十余卒。[见：《璜泾志稿》]

邵登瀛 字步青。清代江苏吴县人。诸生。从名医薛雪（1681～1770）游，得其传授，为乾、嘉间（1736～1820）吴中名医。力学稽古，于伤寒专宗仲景，恪守心法，而于诸贤之说亦复博采兼收，通明四时变证。曾阐论温湿暑证，撰《四时病机》十四卷；又专取瘟疫证治，撰《瘟毒病论》一卷；别取经带胎产，撰《女科歌诀》六卷。上三书总名《邵氏医书三种》，初刊于嘉庆二十年乙亥（1815），今存。曾孙邵炳扬，亦以医知名。[见：《苏州府志》、《吴县志》、《中医图书联合目录》]

邵勤俊 清代广东人。生平里居未详。著有《跌打新书》二卷，刊于世。[见：《中国医学大成总目提要》]

邵嗣尧 字子昆，号九缄。清代山西猗氏县人。博学多才，豪爽不羁。康熙九年（1670）三甲第十名进士，授临淄县令，"以廉惠得民"。迁柏乡县令，因捕盗用刑落职，魏象枢巡视畿辅，力白其事，得获释。里居久之，以公荐授清苑县令，人称"白面包公"。升江西道御史，调直隶守道，累官江南学政，在任清廉，"屏绝苞苴，人无敢以尺牍进者"。因积劳病卒，同僚敛资始得归葬。邵氏旁涉医学，辑有《推爱堂经验方》（《八千卷楼书目》作《雅爱堂经验方》，疑误）、《推爱堂痘疹验方》，皆刊于世，今未见。[见：《猗氏县志》、《八千卷楼书目》、《中国人名大辞典》]

邵锦福（?～1856）　清代甘肃兰州府河州人。自少出家学道，为龙门派十五代嗣法。曾居华山十二载，后修行于海城县东岳庙。兼精医术，遇病者辄施术救治，屡起沉疴，活人不可胜计。咸丰六年四月初六日辰时坐化。[见：《海城县志》]

邵静公　清代江苏常熟县人。得外家沈氏接骨医术，以骨伤科名世。侄邵鸿逵，传承其学。[见：《常昭合志稿》]

邵餐芝（1899～1954）　号素轩。现代浙江兰溪县汇潭村人。夙好文学，研究哲理。从事教育有年，以余力治医，深有造诣。著有《素轩医语》、《伤寒论新诠》，名医恽树钰、吴去疾、徐相任、秦伯未为之作序，连载于上海《神州国医学报》。张寿颐对二书评价甚高。[见：《兰溪市医学史略》]

鸡

鸡公佛　佚其姓名。明代四川雅安县人。以医为业，常入山采药，以疗民疾，临证多验。后因误药伤人，愧悔无地，剖腹而亡。乡人感其至诚，塑像祀之。[见：《雅安县志》]

八　画

青

青乌子　佚其姓名。宋代（?）人。生平里居未详。著有《青乌子风论》（又作《青乌子论》）一卷、《青乌子风经》（疑即前书）一卷，已佚。[见：《宋史·艺文志》、《通志·艺文略》、《崇文总目辑释》]

青高云　清代四川安县人。通晓医理，治病多效验。官安县医学。[见：《安县志》]

青鸾子　佚其姓名。宋代（?）人。生平里居未详。似为道士。著有《黄庭图证诀》一卷，已佚。[见：《通志·艺文略》]

武

武诩　字君强。清代山西太原县人。曾以参将戍守黑龙江齐齐哈尔。善针法，应手辄效，一时城中跛、跚、痹、痿，因针而起者不知凡几，全城官民皆感激之。章汝南作传，以记其事。[见：《黑龙江外记》]

武泰　北宋晋州（今山西临汾）人。精通医术。守臣荐于朝，补太医正。还乡里，创建起应圣侯庙，以广懋后学。神宗熙宁元年（1068），吕海（1014～1071）知晋州，嘉许武泰所为，作《医铭》以嘉其意，其文曰："六气五行，人禀而生。三部九候，纳诸和平。其称绝技，涤肠潄胃。辅以砭石，因之决渎。察脉之原，当于未然。不攻而胜，庶几十全。愈世之病，犹如国柄。常使众邪，不得干正。能尽己意，膏肓必起。苟利于艺，毫厘千里。泰也有为，心不忘师。义利之得，慎乎所治。"[见：《中国历代医家传略》（引《医铭》）]

武瓛　字大器。明代山西介休县石洞里人。聪敏至孝。其母有宿疾，时医无能疗者，瓛叹曰："为人子而不知医，不孝也！"遂至县南抱腹岩，苦习《内经》、《难经》诸医书。时人谤为"读天书"，县系拘之，知为母攻医，释之。三年后，自觉《脉诀》未悟，又远游访师，得异人传授，遂精脉法，决死生若神。后归乡，以医问世。治病不循常法，常出巧思治之，沉疴痼疾，多能立起，为景泰间（1450～1456）介休名医。有感于学医之难，作论遗子孙曰："非甚明理，有救人之心者，勿轻学！"子武惟真，孙武鸣冈，皆以医知名。[见：《介休县志》、《山西通志》]

武之望（?～1629）　字叔卿，号阳纡，自署关中人。明末陕西临潼县武家屯村人。万历十七年（1589）三甲第一百三十八名进士，授霍邱县令。万历十九年调任江都知府。事上官恭而不阿，直而不抗。凡乡大夫书信至门，必露封而后进，一时请托顿绝。天启三年（1623），迁吏部考功主事。以刚直忤权贵，贬为岳曹。不久归乡，闭门讲学，远近师事之。晚年以右都御史总督陕西三边军务。崇祯二年，卒于官。武氏自幼习儒，及长，嗜于医学。著有《济阴纲目》十四卷，今存泰昌元年（1620）刻本。还著有《济阳纲目》一百零八卷，今亦存。另有《医帜》、《疹科》等书，未见流传。[见：《江都县志》、《临潼县志》、《济阳纲目·序》、《明清进士题名碑录索引》]

武长龄　字延年。清代河南长葛县人。因母病习医，精其术，知名于时。[见：《长

667

《葛县志》]

武心广
字渊如。清代四川绵阳县人。赋性仁厚。寄迹医林，深明药理，所治多奇效。[见:《绵阳县志》]

武世安
北宋人。里居不详。以医为业，知名于时。赵概荐之，应国子四门助教试。王安石（1021～1086）代拟圣批曰:"古者圣人为医药以济民命，而又建官制禄，考其所治之全失而上下以劝焉，其于爱人也深矣。尔能执技以济众，而见称于大臣，使试一官，以为尔劝。其思勉励，以称褒嘉。可。"[见:《王安石全集·卷五十五·外制》]

武丕丞
字烈卿。清代河南汜水县武庄人。岁贡生。能文善教。晚年攻研医学，尤精眼科。[见:《汜水县志》]

武兆麟
字善甫。清代河北密云县（今属北京）人。贡生武伟次子。邃于医术，戚里偶染时症者，治之无不立愈。辑有《妇科辑要》、《伤寒抉微》等书，未见传世。[见:《密云县志》]

武鸣冈
明代山西介休县石洞里人。邑名医武惟真子。绍承家学，亦精医术，著效甚多。郡守赵某，召鸣冈疗夫人疾。鸣冈至，赵欲试其术，令数妇人入帷后，使诊脉。诊至后一人，鸣冈曰:"余都无病，唯此一人始受胎也。"其夫未信。鸣冈曰:"以药验之必动，然须小损。更一剂疗之，亦不至后患。"如法试之，果验。郡人何三泉，亦业医，患怔忡头晕，四肢无力，久不愈。鸣冈诊之曰:"汝躬炮炙，坐卧药室中乎？脏腑弱，毒气所侵也。"令饮甘草汤数碗而愈。其效验类此者甚多。[见:《介休县志》]

武荣纶
清代河北静海县人。生平未详。曾与董玉山同辑《牛痘新书》一卷，刊于世（今存）。[见:《贩书偶记续编》]

武济川
金代人。生平里居未详。精医术，以眼科知名。元好问作《赠眼医武济川》诗云:"世眼纷纷眯是非，不应刮膜以金铧。知君圣处功夫到，且道心盲作么医。"[见:《金元医学人物》（引《遗山诗集》）]

武惟真
明代山西介休县石洞里人。邑名医武璠子。继承父学，亦能医，治病不计利。子武鸣冈，绍传父业。[见:《介休县志》]

武绳祖
（1914～1973）乳名九全。现代山西霍县圣佛村人。武光前子。聪慧好学，少年时考入北京辅仁大学高中部。抗日战争期间辍学回乡，师从霍县名医郭仰熙。侍诊之外，钻研中医四大经典，融会贯通，多有心悟。数年后学成，设诊于其父创办之福生药房，医技日进，疗效显著，名噪远近。1952年出任霍县卫生工作者协会秘书；1956年任霍县第一联合诊所医师；1958年调入城关公社医院。行医四十年，凡病家延诊，不论寒暑晨昏，闻讯即往，足迹遍及三百余村镇，全活不可胜计。武氏医术精湛，思想开明，主张中西医结合，在临床诊断、疑难病治疗及流行病预防等方面成效显著，深受患者爱戴。自1960年始，被推选为历届县政协委员。[见:《霍山雄风·悬壶济世奉献一生》]

武维藩
清代人。生平里居未详。精医术，官太医院御医。乾隆四年己未（1739），任《医宗金鉴》纂修官。[见:《医宗金鉴》]

武景节
清代湖北沔阳州上麻港人。晚年习医学。寿至九十七岁卒。著有《六经定法》，今未见。[见:《沔阳州志》]

武舜谦
元代人。里居未详。曾任岭北行省省医。至顺元年至二年（1330～1331)，和林（今内蒙古和林格尔）建三皇庙，武氏与省医胡景勖、李贵，和林惠民局良医杨仲文，参与其事。[见:《金元医学人物》（引《和林金石录·和林三皇庙残碑文》）]

武锡龄
字梦与。清代河南汜水县武庄人。岁贡生。通儒学，兼善医术，知名于时。[见:《汜水县志》]

耶律

耶律倍
（899～936）小字图欲。辽代契丹人。辽太祖长子。聪敏好学，通阴阳，知音律，兼通医药、针灸之术。太祖崩，倍让位于太宗，反遭疑忌，遂潜逃至后唐。唐明宗赐姓李，名赞华。清泰三年，耶律倍为李从珂所杀，时仅三十八岁，谥"让国皇帝"。[见:《辽史·义宗倍传》]

耶律敌鲁
字撒不椀。辽代契丹人。西南招讨使耶律德威孙。精于医术，察形色即知病源，每获十全之功。枢密使耶律斜轸之妻有沉疴，易数医不能治，敌鲁诊之，曰:"心有蓄热，非药石所及，当以意疗。因其聩，眂之使狂，以泄其毒则可。"于是令大击钲鼓于前，翌日果发狂，叫呼怒骂，力尽而止，疾遂愈。其治法多此类，人莫能测。统和（983～1011)初，经大丞相韩德让举荐，官节度使。年八十卒。子孙世预太医选。[见:《辽史·耶律德威传（附:孙敌鲁）》、《辽史·萧胡笃传》]

耶律庶成
字喜隐，小字陈六。辽代契丹人。幼好书法，过目不忘，善辽、汉文字，尤工诗。重熙（1032～1054）初，补牌印郎中，累迁枢密直学士。时契丹医人鲜知切脉审药，帝命庶成翻译方脉书，刊行之。自是人皆诵习，虽诸部族亦知医事。[见：《辽史·耶律庶成传》]

耶律楚材（1190～1244）字晋卿，号湛然居士。金元间契丹人。辽东丹王突欲八世孙。楚材幼年丧父，母杨氏教之。及长，博览群书，旁通天文、地理、律历、术数及释老、医卜之说。下笔为文，若宿构者。金末任开州同知。元太祖时拜中书令。乃马真后三年甲辰五月卒，时五十五岁。追赠太师，封广宁王，谥"文正"。著有《湛然居士集》。[见：《元史·耶律楚材传》]

耶律德崇 辽代契丹人。善医，视人形色即能诊断其病。官至武定军节度使。子耶律制心，官至南院大王。[见：《辽史·耶律德威传（附：制心传）》]

耶律迭里特（?～911）字海邻。元代契丹人。有膂力，善骑射，马颊不仆。尤神于医，视人疾，若隔纱睹物，莫不悉见。太祖未即位，即加眷遇，及即位，拜迭剌部夷离堇。太祖尝思酒醒解酲，以山林所有，问能取者。迭里特曰："臣能得之。"乘内厩马逐鹿，射其一，欲复射，马跌而毙，迭里特跃而前，弓犹不弛，复获其一。帝欢甚曰："吾弟万人敌!"会太祖患心痛，召迭里特视之，迭里特曰："膏肓有瘀血如弹丸，然药不能及，必针而后愈。"帝从之，呕出瘀血，痛止。后与父耶律辖底，策动剌葛（太祖弟）谋反，事败，俱缢杀之。[见：《辽史·耶律辖底传（附迭里特）》]

昔李

昔李勃（1281～1343）字天广，小字字兰奚，自号菊心，姓昔李氏。元代西夏人。成吉思汗攻西夏，其四世祖率先降蒙古，奉命世守大名（今属河北），遂定居。昔李勃幼从乡先生读经，通悟大义。及长，膂力过人，善射，至大（1308～1311）初荐为大内宿卫。得元仁宗器重，历官承事郎陕西行台监察御史、江西行省理问。在任秉公执法，以廉能称于时。泰定二年（1325）授山北辽东道肃政廉访司佥事，无意赴任，辞官归，隐居安徽怀远。昔李勃雅量高致，与朋友交，可托生死。晚年留意医药，撰《秘方精选》，惠赠友人，用者多效验，今佚。至正三年卒，时年六十三岁，追赠礼仪院判。[见：《金元医学人物》（引《大名府志·元礼仪院判昔李公墓志铭》）]

直

直鲁古（915～1004）又译作珠勒呼。辽代突厥吐谷浑人。初，辽太祖破吐鲁浑，一骑士弃橐反射，不中而去。追兵开橐视之，得一婴儿，即直鲁古。问所俘者，知射橐者婴之父也，世代善医，虽马上视疾，亦能知标本，不欲子为人所得，欲杀之耳。由是进于太祖，淳钦皇后收养之。及长，亦能医，专事针灸。太宗时，任太医。年九十岁卒。尝撰《脉诀》、《针灸书》，皆散佚。[见：《辽史·直鲁古传》、《医学入门·历代医学姓氏》、《续文献通考》]

苗

苗父 一作弟父。传说为上古巫医。其治疾，以管为席，以刍为狗，北面而祝，凡扶而来者，舆而来者，皆平复如故。此即后世祝由科之始。[见：《说苑》、《韩诗外传》、《古今医统大全·历世圣贤名医姓氏》]

苗明 字皓月。清代河北南宫县人。邑庠生。性情严正，学问渊博。尤潜心于岐黄书，治病不索谢，远近称之。子苗文钦，亦通医。[见：《南宫县志》]

苗文钦 清代河北南宫县人。庠生。儒医苗明子。绍承父学，以医术活人，远近知名。[见：《南宫县志》]

苗仲通 元末余姚县（今属浙江）人。世业岐黄。袭承家学，亦精医道，官本县医学训录。尝整理祖、父所传验方，会粹诸书所载，附以亲身经验，辑《备急活人方》若干卷，已佚。[见：《余姚县志》、《绍兴府志》、《金元医学人物》（引《东维子集》）]

苗灵蓍 字卜堂。清代河南商水县人。庠生。倜傥有才，工书法，得柳公权笔意。精岐黄术，熟读《温疫论》、《温病条辨》诸书，治瘟疫应手辄效，名重于时。生性高洁，不屑与流俗为伍，暇则种菊养鱼以自娱。[见：《商水县志》]

苗道人 佚其姓名。清代人。道光间（1821～1850）由苗山入汉地，居四川南溪县李庄王爷庙。精医善画，待人亲和。凡求治，出囊中草药，服之多效。行踪不定，或见其售药于成都。[见：《南溪县志》]

苟

苟镒 字育真。明代安徽和州（今和县）人。万历间（1573～1619）郡诸生。因母多病，

出游访求名医，久之精医术。著有《奇方集验》、《琴谱》，藏于家。[见：《直隶和州志》]

苟培之
清代四川南充县人。精医术，知名于时。门生程履升，得其传授。[见：《南充县志》]

苟腾霄
清代陕西扶风县午井卫人。祖父苟志义，以孝友闻。腾霄精于医术，知名乡里。著有《时方妙用》数卷，今未见。兄苟腾蛟，事迹不详。[见：《扶风县乡土志》]

范

范汪
（308～372）字玄平。东晋顺阳（今湖北光化）人。雍州刺吏范晷孙。范汪年六岁，其父范稚殁，家贫，寄养于舅父新野庾氏。年十三丧母，居丧尽礼，亲邻哀之。稍长好学，庾氏家贫，无以资给，燃薪抄书，孜孜不倦，久之博学多通。荆州刺史王澄，见而奇之，曰："兴范族者，必是子也。"弱冠至京师，以军功赐爵都乡侯，历中书侍郎，累迁东阳太守，故世称范东阳。桓温北伐，免范汪为庶人，屏居吴郡。年六十五岁，卒于家。赠散骑常侍，谥曰"穆"。范汪旁通医理，性仁爱，每以拯恤为事。凡有疾病者，不限贵贱，皆为治之，十能愈其八九。平生搜集医方甚多，撰有《范东阳杂药方》（又作《范东阳方》）一百七十六卷，流传于世。《隋书·经籍志》载"《范东阳方》一百五卷。"注曰："录一卷，范汪撰。梁一百七十六卷。"是范汪书隋时已亡七十卷。《新唐书·艺文志》始作"尹穆纂《范东阳杂药方》一百七十卷"，此乃唐时尹穆增补范汪书，故规模与原著相近。据焦竑《国史经籍志》，该书明季尚存，今佚，其内容散见于《外台秘要》、《医心方》诸书。又，《补晋书艺文志》等载范汪《解散方》七卷、《疗妇人药方》十一卷、《疗小儿药方》一卷，疑皆后人摘录《范东阳杂药方》而成者，因诸书皆佚，无从稽考。[见：《晋书·范汪传》、《晋书·范晷传》、《隋书·经籍志》、《新唐书·艺文志》、《通志·艺文略》、《宋史·艺文志》、《国史经籍志》、《补晋书艺文志》、《太平御览·方术部》、《历代名医蒙求》、《医学入门·历代医学姓氏》、《中国医学史略》]

范松
字青峰。清代安徽太和县人。善治痘疹，人称通灵先生。其孙范聚宝，辑祖父经验方为书，惜兵燹后散佚不传。[见：《太和县志》]

范钟
字越卿。清代浙江山阴县人。世居郡城锦鳞桥畔。能诗善文，享誉于时。秉承先祖文正公（指范仲淹）"不为良相，则为良医"之

训，午夜读医书，久之深通其奥。著述甚富，医书有《医验珍方》二十卷，藏于家。[见：《绍兴县志资料》]

范厔
清代安徽珙县人。范嗣镇长子。早年习儒，为举人。嗜读书，善诗文，兼通医理。乐善好施，毕生施药，至老不倦。[见：《珙县志》]

范庠
（1875～?）字毅夫。近代江苏长洲县人。范仲淹二十六世孙。附贡生。曾任范文正书院义庄初等小学教员。喜读《内经》、《难经》，及喻昌、叶桂、薛雪、徐大椿、柯琴、尤怡诸名医之书，于中医学颇有心得。宣统间（1909～1911）加入中西医学研究会。[见：《吴中名医录》]

范斑
清代江西弋阳县湖山人。邑庠生。性文雅，仗义疏财。精医理，治病不计谢资。[见：《弋阳县志》]

范晔
（398～445）一作阳烨，字蔚宗。南朝宋顺阳（今湖北光化）人。晋东阳太守范汪曾孙。仕宋为左卫将军，太子詹事。元嘉二十二年，因谋反事败，伏诛，时年四十八岁。辑有《膳夫经手录》，为食养之书，见载于清陆漻《佳趣堂书目》，存佚不明。范氏还撰有《和香方》（又作《上香方》）一卷，其自序曰："麝本多忌，过分必害。沉实易和，盈斤无伤。零藿虚燥，詹唐黏湿。甘松、苏合、安息、郁金、奈多、和罗之属，并被珍于外国，无取于中土。又枣膏昏钝，甲煎浅俗，非唯无助于馨烈，乃当弥增于尤疾也。"所言悉以香药比类朝士，乃游戏之作也，原书已佚。[见：《南史·范泰传（子范晔）》、《宋书·范晔传》、《隋书·经籍志》、《新唐书·艺文志》、《补宋书艺文志》]

范益
元明间燕京（今北京）人。医术甚精，尤神于脉。至正间（1341～1368），为大都医官。年七十岁尚健在。[见：《古今医统大全·历世圣贤名医姓氏》、《中国历代医家传录》]

范能
字仲能，号淞南。明代昆山县（今属江苏）人。少从武进名医谢应芳游，精通医术。兼善吟咏，尤工书法。永乐十五年（1417），参修《昆山志》十八卷。十七年诏征入京，至郡，以母老力辞，从其请。既归，日以著述为事，不入城府。以耆德，屡举乡饮。晚年病盲，而吟咏不辍。年八十余卒，葬于千墩浦西蒋泾口。著有《淞南集》。[见：《昆山县志》、《江南通志》、《苏州府志》、《昆山历代医家录》]

范彬
明代人。里居未详。世代业医，名重于时。侍陈英王，任王府太医令。常竭家资

以蓄良药，积米谷。人有孤苦疾病者，留寓于家，济以饘粥，施以药饵，虽脓血淋漓，不稍嫌避。遇连年饥馑，疫疠大作，范氏筑房屋，宿饥困患病者，全活千余人，德望重于当世。尝有叩门急请者，告曰："家有妇人，暴卒血崩如注，面色已青。"范彬闻之遽往，出门而英王遣人至，曰："宫中贵人有发寒热者，召看之。"彬曰："此病不急，今人家命在顷刻，我且救彼，不久便来。"中使怒曰："人臣之礼安得如此！欲救他命，不救尔命耶？"彬曰："我固有罪，亦无奈何。人若不救，死在顷刻，无所望也。小臣之命，望在主上，幸得免死，余罪甘当。"遂先救民妇，其人果活。少顷，至王府见主，王责之。范免冠谢罪，陈述真心，遂免其罪。[见：《中国历代医家传录》（引《南翁梦录》）]

范逸 清代江苏青浦县黄渡人。范超族弟。康、雍间（1662～1735）在世。能诗，兼善医术。年五十五岁病瘖，七十二岁卒。[见：《青浦县志》]

范超 字同叔。清代江苏青浦县黄渡人。善隶书，工篆刻，通绘画，兼精医术，为康、雍间（1662～1735）青浦名士。年六十二岁，中酒暴卒。族弟范逸，亦能医。[见：《青浦县志》]

范路 字遵甫。明清间浙江嘉兴县人。自兰溪迁长水。经明末兵乱，卖药于市。工诗，有《灵兰馆集》。[见：《中国人名大辞典》]

范镇 （1007～1087）字景仁。北宋成都华阳（今四川双流）人。博学多识。薛奎守蜀，一见爱之，馆于府舍，命子弟从之学。及还朝，载以俱。有问奎入蜀何所得，曰："得一伟人，当以文学名世。"宋庠兄弟见其文，自谓弗及，与为布衣交。不久举进士，礼部奏名第一。调新安主簿，迁馆阁校勘。历四年，超授直秘阁。累迁翰林学士，充史馆修撰，兼提举校正医书所。高保衡、林亿等奉敕校正《伤寒论》等医书，范镇参予其事。晚年以银青光禄大夫致仕，封蜀郡公。范镇清白坦夷，待人以诚，恭俭慎默，不言人过。临大节，决大议，色和而语壮，常欲继之以死，虽在万乘前，无所屈。其学本于六经，口不道佛、老、申、韩之说。契丹、高丽皆传诵其文。平生与司马光相得甚欢，议论如出一口，曾约定生则互为传，死则作铭。年八十一岁卒，赠金紫光禄大夫，谥"忠文"。[见：《宋史·范镇传》、《伤寒论校注》]

范一梅 字寿臣。清末人。生平里居未详。曾任太医院右院判，兼上药房值宿供奉官，领三品衔。[见：《太医院志·同寅录》]

范二松 清代江苏六合县人。精医术，擅外科，有手到病除之效。[见：《六合县志》]

范九思 北宋江夏县（今湖北武汉）人。业医，善针灸术，能起沉疴。嘉祐间（1056～1063），太傅程公守官于江夏，其母患喉痈，塞气不通。程命诸医只可用药，勿施刀针以损之。众医不敢措治，惟范九思云："我有一药，用新笔点之可愈。"遂暗藏铍针于笔头内，刺其喉而愈。[见：《古今医统大全·历世圣贤名医姓氏》、《医学入门·历代医学姓氏》、《普济方》、《中国医籍考》]

范大成 字尊一。清代江苏上海县塘桥镇人。世医，治眼病有良效。子范得方，孙范钟望，曾孙范锡衍，均业眼科。[见：《上海县志》]

范大捷 字子谦。清代浙江鄞县人。诸生。性仁孝，周人之急，唯恐不及。兼精岐黄，后以医术知名郡中。其出诊，常先治邻族及贫家，而后及舟车迎接者。居常训子弟曰："不可有所觊而为之。"尝游杭州，某富商子患痘，已落痂，独足上一痂未脱。范曰："此儿百日必死，死当以腹痛。"富商不信。一日，儿急呼腹痛，遽死。逆数之，正百日也。又，一妇人患微疾，范氏切脉曰："土败而木将绝，不及夏矣。"果应其言。里中有贫妇将娩，忽患痘甚危。范氏曰："此妇若危，是损二命也。"携药治之，日六七往，母子得全。[见：《初月楼闻见录》]

范之才 北宋人。里居未详。精通医道，曾任医官。徽宗崇宁二年（1103）六月，宋廷应高丽国之请，派遣医官牟介、吕昞、陈尔猷、范之才等赴高丽，设学馆于兴盛宫，充当医生与教授，使中医学广泛传入高丽。[见：《中国医学史》（高等中医院校参考丛书1991年版）]

范子和 金元间稷山（今属山西）人。颖敏多艺，博涉经史。世代业医，至子和尤精，知名于时。与段克己（1196～1254）相往还，段氏晚年多病，常赖范氏诊治。[见：《金元医学人物》（引《二妙集·赠医师范子和》）]

范天锡 字寿朋。元代休宁县（今属安徽）汉川人。徽州府教授范一昺子。邃于医术，诊脉能决人生死，用药不滞古方，随证施治，无不效者。曾任郡医学提领。[见：《休宁县志》、《徽州府志》]

范凤岐 字瑞西。清代山东平原县人。致力于医，博览群籍，垂二十年，遂精其术。

八画

671

一人患危疾，群医束手。凤岐诊之，曰："病尚可为。"为处方剂，数服而愈，由是声誉隆起。曾汇录读书心得及验案，编录成册，惜卒后毁于火。[见：《平原县志》]

范文锐 号澹庵。清代江西瑞昌县人。性明敏，酷嗜古文，不屑时俗。有大志而困于时。尝曰："丈夫立志，当为良相，调燮阴阳，跻斯世于仁寿。不能，必为良医，犹得拯芸生之疾苦。"遂业岐黄，精其术，有著手成春之效，时称"活佛"。[见：《瑞昌县志》、《九江府志》]

范文孺 字希文。元代豫章（今江西南昌）人。七世祖得医术于外家，精通痔科，世代相传，至文孺之孙已历九代。文孺父子治痔，先以毒药相攻，去恶肉，继以善药将养，轻者一月而愈，重者数月而痊。吴澄（1249～1333）作《送范文孺痔医序并诗》，其诗曰："蒙庄超世外，有患不到身。寓言贬秦医，托以讥时人。遑之血肉躯，微苦尤频呻。安得希文者，普救疾疢民。"[见：《金元医学人物》（引《吴文正公集》）]

范正瑜 字春溪。清代湖南湘乡县人。受学于其父，精于治病。因见时医以"吹苗法"种痘，每多逆证，易杀人，遂远访名师，得"引苗法"以归，全活婴幼甚众。著有《引痘无疑录》一卷，今未见。[见：《湘乡县志》]

范世英 隋代人。生平里居未详。著有《千金方》三卷，已佚。[见：《隋书·经籍志》、《新唐书·艺文志》、《国史经籍志》]

范生兰 清代甘肃隆德县人。早年习医，为官医生。技成悬壶，治病应手取效，知名乡里。有医德，凡病家延请，不分贫富皆往，活人甚众。兼善丹青，所画兰竹尤佳。[见：《隆德县志》]

范永华 字寿山。清代河北交河县人。为人忠厚，品行端方。善岐黄术，病家延请，风雨不辞，著手即愈。殁后多年，四乡犹念念不忘。[见：《交河县志》]

范永昌 字济华。清代山西黎城县人。岁贡生。九岁丧父，随祖父卧起，诗书口授，皆能成诵。既为诸生，研经之暇，旁及医理。求诊者常盈门，有不远数百里相请者。著有《医学代口诀》二卷、《女科》二卷，今未见。[见：《黎城县续志》]

范在文 字于兹，又字美中。清末随城（今湖北随县）人。生平未详。撰有《卫生要诀》四卷，今存嘉庆八年（1803）安怀堂刻本；

《医经津渡》四卷，今存嘉庆二十三年（1818）安怀堂刻本；还著有《药性赋》一卷，今存余苹皋音释本。[见：《中医图书联合目录》]

范在慈 清代四川内江县人。精医术，临证多奇效。人以金谢之，不受，惟愿以名方佳药相赠，曰："吾以待乏也。"善炮制，常配成药以备急需。湖南、湖北大疫，在慈出药数十筐，三日散尽。尝游京师，值皇亲某久病不愈，慕名延治。在慈诊之，曰："前方与证相符，而疾不愈，恐炮制不得其法也。"乃重为炮制，疾乃瘳。由是声名大播，延请者门庭若市。[见：《资州直隶州志》]

范成钰 字昆和。清代江西弋阳县二十六都人。立行方正不阿，乡里有争讼，片言立解。究心岐黄之术，善外科。自制膏丹，凡患痈疽者，悉心治之，全活者甚众，未尝受谢资。子范光照、范光奎，均习举业。[见：《弋阳县志》]

范廷珍 字惟中。明代昆山县（今属江苏）人。素善医，无论贵贱贫富，召之即往，未始萌一毫求报之心。父范彦良，耆德凤望，表于一乡。洪武间（1368～1398），里中子坐不法，事连彦良。廷珍率其弟廷圭，诣官陈白，愿以身代父死，词意恳恻。官为之感动，释其父，兄弟俱隶戍河间（今属河北），遂以医术济河间人。晚年，学益博治，喜吟咏，工书法，尤长于斋阁题署，求字者踵至。年九十余，犹日作数十纸弗厌。吏部左侍郎叶盛，为之作传。[见：《昆山县志》、《苏州府志》]

范伟亭 清末人。生平里居未详。辑有《历验奇方》十六卷，今存民国间刻本。[见：《中医图书联合目录》]

范行准 （1906～1998）原名范适，字天磐。现代浙江汤溪县（今金华）人。自幼嗜学，读书仅三年，即因贫困辍学。其叔父范贡云开设德寿堂药店于罗埠镇，范氏十三岁入店学徒。稍有余暇则赴县城图书馆读书，但觉"不啻如赤手贫儿，蓦入铜山金穴，神摇意夺，徘徊不忍去之"。年十八岁返乡，自学中医，二年后悬壶济世。30年代初，考入上海国医学院，师从陆渊雷、章次公诸名家。学院为五年制，范氏插班入三年级，次年跳班入五年级，两年即毕业。嗣后行医上海，与医史文献学家王吉民、龙伯坚、宋大仁相往还，临证之外，致力于医史、文献研究，多有建树。毕生酷嗜收藏古籍，每见善本，罄柴米之资以购。抗日战争爆发，图书之厄，旷古所无，范氏奋起抢救，至1941年，搜集四部古籍已逾二万卷。此后续有增加，以致"室小书多，椅案之外，俱为图籍所据"。范氏以历代典籍为民族瑰宝，故称寓所为"栖芬室"。其藏书包括大量中医药珍籍，仅宋、元、明三代稀有刻本、写本即达九十多种，如北宋版《圣散子方》、明彩绘本《本草图谱》、赵学敏《本草纲目拾遗》稿本、刘鹗《要药分剂补正》稿本等，范氏被公认为现代中医藏书家之巨擘。1984 年，范氏寿至七十八岁，将全部藏书捐献中国中医研究院，共计 760 种，7200 余册。范氏富于著述，所撰《明季西洋传入之医学》、《中国预防医学史》、《中国病史新义》，为当代医史研究名著。又辑录两汉至元明间医学佚书，编《全汉三国六朝唐宋医书》、《元明医学钩沉》。此外，还影印出版《中国古典医学丛刊》，所收《循经考穴编》、《秘藏常山栖静斋针灸全书》等，皆罕见秘笈。[见：《范行准与栖芬室藏书》《江西中医药》2003 年第 3 期]

范齐权 清代福建建宁县下坪人。专精医道，名重于时。凡延诊，无论贫富轻重必赴，不计酬报，全活极多。[见：《建宁县志》]

范安国 字治堂。清代江苏江都县人。侨居秀水县。幼颖异，凡操琴、弹棋、写生、风鉴、堪舆、方脉、推步，悉心领神会。[见：《中国人名大辞典》]

范防御 佚其名。南宋临安（今浙江杭州）人。为五世儿科名医。尝官防御之职，人皆以官衔称之。孙范思贤、范思明，绍传其术。[见：《杭州府志》]

范应春 自号杏庄。明代浙江上虞县人。少负奇气，尝曰："匹夫而欲济人利物，无他术，惟医药乎。"乃遍读岐黄家言，遂以医鸣世，尤神于脉理。一日，途遇姻亲薛文龙，惊愕曰："公病剧，奈何！"薛曰："固无恙也。"应春就其家诊之，阳为好语，密嘱其子曰："而翁脏脉已绝，特浮阳在外，不见剧耳。夜半当疾作，及晡而逝矣。可亟治后事。"及夜果卒，时刻不爽。某按察使行至上虞，称有病，不言症状，遍召诸医莫晓。应春诊之曰："无他病，只患夜遗耳。安神保元自愈。"按察使曰："胡神哉？"复问以贵人多疾，贫者鲜病之理，对曰："户枢不蠹，流水不腐。"大服之。范氏素重医德，虽疗病如神，从不计酬。著有《杏庄集》十卷，藏于家。[见：《上虞县志》]

范应德 宋代山阳（今江苏淮安）人。名医许叔微（1079～1154）门生。尽得师授，切脉用药异于时医，而疗效显著，名重于时。阎孝忠族叔为范应德门生，故孝忠少年时亦得范氏指授，后以儿科见称。[见：《普济本事方·阎孝忠跋》]

范良仲 元明间福建建宁县东乡人。聪敏博学，遭元末丧乱，弃儒学医。洪武四年（1371）游金陵，与宋濂相友善，时宫嫔患病，宋濂以良仲荐，著手春回，钦授南京太医院提举司医官。后辞归故里，都门缙绅皆作诗赋送之。[见：《建宁县志》]

范叔向 字洪博。清初浙江鄞县人。精方脉，擅治杂证，就医者门庭若市。与本邑徐国麟、吴守庵、祝天祐、吴丹霞、张兰坡诸名医齐名。[见：《宁波府志》、《鄞县志·李斑》]

范叔清 元代临川（今江西抚州）人。精医术，以咽喉口齿科知名。南丰危亦林，得其传授，后成名医。[见：《世医得效方》]

范国卿 字东溪。明代河北永年县人。精医术，与同邑名医申任、周以道齐名。[见：《永年县志》]

范国瑞 清代四川安县南乡河坝场人。性豁达，家贫苦读，学识广博。及长，教塾为业，兼习医理。凡以病延请，不避风雪，不计贫富，皆亲往救治，乡里敬重之。[见：《安县志》]

范国籍 字廷征，号石渠。清代四川郫县人。六岁失怙，及长习医，延请者甚众。道光辛巳（1821）村中大疫，青壮卧病者甚多，田园将芜。国籍细究病证，寻检医书，自制丹药，广施于人，贫者多赖其药以活。七十九岁殁。子范守贞，为举人。[见：《郫县志》]

范忠社 清代河南尉氏县人。庠生。兼精岐黄，制丸散济人，不取值。[见：《河南通志》]

范秉元 字彝甫。清代广东大埔县三河乡人。孝廉范绍蕃长子。淹贯覃思，妙达纬象，精通医术。稚龄下笔千言，入县庠，三试三冠，学使胡长龄称之岭南巨擘。应嘉庆庚午（1810）乡试，仅中副榜，遂绝意科场，而从游者益众。后出任信宜教谕二十年，遇邑灾，竭劳筹划过于县令，寻升琼州府教授。居父母丧归乡，忘分利物。晚年自题小照，有"英雄圣贤，庶遇旦暮"等语，皆其概也。著有《指测录》，今未见。[见：《大埔县志》]

范征昌 字眷西。清代江苏如皋县人。早年患病，求医南京，得识良师，遂精医术。尝于大疫之年施医药，屡起危疾。[见：《如皋县志》]

八画

范金垒 清代河南淮阳县人。世医范振兰子。绍承父学,以治痘疹知名。[见:《淮阳县志》]

范采成 字质行。清代浙江桐乡县人。善医,知名于乡里。[见:《桐乡县志》]

范承顺 字焕章。清末人。生平里居未详。曾任太医院八品吏目,兼寿药房值宿供奉官。[见:《太医院志·同寅录》]

范绍易 字连山。清代山西襄陵县人。精医术,活人甚众,知名于时。[见:《山西通志》]

范思贤 号东皋隐者。元代钱塘县(今浙江杭州)人。祖父范防御为南宋儿科名医。与弟思明,皆继承家学,精儿科。徐一夔幼子不能乳,思贤冒雨带笠赴治,立愈,人比之入井救。[见:《杭州府志》、《浙江通志》]

范思明 元代浙江杭州人。祖父范防御,为南宋儿科名医。与兄思贤,皆绍承家学,以医闻世。存心仁厚,信谊及物。岳东伯之子患疹疾,甚危,天且淫雨,延请思明疗治。思明不以雨辞,至则衣帽沾濡,略无难色,患儿赖其医治痊愈。[见:《杭州府志》]

范品金 字西珍。清代江苏宝山县罗店镇人。工写生,兼精医术。[见:《宝山县志》]

范品端 字至诚,号章甫。清代四川中江县人。少时博通经籍,工制艺,兼涉猎《内经素问》诸书。拟应童子试,值世乱,川南学使轺车多阻,遂罢。专研医理十余年,以仁心济世。会金堂县刺史龙海生官开州,以其地疫疬盛行,乏良医,素重范氏之术,专函敦请。遂举家南迁贵州,侨居开阳县,至则待诊者甚众,无不应手而愈。更出经验秘方,请龙氏广购药料,以应贫病之急,全济愈广。庚子岁,萧牧伯委以运米平粜,事毕退休,时年已六十有八矣,犹手抄平素经验,撰《经验奇方》,裒集成册。范氏重医德,凡以疾求治,不论盛暑祁寒,昼则策杖,夜则由两孙扶持而行,不稍延晷刻。有白某染时疫,范氏一度诊视,越日复经其处,闻室内号泣,询其邻,云:"已死矣。"惊曰:"何遽如是!"急步入,见白某僵卧庭中,抚之手足已冰,细审其息如游丝,即探药授白妻曰:"尔夫固未死,急投以药,当复苏。"临行谆嘱:"善加调护,吾当复来诊视。"妇从其言,不数刻其夫呻吟转侧,不久痊愈。又三年,范品端殁,白某临奠,哭之甚哀。[见:《开阳县志稿》]

范钟望 字光照。清代江苏上海县塘桥镇人。眼科世医范得方子。绍承家学,亦业眼科。子范锡衍,亦工医术。[见:《上海县志》]

范洪宿 清代浙江宁波府人。工医,擅治痘疹,多所全活。岁疫疬,郡守开局施药,洪宿精心炮制,铢两不苟,赖以活者甚众。[见:《宁波府志》]

范振兰 号馨庵。清代河南淮阳县人。世业医,擅治痘疹。不设药室,不受谢仪,不避寒暑,不择贫富,乡里贤之。子范金垒,绍承父业。[见:《淮阳县志》]

范祥凤 字清瑞。清代江苏丹徒县人。寓居高邮县界首镇。以医术知名,凡求诊,服其方辄效。重医德,遇贫病亦尽心疗治。[见:《丹徒县志摭余》]

范逢源 字取庵。清代山东庆云县人。岁贡生。教读之暇,致力医术,上稽《素问》,下及后世奇书,于《辨证录》、《脉诀论》、《药性赋》及内、外两科,膏丹丸散等书,莫不反复研究,深有心得。著有《是乃仁术》三卷,藏于家。[见:《庆云县志》]

范培园 (1670~1743) 佚其名(号培园)。清代浙江鄞县城南人。少失双亲,零丁孤苦,而力学不倦。稍长,补国子生。因家贫习医,悬壶济世。临证巧发奇中,上自缙绅士大夫,下至黎庶平民,无不延请。终日肩舆不得少憩,每先治贫民,而谢豪门,或终日无所得,不以为憾,故声名日盛,而家境一贫如洗。与翰林蒋蓼厓、名儒陈南皋、磁州牧万西郭相友善,每以诗酒往还。与全祖望(1705~1755)结忘年交,全氏以其精通医道,仗义好古,以名医高鼓峰比之。乾隆癸亥五月二十一日卒,享年七十四。[见:全祖望《鲒埼亭集外编·范培园墓志铭》]

范培贤 字廷抡,号春坡。清代浙江乌程县乌镇人。生平未详。著有《针灸聚萃》二卷,今未见。[见:《乌程县志》、《乌青镇志》]

范得方 字浩千。清代江苏上海县塘桥镇人。眼科世医范大成子。绍承家学,亦工眼科。子范钟望,传承父学。[见:《上海县志》]

范维宪 字式侯。清代四川资州人。性淳朴。喜读《易经》,推其术于医。晚年不入城市,登门求方者不绝,活人甚众。著《辨证虚实论》数条,时医多宗其说,惜其书不传。[见:《资州直隶州志》]

范晴皋 清代江苏无锡县人。精医术,知名于时。门生章治康,得其传授。[见:

674

《无锡近代医家传稿》]

范舜臣 字天助。元代汴梁（今河南开封）人。世医。博学多能，尤精天文。至顺间（1330～1332），官永福营缮司令。[见：《金元医学人物》（引《山居新话》)]

范鄗鼎 字汉铭，又字彪西。明清间山西洪洞县人。范宏嗣孙。生当明末，与祖父避兵于卦地山，躬亲负米，日不再食，然讲河洛性理不辍。康熙六年（1667）成进士。甲寅（1674）授知县，循例告终养。戊午（1678）以博学鸿词荐，屡告免。范氏早孤，事母至孝。昆季间友爱备至，学求切近，师法圣贤，教授生徒，远方从游者甚众。杜门著述，老而弥笃。癸未（1703），康熙帝西巡，温问再四，进《明儒理学备考》、《广理学备考》，钦赐御书"山林云鹤"四字。平生足迹不入城市，不谒官长，四方之士咸以"娄山夫子"称之。寿八十卒，门人私谥"文介"。著述甚富，关于医者有《长生笺》一帙，今未见。[见：《洪洞县志》]

范赓治 （1870～1936） 字文虎，又字文甫，号息渊，自号古狂生。近代浙江鄞县人。附贡生。早年游学杭州，遇一医僧，以师礼敬事之，尽得其传授，遂通医道。后屡赴乡试不中，乃屏弃儒学，深究古来医学典籍，多有心解，尤擅以古方峻剂疗疾。初以疡科问世，后专精内科，投药无不获效，名噪一时。性慈善，好周人之急，遇贫病者拯疾济困，关心备至，世人德之。年六十七岁卒。性好著述，生前批注孙思邈《千金要方》、王焘《外台秘要》等古籍二十余种，移赠宁波天一阁。子范禾，收集先父诗文及医学旧稿，编为《澄清堂遗稿》十二卷，惜毁于兵燹。今尚有《临诊底稿》、《外科纪录》稿本存世。[见：《鄞县通志》、《范文虎墓志铭》、《中国历代医家传录》]

范登黄 号汉宾。清代广东大埔县人。范云章子。乡居授徒自给，兼习医术，造诣颇深。病家延诊，莫不药到回春，贫者且免诊金，名噪遐迩。生平热心公益，世人敬之。[见：《大埔县志》]

范嗣昌 清代四川珙县人。父范玹，为名儒。嗣昌幼承庭训，好学深思。及长，致力经世之学，尤精医理，能决人死生。年八十一岁卒，其术不传。[见：《叙州府志》、《珙县志》]

范锡尧 字静存。清代安徽合肥县人。生平未详。曾校订李时珍《濒湖脉学》。[见：《濒湖脉学》]

范锡衍 字香山。清代江苏上海县人。眼科世医范钟望子。袭承家学，亦业医，有名于时。[见：《上海县志》]

范筠谷 清代江苏常熟县人。精医术，知名于时。门生沈英，传承其学。[见：《常昭合志稿》、《苏州府志》]

范筱香 （1860～1942） 字玉芝，世称铁行先生。近代浙江兰溪县人。世居县城。邑庠生。工书画，善篆刻，尤精医术。继承家传儿科，治蛔虫、麻疹、时病、痉厥极灵验，求治者甚众。素怀济世之心，遇贫病不计酬报，世人德之。[见：《兰溪市医学史略》]

范毓𪻗 字培兰。清代人。里居未详。雍正间（1723～1735）官潮州镇军。留心寿世，遍阅方书，有道人踵其署，传以太乙神针之术。每遇人有风寒暑湿，痼疾沉疴，治无不效，数十年间，济人甚多。辑有《太乙神针说》一卷、《太乙神针方》一卷，刊于世（今存）。[见：《中医图书联合目录》、《贩书偶记续编》、《南雅堂医书·太乙神针·周雍序》]

范镇西 字次伯。清代山东阳信县人。范大田子。早年习儒，兼通天文、卜筮之学。博览岐黄家书，精医理，活人无算。年逾五十即逝，乡人惋惜之。[见：《阳信县志·文学》]

范徽卿 元代燕京（今北京）人。早年以医术侍皇孙甘麻剌。读书尚义，识达时务，临机果决。至元丙戌（1286），诏封甘麻剌为晋王，范氏任总管。大德二年（1298）十二月，尚药长段鼎臣，绘《总管范君和林远行图》，王恽为图题诗。[见：《元史·诸王表、显宗传》、《金元医学人物》（引《秋涧先生大全文集》)]

范懋功 字仲文。清末人。生平里居未详。曾任太医院恩粮，兼东药房值宿供奉官。[见：《太医院志·同寅录》]

茅

茅旦 字右周。清代江苏嘉定县人。本姓印，自少养育于茅氏，故从其姓。得茅氏胎息之法，兼善医术，治杂证有神效。[见：《嘉定县志》]

茅震 字起之。明代嘉定县（今属上海）人，居西城。父茅琼，早卒。家境贫寒，业医自给。专治妇人科，兼工针灸。著《胎前产后书》四卷，未见流传。[见：《嘉定县志》]

茅无梦 宋代少室山（在今河南省境内）人。生平未详。著有《茅先生方》，已佚。

[见:《幼幼新书·近世方书》]

茅友芝 明代嘉定县（今属上海）安亭镇龙江人。世代精医，专精妇科，名重于时。其家藏《茅氏女科秘方》，历代相传，秘不示人。弘治二年（1489），茅氏次女招婿在门，茅友芝欲分家产付女，子茅霖坚不与，遂密授此书，以为成家立业之基。此书今存嘉庆八年（1803）镕斋潘彩瑞鼎望氏藏本及光绪六年（1880）森秀林抄本，藏上海中医药大学图书馆，有重印本刊世。[见:《茅氏女科秘方》]

茅松龄 字云涛。清代浙江山阴县人。生平未详。撰有《易范医疏》四卷，刊于道光丙戌（1826）。[见:《中医图书联合目录》]

茅钟盈 （1743～1820） 字配京，号雨人。清代浙江归安县（今吴兴）人。迁居杭州。其叔父某，以医术知名于世。钟盈早年习举业，为诸生，后遍读岐黄家言，遂精医术，其制方必绳墨古人。挟技遨游四方，至乍浦，爱山海雄胜，遂终老于此。寓居怀橘庵，与里中耆旧举办率真之会，幅巾杖履，筋咏于海滨山水间。年七十八岁卒，徐熊飞为撰墓志。著有《感证集腋》二卷，刊于道光元年（1821）。[见:《平湖县志》、《乍浦备志》、《杭州府志》、《北大图书馆藏李氏书目》]

茅德昌 字澍堂。清代云南东川府（今会泽）人。幼习举业，因家贫弃学，经商以奉母。母殁，游历四方，遇三吴名医，师事之，遂精岐黄术。凡断病吉凶，皆有确据。遇危险之症，诸医束手者，独毅然治之，每取效于须臾。平居深究医理，通喻昌《尚论》之旨，窥仲景《金匮》之秘，治伤寒尤有胆识。素重医德，凡以疾病延请，尽心疗治，贫富一视，不受谢仪。遇危重之病，虽深夜雨雪必往。著有《临证知要》若干卷，今未见。[见:《东川续志》]

林

林亿 北宋人。里居未详。熙宁间（1068～1077）任光禄卿，直秘阁。精通医理，尤善校勘。嘉祐二年（1057）朝廷设校正医书局，命掌禹锡、林亿、高保衡、孙奇、孙兆、张洞等校订医书。历时十余年，先后完成《黄帝内经素问》、《甲乙经》、《难经》、《伤寒论》、《金匮要略》、《脉经》、《诸病源候论》、《千金要方》、《千金翼方》、《外台秘要》等大批古典医籍之校勘，刊布于世，对中医古籍传播贡献极大。[见:《宋史·掌禹锡传》、《古今医统大全·历世圣贤名医姓氏》、《宋以前医籍考》、《重广补注黄帝内经素问》]

林义 元末人。里居未详。精医术，官平江路（治所在今江苏苏州）医学教授。至正十九年（1359），平江路总管周仁倡修本路三皇庙，由林义总其事，次年四月竣工。[见:《金元医学人物》（引《夷白斋稿·重修三皇庙记》）]

林芝 字友兰。明代安徽潜山县人。读书不甚深，而于医学若天成，里中病弱者，多赖其术以活。治病不望报，穷老孤独之人，多承其惠。年七十，得子而夭折，人皆叹天道无知。[见:《潜山县志》]

林达 字奕上，号云帘。清代福建侯官县人。早年习儒，乾隆二年（1737）举进士。兼通医道，著有《胎产万全》五卷，今未见。[见:《闽侯县志》、《重纂福建通志》]

林劦 清代福建人。生平里居未详。通医理，著有《杏苑珍》四十卷，今未见。[见:《重纂福建通志》]

林阮 （1709～1766） 一作林元。字阮林，又字文元，号莲山。清代浙江海宁县人。寄籍仁和县。太医院院判林大文侄孙，陈州知州林鸿暹孙，云南永昌知府林世俊子。幼习举业，为监生。多才艺，工绘画，山水花鸟，皆入逸品。尤精诗文，雍正十一年（1733），与杭世骏等结湖山之社，有声文坛。少年时兼习岐黄，自《灵枢》、《素问》至华佗、褚澄、孙思邈、许叔微诸名医之书，无所不读。平生不事生产，以医术为疗贫计。处方用药与时医殊异，故术精而声名不显。晚年益窘迫，变买祖宅，诸诗友亦星散，抑郁成疾。乾隆丙戌病卒，年仅五十八岁。著述甚夥，医书有《医学精蕴丛书》、《方歌袖镜》、《医门撮要》、《医学辨难》等，皆未见刊行。[见:《海昌备志》、《杭州府志》、《中国历代名医碑传集》（引杭世骏《道古堂文集·林阮林墓碣》）]

林材 号仲山。明代福建闽县人。万历十一年（1583）进士。兼通医理，著有《备药笼中》一卷，已佚。[见:《闽侯县志》]

林时① 明代江阴县（今属江苏）人。邑名医林惄孙。绍承家学，亦精医术，知名于时。[见:《江阴县志》]

林时② 字惟中。明代安徽合肥县人。精医术，兼擅太素脉，活人甚众。善断病人生死，有方氏妇求治，林氏诊其脉而不予药，语其家人曰："速为治殓具，夏得秋脉必死，当在庚申辛酉日。"后果如其言。[见:《合肥县志》]

林秀 字恕庵。清代山西清源县人。生平未详。曾校刊李长科《胎产获生篇》。[见：《女科书录要》]

林枫 字苹庭。清代福建侯官县人。道光甲辰（1844）举人。好吟咏，与同里刘存仁、谢章铤相友善，构"诗老屋"三楹，酬唱其中。兼通岐黄，晚年行医以自给。辑有《医学汇参》十卷。此书以天干分为十集，其子林世仁"附识"云：原书拟仿《尔雅》例，分释体、辨脉、释药、释方四大类，因释方、释药二篇尚未完书，故以所存"经方"、"诸家集解"旧稿补入，汇成十卷付刻。此书今存同治十年（1871）福州林氏刻本，不分卷。林氏富于著述，医学外尚撰《全闽郡县图说》、《听秋山馆诗钞》等。[见：《福建通志》、《闽侯县志》、《中医图书联合目录》]

林岳 清代江苏太仓人。读医书颇有心得。东郭氏患狂疾，濒死。林岳应聘治之，不逾旬而愈。年六十余卒。[见：《太仓州志》]

林珍 清末江苏通州（今南通）十坊里人。自幼从师习医，博览古代医籍，以外科知名乡里。晚年术益精，方圆数十里，凡有疑难症者，皆登门求治。[见：《中医林珍先生轶事》《江苏中医》1957年第1期）]

林栋 字云生。清代江苏常熟县沙头里人。精医术，以擅治小儿痘疹及眼科知名。[见：《沙头里志》]

林洪 字可山，号龙发。南宋末临安（今浙江杭州）人。精诗，知名于时。与著名哲学家叶适（1150～1223）同时。著有食谱《山家清供》二卷，约成书于景炎元年（1276），今存。该书收录我国宋代民间常见食物，品种丰富，且多养生之品，为研究古代食疗学重要资料。[见：《中医图书联合目录》]

林浩 清代浙江泰顺县人。生平未详。著有《痘书》若干卷，今未见。[见：《分疆录·经籍》]

林逸 （?～1719） 字梦安。清初江苏崇明县人。其先世为浙江兰溪人，世为名医，明代中叶徙居崇明。林逸自幼颖异，好读书，兼习医术。康熙十九年（1680）大疫，按户诊视无虚日，遇贫者赠药不取值。轻财好善，有余金则送郡城育婴堂中。己亥年，无疾而终。刻有《养正三篇》行世，今未见。[见：《崇明县志》]

林森① 明代江西上饶县人。家世业医。资性灵朗，博究群书，尤妙于医学，活人甚众。曾任郡医学正科。[见：《广信府志》、《上饶县志》]

林森② 字药樵，号深山野人。清初福建人，里居未详。性韬晦，有山水癖。工诗擅书，于术数、方药，无不精贯。毗陵王凯，遇森而奇之，追随不忍释，愿师事之。森出治痧证书一帙，付之而去。未几，闽、越、湘、楚疫疠大作，朝发夕死，诸医束手。王凯依林氏书施治，全活甚众。后加以修订，撰为《晰微补化全书》三卷（又作《痧症全书》），庄天麟为之作序；又撰《挛善堂药言》一卷，附于其后，刊于康熙三十年辛未（1691）。按，《晰微补化全书》原刻不存，现存嘉庆三年（1798）刻本，且易名《痧症全书》。考《痧症全书》与郭志邃《痧胀玉衡》多雷同，疑林森赠王凯者，即郭氏书，待考。[见：《郑堂读书记》、《古今名医言行录》、《中国丛书综录》、《痧症全书·序》、《中医图书联合目录》]

林愭 世称中庵先生。明代江阴县（今属江苏）人。自少习医，治病主宗朱丹溪，名重于时。邑中子弟习医者，多出其门下。孙林时，亦以医术知名。[见：《江阴县志》]

林端 字章甫，号偶然居士。清代江苏江宁府人。早年习儒，嘉庆二十一年（1816）举乡试第一。初入京师，有欲招致门下者，谢不往。中年绝意仕进，居乡里，设育婴局。晚年精医。著有《医谈》、《偶然居士遗稿》、《龙溪草》等书，今未见。[见：《江宁府志》]

林澜 （1627～1691） 字观子。明清间浙江杭州仓桥人。邑名儒林宗震子。聪颖好学，崇祯（1628～1644）末年，以少年冠博士弟子员。明亡，弃举业，遍读家藏诸书。经学之外，兼精天文、地理、星历诸学，尤通医理。性好著述，与名医张卿子、潘硕甫、卢之颐、沈亮宸、吴嗣昌、徐忠可、倪涞龙、陈文若、张文启诸贤为学友，每有所得，相与研讨，必尽善而后止。康熙三十年卒，年六十五岁。林氏推崇汉代名医张仲景，认为《伤寒论》虽流传后世，然其中简乱错杂者甚多，故博搜《内经》、《中藏》、《肘后》、《千金》以下古今医书数千卷，彼此参订，采择而论辨之，著《伤寒折衷》二十卷，今存康熙十九年（1680）刻本；又著《灵素合钞》十五卷，今存康熙二十七年（1688）刻本。[见：《杭州府志》、《中国医学大成总目提要》、《中国医籍考》、《清史稿·吴谦传》、《中国历代名医碑传集》]

林霆 字雨苍。清代福建侯官县人。髫年以母多病，矢志于医。及长，精通岐黄。撰有《景岳新方诗括》，名医陈念祖为之注解，刊刻于世，今存嘉庆元年（1796）刻本。林氏因《本草经》向无善本，遂集张志聪、叶桂、陈念祖三家之说，附以本人心得，撰《本草经三注》，今未见。[见：《神农本草经读·林序》、《中医图书联合目录》]

林澹 字志斋。清代福建龙岩县人。邑名医林滨齐侄。得叔父传授，复博览群书，用方独出心裁，取效如神。有小童患急风，不得已，火灸其要穴。虑后患，为处方，嘱其父母曰："服百剂乃已，否则致盲。"后儿服半数而止，竟眇一目。又，路遇邻妇，知其病将作，遂令速治，缓且不救。时妇自觉未病，不信，翌日竟卒。林氏诊病，望色闻声，以意揣测，无一不验者。卒前数日，语人曰："吾脉气，三日人也。"届时无疾而终。撰有医书，惜散佚不传。[见：《龙岩县志》]

林璧 明代福建福宁州杯溪人。邑名医林思齐子。袭承家学，人称世医。[见：《福宁州志》]

林乙照 号藜阁。清代江西广丰县人。精岐黄术。每遇疑难证，博引群书，独能缕析详明，且投剂辄应，屡著奇效。乡里有患虫病者，服其药，虫从大便出，细小几不可辨，犹蠕蠕动也。年未及五旬遽殁，乡里悼之。[见：《广丰县志》]

林于暹 清代江苏扬州人。生平未详。著有《伤寒温疫条辨》二十四卷，今未见。[见：《江都县续志》]

林士纶 清代人。生平里居未详。著有《林氏眼科简便验方》一卷，今存光绪十九年（1893）锡山林敬堂刻本。[见：《中医图书联合目录》]

林士雍 字裕京。清代人。里居未详。其母遘疾，濒危，名医陈念祖治而愈之，遂受业为弟子。[见：《伤寒论浅注·跋》]

林大文 清代浙江海宁县人。精医术，曾任太医院判。世宗在潜邸，命林氏疗阁百诗之疾。其侄孙林元，亦工医术。[见：《海昌备志》、《杭州府志》]

林万容 字默庵。清代江苏丹阳县人。精通医术，知名于时。子林思诚，绍承父学。[见：《丹阳县志补遗》]

林之选 字焕堂。清代四川峨眉县人。以教塾为业。课徒之余，兼习医药。精熟《内经》、《伤寒》诸医典，深得仲景之秘，治病每能出奇制胜。年六十余卒，人皆追念之。[见：《峨眉县续志》]

林之翰 字宪百，号慎庵，晚号苔东逸老。清代浙江乌程县乌镇人。自少嗜于医学，博极群书，寒暑不辍。曾遨游四方，遇岐黄宿硕名流，虚怀请益，不弃一得。及技成行世，户外之屦常满。志存济世，不计酬报，富贵贱贫皆一视。每至病危之家，诸医盈座，相对无策，林氏独凭几疏方，皆获起死回生之效。著有《四诊抉微》八卷、《管窥附余》一卷，合刊于雍正元年（1723）。还著有《嗽证知源》（今存抄本）、《瘟疫论》、《痰证论》、《临证元机》诸书，后三种今未见。门生吴冠，得其传授。[见：《乌程县志》、《四诊抉微·序》、《中医图书联合目录》]

林子文 元明间浙江钱塘县（今杭州）人。多技艺，以星术、医药、图画游食江湖。邵亨贞《蚁术诗选》有为林氏题诗三首，其一云："我闻卖药翁，夙尚韩伯休。避名宇宙内，殆亦仙者流。后来不乏人，往往继前修。济世在阴德，岂为生事谋。刀圭忽通神，遂与元气游。"[见：《金元医学人物》（引《蚁术诗选》）]

林开燧 字慕莪。清初福建霞浦县人。通医理。曾改编刘默《证治百问》，著《会篇记略》十四卷，经其子林祖成校订，刊于乾隆四年（1739），今存。乾隆十八年（1753），三原张在浚重订此书，改名《林氏活人录汇编》。光绪三十三年（1907），京师医局翻刻《古今医统正脉全书》，竟误以此书代替朱肱《伤寒类证活人书》。子林祖成，康熙五十四年（1715）武进士，兼通医学。[见：《霞浦县志·宦哲·林祖成》、《贩书偶记》、《中医图书联合目录》]

林天佑 字德臣。清末广东大埔县人。世代工医，至天佑递传五代，绍承家传之秘，远近慕名延请者甚众，应手生春。对秋疟一证，研究尤深，取效亦多。宣统庚戌（1910）春，取平素经验，笔之于书，辑《秋疟指南》二卷，刊刻于世，今存1912年中华图书馆铅印本等。[见：《秋疟指南·序》、《中医图书联合目录》]

林天植 清代广东番禺县人。生平未详。著有《林氏医案》，今未见。[见：《番禺县志》]

林元俊 字份生。清代福建厦门人。徙居台湾。擅书法，其草书瘦硬入古。善弈、精医，二者俱称国手。[见：《台湾县志》、《艺林医人录》]

林元真 明代福建将乐县人。精通医道，治病不望回报。门人多为名医。[见：《福建通志》]

林友能 明清间广东嘉应县人。清初携侄入川，定居高县。好读书，通医术。家无寸土，以医为业。子林庚盛，继承父业，以医知名。[见：《高县志》]

林日芫 字道雨，号涵秋。清代福建长乐县人。邑诸生。善属文，兼通医术。康熙(1662～1722)初，以平海功，议叙山西平阳通判。著有《涵秋医方》，今未见。[见：《长乐县志》]

林长生 字士纶。明代江都县（今属江苏）人。生平未详。辑有《眼科简便验方》。此书经清人林宝山补辑，刊于光绪十九年（1893）。[见：《贩书偶记续编》、《中医图书联合目录》]

林凤翥 字翀霄。清末人。生平里居未详。著有《医学摘要》四卷，今存光绪三十年甲辰（1904）抄本，书藏中国中医科学院图书馆。[见：《中医图书联合目录》]

林文友 字会之。明代吴县（今江苏苏州）人。其先世自闽徙吴。祖父林茂之，以占筮术隐于市。文友早岁留意医学，心存利济，名其药室曰生意堂。晚年得摄生之术，以高寿终。子林以义，授御医。[见：《苏州府志》、《吴县志》]

林以义 明代吴县（今江苏苏州）人。邑名医林文友子。继承家学，精通医术。授医正郎、太医院御医。[见：《苏州府志》、《吴县志》]

林玉友 字渠清。清代福建侯官县人。乾隆间（1736～1795）布衣，通医理。曾取李时珍《本草纲目》、张璐《本经逢原》二书，摘选药物六百余种，辑《本草辑要》六卷，成书于乾隆五十五年（1790），今存道光十一年辛卯（1831）寸耕堂刻本。还辑有《伤寒方论辑要》十六卷、《寸耕堂医案》一卷，亦刊行（诸书皆存世）。[见：《重纂福建通志》、《现存本草书录》、《贩书偶记续编》]

林正华 清代广东揭阳县蓝田人。精通医术，常以医药济人。寿七十二岁卒。[见：《揭阳县志》]

林世珍 字尼望。清代江西上饶县人。监生。弱冠丧父，抚育诸弟。擅医术，知名于时。城西四十里周某患喉痛，延医治之不愈，将危，慕世珍名，星夜相迎。适世珍患重疾，不能往。迎者备述病人望救之切，得一往，虽死无恨。世珍谓诸子曰："余虽负病，尚未至死。倘得活人一命，是余所愿。宁负吾，无负人也！"遂出诊。不数日，周某痊愈。世珍路途劳顿，感冒风寒，归而病重，阅两月而殁。[见：《上饶县志》]

林世桢 字翼翔。清末安徽黟县漳溪人。附贡生。儒医林承翰侄。生而孤，母程氏遗腹所出，奉母至孝。幼年习儒，及长，训蒙为业。后随伯父习医，颇具神悟，临证著手成春，知名于时。伯父无嗣，世桢承其桃，伯父殁，为殡葬如礼。[见：《黟县四志》]

林东冈 明代山东栖霞县人。以医为业，精其术。门人刘孔熠，尽得其传，后为名医。东冈年老，刘氏迎养于家。[见：《栖霞县志》]

林立本 清代福建闽县人。邑名医林远期次子。与兄林立振，皆绍传父学，以医为业。[见：《闽侯县志》]

林立振 清代福建闽县人。邑名医林远期长子。克绍父业，尤精外科。弟林立本，亦精医。[见：《闽侯县志》]

林永镐 字礼丰，号约斋。清代人。里居未详。素习举业，酷好医学，为名医陈念祖门生。[见：《伤寒论浅注》]

林邦献 元代天台县（今属浙江）人。精医术，曾任太医院尚医。柯九思赠诗曰："尝药事亲师华扁，玉函方秘得其传。采芝曾厕琼台月，煮术时飘碧海烟。几载尚医留帝里，一朝归省上江船。五云阁吏今华发，为报桃花洞里仙。"[见：《金元医学人物》（引《丹邱生集·送尚医林邦献归天台省亲》）]

林芝本 字筠石。清代江苏丹阳县人。名医林珮琴幼子。早年习儒，及父卒，求医者谓其必得秘授，就诊者不绝。不得已，循其父《类证治裁》之法以应，而所投辄验。[见：《类证治裁》]

林芝茂 清代四川丰都县人。幼年家贫，无力就读，入药肆学医。技成，声名日盛，求治者盈门。[见：《重修丰都县志》]

林芗波 清代福建福州人。以医知名。门生方澍桐，得其传授。[见：《中国历代医家传录》（引《方氏家谱》）]

林有仁 (1837～1921) 字心甫，号爱山，晚号拙翁。近代四川中江县铜山人。祖籍广东，自先世迁于蜀。祖林开端，为太学生。父林捷登，早卒。有仁三岁丧父，五龄丧母，祖父抚养之。甫冠，受知于学使郑九丹，入县庠。早年受业于名儒黄世喆，潜心攻易，于汉以后儒典无不精习。黄爱其才，以女妻之。什邡冯誉骢称之曰："先生文以义理为主，不求近桐城，而自与之合；诗以冲淡为归，不求似陶，而自与之融。"识者以为知言。历主本县、宝峰、龙台、金

679

堂、大成书院，教授多所成就。晚岁筑龙溪草堂于玉江之湄，杜门静养。年八十五岁殁。善养生，著有《先儒静坐说》一卷，今未见。[见：《中江县志》]

林有凤

清代广东潮阳县人。邑名医林启镐侄。性聪敏，辨色得医家"望"字诀。有孕妇临产而卒，有凤偶过其门，视地上恶血，曰："此可治也。"令两妇人掖之立，另一妇据背，一妇捻其乳根，胎忽下，妇遂更生。有患噎膈者，服药辄吐，请林启镐、陈必勋诊治，药剂符合，而吐药如故，遂招有凤复诊。至则取原药煎之，加盐少许。林启镐、陈必勋相顾笑曰："得之矣。"病果愈。子林重茂，绍传父业。[见：《潮阳县志》]

林存祥

明代福建龙溪县人。善医，深明药性，善变通，临证不拘成方，治疾多愈。年七十岁卒。[见：《福建通志》]

林达年

近代福建福州人。精伤科，时称圣手，名噪于时。孙林如高，为当代名医。[见：《中医年鉴》(1987)、《中国历代医家传录》]

林光朝

(1114~1178) 字谦之。南宋兴化军莆田(今属福建)人。早年习儒，再试礼部不第，从吴中陆子正游。通六经，贯百氏，言动必以礼，四方来学者达数百人。南渡后，以伊、洛之学倡于东南者，自光朝始。孝宗隆兴元年，光朝年五十，以进士及第。调袁州司户参军。历官秘书省正字兼国史编修、著作佐郎兼礼部郎、国子司业兼太子侍读，出为广西提点刑狱。晚年以集英殿修撰出知婺州，引疾提举兴国宫，寻卒，年六十五岁。林氏兼通医方，每以七枣汤授人，治久疟屡奏良效。其方收入《普济方》。[见：《宋史·林光朝传》、《普济方》]

林廷岳

(1723~1803) 字询四，号清泉。清代江苏甘泉县人。林得斋季子。淳正忠厚，笃于孝友，里间称之。早年习儒，治《周易》，通诗词古文，为太学生。尤精医术，以眼科知名，治愈者千百人。好游历，足迹遍于闽、越、齐、鲁。善鼓琴，善弈，习枪槊。性嗜茶，于屋内壁间置茶灶，具各种茗叶壶盏，烹而奉客，有玉川之风。平生无恶念，无俗情，无不可对人之事。年八十一岁卒。[见：《中国历代名医碑传集》(引阮元《揅经室二集·林清泉公传》)]

林自然

宋代人。生平里居未详。疑为道士。撰有《长生指要篇》一卷，今存道藏本。[见：《中国丛书综录·道藏》]

林庆炳

清末人。生平里居未详。著有《验方偶录》一卷，今存光绪十一年(1885)刊本。[见：《中医图书联合目录》]

林庆铨

字衡甫。清代广东广州(?)人。生平未详。精医理，善治时疫。曾九阅寒暑，撰《时疫辨》八卷，选紧要者辑为四卷，附其子林慎斋《慎斋药谱》一卷于卷末，刊刻于世。今存光绪二十六年庚子(1900)羊城筱龙园刻本。[见：《中国历代医家传录》、《中医图书联合目录》]

林庆森

字东溪。清代福建晋江县人。雍正(1723~1735)初，寓居江苏如皋县白蒲镇。遇名医刘圣惟于靖江，得授种痘法，遂以医术知名。居白蒲数年，返闽，携妻子复来，定居于此。年八十五岁卒。有子五人，皆以种痘世其家。[见：《白蒲镇志》]

林亦全

字建阳。清代广东饶平县人。迁居丰顺县沙田坝南阳村。生平廉谨忠厚，精医学，尤擅痘科，凡沉疴痼疾，治无不效。雍正六年(1728)，海阳县令颜敏母病，延请林氏诊治，投剂而愈，因赠"指下回生"匾额，医名大噪。晚年举乡饮宾，授以冠带。[见：《丰顺县志》]

林亦岐

字济尘。清末福建长乐县泮野人。光绪(1875~1908)末年，毕业于三山医学传习所，后悬壶济世，知名于时。旁通音韵之学。著有《神农本草经读歌括》一卷，今未见。还编有《陈修园先生年表》，其表略云："修园先生名念祖，有七十三种医学全书行世，医家宗之。先生生于乾隆十八年，卒于道光三年，寿七十一。以孝廉官直隶威县知县。"[见：《长乐六里志》]

林如高

(1888~1986) 现代福建福州市人。为福建省著名老中医。出身中医骨伤科世家。十五岁随祖父林达年习医，尽悟家学之奥。临证八十年，治愈患者不可胜数，有华佗再世之誉。曾出任福建省政协委员、福州市中医学会名誉会长、福建中医学院骨伤科顾问、福州市林如高正骨医院名誉院长等职。晚年整理毕生经验，相继出版《林如高正骨经验》、《林如高骨伤敷药法》等专著，并研制成功《林如高骨伤计算机诊疗系统》。1985年，福州市批准成立福州市林如高正骨医院，对林氏临床学术给予极高评价。[见：《中医年鉴》(1987)]

林寿萱

字润甫。清代福建闽侯县人。精通医术，专心济世。著有《十药神书汤方加减歌括》，今未见。[见：《中国医学大成总目提

要》、《中国历代医家传录》]

林远期 字程万。清代福建闽县人。早年习儒，因父老弟幼，弃儒习医。精究方书，初未敢轻试，会亲戚某病重，远期往视，拟方而未出示。时名医潘贞蔚应聘至，林氏留意其处方，与己相同，始出以相示。贞蔚惊叹，遂与订交，凡遇难证，必相与质正。嗣后，声名日隆，求治者踵至，皆应手奏效。生平喜济人，出诊不乘轿，亦不计酬报，遇贫者以药赠之。长子林立振，精外科。次子林立本，孙林金英，曾孙林炳南，俱世家学。[见：《闽侯县志》]

林孝策 清代福建闽县人。邑名医林彦起子。袭承父学，亦业医。[见：《闽侯县志》]

林孝鼎 清代四川三台县人。初习举业，弱冠应试不第，弃儒业医。通《内经》、《金匮》及诸名医诸书，求治者无虚日。晚年设医馆于家，病者盈门，从游者甚多。著有《病脉要诀》等书，医者视为秘本。今未见流传。[见：《三台县志》]

林志逊 清代浙江鄞县人。生平未详。著有《伤寒汲古一得》，未见流传。[见：《鄞县通志》]

林芳芝 清代山东栖霞县蛇窝社人。太学生林彝训子。自幼习医，尤精脉理。著有《医林求是》一卷，未见刊行。[见：《栖霞县志》]

林芳远 清代广东海丰县人。精岐黄术。家非富有，而乐善好施，凡造桥修路，施送药丸，无不为之。年近古稀，乐善依然。[见：《海丰县志》]

林伯光 号乐山。清代四川资州人。以医为业，凡求治者，投药辄应验，名重于时。尤擅儿科，自制小儿脐风丸，广施于人，全活婴幼无数。重医德，治病不分贫富，皆一视。州官觉罗恒保病重，林氏治而愈之，赠以谢仪，不受而去。[见：《资中县续修资州志》]

林伯海 字朝宗。清代浙江泰顺县潭口人。诸生。沉静嗜学，品格端方。博学多识，通数学，明运气。从邑名医夏广文游，深悟医理，以术济世，活人极众。凡以剧病延请，为之诊断病源，评说前医方药之误，或方药未误而药量轻重失宜，无不切中。寿七十余卒。著有医书，藏于家。[见：《分疆录》]

林怀兰 广东吴川县人。精医术。挟技游交州，医治边关将士有效。会安南国

王之女患病，当道荐林氏治之，亦良已。[见：《吴川县志》]

林启镐 字荣京，号西亭。清代广东潮阳县南桂坊人。精医术，知名于时。侄林有凤，声名益盛。[见：《潮阳县志》]

林贤辅 清末广东阳江县人。少年多病，延医寡效，遂广购医书，讲求方术，历二十余年不辍，遂精医理。因历年霍乱病盛行乡里，乃"集先贤治霍乱良方，分其三阴三阳，辨其寒热虚实，辑成一编"，撰《霍乱良方》一卷，自序于光绪十四年（1888）。还撰有《意也山房医书》十八卷，今皆未见。[见：《阳江县志》]

林昌彝 号茶叟。清代福建侯官县人。早年习儒，为举人。兼通医理。著有《射鹰诗话》，其中评苏轼临终所服诸药，详论苏氏于暑月"暴下之时"服黄芪、人参、茯苓、麦门冬之非，曰"药不对症，以致伤生"。名医陆以湉（1802～1865）赞同此说。林氏还曾增订蔡宗玉《六经伤寒辨证》，今存同治十二年癸酉（1873）刻本。[见：《冷庐医话·卷一·慎药》、《中医图书联合目录》]

林明春 清代四川安县人。精通医术，官安县医学。[见：《安县志》]

林岳时 清代江苏太仓人。精岐黄术，人称"医岳"。有东郭氏患狂疾，濒于死亡，延请岳时诊治，旬日而愈。有乡人过桥，见群羊坠水，其声若投火于水，知为幻象，归家而病。岳时应邀诊之，切其脉曰："亡羊者见鬼，此其疾也。"投药而愈。年逾六十，忽感疾，谓故人曰："吾不久于人世矣。"未几卒。[见：《太仓州志》、《壬癸志稿》]

林金英 清代福建闽县人。邑名医林远期孙。继承家学，亦业医。[见：《闽侯县志》]

林庚盛 清代广东嘉应县人。其父林友能清初入川，定居高县，以医术济世。庚盛秉承父志，亦业医，知名于时。[见：《高县志》]

林性善 元代人。生平里居未详。精医术，曾任吉州（今江西吉安）医官。刘诜有《送医官林性善归故乡》诗云："林君妙医国，才气亦南琛。一郡昔无病，三年见此心。古槐官局冷，新药野云深。五月禾山雨，相思寄短吟。"[见：《金元医学人物》（引《桂隐先生集》）]

林承翰 字友三。清代安徽黟县漳溪人。邑庠生。精医术。教塾于乡十余年，后遭乱世，庐舍被毁，迁居石亭，授徒之外，兼行医

八
画

林荣安 清代四川三台县人。以医术济世，活人甚众。善摄生，年九十七岁卒。[见：《三台县志》、《新修潼川府志》]

林栋云 字桂村。清代四川峨眉县人。精医术，救死扶伤，活人甚众。[见：《峨眉县续志》]

林树红 字霜野。清末广东人。生平里居未详。著有《名家医方歌诀》一卷。今存光绪二十一年乙未（1895）广州守经堂刻本，书藏广东省中山图书馆。[见：《中医图书联合目录》]

林思齐 明代福建福宁州杯溪人。邑名医林彦圭子。思齐得父传授，亦工医术。子林璧，传承家学。[见：《福宁州志》]

林思诚 清代江苏丹阳县人。邑名医林万容子。绍承父学，亦精医道，名重一时。句容筌重光赠以诗，有"隐可悬壶随地住，功同炼石补天成"之句。[见：《丹阳县志补遗》]

林贵远 清代福建莆田县人。邑名医孔毓楷门生。精通医术，临证著手成春，知名于时。挟技游建宁，遂定居。为人真率朴实，无论贫富，靡不尽心，人多德之。平生好古书，收藏至万卷。留心天文之学，与谢钟龄相友善，偕至京师钦天监，遂得布算星象秘奥。[见：《建宁县志》、《重纂邵武府志》]

林重茂 清代广东潮阳县人。邑名医林有凤子。绍承父业，亦以医名。[见：《潮阳县志》]

林俊亮 字介烈。清代广东揭阳县人。乾隆间（1736~1795）当地名医。著有《麻疹全书》三卷。原书未刊，1936年，其裔孙林坤，取传抄本改编之，分上中下三卷，由汕头育新书局铅印行世。今藏上海中医药大学图书馆。[见：《潮州志》、《中医图书联合目录》]

林修己 宋代宣城（今安徽宣城）人。儒士。深通方脉，治病不求谢仪。人有馈仪，再三哀恳，则留百余一，时人名为"返生钱"。[见：《中国历代医家传录》（引《清异录》）]

林衍源 清代江苏元和县人。祖籍福建，其先世徙于吴。初习儒，为元和县优增生，善古文词。其父死于庸医误治，伤痛之余究心医学。后以医问世，每治一病，必焦思苦索，以冀其效。晚年医名颇盛。著有《本草补述》十二卷，

未见刊行。[见：《苏州府志》、《吴县志》]

林彦圭 明代福建福宁州杯溪人。工岐黄术，以活人为心，不计利。子林思齐，孙林璧，皆得其亲传，人称孙氏世医。[见：《福宁州志》]

林彦起 字庚卿。清代福建闽县人。附贡生，官漳州府学教授。少时善病，屡聘名医诊视，久之领悟方脉，遂兼业医。研究叶天士温病治法，立方百不失一。大凡病家多怯凉药，彦起用石膏、生地有至数两者，对证施治，多获奇效。子林孝策，袭承家学。[见：《闽侯县志》]

林恺祖 字景仁。元代浙江黄岩县人。精儒学，为平江书院山长。曾得保婴秘方，故兼通医术，以儿科著称。凡小儿杂证，得其诊视，无不立愈。[见：《黄岩县志》、《台州府志》]

林炳南 清代福建闽侯县人。邑名医林远期曾孙。继承家学，亦业医。[见：《闽侯县志》]

林养勋 清代广东儋县人。以医术名世。重医德，有请不辞，活人甚众，乡里称之。[见：《儋县志》]

林昶隽 字养庭。清代江苏元和县人。廪生。光绪辛巳（1881）得恩贡，己亥（1899）举孝廉。兼精岐黄，凤著医名，活人无算。尝谓："一家十三口，历四十年办吉不办丧，皆由病不误药所得也。"寿八十岁，无疾而终。著有《砚耕堂文集》七卷。[见：《吴县志》]

林祖成 字庆惟（一作庆维），号曲泉。清代福建霞浦县人。林开燧子。康熙乙未（1715）武进士，兼通医理。曾校订其父《会篇记略》十四卷，刊于乾隆四年（1739），今存。乾隆十八年（1753），三原张在浚重订此书，改名《林氏活人录汇编》，重刻于世。按，民国十八年《霞浦县志》：林祖成"著医书十余卷"，疑即《会篇记略》。[见：《霞浦县志》、《贩书偶记》、《中医图书联合目录》]

林珮琴 （1772~1839）一作林佩琴。字云和，号羲桐。清代江苏丹阳县人。林翠岩次子。幼习举业，嘉庆戊辰（1808）举乡魁，翌年入京会试，不中，归而就馆课徒。自少喜读方书，灯下披阅，以油尽为度，凡数十年不辍，熟精《灵》、《素》之言，博观仲景以下诸名家书。虽穷极医学源流，犹深自韬晦，游迹所至，有主宾数年而不知其能医者。里居日久，医名渐起，遂慨然以活人自任，羸童贫叟，赖其术而生者甚众。及至富家大族，则十不应一二。晚年仿《张

氏医通》例，著《类证治裁》八卷，刊于道光己亥（1839），为学者所重。富于著述，医学之外尚有《来燕草堂四书文》五百余篇、《来燕草堂古文》二卷、《骈体文》二卷、《高卧楼古今体诗》二卷、《百鸟诗》一卷、《诗余》一卷。幼子林芝本，亦以医术闻世。［见：《类证治裁·皇清例授文林郎先考義桐府君传略》、《丹阳县志》、《中国历代名医传》]

林起龙 字北海，自号补拙斋。清代河北蓟县人。曾官漕宪。精通医理，有医学宗匠之称。曾删订李时珍《本草纲目》，成《本草纲目必读》二十四卷，序刊于康熙丁未（1667），今存康熙朱杨武三奇斋补修刻本。门生周扬俊，以医著称。［见：《现存本草书录》、《中医图书联合目录》、《温热暑疫全书·周扬俊序》]

林逢春 字孟育，号木翁。明清间广东顺德县人。自幼习儒，十二岁即能文章，笃嗜古学，兼涉医学。崇祯丙子、丁丑（1636～1637）联捷成进士，出黄石斋之门。授会稽令，有政绩。与上官不谐，左迁汀州幕，视篆永定；不久，擢常州，申行要政六条，厘夙弊，革侈靡，皆切当时急务。晋户部主事，督饷浙江，寻转本司员外郎。迁池州知府，未赴，抱病归。隐居龙山乡，其室仅蔽风雨，家居讲学，老而不倦。年七十三岁卒。著有医书，散佚不传。［见：《广州府志》、《顺德县志》]

林能千 宋代龙溪（今福建龙溪）人。生平未详。著有《本草单方》十五卷。其书分三十六门，析为二百七十三目，今佚。［见：《郡斋读书志·赵希弁附志》、《福建艺文志》]

林继宗 字克绍。清代安徽和州人。徙居河南固始。幼习举业，后究心脉理，有神医之称。重医德，治病不计利。［见：《固始县志》]

林球元 字于梧，号真我。清代江西武宁县坊市人。精医理，知名于时。［见：《武宁县志》]

林清标 字韦亭。清代福建人。生平里居未详。撰《寿世简便集》一卷，今存乾隆三十三年戊子（1768）武林同心堂刻本。又撰《救急方》一卷，今存清刻本。还撰有《医学指南》若干卷，今未见。［见：《中医图书联合目录》、《重纂福建通志》]

林鸿勋 字大文。清代浙江海宁州人。博学多通，深明医道。初为县吏，因事至京师，"负才豪俊，风议溢发，遇者辄倾倒"。以医术游于公卿间，所治应手取效，授太医院吏目。后罢官，而医名益噪，延诊者车马塞途。重医德，常备善药以济贫病，不惜重费，世人皆敬重之。雍正（1723～1735）初，擢太医院左院判，年逾归里，施济不倦。寿至八十余卒。［见：《海宁州志稿》]

林辉衡 清代湖南醴陵县人。监生。好学能文，精通医术，治险症多所全活。著有《七十二种质疑篇》，后学取其书以为参考。今未见。［见：《醴陵县志》]

林鼎槐 清代福建龙岩县人。诸生。从邑名医林滨齐学，尽得其传，知名于时。著有《脉诀》、《金针医学法门》等书（今皆未见），皆祖述师学。［见：《龙岩县志·方伎传·林滨齐》]

林道飞 字宏中，晚号含云逸叟。明代福建将乐县人。精通医术，官福建省太医。治病投剂立愈，名著闽中。耆年赈饥济贫，博施不倦。曾捐田一千零二十亩于含云寺，为焚香祝圣之用。年八十三岁终。著有《济世良方》，已佚。子孙世传其业。［见：《将乐县志》、《福建通志》]

林道春 明代人。生平里居未详。万历三十四年（1606），携李时珍《本草纲目》至日本长崎。［见：《中国历代医家传录》（引《医史特辑》）]

林富华 明代广东陵水县人。诙谐乐善，以医术济人，所治无不效。凡邻里乏药资者，捐金助之。当道赠额曰学究灵枢。［见：《琼州府志》]

林瑞恩 又名于周，字酉生，又字霭亭，号菊壶。清代江苏元和县人。工绘画，尤善牡丹。兼精医理，诊治贫病，不取其酬，困甚者助以药资，乡里称善。［见：《吴县志》]

林蒲封 字鳌洲。清代广东东莞县人。雍正八年（1730）二甲第十八名进士，官至侍读学士。深于经史，于天文、律吕、医卜诸书，靡不穷究。尤工书法。著有《读史录》、《鳌洲诗文集》。［见：《中国人名大辞典》、《明清进士题名碑录索引》]

林颐寿 字襄世，号华阳处士。宋代晋江（今福建晋江）人。博览经史，工书法。精医业，活人甚众。尤擅诊断，切脉言生死，迟速无差。事亲至孝，其祖母扬氏患背痈，溃烂径数寸，颐寿曰："败脓在中，侵食旁肉，若扰拭则不堪痛楚。"俟其熟寝，潜为吮去，敷药而愈。年六十八，一夕谈笑而卒。里人作《孝友传》以赞之。［见：《福建通志》]

林锡坤 字子厚。清代浙江山阴县人。世代业医,擅治暑疾,人称"痧郎中"。[见:《绍兴地区历代医药人名志》]

林魁春 清代广东徐闻县人。笃于行善,乾隆戊寅(1758)、己亥(1779)大荒,徐民逃亡甚众。林氏每年出谷百余石,里人得以保全。素习医学,自备药材,邻里有疾,处方给药,不取其值。遇死亡不能葬者,施棺椁以埋之。[见:《雷州府志》]

林愈蕃 (1714～1771) 字青山,号涧松。清代四川中江县人。幼颖异,年十七受知于学使周莲峰,补弟子员。乾隆九年甲子(1744)登贤书,十六年辛未(1751)中三甲第一百三十六名进士。需次期届,例当谒选。或劝其染须赴验,正色拒之。居乡锐意潜修,杜门授徒,博览群籍,兼涉猎医术。年五十始出仕,官湖南郿县令。乾隆三十六年十二月十一日卒,年五十八岁。著有《医方录验》、《医方集要》等书,未见刊行。[见:《四川通志》、《中江县志》、《明清进士题名碑录索引》]

林慎斋 清代广东广州(?)人。林庆铨子。通药理,撰《慎斋药谱》一卷,附于其父《时疫辨》卷末,刊刻于世。今存光绪二十六年庚子(1900)羊城筱龙园刻本。[见:《中国历代医家传录》、《中医图书联合目录》]

林滨齐 清代福建龙岩县人。精岐黄术,审脉察证用方,独具心得。每遇沉疴,辄以己意疗治,多奇效。著有《医案》及内外科方书,今未见。兄子林澹,诸生林鼎槐,得其传授。[见:《龙岩县志》]

林毓璠 字兰阶。清末四川大竹县人。邑庠生。性好诗,尤精医学。光绪丙申(1896)、癸卯(1903),办赈粟、赈捐,全活甚众。年七十余卒。著有《本草歌括》、《伤寒浅注歌括》等书,未梓。[见:《大竹县志》]

林端仲 佚其名(字端仲)。宋代福州怀安县(今福建怀安)栗山人。倜傥有大志,年未冠游学四方,遇异人授以岐黄秘书,遂通医术。嗣后,悬壶乡里,筑精舍于所居之前,凡病者来,馆而食之,日往诊视,病安则喜,病危则忧,终夕不寐。临证用药不多,每有回生之效,精通脉理,常断生死于数年之前,达官贵人慕名延请者甚众。平生轻财重义,见人之难,如在己身,济之惟恐不及。凡山野贫民昏暮叩门,以疾告者,皆赠以药,助以钱,未尝求报。[见:《中国历代名医碑传集》(引《勉斋集·林端仲墓志铭》)]

林澄元 明代福建莆田县人。精医术,挟技游于京师。隆庆二年(1568)正月,太医院医官徐春甫,汇集在京名医四十六人,创立一体堂宅仁医会,林氏为会员之一。诸医穷探医经,讨论四子(指张机、刘完素、李杲、朱震亨),共戒私弊,患难相济,为我国最早之全国性医学组织,其组织构成、宗旨、会规等刊入《医学指南捷径六书》(今存明万历金陵顾氏、新安黄氏同刊本)。[见:《我国历史上最早的医学组织》(《中华医史杂志》1981年第3期)]

林懋柱 字禹川。清代福建闽县人。儒医郭有良婿。初习举业,为邑庠生。盛暑,读书于岳父家,有乡人鼻孔生两线如蛇,能伸缩,至痛,就郭有良求治。时有良他出,乡人痛不可忍,懋柱怜之,以治蛇毒之方加减,令其且服且熏,数日而痊。有良归,谓懋柱曰:"尔知医之为意矣。"劝弃儒攻医,后竟以医名世。[见:《闽侯县志》]

林翼臣 字济清。清代浙江鄞县人。生平未详。撰有《疯痨臌辨》,今存光绪二十年甲午(1894)上海文瑞楼石印本。[见:《中医图书联合目录》]

松

松阳道人 佚其姓名。明代道士。里居未详。万历(1573～1619)初,云游至桂阳州,与樵牧杂处。一日遇雨,衣服沾湿,樵者皆燃火烤之,而道人趺坐,气蒸如炊,不移刻而衣燥。众人异而问之,道人曰:"吾体有真火,非薪火可及也。"问:"能疗疾乎?"曰:"吾疗人疾,即取药于脏腑,非金石草木之可比也。"适有咯血者,延之诊视。道人命以舌舔红纸,视之曰:"脾未绝,可疗也。"扶起坐,以华池水饮之,病者起,神气渐复。一日,闻邻家有哭声,问之,则有人亡,家人将殓。道人至榻前,以手按摩肢体,曰:"可活。"以汤药灌之,稍苏,再按之,旬日渐能步武,后竟痊愈。道人曾授徒数人,皆为当时名医。[见:《湖广通志》]

杭

杭岩 字敬德。清代江苏宜兴县人,居分水墩里。嗜于医书,晚年术益精,投药辄效。贫家延请皆往,富家则绝不至。[见:《重刊宜荆续志》]

杭焕 字裕垂。清代江苏武进县人。邑名医杭朝栋子。通医学,施药济人,能承父志。[见:《武进阳湖县志》]

杭用文 清代江苏武进县人。工医术,以外科为业。子杭朝栋,孙杭焕,绍承其学。[见:《武进阳湖县志》]

杭臣五 清末江苏扬州(?)人。生平未详。著有《玉梅花馆遗方》一卷,今存光绪十五年己丑(1889)刻本。还曾编定耿世珍《选方》二卷,今存稿本。[见:《中医图书联合目录》]

杭朝栋 字栖霞。清代江苏武进县人。外科名医杭用文子。袭承父学,亦精外科,兼善针灸术。常搜集奇方,购置佳药,治病多神效。子杭焕,克传父业。[见:《武进阳湖县志》]

奔

奔元中 宋元间安成(今江西安福)人。祖籍汴梁(今河南开封)。儒医奔清甫次子。绍承父学,亦业医。[《金元医学人物》(引《揭傒斯全集》)]

奔元方 宋元间安成(今江西安福)人。祖籍汴梁(今河南开封)。儒医奔清甫长子。绍承父学,亦业医。[《金元医学人物》(引《揭傒斯全集》)]

奔清甫 (1255～1326) 宋元间汴梁(今河南开封)人。七世祖奔仕能,宋徽宗时官侍御史,靖康后迁居安成(今江西安福)。奔清甫九岁丧父,读书自强,孜孜不息者十二年。值宋亡,弃儒攻医,取神农黄帝之书,日夜研习,久之深悟医旨。察脉辨证,能断生死,辨别虚实寒热,为时医所不及,四方就诊者门庭若市。当道荐授医官,辞而不受。泰定三年七月患疾,沐浴更衣,谓家人曰:"后三日夜半,吾当死。"如期而卒,享年七十二。揭傒斯(1274～1344)为之志墓。子奔元方、奔元中,继承医业。[《金元医学人物》(引《揭傒斯全集》)]

奇

奇丰额 清代江苏无锡县(?)人。名医沈金鳌门生。乾隆四十八年癸卯(1783),曾刊行沈金鳌《沈氏尊生书》,并为之作序。[见:《郑堂读书记·沈氏尊生书》]

奇克唐阿 字慎修。清代长白县(今吉林长白)人。生平未详。辑有《厚德堂集验方萃编》四卷,刊于同治乙丑(1865),今存。[见:《中医图书联合目录》]

郁

郁贞 字蒙贞,号时正,自号半闲。明代常熟县(今属江苏)沙溪镇人。祖籍昆山县。世医郁巽子,郁震嗣子。继承世业,医术大行。景泰六年(1455)授常熟县医学训科。成化(1465～1487)初,乞休家居,自号半闲。子郁完、郁宜、郁寅,皆工医术。[见:《沙头里志》、《常熟县志》、《太仓州志》、《昆山历代医家录》]

郁完 字宏美。明代常熟县(今属江苏)沙溪镇人。世医郁贞长子。绍承祖业,亦工医术。成化九年(1473)任常熟县医学训科。[见:《沙头里志》、《常熟县志》、《太仓州志》、《昆山历代医家录》]

郁青 字赞谟,号竹亭。清代江苏镇洋县蓬阆镇人。康熙、乾隆间(1662～1795)在世。太仓州武庠生。工绘画,精篆刻,尤善岐黄术,深究《灵》、《素》,常起沉疴。年八十余卒。著有《正类伤寒》、《阴骘文印谱》,镌刻于世,今未见。侄郁炳,亦工医术。[见:《昆山历代医家录》(引《蓬溪风雅集》)]

郁性 字继善。元明间昆山县(今属江苏)人。元末随父徙居常熟沙溪镇。世医郁伯昭子。绍承祖业,从叔父郁克明学,深通医理。后游学淮东西,遇凤阳针灸名医刘伯渊,师事之,尽得针砭之妙。及归乡,疗疾辄奇中,能起危疾,名噪于时。任常熟县医学训科三十余年,以高寿卒。南京左副都御史吴讷(1372～1457)为其志墓。子郁震、郁巽,皆以医名。[见:《太仓州志》、《昭文县志》、《沙头里志》、《昆山历代医家录》]

郁宗 字宏本。明代昆山县(今属江苏)人,徙居常熟县。世医郁巽孙,郁贞侄。其父郁蒙谦,事迹不详,当亦知医。郁宗绍承祖业,亦善医,以儿科知名。[见:《常昭合志稿》、《昆山历代医家录》]

郁宜 字宏禄。明代常熟县(今属江苏)沙溪镇人。世医郁贞次子。绍承祖业,亦工医术。成化间(1465～1487),继兄郁完,任常熟县医学训科。[见:《沙头里志》、《常熟县志》、《太仓州志》、《昆山历代医家录》]

郁炳 字象明,号西台,又号云空。清代江苏镇洋县蓬阆镇人。邑名医郁青侄。乾隆、嘉庆间(1736～1820)在世。幼习举业,为县学生

员。兼工医术。著有诗集《槐荫庐草》。[见:《昆山历代医家录》(引《蓬溪风雅集》)]

郁振 字海望。清代江苏宜兴县人。工医术,知名于时。[见:《宜荆续志》]

郁寅 字宏寅。明代常熟县(今属江苏)沙溪镇人。世医郁贞三子。绍承祖业,亦工医术。成化二十三年(1487)七月,继兄郁宜,任常熟县医学训科。[见:《沙头里志》、《常熟县志》、《太仓州志》、《昆山历代医家录》]

郁巽 字鼎志。明代昆山县(今属江苏)人。自祖父辈徙居常熟县沙溪镇。世医郁性次子。性温雅,博通医理,诊脉用药之外,兼精针灸,与兄郁震齐名,人称二难。宣德六年至景泰六年(1431~1455)官常熟县医学训科。以高寿卒。子郁贞,嗣郁震为子,医术大行。[见:《沙头里志》、《常熟县志》、《太仓州志》、《昆山历代医家录》]

郁震 字鼎文。明初昆山县(今属江苏)人。自祖父辈徙居常熟县沙溪镇。世医郁性长子。好读书,尚气节。初以明医征至京师,授太医院医士。奉命两次(一说三次)出使西域(一说西洋),以功授苏州府医学正科,赐三品服。正统四年(1439),昆山县发现郁氏迁昆始祖郁祚(震十三世祖)墓志铭,遂与弟郁巽,重修墓地。年八十一岁卒。著有《医书纂要》等集,未见流传。弟郁巽,亦工医术,与兄齐名,人称二难。嗣子郁贞,孙郁完、郁宜、郁寅,皆绍传祖业。[见:《常熟县志》、《太仓州志》、《古今医统大全·历世圣贤名医姓氏》、《昆山历代医家录》]

郁潜 明初吴县(今江苏苏州)人。世医葛正蒙之婿。得岳父传授,以医术知名。[见:《金元医学人物》(引《兔藻集·葛仲正墓志铭》)]

郁璞 字在中。清代江苏嘉定县外冈人。从同里钱肇然学医,精通《内经》运气之旨,临证投药则愈。兼工绘画,笔力沉厚。曾与师兄朱范莲编辑其师验案,撰《兰室医案》一卷,未见流传。[见:《嘉定县志》]

郁士魁 字橘泉。明末嘉定县(今属上海)人,居外冈。业医二十余世,善刀针,精疡科。每日午前应诊于门,午后则袖药至孤寡之家,不待再请,良术佳德,闻于苏、松二郡。崇祯间(1628~1644)奉诏治疫,授南京太医院医官,不赴。著有《外科证治金镜录》,未见刊行。子郁履豫,孙郁维禄、郁青来,曾孙郁廷钧,俱精祖业。[见:《嘉定县志》]

郁大有 清代江苏嘉定县人,居安亭镇。疡科世医郁青来子。绍承父学,亦业医。[见:《安亭志》]

郁汉光 字监若。清代江苏嘉定县人。疡科世医郁廷钧次子。究心《内经》诸书,妙悟医旨,知名于时。兄郁汉京、郁汉曙,子郁庆穰,均以疡科知名。[见:《嘉定县志》]

郁汉京 字吾亭。清代江苏嘉定县人。疡科世医郁廷钧长子。早年习儒,为国学生。绍承家传,亦工医术。临证辨表里,审阴阳,变化古法,不胶于一。著有《针砭指掌》四卷,未见刊行。[见:《嘉定县志》]

郁汉曙 字蔚若。清代江苏嘉定县人。疡科世医郁廷钧幼子。早年习儒,为诸生。得家传,亦精医理。著有《医源》、《名医通鉴》、《初斅纪闻》诸书,未见流传。兄郁汉京、郁汉光,皆工医术。[见:《嘉定县志》]

郁在公 字慎修,号超亭。清代江苏镇洋县人。嘉庆、道光间(1796~1850)在世。精医术,知名于时。[见:《昆山历代医家录》(引《蓬溪风雅集》)]

郁光始 字涵春。明代浙江嘉善县人。善医,尤精痘科,一经察色即能决死生。万历(1573~1619)末,一婴儿患危疾,光始投药立愈。素重医德,治病必先贫而后富;遇家境困苦者,冬施棉衣,夏施蚊帐,赖以全活者甚众。子郁国瑛,善承父业。[见:《浙江通志》、《嘉善县志》]

郁廷钧 字平一。清代江苏嘉定县人。疡科世医郁维禄子。继承家学,亦工医术。著有《洞阳铁板》十卷,此书专论疡科,从经脉论起,证治方法俱备,惜未见流传。子郁汉京、郁汉光、郁汉曙,皆工医术。[见:《嘉定县志》]

郁庆穰 字岁成。清代江苏嘉定县人。疡科世医郁汉光子。工绘画。继承家学,尤善疡科。一乡民人中疮肿,庆穰以铜刀剜其肉,急敷以药,曰:"此疔毒,须臾殒命。今无恙矣。"果愈。[见:《嘉定县志》]

郁克明 元代昆山县(今属江苏)人。邑名医郁德之次子。继承父学,亦工医术。[见:《太仓州志》、《常熟县志》、《昆山县志稿》]

郁秀岩 元代昆山县(今属江苏)人。先祖郁圆(一作郁廷珪)为山西高平人,随其子某(任苏州府推官)徙居苏州。至秀岩四世祖郁祚,复迁昆山。郁秀岩以医为业,遂世代相传。子郁德之,以医术负盛名。[见:《太仓州志》]

郁伯昭 元代昆山县（今属江苏）人。邑名医郁德之长子。继承父学，亦工医术。[见：《太仓州志》、《常熟县志》、《昆山县志稿》]

郁青来 清代江苏嘉定县人。疡科世医郁士魁孙。徙居县西南之安亭镇，亦业医，求治者日不暇给。子郁大有，传承父业。[见：《安亭志》]

郁国瑛 明代浙江嘉善县人。邑名医郁光始子。继承父学，以痘科名世。治疾如有神授，远近遇疑难症者，必延其诊视。[见：《嘉善县志》、《浙江通志》]

郁审之 明代吴县（今江苏苏州）人。少为诸生，赴试不利，叹曰："不为良相，必为良医。"日取《素问》诸书，研穷幽隐，久之术精，决病人死生无不验，远近争相求治。[见：《吴县志》]

郁闻尧 近代人。里居未详。业医，悬壶沪上。上海流行鼠疫，应沈敦和之邀，与丁福宝、杨心梅合撰《鼠疫良方汇编》，刊于宣统二年（1910）。[见：《浙江医籍考》]

郁维信 字诚斋。清代安徽蒙城县人。工吟咏，通医理，知名于时。[见：《重修蒙城县志》]

郁维禄 字天贤。清代江苏嘉定县人。疡科世医郁履豫子。袭承祖业，亦工医术。子郁廷钧，克绍父学。[见：《嘉定县志》]

郁联芳 字兰亭。清代安徽蒙城县人。邑增生。早年习儒，行文多奇气。尤精医术，名重于时。[见：《重修蒙城县志》]

郁德之 元代昆山县（今属江苏）人。邑名医郁秀岩子。绍承父学，医术益精，与苏州名医葛乾孙声望相埒。晚年携家徙居常熟沙溪镇。子郁伯昭、郁克明，亦为名医。[见：《太仓州志》、《常熟县志》、《昆山历代医家录》]

郁履垣 一作履恒。明清间江苏嘉定县人。疡科世医郁士魁子。绍承父业，亦业医。[见：《嘉定县志》]

郁履豫 明清间江苏嘉定县人。疡科世医郁士魁子。绍承父业，亦精医术。子郁维禄，袭承家学。[见：《嘉定县志》]

招

招成鸿 （?~1895）一作招式鸿。字仲逵。清代广东南海县人。性格沉毅，覃精典籍。同治丁卯（1867），由廪生中第五名举人。坚忍任事，能人所难。光绪九年（1883），法军启衅，成鸿联及绅士，禀办七堡团练总局，以遏乱萌。寻以大挑二等，选授文昌县训导，旋兼理乐会县训导，充文溪书院山长。光绪二十年（1894），粤藩调成鸿返省，复办保安局，逾年卒。招氏兼通医理，著有《医方杂纂》一卷、《理气汇纂正续》二卷，今未见。[见：《南海县志》]

欧

欧浩 原名欧海，字有天，号浴溪。明代福建福清县人。敏慧多识，尤精医道。著有《医刻汇成》若干卷。徐钟震推重欧氏之术，为其书作序，评论曰："浴溪胸有慧识，指有神力。予尤服其用心周挚，大非时人所及。虑山高谷深，仓促莫备医药者，则有便方之贻；虑孩幼稚弱未易调护者，则有保婴之录；虑日用饮食相反害者，则有摄生之法；至于世俗以忿轻生，一时失救，则贻祸身家者，又指出古人成法以为鉴戒。"据此，欧氏所撰乃实用便民之书，惜散佚不传。[见：《重纂福建通志》、《中国医学简史》]

欧铨 字公衡。清代四川荣县人。精医术，悬壶县城，远近知名。重医德，治病不因贫富而异视，全活甚众，世人德之。[见：《荣县志》]

欧士海 明末人。生平里居未详。性嗜医学。念山野之地缺医少药，病者多束手待毙，乃遍求方书，择其简便易行者，汇成一帙，名《山谷便方》，刊于崇祯己卯（1639）。另有《保婴录》一卷，亦行于世。上二书国内未见，曾流传日本，今存佚不明。[见：《中国医籍考》]

欧以临 字步雍。清代湖南衡山县人。监生。事父母至孝，待兄弟不计财物。精通医术，常施送丸药，全活甚众。年七十四岁卒。[见：《衡山县志》]

欧达衢 清代广东兴宁县人。监生。工岐黄术，临证屡著奇效，知名于时。治病不受谢仪，遇贫者助以药资，人皆敬重之。[见：《兴宁县志》]

欧先民 字普仁。清代广东始兴县新村人。邑庠生。入泮后静处一室，苦读医书，历十余年始悬壶济世。尤擅长妇科，活人甚众。县令蔡简梁赠"普济群生"匾额表彰之。[见：《始兴县志》]

欧明熏 字仲和。清代广东乐昌县人。岁贡生。积学砥行，人称长者。精岐黄术，不论贫富，凡求治辄应，活人颇众。[见：《乐昌县志》]

欧承天 字福星，号瑞轩。清代浙江象山县人。父欧起炎，以义行称于乡。承天自幼

八画

读书，深明大义。精岐黄术，毕生施医送药不倦。继承父志，凡里中义举多应之。道光元年（1821）及十三年（1833）大饥，择里中贫困者，每日计口与食，全活甚众。二十年（1840）英军陷舟山，知县范先达筹建城防，范氏倾力捐资，受朝廷嘉奖。年七十九岁卒。〔见：《象山县志》〕

欧斯万 明清间湖北黄冈县人。邑名医李之泌门生。传承师学，与同门易时泽，皆以医术著称。〔见：《黄冈县志》〕

欧阳

欧阳文 清代江西新昌县人。业医，治病不计利，有古贤之风。尝以所得药资购石，修郡省官路数百丈。〔见：《新昌县志》〕

欧阳迁 字莱常，号偓遑子。清代湖北汉川县人。康熙庚午（1690）举人，以诗文知名。兼通医道，著有《医学大成》若干卷，今未见。医书外尚撰《四书说略》、《诗韵说略》、《一啸草》、《荟丛吟》诸书。〔见：《汉川县志》〕

欧阳茂 字振如。清代安徽黟县欧村人。阳国学生。精医术，以外科著称。有医德，疗疾施药，不计诊酬。〔见：《黟县志》〕

欧阳昌 清代湖北天门县人。邑名医欧阳正谋子。绍承父学，临证应手而愈，知名于时。〔见：《天门县志》〕

欧阳梅 字泮芹。清代湖南新化县人。诸生。受医术于邵阳朱杰。熟读《灵枢》、《素问》、《难经》、《伤寒论》、《千金要方》等医籍，通悟其理，临证多奇效。著有《医经汇解》等书，今未见。〔见：《新化县志》、《宝庆府志》〕

欧阳章 （1742~?）号古斋。清代江西安福县南乡黄石人。国学生。性孝友，读书好学，不慕名利。兼精医术，遇贫病赠以方药。道光元年（1821），章八旬寿辰，适其次子欧阳基乡捷报至，戚友共称积德之报。著有《医学活人》等书，未见刊行。〔见：《安福县志》〕

欧阳焕 字德照。清代湖南宜章县长策人。邑增生。精医术，不待切脉，望色听声，能知生死。早年应童试，主试官病，欧阳焕为其诊治，以大釜煎药，下咽即瘳。主试感激，脱貂裘赠之。一日，于路旁见村妇气色异常，惊问："谁家妇，夫安在？"妇具告之。时其夫在数里外教书，焕曰："汝至明日午刻必死，速唤汝夫归，迟无及。"妇自觉无恙，闻言颇怒，以为咒己也。次晨，欧阳焕复诣问之，妇始惊惧，唤夫回。至

午疾骤作，竟死。撰有医书，读者遵用则效，惜散佚不传。〔见：《宜章县志》〕

欧阳淇 南宋新定（今浙江遂安）人。邑名医欧阳大节子。绍承家学，亦精医术。子欧阳懋孙，官至太医院副使。〔见：《金元医学人物》（引《雪楼集·集贤直学士同金太医院事欧阳君墓志铭》）〕

欧阳植 字叔坚。明代湖北天门县人。邑庠生。初治举业，以余力研究医学，浏览《内经》、《难经》诸书。后弃儒，专力于岐黄，以医术知名。著有《全生四要》，知府王曰然刻于甘肃临洮，宗伯李泌泰为之序，以儒医称之。又撰《救急疗贫易简奇方》（简称《易简奇方》），万历辛丑（1601）邑进士熊寅刻于安徽婺源（今属江西）；又撰《灵台秘要》，邑进士胡懋忠刻于河南固始。三书国内皆未见，唯《救急疗贫易简奇方》尚藏日本国立公文书馆内阁文库，现已影印回归。〔见：《景陵县志》、《日本现存中国散逸古医籍》〕

欧阳斌 字群望。清代湖南安仁县人。精通医术，知名于时。重医德，常以丸药救济贫病。著有《医方捷诀》若干卷，今未见。〔见：《安仁县志》〕

欧阳大节 南宋新定（今浙江遂安）人。邑名医欧阳宗礼子。绍承父业，亦精医术。子欧阳淇，孙欧阳懋孙，皆以医名。〔见：《金元医学人物》（引《雪楼集·集贤直学士同金太医院事欧阳君墓志铭》）〕

欧阳开泰 明代江西宜黄县人。儒生。倜傥负奇，兼精岐黄之术。家藏治痢良方，为异僧所授，百试百效，秘而不传。天启丙寅（1626），乡中痢疾大作，欧阳制药施济，全活者数以百计。天启七年丁卯（1627），郑仲夔赴试，临场忽病齿，痛不可忍。开泰与郑氏素昧平生，闻之，不远数里冒暑过视，亲为修药，凡往返者数次，疾得痊愈。〔见：《耳新·卷八·艺术》〕

欧阳元世 清代江苏六合县人。精医术，尤专儿科，全活婴幼甚众。〔见：《六合县志》〕

欧阳长年 字仙侪。清代山东济宁州人。精医术，知名于时。著有《医理浅说》五卷，今未见。〔见：《济宁直隶州续志》〕

欧阳文详 清代江西新昌县人。以医为业，治病不计利，有古人风。性好施与，稍得药资，购石修郡省官路数百丈，乡里德之。〔见：《新昌县志》〕

欧阳文炳 清代四川大足县欧市人。精医术，悬壶数十年，以名医称于时。年八十三岁殁。子孙甚众。[见：《续修大足县志》]

欧阳正谋 字侨如，号时庵。清代湖北天门县人。精医术，所活甚众。不以技谋利，屡却酬金。著有《时庵医录》四卷，今未见。子欧阳昌，传承父学。[见：《天门县志》]

欧阳世启 字俊之，又字近仁。清代安徽黟县人。世代业医，至世启术益精，名重于时。年八十五岁卒。子欧阳志恒，传承父业。[见：《黟县志》]

欧阳朱杰 清代湖南新化县人。精医术。门人欧阳梅，后为名医。[见：《新化县志》]

欧阳兆熊 字晓岑。清代湖南湘潭县人。道光十七年（1837）举人。曾任职于两淮盐局。通医理，推重名医黄元御。曾国藩会试下第，患病甚危，兆熊诊治月余而愈。后曾氏屡欲授以官，辞不就。同治五年（1866）由扬州返乡，集资设立医药局，刊刻《黄元御医书八种》。凡来馆求学者，予纸笔，令熟读黄元御书。道光二年（1822），太医院明令废止针灸科，而欧阳氏坚持传授针灸、祝由诸科，医风遂不变。[见：《中国历代医家传录》（引《中医报》）]

欧阳汝显 字起岩。清代江西彭泽县人。精通医理，治病十不失一，知名于时。年八十三岁卒。[见：《彭泽县志》]

欧阳志恒 清代安徽黟县人。世医欧阳世启子。传承父业，亦以医闻。[见：《黟县志》]

欧阳佩弦 字缓也。清代广东顺德县三华人。早年习医，尤精痘科。性谨慎，用药不喜峻烈。或疑其取效颇缓，答曰："吾非能洞视脏腑也，故使药由渐而进。"重医德，遇贫者辄返其诊金，令资市药。卒年七十余。[见：《顺德县志》]

欧阳径存 元代人。里居未详。业儒而精医，兼善太素脉。治病审视精微，有着手成春之效。又工诗赋，许有壬评之曰："文古而法，诗清而腴。"[见：《金元医学人物》（引《至正集·题欧阳径存诗》）]

欧阳宗礼 南宋新定（今浙江遂安）人。以医为业。子欧阳大节，孙欧阳淇，曾孙欧阳懋孙，皆绍承其业。[见：《金元医学人物》（引《雪楼集·集贤直学士同金太医院事欧阳君墓志铭》）]

欧阳荣赐 字精孚。清代四川资州人。咸丰辛亥（1851）举人。淡于名利，惟以聚徒讲学为业。历任珠江、栖云、凤鸣、罗泉、球溪、化龙各书院山长，及门弟子数以千计，成就者二百余人。善养生，好济急恤贫。年八十六岁殁。著有《老人食谱》若干卷，今未见。[见：《资州志》]

欧阳复旦 字爽谷，号晴峰。清代江苏江都县人，居北湖公道桥。工绘画，尤精医术，知名于时。[见：《续修江都县续志》]

欧阳调律 明代四川重庆县人。生平未详。辑有《痘疹慈航》一卷、《治痧要略》一卷，刊刻于世。[见：《述古堂书目》、《中医图书联合目录》]

欧阳维岳 清代湖南衡山县人。精医术，悬壶于世。治病不求酬报，病愈无自德之色。著有《养生备要》八卷，由本邑陶尧埜刊刻行世，今未见。[见：《衡山县志》、《衡州府志》、《湖南通志》]

欧阳履钦 （1884～1951） 原名煌，号逸林。现代湖南衡阳县人。幼年就读家塾，因祖父母多病，遂有"不为良相，便为良医"之志。十九岁留学日本，对日人信仰我国医学颇有感触。学成归国，执教于湖南南路师范学院。嗣因母老，奉养林下，遂潜心医学，对《内经》、《伤寒论》、《金匮要略》诸书皆有研究。临证治疾，多有效验，求诊者门庭若市，遇贫施以药，名噪全湘。从学弟子数百人，遍布于湘、粤、桂、赣。授徒不受束脩，唯以造就人才为己任。尝创办衡阳针灸医馆，亲自主讲《伤寒论》、《金匮要略》等课。又与萧湘辑创办中华医学讲习所于耒阳，对中医教育多有贡献。著有《伤寒折衷》、《金匮折衷》、《药性表解串要》、《增补时方歌括》等书，皆刊行于世。[见：《中国历代医史》、《著名中医学家的学术经验》]

欧阳懋孙 （1245～1307） 一作欧阳懋，晚号勉翁。元初新定（今浙江遂安）人。世医欧阳淇子。自幼颖异，于家学尤有超悟，知名于时。元世祖忽必烈召之，应对称旨，授尚医，免其家赋税徭役，赐饮食、宅院。凡所进方药，忽必烈服之多效，赏赐甚多。嗣后，历官成全郎御药局副使、集贤直学士奉训大夫太医院副使。大德五年（1301）太医院改制，官太中大夫，以直学士同金太医院。大德二年九月，奉旨与医愈郎诸路医学副提举申甫，御药院副使王希逸，提点太医院事郑忙古仄、麻维繇等十二名医官校订宋代大型全书《圣济总录》，于大德四年完成，更书名为《大德重校圣济总录》，诏令江浙行省刊刻，颁赐各地医学。〔见：《皕宋楼藏书志》、《大德重校圣济总录》、《金元医学人物》（引《雪楼集·集贤直学士同金太医院事欧阳君墓志铭》）、《中医图书联合目录》〕

肯

肯国忠 清代人。里居未详。精医术，任太医院吏目。乾隆四年己未（1739），充任《医宗金鉴》副纂修官。〔见：《医宗金鉴·诸臣职名》〕

卓

卓洽 字春笠。清代江苏宿迁县人。博学工诗，善医术。好游历，其足迹南至江淮，北达燕市。〔见：《宿迁县志》〕

卓伯融 宋代（？）人。生平里居未详。著有《妙济方》一卷，已佚。〔见：《宋史·艺文志》〕

卓雨农 （1906~1965） 现代四川成都人。年十六岁随父习医，精妇科。中华人民共和国成立后，任成都市第一人民医院医师。后调入成都中医学院，任妇科教研室主任及附属医院副院长。著有《论崩漏》，还主编《中医妇科学》、《中医妇科治疗学》等书。〔见：《中医大辞典》〕

卓思发 清代江苏宿迁县人。精医术，有善行。〔见：《宿迁县志》〕

卓思善 清代江苏宿迁县人。精医术，多善举。〔见：《宿迁县志》〕

卓炯斋 清代人。生平里居未详。辑有《急救经验良方》一卷，刊于光绪二十六年（1900）。〔见：《中医图书联合目录》〕

虎

虎云 清代甘肃和政县何家崖人。精医术，贯通脉理，临证洞悉病源，名重于时。与本县外科名医姚德齐名，二人于光绪（1875~1908）中叶先后辞世，多年后乡人犹追思不已。〔见：《和政县志》〕

虎生寅 清代河南郑县人。精通医术，知名于时。〔见：《郑县志》〕

尚

尚义 清末河南洛宁县人。素精岐黄，治病著手成春，知名于时。〔见：《洛宁县志》〕

尚华 清代山东平度县人。得本邑名医马景烈传授，以医为业。〔见：《平度县续志》〕

尚絅 （?~1679） 一作尚绹。字御公。明清间浙江仁和县人。儒医吴毓昌之婿。早年习儒，补郡庠生。得岳父传授，精通医术，临证洞悉病源，随手奏效，知名于时。清初，名医张志聪集合钱塘医者及门生，讲学、著述于侣山堂。尚绹参与其事，参撰《黄帝内经灵枢集注》，刊刻于康熙十一年壬子（1672），今存。〔见：《仁和县志》、《杭州府志》、《黄帝内经灵枢集注》〕

尚械 （1826~1905） 号古堂。清末河北涿县人。居城内武庙口。深明医理，尤善治天花，纯用温补等药，投之辄效。人问其故，答曰："旧日治花，每于结痂后必用一剂泄药，以免余毒不尽。今避而不用者，以近日早婚，所生小儿先天不足，故不宜用寒凉或消导之药也。"当时种痘尚未大行，凡小儿出花者，皆抱请医治，药到病除，百无一失，人咸感之。光绪三十一年卒，年八十岁。辑有《经验良方》、《杂症治验》二书，未见流传。〔见：《涿县志稿》〕

尚从善 字仲良。元代大名（今河北大名）人。自习学医。早年客居杭州，受业于邺县（今河北临漳）张信之，不避寒暑，败席遮床，薄糜充饥，日夜心求口诵。及以医问世，声望日隆而读书不辍，自本草、《内经》至历代经方医论，心记口诵，数十年不倦。士大夫每以脉理、难症试其术，尚氏从容论辨，见誉于时。后率家徙居扬州，求治者络绎不绝。盛名达于京师，征授太医，迁御诊太医，职封成全郎。约天历三年（1330），荐授上都开平（今内蒙正蓝旗东）惠民局提点，在任六年，多有作为，改授江浙医学提举。年逾六十尚健在。元代崇尚医学，设立医官，取《内经》、《本草》、《伤寒》等书为题，考核医士。尚从善鉴于本草繁冗难习，遂于至顺二年（1331）取唐慎微《证类本草》，选常用药四百六十八味，辑《本草元命苞》九卷，以便习医者采摭。还著有《伤寒纪玄妙用集》十卷，成书于至大四年（1311）。上二书今存抄本。尚从善兼擅绘画，曾取张机、朱肱二家学说，绘为图画，成《十图》一帙，袁桷捐资刊印之，并作《尚仲良刊医书疏》，疏曰："张长沙类四证，以明治病之本；朱南阳衍《百问》，以推用药之原。其书虽完，厥理难究。爰有多闻之士，聿成一览之图，考百药之君臣，咸旁通其门户。犹入武库，悉能名其甲兵。允得于心，如指诸掌。"惜此图散佚不传。〔见：《皕宋楼藏书志·伤寒纪玄妙用集·序》、《医藏书目》、《金元医学人物》（引《清

原居士集》)、《中医图书联合目录》]

尚文立 清代河南许昌县尚庄人。精岐黄术，尤擅治痘疹。每遇天花流行，寝食不安，小儿赖以全活者甚众。性耿介，不索谢仪，乡里共赠"乐善不倦"匾额。[见：《许昌县志》]

尚永灿 字丽中。清代江苏句容县人。少习经史。尝游于苏杭，得异人传授，遂精疡医，以术利人。家素饶裕，凡贵重之药，不惜重价购之，遇贫病者求治，潜与之，不使知，以致家道日落，弗悔也。临证见解超凡，不拘泥方书。或劝著书传世，笑曰："医者意也，思虑精则得之。吾意所解，口不能宣也。古之上医，病与药值，惟用一二药攻之。今人以情度病，多其味以幸有功，术亦疏矣。脉之妙处不可传，虚著方剂何益？"永灿殁，其术遂不传。[见：《句容县志》]

尚华玉 清代江苏句容县人。以医术知名。后裔尚德生，医名益显。[见：《句容县志》]

尚宗康 字霁堂。清代长白县（今吉林长白）人。生平未详。辑有《万金至宝》三卷，今存同治二年癸亥（1863）肥阳宝荫堂刻本。[见：《中医图书联合目录》]

尚建之 清代江苏句容县人。以医术知名。子孙传其业，有名德生者，最负盛名。[见：《句容县志》]

尚承模 号宾臣。清代江苏句容县人。得针灸之法，晚年术益精。赵氏女患癫症，尚氏治之，针人中穴三次，病若失。[见：《江宁府志》]

尚慕塘 清代江苏句容县人。以医名世。后裔尚德生，亦精医。[见：《句容县志》]

尚德生 清代江苏句容县人。其先世有名慕塘、建之、华玉者，皆以医鸣。尚德生自幼习医，及长，博极群书，于六经之传变，六脉之根源，辨之最精。重医德，虽严寒盛暑，有延请者，无不徒步应诊，所治鲜有败误。[见：《句容县志》]

易

易三 清代湖南沅陵县人。少学击剑，恣游武汉间，曾为巨商护宅。年三十余，于常德东市遇一老者，敬事之。老者授以祝由术，称可医百病，嘱之曰："不可受人财，又不可妄传人。"嗣后，技术为人治病，治辄奇效，世以"易神仙"呼之。其视病，先以手中指诊病者额，即知病由，轻者摩抚而愈；重者以符水涂于布，向空焚之即愈；又常以刀剖割，病愈则无痕。乾隆十五年（1750）五月，中丞开公延请至府，凡府中患疾者无贵贱皆请诊治，无不痊愈。城中达官贵人迎请者甚众，若非治病，坚不赴请。至九月归，中丞酬以白金二十两，不受。年八十六岁尚健在，不知所终。[见：《中国历代名医碑传集》（引陈益《易三传》）]

易山 （1672～1762）字国顺。清代湖南沅陵县杨溪人。早年得异人传授医术，精通外科。初，其妻患腹疾，易山剖其腹，以水拂其瘀血，创合而愈。自此以术试于他人，凡腠理筋络，药所不能达者，施以刀，俄顷奏效。督学阮学浩子，就易山治腹疾。山移于静室，浣肠去其病，不久疾愈。阮学浩叹曰："吾今日乃见真华佗！"其他神验甚多，不能殚述。乾隆二十七年卒，年九十有一。其技无传者。[见：《沅陵县志》]

易升 原名明德，字至善。元代抚州崇仁县（今江西崇仁）人。世医易小雅幼子。绍承家学，亦工医术，知名于时。[见：《金元医学人物》（引《道园类稿》、《道园学古录》)]

易方 字坞樵，晚号倚松老人。清代湖南湘乡县人。生平未详。撰有《喉科种福》五卷，今存光绪十四年戊子（1888）寄愚草堂刻本。[见：《中医图书联合目录》]

易经 字乾长。清代湖北武昌县人。自幼习儒，博雅善文。一日，遇黄衣道人，授孙真人像一轴、张介宾医书数卷，此后绝意仕进，肆力于医学。康熙二十年（1681），守备袁魁聘至竹山县，遂定居。和平雅饬，在竹山造就多人。著有诗文集及《脉诀纂要》、《伤寒辨似》等书数十卷，藏于家。[见：《武昌县志》、《郧阳志》、《竹山县志》]

易晋 字用昭。元代抚州崇仁县（今江西崇仁）人。世医易小雅三子。绍承家学，亦工医术，知名于时。[见：《金元医学人物》（引《道园类稿》、《道园学古录》)]

易大艮 字思兰。明代江西抚州人。生平未详。著有《易氏医案》一卷，今存乾隆三十年乙酉（1765）宝笏楼刻《医林指月》本。[见：《八千卷楼书目》、《中医图书联合目录》]

易小雅 字景原。元代抚州崇仁县（今江西崇仁）人。世以儒医见称。易氏恪守祖业，勤考医书，制药精良，诊病详审，良术佳德，颇负时望。有子四人，皆传承家学。长子、次子佚名。三子易晋、幼子易升，继业有声。

[见：《金元医学人物》（引《道园类稿》、《道园学古录》)]

易云翔 清代广东鹤山县王桥人。邑名医易履贞孙，易羽九子。绍承祖业，亦以医知名。寿至八十八岁。子易会明，传承家学。[见：《肇庆府志》、《鹤山志》]

易凤翥 清代湖南长沙县人。生平未详。著有《外科心法》四卷。今存光绪三十年甲辰（1904）《外科备要》，不分卷，题"易凤翥撰"，或即《外科心法》之同书异名者，待考。[见：《长沙县志》、《中医图书联合目录》]

易正聪 字雪庵。清末四川中江县人。精通医术，名重于时。曾参订本邑胡心河《温病条辨方脉歌括》，今未见。三台县胡醴铭，得其传授，亦以医知名。[见：《中江县志》、《三台县志》]

易光明 明代上元县（今江苏南京）人。精医学，善制方。隶籍太医院。[见：《新修江宁府志》、《上元县志》]

易会明 清代广东鹤山县王桥人。邑名医易履贞曾孙，易羽九孙，易云翔子。祖孙四代业医，人称四世良医。寿至八十余卒。[见：《肇庆府志》、《鹤山志》]

易汝弼 号钦堂。清代广东电白县北桥村人。世医易艮山孙。监生。精研方脉，穷幽洞微，与同邑名医杨廷璧齐名。遇危症，曰此可医，彼不可医，无不应验。每到病家，不论贫富，一以仁术行之，未尝索谢。论者谓其医术居中，医品居上云。年六十七岁卒。著有《脉诀简要》一卷、《内外科治验方书》若干卷，今未见。[见：《电白县志》、《高州府志》]

易艮山 字经国。清代广东电白县北桥村人。三世皆以庠生习医。至艮山尤精，切脉即决病家生死，处方精细，每于分厘间见异同。自幼习儒，累试不遇，遂以医名世。重医德，贫者不受酬谢，当道官吏多旌奖之。考古方，参以心得，著《内外方脉》一卷、《治验元机》一卷、《男妇小儿针灸》若干卷，今未见。后人多承先业，孙易汝弼，尤负时望。[见：《电白县志》、《高州府志》]

易羽九 字翘旭。清代广东鹤山县王桥人。邑名医易履贞子。绍承父业，亦精医术。有少年见易氏来，伪作呻吟状。易氏诊之，曰："子无病。明年此日乃真病。"及期而卒。子易云翔，继业亦精。[见：《肇庆府志》、《鹤山志》]

易时泽 字汝悦。明清间湖北黄冈县人。早年习儒，为邑诸生。与从弟易时范学医于隐士李之泌，皆精其术，时称二易。[见：《黄冈县志》]

易时范 明清间湖北黄冈县人。与从兄易时泽就学于儒医李之泌，皆精其术，时称"二易"。[见：《黄冈县志》]

易伯寿（1221～1305）号四清堂散人。宋元间抚州崇仁县（今江西崇仁）人。精贯儒学，不求仕进，寄身医药，为当地名贤。宋末制参李进野，入元后退居乡里，二人同年生，相与如兄弟，每以诗词唱和。易氏门生邓焱，官医学教谕。[见：《金元医学人物》（引《吴文正公集》)]

易忠信 宋代长沙（今湖南长沙）人。生平未详。辑有《易忠信方》，已佚。刘昉著《幼幼新书》，曾参考此书。[见：《幼幼新书·近世方书》]

易念禧 字赓堂。清代四川安县南乡河坝场人。精医术。家道不丰，送诊乡里，不取脉礼。[见：《安县志》]

易经国 清初广东肇庆人。尝挟资游京师，与太医院御医翟良相厚。翟谓之曰："东南人病，与北不同，汝粤中鲜有知者，误人不少。"易氏与顺德龙山左某为友，遂共拜翟氏为师，传承其术。临行，翟出所著书二帙，各携其一而归。县令方显奉上谕征选良医，以易经国应诏，多所奏效。常以翟良语告诫本邑医士，勿以人命为戏。年七十九岁卒。子孙多以医名。[见：《肇庆府志》]

易显志 字凌云，号杏园。清代湖南石门县人。性刚方，取予一介不苟。精医术。素以仁心为本，有求治者，不惮劳，不受谢，惟期于人有济，乡里贤之。著有《辨证捷诀》，能揭辨证精要，今未见。[见：《石门县志》]

易第明 明代广东南海县人。生平未详。撰《太素脉理》一卷，今未见。按，太素脉乃以脉象测人寿夭福禄之术。[见：《南海县志》、《广州府志》]

易履贞 字俗兴。清代广东鹤山县王桥人。以医术行于省会，当道官吏雅重之。有患头痛欲死者，诸医束手。易氏令饮靛花水至饱，痛愈不可忍，呼左右抱持之。食顷，两虫从鼻出，病若失。易曰："此蟠头毒也。"人皆以为神。平生以药济人，不索谢。子易羽九，孙易云翔，曾孙易会明，皆绍承其业，人称四世良医。[见：

《肇庆府志》、《鹤山志》]

明

明智 清代四川邛州人。精医术。挟技游于屏山县，遂定居。医名甚盛，终日病者盈门，活人不可计数。寿至九十岁殁。[见：《叙州府志》]

明德 清代长白县（今吉林长白）人。生平未详。与仁和沈平同辑《金疮铁扇散》一卷，今存道光间（1821～1850）刻本，书藏安徽省图书馆。[见：《中医图书联合目录》]

明月公 唐代人。生平里居未详。疑为道士。著有《陵阳子秘诀》一卷，已佚。[见：《旧唐书·经籍志》]

明所养 明代四川荥经县人。幼聪慧，读书过目成诵。及长，博通经史，擅诗文，兼精医术。淡于仕进，隐于大沟山。临殁，自题墓碑曰明逸士。[见：《荥经县志》]

味

味元子 佚其姓名。明代人。生平里居未详。出家修道，通医卜之术，尤擅幼科。曾卖卜于丹阳（今江苏镇江），蒋晓师事之，味元子授以《保幼编》，蒋氏依书治疾，皆获奇验。[见：《江南通志》]

罗

罗义 清代四川罗江县人。少赤贫，性侠义。尝游四方，得西藏喇嘛所传"铁牛水"奇术，以技为人疗伤。凡跌仆损伤，金疮出血者，施以手法，外敷疮膏，无不痊愈，远近皆知伤科罗医。[见：《四川通志》、《罗江县志》]

罗升 北宋宜春（今江西宜春）人。少贫，屠狗为业。晚年买药市中，遇异人授以方术。政和间（1111～1117），年近百岁，一日辞别亲友，奄然而逝。[见：《中国人名大辞典》]

罗典 （1719～1808）字徽五，号慎斋。清代湖南湘潭县人。少凝重，容貌魁梧，性格刚方。乾隆十二年（1747）乡试第一，十六年授庶吉士。擢翰林院编修，督学四川。转监察御史、吏科给事中，迁鸿胪寺少卿。以母老乞终养。及归，主讲岳麓书院，以治经、论文，启迪后进，及门弟子显达者甚众。嘉庆十三年卒，寿九十岁。罗氏素重养生，撰有《广养生说》若干卷，今未见。[见：《湘潭县志》]

罗咏 字二酉。清代江苏高邮州人。廪生。幼颖敏，善属文。及长，刻志励行，有纯儒之风。中年淡于科名，肆力诗词、古文、音韵诸学，旁涉医药之书。著有《本草集要》八卷，藏于家。[见：《高邮州志》]

罗绎 清代四川屏山县大村乡人。性敦朴。精岐黄术，行医而不谋利，专以济世为念。与其妻胡氏，皆享九十五岁高龄。[见：《叙州府志》、《屏山县志》]

罗适 字正之。南宋宁海县（今浙江宁海）人。曾任桐城县尉。时乡民惑于巫术，多不信医药，罗氏深明医理，遂制药施济，病者服之多愈。后召集当地医者，参校前代医书，编《伤寒救俗方》一卷，以济民病。绍兴间（1131～1162）王世臣序而刊之，今佚。[见：《直斋书录解题》、《世善堂藏书目录》]

罗炳 字虎文。清代福建邵武县人。儒医罗谦子。幼习举业，为乾隆辛酉（1741）举人。传承父学，亦通医理，活人甚众。素重医德，凡以疾病延请，不分富贵贫贱皆往，世人德之。本邑孟氏，一家九口遭瘟疫，死亡七人，余二人病卧废寺，喘息待毙。罗氏闻迅赴救，赠钱购药，皆获痊愈。[见：《重纂邵武府志·义行》]

罗炼 一作罗练。明代湖北江夏县人。祖籍河北三河县。世医罗本通（1435～1506）长子。早年习儒，官典仪正。兼通医学，尤善诊脉，断人生死，期刻不爽。御使李某，少年时家贫，纳婚某氏女，岳父嫌其贫，强令女离去，女竟为夫而死。李虽居官，不复娶，悒郁成疾，吐黑痰。炼诊之曰："有所思不遂乎。"李起身拜曰："神医也！"服药立愈。楚王妃周氏微恙，炼诊之曰："是殆不起，即在今年。"时周氏饮食言笑如故，王不信。未几，中风而逝。一佣人自言："某无病，第觉首在下，足在上。"炼俯首沉思，见地下铁杵重六十余斤，曰："汝试捧而上，捧而下。"如是者三，遂愈。佣者问其故，告之曰："汝以用力伤经络，心逆转。特为反正之耳。"其临证奇验多类此。曾著医书若干卷，授其子。一日，其子乘醉为人视疾，炼怒曰："奈何以性命为戏！"焚其书，术遂不传。另一子某，中乡试，官知州。[见：《湖广通志》、《中国历代名医碑传集》（引林俊《见素集·明赠户部主事罗菊泉墓表》、郭正域《合并离黄草·罗炼传》）]

罗美 字澹生，号东逸。清代安徽歙县人。徙居江苏常熟。为康熙间（1662～1722）名儒。贯通经史，尤明易理，晚年以医药济人。著述甚富，医书有《内经博议》四卷、《古今名医汇粹》八卷、《古今名医方论》四卷，皆刊刻于世。

[见:《苏州府志》、《郑堂读书记》、《古今名医汇粹·序》、《常昭合志稿》]

罗觉 原名正昌。清代四川崇宁县人。通医理，平生以济人为念。辑有《药性》一卷、《脉诀三字经》一卷，刊刻行世，今未见。[见：《崇宁县志》、《新修崇宁县志》]

罗浩 字养斋。清代安徽歙县人。徙居海州（今江苏东海）板浦场。涉猎经史，博学多才艺，善为歌诗，尤精医道。以通儒治经之法研究医经，先后校勘《灵枢》、《素问》、《伤寒》、《金匮》、《脉经》诸医典，多有独到见解。尝曰："医虽艺术，必先通儒书而后可学。"故凡请业者，皆先以诗文教之。中年客居扬州，与焦循、汪光曦、黄文旸、钟襄、李钟泗、黄承吉为文字交。著有《医经余论》一卷、《诊家索引》二卷，均刊刻于世。焦循曾为《医经余论》作序，称其书"语简而该，篇约而当，洵后学之津梁也"。罗氏尚有《脉表》、《古脉索引》、《药性医方辨》诸书，今未见。医学外，还著有《扬州闻见录》。门人黄龙祥，亦以医名世。[见：《江都县续志》、《甘泉县志》、《海州文献录》、《中医图书联合目录》]

罗冕 明代河北三河县人。以医为业，知名乡里。子罗显祖，官王府太医吏目，徙居江夏。[见：《中国历代名医碑传集》（引林俊《见素集·明赠户部主事罗菊泉墓表》）]

罗森 明代淮安（今属江苏）人。以医为业。淮帅李锜之子患背痈，群医畏李之暴，莫敢应。李召森，许以千金为酬。森为之内治外敷，神气顿爽。李子素好女色，一夕与侍婢同床，致黑陷内攻，数日而死。李性嗜杀，迁怒于医，罗森竟遇害。[见：《江苏历代医人志》]

罗斌 字霓仙。清末安徽歙县人。初习举业，乡试屡获第一。清末废科举，弃儒业医，学验两富，知名于时。曾游浙江兰溪，值县知事苏公母病，群医束手。闻罗氏名，延请诊视，应手而痊。苏叹服其术，遂与订交，赠"存心济世"金匾，诗文往还，久之定居兰溪。子罗鹤龄，继承父业，亦以医闻世。[见：《兰溪市医学史略》]

罗谦 字季万。清代福建邵武县人。邑廪生。幼年丧父，及长，力学博览，熟通经义。因母病习医，深得岐黄之秘。为人治病不诊脉，而投药辄效。尝谓："医者意也，有证可参，会心不在远矣。"子罗炳，乾隆辛酉（1741）举人，亦通医理。[见：《重纂邵武府志·义行》]

罗人文 明清间山西沁水县人。早年习儒，为明末举人。明亡，弃儒隐居，不复出。兼精岐黄，业医以为生计。著有《医案》若干卷，散佚不传。[见：《山西通志》、《泽州志》、《沁水县志》]

罗万川 清代四川屏山县人。生性耿介。精通医术，临证处方，每奏奇效。[见：《屏山续志》]

罗子尚 清代江西南昌人。游于名医喻昌之门，精通医术。弟子舒诏，尽得其传。[见：《舒氏伤寒集注·自序》]

罗天益 字谦甫，号容斋。金元间真定路藁城县（今河北藁城）人。约金兴定四年至元至元二十七年（1220～1290）间在世。幼承父训，攻读诗书。及长，逢金末乱世，弃儒习医。元乃马真后三年（1244），名医李杲还乡，年迈，欲传道后世，而不得其人。杲友人都ении使周德甫，以罗天益荐。杲召罗至，问曰："汝来学觅钱行医乎？学传道医人乎？"天益曰："亦传道耳。"遂就学。居门下十余载，尽得其妙。杲临终，取平日所著书，列于几前，嘱天益曰："此书付汝，非为李明之、罗谦甫，盖为天下后世。慎勿湮没，推而行之。"杲殁，天益设祠奉之，三十年如一日。约元宪宗二年（1252），罗天益被征为太医，随藩王忽必烈屯驻于瓜忽都地，与名医窦默、颜天翼、忽公泰等共事，虚心请益，医术日进。宪宗九年奉召至六盘山，结束随军生涯。翌年忽必烈即位，是为元世祖。此后，罗天益往返于开平、大都及真定路之间，奉诏应请，为人治病。名臣史天泽、许衡、姚枢、董文炳等，皆延请罗氏诊病。至元五年（1268），参政杨正卿以七十二岁高龄患风疾，罗氏以"天麻半夏汤"治之，转危为安，杨赋诗以记其事。罗天益富于著述，尝奉李杲之命，编辑《内经类编》，凡三脱稿，而杲两毁之，"研磨订定，三年而后成"，刘骃为书作序，惜散佚不传。还著有《东垣试效方》九卷、《卫生宝鉴》二十四卷，刊于世，今存。另著《药象图》、《经验方》、《医辨》等书，皆佚。[见：《元史·李杲传》、《古今医统大全·历世圣贤名医姓氏》、《金元医学人物》（引《静修先生文集·内经类编序》）、《秋涧先生大全文集》、《藁城县志》）、《卫生宝鉴·序》、《宋元明清名医类案·罗谦甫先生传》]

罗元恺 （1914～1995）字世弘。现代广东省南海县人。生于书香之家。其父罗棣华，以儒通医。罗元恺自幼入塾读书，通古文诗赋。得父指授，兼习医学。1930年考入广东中医药专门学校，1935年以总成绩第一毕业，并留任该校附属广东中医院住院医师。抗日战争爆发，广东中医院被迫停业疏散。罗元恺与家人辗转于南海、香港，行医谋生。1939年，广东中医药专门学校迁至香港，罗氏就聘教师。1941年底，香港被日寇攻陷，学校再次停办。罗元恺举家迁于广东韶关、连县，行医之外，与赵伯平创办连县中医讲习所，培养中医人才。1945年日本投降，罗氏返回广州，与医界同仁筹划复兴中医学校，至1947年秋季始得以招生复课，罗氏任儿科教师。中华人民共和国成立后，罗元恺就任广东中医药专门学校校长，兼任附属广东中医院院长。1956年9月广州中医学院成立，任金匮要略教研组组长。1958年任学院进修部主任，兼妇儿科教研组主任、院务委员会委员。1980年出任学院副院长。罗氏积极参加社会政治活动，1951年加入中国民主同盟；1963年当选第四届广东省人大代表；自1978年起，连续当选第五、六、七届全国人大代表并出任中华医学会理事、中华全国中医学会理事、广东省中医学会副主任委员，为国务院学位委员会第一届学科评议组成员、卫生部高等中医药院校教材编审委员会委员、首批中医博士研究生导师。罗氏精通内、儿、妇科，尤以妇科蜚声宇内。他从事中医临床、教学、科研五十年，是现代著名中医专家和教育家，在国内外享有很高声誉。他勤于著述，主要有《中医儿科学讲义》、《妇人规》（点校）、《中医妇科学》、《罗元恺医著选》、《罗元恺论医集》等书问世。[见：《中国科学技术专家传略》]

罗日元
字嘉言。清代广东钦州人。幼敏慧，读书异于常儿。年二十八补弟子员，旋绝意进取，习医以求济世。博览古今医书，多有心悟。及悬壶于世，治辄获效，活人无算，乡里德之。年六十四岁卒。[见：《钦县志》]

罗中极
清代江西南昌县人。生平未详。著有《难经通解》四卷、《金匮绎》二卷、《折肱唾余》四卷，均未见流传。[见：《南昌县志》]

罗从可
字维岳，又字献之。清代山西长治县人。自幼勤学，每读一书，必求尽解，否则不遑寝食。因事亲而习医，晚年术益精。时王清任《医林改错》初出，泥古者嗤之为妄，喜新者惊为神书。罗从可撰《医林酌中》一卷，矫其偏而善用之，有独到见解，惜未见流传。晚年以贡生选授训导，未仕而卒。[见：《山西通志》、《长治县志》]

罗公望
号梅村。元明间江西永新县人。崇尚清雅，以善医知名于时，病者争相求诊，治无不验。李祁作《赠医士罗梅村》诗云："爱梅常自种，岁久忽成村。乱吐香浮屋，横梢影过门。就枝悬药囊，倚树泻芳尊。不见林和靖，凭谁与共论。"[见：《金元医学人物》（引《云阳集》）]

罗丹诚
字然鼎。清代安徽宿松县人。好侠尚义，医术尤精。人或体中病未发，不自觉，丹诚常望而先言之。有医德，凡贫病延治，虽深夜必往，不受谢仪。遇贫困无力购药者，解囊助之。子罗懋修，能传其学，亦以医知名。[见：《宿松县志》]

罗凤鸣
清代四川安县人。精医术，治病每获奇效。曾任安县医学。[见：《安县志》]

罗文锦
字阆章。清代四川兴文县人。业儒，兼通医术。于塾馆内设诊，贫病者求治，不计诊酬，世人敬重之。[见：《叙州府志》、《兴文县志》]

罗允相
（1826～1918）字梓材。清末广东清远县人。禀性纯笃，好学不倦。潜心仲景医术，而不以医问世，亲友乡党求疗，亦乐为诊视。晚年好静，避居山中，农人、樵夫患疾者，多赖其术以活，皆感德之。著有《脉学括要》、《辨证心得》等书，未见传世。年九十三岁殁。孙罗泽民，继承其术。[见：《中国历代医史》]

罗玉亮
字明远。清代河南淮阳县人。精医术，擅长妇科，远近皆以"罗神仙"称之。[见：《淮阳县志》]

罗世珩
清代四川合江县人。性刚直，精通医术，人以神医目之。及门弟子甚众。[见：《合江县志》]

罗世颂
明代安徽青阳县人。自幼习儒，天性孝友。亲殁，庐墓后，弃儒为医。常入山采药，遇异人授以秘术，医道大进，活人甚多。子罗尚复，传承父业。[见：《江南通志》]

罗世瑶
字白生。清代湖南新化县人。生平未详。著有《行军方便便方》三卷，刊于咸丰壬子（1852），今存。[见：《清史稿·艺文志》、《中医图书联合目录》]

罗世震
清代安徽歙县人。生平未详。著有《痘科类编》三卷，今未见。[见：《徽州府志》、《歙县志》]

罗本立
清代河北万全县人。生平未详。辑有《便用良方》二卷，刊于嘉庆乙亥（1815），今存。[见：《贩书偶记续编》、《中医图书联合目录》]

罗本通 （1435～1506） 字士亨，号菊泉。明代湖北江夏县人。祖籍河北三河县。祖父罗冕，以医为业。父罗显祖，官王府太医吏目，徙居江夏。本通传承家学，亦精医术，临证多效验，名重于时。远近求治者盈门，虽不较诊酬，而日久富足。弘治元年（1488）湖北大疫，巡抚都宪梁公闻其名，聘之主赈，施药给粥，存活甚多。梁公酬以金，不受。荐为医学训科，亦因辞。因其家少儒，乃致经师以教诸子。正德丙寅卒，享年七十二。长子罗炼，继承先业；次子罗采，为国子生；三子罗铠，举乡贡；幼子罗英，官户部员外郎。罗本通以子贵，得赠户部主事。［见：《中国历代名医碑传集》（引林俊《见素集·明赠户部主事罗菊泉墓表》）］

罗龙光 清代江西万安县麻溪人。由武庠生例授卫职。善骑射，兼精医道。常备丸散济人，不惜重金。咸丰六年（1856）候补县丞。［见：《万安县志》］

罗东生 字载中。清代浙江新昌县人。精内科，擅治伤寒热病。晚年著《伤寒捷径》若干卷，今未见。子罗德三，绍承父业。［见：《绍兴地区历代医药人名录》］

罗必炜 明代人。生平里居未详。供职于太医院。曾参订明太医院原本《青囊药性赋直解》一卷、《医门捷径》一卷、《医门初学万金一统要诀》十卷，今存多种明清刻本。［见：《中医图书联合目录》、《中国历代医家传录》］

罗永和① 字春霆。清代四川崇宁县人。通医术，尤擅长外科，远近求诊者踵相接。赋性仁善，敬老怜贫，为人所敬。［见：《崇宁县志》］

罗永和② （1810～?） 字克顺。清代湖南桃园县人。精通医术，知名于时。善养生，光绪十八年（1892）寿八十三岁，尚健在。［见：《桃园县志·耆寿》］

罗永馨 号太白主人。清代浙江钱塘县人。生平未详。编有《疹科全书》二卷，刊于道光九年（1829），今存。［见：《贩书偶记续编》、《中医图书联合目录》］

罗芝兰 字玉树，号谢庭。清代四川江安县人。精医术。乾隆己亥（1779）、癸丑（1793）及嘉庆丙寅（1806），江安大旱，物价腾贵，斗米千钱，疫疠亦大肆流行。罗氏四出奔波，送医施药，活人甚众。［见：《江安县志》］

罗在思 字名先，号吕麓。清代广东顺德县人。道光壬午（1822）应顺天乡试，中举，官光禄寺署正。修本寺《则例》，督太平仓出纳，无所染。罗氏少承家学，工吟咏，凡登临凭吊，皆赋诗抒怀。尤善为骈体文，都下缙绅恒倚重之。秩将满，卒于官。兼通医学，著有《医方杂钞》若干卷，今未见。医学外，尚有《管蠡篇》、《读画楼诗钞》、《群芳谱》等。［见：《顺德县志》］

罗存体 字圣一。清代四川营山县人。恬淡儒雅，善古文词，兼工绘画。以医为业，待病者如戚旧，人皆高行之。［见：《营山县志》］

罗成文 （?～1928） 字锦如。近代甘肃和政县牙塘人。自幼读书有得，及长，专力于医学，上自《难经》、《脉诀》，下至《医宗金鉴》、《寿世保元》诸书，均能熟诵。遇名医辄延请至家，殷勤款待，以求教益。久之精通内、外、针灸各科，于喉科尤有造诣，每逢危症，治之立愈。有医德，凡以病延请，无论远近贫富立赴，从未计较酬报。平生多善举，施医送药之外，凡捐修两关学校及普陀山麻崖沟各寺院，皆鼎力为之。民国十七年病殁。有子四人，长子罗士勋，中学毕业；季子罗士功，省立师范毕业。［见：《和政县志》］

罗廷照 清末人。生平里居未详。与谢衡斋合辑《急救良方》一卷，今存咸丰十年（1860）广州谢宝善堂刻本。［见：《中医图书联合目录》］

罗仲光 字觐吾，自号青城山人。明代四川南充县人。邑庠生。勤学博览，尝从太史任瀚讲学，得二程理学薪传。因母病研究医学，遂以医闻世。著有《伤寒补古》、《活人奇方》二书，未见流传。［见：《南充县志》］

罗名模 字范文。清代云南景东县人。自幼读书，五遍即背诵不忘。未弱冠，补诸生。夙有疝疾，不问家人生产，妻李氏，克任门户，即绝意功名，不赴乡试，教授生徒，以佐家用。晚年嗜医学，居常自谦无补于世，藉活人术，以行素志。曾手录方书十六卷，今未见。［见：《景东县志稿》］

罗庆嵩 清代云南白盐井人。嘉庆戊寅（1818）举人。敦品力学，博极群书。弱冠登贤书，讲学授徒。以大挑授元谋县教谕，日课诸生文法，循循善诱。元谋文风为之振，实始于罗氏。咸丰间（1851～1861）升丽江府教授，因世乱未赴任。忧郁而卒。罗氏兼通医道，撰有《痘症精言》一卷，今未见。［见：《白盐井志》］

罗汝兰 字广文，号芝园。清末江西石城县人。早年习儒，官儋州学正。精通医理，对鼠疫证治多有研究。光绪十七年（1891）石城鼠疫大行，罗氏遍阅方书，无对证者。偶读王清任《医林改错》，悟此证乃"热毒成瘀"，依法治之，多获良效。后复得友人吴子存《治鼠疫法》，读而善之，遂增以前人诸论及临证经验，易名《鼠疫汇编》，刊于光绪二十一年（1895）。此后又经闽县郑奋扬重编，易名《鼠疫约编》，重刻于光绪二十三年（1897）。[见：《鼠疫约编·序》、《中国医籍大辞典》、《中医图书联合目录》]

罗如桂 字丹臣。清代浙江海盐县人。名医冯兆张门生。事迹不详。曾参校其师《杂证大小合参》。[见：《冯氏锦囊秘录》]

罗孙善 号崧庵（一作松庵）。明清间浙江仁和县人。明叙州知府罗元父侄孙，五经儒士罗静先子。自幼好学，九龄丧父，叔祖爱而抚育之。明崇祯十二年（1639），凶荒连岁，清军临境，携母挈妻避难，流离十余年。及归里，四壁萧然，乃设帐授徒，菽水承欢。曾教馆于名医金懋伯家，遂从金氏习业，尽得其传。应海昌故交徐氏之邀至临溪（似指浙江德清县），悬壶于世，医道大行，"两海石门之间，云集回应，户外之屦满矣"。力行善事，每日所进，除日用外，散济饥寒之家。年五十一岁，罹患重疾，调养年余始愈。嗣后，益乐善好施，周贫济乏，掩埋暴骨，乡里以善人称之。年七十六，精神矍铄，尚善饭。兵部侍郎杨雍建（1631～1704）为之作传，以"讪而伸，不自矜；信而讪，不少抑"评之。[见：《中国医学大辞典》、《中国历代名医碑传集》（引杨雍建《罗孙善传》)]

罗克忠 号钟山。清代四川三台县人。自幼颖异，有神童之称。弱龄入县庠，旋食饩。居乡苦无书，乃赁居于锦城书肆，凡肆中之书无所不览。此后，游峨嵋，闻眉州丹棱县彭氏为蜀中文薮，乃便道寄居其家，历年余，亦遍窥藏书。力学多年，学识广博，通经史，工吟咏，兼涉医药。著述甚富，惜多散佚，曾撰《甘草传》一帙，亦未见流传。[《三台县志》]

罗克藻 字挨庭，号西村。清代江西星子县人。乾隆五十四年（1789）举人，官龙南教谕。兼精医道，著有《医镜》、《本草记物》二书，未见传世。[见：《星子县志》]

罗佐廷 字宸留。清代广东顺德县罗水人。早年习儒，兼嗜医学。尝从妻之伯父陈松游，松名其斋曰活人，赠以医书。后悬壶于世，遂以医闻。著医书甚夥，有《活人医案》一卷、

《咳嗽集成》一卷、《业医要言》四卷、《伤寒分证》三卷、《温病治法》三卷、《伤寒论直解》九卷、《运气图旨》一卷，统名之曰《活人七种》，识者谓可与陈修园并驾，惜未见传世。[见：《顺德县志》]

罗伯申 清代湖南永州永明县人。居县西登云坊。业医，精通脉理，决人生死多奇中。有病癫狂者，其家延请诊治。至则索古刀一枚、清水一盘，躬自淬砺，令缚癫者于旁视之，且语之曰："若病癫，非药可能治，计惟杀若耳。"癫者惧，乞命。佯为不许。乞至再，乃云："能尽饮此水，即贷汝。"癫者遂饮之，不久清醒，宿疾乃除。又，尝与友人送葬郊外，执手行数步，促友同返。问其故，漫应以他语。及归，暗中语友人子，为父办理后事，至夕，友人果亡。罗氏天性疏放，挥金如土，凡贫病者求治，济之以药，不索诊资；至骄贵之家，必先取谢金而后医治，事后皆随手散去，不入私囊。户科给事中蒋云宽，素重罗氏之术，搜采其勿药愈病之案，辑《勿药信征》，今未见。[见：《永州府志》、《永明县志》]

罗亨平 字岚补。清代江西南昌县东岗人。岁贡生。澹泊俭素，中年罢试，教馆为业。博览群书，兼涉猎中西算术、天文历象及古今医学。年六十一岁卒。著有《医学采精》等书，未见刊行。[见：《南昌县志》]

罗应谟 清代四川荣昌县人。邑名医罗粤煌次子。与兄罗应猷，袭承父业，均为良医。[见：《荣昌县志》]

罗应猷 清代四川荣昌县人。邑名医罗粤煌长子。幼习举业，因跛一足，不能应试，弃儒学医。治病不拘泥古方，投剂辄效，求诊者不绝于门，声名远播于重庆、永川、隆昌诸县。其堂悬官赠"橘井沉香"、"术高皇甫"、"十全为上"等匾。年七十九岁卒。弟罗应谟，亦为良医。[见：《荣昌县志》]

罗宏材 清代湖北荆州人。邑增生。慷慨好施，遇荒年，赈济邻里不少吝。晚年究心医道，辑有《医方辨证》若干卷，今未见。[见：《重修荆州志》]

罗启周 清代江苏长洲县浒墅镇人。居通安桥。精医术，以儿科问世。素重医德，里姬村童深夜叩户，皆立往诊视，不延晷刻。虽绳床败絮，便溲垢秽，未尝嫌恶。尤擅治痘，决死生多奇中，有"活阎罗"之称。同时有朱逊来，后起有陆受论，皆以儿科闻名。[见：《吴县志》]

罗启缙 字浚藻。清代湖南新化县人。嘉庆、道光间（1796～1850）诸生。精医术，知名于时。平生无他好，独嗜酒，有则饮，饮则醉。唯病家延诊则止酒，及病愈，乃浮一大白。所治多佳效，十不失一，全活甚众。[见：《新化县志》]

罗松骏 字芹生。清末广东南海县人。少通经史，长习岐黄，尤擅治瘰疬，推为医门之冠。行医二十余年，活人不可胜数。著有《临证类编》，今存光绪二十二年（1896）羊城罗思范刻本。还撰有《临产类编》，专为保产而作，今未见。[见：《中医图书联合目录》、《临证类编·序》]

罗拔茹 字素征。清末福建连城县人。幼承庭训，聪敏好学，善属文。宣统元年（1909）以廪生考取选士，授广东巡检。事亲尽孝，因父病延医罔效，潜心《内经》诸书，博览旁参，遂贯通医理，延请者踵相接。曾首创公医局，慎选医生，躬自按时至局诊治。著有《医学志疑》、《宝命全形集》二书，今未见。[见：《连城县志》]

罗叔矑 清代人。生平里居未详。著有《佛崖验方钞》一卷，今存道光八年戊子（1828）刻本。[见：《中医图书联合目录》]

罗尚复 明代安徽青阳县人。邑名医罗世颂子。传承父学，亦精医术。[见：《江南通志》]

罗国纲 字振召，号整斋。清代湖南湘乡县人。少颖异，工诗文，以童试第一入县庠。乡试屡荐不售。尝偕弟国俊读书九峰山寺，国俊举乾隆三十四年（1769）进士。早年喜读医书，思有济于世，以医名于时。诊疾能随证处方，治验颇多。晚年将临证所得汇为一帙，撰为《罗氏会约医镜》（又作《会约医镜全集》）二十卷，刊刻于乾隆五十四年己酉（1789），今存。其书先述脉法、治法，后述伤寒、瘟疫、杂证、妇科、儿科、痘科、外科病证，其后列述本草，全书会粹群籍精蕴，积平生之心得，论理有据，语简言赅，足资临证借鉴。医书外，尚撰《荆花书屋诗文集》若干卷，存佚不明。[见：《湘乡县志》、《罗氏会约医镜·自序》、《中国医籍大辞典》]

罗国诚 （1863～1952） 字应章。现代安徽广德县人。精医术，执业六十余年，活人无算。素重医德，常送诊赠药，以济贫病。告诫子孙曰："勿以医为利！"年八十九岁卒。著有《经验医库》，刊刻于1931年。[见：《中国历代医史》]

罗味经 字师陶。清代湖南宁乡县十都大甲冲人。少习举业，不遇于时，弃而学医。上自《黄帝内经》，下而《巢氏病源》、《千金要方》、《外台秘要》、《圣济总录》，旁及喻昌、徐大椿、陈念祖、吴瑭诸名医之言，无不覃精研思，而折衷于张仲景。临证应手奏效，名著于时。著有《伤寒论歌诀》、《金匮要略歌诀》、《外科赋》、《经验新篇》诸书，今未见。[见：《宁乡县志》]

罗知悌 （?～1327） 字子敬，又字敬夫，号太无。宋元间浙江钱塘县人。南宋理宗宝祐间（1253～1258）入宫为宦官，以医术得殊宠。元兵入临安（今杭州），罗氏随侍三宫入京。后患疾，得赐外居，闭门谢客。罗氏通天文、地理，能词章，工书法。曾得名医刘完素门人荆山浮屠之传，又涉猎李杲、张从正二家之书，遂精通医术。有济世之心，凡以病求治，皆为诊疗，未尝有倦色。遇贫病无告者，赠以药饵，赡以调理之资。平生好静僻，厌与人接。义乌朱震亨欲师事之，十往返不纳。朱逐日拱立门下，大风雨不为所动，罗知悌感其诚，始纳为门生，以刘完素、张从正、李杲诸家之书尽授之。罗氏约卒于泰定四年。著有《罗太无先生口述三法》一卷（朱震亨辑订），今有抄本传世。[见：《明史·戴思恭传》、《古今医统大全·历世圣贤名医姓氏》、《杭州府志》、《浙江通志》、《金元医学人物》、《罗知悌生平著述及〈罗太无先生口授三法〉考》（《中华医史杂志》1980年第1期）]

罗秉礼 字燮卿。明代山西绛州人。善医，针法尤妙，能隔衣行针，时有"神针罗"之称。[见：《山西通志》]

罗金镛 清代湖南邵阳县人。少有文名，久不利科场，愤而习医。购医书百十种，昼夜读之，遂精其术。途遇舁棺往葬者，大呼曰："勿葬！其人未死！"众以为妄。罗强命开棺，投以药，霍然而起，自是有神医之名。[见：《中国历代名医碑传集》（引李元度《国朝耆献类征初编·方技》）]

罗周彦 字德甫，号赤诚，又号慕庵（一作慕斋）。明代安徽歙县人，徙居泰州（今泰县）。幼年善病，弱不胜衣，弃儒习医。后挟技游天下，南达吴楚，北涉淮泗，侨寓良安十余载，治病投药即效，声播四方。著有《医宗粹言》十四卷，刊于万历四十年壬子（1612），今存。[见：《医宗粹言·序》、《江南通志》、《泰州新志刊谬》、《医藏书目》]

罗学源 （?～1860） 字伯厚。清代浙江仁和县人。贡生。议叙国子监典簿。孝友仗义，遂于经学。中年留意经世之学，研究医术，踵门求诊者无虚日。咸丰庚申（1860）太平军攻仁和，率民团协守清波门，城陷巷战，刃伤十余处。归与母诀曰："事无济矣。"遂卒。著有《素问校义》二十四卷，今未见。[《浙江通志稿》]

罗宝生 清代浙江新昌县人。精岐黄术，知名于时。撰有医书，惜散佚不传。[见：《绍兴地区历代医药人名录》]

罗定昌 字茂亭。清代四川成都县人。生平未详。辑有《中西医粹》（又作《脏腑图说症治要言合璧》）四种，包括《脏腑图说》一卷、《脏腑图说证治合璧》一卷、《证治要言》一卷、《医案类录》一卷，刊刻于光绪癸巳（1893），今存。[见：《中医图书联合目录》]

罗诚之 元明间庐陵县（今江西吉水）人。早年习儒，三试明经不中，绝意名禄，攻研医学。以治经之法读医书，足不出户，昼夜冥索，久之贯通医理。曾挟技游金陵（今江苏南京），声名大振，为士大夫所礼敬。金陵文士博渊泉，平素体强气盛，一日暴病，痿痹瘖哑，头晕目眩，病势危殆。罗氏应聘往诊，曰："勿虑。"投以药，当晚神志转清，翌日手腕可动，三日能起坐，月余痊愈。[见：《金元医学人物》（引《赠儒医罗诚之序》）]

罗绍芳 字林一。清代四川什邡县人。道光五年（1825）举人。旁通医理。著有《医学考辨》十二卷，刊刻于世，今存咸丰二年（1852）方问经校订本。[见：《什邡县志》、《中医图书联合目录》]

罗绍说 清代湖南湘潭县人。生平未详。著有《妇科辑要》十卷，今未见。[见：《湘潭县志》]

罗显祖 明代河北三河县人。邑名医罗冕子。传承父学，亦精医术。荐授王府太医吏目，使于楚，遂定居湖北江夏。子罗本通，医名亦盛。[见：《中国历代名医碑传集》（引林俊《见素集·明赠户部主事罗菊泉墓表》）]

罗星海 号琴圃。清代江苏南汇县人。名医钱昌秀门生。事迹不详。嘉庆十三年（1808）参订其师《伤科补要》。[见：《伤科补要》]

罗思举 清代四川东乡县人。生平未详。辑有《急效良方》一卷，刊于道光丙申（1836），今存。[见：《贩书偶记续编》、《中医图书联合目录》]

罗钦若 号士卿。清代广东大埔县枫朗福缘村人。幼年失学。稍长，刻苦自励，研习医学，后以小儿科知名。尝谓："小儿不能自言其疾苦，医家视为畏途。余故择其难者而研究之。"其治病先观气色，能预言患儿发病之轻重。饶平县詹某次子，年方三岁，病危，延请罗氏诊治。时詹之长子已五岁，嬉戏于侧。罗氏诊毕，谓詹曰："次公子病尚轻，不足虑。惟长公子气色不佳，宜慎防之。否则日后病发，恐致不救耳。"詹未信。及次子愈，未半月，长子果发病，始服其先见。急携重金往聘，钦若曰："病已发，吾无能为力矣！虽往诊无益也。"逾二日，果夭殇。闻者皆神其术。[见：《大埔县志》]

罗俊彦 字光美。清代江西南丰县人。世代业医，名重于时。康熙乙亥（1695）春，建昌知府于翔汉召俊彦诊治母病。罗至，闻于母已亡故，曰："虽然，不可不视也。"趋视之，曰："是可救也。"令将顶发剪去一绺，取陈艾灸之而苏，复以药调理而愈。于翔汉曰："吾母死逾时，先生何以知其不死？"曰："观太夫人神色未变，特风痰贯顶也。"于氏叹服，以"国手佛心"额其门。[见：《南丰县志》]

罗勉之 清末江苏昆山县巴城镇人。精医术，知名乡里。与同镇冯性斋、张梦三、顾小江，元和县朱阶泰（1848～1915）诸同道相往还，淬励学术。[见：《巴溪志》]

罗亮富 清代湖南嘉禾县仙人桥人。幼年读书，应童试不中，弃而习医。熟读经方，以善诊断著称。儒医李崇白尝与之论辩方术，甚推许之。里中有周岁小儿患病，势甚危重，他医投醒脾汤不效。罗氏诊之，曰："此刚痉也。"为之疏方，药下而愈。邻家女未嫁患病，腹胀便便，时人疑其不洁，女屡欲自裁。罗氏闻讯诊之，按其脉曰："此蛇瘕也，焉可诬以孕！"以龙眼肉裹苦楝子使服，下环节虫四五寸许者数条，遂无恙。一人体素强健，忽一日仆地，手足厥冷，他医投以桂、附热剂，厥益甚，体益僵。罗氏曰："此热厥似寒，非寒厥也。"投以芒硝、大黄，下黑粪升许，疾愈。罗氏治疾类此者极多，然生性孤僻，名不出里闾。年五十余卒。[见：《嘉禾县图志》]

罗洪先 字达夫，号念庵。明代人。生平里居未详。撰有《仙传四十九方》一卷，约成书于嘉靖四十四年（1565）。后经"朱神仙"重编，易名《卫生真诀》，今存明抄本。还撰有《万寿仙书》四卷，后经曹若水增补，易名《万育仙书》（又作《增演万育仙书》），刊刻于世，今存。[见：《中国医籍大辞典》、《中医图书联合目录》]

罗洪梁 号回生。清代四川泸县人。精医术，知名于时。有医德，治病不分贫富，不计较诊酬。年九十四岁卒。[见：《泸县志》]

罗洪源 字季云。清代湖南宁乡县人。廪贡生。精岐黄术，存心济世，知名于时。辑有《医方续编》若干卷，今未见。[见：《宁乡县志》]

罗宪顺 字文溪。明代江西宜黄县棠阴里人。早年行医于新城县，治病无不立效，新城人士挽留之，遂定居新城东坊菜园巷，与冢宰涂国鼎家相邻。初，罗宪顺与涂为布衣之交，及涂登第，荐罗为太医院吏目。天启丙寅（1626）冬，县令吴之屏以乡饮大宾礼之。年八十二岁，寝疾三日而卒。[见：《新城县志》]

罗振玉 （1866~1940） 字叔蕴，又字叔言，号雪堂，又号永丰乡人。近代浙江上虞县人。徙居淮安。清末任学部参事、京师大学堂农科监督。辛亥革命后逃亡日本，后归国，积极参与筹建伪满洲国。罗氏好搜集整理甲骨、铜器、简牍、明器、佚书等考古资料，均有专集刊行，流传较广者有《殷墟书契》、《三代吉金文存》。罗氏兼通医学，辑有《眼学偶得》一卷，今存光绪十七年（1891）刻本。子罗福颐，通金石考古诸学。[见：《中医图书联合目录》、《辞海》]

罗振魁 清代河南临漳县人。精岐黄术。施药济人，不受馈谢，乡间德之。[见：《临漳县志》]

罗笔仁 现代浙江上虞县人。1937年毕业于上海国医学院，执业三十余年，知名于上虞、余姚、慈溪诸县。[见：《罗笔仁医案》（《上虞医学》1984）]

罗健亨 字法谷。清代湖南湘潭县人。布衣。以亲老多病，潜心医理。凡所医治，著手成春。重医德，遇贫苦者代谋药饵，并量力给钱米以救其饥寒。阳城县令宋本敬器重之，延入署中。值邑大疫，罗氏精制丸散，施救病者，全活不可胜计。深悟仲景《伤寒》、《金匮》诸书，抉其蕴奥，著《伤寒扩论》四卷、《医宗约径》一卷、《医学破愚》一卷，并撰《附子辨》、《疾脉论》诸文，皆发前人所未发。云间曹锡宝太史重其为人，为其书作序，以广其传，惜未见传世。[见：《湘潭县志》]

罗般若 清代四川忠州人。精研医理，技艺卓绝。有贫妇病笃，其子悲泣不已，般若哀而诊视，和药医之，立起沉疴，由是声名远播。著有《医学心悟》若干卷，书藏于涂井赵氏，今未见。[见：《直隶忠州志》]

罗豹成 清末人。生平里居未详。著有《疠疯秘方》一卷，今存光绪九年癸未（1883）强恕斋刻本。[见：《中医图书联合目录》]

罗润灿 号恕斋。清代广东南海县人。性任侠，娴技击。精通医术，凡乡里贫病求治，必赠以药，历年施送数百金。与同里侠士冼戴光友善，闻不平事，必连手秘密代报，每多快人之举，里中豪恶，一时敛迹。所制丸散，以宝蜡膏最为畅行。中外莫不知罗恕斋之名。年九十岁殁。子罗端意，绍承父学，亦精医术。[见：《南海忠义乡志》]

罗绥堂 清末四川涪陵县人。生平未详。著有《医学从正》三卷，今存光绪二十二年丙申（1896）斐江涪陵刻本。[见：《中医图书联合目录》]

罗猗兰 清代广东东莞县人。居县城西门。精医术，与同邑钱谷永、钱颖根齐名。毕生好学，垂老犹诵医书不辍。或问之，答曰："病情万变，非精熟不能起沉疴也。"寿至八十余。[见：《东莞县志》]

罗章煜 清代四川大邑县人。早年习儒，以教塾为业，年逾八十尤不倦。兼通医术，治病每获奇效，知名于时。[见：《重修大邑县志》]

罗越峰 清代浙江山阴县人。三世精医，学有渊源。其家藏书甚富，医书尤多，越峰自少习之，至老不倦。辑有《疑难急症简方》四卷，刊于光绪二十二年丙申（1896），今存。还撰有《妇科杂治验方》、《医术精华》各一卷，今存抄本。[见：《珍本医书集成·疑难急症简方》《八千卷楼书目》、《中医图书联合目录》]

罗粤煌 清代四川荣昌县人。精通医术，全活甚众。年八十六岁殁。子罗应猷、罗应谟，克绍其业，俱以医术知名。[见：《荣昌县志》]

罗普宣 五代后蜀人。生平里居未详。辑有《广政集灵宝方》一百卷，已佚。[见：《补五代史艺文志》、《宋史·艺文志》、《崇文总目辑释》]

罗瑞霖 号月江。清代湖南中湘（即湘潭）人。生平未详。于光绪五年（1879）撰《续胎产秘书》一卷，附刊于明越中钱氏《胎产秘书》之后。[见：《女科书秘要》]

罗福至 清代湖南湘乡县人。生平未详。辑有《延龄纂要》二卷，刊于道光壬午（1822），今存。[见：《北大图书馆藏李氏书目》、《中医图书联合目录》]

罗福颐 （1905～1981） 字子期，号偻翁。现代浙江上虞县人，徙居江苏淮安。罗振玉子。幼年随父旅居日本，归国后致力于古文字学，善篆刻，通金文，博学多识。辑有《西陲古方技书残卷汇编》，其稿为日本黑田源次收藏。另有罗氏内兄商景荀摹写本藏中国中医科学院图书馆。[见：《民国人物大辞典》]

罗嘉珪 又名社昂。近代人。生平里居未详。著有《相火毒鼠疫症瘟痘疮三大病论》一卷，附《锡类丸治验》于其后，刊行于世。今存1916年铅印本。[见：《中医图书联合目录》、《中国历代医家传录》]

罗端意 字履阶。清代广东南海县人。邑名医罗润灿子。绍承父学，亦以医术著称。[见：《南海忠义乡志》]

罗增寿 清末人。生平里居未详。为太医院候补八品吏目。[见：《太医院志·同寅录》]

罗德三 清代浙江新昌县人。邑名医罗东生子。绍承父业，亦精医术，以擅治伤寒著称。[见：《绍兴地区历代医药人名录》]

罗鹤龄 （1877～1934） 字幼仙。近代安徽歙县人。随父徙居浙江兰溪县。儒医罗斌子。幼承父志，精研岐黄。及长，以内科问世，善用经方，颇负时望。1932年参加中医师考试，名列第一。1933年聘为县医。与名医张寿颐为莫逆交。家藏古籍甚富，惜皆焚于"文革"期间。[见：《兰溪市医学史略》]

罗懋修 清代安徽宿松县人。邑名医罗丹诚子。传承父业，亦以医知名。[见：《宿松县志》]

和

和嵘 （951～995） 字显仁。宋初汶阳须昌县（今山东东平）人。后周太子太傅和凝四子。自幼聪慧，读书过目不忘。太平兴国八年（983）擢进士第。历任太子中允、水部员外郎。年四十五岁，患风眩疾，暴卒。曾增益其父所编《疑狱集》，厘为三卷，刊刻行世。[见：《宋史·和岘传（弟嵘）》、《百川书志》、《平津馆鉴藏记补遗》、《法医学》]

和凝 （898～955） 字成绩。五代汶阳须昌县（今山东东平）人。颖敏好学，年十七举明经，两年后登进士第。后唐天成间（926～929），拜殿中侍御史。历任礼部员外郎、刑部员外郎、主客员外郎、翰林院学士、主客郎中、中书舍人、工部侍郎。后晋时官至中书侍郎平章事，加右仆射。后周初，迁太子太傅。显德二年秋，患背痈卒，时年五十八岁。和凝尝汇集汉以后离奇疑案，编《疑狱集》一卷，经四子和嵘增订，刊刻于世，今存。宋慈撰《洗冤集录》曾参考此书。[见：《旧五代史·周书·和凝传》、《百川书志》、《北大图书馆藏李氏书目》、《法医学》]

和思诚 元代人。里居未详。元代人。曾任承直郎太医院判官。大德二年（1298）九月，奉旨与医愈郎诸路医学副提举申甫、御药院副使王希逸，提点太医院事郑忙古歹、麻维縣等十二名医官校订宋代大型医学全书《圣济总录》，于大德四年完成，更书名为《大德重校圣济总录》，诏令江浙行省刊刻，颁赐各地医学。[见：《皕宋楼藏书志》、《中医图书联合目录》]

季

季浩 字昆池，号雪岩。清代江苏南汇县人。待人敦朴友爱。究心《灵枢》、《素问》诸医典，屡起危疾。子孙绍承医业。[见：《南汇县志》]

季丙卿 元代延陵（今江苏武进）人。业医，知名于时。倪瓒作《赠季丙卿》诗云："季子萧条千古心，断碑荒冢在江阴。行人过客宁知此，春雨年年江水深。君家正近延陵郭，世远义风犹来薄。独识寥寥末裔孙，种杏成林惟卖药。"[见：《金元医学人物》（引《清閟阁全集》）]

季希宰 明代常熟县（今属江苏）人。工医术。曾任太医院良医。[见：《江苏历代医人志》]

季明扬 近代江苏省宿迁县人。祖上三代皆为蛇医郎中，精通捕蛇、养蛇及配制蛇药秘诀。季氏居无定所，长年携家浪迹天涯，以治毒蛇咬伤为生，足迹遍及大江南北。子季德胜，为现代著名蛇伤治疗专家。[见：《中国科学技术专家传略·季德胜》]

季忠允 字心镜。清代浙江龙泉县人。岁贡生。少颖异。及长，通经史，工绘画，兼精医理。贫病者邀之立至，不计酬，且施以药。年五十六岁，援笔留诗而逝。著有《疟痢寒热虚实辨》，未见刊行。[见：《处州府志》]

季征瑞

字兆丰。清代江苏吴县横泾镇人。邑名医季承桃子。绍传家学，以父所遗方治病，颇有效。惜早卒。[见：《横泾志稿》]

季承桃

字宗耀。清代江苏吴县璜泾镇人。自少习医，兼喜吟咏。后耳聋，故诊治危症用心倍细，起死回生甚多。年七十余卒。子季征瑞，传其术，惜早卒。[见：《璜泾志稿》]

季维翰

清代人。生平里居未详。于雍正八年（1730）增订赵献可书，辑《增订胎产心法》二卷，今存乾隆三十年（1765）刻本。[见：《中国医籍大辞典》]

季德胜

（1898～1981）现代江苏省宿迁县人。祖传蛇医郎中季明扬子。幼随父母漂泊四乡，母与弟先后死于贫病。十岁从父学捕蛇及配制蛇药，走乡串巷，耍蛇卖药为生。年十八岁，宿迁大旱，瘟疫肆行，遂背井离乡，卖药于南京及如东县岔河镇。1924年父亲病故，此后只身浪游，行医糊口。季氏家传蛇药多达数十味，口耳相传，秘不示人。季德胜结合实践，逐味品尝各药，多次中毒而不舍，摸索多年，制成药饼、药丸等剂型，名曰季德胜蛇药，印以红色"季"字标记，因疗效显著，盛行于民间。1942年，行医于苏州，治愈蛇伤患者甚众，声名大噪。日本商人欲求季氏之方，季氏不为重金所动，借口上山采药，连夜逃离。1948年，辗转至南通，仍旧摆地摊，耍蛇卖药，生活清贫。1955年，南通市卫生局采风访贤，高度重视季氏医术。次年，南通市中医院开设蛇毒专科门诊，正式聘请季德胜为专科医生。数年后，季德胜将祖传秘方献给国家，并参加本院蛇伤研究组，经过对原方的系统研究，制成季德胜蛇药片，正式用于临床。1958年，该药经卫生部组织专家鉴定，列为重大科技成果，并正式发表《季德胜蛇药的研究报告》。同年8月，季德胜应邀赴京出席全国群英会，受到党和国家领导人接见。此后，中国科学院聘请季德胜为特约研究员，成为举世知名的蛇伤治疗专家。季德胜晚年从事蛇毒治疗白内障、癌症等疾病的专题研究。1981年10月18日突因脑出血病逝。[见：《中国科学技术专家传略》]

岳

岳灿

字大文。明代河南新乡县人。精医术。曾官医学训科。[见：《新乡县志》]

岳昶

（1773～1860）字晋昌。清代武进县（今属江苏）人。精医术，知名于时。咸丰庚申，殁于战乱，年八十八岁。著有《本草集要便读》二卷，成书于道光二十三年癸卯（1843）。此书今存道光间陶氏嵩阳书屋活字本。子岳仁照、岳容照，曾参校父书。[见：《武阳志余》、《中国历代医家传录》、《中医图书联合目录》]

岳高

原名载高，号雨轩。清代浙江归安县人。世代业医。工篆刻，偶亦作画。[见：《中国历代医家传录》]

岳望

清代人。生平里居未详。著有《眼科要方》，今存乾隆四十八年癸卯（1783）希诚书屋刻本。[见：《中医图书联合目录》]

岳尊

清代人。生平里居未详。著有《经脉一览》，今存抄本。[见：《中医图书联合目录》]

岳开凿

近代福建仙游县人。世医岳孝垚子。绍传祖业，亦工医术。[见：《中国历代医史》]

岳天祐

字贤佐。金代汤阴县（今河南汤阴）人。与岳飞同宗。博学多识，深明天象、占星之术。攻读《素问》、《难经》诸医典，尤精医理。赴朝廷玄象科、博赡医药科考试，皆中选，累官太医院副使，行司天台事。[见：《金元医学人物》（引《正思斋文集》）]

岳占鳌

字海峰。清末陕西泾阳县岳家坡人。武庠生。精骑射。以医为业，凡乡邻患病者，不分贫富，皆为诊治。著有《证方臆说》，剖辨各经，以期用方之当，今未见。[见：《重修泾阳县志》]

岳光泮

清末福建仙游县人。世医岳峦明族侄。绍传祖业，亦工医术。[见：《中国历代医史》]

岳光祖

清末福建仙游县人。世医岳峦明次子。绍传祖业，亦工医术。[见：《中国历代医史》]

岳孝垚

近代福建仙游县人。世医岳峦明孙。绍传祖业，亦工医术。子岳开凿，继承其业。[见：《中国历代医史》]

岳甫嘉

字仲仁，号心翼，又号妙一斋主人。明末武进县（今属江苏）人。幼习举业，屡试辄列前茅。万历四十年（1612）以诸生赴考，名落孙山。后研究医学，参脉考证数十年，投药奇中，四方求治者盈门。治病不分贫富，虽寒微之家，延请即往。崇祯元年（1628），再应乡试，复不中，遂绝出仕之想，专意于医，全活颇众。崇祯四年（1631），其子江虞峦举进士，甫嘉不以子贵自矜，临证如初。及其子官江西按察使，乃随至任所，以著述自娱。著有《妙一斋医学正

印编》（简称《医学正印》），共十六种，今有《种子全编》一种存世。[见：《中国医籍考》、《中医图书联合目录》]

岳含珍 字玉也。明清间山东博山县人。早年习儒，旁通医术。年十四补博士弟子员，后屡试不中。值明末世乱，慨然曰："宁为百夫长，胜作一书生。"乃投笔从军。后降清，官至昭勇将军。晚年归乡，闭户著书。撰有《灵素区别》、《针灸阐奇》、《古方体用考》、《分经本草》、《大病论》、《经穴解》、《六一衡训》、《咳嗽议》、《针灸类证》诸书，皆未见流传。[见：《博山县志》]

岳坤宗 （1797～1874） 字克顺，号青垣。清代福建仙游县人。世医岳惇济子。绍承父学，亦精医术，于伤寒、妇科尤有特长。历任知县皆重其术，聘为本县医官，送匾额甚多。名医陈念祖至仙游，与岳氏畅论医理，甚器重之。性孝友，尚勤俭，诊病不分贵贱，亦不较酬。尝集临床诊疗及针灸经验，汇编成书，未梓。年七十八岁卒。子岳杰明，侄岳峦明，世其业。[见：《中国历代医史》]

岳杰明 （1837～1916） 字世士，号豪卿。清末福建仙游县人。邑名医岳坤宗子。继承父学，精研医理，兼擅拳术。尝设寿山药铺，以利病家。为人谦和，治病不计酬报，夏日则施茶以便行人。辑有《训蒙初要》、《十二时伤用药》、《十二经形象》、《伤寒大略》等书，未梓。年八十岁卒。[见：《中国历代医史》]

岳昌源 字鲁山，号泗庵。清代浙江嘉兴县人。康熙间（1662～1722）寓居归安县菱湖。好吟咏，性爱山水，诗名播于江浙。精通医术，名噪于时。著有《伤寒六经论》二卷、《医学领要》二卷、《医镜删补》二卷、《痘疹集论》一卷、《经野医案》十二卷，皆未见流传。[见：《湖州府志》、《归安县志》]

岳所钟 字冠山。清代河南中牟县人。岁贡生。博学多识，凡医卜、星象，无所不精。[见：《中牟县志》]

岳显祖 元代鲁山县（今河南鲁山）人。通儒学，尤精医术。至正间（1341～1368）官本县医学教谕。[见：《鲁山县志》]

岳峦明 （1827～1900） 字世和。清末福建仙游县人。祖上六代业医。幼年得伯父岳坤宗传授，擅治伤寒及妇科，诊疗痼疾，药到病除。尝以民间食用之生芋治霍乱，所活殊多。值鼠疫流行，治愈者甚众。一产妇脬损遗溺，服

药罔效。岳氏以增减固脬汤治之，嘱服百剂，至九十五剂不效，仍劝继服，至百剂而愈。年七十四岁卒。著有《妇科便览》，未梓。族侄岳光泮，次子岳光祖，孙岳孝垚，曾孙岳开凿，皆世家学。[见：《中国历代医史》]

岳美中 （1900～1982） 原名钟秀，号锄云。现代河北滦县人。早年随举人李筱珊习儒。二十五岁患肺病咯血，遂发愤习医，于《伤寒论》、《金匮要略》及李杲、叶桂之书多有心悟。三年后，以医问世，先后悬壶山东荷泽、河北唐山等地，知名于时。中华人民共和国成立后，任唐山市中医公会主任、市卫生局顾问。1954年8月，调中国中医研究院筹备处，任门诊部副主任。同年加入中国共产党。1957年随中国医学代表团访问日本，并八次赴欧亚诸国，为外国首脑治病，对中外医学交流作出贡献。1972年，上书中央及卫生部，倡议开办中医研究班，获准。1976年中国中医研究院招收第一批学员，岳氏任班主任。晚年被选为第五届人大常委会委员，历任全国政协委员、国家科委中医专业组成员、卫生部科委委员、中华医学会副会长、西苑医院内科主任等职，为现代著名中医学家。著有《岳美中论医集》、《岳美中医案集》、《岳美中医治集》、《岳美中老中医治疗老年病的经验》等书，皆刊印于世。[见：《中医年鉴》（1983）、《著名中医学家的学术经验》]

岳凌云 字小山，自号七星山人。清代四川南江县人。工诗词，隐居七星山下。兼通岐黄，自《内经》、《难经》、《甲乙经》而下，无所不读。生前著有医书，以文词古奥，未能传世。有文集《七星山人集》、《秋窗摘录》行世。[见：《南江县志》]

岳惇济 清代福建仙游县人。先世业医，至惇济已历五代。绍承祖业，尤擅治伤寒、妇科，知名于时。子岳坤宗，孙岳杰明，皆传其业。[见：《中国历代医史》]

岳淇生 字素心。清代河南新乡县人。与从弟岳淞生，俱治岐黄家言，临证多奇验。地方官以"术能寿世"旌其门。[见：《新乡县志》]

岳淞生 字永公。清代河南新乡县人。与从兄岳淇生，俱精医术，名重于时。[见：《新乡县志》]

岳赓飏 字熙廷。清代四川南江县人。早年习儒，长于古文。屡试不第，以教馆为业。其母患足疾，医者不能治，乃自习医方，终

愈母疾。自是，声名顿起，远近求治者甚众。年七十二岁殁。著有《锦绣集》、《史事辑要》等书，惜平生医案皆散佚。[见：《南江县志》]

岳殿魁 清代河南许昌县人。郡庠生。精岐黄术，治疾概不受谢，活人无算。好善乐施，岁饥，出粟数十石，周济贫乏，人皆德之。[见：《许昌县志》]

岳毓兰 清代甘肃人。生平里居未详。著有《岳毓兰经验良方》、《医方百科录》一卷、《外方歌括》一卷，今皆未见。[见：《甘肃省乡土志稿》]

欣

欣湛然 字露文。清代江苏高邮人。世为名医，至湛然而术益精。博览古来方书，临证不泥于成法。凡遇疑难重症，无不应手奏效，声闻天、盱、滁、泗间，踵门求治者日不暇给。著有《集试秘览》二十卷，皆生平经验心得之方，藏家待梓。[见：《三续高邮州志》]

金

金石 号燮之。清代四川叙永县人。自少习儒，后改学医。临证重四时，善辨证，凡所诊视，必先审证求因，始遣方用药，故治无不效。又有奇术，能弭鼠患。[见：《叙永县志》、《续修叙永厅县合志》]

金印 明末嘉定县（今属上海）黄渡镇人。精医术，知名于时。侄孙金南荪，得其亲授，医术尤精。[见：《黄渡镇志》]

金弘 元明间浙江钱塘县人。祖籍汴梁。世医金橘隐子。通医理。曾编辑其父生前所用验方，于洪武六年（1373）撰《集效方》，贝琼为之作序。此书今未见。[见：《金元医学人物》（引《清江贝先生文集》）]

金权 明初吴县（今江苏苏州）人。世医葛正蒙之婿。得岳父传授，以医知名。[见：《金元医学人物》（引《兔藻集·葛仲正墓志铭》）]

金光 字公绚。清代浙江义乌县人。自少好学，凡天文、地理及方术医卜诸书，靡不穷究。入尚可喜（1604～1676）幕府，凡五十年。[见：《中国医学大辞典》]

金华 字镜花。清末江苏吴江县人。少习岐黄，兼通中西医学。曾任职于伊犁、甘肃陆军处。宣统间（1909～1911）加入中西医学研究会。[见：《中西医学报》第4期]

金声 （1598～1645） 字正希，又字子骏，初字成先，号赤壁。明末安徽休宁县城东瓯山人。早年习儒，崇祯元年（1628）二甲第七名进士，官至兵部右侍郎。弘光元年，守绩溪，城破，为清兵所俘，不屈而死，年仅四十八岁。金氏精通西学，"敬服西儒，嗜其实学"。崇祯五年之前，率弟子信奉天主教。虽不业医，而每与医者论及"脑主记忆"之说，为时人所鲜知。汪昂、王清任皆宗其说。[见：《明季西洋传入之医学》、《明清进士题名碑录索引》]

金卣 清代浙江会稽县人。精医术，以针灸知名。[见：《绍兴地区历代医药人名录》]

金坚 原名应坚，字贻周。清代江苏上海县人。府庠生。性亢爽。举业之暇，兼攻岐黄。深得《银海精微》之奥，能以金针拨翳（白内障），治瞽复明。年七十五岁卒。著有《启麟堂医方》，未见流传。子金照文，侄金德，绍传其业。[见：《上海县志》]

金灿 清代浙江钱塘县人。名医金鎏珂子。绍承父业，亦工医术。[见：《杭州府志》]

金忠 字尚义。明代浙江丽水县人，徙居云和县。天顺八年（1464）三甲第九十名进士。曾任南京贵州道监察御史。辑有《广惠集方》一卷，已佚。[见：《千顷堂书目》、《云和县志》、《浙江通志》]

金垣 清代江苏青浦县人。道光、咸丰间（1821～1861）在世。娴京语，喜交游，工诗擅书，兼通医术。[见：《青浦县志》]

金钧 （1657～1749） 字上陶，号沙南。清代浙江嘉善县人。祖籍云间（今上海松江）。少孤，遇异人授以医术，遂精其业。每旦启户，病者鳞集，依入门先后为切脉序，应手奏效。公卿皆折节下交，制府宗室德旌其间。乾隆元年（1736）恩赐八品顶戴。寿至九十岁。著有《素灵广注》、《汤头歌括》、《医案日钞》，分授诸徒，不付梓，盖无意沽名也。门生俞震，得其传授。[见：《嘉善县志》]

金顺① 明代安徽全椒县龙江卫人。自幼笃学，仁而好礼。兼通医理，施药济人。年八十四尚健在。[见：《全椒县志》]

金顺② 字炳良。清代江苏上海县人。幼科名医金仁荣孙。绍承家学，亦以幼科知名。[见：《上海县志》]

金俊 字惟一，号洪谷子。清代浙江杭州人。工绘画，擅长山水。识者评其画曰："层峦迭嶂，烟云瀚郁，银涛千尺，直泻树间，淙淙有

声。"曾遇异人授以医术，遂以针灸术知名。年八十三岁，趺坐而逝。[见：《艺林医人传》、《中国医学大辞典》]

金度 字公度。清代浙江嘉兴县人。以医术知名。精书画篆刻，得天然之妙。[见：《艺林医人录》]

金炼 宋代人。生平里居未详。著有《神妙方》一卷，已佚。[见：《通志·艺文略》、《国史经籍志》]

金辂 字伯乘。明代浙江山阴县人。精保婴术。有医德，终身不计财利，不避寒暑，不先富后贫。越俗医家出入多乘肩舆，辂年八十岁犹步行，尝曰："吾欲使贫家子稍受半锺惠耳。"遇贫者患危疾，无力购人参者，潜以自备药投剂中，不告病者。生平多善举，尝遇鬻妻以偿官钱者，如数代偿之。孙金兰，官至太常卿。[见：《山阴县志》]

金理 字天和，号水一道人。清代江苏上海县黄浦人。能诗，精医学，尤擅幼科。著有《医原图说》二卷，刊于乾隆二十三年（1758），今存。门人乔世杰，得其传授。[见：《上海县志》、《郑堂读书记》、《中医图书联合目录》]

金昺 字澹民，又字旷民，号书樵。清代江苏青浦县人，居沈巷。好古文，善诗赋，兼精医术。性沉默寡言，平生好学，手不释卷。著有《医验》一卷，未见刻行。曾孙金庭槐，亦善医，知名乡里。[见：《青浦县志》]

金铨 字良玉。清代江苏青浦县人。岁贡生。风致潇洒，诗不多作，每有隽语。精通医术，知名于时。年六十九岁卒。子金敷五，传承医业，亦有名。[见：《青浦县志》]

金铭 字子弇。清初江苏金山县卫城人。幼年师事名医秦昌遇，尽得其传，治疗如神。撰有《药能》若干卷，今未见。孙金学谦，门人徐磐，传承其术。[见：《金山县志》、《松江府志》]

金绶 明代安徽怀远县人。幼年业儒，兼习养生之术，尤精于医。以术济人，濠、寿之间赖之全活者甚众。本府饶都伯得奇疾，遍求良医不效。张翼翔以金绶荐，三投剂而沉疴豁然。饶喜，荣以冠带。隆庆（1567～1572）初，与乡饮宾。年八十七岁卒。[见：《怀远县志》]

金彭 字又箴。清代江苏仪征县人。太学生。世业岐黄，至彭始大行于世。家中积药如市肆，贫者就诊，立方后撮药赠之。乾隆五十一年（1786）秋，大疫，金彭日召药工十余人制丸散救济，邻县延请，悉推荐同业赴诊，半载足不出户，

阖郡铭感之。年八十三岁卒。著有《伤寒变通论》，未梓。侄金颍川，亦以医名世。[见：《仪征县志》]

金瑞 字香泉。清代江苏松江府奉贤县人。慷慨好施，精医术，通内外科，治病有奇效。滕渥如患腰肿疾，群医莫识。金瑞见之，讶曰："亟宜刲之，缓将不治。"施术治之，割除病患而愈。[见：《奉贤县志》、《松江府志》]

金楷 字以庄。清代浙江海宁县人。精医术，有声于时。[见：《海宁县志》]

金溥 字韩城。清代江苏武进县人。邑诸生。擅书法，笔力苍劲。精医术，著有《伤寒论注》，藏于家。[见：《武进阳湖县合志》]

金鹏 字摇南。清代江苏娄县黄家潭人。少从太史周彝游，工诗，善书法，东岳行祠"奉高台"三字即出其手。兼精医道，知名于时。同时有俞信，亦以书法、医术著称。[见：《娄县续志》、《松江府志》]

金源 字来源。清代江苏金山县朱泾镇龙渊里人。戚韶裔孙，从外氏金姓。工诗文，尤精岐黄，名重于时。赵柳介赠诗曰："方术能医世，文章反益贫。大都为计左，要亦不逢辰"。子金毓祉，孙金守质、金荫陶，传承其业。[见：《金山县志》]

金嘉 字孚吉。清代江苏上海县人。儿科名医金仁荣孙。绍承家学，以医知名，时称金氏儿科。[见：《上海县志》]

金璇 字元善，号松居，又号松亭。明代上元县（今江苏南京）人。早年习儒，旁及绘事，善画松雪山景。尤精医道，治病不计利，常责人礼貌。户部尚书某，延请金璇医治夫人痰火，两服而愈。尚书写信数百言，叙病源，索丸药，圈句读而与之。璇援笔答一书，文法古雅，字画精工，亦圈其句读。尚书见而愧曰："吾之过也。"命驾相访，遂为知己，每语人曰："金陵医中有人。"[见：《江宁府志》、《上元县志》]

金镕 字冶田。清代浙江衢州人。通医术。得蜀僧《灸法秘传》一卷，施治颇验。后经雷丰补编，江诚校订，刊于光绪九年（1883）。[见：《浙江医籍考》]

金德 字照轩。清代江苏上海县人。邑眼科名医金坚侄。传坚之学，亦善眼科。[见：《上海县志》]

金澍 字具瞻。清代浙江海宁州人。太学生。精通幼科，悬壶海盐，遂定居。性慈善，重医德，治病不求酬报。遇贫家小儿重症，尤殚心

八画

力，每终夜不寐，家人窃听之，但闻哗哗翻书之声，故所治常得十全。年六十九岁殁。著有《本草分剂》若干卷，惜未见刊行。[见：《杭州府志》、《海宁州志稿》]

金鹤 字鸣九。清代江苏上海县人。以医为业，兼嗜太素脉。著有《医学心传》（又作《医学传心》），未见刊行。[见：《上海县志》、《松江府志》]

金九渊 晚号冲壑老人（一作冰壑老人）。明末人。生平里居未详。著有《痘疹秘要》一卷，今存康熙间（1662～1722）刻本。还著有《冲壑老人医案》一卷，今存崇祯间（1628～1644）刻本。[见：《中医图书联合目录》]

金九翊 （1880～1969）现代人。朝鲜籍。幼年丧父，就养于塾师安享来。后从儒医安亨顺习医，年二十六岁行医于朝鲜茂山。1915年家乡遭水患，侨居我国吉林省和龙县，定居牡丹江市。自设莲菠诊疗所，开业行医，以朝鲜传统医学"四象方"治病，求治者甚众，知名于时。伪满时期，不愿服于日伪官僚，避居龙井县北新街，重开诊所，为乡里治病。1946年东北解放，金氏任井县太平村卫生所医生，防病治病，不辞辛劳，深受乡民爱戴。1969年7月22日，因脑出血逝世，终年八十九岁。[见：《中医年鉴》（1987）]

金乃声 清末江苏青浦县朱家角镇人。精医术，与同里唐仁斋（1862～1925）齐名。[见：《青浦县志》]

金士哦 清代浙江山阴县人。以张介宾《景岳全书》为枕中秘，妙悟医理，名重于时。[见：《绍兴医学史略》、《存存斋医话》]

金大文 清代浙江嘉善县人。精医术，知名于时。曾诊产后发疹便泄，曰："此肠脱证也，属少阴。"用附子、炮姜、甘草、白芍，煎成，入童便及青鱼胆汁，药下而愈。[见：《女科辑要》]

金大有 明代嘉定县（今属上海）罗店镇人。精医理。从弟金大雅，得其传授。[见：《嘉定县志》]

金大起 字旭曙。清代江苏嘉兴县人。生平未详。康熙甲子（1684）参订萧埙《女科经纶》。[见：《女科经纶》]

金大雅 （1551～1608）字伯醇。明代嘉定县（今属上海）罗店镇人。师事从兄金大有，精通医术。每值疫疠流行，所治皆效。能急人之急，凡求诊立应。[见：《嘉定县志》]

金山农 字履升。清代安徽休宁县人。生平未详。著有《本草衍句》，今未见。[见：《休宁县志》]

金广裕 清代江苏泰州人。世代务农，家贫力学，精通医术，以疡科知名。远近求治者日以百计，皆应手而愈。性廉洁，有医德，一生施药济世，活人逾万，晚年清贫如故，世以天医星称之。[见：《续纂泰州志》、《续纂扬州府志》]

金义孙 字庭采。明代浙江海宁县人。通医术，精幼科，尤善治痘疹。曾任太医院医官。与全循义合辑《针灸择日编集》一卷，今存光绪十七年辛卯（1891）江宁藩署刻本。[见：《海宁县志》、《中医图书联合目录》]

金子性 明代浙江永嘉县人。其先世遇良师，得授内消丸方。永乐六年（1408），金子性献方于朝廷，征入太医院。未久，赐钞归田终养。[见：《浙江通志》、《永嘉县志》]

金天卫 清代广东儋县王五行人。幼嗜岐黄，年十七读书关帝庙，梦神告之曰："方今天花流行，子何不出以救世？"醒而异之。及旦，适邻居小儿患天花，即过诊之，一剂而愈。自此，乡里始知能医，凡患天花者，俱来就疗，活人甚众。后卖药市中，观气色，审声音，即知病之所由，判病之深浅而决生死，所言无不中者。一日，偶外出，有为樗蒲戏者，金氏熟视之，曰："子速归，三日内不得生。"果于第二日死，人以为神医云。[见：《儋县志》]

金天衢 一作金天巨。号希瀛。明代浙江桐乡县青镇人。世医金少邱孙。幼颖悟，好读书。十四岁患弱症，得吴县戈兰亭、武林王紫芝诊治，复得二人指示医理，久之通医术。万历十三、十四年（1585～1586）大疫，远近来求医者甚众，应手即愈，声名大振。曾荐授太医院判，辞不赴。年八十九岁卒。著有《医学圣阶》、《医辨》、《医说》诸书，未见流传。[见：《乌青镇志》、《桐乡县志》]

金元德 字钟梧。明代浙江嘉善县人。精医术。授太医院吏目。[见：《嘉善县志》]

金云从 字乘六。清代江苏上海县人。邑儿科名医金仁荣次子。与兄金云苞，皆工儿科，知名于时。[见：《上海县志》]

金云苞 字翔九。清代江苏上海县人。邑儿科名医金仁荣长子。云苞得父传，以儿科知名。弟金云从，亦精医。[见：《上海县志》]

金云翔 清代江苏高淳县人。精眼科，手术尤精，擅长金针拨障之法。[见：《江宁府志》]

金少邱 明代浙江桐乡县青镇人。世医，知名于时。孙金天衢，继业尤精。[见：《乌青镇志》]

金长启 字广源。清代浙江龙游县人。精医术，以善治伤寒知名。尝语人曰："医所以寄生死，性不近不可学。吾仅一子，不敢令学医。"故其术不传。年九十一岁卒。著有《喉科症治论》，未见流传。[见：《龙游县志》]

金仁荣 字德元。清代江苏上海县人。得本邑名医潘采瑞传授，精幼科，擅治痘证，虽险能活。著有《医方》一卷，未见刊行。长子金云苞，次子金云从，孙金嘉、金顺，均能绍传家技，时称金氏儿科。[见：《上海县志》]

金文星 字太华。清代江苏吴江县平望镇人。精小儿痘科。子金南皋，孙金来益，皆世其业。[见：《平望志》]

金文斌 字济质。清代湖北汉川县人。岁贡生。有文才，声达江汉间，胡牧亭、夏溰农推重之。不利于场屋，弃儒攻医。著有《痘证慈航》，辨析精微，识者称保赤宝筏。同邑郭楚珍，付梓藏版。还著有《诸医荟萃》、《脉诀摘要》等书，今皆未见。[见：《汉川县志》]

金以节 明代湖北麻城县人。精医术，知名京师。隆庆二年（1568）正月，太医院医官徐春甫，集合各地在京名医四十六人，创立一体堂宅仁医会，金氏为会员之一。诸医穷探医经，讨论四子（指张机、刘完素、李杲、朱震亨），共戒私弊，患难相济，为我国最早之全国性医学组织，其组织构成、宗旨、会规等刊入《医学指南捷径六书》（今存明万历金陵顾氏、新安黄氏同刊本）。[见：《我国历史上最早的医学组织》（《中华医史杂志》1981年第3期）]

金孔贤 字希范。明代浙江义乌县人。早年习儒，由庠生援例授京吏目，因病归乡。此后博览古今医书，穷究玄旨，尤精针灸。以医济世，疗治多效，求者如市。重医德，诊病不求酬报，凡贫病者施之以药，饥者赠之以食，三十余年如一日，远近感德。与王肯堂、凌云相往还，讲论医理。著有《丹山心术》、《经络发明》，未见传世。[见：《义乌县志》、《浙江通志》]

金玉立 清代江苏昆山县石浦人。率家徙居县城。精医术，以外科知名。子金承烈，绍传父业。[见：《昆新两县续修合志》、《昆山历代医家录》]

金玉相 字勉夫。清代人。生平里居未详。辑有《锡麟宝训》，收入朱之榛《保赤汇编》，刊于光绪五年（1879），今存。[见：《全国中医图书联合目录》]

金玉音 清代安徽无为州人。邑名医金本田子。庠生。少攻举业，与齐管圃、吴柳塘齐名。传承父业，以医知名。尝注释其父《伤寒百问》，成《伤寒百问详注》若干卷，今未见。[见：《庐州府志》]

金玉振 （1826～1911）字宝之。清末江苏常熟县练塘镇人。生于商家，本性恬静，好读书，有志于医。年未弱冠，从名医马文植游，尽得其传。归里悬壶，治病每获佳效，求治者日众。后设医庐于虞山镇，声闻四乡。行医六十余年，规矩法度，一宗经义，博学旁通，善取众长。治咽喉疡症，继马氏经验，祛毒务尽，内外兼施，用药轻灵。治内科杂证，重在祛邪安正，其治疗虚劳之证，先调其生化之源，一旦胃气得苏，即以饮食调养之。平生爱书，家藏逾万卷，抗日战争期间为日寇所焚。曾于乡村创办树德堂药店，深受赞誉。子金君才、金君赞，皆承父业。[见：《吴中名医录》]

金世英 一作金英。字国华，号梦石子。明代浙江会稽人。天才博赡，于书无所不读，尤精医术。万历（1573～1619）初，挟技游京师，张介宾得其传授。年逾稀寿而卒。曾著《产家要诀》一卷，今存抄本。子金代隆，传承父学。[见：《浙江医籍考》]

金世荣 清代人。生平里居未详。精医术，官太医院额外九品吏目。乾隆四年（1739）充《医宗金鉴》纂修官。[见：《医宗金鉴》]

金本田 清代安徽无为州人。以医为业，知名于时。著有《伤寒百问》，今未见。子金玉音，绍承其学。[见：《庐州府志》]

金可砺 字子卓。清代河北永清县人。精通医道。早年供役于某王府医药房，年老退居乡里。凡村中以病延请，不问贫富皆往，寒暑风雨不避，所治多效，人皆重之。张某某四十，患劳损疾，久不愈，奄奄待毙。金氏诊之，一剂有起色，数月而痊。[见：《顺天府志》]

金申之 明代嘉定县（今属上海）人。初习儒，不得志，弃而攻医。参研久之，辑成《生雅编》，发明岁运精髓，阴阳表里，论及百病之源，博而不繁，详而有要。惜此书已佚。[见：《中国医籍考》]

金代隆 明代浙江会稽人。儒医金世英子。传承父学，亦以医名。［见：《女科书录要》]

金立夫 元代医官。生平里居未详。翰林学士王恽之子患腹疾，金氏与医官王贵和治之，获良效，王恽赋诗赞之。［见：《金元医学人物》（引《秋涧先生大全文集》)]

金立本 清代河南汝州人。精医术，知名于时。［见：《汝州全志》]

金汉卿 字星潭。清代宁夏府宁朔县（今宁夏永宁）人。早年习儒，为贡生。精岐黄术，临证应手辄效，知名于时。同邑有管庆龄，亦精医道，与金氏齐名。［见：《朔方道志》]

金永祺 字显扬。清代江苏吴县横泾人。寓居上海。设酒肆于城西，喜交游。有法华乡老叟，来必入肆沽饮。叟精医理，隐不问世，因永祺待之厚，传与医书抄本。永祺受书，穷究数年，遂擅医，精内、外、儿诸科。［见：《上海县志》]

金吉甫 南宋人。原籍未详。与汤执中皆为医官，专擅女科。靖康间（1126）扈驾南渡，定居江西永丰县。［见：《永丰县志》]

金芝石 清代浙江德清县大麻镇人。其先世为杭州人，徙居余杭，复迁大麻镇。金氏自南宋以来，世代业医。芝石继承家学，以儿科知名于时。子金有恒、金有壬，皆为名医。［见：《金子久专辑·金氏生平简介》]

金有壬 字仲林。近代浙江德清县大麻镇人。邑名医金芝石次子。继承家学，亦以医著称。兄金有恒，医名益显。［见：《金子久专辑·金氏生平简介》]

金有奇 字养纯。明代安徽休宁县上溪口人。精医术，授太医院吏目。崇祯十四年（1641），官军中疫疠流行，濒危者悉赖以生，病愈者裹粮踵门致谢，却而不受。性孝友，家境清贫，侍老母必以甘旨，凡有所入，与弟共之。著有《杏春斋诗》等。［见：《休宁县志》]

金有恒 （1870～1921）　字子久。近代浙江德清县大麻镇人。先祖自南宋以来世代业医。父金芝石，精内、儿诸科。金有恒幼承庭训习医，弱冠时父、母相继过世，哀痛之余，益勤奋治学。于《内经》、《难经》、《本草经》、《伤寒》及金元四大家之书，无不贯通，师古而不拘泥，能自出机杼，医道大行，誉驰遐迩，一时皆知大麻金子久。1915年悬壶申江，兼施诊于泸南慈善会，轮值之日，病者数倍寻常。素重医德，治病不分贫富，从未计酬，遇孤贫者助以药资，直至痊愈。尝谓弟子曰："医者之对病家，天职所在，无可或亏。不拘于地，不限于时，有召必往，有法必施。"世人皆重其术，益敬其人。晚岁声达京师，曾奉征召。民国十年七月卒，享年五十二，远近哀之。程森赠挽联曰："医国先医人，盛名遍海内；仁心亦仁术，生传列篇中。"生平忙于应诊，无暇著述，遗有《问松堂医案》、《和缓遗书》二稿，刊于世。弟金有壬，门人吴兰士，皆以医名世。子金浚，事迹不详。［见：《金子久专辑·金氏生平简介》、《清代名医医案精华》、《德清县新志》]

金成章 字六成。清代浙江遂安县人。廪贡生。潜心理学，动遵法度。著有《养生要诀》，今未见。［见：《浙江通志稿》]

金扬溪 一作金扬起。明代昆山县（今属江苏）淞南人。宣德间（1426～1435）在世。自幼习儒，不利于科场，弃而习医。博览医籍，悟其奥义。尤善治痘疹，临证多奇验，全活婴幼无数。声达于京都，荐授周府良医。卒，葬于安桥（今昆山千灯镇），进士郑文康为其志墓。［见：《淞南志》、《昆新两县续修合志》]

金光乾 清代河南汝州人。精医术，知名于时。［见：《汝州全志》]

金廷爵 清代江苏吴县木渎镇人。针灸名医金兆麟子。绍承父学，亦以针灸知名。［见：《吴县志》、《苏州府志》]

金竹坡 唐代人。生平里居未详。天祐二年乙丑（905），著《大丹铅汞论》一卷，今存于《道藏》。［见：《中医图书联合目录》]

金华玑 字仕可。清代广东兴宁县秋田人。精医，治病不计酬谢。乡大疫，沿门诊视，全活多人。年七十八岁卒。［见：《兴宁县志》]

金兆麟 字履祥。清代江苏吴县木渎镇人。武庠生。从针灸名医俞明鉴学，亦工针术，治病颇著功效。子金廷爵，绍承其业。［见：《吴县志》、《苏州府志》]

金汝庆 字敏之。清代江苏嘉定县人。名医徐圆成门生。［见：《毓德堂医约》]

金汝铉 字公调。明清间江苏嘉定县人。明末诸生。入清后，尽弃举业，隐于医。足不出户，就诊者踵相接，常起危疾。［见：《嘉定县志》]

金守质 清代江苏金山县朱泾镇人。儒医金源孙，金毓祉子。传承家业，悬壶济世。

［见：《金山县志》］

金丽泉 佚其名（号丽泉）。明代浙江钱塘县人。祖籍兰溪。宋末名儒金履祥（1232～1303）后裔。嘉靖、万历间（1522～1619）在世。金氏博学多识，为海内名士，吏部尚书张瀚、学士汪铎，皆其门生。早年出仕，官工部右侍郎。忤权佞，退居西湖。兼精岐黄，遂以医业遁世。曾孙金銮珂，为清初名医。［见：《钱塘县志》、《杭州府志》］

金时望 明代浙江汤溪县人。曾游寓昆山县。性夙慧，善吟咏，兼通医药。著有《本草发微》、《金丹参悟》等书，未见流传。［见：《汤溪县志》］

金时揄 字仲材。明代人。里居未详。精医术，与李中梓齐名。子金葵，康熙十五年（1676）恩贡。［见：《松江府志》、《中国医学大辞典》］

金佑忠 字子香。清代江苏吴县人。名医徐圆成门生。［见：《毓德堂医约》］

金应奎 字汝文，号寿斋。明代浙江德清县语溪人。金纶孙。精通医术，名著于时。［见：《德清县新志》］

金君才 清末江苏常熟县练塘镇人。邑名医金玉振长子。绍承父学，亦精医术。年四十九岁卒。［见：《吴中名医录》］

金君赞 清末江苏常熟县练塘镇人。邑名医金玉振次子。绍承父学，亦精医术。年六十三岁卒。著有《医宗脉诀》、《药性赋》、《虚痨证》，并遗有《内外科医案验方稿》，皆未梓。［见：《吴中名医录》］

金纯煦 字春和。清代四川蓬溪县常乐镇人。父金时，邑诸生，早卒。纯煦与弟涛，少育于母谢氏。及长，为童子师以奉母。勤于治学，至老不倦。究心医学，多有心得。著有《医学探源》、《脉学探源》、《伤寒金匮恒解》诸书，今未见。按，金纯煦，《蓬溪县志》作"全纯熙"，今从《蓬溪近志》。［见：《蓬溪近志》］

金国栋 号协堂。清代江苏崇明县人，居西门大街。精医术。贫者求诊不受酬，更助以药，门常如市。遇公益善举，莫不尽力资助。年七十五岁，更举一子，人以为善报。［见：《上海县志》］

金国香 清代江苏宜兴县人。名医法文淦门生。得师传，亦工医术。［见：《宜荆续志》］

金尚陶 清代浙江嘉善县人。精通医术，知名于时。丁姓妇产后神昏，谵语如狂，医者议攻议补不一。金尚陶后至，诊毕曰："待我用一平淡方，吃下去看。"方用橘红、半夏曲、胆星、石菖蒲、伏神、旋覆花各一钱，一剂神气清爽，四剂霍然。［见：《中国历代医家传录》（引《女科辑要》）］

金秉之 清末江苏松江府人。精医术，知名于时。门人周宗瑜，尽得其传。［见：《上海县志》］

金学超 （1727～?）清代浙江义乌县人。以医为业，性嗜《素问》，临证多奇验。一女子患重疾，气息已绝，金氏诊之，曰："其胸尚温，当可治。"投剂而苏，类此者甚众。临证处方平和，不用竣剂，亦不求重酬，时人敬之。乾隆间（1736～1795）聘为医学训科。嘉庆元年（1796），年届七旬，恩赐九品顶戴。［见：《金山县志》、《松江府志》］

金学谦 清代江苏金山县卫城人。邑名医金铭孙。绍承祖学，亦精医术。［见：《金山县志》、《松江府志》］

金宗铖 号端林。清代江苏南汇县人。精外科，治病不吝珍药，能起危证。著有《医理切要》四卷，未见刊行。［见：《南汇县志》］

金承烈 字绍周。清代江苏昆山县石浦人。徙居县城。邑外科名医金玉立子。继承父业，亦精医术，求治者门庭如市，应手辄愈，不受谢仪。性慷慨，一诺千金。道光三年（1823）洪涝成灾，路多饿殍。承烈恻然伤之，出资建普济育婴堂，设男女号房四十余间，并捐田二百余亩。又偕本邑义士夏溶，劝募济贫，收养弃婴，时论贤之。［见：《昆新两县续修合志》、《昆山历代医家录》］

金绍山 清末江苏吴县相城人。精医术，以妇科知名。门人谢池春，得其传授。［见：《相城小志》］

金绍文 字西铭。清初浙江钱塘县人。名医张志聪门生。康熙（1662～1722）初，其师构侣山堂于胥山，汇聚当时名医及门生数十人，论医讲经，校注经典。康熙九年（1670）、十一年（1672），金氏参校《黄帝内经素问集注》九卷、《黄帝内经灵枢集注》九卷，刊刻于世。［见：《黄帝内经素问集注》、《黄帝内经灵枢集注》］

金绍成 （1816～1871）字平庄。清代江苏吴县人。嘉、道间（1796～1850）以医术知名。门人吴生甫，得其传。［见：《吴县志》］

八画

金荐雷 清代江苏昭文县小吴墅人。世习幼科，至荐雷医术益精，求治者骈集。支川裴氏，得其传授。[见：《常昭合志稿》]

金荫陶 清代江苏金山县朱泾镇人。儒医金源孙，金毓祉子。传承家业，悬壶济世。[见：《金山县志》]

金南荪 字九韶。清初江苏嘉定县黄渡镇人。邑名医金印侄孙。得金印亲传，以医知名。凡有求治者，必急趋之，治则奇中。邑中诸医，首推金氏。顺治间（1644～1661）县令张仪以"海邦国手"额奖之。[见：《黄渡镇志》]

金昭文 （1802～1965） 现代江苏苏州人。祖父金耀文，父金浩文，皆业医。金昭文十四岁随祖父习医，翌年冬，祖父殁，继随父应诊。后悬壶苏州五十余年，以儿科知名。医术精湛，学识广博，凡疑难之症，无不应手见效，为群医之冠。1955年调北京中医研究院，后因病返乡，任职于苏州市中医医院。1965年病逝。[见：《吴中名医录》]

金复村 清代人。生平里居未详。名医徐大椿门生。与名医王士雄相往还，以其师《洄溪医案》赠之。[见：《洄溪医案·王士雄序》]

金庭槐 字柱峰。清代江苏青浦县人。邑名医金舅曾孙。绍承家学，亦工医术。[见：《青浦县志》]

金养斋 明代宝山县（今属上海）扬行镇人。精医术，以痘科知名。[见：《宝山县志》]

金养素 明代浙江东阳县十九都人。精医术，兼善太素脉，断人生死，期刻不爽。凡仓促遇奇症，众医束手走避者，养素谈笑治之，无不获效。[见：《浙江通志》]

金起诏 字公选，号逸圃。清代浙江天台县人。以医术知名。著有《伤寒辨症》四卷，未见梓行。[见：《台州府志》]

金颂白 清代江苏南汇县金家窑人。精外科，用药独到，颇负盛名。南汇医者以乔助澜、华古愚、金颂白、庄桂年四家称最，有四大家之誉。金氏撰有《颂白医案》，未见刊行。[见：《南汇县续志》]

金浩文 清末江苏苏州人。金耀文子。绍承父学，以医为业，以儿科冠吴中。子金昭文，传父业。[见：《吴中名医录》]

金菁华 字殿选。清代广东番禺县人。先世为浙人，宦于粤，遂定居焉。金菁华生甫周岁，父殁，母沈氏守节抚孤。菁华少能自立，读书持论，必求其端，虽病不废学。得怔忡疾，延医治之，凡至于殆。后杜门习医，历三载，始悟其意，自疗而瘳。嘉庆十四年甲子（1809）中副榜，就教职。历署廉州训导、博罗县训导、永安县教谕、钦州学正。能勤其官，诸生多所成就。丰湖、登峰两书院膏火及公费，皆金氏四出劝助，士人无不乐从。年五十八岁卒。金氏历任教职，因"冷官多暇，复取《四库全书·医家类》九十七部遍阅之，手披掌录，掇其精英，遂成巨帙"，名之曰《医学辑要》，惜未能传世。[见：《番禺县志》、《广州府志》]

金硕祤 字介石。清代安徽休宁县瓯山人。通儒术，尤长于医。对《伤寒论》多有研究，私淑本县名医程应旄。著有《惜孩微言》，今未见。还著有《脉证方治存式》一卷，今存稿本，书藏上海中医药大学图书馆。[见：《休宁县志》、《徽州府志》、《新安名医考》]

金辅之 清代安徽歙县人。精医术，知名于时。门生张琦（1764～1833），得其传授。[见：《中国历代名医碑传集》（引张曜孙《先府君行述》）]

金铭之 又名权，字其箴，号鸥园。清代浙江临海县人。博雅好古，所居西溪草堂，聚书万卷，书画鼎彝，充仞其间。复辟鸥园，建竹屋数楹，因以自号。遇墨客词人叩门，辄挽留之。著有《本草正味》、《一得录》等书，未见流传。[见：《临海县志》]

金清桂 （1865～1938） 字兰升，号石如，晚号冬青老人。近代江苏常熟县金家村人。生于书香之家。幼习举业，工诗文，擅书画。赴试不第，移志于医。欲投江阴名医柳冠群之门，柳以老辞。某日，侍柳氏于江阴郊外茶肆，赋诗置案头，诗曰："郭外闲游眺，春风乐送迎。得时花作态，在野草无名。旧事空惆怅，新诗写性情。欲消尘俗虑，柳下独听莺。"柳阅毕，击节叹曰："奇才也。"遂列入门墙。嗣后，尊师指授，上习《内》、《难》、《伤寒》古典，下采后世诸家奥旨，久之卓然成家。后悬壶于乡，以擅治黄疸、鼓胀等杂证著称，求诊者门庭若市。与同邑王士希、章成器齐名，人称三鼎甲。素重医德，贫病求治，不受酬谢，遇极困者，助以药资，数十年如一日，南北乡众，受惠甚多。尝创制多种丸药，如疗疽之钱霜丸，治鼓之运脾丸，治心胃痛之如意丸，治癥之消癥丸，治血虚之补血丸等，均有良效。曾治愈翁同龢（1830～1904）之病，声名益显。

宅心仁厚，晚岁患病，一夕昏仆于地，少顷苏醒，起而应诊。人劝其稍歇，曰："无妨。病者在，不可使久待。"闻者感动。年七十二岁卒。著有《补缺山房医案》、《续医案》、《医学初步》、《历代名医表》、《石龛医学丛组》等书，多散佚不全，今存《医学初步》、《冬青医案》抄本。金氏还曾续编柳宝诒《惜余小舍医案》，今亦存抄本，书藏湖南医学院图书馆。门生蒋志伊、孙敬思、张云迢、王寿人、陈家栋等，皆传承师学。[见：《中国历代医史》、《吴中名医录》]

金鸿翎 字汝代。清代湖北英山县人。光绪十五年（1889）三甲第八十名进士。早年任职京师，戊戌（1898）任湖北汉阳府同知。学问渊粹，举止端严，为士林所重。金氏母早逝，父金锦远，年五十余病笃。自谓："为人子不可不知医。"遂寝馈于张介宾、陈念祖诸名医之书，历十余年，为父疗疾，父得享大年。所至为人疗疾，活人甚多。性孝友，凡亲长嗜食之物，概不忍食。临终前一日，犹叮咛仆婢，进羹于继母周氏。著有《应验灵方》，今未见。[见：《英山县志》]

金敬坦 字晋子，号梯愚。清代江苏吴县章练人。以贡生议叙县丞，授历城县县丞。迁胶州灵山司巡检，督办长清县玉符山行宫。差竣，议叙加一级，补授兖州滋阳县县丞，以耳疾告归。治家严肃，待亲朋甚和谐。精究医书，合丸散以施病者。撰有《良方》数卷，未见刊行。[见：《章练小志》]

金朝秀 清代安徽泗县人。精医术，知名于时。著有《集方便览》二卷，今未见。[见：《泗虹合志》]

金楚安 清代浙江会稽人。精医，知名于时。门生赵彦晖，得其传授。[见：《绍兴医学史略》]

金颖川 清代江苏仪征县人。儒医金彭侄。精医术，知名于时。[见：《仪征县志》]

金照文 清代江苏上海县人。儒医金坚子。绍承父学，亦精医术，以眼科知名。[见：《上海县志》]

金慎初 清代江苏常熟县练罗乡人。居虹桥下塘。精内外科，名重于时，求诊者门庭若市。[见：《海虞医林丛话》]

金慈照 清代江苏吴县人。自幼业儒，博学多识。因家贫，弃而为医。善切脉，所活吴中人甚多。有戴氏子，病阴虚火盛，服清火药，益气喘不能卧，诸医皆束手。慈照诊其脉，曰："药误耳，非死候也。脉气受寒将痹，非参、

桂不可。"遂以二药加茱萸、地黄等味，一服而愈。一妇人病伤寒，日吐蛲虫数十，诸医以为胃寒。慈照独曰："脉洪数而实，且口疮舌黑，面有浮火，此阳毒证也！安得守仲景成法乎？"清其胃热而愈。其所治验皆类此。[见：《历代名医传略》]

金殿策 字廷采。清代浙江海宁州人。业医，精幼科，擅治痘疹，预言传变吉凶，计日悉验。一小儿患惊风，气绝半日，人皆谓已死。殿策诊之，觉心头微热，曰："此儿不死，误服庸医镇惊丸所致耳。"急用加减五味异功散灌之，逾时而苏。[见：《海宁州志稿》、《杭州府志》]

金毓祉 字秋崖。清代江苏金山县朱泾镇人。儒医金源子。传承父业，悬壶济世。子金守质，亦以医闻。[见：《金山县志》]

金肇承 清代江苏长洲县人。精医术，以妇科著称。撰有《金氏女科医案》一卷，未见刊行。[见：《吴县志》]

金蕴光 字砚圃。清代江苏青浦县人。有文名，曾参修县志。兼通医理，著有《温病正轨》、《简明杂症治法》二书，未见刊行。[见：《青浦县续志》]

金敷五 清代江苏青浦县人。邑名医金铨子。诸生。绍传父学，亦业医。[见：《青浦县志》]

金椁丘 明代浙江湖州人。精医术，名著于时。曾与孙一奎会诊病者。[见：《孙文垣医案》]

金德生 字阆风。明末浙江吴兴县人。精通医术，知名于时。天启甲子（1624），湖州旱涝为灾，疟疾流行，湖州知府堵颜，令设立药局施济。堵氏素重金德生、卢明铨、陆士龙诸医之术，遂命三人董其事，疫止而民安。金氏与卢、陆二人相友善，曾"共相质正，发明医理"，著医书一帙，取"存一毕万"之义，名《一万社草》，全书十二卷，堵颜为之作序，行于世。此书国内未见，今日本京都大学图书馆藏有抄本。金氏还著有《参释济阴纲目》，今未见。据《女科书录要》称，武之望《济阴纲目》卷二、卷四、卷五，为金德生所撰。[见：《湖州府志》、《中国医籍考》、《女科书录要》]

金德鉴 （1810～?） 字保三，又字保山，晚号蒯释老人。清代江苏元和县人。通书画，好收藏。精研医学，尤擅喉科，知名于时。同治十一年（1872），日本名医冈田篁所访吴，慕

名拜访金氏。二人谈书论画,兼及医道,遂成友人。金氏撰有《烂喉痧痧辑要》一卷,今存同治六年丁卯(1867)皖省陵阳崇伦堂刻本。同治七年,金氏将上书与焦氏《喉科枕秘》、华岳《急救霍乱方》(后附金氏《急救腹痛暴卒病解》)、葛可久《十药神书》合刻刊行,名《小耕石斋医书四种》,今存。[见:《中医图书联合目录》、《中国医学大成总目提要》、《吴县志》、《清末金德鉴与日本冈田篁所的学术交流》《中华医史杂志》2004年第3期)]

金銮珂

字润寰。清初浙江钱塘县人。祖籍兰溪。宋元间名儒金履祥(1232~1303)后裔。明工部右侍郎金丽泉曾孙。少有神童之誉,及长,遵母命业医。殚心于《灵枢》、《素问》诸医典,读书万卷,不拾糟粕。遇极险之症,从容处之,皆获佳效。尝曰:"古之名医,曰和、曰缓,仓遽奚为耶?"治病不分贵贱,悉以平等心待之。若鳏寡孤独,非但不取诊酬,且解囊助之,杭城内外,得其救治者不啻万人。著有《明医医鉴》、《外科精微》、《体仁编》、《儿科慈幼录》等书,均佚。子金灿,亦以医知名。[见:《钱塘县志》、《杭州府志》]

金橘隐

佚其名(号橘隐)。元末钱塘县(今浙江杭州)人。祖籍汴梁,宋靖康间(1126)南迁。世代业医,至橘隐医术大显。临证取古方而善加减,治奇难症十失一。子金弘,取父所用验方,于洪武六年(1373)撰《集效方》,贝琼为之作序。此书今未见。[见:《金元医学人物》(引《清江贝先生文集》)]

金瞻岵

字孝思。清代江苏仪征县人。幼年习儒,及长,从名医庄达五学,以医为业。晚年声名益盛。如皋戴秉瑛,延请金氏司理药局。[见:《仪征县续志》]

金簠斋

清代江苏元和县人。业医,知名于时。咸丰七年丁巳(1857)著《转筋症治遗书》一卷,多采王士雄《霍乱论》之说,未见流传。按,《吴县志》误作"金簠集"。[见:《霍乱论·序》、《吴县志》]

金耀文

(?~1906) 清末江苏苏州人。精医术,以儿科知名。子金浩文,孙金昭文,皆绍传其术。[见:《吴中名医录》]

金麟趾

字本仁,号书巢。清代浙江海宁州人。工书法,曾手摹淳化、太清二帖,颇具神韵。性嗜藏书,装帧精雅,丹黄灿然。兼通医术,晚岁精太素脉,易号壶隐山人,求诊者日满户外。[见:《海宁州志稿》]

周

周广

唐代吴郡(今江苏苏州)人。早年师事同郡名医纪朋,妙于医术,隐居不仕。善望诊,睹人颜色谈笑,即知疾之深浅。开元间(713~741),召至京师。有宫人日昃则笑歌啼号,若狂疾,而足不能及地。广诊之曰:"此必因食饱促力,复仆于地而然。"饮以云母汤,令熟寐,醒而失所苦。帝问其故,答曰:"大华公主载诞三日,宫中大陈歌吹,此宫人主讴,欲其气清长,食豚蹄羹遂饱。当诞歌大曲,曲罢觉胸中甚愤,戏于砌台乘而下高,未及半,复为后来者所激,因仆地。比苏,即病狂,自是足不能及地。"帝闻言,惊叹其术,欲授以官,固辞而还。吴中水部员外郎刘复为周广作传,叙其事甚详。[见:《明皇杂录》、《历代名医蒙求》、《吴县志》]

周卫

字道明。明代宜兴县(今属江苏)人。精医道,有卢扁再世之誉。后荐入太医院。[见:《增修宜兴县旧志》]

周丰

字禹川。清末人。里居未详。曾任太医院九品医士,兼东药房值宿供奉官。[见:《太医院志·同寅录》]

周木

字近仁,号勉思。明代常熟县(今属江苏)人。成化十一年(1475)三甲第七十名进士,授南京行人司副、稽勋郎中,予修《宪宗实录》。迁浙江布政右参政,为同官所忌,致仕告归。年七十二岁卒。旁涉医学,撰有《朱丹溪素问纠略(注)》,未见刊行。[见:《苏州府志》、《常昭合志稿》、《明清进士题名碑录索引》]

周升

明代浙江归安县人。成化间(1465~1487),与周冕、周鼎,皆师事太医院使方贤,后为御医。[见:《善本医籍经眼录》(引《归安县志》)]

周仁

汉代任城(今山东济宁)人。以医术自荐于朝廷。景帝为太子时,周仁官舍人,积功迁至太中大夫。景帝初立(156)拜郎中令。武帝继位,以先帝臣重之。晚年因病辞官,两千石禄归老。子孙皆至高官。[见:《汉书·周仁传》]

周爻

(1575~1629) 字子效,号品泉。明代吴县(今江苏苏州)人。随父徙居京师(今北京)。太医院医士周同长子。年九岁丧母,继母徐氏待之如己出。幼习举业,年弱冠,遵父命学医,多有心悟。其家隶籍太医院,故补为医生。经复考中式,授医士,予冠带。尝奉部檄,调护边关将士。历一年所,调神枢营,有医疗功。履职九载，当拜官，值其子周室卒，居恒悒悒，曰："令吾子死，而吾生食斗禄耶！"竟不起，年仅五十五岁。[见：《中国历代名医碑传集》(引王世懋《王奉常集·太医院冠带医士品泉周君暨配蒋氏合葬墓志铭》)]

周凤 明代河北东安县（今廊坊）淳化里人。业农，与僧洪莲为友，洪莲授以按摩术，遇病者抚患处即愈。又善数术，断人生死无失。[见：《顺天府志》、《东安县志》]

周正 原名周端。号北山，又号九华。明代武进县（今属江苏）人。早年习举业，因患肺疾而攻医学，治病多奇效。[见：《武进阳湖县志》]

周右 字春谷。明代昆山县（今属江苏）东乡三家市人。精医术，知名于时。子周诗，绍传其术。[见：《昆新两县续修合志》、《昆山历代医家录》]

周礼① 字正伦，晚号梅屋老人。明代浙江余杭县人。自幼习儒，后专力于医学，博览历代名医之书，对《内经》、《难经》诸典籍尤有心悟。悬壶三四十年，遍历江湖，遇名医辄往请益，得方术之善者即拜受抄录，声名日盛。永乐（1403～1424）初，任迪功郎良医所良医正。晚年著《医学碎金》四卷，成书于永乐十三年（1415），今存。尚撰《独得编》一书，原书已佚，明末李延昰曾引用之。[见：《医学碎金·自序》、《浙江医籍考》、《脉诀汇辨》]

周礼② 号半山。明代浙江归安县人。太医院御医周济子。自幼习儒，补郡庠弟子员，贡太学。博洽群书，淹贯经史。屡试不得志，仅授临清州判，在任三载，谢政归。后究心家传医学，博览医书。著有《医圣阶梯》十卷，刊于万历元年（1573），今存。[见：《明史·艺文志》、《医藏书目》、《归安县志》、《浙江医籍考》、《中医图书联合目录》]

周邦 号卸渴。南宋陕西人。靖康（1126）南渡，迁居金陵，复迁龙游，后定居桐乡县青镇。工医术，知名于时。后裔周北山，为明正德间（1506～1521）名医。[见：《乌青镇志》、《桐乡县志》]

周臣 字子忠，又字在山。明代吴县（今江苏苏州）人，入顺天霸州（今属河北）籍。嘉靖八年（1529）进士，曾任衢州知府。关注民生，辑有《厚生训纂》六卷，序刊于嘉靖己酉（1549），今存。[见：《厚生训纂·自序》、《吴县志》、《浙江医籍考》]

周式 字左序，号绵芝。清代江苏太仓州人。顺治十八年（1661）三甲第四十七名进士，授宿迁县教谕。晚年徙居常熟。著有方书，未见流传。[见：《常昭合志》、《明清进士题名碑录索引》]

周贞 （1273～1355）一作周真。字子固，号玉田隐者。元代仪真（今江苏仪征）人。先世为汴梁（今河南开封）人，随宋南渡，徙居仪真。自幼颖敏好学，读书皆成诵。及长，博学多识，通音律，善绘画，倜傥不群。元贞间（1295～1296），荐于朝，不仕。究心医学，博览神农、黄帝书，兼及宋金诸家医籍。后以医问世，遇奇难症，率以意立方，治辄获效，名噪江浙。瞿运使患疾，寒冬喜冷物，时医以为大热。周贞诊之，曰："此寒极似热，非热证也。"投以附子汤而愈。卫立礼患病，畏寒，虽盛夏不离重裘。时医投以乌、附，病不减。周贞曰："此热极似寒，非寒也。"煮大黄、芒硝，饮之而瘳。一妇产子后，舌出不能收，周贞以朱砂傅其舌，令作产子状，以两女子扶掖之，于壁外置瓦盆，坠地作声，声闻而舌收矣。周贞性豪爽，好助人，不以术谋利。居海宁时，直学韩成之负债千缗，无力偿还，欲自尽于学斋。周贞救之，代偿其债。富绅王氏子病，邀诊，问："馈仪几何？"周怒，立方而去。晚年采药于吴县，悠然忘返。至正十五年（1355）淮东民变，义军攻吴，城陷，周贞闭门绝食而卒。生前有著述，及卒，其婿李嗣宗尽焚其稿于灵前，其学遂不传。[见：《医学入门·历代医学姓氏》、《九灵山房集·周贞传》]

周同 （1554～1613）字一之。明代吴县（今江苏苏州）人，居盘门。唐府教授周良子。少而颖慧，所受父书辄成诵，而久不利于科场。适母朱氏患病，医不能辨，乃叹曰："人子何能不医而儒！"于是转习岐黄家言，博求诸方，竟起母疾，而医名亦大起。会诏征天下名医就试礼部，至者千百人，得十六人，而周氏为之首，授太医院医士。次年，予冠带。不久，朝廷敕建慈庆宫，周氏受命调护诸工役，事竣当迁官，遭母丧，丁忧归。服除，补入太医院，调护刑部狱囚。时祠部郎查狱，命周氏跪迎，愤曰："郎治囚，非治治囚疾者！"拂衣而去。改调护内馆诸中贵人，与中贵人抗礼如故，居三载不得升迁。时大将军仇鸾北伐，檄入幕府，调护五军将士。凡六年，当迁吏目，会朝殿灾，拟汰冗员，竟以医士罢归。是时，其父年老，迎养于京师。周同对父叹曰："天乎！竟不得以一彩衣侍也！"不久，抑郁而卒，年仅六十岁。周氏性格刚烈，不屈权贵，虽在京日久，所交多曹属布衣之士，人以"退让君子"称之。行医所得虽微，遇友朋之难，慷慨解囊，故卒之日无以为殓。太常卿陆深（1477～1544）与之交厚，称周同"文雅有信谊"；名儒李攀龙、王世贞、谢榛等亦与之诗文往来。周同长子周炱，传承家学，亦任太医院医士。[见：《中国历代名医碑传集》（引王世贞《弇州四部稿·周一之墓志铭》）]

周伦 字伯明，号贞庵。明代昆山县（今属江苏）人。弘治十二年（1499）三甲第十二名进士，授新安知县，官至南京兵部尚书。嘉靖三年（1524）辞官归里。识药理，遇疫疠流行，施药救治，全活甚多。年八十岁卒。著述甚富，医书有《医略》四卷，未见刊行。[见：《苏州府志》、《昆山新阳合志》、《明清进士题名碑录索引》]

周应 北宋人。里居未详。精通医术，授医官使。仁宗时，敕命周应辑《简要济众方》五卷，于皇祐二年（1050）五月颁行天下，命州县长吏按方以救民疾。此书已佚，其部分佚文散见于《医方类聚》等书。[见：《宋史·本纪·仁宗》、《宋史·艺文志》、《通志·艺文略》、《国史经籍志》、《宋以前医籍考》]

周诒 字同治。明代太仓州（今江苏太仓）人。精通医术，为嘉靖间（1522～1566）太仓名医。子周大宾，绍传父业。[见：《壬癸志稿》、《太仓州志》]

周纮 （1425～1497） 一作周宏。字济广，号月窗。明代无锡县（今属江苏）梅李乡人。祖籍南京，自高祖周思文徙居无锡。其祖父周仲端，父周惟庆，生平未详。周纮幼年丧父，育于祖父。初习举业，博学多通。及长，遭母丧，遂弃儒习医，师事甘露金孟昭。金一见奇之，以女妻之。嗣后，肆力于《内经》诸书，于刘、张、李、朱之学尤多心悟。复质疑于吴中诸老，尽得指授，诊脉即知生死。不自满足，再师从外、妇、儿诸科名医，得众家之长。及悬壶问世，抱疾求治者填街塞巷，名重三吴。有医德，凡求治者，不问贫富疏戚，率以急缓为先后，穷日夜，冒寒暑，应诊不倦，不计酬报，遇孤穷者恤以食饮。人赞叹其术，对曰："病不能死生，不能生死，吾尽吾心耳。"闻者敬之。成化间（1465～1487）以明医征为太医院医士。京师名医林立，而纮术独显，求诊者如在乡时。在京二年，引疾还。晚年筑春和堂于旧居，藏书数千

卷，日事雠校，斟酌古今验方，以授其子。年七十三岁殁，哭送者甚众。辑有《卫生集》四卷，序刊于正德十五年庚辰（1520），今存。有子四人：周敩、周敷、周敬、周牧。敩早卒；敷、牧传承家学；敬事迹未详。[见：《无锡县志》、《无锡金匮县志》、《锡金识小录》、《医藏书目》、《四库全书总目提要》、《中国历代名医碑传集》（引邵宝《容春堂前集·周征君墓志铭》）]

周坦 字蕙阶，号若谷。清代广西兴安县人。善医术，凡患病求治，必急救之。[见：《兴安县志》]

周英 字育之。明代安徽休宁县临溪人。世代业医，至英尤精。每诊视，洞悉病源，投剂立效，多所全活，寒士、缙绅皆敬重之。[见：《休宁县志》]

周易 字茂时。明代常熟县（今属江苏）沙头里人。邑名医周大宾子。继承父学，亦为良医。[见：《沙头里志》]

周岩 （1832～1919） 字伯度，号鹿起山人。清代浙江山阴县人。咸丰五年（1855）顺天副贡。官刑部主事，出知山西祁县，调任安徽舒城，所至有政声。擢补盱眙知县，未赴任，因病辞归。晚年专志攻医，研究《内经》、《伤寒》、《金匮》诸书，处方辨证，主宗仲景之旨。年八十八岁卒。著有《本草思辨录》四卷、《六气感证要义》一卷，均刊刻于世。[见：《绍兴县志资料》、《本草思辨录·自叙》]

周牧 明代无锡县（今属江苏）人。邑名医周纮次子。绍承父学，亦工医术。子周骈，传承其术。[见：《无锡金匮县志》]

周京 清代江苏江宁县人。生平未详。曾校订明方隅《医林绳墨》，以家藏奇效验方附于其后，题《医林绳墨大全》，刊于康熙丁巳（1677）。[见：《中国历代医家传录》（引《医林绳墨大全·周序》）]

周庚 （1443～1489） 原名周经，改名周京，又改现名。字原畿，又字原己，号菊田，堂号传菊。明代吴县（今江苏苏州）人。世医周南子。自幼颖异，从塾师学书，落笔有法。善诗，得舅氏间丘实之教为多。及长，读书益勤，为诸生之冠。精通家学，而不欲悬壶；独向古学，而无意仕途。成化间（1465～1487）诏征名医，周庚在选，非所望也。时太守丘公方请修郡志，庚乞免太医院之征，不获准，被迫入京。初为医士，不久选入禁中，典御药。复以医疗功，迁御医。居数年，迁南京太医院判。既上任，公署久坏，

医徒散逸,空廓数间而已。庚乃复其旧规,修葺一新,药饵毕具。庚临证审慎,不以速效居奇,故获生者甚多。弘治二年卒,年甫四十七岁,世人惜之。无子,以族叔周尚义之孙为嗣子。[见:《中国历代名医碑传集》(引吴宽《家藏集·明故封南京太医院判周公墓表、周氏立后序》)]

周炎 字受堂,号竹樵。清代顺天府(今北京)人。为举人。工文词,精医术。与卞坦纶同时,皆以医技知名京师。[见:《扬州画舫录》]

周官 字伯元。明末上海县人。御史周洪六世孙。幼习举业,父早卒,因家贫弃儒习医。博览医书,于幼科尤称神妙,全活甚众。崇祯间(1628~1644),礼部上其事,赐冠带荣之。年八十岁卒。著有《痘疹汇纂》诸书,今未见。子周景荣,为诸生;周景新、周景闶,仍世父业。[见:《上海县志》]

周诗① (1494~1556) 字以言,号虚岩,又号虚谷山人。明代昆山县(今属江苏)东乡三家市人。世医周右子。秉承家学,精通医理。每以大剂起效,见者莫不服其神术,时人皆以当世仲景目之。兼擅诗文,名噪吴下。曾游京师,士大夫折节与交。偶为人治疾,皆神效。公卿欲荐之为医官,拂袖归。曾游杭州,题诗于岳王庙。提学孔天胤见而奇之,访于居所,遂与订交。其父与长熟高士孙艾交厚,故周诗晚年寓居长熟孙寓,终老于此。著有《内经解》(又作《素问笺解》),钩沉索隐,不袭前人,惜已散佚。医书外,尚有《虚岩山人诗集》六卷。[见:《苏州府志》、《昆山新阳合志》、《江南通志》、《常熟县志》、《昆山历代医家录》]

周诗② 字南始,号易简。清代江苏昆山县星溪人。习举业不售,叹曰:"不为良相,必为良医。"遂弃儒,习岐黄术。重医德,贫者求治,从未求报,亦未尝留恋贵门。喜吟咏,葺草庐两楹,庭院杂植花木,客至,烹茗清谈,竟日不厌。年七十余卒。著有《肘后良方》、《易简诗草》,今未见。[见:《信义志稿》]

周诚 清代安徽绩溪县人。业儒,为庠生。性耿介,寡言语。精通医术,治病百不失一,知名于时。[见:《绩溪县志》]

周询 明代兰州府金县(今甘肃金县)人。周遴孙。早年习儒,补邑庠生。精易学,善诗文。议论慷慨,操守严正,凛然不可犯。旁通医术,常贮药以济人,全活甚多。著有《医要》,今佚。[见:《金县志》]

周郓 字沂川。清代河南密县人。国学生。精通岐黄,延请辄至,不受谢仪。[见:《密县志》]

周驿 明代无锡县(今属江苏)人。世医周牧子。绍承父学,亦工医术。[见:《无锡金匮县志》]

周绍 字庭谕。明代常熟县(今属江苏)沙头里人。以医术知名。[见:《沙头里志》]

周荣 字东阳。清代河南宜阳县人。早年习儒,为贡生,选授训导。精古文词,工篆隶,兼通医学。[见:《宜阳县志》]

周南① (1415~1496) 字尚正,号菊处。明代吴县(今江苏苏州)人。世医周鼎子。绍承家学,祖传妇科之外,兼通诸家之言。吴中论名医,南居其首。临证用药不尚奇,而多著良效,百里以外迎请者不绝。重医德,虽活人甚众,未尝计利,人尤德之。其子周庚,官南京太医院判,周南亦获南京太医院判封号。[见:《中国历代名医碑传集》(引吴宽《家藏集·明故封南京太医院判周公墓表》)]

周南② 字启东。明代浙江慈溪县人。嘉靖四年(1525)举人,授常州府通判,署宜兴县。后改判云南楚雄,以亲老不忍远去,致仕。旁通医术,著有《周通判医案》四卷,未见流传。[见:《慈溪县志》]

周南③ 字岐来,号召采。清代江苏崇明县人。诸生。因母病习医,精其术,能起沉疴。康熙六十年(1721),日本王闻其名,邀请赴日,所疗皆奏效,王令本国医者从其学,留居五年而归。著有《其慎集》(医案)五卷,日人平君舒为之作序,今存日本亨保二十一年(1736)刻本。周南还著有《脉要纂注》二卷,今存乾隆元年(1736)稿本,有张桐序,书藏中国科学院图书馆。[见:《崇明县志》、《中医图书联合目录》、《全国中医图书联合目录》]

周树 字梓桐。清末浙江东阳县人。世代业医,通明医理。曾为吴宣崇《鼠疫约编》作序。[见:《鼠疫约编·周序》]

周显 字仲升,号小狂。清代江苏吴县人。名医叶桂(1666~1745)门生。日侍叶氏左右,每见方案,无不汇而集之,久之成帙,遂辑《未刻本叶氏医案》,刊于世。[见:《未刻本叶氏医案·序》]

周钦 字绍濂。清代江苏宜兴县人。雍正二年(1724)举人。家贫,自学无师,笃然发奋,鸡鸣不寐,率以为常。旁及医术。著有《推拿书》,未见刊行。[见:《宜兴县志》、《宜荆县志》]

周钫 明代昆山县（今属江苏）淞南吴桥人。儒医周家庆次子。绍承父学，尤精医理，名冠郡邑。[见：《淞南志》]

周顺 宋代鄱阳（今江西波阳）人。精医术，有十全之功。尝谓："古方书如《圣惠》、《千金》、《外台秘要》，所论病源脉证及针灸法，皆不可废。然处方分剂，与今大异，不深究其旨者，谨勿妄用。"一士人得脚弱疾，其家积药如山。顺至，悉令屏去，以杉木桶濯足，及冷，排樟脑于两股之间，以布系定。过月余，脚健如初。[见：《医说》、《医学入门·历代医学姓氏》、《续名医类案》]

周泉 字若蒙。明代昆山县（今属江苏）人。嘉靖十一年（1532）进士周复俊子。精医术。以太学生授襄王府良医正，不赴。筑云东草堂于马鞍山南，以奉养父母。其子周玄暐为万历十四年（1586）进士，后居高位，周泉以子贵，赠兴安知州。卒，葬留晖门外祖茔。[见：《昆山新阳合志》、《昆山县志稿》、《昆新两县续修合志》]

周律 南宋末舂陵（今湖北枣阳）人。徙居昆山县，定居于此。世代业医，享誉于时。七世孙周振誉，为正统间（1436～1449）王府医官。[见：《昆山县志》、《吴县志》]

周恒 号圣阶。明代高邮州（今属江苏）人。邑名医周从鲁曾孙。传承家学，亦以良医著称。[见：《高邮州志》]

周恂 字廷英。清代湖南平江县人。监生。精医术，施药活人。常异病者至家，躬为疗治。岁青黄不接，凡亲而贫，疏而贤者，各有周恤。邑中有义举，必解囊相助。知县卢尔秋，雅重其品。[见：《平江县志》]

周济 字用仁，号菊潭。明代浙江归安县人。世以医名。至周济博极群书，精通医理，深明运气，尤擅治伤寒杂证，活人甚众。尝谓："医者意也。得其方而不得其意，为庸医，其害可以杀人；得其意而不拘其方，为良医，其功可以济世。"正德八年（1513），以医学训术诣选吏部，公卿争相迎致，补授御医。后辞归乡里。周氏少年时从冯泰学医，终身执弟子礼，视其子如手足。又好启迪后学，谆谆不倦，弟子皆以"菊潭先生"称之。子周礼，亦工医学。[见：《归安县志》、《湖州府志》、《浙江通志》]

周冠 字甄陶。清代湖南耒阳县人。生平未详。辑有《痘疹精详》十卷，刊于乾隆甲寅（1794），今存。[见：《耒阳县志·书籍》、《中医图书联合目录》]

周诰 字赞纶。清代江苏常熟县严塘庄人。邑名医周鸣岐子。孝友能文，补诸生。绍承父业，亦精于医，远近就诊，不计资利。年八十岁卒。[见：《常昭合志稿》]

周泰 字天锡。清代江苏上海县人。精外科，有名于时。兼工丹青，善绘兰竹。门人曹洪御，得其医传。[见：《上海县志》]

周恭 字寅之，别号梅花主人。明代昆山县（今属江苏）人。业儒。博览群书，甘贫养晦，授徒自给。喜吟咏，尤好读医书。尝谓："达则为良相，不达则为良医。相不可幸而致，医又安可幸而为耶？盖欲其利物之同心也。"县令方豪，固请至县，力辞不赴。方亲书"鹿门"二字题其居。辑有《医说续编》（又作《续医说会编》）十六卷，序刊于弘治六年（1493），今存。还著有《医统续编》五十卷、《事亲须知》五十卷、《医效日钞》四卷，未见流传。[见：《医藏书目》、《苏州府志》、《昆山新阳合志》、《中国图书联合目录》]

周桂 字思哲，号香林。清代江苏吴县人。业医。与名医唐大烈相往还，曾参订唐氏《吴医汇讲》。著有《大豆黄卷辨》、《瘟疫赘言》二文，载于《吴医汇讲》。[见：《吴医汇讲·卷七》]

周砥 字履道。明初太仓州（今江苏太仓）人。邑名医周祯子。早岁习儒，绍承家学，亦工医术。洪武（1368～1398）初，荐授州判，不就，愿就卑职，委派山东监造战车、浙江监筑海岸等职，有能声。官至巡检，食州判俸禄。宦游四十余年，两袖清风，空囊而返。居官时，唯药石济人为务。年八十二岁卒。有《荆南唱和集》。子周康，孙周颐，曾孙周深，皆业医，以周深最负盛名。[见：《太仓州志》、《壬癸志稿》、《中国人名大辞典》]

周原 字月池。清代江苏金山县张堰镇人。弃儒攻医，治病多效，知名乡里。[见：《重辑张堰志》]

周晃 字文军，号荷澹。清代浙江鄞县人。以儒研医，精其术，投方立应，世称"周一帖"。著有《爱莲书屋医案》，未见刊行。子周振玉，亦工医术。[见：《鄞县通志》]

周钺 字左黄。清代浙江余姚县人，居开元乡水阁里。好读书，工诗文。屡困于场屋，遂绝意进取，专事岐黄，医名噪甚。年将花甲，学愈进而心愈慎，犹恐误人，遂不复施治，闭户吟诗自娱。尝取古来医书要义，或畅而扬之，或订

而正之，著《香远居医学举要》一卷，今存。[见：《余姚六仓志》、《中国历代医家传录》]

周候 字梦卿。金代定襄（今山西定襄）人。户籍判官周器之弟。弱冠从其兄居，习举子业。因遭兵乱，投迹戎行，以战功授千户。中年后颇以医药卜筮为事，凡军旅间仓猝患病者，投剂多效。救疗既广，遂以医为业。好事者获秘方，皆来告之，久之成帙，名之曰《周氏卫生方》，元好问为之作序，惜散佚不传。[见：《遗山先生文集·卷三十七·周氏卫生方序》、《定襄县补志》]

周浩 字治平。清代江苏常熟县人。少从名医叶桂（1666～1745）学，治病多奇效，人称周怪。[见：《常昭合志稿》]

周朗 字鹤仙。清代江西金溪县人。嗜医方，平素与四方君子咨诹药石，又尝周历吴、越诸邦，所在延访古先名手医方，后汇为一编，试之辄效，用之通神，爰附刻于俞焕《丹方类编》之后，名《经验丹方汇编》，刊刻于世。此书国内未见，据丹波元胤《中国医籍考》，曾流传日本。[见：《中国医籍考》]

周祯 字子祺，号垣斋。明代太仓州（今江苏太仓）人。其先世为春陵（今湖北枣阳）人，九世祖周世德，仕宋为承直郎，建炎间（1127～1130）扈驾南渡，徙居太仓。世业岐黄，至周祯术益精，名噪于时。重医德，遇贫者求治，每赠钱米以资药力。年九十三岁卒。著有《洪武正韵注疏》十六卷。子周砥，孙周康，皆传其业。[见：《太仓州志》、《壬癸志稿》、《古今医统大全·历世圣贤名医姓氏》]

周逵 字仲衡。清末安徽建德县人。嗜岐黄术。曾留学美国，考察数载，学成归国。著有《普通治疗法》一卷，人多称之。此书今未见。[见：《建德风土记》]

周萃 明代无锡县（今属江苏）人。邑名医周绂孙，周敷子。绍承家学，亦工医术。按，"周萃"，王鏊《震泽集·周煦庵墓表》作"周骅"，未知孰是，待考。[见：《医学入门·历代医学姓氏》、《无锡县志》、《无锡金匮县志》]

周冕 明代浙江归安县人。成化间（1465～1487），与周升、周鼎，师事太医院使方贤，后为御医。[见：《善本医籍经眼录》（引《归安县志》）]

周笙 字古声。清代浙江嘉兴县梅里镇人。业医，兼精绘画。著有《灵素宝要》、《六治秘书》、《医林口谱》诸书，藏于家。[见：《嘉兴县志》、《梅里志》]

周康 字和斋。明代太仓州（今江苏太仓）人。邑名医周砥子。精医术。早卒。子周颐，绍传家学，亦工医术。[见：《太仓州志》、《壬癸志稿》]

周清 清代江苏川沙县人。生平未详。著有《遵切会同》，今未见。[见：《川沙抚民厅志》]

周深 明代太仓州（今江苏太仓）人。世医周颐子。深得父传，亦精医术，声名尤著。堂兄周若川，善诗能医。[见：《太仓州志》、《壬癸志稿》]

周瑛① 字召亭。清代江苏崇明县人。精医理，每自制丸散施人，治效甚多。苏州某大吏之母患疾，医者误用补剂，病益重。后延请周瑛，投剂而愈。吏欲罪前医，周氏进言，使宽免之。[见：《崇明县志》]

周瑛② 字西范。清代浙江秀水县人。精医术，知名于时。[见：《秀水县志》]

周琳 字森玉，号琼林。明代四川忠州人。天顺元年（1457）三甲第一百四十四名进士，授龙溪知县，有政声。精医术，邑中大疫，亲自立方，造门诊视，民皆德之。以卓行迁刑部主事。年六十三，致仕归乡，日以诗书自娱。著有《风门偶钞》，今未见。[见：《直隶忠州志》、《明清进士题名碑录索引》]

周鼎① （1245～1327）字德卿，又字仲恒，号大江翁，晚号洞真处士。宋元间江西庐陵县大东村人。祖籍成安县。博览群书，奋励治学。宋亡，无意仕进，游历四方，凡达官贵人，无一苟合，所至皆僻陋隐约之家。工琴，善射，独步江右。兼读医经，贯通仲景之书。泰定丁卯，客居清江县彭氏之馆，豪饮朗吟数日，无疾而终，时年八十三岁。著有《仲景伤寒论治法歌诀》，已佚。[见：《吉安县志》、《庐陵县志》]

周鼎② 字宗器。明代吴县（今江苏苏州）人。世医周文威子。绍承家学，以妇科著称。长子周南，医名尤盛。[见：《中国历代名医碑传集》（引吴宽《家藏集·明故封南京太医院判周公墓表》）]

周鼎③ 明代浙江归安县人。成化间（1465～1487），与周升、周冕，师事太医院使方贤，后为御医。[见：《善本医籍经眼录》（引《归安县志》）]

周鼎④ 明代广东琼山县人。博通医学，尤精王叔和《脉经》。成化十一年乙未（1475），同知马叔文抵定安，病危，迎请周氏。

八画

周氏诊之曰："食冷物耳。"叔文颔首曰："先生固有见耶！在万州啜鹿血过多，时医误以冒瘴治之，遂至于此。"服药而安。[见:《琼山县志》]

周颐 一作周挺。唐末蜀（今四川省）人。涉猎医学，勤志方书，常思救疗。于妇儿两科尤有心得。尝谓："医之中，惟产难为急，子母悬在片时。"乾宁四年（897），得昝殷《产宝》（又作《经效产宝》）三卷，遂为之序，作小论三篇，附于序末。其一曰经效诸方；二曰郭稽中论，述郭氏方十四道；三曰产后十八论，有方六道。此书为我国现存最早之妇产科专著。周氏还撰有《保童方》一卷，惜已散佚。[见:《补五代史艺文志》、《通志·艺文略》、《文献通考》、《四川通志》、《中国医籍考》（引《产宝·周颐序》）]

周湛① 字文渊。北宋邓州穰县（今河南邓县）人。中进士甲科，授开州推官。改秘书省著作郎，通判戎州。历官虔州知州、户部判官、夔州路转运使、度支副使、右谏议大夫、襄州知州。官戎州通判时，民俗信巫不信医，周湛乃取古方书刻石以教之，又禁止巫术，州民始用医药。按，后世文献多误作"周洪"，不可从。[见:《宋史·周湛传》]

周湛② 清代安徽天长县人。生平未详。其父周瑶，著有《伤寒指南》若干卷，周湛详为之注。惜散佚不传。[见:《天长县志稿》]

周湘 清代山西曲沃县人。邑名医周克雍子。绍传父学，临证多验，知名于时。[见:《山西通志》、《新修曲沃县志》]

周谦 字君牧。清代江苏宜兴县人。早岁习医，粗通其术。中年游学浙江，遇外科圣手，悉得其传，遂专业伤科，治病无不愈。有医德，遇贫者助以药饵。[见:《宜兴荆溪新志》]

周巽 字廷顺。明代太仓州（今江苏太仓）人。好读书。少时多病，遍请名医，久之精其术。有医德，凡贫者就治，多供食宿，施以药。弟周豫，以疡科知名。[见:《太仓州志》、《壬癸志稿》]

周弼 号谷城子。明代福建莆田县人。世代业医。祖周善卿，伯祖周春谷，父周用文，皆以医术知名。弼绍承家传，亦善医。[见:《福建通志》]

周颐 字养素，号易安。明代太仓州（今江苏太仓）人。世医周康子。天性明敏，有大志，熟通经史方物。袭承家学，尤工医术，治病不责酬报。子周深，克继先业。[见:《太仓州志》]

周锦 字存美。明代昆山县（今属江苏）淞南吴家桥人。鸿胪寺丞周珩（字惟仁）长子。诸生。精医术，选授太医院医官。[见:《淞南志》、《昆新两县续补合志》]

周魁 字杓元，又字芍园，号澹然子。清代江苏江宁人。工痘科，虽点粒未发，能预决其轻重、生死。又善治温病，审证候，辨虚实，治之多良效，活人甚众，世以周小仙称之。著有《温症指归》四卷，刊于嘉庆四年（1799），今存抄本及《三三医书》本等。孙周怀仁，亦精医术。[见:《江宁府志》、《上江两县合志》、《中医图书联合目录》]

周溥① 字文渊。明代河南开封府人。祖籍浙江会稽县。幼年颖敏嗜学。及长，患羸疾，自度不起。幸遇南郡高子明，诊治而痊，遂师事之。高氏授以古人脉书及秘验方，溥且录且读，历时三载，颇有领悟。后以医问世，治病多验，四方迎谒者络绎不绝。有医德，凡有赠贻，粟帛之外，奇物异玩悉谢不受。成化间（1465～1487），以耆宿得赐冠带。年八十七岁卒。著有《方法考源》、《用药歌括》二书，医者皆宗之。今未见。[见:《河南通志》]

周溥② 明代沛县（今属江苏）人。工医术，治病多一服而愈。尝挟技游京师，有太医院医官内人暴疾，医者数十辈不能治。溥断为伤寒，进药一剂即瘳。[见:《徐州府志》]

周源 字问渠。清代江苏昆山县人。邑名医周缵子。早年习儒，嘉庆四年（1799）入县庠。绍承父学，亦以医术著称。父殁，家境贫窘，每至断炊，故治疾必索诊酬，然秉性诚实，亦得佳评。年七十七岁卒。同时有周廷相，与周源齐名。[见:《昆新两县续修合志》]

周裡 字维敬，号一山。明代青浦县（今属上海）人。早年习儒，正德戊寅（1518）就选吏部，丁外艰归，寻致仕家居。好游历，啸傲湖山，出没峰泖间，与诸名士诗文往还。工草书，好著述，兼涉医学。著有《医圃杂言》（又作《医学杂言》），惜散佚不传。[见:《青浦县志》、《江南通志稿》]

周缙 （1364～1443） 字伯缙。明代湖北武昌县人。以岁贡入太学，授永清县典史，摄县令事。成祖举兵，守令相率迎降。永清地尤近，周缙独为守御计。正统八年五月二十四日殁，终年八十岁。善养生，著有《摄生图说》、《摄生要义》，今佚。[见:《武昌县志》]

周瑶 清代安徽天长县人。生平未详。著有《伤寒指南》若干卷。其子周湛，详为之注。惜散佚不传。[见:《天长县志稿》]

周熙 字怀发。清代江西广丰县人。精岐黄术，有名于时。[见:《广丰县志》]

周霁 字止愿。清代浙江昌化县人。好藏书，凡阴阳医卜诸家，靡不通晓。晚年喜作画，知名艺林。[见:《艺林医人录》(引《昌化县志》)]

周裳 明代昆山县(今属江苏)人。楚府良医周振誉子。传承父术，亦以医名。[见:《昆山县志》、《昆新两县续修合志》]

周镳 字光远。清代浙江钱塘县人。道光(1821~1850)初，官婺州矿务主政。通医理，推重名医王士雄，曾评注王氏《霍乱论》。道光二十三年(1843)，搜集王氏临证验案九十一则，厘为二卷，名之曰《回春录》(又作《王氏医案正编》)，刊刻于世。周氏年五十岁殁。[见:《中国医籍大辞典》、《霍乱论》、《潜斋医书五种》]

周熊 字渭英。清代江苏昆山县人。少习举业，久试不得志，弃而业医。家贫，鹑衣百结，所居不蔽风雨，凡以疾延诊，一心赴救。性至孝，抚养弟妹侄甥二十余人，三十年如一日。年六十五岁卒。[见:《昆新两县续补合志》]

周瑾 号菊岩。明初吴县(今江苏苏州)人。生于世医之家，父周继周，仕元为平江路医学正。瑾早年习儒，官光泽县儒学训导。虽不业医，当亦通医道。长子周文威，任太医院医士。[见:《中国历代名医碑传集》(引王行《半轩集·医学正周菊所墓志铭》)]

周觐 字兰溪。清代江苏宜兴县人。工岐黄术，道光间(1821~1850)知名于时。有医德，治病不受酬谢，逢盛暑巡诊乡间，遇贫病施药救治。[见:《宜兴荆溪新志》]

周震 字之干(疑为"之乾"之讹)，又作子干，号慎斋。明代安徽太平县西隅人。生于正德间(1506~1521)。壮年患中满疾，痛苦不堪，遍访名医无效，乃广搜方书，久之自疗而愈。嗣后研究益勤，深明阴阳五行之理，临证重在扶阳抑阴，治病多奇验，全活甚众，后世以医学宗匠称之。品性端方，心怀济利，以医济世，不求酬报。一艳妇以活夫恩，贫无所报，愿荐枕席，周氏正色拒之。平生多义举，尝过柏叶山，见神祠旁有巨石阻路，谋凿之。乡人畏神，皆不敢为。周氏曰:"神必福民，吾体神意去之。神若降殃，当殃我。"遂去其石。七十九岁殁。门生查万合

(1556~1624)、胡慎柔(1572~1636)、陈希阳、陈嘉璘，俱负盛名。子周国良，从查万合学，亦精医术。周氏晚年著《周慎斋医书》四卷，未梓，有传抄本存世。家藏《医案》数十卷，散佚不传。及门弟子整理其经验，辑《慎斋遗书》十卷，卷一至卷五为阴阳脏腑、亢害承制、古经解、古方解等医论，卷六至卷十为临证各科诊治心得，间附验方、医案。书成未刊，清人王琦于乾隆三十九年(1774)删订梓行。查万合亦整理先师所授，辑《慎斋三书》三卷，包括《口授记录》、《内伤杂语》及《医案》各一卷，今存清初刻本。今有乾隆五十四年己酉(1789)周煦序刊本《幼科医学指南》四卷，题"沙城周震慎斋著"，疑系后世伪托之作。[见:《太平县志》、《医学读书志》、《宋元明清名医类案》、《中国医学大成总目提要》、《贩书偶记续编》、《中医图书联合目录》、《珍医类目》、《幼科医学指南》]

周敷 (1443~1516) 字时荣(一作方荣)，号煦庵(一作熙庵)。明代无锡县(今属江苏)人。邑名医周绂子。初习举业，于经史皆涉大义。后专攻岐黄，以医名世。时医治病多尊《局方》，周氏深以为非，故致力于《内经》、《难经》、《伤寒》诸医典，对东垣、丹溪之学尤为推重。其用药必辨州土、时节、炮炙、宜忌，故治病十愈八九。远近求治者舟楫车马恒满户外，应之无倦色，无愠语，不计诊酬，人以为有乃父之风。关西一戍卒病于途，危重将死，周敷使舍于郊墅，设床褥，供饮食，逐日诊治，半年而愈，仍资以盘费使归。山阴王司寇巡抚郧阳，夫人久病不起，诸医束手。周敷自武当过郧，应邀往诊，一药而愈。临证类此者甚多，世以名医罗知悌、钱乙喻之，名人雅士，皆乐与游。正德丙子二月六日卒，春秋七十有四。子周萃，传承其业。[见:《医学入门》、《无锡县志》、《无锡金匮县志》、《中国历代名医碑传集》(引王鏊《震泽集·周煦庵墓表》)]

周镇 (1876~1942) 字伯华，又字小农。近代江苏无锡人。邑名医周憬子。幼时家贫，侍父居上海。因病习医，初入邓羹和门下，复师事张乃修。技成，悬壶沪上，以内科问世，尤善治温病。1911年，伍廷芳在沪设劝戒纸烟会，举周镇任劝导及调查员。后充任善堂、警署医职。中年返故里，行医至终老。周氏思想开明，于学术不专主一家，兼取《内经》、《巢氏病源》及李杲、孙一奎、王肯堂、喻昌、叶桂、薛雪、吴瑭诸名家之论。尝谓:"儒有定理，医无定法。病情万变，难守一宗。"又曰:"古今医

书，多有其独到之处，凡有一长足取，皆吾师也。"生平治疾以审慎著称，学验两富。著有《惜分阴轩医案》（后改名《周小农医案》）六卷，刊刻于世。还著有《医论汇选》等书，已交千顷堂排印，值日寇入侵，散佚不传。［见：《先君周小农医学经验略述》《江苏中医》1963 年第 10 期）、《中国历代医史》、《中医大辞典》]

周镐 字汉峰。清代浙江金华县八一坊人。精医术，为乾隆间（1736～1795）名医。临证重"脉神"，往往舍证从脉。有患夜分寒战，逾时发热者，镐曰："脉左弦紧而右空，此阳虚致感也。"以姜、附重剂三投之，得汗而解。有老人腹痛，夜间转剧。镐曰："脉紧数有力，内痈也。"服药得痊。有证见寒热，服解表剂不退者，镐诊其脉曰："虚大无根，非真武不愈。"果服真武汤而安。所治多类此。尝自录临证所得，辑《舍从一得录》，未见流传。［见：《金华县志》]

周稷 字泰来。清代江苏娄县人。邑名医康时行（1705～1772）门生。曾整理其师《三皇药王考》一文，刊于唐大烈《吴医汇讲》。［见：《吴医汇讲·卷六》]

周憬 字莘农，号惜分阴主人。清末江苏无锡县人。以医为业，悬壶上海。著有《临产须知》、《周氏集验方正续编》、《集验方撮要》、《卫生易简方》等书，皆刊刻于世。子周镇，为近代名医。［见：《江苏历代医人志》、《中医图书联合目录》、《中国丛书综录》]

周豫 明代太仓州（今江苏太仓）人。精医术，以疡科知名。弟周巽，声名益盛。［见：《太仓州志》]

周璟 字子芗。清代浙江山阴县人。早年习儒，不得志，为知县李兰生幕僚。公余兼治医学，考究精微。辑有《经验奇方》二卷，序刊于光绪戊戌（1898），今存。［见：《珍本医书集成·经验奇方·林贤庆序》、《浙江医籍考》]

周融 字慕新。清末人。生平里居未详。为太医院肄业生。曾任太医院上药房值宿供奉官。［见：《太医院志·同寅录》]

周镜 字子和，号蓉汀。清代浙江长兴县人。增贡生。博学多识，通六壬、勾股、地理诸学。以医为业。著有《厥阴经发明》、《奇经琐言》等书，今未见。［见：《长兴县志》]

周镠 字孟坚。元明间昆山县（今属江苏）人。元末徙居吴江县同里镇。家世业医，至周镠亦精，治病刻期奏效，名重于时。明初征入太医院，官至院使。诊病如见脏腑，

京师人以长桑君比之。洪武十五年（1382），诏治马皇后疾，不效，论死。大臣某力救之，乃髡首，削职归里。居乡后，四方求治者踵至，不分贫富，皆愈其病而后安。素性仁厚，信谊接物，人咸敬之。子周黼，传承父术，亦征入太医院。［见：《吴江县志》]

周澹 （?～419） 北魏京兆鄠县（今陕西户县）人。其人多方术，尤善医药。天兴间（398～403）任太医。道武帝惑于方士，好神仙服食之术，置仙人博士，立仙坊。煮炼百药，令死罪者试，服之多死，而帝犹不止。周澹谏阻之，遂废其事。明元帝时，官太医令。帝患风疾，头眩，澹治之得愈，由此益见宠幸，赐爵成德侯。神瑞二年（412），京师大饥，朝议迁都于邺。澹与博士祭酒崔浩进谏，详论迁都之弊。太宗大然之，曰："唯此二人，与朕意同也。"赐妾一人、御衣一袭、绢五十匹、绵五十斤。泰常四年卒，谥"恭"。子周驴驹，袭传其术，延兴间（471～475）官至散令。［见：《魏书·释老》、《魏书·周澹传》、《北史·周澹传》]

周嵩 清代人。里居未详。精医术，官太医院医士。乾隆四年己未（1739）充任《医宗金鉴》校阅官。［见：《医宗金鉴》]

周镱 字伯用。明代浙江嵊县人。精岐黄术，济人不论贫富，概不受酬，乡里德之。［见：《嵊县志》]

周簠 明代顺天府（今北京）人。徙居山东聊城县。精医术，授太医院御医。著有《素问注》等书，未见传世。［见：《聊城县志》]

周缵 字思承，号退云。清代江苏昆山县人。监生。好吟咏，与同里丁润、王汝楫、诸葛庐等相酬唱。精医术，望色而知生死，名重于时。清高孤傲，凡持重金求治者，挥之门外。若以父母兄弟疾病延请，立往赴救。病愈酬以金，则曰："吾为若孝友，岂卖艺哉？"终不肯受。偶有所受，辄与亲友贫困者共之。年近六十岁卒。子周源，亦以医名。［见：《昆新两县志》、《昆新两县续修合志》]

周黼 字彦成。明初昆山县（今属江苏）人。其父周镠，元末迁居吴江县同里镇，明初任太医院院判。周黼传承父学，亦精医术，知县王迪额其堂曰恒心。成化间（1465～1487），征入太医院。后归乡，声誉益振。同时有蒋士能，以疡医著称。［见：《吴江县志》、《同里志》]

周一龙 字五云。明代浙江上虞县人。邑庠生。幼精举业，继学岐黄。望闻问切咸精，

善断人生死，多所全活。性好施与，贫乏者求治，不取其酬，邑中称良医。门生李茂兰，得其传授，亦以善医闻名。[见：《上虞县志》]

周一桂 字仲贤。清代江苏苏州人。名医周扬俊子。康熙二十六年（1687）校订其父《金匮玉函经二注》。[见：《金匮玉函经二注》]

周于纶 清代湖南湘潭县人。精医术。门生周贻观，尽得其传。[见：《秘珍济阴·序》]

周于蕃 一作周子蕃。字岳夫（一作岳甫）。明代湖北武昌县人。生平未详。周氏年二十七岁始得子，生而多病。遇道士善小儿推拿术，延治多效，遂留心此术。忽一日，得《小儿推拿秘诀》一卷，言小儿推拿甚详，而错讹亦多。后历访名医，陆续参订，久之渐次明晰。万历三十三年乙巳（1605），上庸（今湖北竹山县）县令张天植见此书而善之，遂刊刻于世。该书梓行后风行宇内，翻刻者极多，现存最早刊本刻于万历四十年（1612）。清代张振鋆曾补订此书，易名为《厘正按摩要术》。[见：《明史·艺文志》、《千顷堂书目》、《厘正按摩要术·序》、《中国医籍考》]

周士先 字尚仲，号大郇山人。明代安徽绩溪县市西人。邑名儒周旂子。少颖异，好读上古秘书。诗法盛唐，书法钟王，旁通医术。不求闻达，隐居于大郇山中。著有《大郇山人诗集》、《明医摘粹》，今佚。[见：《绩溪县志》]

周士享 字拔南。清代广东顺德县龙山乡人。遂于医学，以妇科知名。性耽幽逸，移情花鸟，尤精鉴藏。晚年举乡饮。寿至八十余卒。[见：《顺德龙山乡志》]

周士忠 字移作，号澹斋。清代四川南川县人。父周万祥，早卒。家贫，由母劳绩抚养成人。好读书，凡诗词、古文、医药诸书，无不研习。母晚年多病，赖士忠调治，得享天年。[见：《重庆府志》、《南川县志》]

周士修 字仲吉。明代常熟县（今属江苏）沙头里人。工医术，知名于时。[见：《沙头里志》]

周士祢 一作周士称。清代福建福州人。著有《婴儿论》一卷，成书于乾隆戊戌（1778）。今存日本宽政九年丁巳（1797）刻本。[见：《中医图书联合目录》、《中国历代医家传录》]

周士焰 一作周士照。字乙藜。清代江苏松江人。名医陆以湉表兄。周氏为儒生，道光壬寅（1842）患瘰疾，经朱光甫治疗而愈。后潜玩医书，深究脉理，为人治病，屡奏奇效。

分水典史王某妻，两臂挛不能举，面色黯淡，脉沉缓，诸药不效。周氏诊之，令服活络丹而愈。后以此方治手臂、足腿挛肿之属寒湿者皆效。又，其亲戚张氏妇，体弱恶食，月信已停八月，就诊于苏州名医何氏。何氏诊为"经阻"，令服通药。周氏诊之，曰："六脉滑疾，右寸尤甚，是孕也，且必得男。"以安胎药与之，阅四月果生男。[见：《奉贤县志》、《冷庐医话·卷二·今人》、《中国医学大辞典》]

周士暹 字镜玉，自号冒道人。明清间安徽绩溪县市西人。邑名医周少塘族侄。早年习儒，为贡生。明亡，尽弃举业，以医自隐。或劝应试，作《贞女答问》词以谢绝之。与同郡金正希相契，志操高洁，时寄意诗文中。尤精《春秋》，四方从学者甚众。著有《春秋键钥》、《墨庄集》。所撰医书亦多，有《医案》及《本草详要录》、《俞穴》等，皆散佚。[见：《绩溪县志》]

周士燮 字克庵。清代江西进贤县人。业儒，官学正。熟精医理。道光丙午（1846）夏，时疫大作，患者俱兼喉痛，死亡者接踵，时医束手。士燮家染病者亦众，亲自治疗获痊。悯时医之寡识，作论以正之。其论略曰："暑风由口鼻而入，冷秽气亦由口鼻而入，先伤上焦手太阴肺经。用药宜轻清宣解，不必用苦寒沉降之品，诛伐中下二焦无过之地。"识者以为至言。[见：《进贤县志》]

周士镳 字艺珊。清代浙江嘉兴县人。以医为业，晚岁益精，远近争相延致。[见：《嘉兴县志》]

周大伦 字禹台。清代浙江山阴县人。早年习儒，兼精医术。曾任京卫经历，擢武昌府同知，所至有政声。子周士昌，官东昌府通判。孙周宏谦，以医知名。[见：《山阴县志》]

周大勋 清代江苏嘉定县人。生平未详。著有《医学大全》若干卷，未见刊行。[见：《嘉定县志》]

周大宾 字敬思。明代太仓州（今江苏太仓）人。邑名医周诒子。绍传父学，亦精医术。好善行义，中年丧妻，不复娶。万历时（1573～1619）举乡饮。子周易，继承父学，亦为良医。[见：《壬癸志稿》、《太仓州志》]

周万清 清代浙江秀水县人。生平未详。著有《咽喉指掌》一卷，今存稿本，书藏浙江省图书馆。[见：《秀水县志》、《中医图书联合目录》]

周与权 字仲立。宋代临潼（今陕西临潼）人。生平未详。著有《难经辨正释疑》，已佚。[见：《九灵山房集》、《中国医籍考》]

周广运 字景唐。清代安徽绩溪县莲花塘人。性恬澹，天资聪敏。擅书法，工绘画，尤精医术，济人甚众。曾手录《医方集要》一部。[见：《绩溪县志》]

周之明 字诚生。明末安徽太平县人。从泾县查万合（1556～1624）习医，尽得秘旨。尝云："种树者必培其根，治病者必溯其源。其根深则枝叶自茂，其源清则标病自消。"崇祯间（1628～1644），挟技游于南京、中州、京师、山陕、关塞，投剂立效，声闻远迩。文震孟、蒋德璟、黄景昉、倪元璐诸名贤俱有题赠，盛称其术。性孝友，有所得必与弟均之。又置义田，以赡族中贫者。著有《问答医案》、《四时调理方书》，皆散佚。[见：《太平县志》、《太平府志》]

周广和 清代福建侯官县人。周嘉璧孙。同邑林一桂，两子（佚名）皆善医，周广和从之学，读《灵枢》、《素问》、《伤寒论》诸书，精通医理。临证立方，多宗仲景。[见：《闽侯县志》]

周之桢 字文元，号瑶岩。近代上海人。精医术，诊病审慎。性慈厚，治疗贫病不受诊酬，且周济之。[见：《上海县志》]

周之德 清代河南许昌县许逯保人。得接骨奇术，凡跌打损伤，著手即愈。性耿介，不索谢仪。求医者至村求诊，往往一抚摩即毕，而病者尚不知病已痊也。[见：《许昌县志》]

周之瑶 （1741～?）字文通。清代四川广安州北尖山人。豪放喜饮。通明医理，深得《内经》"上工治未病"之旨。临证审音、望色、察舌、诊脉，能推知病源，决人生死，远近延请者无虚日。族侄某，身体素健，之瑶偶闻其咳，曰："此咳唾者何人？若不治，逾月将殆。"人皆不信，如期果不起，人始服之。[见：《广安州新志》]

周之藩 字介卿。明代江都县（今属江苏）人。精医术。慈和仁厚，以济人为务。凡求治，悉为诊疗，不因贫贱富贵而二视。年六十岁卒。[见：《扬州府志》]

周飞雄 号渔隐。清代浙江遂昌县人。武庠生，授卫千总衔。英敏豁达，慷慨好义，以孝友闻。素习岐黄，通内外科，知名于时。重医德，凡就诊者不取谢金，遇贫病施药不吝。[见：《遂昌县志》]

周飞鹏 字翼云。清代河北南皮县人。精医术，知名于时。著有《周氏经验良方》，行于世，今未见。子周冠三，能世其业。[见：《南皮县志》]

周子华 号菊圃。元代平江路吴县（今江苏苏州）人。早年习儒，兼通医道，知名于时。子周观光，孙周继周，皆以儒医著称。[见：《中国历代名医碑传集》（引王行《半轩集·医学正周菊所墓志铭》）]

周子余 清末浙江新昌县人。祖籍安徽歙县。精通医术，知名于时。[见：《绍兴地区历代医药人名录》]

周子容 清代江苏川沙厅八团人。邑眼科名医周闵氏子。绍承父业，亦精医术。[见：《川沙县志》]

周子椿 清代人。生平里居未详。著有《种子金丹全集》，今存。[见：《中医图书联合目录》]

周王命 字令侯。清代江苏昭文县人。邑诸生。好谈当世大略、风俗利病。著有方书若干卷，今未见。医书外尚著有《救荒策》、《田赋水利考》、《恒河堂诗草》等书。[见：《常昭合志稿》、《昭文县志》]

周天如 明清间安徽绩溪县人。邑名医周少塘族侄。得少塘之传，亦业医。[见：《绩溪县志》]

周天扬 清代四川蓬溪县回龙场杨家沟人。邑名医周智端长孙。传承祖学，以医负盛名。[见：《蓬溪近志》]

周天泰 （1797～?）清代四川资州人。儒生周之清子。幼年习儒，不乐仕进，弃而攻医，以济世为己任。兼善养生，光绪二年（1876），与妻扬氏皆八十岁，犹健在，子孙繁衍，六世同堂，一时传为佳话。[见：《资州直隶州志》]

周天祥 （1280～1336）字廷瑞。元代宣城县（今安徽宣城）人。性敏慧，善记诵。年二十余，患目疾失明，乃澄心屏虑，终日瞑坐。逾数岁，神气清爽，目渐复明，无异平昔。此后，研读医书，贯通其理，慨然有济人利物之志。凡以病求治者，不分亲疏贫富，治疗必勤，虽冒暑寒风雨无倦色，亦未尝求报。轻财好义，每有盈余，周济贫乏。后至元丙子十月十三日病卒，享年五十七。[见：《中国历代名医碑传集》（引《陶学士集·周廷瑞墓志铭》）]

周天擎 字月卿。清代浙江象山县人。邑庠生。应乡试不售，慨然曰："范文正公云：不为良相，必为良医。医亦可济人也。"遂攻岐黄术，以医问世。重医德，凡求诊者至，风雨必赴，用药多验，不受一钱。邑令吴铖、周兆增，先后赠匾表彰。及殁，县令孙泉雯为之志墓。[见：《象山县志》]

周元干 字复初。清初江苏昆山县人。邑庠生。精医术，不专主一科，临证辨析入微，屡著奇效。某朝臣欲为补官，力辞。[见：《苏州府志》、《昆新两县续修合志》]

周元视 字燕诒。清代广东茂名县人。岁贡生。官龙门县儒学训导。母多病，侍汤药动逾旬月。后精研岐黄，久之术精，治则奇效，遂以医知名。秉性严正，乡里敬重之。[见：《茂名县志》]

周元瑜 清末人。生平里居未详。光绪元年（1875）与李文盛同辑《眼科开光易简秘本》三卷，今存庐陵段述继堂原刻本。[见：《中医图书联合目录》]

周云章 字松仙，又字松儒。清末四川新都县人。生平未详。辑有《简易医诀》四卷，今存光绪十八年壬辰（1892）四明伴梅轩刻本；还撰有《儿科三字经》，今存1923年上海万有书局铅印本。[见：《中医图书联合目录》]

周云翼 明代浙江桐乡县人。世医周敬山子。绍承家学，悬壶济世，知名乡里。子周孟皋，亦绍祖业。[见：《桐乡县志》]

周少治 清代安徽绩溪县市西人。能诗善文，尤精于医，常制药济人。[见：《新安名医考》]

周少塘 明末安徽绩溪县胡里人。精医术，知名郡城。族侄周士遑、周天如，传承其业。[见：《绩溪县志》]

周日佳 小字幼幼。清末湖南嘉禾县銮三乡雷家山人。秉性和易，早年患目疾，久治不效，得桂阳王医治愈，遂师事之。后悬壶济世，凡以病延请，不分远近负囊出诊，口不言钱。提督萧荣芳乡居，患目翳将盲，遣轿迎请。日佳谓轿夫曰："舁药囊可也，吾不惯乘轿。"乃步行五十里抵萧宅，诊治数日，目翳霍然。萧氏大喜，赠纹银八十两，轻裘一袭。日佳曰："我一眼科郎中，曷敢衣裘？至于银锭，尤所未见。"坚却不受。萧氏疑其嫌少，日佳曰："既如此，受二十元药金足矣。"素以廉平有德著称，行医五十余载，无日不出诊，诊无不愈，一杖一囊，往还于途，

妇孺皆称"幼幼先生"。年八十七岁殁。子孙俱享高寿。[见：《嘉禾县图志》]

周曰校 字应贤，又字对峰，号绣谷。明代南京（今属江苏）人。万历间（1573～1619）开设书坊，称绣谷书林，亦称万卷楼。周氏书坊刊刻文史图书甚多（详见《中国善本书提要》），世称精善。所刻医书亦佳，如万历十二年甲申（1584）刻《重广补注黄帝内经素问》二十四卷；万历间刻《新镌云林神彀》四卷、《保赤全书》二卷，皆为现存善本。崇祯初，其后裔周如泉主持坊事。[见：《中国善本书提要》、《中医图书联合目录》]

周中孚 （1768～1831）字信之，号郑堂。清代浙江湖州乌程县人。嘉庆间（1796～1820）拔贡。为清代名儒。平生力学，尤精目录之学。受知于阮元（字文达），尝参修《经籍籑诂》。周氏以《四库全书总目提要》为治学门径，更博考诸史《艺文志》及各家叙录，仿《四库提要》之例，甄别卷帙异同，钩提书旨得失，撰成目录学巨著《郑堂读书记》。周氏卒后，其稿浸遭散佚，幸残稿为吴兴刘承乾嘉业堂所得，遂得刊布（今有商务印书馆增补重印本行世）。今本《郑堂读书记》分《正编》、《补逸》（《补逸》采自周中孚《慈云楼藏书志》稿本）二帙，俱按经、史、子、集四部分类，共收书四千零二十目，其《正编·子部·医家类》载医书一百五十二目；《谱录类》收食谱、药谱等三目；《政书类》收《救荒野谱》等二目；《法家类》收《折狱龟鉴》等三目。《补逸·子部·医家类》收录医书三十五目。全书总计收载义涉医药之书凡一百九十五种，颇有裨于中医目录之学。当代中医文献学家李茂如先生评价周氏《读书记》曰："博考明辨，功力远超晁、陈、毛、钱诸家之上，足与《四库提要》之成于众手者埒美。"[见：《郑堂读书记》、《历代史志书目著录医籍汇考》、《中国历史人物生卒年表》]

周中信 元代和林（今内蒙古和林格尔）人。业医，知名于时。[见：《金元医学人物》（引《和林金石录·和林三皇庙残碑文》）]

周中誉 字燕五。清代广东广宁县新楼人。博览群书，善记诵，为饱学之士。早岁试棘闱不售，遂肆志医学。凡以疾求治，不辞其劳，遇贫苦者捐资调治，义声遍于乡党。[见：《广宁县志》]

周长有 字邦桢。清代浙江遂昌县北乡应村人。业儒不就，弃而学医，究心《内经》

数十年，手不释卷。嫉恶如仇，曾撰文痛陈鸦片、赌博之害，发于至性，文如其人。年九十余，无疾而终。曾撰《内经翼注》十二卷、《内经图翼》一卷，合刊于道光六年（1826），今存。[见：《遂昌县志·笃行》、《贩书偶记续编》]

周仁炜

字纯斋。清末湖南宁乡县人。廪贡生。教授乡里，垂三十年。荐授训导，加五品衔，不久以亲老辞归。同治元年（1862），主云山书院讲席。性好学，尤精于医。著有医书十余种，藏于家。年六十二岁卒。[见：《宁乡县志》]

周仁昭

字灼三。清代四川南川县观音桥人。家贫好学，通经史，善绘画，尤精地理。晚岁研究医学，以术济人。年七十一岁殁。[见：《南川县志》]

周介福

字礼五，号竹田。清代江苏江宁人。精医术，工诗词。尤擅绘画，所写兰竹苍古不俗，知名画坛。[见：《艺林医人录》]

周从鲁

字思贤。明代高邮州（今属江苏）人。溧县知县周俭子。精医术，为高邮良医，四方求治者甚众。临证多妙法，每能不药而愈，人以为神。疏财重义，不以医谋利，故术盛行而家萧如也。高邮为水乡，人多因湿患病，周氏按《本草图经》，教人于暑伏时以籼米粉、五加皮末为曲，至冬日酿酒，饮者病辄愈。孙周尚文，工绘画。曾孙周恒，亦称良医。[见：《高邮州志》]

周公纯

字天锡。清代浙江富阳县人。精医术，有名于时。[见：《富阳县志》]

周公望

字弘度。清初浙江鄞县人。精医术，与同邑名医徐国麟同时。周氏究心张介宾《新方八阵》、《古方八阵》诸书，临证多获佳效。曾治谢时素三十年不愈之痰疾，用滚痰丸三服顿除。一人病梦遗，几死，百补不愈，亦以滚痰丸一两，服之即愈。[见：《宁波府志》、《鄞县志·李琏》、《冷庐医话·卷二·古书》]

周凤仪

清代江西贵溪县人。精医术。性谨厚，治病不望报，人皆铭德。县令郑一洪，赠匾优奖之。[见：《贵溪县志》]

周文纪

字文衡。清代江苏靖江县人。邑诸生。学疡科于孟有章，有章命读《内经》及金元四大家医书，谓之曰："须温习十年，然后可试刀圭。"文纪性颖悟，攻读三年，昼夜不辍，尽得其奥，遂继有章而以疡科名世。孙周永辉，传承祖父之术。[见：《靖江县志》]

周文忠

清代四川雅安县人。精医术，善养生。年九十二岁殁。[见：《雅安县志》]

周文采

明代吴县（今江苏苏州）人。精医理。弘治间（1488~1505）任兴王府良医副。受兴献王朱祐杬之命，辑《医方选要》十卷、《外科集验方》二卷，皆刊刻于世。[见：《四库全书总目提要》、《中国医籍考》、《江苏历代医人志》]

周文炳

字从先。明代丹徒县（今属江苏）人。从名医祁嗣篆学，尽得师传。后荐入太医院，官至太医院院判。[见：《丹徒县志》]

周文珍

清代广东遂溪县人。雍正己酉（1729）拔贡。性严毅，非礼不言。为遂良书院山长。兼精医术，病者求方，多获良效，从不受谢。不欲以医闻，与人论学，语不涉岐黄家言。[见：《雷州府志》]

周文威

明代吴县（今江苏苏州）人。世医周继周孙，光泽县儒学训导周瑾子。绍承家学，亦精医术，以妇科知名。曾任太医院医士。长子周鼎，亦业医。[见：《中国历代名医碑传集》（引王行《半轩集·医学正周菊所墓志铭》）]

周文铨

字汝衡。明代南京（今江苏南京）人。祖籍苏州。其先祖善阴阳星历之学，明初征入钦天监，遂徙居南京，后人多以医为业。周文铨幼习举业，不得志，弃而学医。视时医所习，皆近世脉诀方书、诸杂家之说，临证不究本原，揣度施治而已，诧曰："医道止此耶？"乃取《内经》、《难经》、《本草》诸经典，彻夜研读，久之颇有所悟。初悬壶，以小儿医问世，治辄奇效，声望鹊起。时有内科名医杨茂，时医视为迂怪，周氏独敬重之，相与往来，探究医家奥旨，受益匪浅，久之亦以内科著称。周氏临证主宗朱震亨、李杲之说，立方用药，迥异流辈，而所投辄效，名动京国。虽负盛名，临诊审慎，遇疑难不决，病源未测之症，辄不投药。南京兵部尚书顾璘（1476~1545）以名医称之，周氏曰："言过矣！医非盛德莫能操其虑，非明哲莫能通其说，如铨者尚未能瞥其藩篱。夫知物者巧，知证者工，知生者圣，知化者神，医不臻此，不足以名业。"顾氏深然其说。周氏重节操，虽达官贵人，非以礼请不赴。好谈名理，每遇文人雅士，则纵论竟日，多失豪贵之召，他医或以术致产千金，而文铨终生清贫。卒后，其术不传。[见：《上元县志》、《江宁府志》、《中国历代名医碑传集》（引顾璘《息园存稿·周汝衡小传》）]

周文谟 (1875~?) 号馨生。近代江苏常熟人。早年习儒，工文词。后从江阴邓养初习医，多心得，处方细腻熨贴，有王士雄之风。宣统间（1909~1911）加入中西医学研究会。[见：《中西医学报》第7期]

周文翰 字宗儒。明代江西玉山县人。邑名医周茂盛子。得父传授，亦以医知名，尤擅儿科。贯通《内经》、《伤寒》及刘完素之书，临证辨标本、审运化，不拘泥古方，所治多奇效，求诊者不绝于门。凡奇异之疾，方书所未载者，以己意立方，投之辄愈。缙绅之家多礼重之，司府亦授文牒、冠带以表彰。著有医书，未见传世。[见：《玉山县志》]

周文燨 清代四川资州人。习举业不第，设馆训童二十余年。兼通医术，以疗疾济人为乐事。年八十余卒。[见：《资州志》]

周以济 字鲁安。清代浙江秀水县人。精医术，擅治时病，知名于时。[见：《秀水县志》]

周以道 字道生。明代河北永年县人。精医术，与同邑名医申任、范国卿齐名。[见：《永年县志》]

周玉山 清末四川大邑县人。通医术。诊病不计脉资，贫者一文不取。年既老，或劝其静养，玉山曰："倘如此言，则日日待诊之穷民，安能却病愈疾？"终其生，诊疾治病不绝。[见：《大邑县志》]

周玉溪 明代无锡县（今属江苏）人。精医术，知名于时。同时有韩徽、蔡芝谷，皆一时名医。[见：《锡金识小录》]

周正彩 清代人。生平里居未详。著有《东阳医贯》一卷，今存抄本，书藏四川省图书馆。[见：《中医图书联合目录》]

周世任 清代浙江海宁县人。生平未详。著有《辨药论说》，今未见。[见：《本草纲目拾遗》]

周世岐 字西人。清代湖南善化县人。精岐黄业，活人不可胜数。性刚直，遇义敢为。滇南乱时，官兵过境，差费蜂至，人心惶然。世岐冒锋刃陈之，遂得蠲免，邑人感德。年八十一，以布衣终。[见：《善化县志》]

周世泰 清代人。生平里居未详。乾隆三十七年（1772），任《四库全书》子部医家类校勘官。[见：《四库全书》]

周世调 清代安徽绩溪县人。传祖父医业，治病不求酬报。[见：《新安名医考》]

周世教 字孔四，号泗斋。清代湖南宁乡县人。嘉庆丁巳（1797）贡生。好读书，务为有用之学，尤精医理。尝谓："医不明《内经》，如无源之水，涸可立待。"又谓："张仲景《伤寒论》为百病之首，《金匮》为杂疗之书，医不读《伤寒》、《金匮》，则无从下手。"于是荟萃古来医书，悉心研究，每治一病，无不应手而瘳。著述甚富，计有《素问注》十二卷、《灵枢注》八卷、《伤寒发明》六卷、《金匮发明》六卷、《医方集解论》（又作《医方论》）六卷、《周氏经络大全》一卷，诸书兼采众长，多发前人所未发。卒后，子孙无力付梓，乡里流传写本。后二书今存抄本，余未见。[见：《宁乡县志》、《中医图书联合目录》]

周世蔃 清代湖南湘潭县人。精通医术，临证不拘古方，以意为治，多有良效。性通脱，无威仪，临证若言"当死"者，则可治；以好语慰之者，辄必死。某人患奇疾，每食肉数斤，米数升，而身不能动。周氏诊之曰："死候也。"病家强邀诊治，乃以蜈蚣二十只入药，连服数日，下"小蛇"甚多，疾竟得愈。江西商人某暴卒，周氏视之，曰："可治也。"启齿灌药而苏，闻者叹服。其后有倪修典，亦以医名。[见：《湘潭县志》]

周世耀 字彝辉。清代湖南益阳县人。初习岐黄，得异人传授，尤精幼科，一望而知生死，世人皆重其术。子周舜有，继承父业。[见：《益阳县志》]

周本一 (1839~1914) 字伯贞。清末四川长寿县人。世居城北红岩子。诸生周洪崖子。自幼习儒，光绪戊子（1888）中顺天乡榜。留京三年，文名噪于一时，常熟翁同龢称之。屡试不售，乃归里。癸未（1883）入忠州幕府，值县试，县生以千金进，求首选，峻拒之。后主讲凤山书院，题门联云："锦水东流，试溯众流脉络；丹台西峙，从知九转工夫。"周氏通理学，精《周易》，壮岁习医，能起沉疴。同邑彭凤和，染时疫二十余日，诸医无效。周氏投以大剂白虎汤，立愈。又，舒子毅素以医知名，偶感时症，神智昏沉。周氏投以硝、黄，豁然神爽。子毅因其方有验，复按原方再服，旋复昏闷，几至气绝，复延之。周氏曰："病又入里矣，原药如在，可再服之。"及药入口，病又若失，其神妙若此。年七十六岁卒。著有《医学入门》二卷，刊于世，今存民国间刻本。子周怀璞，传承父业，亦以医知名。[见：《长寿县志》、《中医图书联合目录》]

周丙荣 （1862～1915） 字树冬。清末安徽合肥人。初习举业，为邑庠生。后弃儒攻医，受业于叔父周又渠。贯通诸家之言，尤长于针灸。喜撰述，手稿大多散佚，唯《金针梅花诗钞》存世，刊于1980年。［见：《金针梅花诗钞·前记》］

周龙山 明代浙江嵊县人。精通医道，知名于时。子周亮宗，任太医院医官。［见：《嵊县志》］

周北山 明代浙江桐乡县人。祖籍陕西，先祖周邦随宋南渡，徙居桐乡，以医术著称。北山遥承家学，亦精医术，为嘉靖、隆庆间（1522～1572）名医。子周敬山，绍承父学，官太医院医士。［见：《桐乡县志》］

周仙渠 字松林。清代人。生平里居未详。著有《小儿推拿辑要》一卷，今存1933年安东诚文信书局铅印本。［见：《中医图书联合目录》］

周仪凤 号澹庵。清代江苏嘉定县人。生平未详。著有《澹庵医测》十二卷，今未见。［见：《嘉定县志》］

周用中 明代福建莆田县人。邑名医周善卿次子。继承父学，尤善疗中风诸证。兄周用文，亦精医术。［见：《福建通志》］

周用文 明代福建莆田县人。邑名医周善卿长子。绍承家学，以疡科知名。子周弼，传承父业。［见：《福建通志》］

周尔皇 字文宁。清代浙江奉化县人。诸生。早年习儒，困顿科场。晚年以医知名。每一方出，人皆骇然，然投之辄中，百不失一。著有《医宗要略》、《痘疹心钵》等书，未见流传。又于康熙己卯（1699）撰《痢证秘诀》，经吴开育删补，易名《痢症秘诀要略》，刊于嘉庆乙丑（1805），今存。［见：《奉化县志》、《浙江医籍考》］

周玄启 元明间浙江金华县人。好读书，尤嗜岐黄，从学于名医滑寿。滑氏用药极类刘完素，针法本于窦默。周氏尽得师授，悬壶于世。设两诊室，一曰药室，一曰针室，人以疾求诊，依症分别治之，多获奇效。［见：《金元医学人物》（引《密庵集·针药二室铭》）］

周兰坡 清代江苏吴县人。以医知名。弟周瓒，精通绘画。［见：《扬州画舫录》］

周兰若 （1896～1963） 现代浙江嘉兴县王店人。工医术，擅内科，治泄泻尤有独到之处。行医四十余年，无暇著述，生前《医案》选载于《浙江中医杂志》。［见：《周兰若先生治疗泄泻的经验》（《浙江中医杂志》1964年第9期）］

周汉云 字天章。清代安徽绩溪县人。精通医术，与同县胡润川、石上锦、余道溥，并以医名。［见：《重修安徽通志》］

周汉卿 明代浙江松阳县人。好学博闻，通晓百家。性好岐黄，精内、外科，尤神于针术，有神医之称。括苍蒋仲良左目为马所踢，目睛突出如桃，他医谓："系络已损，不可治。"汉卿以药膏敷之，三日复故。华州陈明远，目盲十年，汉卿视之曰："可治。"用针以目眦入睛背，刮其翳，立辨五色，人以为神。武城一男子，病胃痛不可忍，奋掷乞死，医不能疗。汉卿以药纳其鼻，吐赤虫尺余，痛即止。义乌陈氏子，腹有肿块，扣之如罂，或以为奔豚，或以为癥瘕。汉卿曰："脉洪且芤，痈发于肠也。"即用大针灼而刺之，入三寸许，脓出而愈。其神治皆类此。后挟技游婺源县，遂定居。［见：《宋学士全集·赠医师周汉卿序》、《明史·周汉卿传》、《医学入门·历代医学姓氏》、《浙江通志》］

周必达 字迪芳，号先保。清代江西安仁县二十一都鸣冈人。术精岐黄，名重于时。乾隆庚子（1780），授医学训科。［见：《安仁县志》］

周永基 字沧瀛。清代湖南宜章县人。庠生。与同里庠生陈富运倡建栗源书院，捐千余金，经营规划，其力尤多。兼涉医学，撰有《医学入门》若干卷，今未见。［见：《宜章县志》］

周永辉 清代江苏靖江县人。疡科名医周文纪孙。早年业儒，为国学生。传承家业，亦精疡科，有乃祖风范。同时有薛希州、汪沧洲，皆善疡科。［见：《靖江县志》］

周弘让 南朝梁陈间汝南县（今河南汝南）人。仕陈为太常卿、金紫光禄大夫。北朝宜州刺史王褒（字子深）与之友善，尝赠以诗书。周弘让通道家养生术，撰有《玉衡隐书》七十卷，已佚。［见：《北史·王褒传》、《隋书·经籍志》］

周邦彦 字蕴石，别字璞园。清代江苏吴县人。居斜溪吴衙场。业医。撰有《祖气论》、《连珠》二文，刊于唐大烈《吴医汇讲》。［见：《吴医汇讲·卷四》］

周邦炳 清代湖南宁乡县人。生平未详。著有《医理一贯》，今未见。［见：《宁乡县志》］

周达权 字善夫。清代浙江仁和县人。生平未详。光绪二年（1876）重订《钱氏女

科秘方》。[见:《女科书录要》]

周成勋 清代江西广丰县人。通岐黄术，尤精痘疹。凡延请，百里外不辞。遇险恶之证，悉心诊视，多能平复。[见:《广丰县志》]

周扬俊 字禹载。明清间江苏吴县人。少习举业，顺治三年丙戌（1646）副贡，后屡试不售。年近四十，弃儒习医。初读王叔和、成无己、李东垣诸家之书，参考有年，仍觉茫然。后读喻昌《尚论篇》，豁然有悟。及悬壶问世，诊未病者，能预决其死；将就木者，能起其生，知名于时。康熙十年（1671）游京师，为漕运总督林起龙所器重，赞之曰："不谓今日业医尚有溯河源，探星宿，务欲展尽底理，不为时论摇夺如子者乎!"由是王公贵人争相延致，日不暇给，声名日彰。著有《温热暑疫全书》四卷、《伤寒论三注》十六卷、《金匮玉函经二注》二十二卷、《十药神书注》一卷，皆梓行。子周一桂、周传德，曾校订《金匮玉函经二注》等书。[见:《清史稿·艺文志》、《伤寒论三注·序》、《金匮玉函经二注》、《吴县志》、《中国历代医家传录》]

周尧载 清代江苏上海县法华乡人。精医术，通内外科。同里王廷珍从高倾坠，阴囊破裂，睾丸脱出。尧载诊之，曰："络未断，可治。"拾其睾丸，徐纳囊中，以线缝合，敷药而愈。自此声名大振。著有《大方医案》，未见流传。[见:《上海县志》、《法华乡志》]

周师达 唐代同州（今陕西大荔）人。精医术，唐文宗时（827～840）以眼科知名。擅治白内障，待硬如白玉，以针拨去即愈。同时有石公集，亦精此术。[见:《陕西历代医家事略》]

周光第 (?～1861) 清代河南信阳县人。咸丰十一年死于兵乱，清廷旌之为忠烈义士。周氏兼通医学，著有《医学合纂》，未见刊行。[见:《信阳县志》]

周光暹 字旭昭。清代江西广丰县人。善岐黄术。常自制丸散，以济贫病。[见:《广丰县志》]

周同文 字衡章。清代河南密县人。廪膳生。少年丧父，家贫力学，事母尽孝。因母病习医，凡求治者，不论贫富皆往，不受谢。著有《伤寒论辨症详说》，今未见。[见:《密县志》]

周则金 字卫庭。清代江西铅山县人。国学生。性沉默，喜读书，兼通医术，多所全活。重医德，遇贫病赠以药资。[见:《铅山县志》]

周廷士 字思皇。清代四川大竹县永兴场石岩嘴人。少患足疾，闭门学书，得颜、柳笔意。尤邃于医，远近知名。凡以病延请，风雨雪夜无难色。每出行，以药囊自随，遇病者辄治之于桥头路侧；有索药求方者，即踞地予之；其贫困者，时助以药资，数十年如一日。重医德，尝曰："视女子疾，长于吾者，以母视之；少于吾者，以女视之，不敢稍萌妄念。"人皆敬之。[见:《续修大竹县志》]

周廷华 号说莲居士。清代浙江吴兴县人。早年习儒，后以医问世。曾购得明正统十年（1445）朝鲜《医方类聚》一部，光绪二十年（1894），赠同邑名医傅岩，傅如获至宝，撰文以记之。[见:《吴兴县志》、《浙北医学史略》]

周廷典 清代江苏溧水县仙坛乡人。精医术，以痘科知名。就诊者趾错于门，察色辨证，析及毫芒，尤能预决轻重生死，百无一爽。弟周廷赓，亦通医术，与兄齐名。[见:《溧水县志》]

周廷昌 元明间苏州（今属江苏）人。周氏自宋以来，世以妇科享盛名。廷昌为第六代传人，治业精勤，名重于时。曾愈陈彦良子妇之疾，陈请名儒王行撰《赠周廷昌序》以谢之。[见:《金元医学人物》（引《见轩集》）]

周廷相 字翼臣。清代江苏昆山县人。诸生。精医术，与同邑周源齐名。两任县令先后题匾表彰之，一曰儒医国手，一曰妙手回春。[见:《昆新两县续修合志》]

周廷栻 字憩棠，号企堂。近代江苏常熟县人。世居徐墅镇周家码头。初习举业，清末尽弃儒学，攻读《内》、《难》。旋受业于名医马文植（1819～1897），侍诊数年，尽得其传，通内外科，尤擅治咽喉各症。后悬壶于乡，诊治无虚日，声名日噪，与同门丹阳贺季英、无锡邓星伯，为江左三鼎足。嗣后，以乡居不宁，迁寓西城岳下，求诊者益众。重医德，凡以病延请，不俟驾而行，且不分贵贱，不计诊金，和蔼可亲，世人无不敬重之。子周梦旦，传承父业，早卒。门人唐均良，亦知名于时。[见:《吴中名医录》、《中国历代医史》]

周廷赓 清代江苏溧水县仙坛乡人。当地痘科名医周廷典弟。廷赓亦擅治痘，与兄齐名。[见:《溧水县志》]

周廷燮 字载阳。清末四川井研县人。少从贡生宋治性习儒，有文名。屡试不第，弃而业医。究心于《伤寒》、《金匮》诸书，深得微蕴。时医多泥于滋阴之说，每以寒剂杀人。廷燮一遵仲景之论，临证以调脾胃为升降之枢，治病多效。同邑某之妻病气郁，嘻笑无常。廷燮诊之，曰："脉沉而实，胃脘当有结涩，故失常。"以生熟水导之，吐宿痰斗许，霍然而愈。其奇验多类此。晚年苦人事牵缀，寓居犍为，弟子筑馆使居。逾年，无疾而卒，年七十。同治间（1862～1874），居县东吴氏思益斋，撰《伤寒庸解》二十四卷、《伤寒意解》四卷、《医镜》四卷、《药解》二卷、《脉法》二卷，今皆未见。[见：《井研县志》]

周传复 字见心，号恒斋。清代湖北天门县人。少攻举业，因善病弃儒习医，知名于时。知县永福赠"春映杏园"匾额。寿至八十八岁终。著有《脉理汇编》、《伤寒简易》，今未见。[见：《天门县志》]

周传德 字兆堂。清代江苏吴县人。名医周扬俊子。康熙二十六年（1687）校订其父《金匮玉函经二注》。[见：《金匮玉函经二注》]

周仲山 宋元间清江县（今江西清江）人。世代业医，至仲山尤精。所居室曰全生堂，内悬时人所赠"神圣工巧"匾。[见：《金元医学人物》（引《稼村类稿·全生堂记》）]

周仲良 元代武林（今浙江杭州）人。早年从婺源名医王国瑞学，师以所著《扁鹊神应针灸玉龙经》授之。后挟技游于浙闽间，行医四十年，所治多良效。天历二年（1329），《扁鹊神应针灸玉龙经》刊行，仲良作序，弁于卷首。[见：《金元医学人物》]

周仲衡 明代常熟县（今属江苏）人。善医，知名于时。吕诚赠以《虞山隐者歌》。[见：《常昭合志稿》、《琴川三志补记》]

周自闲 字省吾。清代江苏常熟县人。居宴清桥。业医。曾选录名医论说，撰《医论会通》六卷、《运气则》若干卷，未梓，其部分内容选载于唐大烈《吴医汇讲》。[见：《吴医汇讲·卷十一》]

周会进 字升堂。清代四川永川县人。自幼业儒，屡困场屋，弃而习医。宗仲景《伤寒》、《金匮》之法，每遇危证，先探究本源，然后立方。处方用药无多，用量极重，时医为之咋舌，然皆获奇效，有神医之称。[见：《永川县志》]

周兆凤 字仪庭。清代江苏丰县人。以医为业，知名于时。[见：《丰县志》]

周兆临 清代河南柘城县人。通医术。乐善好施，常备药饵，以疗人疾。[见：《柘城县志》]

周兆璋 （1829～1898） 字熊占，号云琢。清代广东顺德县龙山人。孝友谦和，博学多识。咸丰庚申（1860），以县试首名进庠，旋领乡荐。光绪二年（1876）成进士，以知县分发甘肃。总督左宗棠一见器之，委办营务及粮台。光绪八年，以克复新疆南八城有功，奏准补缺，后以直隶州用，赏戴花翎。是年充甘肃乡试同考官，所拔皆名士。会白彦虎勾结俄国入据伊犁，复随节督出关，移驻哈密，总办营务。迨收复失地，凯旋。历官肃州同知、平远县知事、两当县令，民德之，立碑纪其事迹。光绪十四年（1888），以年老乞改教职，选廉州府教授，未就。归粤授徒，先后从游者数百人。平生多善举，尤好讲论医学。驻哈密时，军士多患白喉病，立方治之，存活甚众。居乡辄为人治病，济世之心一如在官时。年七十岁卒。著述甚富，关于医学者有《医门守约》、《同证辨异》、《喉症指南》，惜散佚。[见：《顺德县志》、《顺德龙山乡志》]

周兆麟 字世章。清代人。生平里居未详。长洲名医唐大烈门生。曾校订其师《吴医汇讲》。[见：《吴医汇讲·卷十、卷十一》]

周庆扬 清代广西恭城县北乡人。精医术，远近有疾者皆请诊视，病愈酬以资，谢而不受。恭城疫症流行，周氏以经验方施治，全活甚多。著有《急症良方》一卷，惜兵燹后散佚。[见：《恭城县志》]

周庆南 清代山东东阿县铜城人。骨科儒医秦国治门生。品行端方，得师真传，以骨伤科知名。[见：《东阿县志》]

周兴南 字召亭。清代人。生平里居未详。撰有《知非斋咽喉集方》，今存同治十一年壬申（1872）刻本。[见：《中医图书联合目录》]

周汝贤 （1869～1903） 字子良，号期期生。清末浙江秀水县人。自少勤学，先世喜方技，藏医书甚富，遂旁通岐黄。光绪二十八年壬寅（1902）举人。会学使李葂銮巡察嘉兴府，试医学，周氏冠于全郡，遂托业于医。明年癸卯（1903），里中大疫，多喉痧症，凡求治者，莫不应手愈。然不自知疫之传染，不久毒发，竟不治，年仅三十六岁。著有医书，自署《期期生稿》，今未见。[见：《秀水县志稿》]

周守忠 一作周守中。字榕庵，一作松庵。南宋钱塘县（今浙江杭州）人。清雅好事，公余博览古今，兼通医理。辑有《历代名医蒙求》一卷，序刊于嘉定庚辰（1220）。还著有《养生月览》二卷、《养生类纂》（又名《杂纂诸家养生至宝》）二卷，亦刊行。［见：《历代名医蒙求·苏序》、《医藏书目》、《宋史艺文志补》、《千顷堂书目》、《经籍访古志》、《浙江医籍考》］

周守真 唐代道士。里居未详。贫而精医。富家子唐靖，年十八九未娶，忽于阴头生疮，痛甚，日久攻入皮肉，连茎溃烂，医之不愈。守真诊之，曰："此谓下疳疮，亦名妒精疮。缘为后生未娶，精气溢盛，阳道兴起，及当泄不泄，不泄强泄，日久遂烂。"靖恳治之，守真曰："若欲治此疾，须断房事数日。先用荆芥、黄皮、马鞭草、甘草，锉，入葱，煎汤洗之。去脓靥，以诃子烧灰，入麝香，干糁患处，令睡。睡醒服冷水三两口，勿令阳道兴起，胀断疮靥，靥坚即愈也。"如其言治之，痊愈。［见：《历代名医蒙求》］

周如松 字公茂。清代江苏江阴县人。少患怯症，弃儒习医。技成，不欲以医术鸣。治病不轻立方，而投剂多奇验。［见：《江阴县志》］

周如春 字樾亭。清代浙江武康县人。恩贡生。就职州判。与孝廉徐熊飞同学，互为畏友。长于诗，擅书法。晚年馆于平湖县褚泾邵氏，遂定居于此。先世皆业医，故研究医书，精通医理。尝谓："《脉诀》乃宋人伪托之书，非王叔和《脉经》真本。"年八十五岁卒。著有《脉理指掌》二卷、《临诊医案》十卷、《书法源流考镜》二卷、《庚村书屋诗文稿》二卷，今未见。［见：《平湖县志》］

周观光 号菊存。元代平江路吴县（今江苏苏州）人。儒医周子华子。传承父学，亦以医名。子周继周，官平江路医学正。［见：《中国历代名医碑传集》（引王行《半轩集·医学正周菊所墓志铭》）］

周观道 字景暹，又字长景。明初浙江金华府人。精医术，与浦江戴原礼同时，皆负盛名。事父母尽孝，人称"全孝先生"。建文辛巳（1401），荐授鲁府良医正。年八十六，乞归省墓。王甚敬爱之，亲制诗文，并书"全孝"二字以赐。［见：《金华府志》］

周纪常 字卓人。清代浙江山阴县人。嗜法家治世之术，兼通医理。编有《女科辑要》八卷，刊于道光癸未（1823）。［见：《清史稿·艺文志》、《中国医学人名志》、《中医大辞典》］

周志域 明代浙江奉化县人。生平未详。著有《脉学外科痘疹幼科纂萃》，未见流传。［见：《奉化县志》］

周孝垓 字平叔。清代江苏吴县木渎镇人。律例馆纂修官周孝埰之弟。精研古籍，好著述，兼通医理。著有《内经病机纂要》二卷、《黄帝素问灵枢集注》二十卷、《金匮要略集解》三卷，皆存世。按，《吴县志》称"周孝埰撰《金匮要略集解》三卷"，道光刻本《金匮要略集解》作"周孝垓撰"，今从之。［见：《中医图书联合目录》、《吴县志》］

周声溢 字菱生。清代湖南长沙县人。生平未详。撰有《周菱生医书二种》（包括《医学实验》、《靖盦说医》），今存 1925 年中华书局排印本。［见：《中医图书联合目录》］

周芳筠 字书常。清代江西南丰县人。太学生。幼时习儒，弱冠学医，潜心于《灵枢》、《素问》诸书，医术精湛。县令柏春患痞满疾，其妾患噎膈症，群医束手。芳筠治之，用药数剂，霍然而解。同治间（1862～1874）瘟疫交作，芳筠妙用时方，活人无算。素重医德，义不苟取，遇寒素之家，辄施诊送药。著有《脉症通论》、《医书辑要》，未见刊行。［见：《南丰县志》］

周克雍 字简如。清代山西曲沃县上马人。附贡生。父周楚韫，精于幼科。克雍兼读父书，遂精家学。凡以病求者，人无贫富，时无寒暑，悉应之，全活无算。著有《痘疹易简录》、《集验良方》，未见流传。子周湘，传承父学。［见：《山西通志》、《新修曲沃县志》］

周里孚 清代江西广丰县人。精岐黄术。临证应手辄效，远近求医者无虚日，活人无算。［见：《广丰县志》］

周时敏 字逊斋。清代四川成都县人。能诗擅书，为士林所重。性澹泊，无意功名，拒不赴试。素精医术，叩求者日盈其门。［见：《重修成都县志》］

周时敏 明代人。里居未详。通经史，为中书科冠带儒士。弘治十六年（1503），太医院院判刘文泰等奉敕编撰《本草品汇精要》，周氏与中书科吉庆、姜承儒、仰仲瞻及太医院医士吴恩等十四人任誊录。该书毕工于弘治十八年三月，未刊行，今存抄本。［见：《本草品汇精要》］

周伯允 清初四川重庆人。顺治庚子（1660）举人，官嘉定州教授。喜读书，工小楷。曾手录秦汉古文、诸子、唐诗，又精抄所订岐黄书，各积稿尺许。甲寅（1674）滇藩叛，迫

以伪职，不受，几被祸。年七十三，犹手录《史记》、《文选》成帙。[见：《重庆府志》]

周伯寅

（1738~1788）字鹤田。清代四川南川县人。勤奋好学，其文古简。工书法，喜吟咏，尤善治古文词，视唐宋人不多让。厄于场屋，终老明经。晚年精医药，全活多人。自言："我于医无他奇，但无一误剂耳。"著述甚多，医书有《简便良方》，今未见。[见：《南川县志》]

周应凤

清代四川铜梁县人。以医济世，有名于时。年六十五岁卒。[见：《铜梁县志》]

周应化

明代浙江青田县人。性慈善，有德行。遇异人授以医诀方书，遂精于医，尤擅治痘疹。平生施药济贫，从未望报，人皆称之。[见：《处州府志》]

周应选

字子晋，号应夫。明清间江苏丹徒县人。早年业儒，不得志，改习医学。以俗医相习者为非，自谓："医系生死，使徒抄掇方书，若剿习闻见，一不当即伤人，何足称医？"遂博览《内经》以下诸名家医籍，得其要旨，于五运六气之理，寒热温凉燥湿之宜，情欲之感，金石草木之性，皆贯通焉。及悬壶济世，治病应手奏效，声名远出郡中诸医之上。行医不计利，虽佣夫贩妇不持一钱而至者，亦悉心诊视，立方审慎，未尝有纤毫厌倦之心，故四方有疾者皆来就治。晚年遭顺治己亥（1659）之乱，忧郁失明，然犹不辞诊视，命弟子书方配药，服者无不痊愈，感其德者甚众。时有挟眼科奇术至丹徒者，世人争相敛钱聘之，周氏得以复明。子周镐，有声庠序，以诗享盛名。[见：《丹徒县志》]

周闵氏

佚其名。清代江苏川沙县八团镇人。得南邑闵氏秘传，故人以周闵氏称之。精眼科，远近求治者门庭若市。子周子容，传承其术。[见：《川沙县志》]

周怀仁

清末江苏江宁人。邑名医周魁孙。绍承祖学，亦精医术。[见：《上江两县合志》]

周怀纲

字纪之。清代四川资中县高楼乡人。自幼习儒，屡踬科场，弃而习医，活人甚众。清末资中县业医者多出其门下。[见：《资中县续修资州志》]

周怀璞

清代四川长寿县人。邑名医周本一子。绍承父学，亦以医术著称。[见：《长寿县志》]

周宏谦

清代浙江山阴县人。邑名医周大伦孙。继承祖父之学，亦以医知名。性至孝，父疾，割股疗之。[见：《山阴县志》]

周初延

清代江西铅山县中阪人。邑诸生。究心岐黄，每临证，寝食俱忘，全活者甚众，终终不受报。年六十八岁卒。[见：《铅山县志》]

周启烈

清代广西灵川县六都江头洲人。岁贡生。绩学精医。著有《方书摄要》六卷、《续方书摄要》六卷、《方脉秘传》二卷、《选择慎用》一卷、《行文口诀》二卷，今皆未见。[见：《灵川县志》]

周驴驹

北魏京兆鄠县（今陕西户县）人。太医令周澹子。袭传父术，亦善医。孝文帝延兴间（471~475），官至散令。[见：《魏书·周澹传》]

周其芬

清代安徽六安县人。生平未详。辑有《济世良方合编》六卷，是书经金陵莹轩氏增辑，刊于道光乙巳（1845）。[见：《中医图书联合目录》]

周若川

佚其名（字若川）。明代太仓州（今江苏太仓）人。邑名医周康孙。善诗画，尤精祖传医术，知名于时。堂弟周深，亦善医。[见：《太仓州志》]

周茂五

字青亭。清代江西庐陵县人。生平未详。辑有《易简方便医书》六卷，今存咸丰十一年辛酉（1861）石阳周日新堂刻本。[见：《中医图书联合目录》]

周茂桐

清代山东东阿县人。骨科儒医秦国治门生。品行端方，得师真传，以骨伤科知名。[见：《东阿县志》]

周茂盛

明代江西玉山县人。精医理。子周文翰，绍传其术。[见：《玉山县志》]

周述典

字徽五。清代四川永川县人。庠生。业精岐黄，根柢《内》、《难》二经，活人无算。撰《疫痧会编注释》，行于世，人皆宗之。今未见。[见：《永川县志》]

周述学

字继志，号云渊子。明代浙江山阴县人。喜读书，好深湛之思，尤邃于历学。著有《五运六气》等书数十种，凡一千余卷，总名之《神道大编》，今未见流传。[见：《山阴县志》]

周松村

字远秀。清代安徽宿松县人。精医道，著有《验方集要》，未见流传。[见：《宿松县志》]

周叔昂 元明间太仓州（今江苏太仓）人。元末世乱，随父徙居昆山城。早年习儒，尤精医药。洪武间（1368～1398），挟技游江湖间，所至施济。晚年殁于京师寓所，归葬昆山。[见：《昆山历代医家录》（引《平桥稿·周元逸墓志铭》)]

周尚文 字文圣。清代江苏泰州人。精医术，常施药以济贫病。[见：《泰州志》]

周国良 字孩初。明末安徽太平县西隅人。名医周震子。少年时就学于父之高足查万合，历时六七载，尽得其传。[见：《医家秘奥·查了吾先生列传》、《太平县志》]

周国柱 字沛然。清末云南江川县人。邑名医周逢源孙。诸生。弃儒习医，远近求诊者踵相接。[见：《云南通志》]

周国颐 字吉卿。清代四川安岳县人。幼承庭训习儒，善属文，工书法，旁通医术。曾官河南徐沟县令，有政声。公余以医术活人，投署求见者，半为请医之人。晚年归乡，主讲成都潜溪书院，成就弟子甚多。[见：《新修潼川府志》、《续修安岳县志》]

周易图 字世昂。清代人。里居未详。名医陈修园高足。其师赠联云："范文正之存心如是，张长沙之遗轨在兹。"[见：《伤寒论浅注·跋》]

周鸣岐 清代江苏常熟县严塘庄人。以医为业。家道素饶，欲置义田以赡族人，未成而卒。子周诰，习儒，亦善医。[见：《常昭合志稿》]

周鸣彬 号漪园。清代江西瑞昌县人。居邑城南街。凤攻举业，岁遭大疫，恻然不忍，由是且读且医，远近有难证，常一帖即愈。于伤寒一门，尤有起死回生之妙。卒后数十年，人取其所遗方治疾，投之立效。孙周才锦，岁贡生，官主事。按，"周鸣彬"，《九江府志》作"周鸿彬"，今从《瑞昌县志》。[见：《瑞昌县志》]

周秉钝 清代浙江鄞县人。邑名医周振玉子。绍承家学，业医自给。[见：《鄞县通志》]

周秉渊 字静侯。明清间江苏昆山县淞南吴桥里人。博览群书，通达医理。曾应试太医院，统括诸家，千言立就，隶名院籍。曾奉诏入宫诊疾，投剂辄效，名著内廷。后为福建邵武府幕官。[见：《淞南志》]

周侍虞 明代昆山县（今属江苏）人。美须眉，善谈笑，以医术名闻吴中，活人无算。又好度曲，与魏良辅（昆曲创始人）游旬日，曲尽其妙。性好施与，多义行，有古人风。素与凌氏某公子善，后公子贫，座客皆掉头去，独侍虞岁载钱米济之。寿至九十余卒。[见：《常昭合志》、《昆新两县续修合志》、《常昭合志稿》、《昆山历代医家录》]

周学垣 清代四川南川县人。精医，临证多奇效，活人甚众。心怀济利，每逢灾疫，辄施汤药于路侧，以济贫病。与妻蔡氏，皆寿至八十五岁。[见：《南川县志》]

周学海（1856～1906） 字澄之，又字健之。清代安徽建德县纸坑山人。两广总督周馥（1837～1921）子。早年习儒，弱冠补县学生员。光绪十一年（1885）拔贡。十四年（1888）举于乡，缓例补内阁中书，居京师。从编修李用清讲学论道，力主躬行，淡于荣利。光绪十八年中三甲第三十九名进士，仍就中书旧官。秩满，授扬州河务同知，疏壅漳溢，数年淮流无患。擢升道员，赏戴花翎，加二品衔，需次江苏，因回避改浙江候补道。光绪三十年（1904）分发浙江，至则患病，引疾还江宁。三十二年五月卒，享年五十一。平生重孝友，好古历行。尤潜心医学，博览众书，于王叔和《脉经》尤有心得。服膺名医张璐、叶桂，临证多取张说，治病多良效。宦游江淮时，每出术疗疾，遇疑难大症，群医束手者，常以一二剂挽回，名闻遐迩。性好著述，不取依托附会之说。曾刊刻古书十二种，所据多宋、元秘本，校刊精审，世称佳刻。著有《脉义简摩》、《脉简补义》、《诊家直诀》、《辨脉平脉章句》、《内经评文》、《读医随笔》、《伤寒补例》、《形色外诊简摩》、《评注史载之方》、《叶氏幼科要略注》等书，均收入《周氏医学丛书》，陆续刊刻于光绪十七年（1891）至宣统三年（1911）。[见：《清史稿·周学海传》、《建德县志》、《周氏医学丛书》、《明清进士题名碑录索引》、《近三百年人物年谱知见录》、《中国历代名医碑传集》（引陈三立《散原精舍文集·浙江候补道周君墓志铭》)]

周学群 清代人。生平里居未详。辑有《良方纂要》一卷，今存嘉庆十五年庚午（1810）刻本。[见：《中医图书联合目录》]

周学霆 字荆威，号小颠，又号梦觉道人。清代湖南邵阳县人。父周延登，以儒名家。学霆自幼颖异，工诗文。后因病弃儒学医，遍游湖湘间，遇异人授以导引术，病遂愈。此后以医问世，所至为人治病，随手奏效。行医数十年，活人甚众。上至士大夫，下至庶民，皆礼重之。晚年治黄老养生家言，求性命双修之道。年七十，于大雪中衣单袷，挥羽扇，无寒栗状。或盛暑衣重裘，坐烈日中，不言热。与之饮，尽十斗不醉。或经旬不食，亦不饿也。常一靴一跣，啸歌于市，人皆以"颠"呼之。著有脉书《三指禅》三卷，成书于道光丁亥（1827），大行天下，有翻刻本三十余种。还撰《外科便览》、《医学百论》、《医案存》及《梦觉道人诗集》等书，今未见。[见：《三指禅·序》、《邵阳县志》、《宝庆府志》、《中医图书联合目录》]

周宗灼 字梦旦。近代江苏常熟县人。名医周廷梽子。禀赋豪侠，能继父业，与同邑名医陆敬臣、杨百城、吴幼如、张幼良齐名。门生陶君仁，得其传授。[见《吴中名医录》]

周宗林 字明上，号如山。清代浙江海宁县人。生平未详。辑有《方外奇书》四卷，有蛾坨楼刊本行世，今未见。[见《杭州府志》、《海昌备志》]

周宗岳 字凤山。明代山东滨州人。素习举业，后专治医学，从国医尹林庵游。尹氏授刘、侯、陈、周四弟子，宗岳潜静好学，尽得师传，诊治则获奇效。曾著《脉学讲义》，刊行于世，今未见。[见《滨州志》]

周宗侯 字耆园。清代贵州遵义人。少年丧母，事父以孝闻。与兄宗佑，友爱相亲，不啻孩提，终身如一日。性嗜岐黄，博览医书，研究古方，辨别药性，有国手之称，四方求医者甚众。重医德，不分富贵贫贱，昼夜远迹，凡请必赴。历年购取药材，制成丸散布施，以治时症，先后数十年，活人无算。年八十一岁卒。生前手订《经验药方》，汇方千余条，时人宝重之，惜未付梓。[见《遵义府志》]

周宗辅 清末四川芦山县人。邑名医王运通长婿。得岳父传授，亦工医术。[见：《芦山县志》]

周宗槐 字植三。清代湖北汉川县人。究心医学十余年，不自信，未轻问世。光绪十四年（1888）夏秋，疫疠大行，传染殆遍，死亡枕藉，时医束手。友人劝其以术济世，遂为人疗疾，全活甚多。推重名医田宗汉，立方多质正于田氏。[见《医寄伏阴论·跋》]

周宗瑜 （?～1914） 字甲生。清末江苏上海县马桥人。师事松江名医金秉之，尽得其传。精医术，诊病别具神解，知名于时。[见《上海县志》]

周宗爽 字棠野。清代浙江嘉善县人。精岐黄术，有名于时。[见《嘉善县志》]

周审玉 （927～1000） 五代至宋初开封（今河南开封）人。后周显德（954～960）初，荫补殿直。北汉（951～979）初，官耀州团练使。乾德二年（964）降宋，累官顺州刺使，以千牛卫大将军致仕。咸平三年卒，时七十四岁。晚年好读《神农本草经》，留意方术。子周允迪，官虞部员外郎。[见《宋史·本纪·太祖》、《宋史·周审玉传》]

周建邦 清代江西鄱阳县二十五都人。精岐黄术。岁荒粜谷，贷不计息，世人德之。[见《鄱阳县志》]

周承烈 字芑江。清代江苏南汇县人。捐五品官。精医术，平生多善举。[见《南汇县续志》]

周承新 字子行。清代浙江山阴县人。慷慨好义，专习岐黄。擅治婴儿痘疹，虽危重证，治之无不获痊。有医德，遇贫者多不取酬。子周琦，以孝友闻。[见《山阴县志》]

周孟皋 明代浙江桐乡县人。世医周云翼子。绍承祖业，亦以医名。[见《桐乡县志》]

周绍濂① 号水村。清代江西瑞昌县上南乡人。自幼习儒，屡试不中。谓人曰："读书求有用，不能达而济世，医而济人亦可也。"遂肆力研医，久之通悟奥理。有医德，治病不计谢资，活人甚众，乡里称之。[见《瑞昌县志》、《九江府志》]

周绍濂② 号霁堂。清代四川德阳县人。工书法，善医术，临证有胆识，知名于时。[见《德阳县志》]

周经魁 号松涛。清代浙江嘉善县人。性孝好学，补弟子员。后患咯血疾，祖母忧之，令弃举业，攻研医理，学成而病愈。后以府经分发广东，历充要差，改迁知县。光绪二十年（1894）委署花县事。在任仁廉，创办养和方便所，修葺理婴堂，留意学务。又以本县地僻偏远，贫民遇疾，苦无良医，遂设局赠医施药。遇重病叩署求医者，必亲为调治。调任之日，饯送者盈途。[见《花县志》]

周春谷 明代福建莆田县人。自幼颖异，性嗜医学。年十五走江口，遍询方脉之秘，后以医知名。凡诊脉，断人生死无不验。弟周善卿，亦精医，与之齐名。[见《福建通志》]

周垣宗 清代江苏东海县人。生平未详。著有《颐生秘旨》八卷，刊于雍正七年（1729），今存。［见：《中医图书联合目录》、《贩书偶记续编》］

周城堂 清代湖北麻城县新店乡人。精通医理，悬壶济世，全活无算。年七十四岁卒。［见：《麻城县志前编》］

周荣起 字砚农。明代江阴县（今属江苏）人。周高起胞弟。早年习儒，为诸生。能诗文，工书画，究心六书，汲古阁刊版多出其手校。曾得寒山文淑所绘《金石昆虫草木状》，其女周淑祜、周淑禧临摹成册，周荣起亲撰图说，编为《本草图谱》。清初王士禛（1634～1711）曾见此图，称"亦入妙品"。此图谱今不全，残存绢本五册。［见：《池北偶谈·卷十五》、《江阴县志》、《中医文献辞典》、《中医图书联合目录》］

周南老 字正道。元明间吴县（今江苏苏州）人。祖籍湖南道州。宋儒周敦颐（1017～1073）裔孙。周文英子。幼承庭训，端毅好学，读书明经，本于义理。元末荐授永丰县教谕，改当涂县。明初，省臣奏为吴县主簿。著有《易传集说》、《姑苏杂咏》、《拙逸斋稿》等书。兼通医术，撰有《医方集效》若干卷，未见传世。子周敏，生平未详。［见：《苏州府志》、《吴县志》］

周厚恭 清代江西湖口县人。贡生。著有《增补痘疹定论》，未见刊行。［见：《湖口县志》］

周相宸 清代江苏武进县人。幼年习儒，后读医书，精其术，能治人所不治。［见：《武进阳湖县志》］

周树五 字开稷。清代江苏昆山县人。邑名医马中骅门生。尽得师传，深悟临证察脉之要，颇负时名。［见：《苏州府志》］

周拱斗 字杏泉。清代江苏崇明县人。善医，性好施予，乡里敬之。［见：《崇明县志》］

周显江 清代浙江东阳县人。生平未详。著有《痘疹自得编》，未见流传。［见：《东阳县志》］

周显珍 清代湖南宜章县人。生平未详。著有《医论》，未见流传。［见：《宜章县志》］

周贵喜 清代人。原籍未详。采药至南川县合溪场，遂定居四川。通医术，以草药为人治疾，多奏奇效。又长于养生，寿至一百零六岁。［见：《南川县志》］

周贻观 字孚若，号湘门。清代湖南湘潭县人。少习举业，未遂青云之志，弃儒就医。先后师事名医周于纶、陈树蕙，尽得师传。悬壶数十年，救危困，起沉疴，百不失一，名噪邾邑。著有《秘珍济阴》三卷，今存道光十年庚寅（1830）二酉堂刻本。门生刘祖寿、周辉命，曾参订其书。［见：《秘珍济阴·序》、《女科书录要》、《中医图书联合目录》］

周钟琪 清代江苏吴县人。生平未详。著有《保赤至要》一卷，今存光绪二十二年丙申（1896）刻本。［见：《中医图书联合目录》］

周复吴 字子东。明代昆山县（今属江苏）人。精医术。弘治间（1488～1505）任太医院冠带医士。［见：《昆山县志稿》］

周保安 清末河南正阳县人。邑外科名医涂法章门生。与庞学颜皆得师传，以医名世。二人事涂氏如父，为其养老送终。［见：《重修正阳县志》］

周保珪 字桐侯，自号环溪。清代江苏嘉定县人。同治癸酉（1873）举人。擅书法，兼精医理。年四十二岁冒暑出诊，积劳感疾而卒。平素著述甚富，多未竟之稿。［见：《嘉定县续志》］

周亮宗 字好真。明代浙江嵊县人。邑名医周龙山子。善承家学，亦精医道。曾任太医院医官，得以备览群书，其术益精，有著手回春之效。稽山倪鸿宝曾作诗赠之。［见：《嵊县志》］

周亮斋 清代江苏常熟县人。博学能文，好谈医学。侨居郡城，养亲无策，遂悬壶于世，吴人敬信之。康熙五十九年庚子（1720）夏，名医沈棣怀集合同人为讲学之会，届期讲论《伤寒论》、《类经》、《本草纲目》诸书，分题注疏，作为文论，数月间得文百余篇，颇能发明书义，不违经旨。雍正二年（1724）春，周氏知有考医之政，遂选录上述论文数十篇，经沈棣怀编订，名之曰《医学三书论》，钱晋珏为之作序，梓行于世。此书原刊不存，今有抄本藏上海中医药大学图书馆。［见：《中国历代医家传录》、《中国医籍大辞典》、《中医图书联合目录》］

周洁川 清代浙江衢州人。精医术，知名于时。门生汪宏，得其传授。［见：《望诊遵经·程琰跋》］

周洪金 字玉振。清代江西万载县西都人。幼聪敏，习举业。师从教谕鲁鸿，作文有法度，补弟子员。曾任国子监学正。旁及医术，精通奇经八脉，用药不拘泥古方，治病多佳效。

八画

年八十四岁，无疾而逝。[见：《万载县志》]

周洛肇 清代湖南宁乡县人。生平未详。著有《一囊春集解》、《杂病提纲翼》，今未见。[见：《宁乡县志》]

周冠三 清代河北南皮县人。邑名医周飞鹏子。袭承父学，亦业医。[见：《南皮县志》]

周祖礼 字人仪。清代江苏吴县洞庭东山人。少习儒，工篆隶，好读宋儒书，多善行。因母患痿症，究心医术，母病得痊。总督高晋得奇疾，祖礼治之而愈，声名大噪。[见：《苏州府志》、《吴县志》]

周祚焿 字悟一。清代四川广安州人。自幼好学，淡于功名。深究医家之秘，于《医宗金鉴》颇有所得，用药立方非时医所及。又好养生，不食肥甘，每夜兀坐于榻练功，四十年如一日。寿八十余卒。子孙世为名医。[见：《广安州新志》]

周泰圻 字宏镇。清代江苏青浦县人。业医。喜植盆景，宅南辟地为花圃，晨起治圃毕，徒步出诊，日晡始归。所居深池广宅，清旷绝尘，俗子不敢近。[见：《青浦县志》]

周班爵 (?~1866) 号兰室。清代湖南益阳县人。精医术，决生死寿夭，无毫发爽。一日，卧内室，有抱儿求治者，闻儿啼，曰："速归，儿不治矣！"其人返舍，未及门，儿殁。又一日，至某家，病者犹能谈笑，自云渐愈。周不言，遽辞出，行不数步，闻哭声。人问之，答曰："此人神魂猝出，病难刻延，予何敢少坐乎？"其奇验多类此。同治五年正月，语家人云："我死清明节矣。"届期沐浴更衣，端坐而逝。著有《兰室医案》，未见传世。[见：《益阳县志》]

周晋钧 清末湖南宁乡县人。耒阳儒学训导周培茂子。诸生，保荐训导。精医术，尤擅针灸。曾参和中西之说，著《大小铜人图经合册》，今未见。[见：《宁乡县志》]

周桂山 清代人。生平里居未详。著有《经验良方》一卷，经梁思湛增辑，刊刻于世。今存道光十三年癸巳（1833）种福堂刻本，版藏广东文经堂书坊。[见：《中医图书联合目录》]

周桂荣 字香粟。清末浙江平湖县人。邑名医周清源子。绍承父志，亦精医学。光绪间（1875~1908）三遇大疫，广施良药以活人。年七十五岁卒。著有《爱莲居文稿》（非医书）。弟周桂馨，廪贡生，亦善医。[见：《平湖县续志》]

周桂馨 字蟾秋。清末浙江平湖县人。邑名医周清源次子。廪贡生。绍传父业，亦善医。[见：《平湖县续志》]

周原启 一作玄启。元代浙江义乌县人。精医术，私淑本乡名医朱震亨之学，喜读刘完素、张从正、李杲等名医之书。后徙居绍兴，与名医滑寿（1314~1386）之寓相邻，得亲承其教，方药之外兼习针灸。后悬壶济世，其诊所设针、药二室，视人之疾，分别治之。临证注重补泻，遇外邪则先攻后补，遇内邪则先补后攻，投药每著奇效，名重于时。[见：《九灵山房集·赠医士周原启序》、《中国历代名医碑传集》]

周振玉 字莲卿。清代浙江鄞县人。儒医周晃子。绍承父学，亦精医术，立方不取珍品，曰："山乡瘠贫，奚取夫此？"手抄医书极多。子周秉钝，亦以医自给。[见：《鄞县通志》]

周振武 清代湖南长沙县人。生平未详。著有《人身通考》八卷，刊于光绪壬午（1882），今存。[见：《中医图书联合目录》]

周振滔 清代广东番禺县左里乡人。精医术，擅长外科，知名于时。同里黄九，亦为名医。[见：《番禺县续志》]

周振誉 字彦声。明代昆山县（今属江苏）人。先世居春陵（今湖北枣阳），自七世祖周律，徙居昆山。世代业医，至振誉益精其术，治危疾多取奇效，名满吴中。正统（1436~1449）初，征入太医院，擢楚府良医。老年归乡。子周裳，传承其业。[见：《昆山县志》、《昆新两县续修合志》]

周爱忠 清代四川渠县人。精通医术，虽沉疴痼疾，每应手取效，知名于时。有医德，治疗贫病不计诊酬。[见：《渠县志》]

周逢源 字陶谟。清代云南江川县人。岁贡生。咸同间（1851~1874）世乱，与李必扬、王永安等集壮丁，保危城。乱平获奖，不复进取。日唯研究医术，屡起危疾，活人无算。曾辑经验所得，编《验方》三十册，传于子孙。其孙周国柱，以医术知名。[见：《云南通志》]

周家庆 字孟符。明代昆山县（今属江苏）淞南吴桥人。邑庠生。究心医学，通吐纳导引之术，年过古稀，矍铄异于常人。寿至七十五岁。次子周钫，以医术名著郡邑。[见：《淞南志》]

周家琳 字阆垣。清代江苏川沙县八团南六甲人。精少林武学。兼通医术，擅长内外两科，为咸丰间（1851~1861）川沙名医。[见：《川沙县志》]

周调鼎 清代安徽绩溪县人。生平未详。撰有《医理抉微》一卷，今未见。[见：《绩溪县志》、《徽州府志》]

周谅者 清代河南叶县人。早年习儒，兼精岐黄，以医知名。居心仁厚，不务虚名，乡里重之。[见：《叶县志》]

周继文 清代湖北沔阳州悦安乡人。精医术。寿九十二岁卒。撰有《医案》及《尹氏脉诀》一卷，今未见。[见：《沔阳州志》]

周继周 (1296～1371) 字仁之，号菊所。元末平江路吴县（今江苏苏州）人。祖父周子华，父周观光，皆以儒医著称。继周绍承家学，亦以医名。曾出任平江路医学正。有子四人：周瑾、周琰、周玙、周琬。周瑾为明初光泽县儒学训导，余三人事迹不详。[见：《金元医学人物》、《中国历代名医碑传集》（引王行《半轩集·医学正周菊所墓志铭》）]

周继登 清代陕西白河县人。精医术，知名于时。[见：《白河县志》]

周理卿 字玉芝。明末浙江鄞县人。业儒不售，刻志岐黄。巡海使者向鼎患奇疾，投药一匕而愈，自此远近驰名。每当春夏，闽瓯渔民患病者皆踵门求治，随证用药，无不获效，遇贫者不取一文。崇祯（1628～1644）末，周氏立局散药，全活甚众。平生闻人行为不善，则愀然不乐，时称有德之士。[见：《鄞县志》]

周第华 字荣丰。清代四川新繁县人。初业儒，屡试不第，弃而习医。善治癫痫，每奏奇效，远近交称。妻张氏，与之同龄，年八十二岁，夫妻同日殁，闻者无不称奇。[见：《新繁县志》]

周敏道 宋代河北人。生平里居未详。业医。一壮年人苦两耳痒，每日一作，遇其甚时，殆不可耐，挠刮挑剔无所不至，而所患不止，常以竹篾极力撞入耳中，致皮破血出而止，而明日复作，为之困悴。适周敏道至，遂往谒求治。周曰："此肾脏风虚，致浮毒上攻，未易以常法治也，宜买透冰丹服之。勿饮酒、啖湿面、蔬菜、鸡、猪之属，能尽一月为佳。"此人从之，数日痒止。然食忌不能久，遂复发作。乃忌口数十日，疾愈。[见：《医说·卷三·透冰丹愈耳痒》]

周惟洪 明代福建人。生平里居未详。著有《运气节略》、《脉经》，今佚。[见：《重纂福建通志》]

周惟禧 字绍庭。清代江西进贤县人。精医理，知名于时。[见：《进贤县志》]

周焕文 明代太仓州（今江苏太仓）沙溪人。世为儒医。早年从父戍河间。后归乡，悬壶于世，就治者甚众，声名极盛。临证疗效奇佳，每出意料之外，故自认时运所致，尝自诵："趁吾十年运，有病早来医。"[见：《太仓州志》、《壬癸志稿》、《常昭合志稿·朱澄》]

周焕南 清代湖南湘乡县人。精研《内经》，临证多奇验，延诊者无虚日。某人患气痛疾，奄奄待毙。周氏用猫头七，研为末，合以温补剂，一服痛减，再服而愈。或询其故，答曰："此五鼠瘘积也。"又，某人左乳下生瘤，痛不可忍。周氏用小柴胡汤加减，五剂而痊。年八十余，无疾而卒。辑有《医案》数十则，藏于家。[见：《湘乡县志》]

周清汉 字继南。清代江苏武进县人。以医为业，精通外科。心怀济利，遇贫者赠以药饵及舟车之费；凡踵门延请者，不分贫富远近必往，风雨泥途，不辞其劳。[见：《武进阳湖县志》]

周清达 元明间人。里居未详。精医道，能以六气推衍医理，远近求治者每收十全之效。一心济利，名所居室曰杏林小隐。[见：《金元医学人物》（引《清江贝先生文集·杏林小隐记》）]

周清南 清代江苏宜兴县人。精医术，尤擅妇科。曾治一患鼓胀病者，处一方，饮三十剂不效。其人至苏州就诊于叶桂（1666～1745），叶处方与周同。病者曰："此方已曾服过，吾邑周君所处。"叶沉思良久，曰："方良是，盖肉桂一味未获佳者耳。汝往觅佳者，饮十剂当愈。"其人如言，病竟痊愈。[见：《增修宜兴县旧志》]

周清源 字西园，号盐溪。清代浙江平湖县人。少负文才，困于童子试。弃举业，援例授州同。兼精医术。曾客居上海，求诊者日众，西方人亦就之乞方。家渐宽裕，慷慨襄助义举。著有《盐溪医案》、《滨海杂记》，今未见。子周桂荣、周桂馨，皆传父业。[见：《平湖县续志》]

周鸿渐 字于逵。清代江苏鹤市人。居众兴桥南。能诗，隐于医。性嗜莳菊，所植品种最繁，鹤市八景中"南苑秋光"，即周鸿渐宅。著有《痘疹英华》若干卷，未见流传。[见：《增修鹤市志略》]

周淑祜 〈女〉一作周祜。明代江阴县（今属江苏）人。名儒兼书画家周荣起长女。与妹淑禧随父学画，皆有造诣。曾得寒山文淑

八
画

《金石昆虫草木状》，遂与妹临摹成册，由其父撰图说，编为《本草图谱》。清王士祯曾见此图，称"亦入妙品"。此图谱今不全，仅残存绢本五册。[见：《池北偶谈·卷十五》、《江阴县志》、《中医文献辞典》、《中医图书联合目录》]

周淑禧 〈女〉一作周禧。明代江阴县（今属江苏）人。名儒兼书画家周荣起次女。聪颖多才，工诗。与姐淑祜随父学画，皆有造诣，淑禧尤负盛名。其画点染生动，神采焕发，所绘瓴毛更入微妙。年八十余犹挥毫不倦，时人得其片幅，视为珍宝。陈继儒题其画曰："花有露，鸟有声，能令造化无权。砚农有此才女，使人不复羡谢家也。"淑禧曾得寒山文淑《金石昆虫草木状》，遂与姐临摹成册，由其父撰图说，编为《本草图谱》。王士祯曾见此图，称可入"妙品"。此图谱今不全，仅存绢本五册。[见：《池北偶谈·卷十五》、《江阴县志》、《中医文献辞典》、《中医图书联合目录》]

周维新 字梅圃。清代江苏金山县张堰镇人。业幼科，知名于时。同邑名医褚师垣，雅重其术。[见：《重辑张堰志》]

周维墉 清末人。生平里居未详。著有《喉症论治》一卷，今存同治五年（1866）刻本。[见：《中医图书联合目录》]

周维墀 一作周维樨。字仲肃。明清间江苏昆山县人。幼年嗜学，得咯血疾，弃儒业医。从常熟名医缪希雍（1566～1627）学，尽得其传，荐授太医院医官。顺治十三年（1656）总督郎廷佐奉命绘海上全图，驻昆山，兵甚扰民。恰郎氏患病，周氏数剂愈之。郎赠以厚酬，坚却之，唯愿严肃军纪。嗣后，阖邑得安。年八十岁，无疾而终。[见：《江南通志》、《苏州府志》、《昆新两县志》、《昆新两县续修合志》]

周维翰 （1870～1910）字雪樵。近代江苏常州人。廪贡生。精医术，兼通西学。光绪三十年（1904）创办《医学报》于上海。与上海名医李平书、黄春甫、陈秉钧等创办中华、神州两医会。又联络各地医会，组建中国医学会，以《医学报》为会刊。嗣后，应聘赴晋，任山西医学馆教务长。1908年辞职，游于北京，不久返沪。1910年患胃癌病逝。周氏思想开明，倡言中西医汇通，尝谓："熔铸中外，保存国粹，交换知识，则慰情胜无。"又曰："仆之治病，凡治病器具，如寒暑表、听病筒等，概用西法，至开方用药则用中法。有急病及中药之力所不及者，则以西药济之。"一反时医守旧之论，令人耳目一新。

[见：《江苏历代医人志》、《中国历代医家传录》]

周彭年 字符筏。清代山东宁津县人。太学生。素性坦率，好读方书，精通医理。切脉审方，如断大狱，全活者甚众。子周浚，为同治元年（1862）进士。[见：《宁津县志》、《明清进士题名碑录索引》]

周越铭 清代浙江绍兴人。精医术，以内科知名。[见：《绍兴地区历代医药人名录》]

周敬山 明代浙江桐乡县人。世医周北山子。绍承父学，亦以医知名。万历二十六年戊戌（1598），太医院派员采访名医，重周氏之学，授医士冠带，奖以匾额。子周云翼，孙周孟皋，皆传祖业。[见：《桐乡县志》]

周敬庵 清代浙江慈溪县车轮桥人。徙居江苏如皋县东马塘镇。世业医，至敬庵已历三代，精内外科。勤习祖业，视病人如亲属，乡里信赖之。[见：《名老中医之路》]

周朝谦 号益亭。清代江西广丰县人。精岐黄术，求无不应，遇贫困无力者，赠以药饵。[见：《广丰县志》]

周惠农 清代江苏六合县人。精医术，治病多效，名闻大江南北。[见：《六合县志》]

周辉命 字耀楚，号莲峰。清代湖南湘潭县人。周贻观门生。曾参校其师《秘珍济阴》三卷，今存道光十年庚寅（1830）二酉堂刻本。[见：《中医图书联合目录》]

周景阆 明清间江苏上海县人。儒医周官三子。与兄周景新传承父学，以医为业，知名于时。[见：《上海县志》]

周景新 明清间江苏上海县人。儒医周官次子。与弟周景阆传承父学，以医为业，知名于时。[见：《上海县志》]

周智礼 清代四川安县人。精医术。官安县医学。[见：《安县志》]

周智浚 字毅修。清代浙江绍兴人。生平未详。著有《本草庭训录》，今未见。[见：《绍兴地区历代医药人名录》]

周智端 字子方。清代四川蓬溪县人。幼聪敏，好读书，诗文俱佳。年弱冠应童子试，屡列县府前茅，而终未搏一衿。因祖、父皆为医，遂尽弃所学，专攻岐黄。以通儒治方书，事半功倍，不数年即成名医。县令牟育患疾，夜梦不宁，终日躁怒，饮食不振，群医束手。周氏诊之，曰："脾阳衰惫，肝木乘脾。首剂宜干姜桂枝汤，再剂加甘草，三剂加白芍，继服归脾汤。"如言服药而愈。又，刘某得异疾，每卧四肢跳动，起坐常不安宁，唇皮瘛挛，时或呃逆，群医莫辨其证。周氏曰："此噫气不除。"用旋覆代赭石汤加镇逆之品，服之遂瘥。所愈奇难危险之证类此者甚多。年八十四岁卒。著有《伤寒六经定法》，未见刊行。长孙周天扬，尽得其传。[见：《蓬溪近志》]

周舜有 清代湖南益阳县人。邑儿科名医周世耀子。绍承父业，亦精医术。一幼童病死三日，舜有诊之，曰："未死也。"一灸而苏。[见：《益阳县志》]

周善元 (1791～?) 清代四川彭县人。习儒，训蒙为业。旁通医理，善摄生。光绪四年(1878)寿至八十岁，尚强健，能为人视疾。[见：《彭县志》]

周善卿 明代福建莆田县人。与兄周春谷，俱以医知名。子周用文、周用中，皆绍承家学。[见：《福建通志》]

周善祥 清代浙江桐乡县青镇人。乾隆间(1736～1795)寄居震泽县。为桐乡贡生。兼通医术，著有《藉湖医案》，未见流传。[见：《乌青镇志》]

周禄天 字纯熙。清代湖南宜章县人。监生。精岐黄，以术济人，诊病不受谢。乐善好施，每岁四五月，出仓谷以贷族中贫乏。平生设渡、施药，善举尤多。撰有《医学辑要》，今未见。[见：《宜章县志》]

周登庸 字金门。清代楚南清浏(疑为福建清流)人。生平未详。对妇产科有所研究，推崇休宁叶风《达生编》。曾改编周毓龄《广达生篇》，"择其尤关紧要者，剖析详明，分类纂辑"，辑为《续广达生篇》(又作《增广达生要旨》)，序刊于道光六年丙戌(1826)，今存。[见：《女科书录要》、《中医图书联合目录》]

周楚韫 清代山西曲沃县人。精医术，专擅幼科。子周克雍，孙周湘，皆传其学。[见：《山西通志》]

周锡邦 清代湖南宁乡县人。生平未详。著有《医学流传集》，今未见。[见：《宁乡县志》]

周锡祉 号敏甫，晚号守安。清代江苏吴县枫桥镇人。咸丰庚申(1860)，避乱于新阳真义里，遂定居。自少习医，不治举业。富人求诊辄婉谢，贫户延请皆往治。好读先儒理学书，尤工书法，临摹虞世南、褚遂良帖酷肖。所临《褚遂良圣教序》，有刻石传世。[见：《信义志稿》]

周锡琮 清代江苏上海县人。道光二十七年(1847)与名医王森澍倡立厚仁堂，活人甚多。[见：《上海县续志》]

周裔昌 字锡生。清代江苏崇明县人。弃儒业医，临证独有心得，常一剂即效。有医德，治病不计财利。年逾八十岁殁。[见：《崇明县志》]

周韵笙 近代江苏太仓州泥泾镇人。精医术，以外科知名乡里。门生邹庆瑚(1889～1905)、邹庆瑜(1893～1965)，传承其术。[见：《昆山历代医家录》]

周毓亲 字兰友。清代江苏高淳县人。精医术。凡值岁荒疫行，自负药囊，沿途诊治，远近德之。乾隆戊子(1768)，授医学训科。[见：《高淳县志》]

周毓龄 字吕笙，号南方恒人。里居未详。素习举业，兼究岐黄，于妇产科有所研究。推重休宁儒医叶风《达生编》，喜其"不以药饵为重，惟示人以行止坐卧自然之故，愚夫愚妇皆可与知"，遂"酌采数条，附以济世"，编《广达生篇》，序刊于乾隆四十一年丙申(1776)。此书今存光绪二十三年丁酉(1897)重刻本。[见：《女科书录要》、《中医图书联合目录》]

周德济 五代后周人。里居未详。以医为业，显德间(954～960)行医京都。时史令公族人有罹疾者，国医名手皆不效，有人荐名医沈道恭。沈氏畏令公威势，遂问："未审更欲募何人？"荐者曰："惟周德济也。"道恭曰："周德济素无医名，惟德济得好命耳，幸同召之。"遂与周氏共诊，沈氏推究病因，令周氏用药，果奏效。[见：《历代名医蒙求》]

周毅区 字石谷，号贻园。清代安徽宿松县人。国子生。质直好义，性敏多能，经史之外，工吟咏，善水墨画。尤精医术，凡有病者，亲临诊视，遇贫者赠以药，全活甚众。道光戊申、己酉(1848～1849)洪水为患，冲决河湾堤坝，周氏倡捐千缗。年八十五岁卒。著有《义喻斋试帖》、《贻园诗钞》，又辑医书《本草分经类编》，今未见。[见：《宿松县志》]

周鹤群 字位西。清代浙江钱塘人。好搜录验方。曾辑《良方集要》一卷，梓行。嘉庆元年(1796)书版毁于火，嘉庆十五年(1810)重刻，今存。[见：《浙江医籍考》、《中医图书联合目录》]

周履靖 字逸之，号梅墟，又号梅癫道人。明代浙江嘉兴县白苎乡人。万历间

(1573~1619) 在世。少羸弱，弃举子业，专力于古文词。费千金购书，富藏古今典籍，编篱引流，杂植梅竹，读书吟咏于其中。后家道中落，意泊如也。与王弇州为莫逆交，时称博雅君子。郡县交辟，不应。所著诗盈百卷，手书金石、古篆隶、晋魏行楷及书史，为士林所重。著有《夷门广牍》，其中"尊生"类有《金笥玄玄》一卷、《益龄单》一卷、《赤凤髓》三卷、《唐宋卫生歌》一卷，为医学及养生学之作。还著有《茹草编》四卷、《续易牙遗意》一卷，皆刊刻于世。尚有《玉函秘典》一卷、《炼形内旨》一卷、《八段锦图》一卷，存佚不明。［见：《嘉兴县志》、《重修浙江通志稿》、《中国丛书综录》、《中医图书联合目录》］

周赞鸿 字伯颜。清代江苏长洲县人。生平未详。著有《养心堂医论读本》八卷，今存同治三年（1864）稿本。［见：《中医图书联合目录》］

周赞襄 字日孜。清代广西兴安县二十都人。善医，治病多佳效。［见：《兴安县志》］

周戴伦 字禹台。清代浙江山阴县人。业医，知名于时。［见：《绍兴地区历代医药人名录》］

周藩东 字菊斋。清代浙江新昌县人。生平未详。著有《救疫经验方》，今未见。［见：《绍兴地区历代医药人名录》］

忽

忽公泰 一作忽泰必烈。字吉甫。元初中山（今河北定州）人。蒙古族。为名儒，官至翰林集贤直学士，中顺大夫。兼通医学，善针灸术。宪宗三年（1253）前后，任太医院针灸科教授。迁诸路医学提举。至元戊辰（1268）十月，中书左丞相史天泽中风，口角右斜，御医束手。忽公泰应罗天益之荐治之，先灸左颊地仓穴十七壮，复灸颊车穴二十七壮，继服以升麻汤加防风、秦艽、白芷、桂枝，数服而愈。针灸外兼精方药，曾以结阴丹、淋渫葳灵仙散、蒲黄散等方传授罗天益，罗氏收入《卫生宝鉴》。忽公泰曾绘《针灸经络图》，详加注释，著《金兰循经取穴图解》一卷，由其子光济诠次，平江郡文学岩陵邵文龙为之作序，流传于北方，大德七年（1303），恒山董氏锓梓于吴门。此书首绘脏腑前后二图，次述手足三阴三阳起属，继取十四经络流注，各为注释，列图于后。图长一尺有四，折

而装潢之，为他书所未有，惜散逸不传。［见：《补元史艺文志》、《读书敏求记》、《中国医籍考》、《金元医学人物》、《内蒙古医学史略》］

忽林失 元初蒙古族人。元世祖至元十四年（1277）六月，设置尚膳院，秩三品，以提点尚食、尚药局。命忽林失为尚膳使，其属司有七。成宗大德五年（1301），官至曲靖等路宣慰使兼管军万户。［见：《元史·本纪·世祖、成宗》］

忽思慧 一作和思辉。元代蒙古族人。延祐间（1314~1320）任饮膳太医。尝积十余年经验，参照诸家本草、名医方论，广取性味补益之谷、肉、果、菜，辑《饮膳正要》三卷，成书于天历三年（1330）。是书为我国现存最早之营养学专书。［见：《补元史艺文志》、《百川书志》、《中国医籍考》、《中医大辞典》］

京

京房 （前77~前37）本姓李，字君明。西汉东郡顿丘（今河南清丰西南）人。早年师事梁人焦延寿，深明易学，通五行之说。"其说长于灾变，分六十四卦，更直日用事，以风雨寒温为候"。汉元帝时以孝廉为郎，立为博士。永光、建昭间多次上疏，以灾异论时政得失，所言屡中。因弹劾石显专权，出为魏郡太守。建昭二年十一月，以"坐窥道诸侯王以邪意，漏泄省中语"下狱，不久被杀，年仅四十一岁。其代表作为《京氏易传》，今存。另有《逆刺》三卷，已佚。［见：《汉书·京房传》、《旧唐书·经籍志》、《中国人名大辞典》］

京里先生 佚其姓名。南朝（？）人。生平里居未详。似为道士。著有《金匮仙药录》（又作《金匮录》）二十三卷、《神仙服食经》十二卷，原书均佚。今《道藏》有《神仙食气金匮妙录》一卷、《神仙服饵丹石行药法》一卷，题"京里先生撰"，疑即上述二书之节录本。又，据清姚振宗《隋书经籍志考证》引汪师韩注，南朝梁昭明太子萧统《文选》注引群书，有《金匮仙药录》，则京里先生为南朝梁或梁以前人。［见：《隋书·经籍志》、《旧唐书·经籍志》、《中国丛书综录》、《中医图书联合目录》］

庞

庞宪 字鹿门。明代湖北蕲州人。名医李时珍门生。幼年随师编辑《本草纲目》，遍查百药，考核详究，穷尽生化之妙。庞宪既得师传，

又深究《素问》、《灵枢》诸书，初不肯轻易治病，至老乃出。有客寓蕲州者，耳聋数十日，服补药不效，就庞宪诊脉。宪曰："此胃家火也。"客曰："耳属肾，与胃何涉？"宪曰："公未知《素问》、《灵枢》耳。胃络过于耳旁，或于食时则聋更甚。"投药一剂而愈。知州夫人自谓病疟，宪诊之曰："此勿药，有喜也。但过十日，当下血。"夫人不悦，遂不请其方。越十日而夫人血下，复邀之，一剂而安。[见：《湖广通志》、《中国人名大辞典》]

庞桐 字琴轩，晚号润甫。清代江苏阜宁县东坎镇人。天资绝高，好学深思。早年与儒医姜菊泉为友，谈文十余年，每代写药方。勤学好问，深思善悟，平日购读医书，运之以心，久之贯通医理。治病不囿于古法，临证数十年，名驰阜宁、涟水、灌云诸县。年七十五岁卒。曾汇录三十年经验，辑《验方》一册，藏于家。[见：《阜宁县新志》]

庞九皋 清代四川西充县人。武庠生。生性侠义。后学医，精通外伤科，济人甚众，享誉于时。子庞廷飚，传承父学，亦以医驰名。[见：《西充县志》]

庞从善 宋代人。里居未详。学识广博，尤精医术，年未四十闻名于世。著有《脉法铖原论》一部，共二十篇，见者称"诚得叔和未尽之趣"，惜散佚不传。[见：《历代名医蒙求》]

庞用和 清代江苏昆山县人。世居大西门下塘街。内科世医庞永嘉子。传承祖业，亦精医术，以擅治鼓胀闻名。治腹胀下泻，虽非表证，亦兼用汗法。若症轻无须进药者，辄嘱其热敷取汗，慎选饮食，静心休养以调理，如言皆愈。自制顺气消胀丸，凡初患胀疾者，不用汤药，服丸即愈。重医德，县城病家邀诊，从不乘轿；乡村邀诊，仅乘扁舟，世人德之。子庞载清，继承家学。[见：《昆山历代医家录》]

庞永嘉 清代江苏昆山县人。世居大西门下塘街。内科世医庞舜琪子。传承祖业，亦精医术，以擅治鼓胀闻名。尝取李时珍《本草纲目》中常用药品，分门别类，编为歌诀，以便初学，其稿今未见。子庞用和，亦以医著称。[见：《昆山历代医家录》]

庞廷飚 字凤冈。清代四川西充县人。邑伤科名医庞九皋子。髫龄入泮，品学兼优。绍承父志学医，治病多奇验，驰名于时。[见：《西充县志》]

庞安时 (1042～1099) 字安常，自号蕲水道人。北宋蕲州蕲水县麻桥人。幼颖慧，读书过目辄记。世代工医，其父庞之庆授以《脉诀》，安时曰："是不足为也。"乃取《灵枢》、《素问》、《甲乙》、《难经》诸书读之，未久，贯通其说，时出新意，辩诘不可屈。年未冠病聩，遂专力于医学，医书之外，凡经传百家涉于医道者，无不通览。后悬壶济世，治病十愈八九。凡踵门求诊者，为辟邸舍居之，亲视馈粥药物，必令痊愈而后遣；遇不可为者，必实告之，不复为治。生平活人甚众，医名震于宇内。从不计利，病家持金帛来谢，不尽取。酷爱佳书古画，得之喜不自胜。苏轼与庞安时交往甚厚，元丰五年(1082)，轼患左手肿，安时疗之，一针而愈，轼叹服。安时年五十八岁患病，门人请自视脉，笑曰："吾察之审矣！且出入息亦脉也。今胃气已绝，死矣！"遂屏却药饵，后数日，与客坐谈而卒。著有《伤寒总病论》六卷，刊刻于世，今存。还著有《难经辨》、《主对集》、《本草补遗》、《家藏秘宝方》等书，均不传。生前有弟子数十人，以张扩、李百全、胡道士等最优。[见：《宋史·庞安时传》、《宋史·艺文志》、《东坡志林》、《仇池笔记·单骧孙兆》、《夷坚志》、《蕲水县志》、《李濂医史·张扩传》、《医藏书目》、《中国历代名医碑传集》(引《柯山集·庞安常墓志铭》)]

庞寿康 (1909～1988) 现代江苏昆山市玉山镇人。居大西门。内科世医庞润禄子。自幼随父习医，善承祖业。早年毕业于苏州江苏省立第一师范。二十二岁悬壶，设诊于上海白格路(今新昌路)，以善治腹胀享誉于时。1935年获江苏省民政厅中医师证书。1941年至苏州北局东方饭店应诊，就治者甚众。有志于教育事业，1949年前后，历任玉山小学、二中心小学、三中心小学校长。20世纪50年代初被选为昆山县人民代表会议代表。庞氏任教期间不弃祖业，义务为各地患者诊病，不受酬谢，治愈危重痼疾甚多，为世人所敬重。著有《臌胀投治须知》、《内科肿胀括要》，前书由商务印书馆出版。[见：《昆山历代医家录》]

庞还纯 字培德。清代河南长垣县人。邑名医庞顺元子。绍承父业，亦精医术，知名乡里。子庞鸿熙，亦为名医。[见：《长垣县志》]

庞沣章 号芑园。清代河南内乡县西三区石桥人。早年习儒，候选同知。急公好义，村前旧有大石桥，相传乃唐太宗任天策上将征东时所建，年久倾塌，庞氏出资重修，以便行人。兼精医道，施药治疾，每多奇效。著有《疡医指南》若干卷，藏于家。[见：《内乡县志》]

庞良才 宋元间湖州（今浙江湖州）人。以医为业，精通脉法，熟通古方，知名于时。兄庞良臣，亦以医闻。[见：《癸辛杂识·续集上·医术》]

庞良臣 宋元间湖州（今浙江湖州）人。以医为业，熟通医方，指上明了。弟庞良才，与之齐名。周密赞叹二人医术曰："为难能也！"[见：《癸辛杂识·续集上·医术》]

庞学颜 清末河南正阳县人。邑外科名医涂法章门生。与周保安皆得师传，以医名世。二人事涂氏如父，为其养老送终。[见：《重修正阳县志》]

庞树敏 清代山东临沂县腾马庄人。遂于医学。著有《医学辨证》四卷、《伤寒论浅说》二卷，未见流传。[见：《临沂县志》]

庞顺元 清代河南长垣县人。精医术，以擅长补牙著称。子庞还纯，亦精医道。[见：《长垣县志》]

庞载清 号蔼亭。近代江苏昆山县人。居大西门。内科世医庞用和子。继承祖业，擅治鼓胀，名重于时。临证必详观气色神态，问饮食起居。立方以保真元为主，兼重行气。其他如气、血、虫病等症，必察其表里，观其虚实，审其脏腑，辨其时令，对症发药，莫不奇中。重医德，凡病家求治，虽深夜叩门，启户施诊，无稍忽急，遇贫而病者，不计诊酬，全活甚众。其时铁路未通，远如宜兴、长兴、湖州、无锡、江阴、宝山等地患者，皆从水道就治，一时舴艋相接。居常制备成药，有创伤、烫伤急症，任人索取。平生多善举，曾与苏州名医马士元门生马织云捐筑车浜路，乡里颂其义行。子庞润禄，孙庞寿康，绍传祖业，皆享盛名。[见：《昆山历代医家录》]

庞润田 字霖甫，又字作云。清代山东招远县人。诸生。著有《证治集解》（包括《伤寒捷解》、《运气要略》两种），刊于光绪十七年（1891）。[见：《山东通志》、《中医图书联合目录》]

庞润禄 （1891～1958） 号调侯。现代江苏昆山县玉山镇人。居大西门。内科世医庞载清子。继承祖业，亦精内科，以擅治鼓胀知名。悬壶于县城大西门老宅，声名远播邻县。宜兴、长兴、湖州、嘉兴、无锡、江阴、宝山等地患者慕名而来，舟楫傍岸，首尾相连。1922年应邀出诊北平（今北京），治愈外交总长曹汝霖之女产后肿胀病，医名大噪。旋经李平书介绍赴上海，治愈前清两广、云贵总督岑春煊之女鼓胀疾，扬名沪上。1924年设诊于上海荣成路，业务颇盛。50年代初，献出祖传秘方，治疗血吸虫病晚期腹水颇效，为地方医药卫生事业作出贡献。1956年出任昆山县第一届政协委员。晚年好佛学，讲究修身之道。子庞寿康（1909～1988），任玉山镇小学校长，兼精家学，亦医亦教，名重于时。[见：《吴中名医录》、《昆山历代医家录》]

庞铭本 字警庵。清代河南内乡县东一区大渠河保庞营人。同胞三人，长兄庞滋本，岁贡生；次兄庞仁本，咸丰戊午（1858）举人。铭本自幼习儒，读书过目成诵。及应童子试，试官出题断章取义，愤而弃之。后专力医学，研究外科，能创立新方，凡遇奇疮异症、无名肿毒，一经调治，无不霍然。有医德，治病不分贫富，疾愈不索谢仪。世人重其医术，尤敬其人品。著有《随身录》、《有定集》等方书，藏于家。[见：《内乡县志》]

庞鸿塔 清代山东恩县南庞庄人。儒医庞濯清子。绍承父业，亦以医术著称。[见：《重修恩县志》]

庞鸿熙 字子洽。清代河南长垣县人。邑名医庞还纯子。绍承家学，亦以医闻。[见：《长垣县志》]

庞遇圣 字聘三。清代广东西宁县人。祖籍南海，明万历间（1573～1619），其先祖有名庞嵩者，来西宁讲学，遂卜居焉。遇圣自少好学，弱冠试乡闱不售，乃涉猎《素问》诸书。尝谓："医非儒不精，苟精之，不独以之治身，亦兼可济世。"久慕何梦瑶之为人，闻何氏自辽阳解组归，悬壶于世，遂欣然而往，执贽门下，请益问难，渐悟轩岐奥旨。越二年归乡，以医问世，兼治内、妇、幼诸科，治无不效，名重于时。当道官吏重之，于嘉庆十三年（1808）举乡饮宾。年八十二岁殁。著有《四诊韵言》一卷、《伤寒脉证指掌》一卷，今未见。[见：《西宁县志》]

庞舜琪 清代江苏昆山县人。世居大西门下塘街。世代业医。善承家学，悬壶于世，尤擅治鼓胀，知名于时。创制丸散，专治内症肿胀，功效颇著。子庞永嘉，孙庞用和，继承先业，亦享盛名。[见：《昆山历代医家录》]

庞鹏展 字扬庭。近代广西武宣县人。幼聪颖，有孝行。由旧制中学毕业，继入广州镜明美术专科学校、上海中西医药学校学习，均毕业。历任武宣县初级中学美术、卫生教员，兼校医。北伐战争期间，任国民革命军第七军后方医院准尉军医，全活颇众。积劳病卒，年仅三十六岁。著有《医学三字经批注》、《伤寒论批注》、《金匮批注》等，稿藏于家。[见：《武宣县志》]

庞濯清 字浴德。清代山东恩县南庞庄人。庠生。精通医术，以内科问世，凡求治者，无不应手取效。著有《医源备览全集》、《医方摘要》二书，藏于家。子庞鸿塔，继承父业。[见：《重修恩县志》]

底

底五昌 号竹兰。清代河南睢州人。精岐黄术，临证应手取效，知名于时。[见：《续修睢州志》]

於

於人龙 号耕烟。清代江苏武进县孟河镇人。通医理。雍正五年丁未（1727），评注俞茂鲲《痧痘集解》。[见：《中国医学大成总目提要》]

於纯五 字玉山。清代湖北沔阳州人。性谦和，平生无疾言厉色。工医术，专擅外科，治疗毒应手奏效，尤能接骨止痛。重医德，遇贫病不受谢，并赠以药。[见：《沔阳州志》]

郑

郑元 字长卿。元代吴县（今江苏苏州）人。弃吏习儒，兼精医药，世称雅伤君子。[见：《中国历代医家传录》（引《遂昌杂录》）]

郑云 号思竹。明代昆山县（今属江苏）人，徙居常熟虞山镇。妇科世医郑良长子。绍承祖业，亦精医术。征授太医院医士，赐冠带。曾续修《开封郑氏世谱》。子郑京，孙郑象玄，克传家业。[《昆山历代医家录》（引《开封郑氏世谱》、《常熟县私志》）]

郑壬 （1382～1448） 字有林，号双松。明初昆山县（今属江苏）人。祖籍汴梁（今河南开封），南宋时迁居昆山。妇科名医郑公显玄孙。祖父郑子华，以儒通医。父郑忠，为当地名儒，兼通家学。母何淑宁，亦通医道。郑壬为忠次子，六龄丧父，赖母抚育成长。天性孝友，沉毅简重，博学强记，贯通经史。洞究家传医学，精妇科，抱疾求治者无不愈，名噪于时。山东藩司闻其名，欲辟为医官，辞不就。永乐十二年（1414），以儒医征授太医院医士。成祖诏命太医院教授名医子弟读书备用，并选博雅医士为教师。郑壬与常熟吴讷等六人入选，一时名声极盛。洪熙元年

（1425）四月，召入北京太医院，赐三品服俸。宣德二年（1427）九月，以年老告归。植双松于庭，著述其间。年六十七岁卒，葬溢渎村先茔昭位。翰林学士张益为撰墓志铭，诏命从祀北京三皇庙。妻卢清，长子郑文康，皆通医道。[见：《苏州府志》、《昆山历代医家录》]

郑玄 （127～200） 字康成。西汉北海高密（今山东高密）人。八世祖郑崇，为哀帝时尚书仆射。玄少为乡啬夫，不乐为吏，入太学受业，始通《京氏易》、《公羊春秋》、《三统历》、《九章算术》。又从东郡张恭祖受《周官》、《礼记》、《左氏春秋》、《韩诗》、《古文尚书》。后师事扶风马融，日夜苦学，未尝息倦，三年后辞归。融喟然谓门人曰："郑生今去，吾道东矣。"玄先后游学十余年，始归乡里，家贫，躬耕东莱，学徒相随者近千人。建宁（168～171）初，党祸起，隐修经业，杜门不出。灵帝末年，将军袁隗表为侍中，以父丧不行。北海相孔融深敬郑玄，屡造其门，命高密县特立一乡，名郑公乡，又广开门衢，曰通德门。建安元年（196），郑氏自徐州还高密，道遇黄巾军数万人，见玄皆拜，相约不入县境。建安五年春，袁绍与曹操相拒于官渡，令子袁谭遣使逼玄随军。玄不得已，带病之元城，疾笃不进，其年六月卒，享年七十四，遗令薄葬。所著书凡百余万言，今存《周礼仪礼礼记注》。郑玄博考经史，所注《周礼》对古代医官制度多有涉及，有裨于医史研究。近人张骥摘取郑氏著作，重加校补，撰《周礼医师补注》，刊行于世。[见：《后汉书·郑玄传》、《中国人名大辞典》、《中医图书联合目录》]

郑宁 一作康宁，号七潭。明代安徽歙县丰阳七潭人。生于书香之家，幼习举业，正德丁卯（1507）赴考不中。时宁尚未冠，其父年已七十五岁，念忠孝难以两全，弃儒业医。尝摘选《证类本草》、《汤液本草》、《本草衍义补遗》等书，择常用药品749种，分为草木花卉、金石贝壤、人、虫豸禽兽等四部，撰《药性要略大全》十一卷，刊于嘉靖二十四年（1545）。此书国内未见，日本尚存嘉靖二十四年刊本，现已由中国中医科学院影印回归。[见：《中国医籍考》、《日本现存中国散逸古医籍》]

郑吉 （1491～?） 字汉卿，号怡山。明代昆山县（今属江苏）人。妇科世医郑膏幼子。绍承家学，临证融会贯通，随症应变，治病多显效。[见：《昆山历代医家录》（引《开封郑氏世谱》）]

郑朴 明代长洲县（今江苏苏州）人。太医院医士郑济次子。继承先业，亦以妇科著称。先于兄郑松（1468～1548）辞世，兄抚养其遗孤。[见：《中国历代名医碑传集》（引郑若庸《蜞蚰集·太医院医士用斋郑公墓志铭》）]

郑机 清代湖北人。生平里居未详。撰有《对证药》一卷，今未见。[见：《湖北通志》]

郑达 字叔通。明代湖北襄阳县人。由举人任陕西鳌屋知县，开广灌渠，溉田千顷，秦民赖之。博学多识，书法钟王，墨迹多刻于秦省学宫。值昆山县大饥，欲急得贤令，有司以郑达荐，食六品俸，仍旧衔往。始至，莛赢填巷，民哭，达亦哭，煮粥以济之。其时疾疫大作，郑达率医遍诣乡镇，全活不可胜数。民谣有"只今父母深怜汝，昼夜悲哀泪满襟"之句。郑氏自奉清约，图书外一无所好。秩满，题衔署曰："治邑无能奈拙何，讼庭寂寂十年过。儒林渐喜人才盛，村舍新添院落多。一水流来资世用，四民乐业感时和。而今考绩朝天去，两袖清风发啸歌。"邑人感其德，请奉祀于名宦祠。著有《遵生录》（又作《尊生录》、《尊生稿》）十卷，行于世，今佚。[见：《明史·艺文志》、《湖北通志》、《湖北下荆南道志》]

郑传 清代安徽泾县人。生平未详。通医术，著有《本草类集良方》、《幼幼辑要》二书，今未见。[见：《泾县志》]

郑伏 明代昆山县（今属江苏）人。妇科世医薛闻礼子。绍承家学，亦通医理。曾祖薛受，本为郑文康幼子，嗣于薛氏，遂改性。三传至郑伏，认祖归宗，仍复本姓。郑伏长子郑三畏，继承家学，业医。[见：《昆山历代医家录》]

郑任 （1600～1675） 原名国任，字晋卿，号药房。明清间江苏昆山县人。郑文康七世孙。父郑嘉会，于明万历间率家迁居华亭县周庄镇。郑氏世以妇科著称。郑任五龄丧父，赖母朱氏养育。稍长读经书，兼随母学医。后绍承先业，苦心孤诣，潜心医理，妇科之外，兼精内外各科，悬壶于世。临证穷根究源，所治多良效。又工诗，精音律，善绘花鸟，多才多艺，名著一时。晚年与同里屠彦征、陶唐谏、方九皋、徐汝璞、管渊、丁社、僧广明结耆英诗社，每月一集，饮酒赋诗，颇得雅趣。次子郑寔，孙郑言，皆工医术；曾孙郑斌，继业尤精。[见：《吴县志》、《周庄镇志》、《昆山历代医家录》（引《开封郑氏世谱》、《贞丰拟乘》）]

郑玙 字子玉。金代河南人。里居未详。与针灸名家窦默相往还，得窦氏真传，以医著称。曾任医学教授。门人张博文，传承其术。[见：《金元医学人物》（引《至正集》）]

郑均 字载筠。清代江苏吴县人。妇科世医郑嗣侨子。袭承家学，亦以妇科著称。[见：《吴县志》]

郑克 字克明，又字武子。宋代开封（今河南开封）人。北宋时以迪功郎任建康府上元县尉。南宋初，以承直郎任湖南提刑司干官。绍兴间（1131～1162），读和凝（898～955）《疑狱集》，嘉其用心，乃采缀旧文，补苴其阙，成《折狱龟鉴》八卷，刊刻于世，今存。是书对后世法医学之形成颇有影响。[见：《折狱龟鉴》、《隐居通议·杂录》、《八千卷楼书目》、《河南通志》]

郑岗 字惠人，号玉蟾。清代浙江嘉善县人。祖籍江苏华亭。邑庠生。少攻举业，及长习医，精其术，时称喉科神手。子郑春回，亦以医名世。[见：《嘉善县志》]

郑言 （1666～1752） 字载飚，号间庵。清初江苏长洲县周庄镇人。妇科世医郑寔子。庠生。绍承祖业，亦以医名。[见：《昆山历代医家录》]

郑沅 清代山西乡宁县人。生平未详。撰有《伤寒舌鉴》一卷，藏于家。[见：《乡宁县志》]

郑良 字尧臣，号栎庵。明代昆山县（今属江苏）人。约弘治间（1488～1505）在世。郑文康长孙，郑膏长子。官承事郎。世以妇科闻名，郑良亦潜心祖传方书，不喜仕进，以医问世。辑有《女科万金方》，今存清乾隆间（1736～1795）抄本，书藏上海中医药大学图书馆。又撰《郑栎庵先生女科万金方传灯》四卷，亦有抄本存世，书藏中华医学会上海分会图书馆。长子郑云，绍承祖业。[见：《昆山历代医家录》（引《开封郑氏世谱》）]

郑评 明代河南鄢陵县人。邑名医郑富次子。与兄郑诏，皆传承父学，并以医名。[见：《鄢陵县志》]

郑诏 明代河南鄢陵县人。邑名医郑富长子。袭承父学，以医著称。弟郑评，亦以医名。[见：《鄢陵县志》]

郑枚 清代江苏扬州人。祖籍仪征县。名医郑重光曾孙。早年习儒，为太学生。淳悫和厚，善守家学，以医行世。[见：《仪征县志》]

郑松 (1468~1548) 字材美，号用斋。明代长洲县（今江苏苏州）人。妇科世医郑济子。少颖敏，能读父书。妇科之外，兼习诸科方脉，皆称精诣。缘祖籍入隶太医院，为医士。不久以亲老告归。居乡以医济人，每获奇效，请药者屡满户庭。有医德，治病不计诊酬，赴人之请，虽寒暑雨夜不辞，为世人所敬重。性孝友，侍奉父母克备温养。与弟郑朴共业三十年，无疾言厉色。弟先卒，抚其遗孤，为毕婚嫁。嘉靖戊申七月二十一日殁，享年八十一。子郑勋、郑焘，孙郑堂、郑台、郑基，曾孙郑金。诸子孙事迹不详，当亦继承家学。[见：《中国历代名医碑传集》（引郑若庸《蜗蜒集·太医院医士用斋郑公墓志铭》）]

郑奇 北宋人。里居未详。太宗时授翰林医官院副使。太平兴国三年（978）与王怀隐、王祐、陈昭遇等奉敕编《太平圣惠方》一百卷，刊刻于淳化三年（992）二月，太宗为之作序，镂板颁行天下，诸州置医博士掌之。[见：《宋史·王怀隐传》]

郑昂 字轩哉。清代浙江鄞县人。武生。生平未详。著有《人参图说》一卷，今存嘉庆七年壬戌（1802）获浦书屋刻本。是书辨别真伪，颇中肯綮，前有董璘序。[见：《鄞县志》、《鄞县通志》、《中医图书联合目录》]

郑忠 (?~1387) 字以敬。元明间昆山县（今属江苏）人。妇科世医郑子华长子。明初以明经荐授教谕，未拜而卒。妻何淑宁，子郑壬，皆以医术著称。[见：《昆山历代医家录》]

郑京 (1541~1611) 字师大，号松亭。明代昆山县（今属江苏）人。随父徙居常熟虞山镇。妇科世医郑云子。继承祖业，亦精妇科。万历六年（1578），校订高祖郑文康《平桥稿》。子郑象玄，亦精家学。[见：《昆山历代医家录》]

郑育 字蠡孙，号中存。明代昆山县（今属江苏）人。妇科世医郑文康次子。叔父郑友光早卒，遂为叔父嗣子。绍传祖业，亦精妇科。弘治五年（1492）征授本县医学训科，在任年余，乞休归里。藩王府辟为医官，称疾不就。好辑校前代遗书，孜孜不倦，曾校订其父《平桥稿》。兄郑膏、弟薛受（本名郑受，嗣于薛氏。参见"薛受"条），皆以医名。长子郑同仁，邑庠生，早卒。[见：《昆山县志》、《昆山历代医家录》（引《开封郑氏世谱》）]

郑郊 字应麟。明代山西乡宁县人。万历间（1573~1619）由岁贡官大同府教授。历官乐平训导、滦州学正，署昌黎知县。聪明博览，尤精于医，得秘授针灸、方脉，每有施治，应手奏效。著有《医学寻源》八卷，今未见。兄郑都，亦能医。郑郊后裔多以医术鸣世，有名某者，用针尤神，惜今不可考矣。按，今存清刻"郑昭《医学寻源》二卷"，题"米家骅参订"。检郊兄郑都，《乡宁县志》又名"郑晖"，故疑"郑郊"与"郑昭"为同一人，尚乏佐证，姑两存。[见：《乡宁县志》、《山西通志》]

郑河 字星源。明代河南祥符县人。邑名医郑镒子。继承父业，有国手之称。[见：《开封府志》、《祥符县志》]

郑注 (?~835) 本姓鱼，冒姓郑氏，时称鱼郑。唐代绛州翼城（今山西翼城）人。世为布衣，以方技浪迹江湖。元和十三年（818），襄阳节度使李诉病痿，郑注疗之而愈，诉厚遇之，署为节度衙推。文宗太和七年（833）授王府司马，充右神策判官。太和八年，郑氏进献《药方》一卷（已佚），升太仆卿，兼御史大夫。九年，迁工部尚书，充翰林侍讲学士。同年与李训等谋诛宦官，事败被杀。[见：《旧唐书·郑注传》、《新唐书·郑注传》]

郑泽 字于荣，号梦圃居士。明代安徽歙县人。通医道，知名于时。辑有《墨宝斋集验方》二卷、《重证本草单方》六卷，均刊于万历间（1573~1619）。曾孙郑重光，医名尤盛。[见：《中国医籍考》、《中医图书联合目录》、《贩书偶记续编》、《素圃医案·序》]

郑宗 宋代临川（今江西临川）人。业医，以眼科问世。曾挟技游于岳州崇阳县。[见：《中国历代医家传录》（引《夷坚志》）]

郑珏 字子瑜。清代贵州遵义府人。道光间（1821~1850）在世。通岐黄术，以医济世。年四十三岁卒。辑有《古医方》若干卷，今未见。[见：《遵义府志》]

郑荣 又名自清。北宋人。里居未详。本为禁军，戍壁州还，遇异人谓之曰："汝有道气，勿火食。"遂授以医术，命挟技活人。大中祥符七年（1014），真宗赐名"自清"，度为道士，使居上清宫。其药能愈大风疾（即麻风），患病者多求之。[见：《宋史·赵自然传（附郑荣）》]

郑栅 字兼山。清代江苏长洲县吉田里人。其七世祖郑海，精医术，曾任太医承事。栅幼习举业，因父母早亡，从祖父郑钦谕习医。博览《素问》、《难经》、《金匮》诸书，妙悟医理，虽遇疑难症，投药辄效。著有《论证琐言》若干卷，未见世传。[见：《中国医籍考》]

八画

郑昭 字旋宫。清代江右抚州金人。生平未详。著有《医学寻源》二卷，今存道光四年甲申（1824）米家骅参订本。按，疑"郑昭"与"郑郊"为同一人，尚乏佐证，姑两存之。[见：《中医图书联合目录》]

郑衍 明代长洲县（今江苏苏州）人。妇科世医郑士昌孙，太医院医士郑伯英子。继承先业，以妇科著称。袭父职，任太医院医士。子郑济，亦精家学。[见：《中国历代名医碑传集》（引郑若庸《蜻蛚集·太医院医士用斋郑公墓志铭》）]

郑济 号怡山。明代长洲县（今江苏苏州）人。太医院医士郑衍子。继承先业，以妇科著称。子郑松、郑朴，俱以医名。[见：《中国历代名医碑传集》（引郑若庸《蜻蛚集·太医院医士用斋郑公墓志铭》）]

郑宣 明代人。生平里居未详。通绘画，为宫廷画士。弘治十六年（1503），太医院院判刘文泰等奉敕编撰《本草品汇精要》，郑氏与赵铎、赵海、吴瓒等八人任绘画。该书毕工于弘治十八年三月，未刊，今存抄本。[见：《本草品汇精要》]

郑都 一作郑晖，字子畿。明代山西乡宁县人。针灸名医郑郊兄。早年习儒，以贡生授泰安州学正。有义行，亦善医术。子孙以医鸣世者甚多。[见：《乡宁县志》、《山西通志》]

郑虔 字弱斋。唐代郑州荥阳（今河南荥阳）人。有文才，长于地理，尤精书画。天宝（742～755）初，官协律郎。或告其私撰国史，坐谪。后还京师，玄宗爱其才，更置广文馆，授以博士。在官贫约，淡如也。杜甫赠以诗曰："才名四十年，坐客寒无毡。"善画山水，好书法，苦无纸，于慈恩寺贮柿叶数屋，日取叶习书，岁久殆遍。尝作画并题诗以献，帝大字署其尾曰"郑虔三绝"，迁著作郎。安禄山反，授伪水部郎中，称疾求缓。乱平，贬台州司户参军。后数年卒。郑虔博学多识，为群儒所推服，世称"郑广文"。好读方书，时胡人慕其书画，虔每以书画交换药品。后著《胡本草》七卷，所载皆西域药物，惜未能传世。[见：《新唐书·郑虔传》、《新唐书·艺文志》、《国史经籍志》、《古今名医言行录》、《中国人名大辞典》]

郑晟 字励明，号莲亭。清代安徽歙县郑村人。曾任州同知。工书法，通医理。辑有《郑氏生生录》三卷，今存康熙五十七年（1718）原刻本。[见：《歙县志》、《中医图书联合目录》]

郑晓 字窒甫，号澹泉。明代浙江海盐县人。嘉靖二年（1523）二甲第一百一十九名进士，官至刑部尚书。与严嵩议不合，落职返乡。既归，角巾布衣，与乡里父老游处，见者不知其贵。隆庆（1567～1572）初卒，谥"端简"。郑晓兼涉医学，辑有《内经素问摘语》一卷，已佚。[见：《嘉兴府志》、《浙江通志》]

郑晔 （1373～1402）字思孝。明代浙江临海县人。洪武三十年（1397）三甲第十一名进士，授行人奉使，有声于川广。建文间（1399～1402）注误，谪东平州吏目。建文四年，卒于兵乱，年仅三十岁。通养生学，著有《养生内外篇》若干卷，已佚。[见：《钱塘县志》、《杭州府志》]

郑浆 字孔济。明代福建长乐县人。能诗，工医术，诊脉能预知生死。[见：《福建通志》、《福州府志》]

郑海 明代吴江县（今属江苏）人。卜居长洲县吉田里。门前垒石为小圃，世称僻山郑氏，子孙世以"山"字为号。郑海精通医术，曾官太医承事。五世孙郑钦谕，七世孙郑栵，皆以医术闻名。[见：《中国医籍考》]

郑通 明代人。里居未详。精医术，任太医院冠带医士。弘治十六年（1503）敕修《本草品汇精要》，命太监张瑜为总督，太医院院判刘文泰、王槃，御医高廷和为总裁，郑通等十人任纂修官。此书于十八年（1505）告竣，未刊，今有抄本存世。[见：《本草品汇精要·官员职名》]

郑栅 字积厚。清代河北博野县人。弱冠补博士弟子员，乾隆元年（1736）举孝廉方正，七年举乡饮大宾。平生不饮酒，不戏谑，潜心医书，详释古方，亲制药饵以济人。年七十六岁卒。辑有《广仁集》若干卷，未见传世。[见：《博野县志》]

郑銮 明代人。生平里居未详。曾任医官。隆庆元年（1567）郑銮奉右布政使曹金之命，编《传信方》。隆庆三年（1569）曹氏又命泾阳医士王玎删正，分为八卷，改名《传信尤易方》，次年刊刻于世。今存。[见：《国史经籍志》、《中国医籍考》]

郑淦 字士华，号步庵。清代江苏昆山县人。妇科世医郑思恬子。监生。绍承家学，亦工医术，远近数百里求诊者舟车辐辏其门。平生乐善好义，有其父遗风。幼子郑孚成，传承医业。[见：《昆新两县续修合志》]

郑隐 晋代人。生平里居未详。师事道士葛玄，玄授以炼丹秘术。弟子葛洪，传承其术。

［见：《晋书·葛洪传》］

郑棱 字本廉，号友山。明代浙江慈溪县人。性倜傥，好议论。初习经史，晚年业医。嘉靖（1522～1566）初，授太医院吏目，京师翕然以名医称之。［见：《慈溪县志》］

郑斌 （1720～1774）字德纯，号雪渔。清代江苏长洲县周庄镇人。妇科世医郑言子。自幼习儒，补长洲县学廪膳生，岁试辄冠，为历届学官所激赏。五应乡试不举，乾隆三十九年（1774），五十五岁始成恩贡生，是年辞世，士林惜之。郑氏世习妇科，郑斌亦精祖业，名重于时。又擅书画，书宗欧阳询，瘦劲端整。山水师董其昌，尤擅绘洛神，得之者珍若拱璧。晚年喜洞庭山水之胜，举家迁居太湖东山镇叶巷。卒葬东山之阳秦家坞西冈茅场岭下。著有诗集《雪渔吟稿》。三子郑祥征，善承祖业。［见：《吴县志》、《周庄镇志》、《昆山历代医家录》（引《开封郑氏世谱》、《贞丰拟乘》）］

郑富 字景丰。明代河南鄢陵县人。少攻医学，精于诊视，迎请者无虚日。子郑诏、郑评，皆以医知名。［见：《鄢陵县志》］

郑寔 字质人，号朴庵。明清间江苏昆山县周庄镇人。妇科世医郑任次子。绍承家学，亦以医名。子郑言，克传父业。［见：《昆山历代医家录》］

郑瑚 字友夏。清代安徽祁门县奇岭人。自幼习儒，长业岐黄。于《素问》、脉学、方药诸书靡不精研而究其源，为人治疾如洞见脏腑，每投药立效。著《扶婴录》二卷，未见传世。［见：《祁门县志》、《徽州府志》］

郑楫 字济川。清代江苏靖江县人。国学生。精医术，宗仲景之法。兼通太极、阴阳、河洛、八卦诸说。著有《医学穷源》、《伤寒问答神行集》等书，未见流传。［见：《靖江县志》］

郑感 北宋池州（今安徽贵池）人。以医为业，知名于时。沈括（1031～1095）患病，郑氏处以至宝丹方，服之屡见良效。沈氏辑《灵苑方》（已佚），收入此方。［见：《苏沈良方》］

郑鉴 字照山。清代江苏吴县人。名医郑钦谕五世孙。父郑开山，以医名世。鉴幼丧父母，善承家学，精通妇科。乾隆丙子（1756）吴中大疫，知府赵酉设药局施药，延聘名医主诊。鉴应召往，活人甚多，由此著名。［见：《吴县志》、《苏州府志》］

郑愈 宋代长沙（今湖南长沙）人。为医工。家藏《聚宝方》，不载作者姓名。刘昉编

《幼幼新书》，曾参考此书。［见：《幼幼新书·卷四十·近世方书》］

郑靖 字纂钦。清代安徽歙县人。喉科世医郑宏绩裔孙。克绍祖业，亦精医术，尤笃友谊，名重于时。著有《郑氏先德录》等书，未见刊行。［见：《歙县志》］

郑溶 一作郑镕，字庚谟，号药圃。清代江苏新阳县人。乾隆二十六年（1761）补新阳县学生员。侨寓嘉定县娄塘，遂定居。世业妇科，以奇经八脉察病，医效显著，活人甚多。子郑传翼、郑传奎，皆为诸生，俱传承祖业，享誉于时。裔孙郑俊伯、郑仰川兄弟，于民国初迁居太仓，分别悬壶于岳王、东郊，俱享盛名。［见：《嘉定县志》、《昆山历代医家录》］

郑熙 字明甫。明代长洲县（今江苏苏州）人。世业妇科。至郑熙医术益精，治无不效，求诊者甚众，病愈不问酬报。母袁氏孀居四十余年，熙侍奉孝谨，乡里贤之。［见：《苏州府志》］

郑膏 字山龄，号矍庵。明代昆山县（今属江苏）人。郑文康长子。自幼习儒，成化四年（1468）中举，以疾不仕。世代精医，郑膏善承祖业，精通妇科，日惟检校医方，志在济世。年五十五岁卒，葬于溢渎祖茔。著有文集《矍庵集》四卷。长子郑良、幼子郑吉，俱承家传医业。［见：《昆山县志》、《昆山历代医家录》（引《开封郑氏世谱》）］

郑熊 清代江苏靖江县人。生平未详。著有《医学穷源补》若干卷，今未见。［见：《靖江县志稿》］

郑璇 清末人。生平里居未详。著有《女科指南》一卷，今存清抄本。［见：《中医图书联合目录》］

郑蕃 字公静。清初河南鄢陵县人。大中丞郑二阳子。自幼端重，不苟言笑。弱冠入邑庠。崇祯十一年（1638）兵荒，出粟赈济乡里，活人甚多。顺治八年（1651）中举。八十三岁卒。生平好著述，撰有《仁寿堂医书评注》，未见流传。［见：《鄢陵县志》］

郑镒 一作郑谊。字尚宜，号云峤。明代河南祥符县人。笃嗜书册，搜访购借，手自钞录，严寒盛暑不稍辍，盈屋填庋，积至几千卷。早年习医，所蓄方技之书尤多，乃尽读之，钩玄阐微，多所领悟。及悬壶问世，疗病神效，名重于时。年逾七十，尚问奇探秘，著述不辍。撰有《云峤医说》（又作《续医说》）十卷、《杏花春晓堂方》、《方法考》、《医书百朋》、《内外二景图补》、

《本草补遗》诸书，今皆散佚。子郑河，亦工医，有国手之名。〔见：《祥符县志》、《开封府志》、《绛云楼书目》、《国史经籍志》、《中国历代名医碑传集》(引李濂《嵩渚文集·云峤翁传》)〕

郑樵 (1103～1162) 字渔仲，世称夹漈先生。南宋兴化莆田(今福建莆田)人。博学强记，好著述。初隐居夹漈山，久之遍游名山大川，搜奇访古，遇藏书家必借留，读尽乃去。对经旨、礼乐、文字、天文、地理、虫鱼草木、医药诸学皆有研究。绍兴十九年(1149)，授右迪功郎，官至枢密院编修官。樵著有《通志》二百卷，其中《艺文略》著录医籍二十六类，是为我国图书详细分类之开端。另撰《鹤顶方》二十四卷、《本草成书》二十四卷、《本草外类》五卷、《采治录》若干卷、《食鉴》四卷，均佚。〔见：《宋史·郑樵传》、《宋史·艺文志》、《医学入门·历代医学姓氏》、《兴化府莆田县志》、《中国医籍考》〕

郑霖① 字仁仲。元代人。里居未详。精医术，曾任镇江路医学正。〔见：《镇江志·学职》〕

郑霖② 清代江苏人。生平里居未详。著有《医学穷源》，今未见。按，《靖江县志稿》载"郑熊《医学穷源补》"，疑霖或为靖江县人，郑熊乃其后裔，待考。〔见：《江苏通志稿》〕

郑镛 明代昆山县(今属江苏)人。妇科世医郑文康(正统十三年进士)孙。绍承祖业，悬壶于乡，人称长者。〔见：《昆山县志稿》〕

郑儒 字鲁一，自号醇庵子。明清间江苏昆山县人。明进士郑文康五世从孙。少习举业，后弃去，研习祖传妇科医术。与同邑盛传敏、杨子水纂释唐诗，名《金蕤集》，朱用纯(1617～1688)为之作序，称"多前人所未发"。三人文行相类，时称三友。晚年侨居太仓双凤里，行医以维持生计，安贫乐道，恬澹自如。著有《书带草堂稿》。无子嗣。〔见：《昆山新阳合志》、《昆山历代医家录》(引《双凤里志》)〕

郑塵 字玉挥。清代安徽歙县郑村人。喉科名医郑宏绩孙，郑承湘次子。继承家学，亦精医术，以喉科著称。著有《喉科秘钥》二卷，后经同邑许佐廷订正，刊刻于世，今存。兄郑麟，亦精喉科。〔见：《歙县志》、《四部总录医药编》〕

郑簠 字汝器，号谷口。明代上元县(今江苏南京)人。邑名医郑之彦幼子。传承父业，亦以医名。兼工书法，篆隶冠绝一时。往来于扬州，相传"平山堂"匾额出自其手，朱彝尊有诗纪其事。兄郑筌，有文名。〔见：《江宁府志》、《扬州画舫录》、《中国人名大辞典》〕

郑疆 字无疆。明代河南祥符县人。其兄官至侍御史。疆自幼聪颖，弱冠入庠，孝父恭兄，族党无间言。后汴城遭水淹，寓居淮阴。及归里，以善医闻名公卿间。治病不计利，以济人为心，世以范文正比之。〔见：《开封府志》、《祥符县志》〕

郑耀 字继源。明代河南祥符县人。世以儒学显。家藏岐黄之书甚多，耀取而读之，钩玄阐微，多有所悟，治疗诸病，每有奇效，其术盛行于梁、宋间。兼工书法，得黄鲁直笔意。〔见：《开封府志》〕

郑麟 字应文。清代安徽歙县郑村人。喉科名医郑宏绩孙，郑承湘长子。与弟郑塵，皆善承先业，世称西园喉科。著有《灵素汤液溯源》若干卷，今未见。〔见：《歙县志》〕

郑一鹗 (?～1861) 字橘香。清代江苏奉贤县高桥人。议叙九品衔。善医，治病不求报。咸丰十一年卒。〔见：《奉贤县志》〕

郑二阳 号潜斋居士。明末河南鄢陵县人。万历四十七年(1619)三甲第一百八十三名进士。崇祯间(1628～1644)授安庆巡抚。旁涉医学，曾"避喧于密园之不可及处，因取诸名家本草精义，手汇成帙，合之计得三百一十八味，概皆上手必用之品"，成《医镜》(又作《仁寿堂医镜》)十卷，刊刻于世。此书国内未见，日本国立公文书馆内阁文库藏明末精刻本，现已影印回归。郑氏还撰有《伤寒方治方药》、《生生集》二书，未见流传。子郑蕃，亦通医理。〔见：《鄢陵县志》、《明史·宋一鹤传》、《明清进士题名碑录索引》、《日本现存中国散逸古医籍》〕

郑人榘 字直方。清代四川广安州姚坪人。幼年丧父，平生诚笃友爱，寡言笑。精医术，为嘉庆、咸丰间(1796～1861)当地良医。年八十余卒。〔见：《广安州新志》〕

郑人瑞 字谷祯，号五云。清代福建长乐县东隅人。世代业医，至人瑞益精，能知病源，决生死，活人甚众。道光间(1821～1850)，县令李树泽匾其阁曰医学世家。〔见：《长乐县志》〕

郑三畏 号寅谷。明代昆山县(今属江苏)人。妇科世医郑伏长子。绍承家学，业医，以妇科闻名于时。妻陆氏，四子郑嘉会，亦工医术。〔见：《昆山历代医家录》〕

郑于丰 (1692～1767) 字绶年，号作周，又号认斋(一作切斋)。清代安徽歙县郑村人。早年经商,饶于家资。乾隆十六年辛未(1751)新安大饥,米价腾贵,郑氏购米数千斛,以平市粜,全活甚众。性嗜医学,尝与弟郑于藩贸于福建,遇喉科名医黄明生,惊服其术,遂以重金拜于门下。黄氏授以喉科秘书《喉科三十六症》(又作《喉科秘要良方》),归则医术大行,竟以喉科名噪于世。康熙六十年(1721)与弟分居,自居南园,时称南园喉科;弟郑于藩居西园,时称西园喉科。子郑宏纲,号梅涧,传承父业,医名益盛。[见:《歙县志》、《新安名医考》]

郑于藩 (1694~1765) 号仰山。清代安徽歙县郑村人。与兄郑于丰就学于福建名医黄明生,得授喉科秘籍《喉科三十六症》,二人俱以喉科名世。于藩居西园,时称西园喉科。平生多义举,与兄集资修葺师山书院。子郑宏绩,传承父学,声名益噪。[见:《歙县志》、《新安名医考》]

郑士才 (1888~1949) 字守经。近代江苏昆山县菉葭浜人。妇科世医郑泌梅子。绍承祖业,研习妇科,医技高超,求治者甚众,享誉于昆山、嘉定等地。女郑鸣智,赘婿郑友仁,门人邹维德,得其亲授,皆以医名。[见:《昆山历代医家录》]

郑士昌 明初长洲县(今江苏苏州)人。宋武显大夫郑琪后裔。其先祖某,从舅父李氏习妇科,遂世以医术著称。士昌继业尤精,时称上医。子郑伯英,传承其术。[见:《中国历代名医碑传集》(引郑若庸《蛣蜣集·太医院医士用斋郑公墓志铭》)]

郑大纯 (1873~1936) 字谏书,号小康。近代江苏元和县周庄镇人。妇科世医郑修德子。继承祖业,亦精妇科。子郑孝鹤,孙郑陆骅,皆传家学,以妇科知名。[见:《昆山历代医家录》]

郑大纶 (1865~1912) 字崔书。清末江苏元和县周庄镇人。妇科世医郑修士子。继承祖业,亦精妇科。[见:《昆山历代医家录》]

郑大忠 字英翰。明代福建闽县人。业儒不第,慕名医朱丹溪之为人,以亲老留心医道。后二子亡于痘疹(即天花),遂究心百家之书,豁然有悟。值榕城流行痘疹,遂出术疗治,获效者十居其九。尝汇集诸名家之书,合以临证二十载之经验,编《痘经会成》(又作《痘经合成保婴慈幼录》)九卷,成书于万历二十七年己亥(1599),今存日本天明间(1781~1788)抄本。[见:《中国医籍考》、《北大图书馆藏李氏医书目》、

《中医图书联合目录》]

郑义问 清代湖南清泉县人。生平未详。著有《痘疹急救百方》,今未见。[见:《清泉县志》]

郑之兰 字国芳,号琪园。清代江西铅山县石塘人。遇异人传授秘方,精于眼科。治病不取值,屡奏奇效。平生多善举,暑天施药,寒季施衣,数十年不倦。嘉庆八年(1803)岁歉,郑氏捐金赈济,全活甚多。年八十,无疾而终。[见:《铅山县志》]

郑之郊 字宗孟,号心苓。明末昆山县(今属江苏)人。世精妇科,为郑文康七世孙,郑永亨子。博学多识,尤精祖传医术。匕匙所投,无不立效,医名满天下,南至闽浙,北达齐鲁燕赵以及辽蓟,皆来延聘,终岁无停辙。天启四年(1624)征授太医院吏目,疗疾多奇效,进秩御医。魏忠贤有疾招诊,称疾不赴,旋即辞职返乡。曾修葺祖墓,重建南宋名医薛辛祠(郑氏妇科得于薛氏)。著有《医学发明》十卷、《本草辨疑》十二卷,皆佚。有二子,长子郑伯昌,继承医业。[见:《昆新两县续修合志》、《苏州府志》、《昆山历代医家录》(引《昆山先贤冢墓考》、《开封郑氏世谱》)]

郑之彦 字兰岩。明代江宁府(今江苏南京)人。郑道光子。少为诸生,屡试不第,乃弃去之,习神仙吐纳之术。体羸多病,遇异人授以医术,后悬壶济世,临证多效。名僧古岑,设坛于普德,郑之彦尝往游其地,诊视之,语其徒曰:"尔师六脉沉溺,殆不起。"众不以为然,明日,古岑果坐化,其神验若此。年八十卒。长子郑筊,有文名。幼子郑簜,以医术著称。[见:《江宁府志》、《江南通志》]

郑之梗 字对楠。清代河北南皮县人。司训郑登瀛子。自幼颖悟,读书过目成诵。稍长,患痰疾,时发颠狂,久治乃愈。后致力医学,贯通脉理,擅治内科,有起死回生之誉,一时迎请者门庭若市。一日,诊疗病人,旁有壮者曰:"视我脉。"之梗诊毕,曰:"有恙,幸保重之。"壮者不信,拂衣径去。之梗告旁观者曰:"此人真病,彼不觉也,不急治恐阳生后莫救也!"此值初秋,后数月,其人于冬至之夕暴卒。著有《医案》百余卷,未见流传。[见:《南皮县志》]

郑子华 (1323~1403) 字彦实。元明间昆山县(今属江苏)人。妇科名医郑公显孙,郑文祐子。博涉经史,潜修养晦。绍承家学,隐于医。元至正十一年(1351)平江路总管高履

辟为文学书院山长，力辞不就。明洪武（1368～1398）初，荐举潜德，亦未出仕。积书数千卷，手自校阅。年八十一岁卒，葬于马鞍山西麓。长子郑忠，中年而逝；长媳何淑宁，孙郑壬，皆以医术著称。[见：《昆山历代医家录》]

郑丰湖

清代人。生平里居未详。精医术。晋人蓝桐，得其传授。[见：《岭南医征略》]

郑开山

清代江苏吴县人。名医郑钦谕四世孙。传承家学，亦精医术，以妇科著称。子郑鉴，医名益盛。[见：《吴县志》、《苏州府志》]

郑元龙

字云从。明清间湖南浏阳县人。徙居湘乡县。精通医道，屡起沉疴，名噪于时。达官贵人皆重其术，凡患重疾者，求其一诊而无憾。名儒龙孔然叩问医道，答曰："天地之气常有余，而人之气常不足。夫惟不足，故有余者恒乘之，而夺其舍以居，于是天地之有余留于人身之中，纵横驰突。粗工惊之，以为是人之有余也，遂从而损之，不能损天之余，而恒损人之不足。吾惟厚恤其主人，而治其客，是以病四至而余应之恒一也。"龙氏以为至论。[见：《中国医学大辞典》、《中国历代名医碑传集》（引龙孔然《郑元龙传》）]

郑元厚

字载之。明代江宁（今江苏南京）人。滁阳教谕郑宗化子。早年遇异人授以道术，精内视导引之学。凡患病者，搬运抚摩，不费医药即愈，法简功倍，人皆神之。尝谓："人身脏腑关会之处，皆可指而数也。审察病源，举其窾要，施功肤骼之间，透其膏肓之隐。"其术秘而不传，唯僧人常然得其要领。[见：《江宁府志》]

郑元轼

字孟瞻。清代安徽歙县人。生平未详。康熙己未（1679）参校蒋居祉《本草择要纲目》。[见：《中国历代医家传录》（引《三三医社通借书目》）]

郑元箸

字超然。清代江西广昌县人。精医术，知名于时。重医德，为人治疾，昼夜奔驰，至忘寝食，遇贫病施药济之。[见：《广昌县志》]

郑云翁

明代福建闽县人。嘉靖间（1522～1566）在世。少年时遇异人授以种牙之术，遂业牙医。其法预寻活鼠一只，携至病家，先令患者饱食，继服药丸七粒，再以水化开药末，令漱口，片时牙皆松动。郑氏乃逐一摘牙洗净，记其顺序；复以药液清洗牙龈，乃剖活鼠去肠，和药捣烂成膏，取原牙蘸鼠药膏植入原位。术毕，嘱患者三日内不可进食，而患者亦不觉饥，逾三日则平复如故。[见：《闽侯县志》]

郑五金

明代浙江会稽县人。生平未详。辑有《胎产方书》二卷，刊于天启丙寅（1626）。[见：《贩书偶记续编》、《中医图书联合目录》]

郑日楷

（?～1860）　字殿香。清代江苏昆山县人。道光六年（1826）入县庠。品行端粹，设家塾教授儒徒，门生多负时誉。素精岐黄，医技精深，名著于时。咸丰庚申四月，殁于战乱。[见：《昆新两县续修合志》、《昆山历代医家录》]

郑长寿

清代江西上饶县人。少习举业，不得志，潜心医术。活人情切，延诊立应，虽冒暑冲寒，不辞其劳。立方以扶正抑邪为宗，不求速效而效自神，屡起危疴，泽流遐迩。性慈祥，能和众，强悍辈见之，亦敛容。年七十岁，获与宾筵。[见：《上饶县志》]

郑仁爱

字真卿，号景泉。明代浙江常山县浮河人。授迪功郎。精医术。浙东观察使吴公患奇疾，郑氏诊之，一服即愈。吴绘《杏林春意图》赠之。都察院考选医士，郑仁爱应试，名列第一，授顺天医官。因礼部尚书李腾芳之荐，授太医院吏目。晚年自知寿算，辞官归，逾年卒。著有《秘诀方书》，惜未及梓行。[见：《常山县志》]

郑公大

（1249～1308）　字纯道。宋元间盱江（今江西南丰）人。业儒而工医。于书无所不读，敏悟博通，临证精审。至元十三年（1276），程钜夫携妻儿赴京，因幼子体弱，请某医士同行。医士即郑公大之舅父，年老，以公大代行。由南至北五六千里，虽寒温变易，程氏老幼皆得无恙。及进京，公卿大夫慕名延治，名噪于时。元世祖选贤能，授郑氏为巴蜀县令，以亲在江南，改为南剑州判官。历任鄞县主簿、景德镇税课提领。至大元年，调某地任县尹，染瘴疠暴卒。子郑华孙，为元代医官。[见：《金元医学人物》（引《雪楼集·县尹郑君墓志铭》）]

郑公显

宋元间昆山县（今江苏昆山）人。宋监察御史郑元辅长子。祖籍汴梁（今河南开封），五世祖郑亿年，为政和八年（1118）进士，官资政殿大学士，于建炎三年（1129）率家百余口随高宗南渡，定居昆山。公显以祖、父官，荫封从政郎，隐居不仕。岳父钱氏，为妇科名医薛辛婿，尽得薛氏秘传。郑公显得钱氏真传，日检方书济人，遂以妇科擅名于时。著有《惠民方》三卷，已佚。长子郑文祐，以儒精医。[见：《昆新两县续补合志》、《昆山历代医家录》（引《开封郑氏世谱》、《昆山先贤冢墓考》）]

郑凤山 清末广东香山县隆镇西亭乡人。儒医郑瑞兰子。诸生。少读父书，精通医术。其父撰《四诊纂要》，未成而殁，凤山续成之，刊刻于世，今未见。[见：《香山县志续编》]

郑凤锵 字拙言。清代浙江桐乡县人。诸生。兼精医理，好以单方治病，每获良效。道光二十二年（1842），教馆于乐平汪军门道诚家，汪氏肛门前、肾囊后起一坚块，渐觉疼痛，寒热时作。郑氏案头有《同寿录》，其中治跨马痈方云：甘草五钱，酒、水各一碗煎服。如方服之，块渐软，次日略出清水，不数日痊愈。[见：《桐乡县志》、《冷庐医话·杂方》]

郑文轩 清代河南淮阳县人。本邑妇科名医郑嘉祥孙，郑茂锡子。袭承家学，知名于时。[见：《淮阳县志》]

郑文贤 明代湖北云梦县人。少慕道术，兼精医理，擅诊脉。携药囊游于关中，所至为人疗疾，仅求食宿而已。行医五十余年，全活甚众，关中贤豪皆礼重之。[见：《云梦县志》]

郑文祐 字祐之，号逸庵。元初昆山县（今江苏昆山）人。妇科名医郑公显长子。早年习儒，精易学。绍承家学，兼通医术。隐居不仕，教塾以为生计。卒后，门人私谥"贞静"。著有文集《逸庵集》九卷。子郑子华，亦精妇科。[见：《昆山历代医家录》]

郑文诰 字天章。明代浙江遂昌县人。幼读《素问》、《灵枢》诸书，忻然有得，久之精医术。治病不求报，尤急贫者之疾苦。晚年授太医院吏目。生平多善举，尝修葺定溪义渡及洞峰岭茶亭，以便行旅，世人德之。[见：《处州府志》]

郑文起 明代武进县（今属江苏）人。邑名医郑汝炜子。绍承父业，亦精医道。尝续增其父遗书，辑《外科宗要续纂》，未见刊行。子郑泽山，以医名世。[见：《武进阳湖县志》、《武进县志》]

郑文康 （1413～1465） 字时文，号介庵。明代昆山县（今属江苏）人。妇科世医郑壬长子。自幼习儒，十七岁游庠。正统三年（1438）中举。十三年（1448）中三甲第五十六名进士，授大理寺观政，在任未满一月，乞归养亲。未抵家而父亡，四年后母病卒，悲哀成疾，遂不

复仕进。郑文康好学博闻，群经子史无不浏览，虽病不少休。筑书院于家庙之侧，开门授徒，一时轩盖云集。常偕龚诩、沈愚诸耆老寻访郊外断碑荒冢，多所搜述。与同邑叶盛最友善，道德文章，旗鼓相当。擅长诗文，操笔千言立就。所著《平桥稿》十八卷，收入《四库全书》。郑氏善承家学，于妇科颇有造诣，经其诊治获愈者不可胜数。平素整理医籍，品剂草木，药香常达户外。成化元年卒，葬于城西南溢渎先茔穆位，祀乡贤祠。著有《产宝百问》一卷，今存抄本。子郑膏、郑育、郑受，皆继承祖业。郑氏妇科得于南宋名医薛辛，薛氏无嗣，郑文康遂以幼子袭薛姓，改名薛受（详"薛受"条）。[见：《苏州府志》、《昆山历代医家录》、《中医图书联合目录》]

郑文焯 （1856～1918） 字俊臣，号小坡，又号叔问，别号瘦碧，小字豫格，晚号大鹤山人。清末山东高密县人。光绪元年（1875）举人。为晚清著名词人，兼擅书画金石，通医理。尝入江苏巡抚幕府，前后十余年。后寓居上海、吴县等地，杜门不问世事，以行医、卖字自给。著有《医故》二卷，今存。还著有《千金方辑古经方疏证》八卷、《妇人婴儿方义》若干卷，未见流传。[见：《吴县志》、《上海县志》、《近三百年人物年谱知见录》、《中医图书联合目录》]

郑心恪 号幼兰。清代福建闽县人。邑名医郑宴清子。传承父业，亦精医术。[见：《闽侯县志》]

郑以中 清代四川温江县人。得本邑名医赵廷儒指授，精医术，知名于时。[见：《温江县志》]

郑以成 号德庄。清代江西义宁州仁乡西源人。习举业，精医理，治病有奇效。重医德，救人而未尝求报，遇贫困则施钱赠药，全活甚众。年六十岁卒。子郑宗元，传承父学。[见：《义宁州志》]

郑以炯 （1891～？） 近代江苏昆山县人。继承祖传妇科，悬壶于百花街。民国初，昆山中医公会设义诊于果老弄课桑园，郑氏参与其事，治疗贫病甚多。兼工丹青，驰名一时。[见：《昆山历代医家录》]

郑以雄 字得王，号乾九。清代广东文昌县龙角坡人。增生。品性端直，济贫乏，施棺木，建祠堂，置学田，多行善举。尝以己屋改构学舍，延请琼山进士谢宝，教授里族子弟。雅精岐黄，著有方书，未梓。[见：《文昌县志》]

郑孔禧 字郁夫。清代福建长乐县人。自幼习儒，年弱冠，弃举子业，攻研医学。性慈善，凡贫苦之家延请，不计谢金，常以药赠之，全活无算。子郑际升，传承父业。[见：《长乐县志》]

郑玉坛 号彤园。清代湖南长沙县人。精医理。辑有《郑氏彤园医书四种》，刊于嘉庆丙辰（1796），今存。此书包括《伤寒杂病心法集解》四卷（附《医方合编》二卷）、《幼科心法集解》四卷、《彤园妇科》六卷、《外科图形脉证》四卷（附《医方便考》二卷）。还撰有《彤园本草》五卷，未梓。[见：《长沙县志》、《中医图书联合目录》]

郑玉佩 （？～1645）字顺阳。明末昆山县（今属江苏）人。妇科世医郑文康后裔。继承祖业，精通医术，官太医院医士。顺治二年七月上旬，清军陷昆山，玉佩不屈，以身殉国。子郑敷政，孙郑隆祚，皆绍传医业。[见：《昆山新阳合志》、《昆新两县续修合志》]

郑仕芳 号芝隐。清代朝阳县（今辽宁朝阳）南熏坊人。博通医学，神明张、刘、朱、李之法，诊疾以切脉为要。县令王蕙溥祖母腹痛，久治罔效，将成格拒。郑氏治之，调理两月而愈。两广运使同筹之媳，患病十月，形如怀孕，医者多误诊。郑氏独曰："此石瘕证也，不急治，将不可为。"病家从其言，治疗而痊。其他如姚万传之遍体麻木，岁贡生林光岳之中风不语累月，皆时医束手之证，郑氏独明辨病源，应手取效。年七十五岁卒。[见：《朝阳县志》]

郑仕絜 字希玉，号斗门。明代安徽六安州人。幼习举业，为冠带生员。以儒医鸣世，有卢扁之风。[见：《六安州志》]

郑永亨 号昆池。明代昆山县（今属江苏）人。郑应龙长子。以礼部儒士考授承事郎。急公好义，赈饥助殡，周人之急，至老不倦，两举乡饮宾。辑有《先儒格言》三卷。郑氏世以妇科著称，郑永亨以儒著称，故文献不载其医学事迹。子郑之郊，精通家学，以医知名。[见：《昆山历代医家录》]

郑礼之 明代浙江衢州人。为当时名医。尝将所藏古先禁方及色脉、药论诸书授弟子吕复，吕遂以医知名。[见：《明史·吕复传》]

郑吉安 字厚祥。清代河南淮阳县人。精通医术，尤擅痘科，临证多奇验。[见：《淮阳县志》]

郑芝龙 字飞虹。近代人。生平里居未详。著有《金疮跌打痈疽发背神方》、《接骨药性秘方》、《伤科秘书》，今存抄本，书藏上海中医药大学图书馆。[见：《全国中医图书联合目录》]

郑芝香 清末江苏昆山县人。郑氏妇科第二十五代传人。精通祖业，悬壶县城乐输桥寓所，名重于时。子郑畏三，继承父业。[见：《昆山历代医家录》]

郑师甫 明代人。生平里居未详。著有《郑师甫方》，今佚。[见：《本草纲目》]

郑光熙 字春若。清代四川南川县西路神童坝人。生于农家，自幼习医，精通其术，知名乡里。善养生，饮食起居有节，冬日不生炉火，暑日不执扇；素不饮茶，从未咳痰；小病不服药，听其自愈。寿至九十余。[见：《南川县志》]

郑同仁 字思庄，号听天。明代昆山县（今属江苏）人。妇科世医郑育长子。邑庠生。连遭亲丧，哀痛致疾，一年而殁。长子郑宗儒，官太医院院判。[见：《昆山历代医家录》]

郑廷玉 元明间浙江衢州人。邑名医郑明德子。绍承父业，亦精医术。[见：《金元医学人物》（引《胡仲子集》、《长山先生胡公墓铭》）]

郑廷玺 字瑞璞。清代安徽涡阳县西阳集人。四世工医。天性澹泊，善鼓琴，精绘画，山水人物俱佳。重孝义，咸丰、同治间（1851～1874）世乱，虽颠沛流离，犹竭力博膝下欢。因母老多病，绍承先业，造诣尤精，名噪于时。蒙城县令盛安君患失血二十余日，奄奄待毙。郑氏诊脉，得少阴扎数、太阴浮大、厥阴弦紧，知是火犯阳经，阳乘阴热，血热上溢，乃劳心过度，暴怒伤肝，血不归经所致。以犀角地黄汤加减，一剂血止，三帖痊愈。王建功夜寝，至晓双目失明。郑氏诊之，曰："此肾亏火旺之候也。"进六味地黄汤加元参、当归、川芎、苁蓉、五味、玄精石，二剂复明。平生治验类此者甚多。年八十六岁，尚精神矍铄，犹如壮年。撰有《医学论》、《要症真传》各若干卷，今未见。[见：《涡阳风土记》]

郑华孙 元代盱江（今江西南丰）人。儒医郑公大子。绍承父学，亦精医道。至大间（1308～1311）任江西官医提举司都目。[见：《金元医学人物》（引《雪楼集·县尹郑君墓志铭》）]

郑华国 清代广东香山县人。早年习儒，为道光二年（1822）举人。兼通医理，著有《伤寒辨症》四卷，今未见。[见：《香山县志续编》]

郑仲饶 南宋荥阳（今河南荥阳）人。邑名医郑春敷后裔。郑春敷于隆兴三年（1165）撰《女科济阴要语万金方》二卷，藏于家。郑仲饶于咸淳元年（1265）重校此书，自序于卷首。今存抄本。［见：《中国历代医家传录》、《中医图书联合目录》、《历代医书丛考》］

郑仲简 清代江苏昆山县人。通医术，知名于时。［见：《昆新合志》］

郑仰岐 （1879～1937） 近代江苏元和县甫里（今吴县甪直镇）人。祖籍昆山县，自曾祖辈徙居元和。妇科世医郑德坊子。克承祖业，刻苦钻研家传妇科医书，临证有显效，尤擅治产科急症，名噪于时。长子郑怀萱、三子郑寿源，皆为名医。［见：《昆山历代医家录》］

郑行彰 字德滋。清末浙江鄞县人。邑名医郑启寿孙，郑蓉塘子。传承家学，以疹科知名，远近求诊者甚众。其祖父辑有《郑氏瘄略》，书版毁于火。行彰重为修订，增入数百言，辑《瘄科保赤金丹》四卷，刊刻于世，今存光绪二十六年庚子（1900）刻本。［见：《鄞县通志》、《中医图书联合目录》］

郑全望 字灵渚。明代江西广信府人。自幼羸弱多病，及长益甚，乃自取《内经》、《难经》、《甲乙经》、《东垣十书》、《伤寒六书》及薛己等名医之书读之，复参阅民间奇方，自疗而愈。万历壬寅（1602），四方疫疠大作，时医皆术穷。郑全望取宋人李待制《瘴疟卫生方》，加以发明，撰《瘴疟指南》二卷，刊于万历己酉（1609）。［见：《瘴疟指南·自序》］

郑名卿 字君显。清末河南西平县人。早年习儒，同治丙寅（1866）岁贡生。精岐黄术，知名于时。［见：《西平县志》］

郑汝明 南宋人。生平里居未详。辑有《胎产真经》二卷，是书成于嘉定间（1208～1224），今国内未见，曾流传日本。［见：《中国医籍考》］

郑汝炜 字明甫。明代安徽宣城县人，徙居江苏武进县。精岐黄术，尤以外科见长，每遇危险诸证，治辄立起，有华佗再世之誉。尝授太医院医官，后隐迹悬壶，垂六十年，全活甚众。年八十岁卒。所著《外科宗要》二卷，经其子郑文起续纂行世，今佚。孙郑泽山，亦精医术。［见：《武进县志》、《武进阳湖县合志》］

郑守谦 （1891～1969） 又名家作，字啬园。现代湖南长沙人。七世业医，其父郑修诚曾执教于明道中医学校。守谦幼年随父习医，深明医理，临证多良效。1935年出任湖南国医专校教务主任，兼任教员。抗战期间，避乱于瑶山，家藏医籍多毁于战火。中华人民共和国成立后，历任长沙市中医学会主任、中医药公会主席、湖南省政协委员、长沙市人民代表、第四届全国政协委员。1955年调北京，任中医研究院附属西苑医院妇科主任。著有《药性类纂》、《国药体用笺》、《内科杂病综要》、《妇科疾患节录》、《铜人内镜图说》、《全体病源类纂》等书，刊行于世。［见：《著名中医学家的学术经验》、《中医大辞典》、《中医图书联合目录》］

郑观应 （1842～1921） 原名官应，字正翔，号陶斋，别号杞忧生、慕雍山人。清代广东香山县人。自幼习儒，咸丰八年（1858）赴乡试不中，弃学经商。曾任英商宝顺、太古洋行买办。捐资得道员衔。历任上海机器织布局总办、轮船招商局会办、汉阳铁厂和粤汉铁路公司总办。郑氏思想开明，倡言"主以中学，辅以西学"。要求清廷实行护商政策，主张设议院，提倡发展机器制造业、保护关税，为近代著名社会改良家。其思想见于所著《盛世危言》、《易言》等书。郑氏兼涉医学，撰有《中外卫生要旨》五卷、《备急验方》二卷，今存。［见：《辞海》、《中医图书联合目录》］

郑寿全 字钦安。清代四川邛崃县东路白马庙人。贡生郑守重之孙。早年游学成都，问道于名医刘芷塘，深明医理。后悬壶济世，踵门求治者应接不暇。临证善用桂、附热药，时称"火神派"。著有《医理真传》（又作《医学真传》）四卷、《伤寒恒论》十卷、《医法圆通》四卷，均刊刻于世，今存。［见：《邛崃县志》、《医法圆通》、《中医图书联合目录》］

郑志昀 字容轩。清代江西上饶县人。生平未详。著有《麻疹证治要略》一卷，成书于道光庚戌（1850），今存。［见：《中医图书联合目录》］

郑杏村 清代江苏昆山县人。郑氏妇科乐输桥支后裔。道光间（1821～1850）悬壶于元和县甫里（今吴县甪直镇），以祖传妇科问世，声名甚噪，遂定居。子郑灿如，绍承父业。［见：《昆山历代医家录》］

郑连山 （1908～1969） 现代江苏苏州人。妇科世医郑燕山子。幼承庭训学医，1929年悬壶济世。1956年出任平江区医院副院长。历任市政协委员、平江区人民代表大会委员、市人民代表、农工民主党市委委员等职。1962年

出任市中医院妇科主任。郑氏于妇科多有造诣，学验两富，尤重视经典医著之研究，为苏州著名医家。[见:《吴中名医录》]

郑步堂 清代山东昌乐县人。邑庠生。四世业医，医术精湛，尤善妇人科。辑有《经验良方》若干卷，未见梓行。[见:《昌乐县续志》]

郑时龙 明代浙江兰溪县人。精医术。曾任太医院吏目。[见:《兰溪市医学史略》]

郑时庄 明代安徽歙县人。通医理。著有《药性撮要》、《医方秘旨》二书，已佚。[见:《歙县志》]

郑岐山 清代江苏长洲县浒墅人。邑名医郑资万子。自幼习儒，敏悟好学。父卒家贫，年十二即为童子师。日课生徒，夜读医书，积九年之力，遂精其术，声名不亚其父。[见:《吴县志》、《浒墅关志》]

郑作霖 字解祥。清代山东庆云县人。邑庠生。教读为业，兼通医学。勤于著述，撰有《本草便读》、《药性赋》等，未见刊行。[见:《庆云县志》]

郑伯英 明代长洲县（今江苏苏州）人。妇科世医郑士昌子。绩学能文，有声士林。绍承先业，名著于时。曾任太医院医士。子郑衍，亦精家学。[见:《中国历代名医碑传集》（引郑若庸《蛣蜣集·太医院医士用斋郑公墓志铭》)]

郑伯昌 (1592～1665) 字倩文，号缵苤。明清间江苏昆山县人。郑文康八世孙，太医院御医郑之郊长子。世以妇科著称。伯昌重孝义，好古勤学，少年游学杭州，补庠生。学使洪承畴以高才目之，荐应贤良方正，力辞。不求仕进，以医行世，临证审慎，治辄奇中，远近就治者门庭若市。重医德，富豪大户来聘，未必即行，而贫病之家邀诊，虽穷乡僻壤皆往赴，遇极贫者助以药资。居恒沉酣典籍，搜罗编校前世遗书，寒暑不辍。年七十四岁卒。有七子，三子郑起泓、五子郑起濂，绍承祖业。[见:《昆山新阳合志》、《昆山历代医家录》（引《昆山先贤冢墓考》、《开封郑氏世谱》)]

郑伯钧 (1890～1934) 字贻则。近代江苏昆山县人。本姓吴氏，十六岁入赘郑氏，袭承郑姓。岳父郑畏三，为郑氏妇科世医第二十六世传人，早卒。伯钧天资颖慧，由岳祖郑芝香亲授医术，悉心研习医经，医技大进。年二十悬壶于本宅，用药严谨，处方轻灵，屡起沉疴，求诊者门庭若市，享誉苏、沪、常、太诸地。1922年设分诊于上海丰桥路，逢单日在昆山，双日在

上海，就治者麋集。多年奔波，积劳成疾，遂淹绵不起，年仅四十五岁即殁。著有《存方验案集》四册，未梓，原稿毁于"文革"期间。长子郑绍先、幼子郑绍平，绍承祖业。门生杨慎思、洪汉臣、戴琢琳、叶朝宗、陆俊人等，皆得亲传。[见:《昆山历代医家录》]

郑孚成 (1777～1833) 字邦万，号若庵。清代江苏昆山县人。妇科世医郑淦幼子。少习举业，屡困童试，为门户计，援例为监生。传承祖学，攻研医术，切脉审病，务求周详，投药辄效。有医德，治疗富家不计诊酬，遇贫施以药，或反助以金，乡里称之。平生重孝义，多善举，凡族戚贫而待炊、幼不能读、丧不能葬及孤寡无依者，皆岁时周恤，故殁时家无余资。道光十三年二月卒，闻者无不恸哭失声。有二子，长子郑应奎，为监生，嗣长兄郑学成；次子郑应璧，兼祧次兄郑厚成，早卒。[见:《昆新两县续修合志》、《昆山历代医家录》]

郑应龙 原名即睦，号茉山。明代昆山县（今属江苏）人。妇科世医郑宗儒孙，邑名儒郑若曾长子。早年习儒，为苏州府廪膳生。万历四年（1576）荐修《会典》，授儒学教谕，两举乡饮宾。子郑永亨，官礼部承事郎。按，文献未载郑氏通晓医术，然其后人多承先业，故应龙亦当通晓家学。[见:《昆山历代医家录》]

郑应娄 明代人。生平里居未详。著有《全幼心鉴要删》四卷，今存万历间（1573～1619）刻本，书藏中国中医科学院图书馆。[见:《中医图书联合目录》]

郑应瀛 字国登，又字国峤。清代福建闽县人。自幼颖异，勤奋读书。少年丧母，事父以孝闻。娶妇早卒，续娶，举一子一女，方在襁褓，而应瀛殁。门人林文仪等为葬于西郭外金钟山。郑氏兼通医道，遗稿有《医理易解》等，今未见。[见:《闽侯县志》]

郑怀珍 字锦山。清代江苏句容县东阳镇人。嘉庆癸酉（1813）武举。改业岐黄，尤擅疡科，凡异症多应手愈，自制膏丹皆佳品。有医德，治疗贫病不受谢仪。[见:《续纂句容县志》]

郑灿如 字秉中。清代江苏昆山县人。妇科世医郑杏村子。道光间（1821～1850）随父徙居元和县甫里（今吴县角直镇）。幼承庭训习医，深得奥旨。兼究内科，咸丰（1851～1861）初，得当地名医徐时进《内科心典》，手录而习之，医术精进，临证应手辄愈，享誉遐迩。子郑

德坊，孙郑仰岐，传承其业。[见：《昆山历代医家录》（引《角直陈墓郑氏女科简况》）]

郑沁梅 清末江苏昆山县菉葭浜镇人。昆山郑氏妇科第二十六代传人。精通祖业，悬壶于韩泾滩寓所。子郑士才（1888～1949），传承父业。[见：《昆山历代医家录》]

郑宏纲 （1727～1787） 字纪元，号梅涧，晚号雪尊山人。清代安徽歙县郑村人。邑名医郑于丰子。继承家学，精喉科，兼通内、儿两科。救危起死，治辄奇效，求治者不绝于门。重医德，以济人为怀，不以医术邀利，刻印章一枚，文曰"一腔浑是活人心"，钤于处方之首以自勉。著有喉科专书《重楼玉钥》二卷，刊于乾隆戊子（1768），为后世医家所推重。长子郑承瀚、三子郑承洛，传承父业，世称南园喉科。[见：《歙县志》、《重楼玉钥·序》、《新安名医考》、《郑梅涧父子及其著作考略》（《中医杂志》1980 年第12 期）]

郑宏绩 字慎斋，号禹东。清代安徽歙县郑村人。喉科名医郑于藩子。绍承父业，亦精喉科，名重于时。子郑承湘，侄郑承海，孙郑麟、郑麈，皆克绍先绪，世称西园喉科。[见：《歙县志》、《新安名医考》]

郑启寿 字卜年。清代浙江鄞县人。得异僧秘传，以疹科知名于宁波、台州二郡者数十年。道光（1821～1850）末年卒。曾修订其师所传医书，辑《郑氏痧略》，刊于世。原书已佚，今存其孙郑行彰增订本，易名《痧科保赤金丹》。还著有《痘科》若干卷，今未见。子郑蓉塘，传承其术。[见：《鄞县通志》、《中国历代医史》、《浙江医籍考》]

郑启彬 清末人。生平里居未详。曾任太医院恩粮，兼东药房值宿供奉官。[见：《太医院志·同寅录》]

郑际升 清代福建长乐县人。儒医郑孔禧子。邑庠生。传承父业，亦精医术。著有《临证心得》、《痘疹指南》二书，今未见。[见：《长乐县志》]

郑奉简 号录筠。清代江西义宁州安乡箔竹人。善医，望色辨证，决人生死不爽，求医者门庭若市。有医德，凡延诊，隆寒盛暑不辞，布袱裹丸药随行，遇贫病则赠之，不索酬。著有《济生篇全书》，未见流传。五子俱业医，长子郑竟泉，声名最盛。[见：《义宁州志》]

郑若皋 字虞叔，号二阳。明代昆山县（今属江苏）人。其祖父郑育，为郑文康次子。父郑宗周，官将仕郎，事迹不详。郑氏世以妇科著称，至若皋益精。以庠生应名医选，授太医院吏目。凡内廷宫眷患疾，投药辄效。性耿介刚直，凡佞臣邀诊，概不赴请。世宗（1522～1567）宠妃病剧，召若皋诊治，视疾定方，翌晨即愈。帝召入宫，赐以御衣。若皋乃进言，弹劾奸相严嵩父子专权误国，言辞激切。严嵩深恨之，矫诏陷若皋于大理寺狱，死于廷杖。其子郑应麟、郑汝楫、郑应梅乞领父体，不允，葬于狱中。[见：《昆山新阳合志》]

郑若曾 字伯鲁，号开阳。明代昆山县（今属江苏）人。妇科世医郑宗儒长子。少游名儒魏校之门，后为魏氏婿。嘉靖三十一年（1552）入浙闽总制胡宗宪幕府，协助抗倭，功成身退。与归有光、王阳明、唐顺之诸贤切磋学理，多有造诣。著有《筹海图编》、《万里海防图》。子郑应龙，官儒学教谕。孙郑永亨，官礼部承事郎。按，文献未载郑氏祖孙三代通晓家传医术，然后世多名医，当皆通家学而未以医闻者。[见：《昆山历代医家录》]

郑茂锡 清代河南淮阳县人。邑妇科名医郑嘉祥子。继承父志，亦业妇科，知名乡里。子郑文轩，传承祖业。[见：《淮阳县志》]

郑英展 字伯鹏。清末广东清远县人。聪明强毅。当咸丰（1851～1861）世乱，颠沛流离，仍不废学，专攻岐黄之术。乱平，疾疫大作，即设药肆于龙颈，全活甚众。乡人求医者，不受酬金，遇贫困者赠以药。弟郑英铭，官凤山县丞，亦通医理。[见：《清远县志》]

郑英铭 字筱庸。清末广东清远县人。增贡生。自幼失怙，兄英展，善医术，爱而督课之，故兼通医理。曾任台北府经历，调下淡水凤山县丞。精明强干，实心任事，尝奉命入瑶区，教以火食、医药，风俗大变。后以襄办海防之功升知县。性恬淡，未老告归。[见：《清远县志》]

郑奋扬 （1849～1920） 字肖岩，号饮井山人。近代福建闽县人。世代业医，至奋扬益精医理。临证洞察病源，斟酌药味，多获良效。光绪二十三年（1897），应司马杨伯卿之请，改编罗汝兰《鼠疫汇编》，易名《鼠疫约编》，刊刻于世，今存高州会馆刻本。又于光绪二十六年（1900）著《伪药条辨》四卷，后经曹炳章增订，刊于 1917 年。还著有《痧症宝筏》一卷，亦传世。[见：《鼠疫约编·自序》、《增订伪药条辨·序》、《增订伪药条辨·跋》、《贩书偶记续编》、《中医图书联合目录》]

八
画

郑卓人 (1904～1984) 现代浙江浦江县人。青年时期就读于广东西江讲武堂、上海法政大学。20世纪30年代随李济深从事民主活动，曾任蔡廷锴十九路军参谋。1948年加入中国国民党革命委员会，历任民革中央专员、民革浙江分会执行委员，为争取社会民主与进步多有贡献。早年师事针灸学家承澹盦，攻读中医典籍，贯通中医文献，对针灸临床尤有造诣。多年致力于中医文献研究，为中医界知名学者。著有《灵枢经白话解》、《针灸歌诀选解》等书。［见：《中医年鉴》(1985)］

郑国才 元代当涂（今安徽当涂）人。祖上十余代业医，传至国才，医术益精。究心于《素问》、《难经》诸医典，复参究前辈名医柳如庵之学，通达天人之理，立方以补脾培元为主。临证察病识源，多有效验，名重于时。［见：《金元医学人物》引陶安《陶学士集·送医士郑国才序》］

郑国基 清代福建霞浦县人。生平未详。通医理。著有《医学秘录》若干卷，今未见。［见：《霞浦县志》］

郑国器 字用斋。清代湖南湘乡县人。博通经史，工诗，擅书画，兼通医理。著有《经络指南》、《麻疹活幼》、《损伤证治》、《铜人图绘注》等书，今未见。［见：《湘乡县志》］

郑昌棪 号熙台。清代浙江海盐县人。廪贡生。游幕江苏，襄办江南制造局垂数十年。精通西学，与舒高第翻译英人帕脱《临阵伤科捷要》四卷（附图），由制造局刊行，今未见。［见：《浙江通志稿》］

郑明允 清代安徽歙县人。以孝义知名乡里。康熙十三年（1674）耿精忠兵至，明允先侍母抱谱牒入山，次携二子隐于石穴，乱平始还。郑氏世代业医，至明允术精而不欲试，曰："十得九，犹有一误。"遂业贾终其身。［见：《清史稿·郑明允传》］

郑明周 字寰清。清代四川长寿县北云台乡人。幼年家道中落，习儒不第，弃而习医。清贫艰辛，往往断炊，邻里悯之，间或资助之。虽贫困数十年，信守"医为仁术"，治病不妄取一钱。［见：《长寿县志》］

郑明德 (?～1347) 元明间浙江衢州人。世代习儒，至明德业医，技艺精湛。元末，朱元璋据衢州，胡翰任儒学教授，在任十余年，凡病皆聘郑氏。郑氏子廷玉，绍承父业。［见：《金元医学人物》（引《胡仲子集》、《长山先生胡公墓铭》）］

郑采廷 字藻臣，号质堂。清代安徽祁门县人。居奇峰。道光辛卯（1831）副贡。为人静穆，颖悟夙成。家境故贫，父令学艺，不屑为，弃归。下帷苦读，博通经史，为文沉思独往。兼精医术，著有《质堂医案》若干卷，兵燹后稿毁无存。［见：《祁门县志》］

郑育林 号竹楼。清代江西铅山县石塘人。增贡生。品端嗜学，中岁精岐黄术，全活无算。遇贫不能购药者，每助以资，病愈而后已。殁后多年，远近人犹思慕之。［见：《铅山县志》］

郑泽山 明代武进县（今属江苏）人。祖籍宣城县。邑名医郑汝炜孙。袭承家学，亦精医业。［见：《武进阳湖县合志》］

郑泽世 清代广东香山县隆镇西亭乡人。精医术，知名于时。侄郑瑞兰，得其传授。［见：《香山县志续编》］

郑宗元 清代江西义宁州仁乡西源人。邑名医郑以成子。善承父业，医术尤精，荐授良医所医学训科。惜不永年。著有《证治真诠》二卷，未见流传。［见：《义宁州志》］

郑宗周① 字希文，号存斋。明代昆山县（今属江苏）人。妇科世医郑同仁次子。官将仕郎。事迹不详，当亦通家学。长子郑若皋，官太医院吏目。［见：《昆山历代医家录》（引《开封郑氏世谱》）］

郑宗周② (?～1663) 字伯忱，号意葵。明清间山西文水县人。自幼颖敏，稍长，勤奋力学。明万历三十五年（1607）三甲第一百四十三名进士。康熙癸卯卒。早年因亲病攻读医书，兼通医理，于本草尤有研究。撰有《删定本草》，已佚。［见：《文水县志》］

郑宗儒 字希大，号勿欺。明代昆山县（今属江苏）人。妇科世医郑育长孙。父郑同仁，早殁。宗儒绍承家学，精通医术。正德十三年（1518）荐入太医院，授御医，后晋升院判。嘉靖间（1522～1566），赐五品服。与同邑魏校、王亿结文酒会。历举乡饮宾。年八十一岁卒，葬下齐村。长子郑若曾，以儒学著称。［见：《昆山历代医家录》］

郑承洛 (1755～1830) 字既均，号杏庵。清代安徽歙县郑村人。喉科名医郑宏纲三子。初习举业，擅诗文。后专攻医学，通晓内、妇、儿诸科，与长兄郑承瀚朝夕研讨，尤以喉科名重一时。撰有《熟地黄论》、《燕窝考》、《咽喉伤燥论》、《医叹》、《胎产方论》、《杏庵医案》等书，又与兄承瀚合撰《痘科秘奥》，皆未梓行。[见：《歙县志》、《新安名医考》]

郑承海 字青岩。清末安徽歙县郑村人。喉科名医郑宏绩侄。袭传家学，亦精喉科。撰有《喉科杂证》若干卷，未见刊行。堂兄郑承湘，亦以医名。[见：《歙县志》]

郑承湘 字雪渔。清代安徽歙县郑村人。喉科名医郑宏绩子。少攻举业，因先世业医，乃潜心研究，于各科皆有心得，治效甚著。撰有《伤寒金匮经方简易歌括》、《医汇简切》、《医学正义》、《痘治正名类参》、《愚虑医草》、《喉菌发明》等书，未见传世。子郑麟、郑麈，皆以医知名。[见：《歙县志》]

郑承瀚 （1746~1813） 字枢扶，号若溪。清代安徽歙县郑村人。喉科名医郑宏纲长子。幼承父训，朝夕研医，精通喉科，于白喉证治尤有心悟。喉科之外，兼擅幼科、痘科、针灸，名噪于时。著有《重楼玉钥续编》、《咽喉辨证》、《喉白阐微》（又作《咽喉白腐要诀》）、《痘科秘奥》（与郑承洛合著）等书。前二种收入《三三医书》，后二种未梓，今存抄本。[见：《歙县志》、《新安名医考》、《郑梅涧父子及其著作考略》（《中医杂志》1980年第12期）]

郑绍南 （1871~?） 近代江苏昆山县人。昆山郑氏妇科传人。精通祖业，悬壶于酒店弄老宅。平素热心公益，1929年，以诊所为全国医药联合会昆山支会及神州医药总会昆山分会联络处。年六十九岁尚健在。[见：《昆山历代医家录》]

郑春回 字荆辉。清代浙江嘉善县人。喉科名医郑岗子。继承父业，亦精医术。乾隆丙戌、丁亥（1766~1767）大疫，凡食油菜者，患咽喉证多难治，春回疗之辄验。著有《喉科源远集》若干卷，未见传世。[见：《嘉善县志》]

郑春敷 南宋荥阳（今河南荥阳）人。早年习医，究心妇产科诸证。尝广集众说及效方，撰《女科济阴要语万金方》二卷，成书于隆兴三年（1165）。郑氏后裔郑仲饶于咸淳元年（1265）校订此书，序于卷首，今存抄本。该书又存明代任树仁批校本，改题《妇科约囊万金方》。[见：《中国历代医家传录》、《中医图书联合目录》、《历代医书丛考》]

郑荫桐 字唐封。清代江苏靖江县人。户部主事郑锡琪孙。父郑汝谐，邑诸生，落落不事生产，家境日贫。荫桐幼年随兄郑应楠读

书，补弟子员。少有翻胃疾，好读《黄帝内经》以下诸医书，久而得良方，自疗获瘥。嗣后，益深究医理，通其奥义，请诊者无虚日，遂以良医著名。惜早卒。[见：《靖江县志》]

郑树珪 一作郑树圭，字桐山。清代江苏吴县人。以医为业，知名于时。著有《七松岩集》（又作《七嵩岩集》）二卷，今存清末抄本。此书经王满臣等编校，刊印于1959年。[见：《吴县志》、《中医图书联合目录》]

郑树森 清末人。生平里居未详。辑有《保生经验良方》一卷，今存光绪八年壬午（1882）潮州林文在楼刻本。[见：《中医图书联合目录》]

郑畏三 清末江苏昆山县人。妇科世医郑芝香子。继承父业，惜早亡。赘婿郑伯钧，传郑氏之学，医名甚盛。[见：《昆山历代医家录》]

郑思肖 清代广东连江县人。生平未详。著有《释氏施食心法》一卷，今未见。[见：《连江县志》]

郑思怙 字志瞻，号耐庵。清代江苏昆山县人。居县城酒店弄。明进士郑文康后裔。早年习儒，为监生。郑氏世以妇科著称，至思怙益精其术，兼善内科。乾隆二十一年（1756）昆山大疫，求诊者门庭若市，遇贫病不取诊酬，且资助药金，活人甚众。性好施予，虽家无担米之储，周急济困，常恐不及。子郑淦，孙郑孚成，皆绍承家学。[见：《昆新两县续修合志》、《昆山历代医家录》]

郑思聪 字敏斋。清末江苏吴县人。生平未详。撰有《汤头歌诀续编》四卷，刊于1927年，今存。[见：《中医图书联合目录》]

郑钟寿 字祝三。清末安徽歙县郑村人。喉科名医郑宏纲孙，郑承瀚子。继承家学，亦精医术。郑氏世以医名，时称南园喉科。[见：《歙县志》]

郑钟蔚 清代江苏仪征县人。随父徙居扬州。名医郑重光（1638~1716）子。早年习儒，为增贡生。传承家学，亦精医术。[见：《仪征县志》]

郑钟潮 原名国基，号岸夫。清代福建霞浦县人。少有至性，祖母病癫如狂，勤侍唯谨。为诸生，舌耕奉母，力行善事，凡放生、施茶、禁屠牛之类，无不实心为之。两赴乡试不第，遂弃举业，筑三惜楼，读性理之书。晚年旁及医学，凡以病延请，虽远必驰赴。尝谓所亲曰：

"潮活人病，常恐有（自）德心。"其治心自律若此。年六十三岁卒。著有《医案》若干卷，又撰《炯炯斋性理书》，藏于家。[见：《霞浦县志》]

郑钦谕 字三山，又字保御。明清间江苏长洲县人。性孝友，平易近人，与之相处，如坐春风中。其先世习妇科，钦谕能弘其道，名噪于时。凡病者，毋论老幼男女，一经诊视，其病若失，故所至之处，求诊者趋之若鹜。行医五十余年，全济者不可胜数。生平多善举，凡馈遗所入，辄以济人。尝谓："术精而操心不仁，其害足以杀人。"康熙（1662～1722）初卒，年七十六岁。生前搜采秦汉以来医家事迹，编《医家炯戒》。还著有《女科心法》二卷，皆未见流传。门人吴吕渭，孙郑栴，四世孙郑开山，五世孙郑鉴，均为良医。[见：《吴县志》、《苏州府志》、《中国医籍考》]

郑重光 （1638～1716） 字在莘，号素圃。清初江苏仪征县人，迁居扬州。早年丧父，深以不知医为憾。后自身患病，苦无良医，遂博览《内经》以下诸医书，研究五载，彻悟医理。临证多奇效，凡他医束手之证，每能迎刃而解。中年寄居安徽芜湖，为人疗疾，至老不倦。康熙四十八年（1709）举乡饮。年七十九岁殁。著有《素圃医案》四卷、《伤寒论条辨续注》十二卷、《温疫论补注》二卷，均刊行。还著有《伤寒论证辨》三卷，未见流传。子郑钟蔚，曾孙郑枚，皆精医术。[见：《清史稿·吴谦传》、《素圃医案·序》、《温疫论补注·序》、《扬州府志》、《仪征县志》、《四库全书总目提要》]

郑复光 字瀚香，号元甫。清末安徽歙县人。监生。以数学闻名海内，凡西方几何、物理，中外各术，无不穷究入微。少游扬州，见皮影戏，归而研究光影之理，著《镜镜詅痴》五卷，为我国早期物理学著作。道光甲辰（1844）游京师，灵石杨尚友为《镜镜詅痴》补图，刊刻于世。郑氏与程恩泽有复原古代仪器之约，未果。郑氏兼涉医学，著有《费隐与知》（又作《费隐与知录》）二卷，刊于道光二十二年壬寅（1842），今存原刻本。[见：《明季西洋传入之医学》、《歙县志·士林》、《全国中医图书联合目录》]

郑修士 又名元士，字端生。清末江苏元和县周庄镇人。妇科世医郑维业次子。绍承祖学，亦精医业。子郑大纶，继承父学。[见：《昆山历代医家录》]

郑修吉 字康生。清末江苏元和县周庄镇人。妇科世医郑维业长子。绍承祖学，亦

精医业。著有《元宰必问》二卷，今未见。[见：《昆山历代医家录》]

郑修德 （1846～1911） 又名泰德，字敏生。清末江苏元和县周庄镇人。妇科世医郑维业幼子。绍承祖学，亦精医术，名噪于时。撰有《灵兰医案》六册，今未见。子郑大纯，传承父学。[见：《昆山历代医家录》]

郑保纪 号弼斋。清代人。里居未详。为福建长乐名医陈念祖（1753～1823）门生。[见：《伤寒论浅注·跋》]

郑恒友 清代人。生平里居未详。为名医张璐门生。[见：《张氏医通》]

郑济宽 字猛兼，号侣樵。清代浙江昌化县人。附贡生。少颖敏，好读书。尤精医学，活人无算。著有《食忌撮要》等书，未梓。[见：《昌化县志》]

郑起泓 （1632～1693） 字纪淳。明清间江苏昆山县人。妇科世医郑伯昌三子。天性敏慧，于方书稍涉即解，遂臻妙境。常代父出诊。曾避难太仓，于箧中得先人遗书数十种，遂精心校订，典卖家产，付梓行世。晚年校订九世祖郑文康《平桥稿》十八卷，康熙三十二年校毕，是年卒。葬三保高巷村父墓昭位。[见：《昆山历代医家录》（引《平桥稿》、《开封郑氏世谱》）]

郑起铮 清代江西广丰县人。精岐黄术，治病屡见奇效，知名于时。[见：《广丰县志》]

郑起濂 （1639～1709） 字春陵，号素涛。明清间江苏昆山县人。妇科世医郑伯昌五子。七岁值明亡。顺治十三年（1656）补诸生，有文名。因赋册挂误，弃举业，专攻医学。于《灵枢》、《素问》、《难经》诸经典无不探究，以孝亲之心诊人之疾，久之医术日精。康熙己丑卒，享年七十一。翌年，与妻黄氏合葬于光福邓尉山之右。著有《医学辨讹》八卷、《寄亭纂要》十卷，未见流传。[见：《苏州府志》、《昆山历代医家录》（引《昆山先贤冢墓考》、《开封郑氏世谱》、《国朝昆新青衿录》）]

郑资万 清代江苏长洲县浒墅人。深通医术，治病应手奏效，与同邑黄维森齐名。子郑岐山，亦工医。[见：《吴县志》、《浒墅关志》]

郑宴清 字同春，号兰友。清代福建闽县人。儒医郑景陶弟。与兄同为邑廪生，同治十二年（1873）恩贡，授台湾嘉义县教谕，以母老未赴任。后调清流县，丁母忧，自此隐于医。学有根柢，所治辄愈。善用附子，尤擅治三阴证，

一时推为国手。卒年五十五岁。子郑心恪，能世父业。[见：《闽侯县志》]

郑家学 字伯垲，号澄园。清代浙江仁和县人。弱冠患瘵疾，遂研究医学，聚书甚多。遇疫疠流行，则施药治诊，颇著良效。著有《灵素精义》六卷、《伤寒辨证抉微》四卷、《郑氏经验方》十卷、《验方纪闻》四卷、《澄园医案》十六卷，均未见刊行。[见：《杭州府志》]

郑祥征 (1758～1832) 字继善，号少迁，又号莫厘山人，晚号念山。清代江苏元和县周庄镇人。随父徙居太湖东山镇叶巷。妇科世医郑斌幼子。自幼习儒，初应童试不取，念父母早亡，家徒四壁，弃儒习医。穷研《灵枢》、《素问》诸经，参考百家，久之有神悟，医道大行。临诊必探求病源，不泥古方，每奏神效。后重返周庄镇行医，以继世传。虔诚礼佛，乐善好施，为镇中耆望。尝采辑历代妇科医籍，参以郑氏家传，辑《女科集义》，今存道光元年（1821）抄本，书藏上海中医药大学图书馆。此外尚撰《灵兰集义》、《医方括囊》、《医学指南》诸书，今未见。又工诗，有《念山草堂存稿》。子郑维嗣、郑维业，克承先志。[见：《吴县志》、《周庄镇志》、《昆山历代医家录》（引《开封郑氏世谱》、《郑少遇先生家传》）、《上海中医学院中医图书目录》]

郑梅占 清代湖北黄梅县人。业儒，兼精岐黄，以医著称。临证善用清补，用药必平常习见者，无金石猛烈之剂。常往来官宦之家，医药之外，言不及他。有医德，治病不计谢金，亦不乘人之危而自高声价，恂恂然有儒者之风。[见：《黄梅县志》]

郑崇谦 清代广东南海县人。为洋行商人。嘉庆十年（1805），西方牛痘术传入南海，郑氏乃编《种痘奇书》一卷，并以之为教材，招募数人学习牛痘接种法。原书已佚，后有人修订再版，不复署郑氏之名。[见：《南海县志》]

郑崇翰 号羽珠。清代广东儋县新英镇人。早年学医，师授以治瘰疬方，临证无不奏效。后创制疮疡膏药施送，受惠者甚众。力行二十余年，每年耗费数百千，不受酬报。[见：《儋县志》]

郑敏书 字慎之。清末人。生平里居未详。曾任太医院左院判，兼寿药房值宿供奉官，赐四品顶戴。[见：《太医院志·同寅录》]

郑象玄 明代常熟县（今属江苏）虞山镇人。祖籍昆山县。妇科世医郑京子。继承祖业，亦精医术。[见：《昆山历代医家录》]

郑竟泉 清代江西义宁州人。邑名医郑奉简长子。善承祖业，临证多著奇效。有弟四人，皆业医，竟泉最负盛名。[见：《义宁州志》]

郑康宸 字奠乙。明清间安徽歙县槐塘人。名医程衍道门生。医学外，兼嗜太素脉。其师重校宋刻王焘《外台秘要》，郑氏参与其事。[见：《外台秘要·卷六》、《徽州府志》]

郑庸川 明代昆山县（今属江苏）人。郑氏妇科世医后裔。传承祖业，以医术闻名。嘉靖四十二年（1563），陈思恒母病寒热，腿脚痛不可忍，神昏谵语，不能转侧。时医皆以外感治之，不效，病转剧。郑庸川诊之，以祖传脚气方治之，一剂安睡，三剂痊愈，众皆叹服。[见：《昆山历代医家录》]

郑望之 唐代彭城（今江苏铜山）人。生平未详。著有《膳夫录》，为饮膳养生之作。[见：《中国历代医家传录》（引《说郭》、《丛书书目汇编》）]

郑隆祚 清初江苏昆山县人，居平桥畔。妇科世医郑敷政子。幼年丧父，由祖母支氏、母叶氏抚养成人。继承家学，精通妇科。康熙间（1662～1722）与郑元良编《郑氏家传女科万金方》，今存稿本，书藏南京中医药大学图书馆。[见：《昆山历代医家录》]

郑维业 (1799～1862) 字又新，号豫忖。清代江苏元和县周庄镇人。妇科世医郑祥征幼子。与兄郑维嗣绍传祖业，悬壶于乡。子郑修吉、郑修士、郑修德，俱传承父学。[见：《吴县志》]

郑维嗣 (1791～1846) 字孝仲，号敬斋。清代江苏元和县周庄镇人。妇科世医郑祥征长子。过继二伯父郑用之。从生父习医，继承祖业，悬壶于乡。曾与弟郑维业校订其父《女科集义》。[见：《吴县志》、《昆山历代医家录》]

郑葆仁 字同亮，号仲纯。清代福建长乐县马头人。性笃于学，有志未酬，弃儒习医。以济世活人为怀，学识经验俱富。著有《灵素精采》、《伤寒集证汇方》四卷、《十二经药性论》一卷、《针灸六法秘诀》三卷、《考定周身穴法全篇》一卷、《十二经脉》二卷，今皆未见。[见：《长乐六里志》]

郑惠卿 南宋人。生平里居未详。曾官保安郎翰林医正，与太医局判陈文中同时。郑氏著有《编集诸家婴儿病证幼幼方论》（简称《婴儿病证方论》）十卷。此书国内未见，今日本尚存多纪元佶天保甲辰（1844）抄本，现已影印回归。该书前有东山老民序、郑全宝祐二年甲寅（1254）序。全书引用《幼幼新书》等三十六种唐宋医籍，多罕见著作，对研究古代儿科学术颇具价值。[见：《古今医统大全·历世圣贤名医姓氏》、《日本现存中国散逸古医籍》]

郑景岫 唐代人。生平里居未详。著有《南中四时摄生论》一卷，已佚。[见：《新唐书·艺文志》、《崇文总目辑释》]

郑景贤 号龙冈居士。元初人。里居未详。通医道，为蒙古大汗窝阔台侍医，深得宠幸。窝阔台欲赐以土地，封为上相，辞而不受。除医学外，兼善诗歌、书法、琴棋。耶律楚材与之深交，雅重其学，称天下奇才，自愧不如。[见：《金元医学人物》（引《湛然居士文集》）]

郑景陶 字于拔，号香岩。清代福建闽县人。邑廪生。以办团练有功，授教职，不赴。专力于医学，活人无算。所批医案，率具特识，人争宝之。达官巨室延诊无虚日，而未尝干以私。行医二十年，谦谨如一日。晚年求医者益众，苦不得休息，竟积劳成疾，三年而卒，享年五十六。弟郑宴清，亦精医道。[见：《闽侯县志》]

郑等明 清代江西赣县人。精岐黄术。凡以病延请皆赴，不乘舆，不受谢。毕生济人，年逾七旬，犹应诊如常。[见：《赣县志》]

郑普龄 清代福建侯官县人。精医术。总结祖传治麻风经验，随证施治，以期普济。[见：《疯门全书》]

郑奠一 清代安徽歙县人。通医理，推重本县前辈名医吴有性，对瘟疫证治多有研究。曾以吴氏《温疫论》为底本，"或注释，或增订，或删改，意在辨瘟疫之通体异于伤寒，而尤慎辨于见证之始"，撰为《瘟疫明辨》（又作《郑氏遗书》）。《安徽通志稿》称此书"临证有辨气、辨色、辨舌、辨神、辨脉五条；论治有汗、下、清、和、补五法。其余剖析疑似，探微抉奥，剀切详明，了无剩义。"郑氏书为同乡程某所得，后为金陵儒士汪先乘收藏。乾隆初，白沙吴文炡客居金陵，汪先乘以《瘟疫明辨》相示，吴氏"服其智识超而疏解确"，遂手录以归。乾隆十五年（1750），吴文炡与吴祺"参互校仇，厘为四卷"，刊刻于世。此书今藏中国中医科学院图书馆、上海图书馆等，卷首有郑氏原序、乾隆十六年吴文炡序、乾隆十七年汪祺序、杨瑗序、臧锡麟跋、管希宁后序。二十八年后，江苏上元县戴祖启宣称：此书乃其祖父戴天章所撰《广瘟疫论》，并于

乾隆四十三年（1778）刊刻戴天章《广瘟疫论》四卷，其书卷数、原序、各卷内容皆与郑奠一《瘟疫明辨》相同，仅无吴文炡等人五条序、跋。后人多认为郑奠一《瘟疫明辨》乃戴天章所撰，故后续大量翻刻本直接改题"戴天章《瘟疫明辨》"，此事尚难定论。[见：《瘟疫明辨·序》、跋》、《歙县志》、《安徽通志稿》、《贩书偶记》、《历代医书丛考》]

郑道煌 清代江苏吴县人。生平未详。著有《内经必读》二卷，约成书于康熙四十九年（1710），今存抄本。[见：《中医图书联合目录》]

郑瑞兰 字佩芳，又字香浦。清代广东香山县隆镇西亭乡人。少聪敏，壮年补弟子员。家居侍养，母多病，屡困床蓐，遂学医于叔父郑泽世。咸丰四年甲寅（1854），请于官，增筑礮台于迭石乡隘，并筑石横栏海口。性和厚，晚年专究医学，名噪一时。或劝之著书，答曰："医者意也，岂楮墨所能传哉？"所著仅《四诊纂要》、《四症纂要》二帙（前书未完稿），授其子，命藏于家而已。年八十岁，钦赐副贡。寿至八十六岁卒。子郑凤山，传其医术。[见：《香山县志续编》]

郑蓉塘 佚其名（号蓉塘）。清末浙江鄞县人。疹科名医郑启寿子。传承父业，活人甚众。子郑行彰，继承父业。[见：《浙江医籍考》]

郑嗣侨 字灿夫。清代江苏吴县人。妇科世医郑任后裔。传承祖业，研读家藏《女科秘要》，悟其奥理，医名极盛。苏藩胡献征赠以"岐业冠军"匾额。子郑均，亦传祖业。[见：《吴县志》]

郑嘉会 （1572～1604） 字世宗，号霁宇。明代昆山县（今属江苏）人。妇科世医郑三畏四子。幼孤家贫，母陆氏贯通夫家祖传方书《郑氏家宝》，行医维持生计。嘉会得母传授，亦精祖业。后迁居松江府华亭县周庄镇，悬壶济世。惜英年早逝，年仅三十三岁即殁。[见：《昆山历代医录》]

郑嘉祥 字瑞钟。清代河南淮阳县人。精医术，于妇科独具心得，全活甚多。著有《郑氏妇科》，藏于家。子郑茂锡，孙郑文轩，世守其业。[见：《淮阳县志》]

郑谪臣 字仁溥。清代江苏泗阳县人。精医术，知名于时。[见：《泗阳县志》]

郑端友 南宋人。生平里居未详。约绍兴、淳熙间（1131～1189）在世。著有《全婴方论》二十三卷，今存明代刻本（残卷），题

《保婴全方》，书藏中国中医科学院图书馆。据《中国医籍考》，此书曾流传日本，有刻本存世。[见：《中国医籍考》、《经籍访古志》]

郑敷政 (1637～?) 字和阳。明清间江苏昆山县人，居平桥畔。明末太医院医士郑玉佩子。九岁遭父丧，赖母抚养成人。继承祖业，精通妇科。不幸早亡，年仅二十余岁。辑有《薛氏济阴万金方》，今存抄本，书藏上海中医药大学图书馆。按，该书序于明隆庆三年（1569），与县志所载郑氏生年不符，待考。敷政子郑隆祚，克绍祖业。[见：《昆山历代医家录》]

郑德坊 字守之。清末江苏元和县甫里（今吴县角直镇）人。祖籍昆山县，自祖父辈徙居元和。妇科世医郑灿如子。幼承家学，兼读历代妇科医籍，取其精华，深悟医理，善治妇产科诸证，名重于时。子郑仰岐，继承祖业。[见：《昆山历代医家录》]

郑德孚 明代福建莆田县人。郑耕老后裔。从司业吴源习儒，颖悟绝人，不遇于时。后弃而习医，师事同郡方炯。久之术精，遂以医闻。[见：《莆田县志》]

郑德轩 清末人。生平里居未详。撰有《宝饵留春》一卷，今存光绪四年戊寅（1878）广州福兰堂刻本。[见：《中医图书联合目录》]

郑燕山 近代江苏苏州人。世精妇科，至燕山已历十余代，善承祖业，知名于时。子郑连山，为现代妇科名医。[见：《吴中名医录》]

郑赞纶 字丝阁。近代浙江兰溪县人。兰溪公立中医专门学校首届毕业生，留校任教。1929年加入中医公会。抗日战争期间避居武义，悬壶济世，颇具声望。[见：《兰溪市医学史略》]

郑忙古歹 元代人。生平里居未详。曾任昭文馆大学士正太中大夫提点太医院事。大德二年（1298）九月，奉旨与医愈郎诸路医学副提举申甫、御药院副使王希逸、提点太医院事麻维羴等十二名医官校订《圣济总录》。该书于大德四年完成，更书名为《大德重校圣济总录》，诏令江浙行省刊刻，颁赐各地医学。[见：《丽宋楼藏书志》、《大德重校圣济总录》、《中医图书联合目录》]

单

单信 明代宜兴县（今属江苏）人。精医术。荐入太医院，官至御医。[见：《增修宜兴县旧志》]

单骧 北宋蜀人。举进士不第，以医为业，知名朝野。其学本于《素》、《难》，能别出新意，往往巧发奇中。嘉祐（1056～1063）末年，仁宗患疾，诏单骧、孙兆入诊。初治见效，赏赐甚多，不久仁宗崩，二人皆获罪，当诛。幸皇太后察其情，知非其罪，得免死。[见：《仇池笔记·单骧孙兆》]

单玉堂 (1902～1983) 现代辽宁丹东市人。早年就学于丹东县师范学校。性嗜医学，毕业后，先从李受滨学习中医内科，熟读《内经》、《难经》、《伤寒》、《金匮》诸典籍；又师事针灸医家陈文会，学习子午流注、灵龟八法。嗣后留学日本，就读于东京针灸医科大学。1937年毕业归国，设诊于丹东、长春等地。1949年迁居北京。1953年参加抗美援朝志愿针灸医疗队。1956年调北京中医学院东直门医院针灸教研组，任副组长，从事教学、临床工作。单氏针刺手法独特，擅长子午流注、灵龟八法，按时取穴配穴，治愈疑难病证甚多。任教期间，先后讲授《伤寒论》、《内科学》、《针灸学》等课程，教学经验丰富。著有《经外奇穴图解》、《中国子午流注古法新解》、《中国古典针灸医学灵龟八法古法新解》、《中国经典医学的哲学原理》、《窦太师针灸指南标幽新释》等书。[见：《北京中医药大学校志》]

单协和 字惠风。清代四川西昌县人。家贫好学，早年从颜柱山习儒，工吟咏，旁通医术。晚年业医，以活人术终其生。[见：《西昌县志》]

单周臣 元代大都（今北京）人。精医术，以妇科名噪京城。所交多中原耆旧、著名公卿。赘婿杨元卿，尽得其传。[见：《金元医学人物》（引《燕石集·志勤斋记》）]

单学傅 字师白。清代江苏常熟县钓渚人。诸生。兼通医理。著有《痧症辨似》、《未得家传医案》二书，未见流传。[见：《常昭合志》]

单树阁 清代山东高密县人。精医术，晚年悬壶于青岛。著有《树阁经验良方》及《诗集》，未见刊行。[见：《高密县志》]

单养贤 字南山。清初浙江绍兴人。精医术，以妇产科著称。著有《胎产指南》八卷、《明易产科》六卷、《广嗣真诠》一卷，刊刻于世。单氏诸书，皆经验之谈，凡胎前之病，多以安胎饮为主；产后诸疾，多以生化汤为主，论理详明，读者易晓，颇具参考价值。清初名医萧埙，评单氏之书曰："单养贤产宝新书，为胎产秘籍，世所罕读。"此"产宝新书"，或即单氏上述三书之总称。〔见：《中国医学大成总目提要》、《历代医书丛考》、《绍兴医学史略》〕

单养和 近代江苏武进县芙蓉圩人。邑名医单镇安子。绍承父学，亦工医术，曾悬壶上海。与江阴名医朱少鸿相友善。〔见：《中国历代医家传录》〕

单振泗 字圣泉，别号乘崖山人。清代山东庄平县人。自幼习举业，弱冠入邑庠，旋食饩。工诗赋，兼精医学。著有《针灸合编》等书，未见流传。〔见：《庄平县志》〕

单家桂 清代浙江萧山县人。生平未详。著有《胎产析疑》三十六卷，未见流传。〔见：《萧山县志稿》〕

单继华 字协唐，号野亭。清代江苏常熟县人。单郑思孙。长洲县诸生。兼通医理，著有《选景岳方》四卷，未见刊行。〔见：《常昭合志》〕

单道开 东晋敦煌（今甘肃敦煌）人。早年修道深山，常衣粗褐，不畏寒暑，昼夜不卧，见者异之。佛图澄与之辩论禅理，不能屈。晚年至南海，入罗浮山修行，相传百余岁卒。兼精医术，治目疾颇验，有"马明龙树"之誉。〔见：《敦煌县志》、《医学入门·历代医学姓氏》〕

单肇蟾 字樨亭，晚号稚叟，又号半盲老人。清代江苏泰县人。业儒，工诗词古文，兼通医学、地理诸学。晚年丧明，为一生大憾。著有《医典汇编》二卷，今未见。〔见：《江苏历代医人志》〕

单镇安 清末江苏武进县芙蓉圩人。精医术，尤擅小儿推拿，知名于时。子单养和，亦工医术，悬壶沪上。〔见：《中国历代医家传录》〕

冼

冼佐卿 字芷源。清代广东南海县人。禀性聪颖，家贫力学，赴试不售，弃儒攻医。苦心孤诣，尽得岐黄精蕴。临证用药，每奏奇效，远近求治者盈门。不介意诊金多寡，遇贫乏者每赠以药资。尝谓："医道乃济世，非营利。稍有毫末势利参其间，则大失古昔圣贤济世之真。"以操业过劳，预知死日，及期而卒。〔见：《岭南医征略》（引《南海忠义乡志》）〕

冼嘉征 明代广东南海县人。早年习儒，教授蒙童。遇良师授以医术，诊脉若神，用药百发百应。每日晨起，堂内户外求治者屡满，

日发百剂，不问药金多寡，一以利济为心。间有不治之证，一诊即知必死。一时酬酬褒赠，盈于闾左。有王将军得奇疾，延治，一剂立愈。王将渡岭南，虑岚瘴致疾，携嘉征共行，至凌江，厚赠遣还。既归，隐于禅山，杜门谢客，攻举子业，藏匾额以自韬晦。无奈求医者充塞里门，不得已，复出应诊，人以为华佗复生。后补弟子员。年逾五十，连举二子，人皆贺之。〔见：《广东通志》〕

法

法绅 字孟容。清代江苏武进县人。世医法雄子。继承家学，有神悟，为当时名医。子法弼，亦精医业。〔见：《武进阳湖县合志》〕

法复 字中行。清代江苏武进县人。世医法征麟次子。继承家学，亦工医术。子法鼎，传父业。〔见：《武进阳湖县合志》〕

法信 字协和。清代江苏武进县人。世医法学山三子。继承父志，亦工医术。〔见：《武进阳湖县合志》〕

法恭 字瑞和。清代江苏武进县人。世医法学山长子。继承家学，亦工医术。〔见：《武进阳湖县合志》〕

法宽 字养和。清代江苏武进县人。世医法学山次子。袭传父业，亦工医术。〔见：《武进阳湖县合志》〕

法惠 字心和。清代江苏武进县人。世医法学山四子。袭承家学，亦工医术。著有《医宗粹言》一卷，未见刊行。子法履端，传父业。〔见：《武进阳湖县合志》〕

法雄 字振和，号樨庄。清代江苏武进县人。世医法谦益长子。袭承家学，亦工医术。著有《樨庄心法》一卷，未见梓行。子法绅，传父业。〔见：《武进阳湖县合志》〕

法鼎 字汝和。清代江苏武进县人。世医法复子。绍承学家，亦通医术。〔见：《武进阳湖县合志》〕

法弼 字准封。清代江苏武进县人。世医法绅子。绍承家学，亦以医名。子法文源，传父业。〔见：《武进阳湖县合志》〕

法震 字致和。清代江苏武进县人。世医法谦益次子。袭传父业，有名于时。〔见：《武进阳湖县合志》〕

法公麟 字丹书。清代江苏武进县人。曾祖法世美，以医学传授子孙。公麟博学多识，绍承家学，名著郡县，为众医之冠。曾与徐大椿会诊。著有《桂月生传》一卷，所论皆伤寒

秘要，惜未见流传。弟法征麟，亦以医著称。
[见：《武进阳湖县合志》、《洄溪医案》]

法文淦 字功甫。清代江苏昆山县人。迁居宜兴。世医法冠卿子。袭承家学，临证取效如神，尤擅治伤寒诸证，四方求医者舟舆争辏其门。著有《伤寒详解》、《诊余丛谈》等书，今未见。门人金国香等得其传授，俱为名医。当时邻县诸医多渊源文淦，称为"法派"。三子法燮廷，传承父术，亦负盛名。[见：《宜荆续志》、《武进阳湖县合志》]

法文源 字政甫。清代江苏武进县人。世医法弼子。袭承家学，亦以医知名。[见：《武进阳湖县合志》]

法世美 清代江苏武进县人。精通医术。子孙世传其学。曾孙法公麟、法征麟，尤负盛名。[见：《武进阳湖县合志》]

法征麟 字仁源。清代江苏武进县人。曾祖法世美，精通医术，子孙皆传其业。征麟学有本源，临证洞见症结，名著于时。有母子二人均病危，子鬻妇于商贾，已受其钱，而妇恸绝，不肯登车，贾率众大噪。时征麟至，入诊母、子之脉，曰："不死也！吾药之起耳。"出语众噪者曰："活人妻，按律得娶耶？"出己资偿之，众人乃去。母子服药皆愈。程景伊撰《法氏谱序》曰："征麟急人之难，至今行路犹称之。"著有《伤寒辨证》二卷、《医学要览》一卷、《医通摘要》六卷，今皆未见。兄法公麟，医名益盛。征麟子法谦益、法复、法学山，皆为名医。[见：《武进阳湖县合志》]

法学山 字景行。清代江苏武进县人。世医法征麟三子。继承家学，亦以医著称。著有《痘科景行录》一卷，未见梓行。子法恭、法宽、法信、法惠，皆传父业。[见：《武进阳湖县合志》]

法政和 清代江苏武进县人。生平未详。著有《医通纂要》，今未见。[见：《武进阳湖县合志》]

法冠卿 清代江苏武进县人。世代业医，知名于时。著有《医林玉尺》若干卷，未见流传。推重黟县名医汪荃，治水肿疾不验，令患者执方询访汪氏，汪氏易其药引，病得痊愈。子法文淦，传承父业。[见：《安徽通志》、《武进阳湖县合志》、《宜荆续志》]

法谦益 字坤行。清代江苏武进县人。世医法征麟长子。继承家学，亦以医著称。[见：《武进阳湖县合志》]

法嘉荪 清代江苏丹徒县人。生平未详。著有《养疴澜语》，今未见。[见：《丹徒县志》]

法履端 字启元。清代江苏武进县人。世医法惠子。绍传家学，亦精医术。著有《脉法金针》一卷，今未见。[见：《武进阳湖县合志》]

法燮廷 字子馥。清代江苏宜兴县人。祖籍武进县。世医法文淦三子。绍传父业，亦以医名，有和缓再世之誉。尤擅治伤寒，常药不尽剂即效，人称"法半帖"。法氏业医，累世负盛名，至燮廷已传十四世，故所业益精。[见：《宜荆续志》]

宝

宝辉 字玉珊，号西园居士，又号两湖钓翁。清末湖北荆州人。早年从朱交生习医，于医书无所不窥。挟技游于安徽、江苏、四川、广东、福建、浙江，遇名医叶霖于扬州，得其指授，医术精进。著有《医医小草》一卷、《资生篇》一卷，今存。还撰有《易知录》、《医籍选》、《游艺志略》、《夜谈随记》诸书，今未见。[见：《珍本医书集成·医医小草·自序》、《中医图书联合目录》]

宝斋氏 佚其姓名。清末人。生平里居未详。撰有《济世元真伤寒全部解义先圣遗范》六卷，今存1922年上海广益书局石印本。[见：《中医图书联合目录》]

宗

宗上达 清代河南内黄县人。邑庠生。兼通医道，擅长按摩术。[见：《内黄县志》]

宗文魁 明代徐州（今属江苏）人。生性质朴，取与不苟，事母以孝闻。精医术，以外科知名，临证多奇效。子孙世守其业。[见：《江南通志》、《徐州府志》]

宗令祺 宋代人。生平里居未详。撰有《广药对》（又作《新广药对》）三卷，已佚。[见：《宋史·艺文志》、《通志·艺文略》、《国史经籍志》]

宗合泉 明代湖北麻城县人。双目失明，以医为业，专擅幼科。诊病靠手摸，断患儿生死无或爽。[见：《麻城县志前编》]

定

定斋居士 佚其姓名。宋代人。生平里居未详。著有《五痔方》一卷，已佚。按，据宋·周密《齐东野语》，南宋沅陵（今湖南泸溪）单炜，字丙文，自号定斋居士。单氏以武举得官，博学能文，名士大夫多与之交。疑《五痔方》为沅陵单炜所撰，待考。[见：《宋史·艺文志》、《齐东野语·卷十二·姜尧章自叙》]

官

官谞

字轶千。清代山东平度州人。其兄官北峰，为乾隆甲子（1744）举人。谞早年习儒，力学十余载。因父母皆卧病，慨然曰："苟可以捐沉疴，娱天年，虽三公弗介意也！"于是弃制艺，攻读医书，后以医术知名。有医德，遇病势垂危者竭力疗救，废寝忘食，数临病家，未尝惮劳。著有《医方折衷》、《解醒论》二书，藏于家。[见：《平度州志》]

官立校

清代四川资州人。精医术。凡病家求诊立应，贫者赠以药资，人皆敬重之。年八十八岁卒。[见：《资州直隶州志》]

官立楷

（1797～?）清代四川资州人。精医术，济人甚众。光绪二年丙子（1876），年八十岁，体尚健，诊病处方一如壮年。[见：《资州直隶州志》]

官志孚

清代广东始兴县清化人。早年习举业，官教谕。兼精医术，求治者踵相接，从未受谢。性慈善，每遇饥年捐资施济，全活甚众。[见：《始兴县志》]

郎

郎嵝

字冲霄，号心朗。清代山东潍县人。诸生。精通医术。尝曰："大丈夫不能为宰辅以善天下，即当为国医以济万人。"医名振于遐迩，活人无算。著有《心朗脉诀》二卷，未见传世。[见：《潍县志稿》]

郎简

字叔廉，自号武林居士。北宋临安县（今浙江临安）人。自幼孤贫，借书抄读，多能成诵。早年举进士，补秘书省校书郎，历任宁国知县、福清县令、度支员外郎、广南东路转运使，擢秘书少监，以尚书工部侍郎致仕。性和易，喜宾客，素以导引术养生，晚年面色如丹。尤好医术，人有疾，亲自处方疗之。年八十九岁，一日谓其子郎洁曰："吾退居十五年，未尝小不怿，今意倦，岂不逝欤？"就寝而绝。特赠吏部侍郎。辑有《集验方》，载方数十条，行于世。今佚。[见：《宋史·郎简传》]

郎肇

生平时代未详。通道学。撰有《长生胎元神用经注》一卷，今存道藏本。[见：《中国丛书综录·医家类》]

郎师颜

元代人。里居未详。曾任成和郎太医院判官。后至元三年（1337），名医危亦林撰《世医得效方》十九卷，由江西医学提举司送太医院审阅，郎氏与僚属参予其事。至正五年（1345）此书刊刻于世。[见：《世医得效方·太医院题识》]

郎廷栋

字朴斋。清代广宁县（今辽宁广宁）人。郎永清子。早年出仕，官湖南按察使。重视刑狱，断案审慎。推重宋慈《洗冤集录》，"慨坊刻多讹缺不备，广搜博采，得笺释无冤等书，参订雠校，类为一编，"辑《洗冤汇编》一卷，序刊于康熙四十九年（1710），今存。兄郎廷极，官云南顺宁知府。[见：《奉天通志》、《中医图书联合目录》]

郎廷模

字贞若。清代广东广宁县人。生平未详。曾重梓明王化贞《普门医品》，自著《医品补遗》四卷，附于卷末。[见：《中医图书联合目录》]

郎润农

清代四川丰都县人。天资颖悟，胸怀洒落，书、画、诗词俱妙，有"郑虔三绝"之誉。兼精医学，治病不分贫富，延请即往，不受馈谢，人皆德之。[见：《重修丰都县志》]

郎椿翼

清代浙江慈溪县人。精通医术，知名于时。海城张衍泽，得其传授。[见：《海城县志》]

郎锦骐

号静谷。清代山西代县人。官广西桂林知府。著有《检验合参》一卷、《检验集证》一卷，今存。[见：《中医图书联合目录》、《中国历代医家传录》]

郎毓纯

清代白山人。生平未详。辑有《脉诀正宗》（又作《达德堂脉诀金针》）一卷，刊于乾隆四十一年（1776）。[见：《贩书偶记续编》]

郎慧学

字镜如。清初浙江余杭县人。平生笃学，读书课子而外，绝不问家人生产。晚年究心医学，曾重订《脉诀》，序而刊之，今未见。子郎捷康，康熙甲子（1684）举人。[见：《杭州府志》、《余杭县志》]

房

房陆

字子由。清代山东益都县人。明末名医翟良再传弟子，长于治痘。乾隆十七年壬申（1752）参订唐威原《痘科温故集》。[见：《中国医学人名志》、《中医图书联合目录》]

房焕

明代河南汝阳县人。世医房文实孙。早年习儒，为诸生。绍传家学，亦精医术，名

重于时。[见:《汝阳县志》]

房文实 字德充,号春田。明代河南汝阳县人。邑名医房景敏曾孙。早年习儒,为郡庠生。数闱不中,读先世书,以医术知名,与同郡石昊并称国手。汝宁知府马某患疾,房氏治之奇验,一时名动公卿。一贫家子染时疫,垂绝。文实诊之,曰:"不死。一剂可愈!"药下而安。著有《十八剂加减》、《春田一览》等书,今未见。孙房焕,为诸生,传承家学。[见:《汝阳县志》]

房甲山 字一峰。清代山东东阿县鱼山人。自幼好学,年十七补弟子员,旋以优等食饩。其学以经史为宗,旁涉天文、历数、地理、绘画、医药诸学。年八十一岁卒。著有《医方杂录》等书,未见刊行。[见:《东阿县志》]

房用和 北宋延州(今陕西延安)人。里居不详。精医术,曾任延州医学助教。程戡荐之,应国子四门助教试。王安石(1021~1086)代拟圣批曰:"延州镇抚一方,尔共医事,莫府所称。甄序以官,往袛厥服。可。"[见:《王安石全集·卷五十五·外制》]

房伯珪 字东野。明代常熟县(今属江苏)人。以医为业,名重于时。卒后,郑东为之作传。[见:《常昭合志稿》]

房唐卿 元代人。里居未详。精医术,任梁王甘麻剌(忽必烈孙)王府太医。翰林学士承旨刘敏中(1243~1318)害眼疾,两月不愈。房氏令服丸药,双目豁然清明。张之翰作《送房唐卿》诗云:"药石中间半上卿,传家何害以医名。乘时当展四方志,应召不忧万里行。神秘术从前世得,鬼遗方到后人精。从今萱草堂中梦,定向穹庐月底成。"[见:《金元医学人物》](引《西岩集》)

房景敏 明代河南汝阳县人。侍郎房安侄。自幼习儒,屡试不中,慨然曰:"丈夫不为良相,则为良医!"遂潜心于《素问》、《难经》诸医典,参阅仲景、河间诸名家之书,久之悟其蕴奥。及以医问世,不拘泥古方,随手奏效,名重于时。曾孙房文实,亦工医术。[见:《汝宁府志》、《汝阳县志》]

房毓琛 字仲南,号心若,自号偶梦道人。清代辽阳县(今辽宁辽阳)吴家台人。祖籍海城。恩贡生,候选直隶州州判。自幼颖敏,博通典籍,嗜兵家言,尤精医术。文笔浩瀚,与同邑荣文达、刘春烺相友善,有"奉天三才子"之誉。屡踬棘闱,遂入盛京将军裕禄幕府。甲午之役(1894),上书左宝贵,陈抗敌之策,格于众

议,未果。著述甚富,医书有《素问辨难》,未梓。[见:《辽阳县志》]

肃

肃锐 字粹刚。清代山东邹县人。庠生。博极群书,弱冠应试县、府,皆冠军。入庠后专精医学,详明脉理,断证毫厘不爽。尝曰:"为医须多读书,勿贪功,勿贪利。多读书则识见日增,不贪功则我不误人,不贪利则人不轻我。"著有《医学辨同》若干卷,未见流传。[见:《邹县志稿》]

屈

屈骏 字良生。明清间江苏常熟县人。邑名儒屈坦之(1570~1644)子。精医术,名振于时。著有《伤寒论稿》,长洲汪琬为之作序。今未见。[见:《常昭合志》、《重修常昭合志》]

屈纯忠 字湘平。清代湖南长沙县人。徙居四川綦江县。幼患足疾,喜读书,不乐仕进,屡荐不应。精岐黄术,以医济世,乡里重之。年七十三岁卒。[见:《四川綦江续志》]

屈遵德 字明古。清代广西永淳县辣刘村人。乾隆五十一年丙午(1786)科举人,任宜山县教谕。深通经史,旁通百家,尤精医道。任宜山时,同城广远太守某公,有子六岁不能行走,黄瘦色枯,百治罔效。后延请屈氏,屈氏笑曰:"公子无病,勿药有喜。"太守曰:"然则将如何?"屈氏曰:"但每日置公子于地,戒婢仆毋多抱负,膏粱之味禁勿与食,俟饿极少与之,病当痊。"如其言,旬日气色生新,饮食大进,越两月,庞然一伟儿矣。太守酬以金,不受。乃设宴,请教病愈之因。屈曰:"此胃病也。君爱护太过,仆妇默承意旨,日不释手,公子数年不沾土气。胃,土脏也。是五行已缺其一,胃安得不弱?"太守叹服,遂为延誉,荐授太医院医官。任满,出任宜山知县。未几,卒于任所。著有《医门心镜》六卷,无力梓行,散佚不传。[见:《永淳县志》]

承

承乃盈 清末江苏江阴县华墅人。精医术,通晓内、儿、针灸各科。子承澹盒,绍传父学,以医著称。[见:《中国历代名医传录》]

承槐卿 (?~1946) 字恩诏。近代江苏武进县人。父承蓉坡,业医。早年习儒,为庠生。后随父习医,笃志力学,明悟医理。先后悬壶于宜兴、无锡、上海、常州等地。临证慎

思明辨，所治多佳效。生平诊务繁忙，未遑著述。今存《医案》数册，未梓，其中数则刊载于《江苏中医》杂志。[见：《承槐卿先生医案》(《江苏中医》1963 年第 2 期)]

承澹盫 （1893～1957） 又作承淡安。现代江苏江阴县华墅人。世代业医。少年时随父承乃盈学内、儿、针灸诸科，后师从名医瞿简庄先生。学成，悬壶苏州，深得病家信赖。当时西学东渐，中医屡遭摧残，尤以针灸为甚。1930 年，承氏创办中国针灸学研究社于无锡，自任社长，郑卓人任副社长。其办社宗旨为振兴中华之绝学，以便民利国。翌年，创办《针灸杂志》，影响所及，达于海外。1932 年，东渡日本求学，就读于东京针灸高等学校。次年学成归国，创办我国第一所针灸学校——中国针灸专科学校，培育人才甚多。1937 年，学校毁于日寇战火。1938 年，再创办中国针灸讲习所及针灸函授学校于成都，并兼任成都国医学校教授。1947 年，重返苏州，复建中国针灸研究社。1954 年，任江苏省中医专科学校校长。同年当选为省人民代表大会代表、全国政协委员。1955 年，被选为中国科学院学部委员、中华医学会副会长。1957 年 7 月 10 日，因心脏病复发，不幸逝世，享年六十五，安葬于苏州灵岩山五龙公墓。著有《中国针灸治疗学》、《中国针灸学讲义》、《中国针灸学》、《伤寒论新注》、《经穴图解》、《十四经经穴挂图》、《新刊校注十四经发挥》、《子午流注针法》及多种日文医书译著。女承为备，绍承父学，为当代针灸名家。[见：《吴中名医录》、《著名针灸家承澹盫传略》(《浙江中医杂志》1985 年第 3 期)、《中医年鉴》(1984)]

孟

孟玮 字胡云。清代江苏武进县人。生平未详。著有《瘰狗病始末及治验》一卷，初刊载于《上海中医杂志》，后收入曹炳章《中国医学大成》。[见：《中国医学大成总目提要》]

孟河 字介石，号东山。清代江苏江宁县人。世医孟继孔孙。早年习儒，后绍承家学，医术益精。临证每预言愈期，不爽时刻。著有《幼科直言》(又作《幼幼指掌集成》)六卷，雍正四年(1726)孙嘉渔为之作序，刊刻于世。[见：《江宁县志》、《中医图书联合目录》]

孟诜 （约 621～713） 唐代汝州梁县(今河南临汝)人。早年举进士，垂拱(685～688)初，迁凤阁舍人。少好方术，尝至侍郎刘祎之家，见御赐之金，曰："此药金也。若烧火其上，当有五色气。"祎之试之，果然。武则天闻之不悦，贬诎为台州司马。睿宗在藩时，召充侍读。长安间(701～704)，授同州刺史，加银青光禄大夫。神龙初(705)致仕，归伊阳山，日以药饵为事。睿宗召之，以年老固辞。开元(713～741)初，河南尹毕构以诜有古人之风，改其所居曰子平里。旋卒，寿九十三岁。著有《补养方》三卷、《必效方》三卷、《食疗本草》三卷(一说乃张鼎增补孟诜《补养方》而成者)，原书皆佚。今有《食疗本草》辑佚本传世。[见：《旧唐书·孟诜传》、《新唐书·孟诜传》、《旧唐书·经籍志》、《新唐书·艺文志》、《食疗本草文献学的研究》]

孟柱 清代江苏娄县人。精通医术，悬壶济世。与简而文为友，简以画知名，孟以医著称。[见：《松江府志》]

孟昶 （919～965） 初名仁赞，字保元。五代后蜀皇帝。祖籍邢州龙冈(今河北邢台西南)。明德二年(935)继帝位，在位三十年，值汉晋之际，中原多变故，后蜀据险一隅，得以无事。宋乾德(963～967)初，命王全彬讨之，孟昶军败而降。至京，封秦国公，七日而卒，谥恭孝。孟氏幼好方药，母后病，屡更太医不效，自制方药进之，遂愈。群臣有疾，亲召诊视，医官亦服其神。尝令翰林学士韩保升等以唐《新修本草》为底本，编《重广英公本草》(又作《蜀本草》)二十卷，已佚。[见：《旧五代史·孟昶传》、《古今医统大全》]

孟笨 字福兆，号伯山，又号会稽山人。明代浙江会稽县人。自幼习儒，以博学著称。曾任教职于赤城，擢藁城县令。世精岐黄，素重养生。辑有《养生要括》一卷，今存崇祯七年(1634)刻本。[见：《浙江医籍考》、《中医图书联合目录》]

孟葑 自号不病人。清代浙江会稽人。生平未详。著有《仁寿镜》(又作《仁寿镜衷纂要》)四卷。其书分宁阃、宜男、益母、保赤四部分，今存光绪十八年壬辰(1892)卜文记刻本。[见：《中医图书联合目录》]

孟熊 明代浙江金华县人。曾任医学训科。精医术，擅长针灸，取穴不循常法，往往有神验。其术不传，后世鲜有知之者。[见：《浙江通志》]

孟曰寅 号凤山迂叟。清代人。生平里居未详。著有《养生揽要》十三卷，今存嘉庆十三年戊辰(1808)山陕会馆刻本。[见：《中医

图书联合目录》]

孟凤来 字瑞林。明代浙江会稽县独树人。业医,性行廉介,义不苟取,为世人所称道。万历间(1573～1619)授太医院医官。年八十岁,县令张某题"壶天逸叟"赠之。著有《治伤寒》等书,未见流传。[见:《绍兴县志资料》]

孟文瑞 字荇洲。清代陕西洵阳县人。庠生。嗜岐黄术,凡有得心应手之方,必录之,或系家传,或博采群书,或旁搜于名族大家之珍藏。其方大小不一,分两不等,要在试之必验,历三十余年,未敢示人。道光乙巳(1845),潞河谢玉堂执所辑《回生集》、《经验集》各数册,嘱其择善刊行。孟氏乃合以生平所录,编《春脚集》四卷,刊于道光丙午(1846)。[见:《春脚集·序》、《中医图书联合目录》]

孟有章 清代江苏靖江县人,居新街。博览《灵枢》、《素问》诸医典,精通医理,尤擅疡科,临证每获奇效,与名医叶桂(1666～1745)、何游齐名。一人患足痛,卧床久不起。有章诊之,知脓在骨内,令先服麻药,以利刃破肉见骨,就骨上钻一小孔,孔中插麦管,吸脓外出,洗净,敷药而痊,闻者皆谓有华佗刮骨疗毒之妙。又,暑天治一邻人目疾,谓之曰:"子勿以目为患,但恐三日内两足大趾生疔!"三日后,目疾愈,疔亦未生。人询其故,曰:"其症属心火。心在目则火上炎,心在足则火下降,由是目疾愈而疔亦不生。前日所言,引火下降之法也。"其妙治类此者甚多。著有《医案》及《刀圭图式》,年久散佚无传。门生羊敬安、周文纪得其传授,皆以医名。[见:《靖江县志》、《靖江县志稿》]

孟传仁 号强恕。清代江苏沛县人。性至孝,因母患眼疾,遂专医道,知名于时。著有《眼科经验良方》,今未见。[见:《沛县志》]

孟纪云 清代安徽定远县人。邑疡科名医孟敦五子。早年习儒,为郡廪生。传承父学,亦精疡科,兼擅治痧痘,知名于时。[见:《定远县志》]

孟芳邻 清代盖平县(今辽宁盖县)归州镇人。业医,知名于时。孙孟宪评,绍承父术。[见:《盖平县志》]

孟佐舜 字华墀。清代广东番禺县人。岁贡生,候选教谕。通儒学,工诗赋,尤精医术,知名于时。婿薛大庆得其传授。[见:《番禺县志》]

孟承意 清代人。生平里居未详。著有《伤寒点精》二卷,今存乾隆间(1736～1795)刻本。[见:《中医图书联合目录》]

孟昭纶 字经斋。清代河南郾师县人。庠生。精医术,知名于时。弟孟昭统,亦善医。[见:《郾师县志》]

孟昭统 字绪臣。清代河南郾师县人。庠生。邑名医孟昭纶弟。精医术,知名于时。[见:《郾师县志》]

孟复旦 字卿云。清代河南中牟县人。精针砭术,济人甚众。有谢之者,分毫不受。又延请明师,开馆授徒,远近来学者,多所成就。邑令姚公,旌其门曰达尊有二。[见:《中牟县志》]

孟宪评 字子衡。近代辽宁盖平县(今盖县)归州镇人。邑名医孟芳邻孙。三代业医,学有渊源。于医理主宗张仲景,通悟《伤寒论》、《金匮要略》诸书,以擅治瘟疫、痘疹知名。著有《医理探源》若干卷,今未见。[见:《盖平县志》]

孟铧瞻 清末津门(今天津)人。精医术。同治九年(1870)参校汪喆《产科心法》。[见:《产科心法》]

孟继孔 一作孟继光。字春沂。元明间江宁县(今江苏南京)人。孟轲后裔。先人随宋南渡,世居江苏吴县,以医名世。孟继孔幼习举业,从焦澹园先生学。父垂殁,命习世业。研究有年,医术日进,尤精儿科,声满都邑。洪武(1368～1398)初,隶籍太医院,遂迁居江宁。怀济世之心,存活婴稚未可数计。每值痘疹流行,常诊群儿于游戏中,预决生死,无不奇中。性通脱不羁,所得金钱悉济贫乏,随手辄尽,殁时囊无余物。著有《幼幼集》四卷,刊于万历癸巳(1593)。子三人,皆能世其业,次子孟景沂,尤以大方脉著称。孙孟河,以儒精医。[见:《江宁府志》、《江宁县志》、《医藏书目》、《郑堂读书记》、《中医图书联合目录》]

孟继瑜 五代后唐长安(今陕西西安)人。初为长安医工。后唐庄宗未称帝时得暴疾,孟氏治而有效。及庄宗起兵凤翔,继瑜在长安谒见,随待至雒州,屡进方药。是年迁少卿,奉使泾州。翰林诸医唯孟氏获此殊宠。[见:《册府元龟·医术》]

孟景旸 元明间吴县(今江苏苏州)人。精医术,以儿科知名。洪武(1368～1398)初卒。赘婿陈道,得孟氏亲授,亦以医术知名。[见:《家藏集·卷三十六·慈幼堂记》]

孟景沂 明代江宁县(今江苏南京)人。邑名医孟继孔次子。绍承父业,以大方脉

著称。[见：《江宁县志》、《江宁府志》]

孟敦五 清代安徽定远县人。精通医术，专擅疡科，名重于时。县令李长安雅重其术，赠以"黄缓神仙"匾额。子孟纪云，传承父业。[见：《定远县志》]

孟增河 字时清。清代河南新乡县人。精医术，以针灸知名。[见：《新乡县志》]

练

练谦 字孟叔。南宋婺州（今江西婺源）人。迁居德兴县。嘉泰甲子（1204）举乡魁。后从张忠愍公使金，金人幽禁之。经数月，谦作《苏武仗节歌》示意，金知不可屈，释之。及归，皇帝嘉其忠义，诏赠承务郎、秘书省正字。练氏兼通医药，著有《本草释义》若干卷，已佚。[见：《德兴县志》、《江西通志稿》]

练元献 明代人。里居未详。通经史，为中书科冠带儒士。弘治十六年（1503），太医院院判刘文泰等奉敕编撰《本草品汇精要》，练氏与中书科吉庆、周时敛、姜承儒、仰仲瞻及太医院医士吴恩等十四人任誊录。该书毕工于弘治十八年三月，未刊，今存抄本。[见：《本草品汇精要》]

经

经绶章 （1875～1939） 近代江苏苏州人。禀性聪颖，刚强耿直。早年从沈跃南学医，擅长内外科。于医理推重名医吴瑭、叶桂、王士雄。五十岁后，专攻温热病，临证经验丰富，名噪江浙。[见：《吴中名医录》]

九 画

封

封华 字有邰。清代江西瑞昌县马头堡人。业儒，兼精岐黄，凡有难证，医治则效。道光十年（1830）赴京都，应太医院试，取九品吏目，随堂当差五年，以年老归里。[见：《瑞昌县志》、《九江府志》]

封衡 字君达，号青牛居士。东汉末陇西（今甘肃陇西）人。自幼学道，通老庄学，勤访真诀。爱啬精气，不极视，不大言。凡图籍传记，无不诵习。兼通医术，常骑青牛而行，遇患病者，识与不识，皆出腰间药与服，或以针法治之，应手而愈。不以姓名示人，世以"青牛道士"称之。昔曹操问以养生之术，封氏答曰："体欲常劳，食欲常少，劳无过虚。去肥浓，节咸酸，减思虑，损喜怒，除驰逐，慎房室，则几于道矣。故圣人春夏养阳，秋冬养阴，以顺其根，以契造化之妙。"曹操行之有效。据载，封氏服食黄精五十余年，又入鸟鼠山（甘肃渭源县西）修炼，百余岁尚往来乡里，视之年如三十许人。著有《容成养气术》、《灵宝卫生经》（又作《卫生经》），已佚。[见：《重纂泰州直隶州新志·附考三·方技》、《陕西通志》、《狄道州志》、《神仙传·卷十》、《太平御览·养生》、《历代名医蒙求》、《古今医统大全·历世圣贤名医姓氏》]

封大纯 字粹然。清代河北交河县人。邑庠生。初习举业，屡试不售，弃而学医。从名医郭文涛游，尽得师传，名重一时。著有《医学心法》四卷，今未见。[见：《交河县志》]

封文翔 字子平。清代江苏娄县人。通医理，为名医徐圆成门生。[见：《中国历代医家传录》（引《毓德堂医约》）]

封仲坚 金代河汾（今山西省黄河、汾河交汇处）人。业医，骑青牛，携药筒，往来治病，手到病除。与段克己、段成己相往还，常为段氏治病。曾注释《素问》等书，惜中年而逝，其稿皆散佚。[见：《金元医学人物》（引《二妙集》）]

封鸿矗 字达之。清代四川成都县人。精医术，为道光间（1821～1850）成都四大名医之首。王作霖患痨病，百药罔效。封氏诊之，嘱服海参四斤。王氏服至三斤，不效，再求诊。封曰："数满则愈。"如其言服尽而痊。某年初春，有患寒疾者，封氏治之，立方后曰："危在九秋。"药下而病愈。至八月，其人忽病泻，求诊。封氏曰："前已言定，奚为诊？"果至九月而卒。[见：《论温病三字诀·王作霖序》]

项

项均 字子虚。元代天台（今浙江天台）人。为全真派道士。通岐黄家书，复师事乡里老医，诊脉处方，沉疴立起。为人刚正，立志不苟，视钱财如粪土。为人治病不择贫富，徒步往返。

初学道于天台，后师事大都（今北京）崇真宫吴宗师，擅炼丹术。曾浪迹江浙，卖药大都。至顺元年（1330）夏，揭傒斯率弟子读书于南史馆，患热疾甚危。项均诊之，一药而愈。揭氏赋诗赞其妙术。胞弟项元斋，亦精医道。［见：《金元医学人物》（引《揭傒斯全集》、《玩斋集·题崔元亨送项太医叙后》）］

项昕 字彦章（一作彦昌），号竹斋，晚号抱一翁。元代永嘉县（今浙江永嘉）人，迁居余姚县。性纯孝，待人宽厚。喜辞章，善音律，工绘画。幼年从外祖杜晓村学医，未成童已能诵《素问》、《难经》、《脉经》诸医典。稍长，从赵穆仲、叶见山学《易经》。后其母病，因庸医误治而殁，深自痛悔，复励志研医。欲尽得诸家之长，闻越上（今浙江绍兴）名儒韩明善精通医道，即往拜之，韩授以秘藏医书甚多。后师事陈白云，尽得其传。值金华朱震亨（1282～1358）来越，昕复从之学，得窥刘完素、张从正、李杲等名医之书。嗣后，又问业于长洲葛可久、钱塘陆简静、建业戴启宗，并从太医院使张廷玉习导引按摩之术。至此，医道精进，治病应手奏效，能预决生死。项昕曾任杭州府吏、鄞县帅府令史、福州行中书省掾及行御史台掾，廉谨练达，士林重之。所至以医术济人，前后四十余年，全活甚众。人以厚利报之，不受。早年撰《脾胃后论》，晚年撰《医原》若干卷，议论宏富，未成书而殁。医学外，尚有《竹斋小稿》，惜诸书皆散佚。其《医案》部分选入《九灵山房集·抱一翁传》。子项恕，能传父学，亦通医理。［见：《九灵山房集·抱一翁传、脾胃后论序》、《医藏书目》、《李濂医史》、《余姚县志》、《浙江通志》、《金元医学人物》］

项恕 元代浙江永嘉县人。随父迁居余姚。儒医项昕子。袭承父学，亦精医业。［见：《九灵山房集·抱一翁传》］

项森 字子秀，明代浙江遂昌县人。初习举业，不得志，弃而攻医，精通其术。素以施药济人为事，遇人有难，倾囊相助。万历（1573～1619）初大旱，项森卖田赈粥，以济灾民，多所全活。［见：《处州府志》］

项睿 字视庵。清代江苏阜宁县人。精通医术，有名于时。年八十岁卒。［见：《阜宁县志》］

项一溶 字鉴亭。清代安徽歙县岩溪人。事父母以孝闻。精医术，知名于时。［见：《歙县志》］

项天瑞 字有清。清代安徽歙县小溪人。嗜医学，尤善养生。曾得曹氏（疑即曹国柱）《经验良方》，取其中青麟、凝神二方，如法修治，尝试用之，颇有效验。后又得卧龙丹方，试之亦验。如是虔制施送，历二十年不辍。后念一人之力，施济不能久远，遂取曹氏原本，稍加编次，又参以他书，征求友人经验，依类分编，辑书四卷，取"寿域同登"之义，名之曰《同寿录》，刊刻于乾隆壬午（1762）。此书原刻尚存，清代翻刻本甚多。［见：《歙县志》、《安徽通志稿》、《中医图书联合目录》、《贩书偶记续编》］

项元斋 元代天台县（今浙江天台）人。全真道士项均弟。精医术。悬壶于钱塘（今杭州），切脉施药，多有神效。［见：《金元医学人物》］

项文灿 字锦堂，号斐然。清末浙江龙游县人。精医术，知名于时。于宣统三年（1911）撰《症治实录》一卷。该书凡七十七篇，所载皆项氏平生临证治验，别有心得。原书未梓，今存抄本，书藏南京图书馆。［见：《龙游县志》、《中医图书联合目录》］

项延钊 清代蒙古奈曼氏正黄旗人。世居江苏丹徒县。父项锡昌，精通医理。延钊传承父学，医术亦精。又攻研举业，有声学界，为优贡生。弟项延桂、项延庚，皆工医。［见：《丹徒县志掫余》］

项延庚 清代蒙古奈曼氏正黄旗人。世居江苏丹徒县。邑名医项锡昌三子。与兄项延钊、项延桂，皆传承父学。［见：《丹徒县志掫余》］

项延桂 清代蒙古奈曼氏正黄旗人。世居江苏丹徒县。邑名医项锡昌次子。与兄项延钊、弟项延庚，皆传承父学。［见：《丹徒县志掫余》］

项兆梦 清代河南长垣县人。邑儿科名医项敬纯孙。得祖父传授，亦精医术。［见：《长垣县志》］

项希贤 字仁和。清代江苏常熟县沙头里人。以医为业，知名于时。［见：《沙头里志》］

项敬纯 字钦斋。清代河南长垣县人。深明医道，尤精儿科，知名于时。孙项兆梦，传承其术。［见：《长垣县志》］

项嗣宗 字世贤。明代江西乐平县人。幼颖悟，从德兴县名医彭宗柏游，洞明《内经》之旨。后又遇良师，得授子午流注针法，治病不用丸散，沉疴宿疾，应针而起，人以为神。尝有抬病人过其门者，嗣宗止之，针其耳而愈。又曾游于广信，有患全身僵直，不能屈伸者，针之即痊。项氏毕生以技救人，至老不倦。[见：《江西通志》]

项锡昌 字选之，号遐龄。清代蒙古奈曼氏正黄旗人，居江苏丹徒县。性聪敏，善属文。曾就武职，授都尉。见戎政腐败，旋辞去。后一心为医，以期济世。先后研求二十年，虽未业医，然所拟丸、散、膏、丹诸方，疗内外症均著良效。岁筹制钱三四十串，配制各药，广为施送。著有《医学启蒙》、《本草择要》二书，未见梓行。子项延钊、项延桂、项延庚，均传承父学。[见：《丹徒县志摭余》]

项锦宣 清代江苏吴县人。名医马傲门生。传承师学，亦以医术著称。[见：《吴县志》]

赵

赵干 字又宜，号柘山。清代江苏丹徒县人。诸生。嗜医学，兼通堪舆之术，研究群籍，颇有心得。晚年好道，日行坐功，读佛经，手录持诵。年五十七岁卒。著有《三因简妙方》，所载皆经效良方，惜未见流传。还撰《青乌法》（风水之书）若干卷，今亦未见。[见：《丹徒县志》]

赵元 金元间泽州（今山西晋城）人。其父赵顺，金大定二十年（1180）徙居河南登封，以医术著称。赵元传承父业，亦精医术，曾任怀州（今河南沁阳）医学教授。壬子（1252），与医学教授张渊、医学管勾张嗣兴，共创怀州三皇庙。子赵友，传承祖业，曾任京兆医学教授。[见：《金元医学人物》（引《青崖集·重修怀州三皇庙记》）]

赵友 （1207～1277） 字鹏举。金元间泽州（今山西晋城）人。大定二十年（1180），其祖父赵顺徙居河南登封，以医闻世。其父赵元，为元初怀州医学教授。赵友幼年习儒，兼通医道，有声庠序。天兴二年（1233），金元帅崔立献汴梁降元，赵友为蒙古军所俘。蒙军万户纪侯，雅重赵友之学，延为宾客，同归漠北，馆于其家。戊戌年（1238）开科取士，赵友以优等入选。戊申年（1248）任职长安，暇则为人疗疾。尤善治伤寒，凡时医束手之证，投药辄愈，医名振于关中。至元丙子（1276），授京兆（今西安）医学教授。在任设立制科条目，开导后学。次年病逝，寿七十有一。子赵果，继承家业，征授秦王府侍医。[见：《金元医学人物》、《中国历代名医碑传集》（引《青崖集·有元故京兆医学教授赵公墓志铭》）]

赵升 清代江苏如皋县人。通医理。撰有《经验遗稿》若干卷，今未见流传。[见：《如皋县志稿》]

赵介 字伯贞。宋代番禺（今广东番禺）人。博通六艺，旁及星象、医学、占卜、释老之书。[见：《番禺县志》]

赵方 字正大。清代江苏无锡县人。国子生。康熙间（1662～1722）在世。生平未详。著有《药鉴要书》若干卷，今未见。[见：《锡金历朝书目考》]

赵尹 宋代人。里居未详。通医药，任惠民局监。据宋·杨倓《杨氏家藏经验方》载：益昌伶人刘清啸，与妓女花翠相善，花氏年逾笄，患异疾，好食生米，憔悴萎黄，不思饮食。赵氏治之，以米泔水浸苍术，剉焙为末，蒸饼为丸梧子大，服两旬而愈。[见：《本草纲目·草部第十二卷·苍术·附方》]

赵业 宋代人。生平里居未详。著有《黄庭五脏论》七卷，已佚。[见：《宋史·艺文志》、《崇文总目》]

赵礼 字立夫。清代江苏娄县人。因父母病致力岐黄，久之通明医理，知名于时。[见：《娄县续志》]

赵芝 字彰吉，号云岩。清代江苏新阳县真义镇（今昆山县正仪镇）人。性豁达，好吟咏，尤精医术。重医德，以济世自任，治病不取酬谢，乡里感德。嘉庆七年（1802），李汝栋官新阳知县，在任四年，雅重赵氏之学，赠"功在枌榆"匾额。同里翁义山，亦赠诗云："渭塘佳士赵云岩，读书凤擅长桑艺。屡为远近起沉疴，人难治者君则易。风雨寒暑招即来，济人不受人酬币。"卒，葬赵家浜（今昆山正仪镇黄泥山村）。[见：《信义志稿》、《昆山历代医家录》（引《赵氏家谱》）]

赵机 金代卢龙县（今河北卢龙）人。骠骑卫上将军赵居常子。留心岐黄，医术精湛，选充太医院尚医。侍金宣宗（1213～1223），官至保宜大夫。[见：《金元医学人物》（引《秋涧先生大全文集·卢龙赵氏家传》）]

赵权 元代人。里居未详。官嘉议大夫太医院使。后至元三年（1337），名医危亦林撰《世医得效方》十九卷，由江西医学提举司送太医院审阅，赵氏与同僚参予其事。至正五年（1345）此书刊刻于世。[见：《世医得效方·太医院题识》]

赵全 字明我。清代河南汜水县人。邑庠生。善属文，工书法。兼精医术，知名于时。[见:《汜水县志》]

赵约 北魏清河（今山东清河）人。名医崔彧弟子。早年与勃海郝文法从崔氏学医，后俱以医术知名。[见:《魏书·崔彧传》、《北史·崔彧传》]

赵玘 唐代人。生平里居未详。通医术，咸通间（860～873）任太医院医官。[见:《旧唐书·懿宗纪》]

赵进 （1015～?） 字从先。北宋中牟县（今河南中牟）白沙镇人。本河南兵籍，避役亡命。据《夷坚志》载，赵进曾遇孙思邈于枣林，授以道要。宣和壬寅（1122），赵氏寿至一百零八岁，应诏至京师，馆于葆真宫。不久乞归，放浪于山林。通医术，遇病者则嘘呵按摩，疾痛立愈。保义郎顿公患冷疾二年，值赵进至，令仰卧，揉艾草十余斤，遍铺腹上，秉日光灸之，移时热透脐腹不可忍，俄腹中雷鸣下泄，口鼻间皆有浓艾气。明日复为之，如是一月，其疾良已。赵氏命如前灸之，满百二十日止。自此，宿疾顿除，壮健如少年时。[见:《中国历代医家传录》（引《夷坚志》）]

赵孚 金代同州（今陕西大荔）人。自其高祖即业医，知名乡里。子赵师肱，孙赵惟良，曾孙赵彦和，玄孙赵居中，皆以医术闻名。[见:《金元医学人物》（引《牧庵集·赵君和父墓志铭》）]

赵良 元代人。里居未详。曾任奉议大夫同知太医院事。后至元三年（1337），名医危亦林撰《世医得效方》十九卷，由江西医学提举司送太医院审阅，赵氏与同僚参予其事。至正五年（1345）该书刊刻于世。[见:《世医得效方·太医院题识》]

赵武 唐代人。生平里居未详。辑有《四时食法》一卷，已佚。[见:《新唐书·艺文志》、《旧唐书·经籍志》]

赵奇 字建公。清代山东历城县人。世代务农。年三十余，遇道士赠以《疡书》一卷，遂以外科名世。有一处女，小腹忽肿大，婿家欲退婚。赵氏诊之曰:"此小肠痈也。计某日可刺矣。"至期，按穴投针，脓出喷溅尺余，承之盈盆，腹肿即消，两月平复。女得以成婚，称佳妇。[见:《济南府志》]

赵贤 明代人。生平里居未详。曾任武功中卫中前所百户。弘治十六年（1503），太医院

院判刘文泰等奉敕编撰《本草品汇精要》，赵氏与郑宣等八人任绘画。该书毕工于弘治十八年三月，未刊，今存抄本。[见:《本草品汇精要》]

赵果 元初登封县（今属河南）人。祖籍泽州（今山西晋城），自其曾祖父徙居登封，遂定居。四代业医，曾祖赵顺，祖父赵元，父赵友，皆以医术著称。赵果绍承家学，亦精医术，为秦王忙哥剌（忽必烈子）所器重，征授王府侍医。[见:《金元医学人物》（引《青崖集·有元故京兆医学教授赵公墓志铭》）]

赵佶 （1082～1135） 北宋皇帝，史称宋徽宗。神宗赵顼第十一子，嗣哲宗立。深通百艺，兼明医理，书画尤工。在位二十五年，穷极土木，崇奉道教，自称教主道君皇帝。群小竞进，重用蔡京、梁师成、李彦、朱勔、王辅、童贯等，时称"六贼"，以司马光等一百二十余臣为奸党，刻石端礼门。后金兵入犯，赵佶惧，传位于太子，是为钦宗。钦宗尊之为"道君太上皇帝"。靖康间（1126），金人陷汴京，虏二帝北去。绍兴五年，崩于五国城。宋徽宗虽为政昏庸，然重视医学，敕撰《圣济经》十卷，于重和（1118）五月颁布于世，作为考核医生之范本。又命曹孝忠等修订唐慎微《证类本草》，名之曰《重修政和经史证类备用本草》，刊刻颁行，此书对后世本草学发展影响极大。政和间（1111～1117），徽宗还敕编大型医学全书《圣济总录》二百卷，书成未及印行，汴京陷落，其版为金人所得，至金大定间（1161～1189）始印行。[见:《中国人名大辞典》、《宋史·本纪·徽宗》、《重修政和经史证类备用本草》]

赵金 （1492～1580） 字淮献，号心山，又号苕雪逸仙。明代浙江乌程县南浔镇人。自幼颖敏端静，不妄言语。及长，博学强记，工诗善画，尤精医学。正德间（1506～1521）诏征，有司敦促之，不应。晚年郡太守李及泉重其名行，五辟乡宾，亦不应。其家故贫，而品行高洁，志不可夺。平生闭户读书，入门者肃然，宛如深墅。万历庚辰九月五日，无疾而终，年八十九岁。著有《医学经略》十卷，今存抄本。还著有《广嗣全书》，未见流传。[见:《浙江通志》、《乌程县志》、《南浔镇志》、《贩书偶记续编》]

赵诚 字守一。清末人。生平里居未详。著有《验方辑要》，今存光绪二十六年庚子（1900）刻本。[见:《中医图书联合目录》]

赵拱 北宋人。里居未详。精医理，仁宗时授翰林医官副使。天圣四年（1026），奉敕校

正巢元方《诸病源候论》。[见:《诸病源候论·宋绶序》]

赵顺 金代泽州（今山西晋城）人。大定二十年（1180）徙居河南登封。以医为业，知名于时。子赵元，孙赵友，皆传承家学。[见:《金元医学人物》（引《青崖集·有元故京兆医学教授赵公墓志铭》)]

赵泉 三国时期吴郡（今江苏苏州）人。性好医方，拯救不倦。善疗众疾，治疟尤工，为时所称。赤乌六年（243），丞相顾雍患微疾，孙权令赵泉诊视。视毕，权拜雍之少子顾济为骑都尉。雍闻而悲，曰："泉善别生死，吾必不起，故上欲及吾目见济平也。"果卒。[见:《三国志·吴书七·顾雍》、《医说》、《历代名医蒙求》、《太平御览·方术部》]

赵律 明代河北雄县人。赵循胞弟。性恬静，居家孝友。自幼嗜学，后厌弃举业，研精诗学，深得风雅之趣。前后有司学校，咸礼遇之。因母病致力医学，洞究轩岐之秘。以济人为念，凡以病延请皆为诊治，不求酬报。兼精太素脉，常以脉象断人官运寿夭。曾孙赵凤翔，以医名世。[见:《徽辅通志》、《雄县志》]

赵峦 号晋阳山人。宋代太原晋阳（今山西太原）人。精医术，善诊候。汾州酒户武某之妻王氏患疾，呃逆不绝，声若蛙鸣。峦诊之，命服六神丹，次日吐青涎而愈。[见:《历代名医蒙求》、《医学入门·历代医学姓氏》、《古今医统大全·历世圣贤名医姓氏》]

赵泰 字芸阁。清代浙江杭州人。勤求医理，洞识病机，治病多奇效。一人患淋证，小便涩痛异常，时医令服八正散、五苓散等，病益剧。赵泰询之，知小便浓浊，曰："败精留塞隧道，非湿热也。"用虎杖散加两头尖、韭根等与服，小便畅通而愈。又一人膝以下肿，医者亦以湿治，肿更甚。赵泰察其肿处甚冷，而面色㿠白，知是阳虚，令服金匮肾气丸而愈。名医陆以湉闻其验案，亦赞叹之。[见:《冷庐医话》]

赵素 字才卿，号心庵，赐号虚白处士。金元间河中（今山西永济）人。早年习儒，后出家修行，为全真教道士，云游南北。兼通卜筮占候等术，尤精医理，洞究病证本源。后归顺元朝，技术出入王府，倍受宠遇。丙午年（1246）以母老请归，御赐"虚白处士"之号。赵素游荆湖时，得金代太医赵大中所撰《风科集验名方》，后重加订补，增为十集。晚年将此书传授门生刘世荣。

[见:《补元史艺文志》、《读书敏求记》、《中国医籍考》、《四部总录医药编》、《日本现存中国散逸古医籍》]

赵顼 （1048～1085）北宋皇帝，史称宋神宗。英宗长子。治平四年（1067）即帝位，明年改元熙宁。重用王安石为相，推行新法，废逐元老。又征西羌，取灵夏，功不成，饮恨而卒。宋神宗通晓医理，熙宁元年（1068），状元吕溱任京兆尹，上殿进札子。神宗察其有病色，问曰："卿体中无恙否？"吕对曰："臣无事。"斯须又问："卿果觉安否？"嘱以进医药。不久吕氏果病，迁延不愈，寻卒。又，有内侍病肿，太医言不可治。神宗为诊之，曰："阴虽衰，阳不竭，犹可疗也。"令食蒜煮团鱼，疾愈。[见:《宋史·吕溱传》、《玉壶清话·卷一》、《对山医话》、《中国人名大辞典》]

赵莹 字德修。宋代人。生平里居未详。曾于友人处得《产乳备急》一书，以家藏旧本校勘之，增以杨康侯《七说》、《产论》等，辑为《增校产乳备要》，刊刻于世。此书已佚。[见:《中国医籍考》、《中医大辞典》]

赵栩 字季羽。宋代人。里居未详。曾官江西运干。通医理，撰有《赵氏家传》，已佚。刘昉撰《幼幼新书》，曾参考此书。[见:《幼幼新书·近世方书》]

赵桓 字庭春，号云川。明代浙江桐乡县人。自少好学能诗，家贫，父命任县吏，赵桓耻为之，不得已而就职。父殁，弃而业医，悬壶自给。当时文士雅重其学，争相延誉，遂为名流。平素戴阔头巾，著大布衣，履方鞋，每行街陌，人皆驻观。富贵之家设盛宴延请不赴，独喜至陈学正家，一鱼一肉，谈论竟日不倦。[见:《桐乡县志》]

赵恩 字天爵，号存仁。明代吴县（今江苏苏州）甪直镇人。通医理，以术济世，多所全活。母患目疾，赵恩以舌舐之，竟得痊愈，人称孝感。[见:《吴郡甫里志》]

赵铖 字德威。清代河南新乡县大赵社人。医学训科赵珆子。绍承父学，亦精医术。[见:《新乡县志》]

赵铎① 明代人。生平里居未详。善绘画，为宫廷画士。弘治十六年（1503），太医院院判刘文泰等奉敕编撰《本草品汇精要》，赵氏与郑宣、赵海、吴璬等八人任绘画。该书毕工于弘治十八年三月，未刊，今存抄本。[见:《本草品汇精要》]

赵铎② 清代四川珙县人。贡生赵锟弟。博学多能，凡医、卜、地理、数学、养生诸学，无不穷究。曾客居成都多年，归里后子孙满堂。性澹泊，有雅量，年九十余尚健在。[见：《珙县志》]

赵卿 唐代人。里居未详。业医，精其术，临证有奇验。一少年眼中常见一小镜子，赵卿诊之，约其明晨以鱼脍奉候。少年及期至，赵延入，告之有客，令稍候，俟客退方得攀接。俄而，令人设几案，唯置芥醋一瓯于其上，而赵久不出。近午，少年饥甚，闻醋香，不免轻啜之，逡巡又啜之，觉胸中豁然，眼花不见，遂竭瓯食之。赵卿探知，方出相见。少年以啜醋惭谢。赵曰："郎君先因食脍太多，非酱醋不快。又有鱼鳞在胸中，所以眼花。适来所备酱醋，正欲郎君因饥以啜之，果愈此疾。烹鲜之会乃权诳也，请退谋餐。"其妙治多类此。[见：《北梦琐言·卷十》、《历代名医蒙求》]

赵衷 字原初，号东吴野人。宋代吴江县（今江苏吴江）人。以医为业。工绘画，善白描人物。又精书法，善篆隶。[见：《中国人名大辞典》]

赵烨 明代人。生平里居未详。著有《玉髓经金镜录全书》四卷。此书国内未见，今日本尚存。[见：《内阁文库汉籍分类目录》]

赵海 明代人。生平里居未详。善绘画，为宫廷画士。弘治十六年（1503），太医院院判刘文泰等奉敕编撰《本草品汇精要》，赵氏与郑宣、赵铎、吴瓒等八人任绘画。该书毕工于弘治十八年三月，未刊，今存抄本。[见：《本草品汇精要》]

赵浚 字瀹甫，号药圃。清代江苏嘉定县人。诸生。通医道，著有《药圃医案》一卷，未见流传。[见：《嘉定县续志》]

赵琄 字廷珪。明代河南新乡县大赵社人。精医术，官医学训科。子赵钺，传承其业。[见：《新乡县志》]

赵棻 字仪吉。清代浙江乌程县人。精医术，知名于时。[见：《乌程县志》]

赵鄂 唐代鄜州（今陕西富县）人。初为马医，后至京师，于通衢自榜姓名，称"攻医术士"。一朝士患风疾，诣名医梁新求疗，梁曰："何不早见示？风疾已深矣！请速归，处置家事。"朝士闻言，惶遽告退，策马而归，遇赵鄂于途，鄂诊之曰："疾已危，然有一法：请官人多食消梨，不限多少，或希万一。"朝士从其言，旬日唯食消梨，顿觉爽朗，其恙不作。梁新闻之惊异，召赵至，以仆马钱帛资助之，又广为延誉。赵鄂后出仕，官至太仆卿。[见：《北梦琐言·卷十》]

赵铨 字仲衡，号石亭子。明代江西庐陵县高唐里人。早年习儒，兼精医道。嘉靖间（1522～1566）以诸生贡于京师，于都门见一死者，已下棺。赵启衣视之，曰："未死。"灌药而苏，闻者称奇。丞相夏言闻名召见，与之谈论医理，倍加赏识。值世宗不豫，太医束手，夏言乃荐举赵铨。及入宫诊治，药未终剂即大安。帝喜，授以灵寿知县。后调任霍山知县，不欲久仕，辞官回乡，日以著书、修真为事。性慈善，凡以病延请皆往诊，不求酬报，遇贫者施赠药饵。兼习太素脉，每以之断人生死，无或爽者。著有《石亭医案》、《岐黄奥旨》、《诸家医断》、《体仁汇编》、《太素脉诀》、《春风堂集》诸书，均佚。[见：《吉安府志》、《庐陵县志》、《江西通志稿》]

赵普 （?～1803） 字子韩。清代江苏吴江县同里镇人。赵恭叔族侄。承袭家传医业，皈依于佛。与严贞侯等仿东林故事，结白莲社，率同志建小祇园。癸亥（1803）夏，气候酷热，患病者甚多，赵普步行出诊，日数十往返，竟因中暑病卒，年五十余岁。[见：《同里志》]

赵鸿 清代山西榆次县东阳镇人。邑庠生。候选同知。精医术，以痘科著称。撰《重订引痘新法》，行于世，今未见。[见：《榆次县续志》]

赵淮 字长源，时称赵五老。明代太仓州（今江苏太仓）人。善医，知名于时。能诗歌，程嘉燧有《听曲赠赵五老》诗。[见：《中国人名大辞典》]

赵婆 〈女〉 佚其名。南北朝（?）人。生平里居未详。著有《赵婆疗瘰方》一卷，已佚。[见：《隋书·经籍志》]

赵寄 清代陕西永寿县人。精医术，以妇科著称。子孙世以医名。[见：《永寿县志》]

赵琪 号东间。清代江苏吴县人。生平未详。著有《医学指迷贯革集》二卷，今存抄本。[见：《中医图书联合目录》]

赵琢 清代四川合州来苏里人。幼从胞兄赵章习儒。少年时多病，改治岐黄，精熟《素问》、《难经》诸书。后悬壶于世，临证立方，治辄获效，声名远播于川东、川北各地，叩门求医者不远千里，有神医之称。生平多善举，掩骼埋胔，起死回生，全济不胜枚举。生性淳朴和厚，行止端方，治病不责酬报，世以名医滑寿比之。著有《六经治要》、《却疾延龄集》、《伤寒法略》，

今皆未见。[见:《合州志》]

赵萼 字九英。明代嘉定县(今属上海)人。儒医赵世熙子。旁通医术,兼治天文、六壬、奇门、占卜、青乌家言。[见:《嘉定县志》]

赵辉 明代人。生平里居未详。著有《胎产须知》二卷,已佚。[见:《国史经籍志》]

赵铸 宋代人。生平里居未详。著有《痺疟备急方》一卷,已佚。[见:《宋史·艺文志》]

赵遐 北魏南阳宛县(今河南南阳)人。以医术得官,任尚药奉御。子赵文深,以书法名世。[见:《北史·赵文深传》、《周书·赵文深传》]

赵瑄 字文英。明代江西南城县人。精通医理,任太医院御医。察脉断证,据证立方,无少疑滞,而多奇中,负痾求诊者无虚日。有医德,治病不问贵贱贫富,竭力诊治,不计酬报。[见:《建昌府志》]

赵鉴① 字克亮。明代河南郾城县人。早年习儒,兼通医术,知名于时。[见:《郾城县志》]

赵鉴② 字镜湖。清代甘肃隆德县人。早年习儒,为廪生。深通岐黄,著手成春,有儒医之称。[见:《隆德县志》]

赵廉 金元间蒲县(今山西蒲县)人。金泌阳县令赵鹏子。好读书,兼通医术,知名于时。[见:《金元医学人物》(引《秋涧先生大全文集·金故朝请大夫泌阳县令赵公神道碑铭》)]

赵溥 字化光。清代山西高平县人。廪生。性磊落,精通医道,暇辄为诗歌。著有《穆三堂诗草》,其稿散佚,仅《雁字诗三十首》流传于世,纪晓岚见而赞赏,赋诗曰:“一气呵成三十韵,悲歌慷慨有余音。知君不是夸才口,半写人情半写心。”赵氏曾撰医书《穆三堂医学集解》,今未见。[见:《高平县志》]

赵颢 (1056~1088) 初名仲恪。北宋英宗皇帝四子。封大宁郡公,进乐安郡王、嘉王,位至太尉。元祐三年七月薨,年三十三,赠太师,谥“端献”。徽宗时改封益王。赵颢性端重,自少好学,博览群书,工飞白、篆籀。颇好医书,手著《普惠集效方》(已佚),且储药以救病者。[见:《宋史·宗室·益王颢》]

赵播 清代河北唐县人。庠生。精医术,治痘疹有神效,知名于时。[见:《唐县志》]

赵熠 明代山东平原县人。生平未详。著有《活幼心法》,已佚。[见:《平原县志》]

赵澍 清代四川黔江县人。生平未详。著有《枌榆小草》二卷,今存光绪元年乙亥(1875)刻本。[见:《中医图书联合目录》]

赵璠 字复宣。清代江苏昆山县淞南人。先世为吴江县人,本姓唐氏,徙居昆山。璠精通医术,侨寓淞南。凡患危疾者,必邀请诊治,至辄应手愈。重医德,遇贫病无力者,解囊购药赠之,世人以当世扁鹊称之。[见:《淞南志》]

赵镗 明代山东益都县人。精医术,专擅眼科,人以“赵光明”称之。年少时尝言于父曰:“开光砭翳,孰愈起死回生?治疗一端,孰愈保安全体?”父大异,令研习医典。镗潜心体验,久之通明至理,对脉察证,应验如神。平生矢志施药,所全甚众。因其长女册封衡藩新乐王妃,得授西城兵马指挥。[见:《青州府志》]

赵儒 明代安徽盱眙县人。通理学,嗜《周易》,兼通医理。撰有医书若干卷,今未见。医学外尚有《性学源流篇》、《易学》诸书。[见:《盱眙县志稿》]

赵赞 南北朝人。生平里居未详。著有《本草经》一卷,已佚。[见:《隋书·经籍志·神农本草经》]

赵濂 字竹泉。清末江苏丹徒县人。精通医理,于《灵枢》、《素问》、《难经》、《伤寒论》、《千金要方》、《外台秘要》诸书无不淹贯,名重于时。同邑李培松设药局于扬州,赵濂应邀而往,活人无算。著有《医门补要》三卷,名医马文植评之曰:“撷经之腴,搜方之秘,其言甚简,而其治甚验。”此外,还撰有《内外验方》二卷、《伤科大成》一卷、《青囊立效方》二卷,今皆存。门人王寿璋,亦有名。[见:《丹徒县志摭余》、《医门补要·马文植序》、《中医图书联合目录》]

赵嶷 号一苍子。清初浙江龙游县人。福建漳州知府祝庆堂门生。祝氏兼精医道,曾撰《医说》三卷,经赵嶷整理,易名《祝茹穹先生医印》,刊刻于世,今存顺治十三年丙申(1656)刻本。[见:《龙游县志》、《中国历代医家传录》、《中医图书联合目录》]

赵镤 清代河南西平县人。通医理。施药济人,全活甚众。[见:《西平县志》]

赵曜 字光远。清代江苏嘉定县人。世精幼科,至曜亦知名。著有《痘疹宝筏》三卷,杨士元、徐玉瑛为之作序,今未见。子赵绵春,传承父业。[见:《嘉定县志》]

赵瀛 明代陕西三原县人。嘉靖八年(1529)三甲第二百一十一名进士,曾任嘉兴知府。兼通医理,著有《绀珠经》四卷,成书于嘉靖二十六年(1547)。或谓此书为李汤卿所撰,待考。

[见:《浙江通志》、《嘉兴府志》、《浙江医籍考》]

赵璧① 字彦美。明代常熟县（今属江苏）人。世医赵士端子。早年随父习医，复从外舅施伯明习儿科，遂以医鸣世。凡乡里抱疾者求诊，多以善药起之，不求酬报，有善人之称。晚年膺荐至京师，以老疾辞归。年八十岁卒。[见:《重修常昭合志》、《常熟县志》]

赵璧② 清代江苏吴县人。生平未详。于道光十五年（1835）撰《顺天易生编》一卷，刊于光绪二年丙子（1876），今存。[见:《贩书偶记续编》、《中医图书联合目录》]

赵一清 字复堂。清代江苏如皋县人。通性理之学，尤精医术。县令田公，赠以"儒脉医宗"匾额。年七十六岁卒。[见:《如皋县志》]

赵又新 清代山西闻喜县人。生平未详。著有《脉方要略》若干卷，今未见。[见:《闻喜县志》]

赵三麒① 字乾符。清代山西武乡县人。赵廷抃季子。孝友真淳，性好读书，五岁即能诗歌。遭时乱，随父母避居村墟，日夕手不释卷。兼涉医学，著有《医脉系辞》若干卷，今未见。医学外，尚有《河灯图说》、《牧同纪略》等。[见:《武乡县志》]

赵三麒② 字东垣（一作东园）。清代四川温江县人。诸生。自幼习儒，长有文誉。潜心宋明理学，旁涉百氏，兼及天文、太乙、壬遁诸学，垫江李惺称之为"西川翘楚"。布政使祥福，修重币聘为子师，谢不往，曰:"礼闻来学，不闻往教。"自是声名益盛。廉访使牛树梅尝造其庐，开县李宗义督部以诗相赠，其为时彦推重若此。有欲为之置田产者，赵氏笑而却之。举孝廉方正，不就。生平节峻行高，一介不苟，尤人所难。寿至八十六岁卒。兼涉医道，撰有《奇方辑要》六卷，今未见。医书外，尚著《易学精粹》十二卷、《天文会纂》一卷、《名教范围》八卷。[见:《温江县志》]

赵士纾 北宋人。为皇族。宣和间（1119～1125）任右监门卫大将军忠州防御使、保宁军节度使等职。撰有《九钥卫生方》三卷，已佚。[见:《幼幼新书·近世方书》、《国史经籍志》、《宋史·宗室世系》、《文献通考·经籍考五十》]

赵士端 字叔正。明代常熟县（今属江苏）人。邑名医赵仲先五世孙。绍传家学，以医著称。子赵璧，亦精医术。[见:《常昭合志稿》]

赵士蘧 宋代人。为宗室。曾官常州钤辖，素善医术。某族人以恩差充常州通判，郡守不甚加礼，遂患痁疾，迁延不愈。一日，疾作而颠，撼摇不醒，举室骇惧。士蘧适造访，诊之曰:"无伤也，是中心抑郁，阴阳交战，至于隕厥。正四将军饮子证也。"先令灼艾，灸至四百壮，了无苏意。急以大附子、诃子、陈皮、甘草，各炮制，作四服。初服灌之不纳，再服稍若吞咽，三服则倏然起坐，尽四剂而疾顿愈，遂不复发作。[见:《医说·卷五·痁疾》]

赵大中 金元间人。里居未详。精医术，金末任北京（今内蒙古宁城）太医院太医。后世乱，遁于吴山。曾奉敕编《风科集验方》二十八卷，原书已佚，后经左光元增补，重刊于世。门生赵子中，得其传授。[见:《补元史艺文志》、《读书敏求记》、《中国医籍考》、《内蒙古医学史略》]

赵大奎 清代浙江上虞县人。生平未详。著有《医学便览》等书，今未见。[见:《上虞县志》]

赵与庆 号草堂。明代浙江黄岩县西桥人。精医术，有疾求治，无不立愈。一贫者患恶疾，秽甚，卧于道中，行者皆走避，赵与庆独为之诊视，不失医家本色。[见:《浙江通志》]

赵才鲁 元代浙江上虞县人。为宋代宗室后裔。早年习儒，家境清贫。遇异人授以秘方，治病有奇效，遂以医知名。[见:《上虞县志》]

赵之林 明末河南兰封县人。精医理。崇祯四年（1631）官本县医学训科。[见:《兰封县志》]

赵之琪 字其玉。清代江苏江浦县人。御医赵有忠侄。其父赵有信，亦以医知名。之琪传承家学，用药不拘泥成方，治病多良效。尝有食病牛肉而全家暴病者，人皆谓已死。之琪急问牛所病，即以医牛法立方，药下俱愈。又，巡抚某病笃，询知平日嗜食椒鸡，即以制椒之药投之，应手而效。[见:《江浦埠乘》]

赵之瑛 清代江苏江浦县人。世代工医，继业尤精，名重于时。[见:《江宁府志》]

赵子中 金元间覃怀（今河南武陟）人。早年习儒，后师事太医赵大中，得其传授。[见:《读书敏求记》、《中国医籍考》]

赵子庄 字临宇。清代云南大理县人。世业岐黄，至子庄而益精，每遇奇疾，诊视辄效，为当道官吏所推重。大理时疫流行，患者多死，赵氏创奇方施治，活人无算。赋性磊落，不治生产，所得脉金随手施与。著有《本草别解》、《救疫奇方》等书，今未见。[见：《大理县志稿》]

赵子敬 明代安徽六安州人。精通医术，洪武十七年（1384），有司惊异其能，举荐于朝。至京师，就试于太医院，以纸糊针灸铜人，命子敬依穴针之，三试俱中，授本州医学典科。[见：《六安州志》]

赵子舜 清代四川南部县人。精医理，有奇术。贡生陈观林，幼年时患癖疾，腹坚如石，唯脐右未满者二指，已十余日不食。赵氏诊之，曰："迟三日则绝无救也。"即以针挑其脊后之穴，出白筋一缕，长尺许，疾乃愈。远近闻之，皆称神术。[见：《南部县志》]

赵开美 （1563～1624） 又名琦美，字玄度，又字如白，号清常道人。明末常熟县（今属江苏）人。南京礼部右侍郎赵用贤（1535～1596）子。万历间（1573～1619）以父荫授刑部郎中。赵氏自幼颖异，博学强记，尤精校雠。其父嗜藏书，所储达二千余种，册以万计。赵开美继承父志，损衣削食，搜购善本，藏书日有增益，久之倍于父藏。辑有《脉望馆书目》，其中医类列为十五门，共著录医书二百四十三种，八百余册。收藏之外，尤好刻书，每得佳本，往往其父作序，开美校而刊之，对明代文籍之传播颇有贡献。曾于万历二十七年己亥（1599）辑刻医学丛书《仲景全书》二十六卷，包括翻刻宋版《伤寒论》十卷、成无己《注解伤寒论》十卷、《金匮要略》三卷、宋云公《伤寒类证》三卷，今存。由于宋刊《伤寒论》原本亡佚，赵开美翻刻本为现存最精善之本。赵刻本《伤寒论》国内现存六部，以台湾故宫博物院藏本品相最佳（此本缩微胶片藏北京国家图书馆）。日本内阁文库亦藏赵开美仲景全书本《伤寒论》，但其书口黑白并存，且有部分误字及阙文，与我国所藏诸本明显不同。目前，有学者认为日本藏本为赵开美初印本，国内各馆所藏为赵开美改误并请刻工统一版式后之重印本；有些学者则认为日本藏本系海外仿刻本。赵开美子赵士震，官徐州卫经历。[见：《常昭合志稿·藏书家》、《故宫所藏观海堂书目》、《经籍访古志》、《历代史志书目著录医籍汇考》、《张仲景研究集成》]

赵天用 字国器。金元间太原（今山西太原）人。世代业医，薪传一百五十余年不衰。天用善承家学，临证审慎。曾任惠民药局直

长。尝谓："吾业当有所本。"遂构三皇堂于家，供奉伏羲、神农、黄帝像于其中，又塑岐伯以下名医十人为配享。海迷失后元年（1249），元好问为其堂作记。[见：《金元医学人物》（引《遗山先生文集》）]

赵天潢 字润周。清初江苏吴县东洞庭人。迁居昆山县。性豪迈，善医。尝游海外，以《外台秘要》等书所载古方治病，著称于时。[见：《昆新两县续修合志》、《昆山新阳合志》]

赵元益 （1840～1902） 字袁甫，又字望岵，号静涵，又号高斋。清末江苏昆山县正仪镇人。父赵之骥，卒于官。元益时年八岁，随母依外祖父华沛恩于无锡荡口镇。年弱冠，补新阳县诸生。年二十二，母患疟疾，误服庸医之药而逝。痛定之余，肆力医学。初得外祖父传授，后研究仲景《伤寒论》诸书，数年后精通其术，疗疾多奇效，医名鹊起。同治七年（1868）悬壶常熟，求者盈门，名著一时。赵氏博学好古，积书数万卷，兼精中西医理。同治八年供职于上海译馆，与西方人林乐知、傅兰雅、卫理等翻译制造、测绘、法律、医学等外洋之书。光绪十四年（1888）中江南乡试，十六年以医官身份随出使大臣薛福成出使英、法、意、比四国。三年期满归国，保举知县，加同知衔。不喜仕进，回上海译馆，译书不辍，兼格致书院掌教。筑室于春申浦，选罕见之书十余种，刊刻于世，名《高斋丛刻》（现藏北京国家图书馆）。赵氏藏书数万卷，惜皆毁于1913年战火。光绪二十八年冬，复以译书征至京师，至京十日病卒，时年六十三岁。其译著有英·海得兰《儒门医学》三卷、英·虎伯《内科理法》十八卷、英·来拉、海得兰《西药大成》十卷、英·哈来《西药大成补编》六卷、《法律医学》二十四卷、英·舍白辣《济急法》一卷、英·古兰肥勒《保全性命论》一卷、法·勒罗阿《水师保身法》一卷，由江南制造局刻行。另有《医学总说》、《眼科书》，未梓。门生丁福保，亦精中西医学，为近代著名医家。[见：《昆新两县续补合志》、《信义志稿》、《昆山历代医家录》（引《赵氏家乘》）]

赵元鼏 字羹梅。清代江苏常熟县人。初习举业，屡试不中，忧愤得疾，久治不效。后杂取《内经》、《本草》诸书读之，忽有神悟，自为方药，宿疾顿除。后游历于都市，遇贫老羸疾者，辄与之丸散，无不效验，数年间活人无算。初，其术秘不示人，后知者渐多，登门求治者日众，而或有不效者。赵氏解之曰："病者，天时、

地气、人事。非通天地之化，以参合于人不可疗。今之求疗者，一方恒易数手，任不专也；骨节柔脆，不耐攻达，法不尽也；攻达未及，辄更其治，功不究也；调御乖宜，令不一也。向者如吾志以行吾术，故效；今吾术犹是，而不行吾志，故不效。"后因奔走出诊，过劳致疾而卒。[见：《常昭合志稿》]

赵云龙 清代浙江天台县人。精医术，以伤科知名。著有《跌打医方》，黄岩县某人刊刻于世，用之皆验。今其书未见。[见：《台州府志·陈玉兰传》]

赵云卿 清末江苏武进县人。精医术。曾任太医院医官。子赵树屏（1891～1957），绍承父业，为现代著名医家。[见：袁立人《赵树屏简介》、《赵树屏先生传略》（《中医杂志》1957年第8号）]

赵友同 （1364～1418） 字彦如，一作彦和。明初浙江浦江县人。名医赵良仁四子。随父迁居长洲，后占籍华亭。自少笃学，先后师从名儒宋濂（1310～1381）、戴良，工古文词。洪武（1368～1398）末，授华亭儒学训导。永乐（1403～1424）初，秩满当迁，姚广孝言其深于医，遂授太医院御医。后朝臣言其通晓水利，诏从夏元吉治水于浙西。嗣后，大臣交荐其文才，值朝廷修《永乐大典》，遂任副总裁。又参修五经、四书、《性理大全》，书成当迁翰林，因母丧归乡。永乐十六年卒于家，享年五十五。子赵叔文，门生严景，传承其医学。[见：《苏州府志》、《松江府志·寓贤》、《万历野获编·卷十》、《吴中名医录》、刘歆民《赵良仁传略》（《中医年鉴》（1987）、《中国历代名医碑传集》（引《御医赵彦如墓志铭》）]

赵友芳 字北溪。清代江苏句容县人。精岐黄术，专以舌苔辨证，诊治多奇效。著有《舌苔辨证》，未见刊行。子赵守国，孙赵凌云、赵礼宾，皆传承其术。[见：《句容县志》]

赵友亨 明初浙江浦江县人。明医赵良本子。传承父学，亦精医道。[见：《中国历代名医碑传集》（引《宋文宪公全集·太初子碣》）]

赵中道 清代河南许州人。精医术。乾隆间（1736～1795）官本州医学典科。[见：《许州志》]

赵从古 北宋人。里居未详。庆历间（1041～1048）任太医院医师，颇有名。进士沈常，因仕途不达，欲学医，复耻为之，慕名求见从古。从古曰："吾闻，儒识礼义，医知损益；

礼义之不修，唯昧孔孟之教；损益之不分，最害命之至切，何可轻哉?"沈羞惭而返。赵从古著有《六甲天元运气钤》二卷，已佚。[见：《宋史·艺文志》、《历代名医蒙求》]

赵月亭 清末人。生平里居未详。辑有《不药良方》一卷，今存同治八年己巳（1869）赵培桂刻本。[见：《中医图书联合目录》]

赵月塘 清代山东莱阳县人。为道光间（1821～1850）当地名医。著有《拣选良方集录》，行于世，今未见。[见：《莱阳县志》]

赵丹城 字镇湘。清代山东利津县人。邑庠生。工书法，苍劲圆熟，所书碑版纯用赵子昂笔法，士人多珍之。兼精医术，性好施济，设济元药局，凡贫病者，施赠药料。夏设炉火，冬施汤粥，救济贫寒甚众。著有《伤寒要旨》若干卷，今未见。[见：《利津县志》]

赵丹魁 字星五。清末山东利津县人。邑增生。精医术，考取太医院九品吏目。年八十五岁卒。著有《伤寒宝镜集》，未见流传。[见：《利津县志》]

赵凤仪 清代河南许州人。精医术。康熙间（1662～1722）官本州医学正科。[见：《许州志》]

赵凤翔 字羽伯，别号丹崖子。明代河北雄县人。邑名医赵律曾孙。凤翔九岁丧父，二十岁为庠生，有文名。通《易经》，善绘画，兼精医术。凡穷乡间巷患病者，无不尽心诊视，其效如响。年八十余卒。曾修订曾祖遗稿，编《太素病脉》，刊刻于世。今未见。[见：《雄县志》]

赵文山 字松亭。清代河南商水县人。自幼好学，颖悟绝伦，凡六壬、奇门、兵法诸学无不洞悉。尤精医术，专擅外科，济人甚众。殁后多年，乡人尚追念之。[见：《商水县志》]

赵文灿 清代河南许州人。精医术，知名于时。康熙间（1662～1722）官本州医学典科。[见：《许州志》]

赵文育 明代江阴县（今属江苏）人。任南京太医院医官。南京刑部侍郎徐陟素好医方，平日所集效方甚多，赵文育为其分类缮写，名之曰《亲验简效方》，刊刻于世。今存嘉靖四十四年乙丑（1565）刻本及清代刻本。[见：《亲验简效方·徐序》]

赵文栋 字干亭。清代山东博兴县人。少负奇才，读书多心解。年逾二十，精岐黄术。出游正定府，寓居同乡某官署。时金川将军鄂澜王过境，患痿证，邀文栋入京诊治。病愈，

赠以金顶黄衣。时有国医姜晟，邀请赵氏同入太医院，以归养坚辞。著有《伤寒针灸》二卷，未见刊行。[见：《博兴县志》]

赵文炳 （?~1601）　字含章。明代北京人。历官山西巡按御史、湖广巡按御史。万历二十九年辛丑，转按察司副使，寻卒。赵氏曾患痿痹疾，群医罔效，后延请名医杨济时诊治，三针而愈。叩其术，出所著《针灸秘要》一编相示。赵氏览其书，犹以为未备，复广采群书，取有关针灸者采摭编次，勒为十卷，名曰《针灸集成》（又作《针灸大成》），行于世。赵氏还于万历二十九年绘制《铜人明堂之图》四幅，今存清康熙四年（1665）邵歧摹绘复刻本及嘉庆九年（1804）重摹本。[见：《四部总录医药编》、《明史·赵志皋传》、《万历野获编·卷二十二·布按二司官》、《谈氏笔乘》、《中医图书联合目录》]

赵文通　清末浙江鄞县人。生平未详。著有《验方类编》一卷，今存光绪十年甲申（1884）赵翰香居石印本。[见：《中医图书联合目录》]

赵文清　字礼宾。清代江苏句容县人。邑名医赵守国子。继承父业，临证多奇效，名重于时。[见：《句容县志》]

赵文新　清代四川江油县人。儒医赵白天长子。读父书，继承医业。[见：《重修江油县志》]

赵文魁 （1873~1933）　字友琴，堂号鹤伴吾庐。近代浙江绍兴人。清末太医院御医赵永宽子。早年沉酣医学，熟读医典，兼通诸家之说。以擅治疑难重症著称，临证每多灼见。光绪（1875~1908）末，供职于太医院，历任恩粮、医士、吏目。年三十余，破例升御医，官至太医院使。凡皇帝、后妃患疾，不便问诊，多凭脉象以探病源，故对脉学造诣颇深，多独到之处。尝谓："诊脉先以三菽之力，逐渐加压六菽、九菽、十二菽，用以分别浮、中、按、沉。浮脉以应表病卫分证；中脉以应气分证，偏于里位；按部应营分证，属于里证；而沉取则应血分证，为最深层之疾。"又谓："浮、中、按、沉，正符合卫、气、营、血脉象，为诊治温病指针，确而不移。"1923年，因治疗有效，宣统小朝廷赏头品顶戴花翎，总管旧太医院，兼掌御药房、御药库事务。溥仪出宫，赵氏亦离太医院，悬壶京门。著有《文魁脉学》一册，藏于家，今存。子赵绍琴，任北京中医药大学教授，为现代著名中医学家。孙赵利华、赵民华，皆传承家学。[见：《太

医院志》、赵绍琴《赵友琴先生事略》]

赵方郭　清初江苏昆山县人。精医理。家藏秘方，治伤寒最验。[见：《昆山新阳合志》]

赵为干　字汝才。清代江苏如皋县人。早年习儒，"修身以慎独，居易以养正"。后荣进之心日稀，而救世之念转切，遂研习医学。尝读名医喻昌之书，推重其学。后友人得喻氏《春瘟证》一卷，赵为干借而读之，颇有所得。后著《春温集方》一卷，推阐喻氏之说，唐建中为之作序。此书今未见。[见：《如皋县志》]

赵心山　明代人。生平里居未详。著有《厘正伤寒六书》六卷，已佚。[见：《医藏书目》]

赵双璧　字公瑶。清代人。里居未详。著有《银海精微补》，今存朝鲜安东衙刻本，书藏中国中医科学院图书馆。[见：《中医图书联合目录》]

赵玉芝　明代广东番禺县人。通晓方术。成化间（1465~1487）因宦官高谅举荐得官，累迁太常卿。[见：《中国人名大辞典》]

赵玉玺　字梦梅。清代河北南皮县人。庠生。磊落不群，慨然有济世志。于医家书无不精意研究，治病应手而愈。著有《经验良方》若干卷，未见传世。孙赵爱棠、赵召棠，皆为名医。[见：《南皮县志》]

赵玉璧　明代河南洛阳县人。精幼科。诊视婴儿，弹指间即决生死，皆奇中。郡县求治者车马伺门，络绎不绝。平生乐善好施，远近知名。年八旬卒。后有冯国震，亦以儿科著称。[见：《洛阳县志》、《河南通志》]

赵功甫　清代河北阜平县人。邃于医药，凡一切丸散，人所不能辨其中为何药者，赵一嗅而知，历试不爽。尤长于痘科，痘始萌，一望而知预后，虽极危之证，治之无不收功。[见：《冷庐医话·卷第五·痘》、《中国历代医家传录》（引《古今医案按选》）]

赵世熙　字以宁。明末嘉定县（今属上海）人。赵承易子。邑诸生。早有文誉，负经济之才。旁通医理，著有《河洛医宗》二十卷，未见流传。子赵尊，亦通医理。[见：《嘉定县志》、《太仓州志》]

赵术堂　字观澜，号双湖。清代江苏高邮县人。久居兴化县。早年习儒，授直隶州州同。生平淳厚谦慎，阖邑称长者。嗜于医学，颇有心得，三十岁即知名于淮、扬两府。兴

化为水乡，帆樯云集，大半皆就诊之舟。赵氏终日应诊，对富者收费甚高，对平民则有无均可，遇极贫者赠以药资、钱米。自制涤饮散、玉露霜等成药，用之颇具良效。著有《医学指归》二卷，刊刻于咸丰元年（1851）。又曾注释张元素《脏腑药式》，刊刻丁锦《古本难经经解》等书。子赵春普，孙赵履鳌，皆以医术著称。门人江泽之，亦负盛名。[见：《古今名医言行录》、《兴化县志》、《扬州府志》、《贩书偶记续编》、《中医图书联合目录》]

赵丕焕 （1881~?）字伯章。近代江苏常熟县人。精医术，知名于时。曾任常昭医学研究会会员、琴南医社医士。宣统间（1909~1911）加入中西医学研究会。[见：《吴中名医录》（引《中西医学报》）]

赵东序 号省庵。清代江苏南汇县人。上海名医钱文彦门生。嘉庆十三年（1808）参订其师《伤科补要》。[见：《伤科补要》]

赵占元 清末浙江绍兴人。精医术，以眼科知名。门生胡震，得其传授，名重于时。[见：《绍兴医学史略》]

赵白天 清代四川江油县人。幼年失怙，赖母抚养。少读儒书，因家贫母老，弃学就医。以所得诊金奉母，有余则配制丸散，以施济贫病。长子赵文新，继承父业。次子赵文远，事迹不详。[见：《重修江油县志》]

赵用贤 （1535~1596）字汝师，号定宇。明代常熟县（今属江苏）人。广东参议赵承谦子。隆庆五年（1571）三甲第二十八名进士，选庶吉士。万历初，授翰林院检讨。历官右赞善、经筵讲官、南京祭酒、南京礼部右侍郎，以直谏闻名朝野。晚年免归，家居四年卒。天启初，追赠太子少保、礼部尚书，谥"文毅"。赵氏兼通医理，富于藏书，积书二千余种，册以万计。撰有《赵定宇书目》传世。子赵开美，尤精校雠，为明末著名出版家。孙赵士春、赵士锦，崇祯十年（1637）同举进士。[见：《明史·赵用贤传》、《张仲景研究集成》]

赵冬郎 清末人。生平里居未详。著有《神效育子方》一卷，今存同治十二年癸酉（1873）舆善堂刻本。[见：《中医图书联合目录》]

赵尔功 字庭霞。清初浙江钱塘县人。精医术，知名于时。康熙（1662~1722）初，名医张志聪构侣山堂于胥山，集钱塘诸医及门生数十人，讲论医学，校注古代医典。赵尔功参予其事，与诸医撰《黄帝内经灵枢集注》九卷，刊于康熙十一年壬子（1672），今存。[见：《黄帝内经灵枢集注》]

赵半江 佚其名（号半江）。清代江苏吴江县同里镇人。精医术，知名于时。后裔赵普，传承家学。[见：《同里志》]

赵必璇 字仲连，晚号山泉翁。南宋崇安县（今福建崇安）人。工诗赋，尤精于医。开庆间（1259）以父泽补官，辞不受。晚年筑室黄柏里，自号山泉翁。著有诗集《倚梅吟稿》。[见：《中国人名大辞典》]

赵永宽 清末浙江绍兴人。精医术，任太医院御医。子赵文魁，继承家学，亦精医术，为清末太医院院使。孙赵绍琴，为北京中医药大学教授，现代著名中医学家。[见：《太医院志》、赵绍琴《赵友琴先生事略》]

赵召棠 清末河北南皮县人。邑名医赵玉玺孙。与兄赵爱棠，皆传承家学，以医知名。[见：《南皮县志》]

赵幼将 元代温州（今浙江温州）人。以儒精医，知名于时。延祐戊午（1318）温州路总管赵凤仪修建州医学，命赵幼将为医师。[见：《金元医学人物》（引《温州府志》）]

赵吉华 清代四川万县人。精医术，以痘科名世。门生王锡鑫，得其传授，声噪于时。[见：《医学切要·序》、《存存汇集》]

赵有光 号剑南。明代福建福州人。精医术，知名于时。门生童养学，得其传授。[见：《伤寒六书纂要辨疑·童养学自序》]

赵有忠 清代江苏江浦县人。精医术，曾任太医院御医。弟赵有信，侄赵之珙，均以医知名。[见：《江浦埠乘》]

赵有信 清代江苏江浦县人。太医院御医赵有忠胞弟。有信亦精医术，知名于时。子赵之珙，传承其业。[见：《江浦埠乘》]

赵贞观 字如葵。明代浙江鄞县人。名医赵献可子。敦厚有古风，传承父学，亦工医术。重医德，诊病不因贵贱而异视，亦未尝计利。常夜半亲往病家叩门，询其服药之效。著有《绛雪丹书》，今存1932年北京开明书局铅印本。还撰《痘疹论》一卷，今佚。[见：《鄞县志》、《浙江通志》]

赵师肱 金代同州（今陕西大荔）人。世医赵孚子。绍承家学，以医知名。子赵惟良，孙赵彦和，曾孙赵居中，皆以医著称。[见：《金元医学人物》（引《牧庵集·赵君和父墓志铭》）]

赵光昌 字韵苔。清代江苏高行县人。随其父赵梅迁居松江。通医术，知名于时。子赵增恪，传承家学，医名益盛。[见：《上海县续志》]

赵同文 字书棣。清代云南白盐井人。博学多识。传承父学，深通医术，遇危重之疾，著手见效。撰有《伤寒论略》、《临症诸言》二书，今未见。子赵锡鬯，亦以医闻世。[见：《云南通志》、《盐丰县志》]

赵同鲁 字与哲。明代长洲县（今江苏苏州）人。世医赵友同孙，赵叔文子。绍承家学，亦精医术，知名于时。兼善诗文，工绘画，所作山水颇具神韵。门人沈周（1407～1509），传承其画技。[见：《苏州府志》、《姑苏志》、《长洲县志》、《元和县志》、《明画录》]

赵廷珂 字声培。清代江苏苏州人。晚年精医术，知名于时。[见：《苏州府志》]

赵廷桢 号松涛。清代广西永宁人。敦行孝友，出入起居不失准绳。博学多识，凡星象、堪舆诸学，无不通晓。尤精于医，遇病家贫困无力者，闻请即赴，间代出药资。生平惟以济人、利物、放生为事。咸丰间（1851～1861）永宁屡遭兵燹，田野多枯骨，率子赵庆祥亲至野外，雇人掩埋。素喜吟咏，其诗稿成帙，藏于家。著有医书《至善剂》，今未见。[见：《永宁州志》]

赵廷海 字开泰，号兰亭。清代浙江天台县人。少时好拳勇，薄游四方，遇技击之良者，必请教焉。素精医术，学西洋种痘术于武昌，归而种痘，全济甚众。同治五年（1866），宁波知府边葆诚延请至郡，令设局种痘，历著成效。曾取南海丘浩川《引痘新书》，合以自著《增补牛痘三要》，刊印流布。另撰《救伤秘旨》（又作《伤科秘旨》）一卷，亦刊行。赵氏还曾编《沈氏麻科》一卷，今存，疑其原本即沈望桥《沈氏痘疹方》，待考。门人陈季桐，传承其学。[见：《救伤秘旨·序》、《天台府志》、《鄞县通志》、《中国医学大成总目提要》、《中医图书联合目录》]

赵廷赓 字云泉。清代江苏江阴县人。增贡生。刻苦励学，尤精医理，于古人争论不休处，每有独到见解，名噪于时。县令汪坤厚，赠以"著手成春"匾额。年八十二岁卒。[见：《江阴县续志》]

赵廷儒 字纯臣。清代四川温江县人。廪贡生。读书以义理为归，胸怀坦荡。常怀济世之心，博览《灵枢》、《素问》诸书，推重名医张介宾，久之精通医道，名重于时。著有《赵李合璧》（与门人李玉峰合编）、《纯臣纂要》二书，今存。还著有《寒温条辨》、《景岳括要》等，未见传世。同邑李玉峰、邓以中、宋廷琯、顾谒等得其传授，皆以医名。[见：《温江县志》、《赵李合璧·叙》、《中医图书联合目录》]

赵自化 （949～1005） 五代至北宋初德州平原县（今山东平原）人。其高祖赵常，为景州刺史，举家陷于契丹。其父赵知嵓脱身南归，寓居洛阳。自化与兄赵自正从父习医，周显德间（954～960），偕赴京师，均以医术著称。北宋初，秦国长公主患疾，自化被荐诊候，疾愈，授翰林医学，加尚药奉御。淳化五年（994）授医官副使。至道间（995～997），以交游非类，黜为郢州团练副使，不久复旧职。咸平三年（1000）加医官正史。雍王薨，坐诊治无状，降为副使。景德二年复职。是年冬卒，年五十七岁。遗表以所撰《四时养颐录》为献，真宗改名为《调膳摄生图》。赵氏还著有《名医显秩传》三卷、《汉沔诗集》五卷，均佚。[见：《宋史·赵自化传》、《医学入门·历代医学姓氏》、《济南府志》]

赵自正 五代至北宋初德州平原县（今山东平原）人。名医赵知嵓长子。早年从父习经方及医药之术。周显德间（954～960）至京师，以医名世。北宋初，自正以方技应试，补翰林医学。弟赵自化，亦精于医，仕宋为医官正使。[见：《宋史·赵自化传》]

赵仲臣 清代河南封丘县人。精医术。官医学训科。[见：《封丘县志》]

赵仲先 明代常熟县（今属江苏）人。以医为业，知名于时。五世孙赵士端，继承家学，医名益盛。[见：《常昭合志稿》]

赵仲华 字蓉堂。清代江苏上海县人。好学工医，尤擅幼科，全活无算。有医德，凡贫困之家延请，皆步行往返，不乘轿，不取诊金。门人甚众，多得时名。[见：《上海县续志》]

赵仲康 元初安阳县（今河南安阳）人。精医术，官医学教授。王恽雅重其学，撰《医学教授赵公仲康真赞》，其文曰："洹水流润，太行唯峨。笃生异人，司时之瘥。显允赵公，被服委蛇。道高而施博，脉明而智多。世以医名者众，如公之医，中而不颇。护养元气，玉池生波。攻以峻剂，我禁我呵。郁焉有余，挥之以戈。俟其半衰，济之以和。开寿域者五十年，良声番番。其所以得于公者，如是被之赞歌。知阳报之有在，福子孙而为也。"[见：《金元医学人物》（引《秋涧先生大全文集》）]

赵冲远 元代余干县（今江西余干）人。初习举业，弃儒业医，知名于时。邑人吴子谦，以"种杏"名其堂。[见：《金元医学人物》（引《俟庵集·书赵氏种杏堂后》）]

赵守之 字御乾，号南平。清代江苏宝山县月浦里人。工书画篆刻，兼习医术，临证有神效，知名于时。[见：《月浦里志》]

赵守国 字际可。清代江苏句容县人。邑名医赵友芳子。继承父业，亦以医名。与弟赵存国，并享耆年。守国子文清，绍承先业。[见：《句容县志》]

赵观澜 字伯琴。清代江苏嘉定县纪王镇赵家阁人。赵仁翔子。精医术，兼通内、外、咽喉诸科。著有《超心录》四卷，未见流传。[见：《嘉定县续志》]

赵进嘉 字子琪。清末人。生平里居未详。曾任太医院候补医士。[见：《太医院志·同寅录》]

赵运振 清代河南太康县人。监生。精医术，擅长外科，遐迩著名。重医德，遇贫病不取诊资，且赠以药。[见：《太康县志》]

赵志端 字纯一。清代河南长葛县人。太学生。早年习儒，因父母病学医。久之术精，悬壶济世，往还于长、洧间，求治者门庭若市。[见：《长葛县志》]

赵苍舒 清代江苏昆山县溢溇村人。世代业医，至苍舒尤精，尤擅治伤寒。与同邑名医马中骅齐名，难分伯仲，然苍舒贯通诸家之说，援据确实，中骅无以难之。著有《伤寒字字金言》四卷，今未见。弟赵律黄，继兄而出，亦有医名。[见：《苏州府志》、《昆新两县志》、《昆新两县续修合志》]

赵克敏 字纯修。清代河南灵宝县人。贡生。精医术，知名于时。[见：《灵宝县志》]

赵来安 清代河南许昌县人。庠生。精医理，治病不受酬谢，遇贫者施药济之。亲族有难，每竭力相助，为乡里所敬重。[见：《许昌县志》]

赵时升 明代山东平原县人。生平未详。著有《医学意谱》若干卷，未见流传。[见：《平原县志》]

赵伯明 号愚斋。元明间浙江金华县人。继承父业，精通医术，无论老幼，经治无不愈者。重医德，有求必应，不计酬报。[见：《金元医学人物》（引《胡仲子集·愚斋记》）]

赵希鹄 南宋人。生平里居未详。撰有《调燮类编》四卷，约成书于景炎元年（1276），今存清道光二十七年丁未（1847）潘氏《海山仙馆丛书》本、《丛书集成本》等。[见：《中医图书联合目录》]

赵含光 清代山西夏县人。精医术，与同邑名医毛嘉赞齐名。[见：《山西通志》]

赵应元 清代安徽寿州人。早年遇异人，授以《白牛图》及《方书》一卷，问其名，不答而去。赵氏得图及书，精思三日，顿悟奥旨，凡遇疾病，以意疗治无不奇效。年八十余卒。[见：《凤阳县志》]

赵应春 明代人。生平里居未详。辑有《丹溪医要》，已佚。[见：《医藏书目》]

赵怀芳 清代四川广元县人。乾隆五十九年甲寅（1794）乡试第一名举人。年三十岁，因乘马跌仆吐血，弃儒习医。诊病不分贫富，凡请必往，至老不倦。年三十五岁丧妻，义不再娶。善养生，精导引术，寿至九十四岁殁。嘉、道间（1796～1850）广元县良医多出其门下。[见：《广元县志》]

赵宏仁 字容德，号寿山。清代四川郫县人。性慈善，怀济人之志，弃儒就医，延请者踵相接。治病不计酬，遇贫者概不受资，且施以药，时称"赵善人"。夫人李氏，助其医业，曾典当钗珥购置药品。宏仁年逾八旬犹康健，临终自题一联云："活人心事今如昨，惜我年华去不来。"子赵国泰，乾隆丁酉（1777）举人。[见：《郫县志》]

赵良仁 （1315～1395） 字以德，号云居。元明间浙江浦江县人，徙居长洲（今江苏苏州）。宋代周王赵元俨后裔。其七世祖武义郎赵不玷为汴梁人，随宋南渡，官于浦江，遂入籍。父赵必俊，生四子：良本、良贵、良仁、良贤。良仁与兄良本早年从吴莱习儒，粗通经史大略，不专究章句。翰林待制柳贯谓之曰："人须勤苦受学，庶几后有成立。若稍怠惰，终为废人。汝既失学，吾乡朱彦修先生之医，今无出其右者，汝盍往从之，可以保亲属，济人利物，汝其勉之。"值本邑戴士垚挈其子思恭，将至义乌从学于朱震亨之门，良仁与兄良本遂从父命偕行。朱氏纳三子于门墙，以《素问》、《难经》诸书授之。良仁笃志于学，质疑问难，深有所悟。后随师临证，切脉处方，先后五年，尽得师传，遂以医问世。至正十三年（1353）赴吴中，为宪司幕官。十四年张士诚称帝，据泰州，十六年二月下平江，召

779

良仁。良仁不往，挈家避归故里。虑丹溪师年老，恐所授不尽，复往拜焉。丹溪喜曰："别后汝学不废，相见复难，吾当与汝夜话。"因同榻数日而别。如此往还论难二年，复问河图洛书、易卦阴阳之理。丹溪曰："每从学者，吾但以医事言之，此理未尝言及。今汝问及此，可为吾友矣。"遂以太极阴阳消长之象合《内经》之旨，人身五脏五行五常之理，六气造化主客之运，先儒修心养性之说尽授之。自此，良仁尽得丹溪之学，治病奇效，名动浙东西。至正十七年，张士诚降元。不久，良仁复回吴中，遂占籍长洲，以活人为心，起沉疴甚多，凡贫病者求治，授以方径去，不受诊酬。著有《丹溪药要或问》（又作《丹溪药要》）、《医学宗旨》，已佚。还著有《金匮方论衍义》三卷，陆心源谓"可与成无己《伤寒论注》抗衡"，惜世鲜传本。清周扬俊觅得一部，间有阙佚，遂为之补注，更名《金匮玉函二注》，刊于康熙二十六年（1687）。良仁初娶金华刘氏，生子友泰；继娶长洲金氏，生三子：友仪、友端、友同。友同亦工医术。赵良仁门生李肃，尽得其传。[见：《浦江县志》、《姑苏志》、《苏州府志》、《古今医统大全·历世圣贤名医姓氏》、《明史·艺文志》、《绛云楼书目》、《医学读书志》、《吴中名医录》、刘献民《赵良仁传略》（《中医年鉴》1987）、《金元医学人物》]

赵良本 （1304～1373） 字立道，号太初子。元明间浙江浦江县人。宋代周王赵元俨后裔。乡贤赵必俊长子。自少好学，从乡先生吴莱习儒。因翰林待制柳贯之荐，与弟良仁师事名医朱震亨，尽得师传，遂成名医。重医德，遇贫病求治，以药赠之，不取酬。某监察御史荐之于朝，授医学正，辞而不赴。年逾四十，以家务尽付其子赵友亨，辟室独居，研摩养生之说。朝夕食粥，不服醯盐菜果，盛暑不举扇，严寒不附火，逾三十年鬓发不白，人望之以为神仙。忽一日，曰："明日良，吾将归矣！"取笔留书，次日晨，敛手而逝。时洪武六年二月，享年七十。子赵友亨，亦精医术。赵良本娶名儒戴良之姐为妻，戴良娶良本之妹为妻，赵、戴情同手足。良本卒，戴良作《赵太初像赞》云："有粹其容，有迪其道。志慕羲农，学原黄老。敝衣粝食，四十星霜。气清色泽，神夷体康。游心太初，炼形大化。混沌鸿蒙，作我庐舍。忿世之浊，去而上翀。俾尔孙子，晤瞻冲风。"[见：《宋学士全集·卷二十五·太初子碣》、《九灵山房集·补编·元故戴府君坟记》、《浦江县志》、《金元医学人物》]

赵启莘 清代河南商水县人。世代耕读为业，至启莘以医术知名。著有《眼科秘诀贯珠》四卷、《选择捷要》一卷，藏于家。[见：《商水县志》]

赵君玉 金代安喜县（今河北定州）人。名医张从正门生。自身患病，遍身发黄，往问某医。医曰："君乃阳明证。公等与麻知己皆受训于张戴人（即张从正），是商议吃大黄者，难与论病。"君玉不悦，归家以舟车丸、浚川散作剂，大下一斗，粪多黏者，一夕黄退。自此，益尊信师学。[见：《续名医类案·黄疸》、《儒门事亲》]

赵其光 字寅谷。清代广东冈州人。生平未详。著有《本草求原》二十七卷、《奇病证治》一卷，合刊于世。今存道光二十八年戊申（1848）远安堂刻本。[见：《中医图书联合目录》]

赵松轩 近代江苏丹徒县人。世代工医，精通喉科，名重于时。尝谓："喉之为患，起于风热者十之八九；起于寒邪、阴虚者十之一二。其治法必从辛凉疏解入手，按证施方，百不失一。若骤投以养阴清肺诸剂，每多贻误。"[见：《江苏历代医人志》]

赵叔仁 号橘泉。明代长洲县（今江苏苏州）人。隐居昆山县锦溪。精医术，为景泰间（1450～1456）当地名医。[见：《昆山历代医家录》（引《平桥稿·橘泉辨》）]

赵叔文 字季敷。明代长洲县（今江苏苏州）人。祖籍浙江浦江县。邑名医赵良仁孙，赵友同子。绍承家学，亦通医理。辑有《救急易方》（又作《急救易方》）八卷，刊于正统间（1436～1449）。此书今存成化十五年己亥（1479）刻本，书藏上海图书馆（日本亦存明代刻本）。后河南大参孙伯文取此书与黄绍斌《备急仙方》合刊，改名《仙方验方合刊》，今存1926年锦县天合元铅印本。子赵同鲁，绍承家学，亦精医术。[见：《国史经籍志》、《苏州府志》、《中国医籍考》、《全国中医图书联合目录》、《内阁文库汉籍分类目录》]

赵国栋 号大木。清代四川彰明县人。幼业儒，年十六丧父，三弟俱幼，困于家计，弃儒习医。技成悬壶于世，艺精望重。曾任医学训科。辑有《药性便用》，人多抄读。年近九十岁殁。[见：《彰明县志》]

赵易新 清代江苏上海县人。精医术，兼善画菊。同邑外科名医周泰，以擅长画兰著称，故世有"赵菊周兰"之誉。[见：《上海县志》]

赵知嵓 五代末德州平原县（今山东平原）人。景州刺史赵常孙。曾举家陷于契丹，知嵓脱身归，寓居洛阳。素习经方，精通医药，传术于其子赵自正、赵自化。周显德间（954～960），游于京师，父子皆以医术知名。[见：《宋史·赵自化传》]

赵秉山 宋代人。生平里居未详。通医道，撰有《医说》，已佚。[见：《中国历代医家传录》（引《新安文献志》）]

赵秉文 （1159～1232） 字周臣，晚号闲闲老人。金代磁州滏阳（今河北磁县）人。幼颖悟，读书若夙习。登大定二十五年（1185）进士第，明昌六年（1195），入为应奉翰林文字，同知制诰。泰和二年（1202），召为户部主事，迁翰林修撰。历官兵部郎中、翰林直学士、翰林侍讲学士、礼部尚书。哀宗即位，乞致仕，不许。改翰林学士，同修国史，兼益政院说书官。正大九年三月，草《开兴改元诏》，闾巷间皆能传诵，洛阳人拜诏毕，举城痛哭，其感人如此。同年卒，享寿七十四，赐天水郡侯。平生嗜学，未尝一日废书，自六经至浮屠庄老、医学丹诀，无不究心。赵氏曾珍藏《黄帝内经素问》善本，亲手批注。此书流散民间，后为明代刘祁所得，刘称："寅缘一读，深有所得。"惜该批注本已佚。[见：《金史·赵秉文传》、《中国历代医家传录》、《政和本草·刘祁序》]

赵佩茳 清代浙江人。生平里居未详。撰有《点勘篇注素问》若干卷。其书评论唐王冰注及宋林亿"新校正"，对旧本讹字、衍文多所纠正，篇末加按语，尤具卓识，惜未见传世。[见：《重修浙江通志稿》]

赵学年 清代江苏嘉定县广福乡人。精医术，以幼科著名。门生王杏园，得其传授。[见：《嘉定县续志》]

赵学敏 字恕轩，号依吉。清代浙江钱塘县人。其父任永春司马，迁福建尤溪知县。乾隆间（1736～1795）下沙大疫，其父延医合药，赖以全生者数万人。学敏早年习儒，为诸生。后与弟学楷秉父命学医，名其堂曰利济。性好博览，凡星历、医术、药学之书，无不潜心研究。每有所得，即汇抄成帙，积稿近千卷。其族人赵柏云，为走方医，乾隆二十三年（1758）航海归，以所用效方授之。学敏因诸方多有至理，且便捷实用，遂重加删订，合以平生所录奇方，著《串雅内编》、《串雅外编》二书。后又增补李时诊《本草纲目》所未备，著《本草纲目拾遗》十卷。二书早年有传抄本行世，其稿曾为杭州名医连宝善收藏，后张应昌于同治间（1862～1874）刊刻行世。赵学敏著述甚富，除以上三种外，陆续辑《祝由录验》、《囊露集》、《奇药备考》、《本草话》、《花药小名录》、《摄生闲览》、《医林集腋》、《养素园传信方》、《升降秘要》九种，乾隆三十年（1765）春，诸书毕功，与前三种总名之曰《利济十二种》，并亲制序文。欲再注解《素问》、《灵枢》、《脉经》、《伤寒》等十部医经，合以弟学楷所著《百草镜》、《救生苦海》，为《利济后集》，惜未果。[见：《杭州府志》、《冷庐医话》、《明季西洋传入之医学·赵学敏传》、《本草纲目拾遗·序》、《串雅内编·序》、《中国历代名医碑传集》（引《利济十二种总序》）]

赵学楷 清代浙江钱塘县人。名医赵学敏弟。早年习儒，经史之外，兼攻医学。读《灵枢》、《素问》、《难经》、《伤寒》诸书，暇则与兄默画铜人图，又建药圃一畦，春秋则寝食其中。久之颇通医理，临证立方，应手奏效。性好著述，辑有《百草镜》八卷、《救生苦海》一百卷，未见流传。[见：《本草纲目拾遗·序》、《中国历代名医碑传集》（引《利济十二种总序》）]

赵宗古 宋代人。里居未详。师事博陵名医郝允，得授五运六气等法。曾任太医局太医。曾绘《五运六气图》，上于朝廷。[见：《闻见后录》]

赵宗昌 清代河南许州人。精通医术。康熙间（1662～1722）官本州医学典科。[见：《许州志》]

赵宜桂 字诜元，号云轩。清代江西南丰县人。通医术，凡病家延请，虽远不辞，遇贫困者或资以药金。于诸弟尤友爱，资给不可计数。以子贵，封奉直大夫。[见：《南丰县志》]

赵宜真 （?～1382） 号原阳子。元明间吉安府安福县人。祖籍浚仪（今河南开封）。其先世某，仕元为安福令，遂定居。宜真自幼颖敏嗜学，博通经史百家。及长，习进士业，因久病未能赴试。后遵父命学道，初师事本郡道士曾尘外，遇经书缺文，必考校尽详。后入吉安泰宇观张天全门下，学金液内外丹诀。再师事南昌李玄一，玄一荐于蒲衣冯先生门下。嗣后挟弟子西游吴蜀，至武当，谒龙虎，访汉天师遗迹。还至江西雩都紫阳观，遂修行于此。心怀济人之志，精通医术，尤善外科。至正十八年（1358），寓居江西宁都县金精山，以道法授萧凤冈。洪武十一年（1378），重游故地，时萧氏门生刘顺川患疡疾，积年不愈，宜真治之而瘥。洪武十五年夏，卒。门生曹希鸣、刘若渊，得其真传。赵宜真早年得李观善所授《外科集验方》（禾川扬清叟所著），临终嘱刘顺川梓行于世。顺川得谢安达资助，于洪武二十五年（1392）刻成此书，名之曰《仙传外科集验方》，今存道藏本。［见：《仙传外科集验方·序》、《医藏书目》、《河南通志》、《中国历代名医碑传集》（引张宇初《岘泉集·赵原阳传》）］

赵居中 （1234～1282） 字和父。金元间同州（今陕西大荔）人。祖上八世业医，其高祖赵孚，曾祖赵师肱，祖赵惟良，父赵彦和，皆负盛名。赵居中天性孝友，绍承家业，亦以医名世。行医所得皆购粮粟存，积粟千石，遇荒年则出以赈贫。年四十九岁卒，方圆数百里内，哭祭者不绝于途。婿姚燧，官翰林学士。［见：《金元医学人物》（引《牧庵集·赵君和父墓志铭》）］

赵承易 明代嘉定县（今属上海）石岗门镇人。通医理，于痘疹尤有研究。曾著《痘疹集》四卷，自序曰："古有看法无治法，治法出于宋元后，最著者陈文中主辛热，钱仲阳主凉泻，魏桂阳主补益。三家之方，并行不悖。神而明之，存乎其人。"其子赵世熙，曾孙赵俞，分别为此书作跋，今散佚不传。赵承易还著有《医编》若干卷，亦佚。子赵世熙，以儒通医。［见：《嘉定县志》、《石岗广福合志》］

赵承恩 字省庵。清代江西金溪县人。博学通医。咸丰十一年（1861）校定谢星焕《得心集医案》。［见：《珍本医书集成·得心集医案》］

赵绅章 清代江苏江阴县人。精医术，熟于仲景方书，切脉投药，无不应手奏效。［见：《江阴县志》］

赵春普 字筱湖（一作小湖）。清代江苏高邮县人。寓居兴化县。邑名医赵术堂长子。早年习儒，同治庚午（1870）中举。绍承家学，亦精医术，活人甚众。与名医颜宝、朱云苓、方华、朱星、杨小谷、刘金方、将宝素、僧福海有"淮扬九仙"之誉。性端方，多善举，为世人所敬重。子赵履鳌，传承父业。［见：《兴化县志》、《古今名医言行录》、《赵海仙生平事迹略述》（《江苏中医杂志》1980年第6期）］

赵春霖 字雨亭。清代江苏如皋县人。国学生。精医术，为道光间（1821～1850）当地良医。著有《经验奇方》、《发明伤寒论》二书，今皆未见。［见：《如皋县续志》、《如皋县志稿》］

赵南星 字梦白，号侪鹤。明代河北高邑县人。万历二年（1574）进士，初授汝宁推官，迁户部主事，以考功郎中致仕。赵氏政暇留心方药，辑有《上医本草》四卷，刊于泰昌元年（1620）。今存。［见：《高邑县志》、《贩书偶记》、《中医图书联合目录》］

赵柏云 清代浙江钱塘县人。名医赵学敏族侄。为铃医（即走方医），挟技云游海外。乾隆戊寅（1758），因年老归乡。取平生所用验方授赵学敏，经学敏增补，辑为《串雅内编》、《串雅外编》二书。今存。［见：《串雅内编·序》、《冷庐医话》］

赵树屏 （1891～1957） 原名维翰。现代江苏武进县人。晚清太医院医官赵云卿长子。幼承庭训习儒，兼攻医学。年十八岁成贡生。后考入顺天高等师范英文系，1914年毕业，就职于教育界，成绩斐然。课余随父应诊，刻苦钻研，深通医理。1924年正式行医，名振于时。曾倡言发扬国医、改进中医药、创办中医学校，主张整理古典医籍、参酌中西医学，创树东方新医学。当时余岩等人力图废止中医，赵氏撰文据理抗争，为海内同仁所称道。1950年，北京中医学会成立，赵氏任主任委员，并创办《中医杂志》。1954年，出任卫生部中医司副司长，并当选全国政协委员、北京市人大代表、北京市人民委员会委员及北京市卫生协会副主任委员。1957年7月14日病逝，终年六十六岁。著有《肝病论》、《中国医学史纲要》、《中医系统学概要》、《异哉旧医学校系统案驳议》、《关于国医之商榷》等书，均刊印于世。［见：袁立人《赵树屏简介》、《赵树屏先生传略》（《中医杂志》1957年第8期）］

赵显祥 清代四川盐亭县人。精医术，救死扶伤，不辞其劳。善养生，寿至九十四岁卒。［见：《盐亭续志》、《潼川府志》］

赵钦伊 清代河南汜水县人。以医为业，知名于时。［见：《汜水县志》］

赵复庵 清代江苏常熟县人。精医术，以内科知名。门生张道禄（1882～1954），得其传授。［见：《吴中名医录》］

赵修身 字道纯。清代河南新乡县人。精医术，擅治小儿痘疹、瘟疫、白喉等症，知名于时。［见：《新乡县志》］

赵律黄 清代江苏昆山县溢渎村人。邑名医赵苍舒弟。继兄而起，亦以医术名世。［见：《苏州府志》、《昆新两县志》］

赵胜千 清代人。生平里居未详。著有《保产辑要》，乾隆四十一年（1776）赵熟典为之作序，今存佚不明。[见：《女科书录要》]

赵亮采 清代人。生平里居未详。著有《医门小学》四卷，今存光绪十三年丁亥（1887）鹿门慎业斋刻本。[见：《中医图书联合目录》]

赵彦和 金元间同州（今陕西大荔）人。世医赵惟良子。绍承家学，以医知名。子赵居中，亦以医闻。[见：《金元医学人物》（引姚燧《牧庵集·赵君和父墓志铭》）]

赵彦若 字元考。北宋青州临淄县（今山东淄博）人。刑部郎中赵师民子。初试中书舍人，历官御史中丞、宗正丞。神宗时，与司马光同修《百官公卿年表》十卷，《宗室世表》三卷，于元丰三年（1080）上于朝廷。哲宗初，官礼部尚书。赵氏性谦恭，博闻强记，无所不读，世谓"著脚书楼"。元丰间，馆中诸公讨论方药，有一药不知所出，掌禹锡虽修撰《本草》，亦不能详。或云："元考安在？但问之，渠必能记也。"时赵彦若在下坐，即对曰："在几条附某药下，在第几叶第几行，其说云云。"依言检之，果如所言。[见：《宋史·赵师民传》、《宋史·郑雍传》、《中国历代医家传录》（引《曲洧旧闻》）]

赵彦晖 （1823~1895） 原名光燮，字晴初，号味根，晚号存存老人、六三老人、寿补老人。清末浙江山阴县人。自幼习儒，博学多才，兼擅诗词书画。年弱冠究心岐黄，博览医书，独有心悟，为当时名医。太平天国战乱后，继以大疫，赵氏广施方药，全活甚众。光绪（1875~1908）初，秋疫盛行，赵氏与郡绅研究方药，设施药局于义仓，广疗贫病，应手辄起。著有《存存斋医话稿》二卷、《存存斋教子学医法》一卷，今存。还著有《医话续稿》一卷、《本草撷华》一卷、《奇偶方选》一卷、《存存斋医学杂志》、《存存斋本草杂识》、《医学杂记》、《医案偶存》等书，医学外尚有《味根草堂诗稿》，皆未梓。子赵能安，绍承父业，亦以医名。[见：《存存斋医话稿·序》、《浙江通志稿》、《中医年鉴》（1983）、《绍兴医学史略》]

赵炳南 （1899~1984） 原名德明。回族。现代北京宛平县（今卢沟桥镇）人。祖籍山东德州。幼年入塾读书，因家贫辍学。十四岁从北京德善医室丁德恩先生学医，专攻外科。年十八岁，丁氏谢世，遂与诸同门共同应诊。此间，博览历代外科名著，融会各家之长，对皮肤及疮疡诸科皆有造诣。年二十岁，考取中医士，获开业执照。三年后，设医馆于北京西交民巷，独立行医。未久，载誉京城，历六十年不衰。1947年，赵氏应聘出任华北国医学院名誉董事，兼外科实习教授。中华人民共和国成立后，获得中医师证书，并担任北京中医学会执行委员。1954年，被聘为中央皮肤性病研究所中医科主任、和平医院、北京医院中医顾问。此后历任中华医学会外科学会及皮科学会委员、全国中医学会副理事长、北京中医学会理事长、北京中医医院副院长兼皮科主任、北京中医研究所所长、北二医中医系教授等职，并多次当选北京市及全国人大代表。所著《赵炳南临床经验集》（1975年出版），获全国科学大会奖。[见：《著名中医学家的学术经验》、《中医年鉴》（1985）]

赵炳垣 清末四川合州人。受业于名医朱正立，有名于时。[见：《合州志》]

赵炳融 原名赵炎，字药仙，号春谷。清代江苏南汇县十九保十四图人。早年习儒，由上海附监。乾隆五十四年（1789）中举。后改归本籍，选授安徽桐城县训导。殚心课士，修葺培文书院。工隶书，通医理，兼精星卜。在任七载，以疾卒，年六十七岁。著有《学古堂疗饥救急编》，今未见。[见：《南汇县志》]

赵济和 佚其名（字济和）。元代邓州穰城（今河南邓县）人。博学多识，尤精岐黄，时称良医。其医室名易安斋。[见：《金元医学人物》（引姚燧《牧庵集·易安斋记》）]

赵济威 字廉以。清末人。里居未详。钱文骥门生。曾参校其师《温病条辨症方歌括》，刊于光绪甲辰（1904）。[见：《温病条辨症方歌括》]

赵祖懋 字访庵。清代江苏青浦县人。居徐泾。邑庠生。工书法，精医术，知名于时。与本邑名医赵锡禧同宗。[见：《青浦县续志》]

赵珪实 元代天雄（今河北大名）人。精医术，至元十五年戊寅（1278）任江阴路医学提举。子赵德新，传承父学，至元甲申（1284）继任江阴路医学提举。[见：《金元医学人物》（引陆文圭《墙东类稿·三皇殿讲堂记》）]

赵恭叔 清代江苏吴江县同里镇人。传承家学，以医术知名。族侄赵普，亦善医，声名益盛。[见：《同里志》]

赵桂甫 号抱琴居士。清末人。生平里居未详。著有《随证分治》一卷，今存抄本。[见：《全国中医图书联合目录》]

赵振沅 字澧泉。清代人。生平里居未详。辑有《喉科方论》一卷,今存光绪二十五年己亥(1899)聚文斋刻本。[见:《中医图书联合目录》]

赵爱棠 清末河北南皮县人。邑名医赵玉玺孙。与弟召棠,皆传承祖业,为当时名医。[见:《南皮县志》]

赵凌云 清代江苏句容县人。邑名医赵友芳孙。继承家业,亦以医名。[见:《句容县志》]

赵海涵 清代河南陕县人。邑增生。精岐黄术,活人无算。[见:《陕县志》]

赵祥麟 清代河南长垣县人。精医术,以擅治痘疹知名。[见:《长垣县志》]

赵能安 清末浙江山阴县人。邑名医赵彦晖(1823~1895)子。绍承父业,亦以医名。[见:《绍兴医学史略》]

赵继宗 号敬斋。明代浙江慈溪县人。弘治三年(1490)三甲第六十二名进士。初授知县,迁广东金事,遭弹劾,归隐林下。赵氏素多疾病,遍请名医不效,遂自考历代医书,研究脉理药性,自疗而愈。后复任知县、金事等官,凡遇官僚军民人等患病,皆为诊治,未尝失误。嘉靖七年(1528)撰《儒医精要》一卷,呈于朝廷,御批"送太医院,礼部知道。"此外还著有《痘疹全书》等多种,涉及伤寒、伤暑、杂证、痘疹、脉诀、医法、本草、验方等内容,惜大都散佚,唯《儒医精要》流传日本,现已由中国中医科学院影印回归。[见:《医藏书目》、《中国医籍考》、《日本现存中国散逸古医籍》]

赵继泰 (?~1907) 字鲁瞻。清末四川绵竹县人。素通医道,为陕西总督魏光涛所器重。光绪三十三年卒。[见:《绵竹县志》]

赵继淑 明代河南汲县柚召村人。通医术,知名于时。博采名方,制药以济贫病,全活甚众。[见:《汲县志》]

赵梦弼 字肖野。明代湖北江夏县人。世代业医,精通脉法。凡诊视,形神专注,诊毕,以一二语发其隐结,投药立效。胡方伯患病将死,构木以待。梦弼至,两剂而痊。生平急人之急,病家中夜叩门,虽百里之外,无不应者。既老,犹扶杖而往。某岁大疫,梦弼煮药如池,全活甚众。年八十八岁卒。[见:《湖广通志》]

赵梦麟 号菊斋。清代浙江仁和县人。曾评注王士雄《霍乱论》。又辑王氏医案,编

《仁术志》八卷,于外感诸证尤为详尽。[见:《中国历代医家传录》]

赵盛池 字鉴堂。清代四川三台县人。祖上三世业医。善承家学,兼精内外诸科。一小儿患惊风,家人皆谓已死。盛池先施以针,继之以灸,得愈。又,牧童某,跌仆伤头濒死。盛池治之,半月而痊。其奇验类此者甚多。[见:《三台县志》]

赵雪蓬 清代江苏仪征县人。乾隆、嘉庆间(1736~1820)在世。精通医理,隐居不仕。丹徒缪镔,得其传授,以医著称。[见:《丹徒县志》]

赵辅清 清代河南许州人。精医术,知名于时。乾隆间(1736~1795)官本州医学典科。[见:《许州志》]

赵崇信 明代河南陕县人。精通医理。心怀济利,施医送药三十余年,乡里德之。[见:《陕县志》]

赵崇济 字作舟。清代安徽泾县东隅人。早年习儒,由诸生入太学。精通医术,治病概不受酬,多所全活。康熙四十七年戊子(1708)饥荒,翌年疫病流行,赵氏助赈施药,乡党高其义行。年八十四岁卒。著有《寿婴秘书》,今未见。[见:《泾县志》]

赵逸齐 南宋人。生平里居未详。著有《平冤录》一卷,约成书于淳祐七年(1247),今存。[见:《中国医学简史》、《中医图书联合目录》]

赵惟良 金代同州(今陕西大荔)人。世医赵师肱子。绍承家学,以医知名。子赵彦和,孙赵居中,皆以医闻。[见:《金元医学人物》(引姚燧《牧庵集·赵君和父墓志铭》)]

赵惟寅 元代人。里居未详。曾任嘉议大夫太医院使。后至元三年(1337),名医危亦林撰《世医得效方》十九卷,由江西医学提举司送太医院审阅,赵氏与同僚参与其事。至正五年(1345)此书刊刻于世。[见:《世医得效方·太医院题识》]

赵焕文 号敬斋。清代浙江东阳县鬼山人。廪生。天性淳厚,嗜读程朱理学之书。幼年多病,博览《灵枢》、《素问》诸医典,久之通其意。远近求治者踵至,治之多效,而益精求研索。每语人曰:"医虽小道,实通阴阳造化之微。"晚年术益邃,往往预决人生死,不爽时日。著有《医问》若干卷,未见流传。同时有朱奕章、葛知瑞,亦颇解脉法。[见:《东阳县志》]

赵鸿远 字仰葵。清代江苏苏州人。精通医术，善治奇疾。有患鹤膝风者，膝盖变形，时医治以八味丸，不效，皆束手。赵氏诊治，细询其自幼至壮起居嗜好，遂于八味丸中加细辛三分，服二剂而骨正，再二剂疼痛渐止，六剂而愈。或询其故，赵曰："此风在三阴，非虚证也。八味丸达三阴，不能祛风，得细辛逐风，故得愈也。"其他妙治多类此。[见:《中国历代医家传录》（引《扬州画舫录》）]

赵维城 南宋庐陵县（今江西吉水）人。生平未详。对宋慈《洗冤集录》有所研究，曾撰《洗冤录驳难》若干卷，文天祥（1236～1282）为之作序，称其书"反复驳难，推究其极，于宋氏有羽翼之功。"该书散佚不传。[见:《江西通志》]

赵绵春 字开阳。清代江苏嘉定县人。幼科世医赵曜子。绍承家学，亦以幼科名世。[见:《嘉定县志》]

赵彭年 清代陕西泾阳县人。自幼羸弱，嗜于医学。及长，通明医药，尤擅针灸，以医名世。重医德，施药疗贫，全活甚众。[见:《泾阳县志》]

赵植吾 明代福建潭城人。生平未详。曾校注《灵枢》《素问》二书，合编为《京本校正注释音文黄帝内经素问灵枢集注》十五卷，刊刻于世，今存。清末藏书家丁丙（1832～1899）曾获此书，为福建书林詹林所重梓本，钤"有井家藏"书印，殆曾至东瀛，复归中土者。[见:《善本书室藏书志》、《中医图书联合目录》]

赵景元 明代松江（今上海松江）人。生平未详。与名医陶华相友善。尝辑《伤寒类例》，秘不示人，今佚。[见:《伤寒明理续论·自序》]

赵景颐 清代江苏如皋县人。生平未详。著有《验舌要》一卷，未见刊行。[见:《如皋县志》]

赵道震 字处仁。元明间浙江金华府人。性嗜医学，凡《内经》以下诸书，无不精究。后受学于名医朱震亨，造诣益深。明洪武二十二年（1389）迁居安徽定远县，活人甚众，而未尝言利。永乐四年（1406）奉诏修撰《永乐大典·运气书》。事毕归乡，课子习医，暇则歌《楚辞》以自适。年八十四岁卒。著有《伤寒类证》一书，流传于世，今未见。[见:《定远县志》、《江南通志》]

赵献可 字养葵，自号医巫闾子。明代浙江鄞县人。好学淹贯，究心《易经》，尤精医理。推重名医薛己，对命门学说多有阐发。其临证以养火为主，常以八味丸、六味丸通治各病。尝谓："命门乃人身之君，养身者既不知搏节，致戕此火，以致于病；病者复不知培养此火，反用寒凉贼之，安望其生？"著有《医贯》六卷，刊于万历四十五年丁巳（1617），今存。晚明学者吕留良极赞赵氏之学，称"穷源反本之论，拨乱反正之功甚大"。清代徐大椿则持异议，撰《医贯砭》逐条驳斥之。赵献可还著有《邯郸遗稿》（又作《胎产遗论》）、《内经钞》、《素问注》、《经络考》、《正脉论》、《二朱一例》等，惜皆散佚。子赵贞观，亦以医术知名。[见:《浙江通志》、《鄞县志》、《郑堂读书记》、《中国历代名医碑传集》]

赵辑五 清代河南新野县青羊人。素通疡医，知名于时。施药济人，拯救危疾甚多。[见:《新野县志》]

赵嗣真 元代人。生平里居未详。著有《活人释疑》一书，已佚。其部分内容散见于刘纯《玉机微义》。[见:《中国医籍考》]

赵嗣煐 号紫峰。清代湖南衡山县人。诸生。究心医理，活人无算。平生多善举，凡岁饥减粜，倡修祠宇，捐修义渡、义学，无不尽力。[见:《衡山县志》]

赵锡川 清代河南淮阳县人。郡庠生。精通医理，尤擅治虚胀，全济甚众。乡人为其赠额建碑，称一方妙手。[见:《中州古代医家评传》]

赵锡武 （1902～1980）原名钟禄。现代河南夏邑县人。幼年家贫，自十五岁立志学医，博览《内经》、《伤寒》诸书，精通内、儿两科，兼擅外科、妇科。早年悬壶北京，并任教于华北国医学院。中华人民共和国成立后，执教北京中医进修学校。1955年调中医研究院。1956年加入中国共产党。历任中医研究院西苑医院内科主任，中医研究院教授、副院长，中华全国中医学会副会长等职。还当选为第三届全国人民代表大会代表、第三届全国政协委员、中国共产党第十一次代表大会代表。赵氏治学严谨，注重临床，不尚空谈。治心血管病、糖尿病、肾炎、脊髓灰质炎、小儿肺炎等病有独到见解。著有《赵锡武治疗经验》等书。[见:《中医年鉴》（1983）]

赵锡嶴 清代云南白盐井人。邑名医赵同文子。绍承父学，亦以医闻。[见:《盐丰县志》]

赵锡禧
（1821~1861）

字晋卿。清代江苏青浦县人。工书法，通医术，尤精幼科，为道、咸间当地名医。曾施诊于泗泾保婴局，娄县县令赠以"济世十全"匾额。[见：《青浦县续志》]

赵慎修

字竹塘。清代江苏兴化县人。邑名儒赵阂中从兄。自幼习儒，与阂中俱以诗文知名。咸丰元年（1851）襄修《兴化县志》。间涉医药，著有《医学别解》若干卷，未见刊行。医书外，尚撰《兰桂山房诗稿》、《禹贡汇旨》等。[见：《兴化县志》]

赵慈航

元代江苏人。生平里居未详。著有《慈航痘疹》，已佚。[见：《江苏通志稿》]

赵溥泉

清代人。生平里居未详。著有《治喉指掌》一卷，今存咸丰十年庚申（1860）善化易存仁堂刻本。[见：《中医图书联合目录》]

赵瑾叔

清代人。生平里居未详。辑有《本草诗》二卷，今存陆文谟增补本。[见：《北大图书馆藏李氏书目》]

赵增恪

字季笛。清代江苏上海县人。父赵光昌，通晓医术。增恪幼承家训，博览医书，治病有奇验。曾供职于京师医局，因劳绩得官。浙江某大吏擅立银元局，命赵氏任职其间，事发，遭牵累去职。归装萧然，以医济世。赵氏兼善书画，知名艺林。著有《铁如意斋治验录》一卷，即当年京师药局之医案，惜未见刊行。[见：《上海县续志》]

赵震一

清代河北青县人。精通医理，济世活人犹恐不及。善养生，年九十六岁齿牙犹坚。著有《复阳回生集》一卷，未见流传。[见：《重修青县志》]

赵德宏

清代安徽怀宁县人。嗜读轩岐书，以医术知名。处方不主一家，博览而撷其精华，得力于刘完素者为多。遇危证，他医不能措手者，赵氏每以一二剂取效，全活甚众。生性刚直，不阿权贵，为世人所敬重。年七十八岁殁。[见：《怀宁县志》]

赵德新

元代天雄（今河北大名）人。江阴路医学提举赵珪实子。传承父学，亦精医术。至元甲申（1284），继任江阴路医学提举。至元丙戌（1286），与副提举徐谷阳主持修建江阴三皇殿，并创立医学讲堂。[见：《金元医学人物》（引陆文圭《墙东类稿·三皇殿讲堂记》）]

赵德源

字体乾。清代河北交河县人。武庠生。精通医术，临证多奇效，求治者盈门。重医德，诊病不论贫富，唯问病之缓急，按次诊

视，活人甚众。[见：《平原县志》]

赵履绥

字月生。清末江苏上海县三林塘人。邑庠生。工医而不求名。初，镇人未知其术，后沪医王萃祥来镇行医，评诸医之方，以履绥为冠，名遂大噪。年七十四岁卒。[见：《上海县志》]

赵履鳌
（1829~1904）

字海仙。清末江苏高邮县人，久居兴化。祖父赵术堂，父赵春普，均为名医。履鳌自幼聪敏好学，工诗，擅绘画，尤肆力医学。博览历代医籍，于《内经》、《难经》诸典籍多有神悟。能融会诸书，学不泥古，不为一家所囿，弱冠即以医知名，与张子平、余奉仙在苏北三大名医之称。赵氏临证求实，不作欺人之谈。尝谓："以病求脉尚可，以脉求病实难。"临证深思敏悟，圆机活法，所愈奇疾甚多。某贵家子，罹失眠症数月，众医束手。履鳌诊之曰："我有秘方，不逾三日，可愈贵恙。"乃诈言封秘药于囊，嘱勿开视，置于枕下，独卧三日，目不交睫，自有神人相救。此子果三日未眠，至第四日则酣声大作，其疾若失。举家惊异，启药视之，则素笺一张而已，上书："久耽安乐，日夜无节，邪气袭逆，中若结辖。久执不废，大命将顷。今以疲劳之法，以治疲劳之疾。"人皆叹其妙治。赵氏晚年多病，仍勤于著述。撰有《霍乱辨正》一卷，今存光绪十四年（1888）兴化四圣观刻本。又编辑《赵海仙医案》（又作《昭阳赵海仙先生脉案遗稿》）、《国医药物学》，亦存。另有《续辨证录》、《阴阳五行论》二书，未终篇而卒。1965年江苏人民出版社整理赵氏遗方，编《寿石轩医案》，刊行于世。[见：《三续高邮州志》、《赵海仙百年纪念册》、《赵海仙生平事迹略述》《江苏中医杂志》1980年第6期）、《清代名医医案精华》]

赵儒缙

字凤亭。清代江苏长洲县人。寓居上海县。祖传医术，至儒缙已历二十七世，以治目疾知名。[见：《上海县志》]

赵燏黄
（1883~1960）

又名一黄，字午乔，号药农，又号去非、老迟。现代江苏武进县人。1905年留学日本上野东京药学专门学校，1908年于东京创建中华药学会，次年考入东京帝国大学药学科，攻读生药学及药物化学。1911年回国，投入辛亥革命。此后，致力于中国生药学科之创建与发展。先后任职于北京大学医学院、中医研究院，从事生药学教学、科研及制药工艺研究。一生重视发展中国制药工业，重视中药材资源开发和研究。赵氏认为："今后之医

药,不特中医可因中药而尚存,即西医亦必因中药而大振。"赵氏长期从事中药实地考察与本草学文献研究,尤对麻黄素生产和工艺改进贡献极大,发表学术论文数以百计。1934 年与徐伯鋆合编《现代本草生药学》,被誉为中国现代生药学之首著。晚年总结毕生经验,编撰《本草新诠》,惜未竟而逝。赵氏学风严谨,谦虚务实,酷爱收藏善本医籍。临终遗嘱,将本草医药书籍 5600 余册捐赠中国中医研究院,将名人字画捐赠故宫博物院。[见:《中国大百科全书》]

赵骧恒 字燕乘。清代陕西武功县人。早年习儒,雍正间(1723~1735)中举。因父病研医,精通术业。著有《选注瘟疫(论)》诸书,未见流传。[见:《续武功县志》]

郝

郝义 字万才。清代山西广灵县人。幼年孤贫,牧羊为生。山崖陡峭,羊时有坠落折伤者,牧人皆能治之。郝义习其术,遂擅接骨,由羊而人,无不奏效。凡他医治而无效者,治之痊愈如初,久之以骨伤科知名。家境虽清贫,未尝以医谋利,治病不受酬报,拙古朴讷,介然清节。[见:《中国历代医家传略》(引《耕砚轩集·郝义》)]

郝允 北宋博陵(今河北定州)人。少年时,代兄征河朔,不堪其役,遁去。一道士见而怜之,授以医术,遂业医。悬壶四十余年,远近知名,活人甚众。一女子体健而有孕,郝允诊其脉,曰:"六脉皆绝,反用子气资养,故未死。生子母即死矣!"后果如其言。太常博士杨日宣患寒疾,郝允诊之曰:"君脉首震而尾息,尾震而首息,在法曰鱼游虾戏,不可治。"不数日果死。晚年迁居郑圃,世人以神医目之。皇祐间(1049~1053)卒。曾订正王冰《素问注》,撰《素问笺》若干卷,已佚。门人赵宗古、申受,皆任太医院医官。子郝怀质,传承父学。[见:《闻见前录》、《闻见后录》、《医学入门·历代医学姓氏》、《历代名医蒙求》]

郝洙 北宋人。里居未详。精医道,曾任翰林医官。宣和五年(1123),高丽国求医于宋,徽宗诏派医官二员赴高丽。次年,命翰林医学杨寅,医官李安仁、郝洙替换原遣医官。[见:《中国医学史》(高等中医院校参考丛书 1991 年版)]

郝辙 清代安徽来安县人。儒医郝祚禛子。庠生。绍承父学,以医术知名。子郝善庆,亦传家学。[见:《来安县志》]

郝九皋 明末陕西高陵县人。精医术。曾任本县医官,奉知县之命督修高陵医学。[见:《陕西历代医家事略》]

郝公景 唐代人。生平里居未详。通晓医药,尝采药于泰山。[见:《朝野金载》]

郝凤翱 清代陕西华阴县阳化村人。博学多才,尤精医理。深悟叔和《脉经》及丹溪诸书,临证有胆识,不拘泥成法,名重于时。长子郝武毅、三子郝守毅,孙郝绲光,皆绍承家学。[见:《华阴县志》]

郝文法 北魏渤海郡(今山东高苑县西北)人。与赵约受学于名医崔彧,后皆为名医。[见:《魏书·崔彧传》、《北史·崔彧传》]

郝世铭 字新之,号警斋。清代山西武乡县郝家庄人。幼承庭训读书,颇识大义。及长,从孝廉魏献书游,学益邃,受知于河南进士梁珏。入庠后,习八股文,既而悟曰:"学以致实用为要,如帖括试艺,果有何实用乎?"遂弃而习医。性至孝,光绪三年(1877)大饥,往投亲戚陈某,陈济以米粮,即背负而归,先解亲饥。卒之日,乡人致挽联曰:"性耽载籍,情淡俗缘,无愧儒林诚处士;拙守迂疏,巧无机变,尤为我辈老成人。"著有《医科补正》,未梓。[见:《武乡新志》]

郝汇江 清代安徽怀宁县人。精岐黄术,活人无算。子郝同箴,号仲赓,为郎官。侄郝同驭,以儒通医。[见:《怀宁县志》]

郝存恕 清代四川汉源县人。精医术,与同邑傅文显先后知名。其治病主宗仲景,每出新意,应手辄效。[见:《汉源县志》]

郝同驭 字砚溪,号驾山。清代安徽怀宁县人。性古朴,寡言笑。以贡生就任教职,同治壬申(1872)授霍山教谕。光绪丁亥(1887)署虹乡学事,未期月辞归。居乡清贫,堂弟郝同箴任职郎署,与游多达官,未尝以私干谒。郝氏通诗文,兼涉医学,著有《方书集成》一卷,今未见。医书外尚有《驾山馆文集》一卷、《宦游杂咏》二卷。[见:《怀宁县志》]

郝守毅 清代陕西华阴县人。邑名医郝凤翱三子。继承家学,悬壶济世。重医德,虽疾风暴雨,来请即诊,乡里德之。[见:《华阴县志》]

郝志才 元明间安徽凤阳县濠梁人。深明医理,早年愈朱元璋疾,及朱元璋称帝,召为太医院判。诏云:"前郝志才医行濠梁,时朕病笃,志才针以调其气,药以理其中。以当时言,

不过回一微命耳，今则君命也，故职医官终年。今寿高，特敕子代，令致仕。"不久，擢其子为院使。[见:《凤阳府志》]

郝伯常 号青溪钓叟。元代青溪（疑为浙江淳安）人。好读书，不乐仕进，隐于医。待人谦恭，卖药于建业（今南京）街市，口不二价，病愈不求报。曾效仿吕尚，垂钓于青溪。[见:《金元医学人物》（引梁寅《梁石门集·青溪钓翁传》）]

郝怀质 北宋博陵（今河北定州）人。名医郝允子。得父传授，精通方脉，能预决病者生死。尝自诊脉，语人曰:"我当暴死。"不数年，果暴亡。[见:《闻见后录》]

郝武毅 清代陕西华阴县人。邑名医郝凤翔长子。精医术，不以医问世。[见:《华阴县志》]

郝卓人 清代山东人。生平里居未详。著有《医方便览》，未见流传。[见:《山东通志》]

郝鸣皋 清代山东临沂县南曲坊人。庠生。兼通医术。著有《女科经验良方》二卷，今未见。[见:《临沂县志》]

郝孟节 东汉末上党（今山西长治）人。为方士。通辟谷术，又善闭气不息，身不动摇，状若死人。亦有家室，为人质谨不妄言。曹操重其术，使统领诸方士。[后汉书·方术列传]

郝祚祯 清代安徽来安县人。庠生。通医术。两举乡饮宾。年八十一岁卒。家传《痘疹心法全书》十二卷，或为其先世所撰，今未见。子郝辙，孙郝善庆，皆以医术知名。[见:《来安县志》]

郝善庆 清代安徽来安县人。邑名医郝辙子。初习儒学，为邑庠生。绍承父学，以医术知名。[见:《来安县志》]

郝缉光 清代陕西华阴县阳化村人。邑名医郝凤翔孙。继承家学，精通医术，驰名于时。[见:《华阴县志》]

郝瑞川 清代山西太谷县孟家庄人。专攻医学，精通喉科，活人无算。以救人生命为乐，疗疾不受酬谢。著有《喉科得心录》一卷，今未见。[见:《太谷县志》]

郝慎衡 清代山东栖霞县枣林庄人。邑庠生。精医术。著有《伤寒正法》、《眼科秘诀》及《医案》等，今皆未见。[见:《栖霞县志》]

郝箴铭 字惺斋。清代河南郑州河阴县人。邑庠生。兼通医理。常备制成药，施济贫病。[见:《河阴县志》]

郝瀛立 清代江苏淮安县曹甸镇人。擅绘画，张巨称其山水"浓秀迷人"。工书法，姜进之称其字"摹米摹董之作最高"。兼通医理，著有《医说选鉴》、《医学杂钞》，今未见。[见:《曹甸小志初稿》]

荆

荆山浮屠 佚其姓名。元代人。生平里居未详。据"浮屠"二字，当为僧人。得名医刘完素亲授，精通医术，知名于时。门人罗知悌，绍承其学，亦负盛名。[见:《明史·戴思恭传》]

茧

茧馆主人 佚其姓名。清末人。生平里居未详。辑有《村方录要》一卷，今存抄本，书藏中国中医科学院图书馆。[见:《全国中医图书联合目录》]

荣

荣华 字躬实，号双溪。明代陕西蓝田县人。成化十七年辛丑（1481）进士，授巩县知县，在任有政绩。历官嵩县、无锡知县，迁湖广监察御史，巡按两淮、四川，除奸革弊，洗冤泽物。在四川劾边将不职，以直谏称于时。曾注释《洗冤录》，已佚。此外，尚撰《双溪小草》、《南巡西巡录》、《两巡奏议》、《蓝田志》、《辋川集》、《校正史鉴提纲》等书。[见:《陕西通志》、《续修蓝田县志》]

荣诏 清代江苏泰州人。以医为业，专擅幼科，与本州前辈名医戴雪舫齐名。著有《杂证绳墨》一卷、《改订沈虚明痘疹书》若干卷，未见刊行。[见:《泰州志》、《续纂泰州志》]

荣姥 佚其名。唐代齐州（今山东济南）人。生平事迹不详。善治疗肿，孙思邈《备急千金要方》载齐州荣姥丸，为治疗肿名方。[见:《备急千金要方·卷二十二·疗肿第一》]

荣之迁 号仁所。明代常熟县（今属江苏）人。祖籍山东。早年从祖父习医，后师事名医缪希雍，诊脉奇中，时称"脉仙"。兄荣之遇，亦以医闻。[见:《常昭合志稿》、《苏州府志》]

荣之遇 明代常熟县（今属江苏）人。祖籍山东。与弟荣之迁，从祖父习医，皆知名于时。[见：《常昭合志稿》]

荣少丹 清末湖南醴陵县人。精医术，知名于时。侄荣仁甫，尽得其传，声噪一时。[见：《醴陵县志》]

荣仁甫 近代湖南醴陵县人。其父荣锡勋，以堪舆术知名。伯父荣少丹，以医术著称。仁甫尽得少丹之学，遇奇症怪疾，手到霍然。悬壶四十年，驰誉湘、鄂、赣间。戊午（1918）醴陵疾疫大作，仁甫施药送诊，不取一钱，活人甚众。尝谓："庸医能杀人，药之伪者亦能杀人。"遂自设药肆，广求地道药材，遇极贫者直馈之，不受药资。著有《医案》二十卷，今未见。[见：《醴陵县志》]

荣玉璞 （1832～1899）字琢之。清代河北霸县堂二里人。邑名医荣励仁子。幼年丧母，十九岁弃诗书，从父习医。妇科以外，尤擅治瘟疫、伤寒。治病不分贫富，不论昼夜，求之必应，延请者甚众。光绪二十五年卒，享年六十八。著有《妇科指南》二卷、《伤寒易解》二卷，藏于家。有子四人，皆传父业。[见：《霸县新志》]

荣正新 清代四川安县人。通医术，知名于时。官安县医学。[见：《安县志》]

荣汝菜 （1800～1881）字椿年。清末江苏无锡县人。诸生。博通经史，尤邃医学。不欲以医问世，而亲友间偶有延请者，应手奏效。与名医张乃修相往还，张氏推重其学，遇疑难症辄与商榷。著有《医学一得》四卷，今存同治十三年甲戌（1874）刻本。[见：《江苏历代医人志》、《中医图书联合目录》]

荣励仁 清代河北霸县堂二里人。精医术，知名于时。子荣玉璞，传承父业，声名益著。[见：《霸县新志》]

荣国梁 字震伯。清代江苏新阳县北郊（今昆山市城北镇）人。武庠生。虽三代为武生，而恂恂儒雅。工医术，尤擅妇科，知名于时。平生多义举，宣统二年（1910）北门外城桥（即拱辰门钓桥）被轮船撞毁，荣氏捐钱五十余千，又多方筹款，桥得修复。年六十岁卒。[见：《昆新两县续补合志》、《昆山历代医家录》]

茹

茹云 明代无锡县（今属江苏）人。精医术，知名京师。隆庆二年（1568）正月，太医院

医官徐春甫集合各地在京名医四十六人，创立一体堂宅仁医会，茹氏为会员之一。诸医穷探医经，讨论四子（指张机、刘完素、李杲、朱震亨），共戒私弊，患难相济，为我国最早之全国性医学组织。其组织构成、宗旨、会规等刊入《医学指南捷径六书》（今存明万历金陵顾氏、新安黄氏同刊本）。[见：《我国历史上最早的医学组织》（《中华医史杂志》1981年第3期）]

茹绅 清代河南渑池县人。邑名医茹翰书孙，茹之谟子。传承家学，尤精内科，享誉一方。子茹松沂，亦善医。[见：《中州艺文录》]

茹桂 清代山西沁州人。援例入太学。精医术，知名于时。兼通堪舆、命数。[见：《山西通志》]

茹海 字德宽。明代无锡县（今属江苏）人。精医术，隶籍御药院垂三十年。生平好施与，起疾济困不可胜记。及卒，莆田林俊私谥为"端简先生"。子茹鸣玉，为弘治八年（1495）举人。[见：《无锡金匮县志》、《无锡金匮续志》]

茹之谟 清代河南渑池县人。邑名医茹翰书子。绍承父业，亦精医术，擅伤寒、目科。子茹绅，传承家学。[见：《中州艺文录》]

茹子颜 唐代吴（今江苏苏州）人。颇有才识，善医，士大夫多器重之。初以明经为双流县尉，选授京兆府博士。常出入权贵之家，每归，请诊者车马不绝。[见：《太平广记·卷三百三十二·茹子颜》]

茹文中 （1354～1463）明代无锡县（今属江苏）人。家贫，以医为业，精其术。年六十七岁，挟技游于京门，年老不能还。英宗复辟（1457），文中年已一百零四岁，帝闻之，即日召见，赐冠带、袍靴，宴于顺天府。又六年卒。[见：《锡金识小录》]

茹松沂 清代河南渑池县人。邑名医茹翰书曾孙，茹绅子。继承家学，以针灸知名。[见：《中州艺文录》]

茹祥春 清代河南新乡县后辛庄人。精岐黄术，兼擅内外科，知名于时。[见：《新乡县续志》]

茹翰书 清代河南渑池县坡头人。精医术，擅长妇科、痘科。子茹之谟，绍承其业。[见：《中州艺文录》]

药

药三德 明代山西永和县人。父药苗，事迹未详。药三德精针灸术，临证有神效。

以活人为怀，与之有仇隙者亦为治疗，乡里贤之。［见：《平阳府志》］

胡

胡云 字亦岩。清代江苏宝山县大场人。精医术，于伤寒、湿温辨别尤确，诊治辄效。早年悬壶于乡，远近闻名。后移寓上海，朴素如乡居，人益重之。年八十七岁卒。［见：《宝山县续志》］

胡田 明代安徽祁门县人。诸生。因母有痼疾，求良医不得，乃习岐黄，善针灸术，知名于时。有太医闻胡氏名，奏举赴京，补太医院御医。［见：《祁门县志》、《安徽通志》］

胡芝 字瑞如，号避鹤。清代江苏昆山县蓬阆镇人。精医术，为乾、嘉间（1736～1820）昆山名医。［见：《昆山历代医家录》（引《蓬溪风雅集》）］

胡权 宋代人。生平未详。曾官歙县丞。遇异人于都下，授以治痈疽内托散方，并告之曰："吾药能令未成者速散，已成者速溃，败脓自出，无用手挤，恶肉自去，不假刀砭。"其方用人参、当归各二两，芎穷、防风、厚朴、桔梗、白芷、甘草各一两，皆细末为粉，别入桂末一两，令匀。每以三五钱投热酒服之，以多为妙，不能饮者煎木香汤代之。胡氏以此方济人，愈背疡肿毒甚多。京师某人生背疡，多达七十余头，众医竭技而弗验。胡权示以此方，众医相视而笑曰："未闻治痈疽恶疮而用药如是。"权固争之，曰："古人处方，自有意义。观此十种，皆药性和平，大抵以通导血脉，补中益气为本。纵未能已疾，必不至为害，何伤也？"乃亲治药与服，少顷痛减，数服创溃，脓血流迸，若有物托之于内，经月良愈。胡权曾撰《治痈疽脓毒方》一卷，已佚。［见：《宋史·艺文志》、《夷坚丙志·卷第十六·异人痈疽方》］

胡任 明代江西高安县人。精通医术，临证多奇效。平生济利甚广，人皆称之。著有《医方》等集，未见传世。［见：《瑞州府志》、《高安县志》］

胡伦 明代仪真县（今江苏仪征）人。世代工医。尝谓其子胡尚礼曰："吾家传，通医必先通儒为本。理不通，安悟诊视之奥？"尚礼遵父训，后为名医。［见：《仪征县志》］

胡驯 字陈新。明代山东历城县人。世医。天启四年甲子（1624），校订《重修政和经史证类备用本草》，重刻于世，今存。［见：《中医图书联合目录》］

胡孝 明代人。生平里居未详。撰有《种子类纂》一卷、《度生筏》一卷，皆佚。［见：《医藏书目》］

胡沅 清代江苏江宁府人。精医术，专擅痘科。遇贫病不受酬谢，用药以贱代贵，郡人敬重之。［见：《江宁府志》］

胡其 宋代人。生平里居未详。著有《黄庭内景图》一卷，已佚。［见：《宋史·艺文志》］

胡杰① 明代宁夏卫（今宁夏贺兰）人。精外科，察形即知疮疡善恶，尤擅治无名肿毒，著手立效。子胡瑾，医术益精。［见：《朔方道志》］

胡杰② 字云溪。清代江苏如皋县人。自少好学，诵庄骚，通史汉，善鼓琴，好吟咏，兼善武功。曾得《脉诀》于舅父朱氏，遂研究医学，以善治痧症著称。重医德，凡贫病之家延请皆往，且赠以药。道光元年（1821）疫疠盛行，胡氏编《痧症全书》，刊刻行世，赖以全活者无算。年六十二岁卒。今中国中医科学院图书馆藏胡杰辑刻医书四种，包括：《注穴痧症验方》、《华佗危急漫痧法》、《吊脚痧症方》、《觉因道人七十二痧治诸证急救良方》，疑即《痧症全书》。［见：《如皋县续志》、《中医图书联合目录》］

胡忠 字彦信，晚号琳湖。明代浙江金华县汤溪人。淹贯经史，尤精医术，活人甚众。治病不受馈谢，遇贫困者出粟济之。［见：《金华府志》］

胡秉 字开钧。清代四川合川县人。幼颖慧，好读书。曾染不良习气，经母训斥，终身不犯。及长学医，尤精外科，虽刀枪重创，治之痛定血止，不日可愈。又习武功，能以身承受数十铁鞭而无恙。［见：《合川县志》］

胡珏 字念庵，晚号古月老人。清初浙江钱塘县人。精医理，于古今方论颇有心得。凡危急之症，他医束手，胡氏治之多效。曾重评高鼓峰《医家心法》，又参订窦材《扁鹊心书》，刊刻于世。子胡道周，绍承其业。［见：《扁鹊心书·王琦跋》、《中国医学大辞典》、《中医图书联合目录》］

胡轲 五代后唐人。里居未详。精医道，为当时国手。吴越王钱镠一目丧明，闻轲之名，遂上言求之。后唐明宗遣胡轲泛舟而往。胡氏诊视毕，曰："可无疗此疾，当延五七岁寿。若抉膜去障，眼即依旧，但虑损福耳。"钱镠曰："吾愿得不为一目鬼于地下足矣。愿尽其术以疗之，当厚为谢。"轲为治之，眼复明如故。钱镠大喜，厚

赐之，具舟送归。轲至京，而钱镠已卒矣。[见：《历代名医蒙求》]

胡铢 明代安徽祁门县城西桃峰人。幼年随父习医，悬壶于县城及东流县，知名于时。后挟技游京师，考授太医院吏目。隆庆二年（1568）正月，太医院医官徐春甫集合各地在京名医四十六人，创立一体堂宅仁医会，胡氏为会员之一。诸医穷探医经，讨论四子（指张机、刘完素、李杲、朱震亨），共戒私弊，患难相济，为我国最早之全国性医学组织。[见：《祁门县志》、《我国历史上最早的医学组织》（《中华医史杂志》1981年第3期）]

胡俨 字若思，号颐庵。明初江西南昌县人。自少嗜学，于天文、地理、律历、医卜无不究览。洪武间（1368～1398），以举人授华亭教谕。建文元年（1399），授桐城知县。成祖即位，授翰林检讨，与解缙等直文渊阁。迁侍讲，进左庶子。永乐八年（1410），命以祭酒兼侍讲，掌翰林院事。十九年（1421），改北京国子监祭酒。洪熙改元（1425），以疾乞休，进太子宾客，致仕。正统八年（1443）八月卒，年八十三岁。[见：《明史·胡俨传》、《中国人名大辞典》]

胡修 清代四川合江县人。精医术，用药审慎，治病多佳效，名噪远近。子胡清晟，为武进士。[见：《合江县志》]

胡俊 字世英，号丽庵。明代安徽舒城县人。正统（1436～1449）末，寓居全椒县。以医为业，治病多奇效。一日，过白汪桥，见一妇伏男子尸，哭甚哀。俊入诊视，曰："莫哭！缓须臾不殓，服我药可不死。"立解囊取药少许，度男子口中，顷之即欠伸，良久竟苏。由是，全椒人以神医称之。年七十八岁卒。莆阳进士郑克昭撰文，述其生平甚详。[见：《滁州志》]

胡衍 号云峰。南宋初庐陵县（今江西吉水）人。行医至博罗，遂定居。性慕仙道，喜施与。炼药捣三千杵，成八百丸，称"胡氏宝丹"，治疫疠极效，全活甚众。常居水濂洞，师白玉蟾，行九九六六之法。胡衍行六，故世称"胡六真人"。[见：《广东通志》]

胡勉 北宋人。生平里居未详。曾任直秘阁学士。著有《伤寒类例》，已佚。[见：《南阳活人书·张藏序》]

胡洽 原名道洽（避齐太祖萧道成讳改）。南朝广陵（今江苏江都）人。为道士。性尚虚静，知音律，通医术，以拯济为事。著有《百病方》二卷，已佚。其部分内容散见于《外台秘要》、《医心方》等书。[见：《隋书·经籍志》、《宋史·艺文志》、《崇文总目辑释》、《历代名医蒙求》]

胡珽 清代人。生平里居未详。撰有《伤寒九十论校讹》一卷，今存。[见：《中国丛书综录》]

胡烈 清代河北怀来县人。儒医胡崧子。早年习儒，患目疾，云翳遮睛，几至目盲。后得《一草亭目科全书》及《异授眼科》，拣方自疗，不旬日翳散，光明如初。同治己巳、庚午（1869～1870）司榷靖江，同僚杨君患眼疾，双目几盲。胡氏治之，应手复明，见者惊叹。自是，踵门求医者无虚日，治愈者不可计数。光绪八年壬午（1882），胡氏修订以上二书，附以经验奇方，名之曰《启蒙真谛》，刊于世。[见：《中国历代医家传录》（引《启蒙真谛·自序》）]

胡铎 明代浙江钱塘县人。工医术，为时所重。曾与郭鉴等切磋医理，后郭氏撰《医方集略》，收入胡铎医验。此书今存嘉靖二十四年（1545）海州杨氏刻本。[见：《医方集略·序》、《中医图书联合目录》]

胡祯 元末晋陵（即江苏武进）人。精岐黄术，曾任常州路医学录。妻徐氏，亦通医理。子胡宗仁，传承家学。[见：《医学入门·历代医学姓氏》]

胡琏 元初卫辉路（今河南卫辉）人。早年习儒，尤精医术，活人甚众。翰林学士王恽荐之于朝，授本路医学教官。[见：《金元医学人物》（引《秋涧先生大全文集·保茂儒胡琏状》）]

胡梅 字白叔。明代人。里居未详。白皙美须眉，晚年失明。家贫无子，卖药吴门市，自号瞀医。庚寅冬，病卒。[见：《中国历代医家传录》（引《列朝诗小传》）]

胡崧 字芝屿。清代河北怀来县人。读书之暇，好涉猎杂艺，兼习岐黄，精晓大义。偶或诊病，酌古而用，治辄有验。子胡烈，擅眼科。[见：《启蒙真谛·自序》]

胡铨 宋代庐陵县（今江西吉水）人。生平未详。著有《活国本草》若干卷，已佚。[见：《江西通志稿》]

胡寅 字会千。清代安徽凤阳县人。邑庠生。精医术，善治痘疹，名重一时。[见：《凤阳县志》]

胡谭 字廷寅。明代浙江会稽县人。自幼习儒，及长，遇异人授以岐黄术，遂精医。宪宗时（1465～1487）征至京师，授御医，加左通政，

胡晰 字然明。宋代湖南长沙县人。生平未详，为长沙士人。撰有《胡氏家传方》，已佚。刘昉著《幼幼新书》，曾参考此书。[见：《幼幼新书·近世方书》]

胡鼎 字禹器。清代湖南湘潭县人。胡师亮子。自幼习儒，颖异绝伦，年十一能属文。逾冠始就试，提学命题曰"千岁之日至"。鼎推衍《周髀》之术，试官不识算学，讶其无文理，弃之。遂不复应试，入资为府经历，以亲老未赴。性好方术，通医卜堪舆诸学，著有《经络图解》一卷，今未见。[见：《湘潭县志》]

胡量 一作吴量。字元谨，号眉峰。清代江苏娄县人。侨寓吴县。善画山水。后游历齐、鲁、闽、粤，诗画俱进。复游京师，并善骑射，通医理。[见：《娄县续志》、《中国人名大辞典》]

胡锐 明代山东淄川县人。恬雅旷淡，不慕荣利，隐居丰水四十年，足迹不出篱外。好读黄老之书，尤精医术。凡以沉疴求治者，每以一剂起之。年九十八岁，无疾而终。[见：《淄川县志》]

胡愔 〈女〉 号见素女子（一作见素子）。唐代太白山（陕西鄠县）人。生平未详，当为女道士。著有《黄庭内景五脏六腑图》（又作《黄庭内景图》）一卷、《黄庭外景图》一卷、《补泻内景方》三卷。今存胡愔《黄庭内景五脏六腑补泻图》一卷、《黄庭外景玉经注》一卷，为道藏本。[见：《新唐书·艺文志》、《宋史·艺文志》、《崇文总目辑释》、《国史经籍志》、《中国丛书综录》]

胡濙 (1375~1463) 字源洁。明代武进县（今属江苏）人。建文二年（1400）进士，授兵科给事中。为官六十年，历事六朝，官至礼部侍郎，授太子太师。天顺七年卒，时八十九岁，赠太保，谥"忠安"。永乐五年丁亥（1407），胡氏奉命巡历四方，东南至于海隅，西北达于沙漠，海内郡县，罔不周流。胡氏嗜医学，每于公余旁求医理，采辑良方。凡遇遭疾之人，即以医药料理，按方施治，获效良多。历经十七载，至永乐二十一年癸卯（1423），汇编成帙，撰《卫生易简方》十二卷，上表进呈。宣德二年（1427），以所藏副本付梓。今存嘉靖四十一年（1562）李春芳、董份奉敕重刻本。[见：《明史·胡濙传》、《明史·艺文志》、《医藏书目》、《中国善本书提要》、《中医图书联合目录》]

胡谦 字蕴山。清代江苏崇明县人。善医。年未四十，因读书过劳，双目失明，然医术益神，延治者日不暇接。年七十余卒。[见：《崇明县志》]

胡璟 字大中。清代江苏江宁县人。生平未详。著有《枕藏外科形图诸证》（又作《枕藏外科图》）二卷，刊于乾隆三十二年（1767），今存。[见：《中医图书联合目录》、《贩书偶记续编》]

胡嵩 字维岳。清代河南辉县人。早年习儒，为监生。精岐黄术，以医知名。[见：《辉县志》]

胡微 宋代人。生平里居未详。著有《玉景内篇》二卷，今未见。[见：《宋史·艺文志》]

胡新 字日新。明代安徽舒城县人。弘治间（1488~1505）任太医院医官。能诗，士林重之。[见：《舒城县志》]

胡源 清代江苏江宁人。精医术，以善痘科知名。[见：《江宁府志》]

胡嘉 字含章。清代江苏昆山县人。善医，不以术谋利。年八十三岁卒。子胡瑢，亦以医著称。[见：《苏州府志》、《昆新两县续修合志》]

胡瑢 清代江苏昆山县人。邑名医胡嘉子。继承父学，亦以医著称。晚年举乡饮宾。年八十三岁卒。[见：《苏州府志》、《昆新两县续修合志》]

胡瑾 明代宁夏卫（今宁夏贺兰）人。本县疡科名医胡杰子。绍承家学，亦精儿科，声名过于其父。[见：《朔方道志》]

胡墀 号松雪。明代浙江永康县人。精医术，治病多奇验。受知于县令张公，故名重燕赵间。年九十六岁卒。孙胡文震、胡文煜，皆善医。[见：《永康县志》]

胡震 (1844~1931) 字瀛峤。近代浙江绍兴人。原籍余姚。幼颖悟，早年习儒，博通经史。曾宦游江苏，厌恶官场，未几退隐湖山。年二十七丧妻，终身不复娶。嗜于医学，尤精眼科，兼善气功。初从同邑眼科名家徐慎斋游，复师事赵占元，得授奇效秘方，技益精湛。及以医问世，治病多效验，盲而复明者，岁达数百人，有眼科泰斗之誉。性仁厚，轻财好义，遇贫病求治，不收诊金，极贫者赠以药。晚年设寿明斋眼科病院于绍兴五云门外，凡住院候诊者，亲自执炊，供其饮食，不以为劳。平生乐善好施，凡建立育婴堂、收养孤寡、兴办学校，无不襄助，合邑称善士。1913年加入中国红十字会，与裘庆元、何炳元、曹炳章等组建神州医学会绍兴分会，被公举为首任会长，并出任绍兴医药学报理事。平生忙于诊务及社会公益，无暇著述，其论文散见于《绍兴医药学报》。辑有《经验良方》一书，未梓。乏嗣，侄女胡仁葆，得其传授，亦为名医。［见：《绍兴医学史略》］

胡鲤 字上池。明代河北永年县人。尚书胡瓒侄玄孙。幼颖敏，好医术，多读医书，读毕焚之，复诵皆上口。及长，悬壶济世，治病应手取效，名噪于时。其族侄妇暴死，胡视之，曰："此临产血迷，非死也，且当生男。"使人撬其齿，灌药而苏，果生一男。参政李承蜩为诸生时，将赴京兆试，胡氏偶诊之，曰："至赵州病当作，逾试期乃愈。"后竟如所言。饶阳路吏部区公患病二年，时医皆以痢治，不瘥。胡氏诊之，知为肠痈，不欲面折诸医，暗投以治肠痈之剂而愈，诸医愧服。从胡氏学医者多达一百零六人，皆莫能得其术。胡氏长子胡福宏，官兵部主事。次子胡烈宏，顺治甲午（1654）举人。孙胡芝发，顺治丙戌（1646）进士，官户部主事。［见：《永年县志》］

胡澍 （1825～1872） 字荄甫，又字甘伯，号石生。清代安徽绩溪县人。父胡尚昱（字正晖），官儒林郎，赠奉政大夫。澍自幼颖悟，沉默寡言，总角时即能诗。及长，擅治印，工篆书，尤致力音韵训诂之学，有声学界。道光二十四年（1844）受知于督学季芝昌，补诸生。咸丰九年（1859）举于乡。值金田军起，资产荡然，流离奔走无宁日。同治四年（1865）援例授内阁中书。次年，纳捐升户部郎中。京曹多暇日，潜心著书，不妄与人酬接，独为侍郎潘祖荫所器重。中年多病，留心医学，有独到见解。偶游京都书肆，获宋版《内经》，遂取元代熊宗立本、明代道藏本及唐以前载籍，悉心勘正，仿王念孙《读书杂志》例，撰《素问校义》一卷，说解精确，惜草创未就，病卒，年仅四十八岁。此书今存潘祖荫《滂喜斋丛书》本等，为学者所重。［见：《素问校义·户部郎中胡君荄甫事状》、《皖志列传稿》、《安徽通志稿》、《四部总录医药编》、《八千卷楼书目》］

胡璞 字美中，自号峨嵋山人。明清间浙江德清县人。早年习儒，为诸生。精医术，尤擅痘科。明亡，佯狂离家，行医自给。曾于途中见孕妇汲水，胡氏突抱之，妇惊呼，众人欲殴之，胡氏曰："此妇将出痘，危甚！腹中儿且不保，吾故惊之，使痘得外达。"明日，妇果出痘，服药而愈。又，杭州盐商翟某，六岁子患痘倒靥，气已绝。胡氏令置儿于秘室，禁人窥伺，自午至暮，室外闻儿啼，乳媪喜其得活，破窗纸窥之，见胡氏以刀挑儿筋，锯割之，大骇，排门入，抱儿而出。胡氏怅然曰："儿虽活，左膝毒未尽，跛一足矣！"不受谢而去。时湖州无种痘法，胡氏托名峨嵋山人，创为之，后遂传播。康熙壬辰（1712）后，不知所往。雍正（1723～1735）初，有人于金陵见之。门生谈九乾，得其传授。［见：《湖州府志》、《德清县志》］

胡璟 明代南京（今属江苏）人。生平未详。有子女十人，夭折于痘疹者四人。弘治元年（1488），一子二女又患痘疹，忧惧不敢延医，乃自检钱乙等诸名医之书，循序治之，不逾月竟得痊愈。有感于此，遂博取历代痘科书，述其原，图其形，论其变，汇其方，编《秘传痘疹寿婴集》一卷，刊于弘治四年。此书国内未见，曾传入日本。［见：《中国医籍考》、《中医大辞典》］

胡一龙 明代人。生平里居未详。著有《青囊至秘》十二卷，已佚。［见：《医藏书目》］

胡一俊 字召签。清代安徽绩溪县市东人。博学善琴，兼精医术。［见：《新安名医考》］

胡大中 字致堂，号正斋。清代河北永年县人。自幼习医，得同邑饶大源指授，术益精。善治伤寒、痘疹，为当时所推重。同治、光绪间（1862～1908），旱灾之后瘟疫流行，染病者家人走避，不相省视。胡氏竭力救治，唯恐不及，途遇患者，就地诊视，日走数十家，未尝有倦色。自道光二十六年至同治六年（1846～1867），凡遇重大疑难之症，必记录原委，用药次第，分类加注，久之，编《临证方脉论》（又作《临证摘录经验良方》）一卷，今存光绪二十六年庚子（1900）刻本。［见：《广平府志》、《中医图书联合目录》］

胡大成 明代浙江人。里居未详。通医术，曾任太医院御医。其家珍藏《鸿飞集论》一卷，由其玄孙胡廷用重辑，序刊于嘉靖三十五年丙辰（1556）。今上海中医药大学图书馆藏有《鸿飞集眼科》抄本，不著作者姓名，或即此书，待考。今日本国立公文书馆内阁文库藏《新编鸿飞集论眼科》（又作《太医院传七十二症明目仙方》）一卷，题"胡廷用辑"，当即此书。［见：《国史经籍志》、《医藏书目》、《日本现存中国散逸古医籍》］

胡大经 字品伦。清代江苏宝山县人。邑名医胡颖千子。绍传家学，亦精医术，治病应手奏效。年七十余卒。［见：《宝山县志》］

九画

胡大溟 字鹤田。清代安徽歙县人。工诗，隐于医。尝谓："岐黄精蕴，非研究《河》、《洛》不明。"著有《易医格物编》四卷，未见传世。[见：《歙县志》、《重修安徽通志》]

胡大猷 字新斋。清代江苏上元县人。诸生。晚年以医知名。著有《舌苔说》、《辨证录》、《约退斋医说》等书，未见流传。[见：《江宁府志》]

胡万青 字选之。清代安徽定远县人。精医术，遇贫病之家求治，廉取药资。咸丰间（1851～1861）卒。辑有《普济良方》，今未见。[见：《凤阳府志》]

胡义勋 字德臣。清代四川简阳县草池堰人。自少敏悟好学，从贡生王周桢习儒。后因母病习医，悬壶济世。晚年技益精，求治者甚众，不辞劳，不计利，乡里感德。年五十六岁卒。[见：《简阳县续志》]

胡之杞 清代河南光州人。早年习儒，工诗。兼通岐黄，以医济人。临证制方审慎，遇贫者赠以药，不取诊酬。[见：《光州志》]

胡之熙 字淑和。清代安徽歙县郡城人。工医术，能起沉疴。子胡玉堂，继承其学。[见：《歙县志》]

胡子云 元代昆山县（今江苏昆山）人。名医刘国瑛婿。得岳父传授，亦工医术。[见：《昆新两县续修合志》]

胡子象 唐初人。里居未详。通医理，官尚药奉御。显庆二年（657），奉敕与李勣、于志宁、许敬宗、苏敬等二十四人编《新修本草》五十四卷，成书于显庆四年。该书正文二十一卷（含目录一卷）、药图二十六卷（含目录一卷）、图经七卷。全书载药八百五十种，大行于世。详"李勣"条。[见：《新唐书·艺文志》]

胡子衡 近代陕西蓝田县人。中医眼科名医胡巨瑗子。早年学西医于北京，后设诊西安。曾以外科手术治疗刘晖腿部疮疡。[见：《陕西历代医家事略》、《续陕西通志稿》]

胡子瞻 明代人。生平里居未详。通医术。曾得葛可久《十药神书》，依书治病，多获良效。后以书传子胡云翱，云翱传子胡光霁，祖孙三代活人数百。[见：《中国医籍考》]

胡开江 清代江苏兴化县人。精医术，悬壶济世。某年除夕，知府过兴化境，突发霍乱，呕吐不已。胡氏应召往诊，投药即愈，由是声名大噪。[见：《重修兴化县志》]

胡天祉 清代山西安邑县人。精医术，与本县名医卫华、李嘉言齐名。诸医皆以仁术济世，治病不受谢。胡氏著有《六淫剖辨》，今未见。[见：《安邑县志》]

胡天养 清代安徽黟县旧庵人。邑名医胡学本子。绍传父业，亦精医术，为咸丰间（1851～1861）当地名医。[见：《黟县三志》]

胡天铭 清代广东惠州人。以医为业，尤精针法，知名于时。年八十四岁卒。纂有《金针撮要》、《拣炼五瘟丹方略》等书，今未见。[见：《惠州府志》]

胡天德 字成九。清代河南长葛县人。精医术，深通脉理。择其平日得心应手之方，编辑成册，每临证，探囊取之，皆效。年八十五岁卒。子胡文彪，亦以医知名。[见：《长葛县志》]

胡元庆 号鹤溪。元代人。生平里居未详。通医理。至正间（1341～1368）撰《痈疽神秘灸经》一卷，永昌杨子成为之作序。此书后经明薛己校补，刊刻于世。今存抄本。[见：《医藏书目》、《中国医籍考》、《中医图书联合目录》]

胡元质 字长文。南宋长洲县（今江苏苏州）人。绍兴十八年（1148）进士及第。初寓临安，孝宗继位（1163），荐为太学正，迁秘书省正字。出守和州、太平、建康。淳熙四年（1177），以荆南知府改授四川安抚制置使，兼知成都府。奏减蜀盐虚额钱，又请免夔路九州民间岁置金银重币，蜀人德之。官至敷文阁大学士，封吴郡侯。晚年致仕归，居苏州南园，杜门自适。年六十三岁卒，赠金紫光禄大夫。胡氏以儒通医，辑有《经效方》（又作《总效方》，疑"总"字讹）十卷，守当涂时，曾锓木郡中，今佚。[见：《宋史·本纪·孝宗》、《宋史·艺文志》、《中国医籍考》、《长洲县志》、《苏州府志》]

胡元懋 清代山东章丘县人。精医术，知名于时。县令严某赠匾奖之，嘉庆元年（1796）给冠带。年九十四岁卒。著有《胎产方脉集要》，未见刊行。[见：《章邱县志》]

胡云波 清代浙江山阴县人。世居昌安门外。祖先世操医业，专精伤寒，名噪浙省。云波为胡氏第六代传人，一生诊务繁忙。子胡荣堂，绍承祖业。[见：《绍兴医学史略》]

胡云翱 明代人。生平里居未详。其父胡子瞻，得葛可久《十药神书》，依书治病，多获良效。云翱继承父志，亦以医术济世。子胡光

霁，亦通医理。祖孙三代活人数百。［见：《中国医籍考》］

胡艺梅 字早春。清代麻州（疑为云南楚雄）人。寓居广东永丰县。精医术，全活甚众，名重于时。年八十余，卒于粤。［见：《永丰县志》］

胡友光 清代福建福州人。精药理，任福州回春堂药店司药。曾制滋补药酒，经名医鉴定，取名"胡公百岁酒"，船工、渔夫竞相购买，远销海外。［见：《中国历代医家传录》］

胡巨瑗 字荫丞（一作荫臣）。清末陕西蓝田县人。精通眼科。悬壶西安，擅以金针拨内障法治瞀，使盲者复明，能书细字，一时咸以绝艺归之。著有《定静轩眼科四种》，包括《开明眼科》、《眼科三字经》、《证验随笔》、《验方汇集》，今存1924年西安艺林印书社铅印本。子胡子衡，擅长西医外科。［见：《续修蓝田县志》、《续修陕西省通志稿》、《续陕西通志稿》、《中医图书联合目录》］

胡少逸 清代浙东人。里居未详。早年习儒，数踬棘闱。适因他事挂误，谪戍洛阳。守分畏法，贫不自给。后寓居城市，唯好借书阅读。雅多技能，尤善岐黄，通内、妇诸科。初，世人鲜有识者。道光壬寅（1842），知县张自植染疾，胡氏诊视，投药即愈。张雅重其术，遂与订交，且为延誉。由是，医名振于洛阳，求治者踵相接，起沉疴无数。曾汇集妇科经验，辑为一书，取"精卫填海"之义，名之曰《精卫集医方》，张自植为之作序，惜未见流传。［见：《重修灵台县志》］

胡少墀 字正麒。清代浙江嘉兴县人。邑名医胡星墀子。继承父学，亦业医。［见：《嘉兴府志》］

胡日成 清代广东四会县下观铺白贯村人。善岐黄术，以医济世。贫者求诊不受谢，且赠以药。凡族人有困，每赖其周急。［见：《四会县志》］

胡曰从 清代安徽徽州人。始迁六安州望江湾，寻迁霍山县。生于世医之家，精岐黄术，悬壶济世。早年习儒，学贯五经。著有《尚书孝经讲义》、《竹兰谱》，还撰有医书数种，散佚不传。［见：《六安州志》］

胡中清 字冰玉。清代河南郾城县人。庠生。博涉经籍，家贫，教塾乡里。中年得痼症，久不愈，遂遍读方脉诸书。始为自疗计，既通其术，乃应人之求，虽奇险之症，应手奏效。

著有《医方独断》、《医学驳误》，未见刊行。［见：《郾城县志》］

胡长泰 清代四川大竹县高滩场人。早年习举业，嘉庆间（1796～1820）赴试不中，遂绝意进取，闭门读书。性好学，凡天文、地理、医学、星相等术，无不通晓。晚年好道，弃妻子，入山静养者数年。年八十余卒。［见：《续修大竹县志》］

胡凤台 号丹山。清代江西广丰县人。精岐黄术，有名于时。［见：《广丰县志》］

胡凤轩 近代陕西蓝田人。居北大街王家巷三号。业医，知名于时。1937年加入西京国医公会，为首届会员。［见：《西京国医公会第一届会员姓名录》］

胡凤昌 字云谷（一作芸谷），号庐叟。清末浙江余姚县人。以医为业，得同乡周邦盛之传，于痧症多有心得，活人甚众。辑有《痧症度针》二卷，刊于同治癸酉（1873）。还著有《保赤心筌》八卷，有抄本存世。［见：《贩书偶记续编》、《浙江医籍考》］

胡凤瑞 清代河南长葛县人。邑名医胡天德曾孙，胡文彪孙。与兄胡应南，继承家学，皆以医术知名。［见：《长葛县志》］

胡勿迷 清代江西武宁县人。精医理，远近知名。与同邑名医李舒相往还，每聚首则辩论医理，务求其是。年七十余卒。胡、李二人曾合著《医理互验》，因家贫未梓。［见：《武宁县志》］

胡文伟 清代四川铜梁县人。以医为业，济人数十载，知名乡里。年八十五岁殁。［见：《铜梁县志》］

胡文采 明代江西庐陵县人。自少勤学，善草书，尤精于医。曾任温县知县，后援例授医官。［见：《庐陵县志》］

胡文炳① 清代陕西合阳县人。生平未详。撰有《幼幼篇》、《折狱龟鉴（注）》等书，今未见。［见：《合阳县乡土志》］

胡文炳② （1860～？）字嵩甫。近代江苏元和人。早年学医于鲍竺生、陈啸梧，精内外两科。兼通西医，曾任苏州医学研究会会员，宣统间（1909～1911）加入中西医学研究会。［见：《吴中名医录》（引《中西医学报》）］

胡文彪 清代河南长葛县人。邑名医胡天德子，继承父学，亦以医显。子胡金章，为武生。孙胡应南、胡凤瑞，皆以医名世。［见：《长葛县志》］

九画

胡文焕 字德甫,号全庵,又号抱琴居士。明代浙江钱塘县人。工诗文,通音律,兼精医理。著有《素问心得》二卷、《灵枢心得》二卷、《香奁润色》一卷。上三书国内未见,据丹波元胤《中国医籍考》,诸书存于日本。胡氏还辑校《医学权舆》、《脉诀》、《太素脉秘诀》、《太素心要》、《食鉴本草》、《内经五脏六腑说》、《寿亲养老新书》等书,又选养生书十二种,刊入《格致丛书》,诸书均存。[见:《医藏书目》、《浙江通志》、《杭州府志》、《中国医籍考》、《中医图书联合目录》]

胡文煜 明代浙江永康县人。邑名医胡墀孙。文煜继承家学,治病多佳效,知名于时。兄胡文震,亦工医术。[见:《永康县志》]

胡文震 明代浙江永康县人。邑名医胡墀孙。绍承家学,亦精医术,治病多奇效。弟胡文煜,与兄齐名。[见:《永康县志》]

胡心河 字海楼。清代四川中江县人。生平未详。著有《温病条辨方脉歌括》,经同邑名医易正聪参订,流传于世,今未见。[见:《中江县志》]

胡引年 明代人。生平里居未详。撰有《金匮要略注》,已佚。[见:《中国医籍考》]

胡以久 字容与。明代江西万安县嘉溪人。家贫力学。赴童试不利,又患疾,遂至黄岩县寻良医。疾愈,师事医者,从学期年,得其术而归。怀济世之心,其兄赠以金,悉购药疗贫。年八十六岁卒。有子三人,皆为庠生。[见:《万安县志》]

胡以节 清代江西赣县章水乡人。精岐黄术,常袖药活人,从无自德之色。人有患难,必多方调护,乡里敬之。[见:《赣县志》]

胡以纯 清代安徽婺源县清华人。邑痘科名医胡廷管子。袭承父学,亦业医。[见:《婺源县志》]

胡允中 明代安徽祁门县人。精医术,知名京师。隆庆二年(1568)正月,太医院医官徐春甫集合各地在京名医四十六人,创立一体堂宅仁医会,胡氏为会员之一。该医会为我国最早之全国性医学组织。[见:《我国历史上最早的医学组织》(《中华医史杂志》1981年第3期)]

胡允祖 明代安徽祁门县人。精医术,知名京师。隆庆二年(1568)正月,太医院医官徐春甫集合各地在京名医四十六人,创立一体堂宅仁医会,胡氏为会员之一。该医会为我国最早之全国性医学组织。[见:《我国历史上最早的医学组织》(《中华医史杂志》1981年第3期)]

胡允熏 字起予。清代安徽婺源县玉川人。自幼习儒,两赴郡试,不售,设馆授徒。兼精医术,擅治痘疹,效如桴鼓,知名于时。[见:《婺源县志》]

胡玉堂 清代安徽歙县人。邑名医胡之熙子。自幼颖悟,过目不忘。绍承父业,亦以医术知名。[见:《歙县志》]

胡正心 字无所。明代四川新都县大鄣人。生平未详。与胡正言合辑《简易备验方》十六卷,今存崇祯四年辛未(1631)十竹斋刻本。又于崇祯五年壬申(1632)辑刻《十竹斋刊袖珍本医书十三种》,今亦存。[见:《中医图书联合目录》]

胡正言 字曰从。明代四川新都县人。生平未详。与胡正心合辑《简易备验方》十六卷,刊刻于崇祯四年辛未(1631),今存十竹斋刻本。[见:《中医图书联合目录》]

胡正宽 号星垣。清代江苏高淳县人。精岐黄术。有医德,凡病家延请,不分贫富皆立往,不受酬谢。[见:《高淳县志》]

胡石壁 字大卿。南宋人。生平里居未详。著有《痘疹八十一论》,今佚。明高武于《痘疹正宗》批评此书曰:"胡氏八十一论,大率宗陈文秀(即陈文中)。第六论云:'不可服升麻汤,以解利矣。'于六十九论云:'大小便不通者,失于解利。'七十三又云:'小儿之病,当先泻矣。'其自相矛盾如此。"清康熙八年己酉(1669),吕鼎调谓胡氏书,遂与宋代闻人规《小儿痘疹论》合编,辑《宋闻胡两先生痘疮八十一论方》一卷,今存抄本,书藏中国医学科学院图书馆,为海内外孤本。[见:《贩书偶记续编》、《中国医籍考》、《中医图书联合目录》]

胡龙友 字宸瞻。清代浙江仁和县人。工诗善医,卖药于市,有韩康之风。其友得危疾,群医束手,龙友昼夜疗治,疾愈始归,无自德之色。喜读《康济录》、《荒政丛书》、《先忧集》诸书,尝曰:"医虽可活人,不若三书,活人更无数也。"[见:《杭州府志》]

胡仕可 字可丹。元代江西宜丰县人。通医术,曾任瑞州路医学教授。撰《本草歌括》八卷(一作二卷),以便初学。原书已佚,明熊宗立曾增补此书,易名《图经节要补增本草歌括》,今上海图书馆存明刻本。按,《国史经籍志》载《本草歌括》八卷,称"任士可"撰,疑误。[见:《补辽金元艺文志》、《补元史艺文志》、《医藏书

目》、《千顷堂书目》、《万卷堂书目》、《经籍访古志》、《本草纲目·序例》]

胡立嘉 字公廷。清代安徽黟县牌楼里人。岁贡生。嗜弈，兼精医术。一日与某氏对局，其家人突至曰："小儿惊风，昏迷不醒，速归。"某氏不知所措。胡氏慨然曰："我通小儿医，与君同去。"遂至其家，诊为风痰，用抱龙丸一颗，薄荷、灯芯为引，以金器煎水调下，过一时许，即清爽如故。病家感激不尽，时人以"仙手佛心"称之。[见：《黟县志》]

胡兰枬 (1735～1791) 字济川，号霁园。清代浙江嘉善县杨庙人。幼习举业，为邑庠案元。善诗文。尤精医理，长于诊切，治病多神效，活人无算。延诊者门庭若市，舟船满浜。著有《医论》、《红杏村诗草》等书，未梓。[见：《嘉善县志》]

胡汉卿 清代安徽黟县学山人。精医术，善摄生，年九十七岁卒。子胡乔相，孙胡舜因，皆精医术。[见：《徽州府志》、《黟县志》]

胡必元 明代安徽池州人。邑儿科名医胡启宗子。绍承父学，亦以医名世。[见：《池州府志》]

胡永平① 明代人。生平里居未详。辑有《明目方》一卷，已佚。[见：《国史经籍志》]

胡永平② 字蝶村。清代山东济阳县西乡胡家庄人。嘉庆四年 (1799) 恩赐岁进士。于医学多有研究。著有《妇人科胎产心法》三卷，刊行于世，今未见。[见：《济阳县志》]

胡民信 明末人。生平里居未详。撰有《痘疹方药全书》，今存嘉庆间 (1796～1820) 抄本，书藏中华医学会上海分会图书馆。[见：《中医图书联合目录》]

胡邦旦 字完初，号法野。明代安徽芜湖县人。先世新安人，擅岐黄业，徙居芜湖。邦旦绍承家学，亦精医术。服食导引，妙通延年之旨。其为医，主补元气，刀圭所至，沉疴立起。晚岁游名岳，遇天台异人，授以真诀，医术精进，四方求医者不惮千里，治无不愈。年九十一岁卒。著有《元气论》、《医方》，行于世，今未见。子胡随龙，亦以医名。[见：《芜湖县志》、《太平府志》]

胡邦达 清代安徽婺源县清华人。精于医。凡寒热虚实，似是而非，以及罕见怪证，人不能疗者，每能著手成春，人皆神其术。治病不受谢，遇贫者施药济之。县令晏公，以"保合

太和"额其门。晚年著《证治类案》，未成编而卒。[见：《婺源县志》]

胡吉士 字祥甫。清代浙江桐乡县人。精医术，擅长疡科，凡疑难险证，无不应手而愈，知名于时，嘉湖士大夫皆器重之。同里举人徐曾龙患背疽，形如覆盂，延请胡氏诊治。胡氏曰："非用劫法不可。"取刀纵横破其疮，嵌以药线，燃火灸之，调治月余而愈。一妇生乳痈求治，胡氏索金戒指一枚，令患者束于食指中节，复自肩至指敷药，告之曰："七日指甲有清水溢出，即愈矣。"果如言而痊，一时有华佗再生之誉。敦笃好善，毕生施济，虽遐迩闻名，而囊无余蓄。相国金文通匾其居曰仁心仁术。康熙甲子 (1684) 胡氏曾校订萧埙《女科经纶》。[见：《桐乡县志》、《女科经纶》]

胡再燧 字沛余。清代安徽绩溪县市东人。精通医术，悬壶济世，颇负时望。[见：《绩溪县志》]

胡有德 清代四川内江县人。曾任衡州知事。兼通医理，善养生，寿至九十七岁卒。[见：《内江县志》]

胡存庆 清末安徽黟县人。生平未详。通医理，著有《中西医学新论》二卷，今未见。[见：《黟县四志》]

胡师韫 〈女〉字韫贞。清代江苏青浦县人。赣州知府胡鼎蓉女。喜诵陶诗，兼通医方。自幼许配侍郎蒋元益之子。年十三岁，未嫁夫亡，终身不别嫁。年六十三岁，卒于家。[见：《青浦县志》]

胡光斗 号又庐，又号青萝庵主。清代浙江山阴县人。以医知名。同治九年 (1870) 著《古今医方合编》二卷，《新方集成》一卷。[见：《中国历代医家传录》]

胡光龙 字云川，号蓼堂。清代浙江杭县 (今杭州) 人。早年习儒，乾隆四十二年 (1777) 举孝廉，授宁海教职。工书善画，通天文地理，兼精岐黄。[见：《中国人名大辞典》、《艺林医人录》]

胡光汉 (1861～1929) 字文伯。近代河北霸县堂二里人。儒医胡清治次子。幼承庭训，研习经脉、医方、本草诸书。稍长，随父出诊。及悬壶问世，声振方圆数十里，每日求诊者踵相接，全活无算。光绪二十八年 (1902) 春，霍乱大作，传染甚烈。胡氏亦罹此疾，吐泻不已。时邻村有郝姓者，一家四口病危，踵门延请，情极恳挚。家人以光汉亦病，劝阻之。光汉曰："倘

全活一家，吾一命何足惜！"立往诊视，途中时吐时泻，蹶而复起者不知凡几。后郝姓全家获痊，乡里感其义行。年六十九岁卒。辑有《经验医方集锦》，今未见。[见：《霸县新志》]

胡光颖 字笔峰。清代四川大宁县人。道光间（1821～1850）增生。学优品端，工于诗书，足迹不履城市。精岐黄术，活人甚众，声振川鄂。[见：《大宁县志》]

胡光墉 （1823～1885） 字雪岩。清末安徽绩溪县人。幼年家贫，无力读书。稍长至杭州钱庄学徒，以干练得器重。咸丰十年（1860），胡氏"得他人钱财，自开钱店，并与官场中人往来"。太平天国间，以粮米资助清军，为浙江巡抚左宗棠器重，命主办浙省钱粮军饷。嗣后，襄助左氏筹军饷，购军火，办洋务，自办阜康钱庄，亦官亦商，遂成江浙豪富。同治十三年（1874），胡氏创办胡庆余堂雪记药店于杭州。广延各地名医，精选古今名方400余首，精制成药，创立自有品牌，产品畅销海内外，与北京同仁堂齐名。光绪三年（1877），胡氏编《胡庆余堂丸散膏丹全集》一书，今存。[见：《中华百年老药铺·杭州胡庆余堂企业史》]

胡光霁 明代人。生平里居未详。胡云翱子。其祖父胡子瞻，获葛可久《十药神书》，依书治病，多获良效。后以书传云翱，云翱传光霁，祖孙三代活人数百。[见：《中国医籍考》]

胡则忠 字心敷。清代江苏青浦县人。诸生。嗜酒工诗，兼通医理。[见：《青浦县志》]

胡廷用 字善志，号南渊。明代浙江人。生平里居未详。太医院御医胡大成玄孙。其家有胡大成旧藏《鸿飞集论》，胡廷用重加编订，序刊于嘉靖三十五年丙辰（1556）。今上海中医药大学图书馆藏有《鸿飞集眼科》抄本，不著作者姓名，或即此书，待考。今日本国立公文书馆内阁文库藏"四知馆杨祥吾"所刊《新编鸿飞集论眼科》（扉页作"太医院传七十二症明目仙方"）一卷，题"胡廷用辑"，即此书。[见：《国史经籍志》、《医藏书目》、《日本现存中国散逸古医籍》]

胡廷训 明代人。生平里居未详。著有《补遗痘疹辨疑全幼录》四卷，刊于万历戊申（1608）。此书国内未见，日本尚存。[见：《中国医籍考》]

胡廷光 字耀山，号晴川。清代浙江萧山县人。随父学医，以伤科知名。曾增订家传《陈氏接骨方》，辑《伤科汇纂》十二卷，今存嘉

庆二十三年（1818）刻本。该书包括伤科理论、人体解剖、手术器械、外科诸证等内容，附以图解、治验，颇具参考价值。[见：《中医图书联合目录》、《历代名医传略》、《浙江医籍考》]

胡廷珅 清末人。生平里居未详。辑有《猘犬录》，刊于宣统三年（1911），今存。[见：《中医图书联合目录》]

胡廷管 字景山。清代安徽婺源县清华人。业医，精小儿痘科。所种之痘，无不全活，声驰歙休两邑。子胡以纯，能世其业。[见：《婺源县志》]

胡先兆 字南垣。清代湖南永定县人。勤奋好学，尤嗜于医，聚历代方书数十种，朝夕研究。屋侧辟小楼，悬三十六葫芦，分贮丹丸于其内，十余年未尝下楼。道光二十九年（1849）大饥荒，瘟疫传染，胡氏出术疗救，全活无算，世称"葫芦先生"。著有《医方济世》十八卷，今未见。[见：《永定县乡土志》]

胡先容 字若谷。清代湖南永定县人。以贡生授教职。性端厚，教子弟甚严，事父母以孝闻。其祖、父皆通《易经》，先容承家学，购易学之书百十种，日读一爻，二十年无间。中年精医理，著有《医方守约》四卷，今未见。[见：《永定县乡土志》]

胡乔相 字廷翰。清代安徽黟县学山人。邑名医胡汉卿子。绍承父业，亦精岐黄，兼通太素脉，临证多奇验。一妇人患痨瘵多年，诸医治之不效，延请胡氏。胡察其脉曰："此传尸痨也，不早治必死。"其家请治，胡氏出八赤毒丸十粒，命作二服。初服腹痛甚，下大蛲虫十余条，长尺余，大如箸，赤首黝背，状如蜥蜴。再服，又下七八枚，但稍小耳。告诫勿食鸡鱼香燥之物，调理数月而愈。胡氏寿至八十五岁卒。子胡舜因，亦以医知名。[见：《徽州府志》、《黟县志》]

胡仲礼 明初西蜀人。徙居仪真县（今江苏仪征）。精通医道，兼擅太素脉，声名极盛。与江都殷裕、广陵丘先容、吴陵刘宗原为友，诸人皆一时名医。永乐（1403～1424）初，都督潭公镇守仪真，仲礼与殷裕以名医召至幕下，遂定居仪真。婿孙某，传承其业。门生殷智，任如皋县医学训科。[见：《仪真县志》、《中医历代名医碑传集》（引罗洪先《念庵文集·故明市隐殷君墓志铭》）]

胡仲伟 字环溪。清代安徽绩溪县龙川人。世代业医，至仲伟亦精，以外科知名。性诚朴，临证谨慎。[见：《绩溪县志》]

胡伦宗 清代江苏吴县周庄镇人。精医术,业小儿科。临证用药,无不奇效,与名医冯燮声名相埒,唯不擅书写医案。[见:《周庄镇志》]

胡华贵 清代四川江油县阴平人。以医为业,知名于时。性慈善,遇贫病辄救治,活人无算。[见:《江油县志》]

胡向先 字乐野。清代安徽太平县人。幼年读书,知大义。及长,精通岐黄,治病不计酬谢。晚岁得异传,医术精进,善以膏药治疾,获痊者甚众,远近赖之。后辈五世业医,犹尊遗训。[见:《太平府志》]

胡向暄 字宾阳。清代湖北汉川县人。恩贡生。精通医术。著有《历代医师考》,今未见。[见:《湖北通志》]

胡庆龙 字潜初。明代安徽婺源县玉川人。初习举业,工诗文。后学医,究心《内经》诸医典,尤精脉理。及以医问世,凡危难之疾,他医束手者,投药辄效,声望日隆。胡氏慕汉董奉之为人,诊病不受馈谢。尝结舍于屏山,植梅满谷,吟啸其间。大参汪尚谊,书其楣曰罗浮清隐。曾北游辽蓟,适朝鲜告急,胡氏随军治疗将士,屡奏奇效。总督邢尚书授以把总,力辞。[见:《婺源县志》、《徽州府志》]

胡庆容 字定中。清代四川峨边县沙坪场人。以医知名。四川总督吴棠,奖以“寿世中和”匾额。[见:《峨边县志》]

胡兴周 清代安徽黟县城北人。邑名医胡新楫子。与兄胡佩丹,皆绍传父业。[见:《黟县三志》]

胡守益 字仰周。清代江苏长洲县人。通医理。道光十三年癸巳(1833)参校周扬俊《金匮玉函经二注》。[见:《金匮玉函经二注》]

胡如翁 宋元间天台县(今浙江天台)屯桥乡人。南宋殿前都总管胡宗冕曾孙,胡麟子。有诗赋才,气岸超迈。性嗜医学,知名于时。宋亡,宫廷御医多退居田里,如翁好结交名流,悉延致于家,讲求虚实补泻之法。其子胡德完(1308~1383)正值少年,乃命之听讲,诸医授以望闻问切之法,德完亦成名医。[见:《浙江通志》、《中国历代名医碑传集》(引徐一夔《始丰稿·杏所翁墓碣》)]

胡芳仲 清代安徽徽州人。随父寄籍宿州。名医胡应亨子。绍承家学,亦业医。[见:《宿州志》]

胡克久 清代山东费县人。幼年丧父,刻苦读书。嘉庆(1796~1820)初,连年荒歉,其兄弟皆出外谋食。克久因母病,绝意仕进,教馆以奉养,邑中士子多从学。晚年深于医学。著有《一囊春》三十卷,未见刊行。[见:《费县志》]

胡克明 元代浙江天台县人。精通医术,起废生死,不可胜计,名噪于时。著有《脉经》,流传于世,今未见。[见:《台州府志》]

胡克斋 清代江苏丹徒县人。世医何锡申之婿。得岳父传授,亦业医。[见:《何氏八百年医学》]

胡杏墩 清代安徽黟县人。博览群书,间涉医学。尝汇集经史子集、笔记小说中关于医药者,编《杏墩日钞》十六卷,朱需为之作序。此书今未见。[见:《黟县志》]

胡希恕 (1899~1984) 原名禧绪。现代辽宁沈阳市人。蒙古族。名医朱茀门生。精通中医内科,行医数十年,以善治肝病、胃病、喘证闻名。1956年任教于北京中医学院,历任教师、教授、附属东直门医院学术委员会顾问。胡氏长期从事中医教育,诲人不倦,培养中医人才甚多。晚年多病,仍著书立说,先后编撰《伤寒论释义》、《金匮要略释义》、《经方方证题解》诸书,并发表《论辨证施治》、《基于仲景著作的研究试谈辨证施治》、《哮喘治疗经验》等论文。[见:《北京中医药大学校志》]

胡应亨 字旸谷。清代安徽徽州人。寄籍宿州。精通医术,自《黄帝内经》至历代医籍,罔不详究。著有《伤寒辑要》、《杂症脉诀》,今未见。子胡芳仲,克承先业。[见:《宿州志》]

胡应南 清代河南长葛县人。邑名医胡天德曾孙,胡文彪孙。与弟胡凤瑞继承家学,皆以医知名。[见:《长葛县志》]

胡怀国 明代上海县人。著名书法家胡维璧孙,胡训子。精医术,知名于时。[见:《松江府志》]

胡良夫 清代浙江嘉兴县人。邑名医胡星墀孙,胡少墀子。绍承家学,亦精医术。[见:《嘉兴府志》]

胡启宗 号明旸。明代安徽池州人。本棠溪柯氏子。以医术知名,尤精小儿科。治病多奇效,户外之屦常满。子胡必元,传承父业。[见:《池州府志》]

胡启敬 字秋帆。清代四川崇庆县人。邑名医胡肇虞子。幼年习儒,为庠生,颇有文名。中年研究医理，以《伤寒论》为主，兼取宋、元以降名家方论。及悬壶问世，凡疑难之证，时医不能疗者，投一二剂多愈。视其方，不出仲景成法，或借用他方，略事加减，平平无异，而收效多奇。晚年教授弟子，每五日聚会，各举所治，互相探究，久之，辑为《医会纪要》六卷，行于世，今未见。[见：《崇庆县志》]

胡证源 清代海盐县通元人。邑名医胡南湘次子。绍承父学，亦精医术。[见：《海盐县志》]

胡纯甫 清末江苏松江人。精外科，为光绪间（1875～1908）名医。[见：《中国历代医家传录》（引《松江医药杂志》）]

胡青崐 清代人。生平里居未详。著有《跌打损伤回生集》三卷，今存咸丰六年丙辰（1856）江西李仰奎堂刻本。[见：《中医图书联合目录》]

胡其重 字易庵。清代安徽歙县人。早年习儒，自髫年即嗜岐黄之学，久之通悟医理。著有《急救危证简便验方》（又作《简便至宝》）二卷，今存康熙三十四年（1695）李忱刻本。还著有《医门博要》，未见传世。[见：《中国医籍考》、《中医图书联合目录》]

胡杰人 字芝麓，号指六异人。清代浙江余姚县人。工诗善弈，兼通医术。著有《霍乱转筋医商》，今存同治三年（1864）刻本。又撰《本草征要》、《本草别名》、《针灸辑要》，今未见。医书外，尚撰有《赛竹楼杂作》等。[见：《余姚六仓志》]

胡松涛 清末浙江山阴县下方桥人。精通医术。同治间（1862～1874）悬壶苏州，知名于时。其《医案》大多散佚，仅有数则收入《古今医方合编》。[见：《中国历代医家传录》（引《古今医方合编》）]

胡尚礼 字景初。清代江苏仪征县人。世医胡伦子。赋性简默，处事淳谨，博通典籍，兼善楷书。父命读岐黄诸书，嘱曰："吾家传，通医必先通儒为本。理不明，安悟诊视之奥？"尚礼遵父训，能识奇证，活人甚众。重医德，凡救人之急，寒暑跋涉不辞。年七十余，耳既聋，尚手不释卷。著有《素问注》、《胡氏医案》，未见传世。[见：《仪真志》、《仪征县志》]

胡国棠 字召树。清代江西万年县人。以医为业，专擅幼科。得"外五行"秘传，一望而知生死。其治病或依成方，或出己见，率一投即效。康熙四十年（1701）悬壶于双峰朋来馆，遇急症延请，闻讯即赴，应若救焚。平生事母至孝，夫妻亦相敬如宾。著有《一见了然》若干卷，未见流传。同邑刘诚，亦业医，与胡氏齐名。[见：《万年县志》]

胡国颐 字养和。清代湖南嘉禾县富乐乡石燕人。素习岐黄，以和厚笃诚知名。重医德，富者不计酬，贫者赠以药。虽远乡邀诊，深夜必返，恐有急症求医无人应诊。县令沙起贤敬其为人，赠"卢扁真传"匾额。年逾八十岁尚在世，人称隐君子。子胡绍淮，为庠生。[见：《嘉禾县图志》]

胡明怀 清代人。里居未详。早岁学医，后入长乐名医陈念祖（1753～1823）门下。[见：《伤寒论浅注·跋》]

胡明良 清代湖北沔阳人。精医理。贫者延诊不受谢，并代出药资。道光十年（1830）岁歉，出其积蓄，以赈贫乏，乡里德之。[见：《沔阳州志》]

胡和周 字幼瀛。清代浙江鄞县人。通医术，为名医徐圆成关门弟子。[见：《中国历代医家传录》（引《毓德堂医约》）]

胡季堂 清代人。生平里居未详。辑有《急救方》，今存乾隆三十八年癸巳（1773）淮安府刻本。[见：《中医图书联合目录》]

胡佩丹 清代安徽黟县城北人。邑名医胡新楫子。与弟胡兴周皆绍传父业。[见：《黟县三志》]

胡佩绅 字缙庵。清代江苏江都县人。以医济世，知名于时。[见：《江都县续志》]

胡金城 字德凝。清代浙江嘉兴县人。弃儒业医，有名于时。重医德，尝谓："病者求方，势必万不得已，延请必立往。"胡氏曾创制成药肺露，治咳嗽上气甚效。著有《医要便读汤头歌诀》二卷，附《医药便读》、《珍珠囊指掌》二书于其后，今存道光十九年（1839）问心书屋刻本，题"胡德凝撰"。子胡春田，亦精医术。[见：《嘉兴县志》、《嘉兴府志》]

胡金相 字秋帆。清代安徽潜山县人。生平未详。著有《医门奇验》（又作《胡氏医案》）四卷，刊于光绪二十年甲午（1894），今存。[见：《中医图书联合目录》、《贩书偶记续编》]

胡金章 清代河南长葛县人。邑名医胡天德孙。绍承家学，亦精医业。[见：《长葛县志》]

胡学本 字绍基。清代安徽黟县旧庵人。嗜医学，通明本草，兼习太素脉。道光十一年辛卯（1831），疫疠流行，求诊者踵至，胡氏购药以济贫病，多获佳效。年八十余殁。子胡天养，绍传父业，亦精医术。[见：《黟县三志》]

胡宝书 清代浙江绍兴人。精医术，善治时病。著有《校正药性》、《伤寒十八方》，今未见。[见：《绍兴地区历代医药人名录》]

胡宗仁 字彦德。明初武进县（今属江苏）人。元末常州路医学录胡祯子。传承家学，医术益精。其妻李氏，亦知医。[见：《医学入门·历代医学姓氏》]

胡宗升 字旸谷。清代安徽黟县城内人。少读诗书。父早卒，因家贫弃儒学医。熟读《脉诀》、《本草纲目》诸医书，遂以医鸣，官本邑医学训科。歙县兄弟二人就诊，兄病重乘肩舆，弟步行相随。胡氏诊二人之脉，谓兄曰："君脉沉细，是风寒内闭，误食油腻滞气之物，致脏腑不舒，脾胃失调，不过二剂愈矣。君弟面目青浮，肝气已败。刻下无妨，来年春气动，肝木司令，虽有良医，亦难著手矣。"弟不信，次年果如言而亡。知县王公雅重胡氏之术，赠以"济世春台"匾额。[见：《徽州府志》、《黟县志》]

胡宗鹤 清代人。生平里居未详。著有《养生杂录》一卷，约撰于康熙二十七年（1688）。今存清代抄本，书藏中国中医科学院图书馆。[见：《中医图书联合目录》]

胡建之 清代河南长葛县人。精医理。平素药囊随身，凡病家延请，以药对症，探囊予之。[见：《长葛县志》]

胡承业 字开泰。清代贵州黎平人。岁贡生。性简静，精医术。著有《刀圭摄要录》六卷，今未见。[见：《黎平府志》]

胡承德 清代四川广安州花桥人。家境贫寒。通晓医术，尤精骨科。生性木讷，寡于言笑，初为乡人所轻。同邑某不慎坠跌折骨，伤甚重。承德往治，顷刻间化险为夷，人始重其术。咸丰间（1851～1861），花桥乡牧童周八仙折断右臂，昏不知人，家人皆以为不可救。承德至，先取细瓷片刺去伤处瘀血，喷以药水，敷以金创膏，复用柳木板夹护，月余而愈，活动自如。所治类此者甚多，有妙手回春之誉。胡氏声名日隆，终不图利，尽心疗贫，至冬月仍着单衣，人皆高其义行。[见：《广安州新志》]

胡绍昌 字思齐。清代江苏金山县朱泾镇人。邑名医胡洵龙子。传承父业，亦以医名。[见：《金山县志》]

胡绍泉 清初浙江鄞县人。精医术，专擅儿科。与同邑儿科名医沈恒川齐名。[见：《宁波府志》、《鄞县志·李珽》]

胡绍寅 清代河南渑池县人。医学训科胡锦堂曾孙。继承祖业，亦精医术。[见：《中州艺文录》]

胡绍棠 （1902～1950）号子丹。现代浙江兰溪县孟湖人。三世业医，以疡科著称。胡氏对《医宗金鉴》、《疡医大全》钻研极深，绍承家学，兼取各家，多独到见解。临证善治骨疽、瘘疾诸症，兼通喉科，名噪于时。治病每施刀针，时称刀针派。又创制外科验方三品一条枪，屡用屡效。重医德，遇贫病赠以丸药，全济甚多。各界推重其术，赠"第二华佗"、"喉科圣手"等匾额。[见：《兰溪市医学史略》]

胡绍裘 清代江西弋阳县人。邑庠生。精通医理。施药活人，不辞晨夜，不避寒暑，疾瘳不受谢。平生轻财重义，凡利于人者，先为之倡，乡里敬重之。[见：《弋阳县志》]

胡奏肤 字硕公。明末山阳县（今江苏淮安）人。崇祯间（1628～1644）诸生。工诗擅书，兼精医学。[见：《山阳县志》]

胡春田 一作胡青田。清代浙江嘉兴县人。邑名医胡金城子。绍承父业，尤善治疫。有医德，凡贫窘者求方，不索酬报。著有《医要便读》八卷，廉访使朱其镇为之作序。按，今有《医要便读汤头歌诀》二卷存世，书后附《医药便读》、《珍珠囊指掌》二书，题"胡德凝撰"。疑《医要便读》八卷乃胡春田增补父书而成。参见"胡金城"条。[见：《嘉兴县志》、《嘉兴府志》]

胡春生 字夏昌，号赤岸。明清间江苏甘泉县人。崇祯（1628～1644）末年，隐于医。善绘水墨山水。著书数百篇，未见流传。[见：《甘泉县志》]

胡荣堂 字少波。清代浙江山阴县人。世居昌安门外。胡云波子。胡氏世代业医，以擅治伤寒知名浙省。荣堂为胡氏第七代传人，名重于时。[见：《绍兴医学史略》]

胡南金 明代人。生平里居未详。曾删订《伤寒论编》七卷，已佚。[见：《医藏书目》]

胡南湘 清代浙江海盐县通元人。精医术，知名于时。次子胡证源，绍承父业。[见：《海盐县志》]

胡柳堤 清代浙江吴兴县乌镇人。寓居昆山县。早年从崇川（今江苏南通）茅先生游，得种痘藏苗之法，遂以痘科名世。种痘之难，在于藏苗，新制痘苗逾旬日即不可用，胡氏得师秘授，深明藏苗秘术，施用奇效，声名远播。曾为新阳名医潘道根之孙种痘，潘氏推重其学。胡氏著有《种痘藏苗揭要》，述痘苗封护、择用、视症辨治甚详，潘道根为之作序。此书细述我国人痘接种术，惜未见流传。[见：《昆山历代医家录》（引潘道根《隐求堂日记节要》）]

胡树东 字湘吾。清末广东罗定州柑园人。光绪间（1875～1908）增生。精医术，知名于时。兼工绘画，擅长梅菊。曾著《六经治症解》，是书以表、里、寒、热类分诸症，以发、解、和、攻、救五法论治。今未见。[见：《罗定志》]

胡树勋 字敬旃，号忍庵。清初江苏昆山县蓬阆镇人。监生，候选县丞。精医理，好善乐施，遇贫病不受酬，反助以药资。曾建亭、掘井于道旁，夏月煮茶，以饷行者。晚年习导引服气之术。年七十八岁卒。[见：《昆新两县续补合志》、《昆山历代医家录》（引张潜之、潘道根《国朝昆山诗存·胡树勋小传》）]

胡省三① 清代河南渑池县人。医学训科胡锦堂孙。绍承家学，亦精医术，知名于时。曾任医学训科。[见：《中州艺文录》]

胡省三② 清末江苏昆山县人。通医术，为青浦名医何长治门生。[见：《何鸿舫医方墨迹》]

胡星煌 字简勋，号南垣。清代江西义宁州武乡带溪人。笃实端方，行止不逾礼法，乡人见之起敬。清贫积学，屡困场屋。旁精《素问》之学。著有《医林论治》等书，道光元年（1821）失火，悉为灰烬。后重行集订，卷帙如初，今未见。年八十六岁卒。[见：《义宁州志》]

胡星墀 字通勋，号晋仙。清代浙江嘉兴人。精医术，初业疡科，继专内科，尤擅治时病。与吴县曹存心相友善。晚年辑《斑证汇参》、《痢证汇参》二书以课子弟。子胡少墀，孙胡良夫，外孙朱斐君，皆得其传。[见：《嘉兴府志》]

胡思如 清代江苏金山县朱泾镇人。精内科，与同邑名医胡皋如齐名，时称"二胡"。子胡羲池，亦以医知名。[见：《金山县志》、《朱泾志》]

胡思孝 字仰山。清代江苏川沙县长人乡人。为人诚朴。以医问世，精通内科。治疾不计酬，延请即往，往必步行。遇贫病，常却其诊金。曾手抄医书数种，兵燹后失而复得，今未见。[见：《川沙县志》]

胡钟粟 字宝田，号西畴。清代江苏昆山县蓬阆镇人。精医术，为嘉、道间（1796～1850）当地名医。[见：《昆山历代医家录》（引唐彦槐、胡开泰《蓬溪风雅集》）]

胡钦止 字祖行。清代浙江海盐县人。本邑推拿名医胡穰园子。绍承父学，亦以医名。[见：《海盐县志》]

胡重礼 明初仪真县（今江苏仪征）人。以医名世，尤嗜太素脉。有久疟不止者求治，重礼察其脉，曰："此疟母也，非百剂不愈。"病者服药至半中止，而病未瘳。他日就孙姓医求治，孙医曰："继服五十剂乃可。"如其言而愈。孙医即重礼之婿，受业于岳父。[见：《医学入门·历代医学姓氏》、《仪真县志》]

胡修鉴 字镜如。清末浙江镇海县人。主持养正学校教学有年。平时喜研究医学，于伤寒证治尤有心得。[见：《中国历代医家传录》（引《退思庐医学四种·严鸿志序》）]

胡剑华 字子钰。近代安徽黟县人。生平未详。著有《伤寒论新注》四卷，今存1930年上海宏大善书局石印本。[见：《中医图书联合目录》]

胡炳元 字杏庄。清代江苏如皋县人。国学生。自幼聪慧嗜学，两战不捷，投笔叹曰："吾怀济世之心，而志不遂，命也。"弃儒就医，精通脉理，前后活人无算。年八十二岁卒。子胡联枸、胡联奎、胡联庚、胡联珠，皆有声庠序，联珠传承父业。[见：《如皋县续志》]

胡洵龙 字霖生。清代江苏金山县朱泾镇人。善抚琴，尤工医术，知名于时。子胡绍昌，传承父业。[见：《金山县志》]

胡济全 字成章。清代四川简阳县普安保人。业儒不就，学医于李盈统。与同里名医曾长晟为莫逆交，得其指点门径。及悬壶问世，著手成春，尤精妇、儿两科。小儿脐风俗称"七朝风"，多难救治。胡氏于此症得方外秘传，师命誓守秘密，后试之果效。因思："施药有限，不如传方普济。即遭咒誓，弗计也。"遂印其方遍传之。该法以地黄连、马蹄草各一勺，凡小儿生下，不论有无风邪，皆以此药嚼烂，是男则取生女婴者乳汁，是女则取生男婴者乳汁调药，炖温，贴儿脐上，二三次即保平安。胡氏既刊此方，全活小儿颇众。寿至六十七岁卒。著有《临证要诀》一卷，今未见。[见：《简阳县志》]

胡宪丰 字骏宁，号玉海。清代浙江山阴县人。生平未详。曾校订车宗辂《伤寒第一

书》四卷，刊于乾隆庚子（1780），今存。[见：《伤寒第一书·序》、《贩书偶记续编》、《中医图书联合目录》]

胡祖望 字庭芳，号西口。清代江苏奉贤县胡村人。性沉静，自幼潜心读书。年弱冠，补诸生。中年授徒乡里，规行矩步，取与不苟。精史学，喜读岐黄家言，手自评纂。年四十二岁殁，鬓发尽白。[见：《奉贤县志》]

胡祖霖 字漳南。清代江苏奉贤县胡村人。迁居三官堂。正直慷慨，勇于为善，尤乐助人。精医术，遇贫病赠以药资。年七十八岁卒。[见：《奉贤县志》]

胡统虞 字孝绪。明清间湖南武陵人。崇祯十六年（1643）三甲第一百四十名进士。潜心理学，通兵法，旁及医学。明末遭国变，被执不屈。顺治间起用，官至秘书院学士。[见：《中国人名大辞典》、《明清进士题名碑录索引》]

胡泰勋 清代湖北罗田县人。业儒，通经史，兼习武术。其家促应试骑射，入武庠，非本志也。后潜心医学，穷极内外方脉。凡贫病求诊，皆乐医治，治则痊愈，率无所受。著有《药性述要》，教人防病治疾之法，为士林所传诵，今未见。[见：《罗田县志》]

胡恭安 原名献琛，字子淮。清代河南正阳县范庄店人。优增生。自幼嗜学，弱冠入庠。中年因家贫教塾为业。年六十三岁卒。旁通医理，著有医书，未能传世。[见：《正阳县志》]

胡振祜 字保之。清代安徽怀宁县人。精医术，有名于时。[见：《怀宁县志》]

胡致中 清代贵州大定县人。温雅明敏，师事名医张一阳，尽得其传。悬壶济世，名满郡县。诊脉辨方精细，不持两可之说，故立方无不立验。尝语人曰："方脉之书汗牛，一病之主治至数十，倘不精密，即可寒热反施，因此杀人，尚不自认为庸，佻然以本方自命，则又庸医之尤者也。"重医德，贫者求治不取诊金，且施以药，人皆敬之。著有《保幼集》一卷、《外科治法》一卷，今未见。[见：《大定县志》]

胡皋臣 清代江苏金山县人。精医术，凡疑难杂证，人莫能辨者，投药即安，远近称神手。[见：《金山县志》]

胡逢辰 元初人。里居未详。业儒，兼精医术。至元甲午（1294），官昌国州（今浙江定海）医学正。[见：《金元医学人物》（引《昌国州图志》）]

胡悟玄 明代人。生平里居未详。著有《延寿奇方》一卷，已佚。[见：《医藏书目》]

胡海鳌 清代江苏盐城县人。著有《医学举隅》十六卷，包括《诊断方针》、《药物禁忌》、《市药须知》、《囊中药》、《陈修园狂妄略》、《医评》、《外科辨证录》、《评方录》、《伤科急救方》、《见闻录》、《经验丛谈》、《经验方案》，刊刻于世，今存。还著有《启明实录》十三卷，今未见。[见：《盐城县志》、《续修盐城县志稿》、《中医图书联合目录》]

胡润川 清代安徽绩溪县人。三世行医，继业尤精。重医德，遇贫病送诊送药，活人甚众。著有《医学锦囊》、《伤寒辨微》、《女科临证指南》诸书，今未见。同县周汉云、石上锦、余道溥，并以医术知名。[见：《重修安徽通志》]

胡宾阳 清代安徽绩溪县人。精医术，以妇科知名。子胡裕宾，绍承父业。[见：《绩溪县志》]

胡恕侯 清代四川三台县人。精医术，知名于时。某人病七日，忽头摇身战，胸中大烦，势不能支。胡氏诊其脉曰："此主胜客负，正气将胜，而邪气将退之机。昔仲景所谓'七日战汗而愈'，正此谓也。勿药，只须静以待之。"有顷，果大汗出，脉静身凉而安。[见：《三台县志》]

胡梦祖 字又岐。明代安徽全椒县人。性端谨，精医术，全活甚众。曾任礼部医官。年八十七岁，预知死期，端坐而逝。子胡以智，为名儒。[见：《全椒县志》]

胡梦龄 字斗山。清代安徽黟县人。增生。早年习儒，工诗画，尤精医术。石埭、太平两县疫作，胡氏出术治疗，遇贫病赠以药，全活甚众。年六十九岁卒。[见：《黟县志》]

胡崇俊 字友交。清代安徽婺源县清华人。壮健有胆识，得异人传授接骨秘术，遂以伤科知名。治病不计诊酬，活人甚众。[见：《婺源县志》]

胡得勤 元代人。里居未详。曾任成和郎同金太医院事。后至元三年（1337），名医危亦林撰《世医得效方》十九卷，由江西医学提举司送太医院审阅，胡氏与同僚参与其事。至正五年（1345）此书刊刻于世。[见：《世医得效方·太医院题识》]

胡清治 （1842～1907） 字可均。清末河北霸县堂二里人。太学生。早年习儒，兼精岐黄，因家道中落，悬壶于市。性慈善，病家延诊往往不俟车马，徒步数十里赴救，遇贫困者施以药。光绪二十八年（1902）霍乱流行，时胡氏年迈多病，不顾家人劝阻慨然出诊，全活甚众。一日出诊伤足，肿痛甚剧，当夜复有求医者，子孙劝其以伤病谢绝。胡氏曰："此病非等闲，人命至重也。步履虽艰，忍坐视乎？"遂带伤出诊。光绪三十三年殁，享年六十六。子胡光禄、胡光汉，光汉以医著称。［见：《霸县新志》］

胡清涛

清末河北新城县双堂镇人。京师医局医官胡镇东子。传承家学，亦通医道。曾考授太医院医士。［见：《新城县志》］

胡随龙

明代安徽芜湖县人。世医胡邦旦子。绍传家学，亦以医术知名。［见：《芜湖县志》、《太平府志》］

胡维中

清代江苏金山县人。精医术，知名于时。甥吴澄，绍传其业。［见：《金山县志》］

胡维迈

清代安徽黟县城北人。早年业儒，为庠生。兼精医术，知名于时。子胡新楣，医名益噪。［见：《黟县志》］

胡联珠

清代江苏如皋县人。儒医胡炳元子。早年习儒，为庠生。传承父学，亦以医术著称。［见：《如皋县续志》］

胡朝臣

字敬所。明代浙江会稽县人。嘉靖二十六年（1547）二甲第八十三名进士。曾任奉政大夫通政使司右参议。兼精医理。因仲景《伤寒论》文义古奥，不易卒读，遂撰《伤寒类编》七卷，刊于嘉靖四十三年甲子（1564）。此书国内未见，曾流传日本。［见：《中国医籍考》、《绍兴医学史略》］

胡朝纲

号寄庐。清代安徽婺源县人。其父胡敏艺，为国学生。朝纲自幼习儒，亦为国学生。兼通医理，知名于乡。著有《医学备要》、《幼科新编》、《寄庐诗钞》，今未见。［见：《婺源县志》］

胡朝瑜

字言夏。清代安徽黟县西川人。幼从塾师习儒，初不知用功，师督责之，数年间研虑殚思，豁然解悟。年十六岁入县庠。后治医学，博览百家，尤推崇明代张介宾，治病多著奇效。当时名医胡佩丹、王远音等，皆钦佩胡氏之学。［见：《黟县三志》］

胡辉屏

清代四川大足县大堡场人。以医为业。其子病头痛如斧劈，晨发午退，日以为常。投以小柴胡汤，不效。后延请同邑李建昂诊视，李曰："病在肝而不在胆，服小柴胡不愈

者，以半夏之故也。"照方去半夏服之，豁然而愈。［见：《重修大足县志》］

胡最良

（1854～1932）字大祥。近代江苏无锡人。世业针灸，至最良已历三世。行医五十年，以善治时令病著称。又工于小儿推拿，疗效显著，远近求治者甚众。［见：《无锡胡最良先生针灸学术经验简介》（《江苏中医》1963年5月号）］

胡景勋

元代人。里居未详。曾任岭北行省省医。至顺元年至二年（1330～1331）与省医李贵、武舜谦，和林惠民局良医杨仲文，参与修建内蒙古和林格尔三皇庙。［见：《金元医学人物》（引李文田《和林金石录·和林三皇庙残碑文》）］

胡景虞

字姚墟。清代山西长子县人。岁贡生。性敏博览，通勘舆，尤精医术。凡造门礼请，无不赴治，未尝索谢。［见：《山西通志》］

胡舜申

宋代人。生平里居未详。著有《阴阳备用》十二卷，已佚。［见：《世善堂藏书目录》］

胡舜因

清代安徽黟县人。邑名医胡乔相子。绍承父学，亦以医名。［见：《徽州府志》、《黟县志》］

胡就矩

字仲规。元代人。生平里居未详。通医理，曾任镇江路医学正。［见：《镇江志·学职》］

胡赓和

清代江苏华亭县人。精医术，知名于时。同时以医称者有高鉴、何大川、施太初等。［见：《松江府志》］

胡善述

字懋游。清代江苏崇明县人。精通医术，临证多效验。［见：《崇明县志》］

胡道士

佚其名。北宋九江（今江西九江）人。道士。学医于名医庞安时，颇得其术。为人治疾，不志于利，而得善书、古画则喜不自胜。苏轼重其医术，每以病延请，辄作行草数纸赠之。［见：《东坡志林·参寥求医》］

胡道周

清代浙江钱塘县人。邑名医胡珏子。绍承父学，亦业医。殁于乾隆（1736～1795）初叶。［见：《扁鹊心书·王琦跋》］

胡翔凤

字守先，号爱吾。清代安徽婺源县清华人。岁贡生。自幼笃志力学，入泮后，每试辄优等。赴秋闱不售，绝意仕进。课徒为业，门生多蜚声庠序。性豪放，重气谊，时以诗酒自娱。后母病，慨然叹曰："为人子不可不知医！"自此究心医理。著有《本草歌》、《医学蠡测》若干卷，今未见。［见：《婺源县志》］

胡裕宾 清代安徽绩溪县人。邑妇科名医胡宾阳子。绍承父学，亦精医业。[见：《绩溪县志》]

胡颖千 字天赐。清代江苏宝山县杨行镇人。诸生。精医术，尤擅痘科，能治人所不治。著有《痘科摘锦》，未见刊行。子胡大经，传承父学。[见：《宝山县志》]

胡虞祥 字云卿。清末浙江余姚县人。诸生。少时善病，立志习医。慕常熟名医余景和之名，从之游。余氏不轻授徒，独喜虞祥，尽以术传之。虞祥既得师授，复研究《内经》以下诸名医之书，独有见解。及以医问世，疗病多奇中，能预决生死于数月之前。后悬壶沪上，宿疾复发，足痿，犹卧床应诊，户外求治者常满。病中作《感怀诗》云："归期枉自卜金钗，病骨支离瘦似柴。惆怅夜阑人静后，秋虫吊月泣空阶。"病剧还里，抵门则气息奄奄，殁于家。[见：《余姚六仓志》]

胡嗣超 字鹤生。清代江苏武进县人。生平未详。撰有《伤寒杂病论》十六卷，今存道光二十七年丁未（1847）海隐书屋刻本。[见：《中医图书联合目录》、《贩书偶记续编》]

胡嗣廉 明代山东济南府人。精医术，官德府良医所良医。早年获无名氏《加减灵秘十八方》一卷，以其切于实用，遂重加编校，刊刻于嘉靖十七年（1538），今存。[见：《国史经籍志》、《四库全书总目提要》、《中医图书联合目录》]

胡锡鼎 字永祚。清代湖北广济县人。世为儒医。生平以施济为事，凡抱病求治者，不辞其劳，病愈不求谢。年八十七岁卒。[见：《广济县志》]

胡锦堂 清代河南渑池县人。精医术，官医学训科。孙胡省三，传承父业。[见：《中州艺文录》]

胡锦鸾 字左卿。清代湖南永州人。受业于名医徐圆成。[见：《中国历代医家传录》（引《毓德堂医约》）]

胡筠青 清末江苏宜兴县人。邑名医余景和（1847～1909）门生。曾整理余氏手稿，名曰《余注伤寒论翼》，刊于世。[见：《吴中名医录》、《余听鸿先生传略》（《江苏中医》1958年第2期）]

胡新楫 字桂为。清代安徽黟县城北人。儒医胡维迈子。府学生。绍承父学，亦精医术，以儿科著名。祁门县中庄方氏少年患疾，众医束手，延请胡维迈诊治。时维迈有疾，命新楫应诊。新楫至中庄，见病儿书案上滴水狼藉，闻之皆醋，遂穷询病因，知群儿戏赌饮醋，过食致病。即取姜汁饮之，一剂而起。方氏大喜，彩舆鼓吹送归，是年新楫甫十五岁。此后悬壶济世，行道数十年，活人不可计数。年近八旬，老病好静，遂隐居广安寺，而求治者络绎不绝。又移居林历山，虽层崖峭壁，求诊者绳牵而上。乃喟然曰："吾仍还家，死而后已。"嘉庆（1796～1820）末，以高寿终。子胡佩丹、胡兴周，皆传父业。[见：《黟县三志》]

胡慎柔 （1572～1636） 法名住想（一作住思），号慎柔。明末毗陵（今江苏常州）人。本儒家子，幼年寄养僧舍，及长，削发为僧。素好读书，凡佛乘、经史无不研览。因过劳患瘵疾，几至不起。闻名医查万合悬壶荆溪（即江苏宜兴），乃慕名求治，年余病愈，遂师事之。苦习十余年，学识过于乃师，查氏复荐之于业师周慎斋（即周震）。胡慎柔随周氏应诊，得师口授则笔录之，久之医术精进。与查氏门生薛理还友善，薛以所辑查万合验案、秘方赠之，遂尽得周、胡之学。技成归里，所治皆获佳效，求诊者应接不暇。性好施予，虽日人不下数金，而清贫如昔。吴江县令熊鱼山夫人患奇恙，迁延六七年，久治不愈。崇祯三年（1630）延请胡氏诊视，以六剂奏效，一时缙绅士大夫皆服其神明。自此，往来于吴会间，居家之日甚少。崇祯九年卒，时年六十五岁。著有《慎柔五书》五卷，门人石震刊刻之，今存。[见：《慎柔五书·慎柔师小传》、《武进阳湖县合志》、《中医图书联合目录》]

胡慎庵 明末湖北黄州人。名医李时珍外孙。究心医道，私淑薛立斋之学。曾宦游慈阳，遇闽中萧京，萧氏患梦遗疾，百治莫瘳。胡氏应邀诊治，三月获痊。萧京遂师事之，得其指授，后以医著称。[见：《轩岐救正论·自序》]

胡溥源 字静泉。清末人。生平里居未详。曾任太医院七品吏目。[见：《太医院志·同寅录》]

胡静斋 （1891～1960） 现代安徽绩溪县人。精通外科，悬壶兰溪二十余年，名医室曰太乙堂，声噪于时。1929年加入兰溪中医公会。侄胡品瑜，得其传授。[见：《兰溪市医学史略》]

胡毓秀 清代河南信阳县人。生平未详。著有《伤寒论集注折衷》七卷，今存1937年信阳义兴福印书馆铅印本。[见：《信阳县志》]

胡肇虞 清代四川崇庆县人。精痘科，贫病求治，不索其酬。子胡启敬，传承父学。

[见：《崇庆县志》]

胡翠岩 明代浙江杭州人。精医术，以针灸知名。海盐县贺岳，得其传授。[见：《海盐县图志》]

胡增彬 字谦伯。清代梁安（即安徽绩溪）人。生平未详。辑有《经验选秘》六卷，今存同治十年（1871）胡氏翰文斋刻本。[见：《中医图书联合目录》]

胡镇东 字骏声。清末河北新城县双堂镇人。邑名医胡平章子。幼习举业，师事名儒王嵒，为光绪间（1875～1908）岁贡生。因亲老弃科举业，专攻岐黄之书，博览精思，治病多奇效。曾挟技游京师，为诸公卿所器重，享誉于时。庚子年（1900），户部、工部奉旨开办京师医局，胡氏以两部堂官之荐入局。光绪三十二年（1906）因户部尚书张百熙、工部尚书陆润庠之荐，补盐大使。辛亥年（1911）归乡，远近求医者踵相接，不分贫富皆为诊视，不受馈赠。年七十六岁卒，乡里妇孺皆哭之。子胡清涛，考授太医院医士。[见：《新城县志》]

胡履吉 字坦旋，号履级，又号澹泉。清代安徽绩溪县宅坦人。性嗜学，工诗赋，尤精岐黄。著有《澹泉诗稿》、《伤寒辨论》，今未见。[见：《绩溪县志》]

胡德完 （1308～1382）字叔大，晚号杏所。元初天台县（今浙江天台）屯桥乡人。其高祖胡宗冕，为南宋殿前都总管。父胡如翁，精通医理，知名于时。德完少患嬴疾，有志读书。父母以医学有裨于养疴，遂令习医。其时宋亡不久，宫廷御医多退居田里，其父好结交名流，悉延致于家，讲求虚实补泻之法。胡德完随侍左右，悉闻诸家证治心法，受益良多。凡病人登门求诊，父与诸师先令德完问诊切脉，久之辨析与诸前辈合。及悬壶问世，应手奏效，声名日隆，延请者不绝于门。重医德，以济人为己任，治病不因贫贱富贵而异视。病者既服其药，寝食不自安，必待告愈乃已。生性孝友，待人慈和，与人宴聚，语多戏谑，满座为之倾倒。殁之日，送者逾千人，缟素相望。有子五人，胡钵、胡鉴、胡镇、胡钥、胡铤。胡钵官龙江宣课提举司副使，余事迹不详。按，德完，《浙江通志》误作"德亮"，今从墓碣。[见：《浙江通志·方技》、《金元医学人物》（引《始丰稿·杏所翁墓碣》）]

胡德珊 字焕庭。清代安徽婺源县清华人。少颖异好学，家贫，打柴为生。暇则诵读医书，过目不忘。久之精医术，知名于时。一

人痰迷心窍，胡氏投重剂攻之，有顷，下秽浊物如胶冻，疾愈。又，一人入浴，皮肤毛孔间出血不止，命悬一线。胡氏以热醋淋之，顿苏。所治类此者甚多。[见：《婺源县志》]

胡鹤龄 清代四川崇庆县人。性豪爽，曾官都司。兼通医术，晚年益精，治病每获良效，人称"胡鹤仙"。年八十余尚健在。[见：《崇庆县志》]

胡器之 元初人。里居未详。资性颖异，精通医术，知常达变，临证不拘泥古法，以意治之多奇效。尝谓："人具五行，禀之者不一；天有六气，感之者无常。病虽同名，而症实有异。苟以一概治之，吾未见其能也。"王恽素有脾胃病，二十年间断续发作，久治不效。后延请胡氏诊治，令服朱砂圆，下咽而肠间鸣，微利而痛止，继以厚朴汤调理，夙疾遂瘥。王恽赠《祝寿》诗曰："学开金匮得真传，济物功深不自贤。前辈众推杨独步，后来谁与子争先？青黏有术扶衰谢，白发相看度岁年。此日樽前祝君寿，一杯还代上池渊。"[见：《金元医学人物》（引《秋涧先生大全文集》）]

胡瀛国 号蓬莱外史。清代人。生平里居未详。曾选录孕产外科方五则，编《生生外录》一卷，附刻于袁化龙《生生宝录》之后，今存道光五年乙酉（1825）信友堂刻本。[见：《女科书录要》、《中医图书联合目录》]

胡醴铭 （1866～1924）近代四川三台县人。幼年丧父，赖母萧氏教养成长。弱冠后补县学弟子员，舌耕为业。兼嗜医学，闻中江县易正聪精岐黄术，遂登门请教，受益良多。后以医济世，数十寒暑诊疗不倦，名著于时。年五十九卒。著有《医书正蒙十种》，以便初学。其书包括《医门四始》、《药性精要》、《经方触类》、《时方约选》、《万病撮要》、《论略原文》、《伤寒节旨》、《金匮节旨》、《内经易读》、《难经辨正》。此外，还著有《本草崇原》、《明医杂论选》、《症治纂要》、《医书题名》等四种，均稿缮待梓。[见：《三台县志》]

胡穰园 清代浙江海盐县人。精医术，以擅长推拿知名。子胡钦止，绍承其术。[见：《海盐县图志》]

查

查万合 （1556～1624）号了吾。明代安徽泾县人。幼习举业，恬澹自适，不喜仕进。年二十五岁，师从陆孟常，理学之外，兼受

针灸之传。年二十八，读《素问》、《灵枢》，喟然曰："轩岐之道，广矣大矣！读之令人生意勃然，岂针砭所能悉哉！"不久病虚中，就治于名医周震（号慎斋），遂入于门下，旦夕承训，尽得师传。嗣后，悬壶于江苏宜兴，寓居万园数载，治病每获奇效，名振吴中，世以"半仙"称之。僧人住想（即胡慎柔）得瘵疾，几至不起，就查氏治疗，岁余而痊。住想师事之，历十余年，尽得其传。又有新安陈贞乙，以医术知名宜兴，颇自负。及遇万合，深悔所学不精，乃执弟子礼。由是，查氏之名益彰。或问万合曰："所活几何?"应曰："我非能生人，但不杀人耳。"晚年，思报师恩，携周震子国良至家，日夜教诲，殷殷六七载，于秘奥无所不授。天启甲子（1624）冬，踞榻而歌曰："大道无垠兮日欲西，车马相将兮予应归，岐扁张李不再兮医学废，彼生民疾痛兮孰依回?"命国良曰："及时广业，毋令废焉。"沐浴焚香，拜谢天地君亲师，静坐而逝，时年六十有九。著有《了吾医录》，已佚。今有查氏《正阳篇选录》一卷，收入《医家秘奥》，存 1930 年影印本。子查友辉、查友耀，侄查友悌，皆传承其学。门生甚众，胡慎柔、陈贞乙之外，尚有周诚生、孙元甫、许文豹、薛理还、陈仲希等。[见：《医家秘奥·查了吾先生列传》、《江南通志》、《泾县志》、《四部总录·医药编》、《中国医学大成总目提要》、《中医图书联合目录》]

查友悌 明代安徽泾县人。名医查万合侄。得万合之传，亦工医术。[见：《医家秘奥·查了吾先生列传》]

查友辉 字充甫。明末安徽泾县人。名医查万合长子。绍承父学，亦工医术。[见：《医家秘奥·查了吾先生列传》]

查友耀 字阗甫。明末安徽泾县人。名医查万合次子。绍承父学，亦工医术。[见：《医家秘奥·查了吾先生列传》]

查玉山 清代江苏无锡县人。精医术，善治内证，有名于时。[见：《无锡金匮县志》]

查有钰 清代浙江海宁县人。生平未详。著有《南野医话》、《医学杂缀》、《卫生真诠》（又作《摄生真诠》）等书，今存稿本。[见：《贩书偶记续编》、《中医图书联合目录》]

查声裔 清代人。生平里居未详。撰有《医灿原始经脉》十卷，今存抄本。[见：《贩书偶记续编》]

查启嘉 字孚吉。清代湖北广济县人。精通医术。心存济利，治病不分贫富，虽盛寒严暑，延请即赴，遇贫者赠以药资，乡里德之。[见：《广济县志》]

查国第 明代安徽泾县人。生平未详。通医理。著有《明医秘旨》八卷、《医录圭旨》八卷，今未见。[见：《泾县志》]

查宗枢 号禹峰。清代安徽巢县人。精研方脉，心怀济利，为当地名医。著有《伤寒录》若干卷，未梓。子查富炎、查富生，皆承父志，为乡里称道。[见：《庐州府志》]

查奕芸 字修礼，号耕岩，又号石田。清代浙江海宁县人。监生。议叙同知。旁涉医学，著有《医必本经集》二卷、《证治要诀》若干卷，未见流传。[见：《海昌备志》]

查晓园 字东升。清代安徽怀宁县人。少聪颖，因多病，弃儒就医。术业精工，学验两富，活人无算。著有《临证金针》、《妇科精诣良方》诸书，今未见。[见：《怀宁县志》]

查景绥 字星阶。清末顺天府宛平县（今北京卢沟桥镇）人。幼年随父迁居山东济宁。少聪颖，从名儒李宝琛游，工诗文，尤精音韵训诂之学。宝琛先生兼精岐黄，故景绥又旁通医理。屡蹑秋闱，纳粟为运判，分发浙江，供差屯溪。清亡，遂弃官归。居乡留心掌故，搜求先辈著述而辑录之，于济宁轶事及河上变迁之迹，了如指掌。著有《医学指归》，今未见。[见：《济宁县志》]

查集堂 字鹤亭。清代浙江湖州人。精医术，擅内外两科，于喉科尤得不传之秘。[见：《湖州府志》]

查道立 字仲修。明代人。里居未详。为名医孙一奎门生。曾校梓其师《赤水玄珠》。[见：《赤水玄珠》]

查道伦 清代人。里居未详。著有《引痘集要》二卷，今存同治八年（1869）刻本。[见：《中医图书联合目录》]

查富生 清代安徽巢县人。邑名医查宗枢次子。与兄查富炎，皆继承父业，名著乡里。[见：《庐州府志》]

查富炎 清代安徽巢县人。邑名医查宗枢长子。与弟查富生，皆继承父业，名著乡里。[见：《庐州府志》]

柯

柯炌 号集庵。清代江苏嘉定县人。生平未详。曾合编明代汤处士《保产机要》、《绣阁宝生》二书，总名《保产机要》，刊刻于世，今存乾

隆五十二年丁未（1787）濮川同善堂刻本。［见：《中医图书联合目录》］

柯琴 字韵伯，号似峰。明清间浙江慈溪县人。生于万历（1573～1619）末年。好学博闻，能文工诗，同辈皆以大器期之。明亡，屏弃举业，矢志习医，博览群籍，通悟其理。尝挟技游于京师，无所遇而归。途经吴门，值叶桂以医术享盛名，慨然叹曰："斯道之行，亦由运会乎？"后寓居常熟，闭户著书，终老于此。柯氏于康熙五年（1666）撰《内经合璧》若干卷，对古经多所校正，惜散佚不传。对《伤寒论》尤有研究，见解独到，如当时医界多持"《伤寒》三百九十七法"之说，柯氏曰："三百九十七法，不见于仲景序文，又不见于叔和序例，林氏倡于前，成氏和于后，其不足取信，王安道已辨之矣。"又如，名医方有执、喻昌力主《伤寒论》"错简"之说，各对现存《伤寒论》残卷有所补订删改。柯氏对此亦持异议，遂取仲景原书，"逐条逐句，细加研勘，摘出脱文衍文，倒句冗句，或删或正，皆条理疏畅，议论明晰"，于康熙己酉（1669）撰成《伤寒论注》四卷。嗣后，续撰《伤寒论翼》二卷、《伤寒附翼》二卷，柯氏三书后经昆山马中骅修订，总名之曰《伤寒来苏集》，刊刻于世，今存乾隆二十年乙亥（1755）昆山马氏绥福堂刻本，后世翻刻极多。又，四川省图书馆藏抄本《医方论》三卷，题"柯琴撰"，真伪待考。［见：《清史稿·柯琴传》、《清史稿·艺文志》、《慈溪县志》、《伤寒论注·序》、《中医图书联合目录》、《中国医学大成总目提要》］

柯有田 号心斋。清代浙江慈溪县人。侨寓无锡。文章有奇气，精书法，兼通家传医术。乾隆间（1736～1795），陈焱患头风，访医问药，无纤毫之效。柯氏诊之，指前服诸方曰："治病不求其本，真为头痛治头也。"遂为制方，见者谓与病不相涉，而药下痛减，不久痊愈。［见：《理虚元鉴·陈焱序》］

柯怀祖 字德修。清代江苏无锡县人。精医术。尝挟技入都，名噪公卿间。尝曰："不知天、地、人，不可与言医。"曾与化曦订正汪绮石《理虚元鉴》，行于世。［见：《无锡金匮县志》、《吴中名医录》］

柯逢时 字劭忞，号巽庵。清末湖北武昌县人。光绪九年（1883）二甲第二十九名进士。光绪二十九年（1903）五月，迁广西巡抚，是年奏请"开地以益民"。次年，令广西各州县增募乡勇八千人，配以毛瑟后膛枪，并令民间多筑碉堡，共御外侮。三十二年（1906），迁侍郎，奉敕督办各省土药统税，设总局于湖北。宣统二年（1910）创办武昌医学馆，以举人萧延平为馆长。辑有《武昌医学馆丛书八种》，其中《大观本草札记》二卷，为柯氏所撰。民国初，与赵尔巽等应聘入清史馆，编撰《清史》，其中《艺文志·医家类》共著录医书二百三十五种，又附载辑佚医书《颅囟经》等十九种，颇有裨于中医文献学。柯氏还曾以重金购得《黄帝内经太素》抄本，手校多年，后由袁昶重校刊行，今存。［见：《清史稿·德宗本纪》、《明清进士题名碑录索引》、《中医图书联合目录》、《宋以前医籍考·小儿卫生总微论方·柯跋》、《历代史志书目著录医籍汇考》、《大观本草札记·自序》、《黄帝内经太素·序》］

相

相漹 宋代长沙（今湖南长沙）人。为医工。撰有《相漹方》，已佚。刘昉撰《幼幼新书》，曾引据此书。［见：《幼幼新书·近世方书》］

相哇南木加因桑 宋代西藏人。著名藏医学家。撰有《八支心要集》一百二十章。［见：《中医大辞典》］

柏

柏昶 清代人。生平里居未详。辑有《诗本草》一卷，国内未见刊行，今有日本刻本存世。［见：《现存本草书录》］

柏作霞 清代陕西勉县人。早年读书，兼通药理。设药肆于县城，遇贫病者求药从不取钱，世人贤之。［见：《勉县志》］

柏雪峰 清代江苏长洲县人。吴县名医顾西畴门生。乾隆间（1736～1795），与柏澹安同校郭雍《伤寒补亡论》、尤怡《金匮翼》。［见：《金匮翼·柏雪峰序》］

柏澹安 清代江苏长洲县人。吴县名医顾西畴门生。乾隆间（1736～1795），与柏雪峰同校郭雍《伤寒补亡论》、尤怡《金匮翼》。［见：《金匮翼·序》］

柳

柳旭 （1822～1887）字宾崳。清末江苏丹徒县横山人。自幼颖慧，攻读儒书，年二十九始游庠。功名不就，抑郁多病，遂弃学研医。肆力于《内经》、《伤寒》诸书，数十年不倦，所发议论，多独到之处，同乡名医蒋宝素颇器重之。咸丰六年丙辰（1856）大旱，值太平天国起义，柳氏避兵于江北临泽镇，创难民局，施药济人，全活无算。及归里，创完节堂、继抚塾，以济孤媚，世人皆颂其德。弟柳泰元，医术益精。子柳预生，孙柳肇嘉，能世其业。[见：《续丹徒县志》、《丹徒县志摭余》]

柳易 字华溪。清代浙江钱塘县人。隐居马塍草堂，以医自给。暇时与杭世骏、吴颖芳诸名士游。[见：《杭州府志》]

柳森 字立夫。元代当涂县（今安徽当涂）人。祖、父皆业医，至柳森术益精，名重于时。善脉诊，决死生多奇中。志在济世，不以医邀利。凡以疾叩请，不择贫富皆往，多不取诊金，取亦不多。参知政事吴渊雅重其术，赠以田舍，使安居施诊。重孝义，兄误伤人命，合当问斩。森愿替死，官吏感动，释其兄，仅判森黥刑。吴渊以此益敬之，待为上宾。吴氏病殁，柳森始辞去，悬壶黄池，救济甚多。享高寿而终。著有《诊脉图》、《可用方》等书，流传于民间。[见：《金元医学人物》（引黄溍《黄文献公集·柳立夫传》）]

柳梦 字春林，号碧溪。清代江苏丹徒县人。以医闻世。名医王文治推重其术，称其学"世所莫及"。[见：《丹徒县志》]

柳如庵 元代当涂县（今安徽当涂）人。精医术，诊脉处方，不同凡俗，名重于时。其后有郑国才，声名益盛。[见：《金元医学人物》（引陶安《陶学士集·送医士郑国才序》）]

柳周南 清代安徽潜山县人。精医术，尤擅针灸，知名于时。有妇人患腹蛊疾，病势垂危。周南诊之曰："此蛇瘕也。"施以针法，下"蛇"长尺许而愈，闻者称奇。[见：《潜山县志》、《重修安徽通志》]

柳宝诒 （1842～1901） 医名冠群，字谷孙。清末江苏江阴县人。岁贡生。为人和厚，博学多识，尤究心于医术。通览《内经》、《难经》、《伤寒》、《金匮》及历代名医著作，以擅治温热证著称。光绪十二年（1886）任正红旗官学教习，兼悬壶京师，士大夫以病求治者，应手成春，名噪于时。后归隐于乡，行医之外，著书授徒，门生盈百，名振江浙。又创建致和堂药店，与司药人员切磋药理，并撰《柳致和堂丸散膏丹释义》一卷，刊刻于世。柳氏富于著作，今有《温热逢源》、《柳选四家医案》、《柳宝诒医案》（又作《惜余小舍医案》）、《素问说意》等存世。子柳剑寒，曾经营其父药店，并迁店于县城。[见：《江阴县续志》、《忆柳冠群先生》（《江苏中医》1985 年第 7 期）、《中医图书联合目录》、《江

苏历代医人志》]

柳剑寒 清代江苏江阴县周庄人。名医柳宝诒子。其家设致和堂药店，以便乡民。后剑寒迁店于江阴城中。[见：《江宁县续志》]

柳泰元 字幼安。清代江苏丹徒县人。兄柳旭，精岐黄术，泰元从之学，医术益精。平生所愈奇疾甚多，尤擅治时疫。一老人患胸痞，群医束手，泰元投以补剂，佐以熟地两许，二剂而愈。一人患吐血症，衰惫不起。泰元诊之曰："此寒证也。"令服生姜斤余，未尽剂而愈。知府王仁堪闻其名，请主诊普仁堂，活人无算，众医无出其右者。[见：《丹徒县志摭余》]

柳预生 清末江苏丹徒县人。邑名医柳旭子。传承父学，以医为业。子柳肇嘉，亦绍家学。[见：《中国历代医史》]

柳肇嘉 清末江苏丹徒县人。邑名医柳旭孙。继承家学，亦业医。[见：《中国历代医史》]

柳樊邱 字可封。明代江西上饶县人。早年习儒，正统壬戌（1442）教授凌江。精医术，尤擅痘科。辑有痘科方书一帙，所载皆奇效之方。后谭起岩之子患痘，时医依方治疗而愈，谭乃为之补订，易名《痘疹神应心书》，刊刻于世。按，日本医家丹波元胤，谓此书约成于嘉靖、万历间（1522～1619）。[见：《中国医籍考》]

奎

奎英 号素仙。清代长白县（今吉林长白）人。精医术，曾任太医院左院判。著有《素仙简要》（又作《药性脉诀》）四卷，刊于道光甲辰（1844）。[见：《贩书偶记续编》、《中国历代医史》]

是

是巨渊 明代江阴县（今属江苏）黄桥人。得异人传授秘方，以医知名，有神医之称。苏州富家子病大热，群医治之不效。巨渊令凿地为坎，使病儿卧其中，以泥水沃之，须臾热退而愈。问其故，曰："多宠姜，中麝香毒也。"其所治类此者甚多。朝廷征之入京，不愿往，以药涂身成癞，使臣以"有恶疾"上奏，遣回。归乡，仍以药傅身而愈。[见：《江阴县志》]

贵

贵茂 （？～1425） 字文实。明初河南汝阳县人。太医院判贵济良子。传承父业，亦精

九
画

医术，供职于太医院。曾从英宗北征，死于土木堡之难。景泰四年（1453）追封迪功郎。子贵宣嗣，传承家学，亦为良医。孙贵仁，嘉靖二十年（1541）三甲第一百八十五名进士，官至绛州知州。［见：《重修汝南县志》、《明清进士题名碑录索引》]

贵济良　元明间河南汝阳县人。精通医道，洪武（1368～1398）初，治愈懿文太子疾，太祖赐白马、金鱼，授太医院判。子贵茂，传承其业。［见：《重修汝南县志》]

贵宣嗣　明代河南汝南县人。太医院判贵济良孙，御医贵茂子。继承家学，亦为良医。［见：《重修汝南县志》]

哈

哈文台　清代江苏南京人。精医术。太平军克江宁，东王杨秀清患目疾。哈氏应太平天国医生李俊良之请视脉拟方，获效而不居功。［见：《太平天国史》]

哈文林　清代河北保定府人。少年多病，嗜于医学。博览群籍，潜心玩索，积有年，妙悟医理，于眼科尤多心得。及以医问世，四方求诊者踵相接，遐迩知名。其同宗哈昆弟，精通外科，有"保定二哈"之誉。生前有《医案》，惜散佚不传。［见：《名老中医之路》]

哈玉民　（1918～1960）　字贵琳。回族。现代河北河间县人。世居北京。疡科名医哈锐川子。幼读经史，稍长，致力医学。1937年毕业于华北国医学院，旋即悬壶北京。擅内外各科，尤以治痈疽、皮肤诸病负盛名。中华人民共和国成立后，积极筹办北京中医学会，开办预防医学班，并参加组建北京中医进修学校，创办《北京中医》杂志。1954年，毅然停止开业，全力参与筹办北京中医学院。学院建成，从事教学改革，曾发明中医辨证论治分析器模型，获卫生部嘉奖。1960年6月16日病逝，年仅四十二岁。生前历任北京市中医学校校长，北京市第一、第三中医门诊部主任，北京中医学会副理事长，中医研究院学术委员会委员，并当选为北京市政协委员。［见：袁立人《哈玉民先生传略》]

哈昆弟　清代河北保定人。精通医术，以外科知名。与同邑名医哈文林，有"保定二哈"之誉。生前有《医案》，惜散佚不存。［见：《名老中医之路》]

哈剌歹　元代蒙古族人。曾任资政大夫太医院使。后至元三年（1337），名医危亦林撰《世医得效方》十九卷，由江西医学提举司送太医院审阅，哈剌歹与同僚参与其事。至正五年（1345）《世医得效方》刊刻于世。［见：《世医得效方·太医院题识》]

哈锐川　近代河北河间县人。世居北京。回族。精通医道，以疡科著称于世。子哈玉民（1918～1960），为现代著名医家。［见：袁立人《哈玉民先生传略》]

钟

钟芳　（1476～1544）　字仲实，号筼溪。明代广东崖州高山所人。改籍琼山。少时养育于外亲，改黄姓，后奏复本姓。自幼颖异，十岁入州学。弘治辛酉（1501）以第二名领乡荐。正德戊辰（1508）登二甲第三名进士，选翰林院庶吉士，授编修。以忤时，左迁宁国府推官。升太常寺卿，寻摄国学，讲论经义。升南京兵部侍郎，改户部右侍郎。嘉靖甲午（1534）以年老乞归。家居十余年，足迹未尝至城市，唯以书史自娱。钟氏为文雄浑精深，论学以程朱为宗。谓："存养兼动静，非端默静坐之谓。知行本自合之，知以利行，行以践知，理无内外，心亦无内外也。"甲辰卒于家，年六十九。讣闻，赠右都御史，赐祭葬。钟氏为学，博极而精，虽律历、医卜之书，靡不通贯。著有《养生广要》若干卷，已佚。子钟允谦，官至莱州知府。［见：《崖州志》、《琼州府志》、《琼山县志》]

钟秀　清代江西高安县人。为道士，修行于龙虎山，兼通医术。门生傅求佑，得其传授，以擅治痘疹知名。［见：《高安县志》]

钟焘　字锦南。清代广东始兴县石桥头人。读书能文，赴院试不中，弃儒习医。究心《灵枢》、《素问》、《伤寒论》诸书，多有心悟。平素贮经验方药，遇急证星夜驰救。执业四十年，活人甚众。蔡游戎赠匾曰神医妙手。［见：《始兴县志》]

钟锐　清代四川安县东乡花街人。庠生。素习举业，授徒乡里。兼工医术，课余行医济世，知名乡里。［见：《安县志》]

钟惺　（1574～1625）　字伯敬。明代湖北天门县人。万历三十八年（1610）进士。授行人，稍迁工部主事，寻改南京礼部郎中。擢福建提学佥事，以父忧归。卒于家。惺貌寝，羸不胜衣，为人严冷，不喜接俗客，由此得谢人事。官南都时，就秦淮水阁读史，恒至丙夜，有所见即笔之，名曰《史怀》。善诗文，风格幽深孤峭，与

同里谭元春齐名，世称"竟陵体"。间涉养生之学，曾校刊高濂《遵生八笺》。[见：《明史·钟惺传》、《中国历代医家传录》]

钟震① 元代人。里居未详。精通医道，官兴元路（今陕西汉中）官医副提领。至顺元年（1330），与本路医学提领冯献、医学教授杨浩泽重修三皇庙。[见：《金元医学人物》（引蒲道源《闲居丛稿·三皇庙学记》）]

钟震② 字肃昭，号虢庵。清代江西铅山县人。究心医术，志在寿世。遇贫病者暗投参桂，活人无算。[见：《铅山县志》]

钟燊 字心田。清代四川新繁县人。生平未详。著有《温病要言》三卷，今未见。[见：《新繁县志》]

钟大延 字恒国。明代浙江鄞县人。本江右仕族，迁居鄞县。聪颖过人，精通医术，名重于时。治病不执成方，尝谓："今人但知医病，不知医人。病固有浅深，人自有强弱，岂得因病执方？"有二人同时病痢，钟氏治之，一用补剂，一用攻剂，均愈。人问其故，答曰："此禀弱，须补其正气而后攻之；彼体强，只用攻耳。"徐大理患小便秘、肿胀、面赤、发喘，众医皆从热证论治。钟氏诊之曰："是无火也！"急煎附子汤，一服而痊。其所治多类此。[见：《浙江通志》]

钟王氏 〈女〉 清代山东新城县（今桓台）人。王士祯后裔。幼通文字，及长成，嫁益都县钟魁伦，从夫习医，亦有心得。晚年，凡里党求诊者，或就其家，或以安车延请，应手而效。[见：《益都县图志》]

钟天奇 字虎臣。清代浙江石门县人。庠生。幼颖敏，喜读书。因仕途不利，究心医学，明《灵枢》、《素问》之理。辑有《秘义》数十卷，未见刊行。[见：《石门县志》]

钟介福 清代浙江嘉善县人。通药理。设药肆于县城，炮制考究，素享盛名。所售八珍糕，治小儿疳积尤有名。[见：《浙北医学史略》]

钟文焕 字霁帆。清代四川宜宾县人。生平未详。著有《宜邑钟氏医书歌诀》二十九卷，刊于光绪丁亥（1887），今存。[见：《中医图书联合目录》]

钟玉田 号芝芬。清代福建侯官县人。年二十得治疗疮秘方，试之神效。后专力于医学，名闻四方，求诊者日数十人。有医德，虽夜分叩门延请，必披衣起，不延晷刻。每出诊负囊徒步，遇贫病，常解囊助之，令购参、芪补药，使疮口易合。一生全济甚众，卒后数十年，尚有慕名求治者。有子四人，钟启昌同治元年（1862）举人；钟启讷官建安道道尹；钟启禧、钟启宇，均传父业。[见：《闽侯县志》]

钟正言 字德华。清代江西赣县人。素精医术，遇贫病施药不懈。咸丰三年（1853）倡办团练，效忠清廷。[见：《赣县志》]

钟本存 明代江西庐陵县人。生平未详。著有《仁存方论集》，已佚。[见：《江西通志》]

钟平石 （1908～1982） 现代江苏苏州人。十六岁从柳耕传、柳雍康学医。继至苏州，师事名医程文卿，从学七年。1930年悬壶于乡。1937年至苏州应诊。钟氏善治时令疾病，对内科、妇科、儿科皆有较深造诣。生前曾任安徽蚌埠医学院副教授、附属医院中医科主任。著有《钟平石临床经验》等书，未梓。[见：《吴中名医录》]

钟尔庸 （1854～1937） 字稻荪。近代浙江嘉善县人。精医术，善疡科，尤以治喉症著称。年八十四岁殁。[见：《嘉善县志》]

钟庆馨 清代广东阳山县黄金乡人。邑名医钟载扬子。绍承先志，亦以医名。重医德，有其父之风。[见：《阳山县志》]

钟观光 （1859～1932） 字宪鬯。近代浙江镇海县人。博学多识，兼通医理。早年与章炳麟、蔡元培组建教育会于上海。后主讲于北京大学。著有《本草疏证》、《说文植物类证》等书。[见：《中国历代医史》]

钟孝存 清代江苏吴县人。精通医术，名重于时。门生简斯锷，医名亦盛。[见：《盛湖补志》]

钟应南 字心查。清代广东人。流寓上海。以医为业。兼精绘画，尤善写竹。[见：《艺林医人录》]

钟启宇 清代福建侯官县人。疡科名医钟玉田三子。与兄启禧皆传父业，以善治疗疮著称。[见：《闽侯县志》]

钟启禧 清代福建侯官县人。疡科名医钟玉田次子。与弟启宇皆传父业，以善治疗疮著称。[见：《闽侯县志》]

钟其景 清代广东儋县德庆里那历村人。早年习儒，道光间（1821～1850）赴院考不第，即专心医学。得良师秘传，三世精医，名重于时。[见：《儋县志》]

钟国琼 清代四川永川县人。以医济世，至老不倦。与妻陈氏和睦为伴，粗茶淡食，俱享天年。年八十一岁殁。[见：《永川县志》]

钟国瑞 清代四川新繁县人。从邑名医杨凤廷游，尽得师传。治病应手奏效，远近延请者不绝于门。县令杨道南患奇疾，诸医不识，家人以为必死，悲泣不止。国瑞诊之曰："吾能活之。"一剂而起。杨酬以厚礼，坚辞不受，遂作诗赠之，诗曰："多感先生赠妙方，山中宰相合称良。从知舆论非虚谬，争向新繁聘药王。"[见：《新繁县志》]

钟南纪 清代江苏吴县人。名医叶桂再传弟子，知名于时。门生杨泰基，得其传授。[见：《吴县志》、《吴医汇讲》]

钟冠魁 字在瀛，号一峰。清代广东东莞县人。精医术，悬壶石龙镇。萧某患偏头风，历十余医不效。冠魁曰："此证前人多用柔润息风，非百剂罔效。今既苦药，吾为尔谋之。"令购红茶四两，浓煎，待痛甚，热服取汗。如其言，果愈。袁某得奇疾，数日一发。冠魁诊之曰："此七日疟。《易》云：七日一来复。温邪深入阴分，故亦循天地之气而一发。"投药而瘳。黄某之妻呕食四十二日，延请冠魁诊视，曰："非病也。胎火极盛，殆男胎耳。"黄大笑曰："余妻年逾不惑，断育十三载矣，得毋误耶？"冠魁曰："否。人失谷食，逾月则死。非胎元以养胃气，安能至是？"以藕节汁饮之，吐止。又投以药，病若失，后果举一男。钟氏年七十八岁卒。[见：《东莞县志》]

钟振云 字祥庵。清代四川德阳县人。先世由粤迁蜀。少攻诗书，因家贫弃儒习医。广集验方，治病甚效，活人无算。[见：《德阳县志》]

钟载扬 字云卿，号汇南。清代广东阳山县黄金乡人。精医术，名重于时。有乡人病已垂危，钟氏诊之，投药立愈。重医德，遇贫病者求治，往往还其诊金，兼赠以药。素好排难解纷，乡里敬之。年七十六岁卒。子钟庆馨，绍承先志，有父风。[见：《阳山县志》]

钟焕震 字时炯。清代甘肃西宁县连城平村人。自少好学，受业于名医庞遇圣，尽得师传。其师年老，不能远行，钟氏代之出诊，虽奇难杂证，按脉处方，与师无异，遂以儒医名世。为人谨厚，能恤贫乏，世人敬重之。年七十六岁卒。著有《经验医案》，今未见。[见：《西宁县志》]

钟朝佐 清代江西吉安府泰和县人。精通医术，名噪于时。康熙间（1662～1722）征入太医院，供事内廷。晚年请归，御赐"功并良

相"匾额。[见：《吉安府志》]

钟瑞书 清代四川郫县人。少年时患咯血疾，延名医叶吉斋诊治，获愈。后致力医学，初读《伤寒论》，渐及后世诸家医籍，于辨证尤有心得。李氏子病卧月余，昏不知人，面色晦暗。瑞书诊之，曰："此仲景所谓三阳合病。"投以白虎汤而愈。一人患咯血证，胁下痛，卧不贴席，服药月余不愈。瑞书索诸医之方，指其一曰："此方中病，当效。何不多服？"从其言服之，果愈。所治类此者甚多，声名播于邻县，慕名求治者踵相接。年八十余卒。[见：《郫县志》]

钟魁伦 字卓庵。清代山东益都县务本乡郎家庄人。自幼习儒，兼攻医术。后补县学生，戏谓所知曰："此可以冒儒医之名矣！"遂弃举业，专以济世活人为事。博综历代诸名医之论，有独到见解，一时有扁鹊再生之誉。延请者常不远数百里而来，每出诊则数日始归。妻王氏，为新城名儒王士禛后裔，幼通文字，从夫学医，颇有心得，晚年亦应诊。钟魁伦著有《内外科摘录》、《经络图说》、《论医绝句诗一百二十首》，均未见流传。[见：《益都县图志》]

钟霖润 号泽覃。清代广东儋县人。岁贡生。幼有至性，家贫失怙，事亲无疾言厉色。精通医术，擅长眼科，遐迩均被其惠。与同邑杨鹏父子，一精眼科，一精针灸，经验心得，各有独到，惜无著作传世。[见：《儋县志》]

钦

钦谦（？～1449） 明代吴县（今江苏苏州）人。精通医道。初任督府经历，迁太医院判。宣宗帝数召见之，索房室秘药，三问皆以不知对。帝逼问之，谦叩头曰："臣以医受陛下官禄。先圣传医道者，无此等术，亦无此等书。陛下承祖宗洪业，宜兢兢保爱圣躬。臣死不敢奉诏！"宣宗惭愧且怒，命力士以旃席裹其头，挟持付狱。久之，宣宗悔悟，释之，复其官。正统十四年（1449），随英宗征瓦剌，至土木堡殉难。天顺（1457～1464）初，追赠奉政大夫太医院使，荫其后裔。[见：《苏州府志》、《元和县志》、《吴县志》]

钦允恭 字学山，号恒性，又号梅村上人（一作楳村上人），法号明理。清代江苏新阳县真义镇（今昆山正仪）人。其祖上为西南徽长，宋靖康间（1126）扈驾南渡，赐姓钦。允恭性嗜学，喜吟咏，精通医术。年四十三，皈依苏州狮林寺道公和尚座下，法名"明理"。虽入佛门，仍嗜儒学，遍读汉魏六朝三唐诸书，未尝一日释手。

风雅不群，吴中学士文人皆与友善，有往来赠答，手录成《楳村笔记》。［见：《昆山历代医家录》（引《信义志稿》、《昆山先哲遗书目录》）］

钮

钮翰 字墨卿。清代江苏上海县人。同治六年（1867）举人。从青浦名医何其超学，尽得其术。有医德，遇贫病招之即往，不计酬金。［见：《松江府志》］

钮子镜 清末人。生平里居未详。曾任太医院恩粮，兼东药房值宿供奉官。［见：《太医院志·同寅录》］

钮汇源 清代江苏上海县人。从邑名医张克振学，尽得师传，亦以医名。［见：《上海县志》］

钮芳鼎 （1796～1850） 字晴岚。清代浙江乌程县人。精通医术，擅长疡科，拯治危证甚多，知名于时。性善好施，贫病求诊，赠药却酬，乡里敬之。子钮福保，传承父学。［见：《中国历代医史》、《冷庐医话》］

钮道三 字尽能。明代震泽县（今江苏吴江）人。钮问仁子。少习举业，游邑庠。赴场屋不得志，隐于医。活人甚众，不求酬报，世人敬之。著有《伤寒辨疑》二卷，已佚。［见：《震泽县志续》］

钮福保 字右甲，号松泉。清代浙江乌程县人。儒医钮芳鼎子。道光十八年（1838）戊戌科状元，授修撰。历任江南、江西乡试主考官、广西学政，官至少詹事。工文辞，擅书画，尤精医理。在京师，每为同僚治病，多有奇效。同年某氏之母，高年患痢，医用芍药汤不效，病益困笃，身热不食。福保至，询知病前曾多食蟹，诊之，脉左弦数，右数而弱，舌苔中黑，腹痛喜按。遂力排众议，专主热药，用附子、肉桂、炮姜、吴萸等，一剂痢热减，二剂痢止，改用补中益气汤加桂、附、炮姜，病愈。所著《春冰集》，为平生诊治验案，惜未见流传。［见：《冷庐医话》、《乌程县志》、《中国历代医史》］

钮墨卿 清代江苏吴江县金泽镇人。名医何其超门生。［见：《中国历代医家传录》（引《藏斋诗钞》）］

郜

郜中 元代彰德（今河南安阳）人。太医院成全郎诸路医学提举郜文忠三子。绍承父学，亦精医术，与弟郜恪，皆任彰德路医学正。［见：

《中国历代名医碑传集》（引许有壬《至正集·故成全郎诸路医学提举郜公墓志铭》）、《金元医学人物》］

郜恪 元代彰德（今河南安阳）人。太医院成全郎诸路医学提举郜文忠幼子。绍承父学，亦精医术，官彰德路医学正。［见：《中国历代名医碑传集》（引许有壬《至正集·故成全郎诸路医学提举郜公墓志铭》）］

郜文忠 （1263～1338） 字信卿，晚号洹溪野夫。元初彰德（今河南安阳）人。自幼读书，师事胡祗通。后弃儒习医，深通医理，名冠于时。以名医荐授大都路医学教授，累迁成全郎诸路医学提举，官秩五品。元代以太医院总领天下医政，以医学提举掌管考校诸路医师，举荐太医教官。郜氏虽居高位，恪尽职守，为朝野所称道。晚年归乡，筑室于洹水之阳，日与故人诗酒自娱。后至元四年闰八月二十八日病故，享年七十六。长子郜元，早卒；次子郜弘，官利用监知事；三子郜中、幼子郜恪，绍承父学。［见：《中国历代名医碑传集》（引许有壬《至正集·故成全郎诸路医学提举郜公墓志铭》）］

郜文燮 字和夆。清代福建霞浦县洪江人。郡廪生。勇敢果决，傲睨一世。精岐黄术，能预决生死。尝曰："吾不能以学用世，当以医救世。"好读古文诗词，酒酣耳热，旁若无人。所莫逆者，唯竹江张子卿孝廉兄弟，泛舟往来，每聚首则十余日不去，剪烛长谈，达旦不倦。年五十三岁卒。著有《经验妙方》，今未见。［见：《霞浦县志》］

郜守经 字镕庵。清代河南正阳县人。附贡生。儒学之外，兼精医术。凡以疾病求诊，无不药到病除，知名于时。［见：《重修正阳县志》］

郜克让 元明间浙江海宁县人。早年习儒，后学医于戴德斋，久之精其术，以医知名。不忘其师教诲，以"恒斋"名所居室，书师诚语于座右，以自警示。［见：《金元医学人物》（引贝琼《清江贝先生文集·恒斋记》）］

段

段咏 一作段泳。宋代人。生平里居未详。著有《走马备急方》一卷，已佚。［见：《宋史·艺文志》、《崇文总目辑释》、《国史经籍志》］

段深 五代后梁人。里居未详。开平间（907～910）以善医待诏翰林。时梁太祖抱病，久之，其溲甚浊。僧人晓微治之，有验，赐以紫衣、师号，赏赐甚厚。不久复发，乃剥其服色，去其师号。召段深问曰："疾愈复作，草药不足恃也。我左右（服）粒石而效者众矣，服之如何？"深对曰："臣尝奉诏诊切，陛下积忧，勤失调护，脉代盹而心益虚。臣以为宜先治心，心和平而溲变清。当进饮剂，而不当粒石也。臣谨按太仓公传曰：'中热不溲者，不可服石。'石性精悍，有大毒。凡饵毒药，如甲兵，不得已而用之，非有危殆，不可服也！"太祖善其言，乃进饮剂。疾稍愈，乃以币帛赐之。［见：《旧五代史·梁书·段深传》］

段璜 字兆先。清代江苏金坛县人。宋名医段康年后裔。绍承祖学，以医为业，活人甚众。曾任医学训科。子孙传其术。［见：《镇江府志》、《金坛县志》］

段璙 唐代人。生平里居未详。懿宗时（860～873）与马及、赵玘、符虔休等同任太医院医官。［见：《旧唐书·懿宗纪》］

段习经 清代陕西武功县人。博学多识，不求功名。精岐黄术，请诊者不绝于门，名重于时。有医德，活人而不受谢，乡里敬之。［见：《武功县续志》］

段元亮 唐代人。生平里居未详。著有《五脏镜源》四卷、《病源手镜》一卷，均佚。［见：《新唐书·艺文志》、《宋史·艺文志》、《崇文总目辑释》］

段云光 （1830～1902）字辑熙，学者称蝦常先生。清末贵州镇宁县人。聪颖强记，读书数行俱下。沉酣经史，学兼百家，旁通医卜星相诸学，故其文博而其诗粹。弱冠入庠，食饩。同治丙寅（1866），苗兵陷城，迁居东窑，四方负笈从学者麇集。光绪元年（1875），以恩贡赴省试，学正姜永清保荐于提学使，以教职归部铨选。壬午（1882）刘州牧聘主讲双明书院。己亥（1899）授都匀府学教授，在任二年，辞归乡里。壬寅寝疾，吟《易篑诗》，笑语而殁。富于著述，关于医者有《虚者实之赋料》四卷、《游于艺》十卷，今未见。［见：《镇宁县志》］

段文昌 （?～835）字墨卿，又字景初。唐代齐州临淄（今山东淄博）人。镇军将军段志玄曾孙。早年客居荆州，素重节义，行止端方，为节度使裴胄所礼重。后经剑南节度使韦皋之荐，任校书郎。穆宗即位，重其才，拜中书侍郎，同中书门下平章事。次年，改剑南西川节度使，同平章事。文宗立，拜御史大夫，封邹平郡公，官至左仆射。太和九年卒，赠太尉。段氏精通馔事，题府第庖所曰炼珍堂，在途则号行珍馆。其家有老婢，名膳祖，总掌馔事，以修变之法指授女仆，四十年阅百仆，其可传法者仅得九人。段氏撰有《食经》五十卷，时称《邹平公食经》，惜未能传世。另撰《段文昌集》三十卷、《诏诰》二十卷，亦散佚。子段成式，兼通医理。［见：《旧唐书·段文昌传》、《新唐书·艺文志》、《济南府志》、《华阳县志》（引《清异录》）］

段玉松 字抚陶。清末四川简阳县东禾丰场人。邑名医张锦楼门生。得师传授，立方治病每有佳效，名噪一时。［见：《简阳县续志》］

段世培 清代河南渑池县二十铺人。邑眼科名医段湘江孙。与兄段世基，绍传家业，时称眼科世家。［见：《中州艺文录》］

段世基 清代河南渑池县二十铺人。邑眼科名医段湘江孙。与弟段世培，皆以眼科知名，世称专门。［见：《中州艺文录》］

段生者 清代湖南武陵县人。业医，善望诊，不候脉而知病之浅深。尝过邻村，爱一儿娟好，摩其顶曰："此儿可惜，早遇我，当可活。今无及矣！"言时，小儿本无恙，异日，果以暴疾卒。［见：《武陵县志》］

段成式 （?～863）字柯古。唐代齐州临淄（今山东淄博东北）人。左仆射段文昌子。以荫授校书郎，迁尚书郎吉州刺使，官至太常少卿。博闻强记，深通佛乘，兼善诗文。旁涉医学，著有《异疾志》一卷，今存。所著《酉阳杂俎》二十卷、《续集》十卷，为唐人笔记中名作。［见：《旧唐书·段文昌传（附段成式）》、《中医图书联合目录》、《中国历史人物辞典》］

段成冕 明代人。生平里居未详。著有《经验良方》一卷，已佚。［见：《千顷堂书目》］

段克忠 字心传。清代安徽蒙城县人。少年丧父。初攻举业，因母多病，弃儒就医。著有《济世宝囊》二卷，后人用其方治疾，效验如神，惜散佚不传。［见：《重修蒙城县志》］

段希孟 清代江苏武进县人。生平未详。著有《痘疹心法》十二卷，今存光绪二十五年己亥（1899）刻本。［见：《武进阳湖县志》、《中医图书联合目录》］

段启业 清代四川荣经县后聚坝人。三岁丧父，颖敏好学，习医以求济世。博览医家典籍，于《内经》、《难经》尤多心悟，临证指陈原委，剖析经络，治辄奇效，遐迩闻名。朱映楠患热结，昏愦不识家人，病势危重。段氏投以油爆苦参，大下而愈。高金堂患卒闭，口噤不能言，手足不能动，微息仅存。段氏以指代针，点按数穴，应手而痊。天全州杨某患病年余，诸医频进补药，渐至危殆。段氏诊其脉，左关右尺俱洪大，断为实热，投以平肝清热之剂，二服即效。县尹罗梅仙患风症，段氏诊之，六脉俱数，诊为热症，拟进滋阴养血之药。罗氏子视方怒曰："家父素食桂附，此方不适。"段氏讱于言辞，唯唯而退。未几，罗梅仙卒。段启业悬壶六十余年，活人不可胜计，毕生济人，未尝索酬，卒之日，家无隔日之储。[见：《荥经县志》]

段明照 字远仲，号容庵。清代四川德阳县人。廪生。素精医理，遇贫病者，尤加意疗治，全活甚众。一日，道出旌阳祠侧，睹一老妪濒危，无力就医，即为诊之，并赠以药金。阅数日，又亲临探问。每月五六顾，每视必挟丸药数剂，病愈乃止。性慈善，凡县中公益事，及遇人危困，必竭心尽力。卒之日，邻里耄稚皆流涕辍业赴吊。著有《存诚斋集》、《容庵经验良方》，藏于家。[见：《德阳县志》]

段虎文 清代河南渑池县二十铺人。邑眼科名医段湘江次子。与兄段骏声，皆绍传父术，世称眼科世家。子侄辈有段世基、段世培，亦工眼科。[见：《中州艺文录》]

段承务 宋代宜兴（今江苏宜兴）人。医术精高，贪顾财贿，非大势力者不能屈致。翟汝文（1076～1141）居常熟时欲见之，不赴。翟氏委平江太守梁尚书邀之始来。及归，平江一富人求诊，段曰："此病不过汤药数剂可疗，然非五百千为谢不可！"富家许其半数，拂衣而去。富家从其请，另出银五十两为药资，段求增至百两，始出药为治，数日病愈。段氏归途患病，至家数日而死，人皆谓贪贿之报。[见：《医说》]

段经元 清代河南陕县人。监生。精通医术，活人无算，知名于时。[见：《陕县志》]

段春风 字子和。清代山西稷山县人。赋性谨厚。早年贸易于河南，得秘传良方，活人无数。或酬以资，不受，远近称之。[见：《山西通志》]

段树生 字德凤。清代开原县（今辽宁开原）人。精医理，推重名医王叔和。虽未悬壶，踵门求治者户限为穿。[见：《开原县志》]

段骏声 清代河南渑池县二十铺人。邑眼科名医段湘江长子。与弟段虎文，皆绍传父术，时称眼科世家。子侄辈有段世基、段世培，亦工眼科。[见：《中州艺文录》]

段康年 南宋镇江（今属江苏）人。其父从高宗南迁，深知朝廷衰败，嘱康年曰："宋室日促，非可仕时，唯医可托迹。"遂隐于医。凡患病者，皆以药济之，不求酬报。王实斋欲荐之于朝，坚辞不起。后裔有名段璜者，亦精医术。[见：《镇江府志》、《金坛县志》]

段富有 字丰圃。清代山西新绛县北杜坞人。平生喜读阴骘文，身体力行。兼通医理，尝手辑《经验医方》，依方修合，全活无算，概不取资。又增补《大生要旨》，于妇产科多有心得。二书今未见。[见：《新绛县志》]

段湘江 清代河南渑池县二十铺人。精通医术，以眼科知名。凡内障云翳，以针拨之，立见光明，声振于时。子段骏声、段虎文，孙段世基、段世培，皆绍传其术。[见：《中州艺文录》]

段觐恩 字云峰。清代云南安宁州人。精医术，兼擅太素脉，每试辄效。晚年耳重听，诊脉不待问，而辨证无或爽，险症沉疴，应手而痊。撰有《医学诀要》，今未见。[见：《云南通志》]

皇甫

皇甫山 字岫冈。明代浙江仁和县人。名医皇甫泰孙，皇甫中子。早年习儒，师事张鏊。性淳谨，急人厄难，至废寝食。绍承家学，亦精医术，治病不计酬报，名重于时。其父撰有《明医指掌图》十卷，山请其师作序，刊刻于世。弟皇甫嵩、皇甫岱，皆为当时名士，嵩亦精医。[见：《中国医籍考》、《本草发明·皇甫嵩序》]

皇甫中 字云洲。明代浙江仁和县人。名医皇甫泰子。皇甫氏世为儒医，至皇甫中医术亦精，名重于时。其父生前汇辑临证所得，参以名医陶华之论，辑为一书，未竟而卒。皇甫中承父遗志，复"博采古哲遗方"，历时十载，撰《明医指掌图》（简称《明医指掌》）十卷，刊于世。此书原刻不存，后有王肯堂（1549～1613）订补本问世，遂大行，今存万历七年（1579）书林刘氏安正堂刻本。皇甫中还著有《伤寒指掌》十四卷，清代编《四库全书》，由浙江巡抚采进，惜未刊行。子皇甫山、皇甫嵩、皇甫岱，皆为名儒，山、嵩兼精家学。[见：《古今医统大全·历世圣贤名医姓氏》、《医藏书目》、《郑堂读书记》、《杭州府志》、《浙江通志》、《明医指掌图·张鏊序》、《四库全书总目提要》]

皇甫示 元代怀远县（今安徽怀远）人。为五代世医。与朱肯堂、朱莹、朱赟、刘

彦实、秦子通等齐名。[见:《怀远县志》]

皇甫坦 (1096?～1178) 字履道。南宋兖州瑕丘(今山东滋阳)人。为道士。精医术。绍兴十九年(1149),显仁太后患目疾,御医不能疗,乃召募天下医士。临安太守张称,举荐皇甫坦。高宗召见,问:"何以治身?"坦曰:"心无为则身安,主无为则天下治。"遂引至慈宁殿治太后病,目疾愈。高宗大喜,厚赐之,一无所受。高宗令持香祷青城山。及还,复召之,问以长生久视之术,坦曰:"先禁诸欲,勿令放逸,丹经万卷,不如守一。"高宗叹服,御书"清静之庵"赐之,又令绘其像于禁中。[见:《宋史·皇甫坦传》、《医学入门·历代医学姓氏》、《中国历代名医碑传集》]

皇甫泰 号菊泉。明代浙江仁和县人。精通医术,悬壶济世,与同邑名医孙钝齐名,世称孙皇。皇甫泰仰慕前辈名医陶华,与陶氏子廷桂友善,廷桂授以其父《伤寒琐言》、《杀车槌法》诸书及家传医学秘旨。皇甫泰曾汇辑临证经验,参以陶氏学说,辑为一书,未竟而卒。子皇甫中继承父志,整理遗稿,厘为十卷,名之曰《明医指掌图》,刊刻于世。此书今存王肯堂重校本。皇甫泰还撰有《产宝》若干卷,今未见。[见:《钱塘县志·孙钝》、《浙江通志》、《四库全书总目提要》、《中医图书联合目录》]

皇甫谧 (215～282) 原名静,字士安,号玄晏先生。魏晋间安定郡朝那(今宁夏固原)人。汉太尉皇甫嵩曾孙。幼为叔父嗣子,迁居新安。初不好学,游荡无度,人以为痴。尝得瓜果,进于嗣母任氏。任氏曰:"《孝经》云:三牲之养,犹为不孝。汝今年余二十,目不存教,心不入道,无以慰我。"流涕不已。谧感激,始有高尚之志,就乡人席坦受书,勤力不息。家贫,躬自稼穑,带经而读,久之,博综典籍,通百家之言。皇甫谧沉静寡欲,以著述为务,终生手不辍卷。淡于仕途,曹魏时举孝廉,不就。景元(260～263)初,相国司马昭征之,亦不赴。此后,晋武帝数征之,授以高爵,皆固辞。自为表章,就帝借书,帝送书一车与之。嗣后,益耽玩典籍,废寝忘食,时称"书淫"。后得风痹疾,然披阅不息。初服寒食散,病益沉重,"躯半不仁,隆冬裸袒食冰,当暑烦闷,加以咳逆"。此后留心医药,尽得其妙,于针灸术尤所擅长。尝摘录《素问》、《灵枢》、《黄帝明堂经》三书,重为编次,择要释其经义,辑《黄帝三部针灸甲乙经》(即《甲乙经》)十二卷,大行于世。该书为我国现存最早之针灸专书,被历代医家所推重。此外尚有《论寒食散方》二卷,已佚。医书之外,还著有《帝王世纪》、《高士传》、《烈女传》、《逸士传》、《玄晏春秋》等。[见:《晋书·皇甫谧传》、《补晋书艺文志》、《隋书·经籍志》、《新唐书·艺文志》、《旧唐书·经籍志》、《太平御览·方术部》、《甲乙经·序》、《医学入门》、《国史经籍志》、《医藏书目》、《四库全书总目提要》]

皇甫嵩 号灵石山人。明代浙江仁和县人。名医皇甫泰孙,皇甫中子。传承家学,习儒之暇究心岐黄。曾搜集方书,推本《内经》,博取诸家本草,兼考东垣汤液、丹溪药性等书,求其旨要,辑《本草发明》六卷,刊于万历戊寅(1578)。兄皇甫山,以医著称。弟皇甫岱,以儒学闻世。[见:《医藏书目》、《本草发明·自序》、《明医指掌图·张鰲序》、《中医图书联合目录》]

皇甫馘 金元间人。生平里居未详。名医王好古门生。曾参校其师《阴证略例》。[见:《阴证略例》]

鬼

鬼臾区 又作鬼容区,号大鸿。传说为上古黄帝时臣子,曾佐黄帝发明五行,详论《脉经》,又曾占星气、造神历、修五运、齐七政。卒后,葬于雍。明嘉靖间(1522～1566),京师三皇庙定为先医庙,西庑祀鬼臾区等十四人,皆东向。又,《黄帝内经素问》多载黄帝与岐伯、雷公、鬼臾区等问答之辞,皆古儒所伪托。[见:《汉书·郊祀志》、《世本》、《古今医统大全·历世圣贤名医姓氏》、《中国医学大辞典》]

禹

禹成德 字协先。清代河南汜水县潘窑人。增生。精通医术,兼善堪舆。[见:《汜水县志》]

禹益之 宋代人。生平里居未详。与晋阳教授郭之才合辑《经验妇人产育小儿方》、《运气节要》二书,附刻于《玄门脉诀内照图》之后,刊刻于世。[见:《中国医籍考》]

禹嗣兴 清代云南昭通县人。自幼习儒,年十四入县庠。家贫亲老,舌耕谋生。暇则研究医学,历二十年不倦。凡亲友患病求治,投方辄效,久之医术大行,家致小康。为人忠厚朴拙,临证小心谨慎。其医箴云:"延生丹,传忠录,三世业,万卷书。朝出诊,暮入读,虽小道,乃仁术。"年七十四岁卒。殁后数十年,乡党犹感

慕其生前厚德。撰有《春杏载途》，今未见。[见：《昭通县志稿》]

侯

侯荣（1864～1931） 字子然。清末江苏长洲县人。内科名医陈星华高足。擅治伤寒，名噪三吴。曾任苏州医学研究会会员。宣统间（1909～1911）加入中西医药研究会。门生李畴人，尽得其传。[见：《中西医学报》、《中国历代医家传录》]

侯栐 字笏轩。清代安徽无为州人。善绘画，精眼科。著有《眼科汇宗》，今未见。[见：《庐州府志》]

侯俊 清代河南长垣县人。庠生。精医术，以治痘疹知名。[见：《长垣县志》]

侯济 金代人。里居未详。曾任太医院太医。兴定五年（1221）十月，与太医张子英治皇孙疾，不效，皇孙亡，罪当死。宣宗曰："济等所犯诚宜死。然在诸叔及弟兄之子，便应准法行之。以朕孙故杀人，所不忍也。"命杖七十，除太医名。[见：《金史·本纪·宣宗》]

侯庸 清代河南封丘县人。精岐黄术，悬壶济世。曾任医学训科。[见：《封丘县志》]

侯敞 字梅衫，晚号淞南居士。清代江苏上海县人。诸生。寓居青浦县六图杨氏。精诗、书、画，称三绝。旁通医卜之术。[见：《青浦县志·游寓》]

侯鹄 字正甫，号学愚。清代四川南充县人。早年习儒，兼精医术。谦和求实，不出妄语。病人延诊，能治则处方，不能治则直言之。又悯人之急，治病不图酬报，贫富一视同仁。后选授仁寿县训导。年七十六岁殁。[见：《南充县志》]

侯巽 清代人。生平里居未详。著有《扶雅斋读医札记》二卷，今存清抄本。[见：《中医图书联合目录》]

侯干城 清代陕西咸阳县人。精医术，活人无算。著有《颐生集》、《痘疹颐生》二书，今未见。[见：《咸阳县志》、《重修咸阳县志》]

侯元芬 清代四川南溪县人。邑名医侯永槐门生。得师传授，审证精当，用药严谨，治愈危疾甚多。[见：《南溪县志》]

侯元杰 字六如。清代江苏金山县张堰镇人。邑名医侯守琨侄。得守琨亲授，亦以医术见称。[见：《重辑张堰志》]

侯曰钦 字心寰，又字心璧。明代长洲县（今江苏苏州）人。祖籍嘉定县。祖父侯周臣，父侯秉忠，皆工医术。曰钦早年习举业，兼承家学。曾应试，督学奇其文，拔置第二，因误注，反不得中。自此，尽弃所学，仍理家业，遂成名医。[见：《苏州府志》]

侯功震 字百里。清代山东历城县人。道光二十九年（1849）举人。善古文，工诗赋。兼精医术，以痘科知名。著有《痘疹大成》四卷，成书于道光二十九年，经日照县许印林订补，由郑詹刊于同治十年（1871）。[见：《历城县志》、《四部总录·医药编》]

侯东然 清代四川宣汉县赤溪场平楼山人。以医为业。存心济世，遇贫病者延请，虽霜雪必往，不计诊金，乡里德之。[见：《宣汉县志》]

侯宁极 五代后唐人。生平里居未详。天成间（926～929）进士。曾戏撰《药谱》一卷，改立药物别名，如陈皮称"贵老"，硫黄称"焰曳"等，因时多艰，不传于世。翰林陶谷得其稿于友人，遂收入所辑《清异录》，今存。[见：《南村辍耕录·卷十六·药谱》、《中国丛书综录》]

侯永槐 字植三。清末四川南溪县人。精医术，善诊断，立方精当，求治者盈门。门人侯元芬、曾锡龄，传承其学。[见：《南溪县志》]

侯邦宁 明代河南禹州人。善医，治病多奏奇效。其人高雅，收藏名人墨迹甚多。尝购置庭园，种药莳花于其中。[见：《禹州志》]

侯自然 宋代人。生平里居未详。著有《难经疏》十三卷，已佚。[见：《崇文总目辑释》、《宋史·艺文志》、《国史经籍志》]

侯守琨 字秋帆。清代江苏金山县张堰镇人。精外科，善用推拿法治喉闭，求治者户外履满。侄侯元杰，得其传授。[见：《张堰镇志》]

侯佐元 字辅卿。清代陕西三原县人。弱冠读书，力学不倦，文誉日隆。不喜仕进，远近负笈从学者甚众。康熙三十一年（1692）大灾，侯氏著《倒蔗集》，以补《食疗本草》所未备，今未见。[见：《三原县志》]

侯秉忠 字受璧。明代嘉定县（今属上海）人。徙居长洲县。名医侯周臣子。克传家学，亦工医术。尤敦节义，有其父风范。子侯曰钦，亦以医名世。[见：《苏州府志》]

侯周臣 字昆璧。明代嘉定县（今属上海）人。性孝友，致力儒学。曾读《灵枢》、《素问》诸书，谓："《内经》一书，与《周易》相表里。天人性命之理，尽在是矣。"遂弃举业，专攻医学。后徙居长洲县，治病投药即效，赖以全活者无算。不以医谋利，每有所得，悉施济贫乏。崇祯六年（1633），巡抚祁彪佳亲访耆旧，首举侯氏，嘉奖其德，以"逸民古君子"称之。年七十九岁卒。子侯秉忠，孙侯曰钦，皆传承其学。[见：《苏州府志》]

侯寅升 字炳庵。清代山西壶关县人。少任侠，喜拳勇，与人相处无畛域。继承父业习医，术益精，求诊者无虚日。同治（1862～1874）初，大姓某患脑漏垂危，延之诊治，一药而愈。酬以千金，却而不受。[见：《山西通志》]

侯维翰 清代山东滕县人。生平未详。著有《痘疹书》，未见传世。[见：《滕县志》]

侯敬庵 清代三山（疑指福州）人。生平里居未详。著有《疯门辨证》一卷，刊于世。[见：《中医图书联合目录》]

侯智元 字春林，自号三指生。清代江苏宝山县广福人。生而残废，全身挛弱，唯左手三指能自主。枯坐无聊，常默究医书，久之精其理。后悬壶上海，名噪于时，求治者日不暇给。年五十六岁卒。[见：《宝山县续志》]

侯瑞丰 清代江苏宝山县人。生平未详。著有《颜氏医典注》，未见刊行。[见：《宝山县志》]

须

须鼎 字尔新。清代江苏嘉定县人。生性豪迈。以医为业，知名于时。[见：《嘉定县志》]

须成孙 字大成。清代江苏吴县人。精通医术，治病无不效验，名重于时。[见：《苏州府志》]

俞

俞氏① 佚其名。战国时人。里居未详。与矫氏、卢氏并以医知名。据载，三人曾同时为季梁诊疾，季梁称矫氏为"众医"，俞氏为"良医"，卢氏为"神医"。[见：《列子·力命篇》]

俞氏② 佚其名。隋代（?）人。生平里居未详。著有《疗小儿方》四卷，已佚。[见：《隋书·经籍志》]

俞凤 字鸣时。清代安徽婺源县思溪人。幼习举业，颇负时名。因家贫经商，稍裕则周济乡邻。后精医术，治病不取酬。一日乘舟至泰州，邻舟婴儿患痘，势甚危殆，俞氏治而愈之，不留名而去。[见：《婺源县志》]

俞弁 字子容，号守约。明代吴县（今江苏苏州）人。癖于论医，凡闻师友讲谈，或披阅诸史百家之文，皆手抄以备忘。久之积为一帙，遂仿张杲《医说》体例，辑《续医说》十卷，刊于嘉靖元年（1522），今存。还著有《脉症方要》十二卷，已佚。[见：《续医说·序》、《明史·艺文志》、《绛云楼书目》、《吴县志》]

俞伟 字卓吾。清代安徽婺源县人。精医理，设药肆于南京。重医德，遇贫病者不取诊资，其极贫者以药赠之。生平多善举，逢灾疫则捐金赈济，时人敬重之。[见：《婺源县志》]

俞仲 字杰亭。清代安徽婺源县人。性慈善，好济人之急。精医术，善针灸，尤长于外科。临证多效验，求治者门庭若市，不责其报。侍郎汪公雅重其术，以"懿行醇风"额其门。[见：《婺源县志》]

俞极 隋代人。生平里居未详。通兽医术。著有《治马经》三卷，已佚。[见：《隋书·经籍志》、《国史经籍志》]

俞坚 字心一，又字育庵。清代江苏嘉定县北城人。曾祖俞璂，祖父俞都，皆有隐德。父俞琳，精通医术。俞坚绍承父学，少年时复从隐士金汝铉习医，其术益精。及悬壶问世，常起危疾，名重于时。临证审慎，常谓："药性多偏，小不谨辄致害人。"子俞镒，继承家学。[见：《嘉定县志》]

俞玫 字圣梅，号内斋。清代浙江海盐县人。精医理，工绘画，擅山水花卉。[见：《艺林医人传》]

俞宝 唐代人。生平里居未详。辑有《小女节疗方》（又作《少小节疗方》）一卷，已佚。[见：《旧唐书·经籍志》、《新唐书·艺文志》、《国史经籍志》]

俞钟 字元音。清代江苏嘉定县人。武生。工医术，辨痘疹颇精当。著有《广见编》四卷，卷末附医案数十则，今未见。[见：《嘉定县志》]

俞信 字克友。清代江苏娄县人。性朴诚，精书法，兼善医术，知名于时。同时有金鹏，亦工医。[见：《松江府志》]

俞桥 字子木，号溯洄道人。明代浙江海宁县人。少习举业，究心理学，兼精医术。嘉靖间（1522～1566）以名医被征，授太医院吏目，累官南京太医院判。于方书无所不读，更博访诸名家，尝获河间、洁古、东垣未刻诸稿及古代秘方，斟酌损益，以之治病，无不奇验。虽久居京师，耻事权贵，而贫家延请，必尽心疗治。故名愈盛而家愈窘，士大夫皆雅重之。曾汇集《内经》以下诸名家医著，择其关于脉证者，附以歌括，撰《医学大原》二卷，俾业医之士有所考证，惜散佚不传。还著有《广嗣要语》一卷，今存《格致丛书》本。[见：《海宁县志》、《海昌外志》、《海昌备志》、《医藏书目》、《中医图书联合目录》]

俞涛 号惠泉山人。明代浙江奉化县人。邑名医俞应震子。绍承父学，洞明医理，精于切脉。心存济利，救治甚众，病愈不矜功，人皆感德。子俞德扬，孙俞惟圣，能世其业。[见：《奉化县志》]

俞焕 字晓园。清代安徽婺源县人。通药理。与兄俞尔介、俞彦方精选药料，自制寸金丹、摧生丸、太乙灵膏等药，普施广送，毫不取值。又念"传药不如传方"，遂订补钱峻《丹方类编》，重刊于世。今存。[见：《丹方类编·自序》、《中医图书联合目录》]

俞琰 号林屋山人。宋元间吴县（今江苏苏州）人。早年习儒，明亡，隐居不仕。闭户静坐，抚琴自娱，嗜于《易经》，好读内外《丹书》，遂成"四癖"。兼通医理，于道家养生术尤有研究。木渎镇酒肆吴其性，病精滑不禁，百药不效。俞氏教以气功，其法甚简易，但胁腹缩尾闾，闭光瞑目，头若带石，即引气自背后直入泥丸，而后咽归丹田。不问遍数，行住坐卧皆为之。又令兼服《既效方》保真丸。吴氏未服药，只行所授气功，数月疾愈，颜如桃李。俞氏著有《大易会要》、《周易集说》、《通玄广见集》、《参同契发挥》、《悟真衍义》、《炉火监戒录》诸书，其笔记《席上腐谈》，为史家所重。[见：《席上腐谈》]

俞萼 又名道生。字幼苏，又字有曾，号客山。清代浙江归安县双林镇人。习举业，既入泮，有声于时。乾隆辛卯（1771）、甲午（1774）两赴乡试，皆不中。善吟咏，以杜甫为宗，其五律尤精严有法。性好洁，庭除、几席，每旦必躬自洒扫，至老不倦。晚年潜心医理，能融汇诸说。年六十七岁卒。著有《幼科指掌》、《医镜评注》，今未见。[见：《双林镇志》、《湖州府志》、《归安县志》]

俞跗 一作俞柎，又作俞附、臾跗。相传为上古时期黄帝臣子。善医术。据载，其治病不用"汤液醴醴"，每"因五脏之输，割皮解肌，决脉结筋，湔浣肠胃，漱涤五脏，炼精易形，以去百病"。又载："榻木为脑，芷草为躯，吹窍定脑，死者复生"。据此，则俞跗所行，非医学疗法，乃

先设木偶，然后根据病患部位，对木偶"施术"或祷告。[见：《史记·扁鹊仓公列传》、《医说》、《韩诗外传》]

俞锜 字新甫。清代江苏奉贤县人。邑名医俞其晋子。绍承父学，亦精医术，尤善调理。[见：《奉贤县志》]

俞塞 又名独孤塞，字吾体，号无害。清代安徽婺源县人。少孤，客游金陵（今南京）不能归，遂自改其姓为独孤。性孝友，好读书。安贫守道，淡于名利。因善病，涉览医书，决诸证多奇中。尝谓："医不通易，则术不精。"年五十岁卒，葬于千里破山之南，其碑曰故处士俞塞之墓。俞塞因家贫未娶，其弟早亡，故皆无后。著有《本草正误》、《医易》及诗文各若干卷，皆散佚。[见：《皖志列传稿》、《江宁府志》]

俞震 （1709～？）字东扶，号惺庵。清代浙江嘉善县（一作上虞县）人。诸生。性敏慧，自幼博览群书，兼工吟咏。因善病习医，师事嘉善名医金钧（1657～1749），得其秘奥。及以医问世，治病多奇中，声名日隆，公卿延聘者踵相接。晚年著《古今医案按》十卷，书成于乾隆四十三年（1778），时震已七十岁。此书今存酌古堂刻本。子俞念祖，有文名。孙俞礴溪，曾孙俞灏，皆绍传祖业。俞震门人奚应莲、奚应虬，得其传授。[见：《古今医案按·序》、《嘉善县志》、《上虞松夏志》、《中国历代医家传录》]

俞镒 字南金。清代江苏嘉定县北城人。邑名医俞坚子。继承父学，亦以医名。[见：《嘉定县志》]

俞樾 （1821～1907）字荫甫，号曲园。清末浙江德清县人。道光三十年（1850）进士，授翰林院庶吉士。咸丰五年任河南学政。咸丰七年（1857）罢职，侨居苏州，主讲苏州紫阳、上海求志各书院，而主讲杭州诂经精舍三十余年，为最久。光绪二十八年（1902），诏复原官。光绪三十二年十二月二十三日卒，享年八十六。俞樾邃于经学，贯通《易经》，对训诂学尤有造诣，旁及医术。所著《废医论》一卷，分本义、原医、医巫、脉虚、药虚、证古、去疾七篇，其主旨阐述医不足深信，药石不可乱投，养心寡欲，可臻寿考；又著《内经辨言》一卷（见《读书余录》），以训诂、考据之学校释古代医经，多有精辟见解；还编有《枕上三字诀》一卷，皆收入《春在堂全书》，今存光绪二十八年壬寅（1902）刻本。[见：《清史稿·俞樾传》、《中医图书联合目录》、《中国丛书综录》、《近三百年人物年谱知见录》]

俞

九画

俞镠 字世宝。明代浙江宣平县俞源人。通经史，工诗文。淡于功名，隐居空谷。精研岐黄，著有《杏林捷径》若干卷，同邑梁镈为之作序，今未见。[见：《宣平县志》]

俞寰 字允宁。明代奉贤县（今属上海）青村人。朴厚沉静，好读书，工词赋。凡医药、卜筮、抚琴、篆刻，无所不通。不以术求名，终岁不入城市，世以庞德公比之。[见：《重修奉贤县志》、《上海县志》]

俞瀚 （?～1770）字楚江，又字楚善。清代浙江山阴县人。自幼习儒，父母殁，游学四方，足迹至于京师、津门、邯郸。精古文词，能诗善画，尤工书法。兼精岐黄，行医济世，全活甚众。家藏大茯苓重二十余斤，名儒沈大成撰《茯苓赞》以记其事。早年入两江总督尹继善幕府，奏疏、表章多出其手。晚年清贫，悬壶苏州。年六十余，卒于虎丘之客舍。[见：《绍兴医学史略》]

俞灏 号鹄门。清代浙江嘉善县人。邑名医俞震曾孙，俞磻溪子。业医，悬壶于郡城。[见：《嘉善县志》、《中国历代医家传录》（引《沈俞医案合钞》)]

俞士荣 清代江苏吴县人。名医马俶门生，亦以医名。[见：《吴县志》]

俞士烜 清代人。里居未详。精医术，授太医院御医。乾隆四年己未（1739）任《医宗金鉴》纂修官。[见：《医宗金鉴》]

俞士琳 字梅村。清代浙江山阴县人。生平未详。康熙五十年辛卯（1711）重订张介宾《景岳全书》。[见：《景岳全书》]

俞士熙 号静斋。清代浙江宣平县人。邑庠生。读书明经，兼善医术。著有《伤寒易知录》，藏于家。[见：《宣平县志》]

俞大器 字万录。清代江苏川沙县人。明医理，兼擅书法，著有《笔阵图》（为书法著作）。[见：《川沙抚民厅志》]

俞万通 清代江苏长洲县浒墅人。邑名医俞景范族人。精疡科，善于割刮之术，求治者甚众，日不暇接。同时有黄际飞，以喉科著称。[见：《浒墅关志》、《吴县志》]

俞之琇 字美允。清代江苏句容县人。精医术，专擅痘科，诊视无不奇中，多所全活。以高寿卒。族侄俞秉桂，亦工痘科。[见：《续纂句容县志》]

俞子才 清代安徽芜湖县人。精研本草，神会意解，与同邑名医沈省齐名。[见：《续修安徽通志》]

俞云来 字钧声，又字汉乘。清代浙江海盐县人。康熙九年（1670）进士，授江西安仁县令。后归乡奉母，寄情于著述。撰有《医说》若干卷，今未见。子俞兆晟，官至户部侍郎，兼通医理。[见：《海盐县志》、《嘉兴府志》]

俞长荣 字常德。清代江西广丰县人。业医，凡以疾病延请，皆赴诊，兼施药饵。[见：《广丰县志》]

俞仁化 字健一。清代江苏长洲县人。世医俞明鉴孙。绍承家学，以针灸知名。汪志伊抚吴时，有眷属产后癃闭，八日不通。仁化应邀往，针气海、关元、足三里等穴，随手而愈。又，辰州陈延庆，久患臂痛，五载不举。仁化治之，手到病除。陈氏赠"涪水神针"额其门。所治类者甚多。为人谦和端谨，风雅自重，未尝计较诊酬。子俞协占，传承父业。[见：《苏州府志》、《吴县志》]

俞月桂 字天馨。清代浙江上虞县人。精岐黄，时称痘科圣手。族孙俞金标，亦精痘科。[见：《上虞松夏志》]

俞文龄 字永年。清代浙江上虞县人。精医理。晚年施诊舍药，获愈者甚众。[见：《上虞松夏志》]

俞允昌 字尔迪。明代浙江平湖县人。县庠生。学医于名医孙文胤。曾参校其师《丹台玉案》。[见：《丹台玉案》]

俞正燮 （1775～1840）字理初。清代安徽黟县北城外嘉祥里人。少随父宦居句容。好读书，拥籍数万卷，手翻不辍，辄则成诵。后以附监生留京师，道光元年辛巳（1821）中举。一生治学，海内儒林文士每以著述相托。道光己亥（1839）主讲江宁惜阴书院，次年病卒，年六十六岁。其家产不及中人，束脩所入尽以周急，或购书籍，卒之日家无余财，仅储书七万余卷。俞氏于医学亦有研究，所著《癸巳类稿》十五卷，其中《经络》、《持素》等篇考释《素问》，论说医理，多有独到见解。[见：《近三百年人物年谱知见录》、《黟县三志》、《皖志列传稿》]

俞世球 字得玙。清代安徽婺源县长滩人。幼颖悟，能文章。太平天国时弃儒学医，活人甚众。后援例捐县丞，官至知县。年八十五岁卒。著有《麻痘新编》、《摘录经验医案》、《摘录经验奇谈》、《续医宗摘要》等书，均存。[见：《婺源县志》、《中医图书联合目录》]

俞世模 清代江苏南汇县人。精医术，治病不计酬报，名噪乡里。[见：《南汇县志》]

俞可铺 字宏远。清代安徽婺源县长滩人。咸丰间（1851～1861）任州同知，为当道所器重。慷慨好义，精医术，凡踵门求治者，多应手奏功。著有《医宗摘要》，藏于家。[见：《婺源县志》]

俞东皋 明代人。生平里居未详。著有《痘疹卮言》，已佚。[见：《中国医籍考》]

俞用古 明代浙江新昌县人。初不知医，及父病殁，慨然曰："吾父为庸医所杀。吾不得事于父者，当得以事母。"遂取轩岐之书尽读之，久之精医，有神医之称。治病多以意为之，每获良效。某人患重病求治，一无病者欲试其术，亦入帐中。用古俱诊之，曰："呻吟者可治。初病者膀胱气绝，必死。"主人大笑。不久，无病者卒，而病重者愈，人始服之。王氏一家数口忽哑，俞氏询其所嗜，曰："雉。"曰："吾得之矣！"令服姜汁，药下而痊。人问其故，答曰："是时雉多食半夏，其毒在内故也。"一女子欠伸，两手僵直不能下，用古曰："须灸丹田。"燃艾，诈欲解其裙，女惊护之，两手遂下，病亦愈。[见：《浙江通志》]

俞处恭 明代句容县（今属江苏）龙潭人。精医术。挟技游京师，名振一时。[见：《句容县志》]

俞兰秀 清代安徽婺源县人。邑名医俞镇连子。绍承父业，亦以医名。[见：《婺源县志》]

俞必达 字日孜，号西原。清代江苏南汇县周浦人。庠生。性孝友，精医术，不欲以医名世。与同郡侍御范芷野相友善，范贻书招之入都，以母疾辞。母亡，始治装北上。曾为大学士蒋溥之孙疗疾，获愈，恰逢皇帝赐滦河鲤鱼，蒋遂亲绘《鱼藻图》为赠，自此名噪都下，延请者无虚日。屡荐北闱不售，卒。侍郎吴省钦志其墓。子俞廷选，官苍溪县典史。[见：《南汇县志》、《松江府志》]

俞圣瑞 清代安徽休宁县万安人。精医术，擅长幼科。前辈名医程伯益，以儿科名噪于时。圣瑞继之而起，治痘症尤称神手。临证善诊断，听声辨色，断生死无或爽。门生何鼎亨，亦为名医。[见：《休宁县志》]

俞协占 清代江苏吴县人。世医俞仁化子。绍承父学，亦精医业，以针灸知名。[见：《苏州府志》、《吴县志》]

俞戌震 明代浙江奉化县人。世代业医。伯父俞承春，以儿科著称。父俞承历，亦以医名。戌震绍承家学，远近就治者如市，多所全活。[见：《奉化县志》]

俞在兹 字文起。清代浙江萧山县人。邑庠生。精岐黄术，名播江浙间。诸暨蒋四张暴病，昏不知人者三日，家人延请俞氏，应手而愈。俞氏年八十岁卒。著述甚多，身后无子，大多散佚。今存《麻疹集成》抄本一卷，藏上海中医药大学图书馆；《伤寒说约编》抄本一卷，藏中国中医科学院图书馆。又，据《女科书录要》，俞氏曾于雍正己酉（1729）校订张岱宗《胎产要诀》。[见：《萧山县志稿》、《中医图书联合目录》]

俞有廉 字颛夫，号宅泉。清代安徽婺源县人。性豁达，读书明大义，为文疏宕有奇气，并精书法。年十八岁补博士弟子员，从胡韫川学。性至孝，家贫，教塾以供甘旨。母老多病，乃究心医术，母得以康健。后以术济人，多所全活。著有《医学辨真》一百五十卷，今未见。[见：《婺源县志》]

俞成甫 清代浙江慈溪县人。生平未详。辑有《急救良方》（又作《急救时症经验良方》一卷，刊于咸丰丁巳（1857）。还著有《霍乱新论》，收入张秋莱《急治汇编》。[见：《八千卷楼书目》、《中医图书联合目录》、《浙江医籍考》]

俞同琇 字绅公。明代吴县（今江苏苏州）人。太保俞士悦裔孙。博学多识，贯通《素问》、《灵枢》等书，治病应手奏效，人以儒医称之。[见：《吴县志》]

俞廷飏 字稷卿。清代江苏青浦县人。廪生。工词章，尤善岐黄。尝客居白鹤江，后徙居浦东。[见：《中国历代医家传录》（引《青浦续后诗传》）]

俞廷举 字介天，号石村，又号一园。清代广西全州长乡高峰村人。乾隆戊子（1768）举人。官四川营山知县。在任倡建书院，修城郭，缮厉甲兵，守御有功，保全甚众。兼善文学，充《四川通志》纂修官，引年归。卜居白石一园。撰有《一园诗文集》、《静远斋诗举》。兼嗜医药，所撰《金台医话》一卷，今存乾隆四十九年甲辰（1784）叶楚樵抄本、嘉庆二年（1797）刻本。还撰有《增补达生编》三卷，刊于乾隆五十八年（1793）。另有《脉理素精》，今未见。[见：《全县志》、《贩书偶记续编》、《中医图书联合目录》]

俞廷璘 明代安徽石埭县人。精医术，知名京师。隆庆二年（1568）正月，太医院医官徐春甫集合各地在京名医四十六人，创立一

九画

体堂宅仁医会，俞廷璘为会员之一。诸医穷探医经，讨论四子（指张机、刘完素、李杲、朱震亨），共戒私弊，患难相济，为我国最早之全国性医学组织。[见：《我国历史上最早的医学组织》（《中华医史杂志》1981年第3期）]

俞兆晟 （?～1741） 字叔音，号颖园。清代浙江海盐县人。俞云来三子。业儒，康熙四十五年（1706）进士，由翰林累迁户部侍郎。乾隆元年（1736）寄居无锡，杜门养疴。六年卒。俞氏旁通书法、绘画，兼善医术。[见：《海盐县志》]

俞兆熊 明代无锡县（今属江苏）安富乡人。精医术，尤擅幼科，虽危重病，应手而愈，闻名遐迩。重医德，遇贫病无力者资以药饵，且助以钱。著有《活人医案》，后学奉为准绳。今未见。[见：《无锡安富乡志稿》]

俞汝言 字右吉，又字渐川，号双湖。明清间浙江秀水县人。年十九为诸生，食饩。具经世之才。明亡，弃举业，凡故交中仕于清廷者，不通往来。家虽贫窘，浩然自得。尝游于燕、赵、韩、魏、宋、卫、闽、粤、云中、雁门，搜罗载籍甚富。康熙十三年（1674）移居梅里镇，与处士缪永谋同居。年余返乡，居城东草堂，以著述自娱。晚年双目失明，犹令人诵读诸书，口授所见，使人笔记之。著有《本草摘要》、《双湖杂录》，未见传世。[见：《浙江通志》、《嘉兴县志》、《梅里志》]

俞汝溪 明代人。生平里居未详。著有《雷公炮制便览》五卷，约撰于万历二十一年（1593），今存明刻本。[见：《中医图书联合目录》]

俞汝翼 字聘尊。清初江苏昆山县人。其父精医。汝翼继承父业，擅长疡科，治病不计利，见称于时。尝汇集三十五年经验，著《葆生秘钥》二卷，成书于康熙四十九年（1710）。乾隆二十五年（1760），其孙俞晋增订为四卷。此书今存，藏南京图书馆。[见：《苏州府志》、《昆山新阳合志·支东云传》、《昆山历代医家录》]

俞时中 字器之。宋元间金华县（今浙江金华）人。宋末避乱于山谷，叔母刘氏为元兵所得，欲杀之。时中闻其声，挺身出曰："此吾母也！即欲杀，当以身代！"元将壮其言，遂释刘氏，挟时中北行。至京师，公卿闻其事，皆叹而奇之，使随罗郎中学医。时罗氏贵幸，嘉其才，以次女妻之，荐入翰林。后因编次《本草》有功，授太医令。[见：《金华县志》]

俞言诚 明代江西人。寓居江苏东台县何垛。业医。用药不拘泥方书，独出己意，多获奇效。当道官吏屡表彰之。[见：《东台县志》]

俞应泰 字星阶。清代浙江山阴县人。早年习儒。其妻周氏指间患螺疗，为庸医所误，一指脱落，死而复苏者数次。俞氏叹曰："人不死于病，而死于医者多矣，可不惧哉！"遂发愤习医，妻病得瘳。后弃儒业医，内外兼长，声冠于时。著有《伤科捷径》一卷、《伤科秘诀》一卷，刊刻于世，今存。还著有《内科摘要》四卷、《外科探原》二卷，今未见。[见：《绍兴县志采访稿》、《中医图书联合目录》]

俞应震 明代浙江奉化县北山人。邑名医俞承历子。绍承家业，亦工医术，擅治儿科及跌打损伤，远近知名。子俞涛，传承父学。[见：《奉化县志》]

俞启华 字旭光，号彩亭。清代安徽婺源县思溪人。精岐黄术，远近著名。一经诊视，沉疴立起，不取锱珠。乡人望其长寿，皆称"百岁先生"。年七十七岁卒。著有《医方辑要》一卷、《彩亭医案》一卷、《本草释名》二卷，未见传世。[见：《婺源县志》]

俞补臣 清代江苏昆山县人。精方脉，治病必求本源。著有《医宗指要》，多所发明，今未见。[见：《苏州府志》、《昆山新阳合志》]

俞其晋 字锡蕃。清代江苏奉贤县人。精医术，就诊者门庭若市。子俞锜，亦以医知名。[见：《重修奉贤县志》]

俞茂鲲 字丽溟，又字天池。清代江苏句容县人。例贡生。精通医术，尤擅痘科。性慈善，曾手绘《赈饥图》四幅，以示后辈曰："此吾生平躬亲者也。尔曹睹此情形，拯困之念，自油然兴矣。"年七十七岁卒。撰有《痧痘集解》（又作《痘科集解》、《痘疹集解》）四卷，今存雍正五年丁未（1727）松荫堂刻本。子俞念祖、俞承祖，皆以治痘著称。[见：《句容县志》、《泰州志》]

俞明远 元代四明（今浙江鄞县）人。初习举业，后弃儒攻医，精其术，名著于时。陈高作《赠医者俞明远》诗曰："俞君昔儒冠，读书四明下。简册夜钻窥，词章昼挥洒。苦厌功效迟，迂缓世所舍。闭门习方伎，探颐非苟且。贯穿岐黄篇，出入卢扁冶。业成无全牛，开户应求者。投剂始下咽，愈疾犹解瓦。活人术有神，种物功岂寡。声名在公卿，邀请致舆马。养生理自足，出游贵不假。移家九龙山，泉石趣仍雅。寻

山登嶺岑，采术瞰幽闾。予药或焚券，种杏常满野。"［见：《金元医学人物》（引《不系舟渔集》）］

俞明鉴 字世征。清代江苏长洲县人。俞士悦八世孙。五世业医，至明鉴亦承家学。年三十余，遇浙江陈氏，赠以针灸书，并传授用针法，谓明鉴曰："此法久失其传，当以赠子。"嘱其施术济人。嗣后专理针科，活人无数，与叶桂（1666～1745）、薛雪称鼎足。著有《杂证抉微》一卷、《针灸要略》八卷，皆有抄本存世。孙俞仁化，曾孙俞协占，皆传祖业。［见：《苏州府志》、《吴县志》、《中医图书联合目录》］

俞秉桂 字蟾香。清代江苏句容县人。邑名医俞之琇族侄。精医术，擅长幼科。［见：《续纂句容县志》］

俞金标 原名燕生。清代浙江上虞县人。邑名医俞月桂族孙。精医术，以痘科知名。［见：《上虞松夏志》］

俞念祖① 字畹亭。清代江苏句容县人。邑名医俞茂鲲子。早年习儒，为太学生。传承父业，以痘科知名，治愈险症甚多。弟俞承祖，亦精痘科。［见：《句容县志》］

俞念祖② 字永修。清代浙江嘉善县人。邑名医俞震子。廪贡生。自幼习儒，有文名，不以医问世。子俞磻溪，传承祖业。［见：《嘉善县志》］

俞宗本 明清间人。生平里居未详。于崇祯十六年（1643）撰《种药疏》一卷，今存清初刻本，书藏北京国家图书馆。［见：《中医图书联合目录》］

俞宗海 字紫澜。清代江苏宜兴县和桥人。以举人议叙知县，署东城兵马司指挥，不久改授泰州学正。到任修葺讲堂及尊经阁，教授生员。同时讲学于胡公书院，一时文风蔚兴。早年侍母疾，遂通医理。晚年居乡，亦勇于为公，凡有兴设，辄为规划章制。著有《医学辨证》（又作《医术辨证》）四卷，今未见。［见：《宜荆续志》］

俞承历 号凤山。明代浙江奉化县北山人。邑名医俞承春弟。亦精医术，远近知名，多所全活。子俞应震，传父业。［见：《奉化县志》］

俞承春 号桃源。明代浙江奉化县北山人。工幼科，凡小儿危急证，悉能调治。尤善治跌折损伤，虽垂危，药能下咽，率得不死。远近求治者若市，多所全活。有医德，遇贫者不计诊酬。弟俞承历，侄俞应震，俱以医名。［见：《奉化县志》］

俞承祖 字梅村。清代江苏句容县人。邑名医俞茂鲲子。早年习儒，为太学生。绍承父学，以治痘疹知名。兄俞念祖，亦工痘科。［见：《句容县志》］

俞绍远 清代江西广丰县人。精医术。重医德，贫病求治，不计酬报。［见：《广丰县志》］

俞恒龙 字宗濂。清代浙江吴兴县人。精医术，知名于时。［见：《吴兴县志》］

俞济川 字御卿。清代江苏句容县人。寓居兴化县。因父母病习医，尤精外科。临证应手辄效，踵门求治者户外常满，概不受酬。［见：《续兴化县志》］

俞彬蔚 字龄芗。清代江苏无锡县人。生平未详。著有《摄子汇编》、《医学浅说》，未见流传。［见：《江苏历代医人志》］

俞硕盦 清代江苏昭文县人。生平未详。辑有《经验方汇钞》，今存光绪七年（1881）刻本。［见：《上海图书馆书目》］

俞惟圣 明代浙江奉化县人。邑名医俞德扬子。绍承父业，亦精医术。县令、县丞皆赠匾旌之。［见：《奉化县志》］

俞朝言 明代南京（今江苏南京）人。生平未详。著有《医方集论》一卷，刊于弘治六年（1493），今存。［见：《中医图书联合目录》］

俞棣辉 字咸泰。清代江西广丰县人。精医术，有名于时。［见：《广丰县志》］

俞雅士 清代江西广丰县人。精医术，以外科著称。家不甚丰，而岁施药至百金。族祖母患恶疮，不任针砭，濒于死。雅士施以刀圭，复购人参令服，得愈。俞氏殁时，哭送者数百人。［见：《广丰县志》］

俞景范 清代江苏长洲县浒墅人。博览《素问》、《难经》诸书，精通医理，名噪于时。族人俞万通，以疡科著称。［见：《浒墅关志》、《吴县志》］

俞善君 近代江苏昆山县人。孟河名医张渭生婿。得岳父传授，复入名医朱文标门下，精通医术，知名于时。1946年行医上海，悬壶大庆里。［见：《昆山历代医家录》］

俞鉴三 字子川。清代浙江新昌县人。精医术。治病不计诊资，不分贫富，悉心治疗。悬壶三十余年，全活甚众，乡里重之。［见：《绍兴地区历代医药人名录》］

九画

俞嗣勋 字松坪。清代浙江平湖县人。善岐黄术，有名于时。[见：《平湖县志》]

俞嘉言 字世则。清代江苏宝山县人。初习外科，后兼理内科，名噪于时。有医德，遇贫者邀诊，虽肩舆盈门，必徒步出诊。年八十二岁卒。[见：《宝山县志》]

俞彰信 字成甫，号韵梅。清代浙江慈溪县人。俞庸理弟。早年习儒，咸丰四年（1854）岁贡。通岐黄术，知名于时。善治瘟疫、暑湿、疟痢诸疾，临证或用前贤成法，或独出新意，无不奏效。同时有王谔言，亦以医闻。[见：《慈溪县志》]

俞肇庆 字友章。清代江苏上海县人。精针灸术，曾任太医院御医。[见：《上海县志》]

俞肇源 字根初。清代浙江绍兴人。精医术，擅治伤寒。立方不出辛散、透发、和解、凉泻、温补五法，凡预言某日愈，十有九验。就诊者奉之若神明，因排行第三，男妇老少皆称"俞三先生"。著有《通俗伤寒论》十三卷，乾隆四十一年（1776）何秀山为之作序。今存曹炳章、徐荣斋重订本，易名《重订通俗伤寒论》。[见：《通俗伤寒论·序》]

俞镇连 字肇殷。清代安徽婺源县人。精医术，远近争相延请，多所全活。重医德，诊病从未计酬，乡里敬之。子俞兰秀，继承父业。[见：《婺源县志》]

俞德任 清代安徽婺源县思溪人。初习举业，应试不第，弃儒攻医。治病不取酬，遇贫病赠以药，乡里德之。[见：《婺源县志》]

俞德扬 明代浙江奉化县人。邑名医俞涛子。绍承父学，亦以医术著称。子俞惟圣，继业尤精。[见：《奉化县志》]

俞德乾 字利川。清代安徽婺源县泗水人。国学生。幼年家贫，采薪赡养父母及幼弟。某医生寓居泗水，德乾敬事之。一日，医者曰："负薪良苦，何不学医？"授以方书，纳为弟子，久之以医问世。平生多善举，咸丰间（1851～1861）世乱，倡捐粮米，以赈饥民，其他修桥、补道、施药、助棺，不胜屈指。著有《麻痘科要略》，借抄者无虚日。[见：《婺源县志》]

俞礴溪 清代浙江嘉善县人。名医俞震孙，贡生俞念祖子。绍承家学，亦精医术。子俞灏，外孙王宾，得其传授。[见：《嘉善县志》、《中国历代医家传录》（引《沈俞医案合钞·王文镕序》）]

郗

郗愔（313～384）字方回。东晋高平（今山东微山西北）人。司空郗鉴长子。年弱冠，授散骑侍郎，不拜。父亡，袭爵南昌公，征拜中书侍郎，迁黄门侍郎，转临海太守。淡于仕途，会弟郗昙卒，渐生归隐之意，在郡优游，颇称简默。与姊夫王羲之、高士许询，并有超世之风，俱栖心绝谷，修黄老之术。后以疾去职，乃筑宅章安，有终老之志。简文帝辅政，征为光禄大夫，加散骑常侍。桓温北伐，固辞解职，转会稽内史。孝武帝即位，加镇军大将军，都督浙江东五郡军事。久之，以年老乞骸骨，退居会稽。后征拜司空，固辞不起。太元九年卒，时年七十二。追赠司空，谥"文穆"。晋士大夫热衷服食辟谷，以求长生，后世医家已证其谬。郗愔亦好服食诸术。《千金要方》载郗氏论服食之法，其略曰："夫欲服食，当寻性理所宜，审冷暖之适，不可见彼得力，我便服之。初御药，皆先草木，次石，是为将药之大较也。所谓精粗相代，阶粗以至精者也。"[见：《晋书·郗鉴传（附子愔）》、《千金要方·卷二十七养性·服食法第六》、《医心方·卷一·服药节度第三》]

郗孝箴 清代陕西大荔县人。生平未详。辑有《万方简要》，该书分二十二门，下设二百四十余类，厘为十四册。"参伍古今，穷究标本，制药立法，详细无遗，可谓择焉而精，语焉而详"，乃实用方书，惜未见流传。[见：《大荔县旧志存稿》]

饶

饶进 明代安徽祁门县人。性笃厚。休宁县丁氏有异传医术，且秘于其子。饶进欲得其传，日为丁氏种园，夜间读书，三年不倦。丁氏感其诚，遂口授以秘旨，数日遣归。后以术诊病，判别生死，无不应验。[见：《祁门县志》]

饶施 字惟教。清代江西彭泽县人。精医术，名噪于时。曾任饶州医学。县令李公赠以"杏圃长春"匾额。年九十四岁卒。[见：《九江府志》、《彭泽县志》]

饶室 清代安徽望江县人。精医学，治病不计酬报。年八十八岁卒。[见：《望江县志》]

饶埕 字福堂。清代安徽歙县棠樾人。八世业医，至埕益精，尤擅治伤寒诸证。著有《伤寒变论》、《伤寒诀》二书，未见刊行。同里鲍集成，亦以医闻。[见：《歙县志》]

饶鹏 字九万，号东溪。明代江西临川县人。精通医术，挟技游于广东，知名于时。正德壬申（1512），以医疗之功授冠带。著有《节略医林正宗》八卷，黄玿为之作序。此书国内未见，日本国立公文书馆内阁文库存嘉靖七年（1528）刻本，现已影印回归。[见：《中国医籍考》、《日本现存中国散逸古医籍》]

饶士守 字述泉。明代江西进贤县三十八都人。精医术。早年悬壶于南丰县，历四十年，声名大噪。年六十岁归乡，远近赖以全活者不可胜数。为人孝友勤慎，性淳笃，乡间称之。年八十八岁卒。[见：《进贤县志》]

饶大源 清代河北永年县人。精医术，知名于时。门生胡大中，得其传授，医名益盛。[见：《广平府志》]

饶少鸿 （1883～1956） 现代福建龙岩县人。世代业医，父饶鸿飞，任太平天国医官。少鸿幼承家学，尤擅长妇科。1922年，常熟董浜媚妇何素行，患胃病呕吐，诸名医以平肝和胃法治之，皆无效。后经时秉刚推荐，延请饶氏诊视。诊毕，以六味地黄汤、当归建中汤加减，佐以补肾之品，一剂吐止，再剂酣然入寝，调理数日而愈。此后，悬壶于虞山镇，声望隆盛。饶氏生性诙谐，平易近人。中年后，因南京政府推行歧视中医政策，灰心医业。平生酷爱弹唱，曾撰《秦香莲》、《棠棣之花》等脚本。[见：《吴中名医录》]

饶如龙 清代四川永川县人。精医术，名著于时。雍正间（1723～1735）官永川医学。[见：《永川县志》]

饶国嵋 清代江西弋阳县人。早年习医，究心金元四大家之书，精脉理，通药性。治病投药多愈，不受酬谢。性好善，凡葺桥修路，捐助不吝。年逾七十尚健。子饶平章，为庠生。[见：《弋阳县志》]

饶佩兰 号香畹。清代四川资州人。精医术，治病不泥古法，知名于时。著有《辨证虚实论》、《医论》各若干卷，藏于家。[见：《资州直隶州志》]

饶宗韶 字史琴。清代广东大埔县城坊人。父饶宸元，训子极严。宗韶少负奇气，刻苦自励，早游县庠食饩，受知于何延谦、章鋆两学使。其诗由三大家而上溯汉魏，风格沉雄盘郁，独冠于时。赴南北试，屡荐不售，遂研究史汉，揣摩简编，多有心得。光绪八年（1882），驻日本大臣何如璋归里，极器重之。癸未（1883）岁试，学使叶大焯览文，推为九县之冠，以其文选入试牍。论者谓潮州风气转移，士子知读史汉，不为八股所囿，实自此始。光绪十四年（1888）叙岁贡，十七年入都，以著述就正名流，为时所推许。二十二年（1896）援例为州判。年五十岁卒于梧州差次。饶氏兼通医道，撰有《医案》及《医脉秘要》一卷，未见流传。[见：《大埔县志》]

饶孟性 元代盱江（今江西南城县）人。早年习儒，后转而学医，博学贯通，臻于大成，缙绅贤达，无不重之。[见：《金元医学人物》（引《俟庵集·送饶孟性序》）]

饶席上 字宏基。清代江西信丰县人。素行纯朴，才智过人。早年习儒，兼究《内经》诸书，久之通医。惟以术济世，不以谋利，多所全活。[见：《信丰县志》]

饶清传 清代广东大埔县人。邑名儒饶庆中子。业儒，谨悫有父风。兼精医术，多所全济。[见：《大埔县志》]

饶鸿飞 清末福建龙岩县人。世代业医。善承家学，继业尤精，擅长针灸术。曾以医术任职于天都（今南京）太平天国某部。子饶少鸿，传承父业。[见：《吴中名医录》]

饶景曜 明代江西进贤县人。万历二十年（1592）二甲第三十七名进士，官浙江提刑按察司按察使。曾与王三才、张汝懋重校沈与龄《医便》（王君赏校补本），重刻于万历四十二年（1614）。[见：《珍本医书集成·医便》、《贩书偶记续编》、《明清进士题名碑录索引》]

饶肇季 清代广东大埔县城坊人。性敦厚，以医为业。家无担石之储，遇族党贫病者，出术救治，不索诊资，活人甚多。历任官员俱以殊礼待之，诊视之外，不谈他事。年八十三岁殁。[见：《大埔县志》]

饶德懋 清代江西湖口县人。精医术，曾任本县医官。著有《良方撮要》若干卷，未见流传。[见：《湖口县志》]

饶懋猷 清代四川资州人。精通医术。上至府吏，下至百姓，争相延请，治辄获效，世以"饶仙"称之。[见：《资中县续修资州志》]

独

独善性 清代陕西华州人。邑庠生。善绘画，作《寒林野渡图》，有荆关笔意。尤精医术，治病多奇效，知名于时。[见：《华州乡土志》]

独孤

独孤及 唐代人。里居未详。精医术，曾任医官。太尉盛文肃患肺疾呕血，病势危重。独孤及处方治之，立效。[见：《中国历代医家传录》（引《普济方》、《古今录验》）]

独孤滔 号紫阁山叟。明代人。生平里居未详。著有《丹方鉴源》三卷，今存道藏本。[见：《中医图书联合目录》]

昝

昝殷 一作昝商。唐代成都（今四川成都）人。精医理，曾任随军节度、医学博士。唐宣宗大中六年（852），剑南西川节度使白敏中守成都，家人因产育而病，访求名医。值昝殷居成都，遂出所撰《经效产宝》三卷以献。此书凡五十二篇，载方三百七十一首，为我国现存最早之妇产科专书，今存唐末周颋增补本。昝氏还著有《食医心鉴》三卷、《导养方》三卷，后书散佚。[见：《酉阳杂俎》、《宋史·艺文志》、《通志·艺文略》、《成都县志》、《中国医籍考》、《中国医学大成总目提要》]

昝先春 （?～1797） 字向荣。清代四川广元县嘉川坝人。自幼家贫，无力读书，以医为业。精其术，踵门求治者日不暇接。嘉庆二年卒。[见：《广元县志》]

施

施义 号正斋。元代平江路（今江苏苏州）人。祖籍汴梁（今河南开封），其先世为翰林医官，随宋南渡。施义传承家学，以儿科著称。曾任南雄路医学教授，遂定居无锡。子施仲模，任无锡州医学学录。[见：《中国历代名医碑传集》（引秦夔《五峰遗稿·故医学训科橘庵施公墓志铭》）]

施发 字政卿，号桂堂。南宋永嘉岘山（今浙江温州）人。早年习儒，兼涉医学。年近五十谢绝场屋，专心医道，对脉学尤有研究。曾广取《灵枢》、《素问》、《太素》、《难经》、《甲乙经》诸医籍，兼取诸家方书脉论，择其"用之而验者，分门纂类，裒为一集"，著《察病指南》三卷，刊于淳祐元年（1241）。该书以脉诊为主，对生死脉象尤为重视。卷上总论脉理；卷中阐述"七死脉"等三十三种脉象，并绘脉象图，置于各条之前；卷下分述伤寒、杂病、妇人、小儿诸病脉。《察病指南》为我国最早以图形描述脉象之书，为后世

所重。施氏还撰有《续易简方论》六卷，亦梓行。据《察病指南·赵崇贺序》，施氏还著有《本草辨异》，今未见。[见：《察病指南·自序》、《中国医籍考》、《中医图书联合目录》]

施安 字元济。明代无锡县（今属江苏）人。太医院御医施存善子。继承家学，医术益精。曾任奉政大夫太医院使。卒，赐祭，归葬锡山。[见：《无锡金匮县志》]

施岑 字太玉。明代沛县（今属江苏）人。善医术，有名于时。[见：《医学入门·历代医学姓氏》]

施沛 字沛然，号笠泽居士，又号元元子。明代上海县闸港人。惠州通判施大经子。贡生。天启（1621～1627）初，授河南廉州通判，调署钦州，转南康同知，辞归。熟读经史，嗜黄老之学。尤精医术，与名医李中梓、秦昌遇相往还。解官后以术济人，全活甚众。施氏熟读《素问》、《灵枢》、《难经》、《伤寒论》、《脉经》诸书，通经络脏腑，明道家黄庭内外景图说，"此参彼证，沉酣四十余年"。著有《经穴指掌图》一卷、《祖剂》四卷、《云起堂诊籍》一卷、《脉微》（又题《脉要精微》）二卷、《医医》一卷、《说疗》一卷、《脏腑指掌图书》一卷、《素问逸篇》等书，收入《灵兰集》。其书曾远传日本。[见：《上海县志》、《江南通志》、《脉微·自序》、《日本现存中国散逸古医籍》、《中医年鉴》（1983）]

施忠 号杏庵。明代吴县（今江苏苏州）人。寓居六合县。精内科。临证审慎明敏，多以平和之剂奏功。[见：《六合县志》]

施垂 清代浙江长兴县人。邑名医施亦兰次子。诸生。绍承父学，亦精医术。[见：《长兴县志》]

施侃 字邦直。明代浙江归安县人。嘉靖五年（1526）二甲第八十六名进士。少颖敏，十四岁通《诗经》。深藏静定，博览经史，兼及阴阳方技之书。[见：《中国人名大辞典》、《明清进士题名碑录索引》]

施询 字克同，号碧川。明代无锡县（今属江苏）人。少业儒，历久不售，弃而为医。兼善太素脉，每以其术测人福禄寿夭。[见：《锡金识小录》]

施钦 明代人。里居未详。通医理。孝宗喜医药，施氏以医得幸，授通政使司右通政，掌太医院事。弘治十六年（1503）敕修《本草品汇精要》，命太监张瑜为总督，太医院判刘文泰、王槃，御医高廷和任总裁，施钦、王玉任提调。

该书毕工于十八年三月。四月孝宗不豫，刘文泰、高廷和、李宗周等治疗不效，崩。诸御医多因此获罪，施氏被革职。[见：《本草品汇精要·官员职名》、《御制本草品汇精要·考略》]

施诚 一作施诫。字我真。清代浙江会稽县人。精通医理，多有善行。曾邀集同道设广惠局，得《轩辕逸典》（又作《痘科金针》）十四卷，读后拍案叫绝，旋即梓行。今存乾隆己亥（1779）原刻本。施氏还辑有《医方简能录》十一卷，今浙江省中医药研究院藏乾隆三十八年（1773）春和堂刻本。[见：《贩书偶记续编》、《浙江医籍考》]

施晟 字克昌。清代四川涪州人。博学多识，尤邃医理。以术济世，不受酬谢。知州李炘有老亲病殆，慕名延请施氏，投药而愈。李手书"神乎其技"赠之。曾孙施承勋，亦以医名。[见：《续修涪州志》]

施教 字子承，号心菊。明代无锡县（今属江苏）人。名医施仲模族孙。五岁丧父，有志习儒，历久不遇，弃而学医。求先父故业，已失所传，不可考究，遂尽取《素问》、《难经》及刘、张诸名家书，互为参证，久之通悟。及以医问世，诊疾若有神助，投药无不立效。临证善用人参，治喘每以人参奏功。其子患寒证，用人参至三钱，三日而愈。人问其故，答曰："百病从虚入。风寒暑湿，何日不损？耳目口鼻，何处不损？因其损补之，气实则病去矣！故一切以人参为主，他药为佐。"他人依言用之，虽效而不能十全。性好施与，乐周人急，凡求治者，不问贵贱贫富，皆为诊视。玄孙施廷铨，亦以医名。[见：《无锡金匮县志》]

施谏 字克忠。明代无锡县（今属江苏）人。名医施仲模族侄。精医术。同邑葛嵩，因哭子致疾。谏曰："七情不得其正，故六气乘之，药石无能为也。"与之纵谈玄妙，以开其郁，稍愈。继投以药，病遂霍然。正德（1506～1521）初，荐授医学训科，未几解职归。年九十五岁殁。施氏治疾多有奇效，所活不可胜计，所入亦丰厚，故家道饶富。[见：《锡金识小录》、《锡山补志》]

施绪 字功求，号宁清。明代常熟县（今属江苏）人。施显子。精医术，屡起危疾，活人甚众。助教高德赞之曰："德纯心专，貌奇心古。肆志轩岐，不求圭俎。遗像俨存，董苏之佐。"[见：《常熟县志》]

施雯 字文澍，号澹宁。清代浙江余姚县人。通医理。与严洁、洪炜合编《盘珠集》（又作《盘珠集胎产症治》），包括严洁《运气摘要》一卷、洪炜《虚损启微》二卷，及三人合著之《脉法大成》二卷、《胎产证治》三卷、《得配本草》十卷，约刊于乾隆二十六年（1761），今存。[见：《余姚县志》、《浙江医籍考》]

施赓 清代江苏嘉定县黄渡镇人。生平未详。著有《病机汇要》，未见刊传。[见：《黄渡镇志》]

施瑄 一作施宣。字景升。清初浙江上虞县人。其祖父施邦曜，为明都御史，甲申之难殉国，后辈遂定居上元县。施瑄自幼习儒，考授州同知。后潜心于《内经》诸医典，探微索隐，久之以医名世，病者奉之若神明，争相延请。[见：《上元县志》、《新修江宁府志》]

施鉴① 明代人。里居未详。精医术。弘治间（1488～1505）官修职郎太医院御医。十六年（1503）敕修《本草品汇精要》，施氏任验药形质。明薛己（1487～1559）校注陈文中《小儿痘疹方论》，其按语称：施鉴官南京太医院使。[见：《本草品汇精要》、《小儿痘疹方论》]

施鉴② 字朗轩。清代江苏崇明县人。善绘画，工山水、人物，得太仓"四王"笔意。知县赵廷建纂修县志，聘请施氏绘制《瀛州八景图》。兼通医术，辑有《医案》，未见流传。[见：《崇明县志》]

施廉 字彦清。明代无锡县（今属江苏）人。医学训科施雽（1401～1473）四子。善承祖业，亦精医术，尤通脉理。每遇危疾，众医敛手，施氏多能愈之。曾任本县医学训科。弘治间（1488～1505）以明医征至京师，不受职而还。毕生好学，喜吟咏，擅名诗坛，为"碧山十老"之一。子施阆，业儒，任平乐府推官。族子施言谏，族孙施教，皆为名医。[见：《无锡金匮县志》、《中国历代名医碑传集》（引秦夔《五峰遗稿·故医学训科橘庵施公墓志铭》]

施猷 字小桥。清代江苏崇明县人。著有《痧喉证治汇言》（简称《痧喉汇言》）一卷，刊于同治十一年（1872）。[见：《中医图书联合目录》]

施雽 （1401～1473）字济民，号橘庵，堂号宝义。明代无锡县（今属江苏）人。祖籍苏州，自其曾祖施义迁居无锡。其祖父施仲模，父施中立，皆为医官，以儿科著称。雽自幼颖悟，少年时即能诵《内经》诸书。稍长，从名儒俞一瓢、宋静适游，贯通书史。后专力于医学，家传之外，兼读李杲、朱震亨诸书，多有心得。及悬壶，名噪于世。正统（1436～1449）初，荐授医学训科，为巡抚周公、都御史崔公所器重。平生重孝义，多善举，士论贤之。晚年解职家居，与太仆吴永贞、许沂州诸贤为优老会，杖屦往来。成化癸巳卒，春秋七十有三。有子五人：施序、施广、施度、施廉、施庸。施廉继承家学，官医学训科。[见：《无锡金匮县志》、《中国历代名医碑传集》（引秦夔《五峰遗稿·故医学训科橘庵施公墓志铭》）]

施璜 明代安徽休宁县黎阳人。其父吴邦宁，传承吴云川医术，改吴姓，以儿科著名。施璜为长子，遵父命复本姓，勉承父志，儒医两精。[见：《休宁县志》]

施镐 字缵丰（一作继丰）。清代江苏崇明县人。诸生。以医术济人，贫无力者，不索谢仪。凡延请，虽深夜严寒必速往。年六十五岁卒。著有《脉学证疑》二卷、《瘟疫辨难》三卷、《本草分经类纂》二卷、《伤寒析义》四卷，未见刊传。[见：《崇明县志》、《中国历代医家传录》]

施一中 字季泉。明代浙江钱塘县良渚镇人。精医术。缪希雍（1566～1627）《先醒斋医学广笔记》载其经验方。[见：《医学广笔记》]

施大才 元代人。里居未详。精医术，曾任镇江路医学正。[见：《镇江志·学职》]

施天爵 清代安徽泾县人。其父施参，精六壬，善占卜，传术于长子施斌。天爵为幼子，与二兄施世琦俱精医术，皆为太医院医官。[见：《泾县志》、《宁国府志》]

施元龙 字夔友。清代浙江钱塘县人。诸生。博通经史百家，于天文、地理、河洛之书无不博览。主讲于梵天精舍，以劳致疾，乃曰："吾闻古人有以医隐者，何必功名哉！"更取《内经》诸医书精研之，遂贯通医理。父丧，哀伤过度，呕血不止，自知不起，谓妻曰："亟焚吾书，无用也。唯医道可自济以济人。吾所著医书，俟儿长后，当以是授之。"寻卒，年仅三十有二。子施贞珉，遵父遗命，以医行世。[见：《浙江通志稿》]

施不矜 字履谦。清代江苏上海县人。自幼颖慧，工诗词，善画花卉，尤神于医。有扶父求诊者，不矜曰："汝父无恙。汝色青，三日后当暴亡。"果如其言。著有《脉理精要》二十卷、《经验志奇》三卷，未见刊行。门人刘梦金、张以恺，皆为良医。[见：《上海县志》]

施太初 清代江苏娄县人。精医术，知名于时。同时以医称者有高鉴、何大川、胡赓和等。[见：《娄县志》]

施中元 明代浙江海宁县人。自幼习儒，不利于科场，致力岐黄之学，医术精湛。万历乙未（1595）海决，官府督修海塘，役夫多病疟痢。施氏治之多效，全活甚众。志在行德，每以家贫不能广施博济为憾。年七十九岁卒。[见：《海宁州志稿》]

施中立 明代无锡县（今属江苏）人。祖籍苏州。元末无锡州医学学录施仲模子。绍承父学，工医术，尤擅儿科。曾任太医院医士。子施泽民、施润民、施霁（1401～1473），皆以医术著称。[见：《无锡金匮县志》、《中国历代名医碑传集》（引秦夔《五峰遗稿·故医学训科橘庵施公墓志铭》）]

施今墨 （1881～1969） 原名毓黔，字奖生。现代浙江萧山县人。十三岁从舅父李可亭学医。光绪二十八年（1902）考入山西大学堂（今山西大学），后转入山西法政学堂。光绪三十二年（1906），因成绩优秀，保送京师法政学堂。后追随黄兴，参加辛亥革命，编纂《陆军刑法》等法典。1917年任北京香山慈幼院副院长。1921年，弃政从医，更名"今墨"，创中医疗养院于北京，以善治内科杂证知名于时。1925年孙中山先生病重，曾邀施氏会诊。1929年，呼吁并组成华北中医请愿团，南下请愿，迫使南京政府暂停执行《废止旧医案》。南京国医馆成立，施氏担任副馆长，倡言革新中医。1932年，创办华北国医学院于北京，出任院长。该院以中医为主，兼设西医基础及外文课，学制四年，先后培养十余届毕业生，对中医教育卓有贡献。1936年创办《北平文医半月刊》，担任主编，弘扬中国文化，发展中医学术。1941年任上海复兴中医专科学校董事长。中华人民共和国成立后，先后应诊于北京平安医院、协和医院、儿童医院、铁路总医院。历任北京医院中医顾问、中华医学会副会长、中医研究院学术委员会副主任委员、中华医学会中西医交流委员会副主任委员、北京中医学会顾问等职。当选为第二、三、四届全国政协委员。1969年8月病逝于北京。生前留有遗嘱，将遗体解剖，以益医学研究。施氏行医数十年，医术精湛，素重医德，深受患者信赖，为"北平四大名医"之一。生前无暇著述，门人整理所遗医案，编《施今墨医疗经验集》、《施今墨医案》、《施今墨对药临床经验集》等书，刊印于世。[见：袁立

人《施今墨先生传略》、《中国大百科全书》]

施凤标 字季眉。清代安徽婺源县诗春人。家贫力学，屡试不售，弃儒业医。尤精儿科，虽危殆之症，应手而愈，知名于时。[见：《婺源县志》]

施文治 (1509～1562) 字德显，别号雪谷。明代华亭县（今属上海）人。祖父施济，父施灿，世以善行著称。文治自幼好学，善属文。十四岁丧父，十九岁丧母，遂废学，经商以养家。性嗜医学，晚岁悬壶问世，所治辄效，知名乡里。其家故有医籍，乃输粟补官，授太医院吏目。嘉靖壬戌五月十九日卒，享年五十四。子施兆山、施如山，生平不详。[见：《中国历代名医碑传集》（引徐楷《世经堂集·太医院吏目雪谷施君墓志铭》）]

施文彬 字宗文。明代吴县（今江苏苏州）人。邑名医施惟德子。袭承家学，术益精进。治伤寒尤奇验，审药定方，无出其右者。初，武进名医吴诚，悬壶吴门，享盛名。施文彬与施盛文（疑为文彬之兄弟辈）继之而起，名噪一时。有医德，治病从未求报，遇贫者延请，急往治之。尝曰："贫人自怨其疾，如我亦忽之，不急往，恐缓则不可为矣！"一无赖子，曾以非礼侵之，后患重病，施氏昏夜往救，得活，闻者赞叹。[见：《苏州府志》、《吴县志》]

施心菊 明代无锡县（今属江苏）人。精医术，名噪于时。与同邑名医高学、蔡朝臣齐名。[见：《锡金识小录》]

施世杰 字汉三，又字宾王。明代震泽县（今江苏吴江）五都人。诸生。博学善文，深明兵机，议论卓然。旁涉医学，著有《脉诀辨疑》，已佚。还著有《烈士传》、《丹桂楼杂制二十六种》，亦散失。[见：《震泽县志》]

施世琦 清代安徽泾县人。其父施参，精六壬，善占卜，传术于长子施斌。世琦为次子，与弟施天爵俱精医术，皆为太医院医官。乾隆十四年（1749）吴谦等奉敕纂修《医宗金鉴》，施世琦任校阅官。[见：《泾县志》、《宁国府志》、《医宗金鉴》]

施世德 清代人。里居未详。精医术，任太医院御医。乾隆四年（1739）敕撰《医宗金鉴》，施氏任纂修官。[见：《医宗金鉴》]

施令闻 号坦溪。清代江西鄱阳县人。精医术，屡起沉疴。病愈者酬以金，不受，为乡里所敬重。年八十岁殁。[见：《鄱阳县志》]

施永图 字明台，号山公。明清间浙江秀水县人。由明经官至凤泗道。归里后，潜心著述。间涉医学，著有《山公医旨》二卷（今存抄本一卷）、《本草医旨食物类》五卷（今日本尚存）、《医方本草》若干卷（今未见）。医书外著有《五经四书慧解》、《历代纪异》、《醒世恒言》等。[见：《嘉兴府志》、《中国医籍考》、《贩书偶记续编》、《日本现存中国散逸古医籍》]

施存善 字昌宗。明代无锡县（今属江苏）人。精医术，永乐（1403～1424）初，授韩王府良医副。宣德间（1426～1435）授太医院御医。宣宗尝赐以诗，赐宴于文华殿。子施安，孙施元济，皆工医术。[见：《无锡金匮县志》]

施成章 又名天球。清代安徽婺源县诗春人。性孝友，多善举。精通医术，制丸散济人，全活甚众。县令吴公，以"心存恺恻"额其门。著有《痘疹心传》四卷，未见流传。[见：《婺源县志》]

施贞珉 清代浙江钱塘县人。儒医施元龙子。遵父遗命学医，悬壶济世。[见：《浙江通志稿》]

施廷铨 字鼎臣。清代江苏无锡县人。精医道。康熙（1662～1722）初，以明医征入内廷，治愈皇太后疾，甚得宠眷，授鸿胪寺序班。[见：《无锡金匮县志》]

施仲模 一作施仲谟。元明间代江苏无锡县人。祖籍苏州。其父施义，任南雄路医学教授，始迁无锡。仲模传承父学，精通医道，尤擅长祖传儿科。曾任无锡州医学学录。子施中立，侄施言谏，孙施泽民、施润民、施霁（1401～1473），皆以医著称。[见：《无锡金匮县志》、《无锡县志》、《中国历代名医碑传集》（引秦夔《五峰遗稿·故医学训科橘庵公墓志铭》）]

施仲璠 明代吴县（今江苏苏州）人。精医术，知名于时。子施惟德，传承父业。[见：《吴县志》]

施名国 清代浙江海宁县人。寓居平湖县。精医术，以擅治时症知名。[见：《平湖县志》]

施亦兰 字羲亭。清代浙江长兴县人。邑诸生。其父双目失明，亦兰日夜忧泣，遂弃儒习医。技成，远近求治者踵相接，不图酬谢。李某家贫，其子病危，须服人参尚可活。亦兰出钱三十缗助之，得愈。晚年弟亡，亦兰过恤而殁。著有《医辨》五卷，未见刊行。有子二，长施垂，亦精医；次施浪，为岁贡生。[见：《长兴县志》、

九画

施汝谐 清代江苏崇明县人。生平未详。通医理，著有《消证汇编》，未见流传。[见：《崇明县志》]

施秀康 近代江苏海门县人。伤科世医施端葵孙。从叔父施简如学医，亦以伤科知名。[见：《名老中医之路》]

施言谏 明代无锡县（今属江苏）人。邑名医施仲模侄，施廉族侄。世业幼科，以医知名。[见：《无锡金匮县志》、《无锡县志》]

施应期 字届远。清代浙江山阴县人。精医术，虽重之疾，投药辄效，与张时龙、倪涵初先后知名。平生多善举，凡施药、修路诸事皆不辞。著有《医学心传》，今未见。[见：《山阴县志》、《绍兴府志》]

施若霖 （1824～1851） 清代浙江萧山县龛山人。工部郎中施本子。幼颖异，事继母以孝闻。稍长，学经营盐业，兼精医术。尤娴于骑射，弱冠入武庠。道光辛丑（1841）十二月，随父率团勇抗击英军，激战于大盘海口，击退敌军。是年冬，其父患痢几殆，若霖治而愈之。后以军功授守御所千总衔。咸丰元年病卒，年仅二十八岁。撰有《伤科纂要》（又作《外科纂要》）三十六卷，又笺注会稽僧青莲《眼科必效录》四卷，今皆未见。[见：《萧山县志稿》]

施叔驭 清代人。生平里居未详。著有《证治家珍》，经门生顾祖亮订正，易名《证治济世编》。此书未刊，今存稿本，书藏中国科学院图书馆。[见：《中医图书联合目录》]

施金川 字荣外。清代安徽婺源县诗春人。博学多才，工诗善画。究心医学，通《素问》、《难经》诸典籍，治病多效验，名重于时。殁后，乡人建祠祀之。[见：《婺源县志》]

施泽民 明代无锡县（今属江苏）人。太医院医士施中立子。与弟施润民、施霁（1401～1473），继承家传儿科，兼通李杲、朱震亨之学，其术盛行于时。[见：《无锡金匮县志》]

施肩吾 字希圣，号华阳真人，又号栖真子。唐代睦州分水县（今浙江桐庐县分水镇）人。元和十五年（820）取进士二十九人，施肩吾以寒士得中。不久辞官隐居。以洪州之西山乃十二真君羽化之地，灵迹俱存，卜居于此。尝赋《闲居遣兴诗》一百韵，大行于世。施氏潜心道家摄养之术，著《养生辨疑诀》一卷，今存于《道藏》。还著有《西山群仙会真记》、《静中吟》、《三住铭》等书。[见：《新唐书·艺文志》、《唐语林·补遗》、《唐摭言·及第后隐居》、《鉴诫录·卷八》、《中国丛书综录》]

施承勋 字焕堂。清末四川涪州人。邑名医施晟曾孙。遵先人遗嘱，研究医学，复受业于潘廷彦，尽得师传。后悬壶济世，治病百无一失。尝谓："医者意也，凡诊一病，以精意消息之，如振衣必挈其领，不枝节而为之。"素重医德，不妄索诊酬，活人甚众。[见：《续修涪州志》]

施禹锡 号兰友。清代浙江孝丰县人。精医术。著有《济世慈航集》，未见流传。[见：《孝丰县志》]

施顺衡 清代江苏溧阳县人。得秘传医书，遂精幼科。一小儿患痘，色白如灰，群医见而却走。顺衡审视良久，曰："可活。子一身痘皆死，尾闾一痘红鲜有根，古书名'草里珠'。"投药少许即愈。陈名夏推重施氏之学，曾为之作传。[见：《溧阳县续志》]

施济悦 字近庵。清代四川简阳县东施家坝人。少习举业，因父母早殁，改业医，知名乡里。善摄生，寿至九十岁。[见：《简阳县志》]

施济群 （1896～1946） 近代江苏南汇县人。刚毅豪爽，见义勇为。早年毕业于龙门师范，后从盛茂祥习医。曾任大经中学校长、中华国医学会常务理事、《中华医药报》主编。1925年，教育部总长汪伯唐宣称：中医学校不准加入教育系统。1929年，卫生部又通过余岩《废止旧医案》。施氏呼号奔走，口诛笔伐，慷慨陈词，各报皆回应，群情激奋。又与夏应堂、朱星江等创办壶春社，并出任全国医药联合会宣传主任，对维护并发展中医药学多有贡献。[见：《中国历代医史》]

施润民 明代无锡县（今属江苏）人。太医院医士施中立子。绍承家学，兼习李杲、朱震亨诸家之书，以医术知名。兄施泽民，弟施霁（1401～1473），皆工医术。[见：《无锡金匮县志》]

施家谋 字奕韬。清代江西萍乡县钦风乡人。工医学。遇奇疾以意疗之，无不应手奏效，远近求治者甚众。辑有《医案》，未见流传。[见：《萍乡县志》]

施梦旸 字应章。明代吴县（今江苏苏州）人。祖籍浙江。嘉靖丁巳（1557）补吴县庠生。屡试不中，遂改习医，得注籍医院。万历七年（1579）奉诏入部承事。十五年（1587）吴中岁凶，施氏捐药资，设药局于海红坊巷赈济，自丁亥至壬辰（1587～1592）前后凡六年，水旱频祲，全活无算。后世海宏禅寺，即当年施氏济贫故址。[见：《吴县志》]

施盛文 佚其名（字盛文）。明代吴县（今江苏苏州）人。精医术。与施文彬齐名。按，疑施盛文与施文彬为兄弟辈，待考。[见：《苏州府志》、《吴县志》]

施惟德 明代吴县（今江苏苏州）人。邑名医施仲璠子。以医知名，曾荐入太医院供职。子施文彬，传承父业。[见：《吴县志》]

施寅初 清代浙江桐乡县乌镇人。医僧越林弟子。善承师学，以妇科鸣世。晚年医术益精，求治者甚众。[见：《桐乡县志》]

施敬仲 元代台州（今浙江临海）人。精医术，擅诊脉。至正十二年（1352），台州府吏叶仲刚患疾，肢体不遂，众医以风论治，投药而不效。施氏应邀往，诊其脉曰："病积于身有日矣。"为大剂饮之，不旬日而愈。人皆神异其术，施曰："某所以知仲刚病者，切其脉大而来徐，是积热盘郁于内，久不得发，猝与风遇，其病当作。吾以脉法治之而愈，何神异为？"叶氏感其恩，倩朱右撰《赠医者序》，以彰其术。[见：《金元医学人物》（引《白云稿》）]

施惠元 字墨庄。清代江苏崇明县海门人。自少喜读医经，久之通医理，遂弃儒业医。凡病家踵门延治，虽午夜必冒风霜而往，且不计诊酬。积劳成疾，早卒。[见：《崇明县志》]

施道焕 字亦文。清代安徽婺源县诗春人。性端方，待人慈和。精医术，治病不分贫富贵贱，皆悉心疗救。一乞丐十余岁，患痈疽，势甚危殆。施氏不避秽浊，亲为治疗，月余而瘥。逾二十年，乞丐致富，备礼谢之，而施氏已殁三载，遂临墓哭祭之。[见：《婺源县志》]

施鉴台 原名步云，字清逸。清代江苏海门县人。附贡生。为文精深奇崛，卓然成家。晚年弃儒，致力于医学。闻声辨色，能决人生死。辑有《医案》若干卷，藏于家。[见：《海门厅图记》、《海门县志》]

施简如 清末江苏海门县人。伤科名医施镇仓孙。绍承家学，亦工伤科。[见：《名老中医之路》]

施端葵 清代江苏海门县人。道光间（1821～1850）伤科名医施镇仓子。绍承父学，以医知名。侄施简如，孙施秀康，皆工伤科。[见：《名老中医之路》]

施镇仓 清代江苏海门县人。道光间（1821～1850），从宋锡万学拳术，兼习伤科，遂以医问世。后与少林寺拳师郭九皋结莫逆交，相互琢磨，尽得其传。子施端葵等四人，孙施简如，皆承家学，绵历五世。[见：《名老中医之路》]

施鹤年 清代浙江嘉兴县人。祖籍绍兴。世以医显，传至鹤年，声名益盛。[见：《浙北医学史略》]

施衡甫 元代清江县（今江西清江）人。精医术，博通《内经》、《伤寒》、《脉经》诸书，医道大行。曾注释《史记·仓公传》，详析汉名医淳于意所用验方，辑为一帙。蒋易雅重施氏之术，见其书而奇之，欲刊刻印行，值世乱，未果。[见：《金元医学人物》（引《鹤田蒋先生文集》）]

恒

恒裕 字益亭，又字惇夫。清代满洲人。满族。嘉庆间（1796～1820）进士，官太子中允。性孤介，善诗工书，兼通医卜诸术。[见：《中国人名大辞典》]

恬

恬素氏 佚其姓名。清代人。生平里居未详。辑有《集验良方拔萃》二卷，今存道光二十一年辛丑（1841）刻本。[见：《中医图书联合目录》]

恽

恽熊 字亨时。清代江苏武进县人。国子生。屡试不得志，遂业医。乾隆五十一年（1786）大疫，恽氏出术施治，投药无不效，活人甚众。江阴金奉闾《客窗偶笔》记其事，称为仁医。著有《痘疹汇钞》，未见流传。[见：《武进阳湖县合志》]

恽树钰 （1878～1935）一作恽树珏。字铁樵。近代江苏武进县孟河镇人。生于仕宦之家，幼年父母相继病故，由武进族人养育。十三岁就读于恽氏家塾，刻苦自励，奋志读书。二十六岁考入南洋公学，毕业后任教于长沙。宣统三年（1911）赴上海，任商务印书馆编译，次年主编《小说月报》，所译英文小说盛行于世。民国初主编《小说海》，享誉于时。恽氏自幼多病，就诊于中、西医，均未奏效，遂留心医学。1916年，遭丧子之痛，遂就学于伤寒名家汪莲石，复问业于丁泽周诸名医，多有体会。丁泽周门生王某患伤寒，濒危，恽氏随丁氏往探。入门闻哭声，丁氏叹惜不已。恽氏曰："是可活也！"投药竟愈。丁氏曰："君十年后必享大名。"后果如所言。1920年，辞主编之职，悬壶沪上，临证多效验，声望鹊起。1925年，有志改革中医，创办铁樵中医函授学校，受业弟子先后达六百余人。恽氏贯通中医典籍，对伤寒、温病证治尤有研究。又留心西洋医学，主张中西医汇通，各取所长。余岩曾作《素灵商兑》，以西医诋毁中医。恽氏乃撰《群经见智录》，据理驳之。尝谓："天下同归而殊途，一致而百虑。西洋科学以日新为贵，未必为一定法；中国旧说本经验而立，未必无可通之道。"其著述甚富，多刊印于世，今有《药盦医学丛书》，包括《论医集》、《医学平议》、《群经见智录》、《伤寒论研究》、《温病明理》、《热病学》、《生理新语》、《脉学发微》、《病理概论》、《病理各论》、《临证笔记》、《临证演讲录》、《金匮翼方选按》、《风劳臌病论》、《保赤新书》、《妇科大略》、《论药集》、《十二经穴病候撮要》、《神经系病理治疗》、《鳞爪集》、《伤寒论辑义按》、《药盦医案》等二十二种。又编《铁樵函授医学讲义》二十种，今皆存世。子恽道周、女恽慧庄，均通医理。[见：《恽铁樵先生传》、《恽铁樵先生年谱》、《中医图书联合目录》、《中医年鉴》(1984)、《中国大百科全书·中国传统医学》]

恽毓鼎 字澄斋。近代北京大兴县人。祖籍江苏武进县。光绪十五年(1889)二甲第二十九名进士。宣统二年(1910)官侍读学士，曾上疏治理淮河。恽氏兼通医术，辛亥革命后业医。著有《金匮新注大略》若干卷，推重日本丹波元简之说，对吴谦、程应旄多所批评。此书完帙已佚，仅存《金匮疟病篇正义》一卷(1913年恽氏澄斋刻本)，书藏中国中医科学院图书馆。[见：《中国历代医史》、《中医图书联合目录》、《清史稿·河渠》、《明清进士题名碑录索引》]

闻

闻忠 字者相。明代浙江钱塘县人。早年习儒，后以医著称。嘉靖十九年(1540)校订张从正《儒门事亲》，重刻于世。[见：《儒门事亲·序》]

闻延南 明代湖北罗田县人。通医术，悬壶济世。曾与名医万全(约1482～1579)会诊。[见：《痘疹心法》]

闻高敏 宋代卫州(今河南卫辉)人。精医术。齐州举人徐遁得其遗说，疗病有精思。[见：《医说》]

闻人

闻人规 字伯圜。南宋槜李(今浙江嘉兴)人。早年习儒，久不得志，锐意于岐黄之学。专精儿科，活人甚众。尝辑古人医论，附以己见，于端平二年(1235)撰《小儿痘疹论》(又作《痘疹论》)三卷，刊于绍定壬辰(1232)，今存明嘉靖二十三年甲辰(1544)刘尚义刻本。[见：《痘疹论·序》、《医藏书目》、《国史经籍志》、《八千卷楼书目》、《中医图书联合目录》]

闻人耆年 南宋槜李(今浙江嘉兴)人。防御杜一针婿。自幼习医，凡古人一方一技，悉探究精要。居乡四五十年，以医术济人。晚年著《备急灸法》一卷，刊于宝庆二年丙戌(1226)，今存。[见：《备急灸法·序》、《嘉兴府志》、《中医图书联合目录》]

间丘

间丘炳 清代江苏南汇县人。生平未详。著有《大方合璧》、《补注诊家正眼》二书，未见刊行。[见：《南汇县志》、《上海县志札记》]

间丘铭 字尹节(一作升节)。清代江苏南汇县周浦人。诸生。兼通医理。著有《本草选志》，未见刊行。[见：《南汇县志》、《上海县志》、《松江府志》]

间丘煜 字芝林。明清间江苏南汇县人。生平未详。著有《脉法合璧》、《诊方合璧》、《方记俚言》等书，未见流行。今有《脉法的要》(附《汤散征奇》)抄本，藏北京图书馆，题"明间丘煜辑"。[见：《中医图书联合目录》、《上海县续志》、《松江府志》、《南汇县志》]

间丘樯 字慎所。明代上海县周浦人。性孝友，善医，临证投药立起，名重于时。董其昌、陈所蕴皆以诗文赠之。[见：《松江府志》]

姜

姜礼 (1654～1724) 字天叙。清初江苏江阴县华墅人。其先祖姜玉田自苏州徙居江阴，治生之暇，涉猎医书。姜礼绍承祖传之学，以医著称，华墅诸医首推姜氏。其治病，立功过格，日记得失，终身不怠。其读书，立"看书格"，日记白昼读医书若干，夜来读医案若干，必明理辨微，方记一功。素重医德，治病不分贵贱，延请辄往，遇贫病不取诊金，且出囊中药赠之。邑人重其术，尤重其德。著有《本草搜根》，今有清抄本（孤本）存北京国家图书馆，题"天叔公撰"（疑"叔"为"叙"讹）。又有《风痨臌膈四大证治》（又作《犀照四大症全书》）一卷，今上海中医药大学图书馆存铅印本。尚有《仁寿镜》、《证治汇理》等，藏张少泉先生家。姜礼之孙姜健，绍承祖业。[见：《江阴县志》、《吴中名医录》（引《姜氏世系表》）、《江苏历代医人志》、《中医图书联合目录》]

姜抚 唐代宋州（今河南商丘南）人。自言通晓"仙人不死之术"，隐居不出。开元（713～741）末，太常卿韦绦祭名山，查访隐士，召姜氏至东都，居集贤院。姜氏奏曰："服常春藤，使白还鬓，则长生可致。藤生太湖最良，终南往往有之，不及也。"玄宗乃遣使至太湖取藤，赐朝中老臣，并诏告天下，使民自求之。[见：《历代名医蒙求》]

姜易 字荫台，号连山。清代江苏上海县人。诸生。善画柳，有"姜杨柳"之称。兼精医术，知名于时。[见：《海上墨林》]

姜戌 字如冈。明末仪真县（今江苏仪征）人。太医院判姜端九世孙。幼习举业，不得志，改习医学。读家藏《灵枢》、《素问》等古医籍，"考究精博，得源汇流"，于仲景《伤寒论》尤有心得。万历癸卯、甲辰间（1603～1604），疫气传染，患者多丧生。姜戌出术救治，皆触手成春。平生多善举，遇贫乏者就治不取诊金，或倾囊相助，以资调养，乡里贤之。崇祯间（1628～1644）三举宾筵，一奖善人。巡抚、御史、知府、知县皆赠匾旌之。子姜振齐，传承父业。[见：《重修仪征县志》]

姜健 （1734～1793） 字体乾，号恒斋。清代江苏江阴县人。邑名医姜礼孙。继承祖业，好学深思，博览群书，于仲景《伤寒论》尤有研究。临证按脉施治，洞见病源，凡他医束手之症，治之多活。晚年好易，于五运六气，阴阳变化，多有会心，术益精进，一时称名医之冠。里中业医者，多得其指授。曾偶游吴县，所居与名医叶桂比邻。一日，见一人落泪叹曰："势将奈何？"询之，知其人母病，叶氏断言"叶落时定难飞渡"，故无望而泣。姜健遂为诊视，果如叶氏言，勉为处方，竟得痊愈。叶闻而骇，面谒姜健，请悬壶于吴。健曰："余处穷乡，贫病者多，不能出。"叶氏款留而别。姜氏生前所辑《医案》大多散佚，今仅存七例，收入姜成之《龙砂八家医案》。还撰有《本草名义辨误》、《三因方论》二书，亦失传。侄姜大镛，亦为名医。[见：《吴中

名医录》（引姜庚白《姜氏世系表》）、《江阴县志》、《珍本医书集成·龙砂八家医案》、《江苏历代医人志》]

姜宸 明代江西进贤县人。久寓高安县。以医为业，有儒者风。万历戊子、己丑间（1588～1589）连荒，疫疠流传，家户感染。姜宸施药济困，全活良多，贫者尤德之。[见：《瑞州府志》]

姜蜕 南宋人。生平里居未详。撰有《养生月录》一卷，成书于景炎元年丙子（1276）。今存于《说郛》。[见：《中医图书联合目录》、《古越藏书楼书目》]

姜演 字真吾。清代江西金溪县人。举孝廉。博通医学。咸丰十一年辛酉（1861），评点谢星焕《得心集医案》，今收入《珍本医书集成》。[见：《珍本医书集成》]

姜端 明代仪真县（今江苏仪征）人。精医术，官至太医院判。子孙以医鸣世者甚多，六世孙姜调鼎，声名尤噪。[见：《重修仪征县志》]

姜璜 字怀滨。清代江西南丰县人。好读书，得先世秘传，以医著称。深通脉理，决人死生不稍爽。尤擅妇科，踵门延请者无虚日，活人甚众。县令王之晋赠诗，有"传家本草经能著，活国磻溪隐待征"之句。著有《本草经注》若干卷，未梓。[见：《南丰县志》]

姜镇 明代陕西蒲城县人。精医术，名噪关中。[见：《陕西通志》]

姜璘 字瀛阁。清代江苏丹阳县人。好读书，手不释卷。精医理，名噪于时。[见：《丹阳县续志》]

姜璃 字佩章。清代江苏沛县人。精医理，别有神解。同治间（1862～1874）避乱南阳，业医者每自惭不及。[见：《沛县志》]

姜镇 清代江苏吴县人。生平未详。著有《医论》一卷、《经验要方》一卷，合刊于道光五年乙酉（1825），今存洞庭山馆刻本。[见：《贩书偶记续编》、《中医图书联合目录》]

姜士冠 字春帆。清代江苏江宁府人。嘉庆十五年（1810）举顺天乡试。素精医术，寓居京师，公卿延请者无虚日。某亲王赠联曰："自是天生医国手，罢官犹活万千人"。年八十三岁卒。[见：《续纂江宁府志》]

姜大镛 （1740～1814） 字鸿儒。清代江苏江阴县人。邑名医姜健侄。监生。工诗赋。绍承家学，精医理。以《内经》、《伤寒》、《金匮》为宗，别取刘河间、李东垣、朱丹溪、薛立斋

诸家论著为印证。治病投剂立愈，名噪大江南北。著有《调鹤山庄医案》，又撰诗集《鸣秋集》，藏于家。子姜星源，继承父业。［见：《江阴县志》、《吴中名医录》（引姜庚白《姜氏世系表》）］

姜之檀 （1807～1856） 字树芳。清代江苏江阴县人。邑名医姜星源子。绍承家学，亦以医问世。其读书以穷理为本，以利人为用。尝谓："医之理畅发于古人，而古人所论之病，有为今时所不及见者，今人所患之病，亦有为古人所未论及者，是以不融贯轩岐仲景之理，焉能应今病之变化?"故于内外大小诸科，无不精究，神明补泻之法，临证用药，每出人意表，效如桴鼓。著有医书，惜尽毁于兵燹。侄姜维烈，亦以医术知名。［见：《吴中名医录》（引真《姜氏世系表》）］

姜子房 号好好道人。近代江苏淮安县人。清末废科举，弃儒攻医。究心伤寒、温病诸书。著有《伤寒赋》、《温病赋》，宣统元年（1909）火灾，仅《温病赋》幸免，今有铅印本存世。此后灰心医学，从事慈善、公益及教育。后因家贫，重操旧业，悬壶于上海。［见：《江苏历代医人志》］

姜文川 清代奉天府海城县（今辽宁海城）人。邑妇科名医顾长龄弟子。与同门刘光大，皆为其师高足。［见：《海城县志》］

姜文谟 清末陕西定边县人。生平未详。著有《霍乱论》一卷，今存1934年古盐姜氏铅印本。［见：《中医图书联合目录》］

姜以宁 明代仪真县（今江苏仪征）人。世医姜调鼎子。绍传家学，业医，知名于时。［见：《重修仪征县志》］

姜书钦 （1843～1918） 字子敬。清末江苏盐城县人。同治十二年（1873）举人。通晓经史、声韵、天算、医药、阴阳、术数诸学。尝寓居京师，为人治疾。光绪四年（1878）大疫，姜氏与御史胡杏芳慨然任治疗之责，全活甚众。京师又曾流行烂喉痧，患者多不可救。姜氏精心辨证，所治多愈，求诊者踵相接。其方多用犀牛角，贫困者无力购求，姜氏预嘱药肆，凡贫户持其方购药，悉代偿药金。戊午秋病卒，时年七十六岁。著有《温病条辨歌括》、《霍乱论歌诀》、《痘疹辨证歌括》等书，藏于家。［见：《盐城县志》］

姜玉田 明代苏州（今属江苏）人。徙居江阴县华墅。治生之暇，涉猎医书。裔孙姜礼，以医知名。［见：《江阴县志》、《吴中名医录》（引《姜氏世系表》）］

姜玉玺 字国宝。清代河北邯郸县人。性豪爽。精医术，擅长治蛊，投药无不效，知名于时。子姜建极，继承父业。［见：《邯郸县志》］

姜世明 清代浙江会稽人。幼习举业，善属文，得欧、曾风骨。师事名医高鼓峰，以医术知名。著述甚富，名目失考。［见：《绍兴医学史略》］

姜丙曾 字晋宇。清代浙江人。里居未详。光绪八年（1882）副贡。官训导。著有《周易理解》、《吟梅阁诗集》。兼涉医学，撰《医药舌诀》若干卷，今未见。［见：《浙江通志稿》］

姜白驹 字轶群，号志存，自号拙藏道人。清代广东阳江县五马坊人。精研医道，旁及百家之言。晚年嗜于黄老之学。［见：《阳江县志》］

姜臣烒 清代河北正定县人。精医术。施药济贫，全活甚众。［见：《正定县志》］

姜成之 清代江苏江阴县人。生平未详。辑有《龙砂八家医案》一卷。此书收载乾隆间（1736～1795）当地名医戚云门、王钟岳、贡一帆、孙御千、戚金泉、叶德培、姜宗岳、姜宇瞻、姜健等九人医案，今存谢诵穆校订本。［见：《珍本医书集成·龙砂八家医案》］

姜师范 清代浙江兰溪县西姜人。与兄姜师彦皆习岐黄，并称良医。［见：《兰溪县志》］

姜师彦 清代浙江兰溪县西姜人。与弟姜师范皆习岐黄，并称良医。［见：《兰溪县志》］

姜仲渔 清末江苏常熟县人。青浦名医何长治门生。［见：《何鸿舫医方墨迹》］

姜问岐 字振扬，号秋农。清代江苏宝山县罗店镇人。本农家子，有族人为庸医所误，遂究心医术。中年从名医曹存心学，自《内经》、《伤寒》至后世名家之书，无不研究。及归，悬壶疁城，沉疴痼疾，应手奏效。行医二十余年，贫者招之辄徒步而往，富门聘以重金，或弗顾也。遇歉岁，辑《疗饥良方》刊刻济世，今未见。年六十余卒。著有《伤暑全书》、《三经通汇》，未见刊行。［见：《宝山县志》、《罗店镇志》］

姜宇瞻 佚其名（字宇瞻）。清代江苏江阴县人。以医为业，知名于时。生前所辑《医案》大多散佚，今仅见姜成之《龙砂八家医案》收载两则。［见：《珍本医书集成·龙砂八家医案》］

姜如桂 字步庭。清代江苏江都县人，祖籍兰溪县。父姜瑞庭，以医为业。如桂幼年随父至扬州，后亦业医，诊病不计酬报。年近七十岁卒。子姜荫庭，传其业。[见：《续修江都县志》]

姜志林 清代福建建宁县蓝田人。精医术，专擅针灸，名重一时。为人朴诚，不论贫富靡不尽心调治，世人感德。知府周公赠以"一乡善士"匾额。[见：《建宁县志》]

姜声沛 字听云。清代江苏丹阳县人。精医术，著作多散佚。[见：《丹阳县续志》]

姜迎祥 清代河南镇平县人。岁贡生。精医术，施药济世。[见：《镇平县志》]

姜应鳞 号松磐山人。明代浙江慈溪县人。生平未详。曾详考葵菜之药效，于天启五年（1625）撰《葵菜预解痘毒说》一文，收入《吴医汇讲》。[见：《吴医汇讲·卷五》]

姜青云 近代江苏省南通市人。业儒而精医。平生嗜学，诊病之外，手不释卷。子姜春华，为现代著名医家。[见：《中国科学技术专家传略·姜春华》]

姜青照 字藜辉。清末江苏海门县人。早年习儒，为附贡生。工诗文，不拘绳墨。光绪丙午（1906）东游归里，创建爱乡小学、姜安女学。1912年当选省议员。兼通医术，辑录方案十余巨册，今未见。[见：《海门县图志》]

姜松亭 清代江苏奉贤县人。得祖父秘传，精妇科。治产证一剂辄愈，人称"姜一帖"。[见：《重修奉贤县志》]

姜国伊 字尹人。清末四川郫县人。光绪间（1875～1908）举人。博通经史，善诗文，尤专于易。素有经世志，治经之余，兼取兵、农、礼、乐诸端。精医理，治病多奇中。门生室人病数月，姜氏诊之，为方曰："服此有转机可治。"服数剂，病瘳其半。复诊之，曰："病不可为也，当暴厥。"后果不治。又，诸生陈献廷久病心疾，姜氏诊之曰："可勿药也，当自愈。"如言而痊。论者称其经学优于诗赋，诗赋优于文章，医学则在经学诗赋间。年七十三岁卒。著有《守中正斋丛书》，含著作二十余种，镌版行世。辑著医书亦多，有《神农本经》（辑佚）、《本经经释》、《伤寒方经解》、《经说》、《内经脉学部位考》、《实风虚风图》、《目方》、《婴儿（方）》、《经验方》等书，并刊刻《脉经真本》十卷。诸书皆存世。[见：《郫县志》、《郫县乡土志》、《中国丛书综录》、《中医图书联合目录》]

姜明德 元代金华县（今浙江金华）人。通医理，识药性，官金华医学学录。在任尽职，上至郡守，下及百姓，皆重其术。曾愈叶颙重病，叶氏作诗致谢，有"旧有烟霞泉石痼，饮君一匕顿成诗"，"偶然奇疢在膏肓，谢子殷勤数送方。岂但独除前日苦，更能顿歇晚年狂"等句。[见：《金元医学人物》（引《樵云独唱》）]

姜宗岳 字岱瞻，号学山。清代江苏江阴县人。精通医术，为乾隆间（1736～1795）当地名医。其《医案》大多散佚，仅有数则收入姜成之《龙砂八家医案》。[见：《珍本医书集成·龙砂八家医案》]

姜建极 清代河北邯郸县人。邑名医姜玉玺子。性聪慧，入泮后弃儒业医，声誉不减其父。父子二人均善治蛊，惜其方未能流传。[见：《邯郸县志》]

姜居安 明代丰县（今属江苏）人。寓居沛县沙河镇。以医鸣于时。一达官携家过沛，抵沙河而稚子病，甚危。姜氏应邀诊视，曰："勿恐，但得沙一斗即愈。"布沙于舟，令儿卧其上，果霍然而愈。问其故，曰："小儿纯阳，当春月而衣皆湖棉，过热，故得凉气而解。"[见：《丰县志》]

姜承儒 明代人。里居未详。通经史，为中书科编士。弘治十六年（1503），太医院院判刘文泰等奉敕编撰《本草品汇精要》，姜氏与中书科吉庆、周时敛、仰仲瞻及太医院医士吴恩等十四人任誊录。该书毕工于弘治十八年三月，未刊，今存抄本。[见：《本草品汇精要》]

姜春华 （1908～1992） 现代江苏省南通市人。其父姜青云，业儒而精医，诊病外，终日手不释卷。姜春华自幼喜爱书画，通四书五经、诸子百家。十五岁考入南通职业学校，学习之余，临摹碑帖画谱。后致力于家学，随父侍诊，熟读《内经》、《难经》、《伤寒论》、《神农本草经》诸典籍。十八岁悬壶沪上，行医之余，益勤奋自励，凡经史子集、稗官野史，无不究览，于医学名著尤致力焉。推崇名医陆渊雷。1932年，陆氏招收遥从弟子，乃执贽入于门下。陆氏思想开明，中医之外，兼授以西医学。姜氏自30年代起，撰写论文，先后发表《中医治疗证候发凡》、《余云岫医学革命论批判》等文，连载于《广东医药旬刊》等杂志。抗日战争时期，先后任《华西医药杂志》、《北京中医杂志》、《广东医药旬刊》、《国医砥柱》编辑，或特约撰稿人，一时名驰南北，有新中医青年领袖之誉。自1937年开始，任教于

九
画

上海中医专科学校、上海复兴中医专科学校、上海新中国医学院。1954年调上海第一医学院附属内科医院（今华山医院），任中医科主任兼第一医学院中医教研室主任。1972年出任上海第一医学院附属中山医院中医科主任。姜氏思想开明，主张打破中西医门户之见，临证"立足中医，西为中用，古为今用"，疗效显著。姜氏为现代著名中医学家兼中医教育家，平生治学严谨，勤于著述，早期著有《中医生理学》、《中医病理学》、《中医诊断学》等书，由北京国医砥柱社出版。中华人民共和国成立后陆续撰写并出版《中医治疗法则概论》、《肾的研究》、《活血化瘀研究》、《伤寒论识义》、《姜春华论医集》、《活血化瘀研究新编》等书。[见：《中国科学技术专家传略》]

姜柯祥 （1864～1924） 字廷杰，号燮臣，又号选卿。清末浙江兰溪县水亭乡西姜人。绍承祖业，先后开设天瑞堂药店于衢州、龙游。酷好医学，售药之余，行医济世，治则奇效，时称良医。其子继承家业。[见：《兰溪市医学史略》]

姜星源 （1770～1832） 字润寰。清代江苏江阴县人。世医姜大镛子。幼承庭训，长精医理，力学不辍。治病不拘成法，擅用补泻之法，凡诊视，靡不著手成春，名噪于时。子姜之檀，绍承家学。[见：《吴中名医录》]

姜映州 清代四川德阳县人。精医术，知名于时。子姜福泰，传承父业。[见：《德阳县志》]

姜思吾 清代人。里居未详。名医马俶（字元仪）门生。曾编次其师遗稿，辑《马师津梁》。[见：《四库全书总目提要》]

姜振齐 清初江苏仪征县人。邑名医姜戒子。庠生。传承父学，亦工医术。[见：《重修仪征县志》]

姜调鼎 字玉铉。明代仪真县（今江苏仪征）人。太医院判姜端六世孙。刻苦好学，性嗜岐黄，精于《素问》、《难经》诸书。凡疑难杂证，他医束手者，常一剂奏效，全活甚众。以济世为心，贫者不受礼，名传远近。子姜以宁，亦以医知名。[见：《重修仪征县志》]

姜琐忻 字自申，又字半闻，号逸林，世称庆园先生。清代江苏如皋白蒲镇人，居庆园。天资颖敏，工诗善文。与堂兄姜颖新同窗习儒，颖新为雍正元年（1723）进士，官至臬台，而琐忻终身不遇。放情山水之间，日与文人逸士相往还。毕生穷究医书，暇则辑录良方济世。

年七十一岁卒。[见：《白蒲镇志》、《明清进士题名碑录索引》]

姜维烈 （1813～1879） 字雪澄。清代江苏江阴县人。世医姜之檀侄。绍承家学，亦以医术著称。性好施予，济人甚多。[见：《吴中名医录》（引姜庚白《姜氏世系表》）]

姜森玉 字孚尹，号杲庭。清代江苏吴县东洞庭人。贡生。读书励志，品行端方。素耽禅悦，旁通医理。年逾九十，视听不衰，题诗作文，落笔如飞，少年望而敛手。乾隆戊辰（1748）举乡饮宾。年九十五岁卒。著有《伤寒补注》一卷、《诗文偶存》二集，未见流传。[见：《吴门补乘》、《太湖备考》]

姜福泰 字阶平。清代四川德阳县人。邑名医姜映州子。绍承家学，亦精医术，所愈奇症甚多。有名张文才者，年三十余，忽患胃脘痛，日晡痛剧，寒热时作，诸医束手。姜氏诊之，曰："此虫啮胃也。"亟以乌梅丸服之，病若失。王某之女年十二岁，偕母归宁，山行不数里，面忽肿，泪下如槐汁。众医或投理风，或投解毒，而肿益甚。福泰诊之，曰："此夏秋湿气大行，湿热相持，人感之则肿，甚则化火，火灼而面黑，泪出如黄汗。"即以茵陈蒿汤、五苓散治之，立愈。年七十余殁。著有《医学辑要》、《集验方》等书，今未见。[见：《德阳县志》]

娄

娄杰 字受之。清代浙江山阴县人。生平未详。著有《温病指南》二卷，刊于光绪二十九年（1903），今存。[见：《中医图书联合目录》]

娄垲 字希侨。清代江苏如皋县人。监生。幼好博览，精通医术，邑人赠"指到春回"匾额。子娄桂，传承其学。[见：《如皋县续志》]

娄桂 字馨山。清代江苏如皋县人。邑名医娄垲子。早年习儒，议叙理问。传承父学，医术益精，全活甚众。著有《内经注》二卷，未见流传。[见：《如皋县续志》]

娄子真 明代浙江吴兴县人。精医术，为永乐间（1403～1424）御医。著有《恤幼集》一卷。后刘宇将此书与陈直《寿亲养老书》合刻，易名《安老怀幼书》，刊行于世，今存。[见：《四部总录医药编·安老怀幼书（引《浙江采集遗书总录》）、《湖州府志》、《四库全书总目提要》]

娄传道 元代浙东人。里居未详。精医术，天历间（1328～1329）以医术侍于燕王府，以良医称于时。蓟邱（今北京德胜门外）刘明善，年四十得子，其子暑月生疮，病势甚急。娄传道应邀诊之，曰："此医所谓丹毒也。盖小儿为阳火乱攻，气不得上，由是蒸而为毒，乘虚而旁出。"取药一匕，服之而愈。刘氏举家欢庆，设宴赠金为谢，辞而不受。[见：《金元医学人物》（引李继本《一山文集·赠医士娄传道序》）]

娄阿巢 清代河南河内县人。庠生。精医术，知名于时。著有《寿世偶录》若干卷、《女科》二卷，行于世。今未见。[见：《河内县志》]

娄居中 南宋东虢（今河南荥阳）人。设药肆于临安（今浙江杭州），世称"金药臼"。著有《食治通说》一卷，阐述"食治则身治"之理，丞相赵汝愚（1140～1196）跋其后，此书已佚。娄氏有子登第，官居初品。[见：《直斋书录解题》、《宋史·艺文志》]

娄承洁 清代河南叶县人。业儒。因母病肆力医学，独有心得，遂以医知名。[见：《叶县志》]

觉

觉罗伊桑阿 清代蒙古族人。乾隆间（1736～1795）以正骨起家，致巨富。其授徒法，削笔管为数段，包以纸，摩挲之，使节节吻合，如未断者。如法接骨，皆奏佳效。清代旧例，选上三旗士卒之明正骨法者，每旗十人，隶属上驷院，名之为"蒙古医士"。凡禁廷执事人有跌伤者，命之医治，限日报痊，逾期则惩治之。侍郎齐召南坠马，伤首，脑出。蒙古医士以牛脬蒙其首，创立愈。能以秘方见捷效者，以伊桑阿称最。[见：《清史稿·觉罗伊桑阿传》]

洪

洪玥 明代安徽歙县洪源人。幼孤家贫，拾薪养母。稍长习举业，因母病业医。精通《素问》、《难经》诸书，尤擅长外科，治愈奇症甚多。后世医者多宗其学。著有《外科秘要》，今未见。[见：《歙县志》]

洪炜 字霞城，号缉庵。清代浙江余姚县人。初习举业，因患瘵疾习医，于虚劳证治尤有心得。与施雯、严洁合编医学丛书《盘珠集》（又作《盘珠集胎产症治》），包括严洁《运气摘要》一卷、洪炜《虚损启微》二卷，及三人合著之《脉法大成》二卷、《胎产证治》三卷、《得配本草》十卷，刊于乾隆二十六年（1761），今存。[见：《余姚县志》、《浙江医籍考》]

洪桂 字月芬。清代安徽歙县洪源人。世医洪映中子。继承家学，复从同邑翰村良医汪氏游，声名益盛。著有《抑隅堂医案》，藏于家。[见：《歙县志》]

洪烜 号载治。清代安徽无为州人。性慈善，精医术。遇贫病施以方药，并资以钱。著有《济阴通玄集》，行于世，今未见。[见：《庐州府志》]

洪涛 号补唇先生。明代江西弋阳县人。少习举业，后弃儒攻医，治病如神。官太医院副。曾从征交趾，值军中大疫，以苍术、黄柏煎汤，遍饮军士，皆获愈。后改授荣王府良医正，王缺唇，涛捣药补之，如天成。王请旨褒赏，赐建国医坊，号为补唇先生。年九十岁致仕。[见：《弋阳县志》]

洪宽 明代浙江汤溪县青阳人。精岐黄之学。著有《医方指要》六卷，行于世，今未见。[见：《汤溪县志》]

洪基① 字不隅。明代浙江汤溪县青阳人。邑庠生。邃于《易经》，兼通医理。性至孝，其父殉难德安，基只身走江右，辗转戎马间，得骸骨归。作《长途痛哭曲》，读者泣下。著有《岐黄口诀》，未见流传。[见：《汤溪县志》]

洪基② 字九有。明末安徽歙县人。性嗜医学，业儒之暇，旁搜医典。后游历四方，就正有道。因觅方心切，更榜其门曰兑换奇方，海内怀奇方者争至，所得医方数以万计。择最切实用者若干种，制丸散施治，每获良效。后精订丸散谱，分述其升降浮沉、寒热温平、良毒之性、宣通补泻、轻重滑涩燥湿、反正逆从之理，核之于经，参之于证，辑《胞与堂丸散谱》，刊于崇祯十一年戊寅（1638）。后云阳张央改题《摄生秘剖》。洪氏还著有《种子秘剖》二卷、《种子方剖》一卷、《房术奇书》二卷，后人名之曰《摄生总要四种》，合刻行世。[见：《安徽通志稿》、《新安名医考》、《贩书偶记续编》]

洪堂 明代广东澄迈县坊郭人。精医术。永乐间（1403～1424）官医学训科。[见：《澄迈县志》]

洪禄 明代无锡县（今属江苏）人。邑名医洪师善子。工诗赋。继承父学，亦精医术。[见：《无锡县志》]

洪楩 字方泉。明代浙江钱塘县人。生平未详。曾汇刻医学及养生书八种，包括《医学权舆》、《寿亲养老新书》、《食治养老方》、《太上玉轴气诀》、《陈虚白规中指南》、《霞外杂俎》、《逸游事宜》、《神兴经》等，总题《洪楩辑刊医药摄生类八种》，今存嘉靖间（1522～1566）洪氏自刊本。[见：《中医图书联合目录》、《医藏书目》]

洪遵（1120～1174）字景严。南宋鄱阳（今江西波阳）人。徽猷阁学士洪皓次子。自幼好学，寄居僧舍，学习词章。应博学宏词科考试，中首选，赐进士出身，擢秘书省正字。史书记载，"中兴以来，词科中选即入馆，自遵始"。绍兴二十五年（1155），兼直学士院，荐为御史。高宗委之以讲读问答之职，遵以问答之事荟萃成书，名《迩英论注》。二十九年（1159）拜中书舍人殿前神将。三十年（1160）迁翰林学士兼吏部尚书。乾道六年（1170），知信州，徙知太平州。后官拜资政殿学士。淳熙元年（1174）提举洞霄宫，是年十一月卒，谥"文安"。洪遵耿直而亲民。高宗时，秦桧之子秦熺居高官，遵恬然远之，虽久不得升迁，宴如也。于临政之暇熟读医书，并事治疗。辑有《洪氏集验方》六卷，刊于乾道六年（1170），今存。此书多载江南官府及民间验方，又引据张仲景《伤寒论》、《金匮要略》，王焘《外台秘要》，沈括《良方》，王衮《博济方》诸书，颇具文献价值。[见：《宋史·洪皓传（附：遵传）》、《洪氏集验方研究》（《中医文献杂志》2009年第1期）、《中医图书联合目录》]

洪大龙字飞天。清代河南西华县洪庄人。性聪敏，精医术。尝应聘至陈州府衙治病，一婢捧茶，大龙久注视之，知府鄙之，遂送归。越三日，又遣人来聘，大龙问："何人病？"答曰："前献茶者。"大龙曰："前日望而知绝症，吾往何益？"过四日婢死。至是，远近皆以国手称之，声名终身不减。著有《洪氏心法》四卷，藏于家。[见：《西华县志》]

洪大受清代湖南龙阳县人。朴诚长厚，有古贤之风。精医术，治病谢绝馈仪。好排纷解难，遇人角争则劝之，事寝乃快，邑中名公，皆推重之。年八十余卒。[见：《龙阳县志》]

洪天锡字吉人，号尚友山人。清代河北天津县人。贡生。勤学好读，文名藉甚，授徒里中。因兄为庸医所误，深究医学，于瘟疫一门尤有体会。尝曰："治瘟疫如走马观花，毫厘一差，即谬千里。可不慎哉！"著有《素问解》、《灵枢解》二书，王又朴称："能自出手眼，不拾前人牙慧。"惜未能传世。还著有《补注瘟疫论》四卷，今存乾隆四十九年（1784）晚翠堂刻本。[见：《天津县新志》、《续天津县志》、《中医图书联合目录》]

洪天衢明代安徽歙县人。精医术，以外科知名。同时有洪廷镇、洪钦铭、洪少冈，皆专精外科。[见：《歙县志》]

洪少冈明代安徽歙县人。精医术，擅长外科，与洪廷镇、洪天衢、洪钦铭齐名。[见：《歙县志》]

洪正立字参岐。明末安徽歙县人。以医术知名。著有《医学入门万病衡要》（简称《医衡》）六卷，刊刻于世。上官铉为该书作序，有"诚医学入门要书，万病回春秘本"之评，书贾据此伪托"龚廷贤原撰"，以求易售。该书今存日本延宝五年（1677）松下见林校刻本，国内有1985年中医古籍出版社影印本。[见：《中国医籍考》、《中国医籍大辞典》]

洪占廷清代江西玉山县人。工医术，知名于乡里。[见：《玉山县志》]

洪达珏字并玉。清代江西武宁县升仁乡人。幼习举业，后致力医学，深得喻昌《医门法律》之旨。临证分经论治，投药辄中，为时贤所重。编有《医书摘要》，藏于家。[见：《武宁县志》]

洪师善明代无锡县（今属江苏）人。精医术，以内科知名。子洪禄，工医而能诗。[见：《无锡县志》]

洪光贲明代浙江汤溪县青阳人。庠生。好游览山水，善画翎毛。又精医术，著有《医学纂要》，未见流传。[见：《汤溪县志》]

洪廷镇明代安徽歙县人。精医术，以外科知名。同时有洪天衢、洪钦铭、洪少冈，皆专精外科。[见：《歙县志》]

洪兆芳字锦斋。清代安徽婺源县人。精于医，尤善幼科，活人以千计。著有《婆心集》一卷，未见刊行。[见：《婺源县志》]

洪守美字在中。明代安徽泾县人。诸生。深通经术，尤精于易。著有《易说醒》四卷，温陵曾化龙刊之。后复取前书增损参校，成《易经揆一》，宣城施闰章为之作序。兼嗜摄生，撰有《调元要录》，今未见。[见：《泾县志》]

洪寿曼字蔼人。清末江苏上海县人。生平未详。著有《医学白话》四卷，刊于光绪三十四年（1908）。[见：《中医图书联合目录》]

洪坤臣清末湖北鄂城县洪家大湾人。精医术，为伤寒名家。子洪云卿，绍传父业。[见：《名老中医之路》]

洪牧人晚号茱萸老人。清代江苏仪征县人。生平未详。著有《痘疹书》行世，今未见。[见：《仪征县志》]

洪金鼎 字玉友。清代江西新淦县人。康熙五十一年（1712）补博士弟子员。因病究心医理，攻研《内经》、《伤寒》诸书。临证因症切脉，因脉立方，因方辨药，投剂则效。曾撷拾古人之遗，编为歌诀，著《医方一盘珠》十卷，刊于乾隆十四年（1749），今存。［见：《新淦县志》、《中医图书联合目录》］

洪荫南 字子迁。清代浙江瑞安县人。诸生。能文善诗，既而习医，以擅治时疫知名。踵门求诊者户限为穿，官吏士绅，亦争相延致。曾南游闽越，北揽吴会，医学日精，诗篇益富。著有《师竹斋吟草》，名儒孙诒让称："冲淡夷犹，时构精语。体综唐宋，而不为途径所囿云。"又撰有《痧书节要》，行于世，今未见。［见：《瑞安县志稿》］

洪映中 清代安徽歙县洪源人。世代业医，知名乡里。子洪桂，绍传父业。［见：《歙县志》］

洪钦铭 明代安徽歙县人。精医术，以外科知名。同时有洪廷镇、洪天衢、洪少冈，皆专精外科。［见：《歙县志》］

洪裕封 字菉园。清代浙江临海县人。业儒，举于乡。兼精医理，善用古方，治病多佳效。尝谓："古方书如《伤寒》、《金匮》，今方书如《临证指南》，诚能专心玩索，诊疾自能奏功。台郡少良医，由于昧所适从，仅读《药性赋》、《汤头歌括》及《医宗必读》等书耳。"张明经患春温，恶寒发热、喉烂。时医用甘、桔、荆、防、牛蒡等味，病不减。洪氏投以黄芩汤加连翘、杏仁，一剂获痊。［见：《冷庐医话·卷二·今人》］

洪虞邻 清代浙江临海县人。兼通医理。其家有经纪人，因劳呕血，延医视之，用川连、人参、大黄。洪氏诘之曰："既补矣，又泻之何也？"答曰："古方所制者，因瘀血未净，故泻之。"洪曰："是速其死也。"亟命勿药，令食老米粥，益以滋补厚味，旬日强健如故。洪解其症曰："劳苦之人，未尝享有饮食之美，数晨夕之安，得此胜于良药多矣，其愈也固宜。"又有轿夫某，素无疾，忽腰痛胀饱不食，医进以大补药，其夜腰痛益甚，腹大气喘。翌日，医复视之，曰："此中鬼箭也，药物无所施，亟宜禳遣。"洪氏闻而叹曰："奈何嫁罪于鬼哉？是中寒伤食者。"令服祛寒化食药两剂，第三日，其人抬轿如故。洪氏尝谓："误信庸医，由于不谙方书，不能不求援于医耳。所可恨者，为医而不深究医理，强作解人，以致误事而不自知也。"撰有《南沙文集》，

记此事甚详。［见：《冷庐医话·卷一·医鉴》］

洪魁八 明代江西乐平县人。世代业医。早年得秘授，精太素脉及八法神针。年八十余，无疾而卒。［见：《饶州府志》］

洪徽甫 元代安徽歙县人。得鲍同仁传授，精针砭之术，知名于时。［见：《徽州府志》、《歙县志》］

洪瞻陛 （?～1860） 字子升，号雨艻。清代浙江临海县人。道光六年（1826）优贡，二十年（1840）举顺天乡试。由官学教习补四川双流知县。咸丰十年，积劳而卒。洪氏工诗擅书，雅好金石，兼涉医学。著有《医论正解》六十卷，未见流传。医书外，尚有《存我堂诗集》十六卷、《台州形胜考》一卷。［见：《临海县志》］

洞

洞元子 一作洞玄子。宋代人。生平里居未详。著有《内丹诀》一卷、《通玄指真诀》一卷，已佚。今存《洞玄子》一卷，书藏江苏省国学图书馆。［见：《宋史·艺文志》、《通志·艺文略》、《中国历代医家传录》］

宣

宣礼 字松亭。清代人。生平里居未详。曾摘录陈复正《幼幼集成》，辑《幼幼集成枢要经验方》一卷，今存道光二十九年己酉（1849）平江宣氏刻本。［见：《中医图书联合目录》］

宣坦 字平仲。明清间江苏嘉定县娄塘人。名儒严衍门生。工诗、善画，兼精医术。明亡，不应科举。著有《医学心解》，未见流传。［见：《嘉定县志》］

宣士能 明代宁夏卫（今宁夏银川）人。精医术，以疡科著称。［见：《朔方道志》］

宣立扬 清代江苏扬州人。精医术。善泥塑，所仿古器鼎瓶，悉如旧制，时谓"宣铜"。［见：《扬州画舫录》］

宣成公 唐代人。生平里居未详。著有《太和济要方》五卷，已佚。［见：《通志·艺文略》］

宣光祖 字孝先。明代嘉定县（今属上海）人。邑诸生。著有《摄生要语》，未见流传。［见：《嘉定县志》、《苏州府志》］

宦

宦廷臣 字仲良。清代贵州遵义人。廪生。性恬静。谓："太平之世，惟良医能活

人。"遂殚精岐黄家言，多有心悟，治病不受丝毫谢金。自言："生平治病不外古方，惟变化在心，故驱遣如意。"一女病痢，时医服以峻剂，卧床不起半月。宦氏诊之，谓元气下陷将脱，用补中益气汤而愈。一县令病鼓胀，求治。宦切其脉曰："不治矣。然可得四月活。"用金匮肾气汤重加人参，胀消。四月后果卒。其治验类此者甚多。尝撰《治痢三方》，刻版印行，时人按方施治，无不效验，惜未见传世。[见：《遵义府志》]

宦应清 清代贵州人。生平里居未详。撰有《伤寒论浅注》若干卷，今未见。[见：《贵州通志》]

宫

宫泰 晋代人。里居未详。雅好方术，善疗诸疾。求学若渴，凡一艺长于己者，必千里寻之。所制三物散，治喘咳上气有异效，为世所宝重。[见：《医说》、《古今医统大全·历世圣贤名医姓氏》]

宫献廷 字修敬。清代山东临朐县人。生平未详。著有《引痘浅说》、《痘症溯源》二书，今未见。[见：《山东通志》]

祖

祖珽 字孝征。北齐范阳（今河北涿县）人。魏护军将军祖莹子。天性聪颖，善文词，通四夷语。兼精音律、阴阳、占候、医药之术。人品卑下，贪财色，好偷窃。神武帝时，官尚书仪曹。文宣帝时，值中书省，掌诏诰。后因事被贬，改授尚药丞，迁尚药典御。后主即位，授待中、仆射，贬为刺史。卒于官。[见：《北齐书·祖珽传》]

祖翻 南朝宋范阳（今河北涿县）人。姿貌文美，通医术。始安王（刘休仁）妃殷氏患疾，祖翻入宫视脉，殷氏悦之，遂与私通。事泄，殷氏赐死，翻亦伏诛。[见：《宋书·始安王休仁传》]

祖世琛 字鸿范，号小帆。清代江苏吴县人，居海红坊巷。通医理。著有《烂喉丹痧治宜论》一文，刊载于唐大烈《吴医汇讲》。[见：《吴医汇讲·卷八》]

祖存质 字阆章。清代江苏萧县（今属安徽）人。善医。乡里流行时疫，施药救治，世人德之。[见：《徐州府志》]

神

神农 一称炎帝、燧人氏。传说为上古帝王（实即部落酋长），自伏羲氏之后而王天下，与其后轩辕氏（黄帝）合称"三皇"。旧说神农为农业与医药之创始人。据《淮南子·修务训》载：神农"教民播种五谷，尝百草之滋味，水泉之甘苦，令民知所避就。当此之时，一日而遇七十毒。"又据《史记·三皇本纪》载："神农氏以赭鞭鞭草，始尝百草，始有医药。"将医药学之肇兴归于神农氏，固不可信，然从"尝草"之说，可窥知古代先民识药、创医之难。据史乘所载，古有《神农黄帝食禁》七卷、《神农明堂图》一卷、《神农本草经》三卷，皆后人依托。诸书皆佚，今有多种《神农本草经》辑佚本行世。相传神农晚年南巡茶陵云阳山，因尝草药中毒身亡，葬于茶陵白鹿原。今湖南酃县西南三十里王家渡尚存北宋乾德五年（967）所建"炎帝陵"遗址。[见：《淮南子·修务训》、《史记·三皇本纪》、《汉书·艺文志》、《隋书·经籍志》、《中国史纲要》、《古今伪书考》、《中医年鉴》（1987）]

祝

祝石 字子坚。清代浙江兰溪县人。早年习儒，善诗文，兼精医术。性倜傥，游历于湖海间，所交多名士。与翰林院检讨陈维崧相往还，陈有《赠陈子坚》诗。[见：《兰溪市医学史略》]

祝寿 明代人。生平里居未详。通医术。曾任太医院医士。弘治十六年（1503），太医院院判刘文泰等奉敕编撰《本草品汇精要》，祝氏与中书科儒士吉庆、周时敛、姜承儒、仰仲瞻及太医院医士吴恩、王棠、祝恩等十四人任誊录。该书毕工于弘治十八年三月，未刊，今存抄本。[见：《本草品汇精要》]

祝定 字伯静。元明间浙江丽水县人。以医术知名。洪武（1368～1398）初，授处州府医学提领，转医学正科。著有《窦太师标幽赋注》，医者宗之。此书未见刊行。[见：《浙江通志》、《丽水县志》]

祝恩 明代人。生平里居未详。通医术。曾任太医院医士。弘治十六年（1503），太医院院判刘文泰等奉敕编撰《本草品汇精要》，祝氏与中书科儒士吉庆、周时敛、姜承儒、仰仲瞻及太医院医士吴恩、王棠等十四人任誊录。该书毕工于弘治十八年三月，未刊，今存抄本。[见：《本草品汇精要》]

祝淇 （1418～1508） 字汝渊，号梦窗。明代浙江海宁县园花里人。精医术。于《内经》、《难经》诸书倒背如流，通五运六气之理。遇良方妙诀，辄抄录之，寒暑不辍。治病不分贫富，每收奇效而不求馈谢。以子祝萃贵，赠承直郎刑部河南司主事。年九十一岁卒。辑有《医案》，未见刊行。[见：《海宁州志》、《海宁县志》]

祝勤 字修来，号补斋，别号西溪外史。清代江苏崇明县人。太学生祝湘珩子。天资勤敏，博涉经史，兼精医理。嘉庆二十一年（1816）中举，选授东台训导。丁母忧归，起为吴县教谕，在任数月而卒，年七十二岁。祝氏博学多识，稍有余暇即翻阅群籍，凡所论撰皆精当。富于著述，医书有《卫生鸿宝》六卷，今存道光二十四年（1844）刻本。另撰《玉函广义》二十八卷，今未见。子祝锡祥，为武庠生。[见：《崇明县志》、《贩书偶记续编》、《中医图书联合目录》]

祝源 字春渠，号楞香。清代浙江海盐县人。少孤，肆力于医学，慨然以济世为心。切脉辨证最精细，一时称良医。言行敦笃，遇善必为，有古君子之风。兼工诗赋，暇则吟咏，雅近唐音。年六十余卒。著有《名方歌括集论》（又作《歌方集论》）四卷、《人身谱》一卷，刊刻于世，今存光绪十七年（1891）刻本。子祝又渠，事迹不详，曾参订父书。[见：《海盐县志》、《中医图书联合目录》、《浙江医籍考》]

祝人麟 清代江西德兴县二十都人。精医术。以医药济人，乡里德之。[见：《德兴县志》]

祝万龄 字嵩仙。明代浙江兰溪县人。迁居江苏常熟县福山。通医术，好济人。性嗜庄老之书，所著《萍乡杂俎》，皆死生修短、梦幻泡影之说，钱陆灿序而刊之，今未见。[见：《常昭合志稿》]

祝开新 清代四川荣昌县人。性喜读书，因父病潜心医学。精熟方脉，治病百不失一。乡谚有云："若要病体好，双石桥头问祝老。若要病体安，祝老家有长生丹。"足见声名之盛。年八十一岁卒。著有《仲景伤寒论浅说》四卷，未见流传。[见：《荣昌县志》]

祝天祐 字宸隆。清初浙江鄞县人。精方脉，擅治杂证。与本邑徐国麟、吴守庵、张兰坡、吴丹霞、范叔向诸名医齐名。[见：《宁波府志》、《鄞县志·李斑》]

祝公衡 字万年。清代四川邛州人。善医。为人重义，凡贫病者求诊，皆精心施治，更赠以药，活人甚众，乡里德之。年八十一岁终。[见：《邛州志》]

祝文琳 字长声。明代浙江石门县人。庠生。善属文，工诗赋。精岐黄家言，有独到见解。临证洞识病源，名重于时。[见：《石门县志》]

祝文澜 字晋川，号秋田。清代江苏南汇县周浦人。诸生。工书能诗，兼善绘画。旁及象纬、术数、医药诸学。著述甚富，医书有《本草名汇》若干卷，未见刊行。[见：《南汇县志》]

祝以寿 字介春。清代浙江嘉善县人。通医理。与吴有性同时。曾参订吴氏《温疫论》。[见：《温疫论》]

祝尧民 字巢夫，自号薜衣道人。明清间河南洛阳县人。诸生。少以文名。明亡，弃儒业医。得疡科秘传，凡诸恶疮，敷药少许即愈。人或有断胫折臂者，治之完好如初。或需手术，则浣腹洗肠，如华佗之神。后入终南山学道，不知所终。无子，其术不传。[见：《医部全录·医术名流列传》、《中国历代医家传录》]

祝仲宁 晚号橘泉翁。明代浙江四明（即鄞县）人。世代业医，至仲宁益精其术。永乐（1403～1424）初，召至京师，得见名医戴思恭，遂师事之。未及卒业，思恭以老病归乡，后自学朱震亨、刘完素、张元素、李杲诸名家之书，于温热相火之说及内外伤辨证尤有心解。尝曰："世不推病于脉，而索病于方，此大误也！"当时医者信《局方》已久，而仲宁亦不喜自玄，故知之者甚少。成化（1465～1487）初，尚书程信患脚膝痹痛，宪宗命四方医者治之。众人皆以寒湿治，病益重，暑月犹服绵衣，三年不愈。后祝氏诊之，曰："此湿热相抟而成，《经》所谓'诸痿生于肺热'者也。"即取清燥汤饮之，三月而痊。程信之子程敏政，作《橘泉翁传》，盛赞其术。[见：《李濂医史·橘泉翁传》]

祝庆堂 字登元，号茹穹，晚号堂翁。明清间浙江龙游县人。自幼嗜学，弱冠为诸生。崇祯十七年（1644）选贡。博学多闻，经义诗文之外，淹贯百氏，尤精堪舆、岐黄诸术。早年闻战失利，挟策游钱塘，为南京礼部郎中葛寅亮幕客。曾游天目山，薄暮不及还，于山间茅屋遇道士无生子，乃求食宿。道士虽使留宿，然无蔬食可奉，告之曰："吾辟谷于此，垂数十年。颇持小法，可以代粮。"令坐松叶上，教以手诀、心诀，及调息之法。祝氏依法行之，中夜觉大奇，有蠲痼去疾之感，又有御风乘龙之快，划然作声，震于林木。道士曰："子开关矣！"旦起，收为弟子。明末世乱，祝氏乘舟至太湖，遇李茂卿、李华卿兄弟，李华卿授以"三部九道之候"，并传秘方。此后医道大进，遇疑难病症，投药立效。丙戌（1646）清军东下，某大将军闻祝氏名，授以漳州知府。与同僚不合，罢官而去。嗣后，游闽海，至京师，与金之俊、杨廷鉴、严我师诸名儒诗文往还。晚年归钱塘，行医济世，名噪乡里。著有《心医集》六卷，顺治十七年（1660）金之俊为之作序，今存。又有《医说》三卷，经门生赵嶷编注，易名《医印》，今存顺治丙申（1656）刻本。另有《静功秘旨》、《冰暑集》、《日用必需》、《医书精义》、《镜古录》等，今多散佚。又有《攻医合刻》十二卷，疑上书之合刻本，亦佚。［见：《龙游县志》、《中国医籍考》、《中国历代名医碑传集》（引黎元宽《进贤堂集·祝茹穹先生生传》）］

祝庆祺 号松庵。生平里居未详。著有《刑案汇览》六十卷（附《续增刑案汇览》十六卷、《新增刑案汇览》十六卷），今存道光二十年（1840）慎思堂刊本。［见：《清史稿·艺文志》、《中医图书联合目录》］

祝秀梅 号嵩亭。清代江西铅山县嵩亭人。国学生。精医理，善以丸散治疾，求诊者踵相接。平生多善举，武某家贫，其妻患乳痈，溃烂，已不可治。祝氏赠以珍药，缓其痛苦，及卒，又赠数十金治丧事。詹某年老无依，祝氏招养于家，及殁，殡葬之。县令陶公亲书"乐善可风"，额其门。［见：《铅山县志》］

祝诒燕 字翼如。清代浙江海盐县人。少有文名。后偶阅《人子须知》，有感于"为人子者，不可不知医"，遂取《内经》诸书读之，久而精医。著有《治肝三法》、《伤寒易知》、《医案心法》（又作《叶案心法》）等书，今未见。［见：《海盐县志》、《续纂浙江通志》］

祝尚林 近代浙江绍兴人。祖籍上虞松厦。草药郎中祝柏仁子。秉承父业，自幼遍览医籍，旁参各家医论，数年间医术过于其父。及独立应诊，每起沉疴，名噪一时。凡山村水乡，咸知"草科祝先生"，声名远播杭嘉湖一方。时谚云"草药一味，气煞名医"，正祝氏草药世家写照。［见：《绍兴医学史略》］

祝国泰 号橘香。清代江苏华亭县悦安桥人。以医知名。子祝景福，传承父业。［见：《重修华亭县志》］

祝旺才 清代江西铅山县石塘人。精医术。凡请皆往，遇贫病以药济之，病愈乃止，乡人皆敬信之。［见：《铅山县志》］

祝味菊 近代四川成都人。以医术知名。曾任四川省立医院医务主任、成都市政府

卫生科长、上海国医学院教授。主张中西医汇通，互取所长。著有《伤寒质难》、《诊断提纲》、《伤寒方解》、《病理发挥》、《伤寒新义》等书，刊于世。［见：《中国历代医史》、《中医大辞典》、《中国丛书综录》、《中医图书联合目录》］

祝柏仁（1855～1939） 清末浙江绍兴人。祖籍上虞松厦。幼丧父母，困苦不堪。聪颖敏悟，性嗜医药。适逢蜀地草医行医于虞，遂拜为师。勤奋好学，随师上山采药，鉴别药材，辨其功效，数年间尽得师传。师返故乡，祝氏遂走方行医，足涉上虞、绍兴各乡。至下方桥镇，民风习用草药，当地有西房伤科，名噪四方，乃定居于此，创立祝氏草科。初坐诊，卖药治病，知者寥寥。不数年诊务渐繁，就治者远近辐至，声名大振。子祝尚林，继承父业。［见：《绍兴医学史略》］

祝星霞 清代江西临川县人。自幼习举业，屡试不中。慨然曰："医足以济人。"遂究心岐黄之术，尤精脉理。同乡李某年十六岁，久病，百治不效。星霞诊其脉，谓其亲属曰："病将起，可无忧。"又问："曾聘妻否？"告曰："已聘。"星霞曰："是宜速娶，或当有后。明年冬，病必复作，不可为矣。"后悉如所言。素性廉介，治病不受谢金，乡人德之。卒之日，同邑刘飞志其墓，有"药人不下千亿，而未尝取值于人"之语。著有《锦囊诀要》六卷，藏于家。孙祝衡，为嘉庆丙子（1816）举人。［见：《临川县志》］

祝海围 清代湖北汉川县人。性好道术，兼精医理，游历于汉沔间。与太守吴嘉谟相往还。吴氏大病于维扬（今杭州），祝氏疗之，计日而效。将东行，语吴氏曰："惜吾去早，不及待子余毒之发，命也。"后吴氏果卒。祝海围撰有《摄生篇》，今未见。［见：《汉川县志》］

祝梦麟 字双石。清代江苏宝山县江湾里人。精医理，明方脉。贫者求治，不索诊酬，乡里敬之。［见：《江湾里志》］

祝铭恩 清代河南阌乡县人。附贡生。精通岐黄，以术活人，不计谢仪。［见：《阌乡县志》］

祝谌予（1914～1999） 原名祝续，字慎余。现代北京人。十九岁师事名医施今墨，兼从前清翰林周介人学习中医典籍。1937年悬壶天津。1939年就读日本金泽医科大学，获医学士学位。1943年回国，行医北平（今北京）。1947年任昆明公路总局昆洛国防公路筑路医院院长。1956年调中医研究院，为全国首届西医学习

中医研究班授课，任教研室副主任。1957 年以后任北京中医学院教务长、金匮教研组组长。1971 年调中国医学科学院，主持西学中班教学。1975～1988 年任北京协和医院中医科主任。历任中国医学科学院学术委员会委员、中国中西医结合研究会副理事长、中国中医药学会理事，并任全国政协第六、七届委员，北京市政协第七、八届副主席，农工民主党第五、六届中央委员。著有《祝选施今墨医案》、《施今墨临床经验集》《祝谌予临床经验集》、《金匮要略心传》。[见：《北京中医药大学校志》]

祝景福 字云楼。清代江苏华亭县人。邑名医祝国泰子。绍承父业，亦工医术。[见：《重修华亭县志》]

祝道行 字明侯。清代江苏江阴县人。好学工医。性好周急，有古人风。康熙二十年（1681）大疫，祝氏奉文施药，加意诊治，多所全活。[见：《江阴县志》]

祝韵梅 号连理薇馆主人。清代浙江海昌人。生平未详。曾编次前人医书，辑《寿世汇编五种》，刊于同治丁卯（1867）。[见：《北大图书馆藏李氏书目》]

费

费轩 清初四川新繁县人。儒医费密（1625～1701）孙。绍承家学，知名于时。[见：《新繁县志》]

费杰 字世彦。明代浙江山阴县人。元代名医费子明曾孙。绍承家学，亦以医术知名。凡患重疾者，虽百里外必来延请，至则一二剂取效。刘宪使患热证，庸医不识，投以桂、附热药，濒危。费杰亟为疏方，药入疾愈，不自居功，刘氏贤之。素重医德，常备药饵救疗孤独贫病。著有《名医钞》、《经验良方》二书，为世所宗，惜未见流传。子费愚，弘治九年（1496）进士，官大理评事。[见：《山阴县志》]

费骈 清代江苏吴县人。精医术，知名于时。遇贫病赠以药饵，不责其谢。[见：《苏州府志》]

费盎 清初四川新繁县人。儒医费密（1625～1701）孙。绍承家学，知名于时。[见：《新繁县志》]

费梧 号蓝舫。清代浙江德清县新市镇人。诸生。乐善好施，尤重养生。咸丰间（1851～1861）辑《万应灵方集》七卷，刊于世。此书屡经修订重刊，光绪十九年（1893）重刻本以毛枫

山《济世养生经验集》、王士雄《四科简效方》附于卷末。[见：《浙江医籍考》]

费冕 清初四川新繁县人。儒医费密（1625～1701）孙。绍承家学，知名于时。[见：《新繁县志》]

费密 （1625～1701）字此度，号燕峰。明清间四川新繁县人。汉谏议大夫费诗后裔。祖籍犍为，徙居新繁。祖父费嘉诰，官大竹县训导。父费经虞，官云南昆明知县，兼通医理。费密幼年丧母，从父习儒，邃于经学。与名儒王复礼、毛甡、阎若璩交好。北游至卫辉，谒孙奇逢于苏门山，高其行，自称弟子。潜心医学，从名医刘时雨游，复究心于《黄帝内经》、《伤寒论》、《金匮要略》诸书，其术大行。崇祯甲申（1644），张献忠犯蜀，费密年二十岁，上书巡按御史刘之渤，仓卒未果行，献忠已陷成都。费密辗转迁避，得不遇害。清初，奉父入秦中，居沔县。有总兵闻其贤，以千金聘，却而不受。后携家东下，定居杭州。康熙四十年，病下痢卒，年七十有七。门人私谥"中文先生"。著有《长沙发挥》二卷、《金匮本草》二卷、《王氏疹论》一卷，散佚不传。门生蔡治、田金，皆知名。子费锡琮、费锡璜，孙费冕、费盎、费轩、费藻，俱传承医学。[见：《四川通志》、《新繁县志》、《锦里新编》、《中国人名大辞典》]

费涵 字养庄。清代浙江湖州人。庠生。弃儒业医，悬壶于湖州，与莫枚士相友善。后寓居震泽，其道始大行。观察使王梦仙推重其术。著有《幼科金鉴评》、《重订痧疫指迷》、《虚邪论》、《温热论》，今存。还著有《诊学汇参》、《批正伤寒论》，为门人吴吟香抄存。[见：《中国历代医史》、《浙江医籍考》]

费藻 清初四川新繁县人。儒医费密（1625～1701）孙。绍承家学，知名于时。[见：《新繁县志》]

费士源 清代江苏武进县孟河镇人。精医术，知名于时。与丹徒王之政、武进马省三、宜兴余景和等朝夕相处，皆享盛誉。孙费兰泉，亦以医术见称。[见：《中国历代医史》、《中医年鉴》（1985）]

费大鳌 号五湖散人。清代浙江湖州大钱口人。从下昂村儒医吴芹游。精通医术，以外科知名。[见：《中国历代医家传录》（引《方外奇方·凌咏序》）]

费子明 元代山阴县（今属浙江）人。精医术，享誉于时。曾孙费杰，继承其学。[见：《山阴县志》]

费子城 清代人。里居未详。归安名医凌奂（1822～1893）门生。曾参校其师《医学薪传》。[见:《吴兴凌氏二种》]

费元巽 清代浙江吴兴县菱湖镇人。生平未详。著有《存存草庐医案》，未见流传。[见:《菱湖镇志》]

费无隐 元代会稽县（今浙江绍兴）人。处士。退然有不自足之意，恻然有悯世之心。师事道士邓文彪，学习医术。邓氏撰《医书集成》若干卷，费无隐助成之，师殁，刊刻其遗书，今佚。[见:《金元医学人物》（引虞集《道园学古录》）]

费友棠 字山寿。清末山西乡宁县人。通医理。辑有《急救应验良方》（又称《急救良方》）一卷，今存同治十一年壬申（1872）刻本。还辑有《急救喉证刺疗合编》一卷，今存光绪十一年乙酉（1885）三省书屋刻本。[见:《乡宁县志》、《中国医学大成总目提要》]

费长房 东汉汝南（今河南汝南）人。曾为市椽。据《后汉书》记载，一老翁卖药于市，悬一壶于肆头，市罢辄跳入壶中，人皆不觉。费长房于楼上睹其状，备感神异，乃奉酒脯拜之。老翁谓之曰:"子明日可更来。"次日，老翁携长房俱入壶中，见玉堂严丽，美酒甘肴盈列其中，共饮而出。老翁谓长房曰:"我，神仙之人，以过见责。今事毕当去，子宁能相随乎？楼下有少酒，与卿为别。"长房使人取之，力不能胜。又令十人扛之，犹不能举。翁微笑下楼，以一指提之而上。酒器如一升许，而饮之终日不尽。长房欲求仙术，乃随之入深山。老翁授以异术，能医疗众病，鞭笞百鬼。《后汉书》所载固属无稽之谈，然后世以"悬壶"为行医之代称，盖源于此。[见:《后汉书·费长房传》]

费公宣 清代江苏武进县人。精医术，知名于时。平生好施与，尤笃友谊，远近称之。[见:《武进阳湖县志》]

费月溪 清代四川彭山县人。精医术，名重于时。有患泄泻经年不愈者，费氏诊之曰:"歉食黄豆之故。"令以黄土澄水，煮豆食之，三日而愈。有少女月事愆期，他医投以通经之药，反致崩漏，骇然无策。费氏诊之，曰:"此血寒之证。"投以桂、附、龟板等药，一饮而瘥。一老妇患胃痛甚烈，经日不止，求月溪诊治。月溪令以血皮菜煎蛋服之，立瘥。[见:《重修彭山县志》]

费文纪 号云庵。清代江苏武进县孟河镇人。世医费国祚五子。与诸兄皆承先业，以医名世，其术胜于诸兄。年二十岁悬壶，七十四岁卒。子费伯雄，声名益盛。[见:《武阳志余》]

费叶唐 （1868～1940） 号兰孙。近代江苏吴江县芦墟人。邑名医费阳明子。幼承父业，研究岐黄，不遗余力。自设兰玉堂诊所，悬壶五十余载，活人不可胜计。后考究西医，有志改良中医，取长补短，以融汇中西医为己任。宣统间（1909～1911）加入中西医学研究会。著有《兰玉堂医案》一册，未梓。[见:《吴中名医录》]

费兰泉 清代江苏武进县孟河镇人。邑名医费士源孙。绍承父业，亦以医名。精于辨证，善用吐法治疗顽痰痼疾，颇负时名。[见:《中国历代医家传录》、《中医年鉴》（1985）]

费成章 清代河南太康县人。生平未详。著有《医学见解》四卷，未见刊行。[见:《太康县志》]

费阳明 清末江苏吴江县芦墟人。精医术，知名于时。子费叶唐，传承其业，声名益盛。[见:《吴中名医录》]

费志云 字西亭，自号莲峰散人。清代浙江慈溪县人。自幼聪慧，博学善文。以亲老不求进取，隐居苏湖莲花峰。筑莲山草堂，莳花锄草以养亲，竭力服事，未尝远游。又精医理，尝设药肆于乡，遇贫病则以药赠之，虽家境日落，不改初衷。晚年放浪湖山，以诗酒自娱。与从兄费志刚、从弟费志常，称"湖上三隐"。卒年五十有二。著有《诸脉类参》十卷，未见流传。[见:《慈溪县志》]

费杏村 清代浙江湖州菱湖镇人。名医凌奂（1822～1893）舅父。精医术，以外科著称。[见:《中国历代医家传录》（引《方外奇方·凌咏序》）]

费伯雄 （1800～1879） 字晋卿，号砚云子。清代江苏武进县孟河镇人。世医费文纪子。自幼聪颖过人，四岁能诵古诗，六岁入塾，有神童之誉。及长，入邑庠。诗文之外，兼善技击，通天文，工书画。其字得王羲之笔意，兼董其昌之风华流利。其画大笔淋漓，不落文沈唐仇之窠臼。久不得志于科场，决然屏弃儒学，究心祖业。博览《内经》、《伤寒》及后世诸名医之书，取其精纯，去其偏执，于脉法及内科杂证尤有心得。及悬壶问世，诊脉即知病源，投药辄效，名重于时。每日就诊者多至数百人，有候三五日始得一视者。设有内外两号，外号皆贫苦者，不计诊金；内号皆富贵之家，收诊金银洋一元。道光间（1821～1850），太后患肺痈，诏伯雄诊视，有效，赐匾"是活国手"。道光帝患失音，进药亦获痊，赐联曰"著手成春万家生佛，婆心济世一路福星"。自此，声名隆盛，蔚然为东南重望，时有"名士为名医"之称。费氏临证以培养元气为本，用药平淡，而每奏奇功。尝谓："天下无神奇之法，平淡之极，乃为神奇。"又谓："巧，不离乎规矩；实，不泥于规矩。"识者以为至论。著有《医醇》二十四卷，散失于战乱，后追记内容，仅得十之二三，易名《医醇賸义》，刊刻于世。还著有《医方论》、《食鉴本草》、《怪疾奇方》、《费伯雄医案》、《留云山馆偶存》等书，皆梓行。子费应兰，孙费承祖、费荣祖、费绍祖，俱传承家学。门生刘季喜、屠厚之，亦得师传。[见：《孟河四家医集》、《清史稿·费伯雄传》、《武阳志余》、《古今名医言行录》、《中国历代医家传录》（引《先大父晋卿公轶事记》）、《费氏全集》）]

费应兰 （1823～1896） 清末江苏武进县孟河镇人。名医费伯雄子。继承家学，亦精医术。子费承祖、费荣祖，皆传其术。[见：《武阳志余》、《孟河四家医集》]

费启亨 清代人。生平里居未详。著有《痘科醉缘》四卷、《疹科辑要》一卷，今存抄本。[见：《北大图书馆藏李氏书目》、《全国中医图书联合目录》]

费启泰 （1590～1676） 字建中，号德蓈。明清间浙江乌程县人。业儒不就，弃而为医。博览《素问》以下诸医书，潜心三载，穷究精奥。凡阴阳消长、气运往复，洞然于胸。尤工痘科，善用大黄，所治多奇效。年八十七岁卒。七十岁时著《救偏琐言》十卷，为痘科专著，对后世有较大影响。还著有《备用良方》一卷（附刻于《救偏琐言》之后）、《一见能医》若干卷（未见）。[见：《救偏琐言·序》、《湖州府志》]

费尚有 （1572～1662） 明清间江西人。初寄寓江苏镇江，后避战乱，再迁武进县孟河镇，遂定居。本为官宦世家，兼精岐黄，悬壶为业。子孙克绳其业，以医鸣世者甚众，以七世孙费伯雄最负盛名。[见：《略谈孟河四名医》《江苏中医杂志》1981年第1期）]

费国兴 明末甘州（今甘肃张掖）人。精医术，知名于时。李自成部将贺锦攻陷郡城，闻费氏名，召之视疾。费氏以毒药置酒中，事发被杀。[见：《甘州府志》]

费国祚 字岳瞻，号晓峰。清代江苏武进县孟河镇人。世业岐黄，医术精湛，诸子

皆从之学。晚年饱食后出行，所乘车撞于石，受内伤，自知不可救。及归，令诸子脉之，皆曰："无疾。"唯五子文纪泣曰："肠坏，败征见矣！"国祚乃敕诸子曰："无以医误人！传吾学者，独文纪也！"悉以秘方授之，遂卒。[见：《武阳志余》]

费明廷 字殿生。清代江苏川沙县人。精医术，尤善脉理，诊病如洞见脏腑，取效如神，且不计诊酬。昼则治病，夜则遍考方书，参究治法，故医术日精。隐士莫秉清赠联曰："把臂共惊医国手，开襟独抱救时肠。"[见：《川沙抚民厅志》]

费宝伦 清代浙江归安县人。精医道，尤擅针灸术，知名于时。[见：《归安县志》]

费宝圻 清代浙江德清县新市镇人。费爕元子。通医理。嘉庆十五年（1810），与祖父费梧，父费爕元，校订毛枫山《济世养生经验集》。[见：《中国历代医家传录》]

费宝鋆 清代浙江德清县新市镇人。费爕元子。通医理。嘉庆十五年（1810），与祖父费梧，父费爕元，校订毛枫山《济世养生经验集》。[见：《中国历代医家传录》]

费宗岳 清代江苏武进县孟河镇人。邑名医费尚友孙。传承祖业，亦以医名。[见：《略谈孟河四名医》《江苏中医杂志》1981年第1期）]

费承祖 （1851～1914） 字绳甫。清末江苏武进县孟河镇人。世医费伯雄孙，费应兰子。绍承家学，亦精医术。临证审慎，辨证明确，用药精纯。弱冠即知名乡里，每日求治者数以百计。中年移居上海，以善治危、大、奇、急诸病享誉于时。知府吴宝俭得奇疾，幻视幻听，神识昏乱。费承祖察其脉，左关细弦而滑，病在痰火侵肝，投以清火豁痰，潜阳降逆之品，药下而痊。费氏一生忙于诊务，无暇著述，仅撰《临证便览》一帙，为子孙所珍秘，未梓行。1944年，其婿徐相任，门人朱祖贻抽取其中病案一百七十九条，与《费伯雄医案》合编，刊行于世。[见：《孟河四家医集》、《江苏历代医人志》]

费绍祖 清代江苏武进县孟河镇人。名医费伯雄孙。曾参校祖父《医方论》、《医醇賸义》、《留云山馆偶存》等书。[见：《中国历代医家传录》（引《费氏全集》）]

费经虞 字仲若。明清间四川新繁县人。祖籍犍为，其先世徙居新繁。弱冠肆力经史，崇祯十二年己卯（1639）举于乡，授昆明知县。明亡，弃官归蜀，值世乱，流寓江

都。及卒，门人私谥"孝贞先生"。兼通医理，著有《古今方书》若干卷，已佚。医学外，尚有《毛诗广义》二十卷、《四书字义》一卷、《雅伦》三十卷、《临池懿训》三卷、《周易参同契注》三卷。子费密（1625～1701），能世其学。[见：《江南通志》、《新繁县志》、《扬州府志》]

费春江 清末人。里居未详。归安名医凌奂（1822～1893）门生。曾参校其师《医学薪传》。[见：《吴兴凌氏二种》]

费荣祖 字哲甫。清末江苏武进县孟河镇人。世医费应兰子，费承祖弟。绍承家学，亦精医术，知名于苏州、常熟、上海等地。[见：《中国历代医史》]

费晋康 字锡蕃，号愚泉。清代浙江嘉善县枫泾镇人。工绘画，兼精医术，知名于时。[见：《枫泾小志》]

费家琰 字子傅。清代浙江湖州人。生平未详。康熙四年（1665）订正武之望《济阴纲目》。[见：《女科书录要》]

费蓉梧 清末浙东人。生平里居未详。光绪二年丙子（1876）评注《竹林女科》，考订症候方剂，兼及脉象。[见：《竹林寺考》]

费涵汉 字养庄。清代浙江吴兴县人。生平未详。通医理，著有《诊学汇参》若干卷，今未见。[见：《吴兴县志》]

费椿龄 字庚延。清代江苏江阴县人。早年习儒，为诸生。性格沉挚，兼精医理，活人无算。[见：《江阴县志》]

费锡琮 清初四川新繁县人。儒医费密（1625～1701）长子。与弟锡璜，皆绍承父学，知名于时。[见：《新繁县志》]

费锡璜 清初四川新繁县人。儒医费密（1625～1701）次子。与兄锡琮，皆绍承父学，知名于时。[见：《新繁县志》]

费德贤 清初江苏武进县孟河镇人。儒医费尚有曾孙。绍承先业，亦精医术。[见：《中国历代医家传录》]

费燮元 号似兰。清代浙江德清县新市镇人。通医理。嘉庆十五年（1810），与父费梧，子费宝圻校订毛枫山《济世养生经验集》。[见：《中国历代医家传录》]

费彝昭 字崇勋，号铭斋。清代江西铅山县人。附贡生。诚朴笃学，藏书颇富，所购皆善本。晚年通医理，诊病施药，不惮其劳，亦无自德之色，时论贤之。[见：《铅山县志》]

胥

胥应龙 明代江西万载县人。性豪迈，因足疾绝意仕进。客居京师十余载，得异人传授痘疹奇方，遂捐资施药都门，全活甚众。[见：《万载县志》]

胥灵明 清代四川三台县人。生平未详。著有《医门真钵》，今未见。[见：《三台县志》]

胥秉哲 字匡生。清代湖北黄冈县人。徙居江夏（今武汉）。性颖异，博通书史。家世业医，深通其理。尝游吴会燕豫间，遇沉疴痼疾，投剂即起。有徐某妻，孕而患病，延秉哲诊视。察其脉，断为"鬼胎"，后果产异物。某中丞夫人病革，已就木。秉哲至，观其色，以为可活，灌药于棺中，须臾闻声息，竟获再生。王方伯女患痘，已气绝，秉哲视之曰："生气犹存。"药之而起。其他神效，类此者甚多。著有《诊法精微》等书，今未见。[见：《黄州府志》]

胥敦义 字紫来。清代四川三台县人。精通医术，知名于时。尝读陈念祖《医学三字经》，因其书未涉及脏腑、经络、病因、病机、脉法、药性等，遂辑《续编医学三字经》六卷，附刻于陈氏原书之后，重刊于光绪丁亥（1887）。[见：《中国历代医家传录》（引《续编医学三字经》）]

贺

贺岳 字汝瞻，又字春轩。明代浙江海盐县人。早年习举业，母病，求医不效，弃儒攻医。初博览诸家医书，后师事本县澉浦镇韩克诚，得脉法；又师事武林胡翠岩，得针法；又赴吴县，入王维雍门下，得授医方；赴越，得曹靖之指授。及归，悟"医无常师，明理是师；师无常术，圆神为术"。复研究仲景之治外感，东垣之治内伤，河间之治热，丹溪之治痰饮，会而通之，得其要略。及以术问世，投药辄效。郡县藩臬皆慕名延致，待以上宾之礼。著有《医经大旨》四卷，今存明嘉靖间（1522～1566）刻本。还著有《明医会要》、《药性准绳》、《诊脉家宝》诸书，未见流传。[见：《浙江通志》、《海盐县图志》、《中医图书联合目录》]

贺钧 （?～1933） 字季衡，又字寄痕，晚号指禅老人。近代江苏丹阳县人。十四岁受业于名医马文植（1819～1897），甚得器重，凡珍秘医籍悉授之，遂尽得马氏心传。治病以精细著称。陈雪楼颜其诊室曰指禅。年逾七十，因喘病而殁。

门人徐鼎纷等继承其业。著有《指禅医案》三十余册，及《诊余墨沈》、《贺季衡医案选》等书。后两书由毛自维整理，收入《现代医案选》，今存。[见：《中国历代医史》、《江苏历代医人志》]

贺宽 字瞻度，号拓庵。清初江苏丹阳县人。顺治壬辰（1652）进士，授潮州推官。以执法严明，擢大理评事，告归。苏抚汤斌，雅重其品学，迎请主讲紫阳书院，又欲特荐于朝，力辞不就。贺宽性好著述，至老不倦。所辑医书有《伤寒摘要》、《本草摘要》等，未见流传。康熙十一年（1672），贺氏曾校阅何镇《本草纲目类纂必读》。[见：《丹阳县志》、《何氏八百年医学》]

贺勋 字再存。清代湖北蒲圻县人。通医理。撰《医林棒睡》一卷。该书与其孙贺大文《医论》、《脉法悟宗》二书合刻，总称《医林棒睡三种》，刊于乾隆五十八年（1793），今存文秀堂刻本。[见：《中医图书联合目录》、《中国医籍大辞典》]

贺绫 号东山。清代安徽宿松县人。早年习儒，候选直隶州州判。兼通医理，撰有《东山医案》若干卷，今未见。医学外，尚有《惺惺斋课艺》、《卧游吟草》、《诗草》等书，皆未梓。[见：《宿松县志》]

贺九成 字丹成。清代陕西鄠县人。精医术，临证十愈八九，知名于时。重医德，遇贫病者求治，未尝取酬。乡人德之，赠以"仁心寿世"匾额。[见：《鄠县志》]

贺大文 号藻亭。清代湖北蒲圻县人。贺勋孙。祖孙二人皆通医理，勋撰《医林棒睡》一卷，大文撰《医论》、《脉法悟宗》二种，三书合刊于乾隆五十八年（1793），总称《医林棒睡三种》，今存文秀堂刻本。[见：《中医图书联合目录》、《中国医籍大辞典》]

贺大学 明代人。生平里居未详。辑有《海上奇方》，收入《仁文书院集验方》，刊于泰昌元年（1620），今存。[见：《中国历代医家传录》（引《仁文书院集验方》）]

贺广龄 （1620～?）字子蓬，号蓬山。明清间山东牟平县人。崇祯己卯（1639），中山东乡试副榜，贡京师，时方弱冠。明末癸未之变（1643），父兄俱殉难。明亡，清廷以学行征之，不赴。晚年精医术，著有《脉诀》一卷、《痘科》一卷，均佚。[见：《宁海州志》、《牟平县志》]

贺升平 字奠邦，号鸿磐。清代湖南攸县人。安贫嗜古，以正直化导族党。偕妻瞿氏，赡养二亲，丧哀祭敬。精研《灵枢》、《素问》诸医书，精通其术，活人甚众。刘南村赠联云："困而好学，贫不要钱。"年八十余卒。著有《操心要规》，县令张竹泉序而行之。所著医书有《脉要图注》四卷，刊于乾隆四十八年（1783），今存。嘉庆九年甲子（1804），醴陵李宾门从贺氏学，后亦为名医。[见：《攸县志》、《中医图书联合目录》]

贺介眉 （?～1936）清代江苏昆山县杨湘泾（今淀山湖镇）人。邑名医夏昌庭嗣子。得夏氏传授，善治鼓胀，惜早卒。儿媳朱大妹，得其传授。[见：《昆山历代医家录》]

贺龙骧 清末四川井研县人。光绪十七年辛卯（1891）举人。兼通中西药学。曾参阅中医诸家本草，兼取《西药大成》、《万国药方》、《西药释略》、《泰西本草撮要》、《药名表》、《中西药名表》诸书，撰《中西本草功用异同说》二卷，今未见。[见：《井研县志》]

贺东藩 清代四川大竹县文星场人。工诗文，擅书法，才华横溢。精研医典，颇负盛名，时人推为"医学正宗"，名播于大竹、邻水等地。[见：《续修大竹县志》]

贺印升 清代河南阌乡县人。精医术，知名于时。[见：《阌乡县志》]

贺立志 字心农，号静斋。清代河南巩县人。自少习医，知名于时。光绪四年（1878），疫疠大起，得贺氏拯救者不可胜计。[见：《巩县志》]

贺廷栋 字昌宇。清代四川忠州人。郡诸生。性质朴，工书法，兼善岐黄。重医德，凡以病延请必往，不因贫富而异视，亦不计酬。[见：《忠州直隶州志》]

贺华实 （1797～1886）字云山。清代湖南宁乡县九都人。幼业举业，力学数十年，不利于场屋。嗜医学，暇则研读《内经》，通晓医理。同治十年（1871），年七十五岁，以府试第一入学。光绪二年（1876），以八十岁高龄赴乡试，得例赐举人。会试，例赐检讨衔。贺氏有干才，以年老韬晦不出。寿至九十岁卒。著有《医方博钞备要》二卷，今未见。[见：《宁乡县志》]

贺兆文 （?～1906）清末宁夏府宁朔县（今宁夏永宁）人。生逢乱世，出家为道士，云游四方。精通医术，所至为人治病。光绪三十二年，无疾端坐而卒。[见：《朔方道志》]

贺庆本 清代四川成都县人。曾任从九品官。尝患急病，遵医嘱进药而愈。妻李氏劝其习医，从之。技成，救治疾苦，济世活人。

[见:《重修成都县志》]

贺进功 清代陕西洛川县人。精医术,知名于时。有医德,治病不计诊酬。[见:《洛川县志》]

贺良爵 明代山西隰州人。郡庠生。万历间(1573~1619)在世。性嗜学,凡星历、医卜之术,无所不晓。重医德,常施药救人,赖以全活者甚众。晚年慕道,弃儒归隐。[见:《平阳府志》]

贺季英 清末江苏丹阳县人。精医术,名重于时。与无锡邓星伯、常熟周廷栻,皆为孟河马文植(1819~1897)门生,世称"江左三鼎足"。[见:《吴中名医录》、《中国历代医史》]

贺敬业 清代湖南醴陵县人。其父贺于亲,为康熙间(1662~1722)儒士。贺敬业早年习儒,为附贡生。素行敦谨,性好读书。以医为业,贯通五运六气诸说,临证洞察幽微,知名于时。著有《贺氏医学》二十卷、《运气说》若干卷,今未见。[见:《醴陵县志》、《长沙府志》]

贺道生 清代陕西韩城县人。精医术,知名于时。临证有胆识,立方精审,为同道所敬重。[见:《韩城县续志》]

贺弼公 清代湖南茶陵人。精医术,临证有神效,治愈沉疴痼疾甚多,与同邑名医张品九齐名。[见:《茶陵州志》]

贺锡祥 字吉人。清代浙江绍兴人。邑名医赵彦晖门生。曾参校其师《存存斋医话》。[见:《存存斋医话》]

贺锦芳 字灿黄,号知非。清代安徽宿松县人。太学生。恪遵慈训,自励于学,淹贯经史子集。尤精医术,凡以病求治,无不立应,不索谢仪,常施药以救贫病。咸丰六年(1856),县境遭兵乱,兼旱荒,民不聊生。贺氏发仓谷赈济。仓将罄尽,举家食稀粥一次,节所余分给邻族。年七十三病殁。著有《可人楼医诀》若干卷,行于世,今未见。[见:《宿松县志》]

贺缙绅 清末江苏苏州人。生平未详。光绪四年(1878)辑《平江贺氏汇刊医书五种》,刊刻于世,今存。[见:《中医图书联合目录》]

贺德明 清代河南阌乡县人。自幼习儒,及长业医,知名于时。同治间(1862~1874)疫疬大作,贺氏施药救治,不索酬谢,乡里德之。[见:《阌乡县志》]

姚

姚井 字中山。明代江苏金山县五保人。精医术,尤工针灸,活人甚众。轻财好义,所得诊金多捐助戚里之不能婚葬者。按,浙江《平湖县志》亦载姚井,事迹略同。[见:《金山县志》、《平湖县志》]

姚升 明代南京(今属江苏)人。祖籍吴县。妇科名医姚侃三子。传承父学,亦业医。[见:《中国历代名医碑传集》(引《思轩文集·存仁姚先生墓志铭》)]

姚芬 字玉书。清代江苏溧水县人。授从九品衔。自少习儒,兼精医术,治疾多奇效。同治元年(1862)避乱,寄居安徽。曾国藩驻节祁门,时军民多染疫疬,知县荐姚芬赴治。姚氏悉心按诊,应手辄愈,奖叙候选直隶州同知。[见:《溧水县志》]

姚旸 字启明,号柳隐子。明初奉贤县(今属上海)陶宅人。父姚润祖,为元代医学教授,以博雅著称吴越间。旸继承家学,亦工医术。宣德间(1426~1435)任莆田知县,有政声。未几归隐林下。孙姚蒙,以医知名。[见:《松江府志》、《奉贤县志》]

姚言 明代人。生平里居未详。著有《螽斯集》一卷,今存。此为广嗣之书,凡九条,多杂道家言,所采方药亦欠纯正。今本不著撰者姓名,一说为蔡龙阳所著,待考。[见:《八千卷楼书目》、《中国医学大辞典》、《中医图书联合目录》]

姚宏 明代山东巨野县人。幼习举业,不利于科场,弃儒攻医。博通医书,临证不拘成方,以意施治,应手奏效,求治者填门。有直指巡察至县,感剧疾,势甚危笃,众医束手。延姚宏诊视,投药立愈。直指以为扁鹊、医和复出。姚氏素重医德,常备药品,修合丸散以济人。后公举医学训科。年八十余卒。著有《本草补遗》、《医学辨谬》、《针法指南》诸书,藏于家。[见:《巨野县志》]

姚良 字晋卿。元明间吴县(今江苏苏州)人。宋代姚爽七世孙。博通经史,明音律,尤精于医。著有《考古针灸图经》、《溯源指治方论》,皆佚。医学外,还撰有《尚书孔氏传》、《律吕会元》等书。[见:《吴县志》、《苏州府志》、《吴中名医录》]

姚典 字训亭。清代江西贵溪县人。庠生。多才艺,尤精医术,善推拿法。尝有小儿濒死,家人已弃置于地。适姚典至,为之推拿,即活。又有受重湿者，姚典令坐地上，围之以火，令汗出，不药而愈。著有《推拿秘诀》若干卷，兵燹后散失。[见：《贵溪县志》、《广信府志》]

姚忠 字廷仪。清代江苏上海县人。精医术，专擅幼科。以朴诚著称，兼善鼓琴。[见：《上海县志》]

姚和 唐代人。生平里居未详。著有《众童子秘诀》（又作《童子秘诀》、《众童子秘要论》）三卷、《众童延龄至宝方》（又作《延龄至宝方》）十卷、《保童方》一卷（疑前书之节本），均佚。按，姚和，《通志·艺文略》作"姚和众"，恐误。[见：《新唐书·艺文志》、《宋史·艺文志》、《通志·艺文略》、《崇文总目辑释》]

姚侃 （?~1478） 字文刚，号存仁。明代吴县（今江苏苏州）人。自祖父辈徙居金陵（今南京）。父姚中，号樗庵，有行谊。侃少年时从吴县李医学妇科，尽得其妙。后悬壶南京，虽以产科问世，而于书无所不读，故临证多奇效，名重于时。凡他医不能愈者，或贫困无力延医者，皆就侃求治，侃应之不辞，治之立效，未尝计较酬报。初行医，其父海之曰："医，仁术也。惟心存仁厚者能为之。"侃谨记于心，故以"存仁"为号。平生多义举，凡邻里亲族贫不能继者，常出其余以周之。邻人某氏，家遭火灾，其稚子困于室，侃跃入火中挟之出。人问救人之故，对曰："当是时，哀其困厄，他不暇计也。"闻者敬服。母早卒，奉继母至孝。成化十三年（1477），侃坠马受重伤，其家又遭火灾，延及邻里。时继母已八十余高龄，惊悸而亡。侃因此遭疾，于除夕前一日病殁。长子姚昺，成化十一年二甲第七十六名进士；次子姚旻，业儒；三子姚升，传承父学；四子姚昆、幼子姚杲，父殁时尚幼。[见：《上元县志》、《中国历代名医碑传集》（引《思轩文集·存仁姚先生墓志铭》）]

姚泓 清代江苏上海县人。生平未详。著有《医方尊闻》（又作《医方学闻》），未见刊行。[见：《江南通志》、《上海县志》]

姚宗 字士因。清初浙江钱塘县人。业医，知名于时。清初，名医张志聪集合当地名医及门生，讲学、著书于侣山堂。姚氏参与其事，注释《黄帝内经灵枢集注》九卷（卷第四为姚氏执笔），刊刻于康熙十一年壬子（1672），今存。[见：《黄帝内经灵枢集注》]

姚俊 清代人。生平里居未详。著有《经验良方全集》四卷、《痘疹易知》一卷，合刊于同治四年（1865）。[见：《中医图书联合目录》]

姚美 明代浙江桐庐县坊郭人。精医术。天启间（1621~1627）授太医院吏目。[见：《桐庐县志》]

姚济 （1035~1108） 字公才。北宋隰州（今山西隰县）人。其父姚随，以医为业。济自幼习儒，兼善诗文，通星历诸学。早年赴试不中，即拂衣去，专力于医学，杜门著书，欲自名家。后挟技云游四方，曾居京师佛寺，邻舍有病伤寒者，延请名医孙兆诊视。孙分析病情，其论甚辩。病家复请姚济审脉，姚曰："顾须论脉乎？视其状，表里俱病，法所不治。"孙兆愕然曰："精至是耶？我特不欲惊病者尔。"自此声望日盛。后北游关陕，名噪于时。宁塞某巡检患病，时医以暑证治，二十余日不效。姚氏曰："西方地高寒而人辛食，宁有是耶？"以药汗之，次日病愈。廓州太守之子病呕血，姚治而效，然私语家人曰："肝气竭矣，其无以春夏乎。"明年春果复发，至夏而亡。姚济卒于大观戊子十月壬午，年七十三岁。有子三人，长姚广，未仕；次姚权，早卒；幼子姚唐，官至武功大夫。姚济以子贵，赠左监门卫将军。[见：《中国历代名医碑传集》（引王安中《初寮集·姚将军墓表》）]

姚眉 字介眉。清代江苏南汇县人。精疡医，知名于时。[见：《南汇县志》]

姚格 字道揆。清代江苏震泽县（今吴江县震泽镇）人。通明医理，以吕留良为宗。性孤傲，不谐俗流。当道达官招之，不往。亲至其门，终不肯见。[见：《震泽镇志》]

姚浚 字哲人。明代安徽和州人。父姚九鼎，曾任职太医院。姚浚早年习儒，后绍承父业，潜心研究，遂以医名世。著有《脉法正宗》、《难经考误》、《药品征要》、《风疾必读》等书，皆佚。[见：《江南通志》、《直隶和州志》]

姚能 字懋良，号静山，晚号玉冠道人。明代浙江海盐县人。善议论，好吟咏。少习举业，屡试不中，弃而攻医。后悬壶问世，名噪于时。著有《伤寒家秘心法》、《小儿正蒙》、《药性辨疑》等书，皆佚。[见：《海盐县志》、《浙江通志》]

姚球 （?~1735） 字颐真（一作怡真）。清代江苏无锡县人。早年从师学医，师问曰："曾读书乎？"曰："未也。"师曰："不读书乌能医！"球色沮，归而究心经史百家，数年后始阅医书，洞悉微奥。其治病以扶元气、助真阳为主，活人甚众。雍正十三年五月，姚球与子（姚梦熊）避暑惠山，归途过蓉湖，舟覆而亡。著有

九画

《本草经解要》四卷，今存雍正二年甲辰（1724）稽古山房刻本；《景岳全书发挥》一卷，旧题"叶桂撰"，据陆以湉考证，实为姚球所著；还撰有《伤寒经解》八卷，今存抄本；尚有《痘科指掌》若干卷，今未见。［见：《无锡县志》、《初月楼闻见录》、《历代医书丛考》、《冷庐医话·卷二·今书》］

姚俑 宋代吴兴县（今浙江吴兴）人。生平未详。著有《摄生月令》（又作《摄生月令图》）一卷，今存。［见：《宋史·艺文志》、《通志·艺文略》、《中国丛书综录》］

姚康 （1578~1653）原名士晋。字康伯，号休那。明末安徽桐城县人。万历间（1573~1619）诸生。博通经史，尤多撰述。与相国何文端交厚，何雅重之。时天下多变故，不慕荣利，独肆力于诗词古文。崇祯（1628~1644）末，人以贤良方正举荐，辞不就。史可法镇皖，特单骑造访，延为记室。凡军务奏草，多所商榷，而绝不及私。生平重行谊，尚气节，诸当道争以礼延聘，不可得。晚年，家境清贫，依侍御左光先。明亡，隐居山野，郁悒感伤，作《忍死录》以寄怀。顺治十年卒，享年七十六。兼通医药，著有《借红亭本草》，已佚。［见：《桐城续修县志》、《皖志列传稿》］

姚惧 清代江苏宝应县人。邑名医姚德征子。早年习儒，兼通医理。因乡里水患成灾，挟医术游于京师。御史谢兆昌患寒症，汗引发痉，诸医投以犀角、黄连，久之饮食不能下。姚惧进理中汤，数剂而愈，以此名重都下，王公贵人争相延致。［见：《宝应县志》］

姚随 北宋隰州（今山西隰县）人。以医为业。子姚济，传承父业，以医术北游关陕，名噪于时。［见：《中国历代名医碑传集》（引《初寮集·姚将军墓表》）］

姚最 （536~602）字士会。南朝至隋代吴兴武康（今浙江杭州）人。名医姚僧垣次子。自幼聪慧，博通经史，尤好著述。年十九，随父入关，授齐王府水曹参军，为王所礼重。初未学医，天和间（566~571），奉武帝命习医。研习十年，略尽其妙，有人造请，效验甚多。隋文帝登位，授太子门大夫。因父丧去官，后袭爵北绛郡公，迁蜀王秀府司马。后蜀王有异谋，文帝令公卿严查其事。开府郝伟等推过于秀，姚最独曰："凡有不法，皆最所为，王实不知也。"榜讯数百，卒无异辞，遂坐诛，时年六十七岁。论者义之。［见：《周书·姚僧垣传（附次子最）》］

姚蒙 字以正。明代上海县人，居百曲港。莆田知县姚旸孙。善医，尤精太素脉。都御史邹来学，巡抚江南，召蒙视疾。蒙素有风疾，邹轻视之，问曰："汝亦有疾，何不自疗？"蒙曰："是胎风。"邹即引手令诊，蒙却步不前。邹悟，令设座，蒙始诊之。诊毕，曰："根器上别有一窍，出污水。"邹大惊，曰："汝何由知之？"蒙曰："以脉得之。左关脉滑而缓，肝第四叶有漏通下故也。"邹改容谢之，并求药。蒙曰："不需药。至南京便愈。"又屈指计之曰，"今是初七，十二日可到。"邹解其意，即行。果于十二日晨抵南京，是日卒。姚蒙临终，亦先知死期，作《谢世辞》，其语警悟超脱。［见：《上海县志》］

姚鉴① 字镜侯。清代浙江秀水县王江泾人。学医于岳父朱声雷。朱多蓄宋元以来诸名医之书，鉴尽发而读之，故治病能据经典，依古法，多有为时医所不知者。年六十余卒。著有《伤寒合璧》二卷、《集方》一卷，未见刊行。［见：《嘉兴府志》、《秀水县志》］

姚鉴② 清代湖南清泉县人。精医术，重医德，治病不受酬谢，遇贫者赠以药资，终身施济不倦。同时有杜敬轩、王端礼，皆以医名。［见：《清泉县志》］

姚福 明代江宁县（今江苏南京）人。生平未详。著有《神医诊籍》，今未见。［见：《上江两县志》］

姚德 清代甘肃和政县东街人。精医术，以外科问世。临证应手取效，名重于时。与本县何家崖内科名医虎云齐名，二人于光绪（1875~1908）中叶先后辞世，多年后乡人犹追思不已。［见：《和政县志》］

姚澜 字浣云，自号维摩和尚。清代浙江山阴县人。早年习儒，兼精医药之学，以明经游宦江南幕府。平素善病，中年须发尽脱，因自号维摩和尚。著有《本草分经》四卷，绍兴知府方秉为其作序，称："今（姚氏）已逾花甲，而精力不衰，殆归按经服药之明效欤。"此书刊于道光二十年庚子（1840），今存。［见：《本草分经·方秉序》、《绍兴医学史略》］

姚默 字缄堂。明代山东巨野县人。习儒不就，改学外科。万历（1573~1619）末，各县征战马二匹，送部交纳。巨野县小吏畏惧不敢进京，默慨然代之。至京师，部吏索规费，默三月不能交纳，战马皆瘦，旅资尽竭，计无所出。忽忆同乡某在京行医，遂造门求助，适医者外出，乃候于其门。突有宦官率校尉数人至，误认默为医者，挟持入宫。盖神宗患目疾，肿痛，服清凉剂不效，故遣人觅良医。默既入大内，不敢辩白，遵外科法呈一方，肿痛立愈。神宗大悦，授八品御医。不久，升太医院判。著有《家藏外科》，多可采者，惜未见流传。[见：《巨野县志》]

姚衡 字晏芳。清代浙江吴兴县人。官广州安抚使。兼精医理。道光辛丑（1841），校刻宋异僧《咽喉脉证通论》。[见：《咽喉脉证通论·姚观元跋》]

姚九鼎 字新阳。明代安徽和州人。精医术，任职太医院。子姚浚，绍承父业。[见：《江南通志》]

姚士安 清代江苏昆山县人。以医为业，知名于时。年八十余，无疾而终。[见：《昆新合志》]

姚大春 清代江苏吴江县人。生平未详。著有《伤寒论衬》（又作《若山居医学读本》）五卷，今存稿本。[见：《贩书偶记续编》]

姚万安 （1810～?）字子静。清代四川江油县人。幼聪颖，举笔成文。道光乙酉（1825）拔贡，时年甫十六。累困秋闱，设教于乡。兼精岐黄，以医知名。著有医书，藏于家。子姚京诰，亦精医理。[见：《江油县志》]

姚元复 清代江苏江都县人。诸生。为高邮名医李典礼婿。得岳父传授，亦以医知名。著有《医辨》，未见流传。[见：《续增高邮州志》]

姚仁安 字苍山，号松亭。清代浙江嘉善县人。少时家贫，学医于慈云寺僧澄月。僧授以秘方，遂精外科，疗病多奇效。性质朴，兼工丹青，擅绘墨兰。乾隆六年（1741），制府宗室德公赠匾表彰之。年八十岁卒。子姚慎枢，亦工医术。[见：《嘉善县志》]

姚介眉 清代江苏昆山县人。精岐黄之术，尤善幼科，为康雍间（1662～1735）昆山名医。同时有支东云，亦以医知名。[见：《昆新合县》、《昆新两县续修合志》]

姚从周 字兼三。清代浙江诸暨县人。精医术，有名于时。[见：《绍兴地区历代医药人名录》]

姚文田 字秋农。清代浙江归安县人。乾隆五十九年（1794）献赋于天津行在，召试第一，由举人授中书。嘉庆四年（1799）举进士，授翰林院修撰，迁内阁学士。历官户、工、兵三部侍郎，擢礼部尚书。四典乡试，一充会试总裁，三任学政。平生以文章经术结交文士，持

己方严，居位勤慎。旁及天文、五行、杂占、医经诸学。卒，谥"文僖"。著述甚富，医书有《内经脉法》，今未见。[见：《浙江通志稿》]

姚文涛 字学波。清代安徽贵池县人。太学生。以母多病，医药罔效，攻习岐黄，亲调药剂，母获高年。著有《医学约编》、《地理类编》，今未见。[见：《贵池县志》]

姚文彬 清代云南昆明县人。邑名医姚时安次子。绍承父业，亦精医术。[见：《昆明县志》]

姚文清 清代云南昆明县人。邑名医姚时安幼子。绍承父业，亦精医术。[见：《昆明县志》]

姚文藻 字灿章。清代云南昆明县人。邑名医姚时安长子。自幼从父学医，伤寒痘疹，尤所擅长。未弱冠，医名大振，求诊者日塞其门。有马氏子患伤寒，势甚危殆，人皆以为不治。姚氏应邀往，曰："尚有生机。"一剂病减，数剂痊愈。又有名李福者，晚年得子，名嘉祥，七岁患痘，第九日见败象。李福哭奔求救。姚氏治之而愈，后此子食饩上庠，呼文藻为父。又，吴某年逾艾，喜食硬饭，移时辄饿，而体素健。偶就诊，断之曰："此风消症也，法在不治。"吴怒而去，未数月遽死。姚氏行医三十余年，惟求礼貌，不计脉资，乡里称其隐德。年五十一岁卒。著有《痘症经验录》，藏于家。[见：《昆明县志》]

姚方奇 字伟生。清代云南昆明县人，世居小西门外。为人诚笃孝友。乾隆（1736～1795）末，以武职从军西征。遇异人授以岐黄术，研习多年，颇有心得，意在调治亲疾。常曰："为人子者，不可不知医。"久之，医名渐播，邻里求诊者日多，无不应手而愈，然终不肯以医问世。家境清贫，怡然自乐，惟闭门教子而已。年七十岁卒。子姚时安，尽得其传。[见：《昆明县志》]

姚方林 一作姚芳林。明代仪真县（今江苏仪征）人。精通医术，名振江淮。好善乐施，济人甚众。子姚起凤，绍承父业。[见：《仪征县志》、《重修仪征县志》]

姚方壶 明代浙江桐乡县青镇人。世代业医，知名乡里。孝廉顾简之妻潘氏病，延请名医金某，金视之曰："暑证耳，无忧。"立方而去。潘氏服药病增，呕哕不食，药入辄吐，唯可进参汤而已。方壶应邀诊之，曰："诸药格拒，而参偏宜者，中气受伤。因其所宜而急回之，或可生也。"令服独参汤，渐有转机。孝廉欲速效，重请金某诊疗，金仍以暑论治，潘氏遂亡。顾简

深悔不用姚氏之言，赋《悼亡诗》，有"医为殉名身速毙，药因迟补效难成"之句。［见：《乌青镇志》］

姚心源（?～1946）　字滋常。近代江苏苏州人。精通医术，悬壶沪上。性傲志高，诊病喜矜奇，立方独特。著有《心源一家言》、《病理学稿裁》、《脉学丛书》、《心源海上方》，后三书今存。［见：《江苏历代医人志》］

姚允恭　字谦莽。清代江苏盐城县人。乾隆间（1736～1795）诸生。兼精医术，尤善推拿，活人甚众。［见：《盐城县志》］

姚玉麟　字仁圃。清代江苏南汇县十七保四十图人。初攻举业，后改学岐黄。临证审虚实，明标本，依病制方，活人无算。年七十岁卒。著有《管窥集医案》，今未见。［见：《南汇县志》］

姚本厚　字德培，号芬溪。清代江苏苏州人，世居圆妙观东。精医学，擅幼科。著有《幼科似惊非惊辨》、《痘科伏毒急于闭症说》二文，刊载于唐大烈《吴医汇讲》。［见：《吴医汇讲·卷七》］

姚可久　宋代人。里居未详。陇州道士曾若虚门生。传承曾氏医术，官尚药奉御。［见：《西斋夜话》］

姚可成　号蒿莱野人。明末吴县（今江苏苏州）人。生平未详。曾增补王磐《野菜谱》，编《救荒野谱》一卷。又编《食物本草》二十二卷，托名李时珍所著，刊刻于世。二书均存。［见：《四部总录医药编》、《中国医籍考》］

姚左庭　清代江西人。徙居河北永平。父子两代业医，精其术，活人甚众。尤敦友爱，三世同炊。子孙皆有孝友之风。［见：《永平府志》］

姚龙光　字晏如。清末江苏丹徒县人。弱冠补廪，有声庠序间。攻读过度，体弱多病，历经名手调治，病势日剧，遂立志习医。同学王吟江，素工医术，为之开列书目，示以门径。龙光乃搜购历代医书，朝夕诵习，于诸名家之论能融会贯通。久之以医术知名，凡沉疴痼疾，一经诊治，无不应手而起。著有《崇实堂医案》一卷，刊于光绪二十七年（1901）。［见：《宋元明清名医类案·姚龙光》］

姚乐英　清代江西玉山县人。精通医术，负药囊巡诊四乡，治病不受谢，与药不计酬。卒之日，里人悼之。［见：《玉山县志》］

姚尔浚　字浣思。清代江苏川沙县高行镇人。以医鸣世，尤精幼科。子姚文灿，传承其业。［见：《川沙抚民厅志》］

姚训恭　字梓卿。清末江苏丹徒县人。邑名医姚成鼐子。绍承父学，亦工医术，尤善治疫症。光绪乙未、丙申（1895～1896），霍乱肆行。姚氏依父法诊治，又广其意，佐以紫雪散、黄连，治愈甚众。著有《霍乱新论》一卷，今存光绪二十八年（1902）姚氏家刻本。［见：《江苏历代医人志》、《中医图书联合目录》］

姚吉寰　清代江苏阜宁县人。精医术，善治伤寒。乐善好施，友人家贫患病，无力购参附，姚氏暗投之而瘳。子姚修勤，传承父业。［见：《阜宁县志》］

姚成鼐　字燮和。清末江苏丹徒县人。以医知名。善治瘟疫，曾创制解毒汤以治霍乱。悬壶三十年，治愈不下千人。子姚训恭，医术益精。［见：《江苏历代医人志》］

姚光明　清代江苏松江府人。生平未详。著有《简捷佳方》，今未见。［见：《松江府志》］

姚光晋　字仲瑜。清代浙江仁和县人。道光五年（1825）举人。精医术，求治者无不愈，知名于时。［见：《杭州府志》］

姚廷皋　明代山东潍县人。生平未详。著有《伤寒辑要》一卷，今未见。［见：《潍县志稿》］

姚廷槐　字植三，号培斋。清代江苏南汇县人。精医术，以儿科问世。工绘画，所写兰花秀朗清雅。［见：《中国人名大辞典》］

姚兆鲁　清代山西稷山县人。性孝友，通医术。轻财重义，治病不论贫富，疾愈不较锱铢。年九十八岁终。［见：《山西通志·殷春风传》］

姚寿朋　清代河南信阳县人。廪贡生。通医理。与名医陈再田、县主事危尚志、孝廉戴炳荣相友善，聚则切磋医理。［见：《重修信阳县志·陈再田》］

姚克谐　字海鲽。清代四川剑州人。贡生。官至江西广丰知县。兼通医学，尤精脉理。著有《脉学归源》五卷，今存光绪元年（1875）学海堂刻本。［见：《剑州志》、《中医图书联合目录》］

姚时安　字沛然。清代云南昆明县人。儒医姚方奇子。勤奋好学，崇尚气节。习医二十余年，博览《内经》、《伤寒》诸书，得其奥旨。每诊脉，能决人死生，所治辄有奇效。一妇人八月感温邪，胎死腹中，不省人事数日。姚治之，服药而胎下，妇亦苏。一新妇入门，未三月腹大，婆与夫疑其有私，欲出之。姚诊其脉，曰："非孕。乃女将离母，忧思郁结，又误服涩药所致。"投药数剂而瘳。两姓皆感激，馈送甚丰，却而不受。道光癸巳（1833）地震，各乡瘟疫流行，姚氏每日携药出诊，全活甚多。不与冠盖者往来，总督程裔病，召之不往，曰："我布衣，以医为里邻疗微疾可耳，总督贵人，何敢冒昧?"程闻之怒，欲加以罪，得县令孔公解免。后隐居课子，著书自遣。年五十五岁卒。著有《医易汇参》数卷，散佚不传。子姚文藻、姚文彬、姚文清，皆传父业。[见:《昆明县志》]

姚应凤 字继元。明清间浙江仁和县人。少孤，年十三入山采药，至齐云山，遇异人授以外科医术，后以疡医著称。其治病不本医书，常割皮刮骨，观者股栗，而著手辄效。崇祯间（1628～1644），抚军喻思恂驻温州，痈毒发于背，剧甚。召应凤至，施以手术，割腐肉二大器，敷以丹药，二日疮平。一人年近六十，遍体生小疥如粟。应凤曰："此名净海疮，甲子将周，实生此疮。不治则生，治则死。"其人未信，治疮，疮愈而死。姚氏曾入太医院，官至院判。年七十七端坐而逝，崇祀乡贤。[见:《浙江通志》、《钱塘县志》、《杭州府志》]

姚应春 字纯夫。清代江苏海门县人。附贡生。性狷介，取与不苟。累试不第。工书法，出入西台、南宫，自辟蹊径，纵横奔放而不失绳墨，时无知者，皆称"姚怪"，惟同里曹廉深奇之。晚年通达医理，临证不拘泥古方，治辄奇验。旁涉音律、篆刻，妙造神微。卒后，门人私谥"端介"。著有《医学刍言》二卷，未见流传。[见:《海门县志》]

姚应祥 明代安徽建德县吴村人。邑增生。聪颖绝伦，不求闻达，与诗僧懒合为方外交。精医道，活人无算，病愈不索酬。著有《医方探源》、《痘科真金》二书，皆佚。[见:《建德县志》]

姚良玫 元代人。生平里居未详。撰有《古针灸图经》一卷，已佚。[见:《补元史艺文志》]

姚启圣 清代人。生平里居未详。著有《帷幄全书》。民国间，无名氏摘录其中医方，辑《医方备要》二卷，今存抄本。[见:《中医图书联合目录》]

姚英焕 字伯章。清代江苏宝应县人。工医术。为人谦和，诊病不分贫富，就诊者户外常满。[见:《宝应县志》]

姚迪昌 明代安徽旌德县人。性颖异，精方脉，以医名世。常施药赈贫，世人皆以德医称之。[见:《旌德县志》]

姚国干 字献可。清代江苏如皋县白蒲镇人。博通天文、地理、诸子百家之学。平素多蓄肘后奇方，愈一疾，活一人，则欣然色喜。著《食谱》二卷、《医方》若干卷，未见流传。[见:《白蒲镇志》]

姚国桢 明代人。里居未详。精医术，万历间（1573～1619）任太医院医官。曾补辑龚廷贤《小儿推拿秘旨》，重刊于世，今存万历间杨九如刻本。[见:《中医图书联合目录》、《中国医籍考》]

姚凯元 字子湘，号雪子。清末浙江归安县人。礼部尚书姚文田孙。曾任光禄寺署正。通医理，撰有《退省斋说医私识》四卷，有稿本藏中国科学院图书馆。又撰《黄帝内经素问校议》六卷，今未见。[见:《浙江医籍考》]

姚京诰 字命三。清代四川江油县人。廪生。儒医姚万安子。光绪（1875～1908）初举孝廉，历署茂州、泸州、剑州学正。晚年主讲涪江书院，远近乐从。绍承父学，尤精医理。[见:《江油县志》]

姚炜球 清代江苏南汇县人。夙慧，通医理。惜早逝。兄姚炜琛，亦精医术。[见:《南汇县志》]

姚炜琛 字宝南，号守潜。清代江苏南汇县人。精医术，知名于时。好读书，闲则披览载籍。[见:《南汇县志》]

姚炜楷 字端华。清代江苏南汇县人。邑名医吴行门生。尽得师传，尤精痘科，远近知名，世称"姚仙人"。[见:《南汇县志》]

姚学瑛 字海园。清代江西临川县人。生平未详。著有《奇效丹方》八卷，刊于乾隆四十七年（1782），今存。[见:《贩书偶记续编》、《中医图书联合目录》]

姚学颜 字伯愚。明代安徽休宁县人。生平未详。曾与张懋辰重订沈与龄《医便》，刊于万历间（1573～1619）。[见:《医便》]

姚定年 字子丰。清代江苏兴化县人。工医能文，知名于时。[见:《续兴化县志》]

姚宜仲 宋元间盱江（今江西南城县）人。祖、父皆业医，至宜仲博考群书，精究医理，尤通脉理。曾增补无名氏《断病提纲》，以求与钱闻礼《伤寒百证歌》有异曲同功之效。又辑补其父《诊脉指要》，增以歌诀，此书列二十七脉，分述脉象、脉位等内容，有独到见解。吴澄（1249～1333）为之作序。惜二书皆佚。[见：《中国医籍考》、《江西通志》、《金元医学人物》（引《吴文正公集》）]

姚绍虞 号止庵。明清间浙江会稽县人。初习举业，有文名。明亡，不求仕进，致力于医学。遍读唐以后《内经》注本，攻研十载，洞明奥旨。又历七年，于康熙八年己酉（1669）撰《素问经注节解》九卷，刊刻于康熙十八年（1679），今存。还著有《灵枢经注节解》九卷，已佚。[见：《素问经注节解·序》、《中医图书联合目录》]

姚春华 清代河南正阳县皮家店人。精医术，擅治疔毒喉蛾，又长于骨伤科，应手立验，知名乡里。重医德，治病未尝索谢，时人敬重之。[见：《重修正阳县志》]

姚荣爵 字天衡。清代江苏嘉定县人。工医术，善治温热暑疫。著有《三时论》三卷、《春温秋燥论》二卷，未见流传。[见：《嘉定县志》]

姚贵荣 字文卿。清末人。生平里居未详。曾任太医院九品医士，兼东药房值宿供奉官。[见：《太医院志·同寅录》]

姚思仁 字善长，号罗浮山人，世称姚太傅。明代浙江秀水县人。万历十一年（1583）三甲第一百七十二名进士，授行人，迁江西道御史，出视长芦盐课。嘉靖、万历间（1522～1619），各省开矿甚多，民夫死者相枕藉。姚氏巡按河南，上疏言开矿之弊，陈八大可虑，又绘《开矿图》二十四幅以进。嘉靖帝为之动容，遂止其役。熹宗嗣位（1621），迁工部尚书，加太子太保。年九十一岁卒。姚氏兼通医理，其姻家子周生，业医而贫。姚氏重其才，荐入太医院，暇则与之"讲针石汤液法"，又令"悉发秘府禁方，择其经验者录之，亲为订定"，后辑为《葆竹堂经验方》六卷，镂板以传于世。此书原刻久佚，清初，姚氏曾孙姚士忱"缮我残阙"，重刻于康熙三十五年丙子（1696），姚氏外曾孙盛枫序于卷首，今存。按，《浙江通志》著录"姚太傅《葆竹堂医方考》"，疑为姚氏书初刊之名，今本《葆竹堂经验方》为姚氏曾孙重刊时所改易，待考。姚氏还撰有《救荒全书》，已佚。[见：《浙江通志》、《嘉兴府志》、《葆竹堂经验方·盛枫序》]

姚思善 明代吴县（今江苏苏州）人。世为儒医，名闻于世。兼善制笔，时人重之。[见：《吴县志》]

姚修勤 清代江苏阜宁县人。邑名医姚吉寰子。继承父业，亦以医术知名。[见：《阜宁县志》]

姚起凤 字景芳。清代江苏仪征县人。江淮名医姚方林子。幼攻举业，不遇于时，弃儒习医。家学之外，博览先贤医籍，凡《素问》、《难经》及张、刘、朱、李之书莫不究研。治病不图名利，不以贫富异视，名公卿多有旌奖。[见：《重修仪征县志》]

姚振家 字诚哉。清代浙江平湖县人。精岐黄术，有声于时。[见：《平湖县志》]

姚益甫 清末江苏南汇县人。青浦名医何长治门生。[见：《何鸿舫医方墨迹》]

姚润祖 元末华亭县（今属上海）人。精医术，任医学教授。好古博雅，著称吴越。子姚旸，传承父业。[见：《松江府志》]

姚菩提 南朝梁武康（今浙江杭州）人。官高平县令。曾患病，迁延不愈，遂留心医药，颇有见地。梁武帝萧衍性好医学，每召姚氏讨论方术，言多会意，颇器重之。子姚僧垣，医术益精。[见：《周书·姚僧垣传》]

姚涵春 字芳谷。清代江苏宝山县江湾里人。少习举业，能诗。中年专攻痘科，有"妙手回春"之誉。孙姚梦熊，为诸生，亦精医术。[见：《江湾里志》]

姚朝奎 字若愚。清代江苏青浦县蒸里人。博涉经史，兼通医术。擅长推拿法，治小儿病尤有奇效。凡邀诊，虽已年迈，犹徒步而往。[见：《蒸里志略》]

姚裕丰 清代江苏南汇县人。以医为业，有名于时。与徐镛同时。[见：《中国历代医家传录》（引《医学举要》）]

姚勤修 清代江苏阜宁县人。善医，知名于时。[见：《阜宁县志》]

姚慎枢 字敦行。清代浙江嘉善县人。外科名医姚仁安子。克绳家业，亦工医术。遇危证，投剂立愈，求治者盈门。好书画，暇则以丹青自娱。著有《临证辨证医案》（又作《脉案》）三卷，未见流传。[见：《嘉善县志》、《重修浙江通志稿·著述》]

姚慎德 清代安徽黟县人。生平未详。通医理。撰有《外科方略》，今未见。[见：《黟县四志》]

姚嘉通 字海铺。清代安徽黟县溪南人。监生。爽直好义，精医道，熟读本草、《脉诀》诸书，学宗张介宾、李杲。咸丰间（1851～1861）随湘军诊治军士，以医疗功授六品衔。[见：《黟县四志》]

姚僧垣 （499～583） 字法卫。南朝至隋吴兴武康（今浙江杭州）人。其父姚菩提，为梁高平县令，兼精医理，为武帝所重。僧垣自幼博览，通文史，尤嗜医学。年二十四，仕梁为太医正，加封文德主帅。武帝因发热服大黄。僧垣曰："大黄快药，至尊年高，不宜轻用。"武帝不听，遂至危笃。太清元年（547）迁湘东王府记室参军。简文帝嗣位，授中书舍人。元帝时改授晋安王府咨议。元帝患心腹疾，诸医皆请用平药。僧垣曰："脉洪实，宜用大黄。"元帝从之，下宿食而愈，赐钱十万贯。北周武成元年（559），授小畿伯下大夫。金州刺史伊娄穆患病，请僧垣诊视，自云："自腰至脐，似有三缚，两脚缓纵，不复自持。"僧垣为处汤剂，服一剂，上缚即解；服二剂，中缚又解；服三剂，三缚悉除。更为合散剂一料，稍得屈伸。僧垣曰："终待霜降，此患当愈。"及至九月，果能起行。建德四年（575）周武帝东征，至河阴患疾，口不能言，睑垂目不得视，一足短缩不得行。僧垣奏曰："诸脏俱病，不可并疗。军中之要，莫过于语。"乃处方进药，帝遂能言；次又疗目，目疾即愈；后治足，足疾亦瘳。及至华州，帝疾大愈，乃授华州刺史，仍留随驾入京，不令在镇。宣政元年（578），上表请致仕，优诏许之。静帝登位，拜上开府仪同大将军。隋初，进爵北绛郡公。开皇三年卒，享年八十五。姚僧垣医术高妙，为当时所推重，前后治验，不可胜记。其声誉远闻边服，达于诸蕃外域。曾著《集验方》十二卷，行于世。今佚。[见：《北史·姚僧垣传》、《周书·姚僧垣传》]

姚觐元 字彦侍。清代浙江归安县人。生平未详。辑有《咫尺斋丛书》，其中包括医书二种，今存光绪九年（1883）归安姚氏家刻本。[见：《归安县志》、《中医图书联合目录》]

姚德征 字允符。清代江苏宝应县人。工医术，知名于时。子姚惧，亦精医，名重京师。[见：《宝应县志》]

姚德豫 号立斋。清代奉天府襄平县（今辽宁辽阳）人。官慈溪知县。通法医检验之学。撰有《洗冤录解未定稿》一卷，刊于道光十一年（1831），今未见。[见：《奉天通志》]

姚德馨 清代人。生平里居未详。绘有《救荒本草图》十四卷，刊刻于咸丰六年（1856），今存。[见：《上海图书馆目》]

姚篮儿 佚其名，别号缑伎子。清代浙江杭州西溪人。少年游侠，家贫无以资生，读书击剑之暇，编竹为篮，自负入市，易米以养亲。尝遇异人，授以治痈疽秘术，遂以疡科知名。其治病不用刀针，先以药攻其内，复以药敷于外，无不应手而愈。秘其方不肯示人，故术不传。丁圣邻推重其术，康熙三十一年（1692）秋，请名儒徐旭旦为姚氏作传，徐以当今扁鹊誉之。[见：《中国历代名医碑传集》（引徐旭旦《世经堂初集·疡医姚篮儿传》）]

骆

骆骧 字子龙。明代浙江嘉兴县长水乡骆家桥人。颖敏多通，雅爱吟咏，与金灿、范言、项元淇诸名贤相往还。嘉靖乙丑（1565），郡丞陈仕闻其名，造庐拜访，时人羡之。尤究心医术，察脉立方，至于神巧。尝治愈池湾某贵绅之疾，赠以百金，笑而却之。自号懒翁，作《懒翁歌》，有"柴门半掩白昼眠，呼儿谩煮山中泉。披衣散发任自意，晏居习静如痴禅"之句。平生重孝义，侍继母惟谨。兼善丹青，所绘水墨、白描，在黄痴、倪懒之间。年六十岁殁，有《言志集》行世。[见：《嘉兴县志》、《嘉兴府志》]

骆卫生 清代浙江山阴县接龙桥人。邑名医骆惟均后裔。绍承家学，以医问世，声名大噪，凡山阴、会稽、嵊县、诸暨、新昌诸县，无不知"接龙桥儿科"者。素行端谨，性好施济，日诊数百人，不计诊资，遇贫乏赠以药，全活不可胜计。辑有《医案》十余册，未梓。子骆保安、骆国安、骆静安，皆传承父业。[见：《山阴县志》]

骆飞尘 字云骏。清代浙江嘉兴县人。生平未详。康熙甲子（1684）参订萧埙《女科经纶》。[见：《女科经纶》]

骆仁山 字子德，号心源。清代江西广昌县人。邑庠生。究心医术，知名于时。[见：《广昌县志》]

骆龙吉 宋代人。生平里居未详。精医道，对《黄帝内经》多有研究。曾阐发《内经》奥义六十二条，补列医方，益以方理，著《内经拾遗方论》四卷，刊刻于世。今存明代刘裕德重订本。[见：《中国医学大成总目提要》、《八千卷楼书目》]

骆民新 字际清。清代安徽历阳县人。生平未详。曾修订骆如龙《幼科推拿秘书》，重刊于世，今存乾隆三十七年壬辰（1772）宝兴堂刻本。[见：《中医图书联合目录》]

骆式三 字小瞻。清代四川南川县观音桥人。自幼勤学，尤嗜天文、地理、音韵诸学。后转而习医，撰有医书，惜散佚不传。[见：《南川县志》]

骆则诚 明初浙江余姚县人。与弟骆则敬，及周原启、吴温夫，皆为名医滑寿入室弟子。诸人尽得师传，俱以医名。[见：《余姚县志》、《中国历代名医碑传集》]

骆则敬 明初浙江余姚县人。与兄骆则诚，及周原启、吴温夫，皆为名医滑寿入室弟子。诸人尽得师传，俱以医名。[见：《余姚县志》、《中国历代名医碑传集》]

骆如龙 字潜庵。清代安徽历阳县人。精幼科，注重推拿法，著有《幼科推拿秘书》（简称《推拿秘书》），成书于雍正三年（1725）。此书经骆民新修订，刊刻于世，今存乾隆三十七年壬辰（1772）宝兴堂刻本。[见：《中国历代医史》、《全国中医图书联合目录》]

骆怀春 字梧冈。清代江西弋阳县新都人。幼年丧父，弃举子业。因孀母多病而习医，精通其术，远近病者争相延请，星夜不辞。平生以济人利物为怀，施诊赠药近四十年，未尝取酬。[见：《弋阳县志》]

骆国安 清代浙江余姚县接龙桥人。邑名医骆卫生次子。绍承父业，亦精医术。[见：《山阴县志》]

骆育祺 字遂岩。清代浙江萧山县塘里人。乾隆甲辰（1784）进士骆廷元子。幼承庭训习儒，为诸生。博学多识，通诗文，旁通堪舆、壬遁、卜筮、星命、相法诸术，兼及医道。所著《游艺集》，分上、中、下三集，下集言医理、相法，未见流传。[见：《萧山县志稿》]

骆保安 清代浙江山阴县接龙桥人。邑名医骆卫生长子。绍承父业，亦工医术。[见：《山阴县志》]

骆惟均 一作骆维均。清代浙江山阴县迎恩坊人。精医理，尤善幼科。用药无异品，而奇病怪症，应手悉除。有医德，治病不计酬报，人皆敬之。后裔骆卫生，医名尤盛。[见：《山阴县志》]

骆善由 明代安徽舒城县人。精通医道，知名于时。永乐间（1403～1424）官太医院判。[见：《舒城县志》]

骆登高 字荼饮，号恒园。清代江苏江阴县人。生平未详。著有《医林一致》五卷，今存抄本及康熙四十二年癸未（1703）敬慎堂刻本等。[见：《中医图书联合目录》]

骆登榜 清代四川荣县人。业儒，旁通医道，知名于时。门生邹全斋，得其传授，亦为良医。[见：《荣县志》]

骆锡宾 清代陕西华阴县三阳村人。世以诗书传家，至锡宾耽嗜医学，名重于时。性耿介，凡豪势之家延诊，辞而不赴。平居布衣草履，出入贫病之家。处方每用寻常草药数品，而服之多效。病家或赠以谢仪、匾额，却而不受。[见：《陕西历代医家事略》（引《华阴县志》）]

骆静安 清代浙江山阴县接龙桥人。邑名医骆卫生幼子。绍承父业，亦工医术。[见：《山阴县志》]

十 画

秦

秦信 汉代人。里居未详。赋性明敏，有度量。好读经方、本草及黄帝、扁鹊之书，为当时良医。与名医淳于意同时，而医技略逊之。齐淳于司马病，淳于意切其脉，诊为"迴风"，谓得之饱食疾走。令服"火齐米汁"，预言七八日当愈。时秦信在旁，笑谓左右都尉曰："淳于司马病，法当后九日死。"过九日，司马未死，其家请仓公复诊，仍服"火齐米汁"而愈。[见：《史记·扁鹊仓公列传》、《古今医统大全·历世圣贤名医姓氏》、《历代名医蒙求》]

秦铎 （?～1916） 字子明。清末江苏上海县三林塘六图人。精内外科，所制拔疔膏有神效。虽家无恒产，乐善好施，夏季施暑药、设医局，冬季施衣、米、棺木，每岁无间。所居曰壶隐山房，屋前后遍植花木，有隐者风。[见：《上海县志》]

秦铦 字范如。清代江苏嘉定县人。邑外科名医秦世进子。精通内科。制药必精，施诊不倦，名重一时。又善吟咏，与吴康侯、孙致弥等相唱和。著有《济生录》八卷，未见刊行。[见：《嘉定县志》、《太仓州志》]

秦望 (1671～1757) 字元功（一作元宫）。清代江苏无锡县人。诸生。精究易学，旁及天文地理，兼通医道。著有《医源》八卷，今未见。还著有《医简》（又作《医鉴》）八卷，今存道光二十九年（1849）冯骥良抄本。[见：《无锡金匮县志》、《无锡金匮续志》、《吴中名医录》]

秦瑶 字丹麓。清代江苏无锡县人。少年多病，致力于医学，久之精其术。嘉庆（1796～1820）末大疫，秦氏治而奇验，自是知名。性耿介，富贵人延请，恒谢不往；独喜救治贫病，并助以药饵、钱米。[见：《无锡金匮县志》]

秦篁 字在六，又字潜篝。清代江苏吴江县平望镇韭溪人。颖异好学，读书过目成诵。好游历名山，足迹遍于大江南北，所赋诗有豪气，得江山之助多也。得云间名医何嗣宗正传，精通医术，所治多奇验。年七十余卒。著有《一字千金》一卷，长洲沈德潜为之作序。未见刊行。[见：《平望志》]

秦灏 (1760～1852) 字凤洲，号芸轩。清代江苏无锡县人。国子生。精医术。著有《外科秘要全书》二卷、《经验急救良方》二卷，未见刊行。[见：《吴中名医录》（引《锡金历朝书目考》）]

秦乃歌 字又词，号笛桥。清末江苏上海县人。早年习儒，精通诗词古文。中年母病，医药罔效，遂肆力医学。上探《灵枢》、《素问》诸医典，下及徐大椿、陈念祖诸名家之书，多有领悟。后研究《伤寒论》与《温病条辨》之异同，反复考索，豁然贯通，治病应手奏效。有医德，凡贫困者求治，不受酬谢，乡里德之。著有《临证心悟录三种》，包括《玉瓶花馆诗词稿》二卷、《俞曲园医学笔记》一卷、《灵兰书室医案》一卷，今存。子秦锡田、秦锡祺，孙秦伯未，皆继承其学。[见：《上海县志》、《清代名医医案精华》、《中国科学技术专家传略·秦伯未》《中医图书联合目录》]

秦大任 清代人。生平里居未详。著有《医贯辑要》十二卷，今存嘉庆十六年辛未（1811）金阊书业堂刻本。[见：《中医图书联合目录》]

秦之桢 字皇士。清代江苏华亭县人。邑名医秦昌遇侄孙。少年时慨然有利济天下之志，潜心医学，博览古今方书，后为名医。著有《伤寒大白》四卷、《女科切要》二卷，又整理秦昌遇《证因脉治》，皆刊刻于世（今存）。按，据《何氏八百年医学》，秦之桢《伤寒大白》乃由同邑名医何燧（1675～1718）代笔而成者。[见：《川沙抚民厅志》、《中医图书联合目录》、《何氏八百年医学》]

秦之锐 字执斋。清代四川丰都县人。精医术，设医馆于双路口场。凡贫病求治，不计诊酬，极困者赠以药，乡人无不感激。[见：《重修丰都县志》]

秦子通 元代怀远县（今安徽怀远）人。生于五代世医之家，与同邑名医朱彦实、朱莹、朱肯堂齐名。后征入太医院，官至太医院提举。年老归乡，朝廷给复其家（免徭役）。[见：《怀远县志》]

秦凤鸣 字晓楼。清代甘肃古浪县人。廪生。性情豪爽，聪慧过人，文章劲奇。年十四岁，以第一名入邑庠。后屡试不得志，识者惜之。性好读书，过目不忘。兼精医理，凡名家医籍，无不尽心研究，对张仲景《伤寒论》尤有心得。著有《医学三字经》，未竟而殁。[见：《古浪县志》]

秦文光 清代四川丰都县人。博学能文。以医术济人，至老不倦。[见：《重修丰都县志》]

秦文渊 (1888～1919) 近代上海人。从青浦赖元福学医，悬壶沪上，知名于时。曾任中华医学会会员、沪城红十字分会救护队长。对医理多有发挥，热心公益，同道敬佩之。惜寿不永，年三十二岁即殁。[见：《青浦县志》、《中国历代医史》]

秦世进 字继越。清代江苏嘉定县人。业儒好搜集异书。曾得外科真传，以医术名世。有医德，见贫病辄施赠药饵。子秦铦，以内科著称。[见：《嘉定县志》、《太仓州志》]

秦世隆 字桂庭。清代四川简阳县八角庙人。自幼习儒，屡试屡蹶，弃儒习医。及悬壶，技艺精湛，名闻于时。每日晨起，户外就诊者云集，昏暮始散。有医德，遇贫病无力者济以药资。性刚直，不阿权贵。见里族少年聪颖者，必劝其读书，父老交口赞之。年六十余殁。[见：《简阳县续志》]

秦丕烈 字启人，号啸庐，又号半痴道人。清代江苏吴江县平望镇韭溪人。幼习举业，敏慧能文。就试不售，弃而学诗、学画、学医。事亲以孝闻，行医所得，尽供甘旨，终身不衰。年五十三岁卒。[见：《苏州府志》、《平望续志》]

秦东旸 字君寅。明代浙江慈溪县人。生平未详。著有《伤寒烛途》，未见刊行。[见：《慈溪县志》]

秦兆燨 清代山东东阿县铜城镇人。骨伤科名医秦国治门生。品行端方，得师真传，凡跌仆伤损，经手无不立愈。立意济世，不以医谋利。秦氏在日，铜城周近无因伤致废之人，卒后数十年，乡邻犹颂德不置。[见：《东阿县志》]

秦守诚 （1733～1796） 字千之，号二松。清代江苏吴江县平望镇韭溪人。秦景昌子。成童即通经史，于书无所不窥，唯不喜八股文。尝谓："大丈夫宜稍有裨益于世，时文猎取功名，小技耳。"精究岐黄家言，访名师，求秘籍，历二十年，医道大行。素重医德，治病必先贫而后富，先乡里宗族而后出诊。岁遇水旱，必探访乡里亲朋，凡饥困者量力周恤之，力不足，典质以继之，存心仁厚，为人称道。嘉庆元年卒，时六十有四。著有《内经度蒙》、《针砭证源》、《湿温萃语》等书，惜皆散佚。[见：《平望续志》]

秦克勋 字相台。清代广西毕节县人。道光二十九年己亥（1849）举人。博通经史，学有根柢。叙永桂小山司马聘主讲席，逾年从学者麇至，致蓬莱书院不能容，遂增置惜阴书舍。后由大挑选授学官，历任施秉、广顺、贵筑各县。卒于贵筑学廨。尤精医术，著有《尚论新编》（又作《尚论新篇》）、《伤寒辨证》（又作《伤寒辨诬》）等书，今未见。[见：《毕节县志》、《贵州通志》]

秦伯未 （1901～1970） 原名之济，号谦斋。现代上海市陈行镇人。出生于中医世家，祖父秦乃歌，伯父秦锡田，父秦锡祺，均以儒通医。秦伯未自幼嗜学，凡经史子集、诸家医典、诗词歌赋、琴棋书画，无所不涉。1919 年就读于上海中医专门学校（丁泽周创办），为该校第三期学员，与程门雪、章次公诸贤为同窗学友。1923 年毕业，留校任教，并悬壶应诊。1928 年，与杭州王一仁、苏州王慎轩联合创办上海中国医学院，并从事教学。1930 年创办中医指导社，先后有海内外社员一千余人。中华人民共和国成立后，秦伯未以极大热情投入中医事业。1950 年就

职于上海人民医院，从事临床医疗。1954 年调任卫生部中医顾问，获"一级专家"称号。稍后，参与筹建中医研究院、北京中医学院。1955 年担任首届西医学习中医班主讲教师，培养大批高级中西医结合人才。1959 年出任北京中医学院教务长，中华医学会副会长，国家科委中医药组成员，国家《药典》委员会委员，农工民主党中央委员，全国第二、三、四届政协委员。曾于 1953 年、1960 年两度赴苏联、蒙古会诊、讲学，被誉为中医血液病专家。先后参加 1960 年、1962 年全国高等中医院校系列教材第一、二版编审工作，为总编审之一。秦氏博学多闻，治学严谨，对中医理论、临床、教育诸领域皆有重要贡献，享有极高声誉。生平著述甚富，计有《谦斋医学讲稿》、《内经知要浅解》、《中医临证备要》、《中医入门》、《清代名医医案精华》、《痨病指南》、《金匮要略简释》、《读内经记》、《内经病机十九条之研究》、《内经类证》、《素灵辑粹》、《中医基本学说》、《生理学》、《病理讲座》、《诊断学》、《药物学》、《常用中药手册》、《饮食指南》、《药性提要》、《处方学》、《验方类编》、《膏方大全》、《丸散易知》、《常用丸散膏丹手册》、《群经大旨》、《金匮杂记》、《内科学》、《幼科学讲义》、《外科学》、《花柳科学》、《五官科学》、《百病通论》、《治疗学》、《实用中医学》、《医事导游》、《各科研究法》、《治疗新律》、《家庭医药常识》、《医林初集》、《国医小史》等数十种。[见：《中医大辞典》、《中国科学技术专家传略》、《北京中医药大学校志》、《中医图书联合目录》]

秦伯龙 （1685～1744） 字春山，号蛟门。清代江苏无锡县人。雍正二年（1724）进士，授潍县知县。兼通医理。著有《痘疹辨疑大全》六卷，今未见。[见：《无锡金匮县志》、《吴中名医录》（引《锡金历朝书目考》）]

秦君美 明代川沙县（今属上海）九团五甲人。精武学，得少林寺内堂真传。时倭寇入犯，劫掠四乡。秦氏与同里季朝仁、金某分扼要路截杀之，倭不敢犯，一乡赖以保全。尤善伤科，亦得自少林秘传，虽伤重濒死，多应手而愈。子孙绍传其术，世称九团秦氏伤科。[见：《川沙抚民厅志》、《上海县志》]

秦国治 清代山东东阿县铜城人。邑庠生。精通医学，尤善接骨，以术济世而不悬壶。凡受业弟子，皆品端心正者。著有《疮药方》，今未见。秦兆燨、周茂桐、周庆南，得其真传，皆为当时名医。[见：《东阿县志》]

秦国栋 字君弼。清代河南鲁山县人。精医术，名重于时，踵门求治者终日不绝。曾任医学训科。[见：《鲁山县志》]

秦昌遇 字景明（一作镜明），号广埜道人（一作广野山人）。明末华亭县（今属上海）人。天资警敏，自少多病，究心医学。初悬壶，以儿科著称。后遍读方脉，虽无师授，妙悟入微，遂精内科，与同邑吴中秀齐名。其治病，能断病者生死，所言时日皆不爽，虽至重之患，每应手取效，声动四方。盛名之下，未尝自傲，谓曰："法当死者，虽卢扁不能为。苟有生理，勿自我死之可矣。"尝行村落，见一妇洗米，使从者挑怒之，妇人忿而怒骂。昌遇告其家人曰："此妇痘且发，当不可治。吾激其盛气，使毒发肝部耳口下，暮时应见痘发于某处。吾且止是，为汝活之。"遂留宿其村。及暮，如其所言，乞药服之而愈。生平志趣高雅，董其昌绘《六逸图》，皆郡中耆宿，秦昌遇在内，而年最少。年六十，预告时日，至期而卒。侄孙秦之桢继承家学，亦为良医。秦昌遇著述甚富，计有《幼科折衷》二卷、《幼科金针》二卷、《痘疹折衷》二卷、《脉法领珠》二卷、《病因脉治》四卷、《幼科医验》二卷，以及《伤寒总论》、《方剂类选》、《病机提要》、《大方医验大成》各若干卷，今皆存世。方志载秦氏著有《内科折衷》（又作《大方折衷》），疑即《大方医验大成》。今有抄本《大方折衷》二部，不题作者名氏，分藏陕西中医学院图书馆、上海图书馆，不知是否为秦昌遇之书，待考。[见：《幼科折衷·凡例》、《松江府志》、《上海县志》、《江南通志》、《中医图书联合目录》]

秦鸣鹤 唐代人。生平里居未详。精医术，高宗时（650～683）任宫廷侍医。高宗患头风，头眩，目不能视。秦鸣鹤与侍医张文仲诊之，鸣鹤奏曰："风毒上攻，若刺头出少血可愈。"天后（武则天）自帘后怒曰："此可斩也！天子头上岂是出血处耶？"鸣鹤叩头请罪，高宗曰："医人议病理，不加罪。且朕头重闷，殆不能忍，出血未必不佳，朕意决矣！"命刺之。鸣鹤遂刺百会、脑户二穴，令出血。高宗曰："吾眼明矣！"言未毕，天后自帘中顶礼以谢，曰："此天赐我师也！"亲负缯宝赐之。[见：《新唐书·高宗顺天圣皇后武氏传》、《历代名医蒙求》]

秦岂霖 字诚溥。明清间江苏镇江人。幼颖异，读书过目不忘。年十二，补博士弟子员，以文名。明亡，即弃巾衫为医。曾遇异人授

以起死方，能活已死之人，轰然名震江南。好老庄，自号"大还道人"。性嗜酒，与诸友对饮则面赤，嘻笑唾骂无所忌，醉则往往发狂，怒发冲冠，目眦尽裂，众人大骇，不知其何为而然也。与宁波张秋水友善，秋水乃明末儒将张煌言弟子，精针灸术。二人因盛名，不能安于室，乃出游四方，东至琅琊，西至流沙，南至粤北，北至燕赵，抵交趾，上武当，登太华。及归，谓乡人曰："老子以芒鞋谒天子。"人皆笑其迂。居家数月，复出游，竟以劳瘁而卒。[见：《中国历代名医碑传集》（引陈鼎《留溪外传·大还道人传》）]

秦宗古 北宋人。里居未详。精医术，任太医院医官。嘉祐（1056～1063）初，诏命儒臣掌禹锡、林亿、苏颂、高保衡等重校《神农本草经》等医书八种，复令医官秦宗古、朱有章再次校订，诸臣编辑累年，编成《嘉祐补注神农本草》（简称《嘉祐本草》）二十卷，收药1082种，为当时本草典籍之最。原书已佚，其内容被收入后世本草著作。[见：《重修政和经史证类备用本草·本草图经序》]

秦承祖 南朝宋人。里居未详。性耿介，精方药。凡有疾病者，不问贵贱皆治之，多获良效，当时称为上工。曾任太医令，于元嘉二十年（443）"奏置医学，以广教授"。此令实行十载，至三十年（453）省。撰有《药方》四十卷（一作十七卷）、《偃侧人经》二卷、《明堂图》三卷、《脉经》六卷、《本草》六卷，均佚。[见：《隋书·经籍志》、《旧唐书·经籍志》、《新唐书·艺文志》、《唐六典·太医署》、《通志·艺文略》、《太平御览·方术部》、《古今医统大全·历世圣贤名医姓氏》、《历代名医蒙求》]

秦垚奎 清代江苏嘉定县黄渡镇人。通医理。著有《便易良方》一卷，今未见。[见：《黄渡镇志》]

秦政应 隋代（?）人。生平里居未详。撰有《疗痈疽诸疮方》（又作《疗痈疽诸疾方》）二卷，已佚。[见：《隋书·经籍志》、《国史经籍志》]

秦荣光 原名载瞻，字炳如，号月汀。清代江苏上海县人。贡生。供职训导。博学能文，董地方公益四十年。所撰《补晋书艺文志》，草创于光绪十四年（1888），其后多次增补。民国初，其子秦锡田取父稿重校，缮录成帙。该书子部"医家类"，自《解寒食散方》迄《王氏遗书》共收录医书十六家四十种，有裨于中医文献目录之学。[见：《历代史志书目著录医籍汇考》]

十
画

秦笃训 字壁轩。清代湖北汉川县人。少颖异，读书目数行下。弱冠入郡庠，从陈愚谷学，陈器重之。后以明经授徒，多所成就。弟秦笃新，官河南，有政绩，友教之力最多。年七十五岁卒。兼通医术，著有《射正求的医案》四卷，今未见。[见：《汉川县志》]

秦逢韶 清代河南渑池县人。精内外两科。著有《本草浅说》、《秦氏医案》等书，未见流传。[见：《渑池县志》]

秦得宝 清代河南尉氏县人。四代业医，以外科知名。[见：《河南通志》]

秦越人 号扁鹊。战国时期勃海郡郑（今河北任丘）人。少年时应聘经管旅舍，舍客长桑君精通医术，秦越人待之甚厚。相交十余年，长桑君感其至诚，出秘藏医方授之。越人得师传，通晓内、外、妇、儿、针灸诸科，善切脉、望色、听声、写形（问诊），尤能推究病源，治病应手奏效。曾率众弟子周游天下，治愈奇难大症甚多，举世以神医目之。曾途经虢国，闻太子暴卒，亲至宫门询其死因，断言"太子未死"，所患乃尸厥证。即口述治法，由门生子阳、子豹等依言施行。移时太子苏醒，继服汤剂而愈。天下盛传此事，皆谓秦越人有"起死人，肉白骨"之术。越人曰："此自当生者，越人能使之起耳。"其他事迹见于古书者甚多，多具传奇色彩。秦太医令李醯，自知医术逊于秦越人，竟使人刺杀之。战国时巫术盛行，秦越人首倡"六不治"之说，抨击"信巫不信医"之风。又力主养生防病，其思想至今仍有参考价值。汉司马迁为秦越人立传，赞之曰："至今天下言脉者，由扁鹊也。"据《汉书·艺文志》载，秦越人撰有《扁鹊内经》九卷、《扁鹊外经》十二卷，皆失传。今有《难经》（古称《黄帝八十一难》），盛传于世，题"秦越人撰"，据考证，实出后人依托。古来署名"扁鹊"之书甚多，如《子午经》、《指归图》、《玉龙歌》等，亦为伪托之作。[见：《史记·扁鹊仓公列传》、《汉书·艺文志》、《太平御览·疾病部》、《风俗通义》、《列子·汤问篇》、《直斋书录解题》、《崇文总目辑释》、《古今伪书考》、《古书真伪及其年代》、《历代医书丛考》]

秦鉴泉 清代人。生平里居未详。著有《脉理求真》三卷，刊于乾隆三十九年甲午（1774），今存佚不明。[见：《四部总录医药编》]

秦锡田 近代上海陈行镇人。儒医秦乃歌长子。与弟锡祺，皆继承父业，儒医两精。[见：《中国科学技术专家传略·秦伯未》]

秦锡祺 近代上海陈行镇人。儒医秦乃歌次子。初习举业，兼精医道。子秦伯未，为现代著名医家。[见：《中国科学技术专家传略·秦伯未》]

秦锦堂 清代江苏常熟县东乡墩头丘人。精医术，尤长于伤寒，调理痼疾，多获良效。有老人患咳嗽气喘，老痰郁结。秦氏以人参补中益气，瓜蒌润肺降痰，药下而愈。[见：《海虞医林丛话》]

秦熊飞 （1860～1933） 字鹤岐。近代江苏川沙县（今属上海）九团五甲人。邑名医秦镜涟子。精于拳术，为武庠生。早年游京师，后因母老，卜居上海。祖上世业伤科，遂悬壶于世，活人甚多。年七十四岁卒。[见：《川沙县志》]

秦燕楼 清代江苏川沙县九团五甲人。伤科名医秦君美孙。绍承家学，亦精其术。同治八年（1869），参将陈永春坠马，伤势甚重。秦氏应邀诊之，治疗而愈，陈赠以匾额。子秦镜涟，传其业。[见：《川沙县志》]

秦霖熙 清代人。生平里居未详。著有《治验录》一卷，刊于世。[见：《中国丛书综录》]

秦镜涟 清末江苏川沙县九团五甲人。伤科世医秦燕楼子。继承家学，以医为业。子秦熊飞，亦有医名。[见：《川沙县志·秦燕楼》]

素

素女 传说中之古代神女，与黄帝同时。据传，素女善弦歌，通天道阴阳，精脉理，擅长养生及房中术。黄帝论导养，曾质正于素女。汉有托名著作《素女脉诀》，已佚。古称"医不三世，不服其药"，贾公彦释曰："三世者，一曰《黄帝针灸》，二曰《神农本草》，三曰《素女脉诀》……不习此三世之书，不得服食其药。"古有《素女方》一卷、《素女经》一卷、《素女问》十卷、《素问论》二卷，乃汉代房中家托名著作，皆佚，相关内容散见于《外台秘要》、《医心方》诸书。今有近代叶德辉辑佚本《素女经》、《素女方》各一卷，收入《双楳景闇丛书》，为罕见古代性医学文献。[见：《隋书·经籍志》、《百川书志》、《礼记正义》、《日本国见在书目》、《丛书集成初编》]

班

班固 （32～92） 字孟坚。东汉扶风安陵（今陕西咸阳）人。著名史学家班彪子。九岁能属文。及长，博贯载籍。明帝奇之，以为郎，典校秘书。后迁玄武司马。帝会诸儒讲论五经，作《白虎通德论》，令固撰集其事。窦宪出征匈奴，以固为中护军，行中郎将事。宪败，洛阳令种兢捕系班固，竟死于狱中。其父班彪曾编撰《汉书》，未成而卒。班固继承父志，积思二十余年，至建初间（76～83）告竣。《汉书》上起高祖元年（前206），下迄地皇四年（23），凡十二纪、八表、十志、七十列传，合一百篇。其中《艺文志》乃取刘歆《七略》删订而成，著录先秦至前汉存世诸书，下分六艺、诸子、诗赋、兵书、术数、方技等六略。此后《七略》亡佚，班氏《艺文志》遂为稽考秦汉古籍之祖据。《汉书·艺文志》之方技略有医经、经方二门，医经门著录书目七家（合二百一十六卷），经方门著录书目十一家（合二百七十四卷），可略见前汉一代医学品流之梗概，向为中医文献学者考古辨学之重要依据。〔见：《中国人名大辞典》、《历代史志书目著录医籍汇考》〕

敖

敖云跃 又名敖翔。清代江西清江县高港人。世代业医，至云跃益精其术。他人诊为不治者，多能应手而痊。援例授散官，常以未究举业为恨，督子甚严，二子一孙，皆为庠生。曾编辑《医案》数百例，未见流传。〔见：《清江县志》〕

敖陶孙 字器之，号臞庵。南宋福清县（今福建福清）人。庆元间（1195～1200）进士，官至温陵通判。通脉理，每以脉象测人福禄，尝谓："心脉要细、紧、洪，备此三者，大贵大贤也。"〔见：《中国人名大辞典》、《鹤林玉露》〕

敖继翁 字君寿。宋元间福建福州人。寓居湖州。深通经学，行动必循礼法。赵孟頫曾师事之。元初，平章（即宰相）高显卿荐之于朝，诏授信州教授，诏命下而卒。平生于治经外，专究医学。尝谓："医经即儒经中一种实学。《内》、《难》而后，唯张机为第一人。"对《伤寒论》尤多研究，谓其书原有"辨舌法"，散佚不传，遂根据仲景论"验舌法"十二条，撰《金镜录》一书，藏于家。后杜本获其手稿，增补二十四条，配以简图，名之为《敖氏伤寒金镜录》，刊刻于至正元年（1341）。敖氏还著有《点点金》若干卷，已佚。〔见：《古今名医言行录》、《敖氏伤寒金镜录·薛己序》〕

敖毓熏 清代四川荣昌县人。庠生。有隐德，不求闻达。精医理。每值疫疠流行，出资购药，普济广施，病者多受其惠。夫妇齐眉，皆寿至九十六岁。卒之日，远方哭临者数百人，皆受其医药之恩者。著有《医方心镜》二卷、《戒淫说》一卷，行于世，今未见。〔见：《荣昌县志》、《重庆府志》〕

袁

袁仁 字良贵，号参坡。明代浙江嘉善县人。自祖父徙居江苏吴江县。祖父袁灏，父袁祥，皆富经世之学。袁仁博学多识，经史之外，凡天文、地理、历律、兵刑、水利之属，无不博涉。尤精医术，善养生。尝谓："医，贱业，可以全生，可以济人。"遂隐于医。平生不事权贵，昆山魏校，以疾召之，使者三至，不往。谢曰："君以心疾召，当咀仁义、炮礼乐，以畅君之精神，不然，虽十至无益也。"年七十岁，预知死期，沐浴更衣，呼笔题诗而逝。著有《内经疑义》、《本草正讹》、《痘疹家传》等书，均佚。子袁黄（1535～1608），业儒而精医。〔见：《嘉兴府志》、《中国医籍考》（引《一螺集》）〕

袁东 字春庵。明代金坛县（今属江苏）人。精通医术，为人疗疾，十愈其九。病家欢悦，每敬之以酒，饮辄陶然醉，不复计酬。人奇其术，复高其行。东尝曰："予视人病，患在人，痛楚若在吾身，反观五内，洞然有见，而后治人，即弗效，病亦弗剧。"嘉靖辛酉（1561）岁涉，次年疫疾大行。巡按陈公，令金坛县召选良医，开药局施药。病者至他医求治弗效，袁东治之则愈，御史嘉之，荐授太医院医士。翰林院编修曹大章有赠序。〔见：《金坛县志》〕

袁句 字大宣，号双梧园主人。清代河南洛阳县人。乾隆十年（1745）三甲第一百一十三名进士，曾任职刑部。兼精医理，凡以病叩请者，不论贫富贵贱，皆为诊治。因儿女半殇于痘症，究心此道十余年。后考究前人论著，参以自身所验，编《天花精言》（又作《痘症精言》）六卷，刊于世，今存乾隆十八年癸酉（1753）美锦堂刻本。〔见：《痘症精言·序》、《郑堂读书记》、《明清进士题名碑录索引》、《中医图书联合目录》〕

袁朴 明代浙江嘉善县人。邑名医袁泽长子。与弟袁柏，皆继承父业。〔见：《嘉善县志》〕

袁芳 （1590～1659）号樗叟。明清间江苏长洲县人。精通医术，所至活人甚众，知名于时。兼善绘画，偶有所作，不轻示人。孝友好义，不避权贵。天启六年（1626），魏忠贤指使锦衣卫刺杀御史王心一。袁芳预知其谋，冒死送王氏出城，得脱此祸。崇祯十四年（1641），赴广西探望怀集知县李盘，于浔阳江口遇盗，伤腹肠出。获救后自纳肠于腹，缉桑皮线缝之，裹以帛，得痊愈。明亡，往来于前朝诸贤之间。顺治十六年十月，托名儒王猷定作传，遂卒，享年七十。子袁鹤龄，传承父业。［见：《中国历代名医碑传集》（引王猷定《四照堂文集·樗叟传》）］

袁时 字仰夏。明代江西雩都县人。早年习儒，后弃而攻医，精其术，虽濒死者每能起之。凡以病延请，虽居处险僻，天大寒暑，即刻出诊，无难色。子袁淳，为嘉靖三十五年（1556）进士，官至御史。［见：《江西通志》、《明清进士题名碑录索引》］

袁忱 字诚甫。明代河南上蔡县人。幼年习儒，家贫辍读，改习医学。善治小儿痘疹，能于发热时预言病变，论证如目睹。汝、蔡数百里内外，求治者甚多，全活婴幼不可胜数。有医德，诊病不受谢仪。世人钦佩其佳术，益重其人品。［见：《汝宁府志》］

袁表 字邦正，又字景从。明代福建福州人。太学生。以举人授西城兵马司指挥，迁临江通判。为人耿介，尝以事忤权贵系狱，人叹其直。长于歌诗，与文征明、王宠辈相唱和。幼年母老多病，故兼习方脉。曾取世俗所传《脉诀》读之，不以为然。及举计偕北上，偶得王叔和《脉经》，然古本漫漶，遂为之厘正，验之临证辄验。万历三年（1575）龙湾徐中行持旧藏《脉经》，托袁表校正。袁氏乃"订繁乱，芟重复，正脱讹，以所旧闻，间为补注"，逾月编成。是年，徐氏重刊《脉经》于世（今存）。袁表撰有《江南春集》若干卷、《闽中十子诗》三十卷。［见：《脉经·袁表序》、《中国人名大辞典》、《四库全书总目提要·总集类四·闽中十子诗》］

袁枚 （1716～1797） 字子才，号简斋，又号随园。清代浙江仁和县人。幼有异禀，年十二，补县学生。乾隆四年（1739）举进士，选庶吉士，改溧水知县。历官江浦、沭阳、江宁知县。不以吏能自喜，引疾家居。再起，发陕西，丁父忧归，遂牒请养母。卜筑江宁小仓山，号随园，崇饰池馆，优游其中者五十年。时出游名山佳水，终不复仕。袁枚天才颖异，其诗文善抒写性灵，脍炙人口，上自公卿，下至市井负贩，皆知其名。善养生，年八十二岁卒。著有《随园集》三十六种，其中《随园食单》一卷，记饮食烹调之宜，有裨于养生、食疗诸学，为后世所重。［见：《清史稿·袁枚传》、《重修浙江通志稿》、《中国历史

人物生卒年表》］

袁阜 近代江苏丹徒县人。祖籍江都县。邑名医袁开昌子。继承父学，亦工医术。著有《命理探原》八卷，今未见。［见：《丹徒县志摭余》］

袁宝 （1363～1424） 字士珍。明代湖北蕲州人。袁仲实子。事父母以孝闻。其父名在兵籍，洪武间（1368～1398）将从军，袁宝甫成童，坚请于有司，获准，遂代父行。至京师，选充乐舞生，从燕王朱棣赴燕（今北京）。洪武十九年（1386）三月，太祖患瘕聚疾，诏戴思恭诊治而愈，授以御医，并选拔优良子弟从其学。袁宝与王彬入选，随戴氏至金华山中，往来十余年，尽得师传。燕王朱棣起兵谋位，袁宝以医随侍。及登极，授承直郎太医院判，进承德郎。永乐三年（1405）四月，奉成祖之命，以安车迎戴思恭入京。袁宝任医官二十余年，勋臣贵戚之家有疾者率走迎之，治无不愈。有医德，贫困之家以急症求治，亦应其请，不求酬报。永乐二十二年十月十二日卒，享年六十二。帝悼惜不已，赐赙及棺，命有司给舟车，遣中官护丧，葬于南京安德门外。子袁瑛、袁瑾、袁理，生平未详。［见：《中国历代名医碑传集》（引杨士奇《东里文集续集·赠太医院使袁君墓表》）、《建溪戴氏宗谱》）］

袁泽 字世沾。明代浙江嘉善县人。邑名医袁祥侄孙。精医术，以擅治痘疹知名。凡值痘症流行，每到一家或一村，必集群童检视，预言某童当愈，某童当死及出痘日期，无不应验。［见：《嘉善县志》］

袁贯 号受澜。明代铜山县（今属江苏）人。初为儒生，后隐于医。精医术，尤擅长针灸，治病多奇效。著有医书，毁于火灾。［见：《铜山县志》、《徐州府志》］

袁标 清代安徽芜湖县人。儒医袁令德子。早年习儒，官至州判。传承父学，兼精医道。子袁一举，以医知名。［见：《重修安徽通志》］

袁柏 明代浙江嘉善县人。邑幼科名医袁泽次子。与兄袁朴，皆克继父业。［见：《嘉善县志》］

袁显 明代浙江嘉善县人。生平未详。著有《脉经》，未见传世。［见：《嘉善县志》］

袁班 字体庵。明末高邮州（今属江苏）人。嗜医学，自二十岁闭门读医书，历十年，辨证如神，尤擅诊脉，名噪大江南北。州人王曰潘患寒疾，昏不知人，家人皆谓已死，将入殓。适班过，诊视之，以药灌入口中，曰："右手动则死，左手动则生。"已而左手动，遂活。一举子中

乡榜,喜极发狂,笑不止,求班诊治。班惊告曰:"疾不可为矣!不以旬数矣!宜急归,迟恐不及矣!道过镇江,必更求何氏诊之!"遂封一信寄何。举子至镇江而疾已愈,持信致何。何开封视之,内云:"某公喜极而狂,喜则心窍开张,不可复治,非药石所能治。故以危言惧之以死,令忧愁,抑郁则心窍闭,至镇江当愈矣。"举子面北拜谢而去。班著有《证治心法》一卷,刊刻于世,今存。还著有《医学心传》若干卷,已佚。[见:《扬州府志》、《高邮州志》、《冷庐医话》、《中医图书联合目录》]

袁峻 字奎刚,号雪岩。清代浙江镇海县人。精医理,名重于时。县令周樽之母患伤寒,病势危殆,诸医束手,已备后事。峻曰:"伤寒之证,变候最多,传经不达,六脉皆伏。未必亡也。"遂诊之,至脚趾,曰:"肾脉未绝,法可治。"急开方,设药炉于其旁,使先闻药气,且煎且灌,尽一剂而苏,经调理而愈。周樽叹服其术,遂与订交,渡江辄过其家,饮酒论诗,峻未尝有私请,益敬重之。峻著有《外科验方》(今佚),其堂弟袁镳得阅此书,遂以医行世。同邑卢若兰,为峻入室弟子。[见:《镇海县志》]

袁铖 字震业,号清溪,又号匏隐。清代江苏元和县人。诸生。工书画,善诗文,风格自然,不落古人窠臼。精医术,旁通性命之说。杜门教授生徒,从游者颇众。[见:《吴门补乘》、《中国人名大辞典》]

袁祥 号怡杏。明代浙江嘉善县人。邑名医袁颢子,随父徙居江苏吴江县。自幼英敏,博治高旷,不习举业。岳父受珪,以医术名重于时,无子,以术传袁祥。祥不屑为医,曰:"建文御极四年,不修实录,忠臣死,事泯没无传,医经特琐琐耳。"遂以岳父之学授婿钱尊。后薄游南都,遍寻博采,作《革除私记》四卷、《建文编年》四卷以归。袁祥曾增订其父《痘疹全书》。子袁仁,孙袁黄,侄孙袁泽,皆工医术。[见:《分湖小识》、《嘉善县志》、《嘉兴县志》、《嘉兴府志》、《浙江通志》、《痘疹全书·袁黄序》]

袁恕 字惟天。清代河南商丘县人。道光间(1821~1850)诸生。著有《生生理言》,今未见。[见:《河南通志》]

袁黄 (1535~1608)本名袁表。字坤仪,号学海,改号了凡。明代吴江县(今属江苏)人。祖籍浙江嘉善。儒医袁仁子。少负异才,于书无所不读。年十五,奉母命习医,以成父志。后遇云南孔姓老者于慈云寺,孔氏善占卜,预言袁黄次年当入县学,他日必以进士出仕。袁黄深信孔氏之说,遂习举业,次年果入县庠。隆庆四年(1570)举于乡。万历五年(1577)会试拟第一,因策论忤主试官落榜。后改名袁黄,万历十四年(1586)中三甲第一百九十三名进士,授直隶宝坻县令。万历二十一年(1593)迁职方郎。值日军犯朝鲜,朝鲜求援于明。提督李如松奉诏出征,袁黄任军前赞划。军至平壤,李如松假意与日军议和,而以奇兵败之,又杀戮百姓,斩首级冒功。袁黄斥责李氏失信敌国,残害友邦百姓,损大明国威。后李如松兵败,惧罪,上疏诬陷袁黄。袁不能自辩,削籍归乡。万历三十六年卒,享年七十四。著有《祈嗣真诠》一卷、《摄生三要》一卷,皆刊刻于世,今存。医学外,尚有《皇都水利》一卷、《宝坻劝农书》二卷、《历法新书》五卷、《群书备考》二十卷。所撰《了凡四训》一卷,阐述佛门教义,主张积德行善,改变命运,流传颇广。[见:《医藏书目》、《中医图书联合目录》、《嘉善县志》、《明清进士题名碑录索引》、《了凡四训·袁了凡居士传》]

袁绶 字紫若。清代江苏六合县人。以医为业,有名乡里。[见:《江宁府志》]

袁瑛 清代安徽青阳县人。监生。生平未详。著有《医学知源》四卷,今未见。医书之外,尚有《训俗遗规节要》二卷。[见:《青阳县志》]

袁焯 (1881~1941)字桂生。近代江苏江都县人。迁居丹徒县。伯父袁开昌,精医理,家人罹疾,皆赖治疗。焯年十六,伯父病逝,父袁开存染肺疾,呻吟床蓐。焯遂立志习医,取家藏医书,朝夕诵读。其父亦知医,时为讲解。研习数年,复入儒医王鲁直门下,尽得师传。光绪丁未(1907)、戊申(1908),两淮盐运使司赵都转、两江总督端制军,先后考核医生。袁焯赴考,获最优等证书。嗣后,侨寓丹徒,以医问世。四方人士竞来延诊,医名日盛。宣统二年(1910),与刘恒瑞、杨燧熙、叶子实等创办《医学扶轮报》,以昌明医学。著有《丛桂草堂医案》四卷,序刊于1914年,今存原刻本及《珍本医书集成》本。名医何炳元评论袁氏曰:"遂于医学,立论平允,学术精湛。"袁焯门生王渭川,为现代名医。[见:《丛桂草堂医案·序》、《察舌辨证新法·序》、《丹徒县志摭余》]

袁谦 字豫来。清代江苏宝山县人。善小篆,镌刻入古。多工巧,手制麦秆灯,尤精妙。贯通医理,于方书多所阐明。著有《病机卑迩

集》、《伤寒卑迩集》、《药能广集》、《业医必读》等书，今皆未见。[见：《宝山县志》、《宝山县续志》]

袁瑚 明代浙江桐庐县人。精医术，知名于时。曾任岷王府医士，迁良医正。[见：《桐庐县志》]

袁端 元明间长洲县（今江苏苏州）人。名医王宾家仆。侍王氏日久，精外科。先生殁，感德不忘，刻木为像以祀。[见：《中国历代医家传录》（引《都公谭纂》）]

袁瑾 明代浙江桐庐县坊郭人。精医术。由医士授北京太医院御医，进阶院判。[见：《桐庐县志》]

袁璜 字圣卜。明代浙江天台县人。邑名医袁日启子。早年习儒，为诸生。工诗善画，尤精医术。著有《医宗洞解》、《伤寒摘要》二书，已佚。[见：《台州府志》]

袁瑝 明代浙江桐庐县坊郭人。精医术。由医士授北京太医院御医，进阶院判。[见：《桐庐县志》]

袁穆 清代宁夏府宁朔县（今宁夏永宁）人。定远营军医袁思义子。传承父业，亦以医名。[见：《朔方道志》]

袁颢 号菊泉。明代浙江嘉善县陶庄人，徙居江苏吴江县。其父袁顺，永乐（1403～1424）初与黄子澄图谋匡复，事败逃亡，隐居吴江县。袁颢赘于吴江芦墟徐氏，博学多识，隐于医。兼通太素脉，每以脉象断人祸福。有王氏子，素不孝。袁颢诊之曰："心脉为己身，肝脉为父母。今心脉弦急凌肝，子未能顺亲乎？急更之。不更，三日后有火灾。"果验。苏州胡司理，居官不廉，微服求诊。颢曰："心脉圆而清，公殆贵人乎？"曰："然。"颢又曰："肺金为财，脾土生之。脾脉且浮且沉，公得毋有羡心乎？"胡面赤不语，奉教而退，后竟成廉吏。著有《痘疹全书》五卷，今存明书林双峰堂刻本，题"袁氏痘疹全书"。还著有《袁氏脉经》二卷，今未见。医书外，尚著《周易奥义》、《袁氏春秋传》、《主德编》诸书，皆不传。子袁祥，孙袁仁，曾孙袁黄，皆通医理。[见：《分湖小识》、《重修浙江通志》、《苏州府志·流寓》、《中医图书联合目录》]

袁镰 清代浙江镇海县人。邑名医袁峻堂弟。得峻所撰《外科验方》，研习之，亦以医闻。[见：《镇海县志》]

袁一举 清代安徽芜湖县人。邑名医袁令德孙，袁标子。早年习儒，官至州同知。绍

承家学，亦精医道，有三世良医之誉，名动公卿间。[见：《重修安徽通志》]

袁大同 字昌龄。清代浙江乌程县人。精医术，以疡科名振遐迩。[见：《乌程县志》]

袁大坅 字兰亭。清代江苏奉贤县人。精幼科。著有《推拿要诀》、《诊治辟源》二书，今未见。[见：《重修华亭县志》、《松江府续志》]

袁开存 （？～1922） 字春芳。近代江苏江都县人，徙居丹徒县。精医术，知名于时。兄袁开昌，子袁焯，皆为名医。[见：《丹徒县志摭余》、《珍本医书集成·丛桂草堂医案·序》]

袁开昌 字昌龄。近代江苏江都县人，迁居丹徒县。性谦谨，好读书，精医卜之术。弟开存患热病，神识昏督，医药罔效。逢开昌自江南归，投以三黄石膏汤，匝旬而起。光绪乙未（1895），江都县流行"瘰罗痧"，袁开昌制药施济，贫病者多庆再生。晚年辑《医门集要》八卷、《养生三要》一卷，后书今存。弟袁开存，子袁阜，侄袁焯，皆工医术。[见：《丹徒县志摭余》、《珍本医书集成·丛桂草堂医案·序》]

袁天纲 隋唐间益州成都（今四川成都）人。博学多识，精天文，通《易经》，善数术，兼通医理。以相术闻名天下。隋大业间（605～617），为资官令。唐武德（618～626）初，授火井令。大业元年，杜淹、王珪、韦挺请袁天纲看相，所言皆中。相传武则天在襁褓，天纲来至第中，谓其母曰："是女实不可窥测，后当为天下之主矣！"贞观八年（634），太宗闻其名，召至九成宫。申国公高士廉尝问："君更作何官？"天纲曰："自知相命，今年四月尽矣。"果至是月而卒。著有《气神经》五卷、《骨法》一卷，皆佚。[见：《旧唐书·袁天纲传》、《四川通志》、《成都县志》]

袁天锡 清代人。里居未详。精医术，任太医院医官。乾隆三十七年（1772）敕修《四库全书》，袁天锡任医家类校勘官。[见：《四库全书》]

袁元熙 字汝和。明末南京（今江苏南京）人。自少多病，寄居道观。其师祖授以紫虚真人诸医书，又命道士吕梁等授以脉学诊法，故十三岁即知医。后获《太平惠民和剂局方》，依方治病，无不奇中，遂以医术著称。曾手校《太平惠民和剂局方》，由朱葵刊刻于崇祯十年（1637），今存。[见：《太平惠民和剂局方·序》、《中医图书联合目录》]

袁友松 清代江西义宁州仁乡杨柳山人。早年习儒，兼精医术。次子袁斗辉，医名益盛。[见：《义宁州志》]

袁日启 字叔明，号万参。明代浙江天台县人。耽吟咏，工草书。因母屡病，钻研岐黄，遂精医道。存济人心，诊疾从不计利，全活甚众，一时有半仙之誉。经历杨公患噎疾，袁氏诊之，曰："十日后必呕血亡。"果如其言。进士何纮度病惊悸，袁氏治之而痊，何作序赠之。著有《肘后方书枢要释义》，今未见。子袁璜，亦精医术。[见：《台州府志》]

袁长龄 字常锡。清代浙江诸暨县人。精医术，为乾隆间（1736～1795）名医。[见：《绍兴地区历代医药人名录》]

袁仁贤 号润斋。清末湖南浏阳县人。著有《喉科金钥》二卷，今存宣统三年（1911）华丰印刷铸字所铅印本。[见：《中医图书联合目录》]

袁化龙 字于江，号道叟，又号天医次隐。清代人。生平里居未详。辑有《生生宝录》（又作《胎产要书》）三卷，书末附胡瀛国《生生外录》一卷，刊于道光五年（1825）。该书前有孙思邈、吕道人序，显系伪托之文。[见：《女科书录要》、《中医图书联合目录》]

袁从义 字用之，号藏云。金代虞乡县（今山西永济市虞乡镇）人。幼沉默，不好为童子戏。仪表秀伟，年十九，出家为道士。通经史百家，旁及释典，尤嗜易学，至老不倦。精医术，患病者皆延请诊视，赖以全生者甚众。著有《云妙庵选方》，流传于世，今佚。[见：《山西通志·方外录》、《中国历代医家传录》（引《元遗山文集》）]

袁文华 清代河南正阳县人。居西街。精医术，以疡科知名。祖上秘传膏药方，凡疮疡肿毒，贴之即消，时人重之。[见：《重修正阳县志》]

袁斗辉 字拱辰，号奎垣。清代江西义宁州仁乡杨柳山人。儒医袁友松次子。精父业，有济世心，临证审慎，常著奇效，远近信赖之。著有《医学集要》若干卷，今未见。子孙世承其业。[见：《义宁州志》、《南昌府志》]

袁斗楠 （1227～1304） 字则成。宋元间建昌府南城县（今江西南城）人。幼从伯父袁德庆习儒。及长，学《易经》于福建刘升伯，尽得其传。伯父调任广西高要县丞，袁斗楠从行，以军功补进义校尉。因母丧，归乡守墓。后讲学于本郡东湖书院，多所成就。入元后，至元十七年（1280）征授本县儒学教谕。元贞元年（1295）升常州路儒学教授。所至修学校，辟学田，多有政绩。兼通医理，著有《伤寒纂要》一百二十卷，藏于家。子袁中立，久居京师，亦以儒学知名。[见：《金元医学人物》（引《雪楼集·故常州路儒学教授袁君墓志铭》）]

袁世荣 字献廷。清代四川汉源县人。性敦笃，安贫乐道。精通医术，以救治贫病为己任，活人甚众。[见：《汉源县志》]

袁本德 明代河南商城县人。业儒。兼通医术，知名于时。[见：《商城县志》]

袁东山 佚其名（号东山）。明代江西雩都县人。幼习举业，因母病弃习医。后悬壶济世，多著良效，声振于时，四方求诊者户外履满。重医德，凡求治者，不分亲疏贵贱皆赴诊，未尝计酬。平素预合丸散成药，遇贫困无力者则赠之，终身不倦。有疑难不决之症，寝食不安，必得病源而后已。尝出行远乡，见中暑者死于途，即停骑视之，诊其腹尚温，曰："是可生也。"遂昇至旅舍，救治二日，竟得痊愈，复赠以斗米遣归。闻者赞叹其术，益敬重其人。子袁淳，为嘉靖三十五年（1556）进士，官至监察御史。[见：《中国历代名医碑传集》（引胡直《衡庐精舍藏稿·袁东山先生墓表》）]

袁令德 字懋昭。清代安徽芜湖县人。诸生。精通医道，名重于时。子袁标，孙袁一举，皆传承其术。[见：《重修安徽通志》]

袁立三 清代湖北麻城县七里陂乡人。其祖父袁思进，精通医术，济人甚众。立三绍承祖志，亦以医术著称，乡里称善。[见：《麻城县志前编》]

袁永纶 清代广东顺德县人。生平未详。著有《伤寒要论》一卷、《痘科指迷》一卷，今皆未见。[见：《广州府志》]

袁成瑾 清代湖北沔阳人。澹泊寡欲，精通医术。道光十一年（1831）瘟疫流行，袁氏出术救治，活人无算，不计谢酬。[见：《沔阳州志》]

袁廷用 明代浙江桐庐县坊郭人。精通医术，任太医院医士。正德间（1506～1521）升太医院吏目。[见：《桐庐县志》]

袁华珠 清代四川乐至县人。家贫，无立锥之地，行医艰辛度日。虽常断炊，然诊治病人尽心竭力，不稍萌妄念。[见：《续增乐至县志》]

袁后安 清代四川合川县人。邑名医陈启予门生，尽得师传，有名于时。[见:《合川县志·陈启予》]

袁如璇 字国器。清代河南正阳县邑城人。自幼聪颖，读书能悟大旨。尝谓"虚文无用"，转而习医，久之精其术。施诊二十余年，药到病除，无或爽者，乡里神之。[见:《重修正阳县志》]

袁志鉴 清代江苏吴县人。生平未详。著有《良方汇选》若干卷，未见流传。[见:《苏州府志》]

袁时中 字向若。清代浙江宁波人。通晓医术，有名于时。[见:《宁波府志》]

袁应西 (1785~1864) 字位庚，号金渠。清代河南西平县常济堡下里袁坡村人。诸生。每应试辄列前茅，屡赴乡试不售，遂绝意科场，研究性理、小学。兼通医术，知名于时。平生好义，曾与陈某合资设药肆于市，以求惠及乡里。陈某以数倍高价售药，袁氏叹曰:"一本万利，吾不忍为也。"遂闭肆。同治三年闰八月十八日卒于家，享年八十。著有《增高录》、《制锦录》、《百篇钞》等书，今未见。[见:《西平县志》]

袁应海 清代河南西平县人。知名儒林，兼通医理。著有《妇科摘要》，未见刊行。[见:《西平县志》]

袁应楹 字泰宇。清代浙江象山县人。精医术。悬壶济世，有名乡里。[见:《象山县志》]

袁良玉 清代河南汜水县人。精岐黄术。著有《医书三要》，今未见。[见:《汜水县志》]

袁坤厚 字淳古(一作淳甫)。元代古益(今四川成都)人。精医理，曾任成都医学正。著有《难经注》(又作《难经本旨》)。名医滑寿评其书曰:"佳处甚多，然因袭处未免踵前人之非，且失之冗尔。"此书已佚。[见:《难经本义·难经汇考》、《补元史艺文志》]

袁其铭 (1879~1958) 字琴舫，号鹤侪。现代河北雄县人。自幼习儒，兼及诗文。年十四岁，父母相继病殁，自身亦罹重疾，得亲邻资助，始得康复。此后立志习医，博览前贤医籍，力学数年，深悟医理。光绪癸卯(1903)，清廷废科举、兴学堂，遂考入京师大学堂医学馆。三年后，以最优成绩毕业。同年，复以优等考入太医院，任慈禧太后随侍御医，兼医学馆教习。辛亥革命后，悬壶京门，曾任京都内城官医院内科医长。1933年，应名医施今墨之请，出任华北国医学院教授。抗日战争时期，隐居寓所，誓不为日寇诊病，国人重其气节。中华人民共和国成立后，以古稀高龄投身中医事业，历任北京中医进修学校教授，协和医院、北京医院中医顾问，中华医学会常务理事、北京中医学会耆宿顾问、中国科学普及学会理事。并任政协全国委员会委员、政协北京市委员会委员、中苏友好协会理事。袁氏对中医学术多有贡献，多次受到毛泽东、周恩来、刘少奇、朱德等国家领导人接见。毕生致力于中医学，治学严谨，淹贯百家，于伤寒、温病、痨瘵、疟痢、妇科诸门均有极高造诣。著有《太医院伤寒论讲草》、《伤寒方义辑粹》、《温病概要》、《温病条辨选注》、《中医诊疗原则》、《痨瘵概要》、《医术经谈》、《袁氏医案》等书，惜未能刊行。弟子瞿文楼、佟阔泉、陈西源等，皆为现代名医。曾孙袁立人，继承祖志，曾任北京中医药大学教授，医学之外，兼工金石篆刻。[见:《太医院志·同寅录》、袁立人《袁鹤侪先生传略》]

袁国瑞 字印溪。清代浙江会稽县人。精医术，擅大小方脉，知名于时。[见:《绍兴医学史略》]

袁秉铎 字讲亭。清代贵州遵义府永安里三衢庄人。嘉庆间(1796~1820)岁贡生。博学多闻，端品好学。设帐授经，生徒济济。主讲磁江书院最久，名噪士林。兼通医理，著有《医学指南车》一书，今未见。[见:《遵义府志》]

袁学渊 字晴峰。明末人。里居未详。撰有《秘传眼科七十二证全书》六卷，今存。[见:《中医图书联合目录》]

袁宗嚣 字羽高。清代湖南浏阳县人。精医术，临证不泥古方，决人生死多奇中。戚某之女七岁，疾笃。袁诊之曰:"不死。但虑十八岁耳。"后果如所言。一小儿死逾时，袁至，察其脉，急令炒麻黄数升，使儿卧其上，顷刻而苏，闻者皆神其技。年八十七岁卒。[见:《浏阳县志》]

袁实煌 字晓江。清代湖南宁乡县人。生于世代书香之家。伯父袁汝嵩，为嘉庆丁丑(1817)进士，官陕西扶风知县。袁实煌自幼习儒，为廪贡生，能诗善文，声名藉甚。淡于进取，博治星命、壬遁、堪舆、占卜之术，所居四壁皆天文图。尤邃于医学，临证立方辄效。家夙贫，教塾自给。一日自浏阳解馆归，遇出妻偿债者，哭甚哀。即尽出束脩与之，不问其姓氏。晚年家居，凡以病求诊，虽深夜风雪必往，救济甚众。年七十卒。著有《春温方辨》、《经络便览》、

《济世医帆》，未见流传。[见：《宁乡县志》]

袁绍霖 清代四川内江县人。本姓罗氏，自幼寄养于井研县袁氏，改袁姓。以医为业，专擅眼科。平生好学，闻峨眉山僧人精眼科，即步行百里问业，得其传授。后自制药，用者皆获奇效。有子，早卒。后收养四子，皆传承其业。生前著有医书，卒后散佚不传。[见：《井研志》]

袁荫元 字心梅。清代河北沧县人。增贡生。博学多文，工书法，好吟咏，精通医术。素怀济世之心，曾倡修水利，造福于民。同治十年（1871）大饥，施术救济灾民，赖以全活者无算。撰有《伤寒医膹》、《云叶斋诗钞》，今未见。[见：《沧县志》]

袁思义 清代宁夏府宁朔县（今宁夏永宁）人。熟读《脉经》诸书，精通医理，常以数剂愈人之疾，名著于时。曾任定远营军医，临证四五十年，用药审慎，从无误治之症。子袁樛，传承父业。[见：《朔方道志》]

袁思进 号礼臣。清代湖北麻城县七里陂乡人。经商起家。好读书，通医术，施诊赠药，历久不倦。咸丰、同治间（1851～1874）瘟疫流行，袁氏依吴有性法医治，全活者逾百。其孙袁立三，绍承祖志。[见：《麻城县志前编》]

袁勋元 字纪常。清代江西彭泽县人。早年习儒，贯通经史。肆力于《内经素问》诸书，通明医理，名重于时。[见：《彭泽县志》]

袁宪武 清代四川珙县人。业儒，兼通医术。年八十岁尚康健，耳聪目明，手不释卷。[见：《珙县志》]

袁益钤 （?～1756）字聘来。清代浙江慈溪县人。云南布政使袁茂英曾孙。早年习儒，入太学，屡试北闱不售，遂以医名。某藩王宠姬患疾，诸医以为蛊症，久治不愈。后延请袁氏，至则贺曰："非病，孕耳。"且告以当生男婴，后果如所言。王大奇之，赠以千金，不受，遂荐入内廷，授太医院吏目，加六品衔。年六十七岁辞职南归，王及世子远送数程。途经吴中，遇叶天士不能疗之疾，每能应手取效，当地诸医多请执弟子礼，皆力辞。乾隆二十一年重游北地，至浏河疾作，驰书召次子袁崑澜，未至而殁。[见：《慈溪县志》]

袁辅治 字筱园，号济安。清代江苏泰州人。自幼习医，师事名医桂小山。及长，推崇吴瑭《温病条辨》，于吴氏治法多有研究。同治五年（1866）温疫盛行，就诊者盈门，皆应手取效，名噪于时。及门弟子甚众，以朱柏林、江

塘、陈洪范最优。朱柏林曾整理袁氏验案，辑《应验方》一卷，收医案三百余例，末附安胎方十首、秘传方八首、内景图说一篇，今存抄本，藏于苏州大学图书馆。[见：《续纂泰州志》、《泰县著述考》、《中国医籍大辞典》]

袁崇毅 清代浙江绍兴人。生平未详。撰有《治验记略》一卷、《难经晰解》二卷，今有抄本存世。[见：《中医图书联合目录》、《贩书偶记续编》]

袁湖璋 字子元。清代江苏嘉定县娄塘袁家宅人。好读书，过目成诵。以医为业，名重乡里。诊病不计酬金，虽风雨暑寒，必徒步出诊，遇贫病助以药资。[见：《嘉定县续志》]

袁静庵 明代人。生平里居未详。辑有《救民易方》一卷，已佚。[见：《医藏书目》]

袁觐宸 清初江苏吴县人。名医张璐门生。与同门朱丹臣皆以医术著称。[见：《吴县志》]

袁德元 字秋明。清代四川太平县人。贡生。嗜学能文，尤精医理，贫病者求治，多不受谢。晚岁结庐课徒，门生甚众。年八十余殁。[见：《太平县志》、《万源县志》]

袁鹤龄 明清间江苏长洲县人。名医袁芳子。传承家学，以医济世。孝友好义，有乃父之风。[见：《中国历代名医碑传集》（引王猷定《四照堂文集·樗叟传》）]

都

都向 南宋陵川（今山西陵川）人。进士，博学通医。徽宗时（1101～1125）官修议郎，掌太医院事。远近求诊者甚众，应手奏效，医名盛于一时。[见：《陵川县志》、《山西通志》]

都温敦 清代山西崞县人。性嗜学，通医理。著有《经验单方》，刊行于世，今未见。子都继圣，为康熙间（1662～1722）著名孝子。[见：《崞县志续编》]

壶

壶翁 一称壶公，佚其姓名。汉代人。据《后汉书》载，汝南人费长房于市中见一卖药老翁，悬一壶于肆头，日暮则跳入壶中，市人莫之见，唯长房于楼上睹之。后费长房谒见老翁，师事之，得授医术及驱鬼之法。此记载乃方士欺人之谈，固不可信，然后世称医生开业为"悬壶"，实由此而来，故记之。[见：《后汉书·费长房传》、《神仙传》]

十
画

盍

盍彦泽 元代人。里居未详。其祖、父为金代太医，金亡，先后侍元太宗、世祖。其伯母李氏以医术入宫。彦泽以孝义闻名于时，绍承家学，尤精疡科，曾任藩王府侍医。[见：《金元医学人物》(引程钜夫《雪楼集·疡医盍彦泽孝义》)]

耿

耿奉 南朝梁人。生平未详。著有《耿奉方》六卷，已佚。[见：《通志·艺文略》、《国史经籍志》]

耿肱 宋代人。生平里居未详。疑为道士。著有《养生真诀》一卷，已佚。[见：《宋史·艺文志》]

耿隅 宋代人。里居未详。精通医术，知名于时。一妇人暴渴，惟嗜饮五味汁，家人以为渴疾。耿隅诊其脉，谓曰："此血欲凝，非病也。"已而果孕。[见：《泊宅编》]

耿天池 清代江苏南京人，居通济门外耿岗。世以痘科著名，人呼为"耿痘"。嘉庆己卯（1819）仲冬，有六龄小儿出痘，又素患乳癣，体无完肤，痘出癣中，细碎天塌，莫可辨识，亦不见起顶灌浆，奄奄待毙。天池谓："此儿为乳癣所伤，气血平素不足，况服凉药过多，以致顶半浆陷，恐难收功。幸尚能进食，且不洞泄，宜投以大剂温补，尚能再出一番新痘，则子来救母，可保无虞。"依言服药，浆回痂结，得痊愈。耿氏子孙世守其业。[见：《白下琐言》]

耿允谦 元代人。里居未详。精医术。至顺元年（1330）任中奉大夫太医院使。曾参校忽思慧《饮膳正要》，并上进书表。至顺二年（1331），奉敕撰《承天仁惠局药方》，刊刻行世。该书取《太平惠民和剂局方》、《御药院方》、《伤寒论》、《宣明论方》、《端效方》、《活人书》、《济生方》、《杨氏方》、《钱氏小儿方》，择其药之适用于药局者，总汇而成。书分二十六门，共二百七十五方，惜未能传世。[见：《金元医学人物》(引虞集《道园类稿·承天仁惠局药方序》)]

耿世珍 字廷瑾，又字光奇，号守素主人。清代江苏扬州人。祖籍山东。喉科名医耿静庭子。通晓医理。曾选李时珍《本草纲目》中有别名之药，编《本草纲目释名》（又作《本草纲目别名录》）一卷，今未见。还辑有《选方初集》、《选方二集》，经杭臣五编定，今存稿本。侄耿刘霖，亦通医理。[见：《中医图书联合目录》、

《中国历代医家传录》]

耿世禄 清代河南滑县人。世医耿宫中子。袭承家学，亦以医名。[见：《卫辉府志》、《重修滑县志》]

耿刘霖 字蕉麓。清代江苏江都县人。名医耿静庭孙，耿世珍侄。通医理。著有《伤寒类方金匮方歌纂》，今存稿本。[见：《中医图书联合目录》]

耿纯玉 字辉山。清代山东夏邑县夏店人。嘉庆丁卯（1807）乡魁，授罗田知县，在任五年，多有政绩。改宜城知县，修城捕盗，建学造士。邑中旧无科名，至此有获解者。后迁潜江知县，汉江决口，出金募蒸饼数万斤，督役筑堤，全活甚众。离任日，阻道者络绎百余里。其父耿哲兴，精通医术。耿纯玉传承父术，亦通医道。及官滇南，时疫流行，出技施救，多所全活。著有《批（注）伤寒论》、《批（注）张景岳全书》，未见流传。[见：《昌邑县志》]

耿复亨 （1224~1282）字伯祥。金元间京兆（今陕西西安）人。性慈善宽谨。绍承家传医术，知名于时。金末辗转于乱兵之间，行医不辍。卒后，同恕为其撰墓志铭。[见：《金元医学人物》(引《榘庵集》)]

耿宫中 清代河南滑县人。明应天府推官耿彦宏九世孙。世代业医，至耿宫中尤专精。本县举人刘允抢，骤患喉疮，面肿如斗，数日不食，众医束手。耿氏诊之，曰："此疔毒也。"投药而愈。善养生，年八十余，强健如少壮。著有《经验简便方》、《医方分类》等书，未见流传。子耿世禄，能传父业。[见：《重修滑县志》、《卫辉府志》]

耿哲兴 清代山东昌邑县夏店人。邑诸生。精医术，知名于时。子耿纯玉，亦通医理。[见：《昌邑县志》]

耿静庭 清代山东人。里居未详。以种植牡丹、栀子、月季为生，善以草药治疗喉疾。乾隆间（1736~1795），因避水患移居扬州，居东乡翟家庄芍药田，仍莳花为业，兼治喉症。后因求诊者众多，迁居城内万寿寺前，患者呼其地曰耿家巷。子耿世珍，孙耿焦麓，曾孙耿鉴庭，皆行医于此，先后将近二百年。[见：《中国历代医家传录》(引《山东中医学院学报》)]

聂

聂宠 字荣之。明代江西南昌县人。随父游学安徽六安州，遂定居。自少学医，得太素脉

真诠，驰名州郡。父卒，事叔如父。叔病，刺股血和药进之。平生重然诺，乐善好施，凡收养遗孤、施棺助葬诸举，指不胜屈。遇贫病不能就医者，倾心救治，不避寒暑，不取酬报，全活甚众。部按府州屡加旌奖，世称高义。[见：《六安州志》]

聂莹 明代括苍（今浙江丽水）人。得湖州名医凌汉章针法，治病有手到病除之功。病者虽穿厚衣，仍可认穴而针，人称神医，争延致之。有医德，不以钱帛介怀，人益敬之。[见：《浙江通志》]

聂铋 清代山东泰安县人。儒医聂宗望子。自幼习儒，补郡掾，不久弃去。绍承父志，亦精医术。有泉石癖，摩挲金石，至老不倦，好古者不远千里访之。著有《泰山道里记刻》、《孙石合编》诸书。[见：《泰安县志》]

聂云台 字其杰。近代人。生平里居未详。撰有《新集特效医方》、《结核辅生疗法》、《治伤寒痢疾肠炎捷效药》、《伤寒解毒疗法》诸书，刊刻于世。[见：《全国中医图书联合目录》]

聂友樵 （?～1913） 清末江苏上海县闵行乡三十一图人。幼从漯水渡外科名医萧秋山习医，尽得师传，求治者无不立愈，就医者门庭若市。有医德，遇贫病不受诊酬。[见：《上海县志》]

聂从志 北宋义州华亭县（今甘肃华亭）人。以医为业，知名于时。县丞妻李氏患病垂死，从志治之得生。李氏美而淫，慕聂氏之貌，值县丞赴旁郡，称疾邀之，谓曰："我几入鬼簿，赖君复生。顾世间物无足以报德，愿以此身供枕席之奉。"聂疾辞而去。至夜，李氏复盛饰就之，聂绝袖而去，事遂止，亦未尝与人言及。寿至七十岁卒。孙聂图南，绍兴间（1131～1162）任雒县丞。[见：《医说·聂医善士》]

聂平山 清代四川威远县人。精医术，尤通脉理，知名于时。乾隆三十八年（1773）授医官。[见：《威远县志》]

聂只儿 元代人。信奉也里可温教（即基督教）。通医术，官广惠司卿。元统元年（1333），长公主驸马刚哈剌咱庆王坠马，得一奇疾，"两眼黑睛俱无，而舌出至胁"，诸医不知所措。聂只儿独识此证，遂剪去之。顷间，复生一舌，亦剪之，又于真舌两侧各去一指许，涂以药，得痊愈。[见：《辍耕录·卷九·奇疾》]

聂廷铨 号简堂。清代福建闽清县人。咸丰戊午（1858）举人，授泉州府教授，转顺昌县训导，迁福宁州教授，卒于官。在任两袖清风，殁后，子无以为炊。居乡时，足不履公门，举止端严。工诗文，著有《梅溪纪事》、《法帖》，后生争宝重之。晚年嗜医学，著有《医学摘要》若干卷，今未见。[见：《闽清县志》]

聂汝俊 字灼三，号赤岩。清代四川屏山县人。性端直，嗜读书，通晓经史，尤精医术。以贡生授成都训导，调荣昌、龙安训导，迁简州学正。公余为人治病，颇著医名。[见：《叙州府志》、《屏山县续志》]

聂杏园 清代江西新淦县人。生平未详。著有《医学集义》、《卫生一助》、《疗疮论》、《咽喉说》等书，未见刊行。[见：《新淦县志》]

聂纯熙 清代四川屏山县人。邑名医聂培芝子。继承父业，精通医术，颇重医德，闻名于世。[见：《屏山县续志》]

聂尚恒 （1572～?） 字久吾，又字惟贞。明代江西新淦县人。少习举业，从王龙溪、王荆石两先生游，为师所器重。六荐春闱不第，万历三十一年（1603）就任庐陵教谕。历官抚宁县令、福州教授、宁化县令。禀赋素弱，少年多疾，故兼嗜医学，每以"达则为良相，不达则为良医"自勉。数十年间，博览医书，贯通医理，擅治外感、内伤诸疾，于妇人经带胎产、小儿痘疹亦多心得。治病不胶于古方，不拘于成说，所治多奇效。晚年归乡，颇有暇日，以著述自娱。撰有《活幼心法》九卷、《奇效医述》二卷、《医学汇函》十四卷、《痘科慈航》三卷、《八十一难经图解》一卷，刊刻于世，今存。还著有《医术方旨》（又作《活人奇方》）六卷，刊于万历末年，未见于国内馆藏书目，今尚存日本宫内厅，现已影印回归。聂氏另有《医学源流》若干卷，散佚不传。[见：《新淦县志》、《临江府志》、《奇效医述·小引》、《日本现存中国散逸古医籍》、《中医图书联合目录》]

聂宗望 字希尚。清代山东泰安县人。学行端严，为士林所重。精医理，尝以术活人。年八十六岁卒。辑有《医案》若干卷，未见刊行。子聂铋，能继父志。[见：《泰安县志》]

聂继洛 字用之。清代湖北京山县观音团人。为人朴实诚恳。精通医道，以术济人，名重乡里。治病不问贫富远近，延请辄往。著有《本草注解》、《证治稿》，藏于家。孙聂大年，珍藏祖父遗稿（事迹不详）。[见：《京山县志》]

聂继模 （1671～1770?） 字乐山。清代湖南衡山县人。治学以实用为主，期于济人利物。精通医术，常为贫困者疗疾，赠以药，不取其酬。乾隆四年（1739），本县狱囚因病，依例传唤医者诊治，诸医多厌苦之，谢不往。差役乃唤继模。继模即往治，囚疾得愈。是年，其子聂焘举进士，县令闻之，登门致歉，欲鞭答差役。聂氏曰："无庸，性所乐也。"乾隆十三年（1748），聂焘任陕西镇安知县，迎养于任所。时继模寿七十八岁，游览山川，访察风俗利病，居月余即归，作《诫子书》三千言寄之，嘱焘体察民情，兴利除弊。越二年，焘遣人持百金为父贺八十寿辰，继模以原封返回，命修镇安山路。年九十余，体健不衰，寿近百岁。[见：《中国人名大辞典》、《明清进士题名碑录索引》、《中国历代名医碑传集》（引李元度《国朝耆献类征初编·方技》)]

聂培芝 字瑞生。清代四川屏山县人。聪颖过人，幼习举业，初试即名列第一。因病弃儒习医，于《灵枢》、《素问》诸医经无不究心。凡所诊视，能洞见病源，活人甚众。治病无分贫富，不计较诊酬，佳术良德，为世人所称道。子聂纯熙，亦以医名。[见：《屏山县续志》]

聂培敏 清代四川屏山县人。岁贡生。精医道，好以术济人，乡里德之。[见：《屏山县续志》]

聂肇玺 字锦台。清代湖南衡山县人。事父母以孝闻。业儒而精医，知名于时，活人无算。晚年主讲郫县广元书院。年六十二岁卒。[见：《衡山县志》]

聂燮斋 清代四川汉源县人。精医术，宗仲景法而不拘泥古方，临证多佳效。与当时名医傅文显、郝存恕齐名。因患耳疾失聪，人称"聂聋子"。[见：《汉源县志》]

真

真钦 西汉时人。生平里居未详。哀帝时（前6～前1）官太医令。高安侯董贤之妹入宫，为哀帝昭仪，得宠。董贤欲废傅皇后后，暗使真钦求后过错，遂逮后弟侍中傅喜，诏狱无所得，释之，其谋未成。[见：《后汉书·桓谭传》]

真德秀 （1178～1235）字景元，又字希元，号西山。南宋建州浦城县（今福建浦城）人。四岁受书，过目成诵。十五而孤，母吴氏守贫教之。登庆元五年（1199）进士第，授南剑州判官。继试，中博学宏词科，召为太学正，嘉定元年（1208）迁博士。历官秘书省正字、校书郎、秘书郎、起居舍人，出为秘阁修撰、江东转运副使。理宗即位（1225），召为中书舍人，寻擢礼部侍郎。绍定五年（1232），进徽猷阁，知泉

州。召为户部尚书，改翰林学士、知制诰。逾年，知贡举，已得疾，拜参知政事。端平二年卒，赠银青光禄大夫，谥"文忠"。真德秀长身广额，容貌如玉，望之者无不以公辅期之。立朝不满十年，奏疏无虑数十万言，皆切当世要务，直声震朝野。富于著述，有《养生歌》一卷，明李时珍撰《本草纲目》，曾参考之，今散佚。[见：《宋史·真德秀传》、《浦城县志》、《本草纲目》]

莫

莫瑕 字子瑜。清初浙江钱塘县人。祖父莫士英，父莫承艺，皆工医术。莫瑕继承家学，复师事名医张志聪，术益精进。康熙（1662～1722）初，张志聪筑侣山堂于钱塘，集合当地名医及弟子，讲学著述于其中。康熙三年甲辰（1664）中秋，完成《金匮要略注》，莫瑕为书作跋，刊刻行世。康熙九年（1670），莫瑕又参与校正《黄帝内经素问集注》九卷，亦梓行。[见：《浙江通志》、《金匮要略注·跋》、《黄帝内经素问集注》]

莫熺 字丹子。清初浙江仁和县人。生平未详。辑有《莫氏锦囊十二种》，包括《经义正目》、《医门约理》、《难经直解》、《脉学入门四言举要》、《濒湖脉诀》、《脉会辨》、《脉诀考正》、《本草纲目摘要》、《性命圭旨约说》、《黄庭经注》、《月令考》、《心经悟解》等十二种，刊于清代初叶，今存。[见：《中医图书联合目录》、《杭州府志》]

莫士英 字士颖。明末浙江钱塘县人。太学生。少年时多病，故喜读方书。诊病能预决生死，每获奇验。一女子病，势甚危殆，自以为瘵疾。士英曰："非瘵也，可愈。"治之而痊。另一女子偶患小恙，士英诊其脉，曰："脉不祥。至秋当死。"后果如其言。岁大疫，传染者每至灭门。凡经士英诊治，俱得全活，感德者甚众。次子莫承艺，传承父学。孙莫瑕，亦以医知名。[见：《杭州府志》、《浙江通志》]

莫大纲 清代湖南善化县人。邑诸生。品行端方，思有济于世，常以医术活人。子莫际曙，医名尤盛。[见：《中国历代名医碑传集》（引易达英《莫际曙墓志铭》)]

莫文泉 （1837～1907）字枚士。清末浙江归安县月河人。早年习儒，为增广生。潜心经术，于小学颇有造诣，精音韵训诂，对《尔雅》、《毛诗》多所考订。同治九年（1870）举于乡，两试礼部不第，兼善病，故耽嗜岐黄。师事吴江名医王宝书，"尽得其辨脉处方，参互错综

之法"。自习医后,以治经之法研究医籍,校订古医籍甚多。撰有《研经言》四卷、《经方例释》三卷、《神农本草经校注》三卷,刊刻于世。另有《伤寒成注笺》十卷、《伤寒杂病论校注》二十六卷、《脉经校注》四卷、《历代古方说明》四卷、《证原》七十二卷,今未见。光绪三十三年卒,享年七十一岁。门生沈彦模,得其传授。[见:《浙江通志稿》、《中国历代医史》、《研经言·陆懋修序》、吕公望《莫枚士先生事略》(《浙江中医杂志》1988 年 7 月号)]

莫以悌 字克恭。清代广西邕宁县东门乡人。诸生。兼通医道。著有《经验医方》八卷,今未见。[见:《邕宁县志》]

莫仲仁 元代华亭县(今属上海)张堰镇人。耳聋,而医术若神,名噪于时。邑人某患虫疾,众医不能疗,莫氏以峻剂攻之,吐虫数升而愈。某人病伤寒,逾七日,谵语发狂,阴缩,人皆谓必死,莫氏以寻常药调理,其疾渐愈。某人患噤口痢,不进食者七日,气将绝,莫氏投以汤剂,即纳食而起。一高官患痨瘵,众医争进,仲仁望而走避,曰:"虽扁鹊不可为也。"其人果亡。[见:《金元医学人物》(引杨维桢《东维子集·赠医士莫仲仁序》)、《松江府志》、《金山县志》]

莫汝能 字惟金。清代江西义宁州武乡人。好学能文,博览群书。嗜医学,于《内经》、《金匮》诸书,尤加意研究。里中有病目者,几至丧明,服汝能药而愈。自此,声名大起,远近延诊者盈门。凡疑症奇疾,群医束手者,治之立效,活人甚众。有医德,治病从不取资,世人敬佩之。著有《医家全书》二卷,今未见。[见:《义宁州志》]

莫如龙 清代广东阳山县人。庠生。业医,尤擅长痘科。重医德,每遇贫病,即出药赠之。晚年著《痘科新书》,未竟而卒。[见:《阳山县志》]

莫伯虚 字致道。宋代吴兴县(今浙江吴兴)人。官刑部郎中。曾任常州知州,有政声。兼通医学,整理家藏经验方,辑《莫氏方》一卷。后刊刻太原王衮《博济方》于永嘉,以《莫氏方》附于卷末,惜散佚不传。[见:《直斋书录解题》、《两浙著述考》]

莫应松 清代浙江长兴县人。精通医术,尤善儿科。临证百不失一,有名于时。[见:《湖州府志》]

莫怀珠 清代四川灌县人。精医术,知名于时。门生王金发,得其传授。[见:《灌县志》]

莫君锡 隋代人。里居未详。大业间(605~617)为太医丞。炀帝好色,晚岁益甚。方士投其所好,制助阳大丹以进。炀帝服之,阳盛而燥渴,日饮水百杯而不止。莫君锡进剂治之,又置冰盘于前,令日夕望之,渴遂止。[见:《古今医统大全·历世圣贤名医姓氏》、《医学入门·历代医学姓氏》]

莫际曙 (1749~1825) 字灿东,又字松村。清代湖南善化县人。儒医莫大纲子。自幼读书,勤奋好学,屡不得志于有司,弃儒习医。同时有张济伍,亦以医闻,素服莫氏之术。某氏患瘰疾,累治不效,张氏一诊即辞。最后延请莫氏,授以方,旋起。及过张氏门,张曰:"疾不可为。若虽神,其如二竖何?"莫曰:"信然,今虽不死,来岁一发则无治。"二人之言果验。湘潭宋某病危,聘莫氏往视,憩道旁茅店,店妇捧茶进。莫观其面色,诧曰:"汝有病,病且深。然今尚可治。"为书方,且赠钱令购药。越旬日,宋氏及店妇皆愈。莫氏重医德,好施与,虽医名驰于遐迩,邻里有求辄应,遇贫者常解囊助药,而终无自德之色。道光五年正月卒,享年七十有七。长子莫家典、次子莫家谟,传承其术。三子莫家训、幼子莫家诰,事迹不详。[见:《中国历代名医碑传集》(引易达英《莫际曙墓志铭》)]

莫尚古 清末浙江杭州人。精通医术,擅长内科,以治疗虚损证著称,与慈溪王普耀齐名。门人潘韵泉、王辅卿,得其传授。[见:《潘韵泉老医师治疗肺痨的经验简介》(《浙江中医杂志》1964 年第九期)、《兰溪市医学史略》]

莫国行 (1778~1839) 字高山。清末四川合川县人。世居来苏里。幼颖异,勤奋力学。弱冠后患病,迁延不愈,遂尽弃举业,发愿习医济世。初博览《灵枢》、《素问》及古来方书,复参考时贤验案,以穷其变,久之豁然领悟,悬壶济世。其治病兼通内、妇、儿诸科,尤擅治难产,声名大噪,求治者户外屡满。重医德,凡贫病者求治,不计诊酬,且助以药,乡里德之。道光十九年九月二十四日殁,享年六十二。著有《莫氏医案》、《河洛图说》诸书,藏于家。子莫道生,为金石鉴赏家,收藏秦汉碑版甚富。[见:《合川县志》]

莫承艺 字仲超。清初浙江杭州人,居郡城。邑名医莫士英子。传承父学,悬壶于世。早年挟技游京师,出入公卿之门,诊疾无不立愈,声振于时。久之,倦游还里。有医德,凡以病求诊，不分贫富皆竭力营救，自朝至夕，废寝忘食。性好书画，收藏甚富。康熙（1662～1722）初，名医张志聪集合当地名医及门生，讲学、著述于侣山堂。莫承艺参与其事，与诸医合撰《黄帝内经素问集注》九卷、《黄帝内经灵枢集注》九卷，刊刻于世（今存）。子莫瑕，亦以医名。［见：《浙江通志》、《杭州府志》、《黄帝内经素问集注》、《黄帝内经灵枢集注》］

莫春晖 字广元，号葵斋。清代安徽黟县月塘人。移寓吴门。自幼嗜学，能诗，尤善丹青。年十五岁省父于娄东，遇画家王愫，王授以南宗正派山水，其画疏老苍秀，为时所重。莫氏平生好游历，晚岁归里。素精医术，常以医药济人，数十年如一日。［见：《黟县续志》、《中国人名大辞典》］

莫显诚 清代广东番禺县韦涌人。祖父莫清华，精通医术。显诚幼年丧父，祖父抚养之。性聪颖，尝窃祖父书读之，试煮丹药，塾中诸儿有小患，辄为治之，竟获效。祖父奇之，乃尽发家藏医书令其研读，并授以制药、用药诸法。既长，贯通群籍，洞悉肯綮，妙为变通，尤擅外科。祖父殁，代行其业，声名远出祖父之上。一人患怪疾，鼻中之气若铁线牵贯于脑，痛不可忍。显诚囊药使嗅之，患遂已。虎门营兵某，膝下生肉瘤如豆，一无痛痒，戏示显诚曰："此何疾？"显诚大惊曰："此红线疮也！"视之果有红线绕四周，乃求治，曰："晚矣。"其人不信，不久，果红肿剧痛，卒于此症。显诚所制成药，用之奇效，盛传于世。后世子孙多承先业，惜姓名失考。［见：《番禺县志》］

莫家典 清代湖南善化县人。邑名医莫际曙长子。幼习举业，为乡塾师。传承父学，兼精医术。［见：《中国历代名医碑传集》（引易达英《莫际曙墓志铭》）］

莫家谟 清代湖南善化县人。邑名医莫际曙次子。传承父学，悬壶济世。［见：《中国历代名医碑传集》（引易达英《莫际曙墓志铭》）］

莫清华 清代广东番禺县韦浦人。擅医术，知名于时。子早卒，抚养孙莫显诚。孙稍长，尽发所藏医书使读，亲授以制药用药诸法。［见：《广州府志》］

莫善昌 字子晋，号云从。清初浙江钱塘县人。名医张志聪门生。其师集合当地名医及弟子，讲学、著书于侣山堂。莫善昌参校《黄帝内经素问集注》、《黄帝内经灵枢集注》二书，皆刊于世。［见：《黄帝内经素问集注》、《黄帝内

经灵枢集注》］

莫懋晟 字辅廷。清代陕西安定县东一村人。庠生。善戏谑，每出一言，令人解颐。年未六十岁，长子中年病卒，深殇痛之，杜门不出，究心岐黄。晚年善养生，时进参、术，以调气养神。终年八十三岁。［见：《安定县志》］

莎

莎衣道人 （？～1200） 姓何，佚其名。南宋淮阳军朐山（今江苏东海县）人。其祖父何执礼，官至朝议大夫。道人于靖康之乱（1126）渡江南避，举进士不第。绍兴（1131～1162）末年出家为道士。初着白衣，衣破，以莎（香附草）缉之，世人异之，皆称莎衣道人。有患瘵者乞医，道人以草付之，服之旬日而愈，人益神之。宋孝宗闻其事，亦重之，赐号通神先生，为建庵观，赐衣数袭，皆不受。庆元六年（1200）卒。［见：《宋史·莎衣道人》］

晋

晋骥 字子良，号栎庵。明代昆山县（今属江苏）人。其父晋宪，为嘉靖二年（1523）进士。骥清癯玉立，印堂黑子隆起。历滇、辽、中都（今北京）幕官。事父母以孝闻。修植桑果，种橘千株。旁通岐黄之学，推重名医王叔和。工书法，得颜真卿笔意。著有《伤寒辨论》数十篇，今未见。［见：《昆新两县志》、《苏州府志》、《昆山历代医家录》（引张大复《梅花草堂集》）］

栗

栗上 字岸登。清代河南息县人。自幼多病，肆力于医学。研究十载，精通其术，治病如见脏腑，名噪于时。郡守吴一嵩，赠匾曰功高国相。子栗世铭，传承其学。［见：《息县志》］

栗坚 清代人。生平里居未详。通医术，任太医院九品吏目。乾隆四年（1739）敕修《医宗金鉴》，栗氏任副纂修官。［见：《医宗金鉴》］

栗三台 字万钟。清代山西长治县人。自幼习儒，深明大义。因善病，攻研医学。博览《素问》、《难经》、《伤寒论》诸书，悟其微旨，为当时名医。安祥和雅，有儒者风，县令江公、林公，皆雅重之。年七十余尚能临诊，医者多就正之。［见：《长治县志》、《山西通志》］

栗玉振 字声甫。清末人。生平里居未详。通医术，曾任太医院九品医士，兼寿药房值宿供奉官。［见：《太医院志·同寅录》］

栗世铭 清代河南息县人。邑名医栗上子。绍承父业，亦以医名。子栗同橘，亦精医术。[见：《息县志》]

栗同橘 清代河南息县人。邑名医栗世铭子。绍承家学，亦精医术，知名于时。[见：《息县志》]

栗山痴叟 佚其姓名。清代人。生平里居未详。辑有丛书《医学便览》，包括《伤寒读本》、《金匮读本》、《十二经脉歌》等七种，今存同治七年戊辰（1868）自刻本。[见：《中医图书联合目录》]

贾

贾艺 明代武进县（今属江苏）人。精医术，兼通内、儿两科。悬壶京师，出入于公卿之门。凡言可治者，投药辄愈；言不可治者，虽强使疏方，终不效也。遇主人讳医，必委曲解释，但求济人，未尝以技谋利，故世人益重之，求诊者辐辏于门。隆庆二年（1568）正月，太医院医官徐春甫，集合各地在京名医四十六人，创立一体堂宅仁医会，贾氏为会员之一。诸医穷探医经，讨论四子（指张机、刘完素、李杲、朱震亨），共戒私弊，患难相济，为我国最早之全国性医学组织。[见：《中国历代名医碑传集》（引王稚登《燕市集·太医支秉君传》）、《我国历史上最早的医学组织》（《中华医史杂志》1981 年第 3 期）]

贾朴 宋代人。生平里居未详。通兽医术，撰有《牛经方论》三卷（《宋史·艺文志》作"《牛经》一卷"），今存明成化、弘治间（1465～1505）残刻本，残页分别题有"新刊图像黄牛经全书"及"新刊黄牛经明验集"等字样。该书先以歌括述病源，次示医方与服法，为我国现存古代兽医学珍贵文献。[见：《宋史·艺文志》、《中国善本书提要》]

贾诚 唐末人。生平里居未详。约天祐三年丙寅（906）重校佚名氏兽医专著《安骥集》十二卷，今存。[见：《中医图书联合目录》]

贾祐 北宋江夏（今湖北武汉）人。精通医术，庆历间（1041～1048）名噪于世。撰有《伤寒纂要》三卷、《人神论》一卷、《诊脉须知》三卷，能发前人所未发，惜皆散佚。[见：《历代名医蒙求》]

贾耽 （730～805） 字敦诗。唐代沧州南皮（今河北南皮）人。天宝间（742～755）举明经，补授临清尉，历官汾州刺史、鸿胪卿、山南西道节度使、工部尚书、尚书右仆射同中书门下平章事，封魏国公。顺宗立，进检校司空左仆射。时王叔文等干政，贾耽病之，屡请归乡，不许。同年卒，年七十六岁。赠太傅，谥"元靖"。贾耽嗜读书，至老益勤，于阴阳杂数，无不通晓。据《新唐书·艺文志》等记载，贾氏著有《备急单方》一卷，今佚。[见：《新唐书·贾耽传》、《新唐书·艺文志》、《崇文总目辑释》、《宋史·艺文志》]

贾健 清代河南汜水县人。以医为业。素怀济世之志，遇贫病出药疗救，不望其报。慷慨尚义，与人无争。所居村滨临汜水，贾健捐资修建义桥，行人便之。[见：《汜水县志》]

贾铨 清代陕西泾阳县人。监生。精医术，以儿科知名，尤善治痘疹。重医德，治病救人，不受酬谢，乡人赠以"仁惠慈良"匾额。[见：《泾阳县志》]

贾铭 （1269～1374） 字文鼎，号华山老人。元明间浙江海宁县人。资雄海上，雅好宾客，能赈人之急。入明，铭已百岁，太祖朱元璋召见之，问以颐养之法，铭对曰："要在饮食。"以所著《饮食须知》进览，赐宴礼部而归。寿至一百零六岁卒。[见：《四库全书总目提要》、《海昌备志》]

贾棠 字青南。清代河北河间府人。官两广盐运使。明顺逆之道，精升降之理，济世情殷，关注医学。康熙五十年（1711），重刻《景岳全书》。[见：《景岳全书·贾序》、《珍医类目》]

贾鲁 （1297～1353） 字友恒。元代河东高平（今山西高平）人。幼负志节，既长，谋略过人。延祐、至治间（1314～1323）两以明经领乡贡。泰定（1324～1327）初，恩授东平路儒学教授，累迁户部主事，因父丧辞归。后起为太医院都事，官至中书左丞。至正十三年五月卒，时年五十七岁。[见：《元史·贾鲁传》]

贾嵩 唐代人。生平里居未详。著有《华阳陶隐居传》，已佚。[见：《宋以前医籍考》]

贾福 元代人。里居未详。精医术，泰定间（1324～1327）任和林（今内蒙古和林格尔）医学正。至顺（1330～1332）前后，任和宁路医学教授，曾主持扩修和林三皇庙。[见：《金元医学人物》（引《和林金石录·和林三皇庙残碑文》）]

贾一元 明代人。生平里居未详。著有《保婴全书》四卷，已佚。[见：《医藏书目》]

贾山亭 清代人。生平里居未详。辑有《仙方合集》二卷，今存道光三十年庚戌（1850）蜀北竹桥斋刻本。[见：《中医图书联合

十画

目录》]

贾子播

清代四川西充县人。幼年丧父，家贫辍学，习医以为生计。临证以审慎著称，辨证处方，必三思而后行，故治病多良效。深以家贫失学为憾，故倡办义学，为乡邻所称道。[见《西充县志》]

贾仁山

清代四川云阳县人。通医术。心怀济利，凡贫病不能购药者，皆解囊相助。诊病所得，亦多行善举。[见《云阳县志》]

贾公彦

唐代洺州永年县（今河北永年）人。高宗永徽间（650～655），官至太学博士。性好著述，有《周礼义疏》五十卷、《仪礼义疏》四十卷、《礼记正义》八十卷。今存《周礼医师补注》一卷，题"汉郑玄注，唐贾公彦疏"，即出自贾氏《周礼义疏》。[见《旧唐书·贾公彦传》、《新唐书·艺文志》、《中医图书联合目录》]

贾文炳

元代人。里居未详。曾任承直郎金太医院事。后至元三年（1337），名医危亦林撰《世医得效方》十九卷，由江西医学提举司送太医院审阅，贾氏与同僚参与其事。至正五年（1345）《世医得效方》刊刻于世。[见《世医得效方·太医院题识》]

贾文通

唐初人。里居未详。曾官太常丞。显庆二年（657），奉敕与李勣、于志宁、许敬宗、苏敬等二十四人编《新修本草》五十四卷，成书于显庆四年。该书正文二十一卷（含目录一卷）、药图二十六卷（含目录一卷）、图经七卷。全书载药八百五十种，大行于世（今仅存残卷，参见"李勣"条）。[见《新唐书·艺文志》]

贾文熙

清末江苏无锡县富安乡人。生平未详。曾编《辑清代诸名家古方》二十卷，今未见。[见《无锡富安乡志稿》]

贾以德

明代浙江永康县人。精医术，知名于时。有医德，乡里贫病者皆倚之，全活甚众。[见《永康县志》]

贾永秀

字子清。近代甘肃临泽县板桥堡人。精医术，擅长内科，临证应手取效，乡党称之。以济世活人为心，诊病不分贫富，概不受酬。1919年，县长委任贾氏为平民医院院长。[见《临泽县志》]

贾弘祚

字德修。清代山东任城县人。生平未详。与沈兆龙校正济水王玉卿、王尚滨、王尚湄等所撰《妇人科经验良方》（又作《妇科良方》、《槐茂堂妇人科经验良方》）三卷，刊于康熙六十一年（1722），今存。[见《中医图书联合目录》、《贩书偶记续编》、《女科书录要》]

贾邦秀

清代顺天府宛平县（今北京卢沟桥镇）人。生平未详。通医理，著有《思济堂方书》五卷，今存雍正间（1723～1735）宛平贾氏珍泰斋刻本。[见《中医图书联合目录》]

贾存明

字素丰。清代河南武陟县人。监生。兼精医术，以疡科知名。[见《武陟县志》]

贾光明

（1815～1888）字月堂，一作月塘。清代河北霸州香营人，迁居固安县南赵庄。自幼习儒，十九岁为霸州庠生，此后课徒四方，直至暮年。博学多识，凡经史、诗词、医药、星命莫不精研力索，于医学尤精，活人不可胜数。常手抄医书，分为脉理、证治、方剂、针灸各门类，精要豁达，便于研习，名之曰《医学精要》，惜未见刊世。其子贾芳芝，亦精医术。[见《固安文献志》]

贾廷玉

字粹斋。清代四川绵竹县人。以儒精医，名重于乡。著有《惊风论》、《蟳气论》各一卷，附于所刊《医林改错》之后，盛行于当地。贾氏所遗医案经绵竹县卫生科编辑，名之曰《贾氏医案集》，印行于世。门生陈第瑞，亦为儒医。[见《绵竹县志》、《四川医林人物》]

贾汝栋

字梁宇。明代山西隰州人。饱学诗书，旁通医术。早年以明经授襄垣学训，转静乐教谕，课士之暇，施药济人。后升任陕西灵台县令，簿书之余，惟喜配药，每日升堂，先发药剂，后理县务，人呼为慈母。[见《隰州志》]

贾芳芝

清代河北霸州人。随父迁居固安县赵庄。儒医贾光明子。传承父学，于针灸尤有妙悟，临证多神效，名冠于时。[见《固安文献志》]

贾其寿

字乡淦。清代四川双流县人。生平未详。曾校订许叔微《伤寒九十论》。[见《中国医学大成总目提要》]

贾和光

唐代人。生平里居未详。著有《钤和子》（又作《铃和子》）十卷，已佚。[见《旧唐书·经籍志》、《新唐书·艺文志》、《宋史·艺文志》、《通志·艺文略》]

贾秉懿

清代甘州（今甘肃张掖）人。精岐黄术，知名于时。继陈光裕、刘继盛之后，接任医学正科。卒后，入祀当地医祖宫。[见《甘州府志》]

贾所学

号九如。明代浙江嘉兴县鸳湖人。研究方书，深明理趣。著有《药品化义》十三卷，刊刻于世（今存）。崇祯甲申（1644），名医李延昰游禾中，偶得此书，称"精技入神"，遂命子李汉征校订重刊。贾氏还著有《脏腑性鉴》，今存尤乘增补本。另有《医源接引》、《脉法指归》二书，今未见。[见：《嘉兴县志》、《秀水县志》、《中国医籍考》、《浙江医籍考》]

贾思诚 元明间浙江义乌县人。著名理学家宋濂外弟。早年与宋濂同师城南闻人梦吉，治经学，于儒书无所不读。后致力医学，入名医朱震亨门下。学成，悬壶于世，治病多神验，诸名公多赋诗赠之。至正壬辰（1352），录事判官张公积劳致疾，大热发于四体，继而昏仆，醒后目眩，耳中蝉鸣，神思恍惚。朱震亨切其脉，曰："内摇其真，外劳其形，以亏其阴，以耗其生。宜收视返听于太虚之庭，不可专借药而已之也。"遂留贾思诚治之。贾氏以调节情志之法医之，"怒之过也则治之以悲，悲之过也则治之以喜，喜之过也则治之以恐，恐之过也则治之以思，思之过也则治之以怒。"兼辅以药物、针灸诸法，逾数年始得大愈。[见：《宋学士全集·卷九·赠贾思诚序》、《脉确·赠医师贾某序》]

贾思赞 字右田。清代江苏如皋县人。工医术，决生死良验，知名于时。重医德，凡以疾病邀诊，虽寒暑雨雪必往。有欲学其术者，悉却之曰："是不可以语言授也。"乡人每珍藏其处方，遇同病者服之多愈。[见：《如皋县续志》]

贾俊杰 字在位。清代河北新河县人。精医术，名播远近。尤擅治小儿痘症，虽极险极危之证，无不应手奏效。[见：《新河县志》]

贾振瀛 字仙舫。清代山东莒县齐家庄人。幼年习儒，及长，肆力医学。于《内经》、《难经》、《伤寒论》之秘奥，刘、李、张、朱之精粹，无不博览深究。立志济人，不因贫富而异视，有延请者，无不立应，活人无算。光绪二十五年（1899）岁歉，振瀛施粥赈饥，以济乡邻。至于平素排难解纷，劳怨兼任，尤为人所称道。著有《时疫指南》、《验方集》、《杂证医案》、《痧疹精义》等书，后辈之研究医术者，恒奉为准绳，惜未见刊行。[见：《莒志》]

贾黄中 （941～996）字娟民。北宋沧州南皮县（今河北南皮）人。唐司空贾耽四世孙，宋水部员外郎贾玭子。幼颖悟，六岁举童子科，七岁能属文，触类赋咏。父常令蔬食，曰："俟业成，乃得食肉。"年十五举进士，授校书郎集贤校理，迁著作佐郎直史馆。建隆三年（962），迁左拾遗，历左补阙。开宝八年（975），通判定州，判太常礼院。贾黄中多识典故，每详定礼文，损益得中，号为称职。太宗即位，迁礼部员外郎。

太平兴国（976～983）初，诏贾黄中撰辑医方，李宗讷、刘锡、吴淑、吕文仲、杜镐、舒雅等参与其事，撰《神医普救方》一千卷（今佚）。二年（977）知升州。淳化二年（991）秋，与李沆并拜给事中参知政事。至道二年，以疾卒，年五十六，赠礼部尚书。上闻其素贫，别赐钱三十万。贾氏性端谨，能守家法，以廉白无私称于时。撰有文集《贾黄中集》三十卷，已佚。[见：《宋史·李昉传（子宗讷）》、《宋史·贾黄中传》、《宋史·艺文志》、《崇文总目辑释》、《国史经籍志》、《徽辅通志》]

贾维桢 字干卿。清末河北霸县夹河村人。笃好医学，自幼师事本村医家李荫远，上自《内经》、《难经》，下逮金元四大家及明清医药名著无不披览，中年始悬壶问世。初以古法应诊，未能尽验，及读戴元礼《证治要诀》，无一语涉及脉理，遂怀疑古说。后得王清任《医林改错》，慨然曰："道在是矣。"于是对证施治，又历数年，仍不能尽验，于王说又生疑窦。一日见屠夫宰猪，思"动物脏腑与人略同"，乃细察其内脏脉络，"手理而目注"，久之"略解生理状态"，于王清任学说时有纠误。此后，参酌古今，证以临床，医术精进，求诊者盈门不绝。晚年又发明"鼻孔放痧之法"，传于邻里子弟，治疗"中恶"每有卓效。[见：《霸县新志》]

贾德玄 北宋人。里居未详。曾任医官。太祖晏驾，孝章皇后命内侍王继隆召秦王赵芳。继隆知太祖传位晋王（赵光义）之志素定，遂与医官贾德玄迎晋王。晋王登基，是为宋太宗。后贾氏随侍太宗，虽为人贪婪，帝优容之。[见：《涑水记闻·卷一》]

贾凝禧 清代山西绛县人。贡生。精医术，性好利济，凡就医者概不索谢，且予以药。尝慨然曰："不为良相，必为良医。"[见：《山西通志》]

夏

夏云 （1830～1909）原名国荣。字继昭，号春农，晚号耕云老人。清末江苏甘泉县人。自幼聪敏嗜学，为范膏庵所器重。家贫辍学，至名医杨慕昭家作书童。后从杨氏习医，又与名医方华林、朱湛溪相切磋，遂精其术。尤擅治咽喉诸症，士大夫家争相延诊，投药则效。年八十岁卒。著有《疫喉浅论》二卷、《会厌论》一卷，刊于光绪丁丑（1877），今存。[见：《甘泉县续志》、《扬州名医夏春农》（详《扬州晚报》2010 年 5

十画

876

月 22 日）]

夏芳 清代贵州湄潭县经里人。生平乐善，精医术。值兵燹，与曾孙夏正邦，立寨东溪，施药济人。[见：《湄潭县志》]

夏英 字时彦。明代浙江仁和县人。生于世医之家。早年习儒，兼精医术。弘治间（1488～1505）任太医院医士。刘文泰等奉敕修撰《本草品汇精要》，夏英参与其事，任纂修官，书成于弘治十八年（1505），未刊行，今存抄本。夏英还曾取祖遗诸书，参阅窦汉卿等所著，撰《灵枢经脉翼》二卷，稿成于弘治十年（1497），未梓。今有中医古籍出版社影印本刊行。[见：《灵枢经脉翼·序》、《本草品汇精要》]

夏珊 明代安徽芜湖人。精儿科。李辉（号石洞逸叟）整理其经验，辑《夏氏小儿良方》。此书未见刊本，今存正德七年壬申（1512）李辉稿本，书藏中国中医科学院图书馆。[见：《中医图书联合目录》]

夏政 清代人。生平里居未详。著有《脉诀条辨》二卷，约撰于宣统三年（1911）。今存抄本，书藏中华医学会上海分会图书馆。[见：《中医图书联合目录》]

夏垍 清代人。生平里居未详。著有《释药》。今存铅印本，书藏天津市人民图书馆。[见：《中医图书联合目录》]

夏阁 明代安徽无为州人。通医理。平生多善举，施药济人，拾金还主。两举乡饮宾。[见：《无为州志·孝义》]

夏宾 字于门。清代江苏六合县人。业儒。精医术，知名于时。[见：《扬州画舫录》]

夏基 字肇降。清代江苏常熟县人。诸生。刻苦力学，兼通医术，有名于时。[见：《常昭合志稿》]

夏威 字宗阳。明代安徽青阳县人。世代业医，官江阴训科。有儒生之父病腹胀，夏氏诊之，曰："脉洪而大，湿热生虫之象。况饮食如常，非水肿蛊胀之证。"以石榴皮、椿树皮各取东行根，加槟榔，三味各五钱，长流水煎，空心顿服。少顷，腹作大痛，泻长虫一条，长丈许，宿疾遂愈。[见：《证治准绳》]

夏寅 字宾旸，号苏庵。明代常熟县（今属江苏）人。精幼科。曾荐入太医院，数年后归里，声望益隆，人皆称苏庵先生。[见：《常熟县志》、《常昭合志》]

夏鼎 字禹铸，自号卓溪叟。清初安徽贵池县卓溪人。康熙八年（1669）武举。精通医术，尤善小儿医，临证多奏奇功，有起死回生之誉。著有《幼科铁镜》六卷、《保婴要言》八卷，于儿科病证治及小儿推拿手法多有见地，为后世医家所宗。[见：《幼科铁镜·序》、《古今名医言行录》、《中国医学大成总目提要》、《中医图书联合目录》]

夏集 （1490～1562）字思成。明代昆山县（今属江苏）人。著名书画家夏昹曾孙，文学家归有光姑表叔。自少习儒，屡试不第，即托疾不出，匾其居曰抑抑斋，学者称抑斋先生。早年因病学医，精通医理。为人诊疾不取酬谢，遇贫困者反赠以粮米。卒后，乡人多怀念之。[见：《昆山历代医家录》（引归有光《震川先生集·抑斋先生夏君墓志铭》）]

夏竦 （985～1051）字子乔。北宋江州德安县（今江西德安）人。大名府右侍禁夏承皓子。资性明敏好学，自经史百家、阴阳律历，至佛老之书，无不通晓，为文典雅藻丽。举贤良方正，擢光禄寺丞，通判台州。召直集贤院，为国史编修官，累迁右正言。仁宗初封庆国公，迁礼部郎中。宝元（1038～1039）初，拜同中书门下平章事，改枢密使，封英国公。徙武宁军节度使，进郑国公。寻以病归，卒。赠太师，谥"文庄"。夏竦兼通医理，知蕲州时，庞籍患时疾，数日后忽报卒死。夏竦即往见之，取烛视其面，谓其家人曰："未合死。"召医语之曰："此阳证伤寒，汝等不善治，误耳。"即命取承气汤灌之，有顷，庞氏苏醒，自此遂无恙，寿至七十六岁。闻者无不惊异。[见：《宋史·夏竦传》、《石林燕语》]

夏溶 字渭川。清代江苏新阳县人。明书画家夏昹后裔。乾隆五十九年（1794）增贡生。工制艺，善口才，兼明医理。道光三年（1823）洪涝成灾，路多饿殍。夏溶与本邑名医金承烈募捐济贫，收养弃婴，世人贤之。[见：《昆新两县续修合志》、《昆山历代医家录》（引《国朝昆新青衿录》）]

夏德 一作夏德懋。字子益。宋代人。里居未详。太学生。精医术，尤善遣方用药。唐与正得其传授。夏氏著有《卫生十全方》十三卷、《治奇疾方》（又作《奇疾方》）一卷。原本散佚，今有《永乐大典》辑佚本传世。[见：《宋史·艺文志》、《直斋书录解题》、《医说·神医·唐与正治疾》、《四库全书总目提要》]

夏广文 清代浙江泰顺县莒冈人。邑名医夏孟蛟从弟。得孟蛟传授，亦精医术。门生林伯海，传其术。[见：《分疆录》]

夏之阜 字东步。清代江苏金山县朱泾镇人。幼习举业。年弱冠弃儒习医,博览岐黄典籍,深通医理,江南诸郡推之为当世扁鹊。[见:《金山县志》]

夏子俊 字云颖,号脱夫。清代浙江黄岩县人。徙居宁州。自幼颖异,好读书,补博士弟子员。键户深山,凡经史百家无所不读。尤精岐黄术,不择贫富皆往诊,投剂立愈。年八十五岁卒。著有《医理信述》六卷,今存光绪二十五年(1899)黄城柯树德堂刻本。另有《痘疹秘录》一卷、《麻疹秘录》一卷,今未见。[见:《黄岩县志》、《八千卷楼书目》、《浙江医籍考》]

夏元良 字万贞。清代江苏吴县人,居浒墅关。通医理,与前辈名医黄维森齐名。以济人为重,治病不计诊酬,人皆重之。[见:《吴县志》、《浒墅关志》]

夏无且 战国末期人。里居未详。为秦始皇侍医。荆柯奉燕太子丹之命,以献燕国地图为名,刺杀始皇。始皇无备,惊恐环柱而走。夏无且以所执药囊击荆柯,始皇遂拔剑杀之。事后论功,赐黄金二百镒。[见:《史记·刺客列传》]

夏云集 字祥宇,号英白。清末河南新息县人。邑廪生。官至江苏句容知县。旁通医术。著有《保赤推拿法》(又作《推拿精要保赤必备》)一卷,刊于光绪乙酉(1885),今存。[见:《河南通志》、《中医图书联合目录》]

夏巨宽 清代江苏高邮州夏家集人。业疡医,远近以为神技。其治病,每将药针炼红,刺患处,应手奏效。[见:《续增高邮州志》]

夏日华 北宋人。里居不详。以医为业,知名于时。欧阳修荐之,应国子四门助教考试。王安石(1021~1086)代拟圣批曰:"天下安危治乱,其责在乎政事之臣。责之岂可以不厚?故其有求于上,吾皆听许而不违。今修以尔能医而为之请命,吾其加锡,以示不违于大臣。尔往懋哉,当知夫名不可假。可。"[见:《王安石全集·卷五十五·外制》]

夏日宣 北宋人。里居不详。以医为业,知名于时。胡宿荐之,应国子四门助教考试。王安石(1021~1086)代拟圣批曰:"夫论思劝讲之臣,实吾耳目腹心之赖。而尔能执技,调护其家,请命于朝,以为尔宠。吾其锡尔,往矣勉哉。可。"[见:《王安石全集·卷五十五·外制》]

夏日焴 字伯育。明末昆山县(今属江苏)人。精医术。曾任太医院吏目。[见:《昆

山新阳合志》、《昆新两县志》]

夏仁寿 (1335~1381) 字景安,自号寿安处士。元明间浙江钱塘县龙井义安乡人。夏应祥子。其父设寿安堂药室于郡城,以诚信著称。仁寿谦和乐善,解人之困犹恐不及。其父临殁,以"勿轻药事"嘱之。仁寿遵命惟谨,以重资购良药,精心炮治,故病家非夏氏药不用。年四十有七,因弱疾而殁。子夏时、夏礼,生平未详。[见:《中国历代名医碑传集》(引徐一夔《始丰稿·钱塘夏君墓志铭》)]

夏仁斋 元代人。里居未详。精医术,得国老鲁公赏识。曾试艺于藩王府,声达帝廷,多获赏赐。不愿出仕,行医于民间。僧大欣作《赠医者夏仁斋》诗赞之曰:"宋清知名自柳子,夏生何幸逢鲁公。鲁公况是国元老,品题孰敢当才雄?试艺潜宫称绝艺,喜动天颜锡金币。后来窃比分推贤,征车不入都门市。一壶自有一乾坤,谁道天人隔凡尘?白榆红杏成行种,鸡犬仙家万户春。莫怪风尘涴玉质,芳名误被时人识。更将草木伐虫鱼,阴功早已标仙籍。"[见:《金元医学人物》(引《蒲室集》)]

夏以时 字凤亭。明代江西吉安府人。生而奇侠,读书未售,后改学医。日诵李时珍《本草纲目》,多有领悟。久之术精,治病多奇验,求诊者日夕盈门,得一剂即瘳,时称"夏一剂"。值岁荒,散家资以赈饥民,全活数百人。不久,疫疠流行,"死者僵道",夏以时叹曰:"义不可独全也!"又倾资购药施治,不取酬报,赖以全生者甚众。[见:《吉安府志》]

夏正邦 清代贵州湄潭县经里人。邑名医夏芳曾孙。平生乐善,精堪舆术,兼通医道。值兵燹,与曾祖立寨东溪,施药济人。年八十岁,无疾而终。著有《产科心法》行世,今未见。[见:《湄潭县志》]

夏世篆 清代湖南益阳县人。乾隆庚午(1750)举人夏逢尊(字辉之)子。工书法,兼通医理。著有《岐黄秘诀》,今未见。[见:《益阳县志》]

夏本刚 清代四川罗江县人。熟读张仲景《伤寒论》,医术甚精。有人中寒病殆,已日余,惟心窝微热。延请本刚视之,投以药,顷刻而苏。所治类此者甚多。[见:《罗江县志》]

夏东升 清代江西广丰县人。以医术济世,活人甚众。[见:《广丰县志》]

夏民悦 清代河南长垣县人。庠生。通明医理,尤精针灸,知名于乡。[见:《长垣

县志》]

夏邦佐 清代湖南湘潭县人。生平未详。通医理，著有《白喉证辨》一卷，今未见。[见：《湘潭县志》]

夏廷玉 字安甫。清代湖北沔阳县人。业精岐黄，能以脉象决生死，所愈垂危之症甚多，一时称为神奇。子夏昌荣，为庠生。[见：《沔阳县志》]

夏廷秀 号怡闻。明代浙江吴兴县人。诸生。弃儒业医，知名于时。膺荐入太医院，官至院判。晚年辞归。子孙传承其业。[见：《吴兴县志》]

夏合贵 清代四川渠县人。精医术，尤擅外科、针灸。凡治疡疾，著手取效，名重于时。[见：《渠县志》]

夏连芳 清末河南淮阳县人。儒医夏端木孙。绍承祖学，以医为业。[见：《淮阳县志》]

夏希鲁 明代人。里居未详。精医术，知名于时。画家韩氏得疾，友人述其症状，夏氏处以方药，疾愈。友人以韩氏所作墨梅酬之。[见：《中国历代医家传录》（引《玉台画史》）]

夏甸芳 号修真子。清代四川威远县人，生平未详。著有《活命慈丹》一卷，刊刻于同治八年（1869）。今陕西省中医药研究院图书馆、成都中医学院图书馆各藏一部。[见：《古书目录》、《中医图书联合目录》]

夏应祥 （1302～1374） 元末浙江钱塘县龙井义安乡人。素习医术，知名于时。荐授杭州金玉总管府杂造局大使，改金玉局大使。迁军器局提举司同提举，官阶将仕郎。夏氏性端谨，待人谦和，好济人急难。嗜读医书，尝谓："匹夫济人利物，无他术，惟医药可尔。"官至八品，淡于仕进，托病归乡。熟谙制药之法，设寿安堂药室于杭州寿安坊。凡药材之不易致者，或贵重者，必多方搜求，亲手依古方配制，故所售皆佳良。尝曰："人命所系，不可忽也！"素怀救贫之心，凡穷困者求药，不取其酬。晚年命子夏仁寿主持药室，持杖游于山水之间。洪武七年殁，享年七十三。[见：《杭州府志》、《金元医学人物》（引徐一夔《始丰稿·元故将仕郎金玉府军器提举司提举夏君墓志铭》）]

夏陈畴 字锡九。清代四川金堂县人。早年习儒，屡荐不中，绝意仕进。设塾课徒三十余年，门生盈庭。晚年精岐黄，以术济世。遇贫病资以药饵，乡里感德。年七十七岁殁，闻

讣而泣者甚众。[见：《续汉州志》]

夏茂林 字森然。清代河南淮阳县人。精通医术，诊脉断症，如身亲历。[见：《淮阳县志》]

夏昌庭 清代江苏昆山县杨湘泾（今淀山湖镇）人。精医术，善治鼓胀，享誉遐迩。无子，嗣子贺介眉，得其传授。[见：《昆山历代医家录》]

夏泽生 清代江苏上海县人。精医术。与同邑平希豫齐名。[见：《上海县志·沈元裕传》]

夏泽沛 字卧侯。清代湖南益阳县人。早年习儒，为诸生。好读方书，多有妙悟，尤精诊断。尝诊一妇，告曰："孕三日矣。"妇且信且疑，后果如所言。又诊一妇曰："脉极异，必孪生。"及产，应验不爽。年三十九，谓其友薛绳祖曰："吾死于今岁之夏。"薛问其故，曰："心脉散矣。"五月果卒。著有《脉义发微》，惜无后人，其稿不知所归。[见：《益阳县志》]

夏宝生 字尔佩。清代江苏高淳县人。性敏悟，好丝竹管弦，喜吟咏。尤精医术，以幼科见长。治病不拘泥成法，手到病除。同时有夏锦贤，以内科知名。[见：《高淳县志》]

夏建中 明代长洲县（今江苏苏州）人。素勇悍，善搏击。洪武间（1368～1398）行货下乡，遇群盗，不敌而遁，归则卧病，辗转九年不愈，群医束手。时浦江名医赵良仁隐居沙湖田舍，赵氏友人顾亨之，觅而得之，恳请出诊。赵至，视夏氏颜色，曰："病可起，无忧也，然必服药一年则可。"夏氏依言服药，果得大瘥。嗣后，拜入赵良仁门下，赵亦喜其聪明过人，遂以医术尽授之。夏氏既精医道，复潜心经术，永乐（1403～1424）初，荐为吴郡训导。以考绩至京师，值外国使臣进贡得疾，官医不能疗。太宗命在京官员军民有善医者，许奏以闻。御医盛寅（1375～1441）与夏建中同郡，知其精医，遂举以应。建中用药，无效而死。太宗怒，建中与群医皆下狱。次年，大臣为之奏解，释之。夏建中在狱患病，不久，竟客死京师。[见：《中国历代医家传录》（引《都公谭纂》）]

夏承天 清代浙江余姚县人。生平未详。著有《医学考镜》十二卷、《药性辨》若干卷，未见流传。[见：《余姚县志》]

夏孟蛟 字腾一。清代浙江泰顺县莒冈人。恩贡生。天性纯孝，敦睦宗族，为乡里所敬重。博通经籍，理悟入微。尤精医术，求诊

者甚众。不分远近昏夜，延请必往，至老不惮劳，不受酬，遇贫者资以药饵，活人无数。遇奇证痼疾，略有生机皆愈，决人生死、痊期如神。家藏古方书，间有评解，不事著述。传医术于从弟夏广文，广文传同邑林伯海。伯海死，遂无传。[见：《分疆录·孝友》]

夏绍廷 (1871～1936) 字应堂。近代江苏江都县人。徙居上海。自幼颖敏好学，心地慈善。早年从许菊泉学医，博通《内经》、《伤寒》诸医典。及悬壶问世，求治者甚众，名重于时。执业四十五年，虽诊务繁忙，仍手不释卷，学验两富。曾与丁泽周等创办中医专门学校，对中医教育贡献良多。1908年应同盟会之邀，赴日本神户筹划上海革命运动。辛亥革命后，与殷受田等筹建中国红十字会上海分会。子夏理彬，继承父学。[见：《中国历代医史》、《江苏历代医人志》]

夏树常 字纯一，号若愚。清代江苏东台县人。工书善弈，尤精医术。常巡诊于富安场，治老幼诸疾，十不失一。[见：《东台县志稿》]

夏重光 字东升。清代江苏上海县人。精医术，以疡科问世，治病应手奏效。婿张瞻源，传承其业。[见：《上海县志》]

夏逢谕 清代湖南益阳县人。生平未详。著有《伤寒辨疑》，今未见。[见：《益阳县志》]

夏惟勤 明代河北冀州人。太学生。精医术，有国手之誉。曾校订张洁《仁术便览》，又与杨希洛订正无名氏《明目至宝》，重刊于世。[见：《仁术便览·方应选序》、《中医图书联合目录》]

夏焕勋 清代江苏高淳县人。早年习儒，精通医道，知名于时。门生孙学成，尽得其传。[见：《高淳县志》]

夏朝坐 字理堂。清代江苏江浦县人。敦品绩学，善诱后进。旁涉医学，著有《本草核真》，未见流传。[见：《江宁府志》、《江浦埤乘》]

夏锦贤 字经棠。清代江苏高淳县人。精医术，以内科见长，与同邑儿科夏宝生齐名。[见：《高淳县志·夏宝生传》]

夏溪清 字洁亭。清代山东阳信县人。廪生。屡赴乡试不中，改习岐黄，博览脉学、药性诸书，悬壶济世。临证胸有成竹，治疗多效，知名于时。同治五年（1866）霍乱流行，夏氏晨昏赴诊，有求必应，全活不可胜计。[见：《阳信县志》]

夏嘉级 清代四川仁寿县人。通医理。为人慷慨，不谋私利。道光间（1821～1850）设药肆于市，凡贫病者求药，不取其钱。遇危急之症，必多方救治，活人数以百计。[见：《补纂仁寿县原志》]

夏端木 字效赐。清代河南淮阳县人。监生。兼通医术，乐善好施。道光（1821～1850）初年及咸丰二年（1852），淮阳两逢大疫，夏氏皆施药救治，赖以全活者数百人。孙夏连芳，以医为业。[见：《淮阳县志》]

夏懋铎 字振万。清代江西新建县人。性豪爽，好排纷解难。精医术，遇病者施以汤药，救济甚众。[见：《新建县志》]

夏翼增 字益能。清代蓉江（疑为江西南康）人。生平未详。著有《引经便览》一卷，今存道光二十二年（1842）仁心斋刻本。[见：《中医图书联合目录》]

桂

桂轮 字颖川，号鉴斋。清代江西义宁州西乡六十七都人。幼习举业，赴试不中，弃而学医。究心《灵枢》、《素问》诸书，多妙悟，治病奇中。有医德，凡贫不能购药者，周济之。卒之日，有痛哭至失声者。著有《医方集略》二卷、《鉴斋医案》一卷，未见刊行。[见：《义宁州志》]

桂士元 字魁文。清代湖南衡阳县人。自少习儒，工书法。屡试不售，遂精研岐黄。凡以病延请，应手辄痊，并预决人之寿夭及愈期远近，无不奇中。观察使侯公雅重其学，赠匾额曰功深三折。著有方书数十卷，皆散佚不传。[见：《衡阳县志》]

桂万荣 南宋四明（今浙江鄞县）人。端平间（1234～1236）官常德知府。曾参阅《疑狱集》、《折狱龟鉴》二书，撰《棠阴比事》一卷，刊刻于世（今存）。此书为古代刑狱案例汇编，其中颇涉古代法医学。[见：《百川书志》、《棠阴比事》]

桂小山 清代江苏泰州（今泰县）人。精通医道，知名于时。门生袁辅治，得其传授。[见：《续纂泰州志》]

桂廷蔺 字海洲，号虚筠。清代浙江慈溪县人。祖桂芳，父桂庸，皆以诗知名乡里。廷蔺秉承家学，亦精诗赋。辑先世遗诗，撰《清芬集》，多至数十人。慈溪文献桂氏独全，廷蔺之力为多。兼涉医学，著有《验方随记》一卷，未

见流传。[见:《慈溪县志》]

桂起予 元代四明(今浙江鄞县)人。精医术,官慈溪县医学教谕。至元二十五年(1288),购民房建立县医学。翁传心撰《慈溪医学讲堂记》,记其事甚详。[见:《金元医学人物》(引《四明志·慈溪医学讲堂记》)]

桐

桐君 上古时人。传说与岐伯、雷公、巫咸皆为黄帝之臣,俱精医药。据载,桐君"多识草木性味,定三品药物,为君臣佐使",此为后世附会之词。《隋书·经籍志》有"《桐君药录》三卷"(已佚),亦为托名之作。浙江桐庐县有桐君山,宋元丰间(1078~1085),县令许由仪访桐君《药录》而不得,惟山隈有小桐,乃绘桐君图于绝顶小堂。孙景初继任县令,易绘像为塑像。明嘉靖(1522~1566)初,知县张莹设立桐君祠,以紫霄观道士理祠事。[见:《隋书·经籍志》、《新唐书·艺文志》、《古今医统大全·历世圣贤名医姓氏》、《历代名医蒙求》、《桐庐县志》]

原

原平仲 隋代(?)人。生平里居未详。著有《灵秀本草图》六卷,已佚。[见:《隋书·经籍志》、《旧唐书·经籍志》、《新唐书·艺文志》、《国史经籍志》]

原廷葆 字素亭。清代陕西蒲城县人。早年习儒,兼精医术。曾任广西马平县知县。见义必为,人有贫不能葬者,即助资葬之。晚年主讲凤翔书院。著述甚多,有《姓氏类编》一百三十六卷、《素亭诸集》十卷、《家传四稿》十二卷。所撰医书有《医学先务四种》若干卷、《四诊药性诸穴》八卷、《保幼全诗》十二卷,今皆未见。[见:《同州府志》、《续陕西通志稿》]

原隋凤 清代河南人。生平里居未详。著有《医杂说》,未见流传。[见:《河南通志》]

原登衢 清代陕西蒲城县人。精医术,擅长痘科,有起死回生之誉。[见:《蒲城县新志》]

顾

顾丰 字来吉。清代江苏长洲县人。名医唐大烈门生。曾参订其师《吴医汇讲》。[见:《吴医汇讲·卷八》]

顾朴 字太素。明代常熟县(今属江苏)人。邑名医顾颛孙。绍承祖父之学,医名噪甚。

一富家翁得寒疾,朴诊之曰:"病危甚,法当下,不尔入暮且死矣!"众医曰:"今太阳、少阴并病,且病久体弱,若下,是促其死也,不若姑听之。"朴曰:"病人面赤目黄,狂言恍惚,此为有实。不速为吐下,无能为也。"遂下之,一夕而愈。子顾昱,继承其业,亦负盛名。[见:《常熟县志》、《吴县志》、《海虞文征》]

顾仲 字中村,号浙西饕士。清代浙江嘉兴县人。曾游历中州,得见杨子健家藏《食宪》旧本,遂删改补订,于嘉庆二十三年(1818)辑《养小录》三卷,今存。[见:《嘉兴县志》、《浙江医籍考》]

顾行 字敏三。清代浙江钱塘县人。生平未详。著有《伤寒心印》一卷、《治瘖全书》二卷、《痘疹金镜重磨》三卷,均佚。[见:《浙江通志》、《杭州府志》]

顾欢 (390~453)字景怡,又字玄平。南朝齐吴郡盐官(今浙江海宁)人。幼好道术,嗜读儒家、道家诸书,一生隐居不仕。齐太祖辅政,征授扬州主簿,辞而不就。顾欢好以异术治病,一人以病造访,欢问:"君家有书否?"答曰:"唯有《孝经》三篇。"欢曰:"取置病人枕边,恭敬之,当自瘥。"其法虽荒诞不经,而愚者皆敬信之。[见:《历代名医蒙求》、《南齐书·顾欢传》]

顾旸① 字东启,堂名承训。明代昆山县(今属江苏)人。随父徙居南京。太医院御医顾文荣(1364~1437)子。幼承庭训,尽得父学,深通医理,制药尤精。重孝义,以"承训"名其堂,杨士奇作诗赞之。子顾琼,生平未详。[见:《昆新两县续修合志》、《中国历代名医碑传集》(引杨士奇《东里续集·顾仲华墓志铭》)]

顾旸② 号爱杏。明代常熟县(今属江苏)人。邑名医顾恩子。以医为业,视病洞若观火,诊脉能决死生,颇负重名,松江人尤推重之。年八十余卒。[见:《常熟县志》、《常昭合志稿》]

顾秀 字芝千。清代江苏常熟县唐市人。精医术,尤擅长疡科,名著于时。[见:《唐市志补编》]

顾言① 清代河南南乐县佛村人。精医术,以正骨科名世。门生刘闻一,传承其术。[见:《南乐县志》]

顾言② (?~1914)字丹泉。清末江苏上海县人。世居十六保荷巷桥。性凝重,有胆识。早年精研医药,自《内经》、《伤寒》,至刘完素、张子和、李杲、朱震亨及王士雄诸名医之

书，无不探讨入微，医术精湛。素重医德，凡以病求诊，不论远近皆赴，治则获效。年七十余卒。[见：《上海县志》]

顾沅 号潜石子。清初人。生平里居未详。著有（1673）《内经要旨》一卷，今存康熙十二年癸丑刻本。[见：《中医图书联合目录》]

顾启 字希曾。清代浙江平湖县人。精通医术，尤擅长伤科，治疗金疮甚验。[见：《平湖县志》]

顾英 字沅芳。清代人。里居未详。通医术，为名医唐大烈门生。曾校订其师《吴医汇讲》。[见：《吴医汇讲·卷五》]

顾诜 字令一。清代江苏嘉定县人。遇异人，秘授"龙尾神针"及灸法，试辄奇效。凡痿痹不仁，匍匐舁载而来者，按经取穴，灸数十壮，每能举动自如而去。子孙世守其术。[见：《安亭志》]

顾珍 明代长洲县（今江苏苏州）人。世医顾俊（1402~1479）子。尽得父传，名噪于时。成化十六年（1480），翰林程敏政因葬父途经苏州，室人病危，吴医治而不效，大为忧虑。郡守刘汝器闻之，亟称顾珍之术，遂迎诊。珍至，投药而效，一月间疾愈。程氏盛赞其学。顾珍长子顾春，幼子顾易，生平未详。[见：《中国历代名医碑传集》（引程敏政《篁墩文集·医顾翁墓表》）]

顾荣 元代汴梁（今河南开封）人。精医术，曾任江浙医学提举。子顾铭，孙顾天祥，传承其术。[见：《中国历代名医碑传集》（引程敏政《篁墩文集·医顾翁墓表》）]

顾柄 字斗垣。清代江苏川沙县九团人。武生。以医为业，专擅外科，远近闻名。[见：《川沙县志》]

顾昱 字求昭。明代常熟县（今属江苏）人。名医顾朴子。传承父业，亦以医术知名。一人冬月远归，得吐酸疾，众医从寒治，皆不效。昱独谓热证，一药即愈，闻者服其精博。[见：《海虞文征》]

顾钧 字璞完。清代江苏华亭县人。精岐黄术。家道素丰，出必带参、桂诸药，遇贫病随手施济，世人感德。[见：《重修华亭县志》]

顾复 字复生。清代江苏常熟县人。精医术，兼工诗赋，知名于时。[见：《常昭合志稿》]

顾俊 （1402~1479）字时雍，号泰然。明代长洲县（今江苏苏州）人。祖籍汴梁（即河南开封）。高祖顾荣，仕元为江浙医学提举。曾祖

顾铭，徙居长洲。祖父顾天祥，父顾胜宗，皆以医名。俊自幼习医，家传之外，尤嗜丹溪之书，口诵心维，务得其要。及悬壶，效如桴鼓，名动于时。吴医喜用温补法，每群起而非之，不为所动。有重病之家延请众医会诊，俊问："法后当如何？"众医无语。俊乃预言病变，皆应验不爽。由是医名益彰，而妒者益甚。平生重孝义，有医德，虽屡起危疾，未尝以术射利，人皆感德。诊疗之余，勤奋读书，儒学之外，兼通星数堪舆，研求长生久视之道。晚岁营别墅于葑溪之北，自号泰然。殁于成化己亥之秋，享年七十有八。子顾珍，尽得父学。孙顾春、顾易，生平未详。[见：《医学入门》、《古今医统大全》、《中国历代名医碑传集》（引程敏政《篁墩文集·医顾翁墓表》）]

顾莹 （1815~1864）字守之。清代江苏新阳县朱塘人。徙居甫里（今苏州角直镇）。邑名医顾惺胞弟。以医为业。曾详校医书多种，惜未刊行。子顾凤荪、顾维熊，皆传承父业。[见：《吴中名医录》、《昆山历代医家录》]

顾桂 清代江苏川沙县人。世医顾瞻乔子。与兄顾鸿、顾骧，俱得父传，以医世家。[见：《川沙县志》]

顾恩 字荣恩。明代常熟县（今属江苏）人。名医顾颙后裔。绍承祖业，于医理主宗朱震亨。临证尤擅诊断，知名于时。子顾旸，传承其业。[见：《常熟县志》]

顾逵 字雨田。清代江苏青浦县人。诸生。从名医何其超学，精妇科。曾寓居吴县，享盛名。著有《张大曦爱吾庐医案注释》，未见流传。[见：《青浦县续志》]

顾培 明代苏州（今属江苏）人。精医术，知名京师。隆庆二年（1568）正月，太医院医官徐春甫集合各地在京名医四十六人，创立一体堂宅仁医会，顾氏为会员之一。诸医穷探医经，讨论四子（指张机、刘完素、李杲、朱震亨），共戒私弊，患难相济，为我国最早之全国性医学组织。[见：《我国历史上最早的医学组织》（《中华医史杂志》1981年第3期）]

顾铭① 元末汴梁（今河南开封）人。江浙医学提举顾荣子。传承父学，亦精医术。生逢乱世，徙居长洲（今江苏苏州）。子顾天祥，亦以医名。[见：《中国历代名医碑传集》（引程敏政《篁墩文集·医顾翁墓表》）]

顾铭② 字昔棠。清代浙江平湖县人。顾宗周八世孙。勤奋好学，书法雄健。精通医术，读张仲景书，作《私淑图》以明志。晚年

广接后进，以诗酒自娱。年七十一岁卒。著有《治验医案》若干卷，未见流传。[见：《平湖县续志》]

顾鸿 清代江苏川沙县人。世医顾瞻乔长子。继承家学，亦业医，知名乡里。子顾舜钦，传承父业。[见：《川沙县志》]

顾諟 清代四川温江县人。与同邑宋廷琯、邓以中，先后入名医赵廷儒门下，俱以医术著称。[见：《温江县志》]

顾琳 清代江苏上海县人。邑名医顾承仁子。继承父业，亦精医术。[见：《上海县志》]

顾森 清代江苏昆山县人。名儒顾炎武后裔。乾隆二十二年（1757）徙居陕西潼关。富于著述，曾撰《医学选释》八卷，今未见。[见：《同官县志》]

顾悝 原名顾锦，字少竺，又字日瞿，号述民，又号涤庵。清代江苏新阳县朱塘人。嘉庆十九年（1814）入县庠，廪贡生。早年从名医沈焘学，尽得师传，医道大行，时称神手。又工诗文，书法尤超绝。年七十六岁卒。著有《用药要诀》（又作《用药分类》）一卷、《涤庵诗钞》四卷，今未见。嗣子顾凤荪，绍承医业，亦享盛名。[见：《昆新两县续修合志》、《吴县志》、《昆山历代医家录》]

顾鉴 字芳华。清代江苏如皋县白蒲镇人。素行端谨，精通医术。年九十岁卒。子孙俱以医为业。[见：《白蒲镇志》]

顾锡 （?～1812） 字养吾，号紫槎。清代浙江桐乡县乌青镇人。后徙居松江县西郭。顾明远子。早年习医，师事栋市名医王先生，尽得其秘。嗣后，博览古今名医之书，造诣日精。初悬壶，世少知者。同时有徐氏，以善治目疾声著四方，冠盖辐辏其户。有不效，辄归咎于疾。或劝诣顾锡就诊，治之无不愈，故声名大噪，远近迎请无虚日。性孝友，重然诺，诊疗所得奉养父母，救济亲族，人以厚德君子视之。著有《银海指南》四卷，刊于嘉庆庚午（1810），今存。无子，以侄顾师濂为嗣。女顾淑昭，工诗，亦通医理。门生殳芬，得其传授。[见：《乌青镇志》、《中国历代名医碑传集》（引朱方增《求闻过斋文集·顾紫槎传》）]

顾愈 清代江苏常熟县人。生平未详。著有《伤寒衣钵》一卷，刊刻于世。今未见。[见：《常昭合志》]

顾源 字允斋。清代江苏奉贤县六典桥人。世代业儒，至顾源弃儒学医。专精疡科，治贫病不受酬仪，远近信赖之。[见：《重修奉贤县志》]

顾璇 清代江苏川沙县八团人。邑名医顾传业长子。继承父学，亦精医术，以痘科及针灸知名。子顾良济，传承父业。[见：《川沙县志》]

顾颙 字昂夫。明代常熟县（今江苏）人。少习举业，通经义，善诗赋。既长，尽弃所学，专攻医理。能别阴阳，辨病机，判死生之期甚验，踵门求治者不绝于途。素重医德，诊病不图酬报。有司以明医荐于朝，供职太医院，遂留居京师。在京医名隆盛，求治者日不暇接，心厌之，乞归田里。筑"南园草堂"于乡，隐居其中。纶巾野服，出坐篮舆，挟册吟咏，逍遥于山水间，遇以疾告者，不问贫富皆应之。著有《顾颙遗集》，已佚。其孙顾朴，曾孙顾昱，并精医术。[见：《苏州府志》、《常熟县志》、《常昭合志》]

顾澄 字慧晓，又字宪卿。明代吴江县（今属江苏）同里镇人。精岐黄术，治病不索谢仪，乡里敬之。又擅书法，得欧阳询笔意。[见：《同里志》]

顾儒 （1533～1618） 字成宪，号云竹山人。明代江阴县（今属江苏）人。其父多疾，久病成医，得享高寿。曾谓顾儒曰："事亲不可不知医。汝能攻之，非惟济世，亦可养生。古良医、良相并驰于穷达之间，苟有益于生民，则相业不见其多，而医道不见其少。汝姑勉之。"儒从父训，尽弃举业，专力于医。初师事浙东异人，继问业无锡高士，力学数载，不惮昼夜。技成悬壶，凡临证立方，必探求病源，务求效验而后已，故治辄获效，远近争相延致。有医德，不问贵贱贫富，虽寒暑风雨，随请即赴。遇贫病常赠以药，或佐以薪米，世人称颂其德。以子顾言贵，受封诰。年八十六岁殁，里人私谥"慈惠先生"。著有《简明医要》（又作《简明医方》）五卷，顾端文为之作序，刊于万历丙午（1606），今存。[见：《简明医要·序》、《江阴县志》、《中医图书联合目录》]

顾翱 明代常熟县（今属江苏）人。邑名医顾颙后裔。传承家学，亦精医术。[见：《常熟县志》]

顾澧 字芑堂，号雨坪。清代浙江嘉善县人。附贡生。早岁习儒，少负俊才，风雅工诗，为世称道。兼擅岐黄术，著有《初学摘略》十二卷，未见传世。[见：《嘉善县志》]

顾瓒 字仰山。清代江苏南汇县人。精医道，挟技游京师，道光时（1821～1850）荐授太医院吏目。[见：《南汇县志》]

顾骧 清代江苏川沙县八团人。邑名医顾瞻乔次子。传承父业，亦工医术，著称于时。[见:《川沙县志》]

顾麟 字祥甫，号趾卿。清代江苏南汇县黑桥人。顾秉源子。自幼颖异，四岁能辨四声。及长，刻苦向学，领同治丁卯（1867）乡荐，大挑教谕。与娄县章末，本县丁宜福、华孟玉相唱和。张文虎评其诗近芙蓉山馆，词近玉田、梦窗。晚岁研究医学，以术济世。著有《灵素表微》、《内经疏证》二书，未见刊行。[见:《南汇县续志》]

顾一经 清代江苏吴江县金泽镇人。通医术，为名医何其超门生。[见:《中国历代医家传录》]

顾九皋 字松崖。清代江苏宜兴县人。善技击，尝游于山东，得良师传授，精伤科术。乡人之子为牛所触，腹破肠流，气微垂绝。九皋纳入其肠，敷以药，以帛束腹，十余日得痊愈。又善制接骨丹，疗效神妙。志在济人，治病不计酬报。[见:《宜荆县志》]

顾士圣 清代浙江上虞县西化人。徙居山阴县。早年承袭少林寺武功，兼精伤科，通南北各派之长，理筋接骨，应手奏效，名噪乡里。子顾子舆，孙顾传贵，皆传承先业，时称顾氏伤科。[见:《山阴县志》、《绍兴医学史略》]

顾大田 清代江苏吴县人。邑名医顾文炟孙。早年从祖父门生徐锦学医，后悬壶于世，颇负盛名。著有《利济堂医案》，今存抄本。门生朱廷嘉，得其传授。[见:《吴县志》、《朱氏实法·序》、《中医图书联合目录》]

顾大纲 （?~1917） 字宾谷。近代江苏上海县江桥乡人。世医顾锡荣子。自少嗜学，年二十三入县庠。继承父业，博览医书，研究有得，悬壶济世。往来于真如、南翔之间，寒暑无间，活人甚众。五十岁后被选为江桥乡会会长、蒲淞市议长。民国六年卒。[见:《上海县志》]

顾大昌 字子长，自号楞枷山民。清代江苏吴县人。名医刘彦冲门生。庚申之变（1860）避居闽中。事平回吴，继续行医，声名益高。[见:《吴县志》]

顾万程 清代江苏南汇县人。精医术，悬壶于世。每出诊，子顾宗萧负药笼以从，后亦为名医。[见:《南汇县志》]

顾山乔 清代江苏青浦县人。精通医术，以妇科名噪于世。子顾家振，传承父业。[见:《青浦县续志》]

顾广纪 清代安徽盱眙县人。善医，诊脉知人生死，见称于苏州叶天士。[见:《盱眙县志稿》]

顾小江 清末江苏昆山县巴城镇人。精医术，知名乡里。与同镇罗勉之、张梦三、冯性斋，元和县朱阶泰（1848~1915）诸同道相往还，淬励学术。[见:《巴溪志》]

顾子乔 清代江苏青浦县人。通医术，知名于时。门生潘鸿涛，声名益盛。[见:《青浦县志》]

顾子舆 清代浙江山阴县人。祖籍上虞县西化。武学兼伤科名家顾士圣子。继承父学，亦精伤科。子顾传贵，孙顾凤来，皆绍传先业。[见:《山阴县志》、《绍兴医学史略》]

顾开熙 字蒙生。明末青浦县（今属上海）斡山人。少补诸生。中年患疾，阅医书有得。复从名医李中梓游，尽得其传。后悬壶问世，志在济人，不计诊酬，远近称之。年六十三卒。[见:《青浦县志》、《娄县志》]

顾天宠 字承予。清代江苏六合县人。以医为业。治伤寒如神，辨死生于指下，百不失一，知名于时。[见:《江宁府志》]

顾天祥 明代长洲县（今江苏苏州）人。祖籍汴梁（今河南开封）。元末江浙医学提举顾荣孙。其父顾铭，以医为业，徙居长洲。天祥传承家学，亦以医名。子顾胜宗，亦业医。[见:《中国历代名医碑传集》（引程敏政《篁墩文集·医顾翁墓表》）]

顾天锡 字重光。明代湖北蕲州人。早年习儒，天启间（1621~1627）岁贡生。博通经史，见知于督学董其昌。入北雍，对策语及太监，为主司所恶。寻选中牟知县，不就。讲学于海淀、天津。后归乡，以先世遗书教子景星，无间寒暑。兼通医道，著有《素问灵枢直解》六卷、《针灸至道》三卷，已佚。[见:《黄州府志》、《蕲州志》]

顾天璐 字惠佩，号醴泉。清代江苏通州（今南通）人。少时弃儒习武，以拳勇知名。兼通医术，治病有奇效，知名于时。[见:《通州直隶州志》]

顾元交 字焉文，又字敷尹。明清间江苏武进县人。早年习儒，游于吴县令熊鱼山之门。与名医胡慎柔（1572~1636）相往还，胡氏传以医术，授以秘籍，遂通医道。明亡，屏弃仕途，悬壶于世。著有《本草汇笺》十卷，刊刻于顺治十七年（1660），今存。[见:《慎柔五书·

顾序》、《中医图书联合目录》、《贩书偶记》]

顾少月 佚其名（字少月）。清代江苏娄县仓七图人。精医术，以幼科名世。同里冯淇，亦以医闻。[见：《娄县志》、《松江府志》]

顾升恒 字季披。清代江苏昆山县人。庠生。通医理，为名医喻昌门生。[见：《寓意草》]

顾长智 清代四川铜梁县人。精通医术，知名于时。以技活人，轻财好义，数十年如一日。七十一岁殁。[见：《铜梁县志》]

顾长龄 字杏村。清代奉天府海城县（今辽宁海城）南关人。自幼习医，擅长妇科。临证谨慎，验证详细，不轻用猛峻之剂，凡施治多应手取效。尝言："治病当培养元气，正气足则外邪自退。"门生甚众，姜文川、刘光大，为其高足。年七十余卒。子顾寿昌，克绍父学。[见：《海城县志》]

顾介标 清代江苏吴县光福镇人。精医术，以疡科名世。子顾兆熊，传承父业。[见：《吴县志》]

顾从德 字汝修，自号方壶山人。明代青浦县（今属上海）崧泽里人。祖籍武陵（今湖南常德）。太医院御医顾定芳（？～1550）次子。早年习儒，兼精医理。曾校刻医学丛书《医学六经》，包括《黄帝内经素问》二十四卷、《黄帝内经灵枢》十二卷、《黄帝三部针灸甲乙经》十二卷、《难经本义》二卷、《校定脉经》十卷、《华先生中藏经》八卷，刊于嘉靖二十九年（1550）。一说仅刻《素问》，待考。顾氏素以藏印著称，其侄顾天锡（字九畴），集祖孙三代所藏，编《集古印谱》，后经太原罗王常重编，辑《秦汉印统》八卷，刊于万历间（1573～1619）。[见：《上海县志》、《青浦县志》、《中国善本书提要》、《经籍访古志》、《中国医籍大辞典》]

顾月千 清代江苏川沙县八团人。以医为业，擅长外科。每出诊必徒步而往，不令雇轿，亦不较酬。[见：《川沙县志》]

顾丹泉 清末江苏上海县人。通医术。为世医何长治门生。[见：《中国历代医家传录》]

顾凤来 清末浙江山阴县人。世以武学、伤科名世。五传至顾凤来，弃武传医，而术尤精进，名重于时。著有《顾氏医录》若干卷，藏于家。子顾杏元、顾杏庄、顾杏春、顾杏林，皆传承父学，以杏庄（1855～1926）继业最精。[见：《绍兴医学史略》]

顾凤荪 （1836～1880） 字伯威，号桐君。清末江苏新阳县朱塘人。邑名医顾莹长子。出嗣伯父顾悍。自幼聪颖，绍承家学。及长，悬壶济世，能起奇疾，声名大噪，时人以"顾天士"称之。[见：《昆新两县续修合志》、《吴中名医录》、《昆山历代医家录》]

顾文荣 （1364～1437） 字仲华。明初昆山县（今属江苏）人。洪武间（1368～1398），以昆山富户实京师，遂徙居金陵（今南京）。父顾明早卒，奉母孝养备至。母病痰疾，遍延名病不效，竟殁。哀恸之余，深以不通岐黄自责，遂从良师习医，造诣日深。技成，悬壶问世，凡求治者无往，往辄奇效。后荐授太医院御医，声名益噪。重医德，平素贮备良药，遇贫病辄救济之，不求酬报。平生任侠好义，周人之急惟恐不及。乡人傅巾，欠公租八十石，将鬻子以偿。顾氏闻之恻然，邀至家，赠银六十两，使尽偿其租。此类善行不胜枚举，时论贤之。临终，召子孙于榻前，谕之曰："吾家素尚俭，有赢必推以济人。若等惟忠孝宽厚相承，即吾瞑目无憾矣。"语讫而卒，享年七十有四。子顾旸，亦精医道。[见：《昆新两县续修合志》、《中国历代名医碑传集》（引杨士奇《东里续集·顾仲华墓志铭》）]

顾文烜 字雨田，号西畴。清代江苏吴县南城人。国学生。早年习儒，后精医术，尤擅伤寒，名重于时，扬州人以千金求其一诊为幸。著有《顾西畴方案》、《顾西畴城南诊治》，今有影印本行世。还撰有《书方宜人共识说》一文，刊于唐大烈《吴医汇讲》。孙顾大田，传承家学，亦工医术。[见：《吴医汇讲》、《中医图书联合目录》、《吴县志》、《扬州画舫录》]

顾文熊 字乘虬。明代江阴县（今属江苏）人。副贡生。专意经学，究心天文，兼通医药。生平赋性高亢，不屑俯仰。富于著述，有医书《脉学指归》、《本草诠要》各若干卷，未见流传。[见：《江阴县志》、《江阴县续志》]

顾以诚 字啸峰。清代江苏金山县张堰镇人。从浙人刘某学医，精通其术。有姚氏女子，患心腹痛，久治罔效。一日痛甚，延请顾氏诊视，应手而愈，且不复发。自此，顾氏医名大振。[见：《重辑张堰志》]

顾以恢 字丽中。清代江苏奉贤县青村人。邑名医顾昌洛子。绍承父学，亦精医术。从征耿精忠，以军功授明威将军。[见：《奉贤县志》]

顾世澄 字练江，号静斋。清代安徽芜湖县人。生于世医之家，侨寓广陵（今扬州）四十余载。早年习儒，有文誉。袭承家学，以医问世，尤擅长疡科。临证多佳效，屡起危疴，知名于时。尝殚精竭虑，广搜古来医籍，编《疡医大全》四十卷，刊于乾隆二十五年（1760），今存。[见：《疡医大全·序》、《中医图书联合目录》]

顾可学 号惠岩。明代无锡县（今属江苏）人。弘治十八年（1505）进士，历官浙江参议。言官劾其在部时盗取官帑，斥归，家居二十余年。笃好经方，性好施济，遇患病者，不分贵贱皆为诊治。闻世宗好长生，而同年严嵩方柄国，乃厚赂嵩，自言能炼童男女溲为秋石（即性激素），服之延年。嵩为言于帝，赐以金币，授右通政。嘉靖二十四年（1545）超拜工部尚书，寻改礼部，再加至太子太保。其时，盛端明等亦以方术邀宠，各地方士争相效法，或献灵芝，或采银矿，或求龙涎香，中使四出，民怨沸腾，论者咸归咎顾可学。寻以年老乞休。年八十余卒，赐祭葬，谥荣僖。著有《眼科对证经验方》一卷，已佚。[见：《明史·顾可学传》、《古今医统大全·历代圣贤名医姓氏》、《国史经籍志》]

顾印谷 清代浙江嘉善县人。通医术，为青浦名医何长治门生。[见：《何鸿舫医方墨迹》]

顾尔元 （1790～1863）号雅亭。清末江苏无锡县人。祖上六代业医。绍承家学，亦以医问世。[见：《中国历代医家传录》（引《医中一得·顾序》）]

顾兰服 字国馨，号穆庵。明清间江苏昆山县千墩镇人。儒医顾绍芬次子。明末监生。多才绩学，声彻四方。崇祯十年（1637）冬，秉承其父遗志，与兄顾叶墅捐千金修建本镇证愿桥，以便行人。明亡，尽弃举业。顺治二年（1645）四月，与堂侄顾炎武共赴南京，拜谒祖父南京兵部右侍郎顾章志祠，拟参予南明弘光朝廷事，因清兵压境，未满旬日而返。后南明永历朝廷遣使诏之，以疾辞。顾氏通医理，晚年遁迹山林，以术济人。[见：《苏州府志》、《昆山历代医家录》（引《昆山县志稿》、《顾亭林先生年谱》）]

顾兰圃 清代人。生平里居未详。辑有《救急篇》一卷，刊于嘉庆二年丁巳（1797），今存。[见：《中医图书联合目录》]

顾民珩 号楚玉。清代浙江海盐县陶官里人。淬志举业，弱冠游庠，试辄前茅。兼通医术，晚年辑《医方纲目》等书，未见刊行。[见：《海盐县志》]

顾西亭 清代江苏上海县人。精医理，善诊脉辨证，常以药饵救治贫病。[见：《上海县志》]

顾成章 字咏植。清末江苏武进县人。为晚清儒士。撰有《周礼医官详说》，对古代医政制度有所考释。此书刊于光绪癸巳（1893），今存。[见：《中医大辞典》、《中医图书联合目录》]

顾传业 清代江苏川沙县人。邑名医顾瞻乔从弟。绍传家学，亦工医术，擅治痘疹。子顾璇，以痘科、针灸知名。[见：《川沙县志》]

顾传师 字持恒。清代江苏吴江县同里镇人。附贡生。自幼勤学，善属文。曾患弱疾，同里儒医程询治之，并授以导引术，得痊愈。后究心医学，贯通奥理，就治者甚众。年八十六岁，无疾而终。[见：《同里志》]

顾传贵 清代浙江山阴县人。祖籍上虞县西化。伤科名家顾士圣孙，顾子舆子。继承家学，亦精伤科，兼擅武功。子顾凤来，绍传先业，弃武精医。[见：《山阴县志》、《绍兴医史略》]

顾华谷 清末江苏苏州人。通医术，为青浦名医何长治门生。[见：《何鸿舫医方墨迹》]

顾兆熊 字啸峰。清代江苏吴县光福镇人。父顾介标，精疡科。兆熊以诸生世父业，治病多出新意。郡中富氏，额头患瘤，兆熊以炽炉炭烘针，刺涌泉穴，血淋漓下，额瘤顿消。[见：《吴县志》]

顾兆麟 清代江苏武进县孟河人。早年从名医陆懋修游，尽得其传。兼工诗。著述甚富，多散佚于战乱，惟《金针集》一书，经其侄顾渭川参校，存于世。[见：《中国历代医史》]

顾如梧 字子卿。清末江苏上海县人。工书法，尤精医术。为人诊病必尽心力，虽至危之证，亦全力救治，多获奇效。[见：《上海县志》]

顾观光 （?～1862）字尚之，又字宾王，号漱泉，又号武陵山人。清末江苏金山县人。早年习儒，为太学生，三试不第，遂弃举业，承世业为医。金山钱氏多藏书，观光常借而读之，博通经史百家，尤究极天文历算。曾协助同里钱熙祚校勘《灵枢》、《素问》，撰《素问校勘记》、《灵枢校勘记》，多有见地。钱氏《灵枢跋》云："顾君博极群书，兼通医理，其所更正，助我为多焉。"又博览古医籍，搜采散见各书之《本草经》

佚文，辑《神农本草经》三卷。顾氏还撰有《伤寒杂病论补注》（又作《伤寒论补注》）一卷，皆收入《武陵山人遗书》，今存光绪九年（1883）刻本。[见：《清史稿·顾观光传》、《清史稿·艺文志》、《黄帝内经太素研究》、《中医图书联合目录》]

顾孙兰 字芝亭。清代江苏元和县唯亭镇人。翰林院庶吉士顾嗣立孙。精岐黄术，治病不计利，惟以济人为务。兄婿周育和之子病革，将就木。顾氏诊之，曰："是尚可生也。"为立方，一剂而愈。兄子顾慰患痢，危在旦夕，亦一剂而安。其神效多类此。平和坦诚，不与人争，乐善好施，放生戒杀。后家道中落，仍典当金钏，制药施济贫病。惜年仅四十四岁即殁。[见：《元和唯亭志》、《吴县志》]

顾寿昌 清代奉天府海城县（今辽宁海城）人。世居城南关。妇科名医顾长龄子。继承父学，亦以医问世。[见：《海城县志》]

顾寿椿 清代陕西咸宁县人。通医理。著有《医宗金鉴补》（与马壮合辑）、《仁术约言》，今未见流传。[见：《绥德州志》]

顾芳源 清代江苏南汇县人。世医顾宗蕆曾孙。著有《顾氏秘书》四卷、《医方集要》一卷，今未见流传。[见：《南汇县志》]

顾克勤 清代江苏南汇县人。邑名医顾宗蕆季子。绍承家学，亦精医术。著有《医学管见》若干卷，未见刊行。[见：《南汇县志》]

顾杏元 近代浙江山阴县人。伤科世医顾凤来长子。绍承父业，亦精伤科。[见：《绍兴医学史略》]

顾杏庄 （1855～1926） 字二宝。近代浙江山阴县人。伤科世医顾凤来次子。幼承庭训习医，亦精伤科，尤擅接骨术。著有《祖传药录》，藏于家。[见：《绍兴医学史略》]

顾杏林 近代浙江山阴县人。伤科世医顾凤来幼子。绍承父业，亦精伤科。[见：《绍兴医学史略》]

顾杏春 近代浙江山阴县人。伤科世医顾凤来三子。绍承父业，亦精伤科。[见：《绍兴医学史略》]

顾希武 明代浙江处州府人。精医术，知名于时。门生毛梓孙，传承其术。[见：《处州府志》]

顾应祥 明代应天府（今江苏南京）人。精医术，知名京师。隆庆二年（1568）正月，太医院医官徐春甫，集合各地在京名医四十

六人，创立一体堂宅仁医会，顾氏为会员之一。诸医穷探医经，讨论四子（指张机、刘完素、李杲、朱震亨），共戒私弊，患难相济，为我国最早之全国性医学组织。[见：《我国历史上最早的医学组织》（《中华医史杂志》1981年第3期）]

顾灿卿 清末江苏常熟县人。从无锡名医王泰林（1798～1862）游，知名于时。外甥章成器（1869～1944），得其传授，医名益盛。[见：《吴中名医录》、《海虞医林丛话》]

顾宏礼 字维恭。清代江苏崇明县人。以医名世。有医德，遇危证，虽深夜延请必往。所得诊酬不治家产，悉供施药之费，凡殁而无力归葬者，出资助之。毕生嗜学，晚年犹孜孜读书。人劝稍休，答曰："医者废学则误人，吾甚惧也。"[见：《崇明县志》]

顾良济 清代江苏川沙县八团人。世医顾璇子。传承父业，亦精医术，享誉于时。[见：《川沙县志》]

顾启明 字汝东。明代浙江上虞县松夏人。顾翼星子。天启甲子（1624）顺天武科举人。精岐黄术。著有《脉诀》、《外科》诸书行世，今未见。[见：《上虞松夏志》]

顾君安 （1914～1983） 现代江苏苏州人。生于中医耳科世家。1932年从黄子年学习内科。1937年从叔父顾祝明学习祖传耳科。1940年悬壶养育巷北口。1956年任苏州市中医院耳科医师。先后临证四十余年，名重于时。1981年加入中国农工民主党。先后发表《顾君安耳科临床经验》、《祖国医学耳科常见病辨证施治的运用》等论文十篇。[见：《吴中名医录》、《中医年鉴》（1985）]

顾陈垿 字玉亭，号宾阳。清代江苏镇洋县人。康熙四十四年（1705）举人，以荐入湛凝斋纂修。书成议叙，授行人。出使山东、浙江，监督通州仓。雍正三年（1725），以目疾乞归。陈氏有绝学三：字学、算学、乐律，俱精诣。敦内行，学宗陆九渊，锋棱谔谔。留心著述，质疑问难者恒满座。年七十岁卒。兼精医学，著有《癸丑治疾记》三卷，今未见。[见：《太仓州志》、《壬癸志稿》、《中国人名大辞典》]

顾若思 清初人。里居未详。磊落好古，性喜遨游。通明方术，能以西法炼烹草木花果而成药露。[见：《明季西洋传入之医学·顾若思传》]

顾叔怀 字二怀。明代昆山县（今属江苏）人。性孝友，通儒学。尤精医术，声望与

名医许白云相埒。子顾夔，为天启七年（1627）举人。[见：《昆新两县续补合志》、《昆山历代医家录》]

顾叔原 元末吴县（今江苏苏州）人。早年饱读诗书，壮岁继承家业行医。凡呔咀、药味、炮炙、捣磨、刀圭之术，夙夜研习不倦，兼究诸名家方论证治。力学多年，医名振于乡里，求治者盈门，应接不暇。平素褐衣往来于街巷，巡诊于贫病之家，虽家境清贫，未尝计较诊酬。[见：《金元医学人物》（引朱德润《存复斋文集·赠医士顾叔原序》）]

顾昌洛 字溪翁。清代江苏奉贤县青村人。精通医术。曾从征耿精忠，以军功授洛阳县丞，署县篆。子顾以恢，继承医业。[见：《奉贤县志》]

顾昌朝 字佩声，号崆峒。清代江苏南汇县人。工诗，兼能医。晚年寓居洞庭东山。[见：《南汇县志》]

顾明佩 字凤池。清代江苏南汇县二团人。生平未详。著有《医学心得》若干卷，未见流传。[见：《南汇县续志》]

顾明德 字杏林。清代江苏常熟县人。精医。性坦直，里中人咸敬爱之。[见：《里陆小志》]

顾昂士 字伯平。清代江苏吴县人，居甫桥西街。早年从名医吕仁甫学，青出于蓝，效法师学而变化之，名噪吴中。[见：《吴县志》、《吴中名医录》]

顾金寿 字广文，号晓澜（一作小澜），又号晓园。清代江苏如皋县人。早年习儒，壮岁为贡生，后屡困秋试，年四十绝意功名，专研医学。每遇宿学名医，虚怀求教，学其精微。每治一证，必刻意精思，以致寝食皆废，故能力挽沉疴。晚岁寓居吴县，求治者门庭若市。其弟子记录临证方案甚多，顾氏亲选百条，名《吴门治验录》，刊于道光乙酉（1825）。另著《良方汇集》，亦于同年梓行。顾氏还曾重订王肯堂《灵兰要览》、费养庄《痧疫指迷》、《幼科金鉴评》等书。[见：《冷庐医话》、《中医图书联合目录》、《吴县志》、《吴中名医录》]

顾宗阳 明代常熟县（今属江苏）人。邑名医顾荣惠子。少承庭训习医。及长，广取医典方书，精思详究，尽得旨要。每遇疾病，以四时五行论治，决死生成败，不爽时刻。四方抱病者，不远千里争相延请。其家贮药盈栋，凡迎诊者，不论贫富皆应，必尽其技而后安。弋阳

嗣王得疾，国医名师皆莫能疗，特遣使臣奉缄书礼币，下郡县敦请。顾氏竟以疾辞，不赴，仅与方药复其使命，闻者贤之。[见：《海虞文征》、《吴中名医录》]

顾宗伯 字翼之。明代吴江县（今属江苏）同里人。弃儒习医，得芦墟沈恒川真传，神于治病。兼售药，设肆于陆永庵之塾，必以善药与人。好蓄佳茗，每与高人逸士清谈永日，洒然如出尘之士。[见：《同里志》]

顾宗肃 字舜臣。清代江苏南汇县人。邑名医顾万程子。传承父学，亦工医术，兼擅技击。著有《伤科大全》，未见流传。子顾克勤，继承家学。[见：《南汇县志》]

顾定芳 （?～1550?） 字世安，号东川。明代青浦县（今属上海）崧泽里人。祖籍武陵（今湖南常德）。顾英孙。自幼习儒，为太学生。少年时患喘疾，形销骨立，至十六岁始稍愈，故兼嗜医学，读《内经》以下诸书，于阴阳顺逆之理，君臣佐使之方，无不深究精微。宰相夏言（1482～1548）闻其名，召入幕下。嘉靖间（1522～1566）世宗敕建圣济殿，以祀医家先圣先师，又诏举名医掌管医工医籍。太医院使许绅以顾定芳荐，遂授御医，领诸医同直圣济殿。嗣后，奉旨以医经教授内侍，又参校皇帝所集方书，监制御药。在任多有劳绩，屡获赏赐，进修职郎。世宗问摄生之术，顾以"清心寡欲"对。帝嘉之曰："定芳非医也。"嘉靖二十七年（1548），夏言为严嵩所陷，遇害于西市，宾客无敢过问者。顾氏独周旋其间，为治殓具，令其子扶榇归葬。叹曰："衰病之人，不能为知己死矣！"遂上疏致仕。归乡不逾年，倭寇作乱，上疏陈御敌之策，为权官所阻。次年，倭寇气焰甚盛，顾氏避于吴兴，途中患病，临终草疏数千言，未上而卒。顾氏博学多闻，尤精鉴赏，喜收藏，法书名画、金石鼎彝之外，以收藏古印最多，自顾定芳至其子顾从礼、顾从德、顾从义，及孙顾天锡（字九畴，从礼子），祖孙三代，远近搜购，不遗余力，得玉印一百六十有奇，铜印一千六百有奇，辑为《顾氏集古印谱》，后经太原罗王常重编，辑《秦汉印统》八卷，刊于万历间（1573～1619）。顾定芳收集古书甚富，曾重刻宋闻人规《痘疹论》，表见陆深为之作序，刊刻于世（存佚不明）。又指导次子顾从德翻刻宋本《黄帝内经素问》，刊于嘉靖二十九年（1550），为现存《内经》善本。[见：《上海县志》、《青浦县志》、《中国善本书提要》、《经籍访古志》、《四部总录医药编》、《中国历代名医碑传

集》(引何三畏《云间志略·顾御医东川公传》、陆深《重刊痘诊论序》)]

顾承仁 字寿卿。清代江苏上海县人。精医术,有名于时。著有《幼科精义》四卷,未见传世。子顾琳,传承父业。[见:《上海县志》]

顾绍芬 (?～1637) 字昌甫,号敏庵。明末昆山县(今属江苏)千墩镇人。南京兵部右侍郎顾章志幼子。自幼习儒,少补县庠。洁身自爱,不染时习。治经之余,留意岐黄,以治病济人为己任。平素热心公益,次兄顾绍苪修葺本镇延福寺塔,绍芬效法之,发愿造桥便民。临殁,尚嘱其子顾叶墅、顾兰服完成心愿。次年桥成,遂取名"证愿"。顾绍芬侄孙顾炎武,为明清间著名学者。[见:《昆山历代医家录》(引《淞南志》、《昆山县志稿》)]

顾绍闻 字屺怀。清代江苏奉贤县人。诸生。性谦谨,有文名。兼通医术,凡踵门求治者,投药无不效。晚年训蒙南桥恬度里。[见:《奉贤县志》]

顾绍濂 字莲伯,号蕴山。近代江苏昆山县人。早年习儒,光绪十八年(1892)庠生。后业医,悬壶于城北栅湾。精外科,自制药剂,治疗疮之拔疔散尤有神效。为人笃诚,性尚俭朴,讲究医德,出诊不乘轿,以减病家之费,乡里称其德。著有《疫痧草》、《病机辑要》诸书,今未见。门生甚众,以孙粹伯、陆增华最负盛名。[见:《吴县志》、《昆山历代医家录》(引《昆山文史》)]

顾荣惠 字君与。明代常熟县(今属江苏)人。世医顾昱堂弟。周岁丧父,稍长,尽发家藏医书,昼诵夜继,多有心悟。初不以医问世,凡十余年,乃语人曰:"吾家世业医,吾久不敢发者,医道玄妙,卒莫能诣其极。吾于病则能究因察候,于药能考性辨味,今吾心久渐豁然,若有所启,吾术可试矣。"乡人素知其诚笃,皆信之。滞疾积恙求疗者应声而至,一时医名大显,昼夜诊视不能宁居。陈司成赞之曰:"吾邑崇信鬼神,自君术行,诸术告穷,鬼教为之不振。"子顾宗阳,传承父业。[见:《海虞文征》、《吴中名医录》]

顾荣椿 清代浙江嘉兴县人。贯通《素问》、《难经》诸书,精医理,知于时。[见:《嘉兴县志》]

顾是初 字筠庵。清代江苏吴县人。精医术,诊疾用药,每著奇效。与名医薛景福同时,皆负盛名。[见:《吴县志》]

顾思容 字亦彦,号逸岩。清代江苏元和县人。顾其蕴子。监生。博通群书,聪敏过人。尤精医道,凡前代名医一百七十九家,靡不洞彻,活人甚众。性严介,古道热肠,尤好施予,尝捐资修尹山桥,颇便行旅。又建石梁二,修葺佛寺一,费皆逾千金。年六十九卒。[见:《吴县志》、《元和唯亭志》]

顾保圻 清末江苏松江府人。生平未详。著有《育婴浅讲》一卷,今存清末木活字本。[见:《中医图书联合目录》、《上海图书馆书目》]

顾胜宗 明代长洲县(今江苏苏州)人。世医顾天祥子。传承家学,亦以医闻。子顾俊(1402～1479),医名尤盛。[见:《中国历代名医碑传集》(引程敏政《篁墩文集·医顾翁墓表》)]

顾庭纲 清代江苏吴县人。精通医术,名重于时。门生吴江张金鉴,尽得其传。[见:《黎里续志》]

顾彦文 元末吴中(今江苏苏州)人。为当地望族,世代业儒。彦文自幼颖异,有济人利物之志,携古今医书,就学于舅父葛氏。探微索引,先后十年,始悬壶问世。凡以疾病延请者,不论贫富贵贱,一律视为手足,诊视详审,每收奇效,人称良医。性谦和,不自满,未尝求报于人。[见:《金元医学人物》(引谢应芳《龟巢稿·赠医士顾彦文序》)]

顾宪章 清代人。生平里居未详。尝得陶华《全生集》,乃广采先贤诸书,详加注释,编《新纂伤寒溯源集》六卷。此书国内未见,今日本国立公文书馆内阁文库存抄本。[见:《内阁文库汉籍分类目录》、《中国医籍考》]

顾祖亮 字汉明。清初人。里居未详。施叔驭门生、曾订正其师《证治家珍》,约成书于康熙十一年(1672),易名《证治济世编》。今存稿本,藏中国科学院图书馆。[见:《中医图书联合目录》]

顾祝明 近代江苏苏州人。祖传耳科,知名乡里。侄顾君安,绍承家学,复授业于黄子年。[见:《吴中名医录》]

顾莪士 清末江苏苏州人。通医术,为青浦名医何长治门生。[见:《何鸿舫医方墨迹》]

顾恩谌 (1888～1940) 字允若。近代江苏吴县七子山人。世代业医,远近皆知七子山顾氏之名。顾恩谌幼承家学,十六岁悬壶,以内科问世。1925年设诊于苏州富朗中巷,以擅治风痨鼓膈诸症著称,医名远震于江苏、浙江、安徽等地。先后任吴县医学会会长、中央国医馆医务顾问等职。著有《顾氏医经读本》三卷，今未见。门生甚众，以宋爱人最知名。[见:《吴中名医录》]

顾逢伯 字君升，自号友七散人。明末吴县（今江苏苏州）人。精医理，兼读兵书，常以战理妙比医药。著有《分部本草妙用》五卷，成书于崇祯庚午（1630），今存明刊本。[见:《中国医籍考》、《中医图书联合目录》]

顾家振 字韵笙。清代江苏青浦县人。世以妇科知名，至家振已历五代，声名益噪。当时顾氏妇科、朱氏疡科、吴氏儿科鼎峙而立，皆观音堂良医。顾氏兼好吟咏，撰有《烬余庐诗稿》。[见:《青浦县续志》]

顾宾秋 近代人。生平里居未详。与汪启缓等出任《上海医报》主编。该刊创办于光绪三十四年（1908）六月十日，为旬刊，由沉香阁医学研究所发行。[见:《中国医学简史》]

顾铭照 （?～1914）字雨田。清末江苏南汇县人。咸丰（1851～1861）末年迁居上海南仓街。精医术，以儿科知名。平生多善举，同治十年（1871）创设益善堂。自光绪十年（1884）始，施诊于育婴堂、保婴局、仁济育婴堂，前后垂三十年。民国三年卒。[见:《上海县志》]

顾铭新 字少梅。清代江苏奉贤县人。监生。曾游幕于浙江。精医术，知名于时。为人重义，好与人方便。[见:《奉贤县志》]

顾清廉 字葆性。清末浙江鄞县人。诸生。性方严，教授乡里，课弟子读经，间令习小学及先儒性理诸书。尝游学日本，又就读于师范学校。大袖博带，不改其初。间涉医学，著有《黄帝内经节次》若干卷，未梓。[见:《鄞县通志》]

顾鸿逵 （1788～1865）字仪卿，号文山。清代江苏无锡县人。早年习儒，候选州同知。兼通医理。著有《医中一得》一卷，今存。此外，尚撰《传家宝》、《痧症指微》、《风雷集》、《良方集腋》、《济荒要略》等书，皆未见刊行。[见:《锡金历朝书目考》、《中医图书联合目录》]

顾淑昭 〈女〉清代浙江桐乡县乌青镇人。邑名医顾锡女。工吟咏，亦通医理。[见:《乌青镇志》]

顾淳庆 字古生，号鹤巢。清代浙江会稽县人。道光壬辰（1832）举人。以甲辰（1844）大挑，授陕西韩城县令，历岐山、咸宁、延长、长武诸县，官至潼关同知。生平廉静谦让，淡于荣利。处理政务殚心竭虑，不避霜暑，积劳而殁。兼通医理，撰有《学医随笔》二卷，刊刻于世，今存1929年金佳石好楼铅印顾氏家集本。此外，尚有文集《鹤巢札记》二卷，存佚不明。[见:《浙江通志稿》、《中医图书联合目录》]

顾维熊 （1847～1898）字仲翔。清末江苏新阳县朱塘人。邑名医顾莹次子，随父徙居甫里（今苏州甪直镇）。继承父业，医道盛行于时。[见:《吴中名医录》、《昆山历代医家录》]

顾琢斋 清末四川铜梁县人。精医术，不以医问世。大足县高登级之父病危笃，诸医束手。登级赴铜梁求治，琢斋感其诚，应邀往诊，二剂而痊。[见:《大足县志》]

顾彭年 字祖庚，号雁庭。清代江苏吴县人。居郡城宫巷。早年习儒，为国学生。兼通医理，悬壶于世。撰有《脉诀正讹》、《三焦论赘言》、《认疫治疫要言》等文，刊于唐大烈《吴医汇讲》。[见:《吴医汇讲·卷六》]

顾朝珍 字纯之。清代江苏南汇县人。以医为业，名噪一时。著有《临证医案》四卷，未见刊传。[见:《南汇县志》]

顾朝桂 字馨山。清代江苏川沙县人。幼孤，勤学工诗。精医理，察脉辨症，取效如神。[见:《川沙厅志》]

顾鼎臣① （1473～1540）字九和，号未斋。明代昆山县（今属江苏）人。弘治十八年（1505）状元，授翰林修撰，转侍读。累官礼部右侍郎。世宗好神仙术，内殿设斋醮。顾氏逢迎圣意，进《步虚词》七章，优诏褒奖，寻迁太子太保礼部尚书，兼文渊阁大学士，入参机务。嘉靖己亥（1539）皇帝南巡，特命留守京师。次年卒于官，谥"文康"。昆山县本无城垣，顾氏官侍从时，言于当事为筑城。后倭乱起，纵掠吴越间，独昆山据城守御六十余日，得无恙，乡人立祠祀之。顾氏兼通医学，著有《医眼方论》（全称《昆山顾公医眼论并方》）一卷，刊刻于世。此书国内散佚，今存朝鲜复刻本、日本复刻本，书藏日本国立公文馆内阁文库、日本京都大学附属图书馆富士川文库、名古屋市立大学图书馆等处。顾氏尚辑有《经验方》一卷，已佚。[见:《国史经籍志》、《百川书志》、《昆山县志》、《苏州府志》、《昆新两县续修合志》、《明史·顾鼎臣传》、《明史·本纪·世宗》、《日本现存中国散逸古医籍》]

顾鼎臣② 字莨臣。清代江苏吴江县同里镇人。精医术，以疡科著称，多所全

十画

济。谨厚老成，勇于任事，捐资修里中小川桥，行人便之。康熙间（1662～1722）举乡饮宾。[见：《同里志》]

顾景文 清代人。里居未详。名医叶桂（1666～1745）门生。曾随师游洞庭，沿途记录叶氏医论，编为《温证论治》一文，刊载于唐大烈《吴医汇讲》。[见：《吴医汇讲·卷一》]

顾景亭 清末人。生平里居未详。撰有《顾氏内科医案汇存》七卷，今存抄本。[见：《中医图书联合目录》]

顾舜钦 清代江苏川沙县八团人。世医顾鸿子。继承父学，亦以医术知名。[见：《川沙县志》]

顾曾璘 字元玉，号华阳。明代吴江县（今属江苏）同里镇人。万历元年（1573）亚魁。早年师事名儒袁黄，以致知力行为务，博究典籍，著述满室。兼精医术，曾校订缪希雍《本草经疏》，惜已散佚。[见：《同里志》]

顾靖远 字松园，号花洲。清初江苏长洲县人。早年习儒，有文名。其父患热病，庸医误投以参、附热剂，遂亡。靖远深以不知医为恨，乃苦攻医书，历三十年，寒暑无间，贯通精奥，慕名求治者踵相接。汪缵功患阳明热证，顾氏以白虎汤主治，每剂用石膏三两，两服热减，而偏身冷汗，肢冷发呃。郡中著名老医谓："非参、附弗克回阳。"诸医和之，皆曰："白虎再投必毙！"顾引仲景《伤寒论》"热深厥深"之文，又引喻昌"阳证忽变阴证，万中无一"之说，淳淳力辨。诸医固执不从，投参、附回阳敛汗之剂，汗益多而体益冷，反称此乃"白虎"之害，微阳脱在旦暮。此时病势甚危，病家惊惶，复求顾诊。顾仍主白虎汤，用石膏三两，大剂二服，汗止身温。再以前汤加减，数服而愈，闻者叹服。康熙间（1662～1722），顾氏以明医征入太医院，以亲老辞归。著有医书六种，总名之曰《顾氏医镜》，刊刻于世，今存。其书包括《素灵摘要》二卷、《内景图解》一卷、《脉法删繁》一卷、《格言汇纂》二卷、《本草必用》二卷、《症方发明》八卷。顾氏还著有《医要》若干卷，未见流传。[见：《冷庐医话》、《吴县志》、《中医图书联合目录》]

顾福如 清末江苏苏州人。精医术，知名于时。门生马友常，随师五载，后亦为名医。[见：《吴中名医录》]

顾墨耕 清代江苏奉贤县青村港人。精通医术，名噪一时。著有《药达》一卷，未见流传。[见：《奉贤县志》]

顾德华 〈女〉（1817～？）字鬒云。清代江苏吴县七子山人。自幼体弱多病，父母忧之，凡吴中名医，无不延治。道光壬辰（1832）秋，年十六岁，患伤暑证，群医遍投香薷、柴、葛，继之以连、朴，汗不出而神昏痉厥，迁延匝月，屡濒危险。后延请华杏帆诊治，投以玉女煎，渐次向愈。此后，抛女红绣事，日以医书消遣，读《内经》诸书。久之，贯通医道，精内科，尤以妇科知名，吴下士大夫争相以礼致之。著有《花韵楼医案》四卷，裘庆元称此书"论治透彻，立方平善，洵是经验之作"，取其一卷，刊入《珍本医书集成》。今另有四卷本（清抄本）存世。顾氏还撰有《调治伤寒论》一卷，未梓，今存稿本。侄顾允若，亦工医术，享誉于时。[见：《花韵楼医案·序》、《吴中名医录》、《中医图书联合目录》]

顾德忻 字同山。清代浙江奉化县长寿禾桥人。刻意经书，喜临法帖，为当地名儒。远近从游者众，弟子多列庠序，而顾氏年逾五旬，应试不售。有试官偶见其文，大称高古。检以往落榜之卷阅之，皆佳章也，盖幕宾疑为抄袭名稿，故未录取。顾氏兼通医道，著有《痦疹集》（又作《顾氏痘科》）若干卷，今未见。[见：《奉化县补义志》]

顾瞻乔 字琴娱，号承业。清代江苏川沙县八团人。少年丧父，性至孝，曾割股肉疗母。袭承先业，研习内外科。有医德，遇贫病者，送诊给药以为常。平生多善举，凡赈米、赠衣、施棺、修桥，皆力为之。长子顾鸿、次子顾骧、三子顾桂，均传承家业。从弟顾传业，亦以医知名，善痘科。[见：《川沙县志》]

柴

柴裔 清代人。生平里居未详。撰有《食鉴本草》四卷，今存乾隆五年（1741）翠阴堂刻本。[见：《中医图书联合目录》]

柴源 南宋人。里居未详。精医术，曾任翰林医官，兼太医局教授。绍兴二十九年（1159），王继先命高绍功、柴源、张孝直等任检阅校勘官，重校北宋唐慎微《证类本草》，改题《绍兴校定经史证类备急本草》（简称《绍兴本草》），再次刊行。此书完帙不存，国内外仅见多种残刻本。[见：《绍兴本草》（郑金生等辑复本）]

柴文正 清代河南武陟县人。精医学，擅外科刀圭之术，知名于时。[见：《武陟县志》]

柴允煌 字令武。清代浙江仁和县人。监生。兼通医学，著有《药性考》、《痘疹全书》、《小儿心蕴》等书，未见流传。[见：《杭州府志》]

柴廷征 清代江西万年县下门人。平生持重，不苟言笑。精医术，多行方便，族人患疾者皆赖之。年八十岁，无疾而终。[见：《万年县志》]

柴时宁 明代浙江江山县人。随先人迁居新泰县。自幼聪慧，酷嗜医学，精明方脉，求治者门庭若市。[见：《新泰县志》]

柴复俊 字干卿。清代江苏昆山县人。庠生。慷慨好施，乐善不倦。兼精岐黄，人有疾病，虽严寒酷暑，邀诊必往，不取酬金。昆山县令张滑，特赠"为善最乐"匾额，以表彰之。[见：《昆新两县续修合志》]

柴彦升 字明甫。北宋乐平县（今江西万年）人。游心内典，以医知名。宣和间（1119～1125），皇叔温州观察使途经乐平，得伤寒。柴氏以阳证论治，立愈，因授以牒，补濮王宫助教。子柴唐卿、柴舜卿，传承父业。[见：《万年县志》]

柴唐卿 南宋乐平（今江西万年）人。邑名医柴彦升子。与弟柴舜卿，均传父业。[见：《万年县志》]

柴继孟 清代河南商水县人。读书不求闻达，托业岐黄。尤善治疮疡，名重于时。不以医谋利，故诊病而不售药，病愈而不受酬。凡求医者至，寒暑不避，遇极贫者代出药资，济以米粟。某年隆冬，汝宁府王氏病，更数医不效，其子赴周口备后事，途中闻继孟名，登门泣拜求治。继孟慨然应允，冒风雪而往，至则诊之，曰："此腹痈也。"为之立方，数日痊愈。王氏赠以重金，坚拒不受[见：《商水县志》]

柴得华 字丽东。清代甘肃酒泉县人。生平未详。著有《妇科冰鉴》八卷，今存乾隆四十一年（1776）稿本。[见：《中医图书联合目录》]

柴敬林 清初浙江鄞县人。精医术，以喉科见长，与同邑名医周公望、徐国麟齐名。[见：《宁波府志》、《鄞县志·李珽》]

柴舜卿 南宋乐平（今江西万年）人。邑名医柴彦升子。与兄柴唐卿，均传父业。[见：《万年县志》]

柴鲁儒 字泗传。清代浙江慈溪县人。随父徙居德清。幼孤贫，喜读书。工篆刻，善诗文。尤精医术，以疡科知名。[见：《德清县志》]

柴潮生 字禹门，又字屿青。清代浙江仁和县人。早年习儒，兼通医术。雍正二年（1724）中举，授内阁中书，充军机处章京。累迁工部主事。乾隆七年（1742），考选山西道监察御史。官至兵科给事中，巡视北城。后乞归养母，因家贫，以医自给。久之，卒。撰有《傲曙斋医案举隅》一卷，刊于世。[见：《清史稿·柴潮生传》、《中医图书联合目录》]

逍

逍遥子 佚其姓名。宋代人。生平里居未详。疑为道士。撰有《摄生秘旨》一卷、《内通指玄诀》三卷，已佚。还著有《导引诀》一卷，今存。[见：《宋史·艺文志》、《崇文总目·道书类》、《中医图书联合目录》]

党

党永年 一作党求平。宋代人。生平里居未详。著《神秘名医传》二卷，今存明嘉靖间（1522～1566）姑苏吴时用、黄周贤刻本一部，书藏中国中医科学院图书馆。还著有《摭医新说》三卷，已佚。[见：《宋史·艺文志》、《宋秘书省续编到四库阙书目》、《中医大辞典》、《中医图书联合目录》]

党复振 明代陕西华阴县人。精医术，曾任太医院吏目。[见：《华阴县志》]

晏

晏玠 清代四川内江县人。明经史，工诗文，精通医术。凡求必往，至则应手而愈，名重于时。著有《鸣野集》（诗文集）。[见：《内江县志》]

晏治 字正祥。明代江西万载县人。早年习举业，因母病潜心医学，精其术。乡邻以病求医，皆往治，望色切脉，投药辄效。伍可受贬官至县，幼子患疹疾，众医罔效，晏氏一剂即愈。年九十余卒。宋九仪为之作行状。[见：《万载县志》]

晏封 唐代乾宁（今河北青县）人。生平未详。撰有《制伏草石论》六卷，已佚。李时珍撰《本草纲目》曾参考此书，称"丹石家书也"。[见：《新唐书·艺文志》、《宋史·艺文志》、《崇文总目辑释》、《本草纲目》]

晏殊 （991～1055） 字同叔。北宋抚州临川县（今江西抚州）人。七岁能属文，景德

(1004~1007) 初,以神童荐,帝命与进士千余人并试廷中,神气不慑,援笔立成,赐同进士出身。历官光禄寺丞、翰林学士。仁宗即位,迁右谏议大夫兼侍读学士,改参知政事,加尚书左丞。庆历中,拜集贤殿学士、同平章事,兼枢密使。以疾,请归京师访医药。疾愈,复求出守,特留侍经筵,诏五日一与起居,仪从如宰相。逾年病剧,帝欲乘舆往视,殊驰奏曰:"臣老疾,行愈矣,不足为陛下忧也。"已而薨。帝以不视疾为憾,罢朝二日,赠司空兼侍中,谥"元献"。晏殊文章赡丽,尤工诗词,闲雅有情思。晚岁笃学不倦,有《文集》二百四十卷。兼通医药,撰有《明效方》五卷,惜未能流传。[见:《宋史·晏殊传》、《宋史·艺文志》、《国史经籍志》]

晏澐 字秋塘。清代四川蓬安县陡滩人。以医为业,精其术。嘉庆(1796~1821)初,设药肆于云山。值疫疠流行,竭力施治,百里之内,赖以全活者甚众。[见:《蓬安县志》]

晏廷予 清代河南沈丘县人。博通经史,抡元经魁。得李子振传授,精通医术,有国医之称。[见:《蠹子医·龙之章序》]

晏思位 清代四川内江县人。宿儒晏鹏化孙。性端直,不苟荣利,耕读课子为业。尤精医术,治疾不分贫富,活人甚众,贫病者皆感德之。[见:《内江县志》]

晁

晁迥 字明远。北宋澶州清丰县(今河南清丰)人。自其父晁詹徙家彭门(今四川彭县)。晁迥早年举进士,为大理评事,迁殿中丞。真宗即位,迁尚书工部侍郎,擢刑部侍郎。仁宗时,迁礼部尚书。居台六年,累章请老,以太子少保致仕。天圣间(1023~1031),寿八十一,召宴太清楼,进太子少傅。年八十四感疾,绝人事,屏医药,具冠服而卒。赠太子太保,谥"文元"。迥善吐纳养生之术,通佛道诸典,性乐易宽简。著述甚富,有《耄智余书》三卷,已佚。子晁宗悫,曾奉敕校定医书。[见:《宋史·晁迥传》]

晁公武 字子止,号昭德。南宋巨野县(今山东巨野)人。家世翰墨,富于藏书。绍兴间(1131~1162)举进士,授临安少尹,累官敷文阁待制。乾道四年(1168)三月改授四川安抚制置使。七年(1171)官扬州知州。尝得南阳井宪孟藏书凡五十箧,日夕雠校,每书撮提旨要,撰《郡斋读书志》二十卷,刊行蜀中。原刻不存,后有晁氏门人衢州信安姚应绩重刊本(世

称"衢本")、江西漕贡进士赵希弁增校本(刊于袁州宜春县,世称"袁本")梓行。今存长沙王氏重刻本。《郡斋读书志》收载医书五十余部,注释简切有要,深裨于后学。然亦偶有失误,如《金匮玉函经》本为《伤寒论》别本,晁氏以王洙所得《金匮玉函要略方》(即今本《金匮要略》)解之。现代文献学家李茂如评之曰:"一误不掩众善,固犹稽古辨学之要籍也。"[见:《宋史·本纪·孝宗》、《宋史·食货志》、《历代史志书目著录医籍汇考》]

晁宗悫 字世良。北宋澶州清丰县(今河南清丰)人。自其祖父晁詹徙家彭门(今四川彭县)。礼部尚书晁迥子。以父荫为秘书省校书郎。屡献歌颂,召试,赐进士及第。除馆阁校勘,三迁大理寺丞、集贤校理兼注释御集检阅官。仁宗即位,迁殿中丞,累迁尚书祠部员外郎、知制诰,拜右谏议大夫、参知政事。卒,赠工部尚书,谥"文庄"。宗悫性敦厚,事父母孝,笃于故旧。宋仁宗天圣四年(1026)十月,诏集贤校理晁宗悫、王举正校定《黄帝内经素问》、《难经》、《诸病源候论》。次年四月,命国子监摹印颁行。[见:《宋史·晁迥传》、《玉海·卷六十三》]

恩

恩年 字子青。清末北京人。生平未详。辑有《易成及易成方》一卷,今存光绪十三年丁亥(1887)刻本,书藏中国中医科学院图书馆。[见:《中医图书联合目录》]

钱

钱乙 (约1032~1113) 字仲阳。北宋郓州(今山东东平)人。钱氏为吴越王钱俶支属。其父钱颢,精针灸术,嗜酒喜游。钱乙三岁时母亡,父弃家东游海上,姑丈吕氏哀之,收为养子。吕氏业医,乙从之学,于医书无所不读,尤邃于本草诸书。及长,悬壶济世,以儿科名著山东。吕氏将殁,告以家世,乙悲泣,即赴东海寻父,五六返始得所在。又积数年,迎父归乡(时钱乙三十余岁)。乡人感其孝义,为之泣下。元丰间(1078~1085),长公主女患疾,召乙诊视,有良效,授翰林医学,赐绯。次年,皇子病瘛疭,国医不能疗。长公主荐曰:"钱乙起自草野而有异能。"立召入,进土汤而愈。神宗问曰:"黄土何以愈疾?"乙对曰:"以土胜水,水得其平,则风自止。且诸医所治垂愈,臣适当其愈。"神宗悦其言,擢太医丞,赐紫衣、金鱼。自此,戚里贵室及士庶

之家皆知乙名，争相延诊，所愈内、妇、儿诸科危症甚多。贯通医理，诸老宿与之辩论，莫能屈。不久，因病免职。哲宗即位，复召之，宿值于禁中。久之，再以疾辞，遂不复起。乙本有羸疾，性好饮酒，每发病则以意自疗。后病发甚重，叹曰："此所谓周痹也。周痹入脏者死，吾其已夫！"沉思良久，曰："吾能移之，使病在末。"乃自制药，日夕饮之，左手足忽拘挛不能动，喜曰："可矣！"令家人采多年伏苓服之，虽肢体偏废，而气骨坚悍，如无疾者。嗣后，退居里舍，杜门读书。病者日聚于门，或扶携，或襁负，每有百里之外求治者，乙一一授药，皆致谢而去。晚年，挛痹之疾渐剧，而嗜酒、喜寒食之习不肯禁，自知不可为，乃召亲戚诀别，易衣待尽。年八十二岁终于家。其子早亡，有孙二人，均业医。钱乙著有《伤寒论指微》五卷、《婴孺论》百篇、《小儿方》八卷，均佚，部分佚文偶见于刘昉《幼幼新书》及阎孝忠《阎氏小儿方论》等书。阎孝忠为钱乙故人之子，曾广收钱氏方论，辑《小儿药证直诀》（又作《小儿药证真诀》）八卷，大行于世。此书为我国现存最早、最系统之儿科专著，对后世影响极大，至今为学者所重。[见：《宋史·钱乙传》、《小儿药证直诀·钱乙传》、《宋史·艺文志》、《医藏书目》、《天一阁书目》、《医说》、《郡斋读书志》]

钱云 字时望。明代浙江嘉善县西塘人。世代业医，至其父钱安，益负盛名。钱云传承父学，以擅治伤寒著称。子钱春，官至御史。[见：《嘉善县志》]

钱艺 （1831～1911）字兰陔，晚号隐谷。清末江苏太仓县南郊乡人。幼从嘉定蒋氏姨丈习医，技成，悬壶嘉定、太仓诸地，以内科名噪于时。兼工绘画，擅长山水。其家富于藏书，惜皆散佚。撰有《慎五堂治验录》十二卷、《念初居笔记》一卷，今存稿本。还撰有《证治要旨》八卷、《医方节度》四卷，今未见。有子三人，长子钱雅乐、次子钱敏捷、幼子钱质和，皆绍传父业。[见：《吴中名医录》]

钱升 字紫芝。明代浙江海盐县人。钱与瑛子。万历戊午（1618）举人。博学多识。著有《药圃种花录》若干卷，未见流传。[见：《嘉兴府志》]

钱发 字天拔。清代浙江嘉兴县人。生平未详。康熙甲子（1684）参订萧埙《女科经纶》。[见：《女科经纶》]

钱安① 字以宁。明代浙江嘉善县西塘人。世代业医，至安尤精。深究脉理，治病奇验，一时无出其右者。曾任医学正科。子钱云，传承父业，尤擅治伤寒。[见：《嘉善县志》]

钱安② 字范如。清代江苏昆山县淞南人。儿科世医钱涵子。金山卫庠生。早年习儒，继承家学，亦精医术。[见：《昆新两县续修合志》、《淞南志》]

钱沛 字锦江。清代浙江嵊县人。生平未详。尝得无名氏《治疹全书》抄本五卷，乃重行编校，刊刻于咸丰八年（1858）。[见：《中国医学大成总目提要》]

钱汶 宋代人。生平里居未详。著有《小儿论》三卷，已佚。[见：《通志·艺文略》、《国史经籍志》]

钱松 字镜湖。清代浙江绍兴人。自幼学医，因父病研习益勤，遂以医术名世。后入太医院为御医，迁中宪大夫太医院院使。其家旧藏《辨证奇闻》二卷，不知何人所著（实即陈士铎《辨证录》）。钱氏屡读此书，深受其益，遂于道光三年（1823）重刻刊行。钱氏自著《痧胀名考》、《痧眼原由》各一卷，又绘制《脏腑正伏侧人明堂图》四幅，皆刊印于世，今存。[见：《辨证奇闻》、《中医图书联合目录》]

钱昌 字允占。清代浙江山阴县人。生平未详。道光间（1821～1850）校订章楠《医门棒喝》。[见：《医门棒喝》]

钱岳 字邱山。明代青浦县（今属上海）唐行镇人。早年习儒，屡试不中，为乡塾师。晚年精医，悬壶于世。[见：《青浦县志》]

钱金 明代长洲县（今江苏苏州）人。儿科世医钱恒长子。世精儿科，名满吴中。侄（或子）钱同仁、钱同爱，亦以医名。[见：《中国历代名医碑传集》（引《甫田集·钱孔周墓志铭》）]

钱宝 （1412～1488）字文善，号复斋。明代丹徒县（今属江苏）人。名医钱原浚曾孙，钱安民子。自幼好学，初受《易经》于乡先生。稍长，涉猎诸经子史，词章字画必师古人。尤致力于医学，家传之外，上遡东垣、丹溪，多有心悟。及悬壶问世，远近迎请者无虚日，应接不倦，屡起危疾。重医德，虽全活甚众，而未尝求报。重孝友，于家产未尝置意，而收藏先世图书惟谨。教诸子读书力学，勿事举业，每嘱之曰："勿失世守。"钱宝工诗擅书，文思赡丽，小楷行书俱佳。晚年手校古今图史，尤注重古医书，朱墨如法，俾缺者完，伪者正，有功于后学。郡大夫闻其名，欲荐为医官，固谢不出，人亦莫能强也。年七十七岁殁。著有《复斋集》四卷、《运气说》二卷、

893

《医案》四卷，惜皆散佚。有子四人：宗正、宗甫、宗美、宗玉。宗甫、宗玉以医名，余二人事迹不详。[见：《明史·艺文志》、《江南通志》、《丹徒县志》、《中国历代名医碑传集》（引程敏政《复斋钱君墓志铭》）]

钱宙 明代浙江钱塘县人。儿科世医钱益（1439～1509）次子。传承家学，亦精医术。曾任太医院医士，入值御药房。弘治十六年（1503）敕修《本草品汇精要》，命太监张瑜为总督，太医院判刘文泰、王槃等为总裁，钱宙与徐镇等十人为纂修。《本草品汇精要》于弘治十八年（1505）告竣，未刊，今有抄本存世。[见：《本草品汇精要·官员职名》、《中国历代名医碑传集》（引靳贵《戒庵文集·明故登仕郎太医院御医致仕钱君墓志铭》）]

钱绍 （1445～1505） 字宗胤，号煦庵。明代丹徒县（今属江苏）人。世医钱济民孙，钱文美次子。叔父钱文哲早逝，尊祖父命继其嗣。颖敏好学，读名医李杲之书，多有心解。后悬壶问世，察脉辨证，百不失一，患奇疾者不远千里迎请。及母老，不愿远行，而乘舆买舟就诊者肩摩踵接，不绝于门。有医德，凡以病延请，不问贫富，不分寒暑皆往，且不计诊酬。性孝友，兄钱宗嗣以名医征入京师，常以母老为忧。钱绍能体兄志，终生居家奉母，未尝远游。当道大吏屡欲官之，皆固辞。晚年患疾，深以不能终养为憾，乃召家人宣读遗嘱，以仁、义、礼、智、信五字授诸子，特书一“忍”字于长子汝成掌中，告之曰：“无作佛事，立汝身，修汝德，图为亲之光。”弘治十八年正月十日卒，享年六十一。有子四人：钱汝成、钱汝谦、钱汝俭、钱汝弟；孙三人：钱旻、钱模、钱楷。诸子孙事迹不详。[见：《中国历代名医碑传集》（引靳贵《煦庵先生钱君墓志铭》）]

钱垣 明代人。生平里居未详。通医术，为太医院医士。曾于永乐十五年（1417）缮写《卫生宝鉴》。[见：《卫生宝鉴·蒋用文序》]

钱政 字元杰。清代浙江山阴县人。通医术，知名于时。[见：《绍兴地区历代医药人名录》]

钱临 字准可，号北山。清代浙江嘉兴县梅里人。太学生。因跛足，终身不娶。为人耿直，好读杜甫诗。兼精医术，博览历代医籍，尤深通薛立斋诸书。专以济人为急务，远近称良医。撰有《立斋医案疏》六卷，刊于乾隆四十七年（1782），今存。族孙钱本瑜，亦精医理。[见：《梅里志》、《立斋医案疏·马俊良序》、《中医图书联合目录》]

钱昞 明代浙江嘉善县魏塘镇人。邑名医钱萼长子。与弟钱晓传承父业，皆以医术知名。[见：《嘉善县志》、《嘉兴县志》]

钱钝 字汝砺。明代长洲县（今江苏苏州）人。太医院院判钱恒子。绍承父业，亦供职太医院。弘治间（1488～1505）官承德郎太医院院判。弘治十六年（1503），与院判刘文泰等奉敕编撰《本草品汇精要》四十二卷，成书于弘治十八年三月。当年四月，孝宗不豫，刘文泰等太医治疗不效，崩。诸御医皆获罪，院判王槃、张伦、钱钝三人降职二级，改太常寺典簿。[见：《苏州府志》、《本草品汇精要》、《御制本草品汇精要·考略》、《中国历代名医碑传集》（引《甫田集·钱孔周墓志铭》）]

钱选 字又青。清代江苏上元县人。工诗，兼精医学，知名于时。子钱世铨，以绘画著称。[见：《上元县志》]

钱竽 南宋人。生平里居未详。乾道间（1165～1173）任处州知府。兼通医学，辑有《海上方》一卷，已佚。今有托名孙思邈之《海上方》一卷，疑即此书，待考。[见：《宋史·艺文志》、《直斋书录解题》、《郑堂读书记·医书类》]

钱恒 字伯常。明代长洲县（今江苏苏州）人。祖籍江都县。晋府良医正钱宗道孙，太医院医士钱瑛长子。少年时侍祖父于太原晋府。祖父殁，随父南归长洲。绍承父业，亦精医术，以儿科著称。成化间（1465～1487）召入太医院典医药。因治疗功升御医，官至院判。每退内值，士大夫迎治孺子疾病者仆马不绝，不问远近皆赴，往往入夜始归。士大夫竞作赠章，颂其妙术良德。有子四人：钱铉、钱钝、钱铸、钱铭。钱钝袭父职，官至太医院判。钱铸兼得岳父王寿田之传，亦以医名。余二子中有号慎庵者，医术亦精。[见：《苏州府志》、《中国历代名医碑传集》（引吴宽《家藏集·太宜人董氏墓志铭、跋钱氏所藏群公手简》）]

钱恺 （1416～1485） 字伯康，号橘隐。明代长洲县（今江苏苏州）人。祖籍江都县。太医院御医钱瑛次子。幼习家学，亦精医术。初不欲以医名世，从礼部尚书杨公游，居都下数载，所交多名士。岁己巳（1449），边疆有战事，市马若干匹上之，获恩荣。不久归乡，自谓：“吾生无德泽及人，惟医吾家故业也，盍终假是以施吾仁乎？”遂悬壶问世，治辄获验，与兄钱恒齐名。素重医德，以济生为念，病者酬以金币，一无所取。

每旦启门，迎请者盈聚，而贫困之家抱患儿就治者累累于途。恺不分贵贱，皆为诊视，全活甚众。临证善究病源，处方持重。尝曰："壮夫尚欲固本，况婴孺气体脆弱，可以峻急求乎？"凡所用药未尝购求，皆躬自修治，不假他手。年七十岁卒。长子钱钢（字汝贞），先卒；次子钱锐，传承父学；幼子钱钺，生平未详。孙男四人：同文、同伦、同德、同理，事迹亦失考。[见：《苏州府志》、《中国历代名医碑传集》（引吴宽《家藏集·医师钱橘隐寿藏铭并序》）]

钱洼 字汗涉。清代江苏江阴县人。外科名医钱鼎铉子。传承父业，亦精外科。凡危殆之证，治之多痊，名重于时。[见：《江阴县志》]

钱赘 明代浙江嘉善县魏塘镇人。邑名医钱尊孙。传承家学，亦以医术知名。[见：《嘉善县志》、《嘉兴府志》]

钱振 明代常熟县（今属江苏）人。邑名医钱绍禹子。绍承父学，以医名于郡城。[见：《常昭合志稿》]

钱晓 明代浙江嘉善县魏塘镇人。邑名医钱尊次子。工诗文。与兄钱昞继承父业，皆以医术知名。[见：《嘉善县志》、《嘉兴县志》]

钱峻 字青榆（一作青抡）。清代浙江吴兴县人。生平未详。通医理，辑有《经验丹方汇编》一卷，刊于世，今存康熙四十六年（1707）风联堂刻本。钱氏还著有《求嗣指源》二卷（今存道光五年刻本）、《观心书屋经验良方》一卷（今存道光二十五年俞晓园增补，陈本淦续补本）、《济阴纂要》一卷（今存清刻本）、《保产良方》（今未见）。[见：《吴兴县志》、《贩书偶记续编》、《中医图书联合目录》、《女科书录要》]

钱悌 明代长洲县（今江苏苏州）人。祖籍江都县。太医院御医钱瑛三子。与兄钱恒、钱恺，弟钱恒，俱传父业，皆以儿科名世。[见：《苏州府志·钱瑛传》]

钱益① 元末江都县（今江苏江都）人。精医术，曾任常州医学教谕，遂占籍常州。值元末兵乱，再徙长洲。子钱原善，为明初御医。[见：《杭州府志》、《中国历代名医碑传集》（引王直《抑庵文后集·钱良玉墓志铭》）]

钱益② （1439～1509） 字孟谦，别号损斋。明代浙江钱塘县人。北宋名医钱乙后裔。世以儿科为业，常悬一金钱于门，世称"金钱钱氏"。其曾祖钱敬，祖钱达，父钱安，皆隐于医。钱益魁梧警敏，初习举业，因家道中落，弃儒业医，于幼科尤臻其妙，名噪于时。重医德，

治病不避寒暑，不求酬报，亦不因贫贱而异视，世人敬之。成化乙巳（1485）以名医召入太医院。丁未（1487）选入御药房。不久，以医疗功授太医院吏目。戊午（1498）升御医。乙丑（1505）致仕，归钱塘。日与故旧徜徉山水间，有清逸之风。正德己巳（1509），复从其子来京师，四月十一日卒，享年七十一。钱氏性孝友，精书法，兼好吟咏。尝奉诏校正《袖珍方》等书，考据精当。有子五人，长子钱寓、次子钱宙、四子钱寰，皆传父学；三子钱宏，戊辰进士；幼子钱宝，生平未详。孙男五人：钱京、钱府、钱恩、钱雍、钱惠。[见：《杭州府志》、《中国历代名医碑传集》（引新贵《戒庵文集·明故登仕郎太医院御医致仕钱君墓志铭》）]

钱捷 字月三，号陶云。明清间浙江象山县人。邑名儒钱继闵子。幼承庭训，贯通经史，登顺治九年（1652）三甲第八十六名进士。博学工诗，行文有古风。晚年卜居甬上（即鄞县），与耆旧相唱和。年八十六岁卒。兼通医药，辑有《山农药性解》四卷，未见刊行。[见：《象山县志》、《明清进士题名碑录索引》]

钱铨 清代江苏嘉定县安亭镇人。以医为业，求治者门庭若市。[见：《嘉定县志》]

钱涵 字梅村。清初江苏昆山县淞南陶桥里人。儿科世医钱锡畹子。传承父学，存心济世，名著于时。年八十岁举乡饮宾。子钱安，亦精家业。[见：《昆新两县续修合志》、《淞南志》]

钱瑛 （1390～1441） 字良玉。明代长洲县（今江苏苏州）人。晋府良医正钱宗道子。钱氏世以儿科著称，钱瑛善承家学，亦工医术，名满吴中。凡以病求治者，不问风雨寒暑，贫富贵贱，即往视与药，治无不愈，不计酬报。尝教诸子曰："医，仁术也。当博施济众，而可计利哉！"宣德间（1426～1435）以名医征入太医院，任医士。奉公之暇，亦赴人之急，不异在苏州时。宁阳侯之孙，出生九月，惊悸频啼而汗出，百方莫效。瑛后至，命儿坐于地，使人掬水为戏，惊啼顿止。人问其故，答曰："时当季春，儿丰衣帷处，不离怀抱，热郁难泄。使近水则火邪杀，得土气则脏气平，故不药自愈。"晚年遭母丧，哀毁逾节。将奉柩归苏州，得寒疾而卒，享年五十二。子钱恒、钱恺、钱悌、钱恒，皆传承父业。[见：《苏州府志》、《医学入门·历代医学姓氏》、《中国历代名医碑传集》（引王直《抑庵文后集·钱良玉墓志铭》）]

钱萼 明代浙江嘉善县人。世医袁祥婿。袁祥为名医受珪赘婿，受珪无子，授术于祥。祥有志补编明初建文实录，不欲为医，遂以术授钱萼。萼得真传，医名振于吴越间。辑有《医林会海》（又作《医林验海》）四十卷，已佚。子钱晒、钱晓，孙钱赍，皆继承其业。[见：《明史·艺文志》、《嘉善县志》、《嘉兴县志》]

钱椒 字海芗。清代浙江平湖县人。生平未详。曾校订名医茅钟盈《感证集腋》。[见：《感证集腋》]

钱棶 字载云，又字再耘。清代江苏娄县人。少工诗文，因善病而习医。熟于三世之书，治危疾有奇效，名重于时。[见：《娄县志》]

钱鼎 字象九。清代人。生平里居未详。著有《养生录》一卷，今存光绪二十六年（1900）抄本。[见：《中医图书联合目录》]

钱嵘 字柱高，号东霞，自号三野山人。清代江苏常熟县人。诸生。曾汇集汉张仲景以下诸名家验方，编《野方》十卷，今未见。医书外，尚撰《史编》若干卷、《性余集》三卷，存佚不明。[见：《常昭合志》]

钱铸 字青选。清代江苏长洲县人。儿科世医钱恒三子。传承家学，精儿科。复得岳父王寿田亲授，医术益精，知名于时。[见：《吴县志》、《中国历代名医碑传集》（引吴宽《家藏集·太宜人董氏墓志铭》）]

钱锐 （1445~1505）字汝守，号兰室。明代长洲县（今江苏苏州）人。世医钱恺次子。早年习儒，兄钱钢（字汝贞）早卒，乃专力于医，以继家学。尝曰："医不通诸科，无以应变出奇。"乃取《内经》、《伤寒》及东垣诸书读之，于藏象虚实，阴阳顺逆，药性违从，皆多解悟。久之，代父出诊，往往奇验。后不幸失明，遂不应诊，曰："吾已废弃，可苟利误人耶！"及父卒，偶为人诊疗，切脉处方出人意表，投药辄愈。及诸子嗣业，又不出。晚年，二子相继而亡，不得已，间又应诊，而益奇验。凡云可治即生，云不可治者，虽更他医，终莫能起。弘治乙丑八月十七日卒，享年六十一。有子四人：钱同文、钱同伦、钱同德、钱同理，生平未详。[见：《中国历代名医碑传集》（引靳贵《戒庵文集·兰室先生钱君汝守墓志铭》）]

钱恒 （1423~1478）字伯宽，号杏园。明代长洲县（今江苏苏州）人。祖籍江都县。太医院御医钱瑛幼子。钱氏世以儿科著称，恒少年时侍父于京师，习进士业，遍从经师问学。累举于乡不利，叹曰："仕宦有命，家世业医济人，岂必仕耶！"即取家藏医书习之，遇疑难质于诸兄，遂通奥旨。他日归吴，抱携幼子求治者甚众，用药辄验，且不计利，世人称之。初，钱瑛有恩于本县富户沈以宏，沈氏无子，乃以恒为赘婿。以宏殁，恒以故庐归沈氏之侄，别筑室以居。中年更迁居城东，前临长溪，后带园圃，树杏甚多，因以为号。好交游，喜宾客，晚年失明，而谈笑如故。年五十六岁卒。兄钱恒、钱恺、钱悌，俱以医术名世。子钱金、钱锡，孙钱同仁、钱同爱，皆承家学。[见：《苏州府志》、《中国历代名医碑传集》（引吴宽《承事郎钱伯宽甫墓表》）]

钱寓 明代浙江钱塘县人。儿科世医钱益（1439~1509）长子。传承家学，亦精医道。[见：《中国历代名医碑传集》（引靳贵《戒庵文集·明故登仕郎太医院御医致仕钱君墓志铭》）]

钱雷 字豫斋。明代浙江鄞县人。名医钱乙后裔。祖、父皆精医术，名噪于时。父早卒，无所指授，乃从业于名医王宗泉，遂精医术。曾参订王宗泉《脏腑证治图说人镜经》八卷，刊刻于万历三十四年（1606），今存。[见：《医藏书目》、《历代医书丛考》、《中医图书联合目录》、《中国医籍考》]

钱颖 一作钱颢。宋初郓州（今山东东平）人。本为吴越王钱镠支属，随钱镠归宋，遂定居郓州。钱颖精医术，善针灸。平生嗜酒，喜游历。其妻生子钱乙，不久亡故。乙三岁，颖弃家出游东海，不复归。乙为姑丈吕氏收养，成人后赴东海寻父，凡五六返始得颖居处，又数年迎归奉养。七年后，钱颖亡故。钱乙尤精医术，远超其父，为著名儿科医家。[见：《宋史·钱乙传》、《小儿药证直诀·钱乙传》]

钱锡 明代长洲县（今江苏苏州）人。儿科世医钱恒幼子。世精儿科，名满吴中。子（或侄）钱同仁、钱同爱，亦以医名。[见：《中国历代名医碑传集》（引《甫田集·钱孔周墓志铭》）]

钱煌 字晓城。清代浙江桐乡县人。精医理，对《伤寒论》尤有研究。著有《医学辨谬》若干卷，于历代《伤寒论》传本之真伪及医家源流均有考究，惜未梓行。[见：《古今伪书考·伤寒论》]

钱溥 字原博。明代华亭县（今属上海）人。正统四年（1439）二甲第二名进士，官至四川按察使。工古文词，善楷书行草，旁通医药、卜筮、阴阳诸书。好解人急难，人乐与交焉。[见：《中国人名大辞典》]

钱潢 字天来。清代江苏常熟县虞山镇人。年五十岁患伤寒病，几至殒命。及愈，复得痛痹，九死一生，历尽折磨。及病愈，思"医可济世，亦可养生"，遂致力医学，发愿必治疗千人而后已。复念"愿大难盈"，不如著医书阐发先圣精微，使学医者可以辨疑，处方得以精当，不啻疗万人之疾。自此，取古人医书，昼夜揣摩，寒暑无间。先撰《素问注》一卷（今未见），复著《重编张仲景伤寒证治发明溯源集》（简称《伤寒溯源集》）十卷，刊刻于康熙四十六年（1707），今存乾隆十四年己巳（1749）虚白室刻本等。[见：《伤寒溯源集·自序》、《江南通志》、《常昭合志》、《吴中名医录》、《中医图书联合目录》]

钱增 明代苏州（今属江苏）人。精医术，知名京师。隆庆二年（1568）正月，太医院医官徐春甫集合各地在京名医四十六人，创立一体堂宅仁医会，钱氏为会员之一。诸医穷探医经，讨论四子（指张机、刘完素、李杲、朱震亨），共戒私弊，患难相济，为我国最早之全国性医学组织。[见：《我国历史上最早的医学组织》（《中华医史杂志》1981年第3期）]

钱德 明代浙江嵊县顺义乡人。早年习儒，因母病学医，精其术，遂以医名。[见：《嵊县志》]

钱遴 字厚堂。清代江苏上元县人。生平未详。著有《沈氏遗书注》，未见流传。[见：《上元江宁两县志》]

钱寰 明代浙江钱塘县人。儿科世医钱益（1439～1509）四子。传承家学，亦精医术。嘉靖（1522～1566）初，征授太医院御医，以治太子病有功，升右通政。[见：《钱塘县志》、《中国历代名医碑传集》（引靳贵《戒庵文集·明故登仕郎太医院御医致仕钱君墓志铭》）]

钱襄 字叔云。清代太仓州娄东人。生平未详。撰有《侍疾要语》一卷，刊于世。[见：《中医图书联合目录》]

钱夔 字夔若。清代江苏江阴县人。儒医钱荣国子。事迹不详。曾参校其父《知医捷径》。[见：《知医捷径》]

钱一桂 字东堂。清代浙江海盐县（一说平湖县）人。自少习儒，博涉经史。不遇于时，继婴笃疾，时医不能疗。后奋志研医，自疗而愈，遂以医闻名，一时叩门求诊者踵相接。著有《医略》四卷，刊于嘉庆二十三年（1818），今存。[见：《清史稿·艺文志》、《医略·序》、《嘉兴府志》、《平湖县志》、《中

钱人俊 清代江苏常州人。精医术，名重于时。门生仪征汪熊，得其传授，声名益盛。[见：《仪征县志》]

钱三省 字师鲁。清代江苏娄县人。邑名医钱锡永子。初习举业，为诸生。绍传家学，悬壶济世，为著名儒医。[见：《松江府志》]

钱干臣 清代陕西咸宁县人。自幼读书，深明大义。兼通医理，著有《金疮杂方药书》若干卷，监邑主事王柏心为其作序，今未见。[见：《续辑咸宁县志》]

钱士元 字介石。明代丹徒县（今属江苏）人。早年习儒，兼通医道。万历间（1573～1619）因访旧至东台县，遂定居。师事名儒朱恕，研习理学。寄业于医，治疗贫病不取诊酬，或赠钱资助，或以良药暗投剂中，不令人知，是以家无余积。年八十岁，无疾而终。[见：《续丹徒县志》]

钱士奇 字德裕。清代浙江嘉善县人。精医术，决病者死生多奇中。康熙四十二年（1703）县令于公赠匾，题曰"不为宰相"。孙钱善源，邑廪生。[见：《嘉善县志》]

钱士清 字耕山，号松窗，自号耕道人。清代江苏苏州人。侨居嘉善县魏里。苏州诸生。博览群书，精岐黄术，留心内养。又善丹青，暇则绘兰竹自娱。年七十七岁卒。著有《伤寒合璧》、《松窗杂咏》等书，未见刊行。[见：《嘉兴府志》]

钱士镃 字万煌。清代江苏吴县人。贡生。精医理。求治者日不暇接，继之以夜，不计诊金。后因酷暑应诊，积劳成疾。自知死期，沐浴端坐而逝。[见：《苏州府志》、《吴县志》]

钱大一 字祖受。清代江苏嘉定县安亭镇人。早年习儒，不遇于时。中年以医济世。尝题诗于柱曰："早知名是病，应用道为医。切脉悉脏腑，受病决生死。"每临证，手定医案，连篇累纸，引古证今，顷刻数千言，时医见之退避三舍。兼工书法，得李邕、赵孟頫笔意。晚年举乡饮宾。[见：《安亭志》]

钱大义 明代人。平生里居未详。著有《求嗣秘书》四卷，已佚。[见：《医藏书目》]

钱大用 明代人。生平里居未详。早年游江浙，遇京师太医院名医，从之习业，遂精医术。曾广集名家验方，辑《活幼全书》八卷，刊于弘治八年（1495）。又著《钱氏小儿方考》一卷，亦梓行。[见：《国史经籍志》、《中国医籍

[上角栏] 医图书联合目录》]

[右侧竖排] 十画

897

考》、《中医图书联合目录》]

钱大昕 (1728~1804) 字晓征，号辛楣，又号竹汀居士。清代江苏嘉定县人。乾隆十九年（1754）进士，累官少詹事。四十八岁丁艰归，不复出。历主钟山、娄东、紫阳诸书院讲席。生平治学谨严，精于考证，淹博宏通，为一代儒学宗师。著述不下三十种，多有传本行世。鉴于元代奖进著述，推行刊版，而元末《秘书监志》略而不书，明初修撰《元史》，更无艺文之科，遂使一代学术漫无稽考。因采辑诸家著作，仿《隋书经籍志》之例，兼收辽金之作，编《补元史艺文志》。其书搜采颇富，远超倪灿《补辽金元艺文志》、金门诏《补三史艺文志》。其中收录医书计辽代一部、金代三十六部、元代一百四十部，有裨于中医目录之学。钱氏还撰有杂记《十驾斋养新录》二十卷、《竹汀先生日记钞》三卷，记其考订经史百家、古本书籍、金石文字心得，于医学古籍多有精辟论说。[见：《补元史艺文志》、《历代史志书目著录医籍汇考》]

钱大治 字翼清。清代江苏嘉定县人。监生。生平未详。曾与王珠同辑《大生二书》二卷、《达生编补注》一卷、《种痘书》一卷，未见流传。[见：《嘉定县志》]

钱子杰 清代江苏松江府人。青浦名医何长治门生。[见：《何鸿舫医方墨迹》]

钱子录 清代江苏武进县人。精医术，以幼科知名。子钱维岳，孙钱师仲，曾孙钱凤吉、钱凤彩，俱传承家业。[见：《武进阳湖县志》]

钱云涛 清末江苏常熟县人，居青禾稼桥。精医术，悬壶于世，知名乡里。一人患伤寒，迁延月余，表热不除，诸医为之束手。钱氏诊之，谓暑温余邪未尽，宜以生石膏清之，一服即愈。子钱南山，亦精医道。[见：《海虞医林丛话》]

钱少堂 清代浙江山阴县石门坎人。妇科世医钱宝楠长子。绍兴钱氏妇科第二十代传人。子钱寿锁，亦以医名。[见：《绍兴医学史略》]

钱少楠 清代浙江山阴县石门坎人。妇科世医钱宝楠次子。绍兴钱氏妇第二十代传人。辑有《钱氏秘传产科试验录》三卷，今存。子钱寿铭，亦以医名。[见：《绍兴医学史略》、《浙江医籍考》]

钱丹书 号杏园。清代江苏上海县虹口人。邑名医钱文彦子。事迹不详。嘉庆十三年（1808）参校其父《伤科补要》。[见：《伤科

补要》]

钱文奉 字廉卿。五代吴越人。广陵郡王钱元璙子。善骑射，能马上运槊。涉猎经史、音律、图籍、医药诸学，皆冠绝一时。袭父职，官中吴等军节度使，累加太尉、中书令。卒，谥“威”。撰有《贤语》二十篇。[见：《中国人名大辞典》]

钱文彦 字秀昌，号松溪。清代江苏上海县虹口人。尝折左臂，得杨雨苍治愈，遂从之学医，精通接骨诸法。嘉庆戊辰（1808），狱中有勒颈自尽者，文彦奉命救治，应手而愈。工诗，晚年益精，与诸名人多唱和。著有《伤科补要》四卷，刊于嘉庆戊寅（1818）。子钱丹书，事迹不详，曾参校《伤科补要》。门生王森澍，传承其术。[见：《上海县续志》、《中医图书联合目录》]

钱文美 明代丹徒县（今属江苏）人。世医钱济民长子。传承家学，亦通医理。长子钱宗嗣，官至太医院院使。文美以子贵，恩赠太医院院判。次子钱绍，亦精医术。[见：《中国历代名医碑传集》（引新贵《煦庵先生钱君墓志铭》）]

钱文骧 清末人。里居未详。宦游安徽二十年，其地滨临江淮，湿热甚盛，每有疫疠流行。钱氏遂改编吴瑭《温病条辨》，撰《温病条辨症方歌括》一卷，以期广传，刊刻于光绪甲辰（1904），今存。[见：《贩书偶记》、《中国历代医家传录》]

钱斗保 清代人。里居未详。精医道，官太医院院使。乾隆间（1736~1795），钱氏请旨发内府藏书，并征集天下家藏秘籍及世传经验良方，分门别类，删繁采精，编书二部：其小而约者以备初学诵读，大而博者以为学成参考。帝纳其言。后改议专编一书，期速成，命吴谦、刘裕铎为总修官，书成，赐名《医宗金鉴》，大行于世。今有《初等诊断学》，题“清钱斗保原著”，应为后人编辑钱氏遗稿而成者，待考。[见：《清史稿·吴谦传》、《中医图书联合目录》]

钱允治 明代吴县（今江苏苏州）人。生平未详。嗜医书，曾刊刻吴瑞《日用本草》、李杲《珍珠囊指掌补遗药性赋》，又评注姚可成《食物本草》、《救荒野谱》等书，皆梓行。[见：《日用本草》、《中国善本书提要》、《现存本草书录》、《宋以前医籍考》]

钱以懋 字尔相。清代江西新建县樵舍镇人。自少业医，善望色辨证，投剂立效。户外求治者屡常满，所愈不可胜计，从不计锱铢。按察使刘荫枢、知府谢锡衮，皆器重之。福建参

议宋致，以痼疾遣迎入署，调治而愈。宋氏酬以数百金，归则遍给兄弟，无吝色。年七十六岁卒。著有《一提金》若干卷，今未见。[见：《新建县志》]

钱正华 清代陕西白河县人。祖籍安徽寿县。精医术，为乾隆间（1736～1795）当地名医。[见：《白河县志》]

钱世禄 字懋功。清代江苏山阳县人。精医术，知名于时。[见：《淮安府志》]

钱本瑜 字润之，号璞斋。清代浙江嘉兴县梅里人。儒医钱临族孙。邑庠生。好古力学，兼通医道，治病多奇效。乾隆四十七年（1782），应南昌太守之邀纂修府志。与马俊良朝夕共事，遂出钱临所撰《立斋医案疏》稿，请马氏作序，刊刻于世，今存。[见：《立斋医案疏·马俊良序》]

钱必宜 清代浙江绍兴人。精医术，以妇科知名。[见：《绍兴地区历代医药人名录》]

钱圭卿 清代江苏吴县相城庄前人。善妇科。遇产难胎危诸症，沉思用药，奏效良多，声振于新阳、常熟间。子钱缵卿，绍承父业。[见：《相城小志》]

钱芗培 字元厚。清代江苏华亭县人。精通医理，推重张介宾之说。悬壶济世，名重于时。子钱春耀、钱春荣，皆传承父业。[见：《重修华亭县志》]

钱同仁 明代长洲县（今江苏苏州）人。儿科世医钱恒孙。世精儿科，任太医院御医。弟钱同爱，亦以医名。[见：《中国历代名医碑传集》（引《甫田集·钱孔周墓志铭》)]

钱同文 字养真。明代浙江海盐县人。精医术，虽危笃之疾，投剂立效。凡求治者以先后为序，不论贵贱。贫不能具参附者，每出笥中所蓄隐置药中，不令知。有荷担贩盐者，家无斗粟，盐又为捕吏所夺，呕血数升，匍匐求治。同文潜以白金半锭杂置药中，其人启函得金，以为误置，同文曰："我安得有金？即遗汝，必明告矣。"其人得金喜，饮药立愈。其德行类此者甚多。素日出诊，敝衣徒步，虽数十里不惮劳，所至皆食菜羹，恐病家多费。年七十余卒。[见：《海盐县志》]

钱同爱 字孔周。明代长洲县（今江苏苏州）人。儿科世医钱恒孙。世精儿科，名满吴中。任侠多才，与文征明（1470～1559）最相得。子钱竹征、钱鹤征，皆为太医院医士。[见：《中国历代医家传录》（引《四友斋丛说摘钞》)、《中国历代名医碑传集》（引《甫田集·钱孔周墓志铭》)]

钱廷均 字也青。清代江苏奉贤县萧塘人。监生。乐善急公，多有义举。素精医术，治疗贫病不取诊酬，乡里称贤。年八十一岁卒。[见：《奉贤县志》]

钱廷勋 字逊硕。清初浙江鄞县人。精医术，专擅痘科，全活婴童甚众。同时有徐国麟、周公望，皆以医术著称。[见：《宁波府志》、《鄞县志·李斑》]

钱廷选 清代浙江山阴县人。妇科世医钱象垌子。平生多善行，好施与。绍继祖业，亦精医术。子钱登谷，孙钱琦璠，俱有医名。[见：《山阴县志》]

钱廷熊 字龙光。清代江苏昆山县安亭镇人。自幼习儒，乾隆二十五年（1760）入苏州府学，为廪膳生。精医术，知名于时。著有《养生录》、《保赤编》诸书，未见流传。子钱培德，传承父业。[见：《安亭志》、《昆新两县志》、《昆新两县续修合志》、《昆山历代医家录》]

钱竹征 明代长洲县（今江苏苏州）人。儿科世医钱同爱长子。传承家学，亦精儿科。与弟钱鹤征皆为太医院医士。[见：《中国历代名医碑传集》（引《甫田集·钱孔周墓志铭》)]

钱仲器 明代丹徒县（今属江苏）人。儒医钱原浚子。传承父学，以医为业，知名乡里。子钱济民、钱安民，孙钱宝，皆传家学。[见：《中国历代名医碑传集》（引程敏政《复斋钱君墓志铭》)]

钱后崖 佚其名（号后崖）。明代润州（今江苏镇江）人。官吏。辑有《官邸便方》，刊于万历八年（1580），今存残刻本。万历间（1573～1619），临汾杨起元取广陵李参军参订本，重刊于世，改题《惠民便方》，今未见。[见：《贩书偶记续编》、《中医图书联合目录》、《临汾县志》]

钱全衮 字庆余，号东吴散人。元明间华亭县（今属上海）人。南宋承武郎钱福孙。通涉书史，兼精医理。至正（1341～1368）初，荐授松江府从事，多有政绩。至正十四年（1354）以后，张士诚占据江浙，钱氏隐居不仕，筑别墅于盘龙江，搜采周伯琦、杨维桢翰墨置一室，号芝兰室。明初卒，年八十余。辑有《海上方》若干卷，今未见。[见：《上海县志》、《上海县志札记》、《青浦县志》、《补元史艺文志》]

钱兆林 清代浙江山阴县石门坎人。妇科世医钱振声幼子。绍兴钱氏妇科第二十一

代传人,继承家学,有声于时。[见:《绍兴医学史略》]

钱兆辉 清代浙江山阴县石门坎人。妇科世医钱振声次子。绍兴钱氏妇科第二十一代传人,继承家学,有声于时。[见:《绍兴医学史略》]

钱兆鹏 清代云南昆明县人。以医为业,擅长眼科,能究倪维德《原机启微》之蕴。年二十余丧妻,义不再娶。以所得诊金奉兄嫂,育弟妹,终其身如一日。[见:《昆明县志》]

钱兆熊 清代浙江山阴县石门坎人。妇科世医钱振声长子。绍兴钱氏妇科第二十一代传人,继承家学,有声于时。[见:《绍兴医学史略》]

钱守和 字靖邦,号觉非。清代浙江吴兴县人。生平未详。曾与吴焕辑方书《慈惠小编》三卷,刊刻于世。今存乾隆四十年(1775)刊本。[见:《吴兴县志》、《中医图书联合目录》]

钱守默 明代吴县(今江苏苏州)人。以医为业,临证多神效,名重于时。善推究物理人情,深得古圣治病遗意。同时有疡科徐廷礼,亦知名于时。[见:《吴县志》、《存存斋医话》]

钱安民 明代丹徒县(今属江苏)人。儒医钱原浚孙,钱仲器次子。传承家学,以医知名。子钱宝,继业尤精。[见:《中国历代名医碑传集》(引程敏政《复斋钱君墓志铭》)]

钱寿铭 清代浙江山阴县石门坎人。妇科世医钱少楠子。绍承家学,亦精妇科,为钱氏妇科第二十一代传人。[见:《绍兴医学史略》]

钱寿锓 清代浙江山阴县石门坎人。妇科世医钱少堂子。绍承家学,为钱氏妇科第二十一代传人,享誉于时。[见:《绍兴医学史略》]

钱孝慈 字惠堂。清代四川德阳县人。祖籍湖南武冈县,康熙四十年(1701)入川,定居德阳。其父钱忠献,以医为业,名重于时。孝慈善承家学,亦以医术知名。[见:《德阳县志》]

钱志朗 字于高。清代浙江象山县人。布政使钱捷孙,泸州知州钱式庄子。早年习儒,工文章,每赴试辄冠于诸生。雍正元年(1723)选贡。勇于行义,工诗善画,兼通医道。闻贫者病辄自往诊视,予以药,不计其值,乡里德之。子钱鸿基,官泰顺县教谕。[见:《象山县志》]

钱志道 元明间武进县(今属江苏)人。早年习儒,兼通医道。家境饶富,常为人治病,不以医为业。平素酿美酒娱宾,储善药施

赠,载誉乡里。严子敬患背痛,状如覆盆,众医束手。钱氏诊之曰:"无妨害,可愈。"用药治之,应手而愈。谢应芳作《赠钱隐居序》,记其事迹。[见:《金元医学人物》(引《龟巢稿》)]

钱苍璧 清代江苏上海县塘湾人。国学生。其父钱禹珍,精通医术。苍璧得父传授,亦通医术,以妇科鸣世。子钱鹤山,继承父业。[见:《上海县志》]

钱抡英 (1811~?) 号谷人。清末广东东莞县板桥人。诸生。光绪十六年(1890)寿八十岁,钦赐副贡。精通医术,与同邑钱颖根、罗猗兰齐名。性慈善,凡贫病者就治,不受谢金。[见:《东莞县志》]

钱时用 明代江阴县(今属江苏)人。精医道,善针灸,沉疴痼疾,应手辄起,素为兵宪胡宣所礼重。子钱鼎铉,传承父业。[见:《江阴县志》]

钱时来 字圣功,号杏园。清代江苏南汇县北庄人。早年习医,对五运六气学说多有心得,研求十余年,始为人治病。凡踵门求诊者,按脉即知病状,服药则效,妇孺皆知其名,有"天医"之称。子钱启祥,婿刘作铭,门人华逊修,皆得其传授。[见:《南汇县志》]

钱伯祥 元代人。生平里居未详。以医为业,知名于时。谢应芳作《赠医士钱伯祥》诗云:"杏林老仙山泽臞,幅巾逍遥曳长裾。逢人善作青白眼,有子能受岐黄书。酒对玉峰倾凿落,丹成金鼎养芙蓉。焦桐挂壁断弦久,药杵声中乐有余。"[见:《金元医学人物》(引《龟巢稿》)]

钱伯煊 (1896~1986) 现代江苏苏州人。生于中医世家。自幼熟读经史,工诗文。早年入名医曹家达门下,从师四年。后随父悬壶于苏州城。行医六十余年,于妇科证治造诣尤深,医德高尚,深孚众望,为江浙著名中医学家。钱氏先后任第四届全国人大代表,第五、六届全国政协委员,第八届农工民主党中央委员会常委,江苏省中医妇科分会理事。著有《女科证治》、《钱伯煊妇科医案》、《女科方萃》、《妇产科方剂学》、《脉学浅说》等书,为发展中医妇科学术作出突出贡献。[见:《中医年鉴》(1987)]

钱希郊 (1918~1970) 字杏奎。现代江苏昆山县东乡菉葭西古村人。邑名医钱景虞孙,钱钦畿子。早年随祖、父习医,尽得家传之秘,擅长内科。1938年悬壶于乡,1949年设诊于菉葭镇,临证多良效,著称乡里。1953年加入菉葭联合诊所,后任镇卫生院中医师,为菉葭区

卫生工作者协会常委。[见：《昆山历代医家录》]

钱完初 明代浙江杭州人。精通医道，名重京师。尝谓："古人因病立方，如钥启锁。若不明症候，强病从方，是为尝试生死，杀人实多。"万历间（1573～1619）以名医召试，补太医院御医，供奉圣济殿。不肯阿附宦官，出直乾清、坤宁二宫，未几竟辞去。即罢官，时与诸公卿游，称布衣之交。江右张相国患疾且殆，皇帝数遣御医诊视，莫敢下药。钱氏应邀至，一剂立起，张以圣医称之。仗义疏财，急人于难，立致千金而立散之。晚年空橐归里，未尝有悔意。年七十岁隐居杭州吴山，不问世事。间有随杖履请方者，则口答手判如流，多所全活。子钱标鼎，为天启元年（1621）举人。[见：《中国历代名医碑传集》（引张鼎《宝日堂初集·太医钱完初传》）]

钱君谟 元明间淮北人。里居未详。工诗赋，尤精医术，以擅长针灸著称于时。名药室曰大生堂。吕不用作《题淮阳医士钱君谟大生堂诗卷复王宗成请》诗，描述诊治王宗成沉疴经过，以国手称之。[见：《金元医学人物》（引《得月稿》）]

钱青万 清代浙江吴兴县人。精医术，知名于时。[见：《吴兴县志》]

钱若金 号静斋。清代江苏上海县塘湾人。庠生。妇科世医钱鹤山侄。得鹤山亲授，亦精妇科。重医德，尝谓："良医比良相，业此以活人也。若计较酬资厚薄，隘矣。"道光时（1821～1850）曾倡办本乡恒裕堂。年七十一岁卒。长子钱长喆，早卒。次子钱维翰，以儒通医。[见：《上海县志》]

钱若洲（1820～1889） 字志芳，号兰谷。清代江苏宝山县罗店镇人。性和而介，乐于助人，有长者风。通医道，不欲以术名，而求治者无虚日。光绪己丑冬卒，年七十岁。著有《兰谷留案》四卷，未见传世。[见：《罗店镇志》]

钱国宾 字君颖。明代浙江钱塘人。精通医理，名著于时。天启癸亥（1623）冬，山海关流行时疫，病者头痛发热，恶心口渴，神昏欲寝，四肢不举，其肉推之则一堆，平之则如故。时医有作伤寒者，有作时气者，投以发散剂，无不加重，死者数百。乙丑岁（1625），国宾至关门谒见督帅，谈及此症，解之曰："此症天行时疫，名肉行，不比伤寒，古今医集不载，只于《官邸便方》见此异症一款。当大补血，用首乌、枸杞、当归、地黄等味，稍加羌活风药，足以应

病矣。若经发散，立死无疑。"时人多服其论。著有《女科百病问答》四卷、《备急良方》一卷，二书国内未见，今日本尚存。还著有《寿世堂医案》若干卷、《小儿宗镜》八卷、《脉体微机》三卷，皆散佚。[见：《拜经楼藏书题跋记》、《冷庐医话·卷第二·古人》、《中国医籍考》、《内阁文库汉籍分类目录》]

钱国祥 字乙生。清代江苏吴县人。钱辰子。素习举业，以廪贡生候选训导。为总督刘坤一所器重，光绪辛卯（1891）委任上海制造局翻译馆校勘、广方言馆教习等职，从事十年，造就甚众。兼通医理，著有《外科便方纪要》、《外科肿疡主治类方》、《药性要略》等书，今存抄本。还撰有《身体解》，今未见。[见：《吴县志》、《中国图书联合目录》]

钱忠献 清代湖南武冈县人。康熙四十年（1701）迁居四川德阳县。精医术，曾设义医馆，不问贫富皆为诊视，活人甚众。年八十岁卒。子钱孝慈，传承父业。[见：《德阳县志》]

钱质和 字淡人。近代江苏太仓县南郊乡人。邑名医钱艺（1831～1911）幼子。绍承父业，医术精湛。悬壶于本县蓬莱镇北市张河泾，求治者门庭若市。兄钱雅乐、钱敏捷，亦以医闻世。[见：《吴中名医录》]

钱性芳 清代江苏江阴县人。精医理，知名于时。与后辈名医曹家达相往还，常讨论医理。[见：《中国历代医家传录》]

钱学洙 清代浙江嘉兴府人。通医理。仿张介宾《类经》体例，著《贯经》若干卷，藏于家。[见：《嘉兴府志》]

钱宝灿 清代浙江山阴县石门坎人。绍兴钱氏妇科第十九代传人，与族兄钱宝楠，皆以医术享誉江浙。子振声，孙兆熊、兆辉、兆林，继承家学。[见：《绍兴医学史略》]

钱宝楠 清代浙江山阴县石门坎人。绍兴钱氏妇科第十九代传人，善承家学，享誉江浙。族弟钱宝灿，子钱少堂、钱少楠，孙钱寿镇、钱寿铭，皆精妇科。[见：《绍兴医学史略》]

钱宗玉 明代丹徒县（今属江苏）人。世医钱宝（1412～1488）幼子。传承家学，亦精医术。官镇江府医学正科。[见：《中国历代名医碑传集》（引程敏政《复斋钱君墓志铭》）]

钱宗甫 明代丹徒县（今属江苏）人。世医钱宝（1412～1488）次子。传承家学，亦精医术。曾任御医，供职于御药房。[见：《中国历代名医碑传集》（引程敏政《复斋钱君墓志铭》）]

钱宗道 明代长洲县（今江苏苏州）人。原籍江都县。父钱原善，于家传小儿方脉最精，因出任晋府御医，迁居山西太原。宗道亦以医名世，袭任晋府良医正，为恭王所器重，甚见礼遇。其家有生动堂，相传三百余年，家虽屡徙，而堂名不易。子钱瑛，继承家学，医名益盛。[见：《苏州府志》、《中国历代名医碑传集》（引王直《抑庵文后集·钱良玉墓志铭》）]

钱宗嗣 佚其名（字宗嗣），号寿庵。明代丹徒县（今属江苏）人。世医钱济民孙，钱文美子。传承家学，亦精医术。以名医供奉内医局，迁御医，官至太医院使。弟钱绍，亦精家学。[见：《丹徒县志》、《中国历代名医碑传集》（引新贵《煦庵先生钱君墓志铭》）]

钱绍禹 字九河。明代常熟县（今属江苏）人。偶得《脉经直指》，研习久之，以善脉诊著称。尝谓："人以心为主，心脉治，病危笃犹生；心脉绝，肤理虽生，死刻日计矣。"有名王敏斋者，平素强健无疾，绍禹诊其脉，曰："心脉绝矣！屈指计之，不出冬至。"至期果卒。子钱振，以医知名郡中。[见：《常熟县志》、《常昭合志》、《常昭合志稿》]

钱绍曾 字贯一。近代河北元氏县仙翁寨村人。清末变法，推行新政。绍曾经官绅推荐，任职于警、学两界。又创设仙翁寨高小学校，颇有成效。性颖悟，学术外兼通医学。1922年应北平警察厅医术考试，名列前茅。1929年，上书南京政府，论中国诊治古法不宜废止。在北平期间，任师范大学附属小学教员，尽心教育，兼为人诊脉处方，夜以继日。因劳致疾，年四十九岁卒于北平寓所，人多惜之。著有《脉理一得》、《医方讲义》各若干卷，未梓。[见：《元氏县志》]

钱经纶 号彦耀。清代浙江秀水县人。秉性正直，精通医理，深得古人奥旨，临证多著奇效。重医德，贫困者以病延请，虽不能具礼，亦赴治，数往返不倦。远方富贵者以重金相请，不应，答曰："以此重币，不难舍之他医，何必我？我邻里孤穷疾病者待我诊治，安能舍之他适哉！"曾路逢他方人，问："钱先生安在？"答曰："死久矣。"故医名不出乡里，人称隐君子。殁后，里人立小祠祀之。著有《脉法须知》三卷，刊于世，今存咸丰四年（1854）襄城计光炘刻本。[见：《冷庐医话》、《嘉兴府志》、《中医图书联合目录》]

钱春林 明代人。里居未详。通医术，官南京太医院御医。一小儿出痘，三四日下紫血，日数滴，至八日不止，而痘疮不起。钱氏诊之，谓："脾气虚寒。"用木香散二剂，次日痘皆起，二十余日痊愈。[见：《小儿痘疹方论·薛按》]

钱春荣 字被云。清代江苏华亭县人。邑名医钱芗培次子。与兄钱春耀，皆传承父业。[见：《重修华亭县志》]

钱春耀 字焕堂。清代江苏华亭县人。邑名医钱芗培长子。与弟钱春荣，皆传承父业。[见：《重修华亭县志》]

钱荣国 字缙甫。清代江苏江阴县人。岁贡生。自幼读书，贯通经义。早年肄业南菁书院，文章冠于当时。久不得志，就任苏州府学教授。兼嗜岐黄，博览《灵枢》、《素问》、《伤寒》、《金匮》诸医典，兼及宋元以来名家著述，久之精医理。著述甚富，医书有《知医捷径》一卷（今存）、《伤寒论汇解》若干卷（今未见）。又增补汪昂《汤头歌诀》，撰《新编医方汤头歌诀》一卷，今存。子钱夑，事迹不详，曾参校父书。[见：《江阴县续志》、《知医捷径·曹家达跋》、《中医图书联合目录》]

钱茹玉 清代浙江绍兴人。精妇科，绍兴钱氏妇科第十八代传人。[见：《绍兴医学史略》]

钱南山 近代江苏常熟县人，居青禾稼桥。邑名医钱云涛子。从事教育工作。传承父学，亦精医术。工作之余，常为亲友治病，不取诊金。有延请者，步行至病家，悉心诊疗，为世人所称道。[见：《海虞医林丛话》]

钱树堂 清代江苏金山县人。生平未详。通医道，辑有《醉经楼经验良方》一卷，今存嘉庆二十三年戊寅（1818）醉经楼刻本。[见：《中医图书联合目录》]

钱星若 近代江苏苏州人。世医宋宝馨（？～1916）门生。传承师学，悬壶震泽（今属吴江县），以内科名噪于时。[见：《吴中名医录》]

钱钦甸 （1897～1962）字菡舫。现代江苏昆山县东乡菉葭西古村人。邑名医钱景虞次子。从岳父张善孚习医，悬壶于乡，以外科著称。子钱葭飞（1923～1991），亦精家学，后弃医从文。[见：《昆山历代医家录》]

钱钦畸 （1914～1978）字季裘。现代江苏昆山县东乡菉葭西古村人。邑名医钱景虞幼子。自幼从父习医，后悬壶于乡，以内科著称，尤擅治温病。[见：《昆山历代医家录》]

钱钦畿 (1895~1942) 字汉尹。近代江苏昆山县东乡菉葭西古村人。邑名医钱景虞长子。自少从父习医，悬壶于乡，以内科济世，尤擅治温病。子钱希郊，亦以医名。[见：《昆山历代医家录》]

钱禹珍 清代江苏上海县塘湾人。国学生。精医术，尤擅妇科，投剂立效。子钱苍璧，孙钱鹤山，曾孙钱若金，均为名医。[见：《上海县续志·钱若金传》]

钱受钧 清代浙江杭州人。精医术，以幼科名世。著有《增订达生编》，今未见。[见：《杭州府志》]

钱闻礼 南宋人。生平里居未详。绍兴间(1131~1162)任建宁府通判。好医方，尤精仲景《伤寒论》。著有《伤寒百问歌》三卷，刊刻于世，今存。[见：《古今医统大全·历世圣贤名医姓氏》、《宋史·艺文志》、《医藏书目》、《中医图书联合目录》]

钱养庶 字国华，号小休居士。明代浙江仁和县人。万历间(1573~1619)举于乡。丁巳(1617)迁南京兵部郎，备兵临安，未至疾作，遂乞归。钱氏兼通医道，著有《绣阁宝生》一卷，刊于世，今存乾隆五十年(1785)绵山马巽志刻本。[见：《中国人名大辞典》、《北京大学图书馆藏李氏书目》、《贩书偶记续编》、《全国中医图书联合目录》]

钱济民 明代丹徒县(今属江苏)人。儒医钱原浚孙，钱仲器长子。传承家学，以医知名。长子钱文美，传承家学。次子钱文哲，早卒。[见：《中国历代名医碑传集》(引新贵《煦庵先生钱君墓志铭》)]

钱祖翰 (1889~?) 号康侯。近代江苏吴县人。精研医学。宣统二年(1910)加入中西医学研究会，为该会发起人之一。[见：《中西医学报》第3期]

钱原浚 字彦深，号愈庵。明代丹徒县(今属江苏)人。祖籍汴梁(今河南开封)，先世有名钱伯一者，仕宋为殿前点检，卒葬镇江城南祠堂湾，后人遂定居。原浚好读书，收集图籍数千卷，录其精要，有所得辄标注于上。旁通医术，悬壶于世，声噪一时。著有《愈庵集》若干卷、《集善方》三十六卷，已佚。子钱仲器，孙钱济民、钱安民，曾孙钱宝，皆绍承家学。[见：《明史·艺文志》、《江南通志》、《丹徒县志》、《中国历代名医碑传集》(引程敏政《复斋钱君墓志铭》)]

钱原善 一作钱元善。明初长洲县(今江苏苏州)人。祖籍江都县。其父钱益，仕元为常州医学教谕，遂入常州籍，元末避兵乱，再徙长洲。原善传承家学，亦精儿科。其家有生幼堂，相传三百年，家虽屡徙，而堂名不易。洪武间(1368~1398)以名医征入太医院。晋王之子有疾，奉命至太原诊视，应手而愈。王奇其术，奏请朝廷，留任晋府御医。卒，葬于太原。子钱宗道，袭任父职。[见：《苏州府志·钱宗道传》、《中国历代名医碑传集》(引王直《抑庵文后集·钱良玉墓志铭》)]

钱振声 清代浙江山阴县石门坎人。妇科世医钱宝灿子。绍兴钱氏妇科第二十代传人。子兆熊、兆辉、兆林，继承家学。[见：《绍兴医学史略》]

钱润身 一名广德，号清斋。清代陕西白河县厚子河人。生有至性，事亲尽孝。尝曰："文昌，孝友神也。神不可学，学孝友而已。"父病，亲制药饵，累月衣不解带。久之通医术，知名于时。撰有《运气图说》若干卷，今未见。[见：《白河县志》]

钱谅臣 字逸宣。清代浙江嘉兴县人。生平未详。撰有《伤寒论晰疑》四卷，刊于嘉庆二十一年(1816)，今存。[见：《贩书偶记续编》、《中医图书联合目录》、《嘉兴县志》]

钱继道 清代人。生平里居未详。撰有《竹林寺女科医案》一卷，今存1934年上海唯一书局铅印本。[见：《全国中医图书联合目录》]

钱培名 清代江苏金山县人。钱熙祚侄。官县丞。曾搜辑善本，刊刻《小万卷楼丛书》，皆附札记，校勘颇精，其中包括宋程迥《医经正本书札记》一卷。[见：《中国人名大辞典》、《全国中医图书联合目录》]

钱培德 字德培。清代江苏昆山县安亭镇人。太学生。父钱廷熊，精通医术。培德善承父业，兼擅内外科，求治者应手辄愈。慷慨好义，遇贫病者，每资助之。尝著《用药准绳》若干卷，今未见。[见：《昆新两县志》、《昆新两县续修合志》]

钱敏捷 字勤民。近代江苏太仓县南郊乡人。邑名医钱艺(1831~1911)次子。绍承父业，医术精湛。悬壶于昆山县南罗庄泾村，求治者门庭若市。兄钱雅乐、弟钱质和，亦以医术著称。[见：《吴中名医录》]

钱象中 宋代人。生平里居未详。著有《千金一致方》一卷，已佚。[见：《通志·

艺文略》、《国史经籍志》]

钱象先 字资元。宋代苏州人。长于经术,旁通法家之说。进士高第,吕夷简荐为国子监直讲。历官大理少卿、度支判官、河北江东转运使,兼天章阁侍讲。仁宗以象先母老,欲慰之,独赐紫章服。进待制、知审刑院,加龙图阁直学士,出知蔡州。英宗治平间(1064~1067)官工部侍郎,兼提举校正医书局。以吏部侍郎致仕。年八十一卒。[见:《宋史·钱象先传》、《千金方·跋》]

钱象坰 字承怀。清代浙江山阴县人。绍兴钱氏自南宋以来世以妇科医术著称,至象坰递传十四代。荟萃先世经验,医术益精,以善治胎产声名远播。子钱廷选,孙钱登谷,曾孙钱琦璠,俱绍承祖业。[见:《山阴县志》、《绍兴医学史略》]

钱惟邦 明代浙江杭州人。精医术,善用攻下法。当时有名医卢似立,擅长补法,又有沈汝孝,兼善攻补,三人并称于世。[见:《杭州府志》]

钱惟演 (962~1034) 字希圣。北宋人。吴越王钱镠子。早年任牙门将。从父归宋,授右屯卫将军,迁右神武将军。博学能文,宋真宗爱其才,改授太仆少卿。后参修《册府元龟》,授尚书司郎中。历官给事中、翰林学士、工部尚书。景祐元年卒,谥"文僖",加谥"武定"。钱氏留心医药,辑有《箧中方》一卷,已佚。[见:《宋史·钱惟演传》、《宋史·艺文志》]

钱鸿升 (1626~?) 字起儒,号鹤宾。明代无锡县(今属江苏)人。生平未详。著有《伤寒秘籍方》若干卷,今未见。[见:《锡金历朝书目考》]

钱维岳 字清时。清代江苏武进县人。儿科世医钱子录子。传承父业,亦精医理。尝集合内外科同道,设医局于小茅山。乾隆六十年(1795)大饥,病者枕藉于道,钱氏亲往诊治,散给药饵,全活甚众。凡从其学者,皆悉心训诲,故门生多良医。子钱师仲,亦以医名。[见:《武进阳湖县志》]

钱维翰 字亮卿。清代江苏上海县塘湾人。妇科世医钱若金次子。诸生。传承父学,儒学外兼精医理。著有《药性辨论》若干卷,未见刊世。[见:《上海县志》]

钱维镛 (1665~1731) 清初江苏无锡县人。国子生。兼通医理,著有《伤寒秘籍续集》若干卷,未见刊行。[见:《锡金历朝书目考》]

钱琦瑶 清代浙江山阴县人。世精妇科,至琦瑶递传十七代,亦以妇科闻名。[见:《绍兴医学史略》]

钱琦璠 清代浙江山阴县人。妇科名医钱象坰曾孙,钱登谷子。幼承庭训习医,精家学,有名乡里。[见:《山阴县志》]

钱雄万 字心荣。清代江苏武进县人。生平未详。于宣统三年(1911)撰《医津》二卷,刊于1922年,今存钱氏贻直堂铅印本。[见:《中医图书联合目录》]

钱雅乐 字韵之。近代江苏太仓县南郊乡人。邑名医钱艺(1831~1911)长子。绍承父业,医术精湛。悬壶于乡,求治者门庭若市。曾整理其父《慎五堂治验录》,以本人验案附之。弟钱敏捷、钱质和,亦以医鸣。[见:《吴中名医录》]

钱鼎铉 明代江阴县(今属江苏)人。邑针灸名医钱时用子。传承父业,亦以医名,地方大吏匾奖盈庭。子钱洼,继承家学。[见:《江阴县志·钱时用传》]

钱景虞 (1870~1940) 原名树琯,又名鸣球。近代江苏昆山县菉葭西古村人。邑名儒钱邦彦(1848~1914)长子。幼承庭训读书,光绪十六年(1890)入县庠,宣统二年(1910),以岁贡生就职直隶州州判。民国初解官归,教塾于乡。性好岐黄,贯通《内经》、《难经》、《伤寒》诸书,深谙医理,于伤寒、温病证治尤多心悟。初为乡邻疗疾,治辄获愈,医名渐盛。年逾五旬,四方求诊者应接不遑,遂悬壶问世,为昆山著名儒医。钱氏及门弟子甚多,青浦凌秉衡、王学坤、玉山顾兆奎、侯凤仪、蓬阆张启文、夏驾桥陆效山、花家桥徐冠伦、车塘吴心完、吴应刚、吴钦甫、茜墩郑传霖、马士杰、居士浦朱其建等,皆得钱氏亲授。有子五人,长子钱钦畿、次子钱钦甸、幼子钱钦畤,长孙钱希郊,皆传承医业。[见:《昆山历代医家录》]

钱富邦 清代江苏宜兴县人。生平未详。著有《医林阐要》若干卷,未见刊行。[见:《宜兴荆溪县新志》]

钱登谷 清代浙江山阴县人。妇科世医钱象坰孙,钱廷选子。绍承家学,亦精医术。著有《明易调经胎产秘书》七卷,今存抄本。子钱琦璠,继承父学。[见:《山阴县志》、《绍兴医学史略》、《中医图书联合目录》]

钱瑞麟 字仁含,号文石。清代浙江秀水县人。精研医旨,兼工诗画,知名于时。

[见:《艺林医人录》]

钱韫素 〈女〉 字定娴，号又楼。清代江苏上海县人。钱界元孙女。上海闵行李尚元妻。通经史文辞，旁及医学。书法《书谱》，画守南楼老人家法，故自号又楼。寿七十八岁殁。著有《月来轩诗稿》。[见:《海上墨林》、《艺林医人录》]

钱颖根 清末广东东莞县万家租人。精医术，尤擅儿科，就医者错踵于门。同时以医著名者有钱抡英、罗猗兰，颖根后起，而名居其上。著有《婴儿初生十则》（又作《初生十则》）一卷，为世所宝，今未见。[见:《东莞县志》]

钱锡永 字嘉予。清代江苏娄县人。读书敦行，尤精医道，知名于时。子钱三省，绍承父业。[见:《松江府志》]

钱锡畹 字宜村。明清间江苏昆山县淞南陶桥里人。吴越王钱镠后裔。世业幼科，至锡畹益精其术，临证治无不愈。四方就医者襁负而至，舟船鳞集江岸。为人诚恳不欺，衣冠古朴，里人咸敬畏焉。子钱涵，绍传其业。[见:《淞南志》、《昆新两县续补合志》]

钱慎庵 （1438～1515） 佚其名（号慎庵）。明代长洲县（今江苏苏州）人。太医院院判钱恒子。坦易质直，不乐仕进。早年侍祖、父于京师，得言传身教，深悟医理。及悬壶问世，活人甚多而口不言利，凡以病延请，不论寒暑远近皆往，不因贫富而异视，世人德之。凡修制药饵，不假他手。尝谓："是系人生死，吾何敢忽！"正德十年九月三十殁，享年七十八。长子钱恩，早卒；幼子钱惠，授太医院御医。[见:《中国历代名医碑传集》（引顾清《东江家藏集·慎庵钱君配徐孺人合葬墓表》）]

钱嘉钟 字云庵，号醉沤。清代浙江嘉善县人。附贡生。为人诚笃谦和。精医学，好道术，尤熟通水道源委。同治三年（1864），嘉兴知府许瑶光聘请钱氏勘察七邑舆图，撰《七邑舆图说》。书成，以劳绩保举四品衔，辞不受。著有《医案》及《奇经八脉考》、《药性分经》等，未见刊行。另撰有《地理图说》，存佚不明。[见:《嘉兴府志》、《嘉善县志》]

钱熙祚 （1801～1844） 字锡之，又字雪枝。清代江苏金山县人。博览群书，好学深思，多行善举。尤好收藏刊刻古今秘籍，曾建"守山阁"藏书楼，聘名儒顾观光、李长龄、张文虎等校书其中。道光二十四年（1844），因海疆捐输，叙选通判，抵京师病卒，年仅四十四岁。曾刊刻《守山阁丛书》，其中有医书《难经集注》、《脉经》。此外陆续校刻《素问》、《灵枢》、《博济方》、《旅舍备要方》、《伤寒微旨论》、《济世全生指迷方》、《脉诀刊误集解》等，今存。[见:《松江府志》、《中国藏书家通典》、《中医图书联合目录》]

钱肇然 （1729～?） 初名肇熹，字希文，晚号敬亭。清代江苏嘉定县外冈人。国学生钱如楷子，嗣于伯父钱如升。早年习儒，为诸生。少时多病，故博览《内经》、《难经》及宋元以来诸家医书，尽得其旨，能于数年前预决病者死生。不以术谋利，平生未受一钱之馈。有刘河人某，患尫羸数年，遍体生五色晕，众医莫识其症。钱氏诊其脉，知有积食。问所嗜，云："素嗜牛肉。"曰："此中牛毒也。"以药下之，大便成块者数十，晕去而病除。与钱大昕（1728～1804）相友善，钱氏患痿痹疾，腰以下麻木不仁。肇然诊之曰："此脾阳下陷，当用东垣补中益气汤。"如言服之，数剂而愈。平生治验甚多，或劝为医案记之，笑曰："是偶中耳，岂足以传后世。"著有《时气论》一卷、《回春约言》四卷、《兰室医案》一卷，均未见刊行。门人朱范莲、郁璞，得其传授。[见:《嘉定县志》、《中国历代名医碑传集》（引钱大昕《潜研堂文集·敬亭弟墓志铭》）]

钱镕卿 清代江苏青浦县人。精通医道，知名于时。[见:《青浦县志》]

钱澍田 清代浙江慈溪县人。生平未详。撰有《敬修堂药说》一卷，今存嘉庆九年甲子（1804）广东钱氏自刻本。[见:《中医图书联合目录》]

钱鹤山 清代江苏上海县塘湾人。妇科世医钱苍璧子。绍承家学，亦以医名世，治妇科病投药立效。侄钱若金，得其传授。[见:《上海县续志》]

钱鹤征 明代长洲县（今江苏苏州）人。儿科世医钱同爱幼子。传承家学，亦精儿科。与兄钱竹征皆为太医院医士。[见:《中国历代名医碑传集》引《莆田集·钱孔周墓志铭》]

钱懋龄 原名钱简，字以敬。清代云南昆明县人。自幼习儒，家贫，佣书奉养父母。嘉庆三年（1798）举于乡，家居授徒。因母病习医，通其术。年五十四岁卒。著有《瘟疫集要》、《脉诀指南》、《学童堂文集》诸书，今未见。[见:《昆明县志》]

钱缵卿 清代江苏吴县相城庄前人。邑名医钱圭卿子。绍承父业，以妇科知名。[见:《相城小志》]

钱檋村 清代人。生平里居未详。著《小儿推拿直录》一卷，成书于乾隆五十七年(1792)，今存稿本。[见:《中医图书联合目录》]

铁

铁失 (?～1323) 元代人。里居未详。英宗即位之初，铁失以翰林学士承旨宣徽院使兼太医院使。未逾月，特命领中都威卫指挥使。至治元年(1321)三月，特授光禄大夫、御史大夫、都指挥使，仍兼太医院使。同年十二月，兼领广惠司事。后英宗重用右丞相拜住，铁失渐失帝宠。至治三年(1323)八月，与枢密院也先等发兵，杀英宗及右丞相拜住。九月四日，泰定帝即位，诛铁失及其同党。[见:《元史·铁失传》]

铁南峰 号铁峰居士。明代常熟县(今属江苏)南沙乡人。生平未详。著有《保生心鉴》一卷，刊于世。[见:《医藏书目》、《中医图书联合目录》]

倪

倪让 明初高淳县(今属江苏)人。精通医理，遇奇难证，治之多效。洪武二年(1369)征入太医院。永乐元年(1403)授医官。帝诏命有司给奖。其十余世孙倪守泰，亦有医名。[见:《高淳县志》]

倪朱 字正紫。清代江苏崇明县人。性端严，取予不苟。嗜于诗，与何忠相、徐慕隆诸人结白榆吟社。后教馆于通州(今南通)游龙镇，遂定居。老屋数椽，课徒以自给。少年时因亲病习医，贯通《内经》诸医典，亦有医名。[见:《崇明县志·文苑》]

倪灿 字闇公。清代江苏上元县人。康熙间(1662～1722)以举人授检讨。有史才，尝参修《明史》。虑《宋史艺文志》自咸淳(1265～1274)以来多阙略，而辽、金、元三史未编艺文，因仿《隋书经籍志》兼存五代之例，于明代诸家著作而外，并录前代所遗，萃为一编。乾隆间(1736～1795)，卢文弨取倪氏原稿，分代订正，各自成帙，编为《宋史艺文志补》、《补辽金元艺文志》，刊刻行世。倪氏二书收载医药古籍二百余种，有裨于中医文献之学。[见:《历代史志书目著录医籍汇考》]

倪垕 号信庵。元代浙江杭州人。先世以医仕于宋。倪垕绍承家学，又遇异人授以疡科秘方，治疾神效，遂为杭州疡医巨擘，声振于时。子倪居敬(1309～1371)，孙倪伯温，传承其术。[见:《杭州府志·倪居敬传》]

倪铠 字右文。明代浙江绍兴府人。自幼习儒，年二十岁举于乡，授兴国学正，日举伊洛渊源以课弟子。解职归乡，居田三十年不入城市。兼涉医学，著有《按病篇》，已佚。[见:《浙江通志》、《绍兴府志》]

倪涵 明代浙江山阴县人。精医术，知名于时。[见:《绍兴地区历代医药人名录》]

倪端 清代江苏江都县人。生平未详。著有《本草别钞》十卷，今未见。[见:《江都县续志》]

倪璜 号蔗轩。清代安徽无为州人。廪生。笃学砥行，博极群书，工诗词古文，精通医理。著述甚多，医书有《方脉综》六卷，今未见。[见:《庐州府志》]

倪一位 字光远。清代浙江兰溪县人。世代业儒，兼精医理。慷慨好施，赈药疗贫，当道官吏皆嘉奖之。[见:《兰溪县志》]

倪士奇 字复贞。明代镇江(今属江苏)人。世业岐黄。早年随父行医扬州。天启元年(1621)应邀至北京，愈大司空王公之疾，任职武英殿。崇祯三年(1630)悬壶南京。著有《两都医案》二卷，约成书于崇祯甲申(1644)。今存巢念修抄本，书藏上海中医药大学图书馆。[见:《明代医家倪士奇》、《中医图书联合目录》]

倪士俊 字南吉。清代人。生平里居未详。吴县名医唐大烈(?～1801)门生。曾参校其师《吴医汇讲》。[见:《吴医汇讲·卷四》]

倪万林 清代四川大邑县南乡人。父倪思朝早故，家贫辍读，独立养母。医士牟必达怜之，收入门墙。后为大邑名医。[见:《大邑县志》]

倪元恢 字念谦。明代浙江金华县人。万历间(1573～1619)，以贡生任江山县训导，改湖广会同教谕。嗜于经史，通天文历算，旁涉医学。著有《医略阐秘》等书，散亡殆尽。[见:《金华县志》]

倪元颐 明代安徽泾县人。生平未详。著有《疹科简要》一卷，今存咸丰九年己未(1859)常德刻本。[见:《中医图书联合目录》]

倪中魁 字抡元。清代河南汜水县西沙固村人。精通医术，尤擅治伤寒、瘟疫。医名远播于汜、巩、荥间，迎请者不绝于门。咸丰间(1851～1861)，县令尹公荐授医官。子倪用章，绍承父业。[见:《汜水县志》]

倪见山 清代江苏长洲县浒墅人。名医倪南玉族子。尽得倪南玉传授，亦以医名。[见：《浒墅关志》、《吴县志》]

倪心元 清代江苏上海县洋泾镇人。好读书，以医为业，处方极详慎。常语人曰："治病先不求有功，但求无过。常品亦能治病，不必轻投猛剂也。"重医德，遇贫病辄徒步出诊，不计酬报，人称长者。年六十七岁卒。[见：《上海县志》]

倪东溟 清代人。生平里居未详。著有《产宝家传》二卷，今存乾隆三十二年(1767)刻本。[见：《中医图书联合目录》]

倪用章 清代河南汜水县西沙固村人。邑名医倪中魁子。绍承家学，亦精医术，知名于开封、长垣等地。[见：《汜水县志》]

倪有美 明代浙江金华县人。会同县教谕倪豫心子。少习书画，弱冠淬志学医。从钱杏衢学方脉，从倪仰林习儿科，从李少山学眼科，从姜岐山学针灸。著有《痘疹解疑》二卷，刊于万历三十九年(1611)，今存抄本。[见：《金华县志》、《浙江医籍考》]

倪朱谟 字纯宇。明代浙江仁和县人。早年习儒，沉静好古。后精研古医籍，得其蕴奥。治病有奇效，远近病者争相延致。穷搜历代诸家本草，辨疑正讹，编《本草汇言》三十卷，其子倪洙龙刊于万历间(1573～1619)，今存。[见：《浙江通志》、《仁和县志》]

倪向仁 清代人。生平里居未详。著有《痘麻临证》一卷，今存光绪四年戊寅(1878)刻本。[见：《中医图书联合目录》]

倪守泰 号德斋。明代高淳县(今属江苏)人。邑名医倪让后裔。继承祖业，亦以医问世，尤擅眼科，能以金针拨障。治病不求酬报，尝曰："为良相易，为良医难。世医唯区区阿堵物是求，殆鄙甚耳！"每遇灾祲，担囊携药，巡诊四方，风雨无阻。活人甚众，而家无余资，为医中之德者。子倪昌应，传承家学，饶有父风。[见：《高淳县志》、《江宁府志》]

倪安朱 字竹亭。清代江苏句容县人。世医倪德扬次子。继承家学，亦以医术知名。官句容县医学训科，在任二十余年。以义行著称，凡乡里贫病求治，概不索酬。历任县令皆雅重之。[见：《续纂句容县志》]

倪进贤 明代安徽徽州人。出入阁老万安之门，得授庶吉士。万安病阳痿，倪氏自称善医，具药液亲为洗之，因改御史。时人讥之为"洗鸟御史"。[见：《坚瓠集》]

倪远诩 清代湖南湘潭县人。通医理。著有《运气图例》一卷、《脉部图说》一卷、《本草名别》三卷、《疡医元义》二卷、《正骨集验》一卷、《咽喉证海》二卷。[见：《湘潭县志》]

倪赤文 清代江苏青浦县金泽镇田山庄人。县诸生。资性明敏，立品端方。通览《内经》诸医典，为当时名医。广陵丁太守闻其名，延治其子之病。诸医入座，咸难之。赤文布衣草笠而至，诊视曰："此易治也。"令置子于暗室，以蛇吮其毒，一宵痘发而愈。太守酬以金，不受，取所植兰花二株而归。又有贵公子病，烦闷谵语。赤文曰："香触其脑，嗅以粪即痊。"从其法果愈。倪氏所治多类此，远近咸称医仙。著有《疟病伤风心法》，言之甚详，惜其书散佚不传。[见：《金泽小志》、《青浦县志》]

倪秀文 宋元间汴梁(今河南开封)人。宋和州防御史倪昌嗣子。宋亡，倪秀文挟医术游江南，定居苏州吴县。子倪鼎亨，孙倪维德，均为名医。[见：《李濂医史·附录·倪府君墓碣铭》]

倪伯温 元明间浙江杭州人。疡科名医倪屋孙，元末江浙官医提举倪居敬(1309～1371)子。绍承家学，亦精医术。明初官杭州惠民药局提领。[见：《金元医学人物》(引徐一夔《始丰稿·元故保冲大夫江浙等处医官提举倪公墓志铭》)]

倪应弼 字承勋。清代云南昆明县人。以孝友闻于乡。侍亲之疾，药必亲尝。凡药物有未谙者，必遍检本草，考辨其性，始煎以进。每痛庸医误人，遂广集诸家医书、脉诀，殚精研讨，久之精通岐黄。尝谓："事亲不知医，则于养生之道有匮。"性尤友爱，事兄如父。咸丰元年(1851)举乡饮宾。曾广取医药、地理之书，择其简明切要者汇为一编，名《人子必读书》，今未见。[见：《昆明县志》]

倪怀垕 字济川。清代江苏句容县人。邑名医倪信予子。继承父业，亦以医名。子倪德扬，传承其学。[见：《句容县志》]

倪枝维 字佩玉，号凤宾。清代浙江浦江县人。生平未详。著有《产宝》一卷，今存雍正六年(1728)原刻本。[见：《中医图书联合目录》]

倪昌大 字仲宣。清初人。里居未详(疑为钱塘人)。钱塘名医张志聪(1610～1680?)门生。康熙(1662～1722)初，其师集合当地名医及弟子，讲学、著书于侣山堂。倪昌大参与校订《黄帝内经素问集注》九卷，刊于康熙九年（1670），又校订《黄帝内经灵枢集注》九卷，刊于康熙十一年（1672）。二书今存。［见：《黄帝内经灵枢集注》、《黄帝内经素问集注》］

倪昌世 字仲玉。清初人。里居未详（疑为钱塘人）。钱塘名医张志聪（1610～1680?）门生。康熙（1662～1722）初，其师集合当地名医及弟子，讲学、著书于侣山堂。倪昌世参与校订《黄帝内经素问集注》九卷，刊刻于康熙九年（1670），今存。［见：《黄帝内经素问集注》］

倪昌应 明代高淳县（今属江苏）人。邑名医倪守泰子。绍承家学，亦工医术，饶有父风。［见：《高淳县志》、《江宁府志》］

倪炜文 字笙巢。清代浙江归安县人。邑庠生。好吟咏，每聚柯家山馆，与严元照等相酬唱。撰有《梦花山房诗词钞》。旁涉医学，撰《医原》四卷，今未见。［见：《归安县志》、《湖州府志》］

倪宗贤 字涵初。清初浙江山阴县柯亭人。性孝友，以医术著称，远近知名，求诊者不绝于门。尝曰："医有经世之术，而学在其中，《内经素问》参诸天地王道。"闻关中名儒李颙（1627～1705）讲学毗陵（即江苏武进），往执弟子礼。倪氏平生多义举，曾倾所得诊金，助修百里塘、螺山桥，虽家无宿储，破衣敝屋，处之泰然。知县高登先，敬重倪氏为人，尊为上宾。年四十余殁。无嗣，其学遂不传。著有《五种经验方》、《咽喉通论》、《疟痢三方》各一卷，刊于世。［见：《山阴县志》、《绍兴府志》、《八千卷楼书目》、《中医图书联合目录》］

倪居敬 （1309～1371） 字行简。元明间浙江杭州人。疡科名医倪垕子。自少年即从父学医。父殁，事母以孝闻。博览《黄帝内经》诸书，兼及后世名医方论，深有所悟。察脉辨证，究极内外病因，探求标本，深明虚实病源，所愈奇难怪症甚多，医名过于其父。名所居室曰尊德，凡以疾病延请，不论显达贫贱，亲为救治，德望隆盛。至正间（1341～1368），荐授杭州路医学正，迁医学教授。在任捐修三皇庙，多有政绩。再迁江浙官医副提举，职封成全郎。元末世乱，难民多入城避兵，时疫肆行。江浙行省丞相达实特穆尔捐资购药，命倪氏率医救治，全活者不可胜计。疫平，升任保冲大夫，江浙等处官医提举。不久，特授江浙同知，转奉训大夫，官阶五品。倪氏曰："医，吾职也。"坚辞不受。明军入吴，

士卒染疫者甚多，开平忠武王遣使迎至，至则施救，全活甚众，厚酬遣归。洪武四年（1371），隐居湖山，同年十一月三日卒，享年六十三。子倪伯温，绍承父业。［见：《杭州府志》、《中国历代名医碑传集》（引徐一夔《始丰稿·元故保冲大夫江浙等处官医提举倪公墓志铭》）］

倪南玉 佚其名（字南玉）。清代江苏长洲县浒墅关人。精研岐黄，于医经、经方无不讨究，知名于时。管山有药王殿，即由倪南玉倡建。族子倪见山，得其传授。［见：《吴县志》、《浒墅关志》］

倪修典 清代湖南湘潭县人。品行端方，精通医术，擅用经方。推重本邑前辈名医周世蒿，每诵周氏语以教门生。［见：《湘潭县志》］

倪信予 字光裕。清代江苏句容县人。精医理，有名于时。著有《汤头歌辑要》，未见传世。子倪怀垕，孙倪德扬，曾孙倪安朱，皆以医名世。［见：《句容县志》］

倪洙龙 字冲之。明清间浙江仁和县人。邑名医倪朱谟子。继承家学，亦工医术，知名于时。著有《伤寒汇言》，今未见。康熙（1662～1722）初，名医张志聪（1610～1680?）集合钱塘名医及弟子，讲学、著述于侣山堂。倪朱龙参与其事，与诸医合撰《金匮要略注》四卷、《黄帝内经素问集注》九卷、《黄帝内经灵枢集注》九卷，皆刊刻于世，今存。［见：《浙江通志》、《金匮要略注》、《黄帝内经素问集注》、《黄帝内经灵枢集注》］

倪家崇 清代安徽泾县人。贡生。自少家贫，苦读经书，兼习岐黄。中年弃儒业医，广施药饵，治病多效，声名远达旌德诸县。［见：《泾县志》］

倪清涟 字南河。清代浙江萧山县人。少攻举业，壮岁为吏，游历诸幕，入粤二十余载。精通医术，名著士绅之间。性豪迈不羁，或以为狂，弗顾也。卒于广东新会。［见：《岭南医征略》］

倪维德 （1303～1377） 字仲贤，晚号敕山老人。元明间吴县（今江苏苏州）人。祖籍汴梁，自其祖父徙吴。其曾祖倪昌嗣，为宋和州防御使。祖父倪秀文，父倪鼎亨，皆以医名世。维德早年习儒，旁涉神仙、导引、方技诸书。初学《尚书》于碧山汤公，公器其才，劝出仕。维德曰："曷若绍承医学，以济吾事乎？"于是取《黄帝内经》日夜研读，欣然曰："医之道尽在是矣！"有疑问则质正于父，久之深悟医家秘奥。宋

大观(1107～1110)以来，时医多遵用《太平惠民和剂局方》，倪氏认为"古方新病，多不相值"，颇厌此风。泰定间（1324～1327），得金刘完素、张从正、李杲三家之书读之，觉诸书与《内经》合，益自信所见不谬。及悬壶于世，用药如神，奇证异疾治之立起。其临诊，既察天时地理，复参以人事，所治十不失一，医名振于远近。素怀仁心，凡以病延请，不论贫富皆立往。遇贫病抱疾者，赠药之外，兼送烹药之器。有客怪而问之："药可宿备，瓦缶亦素具乎？"维德指室北隅示之，预备者盖百余枚。晚年建别墅于敕山之下，放浪山水之间，如在世外。洪武十年六月二十日卒，时年七十五岁，葬于吴县至德乡上沙村两重山下。著有《原机启微》二卷，大行于世。又校订《东垣试效方》，锓版传世。子倪起，通儒学，亦以医鸣于时。〔见：《李濂医史·附录·倪府君墓碣铭》、《明史·倪维德传》、《中医图书联合目录》〕

倪紫垣
清代江苏川沙县人。热心公益，凡慈善事，多尽力焉。精通医理，以术济人，乡里感德。〔见：《川沙县志》〕

倪鼎亨
元初汴梁（今河南开封）人。随父迁居吴县。父倪秀文，以医术知名。鼎亨袭承先业，亦以医问世。子倪维德（1303～1377），克传父学，声名过于前辈。〔见：《李濂医史·附录·倪府君墓碣铭》〕

倪殿标
字济庵。清代安徽旌德县人。精医术，起病如神。好与文士周旋，谈论风生。著有《医选》二十四卷，发明轩岐精义，采辑诸名家医著四十余种，皆先冠以论，辨其得失；次列方药，逐一疏明。鲍桂星、胡晖吉为之作序，今未见。〔见：《旌德县续志》〕

倪德扬
字杏圃。清代江苏句容县人。祖父倪信予，父倪怀垕，皆为名医。德扬袭承家学，医名甚盛。县令许道身雅重其术，委任县医学训科。著有《杏林集验》、《保赤新编》二书，未见梓行。有子三人，皆传家学，次子倪安朱，尤负盛名。〔见：《句容县志》〕

徒

徒都子
唐代人。生平里居未详。撰有《膜外气方》一卷，已佚。《圣济总录》收入此书方论，文前评之曰："诸家方书，论水病甚详，未尝有言'膜外气'者。唐天宝间（742～755），有徒都子者，始著《膜外气方》，书本末完具，自成一家，今并编之。然究其义，本于肺受寒邪，传之于肾，肾气虚弱，脾土又衰，不能制水，使水湿散溢于肌肤之间，气攻于腹膜之外，故谓之'膜外气'。其病令人虚胀，四肢肿满，按之没指是也。"〔见：《圣济总录·卷第八十·膜外气》、《宋史·艺文志》、《通志·艺文略》〕

徒能言
字古义。清代人。生平里居未详。撰有《古今历验良方》、《备要方》，今存嘉庆十八年（1813）刻本等。〔见：《中医图书联合目录》〕

徐

徐升①
明代浙江会稽县人。隐于医。著有《本草辨疑》数百卷，已佚。〔见：《绍兴地区历代医药人名录》〕

徐升②
字云骧。清代江苏崇明县人。诸生。早年习儒，工吟咏。晚年精医术，有名于时。〔见：《崇明县志》〕

徐凤
字廷瑞。明代江西弋阳县人。生平未详。著有《徐氏针灸大全》六卷，今存万历三十三年乙巳（1605）金陵唐翀宇刻本。还著有《针灸捷法》六卷，今未见。〔见：《明史·艺文志》、《医藏书目》、《中国医学大成总目提要》〕

徐可
字载熙，号且庵。清代人。生平里居未详。撰有《活命新书》，今存同治二年（1863）福建刻本。〔见：《中医图书联合目录》〕

徐丙
清代河南宜阳县人。精医术，知名于时。曾官医学训科。〔见：《宜阳县志》〕

徐芝
字季植。清代湖北安陆县人。廪生。幼孤，入塾读《论语》，至"父母之年"辄潸然落泪，后读此节必跪诵。兄病，侍汤药，数月衣不解带。年届四十，母及诸兄先后殁，因哭泣失明。奉己节俭，而慷慨好义。癸亥（1803）夏，大水，购棺袷葬浮骸。丁卯（1807）岁饥，鬻产以赡族邻。年七十一岁卒。兼通医理，辑有《济世良方》，今未见。〔见：《德安府志》、《安陆县志》〕

徐同
明代吴县（今江苏苏州）人。精医术，知名京师。隆庆二年（1568）正月，太医院医官徐春甫集合各地在京名医四十六人，创立一体堂宅仁医会，徐氏为会员之一。诸医穷探医经，讨论四子（指张机、刘完素、李杲、朱震亨），共戒私弊，患难相济，为我国最早之全国性医学组织。〔见：《我国历史上最早的医学组织》（《中华医史杂志》1981年第3期）〕

徐先
北宋人。里居未详。通医道，曾任医官。熙宁五年（1072）六月，宋神宗派遣医官王愉、徐先赴高丽访问。〔见：《中国医学史》（高

等中医院校参考丛书 1991 年版)〕

徐伟 号杏庄。明代吴县（今江苏苏州）人。太医院御医徐彪后裔。绍承家学，医名益显。嘉靖间(1522~1566)入值太医院，因医疗功擢银台通政使。性行纯厚谦和，凡患重疾求治，先以善言宽慰，次投以药，沉疴痼疾无不立起。隆庆二年（1568）正月，太医院医官徐春甫汇集在京名医四十六人，创立一体堂宅仁医会，徐氏为会员之一。〔见:《古今医统大全·历世圣贤名医姓氏》、《上海县志·徐枢》、《我国历史上最早的医学组织》(《中华医史杂志》1981 年第 3 期)〕

徐行① 字逊之。明代浙江义乌县人。文清公徐侨后裔。自幼习儒，博览群经，为郡庠生。尤精医术，治病多奇效。性慷慨，好施予，晚年济人益广。著有《脉经直指》、《碎金集》二书，未见刊行。子徐尚志，传承父业。〔见:《义乌县志》、《浙江通志》〕

徐行② 字周道，号还园。明清间浙江归安县人。早年习儒，为明末诸生。明亡，弃举业，偕同志讲求学问。尝思范文正公"不为良相，则为良医"之语，遂习习岐黄家言，其术大行。有医德，诊病不分贵贱，皆平等视之。年七十五岁卒。著有《伤寒论遥问》十五卷、《伤寒续论遥问》三卷、《伤寒续方遥问》一卷，今皆存。〔见:《归安县志》、《湖州府志》、《中医图书联合目录》、《浙江医籍考》〕

徐行③ 字步安，又字鉴泉。清代江苏吴县人。博览《内经》及后世名医著述，以医为业。撰有《医学蒙求》四卷，今存嘉庆九年(1804)五柳居刻本。还著有《内经旁训》，今未见。〔见:《吴县志》、《中医图书联合目录》〕

徐安 号仙槎。清代浙江绍兴人。儿科世医徐静川子。绍承家学，为徐氏医学第十二代传人，亦以儿科知名。著有《婴科证治概要》，今未见。〔见:《绍兴地区历代医药人名录》〕

徐寿① 字同文（一作大同）。明代太仓州（今江苏太仓）人。祖籍浙江黄岩县，其祖徐伯兴，元代时官昆山州学正，定居太仓。徐寿早年习儒，好读书，事母以孝闻。精通医术，尤擅针灸，知名于时。长子徐发，有孝行。幼子徐牧，为宣德己酉（1429）举人。〔见:《壬癸志稿》、《昆新两县续修志稿》〕

徐寿② 号雪村。清末江苏无锡县人。博学多才，于数学、医学、声、光、电、矿诸学，靡不穷原竟委。同治间（1862~1874），曾国藩以宾礼罗致幕下。曾入上海翻译馆，与华蘅芳翻译大量西洋著作。日本闻之，派柳原前光等来沪访购，取译本归国。格致书院创始，徐寿主讲席，晨夕不倦。时各省建机器局，开采金矿、铁矿，无不就徐氏商榷。著有法律、医学等书，今未见。〔见:《中国人名大辞典》、《上海县续志》〕

徐远 南宋吉州吉水县（今江西吉水）人。业医，负笈行术，日得百钱。后旅居临安，郁郁不得志。适显宗太后患目疾，诏访草泽医，徐远应召，遂得展效，补官赐宅，赏赉不可胜计，世称徐防御。〔见:《中国历代医家传录》（引《夷坚志》)〕

徐赤 字五成。清代江苏吴县人。生平未详。著有《伤寒论集注》十卷、《伤寒论集注外篇》四卷，皆刊于乾隆十七年（1752）。〔见:《中医图书联合目录》、《贩书偶记续编》〕

徐时 字时中，晚号菊隐翁。明代河南固始县人。洪武间（1368~1398）太医院医士徐仁富子。天资聪颖，孝友忠信。绍承父学，悬壶济世。喜吟咏，有诗集《橘隐遗稿》行世。〔见:《固始县志》〕

徐旸 字用晖。明代浙江常山县东山人。先祖徐梅友，以医知名于宋。徐旸继承家学，亦精医理，尤擅脉诊，医名噪甚。江山县一少年，病阴雨骨痛，旸诊之曰:"隐毒深远，当始于母孕之时。"少年归问其母，孕时果患巨疮，人皆神其术。〔见:《浙江通志》〕

徐沛 字泽卿，号方壶山人。明代青浦县（今属上海）人。早年习儒，从名儒周莱峰游，以文章行谊见称于时。读书博猎，尤精《内经》，诊疾辄起。不以医问世，布袍方巾，闭门吟咏。县令屡延宾席，不赴。著有《医学决疑》、《方壶山人稿》，皆散佚。〔见:《松江府志》、《青浦县志》〕

徐沂 字德藻，号清溪。清代江苏泰州人。世业医，至沂尤精，遇贫病则出药赠之。如皋县富商孙氏欲以千金聘之，不赴。通州陈横与徐沂为故交，因妻病招之。至海安遇风覆舟，援救者劝其归，不从，借衣而行。重友尚义，可见一斑。年八十二岁卒。〔见:《泰州志》、《中国人名大辞典》〕

徐英 明代宁夏卫（今宁夏贺兰）人。邑儿科名医徐恭子。曾任中屯卫指挥佥事，为官清慎，制行端洁。精通家传医术，有起死回生之效。治病不择贫富，凡延请，虽深夜风雨必往，人皆德之。其后裔有徐宣化、徐鲲化兄弟，亦以医术著称。〔见:《朔方道志》〕

徐杰 清代浙江吴兴县菱湖镇人。生平未详。通医，著有《医案》二卷，今未见。[见：《菱湖镇志》]

徐枢 (1347～1433) 字叔珙，号足庵。元明间浙江海盐县人，迁居奉贤县（今属上海）龙华里。南朝宋濮阳太守徐熙后裔。徐氏累世精医，其父徐复，曾任海盐州医学教授。枢幼从父学，遂于医理，兼学诗于会稽杨维桢。洪武二十七年（1394），授秦府良医。永乐十二年（1414）改授枣强县丞。十三年荐入太医院，掌御药。不久，迁太医院使。宣德元年（1426），枢八十岁，告归省墓，宣宗赋诗赐之，又赐金带，遣中官护行。又七年卒。著有《脉诀辨明》一卷、《订正王叔和脉诀》一卷，还撰有《足庵集》（文集），皆未见传世。子徐彪，袭承父业。[见：《医藏书目》、《嘉兴府志》、《上海县志》、《松江府志》、《重修奉贤县志》]

徐述 字孟曾（一作孟鲁）。明初武进县（今属江苏）人。湖州路医学教授徐仲清孙，襄黄两县教谕徐矩川长子。精医术，以善诊断著称，决人生死若神。洪武间（1368～1398），与弟徐迪为他医牵累，远戍边地，历二十年始归。景泰间（1450～1456），代宗召见之，欲授以官，不受，厚赐金帛遣还。著有《难经补注》，已佚。弟徐迪、徐选，皆工医术，迪声名尤显。[见：《武进县志》、《武进阳湖县志》]

徐迪 字孟恂。明初武进县（今属江苏）人。邑名医徐仲清孙，襄黄两县教谕徐矩川次子。继承家学，精通医术，以针灸著称，世以徐神仙称之。治病不尽求效于汤剂，恒以意为治，多有效验。一女子因怒患病，内向卧而身不能转。迪扮妇人妆，且歌且笑。患者闻之，不觉回顾大笑，疾乃愈。所治类此者甚多。洪武间（1368～1398），某医获罪，牵连迪及其兄徐述，远戍边地，备尝艰辛者二十年，景泰间（1450～1456）始得还乡。兄徐述，弟徐选，皆精医术。[见：《武进县志》、《武进阳湖县志》]

徐昊 明代人。里居未详。精医术，任太医院医士。弘治十六年（1503），太医院院判刘文泰等奉敕编撰《本草品汇精要》，徐昊与徐镇、夏英、吴钺等十人任纂修官。书成于弘治十八年三月，未刊，今存抄本。[见：《本草品汇精要》]

徐昌 (1660～1729) 字董能，号反迷。清初江苏昆山县人。嘉定县增广生。兼通医术。撰有《伤寒一书》，又撰《诗文集》、《占恒录》等书，今未见。弟徐士祺，业儒而工医。[见：《昆新两县续修合志》、《昆山历代医家录》（引《徐氏宗谱》、张潜之《国朝昆山诗存·徐昌小传》）]

徐忠 字诚甫。清代江苏吴县洞庭山人。迁居上海法华乡西镇。精岐黄术，求诊者盈门。有医德，治疗贫病不受诊酬。[见：《法华乡志》]

徐征 字桂庵。清代江苏华亭县人。明初太医院使徐枢后裔。行谊高雅。绍传家学，临证累有成效，以医术知名江浙间。子徐光瑞，继承父业。[见：《奉贤县志》、《松江府志》]

徐泳 字寿生，号西郭。清末浙江海宁县郭溪人。因世乱徙于硖石镇。工绘画，通医术，尤精篆刻。光绪丁丑（1877），辑所治医案，编《医案偶存》一卷，藏于家。[见：《海宁县志》、《海宁州志稿》]

徐官 字元懋，号榆庵。明代吴县（今江苏苏州）人。精医理，能折衷当代名家之说，而补其所未及。于字学、古文、篆隶，能正其不同。著有《古今印史》一卷，今存。[见：《中国历代医家传录》（引《古今印史·邓序》）]

徐城 清末四川井研县人。通医理。其时西医东渐，学者震惊其奇。徐氏乃以中国《周礼》、《内经》诸书与之比较，谓"西学实为中书所包，西人所得，尚不足以尽《内经》之蕴。"遂著《内经西法参同》二卷，今未见。[见：《井研县志》]

徐荣 清末人。生平里居未详。辑有《敬信录》四卷，今存光绪二年丙子（1876）养怡居刻本。还编有《百试百验神效奇方》二卷，今存同治三年甲子（1864）刻本。[见：《全国中医图书联合目录》]

徐柄 字尔权。清代江苏上海县人。历署安福、新昌县知事。罢官后，侨居清浦县黄渡，辟地为圃，栽花自娱。兼通医术，为人治病不受酬报。年七十二岁卒。[见：《青浦县志》]

徐郜 字颂阁。清末江苏嘉定县人。通医理。光绪壬午（1882），名医陆懋修授以坎离丸方，徐氏收入所撰《便贱验方》，此书今未见。[见：《女科书辑要》]

徐昱① (1391～1465) 字季东，别号静庵。明代南京（今属江苏）人。祖籍吴县。太医院御医徐子宇子。自幼习儒，学富行端，动止不苟。得家传之秘，精通医道，治病无不愈者。人以金酬之，不受，曰："吾既不仕，此亦可以济人耳，岂计利哉！"人德其惠，士林诸贤多与之交，争为诗文以颂。少年时欲博观天下名胜，吴越闽海，皆留足迹。及倦游归，构一楼于乡，匾曰怡晚，庋列图书，诸史百家无不贮备，得异书必手自抄订，怡然自乐。或劝其出仕，不应。年七十五岁卒。[见:《中国历代名医碑传集》（引倪谦《倪文僖集·静庵徐处士墓志铭》）]

徐昱② 清代四川灌县人。生平未详。著有《入药镜摘注》一卷、《丹旨韵言》一卷，未梓。[见:《灌县志》]

徐勋 字佑堂，号月江。清代江苏元和县周庄镇人。自幼习儒，年十四即训蒙，藉馆谷以养母。精医术，擅长儿科，推拿方药，颇能中窾。谨身节用，性仁厚，无疾言厉色，亦不臧否人物。人加以非礼，引避不与较。然能急人难，不辞劳苦。咸丰元年（1851），县令余龙光闻其名，举为乡饮宾，以"端品善行"额其门。年八十六岁卒。[见:《吴县志》、《周庄镇志》]

徐畊 字尊三。清代江苏华亭县人。曾遇异僧授以接骨秘方，后以伤科知名。子孙传承其业。[见:《重修华亭县志》]

徐峋 字觐北。清代江苏江宁府人。精医术，有名于时。一妇人年三十许，频患少腹痛，发则疼痛欲死。徐峋以东引桑枝煎汤，送服乌梅丸，下一物如鳖形，其痛遂止。闻者皆神其术。[见:《江宁府志》]

徐选 字孟伦。明初武进县（今属江苏）人。邑名医徐仲清孙，襄黄两县教谕徐矩川幼子。与兄徐述、徐迪，皆精医术，医名逊于两兄。洪武间（1368～1398），徐述、徐迪因他案牵累而获罪，远戍边地，徐选因赘得免。两兄奉母远行，选不忍别，遂同行，备尝艰苦者二十年，景泰间（1450～1456）始得还乡。[见:《武进县志》、《武进阳湖县志》]

徐复 字可豫，晚号神翁。元末浙江海盐州人。南朝宋濮阳太守徐熙后裔。徐氏世以医名，至徐复亦嗜于医，攻研《灵枢》、《素问》诸医典，为当时名医。曾任海盐州医学教授。其治病，先审南北、察强弱、辨缓急，而后投药，百不失一。会稽杨维桢（1296～1370）患痢，久病不食，众医皆曰："元气脱，不可治矣！"徐复诊之，曰："适才于西门视一剧证，其脉与公同。然公七日起，彼不出三日当殂。"为之立方，及期而愈。西门病者果三日而殁。其妙治类此者甚多。子徐枢（1347～1433），亦精医术，为明太医院使。[见:《嘉兴府志》、《松江府志》、《奉贤县志》]

徐亮 字小明，号怡谷。清代江西南丰县人。邑庠生。幼年丧父，事母至孝。读书好学，屡试不售，而家益贫，乃教授儒童为生。久之弃去，从南昌名医黄淇园游，尽得其传。及悬壶，每治一病，反复研虑，至午夜不寐。立方不甚循古，随证变通，每为时医所诧，而治则奇效，声名噪甚。有医德，不论贫富贵贱，皆以诚待之。遇孤贫者尤加意呵护，亲为煮药，殷勤照料不倦。晚年救疗益勤，竟以积劳而卒。同邑丁化，得其传授。[见:《南丰县志》、《中国历代名医碑传集》（引谢文洊《谢程山集·徐怡谷传》）]

徐美 清代广东琼山县人。精医术。有节妇耿氏，闻夫溺死，闭户自经。其夫实未死，归家则妇已气绝。徐氏闻哭声，入视，则心尚微温，依法治之，良久竟苏，一时传为佳话。[见:《琼山县志》]

徐洙 字竹村。清代江苏昭文县人。邑名医汤鼎入室弟子。学医兼学诗，皆得汤氏指授。于诗崇尚性灵，于医深究脉理。著有《徐氏方案》，黄廷鉴序而刻之，今未见。[见:《常昭合志稿》]

徐陟 明代华亭县（今属上海）人。首辅徐阶（1503～1583）弟。嘉靖二十六年（1547）二甲第二十七名进士，累官南京刑部侍郎。留心医方，凡亲试获效者，悉令人记而存之，久之成帙。后经太医院医官赵文育整理，编成《亲验简便方》一卷，刊刻于世。今存嘉靖四十四年乙丑（1565）刻本。[见:《明史·徐阶传（附弟陟）》、《医藏书目》、《中国医籍考》、《中医图书联合目录》、《明清进士题名碑录索引》]

徐垻 明代奉贤县（今属上海）人。祖籍浙江海盐。太医院御医徐彪子。精通家学，亦以医名。[见:《嘉兴府志》、《上海县志》、《重修奉贤县志》]

徐恭 明代宁夏卫（今宁夏贺兰）人。精通儿科，临证取效如神，知名于时。子徐英，传承父业。[见:《朔方道志》]

徐桢 字东屏。清初浙江钱塘县人。以医为业，知名于时。名医张志聪（1610～1680）讲学、著书于侣山堂，徐氏参与其事，与诸医注释《伤寒论宗印》、《金匮要略注》二书，刊刻于世。[见:《伤寒论宗印》、《金匮要略注》]

徐桐 字古木。明清间浙江嘉兴县人。擅武功，通文章，有文武全才之誉。顺治乙酉（1645），任南明游击将军，率军守嘉禾。清军破城，率众入震泽湖。后浙闽尽失，败局难挽，尽散旧部，使耕于湖滨。此后削发为僧，号木头陀，游于大江南北。兼通医道，观色听音即识病源，决人死生多奇中。任侠好义，所到之处为人治疾，得钱则散济贫乏，全活不可胜计。尤好结纳天下才智之士，因芒砀间自古多豪杰，遂游彭城。至则广交三教九流，皆系反清复明义士。后事发入狱，与仲子俱遇害，年仅五十五岁。[见：《中国历代名医碑传集》(引陈鼎《留溪外传·木头陀传》)]

徐悦 南朝梁人。生平里居未详。撰有《体疗杂病疾源》三卷、《龙衔素针并孔穴虾蟆图》三卷、《杂针经》四卷，隋时即散佚。[见：《隋书·经籍志》(详《黄帝针经》、《医方论》注文)]

徐益 字伯裕。元代武林(今浙江杭州)人。其父业医，药室号博雅堂，治疗贫病不取酬，远近知名。徐益早年习儒，严以律己，宽以待人。绍承父学，兼精医道，救治甚众。[见：《金元医学人物》(引胡炳文《云峰文集·伯裕字说》)]

徐浦 明代嘉定县(今属上海)人。精医术，任太医院医士。弘治十八年(1505)敕修《本草品汇精要》，徐氏任纂修官。外甥高鏊(1486~1568)，得其传授，官至南京太医院判。[见：《本草品汇精要》]

徐奘 南朝梁人。里居未详。曾任无锡令。梁武帝时(503~549)任上省医，曾奉命诊视光禄侍中沈约之疾。著有《徐奘要方》一卷，隋代即散佚。[见：《梁书·沈约传》、《隋书·经籍志》]

徐埮 字心农。清代江苏吴县人。精医术，知名于时。[见：《吴县志》]

徐彬 一作肇彬。字忠可。明清间浙江秀水县人。随州知州徐世淳三子。早年习举业，为诸生。兼治岐黄术，从名医李中梓(1588~1655)、喻昌(1585~1664)游，尽得二人之传。著有《金匮要略论注》二十四卷、《伤寒一百十三方发明》一卷，均刊刻于康熙间(1662~1722)。[见：《清史稿·徐彬传》、《嘉兴县志》、《秀水县志》、《中医图书联合目录》]

徐梧 清代福建邵武县人。通医术。孙徐璋，得其传授，医术益精。[见：《重修邵武县志》]

徐彪 字文蔚，自号希古。明初浙江海盐县人。太医院御医徐枢(1347~1433)子。随父徙居奉贤县(今属上海)。绍承父业，亦精医术，正统十年(1445)荐入太医院。代王患脚肿疾，久治不愈。彪疗之，旬日而瘳。昌平侯杨洪，在边地患重疾，彪受诏往治，十日而愈，后留御药房供职。十三年(1448)擢御医。景泰二年(1451)迁院判，常留侍禁中，每以医谏。景帝问药性迟速，彪对曰："药性犹人性也，善者千日而

不足，恶者一日而有余。"问摄生，以固元气对。景泰六年(1455)参修《中秘书录》。晚年归乡，以诗画适情。著有《本草证治辨明》、《论咳嗽分条》(又作《分条治嗽痢纂例》)、《伤寒纂例》，未见传世。次子徐堉，绍承父学。后裔徐伟，亦以医名。[见：《医学入门·历代医学姓氏》、《嘉兴府志》、《松江府志》、《上海县志》、《重修奉贤县志》]

徐跃 清代浙江嘉兴县人。通医理。曾于康熙甲子(1684)参订萧埙《女科经纶》，刊刻于世。[见：《女科经纶》]

徐敏 字我非。清代湖北黄陂县人。岁贡生。精医术，于《素问》、《灵枢》诸书无不贯通，尤擅痘科，邑中称神。著有《存济篇》，今未见。[见：《黄陂县志》]

徐康 字子晋。清代江苏吴县人。博雅嗜古，世擅岐黄。尤工篆隶，精鉴藏，凡书籍字画，古器奇珍，一入其目，真赝立辨。道光元年(1821)，陆香来染时症，几殆，徐氏治之而愈。[见：《中国历代医家传录》(引《前尘梦影录》)]

徐淳 清初昆山县角直镇(今属吴县)人。祖籍江苏苏州。世医徐南复(1608~1704)嗣子。传承家业，亦工医术。[见：《昆山历代医家录》(引《吴郡甪里人物考》、《甪里志稿》)]

徐涵 字兆京。清代江苏无锡县人。精医术，以疡科知名。凡危殆之症，他医不能治者，每能起之。[见：《无锡金匮县志》]

徐琳 号璞岩。清代江西鄱阳县人。早年习儒，为诸生，乾隆间(1736~1795)考选岁贡。以诗文敏捷著称，兼通方技。著有《医略》、《医说》二书，未见刊行。[见：《鄱阳县志》]

徐意 一作徐德。字君怀，号半江。清代江苏元和县周庄镇人。徐麟兄。性敦厚，精医术，于妇科尤神而明之。工诗，撰有《半江诗稿》。道光元年(1821)患疾，势甚危笃，赖表舅祖郑祥征治疗而愈。[见：《周庄镇志》、《吴县志》]

徐棉 清代福建闽县人。嘉庆间(1796~1820)贡生，官永宁知县。善摄生，著有《养生纂训》一卷，今未见。[见：《闽侯县志》]

徐棪 字若虚。元代龙兴富州(今江西丰城)人。生于望族，年十五举进士，旋即归乡，研究医学。每闻人有良方，不远百里就教，必得之而后快。力学数十年，深悟秘奥，于脉理尤有心得，遂以医术知名。重医德，治病不分贫富贵贱，不责酬报，深得乡里信赖。曾取南宋王硕《易简方》，参照孙志宁《增修易简方论》、施

913

发《续易简方论》、卢祖常《续易简方论后集》诸书，撰《易简归一》数十卷，吴澄（1249～1333）为之作序。该书辨疑补阙，议论精微，方剂赅备，惜散佚不传。[见：《金元医学人物》（引《吴文正文集·易简归一序》）、《中国医籍考》]

徐楗 字墨君。清代江苏上海县人。擅书法，工诗赋，尤精医理。有医德，遇贫病者求治，不俟驾即行。常曰："贫者全家仰其食，不速愈，妻子冻馁矣！"著有《伤寒论辨正》四卷，未见传世。[见：《上海县续志》]

徐雄 南朝宋齐间丹阳（今安徽当涂县小丹阳镇）人。世医徐文伯子。继承家学，以医术鸣于江左。曾任员外散骑侍郎，官至兰陵太守。长子徐之才（505～572），医名益盛；次子徐之范，亦精医术。[见：《南史·张融传》、《北齐书·徐之才传》、《北史·徐謇传》]

徐践 字景升。北魏丹阳（今安徽当涂县小丹阳镇）人。世医徐謇（?～504）长子。其父仕于北魏，官至平北将军。謇卒，徐践袭父爵，任建兴太守。据明李梴《医学入门》，徐践亦精医术。[见：《北史·徐謇传》、《医学入门·历代医学姓氏》]

徐遁 北宋齐州（今山东济南）人。石守道婿。为举人。少年时学医卫州，得闻宰相高若讷医学遗说，临证每有精思。与胡元任相往还，胡氏曾引述名医单骧驳王叔和"三焦有脏无形"之说，徐乃述本人见闻曰："齐尝大饥，群丐相窝割而食，有一人皮肉尽而骨脉全者。遁以学医，故往观其五脏。见右肾下脂膜如手大者，正与膀胱相对，有二白脉自其中出，挟脊而上贯脑。意此即导引家所谓三焦也。单君之言，与所见悬合，可以正古人之谬矣。"此为我国古代医家直接观察尸体之较早记录。[见：《中国历代医家传录》（引《苕溪渔隐丛话》、《龙川略志》）]

徐敦 字希文，号恒斋。明代溧水县（今属江苏）崇贤乡人。淡于名利，以医为业。好吟咏，暇则赋诗，陶然自乐。著有《寄傲集》，藏于家。[见：《溧水县志》]

徐湜 字渭伯。清初江苏苏州人。自祖父辈徙居昆山县角直镇（今属苏州）。伤科世医徐一俊（1604?～1679?）子。继承祖业，亦精伤科。[见：《昆新两县续补合志》、《吴郡甫里志》、《昆山历代医家录》（引《吴郡甫里人物考》）]

徐渭 （1521～1593） 字文长，号天池。明代浙江山阴县人。自幼颖异过人，十余岁仿扬雄《解嘲》作《释毁》。稍长，师事同里季本，为诸生。负气自恃，而省试屡不售。喜作古文词，触笔而成。总督胡宗宪招致幕府，宗宪得白鹿，将献诸朝，令渭草表。世宗览表大悦，胡宗宪以是益重渭，幕中有急需，夜深开军门以待。徐渭通兵法，多奇计，胡宗宪擒徐海，诱王直，皆参与其谋。及宗宪下狱，徐渭论死系狱，里人张元忭力救得免。后游金陵，抵宣、辽，纵观边塞。徐渭读书有深思，于《楞严》、《庄》、《列》及《素问》、《参同契》诸书无不涉猎。尝自谓："吾书第一，诗二，文三，画四。"识者许之。兼通医理，撰有《黄帝素问注》若干卷，今佚。[见：《明史·徐渭传》、《山阴县志》]

徐谦 字仲光，号澄观（一作澄光）。明代浙江嘉兴县人。儿科世医徐名世子。初习举业，为诸生。兼通家传医术，后以儿科问世，知名于时。著有《仁端录》（又作《徐氏仁端录痘疹》）十六卷，专论小儿痘疹证治。纪昀评其书曰："是编独审证施疗，无所偏主，推原本始，备载治验，颇能持两家之平。较之先立成法，至于胶柱而鼓瑟者，殆不可以道里计矣。"此书经其门生陈葵删订，刊刻于世，今存。徐氏还撰有《杂证仁端录》四卷（今存抄本）、《仁端录痘疹玄珠》五卷，今存乾隆八年癸亥（1743）石门吴氏黄叶庄刻本。[见：《四库全书总目提要》、《嘉兴县志》、《拜经楼藏书题跋记》、《中医图书联合目录》]

徐缄 字子默。清代浙江嘉兴县人。生平未详。著有《急痧方论》（又作《吊脚痧方论》）一卷，刊刻于世。此书为专论霍乱证治之作，约成书于咸丰十年（1860），今存。[见：《嘉兴县志》、《清史稿·艺文志》、《中国丛书综录》]

徐楫 （1720～1793） 字怀祖，号小舟。清代江苏昆山县人。刑部尚书徐乾学玄孙。监生。捐授州吏目。乾隆二十二年（1757）拣选安徽广德州杭村巡检，二十五年（1760）迁泾县典史，敕授登仕郎。徐氏精医理，工诗文，擅书画。著有《小舟吟稿》、《对峰书屋画谱》。弟徐家梓，亦精医理。[见：《昆新两县志》、《昆山历代医家录》（引《徐氏宗谱》）]

徐锦① 字悦生。明代上海县陆家行人。以医为业，尤擅长针灸术。与莫秉清相友善。莫有亲戚患瘰疬，延他医针左肩，针入则昏厥，针亦不能出。莫急令延请徐锦。锦以针刺其右肩，左肩之针即出，及右针出，疾若失。锦用针又有一绝，若某人暴亡，有未了之事欲言者，取针刺某穴即苏，待言毕，抽针而绝。锦无子，殁后，其妻每至困乏，必有人叩门赠钱米，问其

故，曰："徐先生尝愈我病也。"[见：《上海县志》]

徐锦② 字炳南，号澹安（一作澹庵）。清代江苏长洲县人。工诗文，通琴理。幼年习医于顾文烜。顾为伤寒大家，从游者甚众，锦独得其秘。治病多奇效，声名与师相埒。顾氏有遗孙顾大田，即从锦学，亦为名医。徐氏搜罗医书甚多，凡足以羽翼仲景《伤寒论》者，无不研读。曾校刊郭雍《伤寒补亡论》、尤在泾《金匮翼》、孙从添《活人精论》、邵登瀛《瘟疫论》（疑即《瘟毒病论》）等书。道光元年（1821），年逾六十，尚著述不辍。著有《奇病录》三卷，约刊于道光二十年（1840）。还撰有《心太平轩医案》一卷，成书于咸丰元年（1851），刊于1912年。另著《千金方管见》若干卷，今未见。子徐龙翔，孙徐馥，皆绍家学。与徐锦同时者，有张容廷、外科陈莘田、妇科金肇承，皆为名医。[见：《吴县志》、《苏州府志》、《吴中名医录》、《中国医学大成总目提要》、《中医图书联合目录》]

徐鹏 字仲鹏。明清间江苏常熟县人。早年从名医缪希雍（约1546～1627）游，后以医问世。推重古人"上工治未病"之说，遇小病多不用药。尝曰："用药如用兵，不得已而后用耳。"著有《脉学传灯》，已佚。[见：《常昭合志稿》、《苏州府志》]

徐裔 宋代人。生平里居未详。著有《脉诀》（又作《徐氏脉经诀》）二卷、《徐氏指下诀》一卷，皆佚。[见：《宋史·艺文志》、《通志·艺文略》、《崇文总目辑释》]

徐滔 南朝梁人。生平里居未详。任云麾将军。据《隋书·经籍志》"桐君药录"条注文，徐滔辑有《新集药录》四卷，隋时已佚。[见：《隋书·经籍志》]

徐埔 字升阶，号晓园。清代浙江平湖县人。元代名医徐光瑞七世孙。埔祖父徐廷和，博览群书，广搜医籍，置于书楼，读书其中。徐埔继承家学，以医为业，活人甚众。年愈八旬，犹外出诊病，暮归，辄就读于灯下。寿至九十一岁。[见：《平湖县志》]

徐熙 南朝宋丹阳（今安徽当涂县小丹阳镇）人。性好道术，隐居秦望山。有道士过，求饮，饮毕留一瓠芦，曰："君子孙宜以道术救世，当得二千石。"熙开视，乃《扁鹊镜经》一卷，遂精心研习，以医术名振海内。后官至濮阳太守。子徐秋夫，孙徐道度、徐叔向，曾孙徐文伯、徐謇（字成伯）、徐嗣伯，四世孙徐雄，五世孙徐之才、徐之范，皆以医知名。[见：《南史·张融传》、《医说》、《历代名医蒙求》]

徐璇 （1814～1858） 字玉衡，号琢疵，又号竹慈。清代江苏昆山县人。监生。援例授县丞。道光二十七年（1847）分发浙江，历署台州府黄岩县县丞、宁波府经历。兼精医术，知名于时。[见：《昆新两县续修合志》、《昆山历代医家录》（引《徐氏宗谱》）]

徐璋 字东坡。清代福建邵武县人。邑名医徐梧孙。家贫业医，尤精痘科。为人慈和，目近视，而善察脉证虚实，一见知吉凶。有小儿患痘甚危，璋诊之，辞以不治。将出，忽闻儿啼，停步曰："是声亮而清，犹可救。"再视之，投以异功散，两服而愈。又有孕妇发痘，二便涩秘。璋用下利法。或谓："痘症忌下，孕妇尤甚。"璋曰："此火盛毒炽，不下则法无所施。"持前论治之，胎气安好如故，痘寻愈。其他治效通变，类此者甚多。晚年用功益深，曾总结家传，参以临证所得，撰《痘科精义》十卷，行于世。此书今未见。[见：《重修邵武县志》]

徐镇① 字鼎夫。元代钱塘县（今浙江杭州）人。郡庠生。天资颖敏，性格沉静。自幼习儒，绍承父学，以医知名，活人甚众。徐一夔以滋德堂名其药室。[见：《金元医学人物》（引徐一夔《始丰稿·滋德堂记》）]

徐镇② 明代长洲县（今江苏苏州）人。以医为业，少年时即知名乡里。弘治间（1488～1505）任太医院冠带医士。弘治十六年（1503），与院判刘文泰等奉敕编撰《本草品汇精要》四十二卷，徐氏任纂修。书成于弘治十八年三月，未刊，今存抄本。明武宗（1506～1521）好骑射，以马逸受伤，诸御医以非世业，莫能治。徐镇应召诊视，治而奏效，官至九品。子孙世以医术供职太医院。同时有名医张致和，与徐氏齐名。[见：《吴县志》、《本草品汇精要·官员职名》]

徐镕 字镕之，号春甫，自号匿迹自隐逸人。明代人。生平里居未详。通医理，著有《奇效良方辨惑论》二卷，今存孤本，藏何时希先生家。[见：《中国历代医家传录》]

徐磐 字介鸿，号影虞。清代江苏金山县卫城人。师事名医金铭，尽得其传。医名为师所掩，未能远传，然变通神妙，其师亦以为不可测。兼工于诗，超逸无尘俗。著有《影虞集》。[见：《金山县志》]

徐铠 明代浙江仁和县人。以医知名。曾与同邑名医诸余龄等创立天医社。[见：《浙江通志》]

徐镛 字叶埂，号钰台（一作玉台）。清代江苏松江府南汇县人。早年习儒，弱冠为诸生。后弃去，专攻医术，有名于时。寓居郡城，所交多名士。嘉庆十九年（1814），《松江府志》修成，徐氏纠其舛错，撰《余议》四卷，又撰《玉堂小志》十卷，皆载南沙轶事。又著《医学举要》六卷，今存光绪五年（1879）稿本及清末刻本。另有《四大家辨》、《论医宗必读》、《论读景岳书不可专得其温补之益》等文，刊于《吴医汇讲》。另著《儒门游艺》若干卷，今未见。［见：《吴医汇讲》、《南汇县志》、《中医图书联合目录》］

徐燏 字柳门，号谷史。清代浙江海盐县人。庠生。精通岐黄，广行医道。治病不受酬谢，全活无算，世称仁医。［见：《海盐县志》］

徐幽 号凤石。元代浙江衢州人。岁贡生，选授山东教谕。兼精医术，治病多奇效，世称凤石医仙。撰有《本草大成药性赋》四卷，今存。［见：《衢州府志》、《浙江医籍考》］

徐謇（？～504）字成伯。南朝宋齐间丹阳（今安徽当涂县小丹阳镇）人。名医徐道度次子。与兄徐文伯皆精医术。尝至青州，值北魏慕容白曜伐东阳，获謇，解送魏都（今山西太原）。魏献文帝欲试其技，置病人于帷幕中，令謇隔幕诊脉。謇能"深得病形，兼知色候"，遂授中散令，不久迁内侍长。謇善调药剂，屡起危疾，然不善逢迎，虽贵为王公，而宠遇不及御医李修。孝文帝迁都洛阳，知謇之能，始重用之，体有不豫及所宠冯昭仪有疾，皆令诊治。擢中散大夫，转右军将军侍御师。太和二十二年（498），文帝至悬瓠（今河南汝南），患重疾，驰驿召謇。謇水路兼程，日行数百里赴治，获奇效。文帝甚喜，授以鸿胪卿金乡县开国侯，食邑五百户，赐钱一万贯。次年，文帝疾复发，见罪于謇，欲加之以鞭捶，幸而获免。謇常服药饵，又吞服道符，年八十鬓发不白，力未多衰。正始元年（504）迁光禄大夫，加封平北将军。是年卒。延昌（512～515）初，追赠安东将军齐州刺史，谥"靖"。子徐践，袭父爵，任建兴太守。［见：《魏书·徐謇传》、《北史·徐謇传》］

徐馥 字承南。清代江苏长洲县人。世医徐锦孙，徐龙翔子。绍承家学，亦以医术知名。［见：《吴县志》、《苏州府志》］

徐燨（1732～1807）一作徐曦。字鼎和，号榆村，别署种缘子。清代江苏吴江县松陵镇人。名医徐大椿次子。倜傥有父风，以医世其家。著有《药性诗解》，今存。门生马鸣鹤，得其传授，以外科知名。［见：《吴江县续志》、《中国医籍考》（引《随园文集》）、《昆山历代医家录·马鸣鹤》］

徐一俊（1604?～1679?）字休伯，一字仁伯，号行素。明清间江苏苏州人。随父徙居昆山县角直镇（今属吴县）。伤科世医徐景元长子。以孝友闻。与弟徐南复，绍承家学，皆精医术。年七十六岁卒。子徐浞，传承父学。［见：《昆新两县续补合志》、《吴郡甫里志》、《昆山历代医家录》（引《吴郡甫里人物考》）］

徐人龙 清代江苏人。生平里居未详。著有《疗饥集》，未见流传。［见：《江苏通志稿》］

徐又谦 清末江苏太仓州归庄人。早年从常熟名医王似山游，后亦以医术知名。子徐国栋（1890～1947），传承父学。［见：《吴中名医录》］

徐三友 字绍锦。明代四川成都人。生平未详。曾校正宋王惟一《铜人腧穴针灸图经》三卷，改题《鼎雕铜人腧穴针灸图经》，刊刻于世。清儒孙星衍藏有书林宗文堂刻本，前有正统八年（1443）御制序。此本已佚，今有清代振贤堂重刻本，题"明徐三友绍锦校"。［见：《平津馆鉴藏记》、《中医图书联合目录》］

徐三重 清代江苏人。生平里居未详。著有《卫生录》，今未见。［见：《江苏通志稿》］

徐士玉 清代江苏常熟县谢家桥人。邑名医徐兆丰子。绍承家学，亦通医术。子徐居仁，整理其父验案，编《徐氏第三世医案》，今存光绪间（1875～1908）抄本。［见：《中国历代医家传录》、《中医图书联合目录》］

徐士声 清代河南叶县人。监生。兼通医术，以针灸知名。［见：《叶县志》］

徐士进 号环洲。清代河南罗山县人。邑庠生。幼岁羸疾，就医于湖北黄安县，十载始归。归则精医术，所治无不奏效，遂以医知名。［见：《罗山县志》］

徐士承 字祖香。清代江苏宜兴县人。精医术。凡疑难症，群医束手者，投药多愈。［见：《宜兴荆溪新志》］

徐士勋 清代江苏人。生平里居未详。著有《服食摄要》若干卷，今未见流传。［见：《江苏通志稿》］

徐士彦 字子美。清末河南郑县新庄寨人。素业岐黄，精小儿科，尤擅治痘疹。光

绪辛丑（1901）大疫，徐氏施药救济，全活无算。[见：《郏县志》]

徐士骏 字蔼人。清代江苏青浦县人。同治、光绪间（1862～1908）贡生。自幼颖异，诗文雅赡，书法秀逸，出入虞、褚间，兼通医道。试于乡闱，屡荐不售。晚年徙居昆山，以医名世。[见：《青浦县续志》]

徐士深 元代常熟县（今属江苏）人。太医院医士徐伯修子。早年习儒。继承家学，以医为业。[见：《重修常昭合志》]

徐士祺 （1664～1713） 字宋洲，号抱一。清代江苏昆山县人。康熙二十年（1681）上海县廪膳生。精医术。著有《医学法权》、《识证梯阶》等书，今未见。兄徐昌，亦为儒医。[见：《昆新两县志》、《昆新两县续修合志》、《昆山历代医家录》（引《徐氏宗谱》）]

徐士銮 （1833～1915） 字苑卿，又字沅青（一作源青）。清末天津人。邑名儒徐炌（号朗斋）子。幼习举业，咸丰八年（1858）举于乡，十一年官内阁中书。同治十一年（1872）出守台州。光绪七年（1881）引疾归里，专志著述。八十三岁卒。徐氏尝搜录古籍中关于医方、医论、本草者八百余条，辑《医方丛话》八卷，刊于光绪丙戌（1886），今存。[见：《医方丛话·天津徐沅青先生小传》、《天津县新志》]

徐大山 一作徐太山。南朝人。生平里居未详。撰有《本草》二卷、《试验方》二卷、《巾箱中方》三卷、《堕年方》二卷、《房内秘要》一卷，皆佚。按，清人姚振宗据《日本国见在书目》所著录"《徐太山随手方》一卷"，谓"堕年"为"随手"之讹，此说可从。因徐文伯曾任东莞、泰山、兰陵三郡太守，故姚氏又谓"徐太山即徐文伯"，此说尚乏确据，且《隋书经籍志》著录"徐嗣伯落年方二卷"，故徐太山亦可能为嗣伯，存疑待考。[见：《隋书·经籍志》、《隋书经籍志考证》、《通志·艺文略》、《国史经籍志》]

徐大亨 字香粟。清代浙江钱塘县人。侨居常熟。自少习儒，善属文，屡不利于科场，弃而习医，声名大噪。兼工诗，著有《寿云堂诗》八卷。[见：《常昭合志稿》]

徐大郎 南宋当涂（今安徽当涂）人。外科世医徐楼台孙。获乡贡，于祖业尤精，然贪婪无医德。绍兴八年（1138），溧水县富户江舜明背疽发作，扣门求医。徐与其家立约，俟病愈，谢钱三百千。凡攻疗旬日，疮忽甚痛且痒。徐曰："法当溃脓，脓出即愈。"是夜用药，众客

环视。徐以针刺其疮，捻纸五寸许如钱缗大，点药插窍中。江随呼痛，声渐高。徐曰："别以银二十五两赏我，便出纸，脓才溃，痛当立定。"江氏子怒，坚不肯与。曰："原约不为少，今夕若无事，明日便奉偿。"徐必欲得之。江氏族人元绰在旁，谓源曰："病者痛已极，复何惜此？"遂与其半。时纸捻入已逾一更，及拔去，血液交涌如泉，久之无声。家人视之，已毙，脓出犹不止。不一年，徐氏患热疾，哀叫不绝，但云："舜明莫打我！我固不是，汝儿亦不是。"如是数日乃死。二子随母改嫁，其家医术遂绝。[《夷坚丁志·卷十》]

徐大振 字金声，号成斋。清代浙江兰溪县大塘下人。体貌伟岸，甫入武庠即见赏于学使窦东皋，许为将才。其家世代业医，父徐武英，兄徐有光，皆享盛名。大振素好医术，神悟医理，施治多奇效。寓居邑城，求医者门庭若市。有医德，不以利居心，远乡豪贵来聘，虽千金不一顾，而遇贫病者终不忍拒，时以药饵助之。晚年好静居，筑室于河滨，颜"闲处"，盖前寓额曰半日闲，谓今始得闲处也。自此，凡有求医者，嘱弟子代诊，从旁指示之。著有《伤寒辨误》、《金匮辨误》，未梓，毁于兵燹。[见：《兰溪县志》、《重修浙江通志稿》]

徐大椿 （1693～1771） 又名大业，字灵胎，晚号洄溪老人。清代江苏吴江县松陵镇人。祖父徐釚，为翰林院检讨，曾纂修《明史》。父徐养浩，精水利之学，曾聘修《吴中水利志》。徐大椿自幼习儒，旁及诸子百家，凡星经、地志、九宫、音律无不探究，尤嗜《易经》与黄老之学。年弱冠，补邑诸生。旋改习武，精于技击、枪棍之法，可举三百斤巨石。年近三十，因家人多病致力医学，研读《本草》、《内经》、《难经》、《伤寒》、《千金》、《外台》及历代名医之书。久之，妙悟医理，悬壶济世。其临证，洞明病源，用药精审，虽至重至危之疾，每能手到病除，为时医所叹服。乾隆二十六年（1761），文华殿大学士蒋溥患疾，诏访海内名医。大司寇秦公首荐大椿，遂召入都。大椿诊毕，奏曰："疾不可治。"帝嘉其诚，欲留京师效力，乞归田里。乾隆三十六年（1771）十月，中贵人有疾，再召入都。时大椿已七十九岁，自知体衰，未必生还，乃率子徐爔同行，至都三日而卒。帝悯惜之，赐以帑金，命爔扶榇以归。徐大椿好著述，今存者有《难经经释》二卷、《神农本草经百种录》一卷、《医贯砭》二卷、《医学源流论》二卷、《伤寒类方》一卷、《兰台轨范》八卷、《慎疾刍言》一卷。医书

之外，尚有《道德经注释》、《阴符经注释》、《乐府传声》等。次子徐燨，继承父学，亦以医名世。［见：《清史稿·徐大椿传》、《小仓山房集·徐灵胎先生传》、《清代七百名人传》、《徐灵胎年谱简编》（《浙江中医杂志》1985 年第 6 期、第 8 期）］

徐大楫 字若济。清代江苏上海县人。明初太医院使徐枢后裔。其父徐天泽，精明医理。大楫幼承庭训，研习《素问》、《灵枢》诸医典，多有心悟。后悬壶于世，活人甚众。著有《脉论辨讹》（又作《脉诀辨讹》，或《脉论辨伪》）、《医宗粹语》等书，未见传世。子徐兆魁，孙徐瀛洲，绍传其业。［见：《上海县志》、《松江府志》］

徐山涛 清代江苏青浦县人。名医何其超门生。精通医术，知名于时。外孙陆士谔，亦以医名。［见：《医林逸史》］

徐之才（505～572）字士茂，号思恭。北齐丹阳（今安徽当涂县小丹阳镇）人。父徐雄，为南齐兰陵太守，以医术闻名江左。之才自幼敏慧，五岁能诵《孝经》，十三岁召为太学生，粗通《礼》、《易》，识天文、图纬之学，兼精家传医术，世以神童称之。袁昂任丹阳尹，辟徐之才为主簿。后梁豫章王萧综出镇江都，授以右常侍。萧综降北魏，奏魏帝曰："之才大善医术，兼有机辩。"乃下诏征之。孝昌二年（526）至洛阳，敕居南馆，礼遇甚优。侍帝疾多效，为北魏君臣所重，孝武帝时封昌乐县侯。东魏天平间（534～537），北齐神武帝高欢（其时未立国号）征至洛阳。武定四年（546）迁秘书监。武定末，辅佐北齐文宣帝登极，授侍中，封池阳县伯。皇建二年（561）授西兖州刺史，未及赴任，武明皇太后患疾，之才疗之，应手而瘥。孝昭帝赐以彩帛缎锦四百匹。徐之才因善医术，虽有外授，顷即召还。武成王酒色过度，神思恍惚，自言：病发则"见空中有五色物，稍视变成一美妇人，去地数丈，亭亭而立。食顷，变为观世音。"之才曰："此色欲多，大虚所致。"即处以汤方，服数剂而愈。此后时有复发，发则遣飞骑召之，针药所加，应时而效。徐氏有辩才，善逢迎，历事诸帝，以戏狎得宠。武成帝生齁牙，问于诸医，尚药典御邓宣文以实对，帝怒，令鞭挞之。后问之才，之才拜贺曰："此是智牙，生智牙者，聪明长寿。"帝悦，厚赏之。武平元年（570）授尚书左仆射，迁尚书令，封西阳郡王。三年卒，时年六十八，赠司徒，谥"文明"。著有《药对》（又作《徐王药对》）二卷、《徐王八代效验方》十卷、《徐

氏家秘方》二卷，皆佚。弟徐之范，亦工医术。［见：《北齐书·徐之才传》、《魏书·徐謇传》、《旧唐书·经籍志》、《新唐书·艺文志》、《太平御览·方术部》、《崇文总目辑释》、《历代名医蒙求》、《医说》、《医心方·卷八·脚气所由第一》、《中医年鉴·徐之才里籍考证》（1987）］

徐之范（505～572）北齐至隋初丹阳（今安徽当涂县小丹阳镇）人。名医徐雄次子，徐之才弟。之范亦精医术。仕于北齐，任尚药典御，迁太常卿。太宁二年（562）春，曾为武明太后治疾。北齐亡，仕于北周，授仪同大将军。隋开皇间（581～600）卒。子徐敏齐，亦通医理。［见：《北齐书·徐之才传》、《医说》、《历代名医蒙求》］

徐之荣 清代湖北江夏县人。生平未详。著有《痘麻定论》，今未见。［见：《湖北通志》］

徐之熏 字友琴。清代山东沾化县人。同治甲子（1864）举人。光绪庚辰（1880）大挑二等，选授曲阜县学训导，在任十年。八十七岁卒。平生好学，博览群书，训迪诸生，多所成就。兼涉医学。著有《医方简明》五卷、《医方集成》十卷，未见传世。［见：《曲阜县志》］

徐之觐 清代江西广丰县人。邑名医徐盘铭子。继承父学，以外科知名。施药济人，绰有父风。［见：《广丰县志》］

徐小斋 清代江苏常熟县董浜人。精医术，为道光、同治间（1821～1874）常熟名医。同邑吴景星，尽得其传。［见：《海虞医林丛话》］

徐子云 清代江苏吴县洞庭西山人。寓居太仓璜泾。精医术，知名于时。侄徐芝田，门生金春田、张绳田、郭春田，皆以医知名。［见：《吴中名医录》］

徐子石 清代江苏南汇县人。生平未详。著有《伤寒论（注）》，未见流传。［见：《南汇县续志》］

徐子宇 明代人。生平里居未详。著有《致和枢要》九卷，已佚。［见：《明史·艺文志》］

徐子贞 元明间浙江会稽县人。儒医卢叔原表侄。名医朱震亨游会稽，徐子贞奉父命从之学，复研究李杲诸名医著述，久之精通医理。至正间（1341～1368），游寓杭州。至正十一年休宁赵泌至杭州，多次患病，皆得子贞治愈，效验神速，遂作《医说》以彰其名。［见：《金元

医学人物》(引《东山存稿·医说》)]

徐子苓 字西叔,又字毅甫。清代安徽合肥县人。道光(1821~1850)举人。工诗文,兼通医卜之术。[见:《中国人名大辞典》]

徐子瞻 明清间江苏上海县人。性格沉静,不善词令。精通医术,凝神按脉,断生死不爽时日,有"徐仙"之称。康熙间(1662~1722)举乡饮宾。[见:《上海县志》]

徐王臣 清代江苏上海县竹冈人。不知书,亦不解汤液名,以验方治病多良效,决人生死亦奇中。[见:《上海县志》]

徐开先 字振公。清初浙江钱塘县人。业医,知名于时。名医张志聪(1610~1680?)构侣山堂于胥山,集合钱塘名医及门生,讲学、著述于其中。徐开先参与其事,协同诸医校注《黄帝内经灵枢集注》、《黄帝内经素问集注》,刊刻于世。徐氏还曾校订明虞抟《苍生司命》,刊于康熙十六年(1677)。[见:《黄帝内经灵枢集注》、《黄帝内经素问集注》、《四部总录医药编》]

徐天一 字诚之。清代江苏昆山县人。邑名医徐庆恩子。继承父学,亦工医术,以妇科知名。子徐朝魁,绍传家学。[见:《昆山历代医家录》(引徐亦通《徐氏世医传略》、《徐氏宗谱》)]

徐天泽 清代江苏上海县人。明初太医院使徐枢后裔。亦精医理,知名于时。子徐大楣,传承父业。[见:《上海县志》]

徐天培 清代陕西蒲城县人。幼承家学,精通医术,尤擅脉诊。晚年卧病,有求治者,亦勉力处方。[见:《蒲城县新志》]

徐天富 字世杰。清代安徽太湖县人。精医术,有名乡里。年八十三岁卒。其子善承父业,名振都门。[见:《太湖县志》]

徐天麟 字庚香。清代浙江海盐县人。邑名医徐圆成子。事迹未详。其父增补平湖沈志裕《毓德堂医约》,天麟于光绪十五年(1889)刊刻于世。此书今残存卷三、卷四,藏于上海中医药大学图书馆。[见:《重修浙江通志稿·著述·毓德堂医约》、《中国历代医家传录》(引《毓德堂医约》)]

徐元一 宋代人。生平里居未详。疑为道士。著有《养真要旨》一卷、《修真秘旨诀》一卷,今佚。[见:《通志·艺文略》]

徐元瑞 清代山东宁津县人。早岁习儒,为庠生。兼精医术,断病处方,出人意表。

同邑刘清华,署泰安府,患重疾,叹曰:"若得徐君,吾病瘳矣!"急遣人迎请,未至而殁。徐氏少年丧父,天性率真,处兄弟之间,天真烂漫,虽至暮年,怡怡犹若少年时。年七十余卒。[见:《宁津县志》]

徐云藻 字显庭,号书台。清代江苏昆山县蓬阆镇人。乾隆五十年(1785)增生。兼精医术,知名于时。善诗,有《春到草庐诗草》。[见:《昆山历代医家录》(引《蓬溪风雅集》)]

徐少卿 清末江苏松江人。青浦名医何长治门生。[见:《何鸿舫医方墨迹》]

徐日久 字子卿。明代浙江西安县人。万历三十八年(1610)三甲第三十六名进士。初授上海知县,擢工部屯田司主事,改兵部职方司主事,迁参军。上疏忤魏忠贤,削籍归乡。后起为福建巡海道,升山东巡按使,未赴任,病归。卒于家,时年五十八岁。徐日久性好著述,辑有《方聚》,未梓。[见:《西安县志》、《明清进士题名碑录索引》]

徐日严 字慎斋。清代浙江平湖县人。以医为业。经年奔走于穷乡僻壤,不因寒暑而中辍。遇极贫者,解囊以供药饵,世称其德。[见:《平湖县志》]

徐中安 字居之。清代福建建宁县在城人。精岐黄术,能于二年前决人生死。又擅长外科,所治无不立愈。县令檀光熿家人患疡疾,几不起。徐氏以"金灯照眼方"治之,用药线燃灯,令病者注视,阅三日痂脱而愈。县令赠以金,不受,时称君子医。[见:《建宁县志》]

徐中纯 元明间苏州(今属江苏)人。业儒而精医,悬壶济世。贝琼作《赠医者徐中纯》诗云:"我爱南州士,风流今尚存。读书通鲁史,卖药向吴门。拟乞丹砂里,同倾绿酒樽。茯苓应已长,夜雨隔松根。"[见:《金元医学人物》(引《清江贝先生诗集》)]

徐升泰 字世平。明代浙江会稽县人。早岁习儒,屡困棘闱,遂兴"不能作相,愿为良医"之志。博览医书,于马莳《素问注证发微》尤致力焉。及悬壶问世,每能治他医所不起。后欲著书寿世,成不朽之业,乃辑《本草正讹补遗》若干卷,补李时珍《本草纲目》之未备,惜散佚不传。子徐宗大,孙徐承元,皆以医名。[见:《会稽县志》]

徐仁斋 元代祁门县(今安徽祁门)人。精医术,知名于时。孙徐宗吉,号存诚,传承家学。[见:《江南通志》、《金元医学人物》

(引汪克宽《环谷集·存诚堂说》)]

徐仁富 元明间河南固始县人。通医术。元末避乱，采药于金刚台山。洪武间（1368～1398），充任太医院医士，有神医之誉。子徐时，以医为业。[见：《固始县志》]

徐介仙 清代江苏金山县干巷镇人。专擅疡科，凡四方延治，无不应手奏效。与松隐李雄文皆出疡科名医潘光宗门下，时称徐李，而介仙声名尤盛。[见：《干巷志》]

徐公达 字吉人。清代江苏兴化县人。善属文，尤工医术。[见：《续兴化县志》]

徐公桓 字伯揆。清代江苏青浦县人。生平未详。撰有《心源匙锤》二卷，今存光绪二十年甲午（1894）刻本。又有《脚气刍言》四卷，今未见。[见：《青浦县续志》、《中医图书联合目录》]

徐凤垣 字掖青，又字霜皋。明代浙江鄞县人。南湖九子之一。明亡，经钱肃乐之荐，以明经任南明幕官，毁家输饷，以助长江之役。抗清事败，深隐不出。为人孝友笃挚，晚年与林时跃、高宇泰搜辑乡里忠节人物诗文，辑《甬东正气录》。年七十一岁卒。兼通医理，撰有《医学四要》，已佚。[见：《鄞县通志》]

徐文中 字用和。元代宣州（今安徽宣城）人。宋末世乱，徐氏为同郡仇人倪某所灭。时文中之父尚幼，倪某强娶文中祖母，祖母以徐氏宗脉计，忍辱保子，令子改姓倪氏，临终始告以真情。及文中生，未能即复本姓。后娶妻，得岳父传授，精通方药，尤善针术，知名于时。初任县吏，不久辞去。后任安陆府吏，又弃去。游于吴郡，某大吏患腿疾，文中疗之，针行而病除，留为郡吏。时镇南王妃患疾，不能起坐，王府御医皆不能疗。南台侍御史秃鲁，以文中荐，即使人至吴郡召之。文中至，王以礼召见，赐坐便殿，道妃疾苦，延入诊视。王曰："疾可为乎？"对曰："臣以针石加于玉体，不痊，其安用臣？"遂请妃举手足，妃谢不能。文中乃请诊候，按手合谷、曲池，而针暗随以入，妃不自知。少顷，复请举如前，妃复言不能。文中曰："针气已行，请举玉手。"妃不觉为一举。复请举足，足亦能举。次日，妃能起坐。王大喜，设宴款之，赏赐无算。自此，声震广陵，皆以为卢扁复出。后由吴郡徙居武林（今浙江杭州），不久，吴郡守吴秉彝患病卧床，郡医皆举荐文中，应手而瘥。文中既知名于士宦之间，遂以冤情诉于府尹赵伯器，得复姓徐氏。归宣城，省徐氏坟基，访其宗族，买田置

祠，以奉祭祀，人咸义之。自宣城还，升任江浙行省理问所提控案牍，改授绍兴路知事，以疾卒。撰有《加减十三方》一卷，刊刻于世。此书国内未见，日本国立公文书馆内阁文库藏有明代刻本及日人抄本。[见：《稗史集传·徐文中》、《古今医统》、《医学入门》、《宣城县志》、《内阁文库汉籍分类目录》、《中国医籍考》]

徐文行 字观海。清代安徽繁昌县人。精通医术，治病有奇效，名重于时。有患虚怯症者，绝食数日，闻步履声则惊悸欲死。徐氏切其脉，令家人移所治酒馔于榻前，宾主共饮食，不移时病去七八。徐氏告之曰："此脾病也，前医误耳。"为之立方，服药数日痊愈。[见：《重修安徽通志》]

徐文伯 字德秀。南朝宋齐间丹阳（今安徽当涂县小丹阳镇）人。名医徐道度长子。有学行，倜傥不屈于公卿。精通医术，不以医为业。宋孝武路太后病，众医不识其证。文伯诊之，曰："此石搏小肠耳。"乃制消石汤，服之即愈。帝授以鄱阳王常侍，赐以千金。宋明帝宫人患腰痛牵心，每发则气欲绝。文伯曰："此发症。"以油投之，即吐一虫，细长如人发，病遂愈。宋废帝出游，于苑门逢一妇人有娠，废帝善诊，曰："此腹是女也。"问文伯，文伯诊之曰："腹有两子，一男一女。"废帝性急，欲令人剖妇之腹验之。文伯恻然，乃曰："请针之，立落。"便泻足太阴，补手阳明，胎应手而落，两儿相继出，如其言，妇得免死。南齐时，文伯历任东莞、泰山、兰陵三郡太守。著有《药方》二卷、《疗妇人瘕》一卷、《辨脚弱方》一卷、《辨伤寒》一卷，皆佚。弟徐謇（?～504），子徐雄，俱精医术。[见：《南史·张融传》、《魏书·徐謇传》、《北史·徐謇传》、《隋书·经籍志》、《国史经籍志》、《医学入门》、《医说》]

徐文林 字翰园。清代河南长垣县人。精幼科，尤擅治痘疹，知名于时。[见：《长垣县志》]

徐文炳 字淇园。清代江苏新阳县巴城人。幼习举业。父早殁，教馆以奉养祖母及母。因母病弃儒习医，知名于时。平生多善举，诊疗贫病，不计诊金，且赠以药。道光十一年（1831），举乡饮宾，当道奖以"德尊桑梓"匾额。年八十一岁卒。[见：《巴溪志》、《昆新两县续修合志》]

徐文相 明代江西弋阳县东隅人。生性淳朴，乐善好施。精通医理，善炮制催生丸

及治痫成药，所活不下百人。子徐步云，为庠生。
[见：《弋阳县志》]

徐文弼 字勷右，又字鸣峰，号芑山。清代江西丰城县人。生平未详。撰有《寿世传真》八卷，今存乾隆三十六年辛卯（1771）致盛堂刻本。还撰有《洗心篇》一卷、《攒花易简良方》四卷、《新编救急奇方》四卷，均刊于世。[见：《中医图书联合目录》]

徐文蔚 清代四川崇庆县人。学医于陈法师，知名于时。[见：《崇庆县志》]

徐允升 字南洲。清代江苏武进县人。精医术，有名于时。侄媳临产，忽角弓反张，其状甚危。允升曰："此子痫也，朝发夕死，夕发朝死。依次服羚羊角、川连、人参可活。"即以羚羊角服之，手足渐舒。少顷，舌出如蛇，旋转不已，以川连汁点之而止。既而胎下，急服参苏饮，遂愈。族孙徐传扬，身面发赤，舌胀不能言。允升曰："此虚阳上浮，阴极似阳。"投以熟地、肉桂，一夕而瘳。贺氏妇病腹胀，服桂、附后，仍如坐坚冰。允升曰："此胎气也。然子死已久，今口舌皆青，难治矣！"思之再三，投以淡豆豉二两、芸薹子四两，大发战汗，下脓血数斗，获安。其所治类此者甚多。[见：《武进阳湖县志》]

徐世寿 （1870～1939） 字祝甫。近代江苏昆山县人。世业妇科。父朱朝魁，率家迁居千墩镇（今千灯镇）。世寿自幼入塾，攻读儒书。稍长，继承祖业，得其奥理，遇疑难症，多有笔记。专擅妇科，治产后三大症，无不药到病除。喜养鸽，凡出诊必携鸽数羽，每至一家辄放飞一羽返，家人即知平安抵达。遇交通不便者，每据病家口述拟方，极有把握，病家莫不感激。治病向不计酬，常谓："人病犹我病，我将何？贫病交迫者，我欲何？"与同镇名医朱佑之、陈慕贤、潘慰如齐名，时称"千墩四柱"。生前遗有《医案》，散佚不传。子徐儒钧，继承祖业。[见：《昆山历代医家录》（引徐亦通《徐氏世医传略》、《徐氏宗谱》）]

徐世廉 元代无锡县（今江苏无锡）人。以医为业，多有治验。推重北宋名医孙昉。谢应芳赋《过无锡医士徐世廉别墅》诗云："栖神山在屋西头，窦有寒泉带锡流。山近杏林烟树接，泉香茶鼎雪花浮。蜚英早岁肱三折，乐道清时号四休。堪笑兴来忘潦倒，尚能携酒过沧州。"[见：《金元医学人物》（引《龟巢稿》）]

徐世憼 （1518～1592） 字子静，号两松。明代安徽休宁县人。儿科世医徐永全子。

少治举业，不利于科场，弃而习医。敏悟好学，深通医理。及临证，所治辄效，活人不可胜计，倾郡争相迎诊，以为扁鹊复出。有医德，治病救人，未尝求报，遇贫病之家以药赠之。平生好善乐施，济人缓急，贫者告借，度不能偿，即焚其券，里间颂德。万历二十年卒，享年七十有五。子徐文虹、徐文龙，皆业儒，为邑诸生。[见：《中国历代名医碑传集》（引黄汝亨《寓林集·徐长公暨吴孺人传》）]

徐节庵 清代浙江湖州人。精医术，知名于时。弟徐乐庵，亦以医名。[见：《中国历代医家传录》（引《东湖乘》）]

徐可达 字泰和（一作太和）。明末浙江归安县人。早年游京师，宗人府御医徐良相器重之，授以内府秘籍，复为讲解医家奥旨。后悬壶于乡，医术大行。临证不越古人矩度，不喜蹈危袭险，治辄巧发奇中，百不失一。有医德，遇贫病不受酬报，有所得亦救济亲故之急。有劝其为子孙计者，笑曰："此正所以贻子孙也。"寿九十二岁卒。[见：《湖州府志》、《吴兴县志》]

徐本仁 号梦鱼。清代江苏川沙县人。监生。精医术，专擅眼科，临证应手奏效。[见：《川沙厅志》]

徐本诚 明代安徽祁门县人。精医术，知名京师。隆庆二年（1568）正月，太医院医官徐春甫，集合各地在京名医四十六人，创立一体堂宅仁医会，徐氏为会员之一。[见：《我国历史上最早的医学组织》（《中华医史杂志》1981年第3期）]

徐右丞 （1864～1956） 原名树弼。现代湖南长沙人。世精医术。早年投身辛亥革命，曾任大元帅府医药顾问。民国初期悬壶京城，擅长内、妇两科，名振于时。遇贫病不取诊资，活人甚众。曾参与创立北京中医学会，先后出任学会顾问、文史馆馆员，为我国近现代著名中医学家。门生于道济、王大鹏、谢海洲等，皆以医名。[见：《北京名医徐右丞》（《北京中医杂志》1987年第4期）]

徐龙翔 字召南。清代江苏长洲县人。邑名医徐锦子。绍承父学，工医术。子徐馥，亦传祖业。[见：《苏州府志》、《吴县志》]

徐仙洲 （1896～1988） 又名登云。现代山东招远县人。十七岁至北京药局学徒，学习药材鉴别、饮片、成药制做等技术，尤擅制水丸。1916年至同和药店当店员，从事药材采购、制剂、经销等。同时从师学医，故兼通医理。

1956年，调北京市药材公司中药研究室任职。1961年调北京中医学院中药系，任中药鉴定教研室教师。倾心向青年教师传授中药材鉴别经验，指导制作药用植物标本，亲自带学生实习，对中药教学卓有贡献。著有《中成药配本》、《北京细料药鉴别经验》、《北京市特点药》、《北京市中药饮片切制经验》，还参与《中药志》、《北京中成药方选集》、《中华人民共和国药典》（1963年版）等书的审订。徐仙洲为现代著名中药学家。[见：《北京中医药大学校志》]

徐用诚

（?～1384） 字彦纯。元明间浙江会稽县人。幼习举业，及长，深通《春秋》诸经。兼嗜岐黄，博览医经、本草诸书。曾师事名医朱震亨，尽得师传，精悟医理。习医不废儒业，曾出任吴县儒学教谕。在任以术济人，临证多奇效，以医术鸣于时。一人病痰症，累年不愈。徐氏诊其脉，左手微细，右手滑大，谓之曰："脉微细为寒痰聚于胃口，滑大为燥垢积于肠中，必尽去之乃可。"令服瓜蒂散，吐寒痰数升，汗出如沃；继服导水丸、禹功散，去肠中燥垢亦数升，病去其半；后以淡剂"流湿降火开胃"，不逾月而痊。性好著述，曾博取成无己、张元素、李杲、王好古、朱震亨诸家医论，辑《本草发挥》三卷，刊刻于世（今存天启间聚锦堂刻本）。元至正十八年（1358），徐氏撰《医经类证图》若干卷。是书裒集诸症，分门别类，附以图绘，汇萃《内经》、本草、汉唐诸医，以至丹溪方论，"详于论而略于方，删其繁而撮其要"。友人王行，阅而善之，于至正戊戌（1358）为之作序，惜散佚不传。还著有《医学折衷》若干卷，殁后十二年，吴陵刘纯得此书于业师冯庭干，遂为之增补，易名《玉机微义》，刊于洪武二十九年（1396），大行于世。徐用诚晚年撰《医学方论》三十卷，书垂成而殁，惟外科一门未遑就绪，友人沈宗学续成之（今佚）。[见：《玉机微义·刘纯序》、《绍兴府志》、《山阴县志》、《四库全书总目提要》、《中国历代名医碑传集》（引王行《半轩集·医经辨证图序、外科新录序》）]

徐用宣

明初浙江衢州人。世代业医。自少习儒，兼及家学。晚年医术益精，深得要领。每叹世传小儿科方书浩瀚，驳杂无旨，故考镜源流，参以己意，于永乐间（1403～1424）撰成《袖珍小儿方》十卷，嘱子孙珍藏勿失。天顺间（1457～1464），赣抚钱宏幼子患病，适遇徐用宣之孙于京师，诊治立愈。钱氏询其术，用宣孙以祖父遗稿赠之。弘治庚戌（1490）春，钱氏

抚蜀，由蜀藩大方伯邢文安梓行。此书原刻不存，今安徽省图书馆藏嘉靖十一年壬辰（1532）复刻本。[见：《中国医籍考》、《四库全书总目提要》、《中医图书联合目录》]

徐乐庵

清代浙江湖州人。邑名医徐节庵弟。徐乐庵亦工医术，知名于时。子徐叔如、徐季如，孙徐御天，皆绍家学。[见：《中国历代医家传录》（引《东湖乘》）]

徐尔贞

字惟正，又字介石。明末江都县（今属江苏）人。贡生。曾任文华殿中书，兼礼部仪制司主事。辑《新刻医汇》十二卷，刊于崇祯五年（1632）。今存。[见：《泰县志稿》、《中医图书联合目录》]

徐礼堂

字定生，号馨甫。清末浙江海宁县人。诸生徐鸿厘子。早年习举业，不喜帖括之学，补博士弟子后即弃去。平居渔猎典籍，寝食俱废。因亲病肆力于医，旁搜博览，读名医著述近百家，久之精其术，出而治人，多有殊效。尝病时医不读古书，乃编《论医绝句》百首，其从祖徐泳为之作序。此书今未见。[见：《海宁州志稿》]

徐必仁

清代浙江开化县人。邑名医徐启祥孙。因祖、父皆业医，故自幼习之，于汉晋以来诸医书靡不研究。凡以病延请，不论贫富皆往。道光辛卯（1831），县令宛公赠匾曰婆心济世。年八十四岁卒。著有《回春集》，未见传世。侄徐德和，绍传其术，亦有名。[见：《开化县志》]

徐必达

字德孚。清代江西星子县人。早年习儒，为诸生。其家世习岐黄，至必达益精，名重于时。某日，途遇相识者，谓之曰："尔有病在身，当即治，不治将入膏肓矣。"其人不信。后十余日果疾作，竟不起。著有《幼幼集成解》、《医学秘要》二书，未梓，咸丰三年（1853），毁于兵燹。[见：《星子县志》、《南康府志》]

徐永全

号春谷。明代安徽休宁县人。邑儿科名医徐杜真曾孙。传承家学，医术益精，名重于时。子徐世嵸，亦以医名。[见：《中国历代名医碑传集》（引黄汝亨《寓林集·徐长公暨吴孺人传》）]

徐永时

字公退。清初浙江钱塘县人。名医张志聪（1610～1680?）门生。康熙（1662～1722）初，张志聪构侣山堂于胥山，集合钱塘名医及门生数十人，讲论医学，校注古代医典。徐永时参与校正《黄帝内经素问集注》九卷，刊刻于世。[见：《黄帝内经素问集注》]

徐永思 字孝则,号慰远。明末昆山县(今属江苏)人。精医术,知名于时。兼善绘画。[见:《昆山历代医家录》(引《徐氏宗谱》)]

徐有光 清代浙江兰溪县大塘下人。世医徐武英长子。绍承先业,亦精医术,名振于时。弟徐大振,医名益盛。[见:《兰溪县志》]

徐有贞 初名徐珵。字元玉,晚号天全老人。明代吴县(今江苏苏州)集祥里人。不屑以文名,肆力于天文、地理、兵法、阴阳、方术诸学,通悉古法,求合今用。[见:《中国历代医家传录》(引《天全先生遗事》)]

徐成吉 明代江西弋阳县五十五都人。从师习种痘法,有十全之功。其法以棉絮取痘浆之佳者,送入鼻内,及愈,有瘢如生痘者。同邑黄月曙,亦善种痘,二人皆名著于时。[见:《弋阳县志》]

徐成章 字绍云。明代安徽休宁县屯溪人。幼颖悟,潜心《内经》诸书,久之精医。擅长疡科,活人甚众。[见:《休宁县志》]

徐式如 (1904~1971) 现代江苏新阳县千步泾(今昆山市茜步泾)人。祖籍湖南。邑名医徐兆卿长子。绍承祖业,1922年悬壶于乡。1952年加入联合诊所,任中医师。子徐震谷,传承父业。[见:《昆山历代医家录》]

徐师曾 字伯鲁,号鲁庵。明代吴江县(今属江苏)人。自幼颖悟好学,十三岁即通古文。嘉靖三十二年(1553)中二甲第七十七名进士。三十九年册封周藩,次年迁左给事中。严嵩父子把持朝政,托疾乞归。年六十四岁卒。间涉医学,撰有《经络全书》四卷(前二卷为沈子禄《经络分野》,后二卷乃徐师曾所著《经络枢要》),原书未梓,传抄于世,今有清代尤乘增补本。徐氏还著有《途中备用方》二卷,已佚。[见:《苏州府志》、《吴江县志》、《中医图书联合目录》、《明清进士题名碑录索引》]

徐光启 (1562~1633) 字子先,号玄扈。明末上海县人。万历三十二年(1604)进士。历任庶吉士、河南道御史、礼部右侍郎、东阁大学士、太子太保。崇祯六年卒。徐氏生前结识意大利传教士利玛窦,从之学天文、历算、火器诸术,精其术。曾增订朱橚《救荒本草》,重刊于世。[见:《明史·徐光启传》、《中医图书联合目录》]

徐光瑞 字乐庵。明代华亭县(今属上海)人,侨居浙江平湖。世医徐征子。幼习举业,精易理。累试不售,乃发先人所藏东垣、丹溪诸书,精研医道,所治多神验。子孙皆世其业。[见:《奉贤县志》、《绍兴府志》、《平湖县志》]

徐同熙 清代人。生平里居未详。与徐景文辑《徐氏四世医案》,今存抄本。[见:《中医图书联合目录》]

徐回春 清代四川合川县人。精医术,知名于时。同里章汝鼎,得其指授。[见:《合川县志》]

徐廷礼 明代吴县(今江苏苏州)人。精医术,专擅疡科,知名于时。同时有钱守默,亦以良医著称。[见:《吴县志》、《存存斋医话稿》]

徐廷安 字耻未。清代福建沙县清水坊人。精医术。素怀济世之志,尝谓:"医可以行德。"平素施送丸散,救济贫病。凡以疾病求诊,虽寒夜不辞。辑有《良方》,流传于世,今未见。[见:《沙县志》]

徐廷玑 号雨荪,别号鹤江谐叟。清代江苏青浦县人。诸生。研究医学,悬壶练川三十年,知名于时。年七十六岁卒。工诗,著《青莲居诗》一卷,行于世。[见:《青浦后续诗传》]

徐廷和 清代浙江平湖县人。世医徐光瑞五世孙。增广生。博览群书,旁涉医家诸说。尝葺一楼,读书其中。孙徐墉,绍承家学,活人无算。[见:《平湖县志》]

徐廷蛤 字厴度。明代浙江上虞县人。诸生。以孝友闻。戊子年寇警,奉母间道入郡城,依兄廷玠,友爱如童时。逾年归里,堂构尽毁,漠然置之,惟日以孝养为事,抚孤侄如己出。工于诗,旁涉岐黄诸术,活人岁以百计。著有《内经注解》、《针灸大全》、《地理纂要》等集,藏于家。[见:《上虞县志》]

徐廷槐 字笠山,又字立三,号墨汀。清代浙江山阴县人。幼习举业,有文名。四十岁举于乡,雍正庚戌(1730)成进士。适值开制科,及试,以排律雷同,削籍归。居乡,杜门授徒,足不入城市。长洲周范莲守绍兴,延请主讲蕺山书院,凡三载。得其指授者,多成名家。性慈善,薄田不足供饘粥,而勇于为义。年七十六岁卒。富于著述,论著凡七十余种。间涉医学,辑有《医学恒言》、《痘疹一家言》,藏于家。[见:《绍兴府志》、《绍兴医学史略》]

徐廷璇 近代永吉县(今吉林永吉)人。少颖异,七岁读书,粗解大义。越五年,通五经,笃嗜史汉文选。年十七应郡试。因父病习医,博观而约取,以《内经》为旨归,别取诸家所论,疏通证明之。尝谓:"张仲景《伤寒论》

专指冬日言，非所治春夏秋热病。喻嘉言《医门法律》详伤寒矣，而疏于温热病。刘守真《伤寒直指》、吴又可《温疫论》，并为热病正宗，而又不免于持漏。"力学久之，治病随手奏效，医名鹊起，延请者无虚日。贫者延请，辄欣然往，力不能致参苓者，资助之，是以活人无算。著有《痘疹精言》，今未见。年六十二岁卒。子徐鼐霖，官黑龙江兴东兵备道，封光禄大夫，1919 年归田。[见:《永吉县志》]

徐竹溪 明代浙江嘉兴县人。宋末幼科世医徐杏东后裔。善承家学，亦精幼科，全婴无算，知名乡里。同时有族人徐近村，亦以医名。[见:《嘉兴县志》]

徐延祚 字龄臣。清代辽宁锦县人。生平未详。辑有《铁如意轩医书四种》，刊于光绪二十三年（1897）。此书包括《医意内景图说》二卷、《医医琐言》二卷、《医意》二卷、《医粹精言》四卷。[见:《中医图书联合目录》、《中国丛书综录》]

徐延赏 字元识。明代上海县人。好养生家言，尤精岐黄之术。悬壶沪渎间，屡起沉疴，病者争相延请，名噪于时。常熟县令杨鼎熙，久病不效，延赏三剂起之。吴淞总兵朱文达素无恙，一日神思有异，晚间歌哭失常。延赏曰:"此阴火乘肝，故晚间发动也。"予以平肝剂，疾愈。徐氏曾入太医院，授御医。董其昌雅重其学，赠诗曰:"药倩韩康卖，门容尚子过。五茸安豹隐，万里弄鸥波。"子徐沾恩，传承父业。[见:《上海县志》、《松江府志》]

徐仲芳 元明间吴县（今江苏苏州）人。世代业医，专擅儿科。数传至仲芳，技艺尤精，求治者络绎不绝。凡有延诊，不论寒风烈日，乘驴而行，不辞其劳。临证审慎，处方精确。治病不分贫富贵贱，皆不取酬。尝谓:"士大夫吾所敬，穷乏吾所悯，义皆不可取。"[见:《金元医学人物》(引《兔藻集·赠医士徐仲芳序》)]

徐仲清 元末武进县（今属江苏）人。邑名医徐养浩子。早年习儒，绍承家学，兼精医术，曾任湖州路儒学教授。子徐矩川，官襄黄两县教谕。孙徐述、徐迪、徐选，皆为名医。[见:《武进县志》、《武进阳湖县志》]

徐自俊 字方麓。清代浙江余姚县人。生平未详。著有《痘疹论要》二卷，今未见。[见:《余姚县志》]

徐自铭 字念新。清代江苏川沙县人。精医术，专擅痘科，临证应手辄效。[见:《川沙厅志》]

徐自新 (1523～1592) 字元白。明代浙江松阳县人。性洒脱，居家澹泊。与人交不分贫富，凡有托者，视事若己，忘身赴之。多才艺，善针灸、医药、堪舆等术。万历壬辰（1592）冬，有僧人号雪如者病笃求治，值大风雪，徐氏时已七十岁，仍往救之。僧人得活，徐氏因冒寒患病而卒。著有《神针论补》及《医案》，未见刊行。[见:《松阳县志》]

徐似道 南宋黄岩县（今浙江黄岩）人。官江西提刑。嘉定四年（1211）上疏曰:"检验官指轻作重，以有为无，差讹交互，以故吏奸出入人罪。乞以湖南《正背人形》随《格目》给下，令于伤损去处，依样朱红书画，唱喝伤痕，众无异词，然后署押。"诏从之，颁布天下。光绪三年《黄岩县志》著录"徐似道《检验尸格》一卷"，当即此书，惜散佚不传。[见:《宋史·刑法》、《黄岩县志》]

徐兆丰 字实涵。清代江苏常熟县谢家桥人。邑名医徐养恬子。绍承父学，亦精医术。子徐士玉，辑订其父验案，编《徐氏第二世医案》，今存光绪间（1875～1908）抄本。[见:《中国历代医家传录》、《中医图书联合目录》]

徐兆兰 号少甫。清代江苏吴县人。早年习医，兼嗜吟咏。寓居沪北，悬壶问世，知名于时。年逾七十卒。著有《医林正鹄》，未见传世。[见:《上海县续志》]

徐兆卿 (1877～1930) 近代湖南人。父徐春和，为太平天国军医，咸丰（1851～1861）末随军至吴，隐居江苏新阳县千步泾（今昆山市茜步泾），定居于此。徐兆卿绍承父业，善以家传丑桂散等治疗鼓证，每有奇验，医名远播于青浦、嘉定诸县。长子徐式如，长孙徐震谷，皆传承祖业。[见:《昆山历代医家录》]

徐兆魁 字书城。清代江苏上海县人。邑名医徐大楫子。早年习儒，为庠生。继承父学，亦精医术。子徐瀛洲，绍传家学。[见:《上海县志》]

徐名世 字子有，号观海。明代浙江嘉兴县人。幼科世医徐近村子。早年习儒，有声庠序，与铨部贺伯阖齐名。不利于科场，遂继承祖业，悬壶济世。临证每奏奇功，"用药灵异，迥出时医之表"，为万历间（1573～1619）当地名医。有医德，遇贫病加意疗治，未尝轻忽。著述甚富，惜散佚不传。子徐谦，得其传授。[见:《嘉兴县志》、《嘉兴府志》]

徐旭开 字上扶。清代浙江钱塘县人。工诗精医。与兄徐旭日、弟徐旭昌，时称"徐氏三珠"。杭州以名儒隐于医者三人：一陆培，一沈谦，一徐旭开。[见：《杭州府志》]

徐庆恩 字企岩。清代江苏昆山县人。精医术，以妇科知名。子徐天一，传承父业。[见：《昆山历代医家录》(引徐亦通《徐氏世医传略》、《徐氏宗谱》)]

徐问真 北宋潍州（今山东潍坊）人。为道士。嗜酒狂肆，能啖生葱鲜鱼。每以异术为人疗疾，以指为针，以土为药，治辄良验。欧阳修在青州，问真从公游，久之求去。闻公致仕，复来汝南，公常馆之。公常有足疾，状少异，医者不晓。问真教公导气之法，令气血自踵至顶周行。公用其言，病辄已。忽一日求去甚力，留之不可。苏轼（1037～1101）过汝阴，闻其事甚详。后贬黄州，值黄冈县令周孝孙暴得腿疾，苏轼以徐问真口诀授之，七日而愈。[见：《东坡志林·异事·记道人问真》]

徐汝言 清代浙江嘉兴县人。生平未详。辑有《本草摘要》，今未见。[见：《嘉兴县志》]

徐汝嵩 字雄五。清代浙江桐乡县乌青镇人。生平未详。著有《医宗枢要》、《本草晰义》二书，未见流传。[见：《乌青镇志》]

徐汝蕲 字敬安。清代江苏青浦县人。精医术，善治痧痘。夏氏妇，年三十岁，病寒热，过经不解。诸医治以伤寒法，瞑眩谵语，转剧。徐氏诊之，曰："痘也。"令服升麻汤而疹现，调治而愈。有邻儿患痘暴死，徐氏闻而往视，曰："未死。"命置儿于丛竹之中，遂苏。[见：《青浦县志》]

徐汝翼 明代宜兴县（今属江苏）人。工医术，曾任太医院御医。[见：《增修宜兴县旧志》]

徐守愚 号聊尔居士。清代浙江诸暨县人。初习举业，兼通岐黄。道光己酉（1849）弃儒业医，挟技寓居嵊县、新昌等地。同治七年（1868），辑《医案梦记》四卷，今存。[见：《浙江医籍考》]

徐安仁 宋代人。生平里居未详。撰有《守论纂要》十卷，已佚。[见：叶德辉《宋秘书省续编到四库阙书目》]

徐阳泰 明代浙江鄞县人。名医赵献可门生。[见：《医贯》]

徐观宾 （1683～1751）字于玉，号寄也。清代江苏昆山县人。监生。精通医术。著有《杂症烛微》、《药性洞原》二书，今未见。[见：《昆新两县志》、《昆山历代医家录》(引《徐氏宗谱》)]

徐观澜 明代福建莆田县人。生平未详。著有《蠋疾录》，今未见。[见：《莆田县志》]

徐远达 字斗儒。明清间安徽当涂县人。精岐黄术，远近称神。顺治（1644～1661）初，授本府医学训术。著有《经验方》、《神效方》诸书。弟徐立之，官临洮守备，刻兄书行世。今未见。[见：《当涂县志》]

徐孝达 清代浙江新昌县人。精医术，以内科知名。[见：《绍兴地区历代医药人名录》]

徐芳洲 （1876～1946）字克平。近代浙江永康县人。世代业医，至芳洲术益精。于《内经》、《伤寒》诸书无不探究，精通内、外、针灸诸科，尤擅治痘疹。尝创办牛痘局，邻近各县慕名接种者甚众。著有《痘麻证治》、《妇科指归》、《针灸备要》等书，未见刊行。[见：《中国历代医史》]

徐克溶 字镜涵，号莲塘。清代江苏上海县人。深研《灵枢》、《素问》诸书，通悟医理。尝言："读儒书一二十遍即熟，而医书必二百遍始已，恐不精熟，致误人也。"嘉庆间（1796～1820）参修县志。年六十二岁卒。[见：《上海县续志》]

徐杏东 宋末禾中（今浙江嘉兴）人。祖籍山东临清，其先世通幼科术，随宋室南渡，隐于吴江，嗣迁禾中。杏东善承家学，世称灵异。后辈世代传承医术，至万历间（1573～1619）有徐近村、徐竹溪，皆以医术名著乡里。[见：《嘉兴县志》]

徐杜真 明初安徽休宁县人，居南街。儿科名医徐道聪子。绍承父业，兼精内科。撰有《方书》，已佚。后世子孙皆传其术，曾孙徐永全，继业尤精。[见：《休宁县志》、《中国历代名医碑传集》(引黄汝亨《寓林集·徐长公暨吴孺人传》)]

徐吾元 明代无锡县（今属江苏）人。通医理，尤精运气诸说。著有《医经原旨》，未见刊世。[见：《无锡县志》、《无锡金匮县志》]

徐时进 （1692～?）字学山，号安素。清代江苏元和县甫里人。精通医道，知名于时。乾隆四十二年（1777），寿八十六，尚健在。著有《医学蒙引》八卷，今存乾隆二十九年（1764）刻本。1934年上海百新书店翻印此书，

十画

改题《医学门径》；1936 年上海九洲书局再度翻印，改名《国医学指南》，二书皆误题"徐甫里著"。徐时进还著有《伤寒导窍》一卷、《内科心典》五卷（一说闵暹撰，徐时进整理）、《医宗必读补遗》二卷，前二书今存抄本，后书未见。[见：《吴县志》、《吴郡甫里志》、《吴中名医录》、《中医图书联合目录》]

徐秀贤 （1907～1944） 一作修贤。号芝田，又号修寿。近代江苏苏州吴县西洞庭山人。徙居光福镇南街接婴局内。早年习医于叔父徐子云。二十岁悬壶于世，专工内科。尤擅治伤寒，遐迩闻名，有"徐一帖"之誉。性豪侠，好扶贫济困。值日寇侵华，山河破碎，徐氏忧愤而殁。撰有《中医必读》、《医疗须知》、《新伤寒论》、《行医不忘》诸书。1937 年冬，日寇驻徐宅，焚其藏书取暖，遂皆成劫灰。[见：《吴中名医录》]

徐佐卿 （1896～1944） 近代江苏吴江县横扇彭家桥人。早年随先祖徙居浙江湖州，师从李梦莲学医。1916 年返乡，悬壶于世。后再迁平望镇、震泽镇。1935 年吴江中医公会成立，被推选为理事。后因战乱，迁居黎里镇，终老于此。[见：《吴中名医录》]

徐佑实 清代江苏沛县人。精医术。名医叶桂（1666～1745）慕名访之，谈论竟夕，曰："君可谓江北一人！"[见：《沛县志》]

徐伯元 字元止。清代浙江海盐县人。幼习岐黄，稍长游学四方，经拯救者甚众。有子四人，长子徐肇松，继承父业。[见：《海盐县志》]

徐伯修 元代常熟县（今属江苏）人。本县医学提举徐亨甫子。绍传父业，曾任太医院医士。子徐士深，继承家业。[见：《重修常昭合志》]

徐近村 明代浙江嘉兴县人。宋末幼科世医徐杏东后裔。善承家学，亦精幼科，全婴无算，知名乡里。子徐名世，医名益噪。[见：《嘉兴县志》]

徐希斋 明代人。生平里居未详。辑有《济世良方》十一卷，已佚。[见：《医藏书目》]

徐谷阳 元代武林（今浙江杭州）人。精医术。曾任江阴路医学副提举。至元丙戌（1286），与医学提举赵德新主持修建江阴三皇殿及医学讲堂。[见：《金元医学人物》（引《墙东类稿·三皇殿讲堂记》）]

徐亨甫 字于城。元末常熟县（今属江苏）人。精医术，擅正骨科。曾任县医学提举。

高启作《赠医师徐亨甫》诗云："录得龙君旧献方，杏花春雨闭山房。病家几度来相觅，林下遥闻煮术香。"子徐伯修，传承父学。[见：《重修常昭合志》、《金元医学人物》（引《高青丘集》）]

徐亨临 字桂岩。清代浙江海盐县人。邑庠生。少孤勤学，凡天文、地理、岐黄、卜筮之书，无不究心，尤善吟咏。著有《医宗便览》，未见刊行。医书外，尚有《桂岩诗文词稿》、《会心约编》等。子徐作霖，庠生。[见：《海盐县志》]

徐辛农 （1848～1907） 清末浙江绍兴人。精医术，擅长内儿两科，颇负时名。著有《临证札记》，未梓。孙徐荣斋，门生潘文藻，皆为名医。[见：《绍兴医学史略》]

徐应明 号漱溪。明代浙江兰溪县人。少与赵文懿同学，赵日有名，而应明不得志。一日谓赵曰："汝医国，吾医民，各行其志可乎？"赵嘉许之，遂从时医游，不久厌术而去之。后遇异人，授以医学秘术，能决人生死，言之必验。游挟技楚中，诸名公争相延致。有欲学其术者，答曰："必有活人心地则可。"中翰苏维霖有隐疾，应明诊之，言证状悉中，居府中期年，无一言虚发。苏欲师事之，未几，应明暴亡，其术遂不传。[见：《兰溪县志》、《浙江通志》]

徐应显 字子祐。清代浙江永康县人。早年习儒，后以医问世，多所全活。晚年术益精，游历于公卿间，贫寒者延请亦立往治之。御史牟云龙，表其庐曰儒修相业。年八十余卒。著有《医方积验》，未见流传。[见：《永康县志》、《浙江通志》]

徐沛廷 清代江苏南汇县人。精医术，专擅儿科。有医德，治病不分贫富。子徐璞山，绍承父业。[见：《南汇县志》]

徐沛芬 清代浙江镇海县人。精通医术，屡起沉疴。后因功授布政司理问衔。[见：《镇海县志》]

徐良名 明代安徽祁门县人。精医术，知名京师。隆庆二年（1568）正月，太医院医官徐春甫集合各地在京名医四十六人，创立一体堂宅仁医会，徐氏为会员之一。[见：《我国历史上最早的医学组织》（《中华医史杂志》1981 年第 3 期）]

徐良佐 明代安徽祁门县人。精医术，知名京师。隆庆二年（1568）正月，太医院医官徐春甫集合各地在京名医四十六人，创立一体堂宅仁医会，徐氏为会员之一。[见：《我国历

史上最早的医学组织》(《中华医史杂志》1981 年第 3 期)]

徐良相 明末浙江吴兴县人。精医术,官太医院太医。同宗徐可达游京师,良相器重其才,授以医术。[见:《吴兴县志》]

徐良模 字炳南。清代四川西昌县人。博学而精医,多愈奇疾。乡人某,遍体出血而亡,已三日。良模视之,微有脉息,喜曰:"可救!"即疏方,从鼻孔饲入,一夜而苏,一时称奇。徐氏尘视财帛,每得诊金,皆周济贫乏。人或劝之,笑曰:"银钱乃污垢之物,何足为惜?"家无余资,晚年益贫,处之泰然。子徐菊村,亦精医。[见:《西昌县志》]

徐启元 明代山东高唐州人。精通方脉。州尝大乱,疫疠流行,启元施药立效,救人无算,不索诊酬。有司赠"善回疫运"匾表彰之。[见:《高唐州志》]

徐启祥 清代浙江开化县人。精医术,知名于时。孙徐必仁,曾孙徐德和,皆传家业。[见:《开化县志》]

徐启琎 字器之。清代江西上饶县人。监生。究心医术,于《灵枢》、《素问》、《伤寒》、《金匮》诸书无不探其秘奥。每诊危病,应手立霍,见者惊诧,以为神技。著有医书若干卷,家贫未梓。[见:《广信府志》]

徐陆氏 〈女〉 佚其名。明代无锡县(今属江苏)人。徐孟容妻。陆氏以善医知名。永乐间(1403~1424),中宫遭内侍至无锡,召之入宫。晚年遣归,赏赐甚厚。[见:《无锡县志》]

徐纯卿 字纫元。明代福建将乐县人。诸生。读书学易,穷究医理。得良师秘传,医术精进,遂施药济人。毕生嗜学,年八十岁尚手不释卷。著有《纫元医案》若干卷,已佚。[见:《延平府志》]

徐武英 清代浙江兰溪县大塘下人。世代业医,知名于时。子徐有光、徐大振,皆以医名。[见:《兰溪县志》]

徐述祖 原名世椿。清代江苏常熟县人。精医善画。著有《痘论》一卷,未见传世。[见:《常昭合志》]

徐雨荪 (1853~1929) 字廷玑。近代江苏青浦县白鹤乡蒋浦人。天资聪敏,二十一岁入庠。博览经典医籍,旁及宋、金、元、明诸家,尤尊仲景。光绪二十七年(1901),悬壶于章练塘镇。是年疫疠流行,时医多惧传染,不轻易出诊。徐氏以济人为怀,凡请必至。临证有胆识,尝谓:"疫病现寒象,属热深厥深,火极似水。"故临证多投清瘟败毒饮,重用石膏,疗效甚佳,活人无算,时人皆知"石膏先生"。七十六岁卒。医学之外,又工诗词,有《碧连居诗集》刊行。[见:《青浦县志》]

徐叔向 南朝宋丹阳(今安徽当涂县小丹阳镇)人。名医徐秋夫次子。与兄徐道度皆传承父学,均以医术知名。著有《脚弱方》八卷、《针灸要钞》一卷、《体疗杂病方》六卷、《解寒食散方》二十卷、《杂散方》八卷、《少小百病方》三十七卷、《本草病源合药要钞》五卷,均佚。子徐嗣伯,医名益盛。[见:《南史·张融传》、《隋书·经籍志》、《旧唐书·经籍志》、《新唐书·艺文志》、《宋史·艺文志》、《国史经籍志》]

徐叔如 清代浙江湖州人。邑名医徐乐庵子。绍承父学,以医世其家。[见:《中国历代医家传录》(引《东湖乘》)]

徐尚志 明代浙江义乌县人。邑名医徐行子。传承父业,知名于时。性格敦厚爽达,缙绅士林皆器重之。[见:《义乌县志》]

徐国义 字治平。清代江苏江宁县人。咸丰(1851~1861)初,避乱太和县,遂定居。继承祖、父医业,尤精脉理。每遇危疾,诸医束手,国义辄起之,名噪士林。光绪元年(1875)大疫,徐氏亲制丸剂,施济贫病,多所全活。多智略,能决疑难,为地方官吏所引重。辑有《瘟症论》,今未见。[见:《太和县志》]

徐国显 字公佑,号东谷。清代安徽合肥县人。早年习儒,兼通医理。康熙十一年壬子(1672)拔贡,授翼城知县。岁饥,制药疗疫,以卓异擢御史,迁金衢严道,以年老乞归。著有《广嗣编》、《庆云楼文集》,今未见。[见:《合肥县志》]

徐国栋 (1890~1947) 字效成。近代江苏太仓县归庄人。邑名医徐又谦子。早年随父习医,博览群书,擅长伤寒、温病、妇科。及长,悬壶乡里。后迁居沙溪镇,曾任利泰纱厂厂医,兼同仁、安泰、大达等纺织厂医药顾问。行医四十年,颇负时望。及门弟子二十五人,诫之曰:"毋矜所能,毋嫉人能。得之于心,守之勿失。勤求古训,持之以恒。"著有《治病求本》,未梓。[见:《吴中名医录》]

徐国琛 清代人。里居未详。名医张千里(1782~1839)门生。道光十六年(1836),整理其师验案,辑《珠村草堂医案》三卷,今存稿本。[见:《中医图书联合目录》]

徐国麟 字遂生，别号旭窗居士。清初浙江奉化县人，徙居鄞县。幼年读书，天资颖悟。年二十，尽通经史百家之学。曾遭兵乱，母缪氏年迈，国麟背负以逃，仓卒遇乱兵，兵义之，不加害。乱平，有田十亩，尽让于兄国凤，其母甘旨之奉，独身任之。抚弟马蛟，友爱备至。因母多病，肆力于医学，得鄞县名医李奎指授，久之精其术，名满三吴。每朝起，就诊者履满户外。或延请出诊，虽疾风暴雨必赴，人多礼敬之。兼工诗，善饮。卒后，学者私谥"元修先生"。著有医书《轩岐学海》二百二十八卷，据《浙江通志稿》载，包括《素问钞注》十二卷、《运气便览注》八卷、《论脉指南》六卷、《伤寒典要》二十四卷、《虚痨金镜录》八卷、《剪红真髓》八卷、《重订新方八阵》八卷、《类方选隽》十卷、《本草摘方》六卷、《海外验方》四卷、《内科新法》十卷、《外科别传》三卷、《幼科慈筏》四卷、《育嗣宗印》六卷、《眼科全书》五卷、《内经选要》八卷、《历代名医选案》三十卷、《旭窗居士知非集》十六卷，惜未能流传后世。与徐氏同时知名者有内科周公望、戎长生、吴守庵、张兰坡、祝天祐、吴丹霞、范叔向；妇科宋北川；外科朱怀宇、汪少东、张金铉、陆尔真；针科董允明；喉科柴敬林；眼科李鹤山、王奇峰；儿科沈恒川、胡绍泉；痘科钱廷勋等。[见：《浙江通志稿》、《宁波府志》、《鄞县志·艺术传·李珽》]

徐昌升 字仁功。清代江苏娄县人，居超果寺。曾任天长县训导，官至广州府经历。熟读《灵枢》、《素问》诸经典，治病有奇效。晚年移居天长县。子徐学文，侄徐良瀚，皆能医。[见：《娄县志》]

徐明善 明代湖南邵阳人。生平未详。曾校正雷大震《济生产宝论方》二卷，由雷鸣刊刻于嘉靖间（1522~1566）。此书今藏杭州浙江图书馆。[见：《国史经籍志》、《故宫所藏观海堂书目》、《万卷堂书目》、《中医图书联合目录》]

徐鸣皋 世称横山先生。清末浙江兰溪县横山乡人。博学多才，尤精医术，以妇科知名。对经、带、胎、产诸症多有研究，治病奇验，声闻邻县。辑有《经验方》六册、《医案》一册，未梓。子徐毓康，孙徐炳扬，皆传承其业。[见：《兰溪市医学史略》]

徐季东 一名徐昱。字静庵。明代上元县（今江苏南京）人。洪武间（1368~1398）以儒医征入京师。博览群书，通诸子百家。曾构怡晚楼，读书其中，年九十岁好学不倦。卒，葬于江宁。[见：《金陵通传补遗》]

徐季如 清代浙江湖州人。邑名医徐乐庵子。绍承父学，以医世其家。[见：《中国历代医家传录》（引《东湖乘》）]

徐秉楠 清代江苏苏州人。精医术，知名于时。与青浦名医何书田同时。[见：《中国历代医家传录》（引《墨余录》）]

徐朋圭 清代浙江奉化县白岩人。从名医赵学敏学，精医术。[见：《本草纲目拾遗》]

徐沾恩 明代上海县人。太医院御医徐延赏子。绍承父学，亦精医术。[见：《上海县志》]

徐宝章 字书农，号位阳。清代江苏昆山县东乡人，世居八都莱南五图（今属花桥镇）。嘉庆二十二年（1817）入县庠。多才艺，工诗文，精绘画，善抚琴，旁及篆刻。尤通医术，擅治妇科、伤寒诸证，有名于时。慈善好义，治病不计诊酬。性落拓，平生著作随手散佚。晚年遭火灾，益贫困，赍志以卒。[见：《昆新两县续修合志》、《杭州府志》、《昆山历代医家录》]

徐宝谦 字亚陶，号喆斋。清代人。生平里居未详。辑有《汇选简要良方》一卷，今存光绪四年戊寅（1878）刻本。还著有《灸法心传》一卷，今存光绪九年癸未（1883）刻本。[见：《中医图书联合目录》]

徐宗大 明代浙江会稽县人。儒医徐升泰子。早年习儒，为诸生。绍传父学，亦以医闻。子徐承元，传承家业。[见：《会稽县志》]

徐宗吉 号存诚。元代祁门县（今安徽祁门）人。邑名医徐仁斋孙。绍承家学，亦精医术。常蓄善药，制丸散以济人。心怀利济，名其药室曰存诚堂。[见：《江南通志》、《金元医学人物》（引汪克宽《环谷集·存诚堂说》）]

徐宗旸 字曰谷。清代江苏吴县木渎镇人。岁贡生。早年从名儒徐华岳（嘉庆六年进士）游。能诗，兼精医术。撰有《红芍药斋医草》十六卷，未见刊世。[见：《苏州府志》、《木渎小志》]

徐宗彝 字孝威。明代安徽休宁县人，世居南街。业儒而精医。以国学生考授太医院吏目。归乡后，以术济世，治病不受酬谢，活人无算。堂弟之妻殁于战乱，以次子嗣之。[见：《休宁县志》]

徐定唐 （1795~1854）又名淮阳。字邻海，号龙溪。清代河南林县原康人。早年丧父，奉母居太行之龙溪谷，耕读养志，喜纵览诸子百家，间及医学。弱冠应县试，目睹有司待士无礼，遂绝意举业。咸丰四年卒，享年六十。著述其富，有《济世良方》若干卷，未梓。[见：《林县志》]

徐定超（1845～1917）字班侯，又字润之，号松生，又号松龄，世称永嘉先生。近代浙江永嘉县枫林人。早年习儒，光绪九年（1883）举进士，官至山东监察御史。自幼多病，喜阅方书，因仕途失意，转而习医。潜心于《内经》、《伤寒论》及喻昌、叶桂诸书，以擅治温病著称。临证处方，著书立说，皆溯源古经。戊戌变法前后，京师施医局聘为医员，就诊者甚众，名噪于时。光绪二十八年（1902）清廷开办医学堂，徐氏任总教习，并兼任京师神州医药会会长。徐氏注重临证，不尚空谈，尝谓："凡病躬身考验，不必以空言聚讼。"重医德，认为"医以卫生命，起沉疴，天子王侯以下，一遇疾病无不惟赖"，"病当择医，医当择学，学当择人"，故于医学教育多致力焉。晚年设松龄学塾于家，欲广其传，甫二年殁于客轮事故。著有《灵枢讲义》、《素问讲义》、《伤寒论讲义》，前二种今未见。还撰有《松龄医铎》，今存宣统三年（1911）温州务本石印局石印本。[见：《平阳县志》、《重修浙江通志稿》、《中医年鉴》(1987)、《中医图书联合目录》、《浙江医籍考》]

徐视三字元岳。清代浙江海盐县人。精医术，擅长针灸。家贫，行医以为生计。兼工诗画、篆刻。著有《经脉图曜》、《本草补遗》等书，未见传世。[见：《海盐县志》]

徐居仁清代江苏常熟县谢家桥人。邑名医徐士玉子。事迹未详。通晓医理，曾整理其父验案，编《徐氏第三世医案》，今存光绪间（1875～1908）抄本。[见：《中国历代医家传录》、《中医图书联合目录》]

徐承元明代浙江会稽县人。儒医徐宗大子。绍传父学，亦以医术知名。[见：《会稽县志》]

徐承嘉字品山。清代浙江遂昌县人。太学生。慷慨有大志，幼年丧父，家贫弃儒，经商以养老母。精通医术，治疗贫病不取诊酬，世人德之。惜不永年，积劳客死他乡。[见：《遂昌县志》]

徐孟容明代无锡县（今属江苏）人。精医术，官太医院医士。妻陆氏，亦善医，应诏入宫，至老遣归。[见：《无锡金匮县志》]

徐绍基字海峰。清代江苏丹徒县人。名医徐圆成门生。[见：《毓德堂医约》]

徐经洪字吕梁。明代南京（今属江苏）人。以医为业，推崇唐代名医孙思邈。曾与梓州张学懋等校正宋代郭思《千金宝要》，撰《千金宝要补》三卷，序刊于泰昌元年（1620）年。此书国内未见，据《中国医籍考》，日本尚存。[见：《中国医籍考》]

徐春甫字汝元，一作汝源，号思鹤，又号东皋。明代安徽祁门县人。世代习儒，幼年师从名儒叶光山。因体弱多病，从同邑汪宦学医，博览医籍，上自《灵枢》、《素问》，中历汉、唐、宋，下至当代名家医籍凡二百余家，悉究精奥。久之，以医术知名。曾任太医院医官，寓居京师，求治者甚众，即显贵亦不能旦夕致之。隆庆二年（1568）正月，徐氏"集天下之医客于都下者"，如汪宦、支秉中、巴应奎等，共四十六人，创立一体堂宅仁医会。诸名医穷探医经，讨论四子（指张机、刘完素、李杲、朱震亨），共戒私弊，患难相济，为我国最早之全国性医学组织。其组织构成、宗旨、会规等刊入《医学指南捷径六书》（今存明万历金陵顾氏、新安黄氏同刊本）。徐春甫富于著述，代表作为《古今医统大全》（简称《古今医统》）一百卷，今存嘉靖三十六年丁巳（1557）古吴陈长卿刻本。还著有《徐氏二十四剂方经络歌诀》（今存光绪间恒德堂主人詹泰抄本）、《妇科心镜》三卷、《内经要旨》二卷、《幼幼汇集》三卷、《痘疹泄秘》一卷，皆刊刻行世，后四种今未见。[见：《古今医统大全·序》、《祁门县志》、《徽州府志》、《中国医籍考》、《医藏书目》、《我国历史上最早的医学组织》(《中华医史杂志》1981年第3期)]

徐春和①（1751～1808）字瞻云，又字省斋。清代江苏嘉定县人。诸生。于儒学外，旁及音律、丹青、堪舆、医术。后专攻历算，颇有造诣。著有《省斋学医笔记》二卷，未见传世。[见：《嘉定县志》]

徐春和②清末湖南人。里居未详。精医术，善治臌胀诸疾，尤擅长外科。早年任太平天国军医，咸丰（1851～1861）末，随军至吴，隐居江苏新阳县千步泾（今昆山市茜步泾）。子徐兆卿，绍承父业。[见：《昆山历代医家录》]

徐政杰字蔼辉，号虹桥。清代浙江钱塘县人。名医王士雄外甥。曾补注沈尧封《女科辑要》。[见：《女科书录要》]

徐荣达字菊畦。清代人。生平里居未详。咸丰二年（1852）辑《瘿疹必读》，传抄

于世。今存。[见:《中国历代医家传录》]

徐南复 （1608～1704） 原名二南。字休仲，号雪凡，又号雪庵，晚号望百老人。明清间江苏苏州人。随父徙居昆山县甪直镇（今属苏州）。伤科世医徐景元次子，徐一俊胞弟。幼承家学，及长，负笈至松江，游于名医李中梓之门，尽得师传而归。与兄悬壶于乡，疗效显著。年未四十丧妻，义不再娶。岐黄之外，雅好古文词，工书画，善篆隶。著有《道德经约义》、《琐碎录》、《鲍系集》、《春游杂草》、《耐寒吟稿》等数十卷。晚年自号望百老人，赖长侄奉养终老。及卧病，口授辞世诗三百余首，卒年九十七岁。嗣子徐淳，传承其术。[见:《昆新两县续修合志》、《吴郡甫里志》、《昆山历代医家录》（引《吴郡甫里人物考》、《甫里志稿》)]

徐南强 明代江宁县（今江苏南京）人。生平未详。著有《伤寒十论》，已佚。[见:《金陵通传补遗》]

徐厚庵 清代人。生平里居未详。著有《良方汇粹》一卷，今存抄本。[见:《中医图书联合目录》]

徐显纶 字道轩。清代福建建宁县人。精通医道，临证多奇效，名噪一时。兼工丹青，以擅长山水著称。[见:《建宁县志》]

徐映台 字奎垣，又字西堂。清代江西丰城县人。其父乾隆间（1736～1795）游历四川秀山县，遂定居。映台自幼颖悟，读书一过成诵，有神童之誉。嘉庆十三年（1808）举乡试第一。不求闻达，究心岐黄，后以医术知名，全活甚众。著有《象占撮秘》十八卷。[见:《秀山县志》]

徐矩川 元末武进县（今属江苏）人。邑名医徐养浩孙，湖州路儒学教授徐仲清子。其家世代工医，矩川习儒，兼通家学，曾任襄黄两县教谕。子徐述、徐迪、徐选，皆为名医。[见:《武进县志》、《武进阳湖县志》]

徐秋夫 南朝宋丹阳（今安徽当涂县小丹阳镇）人。濮阳太守徐熙子。徐熙曾遇道士，授以《扁鹊镜经》一卷，后以医术知名海内。秋夫传承父学，亦精医术，尤擅针灸。官至射阳令。子徐道度、徐叔向，皆以医鸣世。[见:《南史·张融传》]

徐复先 清代江苏江都县瓜洲镇人。精骨伤科，世称徐接骨。凡跌打损伤，他医不能治者，摩抚凑拍，断骨续连，皆能痊愈。孙徐厚轩，能世祖业。[见:《瓜洲志》]

徐复始 清代陕西蒲城县人。精医术，知名于时。[见:《蒲城县新志》]

徐待问 字洪钟。明代浙江常山县人。庠生。名医孙文胤门生。曾参订其师《丹台玉案》。[见:《丹台玉案》]

徐待征 字邃云。明代浙江嘉兴人。幼遇异人，得授青囊秘术，遂以外科名世。后荐授太医院吏目，举乡饮宾。[见:《嘉兴府志》]

徐彦成 字葆青，号岚长。清代安徽太和县人。庠生。分省补用知县，侍亲疾不仕，世称其孝。工书法，得董其昌笔意。自弱冠即留心医道，通晓方书。后游幕各省，遇高明辄相就正，暇日则寻绎医学旧闻，久之，辑《岚长医话》一卷、《增广瘟疫论》若干卷。二书今未见。[见:《太和县志》]

徐养士 字士谓。清代浙江西安县（即衢县）人。家贫性孝，其父久病不愈，遂潜究仲景脉法，三年而业精。里中一小儿病危，六脉俱绝，群医束手。养士诊之曰："脉虽绝而脏真未败，可愈。"如言而痊。所治类此者甚多，名噪一郡，延请者踵相接。著有《伤寒分汇》十二卷，大学士王杰、温州郡守邵齐然，为之作序，今未见。[见:《西安县志》]

徐养恬 字澹成。清代江苏常熟县谢家桥人。少从同里名医萧函谷游，得其指授，后以医问世。道光甲午（1834）林则徐开浚白茆河至虞，感微疾，闭目即见有人作馈献状，而饮食如常。他医以为疑疾，治而不效。徐氏诊其脉，曰："痰疾也。"为疏方。林视方赞曰："良医也。"观察使王家相，宿有痰喘疾，归田后旧病屡发，徐氏治之有效。后复发，病势较轻，徐氏以无妨慰之，出语其家人曰："疾不可为矣，速治后事。"次日，观察果殁。著有《徐养恬方案》（又作《徐氏第一世方案》，今存抄本）、《伤寒心法诸论》二书，皆未梓。子徐兆丰，孙徐士玉，皆工医术。[见:《苏州府志》、《常昭合志稿》、《中医图书联合目录》]

徐养浩 元代武进县（今属江苏）人。博通儒书，尤精医学。曾任无锡医学教授。子徐仲清，传承父学。[见:《武进县志》]

徐养源 字新田，号饴庵。清代浙江德清县人。徐天柱子。幼承庭训习儒，读书有识。年十三岁，随父宦游京师，从诸名宿问业。嘉庆六年（1801）中副贡。兼通六书、古音、历算、舆地及氏族之学。亲殁，绝意仕进，屏居一室，澄旷绝俗，有陶、谢之致。年六十八岁卒。著有

《饮食考》，未见刊行。[见：《德清县新志》]

徐恢缵 字逊斋。清代台湾府台中县西定坊人。邑增广生。性刚介，不屑逢迎。工绘画，兼精医术，济人甚多，乡里称之。[见：《台湾通志·庄敬夫》]

徐忕忦 字尚慧。清代江苏长洲县人。生平未详。曾汇刻《妇婴至宝》，刊于乾隆十五年（1750）。此书包括《种痘法》、《达生编》、《福幼篇》三种，今存嘉庆元年丙辰（1796）刻本。[见：《中医图书联合目录》、《女科书录要》]

徐炳扬 近代浙江兰溪县横山乡人。妇科名医徐毓康子。绍承父学，亦以医名。[见：《兰溪市医学史略》]

徐炳章 字朝宦。清末人。生平里居未详。著有《一囊春》，今存同治五年（1866）刻本。[见：《中医图书联合目录》]

徐烁卿 清代四川大竹县人。医术精妙，性恬静，诊务虽繁，未尝愠怒。年八十四岁卒。[见：《续修大竹县志》]

徐宣化 清代宁夏府（今宁夏贺兰）人。邑名医徐英后裔。深明药理，所治多效。尤精小儿痘疹，一见即定生死，乡人以神医称之。弟徐鲲化，亦为名医。[见：《朔方道志》]

徐祝封 字尧农。清代江苏宜兴县人。诸生。精医理，病家争延致之，取效如响，而受酬甚微。尝曰："吾非藉此糊口，不容不尽吾心耳。"著有《医学汇纂》十余卷，惜殁后散佚不传。[见：《宜荆县志》]

徐泰亨 （?～1333）字和甫，晚号可可道人。元代浙江龙游县人。性敦厚，遇事警敏。自少嗜学，能为词赋，稍长从师习儒。尝试吏于平江，精思尽力，虽瘁不休。尝上九策于当道，不见知于朝官，遂留居吴县之阊门，无复仕进意。结庐植花竹，日与宾客觞酒赋诗，徜徉山水之间，自号可可道人。元统元年卒。徐氏兼通医理，著有《效方》三卷，已佚。[见：《龙游县志》]

徐起霖 字雨苍。清末浙江嘉兴县人。精医术，知名于时。曾任太医院八品吏目。[见：《太医院志·同寅录》、《嘉兴县志》]

徐晋侯 字侣樵，号幼甫。清代江苏上海县周浦镇塘口人。少学经商，旋弃去。游于苏州，发愤力学。与诸名士订交，获切磋之益。后迫于生计，为本邑胡氏主理会计。徐氏多才艺，工书画，喜吟咏，兼通医理，尤擅推拿。著有《推拿辑要》、《牛痘集说》，未见流传。[见：《上海县续志》、《海上墨林》、《艺林医人录》]

徐配坤 清代江西广丰县人。精医理，名著于时。就医求药者接踵于门，施术救治，应酬不倦。[见：《广丰县志》]

徐振谷 近代江苏昆山县人。名医徐春和曾孙。绍承家学，亦精医术，善治鼓胀，兼通外科。[见：《昆山历代医人录》]

徐圆成 一作徐园成，字古春。清末浙江海盐县人。以医为业，通内、外、小儿诸科。辑有《毓德堂医约》四种，包括沈志裕《救急成方》、《疡科治法》、庄一夔《慢惊秘诀》、《痘疹秘诀》，由其子徐天麟刊行，今存残卷。徐圆成之婿刘汝楷，门生宋德顺、沃壤、孔宪威、何近仁、刘汝耀、乐体善、龙得福、李金镛、沈庚镛，得其传授。[见：《重修浙江通志稿》、《浙江医籍考》、《中医图书联合目录》]

徐逢年 字实秋。清末江苏兴化县人。附贡生。因母病治岐黄家言，精医术，知名于时。咸丰丙辰（1856）岁饥，江南难民蚁集，病者甚多，徐氏出术疗治，全活无算。光绪壬午（1882）重游泮水。著有《时疫辨证》，未见刊世。[见：《兴化县志》]

徐润生 清末浙江兰溪县大塘下人。邑名医徐福康子。绍承父业，亦精医术。[见：《兰溪市医学史略》]

徐家梓 字立珍，号荆山。清代江苏昆山县人。儒医徐楫弟。精医理，知名于时。[见：《昆新两县志》、《昆山历代医家录》（引《徐氏宗谱》）]

徐娱庭 清代江苏吴江县人。名医徐大椿曾孙。辑有《医案集存》，未梓，今中国中医科学院图书馆藏有稿本。[见：《中医图书联合目录》]

徐继勉 字志勤。清代江苏宝山县罗店镇北乡人。生平未详。著有《实验眼科要义》，上海黄庆澜为之作序。未见传世。[见：《宝山县续志》]

徐继稚 字惠南，号南村，晚号集寿老民。清代江苏吴江县盛泽镇人。监生。性喜吟咏，折节读书。乾隆二十七年（1762）皇帝南巡，褒奖之。著有《南村诗稿》。兼涉医方，辑《医方集验》一卷，钱大培为之作序。今未见。[见：《盛湖志》]

徐培元 清代江苏松江人。精医术，悬壶湖州，知名于时。[见：《中国历代医家传录》（引《大狱记》）]

徐菊村 清代四川西昌县人。邑名医徐良模子。袭承父学,亦业医。[见:《西昌县志》]

徐梅甫 清末人。生平里居未详。著有《寿世灵方》一卷,今存光绪元年乙亥(1875)刻本。[见:《中医图书联合目录》]

徐梦松 字兆麟。清代河北邯郸县人。幼失父母,刻志攻读,弱冠入庠,康熙元年(1662)成贡生。旁通医术,济人甚多。著有《管见佐议》六卷,未见流传。[见:《邯郸县志》]

徐梦莘 (1126～1207) 字商老。南宋开封(今河南开封)人。临江太守徐世亨子,随父迁居清江县。梦莘绍兴二十四年(1154)举进士,授湘阴令,迁宾州知府。以朝散大夫致仕。尝编《三朝北盟会编》,今存。又辑《集医录》,已佚。[见:《临江府志》]

徐梦符 宋代人。生平里居未详。撰有《外科灸法论粹新书》一卷,已佚。[见:《宋史·艺文志》]

徐常吉 字士彰。明代武进县(今属江苏)人。生平未详。著有《古今医家经论汇编》,今存明代刻本。还著有《医家正典》若干卷,今未见。[见:《中国医籍考》、《中国医学人名志》、《中医图书联合目录》]

徐崇冕 字茂林。清代江苏兴化县人。精外科,于古法多有发明,临证应手奏效。[见:《续兴化县志》]

徐铭三 清末四川合川县人。邑名医朱正立门生。得师传,亦以医知名。[见:《合川县志》]

徐敏行 字其言。清代江苏吴县人。以医为业,悬壶浙江海盐,建香隐庵以居,终老于此。[见:《海盐县志》]

徐敏齐 隋代丹阳(今安徽当涂县小丹阳镇)人。北齐尚药典御徐之范子。徐氏世以医名,徐敏齐博览多才,亦精医术。开皇间(581～600)授驾部郎中。[见:《古今医统》、《医学入门》、《医说》]

徐得心 字济生。近代江苏吴县相城十图堰人。嗣于陆巷徐氏,遂家焉。幼习岐黄,精通外科,善刀圭术,有三折肱之誉。与同邑妇科钱氏、内科章氏(章自求),时称三良医。性孝友,淡名利,施善不喜人知,自奉俭约,而遇公益事无少吝。晚年茹素,五十五岁卒。预知死期,口宣佛号而终。[见:《相城小志》]

徐盘铭 字迪三。清代江西广丰县人。精医术,凡以病求治,虽风雨必赴。子徐之觐,绍承父学,以外科名世。[见:《广丰县志》]

徐象坤 字厚庵。清代奉天府海城县(今辽宁海城)牛庄人。自幼习儒,因贫辍学,改习岐黄。与名医张衍泽友善,切磋医理,互诘疑难,洞达乃止。临证潜心体察,治则奇效,有国手之称。同治元年(1862)大疫,遑遑奔救,全活甚多。年六十七岁殁。著有《医学正传》十卷、《加减汤头歌》二卷、《宝气论》一卷,皆未梓行。[见:《海城县志》]

徐鹿萍 清末安徽太湖县人。业儒而精医,知名于时。吴江宋绳祖(1895～1961),年十三岁从徐氏学,后为名医。[见:《吴中名医录》]

徐鸿基 (1869～?) 字琴圃。清末浙江嘉善县人。弱冠入泮,列案首。后弃儒,学医于张少泉。治学严谨,学验俱富。应诊之暇,于《内经》、《难经》、仲景及各家著作,靡不精究,批注及手抄医书颇多。推重名医张乃修,对其学术经验体悟尤深。擅用攻法,与陈士楷(1868～1920)同享盛名。对儿科亦多心解。曾重刊陈耕道《疫痧草》,并为之作序。[见:《嘉善县志》]

徐谐宫 字发铎。清代安徽宿松县人。精医术,能预断生死,名噪一时,求医者门限为穿。手录验方甚多,因无子,殁后被人窃去。[见:《宿松县志》]

徐绳武 清代山东章丘县人。因母病习医,遂通其术。著有《铭心医录》,未见流传。[见:《章邱县志》]

徐敬弦 明代人。生平里居未详。辑有《医家汇论》二卷,已佚。[见:《医藏书目》]

徐惪铨 一作徐德珪。清代江苏昭文县人。生平未详。著有《外科选要》六卷,今存道光二十三年癸卯(1843)瞿氏刻本。[见:《贩书偶记续编》、《中医图书联合目录》]

徐朝文 清代四川天全州人。以医为业,知名于时。家境贫窘,每有断炊之忧,而行医不妄索酬,乡里称之。[见:《天全州志》]

徐朝宗 字纳川,号虚舟。清代浙江东阳县双泉人。邑诸生。精岐黄学。著有《内经脉法》、《四十九类证治》等书,今未见。兼工诗赋,有《虚舟诗稿》。[见:《东阳县志》]

徐朝超 清代四川井研县人。精医术,擅长疡科,求治者盈门,有妙手回春之誉。天性谦和,乐于助人,颇负时望。[见:《井研志》]

徐朝魁 字协卿。清末江苏昆山县城内人。徙居千墩镇东弄。妇科名医徐天一子。

绍承家学，亦擅妇科。子徐世寿，继承父业。[见:《昆山历代医家录》(引徐亦通《徐氏世医传略》、《徐氏宗谱》)]

徐鼎生 字向梅。清代江苏宝山县江湾里人。生于儿科世家。传承祖业，医术精湛，求治者门庭如市。[见:《江湾里志》]

徐景元 一名时雨。字逸谷。明末苏州(今属江苏)人。徙居昆山县甪直镇(今属苏州)。精医术，世以骨伤科知名，活人甚众。以寿考终。子徐一俊、徐南复，绍承祖业。[见:《昆新两县续补合志》、《吴郡甫里志》、《昆山历代医家录》(引《吴郡甫里人物考》)]

徐锈优 清代湖北罗田县人。庠生。贯穿经传，驰骋古今，以博学著称于时。多有义举，尝捐资助修圣宫。兼涉医药之学，辑有《万氏医科》，今未见。[见:《罗田县志》]

徐御天 清代浙江湖州人。邑名医徐乐庵孙。绍承家学，亦以医名。[见:《中国历代医家传录》(引《东湖乘》)]

徐鲁得 字应速。清代浙江上虞县人。诸生。兼精医理，以施药济贫为事。尝并览医家之言，辟俗说之谬，著《温热心书》十卷。未见刊行。[见:《上虞县志》]

徐道度 南朝宋丹阳(今安徽当涂县小丹阳镇)人。名医徐秋夫长子。精通家传医术，官至兰陵太守。素有脚疾，不能行，宋文帝令乘小舆入殿，为诸皇子疗疾，无不奇验。文帝尝叹曰:"天下有五绝，而皆出钱唐!"五绝乃杜道鞠之弹棋、范悦之诗、褚欣远之模书、褚胤之围棋、徐道度之医术。道度弟徐叔向，子徐文伯、徐謇(?~504)，皆以医术负盛名。[见:《南史·张融传》、《北史·徐謇传》、《魏书·徐謇传》、《历代名医蒙求》]

徐道聪 字士明。元末休宁县(今安徽休宁)人。早年遇良师，得授幼科秘书，遂以医问世，知名于乡。元末战乱，百姓流离失所，婴孩病夭者甚多。道聪治之则愈，全活数以千计。子徐杜真，兼精内科。[见:《休宁县志》、《中国历代名医碑传集》(引黄汝亨《寓林集·徐长公暨吴孺人传》)]

徐渡渔 清代江苏吴县人。生平未详。著有《徐氏医案》一卷，刊刻于世。后收入《三三医书》，今存。[见:《吴县志》、《中国丛书综录》]

徐登孙 字升伯。元代三衢(今浙江衢州)人。世代业医，知名于时。王恽作《赠三衢儒医徐登孙升伯》诗曰:"徐卿奕世传医学，道济衢人蔚有功。方自千金开寿域，肱非三折见良工。经横乌凡筠篱静，门掩朝晖药灶红。我似病梨无可赋，略烦料理少陵骢。"[见:《金元医学人物》(引《秋涧先生大全文集》)]

徐登第 清代河南正阳县仝陂塘人。祖传治疗黄病及妇科调经秘方，世代制药施送。后因药贵财窘，始收取药金，由病家随意，不计多寡，传承慈善遗风。[见:《重修正阳县志》]

徐楼台 佚其名。宋代当涂(今安徽当涂)人。累世以外科著名，尤擅治痈疔。其门首画楼台标记，故得名。其孙徐大郎，术精而贪婪，患热疾卒，其术遂不传。[《夷坚丁志·卷十》]

徐勤生 清末四川金堂县人。幼习儒学。及长，妻曾氏劝学医济世，遂致力于岐黄家言。临证用药不过八味，投则立效，知名于时。县令王用绥以"徐八味"称之。年逾八十岁卒。其妻寿至九十六岁。[见:《金堂县续志》]

徐鉴亨 字小岩。清代江苏上海县人。师事宝山县名医黄通理，尽得其传，临证应手取效。性仁恕，遇贫病赠以药，有急诊不俟车驾，虽夜深道远必往。著有《医学汇论》四卷、《喉科摘要》二卷，未见刊行。[见:《上海县续志》]

徐嗣伯 字叔绍。南朝宋齐间丹阳(今安徽当涂县小丹阳镇)人。世医徐叔向子。有孝行，善清言，志节慷慨，超然不群。博通经方、诊诀、占候诸学，尤以医术见称。曾任正员郎诸府佐弥，为临川王萧映(南齐高帝之子)所器重。直阁将军房伯玉服五石散十余剂，患冷疾，夏日常复衣。嗣伯诊之，曰:"卿伏热，应以水泼之，非冬月不可。"至十一月，冰雪大盛，令二人挟捉伯玉，解衣坐于石，取冷水从头浇之。尽二十斛，伯玉口噤气绝，家人啼哭请止。嗣伯令人执杖阻挡，敢谏阻者以杖击之。又尽水百斛，伯玉能动，背上有气蒸腾，起坐曰:"热不可忍!"乞冷饮。嗣伯以水与之，饮一升，冷疾悉除。自此体常觉热，冬月犹穿单衣。徐氏最擅治风眩症，尝曰:"凡有此病，是嗣伯所治，未有不瘥者。若有病此而死，不逢嗣伯故也。"其自负若此。著有《随手方》(旧文献多误作《落年方》)三卷、《药方》五卷、《杂病论》一卷，皆散佚。今存《风弦方》一卷，题"南齐徐嗣伯撰"，未知真伪，待考。又，疑徐大山即徐嗣伯，亦待考证。[见:《南齐书·褚澄传》、《南史·张融传》、《隋书·经籍志》、《旧唐书·经籍志》、《新唐书·艺文志》、《千金要方·卷第十四·风眩》、《历代名医蒙求》、《医说》、《古今医统》、《中医图书联合目录》]

徐锡璜 字希潜。清代浙江桐乡县乌青镇人。生平未详。著有《医学阐微》,未见传世。[见:《乌青镇志》]

徐锦堂 字杏圃。清末江苏上海县引翔港人。世以医名,治疗贫病不取诊酬。晚年迁居虹口,往来客商就诊者甚众,名重一时。[见:《上海县志》]

徐溥廉 字洁伯。清代陕西咸宁县人。敦品力学,工诗善医。著有《悬壶一助》、《诗集》,皆未梓。[见:《咸宁长安两县续志》、《续修陕西省通志稿》]

徐源道 元代四明(今浙江鄞县)人。世为儒医,至源道益精。曾任庆元路(治所在宁波)医学教授。元初至大二年(1309),上书请重建医学,获准。遂集资兴造,督办工程,于翌年完工。[见:《金元医学人物》(引袁桷《清容居士集·庆元路医学记》)]

徐福康 字费卿,号赞君。清末浙江兰溪县大塘下人。庠生。嗜琴棋,工书画,尤精医术,以擅治伤寒著称。民国间,设卫生医局于县城。子徐润生,绍承父业。[见:《兰溪市医学史略》]

徐静川 清代浙江绍兴人。世以儿科知名,至静川已历十一世。子徐安,号仙槎,医名益盛。[见:《绍兴地区历代医药人名录》]

徐静隐 元代浙江钱塘县人。精医术,善疗杖伤,药力所及,患者称快,医名甚盛。[见:《钱塘县志》]

徐嘉会 清代安徽太湖县人。精医术,知名于时。[见:《太湖县志》]

徐嘉嗣 明代山东临淄县人。精医术,活人甚众,名重乡里。[见:《青州府志》]

徐榜奎 字士材,号月亭。清代江苏宜兴县人。精医术。有医德,诊治贫病不计诊酬,时赠以药饵。[见:《重修宜荆续志》]

徐毓康 近代浙江兰溪县横山乡人。妇科名医徐鸣皋子。绍承父学,亦以医名。子徐炳扬,传承家学。[见:《兰溪市医学史略》]

徐肇松 字五青。清代浙江海盐县人。邑名医徐伯元长子。绍承父业,亦精医术,遐迩有回生之颂。[见:《海盐县志》]

徐肇基 字稿堂。清代浙江桐乡县人。生平未详。著有《医繁随拈》一卷,未梓,今存抄本。[见:《桐乡县志》、《中医图书联合目录》]

徐肇康 字越江。清代浙江新昌县人。生平未详。著有《疡科求是》,今未见。[见:《绍兴地区历代医药人名录》]

徐德和 清代浙江开化县人。世医徐启祥孙,徐必仁侄。精医术,活人甚多。享年七十九。[见:《开化县志》]

徐德恒 字洪斋,号守一子。明代湖北黄州府人。寓居武昌县。隐于医,活人不可计数。遇贫病异至家,殷勤护视,疾愈乃令去。年七十余,颜如少壮。著有《保和蒙引集》,行于世。今未见。[见:《武昌县志》]

徐镜心 清代山东黄县人。生平未详。著有《养生秘诀》,未见传世。[见:《黄县志稿》]

徐儒榘 字季方。清代湖北蕲水县人。颖悟能文,尤潜心医学。由供事授曲史。寓居京邸,凡以疾延治皆愈,公卿倒屦而迎。归乡后,求方者门庭若市。著有《伤寒正宗》四卷,今未见。[见:《蕲水县志》]

徐衡之 (1903～1968) 原名铨,字衡之。现代江苏常州人。十六岁就读于丁泽周所办上海中医专门学校。三年后师事恽树钰。1925年协助恽氏创办铁樵函授中医学校,任教职,并在师门行医。同时问学于章太炎。1928年出资创办上海国医学院,以“发皇古义,融会新知”为院训,恽树钰、章太炎先后任院长。徐氏协助院长主持全院工作,陆渊雷任教务主任,章次公任图书馆主任,均兼教授,培育人才甚众。此后担任全国中医药联合会执行委员、中央国医馆名誉理事、上海分馆董事。1932年以后行医上海、常州。1938～1942年在上海红万字会医院任中医主任。1954年应聘进入中央人民医院(今北京大学人民医院),1957年任中医科主任。1958年任北京医学院院务委员会委员、学术委员会委员。徐氏医术精湛,曾于1955年治愈再生障碍性贫血患者,为全国首例。此后该院成立中西医共同临诊的血液病专科门诊、专科病房,徐氏首倡以补肾为主、温养肾阳、滋补肾阴的治疗“再障”基本原则,在临床治疗中因人制宜,辨证施治,取得显著疗效。在院期间多次诊治流行性乙型脑炎、门脉性肝硬变、肾炎等疑难疾病,成就斐然。曾与姚若琴合辑《宋元明清名医类案》,刊于1934年(2006年作为国家古籍整理重点图书再版)。还著有《幼科讲义》、《湿温伤寒常识》、《五家医案》,今存。[见:《中医学家徐衡之》]

徐

徐鲲化 清代宁夏府（今宁夏贺兰）人。邑名医徐英后裔。年十三岁父殁，潜心医学四十余年，临证洞彻表里，尤擅修治丸散，知名于时。兄徐宣化，医名尤盛。[见：《朔方道志》]

徐辨卿 隋代（？）人。生平里居未详。撰有《药方》二十一卷，已佚。[见：《隋书·经籍志》]

徐濂岷 清代山东益都县金岭镇人。其父徐岱熏，道光二十五年（1845）恩贡生。濂岷亦习举业，为庠生。兼精医术，曾以《景岳全书》为宗，斟酌损益，编医书四卷，惜未见流传。[见：《益都县图志》]

徐瀛洲 字金台。清代江苏上海县人。世医徐兆魁子。继承家学，亦以医名。[见：《上海县志》]

殷

殷子 清代江苏吴县甪直镇人。早年受业于同邑名医顾守之，后悬壶乡里，名重于时。子殷履科，绍承家学。[见：《吴中名医录》]

殷元 隋代（？）人。生平里居未详。著有《针经》一卷。已佚。[见：《隋书·经籍志》]

殷传 字朝相，号壶仙。明代江都县（今属江苏）瓜洲镇人。精医术，知名于时。一人患伤寒，误服热药，将死。殷传诊之，见舌黑而不硬，两颊肿而咽尚通，乃曰："太阴、少阴经尚未绝。"以大剂服之，一剂汗出，二剂热去，三剂病愈。一人患淋疾，小便淋沥不畅，忽口禁厥逆，他医以为风证。殷传诊其脉，尺部沉大，知病属下焦，遂投以八正散，应手病除。[见：《医学入门·历代医学姓氏》]

殷劲 明代江都县（今属江苏）人。随父徙居仪真县。世医殷裕次子。传承家学，亦通医道。次子殷昶，医名尤盛。[见：《中医历代名医碑传集》（引罗洪先《念庵文集·故明市隐殷君墓志铭》)]

殷信 明初仪真县（今江苏仪征）人。祖籍江都县。世医殷裕侄，如皋县医学训科殷智胞弟。传承家学，亦通医术。孙殷昶，医名益盛。[见：《中医历代名医碑传集》（引罗洪先《念庵文集·故明市隐殷君墓志铭》)]

殷昶 （1468～1540） 字序明。明代仪真县（今江苏仪征）人。祖籍江都县。世医殷裕孙，殷劲次子。伯父殷劻无子，以昶为嗣。早年习儒，尤精家学。及长，以医问世，名噪于时。性豪放，好施与，不治家产。每日延请者盈门，提囊相从，治辄奇效，不取诊酬，活人不可胜计。人具酒为寿，饮则尽醉，醉则抚几歌《击壤诗》，意气激荡。久之家道中落，而性情不改，人皆以"市隐翁"呼之。丁君德妻怀孕逾期，时医误以他病治。昶诊之，曰："勿药，当生男。"丁氏从之，十余日顺产一子。其妙治类此者甚多。仪真当江淮要津，达官商贾无不知名医殷昶者。嘉靖九年（1530），翰林罗洪先携家过仪真，值舟中大疫，母、妻皆病危，众医啧啧谢去。昶独谓可治，留于客舍，调治数月皆愈。后罗洪先又病，不粒食者七十余日，家人欲治后事。昶曰："脉可生，何为此不祥语！"即为疏方。他医欲更其方，坚不许，至百日痊愈。殷昶卒于嘉靖庚子，享年七十三。子殷修、殷佑，生平未详。[见：《中医历代名医碑传集》（引罗洪先《念庵文集·故明市隐殷君墓志铭》)]

殷浩 （？～356） 字深源。东晋陈郡长平（今河南西华）人。豫章太守殷羡子。性好黄老，有辩才。征西将军庾亮聘之为记室参军，累迁司徒左长史。未久，称疾不起，隐居十年。简文帝在藩邸，征浩为建武将军扬州刺史。曾以中军将军伐后赵，兵败，贬为庶人。永和十二年卒。殷浩精通医术，妙解经脉，著有《方书》，散佚不传。侄殷仲堪，以医著称。[见：《晋书·殷浩传》、《医学入门·历代医学姓氏》、《补晋书艺文志》]

殷劻 明代江都县（今属江苏）人。世医殷裕长子。传承家学，亦通医道。洪武间（1368～1398）因事谪戍西蜀。永乐（1403～1424）初，都督潭公镇守仪真，闻其父擅长医术，召至幕下，遂徙居仪真。劻无后，以弟殷劲次子殷昶为嗣子。昶医名尤盛。[见：《中医历代名医碑传集》（引罗洪先《念庵文集·故明市隐殷君墓志铭》)]

殷铭 字子文。清初浙江秀水县人。世医殷观国子。继承家学，亦工医术，有名于时。[见：《秀水县志·隐逸》]

殷智 明初江都县（今属江苏）人。世医殷裕侄。得名医胡仲礼传授，亦精医道，曾任如皋县医学训科。弟殷信，亦承家学。[见：《中医历代名医碑传集》（引罗洪先《念庵文集·故明市隐殷君墓志铭》)]

殷裕 明初江都县（今属江苏）人。祖先为汴梁（今河南开封）人，谭姓，世代为医。元季有谭明者，为金坛教谕，秩满留瓜州，始改殷姓，子孙再迁江都。殷裕传承家学，亦精医道，

十画

名噪于时。洪武间（1368～1398）其长子殷勗谪
戍西蜀，裕同行，与西蜀胡仲礼、广陵丘先容、
吴陵刘宗原为友，诸人皆以医知名。永乐（1403～
1424）初，都督潭公镇守仪真，召殷裕、胡仲礼
为幕官，遂定居仪真。子殷勗、殷劲，侄殷智、
殷信，皆通医道。[见：《中医历代名医碑传集》
（引罗洪先《念庵文集·故明市隐殷君墓志铭》）]

殷榘 一作殷矩。字度卿，号方山。明代仪真县
（今江苏仪征）人。祖上十代皆为良医，
有十全上医之誉。数传至殷榘，尤精诊视，投剂
无不奇中，时称殷神仙。平生嗜学，手不释卷。
以济世为怀，不受人金帛。万历十一年癸未
（1583）大疫，闾巷传染，至阖门不火。殷榘昼夜
奔救，所活千百人，皆不受馈遗。歙县人吴诜患
病，七日不食，服时医补药而死。榘闻，亟告其
家人曰："若舌黑不挺，颊肿不裂，犹可活。"视
之如殷所言，三逐其热而愈。其妙治类此者甚多，
《仪真县志》载之甚详。赵鹤作《赠殷榘》，赞其
妙术良德，诗曰："蜜江医客飘长髯，人人呼是殷
神仙。囊贫每怯卖药钱，阴功香案家家悬。"[见：
《古今图书集成·医部全录·艺文》、《仪真县志》、
《仪征县志》]

殷腾 东晋后赵人。生平里居未详。通医术，曾
任太医。[见：《晋书·佛图澄传》]

殷增 字乐庭，号东溪。清代江苏吴江县平望镇
人。国学生。嗜诗词古文，好搜集邑中前
贤遗稿，辑佚之作甚多。撰有《人参谱》，未见传
世。[见：《平望志》]

殷之屏 明代人。生平里居未详。著有《医方
便览》四卷，今存康熙间（1662～
1722）刻本，书藏陕西省中医药研究院图书馆。
[见：《中医图书联合目录》]

殷子严 唐代人。生平里居未详。著有《本草
音义》二卷，已佚。[见：《旧唐书·
经籍志》、《新唐书·艺文志》、《日本国见在书目》]

殷长裕 清代安徽歙县人。生平未详。曾增补
巴堂试《本草便读》，辑《本草便读补
遗》，行于世。[见：《新安名医考》]

殷成绪 字继川。清末人。生平里居未详。曾
任太医院恩粮，兼东药房值宿供奉官。
[见：《太医院志·同寅录》]

殷仲良 清末江苏苏州人。伤科名医闵姊次子。
与兄殷企范，皆得母亲授，精骨伤科，
知名于时。[见：《昆山历代医家录》]

殷仲春 字方叔，号东皋子。明代浙江秀水县
人。博学多识，精通医理，于痘疹证

治尤多心悟。平生落落寡合，不阿权贵。晚岁隐
居城南，茅屋草舍，馔粥仅给，澹泊自适。每晨
起，荆扉未启，户外待诊者已满。不分贵贱，一
一诊视，虽危重之疾，每能应手而愈。尝训其子
曰："医为司命，药若用兵。宁以儒贫，勿以医
戏！"早年曾游宁郡，得见朱纯宇、饶道遵及诸
医家所藏医籍，遂录其书名、卷数、作者，仿释
家法藏分为二十类，编《医藏书目》（又作《医
藏目录》）一卷。此书为我国现存最早之医学书目
专著。殷仲春还著有《栖老堂集》（文集）若干
卷、《疹子心法》一卷。仲春卒，其子殷志伊传
承家学，并刊刻其父《医藏书目》（附《疹子心
法》于卷末），值明末世乱，书版毁于兵火。清
顺治十三年（1656），志伊子殷观国重刻《医藏
书目》（卷末亦附《疹子心法》），再次刊行，今
存。殷仲春门生陈继儒，为明末名儒，兼通医
道，曾手校《医藏书目》。[见：《医藏书目》、
《嘉兴府志》、《秀水县志》、《中医图书联合目录》]

殷仲堪 （?～399） 东晋陈郡（今河南淮阳）
人。骠骑咨议参军晋陵太守殷师子。
能清言，善属文。早年调补佐著作郎，后谢玄聘
为长史，厚待之。其父患疾，数年不愈，仲堪乃
研习医术，究其精妙，而父疾终不得愈。仲堪执
药挥泪，遂眇一目。父亡，居丧哀毁，以孝闻。
服阙，孝武帝召之为太子中庶子，甚爱重之。不
久以黄门侍郎迁振威将军荆州刺史，出镇江陵。
素性节俭，虽为刺史，每食，饭落席，自拾食之。
安帝即位，殷仲堪与桓玄、王恭、杨佺期联兵造
反。隆安三年，为桓玄所杀。撰有《殷荆州要方》
一卷，已佚。[见：《晋书·殷仲堪传》、《独异志·
卷上》、《补晋书艺文志》、《历代名医蒙求》]

殷企范 清末江苏苏州人。伤科名医闵姊长子。
与弟仲良，皆得母亲授，精骨伤科，
知名于时。[见：《昆山历代医家录》]

殷次泉 明代北京人。售药京城，创立膏药铺于
煤市街北口内路西。宣统时（1909～
1911）其木牌尚存，系明人所书，字体潇洒。
[见：《新增都门记略》]

殷宅心 明代安徽庐江县人。生平未详。尝摘
选王肯堂医案，编《医学穷源集》六
卷，今存嘉庆十三年戊辰（1808）刻本。[见：
《中医图书联合目录》]

殷观国 字宾光。明清间浙江秀水县人。邑名
医殷仲春孙，殷志伊子。初习举业，
补秀水县弟子员，有文名。明亡，弃儒为医。疗
疾无不立效，名重于时。其祖父著有《医藏书

目》、《痧子心法》，原版毁于兵燹。观国于顺治十三年（1656）重刻二书，刊布于世。子殷铭，亦以医术著称。［见：《秀水县志·隐逸》、《医藏书目·跋》］

殷志伊 字元衡。明末浙江秀水县人。儒医殷仲春子。得父传授，精通医术，刀圭所至，无不立愈。其父著有《医藏书目》、《痧子心法》二书，志伊刊刻传世。明末世乱，庐舍荡然，书版亦毁。志伊子殷观国于顺治十三年（1656）重刻二书，今存。［见：《秀水县志》、《医藏书目》］

殷启泫 字学海。清代江苏吴县辛村湾人。为当地望族。自幼学儒，因体弱多病，改习岐黄。奉亲至孝，生性笃诚，为乡党称道。自奉俭约，独好施与，遇贫不能举火者，济以粮米，患病而乏药资者，携药往诊，病愈乃止。年八十一岁卒。［见：《吴县志》］

殷受田 （1881～1932） 近代江苏吴县人。幼科名医殷萃田子。早岁习儒，后弃而攻医，得家传之秘，亦以医名。宣统三年（1911）参与创建中医研究所。嗣后，历任中国红十字会上海分会理事、副会长，上海市卫生局医士考试委员。秉性豪侠，热心公益，因积劳成疾，殁于1932年。子殷震一，继承父学。［见：《中国历代医史》］

殷思礼 唐代卫州共城县（今河南辉县）人。长安四年（704）任医博士。［见：《中国历代医家传录》（引《百门陂碑》）］

殷恭壬 （1882～?） 字佩六。近代江苏吴江县人。清末官吏，补用同知。从浙江名医陈渭卿学，历时六载，于妇科尤有造诣。宣统间（1909～1911）加入中西医学研究会。［见：《吴中名医录》（引《中西医学报》第4期）］

殷萃田 清末江苏苏州吴县人。以医为业，精通儿科，名重于时。子殷受田，绍承父学。［见：《中国历代医史》］

殷梯云 （1872～?） 号豫章，别署东溪渔隐。近代江苏吴江县人。附贡生。精医术，曾任平望镇禁烟局医员、拒烟分会义务医员。兼工诗词。宣统间（1909～1911）加入中西医学研究会。［见：《吴中名医录》（引《中西医学报》第4期）］

殷敏若 字文伯，号西园。清代江苏常熟县碧溪人。初习举业，弃儒习医。从名医张玉庭游，殚精数载，悉究其妙。以济世为心，遇贫病不取诊酬，反周济之。［见：《常昭合志稿》］

殷践猷 字伯起。唐初长平（今河南西华）人。陈给事中殷不害五世从孙。殷践猷初任杭州参军，官至给事中、杭州刺史。博学多识，精于氏族、历数、医方诸学。与贺知章、陆象先、韦述相友善。贺知章称殷氏为"五总龟"，谓龟千年五聚，问无不知。［见：《新唐书·殷践猷传》］

殷蓉舫 清代安徽歙县人。邑名医巴堂试门生。传承师学，亦以医名。［见：《歙县志》］

殷震亨 （1248～1332） 一作殷震。号元振，又号在山。宋元间明（今上海崇明）人。前辈多为显宦，唯震亨独攻儒术，通诗文。尤好道术，早年出家，住持苏州宝庆观。大德（1297～1307）初，至昆山县，为岳宫开山住持。筑室于岳楼之侧，藏书史，莳花木，日与骚人墨客觞咏其间。广微天师题其室曰在山吟墅。至顺壬申七月十八日卒，时年八十五岁。殷氏好读书，尤嗜岐黄之术。著有《简验方》（又作《简验医方》），已佚。还著有《在山吟稿》、《传释感应篇》（又作《太上感应篇集注》）等书，刊刻于世。［见：《补元史艺文志》、《补辽金元艺文志》、《千顷堂书目》、《苏州府志》、《昆山县志》、《昆山历代医家录》］

殷震贤 清末江苏苏州人。伤科名医闵姊侄。得闵氏亲授，精骨伤科，知名于时。［见：《昆山历代医家录》］

殷履科 （1875～1927） 字骏生。清末江苏吴县角直镇人。其父殷子，以医知名。履科自幼颖敏，少年入庠，旋因乡闱不第，弃儒学医。家传之外，熟究医典，对伤寒、热病证治尤多妙悟。技成，悬壶于乡，临证效如桴鼓，驰誉远近数县，日诊百人，不以为劳。素重医德，以济人为怀，未尝计较诊酬。与苏州七子山名医顾允若交厚，书札往还，切磋医理，相得益彰。平生嗜书，好收藏古籍，抄录善本，至老手不释卷。曾获徐时进《医学蒙引》、叶天士《叶氏明医论》抄本，研究数年，多有心得。因积劳成疾，五十二岁病逝。生前有《殷氏二世医验》、《临诊随笔》等手稿，1938年春，毁于日寇战祸。门生金里千、顾景亭、陈振声，得其亲授，皆为名医。［见：《吴中名医录》］

殷耀奎 清代江苏无锡县人。精医术，与同邑名医许叶熊齐名。［见：《无锡金匮续志》］

爱

爱薛 （1227～1308） 又译作海薛、也薛。原名阿布·舍克尔·马格里布。元代西域弗林

（今叙利亚西部）人。祖籍西班牙。通晓西域诸部语，工星历、医药之学。元初代父应征至蒙古都城和林。元世祖中统四年（1263）设立西域星历、医药二司，爱薛主持其事。爱薛曾于至元七年（1270）创立京师医药院，至元十年奉世祖命改称广惠司，仍命领之，掌管修制御用回回药物，治疗侨居中国之西域将士。至元十三年（1276）擢秘书监，迁翰林学士承旨，掌管历代图籍及阴阳禁书。二十六年（1289）兼崇福司使，管理也里可温基督教徒。大德元年（1297）授平章政事。武宗继位（1307），封秦国公。翌年卒于上都，追封太师开府仪同三司上柱国拂林王，谥"忠献"。子野里牙、鲁合，皆精医理。[见:《元史·爱薛传》、《金元医学人物》]

爱虚老人 佚其姓名。清代人。生平里居未详。辑有《古方汇精》五卷，刊于嘉庆九年（1804），今存。此书汇录古代医籍中有效良方四百余首，分为内症、外科、疔毒、痰痰、疮毒、梅疮、丹毒、喉口、耳目、跌打伤损、妇科、儿科、奇疾等门类，简便实用。[见:《中医大辞典》、《中医图书联合目录》]

奚

奚子型 清末江苏武进县戴溪人。儿科名医奚龙泉子。继承父业，名著于时。曾创制辰金丸、宝金丸，前者治风痰壅盛，后者治急惊风症，用之多验。子奚咏裳，传承家学。[见:《中国历代医家传录》]

奚凤鸣 明代上海县人。少业疡医，尤善治痈疽。能察人气色，预卜预后。川沙帅蒋其仁宿患背疽，一日旧疾复发，延请凤鸣诊视。凤鸣曰："此昔年蕴毒，故肌理墨腊也。"治之月余而瘳，皮肤光泽如初。一日，蒋其仁弟在坐，凤鸣谓之曰："君不出三月，疽发背矣。"及期果然。尝谓："痈疽中溃，积腐四周，非吮之不得尽。"故治病必募人以苦酒漱口而吮之。遇贫病者，凤鸣即亲为吮痈，其医德为世人称道。[见:《松江府志》]

奚龙泉 清末江苏武进县人。弃儒习医，受业于同郡许定甫。学成应世，以儿科著称。撰有《儿科心得》三卷，毁于兵燹。子奚子型，孙奚咏裳，曾孙奚伯初，皆精儿科。[见:《中国历代医家传录》]

奚应虬 字在乾。清代浙江嘉善县人。邑增生。与堂弟奚应莲，皆受业于名医俞震，以医知名。[见:《嘉善县志》]

奚应莲 字尊庭。清代浙江嘉善县人。邑增生。受业于名医俞震之门，精医术。惜早卒。堂兄奚应虬，亦精医术。[见:《嘉善县志》]

奚咏裳 （1869～1937） 一作奚咏棠。近代江苏武进县戴溪桥人。祖父奚龙泉，父奚子型，均善儿科。咏裳幼承庭训习医，年二十随父应诊，名振江浙数县，远近就诊者终年不绝。奚氏儿科颇受钱乙、朱震亨、叶桂、吴瑭诸名家学说影响，临证以清热保津为主，遇虚寒阳衰之证，能活用热剂，疗效显著。子奚伯初，绍传家学。[见:《中国历代医家传录》、《江苏历代医人志》]

奚振鳌 字驾瀛。清代浙江嘉善县人。工文学，尤精医理，为名医沈又彭高足。与同邑名医韩镒相友善，常往复参究，切磋医理。韩氏撰《伤寒论注》，未竟而卒，奚氏续成之。今未见。[见:《嘉善县志》]

奚毓嵩 字楚翘。清代云南鹤庆县人。岁贡生。早岁入庠，专攻举业。屡试不得志，识者多为惋惜，而文誉鹊起，延请者接踵而至。课徒之暇，研究经史子集，于医学尤致力焉。著有《六部脉主病论》、《训蒙医略》、《伤寒逆证赋》、《先哲医案汇编》、《补遗药方备用论》、《治病必求其本论》、《五脏受病舌苔歌》等书，今未见。[见:《鹤庆县志》]

翁

翁机 字次衡。清末浙江钱塘县湖墅人。素习举业，为贡生。孝友好学，兼通医理。著有《医道心悟》（又作《医学心得》）二卷，未见刊行。[见:《杭州府志》、《湖墅小志》]

翁济 清代浙江杭州人。生平未详。著有《本草考证》四卷，未见刊行。[见:《杭州府志》]

翁晋 字自昭。明末嘉定县（今属上海）人。其先世为慈溪人，流寓嘉定。翁晋品行端方，兼善岐黄，精通脉理，一时罕有出其右者。崇祯间（1628～1644）授太医院院判。著有《医宗摘要》一书，已佚。兄翁文九，亦善医，与之齐名。[见:《嘉定县志》]

翁倬 字杰士。清代江西弋阳县二十都人。少年丧父，事母尽孝，善抚幼弟，以孝友著称。素精医术，常施药济人。年七十岁卒。[见:《弋阳县志》]

翁藻 （1759～?） 字稼江。清代江西武宁县人。事亲尽孝，其母善病，每延医疏方，必检方书与之问难，久之精通医术。后以技活人，应手辄效。虑古今方书汗漫，学者不能遍视尽识，乃发所藏书数百种，历数十寒暑，年七十二岁始编成《医钞类编》二十四卷，序刊于道光十年（1830）。[见：《医钞类编·自序》、《武宁县志》、《中医图书联合目录》]

翁元钧 号石洲。清代湖南善化县人。素善岐黄，于妇科尤精。曾出仕，历官甘肃灵台、通渭等县。遇民间患病者，皆依症开方，施药以济。子翁云涛，筮仕粤东，迎养于合浦衙署，犹施济不倦。翁元钧曾增补明代越中钱氏《胎产秘书》三卷，附《经验各方》一卷，刊于光绪二十三年丁酉（1897）。[见：《中国历代医家传录》（引《胎产秘书·翁学本跋》）、《贩书偶记续编》、《女科书录要》]

翁仁发 （1681～1748） 字士龙，号澹园。清代江苏新阳县真义镇（今昆山市正仪）人。祖籍常熟县。早年习儒，师事无锡举人华达，笃志励学，屡试未能入学，然至老不休。乾隆七年（1742），年六十二，应岁试，学使刘墉拔置第一，遂为昆山增广生员。教塾以为生计，虽精医术，不遇于时，故一生清贫。[见：《昆山历代医家录》（引《国朝昆新青衿录》）]

翁介寿 字寿承，又字寿纯，号南轩。清代江苏吴县人，居珠明寺南。精医理，曾任吴县医学训科。著有《五志相胜解》一文，刊于唐大烈《吴医汇讲》。[见：《吴医汇讲》、《吴县志》]

翁文九 明代嘉定县（今属上海）人。先世为浙江慈溪县人，流寓嘉定，遂定居。翁文九与弟翁晋，皆精医术，俱知名。[见：《嘉定县志·翁晋传》]

翁先春 明代人。生平里居未详。著有《伤寒指要》一卷，已佚。[见：《医藏书目》]

翁仲仁 字嘉德。明代江西信州人。以医术擅名，尤精痘科。著有《痘疹金镜录》（又作《痘疹玉髓金镜录》）四卷，盛行于世。今存万历七年己卯（1579）刻本。[见：《医藏书目》、《郑堂读书记》、《中医图书联合目录》]

翁应祥 字德兆。明代浙江乐清县西乡人。业儒而通医，笃嗜古医书，尤精脉理，所治多效验。性耿介，人有所遗辄辞，缙绅重之。一日，自松江驰归而病，仅数日，沐浴更衣，揖其妻曰："善自爱，吾去矣！"端坐而逝。著有《内经直指》，尚书尹台为之作序，已佚。[见：《乐清县志》]

翁纯礼 字嘉会，号素风。清代江苏吴江县平望镇人。素习举业，受业于同里沈祖盛、陆厥成，嘉定王鸣盛之门。兼明医理，自《灵枢》、《素问》，至历代良医之书，无所不读，每能愈时医所不能治者。著有《医学金针》、《爱古堂集》（文集）等书。今未见流传。[见：《平望志》]

翁昌龄 清代福建侯官县人。精医术。有孕妇小产，失血过多，通体发烧，数日不退，群医束手。翁氏诊之，用冬桑叶一钱，烧即退，继服阿胶等补剂而愈。[见：《闽侯县志》]

翁禹训 字汝守，号云麓。明代浙江钱塘县人。幼颖异，师授之书，一览而尽。其父念其体弱，令治医家言，遂取《内经》以下诸医书读之，悟其秘奥，治病有奇验。素怀济人救世之志，凡出诊，虽寒暑不乘舆，所获诊金随手济贫。及归家，坐待求治者常满室，而终不吝施予。年四十岁失明，仰天叹曰："吾岂庄生所谓不祥人耶？"终日蛰处一室，弹琴歌咏以自适。[见：《浙江通志》]

翁宣春 明代人。生平里居未详。著有《脉学指掌》一卷，已佚。[见：《医藏书目》]

翁振基 号汉溪翁。清代四川资中县人。性好学，经史杂著，无不遍览。尤潜心医学，于脉理别有心悟，治疾多良效。有医德，常购药施人。著有《鹪鹩会约》一卷、《鹪鹩集医揭要》一卷，均有抄本传世。[见：《资州直隶州志》、《续修资州志》、《鹪鹩会约·序》]

翁朝缙 明代浙江永嘉县人。精医术，于《内经》、《伤寒》及张元素、王好古诸名医之书无所不读。临证遵经而不拘泥，活人甚众。毕生仁厚好义，颇负时望，屡举乡饮。同时有张源、蔡伟节，与之齐名。[见：《温州府志》]

卿

卿均 明代人。生平里居未详。著有《济生妇人方》一卷，已佚。[见：《医藏书目》]

卿仲达 清代四川简阳县人。生平未详。著有《治病撮要》若干卷，未见刊世。[见：《简阳县志》]

栾

栾大 西汉人。里居未详。方士，善以道术骗世。自言能炼石成金，河决可塞，能制成仙之药。初得宠于郊东王刘寄，任王府尚方。后取悦于汉文帝，拜五利将军，封乐通侯，以卫长

公主妻之。[见:《汉书·郊祀志》]

栾企 字景光。金代睢州考城（今河南兰考）棠溪人。通医理，为名医张从正（约1156～1228）门生。[见:《儒门事亲》]

高

高士 字克学，号志斋。明代浙江鄞县人。著名孝子高谦孙。幼年丧父，家贫而治学益励。早年有文名，闻象山王楗倡兴理学，遂航海至象山，从学五六年，文名渐起，郡县士夫皆折节交之。郡别驾薛甲聘修郡志，持议谨严，士论贤之。晚年兼精医术。尝谓："医之有《灵枢》，犹五经之有《易》也。"推重朱丹溪之学，鉴于时医"多非丹溪，而偏门方书盛行"，遂于嘉靖间（1522～1566）著《志斋医论》二卷，上卷专论痘疹，下卷杂论阴阳六气、血脉虚实。还著有《灵枢经摘注》十卷、《素问捷径》三卷，惜皆亡佚。子高萃，万历甲戌（1574）进士，官肇庆知府。孙高瓛，官光禄寺丞。曾孙高斗魁，为明清间名医。[见:《四库全书总目提要·医家类存目》、《浙江通志》、《鄞县志》、《鄞县通志》、《象山县志》]

高民 清代江苏阜宁县人。精医术。专擅痘科，与同邑杨锦堂齐名。[见:《阜宁县志》]

高尧 明代云南石屏人。精医术，活人甚众。辑有《医案》，藏于家。[见:《石屏州志》]

高伦 字敦五。清代江苏上元县人。精医道，诊病以脉为主，辨证入微，活人无算。曾与名医王度等捐资修葺桥路，乡党称之。[见:《上元县志》]

高伸 宋代人。生平里居未详。疑为道士。著有《食禁经》三卷，已佚。[见:《宋史·艺文志》]

高武 号梅孤子。明代浙江鄞县人。好读书，于天文、律吕、兵法、骑射无不娴习。嘉靖时（1522～1566）中武举。尝北上历览边城，以策进于权官，不见用，遂弃归。晚年专精医学，治人立起。尝叹针灸穴位多误，乃手铸铜人三尊（男、女、童各一），临诊以穴推之人身，不爽毫发。著有《针灸聚英》（日本刊本改题《针灸聚英发挥》）四卷、《针灸节要》（日本刊本改题《针灸素难要旨》）三卷，二书撰于嘉靖八年（1529），今存嘉靖十六年（1537）陶师文合刻本。高武还著有《痘疹正宗》四卷，曾有抄本入藏浙江省图书馆，经查未见，不知其故。据丹波元胤《中国医籍考》，此书尚存于日本。[见:《鄞县志》、《古今

医统·历世圣贤名医姓氏》、《医藏书目》、《天一阁书目》、《四库全书总目提要》、《中国医籍考》]

高雨 字雨之。清代浙江仁和县人。诸生。官两淮盐大使。工书法，风格近于苏轼。精岐黄术，名动公卿间。年未五十岁卒。[见:《海上墨林》]

高枢 号慎斋。清代山东济南府人。武生。少倜傥，不治生产，遇名山佳水辄流连不去，足迹几遍天下。嘉庆四年（1799）至上海，寓居垂十载。善导引术，每日焚香默坐，栽菖蒲百盆以自娱。年七十一岁卒。[见:《上海县志》]

高侃 元代和林（今内蒙古和林格尔）人。与李叔亮、宋郁皆任和林医学正。至顺元年至二年（1330～1331）参与和林三皇庙扩建。[见:《金元医学人物》（引《和林金石录·和林三皇庙残碑文》）]

高学 字成甫。清代江苏无锡县人。幼孤。叔父高一恒，以《素问》、《难经》诸书授之。力学十年，悬壶于世，以痘科知名，决死生无或爽。同邑名医施心菊推重其术。事叔父母以孝闻，堂弟家贫，分产赡之。县令敬其品高术妙，请为乡饮宾。同时有蔡朝臣，亦以医名。[见:《锡金识小录》]

高珍 清代陕西醴泉县范寨人。精脉理，善治疑难病症，名重乡里。[见:《醴泉县志》]

高选 明代河南固始县人。精通医术，临证治疾，投剂辄效。尤擅长脉诊，能预决生死，知名于时。[见:《固始县志》]

高信 字子常。明代四川内江县人。贡生。精医术，济世活人，至老不倦。年九十余卒。著有《医脉捷要》，藏于家。[见:《资州志》、《内江县志》]

高昶 明代山东益都县金岭镇人。淳厚正直，心存济利。弘治间（1488～1505），遇异人授以医术，诊脉察病，辨证出奇，一时号为卢扁。尤专精伤寒铃法，定脉不差时刻，全活不可胜计，抱疾求疗者踵门无虚日。有医德，尤注念贫困之家，未尝有求报心。年七十余卒。著有《铃法书》二卷，已佚。[见:《益都县志》、《山东通志》]

高宾 字叔宗。明代江阴县（今属江苏）人。生平未详。家藏颜汉《便产须知》抄本，于弘治十三年（1500）刊刻印行。又曾校订《丹溪先生治法心要》，刊于嘉靖二十二年（1543）。[见:《医藏书目》、《中国医籍考》、《中医图书联合目录》]

高彭 字一清，号通仙子。元代浙江鄞县人。处州知府高衍孙侄孙。素慕道术，于冶金、炼石类诡秘事皆不取，独以医经为性命之本。尝取上古、汉、晋诸经方，以及唐宋所续出，择其精良，删其繁杂，著《医书十事》，已佚。[见：《鄞县志》、《补元史艺文志》]

高梅 字云白。清代江苏无锡县人。精医术，与同邑前辈名医许叶熊、殷耀奎齐名。著有《尝药本草》八卷，未见传世。[见：《无锡金匮续志·许叶熊传》]

高铭 明末人。生平里居未详。著有《医学指南》四卷，今存明代残刻本。[见：《中医图书联合目录》]

高隐 字果哉，又字果斋。明代浙江嘉善县人。从名医王肯堂游，尽得师传，有名于时。立方奇巧险峻，而疗疾多神效，世医不敢轻试其方。魏某患口舌干燥，自服麦冬、生地、元参、五味子、甘草、乌梅，虽有小效，而病不除。高隐云："此症宜用神水，此水从下而上，能升肾中之水，救上之干燥也。"其法以铅溶化，散浇于地成薄片，取起，剪作长条数块，以一头钻眼，悬吊于锅，锅内置烧酒，烧酒之上仰张一盆，与铅片相近，锅下燃火，使酒沸而气上冲于铅片，铅片上有水滴入盆内，谓之神水。魏氏依法服之，获效。高隐善养生，年九十余，一如少壮。著有《医论广见》（又作《医林广见》），今存乾隆三十九年（1774）抄本。还著有《杂证》、《医案》，今未见。[见：《冷庐医话》、《嘉善县志》、《嘉兴府志》、《中医图书联合目录》]

高琳 字绍堂。清末山东昌乐县人。廪贡生。工书法，考取国史馆誉录。精医术，晚年家居，治病施药。著有《女科辑要》，藏于家。[见：《昌乐县续志》]

高期 西汉人。里居未详。精医术，与王禹同为济北王府太医。二人尝奉王命学医于仓公（淳于意），仓公教以经脉高下、奇恒络结、俞穴所居、气机出入、邪正逆顺，以及镵石、砭灸诸法。经年余，医道大进，知名于世。[见：《史记·扁鹊仓公列传》、《历代名医蒙求》、《医说》]

高椒 字桐梅。清末江苏上海县闵行人。诸生。精医术，治痨疾有特长，知名于时。[见：《上海县志》]

高善 清代山西临县人。性慈善，嗜医学，精研脉理，有著手成春之效，时以神医称之。[见：《临县志》]

高鉴 字可佩。清代江苏华亭县人。诸生。博通医旨，治疾善用张景岳法，长于温补，所治辄效。御史王显曾为立传。同时以医称者尚有施太初、何大川、胡赓和。[见：《松江府志》]

高福 唐代（?）人。生平里居未详。疑为道士。著有《摄生论》（又作《摄生要录》）三卷，已佚。[见：《新唐书·艺文志》、《宋史·艺文志》]

高震 清代河北成安县人。贡生。精医术。成安县流行疫疬，高氏出药疗救，全活无算。[见：《成安县志》]

高德 元代武进县（今江苏常州）人。邑名医葛芳山外孙。得外祖传授，精通医理，有青出于蓝之誉。子高彦述，传承父学。[见：《金元医学人物》（引谢应芳《龟巢稿》）]

高濂 字深甫，号瑞南道人。明代浙江钱塘县人。其家数世以藏书著称，博学宏通，精诗文，工乐府，尤好南曲。少婴羸疾，复苦于眼疾，"有忧生之嗟"，故酷嗜医学。不论家居客游，多方访求奇方秘药，久之疾愈体壮，眼病康复。此后，尽发所藏之书，附以平日读书所记，编《遵生八笺》（又作《尚雅斋遵生八笺》）十九卷，刊刻于世。其书分清修妙论笺、四时调摄笺、延年却病笺、饮馔服食笺、燕闲清赏笺、灵秘丹药笺、起居安乐笺、尘外遐举笺八类，以养生为纲，取材广泛，涉及医学、药理、气功、艺术、鉴赏、园艺诸学，为古代重要养生学著作。高氏还编有南曲《玉簪记》、《节孝记》，诗文集《雅尚斋诗草》等。[见：《遵生八笺》]

高鏊 （1486～1568）字企之（一作器之），人称竹深先生。明代嘉定县（今属上海）人。少年丧父，其母改嫁，乃依舅父徐浦，改姓徐氏。徐浦弘治间（1488～1505）为太医院医官，居京师，鏊得其传授，工医术。孝宗崩，言官以"医药无验"弹劾太医，夺职遣散者甚众。武宗继位，诏礼部选进医家子弟，以补太医院之缺。鏊入选，任太医院医士。久之，司药于乾清宫，授冠带。正德十四年（1519），武宗欲南巡，高鏊借医切谏曰："郊行野食，风雨疲劳，动伤不测，陛下即自轻，奈宗庙何？臣职在调护，失职当死，不言当死，而犯忌讳亦当死。惟陛下裁之。"当时谏者百余人，鏊与考功员外郎夏良胜、兵部郎中黄巩等六人因直谏下锦衣卫狱，先后遭八十廷杖。黄巩等人削籍，高鏊以"小臣妄言"，谪戍乌撒（今贵州威宁）。逾年，世宗继位，诏起谏南巡诸臣。鏊得还朝，晋太医院御医，并奏复高姓。任御医垂四十年，绝口不言朝谏南巡事，故未得升迁。嘉靖三十六年（1557），四历考绩（九年一次），始迁南京太医院院判，食四品俸。八十一岁致仕。家居三年，于隆庆二年卒，享年八十三。[见：《明史·夏良胜传》、《顺天府志》、《中国历代名医碑传集》（引徐学谟《海隅集文编·太医院院判高公传》）]

高一恒

清代江苏无锡县人。精医理。侄高学，得其亲授，后为名医。[见：《锡金识小录》]

高士亿

一作高亿。字玉章。清代金城（疑为江苏涟水）人。嗜医学，通药理，善辨证，治病无不效者。早年读《黄帝内经素问》，不能尽解，继而遍考诸注，历访名贤，寝食不忘者四十年，始得要领。遂于同治六年（1867）著《黄帝内经素问详注直讲全集》（又作《黄帝内经素问完璧直讲详注》，简称《素问直讲》）九卷。本书对《素问》经文逐篇分段注释直解，文简义明，参汇诸家，全无以经解经之弊，有裨于初学。今存同治十一年（1872）绿云冈刻本。[见：《中医图书联合目录》、《中国医籍大辞典》、《中国历代医家传录》（引《素问直讲·序》）]

高大贵

清代四川大邑县人。少失父母，兄亦早殁，孤贫度日。后发愤学医，久之术精，知名乡里。有医德，凡贫困之家延请，风雪必往，且赠以药饵。[见：《大邑县志》]

高之衍

字文营，号岩峰。清代浙江海宁州赭山人。徙居县城。善文辞，工书法，兼精医术，擅名于时。孙高葛鉴，亦工书法。[见：《海宁州志稿》]

高之哲

清代湖北武昌县永福乡人。精医术，活人甚众。常施丸药以济贫病。康熙三十二年（1693）岁歉，道殣相望。高氏变卖家产，施粥月余。年九十二岁，皇帝诏赐肉、帛，加冠带。[见：《武昌县志》]

高子明

明代河南南郡人。精医术。周溥患羸疾，自度不起。遇高子明，治之而愈，遂师事之，尽得其传。[见：《河南通志》]

高云章

字锦孙。清代江苏江都县人。诸生。精于医，善治伤寒及时行疫疬。能根据五行推阐六气，投药辄奏奇效。曾客游闽浙间，以医济世，为士绅所重。著有《伤寒管见》、《难经质疑》，未梓。[见：《江都县续志》]

高友欧

字次韩。清代四川南溪县人。少读经史，工古文诗赋。因患风眩病，不应试。及长，遍读医经，遂通岐黄。著有《知医初存》、《知医复存》，又与同邑张展祖、包融芳合撰《学医心得》一卷，今皆未见。医书外尚有《守耕轩文集》、《守愚斋诗赋集》等，藏于家。[见：《南溪县志》]

高日辉

字旭华。清代安徽太平县高家庄人。以医为业。有医德，凡延诊立赴，于贫寒之家尤关切。太平县修文庙，高氏捐树百余株助之。工匠百余人染疾，施药救治，不取其酬。[见：《太平县志》]

高日震

字远声，号守愚。清初江苏无锡县人。郡庠生。兼通医理。著有《伤寒要旨》二卷，已佚。[见：《吴中名医录》（引《锡金历朝书目考》）]

高文贵

清代河南正阳县范庄店人。精医术，临证审慎，施诊不倦。天性和善，平易近人，乡邻延诊者甚众。[见：《重修正阳县志》]

高文晋

字梅溪。清代江苏华亭县人。生平未详。辑有《外科图说》四卷，刊于道光十四年（1834）。此书大多抄录《疮疡经验全书》，新义无多。[见：《中医图书联合目录》、《中医大辞典》]

高斗机

清代江苏无锡县人。邑名医高鼎汾次子。绍传父学，亦通医理。[见：《医学问对》]

高斗魁

（1623～1670）字旦中，号鼓峰。明清间浙江鄞县人。邑名医高士曾孙，光禄寺丞高賝三子。早年习儒，为诸生。擅书法，工篆刻，尤精诗文。文思风发泉涌，世人为之倾倒。明亡，尽弃举业，读书于祖茔之侧鼓峰山下。早年师事同邑万泰（字履安），后同学于姚江黄宗羲、黄宗炎，慈溪刘应期，结忘年交，唱酬吟咏，以抒其志。清初忠义之士多罹难，高氏破产营救，奋不顾身。黄宗炎（1616～1686）举义兵抗清，事败入狱，其五子诸妇困于穷饿，高氏以卖药所得济之。高氏早年传曾祖之学，后师事名医赵献可，得其旨要，故医术精湛。庚子（1660）后，南明灭亡，复国无望，遂以医行世，临证取效如神，求治者不绝于门。尝游杭州，见舁棺者血沥于地，曰："是未死！"启棺与药而苏，江湖间盛传其事。晚岁欲设书院，专与同志讲道读书，为不朽业，未果而卒，年仅四十八岁，闻者惜之。著有《鼓峰心法》（又作《四明心法》）、《吹毛编》（又作《四明医案》），总名之曰《医宗己任》，刊刻于世，今存杨乘六增订本。高氏有子七人：宇靖、宇厚、宇暐、宇调、宇祝、宇胥，生平事迹不详。[见：《清史稿·高斗魁传》、《医宗己任编·序》、《鄞县志》、《宁波府志》、《中国历代名医碑传集》（引黄

宗羲《南雷文案·高旦中墓志铭》)]

高以庄 字临之，号平泉。清代安徽贵池县人。郡庠生。工诗擅书，性澹泊，不慕荣利。筑问春园，浇花种竹以娱志。精岐黄术，四方求治者门庭若市。病愈不受酬谢，遇贫苦者必助以药，人皆德之。咸丰、同治间（1851～1874）卒。著有《问春园诗集》、《医案日记》，俱毁于兵燹。[见：《贵池县志》]

高玉如 字相齐，号一斋。清代四川郫县人。自幼习儒，年弱冠，母陈氏患病，愤时医不得肯綮，遂肆力于医学。久之，穷其精奥。凡以病求治，不分远近皆赴。其夺人性命于九死一生者，环数里内外指不胜屈。年七十八岁卒。著有《眼科内政》二卷，今四川省图书馆藏有抄本。还著有《医髓》、《一线集》诸书，今未见。[见：《郫县志》、《中医图书联合目录》]

高世杰 清末四川中江县人。精医术。早年经商，同治间（1862～1874），兵燹之后疫疠大行，遂悬壶业医，以求济世。每值春季，乡里幼儿多患痘症，高氏竭力诊治，不取药资，所活甚众。[见：《中江县志》]

高世栻 （1637～?） 字士宗。清初浙江钱塘县人。自幼习儒，童年丧父，家贫无所资。及长，制举之业不获售，乃学医于倪先生。倪氏授以《药性》、《全生集》、《明医指掌》、《伤寒五法》、《药方歌诀》诸书，以为医道尽在于此，故二十三岁悬壶于世，治病颇效，人皆称许之。康熙甲辰（1664）七月，患痢疾甚笃，延请时医诊治，药日投而病日剧，月余不愈，遂不服药，至仲冬方止。乃慨然叹曰："医之不可为也！医治我若是，我治人亦若是。以医觅利，草菅人命，谓天理何？"其时，名医张志聪集合钱塘诸医及门人讲学著书于侣山堂，世栻遂往学之。嗣后，朝夕听张氏讲学，与同学诸医参究医理，研究《内经》、《伤寒论》及本草诸书，悟前之所习皆非医学根源。如是者十年，医术精进，治病必求其本，用药异于流俗，声名日噪，渐与志聪伯仲。张志聪晚年著《本草崇原》，未竟而卒，世栻续成之。后亦效法其师，集诸弟子讲学于侣山堂。门人王嘉嗣、杨昶等录其所授，编《医学真传》一卷，刊于康熙三十八年己卯（1699）。高氏早年襄助张志聪撰《黄帝内经灵枢集注》、《黄帝内经素问集注》、《伤寒论集注》等书，此后自著《素问直解》、《灵枢直解》、《金匮直解》、《医学直解》等书（今唯《素问直解》存世），因同邑张锡驹有《伤寒直解》刊世，故未注解《伤寒论》。今有

《高士宗部位说》抄本存世，当亦为高氏遗说。[见：《医学真传·先生自述》、《杭州府志·张志聪传》、《中医图书联合目录》]

高丙叔 清代江苏常熟县梅李镇人。名医曹存心门生。精通医术，知名于时。门生王若溪，得其传授，亦以医著称。[见：《吴中名医录》]

高东美 清代江苏奉贤县五墩人。邑名医高步云子。绍承父学，亦以医名。[见：《奉贤县志》]

高永树 字立人。清代江苏江都县人。骨科世医徐洪先之婿。得岳父传授，亦精骨伤科，施治应手奏效。[见：《瓜州续志》]

高尧臣 字幼冈。明代河南信阳县人。高我冈子。其父撰《仙传痘疹奇书》三卷，后经尧臣编订，刊于万历二十六年（1598）。[见：《中医图书联合目录》、《中医大辞典》]

高廷和 明代人。里居未详。通医理，官修职郎太医院御医。弘治十八年（1505），刘文泰等奉旨修纂《本草品汇精要》，高氏任总裁。十八年夏，孝宗露坐冒风，翌日不豫。太监张瑜、刘瑾主御药，得旨召医，遂以院判刘文泰、御医高廷和进。两人谓："上疾易治。"药下而病剧，遂崩。太常博士边贡等上疏，弹劾其罪。高廷和等三人皆论死，后改为流徙。[见：《本草品汇精要》、《明史·边贡传》、《御制本草品汇精要·本草品汇精要考略》、《中国历代医家传录》（引《簪云楼杂说》)]

高仲渊 清代江苏青浦县人。从丘惺堂习医，精其术，知名于时。[见：《青浦县续志》]

高齐岱 字青岩。清代陕西米脂县人。儒医高希圣长子。幼颖异，博学工诗，善古文。少年时随父习医，早得心传。入庠后，益寝馈《灵》、《素》，精研《脉诀》，参考历代医家诸说，期集大成。凡以病求治，著手成春，有"当今和缓"之誉。平生澹泊冲和，人乐与交。晚年得异人传授，通祝由之术，每以禁法疗疾，辄奏奇效。兼擅书法，得钟王神韵，为医名所掩。著有《颐园医钞》、《针灸法剩语》、《验方拾遗》诸书，未见刊行。子高辛裔，亦通医学。[见：《米脂县志》]

高宇泰 字静斋。清代河北交河县人。太学生。精医术，悬壶五十余年，延请者不绝于门，从无倦色。遇贫病者求医，施赠药饵，无自德之色。直隶总兵提督龚梅赠"术法通元"匾额。著有《保产集》，藏于家。[见：《交河县志》]

高守先 清末江苏嘉定县人。名医何长治门生。[见:《何鸿舫医方墨迹》]

高阳生 北宋人。生平里居未详。曾参照前代脉学著作,编为五言、七言歌诀,撰《脉诀》一卷。北宋后期,伪托晋代名医王熙之坊刻本《王叔和脉诀》广为流传,此即高阳生《脉诀》。元祐五年(1090),名医刘元宾对《王叔和脉诀》详加注释,改其谬误,名之曰《补注王叔和脉诀》,重刊于世。[见:《三因极一病证方论·经脉序》、《补注王叔和脉诀·刘元宾序》、《濒湖脉学·序》、《中国历代名医碑传集》]

高如崑 一作高汝昆。字峻甫。清代山东章丘县人。以儒术治岐黄,融贯诸书,投剂辄效。辑有《伤寒摘要》,藏于家。孙高泽长,亦以医名世。[见:《章邱县志》、《济南府志》]

高羽成 字春山。清代湖北沔阳县人。国学生。精医术。治病不计诊仪,遇贫病助资赠药。家本中产,至晚年落拓,仍不易其操。[见:《沔阳州志》]

高寿田 清代青城(今甘肃榆中)人。通医理。道光间(1821~1850)与刘世顺辑《外科医门一助》,版藏新寺,今已散亡。[见:《青城记》]

高步云 清代江苏奉贤县五墩人。精医术,以善治喉风著称。重医德,凡请即至。遇穷乏之家请诊,徒步数十里不辞劳,病痊而后已。子高东美,孙高建山,皆以医名。[见:《奉贤县志》、《松江府志》]

高步蟾 清代四川达县人。精医术,知名乡里。善摄生,寿至九十五岁。[见:《达县志》]

高岐山 清代湖南东安县人。祖、父皆业医,至岐山益精,以儿科著称,望色听声,即断生死。尝闻邻居家哭声甚哀,询之,乃小儿暴病死,将入棺。即为诊视,曰:"未死。"出药灌之,入口而苏,乡人神之。为人无威仪,用药不本古书,故声名不出里巷。邻乡有富家子患病,不食多日,甚危。岐山后至,时群医满室,皆曰不治。主人见岐山衣冠破敝,颇轻视之。及岐山诊病儿,独曰:"可治。"令取猪肉肥瘦均者,出囊中药煮之。儿闻即思食,食之则病愈。自此,人皆知其妙术,医名遂盛。[见:《中国历代名医碑传集》(引李元度《国朝耆献类征初编·方技》)]

高我冈 字如山。明代河南信阳县人。生平未详。撰有《仙传痘疹奇书》三卷,经其子高尧臣编订,刊于万历二十六年(1598)。

[见:《中医图书联合目录》、《中医大辞典》]

高位东 字乙亭。明代河南鄢城县人。岁贡生。以宿学见称于时。兼精医术,善起沉疴。[见:《鄢城县志》]

高希圣 清代陕西米脂县人。岁贡生。精通医术。子高齐岱,传承父学,医名极盛。[见:《米脂县志》]

高含清 字士华。清代江苏宝山县人。邑名医高应麟子。继承父业,亦以医名。著有《医理逢源》、《历代名医姓氏绪论》,未见刊行。[见:《宝山县志》]

高应麟 字瑞和。清代江苏宝山县广福人。性颖悟。幼失父母,遂弃举业,研习岐黄。家藏善本医籍甚多,择其要读之,手录成册,久之精医理,屡起危疾。居恒必正冠危坐,乡里称隐君子。著有《格致医案》、《医学针度》,未见流传。子高含清,能继父业。[见:《宝山县志》]

高辛裔 清代陕西米脂县人。邑名医高齐岱子。早年习儒,为庠生。绍承父学,亦以医术著称。[见:《米脂县志》]

高怀清 号简西。清代陕西富平县人。由举人官玉门县教谕。学业鸿深,工书法,精武功,门生登科者不绝。在玉门时,创修进昌院,县人为其建祠报德。兼涉医学,著有《痘疹》若干卷,藏于家。[见:《富平县志稿》]

高其谊 清代江苏上海县人。生平未详。著有《习医心录》,未见流传。[见:《上海县志》]

高若讷 (997~1055) 字敏之。北宋并州榆次县(今山西榆次)人,徙居卫州。早年举进士,补彰德军节度推官,改秘书省著作佐郎,再迁太常博士商河知县。荐授监察御史,升起居舍人,知谏院。时范仲淹以直谏夺官,正直之臣皆上疏相救,高若讷不言。欧阳修致书责之曰:"不复知人间有羞耻事。"若讷忿而以其书上奏,帝乃贬欧阳修为夷陵令。不久,高氏加直史馆,以刑部员外郎兼侍御史。历官龙图阁直学士、史馆修撰、右谏议大夫、御史中丞、工部侍郎、参知政事、枢密使。皇祐五年(1053)罢为观文殿学士,兼翰林侍读学士尚书左丞。至和二年卒,赠右仆射,谥"文庄"。高若讷强学善记,自秦汉以来诸传记,无不该通,尤好申、韩、管子之书,颇明历学。因母病兼通医书,虽国医每叹不如,卫州医者多宗其学。时张仲景《伤寒论》、孙思邈《千金方》、王焘《外台秘要》诸书久不流传,高氏悉考校讹谬,重刻刊行。著有《素问误文阙义》

一卷、《伤寒类要》四卷，皆散佚。太医令申受，为高氏门生。[见：《宋史·高若讷传》、《宋史·艺文志》、《闻见前录·卷十七》]

高拙修 号自在老人。清代萝川（今河北蔚县）人。生平未详。辑有《内美含章》一卷，成书于嘉庆八年（1803），今上海中医药大学图书馆藏有抄本。[见：《中医图书联合目录》、《中国历代医家传录》（引《内美含章·序》）]

高叔宗 字子正，别号石山。明代江阴县（今属江苏）人。诸生。能诗擅书，尤精医术。辑有《资集珍方》，高宾为之作序，未见传世。同时有邢济川，医名与之相埒。[见：《江阴县志》]

高肯构 清代浙江松阳县象溪人。邑庠生。胸襟洒落，放怀山水。后于黄山遇道人，授以易数之学，善断人事吉凶，天时水旱。兼通医药，著有《草药金丹》二卷，今未见。还撰有占卜书《卜筮断验》，已佚。[见：《松阳县志》]

高明烈 字丕承。清代四川南溪县人。精医术，道光间（1821～1850），以儿科知名乡里。习医之暇，以诗词自娱。书法亦佳，落笔蟠屈，不同凡俗。[见：《南溪县志》]

高秉钧 （1755～1827） 字锦庭。清代江苏无锡县人。世居城北笆斗弄。太学生，议叙县佐。幼读经史，后从范圣学、杜云门二师习内外科。究心《灵枢》、《素问》，探索有年，复博览仲景、东垣、丹溪、景岳、立斋诸前贤医著。及悬壶于世，声望鹊起，求治者应手取效。于外科造诣尤深，深悟"外从内治"之理，为乾嘉间疡科圣手。行医三十余年，治愈奇难重症甚多。性亢直，重医德，凡贫病者概不索酬。著有《疡科心得集》三卷（附《方汇》三卷、《景岳新方歌》一卷）、《谦益斋外科医案》一卷，皆刊刻于世。幼子高鼎汾、甥王泰林，皆传承其术，名重于时。[见：《无锡金匮县志》、《无锡金匮续志》、《吴中名医录》、《中国人名大辞典》、《中医图书联合目录》]

高所蕴 清代山东人。生平里居未详。著有《长生诀》一卷，未见刊行。[见：《山东通志》]

高学山 字汉峙。清代浙江会稽县人。自少业儒，博览群书，究心理学。尤嗜岐黄，于《伤寒》、《金匮》诸书辨疑析惑，尤见精湛，嘉庆、道光间（1796～1850），以医术著称。撰有《伤寒尚论辨似》、《金匮要略注》，均存。[见：《高注金匮要略·序》、《中医图书联合目录》]

高泽长 清代山东章丘县人。儒医高如崑孙。袭承祖父之学，以医知名。县令尝赠匾表彰其学。[见：《章邱县志》]

高宗卿 南宋人。里居未详。通医理，曾任太医局教官。同官何大任，家藏北宋绍圣间（1094～1097）小字监本《脉经》，"历岁既深，陈故漫灭，字画不能无谬"，久欲重校刊行。嘉定十年丁丑（1217），何氏得高宗卿及教官王邦佐、毛升、李邦彦之助，以累月之功，"正其误千有余字，遂鸠工创刊于本局"。此书今存。[见：《脉经·何大任后序》]

高建山 清代江苏奉贤县五墩人。邑名医高步云孙。绍承家学，亦以医名。[见：《奉贤县志》]

高建章 清代河南人。生平里居未详。著有《伤寒论黉》、《金匮要略注匡谬》二书，未见传世。[见：《河南通志·艺文志》]

高承炳 字念岵，号砚五，又号研五。清末江苏无锡县人。训蒙为业，不喜仕进。精通书画，兼治医学。曾作《本草简明图说》一部，绘画工致，上题药性，刊行于世，今存光绪十八年壬辰（1892）上海古香阁石印本。按，据《锡金历朝书目考》，《本草简明图说》乃高鼎汾著，疑高承炳为高鼎汾后裔，待考。[见：《锡金续识小录》、《艺林医人录》、《中医图书联合目录》]

高承德 宋代人。生平里居未详。撰有《难经疏》若干卷，已佚。[见：《中国医籍考》]

高绍功 南宋人。里居未详。精医术，曾任翰林医候御医兼太医局教授。绍兴二十九年（1159），王继先命高绍功、柴源、张孝直等任检阅校勘官，重校北宋唐慎微《证类本草》，改题《绍兴校定经史证类备急本草》（简称《绍兴本草》），再次刊行。此书完帙不存，国内外仅见多种残刻本。[见：《绍兴本草》（郑金生等辑复本）]

高树荣 字桂生。近代陕西米脂县人。自幼习儒，童年入泮，为学使慎毓霖所器重。寝馈经史，博览群书，兼及医学。同治癸酉（1873）拔贡，就职州判。后回籍设帐，循循善诱。光绪三年（1877）大饥，与邑绅筹设赈务局、平粜局、育婴局，施方药，救疫疠，全活甚多。辛卯（1891）领乡荐第一。愤外侮日亟，遂致力西学，于机器、算术尤有心得。庚子（1900）主讲凤翔书院。丙午（1906）任职榆林中学。年五十九岁卒。著有《医学录要》若干卷，今未见。[见：《米脂县志》]

高思敬 字憩云。清末江苏江阴县人。生平未详。著有《高憩云外科全书》十种，刊于1917年。该书今残存七种，包括《外科医镜》十二卷、《逆证汇录》一卷、《外科三字经》一卷、《六气感证》一卷、《外科问答》一卷、《运气指掌》一卷、《五脏六腑图说》一卷。[见：《中医图书联合目录》]

高保衡 北宋人。里居未详。官国子博士，职封朝奉郎。精通医理，深明病机，熟谙方药。嘉祐二年（1057）朝廷设校正医书局，命掌禹锡、高保衡、林亿、孙奇、孙兆等校订医书。历时十余年，完成《素问》、《难经》、《甲乙经》、《伤寒论》、《金匮要略》、《脉经》、《诸病源候论》、《千金要方》、《千金翼方》、《外台秘要》等大批古医籍之校勘，刊布于世。熙宁间（1068～1077），因校书之功诏赐绯鱼，加封上骑都尉。[见：《古今医统大全·历世圣贤名医姓氏》、《宋以前医籍考》、《重广补注黄帝内经素问》]

高衍孙 南宋鄞县（今浙江鄞县）人。早年习儒，举进士，授上虞令。嘉定十一年（1218）迁嘉定知县。官至处州知府。高氏精音韵、绘画、脉法诸学，晋绅皆夸诩之。平生重仪表，清逸严整，有古贤士之风。著有《脉图》，已佚。侄孙高彭，得其传授，亦精医理。[见：《鄞县志》]

高彦述 元明间武进县（今属江苏）人。邑名医高德子。绍承父学，亦精医术。临证审慎，诊疗得法，治辄奇效，活人无算。通诸子百家之学，入明后不求显达，名其室曰恬澹斋，读老庄之书，行医于市，布衣粗食，习以为常。[见：《金元医学人物》（引谢应芳《龟巢稿》）]

高恺基 字迈元。清代河北静海县小苏庄人。生平未详。著有《医学指南》，未梓。[见：《静海县志》]

高洞阳 元末东平县（今山东东平）人。精医术，擅针灸。门人滑寿，尽得其传，为著名医家。[见：《明史·滑寿传》]

高莲槎 清代浙江归安县人。精医术，知名于时。[见：《归安县志》]

高振扬 清代浙江归安县人。精医术，以疡科知名。[见：《归安县志》]

高振德 近代辽宁盖平县城北博洛堡人。当地名医高愈明长子。与弟高振翰传承父学，皆以医名。[见：《盖平县志》]

高振翰 近代辽宁盖平县城北博洛堡人。当地名医高愈明次子。与兄高振德传承父学，皆以医名。[见：《盖平县志》]

高峻峰 字攀云。清代河南郾城县人。以医为业，知名于时。遇贫病赠以药，活人甚众。[见：《郾城县志》]

高峻崧 近代山东泰安县人。生平未详。著有《神农本草经注》四卷，刊于1920年。[见：《贩书偶记》]

高润之 清代浙江山阴县人。少年时随父习刑典。同邑名医陈阶升为高氏姻亲，见而奇之，收为弟子，尽授其学。润之得陈氏倾心之授，遂悬壶山阴，而业务穷窘，历十余载弃去。后游历姑苏、维扬，转至京师，居太医院有年，终无所遇，复归故乡，时年已五十岁。咸丰甲寅（1854），马庚良祖父患病，诸医杂治无效，乃延请高润之。高氏至，应手病愈。嗣后屡起沉疴，医名大振，遐迩闻其名。晚年著《脉诀直指》、《寒热阴阳辨》二书，未梓而殁。[见：《绍兴医学史略》]

高继冲 （943～973）　字成和，又字赞平。五代至宋初陕州峡石（今河南陕县硖石镇）人。荆南节度使高保融长子。建隆元年（960）保融卒，其弟保勖承位。建隆三年，保勖患疾，欲立继冲，授荆南节度副使，判内外兵马。十一月，保勖卒，继冲为荆南节度使。乾德元年（963）二月，湖南张文表作乱，宋太祖命慕容延钊等讨之，假道荆南。宋军入城，继冲不得已，降宋。六月，太祖优诏，仍命为荆南节度使，遣散其旧部。十二月，改任武宁节度使。亡国前后，高继冲为避祸，多次进献金钱、珍宝于宋。开宝间（968～975）又编录《张仲景伤寒论》十卷，献于朝廷。开宝六年卒，时仅三十一岁。高氏虽非医家，然进献之《张仲景伤寒论》乃珍贵医学典籍，为北宋治平元年至二年（1064～1065）校正医书局校订《伤寒论》提供了重要参校本。[见：《新五代史·南平世家》、《宋史·世家·荆南高氏》、《续资治通鉴·卷三》、《素问玄机原病式·刘完素自序》、《张仲景研究集成·高继冲本伤寒论所据古本溯源》]

高骏烈 （1791～1860）　字扬庭。清代江苏吴县人。附贡生，议叙布政司理问。天资明敏，精岐黄术，力学不倦。吴县流行疫疠，高氏周行乡里，活人无算，不取酬金。平居俭慎，善自摄养，年老益壮。咸丰庚申卒，时年七十岁。著有《医学明辨》、《病证入门》、《临证医案》三书，惜遭兵燹遗失。[见：《吴县志》]

高鸿逵 字其吉。清代山西平定州人。由举人官乡宁训导。精医术，活人甚众。

[见：《山西通志》]

高嵛映 字元廓，又字雪君，别号问米居士，晚号结璘山叟。明清间云南姚安县人。生性警敏，自幼嗜读，过目成诵。早年出仕，吴藩事变，托疾挂冠。辛酉（1681）清军复滇，特授参政。后告归，结庐于璘山。日事丹铅，扶持后学，及门之士成进士者二十二人。博极群书，自性理经济，以至玄释医术，莫不洞晓。诗词歌赋，皆能深造入微。富于著述，撰书八十一种，医书有《葆婴辑要》若干卷，今未见。[见：《姚安县志》]

高敬文 金元间汴梁（今河南开封）人。金末兵乱，徙居威宁（今内蒙古兴和县）。以医为业，专擅眼科。曾挟术游大都，患者辐辏于门，日治不下百人，名动公卿豪族。重医德，遇贫病竭力救治，不索诊酬。善摄生，饮食清淡，荤腥醴醲绝不入口。又嗜诗文，与诸翰林相往还，久之积稿成集。[见：《金元医学人物》（引蒲道源《闲居丛稿·赠目科高敬文诗序》）]

高鼎汾 （1784～1850） 字上池，又字韵璁。清代江苏无锡县人。邑名医高秉钧幼子。郡庠生。绍承家学，精通内外科，知名于时。著有《温热条辨歌括》、《继志堂医案注》、《医学闻见录》，今皆未见。还著有《医学课儿策》（又作《医学问对》）一卷，以教次子高斗机，今存袁长庆抄本及《三三医书》本。又撰《本草简明图说》，今本题"高砚五撰"，考"砚五"为无锡高承炳之号，疑承炳为高鼎汾后裔，待考。[见：《无锡金匮县志》、《无锡金匮续志》、《锡金历朝书目考》、《无锡近代医家传稿》]

高景龙 字雨民。清末河南确山县人。早年习儒，光绪二十三年（1897）拔贡。精医术，时推国手。治病不分贫富，延请即至，活人甚众。[见：《确山县志》]

高善长 佚其名（字善长）。金元间辽阳县（今辽宁辽阳）人。自幼习儒，治《诗》、《书》、《春秋》诸经。屡试不第，弃而攻医。学宗《素问》、《难经》诸典，临证多佳效，名重于时。天兴二年（1233）元军克汴梁（今河南开封），窝阔台诏求良医，高氏被征为太医。兼善诗文，与耶律楚材、郑景贤为挚友，常以诗文相往来。[见：《金元医学人物》（引耶律楚材《湛然居士文集》）]

高缉武 清代山西辽州人。诸生。性放达，嗜酒，工诗。于医理有卓识，常以平淡之方奏奇功。一人凌晨亡时，已过午矣。缉武闻

讯往视，脉之，断为伤酒冲肺，未死。命以白及煎汤灌之，须臾而苏。[见：《山西通志》]

高愈明 字骏轩。近代辽宁盖平县城北博洛堡人。性慧敏，通艺术，无师自通，每制一物，往往出人意表。少年时专攻医学，自《黄帝内经》、《伤寒论》诸书悟入，终日不语，至废饮食，人多目之为书痴。及学成悬壶，造门求治者踵相接，岁活人以千百计。每忧医学流传失实，为害甚巨，约1915年请准自立医学校，招生多人，分门授课。惜力难持久，六年后停办。曾注释仲景《伤寒论》，撰《伤寒溯源详解》八卷，经学部审定刊行，今存1916年盖平县汤池印字馆铅印本。还著有《脉理溯源》一卷、《温疹溯源》四卷、《温疹溯源答问》一卷、《毒疫问答》一卷、《疫证集说》四卷，亦刊行，今存。另有《神农本草经大观注解》、《妇科维新》、《六淫溯源》、《温病溯源》、《温病革弊》、《温病说略》、《鼠疫答问》、《秋疫答问》、《时灾预言》、《咳症论》、《头疼分类》等，今未见。子高振德、高振翰，皆克绍家学。[见：《盖平县志》]

高慎行 清末人。生平里居未详。著有《东生集外科》，今存1932年威海卫华丰印务局铅印本。[见：《中医图书联合目录》]

高舆能 字拙斋。清代山东昌乐县人。邑庠生。晚年患病，究心岐黄。著有《瑶函臆说》，藏于家。[见：《昌乐县续志》]

高增绂 字朱臣。清代陕西米脂县人。早年习儒，因家贫弃学攻医。潜心于《灵枢》、《素问》、《金匮》诸书，得其奥旨。后悬壶问世，药至春回，有华扁再世之称。尝治同邑高守信、马秉忠及晋商某氏之疾，均气绝半日，群医相率走避者。高氏诊之，皆得痊愈。其处方每用相反之药，如甘草、甘遂并用，而取效如神。[见：《米脂县志》]

高德彰 清代河南滑县人。通《内经》之理，尤精针灸，知名于时。[见：《滑县志》]

高鹤鸣 （1764～1841） 字闻天，号半仙。清代江苏吴江县黎里人。家境清贫，早年以训蒙为业。喜读方书，晨夕研究，遂通其理。旋迁居芦墟镇，以医名于时。周甲以后，术益精，游益广，就诊者盈门，延请者无虚日。重医德，有求必应，不避寒暑。以积劳，卒于道光二十一年，享寿七十有八。[见：《黎里续志》、《分湖小识》]

高懋松 字封五。清代湖南零陵县人。早年习儒，因病辍读业医。有医德，凡贫病皆诊视之，且赠以药资，虽负重债，不改其行。

十画

[见：《零陵县志》]

高麟昭 清代山西大同县人。松藩总兵高鼎四子。早年随兄宦游，每见犯人受刑，掩面流涕，遂不肯出仕。读医书有神解，治病多佳效，名闻遐迩，病者争相延致。年八十三岁，无疾而卒。[见：《山西通志》]

高麟圃 清代山东昌乐县人。邑庠生。精通医术，于痘科尤称圣手。著有《验方歌诀》四卷，未见传世。[见：《昌乐县续志》]

高世格情 清代内蒙古阿拉善旗人。生平未详。著有《普及杂方》，刊于同治十二年（1873），今存。[见：《中医图书联合目录》]

郭

郭氏 〈女〉 清代湖北夏口县人。通文艺，尤精医术。年逾三十岁守寡，苦节抚孤，以医术授子方昌瀛。后昌瀛以医术闻名江汉。[见：《夏口县志·方昌瀛》]

郭玉 字通直。东汉广汉雒县（今四川广汉县雒城镇）人。少年时师事名医程高，学"方诊六微之技，阴阳隐侧之术"。汉和帝时（89～105）任太医丞，治疾多奇效。和帝奇之，令嬖臣美手腕者与女子杂处帷中，命郭玉各诊一手。玉诊之曰："左阳右阴，脉有男女，状若异人。臣疑其故。"帝叹息称善。郭玉生性谦和仁善，虽贫贱者求治，亦必尽其心力，而医疗贵人则时有不愈。和帝令贵人换便装求治，一针而愈。乃召问其故，对曰："医之为言意也。腠理至微，随气用巧，针石之间，毫芒即乖。神存于心手之际，可得（意会）而不可言传也。夫贵者处尊高以临臣，臣怀怖慑以承之。其为疗也，有四难焉：自用意而不任臣，一难也；将身不谨，二难也；骨节不强，不能使药，三难也；好逸恶劳，四难也。针有分寸，时有破漏，重以恐惧之心，加以裁慎之志，臣意且犹不尽，何有于病哉！此其所为不愈也。"帝善其对。郭玉老年卒于官。[见：《后汉书·郭玉传》、《东观汉记》、《华阳国志》]

郭东 晚号元同子，世称东郭先生。明代山东单县人，徙居峄县。世为名医，至东尤精。善诊视，明运气，投剂无不立效。晚年隐居城北九阳山下，种杏千余株，隐然若仙家。性敦朴简静，乡党雅重之。年逾八十，精神不衰。[见：《峄县志》]

郭进 清代江苏人。生平里居未详。著有《回生录》，今未见。按，今浙江省图书馆藏《回生录》抄本，不著撰人姓名，疑即郭进之书，待考。[见：《江苏通志稿》]

郭杞 明代浙江海宁县人。妇科世医郭琬次子。与兄郭桢、弟郭枚，均绍传祖业。[见：《浙江通志》]

郭泗 字汝霖。明代浙江海宁州人。妇科世医郭钦浩次子。绍承家学，亦以医名，时称佳士。[见：《海宁州志稿》、《杭州府志》]

郭坦 字履道。南宋汾州（今山西汾阳）人。体弱多病，遍读《素问》、本草及历代医书，久之通悟医理。辑有《十便良方》（又作《备全古今十便良方》）四十卷，庆元二年（1196）宋德为之作序，今存日本抄本。[见：《中国医籍考》、《中医图书联合目录》]

郭杰 北宋海宁州（今浙江海宁）人。妇科名医郭昭乾子。传承家学，亦精妇科，惜早卒。妻冯氏，子郭时义，皆精妇科。[见：《海宁州志》、《海昌备志》]

郭枚 明代浙江海宁州人。妇科世医郭琬三子。与兄郭桢、郭杞，俱以医知名。[见：《浙江通志》]

郭忠① 字恕甫，号芝山。元代兴化县（今江苏兴化）人。精医学，尤擅针灸，曾任太医院使。相传仁宗（一说成宗）皇后失明，郭忠以针术愈之，赏赐甚厚，赐号金针先生。著有《伤寒直格》，已佚。[见：《扬州府志》、《兴化县志》]

郭忠② 明初甘肃安定县人。精通医理，活人甚众。洪武间（1368～1398），以名医荐授本县医学训科。[见：《安定县志》]

郭泷 一作郭㳦。字瑞云。明代浙江海宁州人。妇科世医郭钦浩长子。早年习儒，为郡庠生。绍承家学，以医名世。[见：《海宁州志稿》、《杭州府志》]

郭治 字元峰。清代广东南海县人。附贡生。其父郭兼水，以儒医著称。郭治自幼读书，为贡生。曾任武宣知县及柳州、象州知州。传承家学，尤精伤寒，归田后以医济世。临证不拘泥古方，随病用药，屡建奇功。翰林院编修庄有信，患郁热病，诸医投以补剂，久治不效。郭治诊之，令服西瓜荸荠汤，庄佯许之而不服。翌日，郭另立补方授之，暗嘱其家人以前方进服，病脱然去。其家庭院有龙眼一株，暇日与戚友谈论其下，有难产者使人仓皇求治，乃拾落叶授之曰："煎此饮之，产下矣。"果如其言。人问其故，答曰："熟则自落，理有固然。其方自在书中。"随手抽架上书，果有此方。同时有崔七者，治病亦多奇效，闻郭氏名而不信，匿童男童女于帏，更迭其手使诊之。郭诊脉毕，不予药。问其故，答曰："阴阳既乱，尚可治耶？"崔为之叹服，遂与之定交。著有《脉如》二卷，书成于乾隆十八年（1753），何梦瑶、庄有信为之作序。此书初未梓，后经其侄郭麟标重编，刊刻于道光丁亥（1827）。还著有《伤寒论注》，今存清刻本。另有《药性别》、《医约》等书，今未见。孙郭敬辉，侄郭镱开，侄孙郭悦千、郭翰千，皆以医名世。[见：《脉如·序》、《南海县志》]

郭荣 字晓山。清末人。生平里居未详。曾任太医院候补御医。[见：《太医院志·同寅录》]

郭奎 （?～1389）字子章，又字相奎，号青螺，又号望云、默逸拙者。元明间安徽巢县人。早年治经，师事余阙，余氏亟称之。值世乱，亲亡弟丧，浪迹江湖。遍历大江以西，燕赵淮楚之墟，歌咏胜迹，抒发怀亲忧国之情。其诗有"乡梦有时逢骨肉，此身何处托渔樵。百年几度逢重九，四海何时是一家"之句，最为凄切感人。明太祖为吴国公时，郭氏为其幕宾。辛丑岁（1361），皇侄朱文正任大都督，节镇洪都，特选郭奎为辅佐参谋。洪武二十二年（1389）朱文正得罪，以郭氏不谏阻，诛之。郭氏兼通医学，著有《博集稀痘方论》二卷，今存万历二十二年（1594）吴勉学校刻本。[见：《医藏书目》、《明史·王冕传（附郭奎）》、《巢县志》、《安徽通志稿》、《郑堂读书记·医家类》、《中国历代医家传录》]

郭思 字得之，号小有居士。北宋温县（今河南温县）人。名画家郭熙子。元丰五年（1082）进士，官至徽猷阁待制、秦凤路经略安抚使。工绘画，有《林泉高致集》。郭思推崇唐代名医孙思邈《千金要方》，曾选其精要，辑《千金宝要》八卷（今作六卷），于宣和六年（1124）刻于碑石，立于华州公廨，供人传抄摹拓。明正统八年（1443），华州知州刘整据郭思原碑重刻。景泰六年（1455），知州杨胜贤以石刻冬月不便摹印，遂据石刻镂版成书刊行（今佚）。明隆庆六年（1572）秦王朱守中重刊《千金宝要》之书（原刊今佚），复将全文以巨石刻碑四块，立于孙思邈故里耀州药王庙之药王洞前，至今保存完好。[见：《千金宝要碑》（拓片）、《平津馆鉴藏记》、《孙氏祠堂书目》、《读书敏求记》、《中国医籍考》、《同州府志》、《中国人名大辞典》]

郭勋 元代闽县（今福建福州）官贤里人。疡科世医郭徽言子。绍承父学，亦精医术。重

医德，有其父之风。[见：《金元医学人物》（引吴海《闻过斋集·赠医师郭徽言叙》）]

郭钟 字允懋。明代福建晋江县人。致力岐黄，博览群书，医术精湛，知名于时。子郭彬，传承父业。孙郭楠，事迹不详。[见：《晋江县志》]

郭钦 字敬庵。清代安徽亳州人。由岁贡授宿松县训导。平生重道义，尤长于医，每施药济人，全活甚多。年七十余卒。著有《本草补注》十卷，未梓。[见：《亳州志》]

郭泰① 元代人。生平里居未详。精医术。至正间（1341～1368）官鲁山县医学教谕。[见：《鲁山县志》]

郭泰② 清代河南河内县人。精医术，有名乡里。著有《医方便用》、《幼学集成》等书，未见刊行。[见：《河内县志》]

郭桂① 字时芳。南宋兰溪县（今浙江兰溪）人。其先世有汪夫人者，以善医妇人名显于北宋，掌内府药院事，以治疗之功封"温国夫人"，子孙世承其业。宋南迁，子孙散居浙江杭、绍。桂之父名化龙，自金华迁居兰溪，遂定居。郭桂得家传，于医道甚明，回生起死，百不失一，乡邦倚之若司命。子郭存义，孙郭公义，绍承家学。清代有郭居易，为郭氏裔孙，亦以医名。[见：《浙江通志》、《兰溪县志》]

郭桂② 字天香。清代山西大同府人。诸生。性严介，有才名。通晓医卜，以眼科著称。年未五十卒，时论惜之。[见：《山西通志》]

郭桢 明代浙江海宁县人。妇科世医郭琬长子。与弟郭杞、郭枚，均以医名世。[见：《浙江通志》]

郭晟 晚号龙江老人。明初河北肥乡县人。洪武间（1368～1398）任龙江参军，未几辞归。精通医理，活人甚众。年六十七岁卒。著有《家塾事亲》五卷，刊刻于世。其自序称："必诚必敬，主一无适，庶无不效之药，亦无不去之病。苟或无恒，为心卤莽，是犹置千金如瓦砾，视生死为末节，望其有济，不亦难乎？"此书曾广行于世，今未见。[见：《百川书志》、《肥乡县志》、《畿辅通志》]

郭铉 字鼎隆。清代河北大名人。廪贡生。好蓄书籍，不苟言笑，士林雅重之。精医术，擅长痘科，保全甚众。著有《一心合集》，未见刊行。[见：《大名县志》]

郭浚① 明代浙江海宁人。世代精医，以妇科知名。宋室南渡前后，郭氏先祖以秘

传牡丹仙方进宫治疾，有奇效，赐国姓"赵"，时称"赵郭"。郭浚自弱冠负疴，喜攻方术，博览金元诸家之书。曾手校家藏秘本《世传诗括灵方》，刊刻行世。今未见。[见：《中国医籍考·世传诗括灵方·自序》、《浙江医籍考》]

郭浚② 清代人。生平里居未详。撰有《历代名医小传》一卷，今存光绪二十一年（1895）抄本，书藏吉林省图书馆。[见：《中医图书联合目录》]

郭彬 明代福建晋江县人。邑名医郭钟子。传承父学，亦以医名。子郭楠，事迹不详。[见：《晋江县志》]

郭常 唐代饶州（今江西波阳）人。精通医术，悬壶州城，以诚信为人称道。饶州有水路直达福建，为我国与波斯、安息诸国通商要地。某内地商人患重疾，遍请时医不能治，就郭氏求诊。郭曰："病可去也。"商人曰："诚能生我，我酬钱五十万。"郭乃令留居，先以针火杂治，导其气血，敷以奇药，治疗月余病瘥。商人临行，郭常归还五十万钱，仅收药资而已。闻者问其故，郭氏曰："夫贩贾之人细度而狭见，计量于毫铢之间。今暴夺之息财五十万，则必追悔郁悒。病新去而六府方惫，复有悒然之气自内而伐，即不可救。彼知我而告我，我幸免之，奈何因利其财，又使其死耶？"闻者皆赞叹其德。[见：《中国历代名医碑传集》（引《沈下贤文集·郭常传》)]

郭章 明代浙江海宁县人。原姓沈，赘于郭氏，故从郭姓。精医术，以妇科名世。子孙皆绍承先业，绵延十余世不绝。清代郭广琛，即其后裔。[见：《海宁州志稿》]

郭隆 元代开州（今河南濮阳）人。邑名医郭大巨子。绍承父学，亦以医术知名。[见：《大名府志》、《开州志》]

郭琪 明代河南新安县人。孝廉郭珏弟。精医理，曾任本县医官。[见：《新安县志》]

郭琬 字宜生。明代浙江海宁县人。宋代妇科名医郭昭乾后裔。其父郭绍矩，为当时名医。琬绍承世业，精通妇科，以诚心应诊，所治皆效。病妇闻郭宜生来，皆庆得生，疾已减十四矣。性坦豁，无城府，湖山樽酒，澹乐无欲。年七十一，预刻死期而卒。郭琬母吴氏、妻毛氏，皆能诊脉授药。子郭桢、郭杞、郭枚，俱绍传祖业。[见：《浙江通志》]

郭森 字茂堂，号梦犀。清代山东长清县顺屯七里铺人。光绪庚子、辛丑（1900～1901）恩正并科举人。天资超迈，家徒壁立，饔飧不给，处之泰然。精于诗，有"事大如天须放胆，家贫无地也清心"之句。兼通医术，著有医书《医学自镜》，诗文集《梦犀集诗稿》、《怀抱山房文集》，藏于家。[见：《长清县志》]

郭鉴 明代山西高平县人。嘉靖十四年（1535）二甲第五十六名进士。为刑部官吏，曾任职于江左。因体弱多病而留心医药，所结交多名医。尝汇集名医俞桥、王东阳、胡铎、邵泰、朱禄等人经验之方，合以平日搜采所得，辑《医方集略》七卷，刊刻于嘉靖二十四年（1545）。此书国内未见，日本尚存。[见：《中国医籍考》、《明清进士题名碑录索引》]

郭暄 字裴淳，号合山。清代浙江平湖县人。诸生。早年习儒，兼工诗文。中年善病，"维摩斗室，药炉经卷，左右纷陈"，久之精岐黄术，求治者不绝于门。著有《医学指南》，今未见。诗笔潇洒出尘，有《适意航吟稿》。[见：《平湖县志》]

郭魁 字惟善。清代安徽黟县人。善绘画，工山水松石。兼精医术，知名于时。[见：《海上墨林》]

郭溥 字大生。清代浙江海宁州人。宋代妇科名医郭昭乾后裔。绍承祖业，医名甚噪。[见：《海宁州志》]

郭雍 （1104～1187）字子和，号白云先生，赐号冲晦处士、颐正先生。南宋洛阳（今河南洛阳）人。其父郭忠孝，官至太中大夫，师事程颐，著《易说》，号兼山先生。雍传承父学，博通经史，于《易经》颇有研究，兼精医术。淡于荣利，初隐居峡州（今湖北宜昌），继放浪于长杨山谷间。乾道四年（1168），峡州太守任清臣、湖北帅张孝祥交荐于朝。孝宗诏见于行在，授以官，不受，赐号"冲晦处士"。孝宗深知其贤，每对辅臣称道之。淳熙十一年（1184）十一月，特命峡州"岁时问存"。十三年五月，复赐号"颐正先生"，"遣官就问雍所欲言，备录来上"。时郭雍寿八十有三。淳熙十四年卒。著有《伤寒补亡论》二十卷，书成于淳熙八年（1181），庆元元年（1195）朱熹为之作序，刊刻于世，今存。医学之外尚有《传家易解》十一卷、《冲晦郭氏兵学》七卷，皆散佚。[见：《宋史·郭雍传》、《宋史·本纪·孝宗》、《伤寒补亡论·序》]

郭靖 字卫公。清代浙江海宁县人。宋代妇科名医郭昭乾后裔。继承祖业，亦以妇科知名。[见：《海宁州志》]

郭霁 唐代人。生平里居未详。著有《摄生经》（又作《摄生论》）一卷，已佚。[见：《新唐书·艺文志》、《崇文总目辑释》]

郭毅 元代人。里居未详。官奉直大夫太医院都事。后至元三年（1337），名医危亦林撰《世医得效方》十九卷，由江西医学提举司送太医院审阅，郭毅与同僚参与其事。至正五年（1345）此书刊刻于世。[见：《世医得效方·太医院题识》]

郭键 字太原，又字祥伯。清代人。生平里居未详。著有《晰微补化全书》二卷，刊于咸丰十年（1860）。还著有《痧症备要》一卷，刊于光绪六年庚辰（1880）。按，郭氏《晰微补化全书》与郭志邃《痧胀玉衡》内容雷同，二人关系待考。[见：《中医图书联合目录》、《贩书偶记续编》]

郭鳌 字极峰。清代湖南常宁县人。邑名医郭亮生子。监生。传承父业，全活无数。寿九十，无疾而终。著有《济世验方》一卷，今未见。[见：《常宁志》]

郭九铉 字幼象，晚号相园老人。明清间江苏阜宁县人。早年习举业，为庠生。明亡，绝意功名，闭户读书，焚香读《易》，其书法自成一家。年八十，举乡饮宾。兼通医理，辑有《医方》若干卷，未梓。[见：《阜宁县志》]

郭士珩 字楚珍，号昆山。清代湖北汉川县人。岁贡生。少年丧父，事母以孝闻。性好学，工制举艺，不遇，弃儒为医。重医德，遇贫病施药救治，不取诊金。乾隆乙巳（1785）岁荒，饥民甚众。郭氏于秋季令人遍布菜种于田野，来春人得菜食。所居郭家垸，东西临湖，苦溃决，郭氏捐地以捍卫，地方得以保全。其他全人婚姻、抚人遗孤，诸善行尤多。年六十余卒。著有《脉诀集解》、《医学集案》二书，今未见。郭氏曾校订明欧阳调律《痘症慈航》，重刻于乾隆五十七年（1792），今存。[见：《汉川县志》]

郭大巨 元代开州（今河南濮阳）人。少遇异人授以脉诀，后以医术知名晋魏间。子郭隆，亦负盛名。[见：《大名府志》、《开州志》]

郭大本 宋代兴化县（今江苏兴化）人。精通医道，授中奉大夫淮南道宣慰使上护军。卒，追赠太原公。子郭庸，官至资善大夫大使院上护军。[见：《兴化县志》]

郭大铭 字书右。清代江苏苏州人。生平未详。著有《难经本义摘注》二卷，今存乾隆间（1736～1795）凝和堂刻本。还著有《脉诀秘鉴》一卷，今存雍正间（1723～1735）凝和堂刻本。[见：《中医图书联合目录》]

郭大熊 近代浙江兰溪县人，居状元第。世传妇科，诊病辨证精确，用药严谨，颇负时望。子郭如圭，孙郭缙舒，皆绍家学。[见：《兰溪市医学史略》]

郭久之 清代江苏川沙县八团镇人。邑名医郭殿忠子。继承父学，亦业医。[见：《川沙县志》]

郭广琛 字振安，号柳江。清代浙江海宁州人。本姓沈，系出宋宣抚使沈正之后。其先世有名沈章者，精通妇科，明永乐间（1403～1424）赘于郭氏，遂改郭姓。世代善医，至广琛递传十余世，亦以医术著称。性慷慨，岁入诊酬千余金，皆随手施济，贫士沾惠者甚多。又好吟咏，有《柳江遗稿》行世。其后裔郭沈彬，亦工医术。[见：《海宁州志稿》]

郭之才 宋代人。生平里居未详。与长葛讲师禹益之合辑《经验妇人产育小儿方》、《运气节要》二书，附刻于《玄门脉诀内照图》之后，刊刻于世。[见：《中国医籍考》]

郭子安 清末江苏吴县沙洲杨舍镇人。精医术，知名于乡。堂弟郭生春（1852～1893）及生春子郭汇泰（1879～1962），皆得其传授。[见：《吴中名医录》]

郭子振 元明间浙江海宁县人。祖籍汴梁（今河南开封）。世医郭文伯子。绍承家学，精通医术，尤擅针灸，名重于时。其宅有西翠楼，贝琼雅重其术，为撰《西翠楼记》。[见：《金元医学人物》（引《清江贝先生文集·西翠楼记》）]

郭丰裕 清代山西壶关县人。太学生。早年经商。邃于医学，凡以疾病造请皆往，不因贫富贵贱而异视。晚年济人益力，常蓄药饵以疗贫病，世人感德。[见：《山西通志》]

郭元亨 （1282～1344）字会可。元代太和县（今安徽太和）人。世医郭祥叔子。绍传家学，挟术游于江西雩都，医名大振。重医德，凡以疾延请，不问贫富远近立赴，日数往返不倦，且不责酬报。庐陵某氏，乘船赴安远，至雩都病危，船夫竟弃之于岸而去。适郭氏过，力排众议，舁至家，亲煮汤药，疾得痊愈，赠路费遣还。一时仁名远播，世人皆以郭太医称之。郭氏好交游，家中宾客常满，亲友间贫困者多得其周济。临终邀亲友诀别，嘱其子葬于雩都百丈塘。至正甲申九月十六日，端坐而逝。子郭明孙、郭德孙。德孙绍承父学。[见：《金元医学人物》（引王礼《麟

原前集·郭会可墓志铭》)]

郭云团 清代福建福州人。世医郭秋泉孙。从祖父门生方澍桐学,后亦成名医。[见:《中国历代医家传录》(引《方氏家谱》)]

郭长清 字圣之。清代山东德平县人。工吟咏,兼精医术。年八十九岁卒。著有《脉诀新要》、《纪游诗草》二书,藏于家。[见:《德平县志》]

郭长孺 佚其名(字长孺)。宋代四川成都人。自外省迁徙入蜀,原籍不详。早年丧父,家居陋甚,而平生嗜书,丹铅点勘,笔不去手。自经史百氏之书,浮屠黄老之教,下暨阴阳、地理、医卜之艺,吐纳锻炼之术,皆尽其妙。晚年,值朝廷求笃学优异之士,府县以礼延至乡校,将荐于朝,病卒。著述甚富,关于医药养生者有《阴阳杂证图说》、《蔬食谱》等,皆佚。[见:《四川通志》、《成都县志》]

郭仁普 宋代人。生平里居未详。著有《拾遗候用深灵玄录》五卷、《养性要录》一卷,已佚。[见:《宋史·艺文志》]

郭化龙 字叔大。南宋兰溪县(今浙江兰溪)人。其先世有汪夫人者,以善医妇人,掌内府药院事,封温国夫人,子孙世承其业。宋南迁,子孙散居浙江,郭化龙初随先人迁金华,后定居兰溪,以医济世。子郭桂,绍承家学,医名大噪。[见:《浙江通志》、《兰溪县志》]

郭公义 南宋兰溪县(今浙江兰溪)人。妇科世医郭存仁子。绍承家学,亦以医名。[见:《兰溪县志》]

郭凤藻 清代江西吉安府庐陵县人。祖上七世以医著称。凤藻嗜读方书,继业尤精。守备某患瘫痪疾,延请郭氏。诊治十余日,起止复初。雍正六年(1728)郡城大疫,知府倪公设立药局,聘郭氏主持施治。郭氏请曰:"郡城庐肆,人畜骈聚,沟渠污漦,恶气上蒸,中人膈臆,而为疬疫。此不可拘古方治也。"知府采纳其言。郭氏乃分析病症,创立新方,丸剂、汤药并用,先后六阅月,全活不可胜计。孙郭隆遇,亦以医名。[见:《吉安府志》]

郭文才 明代山东东平县人。生平未详。著有《疮科心要》二卷。名医刘纯得此书,刊行之。[见:《玉机微义·序》]

郭文伯 元代海昌(今浙江海宁)人。祖籍汴梁(今河南开封)。世医郭君玉长子。继承家学,亦工医术。子郭子振,医名益盛。[见:《金元医学人物》(引贝琼《清江贝先生文集·

西翠楼记》)]

郭文叔 元代海昌(今浙江海宁)人。祖籍汴梁(今河南开封)。世医郭君玉次子。继承家学,亦工医术。侄郭子振,医名益盛。[见:《金元医学人物》(引贝琼《清江贝先生文集·西翠楼记》)]

郭文涛 字汇珠,号柳溪。清代河北交河县人。博览历代医书,精通方脉,凡他医束手之证,治疗立效。生平著述甚多,惜后人式微,散佚不存。弟子封大纯,得其传授。[见:《交河县志》]

郭水章 清代浙江鄞县人。精医术,有名于时。著有《灵素精蕴》,未见刊行。[见:《鄞县通志》]

郭玉柱 字擎天。清代河南安阳县宋村人。精医术,治病多奇效。知府戴鸾翔眷属病危,所延医士皆束手。人以玉柱荐,至则应手愈,戴深礼敬之。著有《妇科辨解备要》两册,刊行于世,今未见。[见:《续安阳县志》]

郭玉美 字兰田。清代山东昌乐县人。少年丧父。晚年阅读医书,传方制药以济人,受益者不可胜数。著有《医学辨误》,藏于家。[见:《青州府志》]

郭本斋 元代人。里居未详。精医术。无锡画家倪瓒(1301～1374)雅重郭氏之术,赠诗曰:"高人郭本斋,轻舟东渡淮。卖药不二价,向人多好怀。世方忧喝死,我岂与时乖。欲觅金光草,相期弱水涯。"[见:《中国历代医家传录》(引《书谱》)]

郭可举 字直若。清代陕西蒲城县人。精通岐黄。心怀济利,遇贫无资者,予以药饵。年逾七秩,济世不衰。著有《医方屡验》二卷,今未见。[见:《蒲城县新志》]

郭生春 (1852～1893) 清末江苏吴县沙洲杨舍镇人。始习举业,后从堂兄郭子安习医。年四十二岁卒,临终嘱子汇泰,令从伯父习医。[见:《吴中名医录》]

郭仕宸 原名郭仁。清代四川乐至县人。以医为业,精针灸术,活人无算。重医德,遇贫病概不取资,远近闻名。[见:《乐至县续志》]

郭汇泰 (1879～1962) 字级欷。现代江苏苏州沙洲杨舍镇人。儒医郭生春子。年十八丧父。遵父临终遗嘱,从堂伯郭子安习医。技成,复至上海医学讲习所学习西医。毕业后又入苏州福音医院研究院深造。卒业后,返乡行医。与同乡邵正蒙相友善,邵氏为无锡名医张乃修门生，邀请郭汇泰共辑先师遗案，刊布于世。郭氏欣然允之。次年，稿未成而邵氏殁，郭氏素重然诺，独自搜集张氏医案，积稿渐多。至1916年复与张乃修弟子吴文涵合作，于1918年秋，完成《张聿青医案》，刊刻于世。[见：《吴中名医录》]

郭永章 清代河南获嘉县人。精通岐黄。施药救济，多所全活。[见：《获嘉县志》]

郭永淦 字秋泉。清代福建闽县人。自幼颖悟，从父郭有良习医。未成年父殁，转从姐丈林懋柱学，久之精其术，悬壶于世。平生性急，不耐琐问。何心损幼子孝荣患病，昏不知人，延请永淦。诊毕，提笔久不下。孝荣乳母屡问："病可医否？"永淦怒目呵之曰："若无可为，安用思耶？"乃顾心损曰，"此儿九窍皆闭，故可医。若有一二窍通，则殆矣。"投以药，果愈。[见：《闽侯县志》]

郭民安 字华台。明末吴县（今江苏苏州）人。儒学训导郭藩子。邑庠生。精医术，兼擅内、儿两科，倾邑就医者日填其门。轻财好施，视人疾患如在己身，必尽心疗救，遇贫病则赠以药，世人德之。崇祯八年（1635），城为农民起义军所破，郭氏与诸生巡城被执，不屈。义军中一人奔救曰："八十老翁，降之何用？杀之何为？"遂得全生。后忆之，此人乃去年过路病夫，郭氏曾施药愈之。弟郭民康，亦工医术。[见：《吴县志》]

郭民康 号平海。明末吴县（今江苏苏州）人。邑名医郭民安弟。亦精医术，声闻远近。为人雅怀旷致，不同俗流。先其兄而卒。[见：《吴县志》]

郭邦信 明代山西永宁州人。精医术，名震一时，曾任晋藩府医官。陕宦薛仲明夫人患伤寒，昏迷欲绝，诸医不识其症。邦信诊之曰："六脉浮而无力，此发散太过，元气耗损也。"以大剂人参汤饮之，遂苏。贡生崔泰峰夫人月经断，日渐黄瘦，诸医认作痨证，治而不效。邦信诊其脉，两尺洪滑不止，曰："此胎也。然血虚不能荣养，恐将来母子俱亡。"遂先堕其胎，继服十全大补汤而愈。其治病类此者甚多。[见：《永宁州志》]

郭有良 字心斋。清代福建闽县人。早年习儒，为诸生。精医术，悬壶于世。断人寿夭及病之预后，无一失者。尝过族人家，见一童方戏，询曰："谁家子？"族人曰："表侄也。"郭氏告曰："此儿色殊恶，当令其归家，后数日某处当生黑痘，不可医也。"后果如其言。郭氏毕生行

医，暮年虽龙钟老态，亦外出应诊。一日，冒雨赴请，归家而病，寻卒。子郭永淦，婿林懋柱，传承其业。[见：《闽侯县志》]

郭有善 字同人。清代山东潍县人，世居城内。监生。工书画，能迭石为山，书法二王。兼通医理，荟萃毕生精力，辑《寿世指南》若干卷，藏于家。[见：《潍县志稿》]

郭存仁 南宋兰溪（今浙江兰溪）人。妇科世医郭桂子。绍承家学，亦以医名。子郭公义，传父业。[见：《兰溪县志》]

郭成甫 号仁斋。元代人。生平里居未详。精医术。王沂作《仁斋为医者郭成甫赋》诗曰："燕处仁为表，淳风坐挽回。宝方悬肘后，阴德见眉间。焚券长安市，求仙太白山。文园消渴久，归思满乡关。"[见：《金元医学人物》（引王沂《伊宾集》）]

郭师显 南宋太平州（今江苏当涂）人。精医术，曾官驻泊医。乾道五年（1169）七月十二日，陆游在金陵（今南京）得疾。周显闻之，邀郭师显诊脉，且商议用药。[见：《中国历代医家传录》（引《入蜀记》）]

郭竹卿 清代江苏华亭县人。寄居奉贤县南桥。攻研举业，兼精医理。[见：《奉贤县志》]

郭伟业 字贻昆。清代山东潍县人。为人公正，所交多名士，县令郑燮（号板桥）雅重之。晚年以医济人，全活甚众，遇老弱贫苦，尤加意救治。著有《外科辑要》四卷，又与弟郭伟绩共辑《叙药堂集方》一卷，均未见刊世。[见：《潍县志稿》]

郭伟绩 字熙虞，号芝亭。清代山东潍县人。素习举业，工篆隶，嗜印章。乾隆庚戌（1790）钦赐翰林检讨。晚年留意医学，备丹药以济人，全活甚多。与兄郭伟业，共编《叙药堂集方》一卷，未见刊行。[见：《潍县志稿》]

郭传铃 清代湖南湘潭县人。生平未详。著有《颠狂条辨》一卷，今未见。[见：《湘潭县志》]

郭华润 字橘泉（一作菊泉）。清代四川雅安县人。以医知名。治病不分贫富，凡请必赴。年逾八旬，犹耳聪目明，健步自若，应诊如常。[见：《雅安县志》、《雅安历史》]

郭延朴 字素民。清代河北青县山呼庄人。以医为业，屡起沉疴，有声乡里。尝谓："医术虽本阴阳五行，而临症立方尤贵明理，所谓非心得不成。观其论证，具有领要，名之曰医，

宜矣。"辑有《医案》，未梓。[见:《青县志》]

郭庆甲 清代河南商水县人。精医术。公举为医学训科。[见:《商水县志》]

郭兴时 佚其名（字兴时），人称郭风子。清代浙江人。里居未详。精通医术，悬壶京师。自王公大人，至庶民之家，无不延请，屡愈奇疾，名振于时。落拓不羁，好作诙谐语以忤世人，与缙绅先生接，或傲岸不为礼，往往肆口谩骂，时人皆以"风子"称之。礼部侍郎铁保（1752～1824）与之友善，常以家人病邀诊，虽日两三至，从不受谢。问其故，笑曰:"余遇盐政阁部诸家，每索必数百，伊等毫无功于国家，而坐拥厚资，所得不过奸商恶仆鱼肉百姓之脂膏，分而用之，不遭造物之忌。若公等清曹薄俸，竭锱铢之利以贶医人，受之亦不安也。"往还数十年，正襟危坐，议论风生，息息与古人之道合，每发前人所不发。铁保评其人曰:"嘻笑怒骂无非文章，泾渭分而界限自明也。"郭氏年近九旬，步履如飞，声震人耳，纳妾数人，神明不衰，见者称奇。寿百余岁而卒。[见:《中国历代名医碑传集》（引铁保《梅庵文钞·王韦子郭风子二医人传》）]

郭兴贤 清代四川达县人。少年时父病，遂究心岐黄，久之精其术，尤长于妇儿两科，名著于时。卒后，乡人病笃者犹呼其名。辑有《秘授验方》、《千金至宝》二书，今未见。[见:《达县志》]

郭守海 明代广东文昌县人。精医术，活人甚众。[见:《文昌县志》]

郭守教 明代东台县（今属江苏）人。精医术，临证屡获奇效，知名于时。[见:《东台县志》]

郭守畿 字京门。清末四川德阳县人。业医，以外科知名。远近求治者破晓踵门，日暮始散，不分贫富，皆为诊疗，虽乞丐亦亲为刮涤敷贴，不计诊资有无。性恬静，善摄生，宿习内功，垂老而童颜鹤发，道貌轩然。寿至九十四岁卒。[见:《德阳县志》]

郭安义 清代四川威远县人。生平未详。撰有《简便灵应验方》一卷，今存光绪间（1875～1908）坊刻本。[见:《中医图书联合目录》]

郭如圭 近代浙江兰溪县人，居状元第。妇科世医郭大熊子。绍承家学，亦以妇科知名。弱冠悬壶行医，发挥祖辈经验，有独到见解。治疗胎产危证，屡获奇效，求诊者踵至。平素以济人为怀，遇贫病不取酬谢，且赠以药。于宅后建房数间，以便远途患者，世人德之。子郭

缙舒，亦承先业。[见:《兰溪市医学史略》]

郭如核 （?～1604） 字子仁。明代山东福山县人。郭宗皋子。早年习儒，举进士，授温县知县。居官二年有余，告退，随身图书半篋而已。居乡闭门读书，弦歌自娱，足迹不入公庭。兼嗜医学，施济疗贫三十年，每起沉疴重疾。殁后四十年，乡人公举，入祀乡贤祠。[见:《福山县志》]

郭运暄 字负暄，号疑始道人。明末四川富顺县人。崇祯己卯（1639）举人。由白水县令官至大理寺左评事。精炼丹术，著有《金汞返还大丹口诀》数卷，今未见。[见:《四川通志》、《富顺县志》]

郭志义 字品卿。清末人。生平里居未详。曾入太医院，任候补恩粮。[见:《太医院志·同寅录》]

郭志邃 字右陶。明清间浙江嘉兴府秀水县人。生于书香之家，读书明理，出仕为官。明亡，旅食江淮，浪游吴越。慨然有生民之志，遍阅名医之书，造访明师，就教高隐，久之精医，于痧症尤有心悟。著有《痧胀玉衡》三卷、《后编》一卷，刊于康熙十四年乙卯（1675），今存。周中孚《郑堂读书记》曰:"是编成于康熙乙卯，首为痧胀发蒙论，次要语，次脉法，次述发蒙论所不尽，次备用要方，各有细目，凡一百六十有二。其于痧胀一证，胪列病情，叙述详细，兼附以治案。其成较王养吾《晰微补化全书》稍前，而大旨则相同。养吾书殆以此为蓝本也。"按，今有郭鐩《晰微补化全书》存世，作者与郭志邃关系待考。[见:《清史稿·艺文志》、《嘉兴府志》、《郑堂读书记》、《浙江医籍考》]

郭克奇 字拙吾。清代江西赣县人。精医术，临证多效验，活人甚众。年七十八岁卒。[见:《赣县志》]

郭时义 字仲敬（一作敬仲）。南宋临安（今浙江杭州）人。祖籍汴梁（今河南开封）。妇科名医郭昭乾曾孙。父郭杰，早卒。郭时义绍承家学，亦精妇科。建炎间（1127～1130），孟太后患疾不起，诏征良医。郭时义因母冯氏参究诊法，遂引母入宫进药，三服而太后疾愈。高宗封冯氏为安国夫人，授郭时义光禄大夫，兼赐其父郭杰西山葬地，赐姓赵，故乡里有"赵郭"之称。郭时义曾推广祖传之秘，著《牡丹十三方》一卷，已佚。其后裔以医名世者极多，至明代有郭钦诰、郭琬等。[见:《海宁州志》、《海昌备志》]

郭时瑞 明代浙江兰溪县人。能诗，尤通医理。〔见:《兰溪市医学史略》〕

郭含章 号东卿。清代四川巴中县人。咸丰十年（1860）岁贡。于儒学之外兼通堪舆。尤精医学，深悟《内经》运气之奥。有医德，遇贫病施诊赠药，活人无算。撰《儒医规矩》、《医学一说晓》、《良心镜》诸书行世，今未见。〔见:《巴中县志》〕

郭沈勋 一作郭诚勋。字子诚，号云台。清代浙江海宁州人。擅书法，兼工医术。著有《证治针经》四卷、《证治歌诀》四卷、《杂证要旨总赋》一卷，今存。还著有《医案》及《医经必读》等，未见流传。〔见:《海宁州志稿》、《中医图书联合目录》〕

郭沈彬 字子方。清代浙江海宁州人。世医郭广琛后裔。自幼习儒，为监生。因遭兵乱，遵兄命习医，尤精妇科。治病悉本《内经》，凡群医束手之证，多奏奇效。虽弃儒为医，不欲以医名世，故临证方案皆弃而不录。其子郭沈鉴，随诊十余年，凡遇佳案，皆默记录存。父殁，沈鉴复访于亲友，前后共得验案四百余条，遂辑《医案拾存》三卷，藏于家。〔见:《海宁州志稿》〕

郭沈鉴 字粹甫。清代浙江海宁州人。儒医郭沈彬子。早年习儒，为诸生。好吟咏，尤善填词。多年随父应诊，父殁，即绍承家学，以妇科问世。治疑难证多良效，远近交称，求治者盈门。著有《西崦草堂医案》，未梓。〔见:《海宁州志稿》〕

郭宏焯 清代广东始兴县安水人。邑庠生。为文恬雅，立品端凝，心存济世之志。精医术，治危证，起痼疾，屡著奇效，远近求治者甚众。〔见:《始兴县志》〕

郭宏羲 清代湖南永定县人。国学生。早年游学江汉间，得岐黄真传，遂以医名。神于望诊，临证目灼灼注视病者，良久始立方，服者多愈。尝至某氏家，见其僮子惊曰:"此子今日必死，宜急舁送归。"主人如其言，果半途而腹大痛，抵家遂毙。问其故，答曰:"僮阴寒结，脏腑俱成冰，死色已见面部。此素嗜冷物所致，卢扁无能为也。"询之他佣，果如所言，人以此益神之。中年归乡，卒于家。〔见:《中国历代名医碑集》（引李元度《国朝耆献类征初编·方技》）〕

郭启濂 号时斋。清代四川乐至县人。家贫嗜学，诗文俱绝。学宪黄公批其文曰:"甜吟蜜咏，取进士有余。"然久不利科场，终未能仕进，以私塾教学终其身。晚年精医术，活人甚多。〔见:《乐至县志》〕

郭君玉 元代海昌（今浙江海宁）人。祖籍汴梁（今河南开封）。世代业医，至君玉亦精其术。常蓄良药，以济贫病，疾愈不索酬，活人无算。俞伯贞书"种德"二字赠之。子郭文伯、郭文叔，继承家学。〔见:《金元医学人物》（引贝琼《清江贝先生文集·西翠楼记》）〕

郭武铭 字清也。清代河南新乡县人。邑诸生。积学不遇，因母病习医，久之精其术，临证多奇验。获嘉县令朱体晋，延治母病，投剂立效。厚酬之，不受，世人高其行。〔见:《新乡县志》〕

郭英寿 字瑞林。清代江西乐安县上罗坪人。精岐黄术，擅正骨法，名重乡里。有医德，凡折伤者求治，动手辄效，不受谢金。罗炳发被虎攫伤，肢残十数载。郭氏怜其贫且废，造门为之续接残骨，复助以资本，使营生业。县令石宜荈、学博曹履泰，先后以"存心济物"、"积善救生"额其门。邑人游闵为之作传。〔见:《抚州府志》〕

郭择仁 清代山西介休县人。善治目翳，有患数十年内障者，针之即愈。子郭志恩、郭志德，传承父术。〔见:《山西通志》〕

郭明承 清代浙江海宁县人。精医术，以妇科知名。〔见:《海宁县志》〕

郭明威 字南宫。清代山西沁州南段柳村人。咸丰壬子（1852）岁贡。其祖、父均业医。郭明威少闻绪论，兼读医书，每多神解。后以医名世，远近求诊者无虚日。与太原儒学教谕杨国泰相往还，于儒医两道持论相合，遂同注《伤寒论》，撰《删定伤寒论》，论医家得失，以为庸医泥古妄用之戒，惜未见传世。子孙并传其学。〔见:《山西通志》、《沁州复续志》〕

郭佩兰 字章宜。明清间江苏吴县人。居苏州阊门外上津里。自幼善病，服药二十余年。留心方脉，博览历代医书，久之通医。初问业于名医刘默、沈朗仲等，深有所悟。后游于名医李中梓之门，历有年所，医道大进。于药学尤有研究，尝谓:"医之道，无形之理也;医之药，有形之物也。有形之物不精，则无形之理安寄? 医道至隐，惟本草甚显，名有义，产有地，制有法，五行各禀，气味殊途。"于是广集古来本草，择其精要，著《本草汇》十八卷，书成于顺治十二年（1655），刊刻于世。还著有《四诊指南》、《劳瘵玉书》、《类经纂注》等，今未见。

[见:《本草汇·自序》、《吴县志》、《中医图书联合目录》]

郭学洪 字容舟,号竹芗。清代江苏吴江县芦墟人。自少赤贫,苦志绩学,补博士弟子员。后以医为业,声名渐起,延者无虚日。积囊中金,不私其家,凡族中贫而无告者,求无不应。性嗜菊,宅旁有隙地数步,可供树艺,邻豪欲夺之,讼之于官。事寝,郭学洪卒。从侄郭凤,书挽联哭之曰:"栽花地少为邻夺,卖药钱多救族贫。"子郭星榆,传承父业。[见:《分湖小识》]

郭泮芹 字荫樵。清末人。生平里居未详。曾任太医院恩粮,兼寿药房值宿供奉官。[见:《太医院志·同寅录》]

郭宝疆 字盘庄。清代浙江诸暨县人。精医术,知名于时。[见:《绍兴地区历代医药人名录》]

郭宗林 字子中。清代河南辉县人。庠生。事伯父母以孝闻。儒学外,兼工书画、堪舆。尤精医术,治病绝不索谢。著有《身世金丹集》、《活幼心法要诀》,未见流传。[见:《辉县志》]

郭宗泰 字晓山。清代江苏昆山县陈墓(今锦溪)人。师事周庄镇名医郑祥征。历时十年技成,悬壶于世,为嘉庆、道光间(1796～1850)昆山名医。性好济贫,治病不求酬报,常于冬月施赠衣物,曾典当以周济穷乏,乡里称颂其德。[见:《昆山历代医家录》(引潘道根《隐求堂日记节要·郭晓山事略》)]

郭宗皋 字君弼。明代山东福山县人。郭天锡长子。自幼颖敏,八岁属对,十岁能文。嘉靖戊子(1528)、己丑(1529)联捷成进士。兼通医术,于《内经》、《伤寒》均有研究。著有《内经便读》、《伤寒六书归一愚见三同》二书,皆佚。子郭如核,亦精医理。[见:《福山县志》]

郭居易 字维恒。清代浙江兰溪县人。南宋名医郭桂裔孙。以医为业,尤精妇科,名著于时。凡患病者,无论深山穷谷,童子村媪,必曰:"请郭先生来则生矣。"为人平易,以济人为念,贫家延诊,不受其谢,更赠以药。子郭德昌,亦为名医。[见:《兰溪县志》]

郭绍仪 明代浙江平湖县人。幼好道术。及长,出仕为官。罢归后,一意修炼。著有《三续养生论》,已佚。[见:《重修浙江通志稿》]

郭绍矩 明代浙江海宁县人。宋妇科名医郭昭乾后裔。继承祖业,亦以妇科知名。妻吴氏,子郭琬,媳毛氏,皆精妇科。孙郭桢、郭杞、郭枚,亦传世业。[见:《浙江通志》]

郭南寄 佚其名(号南寄)。元代庐山(今江西星子)人。精医术,名重于时。与徐棨、汤尧声名相埒。[见:《金元医学人物》(引揭傒斯《揭傒斯全集·赠医者汤伯高序》)]

郭显道 金代人。里居未详。以医为业,兼擅绘画,隐居嵩阳(今河南登封)。李俊民作《赠郭显道医》诗云:"恶石聚散元气扑,本草搜剔造化窟。俱收并蓄笼中物,山精水怪藏不得。休言魄为天所夺,入其手者命可活。须防姮娥去奔月,大胜扁鹊能起虢。君不见,钱子飞,药不敢施为鬼胁。"[见:《金元医学人物》(引《庄靖集》)]

郭星榆 字南阶,号春岩。清代江苏吴江县芦墟人。儒医郭学洪子。工书法。绍承父学,亦精医术。著有《广六书通考》四卷。[见:《分湖小识》]

郭昭乾 字汝端,号文胜。北宋汴梁(今河南开封)人。汾阳王后裔。其祖父郭远,建隆二年(961)授节干,世称六八节干。郭昭乾于大中祥符三年(1010)徙居杭州盐官县(今海宁),隐居不仕,放情于山水间。据传,早年有道士上门化斋,郭氏善待之,道士潜置牡丹花三朵而去。郭氏追而询之,道士曰:"若累世阴德,故来相报。花叶书医妇人症十三方,若子孙世世用之无穷。"此后,郭氏依方治病,无不奇效,遂以妇科名世。后裔世精妇科,孙郭杰,早卒。孙媳冯氏治愈孟太后疾,封安国夫人。曾孙郭时义,医名尤盛。[见:《钱塘县志》、《海宁县志》、《海宁州志稿》]

郭钦诰 字庆云。明代浙江海宁县人。宋代妇科名医郭昭乾后裔。少年丧父,事母以孝闻。有嫂早寡无依,养之终身。习世业,凡危痼之疾,诊视立起,远近知名。长子郭泷,次子郭渢,皆传承家学。[见:《杭州府志》、《海宁州志》]

郭秋泉 清代福建福州人。世代业医,名重于时。日诊数十人,其门生方澍桐,抄而录之。秋泉殁,其孙郭云团,从方澍桐学,亦成名家。[见:《中国历代医家传录》(引《方氏家谱》)]

郭亮生 字显章。清代湖南常宁县人。少研岐黄,得异人传授,术益精。著有《痘麻心经》,今未见。子郭鳌,传承父学。[见:《常宁志》]

郭彦达 金代曲阳（今河北曲阳）人。以医为业。曾寓居大明川（今正定县西北）。[见：《续夷坚志·卷三》]

郭洪捷 清代江西万安县符竹人。国子生。业儒不得志，转习医学。执业三十余年，治病多验，救人甚众，乡里德之。[见：《万安县志》]

郭耕道 元代代州（今山西代县）人。世代为医，尤精大方脉。郭耕道继承家学，复精究医典，名重于时，曾应诏入京。方回作《送医工郭耕道》诗，盛赞其术，有"汴梁凯旋并门师，代州之郭天下知"之句。[见：《金元医学人物》（引《桐江续集》）]

郭晋卿 宋代福州（今福建福州）人。精医术，以外科著称。时医多不善诊脉，治痈疽皆以私意揣摩，专从热治，故多失之。郭氏谓"痈疽皆有阴阳，当一决于指下"，又谓"脉陷则害漏，陷者冷也。若气血温暖，则漏自止"。故临证每以鹿茸、附子见功。[见：《齐东野语》、《容斋四笔·卷八》]

郭振生 明末青浦县（今属上海）人，居天马山。精医术，以痘科知名。能于痘疹未发之前预决死生顺逆，无毫发爽，时有"郭仙人"之称。[见：《青浦县志》]

郭铁崖 清代广东人。生平里居未详。著有《天花精言》二册，成书于乾隆十八年癸酉（1753）。[见：《中国历代医家传录》（引《天花精言·原序》）]

郭乘恭 清代湖南湘潭县人。徙居醴陵。精岐黄术。洁身自好，品行端方，时论贤之。[见：《长沙府志》]

郭唐臣 字戴尧。清代湖北潜江县人。澹泊清逸，不逐名利，有黄叔度之风。筑别墅曰柏邻，栽花莳竹，吟咏其间。精通医术，值大疫，施药济人，全活甚众。年九十六岁殁。著有《伤寒论翼》若干卷，藏于家。[见：《潜江县志续》]

郭悦千 清代广东南海县人。邑名医郭治侄孙。与弟郭翰千，皆以医术知名。[见：《脉如·序》]

郭凌云 字仙槎。清代河南西平县人。诸生。兼通医理。著有《瘟症新编》，未见传世。[见：《西平县志》]

郭兼水 佚其名（号兼水）。清代广东南海县人。早年习儒，精通医道，求治者甚众。子郭治，继承其术。[见：《脉如·序》]

郭祥叔 元代太和县（今安徽太和）人。邑名医郭德庆子。传承家学，亦悬壶，以好善著称。子郭元亨，孙郭德孙，皆以医名。[见：《中国历代名医碑传集》（引王礼《麟原前集·郭会可墓志铭》）]

郭恕斋 清代人。生平里居未详。著有《女科秘方》一卷，今存光绪元年（1875）成都刻本。[见：《中医图书联合目录》]

郭望林 清代浙江兰溪县人。邑名医郭桂九世孙。精医术，知名于时。[见：《兰溪市医学史略》]

郭隆遇 清代江西吉安府庐陵县人。世医郭凤藻孙。传承家学，亦以医术著称。知府王铭琮，深知其术精良，凡患疾皆聘郭氏，历十年不更他医。后荐授吉安府医官。[见：《吉安府志》]

郭维浚 字闻升，号容斋。清代江苏吴县人。生平未详。辑有《眉寿堂方案选存》二卷，刊刻于世。此书旧题"叶桂撰"，乃书商欲求速售所为。[见：《历代医书丛考》、《中医图书联合目录》]

郭敬三 清代人。生平里居未详。通医术。其医案经萧尚之评注，题《萧评郭敬三医案》，行于世。今存1944年泸县嘉明镇正光石印局石印本。[见：《中医图书联合目录》]

郭敬辉 清代广东南海县人。邑名医郭治子。绍承家学，亦以医问世。[见：《脉如·序》]

郭朝雄 清代广东大埔县人。武庠生。精岐黄术，悬壶于饶平蒙溪。重医德，遇贫苦病人，不受谢仪，并赠以药。年九十一岁卒。[见：《大埔县志》]

郭朝魁 （?～1862） 字春芳。清代四川万县人。性耿介，不阿权贵。父早逝，勤奋读书，尤精医术，临证多奇效，名著乡里。同治元年，为农民起义军所杀。[见：《万县志》]

郭景亮 字采臣。清代山东黄县人。生平未详。著有《十二经络针灸秘录》二卷，未见梓行。[见：《山东通志》]

郭鉴庚 清代河南人。生平里居未详。著有《急救方》。未见刊行。[见：《河南通志》]

郭锡章 字紫封。清末人。生平里居未详。曾任太医院七品吏目，兼寿药房值宿供奉官。[见：《太医院志·同寅录》]

郭福顺 明代福建大田县人。世医出身。自幼家贫，挟技游于汀、邵间，治病应手即愈。兼习太素脉，常以脉象推算数年后事。[见：《福建通志》]

郭殿忠 字闻斌。清代江苏川沙县八团镇人。邑武生。精医术，擅内外科，知名乡里。子郭久之，传承父学。[见：《川沙县志》]

郭毓秀 字灵甫。清代山西浮山县人。邑诸生。精岐黄术。以平生经验辑《男女小儿医方摘要》。患者按病稽方，无不回春，堪称时珍。原稿藏乔氏亦园之天鹿阁，今未见。[见：《浮山县志》]

郭稽中 南宋人。里居未详。精通医道，尤擅长产科，切脉用药，屡获奇效。曾任医学教授。濮阳李师圣得《产论》二十一篇，有论无方，郭氏以验方附于诸论之末，编《产育保庆集》一卷，行于世。原书已佚，清人自《永乐大典》辑出，易名《产育宝庆方》，重刊于世。[见：《直斋书录解题》、《四库全书总目提要》、《产育宝庆方·序》]

郭德庆 元代太和县（今安徽太和）人。其父某，以医为业。德庆传承家学，亦悬壶，以好善著称。子郭祥叔，孙郭元亨，皆以医名。[见：《中国历代名医碑传集》（引王礼《麟原前集·郭会可墓志铭》）]

郭德孙 字明善。元明间安徽太和县人。随父徙居江西雩都县。世医郭元亨子。绍承父学，亦精医术，知名于时。兄郭明孙，事迹不详。[见：《中国历代名医碑传集》（引王礼《麟原前集·郭会可墓志铭》）]

郭德昌 字日生。清代浙江兰溪县人。世医郭居易子。早年习儒，为庠生。性格平易，以济人为怀。克承父业，通明医理，人多称之。[见：《兰溪县志》]

郭翰千 清代广东南海县人。邑名医郭治侄孙。与兄郭悦千，皆绍传家业，以医名世。[见：《脉如·序》]

郭镳开 清代广东南海县人。邑名医郭治侄。绍承家学，亦以医名。[见：《脉如·序》]

郭徽言 元代闽县（今福建福州）官贤里人。郭氏四代业医，以疡科知名。时医多称外科与内科不通，业疡医者未尝切脉审证，仅辨其肿溃骨伤之状，敷药于伤处而已。郭氏谓："疡虽外证，实发于内。必先去其本，然后治疡，以五毒五药次第攻调之，兼其内，不独守其外也。"故临证以治本为先，所疗多佳效，虽乡居僻

处，而千里外就治者日盈其门。重医德，即贫无一钱者，亦尽心医治。子郭勖，继承家学。[见：《闽侯县志》、《金元医学人物》（引吴海《闻过斋集·赠医师郭徽言叙》）]

郭麟标 清代广东南海县人。邑名医郭治侄。郭治撰有《脉如》二卷、《伤寒论注》一卷，书成未梓。郭麟标重订其稿，刊刻于道光丁亥（1827），今存。[见：《中医图书联合目录》、《脉如·序》]

席

席上锦 字承裳。清代湖南东安县人。生而颖异，文史技艺，自然通解。曾过寺庙，遇匠人雕石柱辟邪，持斧自琢，随手而成。性高洁，寡言笑，不屑时名。间作诗画，不轻示于人。其于医，不察脉象，以闻望为主。尝闻邻舍儿啼，曰："此有暴疾。"试拂其睫，目不能瞬矣。立以汤剂饮之，遂愈。姻家有二子，呕哕不休，更数十医不效。席氏视之，曰："无病。"以酒少许饮之，立愈。询其因，答曰："窃食蜜，误服油而然。"复问："酒安能制油？"则不答也。平生于诸事若无所经意，而每读书则忘食，家人持饭与之，食讫竟不自知。年八十岁，无疾而终。著有《知素堂集》。[见：《中国历代名医碑传集》（引李元度《国朝耆献类征初编·方技》]

席天佑 字所衮。南宋乐平（今山西昔阳）人。善弈，以兵法寓于棋，遂成绝艺。传承父学，尤精医术。庆元三年（1197），邑吏周恂患风疾，人皆以为死证，共邀席氏诊视。席曰："左已瘓，右可治。"遂探囊出三药，指其一曰："服此一旬，口当能言。"指其二曰："服此，手且能运掉。"指其三曰："服此而又一旬，足且能移步。俟三者既效，当别告汝。"恂依言服药，尽如所言。复迎之来，求所谓常饵者。席氏笑曰："吾技止此耳。病势既退，但调和气血以平之。"[见：《中国人名大辞典》、《中国历代医家传录》（引《夷坚志》]

席光裕 字宝卿。清代湖北安陆县人。世代书香。雍正间（1723~1735），其祖父席大成倡捐书院田。光裕精医术，能以己意运古法，投剂辄效，名重于时。著有《医学摘要》二卷，今未见。[见：《德安府志》]

席延赏 北宋汶上县（今山东汶上）人。曾官宣义郎。通晓医理，对针灸古籍多有研究。宣义郎吴瑞至汶上，病脚气中满。席延赏令服顺气丸、麻仁丸、神仙丸等药，疾愈。席氏

曾撰《黄帝针经音义》一卷，今佚。北宋校正医书局林亿等儒臣奉旨校正《甲乙经》，曾引据席氏之书。[见：《宋史·艺文志》、《脚气治法总要》、《黄帝三部针灸甲乙经·卷七·第一（上）》]

席裕康 字慰根，又字锡藩。近代江苏吴县人。生平未详。曾辑刻丛书《内外功图说辑要》，刊于1919年。[见：《中医图书联合目录》]

唐

唐广 （？～1481） 字惟勤，自号半隐。明代浙江湖州人。精医术，曾任本郡安吉县医官。面如冠玉，目光炯炯如画中人。善谑喜饮，手抄奇书异传，公诸同好。成化辛丑卒。[见：《列朝诗集小传》]

唐见 清代江西金溪县人。生平未详。著有《医学心镜录》十一卷，刊于雍正二年（1724），今存。[见：《贩书偶记》、《中医图书联合目录》]

唐朴 字尚质。明代嘉定县（今属上海）人。太医院御医唐毓孙（一说侄孙）。博学高行，与弟唐椿，皆绍家学，以医名世。某人患病，更数医不效，延请唐氏诊治，出前医诸方。朴指之曰："某法是矣，而不效者，乃病人伟躯干，以常剂投之，犹似以一杯沃烈焰也。"即以原方加数倍，饮之立愈。尝过张秋（山东东阿县），遇大疫，役夫染病者甚众。唐朴遂制药，贮于大罐，令患者饮之，活人数以千计。年八十余卒。子唐燨，继承父业。[见：《苏州府志》、《吴县志》、《嘉定县志》]

唐达 字灏如，号永言。明清间浙江德清县人。邑名医唐科曾孙。自幼强记，家贫嗜学，儒学之外，兼习理学、星历、音律诸业。崇祯甲申（1644）拔贡，值明亡，遂屏弃举业，隐于医。年逾六十而殁，学者私谥"渊静先生。"著有《素问唐参》、《类经辨误》、《本草辨误》等书，皆佚。[见：《德清县志》、《湖州府志》]

唐华 明代上海县人。唐姚端子。博雅敦厚，工医术，以孝义著称。[见：《上海县志》]

唐安 西汉临淄（今山东淄博）召里人。言貌谦恭，风仪温雅，性好医术。从名医淳于意学，其师授以五诊、上下经脉、奇咳、四时应阴阳重等。技成，任齐王侍医。[见：《史记·扁鹊仓公列传》、《医说》]

唐宏 字履吉。清代江苏上海县人。监生。兼通医理，著有《医菀通辨》，今未见。[见：《上海县志》]

唐肃 （1330～1373） 字处敬。元明间浙江山阴县人。通经史，工诗文，精书画，兼习阴阳、医卜、术数。少与上虞谢肃齐名，时称"会稽二肃"。至正壬寅（1362）举于乡，官嘉兴教授。张士诚时，为杭州黄冈书院山长，迁嘉兴路儒学正。洪武三年（1370）召修礼乐书，擢应奉翰林文字。科举行，为分考官，以早朝缺席免归。六年谪佃濠梁，卒。子唐之淳，官至翰林侍读。[见：《明史·王行传（附唐肃）》]

唐相 明代河南长垣县人。太医院医士唐海子。精医术，官至太医院院判。子唐斌，传承父业。[见：《长垣县志》]

唐临 字本德。唐初京兆长安（今陕西西安）人。武德（618～626）初，任万泉丞，迁侍御史。永徽元年（650）拜御史大夫，累迁吏部尚书，以潮州刺史致仕。年六十岁卒。唐氏兼嗜医方，撰有《脚气论》。后吴升取唐氏书，与徐之才、苏敬所撰合编，成《三家脚气论》一卷，已佚。[见：《新唐书·唐临传》、《宋史·艺文志》]

唐科 号核斋。明代浙江崇德县韩村人。徙居德清县新市镇。精医术，治病有捷效，时称"唐一帖"。曾孙唐达，亦以医名。[见：《德清县志》]

唐莹 清代浙江秀水县人。其父唐祝，为乾隆五十三年（1788）举人。唐莹早年习儒，为邑庠生。通诗文，精医理。著有《五运六气指掌》、《煮花轩诗集》，今未见。[见：《重修秀水县志稿》]

唐殷 明代河南长垣县人。精医术，得眼科秘传，名重于时。曾任太医院医士。子唐海，孙唐相，曾孙唐斌，皆继承家学。[见：《长垣县志》]

唐海 明代河南长垣县人。太医院医士唐殷子。继承父业，以眼科知名。亦官太医院医士。[见：《长垣县志》]

唐铨 号静山。清代江苏川沙县人。有文名。兼精医术，察脉辨证，施方给药，取效如神。[见：《川沙厅志》]

唐铉 明代人。里居未详。精医术，任太医院冠带医士。弘治十六年（1503）敕修《本草品汇精要》，命太监张瑜为总督，太医院院判刘文泰、王槃，御医高廷和为总裁，唐铉等为副总裁。弘治十八年全书告竣。[见：《本草品汇精要·官员职名》]

唐斌 明代河南长垣县人。太医院院判唐相子。绍传家学，精医术。官太医院吏目。[见：

《长垣县志》]

唐瑞 (1872～1930) 字均良，号晋阳。近代江苏常熟县人，世居县南街。邑庠生。博学不遇，转而为医。从疡科名医周企棠学，尽得师传，悬壶于世。兼精内外科，处方深得王士雄、叶桂之轻灵。治病不分贫富，遇疑难证，归家检阅方书，必令痊愈而后安。年五十八岁卒。生前手录医案数十册，门人张谔辑为《晋阳医案》六册，惜抗日战争期间散佚。子唐瘦红，继承父业，早卒。[见：《中国历代医史》]

唐椿 字尚龄，号恕斋。明代嘉定县（今属上海）人。太医院御医唐毓孙（一说侄孙）。绍承祖业，博览医籍，为当时名医。念医学浩瀚，后学每望洋兴叹，故搜采诸家精要，附以己意，于弘治壬戌（1502）撰《病原集》四卷，刊于世，今存万历间（1573～1619）刻本。还著有《伤寒百问》若干卷，已佚。兄唐朴，医名与之相埒。[见：《古今医统大全·历世圣贤名医姓氏》、《苏州府志》、《吴县志》、《嘉定县志》、《医藏书目》、《中医图书联合目录》]

唐瑶 明代人。生平里居未详。著有《经验方》。李时珍撰《本草纲目》尝参考此书，今佚。[见：《本草纲目·引据古今医家书目》]

唐熙 字孟高，号橘屏。明代华亭县（今属上海）大吴桥人。世代业医。继承家学，复得异人秘术，治病多奇效。正统二年（1437）为太医院使，后告归还乡。天顺（1457～1464）初复召之，辞而不赴。卒年七十一。裔孙唐时来，以妇科著称于时。[见：《重修华亭县志》]

唐毓 字玉成。明初嘉定县（今属上海）人。元代平江路医学教授唐永卿五世孙。继承祖业，医术精湛。明初荐入太医院。其孙（一说侄孙）唐朴、唐椿，皆为名医。[见：《嘉定县志》]

唐熇 一作唐杲。字德明。明代嘉定县（今属上海）人。世医唐朴子。自幼习医，年未弱冠即名闻四方。陈进士之父患热证发狂，逾垣越户，壮夫不能遏止。熇令贮水于浴器中，使有力者数人捉而投入，水方没股，即不复跳跃，继又遍沃其身，遂倦惫归卧，汗出而解。太仓武指挥某氏之妻患异疾，起立如常，卧则气绝欲死。熇诊之曰："是为悬饮，饮在喉间，坐之则坠，故无害；卧则壅塞诸窍，气不得出入，故欲死也。"投以十枣汤，疾即平。侄孙唐钦训，得其指授，亦为名医。[见：《嘉定县志》、《苏州府志》、《吴县志》]

唐稷 清代湖南祁阳县人。太学生。早年习儒，兼精医术。岁制丸膏成药，以救济贫病，求药者不取钱。凡叩门请诊，虽雨夜必赴。又刊刻良方，张贴通衢，以济人急，乡里德之。子唐士谷，继承父业。[见：《祁阳县志》]

唐遵 清代江苏新阳县北乡小泾人。外科名医唐仲明孙。绍承祖父之学，亦精外科。[见：《昆山历代医家录》(引潘道根《隐求堂日记节要·唐仲明事略》)]

唐橘 字干诚。清代河南沈邱县人。邑庠生。精岐黄术。以济人为怀，凡求诊者，风雨必往。[见：《沈邱县志》]

唐黉 字芹洲。清代江苏昆山县人。早年习儒，曾任山东单县主簿。公余究心医术，尤擅外科，治病多良效。推重《医宗金鉴·外科心法要旨》、陈实功《外科正宗》、祁广生《外科大成》、王肯堂《疡医准绳》诸书。曾选录四书要旨，辑《外科心法》十卷、《外科选要》二卷，刊于乾隆丙申（1776），今存。[见：《昆新两县志》、《昆新两县续修合志》、《中医图书联合目录》]

唐鳌 字龙标，号水亭。清代江苏常熟县里陆人。善外科，治病多奇效。婿王尔元，传承其术。[见：《里陆小志》]

唐士谷 清代湖南祁阳县人。儒医唐稷子。事亲至孝。家境素丰，而刻志勤学，与寒士无异。绍承父学，亦精医理。好善乐施，岁制丸药，救济贫病，不取酬谢。年七十五岁卒。著有《集方精约》、《痘麻》二书，藏于家。[见：《祁阳县志》]

唐大烈 (?～1801) 字立三，号笠山，又号林嶝。清代江苏长洲县人，居临顿路。诸生。早年习儒，后究心医学，博极群书，通明医理，为医林所重。乾隆间（1736～1795），官苏州府医学正科。生平好学，临证之暇静坐小斋，手不释卷。晚年征集同道论医之稿，经反复校阅，商之二三老友，考订尽善，辑《吴医汇讲》。此书随选随刻，编至第十一卷，大烈抱重疾，嘉庆六年辞世。门人周兆麟、王与谦，孙唐庆耆，于嘉庆十九年（1814）春将全书校订毕，刊布于世。[见：《吴医汇讲》、《吴县志》]

唐大悦 清代湖南东安县人。邑名医唐雄飞族人。得雄飞所遗《脉诀》，依书治病，多有佳效。[见：《湖南通志》]

唐与正 宋代人。里居未详。少年时得脉法于临安医者黄泽，继又得药法于太学生夏德懋，遂精医术。凡遇奇疾，每以意疗之，多获奇效。其侄女幼时患风瘅疾，先发于胸，迤逦延上，赤肿痛痒，时医以上膈风热治之，不效。

唐氏诊之，曰："是肝肺风热盛极耳。"以升麻、羌活等八物治之，自下渐退，而肿聚于顶，高寸许，虽饮食寝处无妨，而疾未去。母曰："此女乳母好饮热酒，疾殆因是欤？"唐氏悟，遂以前剂倍加葛根，以疗酒毒，数服而愈。吴巡检病不得小便，卧则微通，立则不能点滴，遍服通剂不效。唐氏诊之，问常服何药，曰："常服黑锡丹。"唐曰："是必铅砂入膀胱，故卧则偏重犹可溲，立则正塞水道，自不能通。"用金液丹三百粒，煎瞿麦为引，分十次服之，下细沙累累，其病遂愈。[见：《医说》、《古今医统大全·历世圣贤名医姓氏》、《医学入门·历代医学姓氏》]

唐上采 清代江苏上海县人。精岐黄术，施药济人。孙唐千顷，亦以医术著称。[见：《大生要旨·序》]

唐千顷 原名方淮。字桐园。清代江苏上海县人。唐上采孙，唐时琳次子。监生。博通经史，尤精医术，于《内经》、《难经》、《伤寒论》及妇科、儿科、养生诸书无不涉猎，常以医术济人。著有《大生要旨》五卷，今存乾隆二十七年（1762）千顷堂刻本。此书为后世医家所重，至今再版九十余次。唐氏还著有《内经注疏》、《难经注疏》、《伤寒论注疏》、《本草分经分治》、《脉灯》、《忠告警言》（论斑疹之书）、《长生指要》（以上未见刊行）、《仙方合集》（今存）。子唐秉钧，亦精医理。[见：《上海县志》、《嘉定县志》、《中国医籍考》、《中医图书联合目录》]

唐子霞 宋代於潜县（今浙江临安市於潜镇）人。为道士。好读书，勤于著述。政和间（1111～1117）从眉山陆惟忠游，常头戴铁冠。宋徽宗巡游宝箓宫，见子霞仪状魁伟，问从何来。对曰："草野臣无他技能，江东使者以臣应诏。"徽宗命主持洞霄宫。苏轼《野翁亭诗》有"山人醉后铁冠落"之句，即指唐子霞。著有道书《天目真镜录》，谓天目山有养生之药，蓍草、芫花皆名著仙经。[见：《於潜县志·隐逸》]

唐巨川 清代四川江油县人。道光十五年（1835）恩贡生。兼通医理，著有《医门衷易》，今未见。[见：《江油县志》]

唐仁斋（1862～1925） 一作唐承斋。近代江苏青浦县朱家角镇人。祖传喉科，又从赖元福学内外科。推重名医李杲，临证重视调理脾胃。继陈秉钧、赖元福之后而起，与同里金乃声齐名，四方求医者辐辏。重医德，常扶危济困，不以医谋利。晚年以"省费医贫，苦志医贱，读书医俗，安份医贪，独宿医淫，面壁医动"二

十四字为座右铭，可见胸怀澹泊，修养功深。六十四岁殁。[见：《青浦县志》]

唐化行 清代四川大邑县人。性谦和，以医为业，活人甚众，知名乡里。年八十四岁卒。[见：《重修大邑县志》]

唐仍台 清代江苏常熟县人。邑儿科名医唐明所孙。与弟唐翌台，皆传祖业，以儿科知名。[见：《常昭合志稿》]

唐文华 字阆公。明清间浙江慈溪县人。自幼读书，长习岐黄，久之贯通奥理，临证多良验，遂以医名。县令白加绘赠匾"功补造化"，何琛赠匾"神楼秘授"。[见：《慈溪县志》]

唐文灼 字见三，号药洲。清代云南晋宁州人。素工医术。乙巳、丙午旱荒，时疫大起。唐氏施粥设药，全活甚众。乡民诣县乞方，无不投以良剂。病者皆相谓曰："唐公活我，病无恐也。"[见：《晋宁州志》]

唐以道 南宋人。原籍不详。精医术，官太医院提举。随高宗南渡，定居浙江绍兴。其后代多承家学，世为医官。如元代唐永卿，明初唐毓，皆有声于时。[见：《嘉定县志》]

唐正卿 明代安徽太平府人。邑名医唐贵卿弟。精医术，临证有奇效。环郡数百里，就诊者甚众。重医德，治病不分贫富，人服其德。[见：《太平府志》]

唐世华 元代松江华亭县（今属上海）人。通医道。至正五年（1345）前后，任平江路嘉定州医学正。[见：《金元医学人物》（引邵亨贞《野处集》）]

唐世贞 清代浙江嘉善县人。邑名医唐尧典子。绍承父学，亦以医名。子唐学琦，孙唐兆元，皆传家学。[见：《嘉善县志》]

唐归极 明代安徽太平府人。邑名医唐贵卿后裔。绍继祖业，亦以医术著称。镇将张天禄患重疾，延请诊视，应手而瘥。后张移镇吴淞，疾复作，即以舟迎请，太平县病者裹粮从之，可见医名之盛。兄唐协极、弟唐遵极，皆精医术，大江南北均知太平唐氏。[见：《太平府志》]

唐尔贞 字乾夫。清代江苏上海县人。儒医唐朱藻子。继承父学，亦工医术。[见：《上海县志》]

唐尔岐 字临照。清代江苏上海县人。太医院吏目唐宗泰子。继承父学，亦精医术，临证用药慎重。[见：《上海县志》]

唐玄真 字云龙。明代安徽绩溪县人。世代业医，尤精痘科，每起危疾。著有《痘

疹奇衡》二卷，今存顺治七年庚寅（1650）五松阁刻本。[见：《新安名医考》、《中医图书联合目录》]

唐永飞 字逸舂，号石村。清代湖南武冈县人。乾隆甲午（1774）举人。自幼聪颖好学，为诗文操笔立就。及长，受经于长沙余廷灿、湘潭张九镒。凡经史疑难及聱牙难读者，札记置怀袖间，暇则朗读。历官绥宁训导、茶陵学正、湘阴教谕。著有《石村近草》、《石村遗稿》、《易知妥本》。兼及医药，辑有《经验良方》一卷，今未见。[见：《武冈州志》、《宝庆府志》]

唐永卿 元代绍兴路（今浙江绍兴）人。徙居嘉定县（今属上海）西南之齐礼坊。其先祖有名唐以道者，为宋代太医院提举，随高宗南渡，徙居绍兴。唐永卿继承家学，亦精医术。元贞间（1295～1296）任平江路医学教授，定居于此。尝告诫子孙："既通经义，必令学医。"五世孙唐毓，为明初太医院御医。[见：《嘉定县志》]

唐邦勋 字克猷。清代湖南宁乡县人。精医术，知名于时。重医德，遇贫病以药赠之。族人某，举家染疫疠，秽恶不可近。邦勋悯其困厄，登门救治，手自涤垢，疫遂除。性至孝，侍祖父唐学瑾病，昼夜不懈。年五十五岁，无疾而终。子唐家圭（1799～1882），孙唐瑞宗，皆绍承其业。[见：《宁乡县志》]

唐协极 字纯谷。明代安徽太平府人。邑名医唐贵卿后裔。继承家学，医术益精，求诊者日以百计。遇贫病不受药资，常暗置参附珍药，病者不知。弟唐归极、唐遵极，皆为名医。大江南北，无不知太平唐氏者。[见：《太平府志》]

唐达仙 明代浙江嘉善县人。生平未详。著有《女科秘旨》三卷，未见传世。[见：《重修嘉善县志》]

唐尧典 清代浙江嘉善县人。精医术，有名于时。子唐世贞，孙唐学琦，曾孙唐兆元，皆以医鸣世。[见：《嘉善县志》]

唐尧卿 字芝田，号笨云。清代江苏青浦县西岑人。生数月丧父，母王氏抚育成立。初习举业，为附贡生。笃于师友，师潘氏殁，犹负米以赡其家，至老无间。同治（1862～1874）初，襄办清丈田亩，县令翟寅清倚重之。好赋诗，与陆日爱、陆互昭辈相唱和。中年改习医学，知名乡里。著有《笨云医案》，未见流传。[见：《青浦县续志》]

唐式谷 清代广西全州长乡新鲁村人。通医术，擅外科，活人甚多。著有《医学初

步》、《外科手法》、《外科心法》诸书，今皆未见。[见：《全县志》]

唐成封 字圣襄。清代江苏上海县人。精通医术，以幼科知名，保婴甚众。年逾七十岁卒。[见：《上海县志》]

唐朱藻 字瑞亭。清代江苏上海县人。庠生，有文名。精通医理，长于内科，凡诊脉用药，详审至再，始为疏方。尝曰："庸医误人在忽视，不能虚心故也。"闻者推为至言。著有《伤寒全集》四卷。子唐尔贞，继承父学。[见：《上海县志》]

唐廷枚 清代浙江秀水县人。生平未详。辑有《产科要编》，今未见。[见：《秀水县志稿》]

唐廷举 又名启蔚。清代四川南川县人。沉静好学，业儒不就，年五十余犹赴童试。兼通岐黄，教馆之余以术济世，活人甚多。[见：《南川县志》]

唐廷翊 字玉书，又字翰文。清代江苏上海县人。从名医李用粹学，医术精妙，知名于时。曾记录李用粹平素验案，编《旧德堂医案》一卷，今存。唐氏富于著述，撰有《本草删书》、《伤寒类书》、《脉学定本》诸书，皆未见流传。医学之外，尚有《青芸斋文集》、《青芸斋诗集》，存佚不明。子唐宗泰，孙唐尔岐，俱精医术。[见：《上海县志》、《旧德堂医案》]

唐仲明 清代江苏新阳县北乡小泾人。粗通文墨，专擅外科，为嘉庆间（1796～1820）当地名医。性好善，贫困者求医，辄以药赠之。崇信佛教，常捐资装塑佛像。暇则闭户抄写佛经，遇信众则施送之。年六十余，并无疾苦，呼儿辈俱集，沐浴更衣，正坐而逝。孙唐遵，继承祖父之术。[见：《昆山历代医家录》（引潘道根《隐求堂日记节要·唐仲明事略》）]

唐仲济 字汝楫。清代湖南会同县人，居城南半街。岁贡生。端方正直，读书乐道。居家孝友，处世和平，好解纷息争，周急济困，终身不倦。兼通医术，捐施药料，有疾者多赖全活。唐氏殁，县令沈廷珍为其撰墓志铭。著述甚富，关于医学者有《医书集解》若干卷，今未见。按，沈廷珍雍正五年至十二年（1727～1734）在任，唐氏当卒于此时。[见：《湖南通志》、《会同县志》]

唐兆元 清代浙江嘉善县人。世医唐学琦子。继承祖业，亦精医术，有名乡里。[见：《嘉善县志》]

唐守元 号吾春。明代浙江平湖县璜溪人。入赘平湖县陆姓，因岳父陆因业医，故传承其术，后以医名世。一妇人偶食羊肉，刚入口，闻人呼之，急吞而应，逾月病发，淹及两年不愈。守元诊之曰："此必胸有宿物。"以药投之，既而大吐，病遂瘥。有顾氏子，出痘后双目失明。守元曰："惜我见之晚，当先开一目，三年后俱可复明。"果如所言。辑有《医鉴》、《医林绳墨》、《后金镜录》诸书，皆散佚。[见：《平湖县志》、《浙江通志》]

唐如心 佚其名（堂号如心）。元明间浙江嘉兴县人。世代业医。敦厚周慎，他人有病，如己身患，故施治多效，名重于时。元末，旧宅毁于兵燹，修葺新居后，名药室曰如心堂，鄱阳周公为之题匾。[见：《金元医学人物》（引徐一夔《始丰稿·如心堂记》）]

唐志位 字列三。清代湖北沔阳州人。少习举业，不售，以医为业。晚年术益精，诊脉即知生死，乡里呼为神医。[见：《沔阳州志》]

唐际材 字天培。清代湖南宁乡县人。治医学。应医学考试，论阴阳变化，析理甚精，取列高等。临证立方，通达权变，不拘泥古训。凡治病必录《医案》，久之积成巨册。有弟子继承其学。[见：《宁乡县志》]

唐若瀛 清代四川资阳县人。监生。精医术。性恬静，临证深思熟虑，多有效验，驰名于时。[见：《资州直隶州志》]

唐述鳌 清代湖南湘潭县人。生平未详。著有《证治集要》十二卷，今未见。[见：《湘潭县志》]

唐卓如 清代安徽当涂县薛镇人。邑名医唐翼真后裔。绍承祖业，以医知名。[见：《当涂县志》]

唐贤杰 字伟侯。清代四川永川县人。潜心岐黄，医术甚精，尤擅治痧、疫二证，时称"小药王"。[见：《永川县志》]

唐昌胤 字云泉。明末吴县（今江苏苏州）人。生平未详。著有《辨证入药镜》，成书于崇祯三年（1630）。今上海中医药大学图书馆藏《辨证入药镜》抄本，不著撰人姓名，疑即此书，待考。[见：《中医图书联合目录》、《三三医社通借书目》]

唐明所 字台明。清代江苏常熟县人。精医术，以儿科知名。孙唐仍台、唐翌台，继承其学。[见：《常昭合志》、《常昭合志稿》]

唐季雍 元代金溪县（今江西金溪）人。精医术，擅长针灸。挟技游江浙，闻名于世。吴会作《送别里友唐季雍挟砭焫术游浙四首》，其一曰："得术鄱阳西，济人吴越东。不辞涉道远，只以安民穷。针石作司命，心手参化工。浙上富生齿，先施斯妙工。"[见：《金元医学人物》（引《吴书山先生遗书》）]

唐秉钧 字衡铨。清代江苏上海县人。邑名医唐千顷子。自幼嗜读，博览群书，有卓识，见者无不惊叹其学。精医理，撰有《人参考》一卷，今存乾隆四十三年戊戌（1778）嘉定唐氏竹瑛山庄原刻本。还辑有《内经要语》，今未见。[见：《中国医籍考》、《中医图书联合目录》]

唐征濂 字慕周。清代广西灌阳县人。例贡生。性嗜岐黄，妙悟医理。年二十随宦黔中，每遇逆症，随手奏效。统领周达武闻其名，延至营中，适合营病疫，环周诊视，依方制药，煮以巨釜，遍饮之，病若失，人皆以"唐半仙"称之。晚年归里，设药肆，远近踵门求医者日不暇接，即沉疴痼疾，罔不立愈。重医德，遇贫病赠以药，不索其值。著有《各种奇方》，今未见。[见：《灌阳县志》]

唐学吉 字迎川，号载张。清代江苏吴县人，居西城桥。精医术，曾任吴县医学训科。撰有《烂喉丹痧论》、《脏腑受盛辨》、《大温中饮灸甘草汤合论》、《论柴胡》、《论犀角、升麻》、《辨紫茸之伪》、《辨郁金之误》等文，刊于唐大烈《吴医汇讲》。[见：《吴医汇讲·卷三》、《吴县志》]

唐学琦 字驾垣。清代浙江嘉善县人。祖父唐尧典、父唐世贞，俱业医。至学琦技艺尤精，与吴门叶桂（1666～1745）并驰。性仁厚，凡以病延请者，虽遇风雨，必徒步往治，不计诊金。年七十六岁卒。子唐兆元，传承其业。[见：《嘉善县志》]

唐治松 清代四川绵阳县人。精医理，贯通诸家之说。有医德，贫病者求治不受谢仪，乡里颂之。[见：《绵阳县志》]

唐治馨 号桂亭。清代四川乐至县人。能诗善文，书法秀丽。兼精医术，活人甚众。年八十余卒。[见：《乐至县志》]

唐宝善 字楚珍。清代江苏江都县人。生平未详。撰有《景岳新方八阵（注）》、《医方诗要》四卷，今存抄本。[见：《中医图书联合目录》]

唐宗泰 字宏文。清代江苏上海县人。邑名医唐廷翙子。继承家学，亦精医术，曾任太医院吏目。子唐尔岐，亦以医名。[见：《上海县志》]

唐宗海 (1847~1897) 字容川。清末四川彭县人。自幼习儒，少年时家道中落，而力学不辍。同治元年（1862）入泮，有声庠序。同治十二年，其父得吐血疾，继转为便血，虽延请名医，仍无确见。此后遍览方书，"于血证三致意焉"。初辗转寻求乡先辈杨西山所撰《失血大法》，仅得一览。然其书"议论方药亦未精详，以之治病卒鲜成效"，失望而返。归而读《内经》、《伤寒》诸书，豁然有得，"悟言外之旨，用治血证，十愈八九"，而其父已殁。光绪十一年（1885）举于乡。十四年游学江南，所至为人诊病，虽沉疴痼疾，治之多获奇效，世以神医目之。与上海邓云笠、邓云舫兄弟相往还，辩论医理，剖析疑证，相得益彰。光绪十五年举进士，授礼部主事，值妻亡，乞假归里。次年春，问学于凤楼书院山长吕调阳，于秦汉古文之奥，天地阴阳气化之理，多获指授。是年秋，奉母徙居京师，以所著《血证论》质诸时贤，医名噪于京师，求治者络绎不绝。光绪十八年以后，往返京、沪之间。丙申（1896）授广西来宾知县，欲取道鄂、湘入桂，至武昌其母病殁，遂扶柩归里。经四川大竹，宗海亦染疫病，抵家数日而卒，年仅五十一岁。唐氏思想开明，当西医初传中国之际，倡言"损益乎古今，参酌乎中外，以求尽美尽善之医学"，主张"不存疆域异同之见，但求折衷，归于一是"。此说一出，和者不乏其人，渐成流派，对后世有深远影响。著有《血证论》、《中西汇通医经精义》、《本草问答》、《伤寒论浅注补正》、《金匮要略浅注补正》（上五书总名《中西汇通医书五种》）、《医易通说》、《医学一见能》等书，皆梓行。子唐祖鉴，亦通医理。门生朱萧（号壶山），医术尤精。[见：《血证论·序》、《遂初轩医话》、《中西汇通医经精义》、《中医图书联合目录》]

唐绍顺 号忏生。清代江苏吴江县人。善医，能诗。与名医何其伟（1774~1837）同时，何作《酬吴江唐医》诗曰："翩翩名士又名医，读得书奇句亦奇。落笔快于船下水，吐心细似茧抽丝。"[见：《中国历代医家传录》（引《何书田年谱》）]

唐绍谦 清代安徽当涂县薛镇人。邑名医唐翼真后裔。绍承祖业，以医知名。[见：《当涂县志》]

唐树滋 (1844~1903) 号子怡，晚号志伊。清代江苏上海县人。世居漕河泾。好学工诗。研究医理，诊治多效验，有名于时。年六十岁卒。[见：《上海县志》]

唐威原 字维德。清代山东益都县人。精医术，以幼科著称。服膺明代医家翟良，尝本翟氏之书，著《痘科温故集》二卷，刊于乾隆十七年（1752）。[见：《中国医学大辞典》、《八千卷楼书目》、《中医图书联合目录》]

唐持志 字依仁。清代江苏无锡县人。生平未详。著有《医学心源》四卷，今未见。[见：《吴中名医录》（引《锡金历朝书目考》）]

唐贵卿 明代安徽太平府人。精通医术，以妇科名世。曾任王府良医副。弟唐正卿，亦精医。后裔唐协极、唐归极、唐遵极，并以医术称雄于大江南北。[见：《太平府志》]

唐钦训 字道述。明代嘉定县（今属上海）人。世医唐熺侄孙。得从祖亲授，亦精医术。著有《伤寒心要》（一作《伤寒心法》）二卷，已佚。[见：《嘉定县志》]

唐钦明 字梅羹。清代江苏南汇县人。精医术。从官军平粤，以医疗之功授平湖县主簿，迁绍兴府经历。晚年归乡，以医术济人。未久，卒于家。[见：《南汇县志》]

唐顺之 (1507~1560) 字应德，号荆川。明代武进县（今属江苏）人。永州知府唐宝子。自幼颖异，稍长，治贯群籍。年三十二，举嘉靖八年（1529）会试第一，授庶吉士，累迁兵部主事，引疾归。十二年秋，诏授编修，校历朝实录。十八年授右司谏，因事罢归。卜筑阳羡山中，读书十余年。与湛若水、孙植等相往还，讲究性命之学。倭寇蹂大江南北，以郎中督师浙江。亲率军泛海击寇，战功卓著，擢太仆少卿，加右通政。后得疾，仍带病渡江。嘉靖三十九年春，领兵泛海，至通州卒，时年五十四岁。崇祯中，追谥"襄文"。唐顺之于学无所不窥，自天文、乐律、地理、兵法、弧矢、勾股、壬遁，莫不究极原委，间涉医学。著述甚富，有《医纂》一卷，今存明抄本，书藏国家图书馆。[见：《明史·唐顺之传》、《丹徒县续志·孙植》、《中医图书联合目录》]

唐恒升 清代安徽宿松县人。其父精习医方，治病有捷效，人称"唐一帖"。唐恒升绍传父业，察脉辨证，多著奇效。[见：《宿松县志》]

唐炽昌 清末浙江兰溪县纯孝乡人。精通医术，知名于时。子唐萃锵（1872～1931），绍承父业。［见：《兰溪市医学史略》］

唐济川 清末四川武胜县德清里复兴乡人。早年习儒，因母病弃学研医。存心仁厚，治病不分贵贱亲疏。富者听其资酬，贫者一文不受，遇至困者解囊助之。乡人争遣子弟就学门下，择品行优良者授之，故门生多有作为。［见：《武胜县新志》］

唐祖官 明代湖南鄜县人。幼习岐黄，及长，术业益精，延请者踵趾相错。性朴实淳厚，治病不分贫富，皆以至诚待之，不计诊金有无。尤悯恤贫病，常自携方药出入寒门，始终无倦色。临证常立起沉疴，未尝沾沾自德。病愈者面谢感恩，逡巡退让。良术佳德，一时罕出其右者。［见：《鄜县志》］

唐祖鉴 清末四川彭县人。名医唐宗海（1847～1897）子。传承父学，亦通医理。［见：《遂初轩医话》］

唐载生 （?～1933） 字斋圃。近代广西全州思乡白茆屋人。颖异多才，诗文各擅其妙。两中副车，后弃举业，潜心著述。1912年选任县议会议员，寻充教育会长、财务局长。1921年任公安局总办。1933年聘充县志总纂，兼省志采辑。未及三月，作一万余言之稿，竟以此积劳不起，士林悼之。著有《医学》二卷，未梓。［见：《全县志》］

唐桂芳 字洁秋。清代四川西昌县人。精通医术，凡以疾病延请者，多应手而愈，名振于时。有医德，凡孤贫无靠者患病，闻而赴救，世皆敬称唐先生。尝讲医授徒于邑城三清观，贫困者不纳学费，育人甚多。［见：《西昌县志》］

唐桂森 字迥凡，号素蟾。清代江苏元和县唯亭镇人。世代业医，尤精幼科，有名于时。晚年善治痧疹，有转危为安之妙。寿至七十岁殁。同时有苏长吉，与唐氏齐名。［见：《元和唯亭志》］

唐家圭 （1799～1882） 字执镇，号楚田。清代湖南宁乡县人。邑名医唐邦勋子。自幼嗜书能文，应试不中，遂承父志习医。昼出应诊，夜则取《灵枢》、《素问》、《难经》等书，审其机微，察其离合，务尽其变。虑有遗忘，复于翌日行道时背诵之。毕生专攻方书，虽严寒酷暑，不辍其业。光绪八年卒，享寿八十四。著有《人身通考》、《幼科刍论》，藏于家。子唐凤仪、唐瑞宗，瑞宗绍承父业。［见：《宁乡县志》］

唐家禄 清代广东香山县人。精医术，以疡科知名。著有《医方易简外科续编》一卷，今存清刻本。［见：《中国医学大辞典》、《中医图书联合目录》］

唐继山 （1573～1627） 明代浙江会稽县安宁坊人。自幼嗜读，长而习医。尤精脉理，能决人死生。临证尚温补，多有佳效。著有《脉诀》若干卷，已佚。［见：《会稽县志》、《绍兴医学史略》］

唐继虞 字阶平。清末四川大竹县人。性高傲，不阿权贵。初习举业，屡试不中，弃儒习医。善诊断，用药有法度，凡沉疴痼疾，投药辄起，有"洄溪再世"之誉。平生著述甚多，殁后散佚不存。［见：《续修大竹县志》］

唐萃锵 （1872～1931） 字子中，号夔卿。近代浙江兰溪县纯孝乡人。邑名医唐炽昌子。幼承庭训，攻读医书。及长，以内科问世，尤擅治热病，名噪寿昌、严州、兰城诸地。临证用药轻灵，偏主寒凉。家设仁德堂药店，有济人之德。撰《舌镜大全》若干卷，今未见。子孙世承其术。［见：《兰溪市医学史略》］

唐梦安 字永锡。清代江苏太仓州人。工诗赋，尤精小儿医，知名于时。［见：《太仓州志》、《壬癸志稿》］

唐常舒 又名楚才。清代湖南衡山县人。邑庠生。刚直好义。精岐黄术，凡以病延请，皆往诊治，不受馈谢。［见：《衡山县志》］

唐崇义 号香亭。清代贵州桐梓县人。自幼家贫，嗜学不倦，兼通医术。其父患心痛，久治不痊。崇义以《金匮》赤石脂散获效，由是知名。求诊者辐辏其门，多所全活。尤善小儿推拿，应手病除。尝辑临证经验之方千余首，惜未见传世。其子佚名，能嗣父业。［见：《遵义府志》］

唐翌台 清代江苏常熟县人。邑儿科名医唐明所孙。与兄唐仍台，皆传祖业，以儿科知名。［见：《常昭合志稿》］

唐雄飞 字正典。清代湖南东安县人。乾隆间（1736～1795）生员。高才能文，不乐就试。以母病研究方脉，久之无所得，遂出访良医，亦无所遇。归途遇异人，言论清奇，谓雄飞曰："脉非可学也。念子笃志，今授汝书。"归而习之，以医术知名。其用药，十二月各有所主者，凡治疾必用之。药下不逾时，疾必愈。凡唐氏曰不可治者，终不可为。雄飞殁，无书，惟遗手录《脉诀》一帙。族人唐大悦得之，依书治病，与雄

飞无异。[见:《湖南通志》]

唐雅存 清代安徽当涂县薛镇人。邑名医唐翼真后裔。绍承祖业，以医知名。[见:《当涂县志》]

唐赓飏 字广潮，号月江。清代浙江新昌县人。精医术，乡里得其治疗而愈者指不胜屈。[见:《绍兴地区历代医药人名录》]

唐赓盛 号淇园。清代江苏吴江县金泽镇人。名医何其超（1803～1871）门生。[见:《中国历代医家传录》（引《藏斋诗钞》）]

唐谦益 字洁川。清代江西新建县人。精医术，活人甚多，有名于时。[见:《新建县志》]

唐强明 宋代人。生平里居未详。著有《诊脉要诀》一卷，已佚。[见:《通志·艺文略》、《国史经籍志》]

唐瑞宗 清代湖南宁乡县人。邑名医唐家圭（1799～1882）次子。自幼好学深思，兼嗜医书。其父尝举《黄帝内经》之文，瑞宗能释疑义。父惊曰:"汝亦解此耶?"遂命习医。数年，其学大进。每谓:"治病不能泥古，然不可不读古书。"及悬壶问世，常获奇效。辑有《医案》数卷，藏于家。[见:《宁乡县志》]

唐锡祉 清代广西全州建乡人。精医理。光绪二十八年（1902）大疫，唐氏治愈数百人，遇贫病者助以药资，乡里感德。辑有《医科备要》，今未见。医书之外，尚有《地理丛谈》、《养元居诗草》，存佚不明。[见:《全县志》]

唐锡纯 清代河南光州人。幼习举业，弃儒攻医，潜志方术。尤精疡科，治病多效验，知名于时。[见:《光州志》]

唐裔潢 清代湖北夏口县人。生平未详。著有《保幼新书》若干卷，今未见。[见:《夏口县志》]

唐慎微 （约1056～1136）字审元。北宋蜀州晋原（今四川崇庆）人。元祐间（1086～1093），应蜀帅李端伯之招，徙居成都华阳。唐氏生于世医之家，相貌寝陋，语言举措朴讷，而聪慧明敏，学问赅博。不乐仕进，尚书左丞蒲传正，欲以执政恩例奏举一官，拒而不受。唐氏精究医药，深通经方，治病百不失一，知名于时。凡以病求诊，不分贫富，召之必往，寒暑风雨不辞。每言证候，不过数语，再问辄怒不应。同邑宇文虚中幼时，其父患风毒，慎微治之，药下而愈。预言疾当复发，疏三方付之。后病果再发，依言服药，半月而瘥。唐氏好读书，凡经史、医药、佛道诸书，无所不读，得一方一论，必记录之。久之，撰《经史证类备急本草》（简称《证类本草》）三十二卷，约成书于绍圣四年（1097）。该书参引经史百家典籍二百四十余种，载药物一千七百四十八种，为宋代本草学巨著，对后世影响深远。原书未梓，大观二年戊子（1108）集贤孙公，命仁和县丞艾晟及医官校订，首刊于世，题《大观经史证类备急本草》，简称《大观本草》。今存宋嘉定四年（1211）刻本、高丽刻本、日本残刻本（后二书藏美国国会图书馆）。政和六年丙申（1116），曹孝忠奉敕重校此书，更名《政和新修经史证类备用本草》（简称《政和本草》）；南宋时，王继先等再次校订此书，略有增补，改题《绍兴校定经史证类备急本草》（简称《绍兴本草》）；明代安徽南陵王秋，命其子王大献等，据《大观本草》重校刊印，易名《重刊经史证类大全本草》（简称《大全本草》）。[见:《古今医统大全·历世圣贤名医姓氏》、《四库全书总目提要》、《证类本草·序》、《本草纲目·序例》、《直斋书录解题》、《补元史艺文志》、《中国医籍考》、《中国善本书提要》、《百川书志》、《中医文献辞典》]

唐瘦红 近代江苏常熟县人。邑名医唐瑞子。绍承父学，亦以医为业，惜早亡。[见:《中国历代医史·唐瑞》]

唐德秀 字毓川。清代湖南零陵县人。府学生。少英敏，为文多古致，尤长诗赋。因病辍读，转而业医。临证投药辄效，尤善诊脉，病在数年后者，能预断之。治病不计诊酬，遇贫苦者资以药饵。著有《医方袖珍》，传于世，今未见。[见:《零陵县志》]

唐履祥 字兰翘。清代江苏金山县张堰镇人。精医术，擅长针灸。乾隆时（1736～1795）官太医院院判。[见:《重辑张堰志》]

唐遵极 明代安徽太平府人。邑名医唐贵卿后裔。与兄唐协极、唐归极，皆绍承家学，以医鸣世。大江南北盛传太平唐氏之名。[见:《太平府志》]

唐戴庭 字毓厚。清代山东鱼台县人。生平未详。著有《温疫析疑》四卷，刊于光绪四年（1878），今存。[见:《中医图书联合目录》]

唐翼真 明代安徽当涂县薛镇人。幼习诗书，后精岐黄，诊视多奇验。著有《女科择要》，已佚。子孙世守其业，历三百余年不衰。后裔唐雅存、唐卓如、唐绍谦，皆有名。[见:《当涂县志》]

凌

凌云 字汉章，别号卧岩。明代浙江湖州府归安县双林镇人。早年习儒，为诸生。屡试不得志，叹曰："大丈夫志在万里，顾屑屑研析章句何为？"遂弃所学。其母患痞疾，留连弥岁，百方不效，凌云乃赴泰山求医。跋涉数千里，至泰山下，遇一道人，邀与俱归。时母病危殆，勺水不下者二十余日。道人诊视讫，以针灸法治之，居三日，疾去如脱。云欲倾囊谢之，道人辞曰："吾挟此术遍游天下，觅可授者莫得。汝相不凡，今当授汝。"乃出其肘后方书，并针数十枚与之，又授以内炼之术，挥手别去。自此，凌云以医问世，所治无不奇效。为人慷慨尚义，见人之病，如在己身，求治立往，风雨昏夜不辞。每晨启门，求治者数十百人，一一诊视，贫者概不取酬，虽一生清贫，而施诊不倦。弘治间（1488～1505）秦王朱诚泳患风疾，卧病三年，久治不愈，遣人千里延请。凌云至，施以针术，三日行动如常。临行，王亲赋《送名医凌汉章还苕三首》赠之，有"微恙年来不易攻，远烦千里到关中。千般药饵浑无效，分寸针芒却奏功"之句。孝宗闻其名，召至京师，命医官出铜人，蔽以衣而试之，所刺无不中，遂授御医。年七十七岁，卒于家。著有《子午流注图说》、《经学会宗》（今存抄本），行于世。兄凌天章，亦通医术。孙凌瑄，继业尤精。[见：《明史·凌云传》、《双林镇志》、《浙江通志》、《古今图书集成·医部全录》、《中国历代名医碑传集》（引慎蒙《凌汉章先生传》）]

凌旭 字昶东。清代广东番禺县金鼎人。乾隆六十年（1795）举人。嘉庆六年（1801）举进士，分发山东，任安邱知县。县有陋规，凌氏除之。值大旱，亲行烈日下祈雨，雨沛，邑人颂其德。素擅医术，民有疾病，亲为诊治，施以方药。[见：《番禺县志》]

凌奂 （1822～1893）原名维正，字晓五，又字晓邬，晚号折肱老人。清末浙江归安县苕溪人。名医凌云十一世孙。幼颖敏，初习举业，因病弃儒学医，从舅父吴芹学，尽得其传。后广搜汉唐以来名医方书，聚书逾万卷，朝夕研究，穷其原理。年弱冠，悬壶于世，精内、外、妇、儿诸科，诊治多良效，声名大噪，有"凌仙"之称。重医德，凡以疾延请，远近皆赴，寒暑不辞，不计诊酬，遇贫病施以善药，世人敬重之。福建侯官郭远堂制军、广东番禺杨甫香太守，先后赠匾表彰。太平天国后，疫疠流行，凌奂创办仁济善堂，施诊施药，泽惠甚多。年七十二岁卒。著有《本草害利》二卷、《饲鹤亭集方》、《原本丸散膏丹配制方》、《外科方外奇方》四卷、《凌临灵方》、《吴古年先生方案》、《医学薪传》等书，皆刊行于世。子嗣众多，长子凌绂曾、三子凌可曾、四子凌缓曾，皆精医术。侄凌泳，得奂亲传。婿沈家骏，亦为名医。凌奂门生甚众，已知有金兰陔、朱皆春、王普耀、俞劲叔、蒋杏泉、李季青、沈嘉生、王雅卿等。[见：《中国历代医史》、《中国历代名医传》、《吴兴凌氏二种》、《中医图书联合目录》]

凌佩 字玉声。明代吴县（今江苏苏州）人。邑名医凌凤仪子。传承父业，亦精医术，为世所重。[见：《吴县志·凌凤仪传》]

凌泳 字永言。清末浙江归安县苕溪人。名医凌奂（1822～1893）侄。得凌奂亲授，亦精医术。[见：《中国历代名医传》]

凌堃 （？～1861）一作凌坤。字仲讷，号厚堂。清代浙江乌程县人。道光辛卯（1831）举人。泛览群书，议论奇伟。其治学主宗毛奇龄，旁通星卜、岐黄之术。咸丰十一年卒。富于著述，医书有《医宗宝笈》一卷，刊行于世，今存清刻本。[见：《八千卷楼书目》、《乌程县志》、《湖州府志》、《中医图书联合目录》]

凌淦 字仲清，号砺生，晚号退庵。清代江苏吴江县莘塔镇人。早年习儒，咸丰己未（1859）中举，候选部郎。精通医理，曾师事同邑名医李寿龄（字辛垞），又与同宗凌嘉六先生相与考究，临证神明变化，无浮泛陋习。门生沈陈麟整理其验案编《退庵医案》，李寿龄为之批注。此书未梓，今存抄本。[见：《退庵医案·跋》、《中医图书联合目录》]

凌瑄 号双湖。明代浙江归安县双林镇人。名医凌云孙。早年习儒，为庠生。凌氏针法世代相传，至瑄亦精。曾奉慈寿太后谕旨，施针于浙、闽，全活万计，晋登仕郎。[见：《归安县志》]

凌德 字蛰庵，号嘉禄，又号嘉六。清代浙江归安县人。习法家言，入秀水、富阳县幕府，平反冤狱甚多。咸丰间（1851～1861）寓居上海，与诸名流讨论金石、书画。善写擘窠大字，武林、吴兴诸胜迹匾额多见其手迹，长兴县地藏殿"普拯十地"四字，最为壮观。虚心笃学，博通古今，尤精医术。对温热大症尤有研究。著有《温热类编》六卷、《专治麻痧初编》六卷、《咳论经旨》四卷、《女科折衷纂要》一卷，今存。尚撰《内经素灵要旨》、《蛰庵医话》等，未见流传。

凌

[见:《上海县续志》、《中国医学大成总目提要》、《中医图书联合目录》]

凌耀① 字沧侯。清初浙江吴兴县人。生平未详。康熙三十五年丙子（1696）校订汪启贤《广嗣秘诀》。[见:《女科书录要》]

凌耀② 字藻亭。清代江苏金山县人。工书善画，尤精医道，以针灸著称。乾隆间（1736～1795）挟技游京师，官至太医院判。[见:《松江府志》、《金山县志》]

凌一飞 字简香。清代江苏上海县闵行镇人。世代业医，至一飞益精，名重乡里。[见:《上海县志》]

凌一凤 字子威。清初浙江乌程县人。名医凌云后裔。擅针灸术。顺治、康熙间（1644～1722）应召入都，官至太医院院判。[见:《乌程县志》]

凌又新 清代人。里居未详（疑为吴江县人）。名医吴金寿门生。曾参校其师所辑《三家医案合刻》。[见:《三家医案合刻》]

凌千一 明代浙江归安县双林镇人。世代业医。初习举业，博览群书，留心济世。后专习祖传针灸术，以医知名。撰有《针灸秘要》四卷，沈伦（大樗山人）为之作序，今未见。[见:《中国医籍考》（引《大樗山人文集》）]

凌及甫 清代浙江吴兴县人。生平未详。著有《外台方选》、《疡科正名》二书，今未见。[见:《吴兴县志》]

凌小圃 清代浙江乌程县人。名医凌云十二世孙。传承祖业，精通针灸术。[见:《浙北医学史略》]

凌小海 （1870～1935）近代江苏吴江县同里镇人。邑名医凌东海子。庠生。绍承父业，亦精医术，于喉科诸症尤有心得。认为急性喉症多因外受风邪，内有积热，风热相聚，火毒发于咽喉，遂成疾患。临症常以栀子豉汤为主方，用萝卜汁为引，每收奇功。[见:《吴中名医录》]

凌天章 佚其名（字天章）。明代浙江归安县双林镇人。针灸名医凌云兄。天章亦通针灸，以明医见称。一男子病，舌出不能缩。天章诊之，谓:"肾水竭，不能制心火，病在阴虚。"针其左股太阳经，不效。归而问其弟，凌云曰:"失在知泻而不知补。"乃施以补法，三针而舌渐收，遂不复发。[见:《中国历代名医碑传集》（引慎蒙《凌汉章先生传》）]

凌云志 字逸上。清代江苏宝山县江湾里人。刻苦习医，知名于时。就诊者盈门，悉心治疗，不辞其劳。[见:《江湾里志》]

凌凤仪 字学川。明代常熟县（今属江苏）人，迁居吴县。精医术，尤善针灸。正德二年丁卯（1507），疫疬流行，江苏藩司刘鼎设药局，延聘凌凤仪主治，全活甚众。刘赠"儒望医宗"匾表彰之。子凌佩，传承父业。[见:《吴县志》]

凌文涛 清代浙江乌程县人。名医凌云十四世孙。继承祖业，精通针灸。[见:《浙北医学史略》]

凌文潮 清代浙江乌程县人。名医凌云十四世孙。继承祖业，精通针灸。[见:《浙北医学史略》]

凌文澹 清代浙江乌程县人。名医凌云十四世孙。继承祖业，精通针灸。[见:《浙北医学史略》]

凌玉樵 清代浙江乌程县人。名医凌云九世孙。继承祖业，精通针灸。[见:《浙北医学史略》]

凌可曾 字定孚。清代浙江湖州人。名医凌奂（1822～1893）第三子。附贡生。得父传授，亦精医术，无时医俗态。曾参校其父《医学薪传》。[见:《中国历代医家传略》（引《凌晓五行状》）]

凌东海 清末江苏吴江县同里镇人。业医，通内、外、咽喉、针灸诸科。子凌小海（1870～1935），继承父业，医名益盛。[见:《吴中名医传》]

凌邦从 清代浙江乌程县人。名医凌云十世孙。继承祖业，精通针灸。[见:《浙北医学史略》]

凌贞侯 清代浙江归安县双林镇人。名医凌云后裔。继承家学，医术精妙，沉疴痼疾，应手著效，活人不可胜数。每出诊，车马骈集，黄童白叟，拥马足不能行。后挟技游中原，历河北，转客京师，公卿贵戚，争相延致，声达帝廷，曾应召入宫诊疾。待人和易率真，治病无分贵贱，不以名医自矜诩，人益敬重之。著有《针灸集要》，潘未为之作序，今未见。[见:《遂初堂文集》]

凌伯川 号中和老人。明代常熟县（今属江苏）人。以儒医闻名淮上。晚年卒于乡。[见:《常昭合志稿》]

凌应霖 （1868～1933）字甘伯。清末江苏吴江县黎里人。自幼习儒，有文名。教塾为生。课徒之暇，尤喜研究岐黄典籍，问业于名医陶橘香。年三十，悬壶于乡，以内科应诊，疗效显著，求治者甚众。行医三十余年，与同时名医殷佩六、王达泉齐名，世称"黎里三鼎足"。著有《凌甘伯医案》三卷，系王怡然手录，今未见。[见：《吴中名医录》]

凌和勋 清代安徽定远县人。儒医凌奎扬次子。早年习儒，为邑增生。传承父学，悬壶济世。凡患病者，来必诊，请必往，治无不效，知名于时。长年奔走施治，竟以劳瘁而殁。[见：《定远县志》]

凌绂曾 字初平。清末浙江归安县苕溪人。名医凌奂（1822～1893）长子。少有文名，肄业于诂经精舍。继承家学，兼精医术。光绪间（1875～1908），应聘治醇亲王疾。历任广西、山东等省牧宰，所至有政迹，公余为民诊病。好收藏古籍，筑鸿术堂，藏书二万卷，多宋元精椠。卒于清末。其子凌铭之，悉以所藏古籍捐赠吴兴图书馆，抗日战争时期散佚无存，闻者无不痛惜。著有《白喉丹痧述要》一卷，今存。[见：《中国历代名医传》、《浙江医籍考》、《浙北医学史略》]

凌奎扬 字守华。清代安徽定远县人。凌辉之次子。早年习儒，博学多识，为岁贡生。其家累世制药施济，收藏医书甚富。奎扬性嗜医学，尽读家藏典籍，深悟岐黄奥理，求诊者络绎于门。长子凌和钟，次子凌和勋，皆为邑增生，和勋传承医术。[见：《定远县志》]

凌禹声 清代江苏青浦县人。世以儒医知名，至禹声已传十五世。[见：《名老中医之路》]

凌恒达 字纯一。元代浙江嘉兴县人。祖籍高邮，其五世祖凌次英徙居嘉兴，宋庆元己未（1199）举进士，遂为当地望族。恒达不喜举业，年二十入计筹山学老庄术，纵览佛经、《周易》，博学多识。久之自信有得，乃游茅山，登匡庐，揽衡岳，问道武当。左丞王守诚、吕仲实，博士张翥、危素，先后寻访，问养生之道。其要言曰："形骸者气血也，金丹者草木金石也。气血有时而衰耗，则形骸焉能久而不枯毙哉？形骸既枯，则草木金石其能延驻之耶？"又曰："虚静恬淡，寂漠无为，天地清宁，万物化育，是之谓大药上丹，卫生之要也。"丞相脱脱闻凌氏语，欲见之，而恒达已南还。晚岁倦游，归计筹山以终老。[见：《嘉兴县志》]

凌振华 清代浙江乌程县人。名医凌云十一世孙。继承祖业，精通针灸。[见：《浙北医学史略》]

凌宸世（1662～1722）字兰亭。清代浙江桐乡县人。名医凌云七世孙。祖籍吴兴双林镇，康熙间迁居桐乡县濮院，遂占籍。绍承家学，以针灸术著称，驰名江浙。[见：《桐乡县志》]

凌涵春 号竹西。清代浙江归安县人。徙居江苏青浦县。精医术，知名于时。孙凌鹏飞，传承其学。[见：《青浦县志》]

凌绶曾 字爽泉。清末浙江归安县苕溪人。名医凌奂（1822～1893）四子。乔寓沪滨。早年随父侍诊，久之精家学，以医知名。戚戚于医道之不行，尝问难于兄凌绂曾，兄作《示弟庸言书》，开示医家要旨。[见：《中国历代医史》、《中国历代医家传略》（引《凌晓五行状》）]

凌鹏飞 字履之。清代浙江归安县人。寓居江苏青浦县。名医凌涵春孙。继承家学，又从青浦名医俞廷旸学，名重于时。[见：《青浦县续志》、《中国历代医家传录》]

资

资玉卿 清代人。生平里居未详。撰有《新集八略》一卷，今存道光二十六年丙午（1846）三让堂刻本。[见：《中医图书联合目录》]

浦

浦龄 字鉴庭。清末江苏金匮县人。生平未详。曾编校陈笏庵《胎产秘书》，改题《胎产金针》，刊于光绪七年（1881），今存。[见：《中医图书联合目录》]

浦士贞 号夕庵。清代人。生平里居未详。尝摘取李时珍《本草纲目》常用之药，辑《读本草快编》六卷，刊于康熙间（1662～1722）。此书国内未见，今日本国立公文书馆内阁文库藏有抄本。[见：《内阁文库汉籍分类目录》、《中国医籍考》]

浦天球 字鸣虞。明清间浙江嘉善县人。自幼嗜学，事父母以孝闻。叔父浦涵英，从名医王肯堂（1549～1613）游，以医名世。浦天球得叔父传授，通王氏医论，复取历代医书读之，刻意精研，"识运气之标本，阴阳之升降，变化生生之理，必深究其精微，"临证治疾，每著奇效。清初弃儒业医，隐居不仕，栽兰种菊，萧然高致。寿至八十岁，德寿两全，人咸美之。著有《女科正宗》四卷（一说与何涛合著），成书于康熙三年（1664）。此书存清初刻本，现藏中华医学会上海分会图书馆。[见：《嘉善县志》、《中国历代医家传录》（引《女科正宗·自序》）、《中医图书联合目录》]

浦文俊 字隽人。清代江苏嘉定县人。邑名医浦廷标子。自幼习儒，为国子生。善诗文，工书法。传承父学，以医知名。〔见：《嘉定县志》〕

浦廷标 字子英。清代江苏嘉定县人。诸生。工行楷，精篆刻。中年得瘵疾，学医于青浦何其伟（1774～1837），潜思默悟，尽得其术。尝谓："近人气禀较薄，治病以培养元气为本。"著有《杂证类编》十六卷，未见刊行。子浦文俊，传承其业。〔见：《嘉定县志》〕

浦涵英 明末浙江嘉善县人。从名医王肯堂（1549～1613）游。以医术行世，名著于时。子浦天球，得其传授。〔见：《中国历代医家传录》（引《女科正宗·浦天球自序》）〕

浦毓秀 清代江苏太仓州人。生平未详。辑有《外科神效方》，今未见。〔见：《太仓州志》〕

涂

涂绅 明代江西金溪县人。生平未详。著有《百代医宗》十卷，刊于万历三十五年丁未（1607）。此书稀觏，仅见中华医学会上海分会图书馆、日本国立公文书馆内阁文库各藏一部。〔见：《贩书偶记续编》、《中医图书联合目录》、《内阁文库汉籍分类目录》〕

涂源 字自昆。清代江西高安县四十三都泉井人。自幼习儒，补弟子员。曾患出血证，时医不能疗，乃自检方书，偶见有脉证相同者，依方治之而愈。因叹曰："病必有方。"遂博采岐黄家言，久之通医。凡以病求治者，取前贤医案相印证，所治多良效。〔见：《高安县志》〕

涂世俊 （1249～1304）字英叔，号心微。宋元间安成（今江西安福）人。少颖异，读书善悟。世业岐黄，至世俊医术益精，诊视辄验。性孝友，好济人，凡以急症延请，废寝食赴救。晚年患疾，命家人焚香，端坐而逝。〔见：《金元医学人物》（引刘将孙《养吾斋集·涂英叔墓志铭》）〕

涂西园 佚其名（号西园）。清代广东大埔县人。精医术，名重于时。救济甚多，卒后多年，乡里不忘。孙涂廷献，亦精家学。〔见：《大埔县志》〕

涂光簧 字在中。清代江西靖安县忠夏人。精研医理，知名于时。〔见：《靖安县志》〕

涂廷献 字省斋。近代广东大埔县人。涂西园孙。八岁丧父，母抚之成立。家贫好学，嗜《汉书》，手自抄写，纸不能继，抄于他书之眉。及长，补博士弟子员，旋补增生。史学外，酷好易学、医学，旁及阴阳、术数、天算。尝训其子涂葆莹曰："吾家自祖父西园公，以医为业，救济多人，至今尚口碑载道。尔等于读书之暇，当留心此道。虽非必业此，然先绪不可坠，常识不可缺也。如能沟通中西，以成学术，则吾所愿望已。"光绪戊戌（1898）后，集同道于北区创办仁济会，提倡慈善事业，施赠医药，收效甚巨。年七十三岁卒。其子以家产四分之一捐赠本区小学校，设立省公图书馆，以志纪念。著有医书《伤寒撷要表》及《周易史证》、《读史小评》、《最新代数学教科习题详草》等，未见刊行。子涂葆莹，亦工医术。〔见：《大埔县志》〕

涂庆澜 清代福建莆田县人。生平未详。著有《荔隐居卫生集语》三卷，刊于世。〔见：《中国丛书综录》〕

涂沛章 清末河南正阳县涂家店人。邑外科名医涂法章族人。受业于法章门生庞学颜、周保安，亦以医名。〔见：《重修正阳县志》〕

涂法章 清代河南正阳县涂家店人。性端严，弱冠娴医业，尤精外科。咸丰、同治间（1851～1874），避乱于息罗边境，医名甚噪。门生庞学颜、周保安得其传授。族人涂沛章、涂鸿模，从庞、周二人习医，亦知名。〔见：《重修正阳县志》〕

涂宝怀 清代江苏宝应县人。精眼科，能治人所不治。渔民王某之女，双目失明。宝怀治之，两月而痊。〔见：《宝应县志》〕

涂鸿模 清末河南正阳县涂家店人。邑外科名医涂法章族人。受业于法章门生庞学颜、周保安，亦以医名。〔见：《重修正阳县志》〕

涂葆莹 近代广东大埔县人。清末儒医涂廷献子。早年习儒。继承父学，亦工医术。〔见：《大埔县志》〕

宾

宾之技 清代湖南衡山县人。监生。精通医术，闻人病剧，辄亲往调理，并赠以药。雍正己酉（1729）岁歉，出谷米三百余石，以贷贫乏，不取息，无力偿还者，焚其借券。〔见：《衡山县志》〕

容

容茂元 清代广东新会县荷塘人。与名医李昭南同乡，皆嘉道间（1796～1850）

人。精通医术，尤擅儿科，辨脉精细，能预知生死。善用重剂，应手取效。常晚起，日晡后始出诊，携灯夜行，人呼"夜摸先生"。［见：《新会县志》］

诸

诸翱 （？～1732） 字元宰。清代安徽南陵县人。精医术，就诊者靡不应手痊愈。性嗜山水，往来钟山、虎丘、天台、雁荡、栖霞、天竺诸名胜。又泛舟西湖，寻坡公遗迹。晚年须髯飘拂，望之不啻神仙中人。雍正十年卒。著有《本草证误》若干卷，未见流传。［见：《南陵县志》］

诸子文 清代江苏常熟县人。善医，治病宗仲景之法。［见：《里陆小志》］

诸可宝 清末浙江钱塘县人。生平未详。光绪十一年（1885）校订刚毅《洗冤录义证》四卷，今存。［见：《中医图书联合目录》］

诸廷钧 字让尊，号静村。清代江苏上海县人，居陆家宅。精通医术，耽嗜书法，知名于时。［见：《上海县续志》］

诸步阶 （1856～1926） 近代上海洋泾区诸家宅人。名医诸焕章曾孙。少羸弱，六岁未能步履。及长，以医为业，精通内科、妇科，名噪于时。一反时医敷衍之习，临证或补或泻，每能起死回生。对药性有独到见解，如谓黄连能治百病、石膏止吐、大黄止血之类。诊务之暇，从事锻炼，柔弱之躯，转为强健。中年后潜心佛学，朝夕诵经。1926年夏冒雨出诊，染疫而卒，享年七十有一。门生陈筱宝，传承其术。［见：《上海县志》、《中国历代医史》］

诸余龄 字原静，号云泉。明代浙江仁和县人。博雅擅书弈。尤精于医，制方不执古法，依症从舍，投药辄效，起死回生者甚多。遇不可起者，预言时日，辄验。四方争相延致，不分贫富皆往，赠以厚酬，不受，世人益重之。晚年，与名医徐镗等结天医社。后隐居灵鹫山，筑小楼而居，而求治者冠盖满山谷。临终，预知死期，子女环侍，拱手为别，端坐而逝。撰有《伤寒论注》若干卷，藏于家。殁后，弟子集其医案，编《云泉医案》，惜已散佚。子诸梦环，为隆庆辛未（1571）进士。［见：《杭州府志》、《浙江通志》］

诸纯淦 清代人。生平里居未详。辑有《陶子春医案》一卷，今存抄本。［见：《中医图书联合目录》］

诸修栖 原名修儒。字聘珍，号息喧。清代江苏上海县人。博览医书，以术济人，治病不计酬报。［见：《上海县续志》］

诸祚晋 明代昆山县（今属江苏）人。生平未详。著有《针经指南》若干卷，未见刊行。［见：《昆新两县志》］

诸焕章 字董林。清代江苏上海县人。善妇科，兼精痘疹，用药多奇效。县令温纶湛赠匾"婴姹春生"；王宗濂赠匾"云间橘井"。年八十五岁卒。曾孙诸步阶，继业尤精。［见：《上海县志》］

诸葛

诸葛兴 南宋山阴县（今浙江绍兴）人。于绍定元年（1228）订正张杲《医说》，辨其舛误，删其芜杂，间以所闻稍附益之。［见：《医说·诸葛兴序》］

诸葛绅 字缙成。明代吴江县（今属江苏）黎里人。家贫少孤，塾师怜之，授以岐黄书，能通大旨，后以小儿科知名。同里唐氏子二岁，中寒昏厥，一昼夜不醒，众医皆束手。诸葛绅诊之，投以生姜、干姜、黑姜三味，三鼓后得啼而愈。年七十余卒。子孙世以医术相传。［见：《黎里志》］

诸葛泰 （1870～1942） 字韵笙，号源生。近代浙江兰溪县诸葛镇人。药商诸葛棠斋子。庠生。幼习举业，光绪（1875～1908）末，弃儒从商，继承父业。其父创天一堂药店于兰溪县城，诸葛泰增设同庆药行，批发中药。继设祥泰药号于上海、广州，设同丰泰运输行于杭州，其药材批发业务冠于全国。此外，所制丸散膏丹诸药，选料地道，制作精细，颇有声誉，营销全国。所产百补全鹿丸，盲者手摸鼻闻，即知天一堂所制。诸葛氏热心公益，曾兴办诸葛宗高小学、兰溪中医专门学校，对中医药事业颇有贡献。［见：《兰溪市医学史略》］

诸葛颖 （536～612） 字汉。隋代丹阳建康（今江苏江宁县南）人。父诸葛规，官义阳太守。颖八岁能属文。及长，任梁邵陵王参军。侯景之乱，奔于北齐，历任太学博士、太子舍人。北周武帝平北齐，颖不得官，杜门不出者十余年，习《周易》、《庄子》诸书。隋初，晋王杨广闻其名，召为参军，改授药藏监。杨广即位（即隋炀帝），迁著作郎，累官朝散大夫、正议大夫。年七十七岁卒。著有《淮南王食经》一百二十卷、《淮南王食经音》十三卷、《淮南王食目》

十画

十卷，均佚。[见：《隋书·诸葛颖传》、《旧唐书·经籍志》、《宋史·艺文志》]

诸葛禹莫 （1882～1952） 字柏梁。现代浙江兰溪县诸葛乡人。年十六受业于衢县名医姜献华，尽得心传。精通内外两科，尤擅治脑疽、发背等症，远近知名。以济利为怀，遇贫病不计酬谢，反赠药资，世人盛传其德。辑有《外科效方集》一册，藏于家。[见：《兰溪市医学史略》]

诸葛棠斋 清末浙江兰溪县诸葛镇人。通药理，擅于鉴别药材，咸丰间（1851～1861）创立天一堂药店于兰溪县城。后设祥源药号于上海、广州、香港各地，生意兴隆。子诸葛泰（1870～1942），继承其业。[见：《兰溪市医学史略》]

谈

谈伦 号野翁。明代人。生平里居未详。著有《试验小方》一卷，存佚不明。[见：《千顷堂书目》、《万卷堂书目》]

谈宠 号元谷。明代浙江海盐县人。精医术，为嘉靖、隆庆间（1522～1572）海盐县儿科名医。同邑张霆，与谈氏齐名。[见：《海盐县志》]

谈复 字采芝。明代无锡县（今属江苏）人。精医理，以医药济人。重医德，虽家境清贫，衣食常不给，而所得悉救济贫者。以高寿终。[见：《无锡金匮县志》]

谈鼎 明代南汇县（今属上海）人。精医术，曾任太医院吏目。[见：《南汇县志》]

谈福 明代南汇县（今属上海）人。精医术。嘉靖间（1522～1566）任王府良医正。[见：《南汇县志》]

谈燮 字赞元。清代江苏上元县泉水乡谈家村人。自幼好学岐黄，后遍访名医，博览先贤秘要，久之通悟，于伤寒、瘟疫尤有心得。曾广采诸书，辑《伤寒瘟疫微论》。[见：《中国历代医家传录》（引《伤寒瘟疫微论·自序》）]

谈九乾 清代浙江德清县人。邑名医胡璞门生。传承师学，亦通医术。[见：《湖州府志》]

谈子昭 清代江苏丹徒县城北谈家洲人。洲坍没，乃迁居城内清风桥畔。精医术，尤善治湿毒诸证。设医室于桥上，凡求治者，以家传秘方贴患处，无不痊愈，享誉于时。裔孙谈德恩，传承其术。[见：《丹徒县志》]

谈允明 字景岩。清代浙江嘉兴县人。邑儿科名医谈时雍后裔。幼年丧父，事母至孝。好读书，尤嗜《三礼》。兼治《素问》诸医籍，久之精医，尤擅儿科，有起死回生之誉。著有《医旨心传》若干卷，未见梓行。孙谈东岩，传承祖业。[见：《嘉兴县志》、《浙江通志》]

谈东岩 清代浙江嘉兴县人，居城东。邑儿科名医谈允明孙。继承祖业，亦精儿科。子谈邦耀，传承家业。[见：《嘉兴县志》]

谈乐岩 清代浙江嘉兴县人。精医术，专擅儿科，著名于时。[见：《嘉兴县志》]

谈邦耀 字宇康。清代浙江嘉兴县梅里人。世医谈东岩子。谈氏世业小儿科，至邦耀医术益精，有"谈小儿"之称。子谈守仁，传承家业。[见：《嘉兴县志》]

谈守仁 字甫元。清代浙江嘉兴县梅里人。邑儿科名医谈邦耀子。继承父业，亦以医著称，济人甚众。[见：《嘉兴县志》]

谈如纬 字晋春，又字琴川。清代江苏太仓州璜泾镇人。其先世居常熟，故字"琴川"，志不忘本。为人质直好义，凡乡人贫乏艰困者，恤之无所吝。自少精医，名重于时。乾隆七年（1742）里中大疫，谈氏昼夜奔走治疗，不计诊酬，赖以全活者甚众。尝曰："吾闻医以济人，非为利也。"勤于教子，令专志读书。子谈理，以进士授知县。[见：《璜泾志稿》]

谈志凤 字兆岐。清代江苏上元县人。精儿科，尤善针灸，存活婴幼不可胜数，知名于时。兄谈志学，医名亦盛。[见：《江宁府志》、《上元县志》]

谈志学 字习公。清代江苏上元县人。精医术，以儿科名世，全活婴幼甚众。著有《温证指书》四卷，未见刊行。弟谈志凤，亦以医名。[见：《上元县志》、《上江两县合志》]

谈时雍 号继岩。明代浙江嘉兴县人。世以幼科知名，至时雍亦冠绝一时，为万历间（1573～1619）当地名医，每日晨起，远近抱婴儿就治者不下三五十人。诊视毕，病者酬以药金，十受二三而已。后裔谈允明，医术亦佳。[见：《浙江通志》、《嘉兴县志》]

谈金章 字心揆，号黄郓，又号芦中侣。清代浙江嘉兴县人。精医术，专擅儿科。著有《诚书》（又作《幼科诚书》）十六卷、《诚书痘疹》三卷，刊于康熙间（1662～1722），今存。子谈隆门，曾校订父书。[见：《诚书》、《嘉兴县志》、《中医图书联合目录》]

谈起行 清代浙江湖州人。生平未详。曾编《增删经验良方》一卷，刊于乾隆十八

年（1753）。［见：《贩书偶记续编》］

谈鸿谋 清代江苏江都县人。生平未详。著有《医学指归》二卷，未见刊行。［见：《江都县续志》］

谈鸿鎏 清末人。生平里居未详。著有《药要便蒙新编》二卷、《药性新赋》一卷，刊于世。［见：《中医图书联合目录》］

谈维曾 字君揆。清初浙江归安县人。以例入太学。旁通医术，施药济人，勤勤恳恳，老而弥笃，受惠者甚众。知县裴恩芹，赠匾旌表其门。乾隆元年（1736），寿八十余，恩赐八品顶戴。著有《保产益书》，未见刊行。［见：《归安县志》］

谈隆门 字禹功。清代浙江嘉兴县人。邑儿科名医谈金章子。生平未详，曾校订其父《幼科诚书》、《诚书痘疹》，刊刻于康熙间（1662～1722）。［见：《嘉兴县志》、《中医图书联合目录》］

谈锡命 字天臣。清代浙江嘉兴县人。生平未详。康熙甲子（1684）参订萧埙《女科经纶》。［见：《女科经纶》］

谈嘉宾 清代浙江嘉兴县人。精医术，专擅儿科，著名于时。［见：《嘉兴县志》］

谈德恩 字眷之。清代江苏丹徒县城北谈家洲人。邑名医谈子昭裔孙。早年习儒，为诸生。传承家学，亦精医术，善治湿毒诸证。设医室于县城清风桥，沿用先祖旧号，享誉于时。［见：《丹徒县志》］

陶

陶华 （1369～1463） 字尚之（一作尚文），号节庵。明初浙江余杭县人。自幼习儒，旁通百氏，遇良师授以秘藏医籍，遂精轩岐之术。精研汉张仲景《伤寒论》，悟其奥理，多有发明。临证善切脉，随证制方，不拘古法，每遇奇疾，应手而瘥。一人食羊肉后涉水，痞结于胸。其门人请曰："此病下之不能，吐之不出，当用何法？"陶华曰："可食砒一钱。"门人未信，以他药试之，百计不效，始依师言，一服即吐，遂愈。复问曰："砒性杀人，何能治病？"陶曰："羊血大能解砒毒，羊肉得砒而吐，而砒得羊血则不能杀人。是以知其可愈。"陶氏曾悬壶杭州，治伤寒证常一服即愈，神效莫测，名动于时，有"陶一帖"之称。然非重金不出诊，士论非之。永乐间（1403～1424）征为医学训科，宣德间（1426～1435）致仕。年九十五岁卒。子孙世承其业。陶氏富于著

述，有《伤寒六书》（包括《陶氏家秘》、《明理续论》、《伤寒琐言》、《杀车槌法》、《伤寒一提金启蒙》、《证脉截江网》）及《伤寒全生集》（又作《伤寒活人指掌全生集》）四卷、《伤寒全书》五卷、《伤寒点点金》一卷、《痘疹秘传》四卷、《痈疽神秘验方》一卷，皆刊刻于世。还著有《十段关》一卷、《伤寒治例直指》二卷、《伤寒直格标本论》一卷、《陶节庵心髓》一卷，今佚。名医王肯堂评其书曰："陶氏之书，不过剽窃南阳唾余，尚未见易水门墙，而辄诋《伤寒》为非全书，聋瞽来学，盖仲景之罪人也。"［见：《浙江通志》、《余杭县志》、《医藏书目》、《明史·艺文志》、《国史经籍志》、《医学入门·历代医学姓氏》、《中国历代名医传》、《中医图书联合目录》］

陶汾 （1778～1850） 字渭阳。清代江苏无锡县人。生平未详。著有《草经》十四卷、《经验良方》十卷，今皆未见。［见：《吴中名医录》（引《锡金历朝书目考》）］

陶纯 明代常熟县（今属江苏）人。邑名医陶锦子。绍承家学，以医著称。子陶闻诗，继承其业。［见：《常昭合志》、《常昭合志稿》］

陶定 字安世。宋代善化县（今湖南善化）人。官潭州知州。家藏《陶氏家传方》，刘昉辑《幼幼新书》，曾参考之，今佚。［见：《幼幼新书·近世方书》］

陶泉 字吟霞。清代江苏昆山县东乡夏驾桥人。监生。素精医理。兼善绘画，工山水花卉，所画墨松古秀奇突。［见：《昆新两县续修合志》］

陶埙 明代常熟县（今属江苏）人。邑名医陶甄孙，陶宗义子。绍承家学，亦以医名。［见：《常昭合志稿》］

陶桢 字以宁。清代江苏常熟县唐市人。精医术，擅治痘疹，知名于时。［见：《唐市志补编》］

陶浩 字巨源。明代太仓州（今江苏太仓）人。昆山县庠生。少攻举业，后为苏州名医许谌赘婿，尽得岳父传授，遂悬壶于世。临证数起奇疾，远近闻名，求诊者日众。素行清俭，人品端方，乡里称之。景泰间（1450～1456），昆山教谕严敏之妻患重病，陶氏应邀诊治，应手而效。著有《药案》，藏于家。［见：《太仓州志》、《昆新两县续修合志》、《昆山县志》、《古今医统大全·历世圣贤名医姓氏》］

陶植 元代昆山县（今江苏昆山）人。徙居常熟。至正间（1341～1368）以明医授本县

医学录。子陶甄，孙陶宗义，能世其业。[见：《常昭合志稿》、《常熟县志》]

陶然 字浩存。清代江苏上海县人。精医术。康熙间（1662~1722）疫疠流行，病者竟相延诊，虽殆必起。年六十六岁卒。[见：《上海县续志》]

陶湘 字百川，号古庵。清代浙江鄞县人。生平未详。著有《古庵药鉴》二卷，今残存卷上，书藏中国科学院图书馆。[见：《中医图书联合目录》]

陶椿 字松年。清代江苏上海县人。继承祖业，悬壶于世，晚年医术益精。[见：《上海县志》]

陶甄 元明间常熟县（今属江苏）人。祖籍昆山。邑名医陶植子。绍承父学，以医为业。子陶宗义，医名益著。[见：《常昭合志稿》]

陶煦 （1821~1891） 字子春，号沚村。清代江苏元和县贞丰里（今昆山周庄镇）人。监生，候选翰林待诏。少孤，性宽仁，敦尚孝友。好学工诗，与弟陶焘、名士韩念乔诸人结棠巢诗社。尤精医术，名重于时。早年悬壶苏州齐门外及元和县唯亭镇，后移诊于乡。晚年以长子陶惟埴贵，诰封奉政大夫。著有医书《国朝医学丛钞》、《医学须知》，另有《周庄镇志》、《贞丰诗萃》、《沚村诗钞》、《租核》等，皆未见刊行。[见：《昆山历代医家录》（引《清故诰封奉政大夫陶君夫人朱氏墓志铭》）]

陶锦 明代常熟县（今属江苏）人。祖籍昆山。元代名医陶植后裔。善承家学，知名于时。子陶纯，孙陶闻诗，克传其业。[见：《常昭合志》、《常昭合志稿》]

陶煊 字奉长，号冷痴，别号松门。清初湖南宁乡县人。儒医陶之典子。由廪生考授州同知，曾任安亲王府教习。平生负大志，多壮游，好读书，舟中、马上，手不释卷。所至与贤豪往还，如王士禛（1634~1711）、徐乾学、宋荦、韩菼，皆一见折节，以国士相期许。其诗学唐，出入宋人。尺牍、书法亦工。旁及刑名、算法、岐黄、堪舆之学。[见：《宁乡县志》]

陶滨 字海门。清代安徽蒙城县人。早年习儒，候选训导。博学多识，兼精医术。知县李炳涛赠"山中宰相"匾额。[见：《重修蒙城县志》]

陶瑭 （1777~1836） 原名陶堂，学名鸿基。字宪章，号静安。清代江苏无锡县人。贡生。通医理。著有《医方集要》一卷，未见刊行。[见：《吴中名医录》（引《锡金历朝书目考》）]

陶潜 （365~427） 字元亮，又字渊明，号五柳先生，世称靖节先生。东晋浔阳柴桑（今江西九江西南）人。武昌太守陶茂孙。少有高趣，不慕荣利，博学多识，精于诗文。早年作《五柳先生传》以自况。因双亲年迈，家境贫寒，出任州祭酒，不堪其职，辞归。义熙二年（406）任彭泽县令，在官八十余日，郡遣督邮来县，县吏谓潜曰："应束带见之。"潜叹曰："吾不能为五斗米，折腰事乡里小儿。"遂解印归去，著《辞去来辞》以明志。元嘉四年卒，时六十三岁。陶潜为我国古代著名诗人，对后世文坛影响极大。兼通医药，著有《陶潜方》，唐代远传日本，今佚。[见：《晋书·陶潜传》、《日本医学史·医心方引用唐书目》]

陶士奇 字特夫。明代常熟县（今属江苏）人。祖籍昆山县，其先祖陶植迁居常熟，精医，元至正间（1341~1368）官医学录。至明嘉靖间（1522~1566）有陶锦，以医术负盛名。锦子陶纯，纯子陶闻诗，皆以医闻。士奇为闻诗后裔，善承先业，技艺益精，称一邑之冠，荐授太医院吏目。重医德，病家夜分造请，无不立应。遇贫困者施药救济，未尝求报。尝诫子孙曰："儒医二者之外，勿徙他业！"著有《历验心法》，已佚。[见：《常昭合志》、《常昭合志稿》]

陶之典 字五徽，号憺庵。明清间湖南宁乡县人。明翰林检讨陶汝鼐子。性情恬静，动履端方，工诗古文。崇祯间（1628~1644）以廪膳生入武昌濂溪书院，讲求经史，书法清劲，有名士林。清初，左良玉兵至宁乡，陶氏奉父逃匿山谷。其父以复明事陷狱，之典乞代死，不获。徒步四千里，呼号营救。有旨令洪承畴按问，遂免父祸。洪承畴以之典有经济才，荐之于朝，不赴。顺治十八年（1661）选充贡生。明年，安亲王岳乐至长沙，闻之典名，招课其子。旋携至京师，考取内阁中书。逾年，以父老告归。年八十九岁卒。著有《冠松岩集》。兼通医理，曾刊刻方书，济世活人。撰有《伤寒源流》五卷，今存康熙三十六年丁丑（1697）杨家修等校刻本。子陶煊，以儒学著称，兼通医理。[见：《宁乡县志》、《中国人名大辞典》]

陶元照 字容光，号临川。清代江苏元和县人。早年习儒，屡试未能入县学，弃而学医，师事青浦名医何其瑞。仲景《伤寒论》之外，尤服膺《东垣十书》，治病多奇中。兼工绘画，最擅设色牡丹，有"陶牡丹"之称。[见：《吴县志》]

陶云章 清代江苏清河县人。精医术，知名于时。同时有丁汝弼、刘文锦、张燮堂、熊鉴堂、程少楼，亦以医术著称。[见《续纂清河县志》]

陶五松 清代人。生平里居未详。著有《痘科秘本》一卷，今存康熙间（1662～1722）抄本。[见《中医图书联合目录》]

陶世友 字丽中。清代江苏溧水县人。工医术，精通四诊。曾采药于海州（今连云港市）云台山，爱丘壑之胜，遂定居，辟紫芝室于板浦，以医术济世。[见《海州文献录》]

陶世尧 清代四川郫县金龙寺人。徙居温江县。早年习儒，诵读之暇，披览《内经》、《伤寒》诸医书，多有心悟。晚年术益精，屡起沉疴，活人甚众。性朴直，有涵养。年九十九岁诞辰，自为联云："问百岁少一龄，春色如昨；处三万五千日，人情异初。"是年谢世。[见《郫县志》]

陶本学 字泗源，号会稽山人。明代浙江会稽县人。自少习儒，不得志，后因病习医。万历甲午（1594）悬壶京邸，暇则著书立说。撰有《脉证治例辨疑》十二卷、《孕育玄机》三卷、《百段锦》一卷，今存抄本。[见《浙江医籍考》、《中医图书联合目录》]

陶弘景（456～536）字通明，谥号贞白先生，自号华阳陶隐居。南朝梁丹阳郡秣陵县（今南京）人。孝昌县令陶贞子。自幼好学，四岁以芦管为笔学书。十岁读葛洪《神仙传》，爱不释手，遂有修仙之想。好学多闻，读书逾万卷，一事不知，以为深耻。其父为妾所害，故弘景终生不娶。刘宋末年，萧道成为相，荐陶弘景为诸王侍读。时弘景尚不满二十岁，虽身在朱门，不与世交，日以披阅为务。因家贫，求改县令，不遂。永明十年（492），脱朝服，挂于神武门，上表辞官，请入山修道。齐武帝诏许之，赐以束帛，敕所在州县月给茯苓五斤、白蜜二升，以供服饵。自此，隐居句容县句曲山，立馆其中，自号华阳陶隐居。初从东阳道士孙游岳学符图、经法，后遍历名山寻访仙药，漫游山水间，吟咏盘桓，留连忘归。永元初（499），建三层楼，居上层，唯一家童得至其所，益与世绝。梁武帝继位，甚器重之，屡召不至。国家每有吉凶征讨大事，武帝皆使人咨询，每月常有数信，时称"山中宰相"。天监四年（505），移居积金东涧，以辟谷、导引诸法养生，隐处四十余年，年逾八十而有壮容。大同二年卒，时年八十五岁。诏赠太中大夫，谥"贞白先生"。遗令薄葬，止着平素旧衣，左肘录

铃，右肘药铃而已。陶弘景一生追求仙道，尤明阴阳五行、风角星算、山川地理、方图物产、医药本草诸学。平生著述甚富，所撰《神农本草经集注》七卷，取《神农本草经》原载之药三百六十五种，魏晋名医所增新品（即所谓"名医副品"，又称"名医别录"）亦三百六十五种，分为六大类。此书广行于世，对后世中药学影响极大。原书仅存残卷，其内容大多收入《证类本草》，今有辑佚本刊行。陶氏医药、养生之作还有《养性延命录》（今存道藏本）、《陶隐居本草》、《药总诀》、《效验方》、《服饵方》、《杂神丹方》、《神仙服食要方》、《太清草木集要》、《太清玉石丹药要集》、《太清神仙服食经》、《玉匮记导引图》等，大都散佚不传。陶弘景曾增补葛洪《肘后救卒方》（又作《肘后卒救方》、《肘后备急方》），编《华阳陶隐居补阙肘后百一方》（简称《肘后百一方》）三卷，大行于世，原书已佚，今存金代杨用道增补本。光绪三十三年（1907），法国传教士伯希和敦煌盗宝，搜罗文物甚多，其中有陶弘景《辅行诀脏腑用药法要》古抄本，道士王圆箓装箱时暗藏之，后流传于世，今存辑校本。[见《南史·陶弘景传》、《梁书·陶弘景传》、《隋书·经籍志》、《旧唐书·经籍志》、《新唐书·艺文志》、《宋史·艺文志》、《太平御览·方术部》、《直斋书录解题》、《续纂句容县志》、《上江两县志》、《敦煌古医籍考释》、《补辑肘后方·尚志钧序》、《中国历代名医碑传集》]

陶廷佑 字吉夫。明代浙江会稽县人。从族兄陶廷桂习医，通《内》、《难》大旨。临证多奇中，尚义轻财，乡里敬之。[见《绍兴地区历代医药人名录》]

陶竹雅 号静斋。清代江西瑞昌县上南乡人。幼习举业，应试不遇，弃儒攻医。博览众书，自《灵枢》、《素问》以下，凡汉、唐、宋、元、明诸名医之书，无不涉猎，临证著手成春。有医德，常备制丸散以济贫病，丐者相属于门，皆赠以药，邑人德之。[见《九江府志》、《瑞昌县志》]

陶仲文（?～1560）初名典真。明代湖北黄冈县人。方士。尝受符水诀于罗田万玉山。嘉靖间（1522～1566），由黄梅县吏迁辽东库大使。秩满，需次京师。庄敬太子患痘，陶氏祷之，痊愈，帝深宠异。帝有疾，仲文亦祈祷，不久疾瘳，特授少保、礼部尚书。久之，加少傅。嘉靖帝日求长生，郊庙不亲，朝讲尽废，君臣不相接，独仲文得时时诏见，见辄赐坐，称师而不

名。久之，授特进光禄大夫柱国，荫子陶世恩为尚宝丞。晚年有疾，乞还山，献上历年所赐蟒玉、金宝、法冠及白金万两。既归，帝念之不置，遣锦衣官存问，命有司以时加礼，改其子陶世恩为太常丞兼道录司右演法，供事真人府。陶仲文嘉靖三十九年卒，年八十余。陶世恩官至太常卿，隆庆元年（1567）坐与王金等伪制药物，下狱论死。[见：《明史·陶仲文传》]

陶仲钧 元末常熟县（今江苏常熟）人。善丹青，隐于医，居虞山下。绘有《杏林图》，湖州牟巘有题诗，今佚。[见：《常昭合志稿》、《琴川三志补记》]

陶观光 （1712～1778） 字鹤洲。清代江苏无锡县人。生平未详。著有《本草补注》四卷，今未见。[见：《吴中名医录》（引《锡金历朝书目考》）]

陶孝忠 字两如。清代湖南安化县人。精岐黄术，活人甚多。曾经商于汉、襄间，遇贫病以药相赠，人多德之。年七十一岁卒。[见：《安化县志》]

陶应斗 字紫垣。清代江西上高县劳松人。精岐黄术。为人谨慎仁慈，施诊不计利，名公卿皆器重之。[见：《上高县志》]

陶邵安 字勉斋。清末广东番禺县人。光绪十五年（1889）举人陶邵学从兄。陶邵安邃于医术，临证审慎，多有效验。治病无问贫富，不索诊酬。殁之日，闾里痛惜之。著有《思理堂医学》二卷，今未见。[见：《番禺县续志》]

陶际唐 字师侃。清代安徽宿松县人。毕生习儒，学有根柢。暇则研究《素问》诸书，洞晓医理。凡以病求治，立与之方，无难色。[见：《宿松县志》]

陶茂术 字养恒。明末浙江天台县人。精医术，名重于时。崇祯间（1628～1644），时疫遍行，县令设局施药，命陶氏调剂，获痊者万余人。各级官府赠匾旌奖，冠带荣身。子陶端雍，荐授医学训科。[见：《天台县志》]

陶宗山 字凤翔。清代四川资州人。精医术，有起死回生之誉。常挟技游流井、荣县、威远、富顺等地，所至皆获盛名。有医德，治病无分贫富，遇甚贫者出资助之，数十年如一日，为世所敬重。[见：《资中县续修资州志》]

陶宗义 明初常熟县（今属江苏）人。邑名医陶甄子。绍承家学，又从岳父金彦明学伤寒诸科，临证多效验，医名过于其父。殁后，吴文恪为撰墓志铭。子陶埙，亦以医鸣世。后裔陶士奇，医名极盛。[见：《常昭合志稿》、《常熟县志》]

陶宗仪 字九成，号南村。元明间浙江黄岩县人。早年习儒，元末赴试不中，终生不复应考。于古学无所不窥，诗文俱佳。明初，朝廷屡征之，不就。因家贫，教授弟子以为生计。平居寡言笑，至议论古今人物，竟日不倦。晚年居松江之南村，筑草堂，躬耕稼穑。辍耕则休于树荫，有所得则摘树叶记之，贮于破盎。如是者十年，令门生萃而录之，成《辍耕录》三十卷。晚年著述益勤，辑《说郛》一百卷。后人摘取《辍耕录》编《药谱》，又摘取《说郛》编《蔬食谱》，二书均存。[见：《台州府志》、《中医图书联合目录》]

陶宗暄 字厚堂，号麓庭。清代江苏吴县人。居和丰仓前。精医理。著有《百合病赘言》一文，刊于唐大烈《吴医汇讲》。[见：《吴医汇讲·卷六》]

陶宜炳 字星浦。清代湖北黄冈县人。监生。性豪迈。早年习儒，父母亡故后，不乐进取。熟于史鉴，兼以临池为乐，所书小楷摹晋人，草书则学怀素，结字颇有风致。兼通医理，辑有《伤寒集锦》若干卷，今未见。[见：《黄冈县志》]

陶承宣 字凤山。明代浙江嘉兴县人。寓居吴县。精刀圭术。著有《济人说》，行于世，今未见。子陶拱台，继承父业。[见：《吴县志》]

陶承熹 字东亭，别号青山学士。清代浙江会稽县人。幼年随父宦游蠡吾（即河北博野），其父好辑医方，命侄陶慕庄按方制药，以济民病，活人甚众。陶承熹目睹父兄施方，"益信医之不可无方"。越数年归里，复得外祖父李大来所集《验方》若干卷，如获奇珍。此后，多方搜求效方，历二十年而略备，"修合施舍以为快"。雍正十二年甲寅（1734），客居东粤，以所携膏丹济人，屡获奇效。应王殷玉之请，于诸方中选择"药味和平，用有成验者九百余方，分为四十七门"，"又取怪症、急救、救荒三门，附于卷末，以备采用"，辑为《惠直堂经验方》四卷。书成而殷玉仙逝，其友人孙俊奎，慨然捐资，以付剞劂。此书所收验方简切实用，为后世所重，自刊世以来，翻刻本甚多。[见：《珍本医书集成·惠直堂经验方·序》、《中医图书联合目录》]

陶春田 清代江苏南京人。精医术，以针灸见长。句容县杨正纪，尽得其传，为当时名医。[见：《句容县志》]

陶南珍 字瞻陆。清代江苏上海县人。诸生。世代业医，至南珍亦有名。医学之外，

兼好吟咏。[见:《上海县志》]

陶拱台 明代浙江嘉兴县人。其父陶承宣，以外科知名吴县。拱台继承父学，亦以医术著称。[见:《吴县志》]

陶思渠 清代福建霞浦县柘洋玉山人。附贡生。敏而好学，博通经史。精岐黄术，诊脉验证，论断如神，有起死回生之妙，人称仲景再世。著有《十二经方议秘要》，今未见。[见:《霞浦县志》]

陶思曾 字在一。清代浙江会稽县人。诸生。笃守郑玄之学，见知于名儒阮元（1764～1849）。陶氏精于考据，著述甚富。著作中关于医者有《神农本草经正义》若干卷。年三十四岁卒。因无子，其书稿散佚。[见:《绍兴县志资料》]

陶钦臣 明代江西彭泽县人。天性孝友，博综百家。尤精于医，以针灸见长，擅灵龟八法。四方高士，多游其门。[见:《彭泽县志》、《九江府志》]

陶保廉 一作陶葆廉。字拙存。清末浙江秀水县人。其父陶模，为同治七年（1868）进士。葆廉善医，曾任陆军部郎中、弼德院参议。光绪十九年（1893）官乌鲁木齐观察，值茂名世医梁玉瑜寓居当地，名噪于时，遂叩其所学，秘而不宣。后陶氏购得张登《伤寒舌鉴》，示于玉瑜。玉瑜谓之曰：梁氏家传，与此大异。陶乃逐条举问，梁氏一一辨谬，陶氏日录数则，阅三月，辑为《舌鉴辨正》二卷，刊刻于世，今存光绪二十三年（1897）兰州固本堂书局刻本。陶氏好著述，医学之外，尚有《求己录》三卷、《辛卯行记》六卷、《测地肤言》一卷，存佚不明。[见:《舌鉴辨正·序》、《浙江通志稿》、《中医图书联合目录》]

陶闻诗 字伯言。明代常熟县（今属江苏）人。世医陶纯子。绍承祖业，亦精医术，尤擅痘科，为当时名医。著有《保赤心法》一卷，未见传世。[见:《常昭合志》、《常昭合志稿》]

陶浔霍 字春田，又字勉行。清代湖南浏阳县东乡人。徙居西乡大元里。熟通经史，兼览汉唐以来诗古文词，旁及天文、地理、勾股算法。乾隆五十七年壬子（1792）中乡试。授徒山中，从游弟子成名者甚多。有感于明道先生"一命之士，存心利物"之语，留心医术。本县多溺弃女婴，陶氏倡置义田二十亩，为救婴局。又著书行世，名《救婴新法》。晚年好王阳明之学，刊刻其文。年五十九岁卒。著有《医案》一卷，今未见。[见:《浏阳县志》]

陶起麟 清代人。里居未详。精医术，官太医院吏目。乾隆四年己未（1739）敕修《医宗金鉴》，陶氏任校阅官。[见:《医宗金鉴》]

陶唐侯 字舜牧。清代江苏上海县陶家桥人。精医术。卒年七十有九。[见:《上海县续志》]

陶铭鼎 字笙陔，号趣园。清代人。生平里居未详。著有《医学便读四种》，包括《药性分类赋》一卷、《药性注释》三卷、《脏腑经络四诊歌》一卷、《汤方歌诀》一卷，今存1921年石印本。[见:《中医图书联合目录》]

陶惟璪 字辑五。清代江苏娄县白龙潭人。葭州知州陶尔稺侄。中年无子，祷于天台山，有高僧谓之曰："广嗣须行善。"陶氏敬纳其言，僧乃授以治咽喉秘方。及归，以喉科鸣世，救济甚多，晚年果得子。其后又有江式之，亦以喉科著称。[见:《松江府志》、《娄县志》]

陶登华 清代四川简阳县贾家场人。性恬静，精通医术。怜贫恤孤，数十年如一日。年八十五岁殁。卒之日，扶柩落泪者甚众。[见:《简阳县志》]

陶瑞鳌 号道柱。清代浙江缙云县人。康熙间（1662～1722）庠生。以医为业，尤精妇科，活人无算。得授"紫虚真人"口诀，辑《紫虚口诀》二卷（道家书），未见刊行。[见:《缙云县志》]

陶锡恩 字汉云。清代江苏铜山县人。三世业医，至锡恩益精，尤善治伤寒。至中年，专治小儿科。遇危证，用古方化裁，应手奏效，声望与同邑名医余鹤龄相伯仲。光绪（1875～1908）初，观察使谭钧培设医药局，延聘陶锡恩主诊，全活贫病甚多。年五十岁卒。著有《伤寒汇篇》，今未见。[见:《铜山县志》]

陶端雍 字君巍。清初浙江天台县人。邑名医陶茂术子。年十三岁，其母患重疾，自割股肉为药，世传其孝名。早岁习儒不就，承父业为医，有名于时。荐授医学训科。[见:《天台县志》]

陶橘香 清末江苏吴江县人。精医术，知名于时。本邑凌应霖（1868～1933）得其传授，后为名医。[见:《吴中名医录》]

陶懋敬 字侣南。清代浙江会稽县人。精医术，知名于时。[见:《绍兴地区历代医药人名录》]

陶燮鼎 字轶材（一作翼材），号东篱。清代江苏新阳县北乡丁宅泾（今昆山县石牌镇丁祁村）人。嘉庆元年（1796）入县庠。善医，

有名于时。[见:《昆山历代医家录》(引《国朝昆新青衿录》)]

姬

姬鼎 清代陕西澄城县人。生平未详。著有《医学易读》一卷,今未见。[见:《澄城县续志》]

姬斌 清代人。里居未详。精医术,官太医院医士。乾隆四年(1739)敕修《医宗金鉴》,姬氏任校阅官。[见:《医宗金鉴》]

姬士璠 清代陕西靖边县人。邑针灸名医姬凤翔子。继承父学,亦工医术。[见:《靖边县志》]

姬凤翔 清代陕西靖边县人。精针灸术,尤擅治疟疾,有神针之誉。重医德,凡以病延请,风雨昏夜不辞。子姬士璠,继承父业。[见:《靖边县志》]

姬茂畅 字舒庵。清末山东历城县人。精通医理,于《内经》独有会心。善治"走马喉疳"(白喉),每著奇效。王省堂、刘伯音二人先后患此症,皆咽喉糜烂,滴水不下,世医彷徨,束手不能施为。舒庵从容诊理,立起沉疴。此疾经其手治愈者不下三千人,有华扁再世之誉。姬茂畅曾整理临证经验,撰《走马喉疳论》一卷,刊于同治十一年(1872)。后张半农重加修订,易名《白喉中医疗法》,刊印行世。[见:《历城县志》、《中医图书联合目录》]

通

通意子 佚其姓名。清末人。生平里居未详。于光绪二十五年(1899)撰《贯唯集》(又作《通意子医案》)一卷,今存抄本。[见:《中医图书联合目录》]

桑

桑玘 字廷圭。明代常熟县(今属江苏)人。得岳父施绪传授,精通医术,知名于时。有

医德,遇贫病出资助之。年八十余卒。[见:《常昭合志稿》]

桑彝 字天叙。明代常熟县(今属江苏)人。自称汉长桑君后裔,得祖先《素问疑义》之书,读而有得。悬壶于世,诊候处方,时有奇效,知名于时。弘治间(1488~1505)荐入太医院。未几,挂冠宣武门,策驴间道驰还山中。角巾野服,卖药于市肆,时持渔鼓歌咏为乐。后变易姓名,自称愚翁,人皆以"角巾道人"呼之。病者得桑氏之药,便自觉病去十之六七,或未服而自愈。年七十岁,色愈少壮,所交游多异人,或谓得导气养生之术云。[见:《重修常昭合志》]

桑天显 (1655~1733) 字文侯。清代浙江余姚县人。桑贵卿三子。自幼读书,十三岁丧母,父患反胃疾,家境赤贫,废学以侍养,乡人以孝子称之。康熙十三年(1674),靖南王耿精忠反。桑氏率团练守土有功,当道欲授以官,辞而不应。嗣后肆力医学,"探究古方,自以意酌量损益,望色洞脏腑,立起奇疾"。后徙居钱塘,悬壶问世,知名于时。重医德,虽风雪寒暑,凡以疾病叩请,披衣即往,不计酬报。性好施济,有所得随手散尽,"腊尽或无以卒岁,意恒晏如"。寿七十九岁殁。大殓之日暴雨如注,哭送者填街塞巷,良久不去。[见:《中国历代名医碑传集》(引李绂《穆堂初稿·桑处士墓表》)]

桑梓山 元代人。里居未详。精岐黄术,行医于苕水(今浙江杭州、湖州一带),享誉于时。道士马臻作《赠梓山桑医士三首》以赞其术,其一云:"扁鹊秦和久不闻,桑君百世有神孙。囊中羞涩胸中富,药券如山总不论。"其二云:"临淄古有淳于意,苕水今传桑梓山。已见高名藏不得,长留诗卷在人间。"贡奎《云林集》亦有《赠桑梓山》诗,云:"何须诗泣鬼,政有药通神。济世怜多术,为儒笑误身。"[见:《金元医学人物》(引马臻《霞外诗集》、贡奎《云林集》)]

十 一 画

理

理安和 字赓唐。清代河南西华县人。苏州府推官理岜和堂弟。生数岁而孤,从邑

和学。隐居不仕,闭门读书,不接世事。友人劝其应举,不答。固劝之,勃然作色曰:"尔以我读书为应举耶?"裂其冠,掷诸地,友人惊走。安和徐曰:"快哉!吾今而后,为天地散人矣!"晚年

好养生家言，著有《性命圭旨解》若干卷，未见传世。[见：《西华县志》]

理学礼 清代河南淮阳县人。世医理思恩孙。继承祖业，亦精医术。[见：《淮阳县志》]

理思恩 字惠远。清代河南淮阳县人。五代业医，至思恩尤臻精妙，知名于时。次子理崇德、三子理崇修，孙理学礼，皆继承家学。[见：《淮阳县志》]

理继武 字本善。清代河南淮阳县人。精医术，擅长眼科，能退经年云翳，知名于时。著有《眼科家传》，今未见。[见：《淮阳县志》]

理崇修 清代河南淮阳县人。世医理思恩三子。继承家学，亦精医术。[见：《淮阳县志》]

理崇德 清代河南淮阳县人。世医理思恩次子。继承家学，亦精医术。[见：《淮阳县志》]

堵

堵西洲 清代江苏无锡县人。颖悟过人。精医术，兼善内外科，虽疑难重证，治之多愈，全活不可胜数。同时有查玉山，亦以医名。[见：《无锡金匮续志》、《无锡金匮县志》]

堵仲陶 清代山东胶县东北乡前店口人。早年习儒，为庠生。精通医术，尤擅妇科，世称神手。著有《堵氏家藏》一卷，沽河两岸习妇科者皆宗其书，惜未见刊行。[见：《胶志》]

堵兆麟 清代江苏无锡县人。精医术，知名于时。[见：《无锡金匮县志》]

堵胤昌 一作褚胤昌。字百斯。明代无锡县（今属江苏）人。生平未详。对古代养生学有所研究，曾引用陶弘景、孙思邈、白玉蟾等诸名道家养生理论，对导引养生祛病之法、日常起居宜忌、养精调摄、种子及服药食忌、妊娠食忌等分别加以说明，辑为《达生录》二卷，刊于万历三十二年甲辰（1604），今存定志斋刻本。[见：《达生录》、《中医图书联合目录》、《贩书偶记续编》]

黄

黄九 字骏业。清代广东番禺县左里乡人。少孤贫，事母至孝。得异人传授，精通医术，擅治喉症及虚痨，临证治无不效，活人以千百计。性慈好善，治病未尝索酬，遇贫苦者往往解囊助资，乡里皆颂其德。年八十七岁殁。子黄信彰，克继其业。同里周振滔，以外科著称。[见：《番禺县续志》]

黄升 字启东。明代湖北京山县人。善察脉，为当时名医。有王氏二子，因母病延请黄氏。黄诊其母，曰："微恙耳。"二子并请察脉，黄氏惊曰："二君脉俱不佳。"不久，王氏母疾愈，而二子次年相继殁。某人晨起忽疾作，口不能言，延请黄氏。黄诊之曰："脉与证不应。"乃询家人所食何物，答曰："夜食烹鸡。"升曰："此必食后就寝，有蜈蚣过其口鼻，中毒耳。"投以药，立愈。[见：《安陆府志》、《续名医类案》]

黄尹 字德达，号信玉。清代江西都昌县人。儒医黄清流孙，黄申子。绍承家学，切脉制方，遵古法而善变通，深得医学奥义。临证审慎，凡药物之炮炙，分量之加减，不肯丝毫率易，故治辄奇效，名重于时。[见：《都昌县志》]

黄申① 明代应天府（今江苏南京）人。业儒，为应天府儒学生员。间涉医学，曾参订李时珍《本草纲目》。[见：《本草纲目》]

黄申② 字心恒。明代人。生平里居未详。王府医官黄京子。父子二人曾同辑《中和活旨》六卷，刊于万历二十六年（1598）。此书国内已佚，日本尚存明刊本，现已影印回归。[见：《日本现存中国散逸古医籍》]

黄申③ 清代江西都昌县人。以儒习医，擅名于时。子黄尹，亦为良医。[见：《都昌县志》]

黄朴 明代河南光州人。善医术，洞究《灵枢》、《素问》旨要。临证切脉如神，凡有所投，无不立应。[见：《光州志》]

黄至 字诚甫。明代福建浦城县人。性孝友，乐施予。早年习儒，后弃而攻医。某年疫病流行，死者载道。黄至捐资施药，藉以全活者千百计。次子黄秉键，传承父学。[见：《重纂福建通志》、《浦城县志》、《建宁府志》]

黄位 字位五。清代江苏甘泉县人。世代业医。善承先业，亦以医术知名。贯通《伤寒论》一百十三方，又自创七十二方，治病常一剂见效，求治者络绎于门，有"黄半仙"之称。江都县令赵天爵赠以诗，有"孺子亦知名下士，仙人曾授枕中书"之句。子黄兆萱，孙黄廷简，皆为诸生。[见：《续纂扬州府志》]

黄迎 字青田。清代安徽婺源县黄家村人。幼读儒书，不利于科场，弃而习医。久之精其术，挟技游于大江南北，活人甚多，世以"黄半仙"称之。晚年施药施诊，以行善为怀，世人敬重之。年七十一岁殁。[见：《婺源县志》]

黄序 字六苍。明清间江苏常熟县琴川人。精医术，擅长痘科。主张"鉴于古而不泥古，师其意而不滞其迹"。尝广取诸家之说，辑《痘科约囊》五卷，刊于康熙七年（1668）。[见：《中国医籍考》、《中医图书联合目录》]

黄环 宋代人。生平里居未详。著有《备问方》二卷，已佚。[见：《宋史·艺文志》]

黄武 字维周（一作惟周）。明代浙江山阴县人。少颖敏，有济世之志。善古诗文，事举业不就，遂精研医术。时医治伤寒多用麻黄，武独曰："南人质弱，且风气渐漓，情欲日溢，本实已拔而攻其表，杀人多矣。"故临证多投以参芪，每取奇效，越之医者多效法之。著有《医学纲目》数百卷、《脉诀》若干卷，行于世，今佚。门人陈淮、何鉴，得其传授，均为当时名医。[见：《山阴县志》]

黄岩 字峻寿，号耐庵。清代广东嘉应州桃源堡人。生平未详。著有《医学精要》八卷，刊于嘉庆五年（1800）。又著《秘传眼科纂要》八卷，约成书于嘉庆二十四年（1819），今存清末刻本。医学外，尚有《花溪文集》、《花溪诗集》、《岭南荔枝咏》等诗文集。[见：《嘉应州志》、《贩书偶记续编》、《中医图书联合目录》]

黄钎 号兰室。明代福建南平县王台人。博览经史。弱冠远游，曾入常山，遇良师授以针法，遂精岐黄之术。著有《兰室纪要》二十卷，已佚。[见：《南平县志》]

黄和 明代河南兰封县人。精医术，知名于时。正统元年（1436）官医学训科。[见：《兰封县志》]

黄周 字达成，号扫云。清末广西阳朔县高田乡人。性敏慧，精通医学。著有《阐发灵素内经体用精蕴》二卷，此书分脏腑经脉、经病、经方、经药四类，附诊候、审治、调摄于卷末。还著有《医学撮要》一卷，皆刊印于世，今存。[见：《阳朔县志》、《中医图书联合目录》]

黄京 字少溪。明代人。生平里居未详。曾任王府医官。与子黄申，辑《中和活旨》（又作《伤寒中和活旨》）六卷，由潭阳余氏富刊刻于万历二十六年（1598）。此书国内已佚，日本尚存明刊本，现已影印回归。[见：《日本现存中国散逸古医籍》]

黄炜 字用和。清代安徽婺源县潢川人。邑庠生。精医术，悬壶江宁（今南京），为当时良医。果泉胡方伯母病，延炜诊治，一剂而愈。后胡升任安抚使，聘炜入幕，不干以私。胡颜其居曰煮石山房，赠额"率真养粹"。著有《医案》八卷，毁于兵燹。[见：《婺源县志》]

黄沛 字文波。清代湖北沔阳州人。读书业医，洁身自好，不问外事。州司马王景邕赠诗云："四围绿水三间屋，一部青囊几卷诗。藉此济贫兼济世，懒为良相作良医。"可为黄氏生平写照。年八十三岁卒。著有《医集大成》若干卷，藏于家。子黄格物，孙黄至厚，皆继承其业。[见：《沔阳州志》]

黄河 明代人。生平里居未详。著有《医学汇纂济世丹砂》（又作《医学搜精》）二卷，刊刻于世。此书国内未见，日本尚存万历十六年（1588）余氏双峰堂刻本，今已影印回归。[见：《内阁文库汉籍分类目录·医家类》、《中国医籍考》]

黄泽 宋代临安（今浙江杭州）人。以医为业，知名于时。门生唐与正，得其传授，医名甚噪。[见：《医说·卷二·唐与正治疾》]

黄宜 字达之。南宋天台县（今浙江天台）人。淳熙二年（1175）进士。简重务实，喜提携士类。在朝多明谏，力排和议，不为权势所屈。为官清廉，卒之日，家无余资。能文善诗，兼涉医学，辑有《药书》十卷，藏于家，今佚。[见：《天台县志》]

黄春 明代福建人。生平里居未详。著有《原岐丛采》若干卷，已佚。[见：《重纂福建通志》]

黄荣 明代安徽祁门县翕桥人。得秘方于江藩，遂精医术，以幼科著称。子黄溥，孙黄廷印，传承其术。[见：《祁门县志》]

黄勋 字我石。清代江苏如皋县人。孝廉黄若沆子。性豪爽，善技击，兼工铁笔。尤精岐黄，以济世活人为心，知名于时。尝刊订吴瑭《温病条辨》，其序云："医事极难，必消息天时人事之所以然，采微于声色气味，然后精参《素问》、《本草》诸书，庶几得古疾医之遗意也"。[见：《如皋县续志》]

黄钟 字乐亭。清代江苏无锡县富安乡人。候选县丞。精医术，嘉庆间（1796～1820）以疡科知名乡里。遇疑难症应手奏效，病愈不求酬报，馈之亦不辞，遇贫困者反助药资。著有《外科辨疑》四卷、《外科医案》（又作《乐亭医案》）二卷，今存抄本。还著有《疡科圭臬》若干卷，今未见。子黄瀚，亦以医术知名。[见：《无锡金匮续志》、《无锡富安乡志稿》、《中医图书联合目录》、《贩书偶记续编》]

黄钤 字朗垣。清代湖南星沙人。生平未详。著有《验方增辑》二卷，今存乾隆五十九年（1794）余庆堂刻本。[见：《中医图书联合目录》]

黄俅 字谷如。明代安徽歙县人。通医术。著有《黄帝内经素问节文注释》十卷，今存万历四十七年（1619）琼芝室刻本（武卓观堂藏板）。还著有《医案》若干卷，已佚。[见：《歙县志》、《中医图书联合目录》]

黄俊 明代宁夏卫（今宁夏贺兰）人。祖上自宋代以来皆以医名。黄俊绍承家学，亦以医术著称。深明药性，通达脉理，临证不拘泥方书，多获良效。[见：《朔方道志》]

黄帝 姓公孙（一说姓姬），名轩辕，号有熊氏。传说时代之华夏族始祖。少典之子。相传炎帝（神农氏）侵凌各部落，各部落拥戴黄帝，与炎帝战于阪泉（今河北涿鹿东南），三战而克之。后蚩尤作乱，黄帝复与之战于"涿鹿之野"，擒而杀之。此后，黄帝被尊为部落联盟领袖，雄据中原。相传黄帝"使岐伯尝味草木，典医疗疾"，又与岐伯、桐君、伯高、少俞等人讨论医药，首制九针，创立医药之学。诸说出于古老民间传说，非信史，然后世称中医药学为"轩岐之学"、"岐黄之术"，盖源于此。历代托名黄帝之书甚多，最著名者为《黄帝内经》十八卷（包括《灵枢》、《素问》各九卷），该书出自古代众医之手，草创于战国时期，由秦汉学者汇编成书，其内容以医学理论为主，兼及针灸、方药、治法，为我国现存最早之医学典籍。[见：《史记·五帝本纪》、《帝王世纪》、《太平御览·方术部》、《中医大辞典》]

黄炫 明代福建人。生平里居未详。通医理，著有《医学会编》若干卷，已佚。[见：《重纂福建通志》]

黄昶 明代湖北沔阳州人。精医术，以儿科知名。中年失明，命人采牵牛子配制成药，时称黄氏仙方。子孙世传其业。[见：《沔阳州志》]

黄统 （1812～1856）字伯垂。清代广东顺德县人。黄乐子。自幼习儒，道光十一年（1831）赴顺天乡试，中举。三十年（1850）中二甲第一名进士，选庶吉士，授编修，充国史馆武英殿协修、功臣馆纂修。咸丰元年（1851）授贵州学政。咸丰六年，以病卒于京师，年仅四十五岁。黄氏兼涉医学，尝校补龚自璋《医方易简》，辑《医方易简新编》六卷，刊于咸丰元年，今存。[见：《顺德县志》、《中医图书联合目录》]

黄钰 字宝臣。清代四川璧山县人。生平未详。著有《伤寒辨证集解》八卷、《本经便读》四卷、《脉法歌括》一卷、《经方歌括》二卷，约成书于同治十三年（1874），今存光绪十九年癸巳（1893）芸经堂合刻本，及多种单行本。[见：《中医图书联合目录》]

黄铉 字公鼎。明清间安徽休宁县人。世医黄嘉章子。登崇祯壬午（1642）武榜。倜傥有气节，好排难解纷。明亡，继承先业，以医济世，名重于时。[见：《休宁县志》]

黄铎 字子宣，号小园，又号鹭洲诗渔。清代江苏上海县人。咸丰三年（1853）避乱于三林塘。工诗赋，擅书画，所绘墨菊松石尤精妙。精通医术，求治者坐上常满。[见：《上海县续志》、《艺林医人录》]

黄宰 字敬甫。明代安徽祁门县人。初习举业，正德间（1506～1521）弃儒业医，数千里外来就诊者甚众，名重于时。存心济世，治病不受酬谢，遇贫病施药疗之，活人无算。黄氏殁，贵池春赋挽诗悼之曰："医道可通仙，于君更人玄。悬壶淹白日，采药自流年。秘诀传轩氏，高怀类葛天。遗诗成绝笔，读罢思悠然。"著有《针灸仅存录》若干卷，未见刊行。[见：《祁门县志》]

黄恕 字存道，号自虚。明代浙江临海县人。初从名儒许古泉游，既而入竹清会诗社，为诗多高致。涉猎百家，尤精医理。尝谓："医至宋大观而中微，金元四家实有复古之功。虽立论各有偏，正所以相救也。"因著《四家会通》八卷，融合四家之说，惜散佚不传。孙黄斐，传承祖业。[见：《临海县志》]

黄梅 清代河南祥符县东冈人。以医为业，治病多奇效。又精祝由科。专以济人为事，时人皆以"黄神仙"称之。[见：《祥符县志》]

黄堂 字云台。清代江苏无锡县人。幼年随父习医，博览《灵枢》、《素问》、《伤寒》诸书。及长，师事名医缪遵义，恪遵师训，临证辄作笔记。著有《黄氏纪效新书》二卷、《药确联珠》四卷，今存。[见：《黄氏纪效新书·自序》、《中医图书联合目录》]

黄淦 字燕臣。清代江西南丰县人。精医术，病者争相延致。有医德，治病不取酬谢，遇赤贫者赠以药金。[见：《南丰县志》]

黄渊 明代浙江余姚县人。生平未详。著有《难素笺释》八卷、《本草考证》三卷、《针经订验》一卷，均佚。[见：《余姚县志》、《绍兴府志》]

黄溥 字圣泉。清代江西信丰县人。邑庠生。自幼从父习医，苦心孤诣，久之精其术。临证善起危疾，每于万难中出奇制胜。[见:《信丰县志》]

黄维 宋代人。生平里居未详。著有《圣济经解义》十卷，已佚。[见:《宋史·艺文志》]

黄瑛 字德昭。清代四川江安县人。精医理，知名于时。性好著述，乾隆间（1736～1795）参修《江安县志》，颇著劳绩。年八十五岁卒。[见:《江安县志》、《直隶泸州志》]

黄琬 清代福建永定县抚溪人。精医术，以幼科知名。子黄朴园，孙黄明茂，皆继承家学。[见:《永定县志》]

黄斐 字成元，号心田。明代浙江临海县人。儒医黄恕孙。绍承家学，亦为名医。有医德，汲汲济人，遇孤贫者有请即赴。尝谓人曰:"为己为人之分，不惟圣贤，医亦有之。今人朝师时流，暮应人请，唯利是趋。予实不忍，亦不敢也。"[见:《临海县志》]

黄皖 清代湖南善化县人。生平未详。著有《黄氏医绪》十四卷、《救伤集成》一卷、《解毒集成》一卷，今存光绪三十年（1904）经铿家塾存几堂刻本。[见:《中医图书联合目录》]

黄禄 明代无锡县（今属江苏）人。外科世医黄师善子。绍承家学，亦工医术，兼有诗名。[见:《无锡县志》]

黄瑀 （1402～1480）字楚祥（一作梦祥），号熙春。明代仪真县（今江苏仪征）人。儒医黄存礼子。十二岁丧父，赖母养育。稍长，从乡先生习儒，刻苦好学。母常谓曰:"医，仁术，且尔父世业也。尔能精之，亦足以济人，岂必作官于时，始可以行志乎?"于是尽弃举业，博览《素》、《难》诸书，沉潜玩索，久而有得，遂以医术知名于淮、扬间。正统戊辰（1448）征为太医院医士，又以医术鸣京师。景泰间（1450～1456），太医院使董宿荐之于朝，见知于代宗。自是，掖庭有疾率召之，治则有效，数赐白金纹绮。英宗时（1457～1464）迁御医。时太医院经办御药，有受贿事发。帝知瑀"正大老成"，诏令兼收药材。受命三载，每进御药必"审方制剂，不敢顺旨，亦不敢随众可否，务在安和圣躬"，以廉洁奉公，屡赐珍膳金帛，迁修职郎。自天顺（1457～1464）以来，朝廷广召名医集于阙下，瑀以先辈老成，领袖其间。成化辛卯（1471），迁南京太医院判。居官三载，以七十三岁高龄辞归，种树莳花以自娱。每谕诸子曰:"种树如种德，培之厚者发必茂，否则失所养矣。"七十九岁卒。长子黄颎，生平未详。次子黄用，成化戊子（1468）举人。孙黄应夏，绍承祖业，亦为名医。[见:《古今医统大全·历世圣贤名医姓氏》、《仪真县志》、《中国历代名医碑传集》（引《思轩文集·太医院判黄先生传》）]

黄楷 字端士。明代安徽休宁县人。精通医术，施药济人，知名于时。[见:《休宁县志》]

黄碄 号蕴分。清代江西吉水县人。精医术，对脉学尤有研究。尝曰:"从来医家论脉，不患其言之无理，而患其言之于理甚精，以之测病，则所谓精者终未确也。夫脉以测病，不确岂能无误乎?"著有《脉确》一卷，今存乾隆十一年（1746）王文藻精抄本。[见:《脉确·序》、《中医图书联合目录》]

黄鉴① 字明善，号惟一。元代仪真（今江苏仪征）人。自祖辈徙居湖北。世代业医，善承家学，医术精湛。尤好道术，随谈炼师游。[见:《金元医学人物》（引许有壬《至正集·惟一解》）]

黄鉴② 号石山。明代安徽黟县人。幼孤，事母以孝闻。涉猎儒书，通天文、地理，兼精医术。辑有《医林摘粹》、《石山吟稿》诸书，今佚。[见:《黟县志》]

黄锦 字子纲。明代福建瓯宁县人。太医院判黄世德孙。尽得祖父之传，尤精伤寒、痘疹两科，治病每获奇功。[见:《瓯宁县志》]

黄鹏 字万九。清代江苏崇明县人。才敏学博，精通医理，深明病源，活人无算。尝曰:"病有一服即愈者；有数服、数十服而后愈者，有终身服药仅得不死者。要在识其根源耳。"年七十余卒。知县李惠元赠挽联云:"琴弹海上逢知己，头白天涯哭故人。"[见:《崇明县志》]

黄廉 字伯清，号铜壁山人。明代湖北黄州府蕲水县人。嘉靖（1522～1566）末年，从巡抚陆隐至浙江湖州，遂定居。通天文、历算、太乙、壬遁、堪舆之术。尤精医道，名噪于三吴间。或言黄氏有幻术，能隐形变化。黄曰:"我固不能，人言诞也。"一日游沈长山，见道旁死树，指曰:"此树可活。"众人大笑，以为妄言。黄遂自袖中出药半匕，置树根曰:"树活当觞我。"后二十日，树果活。著有《伤寒摘锦》八卷（今有二卷本，题"万全撰"）、《痘疹经验秘方》四卷，今存万历七年（1579）邢邦长芦刻本。医书外，尚撰《兵法秘录》若干卷，存佚不明。按，黄氏医书与罗田名医万全雷同，疑乃书商篡乱改题，

待考。［见:《天一阁书目》、《湖州府志》、《重修浙江通志稿》、《历代医书丛考》、《中医图书联合目录》］

黄溥 明代安徽祁门县翁桥人。邑名医黄荣子。继承父业,亦以医名。子黄廷印,绍传家学。［见:《祁门县志》］

黄熙 字敬止,号缉斋。清代江西贵溪县界源里人。以医为业。凡乡邻有病求诊,虽昏夜亦往,不计谢金,遇至贫者更济以药饵。［见:《贵溪县志》］

黄裳① 南宋饶州(今江西波阳)人。少年时学道,后以医名世,专擅外科。庆元四年(1198)春,鄱阳百姓许三,坠马伤右股,皮裂肉出,昏迷不能言。黄裳治之,伤处小愈,有筋数寸垂于皮外,疼痛不能起坐。黄裳令人扶之立,突于腰间施一针,患者惊呼间筋已入矣。以药敷于伤处,逾旬平复。淳熙(1174~1189)末年,治铸使者赵从善患痈痛,然甚惧刀针。黄裳预藏小刀于席下,从容与之笑谈,不觉间破其痈,脓出而愈。［见:《中国历代医家传录》(引《夷坚志》)］

黄裳② 字元吉。清代浙江绍兴人。邑名医黄维熊孙。继承家学,亦通医理。著有《元吉危证验方》一卷,辑入《黄氏三世良方四种》。［见:《绍兴地区历代医药人名录》、《中医图书联合目录》］

黄奭 字右原。清代江苏甘泉县人。曾任刑部员外郎,钦赐举人。平生笃嗜汉学,藏书极富。曾辑复《神农本草经》三卷,收入《本草经》佚文二百八十条,大部与孙星衍所辑相同。该书今存光绪十九年(1893)黄奭自刻《汉学堂丛书·子史钩沉》本。［见:《中医图书联合目录》、《日本访书志》、《现存本草书录》］

黄毅 近代湖南蓝山县大慈乡白曜洞人。儒医黄光甲孙。继承家学,业儒而通医。民国时参修县志,任编辑。撰有《药品汇解》,今未见。［见:《蓝山县图志》］

黄澄 清代广东四会县隆伏铺人。生平未详。著有《医门十戒》一卷、《醒医条辨》一卷,今未见。［见:《四会县志》］

黄畿 (1465~1513) 字宗大,别号粤洲。明代广东香山县人。七岁善属对,能鼓琴,见者皆称奇童。十六岁补郡庠生,通《诗》、《春秋》二经,博览百家。督学金事张习,称其文为古作,然不能取合有司。后请改县庠,归以养亲,自是绝意场科,隐居山林。黄氏穷究九流,通三才五行之学,兼参佛道养生之理。正德癸酉秋,与子黄佐赴京师,至玉峡而病,笑曰:"九九之期至矣。数也,命也,何寿夭之问哉?"旋殁于途,时年四十有九。著有《删正黄庭经》,今未见。［见:《香山县志》］

黄澹 明代福建人。生平里居未详。撰有《方中集》,已佚。［见:《重纂福建通志》］

黄璐 清代四川大竹县人。以医为业,济世活人至老不倦。年七十六岁尚出诊,暇则著书,乡里尊称黄老翁。［见:《大竹县志》］

黄翼 字辅之。清代安徽婺源县汉川人。少年丧父,从伯父黄光霁习医。后悬壶于世,临证有捷效,愈奇难危症甚多。重医德,遇贫病不取诊酬。子黄文昭,传承父业。［见:《婺源县志》］

黄鳌 字育群。清代湖南新化县人。因体弱多病习医,博通《灵枢》、《素问》诸书,尤精熟《神农本草经》。每临证,精思审问,必得病源而后已。尝云:"望、闻、问、切四字,以问为主。切,其末也。"年未五十岁卒。［见:《新化县志》］

黄瀚 清代江苏无锡县富安乡人。邑外科名医黄钟子。继承父学,亦以医名。［见:《无锡金匮续志》］

黄骥 清代福建光泽县人。生平未详。著有《金匮要略还真》若干卷,今未见。［见:《增修光泽县志》］

黄一匡 清代江西南丰县人。通医术。辑有《医案》若干卷,今未见。［见:《江西通志稿》］

黄一鳌 字允升。明代安徽歙县人。宋代太医博士黄孝友后裔。精医术,知名于时。［见:《歙县志》］

黄士直 号峨眉山人。元代道士。生平里居未详。至正十五年(1355),录《琼瑶真人八法神针》,序而传之。［见:《读书敏求记》］

黄士迪 字纯夫。清代安徽休宁县人。世业妇科,自宋代太医博士黄孝友,传至士迪已三十二世。幼习举业,补县学生。以儒理参会医道,所治若神,名重于时。平生《医案》积至盈尺,惜未能刊传。子黄震金,亦精医业。［见:《徽州府志》、《休宁县志》］

黄大中 明代浙江余姚县人。精医术,知名京师。隆庆二年(1568)正月,太医院医官徐春甫集合各地在京名医四十六人,创立一体堂宅仁医会,黄氏为会员之一。诸医穷探医经,讨论四子(指张机、刘完素、李杲、朱震亨),共戒私弊，患难相济，为我国最早之全国性医学组织。［见：《我国历史上最早的医学组织》（《中华医史杂志》1981 年第 3 期）］

黄大文 字蔚堂。清代湖北夏口县人。素精医学，治疗疮等症尤有心得，活人无算。著有《名方便览》三卷，未梓。［见：《夏口县志》］

黄大明 （1254～1336） 字东之。宋元间临川（今江西金溪）人。其曾祖为游氏赘婿，改游姓。至大明晚年，始撰家谱，恢复本姓。年二十余遇方外士，得授儿科秘方，用之甚验。后复师事名医许文叔，尽得其传，治病每获十全，名重于时。其治病依财力取酬，遇贫病不取诊金。欲入其门者甚众，多拒之曰："治予业，不精不足以活人，而易以杀人，非拒子不教也。"临终，以未曾误诊自许。著有《保婴玉鉴》四卷、《伤寒总要》三卷、《脉法》三卷、《集验良方》六卷，藏于家。同乡危素（1303～1372），曾就之习医。［见：《补元史艺文志》、《金元医学人物》（引虞集《道园类稿·黄东之墓志铭》）］

黄万户 清代四川巫山县高唐观道士。精通医术，为人治病多奏良效，不受酬报。与灌县青城山马和尚相友善，二人皆以医闻，同年而殁，时人异之。［见：《灌县志》］

黄万育 清代江苏上海县高昌乡二十二保人。邑名医黄元裳子。继承父学，亦以医名。［见：《上海县志》］

黄与任 元代新喻（今江西新余）人。黄氏为七世儒医，其堂祖黄晓峰，官奉训大夫，精通医理，收藏医书甚富。黄与任遍读堂祖藏书，医术益精。征为医官，历任长林、乐平等地，升太平路（今苏州）医学教授。凡郡府官僚、文人学子、闾里庶民，皆慕名求治，全活甚众。［见：《金元医学人物》（引陶安《陶学士集·送医官黄与任序》）］

黄与圭 字廷秉。清代江苏宝山县罗店镇人。精医术，能起沉疴，知名于时。［见：《罗店镇志》］

黄上春 清代福建霞浦县磨云村人。自幼习医，研究数十年，饶有经验。著有《医学全书》若干卷，其书分男、妇、幼三科，惜未见传世。［见：《霞浦县志》］

黄上琮 字文琦。清代江苏宝山县罗店镇人。黄醇耀侄。早年习医，知名乡里。善诗文，其诗若不经意，而自见灵性。著有《一隅本草》若干卷，未见刊行。［见：《宝山县志》、《罗店镇志》］

黄之固 字贞一。近代上海崇明县人。自少多病，致力医学。于医理推崇刘完素、朱震亨两家，临证洞见症结，能决生死。一妇人病，颜色红润，语言清朗，众谓可治。黄氏曰："此戴阳也，外有余而内已竭。后二日午刻必死。"果如其言。［见：《崇明县志》］

黄飞鹏 （1864～?） 字仲书，号体仁。近代江苏昆山县人。曾任昆山、嘉定两县商务总董、昆山安亭乡自治乡董。热心公益，博通医理，擅长妇科，兼通眼科、幼科。宣统三年（1911）加入中西医学研究会。著有《黄氏摘要》二卷，今未见。［见：《吴中名医录》（引《中西医学报》第 16 期）］

黄子玉 清代安徽绩溪县市东人。邑儿科名医黄关源子。传承父业，亦以医名。［见：《绩溪县志》］

黄子年 近代江苏吴县人。精医术，以内科知名。门生顾君安，为现代吴县名医。［见：《吴中名医录》］

黄子厚 元代江西人。里居未详。精通医术，至治、天历间（1321～1329）其术大行，为名医滑寿所推重。一富翁病泄泻弥年，子厚治之，十数日不效，求归。一日读《易经》，至"乾卦"，见朱熹注曰："天之气运转不息，如人弄椀珠，只运动不住，故在空中不坠，少有息则坠矣。"遂悟富翁之泻乃气不能举，即治装而往，为之灸百会穴，未三四十壮而泻止。黄清老作《题医人黄子厚》诗云："悠悠溪上山，迢递山下云。幽人不出户，芝草日以春。伯也种丹杏，心与孤鸿轻。仲也捣玄霜，西风林间声。世降运不齐，病随人心生。芳草何所无，谁无撷其英？吾宗幼方积，积久用更精。金丹有时合，白日升蓬瀛。"［见：《医学入门·历代医学姓氏》、《李濂医史·撄宁生传》、《金元医学人物》（引《樵川集》）］

黄子顺 字叔和。明代安徽休宁县居安人。通医理。晚年搜集诸家秘方，制备丸散济人，多所效验。［见：《休宁县志》］

黄子健 字江皋。清代广东南海县平地村人。邑增生。性沉毅，不苟言笑。早年习儒，久困场屋，乃肆力于医学。尝谓："世人不读黄帝、张仲景书，而自命为医，是草菅人命也。"取《内经》、《伤寒论》、《金匮要略》诸书，殚思研虑者二十，遂精其术。曾以《医宗金鉴》为主，参以众书，辑《订正金匮玉函经集注》若干卷，藏于家。［见：《南海县志》］

十一画

黄天爵① 字鼎铉。明代安徽歙县人。宋代太医博士黄孝友后裔。继承家学，以医知名。[见：《歙县志》]

黄天爵② 字左修。清代四川广元县人。性谨厚，精医术，有名于时。[见：《重修广元县志》]

黄天骥 字素龙。清代广东罗定县赤坎人。善技击，精伤科术。乡人有被牛触伤肠出者，肠肿不能回纳。天骥以药置其顶门，温水熏之，其肠自入腹，后敷药而愈。有妇人自刎伤颈，敷药辄喷出。天骥以鸡皮罩伤处，治之而愈。其妙治类此者甚多。[见：《罗定县志》]

黄天懿 (1271～1328) 字愚泉，晚号厚翁。元代清江县（今江西清江）人。年十四父母双亡。及长，遇事善应变，家境渐富。为人诚信，多行善举，凡排纷解难，公益之事皆力成之。通阴阳、历数、医药之学，曾远游江淮，所至制药施治，全济甚多。[见：《金元医学人物》（引《吴文正公集·黄愚泉墓志铭》）]

黄元之 元明间苏州（今江苏苏州）人。精医道，其术精妙绝伦。刘基作《赠医士黄元之》诗云："先生轩辕之子孙，手提万物生死根。神功微妙不可状，能使元气回游魂。箧中末芽抽粟粒，丹光照耀三彭泣。衔珠不受修蛇报，采药常令白猿拾。结庐几岁吴山阿，赤松玄俗时相过。更向蓬莱下神水，并与人世清烦疴。"[见：《金元医学人物》（引《诚意伯文集》）]

黄元吉 字济川。清代四川彭县人。以医为业。集十数年之经验，撰《医理发明》（又作《医理不求人》）八卷，刊于道光十三年（1833）。[见：《中医大辞典》、《中医图书联合目录》]

黄元杰 清代江苏川沙县人。精医术。与同邑顾西亭齐名。[见：《川沙抚民厅志》]

黄元型 清代山东新城县人。精医术，专擅目科。年九十三岁卒。著有《眼科要集》，未见刊行。[见：《新城县志》]

黄元钟 宋代人。生平里居未详。疑为道士。著有《蓬莱山草药还丹诀》一卷，已佚。[见：《通志·艺文略》]

黄元基 号澹园。清代广西临桂县人。商城知县黄正焕子。早年习儒，雍正十年（1732）中举，拣发广东，授海康县知县，调揭阳县，再调灵山，未几乞归。居官清廉，处膏脂不以自润。精医术，家居以医济世，活人甚众。年七十八岁卒。黄氏平素好学，每遇方书，必觅而阅之；凡本人经验及耳目见闻效方，即笔记之。

历三十年，荟萃良方三千余首，对症用药，频频取效，遂辑《静耘斋集验方》八卷，序刊于乾隆二十八年（1763），今存嘉庆四年（1799）刻本。[见：《临桂县志》、《中医图书联合目录》]

黄元御 (1705～1758) 一名玉路。字坤载，号研农，别号玉楸子。清代山东昌邑县人。明太保黄忠宣十一世孙。幼年聪明好学，十五岁为诸生，世推为国器。年三十，左眼红涩，为庸医误治，过服凉药，遂渺一目。发奋曰："不能为良相济世，亦当为良医治人。"嗣后，博览古来医籍，穷究秘奥，统汇医理，精益求精。尤推重名医张介宾，治病偏主温补。黄氏自命甚高，好更改古书以伸己说。尝谓："仲景而后，惟孙思邈真人不失古圣之源。其余著作如林，无一线微通者。"曾考授御医。乾隆帝南巡，黄氏奉诏侍从，制方调药，多有奇效，御赐"妙悟岐黄"匾额。著有《四圣心源》、《素灵微蕴》、《素问悬解》、《灵枢悬解》、《难经悬解》、《四圣悬枢》、《伤寒悬解》、《伤寒说意》、《金匮悬解》、《长沙药解》、《玉楸药解》等书，皆刊行于世。医学之外，尚撰有《道德经悬解》二卷、《周易悬象》八卷，今亦存。[见：《清史稿·黄元御传》、《冷庐医话》、《昌邑县续志》、《中医图书联合目录》]

黄元槟 清代江西上饶县人。精医术，专擅痘科。凡险危之证，经手即愈，世人服其神技。平生志在活人，不求货利，遇贫寒之家则施以方药。子黄钧，为太学生。[见：《上饶县志》]

黄元裳 字遇吉，号也痴道人。清代江苏川沙县高昌乡二十二保九图人。好读书，力学不倦，藏书积万卷。精通医理，凡遇沉疴，按脉投剂，无不奇验。有医德，虽穷乡僻地，延请必往，贫家酬以诊金辄却之。年八十余卒。著有《内经集注》若干卷，未见刊行。子黄万育，能世父业。[见：《川沙县志》、《上海县志》]

黄云龙 (1220～1287) 字君从，晚号四印翁。宋元间义城（疑为江西庐陵县下属乡镇）人。三岁而孤，继母刘氏抚养成人。平生好学，性格淳朴，见义不让。精通医术，凡病家求诊，虽深夜叩门，应之不倦。晚年信道，欲入玉笥山修行，未果，患病卒。撰有产科医书，曾刊行，今散佚。[见：《金元医学人物》（引赵文《青山集·黄云龙墓志铭》）]

黄云师 字非云，又字雷岸。明清间江西德化县人。崇祯三年（1630）进士，授给事中，历官吏、户、刑、兵四科。明朝末年归乡，

卜居莲花峰下，杜门著述。所撰甚富，关于医学者有《药谱明疗》三十卷，未见传世。[见：《九江府志》、《德化县志》]

黄云鹄 字廉访。清代人。生平里居未详。著有《黄廉访精选经验方》一卷，今存光绪十六年庚寅（1890）四川刻本。还撰有《粥谱》一卷，今存光绪七年辛巳（1881）蕲州黄氏刻本。[见：《中医图书联合目录》]

黄五芝 明代苏州（今江苏苏州）人。精医术，与同邑名医张靖、伍承橘齐名。[见：《江南通志》]

黄五辰 清代江苏江阴县人。精医术，名振于时。著有《医家正旨》六卷，行于世，今未见。同时有戚秉恒、沈绶，与之齐名。[见：《江阴县志·戚秉恒》]

黄少岐 近代广东人。里居未详。以儒通医。宣统间（1909～1911）悬壶上海。神州医药总会成立，被推为会长。又曾出任神州医药专门学校校董。年六十二岁卒。[见：《中国历代医史》]

黄日芳 字木之，号蠡源。明代湖北沔阳州人。以孝友闻名于时。自幼好学，从伯兄黄日华习儒，举乡试，犹执经不稍息。日华殁，触柱而哭，额破出血。崇祯四年（1631），中三甲第一百五十二名进士，授霍邱知县。明末战事频繁，黄曾任总督朱大典军前赞划，又奉檄督催粮饷，协同总兵刘良佐率军驰援襄阳，得淮抚史可法（1602～1645）重用。明亡，隐居不仕，绝迹城市十余年，卒于乡。黄氏兼通医药，辑有《本草经验方集要》若干卷，已佚。[见：《沔阳州志》、《明清进士题名碑录索引》]

黄中美 （1858～1922）字芸浦。近代四川江安县人。邑名医黄希孟子。自幼习儒，游庠，以诗赋受知于学使瞿公。光绪十五年（1889）中举。清亡，致力医学，诊脉用药，应手取效，全活甚众。民国十一年卒，年六十五岁。著有《医案》及《医嚛刍言》四卷，今未见。[见：《江安县志》]

黄公兴 南朝梁人。生平里居未详。著有《脉经》六卷，隋朝时即散佚。[见：《隋书·经籍志》]

黄公望 （1269～1354）又名坚。字子久，号一峰，又号大痴道人。元代常熟县（今属江苏）人。本姓陆，嗣于永嘉黄氏。幼有神童之称，应童子试，经史九流，无不通晓。工诗文，通音律，尤精绘画，擅山水，晚年自成一家，

与王蒙、倪瓒、吴镇，称元末四大家。至元（1264～1294）末，浙西廉访使徐琰聘为书吏，未几弃去，隐于富春。晚年好道，著有《金针直指》、《存神固气论》、《摄生纂录》、《养生秘录》、《三峰老人丹诀》、《抱一含三秘诀》，皆道家养生之类。[见：《重修常昭合志》、《中国人名大辞典》、《中国丛书综录》]

黄公禄 明代无锡县（今属江苏）人。善方脉。工诗赋。[见：《中国历代医家传录》（引《坚瓠集》）]

黄公槐 （1856～1933）字植三。近代江苏新阳县巴城镇人。早年习儒，纳粟补布政司理问。平生喜拳术，膂力过人，兼精伤科医术。戊戌变法后，经徐梦鹰资助，创建巴城公立小学堂。民国初任县议员、参事员、乡公益事务处经理员兼学董。先后秉乡政十余年，排难息纷，浚河筑堤，请蠲请赈，克勤其职。1917年参修《昆新两县续补合志》。曾开设布店、竹行、油坊等业，因不屑商务，皆亏损。20年代悬壶上海、松江、嘉定等地，以伤科问世。暮年归老于乡。年七十八岁殁。[《昆山历代医家录》]

黄凤至 明代安徽歙县人。精医术，知名京师。隆庆二年（1568）正月，太医院医官徐春甫集合各地在京名医四十六人，创立一体堂宅仁医会，黄氏为会员之一。诸医穷探医经，共戒私弊，患难相济，为我国最早之全国性医学组织。[见：《我国历史上最早的医学组织》《中华医史杂志》1981年第3期]

黄文广 字允卿。清代河南淮阳县人。精医术，尤擅针灸，知名于时。孙黄澄云，传承家学，亦以医名。[见：《淮阳县志》]

黄文东 （1902～1981）字蔚春。现代江苏吴江县震泽镇人。年十四岁考入上海中医专门学校，受业于孟河名医丁泽周门下。1921年，以首届第一名毕业。嗣后，悬壶家乡，历时十年，济人甚众。1931年应聘回母校执教，任教务长。在校十六年，致力于中医教育，直至1948年该校停办。中华人民共和国成立后，历任上海中医学院内科教研组主任、龙华医院内科主任、上海中医学院院长、中华医学会副理事长、中华医学会上海分会理事长、《上海中医药杂志》编委会主任、上海市政协常务委员。1960年加入中国共产党。1978年被授予教授职称。黄氏从事中医事业六十余年，对中医理论、临床研究及中医教育作出重要贡献。其著作有《丁氏学派的形成和学术上的成就》、《黄文东医案》、《中医内科学》、

《黄氏论医集》、《金匮新辑》等。[见:《中医年鉴》(1983)、《著名中医学家的学术经验》]

黄文成 清代江西吉安县人。生平未详。著有《养生合参》,未见传世。[见:《吉安县志》]

黄文达 号笠渔。清代安徽婺源县潢川人。增生。工诗词,旁精医理。著有《论方辑要》十六卷,未见流传。[见:《婺源县志》]

黄文昭 字达光。清代安徽婺源县汉川人。邑名医黄翼子。继承父学,亦以医名。[见:《婺源县志》]

黄文洲 明代浙江吴兴县人。以医知名。与陆士龙同时,曾共同诊治病人。又与朱惠明增补沈与龄《医便》,刊于莒中,今未见。万历壬寅(1602),吴秀取沈氏原本校之,增以本人经验方,编《增补医便续集》四卷,重刊于世。此书国内未见,曾流传日本。[见:《陆氏三世医验》、《增补医便续集·吴秀自序》]

黄文澍 字雨田,号石畦。清代江西信丰县人。黄虞次子。资质朴鲁,笃志力学,孜孜不倦。康熙五十三年(1714)赴乡试,仅取副贡,后屡试不售。晚年选授弋阳县教谕。旁通医理,著有《医宗辑略》若干卷,未见刊行。子黄师法,以医名世。[见:《赣州府志》]

黄文曙 清代江西弋阳县五十三都人。精痘科,善种痘,有十全之效,远近争相延致。[见:《弋阳县志》]

黄方国 清末湖南醴陵人。自咸丰三年(1853)从名医廖枫桥学内科,师教以达原消毒饮治疗白喉症。八年(1858)春,左氏全家男妇十三口,九人染白喉。时医以风火、缠喉、格阳、阴虚等症治疗,连毙六人。后延请黄氏,三人皆得痊愈。嗣后,黄氏深入研究白喉病因、治法,临证得心应手,行医三十余年,全活甚众。年六十五岁,应当地谢荣祥、邓午桥、傅亦华、黄竹轩、林有绪、林俊杰诸人之请,总结平生所得,撰《时疫白喉证真诀》一卷,刊刻于世,今存光绪十二年(1886)醴陵皆不忍堂原刻本。[见:《醴陵县志》、《中医图书联合目录》]

黄为良 清代人。生平里居未详。著有《医学一统》一卷。此书初未梓,后经万县名医王锡鑫校订,刊刻于世,今存。[见:《中医图书联合目录》]

黄为鹗 清代人。生平里居未详。著有《理解体要》二卷,今未见。[见:《中国历代医家传录》(引《四库采进书目》)]

黄心存 (1840~1921) 近代江苏无锡县硕放桥人。祖、父皆业医。黄心存幼承庭训,研读医经,探究仲景之学,深得精髓,贯通各家。侍诊数年,于临证多有会心。及悬壶应诊,疗效显著,声名渐起。时荡口华某患伤寒,病势极危,心存治而愈之,医名大噪,延请者不绝于门。其足迹遍于苏、常、京、沪,为内科、妇科名家。著有《医方存案》、《心存医话》数册,未梓。子黄伯暄,孙黄志雄,皆承先业。[见:《吴中名医录》]

黄以周 (1829~1899) 字元同,号儆季。清代浙江定海县紫微庄人。名儒黄式三子。道光二十年庚子(1840)随父避兵于镇海县海晏乡黄家桥,遂定居。自幼嗜学,邃于《三礼》。曾师事德清俞樾,肄业于杭州诂经精舍,与戴望、袁昶等皆俞氏高足。同治间(1862~1874)举于乡,官浙江分水县儒学训导。光绪间(1875~1908)主讲江阴南菁书院,历时十五年,从学者甚众。光绪三年(1877),出任浙江书局总校。晚年选处州教授,以特荐授内阁中书。黄氏兼嗜医学,曾出重金自日本购归《黄帝内经太素》残抄本(二十三卷本),以《灵枢》、《素问》诸书详加校勘,著《旧钞太素经校本》二十三卷。还曾校正《灵枢》、《素问》、《明堂经》(残卷)诸医书,惜皆未传世。今黄氏《儆季文钞》中尚存《旧钞太素经校本叙》、《黄帝内经明堂叙》、《黄帝内经九卷集注叙》、《黄帝内经素问重校正叙》,可窥见其校正古医籍之麟爪。门生曹家达,为著名医家。[见:《旧钞太素经校本叙》、《定海县志》、《镇海县志》、《清史稿·俞樾传》、《中国人名大辞典》、《丛书集成初编》、《中国丛书综录》、《伤寒发微·秦伯未序》、《中国历代医家传录》]

黄允中 清代山东临清县人。为人朴诚。精医术,尤擅痘科。平孔庄张氏子患天花,允中视之曰:"不可救。"张氏另请他医,治之而愈。过百日,张氏邀诸医相谢,允中召其子近前,脱袜谛视,见其痂未落,托故辞去。谓送者曰:"此百日痘,恐不过今日也。"张子果于当天病发而亡,人皆称神。[见:《临清县志》]

黄予石 清代安徽歙县人。世以妇科擅名,至予石亦精医术。著有《妇科衣钵》、《妇科秘要》,述妇产科经验甚详,今存。[见:《新安名医考》]

黄玉辉 清代安徽婺源县横槎人。祖、父俱业医,至玉辉尤精,临证触手回春,不取谢金。道光丁未(1847),阖族染痢,玉辉巡回

诊治，获救者甚多。[见:《婺源县志》]

黄世栋 清代广东澄海县人。四代世医黄振纲子。继承家学，亦精医业。[见:《澄海县志》]

黄世荣 字阗伯，晚号蟪叟。清代江苏嘉定县人。黄宗文子。廪贡生。颖敏善悟，于书无所不读。其祖父黄汝成撰有《日知录集释》，学者宗仰。世荣继承祖父之学而推衍之，治经不分门户，务身体力行，以致于用。洞明医理，治疗辄奇效，名重于时。年六十四岁卒。著有《治疗偶记》若干卷，今存1916年铅印本。还曾重订王维德《外科证治全生集》，其自序称:"近世诸刻本各有增损，短长互见。乃参酌众本，疏其异同，录成一帙。诸本有按语足相发明者，并行采录。"医学外，尚撰《味退居文集》、《书牍》、《诗存》、《嘉定物产表》等书。[见:《嘉定县续志》、《中医图书联合目录》]

黄世德 明代福建瓯宁县人。精医术，曾任太医院院判。孙黄锦，传承其术，亦以医闻。[见:《瓯宁县志》]

黄古潭 明代安徽黟县人。少习举业，通五经。因病弃儒习医，入祁门名医汪机门下，治病每有超见。有病胁痛、皮肤红肿者，时医用泻肝舒郁法不效。黄氏以瓜蒌一枚，服之而愈。又有妇人郁结经闭，诸医皆谓有孕，治以安胎之药，吐酸反甚。黄氏投以补肺泻肝之剂，疾愈。门人孙一奎，得其传授，医名极盛。[见:《徽州府志》、《黟县志》]

黄可久 字柳溪。宋代蕲水（今湖北浠水）人。徙居武昌。诸生。与妻偕隐。旁通仙佛、医卜之学。年九十岁卒。[见:《中国人名大辞典》]

黄丕烈 (1763～1825) 字绍武，又字绍唐，号荛圃，又号荛夫、老荛、复翁、佞宋主人。清代江苏长洲人。乾隆戊申（1788）举人。嘉庆六年（1801），大挑签发直隶知县，不欲就，纳资得部主事，旋谢职归里，日以校书、著述为事。道光五年（1825）开设滂喜园书铺于乡。黄氏贯通经史，尤精校雠。平生嗜书成癖，精于鉴赏，广聚宋版、古抄，书友往来无虚日，颇得钱牧斋、毛晋、季沧苇、徐乾学诸家旧藏。每得善本，必撰写题记，详其版本款式、流传颠末，甚或绘图征诗，寄其兴致，为东南著名藏书家。嘉庆七年，以所得宋刻善本汇集一室，颜其居曰百宋一廛。次年（1803），撰《百宋一廛录》一卷，收载宋刻诸书一百一十二目，皆有题记，其

中包括《外台秘要》、《新雕孙真人千金方》、《十便良方》、《伤寒要旨药方》、《重校正活人书》、《产科备要》、《儒门事亲》等七种医书，民国初刊行于世。黄氏曾刊刻《士礼居丛书》，为收藏家所重。[见:《中国人名大辞典》、《近三百年人物年谱知见录》、《历代史志书目著录医籍汇考》]

黄石屏 清代江西人。里居未详。年十四师事僧人圆觉，历时三年。早晚习武，日间学医，研读医学典籍，尤重《针经》。初，其师画红圈于壁，命石屏以竹签刺之；其圈渐小，至小如芝麻，则改为铁针，再改为金针，必求针入壁寸许而不弯。此后，渐次授以诊断、取穴、补泻诸法，遂精针灸之学。后行医沪上，有"神针黄"之称。门生方慎盦，得其传授。[见:《中国历代医家传略》]

黄石峰 元代人。生平里居未详。著有《秘传痘疹玉髓》二卷，今存无名氏据明代建邑书林余秀峰刻本影抄本。[见:《中医图书联合目录》]

黄石斋 明代浙江嘉善县人。精医术，通晓阴阳燥湿之理。门生潘师正，得其传授。[见:《嘉善县志》]

黄龙祥 (1793～1860) 字云起。清代江苏甘泉县人。儒医黄绍垚侄。幼年习儒，久困童试，从歙县名医罗浩学，尽得其传。于古书、秘方无不探讨，尤擅诊脉，能别寒热于疑似之间。尝谓:"人以元气为本。治疾者求速愈而不顾元气，虽邀功一时，而根本潜亏，终成难治之症。"识者以为至言。性谦诚，凡病愈者感德，则逊曰:"病本当生，吾特不致之死而已，何功之有。"平生喜评校医书，有笔记若干卷，惜未见刊行。[见:《扬州府志》、《甘泉县续志》]

黄甲第 字千石。清代河南禹州人。州学生员。善风鉴、占卜诸术。尤精医道，官至太医院院判。[见:《禹州志》]

黄用卿 明代安徽凤阳府人。精医术，通晓五运六气，尤擅诊脉，能预知生死。[见:《凤阳府志》、《凤阳县志》]

黄处礼 字仁复。元代鄱阳县（今江西波阳）人。世医黄德辅长子。与弟黄处常、黄处善，皆绍承家学，以医名世。[见:《金元医学人物》（引陶安《陶学士集·黄氏三子名字说》）]

黄处常 字仁寿。元代鄱阳县（今江西波阳）人。世医黄德辅次子。与兄黄处礼，弟黄处善，绍承家学，皆以医名世。[见:《金元医学人物》（引陶安《陶学士集·黄氏三子名字说》）]

黄

黄处善 字仁美。元代鄱阳县（今江西波阳）人。世医黄德辅幼子。与兄黄处礼、黄处常，绍承家学，皆以医名世。［见：《金元医学人物》（引陶安《陶学士集·黄氏三子名字说》）］

黄汉忠 宋代人。生平里居未详。著有《针眼钩方》一卷、《秘要合炼方》五卷，均佚。［见：《宋史·艺文志》］

黄汉荣 近代广东南海县人。传承家学，悬壶广州，为当地伤寒派名医，兼精骨伤科。子黄耀燊（1915～1993），医名益著。［见：《中国科学技术专家传略·黄耀燊》］

黄汉信 清代湖南靖州人。邑名医杨昌诗门生。其师深通脉理，作歌诀授之曰："不作阴功莫学医，阴阳虚实几人知。死生只在须臾候，指下分明莫迟疑。"［见：《靖州乡土志》］

黄必寿 元代人。里居未详。精医术。后至元四年至至正三年间（1338～1343），任邵武府（治所在今福建邵武）医学教授。［见：《金元医学人物》（引《邵武府志》）］

黄必昌 字燕台，号庭镜，又号不尘子。清代福建建宁县卢田人。幼习举业，弃儒习医，师事邑名医孔毓楷，以眼科知名。著有《目经大成》（又作《眼科大成》）三卷，成书于乾隆六年（1741）。书成未梓，以之教授门生。嘉庆九年（1804）门生邓学礼编次为十六卷，易名《目科正宗》，刊刻于世。越十年，黄氏之孙璧峰，取家藏旧本校核，悉还旧貌，复旧名，再刊于嘉庆二十三年（1818），今存。此书对内外诸障、胬肉攀睛、黄液上冲等眼病及手术操作方法、术后调摄等论述详密，并根据动物眼球解剖及临证经验，纠正《审视瑶函》等书之误，极有学术价值。今存多种清代刻本及现代点校本。［见：《建宁县志》、《重纂邵武府志》、《中医图书联合目录》、《中国医籍大辞典》］

黄永怀 清代江苏金山县朱泾镇人。温雅绝俗。师事邑名医宋景祥，得其秘传，以善治危证著称。［见：《朱泾志》］

黄永沂 清代陕西岐山县人。精医术，知名于时。遵母训，以术济人，治病不取谢仪。一日应邀出诊，当夜病家以银百两潜置其门。次日，永沂登门奉还。［见：《续陕西通志稿》］

黄永清 字明轩。清末四川达县人。世代业农，至永清通晓医术，挟技奔走于茅屋田陇间，诊病不计谢金，贫者多受其惠。［见：《达县志》］

黄永傅 字奕久。清代河南光州人。自幼好学，未冠即有文名。山阴刘公，莅任十余年，雅重黄氏之学，屡延请入幕，辞而不往。年未四十，长子病亡，悲痛欲绝，遂绝意名场，闭户著书。兼涉医学，辑有方书四十余卷，未见刊行。［见：《光州志》］

黄永植 清代四川南川县人。品端性善，医术精湛，为乡里所敬重。年七十四岁卒。［见：《南川县志》］

黄发光 （1794～1894） 清末贵州大定县人。国学生。善岐黄术，平生济人利物，广行方便。乡邻以病延请，不分贫富皆往，至则先详书病源，列方于后，脉礼有无不计。年近八十，凡夜半闻病家唤请，披衣即起，虽风雨霜雪无难色。乡间有延请者，则乘马出诊，崎岖数十里不辞劳。曾夏日出游市中，一手杖藜，一手握扇，白须飘拂，笑容可掬，人望之若神仙。行医数十年，全活不可胜计。光绪元年（1875），寿八十二岁，恩赐正九品衔。年百岁，提学使题赠"寿比乔松"匾额。郡人李芳为撰一联云："一百岁曰期颐，是黄石后身，道骨仙风长不老；三千功为圆满，得仓公妙术，琪花瑶草尽成春。"可为黄氏写照。寿一百零一岁，殁于家。著有《医学稿》一部，今未见。［见：《大定县志》］

黄圣年 字逢永。明代广东顺德县人。早年习儒，登万历四十六年（1618）贤书，授当阳县教谕。工书法，学务博洽，为文下笔立就。因病辞归，年六十二岁卒。著有《诗骚本草通》若干卷，已佚。［见：《顺德县志》］

黄吉甫 明代人。生平里居未详。辑有《备急仙方》，刊于正统间（1436～1449）。已佚。［见：《中国医籍考》］

黄朴园 字淳柬。清代福建永定县抚溪人。监生。本县幼科名医黄琬子。传承父业，医术益精。遇奇难证，施方无不立效，名重于时。平生绝不受厚谢，能以医德济世。著有《经验奇方》若干卷，今未见。子黄明茂，继承家业。［见：《永定县志》］

黄朴庵 明代无锡县（今属江苏）人。得秘传验方，以外科名世。后裔黄叔洪、黄师善，皆精外科，兼通大方脉。［见：《无锡县志》］

黄有声 清代奉天府海城县（今辽宁海城）人。邑名医黄麟阁子。继承父业，以痘科知名。子黄家诰，亦精医术。［见：《海城县志》］

黄有章 原名道章，字敏年。清代广西桂平县人。邑名医黄锡遐孙，黄应桂子。少

十一画

989

倜傥，喜浪游。于先人之业虽童年即习之，未见重于乡。曾至同里耀村，遇黄静山之女患急惊风，气息仅存，已委弃于地。黄氏闻讯而往，探心坎尚温，命以蚯蚓研末，灌之即醒，继服药而痊。自此声名大噪，求诊者日众。嗣后，博览医籍，其术益精，以擅治内伤、虚痨、外伤、金疮各症见长。平生治案颇多，辑有《家传验方集》若干卷，今未见。[见：《桂平县志》]

黄有祺 字香云。清代安徽婺源县环溪人。监生。专艺岐黄，临证得心应手。有医德，遇贫病不取一文。参将罗成勋，驻兵于清华，营中大疫，黄氏应召救治，全活甚多。罗赠以"媲美和缓"匾额。著有《医余别论》，未梓。[见：《婺源县志》]

黄百谷 字农师。清初浙江余姚县人。名儒黄宗炎（1616～1686）子。明敏能文，工诗词，以医为业。尝居西湖，感伤明亡之痛，寄于吟咏。后贫困而死。著有《素问注》、《难经注》、《本草注》等书，俱零落散佚。[见：《余姚县志》]

黄而康 清代福建连城县人。精医术，知名于时。子黄恩钺，传承父业。[见：《连城县志》]

黄存礼 明代江都县（今属江苏）瓜洲镇人，徙居仪真县。儒医黄惟善子。传承父学，医术尤精。永乐（1403～1424）初，都督谭公镇守仪真，以名医辟至幕下，遂定居。子黄瑞（1402～1480），官至南京太医院判。[见：《中国历代名医碑传集》（引《思轩文集·太医院判黄先生传》）]

黄存诚 佚其名（字存诚）。元代人。生平里居未详。撰有《诊脉枢机》，今未见。[见：《补元史艺文志》]

黄存厚 字信孚。清代安徽黟县黄村人。自幼业儒，因善病兼通医理。咸丰、同治间（1851～1874），治装外游，就职县佐，侨居章江，时年二十八岁。历任上犹分防厅、新喻粮厅，官至袁州府经历，兼分宜知县。性严介，居官不谋私利，所至有廉声。公余以诗酒自娱，所交如金振声大令、谭子岳教授，皆当时名宿，时有唱和。年五十二，解组归田。著有《医理防微论》。医书外有《退思堂集》、《黄海纪游》，皆未梓。[见：《黟县四志》]

黄成汇 清代广东清远县吉河桂田村人。精医术，活人甚多，名重一时。有医德，凡求治者，不论寒暑皆往，遇贫者赠以药金。年

八十三岁卒。[见：《清远县志》]

黄执中 元代崇明县（今属上海）人。自幼聪颖过人，读书过目不忘。得名医传授，复究心《素问》、《难经》诸书，切脉精审，能闻声而断吉凶。心存济利，治病不计诊酬，为乡里所敬重。[见：《崇明县志》]

黄扬庭 字继江。清代江苏青浦县人，居珠街巷。诸生。训蒙为业。兼精医术，知名于时。[见：《青浦后续诗传》]

黄至成 字琢堂。清末四川万源县人。性刚直，好施与。光绪间（1875～1908）以医术知名乡里。重医德，治病不受酬谢。年七十六岁卒。[见：《万源县志》]

黄至厚 清代湖北沔阳州人。邑名医黄济孙，黄格物子。继承家学，亦以医术知名。[见：《沔阳州志》]

黄至清 清代四川綦江县人。出家为道士，光绪间（1875～1908）寓古宋南华宫。通经史，擅诗文，以医术济世。有《儒典正宗》行世。年四十余卒。[见：《古宋县志初稿》]

黄师文 宋代人。生平里居未详。以医为业，有名于时。一妇人卧病三年，状若劳瘵，众医以虚损治之，皆不效。师文视之，曰："此病食阴物时，或遭大惊也。"询之，妇乃省悟曰："曩者食水团，忽人报姜夫坠水，由此一惊，病延至今不能愈。"师文遂以青木香丸为主。加通利药一帖与之，服之疾愈。[见：《续医说·古今名医》]

黄师法 字宗道，号侗庵。清代江西信丰县人。儒医黄文澍子。早年习儒，为诸生。性嗜医学，精通其术，造门求治者无虚日。善治疑难怪疾，每于万难措手之际，以妙法奏效。督学姚世荣病笃，诸医束手。师法从容治之，获瘥。其父撰《医宗辑略》若干卷，师法为之笺注。[见：《赣州府志》、《信丰县志》]

黄师善 明代无锡县（今属江苏）人。邑外科名医黄朴庵后裔。精医术，以外科著称，兼通大方脉。子黄禄，亦工医术。[见：《无锡县志》]

黄光甲① 字登云，号含斋。清代湖南蓝山县大慈乡白曜洞人。出生七月父丧。稍长，叔父黄振羽（武庠生）教之曰："我误入武学籍，尔须苦读。"光甲乃从本县廪生陈令德游，学业有进。会母姜氏病，医药不效，愤而曰："为人子者，不可不知医理也。"遂致力于岐黄，读《内经》诸书，久之以医知名。道光、咸丰间

(1821~1861) 卒，年七十二岁。孙黄毅，亦精医理。[见：《蓝山县图志》]

黄光甲② 字魁文。清代江西德化县人。明医术，治病概不受谢。其父患背痈，光甲以口吮之，敷药而愈。[见：《德化县志》]

黄光坎 字恒生。清代四川德阳县人。一岁丧父，赖母养成。家贫善病，无意仕进，研习医道，多有妙悟。推重陈念祖之书，以为简捷实用，无繁芜之词，堪为后学师表。[见：《德阳县志》]

黄光陆 字承所，号采芝，时称河东先生。清代江苏武原县人。寓居浙江桐乡县青镇。隐于医，多奇方，不知其所从受。临证不专切脉，或望色听声，即能辨表里虚实。青镇位于嘉湖之交，以河为界，黄光陆居河东，远近病家遇疑难皆曰："必待河东先生。"[见：《桐乡县志》]

黄光霁 字步周。清代安徽婺源县潢川人。监生。少失双亲，伯父黄流钟爱之。习医术，既精，悬壶于世，活人甚众，金陵、姑苏俱知其名。人以董奉比之，绘《春满杏林图》相赠，题咏者皆一时名士。侍郎景濂，赠以"杏林春水"匾额。著有《本草衍句》若干卷，未见刊行。[见：《婺源县志》]

黄廷印 明代安徽祁门县翕桥人。邑名医黄溥子。继承父业，亦以医名。[见：《祁门县志》]

黄廷杰 清代安徽祁门县人。生平未详。著有《伤寒歌诀》、《杂症诗括》等书，今未见。[见：《祁门县志》]

黄廷松 清代浙江象山县人。邑名医史亦书之婿。得岳父亲授，亦以医名。[见：《象山县志》]

黄廷彦 清代浙江桐乡县人。侨居海盐县。精医术，以外科知名。[见：《海盐县志》]

黄廷矩 字至斋。清代广东顺德县人。性笃厚，出于侧室，善事嫡母。乡里小儿多殇于痘疹者，遂慨然有习医之志。适楚南名医欧世珍挟技游粤，有神术，屡着奇效。廷矩即师事之，尽得其传，神明变化，曲尽其妙。及悬壶济世，声名日噪，延请者无虚日，数百里内缙绅之家，皆具币相聘。平生嗜酒，饮多不乱，往往酒后秉烛审视，精神转旺，眼亦愈明，起死回生，奇异百出。五十年后，其师欧世珍亡故已久，黄廷矩招其子洪澜至，悉以所得于其父者教之。年八十余卒。著有《痘疹杂钞》若干卷，未见刊行。同门潘成善、陈盛南，皆以痘科著称。[见：《顺德县志》]

黄廷选 清代四川新都县人。精医术，善治伤寒，全活甚众。有医德，遇贫病求治，赠药调治，不受谢仪。年七十岁卒。[见：《新都县志》]

黄廷玺 号六符。清代四川大竹县人。太学生。隐于医，每年多病季节，即施药济人，不论贫富，概不受馈赠。年六十六岁卒。子黄仁，官湖北当阳知县。[见：《续修大竹县志》]

黄廷爵 字虎臣。清末江苏南京人。生平未详。著有《青囊全集秘旨》二卷，今存光绪十二年丙戌（1886）金陵一得斋刻本。[见：《中医图书联合目录》]

黄竹斋 (1887~1960) 原名黄谦，又名维翰，字竹斋，又字吉人，晚号中南山人，又号诚中子。现代陕西临潼人。出生于长安（今西安）。幼年家贫失学，十四岁随父打铁为生。聪颖过人，冶炼之暇，刻苦自励，苦读经史、数理诸书。尤嗜中医，弱冠即熟通《伤寒论》、《金匮》诸医典，对仲景学说多有见解。二十五岁在陕参加辛亥革命，助临潼王敬如襄办军需，创办日新学社，编印《日新丛刊》。辛亥革命后，悬壶问世，曾设诊于西安南四府街三十号。1937年，西京国医公会成立，黄氏为第一届会员（时年五十一岁）。此间，先后问学于著名学者张果斋、牛兆濂等，研读中国古代经典，兼及西方卢梭、柏拉图、达尔文诸学说。对中医学术钻研益深，尊崇仲景学说，以发扬中医学术为己任。20世纪30年代，先后任陕西红十字会附设女子职业学校校长、河南国民二军胡景翼部医官、陕西省天文馆馆长、陕西省国学讲习馆副馆长。1929年，南京政府卫生部通过余岩《废止旧医案》，黄氏配合全国中医药界同仁奋力抗争，迫使当局停止执行该提案。1933年，黄氏被聘为中央国医馆理事兼编审委员，参与统一病名等工作。1937年出任卫生署中医委员会委员。1940年后，归隐于长安樊川，临证之外，专事著述。中华人民共和国成立后，黄竹斋当选长安县人民代表，陕西省政协委员。1954年被聘为西安医学院附属医院中医科主任。1955年奉调赴京，出任卫生部中医研究院附属西苑医院针灸科主任及该院学术委员会委员。黄氏治学严谨，为人正直，生活俭朴，广受中医界同仁尊敬，曾被评为先进工作者，并出席全国文教先进工作者代表大会。黄氏精通内科，长于针灸，对中风、偏瘫等病尤为擅长，治愈国内外疑难重症甚多，深得患者爱戴。毕生勤于著述，著书达五十余种，对《伤寒论》研究造诣尤深。早在1935年春，黄氏在南京获睹罗哲初所藏白云阁本（亦称桂林古本）《伤寒杂病论》及《难经》，遂亲手录副，加以校订。值抗日战争爆发，南京沦陷，遂携抄本返陕，获爱国将领张钫资助，于1939年将二书刻印梓行。黄氏主要著作有《三阳三阴提纲》、《校订白云阁藏本伤寒杂病论》、《校订白云阁藏本难经》、《伤寒杂病论会通》、《难经会通》、《伤寒杂病论集注》、《金匮要略方论集注》、《重订针灸铜人腧穴图经》、《针灸经穴歌赋读本》、《针灸经穴图考》、《医仙妙应孙真人传》等，又撰《医圣张仲景传》等文，收入《医事丛刊》，均刊印于世。医学之外，尚撰《五纪衍义》、《佛学考辨》、《修历刍言》等著作。门生米锡礼，传承师学，曾于1980年重印先师《伤寒杂病论》刻本，并尊师遗命，将原版捐赠河南南阳医圣祠张仲景纪念馆。[见:《中国科学技术专家传略》、《续修陕西省通志稿》、《西京国医公会第一届会员姓名录》、《中医图书联合目录》]

黄竹溪 清末四川合川县人。邑名医朱正立门生。尽得师传，有名乡里。[见:《合川县志》]

黄自全 明代安徽歙县人。精医术，知名京师。隆庆二年（1568）正月，太医院医官徐春甫集合各地在京名医四十六人，创立一体堂宅仁医会，黄氏为会员之一。诸医穷探医经，讨论四子（指张机、刘完素、李杲、朱震亨），共戒私弊，患难相济，为我国最早之全国性医学组织。[见:《我国历史上最早的医学组织》（《中华医史杂志》1981年第3期）]

黄休复 字归本。北宋江夏县（今湖北武汉）人。通《春秋》之学，卖丹药以养亲。著有《益州名画录》、《茅亭客话》。[见:《中国人名大辞典》]

黄传祁 清代人。生平里居未详。著有《医学折衷劝读篇》三卷，刊于世。[见:《中医图书联合目录》]

黄仲理 明初江西贵溪县人。嗜医学。对《伤寒论》多有研究。"自幼迄老，著意斯术，涵濡仲景之书几二十年"，著《伤寒类证》十卷，序刊于洪武二十六年（1393）。此书以成无己《注解伤寒论》为蓝本，折衷辨析，按证分类，以脉法精纯、有证有论有方者为"内篇"，以精粗相驳者为"外篇"，以有论无方无证者为"杂篇"。复以平昔所闻，师友讨论之言，或能发明仲景微

奥，或得古人不言之妙者，悉采录之，编为"伤寒辨惑入式"，附于类证之下。其书以论见证，首尾相贯，言不重复，便于披检。弘治十二年（1499），陆彦功据此书改编为《伤寒类证便览》。[见:《中国历代医家传录》（引《伤寒类证·自序》）、《中国医籍大辞典》]

黄仲瑜 清末江苏常熟县人，居县学之前。以医为业，精内外科，多有心得。自制膏药，专治无名肿毒，贴之甚效，后人至今沿用其方。同邑杨百城，得其传授，亦以医名。[见:《中国历代医史·杨百城》、《吴中名医录》]

黄华榕 清代江西石城县廉江塘莲酒店人。由武生捐升千总职。性孝顺，母史氏先卒，事继母至孝。精医术，治病不分贫富，凡请皆赴，世人德之。[见:《石城县志》]

黄关源 清代安徽绩溪县市东人。精通医术，以儿科知名。子黄子玉，传承父学，亦业儿科。[见:《绩溪县志》]

黄汝良 字明起。明末青浦县（今属上海）人。生平未详。著有《行箧检秘方》，已佚。又于崇祯间（1628~1644）校刊王九达《内经素灵合类》九卷。[见:《中国历代医家传略》]

黄汝相 清代广东连县人。精通医道，知名于时。门生陈廷佐，尽传其术，声名甚噪。[见:《连县志》]

黄汝梅 字玉平。清代广东仁化县丘寨人。性谦和，博览群书。精岐黄术，施方舍药，人多德之。[见:《仁化县志》]

黄安泰 （1781~?） 字兑楣。清代湖南醴陵人。随其父黄运裳徙居贵州贵筑县。勤奋好学，善尺牍，府州长官多聘为记室。尤嗜医学，多年游幕于南北各地，遇善本医籍必典质购藏，家居七事外，手不释卷。博览《灵枢》、《素问》、《中藏》、《甲乙》、《伤寒》、《金匮》、《病源》诸书，贯通医理。数十年间，屡起重疴，见知于公卿大夫。临证从未孟浪，每诊病先究病因，斟酌再三，始为立方。重医德，不论病之轻重，人之老幼，家之贫富，皆尽心疗救，不冀厚报，故声名日噪，而家境日贫。道光间（1821~1850）卒于京邸。曾广取前人方论，参以本人经验，著《寿身小补》九卷，成书于道光十二年（1832），时黄氏年五十二岁。该书今存道光十三年抄本及光绪十四年（1888）刻本。[见:《寿身小补·序》、《贵阳府志》]

黄安涛 清代浙江嘉善县人。邑名医黄凯钧子，继承父学，亦精医术。弟黄若济，亦

以医名。[见:《嘉善县志》]

黄阳杰 字乾三,号龙塘散人。清代人。生平里居未详。辑有《保生集要》一卷,今存嘉庆三年戊午(1798)贵名堂刻本。[见:《中医图书联合目录》]

黄孙藻 清代江苏高淳县人。精医术,善大方脉,临证多奇效,知名于时。重医德,以方药济人,不以术谋利。康熙戊子、己丑间(1708~1709),远近疫起,黄氏购药诊救,全活多人。[见:《高淳县志》]

黄寿人 (1906~1978) 原名长华,字瑞章。现代江苏南京人。年十六岁从南京名医孙少培学,五年学满,留师门应诊。三年后,自设诊所于南京。抗日战争前夕(1937)徙居武汉,仍以医为业。中华人民共和国成立后,历任汉口中医药改进会顾问、武汉市中医医院院长、武汉市第一医院副院长、第三届全国人民代表大会代表、第五届全国政协委员。1975年,寿逾七旬,加入中国共产党。著有《黄寿人临床经验集》。其部分论著收入《老中医医案医话选》、《老中医经验学术选编》。[见:《著名中医学家的学术经验》]

黄寿衮 (?~1918) 字补臣。清末浙江绍兴府陡亹人。光绪己丑(1889)举人,乙未(1895)进士。戊戌(1898)补应殿试,授翰林院庶吉士,癸卯(1903)授检讨。丙午(1906)上书请立宪。民国七年卒。黄氏旁通医理,著有《温病三焦方略》三卷、《言医随笔》二卷,未见刊行。[见:《绍兴县志资料》]

黄均科 清代四川彰明县人。幼习举业,弃儒为医,以儿科著称。有医德,遇贫病不取诊酬。每得良方,必口授于人,以广其传。尝倡刻《达生遂生保婴福幼汇编》,今未见。[见:《彰明县志》]

黄孝友 宋代歙州(今安徽歙县)人。精医术,知名于时,曾任太医博士。后裔黄天爵、黄一鳌,皆为名医。[见:《歙县志》]

黄志雄 (1882~1937) 近代江苏无锡县硕放桥人。邑名医黄心存孙。继承家业,博览古今医药名著,医术精湛。及悬壶,声誉鹊起,知名于方圆数县。吴县木渎镇多鼓胀患者,黄氏研究有年,以健脾运水法治之,多获显效。1937年冬,被日寇流弹击中,逝于国难,时年五十六岁。[见:《无锡近代医家传稿》]

黄克明 宋代人。生平里居未详。著有《江餐馔要》一卷,为古代食谱,惜散佚不传。[见:《通志·艺文略》、《崇文总目辑释》]

黄更新 字灿然。清代河南长垣县人。精医理,知名于时。[见:《长垣县志》]

黄丽江 清代广东清远县人。精医术,为道光、咸丰间(1821~1861)名医。著有《丽江医案》二卷。李荫侯评之曰:"所论极为精明,陈修园诸书每被其纠正云。"此书未见流传。[见:《清远县志》]

黄体端 字砚楷。清代湖南桂东县人。生平未详。著有《验方汇辑》四卷,刊于乾隆三十九年(1774),今存。[见:《中医图书联合目录》]

黄作宾 字祖嘉,号寅轩。清代福建闽清县人。太学生。自幼习儒,年十六岁患瘵疾,留意医学。十九岁娶溪头埔张氏女为妻,张氏善侍巾栉,黄亦善自珍摄养疴,十五年清心寡欲,其病得瘳。经多年研究,贯通医药之学,遂创设药铺,题匾曰体天医道。所制药皆精良,故病家服之多效。重医德,凡亲邻求诊,不取金钱,即远地求医者亦然。中年尚应秋试,屡荐不售。著有《小儿科秘诀》若干卷,今未见。曾孙黄绍定,亦精医术。[见:《闽清县志》]

黄伯暄 近代江苏无锡县人。邑名医黄心存子。继承父业,亦精医术。[见:《吴中名医录》]

黄位中 号庄斋。清代安徽怀宁县人。精医术,有名于时。[见:《怀宁县志》]

黄孚同 字盖堂。清代福建德化县湖山人。精医术,名噪于时。县令赵睿荣,赠"菊泉寿世"匾额表彰之。[见:《德化县志》]

黄希孟 字峄山。清代四川江安县人。岁贡生。品学兼优,善技击,尤精医术。晚年术益精,游其门者不取脩脯,且给饮食,受其教泽者甚多。子黄中美,医术尤精。[见:《江安县志》]

黄应夏 明代仪真县(今江苏仪征)人。邑名医黄瑞孙。绍承祖学,亦为名医。[见:《仪真县志》]

黄应桂 字乙枝。清代广西桂平县人。邑名医黄锡遐子。幼承庭训习医,通内儿诸科,尤善治痘。性豪侠,喜交游。咸丰、同治间(1851~1874)世乱,黄氏以军功得六品顶戴。凡医流中一技长于己者,必虚心求教,务得其传而后已,故每遇奇症,世所称难治者,每能刻日取效。尝至族人家,闻邻舍儿啼声,惊谓族人曰:"此儿病已殆,不治将不起矣。"命往探,乃贫困之家,不能备医药之资者。黄即亲为治疗,赠以药，儿疾得瘥。有李某，病阳缩，时医皆以滋补壮阳之药治，病加重。黄氏诊之，切脉已，命急作苏荷汤与服。群医皆嗤之以鼻，已而药进病除，始惊愕询其故。黄曰："《内经》不云乎：诸筋瘈疭，皆属于风。阳事为宗筋所聚，风动筋瘈，阳乃暴缩。驱之使出，病自愈耳，何奇焉。"当时种痘法未尽善，天花连年流行，贫家婴幼每束手待毙。黄氏以生虾炒豆，代替羚、犀贵药，存活贫儿甚多。子黄有章（原名道章），门生黄弥厚，皆传其术。[见：《桂平县志》]

黄应泰 字来亨。清代广东和平县人。自幼习儒，年二十八补博士弟子员。善属文，风格渊涵博大。兼精医术，家贮药材，有求者即赠之，不取其酬，全济甚多。[见：《和平县志》]

黄怀谷 清代人。生平里居未详。辑有《经验良方》一卷，今存咸丰四年甲寅（1854）一径堂刻本。[见：《中医图书联合目录》]

黄怀英 明代六合县（今属江苏南京）人。以医为业，善切脉，用药不执成方，所治多效。[见：《新修江宁府志》]

黄良安 字晦斋。清代福建长乐县黄李人。精医术，知名于时。尝纂修黄氏世谱，致力三十年，抄录盈箧。著有《医学实验录》四卷，今未见。[见：《长乐六里志》]

黄良佑 字履祥。明代安徽休宁县五城人。天资明敏，淡于科名，弃儒业医。精针灸术，治病多奇中，擅名于吴会、京都，门生甚多。著有《本草类方》、《麻痘秘法》诸书，未见流传。[见：《休宁县志》]

黄良衡 字君平。清代浙江海盐县人。博综经史，工诗文，精通医术。[见：《海盐县志》]

黄启英 清代河南信阳县五里店人。邑名医黄信道曾孙，黄醇度孙。传承家学，以医著称。[见：《重修信阳县志》]

黄启萱 清代河南信阳县五里店人。邑名医黄信道曾孙，黄醇度孙。传承家学，以医著称。[见：《重修信阳县志》]

黄补之 清末广东普宁县人。生平未详。辑有《效验良方》七卷，今存1935年增订铅印本。[见：《潮州志》、《中医图书联合目录》]

黄初吉 字子元。明清间江苏吴江县震泽镇人。黄潞曾孙。早年习儒，兼精医理。明亡，隐居不仕，卖药于市。屡起人危疾，不言功，亦不计利，乡里称之。[见：《震泽镇志》]

黄际飞 清代江苏长洲县浒墅关人。精医术，擅长喉科，兼治杂症，虽濒死之疾，每能投药而愈，名重于时。同时有俞景范、俞万通，皆为良医。[见：《浒墅关志》、《吴县志》]

黄其荣 字涤仲。清末江西南丰县人。自幼习儒，少年食饩，善诗文，工书法，有声士林。咸丰九年（1859）倡练乡团，保障梓里。县令上其功，保授训导。后历任吉安府教授、南昌府训导。黄氏精通医学，著有《内经微言》三十卷，未见刊行。子黄文祥，为宣统二年（1910）贡生。[见：《南丰县志》]

黄若济 字子未。清代浙江嘉善县人。邑名医黄凯钧次子。与兄黄安涛，皆绍父学，以医著称。著有《百药山房集》（非医书）。[见：《嘉善县志》]

黄述宁 号澹翁。清代江苏仪征县人。以医为业。著有《黄澹翁医案》四卷，成书于光绪二十八年（1902），今存。[见：《珍本医书集成·黄澹翁医案》、《中医图书联合目录》]

黄述曾 （?～1821）字颖夫。清代江苏武进县人。精医术。道光元年（1821）大疫，黄氏治之立效，且不取值，竟以劳瘁而卒。[见：《武进阳湖县志》]

黄叔元 字云山，号草桥。清代江苏长洲县草桥人。精医术，以小儿科知名。好读《中庸》、《关尹子》诸书，语言隽妙，类有道者。与彭绩最善，绩有诗赠之。善画驴，其画初无知者，乾隆皇帝南巡，见而赞赏，一时声名大起，医名遂为画名所掩。[见：《苏州府志》、《吴县志》]

黄叔灿 字牧村。清代江苏常熟县人。诸生。乾隆乙酉（1765）高宗南巡，黄叔灿献赋于行在，被召试。撰有《参谱》一卷，言人参产地、名目、种类之不同，未见刊行。[见：《常昭合志》]

黄叔洪 明代无锡县（今属江苏）人。邑外科名医黄朴庵后裔。绍承家学，精外科，兼善大方脉，名著于时。门生张用谦、张惟弟，传承其学。[见：《无锡县志》]

黄国宾 明代江西安义县南昌里人。乐善好施，五预乡饮。年八十一岁卒。兼知医药，著有《利济医方》，今未见。[见：《安义县志》]

黄国熙 明代吴县（今江苏苏州）人。邑痘科名医黄庭森子。绍承父业，亦精痘科，治病多奇验。俞氏子六岁，出痘甚希，国熙诊之，曰："法在不治。"俞氏延请他医治而愈之，其家鼓乐设席，并邀国熙以致诮。国熙至，唤儿视之，告曰："演剧时，宜避锣声。"言讫辞去。主家置若罔闻，有顷，儿闻锣声，发惊暴死。张氏子患痘，甚繁密，乳母抱儿出视，国熙熟视乳母，私谓张氏曰："令子无恙，乳妪当死。"数日后儿愈，乳母果亡，人皆惊叹其神断。［见：《苏州府志》、《吴县志》］

黄旻曙 明代江西弋阳县五十三都人。得秘传种痘法，以棉絮取痘浆之佳者，送入鼻内，及愈，留瘢痕如出痘者。其术有十全之效，远近闻名。同邑徐成吉，亦精此法。［见：《弋阳县志》］

黄明生 清代福建人。里居未详。精医术，擅长喉科。歙县郑于丰，得其传授。［见：《歙县志》］

黄明茂 清代福建永定县抚溪人。邑幼科名医黄朴园子。继承家学，亦以儿科知名。［见：《永定县志》］

黄凯钧 字南熏，号退庵。清代浙江嘉善县人。凤工于诗，兼精医术。母高氏得水肿疾甚危，凯日侍汤药，百计治疗得瘥。好济人之急，嘉庆甲子（1804）水灾，黄氏倡议平粜，贫民德之。平日配善药施济，阅五十年不懈。著《友渔斋医话》八卷，刊于嘉庆十七年（1812），今存。子黄安涛、黄若济，继承父业。［见：《嘉善县志》、《中医图书联合目录》］

黄季卿 元代崇仁县（今江西崇仁）人。三世为医，精通其术。兼通阴阳、占卜诸术。质朴无华，不事炫耀，故世少知者。吴澄重其术，作诗赞之曰："善药已三世，奇功可十全。尔能诚浩博，此业更精专。落落犹泮泮，纷纷竞蜡鞭。因之增慨叹，民命付苍天。"［见：《金元医学人物》（引《吴文正公集》）］

黄秉键 明代福建浦城县人。邑名医黄至次子。绍承父学，亦业医，治病奇中，知名乡里。年六十岁，忽延请朋辈于前，作偈曰："浩气无亏缺，幻躯有生灭，乘化还太虚，皎皎秋空月。"飘然长逝。［见：《建宁府志》］

黄秉衡 清代福建晋江县人。世业岐黄，复得异人传授，医术益精，有名医之称。以济世为怀，凡病家延请，辍餐应诊，不计酬报，世人德之。［见：《晋江县志》］

黄秉樾 清代人。生平里居未详。辑有《急救良方》二卷，今存光绪三十年甲辰（1904）刻本。［见：《中医图书联合目录》］

黄和清 字兰舟。清代江苏宝山县人。精医术，知名乡里。孙黄士骏，传承其业。［见：《宝山县志》］

黄金印 字献廷。清代江苏高淳县人。精医术，善治疫证。凡以疾延请，虽远道立赴，遇贫病者，不受谢仪。［见：《高淳县志》］

黄金声 （1887～？）字汉英，又字震初。清末江苏昆山县安亭人。震川公学优等毕业生。曾任震川小学堂总教习，兼乡自治公所文案。世习内科，通晓英语，兼通中西医术。宣统二年（1910）加入中西医学研究会。［见：《吴中名医录》］

黄金绥 字纪堂。近代四川叙永县人。光绪癸卯（1903）举人，分发甘肃，任敦煌县令，继迁宁羌知州。在任提倡教育，为政有声。1915年辞归故里，居大坝麻柳田，以医术济世活人。为人正直，多行善举，时称黄文正。年六十六岁卒。［见：《叙永县志》］

黄金榜 字恕斋。清代贵州镇远府人。侨寓清平县凯里。业儒，教授生徒四十余人。年九十岁，焚膏继晷，手不释卷。兼精医理，著有《男科验方》、《妇科验方》、《小儿验方》、《痘疹秘诀》、《推拿秘诀》等书，今皆未见。［见：《清平县志》］

黄念贻 明清间湖北黄冈县人。与易时泽等就学于儒医李之泌。精医术，知名于时。［见：《黄冈县志·易时泽》］

黄周育 清代湖南湘阴县人。精通医道，知名于时。门生吴添梁，传承其术。［见：《湘阴县图志》］

黄炜元 字晖史。清代广东大埔县人。通医理。著有《辨疫真机》一卷，今存1943年天生馆家刻本。黄氏尚著《医学寻源》五卷，卷一为阴阳五行图说及脉诀、卷二为经络病症、卷三为药性总义及治法、卷四为长沙杂病及汤头歌、卷五为时方歌括，卷末附症论医案，惜此书未见流传。［见：《潮州志》、《中医图书联合目录》］

黄河清 清代广东大埔县黄芝人。习医，精其术。重医德，遇贫病施以方药，不索谢资。［见：《大埔县志》］

黄宝兴 清代四川资州人。终生事儒，逢考必赴，光绪二年（1876），年八十岁，白首赴试，亦不得中。精医术，不屑以医问世，有以病求治者，乐为诊治。［见：《资州直隶州志》］

黄宗三 字橘泉。明代安徽休宁县古林人。早年习儒，翰林学士朱升器重之。尤精岐黄，知府赠以"医学名家"匾额。著有医书，已佚。［见：《休宁县志》］

黄宗汉 字海丞。清代四川大竹县杨家场人。忠笃纯朴。少攻举业，屡试不中，弃儒学医。深悟仲景心法，治病常奏奇效，医名大显，求治者踵相接。[见：《续修大竹县志》]

黄宗沂 （?～1856） 字鲁泉，号周甫。清代江苏江都县人。附贡生。幼从黄承吉、李周南习儒，潜心经史。及长，研究《素问》、《灵枢》诸医典，悟其精蕴，以医知名。尝谓："医在临证审辨之细，药物运用之灵，拘泥成方则始末颠倒矣。"名儒阮元评之曰："鲁泉，隐于医者也。"咸丰六年二月，太平军攻陷郡城，黄宗沂被执，不屈而卒。著有《本草纲目补遗》若干卷，未见刊行。医书外尚撰《读史记要》、《将就园杂记》、《碧梧轩诗集》等。[见：《江都县续志》]

黄宗昌 清代河南许州人。精医术，官本州医学典科。[见：《许州志》]

黄宗炎 （1616～1686） 字晦木，又字立溪。明清间浙江余姚县人。名儒黄宗羲胞弟。崇祯间贡生。学行与兄相伯仲。兼通医道，与儒医高斗魁相往还，唱酬吟咏，以抒忧国之怀。明亡，尽弃举业，提药笼游于燕昌、石门间，或刻印作画以自给。子黄百谷，明敏能文，义不仕清，以医为业。[见：《中国人名大辞典》、《鄞县志》]

黄宗起 字韩钦。清代江苏嘉定县人。同治癸酉（1873）举于乡。不屑仕进，专务根柢之学。精通医理，兼工书画。主讲震川书院三十年，评定课艺，士皆心服。又曾主讲沅州秀水书院，不期年而士风丕变。年六十七岁卒。著有《弃物治病方汇编》一卷，未见刊行。另有《知止盦诗文集》、《笔记》、《尺牍》、《家训》、《日记》、《课孙书诀》等书。子黄世礽，为光绪间（1875～1908）举人。[见：《嘉定县续志》]

黄官贤 字仁康，晚号寿山。清代广东南海县九江梅圳人。祖、父皆能医。传承先业，设药肆于大范乡，名噪一时。某人患闭口痢，日数十百行，腹痛欲绝。黄氏诊曰："此热隔在胃。"投以药剂，一泻而愈。朱惠畤妻新产，胞衣不下，众医束手。黄氏后至，予以药，立下。素与立表乡彭和瑞友善，一日过其门，彭方提酒肉归，曰："为我一诊近脉如何？"遂诊之，惊曰："观子状殊健，何脉乃至此？"谓其子曰："尔翁雀啄脉起，命在数日间耳！善备之。"彭方饮食惊人，笑谓其谬。越数日，果发急症而逝。黄氏医名虽盛，而有求辄应，从未计较诊酬，以仗义轻财著称。年八十一岁殁。[见：《南海县志》]

黄建中 清代安徽五河县孝二里人。增广生。为人谨饬。初以教读为业，从游者众。晚年精医术，道光十三年（1833）瘟疫流行，黄氏出术救济，遇贫者不取药资，活人甚众。著有《瘟疫论》，藏于家。[见：《五河县志》]

黄弥厚 字朴初。清代广西桂平县上秀里南乔村人。邑名医黄应桂弟子。治病尚平隐，凡大补大攻之药皆不轻用。[见：《桂平县志》]

黄承昊 字履素，号闇斋，晚号乐白道人。明代浙江秀水县人。黄洪宪仲子。万历丙辰（1616）进士，授大理评事，擢工科。时魏忠贤用事，黄承昊不与之通，削职归。崇祯（1628～1644）初复职，仕吏、兵两垣。因不附权贵，外转河南道，升福建按察使，降江西守道，称疾归里，闭户著书。己卯（1639）起九江道，升福海道。未几，调广泉，晋阶藩长。黄氏自幼多病，年七十余自谓"药品十尝四五"，一生皆在病中。尝遇庸医而遭误治，又因调理不善而自误，遂留意医药，颇有所得。著《折肱漫录》六卷，刊刻于世。又辑评《薛氏内科医案》三卷，亦梓行。[见：《四库全书总目提要》、《八千卷楼书目》、《折肱漫录·跋》、《嘉兴县志》、《嘉兴府志》]

黄孟坚 清代福建连城县人。邑庠生。精通医道，知名于时。同时有黄巍涣，与之齐名。[见：《连城县志》]

黄绍先 清代福建光泽县人。生平未详。著有《伤寒还真》若干卷，未见流传。[见：《增修光泽县志》]

黄绍定 号澹如。清代福建闽清县人。曾祖父黄作宾，以儒精医。绍定幼习举业，累赴秋闱不售，遂弃儒业。后因继配许氏多病，潜心医学，久之深得曾祖奥诀，遂精其术，尤擅治痨瘵。重医德，治病从不受谢，每值时疫流行，辄教人防治之法，活人甚众。年五十二岁卒。晚年著《肺病准绳》若干卷，今未见。[见：《闽清县志》]

黄绍垚 一作黄绍尧。字藕船。清代江苏甘泉县人。天性诚笃，博览群书，考订钟鼎、彝器、名画、古碑，寓目能决真伪。精通医术，于近时医家，折服徐大椿。子黄龙骧，轻财重义，乡里称长者。侄黄龙祥（1793～1860），为当时名医。[见：《扬州府志》、《甘泉县续志》]

黄绍姚 字载华。清初人。里居未详（疑为浙江钱塘人）。名医张志聪门生。康熙（1662～1722）初，张志聪建侣山堂于胥山，招集钱塘名医及门生数十人，讲论医学，校注医典。黄氏参校《黄帝内经素问集注》九卷，于康熙九年庚戌（1670）刊刻于世。[见：《黄帝内经素问集注》]

黄春甫 近代上海人。精医术，知名于时。曾与李平书、陈秉钧、周雪樵等创办中华医学会、神州医学会，创设神州医院、上海医院、上海中医学校，组建粹华制药厂，对中医药事业多有贡献。[见：《中国历代医史》]

黄政云 清末人。生平里居未详。撰有《黄氏锦囊喉科集注》一卷，今存光绪三十一年（1905）抄本。[见：《中医图书联合目录》]

黄政修 字廉如。清末福建建瓯县人。黄调元子。幼年丧父，母苏氏抚孤课读，严同父师。及长，受知于督学黄公，补博士弟子员。读书不苟为章句，以余力研习《内经》、《伤寒》、《金匮》诸书，多有领悟。久之以术济人，投药辄验，求诊者日众，名噪于时。与郡人朱雨樵、邹骏如、方子翼诸君游，以诗酒相酬唱。晚年著《麻疹新编》，由其孙黄焕琮刊刻于1918年。黄政修长子黄毓材、次子黄毓华，皆承父学。[见：《建瓯县志》、《麻疹新编·黄政修传》、《中医图书联合目录》]

黄栋臣 （1781~?）　清代四川万县人。精医术。性仁厚，遇贫病辄尽心治疗，且资以药。勤劳作，善养生，同治五年（1866），与妻皆八十六岁高龄，身体犹健。[见：《增修万县志》]

黄省斋 清代人。生平里居未详。著有《集验良方》二卷，今存道光二十一年（1841）刻本。[见：《中医图书联合目录》]

黄尝侯 字南屏。清代浙江嘉兴县人。精医术，擅长妇科。著有《医验》、《医案汇解》、《女科要旨》等书，今皆未见。[见：《中国历代医家传录》（引《嘉兴县志》）]

黄昭乾 字健修。清代湖南桂东县人。邑庠生。精通医理，自《内经》、《金匮》及东垣、丹溪诸书，皆手自抄录，"博而约之，因其方而变其用"，求治者不远千里延诊，全活甚众。有医德，遇贫乏施以丸散，助以药资，不受其报。天性和易，与人无忤。善书能琴，毕生好学，至老不懈，尝自警曰："读书要透，作人要厚。"有五子，皆传其学。[见：《中国历代名医碑传集》（引李元度《国朝耆献类征初编·方技》]

黄思荣 字干南。清末人。生平里居未详。辑有《唐千金类方》二十四卷、《泂溪医

案唐人法》一卷，刊刻于世。[见：《中医图书联合目录》]

黄钟溪 清代人。生平里居未详。著有《家藏心典》，书贾冒题陈念祖著，刊于世。[见：《历代医书丛考》]

黄钦先 字孟勋。清代四川简阳县养马河人。自幼习儒，兼善武功，以书法不精，屡试不中。后以医济世，善治跌打损伤，知名乡里。年三十六岁卒。[见：《简阳县志》]

黄香齐 字醅增，号义方。明代浙江乌程县人，居晟舍之栖梧。精医术。其学以修身养性为本，与诸家殊异，远近敬信。辑有《医案》行世，今未见。[见：《乌程县志》]

黄顺兴 字邻祥。清代河南郾城县前黄庄人。精医术，以眼科知名。悬壶于郑州，求治者趾错于门。[见：《郾城县志》]

黄保康 字霄鹏。清末广东南海县人。早年业儒，兼读医籍，推重吴瑭、陈念祖、叶桂诸家之说。性沉静，遇证虽难，应手而愈。撰有《贻令堂医学三书》（包括《医林猎要》、《陈修园方歌》、《吴鞠通方歌》），经其侄黄任恒校订，刊刻于宣统三年（1911）。[见：《中医图书联合目录》]

黄信道 字晦庵。清代河南信阳县五里店人。附贡生。家境赤贫，充任岳州正卫官陈应元记室，陈器重之，谓曰："子心地慈祥，志在济世，何不学医道乎？"黄氏欣然应诺。陈遂赠以《灵枢》、《素问》、《脉诀》、《伤寒》、《金匮》诸书，又助以金，使归。归乡闭门苦读，研讨三年，出而应诊，无不立效，声噪于时。著有《医方经验》四卷，为门人卢姓者取去，不肯示人。子黄醇度，传承父学。[见：《重修信阳县志》]

黄信彰 清代广东番禺县左里乡人。邑名医黄九子。早年习儒，为府学生。继承父业，亦以医名。[见：《番禺县续志》]

黄待我 字上与。清代广东大埔县人。事母以孝闻。精通医术，遇贫病不受谢资，且捐助药饵，所活甚多，时称义医。[见：《大埔县志》]

黄庭森 字芝石。明代吴县（今江苏苏州）人。精医术，尤擅痘科，有回生之术，时称神医。子黄国熙，亦以医鸣。[见：《苏州府志》、《吴县志》]

黄彦远 字思邈。北宋金溪县（今江西金溪）人。宣和二年（1120）任平江府教授，官至吉水县知事。后归隐，居东庵。博学多识，

深通《易经》。著有《运气要览》若干卷，已佚。[见：《金溪县志》]

黄宫绣 （1730～1817） 字锦芳。清代江西宜黄县君山人。廪贡生黄为鹗子。天资聪敏，自幼习儒，为太学生。嘉庆甲子（1804）恩赐举人，乙丑（1805）授翰林院检讨。旁通医药之学，著有医书一百四十卷，今存《本草求真》七卷、《本草求真主治》二卷、《脉理求真》三卷、《医案求真初编》五卷。[见：《清史稿·艺文志》、《宜黄县志》、《抚州府志》、《四库全书总目提要》、《中医图书联合目录》、《黄宫绣与本草求真》（《江西中医药》1983年第2期）]

黄宪章 清代江苏上海县人。邑名医黄炳南子。传承父业，亦工医术。父子著述甚多，惜皆毁于兵燹。[见：《上海县续志》]

黄炳南 清代江苏上海县人。精医术，知名于时。与其子黄宪章，均有医学著作，惜毁于兵燹。[见：《上海县续志》]

黄炳乾 字陶普。清末人。生平里居未详。著有《时疫白喉捷要合编》，刊于光绪九年（1883）。[见：《中医图书联合目录》]

黄炽华 清代人。生平里居未详。撰有《医学刍言》一卷，今存宣统元年己酉（1909）金鉴石印本。[见：《中医图书联合目录》]

黄济之 字世仁（一作世美），世称黄孝子。明代浙江余姚县人。二龄丧母，父继娶，复生三子，继母不能容，竟逐出家门。后勉力于医经，悬壶以给衣食。父及继母殁，济之结庐于墓侧。乡人举其事于县，县上之司府，闻之于朝，遂下诏旌其门曰孝子。年五十九岁卒。著有《本草权度》三卷，约成书于成化二十三年（1487），今存嘉靖十四年（1535）谢氏刻本。[见：《医藏书目》、《古今医统》、《医学入门》、《余姚县志》、《中医图书联合目录》]

黄祖耀 清代江苏青浦县人。增生。精医术，为乾隆、嘉庆间（1736～1820）名医。[见：《青浦县志》]

黄祚宪 字汝南。清代湖北汉阳县人。博览岐黄家言，精通医理。虽不业医，好制成药济人，病愈不受谢。平生好施济，积有盈余，即散之于人，曰："吾以济其不足也。"年八十六岁卒。[见：《汉阳县志》]

黄起升 字日初。清代安徽婺源县潢川人。岁贡生黄流子。自幼习儒，中年患目疾，遂致力医学。后双目失明，令儿孙辈诵读医书，耳听心记，久之精医，尤邃脉理，闻名远近。一

人患痢，病势危重，上门求治。黄氏诊脉毕，拟一方曰："明日愈矣。"果如其言。又，一壮年男子微有不适，黄氏诊其脉，告之曰："在法不治，尚可延三日。"其人果三日而亡。[见：《婺源县志》]

黄袁仁 字德怀。明代浙江常山县人。邑庠生。名医孙文胤门生。曾参订其师《丹台玉案》。[见：《丹台玉案》]

黄载鼎 一作黄在鼎。字镇九。清代湖南宁乡县人。事父母甚谨，并笃友爱。通医术，喜济物，治病不取药资，亦不受谢。著有《伤寒秘要》若干卷，今未见。[见：《宁乡县志》、《湖南通志》]

黄格物 清代湖北沔阳州人。邑名医黄济子。能诗，著有《狎鹤轩诗钞》。绍承父学，以医为业，知名于时。子黄至厚，亦以医闻。[见：《沔阳州志》]

黄配乾 清代湖南邵阳县人。家贫好学，屡蹶童试。转攻地理、星卜诸书。尤精医术，远近延请者无虚日。族人某赠诗盛赞其术，有"博兼众技书千卷，救活群生纸半张"之句。[见：《中国历代名医碑传集》（引李元度《国朝耆献类征初编·方技》]

黄振纲 字钦问。清代广东澄海县下外人。监生。四世业医。少秉家学，洞究医典，临证以意为治，全活不可胜计。重医德，修制药饵以赈贫病。子黄世栋，绍传其业。[见：《澄海县志》]

黄晓峰 元代新喻（今江西新余）人。早年习儒，官奉训大夫。兼精医理，收藏医书甚富。堂侄黄与任，官太平路医学教授。[见：《金元医学人物》（引《陶学士集·送医官黄与任序》]

黄恩铖 清代福建连城县人。邑名医黄而康子。早年习儒，为庠生。传承父术，临证"以意变化，神变莫测"，名重一时。晚年赴省试报罢，卒于途。同时有黄瀛康，与之齐名。[见：《连城县志》]

黄积昌 清代广东三水县人。设药肆于佛山，遂定居。精医术，有善行，每于盛夏煎防暑药茶，以饮路人。子黄殿中，继承其业，颇有时望。[见：《佛山忠义乡志》]

黄秩模 清代人。生平里居未详。著有《奇证秘录》一卷，收入所辑《逊敏堂丛书》，今存道光、咸丰间（1821～1861）宜黄黄氏木活字本。[见：《中国丛书综录》]

黄海源 号知异。清代浙江余姚县历山桃园人。咸丰间（1851～1861），仇家诬其"通寇"，蒙冤入狱。在狱中购书、制药、研习针法，为犯人治病，俱获佳效。县令陶公知其异，为之平反，乃得出，以眼科问世。辑有《丹方集异》，今未见。按，浙江医科大学图书馆藏乾隆四十七年（1782）刻本《奇效丹方》，题"姚海园编"，或即此书，待考。[见：《余姚六仓志》]

黄润光 清代福建永定县人。精医理。著述甚富，计有《伤寒玉钥》十卷、《霍乱证治之商榷》一卷、《医学要诀四种》（包括《伤寒要诀》一卷、《经方要诀》一卷、《方剂要诀》一卷、《汉和处方学歌诀》一卷），惜未见流传。[见：《永定县志》]

黄家珍 字席有。清代安徽歙县黄家坞人。自南宋以来世代业医。传至家珍，已历十余世，医术益精。同邑名医许豫和，临证遇疑难辄质正于黄氏。[见：《中国历代医家传录》（引《痘诀·序》）]

黄家诰 清代奉天府海城县（今辽宁海城）人。儿科世医黄有声子。继承家学，亦以医术著称。[见：《海城县志》]

黄通理 字菊泉。清代江苏宝山县人，寓居上海。精医术，擅长外科。晚年得导引辟谷术。年八十六卒。门生徐鉴亨，尽得其传。[见：《上海县续志》]

黄逢昶 清末台湾人。通医理。台湾横山跨海，湿热相乘为患，内地人不服水土，多致病亡。黄氏有鉴于此，遂汇辑医方，于光绪壬午（1882）禀请岑宫保刊行，受惠者甚多。其版原藏台北府考棚内，后为滇军取去，今存佚不明。[见：《台湾杂记》]

黄骏声 字苣塘。清代江苏崇明县人。精医术，凡延诊必速至，遇贫病赠以药。[见：《崇明县志》]

黄培芳 （1778～1859） 字子实，自号粤岳山人。清代广东香山县人。明祭酒黄佐八世孙。幼聪颖，应县试，题诗于山寺，方绳武见而奇之，遂与订交。年二十补弟子员。嘉庆九年（1804）中式副榜，肄业太学。道光二年（1822），充武英殿校录官。十年（1830），选授乳源县教谕。历官陵水县教谕、肇庆县训导。性孝友，操履端洁，邃于《周易》，诗文书画俱工，为郑士超、冯敏昌所器重。世居省城泰泉旧里，藏书五万余卷。咸丰七年（1857），英军入城，居民迁徙一空。黄氏以先祠、图书所在，坚守不动，人服其定识。性好游历，尝六上罗浮，谓罗浮乃粤望，可名粤岳，遂自号粤岳山人。年八十，重游泮水。年八十二岁卒。黄氏兼涉医学，辑有《良方偶存》一卷，今未见。[见：《香山县志》]

黄培藩 清代湖北钟祥县人。精通医术，著有《医方奇验》若干卷，今未见。性豪爽，好谈兵，咸丰间（1851～1861）办团练有功，后死于战乱，乡人惜之。[见：《钟祥县志》]

黄梦兰 字维馨。清代江西上高县河西团湾溪人。性孝友，九岁丧父，悲痛几不欲生。母病，日夜侍汤药不离。稍长习儒，兼读医书，遂精岐黄术。治病随手奏效，决人生死，十不失一。行医不计利，殷实之家谢以财，受之以济贫乏。晚年著《自鸣草医案》一卷，行于世，今未见。[见：《重修上高县志》]

黄梦菊 字漱庄。清代江西金溪县人。生平未详。辑有《急用要方》，今存道光三十年庚戌（1850）武林朱勋刻本。[见：《中医图书联合目录》]

黄盛裁 字斐章。清代四川乐至县人。自幼习儒，性颖悟，善属文，试辄名列前茅。旁通医理，治病多奇中。善摄生，年逾九十，尚能夜书小楷。[见：《乐至县志》]

黄崇阶 字升吉，号跻轩，又号泰垣。清代湘乡县人。好学能文。因母病习医，精通其术。[见：《中国人名大辞典》]

黄崇忠 字锦潭。清末湖南平江县人。生平未详。著有《中医精粹》二卷，刊于光绪三十四年（1908），今存平江黄氏刻本。[见：《中医图书联合目录》]

黄崇赞 清代人。生平里居未详。通医理。著有《安化弥园祖遗针灸秘本》，今存1915年唐成之抄本，书藏湖南省中山图书馆。[见：《中医图书联合目录》]

黄章震 字龙光。清代江西南昌县澹游湖人。以医名世。尝客游黄梅，值岁凶，疫病盛行，乃巡诊于大江南北，全活灾民无数。著有《临证随笔》四卷，楚人争相传抄，今未见。[见：《南昌县志》]

黄惕斋 清代鹤湖（疑即湖北江陵）人。生平未详。曾改编叶风《达生编》，撰《胎产集要》三卷，刊于乾隆四十六年（1781），今存清代刻本甚多。[见：《中医图书联合目录》、《中医大辞典》]

黄惟亮 字西丘。明代安徽休宁县人。约正德至万历初在世。通医术。著有《医林统要通玄方论》四卷，初刊于万历元年（1573），再刊于万历三十七年己酉（1609）。此书国内未见，日本国立公文书馆内阁文库藏明代复刻本，今有点校本印行。[见：《医林统要通玄方论》（点校本）、《日本现存中国散逸古医籍》]

黄惟善 明代江都县（今属江苏）瓜洲镇人。祖籍汴梁（今河南开封），先世初徙建康，复迁高邮，避地苏州。其父黄天助，再徙瓜洲。惟善精天文，通医道，知名于时。弟黄惟正，永乐甲申（1404）进士，拜户科给事中，官至晋府左长史。惟善子黄存礼，以医名世。[见：《中国历代名医碑传集》（引《思轩文集·太医院判黄先生传》）]

黄焕旂 清末人。生平里居未详。著有《卫生撮要》一卷，今存1917年抄本。[见：《中医图书联合目录》]

黄清流 清代江西都昌县人。以儒通医，知名于时。子黄申，孙黄尹，皆精医术。[见：《都昌县志》]

黄清湛 字蕴智。清代河南淮阳县人。博览医书，潜心研究，临证应手取效。著有《四言秘诀》，未见刊行。[见：《淮阳县志》]

黄鸿元 字庐初。清代福建闽清县人。邑庠生。习医，精通脉法。尝谓："脉行血中，血不变，病不生。人得病，必先变其脉。"某贡生新娶妇，妇有疾，黄氏数诊之，即劝其夫纳妾，谓之曰："君妻脉隔日一变，忽伏左尺，忽伏右尺，当是经乱而胞滞，此终身不育之象。"后果如所言。不以医谋利，凡延诊，贫者不计酬，富者受其物则反其金。著有《小儿秘科论》若干卷，今未见。[见：《闽清县志》]

黄鸿舫 （1879～1944） 字伊莘。近代江苏无锡人。师事吴县针灸名医虞觉海，尽得师传。后悬壶沪上四十余年，登门求治者踵相接。素日与朱少波、徐小圃、包识生等人相往还。曾参加神州医药总会，担任沪南神州医院针灸科主任，又执教于神州医药专门学校。生前忙于诊务，未遑著述。[见：《江苏历代医人志》]

黄淇园 佚其名（号淇园）。清代江西南昌县人。气概豪迈，博学强记，谈论间引述史籍及古文诗词准确无误。精通医术，悬壶南丰县，知名于时。从学弟子甚多，以徐亮最负盛名。[见：《中国历代名医碑传集》（引谢文洊《谢程山集·徐怡谷传》）]

黄寅清 字直夫。清代江苏甘泉县人。世代业医，善承祖业，知名于时。年七十九岁卒。[见：《增修甘泉县志》]

黄绮云 一作绮芸。明代松江（今上海松江）人。邑名医黄锦云子。一小儿发疹身热，其证似痘，遍身报点。沈虚明与黄锦云诊之，皆以为虚证。时绮云年十二岁，未知医，独以为疹，父锦云诟之。绮云曰："儿闻父言，疹为肺胃风热。今两鼻流涕，岂非疹乎？"后果如其言。及长，以医术名著于时。其验案载于《先醒斋医学广笔记》、《续名医类案》。[见：《中国历代医家传录》]

黄维森 字衡苍。清代江苏长洲县浒墅关人。博览历代医典，治病不论财利。凡以病延请，虽盛暑不乘轿。常曰："浒墅偏隅之地，足力尚胜，无需乘轿。且贫家延医，又多其费，吾不为也。"苏州名医顾文烜，有病辄延请往视，称其学有所本。黄氏多才艺，医学之外，兼工六书，明音律，善吹洞箫。同时有夏元良、陆佑三，与黄维森齐名。[见：《吴县志》、《浒墅关志》]

黄维熊 字太占。清代浙江萧山县人。三世业医，有名于时。辑有《黄氏三世良方集》一卷，刊于世。另有《太占痘科要略》二卷，未见刊行。子黄镐京，亦业医。[见：《萧山县志稿》、《中医图书联合目录》]

黄维翰 字冉生。清代安徽南陵县人。生平未详。著有《白喉辨证》一卷，今存光绪二年（1876）刻本。[见：《中医图书联合目录》]

黄琮明 清代四川永川县人。以医为业，悬壶数十载，知名于时。年九十岁卒。[见：《永川县志》]

黄超凡 （1728～?） 清代湖北武昌人。早年受业于名医喻昌，为喻氏关门弟子。后复就学于舒诏，为当时名医。嘉庆二年（1797），寿已七十，收齐秉慧为门生，以平生所得尽授之。[见：《中国历代医家传录》（引《齐氏医案》）]

黄敬礼 字勿庵。清初广东南海县佛山人。自少业儒，应京兆试不第，归隐于医。临证胆大心细，穷幽洞微，如见脏腑。有富家少年，患缩阳证，众医皆谓房事过劳，命门火弱，以峻补剂之，不效。敬礼诊之，曰："误矣。宜泻火而补水。此物非肉非骨，乃通身经络之总筋也。筋之性，得水大而软，得火小而缩。若果火弱，应痿而不举。今能举而缩，此水不足可知矣。"为开滋阴制火之剂，数服而愈。有明末孝廉患水泻，困卧不起。诸医谓数泻亡阳，以人参救之，而病愈甚。敬礼至，手披其帐，问："曾服参乎？"曰："然。"嘱曰："先解其参，乃可医病。"人问其故，答曰："此易知耳。吾开帐即觉热气扑人，且病者四体虽冷，而手摇扇，又呼茶水，非内热乎？始之水泻，所谓挟热下利者耳。"遂令服清热之剂，果愈。黄氏尤善治时令杂气，常谓："山林瘴气从口鼻入，入至心则舌黑，粤东此症最多，俗人不知，动呼为夹色，枉死多矣。"识者以为切实之论。[见：《南海县志》]

黄敬修 字碬纯。清代河南信阳县五里店人。邑名医黄醇度次子。与兄黄慎修绍承父学，皆以医名世。子孙世承其业。[见：《重修信阳县志》]

黄朝坊 字妙山。清代湖南醴陵县人。自幼习儒。其父多病，三兄又殁于庸医之手，故弃儒业医。与同邑名医匡邦宝为姻亲，遂师事之，尽得其传，医术精进，名重于时。曾历时十余载，三易其稿，辑《金匮启钥》三十七卷，此书包括医学举要、杂病、伤寒、温热瘟疫、痢症、妇科、幼科、痘科、眼科等内容，今存咸丰十年庚申（1860）绍雅堂刻本。还撰有《医案》十二卷，今未见。[见：《醴陵县志》、《中医图书联合目录》]

黄朝遴 清代人。生平里居未详。辑有《应验便捷良方》（又作《集验良方》）二卷，成书于乾隆十一年（1746），今存嘉庆七年壬戌（1802）金陵溧水天章氏刻本及清代传抄本。[见：《中医图书联合目录》]

黄惠畴 字撰伯。清代江苏宝山县月浦里人。廪膳生。乾隆二十一年（1756）副贡。性淳厚，敦行力学，与金坛王步青、常熟陈见复、嘉定张鹏翀同砚，王鸣盛见其文，亟赏之。兼通医术，临诊详慎，活人甚众。年六十五岁卒。著有《伤寒要义》、《医学名论》、《证治集说》等书，未见刊行。[见：《月浦里志》、《宝山县志》]

黄惠瞻 字石泉。清代江苏泰州人。精通医道，隐居樊川镇。咸丰、同治间（1851～1874）至州城，悬壶济世。临证擅用古法，依病变通，多获奇效。如治外感，服药后令啜鲜鱼汤或稠米粥少许，以助发汗，此即仲景桂枝汤啜粥法也。治内伤症，不轻投凉润，常以姜、枣、饴糖为主方，此即仲景"调以甘药"之法。乡人某，小溲出虫，甚苦之。黄氏投以重剂大小蓟，应手而愈。或问其故，曰："乡人涉水，寒湿袭入足太阳经，化生是物，非温通膀胱不能效。"秉性清高，达官贵人遣人延请，每不肯即赴，而贫困之家求治立应，且不取谢金，乡人德之。[见：《续纂泰州志》]

黄敦汉 近代山东临沂县古城人。曾任馆陶县检查官。兼通医药，著有《救瘟辑要》一卷，未见刊行。[见：《临沂县志》]

黄道渊 号孤山。元代苏州（今属江苏）人。祖籍钱塘县（今杭州）。早年从道士卫澹止学，得授修真要诀及医药之术。又师事潘雷鉴，求度为道士。后北上大都，以医术鸣于京师，王公贵人争相延致。久之南归，居于吴县。郡人严德照抱痼疾，遍求名医不效，闻道渊名，慕名求治。道渊诊之，投药数剂而愈。严氏感激，以自建清真祠赠之。道渊后出资扩建，改称清真观，迎请潘雷鉴为开山道祖。嗣后，道渊传术于弟子陈惟中，递传至明代，清真观医名仍遍于吴中。[见：《续吴县志》、《金元医学人物》（引《吴中人物志》）等]

黄道庚 清代四川铜梁县人。以医为业。其家赤贫，然治病不计酬报，赴诊不避风雨，乡里称颂其德。[见：《铜梁县志》]

黄誉村 号蓬斋。清代湖南湘垣人。生平未详。撰有《蓬斋医学存稿二种》，包括《景岳发挥订误》、《治疾日记》，今存光绪十三年（1887）稿本。[见：《中医图书联合目录》]

黄滋材 清代人。生平里居未详。辑有《本草群集》一卷，今存抄本，书藏中国科学院图书馆。[见：《中医图书联合目录》]

黄登鳌 字圣阶，号象岩。清代江西鄱阳县获溪滩人。中年精医术，知名乡里。有医德，遇贫病不能购药者，出资助之。年六十九岁卒。[见：《鄱阳县志》]

黄瑞兰 字高蔼。清代江西万年县均湖村人。居心正直，涉世谦恭。旁通医术，活人甚众。善养生，寿至九十六岁卒。子孙繁昌。[见：《万年县志》]

黄瑞鹤 字举千，号来远。清代四川西充县人。早年习儒，乾隆元年（1736）举进士，授湖广蒲圻县令，迁福建长乐知县。乾隆十七年（1752）充同考官，得士最多。兼涉医学，撰有《经验奇方》若干卷，今未见。[见：《四川通志》、《西充县志》]

黄楚祥 明代人。里居未详。精医术，曾任太医院御医。张元素《珍珠囊》流传至明代，残阙不全，黄氏为之补辑，重梓于世。[见：《中国历代医家传录》（引《珍珠囊·邢让序》）]

黄辑五 字锡典。清末贵州大定县人。邑名医李树荣婿。得岳父传授，以医知名。1926年，寿七十有余，尚能为人疗病。[见：《大

定县志》]

黄锡恭 字协卿。清代江苏上海县人。精医术。善绘山水,学华亭颜朗如。[见:《艺林医人录》]

黄锡遐 字东初。清代广西桂平县人。幼攻医术,于脉理效法李时珍,于证治推崇张介宾。每切脉,能细数病源,确定治法。尝闲行于市,途遇里人莫姓者,惊谓之曰:"汝病已殆,五日后不可救矣!"莫不信。五日果病,急延锡遐,并询何以能预知,答曰:"吾睹其面目青黯,额际唇间尤甚,此肾将绝。早治犹可,今病发,不可为矣,速备后事可也。"莫氏果卒。世人皆神其术。子黄应桂,亦以医知名。[见:《桂平县志》]

黄锦云 明代松江(今上海松江)人。精医术。与名医沈虚明相往还,遇疑难证则会诊。子黄绮云,医术益精。[见:《中国历代医家传录》(引《续名医类案》)]

黄慎修 字福堂。清代河南信阳县五里店人。邑名医黄醇度长子。与弟黄敬修绍承父学,皆为名医。[见:《重修信阳县志》]

黄福申 字寿南,号心梅,又号沁梅。清代江苏吴县人。研求医学,兼工书法。平生辑校医学秘本甚多,辑有《黄寿南抄辑医书二十种》,今存同治九年至民国三年(1870~1914)抄本。[见:《黄氏纪效新书》、《中医图书联合目录》]

黄福珍 字宝儒。清代浙江仁和县人。精医术,工篆刻,能诗,善画兰。[见:《艺林医人录》]

黄殿中 字慎堂。清代广东三水县人。其父黄积昌,设药肆于佛山,遂定居。黄殿中继承父业,医术益精。经营得法,相继设分号于广州、香港、天津、上海,所制成药炮炙精良,收效甚佳,享誉海内外。黄氏崇儒重道,曾以重金聘请名宿,设家塾教子。性任侠,早年学技击于潘氏,师殁,为之丧葬,赡养其妻儿,岁以为常。年七十七岁卒。著有《医案》及《治验书》数卷,藏于家。[见:《佛山忠义乡志》]

黄嘉诚 字复轩。清代河南安阳县人。庠生。早年习儒,兼通医术,治病多奇效。[见:《安阳县志》]

黄嘉章 号景文。清代安徽休宁县居安人。其先祖于宋祥符间(1008~1016)御赐太医博士,后人世以医学相传。嘉章善承先业,亦精医术,临证多良效,驰名于时。子黄铉,传

承其术。[见:《休宁县志》]

黄霁明 字承志。明清间江西南昌县人。明末避乱于武昌,遂定居。精医术,凡以病延请,立往救治,病愈多不取值,亦无自德之色。知县熊登,为其家旧交,尝造访其庐。霁明以避嫌故,终不至宰署,人益重之。[见:《武昌县志》]

黄毓华 近代福建建瓯县人。儒医黄政修次子,传承父学,亦精医术。[见:《建瓯县志》、《麻疹新编·黄政修传》、《中医图书联合目录》]

黄毓材 近代福建建瓯县人。儒医黄政修长子,传承父学,亦精医术。[见:《建瓯县志》、《麻疹新编·黄政修传》、《中医图书联合目录》]

黄毓恩 字泽臣。清末人。生平里居未详。辑有《淑老轩经验方》一卷,今存光绪十六年庚寅(1890)四川刻本。[见:《中医图书联合目录》]

黄肇龄 字鹤皋。清代陕西紫阳县人。幼年丧父,家贫嗜学。长兄肇良,课读甚严。肇龄开卷辄能默会其意,为文不事雕琢,矩度秩然。食饩后,四赴秋闱,终未获售,遂辍举业,以经史自娱。后专力于医学,精通其术,屡起沉疴。常语人曰:"仲景称医中圣者,以其聪明高,学力深耳。后代解人,舍我其谁?"其以医自负可知。著有《经方妙用》若干卷,今未见。[见:《重修紫阳县志》]

黄璋考 清代河南禹州人。精医术,官太医院吏目。[见:《禹州志》]

黄蕙然 一作黄惠然,号桥岳(一作乔岳)。清末广东澄海县人。光绪间(1875~1908)诸生。兼通医道。撰有《眼科全集》一卷,今存1935年潮澄黄氏铅印本。[见:《潮州志》、《中医图书联合目录》]

黄震旺 清代福建建宁县人。中年患瘫疾,医药罔效。后遇良医,立一方,竟得痊愈。此后致力于医学,悬壶济世。寿逾七十岁,尚康健逾常人。[见:《中国历代医家传录》(引《经验奇方》)]

黄震金 字耀霖。清代安徽休宁县人。妇科世医黄士迪子。绍承家学,亦精医术。知名于时。[见:《休宁县志》]

黄醇度 字雅宣。清代河南信阳县五里店人。邑名医黄信道子。绍承父学,精内外科,病者不远千里就诊。子黄慎修、黄敬修,孙

黄启萱、黄启英，皆为名医。[见：《重修信阳县志》]

黄镐京 字迁甫。清代浙江萧山县人。世医黄维熊子。绍承父学，亦精医理。著有《医学程式》四卷，刊于光绪二十七年（1901），今存。[见：《萧山县志稿》、《中医图书联合目录》]

黄德仁 字北溪。清代广西桂平县人。善拳术，以医为业。乡里有以病请者，虽贫必至，遇困甚者赠以药，存活殊众。今有光绪二十八年壬寅（1902）广州中和堂刻本《验方备用》一卷，书藏广东省中山图书馆，题"黄德仁撰"，疑即此人，待考。[见：《桂平县志》]

黄德汲 清代湖南安化县人。生平未详。著有《医方进一》若干卷，今未见。[见：《湖南通志》]

黄德辅 元代鄱阳县（今江西波阳）人。世代业医，施治辄验，颇负时望。子黄处礼、黄处常、黄处善，皆绍承家学。[见：《金元医学人物》（引陶安《陶学士集·黄氏三子名字说》）]

黄德廉 字惺溪。清代湖南安化县人。生平未详。著有《集喉证诸方》一卷、《温病条辨医方撮要》（又作《温病医方撮要》）二卷，今存。[见：《中医图书联合目录》、《中国医学大成总目提要》]

黄德嘉 字瑞峰。清代江苏阳湖县人。能文章，善骑射，尤精医术。遇瘤疾，往往能起之，人服其神。著有《先天后天论》一卷、《伤寒准绳辑要》四卷、《纲目类方》四卷、《医经允中》十二卷，皆未见刊行。[见：《阳湖县志》、《江苏通志稿》、《武进阳湖县合志》]

黄德静 清代山东昌邑县人。名医黄元御堂兄。素习举业，为邑增生。人品端方，有志节，不苟取，不妄交。亦精医术，擅长痘科。著有《痘疹集要》，未见刊行。[见：《昌邑县志》]

黄澄云 清代河南淮阳县人。本县针灸名医黄文广孙。传承家学，亦精针法。临证诊脉断疾，语多奇中，名重于时。[见：《淮阳县志》]

黄履暹 字仲升，号瑞云，又号星宇。清代安徽歙县潭渡人。寓居丹阳。以盐业起家。其家位于倚山之南，置堂舍园林，延请苏医叶天士寓其家，与王子接、杨天池诸人考订药性。于倚山之旁开设青芝堂药铺，城中患者多赖之。曾出资刊刻《圣济总录》及叶天士《叶氏指南》诸书。[见：《歙县志》、《扬州画舫录》]

黄翼升 清末湖南星沙人。生平未详。辑有《家用良方》二卷、《丹桂良方》二卷、《救急良方》二卷、《应验简便良方》一卷，今存同治十年（1871）刻本。[见：《中医图书联合目录》]

黄彝鬯 字虔僧。清末湖南长沙县人。生平未详。著有《药性粗评全注》四册，今存光绪二十二年丙申（1896）铅印本。[见：《中医图书联合目录》]

黄瀛康 清代福建连城县人。邑庠生。精通医道，学宗仲景，悬壶数十年，名重于时。同时有黄恩钺，与之齐名。[见：《连城县志》]

黄醴泉 清末江苏吴县人。寓居上海三十年。精医术，知名于时。所积《医案》十余巨册，未梓。嘉定张文彦、张寿颐，得其传授。[见：《重订中风斠诠·序》]

黄耀燊 （1915～1993）现代广东省南海县人。出生于广州市。祖上世代精医，其父黄汉荣，为广州著名伤寒派医家，兼精骨伤科。黄氏幼承庭训习医，尽得家传之秘。聪颖好学，幼年即背诵《汤头歌诀》、《伤寒论》、《药性赋》、《医学三字经》等书。十五岁就读于广东中医药专科学校（广州中医药大学前身），得刘赤选、梁翰芬、陈任枚、卢朋著等名医指授。1934年以优异成绩毕业，受聘于广东顺德县乐从墟同仁医院。广采百家之长，兼习现代医学，求医者甚众。嗣后，辗转越南西贡、香港、广州等地行医。自1951年起，先后担任广东中医院副院长，广州维新联合诊所所长。1956年广州中医学院成立，即调该院任教，历任教研室主任、附属医院院长、顾问等职。曾任第六、七、八届全国政协委员，广东省政协副主席，中华全国中医学会理事，中华全国中医学会广东分会外科学会主任委员，中国中西医结合研究会广东分会顾问等职。黄氏精通内、外、儿各科，尤擅长外科，临证有独到见解。临床之外，从事教学、科研，治学严谨，学验俱丰，屡获广东省、广州市科技成果奖。富于著述，曾主编三年制中医学院中医专业试用教材《外科学》、《中国医学百科全书·中医外科学》，并主持编写高等医药院校教材《中医外科学》等。为人耿直，作风正派，热爱祖国，关心民生，多次被评为省、市先进工作者。1989年被国务院侨务办公室、中华全国归侨联合会授予全国优秀归侨、侨眷知识分子荣誉称号。[见：《中国科学技术专家传略》]

黄巍涣 字则尧。清代福建连城县人。邑庠生。性至孝，母寿九十，奉养惟谨。喜研方书，推崇东垣之学，临证以病人体质为权衡，非重病不立峻方，徐徐调理，久之病去而元气不

伤。为人勤恳笃诚，自奉俭约，晚年家境稍裕，不改寒素。年六十余卒。同时有黄孟坚，亦善医。[见：《连城县志》]

黄麟阁 清代奉天府海城县（今辽宁海城）人。累世业医，至麟阁亦精。尤擅小儿痘科，虽遇危症，每能立奏奇效。子黄有声，孙黄家诰，俱以痘科名世。门生曲江，得其传授。[见：《海城县志》]

萧

萧才 字理全。清代河南正阳县大林店人。精医术，尤善治小儿惊风，回生如神。重医德，多年施药，未尝受谢。年六十岁殁。其长子继承家学。[见：《重修正阳县志》]

萧玑 字仔临。清代浙江嘉兴县人。名医萧埙胞弟。事迹不详。康熙甲子（1684）参校其兄所著《女科经纶》。[见：《女科经纶》]

萧吉 （？～615） 字文休。隋代兰陵（今江苏常州）人。梁武帝兄长沙宣武王萧懿孙。博学多通，尤精阴阳、算术。梁亡，归于魏，官至仪同。隋初，以阴阳相术得宠于文帝，迁上仪同。著有《帝王养生要方》二卷，已佚。今世存《五行大义》五卷，题"隋萧吉撰"。[见：《北史·萧吉传》、《隋书·经籍志》、《江苏通志稿》、《中医图书联合目录》]

萧成 字远闻。清初浙江嘉兴县槜李人。邑名医萧埙叔父。生平未详。康熙二十三年（1684）参校萧埙《女科经纶》。[见：《女科经纶》]

萧纲 （503～551） 字世缵，小字六通。南朝梁兰陵（今江苏常州）人。梁武帝萧衍三子。大通间（527～528）立为太子。太清末侯景作乱，武帝崩。萧纲于大宝元年（550）即位，史称简文帝。在位二年，受制于侯景，终为其所害。萧纲六岁能属文，及长，辞藻艳发，所作诗伤于轻艳，当时号为宫体。好著述，兼涉医学，撰有《沐浴经》三卷、《如意方》十卷，均佚。[见：《南史·梁本纪·太宗简文帝传》、《中国人名大辞典》]

萧昂 字士颙，号正斋道人，又号兰谷道人。明代浙江钱塘县人。邑名医萧鉴子。传承父学，医术益精，声著于时。弘治（1488～1505）末年，以名医征入太医院，供事内局。正德四年（1509），以进药有功擢御医。著有《医萃》一卷，成书于弘治辛酉（1501），今存。[见：《浙江医籍考》、《中国历代名医碑传集》（引李东旸《怀麓堂集·萧芝庵墓志铭》）]

萧京 （1605～1672） 字万舆，号匹夫，别号通隐子。明清间福建南安县人。父萧鹿阳，官慈阳县令，迁益州都丞，凡八载，历居十三篆，所在多政绩。萧京自幼习儒，穷猎简编，苦心诵读，名书室曰拙勤轩。十六岁游上庠，文益奇，旁涉百家，尤擅书法。初习举业，不得志于有司，或劝由他途以进，慨然曰："天下方乱，吾与鱼鸟为群耳！"初从父居慈阳官署，其母患病，不遇良医而殁，伤痛之余，有志于医。后读书过劳，患梦遗之疾，百治莫瘳。其父邀黄州学博胡慎庵于衙斋，胡氏为名医李时珍外孙，精通医道，诊治三月获痊，遂师事之。胡氏授以"轩岐秘典，脉旨病机，药性方法"，渐通医学门径。此后，随父入蜀，参印名贤著作，沉酣医书二十寒暑，深悟奥理。崇祯六年（1633），其父辞官，举家自遵义归乡。时值闽省大疫，邻里间多骇惧，每弃病人而去。萧京叹曰："是弃骨肉于行道也，不仁亦甚矣！"遂亲调药饵救之，死则助以棺衾。居乡多年，慕名求诊者户外屡满，所治多奇效，声驰遐迩。素重医德，体恤贫病，凡以病延诊，皆徒步往视。时医治病，多不求根本，萧氏深以为患，乃博采众书，撰《轩岐救正论》六卷，刊刻于崇祯甲申（1644），今存。其子萧震，事迹不详，曾校录父书。[见：《轩岐救正论·序》、《福建通志》、《中医图书联合目录》]

萧衍 （464～549） 字叔达，小字练儿。南朝梁兰陵（今江苏常州）中都里人。汉相国萧何后裔。齐高帝族弟萧顺之。初仕齐为雍州刺使，都督军中，官至镇北将军。后起兵杀齐和帝，于天监元年（502）称帝，建立梁朝，史称梁武帝。初政重儒立学，后崇信佛教，三度舍身同泰寺。太清三年侯景造反，攻陷台城，萧衍困饿而死。萧氏平生笃学，手不释卷，烛光常至午夜。凡阴阳、纬候、卜筮、占决、草隶、尺牍、骑射，莫不称妙。兼涉医学，撰有《梁武帝坐右方》十卷，今佚。[见：《梁书·本纪·武帝》、《新唐书·艺文志》、《中国人名大辞典》]

萧亮 唐代兰陵（今山东枣庄峄城镇）人。生平未详。精医术。有著述传世，今皆散佚。《外台秘要·卷十九》载萧亮疗脚气肿盛方一首，下附又方、洗方各一。又有解风毒入腰脚暴阿痛饮子方一首，附方一首。同书卷三十八又载疗乳石发方，下注："樊尚书传，萧亮常服良验。"据此，萧亮为当时名医，有"服石"之好。濮阳杜鹏举、崔沔，从萧氏学，尽得其术。[见：《新唐书·杜暹传（附杜鸿渐）》、《外台秘要》]

萧炳 号兰陵处士。五代兰陵（今江苏常州）人。于书无所不读，邃于医学，终身隐居不仕。著有《四声本草》四卷、《本草韵略》五卷，均佚。[见：《宋史·艺文志》、《崇文总目辑释》、《中国人名大辞典》]

萧恪 （1471~1548） 字象夔。明代江西吉水县垅洲人。自曾祖父之下皆以儿科名世。恪自幼习医，年十六丧父，而力学不辍。及悬壶济世，辨证精确，治辄奇效，名重乡里。家无厚资，与妻宋氏自食其力，稍裕则周贫济急，人皆德之。性嗜酒，对酒则欣欣然，不复问天下事。与徐州兵备副使罗循友善，每相聚必对饮竟日，虽极醉，貌益恭，语益简，与人执手嘻笑，无忿言也。罗洪先（罗循子）之子病疹，迎恪至。诊曰："是不药而愈者。"留居旬日，唯畅饮而已，患儿至期果愈。嘉靖二十七年患疾，谓罗洪先曰："吾不能多饮，吾殆死矣！虽然，吾无负心者。"复执手嘻笑如常。数日后殁，享年七十八。有子三人：萧寅、萧宇、萧完。寅继承父业。[见：《中国历代名医碑传集》（引罗洪先《念庵文集·明故萧象夔墓志铭》]

萧昶 字漢飞。元末庐陵县（今江西吉水）人。幼颖异，十岁失怙。父某，继娶刘氏不贤，数遭凌虐，身无完衣，隆冬跣行雪中。伯母怜之，抚育于家，反为刘氏诬讦。昶恐贻怒于父，乃浪迹荆湘间，遇异术辄习之，尤潜心于医。侨居江陵逾年，父悔，遣人迎之归。不久，再游湖南。翰林学士承旨欧阳玄（1274~1358）闻其贤，召见之，为书"翼云"二字，荐授浏阳医学官，以亲老弟幼辞。乡族故旧闻而感叹，归美于伯父母，继母始悔。及父殁，继母分家产，昶独不受，曰："男儿当自树立，宁屑屑先业耶！"继母亡于兵乱，昶厚葬之。晚年因他人之累谪耕濠梁（今安徽凤阳以东），暇则以医济人，遇贫病者赠以药，不求其报。富人酬以金，取之以济穷乏，活人以千百计。[见：《中国历代名医碑传集》（引林弼《林登州集·萧昶传》]

萧埙 字赓六，号慎斋。清初浙江嘉兴县槜李人。精通医理，通晓本草、经脉、内科、妇科、儿科。著有《医学经纶八种》（包括《杂证经纶》八十卷、《伤寒经纶》八卷、《幼科杂证经纶》八卷、《痘疹经纶》十卷、《方论经纶》八卷、《本草经纶》八卷、《脉学经纶》四卷、《女科经纶》八卷），今存《女科经纶》八卷，为康熙二十三年（1684）刻本。此外尚存《中风证》抄本一帙，疑即《杂证经纶》之一部，待考。又《中医年鉴》（1984）介绍"未刻本《医学经论集》"一部，为陆文彬批注本。子萧铉、萧镨，事迹不详，曾参订父书。[见：《清史稿·艺文志》、《女科经纶·序、凡例》、《中国医学大成总目提要》、《中医图书联合目录》、《中医年鉴》（1984）]

萧铨 字公衡，号樗叟。清代湖北蕲州人。康熙间（1662~1722）岁贡。家贫好学，学识渊博，以明经教授生徒。兼精医术，著有《易简方书》十卷，今未见。[见：《蕲州志》、《湖北通志》]

萧寅 明代江西吉水县垅洲人。儿科世医萧恪长子。早年习儒，后弃去，继承先业，与父齐名。[见：《中国历代名医碑传集》（引罗洪先《念庵文集·明故萧象夔墓志铭》]

萧铉 字律黄。清代浙江嘉兴县人。名医萧埙子。事迹不详。康熙甲子（1684）参校其父《女科经纶》。[见：《女科经纶》]

萧鉴 （?~1509） 字克明，号芝庵。明代浙江钱塘县人。萧敬子。性谨厚，寡言笑。自幼好学，因家道中落，弃儒经商。昼出贸易，夜归不废诵读。事亲至孝，婚弟嫁妹，世人称之。好义乐善，多扶危济困之举。晚年好读医书，悟其秘奥。凡以病求治，虽严寒盛暑必赴。酬以金，辄辞曰："吾岂为利哉。"乡人无长少疏戚，皆以长者称之。正德四年卒。子萧昂，任太医院御医。[见：《中国历代名医碑传集》（引李东旸《怀麓堂集·萧芝庵墓志铭》]

萧霆 字健恒。清代江苏太仓州人。诸生。精医术，名重于时。遇不可治之病，必直言相告，不肯误人，而人益信之，远近争相延诊。著有《痧疹一得》二卷，今存咸丰二年（1852）抄本。[见：《太仓州志》、《中医图书联合目录》]

萧韶 字凤仪，又字观澜。明代常熟县（今属江苏）人。宣德间（1426~1435）在世。有俊才，尝集药名，作《桑寄生传》一文，邑人传诵之。该文虽游戏之作，而非贯通本草者不能为也。[见：《列朝诗集小传》、《中国历代医家传录》（引《戒庵老人漫笔》）]

萧震 明末福建南安县人。名医萧京子。生平事迹不详。曾校录其父《轩岐救正论》。[见：《轩岐救正论》]

萧嶙 字中孚，又字冬友，号退闇，又号蜕安。近代江苏常熟县人。诸生。早年习儒，民国初从事地方教育，先后任教于女子学校、第一民主小学、石梅西校等。兼精医术，临证别有卓识。与吴玉纯同出无锡名医张聿青之门。一日，聿青诊一病，萧氏侍诊，师生为所用知母一味，久而不决。萧坚意用，以引经为之申说。越夕，聿青谓之曰："尔可行矣。"萧问其故。曰："无他,学不及不相教也。"萧负笈返里,终生不轻治病,潜心翰墨,以书法闻名于时,有江南萧氏之称。晚年游寓苏州。某岁,其弟妇久病不愈,弟萧冲友致书敦促,遂归里一诊。病者神情呆滞,善饥善食,前医均以补虚为治。萧嶙曰:"非虚怯之症,乃痰火为患。盖十二经皆取决于胆,胆为决断之官,决断失职,遂使神呆善纳。"用温胆汤加减,连服数剂,即告霍然。光绪十八年(1902),与王士翘厘定杨龙九《囊秘喉书》,参考诸家,存精义而归于雅驯。[见:《吴中名医录》、《中国历代医史》、《中国历代医家传录》(引《囊秘喉书》)]

萧德 清代江西庐陵县人。监生。性孝友,负才气,淹贯经史,旁及医学、算术。应乾隆丁酉(1777)乡试,以策陈时事被黜。好游山水,足迹半天下,晚年犹游于蜀地。所至见贫病者,则散钱施药。著有诗文集及《仲景伤寒论(注)》若干卷,未见刊行。[见:《庐陵县志》]

萧镨 字蠢陶(一作蠢涛)。清代浙江嘉兴县人。名医萧埍子。事迹不详。康熙甲子(1684)参校其父《女科经纶》。[见:《女科经纶》、《中医年鉴》(1984)]

萧人官 (?～1853) 字唐卿。清代江苏南京人。祖籍安徽合肥。幼年家贫,不能就读,然博闻强记,自学而通诗文,兼擅星卜诸术。年逾三十,稍取应试文读之,赴试即为童生之冠,入为上元县庠生。早年卖卜度日,身材矮小,"衣不蔽骭,而气岸磅礴,日蹀躞街衢中",排行第六,时人多以"萧六"呼之。年四十始娶妇,而清贫如故。思欲有所作为,遂取历代医书读之,久之多有心悟。及悬壶问世,衣衫褴褛,好为大言,病者多不敢服其药,于是益贫,仅得温饱而已。许宗衡患喉疾,服萧氏药辄愈,始知其术之精,每叹息世罕识者。咸丰三年,太平军陷金陵,萧氏与妻自缢而死。[见:《中国历代名医碑传集》(引许宗衡《玉井山馆文集·萧唐卿传》)]

萧九贤 字慕白。明初江西会昌县人。精内外诸科。洪武间(1368～1398)任里长,解运竹材至南都。时马皇后患乳痈甚危,太医治而罔效,张榜召医。九贤应召诊视,投以药剂,三日而愈,授太医院吏目,驰驿归里。著有《外科启钥》、《回生要义》诸书,均佚。[见:《赣州府志》]

萧子信 宋代庐陵县(今江西吉水)人。靖康(1126)前后在世。精医术,善属文。

为忠简公胡铨所器重,胡氏曾赠以钱币、田地,又举荐为官,皆力辞。尝谓:"富贵非所愿,但得世世子孙读书立身,以广活人之功,则亦足矣。"胡铨嘉其志行,书赠"读书堂"匾额。四世孙萧震甫,绍承祖志,儒医两精。[见:《金元医学人物》(引《圭斋文集·读书堂记》、《麟原后集·赠萧同礼序》)]

萧无为 宋元间人。里居未详。为道士。精通医术,知名于世。重视摄养,不轻易用药。尝谓:"善医者以'无为'为本。无为者非不为也,为之于所当为而已矣。"闻者以为至论。[见:《金元医学人物》(引赵文《青山集·赠医道士萧无为序》)]

萧云烺 字鸣仲。清代浙江嘉兴县人。生平未详。名医萧埍叔父。康熙甲子(1684)参校萧埍《女科经纶》。[见:《女科经纶》]

萧壬恂 清代河北交河县人。邑名医萧健图子。继承父业,亦为良医。[见:《交河县志》]

萧长福 字畴五。清代安徽歙县人。蒋居祉之婿。生平未详。曾校订其岳父所辑《本草择要纲目》。[见:《本草择要纲目》]

萧介春 清代江苏仪征县人。早年得芬余氏《医源》,研读久之,遂通医术。悬壶四十余年,名噪于时。[见:《中国历代医家传录》]

萧凤翥 清代湖北黄冈县人。邑名医萧麟长子。监生。早年习儒,传承父业,兼精医理。著有《伤寒纲领》若干卷,未见刊行。今存无名氏《伤寒纲领》手抄本,书藏上海中医药大学图书馆,或即萧氏书,待考。孙萧向荣,亦工医术。[见:《黄冈县志》、《湖北通志》]

萧文田 清代河南正阳县大林店人。通医术,擅治疯狗咬伤,无论轻重,一诊立效,救治甚众。有医德,治病未尝索价。年七十六岁殁。[见:《重修正阳县志》]

萧文甫 清代江西南昌县人。精医术,活人无算,名重于时。[见:《南昌县志》]

萧文珍 字琪仙。清代四川成都县人。少年丧父,家贫,弃儒习医。雍正间(1723～1735)悬壶于世,踵门求治者甚众。有医德,待病者犹如手足,富者示以方,贫者施以药,乡里德之。年七十一岁殁。[见:《成都县志》、《四川通志》]

萧文鉴 清代四川南充县大通场人。幼习举业,赴童试不中,弃而攻医。肆力于《内经》、《伤寒》诸书,临证不拘泥古方,治无不效,遐迩闻名。同乡某之父患伤寒，六脉几绝，舌生芒刺，群医束手。文鉴诊之曰："是不易治。"令煮鸡汤灌服，俟脉有转机，始用药调理，其方一日一易，数日后能凭几起，月余康复。一少女患郁证，形销骨立，文鉴令与女伴日割草二捆，过百日投以药，体渐强壮，面生华泽，旧疾若失。文鉴卒，门生罕有能继其术者。[见:《南充县志》]

萧以琪 堂名琪峰。元代庐陵县（今江西吉水）人。世为小儿医，兼精大方脉。尝谓："小儿骨骼未成，血气未充，风寒暑湿易以成疾，尤不可不慎。"重医德，治病不论贫富，延请即往，不计诊酬，遇贫家赠以药。[见:《金元医学人物》（引王礼《麟原后集·琪峰记》)]

萧允祯 字贤甫。明代常熟县（今属江苏）人。萧韶曾孙。诸生。博学多识，通音律，明医理，人称"强学先生"。辑有《医学汇纂》（又作《医学类纂》）若干卷，未见流传。[见:《常昭合志》]

萧世基 字处厚。北宋吉州龙泉县（今江西龙泉）人。生平未详。尝阅读《素问》及历代医经，患其古奥难知，遂撰《脉粹》（又作《诊脉要捷》）一卷，治平间（1064～1067），姚谊序之。该书今存抄本，藏于中国中医科学院图书馆。[见:《郡斋读书后志·卷二》、《日本访书志》、《中医图书联合目录》]

萧龙友 （1870～1960）原名方骏，晚号不息翁。现代四川三台县人。初习举业，光绪丁酉（1897）拔贡，曾任正蓝旗官学校教习，迁山东嘉祥县知县。辛亥革命后，历任农商部债券局总办、农商部参事、财政部参事等职。1928年弃官行医，自颜其居曰息园。当南京政府议废中医之际，萧氏与孔伯华合办北京国医学院，历时十五年，造就人才甚多。萧氏初不识医，因母病始留心医药，博览《内经》、《伤寒》诸书，久之通悟。尤擅治虚劳杂证，凡他医束手者，多能应手奏效。悬壶以来，声望日隆，与孔伯华、施今墨、汪逢春齐名，时称"北平四大名医"。中华人民共和国成立后，热心医药卫生事业，改号"不息翁"。曾出任卫生部中医研究院学术委员、中华医学会副会长、北京中医学会耆宿顾问、北京医学院附属人民医院顾问、中央文史研究馆馆员等职，还被选为第一、二届全国人民代表大会代表。著有《整理中国医学意见书》一卷，今存。部分医案经门生张绍重整理，收入《北平四大名医医案选集》。[见:袁立人《萧龙友先生事略》、《北平四大名医医案选集》、《中医图书联合目录》]

萧吉林 清代江苏仪征县人。道光间（1821～1851）在世。早年得芬余氏《医源》读之，遂通医术。及悬壶问世，名噪于时，为当地名医之冠。凡教授及门弟子，全以《医源》为依归。[见:《中国历代医家传录》]

萧存礼 宋代人。生平里居未详。辑有《百一问答方》三卷，已佚。[见:《宋史·艺文志》、《崇文总目辑释》]

萧同礼 元代庐陵县（今江西吉水）人。世医萧德祥次子。习儒攻医，洞明医理，名重于时。儒生彭宰吾患伤寒，因庸医误治转危，学馆欲命人舁之归乡。适萧氏至，即为诊视，曰："可治。"亲为调护，转危为安。[见:《金元医学人物》（引《圭斋文集·读书堂记》、《麟原后集·赠萧同礼序》)]

萧廷兰 字春浦。清代四川永川县人。素习儒学，通经史，兼善医术。教馆训蒙为业，暇则以医术济人，治病不索谢，乡里德之。[见:《永川县志》]

萧廷龙 明代河北鸡泽县人。精医术，有名于时。邑人某，唇生黄疔，奇痒异常，渐不能食，延请萧氏视之。萧氏曰："疮生唇上甚险，不可医。然不治且死，吾为汝移之下部，则易为治矣。"遂以药饮之，旬日间，唇疔渐消，而股下起疮。针之，敷以药而愈。又，济南德藩世子，项下陡起一粒，痒甚。御医进以苦寒之剂，头面遍身暴肿，谵语不止。时萧氏在济南，御医闻而就教，即引入见王，王命诊视。萧于咽喉处刺一针，御医骇甚，须臾出脓血数斗，世子开眼索食，三日痊愈。王大喜，赐金币有加。其奇验率类此。子萧良臣，亦以医名世。[见:《鸡泽县志》]

萧廷扬 字俊杰。清代福建宁德县周墩镇萌源人。例贡生。精医术，治病不计诊资，活人无算。著有《伤寒论撮要》二册，今未见。[见:《周墩区志》]

萧廷贵 号霁公。清代浙江嘉兴县人。生平未详。名医萧埙胞弟。康熙甲子（1684）参校其兄《女科经纶》。[见:《女科经纶》]

萧延平 字北承。清末湖北黄陂县人。清末举人。贯通经史，尤嗜医学。涉览极博，《黄帝内经》不去手者数十年。深得广西巡抚柯逢时器重，宣统二年（1910）柯氏创办武昌医学馆，以萧延平为馆长。驻日使馆随员杨守敬回国，携归中医古籍甚多，其中日人手抄卷子本《黄帝内经太素》残卷（二十三卷本，尚阙七卷）为南宋以来久佚珍籍，国内医学界为之震动，研究之风大盛。当时黄以周、柯逢时、袁昶诸人分别有校注本问世。萧延平亦亲见复出之《太素》抄本，遂积二十年之力，以《灵枢》、《素问》、《甲乙经》、《伤寒论》、《巢氏病源论》、《千金方》、《外台秘要》、《医心方》诸书精校之，撰《黄帝内经太素（校注）》二十三卷，刊刻于世，今存 1924 年兰陵堂原刻本。[见：《黄帝内经太素·序》、《黄帝内经太素研究》]

萧延芝
字元瑞。元代人。生平里居未详。撰有《金丹大成集》五卷，存佚不明。[见：《千顷堂书目》]

萧任权
清代江西赣县夏潭人。精岐黄术。凡以病延请，不计酬报，不受谢仪。平素制备丸散，施济贫病，里人德之。[见：《赣县志》]

萧向荣
清代湖北黄冈县人。邑名医萧凤翥孙。传承家学，亦精医术。撰有《先正格言参订》，今未见。[见：《黄冈县志》]

萧会翰
清代湖南武冈州人。庠生。精通医术，名重于时。性慈善，凡以病延诊，虽严寒盛暑必往。平素制药济人，服者辄愈，从未索谢。里中流行时疫，众医皆裹足，独萧氏携药诣门调治，赖以全活者甚多。年七十岁卒。[见：《武冈州志》]

萧守身
字尚本。明代河南河内县人。自幼习儒，尝问业于何瑭。嘉靖壬戌（1562）举进士，授襄垣令。历官户部主事、户部郎中、临洮太守、保宁太守，升监运使，乞休。家居二十余年。著有《医学管见》若干卷。按，据《四库全书总目提要》，何瑭著有《医学管见》一卷，萧与何有师生之谊，而所著书又同名，恐系误记，待考。[见：《河内县志》]

萧寻梅
清代江西永宁县人。生平未详。著有《脉诀纂要》一卷，未见刊行。[见：《永宁县志》]

萧如松
字心甫，号鹤侣。明代四川内江县人。博学有大志。万历元年癸酉（1573）举人，授贵阳司理。擢南京陕西道御史，巡视江防，积弊一清。当时蜀地开矿日多，矿税日繁，宦官横征暴敛，监司守令被逮，萧氏累疏论救，言甚切直，时谓有回天之力。官至大理寺丞，旋告归。优游恬静，年七十一岁殁。著有《洗冤要览论》（又作《洗冤要录览论》）若干卷，已佚。[见：《内江县志要》、《内江县志》]

萧志通
元明间庐陵县（今江西吉水）人。自幼习儒。少年时不知医，误服药物，抱憾终身。后发愤习医，以儒学为根柢，贯通医理，兼擅针灸，施济甚广。曾遍求良方，选其效佳者，辑《义济方选》四十卷，友人王礼为之作序，刊刻于世，今佚。[见：《金元医学人物》（引王礼《麟原后集》）]

萧步丹
清代广东南海县人。生平未详。撰有《岭南采药录》若干卷，今未见。[见：《岭南医征略》]

萧时亨
字如步。清代广西临桂县人。精研《灵枢》、《素问》诸医书，悬壶于乡。治病多捷效，且不计利，远近求治者甚众。庭训最严，目睹弟及子侄登乡榜者三人。年九十四岁卒。[见：《临桂县志》]

萧伯章
字琢如，号遁园。近代湖南湘乡县人。早岁习儒，为名诸生。壮年尽弃所学，专志于医。人问之，答曰："吾辈无他事能利物，惟此差可耳。"萧伯章曾寓居长沙，为中华医药联合会湖南部发起人。曾拟组建医学专校，以人才资金匮乏作罢。著有《遁园医案》二卷，刊于1921年。另有《医学卮言》二卷、《喉科要义》二卷、《历代名医方评》若干卷，未见刊行。[见：《宋元明清名医类案》、《中医图书联合目录》]

萧应椿
清末云南昆明县人。生平未详。曾校刊《时疫救急十六方》一卷，今存。[见：《中医图书联合目录》、《中国历代医家传录》]

萧良臣
明代河北鸡泽县人。邑名医萧廷龙子。绍承父业，亦以医济世，屡有神效。郡县官吏多赠匾表彰。[见：《鸡泽县志》]

萧良翼
号雪禽。清代湖北汉阳县人。生平未详。道光二年（1822）校刊孙德润《医药汇海》。[见：《医药汇海》]

萧歧盛
清代四川三台县人。精通医术，知名于时。门生多为良医，以李启和最负盛名。[见：《三台县志》]

萧国仁
清代四川兴文县人。萧履云长子。业医，治病不分贫富，知名于时。弟萧钦仁，亦工医术。[见：《兴文县志》]

萧国柱
字玉台。明清间江西德化县人。少颖敏，习举业不就，弃儒攻医。曾得秘传医术于丐者，以疡科名世。后专攻内科，治病屡奏奇效。尝语人曰："易者治病，难者治药。今人非已病不延医，非已治不效不延良医，故为良医难矣。"顺治（1644～1661）初，清督军谈太率军攻江西。谈氏病，延请萧国柱于幕中，明朝被俘官吏，多赖保全。后官授九江府医学。年八十余，得饮酒养生法，美髯朱颜，飘然若仙。后殁于火灾，闻者无不哀悼。著有《医案》若干卷，

亦毁于火。[见：《九江府志》、《德化县志》]

萧尚宾 元代庐陵县（今江西吉水）人。世医萧德祥长子。传承家学，以儒攻医。曾挟技游于京师（今北京）。弟萧同礼，亦精医术，声名尤著。[见：《金元医学人物》（引《圭斋文集·读书堂记》、《麟原后集·赠萧同礼序》）]

萧宗简 一作蔺宗简。宋代人。生平里居未详。撰有《水气论》三卷，已佚。[见：《宋史·艺文志》、《通志·艺文略》、《崇文总目辑释》]

萧函谷 清代江苏常熟县谢家桥人。精医术，为道光间（1821～1850）名医。门生徐养恬，得其传授。[见：《苏州府志》]

萧绍瑞 清代广东南海县人。生平未详。著有《妇科微旨》若干卷，今未见。[见：《南海县志》]

萧经堂 清代福建邵武县人。生平未详。著有《杏林春医药》及《壶隐诗稿》，今未见。[见：《重修邵武县志》]

萧荣均 字金镕。清代四川资州人。业儒，以训蒙为生计。其父患瘫疾，乃取医书读之，间与医者研讨方药。过年余，父病得愈，荣均亦通医术。后悬壶济世，活人甚多。[见：《资中县续修资州志》]

萧树芬 近代四川西昌县人。早年留学日本，兼通中西医学。尝谓："气化之说，固中医特长，而解剖之实验，分量之精确，化学之应用，细菌之发明，皆能补中医所不足。"又谓："取长助短，固未见拘墟自封也。"萧氏之说可代表当时医界之开明思想。著有《医药宝鉴》、《花柳病新药疗法》，还译有《西药验方新编》四册，刊刻于世。今未见。[见：《西昌县志》]

萧贵春 （1797～?） 又名元甫。清代四川资州银山镇人。两岁丧父，其母改嫁，寄养于外祖家。及成人，伤父因病早逝，遂潜心习医，以眼科著称。尝得秘传良方，凡目肿、翳障及溃烂将盲者，治之奇验。素怀济利之心，治病不索酬谢。光绪二年（1876），寿至八十岁尚健在。[见：《资州直隶州志》]

萧钟岳 字象三，号恒亭。清代广东和平县人。秉性温和，勤奋好学，自幼及老，手不释卷。肆力于诸子百家，尤嗜医学，声名远闻。重医德，虽问方求诊者不绝于门，未尝有倦容，乡里感德。寿至七十四岁殁。[见：《和平县志》]

萧钦仁 清代四川兴文县人。萧履云次子。业医，知名于时。有医德，治病不因贫富而异视。兄萧国仁，亦工医术。[见：《兴文县志》]

萧秋山 清代江苏上海县人。精医术，擅长外科。门生聂友樵，得其传授。[见：《上海县志》]

萧晓亭 （?～1801） 清代江西庐陵县人。廪膳生。邃于医学，远近求治者甚众。对麻风病尤多研究，治愈甚多。尝旁搜博采，历数年辑成《疯门辑要》、《疯门备要》二书，发愿刊刻万册，遍传于麻风好发之乡，未如愿而病笃，临终托挚友刘全石代为刊布。全石合二书为一，命名《疯门全书》，刊于道光十二年（1832）。[见：《疯门全书·序》]

萧健图 字铁崖。清代河北交河县人。监生。精通医术，治病著手成春，一时远近钦仰。广平府武延绪题联曰"济世当为天下雨，问年如对老人星"。著有《验方类编》、《伤寒论（注）》等书，未见刊行。子萧壬恂，克绍父业。[见：《交河县志》]

萧浚蕃 字价人，号屏侯。清代四川富顺县人。幼习经史，为文清矫脱俗。早年就试京都，授户部主事。道光丙午（1846）领顺天乡荐，同治壬戌（1862）举进士，初授京官，调任贵州绥阳知县。光绪元年（1875）升知府。萧氏兼嗜医学，于医经、方书无不披览。平素蓄备良药，为人治疾每获佳效。晚年罢官归，卒于途。[见：《叙州府志》]

萧涣唐 清代江西庐陵县人。生平未详。著有《医脉摘要》二卷，今存。[见：《中医图书联合目录》]

萧常经 字毅轩。清代广东大埔县城坊人。少习举业，不得志，改习医学。后悬壶于世，治病不受谢仪。秉性内方外圆，孝友睦姻，乡里敬之。年九十二岁卒。[见：《大埔县志》]

萧敬则 元明间人。生平里居未详。以医为业。梁寅作《赠医士萧敬则》诗赞之曰："海上安期子，仙风可独攀。斸苓春雨里，种杏碧云间。一竹看龙化，千峰与鹤还。神功比卿相，何必羡朝班。"[见：《金元医学人物》（引《梁石门集》）]

萧景仁 宋代长沙（今湖南长沙）人。以医为业。撰有《萧景仁方》，已佚。刘昉编《幼幼新书》曾引据此书。[见：《幼幼新书·近世方书》]

萧裕全 字纯玉，号樵雪。清代湖北钟祥县人。早丧父母，事兄如父，居无私财。宗族中孤贫无依者，收养抚育，并为婚嫁。尤善医术，遇贫苦者施药调治。著有《奇症篇》及《樵

十一画

雪诗稿》等，藏于家。〔见：《钟祥县志》〕

萧解春 清代江苏仪征县人。研习芬余氏《医源》，精医术。悬壶四十余年，名噪于时。〔见：《医源·卢序》〕

萧新椿 字绍标。清代江苏吴县人。生平未详。道光二十年（1840）校刊汪琥《痘疹广金镜录》。〔见：《中医图书联合目录》〕

萧福庵 号学正道人。清代人。生平里居未详。撰有《针灸全生》二卷，刊于道光四年甲申（1824），今存。〔见：《中医图书联合目录》〕

萧震甫 号竹轩居士。宋元间庐陵县（今江西吉水）人。祖上八代业医，四世祖萧子信，儒医两精。震甫绍承先志，业医而通儒。尝谓："医道由儒书而出，不能舍儒以言医。"子萧德祥，传承家学，官医学教授。〔见：《金元医学人物》（引《圭斋文集·读书堂记》、《麟原后集·赠萧同礼序》）〕

萧德祥① 号存竹。元初庐陵县（今江西吉水）人。世医萧震甫子。继承父志，潜心医学，多有心悟。凡病症可治与否，或先剧而后愈，或不疗而自愈，皆预断详明，所言皆中。远近患者慕名延诊，全活不可胜计。素重医德，治病不求酬报，遇贫者施赠药饵，济以米炭，世人感德。淡于名利，以课读子孙为先务，虽出入权贵之门，未尝谋私。曾任广州惠民药局提领，迁韶州路医学教授，任满归乡，终老于家。子萧尚宾、萧同礼，皆继承家学。〔见：《金元医学人物》（引《圭斋文集·读书堂记》、《麟原后集·赠萧同礼序》）〕

萧德祥② 原名天瑞。号复斋。元代杭州（今浙江杭州）人。以医为业。为著名杂剧作家，著有杂剧《东堂老》及《南曲戏文》。〔见：《中国人名大辞典》、《录鬼簿》〕

萧缵绪 清末人。生平里居未详。曾摘录汪昂医稿，编《方症联珠》一卷，今存咸丰八年戊午（1858）余聚贤刻本。〔见：《中医图书联合目录》〕

萧麟长 字华亭。清代湖北黄冈县人。早年习儒，不遇于时，弃而学医，博综各家之言。延诊者日盈其门，投药无不效。著有《内经知要》若干卷，今未见。子萧凤翥，曾孙萧向荣，皆传承其业。〔见：《黄冈县志》〕

萧然居士 佚其姓名。清代人。生平里居未详。辑有《葆元录》一卷、《经验良方》一卷，合刊于世，今存道光二十四年甲辰（1844）越城同善堂刻本。〔见：《中医图书联合目录》〕

萨

萨克达 〈女〉 字解文，自号观生阁道人。清代满州人。大学士英和妻。工书画，尤嗜《素问》、《灵枢》、本草诸书。〔见：《中国历代医家传录》〕

萨觉民 号铿藩。清代福建闽县人。性嗜医学，深得名医郭有良之术，治时疫称圣手。庐下有林姓者，一门三寡，唯一子三岁，视若珍宝。此儿出疹未透，流为童痨，诸医束手。萨氏应聘往诊，造其门，证已危殆。时值严寒，庭中雪压梅花，红白灿烂，觉民取而为药，不久疹即透发，幼童得活。闻者叹服。〔见：《闽侯县志》〕

梦

梦丹子 佚其姓名。清代人。生平里居未详。辑有《本草正别名总录》，今存光绪十六年（1890）抄本，书藏甘肃省图书馆。〔见：《中医图书联合目录》〕

梅

梅云 清代河南固始县人。精医理，通奇经八脉，里人皆以神医称之。〔见：《固始县志》〕

梅荣 字价臣。清代浙江孝丰县人。监生。初攻举业，屡试不售，遂弃去，专究医术，名噪一时。辑有《医药摘要》，未见刊行。医学外，尚有《秋水庐吟稿》、《余庆堂随笔》，存佚不明。〔见：《孝丰县志》〕

梅洽 号伴梅主人。清代浙江海昌人。以医为业，悬壶于盐官县。著有《树惠不瘰儿科》六卷，今存嘉庆二十四年（1819）刻本。按，"瘰"，或误作"瘰"，据《逸周书·文酌》"树惠不瘰"改。〔见：《中医图书联合目录》、《浙江医籍考》〕

梅彪 唐代蜀州江源（今四川茂县）人。少攻丹术，穷究经方。鉴于古来药名多隐，众口异称，用者莫辨，遂采《尔雅》之法，训释诸药名实，于元和丙戌（806）撰《石药尔雅》二卷，行于世。此书今存明末汲古阁精抄本及清代复刻本等。〔见：《石药尔雅·序》、《菽园杂记·卷十》、《崇文总目辑释·道书类》、《中医图书联合目录》〕

梅略 唐代（？）人。生平里居未详。著有《梅略方》，已佚。《医心方·卷七·治脱肛方第九》载：《梅略方》云："脱肛慎举重、食滑物、

急衣带."［见:《医心方·卷七·第九》］

梅鹗 字百一,号岿山.明代安徽旌德县七都人.家贫好学,难得书籍,闻蓄古奇书者,辄踵门求借.日诵数万言,过目不忘,为文援笔立就.正德十二年丁丑(1517)举进士.登第后,益肆力于学,著作愈富,未能雠校而卒,年仅四十五岁.兼涉医学,撰《读素问灵枢志》若干卷,散佚不传.弟梅鹭,号致斋,为当时名儒.［见:《旌德县志》］

梅士祎 清代四川泸州人,居城东隅.究心医术,治病多奇效,声闻州县.官吏有慕名走访者,多避而不见.兼工书法,喜吟咏,所交多名士.年八十余卒.子梅乔林,为儒生.［见:《泸州志》］

梅子元 清代四川犍为县人.以医为业.尝采药马湖山,遇老僧赠以《针诀》一帙,归而秘藏之.卒后,同邑张本元得其书,遂以针术知名.［见:《锦里新编》、《四川通志》］

梅占春 清代浙江龙泉县人.生平未详.通武学,精伤科学.于道光十五年(1835)著《国术点穴秘诀》、《国术伤穴治法》二书,今存1934年上海务本书药社铅印合刊本.［见:《中医图书联合目录》］

梅光鼎 字东阁.近代四川泸县人.自幼习儒,试辄冠军.光绪十一年乙酉(1885)拔贡,不久中举,主讲川南书院.曾至京师,复以盐库大使宦游于闽,主藩署文案,以廉明称.兼精医理,清亡,寓居沪上,悬壶为业,日以著书、教子为务.晚年归乡,年七十九岁卒.著有《内经精华》、《梅氏辨证要诀》、《梅氏药物学》等书.医学外尚有《梅氏文钞》、《公牍》、《奏议》、《怡养斋文存》、《快哉条记》若干种,皆未梓.［见:《泸县志》］

梅江村 清代安徽歙县人.生平未详.著有《脉镜须知》二卷,经刘凤翥编次,刊于光绪二年(1876).［见:《中医图书联合目录》］

梅安稼 清代江苏溧水县仪凤乡人.自幼习医,悬壶济世,治病不计酬报.咸丰间(1851～1861),避乱至高淳芦溪,卖药行医以糊口,遇贫病者亲为调治,赠以药饵,活人甚众.性慈善,有族侄二人孤苦无依,抚养成人,时论贤之.［见:《溧水县志》］

梅安德 清代人.生平里居未详.曾增订萧山范和尚《妇科秘方》四卷,又撷精聚华,选屡验良方若干,附刻卷末,刊于道光九年(1829),今存.［见:《中国医学大成总目提要》、《中医图书联合目录》］

梅时明 明代东台县(今属江苏)安丰人.少遇异人授以秘术,能接续断骨,裹以药膏,辄愈.名振四方,求治者不远千里而来.子孙世其业.［见:《东台县志》］

梅作槐 清代四川泸县人.精仲景之术,贫富就诊,概不计资,乡里德之.年八十三岁卒.［见:《泸县志》］

梅启照 号小岩.清代江西南昌人.生平未详.尝增订鲍相璈《验方新编》,辑《梅氏验方新编》七卷,今存光绪四年戊寅(1878)刻本.［见:《中医图书联合目录》］

梅调鼎 字峙三.清代湖北应山县人.精医理.凡因病延请,不论寒暑皆往.又制备良药,因证施济,无不痊愈.县令张云阁,以"泽及士林"额其门.［见:《应山县志》］

梅梦松 字仲兰.清末人.生平里居未详.曾任太医院候补恩粮.［见:《太医院志·同寅录》］

梅崇献 唐代(?)人.生平里居未详.疑为道士.著有《梅崇献方》五卷、《医门秘录》五卷,均佚.［见:《新唐书·艺文志》、《宋史·艺文志》、《崇文总目辑释》］

梅得春 字元实.明代浙江钱塘县人.业儒不遇,任平溪经略府幕客.精通医术,治病如神.初至平溪,值疫疠肆行,施药救治,全活甚众.万历甲午(1594)入棘闱供事,分试刘司理患重疾,息微垂绝,群医视之,却步而走.梅氏制方进剂,药下而苏,十余日康复如初,人皆叹服.著有《药性会元》三卷,载药560种,刊于万历二十三年(1595).其书阐述药物性味功用,兼及鉴定、炮制,简明实用.该书国内未见,日本尚存明代原刻本,现已由中国中医科学院影印回归.［见:《千顷堂书目》、《澹生堂藏书目》、《内阁文库汉籍分类目录》、《中国医籍考》、《日本现存中国散逸古医籍》］

梅锦培 字诠生.清代江苏阳湖县人.名医陈廷儒门生.［见:《中国历代医家传录》(引《医余举隅录》)］

曹

曹山 字级胥.清初江西新建县人.早年习儒,得名医喻昌(1585～1682)传授,精医术,拯活甚多.［见:《新建县志》］

曹义 字克让.明代河南襄城县人.博通经史,兼精医术.［见:《襄城县志》］

曹王 佚其姓名。宋代（？）人。尤袤《遂初堂书目》著录"曹王《普惠方》"，所称"曹王"当为皇族，受封为王者。其书已佚，查唐、宋封"曹王"者，皆未载编辑方书事，故其姓名及生平俱待考证。[见：《遂初堂书目》]

曹元 字真道。唐代京兆（今陕西西安）人。初学医于黄公，洞明医理，善望诊，能行"浣肠剔胸之术"。挟技游于海内，而少有知者。龙朔元年（661），绛州王勃遇曹元于长安，元授以《周易章句》、《素问》、《难经》，历时十有五月。临别嘱勃曰："阴阳之道，不可妄宣也；针石之道，不可妄传也。勿猖狂以自彰，当阴沉以自深也。"[见：《新唐书·王勃传》、《黄帝八十一难经·王勃序》（详《医部全录》）]

曹云 字峒山。清代江苏通州（今南通）人。精幼科，尤善治痘。一妇人负子求治，云视其子曰："子之痘无恙，尔不生矣。"果如其言。[见：《通州县志》]

曹五 南宋临安（今浙江杭州）人。精外科，善疗痔疮。经黄院子荐引，以如神千金方为高宗取痔，得效，授观察使。[见：《中国历代医家传录》（引《普济方·家藏经验方》、《外科发挥》）]

曹禾 字青岩，号畸庵。清代江苏武进县人。祖籍安徽含山，自祖父辈徙居江苏。曹禾体貌伟岸，生性倔强。好读书，工吟咏，尤精医术。初习金元四大家之书，兼取明薛己、王肯堂、李时珍诸家。久之，复深究《内经》、《伤寒》诸医经，尤推重昌邑名医黄元御。平生淡欲寡交，非治病足迹未尝至乡里，故声名不及于遐远。年六十余，喜谈兵法，能纵跃击刺。咸丰庚申、辛酉间（1860～1861）卒于兵乱。著有《痘疹索隐》一卷、《痘医蠡酌录》三卷、《疡医雅言》十三卷、《医学读书志》二卷、《医学读书附志》一卷，刊于世。[见：《医学读书志·序、跋》、《武进阳湖县志》、《中医图书联合目录》]

曹旭 字东曙。清代云南昆明县人。本县儒医曹鸿举族兄。精通医术，知名于时。[见：《云南通志》]

曹枭 清代江苏无锡县人。以医为业，擅长儿科，遇危疾应手奏效。玄孙曹桑曦，尤精其术。[见：《无锡金匮县志》、《无锡金匮续志》]

曹岸 字云峰。清代江苏宿迁县人。精医术，善治痘疹，知名于时。[见：《宿迁县志》]

曹金 字汝砺，号传川，又号少川。明代河南祥符县人。嘉靖二十六年（1547）二甲第五名进士，官至陕西巡抚。少时患脾胃病，遍延名医不愈，遂留意医学。登仕以来，游宦于淮阳、齐、鲁、会稽间，所至结交良医，凡奇药单方之可采者，悉记录之。隆庆元年（1567）官于易水，命医官郑鸾编选成集。后二年，迁陕西巡抚，复命泾阳医士王玎，检校删定，厘为八卷，名之曰《传信尤易方》，序刊于隆庆四年（1570）。此书国内未见，今日本藏有天宝六年（1835）抄本，现已影印回归。[见：《千顷堂书目》、《中国医籍考》、《内阁文库汉籍分类目录》、《日本现存中国散逸古医籍》、《中国人名大辞典》、《明清进士题名碑录索引》]

曹炜 （1849～1921）字艺文。清末江苏上海县人。热心好善，通明医理。闻里人有服毒者，必持药往救，虽隆冬深夜必赴。曾印送《推拿保赤必要》，便利病家，世人德之。年七十三岁卒。[见：《上海县志》]

曹诚 字守愚。明代上海县人。世代业医。敦朴廉介，于医理多有神解，临证投药立起。倭乱时，避兵于五里村，值川沙县某，失所携金，惶急欲死。曹诚拾其金，立还，无自德之色。此外尚有还遗金事三件，陈所蕴为作《守愚先生还金传》，盛赞其为人。年九十一岁卒。子曹国祯、曹国裕，皆精医术。[见：《上海县志》]

曹建 字心起。明清间江苏江阴县人。早年习举业，为当时名儒。明亡，无意仕进，以医为业，人称国手。德高望重，两举乡饮。曾著医书行世，已佚。抚外孙曹璋为嗣。[见：《江阴县志》]

曹勋 号少琴。清代江苏无锡县人。性聪敏，甫弱冠，究心《灵枢》、《素问》，多有神解。中年医术精进，临证不泥古方，以意为变化，投无不效。尤善治痧痘，名播遐迩，求治者户外屦满。子曹仲容、曹叔平，皆传父业。[见：《锡金续识小录》]

曹俊 清代山西蒲县人。诸生。工医术，以针灸知名。道光二年（1822）疫疠流行，踵门求治者甚众，应手奏效。重医德，虽中夜数起，不以为劳，士林称誉之。[见：《山西通志》]

曹昶 字炳蔚。清代云南昆明县人。儒医曹鸿举族兄。精医术，知名于时。[见：《云南通志》]

曹珣 清代人。生平里居未详。著有《医痘金丹》二卷，今存道光二十七年丁未（1847）善化刘氏刻本。[见：《中医图书联合目录》]

曹埙 字襄仲。清代江苏上海县人。世代业医，善承家学，知名于时。[见：《上海县志》]

曹崧 号倚园。清代湖南清泉县人。通医理。著有《医案》及《倚园心得》、《脉占》等，今未见。[见：《清泉县志》、《衡州府志》]

曹焕 字乃文，号瘦山。清代浙江嘉善县人。精医术，晚年尤好制丹药济人。[见：《嘉善县志》]

曹淦 清代河南信阳县人。生平未详。辑有《医方合录》，未见刊行。[见：《信阳县志》]

曹寅 字子清，号楝亭。清代奉天沈阳（今辽宁沈阳）人。汉军正白旗。工部尚书曹玺子。康熙间（1662～1722）巡视两淮盐政，加通政司衔，累官江宁织造。曾汇辑历代饮膳之法，编《居常饮馔录》一卷。是书收入宋王灼《糖霜谱》，东溪遁叟《粥品》、《粉面品》；元倪瓒《泉史》，海滨逸叟《制脯鲊法》；明王叔承《酿录》，释智舷《茗笺》，灌畦老叟《蔬香谱》、《制蔬品法》。其中《糖霜谱》又刻入《楝亭十种》。曹氏还著有《楝亭书目》三卷、《楝亭诗钞》八卷、《文钞》一卷。子曹雪芹，为清代著名文学家，代表作《红楼梦》。[见：《清史稿·曹寅传》、《清史稿·艺文志》、《奉天通志》]

曹翕 一作曹歙。三国至晋初沛国谯郡（今安徽亳州）人。魏东平灵王曹徽子。正始三年(242）曹徽卒，翕嗣父位，继任东平王。西晋泰始元年（265）受封为廪丘公，次年加骑都尉。翕撰有《解寒食散方》二卷、《黄帝明堂偃侧人图》十二卷，皆佚。[见：《三国志·魏书·东平灵王徽传》、《隋书·经籍志》、《新唐书·艺文志》]

曹溶 （1613～1685） 字洁躬，又字鉴躬，号秋岳。明清间浙江嘉兴县人。明崇祯十年(1637）进士，官至御史。清定京师，仍原职。寻授顺天学政。疏荐明进士王崇简等五人，又请旌殉节明大学士范景文、尚书倪元璐等二十八人。试竣，擢太仆寺少卿。坐前学政任内失察，降二级。久之，稍迁左通政，擢户部侍郎，出为广东布政使，降山西阳和道。康熙初，裁缺归里。十八年（1679）举鸿博，丁忧未赴。因学士徐元文之荐参修《明史》。又数年，卒。撰有丛书《学海类编》，收入医学及养生书十五种，今存道光十一年辛卯（1831）六安晁氏木活字本。又撰《保生摄生全书》三卷，今存清大雅堂刻本。[见：《清史稿·曹溶传》、《中国历史人物生卒年表》]

曹震 清代江苏兴化县人。邑儿科名医曹仙阶子。精通家学，悬壶济世，享誉于时。医学外兼善弈，亦负盛名。[见：《重修兴化县志》]

曹德 字子新。明代无锡县（今属江苏）人。徙居长洲。少年时读《孟子》，至“术不可不慎”句，叹曰：“吾其业医也。”遂师事长洲儿科名医钱瑛，勤奋好学。师赞曰：“吾诸儿弗如也！”尽以其学授之。后定居胥江，悬壶于世，临证投药，计日可愈，声振吴中。曾应符玺丞之邀出诊，丞迟迟未出迎，德疑其简慢，告去。丞趋出告曰：“本迎先生视儿也。老父病疟甚，诸医莫疗，方视之，不得舍老父从先生视儿，先生勿讶也。”德闻言释然，即请试诊之，出曰：“先愈祖，而后及孙，可乎？”丞曰：“唯唯。”旁观者谓小儿医安能治老人，皆窃笑之。德乃归家取药，先治老人，后医患儿，两日间祖孙并霍然，人始知非专幼科也。年近九十，精神不减壮年，唯足稍痿，病家延请皆不辞，“左提右挈而行”，投药辄奇中。寿九十余，无疾而终。[见：《苏州府志》、《吴县志》、《中国历代名医碑传集》(引张凤翼《处实堂集·曹先生小传》)]

曹毅 字子刚。清代江苏太仓州人。家贫习医，精其术，尤善外科，知名于时。晚年饶于资，亲族告贷，无不应者。长寿庵石桥坍塌，曹氏独力修之。年八十三岁卒。[见：《壬癸志稿》、《太仓州志》]

曹霖 字万霖。清代江苏上元县人。邑庠生。精医术，悬壶济世。重医德，凡以疾病延请，虽寒暑风雨无难色，遇贫乏者常资助之。每出诊归，必以所遇各症印证群书，直至痊愈而后已。[见：《上元县志》]

曹镄 清代江苏无锡县人。儿科世医曹桑曦子。继承家学，亦精儿科。子曹晋桃，绍传父业。[见：《无锡金匮县志》、《无锡金匮续志》]

曹爚 （1627～?） 字舒光，号冷民。明清间浙江嘉善县枫泾镇人。明末诸生。年弱冠明亡，遂弃举业。当事闻其贤，每就访利弊。曾雪夜乘船，遇覆舟夫妇，力救得免，解衣衣之，终不告以姓名。晚年勤于著述，兼通医理。平生环堵萧然，好古不倦。与孙琮（字执升）、柏古（字斯民），时称三高士。著有《医学正宗》若干卷，已佚。医书外，尚有《岭云集》、《归来草》、《钝留斋集》、《竹窗杂著》等。[见：《枫泾小志》、《嘉善县志》]

曹九州 字培基。清代山西沁州人。性仁恕，潜心医学，精其术。审证用药，不矜奇异，不重资财，不薄贫者。以耆寿终。殁后，世人尚思念之，称为仁人良医。[见：《山西通志》]

曹力壮 字志行。清代山西蒲县人。恩贡生。相貌严肃，见者憬然。工医术，道光二年（1822）疫疠流行，舍药施方，活人无算。[见：《山西通志》]

曹士兰 清代湖南衡州府清泉县人。通医理。著有《伤寒集注》二十卷，今未见。[见：《衡州府志》、《清泉县志》]

曹士法 清代河北隆平县人。邑庠生。入泮后，博览医籍，终年披读，无间晨昏。久之精医理，济世活人，耄老不倦。年八十二岁卒。著有《经验良方》，未见刊行。孙曹汝正，亦精医。[见：《赵州属邑志》]

曹士浃 字宏义。清代江苏南汇县人。精医术，察色闻声即断生死。[见：《松江府志》]

曹士珩 字元白。明代人。生平里居未详。善养生，撰有《保生秘要》，今未见。[见：《中国医学大辞典》]

曹大化 明代应天府（今江苏南京）人。精医术，知名京师。隆庆二年（1568）正月，太医院医官徐春甫集合各地在京名医四十六人，创立一体堂宅仁医会，曹氏为会员之一。诸医穷探医经，讨论四子（指张机、刘完素、李杲、朱震亨），共戒私弊，患难相济，为我国最早之全国性医学组织。[见：《我国历史上最早的医学组织》（《中华医史杂志》1981年第3期）]

曹大本 字彦礼。元代郓城县（今山东郓城）人。通儒学，任职国子监。天资淳实，于书无所不读。精医理，对《素问》运气之说多有研究。撰有《运气考定》十卷（包括《大论》三卷、《密语》七卷），名儒吴澄（1249～1333）为之作序，今佚。[见：《中国医籍考》、《金元医学人物》（引《吴文正公集·运气考定序》）]

曹子休 宋代人。生平里居未详。著有《续法馔》五卷，已佚。[见：《通志·艺文略·食经》]

曹子弼 近代江苏吴县人。世医曹云洲孙，曹承洲幼子。与兄曹元恒、曹福元，皆传家学，以曹元恒医名最盛。子曹惕寅，绍传其业。[见：《中国历代医史》]

曹开第 号竹伍。清代安徽歙县人。生平未详。撰有《家居医录》十卷、《竹伍随笔》二十卷，今未见。[见：《歙县志》]

曹元恒 （1849～1931）字智涵，号沧州，晚号兰雪老人，又号兰叟。近代江苏吴县人。祖父曹云洲，父曹承洲，皆精医术。元恒幼承庭训，自《内经》、《伤寒》至叶、薛、吴、王诸家之书无不精贯。治病辨证精审，立法谨严，处方灵巧，以内外科名冠吴中。光绪丁未（1907），与青浦陈秉钧应诏治光绪帝之疾，翌年，因病告归。嗣后，谢绝诊事，颐养天年。民国二十年卒，享年八十三。著有《霍乱救急便览》、《戒烟有效无弊法》，今未见。世存《内外科医案》二卷，为门人屠锡淇所编；《内科医案》二集，为门人董雪帆辑录。子曹廉州，侄曹惕寅，俱承世业。又有门人王达泉，亦负盛名。[见：《曹沧州先生医学经验简介》（《上海医药杂志》1963年第1期）、《中国历代医史》]

曹元琛 （1856～1914）字献之。清末四川泸县崇义乡人。廪贡生。早年习儒，未弱冠即游庠。博览群书，善诗古文，尤工骈体。秋试屡荐不中，誓曰："不为良相，当为良医。"遂取《内经》、《难经》、《伤寒论》、《脉经》、《千金方》诸书，熟读深思。复潜心于元明各大家，暨清代陈、徐、王、陆之言。久之贯通医理，悬壶济世，治病辄获效，而无自德之容。年五十九岁，卒于家。著有《医案》若干卷。医学外，尚有《仁世堂诗文集》、《数学》诸书，皆未梓行。[见：《泸县志》]

曹无极 字若水。清代江苏金坛县人。好读书，性慈善，不履昆虫，不伤草木，修身达道，乐天知命。著有《万寿仙书》四卷，今未见。[见：《金坛县志》]

曹云洲 清代江苏吴县人。精医术，知名于时。辑有《曹氏平远楼秘方》四卷，今存抄本。子曹承洲、曹毓秀，孙曹元恒、曹福元、曹子弼，皆精医术。[见：《中国历代医史》、《中医图书联合目录》]

曹中郘 清代人。生平里居未详。于嘉庆五年庚申（1800）辑《家传医中求正录》一卷，今存抄本。[见：《中医图书联合目录》]

曹六韬 字君略。清代江苏上海县人。贯通医理，屡起废疾，远近延诊者无虚日。曾官太医院吏目。重道德，尝于逆旅拒奔女。年七十余卒。[见：《上海县志》]

曹文远 字花舫，又字华峰。清代陕西渭南县人。咸丰十一年辛酉（1861）拔贡。颖悟卓荦，博览群书。善诗赋，工书画，尤精医术。通脉理，善诊断，遇瘟疫险症，治辄神效，名噪一时。著有《疫症治例》五卷，今存光绪十八年壬辰（1892）易知堂刻本。还著有《温病提要》一卷，今未见。[见：《陕西通志稿》、《新续渭南县志》、《中医图书联合目录》]

曹文澜 清代江苏长熟县福山人。名医曹存心（1767～1834）子。绍承家学，亦精医术。子曹恩溥、曹玉年，克继父业。[见：《琉球百问·曹君乐山家传》、《常昭合志》、《吴县志》]

曹心怡 字侯甫，又字叔培，号朗斋。清末江苏吴县人。诸生。生于书香之家，博览百氏，旁及医术，擅长喉科。曾侨寓沪上，以医术闻名于时。光绪十四年戊子（1888）春，烂喉疫痧盛行，牵连沾染，夭枉不可胜计。凡经曹氏诊视者，获痊居多。著有《喉科正的》一卷，今存光绪十六年庚寅苏州曹氏朗斋原刻本。[见：《喉科正的·自序》、《吴县志》、《中国医学大成总目提要》、《古今名医言行录》]

曹允谦 清代安徽贵池县人。习医济世，不受馈礼，知名于时。著有《济急医方》行世，今未见。[见：《贵池县志》]

曹玉年 清代江苏长熟县福山人。名医曹存心（1767～1834）孙，曹文澜子。继承家学，亦以医为业。[见：《中国历代医家传录》]

曹正邦 清代江苏溧水县崇贤乡人。精医术，以外科著称。子曹毓谱，孙曹家馨，传承其学。[见：《溧水县志》]

曹正朝 字国柱。清代安徽太湖县人。秉性正直，通明医术，活人甚多。观察使赵介山，赠以"太和在抱"匾额。寿至八十岁卒。著有《奇验手录》若干卷，藏于家。[见：《太湖县志》]

曹世曜 字日章。清代江苏上海县人。业医。遇贫苦之家延诊，虽风雨必徒步而往，素不争酬，人称长者。门人王胜为，得其传授。[见：《上海县志》]

曹仙阶 清代江苏兴化县人。精医术，擅长幼科，与戴周初、崔继昌、刘长白诸名医齐名。子曹震，传承其学。[见：《重修兴化县志》]

曹乐斋 清代江苏武进县人。生平未详。于道光十八年（1838）著《运气掌诀录》一卷。光绪二十年甲午（1894）成都邓氏崇文斋《仲景全书五种》收入此书，今存。[见：《中医图书联合目录》]

曹立牧 清末四川井研县人。邑名儒曹建章子。嗜医学，凡《内经》、《难经》、《伤寒》、《金匮》诸书，无不精研。临证多效验，活人甚众。[见：《井研志》]

曹必聘 字次尹。清代江西新建县人。自幼习儒，十岁入庠，世称神童，累试高等。及长，以医知名，声闻齐、吴、燕、赵间。巡抚迈柱，以《素问》诸书考核本郡医士，惟曹氏条对精详，授医学正，举乡饮大宾。部文檄取喻昌事迹、著作，曹氏实左右之。[见：《新建县志》]

曹存心 （1767～1834）字仁伯，号乐山。清代江苏长熟县福山镇人。儒医曹振业长子。自幼颖悟，勤力读书，动止循矩。家境清贫，只身赴吴县，受业于名医薛承基。是时衣履朴陋，囊橐空虚，为势利者所讥。而其师独喜之，尝谓："异日光吾道者必曹生！"曹氏感奋，苦读古来医籍，日夜研摩，卧不解带，积十年而业大成。嗣后，悬壶苏州，临诊屡奏奇效，名振于时，求治者摩肩接踵，填街充巷。尝谓："天下无不可治之病。其不可治者，心未尽耳。"道光五年（1825），翁同龢夫人坠梯，呕血甚剧，时将随宦粤东，临行请曹氏诊视。曹氏诊之，授以药，屈指计程曰："至赣江愈矣。"果如期而痊。琉球贡使吕凤仪，仰慕曹氏医名，登门问业，陈述疑难百条求教。曹氏一一为之剖析，群疑冰释。嗣后，门人辑录成书，编为《琉球百问》二卷，刊刻于道光十三年（1833），今存。曹氏事亲至孝，训子弟甚严，虽负盛名，自奉俭约，食不重味，衣不袭华，谈吐无俗韵，有儒医之称。所治验案行世者甚多，今存《继志堂医案》三卷、《过庭录存》一卷、《延陵弟子纪略》一卷（门生吴元善辑录）。子曹文澜，孙曹恩溥、曹玉年，皆传承家学。[见：《琉球百问·曹君乐山家传》、《常昭合志》、《清代江苏名医曹仁伯先生传》（《江苏中医》1963年第3期）]

曹扬廷 字楚石。明代上海县人。幼习经史，改业医。于医理有神悟，临证投剂立起，为董其昌所器重。礼部札给冠带荣之。子曹文倩，有文名。[见：《上海县志》]

曹光绍 学名曹晟。清代安徽绩溪县旺川人。邑庠生。有隐德，兼通医理。著有《医家指南》十余卷，今未见。[见：《绩溪县志》]

曹光熙 字克安，又字彦修。清代浙江天台县人。监生。博学好义，兼善方脉，临证应手取效。撰有《痘疹真传》一卷，今存嘉庆十九年（1814）抄本及二十二年（1817）刻本。还著有《幼科要览》一卷、《医书类腋》十卷，皆刊于世。另有《外科要览》，已佚。[见：《中医图书联合目录》、《浙江医籍考》]

曹廷杰 字彝卿。清末湖北枝江县人。生平未详。著有《防疫刍言》一卷，刊于宣统三年（1911）。[见：《中医图书联合目录》]

曹廷璋 清代江苏上海县人。邑儿科名医王永丰门人。尽得师传，以医知名。同门师兄潘采昭，声望益隆。[见:《上海县志》]

曹仲容 （1872～1937） 近代江苏无锡县人，居县城盛巷。邑名医曹勋长子。曹氏自明代以来世以医名，至仲容为第十九代。幼年读书，即承庭训习医，攻读医药典籍及历代名医著述，于《颅囟经》、《小儿药证直诀》、《医宗金鉴·幼科心法要诀》、《幼科释迷》及祖上所遗《痘学真传》，尤致力焉。稍长，随父侍诊。数年后悬壶于世，声望渐起，至中年与父齐名。1922年，与龚锡春、赵仲平、王子柳、吴耀明等十人募资，于三皇街药皇庙内筹建明医堂。旋又组织中医友谊会，以促进医术交流。1927年2月，于明医堂之侧建房三楹，成立中医讲习所，以培育后学。每值夏秋之季，常参加施诊给药局，救济贫病。年六十六岁卒。有门生二十余人，皆得其指授。弟曹叔平，亦精医术。[见:《吴中名医录》、《锡金续识小录》]

曹华峰 清代人。生平里居未详。著有《治温提要》一卷，刊于光绪十二年（1886）。[见:《中医图书联合目录》]

曹汝正 字慎修。清代河北隆平县人。儒医曹士法孙。早年习儒，为庠生。绍承家学，亦精医术，诊病立方，无不立效。[见:《赵州属邑志》]

曹孝忠 北宋人。里居未详。通医理，曾任太医学提举（官衔全称"中卫大夫康州防御使句当龙德宫总辖修建明堂所医药提举入内医官编类圣济经提举太医学"）。政和间（1111～1117），宋徽宗敕编《圣济总录》（又作《政和圣济总录》），成立编类圣济经所，命曹孝忠总领其事，下设同校勘官七人，有奉议郎太医学博士检阅官刘植、翰林医官点对方书官谢惇、翰林医候点对方书官朱永弼、登仕郎点对方书官杜润夫、登仕郎点对方书官许璪、登仕郎点对方书官丁阜、太医学内舍生点对方书官龚璧。是书汇集民间医家所献医方，合以内府所藏秘方，分为六十六门，涉及内、外、妇、儿、五官、针灸诸科，兼及杂治、养生等项，收方近二万首，为有宋一代医方大全。《圣济总录》刻毕未印，北宋亡，其版为金所有。金大定间（1161～1189）及元大德四年（1300），曾两次刷印，今存。又，曹孝忠还曾奉敕重校唐慎微《证类本草》，更名《政和新修经史证类备用本草》，简称《政和本草》），刊于政和六年丙申（1116）。[见:《重修政和经史证类备用本草·序》、《鸡肋篇·卷上》、《且朴斋书跋·跋重修圣济总录》、《中国善本书提要》、《四库全书总目提要》、《中医文献辞典》]

曹孝亲 明代句容县（今属江苏）人。邑名医张绍高门生。精医术，以产科著称于时。[见:《句容县志》]

曹克明 清代安徽徽州人。寓居江苏青浦县重固镇。精医术，神于治痘。南翔镇某，年十六岁，患痘将死，牙关紧闭。曹氏命取松香一斤，猪油五斤，捣烂涂遍体。及旦，所涂皆脱，调理十余日而愈。[见:《青浦县志》]

曹伯行 明代浙江东阳县人。精通医术，知名于时。后裔葛思寅，亦以医闻世。[见:《东阳县志》]

曹伯荣 清末江苏青浦县人。世医何长治门生。[见:《何鸿舫医方墨迹》]

曹应选 字振宇。清代江苏江宁人。业儒善医，拟方鲜不奏效，时称儒医。[见:《江宁府志》]

曹怀静 明代浙江秀水县人。业儒，研精医典，推崇滑寿《诊家枢要》。尝积数十年之力，撰《诊家补遗》，故人冯梦祯（1548～1595）为之作序。此书已佚。[见:《中国医籍考》、《中国历代医家传录》、《中国历史人物生卒年表》]

曹启梧 字鸣岐。清代安徽歙县蜀口人。从嘉兴程玉田学医，以外科知名。凡他医束手之症，曹氏治辄获效，远近皆知曹氏外科。重医德，遇贫病不取诊金，并赠以药。晚年声名益盛，远播休宁、绩溪、淳安诸县。子曹承隆，兼通内外科。[见:《歙县志》、《新安名医考》]

曹其侗 清代山东人。生平里居未详。著有《观梅堂外科》，未见刊行。[见:《山东通志》]

曹若楫 字济臣。明清间安徽绩溪县旺川人。博学能诗，兼工书画。初应试有司。明亡，尽弃举业，隐于医。时徜徉山水，游情笔墨，著有《诗韵启发》、《枕流诗集》、《伤寒寸金》等书，今未见。[见:《绩溪县志》]

曹枝蕃 清代江西彭泽县人。以儒习医，操术多奇效，求治者日填其门，无不释憾以去。重医德，诊疾从未索谢，人酬以厚金，亦量而取之，时人以为不失儒家本色。年八十九岁，无疾而终。[见:《彭泽县志》]

曹枢旸 字翰臣。清代江苏江都县人。幼得叔父曹象山传授，精通医理，知名于时。著有《本草纂要》，与汪昂《本草备要》相埒，今

未见。子曹懋臣，侄曹学曾，皆以医闻。［见：《扬州府志》、《江都县续志》］

曹奇珊 字杏川。明代金山县（今属上海）胥浦人。精医术，远近争相延致。尝谓："吾平生活人万计，及老愈不敢慢，恐毫厘而精神不浃也。"万历间（1573～1619）授寿官，冠带荣之。年八十余卒。［见：《金山县志》］

曹叔平 近代江苏无锡县人。邑名医曹勋子。继承家学，亦精医术。兄曹仲容，医名尤盛。［见：《锡金续识小录》］

曹尚宾 清代江苏娄县人。精医。沈氏小儿喘甚，诸医皆谓不治。尚宾以蝼蛄去首尾，杂麝香，并捣为屑，置脐上。又以麻黄一分，入杏酪中，令儿服之，其喘即愈。［见：《娄县续志》］

曹国栤 清代江苏泰兴县人。通医术，兼精地理。著有《地理辨证说明》等书。所撰医书有《六经传说》、《伤寒金匮指归补解》，今未见。［见：《泰兴县志稿》］

曹国柱 字维石。清代人。生平里居未详。通医理，辑有《经验良方》一卷，刊于雍正九年辛亥（1731），今存乐山堂刻本，书藏上海中医药大学图书馆。［见：《全国中医图书联合目录》］

曹国祯 字明卫。明代上海县人。世医曹诚子。幼年学儒，后弃文习武，以武生任宝山右哨官。不久弃官攻医，游于京师，以豪侠知名。弟曹国裕，以医术称于时。［见：《上海县志》］

曹国裕 字起潜。明代上海县人。世医曹诚子。继承家学，亦精医术，曾任太医院吏目。一人患背疽，群医皆谓不治。国裕以汤沃之，凝血见骨，哀号彻户外，继敷以药膏，数日平复。一贫者患病，屡治不效。国裕察其脉，曰："贫故也。"暗纳金于药中，嘱亲手调药，病果痊愈。［见：《上海县志》］

曹旺如 清代江西都昌县二十五都人。精医理，长于脉诊。每临证，不令叙述病状，诊后指示病由，无不中者。时有患腹痛者请诊，视毕，曰："此乃肠痈，已成难散，只有下移法耳。"先后具二方服之，肾囊下穿一孔，流脓血数斗，匝月口合而愈。人服其术。［见：《都昌县志》］

曹垂璨 字天琪，号绿岩。明清间江苏上海县人。顺治四年（1647）三甲第六十一名进士，历任藁城、遂安县令，有惠政。康熙癸亥（1683）参修《上海县志》。著有《明志堂全集》。旁涉医学，辑《应验方》一卷、《万全备急方》若干卷，未见刊行。［见：《上海县志》、《松江府志》、《明清进士题名碑录索引》］

曹秉生 清末江苏江阴县人。通明医理，知名于时。子曹家达（1867～1938），为近代名医。［见：《中国历代名医传记》］

曹秉纲 字礼堂，号鄂鲍斋。清末浙江仁和县人。岳丈陈贞甫，为闽中名医陈念祖后裔。曹氏得岳丈指授，精医理。光绪丙戌（1886）校订萧山僧静光《女科秘旨》。［见：《中国历代医家传录》（引《女科秘旨》）］

曹秉直 清代陕西富平县人。业儒，官兴安训导。精岐黄术。著有《痘疹用中篇》（又作《用中篇》）四卷，约成书于康熙六十一年（1722），今存康熙间稿本及抄本。［见：《富平县志》、《中医图书联合目录》］

曹秉钧 字小谷。清代江苏江都县人。其叔祖曹枢旸，父曹学曾，皆以医术著称。至秉钧历传三世，善承家学，尤精妇科调理。著有《医学精要》，未梓。［见：《江都县续志》］

曹秉铉 字公辅，号杏园。明代武进县（今属江苏）人。喜读书，有济世志。因父病习医，曰："吾姑寿此一方之民，以延亲寿。"遇大疫，不避危险治之，不取诊酬，全活者甚众。著有《杏园医案》，已佚。［见：《武进阳湖县合志》、《武进县志》］

曹受龄 字尔炳。明代常熟县（今属江苏）沙头里人。业儒，兼精医理，凡沉疴宿疾，治之屡奏奇功。著有《述意编》，未见刊行。子曹重光，传承父学。［见：《沙头里志》］

曹学曾 清代江苏江都县人。世医曹枢旸侄。得叔父亲授，以医知名。子曹秉钧，亦为名医，尤擅妇科。与曹学曾同时者有王淦林，亦负盛名。［见：《扬州府志》、《江都县续志》］

曹居白 宋代人。里居未详。精针灸术，取穴治疗，异于时医。龙图阁待制李行简甥女，适葛氏而寡，改嫁朱训，忽得疾如中风状。居白诊之，曰："此邪疾也。"乃出针刺其足外踝上二寸许，至一茶久，女苏醒，曰："疾平矣。"曹曰："适所针者，八邪穴也。"按，《西斋夜话》载陇州道士曾若虚事迹，与此为同一事。"曹"、"曾"形近，或系传写之误，则"居白"为名，"若虚"为号，惜不能断其姓氏，姑两存之。［见：《齐东野语·卷十四·针砭》］

曹建福 字符五。清代河南巩县人。博览诸家，尤嗜医学，精研汪昂之书，声闻洛岸南北。［见：《巩县志》］

曹承洲 清代江苏吴县人。邑名医曹云洲子。继承父学,亦以医闻世。子曹元恒、曹福元、曹子弼,皆承世业,以曹元恒医名最盛。[见:《中国历代医史》]

曹承隆 字兰阶。清代安徽歙县蜀口人。邑外科名医曹启梧子。继承父学,兼精内科,知名于时。[见:《新安名医考》]

曹荫南 字秉征,号孟仙。清末人。生平里居未详。著有《新注医学辑著解说》,今存1932年复兴石印馆石印本。[见:《中医图书联合目录》]

曹相虎 字景穆,号薽庵。清代浙江嘉善县枫泾镇人。邑诸生。研究字学,精通音韵,凡唇、齿、鼻、舌之音,阴阳反切,辨析毫厘。兼擅医术,治病辄效,知名于时。著有《情蜕》一卷,今未见。[见:《枫泾小志》]

曹树淦 字对扬。清代江苏上海县人。邑名医曹洪灏子。继承家学,复从王瞻菉游,以医知名。[见:《上海县志》]

曹显宗 字思皇。清代顺天通州(今北京通县)人。颖敏嗜学,十三岁补诸生。得良医传授,精通医理。不欲以术名世,人不能轻致,遇沉疴怪证,固请乃至,至则获效。性爱江南山水,每出游辄经岁不返。年七十三卒。著有《脉诀》一卷,未见刊行。[见:《通州志》、《徽辅通志》]

曹重光 字方升。明代常熟县(今属江苏)沙头里人。邑名医曹受龄子。克绍父业,亦工医术。[见:《沙头里志》]

曹庭栋 (1700～1785) 原名廷栋,小名辛曾,字楷人,号六圃,自号慈山居士。清代江苏华亭县人。生于康熙三十八年十一月二十五日。贡生。举孝廉方正不就,绝意仕进。杜门著述四十余年,成书十余种。博学多识,工诗文,善草隶,擅画兰竹。以风雅引掖后进,晚年请业者益众。乾隆五十年卒,享年八十六。所撰《宋百家诗存》、《产鹤亭集》,俱入四库馆。善养生,著有《老老恒言》五卷,刊于世。[见:《近三百年人物年谱知见录》、《嘉兴府志》、《嘉善县志》、《中医图书联合目录》]

曹施周 字沛霖。清代山东历城县人。少失父母,以医为业,知名于时。有医德,遇贫病助以药资,活人甚众。中年无子,晚年连举四子,论者皆称活人之报。著有《瘟疫论》,刊于世,今未见。还与同邑名医杨润汇编丛书《遵生集要》(又作《醒医六书》),刊于嘉庆四年

(1799)。此书包括元杜清碧《舌镜》、明吴有性《温疫论》、清景日晸《增补方论》、戴天章《存存书屋摘钞》、倪东溟《产宝家传》、无名氏《咽喉总论》等六种,今存原刻本。[见:《历城县志》、《中国医籍大辞典》]

曹恒占 (1683～?) 字心立,号守堂。清代安徽歙县航步头人。工诗赋,曾结社于澄潭山,曰钓台社。善绘画,山水宗倪、黄,画松尤盘崛。早年从本邑余柳庵习医,从师八年,贯通医理。遵师"益求旨微"之训,力学二十余年不辍,肆力于《内经》、《伤寒》诸经典,博览先贤名著百余家。雍正四年(1726)撰《曹守堂医补》二卷,刊刻于乾隆十六年(1751)。其书上卷载文十三篇,以《内经》经旨阐发《伤寒论》之义;下卷为古方注疏,每发前人所未发。[见:《歙县志》、《新安名医考》]

曹炳章 (1877～1956) 字赤电。现代浙江鄞县曹妙乡人。商贾曹显卿子。幼承庭训,学习商道。少年时至绍兴,学艺于方晓安之门。料理业务之外,暇则诵读医经,孜孜不倦。其师嘉勉之,赠以《内经》、《金匮》及历代医书。此后,益刻苦自励,晨夕研求,历时七载,妙悟医理,治病多佳效,声誉渐起。年二十余,就任春成、致大药栈经理,兼行医。财力稍裕,广购医药书籍读之,学术益精。光绪癸卯(1903)名医何炳元创办《绍兴医药月报》,聘曹氏为编辑,得以问业何氏,兼研叶、薛、吴、王四家温暑治法。嗣后,应诊于同善、同义药局,又创立和济药局,日治近百人,皆应手奏效,名望日隆。上海神州医学总会成立,曹氏出任绍兴分会评议,首倡改良药品,并创办《医药学卫生报》。1920年,废止中医事起,曹氏被公举为绍兴医药学会会长,与裘庆元等代表中医界赴南京请愿。1922年春,出任南京中央国医馆名誉理事。不久,各医药学会遭取缔,曹氏返绍兴,重建中医公会,出任主席。浙江国医分馆组成,应聘任董事。曹氏一生致力于中医事业,为现代著名医家。对中医书籍之保存、普及、尤多贡献,尝应大东书局之请,主编丛书《中国医学大成》,精选医书三百六十五种,并附编《总目提要》,刊布于世。自著医书甚多,除《霍乱寒热辨证》、《医医病书》、《辨舌指南》刊行外,尚有二十二种未梓,今存手稿。[见:《中国医学大成总目提要·著者事略》、《中医大辞典·医史文献分册》、《中医图书联合目录》]

曹洪钧 字秉枢。清代四川南溪县人。邑名儒曹永安次子。与兄曹洪楷,幼承庭训

习儒，学绩优异。嗜岐黄家书，课读之暇，研究不辍。久之精贯医理，治病多良效，知名于时。［见：《南溪县志》］

曹洪灏 字友梁。清代江苏上海县人。邑名医曹锡爵子。精通医理，善治难证，知名于时。子曹树淦，继承父业。［见：《上海县志》］

曹洛禋 字麟书。清代安徽当涂县人。雍正七年己酉（1729）进士，次年授国子助教。累迁擢国子司业，官至翰林院侍读学士。著有《大易测》、《采石山志》、《天放集》、《萍万草》、《秋虫语》等书。兼涉医学，有《医学管见》若干卷，今未见。［见：《太平府志》］

曹绛人 字颐伯。清代江苏江阴县人。名医吴达门生。［见：《吴东旸医案》］

曹晋桃 清代江苏无锡医曹桑曦子。继承家学，亦精儿科。［见：《无锡金匮县志》、《无锡金匮续志》］

曹原杰 （1245～1306） 字名父。宋元间临川（今江西抚州）人。少习举业，壮岁研读医书。凡以疾病求治，必予之药。生性平和，乡里敬之。［见：《金元医学人物》（引《吴文正公文集·故逸士曹君名父墓表》）］

曹振业 字宗岐，号愚溪。清代江苏常熟县人。以医为业，知名乡里。著有《见闻集》，记录医家经验，未见刊行。子曹存心（1767～1834），医名极盛。［见：《常昭合志》］

曹恩溥 字博泉。清代江苏长熟县福山人。名医曹存心（1767～1834）孙，曹文澜子。曾校正祖父《琉球百问》。［见：《琉球百问·曹君乐山家传》、《吴县志》］

曹宴林 字晓园。清代河南信阳县冯河村人。品行端方，重孝义。精医理，知名于时。著有《医学指南》若干卷，未见流传。［见：《重修信阳县志》］

曹家达 （1867～1938） 字颖甫，又字尹孚，号鹏南，晚号拙巢。近代江苏江阴县周庄人。父曹秉生，叔父曹朗轩，皆通医理。曹家达早年习儒，兼及诗文。刻志励学，务求精诣。为文有欧阳修、归有光之风；为诗超绝不凡，别树一帜。光绪乙未（1895）就学南菁书院，有诗文大家之誉。光绪壬寅（1902）中举。甲辰（1904）废科举，遂肆力医学，对《伤寒》、《金匮》诸书尤有研究。1927年悬壶济世，凡他医束手之症，著手则愈，名噪于时。临证悉依《伤寒》古法，谓"仲景以后医书，皆不足道"，为近代著名经方派名家。性格耿直笃厚，不肯下人，世以

"曹戆"称之。其治病，遇富而骄者，时或不肯出诊，遇贫病则有求必应，且以药赠之。孟河丁泽周于上海创办中医专门学校，特聘先生任教授。每登讲堂，携烟筒，且吸且讲，学员闻其妙论，心悦诚服，忘其举止之异。"九一八"事变爆发，先生即返故里。江阴城破，日寇入其室，先生置生死于度外，指敌兵怒骂不止，竟以七十二岁高龄壮烈殉国。先生著述甚富，计有《伤寒发微》、《金匮发微》、《经方实验录》（门人姜佐景辑录）、《曹颖甫先生医案》（王慎轩辑）、《丁甘仁先生作古纪念录》等多种，皆刊于世，至今为医家所重。门人王慎轩、秦伯未等，皆负盛名。［见：《伤寒、金匮发微合刊·曹颖甫先生传》、《经方实验录·序》、《吴中名医录》］

曹家珍 字钧植。清代江苏太仓州人。御史曹逵后裔。诸生。工诗，肆力于天文、地理诸学，曾辑《沙溪志》。兼精医术，能起沉疴。年七十一岁卒。著有《仲景伤寒集注》十六卷，今存乾隆间（1736～1795）稿本。［见：《太仓州志》、《壬癸志稿》、《中医图书联合目录》］

曹家馨 字荐廷。清代江苏溧水县崇贤乡人。邑外科名医曹正邦孙，曹毓谱子。性孝友。绍承家学，医术精奥，审证详慎，就治者门庭若市。重医德，购药必求良品，贫者概不取酬。安徽学正赠以"名齐和缓"匾额。咸丰间（1851～1861）奖叙六品顶戴。兵燹后衰病日增，乃授术于后辈。年七十一岁卒。［见：《溧水县志》］

曹朗轩 清末江苏江阴县周庄人。精通医理，知名于时。兄曹秉生，兄子曹家达，皆以医名世。［见：《伤寒、金匮发微合刊·曹颖甫先生传》、《吴中名医录》］

曹浚来 清代广东乐昌县人。性颖敏，读书山寺，遇异人授以"龙宫方脉"，其术如神。后弃儒业医，诊疾不分贫富，凡请即往，概不索谢，全活甚众。有贫妇临产，胎不下而死，即日入棺。适曹氏至，视棺隙渗血，诧曰："人未死，安得活埋？"众人素仰其名，乃开棺。曹氏取针，刺二三穴胎下，母子俱生。人惊为神医。著有《医法心传》，未梓。门生邓方直、邓树纲，颇得其传，皆为名医。［见：《韶州府志》、《乐昌县志》］

曹桑曦 清代江苏无锡县人。儿科名医曹杲玄孙。传承家学，亦精医术，以儿科知名。重医德，遇贫病赠以药金，不求酬报。子曹镇，孙曹晋桃，传承其业。［见：《无锡金匮县志》、《无锡金匮续志》］

曹继石 字碧霞。清代湖北石首县人。赋性纯笃，因亲老质弱，弃经史，专攻岐黄，遂以医名。生平轻财重义，邑人莫不称赞。知县张琳赠"绣林橘井"匾额。著有《博弱集》，缙绅先生颇加推评，今未见。[见：《石首县志》]

曹培龄 字赤松。清代江苏上海县人。廪生。八岁丧母，哀毁骨立。事继母亦尽孝。因父善病而学医，精其术，知名于时。[见：《上海县志》]

曹象山 清代江苏江都县人。精医理。侄曹枢旸，得其传授，后成名医。[见：《扬州府志》]

曹惕寅 近代江苏吴县人。世医曹子弼子。绍承家学，以医名世。[见：《中国历代医史》]

曹鸿文 字云潮。清代福建上杭县城内人。光绪丙戌（1886）游庠。世代工医，传至鸿文，亦精先业。曾考引古今医书，按症分篇，撰《医方汇编》三十六卷，手自抄存，藏于家。[见：《上杭县志》]

曹鸿举 字体恒。清代云南昆明县人。邑庠生。精方脉，尤擅针灸。时多瘟疫，曹氏出术救治，多能立愈。著有《瘟疫论》、《瘟疫条辨》，今未见。族兄曹旭、曹昶，亦以医名。[见：《云南通志》]

曹绪武 字绳祖，号裕斋。清代山东安丘县人。精医术，善治痘疹，观病者形色即知生死。著有《曹氏痧疹》一卷，行于世。今未见。[见：《安丘县续志》]

曹绳彦 字鞠庵。清代江西新建县人。生平未详。编有《本草纲目万方类编》三十二卷，刊于嘉庆五年（1800）。[见：《中医图书联合目录》、《新建县志》]

曹斯栋 字仙耨，号饭颗山人。清代浙江仁和县人。邑诸生。明医理，工诗文。与顾文庐、强何琪诸人为九老会，自称饭颗山人。著有《稗取》，考索故闻，疏证新意，篇帙不多，饶有隽味。[见：《杭州府志》]

曹敬初 清代山东莱阳县人。初居城内，后迁居卞家村。精医术，擅外科，治病多奏奇效。著有《良方集解》，秘方不示人，卒后失传。[见：《莱阳县志》]

曹鼎望 字冠五。清初河北蓟县人。生平未详。通医道，著有《医方捷效》三卷，刊于康熙间（1662～1722），今存。[见：《贩书偶记续编》、《中医图书联合目录》]

曹巽轩 字元森。近代江苏吴县人。生平未详。著有《传染病八种证治晰疑》十卷，刊于1918年，今存。[见：《中医图书联合目录》]

曹锡宝 （1719～1792）字鸿书，号剑亭，又号容圃。清代江苏上海县人。乾隆六年（1741）顺天举人。自幼颖敏嗜学，博览经史，通古诗文，兼及释典、医籍。曾重刊朱纯嘏《痘疹定论》。[见：《上海县志》、《中国历代人物生卒年表》]

曹锡鹏 清代江西万载县里源人。习举业不售，遂潜心医学，屡著奇效。县令来某，夫人久病不愈，延请诊脉。锡鹏曰："孺人必善怒、气喘；头俯痰凝，平日生冷必不节。"答曰："然。"锡鹏曰："此肾不藏澜，脾运失职，胃阳遇抑，肺液不化。"投以药渐痊。嘱之曰："须节饮食，戒恚怒。"明年，因怒复发，延之再诊，辞曰："怒则气上，又际春阳上升时，不可为也。"旬日而逝。一妇人分娩后发寒热，卧床难转侧，少腹痛不可按。时医以血瘀论治，久不愈。锡鹏诊之曰："脉洪而数，内痈将成。"亟与托消之剂，至夜，脓血大下，调理月余而愈。生平轻财重义，富而无礼者千金不往，贫窭者反赠以药资。其甥汪贤，门生孙泰临，皆得亲授。[见：《万载县志》]

曹锡爵 字廷谏。清代江苏上海县人。精书法，兼工医术。子曹洪灏，孙曹树淦，皆为名医。[见：《上海县志》]

曹廉州 字南笙。近代江苏吴县人。世医曹元恒子。继承家学，亦以医名。[见：《中国历代医史》]

曹靖之 明代浙江杭州人。精医理。海盐贺岳访师杭州，遇曹氏，迎请以归，日与讲求医理。曹氏以"医无常师，明理是师；师无常术，圆神为术"教之。贺岳后为名医。[见：《浙江通志》]

曹福元 近代江苏吴县人。祖父曹云洲，父曹承洲，皆精医术。福元与兄曹元恒，弟曹子弼，俱传家学，以兄医名最盛。[见：《中国历代医史》]

曹毓秀 （?～1904）字植夫，号春洲。清末江苏吴县人，居黄鹂坊桥弄。名医曹云洲子，曹承洲弟。传承家学，以处方稳健著称。兼工诗文，有《雪蘸轩集》。光绪三十年卒。侄曹元恒，医名益盛。[见：《吴中名医录》]

曹毓谱 清代江苏溧水县崇贤乡人。邑外科名医曹正邦子。继承家学，亦精外科。子曹家馨，医名尤盛。[见：《溧水县志》]

曹察斋 明代如皋县（今属江苏）人。精医术，临证不拘古方，以意为治。一日行途中，闻产妇临蓐，吟楚特甚。曹拾落叶，命煎汤服之，须臾儿下。人叩其故，曰："医者意也，吾取其叶落耳。"［见：《如皋县志》］

曹镇章 号又仙。清代浙江桐乡县人。精医术，知名于时。［见：《桐乡县志》］

曹德泽 字育万，号蕙庵，又号莲山。清代河南巩县洛口人。太学生。嗜学能文，兼工书法。应试不售，弃儒习医。久之精其术，治辄获效，名著于时。著有《卫生提纲》若干卷，未见刊行。［见：《巩县志》］

曹遵先 清代人。生平里居未详。著有《药性揽要》一卷，刊于嘉庆辛酉（1801）。［见：《贩书偶记续编》］

曹鹤征 明代山西绛县人。素性耿介，取与不苟。家道饶富，偶遇异人授以针法，遂以医闻世。每日聚门求治者百余人，病愈不索谢，远来者供以饮食。富贵者屡以金帛致谢，坚辞不受。年九十八岁，面红须白，鹤发童颜，里中呼为"曹神仙"。［见：《平阳府志》、《山西通志》］

曹懋臣 清代江苏江都县人。邑名医曹枢旸子。传承父业，亦精医术。巴氏妇产后出痘，诸医束手。懋臣投以硝、黄大剂，一药而愈。著有《医话》三卷，未见刊行。从弟曹学曾，亦以医名。［见：《扬州府志》、《江都县续志》］

曹耀璨 字琅轩。清代江苏上海县人。精医术，以济人为念，治病不计诊酬。［见：《松江府志》］

戚

戚赞 字圣俞。清代江苏江阴县人。诸生。世医戚秉恒孙。善承家学，名著于时。有医德，遇贫困者求医，赠以药，且以碎银杂置其中，周急而不欲人知。著有《伤寒心法》，未见刊行。同时有王百朋，亦以医名，与戚氏并称国手。［见：《江阴县志》］

戚士升 清代奉天府海城县（今辽宁海城）人。为举人。旁通医术。孙戚荣卿，得其传授。［见：《海城县志》］

戚云门 字楚三。清代江苏江阴县人。精通医术，屡起沉疴，为乾隆间（1736～1795）江阴名医。所辑《医案》散佚，仅有数则收入姜成之《龙砂八家医案》。［见：《珍本医书集成·龙砂八家医案》］

戚日旻 字肇升。明末浙江括苍县人。生平未详。辑有《药性便览》一卷，约成书于顺治元年（1644），今存抄本，藏中国科学院图书馆。［见：《中医图书联合目录》］

戚仁师 清代安徽寿州人。精医术，擅书画。曾任武职，归隐于乡，卖药自给。［见：《艺林医人录》］

戚文光 清代江苏吴江县平望镇人。精儿科，以祖传药丸治病，应手奏效，其方秘不示人。子孙世承其业。［见：《平望续志》］

戚同复 （1856～？） 号赓扬。近代江苏震泽县人。博通中西医学。宣统间（1909～1911）加入中西医学研究会。［见：《中西医学报》］

戚向书 清代江苏江阴县人。精医术，知名于时。乾隆三十二年丁亥（1767）冬至前，王仲良患伤寒阳虚症，病势危殆。戚向书初治无功，遂与名医王与谦、姜健、孙御千会诊，四医合力，竟"起一生于九死"。［见：《龙砂八家医案·孙御千先生方案》］

戚庆洪 字善甫。元初镇江（今江苏镇江）人。精通医术，曾任镇江路医学录。［见：《镇江志·学职》］

戚庆祖 字遵道。元代镇江（今江苏镇江）人。精通医术。曾任镇江路医学正。［见：《镇江志·学职》］

戚秉恒 明清间江苏江阴县人。邑名医戚宗扬后裔。绍承祖绪，亦精医术，时称戚氏世医。孙戚赞，亦以医名。［见：《江阴县志》］

戚金泉 清代江苏江阴县人。精医术，名噪于时。乾隆三十七年壬辰（1772）七月，治梅里镇邵某失血症，历时四月收功。所著《医案》散佚，今仅见姜成之《龙砂八家医案》收入四则。［见：《珍本医书集成·龙砂八家医案》］

戚宗扬 明代江阴县（今属江苏）人。精医术，为弘治间（1488～1505）名医。后裔戚秉恒，亦以医术著称。［见：《江阴县志》］

戚荣卿 字襄廷。清代奉天府海城县（今辽宁海城）人。举人戚士升孙。早年习儒，为人和蔼，多雅量。从祖父习医，尤精妇科，临证多神效。四方求诊者踵相接，虽百忙，必从容详审，依病施治。其家素备伤科丹药，名九厘散，遇跌伤者则赠之，不取酬。年六十七岁卒。［见：《海城县志》］

盛

盛早 明代吴县（今江苏苏州）人。世精医术，曾官吴郡医学正科。据载，曾奉命统摄狱囚，有数囚病亡，盛氏置之不理，其家遂有异事。[见《萍野纂闻·盛氏变怪》、《庚巳编·卷三·盛氏怪》]

盛伦 字文叔。明代吴江县（今属江苏）人。名医盛宏子。少承父学，兼得伯父盛寅指授，精通医术，求治者无虚日。曾遇异人授以堪舆术，延请相宅地者亦众。[见《苏州府志》、《吴江县志》、《吴门补乘》]

盛壮 号研农。清代江西武宁县人。盛字云后裔。幼习古文，不慕仕进，隐居不羊洞数十年，放怀山水之间，吟咏自得。精医术，常施药济人。著有《药性分经》，今未见。[见《南昌府志》]

盛旷 字用敬。明代吴江县（今属江苏）人。邑名医盛儁长子。颖悟超人，尽传家学。求诊必应，未尝索酬。擅治痼疾，多有奇验。陈杰妻有胎而患痢，数月不愈，所下若屋漏水，昏厥六日不苏，棺殓具具。旷诊之曰："无虑。"药下而痢止，越数日生子。文士姚汝明，内伤新愈，又病伤食。医者屡用下药，病益甚，小便闭、中满、腹坚如石。旷诊之曰："此不可用分理药也，宜以参、芪运其气，升麻提其气，气升则水自下矣。"遂于诸药之外加益肾之品，数服霍然。旷素性孝友，仗义好施。毗陵画士马某，以贫来谒，旷留住数年。马愿以女充侧室，旷恻然变色拒之。年五十五岁卒。从弟盛暟(1422～1497)，亦精医。[见《吴江县志》、《吴门补乘》、《中国历代名医碑传集》]

盛宏 字叔大。明代吴江县（今属江苏）人。盛逮(1344～1436)次子。名医盛寅胞弟。宏受业于兄，亦精医药，曾任太医院御医。景泰(1450～1456)初，治宫妃疾有效，当进官，不拜，以家世隶军籍，乞除之，获准。寻致仕归。子盛伦，传承其业。[见《明史·盛寅传》、《苏州府志》、《姑苏志》]

盛儞 (?～1428) 明代吴江县（今属江苏）人。名医盛寅(1374～1441)长子。早年从父居京师，亦精医术。惜始壮而卒。子盛暟(1422～1497)，传承家学。[见《吴江县志》、《吴门补乘》]

盛俌 (1441～1523) 字汝弼，自号春雨。明代吴江县（今属江苏）人。名医盛寅幼子。生四月而父殁。六兄盛汝德，奉父遗命抚教诸弟。俌智慧超群，于家学尤有心悟。成化间(1465～1487)，其兄盛俀等荐于郡守丘公，授苏州府医学正科。在任施术济人，多著奇效，遇贫病赠药救之，多所全济。王氏妇病，众医以阴证治，转剧。俌诊之曰："腹痈耳！"令其夫按患处，果疼痛欲绝。灌以溃痈药，数日平复。畅侍御夏季病寒，数被重裘，闭户而卧，医者以寒论治，不效。俌应邀至，谓曰："所谓热极似阴，是为中暑。"启室去衣被，先捣葱涂之，复进香薷汤，一服见效，再服索食，三服病愈。尚书似公患风厥，俌饮之以药酒，尽三石而痊。似公与家宰马公、吴文定、王文恪诸公欲荐入太医院，力辞而止。盛俌居官四十年，以廉直见称。年六十余，举其侄以自代，遂致仕。嘉靖癸未九月五日卒，享年八十三。子盛曾、盛鲁、盛昔，生平未详。[见《吴江县志》、《吴门补乘》]

盛笏 清初江苏吴县人。名医马俶门生，尽得师传，以医著称。[见《吴县志》、《苏州府志》]

盛乾 (1462～1512) 字子健，号生斋。明代吴江县（今属江苏）人。太医院医士盛暟长子。自少颖悟，读岐黄诸书，上口即解。父以为能嗣，以家学尽授之。曾随父居京师，故见闻益广。及悬壶问世，虽沉疴濒危者，一二剂即起。遇不可治之病，则预刻死日，无或爽者。久之，医名远播，方圆数百里迎诊者无虚日。重医德，每出诊，必先赴贫家，虽隆冬盛暑，未尝骑马乘舆，为俗医所不能。正德壬申殁，年仅五十一岁，哭送者甚众。子盛应龙，业儒，候补教职。[见《中国历代名医碑传集》(引杨循吉《松筹堂集·盛子健墓志铭》)]

盛寅 (1374～1441) 字启东，别号退庵。明代吴江县（今属江苏）人。盛寓翁孙，盛逮(字景华)长子。自幼好学，八岁能诗。十四岁遭母丧，祭无遗礼。祖父异之曰："他日大吾门者，是儿也。"益加诲励，令师事名儒王宾，专攻古文。宾得名医戴思恭秘术，深通医道，无嗣，遂倾术授之。寅家境清贫，早年悬壶阊门以养亲。永乐三年(1405)，郡大夫荐授苏州医学正科，声名日振。因累输（欠税）削职，罚至天寿山服役。某太监知盛寅精医，请诊主管太监重疾，投药立愈。成祖闻而奇之，于庚子年(1420)召入便殿，令诊脉。寅断为风湿病，进药而效。成祖曰："此医流中状元也。"即日授御医，恩宠倍于他医。一日雪霁，召寅赏景。寅咏唐人诗"长安有贫者，宜瑞不宜多"，闻者咋舌。太子宠妃张氏经期十月不至，众医以娠身贺。寅独谓不然。成祖乃令诊脉，诊毕出言病状，如亲见者。妃遥闻其言，曰："医言甚当，何不令早视我？"及立方，乃破血剂。太子怒曰："好御医！早晚当诞皇孙，为此方何也？"遂不用。过数日，病益急，命寅再诊。寅诊脉出，奏曰："再后三日，臣不敢用药矣。"疏方如前。妃欲进药，而太子虑堕胎，锁寅于禁中，以观其变。妃服药而血大下，病愈。第三日，成祖令红仗前导，送还邸舍，赏赐甚厚。永乐甲辰（1424），銮驾北征，念父年迈，言及辄流涕。成祖悯之，特准归省。及还，太子继位（即仁宗），寅求出为南京太医院御医。宣宗继位（1426），召还，敕进修职郎，宠遇有加。庚戌（1430）秩满，升正七品御医。父逾八十，累乞归养不允。请移俸，许之，月给于家，以慰其志。正统元年（1436）丁父艰归里。正统六年卒，享年六十八，两京太医院皆祀之。下葬之日，送者几千人。著有《医经秘旨》二卷，今存。还著有《流光集》（又作《盛御医集》）、《六经证辨》等书，已佚。弟盛宏，亦通医道。有子十一人，长子盛侭（？～1428）、四子盛僎、幼子盛俌（1441～1523），皆工医术；次子盛佼，为天顺四年（1460）进士。门人刘毓，得其传授。[见：《明史·盛寅传》、《苏州府志》、《吴江县志》、《长洲县志》、《松陵闻见录》、《续医说》、《中国历代名医碑传集》（引钱溥《太医院御医盛寅墓表》）]

盛逮（1344～1436）初名盛棣，字景华，号居密。元明间吴江县（今属江苏）人。洪武（1368～1398）初，以贤良应召，参与大臣议事。与中书参政陈宁议不合，以疾辞归。尝游关中，遇异人授以导养之法，故善养生。年九十三岁卒。著有《原道诗》，未见刊行。子盛寅、盛宏，皆以医名世。[见：《吴江县志》]

盛暄字用阳，号师省。明代浙江钱塘县人。祖籍江苏吴江县。名医盛寅后裔。自幼习儒，兼精医道。曾续修盛氏族谱，吴宽为之作序。[见：《中国历代名医碑传集》（引吴宽《盛氏重修族谱序》）]

盛熙字新周，号敬斋。清代浙江嘉善县枫泾镇人。儒医盛韶子。诸生。喜吟咏，兼工倚声，尤擅医学。著有《读经真要》、《感证新纂》、《用药时宜》、《临证医案》及《亦吟斋诗稿》、《亦吟斋诗余》，未见刊行。[见：《嘉善县志》]

盛暟（1422～1497）字用美，号闲舟。明代吴江县（今属江苏）人。名医盛寅孙，盛侭子。幼年随父居京师，七龄丧父，与母许氏归吴江，曾祖盛逮抚教之。稍长，奋志于学，习举子业。屡赴乡试不遇，弃儒习医，研读家藏方书，久之悟其奥旨。及悬壶，治辄奇验，病者争相就诊，名噪于时。评事周观患背痈，疡医徐廷礼治之，不效。徐谓周曰："更请盛用美来，共事料理则可。否则吾技穷矣。"盛氏应邀至，按脉用药，率与徐氏相类，唯加人参、附子少许。服后两足俱暖，精神爽快，旬日平复，闻者叹服。盛暟存心仁厚，治病不计酬报，遇贫寒者赠药救之，虽危笃之疾，亦百计施治，未尝轻弃。每曰："吾不能坐视其毙也。"士大夫闻其贤，皆礼重之。成化（1465～1487）初，以名医征至京师，任太医院医士。在京久之，将迁医官，称疾不出。适逢母丧，归乡丁忧，服除竟不上。居乡医名益盛，晚年得末疾，求诊者不绝于门，皆为诊治。弘治九年十二月二十八日卒，享年七十五。长子盛乾，传承家学。次子盛坤，幼子盛艮，生平未详。[见：《吴江县志》、《苏州府志》、《续医说·痈疽治验》、《中国历代名医碑传集》（引吴宽《太医院医士盛君墓表》）]

盛僎字汝德。明代吴江县（今属江苏）人。太医院御医盛寅（1374～1441）四子。勤奋力学，绍承家学，亦精医术。尤重行谊，早年其父教之曰："医贵有德，显则出入禁秘，微亦往来闺闱，不可不慎也。"僎谨遵父训，以济人为怀，诊病不因贫富二其心，医术大行。素重行谊，其弟盛佼，以进士居官，尝命家童输粮于官，多取一筹以归。僎怒责之，弃米屋后，以饲鸟雀。子盛旷，兄子盛暟，俱以医名。[见：《苏州府志》、《吴门补乘》、《吴江县志》、《中国历代名医碑传集》]

盛舆字敬之。元代吴江县（今江苏吴江）人。初为震泽教谕，战事起，参谋浙省军政。好古博识，医卜地理之书，无不通究。[见：《中国人名大辞典》]

盛韶字景夔，号佐虞。清代浙江嘉善县枫泾镇人。监生。屡试不售，弃儒习医。专擅疡科，名重于时。少宰钱樾赠额曰春盎。著有《颖川集》（非医书），今未见流传。子盛熙，亦善医。[见：《枫泾小志》、《嘉善县志》]

盛之楫字原济。明代吴江县（今属江苏）人。太医院御医盛寅后裔。名医盛应宗三子。俊爽不群，有豪士之风。得父传授，医名甲天下。[见：《吴县志》、《吴门补乘》、《中国历代名医碑传集》（引王世贞《弇州四部稿续稿·冠带儒士盛少和先生墓志铭》）]

盛无咎 字道根，号省堂。清代江苏新阳县巴城镇人。盛存伦子。精岐黄术，以医济世。晚年颇负时望。乾隆帝南巡至姑苏，盛氏数往虎阜迎跸，恩赐银牌二扇。[见：《巴溪志》]

盛文纪 明代吴县（今江苏苏州）人。精医术，名振吴中。谢训导病头痛、发热、恶寒，时医先以外感治，又以气虚治，病益剧，时时昏厥，饮食已绝，家人意其必死。谢氏曰："吾病唯盛文纪不曾视脉。"命子延之。文纪诊视毕，曰："君几误死。当先去其滞。"遂用二陈汤加大黄六七钱服之。至夜，腹中有声，下秽物斗许，气畅结散，即索饮食矣。众医问其故，盛曰："谢君北人也，久居于吴，饮酒、食面，皆能助湿，湿能伤脾，脾土亏则百病交作。有是病，服是药，更何疑焉？"众人皆服。[见：《续医说·古今名医》]

盛正己 字求一。清初江苏昆山县张浦里人。幼科世医盛梅孙。继承祖业，以幼科知名，尤擅祖传人痘接种术。[见：《昆山历代医家录》（引《淞南志》、《张浦杂记》）]

盛后湖 明代吴县（今江苏苏州）人。精通医术，万历间（1573～1619）医名振于吴江远近，与王后山齐名。辑有《行囊备用方》一卷，已佚。[见：《医藏书目》、《孙文垣医案》]

盛如柏 字新甫。清代浙江嘉兴县人。博究《素问》、《难经》诸书，精医术，知名于时。[见：《嘉兴县志》]

盛应宗 字斯因，别号少和。明代吴江县（今属江苏）人。世医盛旷曾孙。其父某，精通医道。应宗为次子，与兄应陵，皆传家学而不废儒。父卒，三弟皆幼，家境清贫，让故居于叔辈，携母、妻别居。初寄居某御史大夫之别馆，尽取先世医书读之，多有领悟，而术未大行。凡三徙而依岳父杜山先生。杜氏为名医，尽出其术授之。应宗既得盛、杜两家之术，又善融汇精义，临证活法圆机，故所治多奇效。文征明（1470～1559）感奇疾，几殆。应宗随杜山诊之，所处方出杜意表，而服之疾除。文氏曰："吾赖君再生，御医翁者，其有后乎！"嗣后，技术遍游大江南北，屡愈王世贞（1526～1590）、王庭、陆斯道等名公之疾，声噪四方。重医德，凡治病，不因贫贱富贵而异视，遇贫士延诊，虽委巷蔽屋，亦伛偻而入，治必精谨，且倾囊解其饥困。尝乘舟过昆山，有河津妇暴死，稚子犹哓其乳，其夫号哭请诊。应宗曰："不死也。"以汤液抉齿灌之，至一更而苏。其夫复来请药，乃密置银于药中付之。后再过昆山，夫妇登舟叩头，谢再造之恩。文征明友人曹昌先曰："吾见盛君如是者众矣！"盛应宗不喜仕途，葛巾单帕，行于山水之间，飘忽若仙。性好音律，喜妇人，年过七旬而幸内不衰，世以为痴。晚年冒寒行荆溪山中，归而病，是年元旦卒于家，时年七十六岁。兄应陵，次年亦卒。应宗有子五人：之恒、之桢、之楫、之植、之校。之楫传承父业，余皆早卒。[见：《中国历代名医碑传集》（引王世贞《弇州四部稿续稿·冠带儒士盛少和先生墓志铭》）]

盛应陵 明代吴江县（今属江苏）人。世医盛旷曾孙。其父某，精通医道。应陵为长子，得父传授，贯通医理，知名于乡。九十一岁卒。弟盛应宗，医名极盛。[见：《中国历代名医碑传集》（引王世贞《弇州四部稿续稿·冠带儒士盛少和先生墓志铭》）]

盛际可 字兆先。清代江苏泗阳县人。擅治痘疹，为嘉庆间（1796～1820）泗阳名医。年八十岁卒。[见：《泗阳县志》]

盛征伯 明代昆山县（今属江苏）人。少读儒书，与归有光（1506～1571）同窗。久困科场，遂取家藏医书读之，后多病，拟方自疗，遂精医术。治病不备丸散，但书方与之，服者皆获奇效。后寓居上海，课读为业，方圆数里之内，无病死者。嘉靖三十三年（1554），倭寇犯昆山，攻城四十五日，杀民众五百余人，烧房屋二万余间。盛氏宅居东南门，房屋悉毁无存，乃迁居苏州齐门，课徒诊病为生。所治多著奇效，一妇人昏死，盛氏以汤药灌之，不久身动，能举手至胸，须臾起坐，人以为神。[见：《昆新两县续修合志》、《昆山新阳合志》、《昆新两县志》、《昆山历代医家录》（引归有光《震川先生集·自生堂记》）]

盛宗祯 字心国。明代高邮县（今属江苏）人。其父盛跃龙，徙居宝应县黎城镇，定居于此。盛氏世以医显，传至宗祯，善承家学，复博涉古来方书，于幼科尤称神异。小儿未发痘时，视其耳纹，辨黄紫曲直，即预知迟速轻重，百不失一。其治痘先辨虚实寒热，虚寒者，人参主之；实热者，紫草主之。有服药至数斤者，证愈险，收功愈奇。他医窃其方试之，亦有效。宗祯医术虽精，而为人贪利，凡贫困或富而吝者延请，多不往，往亦不肯尽出其技，时论鄙之。[见：《宝应县志》、《高邮州志》]

盛健 字徕公，号东轩。清代河南宝丰县人。邑庠生。性孝友，好施与。工诗擅书，

十一画

尤精医术，治病十不失一。年八十七岁殁，里人震悼，以"品高德淑"额其门。辑有《医学集要》，未见刊行。[见：《宝丰县志》]

盛继祖 清代人。里居未详。精医术，任太医院御医。乾隆四年己未（1739）敕修《医宗金鉴》，盛氏任校阅官。[见：《医宗金鉴》]

盛梅年 字楚白。明清间江苏昆山县张浦里人。世业幼科，尤精种痘术。择日置痘苗于小儿鼻，七日后发热，又三日痘生，再三日浆满，又再三日痂落，此后则终身不患痘。为人敦厚寡言，重医德，凡请即往，不论贫富，往即予苗，从不索价。此前小儿痘厄，时医束手，自盛氏术行，夺先天之巧，补后天之憾，吴淞江以南始少殇于痘症者，济民之功殊巨。其孙盛正己，继承祖业，亦知名。[见：《昆山历代医家录》（引《淞南志》、《张浦杂记》）]

盛跃龙 号济寰。明代高邮州（今属江苏）人。徙居宝应县黎城镇。世工医术，至跃龙善承祖业，尤精痘科。好义疏财，以术济世，为乡里所重。盱眙马坝有妇怀孕出痘，至第九日，昏不知人，皆谓已死。跃龙往视，曰："人非死，乃毒盛发晕。"即以药灌之，数剂而愈。子盛宗祯，医术尤精，而医德逊之。[见：《宝应县志》、《高邮州志》]

盛景兰 字香谷。清代江苏靖江县人。早年习儒，兼精医术。年弱冠，与兄盛朝臣入都赴试，兄以国学生考授南城兵马司吏目，景兰以国学生考授太医院医士。自颜其门曰寿元堂，取"寿世保元"之意。[见：《靖江县志》]

盛赐禄 明代浙江海盐县人。早年游兰溪，遇方士授以医术。后卖药于城市，凡贫病者求治，不受其酬，为世人称道。年八十五岁，尽以家财散赠亲族而卒。[见：《海盐县志》]

盛端明 字希道，号程斋，自号玉华子，又称玉华山人。明代广东饶平县人。弘治十一年戊午（1498）乡试第一。登壬戌（1502）进士，选翰林院庶吉士，授检讨，累官右副都御史，督南京粮道。劾罢，家居七年。自言通晓药石，服之可长生，由陶仲文进于世宗，严嵩亦左右之，遂召为礼部右侍郎。寻拜工部尚书，改礼部尚书，加太子少保。与太子太保顾可学，但食俸禄，不治政事，供奉药物而已。年八十一岁卒，谥"荣简"。盛氏嗜于医学，尝广采医书，遍求秘方，编《程斋医钞》一百四十卷（今佚）。嘉靖十二年癸巳（1533），抽选经验者，辑《程斋医钞撮要》五卷，由其乡人滕子安刊行。今国内存残抄本，另有明刻本藏日本国立公文书馆内阁文库，现已由中国中医科学院影印回归。盛氏还撰有《玉华子》四卷，已佚。[见：《明史·顾可学传（附盛端明）》、《大埔县志》、《医藏书目》、《古今医统》、《中国医籍考》、《中国人名大辞典》、《中医图书联合目录》、《日本现存中国散逸古医籍》]

龚

龚诩 （1382～1469）又名大章，号钝庵。明代昆山县（今属江苏）真义人。兵科给事中龚督子。年方三岁，其父因故谪戍五开卫，籍没家产，次年殁于戍所。诩因此隶于军籍，赖母养育成人。十四岁入伍，十七岁调守南京金川门。二十一岁时，燕兵陷金陵，龚诩见宫中火起，大恸，亡命出城，更姓名为王大章，匿于江阴、常熟间。时闻追捕声，夜走任阳，藏身于马、陈两家。十余年间，遍读马、陈两家藏书，于医学尤多留心。永乐十八年（1420）迁居沙溪，行医卖药，设帐授徒以自给，二十余年不得归乡。宣德间（1426～1435）诏宽军伍，始归故里。正统四年（1439），巡抚周忱闻其贤，两荐为学官，坚辞。晚年于城城留晖门外小虞浦筑"逸老庵"以居，歌咏自得。年八十八岁卒。无子，门人私谥"安节先生"。外孙周雍、周陆，外孙婿刘伟、邵祖，曾外孙周文传，皆绍传其医业。[见：《昆山新阳合志》、《昆新两县志》、《昆山历代医家录》（引《昆山县志》、《信义志稿》）]

龚埏 明代江苏人。生平里居未详。撰有《救荒草木疏》一卷，已佚。[见：《江苏通志稿》]

龚信 字瑞芝，号西园。明代江西金溪县下渐里人。精医术，曾任太医院医官。著有《古今医鉴》十六卷，经其子龚廷贤整理，刊印于世。[见：《金溪县志》、《中医图书联合目录》]

龚倬 清代江苏长洲县湘城南塘人。庠生。世业岐黄，知名于时。子龚退伯，传承家学。[见：《湘城小志》]

龚楚 清代广东归善县人。精通医术，卓然有成，与刘渊、邓大德等先后知名。[见：《惠州府志》]

龚璧 北宋人。里居未详。为太医学内舍生。政和间（1111～1117）宋徽宗敕编《圣济经》十卷、《圣济总录》（又作《政和圣济总录》）二百卷，成立编类圣济经所，命曹孝忠总领其事，下设同校勘官七人，龚氏任点对方书官（详"曹孝忠"条）。[见：《且朴斋书跋·跋重修圣济总录》]

十一画

龚乃疆 清代人。生平里居未详。著有《难经启蒙》二卷，未梓。今存光绪十九年(1893)抄本。[见：《中医图书联合目录》]

龚士骧 字季良。明代浙江义乌县人。早年习儒，兼通医道。崇祯元年（1628）三甲第二百六十二名进士，授溧水知县。晚年患病，自负知医，不肯服药，遂卒。[见：《中国历代医家传录》（引《列朝诗集小传》)、《明清进士题名碑录索引》]

龚天衢 字云际。清代湖南湘乡县人。自少好学，弱冠入郡庠，旋食饩。康熙丁丑(1697)恩贡，选授辰溪教谕，辞不就。嗣后绝迹城市，留心医药，广施丸散。扶危济困，不惜解囊，全活多人。撰有《医学要旨》若干卷，今未见。[见：《湘乡县志》、《湖南通志》]

龚太宇 明代浙江会稽县人。性好岐黄，于书无所不读。尝汇集众说，历时五十载，著《伤寒心法大成》四卷。清康熙四十三年(1704)，山阴陈法昂刻版印行。[见：《浙江医籍考》]

龚文英 字顺心。清代江苏常熟县人。以医为业，知名乡里。品行端方，曾举乡饮宾。善养生，年九十四岁卒。[见：《常昭合志稿》]

龚可法 清代人。里居未详。通医理，曾任太医院御医。乾隆四年（1739）敕编《医宗金鉴》，龚氏任校阅官。[见：《医宗金鉴》]

龚宁国 明代江西金溪县下渐里人。太医院吏目龚廷贤三子。继承家学，亦通医术。曾与兄守国、安国，弟定国，参订父书。[见：《济世全书》]

龚必琳 清代湖南桃园县人。国学生。自幼好学，至老不倦。尤精医术，有求辄应，济人甚众。善养生，年九十一岁殁。[见：《桃园县志·耆寿》]

龚成名 字立扬。清代江苏崇明县人。精医术，尤擅疡科，临证治无不效，知名于时。[见：《崇明县志》]

龚光室 清代福建光泽县二十三都甘竹人。精通医术，擅长内科。平生绝少入城，城中不知名，而北乡交相迎请无虚日。识者皆称其术曰："古之秦越人不能过也。"新旬故交张某亡，龚氏前往吊唁，值其孙患痘症甚重，龚氏初不习痘科，病家强求之，遂为诊视，以承气汤进。主人视方，不敢服。龚曰："不服是药，三日必变某症，则不可救矣。"主人以龚氏非素业，终不敢轻信，易以他医。三日后果出变症，复强邀龚氏。龚执笔立于故交灵前曰："君在天之灵当护汝孙，我除此方亦缩手矣。"众疑必以加味承气汤进，取方视之，乃理中汤也。病家依方服药，患儿竟得大愈，闻者皆叹服。[见：《重纂光泽县志》]

龚廷贤 字子才，号云林。明代江西金溪县下渐里人。太医院医官龚信子。自幼习儒，多有造诣，"饱经术，操觚染翰，有志南溟"。久不利于科场，自谓："达则为良相，不达则为良医。"遂继承祖业，以求济世。博考《内经》以下诸书，穷源竟委，且暮不辍，三年间尽得要领。初少试于乡邑，言人脏腑症结，莫不奇中，乡人赖之。嗣后游历海内，访求名师，就教于云游高士、深山道侣，足迹遍于三山五岳，医术益进。嘉靖三十三年甲寅（1554）赴大梁（今河南开封），值疫疠肆行，连染间巷，有阖门病卧者。时医因循旧法，治之不效。龚氏以己意立方，皆获佳效，全活不可胜计，名满中州。先后至许昌、鄢陵、扶沟等地，出入于梁策、刘自强、郝维乔、何出光、何出图诸显宦之门。嘉靖四十五年（1566）冬，应文渊阁大学士高拱之聘至京师，诸名公皆折节与交。初，定西侯蒋公授以左府教胄。不久，尚书刘自强复荐于朝，授太医院吏目衔。在京数载，不乐仕进，定省南归。万历十四年（1586）自南京再抵大梁。二十一年（1593）秋，鲁王宠妃张氏患鼓账疾，王府御医为之束手，遍访海内名医，亦无寸效，病势垂危。王闻龚氏名，遣官赴大梁迎聘，投药一二剂即效，调治数月而痊。王赐以千金，辞而不受，乃赐"医林状元"匾额，又捐资刊刻其所著《鲁府禁方》，自此声名达于极盛。龚氏善养生，年九十三岁尚康健。性好著述，晚年虽"日月愈迈，无复晦翁著述之妄事"，仍命其子定国"为末年之书"，于崇祯元年（1628）完成《云林医圣普渡慈航》八卷，其自序称"九十岁翁"。据张孟男《贺云林龚君荣授鲁府恩赐医林状元序》，龚氏嘉靖甲寅（1554）壮岁游中州，为诸名公所礼重，则崇祯元年当百岁有余，疑龚氏自称"九十岁翁"，乃讳言百岁，其确切生卒年待考。龚氏著作甚富，除增订其父《古今医鉴》外，主要有《种杏仙方》、《万病回春》、《云林神彀》、《鲁府禁方》、《寿世保元》、《济世全书》、《小儿推拿秘旨》、《内府秘传经验女科》等。有子四人：守国、安国、宁国、定国，皆通医理。侄懋官，授周府医官。门生吴济民、罗国望、黄卷、邓允液、黄道祉、黄道祖、戴笠，皆得师传。[见：《金溪县志》、《医藏书目》、《济世全书·贺云林龚君授鲁府恩赐医林状元序、云林子传》、

《种杏仙方》、《万病回春》、《龚廷贤医学全书·龚廷贤医学学术思想研究》、《中国历代名医碑传集》]

龚自璋 字月川。清代浙江仁和县人。诸生。旁涉医术，辑有《医方易简》十卷，刊于咸丰元年（1851），今存。[见：《清史稿·艺文志》、《中医图书联合目录》、《杭州府志》]

龚庆宣 南朝齐丹阳（今安徽当涂县小丹阳镇）人。性好方术。永元元年（499），获《刘涓子鬼遗方》十卷抄本，原书"草写多无次第"，遂"删定其前后，蔟类相从，为此一部，流布乡曲"。此书为我国现存较早之外科专书，历来为医界所重。今存宋刻五卷本，有点校本刊行。[见：《隋书·经籍志》、《刘涓子鬼遗方·龚庆宣自序》]

龚守国 明代江西金溪县下渐里人。太医院吏目龚廷贤长子。绍承家学，亦精医术。曾任太医院医官。著有《内府秘传经验女科》（又作《云林女科秘方》）一卷。此书国内未见，今日本国立公文书馆内阁文库存日本元禄二年（1689）复刻本。[见：《金溪县志》、《济世全书》、《内阁文库汉籍分类目录》、《中国医籍考》]

龚安国 明代江西金溪县下渐里人。太医院吏目龚廷贤次子。绍承父学，亦通医术。曾与兄守国编订父书，撰《云林医圣普渡慈航》八卷。[见：《金溪县志》、《济世全书》]

龚志先 号岸然。清代江西铅山县石湖村人。精医术，知名于乡。年七十岁卒。[见：《铅山县志》]

龚时周 字规中。清代湖南安化县人。早岁习儒，有文名。后精医术，以救济为心，治病不索谢仪，乡里德之。[见：《安化县志》]

龚时瑞 字香圃。近代浙江衢州人。名医雷丰（1833～1888）外孙。自幼习医，学验两富。曾补订程鉴《医学津梁》，易名《医约》，重刊于1925年。[见：《浙江医籍考》]

龚秀松 清代四川江津县人。乾隆间（1736～1795）在世。精通医术，品德端方，名重于时。[见：《续修江津县志》]

龚希遂 字月泉。清末江苏青浦县人。通医药。同治、光绪间（1862～1908）设店卖药，常告诫子弟，勿进伪药误人。[见：《青浦县续志》]

龚应耀 字政辉。清代江西南昌府人。精医术，活人不计其数，名重于时。[见：《南昌府志》]

龚叔宾 清代福建人。生平里居未详。撰有《养生要诀》若干卷，今未见。[见：《重纂福建通志》]

龚国琦 字景仁。清代江西南昌县人。幼习举业，不利于科场，遂弃儒业医。尝谓："古人有言，不为良相，当为良医。盖可以济世利民，用行吾志，又安惜一领青衿为荣耶！"暇则涉足诗学，抒写性情。辑有《本草汇编》若干卷，未见刊行。[见：《南昌县志》、《江西通志稿》]

龚鸣盛 字凤巢。清代江苏崇明县人。邑诸生。旁通医术。著有《凤巢医案》一卷，今存。[见：《崇明县志》、《江苏历代医人志》]

龚炉峰 （?～1554） 佚其名（号炉峰）。明代浙江会稽县人。得上世所授治痈肿秘方数卷，治病无不奇效。生性好静，混迹于委巷，隐居不出。虽家境清贫，终不欲以医问世。晚年隐居暨阳山，当地人礼重之。龚氏感动，遇患肿疾者投药治之，应手取效。久之，医名噪于暨阳，不能隐遁，乃归会稽城中。一日，宗侄龚风山发背疽，迎名医治之，曰："非两月不能溃。"风山略闻炉峰通疡科，遂请诊视。炉峰曰："是不难，不逾十日可无恙。"遂为治疗，果三日而溃，溃状若饭粒，以蚕丝捻除之，肌肉渐合，至十日全愈。风山神其术，请友人陈翟作文传其事，于是远近延诊者盈门不绝。炉峰叹曰："吾之遁，盖六十载于兹矣，不意为鄙术所泄。自此以往，吾无遁所矣！"渐抑郁成病，迎诊者愈多，而疾愈甚。嘉靖甲寅冬月，长叹而逝。子某，号渊泉子，传承父术。[见：《中国历代名医碑传集》（引陈鹤《海樵先生全集·炉峰老人传》）]

龚定国 明代江西金溪县下渐里人。太医院吏目龚廷贤四子。继承家学，"绩学邃养，深于理奥"，以医术名冠一时。曾与兄守国、安国、宁国参订父书。[见：《济世全书》、《普渡慈航·叶向高序》]

龚居中 （?～1646） 字应园（一作应圆），号如虚子。明代江西金溪县人。初习举业，善属文。髫年善病，弃儒习医。久之术精，兼通内、外、妇、儿诸科。曾任太医院院司。挟技游南京，往来建阳书林，声名藉藉，达官贵人皆礼致之。著有《痰火点雪》（又作《红炉点雪》）四卷、《女科百效全书》四卷、《外科百效全书》四卷、《外科活人定本》四卷、《幼科百效全书》三卷、《万寿丹书》一卷、《万寿仙书》二卷，均刊刻于世。另有丛书《经验良方寿世仙丹》、《五福丹书》二种，国内未见，书曾流传日本，现已影印回归。龚氏书中每述及房中采补之法，故萧京斥之曰："万历年间，江右世医龚应圆，一代良工也。著《福寿丹书》，教人采战之法，详列方论，诲淫改德，绝人长命，真岐黄之罪人也。"[见：《红炉点雪·序》、《轩岐救正论·卷六》、《中医图书联合目录》、《内阁文库汉籍分类目录》、《日本现存中国散逸古医籍》(引《万寿丹书·序》)]

龚星台 字信侯。清代江苏宝山县罗店镇人。生平未详。著有《全婴秘要》若干卷，未见流传。[见：《宝山县续志》]

龚莲峰 清末江苏长洲县湘城人。受业于本县墩头丘陈憩亭之门，以医名世。侨寓苏州义龙街。卒于光绪(1875～1908)初。[见：《吴中名医录》]

龚振家 (1829～1907) 字香山。清末广西贵县郭西里桐岭村人。赋性超迈，咸丰间(1851～1861)县境多故，遂韬才屏迹，隐居于乡。辟带经园，杂植花竹，建亭于大榕之下，颜曰醒亭，日与朋侪唱和其间。同治元年(1862)，布政使刘坤一克复贵县，闻其贤，欲授以官，以亲老辞。平居以方正砥俗，建浮青书屋，延师讲学，以教后辈。光绪三十三年卒，享年七十九。龚氏兼通岐黄，曾撰《医学辑要》(又作《医书辑要》)一卷，梁廉夫为之作序，今未见。[见：《贵县志》]

龚浩然 字少峰。清代江苏上海县高行人。世代业农，至浩然始读书。精医理，治伤科尤有心得。著有《伤科指要》三卷，未见刊行。[见：《上海县续志》]

龚惟德 明代丹徒县(今属江苏)人。精医术，诊疾断证，如明镜照物，投药百不失一，时称良医。重医德，治病不分贫富贵贱，不避路途险远，全活甚众。瓜洲周克恭之子患危疾，龚氏驾舟往视，治疗而愈。克恭感激，屡赠以金，皆不受，遂谒名儒高启，请为文以颂其德，尊为医师。[见：《续丹徒县志》、《金元医学人物》(引《兔藻集·赠医师龚惟德序》)]

龚淑赓 清代福建邵武县人。生平未详。著有《养生要诀》，今未见。[见：《重纂邵武府志·艺文》]

龚渊泉 佚其名(号渊泉子)。明代浙江会稽县人。其父龚炉峰(?～1554)，得祖传疡科秘方，隐居修行，不欲悬壶。渊泉得父传授，欲大彰家学，以疡科问世。[见：《中国历代名医碑传集》(引陈鹤《海樵先生全集·炉峰老人传》)]

龚彭寿 (1862～1926) 字介眉。近代广西贵县桐岭村人。清末庠生。自幼习儒，体弱多病。游庠后，又得腹痛疾，值夏秋之际辄发，延医无效。后翻阅家藏医书，按症投药，兼和丸常服，久之病愈。自是，用功益勤，考究益深，凡诸杂症，一一研求，遂贯通医理。曾取前贤医籍，参以临证经验，撰《医学粗知》二卷，成书于光绪十六年(1890)。至1922年，原稿虫蛀漫漶，乃略加增删，去繁就简，重抄以备查考。龚氏兼嗜占卜之术，撰有《占病必要》若干卷。二书今皆未见。[见：《贵县志》]

龚景瑞 清代江西上饶县安源人。自幼颖悟，天性嗜学。精岐黄术，能治危重之病，全活无算。心怀济利，历年施药疗贫，至老不倦。[见：《上饶县志》]

龚裕权 清代福建光泽县人。早年师事武庠生曾光。曾氏文武全材，兼精医道，从学者百余人，龚裕权与上官瑗尽传其学，相敬如父子。乾隆甲午(1774)龚裕权举乡贡，抑为副榜，遂弃儒学，悬壶济世。[见：《重纂光泽县志》]

龚遐伯 一作霞伯。清末江苏长洲县湘城南塘人。父龚倬，为长洲庠生，世业岐黄。霞伯幼得心传，医术益精。光绪十七年(1891)秋，疫疠盛行，染者吐泻交作，时医束手。霞柏以大黄、巴豆、川连、干姜各四五钱，遍施病者，服之辄效，全活甚众。著有《龚遐伯医案》，今存抄本，书藏上海中医药大学图书馆。[见：《湘城小志》、《全国中医图书联合目录》]

龚锡春 (1864～1923) 近代江苏无锡县人，世居城北江阴巷。家境贫寒，幼年就读于邻塾亲友处。成年后，立志学医，师事本县名医汪艺香。汪氏擅文学，精医理，为之讲解《灵枢》、《素问》、《伤寒》、《金匮》诸书甚详，于宋元明清诸名医学说详析所长，阐明方治。龚锡春勤学苦读，晨昏背诵，每有超悟。后随师应诊，抄写病案，风雨寒暑，常侍左右。师临终曰："得我真髓者，惟锡春一人而已。"光绪十一年(1885)悬壶于乡，擅治伤寒、温病、痧痘诸症，享誉城乡。重医德，凡就诊者，不论贵贱，一视同仁。1922年，集合当时名医王子柳、赵仲平、曹仲容、张嘉炳、汪伯容、吴耀明、陈叔寅、丁康平、华伯英等，集资创立无锡中医友谊会，购地于三皇街药皇庙内，颜其厅曰明医堂。龚氏被推任会长，定期交流学术，嘉惠后学。夏秋季则举办施诊给药局，各会员轮流义诊，利济贫病，为世人所称道。年六十岁殁。子龚士英，绍承父

业。门生徐伯英、惠鸣时、顾玉麟，皆传其术。[见：《吴中名医录》(引《无锡近代医家传稿》)]

龚觐光 字升九。清代江苏崇明县人。精医术，立志济人，不辞其劳。年九十二岁卒。[见：《崇明县志》]

龚德熏 (1760～1827) 清代四川江津县人。精医术，治病不受酬谢，亦不言功。尝谓："吾初不知医，致父母殁于病。今安敢以活人为功?"道光七年九月病逝，享年六十八。[见：《江津县志》]

龚懋官 明代江西金溪县下浙里人。太医院吏目龚廷贤侄。传承家学，亦以医名。曾任周府医官。[见：《金溪县志》]

龚藩臣 清代江苏昆山县人。生平未详。据传，龚氏曾获汉张仲景《伤寒论》残卷于道士沈月光，后以书传授车宗辂，车氏补订为《伤寒第一书》四卷。嗣后，此书又经胡宪丰校订，重刊于乾隆四十五年(1780)。[见：《伤寒第一书·车宗辂序》、《贩书偶记续编》、《中国医学源流论》]

常

常山 字仁甫。清末人。生平里居未详。曾任太医院候补医士。[见：《太医院志·同寅录》]

常中 (1281～1321) 字惟一。元代中山(今河北定州)人。祖籍山西太原。医官常谦子。天资颖异，继承家学，颇悟医学奥旨。尤精眼科，临证取效如神，名噪于世。有医德，治病不分贵贱，迎请者甚众。征入京师太医院，居大都(今北京)十载。延祐元年(1314)就御药院试，以第一名入选。常扈从皇帝出行，深得元仁宗赏识，王公贵人皆礼重之。年仅四十一岁，病逝于寓所。[见：《金元医学人物》(引同恕《榘庵集·太医常惟一墓志铭》)]

常晦 南宋末山西太原人。随父避乱陈州，后定居中山(今河北定州)。深通医道。子常庆祚，传承父业。[见：《金元医学人物》(引同恕《榘庵集·太医常惟一墓志铭》)]

常谦 (1257～1329) 字敬甫。元代中山(今河北定州)人。祖籍山西太原。秦王府医药提举常庆祚子。聪敏过人，读书善悟。继承父学，精通医术。早年居乡奉母，后袭父职。大德元年(1297)，擢从仕郎开成路总管府判官。皇庆二年(1313)改承仕郎华阳新津民匠长官，因病未赴。延祐四年(1317)授陕西兴元等路长官，任满辞归。常氏待人和悦，爽直大度，毕生以医济世，治病不分贵贱，未尝以技谋私。子常中，克传家学，任御药院太医。[见：《金元医学人物》(引同恕《榘庵集·承仕郎常谦墓志铭》)]

常龄 字锡九。清代山西榆次县车辋村人。有善行，精通医术。重医德，暑雨祈寒，有求必至，不受馈谢。遇无力购药者，辄施赠良药，无自德之色。以高寿终。著有《治痘集要》、《杂症萃精》、《群方集要》诸书，人争传抄，今未见。有子二人，皆业儒。[见：《榆次县志》]

常德 金元间真定府平山县(今河北平山)人。祖籍崞县(今山西代县崞阳镇)。其父常用晦，与麻九畴就学于名医张从正，精医理。常德早年习儒，曾任彰德府(今河南安阳)宣课使。得父传授，亦通医术，深明张从正之学。著有《伤寒心镜》(又作《张子和心镜别集》)一卷，刊于世。该书共七篇，首论河间双解散及张从正增法，次论发表、论攻里、论攻里发表、论捋衣撮空、论传足经不传手经、论亢害承制。此书对后世有一定影响，有学者称常德为深通河间之书者。[见：《遗山先生文集·真定府学教授常君墓铭》、《李濂医史·张从正传》、《医藏书目》、《四库全书总目提要》]

常乃隽 号文山。清代陕西米脂县人。保安县儒学训导常干子。天资英敏，学问淹博，于医卜、星相、占验、符箓之术皆有心得。由明经铨洋县训导。值元旦行香，仰观天象有异，遂辞官归。抵延安，四川王三槐聚众起事，破洋县，尽杀合城文武，独乃隽得免。归乡后，以医济世。有求必应，虽深夜叩门，必披衣起应，一夕数起不厌。尝谓其徒曰："苟非急病，不至深夜求医。"生性方鲠，不事权贵。西安某中丞患背疽，医药罔效。闻常氏名，檄邑宰，促其速来，许以四百金。常氏曰："中丞以利啖我，我岂贵人役!"以老病辞。著有《文山医案》若干卷，今未见。[见：《米脂县志》]

常士富 元代和林(今内蒙古和林格尔)人。以医为业。同时有周中信、刘润甫、张翼、王仲贤，皆以医术知名。[见：《金元医学人物》(引李文田《和林金石录·和林三皇庙残碑文》)]

常子刚 清代河南辉县人。精医术，擅治痘疹，知名于时。[见：《辉县志》]

常子佩 清代浙江嘉兴县人。邑名医常君嗣子。继承父业，亦精医术。子常承海，传家学。[见：《嘉兴府志》]

常文明 清代河南长垣县人。邑名医常光祚子。继承父业，以儿科知名。[见：《长垣

十一画

县志》]

常心池 清代江苏江都县瓜州镇人。精医术，尤擅儿科，临证每著奇效。品行端谨，急人之病，为乡里所倚重。兼工诗，擅书法，当时官吏皆礼敬之。既殁，观察阎公书"谁与保赤"，以寄哀思。辑有《笃敬堂医书》（又作《敬堂纂辑医书》），未见刊行。同邑张阶升，与常氏齐名。[见：《江都县续志》、《瓜州志》]

常世经 字九一，又字豫九，号孤峰逸老。清代顺天通州（今北京通县）人。精医术，善绘画，知名于时。[见：《中国历代医家传录》（引《清画录》）]

常用晦 （1178～1251） 字仲明。金元间真定府平山县（今河北平山）人。祖籍崞县（今山西代县崞阳镇），其曾祖常宗亮，宋时官文水知事，定居平山。其父常振，不学而有能，所交多文士，每以不学为憾。用晦幼攻举业，发奋读书，以全父志，少年时即有名科场。及长，游学河南，所交多名士。与麻九畴、名医张从正，日游隐水之上，讲论医理，遂精岐黄。平素为人疗疾，凡上门延请，皆为诊视，病家赖之。常氏生当乱世，安贫守分，言行有法，不为风俗所左右。晚年征授真定府儒学教授，居官数载，于宪宗元年卒，享年七十四。元好问为之撰墓志，并赋诗吊唁。生前曾掇拾张从正遗意，撰《治法心要》，已佚。子常德，任彰德府宣课使。继承父学，亦精医理。按，《四库全书总目提要》等文献以常用晦、常德为同一人，误。[见：《遗山先生文集·真定府学教授常君墓铭》、《金元医学人物》]

常光祚 清代河南长垣县人。精医术，以儿科著称。子常文明，传承其术。[见：《长垣县志》]

常庆祚 元代山西太原人。其祖父避乱陈州，后定居中山（今河北定州）。其父常晦，深于医道。庆祚尽得父学，尤精眼科。曾以良医征入太医院。至元十一年（1274），奉调长安（今陕西西安），任秦王忙哥剌侍医，官阶医愈郎，官职陕西、四川、中兴等路医药提点使司判官。累官秦王府医药提举，寻卒。子常谦，亦为名医。[见：《金元医学人物》（引同恕《榘庵集·太医常惟一墓志铭》）]

常启佑 清代河南祥符县人。诸生。精医术，凡穷檐茅舍，无不周恤，往往代出药资。年七十余犹为人疗疾，一生活人甚众。著有《医学心得》，分宫、商、角、徵、羽五集，未见刊行。[见：《河南通志》、《祥符县志》]

常君嗣 明代浙江嘉兴县人。邑名医常星海子。绍承父学，亦以医名。子常子佩，孙常承海，均工医术。[见：《嘉兴府志》]

常建圻 （1831～1905） 字畿若，号季方。清末山东牟平县人。诰授奉直大夫。幼从长兄常星桥习儒，识者目为大器。年十六岁，父母相继亡故，为家计所累，弃儒就商。平生好读书，兼通医术。尝自制妇科丸药，施送四十年，广传千里之外，远近颂其德。年七十五岁卒。辑有《救产验方》，行于世，今未见。[见：《牟平县志》]

常承海 清代浙江嘉兴县人。世医常子佩子。继承家学，亦精医术，尤擅治痘疹。著有《宁婴录》，未见刊行。子常维九，亦以医知名。[见：《嘉兴府志》]

常星海 明代浙江嘉兴县人。痘科名医常效先子。绍传父业，精医术，知名于时。子常君嗣，孙常子佩，曾孙常承海，均得家传。[见：《嘉兴府志》]

常振坤 清代河南卢氏县人。附贡生。精医术，以儿科知名。[见：《卢氏县志》]

常效先 字瀛泉（一作瀚泉），自号无系居士（一作无碍居士）。明代浙江嘉兴县人。少补诸生，后弃儒习医，尤精痘科。临证多奇效，遇天行痘疹，求治者门庭如市，病家盼之如望岁。性简僻，若求诊意诚，虽赤贫加意治疗，否则即朱门华轩，弗顾也。晚年喜赋诗，畜禽鱼花卉以自娱。临终作辞世诗云："自笑升沉变屡迁，每寻花鸟度残年。一生最爱松间鹤，百念唯贪山顶泉。剩有竹枝能破俗，尚留石片欲摹颠。今朝觉得身闲乐，始信临时别有天。"命家人不得啼哭，明烛于观音大士之前，相对而逝。著有《心镜篇》、《衍庆录》二书，未梓。子常星海，孙常君嗣，皆善医。[见：《嘉兴县志》、《嘉兴府志》]

常维九 清代浙江嘉兴县人。世医常承海子。自少习医，苦志于痘科难证，用药灵效。轻财好义，富室相请，往往辞之，贫家一邀即赴。因积劳早卒，人皆惜之。[见：《嘉兴府志》]

常敬五 清代江苏江宁府人。精医术，擅幼科，临证颇有神效。年八十七岁卒。[见：《江宁府志》]

常朝宣 号妙悟子。清代湖南长沙县人。生平未详。著有《医学脉灯》一卷，刊于乾隆十四年（1749），今存。此外尚有《医灯》八卷、《痘疹慈航》二卷，今未见。[见：《长沙县志》、《湖南通志》、《中医图书联合目录》]

常

常颖士 字器之。南宋人。里居未详。精医术，尤擅疡科，有国医之誉。绍兴二十四年甲戌（1154），鄞县太学生史源之母患微疾，适常颖士造访，遂请为母诊脉。常氏曰："有蓄热，必渴。但防作疮，觉疮，便著艾于上，热盛则五花灸之。"时史母不引饮，略喜饮水而已。至辛巳年（1161）六月，史母背疮发，初依常氏言灸之，后从时医之说，改用膏药，病势转危。遂复从常氏说，终以艾灸法收功。常氏无著作传世，郭雍撰《伤寒补亡论》，曾引据庞安时、常颖士医论。[见：《中国医籍考》、《伤寒补亡论·序》、《宋以前医籍考》]

野

野里牙 元代西域弗林（今叙利亚西部）人。祖籍西班牙。平章政事爱薛长子。继承父学，精通医理，曾任太医院使。皇庆元年（1312）迁崇福使，封秦国公。一度罹罪削职。天历元年（1328）复任太医院使。至顺元年（1330）重封秦国公。同年，因宫廷倾轧，籍没家财，约翌年被诛。弟鲁合，曾任广惠司提举。[见：《金元医学人物》]

鄂

鄂尔泰 （1677~1745） 西林觉罗氏。字毅庵。清代满州镶蓝旗人，世居汪钦（今吉林汪清）。牛录额真屯泰曾孙。康熙三十八年（1699）举人。四十二年（1703）袭佐领，授三等侍卫。从圣祖猎，和诗称旨。五十五年（1716），迁内务府员外郎。雍正元年（1723）充云南乡试考官，特擢江苏布政使。历官广西巡抚、云南巡抚、云贵总督、大学士、太子少保。乾隆二年（1737）授军机大臣，赐号"襄勤"。四年（1739），加太子太保。十年（1745），以疾乞解任，帝慰留，加太子太傅。是年卒，谥"文端"。鄂尔泰曾奉命监修《医宗金鉴》，书未成而卒。[见：《清史稿·鄂尔泰传》、《清史稿·艺文志》、《郑堂读书记·医家类》]

崔

崔七 清代广东南海县人。与邑名医郭治同时，治病多奇效。服膺郭氏之学，二人订为至交。[见：《广东通志》]

崔冏 字法峻。北齐清河武城（今山东武城西）人。北魏太中大夫司徒长史崔景哲子。自幼好学，博览经传。崔氏世精医道，冏继承家学，兼工相术。初仕于北魏，任司空参军。北齐天保（550~559）初，任尚药典御。累迁高阳太守、太子家令。武平间（570~575）为散骑常侍。官至鸿胪卿。[见：《北史·崔彧传》]

崔沔 唐代人。里居未详。与濮阳杜鹏举学医于兰陵萧亮，均精医术。[见：《新唐书·杜暹传（附杜鸿渐）》]

崔杰 字良辅。清代山东利津县人。素习举业，候选从九品。精医术，好周急济危，求之辄应。年八十五岁卒。著有《痘疹救劫》、《经验良方》诸书，未见刊行。[见：《利津县志》]

崔昉 宋代人。生平里居未详。著有《外丹本草》，已佚。[见：《本草纲目》]

崔岳 字维宗。清代江苏铜山县人。业儒不售，托迹岐黄，尤精幼科。"临证如鉴，用药如响"，然不以医谋利。丙申岁，痘疹盛行，崔岳与友人韩启钜创设同惠堂，以救治婴幼，徐郡赖以存活者不可胜数。性好佳山水，每以未遍行九州为憾。著有《痘疹详辨》一卷，刊刻于世，今存嘉庆二十五年（1820）刻本。[见：《徐州志》、《江南通志》、《中医图书联合目录》]

崔实 东汉人。里居未详。曾官五原（今内蒙古包头西北）太守。郡处边陲，时人不知纺绩，"冬日积草伏卧其中，若见官吏，以草缠身，令人酸鼻"。崔实乃教之以耕桑之业，迎请雁门、广武织师，使巧手作机纺纱，以教民织，时人皆称"神惠"。崔实于桓帝（132~168）初年著《政论》，推行法治。又撰《四民月令》（记四时种植蔬菜、采药、合药时令等）、《太医令箴》等书，今佚，其佚文散见于《太平御览》等书。[见：《太平御览》、《文献通考·刑政》]

崔祐 宋代人。生平里居未详。疑为道士。著有《内丹秘藏》一卷，已佚。[见：《通志·艺文志》]

崔彧 字文若。北魏清河武城（今山东武城）人。父崔勋之，官大司马外兵郎。崔彧与兄崔相如，俱自南朝宋入北魏，彧以冀州别驾累迁宁远将军。少年时尝至青州，遇隐者于佛寺，得授《素问》、《九卷》（即《灵枢》）及《甲乙经》，遂精医术。中山王元英之子元略患疾，名医王显等不能疗。崔彧针之，抽针即愈。其性仁恕，见病者喜为治疗。又广收门生，命其施术疗疾。子崔景哲、崔景凤，孙崔冏，门人赵约、郝文法，皆以医知名。[见：《北史·崔彧传》、《魏书·崔彧传》]

崔浩 字伯渊（一作伯深）。北魏清河武城（今山东武城）人。白马公崔宏子。好学博览，于经史、玄象、阴阳、百家之言无不涉猎。弱冠为通直郎，不久，迁著作郎。见知于明元帝，令袭白马公之爵。太武帝即位（424），左右排毁之，浩乃归第，修炼服食养性之术。始光间（424～427），进爵东郡公，拜太常卿。太平真君十一年（450），以私立石铭，为太武帝所诛。崔浩著有《食经》九卷，已佚。[见：《魏书·崔浩传》、《北史·崔浩传》、《新唐书·艺文志》、《旧唐书·经籍志》]

崔涵 字圣度。清代安徽太平县人。太学生。事继母以孝闻。有弟八人，皆友爱之。性重仁义，好交游，不乐治生产。凡友人贫困者，不惜倒箧济之。精通医术，尤擅治小儿，全活不可胜计。辑有《活幼心法》、《麻痘明镜》等书，今未见。[见：《太平县志》]

崔渡 字临川。清代山东阳信县人。邑庠生。精岐黄术，活人不可胜计，知名于时。兼善书法，得董、赵笔意。年八十余殁。[见：《阳信县志》]

崔源 北宋人。生平里居未详。著有《本草辨误》二卷，约撰于神宗熙宁间（1068～1077），今佚。[见：《宋史·艺文志》、《通志·艺文略》、《玉海》]

崔簾 （?～1892） 字仲生。清末河南鹿邑县厂里人。素习疡科，操术颇精，知名于时。光绪十八年卒。[见：《鹿邑县志》]

崔瑾 唐代滑州（今河南滑县）人。精医理，贯通《内经》。[见：《滑县志》]

崔之烜 清代安徽太平县人。监生。精医道，活人数以千计，未尝受谢，遇贫者更馈以药。一日，县令遣人延请，适有贫家求诊，崔氏乃先赴贫家，后赴县令之约。县令怪之，答曰："公力能致他医，彼贫民，不得烜则死耳。"[见：《重修安徽通志》]

崔元裕 字正常。明代河北获鹿县人。孝廉崔一淳子。自幼颖异，年弱冠，补博士弟子员，不利于科场。平生好学，不屑为举子业，精研经史，得立言之本旨。兼及医学，著有《延年却病全书》八卷，今未见。[见：《获鹿县志》]

崔化南 字绍伯。清代山东宁津县人。以医为业，治则获效。郡城于明经（贡生）患重疾，已备后事。化南问其病状，曰："可起也。"与药三剂而愈，人皆神之。年七十岁卒。[见：《宁津县志》]

崔凤翙 字凌汉。清代山东馆陶县崔庄人。邑庠生。课徒为业，兼习医术。精痘疹科，屡见奇效，救活小儿无算。撰有《痘疹摘要》、《疹病要论》二书，未见刊行。孙崔宝璋，亦精医。[见：《馆陶县志》]

崔世明 南宋增城县（今广东增城）人。早年习举业，屡试不中，乃曰："不为宰相，则为良医。"遂究心岐黄之书，以医问世。有医德，凡贫病者求治，不取其酬。子崔与之，绍熙四年（1193）举进士，官至广东经略安抚使。[见：《宋史·崔与之传》、《广州府志》]

崔生伟 清代人。里居未详。精医术，任太医院额外吏目。乾隆四年（1739）敕修《医宗金鉴》，崔氏任收掌官。[见：《医宗金鉴·诸臣职名》]

崔印宏 字兴我。清初河南长垣县人。尚书崔景荣季子。顺治三年（1646）进士，授监察御史。历任浙江巡按、两淮巡按、安庐兵备道。后因病归里，岁施药饵，活人甚多。辑有《禁方》，未见刊行。[见：《长垣县志》]

崔玄亮 （768～833） 一作崔元亮（清代避康熙讳改），字晦叔。唐代山东磁州昭义（今河北磁县）人。贞元十一年（795）登进士第，累署诸镇幕府。父丧，客居高邮，卧苦终制，其地潮湿，遂患痹疾，此后不乐进取。元和（806～820）初，召为监察御史，转侍御史，出为密歙二州刺史。大和（827～835）初，入为太常少卿，四年（830）拜谏议大夫，迁右散骑常侍。大和七年（833），以疾求为外任，改授虢州刺史，是年七月卒，时年六十六岁，赠礼部尚书。崔玄亮晚年嗜黄老清静之术，兼好医方。著有《海上集验方》十卷，已佚。[见：《旧唐书·崔玄亮传》、《新唐书·崔玄亮传》、《新唐书·艺文志》、《宋史·艺文志》]

崔必钰 字山泉。清代广东番禺县员冈人。少磊落，负隽才。屡试不售，转而为医。于《伤寒论》、《金匮要略》外，尤好研究医案，务究其所以然，故立方皆获佳效。同邑李悠，久病体弱，服桂、附者年余。延崔氏诊视。崔察其脉，复微细，沉吟晤对间，闻其口臭，乃悟为伏热于内，遂重用黄连而愈。李氏邻女患目疾，闻讯求诊。其人目睛突出，红根布满，痛不可当。崔氏细察之，见红根旁有白气，曰："此虚证也，再服凉药则盲矣！"重用细辛而愈。同乡梁氏子，患大热未发。崔氏诊之，曰："此大承气汤证也，然不发则药不能攻。"先令吞黑锡丹三十粒，而煎大承气汤待之。服药约食顷，果发狂，灌以大承气汤，遂帖然。市桥谢建勋，患吐衄证其急，延请崔氏。至则以人参、生地、大黄、朱砂作方。药肆视方哗然，不肯与药。崔氏力持之，服药衄止。崔氏平生临证精审，不肯蹈袭前人，治病类此者甚多，名重于时。少壮时志气风发，不可一世，晚年家道中落，六十二岁郁郁而卒。其子搜罗遗稿，仅得诗两卷，藏于家。同时有汪鸣岐，亦以医术鸣于沙茭。[见：《广州府志》]

崔永年 清末山东博兴县人。光绪间（1875～1908）徙居莱阳县。精通医术，名噪于时。辑有《良方集要》，未见刊行。子崔学孟，亦以医名。[见：《莱阳县志》]

崔廷绶 清代湖南常宁县人。自幼习儒，后攻研医学，善切脉，洞悉病源。中年携青囊泛筏鄂州，忽坠江中，舟人莫知所为。行数里，见崔氏从容登矶上，所持医书如故，众皆异之。[见：《中国历代名医碑传集》（引李元度《国朝耆献类征初编·方技》]

崔行功 （?～674） 唐代恒州井陉（今河北井陉）人。北齐巨鹿太守崔伯让曾孙，自博陵徙居恒州。自少好学，文才出众。高宗时，累转吏部郎中，兼通事舍人。坐事，贬为游安令。未久，征为司文郎中。咸亨间（670～673）授秘书少监。上元元年，卒于官。崔氏兼通医学，著有《纂要方》十卷（一说崔知悌撰）、《千金秘要备急方》一卷，均佚。[见：《旧唐书·崔行功传》、《新唐书·崔行功传》、《新唐书·艺文志》、《畿辅通志》]

崔汝苏 字新斋。清代山东平度州人。诸生。才高志敏，倜傥不凡，两举不第，弃儒习医。精于岐黄阴阳之学，治危疴重疾，应手奏效。年四十岁杜门不出，教授生徒。五十岁卒。著有《方症筌蹄》，藏于家。[见：《平度州志》]

崔志庠 字聿修。清代江苏铜山县人。世代业医。善承祖学，尤擅治小儿痘疹，虽危症，常一药而愈。其出诊，必先赴贫家，遇无力者赠以药饵。每值岁饥疫行，设药煮粥，以济贫病，数十年如一日，乡里敬重之。[见：《徐州府志》]

崔来富 字凤山。明代河南济源县人。官郑王府引礼。精通医术，善以丸药疗疾，知名于时。[见：《济源县志》]

崔良臣 字聘三。清代江苏兴化县人。工医术，以幼科知名。裔孙崔亮畴，医名尤显。[见：《续兴化县志》]

崔叔鸾 北齐人。里居未详。精医术，与名医徐之才齐名。[见：《北史·马嗣明传》、《北齐书·马嗣明传》]

崔昌龄 字锡武。清代山东临淄县人。生平未详。辑有《保赤摘录》六卷、《五运六气》一卷，合刊于道光十二年（1832），今存。[见：《中医图书联合目录》]

崔岩邑 清代陕西长武县人。邑庠生。兼通医理，以术济人。虽隆冬盛暑，延请辄往。[见：《新修长武县志》]

崔知悌 （约615～685） 唐代许州鄢陵（今河南鄢陵）人。陕州刺史崔义真长子，中书令崔知温胞兄。早年举进士，唐高宗时（650～683），任中书侍郎，迁尚书左丞，官至户部尚书。兼通医理，尤善针灸。曾患风疹，恐变为中风，遂自服小续命汤，先后三年，凡进四十六剂，风疾不发。著有《产图》一卷、《骨蒸病灸方》（又作《灸劳法》）一卷、《纂要方》十卷（一说崔行功撰），均佚，其佚文多见于《外台秘要》。[见：《旧唐书·崔知温传》、《旧唐书·经籍志》、《新唐书·崔知温传》、《新唐书·艺文志》、《外台秘要》、《宋史·艺文志》、《中国历代名医传》]

崔季舒 （?～573） 字叔正。北朝博陵安平（今河北保定）人。魏鸿胪卿崔瑜子。少年丧父，性明敏，涉猎经史，长于尺牍，为当世才子。年十七岁任州主簿，为北齐神武帝高欢所器重，擢拜中书侍郎。文宣帝时，官至侍中，兼尚书左仆射仪同三司。武成王高湛为太子时患病，文宣帝以季舒精医，命往治之，获良效。后主武平四年，韩长鸾诬告崔氏谋反，被杀于含章殿。崔氏素好医术，政暇锐意精研，虽位望转高，未曾懈怠，为当时国手。平生活人甚众，虽贫士、仆役，亦为之治疗。[见：《北齐书·崔季舒传》、《北史·崔季舒传》]

崔学孟 清末山东博兴县人。随父徙居莱阳县。名医崔永年子。继承父业，名噪一时。[见：《莱阳县志》]

崔宝璋 清代山东馆陶县崔庄人。儒医崔凤翙孙。邑庠生。兼通家学，以医济世。[见：《馆陶县志》]

崔孟传 号朴庵，世称崔真人。明代山西襄陵县北水关人。幼年丧父母，从族兄学医，妙悟其理。不娶妻室，黄冠野服，只身云游，有五岳为庐，十洲为胸之意。万历间（1573～1619），太后病笃，崔氏应召往治，自帝孔引线候脉，投药而愈。帝赐官、赐金，皆不受，遂赐

1033

十一画

十一画

"真人"之号。后卒于武当山。[见：《襄陵县志》]

崔承淇 字竹偶。清代湖南宁乡县人。邑名儒崔理国子。诸生。绍承父学，以儒学称于时。兼涉医学，辑有《便验良方》若干卷，未梓。[见：《宁乡县志》]

崔荫炎 清末湖南宁乡县人。生平未详。著有《伤寒论讲义》六卷、《医学选萃》四卷，今未见。[见：《宁乡县志》]

崔树禧 清代江西萍乡县北区粟江镇人。精医术，以喉科知名。著有《喉科应验新编》，今未见。[见：《昭萍志略》]

崔禹锡 字洪范。唐代齐州全节（今山东济南）人。国子司业崔融（653～706）子。显庆三年（658）进士。开元间（713～741）官中书舍人。卒，赠定州刺史，谥"贞"。著有《食经》四卷，已佚，其佚文见于《医心方》。[见：《新唐书·崔融传》、《日本国见在书目》、《宋以前医籍考》、《唐诗百科大词典》]

崔待聘 字崑阳。明代人。生平里居未详。撰有《痘疹金镜》（又作《痘疹金镜录》）一卷、《类方》一卷，刊于世。[见：《八千卷楼书目》、《中医图书联合目录》]

崔彦晖 一作崔彦辅。字遵晦，号云林生。元代杭州人。赵孟頫外孙。善篆隶词赋，于绘画亦有超凡造诣。隐居盐桥市中，卖药自给。[见：《杭州府志》、《中国人名大辞典》]

崔继昌 清代江苏海门县人。明代少宗伯崔桐裔孙。早年师事兴化县儿科名医陈守一，遂定居兴化。医术精妙，知名于时。[见：《重修兴化县志》]

崔敬修 字筱轩。清末人。生平里居未详。曾任太医院候补医士。[见：《太医院志·同寅录》]

崔鼎仪 明代人。里居未详。通医术，任太医院冠带医士。弘治十六年（1503），与院判刘文泰等奉敕编撰《本草品汇精要》四十二卷，崔氏任副总裁。该书完成于弘治十八年三月，未刊，今有抄本存世。[见：《本草品汇精要》、《御制本草品汇精要·考略》]

崔景凤 字鸾叔。北魏清河武城（今山东武城）人。宁远将军崔彧次子。崔彧精医术，景凤继承父学，官至尚药典御。兄崔景哲，亦以医名。[见：《北史·崔彧传》]

崔景芬 字邵先。清代山西临汾县人。诸生。精医学，兼通堪舆术，知名于时。[见：《山西通志》]

崔景哲 字豪率。北魏清河武城（今山东武城）人。宁远将军崔彧长子。崔彧精通医术，景哲得父传授，亦以医知名。仕于魏，任太中大夫、司徒长史。弟崔景凤，子崔冏，皆精医术。[见：《北史·崔彧传》、《魏书·崔彧传》]

崔登泰 清代山西荣河县人。居乡有义行。善岐黄学，求治者无虚日。尝曰："余无余资济人，区区薄技，又何吝焉？"[见：《山西通志》]

崔端生 字衷白。明代安徽太平县东乡人。自幼习儒，敦孝友。及长，改习岐黄，专以济世活人为念，诊脉施药，绝不计利，贫病者感德。得养生妙诀，葆摄天真，年逾九旬，童颜健步。[见：《太平县志》、《太平府志》]

崔嘉彦 字希范，号紫虚真人。南宋成纪（今甘肃天水）人。侨寓江西南康。崔氏素习道术，兼通医理。尝筑室于庐山西源庵故地，隐居修道。年八十岁卒。淳熙间（1174～1189），著《脉诀》（又作《西原脉诀》、《紫虚脉诀》）一卷，广行于世（今存）。其书以《难经》"浮沉迟数"为宗，以统七表八里。元陶宗仪《辍耕录》简述崔氏书曰："其说以为浮者为表、为阳，外得之病也，有力主风，无力主气，浮而无力为芤，有力为洪，又沉为实。沉者为里、为阴，内受之病也，有力主积，无力主气，沉而极小为微，至骨为伏，无力为弱。迟者为阴、主寒，内受之病也，有力主痛，无力主冷，迟而少驶为缓，短细为涩，无力为濡。数者为阳、主热，外得之病也，有力主热，无力主疮，数而极弦为紧，有力为弦，流利为滑。他若九道六极之殊，三焦五脏之辨，与夫持脉之道，疗病之方，其间玄妙，具在《四脉玄文》及《西原脉诀》等书。世以为秘授，始由崔君传之刘复真先生，先生传之朱宗阳炼师，炼师传之张玄白高士，今往往有得其法者。"崔氏还著有《四原论》一卷、《广成先生玉函经注》三卷，均佚。门生刘开，传承其学。[见：《国史经籍志》、《读书敏求记》、《述古堂书目》、《南康府志》、《辍耕录·卷十九·脉》、《四库全书总目提要》]

崔毓琨 清代河南汜水县前丁村人。庠生。精医术，知名于时。[见：《汜水县志》]

崔默庵 清代安徽太平县人。精于医术。临证精细，若不得病源，必反复诊视，有沉思数日始得其因者。一少年新娶，未几出痘，遍身皆肿，头面如斗，诸医束手。默庵初诊，六脉平和，惟稍虚耳，骤不得其故。乃坐于病者榻前，观其饮食、动静。久之，觉室中桌椅漆气熏人，忽大悟曰："吾得之矣！此乃中漆毒耳。"急令别迁一室，以螃蟹数个生捣，遍敷其身。一二日肿消痘现，则极顺之象，服药而愈。其慎细若此。门生王望文，传承师学。[见：《冷庐医话》]

矫

矫氏 佚其名。战国时人。通医术，知名于世。季梁患疾，矫氏与俞氏、卢氏应聘诊视。矫氏曰："汝寒温不节，虚实失度，病由饥饱色欲，精虚所致。非天非鬼，可攻也。"季梁不信其说，称之为"众医"。[见：《列子·力命篇》]

筥

筥鉴 字庚垣。清代湖北夏口县人。世居汉口小新码头。品学兼优，精通医术，为嘉道间（1796～1850）当地名医。重医德，治病不计诊金，遇极贫困者赠以药，活人无算。著有《庚垣遗草四种》，咸丰间（1851～1861）毁于兵燹。[见：《夏口县志》]

筥显模 字季序。清代湖北汉阳县人。性孝友，精医术，治病多奇效。有患耳痛废寝食者，显模诊之，曰："此蛇影之疑耳。"为其解疑而愈。一人素雄健，显模望其色曰："将有疡疾。"其人不信，不久果发疡疾。其他妙治甚多，人皆以当世扁鹊称之。江汉诸达官雅重其术，闻名延聘，悉颜以匾额。抚军姚公赠"技擅越人"，粮宪汪公赠"仁心仁术"，太守刘公赠"术妙青囊"。年八十余卒。[见：《汉阳县志》]

筥朝枢 号杏村。清代江西德兴县二十九都人。监生。精医术，知名乡里。于辨证有研究，尝谓："脉论数十家，皆以六部候五脏，独不思左右三部共一脉，数则俱数，迟则俱迟，何从部别？鄙意不若以上、中、下三停，候三焦为稳。"临证以此法诊脉，无不奇中。著有《医津指迷》八卷、《寓意草摘要》二卷，未见刊行。今中国科学院图书馆藏抄本《医津指迷》三卷，不著作者姓名，疑即筥氏所著，待考。其弟筥朝模，亦精医术。[见：《德兴县志》]

筥朝模 号式庵。清代江西德兴县二十九都人。业儒而精医，与兄筥朝枢齐名。[见：《德兴县志》]

符

符观 明代江西人。生平里居未详。辑有《医家纂要》，未见刊行。[见：《江西通志》]

符诗 字志言。清代广东琼山县人。邑庠生。冲和笃实，以善待人。精通岐黄，延请必赴，不受馈谢，遇贫病赠以药。当道官吏赠联表彰其行，有"名教中修共善地"之句。[见：《琼山县志》]

符日纯 字粹如。清代江苏如皋县人。监生。精通医术，悬壶济世，治病不受谢仪。子符政、符琳、符琨、符瑶，皆为武生。[见：《如皋县续志》]

符文彪 清代广东儋县小村人。专究医学，闻声即明病之轻重。一日路出新英，闻男子歌唱，谓其三日内必死。次日，其人果暴病而逝，人以此益重其术。[见：《儋县志》]

符圣清 清代四川合江县人。年十四，父母俱亡。悲痛之余，肆力医学，后以医问世。重医德，凡请立往，风雪寒暑不辞，乡里敬之。[见：《合江县志》]

符名世 明代河南商城县人。业儒。兼通医术，知名于时。[见：《商城县志》]

符助教 宋代宣城县（今安徽宣城）符里镇人。以医为业，善治痈疽。无医德，为人治疾，虽非毒疮，亦敷药使溃，以求重酬，为时论所不耻。[见：《医说·三皇历世名医》]

符虔休 唐代人。生平里居未详。通医术，咸通间（860～873）任太医院医官。[见：《旧唐书·懿宗纪》]

符梦弼 字少岩。清代广东临高县西门人。精医术，活人甚众。有医德，治病不辞劳，亦不望报。[见：《临高县志》]

符福贤 清代广东儋县大地村人。精通医术。重医德，以救人为重，财利为轻。[见：《儋县志》]

符霁光 清代人。生平里居未详。辑有《新增经验良方》，刊于光绪三十年（1904）。[见：《中医图书联合目录》]

第五

第五伦 字伯鱼。东汉京兆长陵（今陕西咸阳）人。其先祖为齐国田氏，徙居长陵者多，故以次第为姓。伦少年时，清介有义行。郡尹鲜于褒器重之，署为吏。东汉建武二十七年（51）举孝廉，授淮阳国医工长，随王就藩淮阳。

二十九年，拜会稽太守。在任禁巫祝，禁妄屠耕牛，百姓以安。累迁蜀郡太守。肃宗初立，擢司空。元和三年（86）致仕。后数年卒，时年八十余。［见：《后汉书·第五伦传》］

十一画

偓

偓佺 传说为唐尧时人。采药于槐山，嗜食松实，行走如飞。曾献松实于尧，尧无暇服之。世人受服者，皆长寿。［见：《列仙传·卷上》］

脱

脱因纳 元代蒙古族人。江浙行省平章政事也速䚟儿（1254～1298）孙。曾任陕西行台御史大夫。大德初，任荣禄大夫平章政事大都护提点太医院事。大德二年（1298）九月，奉旨与医愈郎诸路医学副提举申甫、御药院副使王希逸、提点太医院事郑忙古歹、麻维繇等十二名医官校订宋代医学全书《圣济总录》，于大德四年完成，更书名为《大德重校圣济总录》，诏令江浙行省刊刻，颁赐各地医学。大德五年七月，诏升太医院为二品，命脱因纳任太医院使。［见：《皕宋楼藏书志》、《大德重校圣济总录》、《新元史·也速䚟儿传》、《元史·本纪·成宗》］

商

商节 字彦和。明代浙江义乌县人。医学训科商伯永子。传承父学，亦精医道。早年任太医院冠带医士，每入宫掖疗疾，无不奇验。永乐间（1403～1424），帝召之诊脉，称旨，特赐黑驴，加银牌络首，可乘之出入禁内，宠赉甚厚。升太医院院判，进阶承德郎，掌院事。［见：《义乌县志》］

商大辂 号茹松。明代浙江金华县人。贯通经史，淡于仕进。旁涉医学，著有《金华药物镜》三卷，已佚。［见：《金华县志》］

商伯永 明初浙江义乌县人。精医术，知名于时。曾任本县医学训科。子商节，传承父学，官至承德郎太医院院判。［见：《义乌县志》］

商绍启 清代四川简阳县南新市铺人。邑名医商景和次子。早年从父习医，后得知州缪公指授，医术精进。行医数十年，以活人为心，治病不计酬报，乡里德之。［见：《简阳县志》］

商景和 字卫川。清代四川简阳县南新市铺人。早年习儒，屡试不中，弃而攻医。后自设医馆，行医济世，数十年间活人甚多，深得乡邻信赖。年九十七岁卒。子商绍启，传承父业。［见：《简阳县志》］

章

章达 字非闻。清代浙江遂安县人。性警敏，读书过目不忘。祖父章润熺，父章如绶，皆以医济世。章达善承家学，其术尤精，贯通古来医书，临证洞察病源，投药辄效。诊脉即卜生死，无不奇验。每日远近延请者车马盈门，达官显宦，皆敬服之。著有《女科医则》、《脉诀纂要》诸书，未见刊行。［见：《遂安县志》］

章权 北宋无为州（今安徽无为）人。祖父章迪，父章济，皆以医名世。权继承家学，精针灸术，起病如神。［见：《无为州志》、《宝晋斋法帖·章吉老墓表》］

章旭 字东生。清初江苏松江人。早年习儒，后精医术，善治奇疾，名重于时。进士董含之妾患怪疾，腹内生痞，始如弹丸，五六年后大如鹅卵，往来移动，或痛或止，遍体水肿，诸医束手。董氏乃邀章旭，章诊之曰："此非水症，乃积聚所致，半日可愈。但所用药猛烈，驱水甚疾，试问病人愿服否？"病者曰："我已垂危，苟一线可救，死无憾也。"于是取红丸十粒如绿豆大，以槟榔、枳实等五六味煎汤下之。初觉喉中响声可畏，势将不支；顷之，胸膈间如刀刺，痛不可忍；又顷之，下水斗许，头面肿退；不逾时，又下水数斗，腹水亦消，遂思睡。章旭曰："此番不独水去，痞亦当渐散矣。"留补剂二帖，嘱明后日连服，遂辞去。后果如言服药而愈。众医惊服，往叩其故。章曰："此名肠覃，在《内经·水胀论》中。君辈自坐不读书耳。"众医惭退。［见：《三冈识略·卷八·肠覃》］

章秀 明代人。生平里居未详。撰有《医经脉要录》一卷，已佚。［见：《国史经籍志》、《万卷堂书目》］

章果 字确夫，号珠垣。清代广东番禺县人。附贡生。精医术。晚年隐居香港。著有《确夫医学笔记》。此书摘取《灵枢》、《素问》、《伤寒论》诸书疑义，旁参互证，间述己见。原稿卷帙甚多，仅刻成一卷，今存佚不明。［见：《番禺县续志》］

章迪 字吉老。北宋无为州（今安徽无为）人。博览医书，得针刺术于《素问》、《灵枢》之间。以医济世，临证着手成春，有"华佗再世"之誉。七十九岁卒。米芾（1051～1107）为之书《章吉老墓表》。子章济，亦以针术知名。［见：《无为州志》、《宝晋斋法帖·章吉老墓表》］

章济 北宋无为州（今安徽无为）人。邑针灸名医章迪子。绍承父学，亦精医术，擅九针之法，临证立起沉疴。发愿救治三千人，及数满不复操针，以术传其子章权。[见：《无为州志》、《宝晋斋法帖·章吉老墓表》]

章晋 字伯明。元代乐安县（今江西乐安）人。早年习儒，尤精医方，明辨经络脉象。博涉晋以前医经古方，探究当代诸名医之论，挟技游于抚州。天历、至顺间（1328～1332），吴澄以八十余高龄中寒，累日不食。章氏应邀诊治，三剂而愈。吴亲撰《赠医士章伯明序》，称章氏之术，"千百人中仅得一二"。[见：《金元医学人物》（引《吴文正公集·赠医士章伯明序》）]

章格 （1259～1321） 字元寿。元代龙泉县人。生于书香之家。幼习诗书，笃嗜《素问》、《灵枢》诸医典，昼夜研读无厌，深通医理。平素常备善药，凡患疾者皆为诊视，闾井之间赖以全生者甚众，而未尝取酬。平生重孝义，乐善好施，好谈古今治乱，听者忘倦。年六十三岁卒。[见：《中国历代名医碑传集》（引《巴西集·医学教授李君墓志铭》）]

章瑀 字莲塘。清代江苏金山县张堰镇人。精医术，知名乡里。[见：《重辑张堰志》]

章楠 字虚谷。清代浙江会稽县人。性恬澹，不为利动，不为势慑。因少年时善病，究心《内》、《难》诸经，穷日夜孜孜不倦，力学十余年未得端绪，而志益锐，久之豁然有得。自谓尚未尽仲景变化之用，又潜心十余年，"始得左右逢源之乐"。嗣后游历天下，趋粤东，走燕冀，游吴门，至羊城。每遇绩学者虚怀请教，自是医术益精，病家延治无不效，名振宇内。推崇名医叶桂、薛雪，称叶氏为清代医圣。楠待人宽恕，行事磊落，未尝稍有苟且，士大夫多折节与交。著有《医门棒喝初集》四卷、《医门棒喝二集》（又作《伤寒本旨》）九卷，刊于道光五年（1825），今存。另有《灵素节注类编》（又作《编注灵素内经》）十卷，有稿本传世，1986年经方春阳等点校，由浙江科学技术出版社出版，改题《医门棒喝三集》。[见：《郑堂读书记》、《清史稿·章楠传》、《冷庐医话》、《医门棒喝·序》、《中医图书联合目录》、《中国历代名医碑传集》]

章榕 字幻庐。清代江苏吴县人。工书法，通医术，审音律。尤善绘画，所写士女花卉，妍雅传神。[见：《吴县志》]

章穆 字深远，号惺寂，晚号杏云老人。清代江西鄱阳县东北关人。诸生。性刚介，博学强记。其家藏书甚富，勤于诵读，灯火达旦以为常。旁涉医学，治奇疾多愈。年七十余卒。著有《四诊述古》、《伤寒论（注）》，未见刊行。章氏还撰有《调疾饮食辨》六卷，今存道光三年癸未（1823）经国堂刻本。[见：《鄱阳县志》、《冷庐医话》、《中医图书联合目录》]

章一第 号涵虚。明代安徽贵池县人。隐居不仕，究心医术。治小儿痘疹如神，尤善治妇科病。子章大寰，传承父业。[见：《贵池县志》]

章一鳌 明代浙江秀水县人。精医术，知名京师。隆庆二年（1568）正月，太医院医官徐春甫，集合各地在京名医四十六人，创立一体堂宅仁医会，章氏为会员之一。[见：《我国历史上最早的医学组织》（《中华医史杂志》1981年第3期）]

章大寰 字宇小。明代安徽贵池县人。邑名医章一第子。绍承父学，亦以医闻。[见：《贵池县志》]

章元弼 字鼎臣。清代安徽贵池县人。监生。毕业业儒。年逾七旬，精岐黄术，诊脉立方，折衷尽善，活人无数。著有《伤寒注疏》、《医学渊源》、《医案编》，今未见。[见：《贵池县志》]

章巨膺 （1899～1972） 原名寿栋。现代江苏江阴县人。早年因病学医。1919年任上海商务印书馆编辑，博览医书。1925年师事名医恽树钰，学业精进。1928年设诊所于上海闸北。1929年徐衡之出资创建上海国医学院，章氏参与筹建，并主讲伤寒、温病等课。1933年协助恽树钰恢复中医函授学校，主编《铁樵医学月刊》。1934年后任教于上海中国医学院、新中国医学院。中华人民共和国成立后，历任上海第一中医进修班副主任，市第十一人民医院中医内科副主任、儿科主任。1956年参与筹建上海中医学院，任教务长。章氏思想开明，提倡中西医结合。晚年深究《内经》理论及运气学说。著有《温热辨惑》、《伤寒疗养论》、《脉学新论》、《应用药物词典》、《医林尚友录》。[见：《上海文史资料选辑》第67辑、《上海历代名医方技集成》]

章世昌 清代河南南乐县人。邑眼科名医章恒昌子。继承父学，亦工眼科。[见：《南乐县志》]

章可闻 字学礼。清代河南南乐县人。精医术，以眼科知名。子章恒昌，继承父学。[见：《南乐县志》]

章仪廷 清代安徽绩溪县人。精医术，为光绪间（1875～1908）当地名医。[见：《重楼玉钥·章洪均跋》]

章成器 （1869～1944） 又名琛仙，字其琢。近代江苏常熟县西旸人，徙居恬庄杏市。生于农家，幼年因贫辍学。未弱冠，从舅父顾灿卿习医。顾乃无锡王泰林门生，遂得王氏再传。后悬壶问世，名播远近，迎诊者络绎于途。兼通内外科，诊病审慎，而常以大剂青龙、白虎等方起重疾。与同邑王士希、金兰升齐名，有常熟三鼎甲之誉。常谓门生曰："医者对人，当真诚负责，如是则学业自能日进。即使医术稍逊，亦不失为敦厚之士。"有弟子八十余人，桃李之众，为邑之冠。晚年双瞽，得其女章淑琴之助，仍事诊务，声望久隆不衰。年七十五岁殁。[见：《吴中名医录》、《海虞医林丛话》]

章光裕 字飞泉。清代安徽怀宁县人。究心医学，乾隆（1736～1795）初，悬壶济世，治病不受谢，常备药饵以待贫乏。著有《医理精蕴》、《脉诀指掌》，惜毁于兵燹。[见：《怀宁县志》]

章廷芳 字右纶。清代江苏上元县人。邑庠生。以医为业，专擅痘科，知名乡里。乾隆四十五年庚子（1780）清高宗南巡，召章氏诊治十公主疾，获良效，赐缎匹等物。著有《治痘秘要》、《诚求集》，未见刊行。子章锡龄，传承父业。[见：《上元县志》、《江宁府志》]

章廷楷 字维桢。清代浙江秀水县人。邑名医章鲁璠孙。幼年丧父，得祖父传授，以医著称。[见：《嘉兴府志》]

章自求 佚其名（字自求）。清代江苏吴县相城人，居陆巷。性谦和，以医为业。善治温病，虽极危险，得治即愈，名闻一时。所交多知名之士。门生甚众，以谢池春最负盛名。[见：《相城小志》]

章次公 （1903～1959） 原名成之，号之庵。现代江苏丹徒县大港人。十六岁就读于上海中医专门学校，为名医丁泽周、曹家达高足。毕业后在广益中医院实习，并问学于国学大师章太炎，学业精进。三年后悬壶上海斜桥，兼任上海世界红万字会医院中医主任。医德高尚，凡贫病者求治，深夜不辞，用药廉便效佳，有贫民医生之誉。临证有胆识，常以重剂起危疾，得太炎先生好评。对医学教育多有贡献，1928年徐衡之出资创办上海国医学院，章次公与陆渊雷、章巨膺、祝味菊等参与筹建，任教授、图书馆主任，培育人才甚多。此外，先后执教于上海中医专门学校、中国医学院、新中国医学院，担任中药学及历代名医医案选评等课。中华人民共和国成立后赴京，任卫生部中医顾问、北京医院中医科主任，当选全国政协委员。1959年11月6日病逝。著有《药物学》、《章次公医案》、《中西医学名词对照》。门生李树仁、姚守诚、朱良春等，皆负盛名。[见：《中国现代名医传》、《中医年鉴》(1984)]

章汝鼎 （1829～1900） 字玉田。清末四川合州人，居永里南津街。生于世医之家。早年习举业，应童试不中，弃儒攻医。时其父已故，然家藏医籍满室，遂尽发而读之，有疑义则求教同里朱正立、徐回春等名医。偶为人施治，皆著手成春。嗣后，复深究《灵枢》、《素问》、《甲乙经》诸书，久之贯通医理，悬壶于乡。有医德，凡贫苦者延诊必先往，不受谢仪。重视针灸术，尝谓："古人治病之法以针灸为先，灸、熨、洗诸法并用。今诸法失传，而专责之汤液，故有邪气隐伏于经络之间，而发为痈疽也。"因撰《针灸大法医论》以阐其道。还著有《经带种胎论》、《伤寒论翼评语》、《伤寒附翼评语》各一卷，均佚。[见：《合川县志》]

章如绶 清代浙江遂安县人。邑名医章润熺子。绍承父学，亦精医术。子章达，医名益显。[见：《遂安县志》]

章贡云 字芳修，号番果老。清代福建龙岩县人。邃于星术、阴阳、五行、医卜诸书，无不穷源溯流，窥其蕴奥。壮年云游天下，适元日在湘江舟中见日蚀，悟张果老看宫度之谬，遂自号"番果老"。康熙间（1662～1722）侨寓都门十余载，往来公卿之间，受业者几遍海内。著有《罗经奇门脉诀》，自谓独出已见，非剿袭臆说，惜未见流传。[见：《龙岩县志》]

章志芳 （1896～1942） 近代江苏无锡县梅村人。邑名医章治康子。幼承庭训习医。年二十，悬壶于县城及黄埭镇，以外科著称。后移居苏州，每逢三、六、九日，赴齐门应诊，深得病家信赖。惜年仅四十二岁病逝。[见：《无锡近代医家传稿》]

章叔恭 宋末山东济南（?）人。为周密（字公谨）舅父。早年宦游襄州，尝获试针"天圣铜人"，惊叹其制作之精巧。周密《齐东野语》叙述章氏所见曰："全像以精铜为之，腑脏无一不具，其外腧穴则错金，书穴名于旁，凡背、面二器相合，则浑然全身。盖旧都用此以试医者，其法外涂黄蜡，中实以汞，俾医工以分析寸，按穴试针。中穴则针入而汞出，稍差则不可入矣，亦奇巧之器也。"章叔恭曾手绘《铜人图》二幅，刻梓传世，惜散佚不传。[见：《齐东野语》]

章尚之 清末四川长寿县人。以医为业。济世活人，数十年不倦。年八十五岁殁。讣闻，乡人无不泣下。[见：《长寿县志》]

章明道 明代浙江东阳县人。精医术，以善治伤寒知名。尝出游，闻道旁人家哭声甚哀，问之，其家有患伤寒亡者，已半日矣。明道曰："容吾一视。"诊毕，曰："此厥耳。"以药灌之而苏。世人皆神其技。[见：《浙江通志》]

章治康 （1866～1930） 字曾三。近代江苏无锡县梅村人。少从邑名医范晴皋学，习诵甚勤，上自《内经》、《难经》，下至金元四家、明清诸先哲著述，无不涉猎，于《医宗金鉴》钻研尤力。苦学五载返里，悬壶于梅村殷家桥，后迁至城南门清名桥后。以外科知名，兼通内科，延请者接踵而至，应接不暇，享盛名四十余年，所愈疑难外症甚多。其出诊，骑驴代步，走乡串户，常往返数十里，面无倦容。重义守信，治疗贫病不计酬报，妙道良德，声达方圆百里。著有《青囊秘授》、《临证医案》各一册，未梓。晚年从学者甚众，多达百人，以王有仁、王文英最知名，时称"章氏二王"。子章志芳，绍承父学，亦负盛名。[见：《吴中名医录》、《无锡近代医家传稿》]

章垣采 清代人。里居未详。精医术，官太医院九品吏目。乾隆四年（1739）敕修《医宗金鉴》，章氏任纂修官。[见：《吴中名医录》、《医宗金鉴·诸臣职名》]

章庭鉴 清代浙江新昌县人。精医术，知名于时。[见：《绍兴地区历代医药人名录》]

章恒昌 清代河南南乐县人。邑眼科名医章可闻子。继承父学，亦精眼科。子章世昌，传承家学。[见：《南乐县志》]

章炳衡 （1856～1948） 字德权，又字旭初，号少洲。近代浙江兰溪县洞源乡人。自幼颖异，倜傥爽迈，不治举业。少年时随父经营药店。弱冠，初涉医学。家藏岐黄古籍甚多，读之若天授，妙悟医理。凡以病延治，多有应验，声名渐播。后悬壶于县城东门外，求诊者甚众。为人慈善，遇贫病辄解囊购药，痊愈而后已。1919年被推选为兰溪中医联络进行会会长。同年，参与兴办兰溪公立中医专门学校，任校长，兼作教员。章氏毕生以医济世，良术佳德，为世人称道。各界先后赠"肱以折名"、"杏林生春"、

"寿世"、"经验宏富"、"长桑饮水"等匾额，至今为后人保存。著有医案《灵源医隐》四卷，藏于家。[见：《兰溪市医学史略》]

章炳麟 （1869～1936） 又名学乘，字枚叔，号太炎。近代浙江余姚县人。幼习经史，稍长，涉猎《老》、《庄》，兼攻音韵训诂诸学。年二十三，就读于诂经精舍，师事经学大师俞樾。二十八岁加入强学会，光绪二十四年（1898）因参加维新运动遭通缉，流亡日本。光绪二十九年发表《驳康有为论革命书》，为邹容《革命军》作序，触怒清廷，被捕入狱。次年，在狱中致书蔡元培，策动成立光复会。光绪三十二年（1906）出狱，应孙中山先生之请赴日本，加入同盟会，并主编《民报》，有力抨击立宪党人，阐扬建立民国宗旨。1911年上海光复后归国，出任《大共和日报》主编、南京临时政府枢密顾问。1913年参加"讨袁"，被袁世凯禁锢，袁氏死后始获自由。1917年参加护法运动，任广州大元帅府秘书长。1924年脱离国民党，设章氏国学讲习会于苏州，日以讲学为事，远离政治。晚年，愤日寇侵华，谴责国民党"怯于御乱而勇于内争"，又声援"一二·九"学生运动。临终遗嘱唯"设有异族入主中夏，世世子孙毋食其官禄"二语。章氏为近代民主革命家、思想家、杰出学者，至今为后人所敬仰。早年师事名医仲学辂，遍览秦汉以下医籍，对仲景《伤寒论》尤为推重。晚年定居苏州，出任苏州国医学校名誉校长，游其门者多医林隽彦，如唐慎坊、王慎轩、陆渊雷、章次公、徐衡之等。又与范文虎、恽树钰、王一仁等邮札往来。陆渊雷追忆太炎先生曰："先生辄引与论医，竟日不倦，时聆精义妙理，则退而震惊，以为中医之发明家，前无古人。"其论医，上不取《内》、《难》，下不采叶、薛，独以伤寒为宗，融贯中西，识见卓绝，被医界誉为"国医革新之导师"。著有《卒病新论》（又作《章太炎医理》）四卷，刊刻于世。先后发表医学论文甚多，1936年《苏州国医杂志》发行《章校长太炎医学遗著特辑》，收载文章五十二篇。[见：《章太炎年谱长编》、《中国历代医家传录》（引《上海中医药报》）、《中医图书联合目录》]

章祖绪 字缵三。清代福建泰宁县人。岁贡生。精通医术，治病不取诊酬，名重于时。有孕妇跨沟，堕而昏晕，既醒，腰腹痛不可忍。时医诊之，谓："胎将堕。"章绪亦诊之，谓："胎无损。"唤其夫至，授以按摩法，至夜半不药而愈。[见：《重纂邵武府志》]

十一画

章益振 字九河。明代江西进贤县人。精通医术，驰名于皖桐间，士大夫多礼敬之。
[见：《进贤县志》]

章润熺 清初浙江遂安县人。精医术，知名乡里。子章如绶，孙章达，皆以医闻。
[见：《遂安县志》]

章萃庵 (?~1898) 清代安徽绩溪县人。豁达多能，素嗜医药，而不精专。后读郑宏纲《重楼玉钥》，妙悟至理，医术精进，凡乡里患病者，多就章氏求治，皆著手成春。戊戌仲春卒。[见：《重楼玉钥·章洪均跋》]

章清宪 字赤臣。清代江苏通州（今南通）人。精医术，知名于时。[见：《通州府志》]

章敬德 元明间浙江慈溪县人。业医，知名于时。宋禧应慈溪某氏之请，作《慈溪人求诗赠医者章敬德》诗云："三年艾可得，八载诗未成。此事太迂阔，吾怜东海生。病肺一年苦，对酒甘独醒。谁能愈其疾，酬德非常情。良医有章子，方寸冰雪清。珠玉文字重，羽毛金帛轻。作诗以为报，艺苑寻簪缨。"[见：《金元医学人物》（引《庸庵集》）]

章鲁璠 字上珍。清代浙江秀水县人。早年从父习医，悬壶于世。一日，赴西乡诊病，遇一老者，老者精医理，授以秘方数则，诫之曰："医，养亲济人，非牟利。若利令智昏，能洞彻人之症结乎？"询其姓名，不答而去。章氏既得良方，又承家技，医名噪于时。学使窦光鼐患病，章氏治之获痊，窦氏书"志恒堂"匾，踵门赠之。著有《保幼心法》、《慎疾要略》二书，今未见。孙章廷楷，传承其业。[见：《嘉兴府志》]

章锡龄 字瑞霖。清代江苏上元县人。儒医章廷芳子。早年习儒，为邑庠生。传承父学，为乾隆、嘉庆间（1736~1820）当地名医。[见：《上元县志》]

麻

麻九畴 (1174~1232) 字知几。金代易州（今河北易县）人。三岁能识字，七岁工书法，能写数尺大字，有神童之誉。金章宗为太子时闻其名，召之入宫，应对如流，大奇之。弱冠入太学，有文名。南渡后，读书于遂平西山，肆力古学，博通五经，尤长于《易经》、《春秋》。兴定（1217~1221）末，试于开封府，取词赋第二，经义第一。再试于南省，亦列前矛，妇孺皆知其名。及廷试，名落孙山，世人惜之。嗣后，隐居山林，不复应考。正大（1224~1231）初，平章政事侯挚、翰林学士赵秉文连章荐之。哀宗特赐进士，因病未授官，告归。后授以太常寺太祝，迁应奉翰林文字。天性孤高，自度终不能与世合，不久托病辞官，寓居郾城。元兴元年（1232），元兵入河南，麻九畴挈家避于确山，为元兵所获，解至广平病卒，时年五十九岁。麻九畴少年时患恶疾，从道士学"服气之法"，数年而愈。中年后多病，与常用晦及名医张从正为友，尽悟从正之学。张从正撰《儒门事亲》，麻九畴为之润色，大行于世。[见：《金史·麻九畴传》、《医学入门·历代医学姓氏》]

麻东辉 明代山东高唐州人。洞究古人方书，通脉理，兼善太素脉，好以脉象断人休咎。嘉靖间（1522~1566）挟技游东昌，士大夫争聘为上客。麻氏一生好饮，不治家产，所得诊金尽归酒家，老而益甚。凡乡人以病延请，虽在酩酊中，所医无不获效，人皆称奇。[见：《东昌府志》、《山东通志》]

麻泽民 元初真定（今河北正定）人。精医术，以疡科著称，人称"今之俞跗"。中统二年（1261）召为太医，常入内宫诊疾。[见：《金元医学人物》（引王恽《秋涧先生大全文集·故权左司都事赵君墓铭》）]

麻维縯 元代人。生平里居未详。曾任嘉议大夫提点太医院事。大德二年（1298）九月，奉旨与医愈郎诸路医学副提举申甫、御药院副使王希逸、提点太医院事郑忙古歹等十二名医官校订宋代医学全书《圣济总录》，大德四年毕功，更书名为《大德重校圣济总录》，诏令江浙行省刊刻，颁赐各地医学。[见：《皕宋楼藏书志》、《大德重校圣济总录》、《中医图书联合目录》]

康

康佐 (1429~1493) 字自辅。明代陕西武功县人。通政司左通政康以敬子。自幼读书，十六岁通诸书大义，作五七言诗皆可观。及长，喜读《内经》等医书，久之以医术名噪关中。荐授医学训科，在任十余年，以老病致仕。平生重医德，病者至，虽用珍贵之药，未尝吝惜，报与不报，不计也。善诊断，能预决病者生死，历千百人，无一谬者。年六十五岁，以痰疾卒。撰有《医问》三卷、《杂治略》五卷、《诊法》一卷，皆佚。有子三人，生平未详。侄孙康海，为弘治十五年（1502）状元。[见：《武功县志》、《明清进士题名碑录索引》、《中国历代名医碑传集》（引康海《康对山先生集·叔祖医学训科府君墓志铭》）]

康强 清代人。生平里居未详。撰有《种子奇方》一卷，今存光绪间（1875～1908）日升山房刻本。[见:《中医图书联合目录》]

康瀜 字孔昭。明清间山东陵县人。幼颖异，年十二补博士弟子员，试辄前列。明亡，无意仕进，考究天文、地理、阴阳、术数诸书，尤精医术，为人治病辄愈。晚年杜门训子。寿至七十二岁，无疾而终。[见:《济南府志》]

康士珩 字楚白。清代山东章丘县人。师事名医王长明，尽得其传。有医德，救人疾苦，不受馈谢。著有《伤寒易简录》一卷，未见刊行。以痘疹术授族孙康如浩，以内科术传侄孙康如英，二人均以医名世。按，"康士珩"，《济南府志》作"唐世珩"，今从《章邱县志》。[见:《章邱县志》、《济南府志》]

康丕扬 （1552～1632） 字士遇，号襄汉。明代山东陵县人。自幼习儒，年十六，补邑庠生。万历二十年壬辰（1592）登进士第，官至御史。壬申秋微恙，怡然而终，年八十一岁。康氏性好著述，兼涉医学，有医书《集闻方》四卷、《广古传信方》五卷、《官传方》三卷，皆佚。[见:《陵县志》、《明史·郭正域传》]

康汉章 字希畴。清代河南巩县康店人。继承家学，精医术，以善治痘疹著称。[见:《巩县志》]

康永惠 号乐安。明代甘肃安定县人。早年习道，修行于万寿宫，从异人习祈雨术。兼通医道，以术济人，知名于时。[见:《安定县志》]

康仲殷 （?～870） 唐代人。生平里居未详。精医术，与韩宗绍皆任翰林医官。咸通十一年（870）八月，同昌公主患危疾，久治无效而亡。懿宗素宠爱公主，怒责康仲殷、韩宗绍用药无效，二人竟以无罪被杀。[见:《旧唐书·懿宗纪》、《旧唐书·刘瞻传》]

康仲熊 号烟萝子，世称康真人。唐代人。生平里居未详。疑为道士。著有《烟萝子服内元气诀》一卷、《康真人气诀》一卷、《气经新旧服法》三卷，均佚。[见:《新唐书·艺文志》、《崇文总目辑释·道书类》]

康汝良 清代广东顺德县龙江人。以医为业，临证多捷效，能预知生死，就诊者甚众。有妇人难产，其夫求治，康氏信手撮枇杷叶授之，服之儿下。或问："杷叶非催生之药，何以见效？"答曰："彼初生心惧，得吾药即定，故应也。且杷叶无损于病，不过藉以行其意也。"闻者服之。[见:《顺德县志》]

康如英 清代山东章丘县人。邑名医康士珩从孙。得从祖亲授，以内科名世。[见:《章邱县志》]

康如浩 清代山东章丘县人。邑名医康士珩族孙。得康士珩亲授，以痘科知名。[见:《章邱县志》]

康如封 字龙山。清代四川犍为县人。乾隆丙辰（1736）举孝廉，官汉州学正。究心杏林群书，精医理，知名于时。年七十余卒。辑有《医方秘要》二卷，今未见。[见:《四川通志》、《犍为县志》]

康时行 （1705～1772） 字作霖，号竹林。清代江苏娄县人。监生。精医术，活人甚众。曾侨居吴县，名医薛雪独重康氏之学，家人有疾，必延请诊治，由是益知名。著有《三皇药王考》一文，刊于唐大烈《吴医汇讲》。门人周稷，传承其术。[见:《松江府志》、《吴医汇讲·卷六》]

康应辰 字晓峰。清末河北迁安县花亭庄人。廪膳生。耕读传家，学问广博，尤精医术。著有《医学探骊》六卷，刊于宣统二年（1910），今存。[见:《迁安县志》、《中医图书联合目录》]

康际华 清代河南镇平县人。庠生。精医学，审证辨源，应手而效，时称圣手。[见:《镇平县志》]

康普思 南朝梁人。生平里居未详。著有《脉经》十卷。唐初修《隋书》时，此书即散佚。[见:《隋书·经籍志》、《通志·艺文略》、《国史经籍志》]

康道丰 宋代青城山（在四川灌县境）丈人观道士。精医术。成都知府辛谏议患风疾，众医束手。康道丰进以药，服之立愈。其法以云母一斤，揉碎入瓶，筑实，浇水银一两，固封。以武火煅，俟通赤取出，拌香葱、连翘若干，捣烂如泥。复入绢袋，摇于水中取粉，候粉干，以火焙之，制丸备用。《证类本草》亦载此方。[见:《灌县志》]

阎

阎坦 字平之。明清间河南陈州人。庠生阎耀子。天资颖异，性孝友。万历乙丑（1589）副贡。淡于仕进，优游林泉。兼通医道，知名于时。明末世乱，避难于淮上。顺治二年（1645）返里。年九十余卒于家。著有《阴虚燮理

篇》，未见传世。[见：《陈州府志》]

阎森 字蔚村。清代山东临朐县人。祖上七世业医，至阎森尤精痘疹，知名于时。著有《医林精义》若干卷，未见刊行。[见：《山东通志》]

阎谦 字少川。明代河南原武县（今原阳）人。岁贡生。博学多识，精通方脉，临证多神效，名重于时。曾著书数种，皆毁于兵燹。[见：《原武县志》]

阎瑀 （1205～1286）字润夫。金元间山东曹县人。徙居陈州西华县。金宛丘县令阎遵曾孙。幼颖异，重孝义，为人谨慎。其舅父申琏，与名医张子和皆为金宣宗之子英王守纯之侍医。阎瑀得二名医传授，复潜心于秦汉方书，久之医术纯熟，治病应手取效，求治者日盈其门。天兴壬辰（1232），金朝世乱，阎氏避居宣德府（今河北宣化），悬壶自给。元初征授尚医，坚辞不受。后移居真定（今河北正定），迁徙鄢陵，最终定居河南洧川。年八十二岁卒。[见：《金元医学人物》（引姚燧《牧庵集·医隐阎君阡表》）]

阎士安 宋代陈州（今河南淮阳）人。精医术，曾任医学助教。兼善丹青，所画墨竹笔力老劲，名著当时。[见：《开封府志》、《淮阳县志》]

阎士良 北宋人。生平里居未详。通医道，真宗时（998～1022）官御药院勾当。曾谏阻真宗纳富民陈子城之女为后。[见：《涑水纪闻·卷十》]

阎大节 明代山西祁县人。通艺术，尤精医卜，知名于时。[见：《山西通志·阎子贵传》]

阎云浩 字伯余。近代四川渠县人。附贡生。沉静寡言。曾主办本乡小学堂。晚年精医术，投剂多良效。对《黄帝内经》有所研究，曾取诸家之说，附以己见，撰《内经纂要》一卷，今未见。[见：《渠县志》]

阎文显 北宋人。里居未详。精医术，真宗时任医官。咸平间（998～1003），有军士中流矢，自颊贯耳，众医不能取。阎文显以药敷伤处，信宿镞出。真宗嘉奖其术，命赐绯。[见：《宋史·冯文智传》]

阎玉山 清代河北交河县人。精通眼科，治无不效，远近闻名。有医德，凡以疾延请，有求必应。年逾七十岁，求治者犹车马盈门。[见：《交河县志》]

阎立升 清代人。生平里居未详。著有《本草选旨》若干卷，未见流传。[见：《中国历代医家传录》]

阎廷瑛 字尹孚。清代浙江兰溪县胜冈人。精通方脉，挟技游于江浙间，治病不计酬谢，活人甚众。后侨居义乌县鹅塘。著有《玉环集证治要诀》六十卷，藏于家。[见：《兰溪县志》]

阎守庆 字寿卿。清末人。生平里居未详。曾任太医院候补恩粮。[见：《太医院志·同寅录》]

阎孝忠 一作阎季忠，字资钦。北宋大梁（今河南开封）人。儿科名医钱乙（1032～1113）故人之子。官宣教郎。阎氏幼时多病，屡经钱乙救治。及长，留意医学，得名医许叔微门生范应德指授，遂以儿科著称。曾搜集钱乙医论、医方，编《小儿药证直诀》三卷，附自著《小儿方论》于其后，刊于宣和元年（1119），今存多种明清刻本。还撰有《重广保生信效方》一卷，已佚。[见：《宋史·艺文志》、《直斋书录解题》、《小儿药证直诀·序》、《本事方·跋》]

阎步青 字惠甫。清代河南安阳县人。事父母以孝闻。精方药，治病多奇验。年七十七岁卒。[见：《安阳县志》]

阎作臣 清代山东范县人。世代业医，专精外科。善承家学，亦以外科著称。三子阎诚心，医术尤精。[见：《续修范县志》]

阎纯玺 号诚斋。清代河北宣化县人。官广西江左观察使。兼涉医学，尝"博采方书，考验揣摩"三十余年，于雍正庚戌（1730）辑《胎产心法》三卷，刊刻于世。今存后世翻刻本数十种。[见：《中国医学大成总目提要》、《中医图书联合目录》]

阎明广 金代常山（今河北正定）人。久习医业，好读《素问》、《难经》诸书，尤擅长针法。贞元癸酉（1153）获何若愚《流注指微针赋》一篇，遂搜罗文献，为之注释，并续撰《流注经络》、《井荥图》、《歌诀》，附于其后，易名《子午流注针经》，今存抄本。[见：《四库全书总目提要》、《金元医学人物》（引《子午流注针经·自序》）、《中医图书联合目录》]

阎诚心 字正斋。清代山东范县人。由附贡候选训导。其家世传外科术，至诚心尤精。尝念一人行医，活人有限，遂总汇治疗各法，著《活人定本》数册，今未见。[见：《续修范县志》]

阎荣海 字什州。清末人。生平里居未详。通医术，曾任太医院候补七品吏目。

1042

［见：《太医院志·同寅录》］

阎南图

字天池，又字天放，号莼凫，又号蘷庵。清代山西榆次县南关人。自少学诗，好镌印章。晚年以医为业，游食于邻县。性好著述，撰有医书《治病定法》二卷、《瘟证总诀》二卷、《莼凫医案》二卷及《伤寒定规》、《脉法正宗》、《脉诀要论》、《脉诀无双》、《外科囊括》、《眼科金箆录》各若干卷，今皆未见。医学外，尚有《柳蝉吟雨词钞》、《莼凫印谱》诸书。［见：《榆次县志》、《榆次县续志》］

阎海岚

（1840～1917） 字云峰。清末河北新城县东加禄人。邑庠生。入泮后，弃儒习医，精其术。性朴厚，施药数十年，百里内外无不知其名者。光绪辛卯、壬辰间（1891～1892），连岁大水，乡里大饥，阎氏竭力赈救，全活甚众。民国六年卒，享年七十八。家藏《妇人百问》，似为海岚所著，未见流传。［见：《新城县志》］

阎超群

清代安徽太和县人。邑庠生。兼通医理，尝手辑《经验方》若干卷，世人争相传抄，今未见。［见：《太和县志》］

阎增瑞

清代湖北罗田县人。幼习诗书，沉酣典籍。及长，精通医术。有医德，凡贫苦者就医，概不取诊资，为乡里所敬重。县令赵振清作传表彰之。著有《医说》一卷，今未见。［见：《罗田县志》］

盖

盖良臣

元初汴梁（今河南开封）人。祖父三代皆任太医，历事蒙古大汗。良臣医术尤精，曾随忽必烈南征，鄂渚（今湖北武昌）一战，蒙军伤病甚多，经良臣救治，大都获痊。忽必烈重奖之，令免其全家赋税徭役。盖氏久居长安（今陕西西安），以疡医声闻朝野，先后三十年盛名不衰。寿六十余尚健在，慨然有归隐之志。［见：《金元医学人物》（引李庭《寓庵集·林泉归隐图序》）］

粘

粘割忠为横

金代女真族人。章宗时任尚药局副使。承安元年（1196），授夏国使，出使西夏。［见：《金史·本纪·章宗》］

混

混沌子

佚其姓名。明代人。生平里居未详。著有《锦身机要》三卷，今未见。今存混沌子《锦身机要指源篇》一卷，收入《格致丛书》。［见：《医藏书目》、《中国丛书综录》］

混然子

佚其姓名。清代人。生平里居未详。著有《崔公入药镜注解》，今存光绪十二年丙戌（1886）钱塘魏氏刻本。［见：《中医图书联合目录》］

淳于

淳于成

宋代人。生平里居未详。著有《周易内秘诀》一卷，已佚。［见：《通志·艺文略》］

淳于衍

〈女〉 字少夫。里居未详。通医术，擅妇科，任宫中"乳医"。宣帝即位，淳于衍侍皇后疾。本始三年（前71），其夫任宫廷护卫，欲升安池监。衍与大将军霍光之妻友善，乃为夫求官。霍光妻欲使小女霍成君为后，久怀害许后意，闻衍之请，乃应之，以毒杀许后为交换。时许后新产体虚，衍以附子配制丸药，谎称"大丸"以进。服药有倾，许后头昏烦闷而崩。吏拘捕诸医，劾淳于衍"侍疾亡状，不道"，下狱。后得霍光庇护，未究其罪。［见：《汉书·外戚列传·孝宣许皇后》、《汉书·霍光传》］

淳于意

（约前215～?） 西汉临淄（今山东淄博）人。曾任齐太仓长，史称仓公，又称太仓公。意少年时嗜于医书，而依方治病多不验。后闻同郡唐里公孙光精医，擅以古方治病，遂师事之。公孙光传之以化阴阳、传语法诸秘方，意录而习之。不久，与师探究医理，议论精奇。公孙光喜曰："公必为国工。"乃荐之于同郡元里名医公乘阳庆。阳庆年逾七十，身后无子，愿以术尽授之，遂将秘藏之"脉书、上下经、五色诊、奇咳术、揆度、阴阳、外变、药论、石神、接阴阳"诸书尽授之。意拜受其书，从学三年，贯通药理，精于诊断，按脉察色，知人生死，医术大进。嗣后，以医问世，所愈沉疴痼疾甚多，声名大振。性耿介，尝触怒权贵，文帝四年（前176）遭人诬告，坐死罪。仓公有五女，无子。仓公蒙冤，幼女缇萦随至长安，上书帝廷，愿以身为婢，代父赎罪。文帝感其诚，乃赦其父，并下诏废止肉刑。后数年，文帝召见淳于意，问治病始末。淳于意据素日所录《诊籍》（即医案），列举二十余案以答。所治患者，上至王侯，下至奴仆，男妇老幼俱全；所治之病，凡头痛、龋齿、涌疝、气疝、牡疝、消瘅、风瘅、气鬲、热厥、中热、蛲瘕、肾痹、积瘕、迥风等二十余种，或治而愈之，或预言死期，其效验世所罕闻。淳于意所著

《诊籍》为我国现存最早之医案，原稿已佚，所存者见于《史记·扁鹊仓公列传》。淳于意还著有《决死生秘要》一卷，已佚。弟子宋邑、高期、王禹、冯信、杜信、唐安等，皆以医术鸣于时。[见：《史记·扁鹊仓公列传》、《史记·孝文本纪》、《国史经籍志》]

涪

涪翁 佚其姓名。东汉人，里居未详。身怀针灸绝技，浪迹天下，遇病者即以针治之，应手而效。晚年垂钓于涪水，世以"涪翁"称之。著有《针经》、《诊脉法》等书，传于世，今佚。广陵人程高，欲学其术，追随多年，翁乃授之。[见：《后汉书·方术列传·郭玉》]

梁

梁权 元末山西稷山县人。平阳路医学教授梁周泰子。绍承父业，亦为名医。子梁叔东，传承家学。[见：《稷山县志》]

梁纪 字理天。明代山西稷山县人。自幼慧警不凡，八岁能书，暗合古法，欣然自赏。稍长习经史，顿悟微言。年十七为诸生。十九岁赴济阳省父，从任先生学《易经》，三月尽得其传。此后，自读书外，无他嗜。著有《养生杂录》若干卷，已佚。[见：《稷山县志》]

梁栋 清代四川武胜县人。精医理，以术济人。善养生，寿至一百零四岁，世以寿星称之。[见：《武胜县新志》]

梁宪 字绪仲，号无闷。明清间广东东莞县两头塘人。早年习儒，明末出仕为官。入清，隐居不出，取《周易》"遁世无闷"义，自号无闷。自少多病，喜研医学。历年飘泊湖海，所至咨访，数得异传。后家居，以《素问》证之，"犹有胶于纸上之惑"。后从郁溪先生学《易》，渐通"天人一体"之说，于医亦颇得神解。撰有《医方杂说》、《笺补神农食物本草》等书，皆散佚。[见：《东莞县志》]

梁琦 清代安徽芜湖县人。得秘传接骨术，悬壶济世，全活甚众。年逾九十岁殁。侄梁诚基，孙梁召膺，皆传其术。[见：《重修安徽通志》]

梁御 字宸翼。明代山西介休县人。国学生。精通医道，熟读《医宗金鉴》，临证不拘古方，"按脉调剂，无不立效"。凡患危病者多就梁氏诊治，一时有起死回生之誉。县令胡相忠雅重其事，赠匾旌奖之。[见：《介休县志》]

梁新 唐代武陵（今湖南常德）人。精通医术。一富商中夜暴病昏厥，至晓，唯一丝游气未绝。梁新闻而诊之，曰："此食毒也。寻常嗜食何物？"其仆曰："好食竹鸡，每年不下数百只。近时所食尤多。"梁曰："竹鸡食半夏，此必中半夏毒也。"命捣姜取汁，启齿灌之，病者渐苏。荆南节度使崔铉闻而异之，资以仆马、钱帛，荐之于朝。梁新至京城，医名大振，官至尚药奉御。某朝士患风疾，梁新断为不治。郴州马医赵鄂，令朝士多食消梨，疾愈。梁闻其事，遂为之延誉，赵鄂后官至太仆卿。[见：《北梦琐言·卷十》、《历代名医蒙求》]

梁端 明代广东琼山县人。与马浚皆出名医王鹏举门下，俱以医术著称。[见：《琼山县志》]

梁九章 字修明，号云裳。清代广东顺德县人。徙居佛山。嘉庆丙子（1816）赴顺天乡试，选国史馆誊录。久居京师，与鸿胪翁方纲、编修郭尚先、太守李威诸公游。参修《一统志·臣工列传》，议叙四川布政司经历，荐擢知州。大吏奇其才，每委以重任。旋以亲老回籍。善画梅，时论称奇逸中见古劲，当与金冬心并驱。喜鉴藏古今法书名画，刻有《寒香馆帖》六卷。当时南海叶氏风满楼、吴氏筠清馆及梁氏寒香馆鼎足而三，称粤中鉴藏名家。晚年精医术，著有《医法精蕴》四卷，藏于家。年五十六岁卒。诗人吴炳南哭以诗，有"石多顽趣今无主，梅有花神亦哭君"之句。[见：《佛山忠义乡志》]

梁大任 清代河南开封县四都望高村人。兴宁学案梁桂孙。邑庠生。自幼勤学，弱冠进庠。因祖与父相继而亡，绝意功名，业医济世。生平不畏强御，好善乐施，德著一方。[见：《开封县志》]

梁少甫 （1877~1957）现代贵州遵义人。早年与孙中山先生同学，后参加反清运动，遭通辑，东避日本。归国后患肺病，就医于上海，西医针药并用，经年罔效，乃返故乡。其母马氏精通国医，亲为调治，不一年大愈。嗣后，弃政从医，尽得母传。1927年悬壶沪上，以善治肺肝疾病知名。1956年，上海市中医文献研究馆成立，应聘任馆务委员。不久，出任上海第一人民医院中医部顾问医师。1957年9月病故，时年八十岁。[见：《中国历代医史》]

梁从政 北宋人。里居未详。曾任御药院勾当。熙宁癸丑（1073），神宗不豫，命梁从政持御香，乘驿至雁荡山求药。[见：《梦溪笔谈》]

梁凤彩

字桐庵。清代山东商河县梁家庄人。邑增生。因屡试不中，慨然曰："一介之士，苟存心爱物，于人必有所济！"遂弃儒学医。凡病可治不可治，一见即决，世以名医称之。著有《脉经真诀》，藏于家。[见：《重修商河县志》]

梁文科

清代安徽寿春县人。生平未详。辑有《集验良方》六卷，刊于雍正二年（1724），今存。[见：《贩书偶记续编》]

梁以任

清代人。生平里居未详。著有《验方候鲭》，经栖霞山人编辑，刊刻于光绪十六年（1890）。[见：《中医图书联合目录》]

梁玉山

字才信（一作财信）。清代广东南海县魁国堡澜石人。少负绝力，喜争斗，曾徒手与恶徒搏，胜之。恶徒恨之，翌日挟利刃潜俟之，出其不意，斫刺其下身，被十余创，将死。时有潘姓者，善治跌打损伤，尽技救之，幸不死。伤愈，拜潘为义父，尽传其学。嗣后，以伤科问世，腹破复合，骨折接续，虽极危险之症，凡断曰可治，无不立见功效，其术独步一时。有关姓者，负重跌折胫骨，痛极欲死，舁至澜石就医。梁氏诊之，曰："骨碎矣。折可驳，碎不可驳也。"饮之以麻药，剖胫肉，钳去碎骨，以锯截其口而齐之，又取活羊胫骨续之，敷以药。戒之曰："汝自今以后，安行缓步，宁迁道远三里，勿跳沟求近一步。"数十日伤愈，其人如梁氏所嘱，寿至七十余。嗣子梁然光，传承其业，兼通内科。[见：《南海县志》]

梁玉成

字恕堂。清代广东顺德县人。兄弟三人，随父梁国雄徙居佛山镇。家本中资，弃儒从商。居恒俭约，衣粗茹淡，独于善举不稍吝。道光十一年辛卯（1831）大灾，由族而乡，而佛山，捐粟逾千石，人多藉以存活。素通岐黄术，辑医方之屡验者二十余卷，撰《良方类钞》，命其子梁九图梓以济世。年七十二岁殁。[见：《佛山忠义乡志》]

梁玉树

清代陕西醴泉县邹村人。精医术，擅治痈疽，能升炼外治丹药。重医德，治病不计酬谢，世人敬之。[见：《醴泉县志》]

梁玉瑜

字特岩。清末广东茂名县人。世代工医，继业尤精，诊病以辨舌为主，治则奇验。光绪十九年（1893），因事寓居新疆乌鲁木齐，名噪于时。观察陶保廉神其术，叩问其学，秘而不宣。后陶氏购得张登《伤寒舌鉴》，示于玉瑜。玉瑜谓之曰："梁氏家传，与此大异。"陶氏乃逐条举问，玉瑜一一辨谬，陶氏日录数则，阅三月，成书二卷，名之曰《舌鉴辨正》，刊刻于世。此书今存光绪二十三年（1897）兰州固本堂书局刻本。[见：《舌鉴辨正·序》]

梁正元

清代四川安县人。早年习儒，尤精医理，官安县医学。[见：《安县志》]

梁世杰

清代广东南海县佛山镇人。工诗画，通医药。著有《诸药详要》四卷，今未见。医学外，尚撰有《画蝶诗册》、《珠江杂诗》、《六悔亭诗钞》诸书，存佚不明。[见：《佛山忠义乡志》]

梁世经

字绪常。清代江苏铜山县人。工医术，尤善治痘疹，为乾隆间（1736～1795）铜山名医。有医德，治病不受财物，全活甚众。[见：《铜山县志》]

梁仕成

清代四川南部县人。幼年丧父，立志为医。及长，以外科闻世，每起危疾重症，有妙手回春之誉。重医德，治病不计酬谢。[见：《南部县志》]

梁召膺

清代安徽芜湖县人。骨伤科名医梁琦孙。传承先业，亦精医术，官医学训科。[见：《重修安徽通志》]

梁有年

清代河南考城县梁寨人。儒医梁彦彬子。绍承父学，以医名世。[见：《考城县志》]

梁达樵

清代广东南海县人。少有大志，好学博览。未冠从戎，兼领兵权。公余肆力岐黄，精通其术，望重当时。四方造请者车马塞途，病者望之如望岁焉。光绪戊戌（1898）疬疫流行，梁氏初设小厂，后建方便医院，救济甚众。光绪辛丑（1901），疫疾再行，爱育、广济、崇正三善堂合力救治，延请梁氏督诊，全活不可胜计。著有《辨证求真》等书。[见：《岭南医征略》（引《辨证求真·原序》）]

梁尧龄

字祝廷。清代广东德庆州乐善坊人。监生。官按察司照磨。兼精医术，熟通《颅囟经》，自制惊风丸散，全活孩婴甚众。不以医谋利，凡求治者，不论贫富悉却诊金。著有《小儿科摄要》一卷，今未见。[见：《德庆州志》]

梁过泉

宋末吉水县（今属江西省）人。精医术，知名于时。曾技术游江州，遇名医刘完素后裔刘芳茂，二人志同道合，义同兄弟，芳茂遂与之俱归吉水。[见：《中国历代名医碑传集》（引《文毅集·刘君允中墓志铭》）]

梁师亮

（650～696）字永徽。唐代安定乌氏县（今甘肃泾川）人。曾任左春坊别教医生，终荣德县丞。万岁通天元年卒，年四十七岁。[见：《中国历代医家传录》（引《梁师亮墓

十一画

梁师受 字传心。清代广东琼山县人。岁贡生。自幼习儒，潜心思索。因病习医，尤精王叔和脉法，求治者户外常满，凡经诊视，安危立判。尝治其婿病，归谓家人曰："今者无恙，明年将复发，不可救也。"后果如其言，闻者神之。寿至八十五岁。[见：《琼山县志》]

梁廷机 清代河南修武县人。邑庠生。兼精医术，知名于时。[见：《修武县志》]

梁汝钰 字无瑕。清代山东禹城县人。太学生。早年习儒，后专究岐黄，博览历代名医著述，临证折衷于仲景《伤寒论》，对小儿痘疹尤有研究。道光二十八年（1848），知县李廷樟以"化宜安定"旌其门。撰有《痘疹辑要》三卷，今未见。[见：《续禹城县志》]

梁身洞 字友仙。清代广东和平县人。三岁丧父，母黄氏矢志抚孤，课读尤严。凛遵母训，笃志力学，屡试优等，食饩。精医道，手著《省心录》、《眼科摘要》诸书，今未见。[见：《惠州府志》、《和平县志》]

梁希曾 字柘轩。清代广东梅县人。早年习儒，妙通医理，研究《伤寒》、《金匮》诸书，擅治内外科奇难诸证，于花柳、瘰疬等症，尤有独到见解，活人甚众。初悬壶上海、香港，继游历南洋十余岛，后寄迹铊江。重医德，凡以疾病延请，虽霜晨雨夜，暑日炎天不辞。即旦无粒米之炊，亦未尝苟取病家分文。撰有《疬科全书》一卷，刊于宣统元年（1909），今存。[见：《疬科全书·序》、《中国医学大成总目提要》、《中医图书联合目录》]

梁序璇 字体圆，号规源。清代江西龙泉县南城人。初习举业，补弟子员。究心医术，施药济人，从不望报。著有《续刊达生编》、《方案辨说》，合刊于世，今未见。[见：《龙泉县志》]

梁灿光 清代广东四会县永安铺人。精通西洋种牛痘之术，以活人为心，全济甚多。年八十五岁卒。[见：《四会县志》]

梁启贤 清代四川盐亭县人。其父梁廷仁，教塾五十余年，不取学资。启贤家贫，以医济世。有医德，遇贫病求治不收诊金。及门弟子甚多，皆免费教之。[见：《盐亭续志》]

梁英朝 字杏门。清代广东茂名县西涌口人。家贫业医，专以救人为心，治病不分贫富，有请必往，至辄应手愈。轻财赠药，时人感德。[见：《茂名县志》]

梁叔东 明初山西稷山县人。邑名医梁周泰孙，梁权子。继承家学，亦工医术。[见：《稷山县志》]

梁国佐 宋代人。生平里居未详。辑有《见效方》，已佚。[见：《中国医籍考》]

梁国珩 字玉池。清末广东南海县人。嗜医方。嘉庆间（1796～1820），南海龙明觉道人撰《医宗宝训》，子孙秘之。梁氏友人为龙氏姻戚，遂费重金求借抄录。后摘选其书治疫之方，参以郑奠一《瘟疫明辨》，编《救疫全生篇》一卷，刊刻于世，今存光绪二十五年己亥（1899）广西全县广益石印本。[见：《救疫全生篇·序》、《南海县志》、《中医图书联合目录》]

梁周泰 字百亨。元代山西稷山县人。精医术，至正间（1341～1368）官平阳路医学教授。子梁权，孙梁叔东，皆世其业。[见：《稷山县志》]

梁学孟 字仁甫，别号玄诣山人。明代湖北钟祥县人。嗜读医书，遇良医授以方脉，颇有妙解，后悬壶于世。临证擅治痰火，四方患者辏集，全活甚众。尝谓："十二经之病，火居大半，故人之横亡暴夭者悉系火证。"撰有《痰火颛门》（又作《国医宗旨》）四卷，刊于万历三十八年（1610）。[见：《中国医籍考》、《医藏书目》、《中医图书联合目录》]

梁宗馨 清代四川射洪县人。精医术，起沉疴痼疾甚多。年八十五岁殁。[见：《潼川府志》]

梁诚基 清代安徽芜湖县人。庠生。骨伤科名医梁琦侄。传承先业，亦以医术知名。[见：《重修安徽通志》]

梁绍震 字原东。明广东番禺县人。隆庆元年（1567）领乡荐。五年（1571）中乙榜，署淮安教谕。万历四年（1576）任山西同考官，所拔多名士，升国学博士。后迁牧河池，佐政平乐，皆有政声。晚年归田，作《正学论》以示子孙，乡人称泰台夫子。兼善养生，撰有《养生要义》，今佚。[见：《番禺县志》]

梁绍儒 字存业。明代山东东平州人。嘉靖辛丑（1541）进士，官翰林院检讨。致仕归乡，寄兴诗酒，优游林泉。兼涉医学，著有《上古医经注》，藏于家。[见：《东平州志》]

梁思淇 字玉成，号次留。清代人。生平里居未详。曾增补周桂山《经验良方》，重刊于光绪十三年（1887）。[见：《中医图书联合目录》]

梁信朋 清代河南开封县四都地州村人。南康府经历梁上达子。乾隆五十八年（1793）由岁贡选广州府龙门学训。任满回籍，聚徒授经。旁通岐黄，以术济世。[见：《开封县志》]

梁彦彬 字少甫。清代河南考城县梁寨人。自幼读书，不求仕进，闭户潜修。精通医术，远近知名，活人甚众。年六十三岁殁。著有《四言脉诀》，今未见。子梁有年，继承父志，亦称名医。[见：《考城县志》]

梁晋荣 号樵伯。清代浙江新昌县人。精医术，知名于时。[见：《绍兴地区历代医药人名录》]

梁逢尧 宋代人。生平里居未详。曾任翰林医学。整理宜黄戴师悯临证经验，撰《惠眼观证》。此书今佚，刘昉编《幼幼新书》，曾引据之。[见：《幼幼新书·近世方书》]

梁遇青 清代浙江金华县人。精医术，知名于时。[见：《金华县志·周镐传》]

梁然光 字桂长，又字香籍，号达川。清末广东南海县魁冈堡澜石乡人。伤科名医梁玉山嗣子。忠厚孝友。尽得嗣父传授，益究心《灵枢》、《素问》及唐宋诸家方书，治病如神。重医德，每日未明而兴，以待病家。尝谓："人来求治，病痛情迫。若晏起，使病者待吾，不若早起以待病者为安也。"平生俭朴，躬亲手植果蔬，谓手植者味甘，食之弥安也。曾独捐巨资购石，筑堤数十丈以保堤围，乡人德之。至其医术之神，多有出人意表者。据传，其家鸡被鼠啮去一足，梁氏斩鸭足续之，敷以家传伤药，遂走动如常。梧村陆氏妇，病狂而悍，生有三子，一日病发，以刀乱砍其子。幼子当即死，长子受十一伤，次子受十五伤，筋骨已断。梁氏治之，长子、次子皆获痊愈。又，洋商某，初由血热痰涌，猝染寒痰，经西医诊治，病益剧，全身僵硬，转动不得。梁氏用药两帖，病良已。类此者难以枚举。年七十七岁卒。[见：《南海县志》]

梁锡类 字黄初。清代广东南海县佛山镇人。刑部主事梁元辅堂侄。素习岐黄。有感于白喉一证害人最速，传染尤烈，乃研究其主治之法，多有心得。值梁元辅于桂林得学使冯心兰所订《白喉忌表抉微》，邮寄归里，锡类乃予重加编次，刊刻于光绪二十五年（1899）。[见：《佛山忠义乡志》]

梁廉夫 （1810～1893） 字子材。清末广西贵县城厢人。道光二十六年丙午（1846）副贡。行谊为一邑之冠。教授生徒，及门多名士。生平乐行善事，同治（1862～1874）初兵燹，继以岁饥，梁氏筹款购米，赈济贫民，存活无算。屡经保荐，以母老请改教职，选授灵川县教谕，在任十年，士林重之。调署百色厅学正，迁南宁府教授。后辞官归乡，日以书史自娱。光绪十六年庚寅（1890）重游泮水。以子贵，迭受封典。梁氏尤精岐黄，以术济人，老而不倦。年八十四岁殁。晚年著《不知医必要》四卷，刊于光绪六年（1880），今存。子梁瑞祥，曾校订父书。[见：《贵县志》、《梁廉夫和他的医学著作》（《中华医史杂志》1985年第3期）、《中医图书联合目录》]

梁福恩 字寿臣。清末人。生平里居未详。曾任太医院九品医士，兼上药房值宿司药官。[见：《太医院志·同寅录》]

梁嘉庆 唐代人。生平里居未详。撰有《本草要诀》一卷，已佚。[见：《通志·艺文略》、《四库阙书目》]

梁懋孙 清末人。生平里居未详。著有《医学求益社课卷》一卷，今存宣统元年己酉（1909）广州石印本。[见：《中医图书联合目录》]

梁瀚川 字燕行。清代广东顺德县人。钦天监博士梁星朗后裔。其父梁贻，精天文学，侨寓四会县，设春日馆。瀚川传承父学，兼通医理。著有《医学心法》，今未见。[见：《四会县志》]

寇

寇平 字衡美。明代河南登封县人。生平未详。对儿科证治颇有研究，曾"选古方之效于今者，汇成一书，前列察病法，后具用药方"，成《全幼心鉴》四卷，刊于成化四年（1468），今存。[见：《医藏书目》、《全幼心鉴·自序》、《中国善本书提要》]

寇约 北宋人。里居未详。政和间（1111～1117）医官寇宗奭侄。官解县县丞。曾校勘叔父《本草衍义》二十卷，于宣和元年（1119）镂版印行。[见：《拜经楼藏书题跋记》]

寇宗 字万川。清代四川渠县人。蒲圻县令寇恭先孙。家贫力学，受知于县令王衍庆，补弟子员。嘉庆十三年（1808）领乡荐，授荣昌县教谕，转成都教授。精堪舆术，言多奇中。任学博时，以培植文风为本。晚年尤嗜学，兼精兵、农、医、算诸学。著述甚富，医书有关于寒证、痘证者各若干卷，未梓。[见：《渠县志》]

十一画

寇士谦

字子益，时称寇隐君。元代长安（今陕西西安）人。业儒，尤精医术，名冠当时。隐居田园，以诗书课子，不求闻达。朝廷重臣许衡、姚枢雅重其学，往来书信不绝。及卒，集贤大学士郭贤作《寇隐君传》，苏天爵为传书跋。［见：《金元医学人物》（引苏天爵《滋溪文稿》）］

寇兰皋

字露滋。清代河北天津县人。廪膳生。通医术，辑有《痧症传信方》二卷，刊于道光十二年（1832），今存。［见：《天津县新志》、《中医图书联合目录》］

寇灵霄

清代陕西中部县人。生平未详。著有《医案记》，今未见。［见：《中部县志》］

寇学山

字海蓬。清代河南新野县人。附贡生。弃儒习医，以汉张仲景为宗，参以喻昌、方有执之说，深悟医理。临证活法圆机，全活不可胜计。［见：《新野县志》］

寇宗奭

北宋人。里居未详。早年出仕，封承直郎，宦游于杭州、永耀、顺安等地，迁澧州司户曹事。精通医理，对本草学尤有研究。政和间（1111～1117），撰《本草衍义》（一作《本草广义》）二十卷。书成，申尚书省投纳，批送太医院审阅。太医博士李康具状，称此书"委是用心研究，意义可取"。特授通直郎差充收买药材所辨验药材。其书于宣和元年（1119）由其侄寇约镂版印行，今存庆元元年乙卯（1195）重刻本，书藏国家图书馆。元代张存惠重刻宋《证类本草》，以寇宗奭《本草衍义》补入相关章节，今亦存世。［见：《直斋书录解题》、《郡斋读书志》、《本草纲目·序例》、《国史经籍志》、《拜经楼藏书题跋记》、《中医图书联合目录》］

谌

谌元

字万育。清代江苏上元县人。世医谌光国长子。乾隆五十一年（1786）武举。传承家学，亦精医术。著有《谌氏秘书》，今未见。弟谌超，亦通医。［见：《上元县志》］

谌玮

字玉璋，号修瑕。清代江苏上元县（今江宁）人。少习举业，熟通经史。素怀济世之志，潜心《灵枢》、《素问》、《伤寒》诸医书，认为"反渊深为浅显，归浩博于简要者，无如《伤寒论》"。鉴于历来诠注《伤寒论》者多讹谬，致本旨湮晦不彰，医家茫无定见，故阐发仲景宗旨，述各证病因，明方药大法，著《伤寒论正误集注》十卷，多有见地。此书今存嘉庆十九年（1814）明彰堂刻本，书藏原上海第二医学院图书馆。［见：《伤寒论研究大辞典》、《中国中医古籍总目》］

谌超

字斗南。清代江苏上元县人。世医谌光国次子。武庠生。传承家学，亦精医术。兄谌元，亦通医。［见：《上元县志》］

谌永恕

字遵五。清代江苏江宁府人。精医术，以儿科独冠于时。著有《幼幼心法粹纂》、《治痘秘要》各若干卷，今未见。子谌昌会、谌宏德，皆以医术知名。［见：《江宁府志》］

谌光国

字兆麟。清代江苏上元县人。郡廪生。精岐黄术，尤善治痘疹，临证有奇验，知名于时。性慈善，有禹氏家贫，其子患痘甚险，非人参不能疗，光国典当其妻簪珥以救之。曾汇萃群书，参以所得，著《痘科辨疑》。子谌元、谌超，孙谌命夔，皆传承其业。［见：《上元县志》］

谌宏德

清代江苏江宁府人。儿科名医谌永恕次子。与兄谌昌会，传承父业，皆以医名世。［见：《江宁府志》］

谌昌会

清代江苏江宁府人。儿科名医谌永恕长子。绍承父业，亦以儿科著称。乾隆四十七年（1782），应召治公主疾，应手而愈，赐大缎二端。弟谌宏德，亦精医术。［见：《江宁府志》］

谌命夔

字雨田。清代江苏上元县人。世医谌光国孙。早年习儒，为监生。传承家学，亦精医术。著有《箕裘集》，今未见。［见：《上元县志》］

谌修瑕

明代上元县（今属江苏南京）人。精通医术，曾任太医院医官。后裔多传承其术，曾孙谌光国，颇负盛名。［见：《上元县志》］

尉

尉仲林

清末江西人。生平里居未详。撰有《麻痘全书》，约成书于宣统二年（1910），今存民国间铅印本。［见：《中医图书联合目录》］

屠

屠隆

（1542～1605）字长卿，又字纬真，号赤水，晚号鸿苞居士。明代浙江鄞县人。有异才，落笔千言立就。举万历（1573～1619）进士，授颖上知县。调青浦县令。时招名士饮酒赋诗，纵游九峰三泖而不废吏事。迁礼部主事，罢归。家贫，卖文为生。富于著述，有《鸿包集》、《考盘余事》、《游具杂编》、《南游集》、《采真集》诸书。善摄生，与戤光居士著《遵生八笺》十九卷。按，戤光居士，不知何许人。考明代钱塘名士高濂，撰有《遵生八笺》十九卷，盛行于世，

疑"戣光居士"即高濂，待考。［见：《中国人名大辞典》］

屠锦 字绚章。清代江苏青浦县金泽人。诸生。传承父业，以医问世，就诊者门庭若市，为康熙、雍正间（1662～1735）名医。临证审慎，方与证稍不符，必查前贤之书，研思竟夕，有所得即遣人至病家，索前方改正，且录入医案以自责。临终诫子曰："勿业医。"著有《伤寒论衬》，未见刊行。［见：《青浦县志》、《金泽志》］

屠鹏 字时举。宋代永嘉（今浙江温州）人。精医术。著有《四时治要方》一卷，其书专论时病、疟痢、吐泻、伤寒诸症，惜散佚不传。［见：《直斋书录解题》］

屠璇 字彝尊，一作彝珍，号疎村。清代浙江乌程县人，侨寓吴县。国学生。精绘画，其山水酷摹黄鼎。通医理。曾撰《论白痦》一文，刊于唐大烈《吴医汇讲》。［见：《吴医汇讲·卷八》、《中国人名大辞典》］

屠人杰 字俊夫。清代浙江嘉善县人。性嗜医学，得名医何王模指授，对《伤寒论》尤多心解。著有《伤寒经解》十卷，刊于乾隆五十三年（1788）。［见：《伤寒心解·何世仁序》、《嘉善县志》］

屠士初 近代江苏武进县人。邑名医屠厚之子。继承父学，悬壶于苏、常地区，亦以医知名。［见：《中国历代医家传录》］

屠文彬 清代人。里居未详。精医术，任太医院恩粮。乾隆四年（1739）敕修《医宗金鉴》，屠氏任副纂修官。［见：《医宗金鉴·诸臣职名》］

屠玉坝 字银宇，号松圃。清代浙江嘉善县枫泾镇人。其先世得异僧秘传，以伤科知名。玉坝继承家学，晚年术益精，求治者踵相接。侄屠庆泗，亦工医术。［见：《枫泾小志》］

屠用仪 字義曜。清代江苏荆溪县人。邑诸生。资性过人，于诸子百家无不披览。好吟咏，兼喜抚琴，尤长于医，大江南北延请者无虚日。尝治一产妇，两月后，其夫抱婴儿弃于水中，用仪复救之。询其故，知家贫妻病，不能乳养，遂慨然出资济之。著有《三疟得心集》，今未见。［见：《宜荆县志》］

屠光远 北宋人。生平里居未详。精针灸。曾治番易酒官之妻难产，一针而效。［见：《齐东野语·卷十四·针砭》］

屠庆泗 号滨樵。清代浙江嘉善县枫泾镇人。伤科世医屠玉坝侄。传承家学，亦精

医术，知名于时。［见：《枫泾小志》］

屠厚之 清末江苏武进县人。从孟河名医费伯雄学，以医著称。子屠士初，继承父学，行医于苏、常地区。［见：《中国历代医家传录》］

屠道和 字燮臣。清代湖北孝感县人。幼习举业，道光丁未（1847）应试不遇，弃儒习医。初读《黄帝内经》、《难经》，次及张仲景、刘河间、李东垣、朱丹溪四家书，然后博考名贤，旁搜广集，久之贯通医理。著有《本草汇纂》三卷、《脉诀汇纂》二卷、《药性主治》一卷、《分类主治》一卷、《杂证良方》二卷、《妇婴良方》二卷。同治二年（1863），总名之为《医学六种》，刊刻于世。其孙屠义均（字可垣）、屠义廉（字鹤浦），参校祖父之书。［见：《清史稿·艺文志》、《中医图书联合目录》、《本草汇纂》］

屠瑞枚 字淡香。清代江苏奉贤县屠家桥人。年逾三十，肆力于岐黄，治病有奇效。南邑有易姓者，患痰喘肢冷，年七十无子。瑞枚治而愈之，连举二子。［见：《重修奉贤县志》］

隋

隋有 元代人。里居未详。曾任奉训大夫太医院判官。大德二年（1298）九月，奉旨与医愈郎诸路医学副提举申甫，御药院副使王希逸，提点太医院事郑忙古歹、麻维驎等十二名医官校订《圣济总录》，于大德四年完成，更书名为《大德重校圣济总录》，诏令江浙行省刊刻，颁赐各地医学。［见：《皕宋楼藏书志》、《中医图书联合目录》］

隋志先 字逊亭。清末山东乐安县人。光绪间（1875～1908）以医术知名乡里。著有《白喉便览》、《喉痧要诀》二书。据《乐安县志》载，隋志先有《白喉丹痧述要》二卷，疑即二书合刊者，待考。［见：《乐安县志》］

隋策勋 清末山东乐安县人。通医术。著有《妇科宝鉴》，未见刊行。［见：《乐安县志》］

随

随费 南朝梁人。生平里居未详。著有《本草》九卷，已佚。［见：《隋书·经籍志》、《国史经籍志》］

随钺 字中发。清代江苏上元县人。邑名医随霖子。事迹未详。曾参校其父《羊毛瘟症论》（或作《羊毛瘟论》、《瘟症羊毛论》）。［见：

《上元县志》、《三三医书·羊毛瘟症论》]

随霖

字万宁。清代江苏上元县人。世代业医。早年习儒，学贯六经。绍承家学，益精医术，名重于时。推重吴有性《温疫论》、戴天章《瘟疫明辨》二书，对疫病多有研究。乾隆五十八年癸丑（1793），上元县流行羊毛瘟，群医不识，独随霖与南城周魁能治，主治略同，一时有"南周北随"之誉。兼工诗，行医之余，吟咏以自娱。著有《羊毛瘟症论》（又作《羊毛瘟论》、《瘟症羊毛论》）二卷，刊于嘉庆元年（1796），为世医所重，今存。子随钺，曾参校父书。[见：《中国医学大成·羊毛瘟论》、《江宁府志》、《上元县志》、《中医图书联合目录》]

隆

隆湘

清末四川丰都县人。精医术。素重医德，为乡里称颂。[见：《重修丰都县志》]

绪

绪少怀

字用思。清代江苏高邮州人。精医术，尤善幼科。杨河厅张襄，其子患痘甚危，诸医束手。后延请绪氏，应手奏效。张氏书楹联赠之，由是名声大噪。子绪思上，传承父业。[见：《三续高邮州志》]

绪思上

字念劬。清代江苏高邮州人。邑儿科名医绪少怀子。绍承父业，儿科之外，兼善妇科。博考诸名医方论，颇有心得。著有《家传秘录》若干卷，未梓。[见：《三续高邮州志》]

绰

绰尔济

清初蒙古人。墨尔根氏。精医术，专擅外伤科。天命间（1616～1626）归附清廷。时白旗先锋鄂硕中箭垂毙，绰尔济拔其镞，敷以良药，调治而愈。都统武拜，身中三十余箭，昏绝。绰尔济令剖白驼腹，置武拜于其中，遂苏。有患臂屈不能伸者，令先以热汤熏蒸，然后以斧椎其骨，继又揉之，亦愈。[见：《清史稿·绰尔济传》]

巢

巢峻

（1843～1909） 字崇山，晚号卧猿老人。清末江苏武进县孟河镇人。擅长内外两科，尤以外科为精，能以刀针治肠痈，应验如神。十八岁徒步赴上海，悬壶问世。业医五十年，就诊者门庭若市。急公好义，凡公益之事，无不襄助。平生忙于诊务，著述不多。今存《玉壶仙馆外科医案》一卷、《千金珍秘》一卷、《巢崇山医案》一卷，收入《孟河四家医集》。子巢凤初，侄巢浚，皆传承其术。门人贝颂美、陶左卿、汪剑秋、刘俊丞、黄晓初等，亦为名医。[见：《中国历代医史》、《孟河四家医集·巢氏医集》]

巢浚

（1869～1916） 字松亭。近代江苏武进县孟河镇人。名医巢峻侄。幼习举业，通古文词。弱冠弃儒学医，尽得叔父之传，精内外两科。光绪二十一年（1895）悬壶上海，求治者盈门。时有浦东农民清晨叩门，长跪乞救，谓子病危，求渡江一诊。浚慨然而允，往返十数次，终愈其病，且不受诊酬。年四十余，加入中国红十字会。1912年奉命放赈徐州，辛劳成疾，迁延不愈。1916年作古，时年四十八岁。子巢雨春，传承父业。[见：《中国历代医史》]

巢元方

（550？～630？） 隋代人。里居未详。精医术，大业间（605～617）任太医博士，后迁太医令。麻叔谋患风逆疾，头晕作恶，不能起坐。炀帝命元方诊视。元方曰："风入腠理，病在胸臆。"令杀半年羔羊，去其内脏，以药末填入，蒸而食之，食未尽而病愈。又令以杏酪五味佐以羊肉，日食数枚，疾遂不复作。大业初，奉诏与吴景贤等编撰医书，以阐述众病之源及九候之要。巢氏等遍阅秘阁所藏，荟萃群说，究其奥理，于大业六年（610）撰《诸病源候论》（又作《诸病源候总论》，简称《巢氏病源》）五十卷，大行于世。此书凡六十七门，分一千七百二十节，详述内、外、妇、儿、五官各科疾病之病源、症状，兼述诊断、养生、导引诸法，为我国第一部论述病因、病机及症候之专著。唐代孙思邈《千金要方》、王焘《外台秘要》，皆援引此书。宋代考核医生，将此书列为必考内容。[见：《医学入门·历代医学姓氏》、《直斋书录解题》、《本草纲目》、《四库全书总目提要》、《中国历代名医传》]

巢少芳

（1896～？） 近代江苏武进县孟河镇人。名医巢渭芳子。绍承父学，亦精医术。年二十五岁悬壶，执业近三十年，颇具声望。[见：《略谈孟河四名医》（《江苏中医杂志》1981年第1期）]

巢凤初

近代江苏武进县孟河镇人。名医巢峻子。传承父业，亦精医术。[见：《中国历代医史》]

巢孝俭

唐初人。里居未详。精医术，曾任侍御医。显庆二年（657），奉敕与李勣、于志宁、许敬宗、苏敬等二十四人编《新修本草》五十四卷，成书于显庆四年。该书正文二十一卷

（含目录一卷）、药图二十六卷（含目录一卷）、图经七卷。全书载药八百五十种，大行于世。详"李勣"条。［见：《新唐书·艺文志》］

巢雨春 近代江苏武进县孟河镇人。世医巢浚子。绍承家学，亦以医问世。［见：《中国历代医史·巢松亭传》］

巢渭芳 （1869～1927） 小名大红。近代江苏武进县孟河镇人。名医马文植入室弟子，擅内、外、妇、儿诸科，治伤寒尤有特色。尝谓："求稳每致贻误，顾全反觉掣肘。审证求因，药有专任，贵在不失时机。"于外科亦出手不凡，如治肠痈用火针排脓，其效甚佳，得于马氏真传。悬壶于乡二十六年，延诊者甚众，声闻方圆数百里。著有《医案》、《医话》各若干卷，惜皆毁于战火。今存门人贡肇基手录《门人问答》一卷。子巢少芳，亦以医名世。孙巢念祖，曾孙巢重庆，均业医。［见：《孟河四家医集·巢氏医集》、《略谈孟河四名医》《江苏中医杂志》1981年第1期）］

十 二 画

喜

喜颖 字存养。明代金坛县（今属江苏）人。祖籍镇江。儿科名医喜良臣子。绍传父学，博览医书，亦精医术。诊候诸证，预知传经、变候及愈期，名重于时。［见：《金坛县志》］

喜良臣 字养心。明代镇江（今属江苏）人。自父辈迁居金坛县。精通医术，以幼科擅名于时。年八十余岁卒。子喜颖，传承其术。［见：《金坛县志》］

彭

彭孔 明代人。里居未详。精医术，初无知者。严嵩退朝，忽得暴疾，其状如死，家人救之不苏。遍延京师名医，服药皆不效，举家惶惶，欲议后事。彭孔闻之，诣严府自荐。入视，立一方，谓家人曰："饮吾之药，当呕出多痰，痰去之后，当再安睡。至夜半方醒，明晨可全无事。若吾来迟，即无济矣。"诸名医咸相视而笑。及服药毕，果呕痰数升，再复睡去。至三更忽能言，次日痊愈。彭孔由此知名，为严嵩所器重。［见：《中国历代医家传录》（引《说听》、《耳新》）］

彭正 字思直。明初安徽太平府人。永乐间（1403～1424），以良医两度出使西洋。子彭宾，传承父业。［见：《江南通志》］

彭洙 清代山东潍县人。生平未详。著有《外科指南》，未见刊行。［见：《潍县志稿》］

彭烈 字辉吉，号雪堂。清代江西铅山县西溪人。郡庠生。精医术，遇贫病不取诊酬，且赠药资。年七十岁卒。［见：《铅山县志》］

彭晓 字秀川，自号真一子。五代永康（今四川崇庆）人。初为道士，后蜀孟昶在位时（934～965）为朝散郎守、尚书祠部员外郎，赐紫金鱼袋。曾注释魏伯阳《参同契》，撰《周易参同契通真义》三卷，今存。此书为现存最古之《参同契》注本，全书共分九十章，以应阳九之数。又因《鼎器歌》一篇字句零碎，难以分章，独存于后，以应水一之数。又撰《明镜图诀》一篇，附于下卷之末。彭晓自作前后序，阐发其义甚详。该书虽非医学著作，但是对研究道家丹鼎、养生之学颇具价值。［见：《四库全书总目提要·道家类》］

彭浩 字养浩。明代浙江仁和县人。精医术。素性简傲，不为浙人所重。钱塘府尹张某（昆山人）延请至京，医名大振。著有《伤寒秘用》（又作《伤寒秘问》）、《杂病正传》、《医性》等书，为世人传诵。惜散佚不传。［见：《浙江通志》］

彭宾 明代安徽太平府人。邑名医彭正子。绍传父业，亦以医术知名。天顺壬午（1462），乘传车诊治诸王，获重赏。子彭辅，官王府良医正。［见：《太平府志》］

彭辅 明代安徽太平府人。邑名医彭宾子。传承家学，亦精医术，官王府良医正。［见：《太平府志》］

彭鼎 字有实。元代江西人。里居未详。三世业儿科，享誉于时。彭鼎传承家业，又从师习制药法，所制丸药精善，或能救急，或能养生，为远近所推重。［见：《金元医学人物》（引《吴文正公集·赠彭有实序》）］

彭逾 字逊之，号竹泉生。近代江苏溧阳县人。精医术，以妇科知名。著有《竹泉生女科集要》，成书于1931年，今有重排本刊世。［见：《近代中医珍本集·竹泉生女科集要》］

彭瑄 清代四川井研县人。乾隆间（1736～1795）以医术闻名四邑。治病不墨守成方，随证加减，效如桴鼓。总督傅公幼子患奇疾，肢体挛缩，群医束手。瑄应聘往视，与药少许，服之立愈。问其病因，曰："眸赤而体瘦，当是中酒毒之故。"询于家人，始知乳母嗜酒。傅公以上宾待之，赠以重金，拒而不受。成都布政司考校医士，彭瑄两试皆占魁首，当道欲荐入太医院，力辞。生平不著书，亦不传方，曰："医徒墨守成规，譬如郢书而燕说，其失也益远。"［见：《井研志》］

彭缙 字北田。明代萧县（今属安徽）人。邑庠生。工文词，兼精医术。著有《药性书》，未见刊行。［见：《徐州志》］

彭銮 字晓荷（一作小荷）。清代山西临汾县泊庄人。国学生。颖悟好学，肆力于诗书、古文词，兼通天文、地理、医卜、星象诸学，工铁笔，尤善古琴。著有医书，未能传世。医学外，有《小荷尺牍》、《西凉诗草》及星象、占卜等书。［见：《临汾县志续编》］

彭璨 字玉莹，号海渔。明代安徽滁州人。彭二守次子。幼习举业，以体弱弃儒习医。久之精其术，屡起危疴，治病不取利。又工书法，有颜真卿风骨。［见：《滁州志》］

彭蟾 字东瞻。唐代宜春（今江西宜春）人。好学不仕，以处士见称。通本草学，著有《凤池本草》若干卷。医学外，撰《庙堂龟鉴》一百二十卷，还曾重订《唐韵》，惜皆散佚。［见：《宜春县志》］

彭人杰 字子英。清代河南正阳县皮店人。天性聪敏，善记忆，嗜读《内经》以下诸医书，贯通医理。临证用药精审，活用经方而善化裁，治病多效验，有"救难生佛"之誉。［见：《重修正阳县志》］

彭士瑛 清代四川资阳县西乡人。早年习儒，道光八年（1828）岁贡生。兼涉医药，辑《良方一隅集》若干卷，未见刊行。［见：《资阳县志》］

彭万全 清代四川崇庆县人。性敦厚，好古学。尤精医术，以擅治目疾知名。有医德，乐于善，从未妄受一钱。年九十二岁卒。［见：《崇庆县志》］

彭子岁 明清间江西南昌县人。顺治（1644～1661）初寓居山东潍县。与兄彭子惠，均精医理，治病多良效，知名于时。著有《灵素阐义》、《针灸图记》二书，未见刊行。［见：《潍县志稿》］

彭子惠 一作彭之惠。字学祖。明清间江西南昌人。顺治（1644～1661）初游历山东，定居潍县。精通医术，与益都名医翟良相友善。临证洞见症结，每治病于未发之前。曾诊同邑丁肆夏脉，预言十年后发疝症，果如其言。又能自决寿命，晚年预告家人曰："某年某月卒。"及期而逝，葬于潍县。著有《内经详注》、《叔和脉经解》、《伤寒论辨》等书，均未见刊行。子孙传承其学，后行医于胶州。弟彭子岁，亦以医名。［见：《潍县志》、《潍县志稿》］

彭开亮 字文荣。清代广东普宁县人。监生。自幼丧父，事母尽孝。以医为业，兼卖药济人，操行淳朴，乡里敬之。［见：《普宁县志》］

彭天德 清代四川泸州人。性敦谨，通医术。养生有道，年九十岁尚耳聪目明，步履强健，可为人诊病。［见：《直隶泸州志》、《泸县志》］

彭元章 清代四川渠县人。家道小康，精通医药，开设半济堂药肆。重医德，凡以病延诊，虽暮夜不拒，遇贫者赠以药，迄老不倦。年八十岁卒。［见：《渠县志》］

彭友文 清末人。生平里居未详。辑有《三百单方》一卷、《验方纂要》一卷，刊刻于宣统元年（1909），今存。［见：《中医图书联合目录》］

彭长溪 明代湖北麻城县太仙里人。精医术，善用针石。据传，曾于道中见一男子，问曰："常患胁痛否？"其人曰："然。"彭氏曰："腹有蛇，吾为针之。"针入，嘱曰："勿动。"约七日后复诊。如期至，谓其人曰："蛇已死，可去针。"三日后，有虫似蛇，自大便出，宿疾痊愈。撰有《医见私会》、《博宗方》、《汇编战诀》诸书，后学宗之，今未见。［见：《黄州府志》、《黄安县志》、《麻城县志》］

彭文楷 字端轩，号旭阳山人。清代湖北麻城县人。深明医理，治辄奇中，名重于时。有乡农患腹痛，诸医投药而病剧，皆束手无策。文楷诊之曰："此蛭入腹也。"用田中泥水饮之，果下蛭而愈，众医服其神断。平生治疾，常以意立方，多方书所不载者。著有《伤寒述要》一卷，未梓。［见：《麻城县志》］

彭用光 字子才，号云林，又号潜溪、悟真子。明代江西庐陵县人。精医术，兼通太素脉。曾辑丛书《体仁汇编》，包括《太素运气脉诀》、《叔和脉诀》、《十二经络脏腑病情药性》、《试效要方》等，又编《简易普济良方》六卷、《潜溪续编伤寒蕴要》（又名《续伤寒蕴要全书》，吴绶原撰，彭氏续编）四卷，今存。还著有《简易便览眼目方》四卷，未见流传。[见：《医藏书目》、《庐陵县志》、《中医图书联合目录》]

彭汉明 元代中兴路江陵县（今湖北江陵）人。以医为业。平素蓄药罐、木炭及姜、枣诸药，以备贫病之需。不分寒暑，携药囊巡诊街巷，所治多贫寒之家。[见：《金元医学人物》（引《俟庵集·赠王从圣序》）]

彭必化 字育万，号青山。清代湖南长沙县人。国学生。弱冠患痨瘵，遇异人授以药，饮之立愈。后致力岐黄，于医理多有神解，活人甚众。年八十二岁卒。著有《麻痘方书》，授其徒邓某，今未见。子彭胜桂，亦入太学，负经世之才，隐居不仕，道光（1821～1850）初，获朝廷嘉奖。[见：《长沙县志》]

彭必璜 （？～1861） 清代湖南芷江县人。为人浑厚，素习幼科，知名于时。有医德，凡贫病者求治，步行出诊，病愈不索谢，施药不望报，全活甚众。咸丰十一年冬，病卒。[见：《芷江县志》]

彭在汾 号从野逸人。明代福建莆田县人。著有《读丹录》，详论道家修炼之法。[见：《中国人名大辞典》]

彭光奎 清代福建崇安县人。生平未详。著有《脉学阐微》、《伤寒论注》、《金匮要略注》、《麻痘》等书，今皆未见。[见：《崇安县志》]

彭光超 字捷三。清代四川蓬溪县隆盛场人。精医术。其父患异疾，精心调治多年，终得痊愈。待人至诚，乡人以病延请，竭力治之，多获良效。曾挖得何首乌一枚，状如人形，识者称异宝。[见：《蓬溪近志》]

彭光裕 （1609～1694） 明清间江西临川县东乡艾桥人。幼习举业，及长，遵父命习医。初不废儒学，其父为时医误治，几致不起，感叹曰："此道非专力一志弗能也！"遂弃去群籍，专务医宗，金元四家之外，于明季戴思恭、王宾、薛立斋、赵贯斋（疑为赵献可）、葛乾孙、钱瑛、王肯堂、缪希雍、李中梓诸家著述，俱洽闻遍考，久之深明医理。及悬壶问世，屡起危疾，名噪于时。以活人为心，淡于名利，有儒医之称。康熙甲戌卒，享年八十六。长子彭九皋，品行端方；次子彭九万，为郡学生。[见：《中国历代名医碑传集》（引李伍渶《鳌云篇文集·祭彭太姻》）]

彭延龄 清代山东潍县人。生平未详。著有《医学入门》十二卷，未见刊行。[见：《潍县志稿》]

彭兆宽 清代四川眉山县人。邑名医朱文承门生。尽得师传，以医济世，知名于时。[见：《眉山县志》]

彭进余 清代四川北川县石岭子人。精通医术，全活甚众，名重乡里。年八十三岁卒。[见：《北川县志》]

彭应连 字连玉。清代江西南丰县人。精医术，知名于时。有医德，治病不取谢金，遇贫病赠以药饵。[见：《南丰县志》]

彭纯心 号惺园。清代湖南善化县人。太学生。精医术。里人某，夫妇患恶疮，彭氏以丹药调治，均获愈，后得子嗣。所治类此者甚多，乡人德之。[见：《善化县志》]

彭叔敏 （1359～1433） 号杏隐居士。明初江西吉安府永新县龙潭人。儒医彭景忠子。克承父业，医术益精。凡愈人之疾，不求酬报，乡里敬之。性孝友，父殁，奉母尤谨。抚养弟文敏、从弟时敏及兄仲敏之遗孤，恩爱笃至，训育婚娶，费由己出，无所吝惜。年七十五岁殁。长子彭勗，官至监察御史；幼子彭昂，授大邑县教谕。[见：《中国历代名医碑传集》（引杨荣《文敏集·杏隐居士彭叔敏墓志铭》）]

彭贤臣 清代湖北麻城县龙门乡人。儒医彭楚英子。庠生。继承父业，亦以医术知名。[见：《麻城县志前编》]

彭国耆 字福仙。清代四川井研县人。幼习举业，后弃而学医。悬壶济世数十年，知名乡里。[见：《井研志》]

彭鸣盛 清代四川金堂县人。例贡生。好著述，撰有《壶天约语》、《先天图说》、《天涵表述》等书。兼通医道，有《医理原理》若干卷，未见刊行。[见：《金堂县续志》]

彭宗柏 明代江西德兴县人。精医术，尤擅针灸，沉疴痼疾，应手而起。乐平县项世贤，得其传授。[见：《江西通志》]

彭显周 字万载。清代安徽太湖县人。人品高洁。从邑名医宋自应学，阅数年，尽得师传，遂以良医称于时。[见：《太湖县志》]

彭映昌 清代湖南茶陵人。徙居四川合州。以医知名，遇贫病赠以药，活人甚众。[见：《合州志》]

彭济川 元代人。里居未详。以医为业。家境清贫，挟技游于升州。吴存作《彭济川挟医游升》诗云："白袍乌帽小纶巾，君是彭铿第几身？肘后有方能却老，眼前无药可医贫。好将玉札丹青手，去看长干白下春。若见故人询退叟，为言心铁鬓如银。"[见：《金元医学人物》（引《乐庵遗稿》）]

彭祖寿（1743～1790） 号山气。清代湖南安福县人。幼习举业，屡试不中，弃儒习医。尝谓："医者理而已。人生受病，半在失序违和。"又谓："读岐黄《内经》若干卷，泥古法治今病，鲜有不偾事者。"故临证不贪近功，不拘古法，随证立方，多获良效。性豪饮，好游历，乾隆庚子（1780）至四川石柱厅，喜山川雄秀，民风淳朴，遂设药肆，定居于此。贫病者求治不取酬，曰："吾非借医谋利者。"乾隆五十五年七月，殁于石柱，时年四十八岁。[见：《石柱厅志》]

彭桂亭 清代四川丰都县人。精医术，活人甚众，知名于时。[见：《丰都县志》]

彭振吾 明代安徽石埭县人。精医术，悬壶京师。隆庆二年（1568）正月，太医院医官徐春甫集合各地在京名医四十六人，创立一体堂宅仁医会，彭氏与同乡俞廷璐等皆为会员。诸医穷探医经，讨论四子（指张机、刘完素、李杲、朱震亨），共戒私弊，患难相济，为我国最早之全国性医学组织。[见：《我国历史上最早的医学组织》（《中华医史杂志》1981年第3期）]

彭恩龄 清代江西南昌县人。生平未详。撰有《愚虑一得医书》，未见流传。[见：《南昌县志》]

彭恩溥 近代四川会理县人。精通医道，知名乡里。门生吴佩衡，为现代名医，曾任云南中医学院院长。[见：《南昌县志》]

彭维燕 字式宾，号心斋。清代湖北云梦县人。性颖悟，读书一二过，即终身不忘，文笔华赡有法。弱冠入泮。家传医学，至维燕尤精奥蕴，起死回生之例甚多。张氏子辰出午归，抵家仆地而死。维燕诊之曰："此儿非病，因饿闭气耳。"灌以药，逾时而苏。重医德，平素常赠药以济贫病，即富有之家亦不计酬。年七十三岁卒。生前荟萃古方书，正其讹舛，辑《闻见约编》二十卷、《脉诀》一卷，文皆简括有法，惜未见传世。门生李荪，传承其术。[见：《云梦县志略》]

彭朝纲 号纪堂。清代广东丰顺县下汤人。监生。精脉诀，习奇方，临证屡获奇效，世人感德。次子彭锦标，绍承父学。[见：《丰顺县志》]

彭鼎峰 清代四川资阳县人。自幼习医，精通其术。与乡人伍煜交厚，曾同游京师，以医术名噪一时，王公贵人多延致之。后考授太医博士。[见：《资阳县志》]

彭景忠 元明间江西吉安府永新县龙潭人。宋御史中丞彭思永后裔。值元末世乱，避兵祸背井离乡，资产罄尽，遂弃儒业医以为生计。子彭叔敏（1359～1433），传承其学。孙彭昴，官至监察御史。[见：《中国历代名医碑传集》（引杨荣《文敏集·杏隐居士彭叔敏墓志铭》）]

彭舜安 字国宝，自号西林翁。元代山西崞县人。世业医。素读儒书，尤精家学，以医术著称乡里。[见：《山西通志》]

彭楚英 字荆峰。清代湖北麻城县龙门乡人。自少习儒，不遇，弃而学医。久之精医理，善切脉，能预决人生死。著有《会心篇》，今未见。年八十岁卒。子彭贤臣，庠生，继承父业。[见：《麻城县志前编》]

彭嵩毓 清代人。生平里居未详。著有《温清录》一卷，收入《求是斋杂存·养亲须知》。[见：《中国丛书综录》]

彭锦标 清代广东丰顺县下汤人。太学生。邑名医彭朝纲次子。绍承父学，亦精医术。[见：《丰顺县志》]

彭碧清 元明间人。里居未详。以医为业，知名于时，为士林所重。邓雅作《别医士彭碧清》诗云："我爱彭居士，苍颜复古心。医名著江海，隐兴在山林。放鹤云霄远，烧丹岁月深。相逢忍相别，把臂欲沾襟。"敬重之怀，溢于言表。[见：《金元医学人物》（引《玉笥集》）]

彭端吾 明代河南夏邑县人。生平未详。著有《毓麟芝室玉髓摘要》一卷，今存多种明清刻本。彭氏还曾补订《证类本草》，重刻万密斋《痘疹世医心法》，皆刊于万历三十八年（1610）。[见：《中医图书联合目录》]

彭德生 清代四川安岳县人。幼年丧父，遵母命习医。技成悬壶，名著乡里，官至医学训科。[见：《安岳县志》]

彭德周 清代河南西平县人。生平未详。著有《瘟症要诀》，未见传世。[见：《西平县志》]

彭熹明 清代湖南邵阳县人。自少业儒，兼精医道。诊脉即决死生寿夭。周合玉病笃，诊之曰："不三日可愈。"果如其言。其弟周继美甚健，偶为诊之，曰："是不久人世矣。"后旬日，忽昏仆呕血而死。胡甫公之母年七十二，病卒将殓。熹明至，大呼曰："必不死！"灌药而苏，又十二年始卒，闻者无不神之。[见：《中国历代名医碑传集》（引李元度《国朝耆献类征初编·方技》)]

韩

韩仁 （1199～1282） 字义和，自号逍遥子。金元间汲县（今河南卫辉）人。自幼习儒，好学强记。父殁，奉母克尽孝道。金正大间（1224～1231）以孝廉荐授州孔目，有干才，调帅府令史。天兴元年（1232）蒙古军攻陷河南，韩氏隐居乡间。庚子年（1240）荐授元燕京行台尚书省都事。乃马真后二年（1243）赴漠北见君主，策对称旨，授尚书省员外郎。同年母殁，翌年归葬于汲县，弃官居乡。不久，偕妻张氏入全真道。此后游历太华、终南等名山，先后主持神宝、修真二道观。韩仁精通医道，居燕京时，治愈奇疾甚众，活人不可胜数，与名医窦默齐名。晚年专以收集验方、救人疾苦为事。每闻秘方奇诀，不惜千金，必得之而后快。久之积方甚富，乃辑《烟霞集》、《医林集》、《诸验方》等书，刊刻流传，今皆散佚。侄韩德旵，曾为韩仁作《归隐图》，刘敏中题诗云："英才已许致时康，勇退求仙亦异常。犹觊医方能济世，本来一念果难忘。"[见：《金元医学人物》（引王恽《秋涧先生大全文集·大元故尚书省左右司员外郎韩公神道碣铭》、刘敏中《中庵集·卷五》)]

韩玉 明代人。生平里居未详。著有《伤寒解惑》一卷，已佚。[见：《医藏书目》]

韩本 字克诚。明初浙江海盐县澉浦镇人。太医院御医韩履祥四世孙。绍承家学，亦精医业。[见：《海盐县志》]

韩左 字伯尚。明代吴县（今江苏苏州）人。太医院院判韩彝（?～1413）幼子。天资聪颖，博学多识。勤于家学，无所不通，医术精湛。以孝友知名，父殁京师，奉母还吴，以医济世。平生周急济贫，为常人所不及。年逾七十岁卒。[见：《吴县志》、《苏州府志》]

韩布 字伯广。明代吴县（今江苏苏州）人。太医院院判韩彝（?～1413）次子。绍承家学，亦精医术。中年而卒，其子韩襄（1424～?）尚幼，兄韩伯济养为嗣子。[见：《卫生宝鉴·序》、《中国历代名医碑传集》（引吴宽《家藏集·宿田翁生圹志》)]

韩让 元代人。里居未详。精通医术，曾任镇江路医学正。[见：《镇江志》]

韩有 （?～1430） 一作韩存。字伯承。明代吴县（今江苏苏州）人。邑名医韩奕子。继承父学，亦精医术，知名于时。宣德元年（1426）同邑名医王宽卒，其子王敏仅十三岁，遵母命苦读父书，三年后拜于韩有门下。韩取敏所读书问之，对答如流，乃命侍诊，以己学尽授之。逾年韩有卒。子韩充，传承家学。孙韩永祺，曾孙韩宗祀，事迹不详。[见：《苏州府志》、《中国历代名医碑传集》（引周鼎《明故王赜斋先生墓志铭》、王宽《韩氏立后记》)]

韩光 唐代玉山县（今江西玉山）人。生平未详。通医术，擅治疗肿。贞观（627～649）初，衢州太守徐公访得韩氏之方，其方用艾蒿一担烧作灰，于竹筒中淋取汁，以一二合和石灰如面浆，以针刺疮中至痛，即取浆点之，点三遍，其根自拔，亦大神良。贞观中，名医孙思邈用此方治疗三十余人，皆愈，遂收入《备急千金要方》。[见：《备急千金要方·卷二十二·痈肿毒方》]

韩传 明代吴县（今江苏苏州）人。太医院院使韩爽子。绍承家学，亦精医术。尝赴儋州戍边。永乐九年（1411）韩爽卒，爽堂弟太医院判韩彝奏：韩爽子韩传精医。帝令除韩传戍籍，特授御医。[见：《苏州府志》]

韩充 字子美（一作克美）。明代吴县（今江苏苏州）人。世医韩有（?～1430）子。绍承家业，亦以医名。子韩永祺，孙韩宗祀，事迹不详。[见：《吴县志》、《苏州府志》、《中国历代名医碑传集》（引王宽《韩氏立后记》)]

韩冲 元明间吴县（今江苏苏州）人。宋丞相韩琦后裔。与兄韩凝（1318～1371），俱精医术，知名于时。子韩爽（?～1411），官至太医院院使。[见：《吴县志》、《苏州府志》]

韩芬 字正苍。清代浙江海盐县人。早年习儒，因母病改学医。治疾有奇效，且不求酬报，乡里德之。年六十岁卒。[见：《海盐县志》]

韩画 字甄吾。清代河南西平县云庄山寨人。诸生。唐代韩愈三十六世孙。少年丧父，事母至孝。母温氏，寿至九十。韩画曾创建祖祠，置祭田，赡贫族，积谷备荒，筑寨保卫乡里，避难者多倚庇而居。精医术，为人诊病不受酬仪。曾捐金募赈山西旱灾及山东水灾，屡蒙部嘉奖。年七十岁，卒于家。著有《瘟疫条辨》及诗集等，未见刊行。[见：《西平县志》]

韩昌 元明间山西洪洞县人。世代业医，至韩昌亦精其术。素重医德，治病不计较诊金，世人皆敬重之。尝于冬月见推车者卧于道，诊其脉，知为寒证，即移入暖室，服以药，汗出而愈。及行，又赠以粮米。其人叩谢曰："愿公多寿，生贵子。"洪武（1368～1398）初，避兵于岳阳山中，遇良师授以秘传医术。及归乡，医道精进，世以神医称之。曾孙韩文，官至户部尚书。[见：《山西通志》、《平阳府志》]

韩金 明代吴县（今江苏苏州）人。世医韩襄（1424～？）子。绍承父学，亦通医术。襄有外舅张御医，造诣精深。金奉父命至京师，侍于张氏，遂尽两家之长，名著于时。后为知者所荐，授崇王府良医。子韩宗福，事迹不详。[见：《中国历代名医碑传集》（引王宽《家藏集·宿田翁生圹志》、《韩氏立后记》）]

韩泳（1608～1688） 字文潜，号恕斋。明清间山东安丘县人。韩仲元子。自幼习儒，师事梦求先生。先生博综经史，兼通医道，尤擅痘科，尽以术授之。友朋知其善医，乃抱儿求诊，治辄奇效。遇不可为者，预言时日及疾病变化之状，皆应验不爽。嗣后，声名远播，求诊者车马冠盖集门，应接不暇。重医德，遇贫穷之家延请，立往诊视，察虚实，辨寒热，虽腥臊垢秽，未尝生厌。贤士大夫、郡邑长吏闻其名，争与之交。御史、按部，皆旌表其庐，数举乡饮大宾。年八十一岁卒。子知爱、知敬、知忠，皆以儒学著称。[见：《中国历代名医碑传集》（引张贞《杞田集·韩君文潜墓志并铭》）]

韩政（1224～1289） 字君用。金元间益都县（今山东益都）人。父韩松之，为金朝名将，戍山阳，战殁。时韩政仅五岁，赖母抚育成人。稍长，从舅父习医，尽得其传。后再投良师，技艺益精，年弱冠以医自立。后见知于诸王塔察儿，随军取海州、涟水，屡立战功。世祖忽必烈器重之，授嘉议大夫汉军元帅监军事，佩虎符。至元十九年（1282）加正议大夫，充枢密院判官，次年升治书侍御史。二十三年（1286）出为淮东道提刑按察使。二十六年卒于任所，年六十六岁。赠南阳郡侯，谥"威敏"。三子韩拯，官御药院副使。[见：《新元史·韩政传》、《金元医学人物》（引《清容居士集·韩威敏公家传》）]

韩拯 元初益都县（今山东益都）人。其父韩政早年业医，后从戎，官至淮东道提刑按察使。韩拯为韩政（1224～1289）三子，官御药院副使。[见：《新元史·韩政传》]

韩奕（1334～1406） 字公望，号蒙斋（一作蒙庵）。元明间吴县（今江苏苏州）人。名

医韩凝长子。自幼颖悟，读书务穷精要。年十五，为诗文已纯雅可观。初习举业，少年时生目翳，占卜得"蒙"卦，自觉不可疗，遂匾其庐曰蒙斋，绝意仕进，潜心性理之学。后闻金华朱震亨为医学巨擘，不顾兵革之乱，徒步数百里，寻朱氏门人而师之，遂尽得其学。及归，察色辨脉，洞知脏腑症结，治疾历有奇验，远近求诊者户外常满。重医德，遇贫病辄赠以药，助以衣食，未尝求报。与名儒王宾相友善，二人皆精医术，并称于时。性端重简默，虽居闹市，而性喜游历，放浪于山水之间，布衣芒履，一童自随，往来于山僧野客间，累月不归。时或藉草而坐，微吟长啸，欣然古风，时人莫测其意。建文（1399～1402）初，知府姚善慕名访之，避而不见。富于著述，与医相关者有《伤寒类法》一卷、《新效方》一卷、《本草歌括》一卷，又曾校正罗天益《卫生宝鉴》，惜皆散佚。又有烹饪书《易牙遗意》二卷，今存。另有诗文稿《韩山人诗集》、《续集》、《吃语稿》、《秋行唱和集》、《支硎山十二咏》、《鼓缶》、《鸣秋》、《莹语》等，前二种存。永乐四年卒，享年七十三。葬之日，送者几三百人，莫不为之悲泣。弟韩彝，官至太医院院判。子韩有，绍传家学，亦以医闻世。[见：《吴县志》、《苏州府志》、《中国历代名医碑传集》（引赵有同《故韩隐士行状》）]

韩莹 金代安徽凤阳县人。精通医术，与同邑王博齐名，世称神医。宿州卫有百户李昶，年十五六时患弱疾，几不起。延请韩、王二医诊视，二人皆谓："病即愈，且享高寿。"后果如所言。[见：《凤阳府志》]

韩乾 字健也。清代江苏通州（今南通）人。邑名医韩荣慎子。传承父业，亦精医术。[见：《南通志乘》]

韩康 又名恬休，字伯休。东汉京兆霸州（今陕西西安）人。世为望族，隐居不仕。通医药，采药名山，售于长安市，口不二价，三十余年不改其常。时有女子从康买药，康守价不移。女子怒曰："公是韩伯休耶？乃不二价乎？"康叹曰："我本欲避名，今小女子皆知有我，何用药为？"乃遁入霸陵山中。博士公车连征，不应。桓帝备礼，以安车聘之。使者奉诏造康，康不得已，乃许诺。辞安车，自乘柴车，先使者发，中道逃遁。后以寿终。[见：《后汉书·逸民·韩康》]

韩鸿 字印秋。清末人。生平里居未详。其父（佚名）撰有《韩氏医课》六种，包括《金匮方歌括》、《温病方歌》、《医方歌括》、《十剂选时方歌》、《景岳新方八阵歌》、《霍乱方歌》，韩

鸿为之校补，今存光绪二十三年（1897）稿本，书藏中国中医科学院图书馆。[见：《中医图书联合目录》]

韩琦（1008～1075） 字稚圭。北宋相州安阳（今河南安阳）人。右谏议大夫韩国华三子。弱冠举第二名进士，授将作监丞、通判淄州。入直集贤院、监左藏库。历官开封府推官、右司谏、枢密直学士、武康军节度使。仁宗嘉祐元年（1056），拜枢密使。三年六月，拜同中书门下平章事、集贤殿大学士。英宗嗣位，加门下侍郎，进封卫国公。神宗立，拜司空兼侍中。琦执政三朝，晚年两度请辞，改授镇安武胜军节度使。熙宁八年，换节永兴军，未拜而薨，年六十八。赠尚书令，谥"忠献"。据载，韩氏世以售药为业，宋时严禁私家市药，独韩家以琦故仍得售药，当时谓之韩府药局。后世代有名医，以元明间韩凝、韩冲兄弟最著名。[见：《宋史·韩琦传》、《吴县志》、《姑苏志》、《苏州府志》]

韩琮 字季方。清代江苏丹徒县人。岁贡生。精医理，屡起沉疴。不业医，教授儒童以自给。[见：《丹徒县志》]

韩焕 字复岐。清代浙江嘉善县魏塘镇人。天性颖异，自少习医，精其术，活人无算。太守佟公旌其室曰全生堂。晚年取《伤寒论》详加注释，未竟而卒，享年八十四。孙韩镒，继承祖业，亦负盛名。[见：《嘉善县志》]

韩湛 字燕期。清代河南开封鄢陵县人。精医术，活人甚众。多善举，遇贫殁无子者，为具棺殓葬，乡人皆感德。[见：《鄢陵县志》]

韩鹏 字凤楼。清代浙江萧山县摇家潭人。性嗜医学，自幼年入塾即喜窥轩岐之书。及长为诸生，益专力于医，技艺日精，声名日噪，求治者无不应手而愈。著有《仲景伤寒论疏》四卷、《察舌刍言》一卷，藏于家。[见：《萧山县志稿》]

韩溥 字博广。清末河南长垣县人。精医术，知名于时。著有《中西医考》、《眼科抉微》、《伤寒抉微》诸书，藏于家。子韩澍勋，传承其术。[见：《长垣县志》]

韩儆 号足翁。明代无锡县（今属江苏）人。幼时家贫，尝为人役。后结识秀水县刘氏名医，刘收为弟子。读医书甚勤，夜不贴席者数年，贯通医理。师殁，嗣其业，医名噪于郡邑。同时有蔡芝谷、周玉溪，与之齐名。[见：《锡金识小录》]

韩谯 清代四川崇庆县义兴乡人。本邑外科名医韩华璋侄。得伯父亲授，亦精医术，知名于时。[见：《崇庆县志》]

韩奭（?～1411） 字公茂。元明间吴县（今江苏苏州）人。名医韩凝侄，韩冲子。学医于从兄韩奕，精其术，与戴元礼齐名。明初任燕府良医正，见知于成祖。永乐二年（1404）擢太医院院判，继升太医院院使。帝问："有弟否?"答曰："弟诒孙（即韩彝），尝师事臣。"遂召韩彝，授御医。永乐九年（1411）扈驾北巡。是年卒，以三品钦葬，诏其子韩传入太医院，授御医。[见：《苏州府志》、《吴县志》、《姑苏志》]

韩镒 字楚白。清代浙江嘉善县魏塘镇人。邑名医韩焕孙。继承祖业，亦精医术，名重魏塘三十年。当地官吏以"功高卢扁"额其门。与名医沈又彭门生奚振鳌相友善，常往复参究医理，二人合力，续成韩焕未完遗稿《伤寒论注》，补入少阴以下各篇，并加按语，惜未见刊行。[见：《嘉善县志》]

韩凝（1318～1371） 字复阳。元末吴县（今江苏苏州）人。宋丞相韩琦后裔。祖籍河南安阳，宋南渡时徙居吴县乐桥。自曾祖韩荣甫始业医。父韩斗一，早卒。凝奉母尽孝，崇古好学，少年时即致力于家学，贯通医理。及长，挟技游于江淮，治病多效验，全活甚众，世称"吴中卢扁"。喜交纳贤才，取其所长，故学养深厚，为吴中士林魁首。张士诚入吴，收引士类，强授以官，以母老固辞。为人性亢色温，见人有善则喜，有过则面责之，世皆推服。曾论医事曰："医之为术与儒者之学，皆出古圣人。后世粗工皆庸妄，去圣远甚。以庸妄业圣人之事，又不习其书，不资于儒，宜其失者多矣。"曾读朱震亨《格致余论》，推重其说。时朱氏谢世多年，乃命长子韩奕从学于朱氏门生。弟韩冲，亦精医术。子韩奕、韩彝，皆以医术闻名于时。[见：《苏州府志》、《姑苏志》、《吴县志》、《金元医学人物》（引王鏊《胡仲子集·韩复阳墓碣》）、《中国历代名医碑传集》（引祝允明《怀星堂集·韩公传》）]

韩懋 字天爵，号飞霞道人，亦作飞霞子，后改姓名为白自虚，世称白飞霞。明代四川泸州人。诸生。本将门子，少习举业，屡试不得志，弃儒习医，兼学道术。自幼禀质薄弱，兼父母多病，故习医之志甚坚。初师从表舅父华恒峤，后访师于峨眉，得道士陈斗南指授。嗣后，复得金华王山人、武夷仙翁、黄鹤老人（铁衣翁）、庐山休休子秘传，遂精道家丹术，兼精医术，知名朝野。正德间（1506～1521）游于京师，大学士杨文忠礼敬之。武宗闻其名，召见，与语大悦，赐号"抱一守正真人"，诏建飞霞宫使居之。后还峨嵋，与嘉州四谏（彭汝寔、程启充、徐文华、安盘）相往还，筑竹舍于锦江之浒，遂定居成都。太史杨慎雅重其学，以"贞隐先生"称之。明初，梅毒自海外传入，韩懋撰《杨梅疮论治方》一卷，为国内最早之治疗梅毒专书，惜散佚不传。韩氏诊病，依六法预制专用医案纸，尝谓："六法者，望、闻、问、切、论、治也。凡治一病，用此式一纸为案，首填某地、某时，审风土与时令也；次以明聪，望之闻之，不惜其详，察其外也；然后切脉论断处方，得其真也。各各填注，庶几病者持循待续，不为临敌易将之失，而医之心思既竭，百发百中矣。"韩氏此法为我国古代最规范之病历格式，较喻昌"议病式"早百余年。韩懋著有《韩氏医通》二卷，刊刻于嘉靖元年（1522），今存原刻本及多种明清重刻本。另著《方外奇方》若干卷、《滇壶简易方》一卷，已佚。[见：《医学入门·历代医学姓氏》、《医藏书目》、《韩氏医通》、《峨眉县志》、《四部总录医药编》、《四川医林人物》、《中国历代名医传》]

韩襄 （1424～?） 字克缵，号宿田。明代吴县（今江苏苏州）人。太医院院判韩彝孙，世医韩布子。幼年丧父，祖父命鞠养于伯父韩伯济，为其嗣子。叔父韩左亦爱之，命随从兄韩梅窗习医，以承家学。襄勤奋好学，多有领悟。及悬壶问世，治辄奇效，活人不可胜计。相城沈贞，庆八十寿诞，于席间发病，其势沉剧。襄诊其脉，曰："无害。"饮以汤剂，使就枕席。入夜，闻内室有哭声。贺客李某嗤曰："先生误耶！"襄从容曰："惟脉虚，无他，八十之人应然也。"黎明问之，沈氏果无恙，盖有人以他故啼哭也。临证奇验类此者甚众。生性梗直，遇不可为者不肯投药，且预言死期，所言无不中者，故每为时医所沮。不以医谋利，一生清贫，未尝置怀。成化丙午（1486），年六十六岁，预备生圹，请祝允明作传，以备子孙求墓志之用。卒年不详。长子韩金，以医著称；次子韩鋆、三子韩鎏、幼子韩鎣，生平未详。[见：《中国历代名医碑传集》（引吴宽《家藏集·宿田翁生圹志》、祝允明《怀星堂集·韩公传》）]

韩彝 （?～1413） 一作韩夷。原名贻孙，字子翼（一作伯翼），号公达。元明间吴县（今江苏苏州）人。名医韩凝（1318～1371）次子。出生即丧母，凝因长子韩奕尚无子嗣，命以子养育之，故起名贻孙，字子翼。及长，随兄习

医，尽得其传，又得从兄韩奭指授，故深通医理。洪武间（1368～1398）任苏州府医学正科。永乐二年（1404），经韩奭举荐，入太医院任御医，赐宅第于致和街。一日，成祖问其名字之故，遂赐名"彝"，改号"公达"。永乐十年（1412），升太医院判。帝患腹痛疾，韩彝诊之，谓帝嗜食水芹，此物善生虫，积久成病。进雷丸、大黄、木香等药，下虫六十二条，疾愈。帝喜，赐裘马，复赐宅第于大明门内。永乐十一年，扈驾北巡，归而患病，不能上朝。帝命中贵视察，复遣人占卜。卒于是年，帝叹悼赐葬，祭视三品。有子三人：长子韩伯济，事迹不详。次子韩布，幼子韩左，皆绍家学。[见：《苏州府志》、《吴县志》、《姑苏志》、《重刊卫生宝鉴·后序》、《中国历代名医碑传集》（引金幼孜《金文靖集·太医院判韩公达挽诗序》）]

韩士文 号伴松。明代泰州（今属江苏）人。精通岐黄，以术济人，名重乡里。能诗，著有《休休楼集》。[见：《泰州志》]

韩士良 号履石。清代浙江太平县（今温岭县）人。诸生。精通医药，人称"小神农"。常行医在外，每归家，求医者接踵而至，门庭如市。黄岩药肆李某患潮热咯血，卧床半载，久治不效。士良应邀诊之，以大剂麻杏石甘汤加减使服。李素知医，初畏量大不敢服，士良劝之始服，药下则大汗出，次日病大减。询其故，答曰："病经外感风寒，前医不疏表而进滋补，致内热虚损，所谓伤风不愈便成痨是也。今既祛散表邪，斯可用前医之方调理矣。"李遵嘱，不久痊愈。韩氏素重医德，遇贫病不计较诊金，全济甚众。郡守、县令皆赠匾表彰之。曾参考《灵枢》、《素问》诸书，辑《经络传》若干卷，未见刊行。[见：《太平续志》、《中国历代医家传录》（引《中医报》）]

韩士勇 清代山西阳曲县人。精医术，尤擅外科。乾隆丙子（1756），李登云刃伤左耳根及颈项，血涌仆地气绝。韩氏治之，敷以金疮铁扇散，以扇扇之，须臾血止而苏，越日痂结，霍然痊愈。[见：《中国历代医家传录》（引《外科证治全生集》）]

韩子新 元代人。里居未详。精医术，曾任济宁路（今山东巨野）医学教授。秩满归乡。[见：《金元医学人物》（引王旭《兰轩集·送韩子新序》）]

韩元镇 （?～1645） 字伯宣。明末昆山县（今属江苏）南岗人。世代精医，绍承祖

业。顺治二年清兵攻昆山，韩氏置生死于度外，与全城民众誓死守城，城陷殉国。妻徐氏与两女，俱殉国难。[见：《昆山历代医家录》（引《昆山新阳合志》）]

韩仁寿 字静存。清代安徽黟县奇墅人。通医术，尤擅长疡科，知名于时。子韩毓蕃，传承父学，以医为业。[见：《黟县四志》]

韩仁厚 清代山东安丘县人。生平未详。撰有《敬口斋痘科》若干卷，未见刊行。[见：《山东通志》]

韩公麟 （1253～1319）字国瑞，号雪谷。元代真定（今河北正定）人。高祖、曾祖皆为金代官，世袭千夫长。至其父始业医，以妙术佳德闻世。公麟幼承庭训读书，及长，亦精医道，挟技游京师，享誉公卿间。至元己丑（1289）礼部尚书许国桢荐名医于元世祖，内有韩公麟之名。世祖召见于便殿，示以西域药物，应对称旨，授尚医。世祖晚年多疾，公麟进药多效，累赐貂裘、玉带。至元辛卯（1291）擢医正郎御药局副使。成宗继位（1295），授承直郎，太医院副使，累迁中顺大夫太医院使。大德辛丑（1301）太医院改制，升二品，进嘉议大夫、金书太医院事。任医官十四年，常居帝侧，医疗之外，每侍读《资治通鉴》、《大学衍义》等书，以正心修身、广开言路进谏，士论贤之。武宗初，尚书省臣专权，韩公麟称疾家居。授淮安路总管，不赴。仁宗皇庆二年（1313）授秘书监卿，次年拜昭文馆大学士资善大夫太医院使。年六十七岁卒。韩氏曾奉诏与罗天益等二十人修订本草。大德二年（1298）九月，奉旨与医愈郎诸路医学副提举申甫，御药院副使王希逸，提点太医院事郑忙古歹、麻维躐等十二名医官校订宋医学全书《圣济总录》，于大德四年完成，更名为《大德重校圣济总录》，诏令江浙行省刊刻，颁赐各地医学。韩氏兼精绘画，擅写竹，行笔简劲，殊有生意。按，韩公麟，《新元史》误作"韩麟"。[见：《丽宋楼藏书志》、《新元史·韩麟传》、《中国人名大辞典》、《金元医学人物》（引《滋溪文稿·资善大夫太医院使韩公行状》、《图绘宝鉴》）]

韩凤仪 字翔虞。清代江苏高邮州人。诸生。父早殁，家贫力学，工书法，手录经史诗文盈箧。兼精医术。辑有《万方汇览》八卷，未见刊行。[见：《扬州府志》]

韩文晔 字叔旸（一作叔阳）。明代浙江金华府武义县人。与盛寅受学于名医王宾，皆负盛名。洪武间，二人以名医荐入内廷，召对

称旨，俱留御药院供职。洪武三十一年（1398），文晔迁太医院判。惠帝朱允炆为皇太孙时，从驾北征，调护有功。建文（1399～1402）初，治太后疾获效，赐二品服，及御制《元宵诗》、《真君图》，以示恩宠。[见：《中国历代名医碑传集》]

韩斗一 元代吴县（今江苏苏州）人。邑名医韩信仲子。传承父学，亦业医，早卒。子韩凝、韩冲，皆传先业。[见：《中国历代名医碑传集》（引祝允明《怀星堂集·韩公传》）]

韩世贤 明代苏州（今江苏苏州）人。精医术，知名于京师。隆庆二年（1568）正月，太医院医官徐春甫集合各地在京名医四十六人，创立一体堂宅仁医会，韩氏为会员之一。诸医穷探医经，讨论四子（指张机、刘完素、李杲、朱震亨），共戒私弊，患难相济，为我国最早之全国性医学组织。[见：《我国历史上最早的医学组织》（《中华医史杂志》1981年第3期）]

韩平叔 明代人。里居未详。为道士。善炼丹术，兼精医道。尝至丹徒，道士祁嗣篆礼敬之。平叔欲授以"烧炼神术"，却而不受，乃授以疗痈疽诸方。祁氏既得秘授，治异毒多获奇效，决病者死生百不失一。[见：《丹徒县志》、《镇江府志》、《江南通志》]

韩永年 清代四川崇庆县义兴乡人。邑名医韩华璋（1796～1875）子。绍承父学，亦以医术知名。[见：《崇庆县志》]

韩永福 字怀瑜。清代江苏金坛县人。精医术，治病不计酬谢。嘉庆甲戌（1814）夏，疫疠流行，韩氏出技疗救，经治者十愈八九，全活甚众。知县梁兰滋以"著手成春"额其门。[见：《金坛县志》]

韩永璋 （1867～1934）字达卿，号达哉，又号淮阴道人。近代江苏淮阴人。自幼读书，兼习祖传医术，知名京师。曾任太医院医士、官医局提调。辑有《医学摘瑜》二卷，刊于世。[见：《淮阴中医》]

韩匡嗣 （?～981）辽代幽州安次县（今河北廊坊）人。左仆射韩知古子。精医术，入值长乐宫。善逢迎，皇后视之如子。应历十年（960）官太祖庙详稳。景宗即位（969），拜上京留守。顷之，封燕王，改南京留守。保宁（969～978）末，以留守摄枢密使。宋朝北取太原，逼燕，匡嗣仓促应战，大败。景帝欲诛之，皇后力保得免。乾亨三年（981）授西南面招讨使，寻卒。皇后遣使临吊，追赠尚书令。[见：《辽史·韩匡嗣传》]

十
二
画

韩华国 清代陕西澄城人。生平未详。撰有《通俗药性歌》若干卷，今未见。[见：《澄城府志》]

韩华璋 （1796～1875） 清代四川崇庆县义兴乡人。性豪爽，精拳术，通南北各派，号称技击大师。兼擅医术，治骨伤、疮疡有妙手回春之誉。每出行携一药囊，随手施治，不望酬报。光绪元年秋卒，年八十岁。子韩永年，侄韩谯，门人竹渭川，得其传授。[见：《崇庆县志》]

韩克诚 明代浙江海盐县澉浦镇人。精医术，尤善脉法。门生贺岳，医名甚噪。[见：《海盐县志》]

韩应奎 明代山东益都县人。精医术。推崇李杲《东垣十书》，能悟其奥义，临证多佳效。[见：《山东通志》]

韩茂桂 字秋华。明代山东淄川县人。少孤。万历壬子（1612）赴乡试，中副榜。博学多识，兼通医术，于儿科尤为擅长。著有《痘疹秘诀》若干卷，行于世，今未见。[见：《济南府志》]

韩昌允 字季康。清代江苏无锡县人。寓居泰县。隐于医，治病多佳效。尝汇集历代注释《伤寒论》之书，摘奥钩玄，编《医家孤白集》，未见刊行。[见：《江苏历代医人志》]

韩昌学 清代陕西洋县人。庠生。生于世医之家，兼通内、外、针灸诸科。为知县所器重，辟为医学训科，所愈奇疾不可胜计。著有《经验内外方书》若干卷，后裔珍秘之，不轻易示人，故未获刊行。[见：《洋县志》]

韩昌敖 清代四川广元县人。精医术，推重张机《伤寒论》，治病应手取效，知名于时。中年而卒。门人刘全春，得其传授。[见：《重修广元县志稿》]

韩明善 元代越州（今浙江会稽）人。早年习儒，贯通经史，知名士林。兼精医理，家藏医书甚富。门人项昕，尽得其传，后为名医。[见：《李濂医史·抱一翁传》、《余姚县志》]

韩宝筮 字青士。清代江苏元和县周庄镇人。韩来潮子。早年习儒，授从九品衔。嗜医学，曾问业于名医郑祥征（1758～1832）。始习妇科，旋理大方脉，用药轻捷，屡奏良效，数获当道大吏褒奖。[见：《吴县志》、《周庄镇志》]

韩宗绍 （?～870） 一作韩宗召。唐代人。里居未详。精医术，咸通间（860～873）任待诏、翰林医官。咸通十一年八月，同昌公主病亡，懿宗责医官韩宗绍、康仲殷等用药不效，皆杀之。又收捕其亲族三百余人，拘押京兆府。丞相刘瞻上疏曰："公主久婴危疾，韩宗绍等因缘艺术，备荷宠荣，想于诊候之时无不尽其方术。"谏帝释之。京兆尹温璋亦奏曰："行法太过。"懿宗大怒，即日罢刘、温之官。温璋服毒自杀。韩宗绍著有《肘后方》一卷，已佚。[见：《旧唐书·懿宗纪》、《旧唐书·刘瞻传》、《宋史·艺文志》]

韩荣甫 元代吴县（今江苏苏州）人。宋丞相韩琦后裔。元浙西路马步军副总管韩性卿孙，韩龙子。通医术，悬壶于世。子韩信仲，传承其业。[见：《中国历代名医碑传集》（引祝允明《怀星堂集·韩公传》）]

韩荣慎 清代江苏通州（今南通）人。以医术知名，尤精痘科。子韩乾，传承父业。[见：《南通志乘》]

韩映坤 字介贞，号念坡。清代山东淄州人。太学生。性笃实，多善举，嗜于医学。尝采辑医方，详加注释，编《经验良方集解》若干卷，藏于家。[见：《淄州志》]

韩贻丰 清代浙江慈溪县人。生平未详。著有《太乙神针心法》二卷，刊于康熙五十六年（1717）。[见：《中医图书联合目录》、《慈溪县志》]

韩保升 五代后蜀人。里居未详。孟昶在位时（934～965），官翰林学士。奉命与诸医士取《唐本草》校补注释，附以图经，编《重广英公本草》（又称《蜀本草》）二十卷，孟昶自为序，刊布于世，今佚。韩保升因编此书而"深知药性，施药辄神效"。[见：《古今医统大全·历世圣贤名医姓氏》、《本草纲目·序例》、《补五代史艺文志》、《通志·艺文略》]

韩信仲 元代吴县（今江苏苏州）人。宋丞相韩琦后裔。邑名医韩荣甫子。传承父学，亦业医。子韩斗一，克绍祖业。[见：《中国历代名医碑传集》（引祝允明《怀星堂集·韩公传》）]

韩俊声 清代陕西蒲城县人。精医术，知名于时。轻财好义，乐于助贫，焚债券颇多。[见：《蒲城县志》]

韩衍楷 清代山西汾阳县人。生平未详。辑有《继志编方书》（又作《继志编方书合刻》）六卷，刊于乾隆三十九年（1774），今存。[见：《贩书偶记续编》、《中医图书联合目录》]

韩济怀 字梓来。清代广东平远县人。监生。品行端方，术精岐黄。常施药救人，遇饥岁则出粟赈济，乡里德之。[见：《平远县志》]

韩祗和 一作韩祇和。北宋人。生平里居未详。通医理，对《伤寒论》颇有研究。撰《伤寒微旨论》二卷，成书于元祐丙寅（1086）。原书佚，清人从《永乐大典》辑出，复成完帙，重刊于世。该书对《伤寒论》颇多阐发，对后世影响较大，名医王好古尤推重之。《四库全书总目提要》评之曰："推阐张机之旨而能变通其间。"[见：《直斋书录解题》、《四库全书总目提要》]

韩桂林 清代河北交河县人。精明医道，治病无不立效，活人甚多。村人公送"道心仁术"匾额。[见：《交河县志》]

韩凌霄 清代河北赵州人。生平未详。撰有《瘟痧要编》（又作《经验瘟痧要编》）四卷，刊于光绪七年（1881），今存。[见：《贩书偶记续编》、《中医图书联合目录》]

韩维康 一名文海。唐代人。里居未详。精医术。曾应藏王松赞干布之聘赴西藏传医。与当时赴藏医士合编《无畏武器》七卷，流传于当地（今佚），对汉藏医学交流多有贡献。[见：《中医大辞典》]

韩隐庵 明代四川人。里居未详。精医理，贯通《内经》，兼善导引，隐居不仕。门人沈应善，从学三年，尽得其传，以医名世。[见：《新建县志》]

韩巢屿 字观涛。清代山东泰安县人。读书好古，能诗善文。精于医术，尤擅治痘疹，救危拔疴，屡奏奇效。著有《活幼汇参》若干卷，未见刊行。[见：《泰安县志》]

韩厥初 字乾一。清代山东商河县韩庄人。太学生。天性清高，才思敏捷。通明医理，尤精外科。以医济人，凡本庄患病者，闻讯即至，朝夕诊视，不待延请，施送丸散诸药，概不取值。晚年举乡饮宾。年八十一岁卒。著有《脉理正宗》、《医方精选》诸书，藏于家。[见：《商河县志》]

韩景佐 清代陕西石泉县人。庠生。早年习儒，因家贫学医。重医德，遇贫病施送药饵，不取其酬。平生好善，每晚于小巷点灯，颇便行人，乡里皆称善人。[见：《兴安府志》]

韩程愈 字幼平，号智度。清代河南鄢陵县人。韩自重八子。自幼习儒，年十三补博士弟子。生平多义举，为世人称颂。兼通医道，施药以济贫病。编有《大雅堂集方》八卷，未见流传。[见：《鄢陵县志》]

韩善长 （1874～1953） 字一斋，晚号梦新。现代北京人。早年学医于太医院院判李子余，尽得师传，以内科知名。后供职于太医院，任八品恩粮，兼寿药房值宿供奉官。清亡后，悬壶济世，每日病者盈门，全活甚众。门生赵绍琴，任北京中医药大学教授，为现代著名中医学家。[见：《韩一斋先生学术经验简介》（《中医杂志》1962年第9期）、《太医院志·同寅录》、《名老中医之路》]

韩善征 字止轩。清末江苏丹阳县人。廪贡生。博学多识，勤于著述，持论高古，不媚流俗。中年致力医学，诊病处方极精。光绪癸巳（1893）疟疾盛行，时医率投以小柴胡汤，毙者踵接。韩氏考阅叶桂、王士雄两家之书，悟疟疾有正疟、时疟之不同，时医执古方以治今病，药证不合，焉能著效。遂著《疟疾论》一卷，以阐发其说。还著有《痢疾论》、《阳痿论》、《时病撮要》、《醒世琐言》、《金匮杂病辨》（以上六书合称《韩氏医书六种》）、《白喉证治订误》等书，今有稿本及刊本存世。[见：《丹徒县续志》、《疟疾论·自序》、《全国中医图书联合目录》]

韩福纯 号文在。清代陕西临潼县人。幼习举业，应试不第，弃儒习医。博览《内经》诸医典，治病多效验，名重于时。[见：《临潼县志》]

韩福恒 字圣安。清代陕西礼泉县人。精医术，擅外科，求治者不绝于门。重医德，闻贫者患疾，上门诊视，病愈乃止。[见：《礼泉县志》]

韩毓蕃 清代安徽黟县奇墅人。邑疡科名医韩仁寿子。传承父学，亦以疡科闻世。[见：《黟县志》]

韩德基 字卓甫。明代浙江海盐县澉浦镇人。永乐间（1403～1424）御医韩履祥后裔。少年丧父，读书能解大意。及长，精通医术，决死生多奇验。重医德，遇贫病以良药赠之，不取酬。出诊有所得，必献之于母，或分赠亲知。惜年仅三十九岁即卒。无子，以弟之子为嗣。[见：《海盐县志》]

韩澍勋 字凌勋。清末河南长垣县人。邑名医韩溥子。传承父学，亦精医术，以擅治瘟疫知名。[见：《长垣县志》]

韩履祥 号采芝。元明间浙江海盐县澉浦镇人。早岁读书习儒，能诗善画。后致力医学，以擅长诊脉知名。洪武间（1368～1398）受知于明太祖，授太医院御医。成祖时尤加眷遇，公卿大夫争与相交。四世孙韩本，亦为名医。[见：《浙江通志》、《海盐县志》]

韩籍琬 字来鹤。明清间江苏吴县人。名医韩凝后裔。少攻举业，诗书文章俱精，然屡试不遇。读书之暇，兼及祖传医术。刑部尚书徐乾学雅重其学，称学有渊源。韩氏曾阐发仲景学说，撰《伤寒意珠篇》二卷，刊于世，今存抄本及画锦堂刻本。[见：《吴县志》、《中医图书联合目录》]

葛

葛升 元末吴县（今江苏苏州）人。名医葛乾孙（1305～1353）四子。继承父学，亦精医理。[见：《吴县志》]

葛玄 字孝先，世称葛仙公。东汉末丹阳句容（今江苏句容）人。初从左慈学道术，兼通医药之学，常制丹药济人。著有《济急方》三卷、《杂方》十卷、《杏仁煎方》一卷，均佚。侄孙葛洪（281～341），为著名道士，兼精医药。[见：《晋书·葛洪传》、《搜神记》、《江南通志》、《宋史·艺文志》]

葛旭 明初吴县（今江苏苏州）人。世医葛正蒙（1302～1374）孙。与弟葛继，皆绍承家学，以医知名。[见：《金元医学人物》（引《免藻集·葛仲正墓志铭》）]

葛观 元末吴县（今江苏苏州）人。名医葛乾孙（1305～1353）长子。绍承父学，亦精医术。[见：《吴县志》]

葛林 字茂林。明代浙江钱塘县人。精医术，擅长儿科，察色诊脉，投药辄效。成化间（1465～1487），声闻帝廷，命内臣至杭，召至京师，授太医院医官。时武宗尚在婴稚，皇太后保护甚周，一日，突患痫疾，中外惶怖，连夜召葛林，一剂而安。帝大悦，赐白金等物，使与上公之宴。杨少师子惊眩而死，已就木。葛林曰："天幸欲雨，阴舒而阳郁消。吾煮清利药蒸其下，自起。"如言治之，果验。葛氏官至太医院判。年八十八岁卒。著有《杏坞秘诀》一卷，已佚。[见：《钱塘县志》、《浙江通志》]

葛奎 清代安徽寿州人。邑名医葛维麒子。继承父业，亦以医术知名。[见：《寿州志》]

葛复 明初吴县（今江苏苏州）人。世医葛正蒙（1302～1374）长子。与弟葛泰，皆继承家学，以医知名。[见：《金元医学人物》（引《免藻集·葛仲正墓志铭》）]

葛洪 （283～343）字稚川，号抱朴子，世称葛仙翁。晋代丹阳句容（今江苏句容）人。邵陵太守葛悌子。自幼好学，家贫，躬自伐薪以贸纸笔，夜辄书写诵习，以儒学知名。性寡欲，无所爱玩，为人木讷，不好荣利，唯喜神仙导养之术。其叔祖葛玄，以道术名世。洪早年从玄之弟子郑隐学炼丹术，后从南海太守鲍靓习"内学逆占"之法，兼习医术。鲍氏器重其才，以女鲍姑妻之。太安二年（303）石冰作乱，吴兴太守顾秘任葛洪为将兵都尉，以军功迁伏波将军。冰平，辞归乡里。元帝任丞相时，辟为掾，赐关内侯。成帝咸和间（326～334）任咨议参军。晚年欲炼仙丹以求长寿，闻交趾出丹砂，乃求为勾漏令，帝从之。携子侄南行，至广州，刺史邓岳固留之，乃居罗浮山炼丹，优游闲养，著述不辍。年六十一岁，卒于此山。葛洪擅长养生，以道学治医药，颇有成就。曾撰《肘后备急方》（原名《肘后救卒方》）八卷，经陶弘景整理，流传至今，为历代医家所重。还著有《金匮药方》一百卷、《玉函煎方》五卷、《神仙服食药方》十卷、《黑发酒方》一卷，散佚不传。今存者有《养生论》一卷、《抱朴子》（炼丹书）一百一十六篇。[见：《晋书·葛洪传》、《隋书·经籍志》、《旧唐书·经籍志》、《新唐书·艺文志》、《补晋书艺文志》、《宋史·艺文志》、胡乃长《葛洪生卒年代辨证》（《中华医史杂志》1980年第2期）、《中医图书联合目录》]

葛泰 明初吴县（今江苏苏州）人。世医葛正蒙（1302～1374）次子。与兄葛复，皆继承家学，以医知名。[见：《金元医学人物》（引《免藻集·葛仲正墓志铭》）]

葛晋 元末吴县（今江苏苏州）人。名医葛乾孙（1305～1353）次子。继承家学，亦精医术。[见：《吴县志》]

葛振 字啸台。清代江苏江都县人。增广生。早年习儒，颇有文名。桐城姚鼐主讲书院，称其文似陆文圭。兼精医术，家境极贫，悬壶以自给。[见：《江都县续志》]

葛哲 （1389～1461）字明仲。明代昆山县（今属江苏）人。世医葛叔成次子。绍承家业，博览儒经、医典，兼通内外两科，尤以幼科最为擅长。永乐间（1403～1424）授荆府良医副，赐迪功佐郎。后转任梁府良医副、楚府良医副。任王府医官三十年，治病多佳效，府僚自长史以下，无不雅重其人，且神其术。尝辑《保婴方论》四卷，奏进宣帝，帝赐宴奖之。天顺五年卒，时年七十有三。与妻蔡氏合葬于马鞍山北凤凰峰下，郑文康为撰墓志铭。弟葛睿，亦精医道，时称二葛。[见：《昆山县志》、《重修昆山县志》、《苏州府志》、《昆山历代医家录》（引《平桥稿》）]

葛涣 元末吴县（今江苏苏州）人。名医葛乾孙（1305～1353）三子。继承家学，亦精医理。［见：《吴县志》］

葛继 明初吴县（今江苏苏州）人。世医葛正蒙（1302～1374）孙。与兄葛旭，皆继承家学，以医知名。［见：《金元医学人物》（引《兔藻集·葛仲正墓志铭》）］

葛越 号黄庐子。东汉人。里居未详。出家修道。精医术，病者寄书讨方，服之即愈。［见：《神仙传》］

葛斐 南宋宣城县（今安徽宣城）人。曾官吉州金判，弃官为医。后代继承其业，五世孙葛朝用，为元代福建八郡医师。［见：《金元医学人物》（引贡师泰《玩斋集·诚斋记》）］

葛阑 明代昆山县（今属江苏）人。邑名医葛睿孙。绍承家业，亦精医术。天顺间（1457～1464），任本县医学训科。［见：《昆山县志》、《昆山新阳合志》、《昆山历代医家录》（引《平桥稿》）］

葛照 清初江苏昆山县人。精医术，任太医院吏目。［见：《昆新两县续修合志》］

葛雍 字仲穆，号华盖山樵。元代江西临川县人。推重金代名医刘完素，曾整理刘氏著作，辑《伤寒直格》（又作《刘河间直格论方》）三卷，刊刻于世，今存。此书上卷总论医理；中卷为伤寒总评、六经传变、外感证治，反映刘氏对伤寒之见解；下卷为仲景桂枝、白虎等汤，及刘氏所创益元散、凉膈散等三十四首方剂。［见：《医藏书目》、《中医图书联合目录》、《四库全书总目提要》、《中国医籍大辞典》］

葛睿 字季真。明代昆山县（今属江苏）人。邑名医葛叔成幼子。与兄葛哲（1389～1461）继承父学，以医术著称，世称二葛。永乐间（1403～1424），葛睿任昆山县医学训科，为医官三十年，致仕归乡。孙葛阑，亦任昆山医学训科。［见：《昆山县志》、《昆山新阳合志》、《苏州府志》、《昆山历代医家录》（引《平桥稿》）］

葛铺 （?～1853）字芝山。清代江苏上元县高井人。少年丧父，家境赤贫，读书于佛寺。遇良师授以秘藏方书，依方施治，著效如神，遂悬壶于世。邻里群儿相戏，一童张口跳跃，跌伏于门限，舌断堕地；一童骑门限，坐力过猛，肾囊破，睾丸坠。铺为之治，俱接续如初。时有患赤游风者，常因汗不得出而死。铺以竹棒夹瓷锋针之，出血如珠，密排而不流，病立愈，世无其匹。葛氏声名既著，求治者门庭若市，自朝至午口讲手画，无倦色。午后携百钱而出，或采药，或漫游。遇不识者慕名迎请，告曰："葛某穷士，藉医苟活，实无伎俩。昨误治杀人，群聚殴之，已遁矣！"其性格若此。咸丰三年三月，太平军攻克金陵，聘为内医，不从，服毒而殁。［见：《冷庐医话》、《上元江宁乡土合志》］

葛晶 字景葵（一作敬葵）。清代江苏新阳县人。少习举业，受业于本县名儒孙麟趾，善属文。乾隆三年（1738）入县庠，乾隆三十六年（1771）恩贡生。兼精医术，享高寿终。［见：《昆新两县志》、《昆新两县续修合志》、《昆山历代医家录》（引《国朝昆新青衿录》）］

葛人炳 字楚文。清代江苏奉贤县画栏桥人。监生。精医理，善起沉疴。著有《医学宗源》四卷，未见刊行。［见：《奉贤县志》］

葛人琨 清代江苏如皋县人。生平未详。通医术，著有《葛氏医案》，今未见。［见：《如皋县志》］

葛大年 字子容。清代江苏江都县人。邑名医葛天荫次子。早年习儒，兼精医术，知名乡里。［见：《高邮州志》］

葛子充 元代临海县（今浙江临海）人。早年习儒，因父母病而习医，后悬壶济世。其学本于《内经》，兼究张仲景、刘完素、张从正、李杲诸名家之论，深悟天地阴阳、五行寒暑之变，明察脏腑血气消息。后游学四方，遍访名家，医术精进，名噪于时。金华周某宦游吴门，病喝而舌黑，时医皆谓不治。葛氏应邀诊之，曰："此病载于医书，惟诸公不察耳。"依法投药，应手而瘥。周某感其德，请名士陈基撰《送葛子充序》，称颂其学。［见：《金元医学人物》（引《夷白斋稿外集》）］

葛天民 字圣逸，又字春台。清代江苏江都县人。素怀济世之志，致力于医学。尝广采前贤医籍，聚书万卷，日夜研读，务求融会贯通。久之，洞悉阴阳升降之理，以之印证人身脏腑、经络、形色、脉息，进而究其调治之法，临证多有效验。平生以济人为宗旨，治病口不言钱，所活不可胜数。当道重其学，屡欲明扬之，坚辞退让，不求闻达。年八十二岁，无疾而终。撰有《医易》二十卷、《内经类疏》（附《难经》）四十卷、《伤寒集注》十卷、《针灸图》四卷、《本草提要》四卷。每著一书，九易其稿，故内容皆精审，惜未见刊行。子葛自申，能继承父学。［见：《江都县志》、《扬州府志》］

葛天荫 字淑承。清代江苏江都县人。邑名医葛方罩子。继承父学，临证屡建奇功，声名与父相埒。康熙二十一年（1682），有名曼殊者患病，气厥，眼鼻出血，僵噤不能入药，时医皆谓不治。天荫诊之，曰："气厥也。肝冲以逆，极愤不得泄，气拥周身之涎与血，而填之肺俞，非汤液所能攻也。"即焚炭于室，浇以醋，又用桑皮蘸药末探入鼻窍，有顷而苏，继服药调治，得痊愈。葛氏年五十九岁卒。次子葛大年，以儒通医，不坠世业。［见：《高邮州志》、《再续高邮州志》］

葛天爵 清初湖北监利县人。自少习医，见同辈无逾己者，遂遍游湖山访师。遇道士于江上，道士深通岐黄，天爵日夕讨教，同舟数月，尽得其传。及归，悬壶于乡，察脉用药多奇中。子葛如洪，雍正间（1723～1735）任连城训导。［见：《湖广通志》、《荆州府志》］

葛元之 明代常熟县（今属江苏）人。精医术，隐居冶城。医名达于帝廷，两次奉诏入京，未久告归。慕后汉名医董奉，以济人为心，绕宅植杏成林。林大同作长歌，题于《杏林图》赠之。吴讷（1372～1457）亦有赠诗。［见：《常昭合志稿》］

葛元煦 字理斋，号啸园。清代浙江仁和县人。生平未详。著有《洗冤录撮遗》二卷，刊于光绪二年（1876），今存。［见：《八千卷楼书目》、《中医图书联合目录》］

葛元增 （1878～?） 号稚侯。近代江苏昆山县人。毕业于上海龙门师范，任安亭区小学堂校长，兼嘉定县安亭镇自治议员。热心公益，肆力医学。宣统三年（1911）加入中西医学研究会。［见：《吴中名医录》（引《中西医学报》第16期）］

葛云石 字履祥。清末江苏苏州人。初习举业，屡试不得志，弃儒业医。精内外两科，兼善养生，颇著声望。撰有医书，苏州名医侯锡番为之题辞，未见流传。［见：《江苏历代医人志》］

葛云薜 字履坦，号扶芳。清初江苏昆山县人。其祖父葛锡璠，为明万历辛丑（1601）进士，官至河南按察使。云薜习儒，顺治十四年（1657）入昆山县学，康熙二十九年（1690）成岁贡生。绩学工诗，兼通本草。辑有《花圃药草疏》，未见刊行。［见：《昆山新阳合志》］

葛巨川 清末安徽绩溪县人。精医术，知名于时。光绪二十年（1894）尚在世。［见：《重楼玉钥·章洪均跋》］

葛从豫 南宋吴县（今江苏苏州）人。邑名医葛思恭子。官进义校尉。传承父学，

精医术，重医德，为时所重。子葛应雷（1263～1323）、葛应泽，孙葛乾孙，皆传家业，以医著名。［见：《明史·葛乾孙传》、《苏州府志》］

葛方覃 字寅谷。明代广陵（今江苏江都）人。御史葛萱七世孙。方覃早年习儒，继母晏氏患疾，逾月不愈，乃叹曰："为人子者，不可不知医！"遂肆力岐黄之学，书"诚"字于座右，曰："凡人立身制行在于诚，况医死生大事哉！"其治病不拘泥古法，往往以意为变通。每诊视，询问病者疾苦，以手于自身揣度其处，如与同患，处方多效。里中多疫，尽心疗救，遇贫病不能具药者，则解囊助之，乡里盛称其德。年七十四岁卒。子葛天荫，亦以医知名。［见：《高邮州志》］

葛尹周 清代浙江海宁州人。精医术，知名于时。孙葛学乾，传承其学。［见：《海宁州志稿》］

葛正蒙 （1302～1374） 字仲正。元代平江（今江苏吴县）人。祖籍汴梁（今河南开封）。平江路官医提领葛应泽子，名医葛乾孙堂兄。为人厚重，有长者风。传承父学，以医为业，名其室曰"复生堂"，于座右镌"济世之道莫大乎医，去疾之功莫先乎药"以自警。通五运六气之说，临证先推算气运盛衰，继审病定方，治辄奇验。每日晨起，延请者填塞庭院，几不容屦。葛氏乘小轿临门诊视，不分贫富，皆施以善药。当时传言："医者莫盛于吴中，吴中莫盛于葛氏。"足见声名之盛。子葛复、葛泰，婿郁潜、金权，孙葛旭、葛继，皆传承其学，先后以医知名。［见：《吴县志》、《金元医学人物》（引《免藻集·葛仲正墓志铭》）］

葛正儒 （1871～?） 字青云。近代甘肃鼎新县人。精医理，兼善太素脉。博览医书，通悟张从正、李杲、朱震亨、薛己诸名医之法。临证多神效，于伤寒、疟证、内伤、外感及咽喉诸证，无不手到病除，踵门延请者络绎不绝，声名远播于邻县。重医德，凡贫寒之家求治，不索谢金。1946年，寿七十六岁，仍精神健旺，施诊不倦。著有《经验良方》、《男女杂证要略》等书，未梓。［见：《鼎新县志草稿》］

葛吉甫 元明间昆山县（今属江苏）人。世代业医，至吉甫术益精，名噪于时，为诸医之冠。子葛叔成，传承其学。［见：《昆山历代医家录》（引《平桥稿》）］

葛廷玉 字荫谷。清代安徽涡阳县黄练村人。邑增生。因病弃儒学医，于古医书无

不博览，穷其奥妙。曾撰《伤寒论注》若干卷，兵燹后散佚，殊可惜焉。[见：《涡阳县志》]

葛自申 字晴峰。清代江苏江都县人。邑名医葛天民子。早年业儒，传承父学，亦精医术。著有《医易脉部》，未梓。[见：《江都县志》]

葛如麟 （?～1650） 字子仁。明末山东德平县人。万历癸卯（1603）举人，庚戌（1610）进士。顺治七年卒。旁涉医学，著有《痘疹书》，行于世，今未见。[见：《德平县志》]

葛志齐 清代湖南辰溪县人，世居城南大路口。精外科，善制水药，治病有良效。湖广总督开泰（?～1763）患足痛，屡治不效，葛氏疗之立愈。适总督之母患乳痈，亦为诊治，先引刀剖乳，以口吮去其脓，敷药数日得痊。乾隆三十八年（1773），大臣阿桂领兵南征，途经辰溪而背疽发作。葛氏应聘诊治，十二日即愈。阿桂赠以金，辞曰："但求免本籍徭役。"阿桂以葛氏劳著军营，行县蠲免，勒碑于县署。[见：《辰溪县志》]

葛芳山 元代武进县（今江苏常州）人。精医术，以擅治伤寒独步江南。尝谓："《素问》一经，言简理奥。张仲景论伤寒传变，总若干万言，其要在《热病》一篇，六百九十四字而已。人能明是经之理，则终身之用，有不能尽者。"识者以为至论。外孙高德，传承其术。[见：《金元医学人物》（引谢应芳《龟巢稿》）]

葛条芳 明代浙江东阳县人。邑名医葛思寅次子。与兄葛枝芳传承父学，皆以医名。[见：《东阳县志》]

葛应泽 宋元间吴县（今江苏苏州）人，居杉渎桥。名医葛从豫次子，葛应雷（1263～1323）弟。早年习儒，传承家学，亦精医术，曾任平江路官医提领。子葛正蒙（1323～1374），绍传父业。[见：《吴县志》、《苏州府志》]

葛应雷 （1263～1323） 字彦和，又字震父。宋元间吴县（今江苏苏州）人，居杉渎桥。祖父葛思恭、父葛从豫，皆精医术，吴中以儒通医者，首推葛氏。应雷幼习举业，兼受家学。宋亡弃儒，专攻医术，尽发家藏《灵枢》、《素问》诸书，精研覃思，深窥奥旨，处方制剂，异于俗流。及悬壶问世，每著奇效，声望日腾，求诊者车马塞途，名动于时。尝曰："医不可无恒也。"故名其室曰恒斋。浙西提刑李判官，本为中州名医，因父病咨访葛应雷。葛为其辨析病证，李氏父子相顾谔然，曰："南方何以有此耶？"遂尽出所藏刘完素、张元素诸书，相与讨论，所言无不吻合。刘、张之学行于江南，实自葛应雷始。大德十年（1306），荐授平江路医学教授，修医庙，辟土田，所教弟子员多为良医。不久，迁江浙官医副提举，寻升医愈郎官医提举。延祐五年（1318）升成全郎。至治二年（1322）丁母忧归乡，居丧过哀，次年正月十八日卒于家，享年六十。著有《医学会同》二十卷，已佚。其弟葛应泽，次子葛乾孙，皆以医名世。长子葛震孙，生平未详，先应雷五年卒。[见：《姑苏志》、《吴县志》、《明史·葛乾孙传》、《吴中名医录》、《中国历代名医碑传集》]

葛怀敏 （?～1042） 北宋真定县（今河北正定）人。侍卫马军都指挥使葛霸三子。以荫授供奉官，加阁门祗侯。累迁东染院使、康州刺史、雄州知州。官至泾原路马步军副总管，兼泾原、秦凤两路经略安抚副使。庆历二年（1042），西夏进犯，兵败而亡。赐谥"忠隐"。葛氏旁涉医学，辑有《神效备急单方》一卷，已佚。[见：《宋史·葛霸传（附子怀敏）》、《宋史·艺文志》、《通志·艺文略》]

葛启俊 字中谷。清代安徽怀宁县人。家贫力学，嗜六经诸家疏义，十余年无间寒暑。因过劳，患吐血疾。歙县名医徐氏，年九十，适在怀宁，治之而愈。徐见启俊所治经，深加叹赏，授以医学，令自调摄。后值父丧，过哀呕血，昏不省事，家人检旧方饮之，乃苏。后因母丧，聩一耳。中年始潜心医书，悟其精要，颇有心得，求治者日填其门。乡间耆宿陈世熔患疟，延请名医盈室，治之增剧，陈诚家人治殓殡之具。有人曰："何不延中谷治之？"诸医皆曰："虽葛中谷，亦奚益？"言者坚执，乃遣人往聘。葛氏居附郭，相距七十里，闻请赴诊，暮夜始至，至即入诊，立方毕，曰："吾不可一刻离家，以就医者多危证也。"陈氏家人坚留之。葛氏曰："吾已立方，服之立愈，无以留为也。"径去。群医视其方，欲易之。延请葛氏者不从，监视药炉，亲持以进，药下而病瘳。而群医终莫悟其立方之妙。葛氏精易数，尝画卦为屏障。预知死期，一日沐浴更衣，命子焚香，端坐而逝。著有《医纂》若干卷，今未见。[见：《怀宁县志》]

葛枝芳 明代浙江东阳县人。邑名医葛思寅长子。与弟葛条芳传承父学，皆以医名。[见：《东阳县志》]

葛叔成 明初昆山县（今属江苏）人。世医葛吉甫子。绍承先业，用药以守成为本，

十
二
画

慎于攻伐，收获虽缓，而活人甚多。修眉长髯，寿至八十五。有子三，次子葛哲（1389～1461）、幼子葛睿，传承医业，俱负盛名。[见：《昆山历代医家录》（引《平桥稿》）]

葛鸣阳 清代山西安邑县人。葛德溥子。由副贡授监察御史，巡视中城，官至吏科给事中。为人慷慨好义，在乡时周贫济急，隆冬设粥厂，散寒衣，道旁掘土窖，设火具，以周乞丐。平生好施药饵，刊善书，修庙宇、道路，不惜重资。种种善行，不一而足，乡里称颂其德。兼通医理，著有《幼幼心裁》、《保生衍庆》诸书，行于世，今未见。[见：《安邑县续志》]

葛知瑞 清代浙江东阳县人。精医学，通脉理，与同邑名医赵焕文、朱奕章齐名。[见：《东阳县志》]

葛秉璧 元末宣城县（今安徽宣城）人。精医术。至正十六年至二十年（1356～1360），任福州医学提举。在任倡修本州三皇庙。[见：《金元医学人物》（引贡师泰《玩斋集·福州三皇庙学田记》）]

葛受山 清代江苏奉贤县画栏桥人。早年习儒。其父遭风疾，出入必扶掖，家贫不能致参芪。受山乃开门授徒，兼习岐黄，以致奉养。年四十二岁卒，门人私谥"孝静先生"。[见：《奉贤县志》]

葛受朋 字鲁山。清代江苏奉贤县人。精医理。著《脉学心传》若干卷，未见刊行。[见：《松江府续志》、《重修奉贤县志》]

葛学乾 一作葛营乾。字景阳。清代浙江海宁州人。邑名医葛尹周孙。早年习儒，为太学生。幼承家学，博采诸名家医案，潜心研究，多有心悟，遂以医知名。重医德，遇贫病辄施药疗救，人皆感德。相国陈文简以"学深金匮"榜其门，观察使陈树蓍赠以"丹砂世美"匾额。[见：《海宁州志》、《海宁州志稿》]

葛荫春 字廉夫，号绿萝庵主。近代江苏江都县人。元代名医葛乾孙后裔。通医术，尝谓："为人子者不可不知医，非通儒不能为医。"有感庸医不学无术，草菅人命，欲挽颓风，故积二十年搜采之力，辑《古今名医言行录》，刊于1927年。还著有《肺病论》三卷，亦刻行。[见：《古今名医言行录·序》、《中医图书联合目录》]

葛思恭 南宋吴县（今江苏苏州）人。祖籍汴梁（今河南开封），先世随宋南渡，徙于吴。精医术，知名于时。子葛从豫，孙葛应雷、葛应泽，曾孙葛乾孙，皆以医术著称。[见：《姑苏志》、《明史·葛乾孙传》、《吴县志》]

葛思寅 号生初。明代浙江东阳县人。幼习岐黄，医术精湛，与当地名医曹伯行、陈清溪齐名。素怀济世之心，凡以病请诊，无不立赴，贫富视之如一，全活甚众。晚年术益精，名闻公卿间，延聘者无虚日。年七十余卒。著有《医学指要》诸书，惜散佚不传。子葛枝芳、葛条芳，皆传承父业。[见：《东阳县志》]

葛修萃 字子上。清代安徽潜山县人。精医术，知名于时。[见：《潜山县志》]

葛绣春 字锦园。清代江苏高邮州人。幼失父母，性豪迈，任气节。嘉庆六年（1801）拔贡。工诗文，兼精医理。尝曰："良相良医，古人之言是难词，非矜词也。"著有《东医宝鉴辨正》若干卷，藏于家。[见：《高邮州志》]

葛乾孙 （1305～1353） 字可久。元代平江路长洲县（今江苏苏州）人。江浙官医提举葛应雷子。体貌伟岸，膂力绝人，自少好技击，嗜兵法，兼通阴阳、律吕、星数诸学。及长，治举业，淹贯经史。曾应科考，主司置于亚选。葛氏愤曰："吾宁龌龊从谀，离析经旨以媚有司意乎！"遂不复应试，致力古学，诗文俱佳。金华黄溍奇其文，劝出仕，不应。其父取医书授之，乾孙稍治即精，父质以奥义，应对不爽。初不屑行医，病人日伺门下求诊，乾孙笑曰："吾方读书自期，医非愿也。"病家强致之乃应，治则奇效，而延请者有增无减，乃操医业，声名与朱震亨并称。自丞相以下诸显贵得奇疾，他医所不能治者，多迎请葛氏，治无不愈。临证审慎不欺，一日炒大黄过焦，悉弃之不用。又重医德，凡迎请者，不问贫富皆往。贫者执银求药，必以善药与之，退其银，或其银成色不佳，则易以好者，使供饘粥，人皆称其仁义。至正十三年（1353）春，徽寇转掠江浙，吴人震恐。浙西廉访佥事李仲善询于葛氏，葛力劝守城，李从其言，民赖以安。守城之时，见武士开弓，葛氏取而开之，因过力，归而吐血。急命其子煎大黄四两饮之，其子恐药多，密减其半，饮之血不止。问其故，子以实对，乾孙叹曰："少耳。亦无伤也。我命来年当死，今则未也。"再服二两而愈。明年秋七月，卒，时年四十九岁。尝训示后人："凡我葛氏子孙，不可不读书，但不许为军刑官。不可不知医，但不许为市医。"子孙皆遵之。著有《十药神书》一卷，专论痨瘵证治，大行于世。另撰《医学启蒙》、《经络十二论》二书，曾行于世，今佚。门生朱晞阳，子葛观、葛晋、葛涣、葛升，皆传承其学。[见：

徐显《稗史集传·葛乾孙》、《李濂医史·葛应雷补传》、《明史·葛乾孙传》、《盐乘·郐有坦传》、《古今名医言行录》、《姑苏志》、《吴县志》、《古今医统大全·历世圣贤名医姓氏》]

葛常盛 清代江苏昆山县人,徙居安亭。明河南按察使葛锡璠七世孙。监生。精医术,治病多验,知名乡里。[见:《昆新合志》、《昆新两县续修合志》]

葛维麒 字圣祥。清代安徽寿州人。性孝友,精医道。乾隆五十一年(1786)岁荒,疫疠流行,葛氏以药济人,不计酬报。著有《正骨指南》二卷,今未见。子葛奎,传承父业。[见:《寿州志》]

葛朝用 号诚斋。元代宣城县(今安徽宣城)人。晋代名医葛洪后裔。五世祖葛斐,任吉州金判,弃官为医,后代传承为业。朝用积学博识,隐于医。凡以病延诊,不问贫富贵贱皆往,投药辄愈。曾客居福建,约至正二十一年(1361)任福建八郡医师。部使者耶律行己与葛氏友善,敬其为人,赠以"诚斋"之号。[见:《金元医学人物》(引贡师泰《玩斋集·诚斋记》)]

葛森棠 字稚香。清代江苏常熟县人。诸生。气度凝重,为文古雅。教授里门,多所成就。精通医术,治病应手辄愈,不求馈谢。[见:《常昭合志稿》]

葛道遇 字遇明。明代安徽绩溪县市西人。性孝友,精医术,全活甚众。副史张文辉,吏部文斑,皆赠诗称颂。[见:《绩溪县志》]

董

董汲 字及之。北宋东平(今山东东平)人。幼年习儒,举进士不第,遂尽弃所学,以医为业。有医德,凡人之疾苦,如己有之,往来于病者之家,严寒盛暑未尝辞劳,遇贫困无力者,每出资周济之。崇宁、大观间(1102~1110),翰林学士叶梦得遇董汲于京师,雅重其学,评价曰:"精晓张仲景方术,试之数验,非江淮以来俗工可比也。"董汲著有《小儿斑疹备急方论》一卷,元祐八年(1093),名医钱乙为之撰后序,刊于世。又著《旅舍备要方》一卷、《脚气治法总要》一卷,皆流传至今。[见:《宋史·艺文志》、《小儿斑疹备急方论·孙序》、《避暑录话·卷上》、《四库全书总目提要》]

董纪 字仲修。清代江苏丹徒县人,徙居安徽凤阳县。性恬静,工书法,善画菊。幼年多病,故致力医学,于书无所不读,久之病愈,医术亦精。康熙(1662~1722)末年,应庐凤道鲍钤之聘至凤阳,遂定居。著有医书《正谊堂课余》二卷,论证九十三条,历三十年始脱稿,为时人所重,惜未见流传。[见:《凤阳县志》]

董困 (1379~1435) 字士源。元明间昆山县(今属江苏)人。祖籍京口(今镇江)。曾祖董济川,祖父董乐一,父董伯儒,皆以医术著称。董困自幼力学,读儒书以为本,传医业以为用。临证多奇效,医名振于远近。永乐间(1403~1424)檄征入京,不乐仕途,托疾辞归。董困生子五,为董经、董纶、董纲、董纪、董缨,生平皆未详。生女二,幼婿郑文康,举进士。孙董愚,传承家学,亦以医名。[见:《昆新两县续修合志》、《昆山历代医家录》(引郑文康《平桥稿·董先生墓志铭》)]

董系 金代中都(今北京)人。名医刘完素门生,精医术,擅治伤寒杂证,"十医十愈,其应如神"。重医德,诊治贫病不取酬报,又好周人之急,为时人所敬重。天德四年(1152),诏修大内宫殿,安国军节度使程道济任监修官,患腰脚痛之疾。先后延医多人,遍服姜、附、硫黄热燥之药,兼用艾灸之法,皆无寸功,迁延二载,病势日重。后遇董系,董诊之曰:"肾经积热,气血不通故也。"道济因众医皆称"肾部虚寒",不敢轻服其药。相识数月,亲见董氏治疗伤寒杂病,皆以寒凉疏通为主,而效应如神,始信其术。董系仍投以辛甘凉剂,尽泻十二经积热。数十日疼痛大减,饮食有味,精力爽健。调治数月,脱然而愈。程道济大为叹服,乃广为延誉,士大夫之家慕名延请者车马盈门,十数年间遂成巨富。[见:《素问玄机原病式·程道济序》]

董奉 字君异。东汉末侯官(今福建闽侯)人。性好道术,隐居不仕,修行于庐山。兼精医术,与华佗、张机齐名,有"建安三神医"之称。交州刺使士燮,中毒昏死三日,董奉适在南方,诊视之,出丸药灌服。食顷,目开手动,颜色渐复,半日能起坐,四日能语,遂复常。董奉医名既盛,求诊者甚众,治病不取钱物,凡轻病得愈者,令栽杏一株;重病得愈者,栽杏五株。如此数年,得杏十万余株,郁然成林。后世以"杏林"称颂有德良医,即源于此。[见:《神仙传》、《三国志·吴书·士燮传(裴松之注)》、《历代名医蒙求》、《医学入门·历代医学姓氏》]

董和 明代安徽合肥县人。先世九代业医,至董和亦精,能治异疾。有医德,凡贫病无力购药者,出资济之。[见:《合肥县志》]

董采 字载臣。清代浙江石门县人。布衣。好古文辞，行文简洁峭拔。精诗，风格近于放翁。擅书法，学黄山谷，饶有生动之趣。四方名士多与之游。兼精医术，晚年卖药金陵。著有《方论质疑》，未见刊行。医书外，尚有《西锦集》、《远游草》等。[见：《石门县志》]

董玹 明代人。生平里居未详。撰有《五运六气详解》一卷，成书于崇祯五年（1632），收入《十竹斋刊袖珍本医书十三种》，今存。[见：《中医图书联合目录》]

董相 号玉鹤。明代安徽泗州人。精医术，知名于时。子董炳，传承父学。[见：《四库全书总目提要·医家类存目》]

董勋 字世安。清代江苏六合县人。世代业医，以外科著称。撰有《痘证溯源》，刊于世，今未见。子董其升，亦精外科。[见：《六合县志》、《江宁府志》]

董恂 字谦甫，号壶山。清代浙江乌程县南浔镇人。道光间（1821～1850）府庠生。通经学，工诗词，兼善医术。著有《古今名医传》（又作《医统》）十一卷、《古今医籍备考》六册，未见流传。医书外尚撰《夏小正疏正》、《重修南浔镇志》。[见：《南浔镇志》、《乌程县志》]

董炳 字文化，号怀鹤。明代安徽泗州人。其父董相，以医为业。炳传承父学，亦精医理。嘉靖丙寅（1566），淮河决口，炳避居楼上，辑方书四卷，名之曰《避水集验要方》，流传于世，今未见。[见：《医藏书目》、《国史经籍志》、《四库全书总目提要·医家类存目》]

董说 （1620～1686） 字若雨，号补樵，又号南潜、枫巢、月涵、俟庵、西庵、漏霜、鹇鸪生。明清间浙江乌程县南浔镇人。自幼习儒，年十四补弟子员。善古文辞，江左名士皆为之倾倒。明亡，屏弃举业，隐居于丰草庵，改姓名为林蹇，肆力于方言、地志、星经、律法、释老之学。又师事名医王道周，通悟医理。丙申（1656）秋，削发为僧，法号漏霜。康熙二十三年（1684）母亡，乃寓居吴县夕香庵。年六十七岁卒。著有《运气定论》一卷，刊刻于明末，今未见。[见：《四库全书总目提要·医家类存目》、《乌程县志》、《南浔镇志》、《吴县志》]

董琏 号东轩居士。宋代人。生平里居未详。著有《卫济宝书》二卷，刊于世，今存。[见：《宋史·艺文志》、《冷庐医话》、《中医图书联合目录》]

董常 宋代人。生平里居未详。著有《南来保生回车论》一卷，已佚。[见：《宋史·艺文志》]

董宿 明代浙江鄞县人。深察药性，博综医书，治病立方，辄有奇效。正统间（1436～1449）官太医院院使。晚年辑《奇效良方》，未成而逝。其稿经太医院判方贤、御医杨文翰订补，辑为六十九卷，刊刻于世，今存。[见：《归安县志》、《中国医籍考》、《古今医统》、《中医图书联合目录》]

董瑛 号坚老。南宋人。里居未详。绍兴间（1131～1162）官潭州醴陵知县。辑有《董氏家传方》。原书已佚，绍兴十三年（1143），潭州知州刘昉撰《幼幼新书》，曾参考之。[见：《幼幼新书·卷四十·近世方书》]

董愚 字汝颜。明代昆山县（今属江苏）人。邑名医董困孙。继承家学，深悟脉理，投剂多捷效，享誉遐迩，乡人呼为"董一帖"。[见：《昆新两县志》、《昆新两县续修合志》、《昆山历代医家录》（引郑文康《平桥稿·董先生墓志铭》）]

董煟 字季兴，号南隐。宋代鄱阳（今江西波阳）人。生平未详。撰有《救荒活命书》三卷、《拾遗》一卷，收入《长恩书室丛书》，今存。[见：《中医图书联合目录》]

董煐 清代人。生平里居未详。辑有方书《资生集》一卷，刊刻于世。今存乾隆二十八年（1763）沙溪张万选重刊本。[见：《中医图书联合目录》]

董勷 字君赞，号治斋。清代四川罗江县人。好读书，淹贯经史。尤精医学，常制备成药以济贫病，乡人德之。辑有《经验奇方》二卷，未见流传。子董睿昌，敦谨好学。[见：《罗江县志》、《直隶绵州志》]

董耀 （1801～1882） 字枯瓠，号小农。清代浙江桐乡县濮院镇人。幼禀异慧，过目成诵，为文洒洒千言。弱冠补诸生，治虞氏易学，兼通释典，后治朱子理学终老。平素寄情诗画，高怀逸致。光绪六年（1880）八十岁，重游泮水。越二年卒。兼涉医学，辑有《集验方》若干卷，今未见。[见：《濮院志》]

董一麟 字明雅，号时野。明代浙江定海县人。少年丧父，奉母李氏尽孝。县令朱一鹗赠匾表彰之。业儒而通医。著有《医学问世编》、《痘疹遗书》，藏于家。[见：《镇海县志》、《浙江通志》]

董九成 字凤仪。清代山西曲沃县东兴里人。武生。恂恂如文士，精医术，名重于时。诊断王县尉、冯司铎两人病，皆奇验，县令张公赠以《名医歌》。冀宁赵观察有疯疾，延请诊视。九成曰："第服归脾汤，可常无恙。"如其言服用，疾愈。乾隆壬辰（1772）举乡饮宾。著有《伤寒心源》若干卷，今未见。[见：《续修曲沃县志》、《新修曲沃县志》]

董大英 宋代人。生平里居未详。辑有《活幼悟神集》二十卷，已佚。[见：《宋史·艺文志》]

董元善 字纯卿，医名懋林。清代江苏江都县人。精医术，以妇科知名，就诊者户恒为满。晚年患目疾，高卧谢客，犹有深夜叩门求方者。年八十二岁卒。[见：《续修江都县续志》]

董凤仪 字虞廷。清代河南阌乡县人。庠生。精岐黄术，凡以病延请，风雨寒暑皆往，不辞其劳，亦不索谢。[见：《阌乡县志》]

董凤翀 字君灵。清代陕西高陵县上石里人（一说三原县人）。生于世医之家，力学好古，尤精祖业，以擅治小儿痘疹著称。凡遇罕见逆证，方书所不载，耳目所仅见者，必静坐深思，寻其病源，故投药多效，赖以全生者甚众。三藩之乱起，波及陕西，董氏避兵于北山。康熙十三年甲寅（1674）痘疹盛行，董氏归里救治，全活甚众。里人德之，公送"董林"匾额。著有《痘疮经验良方》六卷，刊于康熙三十四年（1695）。另有《痘疹类编》若干卷，今未见。子董汉杰，官河南新蔡县令，亦通医理。[见：《高陵县志》、《三原县志》、《三原县续志》、《中医图书联合目录》]

董文海 近代山西徐沟县董家营人。本邑药商兼名医董庆安侄孙。庆安无嗣，传术于文海。[见：《徐沟县志》]

董文彩 号彭五。清代四川安县人，世居东关外。自幼习儒，以家贫弃而攻医。技成，悬壶问世，求治者甚众。诊视之余，博览古人医书，苦心孤诣，于小儿惊风及痉证多有心得，能纠世俗谬说。著有《惊风辟谬》若干卷，流传于世，今未见。[见：《安县志》]

董文清 字子彬。清末人。生平里居未详。曾任太医院七品吏目，兼寿药房值宿供奉官。[见：《太医院志·同寅录》]

董心培 清代浙江嵊县人。精医术，悬壶于会城花牌楼，临证得心应手，名著于时。[见：《杭州府志》]

董水樵 清末浙江鄞县南乡董家垅人。儿科世医董丙辉子。少承父训，旋游同邑名医石霖汝之门，医术益精。子董廷瑶，绍传家学。[见：《中国历代医家传录》]

董允明 字哲之。明清间浙江鄞县人。博学好古，兼通医术。明亡，弃儒业医，以针灸著称，与名医徐国麟齐名。著有《会宗医书》四卷，未见刊行。[见：《鄞县志》]

董书林 清代山西曲沃县汾上庄人。世医董缵谱子。早年读书习儒，不得志。继承家学，以医为业，知名乡里。[见：《新修曲沃县志》]

董丙辉 清代浙江鄞县南乡董家垅人。世业儿科，名重于时。子董水樵，孙董廷瑶，皆以儿科闻世。[见：《中国历代医家传录》]

董乐一 元明间丹徒县（今属江苏）人。随父徙居昆山。元昆山州医学学正董济川子。继承父业，亦精医术。子董伯儒，传承家学。[见：《昆山历代医家录》（引郑文康《平桥稿·董先生墓志铭》）]

董汉杰 清代陕西高陵县人（一说三原县人）。邑名医董凤翀子。幼习举业，曾任河南新蔡县令。工书法，尤得钟王笔意。传承父学，亦工医术。辑有《戴氏幼科方》，未见流传。[见：《高陵县志》、《三原县志》、《三原县新志》]

董芝茂 字香圃，号宜园。清代贵州荔波人。道光元年（1821）恩贡生。工诗，性潇洒，筑园于城之东北隅，植名花百种，有流觞曲水之胜，日与诸名士吟咏其中。兼通医理，著有《医宗辨要》八卷、《本草摘元》十二卷，今未见。医书外，尚著《宜园诗钞》八卷、《子规箴》二卷、《家塾文钞》十卷、《名花考》四卷、《二十一史考辨》二十卷、《峨江纪略》二卷。[见：《贵州通志》]

董西庚 字映微。清代江苏丰县人。性仁厚，精医理，活人甚多，乡里称长者。[见：《丰县志》]

董成谦 字石甫。清代江西德兴县八都人。精医理，凡他医束手之险证，投剂无不立愈，有当世扁鹊之誉，世以"龙头"称之。著有《龙头医学》，为时所重，惜家贫未梓。[见：《德兴县志》]

董光宏 清代人。生平里居未详。著有《药语杂录》一卷，今存清代刻本，书藏上海图书馆。[见：《中医图书联合目录》]

1069

十
二
画

董廷桂 字西堂（一作西云）。清代江苏上海县人。精医术，工诗赋。尤擅书画，其书效法唐代李邕，其画以水墨花卉见长。［见：《艺林医人录》］

董庆安 字静居。清末山西徐沟县董家营人。生于咸丰间（1851～1861）。少颖异，长于记忆，熟读仲景《伤寒论》。稍长，博览明清南北名医之书，深通医药之学，于喉科尤有心得。后经营药业，往来于太谷、祁县。兼精书画，颇有章法。民国初年卒，享年六十有余。著有《白喉忌表》，刊行于世，今未见。无嗣，侄孙董文海，绍传其术。［见：《徐沟县志》］

董汝贤 清代河南淮阳县人。早年习儒。因母病致力医学，渐通蕴奥，后以医术知名。［见：《淮阳县志》］

董如佩 字璱臣。清末河北沧县人。岁贡生，候选训导。工书法，善诗赋，尤精医术。值时多艰，以耕读自乐。光绪（1875～1908）初，辑《验方薪传》若干卷，行于世，今未见。［见：《沧县志》］

董志仁 近代杭州人。生平未详。对太素脉颇多考究，曾校勘《太素脉秘诀》，并撰《太素脉考》一篇，附于卷前，刊刻行世。董氏还著有《国医军阵伤科学概要》，又与王一仁、阮其煜合辑《神农本草经》。［见：《订正太素脉秘诀》、《中医图书联合目录》、《中国历代医史》］

董芳三 字芬堂。清代河北南宫县人。精医术，治病多佳效，全活甚众，名噪于时。［见：《南宫县志》］

董我嘉 清代浙江孝丰县人。幼习举业，善属文。及长，弃儒习医，治病多奇效，时称"杏林小董"。著有《脉理指微》一卷、《医方辨义》一卷，未见刊行。［见：《孝丰县志》］

董伯儒 元明间昆山县（今属江苏）人。祖籍江苏丹徒，其祖父董济川，官昆山州医学学正，遂定居。父董乐一，继承先业，精医术。伯儒与同邑许律为表兄弟，二人各承家学，又同师学艺，皆为名医。伯儒质朴无伪，诊病用药甚精，授本县医学训科。子董困，曾孙董愚，皆以医知名。［见：《昆新两县志》、《昆山历代医家录》（引郑文康《平桥稿·董先生墓志铭》）］

董启儒 字克臣。清末人。生平里居未详。曾任太医院七品吏目，兼寿药房值宿供奉官。［见：《太医院志·同寅录》］

董际时 清代四川汉州人。多才艺，精医道，尤善导引术。终年负药囊出诊，风雨无阻。善养生，常谓："卧如石头，坐如木头。"年八十九岁殁。［见：《汉州志》］

董其升 清代江苏六合县人。外科世医董勋子。继承家学，亦以外科著称。［见：《六合县志》］

董其资 字溢轮。清代江西贵溪县人。国学生。精医术，悬壶数十年，诊疾不计贫富，皆殚心调治，乡里盛赞其德。［见：《贵溪县志》］

董金鉴 字竞吾。清末浙江山阴县人。会稽名医田晋藩门生。著有《考王孟英氏医案》，今未见。［见：《绍兴地区历代医药人名录》］

董废翁 清初人。生平里居未详。著有《西塘感证》三卷，收入《医宗己任编》，今存。［见：《医宗己任编》］

董宗传 清代人。生平里居未详。辑有《太素脉诀》一卷，今未见。［见：《中国历代医家传录》（引《四库阙书目续编》）］

董绍昌 元代眉州（今四川眉山）人。以儒业医。晚年官兴元路医学教授，遂定居陕西南郑县（今汉中）。至元壬辰（1292），捐资购地，兴建本路三皇庙。年七十四岁，卒于南郑。蒲道源为撰祭文，其文曰："维灵眉山盛族，家世诗书，壮岁北徙，以儒业医。老成忠厚，心无自欺。唾面自干，不校雄雌。捐金报本，开天有基。天道不僭，报获其宜。晚应一命，为医之师。疠气所染，吉门可疑。造化终相，痛苦莫施。起居如常，属纩弗迷。七秩有五，恨不期颐。惟我先子，共饮玻璃。继以缔姻，夫岂人为？亦遽逝矣，重我凄悲。祖奠永别，灵其鉴知。"［见：《金元医学人物》（引《闲居丛稿·三皇庙学记、祖奠董教授绍昌文》）］

董炳文 清代浙江富阳县人。精医术，知名乡里。［见：《富阳县志》］

董养性 明代河南杞县人。诸生。曾患重疾，经名医李可大治疗而愈，遂从李氏习医，尽得其传。［见：《杞县志》］

董济川 元明间丹徒县（今属江苏）人。精通医术，曾任昆山州医学学正。值元末世乱，定居昆山。子董乐一，孙董伯儒，继承其业。［见：《昆山历代医家录》（引郑文康《平桥稿·董先生墓志铭》）］

董素书 字朴斋。清代山东寿光县人。体貌丰伟，喜读书，尤精医术。壮年后，隐居临朐之冶原，悬壶济世三十年，活人甚众，世以"董仙"称之。晚年归里，延诊者踵门而至，虽风雨寒暑不辞。八旬后患腿疾，犹卧床应诊。

县令陈德润赠匾表彰之。著有《杏林衣钵》若干卷，藏于家。[见：《寿光县志》]

董起潜 宋元间乐安县（今江西乐安）人。生于世宦之家。宋亡，废除科举，董氏乃以儒习医，博览经方，深悟医理。通阴阳造化，明脏腑经络，临证效若桴鼓，名重豫章。至顺元年（1330），造访名儒吴澄，时吴氏年八十二岁，董氏预言其翌年夏秋间将病。届期，吴氏果病，时医断为疟症。董氏按前约复来，诊之曰："似疟而非疟也，以疟治之则误矣。"依法调治，数剂平复。吴澄深服其术，谓晚年所阅诸医，唯董起潜、章晋最佳，乃千百选一之名医。[见：《抚州府志》、《金元医学人物》（引《吴文正公集·赠董起潜序》）]

董桂苑 清代安徽婺源县桂潭人。太学生。品端重义，精通医术，以外科著称。出行辄携药品，遇病者即为诊治，全济甚多。[见：《婺源县志》]

董梧栖 清代江苏吴江县人。生平未详。著有《疗饥集》，今未见。[见：《儒林六都志》]

董教清 号中壶。明代河北河间县人。为道士。初修炼于太和山五龙宫。久之，欲游览诸名胜，遂涉荆襄，历秦、蜀、晋、赵间。遇良师传以医术，后挟技济世。南皮县有安姓者，出资供其施药，乃留居于此。董氏用药平和，精于脉理，远近咸以国手称之。[见：《河间府志》]

董清峻 字汉苍，又字平子，自号鹤后身。近代四川南溪县人。幼敏慧，好学不倦。弱冠补本县廪膳生，肄业于尊经书院。博通两汉训诂、宋儒性理、诸子百家，旁及西学。又工诗词古文，声名藉甚。撰有《华国新书》，叙述古今中外文化，其中医学、方术二卷，涉及古今医学，惜未见流传。[见：《南溪县志》]

董焕庚 字西桥。清代山东蓬莱县人。工书画，好吟咏，尤精医术。因母老不远游，家居养亲，为人医病，存活无算。甲午（1834）中日之役，曾佐夏镇军戎幕。生平精研医学，垂五十年医书未尝去手。著有《折肱秘要》四卷，未梓。[见：《蓬莱县志合编》]

董维岳 字之嵩。清代安徽南陵县人。生平未详。曾摘选《痘疹金镜录》、《保赤全书》二书之精要，参以临证所得，编《痘疹专门秘授》二卷，刊于乾隆二十七年（1762），今存。[见：《中医图书联合目录》、《中医大辞典》]

董维诰 字周书。清代河南尉氏县人。精医术，知名于时。重医德，不以医术谋利。[见：《河南通志》]

董绳武 字兰卿。清代江苏上海县二十三保十六图人。世代业医，兼精算术。咸丰间（1851～1861），青浦丈地局聘董氏任测量事。后穷究医理，尤善治妇科、时疫，名著于时。著有《家庭医话》若干卷，未见刊行。[见：《上海县志》]

董联辉 清代河南荥阳县人。生平未详。撰有《瘟病说略》、《瘟病条辨》、《外科症治》等书，未见刊行。[见：《续荥阳县志》]

董锡侯 近代辽宁盖平县（今盖县）牵马岭人。继承祖传医学，复研究仲景《伤寒论》诸书，多有心得，以善治瘟疫著称。[见：《盖平县志》]

董蔚亭 字豹变。清代河南柘城县人。以医为业，擅治伤寒，知名于时。重医德，以济人为务，不计诊酬。[见：《柘城县志》]

董毓蘅 清代山东邹县人。举孝廉方正，官济源知县。旁通医术，撰有《灵枢笺注》二卷、《乡居方案》六卷、《游梁方案》六卷，皆未见刊行。[见：《山东通志》]

董增龄 字庆千，号寿群。清代浙江乌程县南浔镇人。嘉庆间（1796～1820）归安县廪生。治《春秋》，著述甚多。精通医术，知名于时。撰有《金匮集解》二十二卷，未见刊行。[见：《南浔镇志》、《归安县志》]

董潮青 字芝林。清代安徽婺源县人。性淳和，尚孝友，敏而好学。乾隆癸卯（1783）中举。尝谓："人子当知医。"故究心医术，每出技以救人，不计酬报。编有《医林辑要》十余卷，已佚。[见：《婺源县志》]

董儒林 字文山，号帷园。清初浙江钱塘县人。通医术，知名于时。康熙（1662～1722）初，名医张志聪筑侣山堂于胥山，集合钱塘诸名医及门生，讲论医学，校注医书。董氏参与其事，参订《伤寒论宗印》、《金匮要略注》等书，刊刻于世。[见：《伤寒论宗印》、《金匮要略注》]

董懋霖 字雨苍，号沛亭。清代浙江慈溪县人。国子生。旁通医术，撰有《难经补注》六卷，未见刊行。[见：《慈溪县志》]

董魏如 号西园。清代浙江钱塘县人。博览医书，于《内经》及金元四家之书均有研究。尝谓："学问之道，不外行远登高之义，进

十二画

一步有一步之优游，历一级有一级之凭眺。张、李、刘、朱四家，虽各自成家，亦各由其级而诣其极。"尝汇萃群书，摘其要领，推原辨证，就证约方，辑《医级》（又作《医级宝鉴》）十卷，刊于乾隆四十二年（1777）。又著《治瘄全书》一卷，亦行于世。[见：《医级·自序》、《中医图书联合目录》]

董缵谱 字承序。清代山西曲沃县汾上庄人。监生。生于世医之家，善承祖业，亦以医名。著有《脉理入门》若干卷，藏于家。子董书林，亦精家学。[见：《新修曲沃县志》]

董吉托觉 约隋唐间藏族人。精医术，曾任藏王御医。董吉托觉为现知最早之藏医学家。[见：《中医大辞典》]

葆

葆光道人 佚其姓名。宋代人。生平里居未详。撰有《眼科龙木论》十卷，今存明代刻本。[见：《中国医籍考》、《中医图书联合目录》]

敬

敬易全 清代四川宣汉县东乡人。自幼习儒，屡试不第，遂弃而业医。素以活人为志，治病不分贫富，不受馈谢。曾作楹联曰："天地无私生乐土，山川有意待吉人"。七十五岁殁，弥留时自吟绝句云："结交惟结寸心难，来时暄热去时寒。嘱付侍儿漫收拾，半被薄棉隔夜安。"[见：《宣汉县志》]

蒋

蒋仪 字仪用。明清间浙江嘉善县魏塘镇北村人。早年习儒，久不利于场屋，自谓："无爵位而有功名，可以遂我宏济之愿者，莫若业医。"遂遍访名师，及读王肯堂《医镜》，深有所悟。顺治二年（1645），魏塘百姓多死于兵祸，继亡于疾疫，蒋氏恻然心伤，竭力疗救，全活甚多。尝广集古来医书，参以王肯堂用药秘旨，辑《药镜》四卷。书成，与同邑常醴互相考论，砥琢文句，协以声韵，刊刻于世，今存。[见：《冷庐医话》、《中医图书联合目录》、《四库全书总目提要》]

蒋伊 （1631～1687）字渭公，号莘田。清初江苏常熟县人。康熙十二年（1673）进士，选庶吉士。康熙二十六年卒于官。旁涉医学，辑有《经验良方》，未见刊行。[见：《常昭合志》]

蒋励 明代盐城县（今属江苏）人。邑名医蒋潮子。绍承父学，亦精医术，曾任医官。某年岁歉，病者甚多，蒋励购药施治，全活甚众。[见：《盐城县志》]

蒋亨 明代武进县（今属江苏）人。邑名医蒋宗武孙。绍承家学，亦以医名。[见：《武进县志》]

蒋易 字师文，号鹤田。元末福建建阳人。早年从学于名儒杜本（1276～1350），后入建宁路总管阮德柔幕府。初，蒋氏因亲病留意医学，后学医方、诊察之术于杜本，复学针灸术于施衡甫，遂精医道。著有《鹤田蒋先生文集》二卷，书中颇涉医论。[见：《金元医学人物》（引《鹤田蒋先生文集》）]

蒋佺 清代河南嵩县人。精医术，知名于时。[见：《嵩县志》]

蒋法 清代人。生平里居未详。辑有《神医汇编》十卷，刊刻行世。今存孤本，书藏重庆市图书馆。[见：《中医图书联合目录》]

蒋绂 字洪章，号无碍。明代常熟县（今属江苏）人。景泰五年（1454）二甲第四十三名进士。官至御史，因故黜吉水知县，解职归。晚年精医。通判桑瑾年六十余，夫人年五十余，忽患病，时医以为蛊疾。蒋氏至，切夫人脉大骇，起步于庭，良久更诊之，曰："定矣。"先请夫人入，继告通判曰："嫂何病？娠也，当生男。"后果如所言。著有《无碍集》（文集），存佚不明。[见：《中国人名大辞典》、严有禧《漱华随笔·卷二》、《明清进士题名碑录索引》]

蒋栋 清代河南长葛县人。生平未详。辑有《救急奇方》若干卷，未见刊行。[见：《长葛县志》]

蒋恒 字德常，别号函云。明代溧阳县（今属江苏）人。大名府推官蒋靓子。少习毛诗，尤明悟方书，有司荐之入都。弘治十四年（1501）随军出征，值军中染疫，蒋恒治之，全活甚众，辞赏不受。次年，诏入内廷，修合御药。十六年入太医院，因医疗功赏赐琼玉膏及白金。同年敕修《本草品汇精要》，蒋氏参与其事。按，其名未见于《本草品汇精要·职名》。正德（1506～1521）初归故里，诸名公赠图文饯行，时论荣之。[见：《溧阳县志》]

蒋济 字寿亭。清代江苏高淳县人。精医术，专擅痘科，能预决生死，有应手回春之效。[见：《高淳县志》]

蒋泰 字鲁山。清代江苏江浦县人。通医术,知名于时。子蒋廷钟,孙蒋之桂,传承家学。[见:《江浦埤乘》]

蒋晓 字东明。明代丹阳县(今属江苏)人。世代业医,知名乡里。偶遇道士,自称味元子,卖卜于市。蒋氏从之学,道士授以《保幼编》,依方治病皆奇验,遂以幼科知名。有王生者,其子方周岁,忽不饮食,肌肉尽削,医者疑为疳疾。蒋氏诊之,曰:"此相思症也。"众人皆嗤笑。蒋命取小儿旧时玩物,尽列于前,其中有小木鱼,儿一见喜笑,病遂愈,众人叹服。孙蒋乘龙,传承其术。[见:《重修丹阳县志》、《镇江府志》、《江南通志》]

蒋钺 字秉黄,号饬虔。清代江苏奉贤县人。贡生。读书敦敏,好引掖后进。尤精医理,遇贫病赠以药资。年六十余卒。[见:《奉贤县志》]

蒋通 (1809～1864) 字省庵。清代浙江海宁州人。蒋念恃子。自幼颖慧,家贫不能就读,母程氏亲自课之。年十七岁补弟子员,为学使李宗瀚所器重。道光己酉(1849)捷京兆试。咸丰癸丑(1853)选授知县,多年任职山东,所至多惠政。同治三年,迁日照知县,因病乞归,未半年卒,时五十六岁。间涉岐黄,著有《医学一得》,未见刊行。[见:《海宁州志稿》]

蒋淮 宋代人。生平里居未详。著有《疗黄歌》一卷、《药证病源歌》五卷,均佚。[见:《宋史·艺文志》、《通志·艺文略》、《崇文总目辑释》]

蒋博 字原博,号静庵。明代青浦县(今属上海)人。正统十年(1445)进士,授南京刑部主事。狱中流行疫病,蒋素知医药,亲制善药疗之。累官至四川按察使。卒,赐葬畲山。[见:《青浦县志》]

蒋景 (1255～1330) 堂号养斋。元代杭州路(今浙江杭州)人。祖上历代为官,自其父始弃仕途。蒋景自幼习医,尤精药理。及长,开设养斋药室,所售膏丹饮片必取道地药材,稍与方书不合,辄弃去不用。州城药肆林立,而医者皆嘱病家购蒋氏之药。久之,达官显士,闾巷百姓,以至邻近州县之人无不知养斋药室者。虽雇药工数十人,犹供不应求,求药者"持钱踏其门,累日乃得药,不以为愠",可见声名之盛。蒋氏平素自奉俭约,而遇亲友之困,慷慨赈恤无吝色。家教甚严,子弟有微过,每对客斥责之。年七十六岁卒。子蒋元龙,恂恂有父风。[见:《中国历代名医碑传集》(引黄溍《金华黄先生文集·养斋蒋君墓志铭》)]

蒋斌 字良佐。清代江苏武进县人。精医术,决死生多奇验。张某患重疾,几不起。斌诊之曰:"所患即愈。十年后当死。"果如所言。徽商贾某,以微疴就诊,斌曰:"二十日后不起矣。速归,可与家人相见。"卒如所言。[见:《武进阳湖合志》]

蒋鍪 字云裁。清代江苏吴县人。与吴金寿同时,曾同校叶桂《医效秘传》,重刊于世。[见:《医效秘传》]

蒋潮 明代盐城县(今属江苏)人。精医术,知名于时。子蒋励,声名益显。[见:《盐城县志》]

蒋蘅 清代江苏武进县人。生平未详。著有《伤寒尚论商榷编》十二卷,未见刊行。[见:《武进阳湖县合志》]

蒋瀚 号雪洲。清代安徽歙县人。邑名医蒋居祉子。曾校订其父《本草择要纲目》,刊于康熙己未(1679)。[见:《本草择要纲目·序》]

蒋人杰 清末江苏上海县二十一保人。儒医蒋蕴山侄孙。传承蕴山之学,亦以医名。[见:《上海县志》]

蒋干年 字洛东。清代湖南邵阳县人。儒医蒋藻熊子。事迹不详。曾校订其曾祖蒋尧中《寒热同治》与其父《感伤分理》,名之曰《寒热同治感伤分理合刊》,刊刻于世,今存嘉庆十六年辛未(1811)经国堂刻本。[见:《中国历代医家传录》(引《寒热同治感伤分理合刊》)]

蒋士能 明初吴江县(今属江苏)同里镇人。精医术,专擅疡科,与同邑周麟齐名。[见:《吴江县志》、《同里志》]

蒋义方 唐初人。里居未详。精医术,曾任太子药藏丞。显庆二年(657),奉敕与李勣、于志宁、许敬宗、苏敬等二十四人编《新修本草》五十四卷,成书于显庆四年。该书正文二十一卷(含目录一卷)、药图二十六卷(含目录一卷)、图经七卷。全书载药八百五十种,大行于世。详"李勣"条。[见:《新唐书·艺文志》]

蒋之材 字石林。清代江苏吴县木渎人。精岐黄术,知名于时。兼嗜丹青,尤深通琴理,善鼓洞天、箕山诸大曲。[见:《吴县志》]

蒋之杰 清代湖北钟祥县人。博研群籍,闭门自娱。究心医理,对本草多有心悟,临证治疾,用药一二品,辄著奇效。著有《医学阶梯》若干卷,今未见。侄蒋鲁山,传承其术,尤有时名。[见:《钟祥县志》]

十二画

蒋之桂 字步蟾。清代江苏江浦县人。邑名医蒋廷钟孙。幼承家学，尤擅痘科，能治他医所不治，知名于时。[见：《江浦埠乘》]

蒋习宽 清代四川铜梁县人。以医为业，知名于时。兼擅诗词，所交皆邑中名士。年七十岁卒。[见：《铜梁县志》]

蒋天潮 清代浙江吴兴县乌镇人。精医术，以疡科知名。[见：《乌青镇志》]

蒋元烺 字朗山。清代江苏青浦县人。道光、咸丰间（1821～1861）诸生。尝从邑名医何其超学，以医名世。著有《传心集》若干卷，未见刊行。[见：《青浦县续志》]

蒋云贵 字恒宇。明代湖北麻城县人。博学能诗，精究医方，名重于时。凡疑难病症，他人束手者，治辄奏效，远近迎请者不绝于门。[见：《麻城县志》]

蒋云宽 （1765～1822） 原名云官，字思齐，号锦桥。清代湖南永明县人。为诸生时，以学行受知于学使钱澧，登拔萃科。嘉庆三年（1798）举于乡，明年成进士。入词馆，改刑部主事。道光元年（1821）迁刑科给事中，翌年迁户科。未几，积劳成疾而卒，年五十八岁。蒋氏推重本县名医罗伯申，罗氏治病每能不事药饵而愈人之疾。蒋氏曾撰《勿药信征》，记述罗氏医术，今未见。[见：《永州府志》、《永明县志》]

蒋曰忻 清代江西上饶县人。少习举业，未成，转习岐黄。殚心竭虑，深得其秘。有医德，凡贫家求医赠以药，病愈不望报，活人甚众。[见：《上饶县志》]

蒋凤池 清代江苏江阴县人。诸生。工书画，兼通医理，有名于时。子蒋清怡，传承父学，亦知名。[见：《江阴县志》]

蒋凤起 字轶云。清代浙江嘉兴县人。少弃举业，博览医书，以医知名。一妇人堕楼，眼珠坠于眶外，仅有红丝系之。凤起与之药，红丝渐收入眶，其目复明如故，人皆神其妙术。[见：《嘉兴县志》]

蒋文芳 （?～1958） 现代江苏武进县人。幼年随父迁居上海。其家世代习儒，兼通医道。至蒋文芳学益博，医益精，以内、妇两科知名。抗战前主持中国医学院教务，先后任神州医药总会委员、全国医药团体总联合会秘书长，深孚众望。1929年，南京政府卫生部通过余岩《废止旧医案》，拟废除中医。蒋文芳与全国中医界同仁组织集会抗争，并与谢观、陈存仁、隋翰英、张梅庵等被推举为请愿代表团代表，赴南京请愿。该提案后未能执行。蒋氏于教学、诊务之外，还曾主编《长寿医刊》，对中医学发展多有贡献，为现代著名医家。[见：《江苏历代医人志》、《中医年鉴》(1987)]

蒋文豹 字仲韬。清代江苏宝山县人。通医理，为名医徐圆成门生。[见：《中国历代医家传录》(引《毓德堂医约》)]

蒋文彬 字质堂。清代江苏娄县人。精医术，以幼科知名。[见：《松江府志》]

蒋玉田 清代江苏吴县人。业医，以疡科问世。有医德，治病不计诊酬。家有一驴，凡病家延请，不问早暮，加鞯即驰，里人德之。遇危急证，虽一日二诊，亦不惮烦，人赞其有割股之心。同治（1862～1874）初卒，年六十余，乡人追念不止。[见：《吴县志》]

蒋示吉 字仲芳，号自了汉。明清间江苏太仓州人。后徙居苏州。明末诸生蒋元允次子。十二岁丧母，家贫，寄养于舅父周茂兰家。读经史之暇，披览方书，渐通医理。及长，遭明末之乱，避兵于穹窿山。当时患疾者甚多，蒋示吉依成方加减救治，所投多效，叩户求方者无虚日。后受业于云间李中梓（1588～1655），遂以医术著称。康熙间（1662～1722）卒。蒋氏曾"究心《灵》、《素》，博涉群书，斟酌尽善"，著《山居述》四卷，清贫无力梓行，遂抽取其精要，附以加减之法，辑《医宗说约》四卷，刊于康熙二年（1663）。又著《望色启微》三卷，刊于康熙十一年（1672）。还著有《医意商》、《伤寒翼》、《伤寒纂》、《针灸会元》、《医宗小补》等，此五种国内已佚。今日本存《望色启微》五卷本，其卷四为《医意商》，卷五为《伤寒翼》。该书现已由中国中医科学院影印回归。[见：《医宗说约·序》、《苏州府志》、《吴县志》、《吴中名医录》、《内阁文库汉籍分类目录》、《日本现存中国散逸古医籍》]

蒋正兰 清代江西信丰县人。家贫力学，不得志，弃儒就医。有医德，里中贫病者延请，不取一钱，并施以药，全活甚众。县令张公嘉其义行，赠匾额表彰之。[见：《信丰县志》]

蒋正斋 明代浙江杭州人。精通医术，知病虚实，活人甚众。与名医徐镇相往还，医名稍亚于徐氏。[见：《杭州府志》]

蒋世正 原名世珍。清代四川仁寿县人。精医术，为乾隆间（1736～1795）仁寿名医。有医德，凡贫病之家延请，负箧携药立往，病愈不取一文，乡里称颂之。[见：《补纂仁寿县原志》]

蒋仕黄 清代江西玉山县人。嗜医学，喜抄录方书。久之通医，以术济人，知名乡里。[见：《玉山县志》]

蒋主孝 (1397～1472) 字宗伦，号樵林居士，堂号务本。明代仪真县（今江苏仪征）人。随父迁居句容县。太医院判蒋武生三子。绍承父学，以儒医知名于世，凡奇疾怪疴，群医不识者，诊视无不痊愈。急于救人，虽雪夜炎天，有求必赴。人劝其出仕，答曰："医可以济人，奚必仕？"喜吟咏，与弟蒋主忠及王忠庆诸人结诗社，为"景泰十才子"之一。好临古帖，精于鉴古，襟怀洒落，于月夕必焚香鼓琴，弄楚歌之曲。成化壬辰卒，享年七十六。著有《内经疏》若干卷，未见刊行。长子蒋论，事迹不详。次子蒋谊，举进士，授杭州府推官。[见：《续纂句容县志》、《上元县志》、《列朝诗集小传》]

蒋主忠 字存恕。明代仪真县（今江苏仪征）人。随父迁居句容县。太医院判蒋武生四子。嗜于儒学，精通诗词古文，与兄主孝齐名，为"景泰十才子"之一。得父传授，兼工医术。[见：《上元县志》]

蒋主敬 明代仪真县（今江苏仪征）人。随父迁居句容县。太医院判蒋武生次子。继承父学，亦以医名世。[见：《上元县志》]

蒋主善 明代仪真县（今江苏仪征）人。随父迁居句容县。太医院判蒋武生长子。绍承父学，亦精医术。永乐二十二年（1424）秋，父卒，帝召蒋主善赴京，谕慰再四，即日授御医。仁宗继位（1425），擢太医院院判，赐宫娥三人为继室。笃学好古，名所居室曰兑一斋。景泰间（1450～1456）卒。弟蒋主敬、蒋主孝、蒋主忠，皆以医术著称。[见：《上元县志》、《仪真县志》]

蒋民怀 清代江苏南汇县人。精医理，遇群医束手之症，每能愈之。康熙四十五年（1706），县令李发枝以"术逮仓公"额其门。[见：《南汇县志》]

蒋达善 明初武进县（今属江苏）人。精医术，知名吴、越间。著有《医镜》二十卷，已佚。曾孙蒋宗武，官至太医院院使。[见：《武进县志》]

蒋尧中 世称十六公。清代湖南邵阳县人。少习岐黄，精通医理。晚年汇辑名医张机、陶华二家方论，"斟酌去取，订为一书，可治伤寒，亦可治热病"，名之曰《寒热同治》。孙蒋藻熊著《感伤分理》。曾孙蒋千年将此二书合刻，名之曰《寒热同治感伤分理合刊》，梓于世，今存嘉庆十六年辛未（1811）经国堂刻本。[见：《宝庆府志》、《邵阳县志》、《中国历代医家传录》、《中医图书联合目录》]

蒋尧松 清末安徽人。里居未详。为江苏青浦县名医何长门门生。[见：《何鸿舫医方墨迹》]

蒋式金 明清间浙江定海县人。名医潘楫门生。著有《采芝》八则，今未见。[见：《医灯续焰·引》]

蒋师仁 字公威。清代江苏常熟县人。从名医喻昌学，精医术。著有《内经必读》、《释体金镜》二书，未见刊行。孙蒋昊培，亦为名医。[见：《常昭合志》、《江南通志》]

蒋光煦 (1825～1895) 字寅昉，号敬斋。清末浙江海宁县人。早年习儒，候选大理寺评事。博学多识，性嗜读书，其书楼名西涧草堂，收藏甚富。咸丰十年（1860），太平军攻浙，蒋氏奉母避居楚北，行李萧条，独携书数十簏以随。曾国藩赠联曰："虹穿深室藏书在，龙护孤舟渡海来。"同治二年（1863）返乡，家业荡然，不沾沾为己计，以所遗桐乡田千余亩仿宋范文正遗法置义庄以赡族人。夙工诗文，晚年患心疾，犹治学不辍。间涉医学，推重名医徐大椿，曾手校《徐批外科正宗》、《洄溪医案》，校雠精当，为时所重。年七十一岁殁。撰有《敬斋杂著》若干卷。子蒋学培，善岐黄术；蒋望曾，博洽好古，精金石之学，并蜚声黉序。[见：《海宁县志》、《海宁州志稿》、《洄溪医案·跋》、《从〈卫生家宝产科备要〉印鉴考察名家递藏》（《中华医史杂志》2006年第1期）]

蒋廷秀 字星墀，号沁如。清代江苏吴县人。世居饮马桥。庠生。以医为业。著有《合论丹溪、景岳相火大意》等文，刊于唐大烈《吴医汇讲》。[见：《吴医汇讲·卷三》]

蒋廷钟 字律元。清代江苏江浦县人。邑名医蒋泰子。早年习儒，议叙从八品。传承父学，医术精湛，遇疑难证，常出独见以治之。性慷慨，凡贫困者延请，虽远必徒步出诊，且助以药资。尝手批《医宗必读》、《临证指南医案》二书，纠正者数十条，惜未见刊行。孙蒋之桂，传承家学。同时有吴永泰，与蒋廷钟齐名。[见：《江浦埤乘》]

蒋廷锡 (1668～1732) 字扬孙，号西君。清代江苏常熟县人。云贵总督蒋陈锡胞弟。蒋廷锡工诗善画，有文才。初以举人供奉内廷，康熙四十二年（1703）赐进士，改庶吉士。

次年，授翰林院编修，累迁内阁学士。雍正元年（1723）擢礼部侍郎。次年，奏请续纂《大清会典》，帝命任副总裁。雍正三年奉敕重新编订陈梦雷所辑《古今图书集成》一万卷，其中"医部"（又称《医部全录》)汇集历代医书百余部，为我国重要大型医学类书。雍正六年，蒋氏迁文华殿大学士，兼领户部，充《圣祖实录》总裁。雍正七年加太子太保。次年夏，旧病复发，帝命日二次以病状奏闻。五月卒，谥"文肃"。[见:《清史稿·蒋廷锡传》、《古今图书集成·医部全录》、《中国历代医史》]

蒋仲韬 清末江苏宝山县人。为青浦名医何长治门生。[见:《何鸿舫医方墨迹》]

蒋兆瑞 字朴存。清代湖北黄梅县人。国学生。以医术擅名。尝谓:"读书降而学医，亦求有济。若术未精，辄开方谈病，是自欺欺人也。"闻者以为至言。[见:《黄梅县志》]

蒋名甲 (1784~1856) 字东元，号五峰。清代江苏丹徒县人。好古工诗。少时家贫，弃儒业医。诊视不苟，每临证必细审症状，而后投药，故多奏良效，活人甚众。咸丰癸丑(1853)世乱，避居于东乡之坤城，时年七十，虽处颠沛流离之中，犹昼夜读书，吟咏不辍。年七十三岁卒。著有《医林丛话》四卷，未见流传。医书外，尚有《读史著类》十卷、《咏史诗钞》六卷、《五峰草堂杂咏》十卷、《劫余诗草》一卷、《劫余文草》四卷。[见:《丹徒县志》]

蒋庆云 字丽卿。清代江苏宝应县人。精医术，诊病知源，疗效颇佳。[见:《宝应县志》]

蒋汝恫 (1834~1903) 字毅甫。清代江苏无锡县人。国学生。通医理，著有《医学指南》二卷、《辨证要义》二卷，今皆未见。[见:《锡金历朝书目考》]

蒋安中 金代魏州(今河北大名县东)人。官国子助教。因直谏不纳，弃官习医。后世子孙皆以医术知名。孙蒋应茂，迁居扬州仪征县。曾孙蒋梦雷，官扬州路医学教授。[见:《李濂医史·蒋用文传》]

蒋杏泉 清代浙江归安县人。名医凌奂(1822~1893)门生。绍承师学，亦以医名。曾参校其师《医学薪传》等书。[见:《中国历代医史》、《吴兴凌氏二种》]

蒋励常 字岳麓。清代广西全县人。乾隆五十一年(1786)举人，官融县训导。讲求实学，不屑章句，而不废文章。重视"存心养性"之学，兼通医理。著有《医学纂要》，今未见。医书外尚有《蒙养编》、《十室遗语》等书。[见:《全县志》]

蒋励惺 号惺斋。清代广西全县万乡龙水村人。少年多病，究心医药，久之精其术，有国手之称。著有《惺斋医案》，今未见。[见:《全县志》]

蒋来宣 清代江苏阜宁县庙湾人。得不传之秘，以疡科知名，尤擅制膏丹等成药。[见:《阜宁县志》]

蒋时机 字渠阁。明代人。生平里居未详。曾考校李杲《食物本草》，撰《订正食物本草》十卷，刊刻于世，今存佚不明。[见:《贩书偶记续编》]

蒋时行 字季芳。明清间江苏长洲县人。后徙居苏州。明末诸生蒋元允次子。通医理。曾参订其兄蒋示吉《医宗说约》。[见:《医宗说约》]

蒋伯雍 元明间真州(今江苏仪征)人。元扬州路医学教授蒋梦雷子。早年习儒，为元末进士，官至崇州通判。明初，召为史官，以疾辞。后出任兰阳县丞，卒于官。祖上四世皆以医闻，伯雍亦传家学，因登仕，不以医显。子蒋武生，医术尤精，为明初著名医家。[见:《李濂医史·蒋用文传》]

蒋希曾 号啸渔。清代浙江钱塘县人。生平未详。著有《医验辨似》二卷，今存光绪二十二年丙申(1896)省城西湖瑞元堂刻本。还著有《经验医案》一卷，亦存。[见:《中医图书联合目录》]

蒋应茂 元代魏州(今河北大名县东)人。迁居江苏仪征县。得祖父蒋安中传授，精通医术。子蒋梦雷，医术益精，官扬州路医学教授。[见:《李濂医史·蒋用文传》]

蒋启昌 字兆西。清代江苏宜兴县人。精医术，知名于时。[见:《增修宜兴县旧志》]

蒋君维 清末江苏常熟县人。精通医道，与同邑名医王知方齐名。晚年得弟子杨师程，为得意门生。临终，嘱子蒋星华师事杨氏。[见:《中国历代医史》、《吴中名医考》]

蒋际酉 明代福建晋江县人。精医术，知名于时。曾遇出殡者，棺内滴出鲜血，蒋氏惊问之，主人答曰:"胎产不下，气绝已终日。"蒋氏曰:"形僵气绝则血瘀，今血鲜未败，则神尚存，速救勿害!"主人依言启棺，果然面色未变。蒋氏急以针刺其穴，子生而母醒，一时传为佳

话。曾创制枳术丸等方，流传于世。[见：《晋江县志》]

蒋孜圣 清代四川铜梁县人。精医术。每值疫疾流行，出药救治，前后施药五千余剂，活人甚多。年七十五岁殁，乡人无不悲悼。[见：《铜梁县志》]

蒋武生（1351～1424） 字用文。明代仪真县（今江苏仪征）人。迁居句容县。其家数世精医。祖父蒋梦雷，任扬州路医学教授。父蒋伯雍，元末官至崇州通判，明初任兰阳县丞。武生自幼颖慧，读书过目不忘，六岁从师习儒，师称有大器。后随父居兰阳，读书益勤。明初，其父殁，遂归仪征。因旧宅尽毁于兵燹，复渡江，筑室于句容县。此后，肆力于祖传医学，博览群书，会同黜异，尤推重李杲、朱震亨诸名医之说，久之贯通医理。临证不执古方，视病之源，以意制方，投药则效，定死生无不奇中，名动四方。洪武间（1368～1398）荐入太医院。时朱震亨弟子戴思恭任院使，见武生喜曰："君儒而为医，昌吾道必矣。"遂荐之于帝，授御医。永乐八年（1410）升院判。仁宗为太子时，蒋氏日侍左右，深得亲宠。时汉王谋夺嫡，故汤药非蒋氏所进者不尝。曾问以保和之要，对曰："在养正气。正气完，邪气无自而入。"又问："卿医效率缓，何也？"对曰："善治者必固本，急之恐伤其本，圣人所以戒欲速也。"仁宗称善。在京之日，上自王公贵人，下至庶民百姓，遇难治之疾皆谒蒋氏，治之即愈。间有谓不可治者，终无人能疗。永乐二十二年秋卒，享年七十有四。仁宗遣中使护柩归南京，督治祠坟。次年，仁宗即位，诏追赠奉议大夫、太医院使，特谥"恭靖"。卒之日，左副都御史吴讷为作行状，自称门生，盖曾学医于蒋氏。著有《治效方论》若干卷，已佚。子蒋主善、蒋主敬、蒋主孝、蒋主忠，皆工医术。[见：《李濂医史·蒋用文传》、《中国医籍考》、《仪真志》]

蒋茂昌 唐初人。里居未详。精医术，曾任太医丞。显庆二年（657），奉敕与李勣、于志宁、许敬宗、苏敬等二十四人编《新修本草》五十四卷，成书于显庆四年。该书正文二十一卷（含目录一卷）、药图二十六卷（含目录一卷）、图经七卷。全书载药八百五十种，大行于世。详"李勣"条。[见：《新唐书·艺文志》]

蒋昊培 清代江苏常熟县人。邑名医蒋师仁孙。绍承家学，亦以医术著称。[见：《常昭合志》、《江南通志》]

蒋国光（1297～1357） 一名太嘉，字仲宾。元代江阴县（今江苏江阴）人。其父蒋清之，官建德路从事，深通医道，兼擅禁咒术。国光欲习禁咒，父谓唯医可活人，遂取医书授之，久之以医闻世。初挟技游吴下，人未知其奇。一日，遇老兵泣于途，问之，答曰："吾子为鬼魅所凭，医莫能疗，今垂绝矣！"蒋氏往视，见其子裸体瞠目，骂詈殴人。即令取大蚯蚓十条，捣烂投水中，去泥，以水遥示病者。病者见水遽起，持饮未尽，贴然安卧，更与药泻之，疾愈。自此，蒋氏医名满吴下。一人患伤寒期月，体兢兢而振，齿相击不能成语，群医环视束手。蒋氏后至，诊之曰："急取羊肉来！"众医皆谓："伤寒大忌羊肉！"蒋氏曰："诸君毋哓哓！"命以羊肉一斤许煮熟，取中大脔，别用水煮良久，取汁一升，与病者服。须臾战止，汗大出而愈。有父子同病者，蒋氏与名医葛乾孙（1305～1353）会诊，葛谓："父可愈，子五日死。"蒋谓："父夜半死，子明日午时死。"后果如蒋氏所言，葛乾孙为之折服。蒋国光一生嗜书，至死不倦。性好著述，先后撰《伤寒疑目》、《活人书正讹》、《伤寒钤括》、《亲验方》各若干卷，惜皆散佚。至正十七年三月卒，享年六十一岁。独生子蒋辰，次年卒。[见：《名医类案》、《金元医学人物》（引王行《半轩集·元故蒋处士墓碣铭》）]

蒋国佐 清代江苏阳湖县人。精通医术，名噪乡里。郡守骆仲麟子病，众医不能疗。国佐询其乳母，知误吞田螺，乃以鸭涎饮之，下血裹一螺，霍然愈。同里有孕妇死，将葬，棺薄血出。国佐视之曰："可活。"开棺针妇人胸，得苏，继产一子。一牧童为牛角所伤，腹肠尽出。国佐以米泔洗之，纳入，敷以药，得活。著有《岐黄精诠》若干卷，未见刊行。[见：《阳湖县志》]

蒋鸣西 字闻久。清代浙江嘉善县人。精医术，知名乡里。[见：《嘉善县志》]

蒋知重 字身岳，号威山。清代江西铅山县人。名儒蒋士铨六子。自幼颖慧，工书法，喜吟咏。弱冠补弟子员，屡赴棘闱不第，自叹曰："予生晚也，未及亲受庭训。"后肆力医学，知名于时。心存济利，治病不索谢仪，遇贫病赠以药资。年六十岁卒。[见：《铅山县志》]

蒋季琬 唐初人。里居未详。精医术，曾任太医令。显庆二年（657），奉敕与李勣、于志宁、许敬宗、苏敬等二十四人编《新修本草》五十四卷，成书于显庆四年。该书正文二十一卷（含目录一卷）、药图二十六卷（含目录一卷）、图经七卷。全书载药八百五十种，大行于世。详"李勣"条。《日本国见在书目》著录"蒋孝琬《杂注本草》一卷"，疑"孝"为"季"讹，该书今佚。[见：《新唐书·艺文志》、《日本国见在书目》]

蒋季瑜 唐初人。里居未详。精医术，曾任太子药藏监。显庆二年（657），奉敕与李勣、于志宁、许敬宗、苏敬等二十四人编《新修本草》五十四卷，成书于显庆四年，大行于世。详"李勣"条。按，"蒋季瑜"与"蒋季琬、蒋季璋"当为兄弟辈，待考。[见：《新唐书·艺文志》]

蒋季璋 唐初人。里居未详。通医理，曾任尚药奉御。显庆二年（657），奉敕与李勣、于志宁、许敬宗、苏敬等二十四人编《新修本草》五十四卷，成书于显庆四年，大行于世。详"李勣"条。[见：《新唐书·艺文志》]

蒋金铺 清代浙江镇海县人。生平未详。著有《临病考证》，今未见。[见：《中国医学人名志》]

蒋念恃 字竹卿。清代浙江海宁州人。蒋开子。精医术。性仁善，尝购地葬父，而旁有古墓，地师（风水先生）请去之，念恃曰："吾何忍因葬吾父而弃他人耶？"不从其请。著有《仲景伤寒论（注）》，未见流传。子蒋通，亦工医。[见：《海宁州志稿》]

蒋学成 明代人。生平里居未详。著有《尊生要旨》一卷，已佚。[见：《医藏书目》]

蒋学培 学溉根。近代浙江海宁县人。著名藏书家蒋光煦（1825～1895）子。早年习儒，有声士林。尤精医道，名著于时。[见：《海宁州志稿》]

蒋法师 佚其名。元代三茅山（在今江苏金坛县境）道士。精医术，以疡科著称。兼好诗歌。程钜夫雅重其术，作《疡医三茅蒋法师》诗云："辇路逢医总上医，到头谁与问疮痍？隐居昔住茅君洞，灵药新传蒋法师。术妙鹊针投血脉，众疑獭髓补肤肌。药钱不办将诗偿，诗病依然欠事治。"[见：《金元医学人物》（引《雪楼集·卷二十六》）]

蒋宝素 （1795～1873） 字问斋，号帝书。清代江苏丹徒县人。世医蒋椿田子。七岁丧母，恃祖母杨氏宠爱，恣意嬉游。年十七岁，父衰患风疾，病卧不起，家境素贫，坎烟几断。宝素幡然省悟，自悔失学。侍父病愈，乃取《素问》、《灵枢》、《难经》、《伤寒》诸书，昼夜读之。其文义晦涩处，则求教于名医潘曙东，历时七年，精悟医理。后又师事名医王之政，医术益进，声

名大振。咸丰三年（1853），寓居江北沙沟镇。同治六年（1867），迁居仙女镇，年事已高，渐有归里志。十二年正月，因应诊返丹徒，患疾而卒，时年七十九岁。生前著有《医略》八十一卷，先刻十三篇行世，后其稿散失数卷，故仅有六十七卷刊行。嗣后，又选诊视有验者，辑《问斋医案》五卷，亦刊刻于世。此外尚著《伤寒表》一卷、《证治主方》一卷、《医林约法三章》一卷，皆未见流传。子三人，孙七人，半数绍承先业，以医问世。[见：《丹徒县志》、《中医图书联合目录》]

蒋宗武 字季文。明代武进县（今属江苏）人。曾祖蒋达善，以医术知名于吴越间。宗武继承家学，医术益精。天顺间（1457～1464），以明医征入太医院，授御医。太子病目，蒋氏治而痊愈，帝欲骤迁以酬之，固辞不受，乃命兵部免其戍籍，入太医院籍。宪宗时，周太后病，蒋氏投药，一剂而愈，益被宠信，升太医院判，迁院使，进通政司左通政。以吏部左侍郎致仕。晚年归乡，仍以术济人，虽贫苦者求治，亦尽心诊处，乡里德之。孙蒋亨，绍承家学，亦以医名。[见：《武进县志》]

蒋宗镐 字继丰，号涧西。清代浙江乌程县南浔镇人。太学生。旁通医术，著有《默耕堂经验良方》若干卷，未见刊行。[见：《南浔志》]

蒋宗澹 字交加。明代浙江嘉兴县人。自幼习儒，少年时遭家难，弃举业。中年屏绝外事，莳花弄石，与道士茅天颜究习《参同》、《抱朴》之学。兼知医术，辑有《慈济易简方》若干卷，未见刊行。[见：《嘉兴县志》、《嘉兴府志》]

蒋诚辉 字维灿。清代湖南安化县人。精医术，远近知名。有医德，治病不索谢仪，活人甚众。年七十九岁，无疾而终。[见：《安化县志》]

蒋居祉 字介繁，自号觉今子。清代安徽歙县人。通医道。著《本草择要纲目》一卷，刊于康熙己未（1679），今存。子蒋瀚，婿萧长福，曾参校《本草择要纲目》。[见：《本草择要纲目·序》]

蒋孟宽 字立川。清代江苏泰兴县人。通医术，知名于时。[见：《泰兴县志》]

蒋绍元 字乃贞。清代福建连城县人。自幼习儒，天性淳朴。由邑庠生入贡，任侯官县教谕。得祖传医术，擅长痘科、眼科，知名于时。重医德，闻贫困之家儿女患痘症，不论远近皆往治，不索药资，全活甚众。[见：《连城县志》]

蒋荣庆 字子高。清代江苏丹徒县人。侨寓泰兴县，以教授儒童为生计。好读医书，得其精蕴。虽不业医，为人治病多效，且不计诊酬，世人称之。[见：《丹徒县志摭余》]

蒋树杞 字璧山。清末浙江临海县人。生平未详。辑有《伏瘟证治实验谈》一卷，刊于世。[见：《中医图书联合目录》]

蒋树荣 字丽生。清代四川安县东乡人，世居花街。精医术，尤擅针灸，知名乡里。[见：《安县志》]

蒋星华 近代江苏常熟县人。邑名医蒋君维子。传承家学，亦通医术。遵父遗嘱，师事父之门生杨师程。[见：《中国历代医史》、《吴中名医考》]

蒋映畴 字寿田。清代四川大竹县永兴场乐安溪人。幼多赢疾，其母养育甚艰。稍长，遵母命习医。博览医籍，专心揣摩，不数年精通其术，声名大噪，求治者踵相接。[见：《续修大竹县志》]

蒋思岐 字霞轩。清代江苏宜兴县人。精医术。以善弈知名。[见：《宜兴荆溪新志》]

蒋钟尹 字愚溪。清代江苏兴化县人。寓居如皋县。精医术，所治多奇中。挟技游于燕、齐、秦、晋间，所至之处，求医者户外屡满。久客归乡，与石京、张槎、朱学潜为乐余会，诗歌纵谈，有古君子之风。尝汇集诸家之注，辑《伤寒汇解》若干卷，今未见。[见：《直隶通州志》、《通州直隶州志》、《如皋县志》]

蒋致远 清末人。生平里居未详。撰有《牛痘要法》一卷，其自序称：中国之种牛痘者，始于丘熺，六传至蒋氏。此书收入余懋《白岳庵杂缀医书四种》，刊于光绪己丑（1889），今存。[见：《八千卷楼书目》、《清史稿·艺文志》、《中国医学大辞典》]

蒋乘龙 明代丹阳县（今属江苏）人。幼科名医蒋晓孙。绍承家业，亦以幼科知名。[见：《镇江府志》]

蒋笑山 清代安徽人。里居未详。以医为业。兼工丹青，尤擅绘兰，为时所称。[见：《艺林医人录》]

蒋浚源 字哲亭。清代河北遵化县人。精医理，于古方书无所不读。慨医学失其真，著《医学梯航》、《伤寒歌》二书。后者曾刊刻行世，今未见。[见：《遵化县志》]

蒋理正 字紫真。清代江苏武进县人。少年丧父，刻志读书。与京江张九征同学，遂补丹阳学生。常依外家荆氏，尽发其藏书读之。后客居昆山徐氏，得遍阅徐氏传是楼藏书。对易学、书法均有研究，尤邃于医，远近争相延致。遇危症，诸医束手，能别出新意治之，多立愈。同邑周某，其母割笋倾跌，竹锋入腹，肠已断，求治于蒋氏。蒋诊之曰："创虽可治，十年后当有异疾。"遂出药敷肠，以线缝合，纳腹中，研药一丸令服。夜半而苏，一月创合。后八年乃死。或问其故，答曰："续处必生肉蕈，饮食渣滓即从此出耳。"年七十余，疽发于背，导气纳养数月，复初。晚年，胸次益洒落。寿至九十五岁。著有《脉学》一卷、《紫真诊案》二卷，未见刊行。[见：《武进阳湖县合志》、《对山医话·卷二》]

蒋梦雷 元代真州（今江苏仪征）人。邑名医蒋应茂子。继承家学，精通医术。曾任扬州路医学教授。子蒋伯雍，孙蒋武生，皆传家学。[见：《李濂医史·蒋用文传》]

蒋望曾 字肖鳍。清代浙江海宁县人。生平未详。光绪十三年（1887）校订余懋《方解别录》。[见：《中国历代医家传录》]

蒋清怡 字素书。清代江苏江阴县人。儒医蒋凤池子。传承父学，通晓医理。尤擅书画，画技得元人遗意，书法参以米芾。[见：《江阴县志》]

蒋鸿模 （1866～1918） 字仲楷。近代四川合川县人。翰林院编修蒋璧方子。生而兔缺（豁唇），读书亚于诸兄弟，遵父命学医。初从老医刘道芝学，年十六岁学成归家。嗣后，购医书百余种，奋志研求，间有不明，则质正于师。邻近有请诊者，辄以所学未精，婉言谢绝。如此十年，乃稍稍出术疗疾，多有效验。久之，屡拯危疾，声名大噪，远近延诊者无虚日。重医德，治病不分贫富，遇极贫者助以药资。1914年设医馆于县城久长街，就治者益众。门人劝其少息，不从，必亲为诊视。民国七年三月积劳而殁，时年五十三岁。蒋氏一生诊务繁忙，亟欲传诸后学，为之分任，曾开堂授徒，广招门生。著有《医林辑要》、《本草便读》、《证治药例》等书，皆为蒋氏授徒之书，今未见。[见：《合川县志》]

蒋维乔 （1873～1958） 字竹庄，号因是子。现代江苏武进县人。早年习举业，为诸生。民国间任商务印书馆国文教科书编辑，后任教育部秘书、江苏教育厅厅长、光华大学教授。蒋氏自幼多病，经中、西医百治不效，后得人传授气功疗法，诸病皆愈。中华人民共和国成立后，任上海气功疗养院院长、上海市中医文献研究馆

十二画

1079

馆员。1958 年 2 月卒，享年八十五岁。著有《因是子静坐法》、《因是子静坐法续编》、《健康不老废止朝食论》、《因是子静坐卫生实验谈》、《气功疗法》等书，均刊于世。[见：《中国历代医史》、《中医图书联合目录》]

蒋鲁山 清代湖北钟祥县人。儒医蒋之杰侄。之杰传术于鲁山，鲁山亦以医名。[见：《钟祥县志》]

蒋溉济 元代人。里居未详。通医理，曾任太医院院使。后至元三年（1337），名医危亦林撰《世医得效方》十九卷，由江西医学提举司送太医院审阅，蒋氏与同僚参与其事。至正五年（1345），此书刊刻于世。[见：《世医得效方·太医院题识》]

蒋椿田 清代江苏丹徒县人。精医术，知名于时，求诊者户限为穿。为人廉洁重德，不取非分之财，故家道清贫。著有《椿田医话》，未见刊行。子蒋宝素（1795～1873），医名甚噪。[见：《丹徒县志·蒋宝素传》、《问斋医案·序》]

蒋慎修 宋代人。生平里居未详。疑为道士。著有《黄庭内外玉景经》十卷，已佚。[见：《通志·艺文略》]

蒋锡荣 字杏桥。清代人。生平里居未详。辑有《辨证良方》四卷，刊于咸丰十年（1860），今存。[见：《中医图书联合目录》]

蒋慕莘 字聘三，号畊予。清代江西鄱阳县龙吼山人。邑庠生。精医术，凡乡邻患病，必多方调护，贫者赠以药饵，终无自德之色。道光乙未（1835）旱蝗成灾，蒋氏出资赈困，多所全济。年七十岁卒。[见：《鄱阳县志》]

蒋肇龄 字光廷，又字伯遐，号八霞山人。清末四川合江县人。廪贡生。选授云南嵩峨县（今峨山）知县，署马龙州知州。负才不羁，踪迹遍四方。官龙州仅四十日，即革弊政，勤讼狱，日进父老于堂咨询之，至一日两餐皆在堂上，颂声达于境外。因母丧去官。后走越南，客东粤，游琼儋，转徙沪上、沙市，卒于京师。中年留心洋务，研讨不遗余力。鉴于云南地多烟瘴，为国人所畏，而莫辨其所起，不知防治之法，遂著《瘴书》十篇，今未见。[见：《合江县志》]

蒋震文 字巽邻。清代江苏南通州人。精医术，知名于时。[见：《通州府志》]

蒋蕴山 清代江苏上海县二十一保人。监生。精医术，知名于时。县令姚辉第赠以"闾里沾春"匾额。著有医书《医学参醇》，诗集《友竹轩诗赋》等，未见刊行。侄孙蒋人杰，传承其术。[见：《上海县志》]

蒋蕴文 清末江苏常熟县人，居西面店弄。业内、外科，擅治虚损证，有独到见解。有小儿咯血，诸医皆谓童子痨。蒋以血热治之，服药而愈。此儿后患便血证，蒋氏以西琥珀去瘀生新，亦见功效。[见：《海虞医林丛话》]

蒋鹤龄 号白石山人。清代江苏江阴县人。精导引术，兼善鼓琴，知名于时。[见：《江阴县志》]

蒋藻熊 字渭浦。清代湖南邵阳县人。蒋尧中孙。诸生。笃学励行，精通医道。里人之女患病垂危，蒋氏医之而愈，女父感恩，请纳为妾，正色拒之。平生多善举，乾隆四十三年（1778）岁饥，率富户施粥，全活万人。又施术疗疾，救治不可胜计。年七十岁卒。著有《感伤分理》（又作《感伤分治》）四卷，行于世。还著有《九门奇方》，未见流传，今存《奇方经验》一卷，疑即此书。其子蒋干年，取《感伤分理》与蒋尧中《寒热同治》合刻，名之曰《寒热同治感伤分理合刊》，今存嘉庆十六年（1811）经国堂刻本。[见：《宝庆府志》、《邵阳县志》、《中国历代医家传录》]

辜

辜大安 字崇山。清代四川简阳县董家埝人。少聪颖，邃于经史，为文有奇气。肄业凤山书院，为刺史林松云所赏识。将赴童试，忽丁内艰，自是无意功名，改习医学。遍读《灵枢》、《素问》、《难经》诸书，尤服膺《伤寒》、《金匮》，深入长沙之室。长于针灸，施治辄效。为人治病，辨证诊脉，迎刃而解，投药奇效。治温病尤有心得，审病处方，随机应变，迥异时流。尝谓："温病用凉药愈者，十之七八；以凉药佐热愈者，十之二三。盖人之脏腑阴阳不同，气禀虚实各异也。"著有《寿世金丹》、《身验良方》、《医方歌括》各一卷，今未见。[见：《简阳县志》]

辜仕才 清代四川荣县人。精医术，名噪乡里。以济世为怀，有求必应，不计诊酬。[见：《荣县志》]

惠

惠堂 清代江苏金山县张堰镇人。善医，知名于时。[见：《重辑张堰志》]

惠震 字恒夫，号石泉。清代江苏长洲县浒墅关人。太学生。善岐黄，尤精伤科，治病不受人财。嗜堪舆术，买舟出游，常经月不归，旁近山川阅历殆遍。家藏古书甚多，又好吟咏，有赠元妙观道士张友桐诗，传诵于时，惜诗稿散佚。著有《寸阴书屋日钞》二卷，今存光绪六年（1880）抄本。[见：《吴县志》、《浒墅关志》、《中医图书联合目录》]

惠显卿 晚号临原老人。金代人。里居未详。精医术，知名于时。早年习儒，性端谨，事母尤尽孝，名其室曰萱堂。当时名流孟龙溪、郭太华、李寓庵等，皆赋诗作铭，称颂其德。[见：《金元医学人物》（引《槩庵集·萱堂记》）]

惠梦松 清代江苏松江人。名医沈仪庭门生。[见：《中国历代医家传录》（引《松江医药杂志》）]

覃

覃先声 字鳌峰。清代湖南永定县人。世代业医，明伤寒、虚劳治法，求医者舆马填门。历任县令皆赠匾表彰。曾集平生治验方症，撰《医经易学》，后世多遵其说，惜未见传世。其姐适吴姓而寡，医术与之相埒。子孙皆传承其术。[见：《永定县乡土志》]

覃延镐 一作谭延镐。宋代人。生平里居未详。曾任医博士。著有《新集脉色要诀》一卷，已佚。[见：《宋史·艺文志》、《崇文总目辑释》、《通志·艺文略》]

覃奕德 清代四川郫县人。精医术，知名于时。以济世为怀，凡贫病者求治，悉心诊疗，且赠以药，活人甚多。[见：《四川通志》]

覃绶丞 字能静。清代四川涪陵县人。弱冠受业于名医张贡琳，专习经方。研修十余年，悬壶问世，年四十后医名渐起。治病不分贫富贵贱，即丐者亦悉心诊处，不计酬谢，活人不可胜计。年六十六岁卒。著有《医学心得》若干卷，今未见。[见：《续修涪州志》]

揭

揭枢 字伯徽（以字行）。北宋丰城县（今江西丰城）东坑人。元祐间（1086～1093）领解试。精于诗，曾作绝句一百首，讥评时俗，悉有深意。欧阳修见其所作，赠以诗。兼通医药，著有《喝药说》二千言，已佚。[见：《丰城县志》]

掌

掌禹锡 （992～1068）字唐卿。北宋许州郾城（今河南郾城）人。早年以进士授道州司理参军。历官屯田员外郎、并州通判、侍御史、集贤院校理、崇文院检讨、光禄卿、直秘阁学士，官至太子宾客。英宗时，以工部侍郎致仕。博学多闻，对《易经》、地域、医药诸学皆有研究。仁宗嘉祐二年（1057），朝廷设校正医书局，掌禹锡奉敕与林亿、高保衡、孙奇、孙兆等校订医书。历时十余年，完成《素问》、《难经》、《伤寒论》、《金匮要略》、《脉经》、《诸病源候论》、《千金要方》、《千金翼方》、《外台秘要》等大批古医籍之校勘，先后刊布于世。自嘉祐二年至六年，又与林亿、苏颂、张洞等同修本草，以《开宝本草》为底本，参校诸家著述，采编遗逸，撰《嘉祐补注神农本草》（简称《嘉祐本草》）二十卷，收药1082种，为当时本草书之最。书上于朝，又诏令各郡县"图上所产药本"，由掌禹锡、苏颂等复"哀集众说，类聚诠次"，附之以图，于嘉祐六年编成《本草图经》二十卷。后二书均佚，其内容被收入唐慎微《证类本草》。[见：《宋史·掌禹锡传》、《郡斋读书志》、《本草纲目·序例》、《河南通志》]

景

景日昣 字东阳，号嵩崖。清初河南登封县人。康熙三十年辛未（1691）进士，官至户部侍郎。自幼习儒，兼读《易经》。稍长，因母病涉猎医书，多有心得。又数年，研读《内经》、《难经》诸书，深悟"医易同源"之理。康熙三十五年，著《嵩崖尊生全书》十五卷，刊刻于世。该书按类分述运气、诊断、药性、治疗、病机、脏腑、妇人、幼儿等内容，为综合性医书，流传较广。[见：《四库全书总目提要》、《嵩崖尊生全书·序》、《河南通志》、《中国医籍大辞典》]

景炼之 字心丹，号补堂。近代浙江余姚县人。邑儿科名医景瑞璇子。绍传父业，亦以儿科知名。著《医学知新》四卷，未见刊行。[见：《余姚县志》、《余姚六仓志》]

景起武 清代河南偃师县人。精医术，知名于时。重医德，治病不求酬报。[见：《偃师县志》]

景瑞璇 字佩玉，号朴庵。清末浙江余姚县人。世居周巷。精医术，善治小儿疾病，处剂投药，应手奏效。患者襁负提携而来，其门如市。著有《幼科证治真传》六卷，未见刊行。子景炼之，亦精儿科。[见：《余姚县志》、《余姚六仓志》]

景聚奎 清代江苏丹阳县人。景庆锡子。精医术，著有《医验编》二卷，未见刊行。

[见:《丹阳县志》]

喻

喻义 唐代人。生平里居未详。曾任西川节度要籍。撰有《疗痈疽要诀》一卷、《疮肿论》一卷,均佚。[见:《新唐书·艺文志》、《宋史·艺文志》、《通志·艺文略》]

喻仁 字本元,号曲川。明代安徽六安州人。与弟喻杰俱精兽医术,治疗马、牛、驼诸疾,应手而痊。二人著有《元亨疗马集》四卷、《水黄牛经大全》二卷、《驼经》一卷,均刊行于世。[见:《元亨疗马集·序》、《重修安徽通志》、《中医图书联合目录》]

喻杰 字本亨。明代安徽六安州人。与兄喻仁俱精兽医术,善治马、牛、驼疾。二人合著《元亨疗马集》四卷、《水黄牛经大全》二卷、《驼经》一卷,刊于世。[见:《元亨疗马集·序》、《重修安徽通志》、《中医图书联合目录》]

喻昌 (1585~1664) 字嘉言,晚号西昌老人。明清间江西新建县人。幼习举业,明崇祯间(1628~1644)以副榜贡生入都,上书欲有所为,不见纳,削发为僧。清顺治(1644~1661)初,诏征入京,佯狂力辞。复蓄发,游于三吴,侨居常熟,结庐虞山之麓。钱谦益赠诗,以汉高获比之。喻昌好弈,晚年与国手李元兆对局三日夜,敛子而逝。无嗣,其甥负遗骸归,葬于城南百福寺旁,塑像寺中。喻氏少年时得授内养之法,终生未尝卧病。深明禅理,兼习道家黄白之术,最擅医学。对《内经》、《伤寒》诸医典研究颇深,治病则奇中,名振大江南北。《清史稿》称喻氏"才辨纵横,不可一世",可见声名之盛。平生妙治甚多。尝乘舟过一村落,见少女捣衣于河滩,昌注视久之,忽命停舟,命仆人上岸,从后抱之。女大怒且骂,父母闻讯出,欲殴其仆。昌徐曰:"我,喻昌。视此女将婴危疾,故急救之,非恶意也。"女父母素闻其名,乃止。昌复问:"汝女未发痘乎?"曰:"然。"昌曰:"数日将患闷痘,无可救。吾令仆激其怒者,乘其未发先泻肝火耳。势少衰,药力可及也。如期至北城外取药,勿迟!"后数日,有寅夜叩门者,乃女之父也,言女出痘,烦躁不宁。昌曰:"汝女生矣!"付与托里之剂,痘发而愈。某绅致仕家居,其夫人年五十,忽呕吐不欲饮食,诸医群集,投药皆不效。绅邀昌视脉,昌沉思良久始出,拊绅之肩曰:"是娠,非病。吾所以沉思者,欲一辨其男女耳。以脉象决之,其象为阳裹阴,男也。"后果应所言。喻昌

对《伤寒论》多有研究,推重方有执"错简"之说,谓原书为王叔和妄补,遂删除世行本之"序例"、"平脉法",调整其编次,著《尚论张仲景伤寒论重编三百九十七法》(简称《尚论篇》)八卷,刊于顺治五年(1648)。还著有《尚论后篇》四卷、《医门法律》十二卷、《寓意草》(医案)四卷、《喻选古方试验》(王兆杏辑录)四卷,均行于世。另有《生民切要》二卷,今未见。喻昌弟子徐彬、陈骥、曹山、罗子尚、江龙锡等,皆传其学。[见:《清史稿·喻昌传》、《清代七百名人传》、《新建县志》、《八千卷楼书目》、《医门法律·序》、《四库全书总目提要》、《中国医籍考》、《中国历代名医碑传集》]

喻政 字正之。明代江西南昌县人。生平未详。辑有《虺后方》一卷,后收入《三三医书》,今存。[见:《中医图书联合目录》]

喻镐 清代湖北麻城县人。邑名医喻必惠孙。得祖父亲授,亦以医著称。[见:《麻城县志前编》]

喻化鹏 字图南。明代江西丰城县人。尚气节,能文词,尤精医术,悬壶于湖南宝庆。深悟切脉、望色、听声、察形之妙。治病如临大敌,稍不中肯綮,即忧于形色,终朝研究,夜不能寐,有所得立赴病家调剂,故所治多奇效。平生好学嗜书,所得诊金悉购文史、医药诸书,构书楼藏之。好与诸名士相往还。所著《医经翼》,端愚禅师序之;《医余诗草》,车子仁序之,惜皆散佚。及卒,友人刘默庵经理丧事,葬于东廓五里碑之右,厚恤其子以归。[见:《宝庆府志》]

喻必惠 字嗣侨。清代湖北麻城县人。精医道,能预决生死,知名于时。孙喻镐,族侄喻显烈、喻嘉埈,皆得其亲授,时称名医。[见:《麻城县志前编》]

喻达观 清代江西人。随父入粤,定居南雄保昌。性旷达不羁,好弈,耽吟咏,尤精医术,活人甚众。广东顺德县龙山乡高于雄,慕喻氏之术,延请至家。久之定居顺德,日与骚人文士结社联吟,尤长于七律。年六十岁卒。[见:《顺德龙山志》]

喻守淳 字养真。明代安徽太平府人。以良医知名,一时全活数千辈。风雅敦厚,人称长者。[见:《江南通志》]

喻明远 字方亭,号玄虚子。清末四川高县人。正直聪明,虑事恒远。精通医术,名重于时。著有《医林损益》十卷,序刊于光绪十六年(1890),今存。[见:《中国历代医家传录》

(引《医林损益·序》)]

喻性真 字本善。清代河南淮阳县人。精医术，专擅眼科，能退经年云翳，复明如初。平生多义举，邻人赫连虎，贫无立锥之地，喻氏赠宅一区，地三亩。又尝设义塾于乡，时人称颂其德。著有《眼科家传》，未见刊行。[见：《淮阳县志》]

喻显烈 清代湖北麻城县人。邑名医喻必惠族侄。得喻必惠亲授，亦以医术著称。[见：《麻城县志前编》]

喻恭校 字宗夏。清代浙江嵊县西隅人。精医术，尤擅痘科。本县富室某，其妾所生子患痘疹，病势甚危，延请喻氏诊视。富室妻私下以金付喻氏，曰："若不治，请以此为寿。"喻氏佯诺之，暗中嘱富室妾保护其子。不久，患儿服药而愈。富室妻使人责问，喻氏曰："此殆天命，非人力也。金故无恙。"举以还之。[见：《嵊县志》]

喻崇墅 清代江西吉安人。博洽沉毅，从邑名医朱晞阳游，深悟医理。后从邹守益习儒，儒医两精。与邬有坦同学于邹氏门下，相得甚欢。一日，邬有坦语及《难经》疑义，喻氏详为辨析，谓之曰："儒道医道，殊途同归，其旨深矣！抑亦为仁之术也。斯道之秘，余受之先师朱晞阳，先师受之葛可久，其由来甚远。吾子亦有意乎？"有坦曰："谨受教。"喻遂取所藏医书尽授之。[见：《盐乘》、《新昌县志》]

喻惟哲 清代湖南新化县石马乡杨家坪人。以医术知名，尤擅幼科，治小儿疾常一剂即愈。又能决人死期，不爽时日。乾隆四十年（1775），同里名宿邓胜达患微恙，惟哲诊其脉，谓其子曰："大翁撒瑟之期，将在五月矣！"邓果于五月殁。四乡之人无不神其术，妇孺皆呼喻先生，小儿女患病，辄抱往求治，得药一丸即愈。年八十余卒。[见：《新化县志》]

喻道平 清代四川荣昌县人。父子皆为武生。精通医术，道光、同治间（1821～1874）以骨伤科闻名乡里，求治者日不暇接。时人赠以"刮骨功深"之匾，又赠"橘井泉乡功济世，杏林春满志调元"之联。年七十七岁卒。[见：《荣昌县志》]

喻道院 清代四川荣昌县人。素精医理，长于养生，年九十岁终。[见：《荣昌县志》]

喻嘉埙 清代湖北麻城县人。邑名医喻必惠族侄。得喻必惠亲授，亦以医术著称。[见：《麻城县志前编》]

喻鹤松 字鸣皋。清代江西万载县藻溪人。少孤贫，兄课之读书，兼习医卜、星命家言。即长，贫困益甚，业医以为生计，活人甚多。乾隆间（1736～1795）荐授县医学，荣膺冠带。殁后，辛绍业为之作传。[见：《万载县志》]

黑

黑华阳 清代山东临清县人。诸生。精医术，知名于时。著有《生生集》若干卷，未见刊行。[见：《临清县志》]

锁

锁乾 字廷臣。明代浙江杭县人。邑名医锁万言孙，锁文良子。袭承家学，亦精医术，尤擅疡科。[见：《杭州府志》]

锁万言 字盛松。明代浙江杭县人。幼习举业，屡试不中，弃而学医。尝遇良师于天目山，得秘传医术，医术精进。后悬壶于乡，活人甚众。子锁文良，孙锁乾，均守家业。[见：《浙江通志》、《杭州府志》]

锁文良 明代浙江杭县人。邑名医锁万言子。继承父业，不坠家声。子锁乾，亦以医名。[见：《杭州府志》]

嵇

嵇绍 南宋山阴县（今浙江绍兴）人。祖籍汴梁（今河南开封）。伤科名医嵇幼域子。传承父学，亦精伤科。门生子弟递传其术，历八百余年不衰。[见：《绍兴医学史略》]

嵇胜 明代浙江仁和县人。宋代伤科名医嵇清后裔。绍承家学，亦精医术，善治杂证，尤长于家传骨伤科，世称嵇接骨。正德间（1506～1521）掌太医院事。卒于官。[见：《仁和县志》、《钱塘县志》]

嵇康 （223～262）　字叔夜。三国末期谯国铚（今安徽宿县西南）人。早年丧父。博览群书，尤嗜《老》、《庄》，好养性服石之事。因与魏宗室通婚，拜中散大夫。康宽简有大量，性喜自然，不修边幅，常优游于山水间，采药山泽，陶然忘返。与阮籍、山涛、王戎、刘伶、向秀、阮咸相友善，世称"竹林七贤"。后为司马氏所害，年仅四十岁。著有《养生论》三卷，已佚。[见：《晋书·嵇康传》、《补晋书艺文志》]

嵇清 字仁伯。南宋汴梁（今河南开封）人，徙居浙江仁和县。其家世传秘术，善疗金疮骨损。宋南渡时，其父任御医，沿途伤病者甚多，随手施救，全活甚众，后失散于乱军之中。事闻于帝，乃命嵇清摄父职。时清年不足二十，早谙先业。宫中有患折肱者，他医莫救，清为整治，完好如初。皇帝好骑射，每有伤损，清治之即瘳，医名振于朝野。其后裔嵇胜，明正德间（1506～1521）以医术任职太医院。[见：《浙江通志》、《钱塘县志》]

嵇永仁 （1637～1676） 字匡侯，号留山，又号抱犊山农。清代江苏江宁府人，迁居无锡县。诸生。工诗词，好古文，旁通医理。为人尚气节，负经济之才，曾入福建总督范承谟幕府。康熙十五年（1676）范氏被害，嵇永仁亦自缢而亡。著有《东田医补》若干卷，未见流传。[见：《江南通志》、《无锡县志》]

嵇幼域 字霞坡。南宋汴梁（今河南开封）人。靖康之乱（1126），扈驾南迁，遂移家浙江山阴县，居下方桥里西房。嵇氏早年从少林寺武师徐神翁学，得授武功及伤科医术。及南迁，悬壶问世，堂名善风草堂，创立下方寺西房伤科，声名大噪。世人皆以"三六九"伤科称之，有民谚曰："清明时节雨潇潇，路上行人跌一跤。借问伤科何处有，牧童遥指下方桥。"足见医名之盛。嵇氏收养孤儿甚多，传以医术，诸弟子世代递传，历八百余年不衰。著有《秘传伤科》，传抄于门徒之间。子嵇绍，继承父学。[见：《绍兴医学史略》]

程

程云 字召青，号向山。清代安徽绩溪县大谷人。因父病习医，精医术，知名于时。重医德，治病不索一钱，活人不可胜计。殁后，乡人建向山亭以纪念之。[见：《绩溪县志》]

程仑 字原仲，号星海。明代安徽歙县人。其祖父官至光禄大夫。程仑四岁丧父，稍长攻读举业，博雅能诗。年弱冠，患吐血疾，日呕数升，口鼻俱出，乃辍读养病。家居无所事事，思古人"不为良相，当为良医"之语，遂尽发家藏医书读之。上自《内经》、《伤寒》，下至东垣、丹溪诸书，无不浏览。居七年，体渐康复，医术亦大成，就治者日盈其门。及母殁，负笈游于四方，足迹半天下。前后二十年，居京师最久，以医术见知于诸公卿。尝集古贤、近人医论，附以己意，于天启元年（1621）辑《医按》五卷，刊行于世。还撰有《伤寒杂证》，已佚。[见：《中国医籍考》、《绛云楼书目》、《述古堂书目》、《中医图书联合目录》、《中国历代医家传录》]

程凤 唐代广平（今河北鸡泽）人。精医术，知名于时。代宗大历间（766～779），任越州医博士。子程仪，亦以医名。[见：《吴县志》、《苏州府志》、《中国历代医家传录》（引《唐朝名画录》）]

程本 号子华子，又号程子。春秋晋国人。程婴孙。博学而善持论，聚徒著书，名闻诸侯。时赵简子为政，欲罗致之，逡巡不肯起，避居齐国，馆于晏氏，改号子华子。孔子赴剡，遇程氏于途，倾盖与语。后年老归晋，不复出仕。著有《子华子》，书中颇涉医学。近人张骥撰《子华子医道篇注》，今存民间成都义生堂刻本。[见：《中国人名大辞典》、《中医图书联合目录》]

程仪 字修己。唐代广平（今河北鸡泽）人。越州医博士程凤子。绍承父学，亦精医术，官苏州医博士。少有文名，工绘事，所画《东封图》为时所宝重。[见：《吴县志》、《苏州府志》、《中国历代医家传录》（引《唐朝名画录》）]

程训 字仿伊。清代安徽黟县枧溪人。邑名医程致煌孙。继承祖学，亦精医术，以擅治风疾著称于时。[见：《黟县三志》]

程式 字心源，又字道承，号若水，又号建武居士。明代江西南城县人。精通医术，诊治多神效，名重于时。对《内经》、《难经》、《脉诀》及金元四家之书皆有研究。尝取诸书之切要者，著《程氏医彀》十六卷，刊于万历七年（1579），今存。[见：《建昌府志》、《医藏书目》、《中医图书联合目录》]

程延 （?～356） 北朝前秦人。里居未详。曾任太医院太医。寿光二年（356），前秦皇帝苻生夜间食枣过多，至旦而病，令程延诊脉。程氏奏曰："陛下食枣过多，无他疾也。"苻生素性嗜杀，闻言曰："汝非圣人，焉知吾食枣？"命人杀之。[见：《魏书·临渭氐苻健》]

程伊 字宗衡，号月溪。明代安徽歙县岩镇人。生于世医之家。幼习举业，少年丧父，遂绍承祖业以为生计。曾授淮府良医。著有《程氏医书六种》，刊刻于世。其中《释方》四卷，成书于嘉靖二十六年（1547），今存日本重刻本；《脉荟》一卷，今存嘉靖三十一年（1552）刻本；《释药》（又作《释药集韵》）四卷，今存嘉靖间残刻本。其余《医林史传》四卷、《医林外传》六卷、《医林拾遗》一卷，皆散佚不传。[见：《医学入门·历代医学姓氏》、《医藏书目》、《中国医籍考》、《现存本草书录》、《中医图书联合目录》]

1084

程充（1433~1489）　字用光，号复春居士（一作复庵居士）。明代安徽休宁县汉口人。邑名儒程玩（字叔润）次子。天性开朗，熟读《春秋》，兼擅星占、堪舆诸学，悉得肯綮。以亲老究心医道，研读《内》、《难》、《伤寒》、《脉经》诸书，推崇刘完素、张元素、李杲、王好古、罗知悌诸贤，于丹溪之学尤有心悟。学成，悬壶以济世，名重于时。县令王公闻其名，聘为塾宾。建昌宗人太常侍书南云，欲以贤良荐于朝，力辞。及亲殁，益绝仕之想。所居岐山之下，林壑幽胜，遂筑藏修之所，曰岐阳书室，与族中贤士为诗社以自适，于一切世故漠如也。性好著述，曾参修《休宁县志》，又与族兄程逸民修《云溪程氏宗谱》。当时流传《丹溪心法》有川、陕二本，多经时医增改。程氏得朱氏曾孙朱贤所藏旧本，遂参阅诸书，正误删繁，拾遗举要，重刻于成化十七年（1481），流传颇广。程充卒于弘治己酉十月八日，享年五十有七。有子四人：程祖兴、程祖淳、程祖明、程祖衡，皆孝谨，能世其业。[见：《丹溪心法·序》、《徽州府志》、《休宁县志》、《医藏书目》、《中国历代名医碑传集》（引程敏政《篁墩文集·程用光墓志铭》）]

程约　字孟博。南宋新安婺源县（今江西婺源）人。世代工医，至约益精，以针灸术知名于世。其先世有号"种德居士"者，县令许应龙遂改所居坊为种德坊。同时针医马荀仲，自许与程约齐名。太守韩瑗患疾，马氏针其右胁，半入而针折，马失色曰："非程孟博不可！"急邀程约，至则针其左胁，须臾折针出，病亦痊愈。其后裔程汝清，亦以针术名世。[见：《古今医统大全·历世圣贤名医姓氏》、《婺源县志》]

程玙（1780~1842）　字佩侯，号荣庵，又号半帆。清代江苏昆山县人。祖籍安徽歙县，其祖父程德通徙居昆山，经商致巨富。程玙早年习儒，官布政司理问。精通医理，知名于时。乡人李逊斋赠联云："白社相知欢总角，青囊屡惠费婆心。"[见：《昆山历代医家录》（引《程氏宗谱》）]

程沆　字小堂。清代人。生平里居未详。辑有《经验良方》一卷，今存道光二十五年乙巳（1845）刻本。[见：《中国丛书综录》、《中医图书联合目录》]

程玠　字正通，又字文玉，号松崖（一作松厓），又号丹崖。明代安徽歙县槐塘人。邑名医程玬胞弟。由庠生领成化丁酉（1477）乡荐，登甲辰（1484）三甲第二十六名进士。初任职户部，奉使江南，过家省亲，卒。程玠天性睿敏，博学清介，于星历、术数无不旁通。早年受《春秋》于康用和，得其奥旨。后殚究医学，过于其兄。同里有患痨瘵者，玠按其脉曰："君必不起，顾有喜征。"时病者尚无子嗣，且居别业，玠促之归家，一宿而妻有娠，不久卒于瘵疾。又，同宗某，系廪生，将赴乡试而病甚，延请程氏诊视。玠入户闻嗽声，问曰："此非病者欤？无忧。"其人服药病愈，如期赴试，后登乡荐，官华容县尹。玠能造木牛流马，可五步筑室，按八门遁甲术，夜户不闭，盗无敢入者。临殁尽毁其书曰："此不可以言传，恐反误人。"著有《松崖医径》四卷、《眼科应验良方》（又作《眼科秘方》、《经验眼科秘书》）一卷，刊行于世，今存多种明清刻本。还著有《医论集粹》、《脉法指明》二书，未见流传。医学外，尚有《大定数》若干卷。侄孙程衍道，亦精医理。[见：《歙县志》、《徽州府志》、《古今医统大全·历世圣贤名医姓氏》、《中国医籍考》]

程林　字云来，号静观居士。明清间安徽歙县槐塘人。名医程衍道侄孙。敏悟好学，雅静博闻，工绘画，善篆刻，有名士林。慨然有天下之志，重孝义，既葬其亲，始云游天下，足迹遍于三山五岳，所至之处，皆图而记之。顺治十六年己亥（1659），与程光禋游昆仑之墟，题壁而去。少年时得叔祖亲授，习医十余年，尽得家传之秘。嗣后，博览医籍，研穷考究，殚精竭思，遂以医术知名。曾得宋徽宗《圣济总录》残刻本于叔祖，研究三十年不辍。后访友人江湘，得再睹旧抄本。应江氏之邀，纂其精粹，去其繁芜，旧阙"小儿方"五卷，请友人项睿补之，辑为《圣济总录纂要》二十六卷，刊刻于世。程氏富于著述，自撰《即得方》二卷、《续即得方》一卷、《金匮要略直解》三卷、《医暇卮言》二卷，皆刊于世。还曾协助程衍道校订《外台秘要》，亦梓行。[见：《圣济总录纂要·序》、《遂初轩医话》、《外台秘要·卷七》、《四库全书总目提要》、《冷庐医话》、《重修安徽通志》、《中国历代名医碑传集》（引程光禋《静观居士云游疏》）]

程忠　清代四川井研县马服桥人。外科世医程大嵩长子。与弟程海，皆绍承家学，以医知名。子程维祯，传承父业。[见：《井研志》]

程迥　字可久，号南斋，世称沙随先生。南宋宁陵县（今河南宁陵）沙随人。靖康之乱（1126），徙居绍兴余姚。年十五岁，父母相继亡故，漂泊无依，年二十余始知读书。时乱甫定，西北士大夫多在钱塘，迥得以考德问业。先后受经学于昆山王葆、嘉禾闻人茂德、严陵喻樗。隆兴元年（1163）举进士，历官扬州泰兴县尉、饶州德兴县丞、隆兴府进贤知县、信州上饶知县。居官政宽而明，令简而信，所至有政绩。卒于官。程迥博学多识，兼通医学。著有《医经正本书》一卷，今存明初刻本及多种清代翻刻本。还撰有《活人书辨》若干卷，已佚。医学外尚有《古易考》、《古易章句》、《古占法》、《易传外编》、《春秋传显微例目》、《论语传》、《孟子章句》、《文史评》、《经史说诸论辨》、《太玄补赞》、《户口田制贡赋书》、《乾道振济录》、《条具乾道新书》、《度量权三器图义》、《四声韵》、《淳熙杂志》、《南斋小集》等。子程绚，官巴陵县尉。［见：《宋史·程迥传》、《中国丛书综录》、《浙江医籍考》、《全国中医图书联合目录》］

程知 字扶生。清初安徽休宁县人。生平未详。撰有《伤寒经注》十三卷、《医经理解》九卷，刊刻于世。还著有《伤寒赘条》一卷，今未见。［见：《中医图书联合目录》、《新安名医考》］

程朋 元代乐安县（今山东广饶）人。富有资财，善医卜诸术。至顺间（1330～1332）岁饥，程氏发粟赈济，赖以全活者甚众。［见：《青州府志》］

程询 字于岳。清代江苏吴江县同里镇人。国子生。得导引术，精通医理。工诗，有诗集《琐吉居集》。同乡顾传师得其传授，亦以医名。［见：《同里志》］

程绍 （?～1634） 字公业，号肖我。明代山东德州掖县人。江西右布政使程瑶孙。万历十七年（1589）三甲第二十三名进士，授汝宁推官，迁户科给事中，再迁吏科左给事中。因直谏忤神宗，削职为民，家居二十年。光宗时（1620）起为太常少卿。天启四年（1624）迁右副都御史，巡抚河南。与魏忠贤不合，引疾归。崇祯六年（1633）授工部右侍郎。越二年，以年老四疏乞休。寻卒，赠工部尚书。程绍兼善养生，著有《尊生镜》，已佚。［见：《明史·程绍传》、《山东通志》］

程南 字圣可，号庸庵。清代安徽绩溪县市中人。早岁为诸生，游学淮浦，门下多知名士。以亲老归乡，键户著述，纂理学书，批诸名家制艺（八股文）。又擅书法，一时碑版多出其手。平生励志清修，人皆以博雅君子称之。晚年游心林壑，寓意医道。著有《类方秘录》二卷、《脉症应绳录》一卷，今未见。医学外，尚撰《诗经录要》、《性理纂要》、《庸庵集》等书。［见：《绩溪县志》、《徽州府志》］

程相 字子位。清初安徽休宁县丰大基人。邑幼科名医程邦贤子。天性孝友，事父母顺意承志，待昆弟推产让财。绍传家学，亦以幼科知名，治验不可枚举。为人倜傥好义，稍有盈余，即储仓谷，以备族里缓急。其他如修桥铺路，施棺助葬，一切济人利物事，每倾囊不惜。年五十九岁卒，里人赴吊者皆痛哭失声。妻方氏，亦精幼科，内操井臼，外诊婴儿，每岁全活不下千人，医验不亚其夫，世有"女先生胜男先生"之誉。程相有子十人，孙二十余，皆以孝谨著称。［见：《古今图书集成医部全录·医术名流列传》］

程树 字勤邦，号青藜。清代江西鄱阳县八都枫树塘人。精通医理，留心济世。年七十一岁卒。［见：《鄱阳县志》］

程信 字介石。清代江苏南通县人。精医术，于痘疹及伏热诸证尤有心得。名医叶天士尝见其方，谓病者曰："江北有此名医，何庸远涉耶？"［见：《南通县志》］

程胜 清代江苏丹徒县人。儿科世医程积延子。继承祖业，亦善儿科。［见：《丹徒县志摭余》］

程恒 元明间河南洛阳人。其祖父曾任谏官，至元、大德间（1264～1307）以直道著称。程恒少有气节，自视甚高，以"天子辅相"自诩。后感悟曰："自古有志之士，其不能致者盖亦多矣。能有功德及人，独惟医尔。"于是立志学医，游历五湖，以访名师。闻名医葛先生（疑即葛乾孙）有神医之称，遂拜为门生，尽得其授而归。元末世乱，程恒隐居虎林（今浙江杭州）。入明后，自称"洛下遗民"，戴古冠巾，高视阔步，不与世俗合污。［见：《金元医学人物》（引徐一夔《始丰稿·洛下遗民考》）］

程炳 字思斋。清代浙江嘉善县人。精医术，知名于时。年七十六岁卒。［见：《嘉善县志》］

程倬 清代江苏宝山县人。生平未详。著有《锦囊心法》，未见刊行。［见：《宝山县志》］

程高 东汉广陵（今江苏江都）人。久慕名医涪翁之术，访求多年，始得拜入门墙。技成，隐迹不仕。门人郭玉，得其传授。［见：《后汉书·方术列传·郭玉》］

程海 清代四川井研县马服桥人。外科世医程大嵩次子。与兄程忠，皆绍承家学，以医术知名。子程维昌，克传父业。［见：《井研志》］

程绣 字章服。明代安徽休宁县榆村人。精医术，官太医院吏目。以医疗功，敕建"义

佐国家"石坊于其乡。[见:《休宁县志》]

程玠 字文炳,号宝山。明代安徽歙县槐塘人。贯通儒学,因母多病,弃学业医。初从婺源汪济凤习《素问》,尽得奥蕴,诊病如庖丁解牛,悉中肯綮。当世王公大人皆雅重之,咸欲荐之以官,辞而不就。善太素脉,断人休咎无或爽。著有《经验方》、《太素脉诀》等书,皆佚。弟程玠,医术益精,为成化甲辰(1484)进士,任职户部。[见:《徽州府志》、《安徽通志》、《歙县志》]

程据 (?~300) 魏晋间人。里居未详。以医知名,官太医令。晋武帝时(280~289)甚得恩宠,常出入宫禁。惠帝时,与贾后淫乱,声彰内外。元康九年(299),奉贾后命配制巴豆杏仁丸,毒害愍怀太子司马遹,永康元年,程氏伏诛。[见:《晋书·愍怀太子传》、《晋书·后妃·惠贾皇后传》、《历代名医蒙求》]

程常 号石香居士。元代浙江东阳县人。名医朱震亨门生。精医术,以外科著称于时。著有《疮疡集验》,已佚。明代虞抟撰《医学正传》,于外科多采程氏之说。[见:《医学正传·疮疡》]

程铭 字敛予,又字西堂。清代江西武宁县南程人。精熟《灵枢》、《素问》诸书,以医知名。[见:《武宁县志》]

程章 元代鄱阳(今江西波阳)人。精医术,后至元五年(1335)前后,任饶州路医学学录。[见:《金元医学人物》(引苏天爵《滋溪文稿·元故鄱阳程君墓志铭》)]

程梁 字汀茵。清代安徽绩溪县人。少喜医书,凡仲景、东垣诸大家著作,靡不研究。及长,殚精竭虑,揣摩《灵枢》、《素问》、《难经》等典籍,烂熟于胸,后以医术知名。著有《引经证医》四卷,刊于同治十二年(1873)。[见:《安徽通志稿》、《中医图书联合目录》]

程清 字竹轩,号静川。清代广东定安县人。贡生。厚重简默,敬事祖母。晚年习医,拯疾救厄,里闾感德。[见:《定安县志》]

程寅 字锦贻,号春漪。清代浙江桐乡县人。精医术,曾悬壶长安,踵门求治者不绝于门。重医德,以技救人,不较诊酬。子程元浩业儒,嘉庆癸酉(1813)拔贡。[见:《桐乡县志》]

程琦 字自超。清代安徽休宁县由溪人。精医术,治伤寒独得仲景秘旨,名著于时。撰有《医案草述》若干卷,今未见。[见:《休宁县志》]

程辉 (1114~1196) 字日新。金代蔚州灵仙(今河北蔚县)人。皇统二年(1142)进士,授尚书省令史,累迁南京路转运使,官至参知政事。承安元年(1196)卒,谥"忠简"。程辉侗傥敢言,性喜杂学,尤好论医。推崇河间刘完素之说,治病率用凉药。[见:《金史·程辉传》]

程锐 字晨峰。明代安徽歙县人。生平未详。辑有《经验痘疹治法》(又作《治痘方书》),成书于嘉靖十八年(1539)。此书国内未见,日本尚存抄本。[见:《医藏书目》、《中国医籍考》]

程瑞 清代安徽绩溪县人。监生。精通医道。凡贫病者求治,不受谢金,且赠以药,乡里德之。[见:《绩溪县志》]

程瑷 清代江苏通州(今南通)人。生平未详。著有《发明伤寒论》二十卷,未见流传。[见:《直隶通州志》]

程鉴 字芝田。清代安徽歙县人。诸生。博学能文,有声庠序。工书画,字学米南宫,绘画能以指代笔,为当时一绝。世代业医,早年师事休宁名医汪仰陶,尽得其传。嘉庆、道光间(1796~1850)悬壶浙江衢州,临证著手成春,声名颇盛,衢人绘《杏林春色图》赠之。著有《医学津梁》四卷,后经龚时瑞修订,易名《医约》,刊于1925年。还撰有《医法心传》一卷,今存光绪十一年(1885)雷丰校刻本。另有《医博》四十卷,遭乱亡失。门生雷焕然,传承其术,亦知名。按,雷焕然之子雷丰,称《医博》、《医约》二书为其父所撰,待考。[见:《雷氏医书三种·刘宾臣序》、《新安名医考》、《中国历代名医传》、《浙江医籍考》]

程煦 清末人。生平里居未详。曾任太医院候补医士。[见:《太医院志·同寅录》]

程錤 字丹林。清代江苏青浦县人。诸生。因省试不就,弃儒习医。从重固名医何书田学,得其秘授。道光(1821~1850)初,徙居宝山县罗店镇,悬壶于世。治病多奇效,所愈沉疴甚多,名重于时。年七十余,尚孜孜读医书,手不释卷。寿至八十一岁卒。著有《医经精义》二卷、《诸家汇论》十余卷,未见刊行。[见:《罗店镇志》]

程镜 清代河南中牟县人。岁贡生。精医理,治病不取值。平生多善举,岁歉,必施粥以济里党。有奇贫者二百余人,欲谋食异乡。程镜闻,急止之曰:"奈何轻去故土乎?我稍有窖藏,曷往取之?"立粜粟二百余石,由是里中无流离者。[见:《中牟县志》]

程曦 字锦雯,号甫田。清末安徽歙县人。邑名医程衍道后裔。父母殁于庸医误治,抱痛殊深,遂立志习医。光绪(1875~1908)初,从

十
二
画

衢州名医雷丰游，先后十年，尽得师传。曾与同门江诚、雷大震（雷丰之子）合编《医家四要》四卷，刊于光绪十二年（1886）。此书分脉、病、方、药四类，为医学入门读物。程曦还曾整理程衍道《治法心传》，易名《仙方遗迹》，传抄于世。1977年歙县卫生局重印此书，改名《程敬通医案》。[见：《歙县志》、《安徽通志稿》、《新安名医考》、《中医图书联合目录》]

程鑫 字贤庆。清代安徽婺源县杨源人。少失父母，弃儒学医。重医德，治疗贫病不取诊资，世人敬重之。年七十七岁殁。[见：《婺源县志》]

程一了 号学仙子。宋代人。生平里居未详。著有《丹房奥论》一卷，今存道藏本。[见：《中医图书联合目录》]

程人坊 清代河南泌阳县毗阳保人。嘉庆间（1796~1820）泌阳名医。治病每应手取效，遇药物不能及者，按《灵枢》法针刺辄愈。著有《针灸捷效》二卷，藏于家。[见：《泌阳县志》]

程乃时 字韭峰。清代湖北郧西县人。儒士。德高望重，精通岐黄，以医济世。年八十三岁殁。著有《瘟病论》若干卷，今未见。[见：《郧西县志》]

程三才 清代安徽歙县人。精医术，知名于时。著有《证治阐微》四卷，未见刊行。[见：《歙县志》、《徽州府志》]

程士超 （1804~1887） 号上达。清末广西桂平县军陵里竹山塘村人。性颖悟，幼诵群经，早能领会。家贫不能攻举业，乃潜心医术。十余岁游学广东，访求名医，久无所遇。西返，至桂林，遇江西新建县名医朱易，遂师事之。昼则随师临证，夜则诵读古方书，渐通医理。旋随师返浔阳。朱氏名重于郡，无贵贱皆尊称朱先生。居十余年，朱氏殁，士超传其衣钵，医术不亚于师。临证外，参究张介宾、薛立斋两家之言，于外感内伤诸证，皆应手取效。道光间（1821~1850），清廷调贵州标营驻浔阳，军士患疫甚剧，士超应粮台杨公之聘救治，全营病者皆愈，保授六品顶戴。洪秀全事起，知县李孟君调军驻浔阳，复患疫，士超随营医治，亦收佳效。奏补县丞，归部选用。咸丰五年（1855），陈开攻陷浔阳，士超弃官归乡。同治七年（1868），县令鹿传霖姑母孀居随任，年三十余，病脑痛，服补剂不验，腹渐大如斗，两颊色似桃花，月信断，诸医皆疑有私胎。士超诊之，六脉弦实，乃作色曰："此腹积

药饵所致。积药清则胀消，月事来矣。"立为施治，如言腹减，月事复至。及治疗脑病，不用药物，嘱铸金为枕枕之，枕变黑，令匠以火化去，再枕。如是三次，头疾亦瘥。鹿氏敬佩其术，赠以"神同和缓"之匾。又，县令焦肇骏嗜鸦片，患浮肿，诸医汤药无灵。士超先发其汗，续进理脾之剂，肿消而愈。焦氏赠以"十全为上"之匾。光绪十三年卒，时年八十四岁。辑有《星洲实录》若干卷，"星洲"为朱易悬壶之号，置于书首，以示不忘其本。此书未见流传。子程兆麟，亦精于医。[见：《桂平县志》]

程大中 字时卿。明代安徽祁门县善和中村人。早年习儒，不得志，弃而学医，从宣城名医沈潭游。技成，悬壶济世，往来于池州等地，治病不计酬报，活人甚多。曾至鸡儿滩，遇异人于客邸，得授太素脉诸术。后卖术于湖广，决人生死，就问者如市。方伯李淑与之比邻，召与语，谈及太素。程氏书五行阴阳于指掌，李大惊，礼致在家，言家人疾病多奇中。李殁，程氏经纪其家数十年。一夕，招李氏子维桢至，出《太素脉要》二卷，授之而卒。李维桢官至礼部尚书。[见：《徽州府志》、《祁门县志》]

程大用 字元明。清代广东香山县亨美乡人。家贫嗜学。精岐黄术，治疗贫病不受酬谢，且赠以药。[见：《香山县志》]

程大礼 号秩山。清代安徽庐江县人。精医术，熟读前贤医案、脉诀，立方则奇效，遇他医不治之症，多能一药回生。著有《医集》、《经验方》诸书，藏于家。[见：《庐江县志》]

程大嵩 清代四川井研县马服桥人。邑外科名医程永富子。绍承父学，技艺益精。周某患疮，肉溃见骨。大嵩剔其腐肉，敷以丹药，五旬而愈。一少女病鼓胀，肢体僵直，不能屈伸，诸医束手。大嵩曰："此火毒潜炽，内灼肠而为痛，外泄脾而为肿。内攻其毒，毒脱则人死。惟有自下纳药，一日数易，不十日毒可尽，毒尽则外肿消。再和以八珍汤即愈。"如其言行之，果瘳。子程忠、程海，俱传父业。裔孙程宇熙，亦以医名。[见：《井研志》]

程万锦 清末甘肃临泽县东关人。祖、父皆以医术著称。传承家学，尤擅治小儿痘疹，有著手回春之效，人称三世良医。光绪（1875~1908）初，出任抚彝厅医官。[见：《临泽县志》]

程与京 元代歙县（今安徽歙县）人。世医程道川子。继承家学，亦工医术。其药

室名体仁堂。[见：《金元医学人物》（引《胡炳文《云峰文集·体仁堂记》)）]

程门雪（1902～1972） 原名振辉，字九如，号壶公。现代江西婺源县人。生于书香之家。少年时从歙县名医汪莲石学。1916 年就读于上海中医专门学校，师事名医丁泽周，成绩优异。毕业后留校任教，曾任教务长，兼广益中医院医务主任。自 1935 年始，设诊于上海西门路，颇受患者信赖。1954 年，担任上海第十一人民医院顾问。1956 年出任上海中医学院院长。同年被选为上海市人民代表大会代表。此后，历任第二、三届全国人民代表大会代表，上海市卫生局顾问，上海市中医学会主任委员。程氏博览群书，深明医理，学验两富。从事中医教育四十余年，培育中医人才甚多，为现代著名中医专家兼中医教育家。平生著作甚多，主要有《金匮讲义》、《伤寒论歌诀》、《妇女经带胎产歌诀》、《校注未刻本叶氏医案》、《程门雪医案》等。[见：《中医年鉴》（1983）、《著名中医学家的学术经验》、《中国科学技术专家传略》]

程义廉 清末山东禹城县人。生平未详。著有《汉药大观》、《产科常识》等书，未见刊行。[见：《续禹城县志》]

程之珩 字二漳。清代山西长治县人。岁贡生。博学好古，精通医术。著有《医海勺波》若干卷，未见刊行。[见：《长治县志》]

程之骅 字仲超。清代湖北黄冈县人。性沉静，精通医术，立方多奇验。得养生运气法，调息月余，能于暗室中视物如昼。卒之日，沐浴端坐，若有前知。子程启厚，孙程丰邱，皆以医名世。同时有樊明睿、吴世达，皆一时名医。[见：《黄冈县志》]

程丰邱 清代湖北黄冈县人。邑名医程之骅孙，程启厚子。继承家学，亦精医术。[见：《黄冈县志》]

程天佑 字嘉予。清代安徽歙县东关人。五世业医，精通幼科，名重于时。同邑许豫和，得其传授。[见：《歙县志》]

程天视 清代四川巴中县人。生平未详。著有《医宗彻微》若干卷，今未见。[见：《巴中县志》]

程天祐 金代太原祁县（今山西祁县）人。以医为业，有名于时。卒，葬于文水。[见：《金元医学人物》（引《牧庵集》）]

程天祚 南朝梁人。生平里居未详。著有《针经》六卷、《灸经》五卷，二书隋代即亡佚。[见：《隋书经籍志·黄帝针经（注文）》]

程元林 字蔚峰。清代广西临桂县人。贡生。以医为业，活人甚众。有医德，凡以病延请，不论寒暑远近立往，遇贫病助以药资，邑人感德。年八十一岁卒。[见：《临桂县志》]

程元思 清代江苏山阳县人。精医术，知名于时。子程志荫，传承父业。[见：《山阳县志》]

程元煜 字丹衷。明代仪真县（今江苏仪征）人。幼颖异，读书过目不忘。因体弱，遵祖父命习医。研读《内经》以下诸医书，久之精其术，虽奇难之病，施治辄愈。祖父殁，复修儒业，由太学生考授州同知。政暇以医术济人，求治者不绝于门，遇贫病施药救之，名动于时。诸名公皆赠匾表彰，左副都御史郝浴赠"以慎以诚"；监院舒书赠"寿世鸿儒"；陶式玉赠"仁心儒术"；县令马章玉赠"济世鸿才"。[见：《仪真县志》]

程云岩 元代婺源县（今江西婺源）人。以儒精医，有十全之效，名重于时。子程敏斋，继承其学。[见：《金元医学人物》（引《云峰集》）]

程云鹏 字华仲，号凤雏，又号香梦书生。清代安徽歙县人。寄籍湖北江夏（今武汉）。自少习儒，专治《春秋》，屡岁荐。生平喜谈王霸大略，尝匹马游塞外，穷河源。又曾游于淮，作《河务心书》，为猾吏攫去，易名献于河督。中年，其母殁于疟疾，妻亡于血证，三子二女夭折于惊风、痘疹等症，乃深悔不知医学。尽发家藏医书，共得一千七百九十余卷，昼读夜思，久之，精贯医理。每思亲人枉死庸医之手，常痛哭失声，不能自止。嗣后，立志著书，以纠庸医之谬。康熙甲申（1704）著成《慈幼筏》（又作《慈幼新书》）十二卷，刊刻于世。还著有《灵素微言》、《脉复》、《伤寒问答》、《医贯别裁》、《种嗣玄机》、《医人传》等书，未见刊行。[见：《歙县志·文苑》、《徽州府志》、《中国医籍考》、《中医图书联合目录》]

程太初 清代江苏丹徒县人。儿科世医程念山子。传承父学，医术益精。名儒阮元之子六岁，患阴症，时医误以表证为治，致痞满结胸。太初诊之，进以苦降辛通之剂，七日而愈。尤善治痧痘，断生死不爽，郡中皆呼为活阎王。子程积延，孙程胜，均能绍传家学。[见：《丹徒县志摭余》]

程少轩 清代安徽绩溪县市中人。精医道，曾任太医院吏目。[见：《绩溪县志》]

程少楼 清代江苏清河县人。精医术,知名于时。同时有丁汝弼、刘文锦、陶云章、张燮堂、熊鉴堂,皆以医术著称。[见:《续纂清河县志》]

程仁锡 字为恕。明清间安徽歙县槐塘人。名医程衍道子。其父重校宋刻王焘《外台秘要》,仁锡参与其事。[见:《外台秘要·卷四》]

程从礼 元代人。里居未详。精医术,名重于时。朱思本赋诗,称"君今医国手,千古蹑和缓",可见医名之盛。[见:《金元医学人物》(引《贞一斋诗文稿》)]

程从周 字茂先。明末安徽歙县人。早年习举业,不得志。自谓:"医道可以补造化之偏枯,济生民之夭札。"遂肆力攻医,于古人之书无所不窥。又虑"泥古者不通于时,师心者难适于用",故负笈遨游,访求明师,遍历江、浙、徐、淮者二十余年,技艺精进,始悬壶扬州。临证每有所得即录其始末,藏诸笥中,日积月累,辑《程茂先医案》二卷,刊刻于世,今存。[见:《程茂先医案·序》]

程从美 别号志阳子。清代四川新都县人。精产科。尝集四十余年临证经验,著《胎产大法》二卷。近代曹炳章编《中国医学大成》,拟收编此书,未能如愿。今存道光二十六年(1846)文星堂刻本。[见:《中国医学大成总目提要》]

程从钧 字秉之。清代安徽婺源县港头人。国学生。温雅忠厚,通明医道,远近延请者不绝于门。重医德,虽夜半叩门,披衣即往,遇贫病概不取资。年七十四岁殁,乡人无不哀悼。[见:《婺源县志》]

程公礼 (?~1644) 字耆祥。明末安徽休宁县丰大基人。幼有至性,事父母以孝闻。娶妻吴氏,相敬如宾。自念家贫无以济世,乃夙夜攻研医学,博通《素问》、《难经》及诸名医之书。后悬壶济世,治病多效验,知名于时。著有《医家正统》、《行仁辑要》、《保赤方略》等书,藏于家。子程邦贤,亦精医术。[见:《古今图书集成医部全录·医术名流列传》]

程凤寿 清代安徽休宁县榆林人。通堪舆术,尤精岐黄,擅长儿科,有神医之称。[见:《休宁县志》]

程文圃 字杏轩,号观泉。清代安徽歙县槐塘人。弱冠即究心医学,寝馈于兹者数十年。其学以古为师,间出新意,既不蔑古,亦不泥古。其治病,凡有可记之处,皆笔录而存之。证必求本,治必折衷,久之成帙,遂辑为《医案初集》,凡收医案七十七则,嘉庆十年(1805)长沙刘权之等为之作序。后门生倪榜、许朴等取所录程氏治案六十五则,辑为《医案辑录》,皆梓行。数年后原版毁于火灾,从门人之请,于道光九年(1829)合前后两书,重予排次,名《杏轩医案》,再度梓行,今存嘉庆十年刻本。程氏于临证之暇,常取先贤之书反复披阅,语有精粹,辄随札记。岁月既深,卷帙遂多,纷纭杂沓,遂重为编次,分门别类,依次为:溯源二卷、伤寒二卷、杂证八卷、女科、幼科、痘疹、方药各一卷,共计十六卷,名之曰《医述》,成书于嘉庆二十二年(1817),刊刻于世,今亦存。还著有《诸脉条辨》一卷,收入《周氏医学丛书二集》。程氏兼工诗,有《诗集》若干卷,鲍桂星极称之,存佚不明。[见:《歙县志》、《安徽通志稿》、《中医图书联合目录》、《中国医学大成总目提要》]

程文格 字初阳。明代南京(今属江苏)人。以医为业,推崇唐代名医孙思邈。曾与梓州张学懋等校正宋代郭思《千金宝要》,撰《千金宝要补》三卷,序刊于泰昌元年(1620)。此书国内未见,据《中国医籍考》,日本尚存。[见:《中国医籍考》]

程文卿 近代江苏苏州人。精医术,名重于时。门生钟平石,尽得其传,任安徽蚌埠医学院副教授。[见:《吴中名医录》]

程文镇 字鲁岳。明代安徽绩溪县市中人。性喜山水。秉承家学,以医为业,知名于时。子程启潜,孙程国荣,曾孙程道亨,皆继承家学。[见:《绩溪县志》]

程心宇 号岐宾。明代人。里居未详。自幼习儒,不利于科场,从父程东谷之命习医。家藏医书甚富,夜以继日读之,久之有所得,每施于世,无不应手。后访求天下明医,如方龙山、方嗣塘、何肖充、姚少琼、汪炉峰、黄万山、夏少江诸贤,与之上下议论,学问益精。勤于笔记,有所得辄录之,久之验方验案成帙,传授其子程嘉祥。嘉祥复合以本人经验,编《经验痧麻痘疹秘要钞集》(又作《程氏家传经验痧麻痘疹秘集》)五卷,刊刻于世。今存崇祯间(1628~1644)刊本。[见:《中国医籍考》、《中医图书联合目录》]

程尹飏 清代广西桂平县军陵里官河村人。举人程道光子。幼习举业,年二十一补博士弟子员。尤精医道,于古今方书无所不窥,能由博返约,治病应若桴鼓。吉一里何桂芬,其妻病肉跳头大，厚币延请诸医，远近已遍，俱不效。复延程氏，至则投以大剂桂、附。桂芬不遽信，减半服之，疾旋愈。复延程氏，诊之顿足曰："今虽愈，明年八月中秋复发，无救矣。"翌年，其妻果复发而死。守备黄某继室，年五十有三，体殊不适，延请名医，茫然不解其症。程氏应聘往，视其额光夺目，唇润如珠，即向黄揖曰："夫人麟珠结半月矣。"逾十月，果产一男，其神验若此。中村何有奇母，年逾七旬，病癜垂危，子孙为备后事。程氏诊之，笑曰："服吾药非但不死，且可再寿十年。"后竟如其言。平生妙治甚多，详载于县志。性慈善，不以医术谋利，出诊不乘车马，遇病而无钱者，赠药不吝。医名虽盛，而家境清贫如昔，尝应秋试，借贷以资逆旅。年七十一岁殁。著有《验方》四卷、《朱批人身脏腑脉络全图》若干卷，今未见。子程炳珍，同族程懋麟，传承其术。[见：《桂平县志》]

程正朝
清代安徽合肥县人。雍正癸卯（1723）举人。兼精岐黄，以医术知名。[见：《重修安徽通志》]

程正谟
清代河南临汝县人。精医术，知名于时。[见：《汝州全志》]

程世光
字维藩。明代江西鄱阳县人。精医术，擅长儿科，曾任淮府良医。临证不拘泥方书，常以意施治，多获佳效。一孕妇未产，而子啼于腹，众医不能疗。世光倾豆于地，令妇俯拾，啼即止。[见：《鄱阳县志》]

程本遐
字永龄。清代安徽绩溪县仁里人。工诗词古文。世业岐黄，肆力于《内经》及诸名家方书，通彻医理。著有《脉症指疑》、《医方类》（又作《医方类集》）等书，未见刊行。[见：《绩溪县志》、《徽州府志》]

程龙锡
字为光。明清间安徽歙县槐塘人。名医程衍道子。其父重校宋刻王焘《外台秘要》，龙锡参与其事。[见：《外台秘要·卷三》]

程东贤
字昌基。清代安徽南陵县人。精通医术，尤善幼科。往来于和州、含山、芜湖间，全活小儿不可胜计。后以年老，杜门不出，而求治者踵至，犹终日书方以应之。年八十，视不加昏，常于灯下作蝇头小楷。著有《寿世金针》、《四诊发微》二书，今未见。[见：《南陵县志》]

程立勋
字际唐。清代安徽黟县桂林人。幼读诗书，及长，肆力岐黄之学。凡《灵枢》、《素问》、《难经》、《伤寒》诸书，无不研读，

通悟古人运气、经络诸说，临证了若指掌，治奇难病症每获佳效。年七十岁世乱，受伤病亡。[见：《黟县三志》]

程让光
清代人。生平里居未详。著有《外科秘授著要》一卷，今存抄本，书藏上海图书馆。[见：《中医图书联合目录》]

程永培
号瘦樵。清代江苏元和县人。生平未详。曾编辑《六醴斋医书十种》，包括《褚氏遗书》、《肘后备急方》、《元和纪用经》、《苏沈良方》、《十药神书》、《加减灵秘十八方》、《韩氏医通》、《痘疹传心录》、《折肱漫录》、《慎柔五书》等，刊刻于乾隆五十九年（1794）。又曾校刊无名氏《咽喉经验秘传》一卷，今存光绪间刊本。[见：《吴门补乘》、《苏州府志》、《中医图书联合目录》]

程永富
清代四川井研县马服桥人。精医术，以擅治疮疡肿毒知名。子程大嵩，绍承父业。[见：《井研志》]

程弘宾
字钟山，号抱拙子。明代安徽歙县人。通医理。曾校订孙一奎《赤水玄珠》。[见：《赤水玄珠》]

程圣锡
字为希。明清间安徽歙县槐塘人。名医程衍道子。其父重校宋刻王焘《外台秘要》，圣锡参与其事。[见：《外台秘要·卷四》]

程邦连
字既白。清代江苏江阴县人。工诗赋，擅书法。攻研医学，深究朱丹溪诸书，决死生百不失一。卒于杭州。[见：《江阴县志》]

程邦贤
字君敬。明清间安徽休宁县丰大基人。邑名医程公礼子。自少业儒，禀承庭训，不苟言笑。尝谓："为臣必忠，为子必孝"。崇祯甲申（1644）遭父丧，不久闻明朝灭亡，悲哀欲绝，两度自裁，为妻蒋氏所救。日夜哭泣，七日勺水不入口，项下顿发大瘿。后变服为道士，专心内典，课三子读书，研读其父所遗方书，于幼科独有神解。某年冬季，有溪南吴翁子七岁，患病垂危。邦贤诊之，亟命掘坑埋儿，仅露头面，以凉水周身浇灌。其家素信程氏之术，从之。有顷儿苏，调理而愈。世人因其项有大瘿，皆称"程大瘿先生"。晚年著《医集大成》，未竟而卒。妻蒋氏，歙县篁墩人，亦深通医理。一日邦贤他出，有村妪抱初生儿至，肛门无孔，腹胀垂绝。蒋氏以刀破肛门之膜，用绵蘸蜜润之，以防复闭，儿得无恙。次子程相，亦为名医。[见：《古今图书集成医部全录·医术名流列传》]

程邦学 （?～1694）　字明息。明清间安徽太湖县人。生于万历（1573～1619）初。性至孝，外谦恭而内刚毅，人以长者称之。崇祯十五年（1642），张献忠部大掠于太湖，又值荒岁无食，疫病流行，民不聊生。程氏素通医术，遂悬壶济世，以养老父。临证治辄获效，活人数以千计，知名于时。康熙三十三年九月，无疾而终，年逾百岁。有子四人，皆务农。[见：《中国历代名医碑传集》（引鲁之裕《趣陶园集·程明息传》)]

程有功　字思敏。清代安徽歙县冯塘人。医术精湛，有声于嘉庆、道光间（1796～1850）。著有医书数十卷，为名医程文囿所推重，惜多毁于兵燹，所存者唯《冯塘医案》二卷。门生王学健、叶昶，皆以医名。[见：《歙县志》、《新安名医考》]

程尧夫　明代安徽歙县人。精医术，知名于时。子程惠生，不传父学，另拜师学医，亦负盛名。[见：《歙县志》]

程尧叟　元代星源（今江西婺源）人。世代精医，挟技游于士大夫间，察脉精确，用药审慎，名重于时。歙县吴济川设寿安药室，聘程氏主理诊务，远近就医者甚众。[见：《金元医学人物》（引《陈定宇先生文集·赠医士程尧叟序》)]

程式仪　清代安徽徽州人。生平未详。著有《诸症采微》八卷，今未见。[见：《徽州府志》]

程式玉　字温如。清代安徽黟县桂林人。痘科名医程陟洲孙。精医术，悬壶汉阳，知名于时。弟程式庄，子程鸿烈，亦以医闻。[见：《黟县三志》、《重修安徽通志》]

程式庄 （?～1861）　字敬如，又字虚舟。清代安徽黟县桂林人。痘科名医程陟洲孙，程式玉胞弟。早年习儒，为监生。亦精医术，悬壶江西，知名当地。咸丰十一年卒于战乱。[见：《黟县三志》、《重修安徽通志》]

程至飞　清代安徽芜湖县人。精医术，悬壶于世。与郑重光同时。[见：《素圃医案》]

程廷献　字仲修。清代安徽绩溪县市中人。世代精医，多所拯救，名重于时。县令萧公、钟公，重其佳术良德，先后赠匾表彰。[见：《绩溪县志》]

程仲明　字鉴堂。近代甘肃临泽县人。幼读诗书，长承家训习医。及悬壶济世，名重于时。曾任本县医院院长。[见：《临泽县志》]

程兆和　字凤喈。清代江苏武进县人。邑名宿程甸方子。自幼习儒，善属文，与兄兆柄、兆洛，皆以学行称。道光十五年（1835）举于乡，授安徽阜阳知县。其母体弱多病，后因目疾失明。兆和至孝，致力医学，调治母疾，母寿至八十五岁。著有《伤寒温病异同辨》，未见流传。[见：《武阳志余》]

程兆麟　又名石麟。清末广西桂平县军陵里竹山塘村人。邑名医程士超（1804～1887）子。幼传父学，复参究朱震亨《丹溪心法》、张志聪《伤寒论集注》及闽人陈念祖诸书，久之精明医理。求治者络绎于门，经年晨出暮归，未尝稍暇，竟以劳瘁而卒，年仅四十八岁。著有《医中参考论》六卷，藏于家。临终前曾撰《本草经验质性篇》，未成而殁。子程锦堂，绍传家学。[见：《桂平县志》]

程兴阳　清末四川成都县人。生平未详。著有《针灸灵法》二卷，今存抄本，书藏中国中医科学院图书馆。[见：《中医图书联合目录》]

程汝清　字正子。元代徽州婺源县（今江西婺源）人。宋代针灸名医程约后裔。绍承家学，亦精针灸。闻金国归正人郭统领精通针法，遂师事之，郭授以魏城武师歧"泻补过注法"。此后医术精进，虽久远之疾，应手奏效，闻名遐迩。又善太素脉，预言祸福生死奇验。著有《医方图说》、《医药图记》二书，行于世，已佚。[见：《补元史艺文志》、《婺源县志》、《徽州府志》]

程汝惠　明代安徽绩溪县市中人。早年习医，悬壶济世，知名于时。著有《医学正宗》若干卷，已佚。兼精易学，曾撰《周易观玩编》。[见：《绩溪县志》]

程汝锡　字恩九。清代四川井研县人。精医术，悬壶嘉定府郡城（今乐山），活人甚众。[见：《井研志》]

程宇熙　清代四川井研县马服桥人。邑外科名医程大嵩后裔。世代精医，至宇熙递传百余年，名重于时。[见：《井研志》]

程守信　字星潭。明代安徽休宁县人。世代习医，传至守信，其术益精，曾任本县医学训科。念方书充栋，商旅之人不便检索，遂广取诸家方书，合以家藏秘方，撰《商便奇方》三卷，序刊于万历十八年（1590）。此书国内已佚，日本国立公文书馆内阁文库藏明魏岐凤仁实堂刊本，现已由中国中医科学院影印回归，并点校出版。[见：《商便奇方·自序》、《日本现存中国散逸古医籍》]

程羽文 号石室道人。明代人。生平里居未详。著有《二六功课》一卷，为养生之书，今存《学海类编》本。[见：《中医图书联合目录》]

程观澜 号泽轩。清代安徽怀宁县人。精医术，知名于时。嘉庆间（1796～1820）瘟疫盛行，程氏施药送诊，赖以全活者千百人。著有《药性正误》、《脉理微言》，未见刊行。子程筱川，号雪庭，性旷达，九岁能诗，著有《锄月园诗稿》。[见：《怀宁县志》]

程如鲲 字斗垣。清代安徽婺源县溪源人。以孝友知名。家贫，年十二岁，其父因欠租，遣其母改嫁，如鲲抱母号泣曰："儿不能返母，誓不为人！"父后别娶。如鲲刻苦攻医，悬壶济世，闻名于时。家境稍裕，挈妻子徙居母侧，后迎母归。著有《入药戮》、《痘科中庸》，未见刊行。[见：《婺源县志》]

程如璧 字龙章。明清间安徽歙县人。勇而好学，擅书法，兼及奇门遁甲诸术。明季世乱，避难吴江县震泽镇，遂定居。曾遇盗，被斫去三指。后作书，以两指握管，遒劲中更兼妩媚。擅养生，手辑《养身纂要》等书，今未见。[见：《震泽镇志》]

程志荫 字君实。清代江苏山阳县人。邑名医程元思子。传承父业，亦精医术，知名乡里。同时有童养大，与之齐名。[见：《淮安府志》、《山阳县志》]

程志熙 字赞虞，号凯堂。清代安徽婺源县城西人。自少习儒，以副贡候补州同知。父母老病，忧惶侍药，遂绝意功名，致力于医药之学。常为人治病，全活甚多。著有《脉论》一卷、《治病杂论》一卷，未见流传。[见：《婺源县志》]

程时中 清代安徽歙县槐塘人。后徙居黄源。与兄程时亨，弟程时彬，俱精医术，以伤科知名。[见：《歙县志》]

程时亨 清代安徽歙县槐塘人。后徙居黄源。与弟程时中、程时彬，俱精医术，以伤科知名。[见：《歙县志》]

程时彬 字文质。清代安徽歙县槐塘人。后徙居黄源。与兄程时亨、程时中，俱精医术，以伤科知名。子孙能世其业。[见：《歙县志》]

程作楫 号约斋。清代江西鄱阳县船湾村人。精医术，尤擅眼科，治病多神效。性慷慨，病者至，具饮食待之，无倦色。平生多善举，曾捐资修桥补路，行旅称便。居家孝友，人无间言。年七十三岁卒。[见：《鄱阳县志》]

程伯昌 明代福建建阳县人。精医术，擅妇产科，妙于催生法，知名于时。[见：《福建通志》]

程伯益 字长裕。清代安徽休宁县北村人。精医术，以儿科知名。长于望诊，治病有捷效，行医七十年，有神医之称。寿至九十岁。[见：《休宁县志》、《徽州府志》]

程位道 字素行。明清间安徽歙县槐塘人。名医程衍道胞弟。其兄重校宋刻王焘《外台秘要》，位道助之，任校阅事。[见：《外台秘要·卷三十五》]

程希濂 字莲溪。清代安徽婺源县城东人。程履丰长子。幼通书算，其父登仕，随任助办粮台。经左宗棠奏保，领蓝翎县丞衔。兼精医术，活人甚多。年六十三岁卒。著有《医学传薪》若干卷，未梓。[见：《婺源县志》]

程应宠 明代山西泽州人。自少聪颖，好岐黄术。凡历代医书，无不浏览，久之精脉理，善辨证，遇奇难之疾，他医所不识者，治之多效。重医德，治病不分贫富，即乞丐有疾，亦出技疗救。曾任太医院吏目。辑有《医案》，惜已散佚。[见：《泽州志》、《山西通志》]

程应旄 字郊倩，号东峰。清初安徽休宁县人。早年习儒，髫年以第一名补博士弟子员。平生著述甚富。尤精医道，对《伤寒论》多有心得，尝曰："仲景非是教人依吾去医伤寒，是教人依吾去辨伤寒；非单单教人从伤寒上去辨，乃教人合杂病去辨。"闻者以为中肯之论。程氏推重歙县名医方有执《伤寒论条辨》，亦认为仲景《伤寒论》为王叔和所窜乱，主张对传世本《伤寒论》重加订正，以复其原貌，故仿方氏之例，撰《伤寒论后条辨》十五卷，刊刻于康熙十年辛亥（1671），对后世有一定影响。程氏还撰有《医径句侧》二卷，刊于康熙九年；《伤寒论赘余》一卷，由门人刊刻于康熙十一年。[见：《伤寒论后条辨·序》、《清史稿·艺文志》、《中国医籍考》、《安徽通志稿》、《名医类编》]

程宏宾 明代安徽歙县人。精医术，知名于时。著有《伤寒翼》若干卷，已佚。[见：《歙县志》]

程良书 字琴堂。清代安徽婺源县溪头人。自少习儒，兼精岐黄。曾入幕府，任随军医士，治疗有功，江苏巡抚薛某举荐之，授五品医官。晚年归乡，悬壶济世。有医德，遇贫病倾囊相助，凡危重症，每日临门诊视，未尝有倦

色。[见：《婺源县志》]

程良儒 明代人。里居未详。精医术，知名京师。隆庆二年（1568）正月，太医院医官徐春甫集合各地在京名医四十六人，创立一体堂宅仁医会，程氏为会员之一。[见：《我国历史上最早的医学组织》（《中华医史杂志》1981年第3期）]

程启南 字开之。明代山西武乡县人。饱学诗书，兼通岐黄，儒医两精。富于著述，撰有医书《医学纂要》，今未见。医学外尚有《周易宗圣录》、《阴符解》、《也足园集》、《易时草》、《集贤录》、《心经注解》等。[见：《武乡新志》]

程启厚 清代湖北黄冈县人。邑名医程之骅子。继承父学，亦精医术。子程丰邱，绍传家业。[见：《黄冈县志》]

程启潜 字景陶。明代安徽绩溪县市中人。世医程文镇子。继承父学，亦业医，有名于时。子程国荣，孙程道亨，克传其业。[见：《绩溪县志》]

程坤锡 字为载。明清间安徽歙县槐塘人。名医程衍道子。其父重校宋刻王焘《外台秘要》，坤锡参与其事。[见：《外台秘要·卷五》]

程国令 字允瞻。明代安徽太平县人。幼习举业，颖敏好学，诗歌字画，冠绝一时。后弃儒学医，博览群书，妙悟奥理，识见每出人意表。有患头眩、喉塞、腰痛如裂者，百治不效。国令诊之，曰："是疾有三，一剂去其一，三剂当愈。"如言而痊。又有患腹痛者，奄奄待毙，众医见而退避。国令闻之，不待召而踵其门，投一方即愈，人以为神。谢二峰曾为之作传，记其事甚详。[见：《太平县志》]

程国汉 清代安徽歙县人，居城内。精通医术，尤擅治痘科。著有《麻症全编》二卷，未见刊行。[见：《歙县志》]

程国奉 字璧如。清代云南昆明县人。世代工医。善承家学，穷究《灵枢》、《素问》微蕴，名著一时。有医德，治病不因贫富而异视，凡邀诊，风雨昏夜不辞，乡里敬之。[见：《昆明县志》]

程国俊 字廷吁。明清间安徽淳安县人。早年习儒，初入华亭陈继儒（1558～1639）门下，又执经于兵部右侍郎金正希（1598～1645）先生。明末，金氏殉国，程氏避地于淳西胡溪，隐于医。其术甚精，决生死，起痼疾，人皆谓扁鹊、仓公复出。家境故贫，然求药辄与，未尝有难色。人以病延请，不以雨雪炎蒸为辞。工行书，

凡手录医论、文词，得之者视为珍宝。[见：《淳安县志》]

程国荣 明代安徽绩溪县市中人。世医程启潜子。继承家学，亦精医术。子程道亨，绍传其术。[见：《绩溪县志》]

程国维 清代四川荣县人。精通医术，以济世为怀，品德纯正。自拟"习医守则"数条，临证应诊，不存邪念。尝拒少妇之诱，为世人所敬重。[见：《荣县志》]

程国辅 字廷佐。明代安徽休宁县榆村人。贯通儒理，尤精医道。驸马王克恭镇新安（今歙县），甚器重之。后调任福建，值公主有疾，遣使延请国辅，一剂而痊。王克恭作文赠之。[见：《休宁县志》]

程国彭 （1680～?）字钟龄，又字山龄，号普明子，又号恒阳子。清代安徽歙县人。附贡生。自幼习儒，聪颖好学，博览群籍，有声庠序。自少多病，每遭疾则缠绵难愈，故酷嗜医学，研摩《内经》以下诸经典，融会金元四家之说，贯通医理。因家境清贫，二十三岁即悬壶问世。临证审慎，用药精当，有著手成春之效，四方求治者无虚日。所制药膏极精善，凡患风毒者，贴之即消，且兼疗百病，乡人有口皆碑。素重医德，凡病家延诊，必细心处治，不因贫富贵贱而异视，行医三十余年，活人不可胜计。轻财重义，家用之外，所得诊金皆购良药，合为膏散，施赠贫病，世以崔世明、李庆嗣誉之。程氏崇信佛教，自信为普陀寺僧转世。曾发愿广传医道，以"修证菩提普救之念"，故晚年有著书立说之志。雍正十年壬子（1732）春，完成《医学心悟》六卷。是年冬，"还归普陀修行"。值朝廷修葺佛寺，僧人、工匠不下数千，患病者甚多，而疽疮疥癣尤众，沈氏施术治疗，获愈者不可胜计。复念所撰《医学心悟》未及外科，乃"聚精会神，参悟外科旨要，约以十法"，辑为《外科十法》（又作《华陀外科十法》）一卷，与《医学心悟》并刊于世。另有《增订外科枢要》一卷，孙殿起亲见道光十二年（1832）浚仪佳日山房刊本，今存佚不明。从游弟子甚多，以汪喆最负盛名。[见：《遂初轩医话》、《医学心悟·序》、《外科十法·序》、《安徽通志稿》、《歙县志》、《冷庐医话》、《贩书偶记》、《中医图书联合目录》]

程国瑞 字静庵（一作静安）。清代安徽黟县人。精医术，知名于时。康熙五十五年（1716）征入太医院，授医官。休宁县汪钰，传承其术。[见：《徽州府志》、《黟县志》]

十二画

程明佑 字良吉，号岩泉。明代安徽歙县人。自幼嗜学，究心理学。后致力岐黄，深明医理，尝谓："人皆知补之为补，而不知泻之为补；知泻之为泻，而不知补之为泻。阴阳迭用，刚柔互体，故补血以益荣，不顺气则血凝；补气以助卫，不活血则气滞。盖脾为中州，水火交济，而后能生万物。"识者以为妙论。其治病悉尊《内经》，临证应手而愈，全活甚众。弟程明助，亦以医闻世。［见：《医学入门·历代医学姓氏》、《古今医统大全·历世圣贤名医姓氏》］

程明助 字良辅。明代安徽歙县人。名医程明佑胞弟。少患寒疾，世医误投附子，遂成热病，鼻赤如火，百治不效。后发奋学医，博极古先方书，遂以医知名。尝谓："今人以世承平，皆早婚，食厚味，故多痰火阴虚之病。"其治法遵刘河间、朱丹溪。［见：《医学入门·历代医学姓氏》］

程秉烈 清代安徽歙县人。生平未详。著有《伤寒注释》若干卷，今未见。［见：《歙县志》］

程金门 清末安徽绩溪县人。祖传内外科，医术甚精，知名于时。［见：《重楼玉钥·章洪均跋》］

程念山 清代江苏丹徒县人。儿科世医程登贤子。传承家学，亦工儿科。子程太初，声名益盛。［见：《丹徒县志摭余》］

程泽周 清代江东人。生平里居未详。精医术。江西德兴县余文佩，师事程氏十余年，后为名医。［见：《德兴县志》］

程宝潞 原名程皕，字筠泉。清代江苏青浦县黄渡镇人。祖籍徽州。精医术，挟技游于吴中，久负盛名。兼工书法，善弈。［见：《青浦县续志》］

程宗伊 字绍南。清代江苏上海县人。工诗善画，所绘梅花枝干疏古。尤精岐黄，泛览古今医籍，以意参之，多有神解。遇沉疴痼疾，投剂立验，名重一时。著有《程绍南医案》，附于《王应震要诀》之后，今存抄本。子程珩，侄程丕杰，皆为贡生，能继其业。［见：《上海县志》、《江苏历代医人志》、《中国历代医家传录》］

程宗默 字伯言。明代安徽黟县桂林人。县学生。嘉靖（1522～1566）初，与友人汪某读书于城南天尊观，遇羽士，偕追随之。汪氏半途而返，宗默随之入终南山。越十载，羽士遣之归，临行授以医书。此后，凡遇患痼疾求诊者，按方施治著手成春。年九十七岁殁。［见：《黟县志》］

程建勋 字君望。清代安徽黟县桂林人。乾隆间（1736～1795）县学生员。善绘画，作品为时所珍。通医术，尤精痘疹，临证以察色验气为主，当时称为"天花圣手"。辑有痘科书，今未见。弟程建极之子程陟洲，得其亲授，活人甚多。［见：《黟县三志》、《重修安徽通志》］

程春浦 清代安徽绩溪县市中人。能诗善文，工书法。兼精医术，有名于时。［见：《绩溪县志》］

程南图 清代浙江海宁县人。精医术，知名于时。［见：《海宁县志》］

程拱宽 字筠轩。清代浙江桐乡县人。工诗。晚年精医，求治者踵至。以高寿终。［见：《冷庐杂识·程筠轩诗》］

程是崖 清代江苏丹徒县人。邑幼科名医程翊龙子。传承父学，亦业医，有名于时。子程誉星，孙程登贤，皆继承祖业。［见：《丹徒县志摭余》］

程思乐 清代湖北汉阳人。通医理。与沈文龙等编辑《葆寿集》八卷，今存嘉庆二年丁巳（1797）刻本。［见：《中医图书联合目录》］

程衍道 字敬通。明末安徽歙县槐塘人。名医程玠侄孙。初习举业，为庠生，以文雄于两浙间。后弃儒习医，问业于名医李中梓，久之贯通其术，遂以医术著称。性格沉静，寡言笑，虽遇危疾，未尝动声色，而投剂立起。每出诊，环坐求方者丛集，从容视脉，俟数十人俱诊毕，始执笔一一立方，神气暇逸，了无差谬。素重医德，虽贫黎百姓求治，必端问详审，反复深思，未尝有厌怠之色，活人不可胜计。临证奇验甚多，游其门者皆以医名。平生嗜医书，曾得宋刻王焘《外台秘要》，甚珍重之，以家藏残旧抄本详加校勘，重刻于崇祯十三年（1640），今存经余居原刻本。程氏自著有《心法歌诀》一卷，李中梓为之作序。还著《治法心传》一卷，经其后裔程曦重编，易名《仙方遗迹》。1977年歙县卫生局重印上述二书，改《仙方遗迹》为《程敬通医案》。弟程位道，子程龙锡、程圣锡、程仁锡、程晋锡、程坤锡，曾参与校订《外台秘要》。侄孙程林，门人孙广、郑康宸，得其传授。［见：《歙县志》、《外台秘要·序》、《圣济总录纂要·序》、《太平县志·孙广》、《中医图书联合目录》］

程彦泽 元明间河南洛阳县人。宋儒程颢裔孙。少有气节，傲岸不群。生当乱世，志不得遂，自称"洛下遗民"。自思"上不系于天，下不系于人，而能有功德及人，独惟医尔！"遂有习医济世之志。曾游五湖，遇名医葛先生（疑即葛乾孙），临证有起死回生之效。彦泽喜曰："是真吾师也！"即请友人致意，愿为弟子。先生拒之曰："吾术不以与庸夫！"彦泽不为沮，复诣门求见。葛先生感其至诚，知非庸辈，乃收入门墙，尽以医术授之。技成，悬壶虎林（即杭州），有神医之称。天台徐一夔（1319～1398）敬其为人，作《洛下遗民传》以赞之。[见：《始丰稿·洛下遗民传》、《洛阳县志》]

程炳文 清末安徽歙县人。精医术，以喉科著称。[见：《重楼玉钥·章洪均跋》]

程炳珍 清代广西桂平县军陵里官河村人。邑名医程尹飏子。早年习儒，博闻强记。传承父术，有名于乡。著有《经验良方》四卷、《童人二面》，今未见。[见：《桂平县志》]

程炼金 字德资。清代安徽婺源县人。性磊落不羁，为人排难，不遗余力。早年习儒，后专力于医学，精其术。临证不泥古法，治奇症著手立效。著有《异症医书》一卷，未见梓行。[见：《婺源县志》]

程洛东 清末人。生平里居未详。辑有《眼科宝笈》一卷，今存光绪二十年（1894）京江宝善堂刻本。还辑有《眼科方药》一卷，今存抄本。[见：《中医图书联合目录》]

程祖明 字光肇。清代江苏金山县朱泾镇人。精医术，以大方脉著称于时。[见：《朱泾志》]

程祖尉 清代江苏武进县人。生平未详。辑有《济人神效方》一卷，刊于光绪二十八年（1902），今存。[见：《中医图书联合目录》]

程陟洲 清代安徽黟县桂林人。程建极子。伯父程建勖，精通医术，时称"天花圣手"。陟洲得伯父亲授，亦精痘科，活人甚多。孙程式玉、程式庄，曾孙程鸿烈，并以医名。[见：《黟县三志》、《重修安徽通志》]

程晋锡 字为昭。明清间安徽歙县槐塘人。名医程衍道子。其父曾重校宋刻王焘《外台秘要》，晋锡参与其事。[见：《外台秘要·卷五》]

程根仁 字斯立，号砚农。清代江苏昆山县陈墓镇人。康熙、乾隆间（1662～1795）在世。安贫乐道，能诗，兼善医术。[见：《昆山历代医家录》（引《陈墓镇志》）]

程致煌 字星堂，号颍川。清代安徽黟县枧溪人。县学生。早孤，母刘氏丧明，由

是研究医学，通其奥理。施药数十年，尤善治风疾，凡他医束手者，就诊立起。重医德，未尝纳病家钱物。著有《医学类求》、《颍川吟稿》，今未见。孙程训，以医术著称。[见：《黟县三志》]

程积延 清代江苏丹徒县人。儿科世医程太初子。继承家学，亦工医术。子程胜，绍传父业。[见：《丹徒县志摭余》]

程浦云 元代人。生平里居未详。元仁宗时（1312～1320）在世。撰有《运气精华》。熊宗立曾参考此书，著《六气加临补泻病证图》。[见：《中国历代医家传录》（引《奇效良方辨惑论》）]

程家珏 字揆北（一作揆百）。清代江苏上元县人。名医程稽山侄。早年习儒，为庠生。精医理，辨证入微，与叔父并重于乡里。著《医林适用》行世，今未见。[见：《上元县志》、《上江两县志》]

程祥栋 字小松。清代江苏泰州人。善属文，工词赋，文笔华赡。以廪贡生从军黔中，历著战功，由知县、同知荐升知府，加道衔，赏戴花翎。历官四川新繁、乐山、江津知县。任新繁时，重建东湖书院，并刊刻医书数种。编有《重辑洗冤录》一书，流播川中，今未见。年逾七十告归。[见：《扬州府志》]

程菊孙 （？～1860）字澹如。清代浙江嘉善县人。程维岳孙。工诗画，精技击，尝游于燕、晋间。后寄居郡城，隐于医，存心济世。程氏博览方书，曾选录诸书之要，编《四诊便读》，未见刊行。咸丰庚申，手写所著书，分赠亲友。四月卒。[见：《嘉善县志》]

程梦元 清代安徽合肥县人。生平未详。著有《洗冤录歌诀》一卷，光绪五年（1879）由湖北官书局印行。[见：《中国历代医家传录》（引《测海楼书目》）]

程敏斋 元代婺源县（今江西婺源）人。邑名医程云岩子。继承父业，博览群书，亦以医术著称。施治不求酬报，尝书"贫无力者，与诊脉施药"九字，榜贴于门，全活甚多。胡炳文赠序，表彰其佳术良德。[见：《金元医学人物》（引《云峰集》）]

程象乾 清代江西德兴县十都人。精医术，以药济人，存活甚众，乡里德之。[见：《德兴县志》]

程鸾池 字汝祥。清代安徽婺源县城西人。岁贡生。重孝义，多善举。五赴乡试，不售。教授生徒四十余年，不闻外事。旁通医术，治病不受谢。同治乙丑（1865）重游泮水，学宪

董公赠额"芹香重撷"。年八十八岁卒。编有《重订医林纂要》等书，未见刊行。医书外，尚著《绿满轩诗文稿》、《史学述要》、《周易述义》、《手批四书》、《诸儒辑要》、《八旬遗稿》、《四书对偶》等。[见：《婺源县志》]

程康政 清代安徽绩溪县人。精通医术，以济世为怀，遐迩闻其名。[见：《绩溪县志》]

程康圃 清代广东高明县人。世以儿科著称。曾汇辑家传经验，编《儿科秘要》，刊行于世。[见：《中国历代医家传录》]

程翊龙 字渌桥。清初江苏丹徒县人。顺治间（1644～1661）诸生。以医术知名，专擅幼科。子程是崖，孙程誉星，曾孙程登贤，均以医闻。[见：《丹徒县志摭余》]

程鸿烈 （?～1861）原名鸿业，字承绪。清代安徽黟县桂林人。痘科名程陟洲曾孙，程式玉子。绍传家学，继业尤精。兼通卜易奇门，六壬星象，并善金石书画，仿造西洋机器。咸丰十一年卒于战乱。[见：《黟县三志》、《重修安徽通志》]

程深甫 元代安徽休宁县汉口人。早年习儒，兼精医学。曾任浙江省太医提举。皇帝尝召之治病，进药立愈，声著南北，时称"好人程太医"。[见：《休宁县志》]

程维昌 清代四川井研县马服桥人。外科世医程海子。绍承家学，擅治疮疡肿毒，知名于时。[见：《井研志》]

程维祯 清代四川井研县马服桥人。外科世医程忠子。继承家学，亦以外科知名。[见：《井研志》]

程莨应 清代江苏淮安县人。精医理，乐善不倦。曾创设普济堂，规模宏大，四方患病而无所归者多来就治，全活甚众。[见：《中国历代医家传略》（引《辨证冰鉴》）]

程惠生 明代安徽歙县人。邑名医程尧夫子。不承父学，拜师学医，亦负盛名。[见：《歙县志》]

程鼎调 字梅谷。清代安徽歙县人。颖异好学，熟读经史，善属文，屡试不售，改习盐业。程氏嗜算学，好孙吴兵法，旁及岐黄之术。嘉庆间（1796～1820）寓居江苏江都县，以医济人。年四十九岁卒。著有《习医明镜》六卷，今未见。医学外尚著《梅谷丛谈》十卷、《配命录》二卷。子程葆，为道光十三年（1833）进士。[见：《江都县续志》、《扬州府志》]

程景云 清代四川抚民厅人。其父程琼（?～1754），为成都府庚子科举人，乾隆七年（1742）官珙县教谕，遂定居于此。景云精通医道，任珙县医学训科。[见：《珙县志》]

程景耀 字介亭。清代安徽歙县人。生平未详。著有《玉泉镜》（又作《天都程氏选辑外科良方》）一卷，今存稿本，书藏中国中医科学院图书馆。[见：《中医图书联合目录》]

程剩生 字长年，号黄山。明清间安徽休宁县人。少任侠，散万金不顾。万历间（1573～1619）寓居浙江桐乡县乡间，行医以自给。医术精湛，每出善药济人。病者馈以钱米，辄持以济贫，常叹曰："官吏杀人，寇盗杀人，庸医杀人，人几何？"顺治十年（1653）冬，张杨园患病几毙，群医束手，亲知零涕。程氏至，一药即愈，人益神其术。著有《素问发明》若干卷，张杨园为之作序，今佚。[见：《桐乡县志》]

程道川 元代歙县（今安徽歙县）人。其曾祖父与朱熹为表兄弟，业儒而精医。道川继承家学，为程氏医学第十六代传人，名著于时。子程与京，亦以医名。[见：《金元医学人物》（引《云峰文集·体仁堂记》）]

程道亨 明代安徽绩溪县市中人。世医程国荣子。继承家学，亦精医术。[见：《绩溪县志》]

程道周 字颂南。清代安徽歙县舍头人。精通医术，治病奇验，名噪于时。大阜有病人踵门求治，道周望其色，遽曰："神不内敛，危在顷刻，宜速归。"病者怒而诣村中友人家，甫至门，仆地而死。闻者皆以为神。著有《疡科外治验方》、《锦囊医话》诸书，未见刊行。[见：《歙县志》]

程道南 明代安徽歙县人。精医术，知名京师。隆庆二年（1568）正月，太医院医官徐春甫集合各地在京名医四十六人，创立一体堂宅仁医会，程氏为会员之一。诸医穷探医经，讨论四子（指张机、刘完素、李杲、朱震亨），共戒私弊，患难相济，为我国最早之全国性医学组织。[见：《我国历史上最早的医学组织》（《中华医史杂志》1981年第3期）]

程登贤 清代江苏丹徒县人。儿科世医程誉星子。继承家学，亦精儿科。子程念山，孙程太初，皆传承祖业。[见：《丹徒县志摭余》]

程辑五 清代人。生平里居未详。撰有《验过良方》一卷，今存道光二十一年辛丑（1841）抄本，书藏安徽省图书馆。[见：《中医图

十二画

书联合目录》]

程嗣章 清代安徽绩溪县人。精医术。乐善好施，乡里感德。[见：《绩溪县志》]

程锦堂 清末广西桂平县军陵里竹山塘村人。邑名医程兆麟子。绍传家学，亦精医术。[见：《桂平县志》]

程鹏飞 字海峤。清代安徽寿州人。性颖悟，究心六壬、占候之书。尤邃于医，以术济人，不以为利。巡抚李孟群雅重其学，招致幕下。年七十九岁卒。著有《医方宝筏》二十四卷，李孟群为之作序，今未见。兼工诗，有《绿香馆诗草》二卷。[见：《凤阳府志》]

程鹏程 字通清，号南岿（一作南孔）。清代浙江桐乡县人。生平未详。撰有《急救广生集》（又作《得生堂外治秘方》）十卷，今存嘉庆十年乙丑（1805）得生堂原刻本。[见：《桐乡县志》、《浙江医籍考》]

程誉星 清代江苏丹徒县人。幼科名医程翊龙孙，程是崖子。继承家学，亦精儿科。子程登贤，亦以医闻。[见：《丹徒县志摭余》]

程嘉祥 明代人。里居未详。儒医程心宇子。自幼读书，笃于儒学。惜父术不传，弃儒攻医。研究有年，治病效如桴鼓，遂以医名。尝思："济在一方者德小，济在天下者德大；济在一时者功有限，济在世世者功无穷。"遂取其父平生笔录之方案，参以本人临证所得，辑《经验痧麻痘疹秘要钞集》（又作《程氏家传经验痧麻痘疹秘集》）五卷，刊刻于世。此书今存崇祯间（1628～1644）刊本，藏中国中医科学院图书馆。[见：《中国医籍考》、《中医图书联合目录》]

程霁春 字明卿。明代安徽休宁县屯溪人。本县名医汪副护门生。精医术，悬壶数十年，名重于时。[见：《休宁县志》]

程毓芳 字佩兰。清代安徽黟县柏林人。岁贡生。从儒医江维城学，尽得师传，儒医两精，临证屡起奇疾。训蒙为业，性慈和，循循善诱。[见：《黟县志》]

程稽山 清代江苏上元县人。精通医道，知名于时。侄程家珏，与之齐名。[见：《上元县志》]

程德玄 字禹锡。宋初郑州荥泽（今河南荥阳）人。精医术，见知于太宗。建隆元年（960）授翰林使，官至庆州知州。景德（1004～1007）初，卒，年六十五岁。[见：《宋史·程德玄传》]

程德斋 元代人。生平里居未详。曾于泰定间（1324～1327）著《伤寒钤法》（一说与马宗素合撰）。此书强分仲景《伤寒论》诸法，规定受病时日及治法，为后世诸名医所不取。[见：《中国医籍考》、《中医图书联合目录》]

程德铨 字峻夫。清代人。生平里居未详。名医唐大烈门生。曾校订其师《吴医汇讲》。[见：《吴医汇讲·卷三》]

程履丰 字宅西，号苄田。清代安徽婺源县人。七岁丧父，母石氏苦节教养，年弱冠为诸生。同治三年（1864），以优贡授知县，签发甘肃。八年（1869）委署泰安知府、泾州知府。上台拟升庆阳知府，履丰闻讯，急请假归乡。后不复入公门，闭门著书，以医术济人。辑有《本草摘要》若干卷，未刊。子程希濂，亦通医道。[见：《婺源县志》]

程履升 字云廷。清代四川南充县回龙场人。嗜医学。初研习名医张介宾之书，未能尽悟其奥。继从儒医苟培之学《伤寒论》，豁然贯通。及悬壶济世，治病每获佳效。一人面赤发斑，咽喉疼痛，唾脓血，诸医乏术。履升诊之，曰："此阳毒为病，乃毒疠之气蕴于血脉故也。逾七日将不治。"立投升麻鳖甲汤，一剂而痊。又，武举赵书竹之母，盛夏患病，头身俱痒，起泡，小者如豆，大者如卵，烦躁不安。医者进清热散风药，病势转剧。程氏应邀往诊，曰："非风也。今躁而烦，经云：诸痛痒疮，皆属于心。此君火太盛，不能下济肾阴，宜黄连阿胶汤加黑芝麻、银花，多服即愈。"如言进药，果验。其妙治多类此者，邑中皆以名医称之。[见：《南充县志》]

程履祥 （1787～?）清代江西万年县河桥村人。监生。精岐黄术，扶危济急，罕取其利。善摄生，年八十五岁尚健在。[见：《万年县志》]

程履新 字德基。明清间安徽休宁县汉口人。早年学医于李中梓，复博览群籍，遂精医道。后悬壶吴中，名噪于时。著有《易简方论》六卷，今存康熙三十二年（1693）刻本。又辑《山居本草》六卷，今存康熙三十五年刻本。[见：《清史稿·艺文志》、《休宁县志》、《徽州府志》、《中医图书联合目录》]

程镜宇 字翼安。清末安徽歙县槐塘人。早年习儒，官通州石港场盐大使。精究医学，著有《痧喉阐义》一卷，刊于光绪三年（1877），今存。[见：《歙县志》、《中医图书联合目录》]

程懋麟 清代广西桂平县军陵里官河村人。邑名医程尹颐族人。得尹颐传授，亦精医术，全活甚多。邻村卢某中暑，已濒死。懋麟诊之，一药而愈，名遂大噪。[见：《桂平县志》]

程徽灏 字幼梁，又字柚粮。清代安徽休宁县由溪人。附贡生。工书法，气韵潇洒。尤精医术，著有《柚粮医案》若干卷，今未见。[见：《休宁县志》]

程麟书 字师恩。清代安徽休宁县人。生平未详。撰有《临证随笔》，记录治病十五年之经验，今存抄本。[见：《中医图书联合目录》、《中华医学会中文书目》]

税

税秉公 清代四川射洪县人。精医理，名著于时。乾隆（1736～1795）初，荐授医官。年八十三岁卒。[见：《潼川府志》、《射洪县志》]

税锡祺 清代四川井研县人。从同邑名医廖荣高学，尽得师传，知名于时。师徒皆专主景岳八阵，多以金水六君煎为主，偏于滋阴，与当时名医周廷燮用药相异。[见：《井研志》]

答

答里麻 （1279～?） 元代高昌（今新疆吐鲁番）人。回鹘族。祖父撒吉斯，为辽王傅。答里麻弱冠入宿卫。大德十一年（1307）授御药院达鲁花赤，迁回回药物院达鲁花赤。不久，出金湖北山南两道廉访司事，召拜监察御史。丞相铁木儿专权贪肆，答里麻等劾其罪，风纪大振。泰定元年（1324），升福建廉访使。文宗时（1329～1331），历官刑部尚书、大都路留守、翰林学士承旨。至正七年（1347），迁陕西行台中丞，时年六十九。致仕后，全俸优养终身。[见：《元史·答里麻传》]

傅

傅山 （1607～1684） 初名鼎臣。字青竹，后改青主，又字仁仲。别号公佗、公之佗、石道人、啬庐、随厉、六持、丹崖翁、丹崖子、浊堂老人、青年庵主、不夜庵老人、侨山、侨黄山、侨黄老人、侨黄之人、朱衣道人、傅道人、傅子、老蘖禅、真山、侨黄真山、五峰道人、龙池道人、龙池闻道下士、观花翁、大笑下士。明清间山西阳曲县人。自幼颖悟，读书数过成诵。年十四补博士弟子员，二十岁补廪，为督学袁继咸所器重。明末官场腐败，傅山苦持气节，不阿权贵。崇祯

九年（1636），袁继咸遭阉党张孙振诬陷入狱。山步行千里，赴阙鸣冤，继咸得获释，自此，义声闻于天下。崇祯甲申（1644）明亡，山易道士服，戴黄冠，穿朱衣，居土穴中，以示不忘朱明，不屈鞑虏。顺治十一年（1654），传言傅山与南明赧帝往来，下太原狱。山抗词不屈，绝粒九日，几死。门人设奇计救之，得免。康熙十七年（1678），清廷开博学鸿词科，罗致明末遗贤。给事中李宗孔等荐山于朝，托疾固辞。有司命役夫强抬其床赴京，距城三十里，死拒不入。相国冯溥及诸公卿出城迎之，山卧床，不具迎送礼。清帝因山老病，许其归里，特加中书舍人以示恩宠。众官劝其入阙谢恩，坚辞不往，遂强抬之入谢。山遥见午门，念山河易主，泪涔涔下。冯溥强掖之叩谢，山不拜，横仆于地。冯溥曰："止，止，是即谢矣！"遂作罢。次年，山归乡，大学士以下皆出城送之，山叹曰："后世或妄以刘因（宋末文人，仕于元）辈贤我，且死不瞑目矣！"闻者咋舌。康熙二十三年六月十二日逝世，以朱衣、黄冠殓葬，享寿七十八岁。傅山为明末著名爱国学者，博学多识，淹贯经史，兼工佛、道、书法、绘画、诗词及音韵训诂之学。傅氏世代通医，明亡后，山以医问世，凡沉疴痼疾，应手而愈，登门求方者户常满。曾设"卫生馆"于太原三桥街，活人甚多，世以医圣称之。所著医书遗稿经后世整理，编为《傅青主女科》、《傅青主男科》二书，大行于世。长子傅眉，亦精医术。次子傅止，生平未详。侄傅仁，传承傅山之学，早卒。清初名医陈士铎著《辨证录》、《石室秘录》等书，与傅山所著多雷同，据考证，陈氏为傅山门生，因密图反清复明，不以师徒相称。[见：《鲒埼亭集·阳曲傅先生事略》、《近三百年人物年谱知见录》、《清史稿·傅山传》、《傅山的生平》、《傅山评传》、《中国早期启蒙思想史·傅山的思想》、《世补斋医书后集·傅青主先生传》、《傅青主医学著作考》]

傅气 字一清。近代江苏太仓县浏河镇人。世医傅松元幼子。绍承祖业，亦精医术。后经营药铺。[见：《吴中名医录》]

傅仁 明清间山西阳曲县人。名医傅山侄。传承傅山之学，惜早逝。[见：《中国历代医家传录》（引《书法月刊》）]

傅贡 字献公。清代河南荥泽县人。邑庠生。研读方书，久之精医。性慈善，无论贫富，凡以病延请皆往，活人甚多。[见：《荥泽县志》]

傅松 字霞坡。清代江苏昆山县安亭镇人。监生。精医术，尤擅幼科，知名于时。[见：《昆新两县续修合志》]

傅挺 字玉衡。明代河南孟津县人。早年习儒，举孝廉。因母善病，留心医药，久之精医，知名于时。[见：《孟津县志》]

傅昱 (1254～1321) 字彦晦。元代京兆华原(今陕西耀县)人。江东建康道肃政廉访使傅岩起子。年二十征授陕西汉中道廉访司书吏，历官承务郎工部主事。延祐二年(1315)迁朝列大夫汉中道廉访司事，寻因病辞归。居乡屏除杂务，肆力于医药之学，自疗得愈。[见：《金元医学人物》(引《榘庵集·朝列大夫汉中道廉访司事傅公墓志铭》)]

傅眉 (1628～1683) 字寿髦，号守丹道人，又号小蘗禅。明清间山西阳曲县人。名医傅山长子。幼承庭训，儒医俱佳，兼精书画篆刻。明亡后，与父秘密从事反清复明活动，后隐居于乡。性好学，每日樵采山中，置书于担，休担则取书读之，必至成诵而后止。康熙二十二年，先其父半年而卒，时年五十六岁。[见：《鲒埼亭集·阳曲傅先生事略》、《傅青主医学著作考》、《清代七百名人传·傅山》]

傅烈 (1881～1938) 字丕承。近代江苏太仓县浏河镇人。世医傅松元次子。幼习家业，复从何墨庄学外科。技成，以外科悬壶于乡，亦享盛誉。子傅营之(1902～1949)，幼随伯父傅然习医，精通内科。1930年悬壶于乡，1937年避乱，设诊于上海。卒于沪上。[见：《吴中名医录》]

傅钰 清代江苏太仓州浏河镇人。世医傅兆龙子。继承家学，亦工儿科。子傅济德、傅济仁，孙傅松元，皆绍先业。[见：《吴中名医录》、《中国历代名医传》]

傅常 宋代盱水(今江西南城县)人。曾任澧阳教授。著有《产乳备要》，已佚。[见：《中医大辞典》]

傅棣 明代人。生平里居未详。撰有《痘疹保婴珠玑》十卷，今存万历十七年(1589)刻本，书藏上海图书馆。[见：《中医图书联合目录》]

傅然 (1877～1947) 字雍言。近代江苏太仓县浏河镇人。世医傅松元长子。初承祖业，继从蒋伯期学西医。学成归里，随父侍诊。学贯中西，临证以中医为主。善用大青叶治疗温热病初起，高热不退，每获奇效。1924年，因战乱避居上海，寓居肇嘉路，悬壶应诊，名噪一时。和沪上名医相往还，与秦伯未尤为莫逆。年七十一岁殁于上海。长女傅镇之(1902～1953)，幼承父业，1930年应诊，随侍父侧，终身未婚。子傅恒之、傅常之，皆习医，惜均弱冠而卒。[见：《吴中名医录》]

傅滋 字时泽，号浚川。明代浙江义乌县人。敏悟好学，谦恭下问。精通医术，活人甚多。虽名闻于世，不自满足，力学不倦。著有《医学集成》十二卷，刊于正德十一年(1516)，今存。又有《医学权舆》一卷，收入胡文焕《寿养丛书》。[见：《明史·艺文志》、《古今医统大全·历世圣贤名医姓氏》、《浙江医籍考》、《中医图书联合目录》]

傅澐 字友山。清代江苏宜兴县人。精医术，以针灸知名。[见：《宜兴荆溪新志》]

傅璪 字汝文，号颐善先生。清代江苏嘉定县人。世代业医，至璪益精，官至医学训科。太学生沈某之妻患病昏厥，家人皆谓已死。璪视之，曰："尸厥耳，未死。"急以汤剂灌之，果苏。傅氏曾与乡进士沈积同舟，夜诊其足脉，谓其父曰："郎君殆，有疾征，不宜令与计偕。"沈父不信，不久病发，卒于途。闻者皆神其术。[见：《嘉定县志》、《江南通志》]

傅镣 字纯庵。清代四川涪州人。自幼颖悟，随兄傅朴庵馆就读，年十二能解宋儒诸书。及长，父累债日深，田土尽质，兄课读于外，举家十余口难继炊烟。傅氏乃取世传方书习之，后悬壶为业。白日负囊出诊，夜归苦读经史。如是三年，患吐血疾卒，年仅二十岁，乡里莫不叹惜。[见：《续修涪州志》]

傅士安 宋代人。生平里居未详。著有《还丹诀》一卷，已佚。[见：《宋史·艺文志》]

傅大业 字继成。清代江苏嘉定县南翔镇人。初习疡科，后通晓大方脉，与当时名医朱梅、童廷铨齐名。[见：《南翔镇志》]

傅大地 字以凝。清代江西广丰县人。精医术，知名乡里。[见：《广丰县志》]

傅之奇 字凝人。清代江苏宜兴县霞墅人。工医术，挟技游省郡，世人争就礼致之。[见：《重刊宜荆续志》]

傅之铉 字木希。明清间四川长寿县人。幼习举业，攻读太过，得咯血疾，遂留意岐黄家言。会天下兵起，沧桑变革，铉乃以医隐于湖北江夏县(今武汉)。兼精太素脉，决死生休咎，如桴鼓之应。学使李可浣试其术，命二女子相若者，各以一手隔帏令诊。铉曰："此两人也。"

李讶曰："君晰微似郭玉矣！"曾诊大理寺卿李文荪曰："秋得春脉，弦且长，青草生，当痛左胁而终。"既而果如所言。一时士大夫多延聘之。著有《四诊纂要》诸书，藏于家。[见：《江夏县志》]

傅子凤 字岐山。明代浙江浦江县人。性至孝，因母病延医不效，取《伤寒论》、《脉经》诸书读之，夙夜精思，调剂四年，母获寿考。自此，诊视疾病如见脏腑，治则获效，远近闻名。晚年自诊，叹曰："天之限也。"遍辞亲友，越二日卒。[见：《金华府志》]

傅天锦 (?~1733) 字七襄，号牧庄。清代江西南城县人。幼聪颖，淹贯经史，善吟咏，工书法，兼明医理。有山水癖，临溪筑书舍，自题协沧园。雍正十一年（1733）荐举博学鸿词科，赴京就试，未至病卒。著有《医家捷录》、《内景微言》，未见流传。[见：《南城县志》]

傅天镇 字继屏。明代贵州桐梓县东里魁山人。祖籍江西，其父高祥，于嘉靖间（1522~1566）徙居桐梓。天镇性颖悟，贯通经史，因当地禁学，遂不应举。专意于医，有一匕活人之妙，名满滇黔秦蜀间，安车之迎不暇。年近百岁而殁。著有《增补金镜录》、《手制验方》各若干卷，四川巡抚刘公，锓木行世，今佚。[见：《桐梓县志》]

傅五叙 清代江苏太仓州鹿河镇人，精医术，知名于时。子孙世传其业，曾孙傅兆龙，继业有声。[见：《吴中名医录》（引《六世医傅松元家传》）]

傅少恒 清代四川邛州人。以医为业，活人甚众，名重于时。[见：《邛崃县志》]

傅仁宇 字允科。明末江宁县（今江苏南京）人。精通医术，以眼科著称。悬壶三十余载，于医理多有妙悟。辑《傅氏眼科审视瑶函》（简称《审视瑶函》，又作《眼科大全》）六卷。其子傅国栋，官至南京太医院博士，曾编订父书，刊刻于崇祯十七年（1644）。南京太医院院使陆彬，弁其卷首，评价甚高。《审视瑶函》为明末眼科名著，入清后翻刻本多达五十余种，对后世影响深远。[见：《郑堂读书记》、《审视瑶函·陆彬弁言》、《中医图书联合目录》]

傅文钊 清代浙江绍兴人。世精内科，学验两富，名噪于时，为绍兴诸医之冠。家传《傅氏秘本》，子孙相传，以为至宝。[见：《绍兴医学史略》]

傅文显 字微之。清代四川汉源县人。祖上两世业医，至文显亦精。治病不泥古方，随证变通，多获良效。县尹额其门曰三世良医。平生好古，与名士坐谈，深夜不休，故病家延请每不能立赴，乡人怨其骄惰。[见：《汉源县志》]

傅文霆 清代湖北荆州人。生平未详。著有医书《蒙求略》，今未见。[见：《重修荆州府志》]

傅为学 字效如。清初浙江金华县傅村人。世代业医，至为学亦精其术。一妇产后瘀疾，医误投参、芪补剂，病势转危。傅氏以葱苏饮进之，汗出而瘥。顺治间（1644~1661），知县王世功患风痹，傅氏治而愈之，王以"世世生传"额其门。同时有傅为格，亦精医术。[见：《金华府志》]

傅为格 清初浙江金华县傅村人。精医术，尤擅痘科，与同邑名医傅为学并称于时。[见：《金华府志》]

傅正升 字凌阁。清代河南正阳县王勿桥人。嗜学好施。精医术，活人不可胜数，赠匾颂德者甚众。子傅克世，传承父学。[见：《重修正阳县志》]

傅世桢 明代河南长垣县人。精医术，以幼科著称于时。[见：《长垣县志》]

傅世弼 号亮四。清代广东罗定县柑园人。精医术，悬壶数十年，以外科知名。著有《外科辨症》若干卷，今未见。[见：《罗定志》]

傅右卿 清末四川芦山县人。邑名医王运通婿。得岳父传授，亦以医闻。[见：《芦山县志》]

傅白岑 明代江西临川县人。生平未详。著有《善读伤寒论》、《善读丹溪论》二书，未见刊行。[见：《临川县志》、《抚州府志》]

傅尔范 清末人。生平里居未详。著有《妇科传薪》六十四卷，今存清抄本，书藏北京图书馆。[见：《中医图书联合目录》]

傅存仁 一名学滋。字学渊，号约园。清代江苏吴县人，居葑门外狭河。国学生。精医术，悬壶济世。著有《管见刍言》（为医论八则），刊于唐大烈《吴医汇讲》。[见：《吴医汇讲》、《吴县志》]

傅成株 号雁门。清代湖北麻城县人。附贡生。精医术，擅长眼科，求治者应手奏效，名著于时。年八十四岁殁。[见：《麻城县志前编》]

傅兆龙 清代江苏太仓州鹿河镇人，徙居浏河镇。邑名医傅五叙曾孙。继承家学，亦精医术。子傅钰，孙傅济德、傅济仁，曾孙傅松元，皆以医闻。[见：《吴中名医录》、《中国历

左上角：代名医传》]

十二画

傅汝舟 明代河南仪封县圈头乡人。父傅允，天顺甲申（1464）进士，历官参政。汝舟自幼随父于任所，攻举业。以亲人多病，常与医家讨论医药，后研读伤寒、本草、脉学诸书，久之精医。游历所至，遇群医束手之证，辄出所藏验方，无不获效，久之以医知名。著有《医学旁通》二十卷，未见梓行。［见：《仪封县志》]

傅守德 字叔九，号次山。近代山西荣河县杨林庄人。精医术，曾任陆军医官。晚年辞归乡里。以济世为怀，邻村以病延请，虽严寒酷暑必往。平素常备丹丸成药，遇患病者辄赠之。著有《保赤登寿集》行世，今未见。［见：《荣河县志》]

傅克世 清代河南正阳县王勿桥人。邑名医傅正升子。传承父学，亦精医道。［见：《重修正阳县志》]

傅求佑 号松斋。清代江西高安县人。初习举业，授从九品官。尝游龙虎山，与道士钟秀相友善，种秀授以避疫之术，为人治病立效。年七十二岁，无疾而终。［见：《高安县志》]

傅时泰 清代广东南海县大桐人。自幼习儒，屡困于童试。其族人多以医显，遂学医。性静生明，多有妙会，临证多奇效。有老孝廉年近古稀，患危疾。时医谓风烛之年，不堪削伐，遂以补元气为先。然参附杂投，病势益重。时泰诊之，曰："法宜下而补之，何益也？"遂解内热而下之，逾月而瘥。人问其故，答曰："平时调养，当问其人强弱。有病则不然，虽极衰之人，不得不泻者，若执成见，误人多矣。"有患小便赤且痛者，凡车前、桑白类遍尝，竟不愈。后延请傅氏，曰："不用开方，但用好玉桂，开水饮之，日一钱，五日愈矣。"如言而瘥。人询其故，答曰："天下事，和同易于转移，相激反生祸患。故以凉解热者，必以热为引。如以兵捕盗，必以盗为线眼，亦此意也。"识者以为至论。［见：《南海县志》]

傅伯扬 近代浙江山阴县阮社人。世代业医，善治时病，尤精妇儿两科。与何炳元、邵兰荪、胡宝书等齐名，为绍兴伤寒学派之中坚。平素业务繁忙，无暇著述，有遗稿《医家经纬》一册，传其子傅再扬。［见：《绍兴医学史略》]

傅应台 字耀平。清代河南汝南县人。早年习儒，乾隆乙酉（1765）拔贡，甲午（1774）举于乡。博学多识，精通医药、地理诸学。丙午岁（1786）年荒，米价腾贵，斗谷千钱，傅氏施粥救饥，合药疗疫，全活甚众。知府武先慎感其义行，出银一百五十两相助。惜不利于科场，屡荐春闱不第，壮年抑郁而卒。［见：《重修汝南县志》]

傅怀德 清代河南商城县人。以儒精医，知名于时。［见：《商城县志》]

傅宏习 字绍岩。清代江西诸暨县人。生平未详。著有《麻疹要览》二卷。嘉庆十二年（1807），其子傅大经校勘父书，刊刻于世。今未见。［见：《诸暨县志》]

傅范初 （1867~1912）字公羽，号曲溪。近代江西德新县人。幼敏慧，过目不忘。九岁能文，十三岁入国学，试则高中。勤奋好学，经史外兼习西方光电理化诸书。毕业于同文馆，兼通外语。光绪十二年（1886）、十四年，两应顺天乡试，荐而未售。十八年随父傅震龙办天津海运。二十一年（1895）任颐和园电灯委员兼库官事，并理北洋机器局。时逢戊戌变法，上《治国利弊疏》，语多中肯，未被采纳。后经办制皂厂、工艺传习所，又推广电报、试制电动机，多著成效。1912年南下无锡，染时疫而卒，年仅四十六岁。傅氏素精医理，不欲以医闻世。京师疫病流行，曾著《白喉证方》等书，刷印刊布，用之有效。［见：《德清县新志》]

傅松元 （1846~1913）字耐寒，号嵩园，别号傅大刀。近代江苏太仓县浏河镇人。世居太仓鹿河，自曾祖傅兆龙迁居浏河。世医傅钰孙，傅济仁子，嗣于伯父傅济德。自幼颖异，初从乡先生张海溪习儒，攻读四书。复师从表兄毛寿贻（号似兰）学习理学，兼及小学。后殚心家学，兼通中西医理，善用古方，人以危证见邀，每一剂而效，再剂而起。临证有胆识，尤善治痧，每以重剂取效，虽有手到病除之效，懦怯者不敢服其药，故有"傅大刀"之称。秉性正直刚介，某时医劝人服鸦片，傅氏斥之曰："是非治病，乃害人也。"著有《医案摘奇》四卷、《医经玉屑》二卷、《舌胎统志》一卷，刊刻于世。三书曾合订重印，总名之曰《太仓傅氏医学三书》，今存1930年铅印本。子傅然、傅烈、傅气，皆传承父业。［见：《吴中名医录》、《中国历代名医传》、《中医图书联合目录》]

傅卓之 清末四川合州（今合川）人。邑名医朱正立门人。尽得师传，亦为良医。［见：《合川县志》]

傅国栋 字维藩，号复慧子。明末江宁（今江苏南京）人。眼科名医傅仁宇子。绍承父学，亦精医术，官至南京太医院博士。其父著《审视瑶函》六卷，经国栋修订，刊刻于世。[见:《四部总录医药编》、《审视瑶函》]

傅秉甫 清代河南汝阳县人。咸丰、同治间（1851～1874）以医术知名乡里。辑有《妇科经验良方》，未见刊行。[见:《河南通志》]

傅秉敬 清末四川丰都县人。业儒而通医。曾创办济医社，历年捐赠药资，广济贫病，二十年如一日。[见:《重修丰都县志》]

傅泽敷 字致远。清代江苏宜兴县人。工医术，知名于时。子孙传承其业。[见:《宜兴荆溪新志》]

傅宗熙 清代四川简阳县周家场人。精医术，以疡科知名。有医德，治病不索谢，求治者甚众。弟傅宗瀚，亦精医，以痘科见长。[见:《简阳县续志》]

傅宗瀚 清代四川简阳县周家场人。邑名医傅宗熙胞弟。亦精医术，擅长痘科，求治者日踵于门。以济人为旨，诊病不索谢，乡人敬之。[见:《简阳县续志》]

傅绍章 明代人。生平里居未详。辑有《幼科捷径全书》四卷。此书国内未见，今日本藏明代富春堂刊本。[见:《内阁文库汉籍分类目录·医家类·方论》]

傅树铭 字敬西。清末四川西昌县人。邑增生。幼习举业，师事宿儒傅金门。及长，立乡塾以教生徒，先行谊而后文章。中年精医术，能急人之急，凡以病延请，步行数十里出诊，虽风雨不辞，遇贫者不取资，且赠以药，恩及于人而无德色。曾任戒烟分局长，捐资制戒烟药饵，受惠者甚多。著有《戒烟方略》一册，今未见。[见:《西昌县志》]

傅恒修 清代四川越嶲厅人。精医术。与人为善，德望素著。曾官本邑医学。[见:《越嶲厅志》]

傅济仁 清代江苏太仓州浏河镇人。世医傅钰次子。继承家学，亦工医术。子傅松元，嗣于兄济德为子，医名益著。[见:《吴中名医录》、《中国历代名医传》]

傅济德 清代江苏太仓州浏河镇人。世医傅钰长子。继承家学，亦工医术。以弟济仁子松元为嗣子。[见:《吴中名医录》、《中国历代名医传》]

傅振华 清代湖南清泉县人。生平未详。著有医书《摄要录》四卷，今未见。[见:《清泉县志》、《湖南通志》]

傅振苍 字间远。清代河南淮阳县人。邃于儒学，兼娴武略，嘉庆丁卯（1807）中武举。潜心医书，能窥其奥，疗病不执成法，历著奇效。尝愈任大顺危疾，酬以白金二百两，谢绝不受，曰："吾岂假医求富耶？"著有《七十二病论》，已佚。[见:《淮阳县志》]

傅耕颖 原名傅岩。字稚云，晚号间波老人。近代浙江杭州人。幼年患咯血疾，立志习医。初从名医韩沂青学，三年后复师事外科某医，又历一载，通岐黄之奥，悬壶于世。尝谓："医者，身心性命之学也，当以博学审问，慎思明辨为旨。"每出诊归，必遍检方书印证，故治病多效。1937年徙居上海，以余力从事书画，时人比之"郑虔三绝"。傅氏收藏古代医籍甚多，其中明版《外台秘要》等，捐赠浙江省卫生厅及吴兴图书馆。门人宋鞠舫，传承其学。[见:《中国历代医史》]

傅崇黻 字篯笙，又字本善，号嫩园。清末浙江山阴县人。淹贯经史，工诗词，擅画墨梅，尤精医理。早年中举，官睦州教谕。民国初返乡，以医问世，兼课医徒。后悬壶杭县，声名隆盛。曾创办浙江中医专门学校，任首任校长，亲自授课。名医陈道隆、许勉斋、王治华、许究仁、俞修源，皆出其门下。著有《嫩园医话》、《外科要旨讲义》、《众难学讲义》、《运气学讲义》等，多收入《浙江中医专校讲义三十三种》。[见:《绍兴医学史略》、《中医图书联合目录》]

傅彩章 清代四川酉阳州人。祖籍江西。精医术，挟技游酉阳，见当地广产药物而少医，遂定居。开设药肆，悬壶业医。性慷慨，好施予，多所全济，医名闻于方圆百里。平素饮食有节，起居有常，轻财帛，远房帏，故年逾百岁尚健，县人以寿星称之。[见:《酉阳直隶州总志》]

傅清原 清代河南通许县人。监生。兼精医理，常施药以疗贫病。[见:《河南府志》]

傅绳祖 字象贤。清代江苏昆山县人。精医术，尤擅幼科，知名乡里。[见:《昆新合志》]

傅德忠 清代江苏奉贤县新市人。精医术，专擅疡科，名重于时。门人得其指授，皆为良医。[见:《重修奉贤县志》]

傅澍霖 字翼斋。清代江西分宜县渭江人。自幼聪慧能文，稍长应府试，以首名补博士弟子员。曾遇良师于霞塘庵，得眼科秘传，遂精医术。晚年以医为业，经其手而获愈者指不胜屈。年七十岁卒。著有《眼科百问》、《眼科正

宗》等书，未梓。[见：《分宜县志》]

傅懋光 明代浙江会稽县人。精通医道，名著于时。万历三十五年（1607）任太医院吏目兼教习官。四十五年升御医。四十七年迁上林苑右监丞。天启三年（1623）授太医院判，次年擢院使，加鸿胪寺少卿。天启六年加太常寺少卿。崇祯八年（1635）授太常寺卿。万历四十五年六月，朝鲜国遣医官崔顺利来华问学。诏令傅懋光为正教，赵宗智、朱尚约、杨嘉祚充副教，支如升、钱国祚为备员，先后解答医学难题三十七条。事后，编《医学疑问》一卷，刊刻行世，今存。傅氏撰有《医学要经验良方》八卷，曾传入日本（国内未见）。又著《医宗正脉》若干卷，已佚。[见：《中国医籍考》、《浙江医籍考》]

傅馥生 （1859～1907） 原名积仁，字福生。清末浙江山阴县人。年十六，学医于绍兴湖塘王节庵，遂定居。勤奋好学，深得节庵先生青睐，赠以旧藏医书数十种。从师有年，于《伤寒论》尤有心得，遂成伤寒名家。而立之年，名噪乡里。临证先辨虚实、内外、气血、缓急、神色，尝谓："辨之既明，斯治之无惑，治病方能得心应手。"故治病多奇效，就诊者云集，名震遐迩。晚年以积劳成疾，卧床不起，人劝其停诊，拒之曰："奈何以一人之病，以违众人之望。"仍强起为人诊疾。卒之日，远近哭送者甚众。著有《伤寒辨惑》、《金匮要略辨惑》、《诊余随笔》等十余种，皆毁于兵燹。长子傅克振，次子傅幼真，俱传其业。[见：《绍兴医学史略》]

傅羹梅 原名士伟，字商岩。清代浙江德清县人。幼年就塾读经，皆能成诵。旁通医术，有名于时。[见：《德清县志》]

焦

焦现 清代山东章丘县人。精医术，常施药济人，多所全活。[见：《济南府志》]

焦竑 （1541～1620） 字弱侯，号澹园。明代江宁（今江苏南京）人。早年从督学耿定向习儒，复质疑于罗汝芳。举嘉靖四十三年（1564）乡试，下第归。耿定向遴选十四郡名士读书于崇正书院，以竑为之长。万历十七年（1589），以殿试第一授翰林修撰。博极群书，自经史至稗官杂说，无不淹贯。善为古文，典正驯雅，卓然名家。二十五年主顺天乡试，因举子曹蕃等九人"文多险诞语"，遭弹劾，谪福宁州同知。后辞归乡里，遂不复出。万历四十八年卒，享年八十。福王时，

追谥"文端"。著述甚富，代表作为《澹园集》四十九卷，《续集》三十五卷。万历二十二年（1594），大学士陈于陛建议修《国史》，焦竑先撰《经籍志》五卷，后其事作罢，仍以《国史经籍志》名书。该书浩博，医家类收载医药书籍七百三十六目，有裨于中医文献学。[见：《明史·焦竑传》、《历代史志书目著录医籍汇考》]

焦循 （1763～1820） 字里堂（一作理堂）。清代江苏甘泉县人。嘉庆六年（1801）举人。因母病不复进取，终生不入城市。博闻强记，雅尚经术，尤精易学，与名儒阮元齐名。兼擅历算、音韵、训诂之学，亦通医理。平生著述甚富，关于医者有《痧疹吾验篇》、《种痘书》、《雕菰楼医说》等，未见刊行。所辑《吴氏本草》，今存乾隆五十八年（1793）稿本；《李翁医记》二卷，为评述名医李炳验案之作，今存多种清刻本。[见：《清史稿·焦循传》、《清代七百名人传》、《扬州府志》、《江都县续志》、《中医图书联合目录》]

焦煐 字炳文。清代江苏甘泉县北湖人。通经学，尤邃于易，补甘泉廪膳生。好聚书，多稀有善本，皆手校之。里中学者有疑，则就而问。性温恭淳厚，闻父怒则跪受，乡党宗族皆称其孝。年四十一岁卒。焦氏深通医道，著有《医学指南》，今未见。[见：《北湖小志》]

焦璘 字越石。清代河北曲阳县人。康熙间（1662～1722）选贡，任满城教谕。兼通医术，撰有《痘疹辑要注》，未见刊行。[见：《重修曲阳县志》]

焦长禄 字廉堂。明代河南灵宝县人。精通医术，知名于时。[见：《灵宝县志》]

焦玉书 字绍伯。清末四川灌县人。性慈仪端，博学多识，以医问世，名重于时。不问市井小民，亦或达官贵人，延请即往。临证洞察病因，痛下针砭，治之则效。[见：《重修灌县志》]

焦次虞 字之夏，又字大夏，号谷口居士。清代陕西三原县人。生平未详。著有《医海测蠡》一卷，今存抄本，书藏四川省图书馆。[见：《中医图书联合目录》]

焦汝桂 清代山东章丘县人。诸生。旁通医术，辑有《医学良方》四卷，未见流传。[见：《章邱县志》]

焦汝筠 号竹亭。清代山东利津县人。邑名儒焦钟芳三子。攻研医学，知名于乡。著有《竹亭集医》若干卷，未见刊行。[见：《利津县志》]

焦宏弼

字圣辑。清代河南汝州人。监生。得会稽陶公及林燕公秘传，精通方脉，以医术独步一时。[见:《汝州全志》]

焦若钧

字鸣韶，号果亭。清代江苏江宁府人。乾隆三十六年（1771）举人。精医理，有名于时。[见:《续纂江宁府志》]

焦学书

清代河南阌乡县人。例贡生。精医术，知名于时。[见:《阌乡县志》]

焦耿芳

号坦宁。明代安徽太平县西乡人。爽直率真，精通医术。挟技游京师，公卿争相延致。大司成汤宾尹、中丞周汝砺等雅重其术，皆折节为友。[见:《太平县志》、《太平府志》]

焦桂芳

明代山西保德县人。其父好道术，兼通医理。桂芳从父习医，尤精脉理。临证多捷效，延请者甚众，知名于秦晋间。[见:《保德州志》]

焦桐良

字听堂。清代湖南湘阴县人。咸丰三年（1853）岁贡。有才干，曾国荃、杨岳斌深器重之，选授芷江训导，擢永州府教授。尤精医术，与同邑名医王存略齐名。尝言:"用药与用兵同，无一虚设者。"[见:《湘阴县图志》]

焦蕴稳

明代海州（今属江苏）人。庠生。精医术，深得针灸之法。嘉靖癸亥（1563），漕抚吴某夫人临产而心痛，将危，众医茫然无措。焦氏诊之，一针而胎下，母子双全。[见:《海州志》]

储

储泳

字文卿，号华谷子。宋代宜兴县（今江苏宜兴）人。以儒世家，工诗，兼通道家养生之学。避战乱，隐居于松江华亭（今属上海），筑书舍于周浦老护塘西偏。撰有道书《崔公入药镜说》、《悟真篇》、《祛疑说》、《易说》、《阴符经解》、《参同契注》等，曾刊刻于松江。[见:《中国人名大辞典》、《席上腐谈》、《二区旧五团乡志》]

储培

字克仁。清代江苏宜兴县人。早年习儒，以举人授安徽霍山县训导。兼精医术，常以医药济人。[见:《重刊宜荆县志》]

储就

字攀桂。清代江苏宜兴县人。嘉庆九年（1804）中乡试。后投师习医，历时八载始归，遇危疾应手奏效。道光元年（1821）疫疠盛行，出术救治，活人无算。[见:《宜兴荆溪新志》]

舒

舒李

明代人。生平里居未详。撰有《明痘心法》一卷，今存万历间（1573～1619）刻本，书藏中华医学会上海分会图书馆。[见:《中医图书联合目录》]

舒诏

字驰远，号慎斋学人。清代江西进贤县人。早年习举业，由监生考授州判。自少好读医书，每苦于难通。后师事名医喻昌门人罗子尚，尽得其传，治病有良效。尝以十年之力，辑《伤寒集注》十卷，刊刻于乾隆十五年（1750）。十年后重刻。又十年，复加订正，名之曰《再重订伤寒集注》，重刊布之。舒氏还著有《辨脉篇》一卷、《伤寒问答》一卷、《伤寒六经定法》一卷、《伤寒三阴篇》一卷、《尚论翼》八卷、《杂病书》（又作《杂病论》）一卷、《痘疹真诠》一卷、《女科要诀》一卷、《舒氏医论》一卷，今皆存。[见:《再重订伤寒集注·序》、《进贤县志》、《八千卷楼书目》、《中医图书联合目录》、《中国医籍考》、《中国医籍大辞典》]

舒荣

清代湖南沅陵县人。常以祝由术治外伤，世人多信其术。乾隆（1736～1795）末年，以此术得贝子福康安重用，为士兵疗伤。福康安欲授以官，固辞，自请补浦市把总，未逾月，弃去。以布衣终。[见:《沅陵县志》]

舒寅

（1439～1511）字式甫，号诚斋。明代江西饶州府乐平县人。舒九皋子。自幼习儒，通经史，有造诣，人咸以名科期之，而累不偶于有司。父患重疾，时医皆莫辨病因。寅叹曰:"为人子者，信乎不可不知医也!"即移志于医，久之术精。凡求疗者皆往诊视，不因贵贱贫富而异视，世以儒医称之。笃孝友，性朴诚，与人交，重然诺。家道饶裕，有告匮者，不问疏戚，济之惟恐不及。每疾世之浮靡，故克己励行，因自号诚斋。正德辛未卒，享年七十三。有子五人:舒记、舒诏、舒让、舒谆、舒诚，皆儒。[见:《中国历代名医碑传集》（引刘春《东川刘文简公集·明故舒处士墓志铭》）]

舒雅

字子正。北宋旌德（今安徽旌德）人。南唐时登进士第，久仕李氏。归宋，为将作监丞，后充秘阁校理。好学，善属文，编纂经史，与吴淑齐名。累迁职方员外郎，求出，得知舒州，仍赐金紫。淡于仕途，州之潜山灵仙观有神仙胜迹，郡秩满，即请掌观事。就加主客郎中，改直昭文馆。在观累年，优游山水，吟咏自乐，时人羡之。年七十余卒。太平兴国（976～983）初，诏贾黄中辑《神医普救方》，李宗讷、刘锡、吴淑、吕文仲、杜镐、舒雅皆参与其事。[见：《宋史·李昉传》、《宋史·舒雅传》、《中国人名大辞典》]

舒锦 字云亭。清代四川大竹县妈市人。少颖悟，读书过目成诵，弱冠补诸生。家贫业农，文弱而强用重力，至手战不能书，未应乡试。然其为文，操笔立就。自谓明性理，得阴阳开合之法。嗜于《左传》，百读不厌。其古文喜苏轼，诗宗杜甫及王、孟。晚年深于医，谓："医道无完书，即《内经》亦出伪托。"辑有医书若干卷，散佚未传。医学外有《杂体诗》、《云亭闲谈》等。[见：《大竹县志》]

舒子毅 清末四川长寿县人。业医，光绪间（1875～1908）知名当地。医术逊于名医周本一（1839～1914），舒氏患症before，延请周氏诊治得愈，而终不明其妙。[见：《长寿县志》]

舒汝义 （1530～1606）佚其名（字汝义），号嵫峰。明代安徽黟县屏山人。舒三友子。年八岁嗣于其父友人汪氏，汪氏家贫，无力使读。稍长，从贾人经商，日挟书数册，逢识者辄拱揖问字，十五岁能句读矣。汪氏晚年得二子，临终遗命三分家产，汝义谢曰："丈夫子不自立，而乘人之孤以为利，可乎？"遂洗身归舒氏。嗣后，暇则研读医书，凡《素问》、《灵枢》诸典，皆探蕴奥，久之以小儿医问世。临证洞悉病源，屡起危疾，全活婴幼无算，有神医之称。重医德，贫不厌施，富不责报，世人德之。年七十七岁殁，黄汝亨为之志墓。[见：《中国历代名医碑传集》（引黄汝亨《寓林集·医隐嵫峰舒先生墓志铭》）]

舒时浩 字向若，号述庵。清代江西靖安县忠夏人。精医术，知名于时。[见：《靖安县志》]

舒高第 清末人。生平里居未详。撰有《临阵伤科捷要》四卷，今存上海制造总局铅印本。[见：《中医图书联合目录》]

舒乾德 清代湖北沔阳州仵乐里人。家境清贫，以医为业。怀济人之心，治病不求报，遇贫病送药施诊。当地文昌宫圮塌，舒氏屡约同人修葺。[见：《沔阳州志》]

舒德辉 字建侯，号梧冈。清代江西靖安县坊郭人。精通医术，知名于时。[见：《靖安县志》]

舒遵吉 字玉路。清代湖北广济县人。增广生。精医术，凡贫病无力延医者，必为诊治，赠以药，活人甚众。[见：《广济县志》]

舒卡·络朱给布 明代西藏人。藏族。著名藏医学家舒卡·年姆尼多吉门生，以医术著称。曾注释《四部医典》，并撰《祖传教诫》等多种医书，对古代藏医学多有贡献。[见：《中医大辞典》]

舒卡·年姆尼多吉 明代西藏人。藏族。精通藏医，为南方学派（又称舒卡学派）代表医家。弟子络珠给布、穆举才旦、绸完索南札西、才布多杰、李强哇麻等，对医理、药性、治疗各有所长，诸人传抄、刻印大量医书，对藏医学颇多贡献。[见：《中医大辞典》]

鲁

鲁合 元代西域弗林（今叙利亚西部）人。祖籍西班牙。平章政事爱薛子。与兄野里牙，皆精医理。曾任广惠司提举。[见：《金元医学人物》]

鲁论 字孔璧。明代江西新城县人。生平未详。著有《医约》若干卷，未见刊行。[见：《新城县志》、《江西通志》]

鲁明 明代浙江西安县（今衢州）人。世医鲁一槚子。传承家学，亦精医术。子鲁宗知、鲁宗信、鲁宗朝。宗朝授太医院御医。[见：李维桢《大泌山房集·太医院吏目鲁君墓志铭》]

鲁烈 字怀阳。明代浙江平湖县人。贡生。曾任澧州学正。好读《太玄》，深悟医理。每于讲业外，剧谈医术，所愈沉疴痼疾甚多。寿至百余岁卒。[见：《平湖县志》]

鲁超 号谦斋。清初浙江会稽县人。生平未详。曾摘选张介宾著作，辑《精选治痢神书》，今存日本享保己酉（1729）刻本。[见：《浙江医籍考》]

鲁照 字三桥。清代人。生平里居未详。辑有《串雅补》五卷，约成书于乾隆二十四年（1759），今存1919年上海扫叶山房石印本。[见：《中医图书联合目录》]

鲁璜 字在田，号怡然。清代江苏元和县人。自幼习儒，习举子业。家贫早孤，遂弃学为医，师事名医薛天性，尽得其传。嗣后，益勤奋研索，诚笃有恒，洞明《内经》以下诸书。年逾三十，始以医术应世。性慈善，常施济贫乏，赖以全活者甚众。嘉庆间（1796～1820）卒，年六十五岁。[见：《吴县志》]

鲁一槚 明代浙江西安县（今衢州）人。西安医学提领鲁望石曾孙，鲁世华子。传

承家学，亦通医理。子鲁明，孙鲁宗知、鲁宗信、鲁宗朝，皆以医名。[见：《大泌山房集·太医院吏目鲁君墓志铭》]

鲁中阳 清末河南荥阳县人。邑庠生。精医术，擅针灸，通西洋种牛痘之法。[见：《续荥阳县志》]

鲁文质 明代人。里居未详。精通医术。洪武（1368～1398）初，授太医院判。[见：《中国人名大辞典》]

鲁世华 明代浙江西安县（今衢州）人。祖籍浙江常山县。明初西安县医学提领鲁望石孙，鲁廷臣子。生平未详，当亦通医理。子鲁一楯。[见：《大泌山房集·太医院吏目鲁君墓志铭》]

鲁东木 字辉光。清代河南淮阳县人。廪贡生。早年习儒，晚年精医，知名于时。[见：《淮阳县志》]

鲁永斌 字宪德，号飞来峰下人。清代浙江山阴县人。晚年专心医学，取古人本草而博览之，明悟精义。年近古稀，采录先哲名言，辑《法古录》一卷，成书于乾隆四十五年庚子（1780）。今存稿本及1984年上海科技出版社影印本。[见：《法古录·自序》、《中医图书联合目录》]

鲁廷臣 明初浙江常山县人。其父鲁望石，任西安县（今浙江衢州）医学提领，遂定居。鲁廷臣生平事迹不详，然其先人及后代皆以医术著称，故亦当通晓医理。子鲁世华。[见：《大泌山房集·太医院吏目鲁君墓志铭》]

鲁守仁 （1536～1603）明代浙江西安县（今衢州）人。世医鲁宗知子。其叔父鲁宗朝，嘉靖间（1522～1566）任太医院御医。宗朝无子，以守仁为嗣子。守仁尽得叔父传授，亦精医术。益王闻其名，馆之上舍，诊治王府内外近百人，皆著奇效。王大异之，欲授本府良医，固辞。嗣后，以名医荐于朝，任太医院吏目。轮值之余，求诊者门庭若市，名重京师。有医德，凡以病延请，不问姓名皆赴诊，遇贫病则赠以药，世人无长幼贵贱皆敬重之。万历癸卯五月二日卒，享年六十有八。著有《痘科庭训》二卷，今存万历间（1573～1619）写刻本。有子五人：鲁养浩、鲁养志、鲁养真、鲁养中、鲁养德。养浩、养真传承家学，医名垺父。[见：李维桢《大泌山房集·太医院吏目鲁君墓志铭》、《中医图书联合目录》]

鲁伯嗣 明代人。生平里居未详。于永乐元年（1403）著《婴童百问》十卷，大行于世。此书今存多种明清刻本。[见：《医藏书目》、《中医图书联合目录》]

鲁学舆 字肩仁。清代江西新城县人。徙居四川秀山。祖父鲁咏唐，乾隆间（1736～1795）任潼川知府。父鲁炳闲，以军功登仕。鲁学舆自幼颖异，有神童之誉。嘉庆间（1796～1820）携眷入蜀，定居秀山。因家境清贫，无力求功名，乃肆力医学，以图济世。穷究《素问》、《灵枢》诸书，久之通医理，悬壶济世，以医德著称。咸丰（1851～1861）初，年近七旬，值世乱，避兵贵梅溪。一日夜半，有扣门求治者，家人以其年高，世道不宁，劝待至天明。学舆曰："病者安能以垂危之命待司耶？"遂令人背负而往。兵燹后，时疫流行，死亡枕藉，染病之家，亲朋回避。学舆施药拯救，未尝有倦色，活人甚众。年七十四殁，乡里妇孺皆哭之。[见：《秀山县志》]

鲁宗知 明代浙江西安县（今衢州）人。世医鲁明长子。精医理，著有《保婴心法》若干卷，流传于世，今未见。次子鲁守仁，官至太医院吏目。[见：《大泌山房集·太医院吏目鲁君墓志铭》]

鲁宗信 明代浙江西安县（今衢州）人。世医鲁明次子。传承家学，亦通医理。[见：《大泌山房集·太医院吏目鲁君墓志铭》]

鲁宗朝 明代浙江西安县（今衢州）人。世医鲁明三子。传承家学，亦精医术。嘉靖间（1522～1566），章圣献皇后患病，御医治而不愈。宗朝应召诊视，进药而效，三日而痊，授太医院御医。无子，以长兄宗知之子鲁守仁为嗣。守仁亦入太医院，任太医院吏目。[见：《大泌山房集·太医院吏目鲁君墓志铭》]

鲁绍沣 字东川。清代浙江绍兴人。名医赵彦晖门生。曾校订其师《存存斋医话》，刊于世。[见：《存存斋医话》]

鲁养真 明代浙江西安县（今衢州）人。世医鲁守仁三子。传承家学，亦精医术，与父齐名。子鲁大本、鲁大材，生平未详。[见：《大泌山房集·太医院吏目鲁君墓志铭》]

鲁养浩 明代浙江西安县（今衢州）人。世医鲁守仁长子。传承父学，亦精医术，与父齐名。子鲁大治，生平未详。[见：《大泌山房集·太医院吏目鲁君墓志铭》]

鲁祚明 号锡祉。明代河北深州人。孝廉鲁耀第四子。孤高耿介，攻举子业，为邑增生。后数科不中，遂究心医学，尤精痘科，全活小儿甚多。著有《寿世真传》，行于世，今未见。有子四人，季子鲁彝谷，亦以痘疹闻世。

鲁望石 元明间浙江常山县人。精医术。洪武（1368～1398）初，授西安县（今浙江衢县）医学提领，遂定居。子鲁廷臣，生平未详，当亦通医理。[见：《大泌山房集·太医院吏目鲁君墓志铭》]

鲁鸿志 字展成。清代河北交河县人。例贡生。以医术知名。治病不索谢仪，遇贫者赠以药饵，周济钱米，必病愈而后安，有善人之称。乡里感其德，以"仁术博施"额其门。[见：《交河县志》]

鲁彝谷 明代河北深州人。邑幼科名医鲁祚明季子。继承父业，亦以痘科知名。著有《广寿世真传》若干卷，藏于家。[见：《深州志》]

童

童仁 号朝杰。清代江西弋阳县二十三都四甲人。儒生。性孝友，善岐黄。尝曰："施药不如施方。"救人约以万计，时有不药而愈者。旁通星卜、堪舆诸书。年逾七十而殁。[见：《弋阳县志》]

童文 字仕郁。明代浙江兰溪县人。精医术，永乐间（1403～1424）官太医院医士。兼工诗。从太宗南巡，作《秋思》诗云："江南秋色雁初飞，江北行人未得归。一枕不成蝴蝶梦，砧声何处捣寒衣。"辑有《拾遗方》，未见刊行。[见：《兰溪县志》]

童邵 号春樵。清代浙江遂昌县人。岁贡生。自幼颖敏，读书过目成诵，肄业敷文书院，早有文名。晚年精医，时称国手。[见：《遂昌县志》]

童鍪 字原武，号介庵。明代浙江兰溪县香溪人。读书好学，尤精医术，擅名一时。有医德，治病绝不计酬，活人甚多。平生所交皆贤士大夫，喜成人之美，世以名医何凤（1250～1327）比之。卒后，族子赵州知州童俊为文记其生平，述其善行甚悉。[见：《兰溪县志》、《金华府志》]

童大钟 字始万。清代江苏嘉定县人。生平未详。撰有《活人录》六卷。此书以经验良方为主，间抒心得，惜未见刊行。[见：《嘉定县志》]

童子敏 清末山东临清县人。儒医童际昌长子。幼习举业，为庠生。袭承父学，亦以医术知名。[见：《临清县志》]

童圣世 字荡平。清代湖南平江县人。廪生。著有《圣门三戒说》，未见流传。《平江县志》称：其书"能抉出所以然之理，与《周易》、《灵枢》、《素问》、《难经》、《太极图说》等篇相发明"。[见：《平江县志》]

童成大 字元伟。宋元间瓯宁（今福建建瓯）人。博极群书，精研性理。宋亡不仕，隐于医。[见：《中国人名大辞典》]

童成六 清代江西贵溪县邑南大桥人。家道颇裕。精医术，治病不受谢，活人甚多。殁时，闻者皆下泪。[见：《贵溪县志》]

童光镳 清代浙江山阴县人。生平未详。著有《集验神效方汇刻》、《妙法良方》二书，今存同治十三年（1874）山阴童荣寿堂原刻本。[见：《中医图书联合目录》]

童廷铨 字以文。清代江苏嘉定县南翔镇人。有文名。兼精医术，不以治效而自炫。[见：《南翔镇志》]

童自成 明代浙江杭州人。精医术，知名京师。隆庆二年（1568）正月，太医院医官徐春甫集合各地在京名医四十六人，创立一体堂宅仁医会，童氏为会员之一。[见：《我国历史上最早的医学组织》（《中华医史杂志》1981年第3期）]

童应杰 号养春。明代安徽芜湖县人。精医术，治病每获奇效，知名于时，授医学训科。桂王就藩，途经芜湖，世子病笃，时医皆畏避。应杰独往诊之，令世子卧于泥土之上，投以润药，应手而瘳。桂王欲聘为王府御医，恳辞而归。[见：《重修安徽通志》]

童际昌 字盛唐。清末山东临清县人。光绪辛丑（1901）恩贡，授日照县教谕，以道远不赴。设帐授徒，远近毕至。晚年精医，活人无算。撰有《医学金针》若干卷，未见传世。长子童子敏，以医知名。[见：《临清县志》]

童龙光 清代江苏东台县人。精医术，知名于时。[见：《东台县志》]

童尚友 字以贤。清代浙江兰溪县香溪人。精医术，专以济人为念，时称良医。[见：《兰溪县志》]

童彦圣 明代广东澄迈县丰盈人。精医术，嘉靖间（1522～1566）官医学训科。[见：《澄迈县志》]

童养大 字述孟。清代江苏山阳县人。幼习岐黄，精通其术。按脉辩色，即决人生死，名重于时。同时有程志荫，与之齐名。[见：

《山阳县志》、《淮安府志》]

童养池 清代江苏崇明县人。以医为业，临证投剂辄效，名重一时。慷慨好善，有欲鬻妻以偿债者，童氏罄所蓄代偿之，使得完聚。[见：《崇明县志》]

童养学 字壮吾。明末福建闽县人。官邵武县儒学训导。早年得福州名医赵有光传授，复博览《难经》、《伤寒论》诸医典，通明医理。著有《伤寒六书纂要辨疑》四卷、《伤寒活人指掌补注辨疑》三卷、《图注八十一难经定本》二卷，均刊刻于世。[见：《贩书偶记》、《中国医籍考》、《中医图书联合目录》]

童祖绪 清代福建泰宁县人。生平未详。著有《医案》若干卷，今未见。[见：《泰宁县志》]

童蒙亨 清代江苏上海县人。精通医术，凡遇疑难病症，每有独到之见，屡获奇验。性笃实，人称长者。[见：《上海县志》]

童魁泗 清代安徽望江县人。专精医道，以术活人。邑令贺公赠匾旌表其门。年八十五岁卒。[见：《望江县志》]

童增华 字拭庐，号皆拙子。清代浙江慈溪县人。通晓医术，卖药于秀水。曾记录其所治变证病案，编《存心稿》。还著有《运气便览》若干卷，龚璜为之作序。二书均未见流传。[见：《慈溪县志》]

曾

曾光 字学成。清代福建光泽县人。通文习武，为本县武庠生。兼精医道，为乾隆间（1736～1795）当地名医。从学者百余人，上官瑗、龚裕权为其得意门生，相敬如父子。某岁，上官瑗患重疾，曾光诊为热症，主以寒剂。上官氏家人惑于亲戚某医之言，欲以热药进之。曾光闻而大骇，急与龚裕权密商，移瑗于他宅，亲为调药，日夜守护，数日而痊。上官瑗感叹曰："生我者，吾师与吾友也。"曾光寿至八十岁殁。[见：《重纂光泽县志》]

曾俊 字元哲，号鹤峰。明代广东南海县人。弱冠有文名，中正德丁卯（1507）乡试。后四荐不售，谒选广西融县知县。在任以清廉著称，修黉宫、兴社学，暇则与诸生讲解不辍，当地文风为之丕变。时宦官用事，官非入贿不得升迁，曾俊廉介不能循时，免归。既归，躬耕教子，为乡间表式。淹贯诸子百家，凡医、卜、星、纬、律、历，皆究其旨。年七十六岁卒。著有《医卜

星历》四卷，已佚。[见：《九江儒林乡志》]

曾辂 （1376～1435） 字质中。明初江西泰和县柳溪人。邑名医曾以实孙，曾存礼子。幼从乡先生萧尚仁受书经，及长，兼通家学，儒医两精。性至孝，教塾乡里，以奉双亲。给事中章某巡抚南方，患瘴疠，烦乱发狂，众医走避。辂诊之，投药而定，三饮而愈。道士黄仲真病危，众医束手，嘱门徒治后事。辂取所服药视之，曰："药良是。"沉吟良久，加减三四味与服，即有起色，调理旬日而愈。嗣后，医名不胫而走，县人有疾者皆临门延请，辂不避寒暑风雨皆赴，且不计诊酬，贫病者一再延请，应之如初，活人不可胜计，乡里贤之。曾以名医征为太医院医官，以亲老辞。年六十岁卒。有子三人，长子曾良，官寿张县儒学训导。次子曾隐，幼子曾祥，事迹不详。[见：《中国历代名医碑传集》（引王直《抑庵文后集·曾质中墓表》）]

曾砺 字石甫。明代山东阳信县人。万历十四年（1586）三甲第一百六十八名进士。历任福建道监察御史、汝州通判。因屡谏不纳于帝，托病归乡。精通医理，赖以全活者甚众。平生廉简，殁之日，室如悬磬。性好著述，撰有《发微论》、《本草补》、《试效方》等书，未见流传。[见：《阳信县志》]

曾谊 宋代人。生平里居未详。撰有《伤寒论（注）》一卷，已佚。[见：《通志·艺文略》、《国史经籍志》]

曾梯 字尔升，号方塘。明代江西吉水县人。精岐黄术。曾遇大疫，施术救治，全活甚众。[见：《吉水县志》]

曾鼎 字亦峦，号香田。清代江西南城县人。早年习举业，因家贫而学医。推崇名医喻昌，因豫章（今南昌）白马庙为喻氏禅息之所，故寓居于此。苦读喻氏之书，尤究心脉理，凡有客至庙，常试诊其脉，无病者亦诊之。尝谓："心熟平脉，乃识病脉也。"如是者八年，以医问世，所疗多奇验，声名日起。后悬壶于京都，上自王公贵人，下及间里百姓，争相延诊。素性耿介慷慨，贫困者求治不计酬报，时出资助之；富贵者稍不加礼，则不赴请。年八十余，卒于豫章。著有《曾氏医书四种》（包括《医宗备要》、《幼科指归》、《痘疹会通》、《妇科指南》），刊于嘉庆十九年（1814）。[见：《南城县志》、《中医图书联合目录》]

曾震 清代浙江湖州人，迁居江西万安县。附贡生。读书明易理，善卜，尤精医术。为人

好善，常备药以济贫病。著有《杂病歌》、《痧证论》行世，今未见。[见：《万安县志》]

曾禧 明代人。里居未详。精医术，曾任太医院医士。郑汝东妹婿患伤寒，病势甚危，医者观其舌象，皆谓必死。曾氏诊之，谓当用附子理中汤。闻者皆惊骇，不敢用，亦莫能疗，治棺待毙而已。曾氏与其家比邻，再往视之，坚用前药。其家既待以死，遂从之，数剂而愈。[见：《中国历代医家传录》（引《金镜录·薛己按》）]

曾懿 〈女〉（1853～?） 字伯渊，号华阳女士。清末四川成都府华阳县人。太仆卿曾咏女，袁学昌妻。懿父早卒，与母居乡间，熟读经史，兼治诗词。同治间（1862～1874）大疫，乡民多有染病而亡者。懿触目感伤，遂取家藏医籍习之，兼采仲景以下诸家，对叶桂、吴瑭诸温病大家尤为重视，数年之间，竟得大成。光绪三十二年（1906），年五十四岁，著成《古欢堂医书三种》（包括《医学篇》、《女学篇》、《中馈录》），刊刻于世。还辑有《曾女士医学全书六种》（包括《诊病要诀》、《杂病秘籍》、《幼科指迷》、《寒温指迷》、《妇科良方》、《外科纂要》），亦梓行。曾懿还撰有《古欢室诗集》。[见：《清史稿·列女·袁绩懋子学昌妻曾》、《华阳县志》、《四川医林人物》、《女科书录要》、《中医图书联合目录》]

曾于皋 明代江西金溪县人。正统（1436～1449）初，徙居江浦县。素习举业，工吟咏，尤精医术，全活甚众。少师杨士奇雅重其术，过江浦，与之握手如故交，又赋诗赠之，有"惆怅交游总泉下，独思江浦有于皋"之句。门人石金，得其传授，亦以医名。[见：《江浦埤乘》]

曾长晟 字旭初。清代四川简阳县龙泉寺人。邑名医曾崇芳长子。幼承庭训习医，父殁，师事父之门生杨琼龄。博闻赅通，善解医经妙义，平生起重证甚多。遇疑难病，每悉心研求，往往别开生面。樊某过伤冷水，阴囊肿大如斗，诸医投以利水药，不效，势渐垂危。曾氏诊之，主以车前、防己、续随子、覆盆子、蛇床子，一剂溲水半桶，病遂愈。[见：《简阳县志》]

曾文奎 字星聚，号寄庐。清代安徽宣城县人。读书不乐仕进，卜居高淳湖畔，以琴书花鸟自娱。精通医术，虽遇沉疴，用药一二剂无不立愈，亦不求谢，有隐君子之风。同里臬司刘方鹠为之立传。[见：《宁国府志》]

曾文哲 元代临川（今江西抚州）人。世代业儒，至文哲兼嗜岐黄，行医以济世。[见：《金元医学人物》（引《俟庵集·赠曾文哲行医序》等）]

曾以实 元代泰和县（今江西泰和）柳溪人。通医术，知名乡里。子曾存礼，孙曾辂，皆传家学。[见：《中国历代名医碑传集》（引王直《抑庵文后集·曾质中墓表》）]

曾世荣 （1253～?） 字显德，号育溪，晚号演山翁，又号省翁。元代湖南衡阳县人。幼习举业，师事乡先生李月山。及长，从儿科世医刘思道学，复博览古来名医著述，遂成儿科大家。其时蒙古疆域极大，中外杂居，中原痘疹之灾肆行，"夭札相望"。曾氏施术疗救，全活不可胜数。素重医德，未尝以病者之贵贱贫富而异其心，遇窘乏太甚之家，则捐资助药，济其馇粥，时人皆感其德。大德十年丙午（1306），衡阳大火，延烧二千余家，火迫曾氏家，四顾无计间，忽一人大呼："此曾世荣宅！"众人皆奋力扑救，并力进水百余器，烟止风收，其宅与书板俱得不焚。年八十余卒。著有《活幼口议》二十卷、《活幼心书》三卷，刊刻于世，为后世医家所重。[见：《活幼心书·序》、《活幼口议·序》、《衡州府志》、《衡阳县志》、《湖南通志》、《医藏书目》、《中医图书联合目录》]

曾平楷 清代广东丰顺县人。通医术，尤精脉理，知名于时。门生冯飞六，尽得其传。[见：《丰顺县志》]

曾仕慎 字礼中，号仰崖。明代广东南海县人。少孤，谨遵先训，出必禀命于母。遭家难，诸叔父皆沦亡，群从幼弱，为族仇诬陷，曾氏据理悉为排解。参政陈万言深重曾氏之为人，有"生子当如曾礼中"之誉。曾仕慎究心书算律令，尤善诗赋，尝游钱塘，过宁波，与彼都人士往来唱和，才名大噪。遇黄封君卒于途，为经纪其丧，时论贤之。年八十二岁卒。兼涉医学，辑《医方》四卷，已佚。[见：《九江儒林乡志》]

曾仕鉴 （1545～?） 字人倩，号洞庭。明代广东南海县人。自幼颖异，慷慨有大志。十岁能诗，十五通经史，文思日进。十九岁补邑诸生，与庞弼、唐崇、叶化甫等读书罗浮西樵山中。万历乙酉（1585）举于乡，年已四十一。后三荐不售，授内阁中书舍人。时西夏、东倭警急，礼部尚书兼东阁大学士赵志皋延入幕府画策，仕鉴著《兵略》上之。经略使宋应昌得之，惊曰："此老胸中甲兵奚止百万！"即疏请加职衔，赞画东征。帝以供事制敕，不许。后充《玉牒宝训》、《明实录》史官，加俸二级，赐金币，授锦衣千

户。官至户部主事。曾氏兼涉医学，辑有《医方》若干卷，已佚。[见：《九江儒林乡志》]

曾存礼 元明间江西泰和县柳溪人。邑名医曾以实子。绍承父学，以医为业。子曾辂，以儒医见称。[见：《中国历代名医碑传集》（引王直《抑庵文后集·曾质中墓表》)]

曾仲谦 元代庐陵县（今江西吉水）人。业儒而精医，兼善各科，尤以儿科见长。曾周游各地，所至以医术济人。待人诚恳，世人以诚求堂名其药室。至顺二年（1331），同乡国子伴读倪居敬省亲，将返京患病，曾仲谦与其同舟，沿途为之诊疗。[见：《金元医学人物》（引《吴文正公集》)]

曾亦维 清代湖南新化县人。初习举业，弃儒业医，知名于乡。有医德，凡病家延请，虽暮夜必往，遇贫病不受谢，甚贫者赠以药资。尝谓："治病如救火，稍缓则势张，难措手矣。"[见：《新化县志》]

曾兴楷 字睒瞻。清代河南许昌县石固镇人。庠生。淡于仕途，以医济世。擅治小儿天花，相形视色，著手成春。里人以保赤功深，赠匾颂德。著有《幼科指南》一书，藏于家。[见：《许昌县志》]

曾芳桐 （1856～1919）字虞封。近代四川遂宁县人。祖籍江西庐陵。以廪贡生选授庐山教谕，三年告归。晚年粹深于医，设赭鞭馆，既以医治病，又以术授徒。民国八年卒于家，年六十四岁。著有《伤寒类证录》四卷、《五脏六腑病情便览》二卷、《曾氏医通》十卷，由门人刊刻印行，今皆未见。[见：《遂宁县志》]

曾孚先 宋代人。生平里居未详。著有《保生护命集》一卷，已佚。[见：《宋史·艺文志》]

曾应孙 字如谷。元末浙江乐清县人。自幼好学，崇尚气节。通诗书，尤擅医术，施药济人，乡里德之。与同乡秘书监丞李孝光相友善。元末，方国珍攻温州，都帅泰不花延请乡士商讨对策，曾应孙详陈方略，为泰不花所器重。[见：《金元医学人物》（引《乐清县志》、《宋元学案补遗》)]

曾启鹏 号云乡。清代广东阳山县人。廪贡生。精岐黄术，以济世为心，治贫病不取诊金，且赠以药费。性耽吟咏，托诗歌以抒怀抱。[见：《阳山县志》]

曾青云 清代江西万安县五云陂人。儒林郎曾明龙子。自少好读书，通阴阳之理，

以医术著称。平生多善举，常施药拯病，出谷济荒，远近德之。[见：《万安县志》]

曾若虚 宋代陇州（今陕西陇县）道士。精医术，尤擅针灸。龙图阁待制李行简甥女，适葛氏而寡，次嫁朱训，忽得疾如中风状。若虚诊之，曰："此邪疾也。"乃出针刺其足外踝上二寸许，至一茶久，女苏醒，曰："疾平矣。"曹曰："适所针者，八邪穴也。"按，《齐东野语》载"曹居白"诊病事，与此相同，"曹"、"曾"形近，当系传写之误，疑"居白"为名，"若虚"为号，惜不能断其姓氏，姑两存之。[见：《古今图书集成·医部全录·医术名流列传》（引《西斋夜话》)]

曾尚立 字卓尔。清代江西兴国县三僚人。精医术，知名于时。[见：《兴国县志》]

曾秉豫 字悦生，号严斋。清代江西南丰县人。工诗善琴，尤精技击。后其母病殁，伤痛之余，讲求方书，遂以医著称。编有《伤寒辑要》，行于世，今未见。[见：《南丰县志》]

曾居渐 字若逮，号大雁。明代广东南海县人。少凝重，不妄言。弱冠补邑庠，试辄高等。从杨起元讲学禺山，杨称其"有颜子之仁，子路之勇"。晚年淹贯百家，通医理，谈星命休咎多奇中。辑有《医方集要》若干卷，已佚。[见：《九江儒林乡志》]

曾昭先 元代庐陵县（今江西吉水）人。精医理，曾任江西南城县医学官，以《黄帝内经》诸书教授医学生。门生甚众，以南城严寿逸最著名。[见：《金元医学人物·严寿逸》（引《危太仆续集·故天临路医学教授严君墓志铭》)]

曾昭理 清末四川资州人。自幼习儒，不利于场屋，弃而习医。悬壶数十年，至老不倦，年七十余尚为人治疾。[见：《资州直隶州志》]

曾重光 字子宣。清末四川叙永县人。沉静寡言，有胆识，曾参与反清活动。以医为业，每用奇方治病，奏效神速。晚年寓居成都，以医术、诗文见称。[见：《叙永县志》]

曾彦鲁 元代人。里居未详。曾任太府史，转漕府史。精通医术，延诊者不绝于门，全活无数，名重于公卿间。湖广行省理问所知事景仁之母，患病于吴郡，黄发于外，病势危重。曾彦鲁应邀往诊，断为脾胃湿热，投药而愈。[见：《金元医学人物》（引《夷白斋稿·赠曾彦鲁序》)]

曾晋斋 清代四川灌县人。生平未详。辑有《救命金丹》一卷，未梓。[见：《灌

曾桂龄 清代四川南溪县人。邑名医曾锡龄弟。得兄传授，亦精医术。[见:《南溪县志》]

曾殷六 佚其名（字殷六）。清代福建光泽县五都人。早年习医，聚书于小楼，日夜冥索，有未明之义辄书签贴于壁，久之四壁皆满，越三年其签减半，五年而签尽，乃下楼。此后悬壶济世，善以五积散治病，取效如神。县令少子病咯血，曾氏应邀往诊，曰:"须离署别居，听吾所为。"县令从之，移榻于雪岩书院。初服曾氏药，咯血转甚;倍剂再进，咯血益甚。县令惊疑，曾氏曰:"疾将愈矣。"再进药，果咯血止而愈。曾氏临证多获捷效，不论患者虚实赢壮，视其方皆五积散加减而已。或诘其故，答曰:"是方变化无穷，人不能知，我亦不能言也。"[见:《重纂光泽县志》]

曾继昭（1774～?） 清代四川隆昌县人。精通医术，设药肆于乡，济人甚多。长于养生，同治十三年（1874），寿一百零一岁，尚康健如常人。兄曾继旺，亦年逾百岁。长子曾国舒，寿八十余犹健。[见:《隆昌县志》]

曾崇芳 字碧山。清代四川简阳县龙泉寺人。早年习儒，壮岁游庠。精通医术，兼善拳技。尊崇《黄帝内经》、《伤寒论》诸医典，临证以脉诊见长，治病多佳效。同里某妇难产，势甚危殆，崇芳为疏方，加梧桐落叶一片，母子均无恙。知府濮公素知医，其子病，延请崇芳往诊。公问:"何证?"崇芳曰:"温病也，药宜辛凉。"又问:"素读何书?"答曰:"仲景《伤寒论》。"问:"读《伤寒论》何以识温病?"曰:"是从《伤寒》书中悟出。"濮公惊羡不已，旋出《温病条辨》、《临证指南医案》、《温热经纬》、《三家医案合刻》诸书赠之。崇芳受而研习，医道益进。此后，叶天士之学流传日广，邑中医道亦由崇芳而昌明。著有《医案》，未梓。门人杨琼龄辑《乐我斋医案》，选录曾氏验案若干，惜未见流传。子曾长晟，亦工医术。[见:《简阳县志》]

曾敏行（1118～1175） 字达臣，自号浮云道人，又号独醒道人、归愚老人。南宋江西吉水县人。年甫二十，以病废不能仕进，遂专意治学。工丹青，善画草虫。淳熙二年卒，享年五十有八。所撰《独醒杂志》十卷，多载两宋轶闻，可补史传之阙。兼通医道，鉴于时医不学无术，误治害人，遂取古法汤剂中已尝试者，辑《应验方》三卷，已佚。[见:《江西通志》、《中国人名大辞典》、《中国历代医家传录》]

曾超然 字心壶。清末广东南海县人。生平未详。著有《脚气刍言》一卷，刊于光绪十三年（1887），今存。[见:《中医图书联合目录》]

曾葵局 清代湖北监利县人。精通医术，治病多验，名重于时。生平好学，一日拥炉著方书，火焚其衣至半幅，尚未察觉。撰有《痰火点雪书》、《伤寒诸证书》、《温暑新谈》等，未见刊行。[见:《监利县志》、《重修荆州志》]

曾道唯 字元鲁。明清间广东南海县人。万历三十八年（1610）二甲第三十一名进士，授刑部主事，官至侍郎。议论持正，孤介自守，不交权要。清兵破京师，绍武元年（1646），唐王朱聿键亡于汀州。曾氏与户部员外郎苏观生、侍郎王应华等拥立永明王，是为桂王，以都司署为行宫。晚年隐居，究心医术，得摄养之法，年七十六岁卒。有《介石斋诗稿》传世。[见:《岭南医征略》、《明史·苏观生传》]

曾锡龄 清末四川南溪县人。邑名医侯永槐门生。聪明善思，治病不拘泥陈法，因病制宜，每获奇效，为光绪间（1875～1908）名医。弟曾桂龄，传承其学。[见:《南溪县志》]

曾腾万 清代四川江津县人。业医，悬壶于思里之吴滩市。性好善，乐施与，凡贫病者求治，不计诊酬。见人争竞，则以乡贤格言相劝，乡人皆敬称曾先生。[见:《江津县志》]

曾瑶林 清代四川简阳县人。精医术，与同邑名医汪炳能齐名。[见:《简阳县志》]

曾毓春 字铁峰。清代湖南新化县人。邑名医曾毓植堂弟。亦精医术，名噪于时。[见:《新化县志》]

曾毓植 字习之。清代湖南新化县人。博览《灵枢》、《素问》及仲景、河间、东垣诸书，深通医道，遇疑难证，洞见症结。性格怪癖，病家待之稍失礼，即不复至。堂弟曾毓春，亦精医术，声名尤著。[见:《新化县志》]

曾德辉 清代广东始兴县人。精医术，名著于时。平生多善举，赠医施棺，以济贫乏。[见:《始兴县志》]

曾麟祥 字昭伯。清代江西古田县人。高邮牧曾懋蔚曾孙。幼习经史，列名上雍。因善病学医，洞晓方书，凡遇奇证，能出独见，投剂立愈，远近延请无虚日。性好吟咏，著有诗集。[见:《古田县志》]

湛

湛德芬 字辛彝。清代湖南平江县人。生平未详。辑有《医宗会要》八卷，刊于同治四年（1865），今存昌江魏谦吉堂刻本。［见：《中医图书联合目录》］

温

温革 宋代人。生平里居未详。著有《琐碎录医家类》三卷。原书已佚，今存日本安政二年乙卯（1855）抄本。［见：《中医图书联合目录》］

温大明 世称温隐居，又称温舍人。南宋四明（今浙江鄞县）人。祖籍南京（今河南商丘），其高祖某，得太医院御医王泾传授，精通医术，宦游四明，遂定居。其父温制乾，绍承家学，随侍魏丞相入都城，以医知名。温大明幼读父书，秘受奥旨，亦精医术。自淳熙元年（1174）以医问世，遍游京邑，七八年间，出入于士大夫之门。先后执业四十余年，名重朝野。曾任医官，授保义郎、殿前司提点诸班医药饭食兼和剂局收买药材官。晚年"日迫桑榆之景，心弃利名，隐居求志"。温氏曾于嘉定九年（1216）"取五世家传名方，并生平行医应效圆散，与夫古今圣贤诸方"，辑《温隐居海上仙方》（又作《助道方服药须知》、《温舍人方》、《应急仙方》）一卷，刊刻于世，今存。［见：《医藏书目》、《宋史·艺文志》、《中国医籍考》、《中国善本书提要》］

温大顾 清代广东德庆州悦城人。家贫业医。乾隆间（1736～1795）结茅山谷，耕读樵渔以自适。凡以疾求治，先诊之，曰"不可治"则死，曰"可治"则生，计日而瘳，无或爽者。谢以多金不受，受亦分赠贫乏，自求日给而已。同时有谢炎，亦精岐黄，医术稍逊于温氏。［见：《德庆州志》］

温永庆 字瑞五。清代河南正阳县汝南埠人。事母以孝闻。早年习儒，兼嗜《灵枢》、《素问》诸书，通晓医理。得异人传授，通地理，善推紫微斗数。［见：《重修正阳县志》］

温在元 小名松。清代广东大埔县白罗村人。儒医温和安次子。绍承父学，亦精医术，知名于时。乡人皆称松先生。［见：《大埔县志》］

温在心 小名拱。清代广东大埔县白罗村人。儒医温和安幼子。绍承父学，亦精医术，知名于时。乡人皆称拱先生。［见：《大埔县志》］

温存厚 字载之。清末四川巴县人。弱冠从戎，久经战事，每见士卒患疾，苦无良医，遂留心医学，久之精其术。临证三十余年，于温证颇有心得。同治十二年（1873），太守李听斋之甥刘辑五染温症，时医误用辛温，势成危殆。温氏应邀治之，获痊。李听斋劝其纂述治温之法，刊布以济世。温氏乃撰《温病浅说》、《温氏医案》二书，合刊于光绪十二年（1886）。［见：《温病浅说·序》、《中医图书联合目录》］

温廷珠 字谦祉，号少白。清代广东顺德县龙山人。性嗜学，善属文。乐善好施，能周人之急。究心医术，日以活人为务，知名于时。［见：《顺德龙山乡志》］

温行时 字化溥。清代山东阳信县人。家贫好学，十五岁补博士弟子员，岁试名列第一，食饩。博览经史，古文诗词无不潜心。乡试未售，教塾为业，从游多名士。晚岁精医，活人不可胜数。寿八十岁殁。［见：《阳信县志·文学》］

温汝凤 清代四川南溪县人。精通医术。学无师承，博览群籍，自悟医理。治病以温补中气为宗，主张泄水补火，扶阳抑阴。尝谓："太平盛世之人，多阳气健旺而长寿；动乱饥荒之人，则多阳气虚衰而卧病。究其衰旺之机，原于地之燥湿。脾胃升降，全赖中气，中气一衰，清阳下陷，浊阴上乘，百病皆从此始。"又谓："今人禀赋即薄，而戕生之事复繁，阳明之燥，不敌太阴之湿，十人而八九。但医家不识，往往投以滋阴泄火之品，故病不当死，亦为医误而难生。"时医多尊其说。［见：《南溪县志》］

温体元 清代四川铜梁县人。精医术。救死扶伤，医德高尚，名重于时。年七十二岁殁。［见：《铜梁县志》］

温制乾 南宋四明（今浙江鄞县）人。祖籍南京（今河南商丘），其祖父得御医王泾传授，精通医术，宦游四明，遂定居。温制乾绍承家学，亦通医理。随侍魏丞相入都城，以儒医知名于时。子温大明，医名益盛。［见：《中国医籍考》］

温和安 字杏园。清代广东大埔县白罗村人。事母至孝，以儒为业。性和蔼，与人无争。家本小康，年二十余，因堂弟嗜赌，鬻及祖产，族人责和安售田代偿，家遂贫。后弃学业医，治病不索谢，名重于时。中年设药肆于隔溪之南山乡圩，人争趋之，家境渐复。子捷元、在元、在心，俱以医名。［见：《大埔县志》］

1113

温奎龙 字始发，号慎初。清代广东大埔县人。武佾生。以例授州目。平生乐善好施，见义勇为。善游泳，有失足溺水者辄往救。同治三年（1864）被太平军掳去，因精医擅书，待为上宾。时梅县、兴宁等地时疫流行，奎龙以自制良药治之，活人无算。年八十岁卒。[见：《大埔县志》]

温亮采 字虞臣。清代山东庆云县人。邑名医温凌云孙。得祖父亲传，用药无不奇效，以医知名。[见：《庆云县志》]

温宪惠 清代甘肃临泽县平彝堡人。初习举业，不遇于时，弃儒攻医。研究二十余年，精通内科，尤擅治伤寒，诊脉能预断生死。咸丰间（1851～1861）甘州城内有患重疾者，慕名延请，投药立效，名振一时。[见：《临泽县志》]

温凌云 字超凡。清代山东庆云县人。性慷慨，轻财好义。精医术，有著手回春之誉。重医德，凡应诊必先贫后富。著有《医宗家藏》四卷，未梓。孙温亮采，传承其术。[见：《庆云县志》]

温捷元 字期春。清代广东大埔县白罗村人。邑儒医温和安长子。以医术知名于闽漳平和之琯溪。闽督左宗棠率军至琯溪，士卒多病，召捷元医治而愈，欲署为军医，以母老辞。年六十三岁殁。弟温在元、温在心，俱精医术。[见：《大埔县志》]

温敬修 （1876～1951）字世安，号希仲。近代福建仙游县人。早年习儒，二十岁为庠生。清末废科举，就读于省立师范学校。毕业后，致力于生物学、药学及中医学。1929年，南京政府有废止中医之议，温敬修出巨资，捐建中医学校及中医医院，并亲赴南洋募捐，以支持中医事业，为中医界同仁所敬重。著有《最新实验药物学》，刊行于世，今存。另著《药用植物学》、《伤科秘本》等书，未见刊行。[见：《中国历代医史》、《中医图书联合目录》]

温瑞柏 字汉台。清代广东德庆县人，徙居四川成都。性格沉静，好谈理学。屡试不第，游幕于蜀，遂定居成都。其貌须发皤然。通晓医理，广施药饵，以济贫病。又嗜考古，抄书不倦，曾辑蜀中古今人物事迹为一编，名《汉台游蜀记》。又有诗集《粲麋林集》。[见：《重修成都县志》]

温醉白 佚其名（号醉白）。清代浙江乌程县人。精医理。咸丰五年（1855）桐乡县皇甫岷患牙疳，两腿亦青肿，其势甚剧，诸医乏术。温氏诊之，曰："病名青腿牙疳，不必服药，唯食马乳可愈。"如其言，一月痊愈。[见：《冷庐杂识·青腿牙疳》]

滑

滑寿 （1304？～1386）字伯仁，晚号撄宁生。元明间河南许州襄城县人。其祖、父均皆宦游江南，故徙居江苏仪征。滑寿自幼颖敏，初学儒于韩说，能日记千言，尤擅长乐府。曾应乡试，后弃儒习医。京口名医王居中客居仪征，寿师事之，研习《素问》、《难经》诸医典。学成，谓其师曰："《素问》为说备矣，篇次无绪，不无错简。愚将分藏象、经络、脉候、病态、摄生、论治、色脉、针刺、阴阳、标本、运气、汇萃，凡十二类，抄而读之。《难经》又本《素问》、《灵枢》之旨，设难释义。其间荣卫、部位、脏腑、脉法，与夫经络、腧穴，辨之博矣，而阙误或多。愚将本其旨义，注而读之何如？"王居中嘉许之。滑氏遂撰《读素问钞》三卷、《难经本义》二卷，流传后世，为历代医家所推重。嗣后，滑氏研究张机、刘完素、李杲诸家之书，医术益进。不久，又学针法于东平高洞阳，得"开合流注，方圆补泻"之法，妙悟《灵枢》经脉之要。至此，治病无不神效，遂挟技游于吴楚间，定居余姚。所到之处，病者争先延请，以得"撄宁生"诊视，一决生死而无憾。明初宋禧与滑寿相往还，作《赠撄宁生诗》曰："滑公江海客，频到贺家溪。采药行云际，吟诗过水西。"滑氏重医德，凡以病邀请，不问贫富皆往，风雨寒暑无阻，且不计酬报，世人皆敬重之。年七十余，容颜如童，行步轻捷，能豪饮。洪武十九年卒，享年八十三（一说七十三），葬于余姚黄山九枝松。著有《十四经发挥》三卷、《脉诀》（又作《脉理存真》）一卷、《诊家枢要》一卷，今存。还著有《读伤寒论钞》、《医家引彀》、《五脏补泻心要》、《医韵》、《痔漏篇》等书，未见流传。门生周原启、吴温夫、骆则诚、骆则敬等，皆一时名医。按，据《绍兴府志》，滑寿本性刘氏，为刘基（字伯温）兄，易姓名为医。刘基居高官，劝寿入仕，不应。此事尚无佐证，录以备考。[见：《明史·滑寿传》、《李濂医史·撄宁生传》、《补元史艺文志》、《医藏书目》、《中医图书联合目录》、《古今图书集成·医部全录·艺文》、《中国历代名医传》、《金元医学人物》、《中国历代名医碑传集》]

滑世昌 南宋江夏县（今湖北武汉）人。精医术。曾任鄂州都统司医官，居南草市。

行医以救人为心，鄂州人盛称其德。淳熙十四年（1187）十一月，鄂州火灾，移居城中小宅，医名益振。值岁荒疫起，凡贫病求治，皆捐钱赠药，拯救危证甚多，赖以全活者不可胜计。[见：《江夏县志》、《夷坚志·癸志》]

游

游桂 明代丹徒县（今属江苏）人。精医术，名重于时。与当时名医何汝亨、杨天民，鼎足而立。[见：《何氏八百年医学》]

游才品 清代四川云阳县人。精医术，求治者甚众。有医德，凡以急症延请，必搁箸而往，风雨不辞。年八十余卒。[见：《云阳县志》]

游从善 （1295～1367）字性初，号杏隐。元代永新县（今江西永新）人。本姓段氏，为永新士族，祖上某氏为游氏赘婿，遂改游姓。游氏世为小儿医，负盛名。从善曾祖父某，祖父游明叔，父游圣传，皆以儿科著称。从善幼颖异，知书达理，好吟咏。及长，传承祖业，儿科之外，兼擅大方脉。重医德，患者以疾延请，不论风雪暮夜，贫富远近，闻讯即往。遇贫病尤加意诊治，施赠医药，数往返无倦意，病愈无自德之色。治病不拘泥古方，而每起他医技穷之症。凡患重病者皆谓："得游公一视，虽死无憾。"晚年筑室于大湖山，收藏图书、古帖、名画，与友人畅饮豪歌于其中。元末世乱，别墅遭毁，欲重构建，因病未如愿，寻卒。子游绍曾，孙游师岐，继承家学。[见：《金元医学人物》（引《麟原前集·游杏隐墓志铭》）]

游公庆 明代安徽婺源县济溪人。邑名医游守正长子。与弟游公甫绍传父业，并以医术知名。[见：《婺源县志》]

游公甫 明代安徽婺源县济溪人。邑名医游守正次子。绍承家学，以医知名。兄游公庆，亦精医术。[见：《婺源县志》]

游方震 字巽修，号执庵。清代江西丰城县四坊苦竹人。乾隆七年（1742）三甲第一百九十六名进士，授云南永善知县，为政清廉。致仕后，归乡，又二十余年，卒。游方震邃于《易经》，通养生学，著有《治生要旨》、《养生丹诀》等书，未见刊行。[见：《丰城县志》]

游东之 元代江西临川县人。生平未详。辑有《集验良方》六卷，已佚。[见：《江西通志》、《江西通志稿》]

游必远 明代安徽怀宁县人。邑庠生。通医理。曾参阅孙文胤《丹台玉案》。[见：《丹台玉案》]

游师岐 明初江西永新县人。世医游从善孙，游绍曾子。传承家学，亦通医术。[见：《中国历代名医碑传集》（引王礼《麟原前集·游杏隐墓志铭》）]

游光斗 清代江西乐安县人。生平未详。辑有《简便良方》八卷，刊于道光五年（1825），今存。[见：《中医图书联合目录》]

游延受 字汝承。明代安徽婺源县济溪人。初习举业，不得志，弃而学医，知名乡里。刘少卿患闭证，诸医技穷。游氏应聘往治，投药立愈。刘谢曰："游公生我。"平生所愈异证甚多，不可殚述。族侄游希大，得其真传。子游守正，孙游公庆、游公甫，并以医知名。[见：《婺源县志》]

游守正 明代安徽婺源县济溪人。儒医游延受子。绍承父业，亦以医术知名。子游公庆、游公甫，俱传承父学。[见：《婺源县志》]

游希大 明代安徽婺源县济溪人。邑名医游延受族侄。从族父习医，得其真传。擅治伤寒，临证多捷效，时称"游一剂"。[见：《婺源县志》]

游国春 字文钦。清代江西上高县城北集贤坊人。世代业医，至国春尤精其术，临证投药立愈，知名于时。雍正十年（1732），知县范卜年赠以"青囊铁镜"匾额，并荐授本县医学。[见：《上高县志》]

游绍曾 元明间江西永新县人。邑名医游从善子。继承父学，亦以医名。子游师岐，亦通医术。[见：《中国历代名医碑传集》（引王礼《麟原前集·游杏隐墓志铭》）]

游莱翁 元代崇仁县（今江西崇仁）人。早年习儒，兼精医术，悬壶以自给。至正三年（1343）前后，由太医院荐举，授建昌路（今江西南城）官医提领。[见：《金元医学人物》（引《道园类稿·游汝义墓志铭》）]

富

富元亮 明代人。生平里居未详。通医术，为名医施沛门生。[见：《云起堂诊籍》]

谢

谢丰 清代福建南平县人。邑名儒谢宗尹子。家境清贫，而事亲极尽孝道。年八十，逢父忌辰，必素衣哭祭。郡守以"孝足风世"旌之，欲以其事上闻，因"耿变"中止。谢氏素精医术，

知名于时。著有《瘴疟指南》、《诸证辨疑》、《理元脉诀》等书，今未见。[见：《南平县志》]

谢长 原名善长，字右燧。清代河南郾师县人。自幼习儒，治《易经》、《春秋》、四书，咸有所得。兼精医道，知名于时。著有《痘疹正宗批解》若干卷，藏于家。[见：《郾师县志》]

谢汉 字文桢。清代江苏无锡县人。生平未详。著有《舟车经验良方》二卷，今存康熙五十年辛卯（1711）刻本。[见：《中医图书联合目录》]

谢观 （1880～1950） 字利恒，号澄斋。现代江苏武进县罗墅湾人。儒医谢润孙，邑名儒谢钟英子。自幼颖悟好学，十二岁毕五经、四书，熟诵《内》、《难》、《伤寒》诸经。十五岁离乡求学，就读于苏州东吴大学，研习史志、地理诸学，以余力攻研医学。光绪三十一年（1905），以地理学任教广州，先后任职于广州中学、两广优级师范、陆军中学、广东法政学堂、初级师范、随宦学堂等，为时所重。居三年辞归，出任上海商务印书馆编辑。民国初，受聘主管武进县教育，在任二年，多有政绩。1914 年，仍入商务印书馆，主编地理书籍三十余种。是时，中医学者倡编《中国医学大辞典》，谢氏主持其事，博取古今医籍，旁及朝鲜、日本之书，历时八年，成书三百五十万言，1926 年印行，为近代规模最大之中医辞书。1917 年与丁泽周共创上海中医专门学校，任校长多年。1925 年，应神州医药总会之聘，创立上海中医大学，出任校长。1929 年，南京政府卫生部通过余岩《废止旧医案》。中医学会当即发表宣言，坚决反对废止中医。谢氏受中医界同仁委托，于 3 月 17 日召集全国十五省 132 个中医团体共 262 人集会，正式成立全国医药团体联合会。会后，以首席代表身份率代表赴南京请愿，迫使政府搁置此提案。12 月，再次召开十七省全国医药代表大会，定中医、中药为国医、国药，并再次入京请愿，抗议对中医办学及行医之限制。此后，担任中央国医馆常务理事等职。晚年不问世务，寓居上海澄斋，以著书立说，教授门生为事。所编医书甚夥，多未付梓。今存者除《中国医学大辞典》外，尚有《中国医学源流论》、《家用单方》等。[见：《中国历代医史》、《中国医学源流论·谢利恒先生传》、《中医图书联合目录》]

谢表 明代浙江上虞县人。少习举业，既而学医，于脉理有独到见解，能望色而决人死生。同邑刘某患痘症不起，病势垂危，父母置棺待殓。谢表往视，惊曰："此火证也！"急以水浇其面，痘乃分串而起，服药而瘥。有妇人难产，

诸医投药无效。谢氏诊之，以升麻、人参、前胡各五钱投之，儿即顺产。人问其故，答曰："此胎气下陷也，故用升麻以提之，而参则佐其气，前胡则活其气耳。"曾久客广德，时人皆以"谢一帖"、"谢半仙"称之。平生轻财重义，所得诊酬，多贷于友人贫乏者。一日，置酒召集诸友，曰："吾化期已逼，与诸君话别。"众以为痴，谢曰："吾能决人生死，而不能自决耶？"取诸贷券焚之，即日启程归乡，未久果卒。[见：《上虞县志》]

谢武 自号忙庵居士。明代贵州永宁（今关岭）卫城人（一说四川叙永县人）。早年业医，信奉道教。曾游灌县青城山，遇良师授以秘传医术，归而其道大行，活人甚众。年七十四岁，无疾而终。生前颇有著作，惜皆散佚。[见：《贵州通志》、《续修叙永厅县合志》]

谢金 明代六合县（今属江苏南京）人。贯通方书，名重于时。名士黄石龙、张东沙，皆雅重其术。著有《伤寒论（注）》若干卷，已佚。[见：《六合县志》]

谢炎 清代广东德庆县人。精通医术，性慈惠，病愈不受酬金。与悦城温大顾齐名，皆为乾隆间（1736～1795）当地名医。[见：《德庆州志》]

谢沾 明代陕西耀县人。庠生。生平未详。隆庆六年（1172），秦王朱守中因耀县药王山药王洞前孙思邈《海上方》石刻"碑小方多，字画伤于琐屑，不便检阅，且舛伪太甚"，遂令生员谢沾细加订证，于当年三月"砻石大书"，重刻于药王山。此碑与同时重刻之《千金宝要》碑皆存原址，保存完好。[见：《重刻海上方碑》]

谢珊 清代江苏上元县人。世医谢与辉子。绍承家学，亦精医术。子谢煌，克传父业。[见：《上江两县合志》]

谢钟 清代广东南海县人。能诗，精通医道。邑名医谢文徽子。寄籍永定土司，寓居庆远府城。传承父业，亦精医术，活人甚众，阖郡官绅咸器重之。[见：《庆远府志》]

谢宣 号南池。清代湖南郴州人。道光己亥（1839）举人。行敦古处，不苟仕进。刘坤一屡以礼聘，不就。晚年嗜学不倦，耽心经史，旁及医书。年八十三岁卒，学者称南池先生。著述甚富，医书有《经络捷诀》、《经络汇纂》等，曾梓行，今未见。[见：《郴州直隶州乡土志》]

谢陛 字回澜。清代浙江镇海县人。专精医术，知名于时。[见：《镇海县志》]

谢泰 南北朝（？）人。生平里居未详。辑有《黄素药方》（又作《黄素方》）二十五卷。已佚。[见：《新唐书·艺文志》、《旧唐书·经籍志》、《通志·艺文略》、《中国医籍考》]

谢晋① 字彦明。元明间松江府（今属上海）人。善医，有儒者之风。[见：《金元医学人物》（引《梧溪集·题进士谢安节故堂引》）]

谢晋② 号云屏。清代江苏嘉定县震泽镇梅堰人。性好道术，修行于吴江县栖真道院。早年从陈亦园学医，尽其术。题所居曰冰壶精舍。年七十三岁卒。[见：《江苏历代医人志》]

谢涛 字汶水，又字松崖。清代浙江象山县人。六岁丧父，事母以孝闻。弱冠入县学，抚弟成人，即弃举子业，习医以济人。凡求诊者，不问贫富皆往，治辄应手取效，知名于时。从子患疫，乡人避之犹恐不及。涛逐日往视，竟得痊愈。年八十六岁卒。子谢补衮，光绪戊子（1888）副贡，授德清教谕。[见：《象山县志》]

谢润 字葆初。清末江苏武进县人。邑附生。貌魁伟，性诚笃。从父谢翔习医。于医理主宗徐大椿、喻昌之说，尤精通伤寒，善治外感热证，临证左右逢源，无不应手取效，为医界所推重。著有《医学经纬》五十卷，未刊而殁。孙谢观（1880～1950），为现代名医。[见：《中国医学源流论·谢利恒先生传》、《中国医学大辞典》]

谢悖 北宋人。里居未详。通医术，曾任翰林医官。政和间（1111～1117），宋徽宗敕编《圣济经》十卷、《圣济总录》（又作《政和圣济总录》）二百卷，成立编类圣济经所，命曹孝忠总领其事，下设同校勘官七人，谢悖任点对方书官（详"曹孝忠"条）。[见：《且朴斋书跋·跋重修圣济总录》]

谢翔 清代江苏武进县人。精医理。子谢润，曾孙谢观（1880～1950），皆以医名。[见：《中国医学大辞典》]

谢登 字南屏。清代浙江嘉兴县春波里人。精医术，延治者日以百计。凡医所入，悉购药以济贫病。著有《医验》、《医宗汇解》、《女科要略》、《集验方》等书，未见刊行。[见：《嘉兴县志》]

谢锦 字云卿。清代江苏靖江县西来镇人。幼从周永辉习医，擅长疡科，求治者甚众，名重于时。[见：《靖江县志》]

谢愈 北宋人。里居不详。精医术，曾任梓州医学助教。河东都转运使龙图阁直学士何剡荐之，应国子四门助教考试。王安石（1021～

1086）代拟圣批曰："尔以方技自名，为迩臣所荐，其于行艺，必有可称。俾试一官，以为尔宠。可。"[见：《王安石全集·卷五十五·外制》]

谢鹏 字在云。清代江苏娄县人。监生。康熙间（1662～1722）效力河工，议叙州同知。雍正间（1723～1735），宫保李卫以医荐之，授太医院判。晚年乞归，卒于家。弟谢鹤，亦以医术知名。[见：《松江府志》]

谢煃 清代江苏上元县人。世医谢珊子。早年习儒，为诸生。兼通医术，著有《外科或问》若干卷，未见刊行。[见：《江宁府志》]

谢震 字甸男。清代福建侯官县人。乾隆（1736～1795）举人。治经宗汉学，尤熟三礼，于篆隶、金石、星卜、刑法、医药诸术，靡不通晓。尝约闽县林芳林等倡立殖树会所，思以功名自见。后以大挑补顺昌教授，寻卒。[见：《中国人名大辞典》]

谢鹤 字披云，号北堂。清代江苏娄县人。太医院判谢鹏弟。初习举业，候选州同。兼精医术，名噪江浙间。著有《伤寒摘要》六卷、《北堂诗稿》四卷，未见刊行。[见：《松江府志》]

谢儒 明代上元县（今江苏南京）人。郡廪生。精通医术，凡奇难之证，他医不能辨者，谢儒皆能识之，治疗多愈。尝为徐文敏幼子治腮疡，获奇效，文征明（1470～1559）为文赠之。子谢日升，孙谢世泰，曾孙谢锡元，皆绍承家学。[见：《江宁府志》]

谢三益 清代四川雅安县人。精通医道，以术济人，颇负盛名。游击将军曾定春亲书"汉嘉第一"额其门。时人相传为语曰："疾病请三益。"同时有郭华润，字橘泉，亦有医名。[见：《雅安历史》]

谢士杰 字俊卿。清代山东平度州人。武进士谢涟孙。嗜于医学，精研《内经》、《伤寒》诸书，多有心悟。及悬壶问世，求医者盈门。重医德，每出诊必先往贫家，后至富门。道光元年（1821）瘟疫盛行，人人自危，时医多怀居奇之心。士杰曰："此非常之灾，乌忍以为利？"遂制药施济，凡患病者，不问姓名皆赠之，夜半犹假寝待之，如是者月余，多所全活。临证谨慎，尝谓："医虽薄技，孙思邈有言：胆欲大，为用药也；心欲小，为察病也。非兼是二者，则必有误。"年六十七岁卒。著有《医学管见》十二卷，藏于家。[见：《平度州志》]

谢士泰 一作谢士太。隋代人。生平里居未详。辑有《删繁方》十二卷（一作"十三卷"），已佚。其部分佚文散见于《外台秘要》、《医心方》等书。[见：《隋书·经籍志》、《新唐书·艺文志》、《旧唐书·经籍志》、《通志·艺文略》]

谢士骏 清代江西南城县人。弃儒就医，兼通数学。著有《医学数学说》，今未见。子谢职夫，绍承其业。[见：《得心集医案·跋》]

谢大櫆 字东琴。清代四川永川县人。精医术，为人疗疾，每能出奇制胜。擅书法，通地理，尤长于音律。其母多病，亦喜音乐。每值母病，手挥七弦以娱，母疾若失。[见：《永川县志》]

谢与权 宋代蕲州（今湖北蕲春）人。世代业儒，兼通医道，至与权医术尤精。杨惟忠患病，面赤如火，群医不能疗。其婿陈櫎忧之，请教于胡僢然。胡乃引谢与权诊治。既入，视其面色曰："证候已可见。"杨公夫人滕氏，令与众医议药。朱、张二医曰："已下正阳丹、白泽圆，加钟乳、附子矣。"谢曰："此伏暑证也，宜用大黄、黄檗等物。"遂疏一方，与众医议不合。时杨氏年六十余，新纳妾嬖甚。夫人意其以是得疾，遂不用谢言。谢退，谓胡僢然曰："公往听诸人所议。"胡才及门，闻众医极口诋谢氏曰："此乃《千金》中一治暑方，用药七品，渠只记其五，乃欲疗贵人疾耶！"胡以此言告谢。谢曰："五药本以治暑，虑其太过，故加二物制之。今杨公病深矣，当专听五物之为，不容复制。若果服前两药，明日午当躁渴，未时必死，吾来助诸公哭吊也。"胡僢然以此语告陈櫎。櫎不敢泄。明日杨卒，皆如谢言。[见：《夷坚甲志·谢与权医》]

谢与辉 字宾旸。清代江苏上元县人。邑名医谢世泰孙，谢锡元子。绍承家学，亦精医术。著有《妙凝集》若干卷，未见刊行。子谢珊，孙谢煃，均精医术。[见：《江宁府志》、《上江两县合志》、《上元县志》]

谢子厚 元末三山（今浙江绍兴）人。自少习儒，及长，兼精医术。深知南北禀赋不同，施药各有轻重。遇病症疑似，先辨标本，故治辄多效。尝谓："北人喜寒凉而硝黄用，南人喜温补而雄附行，皆非也。天有六气，播于四时，中则令正，过则为灾。天道犹不可过也，而况于人乎？"闻者以为至论。[见：《金元医学人物》（引《鹤田蒋先生文集·赠儒医谢子厚序》）]

谢天祺 号毓林。清代浙江义乌县人。谢恺后裔。幼习举业，不利于科场，弃儒习医。取《丹溪心法》诸书读之，多有心悟，悬壶问世。重医德，平素以药自随，遇贫病辄出术救治，起死以数百计。县令许公、孙公分别以"恒心活人"、"仁寿"旌其门。年九十四岁卒。子谢继周，传承父业。[见：《义乌县志》]

谢天锡 宋代金华（今浙江金华）人。生平未详。著有《疮疹证治》一卷，已佚。[见：《直斋书录解题》]

谢元庆 （1798～1860）字肇亨，又字蕙庭。清代江苏吴县人。以医为业。道光间（1821～1850）吴县以医著称者，首推潘功甫，次即谢元庆。元庆尤喜携药囊走街串巷，救疗贫病。潘曾沂赠联云："一生行脚衲，斯世走方医。"为其写照。咸丰十年春，元庆避兵于黄埭，六月殁，享年六十三。著有《良方集腋》二卷、《良方合璧》二卷，刊行于世。今存。[见：《苏州府志》、《八千卷楼书目》、《中医图书联合目录》]

谢友元 清代湖南辰溪县西乡人。精外科，善制水药。乾隆间（1736～1795）随军治伤，屡奏奇效，特授恩生。同乡廖志德，与之齐名。[见：《辰溪县志》]

谢友正 （?～1158）金代人。生平里居未详。曾任太医院副使。正隆三年（1158）正月五日，王子矧思阿补病，医治无效而亡。海陵王完颜亮归罪于御医等，杀谢友正、御医安宗义、乳母等人。[见：《金史·矧思阿补传》]

谢日升 明代上元县（今江苏南京）人。邑名医谢儒子。绍承父业，知名于时。子谢世泰，亦精医术。[见：《上江两县合志》]

谢仁泽 清代浙江镇海县人。精医术。节费施药，以济贫病。他人欲助之，谢曰："吾终身茹素，所节浮费，已足了此矣。"[见：《镇海县志》]

谢仁益 清代湖北黄冈县人。儒医谢仁淑胞弟。工篆刻，擅丹青。尤精医道，名重于时。[见：《黄冈县志》]

谢仁淑 字玉亭。清代湖北黄冈县人。初习举业，赴试不利，弃儒业医。推崇名医李时珍，熟读《本草纲目》，句栉字梳，多有领悟。临证多奇效，有"生死肉骨"之誉，数百里外有慕名延请者。著有《医案纪略》若干卷，今未见。弟谢仁益，子谢从本，皆为名医。[见：《黄冈县志》]

谢从本 清代湖北黄冈县人。儒医谢仁淑子。绍承父业，精内外两科，享誉于时。[见：《黄冈县志》]

谢文选 字明理。清代河南内乡县东区大浆子人。性刚直，不喜纷华，不修边幅。

早年欲应童试，闻叔父谢登以贿取案元，引以为耻，遂不赴考。精通医理，临证能创新意。刘某患疾，文选诊之，知数月后当发疽于背，恐不易治，乃服药使疽发于臀，调治而愈。著有《青囊秘要》、《迷津普渡》、《脉诀》诸书，未见刊行。[见:《内乡县志》]

谢文殊 清代江西萍乡县北区彭家桥人。精医术，擅长儿科，时称圣手。[见:《昭萍志略》]

谢文祥 清代江苏南京人。生平未详。著有《救产全书》一卷，刊于康熙三十六年（1697），今存。[见:《中医图书联合目录》]

谢文徽 清代广东南海县人。能诗，精通医道。乾隆二十五年（1760）游幕广西，历田州、庆远等地，所至以名医见重于当道。好施药济人，治病不计资资。二十九年（1764）庆远副将西冲额题赠"业精卢扁"匾额。三十三年（1768）庆远郡流行瘟疫，延治者络绎不息，病随药解，郡人德之。乡绅苗德沛等公赠漆版金字联云:"方述龙宫消世劫，学通金匮代天工。"六十年（1795）庆远知府张曾扬赠诗，盛赞其妙术良德。谢氏教子甚严，曾赋《课子业医》诗云:"不为良相必良医，到处逢迎最便宜。起死回生人性命，得心应手我神奇。术能治世功非小，业可传家学莫迟。谆切要同诗礼训，岐黄经诀务精推。"年七十四，无疾而终。著有《济世良方》一卷，今未见。子谢钟，传承父业。[见:《庆远府志》]

谢心阳 清代浙江萧山县人。精医术，知名于时。门生杨开泰，传承其术。[见:《麻科合璧·序》]

谢以闻 号克庵。明末浙江於潜县人。邑庠生。家贫笃学，守志不阿。尤精医理，知名于时。崇祯乙亥（1635）年逾八旬，尚手不释卷。著有《医学要义》若干卷，藏于家。[见:《於潜县志》]

谢玉琼 字璞斋，号昆秀。清代江西吉安府安福县北乡赤谷人。初习举业，久不利于科场。有感古人"不为良相，当为良医"之说，弃儒习医。苦学有年，于痘科尤有心悟，全活婴幼甚众。著有《麻科活人全书》四卷，刊于乾隆十三年（1748）。还辑有《经验良方》，今未见。[见:《麻科活人全书》、《安福县志》]

谢正全 清代四川雅安县人。继承父业，以医济世，知名于时。[见:《雅安县志》]

谢甘棠 号憩亭。清末江西南城县人。邑名医谢星焕侄。咸丰十一年（1861）编次

谢星焕《得心集医案》。[见:《得心集医案》]

谢甘澍 字杏园，号遁园。清末江西南城县人。邑名医谢星焕子。少习举业，不久弃去，肆力于家学。治病多佳效，不亚其父。推崇名医喻昌，尝毕一生之力，注释喻氏《寓意草》，撰《寓意草注释》，刊于光绪三年（1877）。又曾整理其父《得心集医案》，以自著《一得集》附录于后。[见:《宋元明清名医类案·谢甘澍传》、《南城县志》、《得心集医案》]

谢甘霖 字时若。清末江西南城县人。邑名医谢星焕子。绍承父学，亦通医理。曾整理其父《得心集医案》，以本人经验方分载篇末，以互相发明。[见:《中国医学大成总目提要》、《得心集医案》]

谢世泰 字约斋。明代上元县（今江苏南京）人。邑名医谢日升子。绍传父业，亦精医术。治病不求酬报，世人称之。子谢锡元，继承先业。[见:《上江两县合志》]

谢本仑 号竺岩。清代贵州仁怀人。廪贡生。授部主事，官至潞南知州，政声昭著。兼精岐黄，狱中患瘴疟者，施方调治，无不痊愈。上宪刊刻其方，颁布各州县。又自著《痒疹》等书传世，今未见。年六十四，卒于任所，宦囊空乏，欠款数千。[见:《增修仁怀厅志》]

谢东环 清代江苏武进县人。儒医谢应材子。初习举业，兼精医道，知名于时。[见:《发背对口治诀论·谢序》]

谢东揆 清代江苏武进县人。儒医谢应材子。初习举业，兼精医道。后悬壶于世，善用父法，所治多奇中。[见:《发背对口治诀论·谢序》]

谢立相 字帝臣。清代浙江海盐县人。名医冯兆张门生。事迹未详。曾参校其师《杂证大小合参》。[见:《冯氏锦囊秘录》]

谢玄卿 唐代会稽县（今浙江绍兴）人。好呼吸导引之术。常行东郭先生导引法，服仙人五味散，年近百岁，精力不衰。[见:《会稽志》]

谢师程 字敬学。元代乐安县（今江西乐安）招仙观道士。嗜医书，得良师传授，遂精医理。曾造访吴澄，谈及五运六气诸学，为吴氏所器重，作序赠之。[见:《金元医学人物》（引《吴文正公集·赠道士谢敬学序》）]

谢光昱 （1857～1927）字旦初。近代浙江萧山县人。幼年丧父，奉母至孝。初习举业，弃儒研医，精内外各科。年二十八岁母殁，

遂悬壶于杭州。行医四十年，就诊者门庭若市，知名于江浙间。子谢寿田，曾任上海同济医院中医部主任医师。[见：《中国历代医史》]

谢廷兰 字塔山。清代四川荣县人。朴诚笃厚，与世无争。精医术，通养生之要，终生勤学，治病无败例。尝赋诗自况，有"儒能学道方为贵，医不通玄总是庸"之句。[见：《荣县志》]

谢廷侯 清代福建莆田县人。少为诸生，不得志。后游学于广东，定居顺德县龙山。得良师秘传，精通医术，擅长外科，治病多奇效。年七十余殁。[见：《顺德龙山乡志》]

谢廷献 清代四川荣昌县人。业儒而精医。同邑颜怀舒之子病危，廷献诊其脉曰："不死。"投药而愈。颜氏父子服其神技，皆拜入门墙。年八十四岁卒。有医书《益寿》一卷，未见刊行。[见：《荣昌县志》]

谢廷麒 （1875～?） 字泗泉，号觉非龛主，又号清泉山人。近代陕西宁羌人。汀邵总镇谢国恩曾孙。出生于福建闽南。颖悟绝伦，师事举人李雁洲，精通诗词、书画，兼善医学。以父荫入太学。历官四川大竹、万县知县、间州知州、顺庆知府。民国初任四川盐运使。1921年辞官，隐居上海，"息于书与医。于古医经多成诵，引经以活人，若引履以适足"。1925年寓居大连，创办寿民药房，悬壶济世，京沪求医者不惮跋涉而来。门生刘渡舟，传承其医术。[见：《东北人物志》、《觉非盦书画例》]

谢仲墨 （1912～1971） 原名诵穆。字颖甫。现代浙江萧山县人。1931年毕业于上海国医学院。1933～1937年，辅助其师陆渊雷兴办函授学校，兼《中医新生命》杂志编辑。1937年任教于浙江中医专门学校，并协助裘庆元编书目提要。抗日战争时期悬壶故里，后辗转于福建、杭州等地，任文史教员。1955年调入北京中医研究院，从事文献研究。谢氏毕生致力中医学术，对温病证治尤多心得。著有《温病论衡》、《湿温论治》、《温病要义》、《伤寒通论》、《温疫述义》、《历代医书丛考》、《中医伪书考》等书。[见：《谢仲墨医学论文集》]

谢池春 字友柏（一作友伯），号衲庵。近代江苏吴县相城人。庠生。戊戌变法后弃举业，受业于上海妇科名医金绍山。嗣又从学于苏州章自求，致力于伤寒、瘟疫证治。博览医书，自《内经》迄前清缪、张、叶、徐诸家，无不穷源竟委。临证重视问诊，不以玄虚惑世，所治多奇效。1914年夏，瘟疫大作，谢氏重用生石膏、

大黄、犀角等药，治愈无算。平生治验各方，曾选载于上海神州医药会《月报》。所著《治验方》（与江曲春合撰）、《衲庵残稿》，未梓。[见：《相城小志》]

谢抡元 字榆孙。清末浙江余姚县人。早年业儒，善属文。兼精医道。著有《湿症金壶录》、《杂证名方》、《褒青庐医案》，总名之曰《姚江谢氏医书》，刊刻于世。[见：《中国丛书综录》、《中国历代医家传录》]

谢应材 字邃乔。清代江苏武进县人。诸生。精通医道，尤擅外科。临证取古法而善变通，所治多奇效。著有《发背对口治诀论》一卷，今存同治十一年（1872）刻本。子谢东揆、谢东环，传承父学。[见：《武阳志余》、《发背对口治诀论·谢序》]

谢应芳 明代武进县（今属江苏）人。精医术，知名于时。门生范能，得其传授。[见：《昆山县志》、《江南通志》]

谢应政 清末河南正阳县王勿桥人。精通医术，好善乐施，名闻遐迩。年七十九岁卒。[见：《重修正阳县志》]

谢怀远 字含春。清代四川铜梁县人。性嗜学，屡试不中，遂以医鸣。毕生施药不倦，闾里称善。兼擅书画，文士争与交游。六十一岁卒。[见：《铜梁县志》]

谢宏绪 清代湖北黄冈县人。生平未详。通医理，撰有《医镜》若干卷，今未见。[见：《湖北通志》]

谢茂德 元代安福县（今江西安福）人。精通医术，乡里皆以仙翁称之。名儒傅若金曾赋诗赠之。[见：《吉安府志》]

谢奇举 明代人。生平里居未详。著有《玄微秘要》八卷，已佚。[见：《千顷堂书目》]

谢季卿 唐代人。生平里居未详。曾任太医令。贞观间（627～649）甄权奉敕与承务郎司马德逸、太医令谢季卿、太常丞甄立言等校定《明堂图经》。[见：《千金翼方·卷二十六》]

谢金声 字也农。近代江苏武进县人。早年习医，后从上海名医丁仲英游，辨证准确，用药精审，有青出于蓝之誉。曾与张谔合编《医学指导录》周刊。年四十二岁卒。其医论散见于《康健报》。[见：《中国历代医史》]

谢学全 字贯之。清代贵州永宁州人。粗通文墨，以医术鸣于时。家不甚裕，而慷慨好施，乡邻皆以善士称之。著有《轩岐外传》、《药性歌》、《脉要》等书，未梓，毁于乱世。[见：

《永宁州志》]

谢学深 清代湖南新化县人。精医术，以幼科知名。有医德，治病不计诊金，全活小儿甚多。一富翁年六十始得子，一日，子病甚危，学深治之立瘳。富翁以百金酬之，不受，未终席而去。年八十余卒。[见：《新化县志》]

谢宝树① 字乔年。清代江西南昌人。精医术，尤擅外科。行医数十年，全活无算。[见：《南昌府志》]

谢宝树② 清代北京人。生平未详。辑有《意隐丛钞》二卷，有抄本传世。[见：《贩书偶记续编》]

谢宗汉 清代江西信丰县人。邑痘科名医谢瑶阶子。绍承父学，亦以医术闻世。[见：《信丰县志》]

谢建谟 清代山东福山县人。生平未详。通医理。辑有《医学赘言》一卷，未见刊行。[见：《福山县志》]

谢承文 字郁宇。明代安徽太平府人。自幼颖悟，及长，以医为业。洞明医理，精于诊处，决死生多奇中。一夕与友人饮，醉后握手别，暗察其脉，知受病。急合药付家童曰："某来取药，即付之。"语毕，友人踉跄至，与之服药，一饮而愈。一人携幼子求治，谢氏诊之，笑而不言，令父回避，私语其子曰："就塾宁苦至是，而诈病耶？"以果食啖之，嘱勿再如此。其应验如此。尝取诸名家医论，研究入微，编次成书，惜未见流传。[见：《太平府志》]

谢南郡 隋代（？）人。生平里居未详。辑有《疗消渴众方》（又作《疗消渴方》）一卷，已佚。[见：《隋书·经籍志》、《通志·艺文略》]

谢星焕 （1791～1857）字斗文，号映庐。清代江西南城县人。祖谢士骏，父谢职夫，两世精医。星焕自少习儒，家贫弃学，读家传医书，绍承先业。悬壶五十余载，凡疑难奇险之病，诸医束手者，立辨病源，应手而效。素重医德，凡以疾病延诊，不分雨夜远近，立赴救治，不计诊金之有无。道光辛卯（1831）岁饥，时疫大作。时医专事发表攻里，多致不起。谢氏独谓："荒年肠胃空虚，何堪攻伐？宜于温补托邪。"一时活人无算。门生汪士珩等汇其验案，辑《得心集医案》六卷，今存咸丰十一年（1861）浒湾延寿堂刻本等。子谢甘澍、谢甘霖，侄谢甘棠，皆传承祖业。[见：《南城县志》、《得心集医案》]

谢思忠 清代江西丰城县泉港乡人。邑名医谢养源子。绍承父志，亦以医术闻世。

[见：《丰城县志》]

谢复古 宋代人。里居未详。曾任翰林学士。兼精医道，尤工于伤寒，能阐发仲景奥旨。撰有《难经注》，已佚。[见：《古今医统大全·历世圣贤名医姓氏》、《福建通志》]

谢庭飏 字仰皋。清代福建连城县人。邑庠生。嗜读医书，过目不忘。嘉庆（1796～1820）初，纪昀督学至汀州，谢氏考取医学第一，送部嘉奖，授博士。[见：《连城县志》]

谢养源 号静安。清代江西丰城县泉港乡人。父谢心斋，隐居不仕。养源弱冠入县庠，三荐不售，幡然改计，曰："范文正有言：不为良相，便为良医。其仁民爱物一也。"嗣后，穷研《内》、《难》诸书，于《伤寒》、《金匮》尤致力焉。每值痃痢流行，治之无不奏效，全活甚众，远近德之。晚年，杜门读书，手不释卷。年七十六岁卒。著有《伤寒三字诀》、《金匮指南》二书，未梓。子谢思忠，亦以医知名。[见：《丰城县志》]

谢举元 明代人。里居未详。精医术，知名京师。隆庆二年（1568）正月，太医院医官徐春甫集合各地在京名医四十六人，创立一体堂宅仁医会，谢氏为会员之一。诸医穷探医经，讨论四子（指张机、刘完素、李杲、朱震亨），共戒私弊，患难相济，为我国最早之全国性医学组织。[见：《我国历史上最早的医学组织》《中华医史杂志》1981年第3期]

谢举仁 字德一。清代陕西安定县由义白马人。举乡饮宾。器宇冲融，与人无忤。晚年精医术，以救人为心，凡有酬仪，少受多却，人以为难。善于调气养神，寿至九十五岁，五代同堂。[见：《安定县志》]

谢炳耀 字彬如，号心佛。清代江苏武进县人。生平未详。著有《医存》二十八卷、《续医存》若干卷，未梓，今存抄本。[见：《中医图书联合目录》、《江苏历代医人志》]

谢洪赍 清末浙江山阴县人。生平未详。著有《免劳神方》一卷，今存宣统二年庚戌（1910）上海商务印书馆铅印本。[见：《中医图书联合目录》]

谢济世 字石林，号梅庄。清代广西全州人。康熙五十一年（1712）三甲第八十八名进士。刚正豪迈，不苟同流俗。雍正四年（1726）官御史，因弹劾田文镜，论救黄振国忤旨，谪戍阿尔泰军前效力。既又以论史获罪，几遭不测。在塞外九年，究心经史，间涉医籍。著述甚富，医书有《医藏十经》若干卷，今未见。

[见：《永州府志》]

谢济东 清代广西全县万乡桥渡村人。署广东嘉应州同。精医理，工诗书。著有《脉理精素》、《适园诗钞》等书，今未见。[见：《全县志》]

谢屏东 清代广东徐闻县安次村人。恩贡生。学纯品粹，性好善，清贫无力施济，手录善书送人。精通医术，乡人以病延请，不俟驾而行，不取诊金，全活不可胜计。[见：《徐闻县志》]

谢逢源 字石溪。清代江苏溧阳县人。通医术，受业于海盐县名医徐圆成。[见：《中国历代医家传录》（引《毓德堂医约》）]

谢家伟 清代四川兴文县人。性慈善，以医济人，不计诊酬。年八十二岁卒。[见：《兴文县志》]

谢家福 字绥之。清末江苏苏州桃坞人。生平未详。编《桃坞谢氏汇刻方书九种》，今存光绪二十一年乙未（1895）苏州谢氏望饮楼刻本。[见：《中医图书联合目录》]

谢祥瞻 清代四川雅安县人。通医道。岁制藿苓散施送贫病，治时疫颇验。直至民国间，尚有慈善家按时令施送藿苓散，称其方为谢遗方。[见：《雅安县志》]

谢继周 清代浙江义乌县人。邑名医谢天祺子。传承父业，亦以医名。[见：《义乌县志》]

谢职夫 清代江西南城县人。邑名医谢士骏子。绍承父业，亦精医术，兼善占卜。著有《医卜同源论》，今未见。子谢星焕，继业尤精。[见：《得心集医案·跋》]

谢猗兰 清代广东东莞县人。精医术，知名于时。尝谓："病情百变，非精熟不能起沉疴也。"故晚年犹诵读医书不辍。寿八十余殁。[见：《东莞县志》]

谢朝楫 清代四川乐至县人。贡生。早年习儒，崇尚理学，兼嗜医术。后悬壶于世，多所全济。[见：《续增乐至县志》]

谢遂畅 清末江苏武进县孟河镇人。从本县名医顾兆麟游，精医术。悬壶于上海，求诊者甚众。好收藏，贮医书甚富。族侄谢观（1880～1950），医名尤盛。[见：《中国历代医史》]

谢道宾 明代浙江吴兴县人。精医术，知名于时。同时有孙光裕，医名益噪。[见：《中国医籍考》]

谢锡元 明清间上元县（今江苏南京）人。世医谢世泰子。绍承家学，亦精医术。子谢与辉，传承其业。[见：《上江两县合志》]

谢锡祉 字香谷。清末江苏上海县人。精医术，喜施予，遇贫病不取诊酬，乡里德之。年八十二岁卒。[见：《上海县志》]

谢缙翁 一作谢缙孙，字坚白。元代庐陵县（今江西吉水）人。精通医理，知名于时。谢氏家藏王叔和《脉经》官刻本及广西刻本，后复得乡人黄南牖家藏本，遂以各本相校雠，准确无讹。泰定二年（1325）授龙兴路（今江西南昌）医学教授。四年请修本路医学，获准。同年，与廉访使师公、儒学提举柳贯，上疏请刊刻《脉经》，颁发各地医学，获准。遂以儒学及书院余资雕版，取广西陈氏旧本为底本，不增损一字，刷印刊布。元统间（1333～1334）授医愈郎、辽阳行省官医提举。后至元二年（1336）归乡。谢氏还著有《难经说》（又作《难经解》）若干卷，惜已散佚。名医滑寿称谢书"殊有理致原委"，并于所撰《难经本义》中多次引述。[见：《补元史艺文志》、《金元医学人物》（引《元刻脉经·序》、《柳待制文集·龙兴路医学教授厅壁记》）]

谢瑶阶 清代江西信丰县人。自幼习儒，兼精痘科。每值冬末春初，必慎拣良苗，按方种痘，孩童经其接种者，无不获效，远近妇孺，皆感德之。谢氏心直口快，好排纷解难。子谢宗汉，传承父业。[见：《信丰县志》]

谢嘉甫 号蓉初。清代江苏长洲县人。学医三载，通晓医理。道光戊申（1848）校刊徐大椿《慎疾刍言》。[见：《慎疾刍言·谢序》]

谢毓秀 明代福建邵武县人。世代习儒，兼通医道。家传之外，又得外祖李荣指授，深明医理，于伤寒证治尤有独到见解。辑有《回生达宝》八卷，刊刻于世。此书国内未见，今日本东京国立公文书馆内阁文库藏万历二十四年（1596）双峰堂余氏三台馆刊余象斗增补本，全书八卷，总名《新锲千选回生达宝秘传明论医方》。此书已由中国中医科学院影印回归。[见：《中国医籍考》、《内阁文库汉籍分类目录·医家类·方论》、《日本现存中国散逸古医籍》]

谢耀廷 字兆乾。清代江苏靖江县人。精医术，尤善疡科。治疗危疾，多获奇效，名重于时。[见：《靖江县志》]

强

强桓 清代陕西潼关人。精医术，知名于时。著有《加减效验方》，今未见。[见：《续潼关志》]

强健 原名行健，字顺之，号易窗道人。清代江苏上海县人。幼孤家贫，力学不倦。工书法，精绘画，临摹宋元诸家山水，缜密有法。兼精医理，推崇名医朱震亨之说。后悬壶于世，藉所得以养亲。临证偏主寒凉，立方善用石膏，世以"强石膏"称之。曾参考名医秦昌遇《痘疹折衷》、聂尚恒《活幼心法》、朱纯嘏《痘疹定论》诸书，参以己意，著《痘证宝筏》六卷，成书于乾隆二十三年（1758），嘉庆十一年（1806）由朱增惠刊行，今存。还著有《医案》及《伤寒直指》等书，未梓。医学之外偏撰《印管》、《印论》、《易窗小草》、《学吟小草》、《警心录》等。［见：《郑堂读书记》、《上海县志》、《上海县志札记》、《中国人名大辞典》、《中国历代医家传录》、《中医图书联合目录》、《中国医籍大辞典》］

强清 清代陕西韩城县人。精医术，知名于时。为人落落寡合，而临证处方，审慎谨严。［见：《韩城县续志》］

强谧 字平山。清代陕西潼关人。精通医术，知名乡里。重医德，治病不受谢仪，为世人所敬重。［见：《续潼关志》］

强正路 清代陕西韩城县人。精医术，知名于时。［见：《韩城县续志》］

强启珍 字国肇。清代陕西白河县西霸人。嘉庆八年（1803）官安东巡检。精医术，遇病者辄治之。［见：《白河县志》］

十 三 画

瑞

瑞子珍 清代人。生平里居未详。撰有《眼科溯源》二卷。卷一为总论；卷二详述内障、外障及常见眼疾证治，收载内服外用眼科方四十八首。此书今存光绪十七年辛卯（1891）抄本，书藏北京中医学校（原北京中医进修学校）图书馆。［见：《中医图书联合目录》、《中国医籍大辞典》］

鄢

鄢仁义 清代四川井研县人。精医术，设药肆于乡。心怀济利，凡以疾病延请，不分亲疏贫富皆往，遇贫病者持方配药，概不取资。［见：《井研志》］

鄢正常 清代四川大邑县西乡人。武生。精外伤科。与同邑名医杨怀芳相往还，切磋医术，为终生挚友。［见：《大邑县志》］

鄢孝先 字伯埙。清代四川新繁县人。自少好学，不利于场屋。后两弟入学，叹曰："门户之事，有弟任之，吾将潜研济世之术矣。"遂集诸方书，穷日夜探讨，旁咨博访，有所得辄记之。生性尚俭，极少购书，诸古籍皆手抄以代读，寒暑不辍，先后所抄百余册。尝摹写《铜人图》四大幅，皆密楷细书，一笔不苟。平生于眼、耳、鼻、喉诸科尤精，所合喉症药特著灵效，远近莫不称道。著有《经脉指南》二卷，未见刊行。［见：《新繁县志》］

鄢泽溢 清代四川营山县人。家贫习医，凡乡邻有疾，延请往往。临证审慎，诊疾用药，必三思而后立方，所治多良效。［见：《营山县志》］

鄢福岐 字文兴。清代江西丰城县故里人。精医术，知名于乡。［见：《丰城县志》］

靳

靳吉 字元广，号允庵。明代浙江仁和县人。世医靳鸿绪次子。早年习儒，为诸生。与兄靳咸、弟靳谦，绍承家学，皆以医术知名。［见：《仁和县志》、《浙江通志》、《杭州府志》］

靳邵 晋代人。里居未详。性敏慧，有才术。博览医籍，肆力于经方、本草，临证裁方治疗，每出人意表。当时士大夫服石成风，靳氏迎合此风，配制五石散，为诸公卿所推重。［见：《太平御览·方术部》、《历代名医蒙求》］

靳咸 字以虚。清代浙江仁和县人。诸生。世医靳鸿绪长子。与弟靳吉、靳谦，皆绍承祖业，俱以医术鸣世。［见：《浙江通志》］

靳袭 北宋洛下（今河南洛阳）人。精医术，曾任医学助教。真定（今河北正定）静长官游磁州，靳氏师事之，其家常设帷置榻，人问其故，答曰："以待静长官。"静长官感其至诚，尽以所藏医书授之。靳氏得秘传，术遂精进，声名大振，家资数千万。［见：《中国历代医家传录》（引《括异志》）］

十
三
画

靳谦
字仁若。清代浙江仁和县人。儿科世医靳鸿绪三子。与兄靳咸、靳吉，皆绍承祖业，有声于时。[见:《浙江通志》]

靳儦
宋代东京（今河南开封）人，居显仁坊。唐代开封府尹靳恒后裔。靳儦通晓医理，早年隐居，卖药于市，居常设浆，以便行旅。宣和间（1119～1125），有二道者饮于靳儦，靳敬事之，岁余不懈。道者感其至诚，授以儿科秘方，用之奇验。靖康之难（1126），随高宗南渡，扈跸至武林（今杭州），后征入太医院，任太医。数传至靳从谦、靳起蛟，皆以儿科著称。[见:《杭州府志》、《钱塘县志》]

靳广渊
清代陕西长安县（今西安）人。生平未详。著有《本草详解》、《运气图说》二书，今未见。[见:《咸宁长安两县续志》]

靳从谦
宋代钱塘县（今浙江杭州）人。祖籍东京（今河南开封）。御医靳儦后裔。绍承家学，亦精医术，以儿科知名，任御值翰林医官。绍兴三年（1133），因医疗功特晋三阶，帝以内府所藏《百子图》赐之，又命改所居巷为"百子图巷"。后裔靳起蛟，亦精祖业。[见:《钱塘县志》、《杭州府志》]

靳尚才
明代山东平阴县人。贡生。兼精医术。某巡按使过邑，未觉不适，靳尚才视其脉，曰："会当失血，宜先防之。"巡按闻言未信。至长清县，忽晕眩，呕血数升，病卧不起，遂檄县令延请靳氏。靳氏赴长清，授药二剂，服之立愈。闻者以为神异。[见:《平阴县志》]

靳起蛟
字霖六。明末浙江仁和县人。北宋儿科世医靳从谦后裔。绍承家学，技艺尤精，远近迎请无虚日。天性慈和，小儿见靳先生来，则以为慈母而投其怀。著有《本草汇编》，已佚。子靳鸿绪，医术不减乃翁。[见:《浙江通志》、《钱塘县志》]

靳鸿绪
字若霖。清初浙江仁和县人。儿科名医靳起蛟子。嗜读书，善属文，尤精家传医术，声名不减其父。著有《内经纂要》，今未见。有子三人，长子靳咸、次子靳吉、三子靳谦，皆世父业，以次子靳吉最著名。[见:《浙江通志》、《仁和县志》]

靳善长
元代人。里居未详。精医术，曾任医官。蒲道源赋《赠医官靳善长》诗曰："术精能获十全功，名列贤王荐剡中。为相为医分职异，活人活国用心同。逶迤禁御追先达，度越时流齿上功。莫作区区方技看，似闻吾道亦深通。"[见:《金元医学人物》（引《闲居丛稿》）]

蓝

蓝茚
北宋人。里居未详。精医术，曾任太医局医官。重和元年（1118）七月，宋徽宗应高丽太子之请，以阁门祗侯曹谊为使，率翰林医官太医局教授赐紫杨宗立，翰林医谕太医局教授赐紫杜舜华，翰林医候太医局教授成湘，迪功郎试医学录陈宗仁、蓝茚携药材赴高丽，诊疗之外，培训医药人才。[见:《中国医学史》（高等中医院校参考丛书1991年版）]

蓝桐
字阳隆。清代晋（今山西）人。里居未详。少年时师从岭南医家郑丰湖，精医理。门生杜茂英，整理蓝氏所授医方，辑《不内外因家藏妙方》六卷，今存同治三年（1864）抄本。[见:《岭南医征略》、《中医图书联合目录》]

蓝元初
明代江西永新县人。精通方脉，知名于时。族侄蓝玉仲，得其传授，声名益噪。[见:《吉安府志》]

蓝玉仲
明代江西永新县人。得族叔蓝元初传授，精通方脉，善治痼瘵。病者服他医之药不效，玉仲至，将原方略为增减，服之即验。同县当时有刘奎、刘仲，以儿科擅名。[见:《吉安府志》、《永新县志》]

蓝先生
佚其名。宋代人。生平里居未详。撰有《素问人式钤》一卷，已佚。[见:《通志·艺文略》]

蓝映泰
字香圃。清代四川松潘县人。武生。性豪迈不羁。晚年邃于医学，以骨伤科知名，多所全济。[见:《松潘县志》]

蓝得才
清代四川大竹县人。敦谨朴诚，仗义疏财。精通医术，活人甚众，为嘉庆间（1796～1820）大竹名医。[见:《续修大竹县志》]

蒯

蒯九龄
清代山东潍县人。生平未详。通幼科，著有《幼科捷径》四卷，未见刊行。[见:《潍县志稿》]

蒯廷理
清代安徽合肥县人。生平未详。通医理，著有《素问义证》、《晚翠轩医话》二书，今未见。[见:《庐州府志》]

蒲

蒲云
宋代西川绵竹县（今四川绵竹）人。幼有方外之趣，通晓医理，布衣筇杖，卖药于山野间。得钱则入酒家，醺然一醉，识者谓之有

道之士。尤喜翰墨，所作正书颇有古风。[见：《宣和书谱》、《中国人名大辞典》]

蒲心涛 字容川。清代四川太平县人。少有文名，文章出众。尤精岐黄，常施药以济贫病，数十年不倦，乡里称之。[见：《太平县志》]

蒲仲思 近代四川梓潼县人。邑名医蒲国桢子。传承家学，亦以医名。子蒲辅周（1888～1975），为现代著名医家。[见：《中国科学技术专家传略·蒲辅周》]

蒲茂积 清代四川遂宁县人。精医术，德望重于乡里。尤善养生，寿至九十余而殁。[见：《潼川府志》]

蒲国桢 清末四川梓潼县人。精医术，知名于时。子蒲仲思，孙蒲辅周（1888～1975），传承其学，皆以医名。[见：《中国科学技术专家传略·蒲辅周》]

蒲国瑞 清代四川南部县人。精医术，乐于施济，治疗贫病不取分文。年八十五岁殁。[见：《南部县志》]

蒲虔贯 宋代人。生平里居未详。著有《保生要录》一卷，今存道藏本。[见：《中国丛书综录》]

蒲继恒 清末四川太平县人。精通医术，知名于时。善养生，寿至八十二岁。[见：《万源县志》]

蒲辅周 （1888～1975） 原名启宇。现代四川梓潼县长溪乡人。出生于世医之家。祖父蒲国桢，父蒲仲思，皆为当地名医。蒲辅周幼年习儒，因家贫辍读，从祖、父学医。侍诊之暇，诵读《伤寒》、《金匮》诸医典，多有心悟。十八岁应诊于乡，求治者日众。自思所疗不能十全，遂专志研读《内经》、《难经》、《千金方》、《外台秘要》、《温病条辨》、《温热经纬》诸医书，反复揣摩，深有领悟。1917年悬壶成都，以擅治温病及妇、儿诸科知名。数年后返梓潼，1927年被推选为梓潼县商会评议员。1931年倡议成立县同济施医药社，救济贫病甚多。此外，又创办平民教养厂、施棺会、西河义渡等多项慈善事业，多所全济。1933年出任梓潼县第一区区长，数月后因病辞职。1936年，有感时事日非，再赴成都行医。在成都亦创办同济施医药社，与泰山堂药店约定，无钱买药者可持蒲氏处方至泰山堂免费取药，由蒲氏定期结算，受惠者甚多。1940年，梓潼流行霍乱，蒲辅周闻讯汇200银元及治霍乱验方，命诸弟依方配药施送，又将药方刷印张帖，广为宣传。1945年，成都流行麻疹，蒲辅周常赴贫民区，免费诊治，深得病者爱戴。1956年，蒲辅周调卫生部中医研究院，历任内科主任、副院长等职。1962年加入中国共产党。曾任全国政协第三、四届常委，国家科委中医专题委员会委员。著有《蒲辅周医案》、《蒲辅周医疗经验》、《流行性乙型脑炎》、《中医对几种传染病的辨证论治》、《中医对几种妇女病的治疗法》，刊印于世。子蒲志孝，女蒲志兰，继承父志，皆为著名医家。[见：《中医大辞典》、《中医年鉴》（1983）、《名老中医之路·第三辑》、《中医图书联合目录》、《中国科学技术专家传略》]

蒲悉生 字鉴川。近代四川蓬溪县人。生平未详。著有《医学正旨》三卷，刊于1919年。[见：《中医图书联合目录》]

蒲锡成 字子恒。清代四川长寿县双河乡人。性沉静，喜读书。性和易，平生无疾言厉色，但路见不平之事，则挺身直言，不畏强暴。尤精医术，曾积二十年之力，汇集历代名医方论，取其精微，辑医学秘本二十册。能于陈法中悟出新理，融会贯通，活人不可胜计。年七十岁卒。[见：《长寿县志》]

楚

楚笃 明代人。生平里居未详。撰有《痘疹世医心法》十二卷，今未见。[见：《八千卷楼书目》]

楚芝兰 宋代汴梁（今河南开封）人。生平未详。著有《用药歌括》若干卷，已佚。[见：《开封府志》]

楚秀峰 近代江苏苏州人。得无锡名医刘济川（1883～1947）真传，精通伤科，医声四播，求治者甚众。推重《针灸大成》、《医宗金鉴·正骨心法要诀》诸书，临证善用手法，指功尤佳。[见：《无锡近代医家传略》]

楼

楼全 号全山人。清代浙江萧山县人。精医理。初不以医问世，人亦不知其能。康熙癸巳（1713），夏某之母患痿疾，手不能持杖。楼全剔刮青竹之皮，令煎服，竟得痊愈。自此，乡里始知其术，求治者门庭若市，声名大噪。[见：《萧山县志稿》]

楼护 字君卿。西汉齐郡（今山东淄博）人。世业岐黄，自少随父行医长安，出入贵戚之门。能背诵医经、本草、方书数十万言，长者皆

十三画

器重其才。后弃医读经，历官天水太守、广汉太守，封息乡侯。［见：《汉书·游侠·楼护传》］

楼英 （1320～1389） 一名公爽，字全善，号全斋。元明间浙江萧山县仙居岩人。楼文隽曾孙，楼友贤子。自幼嗜学，通易理，明"阴阳消息"之道，尤嗜医学。生逢元末乱世，无意仕进，数十年致力于医。博览《内经》以下诸医籍，昼读夜思，废寝忘食，久之深通蕴奥，名振于时。后结识朱震亨门人戴思恭，常切磋医理，契合无间，故声名益显。洪武中（1368～1398），临淮丞孟恪荐之于朝，明太祖召至京师，以年老辞归。晚年居元度岩，为人疗疾，应手辄效。洪武二十二年卒，年七十岁。著有《医学纲目》四十卷，刊于世，今存嘉靖四十四年乙丑（1565）曹灼刻本等。又著《仙岩漫录》、《仙岩日录杂效》、《参同契药物火候论释》等书，未见刊行。长子楼衮、次子楼师儒，皆以医名。门人王应华，传承其学。［见：《医学纲目·序》、《浙江通志》、《绍兴府志》、《萧山县志稿》、《中国历代医家传录》（引《楼英年表》）］

楼岩 字永千。清代浙江萧山县人。潜心医术，所治多捷效，知名乡里。著有《杂证辑要》、《幼科明辨》诸书，未见刊行。［见：《绍兴府志》］

楼炜 号望霞。清代浙江余姚县人。生平未详。于道光九年己丑（1829）评注陈笏庵《胎产秘书》（又作《胎产金针》、《胎产秘录》），刊刻于世。［见：《女科书录要》、《珍医类目》、《中医图书联合目录》］

楼厘 元代浙江义乌县人。名医朱震亨门生。曾任处州路医学录。在任期间，遇疑难则致函于师，震亨皆回书详解。子楼仁，生平不详。［见：《中国历代名医碑传集·朱丹溪年谱》］

楼衮 （1350～?） 字宗起。明代浙江萧山县人。名医楼英长子。与弟楼师儒，幼承庭训学医，俱以医术著称。［见：《中国历代医家传录》（引《楼英年表》）、《绍兴府志》］

楼一品 字朝之，号绿滨。清代浙江义乌县人，居东江。其先世自宋咸淳间（1265～1274）得异人传授，以医名家。其父楼守志，毕生以医济人，知名乡里。一品少研经史，不屑家学。及长，慨然曰："吾邑丹溪子，儒者也，不尝以医显乎！"乃博览方书，力学十余年。及悬壶问世，治无不中。地方官吏重其术，授以医官。平生多善举，曾捐修平政桥，凡舍地施茶诸举，无不为之。康熙壬戌（1682）天灾，小麦无收，楼氏出藏谷百斛赈济，乡里德之。年近八十岁殁。［见：《义乌县志》］

楼友贞 清代浙江萧山县人。邑名医楼邦源族人。研习众方，备极其妙。常施药拯贫，乡里敬重之。［见：《萧山县志稿》］

楼友贤 （?～1359） 后改名楼咏。字信可，晚号仙岩耕云叟。元代萧山县（今浙江萧山）人。楼文隽孙。以医为业。与名医朱震亨（1282～1358）、戴士垚相友善。朱震亨殁，友贤命子楼英前往吊唁。至正十九年，楼友贤卒于吴淞朱氏私馆。［见：《中国历代医家传录》（引《楼英年表》）］

楼文隽 字元英，号澄斋。南宋萧山（今浙江萧山）人。颖敏嗜学，凡经史、天文、历算、阴阳、医药之学，无不精研而穷其蕴。开庆间（1259），秘书少监洪氏荐之于朝，授登仕郎行在院检阅文字。不久，因父病辞归。孙楼友贤，曾孙楼英，皆精医术。［见：《萧山县志稿》］

楼邦源 字云巢，号芝岩。清代浙江萧山县人。名医楼英十六世孙。少事儒业，弱冠犹沉沦。偶发箧，得远祖楼英所著《医学纲目》及《内经运气类注》诸书，心悦其术，寻究积年，洞明蕴奥。后悬壶于世，治病神明变化，应手奏功。著有《临证宝鉴》十二卷，毁于兵乱。从弟楼宗谦，族人楼友贞，皆娴于医术。［见：《萧山县志稿》］

楼师儒 （1355～?） 字宗望。明代浙江萧山县人。名医楼英次子。幼承庭训，与兄楼衮，各臻其奥。后师事戴思恭，尽得其学，声誉日震。永乐间（1403～1424）明成祖患疾，召至京师，诊治获效，赐予甚厚。建文二年（1400），修订其父《仙岩漫录》。［见：《中国历代医家传录》（引《楼英年表》）、《绍兴府志》］

楼汝璋 （?～1403） 字有源。明代浙江义乌县人。楼图南十世孙。雅好读书，以母吴氏多病，研究丹溪秘书，与浦江名医戴思温、戴思恭往来探讨，遂精其术。后调药进母，母霍然起，于是求医者云集。永乐元年（1403）皇嗣患疾，戴思恭治之不愈，乃辟楼氏至都下，诊为"发蛇所攻"，投药而愈。帝大奇之，赐御医。辞曰："臣自察脉理，今年五月望后似不及家。乞赐还田，以全骸骨。"帝曰："果尔，当赐汝身后之荣。"叩谢出，星夜驰南，至晋江而卒，时永乐癸未五月十九日。帝命赐祭，葬于鸡鸣山。［见：《义乌县志》］

楼守志

清代浙江义乌县人，居东江。其先世自宋咸淳间（1265~1274）得异人传授，以医名家。守志亦通医术，平素制备丸药，施济贫病，不取其酬，乡人德之。年近百岁殁。子楼一品，传承家学。［见：《义乌县志》］

楼国祯

元代义乌县（今浙江义乌）人。自少学医，研习《内经》、《难经》诸医典。及长，妙悟医理，深明运气之说，遂以医著称于时。其药室名观生堂，积蓄善药，藏书盈屋。［见：《金元医学人物》（引《渊颖集·观生堂记》)］

楼宗谦

清代浙江萧山县人。邑名医楼邦源从弟。亦精医术，善疗妇人、婴儿之疾，知名于时。［见：《萧山县志稿》］

赖

赖沂

字汤铭（一作阳铭）。明代福建永安县人。庠生。其母患病，因庸医误治而殁。沂深以不知医为恨，遂弃儒攻医，誓以救人赎过。初习仲景《伤寒论》诸书，值父患疾，迁延不愈，沂亲为立方，竟得大瘥。嗣后，专力于《灵枢》、《素问》，拯危起瘤如神，从学者踵相接。平生重医德，治病不分贫富，虽百里亦往诊视，投剂辄验。郡守郑祖患疾不起，赖氏治而愈之。郑询以医病之道，答曰："调养元气，上策也；参术草根，斯下耳。"郑益加礼器。著有《内伤外感法录》、《四科治要》诸书，今未见。［见：《永安县志》、《福建续志》］

赖沉

字李村。清末四川万源县十区大竹河人。其父赖笑如，为咸丰十一年（1861）贡生。赖沉自幼聪颖，长于诗赋，庞简亭称"风骚有种"。因厄于小试，弃儒习医，精其术。乐于治疗贫病，常奏奇效。素重农桑之业，曾著《农业新编》，以教乡村子弟。［见：《万源县志》］

赖珍

字成九。清代福建永安县人。贡生。诗文书画，俱臻其胜，尤擅绘兰竹。兼精岐黄术。［见：《中国人名大辞典》］

赖一帖

佚其名。清代浙江象山县直岙人。为农家子，年二十奋力于学，入邑庠。后精研《灵枢》、《素问》、《脉诀》诸书，深悟医理，诊病常一帖即愈，故世称"赖一帖"。某日其叔父肩薪归，偶为诊脉，骇曰："此当晚死!"叔怒而骂之，乃谢失言。至晚，其叔果卒。智门寺一僧暴卒，适赖氏至，诊之曰："此必不死! 然非药石所治也。"针之，应手而苏。著有《伤寒余义》若干卷，未见刊行。［见：《象山县志》］

赖元福

字嵩兰，号松南。清末江苏青浦县珠里人。精医术，尤擅脉诊，能起沉疴。以医鸣世数十年，达官显宦争以重金延聘。与同里陈秉钧齐名，世称"陈赖"。著有《碧云精舍医案》，今存。［见：《青浦县续志》、《中国历代医家传录》］

赖汉英

清代广东嘉应县人。太平天国天王洪秀全赖后之弟。精医理，官授内医。咸丰三年（1853）正月，随大军南下。后遭杨秀清之忌，忧郁而卒。［见：《中国医学人名志》］

赖有洪

字用九。清代江苏嘉定县安亭镇人。善治疮疡，有神手之称。子赖攀桂，传承父业。［见：《安亭志》］

赖同金

清代江西信丰县人。精医术，尤擅小儿科。有医德，自备成药，各村施舍。凡贫苦之家延诊，不取一文。卒之日，踵门哭奠者千余人，如婴儿之失慈母。［见：《信丰县志》］

赖汝升

（?~1863）　清代四川绵州重华场人。早年习儒，后教馆为业。兼擅书画，通医术，以余暇诊治贫病，先后二十余年，活人甚多。同治二年病殁。［见：《直隶绵州志》］

赖运淑

（1859~1928）　字季清，号善甫。近代陕西西乡县人。九岁丧父，家境清贫。及就读，聪颖逸群，长于训诂，博览子史，雅擅词章。年二十一补县学生，旋食廪饩。光绪二十三年（1897）拔贡。性孝友，授徒以赡家。就读汉南书院时，月得膏奖费，悉寄家以供菽水。母病，思鲤脍，市无售者，急走堰口镇觅之，作羹以进。清末废科举，出任高等小学校教务主任及教员，先后十余年。1912年任教育科长，1915年任孔庙奉祀官，1921年举赈灾会会长，次年充陕西通志局采访主任。渊源家学，精通医术，岁施药剂无算。每值时疫流行，必制丸散分送，全活甚众。著有《神农本草经歌括》一卷，未梓。民国十七年十二月卒，年七十岁。［见：《西乡县志》］

赖明鉴

字晓亭。清代陕西西乡县人。幼聪慧，读书有神悟。善草书，精医道，兼通堪舆、占卜诸术。早年随父宦游广西，未能与试。宪幕叶其奇其才，以女妻之。父旋任怀远主簿，携之任所，命管文牍、刑案，井然有条。不久，父以痼疾弃世，哀毁逾常，买舟归葬。此后开设药肆，以济人为怀，诊病不言利，欠负不责偿。性好施与，夏设茶汤，疫时捐送药物，乡里德之。同治间（1862~1874）世乱，以防守城垣劳绩，叙六品军功，保授巡检职衔。晚年以疾卒于家，

敝箧中仅存故纸一束，皆贫人契券。妻叶氏，性亦慈善，尽取而焚之。撰有《百毒解》一卷，今未见。[见：《西乡县志》]

赖宗益

清代江西赣县人。诸生。晚年精医，治病不问贫富，远近延请皆应。年八十一岁卒。著有《本草求真》二卷，藏于家。[见：《赣县志》]

赖琢成

清代四川江津县人。精医术，尤擅妇科，以善治奇证知名。一妇产后腹痛月余，诸医束手。琢成诊之曰："胎气不和。"闻者皆笑。妇曰："吾新产未久，安得复有胎？"琢成曰："余据脉象论断，并非虚言。"令服安胎饮，果再产一男（疑系死胎），继服佛手散告愈。时医莫不叹服。[见：《江津县志》]

赖甄扬

字翼廷。清代广东河源县南湖人。邑庠生。精医术，知名于时。重医德，遇贫病辄买药治疗，未尝有自德之色。[见：《河源县志》]

赖慈和

清代四川富顺县人。精医术，知名于时。重医德，虽赤贫之家延请，必立往诊治，且赠以药。[见：《富顺县志》]

赖嘉能

清代广东河源县南湖人。少聪颖，读五经过目不忘。因多病，专力于医学。隐居夜珠坑，究心古来脉学，历时二十三年，忽生神悟，曰："生死关头，今方看破也。"其友人刘某，相遇于市，嘉能观之曰："君负重病，何讳不言？"刘氏素健，以为狂语。嘉能曰："君之元气消竭，几三月矣。"刘闻言惊愕，然未求医治。嘉能乃嘱其子来取药，谓之曰："汝父三年后当复病，某时寿终。"果如所言。[见：《河源县志》]

赖攀桂

字连山。清代江苏嘉定县安亭镇人。邑名医赖有洪子。传承父学，推重汉代名医张机，对《伤寒论》多有研究。精通家传疡科，兼擅针灸，知名于时。[见：《安亭志》]

甄

甄权

（541～643）隋唐间许州扶沟县（今河南扶沟）人。性至孝，年十八岁，因母病与弟甄立言究习方书，遂以医术闻世，尤擅针灸。隋开皇（581～600）初，任秘书省正字，称疾免归。鲁州刺史库狄嵚患风痹，不得挽弓，诸医莫能疗。甄权令其执弓向靶立，以针刺其肩髃穴，曰："可以射矣。"果如言而能射。唐武德间（618～626），安康郡公李袭誉出镇潞州，甄权以征士随行，出新撰《明堂图》示之。时深州刺史成君绰，忽患颈肿如升，喉中闭塞，三日食水不下。李袭

誉请甄权治之，权针其右手次指端，约食顷，气息即通，次日饮啖如故。李袭誉目睹其验，深重其学，后撰《明堂序》一卷，行于世（已佚）。唐初，缙绅之士多摹写甄氏《明堂图》，其图遂遍传天下。贞观中（627～649），甄权入为少府，奉敕与承务郎司马德逸、太医令谢季卿、太常丞甄立言等修订《明堂经》。权等以秦承祖《明堂图》、皇甫谧《甲乙经》等详校之，又绘图于其后，上呈朝廷。孙思邈撰《千金翼方》，其中"取孔穴法"即以甄氏《明堂》为法式。贞观十七年（643），甄权寿至一百零三岁，太宗亲至其家，视其饮食，问所服药，并授朝散大夫，赐以几杖衣服。当年卒。著有《脉经》一卷、《针方》一卷、《针经钞》三卷、《明堂人形图》（简称《明堂图》）一卷，流传于世，后皆散佚。今存《甄氏针灸经》一卷，疑即《针经钞》，待考。[见：《旧唐书·甄权传》、《新唐书·甄权传》、《新唐书·艺文志》、《千金翼方·卷第二十六·针灸》、《宋史·艺文志》、《中国医学大成总目提要》]

甄瀚

清代人。里居未详。精医术，官太医院八品吏目。乾隆四年（1739）敕纂《医宗金鉴》，甄氏任纂修官。[见：《医宗金鉴》]

甄升云

清代河北安国县人。早年得何涛、浦天球《女科正宗》，朝夕精研，遂以妇科知名。[见：《女科书录要·女科正宗序》]

甄立言

隋唐间许州扶沟（今河南扶沟）人。早年因母病习医，精通其术。唐武德中（618～626）官至太常丞。御史大夫杜淹患风毒流肿，太宗命甄立言诊治，立言奏曰："从今更十一日午时，必死。"果如其言。时有尼僧明律，年六十余，患心腹鼓胀，身体羸瘦，已二年。立言诊脉曰："其腹内有虫，当是误食发为之耳。"以雄黄服之，须臾下一"蛇"，如人手小指粗细，唯无眼，疾乃愈。不久，甄立言卒。著有《本草药性》二卷（一作三卷）、《本草音义》七卷、《古今录验方》五十卷，均佚。其兄甄权，亦以医术著称。[见：《旧唐书·甄权传（弟立言）》、《旧唐书·经籍志》、《新唐书·甄权传》]

甄栖真

（？～1022）字道渊，自号神光子。北宋单州单父（今山东单县）人。博涉经传，长于诗赋。应进士试不第，叹曰："劳神敝精，以追虚名，无益也。"遂弃所学，读道家书以自乐。初访道于牟山华盖先生，久之出游京师，入建隆观为道士。周历四方，以医药济人，治病不取酬报。祥符间（1008～1016）寓居晋州。性和静，无所好恶，晋人爱之，以为紫极宫主持。

年七十五，遇异人授以炼形养元之诀，行之二三年，渐返童颜，攀高蹑危，轻若飞举。乾兴元年秋，谓其徒曰："此岁之暮，吾当逝矣。"即于宫西北隅自为殡室，室成，不食一月，与平居所知叙别，寻卒。著有《还金篇》二卷，已佚。[见：《宋史·甄栖真传》]

裘

裘纶 清代浙江嵊县人。生平未详。著有《及幼仁书》六卷，未见刊行。[见：《嵊县志》]

裘琅 清代江西人。里居未详。辑有《万氏妇人科》若干卷，今未见。[见：《江西通志稿》]

裘焕 字煜炎，号了庵。清代浙江钱塘县人。诸生。善绘画，精医术。嗜古博览，日以著述为事。[见：《中国人名大辞典》]

裘文治 近代人。生平里居未详。著有《舌脉图》，今存稿本，书藏上海中医药大学图书馆。[见：《中医图书联合目录》]

裘允钲 字伯宁。清代江西新建县人。精医术，知名于时。其乡多疫疠，凡染病之家，人皆畏避不敢近。裘氏携药诣病者门，回环诊视，全活甚多。[见：《新建县志》]

裘世满 明代浙江嵊县崇仁乡人。精医术，悬壶济世，为乡里所敬重。[见：《嵊县志》]

裘光照 字日林。清末人。里居未详。进士，候选训导。旁通医术，博览方书，为人治病二十余年，未尝取酬，亦不夸功，求诊者络绎户外。光绪九年（1883），年近六旬，为嵊县张正《外科医镜》作序。[见：《外科医镜·裘光照序》]

裘庆元 （1873～1947） 字吉生。近代浙江绍兴人。祖籍嵊县。早年习儒，为庠生。后致力医学，对外感热病及内伤虚劳尤有心得。先后悬壶绍兴、杭州、奉天（今沈阳）等地，医誉甚隆。因治愈某官员之疾，孙中山先生亲书"救民疾苦"四字相赠，以为表彰。裘氏性格刚毅亢爽，善交游。早年加入光复会、同盟会，投身革命。及立身医界，与张锡纯、何炳元、张寿颐、时逸人、周小农、恽树钰、曹炳章、傅崇黻、张相臣等名医相往还，切磋医理，推动学术。1929年，南京政府卫生部通过余岩《废止旧医案》，举国中医药界为之震动。裘氏联络同道，撰文抗议，并以浙江中医界代表身份往返于京、沪间，奔走呼吁，得到全国各界支持，迫使南京政府撤销提

案，并批准建立中央国医馆。嗣后，裘氏先后创办三三医社、三三医院，出版《三三医报》、《绍兴医药学报》，为振兴中医作出重要贡献。裘氏思想开明，主张中西医学汇通。尝谓："取彼之长，补我之短，其结果必冶于一炉，无所谓中也，西也，然后得以名之曰新医学，亦得名之曰现代化医学。"裘氏嗜于藏书，筑读有用书楼于家，收集历代善本医籍二万余册，对整理、保存古代医籍尤多贡献。抗日战争爆发，裘氏藏书悉遭日伪军抢掠，至今下落不明。裘氏富于著述，编有《医药丛书》（十一种）、《三三医书》（九十九种）、《珍本医书集成》（九十种），刊刻于世。还编有《珍本医书集成续编》、《皇汉医学丛书续编》，惜皆毁于日寇战火。裘氏自著之书有《医话集腋》、《古今医学评论》、《杏林文苑》、《医士道》、《医药杂著》、《医药论文》、《皇汉医学书目一览》、《三三医书书目提要》、《珍本医书集成总目》等，今皆刊行。还编著《鲦溪医述》（七种）、《寿世医书》（十三种）、《读有用书楼医学选刊》（三十三种）、《学医方针》、《诊断学》、《治疗学》、《药物学便读》、《女科治疗学》等书，存佚不明。[见：《近代著名的医事活动家裘吉生先生》（《中华医史杂志》1985年第1期）、《中医年鉴》（1984）、《中医图书联合目录》]

裘鹤龄 （1739～1839） 字秀峰。清代江西新建县人。以医为业。悬壶六七十年，无贫富贵贱，叩门即往，勤不言劳，施不望报。居家友爱昆弟，饬厉子孙，更䣛恤邻里，德望素著。道光十三年（1833）授九品衔。道光己亥卒，享年一百零一岁。有司具题，诏以"升平人瑞"建坊旌表。[见：《新建县志》]

雷

雷丰 （1833～1888） 字松存，号少逸，晚号侣菊布衣。清末福建浦城县人。其父雷焕然，精通医术，徙居浙江衢州，遂定居。雷丰天资聪颖，幼承庭训习儒，及长，擅诗、书、画，有"三绝"之誉。尤精家传医术，父殁，悬壶衢县。初不闻于世，求诊者寥寥，门可罗雀。为赡养计，设星卜滩于城北祥符寺。举人程大廉素知其父善医，遂荐举主管官医局医务，月支官帑，得以自给。刘国光知衢州府事，盛赞雷氏之术，一时仕宦之家争相延诊，声名乃振。雷丰性谦和，重医德，虽求治者盈门，无骄矜之色，且不分贫富，不计诊金。人皆高其行。光绪十四年卒，享年五十六。著有《时病论》八卷，刊刻于光绪八

十三画

年（1882）。此书以《素问·阴阳应象大论》"冬伤于寒，春必温病；春伤于风，夏生飧泄；夏伤于暑，秋必痎疟；秋伤于湿，冬生咳嗽"八句为纲，以四时立论，附以经验诸方，对后世影响较大，今存。子雷大震，门人程曦、江诚、叶训聪，皆传承其学。程曦等弟子曾汇辑雷丰选读之书，辑《医家四要》四卷，刊入《雷氏慎修堂医书三种》，今存。[见：《时病论·序》、《衢县志》、《中国历代名医传》、《中医图书联合目录》、《雷少逸医案》（《浙江中医杂志》1959 年 10 月号）]

雷公 上古传说时代人。为黄帝臣，精通医术。《黄帝内经》多载黄帝与雷公问答之辞，乃后世伪托之文。明代天坛北有药王庙，侧祀十名医，雷公居桐君之下。[见：《黄帝内经素问》、《黄帝内经灵枢》、《万历野获编·补遗·兵部·武庙》]

雷现 清代秦州（今甘肃天水）人。邑名医雷逢源子。继承父学，亦以医显，全济不可胜数。[见：《重纂秦州直隶州新志》]

雷勋 字伯宗。明初福建建安县人。读书明医，尤精小儿科。洪武间（1368～1398）授医学正科。年八十四岁卒。著有《千金宝鉴》若干卷，已佚。子雷野僧，亦精医道，官郑府良医。[见：《建安县志》、《闽书》]

雷祥 元代白水县（今陕西白水）人。业医，知名于时。善制陶瓷器皿，作品精美，时称"雷公器"。[见：《陕西通志》]

雷竣 明代福建人。生平里居未详。著有《伤寒发明》若干卷，散佚不传。[见：《重纂福建通志》]

雷敩 南朝宋人。生平里居未详。精通药学，尤善炮制。撰《雷公炮炙论》（又作《炮炙方》）三卷。原书已佚，今有辑佚本传世。[见：《隋书·经籍志》、《宋史·艺文志》、《本草纲目·序例》、《中医图书联合目录》]

雷大才 清代秦州（今甘肃天水）人。明镇国将军都指挥佥事雷泽六世孙。精医学，性纯孝。因母疾，誓断荤酒，母病寻愈。遂与兄大臣、大弼，皆茹素终身。子雷逢源，继承医业，有声于时。[见：《重纂秦州直隶州新志》]

雷大升 字允上，号南山。清代江苏吴县人。内阁中书雷嗣源子。自幼习儒，工诗善琴，兼精医药。乾隆元年（1736）举鸿博不就，遂以医问世。临证多奇效，名著于时。重医德，遇贫病施药救治，为世人所称道。尤善修合丸散膏丹，曾创建雷允上药铺，所售成药皆精良，至今享誉海内外。雷氏著有《金匮辨正》、《经病

方论》、《要症论略》、《丹丸方论》等书，行于世，惜未见流传。[见：《吴县志》、《苏州府志》、《中国人名大辞典》]

雷大柏 清末湖南嘉禾县游坡井人。质直好善，专擅幼科，毕生施诊不倦，名重于时。孙雷秉瑛，官至少校。[见：《嘉禾县图志》]

雷大震① 明代人。生平里居未详。撰有《济生产宝论方》（又作《济生产宝》、《济生产宝方》、《济生产宝诸方》）二卷。此书经徐明善校正，由雷鸣刻于嘉靖间（1522～1566）。原刻今藏杭州浙江图书馆。清末杨守敬自日本购归大量古籍，有《济生产宝论》日抄本二卷，1919 年售归国家，入藏故宫博物院。[见：《国史经籍志》、《百川书志》、《脉望馆书目》、《万卷堂书目》、《故宫所藏观海堂书目》、《中医图书联合目录》]

雷大震② 字福亭。清末浙江衢州人，祖籍福建浦城县。名医雷丰（1833～1888）子。传承父学，亦精医道。与其父门生程曦、江诚合编《医家四要》四卷，刊于光绪十三年（1887），今存。[见：《时病论·序》、《中医图书联合目录》]

雷元亭 字乾阶。清代湖南嘉禾县人。增贡生。相貌清癯。兼善岐黄，尤通脉理，以儒医著称。为人多智，里党倚重之。[见：《嘉禾县图志》]

雷元烟 清代湖南嘉禾县贵贤乡人。贡生雷大邦子。自幼嗜学，尤善医术。设药肆于村前，凡求诊者，富不责酬，贫则施药。著有《内外医方便览》，今未见。曾孙雷渊河，亦以医闻。[见：《嘉禾县图志》]

雷曰钫 清代河南淮阳县人。邑名医雷乐善孙，雷春华子。继承家学，亦以医术著称。[见：《淮阳县志》]

雷代诒 清代四川中江县人。自幼习儒，因家贫辍学，行医济世。以济人为念，治病不计酬谢。时黄某，以骄矜为乡里所恶，后卧病，延请雷氏诊治。雷氏曰："汝自誓今而后不再持傲待病人，则七日可愈汝病。"黄誓曰："异日当效先生，以愈人为己愿。"遂为治之，七日果痊。[见：《中江县志》]

雷乐善 字同与。清代河南淮阳县人。邑庠生。兼精医术，每遇险症，多能起死回生，知名于时。子雷春华，孙雷曰钫，皆传其术。[见：《淮阳县志》]

雷成琪 清末湖南嘉禾县上乡乐塘人。早年读书，略通书史。其祖父患痼疾不愈，

成琪闻云居寺僧多奇方，遂往跪求，祖父疾得愈。后师事寺僧，擅制丹药，尤精眼科，治病多佳效，遂以医名。族人雷晋龄，亦以医闻。[见：《嘉禾县图志》]

雷时中 明代福建建安县人。医学正科雷勖后裔。贯通《易经》，博览医书，治病多奇中。有医德，贫病者暮夜求治，必摄衣而往，酬以钱则不受。[见：《建安县志》]

雷时蒸 清代湖南东安县人。邑名医雷振迅子。继承父学，亦业医，有名于时。年八十六岁卒。[见：《永州府志》]

雷时震 字普春。明代江西进贤县人。精医术，尤擅外科，知名于时。早年选授太医院吏目，升御医，封光禄寺丞。为人缜密谦谨，历事神、光、熹、思四朝。子雷应运，世袭其职。[见：《进贤县志》]

雷应运 明末江西进贤县人。太医院御医雷时震子。继承父业，亦精医术，世袭父爵。[见：《进贤县志》]

雷松筠 清代湖南衡山县人。精医术，治病不索谢，遇贫者更助以药资。寿八十岁，无疾而逝。[见：《衡山县志》]

雷雨河 清代湖南嘉禾县茶窝岭人。家贫失学，先习弓马，不欲以武生显，遂研究医术。初以眼科著称，后熟读吴有性《温疫论》，多有心悟，尤擅长望色断病，与同村名医雷晋泽齐名。族人雷高仔之子年十六，暴死半日，将殡。雨河至，曰："此子可活。"灌药而苏，闻者称奇。雷雨河寿至七十余卒。[见：《嘉禾县图志》]

雷国福 字以德。清代湖南嘉禾县人。精通医术，尤通脉理，决病者死生多奇中。以济人为怀，不论贫富，率不受酬。[见：《嘉禾县图志》]

雷鸣矣 清代湖南祁阳县人。庠生。精医道。与子雷上士，皆以廉谨闻名于时。曾经理社仓，在任时谷增三倍，县令勒石，以表彰之。著有《武昌集》十卷，今未见。[见：《祁阳县志》]

雷秉辉 清代江西南昌府西乡冈上人。精医术，知名于时。[见：《南昌府志》]

雷春华 清代河南淮阳县人。儒医雷乐善子。绍承父学，以医知名。子雷曰钧，继业亦精。[见：《淮阳县志》]

雷炳燊 清代四川阆中县人。精医术，善用经方，于古法外别有神悟。凡沉疴痼疾，

众医束手者，雷氏诊治，一剂而缓，二剂则痊。[见：《阆中县志》]

雷晋泽 清代湖南嘉禾县茶窝岭人。善书法，尤精医术，知名于时。同村雷雨河以擅长望气著称，雷晋泽以通晓脉理闻名。著有《验方锦囊》若干卷，未见梓行。[见：《嘉禾县图志》]

雷晋美 清代湖南嘉禾县茶窝岭人。为人谨饬，颇负乡望。精医术，以眼科著称。年八十二岁卒。子雷席珍，得其传授。[见：《嘉禾县图志》]

雷晋龄 清末湖南嘉禾县上乡乐塘人。精通医术，不以技谋利，病家赠以金，却而不受。好善乐施，凡地方善举，乐为之倡。子雷印桑，为方志局采访员。[见：《嘉禾县图志》]

雷振迅 清代湖南东安县人。为本县医士，知名于时。撰有《经验方注》若干卷，行于世，今未见。寿九十岁卒。子雷时蒸，传承父学，亦业医。[见：《永州府志》]

雷逢源 字守妙，号天然子。清代秦州（今甘肃天水）人。邑名医雷大才子。沉静简默，传承父业，亦精医道，以内科知名。兼好道术，晚年遇兰道人，授以太乙、遁甲之学，所得深邃，医道亦精进。曾手写医书、道经数十卷。子雷现，孙雷攀桂，皆以医显，全济不可胜数。[见：《重纂秦州直隶州新志》]

雷席珍 清代湖南嘉禾县茶窝岭人。本县眼科名医雷晋美子。传承父学，亦通医术。[见：《嘉禾县图志》]

雷效先 字绳武。清代河南淮阳县人。以医为业，名重于时。自备车马，凡乡里延诊，皆往治，遇贫病施赠药饵，世人德之。[见：《淮阳县志》]

雷继贤 字圣传。清代河南淮阳县人。早年习儒，绩学不遇。后研习医学，药饵、针灸，各臻其妙。道光十八年（1838）秋，时疫流行，慕名延请者昼夜不绝，全活不可胜数。[见：《淮阳县志》]

雷继祖 字聿斋。清代河南淮阳县人。廪贡生，捐授州同。性孝友，工诗文，好施与，尤精医术。著有《医论》若干卷，行于世，今未见。[见：《淮阳县志》]

雷继晖 宋代人。生平里居未详。著有《神圣集》三卷，已佚。[见：《宋史·艺文志》]

雷野僧 明代福建建安县人。洪武间（1368～1398）医学正科雷勖子。继承父学，

亦精医道，官郑府良医。[见：《建安县志》、《闽书》]

雷焕然 （?～1862） 字春台，号逸仙。清代福建浦城县人。迁居浙江龙游县，再迁衢州。初攻举业，好读书，喜吟咏。与武林孝廉许叶帆、龙邱孝廉余元圃、名儒徐月龄相友善，聚则酌酒赋诗，迭相唱合。后弃儒习医，从名医程鉴游，尽得师授。技成，悬壶龙邱，后设诊衢州，知名于时。曾整理其师《医博》四十卷（已佚）、《医约》（原名《医学津梁》）四卷（今存1930年衢县六一草堂铅印本）。雷氏自撰《方案遗稿》若干卷，经外孙龚时瑞整理，易名《逸仙医案》，刊于1930年。医书外尚有《养鹤山房诗稿》。子雷丰（1833～1888），亦以医术著称。按，雷丰称《医博》、《医约》二书为其父所撰，待考。[见：《时病论·序》、《雷氏慎修堂医书三种·雷丰序》、《中国历代名医传》、《浙江医籍考》、《中医图书联合目录》、《雷少逸医案》（《浙江中医杂志》1959年10月号）]

雷渊河 清代湖南嘉禾县贵贤乡人。儒医雷元炤曾孙。幼习举业，刻苦励学。后致力岐黄，亦负盛名。诊病不炫长，不执见，遇困乏者赠以药资，时人敬重之。[见：《嘉禾县图志》]

雷惠远 清代四川彰明县西乡人。以医为业。轻财好义，凡贫病者求治，皆悉心诊疗，遇极贫者倾囊助以药资。[见：《彰明县志》]

雷裕榜 清代湖南嘉禾县人。随岳父李高风习医，深究《内经》、《难经》、《伤寒论》，通悟医理，临证多奇验。重医德，治病不求酬报，知名于时。[见：《嘉禾县图志》]

雷腾云 字中和，号致斋。清代江西高安县庵前人。以医为业，颇悟《金匮》之秘，治病多获捷效。曾悬壶河口镇，名噪于时，有起死回生之誉。重医德，常施药以济贫病，乡里称之。[见：《高安县志》]

雷攀桂 字林一。清代秦州（今甘肃天水）人。邑名医雷逢源孙，雷现子。继承家学，亦以医术著称，全济不可胜数。[见：《重纂秦州直隶州新志》]

辑

辑五氏 清末四川西昌县人。生平未详。编有《经验简便良方》一卷，今存同治四年（1865）刻本。[见：《中医图书联合目录》]

虞

虞抟 （1438～1517） 字天民，号半斋，晚号恒德老人（一作花溪恒德老人）。明代浙江义乌县花溪人。其曾叔祖虞诚斋，为名医朱震亨入室弟子。其祖、父亦工医术。抟幼年习儒，博览群书，能诗善文。因母病研习家学，肆力于《内经》、《难经》、《伤寒》诸医典，兼读历代名医之书，尤推重朱震亨之说。力学多年，悬壶于世，治病应手奏效，名震于时。方伯韩公患病，慕名以礼聘之。诊疾之余，叩问摄养之道，抟曰："节嗜欲，戒性气，慎言语，谨服食。"韩闻言叹服。义乌县以医知名者代不乏人，丹溪之后，以虞抟最负盛名。著有《医学正传》八卷、《苍生司命》八卷，刊刻于世。还著有《方脉发蒙》六卷、《医案正宗》八卷，未见流传。[见：《明史·艺文志》、《医学正传·序》、《义乌县志》、《四库全书总目提要》、《浙江医籍考》]

虞庠 字西斋。明代浙江归安县人。性嗜医学，多年研究医经，颇有心得。著有《类经纂要》四卷，约成书于天启四年（1624），刊行于世。清王廷俊曾增补此书，改为三卷本，重刊于世，今存同治六年丁卯（1867）浙江翰墨斋刻本。[见：《吴兴县志》、《测海楼书目》、《中医图书联合目录》]

虞洮 字少卿。五代后蜀（今四川）人。精医术。蜀主孟昶镇西川时，太尉董璋久患渴疾，遣押衙李彦求医于蜀，孟昶令虞洮往治。诊毕，董叩问病因，洮答曰："天有六气，降为六淫，淫生六疾。害于六腑者，阴、阳、风、雨、晦、明也，是以六淫随焉。六疾者，寒热入腹感心也，是以六腑病焉。故心为离宫，肾为水脏，晦明劳役，百疾生焉。大凡视听至烦，皆有所损：心烦则乱，事烦则变，机烦则失，兵烦则反，五音烦而损耳，五色烦而损目，滋味烦而生疾，男女烦而减寿，古者男子莫不戒之。君今日有万思，时有万机，乐淫于外，女淫于内，渴之难疗，其由此乎？"董氏然其说。[见：《古今图书集成医部全录·医术名流列传》（引《鉴诫录》、《四川通志》）]

虞流 号三吴外士。宋代余杭（今属浙江）人。性嗜方药，收集产科验方甚多，遂"次第共为一书，以济人之急难"，名之曰《备产济用方》。虞氏原书今不存，宋朱端章辑《卫生家宝产科备要》，其卷第六收入《备产济用方》，卷首有虞流绍兴庚申（1140）自序，其下分妊娠、入月、

临产、产后、用药、难产、胎衣不下、食忌等内容。[见:《卫生家宝产科备要》、《宋以前医籍考》、《浙江医籍考》]

虞庶 北宋仁寿县（今四川仁寿）人。寓居汉嘉（今乐山）。自少习儒，后弃而为医。撰有《难经注》五卷，以补吕、杨所未尽，治平间（1064~1067）黎泰辰为之作序，今佚。[见:《文献通考》、《郡斋读书志》、《资州直隶州志》]

虞悰（435~499） 字景豫。南朝齐会稽余姚（今浙江余姚）人。宋黄门郎虞秀子。虞悰早年出仕，宋末官至黄门郎。齐武帝在野时，悰待之甚厚，武帝即位，委以高官。永元元年卒，时年六十五岁。虞氏家产饶富，衣服侈华，尤精于调味配膳之法，齐武帝亦至其家求食。武帝曾求其《饮食方》，竟秘而不出。武帝酒醉体不快，悰仅献"醒酒鲭鲊"一方而已。[见:《南齐书·虞悰传》]

虞翻（164~233） 字仲翔。三国时期会稽余姚（今浙江余姚）人。忠直不阿，兼精医术。仕吴为功曹，迁骑都尉。因直谏忤吴主孙权，流配丹阳泾县。大将吕蒙欲救之，诈称患疾，因虞翻兼精医术，请使翻从征，始得获释。而翻直谏如初，不久复流配交州，十余年不得复起，卒于流所。[见:《三国志·吴书·虞翻传》]

虞元亮 清代福建邵武县人。精通医道，知名于时。其兄子忽发狂疾，遍体躁热。元亮闻讯至，见病者卧庭院中，狂语不休，审视久之，令取人参五钱和药。闻者皆愕然，嫂亦疑之，潜以半剂令服。至夜半，病者益狂，嫂急命人呼元亮，元亮至则问曰："前药尽服乎?"嫂以实对。元亮曰："减吾药，故至此。"如前方进药，一服而愈。[见:《重纂邵武府志》]

虞世南（558~638） 字伯施。南朝至唐初越州余姚（今浙江余姚）人。陈太子中庶子虞荔次子。性格沉静寡欲，笃志勤学，以书法著称。唐初为太宗所礼重，官至秘书监，赐爵永兴县子。兼嗜医药，辑有《养生必用要略方》十六卷，今未见。[见:《旧唐书·虞世南传》、《绛云楼书目》]

虞仲伦 字貌南。清代浙江奉化县人。生平未详。辑有《医方简易》四卷，刊于乾隆四十六年（1781），今存。[见:《中医图书联合目录》]

虞克昌 清末江苏丹徒县人。名医王之政门生。精通医术，卓然名家。[见:《丹徒县志》]

虞君平 字时宁。明代浙江永嘉县人。精医术，曾任太医院医官。永乐（1403~1424）

初，浙江乐清县大疫，虞氏施药救治，全活甚众。邑人感其德，挽留之，遂定居乐清。子孙世守先业。[见:《乐清县志》、《浙江通志》]

虞诚斋 佚其名（号诚斋）。元代浙江义乌县花溪人。为名医朱震亨入室弟子，亦以医鸣世。曾侄孙虞抟，医名尤盛。[见:《医学正传·卷一·医学或问》]

虞绍尧 清末浙江人。生平里居未详。著有《肺痨中西合纂》，今未见。[见:《重修浙江通志稿》]

虞觉海 清末江苏吴县人。精医道，以针灸知名于世。门生黄鸿舫（1879~1944）得其传授，亦为名医。[见:《江苏历代医人志》]

虞洪春 明代浙江东阳县人。生平未详。著有《医学须知》，已佚。[见:《浙江通志》]

虞席珍 一名必寿，字涵齐。清代湖北武昌县人。本姓杨，嗣于虞氏，故从其姓。素习儒业，博览群书，不利于科场。精通医理，临证谨慎，治病多效验。挟技游武、黄间，观察使纪桂香、太守张如亭皆雅重之。道光甲午（1834）秋，同乡王家璧患痢，一夜十余起，家人皆忧之。虞氏治之，数剂而痊。王询以医理，虞席珍以所著《本草药性易释赋》相示，王读而叹赏，遂为作序。惜其书未见流传。[见:《武昌县志》]

虞益之 元代人。里居未详。精医术，官建宁路（今福建建瓯）医工提领。嗜于诗赋，辑有《馆阁诸公诗文》，程钜夫题诗赞之曰："络从两马去，带取五禽还。何意求荣达，微身备险艰。为齐太仓令，入汉玉门关。会有怜君者，田园复故山。"[见:《金元医学人物》（引《雪楼集·卷二十六》）]

虞铨业 清代江苏无锡县人。通药学，乾隆间（1736~1975）著《本草纲目揭》，今未见。[见:《吴中名医录》（引《锡金历朝书目考》）]

虞景熹 清代福建邵武县人。早年习儒，为建阳县诸生。平生多善举，嘉庆癸酉（1813）大水，枯骨暴流，虞氏出资殓葬，施棺木百余具。尤精医道，每于盛夏施送药料，闾里各水井遍放白矾、雄黄等药，活人无算。又辑刻《胎生达生合编》、《疟痢奇方》诸书以贻远近，乡里受益。[见:《重修邵武府志》]

愚

愚谷老人 佚其姓名。宋代人。生平里居未详。撰有《延寿第一绅言》一卷，

今存。[见：《中国丛书综录》]

照

照今居士 佚其姓名。清代人。生平里居未详。辑有《经验良方》一卷，成书于同治十三年（1874），今存清代刻本，书藏上海中医药大学图书馆。[见：《中医图书联合目录》]

路

路坦 字平子。清代河南密县人。精医术，活人甚众，知名于时。[见：《密县志》]

路廷诏 字云来。明代宁夏府（今宁夏贺兰）人。早年习儒，为府学生员。生性质朴，力学教本。因母孟氏得反胃疾，弃举子业，潜心研究医术，一意调治，母疾得愈。嗣后，乡人慕名求治者日众，遂以医知名。以济世为怀，愈人之疾不取酬报，世人感德。殁之日，闻者无不泣下。[见：《朔方道志·孝友》]

路克循 清末奉天府海城县（今辽宁海城）人。世代业医，于小儿科颇富经验，历年施种牛痘，不取一钱，全活婴幼甚众。兄路克遵，以针灸术知名。[见：《海城县志》]

路克遵 清代奉天府海城县（今辽宁海城）人。世代业医，至克遵亦精祖业，尤长于针灸术，善治中风等证，每获捷效。弟路克循，与之齐名。[见：《海城县志》]

路顺德 字应侯。清代广西融县古鼎村人。早年习儒，为举人。精通医学，辑有《治蛊新方》（又作《治蛊新编》）一卷，刊于道光三年（1823），今存。[见：《融县志》、《清史稿·艺文志》、《中医图书联合目录》]

路真官 北宋人。里居未详。少年时遇道人授以秘术，能作"太阳丹"，置蒸饼面果粒于掌，望太阳嘘呵，揉而成丹，其色微红，以授病者，服之良愈。崇宁、大观间（1102～1110），有宫婢病狂，召路氏入禁中。路氏作丹令服，下咽而愈。[见：《独醒杂志·卷十》]

路藩周 清代江苏奉贤县十四保二十一图人。精医术，能疗奇症，全活甚众。著有《女科规条》、《说约金针》（又作《医说金针》）二书，未见刊行。子孙传承其术。[见：《奉贤县志》、《松江府续志》]

路耀文 清代江苏奉贤县画栏桥人。精医术，治病应手著效，四方邀诊无虚日。著有《路氏家言》，未见刊行。[见：《奉贤县志》]

简

简秋碧 元代人。里居未详。以医为业，知名于时。马祖常作《赠医士简秋碧》诗云："华阳茅主送黄精，太岳秦松与茯苓。上药相时登寿域，良医名世即仙灵。教人摄气如龟息，笑我胖身岂鹤形。若借刀圭明月合，浮生都可享遐龄。"[见：《金元医学人物》（引《马石田文集》）]

简斯锷 字少愚。清代江苏吴江县盛泽人。监生。少从吴门名医钟孝存游，尽得师传，远近求诊者履盈户庭。仁和姚铣任吴江知县，患伤寒，诸医束手。延请简氏，投剂立愈。姚赠"妙手回春"，额表其庐。性耽吟咏，暇则与兄简斯铨唱和。著有《棣华吟馆诗草》。[见：《盛湖补志》]

解

解桢 字应坚，号芦河。明代扬州（今江苏扬州）人。早年习儒，通阴阳河洛之学，析太极五行之秘，兼工诗学。少而多疾，自谓："为人子不可不知医。"遂研习《内经》、《难经》等医典，兼读金元诸名医方论。久之贯通医理，求治者沓至，投药辄起，邑人赖之。辑有《医学便览》（又作《儒门医学便览》）四卷，行于世。此书国内未见，今日本尚存抄本。[见：《医藏书目》、《扬州府志》、《内阁文库汉籍分类目录》、《日本现存中国散逸古医籍》]

解上珍 清代江苏兴化县人。精医术，擅长内科，与同邑江国膺、李嵩山、吴硕庵齐名。[见：《兴化县志》]

解延年 字世纪。明代山东栖霞县人。正统七年（1442）进士，授户部主事。历官员外郎重庆知府。兼通医理，撰有《本草集略》、《经穴图解》等书，未见传世。[见：《栖霞县志》、《登州府志》]

解休一 唐代人。里居未详。官朝散郎医学博士，兼直监。[见：《中国历代医家传录》（引《石台孝经》）]

解明瑞 明代人。里居未详。官四川宪副。兼精医术，知名京师。隆庆二年（1568）正月，太医院医官徐春甫汇集在京名医四十六人，创立一体堂宅仁医会，解氏为会员之一。诸医穷探医经，讨论四子（指张机、刘完素、李杲、朱震亨），共戒私弊，患难相济，为我国最早之全国性医学组织，其组织构成、宗旨、会规等刊入《医学指南捷径六书》（今存明万历金陵顾氏、新安黄氏同刊本）。[见：《我国历史上最早的医学组

织》(《中华医史杂志》1981 年第 3 期)]

鲍

鲍山 字元则,又字在齐。明代安徽婺源县人。尝入黄山修道,筑室白龙潭,山居七载,备尝野蔬诸味。后选其可食者,别其性味,详其调制,辑《野菜博录》四卷,刊刻行世。今存。[见:《江西通志稿》、《中医图书联合目录》]

鲍进 字恒斋。明代浙江武义县人。邑庠生。早年就学于湖广巡按王纶之门,儒医两精。屡试不得志,遂操医业,名噪于时。正德七年(1512)三衢乱,鲍氏以良医征入军中,驻扎龙翔寺僻邻。值营中流传瘟疫,鲍氏配药治疗,全活士兵甚多。子鲍叔鼎,传承父学。[见:《武义县志》、《中国医籍考》]

鲍姑 〈女〉(约 309~363) 原名潜光,世称鲍仙姑。晋代上党郡(今山西长治)人。南海太守鲍靓女,葛洪妻。深通道学,兼精医术,擅长灸法,治赘疣效如桴鼓,济人甚众。年五十五岁卒。今广州越秀山麓有三元宫(原名越岗院),宫内设鲍仙姑殿,供奉鲍姑坐禅神像。[见:《晋书·葛洪传》、《岭南医征略》、《鲍姑——晋代灸法专科女医师》(《医学史与保健组织》1958 年第 4 号)]

鲍思 字怀卿,号南村,晚号抱一翁。明代浙江鄞县人。精通医术,知名乡里。著有《脉经撮要》、《感气候集》诸书,惜皆散佚。[见:《鄞县通志》]

鲍晟 (1840~1900) 字竺生。清代江苏吴县人,居西麒麟巷。自幼读书,颖悟异于常儿,有神童之誉。年二十入县学,旋补增广生。同治六年(1867)应乡试,已中式,因额满遭遣,遂尽弃举业。嗣后,肆力医学,自《素问》、《灵枢》以下,无不博观而精取之。对温热病尤有研究,主张养阴泄热。善制丸散成药,凡求者皆予之,全济甚多。辑有《读易斋丸散录要》(又作《读易堂丸散灵要》)一卷,其书斟酌古方,佐以新意,名儒俞樾为之作序。还撰有《随笔医案》若干卷,今皆未见。[见:《吴县志》、《吴中名医录》(引《鲍君竺生传》)]

鲍倚 明代安徽歙县人。祁门名医陈嘉谟门生。生平未详。嘉靖四十四年(1565)参校其师《本草蒙筌》。[见:《善本医籍经眼录》]

鲍靓 字太玄,世称鲍玄。晋代上党郡(今山西长治)人。学兼内外,明天文、河洛之书。性好道术,兼通医理。初任南阳中部都尉,

官至南海太守。寿百余岁卒。女鲍姑(约 309~363),婿葛洪,皆精道学,兼通医理。[见:《晋书·葛洪传》、《晋书·鲍靓传》、《鲍姑——晋代灸法专科女医师》(《医学史与保健组织》1958 年第 4 号)]

鲍鲁 字东阜,又字圣阜。明代泰州(今属江苏)人。生于世医之家,父早亡。自幼读前人遗书,及长,兼通五运六气之奥,擅长内外两科。临证视脉,随虚实调剂,又依节令预蓄良药,所治十不失一。有医德,凡贫病者就治不取诊酬,遇极困窘者赠以药,虽珍珠、琥珀无所吝。平生好善,稍有余资则周济亲族。年七十余殁。[见:《泰州志》]

鲍曾 (1755~1849) 字尚志。清代浙江会稽县人。幼年家贫,为质肆(即当铺)学徒以谋生。性仁厚,遇同辈犯过失,常代受责,未尝自辩。嗜于医学,夜静辄穴光读书,久之精通医术。后悬壶济世,遇贫病兼施药饵。道光二十九年无疾而逝,享年九十五。[见:《绍兴医学史略》]

鲍大才 明代浙江兰溪县人。其父鲍南湖,精医术,迁居海盐县西关外。鲍大才事母至孝,克传父业,亦以医问世。治病投药辄效,不期酬报,乡里敬重之。曾举乡饮宾。年六十九岁卒。[见:《海盐县志》]

鲍子文 清代安徽黟县人,居城北隅。精儿科,尤擅治痘疹,知名于时。邻家三岁小儿出痘,颗粒细碎,红紫不分,延请鲍氏。入门望儿面色,辞曰:"医之便死,不医则盲。"后果如所言。[见:《黟县志》]

鲍以熊 清代江苏南汇县人。通医理。著有《方论秘传》、《伤寒汇要》二书,未见流传。[见:《南汇县续志》]

鲍书芸 字季涵。清代人。生平里居未详。于道光十四年(1834)辑《续增刑案汇览》九十二卷,包括《刑案汇览》六十卷、《续增刑案汇览》十六卷、《新增刑案汇览》十六卷,今存。[见:《中医图书联合目录》]

鲍邦伦 字时宪,晚号乐静老人。清代安徽歙县人。善针灸术,知名于时。[见:《歙县志》]

鲍邦桂 清代江苏南汇县人。通医理。著有《瘟疫论》、《续汤头歌括》、《纂辑证治汇补士材三书》等,未见刊传。[见:《南汇县续志》]

鲍同仁 字国良。元代安徽歙县人。泰定元年(1324),就试于蒙古翰林院,授全州

学正。至正八年（1348）任邵武路泰宁县令，重建本县三皇庙，规模宏大。以会昌州同知致仕。鲍氏旁通针砭之术，"凡四末受邪，痫疽瞆眩，治无不中"。著有《经验针法》一卷、《通玄指要二赋注》二卷，均佚。门生洪徽甫，传其针术。〔见：《徽州府志》、《江南通志》、《歙县志》、《补辽金元艺文志》、《金元医学人物》（引郑玉《师山集·邵武路泰宁县重修三皇庙记》）〕

鲍志大 宋代江南括苍（今浙江丽水县东南）人。官承直郎。精通医术，辑有《医书会同》若干卷，已佚。〔见：《中国医籍考》〕

鲍芹堂 字香岩。清代湖北麻城县人。好读书，乐施与。博览经史之暇，涉猎医、卜、勾股诸书，后以医术著称。重医德，治病不论贫富，概不取资，间遇力不能延医者，登门诊视，馈以药饵。近村有兄弟皆鳏居，叩门告贷。鲍氏慨然解囊，不复取偿，兄弟皆得娶妇，后子孙不绝，乡邻传为佳话。撰有《伤寒萃锦》若干卷，今未见。〔见：《麻城县志》〕

鲍叔鼎 明代浙江武义县人。邑名医鲍进子。绍承父学，治病多奇效，礼请者无虚日。著有《医方约说》二卷，刊行于世。此书国内未见，今日本尚存嘉靖三十八年（1559）刻本。另有《脉证类拟》（又作《图经脉证类拟》）二卷，已佚。〔见：《中国医籍考》、《国史经籍志》、《内阁文库汉籍分类目录》〕

鲍竺生 清代江苏苏州人。诸生。聪明智巧，兼习医术，知名于时。〔见：《江苏历代医人志》〕

鲍宗益 字若虞。明代安徽巢县人。邑廪生。聪明绝伦，举业之外，兼通星相、卜筮，尤精于医，虽专家名手，莫能过之。晚年尽弃举业，致力道学。因家贫，偶亦为人治病，治则奇效，为时所重。年近八十岁卒。〔见：《巢县志》〕

鲍宜翁 宋代婺源县（今江西婺源）人。自幼习医，好义乐施。年八十二岁卒。〔见：《新安名医考》〕

鲍南湖 明代浙江兰溪县人。迁居海盐县西关外，遂定居。精医术，悬壶为业，知名乡里。子鲍大才，传承父业。〔见：《海盐县志》〕

鲍相璈 字云韶。清代湖南善化县人。为官吏，曾任职于广西武宣县。幼年时，见世人多以良方自秘，心甚鄙之，发愿广求验方，公诸于世。此后，凡医籍所载、戚友所传之方，皆录而藏之。历二十年，所获甚多，遂选其实用廉便者，分门别类，辑《验方新编》十六卷，刊于道光丙午（1846），今存。还辑有《新订小儿科脐风惊风合编》一卷（今存）、《种子金丹》一卷（未见）。〔见：《重刊续增验方新编·序》、《湖南通志》、《中医图书联合目录》〕

鲍庭义 字德宜。清代江苏宿迁县人。精医术，擅长痘科。重医德，凡贫病之家求治，不索诊资，时或代偿药金。〔见：《宿迁县志》〕

鲍祖恩 字鸿吾。清代四川夔州人。通医术，为名医徐圆成门生。〔见：《毓德堂医约》〕

鲍泰圻 清代安徽歙县棠樾人。生平未详。编辑《鲍氏汇校医书四种》，刊行于世，今存道光八年戊子（1828）棠樾鲍氏广陵活字本。〔见：《中医图书联合目录》〕

鲍集成 字允大。清代安徽歙县棠樾人。精医术，以外科知名。著有《疮疡经验》（又作《疮医经验》）十二卷（一作四卷），今未见。同里饶煌，亦以医名。〔见：《歙县志》〕

鲍锡珍 字朋山。清代江苏宜兴县人。初习举业，兼读医书。后弃儒业医，治病奏效如神，名重于时。〔见：《宜荆县志》〕

鲍嗽芳 字席芬。清代安徽歙县人。以医为业，知名乡里。辑有《素问灵枢合编》十九卷，今未见。又于嘉庆十年（1805）重刻明马莳《黄帝内经灵枢注证发微》九卷、《黄帝内经素问注证发微》九卷，行于世。〔见：《测海楼书目》、《新安名医考》、《中医图书联合目录》〕

鲍增祚 字弗庭，号小兰。清代安徽歙县蜀源人。精医术，悬壶济世，治病不受酬赠。喜吟咏，著有《昙华书屋遗稿》。〔见：《歙县志》〕

詹

詹昱 字曜天。清代江苏吴县人。迁居宝山县江湾里。博览医书，心存济利。嘉庆间（1796～1820）创设留婴公局，悉心经理，全活甚众。子詹启枫，亦以医术知名。〔见：《江湾里志》〕

詹莹 字怀玉。清代安徽婺源县察关人。性豪爽，所交皆名士。早年习儒，每就府县试辄名列榜首。久不利于乡试，转而习医，以外科知名于时。〔见：《婺源县志》〕

詹墀 号樵珊。清代江西安义县人。工隶书，尤精医学。博览群籍，贯通脉理，叩门求治者无虚日。著有《樵珊医事日记》、《儒门事亲集

要》二书，未见刊行。[见：《南康府志》、《安义县志》]

詹之吉 字润初。清代安徽婺源县龙湾人。庠生。资敏力学，涉猎群书，屡踬棘闱，家居课读。兼精医术，著有《伤寒旁训》、《金匮旁训》、《杂证汇要》等书，医学外尚撰《策学集成》、《春秋比类汇参》、《春秋提要》、《周易发蒙》，藏于家。[见：《婺源县志》]

詹元吉 字骏先。清代安徽婺源县虹关人。庠生。性豪爽，研经之余，间涉医学。辑有《医家摘要》，未见刊行。[见：《婺源县志》]

詹文升 字旭初。清代安徽婺源县环川人。弃儒业医，活人无数。有医德，凡请皆赴，不取诊酬。性宽和，有侮之者，笑领之，毫不介意，世呼"痴先生"。著有《医学十四种》，未见传世。[见：《婺源县志》]

詹文治 字华国。清代陕西渭南县人。聪明颖异，博极群书，尤精岐黄，遇奇险诸疾，独具卓识。与蜀中巨商某氏友善，某氏患病卧床，群医皆谓不治，忽念及文治通医，遂以肩舆星夜飞驰邀至。文治诊其脉，曰："无恙也。"援笔立方，仅平淡数味，药下而病痊。[见：《新续渭南县志》]

詹文蔚 清代四川万源县人。自幼习儒，嗜读书，善诗文。尤精医理，遇贫病赠以药饵，不受诊酬，乡里敬之。[见：《万源县志》]

詹方桂 字天木。明清间安徽休宁县流塘人。精书画，于天文、地理、风角、六壬、星算、医学诸术无不通晓。当时四方未靖，避居松萝山。著有《四家小品》四卷，其中天文、医学、星学、数学各一卷，惜未见传世。[见：《徽州府志》、《江南通志》、《中国人名大辞典》]

詹玉龄 清末江西新建县青山人。颇识医理，知名于时。道光十八年（1838）十二月二十九日，林则徐途经新建，延请詹氏诊脉，赞叹其术。[见：《中国历代医家传录》（引《林则徐日记》）]

詹永希 字冀贤。清代安徽婺源县人。通医理。设药肆于乡，心怀济利，遇贫病者求药，多不取酬，为世人所敬重。[见：《婺源县志》]

詹名杞 清代湖南常宁县人。监生。习岐黄术，尤精痘科，虽危证多能全活。重医德，延请即至，不受酬谢。著有《麻证实验》五卷，今未见。[见：《常宁志》]

詹庆铭 字日新。清代安徽婺源县庐源人。幼颖异，读书过目不忘。及长精医，求

治者门庭若市。有医德，诊病不受馈谢。[见：《婺源县志》]

詹汝震 字公远。清代安徽婺源县秋溪人。世业岐黄，医多奇效。兼读卜筮、青囊之书。尝辑录众书，编《经验良方》五卷，刊刻于世，今未见。[见：《婺源县志》、《徽州府志》]

詹时钰 字元珍。清代安徽婺源县秋溪人。遇良师授以秘传医书，后以医知名。重医德，遇久病贫困之人，常出资助之。年八十一岁卒。[见：《婺源县志》]

詹应城 字贞子。清代安徽婺源县水岩人。幼习举业，及长，思"济人莫如良医"，遂笃志岐黄。数年后医术精湛，投药无不应验，名重于时。一孕妇难产三日，詹氏予药一丸，母子俱得保全。某人中暑，昏厥于途，其状若死，脉微欲绝。詹氏诊视，以药灌之，有顷而苏。平生乐善好施，凡修桥补路，皆慷慨捐助，义声遍于乡里。乡绅赠以"春满杏林"匾额，山长郑嘉赠以"春生杏雨"匾额。子詹新兰，绍承父业。[见：《婺源县志》、《徽州府志》]

詹启枫 清代江苏宝山县江湾里人，祖籍吴县。邑名医詹昱子。继承父学，亦以医术知名。[见：《江湾里志》]

詹固维 号静思，晚号珀峰隐叟。清代安徽婺源县庐源人。岁贡生。幼颖异，善记诵，六岁入塾。嗜于道学，兼通医理。咸、同间（1851～1874），太平革命起，詹氏维护清廷，曾集资办团练。著有《医学求实》一卷，未见刊行。[见：《婺源县志》]

詹承恩 字世模。清代安徽婺源县庆源人。郡诸生。以孝行著称。晚年精易理，兼善医学。著有《医学摄要》等书，未见刊行。[见：《婺源县志》]

詹思益 清代江苏丹阳县人。精医术，尤擅幼科。著有《詹氏痘科》，原书已佚，其中方论采入叶天士《临证指南医案》。[见：《丹阳县志》]

詹钟珣 字含辉。清代安徽婺源县庆源人。国学生。素精医学，以利济为心，治病不受谢，人称"有脚阳春"。平生多义举，凡修路葺桥、周贫济乏，不吝捐资。著有《外科集验》若干卷，藏于家，子孙皆依方施药。[见：《婺源县志》]

詹逢曙 字启明。清代安徽婺源县庐源人。自少习儒，勤学好读，赴县试辄列前茅。因积劳成疾，诸病缠身，遂研究医道。治病多获

捷效，求诊者不绝于门，遂以医著称。[见：《婺源县志》]

詹添虎 字云峰。清代安徽婺源县庆源人。太学生。习儒不第，弃而学医。于时病颇有心得，投药辄效，求诊者接踵于门。邻县洪联芳罹重疾，詹氏治之获愈，洪赠以"同饮上池"匾额。[见：《婺源县志》]

詹瑞云 号钝盦。清代广东番禺县人。通医理，悬壶于世。推重名医陈念祖，博览医书，临证反复参考，以求其是。阅历有年，深知学医之难，而识证、辨脉尤难。晚年欲纂《脉法秘奥》，衰老未成，而读书临证之余多有心得，遂撰《钝盦医学丛录》四卷，又择平生所历医案附于后，惜未见刊行。[见：《番禺县续志》]

詹颖麒 清代江西玉山县人。受业于太医沈红鞋之门，精其术。善制丸散，普施病者，就医者累累，悉为调治。[见：《玉山县志》]

詹锡龄 字惠阶。清代江西安义县人。乾隆四十六年（1781）三甲第三十九名进士，授上虞知县，改黟县。后调任凤阳，因年老改任饶州教授。旁通医术，著有《外科简要》八卷、《痘疹纂要》四卷，未见刊行。[见：《南康府志》、《明清进士题名碑录索引》]

詹新兰 清代安徽婺源县水岩人。儒医詹应城子。绍承父学，亦以医术著称。[见：《婺源县志》]

詹端方 一作詹瑞方。明代人。生平里居未详。辑有《本草类要》十卷，已佚。[见：《国史经籍志》、《内阁藏书目录》、《千顷堂书目》]

詹德祖 清代安徽婺源县人。生平未详。撰有《伤寒总注》四卷，刊刻于乾隆三十六年（1771），存佚不明。[见：《贩书偶记续编》]

廉

廉世官 字锡九。清代山西长治县人。武生。锐志方书，尤精痘科，延请者远及数百里。有医德，凡贫寒之家求治，虽昏夜风雨不辞，全活甚多。道光辛丑（1841）岁饥，知府丘公委托廉氏主管赈济事，公正无私，穷困者皆感其德。[见：《长治县志》、《山西通志》]

雍

雍友文 南宋东平府（今山东东平）人。绍兴（1131～1162）初，有淮客申先生售药于鄱阳城内。雍友文慕其道术，往拜之，愿为弟子。申氏留城半年而去，友文竟不得其要领，后研习医术。[见：《中国历代医家传录》（引《夷坚志》）]

雍方叔 元明间四川广安州人。其父某，以医为业，著有《伤寒类证》（今佚）。方叔继承父学，以医知名。危素（1303～1372）雅重其术，赋诗赠之。[见：《金元医学人物》（引《危太仆文集·续集》）]

阙

阙尚忠 明代人。生平里居未详。撰有《轩辕黄帝补生后嗣论》一卷。景泰元年（1450）后人献此书于庆成王朱济炫（疑为端顺王朱奇浈之误），王得益于此书，生子女一百零八位。此书已佚。[见：《女科书录要》]

阙骏德 （1863～1935）字子伦。近代江苏无锡县东亭阙里人。少孤，既长，从高迁桥范玉峰学医。学成归里，复发奋研究古籍，医术精进，名噪于澄、锡、虞等地，求治者不绝于门。尤擅长内科，每治一症，必穷究根源，虽笃疾垂危，多能挽回，全活不可胜计。重医德，治病不计酬报。子阙绪丕，传承父业。[见：《吴中名医录》]

阙绪丕 近代江苏无锡县东亭阙里人。邑名医阙骏德（1863～1935）子。绍承父业，亦精医术。[见：《吴中名医录》]

窦

窦仁 元代真定（今河北正定）人。太医院尚医窦行冲（1233～1309）长子。绍承父学，以医为业。[见：《金元医学人物》（引《滋溪文稿·元故尚医窦君墓铭》）]

窦礼 元代真定（今河北正定）人。太医院尚医窦行冲（1233～1309）三子。绍承父学，以医为业。[见：《金元医学人物》（引《滋溪文稿·元故尚医窦君墓铭》）]

窦材 南宋真定（今河北正定）人。早年任开州巡检，迁武翼郎，曾任太医院太医。其家四世业医。窦材初学张仲景、王叔和、孙思邈、孙兆、初虞世、朱肱之书，自谓"医之理尽矣"。及为人治疾，小病则愈，大症多不效，每怅学业不精。后遇关中老医，师事三载，所学与《黄帝内经》尽合，于针灸术尤有心得。嗣后，行医治病，有十全之效。撰有《扁鹊心书》三卷，序刊于绍兴十六年（1146），今存清代胡钰参订本。[见：《扁鹊心书·自序》、《徽辅通志》、《中国医学大辞典》、《中医图书联合目录》]

窦荣 元代真定（今河北正定）人。太医院尚医窦行冲（1233～1309）次子。绍承父学，亦精医道。荐授御药院掌药，累迁广平路（今河北永年）官医提举。[见：《金元医学人物》（引《滋溪文稿·元故尚医窦君墓铭》)]

窦彪 清代甘肃临泽县四坝堡人。性古朴，老成持重。精医术，以外科著称。擅治各种疮疡，施术用药，立见奇功。又善接骨，凡跌打损伤，著手即愈，乡人盛称其术。子窦九洲，尤精内科。[见：《临泽县志》]

窦智 元代真定（今河北正定）人。太医院尚医窦行冲（1233～1309）幼子。绍承父学，以医为业。[见：《金元医学人物》（引《滋溪文稿·元故尚医窦君墓铭》)]

窦楠 字乳泉。明代无锡县（今属江苏）人。邑疡科名医窦时望子。善诗赋，尤精医学。征授太医院医士，不赴。中丞孙文奎任江阴县令时，其母患背疽，诸医治而不效。孙延请窦楠诊视，一月病瘳。邵文庄作《乳泉记》，盛赞窦氏医术之神。子窦梦鹤、窦梦麟，均传承父学。[见：《无锡金匮续志》]

窦默 （1196～1280）原名窦杰。字汉卿，又字子声，号默斋。金元间广平肥乡（今河北肥乡）人。幼知读书，有大志。元兵伐金，全家死于乱军，默与母幸存。不久，母病殁，元兵复至，避兵于河南母族吴氏。老医王翁，以女妻之，遂以医为业。后寓居蔡州，遇名医李元，元授以铜人针法。金帝迁蔡州，默恐元兵复至，迁于德安，与姚枢、许衡诸名儒相往还。后隐居河北大名，博览儒家典籍，不闻世事。后还乡，以经术教授生徒，兼行医济世。凡病者上门，不分贫富贵贱，一视同仁，针药所及，应手辄愈，远近闻其名。元世祖忽必烈为太子时，闻默之名，遣使召。默变易姓名，不应。世祖微服造门访之，窦不得已，拜迎。世祖问以治世之道，应答称旨，乃令随侍左右，命皇子真金师事之。宪宗三年（1253）冬，窦默随忽必烈屯驻瓜忽都地，与名医罗天益、颜天翼、忽公泰等共事。窦氏以所撰《流注指要赋》及针灸补泻法传授罗天益。中统元年（1260）迁翰林侍讲学士。因直谏不纳，托病归乡。中统三年召还，复原官。至元十七年加昭文馆大学士。是年卒，时八十五岁。追赠太师，封魏国公，谥"文正"。著有《流注指要赋》一卷、《标幽赋》一卷（上二书总名《针经指南》），经门生王开补订，刊刻于世。另有《疮疡经验全书》十三卷，旧题窦默撰，据考，为明代窦梦麟所著。[见：《元史·窦默传》、《古今医统大全·历世圣贤名医姓氏》、《中医图书联合目录》、《四库全书总目提要》]

窦九洲 清代甘肃临泽县四坝堡人。外科名医窦彪子。亦精医术，以内科名世。[见：《临泽县志》]

窦玉璟 字岚谷。清代河南柘城县人。岁贡生。精医术，知名于时。重医德，遇贫病求治不取诊资，且赠以药。[见：《柘城县志》]

窦发荣 字培元。清代河南巩县曹寨人。精医术，知名于时。[见：《巩县志》]

窦光彝 字敦古。清代山东诸城县人。诸生。性格迟慢，沉潜力学。因父病致力医学，精研四十余年，博览《灵枢》、《素问》、《伤寒》、《金匮》诸书，遂精医理。平素贮备药物，以救济贫病。晚年研究《周易》，亦多心得。寿八十三岁卒。撰有《内经问摘注》六卷、《内经灵枢摘注》四卷、《伤寒论注解》三卷、《金匮要略注解》二卷，均未见流传。[见：《诸城县续志》]

窦廷柱 字子中。清代山东阳信县人。邑增生。自幼读书，有济世安民之志。屡赴乡试不中，弃儒就医。武郡太守于公得伤寒，延请窦氏诊治，一药而愈，太守以神医称之，自是声名大振。[见：《阳信县志》]

窦行冲 （1233～1309）字和卿。元代真定县（今河北正定）人。世以医名，至行冲声名尤盛。与名医罗天益相往还，遂得读李杲遗书，术业精进。约至元十二年（1275），经许国桢之荐，入太医院，授尚医。在京之日，不分贫富贵贱，延诊辄往，往辄疾愈。病家感德酬谢，则曰："天实生之，未必尽出吾术也。"至元二十七年（1290），奉敕随梁王甘麻剌赴云南，世祖赐玺书，诏永免窦氏徭役，改隶名籍于尚医。在云南一载，颇受器重，以亲老乞终养。既归，乡里学医者多宗其说，遇疑难重证，窦氏亲为诊治，多获奇效。晚得厌倦世事，构园圃于真定城东，筑亭植树，与名士歌咏酬答，怡然自乐。集贤学士卢挚，书"静斋"二字匾其亭。有子四人，窦仁、窦荣、窦礼、窦智，皆业医，以窦荣最负盛名。[见：《新元史·李杲传（附窦行冲）》、《金元医学人物》（引《滋溪文稿·元故尚医窦君墓铭》)]

窦时用 明代无锡县（今属江苏）人。医学训科窦良茂孙。与弟窦时望，皆传承家学，以医知名。[见：《无锡金匮续志》]

窦时望 明代无锡县（今属江苏）人。医学训科窦良茂孙。与兄窦时用传承父学，皆精医术。子窦楠，医术尤佳。[见：《无锡金匮续志》]

窦良茂

字朴庵。明代无锡县（今属江苏）人。博学多识，尤精医术，以疡科名世，曾任本县医学训科。孙窦时用、窦时望，均精医术。[见：《无锡金匮续志》]

窦桂芳

元代建安县（今福建建瓯）人。生平未详。编有《针灸四书》（包括《子午流注针经》、《黄帝明堂灸经》、《针灸指南》、《灸膏肓腧穴》），并将自著《针灸杂说》一卷附于其后，刊于至大四年（1311），今存残卷。[见：《中国医籍考》、《中医图书联合目录》]

窦梦鹤

明代无锡县（今属江苏）人。疡科世医窦楠长子。少从王问学儒，品敦学优，兼精家学，王称之为儒医。弟窦梦麟，亦以医闻。[见：《无锡金匮续志》]

窦梦麟

字仲泉。明代无锡县（今属江苏）人。疡科世医窦楠次子。继承父学，以医术知名。著有《窦氏秘方》二卷、《疮疡经验全书》十三卷（旧题"窦默撰"），均刊刻于世。[见：《四库全书总目提要》、《无锡金匮续志》、《中国医籍考》、《中医图书联合目录》]

窦淑仪

字礼亭。明代河南伊阳县人。精通医术，知名乡里。悬壶四十年，治病不索谢金，亦无自德之色，世人感德。[见：《伊阳县志》]

褚

褚该

字孝通。北周河南阳翟（今河南禹县）人。其父褚义昌，为梁鄱阳王萧中记室。该自幼谨厚，及长，以医术见称于时。早年仕于梁，任武陵王府参军。后归北周，授平东将军、左银青光禄大夫，转右光禄大夫。武成元年（559）授医正上士。自名医许奭殁后，褚该益为时人所重，以宾客迎候者甚众，然亚于姚僧垣。天和（566～571）初，迁县伯下大夫。五年（570），升车骑大将军，仪同三司。褚氏天性谦和，不自矜尚，凡以病请者，皆尽其技疗救，世誉之为长者。后以疾卒。子褚士则，克传家学。[见：《周书·褚该传》、《北史·褚该传》]

褚澄

（?～483）字彦道。南朝宋齐间河南阳翟（今河南禹县）人。其父褚湛之，为宋驸马都尉。褚澄尚宋文帝之女庐江公主，拜驸马都尉。齐高帝建元间（480～482）授吴郡太守，迁侍中，领右军将军。永明元年卒。永明元年（499），追赠金紫光禄大夫。褚氏精通医术，知名于时。官吴郡时，豫章王患病，齐太祖命澄治之，立愈。百姓李道念因公事到郡，澄望其色，曰："汝有重疾。"答曰："旧有冷疾，至今五年，众医不瘥。"澄诊其脉，曰："汝病非冷非热，当是食白瀹鸡子过多所致。"令取苏一升，服之而愈。著有《杂药方》十二卷，已佚。今存《褚氏遗书》一卷，题"褚澄撰"。据《四库全书总目提要》载：唐末黄巢发冢，得石刻医书，弃之。僧人义湛抄录其文，后有人刊刻于世，名之曰《褚氏遗书》，今存。[见：《南史·褚裕之传（附褚澄）》、《南齐书·褚渊传（附弟澄）》、《旧唐书·经籍志》、《宋史·艺文志》、《四库全书总目提要》、《中国医学源流论》]

褚士则

一作褚则。北周河南阳翟（今河南禹县）人。名医褚该子。绍承父学，亦精医术。[见：《周书·褚该传》、《北史·褚该传》]

褚凤年

字桐冈。清代山东阳信县人。博学多闻。素孝友，事继母如生母，待异母兄弟如同胞。早年因病习医，久之术精，疗病多奇效，知名于时。年七十四岁卒。[见：《阳信县志·孝友》]

褚本经

字麟亭。清代山东阳信县人。颖敏嗜学，胸怀大志，身虽不满七尺，而心雄万夫。曾病目，几致失明，十余年始愈，自是绝意进取，博览群书，凡天文、地理、律例、兵机、医药、风鉴，靡不通晓。年八十一岁殁。[见：《阳信县志·文学》]

褚延泰

字樾斋（一作越斋）。清代湖南澧州慈利县人。为举人。天性超迈，工诗文，下笔千言立就，风格高远秀逸。深通岐黄，晚年隐于医，治病多奇效。卒后，乡里百姓口传其方，用以治疾多效。著有《褚氏脉案》，今未见。[见：《慈利县志》、《直隶澧州志》]

褚仲堪

唐代人。生平里居未详。通医理，擅治久咳诸症。今《外台秘要》载褚氏治三十年久咳之海藻丸方等数则。[见：《外台秘要·卷第九·积年久咳方二十一首》]

褚知义

一作褚知载。宋代人。生平里居未详。著有《钟乳论》一卷，已佚。[见：《宋史·艺文志》、《通志·艺文略》]

褚菊书

字荣九。清代浙江秀水县人。以举人效力江南河工，授宝山知县，擢滁州知州，引疾归里。旁通医理，著有《胎产须知》、《痘疹集要》等书，未见流传。[见：《嘉兴府志》]

褚清澐

号樟轩。清代浙江余姚县人。倜傥多智略。因妻陈氏善病，研究医书，久之精其术。凡怪异之症，诸医束手者，延请褚氏多效，谢以金，不受。辑有《伤寒集成》若干卷，未见流传。[见：《余姚六仓志》]

褚鸿吉 清代山东人。生平里居未详。著有外科书，今未见。[见:《山东通志》]

褚维培 字子耘，晚号悔庐。清末浙江余杭县人。附贡生。少时因母史氏多病，广研方书，遂精医术。清末世乱，隐居省城，无出仕之念。年七十九岁卒，于式枚为撰墓表。著有《医学举隅》八卷，未见刊行。[见:《余杭县志稿》]

十 四 画

静

静长官 北宋真定（今河北正定）人。早年业儒，以明经登第。寡嗜欲，好道家修摄事，弃官浪迹于山水间。天圣间（1023～1031）游磁州，每岁登嵩山、少室山，或一至，或再至。年逾百岁卒。洛下医学助教靳袭，以师礼敬事之，静长官授以秘传医书，靳氏医术遂大行。[见:《中国历代医家传录》(引《括异志》)]

静耘斋 清代人。生平里居未详。辑有《普济良方》八卷，今未见。[见:《中国历代医家传录》(引《测海楼书目》)]

綦

綦沣 字汇东。清代山东利津县人。少负隽才，时称博物之儒。乾隆壬子（1792）中举。嘉庆丙子（1816）与千叟宴，钦赐国子监学正，迁翰林院检讨。旁通医术，辑有《医宗集要》等书，藏于家。[见:《利津县志》]

慕

慕元春 字善卿。清代甘肃镇原县南乡平泉镇古城山人。隐居不仕，高尚其志。慕氏为当地望族，咸丰（1851～1861）初可谓极盛，元春深以为忧，训子孙曰:"极盛之后，难乎为继。持盈保泰，盍取诸谦。谚语云:事不可做尽，势不可用尽，言不可道尽。尔曹其识之勿忘。"精岐黄术，治病以养生为本，服药次之。尝引丘处机对元太祖之语以告人曰:"药为草，精为髓。去髓添草，譬如囊中贮金，以金易铁，久之金尽，所有者铁耳，夫何益哉!"闻者互相传述，是以声名洋溢于陇东。慕元春年七十余时，踵门求诊者仍络绎不绝，乃令季子慕性生切脉立方，元春略为增减，无不霍然痊愈。泾州知州谢某得重疾，慕名延聘，以大轿相随，坚辞不往。知州命人自鄂公坡修车路直达古城山，命泾州名绅亲至劝驾。元春不得已，随至泾州，治疗三月疾愈。将归，馈以千金，却之。谢亲书"山中宰相"匾额，以鼓乐送至山庄，镇人传为佳话。年八十余卒。著有《养生论》，今未见。幼子慕性生（?～1863），绍承父学，亦精医。[见:《重修镇原县志》]

慕来泰 字大来。清代河南密县人。增广生。以儒精医，知名于时。重医德，虽家境清贫，而治病从未索谢。[见:《密县志》]

慕性生 （?～1863） 字甡甫。清代甘肃镇原县南乡平泉镇古城山人。儒医慕元春幼子。自幼颖悟，从岁贡贺先生习儒，尤嗜古史。二十三岁入邑庠，不久食饩。道光己亥（1839）赴恩科乡试落榜，遂绝意功名。传承父学，亦精医道。父年迈，凡求治者，皆性生诊脉立方，父略事增减，服之无不痊愈。父卒，求医者仍不绝于门，应之不厌，遇贫病赠以药，不取诊酬。同治二年十月二十八日，马正和率兵攻平泉，慕氏与乡众数百人防守，镇陷遇害。[见:《重修镇原县志》]

慕韩斋 清代浙江湖州人。通药理，设药店于州城，以善制饮片著称。[见:《浙江医学史略》]

蔺

蔺斗杓 近代湖南浏阳县人。精通医道，知名于时。门生刘世祯（1867～1943），传承其学。[见:《伤寒杂病论义疏》]

蔺复珪 唐初人。里居未详。精医术，曾官尚药局直长。显庆二年（657），奉敕与李勣、于志宁、许敬宗、苏敬等二十四人编《新修本草》五十四卷，成书于显庆四年。该书正文二十一卷（含目录一卷）、药图二十六卷（含目录一卷）、图经七卷。全书载药八百五十种，大行于世。详"李勣"条。[见:《新唐书·艺文志》]

蔺道者 佚其名。唐代长安（今陕西西安）人。出家云游，会昌间（841～846）结草庵于宜春县钟村，种粟以自给。钟村彭翁常往来其庐，助其耕作。一日，彭翁之子登高坠地，折

十四画

颈伤肱，呻吟不绝，彭诉于道者。道者命购药数品，亲为炮制，服之痛定，数日平复如初。自此，村人知其精医，求治者日众。道者颇厌之，遂取秘方授彭翁，使依方制药，以应求者。后有人刊刻此方，名之曰《仙授理伤续断秘方》，流传于世。此书为我国现存最早之骨伤科专书。[见：《仙授理伤续断秘方·序》、《国史经籍志》]

蔡

蔡仪 清代安徽凤阳县人。邑名医蔡溥曾孙。绍传家业，亦精医术，名重于时。[见：《凤阳县志》]

蔡纲 字彦常，号梅竹。明代浙江人。里居未详。年四十余，专研医学。于景泰间（1450～1456）开药苑，辟义学。[见：《浙北医学史略》]

蔡玮 字璞如。清末浙江桐乡县人。自其父蔡寿臻徙居河北蓟县。蔡玮早年习儒，光绪二十四年（1898）举二甲第九十九名进士。兼精医理，著有《辨证求源医书稿》，未见刊行。[见：《蓟县志》]

蔡英 隋代（?）人。生平里居未详。撰有《本草经》四卷，已佚。[见：《隋书·经籍志》]

蔡治 清初安徽休宁县人。儒医费密（1623～1699）弟子。与同门田金，皆知名于时。[见：《新繁县志》]

蔡诚 字闲存。清代江苏华亭县人。精通医术，治病如神，名重于时。孙蔡桂芬，曾孙蔡鼎，皆绍承家学。[见：《松江府志》]

蔡勋 清代安徽凤阳县人。邑名医蔡溥孙，蔡和羹子。与兄蔡熙，绍承家学，皆以医术见重于时。[见：《凤阳县志》]

蔡钧 字和甫。清代北京人。生平未详。撰有《喉证杂治联璧》一卷，刊于光绪二十四年（1898），今存。[见：《中医图书联合目录》]

蔡顺 字孟熙。明代浙江桐乡县人。明药性，善方脉，兼工诗文。以医荐授越府良医，为公卿所知重。户部尚书周忱巡抚江南，甚见礼遇，有记留其家。[见：《桐乡县志》、《嘉兴府志》]

蔡炯 字文荣。明代沛县（今属江苏）人。精医术，为洪熙、宣德间（1425～1435）沛县名医。[见：《沛县志》]

蔡济 字公惠。元明间浙江桐乡县凤鸣里人。世医蔡敬之长子。与弟蔡润，皆绍承祖业，精通医术。蔡济为明初本县医学训科，声誉益著。有医德，凡以疾病延请，不分贫富贵贱必应诊。

祖上世以"同寿"为堂名，至蔡济堂名不改。子蔡熙，传承父学。[见：《桐乡县志》、《金元医学人物》]

蔡珽 （?～1743） 字若璞，号禹功，别号无动居士，又号松山季子。清代辽东锦州人。云贵总督蔡毓荣子。康熙三十六年（1697）举进士，改庶吉士。历官翰林院掌院院士、四川巡抚、兵部尚书、直隶总督。乾隆八年卒。蔡珽精医理，雍正帝在潜邸，闻其善医，欲见之。珽谓："不当与诸王往来。"辞而不往。著有《守素堂诗集》。[见：《清史稿·蔡珽传》、《中国人名大辞典》]

蔡恭 清代江苏上海县人。生平未详。著有《药性歌》若干卷，未见刊行。[见：《上海县志》]

蔡根 字守愚，号霜畦。清代江苏丹徒县人。幼习举业，后研究家传医学，精通其术。年六十余卒。邑人张宝森作长联挽之曰："工书工画工诗更兼酒国长春，六十年文采风流是大布衣是真名士；游楚游齐游皖又向金华小住，数万里登临啸傲为诸侯客为三世医。"[见：《丹徒县志摭余》]

蔡润 字公泽。元明间浙江桐乡县凤鸣里人。世医蔡敬之次子。自幼读书，受业于名儒程本立。及长，绍传家学，悬壶济世。后因事贬居黔之罗氏鬼国（今贵州省境内），离乡七千余里，仍继承先祖同寿堂之名，以医术救治西南之民，当地"痛苦呻吟者，莫不求治"。后其师程本立谪官于滇，乃为之作记，盛赞蔡氏七世行医之仁。蔡润兄蔡济，亦工医术，堂名亦称"同寿"。[见：《桐乡县志》、《金元医学人物》]

蔡邕 （132～192） 字伯喈。东汉陈留郡圉县（今河南杞县南）人。性至孝，三世同居。自幼嗜学，好词章、数术、天文，尤妙音律，善鼓琴。熹平四年（175）任五官中郎将，与杨赐奏定五经文字，自书册镂碑，立于太学门外。会灾异数见，应诏上封事，为程璜所诬，流配远方，次年赦还本郡。董卓柄政，强令邕出仕，授左中郎将。卓被诛，司徒王允收蔡邕于狱。邕陈辞，请"黥首刖足，继成《汉史》"。士大夫多劝允赦邕，不获准，死于狱中。北海郑玄闻而叹曰："汉世之事，谁与正之！"兖州、陈留间皆画像追颂。据《隋书·经籍志》，蔡邕著有《蔡邕本草》七卷，久佚。[见：《后汉书·蔡邕传》、《隋书·经籍志》、《中国人名大辞典》]

蔡章 （1889～1943） 字抱冰，号香孙。近代江苏宝山县江湾里人。世医蔡钟骏子。早年肆业于同济大学医科，后研习祖业，兼通中、西医学，以中医问世。曾创办江湾医院，又曾出任中国医学院副院长。蔡氏推重名医李杲、朱震亨之说，能兼取众家之长，以善治妇科病知名。子蔡小苏，传承父业。[见：《上海宝山县江湾蔡氏妇科经验简介》（《上海中医药杂志》1962 年 12 月号）]

蔡鼎 清代江苏华亭县人。邑名医蔡诚曾孙，蔡桂芬子。继承家学，亦以医术著称。[见：《松江府志》]

蔡谟 （281～356） 字道明。东晋陈留郡考城县（今河南兰考）人。蔡克子。谟弱冠举秀才，元帝时（317～322）官义兴太守，迁太常，领秘书监。成帝时（326～342）拜司空。康帝继位（343），拜左光禄大夫，迁扬州刺史。永和十二年卒，时七十六岁，谥"文穆"。谟耽尚医术，暇则披览本草、经方诸书，手不释卷。[见：《晋书·蔡谟传》、《历代名医蒙求》、《医说》]

蔡鹏 字永霞，号筠庄。清代江西新建县人。邑庠生。肆业豫章书院，五荐不售。晚年精医术，治疗多奇中。虽家境极贫，不计谢资。年六十岁卒。乾隆间（1736～1795）辑《筠庄医案》，未见刊行。[见：《新建县志》]

蔡廉 字思韩。清代江苏金山县人。精通医术，擅长外科，知名于时。[见：《江苏历代医人志》]

蔡溥 字公济。清代安徽凤阳县人。精医术，治病多奇效，知名于时。年八十四岁卒。著有《医统》、《狐白集》（文集），藏于家。子蔡和羹，孙蔡熙、蔡勋，曾孙蔡仪，皆善承家学。[见：《凤阳县志》]

蔡熙① 明初浙江桐乡县凤鸣里人。县医学训科蔡济子。继承父学，亦精医术。蔡氏祖上以"同寿"为堂名，至蔡熙历七代不改。[见：《桐乡县志》]

蔡熙② 清代安徽凤阳县人。邑名医蔡溥孙，蔡和羹子。与弟蔡勋绍承家学，精医术，皆见重于时。[见：《凤阳县志》]

蔡璇 明代福建南安县人。嗜医学，喜藏秘方。凡以病求药无不与，不受酬谢，人皆德之。[见：《福建通志》]

蔡鹤 字松汀。清代浙江萧山县人。乾嘉间（1736～1820）诸生。博学多识，旁通医理，屡起沉疴。著有《催生验方》，行于世，今未见。[见：《萧山县志稿》]

蔡璘 清代人。生平里居未详。撰有《胎产至宝》四卷，今存乾隆间（1736～1795）刻本，书藏中国科学院图书馆。[见：《中医图书联合目录》]

蔡璐 字佩玉。清代河南淮阳县人。精医术，尤擅治痘疹。晚年失明，以手按脉，即知病势轻重。子蔡思明，传承父业。[见：《淮阳县志》]

蔡大绅 字时霖。清代江苏丹徒县人。世医蔡遵五子。继承祖业，以医术知名于大江南北，扬州富家争以数十金相聘，兼厚酬其舆从，犹不可得。每至盛暑疫疠流行，蔡氏以大箕施药，服者无不效。县中设立药局，延名医主诊，凡蔡氏当值，求治者麇集，多应手奏效。三子蔡尧春、四子蔡荻村，均以医知名。[见：《丹徒县志》]

蔡万铨 清代广东三水县人。生平未详。曾重校吕真《医道还元》九卷，刊刻于世。[见：《中国历代医家传录》（引《医道还元》）]

蔡与龄 字伯勋，号嵩生（一作松山）。清代浙江德清县人。附贡生。精通医术，悬壶济世，知名于时。善诗赋，工丹青，花卉得元人笔意，兰竹尤为精妙。晚年诊务甚繁，画名为医名所掩。子蔡经熔、蔡经炜，事迹不详。[见：《德清县志》、《德清县新志》]

蔡开周 清代山西长子县人。精通医术，擅治伤寒证。遇病不轻治，治无不效。[见：《山西通志》]

蔡开道 （1849～?） 近代四川万源县四区人。精通医理，知名于时。善养生，年八十四岁尚健在。[见：《万源县志》]

蔡天奇 明代江西浮梁县人。诸生。好学深思，贯通《素问》、本草等书，精于诊处。不屑以医问世，非危疾不应聘，病愈不受谢。治病先问他医诊状，每取前方略事增减，服之即效。尝谓诸时医曰："人有重病，则我亦病，病穷日夜之思，仅可得起一人。汝辈慎之！"[见：《饶州府志》]

蔡天槎 字羽明。清代江苏青浦县人。以医为业。康熙、雍正间（1662～1735）任太医院吏目。又工书法，尤善篆书。吴伟业赠诗，有"一经传汉相，八法继秦碑"之句。子蔡简宣，以文学著称。[见：《青浦县志》、《松江府志》]

蔡元纬 明清间四川叙永县九姓乡人。精医术，活人甚众，名著于时。年九十一岁殁。[见：《直隶泸州志》]

蔡元和

清代四川合川县西里白沙场人。自幼习医，精明方药，洞晓病源。临证不轻用古方，多采时方施治，用辄见效，其应如响。每诊脉后，即言致病之由，定治疗之法，闻者皆叹服。行医数十年，远近求治者不绝于门，名著当时。光绪（1875～1908）初，年九十岁，尚康健，貌若五六十岁者。年近百岁卒。著有《指迷医碑》若干卷，所论伤寒杂病，多精辟语。其书问世，时医忌之，以"书名夸大"讼于官，竟封其版，识者惜之。今世存《新刻指迷医碑》二十卷，有同治四年（1865）恒盛堂刊本及友杜山房刻本，皆题"沔西蔡玉美（阳和）辑"，疑蔡玉美即蔡元和，不能决，姑两存之。[见：《合川县志》、《中医图书联合目录》]

蔡元定

（1135～1198） 字季通，世称西山先生。南宋建州建阳（今福建建阳）崇泰里人。名儒蔡发子。自幼颖悟，八岁能诗，日记千言。及长，读书西山绝顶，凡天文、地理、礼乐、兵制无不通贯。后闻朱熹名，往师事之。朱子聆其学，大惊曰："此吾友也，不当在弟子列。"太常少卿尤袤、秘书少监杨万里等交荐于朝，以疾辞。时太师韩侂胄（1151～1207）用事，排斥朱熹之学，谪蔡元定于道州，乃携子蔡沉，杖履步行三千里，避于舂陵（今湖北枣阳），从学者甚众。卒于舂陵。及侂胄伏诛，追赠蔡元定迪功郎，谥"文节"。蔡氏通医理，著有《运气节略》若干卷，已佚。晚年多病，取《内经》、《难经》读之，苦诸家脉书乱杂无伦，遂撰《蔡氏脉经》一卷，以便观览。此书国内未见，据丹波元胤《中国医籍考》，尚存于日本。[见：《宋史·蔡元定传》、《建阳县志》、《中国医籍考》]

蔡元瓒

字燮堂。清末江苏川沙县八团人。同治、光绪间（1862～1908）南汇县庠生。从儿科名医庄贵严学，尽得师传。悬壶沪上，临证多年，全活不可胜数，声名与师相埒。著有《幼科摘要》一卷，惜未见刊行。[见：《川沙县志》]

蔡云龙

字际升。清代浙江吴兴县人。邑名医沈懋官门生。曾参校其师《医学要则》四卷，刊于乾隆己巳（1749），今存。[见：《中国医籍考》、《中国历代医家传录》（引《三三医社通借书目》）、《中医图书联合目录》]

蔡少梅

清代江苏川沙县八团人。邑名医蔡承祉子。传承父学，亦业医。[见：《川沙县志》]

蔡文朴

字倬云，又字仲章，号子琴，别号曼仙子、湘仲子、南华散人。清代江苏吴江县黎里镇人。少颖悟，年未冠即补震泽诸生。因善病，通岐黄奥旨。又精算学，善弈。好读《庄子》，有古侠士风。与世落落不苟合，独与颛贺孙、陈福畴、徐宝治三人为莫逆交。年四十九岁卒。著有《医粹》四卷，未见刊行。医学外，尚撰《听雨楼文稿》二卷、《泠善草堂弈草》一卷、《曼仙子诗》一卷。[见：《黎里续志》]

蔡文亨

明代常熟县（今属江苏）人。精医术，知名京师。隆庆二年（1568）正月，太医院医官徐春甫，集合各地在京名医四十六人，创立一体堂宅仁医会，蔡氏为会员之一。诸医穷探医经，讨论四子（指张机、刘完素、李杲、朱震亨），共戒私弊，患难相济，为我国最早之全国性医学组织，其组织构成、宗旨、会规等刊入《医学指南捷径六书》（今存明万历金陵顾氏、新安黄氏同刊本）。[见：《我国历史上最早的医学组织》《中华医史杂志》1981年第3期]

蔡以焜

字友陶，号幼踌。清代江苏吴江县黎里镇人。监生蔡禹松子。早年习儒，后于外家得跨塘顾氏秘方，遂业医，以外科知名。嗣后，研读仲景《伤寒论》诸书，颇悟其奥，故兼通内科，擅切脉，治病应手取效。其族子病怔忡，众医为之束手。蔡氏视之曰："此易耳。"命觅霜络丝瓜藤和药煎服，一剂而平。一人患脾胃病多年，每劳则发，后又患鸡鸣泻，医者投以香燥之品，转剧。蔡氏诊其脉，曰："此脾气虚也。"投以黄芪、归身、阿胶、党参、远志、枣仁，五服而愈。临证审慎，凡平素所治，皆详作笔录，久之辑《医案》二百余卷，惜未梓行。子蔡增祥，传承父业。[见：《黎里续志》、《吴中名医录》]

蔡玉美

字阳和。清代沔西人。生平未详。著有《指迷医碑》（又作《张仲景指迷医碑》）二十卷。今存同治四年（1865）恒盛堂刊本及友杜山房刻本，皆题"《新刻指迷医碑》二十卷，沔西蔡玉美（阳和）撰"。按，据《合川县志》，合州蔡元和撰《指迷医碑》若干卷，其内容为伤寒杂病证治，曾刊行，因时医以"书名夸大"讼于官，竟遭封版。疑"蔡玉美"即"蔡元和"，因封版之案，书商为避祸改题"沔西蔡玉美"，而"沔西"或指四川合川县小沔镇以西，存疑待考。[见：《中医图书联合目录》]

蔡正言

字受轩，又字默尼。明代福建建阳人。蔡元定裔孙，蔡青山子。初习举业，数度未中，转而为医。著有《甦生的镜》八卷，序刊于天启三年（1623），其内容包括：三百九十七法总歌、诊脉的要总论、伤寒总提的论、六经证治的法、伤寒一百一十三方及内伤杂证方论、医方总论等。是书国内未见，今日本尚存天启三年刻本，现已影印回归。［见：《中国医籍考》、《内阁文库汉籍分类目录》、《日本现存中国散逸古医籍》］

蔡正柏 清代四川简阳县禾丰场人。以医为业。其子年少病卒，正柏悲曰："子尚不能医，安能医人？"遂弃医务农。年七十三岁卒。［见：《简阳县志》］

蔡世杰 明清间陕西咸阳县人。通医理。清初，为道士装，卖药于平凉市中。［见：《广阳杂记》］

蔡可名 元代乐安县（今江西乐安）人。世医蔡明德子。绍承家学，精通医术，名重于时。擅长修治丹丸，平素贮药以济危急。［见：《金元医学人物》（引吴澄《吴文正公集·送医士蔡可名序》）］

蔡龙阳 明代人。生平里居未详。撰有《螽斯集》（又作《广嗣须知》）一卷，刊于世，今存。［见：《医藏书目》、《内阁文库汉籍分类目录》、《中医图书联合目录》］

蔡四兰 号虚所山人。明代江西丰城县人。名医丁凤门生。万历壬午（1582），为丁氏《痘科玉函》作序。［见：《中国医籍考》］

蔡玄谷 明代人。生平里居未详。辑有《家宝医方》二卷，已佚。［见：《医藏书目》］

蔡半耕 清代江苏上海县江湾人。邑名医蔡杏农子。绍承父学，业妇科，知名于时。［见：《中国历代医家传录》］

蔡永烈 字君扬。明代丹徒县（今属江苏）人。幼习举业，不得志，弃儒学医，矢愿济世。凡奇疾危症，治无不起，于伤寒一证尤得秘传。行医六十余载，全活不可胜计。重医德，不计诊金之有无。年八十一，无疾而终。子蔡嘉士，字伯遴，医名亦盛。［见：《丹徒县志》］

蔡永翰 清代江苏丹徒县人。精医术，知名于时。子蔡嘉骧，传承其术。［见：《丹徒县志》］

蔡芝谷 明代无锡县（今属江苏）人。精医术，与同邑名医韩儆、周玉溪齐名。［见：《锡金识小录》］

蔡芝莘 清代宁夏府（今宁夏贺兰）人。武生。兼嗜医学，性颖敏，揣摩脉理，多有心悟。临证不泥古方，以擅治时病著称。［见：《朔方道志》］

蔡协德 清代福建泉州人，居府城西街东塔前。通药理，其所制药与晋江吴亦飞百草神曲俱享盛名。［见：《本草纲目拾遗》］

蔡尧春 清代江苏丹徒县人。世医蔡大绅三子。传承父业，亦为名医。［见：《丹徒县志》］

蔡曲江 清代四川灌县人。邑名医杨朝典门生。早年习儒，尽得师传，知名于时。［见：《灌县志》］

蔡师勒 明代人。生平里居未详。通经史，兼精医理。曾研究唐王冰所注《黄帝内经素问》，多有心得，遂撰《内经注辨》，对王氏注释多所驳正，惜散佚不传。［见：《中国医籍考》］

蔡光叔 南宋乐安县（今江西乐安）人。邑名医蔡伯珍子。传承父学，亦精医术。孙蔡明德，曾孙蔡可名，皆绍承家学。［见：《金元医学人物》（引《吴文正公集·送医士蔡可名序》）］

蔡光岳 （1850～？）字星山，号上池饮仙。近代江西新建县人。附贡生。曾任山西榆社知县。自幼嗜医，先后研习四五十年。初以经方试病，继则因病择方，久之不拘成方，得心应手，能以平淡之药愈危疾。离职后，每为亲友诊疾，凡众医束手之症，往往手到而愈。1925年上海成立神州医药总会，蔡氏率先加入。绍兴裘庆元创设医药书籍公司，蔡氏出资玉成之。后应邀至南宁，以医术利济贫民。［见：《中国历代医史》］

蔡竹友 南宋末崇德县（今浙江桐乡）凤鸣里人。邑名医蔡渊斋次子。与兄蔡梅友，绍承父学，以医药济世，知名于时。名所居室曰同寿堂，后毁于兵燹。子蔡君实，重建其堂，传承其术。［见：《桐乡县志》、《金元医学人物》］

蔡伟节 明代浙江永嘉县人。精医术，与同邑名医张源、翁朝绍齐名。［见：《温州府志》］

蔡兆芝 （1826～1898）字砚香，号枕泉，自号爱莲居士。清末江苏宝山县江湾人。世以妇科著称。绍承祖业，复师事青浦名医何书田，遂兼善内、外各科。又善丹青，画莲花尤精绝，有"蔡荷花"之誉。县令陈玉斌雅重其术，赠以"功同良相"匾额。子蔡钟骏、蔡钟凤，均为名医。［见：《宝山县续志》、《上海宝山县江湾蔡氏妇科经验简介》《上海中医药杂志》1962年

12 月号）、《中国历代医家传录》]

蔡兆骐 字良庵，号骏甫。清代浙江德清县人。其父蔡赓飏，为道光二年（1822）二甲第三十七名进士，官内阁侍读学士。兆骐随侍京师，入监读书，究心医史，兼通医学。[见：《浙北医学史略》、《明清进士题名碑录索引》]

蔡庆云 清代江苏川沙县十七保十二图人。业医，治内外科。为人寡言笑，而医技独神验。光绪（1875～1908）初，川沙抚民厅同知陈方瀛赠以"仁寿斋"之匾。有弟子多人，以宋云汀最优。[见：《川沙县志》]

蔡克周 清代江苏丹徒县人。精医术，治病应手奏效。子蔡卜昌，能传父业，惜早卒。[见：《丹徒县志》]

蔡杏农 清代江苏上海县江湾里人。以医为业，知名于时。子蔡半耕，传承父业。[见：《中国历代医家传录》]

蔡杏思 清代浙江吴兴县人。邑名医凌奂（1822～1893）门生。曾参校其师《医学薪传》。[见：《吴兴凌氏二种》]

蔡时宜 明代人。生平里居未详。著有《嗣养真书》一卷，今未见。[见：《中国历代医家传录》（引《红雨楼书目》）]

蔡时龄 清代江苏丹徒县人。精通医术，名驰数省。孙蔡熙和，绍承家学，声名益显。[见：《蔡氏治证撮要》]

蔡体仁 清代江苏川沙县八团人。业医，精通针灸及外科，知名于时。子蔡能勤，孙蔡蓝田，俱传世业。[见：《川沙县志》]

蔡伯仁 元代崇德县（今浙江桐乡）凤鸣里人。世医蔡君实子。继承家学，以医知名。子蔡敬之，传承其业。[见：《桐乡县志》、《金元医学人物》]

蔡伯珍 南宋乐安县（今江西乐安）人。精通医术，名重于时。子蔡光叔，绍承家业。[见：《金元医学人物》（引《吴文正公集·送医士蔡可名序》）]

蔡希周 字念东。清代江苏丹徒县人。邑名医蔡嘉骥子。传承父学，亦以医著称。子蔡遵五，孙蔡大绅，均工家业。[见：《丹徒县志》]

蔡希灏 清代江苏吴江县黎里镇人。生平未详。撰有《医学卮言》一卷，未见刊行。[见：《黎里续志》]

蔡君实 元代崇德县（今浙江桐乡）凤鸣里人。世医蔡竹友子。绍承祖业，亦精医术。

其父所居曰同寿堂，毁于兵燹，君实重建之，继承同寿堂名。著有《同寿秘宝方》若干卷，成书于大德间（1297～1307），今未见。子蔡伯仁，传承父业。[见：《桐乡县志》、《金元医学人物》]

蔡陆仙 近代江苏丹徒县人。生平未详。辑有《中国医药汇海》、《民众医药指导丛书》（二十四种），均刊刻于世。[见：《中医图书联合目录》]

蔡纯一 字得阳。明清间江苏太仓州人。明医理，疗效颇佳。尤擅绘画，所作墨牡丹极精绝。天性潇洒，医画所得，辄随手尽。尚风雅，不与俗人交，苟非其人，虽轩冕不能致之。[见：《壬癸志稿》、《太仓州志》]

蔡青山 佚其名（字青山）。明代福建建阳人。通医理。子蔡正言，继承其术。[见：《日本现存中国散逸古医籍》]

蔡其亨 号节斋。清代江西鄱阳县蔡家湾人。太学生。性豪迈，以医术知名。有医德，常蓄药以济贫苦，乡人德之。年七十九岁卒。[见：《鄱阳县志》]

蔡英刚 清代湖北兴国县人。以医为业，乾隆间（1736～1795）徙居陕西孝义（今柞水）。家境素贫，而治病不计诊酬，遇贫病施药济之。因诊疗疫疾，不幸感染，病卒。[见：《孝义厅志》]

蔡明德 元初乐安县（今江西乐安）人。邑名医蔡光叔孙。传承祖父之学，亦精医术，名重于时。子蔡可名，绍传父业。[见：《金元医学人物》（引吴澄《吴文正公集·送医士蔡可名序》）]

蔡和羹 清代安徽凤阳县人。邑名医蔡溥子。传承父学，亦精医术。子蔡熙、蔡勋，孙蔡仪，皆传家学。[见：《凤阳县志》]

蔡泽益 清代四川资中县人。精医术，活人无数，名重于时。年八十三岁卒。[见：《资中县续修资州志》]

蔡宗玉 字象贞，号茗庄。清代江西龙泉县人。恩贡生。其祖、父皆以儒工医，收藏医书甚富。蔡宗玉博览家藏，研究有年，贯通医理。曾集诸家之说，编《医书汇参辑成》二十四卷，刊于嘉庆十二年（1807），金溪进士蔡上翔为之作序，今存次知斋刻本；还著有《六经伤寒辨证》四卷，今存同治十二年（1873）刻本。门生陈念祖（1753～1823），为清代著名医家。[见：《龙泉县志》、《江西通志》、《中医图书联合目录》]

蔡承飞 字守愚。清末江苏青浦县珠里人。自幼习儒，未弱冠补诸生。嗜读史籍，善属文。兼工医理，殚精《灵枢》、《素问》，独有心得。名医陈秉钧（1840～1914）推重其学。[见：《青浦县续志》]

蔡承泽 明代人。生平里居未详。编有《本草蒙全撮要》一卷，已佚。[见：《医藏书目》]

蔡承祉 字梅岭。清代江苏川沙县八团人。沔溪名医华古愚入室弟子。尽得师传，以大方脉知名。子蔡少梅，绍承父业。[见：《川沙县志》]

蔡承烈 字丹亭。清代江苏奉贤县庙泾人。监生。家道饶富，急公好义。曾独资修建益村坝、万善庵。又设立医局，施药济人，远近受惠。好收藏，所蓄金石书画甲于一邑。尝刻文、董、刘、梁四家墨迹，行于世。[见：《奉贤县志》]

蔡临溪 清代河南西平县人。精医术，为嘉庆间（1796～1820）当地名医。著有《痘疹要论》一卷，未见刊行。[见：《西平县志》]

蔡思明 清代河南淮阳县人。邑名医蔡璐子。传承父学，亦精医术，以擅治痘疹知名。[见：《淮阳县志》]

蔡贻绩 号乃庵。清代湖南攸县人。诸生。品学纯粹，读书之暇，讲求岐黄之术。本济物利人之心，拯危救难，全活甚众。撰有《医学指要》六卷、《内伤集要》六卷、《医会元要》一卷、《伤寒瘟疫抉要》五卷，总名之曰《医学四要》，今存嘉庆二十二年丁丑（1817）翰墨园刻本。子蔡谋祺，侄蔡谋烈，事迹不详，曾校订《医学指要》诸书。[见：《医学指要》、《贩书偶记续编》、《中医图书联合目录》]

蔡钟凤 字仪笙。清末江苏宝山县江湾里人。世医蔡兆芝子。善承父业，以妇科知名。著有《种橘山房医论》、《临证秘传》二书，今存。[见：《宝山县续志》、《江苏历代医人志》]

蔡钟骏 （1863～1913） 字轶鸥（一作轶侯），号小香。近代江苏宝山县江湾里人。世医蔡兆芝子。诸生。幼承庭训习儒，为庠生。后继承家学，于妇科造诣尤深。及悬壶问世，治病应手奏效，远近闻其名。有医德，贫病者求治不收诊费，且助以药。光绪三十年（1904），筹组医务总会于上海，被推为总董事。同时创办《医学报》半月刊，后改名《医学公报》。继又创立中国医院，自任院长。子蔡章，亦为名医。

[见：《上海宝山县江湾蔡氏妇科经验简介》（见《上海中医药杂志》1962 年 12 月号）、《中国历代医史》、《中国历代医家传录》]

蔡济平 （1883～1957） 号乘定。现代浙江吴兴县人。幼年习儒，崇尚佛学。二十二岁（1905）从吕用宾学医，八年后学成，随师应诊。1917 年独立开业。1927 年上海卫生局实行中医登记，蔡氏任试验委员。1929 年南京政府卫生部通过余岩《废止旧医案》，蔡氏参加全国医药团体请愿团，赴京请愿。1956 年，应聘担任上海市中医文献研究馆验方组组长。1957 年病逝。著有《医药顾问》一书，未见刊行。[见：《中国历代医史》]

蔡载鼎 清代浙江石门县人。廪贡生。官余杭训导。精医术，志在活人，治病不取一钱。咸丰庚申（1860），避乱于上海，与兄蔡恩孚相唱和，多沉郁悲壮之作。撰有《订正三因极一病症方论》十八卷，刊于道光二十三年（1843），今存。[见：《石门县志》、《中医图书联合目录》]

蔡荻村 清代江苏丹徒县人。世医蔡大绅四子。袭承家学，亦以医名。[见：《丹徒县志》]

蔡桂芬 清代江苏华亭县人。邑名医蔡诚孙。袭承祖业，亦以医名。子蔡鼎，亦精医术。[见：《松江府志》]

蔡烈先 字承侯，号茧斋。清初浙江山阴县人。曾三游西粤，深入丽江。康熙四十八年（1709），随丽江知府蒋公至丽江，夜深失足舟中，跌断右胫。及归衙斋，昼夜仰卧，不能转侧，惟取李时珍《本草纲目》旦夕翻阅。逾三载，摘取医方一万一千余条，按病类编，辑为一书。嗣后，三易其稿，分为八卷，题名《本草万方针线》，刊刻于世，今存康熙五十八年（1719）武山寿堂刻本及后世翻刻本多种。另辑《本草纲目药品总目》一卷，亦刊行。[见：《清史稿·艺文志》、《山阴县志》、《中医图书联合目录》]

蔡振铎 清代宁夏府宁朔县（今宁夏永宁）人。邑增生。熟读岐黄之书，尤精痘科，定病者吉凶多奇验，人称蔡神仙。性慈善，遇贫病者，常暗中留钱以济之。曾著药书数卷，未梓。子蔡天藻，官至知府。[见：《朔方道志》]

蔡海宁 又名仁溥。字指方，号理公。明清间江苏崇明县人。自幼习儒，弱冠游庠，屡试辄前列。明亡，尽散家财，隐居江阴白石山，自号白石山樵，授徒自食。不喜交游，唯与东山笑和尚、席帽山哭道人相往还，每相聚危坐空山，终日作耳语，或放声大笑，或掩面大恸，世人不知其所为。后道士辞入终南山，以方书五卷授蔡氏曰："是神书也，能夺造化。吾阅人多矣，无若子之仁也。然有三诫：毋治不忠、不孝、不义之人！"言讫大哭而别。蔡氏得书，闭户揣摩，不使人窥，惟和尚得入。又逾年，和尚亦他往，握手大笑而去，竟不知所之。嗣后日读秘书，自笑自泣，自歌自叹而已。一日，偶行村落中，遇村妇遭夫殴打，自缢而死，幼儿啼于母侧。蔡氏抚儿祝曰："毋啼，吾能活尔母。"命人以绳倒悬妇身，出红丸塞鼻，以凉水喷面，须臾腹中作声，解索而活，举家拜谢，惊为神人。自此，世人皆知其术，虽必死之症，著手即活。然治病必择人，若品行不端者，坚不肯治；若忠信孝让者延请，虽贫困无酬谢，一召即往。有权官召诊，再三请不赴，以死胁之，亦不往，曰："若贪利虐民，不忠于国，治之获罪于天！"后屡为豪恶者所辱，遂不复言医，尽焚其书。晚年隐居留溪之北，十余年而卒。[见：《中国历代名医碑传集》(引陈鼎《留溪外传·蔡儒医传》)]

蔡能勤 清代江苏川沙县人。邑名医蔡体仁子。继承父业，亦以医术知名。子蔡蓝田，传承家学。[见：《川沙县志》]

蔡继周 号季愚子。明代浙江鄞县人。生平未详。著有《保嗣痘疹灵应仙书》二卷，未见流传。[见：《鄞县通志》、《中国医籍考》]

蔡梅友 宋末崇德县(今浙江桐乡)凤鸣里人。名医蔡渊斋长子。传承父学，精通医理。曾应医科之考，得中，官至防御使。弟蔡竹友，亦以医闻。[见：《桐乡县志》、《金元医学人物》]

蔡鸿仪 字嵋青。清末浙江鄞县人。生于官宦之家，曾任部郎。光绪五年(1879)设药肆于上海。辑有《蔡同德堂丸散膏丹全集》，今存光绪八年(1882)刻本。[见：《浙江医籍考》]

蔡鸿勋 字颖斋。清代浙江桐乡县乌青镇人。监生。候补州判，曾代理柏乡知县。旁涉医学，著有《医学心得编》，未见刊行。[见：《乌青镇志》]

蔡渊斋 佚其名(字渊斋)。南宋崇德县(今浙江桐乡)人。精岐黄术，曾任医官。名其药室曰同寿堂，至七世孙蔡熙袭用不改。子蔡梅友、蔡竹友，传承其学。[见：《桐乡县志》、《金元医学人物》]

蔡谋烈 字丕扬。清代湖南攸县人。邑名医蔡贻绩侄。事迹不详，曾校订蔡贻绩之书。[见：《医学指要》]

蔡谋祺 字维祚。清代湖南攸县人。邑名医蔡贻绩子。事迹不详，曾校订父书。[见：《医学指要》]

蔡维藩 号东安老牧。明代安徽盱眙县人。州学生。弘治间(1488～1505)荐授直隶庆云县令，调东安县令，以忧(父母之丧)归乡。蔡维藩少年时，幼弟患痘疹，亡于庸医之手，心甚痛之。此后，于习儒之暇延访名医，博览古籍，久之精医，尤擅痘科。及出仕，宦迹所至，为人疗疾。尝取其经验之方，著《痘疹集览》四卷。越数年，觉其书"汗漫无统"，又撰《小儿痘疹袖金方论》(简称《痘疹方论》)一卷，刊刻于世，今存万历二十二年甲午(1594)吴勉学校刻本。子蔡尊周，官山西霍州同知。[见：《医藏书目》、《盱眙县志》、《中国医籍考》、《中医图书联合目录》]

蔡敬之 元末崇德县(今浙江桐乡)凤鸣里人。世医蔡伯仁子。绍承家学，亦以医术知名。蔡氏祖上世以"同寿"为堂名，至敬之堂名不改。子蔡济、蔡润，均善医。[见：《桐乡县志》、《金元医学人物》]

蔡朝臣 清代江苏无锡县人。世代业医。有医德，不亟亟于富贵之家，曰："彼可延他医也。"凡穷乡邻求诊则立往，终身不受贫困者一钱，世称蔡长者。子蔡惟亨，官至户部郎中。同时有施心菊、高学，皆一时名医。[见：《锡金识小录》]

蔡朝缙 字调鼎。清代四川安岳县人。儒生。淡于仕进，喜遨游。精通医术，凡求治，常获佳效。[见：《新修潼川府志》]

蔡瑞芬 字子锡。清代湖北麻城县人。精岐黄业，活人甚众。著有《医学通论》二卷，刊刻于世，今未见。[见：《麻城县志前编》]

蔡蓝田 清代江苏川沙县八团人。邑名医蔡体仁孙，蔡能勤子。继承家业，精通针灸及外科。[见：《川沙县志》]

蔡嘉士 字伯遴。明代丹徒县(今属江苏)人。邑名医蔡永烈子。绍承父业，亦精医术，远近知名。[见：《丹徒县志》]

蔡嘉骥 清代江苏丹徒县人。邑名医蔡永翰子。得父传授，亦工医术。子蔡希周，传承其业。[见：《丹徒县志》]

蔡熙和 清代江苏丹徒县人。邑名医蔡时龄孙。幼承家学，博览群书。及长，挟技游历大江南北，凡奇难时证，诸医束手者，每能化险为夷。著有《治证撮要》（或题《蔡氏治证撮要》）一卷。其书"论理明，用药当，治时气杂感诸方，灿然备列"，观察使包阆田捐资，梓于光绪三十一年乙巳（1905），今存醉墨轩刻本。[见：《蔡氏治证撮要》、《中医图书联合目录》]

蔡增祥 字福基，号会卿。清代江苏吴江县黎里镇人。邑名医蔡以焜子。继承父业，治病多验，亦以医名。[见：《黎里续志》]

蔡增镕 字载陶。清代江西德化县人。精医术，擅外科、喉科，尤以针灸见长。性仁厚，乐救济，凡乡人患病者皆为诊治，应手奏效，率不取酬，人咸德之。年五十六岁卒。子蔡嵊，为举人。[见：《九江府志》、《德化县志》]

蔡德芳 元代福州（今福建福州）人。精医术，擅长儿科，临证多奇验。尝谓："夫病与药值，则惟用一物，固不在药之多也。吾亦凝吾心，精吾思，使意运于物之表，故幸而中焉尔。"贡师泰雅重其术，作序赞之。[见：《金元医学人物》（引贡师泰《玩斋集·赠医者蔡德芳序》）]

蔡遵五 清代江苏丹徒县人。世医蔡希周子。绍承父学，以医知名。子蔡大绅，声名益显。[见：《丹徒县志》]

蔚

蔚之瑚 明末安徽合肥县人。精医术，知名于时。崇祯十四年辛巳（1641），合肥大疫，蔚之瑚普施药饵，全活甚多。[见：《合肥县志》]

蔚子阳 元代合肥县（今安徽合肥）人。世医蔚章父子。传承家学，亦以医术知名。[见：《金元医学人物》（引《伊滨集·杏林诗序》）]

蔚章父 元代合肥县（今安徽合肥）人。世代业医，名重于时。其居所名杏林，时人每赠诗颂之。子蔚子阳，绍承家业。[见：《金元医学人物》（引《伊滨集·杏林诗序》）]

臧

臧元圻 字次效。清代安徽婺源县人。早年习儒，兼嗜医学。诊治贫病不取其酬，乡里敬之。[见：《婺源县志》]

臧中立 字定民。北宋毗陵（今江苏武进）人。精医术，治病有神效，名重于时。元丰间（1078～1085），寓居鄞县南湖，抱病求疗者日数十人。崇宁间（1102～1106），徽宗皇后病重，诏求良医。臧中立应诏，以布衣麻履进见，帝命入诊。诊毕，帝问："卿所诊得何证？"对曰："臣所诊，脾脉极虚，殆呕泄之疾作楚。"和药以进，且曰："服此得睡为效。"至夜半，皇后思粥食，不一月获安。赐归，诏出官帑购地，筑室于南湖，改所居巷为"迎凤坊"。[见：《浙江通志》、《宁波府志》]

臧仁寿 字殿卿。清代江苏高邮州永安镇人。其家自明季既业疡医，阅十传，至其父臧明德声名大噪。仁寿性尤颖敏，习父方书，参考诸家，继业尤精。一人患摇头风，时医或泻火，或平肝，皆无效验。仁寿命取老鸭食之，至四十九只而愈。某家小儿，于酷暑时忽肢体挛曲。仁寿诊之曰："此中寒也。"解其衣置蒲包中，陈于日下之热地，反复按摩。良久，儿大嚏，汗出病解。著有《臧氏外科治验录》，未梓。弟臧保寿，从兄学医，亦知名。[见：《三续高邮州志》]

臧玉涵 明代浙江吴兴县人。万历间（1573～1619）在世。以医为业，有名于时。曾与名医陆栻会诊。[见：《陆氏三世医验》]

臧用诚 字元存。清代安徽婺源县臧坑人。性慷慨，待人友善。精医术，治疾不受谢仪，救济贫病甚多。县令杨公赠"望重乡邦"匾额，表彰其义行。[见：《婺源县志》]

臧达德 字德公，又字公三。清代山东诸城县人。三世业医，于医理有独到见解，知名于时。嘉庆十九年（1814），总结三世经验，撰《履霜集》三卷，刊刻于世，后收入《珍本医书集成》。[见：《诸城县续志》、《中医图书联合目录》]

臧仲信 明代浙江长兴县人。通医理。著有《医例》若干卷，丁元荐为之作序，已佚。[见：《长兴县志》]

臧兆岐 字奉西。清代江苏徐州宿迁县人。精医术，治病有独到之处，知名于时。[见：《徐州府志》]

臧寿恭 原名臧耀，字眉卿。清代浙江长兴县人。性耿介，好读书。旁通天文、算术、医学，尤精小学。嘉庆庚申（1800）中顺天副贡，丁卯（1807）为举人。久客京师，未能取进士，遂归乡。著有《内经义疏》，未见刊行。[见：《长兴县志》、《湖州府志》]

臧应詹 字枚吉。清代山东诸城县人。年十五岁补诸生。因母年老多病而习医，晚岁亦精，远近目为神医。治病不拘成法，随证立方，投药则效，与本县名医刘奎、孙岱岳齐名。

著有《脉诀》、《伤寒妇幼三科》、《类方大全》、《外科大成》等书，未见刊行。子臧承曾，官莒州训导。[见：《诸城县续志》]

臧尚孝 明代浙江分水县人。早年习儒，初就吏考中式，不愿出仕。素精岐黄，以济世为怀，临证谨慎，无侥幸邀功之心，里中称善人。有司题其名于旌善亭。[见：《分水县志》]

臧明昌 清代四川大竹县人。缄默寡言，精通医道，治病有显效，知名乡里。年八十岁卒。子臧大鹏，为庠生。[见：《续修大竹县志》]

臧明德 清代江苏高邮州永安镇人。其家自明代即以疡医为业，十传至明德，声名大噪。疡科外兼善针灸，屡愈奇疾。某人纳凉于藤荫下，一日背部奇痒。明德视之，谓其内有蛊，以铁圈炙红，按患处，溃其皮肤，钳出小虫似蜈蚣者数十而愈。著有《外科珍珠囊》若干卷，未见流传。子臧仁寿、臧保寿，均擅疡科。[见：《三续高邮州志》]

臧保寿 字锡五。清代江苏高邮州永安镇人。邑名医臧明德次子。从兄臧仁寿学医，业疡科，与兄齐名。有北方僧人，头肿如斗，医莫能辨。保寿谓病根在下部，僧不信，复求诊于仁寿，所断亦然，僧乃听治。保寿乃缚僧于柱，以针刺其尾闾，出脓数碗而愈。又一人患发背疽，溃成百余孔，脓出不畅，病者神昏，已不知痛。保寿令仰卧于绳床，床下燃炭，以药末撒炭上，取浓烟熏之。良久，病者知痛，乃撤炭，另敷以药。次日脓大出，渐次脱腐生新，半月而愈。[见：《三续高邮州志》]

臧鲁高 清代江苏宿迁县人。早年习举业，绩学而不得志。后研究医术，遂为当时良医。[见：《宿迁县志》]

裴

裴珏 字隽骈。清代江苏句容县人。通医理。著有《医粹》二卷，未见刊行。[见：《江宁府志》]

裴瑜 唐代人。生平里居未详。撰有《裴瑜五脏论》一卷（一作七卷），已佚。[见：《新唐书·艺文志》、《通志·艺文略》]

裴鸿 (1899～1962) 字雁宾。现代江苏常熟县支塘裴家桥人。儿科世医裴瑾怀子。绍承家学，博采众医之长，以儿科驰名。治热病、杂证独具匠心，论病处方，多宗叶天士。治疗小儿肺闭症，常用牛黄夺命散；遇慢惊风，每宗许叔

微椒附汤。诊治杂病，尤功力独到。有汪某病痰饮，胃败脾绝，二便不通，已现爪青风动，神散妄笑诸危象。裴氏先用回阳救逆，祛痰导滞，再以竣剂逐饮，继进温化风痰之剂，终以益气养胃收功，闻者叹服。及门弟子三十余人。长子裴俊文，传其衣钵。[见：《吴中名医录》]

裴颜 (267～300) 字逸民。晋初河东闻喜县（今山西闻喜）人。裴秀子。太康三年（282）官太子中庶子，迁散骑常侍。惠帝时官至尚书左仆射。永康元年（300），为赵王司马伦所害，年仅三十四岁。颜博学多识，兼明医理。晋初荀勖修律度，检得古尺，较当时之尺短四分有余。颜上言曰："宜改诸度量，若未能悉革，可先改太医权衡，此若差违，遂失神农、岐伯之正。药物轻重分两乖互，所可伤夭，为害尤深。古寿考而今短折者，未必不由此也！"其言未见纳。[见：《晋书·裴秀传（附子颜）》]

裴煜 唐代人。生平里居未详。著有《延寿赤书》一卷，已佚。按，《宋史·艺文志·道家》作"裴铉《延寿赤书》一卷"。[见：《新唐书·艺文志》、《崇文总目辑释·道书类》]

裴一中 字兆期，号复庵。明代浙江海宁县人。因兄裴绍中任海盐县教谕，徙居海盐。早年习举业，久试不第，遂业医，知名于时。倜傥仗义，吴贞肃公书"山中良相"赠之。著有《裴子言医》四卷、《删润原病式》一卷，刊于世。[见：《中医图书联合目录》、《海盐县续图经》]

裴之仙 号绿野。清代江苏江都县人。生平未详。著有《脉学洞微》、《绿野医案》二书，未见刊行。[见：《江都县续志》]

裴王庭 一作裴光庭。唐代人。生平里居未详。著有《五色旁通五脏图》一卷，已佚。[见：《新唐书·艺文志》、《通志·艺文略》]

裴天富 清代陕西神木县人。邑名医宋存仁门生。传承师学，亦精医术，以针灸知名。[见：《神木乡土志》]

裴元灵 唐代道士。生平里居未详。著有《五脏旁通明鉴图》一卷，已佚。[见：《通志·艺文略》、《崇文总目辑释》]

裴玉堂 清代江苏常熟县支塘裴家桥人。儿科世医裴蕙芳次子。与兄裴锡堂（1835～1887），均工医术，为同治、光绪间（1862～1908）当地名医。[见：《裴瑾怀先生医案》(《江苏中医》1964年第12期)]

裴本立 字廷栋。清代江苏常熟县人。道光间（1821～1850）在世。精医术，名噪于

时。［见：《裴瑾怀先生医案》《江苏中医》1964年第12期）］

裴孝封 宋代人。生平里居未详。撰有《新集应病通神方》三卷，已佚。［见：《通志·艺文略》、《崇文总目辑释》］

裴希伊 字党斋。清代河南偃师县人。精医术，知名于时。［见：《偃师县志》］

裴希纯 清代河南人。生平里居未详。著有《青囊渊源》，今未见。［见：《河南通志》］

裴怀珠 字辉甫。清代山东泰安县马庄人。早年读书，思有补于世，乃专力于医学，闻有秘籍，必百计借抄。久之技成，悬壶问世，知名于时。常巡诊于邻村，日治十余家，病家赠以酒食，辞而不受。咸丰、同治间（1851～1874），瘟疫与霍乱交作，经裴氏治愈者甚众。所辑验方甚多，已成巨帙，惜散佚不传。［见：《重修泰安县志》］

裴雨季 清代江苏常熟县人。继同邑名医裴本立而出，以医术享盛名。［见：《裴瑾怀先生医案》（《江苏中医》1964年第12期）］

裴昌原 明初浙江海盐县人。迁居常熟县赤沙塘。精儿科，为太医院医官。后裔世守家业，至清代裴蕙芳为十代，声名尤显。［见：《常昭合志稿》］

裴岱峰 字云亭，号耐轩。清代山东利津县人。道光甲午（1834）举人，官朝城训导，升国子监学正。资性明敏，工诗善画，医术称良。年七十四岁卒。著有《笔花医镜注解》，未梓。另有《耐轩诗草》行世，存佚不明。［见：《利津县志》］

裴宗元 北宋人。里居未详。以医知名于越（今江浙一带）。历任奉议郎药局提举、太医令、医学博士。大观间（1107～1110）奉敕与陈师文、陈承等校正方书，编《太平惠民和剂局方》十卷，刊刻于世，今存。还著有《药诠总辨》三卷，已佚。［见：《古今医统大全·历世圣贤名医姓氏》、《宋史·艺文志》、《中国医籍考》、《中医大辞典》、《四部总录医药编》］

裴鸿志 字广涵。清代河北清河县李家庄人。敏慧好学。其母体弱多病，喟然叹曰："事亲不可不知医！"乃弃儒习医，终愈母疾。嗣后，以医问世，能治他医所不治。一妇人患喘不能卧，鸿志切其脉，曰："此胎死不下所致。"令服催生汤，果下死胎而愈。平生治验，类此者甚多。年八十五岁卒。著有《奇症集编》三卷、《五诊脉法》二卷，藏于家。［见：《清河县志》］

裴锡堂 （1835～1887） 字应钟，号菊村，又号兰坡。清代江苏常熟县支塘裴家桥人。儿科世医裴蕙芳长子。自少颖敏，束发受书即通大义。比成童，学力益进。年方弱冠，不肯治举子业，嗜轩黄家言，遂绍承家学。潜心研究《灵枢》、《素问》、《伤寒论》诸书，不数年通悟医理，悬壶于世。临证切脉望色，洞见病源，决死生多验。尤擅长儿科，沉痼危疾，一经诊治，无不应手取效，声誉日隆，远近争相延请，一时有"当世和缓"之称。每日晨起应诊，午时草草进餐，即往四乡出诊，至暮始归。入夜，静坐于室，取日间医案阅之，设一味不妥，虽深夜必遣人前往更改，务令安全。中年体衰，而病家日增，勉力应诊，积劳成积而殁，年仅五十三岁。弟裴玉堂，子裴瑾怀，均传家学，以医著称。［见：《吴中名医录》、《裴瑾怀先生医案》（《江苏中医》1964年第12期）］

裴瑾怀 近代江苏常熟县支塘裴家桥人。儿科世医裴锡堂子。绍承家学，亦精幼科，兼善男妇大方，疗温病尤负盛名。推重名医叶天士，以用药轻灵著称。子裴鸿。绍承家学。［见：《吴中名医录》、《裴瑾怀先生医案》（《江苏中医》1964年第12期）］

裴蕙芳 字润甫。清代江苏常熟县支塘裴家桥人。其先祖裴昌原，为明太医院医官，精通儿科。其家世以医名，至蕙芳为第十代，尤善承祖业，治病多奇效，远近求诊者日以百计。重医德，遇贫病者，以药赠之。虑小儿服药之难，平素炒麦磨粉，以药拌合给服，故人称"裴麦粉"。乾隆间（1736～1795）卒，享年七十余。子裴锡堂（1835～1887）、裴玉堂，孙裴瑾怀，曾孙裴鸿，皆继承家学。［见：《常昭合志稿》、《裴瑾怀先生医案》（《江苏中医》1964年第12期）］

管

管纯 字洵如，号三伊。清代浙江海宁州人。寄籍桐乡县。为诸生。旁通医理，著有《医学纂言》十卷，今未见。［见：《海宁州志稿》］

管范 南宋人。里居未详。通医术，为乾道间（1165～1173）内医官。［见：《夷坚甲志·卷五》］

管昊 清代安徽宁国县人。寓居太湖县。精通医术，知名于时。［见：《太湖县志》］

管侃 近代人。生平里居未详。著有《注伤寒论》一卷，今存抄本。［见：《中医图书联合目录》］

管泽 字子明。明代陕西咸宁县人。其父管楫，为正德六年（1511）进士，官至中丞。管泽早年习儒，为诸生。因父病习医，久侍汤药，医术日精，远近求治者甚众，遂以医知名关中。[见：《陕西通志》]

管渊 字公跃。明清间江苏吴江县汾湖人。寓居昆山县贞丰里（今周庄镇）。好读书，精通岐黄，以医术济人。晚年与同里屠彦征、陶唐谏、郑任、方九皋、沈自凤、徐汝璞、丁社、僧广明等结耆英社，放怀诗酒。为人仗义疏财，有豪强侵凌孤弱，管渊倾财解救，以致家道中落。[见：《昆山历代医家录》（引《贞丰拟乘》）]

管鼎 字象黄，号凝斋，又号佛客。清代江苏苏州人，世居娄门内平江路管家园。得名医缪遵义传授，精通医道。曾撰《气有余便是火解》、《东垣、景岳论相火辨》、《古今元气不甚相远说》、《四时皆有伤寒说》等文，刊载于唐大烈《吴医汇讲》。[见：《吴医汇讲》、《吴县志》]

管瑚 字夏卿。清代江苏宝应县人。邑痘科名医应从周门生。传承师学，知名于时。[见：《宝应县志》]

管橚 明代安徽南陵县人。早年习儒，为邑廪生。博通经史，万历间（1573～1619）中举。旁及医术，活人不可胜计。万历十三年（1585）辑《保赤全书》二卷，县令沈尧中极称之，捐资梓行，今存。[见：《宁国府志》、《中医图书联合目录》、《中国医籍考》]

管瀛① 字兰芸，号霭香。清代浙江海宁州人。精医理，于疡科尤称圣手，远近就医者门庭如市。著有《医案录要》若干卷，未见刊行。[见：《海宁州志稿》、《海宁县志》]

管瀛② 字端人。清代江苏娄县人。居钱泾桥。精医术，悬壶济世，知名于时。子管坤培，为诸生，有文名。[见：《松江府志》]

管士芳 清代江苏娄县人。世代业医，至士芳尤精。尝取王叔和以下诸家之说，参以己意，著《伤寒论注》一书，未见刊行。[见：《松江府续志》]

管士杰 清代江苏如皋县人。生平未详。著有《医学指南》若干卷，今未见。[见：《如皋县志稿》]

管子和 字克用。南宋永明县（今湖南永明）人。家贫，打渔为生。淳熙（1174～1189）初，遇异人授以《治产秘方》（又作《产妇方》），归而试之，屡验。子孙世业妇科。[见：

《永州府志》、《永明县志》]

管元德 元明间浙江金华县人。早年学医于名医朱震亨。后采药金华山，遇异人授以良方，术益精进。朱元璋攻越，军中流行疫疠，感染者甚多。管元德出药诊治，应手而愈。赐以金币，不受，遂授医学提领。[见：《金华县志》]

管玉衡 字孟璇，又字侗人。明清间江苏崇明县人。幼邃古学，于儒家、禅理、医学、数学、地理皆有研究。晚年隐居著书，所撰医书有《无病十法》、《脉辨》、《医辨》等。今有《诊脉三十二辨》存世，当即《脉辨》。[见：《崇明县志》、《三三医书》]

管先登 清代人。生平里居未详。著有《管氏外科十三方》，约成书于咸丰五年（1855），今存绍兴医药学报社铅印本。[见：《中医图书联合目录》]

管庆龄 清代宁夏府宁朔县（今宁夏永宁）人。早年习儒，有学行。尤精医道，与同邑金汉卿齐名。[见：《朔方道志》]

管希宁 字平原。清代江苏江都县人。工诗擅画，画风雅淡，极得小林之趣，不轻易挥毫。兼精医术，知名于时。[见：《江都县续志》]

管林初 字斯骏，堂号可寿斋。清末江苏上海县人。生平未详。著有《儿女至宝》二卷，今存光绪十九年癸巳（1893）可寿斋铅印本。还撰有《经验急痧方法》三卷，今存光绪二十一年乙未（1895）可寿斋刻本。[见：《上海图书馆书目》、《全国中医图书联合目录》]

管宝智 （?～1856）字荣棠。清代浙江海宁州人。早年习儒，不得志，弃而经商。寓居江苏川沙县，暇则博览岐黄家言，于疡科尤有心得。后因病返乡，施药济人，趋者如市。咸丰丙辰冬，患病而逝。遗有《疡科浅说》一卷，其故友名医王士雄删而存之。后管宝智族叔管庭芬刊刻于《花近楼丛书·补遗》。[见：《海宁州志稿》、《中国丛书综录》]

管荣棠 清代浙江海盐县人。通医理，好施药济人。对痧症多有研究，尝谓："痧邪深入血分，必用刺法泄其热而通其络。"[见：《潜斋医话》]

管益龄 字介眉。清代人。里居未详。名医高世栻（1637～?）门生。与同门王嘉嗣、杨昶等记录其师所授，编《医学真传》一卷，刊于康熙三十八年己卯（1699）。[见：《医学真传》]

管清一 清代山东胶州人。邃于经史，尤精导引术，从游者甚众。乾隆间（1736～1795）寓居四川广元县天台山。尝游于阆中，川北道李铉以礼待之。后游昭化，寓梵天院，士人多与之相交。年逾百岁而终，葬于阆中观音寺。［见：《昭化县志》］

管镇乾 字金墀。清代广东大埔县人。寓居南海县佛山镇，遂入籍。精通医理，道光、咸丰间（1821～1861）任军医，荐授守备，报捐道员，加二品衔。后设馆佛山，施医赠药，不复出仕。平生多义举，光绪元年（1875）四月，飓风来袭，五斗司塌屋伤人甚多；十一年（1885）四月，佛山火药局被焚，伤人无数。管氏皆携药赴救，出巨资赈济，多所全活。当事酬以多金，皆不受。年七十二岁殁，大吏以义士奏奖，请旨建坊，崇祀忠义祠。［见：《南海县志》、《南海忠义乡志》］

僦

僦贷季 传说中之上古名医。为黄帝时名医岐伯之师。通阴阳，知色脉，后世奉为祖师。［见：《黄帝内经》、《医学入门·历代医姓氏》、《中国人名大辞典》］

僧

僧匡 隋代（?）僧人。生平里居未详。通医理，撰有《针灸经》一卷，已佚。［见：《隋书·经籍志》］

僧浃 金代少林寺（位于河南登封县少室山北麓五乳峰下）僧人。兴定（1217～1221）末年，东林隆主持少林寺，集信众布施之银兴办药局，取常用医方百余种，炮制药剂，以供病者之需。众僧推举僧德、僧浃主持药局事务。二人皆通医理，办事清廉，制药审慎，深得赞许。［见：《金元医学人物》（引《遗山先生文集·少林药局记》）］

僧深 号文梅，世称梅深，又称深公、深师。南朝宋齐间广陵（今江苏江都）僧人。早年得医僧道洪传授，精通医术。自晋永嘉（307～312）南渡以来，北人不服南方水土，衣缨士人，多遭脚弱之疾（俗称脚气），故岭表江东，有支法存、仰道人等，以善治脚弱知名。至宋齐之间，僧深继仰道人、支法存而起，精通诸家方论，善治瘴疠、杂病，疗脚软之疾尤著奇效，名闻朝野。著有《深师脚气论》若干卷、《药方》（又作《梅师集验方》、《僧深集方》）三十卷、《支法存诸家旧方》（一称《深公方》、《深师方》）三十余卷，惜皆散佚，其内容散见于《证类本草》、《千金要方》、《医心方》诸书。［见：《旧唐书·经籍志》、《新唐书·艺文志》、《外台秘要·卷第三十七》、《备急千金要方·卷七·论风毒状第一》、《古今医统》、《医说》、《本草纲目·序例》］

僧德 金代少林寺（位于河南登封县少室山北麓五乳峰下）僧人。兴定（1217～1221）末年，东林隆主持少林寺，集信众布施之银，兴办药局，取常用医方百余种，炮制药剂，以供病者之需。众僧推举僧德、僧浃主持药局事务。二人皆通医理，办事清廉，制药审慎，深得赞许。［见：《金元医学人物》（引《遗山先生文集·少林药局记》）］

僧一行 （683～727）俗名张遂。唐代魏州昌乐（今河南南乐）人。襄州都督张公谨孙，武功令张擅子。自少聪敏，博览经史，尤精历象、阴阳、五行诸学。闻道士尹崇博学多识，富于藏书，登门求借扬雄《太玄经》，数日后归还。尹崇怪其还书之速。张遂答曰："究其义矣。"出所撰《大衍玄图》示之。尹氏大惊，与谈奥义，叹而服之。由是，张遂之名震惊朝野。武三思慕其学行，请与结交。张遂逃匿避之，出家为僧，隐于嵩山，师事沙门普寂，法名一行。睿宗即位，以礼征之，托疾固辞。开元五年（717），玄宗令礼部强起之。张遂不得已至京，安置光太殿，帝数就之，问安国抚民之道，所答皆切直无隐。开元九年，太史据《麟德历》预报日蚀不准，诏命修订新历。张遂奉旨研究多年，监造浑天仪以观天象，推算《周易》大衍之数，于开元十五年（727）撰成《开元大衍历经》，此即大衍历。是年卒，年仅四十五岁，赐谥"大慧禅师"。平生著述甚富，有《大衍论》三卷、《天一太一经》、《太一局遁甲经》、《释氏系录》各一卷。还著有《摄调伏藏》十卷，当为养生学著作，惜散佚不传。［见：《旧唐书·一行传》、《新唐书·志第十七》］

僧了初 宋代四明（今浙江鄞县）人。出家为僧。师事医僧元觉。与师兄法琮，皆工医术。［见：《鄞县志》］

僧了性 宋代余杭（今浙江杭州）僧人。精医学。兼擅书法，以草、隶见长。［见：《古今图书集成》（引《书史会要》）］

僧了然 〈女〉清代尼僧。生平里居未详。嘉庆间（1796～1820）年约五十许，偕一僧至四川酉阳，修行于甘溪石家坝之观音阁。据传，了然原为江湖绳妓，习拳术于汉口，号称无敌。僧未出家时与之交好，后家道中落，了然遂相从出家。了然精通骨伤科，常以医术疗贫。里中有名冉崇贤者，攀树折腰，家人以为必死。了然为其接续断骨，敷以伤药，竟得无恙。自此声名大振，后以寺观为医馆，济人甚众。后僧死，了然亦他去，不知所终。[见：《酉阳直隶州志》]

僧大元 明代陕西汉中僧人。住锡北京西山潭柘寺。对《素问》、《难经》多有研究，精针灸术，擅治伤寒、胎产诸病，达官显贵，多推重其术。[见：《续文献通考》]

僧大有 号会源。南宋僧人。约淳祐间（1241～1252）在世。为浙江萧山竹林寺第六世医僧。[见：《竹林寺考》]

僧大著 （1825～1882） 字黯然。清代四川合州西里人。出家于双观寺。儒雅有识，尤嗜医学。应合州天上宫主持僧之召，入寺修行。天上宫收藏医籍甚多，大著遍览诸书，医道日进，尤以外科最精。临证谨慎，治病先望色、闻声、切脉，而后问疾。遇疑难证，参考医书，反复推究，不以捷速自炫，故所治皆获良效。后离天上宫，游历各地名山，历时三十余年，沿途为人诊病，文人、商贾争与相交，所获诊金不可胜数，皆随手施济，身无余财。光绪初返合州，光绪八年卒，时五十八岁。平生不事著述，门徒亦未传其医术。[见：《合州县志》]

僧广严 号天岩。唐代僧人。约绍熙间（1190～1194）在世。精妇科，为浙江萧山竹林寺第二世医僧。[见：《竹林寺考》]

僧广煜 号淡文。清代僧人。约康熙间（1662～1722）在世。精妇科，为浙江萧山竹林寺第四十世医僧。[见：《竹林寺考》]

僧子傅 号允云。南宋僧人。约嘉定间（1208～1224）在世。精通妇科，为浙江萧山县竹林寺第四世医僧。[见：《竹林寺考》]

僧开元 世称开元禅师。清代朝阳县（今辽宁朝阳）人。出家为僧，受戒于南海普陀山。精医术。早年周游海内，结纳名流，得良方则记录之，数年后集腋成裘，遂编为药书一帙。今未见。[见：《朝阳县志》]

僧元觉 宋代四明（今浙江鄞县）僧人。学医于僧奉真，以医术知名。弟子法琮、了初得其传授，亦以医闻。[见：《鄞县志》]

僧元颖 号密音。明代僧人。约成化间（1465～1487）在世。精妇科，为浙江萧山竹林寺第二十二世医僧。[见：《竹林寺考》]

僧化外 明末僧人。生平里居未详。精通医术，侨居日本。日本名医北山道长为其门生。[见：《日中文化交流史》]

僧月田 清代僧人。生平里居未详。通医理，著有《宁坤宝笈》三卷，刊刻于世。今未见。[见：《清史稿·艺文志》、《八千卷楼书目》]

僧月桂 号道驰。清代人。为浙江萧山竹林寺第七十四世医僧。寺中聚书最夥，月桂博览多悟，医名满江南。[见：《竹林寺考》]

僧月湖 明代浙江钱塘县僧人。生平未详。通医理，著有《类证辨异》四卷，刊刻于世。今南京图书馆藏有日本文政元年戊寅（1818）活字本。[见：《八千卷楼书目》、《中医图书联合目录》]

僧月潭 清代四川峨眉山僧人。生平未详。通医理，著有《眼科秘书》二卷。今存咸丰元年辛亥（1851）古滕黄氏刻本，书藏新疆医学院图书馆。[见：《贩书偶记》、《中医图书联合目录》]

僧文佩 号法古。明代人。约天顺间（1457～1464）在世。精妇科，为浙江萧山竹林寺第二十一世医僧。[见：《竹林寺考》]

僧文宥 又称圆通大智禅师。南宋温陵（今福建泉州）僧人。善医。著有《必效方》三卷。贾似道（1213～1275）《阅生堂随笔》记其事迹，谓能隔垣诊疾，又能望病者父母子女而知所患病候，事属荒诞，不可信。[见：《说郛·悦生随钞》、《宋史·艺文志》、《遂初堂书目》、《中国医籍考》]

僧文雅 宋代九江（今江西九江）僧人。嗣临济宗，开法于庐山慧日寺。通医理，著有《禅本草》，已佚。[见：《九江府志》]

僧文璟 号清庵。明代僧人。约天顺间（1457～1464）在世。精妇科，为浙江萧山竹林寺第二十一世医僧。[见：《竹林寺考》]

僧心斋 明代江西金溪县龙兴寺僧人。精疡科。宿瘤如杯，毒痛满背者，皆能治疗，人以扁鹊比之。其徒周僧、李僧及俗家弟子何心仁、冯遁斋、张东，皆得其真传。[见：《金溪县志》]

僧心禅 世称心禅大师。清代浙江普陀山僧人。精医道，著有《一得集》三卷，刊于光绪庚寅（1890）。其书卷一有医论十七条，历数庸医误人之过，文笔犀利。后二卷为医案。俞樾序曰："论医极精，治案极验。"[见：《一得集·序》、《八千卷楼书目》、《中医大辞典》]

僧心越 明代僧人。生平里居未详。通晓医术，曾旅居日本。日本名医石原学鲁，为心越入室弟子。[见：《日中文化交流史》]

僧世皓 号应超。近代僧人。精妇科，为浙江萧山竹林寺第九十七世医僧。[见：《竹林寺考》]

僧本圆 清代四川成都文殊院僧人。曾采辑《针灸大成》诸书，于道光二十二年（1842）编《铜人针灸》（又作《铜人针法》）二卷、《汇集金鉴》二卷，合刊于道光十一年（1831），今存。[见：《中国历代医家传录》、《中医图书联合目录》]

僧永全 南宋丹阳县（今江苏丹阳）普宁寺僧人。嘉定间（1208～1224）在世。通医术，为医僧道渊传人。[见：《镇江府志》]

僧机涵 号东崖。清代僧人。约嘉庆间（1796～1820）在世。精妇科，为浙江萧山竹林寺第八十三世医僧。[见：《竹林寺考》]

僧达芦 （1853～1934）近代僧人。驻锡杭州二圣庙。精伤科，凡跌扑损伤、骨折骨碎诸证，施以手法，敷以膏药，一次即愈。门人虞翔麟，亦为伤科名医。[见：《达芦》（《浙江中医杂志》1957 年第 8 期）]

僧师禄 元代僧人。早年出家于溧水（今江苏溧水）明觉寺，后修行于天禧寺。精医术，擅长疡科。重医德，闻人有急难，即百里之遥，亦徒步赴救，病愈不求酬报。[见：《金元医学人物》（引《蒲室集·集庆路溧水州明觉寺记》)]

僧师豫 北宋秀州（今浙江秀水）兜率寺僧人。通医术，酷嗜围棋。乾道九年（1173）尚在世。[见：《中国历代医家传录》（引《夷坚志》)]

僧师瞿 俗姓曹氏，字正传。明代青浦县（今属上海）蒸里人。成化间（1465～1487）在世。出家于长寿寺，有戒行。为人智巧，工诗，能医，治风疾有奇效。[见：《蒸里志略》、《青浦县志》]

僧光德 俗姓廖。清代四川合州人。少年丧父，母以家贫改嫁，遂入岳池广山寺为僧，法名光德。状貌魁伟，言语古朴，崇尚气节。暇时研习医药，久之精其术，延请者不绝于途，为一时名医。[见：《岳池县志》]

僧传杰 原姓成，号子木，又号曹溪。明清间浙江上虞县兰亭人。十岁丧父母，依兄成兆彩读书。稍长嗜佛经，遇师叛戒。崇祯（1628～1644）末，天下鼎沸，家口流离，漂泊于江南。后投奔澄江智文禅师，正式剃度。为僧三十余年，得智文师丸散真传，又得金溪子宣林先生针刺之法，医术渐精。念好生之德，无过于医，而疠疡（即麻风）一症倍诸疾苦，故多年留心于此，搜罗医典，咨访良医，颇有所得，乃"揣今订古"，总结累用累验诸法与方，于康熙十四年（1675）撰《明医诸风疠疡全书指掌》六卷、《内外杂症要方》二卷，合刊于友益斋。此书国内已佚，今日本国立公文书馆内阁文库尚存原刻本，现已由中国中医科学院影印回归。[见：《中国医籍考》、《日本现存中国散逸古医籍》]

僧华玉 号丹邱。南宋僧人。生平里居未详。约景定间（1260～1264）在世。精妇科，为浙江萧山竹林寺第七世医僧。[见：《竹林寺考》]

僧自明 俗姓钟，法号自明。清代四川双流县钟灵寺僧人。精通医术，贫困者多就其求治。年八十一岁终。[见：《双流县志》]

僧行矩 一作行智，俗姓李。隋唐间赵郡（今河北赵县）僧人。从叔父彦琮法师出家，通经能文。贞观（627～649）初，房玄龄荐译佛经，至未久，病逝。著有《诸药异名》八卷（一作十卷），已佚。[见：《隋书·经籍志》、《新唐书·艺文志》、《旧唐书·经籍志》、《畿辅通志》、《通志·艺文略》、《国史经籍志》、《中国佛学人名辞典》]

僧会根 号纯德。清代人。约嘉庆间（1796～1820）在世。精妇科，为浙江萧山竹林寺第八十四世医僧。[见：《竹林寺考》]

僧夙清 世称夙清上人，俗姓张。清代四川南充县桂林院僧人。读书无多，然慧悟能文，通经义。兼精医术，尤擅长外科。以慈悲济世为怀，凡贫病者延诊，不受谢金，且助以药，施济数十年，终无愠容。又善养生，终生以石为枕，光绪（1875～1908）末年仍在世，神清气爽，无老迈之态。年八十四岁圆寂。[见：《南充县志》]

僧如惺 明代浙江天台县人。出家为僧，通佛学，能文章，偏好史乘传记之学。尝于万历二十八年庚子（1600）校刻前代《金汤编》，次年又辑当代护法者续之。又辑录史志文集中僧人事迹，得数百人，编次成书，曰《大明高僧传》，万历四十五年丁巳（1617）告竣。如惺兼通医理，著有《普慈秘要》（又作《贯一堂痘家普济秘要》）二卷，今存抄本。[见：《医藏书目》、《中医图书联合目录》]

僧志坚 号商岩。南宋浙江萧山竹林寺第三世医僧。约开禧（1205～1207）前后在世。[见：《竹林寺考》]

僧志恭 南宋丹阳县（今江苏丹阳）普宁寺僧人。嘉定间（1208～1224）在世。其前代僧人慈济、神济、道渊皆精医道，察脉如神。志恭传承诸僧之术，亦以医名。[见：《镇江府志》]

僧克修 号益庵。明代僧人。约天启（1621～1627）前后在世。精妇科，为浙江萧山竹林寺第三十三世医僧。[见：《竹林寺考》]

僧秀岩 原名兴国。明代四川垫江县人。少时家贫，为人牧牛。及长，出家为僧。游京师，住锡卧佛寺。时皇婴患病，诸医用药不效。秀岩配药以进，立愈。帝赏赐优厚，封护国禅师。[见：《垫江县志》]

僧彻尘 清代浙江余杭县人。邑名医王上英孙。自少随祖父应诊，记录经验方及制药秘法成帙。年十九岁，入稽留山石云禅院剃度，参大乘经典，贯通心学、医学。尝谓："治病先治心，以我心印人心，心心相印，调和六气，洞彻五脏，生死关头乃了然指下。"为人疗疾五十年，病愈不受酬报，全活不可胜计。钱塘俞文节曾携孙就诊，应手辄效。平湖柯汝霖，亦就山斋养疴。彻尘曾整理祖父生前经验，撰《石云选秘》二卷，俞、柯二人为之作序，刊刻于世。仁和县陈豪之母病呕，诸医罔效，乃取《石云选秘》所载方药服之，五十日痊愈。惜其书版毁于战乱，今幸存咸丰元年（1851）绍源堂刻本。[见：《余杭县志稿》、《杭州府志》、《中医图书联合目录》]

僧应元 宋代僧人。生平里居未详。著有《燕台要术》五卷，已佚。[见：《通志·艺文略》]

僧宏慈 号盛林。元代僧人。约至顺（1330～1332）前后在世。精妇科，为浙江萧山竹林寺第十二世医僧。[见：《竹林寺考》]

僧忍觉 清代僧人。生平里居未详。著有《静岩医案》，今存抄本，书藏南京图书馆。[见：《中医图书联合目录》]

僧即空 号绍钟。清代浙江萧山竹林寺僧人。得产科真传，治病颇神效，名播于吴越间。[见：《萧山县志》]

僧奉真 北宋四明（今浙江鄞县）人。熙宁间（1068～1077）出家为僧。精通医术，诊疾用药，不差铢分，名闻东都。天章阁待制许元之子患疾，瞑目不食，奄奄欲死，延请奉真诊视。奉真曰："脾已绝，不可治，死在明日。"许元曰："固然，今方有事，须陛对。能延数日否？"奉真曰："此可为也。诸脏已衰，唯肝脏独运，脾为肝胜，其气先绝，绝则死。若急泻肝气令衰，则脾少缓，可延三日，过此无术也。"乃投之药，至晚遂能张目，稍稍啜粥，明日渐苏能食。许元喜极，奉真曰："此不足喜，肝气暂舒耳，无能为也。"越三日果卒。元觉得奉真之传，元觉复传法琮、了初，诸僧皆以医术知名。[见：《梦溪笔谈》、《鄞县志》、《医学入门·历代医学姓氏》]

僧坦然 明代安徽太平县人。出家为僧，居歙县北八里箬岭之上。精通医术，尤擅针灸。所用针纤细如毛，长不过寸许，一投辄效。一人患瘫疾，卧床二载，僧一再针之，不效。静思良久，跃曰："是也！此人皮肉肥厚，短针不足用也。"乃更置金针，长五寸，一针而愈。太平县胡振声中风，僵卧两日，家人惶遽，已治后事。适坦然过其门，延请诊视，针其手，手动；再针，泻痰斗余，即崛然起坐。次日午刻，能往五里外赴席。其奇验类此者甚多。[见：《太平县志》、《太平府志》]

僧轮应 一作轮印。清代浙江萧山竹林寺僧人。生平里居未详。精妇科。撰有《女科秘旨》（又作《女科秘书》）八卷。是书与竹林寺僧静光所著《女科秘要》八卷，雪岩所著《女科旨要》十二卷，合称《竹林寺三禅师女科三种》（又作《胎产新书》、《竹林寺女科全书》），刊于乾隆辛卯（1771），今存。[见：《珍本医书集成·胎产新书》、《竹林寺考》、《中医图书联合目录》]

僧昙鸾 （474～542）又称释鸾。北魏雁门（今山西代县）人。年十四出家，为当时高僧。穷究佛典，通内外经籍。曾注释《大乘经》，积劳成疾，遂游历各地求医，至汾州疾病渐愈。自思人命"危绝不常"，闻江南陶弘景以医术知名，遂往从之。陶弘景"接对欣然，授以仙方十卷"。后北归返魏，沿途依方修法。至潞州，逢三藏菩提留支，复从之习《十六观经》，遂弃仙经，专求佛家解脱生死之法。魏主闻其名，重之，赐号神鸾，敕居并州大岩寺。后住持汾州玄中寺，时往介山（在今山西介休县南）之阴，聚徒讲经，后世名其山为鸾公崖。魏兴和四年，逝于玄中寺（一说平遥山寺），时年六十八岁。敕葬汾西文谷，建塔立碑。撰有《论气治疗方》一卷、《调气方》一卷、《疗百病杂丸方》三卷、《腹气要诀》一卷，均佚。[见：《隋书·经籍志》、《旧唐书·经籍志》、《宋史·艺文志》、《中国历代名医传》、《代

州志》、《山西通志》、《中国人名大辞典》]

僧昌显 字宏达。清代江苏青浦县人。约乾嘉间（1736～1820）在世。出家为僧。精医术，凡就医者，不分贫富，皆悉心诊治。年五十八岁圆寂。[见：《青浦县志》]

僧昌炳 号嵩山。清代僧人。约乾隆间（1736～1795）在世。精妇科，兼擅外科，为浙江萧山竹林寺第六十世医僧。[见：《竹林寺考》]

僧明瑞 号补荜。明初僧人。精妇科，为浙江萧山竹林寺第十五世医僧。[见：《竹林寺考》]

僧明德 号云庵。明代僧人。约万历间（1573～1619）在世。精妇科，为浙江萧山竹林寺第三十一世医僧。[见：《竹林寺考》]

僧果祚 号洪源。明代僧人。约正德间（1506～1521）在世。精妇科，为浙江萧山竹林寺第三十一世医僧。[见：《竹林寺考》]

僧果意 号觉林。明代僧人。约正德间（1506～1521）在世。精妇科，为浙江萧山竹林寺第三十一世医僧。[见：《竹林寺考》]

僧忠信 清代江西分宜县人。俗姓李。出家为僧，住持县南回龙寺，持斋奉佛，谨守清规。精武功，通医道，擅治骨伤，效验如响。凡求治者，药资外不受馈赠，遇贫困者不取资，数十年如一日。年八十岁，无疾而终。著有《张三峰内家方书》、《少林寺外家方书》，今未见。[见：《分宜县志》]

僧竺暄 唐代人。生平里居未详。辑有《食经》四卷（一作十卷），已佚。[见：《旧唐书·经籍志》、《新唐书·艺文志》、《通志·艺文略》]

僧径怡 号致和。明代僧人。约弘治间（1488～1505）在世。精妇科，为浙江萧山竹林寺第二十四世医僧。[见：《竹林寺考》]

僧性间 号迪庵。元代人。约大德间（1297～1307）在世。为浙江萧山竹林寺第十世医僧。[见：《竹林寺考》]

僧法坚 （?～1005）号广济大师。北宋庐山（今属四川）僧人。以医术知名。太祖召见，赐紫方袍，赐号广济大师。景德二年（1005），雍王赵元份久病不愈，真宗召法坚赴京疗治，至则已亡。法坚还山，亦卒。同时有僧洪蕴，亦善医。[见：《九江府志》]

僧法清 清代僧人，俗姓李。里居未详。康熙（1662～1722）初，结庵于广东英德县寨下村。精通医术，治病随手奏效。一日，坐化

于庵中，合掌如生。乡人为之立庙，香火极盛。[见：《英德县志》]

僧法琮① 宋代四明（今浙江鄞县）人。出家为僧。师事医僧元觉。与师弟了初，皆以医闻。[见：《鄞县志》]

僧法琮② 清代广东韶州人。俗姓李氏，出家为僧。精医术，康熙（1662～1722）初，结庵于韶州寮下村路旁，为人治病，随手可愈。一日，坐化庵中，合掌如生。[见：《韶州府志》]

僧法程 字无妄。宋代温州（今浙江永嘉）人。少年失明，百治不效，出家为僧。精通医术，知名于时。年七十余尚健在。[见：《医说·医僧瞽报》、《历代名医蒙求》]

僧法靖 五代至宋初会川（今四川会理）僧人。精医术。太平兴国间（976～983），一妇人患血症，服水蛭而愈，后发心腹痛，倒仆不省人事，群医不识何证。值法靖至，曰："此蛭子复生，潜脏腑耳。"用石灰制槟榔，服之而愈。[见：《历代名医蒙求》]

僧空谷 明代僧人。生平里居未详。著有《慈惠方》，曾有日本抄本存世，现存佚不明。[见：《中华医学会中文书目》]

僧居和 宋代僧人。里居未详。精医理，饮酒食肉，不守僧戒。然用心良善，每逢乡里疾疫，持药遍历病家，救其所苦，或以钱济之。[见：《中国历代医家传录》（引《谈苑》）]

僧绍钟 号即空。清代浙江萧山县人。为竹林寺第三十七世医僧。得本寺妇科真传，治病颇神效，名播吴越间。[见：《萧山县志》、《中国历代医家传录》（引《竹林寺考》、《竹林寺世乘·序》）]

僧树乾 号体穆。明代僧人。约成化、弘治间（1465～1505）在世。精妇科，为浙江萧山竹林寺第二十三世医僧。[见：《竹林寺考》]

僧树富 号月林。明代僧人。约成化、弘治间（1465～1505）在世。精妇科，为浙江萧山竹林寺第二十三世医僧。[见：《竹林寺考》]

僧持敬 号知己。元末僧人。约至正间（1341～1368）在世。出家于浙江萧山竹林寺。精妇科，为该寺第十四世医僧。[见：《竹林寺考》]

僧闻坚 号朗年。清代僧人。约乾隆间（1736～1795）在世。精妇科。为浙江萧山竹林寺第五十一世医僧。楼宅中赠以诗，极赞其术，有"门前车马喧，声声疗苦难"之句。[见：《竹

林寺考》]

僧洪蕴 (937～1004) 又称沙门洪蕴。本姓蓝，赐号广利大师。北宋潭州长沙（今湖南长沙）人。其母多年无子，乃专诵佛经，后有娠，生洪蕴。年十三岁，诣郡门开福寺僧智巴，求出家，研习方技之书。后游京师，以医知名。太祖诏见，赐紫方袍，赐号广利大师。太平兴国中（976～983）诏集天下医方，洪蕴录古方数十首以献。真宗在蜀邸，洪蕴尝以方药谒见。咸平（998～1003）初，补右街首座，累转左街副僧录。洪蕴善用汤剂，工于诊切，常于一年前言人生死，无不应者。贵戚大臣患疾，多诏遣诊疗。景德元年卒，时六十八岁。同时有僧法坚，亦善医。[见：《宋史·沙门洪蕴传》]

僧宣理 号化行。明代僧人。约建文（1399～1402）前后在世。精妇科，为浙江萧山竹林寺第十七世医僧。[见：《竹林寺考》]

僧神济 南宋丹阳县（今江苏丹阳）普宁寺僧人。与同门慈济，遇神仙桑君，授以秘验丹方，洞明医理，察脉如神，后皆以医术知名。政和、绍兴间（1111～1162），诸名公多赠诗褒奖。其徒道渊，传承师术，活人亦多。至嘉定间（1208～1224），有僧志恭、永全，尚传其业。[见：《镇江府志》]

僧神素 唐代僧人。生平未详。通医理，善灸法。其著述散佚不传，今仅见《外台秘要》载"神素师灸骨蒸欬法"一条，阐述施行灸法时日甚详。[见：《外台秘要·卷十三·神素师灸骨蒸欬法》]

僧泰如 号雪轩。明代僧人。约隆庆（1567～1572）前后在世。精医术，善妇科，为浙江萧山竹林寺第二十九世医僧。[见：《竹林寺考》]

僧莫满 隋代（?）僧人。生平里居未详。撰有《单复要验方》二卷，已佚。按《隋书·经籍志》又著录"僧道洪《单复要验方》三卷"，二僧关系待考。[见：《隋书·经籍志》、《通志·艺文略》]

僧晓云 佚其姓名。明代安徽贵池县上云寺僧人。精医术，专擅痘科。凡他医以为可治者，晓云每独曰："不治。"而他医以为不可治者，晓云常能活之。凡以病迎请，不甚求酬报，而坚不令更求他医。弟子通和，得其传授。[见：《贵池县志》]

僧晓微 五代后梁僧人。通医术。梁太祖久病不愈，其溲甚浊。晓微治之有验，太祖喜，封师号，赐以紫衣。不久，太祖旧疾复发，乃剥其服色，去其师号。[见：《旧五代史·梁书·段深传》]

僧圆冷 号于中。明代僧人。约宣德间（1426～1435）在世。为浙江萧山竹林寺第十九世医僧。精妇科，有"活神仙"之称。[见：《竹林寺考》]

僧圆涯 号无极。明代僧人。约宣德间（1426～1435）在世。精妇科，为浙江萧山竹林寺第十九世医僧。[见：《竹林寺考》]

僧铁舟 清代湖北江夏县人。本为名门之子，至上海引翔港太平寺出家为僧。善鼓琴，工书画，兼精医术。有慈悲心，凡得润笔之资，每赠贫寒之人。尝著《伤科阐微》若干卷，未刊而卒。[见：《上海县续志》]

僧般若 清代四川忠州人。本郡罗氏子，康熙间（1662～1722）出家为僧，精通医道。有贫妇病笃，其子悲泣不已。般若和药之，告曰："服之可延寿一纪。"后果如所言。著有《医学心悟》一书，藏涂井赵氏家，今未见。[见：《忠州直隶州志》]

僧高昙 五代时期萧山（今浙江萧山）惠济院僧人。后晋天福八年（943），遇异人授以妇科胎产秘籍。归而晓夜习之，久之工医，临证多奇验，竟以妇科知名天下。此后，门徒代代相传，至明清其术不衰。今世传《竹林寺女科秘方》、《竹林寺女科秘传》、《竹林寺秘授女科一百二十症》、《萧山竹林寺妇科》、《竹林寺三禅师女科三种》、《竹林寺女科医案》、《竹林寺胎前产后证治》等书，皆阐述、研究竹林寺妇科经验之作。[见：《竹林寺考》、《中医图书联合目录》]

僧悟知 (?～1735) 清代四川秀山县人。出家为僧，常居秀山乐善庵。通医理，遇时疫流行，辄入山采药，施治患者。雍正十三年，卒于乐善庵。[见：《酉阳直隶州总志》]

僧悟炯 号普洽。清代僧人。约乾隆间（1736～1795）在世。精医术，善妇科，为浙江萧山竹林寺第七十世医僧。林霖题其小像，有"追慕医王，已得门墙"之句。[见：《竹林寺考》]

僧拳衡 元代江西德兴县烧香院僧人。通佛学，精医药，治疾无不效者。至治三年（1323）皇后患疾，拳衡献药有功，赐号忠顺药师，领五省采药使。[见：《德兴县志》]

僧海江 明代四川茂州僧人。性慈善，以济世活人为怀。精医术，凡以病延请皆往，治则立愈，州人敬之。[见：《茂州志》]

僧海枕 号岸先。清代僧人。约康熙间（1662～1722）在世。擅长妇科，为浙江萧山竹林寺第四十四世医僧。精通医理，名驰吴越。素有丸锭秘方，修制精良，服者无不神效。［见：《竹林寺考》］

僧海峰 元代僧人。精医术，知名于时。龚璛作《赠医僧海峰》诗云："白白云生海上山，飞来作雨洗尘寰。即是华严发心住，一时龙藏满人间。"［见：《金元医学人物》（引《存悔斋稿》）］

僧海淳 俗姓吴。明代浙江处州僧人。自幼食素，稍长从师习佛经，不肯还家。父母殁，杖笠入终南山修行。遇一僧授以眼科秘方，依方治病辄效，遂精医术。后云游至南昌，相国张洪阳建广福堂使居之，徒众日聚，江左士大夫皆礼敬之。［见：《处州府志》］

僧海渊 北宋蜀人。出家为僧，精针灸术。天禧间（1017～1021）入吴楚，游京师，寓相国寺。中书令张士逊患病，国医束手。海渊诊之，一针而愈，由是知名朝野。既老归蜀，范景仁赋诗饯之曰："旧乡山水绕禅扃，日日山光与水声。归去定贪山水乐，不教魂梦到神京。"治平二年（1065）坐化。张唐英作偈曰："言生本不生，言灭本不灭。觉路自分明，勿与迷者说。"刘季孙铭其塔曰："资身以医，有闻于时。余币散之，拯人于危。士君子所难，吁嗟乎师。"［见：《能改斋漫录·卷十一·僧海渊工针砭》］

僧通文 字宇外。清代湖北武昌县人。修行于湖南善化县南门关圣殿。读梵书，不求甚解，萧然自得。精通医术，处方多奇验。人以病求诊，不论寒暑远近辄往，不取钱，不沽名，以活人为念。辑有《易简方》三十余卷，今未见。［见：《善化县志》］

僧通和 明代贵池县人。上云寺僧。其师晓云为痘科名医。通和传承师学，医术益精，有青出于蓝之称。以拳勇赴义死，其术遂失传。［见：《贵池县志》］

僧继炎 号松涛。清代僧人。约嘉庆（1796～1820）前后在世。精妇科，为浙江萧山竹林寺第七十五世医僧。［见：《竹林寺考》］

僧继洪 （约1208～1289）号澹寮。宋元间汝州（今河南临汝）人。出家为僧，通五明学（佛家以声明、工巧明、医方明、因明、内明为"五明"），尤精医方。端平（1234～1236）初，游于岭表，足迹至柳州、熙平、连州、五羊、封州等地。宝祐二年（1254）主持柳州报恩寺。林氏女患瘴疟，已垂危，继洪治而愈之。景定三年（1262）至连州，遇骞氏患寒厥，继洪亦愈之。撰有《澹寮集验秘方》十五卷，成书于至元二十年癸未（1283），刊刻于世（原版已佚，今有日本蓝川慎抄本存世）。此书汇集历代医书、杂记中各科经验秘方，凡千余首，分四十八门，对病因、病机、证候、治则等多有阐发。又辑《岭南卫生方》三卷，刊刻于世。此书包括李璆《瘴疟论》、张致远《瘴疟论》、王棻《指迷方瘴疟论》、汪南容《治冷热瘴疟脉证方论》、章杰《岭表十说》，及继洪所撰《卫生补遗回头瘴说》、《治瘴用药七说》、《治瘴续说》等内容。明万历间（1573～1619）娄安道又增补此书，增入其自著《八证标类》、李杲《药性赋》。《岭南卫生方》元代刻本及明景泰间重刻本均佚，今存娄安道增补本及日本天保十二年（1841）平安学古馆增补本。［见：《国史经籍志》、《万卷堂书目》、《文渊阁书目》、《汲古阁珍藏秘本书目》、《岭南卫生方·序》、《中国医籍考》、《岭南医征略》、《中州古代医家评传》、《中医文献辞典》］

僧雪岩 清代浙江萧山县竹林寺僧人。精妇科。辑有《增广女科旨要》四卷，刊于世，今存。［见：《珍本医书集成》］

僧常然 明代江宁县（今江苏南京）人。出家为僧。当地有名郑元厚者，得道家内视导引之术，治病不用针药，"搬运抚摩"即愈。郑氏秘其术不传，独常然得其要领，治病取效如神。［见：《江宁县志》］

僧清风 清代四川三台县人。出家为僧。早年游名山，得不传之秘，遂精医术。每值疫疠流行，施药救治，活人甚众。［见：《三台县志》］

僧清埕 号丹霞。清代僧人。约嘉庆（1796～1820）前后在世。精妇科，为浙江萧山竹林寺第七十六世医僧。［见：《竹林寺考》］

僧清照 字神济。南宋昆山慧聚寺（在今江苏昆山市马鞍山南麓）僧人。善医，能预知生死，为人疗疾多著奇效。享高年圆寂，临殁意甚了澈。绍兴三十年（1160）进士马先觉作挽诗，有"殷勤疗病肱三折，去往无名指一弹"之句，乃其写照。［见：《昆山两县志》、《昆新两县续修合志》］

僧涵碧 号静霞。南宋僧人。约淳熙（1174～1189）前后在世。精妇科，为浙江萧山竹林寺第一世医僧。［见：《竹林寺考》］

十四画

僧寂会 字心融，号啸江。清代江苏丹徒县人。俗姓邬氏，初居焦山，以侠义闻。中年折节持戒，里人请主持竹林寺。素善医术，尤神于喉科。寺田不足，所获诊金悉供僧众之用。弟子澄波，传承其术。[见：《丹徒县志》、《续丹徒县志》]

僧寂安 清代四川天全州始阳镇人。俗姓黄氏，入慈朗寺为僧。精医术，治病不计诊金。有所得则施济贫乏，捐修寺庙。[见：《天全州志》]

僧隆应 明代山西介休县大宋曲村人。出家为僧，和蔼不矜。通医道，尤擅伤科，凡金刃创伤，敷其药数日即愈。以医济世，虽贫困之家求诊，必尽心力，即富室延聘亦不计酬。当地时有械斗，每至伤筋断骨，遇隆应则多所全活，历任县令皆赠匾旌奖。[见：《介休县志》]

僧越林 〈女〉 又称越林上人，号逸舲。清代尼僧，挂锡于浙江桐乡县乌镇茜泾庵。姓名里居无考。精通医术，处方用药轻灵，有叶天士之风。著有《逸舲医案》，未梓。门生丁授堂、沈兰舫，皆以医知名。[见：《桐乡县志》、《中国历代医史》]

僧惠安 宋代建安（今福建建瓯）僧人。通医道，辑有《安师所传方》，已佚。刘昉撰《幼幼新书》，曾引据此书。[见：《幼幼新书·近世方书》]

僧惠怿 号觉海。明末僧人。精妇科。为浙江萧山竹林寺第三十四世医僧。[见：《竹林寺考》]

僧惠群 号心宗。明末僧人。精妇科。为浙江萧山竹林寺第三十四世医僧。[见：《竹林寺考》]

僧辉宗 （?～1905） 别号天映。清末四川简阳县东乡金马沟人。自幼敏慧，因事不遂，出家为僧。先后任资阳宝积寺、新都宝光寺、内江圣水寺方丈。光绪间（1875～1908）隐居成都普贤寺。精医术，擅长外科，治病多佳效，诸大宪争相礼致。遇贫病求诊，概不索谢，且赠以药，不失佛门本色。光绪乙巳卒。[见：《简阳县续志》]

僧景隆 号空谷。明代吴县（今江苏苏州）僧人。嗜医学，凡遇世间流传诸方、历试有效之方、医书遗失之方，必记录之，久之积以成帙，遂辑《慈济方》四卷，序刊于正统十三年（1448），今存。还辑有《慈意方》、《慈义方》，今存抄本。[见：《医藏书目》、《中国历代医家传录》（引《慈济方·自序》）、《中医图书联合目录》]

僧智广 俗姓崔氏。五代前蜀僧人。里居未详。剃度于雅州开元寺。精医术，擅长骨伤科。其治病先以竹杖拍击所伤经脉，继则涂以药液，饮以丸散，皆收奇功。乾德二年（920），蜀主王衍召至成都，使居宝历寺。自此声名大噪，求治者云集，日达数百人。生平轻财好施，治疗贫病不取诊酬，所得诊金皆捐造宝历寺天王阁，世以圣僧呼之。[见：《十国春秋·前蜀》、《四川通志》]

僧智文 明清间云南澄江僧人。兼精医道。门徒传杰，得其丸散真传。[见：《中国医籍考》]

僧智巴 北宋潭州开福寺僧人。兼通医道。门徒洪蕴（937～1004），年十三入寺修行，得其传授，以医术知名朝野。[见：《宋史·沙门洪蕴传》]

僧智宣 宋代（?）僧人。生平里居未详。辑有《发背论》一卷，已佚。[见：《宋史·艺文志》、《通志·艺文略》、《崇文总目辑释》]

僧智颛 隋代僧人。生平未详。著有《六妙法门》一卷，今存。[见：《中医图书联合目录》]

僧智斌 南朝梁僧人。生平里居未详。著有《解寒食散方》二卷、《解散论》二卷，皆佚。[见：《隋书·经籍志》]

僧智缘 （?～1074） 世称经略大师。北宋随州（今湖北随县）僧人。精医术。嘉祐（1056～1063）末，召至京师，居相国寺。常以脉象断人祸福休咎，诊父之脉，言其子吉凶，士大夫争相延致。此即后世盛传之太素脉。熙宁间（1068～1077），宋神宗命智缘乘传车赴藏，时称经略大师。后复还京师，熙宁七年坐化。著有《太素脉法》一卷，已佚。[见：《宋史·僧智缘传》、《湖北通志》、《中国历代名医碑传集》]

僧智澄 号顺初。清代僧人。约康熙间（1662～1722）在世。精妇科，为浙江萧山竹林寺第三十八世医僧。[见：《竹林寺考》]

僧善缘 清末僧人。为浙江萧山竹林寺第九十四世医僧。精妇科，行医以济世。[见：《竹林寺考》]

僧普门 号茂林。明代僧人。约万历间（1573～1619）在世。精妇科。为浙江萧山竹林寺第三十二世医僧。[见：《竹林寺考》]

僧普映 元代江西德兴县长居院僧人。通究释典，尤精医术。元武宗时（1308～

1311）授太医院御医，供职僧录司，前后服官十二年。［见：《德兴县志》］

僧普济

唐代僧人。生平里居未详。辑有《口齿玉池论》一卷、《唐陵正师口齿论》（又作《广陵正师口齿论》）一卷，均佚。［见：《宋史·艺文志》、《通志·艺文略》、《崇文总目辑释》］

僧普照

明代僧人。里居未详。万历（1573～1619）末，修行于江苏金坛县。精医术，多秘方，治疮疡汤火诸患，立有神效，不求报于人。年八十余卒。［见：《镇江府志》、《金坛县志》］

僧道广

五代前蜀僧人。得不传之秘，精通医术。乾德间（919～924），一人患怪疾，肌瘦如瘵，唯好食米，不予之则口吐清水，诸医不识其证。道广曰："此米瘕也。"以鸡粪及白米各半炒末，水调服。良久，吐物如米状，疾乃愈。［见：《古今医统大全·历世圣贤名医姓氏》］

僧道印

号梅石。南宋僧人。约德祐（1275）前后在世。精妇科，为浙江萧山竹林寺第八世医僧。［见：《竹林寺考》］

僧道安

号定真。明代僧人。约嘉靖（1522～1566）前后在世。精妇科，为浙江萧山竹林寺第二十六世医僧。［见：《竹林寺考》］

僧道兴

北齐僧人。住锡于北齐都城邺郡（今河北临漳西南），为当时高僧。武平六年（575），阖邑信众捐金，造释迦佛祖及二菩萨像，雕凿于洛阳龙门石窟。道兴主持造像事，并请人作文，记其始末，刻于第二十窟（俗称药方洞）石壁之上。记文之后有简便医药验方约二百零三首，分刻于洞门南壁、北壁。该验方即《龙门石刻药方》（又称《龙门治疾方》），为我国现存最早之古代验方集，受到国内外医史学界广泛重视。按，今有释道洪所辑《道兴治疾方》一卷（国内已佚，日本尚存），疑其内容即《龙门石刻药方》，而"道洪"或系"道兴"之同门，待考。［见：《龙门石刻药方·北齐都邑师道兴造释迦二菩萨像记》、《日本内阁文库汉籍目录》］

僧道洪

北齐僧人。里居未详。通医道。撰有《释道洪方》一卷、《寒食散对疗》一卷、《单复要验方》三卷，均佚。还辑有《道兴治疾方》，国内未见，今日本尚存。门生僧深，得其传授，以医术闻名朝野。按《隋书·经籍志》又有"僧莫满《单复要验方》"，二僧关系待考。［见：《隋书·经籍志》、《国史经籍志》、《外台秘要·卷第三十七》、《日本内阁文库汉籍目录》］

僧道渊

南宋丹阳县（今江苏丹阳）普宁寺僧人。约绍兴、乾道间（1131～1173）在世。得医僧慈济、神济之传，精通医术，活人甚多。［见：《镇江府志》］

僧道雄

俗姓唐。明代安徽凤阳县临淮镇人。自幼警悟，通音韵诸学，天性不茹荤酒。出家于真如寺，不分冬夏破衲蓬头，广修桥路，行人多便。精医道，常施药济人，服之者皆获奇效，活人甚多。年七十八岁，趺坐而逝。［见：《镇江府志》、《凤阳县志》］

僧湛池

字还无。明代山东济宁州僧人。持律精严，功行最高。尤精医术。疗病不执古方，擅以针灸治痈疡，取效神速。病者以财物谢之，一无所受，世人称颂其德。［见：《济宁州志》］

僧鉴真

（688～763）　俗姓淳于。唐代广陵江阳（今江苏江都县）人。其父笃信佛教，曾受戒于扬州大云寺。鉴真十四岁入大云寺为沙弥，师事智满禅师。神龙元年（705）由道岸禅师授菩萨戒。景龙元年（707）赴长安，次年从弘景禅师受具足戒。此后，又学南山钞于融济，学法律疏于义威、智全。大约景龙四年（710）返乡，讲经说法，授戒立律，声望日隆。年四十余，淮南、江左仰之为授戒大师。天宝二年（743）应日本学问僧荣睿、普照之请，发愿赴日传道弘法。自天宝二年至九年，五次东渡，均告失败，鉴真亦双目失明，然本愿不移，天宝十二年（753）十月，率弟子十四人，携佛像、佛具、佛经及大量香料、药品第六次东渡，于当年十二月二十六日抵达日本。鉴真侨居异国十载，弘佛法，建寺院，立戒坛，被誉为日本佛教律宗之开山祖师。日本天皇授以大僧都，赐号"大和上"，令主持全国僧纲。广德元年五月六日，鉴真寂化于日本唐招提寺，终年七十六岁。鉴真兼精医药之学，早年常以医药施济贫病。及东渡日本，曾诊治光明皇太后与圣武天皇之病，获良效；又曾为日本皇室鉴定药物，凭手摸、鼻嗅，皆辨识无误。相传鉴真在传戒之余，还传授医学及制药法，日本医药两道均奉之为始祖，药袋上多印鉴真像。鉴真著有《鉴上人秘方》一卷，惜未能流传。［见：《鉴真》、《鉴真和尚与日本医药》（《江苏中医杂志》1980年第2期）、《日本医学史·宽平年间现存书目》、《名医治学录》］

僧慈济

宋代丹阳县（今江苏丹阳）普宁寺僧人。与同门神济遇"神仙桑君"，得授秘验丹方，洞明医理，察脉如神，以医术知名朝

野。政和至绍兴间（1111~1162），名公以诗文褒美者甚众。门徒道渊，传承慈济、神济之术。[见：《镇江府志》]

僧福海 清代僧人。生平里居未详。精医术，行医扬州，与颜宝等八人齐名，世称"淮扬九仙"。[见：《古今名医言行录》]

僧缜均 号开济。清代僧人。约嘉庆（1796~1820）前后在世。精妇科，为浙江萧山竹林寺第八十一世医僧。[见：《竹林寺考》]

僧静光 清代浙江萧山县竹林寺僧人。生平未详。精妇科。著有《女科秘要》八卷。此书与同寺僧人轮应《女科秘旨》、雪岩《女科旨要》合刊于乾隆辛卯（1771），合称《竹林寺三禅师女科三种》（又作《胎产新书》、《竹林寺女科全书》）。[见：《珍本医书集成》]

僧静暹 字晓庵。南宋萧山县（今浙江萧山）僧人。精妇科，为浙江萧山竹林寺第五世医僧。绍定六年癸巳（1233），谢皇后患重疾，静暹以秘方愈之，赐封医王，赐寺名惠济，又赐"晓庵"、"药室"二匾。[见：《竹林寺考》]

僧慧义 南朝梁人。出家为僧。兼通医理，深信服石之术，尝谓："五石散者，上药之流也。良可以延期养命，调和性理，岂直治病而已哉。将得其和，则养命瘳疾；御失其道，则夭性，可不慎哉。此是服者之咎也，非药石之咎也。"魏晋南北朝时期，服石之风甚盛，士大夫争相服用，受害亦惨烈，故为明达之士所不取。慧义为服石推波助澜，非明医也。撰有《寒食解杂论》七卷。该书隋代即佚，其方论散见于《医心方》卷十九、卷二十。[见：《隋书·经籍志》、《医心方》]

僧慧可 一作惠可。宋代僧人。生平里居未详。著有《达摩血脉》一卷，已佚。[见：《宋史·艺文志》、《崇文总目辑释》]

僧慧南 （1793~?）又号澄智。清代四川定远县人。本姓滕，四岁出家为僧，及长，任刘家庵大道庙主持。精医术，擅长外科。常自制成药以济贫病，病愈不受酬谢。善养生，年八十二岁，犹康健如常人。[见：《定远县志》]

僧德昂 号六清。明代僧人。精妇科，为浙江萧山竹林寺第三十五世医僧。[见：《竹林寺考》]

僧德恒 字解石。清代浙江诸暨县人。出家为僧。通医理，曾重订徐凤《针灸大全》。[见：《中国医学大成总目提要》]

僧德铭 号日新。明代僧人。约正统间（1436~1449）在世。精妇科，为浙江萧山竹林寺第二十世医僧。[见：《竹林寺考》]

僧澄一 明代僧人。生平里居未详。精医术。旅居日本，传医术于日本石原学鲁、国立贞、今井引济等，诸徒后皆为日本名医。[见：《日中文化交流史》]

僧澄月 清代浙江嘉善县慈云寺僧人。精医术，擅长外科。俗家弟子姚仁安，得其传授，以外科知名。[见：《嘉善县志》]

僧澄波 清代江苏丹徒县人。医僧寂会门徒。得师传授，亦精医术，擅长喉科。[见：《丹徒县志》]

僧遵化 宋代（?）僧人。生平里居未详。撰有《养生胎息秘诀》一卷，已佚。[见：《宋史·艺文志》]

僧嚚憨 明清间陕西凤翔县人。生有凤质，长悟禅宗，出家于东关普门寺。顺治十八年（1661），曾重修普门禅院。著有《长生语录》，刻石于院壁。[见：《凤翔县志》]

僧东林隆 金代僧人。为少林寺（位于河南登封县少室山北麓五乳峰下）住持。兴定（1217~1221）末年，东林隆以香客布施之钱创办药局，取常用效方百余种，炮制成药，施济贫病。众僧推举僧德、僧浃主持药局事务，二人通晓医药学，炮制得法，用药合宜。[见：《金元医学人物》（引《遗山先生文集·少林药局记》）]

鲜

鲜弘 明代四川阆中县人。精医术，官医学正科。天顺间（1457~1464）寇掠南部县，府檄鲜弘率民兵御之，奋击而死。[见：《中国人名大辞典》]

鲜于

鲜于享 字惟几。宋代蜀州人。任汉州军事判官。多学善弈，兼精医术。为人自强，世称"鲜于第一"。[见：《中国历代医家传录》（引《东斋记事·卷四》）]

雒

雒镛 字声峻。近代陕西长安县（今西安）人。早年毕业于陕西公立医学专门学校，以医知名。著有《种痘常识》一卷，今未见。[见：《续修陕西省通志稿》]

廖

廖平 （1852～1932） 原名登廷，字勖陔，又字季平，晚号六译。近代四川井研县人。自幼习儒，肄业于成都张之洞所办尊经书院。清末授龙安府学教授，曾任尊经书院襄校。民国间先后任四川国学院校长，兼华西大学、成都高等师范教授。早年受王闿运影响，专治今文，以《五经异义》入手，主张分析今文古文。其学多变，初持古文为周公所创、今文为孔子所创之说；继主张今文为孔子真学，古文乃刘歆伪品。自言其学术思想历经六变，故晚年编定其著作为《六译馆丛书》。此前自号"四益"，继改"四译"、"五译"、"六译"，皆取治学进益、转变之义。卒后，章太炎为作《清故龙安府学教授廖君墓志铭》，称其"学有根柢，于古代经说无不窥"。廖氏以余力研究医学，撰有《释尺》、《伤寒杂病古本》、《伤寒总论》、《伤寒平议》、《伤寒讲义》、《难经经释补正》、《杨氏太素诊络篇补正》、《太素内经伤寒总论补正》、《黄帝太素人迎脉口诊补正》、《黄帝内经太素诊皮篇补正》、《诊骨篇补正》、《营卫运行杨注补正》、《脉学辑要评》、《巢氏病源补养倡导法》、《疟解补正》、《分方治宜篇》、《经脉考证》、《十二经动脉表》、《诊筋篇补正》等三十四种，皆收入《六译馆丛书》。[见：《中国医学大成总目提要》、《中医图书联合目录》、《中国历代医家传录》]

廖甡 字鹿侪。清代广东南海县人。嘉庆二十二年（1817）进士。道光（1821～1850）末，官汝宁知府。在任瘟疫大作，死者达三分之一，廖氏急备药物施救，又重刻《应验良方》一书，广布民间，以资救济。后又筹公款购药、聘医，设立牛痘所，当地出天花者为之锐减。[见：《汝南县志》、《明清进士题名碑录索引》]

廖玺 号器也。清末江西安福县南乡深溪人。同治五年（1866）岁贡。自幼明敏，善属文，兼通理学。屡赴乡试，不得志。性孤介而坦直，有声士林。曾修辑家谱，族人感之。兼涉医学，辑有《经验方》若干卷，刊布济世，今未见。[见：《安福县志》]

廖琛 字瑶圃。清代江西宜黄县城南人。以医为业，知名于时。[见：《宜黄县志》]

廖一品 清代四川巴中县人。通医理。著有《暗室灯医书》二卷，雕版刊行，今未见。[见：《巴中县志》]

廖人奉 字际可。清代湖南衡山县人。监生。事继母以孝闻。精医术，活人不受谢，遇贫病助以药资。嘉庆间（1796～1820），白山书院坍塌，倡捐修复。[见：《衡山县志》]

廖云溪 清代四川中江县人。业精于医，闻名一时。于道光甲辰（1844）著《医学五则》，刊刻于世，今存同治九年庚午（1870）文魁堂刻本。此书包括《医门初步》、《药性简要》、《汤头歌括》、《切总伤寒》、《增补脉诀》各一卷。[见：《新修潼川府志》、《中江县志》、《中医图书联合目录》]

廖仁恕 字体元。清代四川大竹县人。朴直廉洁，敦孝友。虽居城市，不染恶习。精医术，以济人为务，为当时名医。[见：《大竹县志》]

廖凤仪 字归朴。清代湖南衡山县人。自少习儒，性敏嗜学，九试不中，遂游心岐黄，后悬壶济世。有医德，虽起人沉疴，终不受谢。故友之子刘绚礼卧病，忽闻寇警，众人皆奔避，独廖氏不离患者，待病愈，携之归。[见：《衡山县志》]

廖文彬 元代福建将乐县人。生性鲁钝，酷嗜医学，日夜读书，寝食尽废，终以医术知名。临证用药如神，遇贫者施诊赠药，世称仁医。有司荐为太医，辞不赴。又举为医官，复辞。曰："吾性愚鲁，愿为散人。"[见：《延平府志》]

廖正原 字怀清。清代四川铜梁县人。方正有古君子风。自少习儒，历试不售，改业医。临证治辄著效，知名于时。年七十五岁卒。著有《方脉切要》、《内景图说》诸书，今未见。[见：《铜梁县志》]

廖兰廷 字化鹏，号侯麓。清代广西临桂县人。精医术，知名于时。有医德，凡求药者不计资，出诊亦不乘舆，自壮至老如一，为乡党所敬重，当时名公多有题赠。[见：《临桂县志》]

廖对庭 号芳斋。清代江西南城县人。凤婴多疾，性嗜医学。观前代各家医书浩如烟海，无所适从，遂游历海内，遍访名医，卒无所遇。道光元年（1821）秋，病热厥，因误药而狂，诸医为之束手。后求诊于名医陈念祖，陈详为指示，定以数剂方药，立起沉疴，遂执经受业，为陈氏门生。[见：《伤寒论浅注·跋》]

廖成林 清代河南许州人。精医术。康熙间（1662～1722）官本州医学典科。[见：《许州志》]

廖先达 字春帆。清代四川铜梁县人。性旷放不羁，博学多识。工诗，有唐人风格。

邑中诗派，自铜梁山人王汝璧之后，以廖氏为大宗。擅画，设色精工。道光（1821～1850）初，县令徐瀛雅重其学，延请廖氏与举人白玉楷同修《铜梁县志》。兼通医道，晚年辑医书若干卷，已佚。[见：《铜梁县志》]

廖庆春 清末湖南醴陵县人。精医理，擅治疫症。同治十年（1871）白喉流行，廖氏撰《喉科证治便览》，刊刻于世，今未见。[见：《醴陵县志》]

廖安十 字明哲。清代湖南衡山县人。精医术，活人无算。有医德，治病不受酬谢，遇贫病助以药资。年八十一岁卒。[见：《衡山县志》]

廖寿山 明代福建建宁县人。以医为业，知名于时。有医德，以活人为心，治病不计诊资，远近称颂之。[见：《福建通志》]

廖志德 清代湖南辰溪县西乡人。乾隆间（1736～1795）清兵伐金川，廖氏与谢有元以医术应募，随军以水药治伤，屡获奇效，皆以医疗功授恩生顶戴。[见：《辰溪县志》]

廖作栋 字伯隆。明代河南邓州人。家道饶富，以孝友闻。晚年嗜方外学，尤精于医，所活不下数百人。年七十六岁卒。著有《痘疹指掌》，行于世，已佚。[见：《邓州志》、《南阳府志》]

廖国田 清代湖南常宁县人。精医理，日携药囊济人，无不立效。著有《医方》、《廖氏脉诀》，时人皆珍之，惜未见刊行。[见：《常宁志》、《湖南通志》]

廖政参 清末人。生平里居未详。著有《眼科宜书》一卷，今存重庆石印本。[见：《中医图书联合目录》]

廖荣高 清代四川井研县人。世代业医，至荣高医术益精。推重张介宾新方八阵、古方八阵，临证偏主滋阴，尤善用金水六君煎。廖氏之学与同邑名医周廷燮相反，用药各有偏主。门人税锡祺，亦以医名，临证好用龟板。井研流传时谚"廖龟胶、税龟板、王（廷照）厚朴、周花椒"，可略见诸医用药之特点。[见：《井研志》]

廖彦昭 字国流。明代江西吉安府龙泉县人。幼习岐黄，通晓医理。及长，遇异人授以子午针法，凡沉疴宿疾，无不立起，名振于时。曾遇出殡者于途，棺内有血渗出。询之，乃孕妇难产而亡。即命开棺诊视，揣其胸尚温，出针按穴刺之，良久妇人活，顺产一子，闻者叹服。

重医德，常以大壶煮药，施济贫病，世以"壶公"称之。[见：《吉安府志》]

廖振宗 字维城。清末四川简阳县龙泉寺人。光绪辛卯（1891）中乡试。淡于仕进，潜心医学，知名乡里。尝辑《医案会编》八卷，未成帙而殁，门人陈时瑞校成之。此书首法叶天士《医案存真》，次阐杨琼龄《乐我斋医案》，后载"琐说"、"治验"，惜未见刊行。[见：《简阳县志》]

廖积性 清代江西奉新县人。生平未详。曾撰《广生编》一卷，收入丛书《保赤全编》，今存。又于道光二十九年乙酉（1849）重校王叔和《脉经》，亦刊行。[见：《中国丛书综录》、《中医图书联合目录》]

廖造唐 字洽汾，号乐善。清代广东龙门县兴义坊人。性仁厚，精岐黄术。凡求诊者，虽阴雨深夜必往，遇贫病赠以药，病愈不受谢，人皆德之。年八十九，无疾而终。[见：《龙门县志》]

廖家兴 （1918～1982） 号蒲园。现代江西龙南县人。擅长中医内科，兼精针灸，对中医文献尤多研究。曾任江西省中医进修学校教师、江西省中医研究所中医师、江西省中医医院中医师、赣南医专中医教研组主任、赣州地区中医学会理事。著有《硅肺的中医治疗》、《蒲园医案》、《中医方剂手册》等书，并先后发表学术论文一百多篇，为江西著名医家。[见：《中医年鉴》（1983）]

廖润鸿 字逵宾。清代湖南澧陵县人。对针灸学多有研究。曾撰《考正周身穴法歌》一卷，刊刻于世，今存同治十三年（1874）北京善成堂刻本。今有《勉学堂针灸集成》四卷，题"廖润鸿撰"，有光绪五年（1879）刻本等多种，据王雪苔先生考证，乃书贾摘取《类经图翼》、《东医宝鉴》、《针灸经验方》诸书抄拼而成者。[见：《中医图书联合目录》、《针灸古典聚珍·王雪苔序》]

廖得寅 清代四川双流县人。性刚直，不阿权贵。精医术，凡贫病之家延请无不赴，倘以势凌人者求诊，断然不治，世人莫不敬畏之。年八十三岁殁。[见：《双流县志》]

廖维司 清代河南方城县陌陂廖庄人。医术精妙，善治奇证，为嘉庆间（1796～1820）当地名医。[见：《方城县志》]

廖登楼 字光远。清末四川井研县人。经学大师廖平（1852～1932）三兄。精通医术，对阴阳脏腑诸说、用药寒热之辨，皆有独到见解。当地名医周廷銮，临床专主热药，而廖荣高、税锡祺师徒则偏主寒凉。廖登楼撰《四圣心源驳议》一卷，对二者皆有批驳，其序称："无论寒热药，与病相投者，病愈不反。过服寒热，旋愈旋反，久皆成痨。"此外，还撰有《脏腑探微》二卷，今皆未见。[见：《井研县志》]

廖麟书 号恭默。清代江西上饶县人。增贡生。为人恪守绳墨，言行恭谨。潜心经史，通晓堪舆百家之言。尤精医道，贯通《灵枢》、《素问》诸经。著有《医学偶纂》四编，今未见。[见：《上饶县志》]

端木

端木达 字蕙卿。清代江苏常熟县人，居何墅。擅书画，能诗，兼工篆刻。辑有《端木氏世谱》、《咏梅诗稿》。后习医，悬壶于世。性谦抑，不执己见，临证治必对证。尝坐堂于药肆，店主谓某患者宜购贵药。端木曰："病如是，药宜如是，不能曲徇也。"其质直若此。子端木博之，绍传父业。[见：《常昭合志稿》]

端木缙 字仪标。清代安徽当涂县人。生平未详。辑有《医学汇纂指南》八卷，成书于康熙丁亥（1707）。《四库全书总目提要》评之曰："是书摘取古今医书，荟萃成帙。每病之下，先详脉理，次病因、次现证、次治法，颇为明晰。"[见：《四库全书总目提要》、《重修安徽通志》]

端木博之 清代江苏常熟县人。邑名医端木达子。绍承父学，亦以医问世，知名于时。[见：《常昭合志稿》]

阚

阚仁 字静斋。明代云南通海县人。自幼习儒，旁通医术，治病有神效。邑中有少年，持茶花行于秀山中，自觉无恙。阚仁遇之，令速归。及归家，果病发而亡。少年父兄问其故，阚氏答曰："耳色青，小肠已断。"[见：《云南通志》]

漆

漆开藻 字绮卿。清代湖南永定县人。县学生。道光己酉（1849）大饥，与兄设粥米厂，开藻董其事。有黠仆数辈，杂糠秕为奸利，立惩治之，躬亲散放，饥民皆沾实惠。因母病而究心医术，亲侍汤药。晚年医术益精，求者无不应。山居苦无药，复设药肆以济贫乏。

精研易理，通《邵子易数》，易篑时，犹诵卦爻不置。著有《医方备要》六卷，今未见。[见：《永定县乡土志》]

谭

谭浚 字久原，号勺泉。明代江西南丰县人。通经史，擅诗文，兼涉医学。平生隐居著述，世无知者，惟新城邓元锡与之友善，曾校阅谭氏《医宗》，并为之撰序。此书已佚。[见：《建昌府志》、《江西通志稿》]

谭章 字含辉，号素庵。清代江西雩都县人。进士谭源孙。自幼颖慧，博览群书。后弃儒习医，究心《灵枢》、《素问》、《难经》诸书，久之精医理，悬壶济世。行医数十年，屡起危疾，活人无算。著有《素庵医案》若干卷，毁于兵燹。[见：《雩都县志》]

谭瑀 清代广东南海县人。生平未详。著有《验方备考》二卷，今未见。[见：《南海县志》]

谭楷 （1794～1872）字平年，又字谷山。清代广东顺德县沙富人。自幼好学，讲求经世之术。道光丁酉（1837）赴试，主考黄琼见其文，称积学之士，因字数逾额，抑为副车。名所居曰修忍山斋，藏书万卷。诗得力于杜苏，画工山水。兼精医术，尝欲著中西医论以传世，未果。同治壬申卒，年七十八岁。[见：《顺德龙山乡志》]

谭简 唐代人。生平里居未详。以眼科知名。崔相国左目生赘瘤，视物极碍，久医不愈。谭简应聘治之，择晴明之日，入静室，先令饮酒，然后以刀去赘，以帛拭血，敷以药，数日痊愈。[见：《因话录》]

谭骧 明代广东南雄州始兴县人。谭升三子。精医术，知名于时。以名医征入广西苍梧县幕府，任医学训科。长子谭大中（1497～1561），传承父学；次子谭大初（1504～1578），官至南京户部尚书。[见：《中国历代名医碑传集》（引孙继皋《宗伯集·粤始兴医学训科岩山谭公暨配李孺人合葬墓志铭》）]

谭大中 （1497～1561）字宗正，自号岩山。明代广东南雄州始兴县人。医学训科谭骧长子，南京户部尚书谭大初兄。早年随父习医。学成，复遵父命师事他医，受针灸八法，尽其术。及悬壶，沉疴痼疾，随手奏效，遂补县医学医生。十年后授医学训科。其父年老致仕，大中继任苍梧县医学训科。又十年，引疾辞归。嗣后，游历天下，足迹遍于潇湘洞庭、武夷仙岩、因大初居高官，晚年不复悬壶。嘉靖辛酉卒，享年六十五。[见：《中国历代名医碑传集》（引孙继皋《宗伯集·粤始兴医学训科岩山谭公暨配李孺人合葬墓志铭》）]

谭万琼 清代四川荥经县人。以医为业，知名于时。子谭曰发，孙谭达修，曾孙谭世泽，皆传承家学。[见：《荥经县志》]

谭天骥 字介如，号意园居士。近代湖南衡州人。生平未详。著有《意园读医书笔记》二卷，成书于1913年，今存抄本。是书上卷记平日读医书心得，下卷论治病方法，皆精详。[见：《四部总录医药编》、《中医图书联合目录》]

谭曰发 清代四川荥经县人。邑名医谭万琼子。继承父学，亦精医术，名噪于时。子谭达修，孙谭世泽，曾孙谭必清，皆绍传家学。[见：《荥经县志》]

谭仁显 （908～1015）世称谭居士。北宋成都（今四川成都）人，居郡城东南隅。崇信佛教，常手持数珠，诵佛经于闾巷。素无喜怒，毁誉不动其心。精医药之学，所居庭庑篱落间遍植草药，每日晨携药出诊，至午方归。归则闭户靠壁，瞑目而坐。治病所得钱帛，随手分授贫者，默无一言。大中祥符八年冬，无疾端坐而逝，时一百零八岁。生前有问以长生之法者，对曰："导养得理，以尽性命。百年犹厌其多，况久生之苦乎?"[见：《茅亭客话·卷十》、《重修成都县志》]

谭从华 清末人。生平里居未详。辑有《相在室集验方汇编》一卷，今存光绪二十三年丁酉（1897）刻本。[见：《中医图书联合目录》]

谭公望 字辛才。清代湖南长沙县人。生平未详。撰有《医赘省录》二卷，今存光绪十六年庚寅（1890）稿本，书藏中国中医科学院图书馆。[见：《中医图书联合目录》]

谭文明 清代广东乐昌县九峰人。邑庠生。精医术，活人甚众。有医德，治病不索谢，遇贫困不能购药者，凭揭单付永春堂验取，代出药资，每年约数十金。县令李云栋，重其医术人品。[见：《乐昌县志》]

谭文淮 清代湖南浏阳县人。生平未详。通医理，著有《疹门求诚》四卷，今未见。[见：《浏阳县志》]

谭玉林 清代四川定远县人。精医术，知名于时。年逾古稀，犹赴病家之请，虽风雨不避。寿至八十一岁卒。[见：《武胜县新志》]

谭世泽 清代四川荥经县人。世医谭达修子。传承家学，亦精医术，名重于时。曾挟技游泸关、汉番（康定地区），慕名求治者门庭若市。子谭必清，孙谭其章，袭承家业。[见：《荥经县志》]

谭必清 字心渊。清末四川荥经县人。世医谭世泽子。幼年丧父，不及闻庭训，习儒读书，学问渊博，为光绪（1875～1908）末贡生。因病弃儒学医，博览诸家医籍，自疗而愈。嗣后，悬壶于乡，处方用药多出人意表，见者哗然，而屡投辄效，沉疴顿起，人乃信服，医名振于遐迩。清溪县令钟文叔之子病，但热不寒，足冷鼻衄，面黄肿而无汗，谭氏投以白虎汤，加桂枝、柴胡。钟公曰："鼻衄，桂枝恐不宜服。"谭氏曰："早用早瘳矣。"先用五分，次日用四分，疾愈。恒子芬之母病呕逆，谭氏以大黄甘草汤进。病者诧曰："吾年老衰甚，吐乃上部之事，何可下之?"答曰："固胃以甘草，降逆以大黄，胃和则呕吐可止。"如言服之，一泻而吐止。子谭其章，传承祖业。[见：《荥经县志》]

谭永湘 清代四川云阳县人。性识明敏，急公好义。精通医术，施药济人，乡里多受其惠。[见：《云阳县志》]

谭永德 南宋下邳（今江苏邳县）人。生平未详。辑有《谭氏殊圣》（又作《殊圣方》），已佚。绍兴间（1131～1162）刘昉编《幼幼新书》，曾引据此书。[见：《幼幼新书·近世方书》]

谭达修 清代四川荥经县人。邑名医谭曰发子。绍承家学，亦有医名。子谭世泽，孙谭必清，皆承祖业。[见：《荥经县志》]

谭华荪 字灿铺。清代江苏金山县张堰镇人。早年习儒，尤精医道，决人生死无或爽，知名于时。重医德，诊治贫病不受酬，更以药赠之。年八十余殁。门生沈琎，能传其术。[见：《重辑张堰集》、《金山县志》]

谭其章 近代四川荥经县人。世医谭必清子。早年随父应诊，明悟家学。父殁，悬壶于乡，亦负盛名。[见：《荥经县志》]

谭昌言 清代山西解县人。嘉庆癸酉（1813）乡试第一名举人。学问渊深，孝行纯笃。兼精医术，著有《内经知要》若干卷，今未见。[见：《解县志》]

谭明哲 清代四川云阳县人。以医济世，遇贫病赠以药饵，乡人德之。[见：《云阳县志》]

谭念模 清代四川涪陵县人。精医术，悬壶数十年，活人甚众。[见：《续修涪州志》]

谭学海 清代湖南人。寓居四川宁远。博学多识，尤邃于医，能辨正古今方书。著有《医案》若干卷，未见刊行。[见：《宁远府志》]

谭承铎 字品彰。清代四川简阳县北石钟滩人。幼习举业，稍长，弃而学医，知名乡里。[见：《简阳县续志》]

谭奏勋 清代广东儋县盐田村人。附贡生。兼精医业，所拟丹方，多能奏效，知名于时。[见：《儋县志》]

谭昺煦 字熙民。清代山东潍县东关人。诸生。曾任鸿胪寺序班。精医理，咸丰乙卯（1855）考授太医院医士。曾编辑《伤寒歌诀》、《意解新编》、《内经详解》数册，为后人所宝重。子谭敬修，亦精医术。[见：《潍县志稿》]

谭炳墉 字词垣。清末广东罗定县塔溪乡贤里人。附贡生。性孝友，幼时邻人赠果饵，必怀归奉母。家贫，十六岁训蒙养家，课暇代母劳，料理诸事。平生多义举，凡倡设义渡、修建茶亭，无不力行。州中创建育婴堂、寿世堂及菁莪书院，皆竭力经营，不辞其劳。撰有《劝戒易览编》二卷，上卷为圣贤语录，下卷为救急诸方。今未见。[见：《罗定志》]

谭祚延 号寿丞。清代广西象县人。自少习医。中年客居广州，赴澳门镜湖医院，研究西法治疗，欲沟通中外医术。后返乡行医，屡起沉疴。著有《四诊记》若干卷，藏于家。[见：《象县志》]

谭能受 清代湖南新化县人。笃于孝友，能诗，兼通医术。撰有《医案》一卷，未梓。医学外，尚著《迟悔轩诗钞》二卷、《竹心杂组》二卷。[见：《新化县志》]

谭敬五 清代安徽定远县人。善医，专精大方脉。凡众医束手之证，投剂辄愈，有神医之称。年八十四岁卒。子谭观澜、谭观茂，孙谭经，俱为邑增生。[见：《定远县志》]

谭敬修 清末山东潍县东关人。太医院医士谭昺煦子。绍承父学，亦精医术。子孙多传家业。[见：《潍县志稿》]

谭锡彝 清代广东开平县人。生平未详。撰有《秘溪医集》八卷，今未见。[见：《开平县志》]

谭震东 清代河南泌阳县高邑保人。庠生。精医术，好以太素脉断人死生。嘉庆癸酉（1813）疫疠大作，谭氏施术救治，全活甚多。遇贫病赠以药饵，乡里感德。著有《伤寒捷径》若干卷，藏于家。[见：《泌阳县志》]

谭黼臣 清末四川华阳县（今成都）中兴场人。光绪（1875～1908）初，徙居芦山县。精医术，擅长制药，悬壶于芦山，名闻于天全、穆坪等地。芦山县令梁元吉雅重其术，有疾病辄延请诊治，皆奏奇效。后返乡省墓，邀六弟、七弟赴芦山，皆以医著称于世。[见：《芦山县志》]

谭麟玉 字梦符。清代广东信宜县人。岁贡生。少孤力学，事母至孝。精通医术，活人甚众。殁之日，闻者流涕。[见：《信宜县志》]

熊

熊均 字宗立，号道轩，又号鳌峰，自号勿听子。明代福建建阳县人。元代名医熊彦明后裔。早年从刘剡习儒，兼嗜阴阳占卜诸术。因自幼多病，故酷嗜岐黄之学，博览历代医籍，多有心悟。熊氏注释、刊刻医书甚多，为一时之冠。今存者有《黄帝内经素问灵枢运气音释补遗》一卷、《素问运气图括定局立成》一卷、《勿听子俗解八十一难经》六卷、《图经节要补增本草歌括》（元胡仕可原撰）二卷、《类编伤寒活人书括指掌图论》（宋李知先原撰）九卷、《勿听子俗解脉诀》一卷、《名方类证医书大全》二十四卷、《类证注释钱氏小儿方诀》一卷、《类证陈氏小儿痘疹方论》二卷、《历代名医考》一卷。此外尚有《医学源流》一卷、《山居简要医方便宜》十六卷、《外科精要附遗》三卷、《妇人良方补遗大全》二十四卷、《原医图药性赋》八卷、《祈男种子书》二卷、《温隐居海上方》一卷、《袖珍方大全》四卷、《丹溪治要法》一卷，存佚不明。熊氏还曾重刻《补注释文黄帝内经素问》十二卷、《黄帝内经灵枢》十二卷、刘完素《黄帝素问宣明论方》十五卷、刘温舒《素问入式运气论奥》三卷，广传于世，对中医文献传承贡献极大。[见：《明史·艺文志》、《医藏书目》、《建阳县志》、《重纂福建通志》、《医学入门·历代医学姓氏》、《四库全书总目提要》、《中国医籍考》、《内阁文库汉籍分类目录》、《故宫所藏观海堂书目》、《中医图书联合目录》]

熊芬 字杏林。清代湖北武昌县灵溪乡人。岁贡生。精医术，求诊者踵相接。有医德，治病不分贫富，贫者不取其酬，邑人德之。[见：《武昌县志》]

熊佑 字良佐。明代山东博兴县人。成化五年（1469）三甲第一百零三名进士。官至镇江知府。曾增补赵叔文《救急易方》，编《新增救急易方》二卷，刊刻于世。此书国内未见，今日本尚存成化二十一年（1485）原刻本。[见：《内阁文库汉籍分类目录》、《中国医籍考》、《明清进士题名碑录索引》]

熊浚 字如章。清代湖北广济县人。自幼习儒，十七岁为诸生。精医术，求治者甚众。诊病不求酬报，人多德之。[见：《广济县志》]

熊士杰 明代四川新宁县人。自幼嗜学，贯通经史百家，尤精医理，知名于时。[见：《四川通志》]

熊大乐 清代江苏高邮州人。邑名医熊以恭次子。国学生。与兄熊大礼皆传父学，以医知名。[见：《高邮州志》]

熊大礼 清代江苏高邮州人。邑名医熊以恭长子。国学生。与弟熊大乐皆传父学，以医知名。[见：《高邮州志》]

熊才忠 （?~1897） 初名福寿。清末四川大竹县兴隆场德化里人。性孝友。以医为业，治病多奇验。遇不可治之疾，则不再诊视，其人终不可挽救。大竹、仪陇、巴中诸县病者奉之若扁鹊、华佗。有医德，治病不计较酬金，其贫病者则配药赠之。晚年研求道学，好劝人向善。光绪丁酉卒，乡人建福寿宫以祀之。[见：《续修大竹县志》]

熊开迪 清代四川南川县人。世代业医，治病不计诊酬，活人甚众。辑刻《经验良方》、《慈船普济》，行于世，同邑周士瀛为之作序，今未见。[见：《南川县志》]

熊元会 字运隆。明代江西进贤县人。精医术，知名于时。县尹聂公赠以"回春妙手"匾额。[见：《进贤县志》]

熊元鸣 字磐石，号持平。清代江西义宁州人。事母以孝闻。乐善好学，矜尚气节。习举子业，屡试不中。精通医卜、堪舆诸书，以术济人。著有《矜生济世集》若干卷，未见流传。[见：《义宁州志》]

熊月湖 宋元间人。生平里居未详。精医术，悬壶济世，知名于时。王义山赋《赠医士熊月湖》诗，其一曰："缘何扁鹊号良医，传法元来饮上池。化作月湖湖内水，愿捐一滴救疮痍。"其二曰："月湖镜样十分清，诊视还他指下明。那似月湖心地好，愿人常似兔长生。"[见：《金元医学人物》（引《稼村类稿·卷三》）]

熊以恭 字又谦。清代江苏高邮州人。邃医理，悬壶于世，治病多良效。王履直妻患

病，发则眩晕欲绝，年余不起。众医投以补剂，转剧。熊氏诊之，曰："痰饮所致。"以苓桂术甘汤佐以导痰之品，数剂而瘥。一贫士之子患春温，青斑被体，误服大凉之药，垂毙。熊氏诊为阴毒发斑，投真武汤三帖而愈。熊氏天性孝友，工书善咏，尝答京口鲍海门诗，有"次第江城花事动，买舟先访鲍参军"之句。子熊大礼、熊大乐，俱为国学生，能世其业。[见：《三续高邮州志》、《高邮州志》]

熊世钐 清代江苏江都县瓜州镇人。邑名医熊有源长子。传承父学，亦以医名。[见：《瓜州续志》]

熊世钰 清代江苏江都县瓜州镇人。邑名医熊有源次子。传承父学，亦以医名。[见：《瓜州续志》]

熊世铉 清代江苏江都县瓜州镇人。邑名医熊有源幼子。传承父学，亦以医名。[见：《瓜州续志》]

熊立品 字圣臣。清代江西新建县人。擅治温病，于吴有性、喻昌之说有所研究。著有《瘟疫传症汇编》（包括《治疫全书》、《痢症纂要》、《痘麻绀珠》三种），刊刻于世。[见：《中医图书联合目录》、《中国医学大成总目提要》、《中医大辞典》]

熊权庸 清代江西新建县人。精岐黄术，任太医院御医。与同邑名医朱纯瑕齐名。[见：《新建县志》]

熊有源 号昆台。清代江苏江都县瓜州镇人。从南徐何云渊学医，尽得师传，活人甚众。子熊世钐、熊世钰、熊世铉，皆以医知名。[见：《瓜州续志》]

熊光莘 字素棠。清代江西南丰县人。朝议大夫熊铨幼子。精通医理，凡戚族贫病者，必诊视施药，兼赠粮米以济之。[见：《南丰县志》]

熊廷燕 字翼堂。清代湖北江夏县人。少习举业，不遇于时，弃儒习医。素重医德，为人治疾不辞劳，不受谢。里人感德，赠以"桑梓长春"匾额。著有《全生篇》若干卷，行于世，今未见。[见：《江夏县志》]

熊兆祥 清代江苏阜宁县人。精医术，临证贯微达幽，效应如响。何鼎臣之父病危，其证疑似难辨，众医束手。兆祥诊之，立识病源，投药而愈。年五十八岁卒。[见：《阜宁县志》]

熊兆麟 清代江西宜黄县人。通法医学。著有《检验集证》四卷，刊刻于世，

今未见。[见：《宜黄县志》]

熊庆笏 一作熊笏。字叔陵。清代江西安义县人。庠生。世代为官，其父熊启谟，坐事挂吏议。庆笏因此无意进取，肆力于医学。学成，能洞悉五脏症结，所治多奇效，名重一时。一妇难产昏厥，人皆谓已死。庆笏视之，曰："可救。"针之而胎下，母子俱生。抚军金某患疾，延请庆笏诊视，数剂获瘥。金欲荐之于太医院，谢而不就。著有《扁鹊脉书难经》六卷，汪瑟庵为之作序，刊于嘉庆二十二年（1817）。又著《中风论》一卷，今存光绪十年（1884）重刻本。[见：《南康府志》、《安义县志》、《中医图书联合目录》]

熊兴垣 字馥森。清代四川简阳县周家场人。生性笃厚，不苟言笑。年十六，通览《左传》、《资治通鉴》诸书。嗜书法，习欧、柳体，日必百十字。无意功名，隐于医。其术精湛，常挽危症于倾刻，起沉疴于既久，乡里重之。[见：《简阳县续志》]

熊寿试 字青选。清代江苏仪征县（？）人。仪征县名医郑重光（1638～1716）门生。著有《伤寒论集注》四卷，今存乾隆五十年（1785）奉时堂刻本。又整理其师《素圃医案》，刊刻于世。[见：《素圃医案》、《中医图书联合目录》]

熊还崇 字锦村，号少溪。清代江西新昌县人。儒医熊善琇子。绍承父学，精明脉理，尤善望气，治病多奇验。某家延诊，病状甚危。还崇曰："此小病，一药可愈。吾入门时，见一女孩，谁女也？不十日，死矣。"闻者笑而不信。如期，女孩果亡。一人患病气绝，还崇诊之曰："此未死。药毒攻心，故昏耳。饮以甘草汤愈矣！"如法灌之，病者旋起。其妙治类此者甚多，时人以神仙称之。[见：《新昌县志》]

熊攸福 字庆三。清代江西南丰县四都熊坊人。好读书，通医理。有医德，遇贫病不取诊酬，且赠以药。[见：《南丰县志》]

熊应相 字廷良。清代四端（？）人。生平未详。约乾隆四十二年（1777）著《金针三度》三卷（附《四言脉纲》）、《三针并度》三卷（附《加注医方集》、《自制方法》及《医案》），今存1914年山邑刘远扬木活字合刊本。[见：《中医图书联合目录》]

熊应雄 字运英。清代西蜀东山（疑四川华阳）人。生平未详。于康熙十五年（1676）辑《推拿广义》（又作《小儿推拿广义》）三卷，刊刻行世，今存多种重刻本。[见：《中医图书联合目录》]

熊际昌 清代江西义宁州人。生平未详。通医理，辑有《医学集成》若干卷，未见刊行。[见：《义宁州志》]

熊玠瑛 清代四川大竹县人。以医济世，赖以全活者甚众。善养生，与妻皆享高寿，八十四岁殁。[见：《续修大竹县志》]

熊叔庸 清代江西新建县人。以医为业，知名于时。[见：《新建县志》]

熊昌秀 清代湖北武昌县灵一里人。增广生。以儒精医。子熊煜奎，传承其术。[见：《武昌县志》]

熊树滋 字振铎，号西园。清代江西义宁州高乡人。早年习儒，不遇于时，弃而学医，精其术。有医德，凡请皆往，诊毕不索谢。某人病危，勺水不入者数日，熊氏投药即起。所治类此者甚多，世有卢扁再生之誉。著有《保赤金丹》若干卷，今未见。[见：《义宁州志》]

熊彦明 元代福建建阳县人。精医理，知名于时。曾以孙允贤《医方集成》为主，补入《济生拔粹》、《宣明论方》、《瑞竹堂经验方》诸书之方，辑《类编南北经验医方大成》十卷，刊于至正三年（1343）。裔孙熊均，为著名医家兼出版家。[见：《四库全书总目提要》、《中国医籍考》]

熊家骧 字兰亭。清代四川蒲江县人。生平未详。著有《熊氏痢症》一卷、《经验方汇》一卷，刊刻于世。[见：《中医图书联合目录》]

熊梦飞 清代四川安县人。早年习儒，因父母病弃学攻医，贯通《难经》、《伤寒》诸书。悬壶数十年，扶危济困，活人甚众。殁时，哭吊者填巷。[见：《安县志》]

熊焕鑫 字文坡。清代四川江津县人。附贡生。精医术，岁活人数百计。咸丰三年（1853）后战事起，瘟疫烈甚，焕鑫立方施治，多所全活。时医依其方治病，亦多良效。辑有《医案》，惜散佚不传。[见：《江津县志》]

熊景先 字仲光。元代江西崇仁县人。世代习儒，兼通医学。景先亦攻举业，不利于科场，肆力研医。深明脉理，尤精诊处，所治无不效，知名当时。著有《伤寒生意》，吴澄（1249～1333）为之作序，惜散佚不传。[见：《补元史艺文志》、《崇仁县志》、《金元医学人物》（引《吴文正分集·伤寒生意序》）]

熊善琇 字和玉，号让溪。清代江西新昌县人。业儒而精医。瑞州知府沈澜患病，延请熊氏诊治，投药立效。沈氏深为嘉仰，赠以"学本西昌"之匾。著有《增补医门法律注释》若干卷，未见流传。子熊还崇，亦精医术。[见：《新昌县志》]

熊鉴堂 清代江苏清河县人。精医术，知名于时。同时有丁汝弼、刘文锦、陶云章、张燮堂、程少楼，皆以医术著称。[见：《续纂清河县志》]

熊煜奎 字吉臣。清代湖北武昌县灵一里人。邑儒医熊昌秀子。自少习儒，长为诸生，督学孙家鼐器重之。平生寡交游，深通家传医学，凡邻里以病延请，寒暑晨夜必至，遇贫困者赠以药。晚年家境益贫，而好学之志益笃。尝钩稽《灵枢》、《素问》，宗法长沙，著《寒热条辨合纂》八卷，巡抚潘霨极称之。此外尚有《方药类编》二卷、《救急良方》一卷，皆未见。今存者仅《儒门医宗总略》（又作《儒门医宗》）四卷，为同治十年（1871）崇训堂刻本。[见：《武昌县志》、《中医图书联合目录》]

熊鹏里 清代四川渠县人。三世精医。善承家学，亦以医名，活人不可胜数。[见：《渠县志》]

熊德谦 字自牧，又字吉士。清末四川合州人。幼颖敏，有大志，读书不屑词章训诂，自能解义。不图仕进，肆力于天文、地理、兵学诸书，闻有奇人可师，虽千里必访求之。于医学多有造诣，尤精脉法，以诊病果断著称。用药极审慎，恐药肆作伪，自制丸散膏丹，以备急切之用。有医德，治病不分贫富，皆不受酬谢，遇贫病解囊助之，救济颇多，为邑人所称颂。年六十岁卒。[见：《合川县志》]

翟

翟平 隋代（？）人。生平里居未详。著有《养生术》一卷，已佚。[见：《隋书·经籍志》]

翟良 字玉华。明清间山东益都县颜神镇人。诸生。弱冠时从父宦游武昌，患危重之疾，得明医诊治，数月始愈。嗣后，刻意于医书，苦读七年，神悟奥理。及归乡，重习举业，而研究医学益甚，凡乡里友朋患病者，皆为诊治，投药则效。久之，医名渐盛，远近求疗者车马盈门。其治病多宗古方，以己意参互用之，为时医所不及。一人患便秘，众医治之不效，翟取原方，加提气药一味令服。诸医皆相顾而笑。翟曰："第观之。"须臾，主人报曰："可矣。"一座尽惊。诸医问其理，答曰："谋医而独不见含水葫芦乎？满而

不泻者，止有一孔，气不得通故也。今吾上通其气，而下自行。此自常理，顾诸君不察耳。"闻者皆服。顺治五年（1648），应召至京师，遭人忌妒，居数月辞归。年七十余，致力于著述。八十四岁卒。撰有《脉诀汇辨说统》二卷、《痘科类编释意》三卷、《经络汇编》一卷、《医学启蒙汇编》六卷，刊行于世。另有《药性对答》、《本草古今讲义》、《痘科编》等书，未见刊行。广东易经国、左某（佚其名），得其传授。同时有章丘王生周，与翟良齐名。[见：《益都县志》、《青州府志》、《博山县志》、《肇庆府志》、《章邱县志》、《中医图书联合目录》]

翟聃 字宛仙。清代安徽泾县人。精通医道，悬壶杭州，知名于时。重医德，治病未尝计利，人皆德之。性孝友，兄翟一贯早卒，事嫂抚孤，数十年如一日。[见：《重修安徽通志》]

翟煦 北宋人。里居未详。精医术，任太医院医官。曾奉敕与医官刘翰、张素、吴复珪、王光祐、陈昭遇等同修《开宝本草》。[见：《宋史·刘翰传》]

翟璲 字小东。清代江苏高邮州人。自幼习儒，后攻研医术，名噪一时。[见：《三续高邮州志》]

翟万麒 清代安徽庐州人。生平未详。著有《伤寒知要》若干卷，今未见。[见：《庐州府志》]

翟广涵 字泳吾。清代河南荥阳县人。以医为业，知名乡里。晚年术益精，当地名医无出其右者。[见：《续荥阳县志》]

翟之瑞 字龙文。清代浙江仁和县人。性刚毅，尚俭朴，待人宽和。精医术，以古法制药疗疾。有医德，凡贫家求诊，虽深夜必起，数十年如一日。年七十二岁卒。辑有《验方集钞》，今未见。[见：《杭州府志》]

翟时泰 清代安徽泾县十一都人，寓居西河镇。少年患病，博览医籍，久之术精，察脉定方出人意表。郡守佟赋伟之母七月间患热症，翟氏与诸名医应聘往诊。诊视毕，诸医投以柴胡、茯苓，独翟氏谓非人参、黄芪不可。问其故，答曰："必如是，可延至冬至。否则秋深恐不讳。"其言不见纳。一日，佟母烦躁，食西瓜，顿觉清爽，遂又进粥。翟见状辞出，语人曰："不出三日矣。"次夕，佟母果殁。又有客三日不溺，时泰劝其速归，告曰："汝至中途，目疾当作。"次日，其人左目果盲。[见：《宁国府志》、《重修安徽通志》]

翟诚之 清代河南巩县人。精医术，以痘科闻名。[见:《巩县志》]

翟绍衣 清代江苏高邮州人。郡庠生。性宽厚，品行端方。精医术，尤善治奇证。有孕妇肿胀欲绝，时医称不可治。翟氏诊之，应手而愈。论者评其术曰："袁体庵后，一人而已。"著有《医门格物论》若干卷，藏于家。[见:《高邮州志》、《续纂扬州府志》]

翟崇喜 字雨亭。清代河北抚宁县人。随父徙居吉林永吉县。天性颖悟，早年习儒，师事山左名宿叶瑞卿，博涉经传，时称通士。既长，继承家学，究心岐黄术，博览《灵枢》、《素问》、《伤寒论》、《瘟疫条辨》诸书，于小儿痘疹、妇科、内科、研究入微。后师事名医杨师之，得其悉心指授，遂臻医学妙境。年三十悬壶济世，凡遭疾求诊者，皆应手奏效。重医德，遇贫病施赠药饵。晚年获其师所撰《痘疹辑要》一编，益以自身临证经验，故于痘科尤为擅长。其子翟琛早亡，孙翟双禄尚幼，故其术不传，论者惜之。[见:《永吉县志》]

翟登云 (1589~?) 号羽仪。明清间广东东莞县人。宋进士翟卷石后裔。天性孝友，尤喜施予。博闻强记，托迹罗浮山，乐道著书。旁通医理，在博罗、东莞治活多人，不求所报，人皆德之。明末，征为鸿胪卿，不就。康熙七年(1668)举乡饮宾，时年八十岁。著有《集简本草》、《翟氏传方》，行于世，今佚。子翟蒙孔，领乡荐，官广州府儒学教授。[见:《广东通志》]

翟熙工 清代山东掖县人。岁贡。同治元年(1862)举孝廉方正。通养生学，著有《延年编》，未见刊行。[见:《山东通志》]

缪

缪问 清代人。生平里居未详。撰有《宋陈无择三因司天方》二卷，今存嘉庆二年丁巳(1797)刻本。[见:《中医图书联合目录》]

缪坤 字子厚。明代江阴县(今属江苏)人。祖上七世业医，至缪坤声望尤著。性行淳笃，察脉审方外，端居诵读，不接尘事。嘉靖间(1522~1566)，帅府征至军中疗疫，全活甚众，荣以冠带。德望重于乡里，十七次举乡饮宾。寿九十岁，自撰墓志，寻卒。著有《方脉统宗》若干卷，已佚。[见:《江阴县志》、《江阴县续志》]

缪嵒 清代人。生平里居未详。著有《医宗先民遗范》八卷，成书于乾隆三十八年(1773)，今有稿本存世。[见:《贩书偶记续编》]

缪淞 清代江苏吴县人。名医缪遵义(1710~1793)侄孙。事迹不详。曾校录缪遵义《温热朗照》。[见:《温热朗照》]

缪镔 字尔钧，号洪阳，又号香山居士。清代江苏丹徒县高资镇人。自幼习儒，尤嗜经世之学。体弱多病，父母禁夜读，乃置灯帐中，凡有益身心之书，皆勤求精义。儒学外，穷究六壬、易数、阴阳之奥。念医术可以济世，可以养生，兼读岐黄家书。后得真州隐士赵雪蓬指授，大悟，遂以医知名于时。嘉庆元年(1796)开制科，缪氏入选，上书辞不就。年四十客居扬州，后转游西安。嘉庆七年(1802)有西泠之游。著有《伤寒一百十三方精义》、《心得余篇》等书，未见流传。[见:《丹徒县志》]

缪之伟 字亮工。清代浙江山阴县人。生平未详。康熙五十年(1711)重订张介宾《景岳全书》，刊刻于世。[见:《景岳全书》]

缪丹为 号松溪。清代江苏吴县浒墅人。工书画。从苏州名医张亮揆学，尽得师传，知名于时。[见:《吴县志》]

缪存济 字慕松。明代长洲县(今江苏苏州)人。少习举业，游学浙江余姚。后因病从叔父学医，遍阅古来方书，领悟奥旨，久之贯通医理。尝谓："人之所病，惟伤寒为重。"故汇集前人旧论，参以己意，撰《伤寒撮要》六卷，刊于隆庆元年(1567)。还著有《识病捷法》十卷，亦刊行，今存万历十一年癸未(1583)刻本。[见:《中国医籍考》、《中医图书联合目录》]

缪光绅 号笏庵。清代江西弋阳县人。邑增生。精医术，远近闻名，活人甚众。[见:《弋阳县志》]

缪希雍 (约1546~1627) 字仲醇(一作仲淳)，号慕台，别号觉休居士。明代常熟县(今属江苏)人，迁居金坛县。别驾缪尚志子。自幼习儒，八岁父殁，家道中落。孤贫刻励，设馆授徒，读书不辍。年十七患疟症，"凡汤液、丸饮、巫祝，靡不备尝，终无救于病"，遂遍检方书，知"疟之为病，暑邪所致也"，乃从暑治，不旬日得瘳。嗣后，益留意医药，广集验方，遇会心处，辄笔记之，术益精进，俗医见其处方，多不能解。后以布衣游历宇内，挟医术济人，治病多奇效，名振于时。仗义疏财，重然诺，闻人之急，千里必赴，世以田光、鲁仲连比之。又疾恶如仇，好谈古今成败事，识者称其人"电目戟髯，见之如遇剑客"。与东林党诸贤相友善，天启间

(1621～1627)，王绍徽作《点将录》，以东林党诸人分配《水浒传》一百零八将，称缪希雍为"神医安道全"，可见医名之盛。长兴丁元荐素慕缪氏之学，曾搜其所用之方，编《先醒斋笔记》，刊刻行世。后经缪氏亲手增补，易名《先醒斋医学广笔记》，由庄继光等重刊。缪氏尤精药学，尝以《神农本草经》譬儒家六经，以《名医别录》譬儒经之注疏。缪氏无后，殁后葬于常熟破山，生前曾施田于兴福寺，寺僧为之守墓。著有《本草经疏》三十卷、《本草单方》十九卷、《炮炙大法》一卷、《诸药治例》一卷，今存。另有《方药宜忌考》十二卷、《续神农本经序例》十二卷、《脉影图说》二卷，未见流传。周维墀、卢之颐、马兆圣、李枝、刘默、张应遴，得缪氏之传。[见:《明史·李时珍传》、《本草经疏·序》、《先醒斋医学广笔记》、《四库全书总目提要》、《常熟县志》、《常昭合志稿》、《金坛县志》、《苏州府志》、《江南通志》]

缪柳村 清末人。生平里居未详。通医术，著有《缪氏医案》一卷，今存抄本。[见:《中医图书联合目录》]

缪钟理 字守恒。明代江阴县（今属江苏）人。幼失父母，事祖父至孝，居丧哀毁咯血。乐善好施，精通医术，知名于时。著有《化机渊微》二卷，已佚。[见:《江阴县志》、《中国人名大辞典》]

缪钟渭 字合生。清末江苏常熟县人。以医为业，悬壶天津。工诗，风骨苍健，有汉魏遗风。所作《记大东沟战事吊邓总兵世昌》诗，追说甲午（1894）海战之惨烈，缅怀民族英雄邓世昌，为古体叙事诗之佳作。该诗收入缪氏《百不能吟草》。[见:《中国历代医家传录》（引《前进月刊》朱小平文）]

缪颂椘 字仲茂。清末浙江鄞县人。深通医理。曾以中医为本，兼取西说，总结经验所得，撰《戒烟说理》，成书于光绪三十二年（1906），沈继骥为之作序，今存。[见:《中国历代医家传录》（引《戒烟说理》）]

缪遵义 （1710～1793） 字方彦，又字宜亭，号松心居士。清代江苏吴县人。缪曰藻子。早年习儒，乾隆二年（1737）举进士，官知县。后因母患异疾，弃官学医，母病得瘳。嗣后医道大行，就诊者填街塞巷，治之无倦容。总督高晋颜其堂曰志济。临证立方多有创意，时医每不能解，然服之辄效，及详解用药之理，无不惊服。与叶桂、薛雪并称于时，称"吴中三大家"。年八十四岁卒。著有《伤寒方集注》一卷、《温热朗照》八卷、《缪氏医案》一卷、《松心笔记》一卷，今有抄本、刻本存世。门人管鼎，亦精医理。[见:《清史稿·缪遵义传》、《苏州府志》、《吴医汇讲》、《中国历代医家传录》、《温热朗照·自序》]

十 五 画

慧

慧龙 南朝齐梁间人。为道士。精针灸术，善治目疾。鄱阳王萧恢患目疾，久不能视。慧龙针之，豁然开朗。[见:《南史·鄱阳忠烈王恢传》]

蕴

蕴真子 佚其姓名。清末人。生平里居未详。于道光二十七年（1847）辑《赛金丹》二卷，今存同治元年壬戌（1862）刻本。[见:《全国中医图书联合目录》]

樊

樊阿 三国时期彭城（今江苏徐州）人。得名医华佗传授，精通医术，尤善针灸。时医皆曰:胸及背不可妄针，针之亦不可过四分。樊阿针背常至一二寸，针胸腹则有至五六寸者，疗效甚佳。樊阿曾向华佗求养生方，佗授以漆叶青黏散。其方用漆叶屑一斗，配青黏（又名地节、黄芝）十四两，久服可"去三虫，利五脏，轻体，使人头不白"。阿从师言服之，寿至百余岁。[见:《后汉书·华佗传》、《三国志·魏书·华佗传》]

樊炜 字苍川。明代湖北黄冈县人。祖父樊模，以孝友称于时。樊炜自幼习儒，万历三十七年己酉（1609）拔贡，授汉阳训导。在任约法严明，讲学不倦，监司守令，折节礼之。门生多以经术显，子孙为官者皆清廉。兼通医理，母疾，亲侍汤药。著有《医学象陆篇》若干卷，今佚。子樊玉衡，官侍御史。[见:《黄冈县志》、《黄州府志》]

樊胡 字鹤龄。明代江西建昌府人。肆力研究《神农本草》、《黄帝内经》诸书，精通方

脉，四方争相延诊。有医德，凡以急病求治，虽暮夜必往。曾官益府良医正。[见：《建昌府志》]

樊洧 清代河南密县人。邑庠生。精医术，治病不索谢仪，活人甚多。[见：《密县志》]

樊恕 （?～1903）字仁甫。清末河北霸县香营村人。岁贡生。早年从新城王振纲习儒。其师兼精岐黄，乃于读经之暇研究《内经》诸书，故儒医两精。光绪二十七年（1901）天疫流行，染之多发寒热，病者甚众。樊氏睹而悯之，遂依证施药，皆应手奏效。自此医名大噪，踵门求治者日众，后弃儒业医。撰有《妇科要旨》若干卷，未梓。[见：《霸县新志》]

樊琪 清代人。生平里居未详。通医道，辑有《痘科会要便览》一卷，今存道光二十六年（1846）刊本。[见：《中医图书联合目录》]

樊子晋 元代湖北麻城县人。读书明理，精通医术。善诊脉，能预知生死，时医多宗其术。[见：《湖广通志》]

樊开周 近代浙江绍兴人。精医术，擅治外感诸证，名重于时。著有《温热验方妙用》，今未见。门生何炳元（1861～1929），为近代著名医家。[见：《中国历代医史》、《中国历代医家传录》、《绍兴地区历代医药人名录》]

樊五云 清代河南长垣县人。武生。兼精医术，以擅治痘疹知名。[见：《长垣县志》]

樊允德 号芹斋。清代河南新野县人。邑增生。以医为业。重医德，诊疾必尽其技，病愈不索谢仪。[见：《新野县志》]

樊圣传 字曾一。清代江苏崇明县人。诸生。精医术，知名于时。有医德，遇贫病助以药资，所活不可胜计。年六十四岁卒。同邑沈溥，与樊氏齐名。[见：《崇明县志》、《太仓州志》]

樊如柏 号寄庵居士。明代人。生平里居未详。辑有《简易验方》十卷，刊刻于世。此书国内未见，今日本尚存明代刊本。[见：《中国医籍考》、《内阁文库汉籍分类目录》]

樊希先 字伯雍。清代山西虞乡县人。例授州同。质朴无华，言笑不苟。潜心医学，尤笃于《伤寒条辨》。每视病诊脉，尽言无所讳，人以为憨医。有《医案》流传于世，今未见。[见：《虞乡县志》、《山西通志》]

樊君彩 清代人。生平里居未详。通医理，官太医院御医。乾隆四年（1739）命院判吴谦等编《医宗金鉴》，樊氏参与其事，任纂修官。《医宗金鉴》于乾隆十四年（1749）完成，大行于世。[见：《医宗金鉴》]

樊明睿 清代湖北黄冈县人。精医术。与同邑名医程之骅、吴世达齐名。[见：《黄冈县志》]

樊宗师 唐代南阳（今河南南阳）人。生平未详。撰有《服气口诀》（又作《服气口食诀》）一卷，已佚。[见：《崇文总目辑释·道书类》、《河南通志》]

樊通润 号云鹤。清代河南密县人。精医术，临证因病处方，无不应手奏效，知名于时。寿九十八岁，无疾而终。著有《医学述要》十卷，藏于家。[见：《密县志》]

樊继圣 字睿甫，号云轩。清代湖北钟祥县人。性坦诚。早年习儒，淡于仕途，弱冠肆力于易学，兼精岐黄之术。慕陶靖节、林和靖之为人，日夕琴书自娱，筑小斋于舍旁，颜曰寄轩。本邑名儒杜光德（字虹山）跋其斋曰："浮生如寄，视一切皆可如寄，此樊子之所以名轩也。"年八十一岁卒。著有《医学会心》八卷、《周易汇参》十二卷，今未见。[见：《钟祥县志》]

樊嘉猷 字献可。清代江苏崇明县人。寓居海门。从同里施云升学医，专擅痘科，治病每获奇效。有医德，凡以重病延请，虽昏夜不辞，遇贫病不索诊金，且赠以药。著有《传心录辑注》四卷，藏于家。[见：《海门厅图志》]

撒

撒里蛮 元代人。生平里居未详。曾任集贤大学士。至元二十一年（1284），奉敕与许国桢同修本草。[见：《补三史艺文志》]

撒膏林 字雨村。清末山东庆云县人。精通医理。财冠一乡，慷慨好施。光绪二年（1876）岁饥，竭力周济乡邻，活人甚众。此后家境转贫，以至饮食不继，处之泰然。后因监修河工有功，上宪嘉之，授信阳巡检，转乐陵、海丰巡检。晚年归乡，两袖清风，家徒壁立。著有《医学汇编》，未梓。[见：《庆云县志》]

镏

镏洪 一作刘洪，号瑞泉野叟。金代都梁（今江苏盱眙）人。生平未详。推崇名医刘完素，尝敷演刘氏学说，编《伤寒心要》一卷，附刻于《河间六书》，今存。[见：《四库全书总目提要》、《中国医籍考》]

黎

黎岱 字景山。清代江西赣县人。通医术，工诗赋。尤擅书画，水墨竹石俱佳。[见：《艺林医人录》]

黎颙 号锦屏山人。明代河北河间府人。通医理，曾为韩懋《医通》作序。黎氏辑有《万金平易方》若干卷，已佚。[见：《韩氏医通·黎序》]

黎民化 明代人。生平里居未详。著有《秘传延龄种子方》一卷、《痘疹心法》一卷，合刊于万历三十六年（1608），今存。[见：《中医图书联合目录》]

黎民寿 字景仁。南宋盱江（今江西南城）人。幼年从父黎何习儒，屡试不得志，慨然叹曰："既未能得志科第以光世，则医亦济人也，与仕而济人者同。"遂拜师学医，技成，悬壶问世。深悟医学奥理，广蓄经验之方，治病多良效，患病者争造其门。平生澹泊寡欲，视人之疾犹如己病，虽应接不暇，不怠不厌，为乡里所敬重。著有《简易方论》十一卷、《决脉精要》一卷、《广成先生玉函经解》三卷。诸书国内未见，日本尚存《简易方论》，现已由中国中医科学院影印回归。[见：《内阁文库汉籍分类目录》、《中国医籍考》、《日本现存中国散逸古医籍》]

黎民表 字惟敬，号瑶石山人。明代广东从化县人。幼颖异，十三岁为邑庠生，举嘉靖十三年甲午（1534）乡试。久不第，授翰林孔目，迁吏部司务。上官知其能文，用为制敕房中书，供事内阁。乙丑（1565）升南京兵部职方员外郎，官至河南布政司参议。万历乙卯（1615）乞归。黎氏赋性坦夷，内无城府。好读书，博综古典，下及百家稗史，过目成诵。海内名流，多所结纳，如文征明父子、王世贞、李攀龙诸贤，尤所友善。好养生，撰有《养生杂录》（又作《养生集录》）若干卷，已佚。[见：《广东通志》、《广州府志》、《从化县志》]

黎兆灿 字光盈。清代广东顺德县龙山乡人。博学精医，尤善治伤寒证，名重于时。常曰："人无大病，不宜过服药。"故临证多用轻剂。每晨起，户外就诊者常满，日发百剂，无不应手而愈。平生重养生，年八十余，健步如常。晚年举乡饮。子某，业儒而工医。[见：《顺德龙山乡志》]

黎兆普 字少存。清代贵州遵义人。天性朴讷寡言。少习举业，一试不售，愤而习医。闭户事亲，朝夕承欢，以孝友闻名于时。暇则为农为圃，辨土宜，求嘉种，变瘠为腴，人多异之。于医术深得仲景之奥，求治者门庭若市，治病不受诊酬。其兄任职于云南寻甸州，兆普随寓云南，年五十一岁卒于公署。撰有《刍荛本草》二卷、《脉法正宗》一卷、《瘟疫辨证》二卷，皆未梓行。[见：《遵义府志》]

黎茂材 元明间湖南长沙县人。明初迁居四川忠州。早年从戎，性好读书，尤工医术。凡因病求治，欣然往诊，不计其酬，四十年如一日。尝谓："吾以济人为志，若责其报，是售术也。"乡里以笃行君子称之。[见：《忠州直隶州志》]

黎昌尧 清代广东罗定县满塘人。精医道，慈善好施，人称"佛祖"。年六十一纳妾，连生四子，皆贤良多才。[见：《罗定县志》]

黎佩兰 字咏陔。清末广东高要县人。早年习儒，举孝廉。曾改编郑奋扬《鼠疫约编》，更名《鼠疫方释疑》，行于世。还辑有《时证良方释疑》一卷，今存光绪二十七年辛丑（1901）肇城景福局刻本。[见：《鼠疫约编·序》、《中国医籍大辞典》、《中医图书联合目录》]

黎钟俊 清代四川郫县漏沙堰人。初习举业，不得志，弃儒学医。审脉立方，悉宗古人，以治本为要务，不求近效。医名噪于四乡，延诊者甚众。常谓："治病当求其本，非仅治标也。"年七十二岁卒。[见：《郫县志》]

黎复长 清代广东顺德县龙山乡人。自少研习医学，通养气摄生之道。年八十余，童颜鹤发，精力健旺。[见：《顺德龙山乡志》]

黎祖怀 字秉廉。清代湖北黄梅县人。天性颖敏，博学多文。精通医理，深识《内经》奥旨，凡论病必先引据经文，剖析详明。尤长于伤寒，虽奇险之疾，常以数味奏功，时称妙手。[见：《黄梅县志》]

黎振泗 又名东山。清代河南正阳县人。监生。精通医道，求诊必应。重医德，平生施药疗贫，全济甚多。县令高其义行，赠匾嘉奖。[见：《重修正阳县志》]

黎彬郁 清末四川达县人。生平未详。辑有《国医论录七种》，今未见。[见：《达县志》]

黎鸿盘 字荣渐。清代河南正阳县人。自幼习儒，壮岁学医，知名于时。重医德，凡乡邻延诊，不取其酬。咸丰间（1851～1861），父母兄弟相继死于战乱，家破年荒，孤身治丧，

皆合于礼数。应严氏同仁堂药店之聘，坐堂行医，先后五十年，有药到病除之效，乡邻赠匾致谢。［见：《重修正阳县志》］

黎景垣 清代广东南海县人。生平未详。辑有《经验医方》一卷，今未见。［见：《南海县志》］

德

德轩 清代广西郁林县人。生平未详。辑有《普济应验良方》八卷，刊于嘉庆五年（1800）。［见：《中医图书联合目录》］

滕

滕弘 号可斋。明代湖南邵阳县人。世袭邵阳县公。晚年留心医药。尝以十二年之力，著《神农本草经会通》十卷，其六世孙滕万里序刊于万历四十五年（1617），今存。［见：《中国医籍考》、《中医图书联合目录》］

滕硕 明代人。里居未详。通儒学，官王府教授。曾奉周定王朱橚之命，与长史刘醇等辑《普济方》四百二十六卷，大行于世。《普济方》采撷繁富，编次详明，为后世所重。［见：《普济方》、《明史·太祖诸子·周王橚》、《中国善本书提要》］

滕万程 字上池。清代福建建瓯县人。精医术，遇险难之症，治辄奇效。立方宗古法，与时医议论多龃龉。早年挟技出游，足迹达于杭、嘉、绍、宁，所至悬壶旅舍。道光戊戌（1838）自温陵归，整理数年治疾获效者，撰《一得集》若干卷，惜未见传世。［见：《建瓯县志》］

滕云鹤 号道轩。明代浙江嘉兴县人。精通医道，为万历间（1573～1619）名医。平湖县沈懋孝之妹突发寒热，众医或曰伤寒，或曰痰火，或曰气中，或曰疟证，汗泻之药杂投，七日后，瞑然木强，气息奄奄。沈懋孝急遣人至郡，延请滕氏，众人皆谓断无生理。滕道轩至，按脉察形，曰："此证乃风入太阳，痰迷心窍，病名曰痉，《内经》论之详矣。其证尚当角弓反张，其初必于产中受风，邪入血脉，数年始发。先必曾微见颠眩之状。"问其家人，知病者产后经闭已七年，今岁三月忽自仆，不久即醒。众人闻言，始服其论病之确。次日晨，反张之证见，舌强齿禁，药不下咽。滕氏以牛黄、朱砂、天麻、南星等药煎汤，微从鼻孔进，不可入。乃连日煮药，呷下之，仅人涓滴而已。治疗三日，目始瞬；七日，口微开，手足蠕动；十余日，可微出声，药

液可进，不久竟得痊愈。闻者惊喜走告，谓滕氏能"起死回生"，阖郡传为佳话。［见：《嘉兴县志》、《浙江通志》］

滕见垣 佚其名（字见垣）。清代江苏嘉定县南翔镇人。早年习儒，后弃而攻医，从李中梓门人吴伯时学，知名于时。著有《医学三要》若干卷，张鸿磐为之作序，未见刊行。［见：《南翔镇志》］

滕伯祥 南宋吴县（今江苏苏州）人。庆元间（1195～1200）在世。乐善好施，遇孤贫不能婚嫁、丧埋者，出资助之，乡党皆称"滕佛子"。曾遇良师，授以治小儿疳积之法，遂业儿科。子孙传承其术。辑有《走马急疳真方》一卷，刊刻于世，今存。［见：《吴县志》、《苏州府志》、《中医图书联合目录》］

滕祖周 清代皋兰县（今甘肃兰州）人。邃于医学，治病多良效。平生好学，暇则焚香诵读，至老不倦。年七十余卒。［见：《皋兰县志》］

颜

颜汉 明代人。生平里居未详。著有《便产须知》二卷。弘治十三年（1500），江阴高宾取家藏抄本，刊刻于世，今存。［见：《医藏书目》、《中国医籍考》、《内阁文库汉籍分类目录》、《中医图书联合目录》］

颜宝 字善夫。清末江苏江都县瓜洲镇人。幼年时，其父经商于外，堂兄颜星伯怜而养之，教之读书，并授以方术。星伯卒，颜宝只身至江都邵伯镇，悬壶于市，无问津者。时真武庙镇葛鸿谟之子病笃，群医束手。颜宝应聘诊治，三剂而愈。葛氏感激，为颜宝置家于该镇。嗣后，四乡闻名求诊者渐多，投药辄效，声名由近而远，士大夫之家有疾者，常数百里外延请。凡夏秋多病之时，颜宝多不肯出诊，人问其故，曰："彼富贵者何患不能延良医？我出，乡里贫苦者何所就诊？贪一人之重金，而弃众贫民之病于不顾，我不忍也。"行道数十年，全活甚多，与名医扬州朱云苓、方华、邵伯镇朱星、东台杨小谷、兴化赵春普、淮安刘金方、镇江蒋宝素（1795～1873）及僧人福海等齐名，世称"淮扬九仙"。颜宝终生不轻以医术授人，谓："读书不成，只害一身；学医不成，害及众人。"年八十岁卒。著有《伤寒荟英》、《本草从经》诸书，未梓。［见：《瓜洲续志》、《古今名医言行录》］

颜一中 元代永新县（今江西永新）人。精通医术，用药多奇品，每为时医所不识，

十五画

而治辄奇效。凡颜氏断为不治之症，无能疗者。声名远播，达于湖南茶陵。病家每不远数百里迎请，颜氏抵门，合家相庆，足见医名之盛。[见：《金元医学人物》（引李祁《云阳集·赠医士颜一中序》）]

颜天翼 （1191～1254） 字飞卿。金元间舞阳县（今河南舞阳）人。其高祖、曾祖皆为达官。祖父颜再思，幼逢乱世，嗣于医者冯氏，遂改冯姓，并继承其医术。天翼父冯安德，伯父冯安仁、叔父冯安上，皆业医。天翼赋性聪颖，少通医术，兼嗜道学。及长，悬壶于世，治病不因贫富而异视，有药到病除之效。辛卯年（1231）蒙古军入河南，次年颜氏被俘，录用为医官。元宪宗时，官太医院使。在任二十年，倍受恩宠。太后染疾，先后召十三位尚医诊治，皆无效。后召颜氏，力排众议，以攻下法治疗，如期而愈。太后时年五十三岁，按每月五十两赐金，共赐二千六百五十两，颜氏皆分赠十三位太医。太后问其故，天翼答曰："药虽臣用，议决众人。"甲寅以年老请辞，赐宅第、田地于河北邢台，特授太医院提点，主持鹊山神应庙事务。是年卒，赐号康翊。临终恢复本姓。[见：《金元医学人物》（引《续修邢台县志》）]

颜仁楚 唐初人。里居未详。曾官礼部主事。显庆二年（657），奉敕与李勣、于志宁、许敬宗、苏敬等二十四人编《新修本草》五十四卷，成书于显庆四年。该书正文二十一卷（含目录一卷）、药图二十六卷（含目录一卷）、图经七卷。全书载药八百五十种，大行于世。详"李勣"条。[见：《新唐书·艺文志》]

颜凤尧 清代江苏丹阳人。精医术，道光间（1821～1850）悬壶于丹徒县荷花池巷，治病多佳效，颇负时誉。[见：《仿寓意草》]

颜玉光 清代湖南桂阳州人。自幼习儒，为郡学生。放于诗酒，磊落自负。精通医理，善疗目疾，毕生施术济人。家贫不常得钱，得即合药。遇求医者，疾深则留置空室，供以饮食，治愈乃使去。有邻妇家贫而病，其药需重金，颜氏无力相助，怅然不乐。友人询知其故，慨然出资助之，妇疾得愈。卒后，乡人犹传颂其德。[见：《中国历代名医碑传集》（引李元度《国朝耆献类征初编·方技》）]

颜尔梧 字凤甫，号筱园。清代广东惠州连平县人。素精医术，尤擅眼科，名重于时。著有《眼科约篇》一卷，刊刻于世，今存光绪六年庚辰（1880）刻本。还撰有《眼科备览》一卷，今存抄本。[见：《惠州府志》、《中医图书联合目录》]

颜芝馨 清代浙江鄞县人。学医于张和菜，行医以谨慎著称。尝取平生医治不效之症，详述始末，辑《志过集》一卷。所记或因误治，或因审证失当，不稍自讳，自谓："藉此以书吾过也。"自古名医数以千万计，而著书言过如颜氏者，实寥寥无几。惜其书不传，未能为医者之鉴。[见：《鄞县通志》]

颜守正 明代河南襄城县人。早年习儒，擅书法，工吟咏。尤精医道，以小儿科著称，治病不计诊酬。[见：《襄城县志》]

颜志高 清代福建晋江县人。性孝友，精医道。每岁施送丹药济人，全济甚众。凡子孙为长辈请医者，概不受酬。郡守张公赠以"至仁不伐"匾额，延为乡宾。[见：《晋江县志》]

颜际泰 清代陕西韩城县人。精医术，知名于时。[见：《韩城县续志》]

颜直之 （1172～1222） 字方叔，号乐闻居士。南宋长洲县（今江苏苏州）人。好读书，工小篆，得《诅楚文》笔意。以弓矢应格，差监省仓，后主管建昌军仙都观。平生好施，精外科，常以医药济人，赖以全活者甚众。著有《疡医方论》、《外科会海》、《疡医本草》诸书，均佚。嘉定十五年卒，时年五十一岁。[见：《苏州府志》、《长洲县志》、《吴县志》]

颜国采 字英建。清代江西玉山县人。精医理，制丸散济人，不受酬报。[见：《玉山县志》]

颜宗龄 清代四川江北厅人。随父颜怀绅徙居南川县吐文坝。以医为业，屡起沉疴，名噪远近。[见：《南川县志》]

颜德丰 字怀庭。清代奉天府长白县（今吉林长白）人。生平未详。辑有《集验简易良方》四卷，刊于道光七年（1827），今存。[见：《中医图书联合目录》]

潘

潘义 清代四川冕宁县人。初习举业，因家贫母病，弃儒业医，以术活人。曾设义塾，以资助贫家子弟就读。[见：《冕宁县志》]

潘元① 明代浙江嘉善县人。精医术。继前辈名医钱云而起，颇负盛名。同时有冯哲，亦以医闻。[见：《嘉善县志》]

潘元② （1723～1787） 字薇垣，号少白。清代江苏吴江县分湖人。博学多识，兼

精医道。乾隆丙午、丁未间（1786～1787）应某富商之聘，赴杭州行医。［见：《分湖小识》］

潘伦 清代安徽休宁县人。精儿科。著有《痘疹约言》一卷，今未见。［见：《休宁县志》］

潘旭 字东阳。清代浙江吴兴县人。祖籍德清县。邑疡科名医潘鼎后裔。传承家学，亦精疡科，名噪一时。撰有《分经药性赋》、《外科汤头》、《疡科歌诀》、《医学集成》、《四言脉诀》，皆课徒启蒙之书，今未见。后裔潘吉甫、潘澜江、潘春林，皆传承家业，六世不衰。［见：《吴兴县志》］

潘杏 字子春。明代浙江上虞县松夏人。幼读儒书，不慕名利。精通医术，为人治病有奇效。著有《杏园医案》八卷，已佚。［见：《上虞松夏志》］

潘时 字尔因。明清间江苏吴县人。嗜古学，兼精医理，治病多佳效。又贯通五运六气，每讲论《司天》、《伤寒》诸书，皆有补于学者。著有《伤寒易知》十二卷，未见刊行。［见：《吴县志》、《苏州府志》］

潘纬 字古怡，号箕坡，又号春如。清代浙江嘉善县人。潘眉子。自幼习儒，从父宦游，遍及六省。道光五年（1825）举经魁。晚年主讲魏塘书院。及殁，门人私谥"康惠先生"。潘氏一生好学，工诗文，通绘画，兼精医术。凡贫病者求治，辄施药给之。著有《温热论》、《治病须知》、《标本论》等书，未见刊行。［见：《嘉善县志》］

潘尚 字云阶。清代江苏宜兴县人。精医术，以疡科知名，延请者甚众。［见：《宜荆续志》］

潘凯 字岂凡，号仲和。明清间江苏吴江县平望镇人。诸生。敦内行，工诗文，究心经世之术。曾加入复社，远近知名。明亡，尽弃举业，隐居以终。旁通医药，著有《本草类方》若干卷，未见刊行。子潘柽章，事迹不详。［见：《平望志》、《吴江县志》、《苏州府志》］

潘诚 号葆真。清代贵州人。随祖父徙居湖南善化县，遂入籍。祖父潘在渭，为乾隆二十五年（1760）举人，官黎平教谕，迁长沙府经历，权安化县事。父潘云普，随侍长沙，生潘诚。诚聪明敦笃，习法家言，为大府所推重。南省宝南钱局多积弊，两任知府相继委派潘氏任主管。性孝友，尤精医术，活人甚多。年六十七岁卒。曾补订刘序鹓《喉科心法》，辑《增订喉科心法》（又作《喉科心法编》）一卷，刊于咸丰三年

（1853），今存鼎元堂原刻本。［见：《善化县志》、《中医图书联合目录》］

潘俊 字宅三。清代四川乐山县牛华溪人。自幼习儒，光绪元年（1875）举于乡。丁丑（1877）会试，因策论中有"衣钵"二字，黜归。后三荐不售，选授冕宁教谕。年七十六岁卒。潘氏兼通医道，居乡多善举。著有《瘟病举隅》、《医学揭要》诸书，今未见。［见：《乐山县志》］

潘桂 明代安徽休宁县人。精医术，知名京师。隆庆二年（1568）正月，太医院医官徐春甫集合各地在京名医四十六人，创立一体堂宅仁医会，潘氏为会员之一。诸医穷探医经，讨论四子（指张机、刘完素、李杲、朱震亨），共戒私弊，患难相济，为我国最早之全国性医学组织。［见：《我国历史上最早的医学组织》（《中华医史杂志》1981年第3期）］

潘贽 （1409～1454）字时觐，号尚古。明代无锡县（今属江苏）人。元无锡州医学教授潘仁仲曾孙，太医院医士潘克诚孙，医学训科潘韫辉子。自幼聪慧秀朗，遵父命，从本乡名儒余日章游，学有根柢。及长，有志家学，悉取《素问》、《难经》诸书读之，且参会刘、张、李、朱之说。时丹溪之外孙，乌程时用思游学于吴，贽与张用谦、浦尹平、吴仲高、丁定瑞诸人师事之。用思授以医学心法，遂得丹溪正传。学成，诸门生辑《摘玄方论》（又作《医方摘玄》）二十卷，大行于世（今中国中医科学院图书馆藏《丹溪摘玄》二十卷，疑即此书）。嗣后，悬壶问世，辨症察色，能预断死生，十不失一，声名鹊起。提学彭勖至无锡，罹危疾，贽诊治而愈。彭欲试其术，令默诵《伤寒指掌赋》，终卷一字不遗，深器重之，欲荐入太医院，固辞不就。存心济世，每以古贤自期，题所居斋曰尚古，并以之为号。有医德，治病不问富贵贫贱，不阻风雨，且未尝求报。性至孝，母患乳疽，疡医云当吮以拔毒，即亲自吮吮，脓竭而疾愈，母得享天年。所居有曾祖所建容膝轩，置琴书名画于其中，暇则读书其中，或与客谈诗，击节而歌，陶然自乐。中年撰《医学渊源》，未脱稿而卒，年仅四十六岁，人皆惜之。兄潘时助，亦以医名。子潘绪，儒医俱精。［见：《中国历代名医碑传集》（引秦夔《五峰遗稿·尚古处士潘君墓志铭》）］

潘阆 号逍遥翁。北宋大名府（今河北大名）人。世代精医，通《周易》、《春秋》，尤以诗知名。早年游京师，出入宰相卢多逊门下。太宗晚年好修炼，潘氏进方书，逢迎圣意。太平

兴国七年（982）卢多逊褫职流配崖州，潘氏遂遁迹避祸。闻陶弘景有丹室在逍遥谷，乃入谷采药，结庵山中。[见：《中国历代医家传录》（引《高坡异纂》、《涧泉日记》)]

潘涛 元代上高县（今江西上高）人。世代业医，至涛声名益显，全活甚众。著有《医学绳墨》，包括切脉、问证、断病名、辨逆顺、明标本、立治、审轻重、处方、用药、调理十篇，行于世，今佚。[见：《补元史艺文志》、《上高县志》、《古今图书集成·医部全录》]

潘润 字铁塘。清代江苏常熟县人。好吟咏，兼擅医术，知名于时。性至孝，曾手绘《春晖手线图》以明心志。同时有潘树滋，亦精医善诗。[见：《常昭合志稿》]

潘梧 字朝生。清代江苏吴县人。生平未详。康熙五十年（1711）重订明张介宾《景岳全书》。[见：《景岳全书》]

潘梯 字蹑云。清代浙江吴兴县人。生平未详。曾校订郎锦骐《检验集证》一卷。[见：《检验集证》、《中医图书联合目录》]

潘绩 （1444～1520） 字继善，号复轩。明代无锡县（今属江苏）人。世医潘时助三子。自幼习儒，入邑庠。其父遭人诬陷，远戍边地，含冤久之。潘愤然辍学以白之。年弱冠，父丧，遂治世业，读《伤寒》诸书，以儒医名世。年六十，以耆宿称于乡里。年七十一岁，与兄潘缵（年九十），从弟潘绪（年七十），婆娑往还，时称"三寿"。年七十七岁卒。子潘相，官浙江平阳知县；潘枢，嗣为兄后。[见：《中国历代名医碑传集》（引邵宝《容春堂续集·复轩潘君墓志铭》)]

潘绪 （1445～？） 字继芳。明代无锡县（今属江苏）人。世医潘赟子。年甫十岁父亡，家境清贫，赖母范氏养育成人。早年诵习医书，以冀传承世业。稍长，母告之曰："医不通儒，技耳。"遂命师事乡先生，习古文词。家藏遗书数百卷，悉取而读之，久之以儒医鸣于乡。[见：《中国历代名医碑传集》（引秦夔《五峰遗稿·尚古处士潘君墓志铭》)]

潘琪 宋代琴川（今江苏常熟）人。善医，尤精灸法，能起大疾。弟子庄季裕，得其传授。[见：《琴川三志补记》、《常昭合志稿》、《吴中名医录》]

潘鼎 清代浙江吴兴县人。祖籍德清县。精医术，知名于时。后裔潘旭，绍承其业。[见：《吴兴县志》]

潘弼 字梦征，号西泉居士。明代兴化县（今属江苏）人。精医术。嘉靖（1522～1566）初，与名医何柬相往还，讨论医理。约卒于嘉靖中期。著有《运气考正》（又作《医学运气考正》）、《删次内经》等书，时医多宗之。今未见流传。长子潘应诏，以恩贡授赣州府推官；次子潘应奎，善诗赋，兼通医理。[见：《兴化县志》、《扬州府志》、《日本现存中国散逸古医籍·医学统宗》]

潘谦 字爱如。清代浙江吴兴县人。邑名医潘沧孺子。绍承父业，亦以医名。辑有《医案》一卷，今未见。[见：《吴兴县志》]

潘楫 （1591～1664） 字硕甫，号邓林，又号清凉居士。明清间浙江仁和县人。潘云乔四子。自幼习儒。其三兄善病，楫乃从母命习医。万历四十年（1612）夏，经朱仲修引荐，负笈于同里名医王继鼎之门，朝夕随师视脉和药，风雨无阻。初，师命习《灵枢》、《素问》、《本草经》、《伤寒》、《金匮》、《脉经》诸书，随读随讲，三年如一日，遂穷极医家奥旨。兼通韬略，明末乱起，遵父命从张将军守边，屡有战功。明亡，归隐于乡，悬壶济世，人以韩伯休比之。当时文人墨客多弃儒从医，负笈于潘氏之门者多达数百，皆不同凡响。潘楫与名医张遂辰隔水而居，两家门生时相往来，问难和衷，相得益彰，一时传为艺林佳话。潘氏天性萧淡，不屑名利，诊视之余，觞咏以自娱。年七十四岁卒。著有《医灯续焰》二十一卷，今存顺治九年（1652）刻本。另有《证治宝鉴》十二卷、《伤寒大旨》若干卷，后者佚。子潘杓灿、潘杓烁，皆传承家学，有父风。[见：《医灯续焰·潘隐君邓林先生传》、《仁和县志》、《钱塘县志》、《浙江医籍考》、《中国历代名医碑传集》]

潘槐 清代浙江新昌县人。精内外科，驰名远近。[见：《绍兴地区历代医药人名录》]

潘锡 号慧峰。明代吴江县（今属江苏）人。精医术，擅长外科。万历间（1573～1619）挟技游浙江嘉兴，遂定居。得不传之秘，擅治痈疽、疔毒、瘰瘤诸症，临证应手取效，禾中罕有出其右者。后又究心内科，其术亦精。子孙世传医业，皆知名乡里。[见：《嘉兴县志》]

潘舆 字载道。明代安东县（今江苏涟水）人。祖籍汴梁（今河南开封）。精医理，常施药济人。年五十余卒。[见：《安东县志》]

潘遵 字康先。明清间浙江嘉善县人。儒医潘师正子。武庠生。绍承父业，亦善医术。著

有《脉纬》等书，已佚。[见：《嘉善县志》]

潘璟 一作潘景。字温叟，自号竹林老人。北宋人。里居未详。精医术，尤擅妇科，为崇宁间（1102～1106）名医。晚年隐居长垣（今河南长垣），以医济世。虞部员外郎张咸之妻，"怀孕"五年；南陵尉富昌龄妻，"有娠"二载；团练使刘彝孙之妾，腹大十四月，皆未生育。璟诊视之，曰："疾也。凡医妄以为有娠耳。"以大剂攻之，皆愈。璟殁，世人建竹林寺于浙江萧山县，以神医供奉之。[见：《夷坚甲志·卷五·潘璟医》、《能改斋漫录》、《萧山竹林寺的由来考》（《中华医史杂志》1981年第3期）]

潘襄 南宋无锡县（今江苏无锡）人。祖籍河南荥阳。其父潘性钦，官徽猷阁待制，靖康间（1126）徙家无锡。襄自幼读书，兼通医道，以儒医著称。曾孙潘传之，仕元为江浙医学提举。[见：《中国历代名医碑传集》（引邵宝《容春堂续集·复轩潘君墓志铭》）]

潘霨（1816～1894）字伟如，号韡园居士。清末江苏吴县人。早年习举业，工书法，兼精医道。少以孝行闻名，年十九应乡试，不中，游学京师。咸丰五年（1855）七月，应召治孝成皇后风疾，获愈，医名大盛，士大夫争相延致。纳粟得九品衔，需次直隶，授芦沟桥典史，补昌平州。累迁两浙盐运、山东按察使、福建布政使副，旋任湖北巡抚，迁江西巡抚，调贵州巡抚。所至有政绩，恒出医术济民，以仁柔著称。光绪十七年（1891）疏请入觐。后三年卒，享年七十九。任职江西时，辑订《韡园医学六种》，刊刻于光绪十年（1884）。此书为徐大椿、陈念祖、倪枝维、王维德、吴尚先等名医著作之合刻，其中《女科要略》一卷，为潘氏自著。潘氏还著有《卫生要术》、《内功图说》、《霍乱吐泻方论》、《灵芝益寿草书》各一卷，皆刊行。[见：《韡园医学六种·序》、《吴县志》、《中国人名大辞典》、《中医大辞典》、《中医图书联合目录》]

潘缵（1425～?）字继贤，又字俊卿，号梅边。明代无锡县（今属江苏）人。世医潘时助长子。传承家学，尤精医术，知名于时。久之弃去，葛巾布衣，游于缙绅间。晚以高年应诏，授冠带。正德九年（1514），寿九十岁，精力倍于壮夫，时徒步入九龙山中，饮泉采药。是年，请邵宝作《俟归铭》，弟潘绩七十一岁，从弟潘绪七十岁，优游林泉，时称"三寿"。卒年不详。无子，以弟之次子潘枢为嗣子。[见：《中国历代名医碑传集》（引邵宝《容春堂续集·梅边潘翁俟归铭、复轩潘君墓志铭》）]

潘三相 明末浙江分水县人。精医术，曾任医官。性仁厚，重孝义，治病不计诊酬，乡里敬之。[见：《分水县志》]

潘士洛 字鲁仲。清代江西瑞昌县人。幼年从伯父潘熙登习儒，日习经义，晚则暗诵《脉诀》。伯父责之，答曰："此亦济世良术也。"后弃儒业医。有医德，治病不论贫富，遇极贫不能购药者，出药治之，赖以全活者甚众。年八十一岁，无疾而逝。[见：《瑞昌县志》、《九江府志》]

潘士梧 字惟美。明代人。生平里居未详。名医孙一奎门生。曾校刻其师《赤水玄珠》。[见：《赤水玄珠》]

潘大纪 字饬之。清代广东南海县河清堡人。自少读书，重名节，好施与，喜宾客。后耗尽家产，遇岁饥举家食粥，而亲友来哺者尚盈室。善鼓琴，时奏一曲，以抒怀抱，处逆境如故也。善风水术，不轻为人择地。兼通医道，著有《喉科大全订正》二卷（一说潘良弼撰），今未见。医书外，尚撰《松筠堂琴谱》四卷、《葬经衍释》二卷、《白云名墓述略》二卷。子潘良弼，尤精医道。[见：《南海县志》]

潘大定 字子静，号虚斋。清末四川乐山县人。性情和平。经营商业，勤奋好学，平生手不释卷。辑有《四时撮要》四卷，李嘉秀为之作序，未梓。清末卒，享寿八十八。[见：《乐山县志》]

潘大临 清代江苏常熟县人。精医术，知名于时。辑《医案》八卷，未见刊行。子潘承绪，亦以医闻。[见：《常昭合志》]

潘大桂 字汝闻。清代安徽婺源县桃溪人。邑名医潘文源次子。幼年习儒，颖慧强记。及长，绍承父业，技艺精湛，全活甚多。有医德，治病不求酬报。性孝友，兄大槐卒，抚侄如子。文人逸客，多乐与之游。潘氏父兄子弟，皆以医名世。[见：《婺源县志》]

潘大槐 字公植。清代安徽婺源县桃溪人。邑名医潘文源长子。自幼嗜学，博极群书，率能得其要领。尤善医术，遇危殆之疾，投剂多奇效，人惊以为神。性孝友，抚育两弟，迄有成。二弟潘大桂，亦以医知名。三弟佚名，先大槐而卒。[见：《婺源县志》]

潘广千 清代浙江乌程县人。邑名医潘凤彩子。与兄潘在文皆传承祖业，以医济世。[见：《湖州府志》、《乌程县志》]

十五画

潘之恒 字景升，号天都外史。明代安徽歙县人，侨寓南京。工诗。嘉靖间（1522～1566）官中书舍人。辑有丛书《黄海五纪》，收入潘氏万历庚申（1620）据宋本重校之《黄帝内经素问》二十四卷，世称"黄海本"，今存。其自序称："经文误处，悉从改正。注中错谬，或随意节略。即启玄复生，不目我为妄矣。"［见：《宋以前医籍考》、《贩书偶记续编》、《黄帝内经文献研究》］

潘之铭 字日升。清代浙江遂昌县人。国学生。持家勤俭，事亲至孝。素精医理，就诊者门庭若市。重医德，凡因病延请，寒暑不辞，不受馈谢。［见：《遂昌县志》］

潘子云 清代山东历城县人。精针灸术，知名于时。门生冯应麟，传承其学。［见：《历城县志》］

潘子和 明代吴江县（今属江苏）平望镇人。世代业医，名重于时。乡人感戴其德，赠匾"杏林清隐"，以晋名医董奉比之。孙潘孟文，医名益盛。［见：《平望志》］

潘子俊 清代河南洛阳县人。乾隆甲午（1774）举人，官祥符训导，加国子监学正衔。旁涉医学，著《方书源流考》若干卷，未见刊行。［见：《洛阳县志》］

潘王格 字鸣冈。清代江苏上海县人。精医术，与同邑李揆文齐名。［见：《上海县志》］

潘元森 字茂堂。清代安徽黟县人。附贡生。祖、父皆以儿科擅名。元森绍承家学，活幼有术，求医者恒满庭户。重医德，遇贫病者不受诊酬。著有《本草略》、《可行集》，今皆未见。［见：《徽州府志》、《黟县续志》］

潘云杰 明代人。生平里居未详。辑《类集试验良方》二卷，序刊于万历三十三年（1605），今存潘氏自刻本。此书曾远传日本，今尚有明刻本存国立公文书馆内阁文库。［见：《全国中医图书联合目录》、《内阁文库汉籍分类目录》］

潘云垂 明代青浦县（今属上海）人。秉性仁厚，工书法，善篆刻。尤精医术，时人重之。［见：《青浦县志》］

潘仁仲 号松泉。元明间无锡县（今属江苏）人，居营桥。无锡州医学提举潘进德子。师事名儒杨维桢（1296～1370），学有根柢。传承家学，亦精医道。袭父职，初任医学教授，升本州医学提举。后至元庚辰（1340），筑容膝轩于家，置琴书名画于其中，与前辈名士柯九思、张雨、杨维桢、倪瓒诸贤燕集其间。倪瓒子患疾，仁仲愈之。倪氏写《梧竹草亭图》，并题《写画赠潘仁仲医师》诗云："屋角东风多杏花，小轩容膝度年华。金梭跃水池鱼戏，彩凤栖林涧竹斜。窖窖清淡霏玉屑，萧萧白发岸乌沙。于今不二韩康价，市上悬壶未足夸。"洪武五年（1372），倪氏又画《容膝斋图》寄赠之。潘氏晚年应诏赴京，以老病辞归。子潘克诚，传承其学。［见：《无锡县志》、《金元医学人物》、《中国历代名医碑传集》（引秦夔《五峰遗稿·尚古处士潘君墓志铭》、邵宝《容春堂续集·跋潘氏所藏倪云林画》）］

潘凤彩 字鸣岐。清代浙江乌程县人。熟读《素问》，又得秘传医术，活人甚多。心存济利，凡贫病者求治，不计诊酬。郡守胡瑾、潘麒牲、陈一夔，俱赠匾表彰之。子潘在文、潘广千，皆传承祖业。［见：《湖州府志》、《乌程县志》］

潘文元 字华也。清代安徽婺源县坑头人。岁贡生。性鲠直，衣冠古处，有怀葛遗风。学博品端，课子侄生徒，必以礼法。性慈善，好济人急。有贫乏者鬻妻，潘氏贷四十金，慰留之。兼习医术，济人甚多。著有《脾胃论》、《伤寒症》、《杂病因脉治法》、《女科症治》等书，藏于家。［见：《婺源县志》］

潘文林 号朗轩。明代浙江上虞县松夏人。生平未详。通医术，著有《朗轩医案》六卷，已佚。［见：《上虞松夏志》］

潘文杲 字旦初。清代安徽黟县一都潘村人。邑名医潘启华子。天性孝友。传承家学，尤精幼科，临证应手辄效，四方求医者踵接于门。平生多善举，曾捐诊金置江柏陇义冢，又倡造古溪桥，并设桥会，以为修缮之费，乡里德之。［见：《黟县志》］

潘文星 字斐昭，号嵩愚。清代浙江上虞县松夏人。博览群书，不务举业。专精医道，为人治病不索酬。某年夏，湖东西流疫蔓延，朝发夕死，群医束手。潘氏出术诊疗，治辄病除，患者皆庆再生。堂邑邓云龙调上虞知县，甫下车，闻文星名，造庐请益。潘氏著有《嵩愚医案》八卷，今未见。［见：《上虞松夏志》］

潘文舫 清代人。生平里居未详。编有《新增刑案汇览》十六卷，刊于光绪二十一年（1895）。［见：《中医图书联合目录》］

潘文楚 字士先。清代安徽婺源县人。侍御潘之祥侄。门户显赫时，文楚独持俭素。

晚年杜门读书，兼涉医学。辑有《仁世单方》若干卷，未见刊行。[见:《婺源县志》]

潘文源 字本初。清代安徽婺源县桃溪人。宽和仁厚，自少习儒，后弃而学医。及技艺精工，悬壶于世，所治多良效，求治者盈门。以救人济世为怀，诊病概不求酬，遇贫士则资助之。行医三十余载，家无数亩之蓄。殁之日，哭祭者甚众。著有《方脉纂要》二十卷，今未见。子潘大槐、潘大桂，均以医术知名。[见:《婺源县志》、《徽州府志》]

潘文藻 清代浙江绍兴人。邑名医徐辛农门生，以医闻世。[见:《绍兴医学史略》]

潘为缙 字云师。清代安徽歙县人。少年习儒，于书无所不读，有声士林。年弱冠患血症，时医不能疗，乃取《灵枢》、《素问》诸医经读之，久之通阴阳升降之理，遂精医道。辑有《血症经验良方》（又作《专治血症经验方论》）一卷，刊于康熙五十一年（1712），今存。[见:《血证经验良方·应方浩序》、《清史稿·艺文志》、《中医图书联合目录》]

潘心如 （?～1926） 近代浙江萧山县人。精医术，悬壶杭州，为当时名医。生于光绪（1875～1908）初，殁于1926年。[见:《中国历代医史》]

潘玉庭 字育亭。清代浙江桐乡县人。世习岐黄，至玉庭医术益精，"内外十三科，靡不通贯"，尤擅长外科，名重于时。钱陈群手书"泽分橘井"赠之。年七十二岁卒。[见:《桐乡县志》]

潘功甫 清代江苏吴县人。道光间（1821～1850），以医术声著远近，时称吴门诸医之首。同时有谢元庆，亦以医闻。[见:《苏州府志》]

潘世良 清末人。生平里居未详。撰有《虚劳秘韫方解》一卷，约成书于光绪间（1875～1908），今存。[见:《中医图书联合目录》]

潘可藻 字宾文，号嬾庵。清代浙江景宁县人。康熙五十年（1711）拔贡，雍正五年（1727）选授训导，不仕。少负奇气，淹通典籍。工诗文，通绘画，旁及医学。常制丹丸施人，至老不倦。辑有《经验医方》，未见刊行。[见:《景宁县志》、《处州府志》]

潘仕成 号德畬。清代广东番禺县人。家境饶富，慷慨有大志。道光十二年（1832）中北闱副榜。时京师饥荒，潘氏出巨资赈济，多所全活，钦赐举人。后报捐郎中，供职刑部。海

内人争相延访，以不识其人为憾。与临桂陈继昌、元和陈钟麟为忘年交。道光二十六年（1846）授广西桂平梧郁道，帮办洋务，捐火炮、水雷等军器，筹办军饷，大吏深倚重之，叙功加布政使衔。二十七年，特旨补授两广盐运使，改浙江盐运使，皆未赴。后归乡养疴，不复出。平生多善举，晚年家道中落。曾汇刻《海山仙馆丛书》一百一十八卷，收古籍五十六种，包括《经验良方》等多种医书，今存。[见:《番禺县续志》、《中国历代医家传录》、《中医图书联合目录》]

潘用清 字潜庵，晚号荥阳笠叟。清代安徽怀宁县人。举人潘慎生子。诸生。天性真率，工诗赋，通六壬，尤精医理。自幼家贫，日抄医书一篇，过目不忘，年七十，忆儿时所诵习者，犹能朗朗上口。平生以医济人，多所全活，富者求诊多不应。其术为当道官吏所见许，而从未挟技干谒，以故终于贫。著有《医学》十卷，未见流传。医书外，尚有《双峰草堂诗稿》四卷、《札记》二卷、《六壬》一卷。[见:《怀宁县志》]

潘兰士 清代江苏苏州人。元和县甫里名医顾少竺门生。精医术，名噪于时。[见:《吴医汇案选辑》]

潘必铢 字秉权。清代浙江象山县人。太学生。因母郑氏患疾，研习医术，久之以内科著称。凡以病延请，应手奏效，不受酬谢。撰有《本草注》、《经方注》、《金匮注》等书。族侄潘其钊，以外科闻名于时，叔侄相互发明，时人以"竹林二阮"比之。潘必铢晚年悉焚所著书，戒子孙毋业医，曰:"尔辈姿禀劣，恐误人也。"子潘潮、潘湄、潘藻，皆业儒。[见:《象山县志》]

潘训业 字肆山。清代江苏宿迁县人。工医术，济人不受酬报。[见:《宿迁县志》]

潘吉甫 清代浙江吴兴县人。邑名医潘旭后裔。绍承家学，亦精医术。[见:《吴兴县志》]

潘在文 清代浙江乌程县人。邑名医潘凤彩子。与弟潘广千皆传承祖业，以医济世。[见:《湖州府志》、《乌程县志》]

潘成善 清代广东顺德县大良人。与同邑黄廷矩师事楚南名医欧世珍，后俱以痘科知名。重医德，治疗贫病不受谢，且施以药，活人无算。同时有陈盛南，亦精痘科。[见:《顺德县志》]

潘贞蔚 清代福建闽县人。精医术，知名于时。与同邑名医林远期友善，遇难症，二人必相商榷。[见:《闽侯县志》]

潘师正 字斐伯。明末浙江嘉善县人。少从名儒刘宗周、黄道周学，博通阴阳之理。兼精医道，以术济人，多获奇效。子潘遵，绍承父学，亦以医名。[见：《嘉善县志》]

潘光宗 字耀先。清代江苏华亭县人。世业疡医，至光宗尤神其技。遇贫病不受酬谢，且资以药，活人甚众，一方倚为司命。提督张云翼病，众医毕集，独潘氏一诊即出，再延不复往，提督果不起。曾孙潘育万，得其亲授。[见：《江南通志》]

潘廷彦 字醒园。清末四川涪州人。潘鸣谦季子。早年习儒，兼精书画。曾任儒学训导。为官清廉，遇儒生中贫困者，赠以衣冠。有三女，卖田遣嫁，家道中落。以医为生计，于医理能得法外意，名重于时。手书《论生理学》四册，为张贡琳所得，今未见。门生施承勖，得其传授。[见：《续修涪州志》]

潘传之 元代无锡州（今江苏无锡）人。儒医潘襄曾孙。克绍家学，亦以医名，曾任常州路医学录，迁江浙医学提举。子潘进德，传承其学。[见：《无锡县志》、《中国历代名医碑传集》（引邵宝《容春堂续集·复轩潘君墓志铭》）]

潘仲斗 明代安徽歙县人。生平未详。通医理，撰《伤寒考证》若干卷，已佚。[见：《歙县志》]

潘仲延 元代人。里居未详。以医为业，知名于时。安贫乐道，斋号乐贫。张庸作《乐贫斋为医士潘仲延赋》称道其为人，文曰："众人皆欲富，潘子惟乐贫。乐贫之乐忘宠辱，但把岐黄书漫读。"[见：《金元医学人物》（引《张处士全归集》）]

潘仲明 元代人。里居未详。通医术，曾任泰兴县（今江苏泰兴）医学教谕。成廷珪作《送潘仲明医谕之泰兴诗》曰："舟行三百里，直到县门前。不请居官俸，多收卖药钱。年丰沙米贱，江近网鱼鲜。莫起归来兴，于今令尹贤。"[见：《金元医学人物》（引《居竹轩集》）]

潘兆元 字子霖。清代安徽婺源县坑头人。授奉直大夫。精医术，多行善举，诊病不索谢仪，乡里敬之。[见：《婺源县志》]

潘名熊 字兰坪。清代广东番禺县西村人。邑诸生。通禅理，善抚琴，喜吟咏。尤精医术。审证矜慎，诊治无不应手奏效，然不自满足，好学不辍。尝戒子勿轻学医，赋诗云："医良能济人，医庸必贾祸。知之斯最佳，业之未必可。"邑人陈璞称此诗："真实本领，绝大见识，不徒训子弟，可与一切学医者读之。"撰有《评琴书屋医略》（简称《医略》）三卷，邑人李光廷为之作序，刊于同治七年（1868），今存。还辑有《叶氏医案括要》（又作《叶案括要》）八卷，今存同治十二年癸酉（1873）刻本。另有诗集《评琴书屋诗草》，存佚不明。[见：《广州府志》、《番禺县续志》、《贩书偶记续编》、《中医图书联合目录》]

潘庆澜 字小愚。清代江苏吴江县人。生平未详。与吴金寿等同校叶桂《医效秘传》。[见：《医效秘传》]

潘阳坡 元代人。生平里居未详。金代名医刘完素三传弟子（完素传术于刘荣甫，荣甫传刘吉甫，吉甫传潘阳坡）。著有《加减方》一卷，已佚。[见：《心印绀珠经·序》、《菉竹堂书目》]

潘进德 元代无锡州（今江苏无锡）人。常州路医学学录潘传之子。绍承父学，亦精医术，官本州医学提举。子潘仁仲，继承家学。[见：《无锡县志》]

潘志裘 清代人。生平里居未详。辑有《不药良方》一卷，今存嘉庆九年（1804）绍衣堂刻本。[见：《中医图书联合目录》]

潘克诚 号蒲石。明初无锡县（今属江苏）人。元无锡州医学教授潘仁仲子。早年习儒，与王达同游于尚书张公之门。传承父学，亦精医道。永乐间（1403~1424）以名医征至京师，任太医院医士。曾从明成祖北巡，不久授汉府良医正，固辞不就。子潘韫辉，尤妙针灸，官医学训科。[见：《无锡县志》、《无锡金匮县志》、《锡金考乘》、《中国历代名医碑传集》（引秦夔《五峰遗稿·尚古处士潘君墓志铭》）]

潘杏初 近代人。生平里居未详。曾补订汪昂《汤头歌诀》，辑《新增汤头歌诀正续编》一卷，今存1936年上海医药研究会铅印本。还编著《标准药性大字典》，今存1935年上海医药研究会铅印本。[见：《中医图书联合目录》]

潘杓灿 清代浙江仁和县人。邑名医潘楫（1591~1664）长子。绍承父学，亦通医道。著有《未信编》六卷，刊刻于世。按，《钱塘县志》称此书为其弟潘杓烁所著，待考。[见：《杭州府志》、《八千卷楼书目》]

潘杓烁 字象承，号月山。清代浙江仁和县人。邑名医潘楫（1591~1664）次子。诸生。素习举业，有文名。讲经世之学，自制府以下，争相延致，所至辄有政绩。兼习医学，以人命至重，不轻试其术。辑有《未信编》六卷，刊刻于世，一时为之纸贵。今未见。按，《八千卷楼书目》称《未信编》为其兄潘柏灿所著，待考。[见：《钱塘县志》]

潘时助 （?～1464?）佚其名（字时助）。明代无锡县（今属江苏）人。医学训科潘韫辉长子。与弟潘赟传承世业，亦以医名。晚岁遭人诬陷，远成边地，久之乃白。有子三人，长子潘缋，幼子潘绩，皆通医术。次子继德，赘于钱氏。[见：《中国历代名医碑传集》（引邵宝《容春堂续集·复轩潘君墓志铭》)]

潘希灯 字焕章。清代江西广丰县人。精医术，专擅痘科。屡起危疴，全活无数。[见：《广丰县志》]

潘应奎 明代兴化县（今属江苏）人。邑名医潘弼次子。绍承父学，亦通医术，兼善诗赋。[见：《兴化县志》]

潘沧孺 清代浙江吴兴县人。精医术，知名于时。子潘谦，绍承父业，亦以医名。[见：《吴兴县志》]

潘良弼 号达卿。清代广东南海县河清堡人。潘大纪之子。工诗赋，善鼓琴，通堪舆，尤精医道。平生多隐德，施茶赠药，数十年不辍。著有《喉科大全订正》二卷（一说为其父所撰）、《南北喉症辨异》一卷，今未见。医书之外，尚撰《静观室诗存》一卷。[见：《南海县志》]

潘启华 清代安徽黟县一都潘村人。精医术，知名于时。子潘文杲，传承家学，以幼科著称。[见：《黟县志》]

潘妙真 〈女〉（1282～1351）元代丽水县（今浙江丽水）人。将仕郎广东廉访司照磨潘弼之女。自幼沉静，诵读四书、《女史》诸书。年十六适林定老，以贤孝闻。精通医道，凡家人患病，往往制药治疗，每著佳效。后其夫举进士，官至出新州知州，潘妙真诰封龙泉县君。[见：《金元医学人物》（引贡师泰《龙泉县君潘氏墓志铭》)]

潘坤吉 字香溪。清代江苏宜兴县陆平里人。精通医学，知名于时。[见：《宜荆县志》]

潘其钊 一名象伟。清代浙江象山县人。太学生。幼习张三峰、王宗诸家拳法，兼熟少林武学。通医术，尤擅外科，知名于时。天性亢爽，知其婿徐元梅推之为一乡长者。族叔潘必铢，亦精医通，以内科名世。[见：《象山县志》]

潘若云 清代江苏武进县人。精外科，虽筋断骨折，能复续如初。所用药物皆道地佳品，故奏效如神。[见：《武进阳湖县志》、《武扬县志》]

潘松全 清代浙江新昌县人。精医术，以擅治伤寒、温病著称。[见：《绍兴地区历代医药人名录》]

潘叔和 字协邦。清代江苏宝山县罗店镇人。自幼研习《内经》，中年从名医曹存心游，为曹氏高足。后归乡，以妇科知名，屡起沉疴。年四十四岁卒。[见：《罗店镇志》]

潘叔谦 明代吴江县（今属江苏）震泽镇双杨人。邑外科名医潘宗绍侄，潘宗祥子。得伯父亲授，亦精外科。[见：《震泽镇志》]

潘国珍 号梅溪。清代安徽婺源县桃溪人。以廪贡生得授教职，改任南河县丞，荐升同知。旁通医术，著有《医门汇要》八卷，未见刊行。年八十岁卒。[见：《婺源县志》]

潘国爵 号少泉。明代浙江松阳县人。自幼习儒，不遇于时。有僧人挟针灸奇术至松阳，某商人久跛，僧索一饱斋，为针之，跛立起。潘氏异之，恳求为弟子，得其传授，治疾亦有神验，遂以针术名噪一时，诸公卿皆礼重之。[见：《松阳县志》]

潘秉道 字耕臣，号麻姑山人。清代江西南城县人。平生严气正性，义不苟合。年三十岁绝意功名，家居读书，教训子弟。雍正元年（1723）举贤良方正，力辞。精通医术，凡求诊皆为疗之，全活无算。著有《麻姑山人诗集》、《医方保和》各若干卷，未见刊行。[见：《南城县志》、《江西通志》]

潘秉瑞 字鼎望。清代江苏上海县人。精医术，擅幼科，临证多奇效，名重于时。门生金仁荣，传承其术。[见：《上海县志》]

潘佩周 清代江西武宁县人。为人纯笃。业儒而精医，道光间（1821～1850）授医官。著有方书，未梓。[见：《武宁县志》]

潘采昭 字汉成。清代江苏上海县人。邑儿科名医王永丰门生。尽得师传，亦以儿科著称。师弟曹廷璋，与之齐名。[见：《上海县志》]

潘育万 字蔼亭。清代江苏奉贤县拓沥港人。得曾祖潘光宗传授，以医术名噪于时。有医德，遇贫病以药赠之。[见：《重修奉贤县志》]

潘宗元 清末浙江德清县人。精医术，兼通内外科。撰有《分经药性赋》一卷，

今存光绪十二年（1886）汪锡镘抄本。[见：《浙江医籍考》]

潘宗安 清代安徽怀宁县人。邑名医潘道源长子。天性诚挚。绍承父学，亦以医术著称。[见：《怀宁县志》]

潘宗绍 明代吴江县（今属江苏）震泽镇双杨人。专精外科。正统间（1436～1449）膺荐至京师，以疾告归。兼善丹青，所绘枯木石竹，为世所珍。弟潘宗祥，侄潘叔谦，皆得其传授，俱有医名。[见：《震泽县志》、《震泽镇志》]

潘宗祥 明代吴江县（今属江苏）震泽镇双杨人。得兄潘宗绍传授，以外科知名。子潘叔谦，亦精医术。[见：《震泽镇志》]

潘孟文 号守恒。明代吴江县（今属江苏）平望镇人。邑名医潘子和孙。克绍家业，医名益盛。[见：《平望志》]

潘承隽 字君实。明代福建瓯宁县人。七岁丧父，肆力于医药之学。后悬壶济世，有起死回生之誉。[见：《瓯宁县志》]

潘承绪 清代江苏常熟县人。邑名医潘大临子。早年习儒，为诸生。后业医，知名于乡。著有《脉诀补注》若干卷、《稻香斋医书》四卷，今未见。[见：《常昭合志》]

潘春林 清代浙江吴兴县人。邑名医潘旭后裔。绍承家学，亦以医名。[见：《吴兴县志》]

潘珩瑾 字昆山。清代广西钟山县人。其父潘耀源，富而好善。珩瑾卓有父风，重孝义，待人诚，乐善好施，遇贷者艰于偿，辄焚其券。素好劝善，手订《救溺戒淫合编》、《达生编》诸书，附以神效验方，刊刻施赠。晚年病重，犹遗嘱子孙，增刊广送，热忱慈善公益若此。[见：《钟山县志》]

潘树滋 号东村。清代江苏常熟县人。工诗，精医术，与同邑潘润齐名。[见：《常昭合志稿》]

潘思诚 世称古逸先生。元代山阳县（今江苏淮安）人。传承父业，以医问世，名重一时。至正间（1341～1368）任淮安路医学教授。其家常蓄药材，凡以病求治，不论贵贱皆诊治，依证赠药。遇危重患者，登门施治，虽十余往返，未尝厌烦。尝谓："吾闻君子为善，不惟善其身，而必利益于人。吾既不用于时，无能利于人。以医愈人疾，济人之生，亦仁者事也。吾从事乎此，以岁月计，则亦庶几乎其善之积乎！"

于是取室名积善堂。[见：《金元医学人物》（引陈高《不系舟渔集·积善堂记》）、《江苏历代医人志》]

潘禹候 字质斋。清代浙江上虞县松夏人。幼耽岐黄，博览古来医书，日夕研究，得其要妙。壮年悬壶杭州，就治者门常如市。著有《质斋医案》八卷，今未见。[见：《上虞松夏志》]

潘统宗 清代浙江上虞县松夏人。生平未详。通医道，著有《脉诀》一卷、《古今验方》四卷，今皆未见。[见：《上虞松夏志》]

潘振声 字贞贵。清代福建长乐县三溪人。例贡生。精医理，洞明病源，屡起沉疴，求诊者门庭若市。有医德，凡贫病者就诊，不受酬谢，乡里敬之。[见：《长乐县志》]

潘恩印 字朝赉。清代江苏宜兴县人。与弟恩绂，自少习儒，俱有文名。后以举人授仪征县教谕，改溧阳教谕，以庐州教授致仕。凤精医术，公余为人治疾，全活甚众。著有《医学折衷》八十四卷，未见刊行。[见：《宜荆县志》]

潘梅生 清代江苏宝山县人。以医为业，悬壶上海，遂定居。子潘锡魁，亦善医。[见：《上海县志》]

潘象伟 清代浙江象山县人。性亢爽。精医术，常以药饵济人。[见：《象山县志》]

潘鸿涛 清代江苏青浦县人。邑名医顾子乔门生。尽得师传，名重一时。[见：《青浦县志》]

潘淳亮 号笛槎。清代四川巫山县人。器宇深沉，言不妄发。博通经史，根柢蟠深，诗文俱佳，巫山县碑序多出其手。晚年精医，邑人多请诊治，屡获良效。[见：《巫山县志》]

潘掌纶 字龙田。清代湖南湘乡县人。嘉庆间（1796～1820）诸生。幼失父母，事继母如所生。家故清贫，常不给，年十四弃学业医。不久复力学，院试第一。读书过目成诵，兼通韬符、壬遁诸术。尤精医道，尝于马上见人倒卧道旁，视之若毙。即上前细察其状，曰："尚可苏也。"以针刺尾闾穴，呼痛而苏。叩问姓名，不答，策马而去。又，某人之子病，垂绝。潘氏过其门视之，子已入殓。急止之，为灸三壮，撬齿灌以药，须臾呱啼索乳矣。观者惊为神医，问之，亦不告姓名而去。晚年杜门授徒。撰有《龙田心方》若干卷，藏于家。[见：《湘乡县志》、《中国人名大辞典》]

潘景旸 清代广东顺德县人。生平未详。撰有《广嗣篇》若干卷，今未见。[见：《顺德县志》、《广州府志》]

潘曾沂 (1792~1852) 字功甫，号小浮山人。清代江苏吴县人。体仁阁大学士潘世恩子。嘉庆间（1796~1820）举人，官内阁中书。间涉医学，辑有《半豫庄便农药方》一卷，今存光绪八年（1882）刻本。[见：《中国人名大辞典》、《中医图书联合目录》、《中国历史人物生卒年表》]

潘道恒 字振之。元代上虞县（今浙江上虞）松夏人。邑名医潘玫族子。博学多识，善丹青。尤工医术，为人治病，无不应手取效，知名于时。平生诗画稿及所著《医方辨难》若干卷，皆散佚。[见：《上虞松夏志》]

潘道根 (1788~1858) 字确潜，又字潜夫，号晚香，晚号徐村老农。清代江苏新阳县（今昆山县玉山镇）人。祖籍太仓三家市，其先世于明末徙居昆山妙华泾，其祖父潘序斌再迁新阳城后市巷。潘道根自幼颖悟，早年就学于乡贡吴映辰，为新阳县令李汝栋所赏识。年十九，父潘汤盘过世，家境贫窘，遂徙居北郭梅心泾，教授生徒以为生计。名所居室曰隐求堂，虞山蒋宝龄作《梅心隐居图》赠之。潘氏毕生好学，与同邑名儒王学浩、吴映奎为忘年交，请益学术，肆力经史，耽嗜古文词，兼通音韵训诂之学。性好医学，每借方书抄阅，久之贯通《内经》、《伤寒》诸书，为人治疾，多获奇效。道光四年（1824）悬壶应诊，医名远播苏州、太仓等地，慕名延请者甚众。乐善好施，遇贫病不取诊酬，反赠以钱，深为乡邻爱戴。晚年迁居南村，卖药自给，绝迹城市，以布衣终。咸丰八年七月殁，享年七十一。潘氏著述极富，医书有《外台方染指》一卷（今存道光间抄本，书藏南京图书馆）、《娱拙斋医案》一卷、《医学正脉》一卷、《徐村老农手抄方》一卷、《临证度针》七卷（以上四种今藏苏州医学院图书馆）。另撰《读伤寒论》、《医学读书记》等书，存佚不明。医学之外，尚著《昆山名贤墓志铭》、《隐求堂日记节要》、《尔雅郭注补》、《读字识小录》等二十余种，为后世学者所重。[见：《昆新两县续修合志》、《昆新两县续补合志》、《苏州府志》、《昆山历代医家录》、《中医图书联合目录》]

潘道源 字巨涛，号奠川。清代安徽怀宁县人。以医知名，尤肆力于天花证治。著有《诚求详论》若干卷，未见刊行。有子二，长子潘宗安，袭承父业。[见：《怀宁县志》]

潘登云 字学廷。清代安徽婺源县人。监生。精医术，尤擅痘科，临证多奇效，全活小儿甚众。年七十七岁卒。著有《痘科全书》十二卷，未见刊行。[见：《婺源县志》]

潘韫辉 号松丘。明代无锡县（今属江苏）人。太医院医士潘克诚子。绍承先业，擅治伤寒，尤精针灸，名噪于时。曾任医学训科。子潘时助、潘赟（1409~1454），皆以医名。[见：《无锡县志》、《中国历代名医碑传集》（引秦夔《五峰遗稿·尚古处士潘君墓志铭》）]

潘锡祉 清初浙江仁和县人。与宋尔珏从名医吴嗣昌游，追随独久，为吴氏得意门生。[见：《浙江通志》]

潘锡魁 字寿祺。清代江苏宝山县人。其父潘梅生，悬壶于上海，遂定居。潘锡魁早年习儒，初为邑庠生，后任官塾教习。兼精家传医术，曾治愈肺痨，不索酬谢。[见：《上海县志》]

潘福寿 字祝三。清代山东临沂县人。邑庠生。工书法，精医术。著有《瘟疫伤寒论》若干卷，未见流传。[见：《临沂县志》]

潘毓川 字秀夫。清代江苏宜兴县人。工医术，知名于时。[见：《宜荆续志》]

潘毓俊 字力田。清代山西猗氏县人。增广生。康熙四十四年（1705）中举。为人朴直刚方，博学多识。屡蹶科场，慨然曰："士以济物为志，吾安能终老断简中，与蠹鱼作缘乎？"乃弃儒攻医，究心《内经》诸书，字斟句酌，久之贯通方药。临证制方，多出新意，活人无算。著有《伤寒全略解》、《本草类通歌诀》等书，惜皆散佚。[见：《猗氏县志》、《山西通志》]

潘毓祺 号济庵。清代四川巫山县人。以医为业，每遇沉疴，予药多愈，名噪于时。雍正五年（1727）疫疠大行，潘氏设馆施救，多所全活。乾隆（1736~1795）初，授医学司训。年近百岁卒，里人私谥"仁廉先生"。生前自题小影云："欲知似我原非我，说到传真即是真。但愿后贤能继述，等闲常忆画中人。"[见：《巫山县志》、《夔州府志》]

潘僎庵 (1492~1554) 佚其名（号僎庵）。明代浙江乌程县汇沮人。自幼习儒，弱冠以高等食饩。久不利于科场，乃读岐黄之书，切脉处方，多出人意表，遂以医术著称。乌程大疫，出术救疗，十全其九，活人甚众。嘉靖甲寅卒，享年六十三。子潘骧、潘骖、潘骏、潘驯，皆出仕。[见：《中国历代名医碑传

集》(引王世贞《弇州续稿·赠太子少保南京兵部尚书僦庵潘公墓志铭》)]

潘肇封 字山表,号梦笏。清代江苏吴江县平望镇人。嗜医学,于历代医书无不研究,治病十不失一,名重于时。著有《伤寒备考》若干卷,今未见。[见:《平望志》、《吴江县志续编》]

潘遵祁 (1808～1892) 字顺之。清代江苏吴县人。潘世璜子。道光二十五年(1845)进士,授编修。淡于仕进,不久乞假归。主讲紫阳书院二十年,门生甚众。性喜幽寂,筑香雪草堂于邓尉,署所居曰西圃。光绪十八年卒,享年八十五。旁通医理,辑有《卫生要录》、《节饮集说》,未见刊行。[见:《吴县志》]

潘遵复 字省堂。清代江苏长洲县人。生平未详。曾与吴金寿同校叶桂《医效秘传》。[见:《医效秘传》]

潘遵鼎 字铁庵。清代山东济宁州人。博学多识,乡试屡荐不售,肆力于古文词及经世之学,名公卿多折节与交。刑部尚书赵光、东抚丁葆桢(1820～1886),尤礼重之。潘氏自少嗜于医书,于本草学尤有研究。晚年撰《本草地理今释》,未竟而卒。还撰有《运气述》、《伤寒温习录》等,今未见。[见:《济宁直隶州志》]

潘澜江 清代浙江吴兴县人。邑名医潘旭后裔。传承家学,亦精医业。[见:《吴兴县志》]

潘澄濂 (1910～1993) 现代浙江温州市人。早年毕业于上海市南洋中学,继入上海中医专门学校学习。得丁泽周、谢观、曹家达等名师指导,系统研习《内经》、《伤寒》、《金匮要略》等医籍,博览李杲、刘完素、朱震亨、张介宾、徐大椿诸名医之作。就读期间,旁听西医课程,参加解剖、生理、病理实验,故学兼中西。1929年毕业,返温州行医,同时参加当地医务所工作,治疗伤寒、疟疾、痢疾、肺炎、肾炎、肝硬变等病,除用西医药抢救之外,大都采用中医治疗。1938年春赴沪,任教于上海中医学院、上海中国医学院,兼事临床治疗,每收桴鼓之效。1947～1954年,任温州普安药局医务主任。1956年6月至杭州,应邀参与组建中医研究所。1958年7月研究所建成,任副所长,升任所长。长期主持乙型脑炎、肝炎、铅中毒、白血病、晚期血吸虫病等科研项目。1960年任浙江中医学院副院长,对中医科研、教学多有贡献。潘氏坚持中西医结合,主张辨病与辨证结合,融经方、时方为一炉,临床经验丰富,于肝病辨治尤有见地,为现代著名医学家及教育家。生前勤于著述,先后发表学术论文60余篇,并出版《伤寒论新解》、《潘澄濂医论集》等学术著作。[见:《中国科学技术专家传略》]

潘慰如 清末江苏昆山县千墩镇人。精医术,以外科知名。与同镇名医徐世寿、朱佑之、陈慕贤齐名,有"千墩四柱"之誉。[见:《昆山历代医家录》]

潘懋华 元明间浙江钱塘县人。祖父潘悦可、父潘仲宁,皆业医。懋华诚实忠厚,绍承家学,亦精医道。以救人为志,其药室取名中和。于医理宗张仲景法,融合刘完素、张从正诸名家之说,故临证多效验,求治者甚众。[见:《金元医学人物》(引《始丰稿·中和室记》、《柘轩集·赠世医潘懋华序》)]

潘曙东 清代江苏丹徒县人。精医术,名重于时。蒋宝素(1795～1873)读医书,遇字晦义涩处,每就教于潘氏,受益甚多。[见:《丹徒县志》]

潘耀墀 字云泽,又字之伟。清末浙江吴兴县人。生平未详。曾编定杨舒和《经验秘方》一卷,今存光绪十四年(1888)刻本。[见:《中医图书联合目录》]

十 六 画

璬

璬路 字佩卿。清代长白县(今吉林长白)人。生平未详。光绪二十四年(1898)与张洪宪同辑《救急良方》一卷,今存。[见:《中医图书联合目录》]

燕

燕兰 字尔芳。清代四川南溪县人。性博爱,嗜医学。咸丰、同治间(1851～1874)与弟燕楷,俱以医术知名。重医德,治病不论贫富,凡请即往,不计诊酬。晚年声名益盛,邑人以

十六画

"神存心手"额其门。[见：《南溪县志》]

燕楷 字鲁亭。清代四川南溪县人。少倜傥有志节，工书法，善豪饮。精通医术，重医德，为咸丰、同治间（1851～1874）当地名医。兄燕兰，亦以医名。[见：《南溪县志》]

燕士俊 明末浙江仁和县人。家贫力学，生性至孝。乙酉（1645）江南败兵入浙，奉母避于梁渚，母亡，终身布衣蔬食。祖父燕志学，向以医术知名。士俊发家藏医书，潜心默识，久之通悟医理，悬壶于乡。临证多著奇效，有所得即周济贫乏。晚年著《保婴集》一书，未成而卒。子燕嘉时、燕来时，皆善承父业。[见：《仁和县志》]

燕志学 明代浙江仁和县人。精医术，知名于时。孙燕士俊，亦以医术著称。[见：《仁和县志》]

燕来时 清初浙江仁和县人。邑名医燕士俊次子。与兄燕嘉时，俱精父业。[见：《仁和县志》]

燕国恩 字敬承。清代四川南溪县人。三世业医，至国恩亦精其术。性敦厚，热心疗贫，凡公益事，莫不乐为，为乡里所敬重。[见：《南溪县志》]

燕桂伦 清代四川南溪县人。幼年父母双亡，由叔父养育成人。自少立志学医，究心医药典籍。及长，设药肆于通衢，送医赠药，扶危救困，乡里穷困潦倒者多受其惠，无不称颂其贤。[见：《南溪县志》]

燕嘉时 一作燕喜时。清初浙江仁和县人。邑名医燕士俊长子。与弟燕来时，皆善承父业，以医著称。[见：《仁和县志》]

薛

薛己 （1487～1559） 字辛甫（一作新甫），号立斋。明代吴县（今江苏苏州）人。弘治间（1488～1505）太医院医士薛铠子。幼承庭训习医，兼通内、外、妇、儿诸科，驰誉于时。约正德元年（1506）其父殁于京师。薛己丁忧三载，于正德三年袭补太医院医士，六年升太医院吏目，九年擢太医院御医，十四年（1519）迁南京太医院院判。嘉靖九年（1530）以奉政大夫南京太医院院使致仕归里，时年四十四岁。薛氏好学博览，久仕两京太医院，所阅珍秘医籍甚多，上自《内经》，下至金元诸家，无不研究。及解官归里，"徜徉林丘，上下古今，研精覃思，垂二十年"，临证之暇，日以著述自娱。薛氏推重王冰、张元

素、李杲诸家学说，治病以脾胃为根本，重视培补肾阴肾阳，以资化源。《四库全书总目提要》评之曰："治病务求本原，用八味丸、六味丸直补真阳真阴，以滋化源，实自己发之。其治病多用古方，而出入加减，俱有至理，多在一两味间见神明变化之妙。"后世名医赵献可、张介宾等多遵薛氏之说，世称温补派。著述甚富，今存者有《内科摘要》二卷、《女科撮要》（上二书又作《家居医录》）二卷、《本草约言》四卷、《保婴金镜录注》（又作《过庭新录》）、《外科枢要》四卷、《外科心法》七卷、《外科经验方》一卷、《疠疡机要》三卷、《正体类要》二卷、《口齿类要》一卷、《痘疹方论》二卷、《薛氏医案》一卷、《经验全方》四卷。此外，尚校注、增补大量前贤医书，主要有《名医杂著注》、《校注陈氏小儿痘疹方论》、《校注钱氏小儿药证直诀》、《校注外科精要》、《校补原机启微》、《校补痈疽神秘灸经》、《校注妇人良方》等。万历间（1573～1619），秀水沈氏汇编薛己著述，刊刻丛书《薛氏医案》七十八卷，盛行于世。[见：《苏州府志》、《医学入门·历代医学姓氏》、《四库全书总目提要》、《薛立斋生平年表》（《中华医史杂志》1981年第2期）、《中国大百科全书》、《中医图书联合目录》]

薛仁 清代江苏上海县虹桥人。精医术。其子薛鼎铭出仕为官，迎养于青浦县，遂定居。[见：《青浦县志》]

薛凤 字宗梅。清代江苏华亭县蒋庄人。以医为业，专精疡科。一日见邻妪，知其将发疔毒，告之曰："不治必危殆。"妪不信，不久毒发而死。闻者叹服。著有《薛氏秘传》二卷，未见刊行。[见：《重修华亭县志》、《松江府志》]

薛芳① （1587～1674） 字久弥，号上池。明清间江苏江浦县人。邑名医薛昆孙，薛轮子。赋性孝友，风度穆如，不随流俗浮沉。幼年习儒，及长学医，参熟《素问》，临证能变通古方，屡起沉绵奇险之症，医名噪甚。兼善丹青，画墨梅尤精绝。处家雍睦，接物温和，两举乡饮大宾。康熙十三年卒，享年八十八。子薛瑞、薛珩，为诸生；薛璨，传承医术。[见：《江浦埤乘》、《江宁府志》]

薛芳② 字汝楫。清代浙江杭州人。生平未详。康熙四年（1665）参订武之望《济阴纲目》。[见：《女科书录要》]

薛轩 字仲昂。南宋吴（今江苏苏州）人。生平未详。隆兴三年（1165）撰《坤元是保》二卷，今存抄本。[见：《中医图书联合目录》]

十六画

薛辛 字将仕，号古愚。南宋末昆山县（今江苏昆山）人。精医术，尤擅妇产科，名闻遐迩，人称"薛医产家"。无嗣，传术于婿钱氏，钱氏复传术于婿郑公显，郑氏遂世业妇科，名医辈出。明代郑文康，不忘薛氏传术之德，以幼子郑受袭承薛姓，易名薛受。薛辛乃郑氏妇科之始祖，其学术经验经郑氏后裔整理，编为《女科万金方》（又作《女科万全方》，或题《宋薛古愚真传女科万全方》）一卷，刊于咸淳元年（1265）。另有《女科胎产问答要旨》三卷、《薛医产女科真传要旨》一卷，皆后世整理薛氏医验之作，今存抄本。薛辛墓在昆山市玉山镇一枝园旁，早已湮没。〔见：《昆新两县续补合志》、《昆山历代医家录》、《中国善本书提要》、《中医图书联合目录》〕

薛灿 字明庵。清代河南武陟县赵庄村人。精医术，尤善治痘疹，知名于时。曾应邀赴温县张羌村治刘氏疾，刘氏邻人有任姓者，患小便不出，腹胀如鼓，诸医无策，命在须臾。灿诊之，曰："此易耳。"时值夏暑，嘱家人买西瓜数枚，令众小儿食之，又令取街土一升，围病人脐上，使众儿溺于其中。倾刻间，病者小便大通，其病若失。撰有《痘疹心法》若干卷，藏于家。子薛本立、薛本善，孙薛士俊，曾孙薛百顺、薛百隆、薛百敬，皆以医闻，人称薛氏世医。〔见：《续武陟县志》〕

薛轮 字玉林。明代江浦县（今属江苏）人。邑名医薛昆子。继承父学，亦精医术，知名于时。子薛芳，医名益盛。〔见：《江浦埤乘》〕

薛昆 字子序，号橘泉。明代江浦县（今属江苏）人。好抚琴，善书法，工丹青，所绘人物知名画坛。尤精医道，翰林庄昶雅重其术，评薛氏医："药不执方，医无定体，合宜而用，应变而施"，并手书"杏林春色"四字以赠。薛氏寿九十六岁殁。子薛轮，孙薛芳，皆善医。〔见：《江浦埤乘》、《中国人名大辞典》〕

薛受 （1453～?） 本姓郑，字思韶。明代昆山县（今属江苏）人。妇科世医郑文康幼子，郑膏、郑育胞弟。邑庠生。郑氏妇科源出宋代名医薛辛，薛氏无嗣，郑文康乃以幼子郑受承袭薛姓。薛受继承祖业，亦精妇科。曾整理薛氏妇科医著、医方数种，编录成帙，今存抄本。惜盛年而殁。子薛学，孙薛闻礼，皆传承家业。曾孙郑伏，归本宗，恢复郑姓。〔见：《昆山历代医家录》（引《开封郑氏世谱》、郑文康《平桥稿》）〕

薛学 字子敏，号惕庵。明代昆山县（今属江苏）人。妇科世医薛受（1453～?）长子。邑庠生。绍承祖业，亦通医理。次子薛闻礼，亦精家业。〔见：《昆山历代医家录》（引《开封郑氏世谱》等）〕

薛注 字抱川。清代陕西咸宁县人。品端行正，素好施济。精医术，常施药救人之急。县令毕公，嘉其行谊，举乡饮宾，题额"品重瀛洲"。〔见：《咸宁县志》〕

薛珩 字楚玉。清代浙江嘉兴县人。诸生。敦行谊，以医问世。名儒张履祥与薛氏相往还，尝谓："自一身以及举家，疾病之作，皆委之珩，常医之药概不敢服。"推重其术若此。著有《医案》，未见传世。〔见：《嘉兴县志》〕

薛隽 字伙弓。清代浙江嘉兴县人。生平未详。康熙甲子（1684）参订萧埙《女科经纶》。〔见：《女科经纶》〕

薛益 字尔谦，号听江。清代江苏武进县人。精医术，治病多奇效。晚年著《听江医绪》十四卷，宜兴储大文为之作序，今未见。〔见：《武进阳湖县合志》〕

薛培 字雨滋。清代江苏丹徒县人。嗜医书，不以医名。凡亲友延诊，吉凶立辨。子薛传钧，传承父学。〔见：《丹徒县志摭余》〕

薛雪 （1681～1770） 字生白，号一瓢，又号槐云道人、扫叶山人、磨剑道人、牧牛老朽。清代江苏吴县人。所居曰扫叶山庄，为钱氏南园旧址，有花竹林泉之胜。薛雪早年师事名儒叶燮，诗文俱佳。兼工书画，书学东坡居士，所绘墨兰极精妙。又善拳技，常手执一铜杖，镌"铜婢"二字，旦夕携之。乾隆初举鸿博，不应。因母宿患湿热病，故肆力医学，技艺精深。临证不拘成法，治病多奇效，与同里叶桂齐名。薛氏与袁枚相友善，每诗酒往还。乾隆乙亥（1755），袁枚寓居苏州，庖人王小余病危将死。适薛雪来访，出药丸灌之，三服而愈。袁枚极口赞之。薛曰："我之医如君之诗，纯以神行。所谓人在屋中，我来天外是也。"又作楹联曰："九重天子垂清问，一榻先生卧白云。"自负若此。素与叶桂不睦，而每见叶氏处方，亦未尝不击节称善。晚年以山林隐逸征入京师，不久放归。年九十岁卒。著有《医经原旨》六卷、《湿热条辨》一卷、《扫叶庄医案》四卷、《温疟论》一卷、《日讲杂记》一卷、《膏丸档子》一卷，均刊刻行世。医书之外，尚著《周易粹义》五卷、《一瓢斋诗存》六卷、《一瓢诗话》一卷。子薛中立，传承父业，惜早卒。孙薛寿鱼，曾孙薛启潜，族侄薛景福，侄女婿全锦，门生王丹山、邵登瀛，皆为名医。

[见：《清史稿·薛雪传》、《吴门补乘》、《吴县志》、《苏州府志》、《吴中名医录》、《中国历代名医传》、《四库全书总目提要》、《中国丛书综录》、《古今名医言行录》、《吴医汇讲》、《内经知要·薛序》]

薛铠 （?～1506?） 字良武。明代吴县（今江苏苏州）人。府学诸生。精通医道，尤擅长儿科。诊病以五行生克为本，不拘泥成方，临证多效验。论述医理，每发前人所未发，尝谓："婴儿有疾，必调其母，母安则子安。若母安子病，小儿苦于服药，亦当令母服之，药从乳传，儿病自愈。"弘治间（1488～1505）以明医征授太医院医士，屡著奇验。抱艺不售，约于正德元年，郁郁殁于京师。著有《保婴撮要》（又名《保婴全书》）二十卷，经其子薛己修订，刊刻于嘉靖三十五年丙辰（1556），今存薛氏自刻本及多种后世重刻本。此外还校正滑寿《十四经发挥》三卷，亦刊行。子薛己（1487～1559），继承父学，医名大噪，官至南京太医院院使。[见：《保婴撮要·序》、《吴县志》、《吴中名医录》、《四库全书总目提要》、《贩书偶记续编》]

薛峄 清代四川龙安府人。精医术，为乾隆间（1736～1795）当地名医。重医德，常施药济贫，为世所称。[见：《龙安府志》]

薛崑 字荆山。清代江苏上海县人。精医术，善抚琴，尤工丹青，善画人物，知名于时。[见：《中国人名大辞典》]

薛寅 清代江苏江浦县人。生平未详。辑有《医学萃精录》（又作《医家萃精录》）若干卷，未见刊行。[见：《江浦埤乘》、《江宁府志》]

薛敬 字原礼，号退庵。元明间浙江鄞县人。宋衡州知州薛朋龟九世孙。容仪魁伟，稽古好修，兼通医道。元至正间（1341～1368）典教象山，秩满调鄞。时元政不纲，退隐于乡，以医问世。明洪武（1368～1398）初，举茂才，授龙泉司税，致仕卒。[见：《中国人名大辞典》]

薛善 明代广东琼山县人。精医术，治病多佳效，知名于时。[见：《琼州府志》]

薛福 字瘦吟。清代江苏吴县人。寓居浙江秀水县王江泾镇。诸生。能诗，精医理。每治病疏方，雄谈惊四座。然执古方以治今病，虽持论透彻，而服其药往往不效，故求治者寥寥，门可罗雀。年七十余，穷困而终。著有《瘦吟医赘》一卷，名医陆以湉称此书多可取之处。[见：《冷庐医话》、《吴县志》、《中国医学大成总目提要》]

薛璨 字瑶章。明清间江苏江浦县人，世医薛芳子。绍承家学，亦工医术，有名于时。[见：《江浦埤乘》]

薛三才 明代浙江定海县人。万历十四年（1586）三甲第八名进士。万历二十三年（1595）分守荆西道，官至兵部尚书。曾校刻李时珍《本草纲目》。[见：《中国历代医家传录》、《浙江通志》、《明清进士题名碑录索引》]

薛士显 字晓峰。清代陕西韩城县人。自幼聪敏，年十二补博士弟子员。勤奋好学，读书累万卷，尤究心医术，知名于时。著述甚富，撰有《医书十四种》。又取人身脏腑、经络及调治诸方，辑为歌括，编《燮理堂集》若干卷，惜未见流传。[见：《韩城县乡土志》、《韩城县续志》]

薛士俊 清代河南武陟县赵庄人。邑名医薛灿孙。传承家学，亦以医术知名。[见：《续武陟县志》]

薛大庆 字祝厘。清代广东番禺县人。附贡生。少习举业，师事儒医孟佐舜，佐舜喜其颖悟，以女妻焉。后积劳患肝疾，病困几死，闭门养疴。数年间随岳父习医，穷究《内经》、《伤寒》之秘，兼及元明诸名家，寻源溯流，尽得精要，自疗获愈。后以医济世，临证应手取效，声名大噪。年六十三岁卒。子薛寿恩，传承其术。幼子薛德恩，以进士官刑部主事。[见：《番禺县志》、《番禺县续志》、《广州府志》]

薛之屏 字翰周。清代浙江嘉兴县人。生平未详。名医萧埙婿。康熙甲子（1684）参校岳父《女科经纶》。[见：《女科经纶》]

薛中立 字不倚。清代江苏吴县人。名医薛雪（1681～1770）子。传承父学，亦精医道。惜早卒。子薛寿鱼，孙薛启潜，皆工医术。[见：《江苏历代医人志》]

薛仁本 清代江苏上海县虹桥人。言行敦谨，以医知名。子薛鼎铭，习儒，为乾隆间（1736～1795）诸生。[见：《上海县志》]

薛仁附 字青槐。清代山西曲沃县人。自幼明敏，博学多识。稍长，治岐黄学，遇奇疾以意疗之，无不奏效。一达官得喉痛，易数医不效。仁附问病前食何物，答曰："食鸽。"笑曰："得之矣。"药之立愈。问其故，告之曰："此半夏毒发。以鸽多食半夏故也。"一妇患病卧床，三日不醒，仁附诊为血胀，燃药熏之，果苏。[见：《山西通志》、《平阳府志》]

薛凤三 （1822～1883） 字春畲。清末江苏上海县虹桥人。寓居青浦县八字桥。名医薛鼎铭裔孙。性行端悫，淹通经史，兼工医术。太平天国事起，薛氏庐舍尽焚，乃返沪，赁居课

时。[见：《江浦埤乘》]

徒，数百里就学者甚众。时李鸿章军驻新桥，疫疬流行，凤三徒步入营，诊治军士。光绪初，复返青浦。年六十二岁卒。[见：《青浦县续志》、《江苏历代医人志》]

薛凤祚

清代人。生平里居未详。著有《运气精微》二卷，未见流传。[见：《清史稿·艺文志》]

薛凤德

字翔化。清代河南项城县人。生性淡定，怀济世之志。早年游京师，肄业太医院，补医士，例授九品吏目。京师医者多索谢金，凤德独不名一钱，虽贫困之家延诊，无不即往，世人皆感德。门下弟子皆循循雅饬，凤德卧病，昼夜趋侍如亲子。晚年卒于寓所，贫无以殓，友人捐金归葬。[见：《项城县志》]

薛本仁

清代河南修武县人。邃于医理，尤善种痘，知名乡里。[见：《修武县志》]

薛本立

清代河南武陟县赵庄人。邑名医薛灿长子。与弟薛本善，绍承父业，皆以医名。[见：《续武陟县志》]

薛本善

清代河南武陟县赵庄人。邑名医薛灿次子。与兄薛本立，传承父业，皆以医名。[见：《续武陟县志》]

薛立志

字卓然。清代安徽蒙城县人。太学生。性孤介，精医理，知名于时。重医德，遇病家烹茗致谢，必婉言拒曰："来此诊视，顾相扰耶？"寿至七十余殁。[见：《重修蒙城县志》]

薛汉冲

清代江苏吴江县盛泽镇人。世代业医，至汉冲术益精。初悬壶，世人未识其妙，会本镇孙姓妇秋后大病，百药不效，诸医莫解其由。及延请汉冲，诊为受暑，一药而愈。或问其故，曰："盖由盛暑晒衣，收贮箱笼，秋后开箱，著身感受暑气所致。"由此，医道大行。婿屈鲁珍，门生张佩兰，皆传承其术。[见：《吴江县续志》、《盛湖志》、《盛湖志补》]

薛弘庆

一作薛宏庆。唐代人。里居未详。太和中（827～835）官河中少尹。曾整理兵部尚书李绛所传验方，辑《兵部手集方》三卷，已佚。[见：《新唐书·艺文志》、《通志·艺文略》、《崇文总目辑释》]

薛百顺

清代河南武陟县赵庄人。邑名医薛灿曾孙。绍承家学，亦以医术知名。[见：《续武陟县志》]

薛百隆

清代河南武陟县赵庄人。邑名医薛灿曾孙。绍承家学，亦以医术知名。[见：《续武陟县志》]

薛百敬

清代河南武陟县赵庄人。邑名医薛灿曾孙。绍承家学，亦以医术知名。[见：《续武陟县志》]

薛师颜

明代吴县（今江苏苏州）人。名医薛己（1487～1559）侄。克承家学，亦精医道。[见：《中国历代医家传录》（引《外科枢要·沈启原序》）]

薛传钧

清代江苏丹徒县人。儒医薛培子。袭承家学，亦精医术。虚心好学，一如其父。[见：《丹徒县志摭余》]

薛华培

清末人。生平里居未详。辑有《济生良方》四卷、《续济世良方》四卷，今存光绪十年（1884）枕经书屋合刻本。[见：《中医图书联合目录》]

薛自修

明代山西绛县人。生平未详。与王问德撰《推爱堂集》一卷、《续集》一卷、《重集》一卷，合刻于万历四十一年（1613），存佚不明。今存薛自修《小儿痘疹纂要》一卷，为清初刻本，书藏北京国家图书馆。[见：《直隶绛州志》、《贩书偶记续编》]

薛观奇

清初浙江乌程县人。精医术，知名于时。子薛景熹，为康熙、雍正间（1662～1735）江浙名医。[见：《乌程县志》]

薛寿鱼

清代江苏吴县人。名医薛雪（1681～1770）孙，薛中立子。传承家学，亦精医道。子薛启潜，亦工医术。[见：《江苏历代医人志》、《小仓山房文集·与薛寿鱼书》]

薛寿恩

清代广东番禺县人。儒医薛大庆子。传承父学，亦精医术。[见：《广州府志》]

薛步云

字清梯。清代人。生平里居未详。为名医陈念祖门生。[见：《伤寒论浅注·跋》]

薛时平

明代人。生平里居未详。撰《新刊注释素问玄机原病式》二卷，刊刻于世。此书国内未见，今日本存明代刊本。[见：《内阁文库汉籍分类目录·医家类·医经》]

薛希州

清代江苏靖江县西门人。精医术，专擅疡科，与同时名医周永辉、汪沧洲齐名。[见：《靖江县志》]

薛良椿

清代江南偃师县人。精医理，悬壶济世，知名于时。重医德，治病不索酬谢。[见：《偃师县志》]

薛启潜

字应枚，号东来。清代江苏吴县人，居莲瓣巷。名医薛雪（1681～1770）曾孙，薛寿鱼子。绍承家学，以医为业。曾整理

曾祖遗稿《日讲杂记》，刊载于唐大烈《吴医汇讲》。［见：《吴医汇讲》］

薛学敏

字启源，号惺庵。清代江苏昆山县人。少攻举业，雍正五年（1727）入县庠。精医理，遇贫病者赠以药，甚困者出资助之，活人甚众。平生多义举，乾隆元年（1736），助邑人王采建普义园，收葬暴露骸骨。又与同里庠生吴镜创建永安局，葬埋露骸甚多。乾隆九年中举，不仕。年七十岁卒。［见：《苏州府志》、《昆新两县志》、《昆山历代医家录》］

薛宝田

（1811～?） 字莘农（一作心农）。清代江苏如皋县人。早年习儒，兼通医道。曾任上元县教职，同治七年（1868）候补浙江醴尹。光绪六年（1880）与仲学辂应诏赴京，治慈禧疾。归途撰《北行日记》一卷，以记见闻，今存。［见：《浙江医籍考》］

薛宝辰

原名秉辰，字寿萱。清代陕西咸宁县人。勤学能文，博通经史，兼精医道。著有《本草筌蹄》、《医学论说》、《医学喻晓》、《医学绝句》诸书，今皆未见。［见：《咸宁长安两县续志》、《续修陕西省通志稿》］

薛承基

字公望，号性天。清代江苏吴县人。居长春里王百谷红梅阁旧址。名医薛雪（1681～1770）族孙，薛景福子。传承祖业，亦以医术名世。著有《伤寒直解辨证歌》（又作《伤寒百症歌》）一卷，刊入宋兆淇《南病别鉴》，又载于唐大烈《吴医汇讲》。还著有《伤寒经证附余》一卷，门人曹存心刊刻于世。外孙宋兆淇，得其传授。［见：《苏州府志》、《吴县志》、《吴医汇讲》、《吴中名医录》］

薛绍周

号步云。清代江苏金山县张堰镇人。业医，专擅疡科，四方延治者甚众，无不应手奏效。［见：《重辑张堰志》］

薛闻礼

字之博，号平泉。明代昆山县（今属江苏）人。妇科世医薛学次子。继承祖业，亦精妇科。郑氏妇科源出南宋名医薛辛，薛氏无嗣，曾祖郑文康乃以幼子郑受（即薛闻礼祖父）承袭薛姓。薛闻礼之子郑伏，认祖归宗，恢复郑姓。［见：《昆山历代医家录》（引《开封郑氏世谱》）］

薛理还

明末武进县（今属江苏）人。就学于名医查万合之门，尽得师传。与同门胡慎柔相友善，曾将所辑查万合医案、验方尽赠之，胡氏之学得以大进。万历四十三年（1615），薛氏年逾七十，尚健在。［见：《慎柔五书·慎柔师小传》］

薛著猷

字顺嘉。清代江苏高邮州人。早年习儒，候选主簿。精医术，驰誉于扬、徐间，全活不可胜计。邵伯镇刘某患结毒，鼻骨塌陷。薛氏为其剔除腐肉，敷以良药，又熔黄蜡补之，百日后痛痒相关，与原生者无异。淮安府某人头肿如斗，两额角生黑点，痛彻心脾，诸医不识其症。薛氏谓："此为孽症，其名曰冎。"以金针两枚炙红，贯通之，三日而愈。子薛兆彪，官仰化集把总。孙薛国兴，嘉庆癸酉（1813）中武举。［见：《高邮州志》］

薛逸山

（1865～1952） 现代江苏武进人。敏而好学，博览医典，贯通古今。早年从名医费绳甫游，后悬壶上海。行道数十年，活人无算，名噪于时。平生不慕荣利，勤于治学，年过古稀尚习英语。寿逾八十，又习化学，虽精力衰减，力学不辍。著有《澄心斋医案》、《薛氏汇辑太湖流域各家验案》、《七液丹治愈肠炎之证验》，今存抄本。此外尚有《澄心斋随笔》六卷、《新医撷要》十卷、《化学备查》四卷，存佚不明。［见：《中国历代医史》、《中医图书联合目录》］

薛超萃

清代广东四会县留甫铺人。精通医道，远近驰名。年九十岁卒。授徒数十人，多能传承师学。［见：《四会县志》］

薛景晦①

唐代人。里居未详。元和间（806～820）任刑部郎中，贬道州刺史。辑《古今集验方》十卷，已佚。［见：《新唐书·艺文志》、《通志·艺文略》］

薛景晦②

字涵鼎。清代河北南宫县人。性嗜菊，所植多异品。尤善医术，不分贫贱富贵，求治辄应。著有《宁静斋薛氏医案》六卷、《篚筥录》八卷，藏于家。［见：《南宫县志》］

薛景福

字鹤山，号松庄。清代江苏吴县人，世居长春里王百谷红梅阁旧址。名医薛雪（1681～1770）族侄。贯通经史百家，兼精医理。晚年灌杞艺菊，自乐天真。年六十九岁卒。著有《痘毒藏腑经说》、《痘出同时论》、《痘由太阴转属阳明论》、《题费建中〈救偏琐言〉》、《回澜论》、《葵菜预解痘毒说》等文，刊于《吴医汇讲》。子薛承基，传承家学。与薛景福同时者有顾是初、管鼎、钟南纪，皆一时良医。［见：《吴医汇讲》、《吴县志》］

薛景僖

字暇文。清代浙江乌程县人。邑名医薛观奇子。传承父业，医术益精，为康熙、雍正间（1662～1735）江浙名医。［见：《乌程县志》］

十六画

薛福辰

（1832～1889） 字振美，号抚屏。清代江苏无锡县人。薛湘（字晓帆）子。自幼读书，七岁试为文，下笔沛然。及长，博览经史，旁通诸子百家，兼习《素问》、《灵枢》诸医书，"冥心孤往，独得心域"。道光三十年（1850）入庠，咸丰乙卯（1855）应顺天乡试，中式第一，试礼部未第，议叙员外郎，分工部。戊午（1858）父殁于新宁，福辰间关至楚，扶枢归里。光绪七年（1881）至天津，慈禧太后患血盅，病势甚重，遍征名医不愈。李鸿章、曾国荃交章荐举薛福辰，应召诊视进药，获良效。同时会诊者有曲阳知县汪守正、常州孟河马文植，皆称道薛氏之学。虽先后授广东雷琼道，调督粮道，均留内廷，未赴任。光绪皇帝亦重其才，先后赏赐达百余次，举朝以为殊荣。十二年（1886）迁顺天府尹。次年冬，调宗人府丞。十四年授都察院左副都御史。旋得半身不遂症，三疏乞退。临行，慈禧赐"人游霁月光风地，家在廉泉让水间"之联。是年七月，卒于家。著有《素问运气图说》一卷，今存同治九年（1870）抄本。另有《风劳臌膈试验良方》、《临证一得》、《医学发微》诸书，未见流传。[见：《清稗类钞》、《中医图书联合目录》、《中国医学人名志》、《无锡近代名医传稿》]

薛熊光

字渭占。清代江苏无锡县北乡人。廪贡生，候选训导。自幼博览典籍，以文章名世。暇则研究医学，遂精通岐黄，慕名延诊者颇多。[见：《锡金续识小录》]

薛遵义

金代人。里居未详。精医术，海陵王时（1149～1160）任太医院保和大夫，以医药侍太子光英。官至宣武将军太子右卫副率。[见：《金史·光英传》]

薄

薄珏

字子珏。明末长洲县（今江苏苏州）人。博学多识，尤重经世之学，凡阴阳、历算、战阵、屯牧、雕刻无不精贯，尤善制军械。崇祯间（1628～1644），巡抚张国维令其造铜炮，弹发三十里，每发一炮，以"千里镜"视其所在。又制水车、水铳、地雷、地弩等器，皆精妙绝伦。张国维荐于朝廷，不见用，退归吴门。萧然蓬户，室中器具毕备，操觚著述之暇，或锻造，或碾刻，或运斧。尝造浑天仪，周围不逾尺，而环以铜尺，日月之盈缩，星辰之宿离，不爽累黍。著有《素问天倾西北之妄辨》、《荧惑守心论》、《格物测地论》等书，惜皆散佚。[见：《长洲县志》]

薄永秀

清代河南扶沟县人。生平未详。撰有《医学真实录》五卷，未见刊行。[见：《扶沟县志》]

霍

霍恺

号心田。明代山东禹城县人。邑庠生。初习举业，患病延医不效，遂取岐黄家书读之，自疗而愈。后亲朋邻里患病者皆登门求方，虽沉疴痼疾，经手多获良效，声名日盛，乃专事医业。应诊之暇，披览历代名医著述，对朱震亨尤为推崇，尝谓："丹溪，集医之大成者也。予之论病投剂，俱以为准，故能往往收厥效。"婿杨汝卿，得其传授。[见：《禹城县志》]

霍又坚

清代广东南海县人。生平未详。著有《伤寒杂病论（注）》十二卷，今未见。[见：《广州府志》]

霍迎祉

清代山西沁州人。精医术，曾任医学典术。潜心脉理，尤擅针灸，凡他医束手之证，治之多愈。州守某公之子病剧，延请霍氏。至则诊之曰："肠痈也。"先令服解毒剂，复用长针入翎管，外缚猪胆，吹气盈中，扎其口，从谷道送入，推针刺之，出脓血而愈。人叩问其术，答曰："医者意也，以意相逆之谓也。不出古方，不泥古方，神而明之，细心推勘，此中之能事毕矣。"每疗奇疾，必记于纸，积久成书，名之曰《救急方》，身后乏嗣，散佚不传。[见：《山西通志》]

霍应兆

字汉明。明代丹徒县（今属江苏）人。寓居武进。性孝友，尚节义，平生多善举。精通医术，深明脉理。悬壶四十年，名重于时。著有《伤寒要诀》、《杂证全书》，散佚不传。[见：《常州府志》、《武进县志》]

霍济之

宋代人。生平里居未详。通道术。著有《先天金丹大道玄奥口诀》一卷，今存。[见：《中国丛书综录》]

霍肇基

字健庵。清代河北万全县人。增广生。性澹泊，嗜读书，兼精医理。持身谨慎，处世和蔼，中年设帐授徒，循循善诱。暇则为人治病，不取分文。[见：《万全县志》]

冀

冀栋

字任中。清代河北永年县人。康熙五十四年（1715）进士，历宦二十余年，官至左副都御史。兼精医术，一日，柏乡有妇人生产未下，暴死，将入殓。冀栋往视之，见其血痕，曰："此活人也。"施以针法，妇即苏，顺产一婴。冀氏常应诏入宫治病，无不神效，特赏加二品顶戴，赐"福"字蟒服，兼理太医院事。年六十余，以疾卒。著有《伤寒论（注）》等书，未见传世。子冀方焻、冀方然，皆为举人。[见：《广平府志》]

冀致君 元代人。生平里居未详。曾增补宋代李师圣、郭稽中《产育保庆集》，以《御药院杂病方论》、《入月产图》、《体元子借地法》、《安产藏衣方位》缀于卷末，辑为《校附产育宝庆集》二卷，刊刻于世。原书已佚，清人自《永乐大典》中辑出，收入《四库全书》。[见：《四库全书总目提要》]

穆

穆中 唐代扬州人。精医术，擅长眼科，知名于时。同时有名医谭简，技艺高于穆氏。[见：《因话录》]

穆望 字东陵。清代安徽含山县人。随父徙居河南固始县。儿科名医穆元济子。绍承父业，亦精儿科，有神医之称。[见：《固始县志》]

穆士清 字天谷。明代太仓州（今江苏太仓）人。名医穆世锡子。事迹不详。万历间（1573～1619）编订其父《食物辑要》。[见：《中国善本书提要》]

穆子昭 金代人。生平里居未详。名医刘完素门生。与同门荆山浮屠、马宗素、刘荣甫等，传承刘氏之学，尤善治热证，史称河间学派。[见：《中医各家学说》、《中国医学史》]

穆元济 字文标。清代安徽含山县人。徙居河南固始县。博学多识，精通医术，于儿科尤臻神妙，名重于时。有医德，治病不计诊酬。子穆望，绍承父业，亦以儿科著称。[见：《固始县志》]

穆方苞 字新竹。清末山东东明县人。明侍郎穆文熙后裔。自幼习儒，应童试未中，值父母病，苦无良医，遂弃学攻医。后悬壶问世，所治多良效，声名大噪，远近敦请者充填户巷。长子穆鸿章，四子穆典章（?～1926），均为名医。[见：《东明县新志》]

穆世锡 号云谷。明代太仓州（今江苏太仓）人。精通医术，名噪娄东。以医理述食物之性，著《食物辑要》八卷，今存万历间（1573～1619）刊本。此外，尚撰《痧疹辨疑》一卷，已佚。子穆士清，事迹不详，曾编订父书。[见：《医藏书目》、《中国善本书提要》、《中医图书联合目录》]

穆典章 （?～1926） 字鸿钧。近代山东东明县人。邑名医穆方苞四子。绍承父业，亦精医术，知名于时。子孙传承其业。[见：《东明县新志》]

穆昌叙 一作穆昌叔，又作穆昌绪。宋代人。生平里居未详。撰有《孩孺杂病方》（又作《婴孩杂病方》）五卷、《疗眼诸方》（又作《眼方》）一卷，皆佚。[见：《宋史·艺文志》、《通志·艺文略》、《崇文总目辑释》]

穆修靖 宋代人。生平里居未详。著有《灵芝记》五卷，罗公远曾为之作注，已佚。[见：《宋史·艺文志》]

穆鸿章 字华亭。近代山东东明县人。邑名医穆方苞长子。性孝友，诸弟均赖以成立。绍承父学，悬壶于世。晚年医术益精妙，求治者门庭如市，问业者甚多。年六十三岁卒。著有《医学探源》若干卷，行于世，今未见。四弟穆典章（?～1926），亦以医术著称。[见：《东明县新志》]

衡

衡方 字兴祖。汉代平陵（今陕西咸阳）人。举孝廉。历官右北平太守，授议郎。迁太医令，官至京兆尹。以政绩称于时。卒后，门生故吏为之立碑。[见：《中国人名大辞典》]

十 七 画

戴

戴光 字子和。清代四川合州东里渭溪场人。其先世居州城，经营纸业，其父买田于渭溪北岸之蟠龙石，遂定居。戴光嗜药学，对古医经及《尔雅》所载药品多有研究。曾"考巴蜀今古生植，凡《方志》所专称，《医经》所归美，得百余种，皆异地绝希，或歧产他山而精良鲜逮者"，遂编辑成书，名之曰《巴蜀药品赞》。惜未见刊行。[见：《合川县志》]

戴良 （1317～1383） 字叔能，号九灵山人。元明间浙江婺州浦江县人。学古文于黄溍、柳贯、吴莱，学诗于余阙。元末，荐授淮南儒学提举。时事不靖，无可行其志，乃浮海游中州，欲结交豪杰。卒无所遇，遂南还。至正二十六年（1366）至鄞县，寓居六载。后徙居慈溪，时或往来于宁波。与鄞县名医吕复相友善，曾撰《沧洲翁传》，记录吕氏医案、医论甚详。[见：《鄞县志·寓贤》、《九灵山房集》、《李濂医史》]

戴绍 明代浙江浦江县人。名医戴思恭孙，戴宗儒（1349～1394）子。传承家学，亦通医道。[见：《中国历代名医碑传集》（引《建溪戴氏宗谱》）]

戴衍 宋代人。生平里居未详。撰有《尊生要诀》一卷，已佚。[见：《宋史·艺文志》]

戴晋 字锡蕃，号雪堂。清代江苏昆山县大湜浦人。自少习儒，受业于顾有谷。嘉庆元年（1796）补昆山县学生员。嗜医学，著有《古今方诀注》三卷，今未见。[见：《昆新两县续补合志》、《昆山历代医家录》]

戴烈 字武承。清末江苏上海县人。生平未详。撰有《女科指南》四卷，今存光绪十九年癸巳（1893）上海古香阁石印本。[见：《女科书录要》、《中医图书联合目录》]

戴高 字楚山，号凌云。清代江苏昆山县人。世居县城，喜玉溪东墅梅花之盛，隐居淞南东墅。少孤，性爽直，奉母以孝闻。工书法，一时题额多出其手。兼精医道，不敢自恃其能，尝谓："济人于斯，误人亦于斯也。"故临证极审慎。昆山知县王溯维（雍正元年至四年在任）重其人品，以"玉峰高隐"誉之。年七十六岁卒。子戴勖伦，亦以孝闻。[见：《昆新两县续修合志》、《昆山历代医家录》]

戴冕 明末昆山县（今属江苏）人。精医术，官鲁府良医。[见：《昆山新阳合志》、《昆新两县续修合志》]

戴笠① 字曼公，又字独立，号天外一闲人，法号性易。明清间浙江钱塘县人。博学多识，于诗文、翰墨、篆刻无不精通。天启元年（1621），师事名医龚廷贤，故尤精医道。明亡，万念俱灰，寓居嘉兴县濮院镇，以医问世。隐居九载，浮海至日本，以五十八岁高龄，削发为僧。侨日期间，传医术于池田正直、高天漪、北山道长等人。池田为其第一高足，戴笠授之以生理、病理图七种，医书六部（共九卷），池田后为日本医学大家。戴氏对中日文化交流颇多贡献，名载于日本医学、佛教、书法等史书。日本正德（1711～1715）末年，深见玄岱造戴笠像及纪念碑于武藏平林寺，可见影响之大。池田氏曾据戴笠口授，辑《痘疹治术传》、《痘疹百死形状传》、《痘疹唇舌口诀》等书，流传于世。[见：《日中文化交流史》、《龚廷贤医学全书·龚廷贤医学学术思想研究》、《中医图书联合目录》]

戴笠② 字云笠，号滕夫。清代江苏泰州人。精医术，擅长儿科，多所全活。戴氏又喜吟咏，工书画，尤善写兰竹，有东坡笔意，知名士林。年九十余卒。[见：《泰州志》]

戴鸿 字芦溪。清代江苏上海县人。精医术，知名于时。兼工丹青，尤善写梅。[见：《艺林医人录》]

戴煟 号复庵。宋元间浙江永嘉县人。宣奉大夫龙图阁学士戴溪孙。咸淳间（1265～1274）任临安府知录。兼通医理。谢太后得异疾，舌出不能收。煟应召诊治，敷以消风散，立愈。太后喜，以侄女妻之。宋亡，戴氏弃官学道，优游于龙虎山。著有《戴复庵方书》（一说为戴思恭所撰，误），已佚。[见：《温州府志》、《绛云楼书目》、《中国医籍考》]

戴聪 字德卿。明代浙江处州人。幼年习儒，及长，兼精方脉，治病著手成春，不计功利。时值疫疠流行，竭力施治，全活数百人。按院府邑，皆表彰之。[见：《处州府志》]

戴震 （1724～1777） 字东原，又字慎修。清代安徽休宁县人。自幼习儒，读书好深湛之思。少年时，塾师授以《说文解字》，历三年，尽得其要。年十六七岁，研究注疏，实事求是，不主一家，诸名儒折节与交。年二十八补诸生，三十九岁中举，四十八岁以举人召充四库馆纂修官。乾隆四十年（1775）会试不第，奉命与中试者同赴殿试，赐同进士出身，改翰林院庶吉士。乾隆四十二年卒。戴震以文学受知，出入于著作之庭，对音韵、文字、算学、地理、典章制度等均有研究，为清代著名学者。旁涉医学，著有《难经注》、《伤寒论注》、《金匮要略注》、《气穴记》等书，惜未见流传。门人段玉裁、王念孙等传承其学。[见：《清史稿·戴震传》、《近三百年人物年谱知见录》、《中国医籍考》]

戴潜 字起之。元明间浙江萧山县人。生于名宦之家。早年就学于名医朱震亨门下，尽得师传。弱冠游历湖海间，曾任职藩府，所至为缙绅大夫所青睐。明初谪濠州（今安徽凤阳东北），筑居室四楹，名曰养生堂。当时各地聚濠州者甚众，多不习水土而病。戴氏好蓄药品，常以医术济人，富者谢以金帛，不辞；遇贫病无力者，不取其酬。洪武六年（1373），诏"凡年六十五岁以上者，放还田里。"戴潜得以返乡，时寿逾七十矣。[见：《金元医学人物》（引《荥阳外史集·送戴起之归萧山序》）]

戴霖 字渔卿。清代安徽休宁县人。生平未详。乾隆辛卯（1771），借阅蜀河朱筼所藏明代蓝格抄本《黄帝三部针灸甲乙经》，详校一过归还，谓朱氏曰："此本讹字虽多，然其不讹处，视今本大胜，真古抄本也！暇当更求善本校之。"此书后归清末四大藏书家之一陆心源（1834～1894），珍藏于皕宋楼。陆氏卒，其子陆树藩不肖，悉举先人藏书十余万卷转售日本岩崎氏静嘉堂，明蓝格抄本《黄帝三部针灸甲乙经》亦在其中。[见：《皕宋楼藏书志》]

戴一辅 字相之。清代江苏句容县人。幼攻举业，屡试不中，喟然叹曰："琐琐事章句，非丈夫所为！"遂弃儒学医，肆力于《素问》、《难经》诸书，久之精其术。某人盛暑患寒症，昏死已一日，唯胸前尚存微温。戴一辅诊之，曰："可治也！"以生姜敷其腹，复灌以汤药，得痊愈。[见：《句容县志》]

戴人龙（1872～1942） 字轶凡，晚号学圃老人。近代江苏新阳县（今昆山市玉山镇）人。世医戴其绳长子。早年习儒，光绪二十四年（1898）入县庠。善承家学，通妇科，善推拿，尤精儿科，以治婴儿惊厥急症闻名，时称幼科圣手。悬壶于县城老宅，慕名求治者户限为穿。德高望重，热心公益，乐善好施。每值夏秋疫病流行，集合中医公会医师设立义务诊疗所，就诊者仅需号金百文，即可至春阳堂国药店免费取药，嘉惠贫病甚多。民国间被推举为昆山医药联合会第一、二、三届执委会主席。抗日战争爆发，携家避居吴县角直镇，继迁光福镇，寓居四载，行医为生。1941年返乡，翌年病故。戴氏兼工书画，擅绘梅花，时称"戴梅"。又喜收藏，惜藏品皆毁于日寇战火。有子五人。次子戴聿颐、三子戴聿谦、幼子戴聿咸，长孙戴寿康，皆克绍祖业。[见：《昆新两县续补合志》、《昆山历代医家录》]

戴士垚（1307～1349） 字仲积，又字士尧。元代浦江县（今浙江浦江）人。生于望族，自幼嗜学，善诗赋，工书法，兼通堪舆诸术。母病久不愈，遍延名医，所用皆附子、灵砂之类，而病益重，终至不救。后遇义乌朱震亨，方知诸医之误，遂发奋习医。初熟读《灵枢》、《素问》诸医典，后具礼就教朱震亨，询问疑难，遂通刘完素、张从正、李杲三家之说。力学数

年，贯通医理，辨脉察色，能定人生死，百不失一二，名动江浙，数百里外迎请者不绝于途。因思母过哀，年四十二岁患风痹疾，翌年病逝。子戴思恭、戴思温，继承医业，思恭最负盛名。[见：《金元医学人物》（引《宋学士全集·戴仲积墓志铭》、《九灵山房遗稿·元故戴府君坟记》）]

戴上珍 号秋桥。清代江苏上海县人。名医钱秀昌门生。事迹未详。嘉庆十三年（1808）参订其师《伤科补要》。[见：《伤科补要》]

戴之翰 号伯筠。清代江苏新阳县人。妇科名医戴传震子。早年习儒，道光三十年（1850）入县庠。绍承父业，亦工医术，屡起沉疴，名著于时。子戴其绳，继承家学，医名益盛。[见：《昆新两县续修合志》]

戴之麟 清末湖北钟祥县人。儒医戴世堃子。诸生。自幼习儒，学行为时所重。父在日未尝习医，父殁，幼子患瘟病，延数医不效，乃悔不学医。取父生前手泽，得《医学笔记》稿，依稿用药，幼子得瘥。后重订父稿，辑为一卷，于各条下注明出处，以便检阅，序而行世，今未见。[见：《钟祥艺文考》]

戴天祐 明代浙江建德县人。邑名医戴邦聘子。继承父学，亦精医术，活人甚众。[见：《建德县志》]

戴天章 字麟郊，晚号北山。清初江苏上元县人。邑庠生。少从林青雷习儒，好学强记，所读经史能通部背诵。淡于名禄，研求实用之学，凡天文、地理、书画、琴棋，无不探微索隐。尤精医道，博览深思，多有造诣。心怀济利，治病不受酬报，活人甚众。谦虚好学，凡四方淹雅名流至，必下榻请益。戴氏富于著述，所撰伤寒、杂病诸书，及《咳论注》、《疟论注》等，凡十余种，皆未见流传。今有戴天章《广瘟疫论》四卷，盛行于世。子戴瀚（字巨川，号雪村），官至翰林院侍讲学士，雍正十三年（1735）监考顺天乡试，因舞弊罢官。按，乾隆十七年歙县郑奠一《瘟疫明辨》四卷刊世（今存），乾隆四十三年（1778），戴天章之孙戴祖启称："近日书坊有刻本《瘟疫明辨》四卷，祖启购阅之，即先大父（即祖父）存存书屋《广瘟疫论》也，虽易其名，幸未改窜其文，不知何人误刻为歙人郑某之书。在先大父固不争此，而子孙见之，不容不正也。因出存存书屋本校而刻之，以纠讹传、广先德。"乾隆四十三年刻本《广瘟疫论》今存，其书与郑奠一《瘟疫明辨》卷数、原序、各章内容皆同，实为同

一书。自清中叶至今，世人多从戴祖启之说，故后续大量《瘟疫明辨》翻刻本皆改题"戴天章撰"。此事尚存疑点，恐难定论。[见：《清史稿·戴天章传》、《世补斋医书后集·戴天章传》、《江宁府志·戴瀚》、《瘟疫明辨·序》、《广瘟疫论·附上元县志》、《中医图书联合目录》]

戴天锡 字方伯。清代安徽蒙城县人。杭州府郡丞戴日强五世孙。太学生。精通医道，尤善痘科。每于未见痘之前即定生死，所言皆应，远近俱闻其名。性活泼，不尚浮华。好垂钓，每出游必驾小舟，一仆侍从。一日游怀远，至龙窠，见少女汲水，戴氏急命仆自后抱之，女惊呼，家人闻声至。戴氏谓女父曰："吾观此女禀赋，毒重伏藏于内，异日出痘，一发即死，因见而救之。乘天时之和，特命仆一惊，痘即发现，庶从逆转险，尚可得生。"女父遂款留于家，求方调治。即日少女发热，戴氏依证用药，三日见点，十二日结痂而愈。一时远近盛传其事，皆呼为神医。曾著《痘疹心传》，有稿本行世，今未见。[见：《重修蒙城县志》]

戴元枚 字定楷。清代浙江德清县人。乾隆、嘉庆间（1736～1820）在世。曾任四川射洪知县。兼通医理。著有《金匮补注》十二卷、《感证治诀》三十四卷（又作二十四卷）、《辨证析疑》二十四卷（一作二十卷）、《方解补注》八卷、《景岳丹髓》十二卷、《论翼丹髓》八卷、《准纯丹髓》（又作《辨绳丹髓》）二十六卷、《法律丹髓》十二卷，皆未见流传。医书外，尚撰《雅训记闻》十二卷、《甲戌笔记》四卷。[见：《湖州府志》、《吴兴县志》]

戴云龙 （1818～?） 清末贵州湄潭县永兴场人。邑庠生。精医术，屡起沉疴，人多敬服。著有《医学》若干卷，未梓。光绪二十五年（1899），寿八十二岁，尚健在。[见：《湄潭县志》]

戴日暄 字秋阳。清代河南信阳县人。岁贡生。早年习儒，兼精医道，知名于时。[见：《信阳县志》]

戴从龙 字汝光。清代安徽婺源县桂岩人。国学生。少攻举业，及长，兼精医术。重医德，凡以病求治，虽昏夜不辞，全活甚众。曾寓居南京，有名汤丽生者，突患中风，昏不知人。戴氏诊之，投药即起，闻者叹服。平生多善举，曾倡捐济贫，扶助孤儿，乡里敬之。[见：《婺源县志》]

戴文庠 清代江苏仪征县人。邑疡科名医戴赞文曾孙。继承祖业，亦精医术。[见：

《仪征县续志》]

戴文炳 字芝所，号呰窳子。明代安徽蒙城县人。好读书，精通医术。著《伤寒权法全书》三卷、《脉诀约言》若干卷，行于世。崇祯庚辰（1640），兵科督练王之晋奉命至江淮，途中患寒疾，至寿春发作，延医不效。王氏偶得戴氏《伤寒权法全书》，依法治之，一服而愈，遂出数金购之。及返京师，值大疫，按书施治，全活甚众，乃作《呰窳子传》以记之。蒙城县令傅振铎亦称道戴氏书，为之作序。惜二书今皆散佚。[见：《重修蒙城县志》、《颍州府志》]

戴正维 清代四川仁寿县人。家贫，以医为业。行道数十年，救济甚多，为乡里所敬重。[见：《补纂仁寿县原志》]

戴世堃 字秉彝。清末湖北钟祥县人。本姓陈，赘于戴氏，遂袭戴姓。祖父陈文运，有文名，著有《大学中庸释文》。世堃嗜星卜、天文诸学，于医学尤有心得。光绪十四年（1888）钟祥大疫，戴氏出术救治，全活甚众。好读医书，每有所得，辄笔记之。殁后，其子戴之麟整理遗稿，名之为《医学笔记》，惜未见流传。[见：《钟祥艺文考》]

戴古渝 明代人。生平里居未详。著有《经验方》若干卷，已佚。李时珍撰《本草纲目》，曾引据此书。[见：《本草纲目·引据古今医家书目》]

戴龙光 清代江苏仪征县人。邑疡科名医戴赞文子。传承父学，亦精医术，知名于时。[见：《仪征县续志》]

戴圣震 字井庵。清代浙江余姚县人，居周巷。自幼好学，兼精医理。辑有《妇科要方》一卷，藏于家。[见：《余姚六仓志》]

戴邦聘 字起萃。明代浙江建德县人。以医为业，治病多佳效，名著于时。著有《医学善传》若干卷，未见刊行。子戴天祐，传承父业。[见：《建德县志》]

戴尧道 字克臣。南宋人。里居未详。精医术，以幼科知名朝野。徽宗时（1101～1125）任翰林侍御太医。门生刘昉，尽得其传。[见：《活幼心书·序》]

戴式信 （1810～?） 字以成。清末安徽婺源县桂岩人。邑名医戴逢瑞孙。善承家学，亦精医术，全活甚众。同邑齐太史霍重其术，赠联曰"六代苦心传扁鹊，一生清节学夷鱼"。光绪十五年（1889），寿八十岁，荣膺冠带。子戴崇俭，孙戴经谐，绍传其术。[见：《婺源县志》]

戴至经 字秉直，号古愚。清代江苏句容县人。父戴宏明，经商于昆山县淞南秦峰（今千灯镇），遂定居。戴至经天性宽厚，好行义举，屡捐资修筑石桥，虽家境转贫，仍于嘉庆十八年（1813）捐百金重修竣沉沱泾石桥。兼通医理，不以医问世，凡以疾病相告者，口授方法。平素精制丹丸成药，遇病者辄赠之，乡里感德。[见：《二续淞南志》]

戴师敏 宋代宜黄县（今江西宜黄）人。通医术。其临证经验经翰林医学梁逢尧整理，撰为《惠眼观证》，流传于世。此书今佚，宋·刘昉编《幼幼新书》，曾引据之。[见：《幼幼新书·近世方书》]

戴因本 字春泉。清代江苏华亭县人。诸生。工书法，兼精医术，治病有奇效。性格迂怪，世以"戴怪"称之。[见：《松江府志》]

戴廷势 明代浙江桐庐县塘郭人。精医术。正德间（1506～1521）任太医院冠带医士。[见：《桐庐县志》]

戴传震 原名葆钧，号省斋。清代江苏新阳县人。戴溶子。早年习儒，道光六年（1826）入县庠，三十年（1850）成岁贡生。性朴诚，寡言笑，课徒以立品为先。晚年业医，精妇科。重医德，治病不计酬报，病家虽远，必徒步出诊。时医处方喜用别名，每因此误人，戴氏乃编《本草分韵便读》五卷，以便查阅，惜未见流传。年六十五岁卒。子戴之翰，孙戴其绳，皆善医。[见：《昆新两县续修合志》]

戴仲绅 明代人。里居未详。通医术，曾任太医院医士。弘治十六年（1503）敕修《本草品汇精要》，命太监张瑜为总督，太医院院判刘文泰、王槃，御医高廷和为总裁，戴仲绅与太医院医士、中书科儒士共十四人任誊录。该书于十八年告竣，未刊，今存抄本。[见：《本草品汇精要·官员职名》]

戴华光 字丽亭。清代安徽蒙城县人。早年习儒，由监生授州同知。博览诗书，兼嗜岐黄，通明医理。专以济世活人为怀，凡以疾病延请，即往诊治，邑人多赖以生。运同张少山母病，求治屡验，赠以"和缓遗风"匾额。著有《本草述要》四卷、《十二经补泻温凉药》一卷、《六十四门药性分类》一卷，今皆未见。[见：《重修蒙城县志》]

戴聿咸 （1905～1950） 字剑亚。现代江苏新阳县（今昆山市玉山镇）人。世医戴人龙幼子。幼承庭训习医，后随父襄诊，兼擅妇、儿两科。抗日战争期间，父母避居吴县光福镇，戴聿咸留守老宅行医。1934年租赁南后街钱以倩宅为诊所，直至终年。门生夏铭德，得其传授。[见：《昆山历代医家录》]

戴聿谦 （1903～1972） 字让民。现代江苏新阳县（今昆山市玉山镇）人。世医戴人龙三子。自幼从父习医，尤擅长妇科、儿科。1918年悬壶于吴江县震泽镇。1943年返乡，应聘任香山堂国药店坐堂医，兼应诊于巴城镇盛鸣和国药店。1949年后，相继任职于闵幼逵伤科诊所及大城区大仁联合诊所。[见：《昆山历代医家录》]

戴聿颐 （1892～1960） 字救吉，号听鹂馆主人，又号红杏山馆主人。现代江苏新阳县（今昆山市玉山镇）人。世医戴人龙次子。幼承庭训习医，尽得父传，于妇科、儿科多有心悟。年弱冠，复师从姑苏名医马士元，得内科、喉科之奥。学成返里，悬壶于县城九步三湾，名噪于时，就诊者门庭若市。20世纪20年代设诊上海，屡起沉疴，有保赤神工之誉。后重返昆山，兼应上海及邻县病家邀诊。1937年日寇陷昆山，避居巴城镇，行医糊口。光复后返乡，设诊于乙丑弄，不久就聘一诚堂国药店坐堂医，就诊者甚众。1946年2月被推选为昆山县中医师公会监事。1954年任昆山县中医学术研究会筹委会委员。后赴沪养病，1960年病故于上海。戴氏兼精围棋，知名于浙江杭城棋坛，一度夺魁。三子戴征明、幼子戴修道，绍承祖业，皆为名医。[见：《昆山历代医家录》]

戴志礼 清代江苏仪征县人。邑疡科名医戴赞文曾孙。继承祖业，亦精医术。[见：《仪征县续志》]

戴希孔 明代河南兰封县人。以医为业，名重于时。崇祯七年（1634）授医学训科。[见：《兰封县志》]

戴启宗 一作戴起宗。字同父，号耕愚。元代金陵（今江苏南京）人。毕生习儒，曾任龙兴路（今江西南昌）儒学教授。读书之余，究心医学，博览《内经》、《伤寒》诸书，贯通医理。戴氏以医道为性命之学，故重视医书勘误。曾以仲景《伤寒论》为依据，辨正朱肱《伤寒百问》之失，撰《活人书辨》，吴澄为之作序，今佚。又鉴于世传北宋高阳生《脉诀》浅显易读，流布颇广，而其中疏谬甚多，误人不浅，遂著《脉诀刊误集解》二卷、《附录》二卷，刊刻于世，今存多种明清刻本。名医项昕，曾得戴启宗指授。

[见:《古今医统大全·历世圣贤名医姓氏》、《医藏书目》、《九灵山房集·抱一翁传》、《四库全书总目提要》、《中国医籍考》、《金元医学人物》]

戴其绳 字祖同。清代江苏新阳县人。儒医戴传震孙,戴之翰长子。自幼习儒,兼擅武功,同治八年(1869)入县庠。绍承家学,精妇科。又得高僧传授,兼擅儿科,自成一家。后悬壶于道堂弄,治病多奇效,声名大噪。执岐黄业而不废诗文,曾撰《听鹂馆随笔》二卷。光绪三年(1877)参修《昆新两县续修合志》,任收掌校勘。平素热心公益,光绪十一年(1885)参与捐修玉龙桥,二十四年(1898)募捐重建小西门外迎恩桥、虹桥。晚年患中风谢世。长子戴人龙(1872~1942),绍承其业。[见:《昆新两县续修合志》、《昆山历代医录》(引《戴氏医史简介》、《国朝昆新青衿录》)]

戴雨村 清代湖北麻城县人。好学能诗,业儒不售,闭门习医。博览《灵枢》、《素问》诸医典,精研脉理,立方不泥于成法,以儒医见称于时。[见:《麻城县志前编》]

戴周初 清代江苏兴化县人。精幼科,擅治小儿痘疹。一望即决吉凶,遇不可治者决不用药。同时有崔继昌,亦精儿科。[见:《兴化县志》]

戴宗儒 (1349~1394) 字伯兼。明代浙江浦江县人。名医戴思恭长子。早年习儒,兼传父学。洪武间(1368~1398)征入藩邸,曾扈从北征,出入禁闱,赐赉甚厚。将授以官,而宗儒殁。子戴绍,亦通医道。[见:《中国历代名医碑传集》(引《建溪戴氏宗谱》)]

戴承澍 (1824~1892) 初名汝崧,字生甫,号青墅。清代江苏青浦县人。同治庚午(1870)举人。自幼从曾叔祖戴高习儒,尤肆力于《易经》,兼通堪舆、算术、医学。著有《医门一得》、《临证退思录》,未见流传。妻王韵史,子戴保衷,皆精医术。[见:《青浦县续志》]

戴经谐 近代安徽婺源县桂岩人。世医戴式信(1810~?)孙,戴崇俭子。绍承家学,亦精医术。[见:《婺源县志》]

戴春元 字体仁。清代安徽蒙城县人。早年习儒,因亲老家贫,笃志岐黄,以养身济世。兼善丹青,长于山水。[见:《重修蒙城县志》]

戴荣诏 清末江苏泰州人。幼科世医戴雪舫后裔。继承祖业,亦精幼科,与雪舫声名相埒。[见:《续纂泰州志》]

戴荣基 字子初,号梅泉。清代安徽黟县际村人。以监生赴乡试不中,即弃举业,读书于村南云梯书屋,肆力经史及古文词。耽吟咏,工书善饮。旁通医学、堪舆之术。与汪碧山、汪雷冈以文学相往还。又与芜湖龙子方、张杏村、含山倪燮、绩溪汪榛诸名士结诗社,极一时唱和之盛。著有《医法汇要》若干卷(今未见)。医学外尚有《梅泉诗存》、《花巢诗草》、《吟香小草》、《地理求安录》、《葬书注释》、《灵城精义注释》等。[见:《黟县四志·杂家》]

戴思恭 (1324~1405) 字元礼,号肃斋(一作复庵)。元明间浙江浦江县人。戴氏为浦江望族。父戴士垚,得名医朱震亨指授,著名于时。思恭幼年习儒,旁涉星象、堪舆、风鉴之术,尤嗜医书。少年时,与弟思温随父至义乌,与同邑赵良本、赵良仁兄弟拜于朱震亨门下。震亨喜其颖悟倍常,倾心授之。及学成问世,临证多奇效,"服其剂者,沉疴豁然如洗",名振浙东西。洪武十九年(1386)三月,明太祖患瘰疬,御医石逵以思恭荐,即遣使召至,刻日奏功,授太医院御医,又命选拔聪俊子弟袁宝、王彬从其学。洪武二十五年(1392)七月,拟授太医院使,以老病辞,乃授迪功郎八品御医,风雨免朝。三十一年(1398)二月,晋王(太子三子)病卒,太祖欲诛王府诸医,思恭从容谏曰:"臣前奉命视王疾,启王曰:'病即愈,但毒在膏肓,恐复作不可疗也。'今果然矣。"诸医由是得免。五月,太祖崩,御医被杀者甚多,独思恭擢奉政大夫太医院院使。在位期间,每与祭酒胡漤探讨《内》、《难》经义,又屡荐良医,如仪真蒋武生、嘉兴许景芳等。永乐元年(1403),以老病致仕归乡。次年十月,复命使者召之,因卧病未赴。永乐三年四月,遣袁宝等以安车召至京师。十月,复乞骸骨,获准,遣官护送,并赐金币。十一月抵家,即拜祭先师朱震亨墓,十余日后疾作。十一月二十一日,召子侄辈嘱之曰:"积善守法。"言讫而逝,终年八十二岁。著有《订正丹溪先生金匮钩玄》三卷、《类证用药》、《本草摘钞》各若干卷,未见流传。今存者有《证治要诀》十二卷、《证治要诀类方》四卷、《推求师意》(汪机编)二卷,诸书皆祖述朱震亨之说,间有发挥。子戴宗儒、戴宗俨(?~1405),皆先父而卒,宗儒亦精医。[见:《明史·戴思恭传》、《李濂医史·太医院使戴公墓志》、《浙江通志》、《脉确·送戴元礼还浦阳序》、《中医图书联合目录》、《中国历代名医碑传集》]

戴思温 (1336～1392) 字元直，号益斋。元明间浙江浦江县人。名医戴士垚次子。与兄戴思恭皆得名医朱震亨亲授，精通医道。尝挟技游于齐鲁间，出入公卿之门，名重于时。早年志高气盛，每酒酣纵论，杂以嘲笑，锋芒横出，气盖一座。即而自悔孟浪，究心圣贤之书，日自收敛。方孝孺曾作《益斋记》，赞其为人。明初受燕王之聘，未就职而卒。[见：《金元医学人物》、《中国历代名医碑传集》(引《宋学士全集·戴仲积墓志铭》)、《九灵山房遗稿·元故戴府君坟记》、《浦阳建溪戴氏宗谱》)]

戴思谦 号云洲。明代安徽凤阳县人。早年卖卜于市，后游京师，足迹遍历齐、鲁、燕、代间。至广宁，于雪夜遇一道人，授以五运六气、十二经络之秘及证治诸方。嗣后，栖身无锡县小五湖之石塘山，间出为人治病，沉疴痼疾，应手奏效，知名于时，当时官吏多延致之。或以私事请托，戴氏辄掩耳，一时有巢父之称。[见：《无锡金匮县志》]

戴贻麟 清末人。生平里居未详。曾任太医院候补医士。[见：《太医院志·同寅录》]

戴保衷 字绶六。清代江苏青浦县人。儒医戴承澍 (1824～1892) 子。少有才名，兼精医术。为文有风骨，不落前人窠臼。藏书千余卷，丹黄狼藉。惜早卒。[见：《青浦县续志》]

戴炳荣 清代河南信阳县人。业儒，举孝廉。精通医道。与名医陈再田、县主事危尚志、廪生姚寿朋相往还，常切磋医理。[见：《重修信阳县志》]

戴莲汀 (1894～1957) 现代江苏昆山县人。早年从荣震伯习医，以妇科问世。1924 年因避战乱迁居太仓沙溪镇东市街，开业应诊，颇具声望。1947 年返乡行医。门生昆山邬俊才、太仓潘芝伯、陈鸣璆、孙绍裘，皆享医名。次女戴瑞芬，绍承父业，后移居香港。[见：《昆山历代医家录》]

戴逢瑞 清代安徽婺源县桂岩人。精医术，挟技游江浙各地，知名于时。孙戴式信，传承其术。[见：《婺源县志》]

戴培椿 字菱舟。清代江苏娄县人。监生。精医术，临证以意为治，多获奇效。胡氏二兄弟赌食藕，所食过量，皆僵卧不醒。培椿令急饮淘米水，得愈。人问其故，答曰："藕窍填米，煮之易烂。米汁能败藕耳。"又有患肠痈者，培椿曰："须饮麻子油。通则不痛，润肠解毒，无有逾于此者。"从其言，数服痈消。著有《咽喉证

治》四卷，今存嘉庆十九年 (1814) 刊本。还著有《治目管见》等书，未见流传。[见：《松江府志》、《中医图书联合目录》]

戴雪舫 字芝盘。清代江苏泰州人。世业幼科，尤善治痘疹。凡他医所不能治者，雪舫诊之，应手辄愈。或遇不可治者，预决死期，百不失一。曾改编沈虚明《痘疹书》，多有发明，今未见。著有《幼科杂证绳墨》(又作《幼科要诀》)二卷，今存传抄本。其后裔戴荣诏，亦以幼科著称。[见：《泰州志》、《续纂泰州志》、《江苏历代医人志》]

戴捷三 清代江苏仪征县人。邑疡科名医戴赞文孙。继承家学，亦以医术知名。[见：《仪征县续志》]

戴崇俭 清末安徽婺源县桂岩人。邑名医戴式信 (1810～?) 子。传承家学，亦精医术。子戴经谐，绍传其业。[见：《婺源县志》]

戴绪安 字筱轩 (又作小轩)。清末安徽寿县人。生平未详。辑有《注礼堂医学举要》四卷、《验方汇编》八卷、《验方汇编续集》四卷，均刊于光绪间 (1875～1908)。[见：《中医图书联合目录》]

戴绳周 字孚公。清代江西瑞昌县人。早年习儒，不得志，弃而学医，悬壶济世。有名董祥生者，面现马肝色，青气锁口。绳周见之，断以七日死，至期果暴卒。张某之孙患鼻衄，绳周以姜、桂热药令服，其家畏忌，绳周强令饮之，药尽血止。素重医德，遇贫病不取诊金，且赠以药。县令金世福以国手称之，赠"上池清誉"匾额。[见：《瑞昌县志》、《九江府志》]

戴葆元 字心田。清代安徽婺源县桂岩人。例贡生。其先世开设戴同兴药肆于景镇。戴葆元继承祖业，悬壶四十余年，知名于时。咸、同间 (1851～1874)，左宗棠驻军婺源，士卒染疫，经戴氏诊治，全活甚众。当道官吏赠以"春满杏林"匾额。晚年修桥补路，多行善举。著有《临证指南方歌》二卷、《金匮汤头歌》一卷、《温病条辨汤头歌》一卷 (上三书总名《家传课读》)、《本草纲目易知录》八卷，均刊刻于世。[见：《婺源县志》、《中医图书联合目录》]

戴御天 字云樵。清代江苏上海县人。名医钱秀昌门生。事迹不详。嘉庆十三年 (1808) 参订其师《伤寒补要》。[见：《伤寒补要》]

戴端蒙 号圣所。明代安徽天长县人。诸生。早年习儒，兼精水道、堪舆、医药诸术。后尽弃举业，恣意游览。倦游归乡，集古图

史以自娱。著书数十种，医书有《保婴痘疹编》（又作《保婴痘疹书》）若干卷，已佚。[见：《天长县志》、《天长县志稿》]

戴震雷 字稚默，自号陶园跛人。明代福建仙游县人。幼习举业，天启七年（1627）乡荐第一。以亲老，就职归化县教谕，秩满，升崇安县知县，所至多政绩。以外艰回里，无意仕进，自号陶园跛人，著书自娱。兼通医药，撰有《陶园药方》若干卷，已佚。[见：《仙游县志》]

戴德夫 元代人。里居未详。悬壶济世，医术非凡。反对"两肾皆属水"之说，撰《五运六气图》，以阐明"君火在上而无为，相火在下而用事"之理。此图已佚。[见：《金元医学人物》（引《云峰文集·题戴德夫五运六气之图》）]

戴赞文 字若周。清代江苏仪征县人。精医术，擅长疡科，治病多神效。年九十五岁卒。子戴龙光，孙戴捷三，曾孙戴文库、戴志礼，均精家学。[见：《仪征县续志》]

戴耀墀 字式尹，号旭斋。清末江西临川人。官蕲州茅山山巡。兼通医道。著有《伤寒正解》四卷，今存同治十年（1871）刻本。[见：《中医图书联合目录》、《伤寒论研究大辞典》]

魏

魏元 字应乾。清代江苏武进县人。勤奋好学，泛览百家。后致力医学，精其术。凡沉疴奇症，虽不见载于医书，治之多愈，踵门延诊者甚众。乾隆五十年（1785）岁饥，其家有米数百斛，皆平价出售，未尝谋利。子孙传承其术。[见：《武进阳湖县志》]

魏同 （1736~1819） 字应乾，晚号健斋。清代江苏武进县人。魏瓒子。颖悟好学，泛览百家，为国子监生。弃举子业，致力岐黄之学。博究《素问》、《伤寒》诸书，专治既久，多有心悟。临证先审体质之强弱，性格之躁静，平日之所嗜，然后证之以色脉，得其致病之源，故积年沉疴，每能著手成春，声名大起。其处方有同症异治者，有异症同治者，虽善医者视其方，多所不解。及为剖析，则皆叹曰："非所及也。"平生多善举，虽以医富家，遇大饥之年，出米数百斛平粜，时人感德。长子魏襄，嘉庆十年（1805）举进士，授永宁知县，欲迎养于任所。魏同手书示之曰："吾为乡人治病，弗能离。"复以"勿营私废公"谆谆嘱之。嘉庆二十四年六月二十九日

卒，享年八十有四。幼子魏衷，为国子监生。[见：《中国历代名医碑传集》（引包世臣《小倦游阁集·监生魏君墓志铭》）]

魏杞 （?~1184） 字南夫。南宋寿春（今安徽寿县）人。移居鄞县之碧溪，学者称碧溪先生。绍兴十二年（1142）进士，知宣州泾县。历官太府寺丞、考功员外郎、宗正少卿。孝宗隆兴二年（1164）以通问使身份使金，不辱使命，迁给事中、同知枢密院事，进参知政事、右仆射兼枢密使。乾道六年（1170），授观文殿学士、知平江府。谏官王希吕劾魏杞"贪墨"，夺职。后起为资政殿大学士。淳熙十一年十一月卒，谥"文节"。魏氏间涉医学，辑有《魏氏家藏方》十卷。此书经其孙魏岘订补，流传于世，今存日本抄本。[见：《宋史·魏杞传》、《中医图书联合目录》]

魏岘 南宋寿春（今安徽寿县）人。移居鄞县之碧溪。右仆射兼枢密使魏杞孙。历官朝奉郎提举福建路市舶、广德太守。绍定（1228~1233）初，任都大坑冶司，为忌者所讦，绍定五年（1232）去职归乡。魏氏颇通水利之学，著有《四明它山水利备览》二卷。因素弱多病，留意医药，尝取祖父所录之方，附以亲试经验者，得方一千零五十一条，辑成《魏氏家藏方》十卷，序刊于宝庆丁亥（1227）。此书今存日本抄本。[见：《四库全书总目提要》、《宋史·本纪·理宗》、《宋史·李道传》、《中国医籍考》、《鄞县通志》、《中医图书联合目录》]

魏直 字廷豹，又字桂岩。明代浙江萧山县人。能诗。以医术知名吴越，治痘疹尤有奇验。著有《博爱心鉴》（又作《痘科全书博爱心鉴》）二卷，序刊于嘉靖乙酉（1525），今存。[见：《医藏书目》、《萧山县志》、《博爱心鉴·自序》]

魏养 清代河南南乐县人。精医术，知名于时。兼工书法，擅长小楷。[见：《南乐县志》]

魏炳 字知正。北宋人。里居未详。名医庞安时门生。通医理。其师著《伤寒总病论》六卷，炳为该书作跋，又撰《音训》一卷、《修治药法》一卷，附刻于卷末。[见：《伤寒总病论》、《四库全书总目提要》]

魏泰 清初山西平定州人。诸生。以医为业，尤擅治伤寒证，颇有声誉。名医傅山亦称赞其术。[见：《山西通志》]

魏钰 字连璧。清代河南商水县人。天性宽厚。精通医术，虽险症多获奇效，一时有神医之称。子魏硕儒、魏德馨，孙魏孟云、魏鼎臣，曾孙魏体元，皆传承家业。[见：《商水县志》]

魏焘 字晋卿。清末浙江平湖县人。恩贡生。自幼习儒,晚年通医。光绪间（1875～1908）重游泮水。年八十余卒。著有《本草便读》、《治痢要言》,今未见。[见:《平湖县续志》]

魏梓 清代湖南武陵县人。与兄魏开幼,同师学医,俱以幼科知名。梓与兄尝投宿农家,一小儿游戏于侧,梓曰:"是儿有风证。"开幼曰:"当发在今夕。"至夜半,果如所言。主人求治,药下而安。[见:《武陵县志》]

魏琳 清代河南新乡县赵村人。为医官。精医术,尤善诊脉,知名于时。[见:《新乡县续志》]

魏鉴 字明远。清代湖南潭阳人。生平未详。通幼科。撰有《幼科汇诀直解》六卷、《痘疹汇诀直解》三卷,今存雍正四年丙午（1726）应世堂合刻本。[见:《中国医学大成总目提要》、《中医图书联合目录》]

魏瑶 字次白。清代湖南衡阳县人。生平未详。著有《雪堂医学真传》四卷,刊刻于世,今存嘉庆十一年（1806）刻本。[见:《中医图书联合目录》]

魏镛 明代无锡县（今属江苏）人。妇科世医魏朝器子。绍承家学,工医术,亦以妇科著称。[见:《无锡金匮县志》]

魏璧 （1464～1530） 字仲文,号橘泉。明代昆山县（今属江苏）真义镇（今正仪镇）人。自幼习医,其术精深,然不以医问世。常诊治危疾,治辄奏效,未尝以技求利。候补医学正科。家境饶富,有田数百顷,植橘百株于园中,另有井泉甘洁,故名所居为橘泉亭。后因子魏库出仕,封骁骑尉知事。长孙婿郑若曾,业儒而工医;次孙婿归有光,为名儒。[见:《昆新两县续修合志》、《昆新两县志》、《昆山历代医家录》（引《昆山名贤墓志铭》)]

魏襄 字赞卿,号曾颂。清代浙江杭州人。精通医道,知名于时。朝廷闻其名,拟备太医院之缺,未授而卒。[见:《杭州府志》]

魏了翁 （1178～1237） 字华父,号鹤山。南宋邛州蒲江（今四川蒲江）人。自幼从诸兄读书,稍长,英悟绝人,日诵千言,过目不忘,乡里称为神童。庆元五年（1199）登进士第,历官四川节度判官、国子正、武学博士、秘书省正字、校书郎、嘉定知府、汉州知府、眉州知州、潼州路提点刑狱、转运判官、绍兴知府、福建安抚使,以资政殿大学士通奉大夫致仕。嘉熙元年卒,诏赠太师,谥"文靖"。魏了翁旁涉医学,撰有《学医随笔》一卷,收入《学海类编》、《丛书集成初编》等丛书。[见:《宋史·魏了翁传》、《中医图书联合目录》]

魏士芬 字芝汀。清代人。生平里居未详。撰有《瘢疹必读》一卷,成书于咸丰二年（1852）,今存抄本。[见:《中国历代医家传录》]

魏大成 字时夫。明代河北柏乡县人。好道术,擅养生。撰有《养生论》一卷,阐论"平情为祛病之本",深知医药之不足恃。该书已佚。[见:《畿辅通志》、《柏乡县志》]

魏广贤 字蔚人。清代河南长葛县人。性峭直,精医术,治危重症常应手奏效,名噪于时。道光间（1821～1850）,县令赵公以"专精脉络"旌其门。著有《医方类编选要》、《眼科经论》、《经验良方》、《折伤要略》诸书,均未刊行。兄子魏梦明,得其传授。[见:《长葛县志》]

魏之琇 （1719～1772） 字玉璜（一作玉横）,别号柳州。清代浙江钱塘县人。生于世医之家。少时孤贫,力学不辍,精诗文,工绘画,才气横溢,享名诗坛。尝执业于质肆（当铺）,昼司其职,夜则读书,为同事所厌,禁用灯火。乃坐帐中,障灯默诵,于岐黄家书尤致力焉。历二十年,贯通医理,遂悬壶自给。所得不足以养妻子,乃画扇于市,"置扇于前,摊卷于左,手丹墨,口伊吾,不知瓮也"。广东学政吴鸿闻其名,延至粤东学幕。晚年医术益精,治内科胁痛、胃脘病及疝瘕诸证,屡著奇效。乾隆壬辰殁,年仅五十四岁。生前曾校订江瓘《名医类案》,病其尚有未备,广采诸名医之作及史传、方志,辑《续名医类案》六十卷,刊行于世。此书虽有驳杂之弊,但收集医案之多,为前人所不及。魏氏还著有《柳州医话》一卷,亦刊行。[见:《续名医类案》、《杭州府志》、《四库全书总目提要》、《冷庐医话》、《宋元明清名医类案》、《中国历代名医碑传集》（引沈鹏《桐溪诗草》)]

魏之褆 元代人。里居未详。精医术,曾任镇江路医学教授。[见:《镇江志·学职》]

魏开幼 清代湖南武陵县人。与弟魏梓,同师学医,俱精儿科。尝同至安乡,欲投宿某人家,拒不纳,乃露宿舍旁积草中。主人有小儿戏于侧,魏梓曰:"是儿有风证。"开幼曰:"发在今夕。"主人不在意。夜半,小儿果病,主人惊惶求治,投药立愈。又有小儿患手足拘挛,医者以针灸法治之,不效。开幼曰:"失穴道。"医者甚怒。开幼曰:"尔治左,吾治右。"针下而右侧愈,左侧拘挛如初。主人请并治之,儿得痊

十七画

愈。［见：《武陵县志》、《中国历代名医碑传集》（引李元度《国朝耆献类征初编·方技》]

魏长春 字松山，号亿龄。清代四川新繁县大川人。邑增生。好学能文，兼通医理，活人甚众。善摄生，年八十八岁卒。著有《医门一字通》（又作《医门一字》）八卷，行于世。今中国科学院图书馆藏抄本。［见：《新繁县志》、《中医图书联合目录》]

魏公哲 明代无锡县（今属江苏）人。妇科世医魏思敬子。绍承家学，亦以医术知名。子魏宗美，官医学训科。［见：《无锡金匮县志》]

魏正铭 字丹书。清代奉天府海城县（今辽宁海城）赵坯湾人。精医道，有国手之誉。于《内经》以下诸名医之书无不涉猎，每别有会心。临证不轻改古方，多著良效。所需药材必购选精良，宁费重资，不以劣药误人，故为病家所信赖，延者踵至。为人豪爽，尝取病家欠据尽焚之。立品端方，凡仕宦之家迎聘，诊脉立方之外，语不及私。年七十余卒。子三人，均习举业。［见：《海城县志》]

魏世轨 字左车。清代湖北石首县人。国学生。自幼喜读理学之书，壮年学易，不拘占卜家言，而预测多中。兼及医道，撰有《内经编次》若干卷，今未见。［见：《石首县志》]

魏丕承 字宪武，号霍村。清代山东德县人。康熙戊子（1708）举人，考授中书。兼通医药，撰有《训蒙本草》若干卷，未见刊行。［见：《德县志》]

魏尔毅 （1901～1976） 字致远。现代陕西周至县龚家庄人。周至名医魏效征子。幼承庭训学医，研习十余载，尽得家传。成年后悬壶于乡，渐有时誉。临证之余，未尝一日废学，凡家藏《内经》、《伤寒》、本草诸书，皆熟读研思，丹黄满卷。医书之外，旁涉文史诸书，以广见闻。中年后学识益博，医术益精，虽疑难危重之病，每获奇效，以擅治内科杂症名著四方，三秦内外求医者络绎不绝。生性豁达健谈，好结交饱学之士。毕生从医，广济贫病，遇达官显贵，冷眼观之，不为重酬折腰。凡贫病之家求治，必悉心诊疗，不收诊酬，或反赠药资，必令疾愈而后已。遇重病需出诊者，不假车马，徒步往返数十里，未尝有愠色。1949年后，继续从事中医事业，诊治病患不遗余力。1956年被评为陕西省先进工作者。1958年被聘为周至县中医中药科学技术研究委员会副主任。1963年当选县人大代表，同年被评为陕西省名老中医。魏氏先后授徒十余人，子孙亦承家学，皆为当地名医。［见：《周至名人录》]

魏圣伦 清代河南遂平县人。通医理，每以医药济人，乡里德之。［见：《遂平县志》]

魏耒鸽 字瑶阜。清代江苏兴化县人。侨寓东台县。精医术，知名乡里。年五十一岁卒。著有《内经概要》、《伤寒阐微》、《幼科指南》、《任氏验案》等书，未见梓行。［见：《续兴化县志》]

魏廷桂 清代福建永安县贡川人。世医魏秉璋曾孙，魏德嘉孙，魏宗辕子。绍承家学，存心济世，活人不可胜数。［见：《永安县志》]

魏华万 清代河南正阳县人。自幼多病，日与医药为伍，久之通晓医理，遂悬壶济世。临证按病立方，服者立效，乡里信赖之。年八十四，无疾而终。［见：《重修正阳县志》]

魏汝霖 （1823～1896） 字载泽。清末河北柏乡县西路村人。早年为诸生，厌科举业，悉心研究岐黄之术，于古来医学大家之书无不会通。后悬壶于世，治奇难剧症奏效如神。素重医德，凡贫苦病家，格外体恤。县令金某赠联云：“回春我谓一弹指，济世人称三折肱。”著有《伤寒补注》、《金匮补注》二书，未刊。［见：《柏乡县志》]

魏孝澄 唐代（?）人。生平里居未详。辑有《新录单要方》五卷，曾远传日本，今佚。［见：《日本国见在书目》]

魏芳祖 清代四川永川县人。通医理，知名于时。官本县医学。［见：《永川县志》]

魏体元 清代河南商水县人。邑名医魏钰曾孙。早年习儒，为庠生。传承家学，亦通医理。广求良方，以济贫病。［见：《商水县志》]

魏身斋 元代人。里居未详。以医为业，知名于时。刘敏中推重其术，作《赠医者魏身斋诗》二首以赞之，其一：“一身皆备乾坤理，人异其身理则同。须尽异同同异处，十全方许策其功。”其二：“有身有患知难已，良相良医不易寻。一技惊人众疾愈，身斋能事野斋心。”［见：《金元医学人物》（引《中庵先生刘文简公文集》)]

魏灿章 字仁斋。清代浙江慈溪县人。生平未详。撰有《辨症集要》八卷，未见刊行。［见：《慈溪县志》]

魏良汉 清代燕山（今北京）人。名医王锡鑫门生。事迹不详。曾参校其师《日月眼科》。［见：《存存汇集》]

魏君用 明代江西鄱阳县人。生平未详。辑有《小儿疹痘方》（又作《小儿疹痘经验良方》）一卷，刊刻于世，今存。［见：《百川书志》、《中医图书联合目录》］

魏纯仁 字心一。清代河南尉氏县人。国学生。通经史，尤精岐黄之术，一时有国手之誉。［见：《河南通志》］

魏叔皋 元代无锡县（今属江苏）人。精医术，擅长妇科。曾任本州医学学录。孙魏思敬，传承祖业，亦以医术知名。［见：《无锡金匮县志》］

魏国仪 字秀亭，号式堂。清代江西广昌县人。国学生。性嗜学，精通医术，治病多捷效。心地仁厚，凡贫病者求治，多助以药资，有长者之称。嘉庆五年（1800）洪水泛滥，其楼所贮祠谷百余担被冲，变卖家产赔偿，不亏负公产。年九十一岁卒。著有《医统》、《式堂集验良方》，未见流传。［见：《建昌府志》］

魏国钦 清代山西汾州孝义县人。性端谨，重孝义，澹泊寡欲。酷嗜医学，尤擅长针灸。凡延请者，虽暮夜风雨立赴，至则应手奏效，从不受谢，乡里敬重之。［见：《山西通志》］

魏秉埙 清代江苏淮阴县王家营人。精医术，擅治小儿痘疹，有"痘神"之称。［见：《王家营志》］

魏秉璋 清代福建永安县贡川人。世代业医，至秉璋尤精。善养生，寿至八十七岁。著有《保赤新编》，李驾轩为之作序，今未见。长子魏德嘉，孙魏宗辕，曾孙魏廷桂，皆传承家学。［见：《永安县志》］

魏宗元 清代河北南乐县人。精通医术，兼善绘画，知名于时。［见：《大名府志》］

魏宗美 明代无锡县（今属江苏）人。妇科世医魏公哲子。绍承家学，精医术，曾任本县医学训科。子魏朝器，孙魏铺，亦以医名。［见：《无锡县志》］

魏宗辕 清代福建永安县贡川人。世医魏秉璋孙，魏德嘉子。绍承家学，亦以医术著称，活人甚众。子魏廷桂，继承父业。［见：《永安县志》］

魏孟云 清代河南商水县人。邑名医魏钰孙。传承家学，亦以医名。［见：《商水县志》］

魏荔彤 字庚虞，号念庭，又号怀舫。清代河北柏乡县人。吏部尚书魏裔介子。自幼习儒，十二岁补弟子员。捐资为中书舍人，选任凤阳郡丞，在任六年，升漳州知府。此后，历官江、常、镇诸道观察使，兼摄崇明兵备道。致仕后，寓居苏州濂溪坊，杜门著述。雍正四年（1726）患痿痹疾，遂还故里。魏荔彤博学多识，精诗文，旁通天文、地志、佛道、医药、卜筮之书。著有《伤寒论本义》十八卷，《金匮要略本义》三卷，刊刻于世。还著有《素问通解》、《灵枢经通解》，未见流传。［见：《清史稿·吴谦传》、《清诗别裁集》、《柏乡县志》、《苏州府志》、《赵州属邑志》、《中医图书联合目录》］

魏思敬 明初无锡县（今属江苏）人。元常州医学学录魏叔皋孙。得祖父亲授，亦精医道，尤擅妇科。子魏公哲，孙魏宗美，皆业医有名。［见：《无锡金匮县志》］

魏祖清 字东澜，号九峰山人。清代浙江汤溪县人。随父徙居江苏丹阳。潜心经史，为名儒王式丹、刘师恕所知重。其家世代业医，至祖清尤喜以医术济人，所制膏丹名闻京师。著有《村居急救方》七卷，今存乾隆十三年（1748）刊本。另著《树蕙编》、《卫生编》、《千金方翼注》、《保产机要》等书，今未见。［见：《丹阳县志》、《中医图书联合目录》］

魏晋锡 又名晋贤。字泽漪，号梦溪。清代江苏丹阳县人。乾隆三十四年（1769）二甲第二十四名进士，累官礼部仪制司郎中，因母病乞假归乡。乾隆四十五年（1780）分校礼闱，出知汝宁府。后署南汝光道，以疾请代，归主戴山讲席，多所造就。旁通医理，著有《伤寒辨微论》若干卷，未见刊行。［见：《丹阳县志》、《明清进士题名碑录索引》］

魏效征 近代陕西鄠屋县（今周至）龚家庄人。精通医术，悬壶乡里，以内科名世。子魏尔毅，传承父业，为现代陕西省著名医家。［见：《周至名人录·名老中医魏尔毅》］

魏梦明 清代河南长葛县人。邑名医魏广贤侄。得伯父亲授，亦精医术，尤擅治瘟疫及小儿诸症，知名乡里。［见：《长葛县志》］

魏硕儒 清代河南商水县人。邑名医魏钰子。早年习儒，为庠生。传承父学，亦以医名。［见：《商水县志》］

魏朝器 明代无锡县（今属江苏）人。医学训科魏宗美子。传承父学，亦精医术。子魏铺，克绍家业。［见：《无锡金匮县志》］

魏鼎臣 清代河南商水县人。邑名医魏钰孙。传承家学，亦以医名。［见：《商水

[县志》]

魏遇顺 明代河南郾城县西皋大王湾村人。熟读《素问》，贯通医理，知名于时。
[见：《郾城县志》]

魏鹏飞 清代四川永川县人。以医知名，曾任本县医官。[见：《永川县志》]

魏鹤荐 字士一。清代河南郏县人。监生。早年习儒，重孝义。兼通医术，知名于时。[见：《郏县志》]

魏德嘉 清代福建永安县贡川人。世医魏秉璋长子。绍承家学，活人无算，名重于时。子魏宗辕，孙魏廷桂，皆工医术。[见：《永安县志》]

魏德馨 清代河南商水县人。邑名医魏钰子。传承父学，亦以医名。[见：《商水县志》]

魏儒正 字端溪。清代山东博兴县辛安庄人。性好读书，精通医术，于眼科独具心得。远近慕名求治者门常如市，一经诊治，立著奇效。年八十余，无疾而终。著有《眼科集要》若干卷，未见刊行。[见：《博兴县志》]

縻

縻仲康 明代吴江县（今属江苏）同里人。精究岐黄之学，博览《黄帝内经》诸医典，兼及唐宋以来名家之论，探微索隐，多有心悟。临证切脉定方，每收十全之效。心怀济利，不以术谋利，乡人敬重之。子縻宗伯，能诗善画，亦精医业。[见：《吴江县志》、《吴江县志续编》、《同里志》]

縻宗伯 明代吴江县（今属江苏）同里人。邑名医縻仲康子。能诗，善画墨梅。绍承父学，尤精医术，名显于时。[见：《吴江县志》、《同里志》]

濮

濮恩 明代宁夏卫（今宁夏贺兰）人。通晓方书，尤擅治伤寒。有医德，诊疾不因贫富而异视，为乡里所敬重。[见：《朔方道志》]

濮镛 字景鸿。明代安徽太平府人。世以眼科知名。授良医副，进修职郎。著有《杏庄集》，今未见。[见：《江南通志》]

濮云依 清末江苏江宁府人。曾任部郎。兼精医理。与旗人邴味清相友善，邴业医，曾得真本《伤寒论》于长河医者蔡三先生。蔡氏于光绪间（1875～1908）监修旧庙，庙中有一砖几，蔡识为古物，置新几易之。及细察旧几，乃石函，开之得书十五轴，则仲景《伤寒论》，遂抄录副本，俱秘藏之，蔡氏医术由此益神。后邴味清得此书录副之本，濮云依亦得亲见。世传《伤寒论》与《金匮要略》为二书，此书则囊括二书为一。书中所列诸方亦不同于今本，如大活络丹与今本即差二味。此书中又多《小品》三卷，每方只二三味，用之极效。惜此书未能流传。[见：《荷香馆琐言》]

濮礼仪 字凤笙。清代江苏南京人。名医高鼓峰门生。事迹不详。曾校订其师《四明心法》。[见：《医宗己任编》]

濮润淞 字银台，号桐园。清代浙江嘉兴县濮院镇人。世代业医，知名乡里。著有《医书八种》，今未见。[见：《濮川所闻记》]

濮联元 原名槙，字维周，号北三。清代浙江嘉兴县濮院镇人。康熙间（1662～1722）府学岁贡。善诗古文词，精钟王书法，兼通医道。著有《医学揭要》若干卷，今未见。[见：《濮院志》]

濮韫良 清代江苏南京人。精通医术，悬壶济世，以外科著称。[见：《羊毛瘟证论·方昂序》]

十八画以上

瞿

瞿奉 字希董。明代常熟县（今属江苏）人。精医术，以针灸著称。素慕后汉名医董奉之为人，因号希董。[见：《常熟县志》、《常昭合志稿》]

瞿祐 字宗吉，号存斋。元明间浙江钱塘县人。学博才赡，风致俊朗，年十四即有文名。洪武间（1368～1398）荐授仁和县训导、临安县教谕。周府长史师道拓举为辅弼。永乐间（1403～1424）以诗得祸，谪戍保安，久之得释，复归原职，调内府办事。八十七岁卒。著述甚富，有

《春秋贯珠》、《诗经正葩》、《阅史管见》、《存斋诗集》等，另撰养生书《居家宜忌》、《四时宜忌》各一卷，今存咸丰元年辛亥（1851）宜黄黄氏逊敏堂丛书本。[见：《钱塘县志》、《中医图书联合目录》]

瞿哲 字希诚。清代江苏靖江县人。世医瞿增四子。早年习举业，为国子生。平生好善，常为人排难解纷，而未尝涉迹公门。兼通家学，著有《集验良方》，未见刊行。[见：《靖江县志》]

瞿琰 清代江苏靖江县人。世医瞿德茂三子。继承父学，亦以医名世。[见：《靖江县志》]

瞿琯 清代江苏靖江县人。世医瞿德茂次子。继承父业，亦以医闻名于时。[见：《靖江县志》]

瞿增 清代江苏靖江县人。世代精医，知名于时。三子瞿兆能，绍承家学。四子瞿哲，著有《集验良方》。[见：《靖江县志》]

瞿镛 字子雍。清代江苏常熟县罟里村人。其父瞿绍基（1772～1836），官阳湖训导，酷嗜藏书。当时常熟陈揆稽瑞楼、张金吾爱日精庐藏书先后抛散，故绍基多得宋、元善本，后复得吴县黄丕烈士礼居旧藏善本多种，遂筑恬裕堂以储之。瞿镛自幼习儒，为岁贡生。治金石文字，辨析精当。善承父志，尤嗜藏书，毕生搜罗不懈，积十余万卷。其家建铁琴铜剑楼以贮众书，与山东聊城杨氏海源阁、浙江杭州丁氏八千卷楼、归安陆氏皕宋楼并称清末四大藏书楼。瞿氏尝据其所藏，逐事考究，撰《铁琴铜剑楼藏书目录》（原名《恬裕堂藏书目录》）。传至其子瞿秉浚、瞿秉渊，更增补新目，并延聘季锡畴等学者精心考订，甫行雕版，逢太平天国之役，版毁中辍。同光之际，再聘叶昌炽等校理，遂成定稿。至第四代瞿启甲，乃于光绪二十四年（1898）镂版行世。本书按经、史、子、集四部分类，析为三十四小类，著录书目一千三百余种，其中善本医籍三十七种（包括宋、金、元、明刊本二十五种，旧抄本十二种），颇有裨于中医文献研究。[见：《常昭合志稿》、《历代史志书目著录医籍汇考》]

瞿瑾 清代江苏靖江县人。世医瞿德茂长子。继承父业，以医术知名。[见：《靖江县志》]

瞿广陵 字银涛。清代浙江萧山县人。精通医术，临证多佳效，知名于时。存心济世，凡以疾病延诊，无论严寒酷暑，必徒步而往，不受酬报，时人德之。孙瞿生瑞，为道光壬辰（1832）举人，官广东虎门同知。[见：《萧山县志稿·方技·补遗》]

瞿中溶 （1769～1842） 幼名慰劬。字苌生，号木夫，又号空空子、空空叟、木居士。清代江苏嘉定县人。名儒钱大昕之婿。庠生，援例捐湖南布政司理问。晚年辞官家居。道光二十二年卒，时年七十四岁。瞿氏博学多识，精习法，擅绘画，于刑律亦有研究。尤嗜金石之学，所至访碑考古，搜罗颇富。著有《洗冤录辨正》一卷，刊刻于世。[见：《近三百年人物年谱知见录》、《中医图书联合目录》]

瞿介福 明代常熟县（今属江苏）人。迁居靖江县。为人端谨，不苟言笑。精通医术，悬壶济世，知名于时。万历间（1573～1619）靖江瘟疫大行，瞿氏施药救治，全活甚众。子瞿宗爵、瞿宗鼎，孙瞿德毅、瞿德茂，均精医术。[见：《靖江县志》]

瞿书源 （1891～1957） 字文楼，别号困勉庐主。现代河北新城县人。生于世医之家。自幼读书，及长，有志医学，遂钻研《内经》、《难经》、《伤寒》诸医典，反复揣摩，脱口成诵。光绪三十年（1904）就学于太医院医学馆，师事御医袁其铭。光绪三十四年（1908），以一等第一名毕业。同年，留任太医院，授八品吏目，兼东药房值宿供奉官。瞿氏博学多闻，贯通医理，于温病证治尤多心悟，广取叶桂、王士雄、薛雪、吴瑭诸名家之长，临证以宣畅气机为主，反对滥用寒凉。曾谓："温病虽热疾，切不可专事寒凉。虽卫、气、营、血阶段不同，方法各异，必引邪外透。若不祛邪，专事寒凉，气机闭遏，如何透热于外？如何转气？轻则必重，重则不治矣。"辛亥革命后，瞿氏悬壶京城，并先后任教于中医药讲习会、中医讲习会、中药讲习所、华北国医学院、北京国医学院。中华人民共和国成立后，就聘卫生部中医顾问、北京中医学会耆宿顾问。1956年北京中医学院成立，又兼任该院顾问，并当选为北京市东城区第二届人民代表大会代表。瞿氏一生致力于中医事业，以救死扶伤为己任，以提挈后学为要务，严以律己，宽厚待人，为医界同道所敬重。著有《痢疾论》、《温病论述》、《儿科学》、《脉学心得》等书，未梓。[见：《太医院志·同寅录》、袁立人《已故著名老中医瞿文楼先生经历》、《北京中医药大学校志》]

瞿本魁 字梅圃。清代江苏川沙县高行镇人。疡科名医瞿景瑞子。继承父业，亦精医术。素重医德，治疗贫病尤尽心力。[见：《川沙县志》]

瞿兆能 字作谋。清代江苏靖江县人。世医瞿增三子。继承家学，亦工医术。[见：《靖江县志》]

瞿宝全 字子安。清末人。生平里居未详。曾任太医院御医，兼首领厅事（正六品官）。[见：《太医院志·同寅录》]

瞿宗鼎 明末常熟县（今属江苏）人。随父迁居靖江县。名医瞿介福次子。与兄瞿宗爵，传承父业，俱为名医。[见：《靖江县志》]

瞿宗爵 明末常熟县（今属江苏）人。随父迁居靖江县。名医瞿介福长子。与弟瞿宗鼎，传承父业，俱为名医。[见：《靖江县志》]

瞿焕文 号杏园。清代江苏南汇县十七保三十七图人。少从陈峄峰习医，精通其术。重医德，凡求治者，皆徒步出诊，遇贫者赠以药。著有《医略六书》十九卷，未见流传。[见：《南汇县志》]

瞿景瑞 字芝卿。清代江苏川沙县高行镇人。精医术，专擅疡科。治疮疡施术捷敏，旁观者无不咋舌，而患者不甚苦。立方不拘成法，而所疗多奇效。子瞿本魁，传承父术。[见：《川沙县志》]

瞿德茂 字士明。清初江苏靖江县人。邑名医瞿介福孙。继承家学，亦以医闻。子瞿瓘、瞿琯、瞿琰，皆克承家业。邑人萧松龄作传称：“虞山一脉，遥遥其未有艾也。”[见：《靖江县志》]

瞿德毅 清初江苏靖江县人。邑名医瞿介福孙。继承祖业，亦工医术。[见：《靖江县志》]

懿

懿斋居士 清代人。生平里居未详。辑有《活人息事方》一卷，今存道光十九年己亥（1839）北京文奎斋刻本。按，清初吏部尚书孙嘉淦，字锡公，号懿斋，祖籍太原。疑“懿斋居士”或即孙氏，待考。[见：《中医图书联合目录》]

附录

书名索引

一　画

一

二　画

二

十

二画

三
画

三

画

三画～四画

四
画

四
画

内

四
画

四

画

四
画

四画

四
画

五
画

五
画

四

生

五

画

五
画

五
画

六　　画

刑

吉

考

老

芝

再

西

六
画

六
画

伤

六
画

杂

危

旭

各

名

六画

六画

七
画

七

画

1259

七
画

七
画

七
画

1267

七
画

男

时

旷

听

吟

吹

岐

岚

岚长医话……………………徐彦成

针

针方……………………甄权
针经……………………刘党
针经……………………孙思邈
针经……………………伯乐
针经……………………李庆嗣
针经……………………殷元
针经……………………涪翁
针经……………………程天祚
针灸书……………………直鲁古
针灸图……………………何惺
针灸图……………………余含辉
针灸图……………………葛天民
针灸经……………………山眺
针灸经……………………公孙克
针灸经……………………僧匡
针法辨……………………孙出声
针经钞……………………甄权
针经音……………………杨玄操
针要诀……………………张希曾
针方六集……………………吴崐
针灸大全……………………徐廷蛤
针灸大成…………杨济时、赵文炳
针灸元枢……………………吴嘉言
针灸正宗……………………陆瘦燕
针灸节要……………………高武
针灸四书……………………窦桂芳
针灸汇稿……………………冯应麟
针灸穴法……………………冯文轩
针灸发明……………………邵化南
针灸机要……………………沈嘉贞
针灸至道……………………顾天锡
针灸全书……………………王开①
针灸全生……………………萧福庵
针灸会元……………………蒋示吉
针灸合编……………………单振泗
针灸杂说……………………窦桂芳
针灸问对……………………汪机
针灸诀歌……………………何第松
针灸灵法……………………程兴阳
针灸述古……………………李万轴
针灸述要……………………叶劲秋

针灸易学……………………李守先
针灸图记……………………彭子岁
针灸知要……………………陈能澍
针灸备要……………………徐芳洲
针灸详说……………………杨珣
针灸要钞……………………徐叔向
针灸要览……………………过龙
针灸要略……………………俞明鉴
针灸指南……………………余纯
针灸便用……………………卢梅
针灸便览……………………王锡鑫
针灸类证……………………岳含珍
针灸真诠……………………李成举
针灸原枢……………………吴嘉
针灸秘传……………………张志聪
针灸秘要……………………杨济时
针灸秘要……………………凌千一
针灸逢源……………………李学川①
针灸捷法……………………徐凤
针灸捷效……………………程人坊
针灸阐奇……………………岳含珍
针灸揭要……………………王树愿
针灸集书……………………杨珣
针灸集要……………………凌贞侯
针灸辑要……………………胡杰人
针灸摘要……………………张永荫
针灸摘要……………………张甘僧
针灸摘要……………………张鸿宾
针灸聚英……………………高武
针灸聚萃……………………范培贤
针法易简……………………陈丕显
针法指南……………………姚宏
针法要览……………………王宗诰
针经订验……………………黄渊
针经指南……………………诸祚晋
针砭证源……………………秦守诚
针砭指掌……………………郁汉京
针眼钩方……………………黄汉忠
针盘释义……………………张宿
针灸仅存录……………………黄宰
针灸穴名解……………………陆瘦燕
针灸吹云集……………………何梦瑶
针灸学讲义……………………陆瘦燕
针灸法剩语……………………高齐岱
针灸资生经……………………王执中①
针灸大法医论……………………章汝鼎

七画

八画

八
画

八
画

八画

八画

八画

九画

九
画

九
画

十
画

十
画

十 一 画

十二画

十
三
画

十　五　画

增

别 名 索 引

九和	何金萧	又充	何浣	三五	王有礼
九和	顾鼎臣①	又江	何龙池	三石	吴文献
九河	钱绍禹	又安	王锌	三伊	管纯
九河	章益振	又安	何振实	三农	朱雕模
九城	马炎午	又芬	王廷芳	三农	陈治②
九标	李成素	又村	仲宗滋	三阳	王执中②
九思	何履亨	又岐	胡梦祖	三余	乔在修
九峰	王之政	又希	宋贤	三英	卜桂森
九峰	任洪逵	又庐	胡光斗	三英	李昃
九峰	阴有澜	又词	秦乃歌	三明	成日昱
九峰	陈凤仪	又张	李崇白	三宗	何玉陛
九皋	王纪鹤	又青	钱选	三晋	王象晋
九皋	何振翰	又岩	石逢龙	三桥	鲁照
九皋	陆鹤鸣	又宜	赵干	三峰	许恢基
九皋	陈铣	又香	丁尧臣	三峰	吴悦
九章	叶明坤	又班	沈宏远	三源	李学川①
九畴	刘天锡	又唐	吴振之	三友堂	沈自明
九缄	邵嗣尧	又黄	孙广	三指生	侯智元
九溪	王文清	又堂	张绍棠	三畏斋	王宾
九韶	陈司成	又章	孙肇庆	三教子	何游
九韶	金南荪	又梁	张灏	三惜楼	郑钟潮
九霞	吕朝瑞	又善	李典礼	三吴外士	虞沆
九衢	陈振亨	又谦	熊以恭	三野山人	钱嵘
九龙山人	方有执	又楼	钱韫素	三槐隐士	王以道
九灵山人	戴良	又新	何浣		
九峰山人	魏祖清	又新	郑维业	**于**	
		又溪	朱仁荣	干臣	冯乾贞
乃		又群	陈实孙	干臣	李廷寀
乃文	曹焕	又樵	江南梅	干材	张允桢
乃贞	蒋绍元	又篯	金彭	干诚	唐橘
乃季	李仲南	又蓬	何瑷	干南	黄思荣
乃庵	蔡贻绩			干亭	赵文栋
		了		干卿	贾维桢
力		了凡	袁黄	干卿	柴复俊
力田	潘毓俊	了吾	查万合		
力行	王爱	了翁	陈瓘	**于**	
力园	吕法曾	了庵	裘焕	于上	陈景纯
				于门	夏宾
又		**三 画**		于中	僧圆冷
又广	陈遵希			于仁	何依基
又元	张应遴	**三**		于玉	徐观宾
又月	孙绍闻			于圣	王勋
又可	吴有性	三山	邵之鹏	于江	袁化龙
又生	苏长吉	三山	陈彻	于拔	郑景陶
又仙	曹镇章	三山	郑钦谕	于岳	程询
又白	李果皓	三丰	张三丰	于周	林瑞恩
		三云	王宸		

三

画

于官	陈颖焕	士怡	沈贞①	大红	巢渭芳
于诗	何兴基	士宗	高世栻	大还	何金鼎
于始	陈履端	士珍	王贞儒	大来	朱长泰
于珍	李恬	士珍	袁宝	大来	沈琎
于城	徐亨甫	士俊	李振祖①	大来	慕来泰
于荣	郑泽	士晋	姚康	大明	田日华
于兹	范在文	士卿	罗钦若	大泗	陈达夫
于宣	汤谊	士宾	刘观	大空	朱鸿寿
于高	钱志朗	士弱	方如川	大宣	袁句
于遂	吴羽仪	士章	吴士璋	大夏	焦次虞
于逵	周鸿渐	士惟	孙煜曾	大卿	胡石壁
于梧	林球元	士谔	徐养士	大祥	胡最良
于谦	刘应槐	士琦	王琦	大庵	陈洪度
于磐	何渐	士翘	王景华	大章	方燮①
		士遇	康丕扬	大章	吕夔
士		士强	李中立①	大章	朱绅
		士登	陈国榜	大章	许绅
士一	魏鹍荐	士颖	莫士英	大章	陈文焕
士才	张碻	士源	董困	大章	龚诩
士升	陈元赟	士彰	徐常吉	大鸿	鬼臾区
士龙	翁仁发	士颐	萧昂	大敬	何钦
士兰	陈元凯	士德	李樟	大雁	曾居渐
士尧	戴士垚			大雅	朱彬①
士因	姚宗	**大**		大猷	何秩
士先	王继志			大源	何如桂
士先	闵振儒	大山	陈元椿	大醇	杜婴
士先	潘文楚	大千	李维界	大器	武瓛
士华	郑淦	大川	何金泽	大生子	阮遂松
士华	高含清	大习	王耀	大生堂	钱君谟
士伟	傅羹梅	大木	赵国栋	大江翁	周鼎①
士会	姚最	大中	吕本中	大隐翁	朱肱
士兴	任暹	大中	李再华	大雅堂	韩程愈
士兴	张宇杰	大中	胡琭	大天和尚	马哈德哇
士安	陆守仁	大升	王升②	大还道人	秦岢霖
士安	皇甫谧	大文	岳灿	大明奇士	朱权
士材	李中梓	大方	杨元直	大乘和尚	马哈也那
士材	徐榜奎	大业	徐大椿	大笑下士	傅山
士希	王宗锡	大生	郭溥	大痴道人	黄公望
士亨	罗显祖	大仪	王绖	大郣山人	周士先
士良	刘相	大用	申屠致远	大慧禅师	僧一行
士纶	林长生	大用	严贵和	大鹤山人	郑文焯
士英	吴士瑛	大同	徐寿①	大雅堂主人	陈士铎
士茂	徐之才	大末	沈琎		
士奇	吴杰	大成	须成孙	**万**	
士明	李德睿	大年	杨椿		
士明	徐道聪	大年	吴迈	万九	黄鹏
士明	瞿德茂	大庆	王元吉②	万才	杨朝杰

万才	郝义	
万川	寇宗	
万贞	夏元良	
万年	杜德基	
万年	祝公衡	
万宁	随霖	
万纪	张翊	
万里	杨名远	
万青	叶奕良	
万青	闵钟杰	
万英	李舒芳	
万育	谌元	
万录	俞大器	
万参	袁日启	
万春	团鉴	
万春	李雨村	
万钟	栗三台	
万载	彭显周	
万峰	李树培	
万卿	陈衍	
万斛	印金章	
万程	朱大鹏	
万筐	万匡	
万新	杨开泰	
万煌	钱士镪	
万舆	萧京	
万霖	曹霖	
万竹庐	沈太冶	
万竹居	张成	
万卷堂	朱睦㮮	
万卷楼	周曰校	

与

与几	李柽
与之	王与
与公	陈君镇
与玉	何金玙
与权	王立
与安	陆圻
与京	王兆祁
与贤	王恒②
与参	李赞化
与春	吴烨
与哲	赵同鲁
与卿	王兆祁
与祯	王时昌

与游	邵维时
与春先生	刘圣与

才

才信	梁玉山
才卿	赵素

寸

寸耕堂	林玉友
寸阴书屋	惠震

上

上与	黄待我
上达	程士超
上池	全锦
上池	胡鲤
上池	高鼎汾
上池	滕万程
上池	薛芳①
上扶	徐旭开
上宠	陈恩
上春	王应芳
上珍	章鲁璠
上陶	金钧
上善堂	孙从添
上池饮仙	蔡光岳
上津老人	叶桂①

山

山子	方本恭
山气	彭祖寿
山公	施永图
山则	吴成
山兆	山眺
山农	陈治②
山寿	费有棠
山甫	何纪堂
山甫	吴崑
山表	潘肇封
山泉	崔必钰
山音	朱洵
山隐	卜桂森
山尊	吴蕭
山雷	张寿颐
山龄	郑膏
山龄	程国彭

山泉翁	赵必琏
山中宰相	陶弘景
山南隐逸	刘应龟

千

千士	陆南英
千之	秦守诚
千古	李溶
千石	黄甲第
千纪	何茂椿
千里	陈骥
千英	何茂桢

川

川父	李濂

亿

亿龄	魏长春

久

久占	王定恒
久吾	聂尚恒
久弥	薛芳①
久原	谭浚
久堂	王继恒
久道	张复恒

及

及之	董汲
及江	何从效
及泉	汤启旸

勺

勺泉	谭浚

夕

夕庵	浦士贞

广

广元	莫春晖
广文	张千里
广文	张振鋆
广文	罗汝兰
广文	顾金寿
广田	陈永治
广生	祁坤

小黼	余述祖	子川	俞鉴三	子正	高叔宗
小洞天	杨俊三	子义	子仪	子正	舒雅
小蘗禅	傅眉	子久	金有恒	子龙	骆骧
小有居士	郭思	子久	黄公望	子平	陈锌
小休居士	钱养庶	子丰	姚定年	子平	封文翔
小浮山人	潘曾沂	子开	杨长青	子东	周复吴
小耕石斋	金德鉴	子元	朱天璧	子占	张志杰
小康居士	孙应科	子元	刘余儆	子业	朱钥
小楼主人	王松堂	子元	何孟春	子由	卢之颐
小长芦钓鱼师	朱彝尊	子元	沈理治	子由	房陆

飞

		子元	袁湖璋	子仪	刘元宾
		子元	黄初吉	子兰	沈思义
飞天	洪大龙	子云	王烈光	子礼	严用和
飞虹	郑芝龙	子木	俞桥	子发	张挥
飞叟	吕熊	子木	僧传杰	子弁	金铭
飞泉	章光裕	子长	何衍	子幼	陆德阳
飞卿	吴规臣	子长	何耀庚	子吉	王迪
飞卿	颜天翼	子长	顾大昌	子吉	朱栋隆
飞涛	文士龙	子止	晁公武	子圩	何佳琪
飞畴	张倬①	子中	王精一	子芎	周璟
飞熊	张勇	子中	王懋竑	子有	徐名世
飞霞	陈复正	子中	唐萃锵	子存	吴宣崇
飞霞子	韩懋	子中	郭宗林	子成	刘金方
飞驼山人	麦乃求	子中	窦廷柱	子扬	吴东园
飞霞道人	韩懋	子升	王檀	子扬	沈显曾
飞来峰下人	鲁永斌	子升	洪瞻陛	子贞	陈雍②

习

		子仁	史以甲	子同	华文桂
		子仁	郭如核	子刚	张锐
习三	王明纲	子仁	葛如麟	子刚	曹毅
习之	朱学林	子化	杨应春	子先	艾晟
习之	李翔	子丹	王登墀	子先	徐光启
习之	曾毓植	子丹	何昌墀	子迁	洪荫南
习公	谈志学	子丹	沈若济	子乔	夏竦
		子丹	胡绍棠	子华	吴朴

子

		子文	殷铭	子华	杜大章
		子方	王弘义	子伦	阙骏德
子干	周震	子方	华北恒	子行	周承新
子丈	邓师贞	子方	张千里	子庆	孙永吉
子万	叶殿选	子方	陆文圭	子充	张扩
子才	邵继稷	子方	周智端	子充	杨量
子才	袁枚	子方	郭沈彬	子安	王勃
子才	龚廷贤	子玉	何璧	子安	张德恭
子才	彭用光	子玉	郑玛	子安	杨渊
子上	王达道	子未	黄若济	子安	瞿宝全
子上	葛修萃	子正	王心一②	子如	陈恕
子山	任履真	子正	朱杏林	子羽	李关
子山	朱源绪				

子玙 …… 何佳琪
子远 …… 王宏毅
子声 …… 窦默
子芳 …… 李学正
子芳 …… 陆长青
子材 …… 梁廉夫
子极 …… 申拱宸
子来 …… 何溲
子坚 …… 杨钰
子坚 …… 祝石
子秀 …… 项森
子位 …… 程相
子谷 …… 何绅书
子孚 …… 李鸿龄
子亨 …… 王贶
子序 …… 薛昆
子良 …… 牟耜
子良 …… 杜钟骏
子良 …… 汪宦
子良 …… 周汝贤
子良 …… 晋骥
子初 …… 戴荣基
子灵 …… 王祥麟
子奉 …… 张让
子青 …… 乔中选
子青 …… 恩年
子英 …… 刘升俊
子英 …… 李芳
子英 …… 浦廷标
子英 …… 彭人杰
子范 …… 沈彦模
子雨 …… 叶霖
子雨 …… 邵澍
子林 …… 叶汝楠
子郁 …… 李言闻
子卓 …… 金可砺
子贤 …… 陆廷珍
子固 …… 周贞
子昆 …… 邵嗣尧
子明 …… 秦铎
子明 …… 管泽
子忠 …… 何公务
子忠 …… 周臣
子和 …… 马鸣鹤
子和 …… 张从正
子和 …… 张瑞恩
子和 …… 陈金声
子和 …… 周镜
子和 …… 段春风
子和 …… 郭雍
子和 …… 戴光
子佳 …… 王嘉嗣
子庚 …… 沈寿龄
子怡 …… 陆守弘
子怡 …… 唐树滋
子学 …… 吴禄
子沾 …… 王宠
子实 …… 王毓朴
子实 …… 李佩华
子实 …… 李春华
子实 …… 黄培芳
子诚 …… 郭沈勋
子建 …… 杨苑
子建 …… 杨康侯
子承 …… 施教
子纲 …… 黄锦
子春 …… 王育
子春 …… 陶煦
子春 …… 潘杏
子珏 …… 薄珏
子珍 …… 刘儒宾
子珍 …… 吴景玉
子南 …… 陈伯潮
子荆 …… 王璲
子相 …… 陈劢
子厚 …… 张坤
子厚 …… 张衍泽
子厚 …… 杨蔚堃
子厚 …… 林锡坤
子厚 …… 缪坤
子威 …… 张雷
子威 …… 凌一凤
子是 …… 王湜
子畏 …… 沈凤葆
子香 …… 金佑忠
子复 …… 沈嘉澍
子俊 …… 王永彦
子俊 …… 李俊
子修 …… 王太和
子律 …… 王逊
子叙 …… 吴正伦
子音 …… 吴金寿
子恒 …… 蒲锡成
子美 …… 许成仁
子美 …… 何一才
子美 …… 张懋章
子美 …… 徐士彦
子美 …… 韩充
子洽 …… 庞鸿熙
子宣 …… 黄铎
子宣 …… 曾重光
子祐 …… 徐应显
子耕 …… 牛书田
子耘 …… 褚维培
子晋 …… 周应选
子晋 …… 徐康
子晋 …… 莫善昌
子莫 …… 牛灿辰
子校 …… 吴乙照
子桢 …… 李才乾
子钰 …… 胡剑华
子卿 …… 王廷宾
子卿 …… 徐日久
子卿 …… 顾如梧
子高 …… 蒋荣庆
子效 …… 周爻
子益 …… 夏德
子益 …… 寇士谦
子凌 …… 张祚云
子润 …… 朱增富
子容 …… 叶大椿
子容 …… 邢默
子容 …… 苏颂
子容 …… 俞弁
子容 …… 葛大年
子祥 …… 何锡勋
子祥 …… 张毓庆
子通 …… 李裕达
子通 …… 吴芾
子骏 …… 金声
子培 …… 张汝珍
子培 …… 沈曾植
子黄 …… 汪焘
子蓥 …… 卢之颐
子彬 …… 田汝文
子彬 …… 董文清
子虚 …… 项均
子常 …… 汪守正

子常	高信	子蓬	贺广龄		**乡**	
子野	吴复古	子颐	王效成	乡淦		贾其寿
子野	李骃	子愚	何绅书		**四 画**	
子敏	薛学	子愚	何绍京		**丰**	
子逸	张修龄	子愚	张金鉴①	丰芑		朱骏声
子章	陆烜	子锡	蔡瑞芬	丰圃		段富有
子章	郭奎	子微	司马承祯	丰翁		汤逸民
子清	尹瞥医	子廉	张定远	丰龄		李世沛
子清	边宝和	子雍	冯鸾	丰草庵		董说
子清	张惟寅	子雍	瞿镛			
子清	曹寅	子靖	杨侠		**王**	
子清	贾永秀	子新	刘浴德	王龙		王之政
子鸿	余奏言	子新	曹德	王况		王觊
子淮	胡恭安	子猷	叶承嘉	王初		陈良元
子渔	孙飞熊	子猷	张致远	王朋		王执中②
子涵	任邺书	子静	姚万安	王实		王寔
子寅	阴秉旸	子静	徐世整	王春		李宪②
子隆	汪经	子静	潘大定	王修		沈德祖
子琴	马桐芳	子韬	朱涵光	王聋		王之政
子琴	朱紫贵	子臧	吕文仲	王遂		王廷
子琴	蔡文朴	子端	王台	王耀		王诠
子琪	赵进嘉	子聪	朱纲	王之英		王子英
子期	罗福颐	子蕃	张德枢	王太仆		王冰
子蒋	何镕	子蕴	张秘	王汉东		王镡
子敬	王执礼	子撰	吴春照	王邦傅		王邦传
子敬	田琮	子德	吴正己	王师望		王师武
子敬	余士冕	子德	骆仁山	王守忠		王守愚
子敬	罗知悌	子毅	何绍业	王医师		王继先
子敬	姜书钦	子畿	郑都	王良璨		王良灿
子博	许恩普	子霖	潘兆元	王供奉		王彦伯
子韩	赵普	子默	徐缄	王征君		王之政
子雅	方暖	子衡	王铨	王承宗		江承宗
子锐	张露锋	子衡	应诠	王承宣		王泾
子傅	费家琰	子衡	李均	王赐爵		王锡爵
子然	张湛	子衡	孟宪评	王道冲		王道中①
子然	侯荣	子㶠	卢之颐			
子善	王萃祥	子襄	张廷桂		**井**	
子湘	姚凯元	子瞻	苏轼	井庵		戴圣震
子温	宋懋容	子翼	韩彝			
子谟	王永钦	子馥	法瘿廷		**开**	
子谦	刘士吉	子乎里	孟诜	开之		张文启
子谦	范大捷	子华子	程本	开之		程启南
子祺	周祯	子虚子	吴士瑛	开仁		刘长启
子瑜	张国治		**子**			
子瑜	郑珏					
子瑜	莫瑕	子然	双泰			

开阳	郑若曾	天和	李枝源	天外一闲人	戴笠①
开阳	赵绵春	天和	金理	天风海水楼	邹增祜
开运	王闿运	天放	阎南图		
开周	李滑公	天织	何以锦	**夫**	
开钧	胡秉	天相	汪副护		
开济	僧缜均	天威	沈震	夫堂	叶嘉潓
开泰	胡承业	天映	僧辉宗		
开泰	赵廷海	天选	吴道淳	**元**	
开琅	冯嘉谷	天香	李桂实		
开塘	王绖	天香	郭桂②	元一	张士璧
开源	何榆	天侯	李俊良	元一	闵体健
开稷	周树五	天叙	姜礼	元士	郑修士
		天叙	桑彝	元广	靳吉
天		天哀	孙秉公	元夫	甘庸德
		天祐	何禄元	元夫	朱朝橄
天一	仇澋	天斋	辛全	元长	何世仁
天一	何之璜	天球	施成章	元长	李嘉应
天士	叶桂①	天培	汝先根	元止	徐伯元
天士	吴楚	天培	唐际材	元化	王政纯
天士	陈御珍	天基	石成金	元化	华佗
天与	张祉	天章	张启倬	元玉	徐有贞
天广	昔李勃	天章	周汉云	元玉	顾曾璘
天木	何尊铎	天章	郑文诰	元功	秦望
天木	张为铎	天眷	张培③	元本	何培
天木	李乃果	天琪	曹垂璨	元石	何金砺
天木	詹方桂	天赐	胡颖千	元仪	马俶
天巨	金天衢	天游	华文灿	元白	陆长庚
天申	庄永祚	天遐	何锡龄①	元白	徐自新
天申	何纯祺	天瑞	张琳	元白	曹士珩
天申	沈步青	天瑞	萧德祥②	元汉	张鹤腾
天仪	何凤	天锡	周公纯	元礼	江国膺
天民	虞抟	天锡	周泰	元礼	戴思恭
天成	张世贤	天磐	范行准	元台	马莳
天臣	冯大任	天潜	汪瑜	元吉	黄裳②
天臣	谈锡命	天衡	姚荣爵	元考	赵彦若
天池	俞茂鲲	天爵	赵恩	元巩	何金汤
天池	徐渭	天爵	韩懋	元存	臧用诚
天池	阎南图	天馨	俞月桂	元成	冯时可
天如	沈溥	天一堂	诸葛棠斋	元师	何金瓒
天来	叶长源	天香阁	吴中秀	元同	黄以周
天来	钱潢	天然子	雷逢源	元则	鲍山
天助	范舜臣	天门山人	李植纲	元仲	王美仁
天谷	穆士清	天目山人	陈琎卿	元仲	王美秀
天拔	钱发	天全老人	徐有贞	元伟	童成大
天贤	郁维禄	天医次隐	袁化龙	元江	何家彦
天岩	僧广严	天都外史	潘之恒	元如	张祥元
天垂	何燧			元如	杨象乾
				元寿	章格

四
画

元运	陈天璇	元振	殷震亨	无安	僧法程
元声	吕应钟	元哲	曾俊	无极	僧圆涯
元芮	何金钺	元圃	陆钟	无言	刘奉
元甫	郑复光	元晖	米友仁	无闷	梁宪
元甫	萧贵春	元峰	何金铓	无环	陈玉
元伯	李端懿	元峰	郭治	无择	陈言①
元谷	谈宠	元卿	吴瑞①	无所	胡正心
元孚	许谌	元悟	玄悟	无咎	陈淳白
元良	王天爵	元益	刘应龟	无竟	马兆圣
元识	徐延赏	元益	陈昌龄	无害	俞塞
元玮	何金璜	元宰	诸翱	无瑕	梁汝钰
元坤	陆其焕	元常	何世仁	无碍	蒋绂
元若	张世仁	元铨	刘作霖	无疆	郑疆
元英	刘成琨	元象	李知先	无为子	王文洁
元英	李魁春①	元清	王淑抃	无为子	邓文彪
元英	楼文隽	元绥	何金组	无求子	尤乘
元直	戴思温	元绥	李雨春	无求子	朱肱
元杰	邬俊才	元博	刘溥	无知子	陈裕
元杰	钱政	元森	曹巽轩	无动居士	蔡珽
元叔	陆遇春	元雅	何金奏	无系居士	常效先
元明	程大用	元鼎	吴少怀	无垢居士	陈淳白
元岳	徐视三	元鲁	曾道唯	无碍居士	常效先
元佩	王璲	元善	朱善元		
元育	李苏	元善	金璇		韦
元实	孙华	元道	李雯华	韦人	何其伟
元实	梅得春	元瑞	萧延芝	韦亭	林清标
元珍	詹时钰	元献	晏殊		
元荐	李豫亨	元龄	沈椿		云
元咸	沈铦	元廓	高翕映	云山	王文㮹
元厚	钱芗培	元谨	胡量	云山	贺华实
元勋	毛丕烈	元德	余士仁	云山	黄叔元
元复	吕应阳	元翰	王坼	云川	胡光龙
元复	吴希渊	元衡	殷志伊	云川	赵桓
元亮	陶潜	元懋	徐官	云门	王珏
元度	王萃祥	元膺	吕复	云门	陈太初①
元音	俞钟	元元子	施沛	云门	陈绍勋
元恪	吴瑄	元同子	郭东	云门	陈鹤鸣
元济	施安	元虚子	严煜	云乡	曾启鹏
元宫	秦望	元修先生	徐国麟	云从	马化龙
元素	王丹			云从	马龙伯
元素	石上锦		无	云从	司马鸿瑰
元素	何梦鹤	无心	叶庭芝	云从	汤应龙
元素	张时鼎	无功	王绩	云从	过龙
元素	李无垢	无功	陈懋仁	云从	郑元龙
元起	王化贞	无可	方以智	云从	莫善昌
元辂	何金根	无尘	陈子靖	云书	陈鸿典

云岐子	张璧	五峰	何杨	太华	金文星
云林生	崔彦晖	五峰	邹岳	太初	马暹
云渊子	周述学	五峰	蒋名甲	太初	孙光裕
云竹山人	顾儒	五徽	陶之典	太青	李宗焱
云村老人	许相卿	五彝	陈继谟	太国	沈汝孝
云村病翁	许相卿	五岳外臣	邵潜	太和	徐可达
云根山馆	左埔	五柳先生	陶潜	太炎	章炳麟
云鹤山人	李星炜	五峰草堂	蒋名甲	太素	宋培

艺

		五峰道人	傅山	太素	李泳
艺文	曹炜	五湖散人	费大鳌	太素	顾朴
艺书	汪香			太原	郭德
艺仙	卢炳唐	## 支		太虚	陈景元
艺园	李宣			太嘉	蒋国光
艺林	李锡璋	支园	纪茜珠	太乙堂	胡静斋
艺林	陆芳润			太仓公	淳于意
艺珊	周士镳	## 不		太初子	赵良本
艺城	张兰			太白主人	罗永馨
艺香	汪培荪	不平	余无言	太虚散人	李泳
艺圃	马蜇声	不异	沈太洽		
艺圃	李峙	不远	卢复	## 友	
艺兰室主人	陈法昂	不昧	吕留良		
		不倚	李中①	友三	王瀚
## 木		不倚	薛中立	友三	林承翰
		不翁	于暹春	友山	吴肇
木之	黄日芳	不隅	洪基①	友山	郑棱
木夫	瞿中溶	不然	陆俊	友山	傅澐
木生	庄肇麟	不瑕	朱瑜忠	友介	许友
木希	傅之铉	不老仙	吴镕	友文	马炎午
木翁	林逢春	不尘子	黄必昌	友玉	卫侣瑗
木庵	沈翱	不病人	孟葑	友石	吴钧①
木心斋	陈达叟	不息翁	萧龙友	友仙	梁身洞
木头陀	徐桐	不疏园	汪宗沂	友兰	何金简
木居士	瞿中溶	不改乐斋	沈鸿谟	友兰	林芝
		不夜庵老人	傅山	友芝	余文本
## 五		不龟手庐主人	孔伯华	友交	胡崇俊
				友杉	王宝书
五云	张銮	## 太		友伯	谢池春
五云	周一龙			友松	李涛
五云	郑人瑞	太元	吴羲坤	友松	李鹤来
五车	张满开	太无	罗知悌	友松	张英涛
五玉	马玫	太仆	危素	友松	陈嘉璲
五成	徐赤	太仓	叶嘉毅	友柏	谢池春
五译	廖平	太玉	施岑	友恒	贾鲁
五青	徐肇松	太古	陈自道	友夏	郑瑚
五柳	王彭泽	太占	许叶熊	友陶	蔡以焜
五莲	陈淑茂	太占	何梦熊	友梅	余俊修
五株	江碧云	太占	黄维熊	友章	俞肇庆
		太玄	鲍靓		
		太朴	石坚		

友梁	曹洪灏	少白	温廷珠	**日**	
友琴	赵文魁	少白	潘元②	日中	邵升阳
友琴	徐之熏	少迁	郑祥征	日升	潘之铭
友棠	李杜②	少存	黎兆普	日方	张岱宗
友熊	汪开楚	少江	何从教	日生	郭德昌
友樵	张文燮	少农	朱庆云②	日驭	李曦
友于轩	沈宏	少芸	沈庚铺	日甫	吕天裕
友竹轩	蒋蕴山	少甫	徐兆兰	日初	黄起升
友渔斋	黄凯钧	少甫	梁彦彬	日孜	周赞襄
友七散人	顾逢伯	少村	朱澧涛	日孜	俞必达

历

历侯	杨建邑

匹

匹夫	萧京

巨

巨川	尹百祥
巨川	张楫
巨川	汪学济
巨川	陈济功
巨标	张德裕
巨涛	潘道源
巨源	陶浩

互

互疗	杜亦衍

止

止轩	韩善征
止叟	何佳琪
止堂	严绶
止庵	兰茂
止庵	姚绍虞
止愿	周霁

少

少川	杨应春
少川	曹金
少川	阎谦
少夫	淳于衍
少云	何近仁
少东	何然
少占	何鸿铨
少白	李锡庚

少怀	戈恩
少阿	尹式衡
少岩	符梦弼
少和	盛应宗
少竺	顾悍
少鱼	任侃
少波	胡荣堂
少南	陈淙
少庭	江塘
少洲	章炳衡
少眉	马应良
少袁	吴其安
少峰	龚浩然
少卿	苏效东
少卿	虞洮
少唐	陆仁龙
少梅	李家福
少梅	顾铭新
少堂	王绍征
少逸	雷丰
少庵	陈以哲
少琴	曹勋
少琳	李炳铨
少愚	沈渊
少愚	简斯锷
少微	江应宿
少颖	李世英
少廉	朱沛文
少源	何之勋
少溪	黄京
少溪	熊还崇
少霞	陈标
少室山人	邓处中
少微山人	沈元凯
少室山达观子	李筌

日杰	张壬
日林	裴光照
日逵	王九达
日章	沈绹
日章	曹世曜
日新	沈德辉
日新	胡新
日新	程辉
日新	詹庆铭
日新	僧德铭
日瞿	顾悍
日华子	田日华

曰

曰从	胡正言
曰谷	徐宗旸
曰调	吴钱枚
曰唯	令狐开鲁

中

中山	丘天成
中山	姚井②
中白	庄械
中立	乔鼎
中发	随钺
中存	郑育
中伟	纪桂芳
中伦	严惠
中行	方有执
中行	法复
中村	顾仲
中孚	刘日诚
中孚	萧嶙
中条	李豫亨
中谷	葛启俊

四画

中和	刘志翁	午庄	陈扬镖	长裕	程伯益
中和	雷腾云	午亭	马暹	长塘	方健
中和	潘懋华	午亭	余淙	长源	赵淮
中叟	刘次庄	午峰	刘正己	长儒	丁元荐
中美	沈绸	午槐	王焕①	长孺	卢淳熙
中壶	董教清	午樵	张仲元	长吟子	许宋珏
中桥	刘相			长春子	丘处机
中倩	阳庆	**毛**		长春真人	刘渊然
中理	杨文修			长眉老人	吴邦宪
中照	张源③	毛梓孙	毛梓	长啸老人	汪京
中衡	吴辙	毛矮子	张朝魁		
中孺	孙泰来			**片**	
中华子	沈德祖	**壬**			
中山野叟	刘场			片石居	沈志裕
中文先生	费密	壬甫	王闿运		
中阳老人	王珪	壬伯	许仁沐	**仁**	
中和老人	凌伯川	壬秋	王闿运		
中和先生	张鼎	壬瓠	许起	仁人	宇文士及
中南山人	黄竹斋			仁人	何十翼
中庵先生	林愭	**升**		仁山	甘嘉宾
				仁山	何仁山
内		升九	龚觐光	仁山	余文本
		升之	邓曜南	仁山	余仙蓬
内斋	俞玫	升节	闾丘铭	仁山	邵达
		升吉	黄崇阶	仁山	陈在荣
见		升光	沈安国	仁之	周继周
		升阶	徐埔	仁父	仇远
见三	陈传焯	升来	张绥宗	仁功	徐昌升
见三	唐文灼	升伯	徐登孙	仁东	何如涧
见万	陈伦炯	升孚	余鸿钧	仁业	沈寿
见山	何世义	升侯	杜有功	仁仲	王道远
见山	余作宾	升闻	乔德征	仁仲	郑霖①
见山	张清湛	升堂	周会进	仁仲	傅山
见山	杨府	升庵	杨慎	仁后	方益谦
见心	孙复吉	升元子	王远知	仁宇	曲伸
见心	周传复			仁安	严寿逸
见田	沈兆龙	**长**		仁寿	黄处常
见田	陈履端			仁甫	王元科
见峰	王之垣	长公	马印麟	仁甫	王德元②
见山堂	孙世柱	长文	胡元质	仁甫	吕钰
见素子	胡愭	长年	程剩生	仁甫	李泰
见素女子	胡愭	长华	黄寿人	仁甫	许起
		长声	祝文琳	仁甫	常山
牛		长谷	陈鸿猷	仁甫	梁学孟
		长春	陆鸣先	仁甫	樊恕
牛理	牛仁	长卿	郑元	仁伯	徐一俊
		长卿	屠隆	仁伯	曹存心
午		长斋	宁元善	仁伯	嵇清
		长景	周观道		
午乔	赵爔黄	长舒	杨昶		

四画

仁近	……………	仇远
仁含	……………	钱瑞麟
仁若	……………	靳谦
仁杰	……………	许仁沐
仁林	……………	万孔魁
仁知	……………	冯枢
仁和	……………	项希贤
仁所	……………	何其高
仁所	……………	荣之迁
仁复	……………	黄处礼
仁泉	……………	何文煜
仁美	……………	黄处善
仁捐	……………	仁谞
仁圃	……………	姚玉麟
仁卿	……………	李本立
仁卿	……………	李治
仁斋	……………	弓泰
仁斋	……………	王景和
仁斋	……………	卢敏宽
仁斋	……………	田养德
仁斋	……………	何仁山
仁斋	……………	吴瓯玉
仁斋	……………	宋德顺
仁斋	……………	杨士瀛
仁斋	……………	邵惇元
仁斋	……………	郭成甫
仁斋	……………	魏灿章
仁盛	……………	杨昌尚
仁庵	……………	丘士任
仁庵	……………	刘宗向
仁康	……………	吴官贤
仁康	……………	黄官贤
仁源	……………	何炉
仁源	……………	法征麟
仁溥	……………	陈瑞麟
仁溥	……………	郑蔼臣
仁溥	……………	蔡海宁
仁赞	……………	孟昶
仁世堂	……………	曹元琛
仁寿堂	……………	何侯宗
仁寿堂	……………	郑二阳
仁寿堂	……………	郑蕃
仁寿斋	……………	蔡庆云
仁济堂	……………	汤京
仁德堂	……………	唐萃锵
仁廉先生	……………	潘毓祺

什

什州	……………	阎荣海

仇

仇白	……………	仇远

仍

仍充	……………	何金组

化

化之	……………	何文龙
化成	……………	龙文
化光	……………	赵溥
化行	……………	僧宣理
化苍	……………	苏沛霖
化卿	……………	王宣
化斋	……………	张圣治
化普	……………	刘泽
化鹏	……………	及毓鸥
化鹏	……………	廖兰廷
化溥	……………	温行时

反

反迷	……………	徐昌

介

介之	……………	王于石
介天	……………	俞廷举
介夫	……………	刘磐
介夫	……………	吴文朗
介夫	……………	杨三捷
介石	……………	朱豫
介石	……………	余丽元
介石	……………	吴延龄
介石	……………	张中和①
介石	……………	张确
介石	……………	金硕祢
介石	……………	孟河
介石	……………	钱士元
介石	……………	徐尔贞
介石	……………	程信
介民	……………	何介
介贞	……………	韩映坤
介如	……………	史载铭
介如	……………	谭天骥

介

介孙	……………	何廷璋
介甫	……………	王安石
介纯	……………	汪思履
介征	……………	沈元裕
介春	……………	祝以寿
介昭	……………	陆肇祺
介侯	……………	毛景昌
介亭	……………	帅仍祖
介亭	……………	程景耀
介眉	……………	刘祖寿
介眉	……………	杨锡祐
介眉	……………	姚眉
介眉	……………	龚彭寿
介眉	……………	管益龄
介烈	……………	林俊亮
介卿	……………	刘纪廉
介卿	……………	周之藩
介浦	……………	陈怀瑀
介庵	……………	张家勋
介庵	……………	邹观
介庵	……………	陈镒
介庵	……………	郑文康
介庵	……………	童鉴
介鸿	……………	徐磐
介繁	……………	蒋居祉
介膺	……………	王受福
介石斋	……………	曾道唯

从

从义	……………	马钰
从龙	……………	何炜然
从龙	……………	杨起云
从龙	……………	陈青云
从先	……………	沈野
从先	……………	周文炳
从先	……………	赵进
从仲	……………	李柔克
从周	……………	何棐
从周	……………	吴文冕
从建	……………	何植
从皋	……………	邵念山
从梯	……………	张汉槎
从野逸人	……………	彭在汾

今

今龙	……………	陆圻

四

画

1375

四
画

文简	何孟春	方赤	李璋煜	斗文	谢星焕
文简	李泰	方来	艾锡朋	斗岩	陈景魁
文靖	安藏	方伯	戴天锡	斗南	刘贵昜
文靖	魏了翁	方其	何世义	斗南	孙冕荣
文溪	罗宪顺	方叔	殷仲春	斗南	何星照
文蔚	徐彪	方叔	颜直之	斗南	谌超
文僖	姚文田	方明	刘昉	斗垣	申拱宸
文僖	钱惟演	方荣	周敷	斗垣	顾柄
文端	汪由敦	方泉	洪梗	斗垣	程如鲲
文端	陆润庠	方亭	何天补	斗儒	徐远达
文端	鄂尔泰	方亭	喻明远		
文端	焦竑	方彦	缪遵义	**认**	
文瑾	吕士立	方晖	张昂	认斋	郑于丰
文敷	沈德孚	方峻	方畯		
文毅	赵用贤	方骏	萧龙友	**心**	
文潜	张耒	方淮	唐千顷	心一	王鄂翔
文潜	韩泳	方嵎	方隅一	心一	俞坚
文澍	施雯	方塘	曾梯	心一	魏纯仁
文澜	李金镛	方溪	邓敞	心山	赵金
文澜	张钟涛	方震	杨廉	心云	何从政
文融	王銮	方衡	方药中	心丹	景炼之
文赞	吴璋	方麓	徐自俊	心平	李存安
文穆	郗憛	方壶山人	顾从德	心田	王福基
文穆	蔡谟	方壶山人	徐沛	心田	乐体善
文衡	周文纪			心田	何义增
文曙	陈宝光①	**忆**		心田	陈浚
文藻	石元吉	忆山	陈启胤	心田	钟粲
文藻	李塞翁	忆岩	何十洲	心田	黄斐
文灏	陈广涛	忆庵	陈嘉诏	心田	霍恺
文潞公	文彦博			心田	戴葆元
文孝先生	沈彤	**为**		心白	沈焕
文始先生	尹喜	为光	程龙锡	心立	曹恒占
文靖先生	朱锡恩	为希	程圣锡	心在	张节
文潜先生	陆世仪	为昭	程晋锡	心华	田肇铺
		为载	程坤锡	心传	段克忠
方		为恕	程仁锡	心冰	何梦熊
方山	何士达	为章	王日煜	心安	区景荣
方山	陆嵩	为章	吴德汉	心农	朱恩
方山	殷榘			心农	贺立志
方升	曹重光	**斗**		心农	徐堉
方水	尹正	斗山	胡梦龄	心农	薛宝田
方成	张碻	斗门	郑仕絜	心如	孙美善
方回	郗憛	斗元	何从台	心如	李昭融
方舟	王运济	斗文	卢拱辰	心如	张懋辰
方舟	卢嗣逊	斗文	许德魁	心茉	郑之郊
方庆	王紾	斗文	何应魁	心甫	王美秀

四画

心甫	林有仁	心源	骆仁山	以贤	童尚友
心甫	萧如松	心源	程序	以周	张征
心吾	吕坤②	心敷	胡则忠	以实	张嘉禾
心园	朱有恒	心融	僧寂会	以赵	刘希璧
心佛	谢炳耀	心镜	季忠允	以挥	张凤诏
心谷	汪宦	心衡	张金鉴①	以恬	严大勋
心若	房毓琛	心寰	侯曰钦	以能	陈简
心苑	卢子念	心翼	岳甫嘉	以通	陈公亨
心国	盛宗祯	心璧	侯曰钦	以虚	靳咸
心和	法惠	心太平轩	徐锦②	以望	汪渭
心宗	许宁基	心太平庵	丁雄飞	以敬	汪汝懋
心宗	僧惠群			以敬	郑忠
心荣	钱雄万	**尹**		以敬	钱懋龄
心查	钟应南	尹人	姜国伊	以静	陈定
心柏	朱廷嘉	尹节	闾丘铭	以彰	华承美
心贻	王以谷	尹孚	曹家达	以锱	何以锦
心重	吴山	尹孚	阎廷瑛	以德	赵良仁
心泉	陆时化	尹蓬头	尹从龙	以德	雷国福
心恒	黄申②			以潜	叶云龙
心洲	庄成烈	**引**		以潜	沈玄
心起	曹建	引长	何坚永	以凝	傅大地
心壶	曾超然	引仁	沈承先		
心恭	余谦牧	引明	刘休	**允**	
心斋	冯鼎祚			允大	鲍集成
心斋	田祚复	**以**		允上	雷大升
心斋	吕田	以升	何震	允云	僧子傅
心斋	何均	以仁	方政	允中	王希舜
心斋	沈礼意	以仁	何凤春	允中	张心易
心斋	沈维基	以文	杨学典	允升	朱升①
心斋	柯有田	以文	童廷铨	允升	黄一鳌
心斋	郭有良	以正	姚蒙	允占	钱昌
心斋	彭维燕	以功	巴堂试	允宁	俞褒
心唐	沈尧中	以立	孔毓礼	允执	李德中
心朗	郎嵘	以宁	赵世熙	允贞	陈汝守
心菊	施教	以宁	钱安①	允甫	王执中②
心梅	袁荫元	以宁	陶桢	允亨	李廷桂
心梅	黄福申	以成	刘贲卿	允若	顾恩谌
心堂	王守诚	以成	戴式信	允贤	杨谈
心逸	何琏①	以同	王雅南	允明	王圻
心庵	赵素	以行	张尘生	允肃	汝钦恭
心渊	谭必清	以行	杨云峰	允弥	薛芳①
心揆	谈金章	以庄	金楷	允科	傅仁宇
心棠	王定熙	以江	何克缙	允恭	年希尧
心禅	余鸿钧	以求	陈治①	允恭	李协
心微	涂世俊	以言	周诗①	允卿	黄文广
心源	杨世葆	以贤	方选	允斋	顾源

四画～五画

允能 ……… 王士增	孔曼 ……… 李渊硕	玉也 ……… 岳含珍
允符 ……… 姚德征	孔章 ……… 方起煜	玉云 ……… 李能谦②
允庵 ……… 靳吉	孔渊 ……… 马礼绣	玉友 ……… 洪金鼎
允绪 ……… 何洵②	孔壁 ……… 鲁论	玉仑 ……… 张问惺
允蒨 ……… 朱骏声	**书**	玉方 ……… 申佩琚
允懋 ……… 郭钟		玉书 ……… 马淑君
允瞻 ……… 程国令	书右 ……… 郭大铭	玉书 ……… 毛登贤
邓	书田 ……… 何其伟	玉书 ……… 过铸
	书台 ……… 徐云藻	玉书 ……… 何梦麟
邓林 ……… 王桂元	书农 ……… 徐宝章	玉书 ……… 吴瑞②
邓林 ……… 潘楫	书林 ……… 李登儒	玉书 ……… 张麟祥
邓冲霄 ……… 邓仲霄	书城 ……… 徐兆魁	玉书 ……… 邹大麟
邓尉山人 ……… 李学川①	书亭 ……… 吴淞	玉书 ……… 姚芬
双	书圃 ……… 陈田	玉书 ……… 唐廷翊
	书培 ……… 杨燧熙	玉平 ……… 黄汝梅
双山 ……… 杨岫	书常 ……… 周芳笱	玉可 ……… 张琦②
双石 ……… 祝梦麟	书凰 ……… 张师英	玉田 ……… 丁怀
双池 ……… 汪绂	书棣 ……… 赵同文	玉田 ……… 王来宾
双松 ……… 郑壬	书窝 ……… 孙应科	玉田 ……… 朱升恒
双亭 ……… 于良椿	书盟 ……… 寿炳昌	玉田 ……… 许国器
双湖 ……… 俞汝言	书樵 ……… 连自华	玉田 ……… 张大纲
双湖 ……… 赵术堂	书樵 ……… 金舅	玉田 ……… 杨春蓝
双湖 ……… 凌瑄	书带草堂 ……… 郑儒	玉田 ……… 章汝鼎
双塘 ……… 陈大忠	**水**	玉台 ……… 陈治道
双槎 ……… 江澍泉		玉台 ……… 徐镛
双溪 ……… 荣华	水西 ……… 卢铣	玉台 ……… 萧国柱
双华堂 ……… 陈大忠	水村 ……… 周绍濂①	玉芝 ……… 范筱香
双松先生 ……… 沈毅	水亭 ……… 唐鳌	玉芝 ……… 周理卿
双钟处士 ……… 李知先	水樵 ……… 李鼎玉	玉成 ……… 朱琨
双峰草堂 ……… 潘用清	水一道人 ……… 金理	玉成 ……… 唐毓
双榆老人 ……… 田昌鼎	水云居士 ……… 杨溥②	玉成 ……… 梁思淇
双梧园主人 ……… 袁句	水石山人 ……… 邓信	玉师 ……… 张兆璜
予	水北老人 ……… 王学权	玉光 ……… 陈盛瑶
	幻	玉先 ……… 吴兴瑜
予九 ……… 孙家勤		玉华 ……… 盛端明
予平 ……… 沈秉均	幻庐 ……… 章榕	玉华 ……… 翟良
孔	**五 画**	玉池 ……… 梁国珩
		玉如 ……… 李怀瑗
孔四 ……… 周世教	**玉**	玉声 ……… 张振祚
孔坚 ……… 陈思堂		玉声 ……… 凌佩
孔征 ……… 杨峻	玉山 ……… 王者瑞	玉苍 ……… 闵佩
孔受 ……… 张懋辰	玉山 ……… 甘庸德	玉芳 ……… 张一真
孔周 ……… 白九如	玉山 ……… 安兆麟	玉吾 ……… 何应珩
孔周 ……… 钱同爱	玉山 ……… 陈琮	玉怀 ……… 史燕翔
孔昭 ……… 康瀜	玉山 ……… 於纯五	玉纯 ……… 吴文涵
孔济 ……… 郑浆	玉川 ……… 卢怀园	玉林 ……… 王梅

玉林	李成举
玉林	陈琳
玉林	薛轮
玉昆	李琮
玉岩	何德坚
玉佩	邓珍
玉珊	宝辉
玉树	罗芝兰
玉挥	郑廛
玉亭	王日琳
玉亭	李琬
玉亭	顾陈垿
玉亭	谢仁淑
玉洲	张圣遴
玉屏	叶镇
玉壶	何元廛
玉莹	彭璨
玉振	周洪金
玉峰	卢庚辛
玉峰	吕绍元
玉峰	陈琨山
玉铉	姜调鼎
玉卿	王良灿
玉斋	王玺
玉海	许正绶
玉海	沈嘉春
玉海	胡宪丰
玉调	沈文燮
玉堂	王德森
玉堂	刘廷璨
玉堂	朱纯嘏
玉堂	张金印
玉堂	张琨
玉堂	杨琼龄
玉符	朱映璧
玉符	何其瑞
玉庵	何廷枢
玉章	高士亿
玉涵	吴毓昌
玉辉	石鸿钧
玉塘	方成麟
玉路	黄元御
玉路	舒遵吉
玉溪	汤开璞
玉溪	何可量
玉璜	魏之琇

玉横	魏之琇
玉鹤	董相
玉衡	车国瑞
玉衡	杨璇
玉衡	陈其玑
玉衡	徐璇
玉衡	傅挺
玉蟾	郑岗
玉麟	王家瑞
玉华子	盛端明
玉阳子	王处一
玉泉子	张文介
玉楸子	黄元御
玉田隐者	周贞
玉华山人	盛端明
玉林道人	王梅
玉冠道人	姚能
玉壶仙馆	巢峻
玉峰闲士	李临安
玉瓶花馆	秦乃歌
玉梅花馆	杭臣五

未

未斋	顾鼎臣①
未堂	陈翰
未庵	张璇

正

正大	赵方
正之	罗适
正之	喻政
正子	程汝清
正公	王福睿
正公	吴蒙①
正心	李辰拱
正功	吴蒙①
正平	陈暨均
正仪	吴淑
正乐	陈道人
正传	僧师瞿
正伦	周礼①
正宇	李中立②
正甫	卢玑
正甫	江时途
正甫	侯鹄
正苍	韩芬

正希	汪元轼
正希	金声
正叔	卫谊
正叔	叶葩
正典	唐雄飞
正昌	罗觉
正思	李听
正卿	何深基
正斋	胡大中
正斋	阎诚心
正祥	晏治
正通	程玠
正常	崔元裕
正庵	王与
正庵	何之炖
正紫	倪朱
正道	周南老
正翔	郑观应
正凝	刘贞吉
正麒	胡少犀
正宜堂	王廷钰
正谊堂	董纪
正斋道人	萧昂
正晦先生	李宁

去

去非	赵燏黄
去疾	吴九言

甘

甘仁	丁泽周
甘伯	胡澍
甘伯	凌应霖
甘泉	许德璜
甘泉	陈宗和
甘谷外史	计楠

世

世士	岳杰明
世仁	黄济之
世玉	尹振昌
世平	徐升泰
世臣	乔国桢
世臣	张昌祚
世弘	罗元恺
世则	俞嘉言

世充	何浩	世缵	萧纲	古欢室	曾懿
世安	顾定芳	世济堂	何天祥	古狂生	范赓治
世安	温敬修	世济堂	何鼎祥	古经堂	邹文苏
世安	董勋			古梅轩	王佑贤
世纪	解延年	**功**		古月老人	胡珏
世孚	吴道心	功甫	法文淦	古逸先生	潘思诚
世宏	张昶溪	功甫	潘曾沂	古稀迂叟	成瓘
世良	张南坡	功求	施绪	古敦先生	方中立
世良	晁宗悫	功言	余孟勋		
世茂	张柏①	功垂	冯大业	**艾**	
世英	胡俊	功受	何懋赏	艾坡	王经①
世杰	叶子奇	功敏	邵长勤	艾庵	陈恺
世杰	徐天富			艾塘	李斗
世贤	项嗣宗	**古**		艾香斋	陈继辉
世明	马慧	古三	庄士英		
世昂	周易图	古义	徒能言	**节**	
世和	岳峦明	古木	徐桐	节之	方叔和
世征	俞明鉴	古心	王朝瑚	节之	叶德发
世采	刘紫贵	古心	何其超	节之	李之和
世备	汪轮	古生	张蕈新	节臣	何立元
世沾	王沐	古生	顾淳庆	节斋	王纶②
世沾	袁泽	古民	张迥	节斋	蔡其亨
世宝	俞镠	古朴	汪渭	节庵	陶华
世宗	郑嘉会	古则	丘克孝	节渠	汪士珩
世官	叶孟轹	古年	吴芹		
世珍	朱瑜忠	古声	周笙	**本**	
世珍	蒋世正	古村	余崇灏	本之	何昌霖
世型	张联登	古怡	潘纬	本之	李定源
世荣	王显	古春	李如龙	本元	喻仁
世显	吴镇	古春	徐圆成	本立	吴道源
世保	李庚	古珊	张化麒	本亨	喻杰
世彦	费杰	古柏	王台	本初	潘文源
世美	黄济之	古香	汪元轼	本真	孙培初
世勖	李勖	古斋	欧阳章	本高	王荫陵
世宾	张成龙	古梅	何万春	本深	陆潭
世资	杨栋	古堂	尚械	本善	理继武
世章	杨文	古庵	方广	本善	傅崇黻
世章	周兆麟	古庵	陶湘	本善	喻性真
世清	陈锦泉	古愚	王作楫	本道	陈道
世隆	吴永昌	古愚	宁述俞	本廉	郑棱
世椿	徐述祖	古愚	江有诰	本源	何茂枝
世廉	王文禄	古愚	汪汲	本德	唐临
世源	何涞	古愚	陆大丰		
世模	詹承恩	古愚	薛辛	**术**	
世缵	庄成烈	古愚	戴至经	术仙	张德裕
世瞻	王贤①	古樵	张岗		

五
画

龙田 ……………………	潘掌纶
龙发 ……………………	林洪
龙芝 ……………………	何金朋
龙光 ……………………	钱廷熊
龙光 ……………………	黄章震
龙孙 ……………………	王传勋
龙谷 ……………………	张舒缨
龙标 ……………………	李衍昌
龙标 ……………………	唐鳌
龙泉 ……………………	何谦②
龙符 ……………………	何镇
龙章 ……………………	程如璧
龙渊 ……………………	刘学云
龙翔 ……………………	何梅
龙湾 ……………………	吴南阳
龙源 ……………………	何国柱
龙源 ……………………	李建中①
龙溪 ……………………	徐定唐
龙骧 ……………………	张起麟
龙阳子 …………………	冷谦
龙冈居士 ………………	郑景贤
龙江老人 ………………	郭晟
龙池道人 ………………	傅山
龙眠愚者 ………………	方以智
龙塘散人 ………………	黄阳杰
龙溪草堂 ………………	林有仁
龙溪隐士 ………………	汤尹才
龙池闻道下士 …………	傅山

平

平一 ……………………	王均元
平一 ……………………	郁廷钧
平山 ……………………	吴秀
平山 ……………………	强谧
平川 ……………………	王祚昌
平之 ……………………	阎坦
平子 ……………………	何昌福
平子 ……………………	董清峻
平子 ……………………	路坦
平心 ……………………	方立肇
平书 ……………………	李安曾
平年 ……………………	谭楷
平仲 ……………………	宣坦
平舟 ……………………	沈涛
平庄 ……………………	金绍成
平阳 ……………………	牛同豹

平阶 ……………………	杨际泰
平甫 ……………………	张孝庸
平轩 ……………………	张于廷
平叔 ……………………	周孝垓
平怪 ……………………	平希豫
平泉 ……………………	高以庄
平泉 ……………………	薛闻礼
平格 ……………………	吴庚生
平原 ……………………	管希宁
平峿 ……………………	刘此山
平海 ……………………	郭民康
平远楼 …………………	曹云洲
平照神 …………………	平神照

东

东山 ……………………	叶照林
东山 ……………………	朱儒
东山 ……………………	吴廷桂①
东山 ……………………	邹岳
东山 ……………………	孟河
东山 ……………………	贺绫
东山 ……………………	黎振泗
东川 ……………………	纪朝德
东川 ……………………	何京
东川 ……………………	张朝震
东川 ……………………	顾定芳
东川 ……………………	鲁绍沣
东之 ……………………	黄大明
东元 ……………………	蒋名甲
东云 ……………………	李恩蓉
东木 ……………………	朱栋
东升 ……………………	刘之暹
东升 ……………………	查晓园
东升 ……………………	夏重光
东方 ……………………	李凤阁
东平 ……………………	陈以善
东生 ……………………	章旭
东白 ……………………	李菩
东庄 ……………………	吕留良
东阳 ……………………	刘仲宣
东阳 ……………………	周荣
东阳 ……………………	景日昣
东阳 ……………………	潘旭
东村 ……………………	潘树滋
东甫 ……………………	张之杲
东来 ……………………	吴名望

东来 ……………………	汪明紫
东来 ……………………	薛启潜
东轩 ……………………	盛健一
东扶 ……………………	江允晔
东扶 ……………………	俞震
东步 ……………………	夏之卓
东园 ……………………	于大来
东园 ……………………	吴子扬
东园 ……………………	何懋德
东园 ……………………	赵三麒②
东旸 ……………………	吴达
东岑 ……………………	阮世东
东谷 ……………………	孙应奎
东谷 ……………………	徐国显
东沙 ……………………	张时彻
东初 ……………………	黄锡遐
东明 ……………………	朱自华
东明 ……………………	蒋晓
东岩 ……………………	叶斯卓
东岩 ……………………	吴成基
东岩 ……………………	张岳
东阜 ……………………	鲍鲁
东泽 ……………………	伊枛
东玻 ……………………	徐璋
东垣 ……………………	赵三麒②
东侯 ……………………	陈克宾
东亭 ……………………	汪元恺
东亭 ……………………	陶承熹
东间 ……………………	赵琪
东阁 ……………………	王楳
东阁 ……………………	梅光鼎
东屏 ……………………	徐桢
东原 ……………………	戴震
东峰 ……………………	程应旄
东皋 ……………………	王翃
东皋 ……………………	王稚
东皋 ……………………	徐春甫
东卿 ……………………	叶志诜
东卿 ……………………	郭含章
东斋 ……………………	李毅
东斋 ……………………	沈复东
东涧 ……………………	任瑗
东陵 ……………………	穆望
东厢 ……………………	于邑
东堂 ……………………	钱一桂
东畦 ……………………	何浚

东野	王平	东莱先生	吕本中	归朴	廖凤仪
东野	陈人	东皋草堂	王式钰	归明	陈昭遇
东野	房伯珪	东皋隐者	吴观善	归巢	丘渊度
东崖	刘岳	东皋隐者	范思贤	归潜	刘祁
东崖	僧机涵	东郭先生	郭东	归本堂	吴观善
东铭	张锦楼	东溪渔隐	殷梯云	归愚老人	曾敏行
东逸	罗美	东篱野人	吴宗潜		

目

东庵	江汉龙	**北**		目南	沈明宗
东宿	孙一奎			目耕	陈克恕
东琴	谢大櫆	北三	濮联元	目达子	张德裕

且

东鲁	李泰俨	北山	邹麟书		
东源	何茹泩	北山	陈永治	且庵	徐可
东溪	李拔	北山	周正	且休馆主人	张乃修
东溪	杜昭怀	北山	钱临		

旦

东溪	陈汪	北山	戴天章		
东溪	林庆森	北田	彭缙	旦中	高斗魁
东溪	范国卿	北庆	冯安澜	旦初	谢光昱
东溪	饶鹏	北承	萧延平	旦初	潘文杲
东溪	殷增	北卿	许于陛		

甲

东蕃	汪元珣	北郭	许恕		
东澜	魏祖清	北海	何云翔	甲生	周宗瑜
东畿	何如涧	北海	林起龙	甲弘	张昶

申

东樵	朱钥	北堂	谢鹤		
东篱	陶燮鼎	北溪	赵友芳	申甫	余鸿钧
东霞	钱嵘	北溪	黄德仁		

叶

东曙	曹旭	北山野史	李先芳		
东璧	吴琪	北厓草堂	汝金镛	叶埙	徐镛
东璧	李时珍	北源先生	李关	叶锜	叶子奇
东瞻	彭蟾			叶传右	叶传古

占

冉

东藩	齐传苞				
东麓	卢洪春	占凤	李怡庵	冉生	黄维翰①
东皋子	王绩	占春	杨金式		

史

东皋子	殷仲春	占渔	朱渭阳		
东瀛子	杜光庭			史琴	饶宗韶

卢

四

东山别墅	叶熙锟				
东安老牧	蔡维藩	卢明诠	卢明铨	四译	廖平
东阳聋叟	沈鞠存			四益	廖平

业

东轩居士	董琏			四友堂	何荣②
东吴野人	赵衷	业韩	吴学勤	四印翁	黄云龙
东吴散人	钱全袞	业新	何易宇	四香斋	李宪②

旧

东园散人	陆厚			四九居士	邵同珍
东陂居士	朱睦㮮	旧德堂	李用粹		
东坡居士	苏轼				

归

东岩老人	孙适			
东郊居士	何溥②	归本	黄休复
东垣老人	李杲		

五画

五
画

用康	马光灿			尔卓	张超云
用康	华凝和	**乐**		尔迪	俞允昌
用维	沈辰	乐山	何启仁	尔佩	夏宝生
用敬	盛旷	乐山	张鸶翼	尔荣	王良明②
用銮	陈成烈	乐山	邵崇基	尔相	钱以懋
用彰	冯大成	乐山	林伯光	尔厚	杨博良
用韶	许律	乐山	聂继模	尔钧	缪镶
用霖	何澍	乐山	曹存心	尔炳	曹受龄
用衡	许度	乐天	邓旒	尔萃	何应圻
印		乐天	边增智	尔望	沈三慰
印龙	何灿然	乐令	乐广	尔惕	刘锴
印岩	何炳元	乐民	白毓良	尔琢	刘璞
印秋	韩鸿	乐尧	王光表	尔谦	何应壮
印宪	陈士贤	乐安	康永惠	尔谦	薛益
印源	何应壮	乐轩	冯鸣豫	尔新	须鼎
印溪	袁国瑞	乐贫	潘仲延	尔韬	朱之光
句		乐朋	尹方远	尔聚	邓鸿
句曲山人	沈应元	乐泉	许佐廷	尔瞻	邹元标
句吴逋人	吴球	乐泉	张壬	尔馨	吴士璋
外		乐亭	黄钟	**市**	
外称	刘沛生	乐庭	殷增	市隐庐	王德森
处		乐真	余道善	市隐翁	殷昶
处仁	赵道震	乐野	胡向先	**立**	
处厚	萧世基	乐庵	徐光瑞	立人	汪廷业
处梦	陈以诚	乐清	庄汝济	立人	高永树
处敬	唐肃	乐善	廖造唐	立三	唐大烈
卯		乐天叟	陈杰	立三	徐廷槐
卯桥	丁泰	乐寿堂	吴良宪	立山	王书勋
冬		乐我斋	杨琼龄	立川	蒋孟宽
冬友	严长明	乐岸堂	李书	立之	刘开
冬友	萧嶙	乐祗堂	何梦瑶	立夫	江宽
冬青老人	金清桂	乐白道人	黄承昊	立夫	柳森
务		乐休山人	刘遂时	立夫	赵礼
		乐余老人	陈秉钧	立仁	石圻之
		乐闻居士	颜直之	立仁	张守仁
		乐静老人	鲍邦伦	立方	王恒①
		乐志亭主人	孙岳亭	立方	杨日恒
		尔		立扬	龚成名
务中	何本立	尔元	史维元	立诚	李王臣
务本	蒋主孝	尔中	何应时	立珍	徐家梓
务观	陆游	尔升	曾梯	立济	丘卓伦
务耘	麦乃求	尔权	徐柄	立卿	李植纲
务堂	冯道立	尔光	陈允昌	立斋	冯乾正
务滋	许丽京	尔因	潘时	立斋	刘迁
		尔芳	燕兰		

汉尹 ·················· 钱钦畿	
汉仪 ·················· 李象	
汉台 ·················· 温瑞柏	
汉成 ·················· 潘采昭	
汉扬 ·················· 何鹏远	
汉阳 ·················· 何鹏远	
汉苍 ·················· 董清峻	
汉表 ·················· 张宇杰	
汉英 ·················· 黄金声	
汉明 ·················· 顾祖亮	
汉明 ·················· 霍应兆	
汉炎 ·················· 汪煜	
汉峙 ·················· 高学山	
汉峰 ·················· 周镐	
汉乘 ·················· 俞云来	
汉皋 ·················· 王燕昌	
汉卿 ·················· 余辉丁	
汉卿 ·················· 沈麟	
汉卿 ·················· 郑吉	
汉卿 ·················· 窦默	
汉宾 ·················· 范登黄	
汉铭 ·················· 范鄗鼎	
汉章 ·················· 朱绂	
汉章 ·················· 凌云	
汉超 ·················· 张元龙	
汉翘 ·················· 陈继武	
汉聚 ·················· 张轸	
汉溪翁 ·················· 翁振基	

宁

宁万 ·················· 何淀
宁之 ·················· 吴以凝
宁怀 ·················· 宋枝芳
宁思 ·················· 刘佽
宁野 ·················· 王衍之
宁庵 ·················· 沈闻典
宁清 ·················· 施绪
宁澜 ·················· 吴溶堂
宁澜 ·················· 陈长卿
宁瞻 ·················· 张廷相
宁寿堂 ·················· 沈元龙
宁献王 ·················· 朱权
宁静斋 ·················· 薛景晦②

写

写斋 ·················· 张培③

让

让令 ·················· 张应廷
让民 ·················· 戴聿谦
让庵 ·················· 何龙池
让尊 ·················· 诸廷钧
让龄 ·················· 张应诞
让溪 ·················· 熊善琇
让国皇帝 ·················· 耶律倍

训

训亭 ·················· 姚典
训俗 ·················· 刘方晓

讪

讪斋 ·················· 郑于丰
讪庵 ·················· 汪昂

礼

礼丰 ·················· 林永镐
礼元 ·················· 张春榜
礼五 ·················· 周介福
礼中 ·················· 曾仕慎
礼田 ·················· 吴光克
礼臣 ·················· 袁思进
礼言 ·················· 王佩恭
礼青 ·················· 汪士珪
礼南 ·················· 汪允璋
礼亭 ·················· 窦淑仪
礼庠 ·················· 张序均
礼斋 ·················· 冯乾亨
礼宾 ·················· 赵文清
礼堂 ·················· 曹秉纲
礼庵 ·················· 沈祖复

必

必寿 ·················· 虞席珍
必醇 ·················· 张无妄
必学斋 ·················· 丘敦

永

永千 ·················· 楼岩
永之 ·················· 陈顾
永公 ·················· 岳淞生
永生 ·················· 汪兴昱
永年 ·················· 朱长春

永年 ·················· 李彭
永年 ·················· 俞文龄
永彻 ·················· 吴环照
永怀 ·················· 刘瑾
永灿 ·················· 沈元星
永言 ·················· 杨咏
永言 ·················· 凌泳
永言 ·················· 唐达
永叔 ·················· 张如修
永和 ·················· 张润
永修 ·················· 俞念祖②
永祚 ·················· 胡锡鼎
永庵 ·················· 何为仁
永庵 ·················· 何家墣
永康 ·················· 朱松庆
永清 ·················· 沙用庚
永龄 ·················· 程本遐
永锡 ·················· 唐梦安
永嘉 ·················· 王国祥
永徽 ·················· 梁师亮
永霞 ·················· 蔡鹏
永丰乡人 ·················· 罗振玉
永嘉先生 ·················· 徐定超

尼

尼望 ·················· 林世珍

民

民叔 ·················· 刘复
民沾 ·················· 张经始
民济 ·················· 沈惠
民莹 ·················· 江瑾
民望 ·················· 万表

弘

弘度 ·················· 周公望
弘济 ·················· 杨溥①
弘智 ·················· 方以智
弘道 ·················· 吴宏道
弘道 ·················· 张良卿
弘源 ·················· 祁宏源

召

召青 ·················· 程云
召芨 ·················· 杜生南
召南 ·················· 周南③

召南 …………	徐龙翔
召树 …………	胡国棠
召亭 …………	周兴南
召亭 …………	周瑛①
召签 …………	胡一俊

发

发铎 …………	徐谐宫
发藻堂 ………	任越安

圣

圣一 …………	罗存体
圣卜 …………	袁璜
圣与 …………	王介
圣之 …………	郭长清
圣区 …………	方学彦
圣功 …………	钱时来
圣可 …………	程南
圣臣 …………	熊立品
圣则 …………	刘振图
圣传 …………	雷继贤
圣安 …………	韩福恒
圣阶 …………	王希贤
圣阶 …………	周恒
圣阶 …………	黄登鳌
圣阜 …………	鲍鲁
圣所 …………	戴端蒙
圣宗 …………	何麟
圣泉 …………	刘渊
圣泉 …………	单振泗
圣泉 …………	黄浦
圣俞 …………	戚赞
圣度 …………	崔涵
圣宣 …………	陆经学
圣宾 …………	杜光庭
圣祥 …………	葛维麒
圣梅 …………	俞玫
圣逸 …………	葛天民
圣傅 …………	杨士贤
圣辑 …………	焦宏弼
圣猷 …………	何汝阆
圣襄 …………	唐成封
圣翼 …………	王佑贤

对

对山 …………	毛祥麟

对扬 …………	曹树淦
对峰 …………	周曰校
对楠 …………	郑之梗
对薇 …………	孙文胤
对鸥轩 ………	吴瓯玉
对峰书屋 …………	徐楒

台

台未 …………	汪鼎铉
台石 …………	孙志宏
台仲 …………	许相卿
台甫 …………	何应宰
台明 …………	唐明所
台垣 …………	李良栋
台钫 …………	刘金方

驭

驭时 …………	朱宜
驭虚 …………	陈典

幼

幼冈 …………	高尧臣
幼平 …………	韩程愈
幼仙 …………	罗鹤龄
幼兰 …………	郑心恪
幼幼 …………	周日佳
幼成 …………	孙汝南
幼臣 …………	刘永钟
幼江 …………	朱锡昌
幼安 …………	王日助
幼安 …………	柳泰元
幼如 …………	吴英
幼甫 …………	徐晋侯
幼良 …………	张道禄
幼苏 …………	俞萼
幼泉 …………	张文先
幼将 …………	冯肇杞
幼陶 …………	陈鼎熔
幼逵 …………	闵清鸿
幼雩 …………	何应奇
幼象 …………	郭九铉
幼清 …………	王之辅
幼梁 …………	程徽灏
幼鸿 …………	余振基
幼踌 …………	蔡以焜
幼瀛 …………	胡和周

丝

丝阁 …………	郑赞纶

六 画

邦

邦万 …………	郑孚成
邦正 …………	袁表
邦华 …………	陈昌浩
邦贡 …………	王典
邦孚 …………	吕立诚
邦直 …………	施侃
邦彦 …………	方士
邦宪 …………	陈仕贤
邦泰 …………	李景繁
邦桢 …………	周长有
邦弼 …………	陈咸亨
邦翰 …………	张南坡

玑

玑文 …………	尹璇

邢

邢恺 …………	邢恺

吉

吉人 …………	刘恒瑞
吉人 …………	杨谦
吉人 …………	何凤翔
吉人 …………	张瑞凤
吉人 …………	陈锡铼
吉人 …………	洪天锡
吉人 …………	贺锡祥
吉人 …………	徐公达
吉人 …………	黄竹斋
吉士 …………	熊德谦
吉夫 …………	李善
吉夫 …………	陈树培
吉夫 …………	陶廷佑
吉本 …………	吉丕
吉平 …………	吉丕
吉生 …………	裘庆元
吉兰 …………	吴其浚
吉老 …………	杨介
吉老 …………	章迪

吉臣	熊煜奎	**芋**		芝麓	胡杰人
吉先	万人望	芋绿	沈金鳌	芝兰室	钱全衮
吉甫	何应祯	**芍**		芝园主人	张时彻
吉甫	汪甘节	芍农	李文田	**芭**	
吉甫	忽公泰	芍园	周魁	芭田	程履丰
吉咸	张大临	**芝**		芭江	周承烈
吉卿	周国颐	芝山	王金	芭园	方洪石
吉斋	沈善兼	芝山	郭忠	芭园	庞沣章
吉符	牛履祥	芝山	葛镛	芭堂	顾澧
考		芝千	顾秀	芭塘	黄骏声
考卿	江祥	芝石	黄庭森	**芗**	
考祥	何寿彭	芝田	吉心培	芗林	刘含芳
老		芝田	张霆	芗圃	朱鸿猷
老牛	邢沚	芝田	唐尧卿	芗湛	沈汉澄
老迟	赵燏黄	芝田	徐秀贤	**朴**	
老波	王英澜	芝田	程鉴	朴生	陈辂
老莞	黄丕烈	芝生	邵仙根	朴存	李铦
老圃	何承耀	芝汀	魏士芬	朴存	蒋兆瑞
老隅	计楠	芝台	沈理治	朴庄	王丙
老聪	李聪甫	芝屿	胡崧	朴安	仲世贞
老神仙	祝庆堂	芝芬	钟玉田	朴轩	何员
老虀禅	傅山	芝村	朱裕	朴怀	刘诚②
老树山房	冉正维	芝轩	王潍	朴初	黄弥厚
地		芝园	罗汝兰	朴贤	仲世俊
地山	冉正维	芝林	闾丘煜	朴斋	朱挟芳
耳		芝林	董潮青	朴斋	汪喆
耳乡	陆儋辰	芝岩	楼邦源	朴斋	郎廷栋
耳顽老人	李安曾	芝所	戴文炳	朴斋	董素书
共		芝城	陈应常	朴庵	何伟业
共玉	何金珙	芝亭	况烈文	朴庵	苏才御
共善	张同德	芝亭	顾孙兰	朴庵	郑寔
亚		芝亭	郭伟绩	朴庵	崔孟传
亚青	李吟莲	芝圃	朱廷銮	朴庵	景瑞璇
亚陶	徐宝谦	芝圃	汪国瑞	朴庵	窦良茂
亚拙山人	王锡鑫	芝卿	瞿景瑞	朴楼	文锦华
芋		芝堂	万廷兰	**权**	
芋卿	李庚	芝盘	戴雪舫	权万	王中立②
		芝庵	萧鉴	权之	朱百度
		芝隐	郑仕芳	**亘**	
		芝湖	余冠贤	亘垣	朱培华
		芝龄	李宗昉		
		芝樵	杨尧章		

百斯	堵胤昌
百田夫	李梦月
百宋一廛	黄丕烈

有

有天	欧浩
有介	许友
有声	江涛
有戒	陈镒
有邰	封华
有张	陈扩
有林	郑壬
有昂	左激
有实	彭鼎
有恒	张衍思
有容	陈锜
有堂	齐秉慧
有章	王焕英
有清	项天瑞
有曾	俞尊
有源	楼汝璋
有巢氏	伏羲
有熊氏	黄帝
有慎余居	张世昌

而

而式	王之垣

存

存己	吴隐
存中	沈括
存仁	贝元瓒
存仁	赵恩
存仁	姚侃
存心	李敬义
存心	杨用安
存心	何洵①
存节	王文桢
存业	梁绍儒
存竹	萧德祥①
存吾	李守道
存庐	刘锴
存诚	汪仁
存诚	徐宗吉
存畏	杨其绥
存养	喜颖

存济	江志洪
存美	周锦
存耕	杨泰基
存斋	王三乐
存斋	陆心源
存斋	郑宗周①
存斋	瞿祐
存恕	朱叔麒
存恕	吴元祥
存恕	蒋主忠
存道	黄恕
存橘	戈维城
存仁堂	方模
存存斋	赵彦晖
存我堂	洪瞻陛
存诚斋	段明照
存诚堂	徐宗吉
存存书屋	戴天章
存存老人	赵彦晖
存存草庐	费元禩
存济医庐	叶橘泉

夺

夺标	王应试

达

达三	何坚德
达三	沈善兼
达士	王三尊
达川	梁然光
达之	沈善兼
达之	封鸿蠹
达之	黄宜
达夫	孙淑璐
达夫	吴大和
达夫	陈有严
达夫	罗洪先
达可	毛世洪
达宁	叶澹翁
达成	黄周
达臣	曾敏行
达光	黄文昭
达观	沈大纶
达孚	何昌期
达叔	朱笴
达哉	韩永璋

达侯	吴宗善
达卿	王公显
达卿	韩永璋
达卿	潘良弼
达斋	危亦林
达源	何天赐
达源	何应周
达潜	王达泉
达璋	陈熊
达德堂	郎毓纯

迈

迈元	高恺基
迈峚	杨吴山
迈庵	闵遏
迈种堂	任允谦

列

列三	唐志位

成

成	李逢吉①
成一	刘选钱
成九	胡天德
成九	赖珍
成于	方一乐
成才	汪可理
成山	卫铨
成之	章次公
成元	黄斐
成先	金声
成江	何汝闉
成志	何应奇
成甫	俞彰信
成甫	高学
成伯	徐睿
成怀	宋仪
成季	张恒①
成和	高继冲
成学	张思
成美	沈兰舫
成宪	顾儒
成斋	汪然
成斋	徐大振
成章	李玉
成章	杨盛芝

六
画

师古	吴勉学	光肇	程祖明	同寿堂	蔡伯仁
师白	单学傅	光璨	马光灿	同寿堂	蔡君实
师机	吴樽	光曙	何烺	同寿堂	蔡梅友
师竹	陈实孙	光燮	赵彦晖	同寿堂	蔡渊斋
师闵	沈闿	光耀	何之炌	同寿堂	蔡敬之
师林	李诚			同春堂	邹云秋
师尚	陆敬铭	**早**		同荫堂	陆廷章
师侃	陶际唐			同德堂	蔡鸿仪
师茗	汪由敦	早春	胡艺梅		
师省	盛暄			**因**	
师夏	陈孜	**吕**			
师朗	吴澄①	吕仙	吕夑	因丌	何茂枝
师陶	罗味经	吕祖	吕景儒	因伯	沈履素
师韩	任贤斗	吕梁	徐经洪	因培	李大昌②
师鲁	钱三省	吕博	吕广	因是子	蒋维乔
师愚	余霖	吕筌	周毓龄		
师愚	程麟书	吕麓	罗在思	**回**	
师竹斋	洪荫南	吕广望	吕广	回生	罗洪梁
		吕博望	吕广	回庵	杨师尹
光				回澜	谢陛
		吁		回光居士	杨天惠
光大	汪椿			回回堂先生	吴荫堂
光甲	许振文	吁三	余之俊		
光议	陈于宿			**岁**	
光廷	蒋肇龄	**同**			
光伦	吕留良	同人	郭有善	岁成	郁庆穰
光远	任暄	同与	雷乐善	岁寒老人	王德森
光远	周镂	同山	顾德忻		
光远	赵曜	同父	戴启宗	**岂**	
光远	倪一位	同文	徐寿①		
光远	廖登楼	同玉	王树	岂凡	潘凯
光甫	吴文炳	同生	许令典		
光园	汪光爵	同庆	诸葛泰	**屿**	
光启	张景	同孙	何诚豫	屿青	柴潮生
光奇	耿世珍	同甫	黄宗沂		
光泽	贝允章	同叔	范超	**屺**	
光临	张耀来	同叔	晏殊	屺怀	顾绍闻
光庭	陈玉德	同治	周治		
光美	罗俊彦	同春	郑宴清	**帆**	
光盈	黎兆灿	同亮	郑葆仁	帆随	何三湘
光庵	王宾	同梅	沈学炜		
光裕	刘尚灿	同仁堂	乐凤鸣	**则**	
光裕	倪信予	同寿堂	沈家份	则成	袁斗楠
光瑞	李能谦①	同寿堂	沈嗣龙	则尧	黄巍涣
光照	范钟望	同寿堂	蔡济	则先	文上取
光猷	吴士勋	同寿堂	蔡润	则野	李从趯
光源	何兆奎	同寿堂	蔡熙①	则庵	严宫方
		同寿堂	蔡竹友	则霞	陈梦雷

刚

刚中 …………… 王允辅
刚本 …………… 汪曰桢
刚甫 …………… 陆心源

朱

朱臣 …………… 高增绂
朱传 …………… 朱篆
朱傅 …………… 朱篆
朱八味 ………… 朱懋昭
朱华子 ………… 陈士铎
朱丽涛 ………… 朱澧涛
朱奉议 ………… 朱肱
朱炼师 ………… 朱永明
朱筠衡 ………… 宋钧衡
朱衣道人 ……… 傅山

先

先民 …………… 朱鸿渐
先识 …………… 张骥
先春 …………… 李之音
先保 …………… 周必达
先敬 …………… 朱卓夫

廷

廷三 …………… 汤宸槐
廷元 …………… 华石云
廷木 …………… 朱梅
廷中 …………… 包士燮
廷玉 …………… 张元珪②
廷玉 …………… 汪友栋
廷仪 …………… 李玹
廷仪 …………… 姚忠
廷用 …………… 丘圭
廷用 …………… 何全
廷圭 …………… 桑玘
廷玑 …………… 徐雨苏
廷芝 …………… 陈瑞孙
廷臣 …………… 锁乾
廷吁 …………… 程国俊
廷芳 …………… 叶志诜
廷抡 …………… 范培贤
廷坚 …………… 李原
廷秀 …………… 兰茂
廷秀 …………… 杨正华

廷佐 …………… 程国辅
廷良 …………… 熊应相
廷言 …………… 王纶③
廷规 …………… 何员
廷坤 …………… 方原庵
廷英 …………… 周恂
廷杰 …………… 姜柯祥
廷拔 …………… 张崇锟
廷鸣 …………… 华润球
廷秉 …………… 黄与圭
廷佩 …………… 李玉
廷征 …………… 范国籍
廷采 …………… 陈嘉谟
廷采 …………… 金殿策
廷实 …………… 刘宏璧②
廷肃 …………… 旻珪
廷栋 …………… 曹庭栋
廷栋 …………… 裴本立
廷选 …………… 孙鹤鸣
廷香 …………… 邵家兰
廷顺 …………… 吾翁
廷顺 …………… 周巽
廷音 …………… 何銮
廷美 …………… 丘珏
廷珪 …………… 赵珣
廷豹 …………… 魏直
廷玺 …………… 沙金
廷接 …………… 邓象晋
廷寅 …………… 胡谭
廷谏 …………… 曹锡爵
廷谕 …………… 陈从礼
廷琮 …………… 何诚豫
廷策 …………… 张谟
廷弼 …………… 何嘉栋
廷瑞 …………… 方模
廷瑞 …………… 徐凤
廷献 …………… 沈士逸
廷魁 …………… 王伯伟
廷瑾 …………… 耿世珍
廷翰 …………… 胡乔相
廷赞 …………… 李鹏飞
廷爵 …………… 刘锡②
廷耀 …………… 何之照

竹

竹田 …………… 吴履中

竹田 …………… 周介福
竹生 …………… 吴时行
竹兰 …………… 底五昌
竹芗 …………… 郭学洪
竹西 …………… 凌涵春
竹伍 …………… 纪丛筠
竹伍 …………… 曹开第
竹庄 …………… 叶庭芝
竹庄 …………… 蒋维乔
竹孙 …………… 杨孝福
竹村 …………… 朱宝纯
竹村 …………… 徐洙
竹轩 …………… 王定煦
竹轩 …………… 李建昂
竹轩 …………… 陈椿②
竹轩 …………… 程清
竹坪 …………… 王梦祖
竹坪 …………… 吴簪
竹林 …………… 康时行
竹岩 …………… 祁尔诚
竹所 …………… 吴宏道
竹垞 …………… 朱彝尊
竹香 …………… 汪元亮
竹泉 …………… 王澄滨
竹泉 …………… 赵濂
竹亭 …………… 刘子仪
竹亭 …………… 孙冕荣
竹亭 …………… 沈与龄
竹亭 …………… 郁青
竹亭 …………… 倪安朱
竹亭 …………… 焦汝筠
竹圃 …………… 方畯
竹卿 …………… 蒋念恃
竹斋 …………… 项昕
竹堂 …………… 方奇恒
竹堂 …………… 王文辉
竹堂 …………… 沙图穆苏
竹偶 …………… 崔承淇
竹塘 …………… 赵慎修
竹楼 …………… 郑育林
竹慈 …………… 徐璇
竹溪 …………… 丁凤
竹溪 …………… 朱有筠
竹溪 …………… 杨育英
竹樵 …………… 周炎
竹泉生 ………… 彭逾

竹汀居士 ……	钱大昕
竹轩居士 ……	萧震甫
竹林老人 ……	潘璟
竹深先生 ……	高鳌
竹簳山人 ……	何其伟

迁

迁甫 ……	黄镐京

乔

乔石 ……	花自达
乔年 ……	谢宝树①
乔轩 ……	王桂元
乔岳 ……	黄蕙然
乔采 ……	乔垛

延

延广 ……	沈俊文
延之 ……	吴泰
延年 ……	刘耀先
延年 ……	武长龄
延族 ……	许敬宗
延禧堂 ……	汪昂

伟

伟元 ……	邵弁
伟长 ……	杜杞
伟生 ……	姚方奇
伟仙 ……	王凯
伟白 ……	王兆珍
伟如 ……	潘霨
伟君 ……	许杨
伟君 ……	邝彤
伟侯 ……	唐贤杰
伟卿 ……	万忠杰
伟堂 ……	汪俊
伟望 ……	刘昌杰

传

传一 ……	司马廷标
传川 ……	曹金
传心 ……	梁师受
传龙 ……	何渌
传轩 ……	孙苣华
传闲 ……	李畤
传钧 ……	汝金铺

传菊 ……	周庚
传鼎 ……	王定安
传道 ……	陈学程

休

休仲 ……	徐南复
休那 ……	姚康
休伯 ……	徐一俊
休休楼 ……	韩士文
休道人 ……	陈宏烈

伍

伍草山房 ……	李步墀

仲

仲三 ……	张连元
仲山 ……	刘冀
仲山 ……	吴斐融
仲山 ……	陈扩
仲山 ……	林材
仲弓 ……	王寔
仲元 ……	左焜
仲元 ……	李子乾
仲长 ……	江道源
仲升 ……	周显
仲升 ……	黄履暹
仲仁 ……	何旻
仲仁 ……	邹易道
仲仁 ……	岳甫嘉
仲化 ……	马莳
仲公 ……	李存
仲文 ……	陆尹
仲文 ……	范懋功
仲文 ……	魏壁
仲方 ……	许矩
仲书 ……	黄飞鹏
仲玉 ……	倪昌世
仲正 ……	葛正蒙
仲平 ……	令狐德
仲平 ……	朱治
仲生 ……	崔篯
仲仪 ……	王素
仲立 ……	周与权
仲玄 ……	张湛
仲兰 ……	梅梦松
仲礼 ……	沈敦和

仲吉 ……	周士修
仲迈 ……	刘瑞融
仲光 ……	王宾
仲光 ……	徐谦
仲光 ……	熊景先
仲华 ……	何子华
仲华 ……	张大燨
仲华 ……	张煜
仲华 ……	汪祥云
仲华 ……	顾文荣
仲任 ……	王充
仲伊 ……	汪宗沂
仲行 ……	方有执
仲旭 ……	沈大生
仲讷 ……	怀敏
仲讷 ……	凌堃
仲阳 ……	刘闰芳
仲阳 ……	钱乙
仲约 ……	李文田
仲辰 ……	邹汉璜
仲远 ……	张曜孙
仲芳 ……	蒋示吉
仲材 ……	金时揄
仲连 ……	王文魁
仲连 ……	赵必琏
仲坚 ……	王钰
仲余 ……	乔士琰
仲孚 ……	齐德成
仲孚 ……	何庭藁
仲秀 ……	史蔚
仲良 ……	尚从善
仲良 ……	宦廷臣
仲纯 ……	郑葆仁
仲规 ……	胡就矩
仲若 ……	费经虞
仲茂 ……	缪颂懋
仲英 ……	丁元彦
仲英 ……	王协泰
仲英 ……	何元康
仲林 ……	金有壬
仲贤 ……	周一桂
仲贤 ……	倪维德
仲昂 ……	薛轩
仲明 ……	常用晦
仲岩 ……	张睿
仲凯 ……	谷广儒

仲和 ……………	刘执中①
仲和 ……………	陈恺
仲和 ……………	欧明熏
仲和 ……………	潘凯
仲俸 ……………	朱辕
仲怿 ……………	吴重憙
仲实 ……………	钟芳
仲肃 ……………	周维墀
仲南 ……………	房毓琛
仲显 ……………	何昱
仲昭 ……………	毛汝旭
仲昭 ……………	何升
仲泉 ……………	窦梦麟
仲修 ……………	查道立
仲修 ……………	程庭献
仲修 ……………	董纪
仲勉 ……………	刘勉
仲奕 ……………	李显祚
仲恒 ……………	周鼎①
仲恪 ……………	赵颋
仲美 ……………	王时亨
仲举 ……………	汪纲
仲济 ……………	牛仁
仲宣 ……………	乐周翰
仲宣 ……………	倪昌大
仲祐 ……………	丁福保
仲都 ……………	安丘望之
仲积 ……………	戴士垚
仲宾 ……………	蒋国光
仲容 ……………	孙诒让
仲祥 ……………	严庆
仲恕 ……………	左忠
仲能 ……………	范能
仲通 ……………	张洞
仲理 ……………	杨文修
仲达 ……………	招成鸿
仲虚 ……………	张冲虚
仲章 ……………	蔡文朴
仲清 ……………	汪征
仲清 ……………	凌淦
仲淳 ……………	缪希雍
仲深 ……………	丘浚
仲絜 ……………	沈矩
仲超 ……………	毛汝旭
仲超 ……………	王瑀

仲超 ……………	莫承艺
仲超 ……………	程之骅
仲敬 ……………	郭时义
仲景 ……………	张机
仲喈 ……………	张鸣凤
仲翔 ……………	沈乘麟
仲翔 ……………	顾维熊
仲翔 ……………	虞翻
仲谦 ……………	李汝逊
仲谦 ……………	李克让
仲谧 ……………	于志宁
仲瑜 ……………	姚光晋
仲楷 ……………	蒋鸿模
仲鹏 ……………	口一鹏
仲鹏 ……………	徐鹏
仲韬 ……………	蒋文豹
仲嘉 ……………	朱鸿猷
仲醇 ……………	陈继儒
仲醇 ……………	缪希雍
仲穆 ……………	葛雍
仲衡 ……………	周逵
仲衡 ……………	赵铨
仲彝 ……………	丘天成

任

任中 ……………	冀栋
任先 ……………	张淳
任迁 ……………	何第松
任秋 ……………	王闿运
任卿 ……………	陈璧文
任能 ……………	王厚
任毅 ……………	任资
任攀 ……………	王廷桂
任越庵 …………	任越安

价

价人 ……………	沈志藩
价人 ……………	萧浚蕃
价臣 ……………	华硕藩
价臣 ……………	梅荣

伦

伦青 ……………	李纪方
伦表 ……………	王大经
伦敦 ……………	李重人

份

份生 ……………	林元俊

华

华也 ……………	潘文元
华父 ……………	陈总卿
华父 ……………	魏了翁
华东 ……………	张延登
华台 ……………	郭民安
华仲 ……………	程云鹏
华阳 ……………	顾曾璘
华甫 ……………	吴朴
华若 ……………	于允昱
华林 ……………	方中②
华松 ……………	王执礼
华国 ……………	李开基
华国 ……………	詹文治
华修 ……………	许长春
华亭 ……………	王增香
华亭 ……………	张尊新
华亭 ……………	萧麟长
华亭 ……………	穆鸿章
华峰 ……………	沈世岱
华峰 ……………	曹文远
华堂 ……………	任廷荣
华堂 ……………	吴开荣
华溪 ……………	柳易
华彰 ……………	冯玉琇
华墀 ……………	孟佐舜
华樵 ……………	陈康成
华簪 ……………	王绶荣
华麓 ……………	余文柏
华长源 …………	叶长源
华谷子 …………	储泳
华山老人 ………	贾铭
华阳女士 ………	曾懿
华阳处士 ………	林颐寿
华阳真人 ………	施肩吾
华盖山樵 ………	葛雍
华阳陶隐居 ……	陶弘景

仰

仰三 ……………	关世楷
仰山 ……………	刘道景

六画

仰山	郑于藩
仰山	胡思孝
仰山	顾瓒
仰川	沈明儒
仰之	叶起凤
仰之	杜凌云
仰斗	刘玉衡
仰庄	王国臣
仰松	方成培
仰松	刘性良
仰周	胡守益
仰春	李尚元
仰夏	袁时
仰峰	沈淑慎
仰皋	谢庭飏
仰崖	曾仕慎
仰葵	赵鸿远
仰日堂	何树功

仿

仿兰	汤兆馥
仿伊	程训

伊

伊人	邵如藻
伊火	孙仲采
伊恒	李钟岳
伊莘	黄鸿舫
伊莪室	王效成

自

自申	姜琐忻
自立	陈卓②
自观	王幼孙
自观	卢之颐
自志	张中发
自芳	朱方灿
自昆	涂源
自牧	熊德谦
自宗	何炫
自昭	翁晋
自培	汪大年
自辅	康佐
自虚	黄恕
自清	郑荣
自超	马眉

自超	程琦
自鲁	何在汶
自了汉	蒋示吉
自讼斋	陈亦保
自适轩	张应奎
自然子	吴惧
自在老人	高拙修

向

向山	程云
向午	马温葵
向如	邵文卓
向吾	余馨
向若	袁时中
向若	舒时浩
向春	关梓
向荣	昝先春
向梅	徐鼎生
向溪	王文注

后

后传	何光藻
后钰	何元廛
后庵	孙万先
后康	何元康
后溪	丘菓

行

行九	刘德振
行之	张佩道
行以	刘定侯
行可	刘遂时
行舟	孔广福
行甫	邓信
行甫	李道中
行甫	邵达
行荪	吴铖
行素	应胜
行素	张时位
行素	徐一俊
行健	强健
行恕	张惟弟
行智	僧行矩
行简	倪居敬
行彰	郑德滋
行珍馆	段文昌

行余书屋	连自华
行素书室	吴文涵

全

全一	张三丰
全石	刘旭珍
全臣	杨斌
全质	王启文
全贵	张傻
全斋	楼英
全庵	胡文焕
全善	楼英
全山人	楼全
全仁堂	连宝善
全生堂	周仲山
全生堂	韩煐
全纯熙	金纯熙
全孝先生	周观道

会

会千	胡寅
会之	王建亨
会之	林文友
会公	张文耀
会可	郭元亨
会龙	叶际云
会东	朱观海
会如	王来同
会若	何荣
会原	陈维礼
会卿	张介宾
会卿	蔡增祥
会通	何溥①
会源	何淀
会源	僧大有
会稽山人	孟笨
会稽山人	陶本学

合

合山	郭暄
合生	缪钟渭

企

企之	高鍪
企宋	王兆祁
企岩	徐庆恩

企

企眉 ·············· 陈世珍②
企堂 ·············· 周廷栻

众

众超 ·············· 张明贤

邠

邠孙 ·············· 冯世澄

旭

旭山 ·············· 王珠①
旭之 ·············· 张辉
旭东 ·············· 杨旦升
旭东 ·············· 陈启明
旭生 ·············· 王光熙
旭仪 ·············· 毛有华
旭光 ·············· 俞启华
旭华 ·············· 高日辉
旭初 ·············· 王声銎
旭初 ·············· 王常明
旭初 ·············· 张纪元
旭初 ·············· 章炳衡
旭初 ·············· 曾长晟
旭初 ·············· 詹文升
旭昭 ·············· 周光暹
旭亭 ·············· 杨德曙
旭皋 ·············· 王泰林
旭卿 ·············· 丁乃潜
旭高 ·············· 王泰林
旭斋 ·············· 戴耀墀
旭培 ·············· 李晋永
旭曙 ·············· 金大起
旭阳山人 ·············· 彭文楷
旭窗居士 ·············· 徐国麟

负

负暄 ·············· 郭运暄
负疾居士 ·············· 张鉴

名

名子 ·············· 许实先
名父 ·············· 曹原杰
名世 ·············· 张元代
名世 ·············· 邹闻望
名先 ·············· 罗在思
名安 ·············· 何鉴章
名皋 ·············· 仇廷权

多

多清 ·············· 宋澄
多吉先生 ·············· 冯喆

兆

兆丰 ·············· 季征瑞
兆西 ·············· 蒋启昌
兆先 ·············· 段璜
兆先 ·············· 盛际可
兆甫 ·············· 何应祥
兆岐 ·············· 谈志凤
兆秀 ·············· 余俊修
兆京 ·············· 徐涵
兆桐 ·············· 何榛
兆乾 ·············· 谢耀廷
兆堂 ·············· 周传德
兆隆 ·············· 陈其昌
兆期 ·············· 裴一中
兆嘉 ·············· 张秉成
兆麟 ·············· 徐梦松
兆麟 ·············· 谌光国

虳

虳如 ·············· 朱长发

凫

凫山 ·············· 梅鹗
凫舟 ·············· 许兆熊

庄

庄生 ·············· 吕留良
庄吾 ·············· 张莅
庄斋 ·············· 黄位中
庄襄 ·············· 刘天和
庄以济 ·············· 庄汝济

庆

庆三 ·············· 丁德恩
庆三 ·············· 熊攸福
庆千 ·············· 董增龄
庆夫 ·············· 李恒吉
庆元 ·············· 朱骏声
庆云 ·············· 郭钦诰
庆申 ·············· 李子毅
庆光 ·············· 张缵烈
庆余 ·············· 杨善培
庆余 ·············· 钱全衮
庆宜 ·············· 李祥
庆恩 ·············· 庆恕
庆斋 ·············· 劳禧长
庆堂 ·············· 李兆兰
庆惟 ·············· 林祖成
庆维 ·············· 林祖成
庆曾 ·············· 何其伟
庆增 ·············· 孙从添
庆云楼 ·············· 徐国显
庆余堂 ·············· 纪桂芳
庆园先生 ·············· 姜琐忻

刘

刘旦 ·············· 刘昉
刘泉 ·············· 刘寿山
刘洪 ·············· 镏洪
刘源 ·············· 刘丽川
刘醇 ·············· 刘纯①
刘三点 ·············· 刘开
刘三点 ·············· 刘岳
刘山人 ·············· 刘叟
刘长彦 ·············· 刘常彦
刘羽澜 ·············· 刘澜
刘青田 ·············· 刘基
刘松岩 ·············· 刘松元
刘国英 ·············· 刘国瑛
刘真人 ·············· 刘党
刘道源 ·············· 刘道深

齐

齐卿 ·············· 纪天锡

亦

亦人 ·············· 王燧周
亦才 ·············· 叶庆荪
亦山 ·············· 汤灴
亦川 ·············· 刘上金
亦元 ·············· 史洞
亦丹 ·············· 朱颜
亦文 ·············· 施道焕
亦吉 ·············· 陆祥镛
亦庄 ·············· 汪世培
亦苏 ·············· 沈轼

六
画

六画

汝东	顾启明	汝楫	薛芳②	守妙	雷逢源
汝代	金鸿翎	汝源	徐春甫	守拙	田倬甫
汝立	张大本	汝端	郭昭乾	守炅	元达
汝永	万邦孚	汝德	朱勋	守经	郑士才
汝礼	丘可封	汝德	盛僕	守封	沈志藩
汝贞	邓石	汝颜	董愚	守恒	陈崇仁
汝师	赵用贤	汝霖	王仁龙	守恒	缪钟理
汝光	戴从龙	汝霖	王雨三	守恒	潘孟文
汝伟	张㵲	汝霖	仇时御	守真	刘完素
汝舟	杨大川	汝霖	郭沨	守卿	何克绍
汝守	钱锐	汝器	丁瓒②	守堂	曹恒占
汝守	翁禹训	汝器	何可量	守庸	毛梓
汝声	吕訇	汝器	郑簠	守联	许文林
汝声	张镈	汝衡	周文铨	守善	吴体元
汝言	王纶②	汝瞻	贺岳	守道	刘昚
汝典	吴日葵			守愚	刁质明
汝昊	何家彦	**汤**		守愚	马锡麟
汝明	王逢圣			守愚	朱克家
汝明	吕湮	汤铭	赖沂	守愚	严颢
汝忠	吕谏			守愚	何天补
汝和	任懋谦	**宇**		守愚	沈复云
汝和	杜文燮			守愚	高日震
汝和	法鼎	宇小	章大寰	守愚	曹诚
汝和	袁元熙	宇外	僧通文	守愚	蔡承飞
汝建	吴日标	宇宁	沈济远	守愚	蔡根
汝承	游延受	宇声	王大镛	守溪	王鏊
汝南	宋武	宇范	华模	守潜	姚炜琛
汝南	张正金	宇参	刘大化	守默	龙庭三
汝南	黄祚宪	宇春	陈梦熊	守一子	徐德恒
汝修	顾从德	宇泰	王肯堂	守山阁	钱熙祚
汝恒	吴云纪	宇泰	陈泰	守中子	刘有余
汝闻	潘大桂	宇康	谈邦耀	守中子	陆敏杰
汝宣	李足为	宇静	沈应元	守和子	刘有余
汝振	刘遂时			守素堂	蔡珽
汝砺	钱钝	**守**		守耕轩	高友欧
汝砺	曹金			守愚生	邓师贞
汝悦	易时泽	守一	赵诚	守愚斋	高友欧
汝祥	程鸢池	守之	郑德坊	守中正斋	姜国伊
汝菊	张维一	守之	顾莹	守丹道人	傅眉
汝崧	戴承澍	守中	朱正	守石居士	陆志远
汝渊	祝淇	守先	朱森	守素主人	耿世珍
汝瑛	王玉	守先	陆士谔		
汝植	何元培	守先	胡翔凤	**宅**	
汝谦	孙粹伯	守华	凌奎扬		
汝弼	盛備	守安	周锡祉	宅三	张肇文
汝楫	唐仲济	守讷	何运亨	宅三	潘俊
		守约	俞弁	宅之	陈居仁①
		守吾	陈宝晋		
		守谷	何柴		

六
画

宅西 ………………	程履丰	
宅泉 ………………	俞有廉	
宅真 ………………	许其仁	

安

安士 ………………	何炽
安予 ………………	冯其盛
安世 ………………	陶定
安业 ………………	吴樽
安臣 ………………	尹怀圣
安州 ………………	沈泰②
安孙 ………………	何寿彭
安甫 ………………	朱阶泰
安甫 ………………	夏廷玉
安伯 ………………	沈涛
安庐 ………………	邓邦锡
安国 ………………	刘康侯
安泽 ………………	卢涛
安亭 ………………	王居仁
安洲 ………………	沈泰②
安素 ………………	徐时进
安宰 ………………	王淮
安常 ………………	庞安时
安道 ………………	王履
安道 ………………	陈桐
安简 ………………	王举正
安幼堂 ……………	李信②
安节先生 …………	龚诩
安丘丈人 …………	安丘望之
安素先生 …………	何处恭
安道先生 …………	陈瑚

农

农师 ………………	黄百谷
农溪 ………………	张可兴

讲

讲山 ………………	陆圻
讲亭 ………………	袁秉铎

讷

讷人 ………………	叶万青
讷亭 ………………	张开第
讷卿 ………………	何文默
讷斋 ………………	王纶
讷斋 ………………	王敏

讷斋 ………………	任祥
讷斋 ………………	张翊远
讷庵 ………………	丁乃潜

许

许升 ………………	许宗升
许弘 ………………	许宏
许凝 ………………	许宁
许光禄 ……………	许国桢
许孝崇 ……………	许孝宗
许学士 ……………	许叔微

访

访庵 ………………	赵祖懋

聿

聿青 ………………	张乃修
聿修 ………………	杨文赐
聿修 ………………	崔志庠
聿斋 ………………	雷继祖

寻

寻乐堂 ……………	李曦

艮

艮夫 ………………	何绅书

尽

尽言 ………………	任元受
尽能 ………………	钮道三

异

异真道人 …………	异远真人

阮

阮林 ………………	林阮
阮河南 ……………	阮炳

阳

阳生 ………………	叶朝采
阳仪 ………………	子仪
阳吉 ………………	许燮
阳纤 ………………	武之望
阳伯 ………………	来复
阳坡 ………………	汪如龙
阳和 ………………	苏国春

阳和 ………………	蔡玉美
阳庚 ………………	许炳西
阳春 ………………	吴垣丰
阳烨 ………………	范晔
阳铭 ………………	赖沂
阳隆 ………………	蓝桐
阳壶山人 …………	吴士瑛

阴

阴羌 ………………	阴光

阶

阶九 ………………	石光陛
阶平 ………………	姜福泰
阶平 ………………	唐继虞

如

如山 ………………	朱季高
如山 ………………	李正国
如山 ………………	周宗林
如山 ………………	高我冈
如冈 ………………	张大龄
如冈 ………………	姜宬
如心 ………………	吕逸人
如心 ………………	许恕
如心 ………………	吴恕
如玉 ………………	陆士遂
如龙 ………………	何洪
如东 ………………	何懋赏
如白 ………………	赵开美
如步 ………………	萧时亨
如怀 ………………	宋道昌
如谷 ………………	曾应孙
如林 ………………	李大成
如春 ………………	团玉成
如茨 ………………	朱之稼
如侯 ………………	杨百城
如堂 ………………	卞坦纶
如晦 ………………	白玉蟾
如章 ………………	熊浚
如葵 ………………	赵贞观
如虚子 ……………	龚居中
如眉老人 …………	李文荣

好

好真 ………………	周亮宗

好谦 …………………… 刘词
好谦 …………………… 朱扢
好生主人 ………………… 马印麟
好好道人 ………………… 姜子房

戏

戏鱼翁 …………………… 刘次庄

观

观子 …………………… 林澜
观我 …………………… 汤应邦
观我 …………………… 何荣②
观我 …………………… 闵日观
观泉 …………………… 张文衡
观泉 …………………… 程文圉
观烂 …………………… 马原泉
观涛 …………………… 韩巢屿
观海 …………………… 徐文行
观海 …………………… 徐名世
观澜 …………………… 吴文朗
观澜 …………………… 张汝滨
观澜 …………………… 赵术堂
观澜 …………………… 萧韶
观生堂 …………………… 楼国祯
观花翁 …………………… 傅山
观海堂 …………………… 杨守敬
观梅堂 …………………… 曹其侗
观心书屋 ………………… 陈本淦
观心书屋 ………………… 钱峻
观物老人 ………………… 尧允恭
观生阁道人 ……………… 萨克达

羽

羽丰 …………………… 毛凤彩
羽仪 …………………… 李鸿
羽仪 …………………… 翟登云
羽伯 …………………… 赵凤翔
羽明 …………………… 蔡天槎
羽亭 …………………… 陈鸿仪
羽珠 …………………… 郑崇翰
羽高 …………………… 袁宗翯

驰

驰远 …………………… 舒诏

孙

孙阳 …………………… 伯乐
孙纯 …………………… 孙钝
孙兼 …………………… 孙廉
孙文允 …………………… 孙文胤
孙真人 …………………… 孙思邈

红

红杏村 …………………… 胡兰椒
红叶山庄 ………………… 沈翱
红芍药斋 ………………… 徐宗旸
红杏山馆 ………………… 戴聿颐
红杏老人 ………………… 陈邦贤
红树山庄 ………………… 叶昶
红杏山馆主人 …………… 戴聿颐

约

约之 …………………… 方广
约园 …………………… 傅存仁
约明 …………………… 何光
约斋 …………………… 李植纲
约斋 …………………… 汪十洲
约斋 …………………… 邵登云
约斋 …………………… 林永镐
约斋 …………………… 程作楫
约斋 …………………… 谢世泰
约退斋 …………………… 胡大猷
约斋先生 ………………… 邵登云

级

级胥 …………………… 曹山
级嶘 …………………… 郭汇泰

纪

纪之 …………………… 周怀纲
纪天 …………………… 张璇
纪元 …………………… 郑宏纲
纪云 …………………… 史景楠
纪言 …………………… 史明录
纪堂 …………………… 黄金绶
纪堂 …………………… 彭朝纲
纪常 …………………… 袁勋元
纪淳 …………………… 郑起泓

纫

纫元 …………………… 徐纯卿
纫香 …………………… 王慎德
纫秋 …………………… 王闿运

七 画

寿

寿山 …………………… 吴官贤
寿山 …………………… 何仁埙
寿山 …………………… 杨渊
寿山 …………………… 范永华
寿山 …………………… 赵宏仁
寿山 …………………… 黄官贤
寿门 …………………… 纪南星
寿世 …………………… 陈祖绶
寿田 …………………… 吴仁基
寿田 …………………… 陈惠畴
寿田 …………………… 蒋映畴
寿生 …………………… 徐泳
寿民 …………………… 方承佑
寿芝 …………………… 王廷俊
寿臣 …………………… 吴锡光
寿臣 …………………… 范一梅
寿臣 …………………… 梁福恩
寿先 …………………… 吴仁孚
寿乔 …………………… 计楠
寿丞 …………………… 谭祚延
寿甫 …………………… 张锡纯
寿轩 …………………… 何瑗
寿轩 …………………… 宋向元
寿纯 …………………… 翁介寿
寿朋 …………………… 范天锡
寿承 …………………… 翁介寿
寿南 …………………… 黄福申
寿栋 …………………… 章巨膺
寿泉 …………………… 王茂林
寿亭 …………………… 白鹤鸣
寿亭 …………………… 蒋济
寿眉 …………………… 陈天赐
寿桥 …………………… 计楠
寿卿 …………………… 顾承仁
寿卿 …………………… 阎守庆
寿斋 …………………… 金应奎
寿祥 …………………… 沈鹤

寿庵 ┄┄┄ 何昱	运隆 ┄┄┄ 熊元会	志大 ┄┄┄ 刘宇
寿庵 ┄┄┄ 陈元椿	**贡**	志存 ┄┄┄ 姜白驹
寿萱 ┄┄┄ 薛宝辰	贡植 ┄┄┄ 张璇华	志成 ┄┄┄ 吴嘉祥
寿祺 ┄┄┄ 潘锡魁	**赤**	志吕 ┄┄┄ 张锡璜
寿颐 ┄┄┄ 余天遂	赤文 ┄┄┄ 杨炜②	志伊 ┄┄┄ 唐树滋
寿龄 ┄┄┄ 石松岩	赤水 ┄┄┄ 屠隆	志行 ┄┄┄ 曹力壮
寿群 ┄┄┄ 董增龄	赤电 ┄┄┄ 曹炳章	志芳 ┄┄┄ 钱若洲
寿髦 ┄┄┄ 傅眉	赤臣 ┄┄┄ 章清宪	志言 ┄┄┄ 符诗
寿云堂 ┄┄┄ 徐大亨	赤甫 ┄┄┄ 沈煜文	志宏 ┄┄┄ 王睿
寿世堂 ┄┄┄ 钱国宾	赤松 ┄┄┄ 曹培龄	志范 ┄┄┄ 陈大积
寿石轩 ┄┄┄ 赵履鳌	赤岸 ┄┄┄ 胡春生	志明 ┄┄┄ 匡友闻
寿安堂 ┄┄┄ 夏应祥	赤岩 ┄┄┄ 聂汝俊	志周 ┄┄┄ 孙桢
寿明斋 ┄┄┄ 胡震	赤诚 ┄┄┄ 罗周彦	志济 ┄┄┄ 缪遵义
寿栎庐 ┄┄┄ 吴之英	赤崖 ┄┄┄ 汪廷元	志斋 ┄┄┄ 林澹
寿世老人 ┄┄┄ 王之肱	赤壁 ┄┄┄ 金声	志斋 ┄┄┄ 高士
寿补老人 ┄┄┄ 赵彦晖	赤霞 ┄┄┄ 王元标	志堂 ┄┄┄ 吴恂
寿石居主人 ┄┄┄ 张谔	赤霞 ┄┄┄ 庄纯熙	志清 ┄┄┄ 张燮澄
辰	**孝**	志超 ┄┄┄ 朱孔慈
辰山 ┄┄┄ 李延昰	孝贞 ┄┄┄ 费经虞	志道 ┄┄┄ 张连山
辰叟 ┄┄┄ 左斗元	孝则 ┄┄┄ 张崇俿	志勤 ┄┄┄ 徐继勉
辰翁 ┄┄┄ 陈先得	孝则 ┄┄┄ 李士麟	志摩 ┄┄┄ 李步墀
玖	孝则 ┄┄┄ 徐永思	志霖 ┄┄┄ 王震①
玖诗 ┄┄┄ 何履亨	孝先 ┄┄┄ 宣光祖	志瞻 ┄┄┄ 郑思怙
进	孝先 ┄┄┄ 葛玄	志阳子 ┄┄┄ 程从美
进三 ┄┄┄ 吴永泰	孝仲 ┄┄┄ 郑维嗣	志恒堂 ┄┄┄ 章鲁璠
进之 ┄┄┄ 王好古	孝征 ┄┄┄ 祖珽	志勤斋 ┄┄┄ 杨元卿
进之 ┄┄┄ 许国桢	孝标 ┄┄┄ 牛枢昕	**声**
进修 ┄┄┄ 冯乾德	孝威 ┄┄┄ 徐宗彝	声五 ┄┄┄ 史节音
进淳 ┄┄┄ 沈为仁	孝思 ┄┄┄ 汤伊勋	声华 ┄┄┄ 吕荣
远	孝思 ┄┄┄ 金瞻岵	声驰 ┄┄┄ 张谦甫
远公 ┄┄┄ 陈士铎	孝原 ┄┄┄ 张元寿	声远 ┄┄┄ 何澊
远文 ┄┄┄ 张懋辰	孝资 ┄┄┄ 张康忠	声甫 ┄┄┄ 栗玉振
远仲 ┄┄┄ 段明照	孝通 ┄┄┄ 褚该	声伯 ┄┄┄ 陈埙
远声 ┄┄┄ 高日震	孝常 ┄┄┄ 马治	声谷 ┄┄┄ 王式金
远秀 ┄┄┄ 周松村	孝绪 ┄┄┄ 胡统虞	声峻 ┄┄┄ 雒镛
远音 ┄┄┄ 王显傲	孝惠 ┄┄┄ 王佑贤	声培 ┄┄┄ 赵廷珂
远闻 ┄┄┄ 萧成	孝思堂 ┄┄┄ 史良誉	声野 ┄┄┄ 陆鹤鸣
远斋 ┄┄┄ 朱如玉	孝贞先生 ┄┄┄ 费经虞	**址**
远游 ┄┄┄ 吴复古	孝静先生 ┄┄┄ 葛受山	址厚 ┄┄┄ 沈念祖
运	**志**	**均**
运英 ┄┄┄ 熊应雄	志三 ┄┄┄ 伍宏杰	均良 ┄┄┄ 唐瑞
	志三 ┄┄┄ 陈虬	均沾 ┄┄┄ 李恩澍
		均章 ┄┄┄ 王珪

七画

均善 ················ 何天锡

坞

坞樵 ················ 易方

芙

芙卿 ················ 何德藻

芜

芜杉 ················ 吴仞

苇

苇渔 ················ 孔继溶

芸

芸心 ················ 王吉民
芸书 ················ 王颖蔡
芸轩 ················ 秦灏
芸谷 ················ 胡凤昌
芸亭 ················ 张九经
芸阁 ················ 王书森
芸阁 ················ 王锡惠
芸阁 ················ 赵泰
芸圃 ················ 江世铭
芸浦 ················ 黄中美
芸棍 ················ 孙凌霄
芸莽 ················ 陈世昌
芸窗 ················ 余文柏

苐

苐南 ················ 石寿棠
苐庭 ················ 林枫

苶

苶山 ················ 郑应龙

芷

芷兮 ················ 汪沅
芷园 ················ 卢复
芷邻 ················ 孙承恩
芷坪 ················ 刘以衡
芷源 ················ 冼佐卿

苌

苌生 ················ 瞿中溶

花

花洲 ················ 顾靖远
花舫 ················ 曹文远
花溪 ················ 黄岩
花溪老人 ············ 向廷赓
花月无为道人 ········ 沈之问
花溪恒德老人 ········ 虞抟

芹

芹生 ················ 罗松骏
芹洲 ················ 唐簧
芹斋 ················ 樊允德

芥

芥山 ················ 陆汝衔
芥园 ················ 何守愚
芥林 ················ 于溥泽
芥庵 ················ 王广运

芬

芬亭 ················ 余含棻
芬堂 ················ 董芳三
芬溪 ················ 姚本厚

苍

苍山 ················ 朱松龄
苍山 ················ 姚仁安
苍公 ················ 吕荣
苍来 ················ 何如兰
苍虬 ················ 陆雨田
苍葭 ················ 米遹伊

芳

芳华 ················ 顾鉴
芳玖 ················ 文其焕
芳伯 ················ 华岳
芳谷 ················ 姚涵春
芳国 ················ 江兰
芳侯 ················ 王庭桂
芳修 ················ 章贡云
芳洲 ················ 刘敞②
芳斋 ················ 廖对庭
芳墅 ················ 许至

芦

芦河 ················ 解桢
芦溪 ················ 戴鸿
芦中人 ············· 卢之颐
芦中侣 ············· 谈金章

苏

苏门 ················ 孙天骐
苏恭 ················ 苏敬
苏莲 ················ 何廷杰
苏庵 ················ 夏寅
苏鉴 ················ 苏敬
苏仙公 ············· 苏耽
苏澄隐 ············· 苏澄

严

严士 ················ 王德森
严斋 ················ 曾秉豫
严缓 ················ 严缓
严引芳 ············· 严胤芳

克

克友 ················ 俞信
克仁 ················ 储培
克公 ················ 何侯宗
克平 ················ 徐芳洲
克用 ················ 刘全备
克用 ················ 管子和
克让 ················ 何允恭
克让 ················ 曹义
克臣 ················ 董启儒
克臣 ················ 戴尧道
克贞 ················ 陆道源
克光 ················ 陈为研
克同 ················ 施询
克企 ················ 严景
克安 ················ 曹光熙
克孝 ················ 宋道昌
克轩 ················ 吴希渊
克贤 ················ 陆豫
克昌 ················ 施晟
克明 ················ 张峻德
克明 ················ 沈亮
克明 ················ 郑克
克明 ················ 萧鉴

克忠	施谏	杏村	江珩	杏庵	郑承洛
克学	高士	杏村	严毅	杏庵	施忠
克诚	韩本	杏村	杨文纪	杏隐	游从善
克绍	林继宗	杏村	吴锡灏	杏墅	李坛
克玗	朱载扬	杏村	张礵	杏林子	余含棻
克修	陈汝懋	杏村	陈孜	杏林子	李志星
克顺	冯喆	杏村	顾长龄	杏林室	张德音
克顺	罗永和②	杏村	笪朝枢	杏云老人	章穆
克顺	岳坤宗	杏轩	沙金	杏林小隐	周清达
克亮	赵鉴	杏轩	程文圃	杏林书屋	陆承祖
克美	韩充	杏园	何荣①	杏花春晓堂	郑镒
克逊	尧允恭	杏园	张年		
克恭	莫以悌	杏园	张雁题	**李**	
克桢	计逸	杏园	邹承禧		
克斋	严颢	杏园	易显志	李弘	李含光
克斋	何选	杏园	钱丹书	李贞	李绛
克容	孙志宏	杏园	钱时来	李村	赖沉
克容	陆道常	杏园	钱恒	李明	李聪甫
克庵	何鸿器	杏园	曹秉铉	李调	李驷
克庵	周士燮	杏园	温和安	李荣	李荣
克庵	谢以闻	杏园	谢甘澍	李钧	李炳
克深	王潭	杏园	瞿焕文	李原	李安曾
克谏	何其言	杏旸	庄履严	李调	李诇
克敬	余光宗	杏伯	王之信	李逸	李迅
克善	何天祥	杏伯	朱济川	李越	李钺
克勤	毛在成	杏坡	吴鸿銮	李温	李暄
克猷	张振基	杏林	叶其蓁	李八百	李良
克猷	唐邦勋	杏林	庄之海	李子立	李子建
克缵	韩襄	杏林	张东①	李车儿	李信①
		杏林	李肃	李中南	李仲南
杏		杏林	顾明德	李四郎	李玹
		杏林	蔚章父	李成寿	李成素
杏山	何庠	杏林	熊芬	李季清	李季青
杏山	陈庚	杏所	胡德完	李诒之	李当之
杏川	曹奇珊	杏奎	钱希郊	李熙春	李希春
杏门	梁英朝	杏泉	王英澜		
杏田	陈敬夫	杏泉	邵炳扬	**杆**	
杏传	王芝藻	杏泉	周拱斗		
杏庄	宋铺	杏桥	蒋锡荣	杆郑	王仁俊
杏庄	宋金铺	杏圃	王世逢		
杏庄	陈楣贺	杏圃	王观	**杖**	
杏庄	范应春	杏圃	倪德扬		
杏庄	胡炳元	杏圃	徐锦堂	杖仙	吴樽
杏庄	徐伟	杏翁	方炯		
杏江	叶支镛	杏庵	孙浚	**材**	
杏村	田晋藩	杏庵	陈林	材书	邵元
杏村	朱费元			材美	郑松

杉

杉山 ················· 陈基①

极

极峰 ················· 郭鳌

构

构元 ················· 周魁

杞

杞忧生 ············· 郑观应

杨

杨元	杨玄操
杨玄	杨玄操
杨庆	阳庆
杨英	杨广
杨范	杨苑
杨荣	杨云
杨珙	杨拱
杨大业	杨大邺
杨大有	杨大霶
杨元亮	杨玄亮
杨元操	杨玄操
杨文人	杨归年
杨雨霖	杨雨森
杨颜齐	杨齐颜

字

字兰奚 ············· 昔李勃

甫

甫元	谈守仁
甫目	程曦
甫田	吴士瑛
甫恬	吴士瑛
甫涛	丁化
甫涵	孔继葵

更

更生	王廷相②
更生	吴子向

吾

吾体 ················· 俞塞

吾春	唐守元
吾亭	张德馨①
吾亭	郁汉京
吾容	孙讷
吾庵	马省三

酉

酉生	林瑞恩
酉江	丁让

两

两阶	陈廷楹
两如	陶孝忠
两杉	王廷桢
两松	徐世整
两梅庵	叶孟辄
两湖钓翁	宝辉

丽

丽川	何若冲
丽中	尚永灿
丽中	陶世友
丽中	顾以恢
丽东	柴得华
丽生	陈筱宝
丽生	蒋树荣
丽廷	陈日彪
丽京	陆圻
丽春	江镇
丽南	杨启甲
丽泉	孙淦
丽亭	戴华光
丽卿	蒋庆云
丽涛	朱澧涛
丽庵	胡俊
丽涵	华摛藻
丽溟	俞茂鲲

医

医阮	力钧
医岳	林岳时
医隐	力钧
医隐	华秉麾
医巫闾子	赵献可

励

励明	郑晟
励斋	王三尊

还

还无	僧湛池
还园	徐行②

来

来仪	李成凤
来吉	顾丰
来西	纪开泰
来年	孙元曙
来庄	李心复
来亨	黄应泰
来远	黄瑞鹤
来苏	汤望久
来初	乔钟泰
来兹	许昭①
来章	何锡庆
来章	陈丰
来源	何濩
来鹤	韩籍琬
来安堂	沈应善
来鹤书巢	石光陛
来燕草堂	林珮琴

轩

轩哉	郑昂
轩举	力钧
轩辕	黄帝

连

连山	范绍易
连山	姜易
连山	赖攀桂
连玉	彭应连
连城	朱良玉②
连城	张珍②
连城	杨万璧
连栋	叶凤翔
连渭	朱沣
连璧	魏钰
连理薇馆	祝韵梅

扶

扶东	汤日旦
扶生	程知
扶芳	葛云薜
扶霄	吴鸢
扶正堂	陈朝璋
扶雅斋	侯巽
扶摇子	陈抟

抚

抚辰	张枢
抚屏	薛福辰
抚陶	段玉松

抟

抟九	方际远

报

报之	何梦瑶

折

折肱老人	凌奂

抡

抡才	邵元三
抡元	倪中魁

抑

抑斋	任经
抑庵	余之俊
抑抑斋	夏集
抑隅堂	洪桂
抑斋先生	夏集

求

求一	盛正己
求如	王良灿
求昭	顾昱
求我斋	毛翰声
求是斋	彭嵩毓

步

步云	张时达
步云	施鉴台
步云	薛绍周
步月	杨拔桂
步安	徐行③
步青	邵登瀛
步周	黄光霁
步庭	姜如桂
步逵	陈瑞鸿
步堂	陈联陞
步庵	郑淦
步康	王之衢
步雍	欧以临
步篯	李彭年
步蟾	蒋之桂
步瀛	刘登俊

邺

邺三	李万轴
邺仙	李之泌

坚

坚白	谢缙翁
坚老	董瑛
坚亭	闵籍

肖

肖东	何廉
肖充	何烈
肖苏	王修龄
肖岩	丘嘉树
肖岩	何其峻
肖岩	陈能澍
肖岩	郑奋扬
肖春	何应举
肖泉	丁孝虎
肖莪	程绍
肖斋	刘浴德
肖乾	王化贞
肖雩	何黑
肖虚	祁嗣箓
肖野	赵梦弼
肖愚	吴勉学
肖愚	陆桂①
肖源	何洵②
肖鳍	蒋望曾

里

里堂	焦循

时

时万	张锦
时夫	魏大成
时中	徐时
时化	江汉龙
时化	陆鲤
时介	何廉
时文	郑文康
时正	郁贞
时宁	虞君平
时先	吕发礼
时行	陆辉
时安	何然
时芳	郭桂①
时若	谢甘霖
时雨	吴霖
时雨	徐景元
时育	刘钟衡
时育	李熙和
时育	杨茂②
时学	王政
时泽	傅滋
时荣	周敷
时思	李聪
时重	华镒
时香	陈咸喜
时勉	王敏
时彦	夏英
时炯	钟焕震
时举	屠鹏
时宪	鲍邦伦
时卿	程大中
时斋	郭启濂
时宰	吴敏修
时祥	何黑
时彩	陈樵
时庵	何疆
时庵	欧阳正谋
时敏	严逊
时望	钱云
时清	孟增河
时野	董一麟
时雍	顾俊
时慕	李德孝
时觐	潘赟

时霖 ························· 何茹油
时霖 ························· 蔡大绅

旷

旷民 ························· 金曻
旷直 ························· 杨宗洛

旸

旸东 ························· 于应震
旸谷 ························· 冯煦
旸谷 ························· 吴杰
旸谷 ························· 张岱宗
旸谷 ························· 胡应亨
旸谷 ························· 胡宗升

呈

呈祥 ························· 王瑞麟①
呈章 ························· 吴廷庆

吴

吴弁 ························· 吴升
吴伦 ························· 吴正伦
吴良 ························· 吴心完
吴明 ························· 吴钦甫
吴恒 ························· 吴应刚
吴淇 ························· 吴洪
吴量 ························· 胡量
吴焱 ························· 吴荣照
吴霓 ························· 吴朴
吴熬 ························· 吴敖
吴从明 ······················ 吴崇明
吴仲融 ······················ 吴斐融
吴草头 ······················ 吴斐融
吴门野樵 ···················· 史谨
吴兴山人 ···················· 许兆祯

足

足翁 ························· 韩傲
足庵 ························· 徐枢

困

困庵 ························· 叶其蓁
困勉庐主 ···················· 瞿书源

邑

邑郊 ························· 王大国

听

听天 ························· 郑同仁
听云 ························· 姜声沛
听江 ························· 薛益
听松 ························· 沈守义
听堂 ························· 焦桐良
听鸿 ························· 余景和
听竹轩 ······················ 邓邦安
听雨楼 ······················ 蔡文朴
听鹂馆 ······················ 戴聿颐
听秋山馆 ···················· 林枫

吟

吟云 ························· 陆光裕
吟台 ························· 王以坤
吟竹 ························· 陆焜
吟坞 ························· 许起
吟香 ························· 吴巽榕
吟香 ························· 陆瑞镛
吟香 ························· 陈克恕
吟梅 ························· 沈炳荣
吟霞 ························· 陶泉
吟竹斋 ······················ 陆焜
吟香室 ······················ 孙兰溪
吟梅阁 ······················ 姜丙曾

岐

岐山 ························· 傅子凤
岐阳 ························· 程充
岐来 ························· 周南③
岐秉 ························· 邹彬
岐都 ························· 吴秉周
岐宾 ························· 程心宇
岐天师 ······················ 岐伯

岘

岘樵 ························· 杨钟浚

苍

苍川 ························· 樊炜
苍光 ························· 汪熊

岚

岚长 ························· 徐彦成
岚谷 ························· 窦玉璟

岚补 ························· 罗亨平
岚亭 ························· 刘云峰
岚溪 ························· 李荣

财

财信 ························· 梁玉山

针

针三 ························· 王鋬

秀

秀川 ························· 彭晓
秀夫 ························· 张文立
秀夫 ························· 潘毓川
秀升 ························· 李培庠
秀玉 ························· 何金琇
秀年 ························· 孙兆本
秀甫 ························· 张玠
秀邻 ························· 王世相
秀松 ························· 苏道元
秀昌 ························· 钱文彦
秀岩 ························· 马作梅
秀亭 ························· 魏国仪
秀峰 ························· 杨俊
秀峰 ························· 裘鹤龄
秀卿 ························· 李毓春
秀卿 ························· 张廷献
秀章 ························· 孙希礼
秀溪 ························· 刘绍先
秀舆 ························· 张立松
秀野山房 ···················· 张世炜

利

利川 ························· 俞德乾
利中 ························· 何其烺
利恒 ························· 谢观
利济堂 ······················ 赵学敏
利济堂 ······················ 顾大田

我

我石 ························· 黄勋
我生 ························· 邓观
我生 ························· 李延昰
我兰 ························· 陈体芳
我舟 ························· 孙廷问
我如 ························· 陈世泽

七画

我非	…………	徐敏
我闻	…………	朱洵
我真	…………	施诚

邱

邱山	…………	钱岳

佞

佞宋主人	…………	黄丕烈

体

体元	…………	廖仁恕
体仁	…………	朱善元
体仁	…………	李寿昌
体仁	…………	黄飞鹏
体仁	…………	戴春元
体行	…………	陈克恕
体全	…………	王允瑚
体宗	…………	何廷铨
体恒	…………	曹鸿举
体圆	…………	梁序璇
体乾	…………	何家坤
体乾	…………	闵体健
体乾	…………	姜健
体乾	…………	赵德源
体庵	…………	袁班
体舒	…………	陈学礼
体道	…………	匡忠
体穆	…………	僧树乾
体仁堂	…………	程与京

何

何坁	…………	何仁堉
何伸	…………	何处恭
何佺	…………	何贵实
何润	…………	何荣②
何涧	…………	何汝闿
何容	…………	何如森
何谏	…………	何克谏
何墊	…………	何均
何求老人	…………	吕留良

佐

佐之	…………	李庚
佐民	…………	冯乾吉
佐臣	…………	邵鼎
佐时	…………	朱臣
佐虞	…………	盛韶

佑

佑父	…………	杨天惠
佑甫	…………	宋兆淇
佑祥	…………	李能敬
佑堂	…………	徐勋

作

作云	…………	庞润田
作舟	…………	赵崇济
作周	…………	郑于丰
作谋	…………	瞿兆能
作霖	…………	何为龙
作霖	…………	邵澍
作霖	…………	康时行
作羹	…………	李相

伯

伯山	…………	孟笨
伯川	…………	王宗
伯广	…………	韩布
伯门	…………	沈规
伯元	…………	周官
伯长	…………	孙廷辉
伯仁	…………	张荣①
伯仁	…………	滑寿
伯文	…………	丁焕
伯文	…………	杨天惠
伯玉	…………	严子成
伯玉	…………	张崐
伯玉	…………	陈振孙
伯龙	…………	张士骧
伯平	…………	顾昂士
伯申	…………	邹汉纪
伯用	…………	周镠
伯宁	…………	裘允钲
伯台	…………	许相卿
伯辽	…………	王遥
伯臣	…………	何锡龄②
伯臣	…………	杨树棠
伯贞	…………	周本一
伯贞	…………	赵介
伯华	…………	周镇
伯休	…………	韩康
伯仲	…………	王举正
伯行	…………	何昌梓
伯齐	…………	甘浚之
伯观	…………	孙国敉
伯阳	…………	王升①
伯纪	…………	王汉
伯进	…………	卢晋
伯远	…………	丁广
伯芸	…………	刘勤
伯材	…………	叶梅
伯时	…………	刘自化
伯吹	…………	方埙
伯余	…………	阁云浩
伯忱	…………	郑宗周②
伯言	…………	陶闻诗
伯良	…………	马汝骏
伯良	…………	陆振为
伯初	…………	陈书
伯纯	…………	陆实善
伯武	…………	李颢
伯英	…………	何子英
伯松	…………	刘正字
伯尚	…………	韩左
伯明	…………	余朝杰
伯明	…………	周伦
伯明	…………	章晋
伯垂	…………	黄统
伯和	…………	庄乐
伯鱼	…………	第五伦
伯育	…………	夏日焆
伯学	…………	邓邦安
伯宗	…………	雷勋
伯宠	…………	何应绶
伯承	…………	韩有
伯荣	…………	余国锡
伯荣	…………	张起芳
伯荣	…………	巫烨
伯威	…………	顾凤荪
伯厚	…………	罗学源
伯勋	…………	蔡与龄
伯重	…………	杨世珍
伯泉	…………	马清廉
伯俊	…………	陈琎
伯衍	…………	李蕃
伯度	…………	周岩
伯施	…………	虞世南

伯恒	齐履谦	伯嚍	蔡邕	位卿	刘鸿恩
伯洪	边宝钧	伯鲁	郑若曾		
伯宣	韩元镇	伯鲁	徐师曾	**伴**	
伯逊	田伟	伯温	刘基	伴辰	李志星
伯珩	李仙材	伯谟	方士繇	伴松	韩士文
伯起	任毓秀	伯裕	徐益	伴蒲	何汝亨
伯起	殷践猷	伯退	蒋肇龄	伴梅主人	梅洽
伯埙	郑家学	伯缙	周缙		
伯埙	鄢孝先	伯槐	何天衢①	**佛**	
伯原	杜本	伯颖	何昌梓	佛子	杨文修
伯乘	金辂	伯愚	姚学颜	佛村	张甘僧
伯高	汤尧	伯筠	戴之翰	佛客	管鼎
伯高	吴桥	伯愈	何士贤		
伯兼	戴宗儒	伯鹏	郑英展	**似**	
伯宽	钱恒	伯廉	杨维仁	似兰	费燮元
伯祥	申国瑞	伯新	沈德辉	似峰	柯琴
伯祥	任中麟	伯雍	沈大至	似羲	王宗锡
伯祥	耿复享	伯雍	陈治典		
伯能	方中立	伯雍	樊希先	**身**	
伯通	纪能	伯群	马超元	身岳	蒋知重
伯常	王经①	伯静	祝定		
伯常	李恒①	伯朅	吴之英	**近**	
伯常	钱恒	伯醇	金大雅	近人	张光裕②
伯崇	马世儒	伯颜	周赞鸿	近山	吴旻
伯康	吴辅	伯遴	蔡嘉士	近仁	周木
伯康	钱恺	伯圜	闻人规	近仁	欧阳世启
伯章	赵不焕	伯徽	揭枢	近仙	陈莱九
伯章	姚英焕	伯凝	张培②	近光	陈荣
伯清	叶复旦	伯翼	韩彝	近恕	关信
伯清	丘源	伯襄	陈宏烈	近庵	施济悦
伯清	李漈	伯麟	陈锡麒②	近淞	刘逢源
伯清	黄廉			近楷	刘承模
伯鸿	庄逵吉	**住**		近溪	张基②
伯鸿	何五征	住思	胡慎柔	近濂	许希周
伯渊	孙星衍	住想	胡慎柔	近仁堂	危恕中
伯渊	崔浩			近山村民	仇远
伯渊	曾懿	**位**			
伯深	崔浩	位夫	严云会	**余**	
伯淳	吕大韶	位五	黄位	余山	陈仅
伯隆	廖作栋	位方	陈上印	余庆	李庚
伯琴	赵观澜	位东	王震②	余斋	冯应麟
伯超	弓士骏	位西	宋辛酉	余章	王迈
伯期	汪继昌	位西	周鹤群	余愚	余无言
伯敬	钟惺	位阳	徐宝章	余庆堂	梅荣
伯葵	李揆	位金	孙庚	余志凝	余志宁
伯撰	徐公桓	位庚	袁应西	余克宁	余志宁

余宝渠 …………………… 余葆蕖

希

希大 …………………… 郑宗儒
希元 …………………… 真德秀
希文 …………………… 王寅②
希文 …………………… 刘纯②
希文 …………………… 陈大进
希文 …………………… 陈世成
希文 …………………… 范文儒
希文 …………………… 郑宗周①
希文 …………………… 徐敩
希文 …………………… 钱肇然
希玉 …………………… 郑仕絜
希正 …………………… 陈宠
希古 …………………… 徐彪
希白 …………………… 何其瑞
希白 …………………… 吴式金
希白 …………………… 张仁锡
希圣 …………………… 施肩吾
希圣 …………………… 钱惟演
希臣 …………………… 王炘
希仲 …………………… 温敬修
希孙 …………………… 陆嵩
希杏 …………………… 何凤池
希范 …………………… 金孔贤
希范 …………………… 崔嘉彦
希贤 …………………… 汪启圣
希尚 …………………… 聂宗望
希明 …………………… 刘守诚
希明 …………………… 张好问
希侨 …………………… 娄垲
希周 …………………… 马勋
希周 …………………… 张朗
希诚 …………………… 瞿哲
希承 …………………… 陈宠
希说 …………………… 汪济川
希邕 …………………… 李密
希董 …………………… 瞿奉
希畴 …………………… 康汉章
希鲁 …………………… 何如曾
希道 …………………… 盛端明
希曾 …………………… 顾启
希颜 …………………… 匡愚
希颜 …………………… 何仁
希颜 …………………… 汪普贤

希潜 …………………… 徐锡璜
希瀛 …………………… 金天衢
希范子 …………………… 李驷
希夷先生 …………………… 陈抟

含

含山 …………………… 方耀
含春 …………………… 谢怀远
含珍 …………………… 陈万镒
含斋 …………………… 黄光甲①
含章 …………………… 曲彦真
含章 …………………… 李希春
含章 …………………… 胡嘉
含章 …………………… 赵文炳
含辉 …………………… 詹钟珣
含辉 …………………… 谭章
含微 …………………… 江之兰
含云逸叟 …………………… 林道飞

邻

邻苏 …………………… 杨守敬
邻海 …………………… 徐定唐
邻祥 …………………… 黄顺兴

谷

谷人 …………………… 钱抡英
谷口 …………………… 郑簠
谷山 …………………… 谭楷
谷史 …………………… 徐燏
谷生 …………………… 王维勤
谷如 …………………… 黄㑉
谷孙 …………………… 柳宝诒
谷诒 …………………… 何其伟
谷香 …………………… 孙金兰
谷香 …………………… 张士雄
谷香 …………………… 张时雍
谷祯 …………………… 郑人瑞
谷庵 …………………… 任允谦
谷城子 …………………… 周弼
谷口居士 …………………… 焦次虞

孚

孚公 …………………… 戴绳周
孚尹 …………………… 姜森玉
孚发 …………………… 陆德丰
孚吉 …………………… 金嘉

孚吉 …………………… 查启嘉
孚先 …………………… 艾晟
孚远 …………………… 方声炯
孚若 …………………… 周贻观
孚敬 …………………… 杨履恒
孚愚 …………………… 马曰湖

甸

甸西 …………………… 李远玺
甸男 …………………… 谢震
甸周 …………………… 陈耕文
甸侯 …………………… 马介藩

奂

奂若 …………………… 卢潜

犹

犹子 …………………… 陈道著
犹石 …………………… 上官瑗
犹龙 …………………… 马天闲

角

角巾道人 …………………… 桑彝

彤

彤甫 …………………… 沈瑞廷
彤园 …………………… 郑玉坛

邹

邹铉 …………………… 邹铉
邹涤 …………………… 邹云秋
邹平公 …………………… 段文昌

迎

迎川 …………………… 唐学吉

饬

饬之 …………………… 潘大纪
饬虔 …………………… 蒋钺

饭

饭颗山人 …………………… 曹斯栋

饮

饮香 …………………… 李泮
饮井山人 …………………… 郑奋扬

言

言一	王祐③
言伯	何十信
言夏	陈瑚
言夏	胡朝瑚

亩

亩竹	李锡琛

亨

亨甫	杜思敬
亨时	恽熊
亨斋	李从泰

应

应夫	周应选
应元	陈年光
应中	张履和
应午	宋蕖宾
应文	郑麟
应达	甘彝讲
应阶	杨凤鸣
应坚	金坚
应坚	解桢
应园	龚居中
应我	朱一麟
应枚	薛启潜
应昌	叶熊
应明	李士龙
应贤	周曰校
应皆	朱升恒
应钟	裴锡堂
应选	束择升
应泉	刘嘉孙
应顺	杨如时
应侯	路顺德
应泰	陆履坦
应速	徐鲁得
应圆	龚居中
应祯	李士鹏
应乾	魏元
应堂	夏绍廷
应章	罗国诚
应章	施梦旸
应超	僧世皓

应鲁	许东望
应聘	李英士
应雷	张廷锷①
应源	何兆坤
应德	唐顺之
应麟	郑郊
应我山人	朱一麟
应灵洞主	邓处中

庐

庐叟	胡凤昌

序

序五	沙书瑞
序升	于振鹭
序六	陈倬
序东	何杨
序立	陆舜元
序明	殷昶

辛

辛人	张位存
辛才	谭公望
辛木	许楣
辛木	何昌梓
辛阳	汤元凯
辛甫	薛己
辛伯	何乃赓
辛垞	李寿龄
辛曾	曹庭栋
辛楣	钱大昕
辛彝	湛德芬

怀

怀九	张师敬
怀三	陈世杰
怀川	李春台
怀仁	吕谊
怀玉	江承俊
怀玉	詹莹
怀民	江之迈
怀发	周熙
怀刚	朱费元
怀庄	巴纯一
怀阳	鲁烈
怀坞	孙光豫

怀我	陈钟盛
怀英	狄仁杰
怀岵	吴仰虞
怀佩	王捷南
怀封	何玉陛
怀亭	陈永图
怀泉	余国用
怀庭	颜德丰
怀兹	李瑾
怀祖	吴世铠
怀祖	徐楫
怀舫	魏荔彤
怀卿	鲍思
怀清	廖正原
怀淳	申炳
怀瑜	韩永福
怀楚	王甚美
怀源	何雷
怀滨	姜璜
怀谨	刘锡瑜
怀德	李尚新
怀德	李培卿
怀鹤	万以增
怀鹤	董炳
怀橘	刘邦绩
怀霖	何廷柯
怀居士	怀敏
怀愚子	沈懋官
怀隐道者	王宗显

闰

闰之	田闰
闰庵	邹澍

闲

闲存	蔡诚
闲舟	盛暟
闲庵	马通道
闲闲老人	赵秉文

间

间远	傅振苍
间村	何履和
间波老人	傅耜颖

闵

闵佩 …………………… 闵珮
闵源 …………………… 吴尊熹

灿

灿人 …………………… 汪绂
灿夫 …………………… 郑嗣侨
灿东 …………………… 莫际曙
灿如 …………………… 何大芳
灿若 …………………… 吴为晁
灿黄 …………………… 贺锦芳
灿章 …………………… 刘文焕②
灿章 …………………… 姚文藻
灿然 …………………… 应宗炌
灿然 …………………… 黄更新
灿镛 …………………… 谭华荪

灼

灼三 …………………… 杨元俊
灼三 …………………… 周仁昭
灼三 …………………… 聂汝俊

兑

兑山 …………………… 龙镇川
兑楣 …………………… 黄安泰
兑一斋 …………………… 蒋主善

冷

冷民 …………………… 曹燏
冷炉 …………………… 邓丕
冷痴 …………………… 陶煊

冶

冶风 …………………… 张耒
冶田 …………………… 金镕
冶成 …………………… 何梦釜
冶亭 …………………… 陈陶
冶愚 …………………… 陈邦贤

弟

弟父 …………………… 苗父

汪

汪珂 …………………… 汪鸣珂
汪烜 …………………… 汪绂

汪光大 …………………… 汪椿

沅

沅青 …………………… 徐士銮
沅芳 …………………… 顾英

沛

沛仁 …………………… 汤溥
沛苍 …………………… 李泽溥
沛苍 …………………… 杨士霖
沛轩 …………………… 方雨恩
沛余 …………………… 胡再燧
沛泉 …………………… 吴文炳
沛亭 …………………… 董懋霖
沛然 …………………… 周国柱
沛然 …………………… 姚时安
沛然 …………………… 施沛
沛霖 …………………… 曹施周
沛寰 …………………… 王森澍

沤

沤花旧筑 …………………… 王梦翔

沚

沚村 …………………… 陶煦

沙

沙南 …………………… 金钧
沙门洪蕴 …………………… 僧洪蕴
沙随先生 …………………… 程迥

沂

沂川 …………………… 周郐
沂公 …………………… 邬继思
沂阳生 …………………… 王文禄

沧

沧一 …………………… 朱柱
沧州 …………………… 曹元恒
沧阳 …………………… 刘文易
沧侯 …………………… 凌耀①
沧亭 …………………… 王桢
沧庭 …………………… 王泊
沧瀛 …………………… 周永基
沧洲翁 …………………… 吕复

飒

飒波 …………………… 任潮

汶

汶水 …………………… 谢涛

沈

沈元 …………………… 沈玄
沈仙 …………………… 沈与龄
沈江 …………………… 沈源
沈来 …………………… 沈耒
沈炳 …………………… 沈柄
沈真 …………………… 沈贞①
沈焘 …………………… 沈涛
沈琏 …………………… 沈珏
沈聋 …………………… 沈景凤
沈逸 …………………… 沈太冶
沈大冶 …………………… 沈太冶
沈以澄 …………………… 沈汉澄
沈承泽 …………………… 沈承
沈悦庭 …………………… 沈说庭

沁

沁如 …………………… 蒋廷秀
沁梅 …………………… 黄福申

沇

沇东 …………………… 王大济

完

完夫 …………………… 古朴
完石 …………………… 刘莹
完赤 …………………… 张兆元
完声 …………………… 叶日春
完甫 …………………… 刘全德
完初 …………………… 叶向春
完初 …………………… 胡邦旦
完彝 …………………… 叶同春

宋

宋臣 …………………… 王沇
宋洲 …………………… 徐士祺
宋翼 …………………… 宋爱人

宏

宏才	陈睿
宏义	曹士浃
宏中	林道飞
宏文	唐宗泰
宏本	郁宗
宏达	僧昌显
宏远	俞可镛
宏甫	刘光大①
宏甫	李贽
宏纲	陈会
宏泉	王修德
宏亮	郁寅
宏美	郁完
宏格	吴宏定
宏基	饶席上
宏禄	郁宜
宏源	何金璋
宏镇	周泰圻
宏济堂	杨奇浩

究

究箸	何履亨

良

良夫	陈士楷
良仁	石遜
良玉	金铨
良玉	钱瑛
良生	屈骏
良吉	程明佑
良有	陈念祖
良甫	陈自明
良佐	蒋斌
良佐	熊佑
良伯	马冠群
良武	薛铠
良范	沈鸿谟
良叔	王朝弼
良哉	陈元凯
良贵	袁仁
良侯	卢冶
良庵	蔡兆骐
良辅	李廷杨
良辅	崔杰
良辅	程明助
良弼	李汝霖
良模	吴钊森
良璨	王良灿
良士堂	陈尚恒

启

启人	张秉乾
启人	秦丕烈
启元	王开①
启元	何楷
启元	法履端
启云	王一鹏
启文	孙奎
启文	朱大涣
启文	何出图①
启东	何应佐
启东	周南②
启东	盛寅
启东	黄升
启白	沈中旭
启后	刘成玑
启宇	蒲辅周
启明	马应勋
启明	王树德
启明	李昶
启明	沈好问
启明	姚旸
启明	詹逢曙
启周	冯志铉
启厚	刘成玑
启泰	石涵玉
启悦	李能敬
启常	张志奭
启绥	汪祖坤
启敬	冷谦
启源	何春生
启源	薛学敏
启蔚	唐廷举
启赞	李能谦①
启玄子	王冰
启麟堂	金坚

诂

诂林精舍	丁福保

评

评花馆主	陈葆善

识

识之	杨学典

词

词垣	谭炳墉

诒

诒亭	沈庆修

社

社昂	罗嘉珪

补

补之	士衮
补之	何长治
补臣	黄寿衮
补莘	僧明瑞
补亭	山石峰
补斋	陈锡麒①
补堂	陈协埙
补堂	景炼之
补庵	张崇僳
补榆	何承耀
补楼	邵纶锦
补樵	董说
补拙斋	林起龙
补唇先生	洪涛

初

初平	凌绂曾
初吉	吴允升
初阳	程文格

君

君一	王传位
君与	顾荣惠
君山	沈自东
君长	马心融
君升	顾逢伯
君从	黄云龙
君玉	吴良贵
君平	朱有治

君平	……………	毕懋襄
君平	……………	黄良衡
君由	……………	龙金门
君旦	……………	何家彦
君用	……………	朱绩
君用	……………	韩政
君立	……………	杨应选
君永	……………	朱绩
君召	……………	沈廷对
君协	……………	孙奏雅
君达	……………	封衡
君扬	……………	蔡永烈
君任	……………	朱廷政
君安	……………	何汝景
君异	……………	董奉
君寿	……………	敖继翁
君进	……………	何汝暹
君佐	……………	吴邦宪
君怀	……………	徐憙
君诒	……………	陈颐寿
君灵	……………	董凤翀
君茂	……………	吴森
君贤	……………	刘献廷
君明	……………	何汝晁
君明	……………	京房
君牧	……………	周谦
君和	……………	宋和
君宝	……………	白珪
君宝	……………	张三丰
君实	……………	叶昌秀
君实	……………	司马光
君实	……………	程志荫
君实	……………	潘承隽
君荣	……………	何光启
君显	……………	史仕
君显	……………	郑名卿
君选	……………	马朝聘
君信	……………	吴冕
君美	……………	张世华
君栗	……………	何惺
君卿	……………	刘世荣
君卿	……………	杨庸
君卿	……………	楼护
君宾	……………	李梦龙
君调	……………	何鉴
君调	……………	张元鼎

君辅	……………	朱佐
君辅	……………	许宸
君辅	……………	何从台
君辅	……………	张翼①
君略	……………	曹六韬
君望	……………	程建勋
君寅	……………	秦东旸
君惠	……………	王廷爵
君敬	……………	程邦贤
君揆	……………	谈维曾
君鼎	……………	王国器
君谟	……………	何文显
君弼	……………	秦国栋
君弼	……………	郭宗皋
君强	……………	武诩
君聘	……………	王尚滨
君颖	……………	钱国宾
君璋	……………	王珪
君奭	……………	尹隆宾
君默	……………	何汝旭
君赞	……………	董勖
君巍	……………	陶端雍

灵

灵川	……………	杜钟英
灵石	……………	陈元犀
灵田	……………	冯心耕
灵芝	……………	邓来芝
灵先	……………	叶珠飞
灵羽	……………	陈锦鸾
灵甫	……………	郭毓秀
灵泉	……………	苏廷琬
灵胎	……………	徐大椿
灵渚	……………	郑全望
灵稚	……………	吴人驹
灵简	……………	吴简
灵兰馆	……………	朱济川
灵兰馆	……………	范路
灵邱王	……………	朱逊烇
灵觋侯	……………	邝彤
灵石山人	……………	皇甫嵩

即

即空	……………	僧绍钟
即睦	……………	郑应龙

张

张纶	……………	张伦②
张泰	……………	张士奇
张涣	……………	张锐
张通	……………	张三丰
张鸾	……………	张銮
张翊	……………	张琦②
张遂	……………	僧一行
张元通	……………	张允通
张太素	……………	张去非
张易水	……………	张元素
张和菜	……………	张龢菜
张邈遢	……………	张三丰

改

改之	……………	苏正西
改斋主人	……………	支秉中

迟

迟卿	……………	吴春照
迟悔轩	……………	谭能受

陆

陆村	……………	丁永荣
陆昌	……………	陆瘦燕
陆岩	……………	陆晔
陆海	……………	向廷赓
陆聋	……………	朱宁
陆超	……………	陆志远
陆蒙	……………	陆厚
陆沈子	……………	李塞翁
陆道元	……………	陆道光

际

际三	……………	张时杰
际升	……………	蔡云龙
际可	……………	赵守国
际可	……………	廖人奉
际昌	……………	刘景太
际昌	……………	孙景会
际明	……………	刘文开
际泰	……………	于运康
际唐	……………	马景周
际唐	……………	程立勋
际康	……………	孙丰年

八画

青槐	……	薛仁附
青溪	……	朱琳
青溪	……	沈国柱
青墅	……	戴承澍
青霞	……	沈登阶
青螺	……	郭奎
青藜	……	刘作栋
青藜	……	程树
青芝堂	……	黄履暹
青芸斋	……	唐廷翊
青莲居	……	徐廷玑
青溪子	……	汪琥
青瑶轩	……	刘默
青霏子	……	龙柏
青霞子	……	苏元明
青山学士	……	陶承熹
青牛居士	……	封衡
青年庵主	……	傅山
青城山人	……	王璲
青城山人	……	张太素①
青城山人	……	罗仲光
青萝山人	……	何克谏
青萝庵主	……	胡光斗
青萝道人	……	何谏
青溪钓叟	……	郝伯常
青溪草堂	……	宋武

表

| 表圣 | …… | 田锡① |

环

环山	……	许梦熊
环山	……	李玉峰
环英	……	李廷璧
环洲	……	徐士进
环海	……	陈有统
环溪	……	周保珪
环溪	……	胡仲伟

规

| 规中 | …… | 龚时周 |
| 规源 | …… | 梁序璇 |

武

| 武子 | …… | 郑克 |
| 武园 | …… | 朱以义 |

武

武周	……	马世雍
武定	……	钱惟演
武承	……	戴烈
武绍	……	丁宪祖
武昭	……	陆承祖
武桥	……	王应华①
武烈	……	陈文斌
武卿	……	何克绳
武卿	……	何烈
武曹	……	朱彬②
武惟	……	孙扬美
武林居士	……	郎简
武林遁叟	……	严燮
武陵山人	……	顾观光

坤

坤仪	……	袁黄
坤行	……	法谦益
坤安	……	吴贞
坤甫	……	何应载
坤载	……	黄元御
坤盘	……	苏云旋
坤源	……	何聚奎

坦

坦公	……	冯乾泰
坦宁	……	焦耿芳
坦庵	……	张廷玉
坦旋	……	胡履吉
坦溪	……	李朝珠
坦溪	……	施令闻

者

| 者相 | …… | 闻忠 |
| 者香 | …… | 王兰 |

巫

| 巫方 | …… | 巫妨 |

幸

| 幸农 | …… | 王伊乐 |

其

其玉	……	赵之琪
其吉	……	高鸿逵
其光	……	江梦熊

其

其言	……	何克谏
其言	……	徐敏行
其杰	……	聂云台
其南	……	应侣笙
其相	……	任钰
其通	……	何从政
其清	……	陆潺
其渊	……	庄心鉴
其琢	……	章成器
其箴	……	金铭之

取

| 取益 | …… | 孙耒 |
| 取庵 | …… | 范逢源 |

昔

| 昔公 | …… | 闵钺 |
| 昔棠 | …… | 顾铭 |

直

直之	……	陈谏
直夫	……	王万敬
直夫	……	黄寅清
直公	……	何浩
直方	……	郑人榘
直心	……	叶德辉
直甫	……	刘思道
直若	……	郭可举
直哉	……	戈颂平
直哉	……	何侃
直斋	……	邬有坦
直斋	……	陈振孙
直斋	……	陈赞图
直清	……	方寅

若

若水	……	曹无极
若水	……	程序
若舟	……	朱占春
若冲	……	丁天吉
若农	……	李文田
若轩	……	马昂
若旸	……	庄履严
若谷	……	周坦
若谷	……	胡先容
若雨	……	董说

若松	何云鹤	茂堂	郭森	**茅**	
若周	戴赞文	茂堂	潘元森	茅山处士	刘词
若始	朱世溶			**杰**	
若始	朱榕	**苹**			
若思	胡俨	苹洲	陆清泰	杰士	翁倬
若泉	方徽			杰臣	何廷俊
若亭	李时白	**英**		杰亭	俞仲
若济	徐大楫	英三	张嗣灿	**述**	
若洲	杜严	英士	何灿①		
若遄	曾居渐	英白	夏云集	述民	顾悭
若虚	何实	英男	李梦月	述尼	李际斯
若虚	陈实功	英叔	涂世俊	述尧	王德续
若虚	徐栿	英建	颜国采	述先	卫公孙
若庵	陈煜	英豪	张武魁	述孝	杨学典
若庵	郑孚成	英翰	郑大忠	述园	张允桢
若瑛	朱鸿雪	英国公	李勣	述岐	冯缵圣
若蒙	周泉			述宗	何灿①
若虞	鲍宗益	**苓**		述孟	董养大
若愚	朱乐虞	苓友	汪琥	述泉	饶士守
若愚	姚朝奎	苓田	沈露	述祖	李绳检
若愚	夏树常			述卿	李棠
若廉	张廷锷②	**苑**		述斋	吴鸾
若溪	郑承瀚	苑卿	徐士銮	述庵	何九传
若璞	蔡珽			述庵	何之炪
若霖	靳鸿绪	**范**		述庵	陈颖
若衡	丁天吉	范文	罗名模	述庵	舒时浩
若山居	张守坚	范如	秦锁	述然	任步青
若山居	姚大春	范如	钱安②	述曾	何廷铨
茂		范适	范行准	**林**	
		范卿	江宗模		
茂之	叶时隆	范仁荣	吴仁荣	林一	王桂青
茂之	刘至临	范东阳	范汪	林一	罗绍芳
茂之	张松	范志斋	吴亦飞	林一	雷攀桂
茂弘	陈淳白	范德诚	吴德诚	林山	王凤梧
茂先	刘祀	**苾**		林元	林阮
茂先	张华			林发	余志宁
茂先	程从周	苾斋	吴辅	林茜	张以恺
茂时	周易	**苐**		林洪	王维德
茂良	张春榜			林屋	任度②
茂林	王逢年	苐庭	鲍增祚	林倩	张以恺
茂林	徐崇冕	**苕**		林嶝	唐大烈
茂林	葛林			林寨	董说
茂林	僧普门	苕夫	马光灿	林佩琴	林珮琴
茂拱	叶应辰	苕东逸老	林之翰	林屋山人	王维德
茂亭	罗定昌	苕溪漫士	华南田	林屋山人	陆懋修
茂堂	何炳椿	苕雪逸仙	赵金		

八画

叔

叔九 ·············	傅守德
叔大 ·············	胡德完
叔大 ·············	郭化龙
叔大 ·············	盛宏
叔上 ·············	陆鲲化
叔子 ·············	杨惟正
叔开 ·············	陈启胤
叔元 ·············	陈家璋
叔云 ·············	钱襄
叔文 ·············	阮炳
叔文 ·············	阴国华
叔正 ·············	马中
叔正 ·············	赵士端
叔正 ·············	崔季舒
叔旦 ·············	陈景魁
叔永 ·············	张三锡
叔权 ·············	王执中①
叔达 ·············	萧衍
叔贞 ·············	王章祖
叔刚 ·············	何士方
叔问 ·············	郑文焯
叔安 ·············	丁履豫
叔安 ·············	王朝宪
叔阳 ·············	韩文晔
叔如 ·············	李暲
叔来 ·············	文晟
叔来 ·············	艾晟
叔坚 ·············	欧阳植
叔旸 ·············	韩文晔
叔言 ·············	罗振玉
叔怀 ·············	邹庆瑜
叔启 ·············	王开①
叔范 ·············	丁文策
叔固 ·············	李邦宁
叔明 ·············	陈镜
叔明 ·············	袁日启
叔和 ·············	王熙
叔和 ·············	黄子顺
叔夜 ·············	嵇康
叔宗 ·············	高宾
叔承 ·············	张三锡
叔绍 ·············	徐嗣伯
叔经 ·············	王真
叔度 ·············	连斗山

叔音 ·············	俞兆晟
叔珙 ·············	徐枢
叔夏 ·············	许琏
叔莹 ·············	冯水
叔莹 ·············	冯汝玖
叔卿 ·············	李文渊
叔卿 ·············	武之望
叔陵 ·············	熊庆笏
叔能 ·············	戴良
叔通 ·············	郑达
叔琏 ·············	沈簹
叔培 ·············	曹心怡
叔梧 ·············	应昌魁
叔诚 ·············	李芑
叔敬 ·············	马肃
叔游 ·············	何昌鋑
叔简 ·············	吕坤②
叔廉 ·············	郎简
叔蕴 ·············	罗振玉
叔衡 ·············	陈维枚

歧

歧伯 ·············	岐伯

肯

肯之 ·············	劳梦鲤

卓

卓人 ·············	周纪常
卓尔 ·············	曾尚立
卓如 ·············	王道立
卓吾 ·············	李贽
卓吾 ·············	俞伟
卓甫 ·············	韩德基
卓泉 ·············	安增
卓亭 ·············	朱正立
卓庵 ·············	钟魁伦
卓雅 ·············	沈笠舫
卓然 ·············	薛立志
卓溪叟 ·············	夏鼎

虎

虎文 ·············	罗炳
虎臣 ·············	叶藩宣
虎臣 ·············	吴曾
虎臣 ·············	钟天奇

虎臣 ·············	黄廷爵

典

典真 ·············	陶仲文

贤

贤本 ·············	陈治道
贤庆 ·············	程鑫
贤甫 ·············	萧允祯
贤佐 ·············	岳天祐
贤真 ·············	丁肇钧

迪

迪三 ·············	徐盘铭
迪夫 ·············	何元康
迪吉 ·············	王允惠
迪芳 ·············	周必达
迪甫 ·············	闵思启
迪翁 ·············	何元吉
迪庵 ·············	僧性间
迪善 ·············	何鼎祥

尚

尚义 ·············	金忠
尚凡 ·············	吴绍礼
尚之 ·············	陶华
尚之 ·············	顾观光
尚文 ·············	陶华
尚正 ·············	周南①
尚古 ·············	潘赟
尚本 ·············	萧守身
尚仲 ·············	周士先
尚用 ·············	李果
尚先 ·············	吴樽
尚志 ·············	邹云秋
尚志 ·············	鲍曾
尚声 ·············	陈铿韶
尚岐 ·············	陈忠
尚质 ·············	唐朴
尚宜 ·············	郑镒
尚选 ·············	刘乙铨
尚宾 ·············	杨光国
尚纲 ·············	尚纲
尚彬 ·············	杨文忠
尚龄 ·············	唐椿
尚慧 ·············	徐忕忕

八画

尚雅斋 …………………… 高濂
尚友山人 ………………… 洪天锡

具

具瞻 …………………… 金澍

昙

昙华书屋 ………………… 鲍增祚

果

果育 …………………… 孙华
果亭 …………………… 焦若钧
果哉 …………………… 高隐
果斋 …………………… 高隐
果堂 …………………… 沈彤

呆

呆庭 …………………… 姜森玉

昆

昆山 …………………… 阮泰珵
昆山 …………………… 郭士珩
昆山 …………………… 潘珆瑾
昆冈 …………………… 朱良玉①
昆冈 …………………… 张琪
昆台 …………………… 熊有源
昆光 …………………… 汪熊
昆池 …………………… 季浩
昆池 …………………… 郑永亨
昆阳 …………………… 李炽
昆秀 …………………… 谢玉琼
昆和 …………………… 范成钰
昆南 …………………… 张岗
昆圃 …………………… 吕西锋
昆圃 …………………… 江之源
昆圃 …………………… 李万春
昆润 …………………… 朱琳
昆湘 …………………… 刘世祯
昆源 …………………… 何潊
昆璧 …………………… 侯周臣

国

国本 …………………… 张四维①
国光 …………………… 王来宾
国光 …………………… 孙国籹
国华 …………………… 李序礼

国华 …………………… 金世英
国华 …………………… 钱养庶
国任 …………………… 郑任
国兴 …………………… 江祥
国芳 …………………… 郑之兰
国良 …………………… 汪从善
国良 …………………… 鲍同仁
国英 …………………… 冯大章
国昌 …………………… 宋安道
国宝 …………………… 安藏
国宝 …………………… 姜玉玺
国宝 …………………… 彭舜安
国珍 …………………… 陈虬
国荣 …………………… 夏云
国栋 …………………… 杨皓
国柱 …………………… 曹正朝
国持 …………………… 张维
国峤 …………………… 郑应瀛
国香 …………………… 李邦兰
国香 …………………… 邵兰荪
国信 …………………… 史宝
国俊 …………………… 张肇文
国顺 …………………… 易山
国流 …………………… 廖彦昭
国祥 …………………… 王臣儌
国基 …………………… 郑钟潮
国章 …………………… 陈文治
国望 …………………… 方圣德
国维 …………………… 朱二
国登 …………………… 郑应瀛
国瑞 …………………… 王迪
国瑞 …………………… 韩公麟
国源 …………………… 何之炎
国肇 …………………… 强启珍
国器 …………………… 吴镕
国器 …………………… 赵天用
国器 …………………… 袁如琏
国馨 …………………… 顾兰服

昌

昌文 …………………… 丘士任
昌宇 …………………… 贺廷栋
昌甫 …………………… 顾绍芬
昌伯 …………………… 华埙
昌治 …………………… 何长治
昌宗 …………………… 施存善

昌基 …………………… 程东贤
昌期 …………………… 李文来
昌道 …………………… 陈名标
昌龄 …………………… 袁大同
昌龄 …………………… 袁开昌

易

易生 …………………… 方秀广
易安 …………………… 从所好
易安 …………………… 周颐
易直 …………………… 旷处良
易庵 …………………… 卢和
易庵 …………………… 胡其重
易简 …………………… 陈淳白
易简 …………………… 周诗②
易安斋 …………………… 赵济和
易画轩 …………………… 王学浩
易窗道人 ………………… 强健

昂

昂干 …………………… 沈廷魁
昂夫 …………………… 顾颛
昂若 …………………… 沈谔

畅

畅园 …………………… 刘莱
畅秋 …………………… 吉勒罕
畅斋 …………………… 张鹤书

旺

旺昌 …………………… 毕恒兴

明

明三 …………………… 陆拱台
明上 …………………… 周宗林
明川 …………………… 许水华
明川 …………………… 陈应熊②
明之 …………………… 刘汝耀
明之 …………………… 孙权
明之 …………………… 李杲
明之 …………………… 汪元亮
明之 …………………… 谷杲
明卫 …………………… 曹国祯
明夫 …………………… 何诚豫
明止 …………………… 沈人文
明古 …………………… 屈遵德

明可 ……………… 余登孙	明善 ……………… 郭德孙	鸣岐 ……………… 潘凤彩
明生 ……………… 沈时誉	明善 ……………… 黄鉴①	鸣时 ………………… 俞凤
明台 ……………… 施永图	明道 ……………… 王去执	鸣钧 ……………… 吴金寿
明扬 ……………… 陈仲常	明德 ………………… 何遏	鸣举 ……………… 张文左
明仲 ………………… 葛哲	明德 ………………… 易升	鸣洲 ……………… 丁九皋
明江 ……………… 何汝晸	明志堂 …………… 曹垂璨	鸣峰 ……………… 徐文弼
明阶 ……………… 向著道		鸣皋 ……………… 何应佐
明羽 ………………… 朱练	**固**	鸣皋 ……………… 喻鹤松
明远 ………………… 江喆	固知 ……………… 王达天	鸣球 ……………… 钱景虞
明远 ……………… 张宗恒	固亭 ……………… 吴正封	鸣梧 ……………… 何凤瑞
明远 ………………… 李存	固庵 ……………… 何坚德	鸣瑞 ……………… 陈凤起
明远 ………………… 李昉	固穷山叟 …………… 刘祀	鸣虞 ……………… 浦天球
明远 ……………… 李治民		鸣銮 ……………… 何士镆
明远 ……………… 罗玉亮	**图**	鸣韶 ……………… 邹志夔
明远 ………………… 晁迥	图远 ……………… 张宏业	鸣韶 ……………… 焦若钧
明远 ………………… 魏鉴	图南 ………………… 陈抟	鸣寰 ……………… 汝可霆
明甫 ……………… 郑汝炜	图南 ……………… 喻化鹏	
明甫 ………………… 郑熙	图欲 ……………… 耶律倍	**咏**
明甫 ……………… 柴彦升		咏陔 ……………… 黎佩兰
明吾 ……………… 苏万民	**黾**	咏春 ……………… 汪宗沂
明轩 ……………… 黄永清	黾涛 ………………… 何漳	咏清 ……………… 朱音恬
明旸 ……………… 陆道光		咏清 ……………… 沙用庚
明旸 ……………… 胡启宗	**味**	咏植 ……………… 顾成章
明我 ………………… 赵全	味先 ……………… 吴道淳	咏楼 ……………… 沈人文
明伯 ……………… 何十哲	味农 ……………… 应遵海	咏月诗巢 ………… 杨继航
明君 ……………… 许昭②	味泉 ………………… 丁胜	
明叔 ………………… 张炳	味胆 ……………… 刘于灿	**忠**
明径 ……………… 王之政	味根 ……………… 赵彦晖	忠介 ……………… 邹元标
明周 ……………… 杨一苍	味霞 ……………… 李世则	忠文 ………………… 范镇
明学 ………………… 吕讲	味退居 …………… 黄世荣	忠可 ………………… 徐彬
明经 ………………… 吕读	味义根斋 ………… 张继烜	忠安 ………………… 胡溁
明侯 ……………… 祝道行	味芝居士 …………… 陈顼	忠武 ………………… 李勣
明起 ……………… 黄汝良	味根草堂 ………… 赵彦晖	忠定 ……………… 张延登
明哲 ……………… 廖安十		忠肃 ………………… 陈瑾
明息 ……………… 程邦学	**鸣**	忠叟 ……………… 刘次庄
明卿 ……………… 何从政	鸣九 ……………… 许鹤年	忠宪 ……………… 许国桢
明卿 ………………… 沈琳	鸣九 ………………… 金鹤	忠烈 ……………… 文彦博
明卿 ……………… 程霁春	鸣山 ……………… 何之炎	忠隐 ……………… 葛怀敏
明斋 ……………… 许昭②	鸣久 ……………… 丁鹗起	忠惠 ………………… 刘词
明理 ……………… 钦允恭	鸣冈 ……………… 王凤梧	忠献 ………………… 爱薛
明理 ……………… 谢文选	鸣冈 ……………… 潘王格	忠献 ………………… 韩琦
明庵 ………………… 薛灿	鸣玉 ……………… 汪时珂	忠简 ………………… 程辉
明章 ……………… 朱同焕	鸣仲 ……………… 萧云煓	忠毅 ………………… 祁宰
明章 ………………… 孙照	鸣岐 ……………… 李凤昌	忠穆 ……………… 李元②
明韩 ……………… 叶舒嵩	鸣岐 ……………… 陈凤佐	忠穆 ……………… 杨元直
明雅 ……………… 董一麟	鸣岐 ……………… 曹启梧	忠顺药师 ………… 僧拳衡

季裘 …………………… 钱钦畴	岱瞻 …………………… 姜宗岳	佩玉 …………………… 倪枝维
季稚 …………………… 王幼孙		佩玉 …………………… 景瑞璇
季敷 …………………… 赵叔文	**臾**	佩玉 …………………… 蔡璐
季衡 …………………… 杨启凤	臾跗 …………………… 俞跗	佩占 …………………… 陈光昌
季衡 …………………… 贺钧		佩兰 …………………… 许树芳
季愚子 …………………… 蔡继周	**郎**	佩兰 …………………… 程毓芳
	郎园 …………………… 叶德辉	佩华 …………………… 陈椿年
秉		佩声 …………………… 顾昌朝
秉之 …………………… 程从钧	**阜**	佩苍 …………………… 江珩
秉中 …………………… 郑灿如	阜山 …………………… 朱鸿寿	佩芳 …………………… 龙柏
秉文 …………………… 阮怀清	阜南 …………………… 何二典	佩芳 …………………… 郑瑞兰
秉权 …………………… 潘必铁		佩玢 …………………… 陆咏媞
秉刚 …………………… 许修震	**侍**	佩玫 …………………… 李朝珠
秉辰 …………………… 薛宝辰	侍舟 …………………… 王师武	佩实 …………………… 朱殿华
秉赤 …………………… 余正宗		佩绅 …………………… 王殿标
秉直 …………………… 戴至经	**侗**	佩南 …………………… 王纪堂
秉枢 …………………… 曹洪钧	侗人 …………………… 管玉衡	佩侯 …………………… 程玙
秉和 …………………… 旷世儦	侗庵 …………………… 黄师法	佩珣 …………………… 陆咏娿
秉征 …………………… 曹荫南		佩卿 …………………… 璩路
秉钧 …………………… 方肇权	**侣**	佩章 …………………… 姜璃
秉黄 …………………… 蒋钺	侣三 …………………… 杨士杰②	佩游 …………………… 沈廷飓
秉常 …………………… 王经③	侣南 …………………… 陶懋敬	佩谦 …………………… 刘溶
秉常 …………………… 吕笋	侣樵 …………………… 郑济宽	佩文斋 …………………… 刘灏
秉廉 …………………… 黎祖怀	侣樵 …………………… 徐晋侯	
秉衡 …………………… 王学权	侣菊布衣 …………………… 雷丰	**侪**
秉衡 …………………… 朱士铨		侪鹤 …………………… 赵南星
秉彝 …………………… 戴世堃	**侃**	
	侃勤 …………………… 李宏金	**依**
竺		依之 …………………… 尤仲仁
竺生 …………………… 鲍晟	**侨**	依仁 …………………… 王一仁
竺岩 …………………… 谢本仑	侨山 …………………… 傅山	依仁 …………………… 唐持志
	侨如 …………………… 欧阳正谋	依吉 …………………… 赵学敏
岳	侨黄山 …………………… 傅山	
岳千 …………………… 支之麟	侨黄之人 …………………… 傅山	**伙**
岳夫 …………………… 周于蕃	侨黄老人 …………………… 傅山	伙弓 …………………… 薛隽
岳云 …………………… 申嵩阳	侨黄真山 …………………… 傅山	
岳生 …………………… 万嵩		**质**
岳甫 …………………… 吴芳	**佺**	质人 …………………… 郑寔
岳甫 …………………… 周于蕃	佺期 …………………… 汝先椿	质夫 …………………… 佟文斌
岳封 …………………… 方玉简		质夫 …………………… 陆炳义
岳溪 …………………… 陈文治	**佩**	质中 …………………… 车宗辂
岳瞻 …………………… 费国祚	佩之 …………………… 张书绅	质中 …………………… 曾辂
岳麓 …………………… 蒋励常	佩夫 …………………… 何玉	质仙 …………………… 石水樵
	佩文 …………………… 叶炳林	质行 …………………… 范采成
岱	佩六 …………………… 殷恭壬	质卿 …………………… 尹时辂
岱燊 …………………… 陈秀森	佩玉 …………………… 卢乃仑	质卿 …………………… 王文成

八画

狎

狎鹤轩 ·············· 黄格物

匊

匊生 ·············· 陈廷儒

饲

饲鹤亭 ·············· 凌奂
饲鹤山人 ·············· 尤怡

饴

饴庵 ·············· 徐养源

京

京门 ·············· 郭守畿
京元 ·············· 何澪
京文 ·············· 邓焱
京叔 ·············· 刘祁
京惠 ·············· 李义如

庖

庖牺 ·············· 伏羲

庚

庚三 ·············· 石巽吉
庚生 ·············· 吴平格
庚延 ·············· 费椿龄
庚垣 ·············· 筥鉴
庚香 ·············· 徐天麟
庚堂 ·············· 王官彦
庚谟 ·············· 郑溶
庚虞 ·············· 魏荔彤
庚村书屋 ·············· 周如春

废

废翁 ·············· 刘邦永

疢

疢侬 ·············· 余天遂

郊

郊川 ·············· 丘渊度
郊倩 ·············· 程应旄

放

放翁 ·············· 陆游
放鹇亭 ·············· 李延昰

育

育万 ·············· 曹德泽
育万 ·············· 彭必化
育之 ·············· 周英
育生 ·············· 吴仁培
育泉 ·············· 何銮
育庭 ·············· 潘玉庭
育真 ·············· 苟镒
育庵 ·············· 俞坚
育龄 ·············· 杨和
育溪 ·············· 曾世荣
育群 ·············· 黄鳌

性

性之 ·············· 张元善
性天 ·············· 薛承基
性宇 ·············· 邹易道
性如 ·············· 张龢荣
性轩 ·············· 马庆余
性初 ·············· 游从善
性易 ·············· 戴笠①
性斋 ·············· 刘秉德

怡

怡山 ·············· 郑吉
怡山 ·············· 郑济
怡云 ·············· 王文镕
怡云 ·············· 何炫
怡冈 ·············· 王大纶
怡朴 ·············· 王耀
怡江 ·············· 何克绍
怡杏 ·············· 袁祥
怡谷 ·············· 江桢
怡谷 ·············· 徐亮
怡青 ·············· 李大才
怡柯 ·············· 余锵
怡亭 ·············· 边佑三
怡闻 ·············· 夏廷秀
怡真 ·············· 姚球
怡晚 ·············· 沈廛
怡庵 ·············· 沈志裕

怡庵 ·············· 张希文
怡荦 ·············· 沈志裕
怡然 ·············· 鲁璜
怡老翁 ·············· 张希文
怡怡庄 ·············· 李廷淦
怡养斋 ·············· 梅光鼎
怡晚楼 ·············· 徐季东

炎

炎帝 ·············· 神农
炎瑞 ·············· 刘梦飙

郑

郑扞 ·············· 王仁俊
郑受 ·············· 薛受
郑晖 ·············· 郑都
郑谊 ·············· 郑镒
郑堂 ·············· 周中孚
郑镕 ·············· 郑溶
郑广文 ·············· 郑虔
郑树圭 ·············· 郑树珏

学

学山 ·············· 陈佑槐
学山 ·············· 姜宗岳
学山 ·············· 钦允恭
学山 ·············· 徐时进
学川 ·············· 凌凤仪
学古 ·············· 丁敉
学古 ·············· 陈民瞻
学礼 ·············· 章可闻
学成 ·············· 孙泰溶
学成 ·············· 曾光
学优 ·············· 马聘登
学廷 ·············· 潘登云
学舟 ·············· 汪光爵
学如 ·············· 吴景星
学轩 ·············· 陈绍诗
学汾 ·············· 王兆鳌
学波 ·············· 姚文涛
学参 ·············· 王三才
学祖 ·············· 彭子惠
学耕 ·············· 何云鹤
学获 ·············· 许宏训
学乘 ·············· 章炳麟
学效 ·············· 方勉

学海	……………………	邵一仕
学海	……………………	袁黄
学海	……………………	殷启浤
学庵	……………………	何修业
学庵	……………………	沈宗学
学渊	……………………	傅存仁
学滋	……………………	傅存仁
学愚	……………………	侯鹄
学古堂	……………………	赵炳融
学仙子	……………………	程一了
学董堂	……………………	钱懋龄
学正道人	……………………	萧福庵
学圃老人	……………………	戴人龙

法

法卫	……………………	姚僧垣
法古	……………………	僧文佩
法谷	……………………	罗健亨
法峻	……………………	崔囧
法野	……………………	胡邦旦

泄

泄如	……………………	沈觉香

河

河东先生	……………………	黄光陆
河间居士	……………………	刘完素

泗

泗传	……………………	柴鲁儒
泗泉	……………………	谢廷麒
泗斋	……………………	周世教
泗庵	……………………	岳昌源
泗源	……………………	陶本学

泠

泠善草堂	……………………	蔡文朴

注

注礼堂	……………………	戴绪安

泮

泮芹	……………………	欧阳梅

泳

泳吾	……………………	翟广涵
泳楼	……………………	沈起凤

泥

泥穷野人	……………………	杜亦衍

波

波及	……………………	孙沐恩

泽

泽山	……………………	刘咸
泽之	……………………	江曲春
泽丰	……………………	陈国坦
泽民	……………………	过龙
泽臣	……………………	黄毓恩
泽如	……………………	何鸿恩
泽轩	……………………	程观澜
泽明	……………………	李国龙
泽卿	……………………	徐沛
泽覃	……………………	钟霖润
泽辉	……………………	方润
泽普	……………………	刘有余
泽普	……………………	李春泰
泽漪	……………………	魏晋锡

治

治平	……………………	朱荣国
治平	……………………	周浩
治平	……………………	徐国义
治表	……………………	李朝正
治斋	……………………	董勤
治堂	……………………	范安国
治庵	……………………	李文锦

泑

泑山	……………………	陆齐寿

宝

宝三	……………………	吴元禧
宝山	……………………	王金发
宝山	……………………	程珽
宝门	……………………	邓金璧
宝之	……………………	金玉振
宝书	……………………	王德森
宝田	……………………	胡钟粟
宝臣	……………………	黄钰
宝陇	……………………	何昌畴
宝林	……………………	王淮
宝南	……………………	姚炜琛
宝香	……………………	沈棻
宝卿	……………………	席光裕
宝瑜	……………………	何昌期
宝儒	……………………	黄福珍
宝衡	……………………	何承泮
宝滕处	……………………	邹道鲁
宝善老人	……………………	杜思敬

宗

宗大	……………………	黄畿
宗川	……………………	杜生南
宗卫	……………………	吴景
宗仁	……………………	严元
宗文	……………………	施文彬
宗尹	……………………	卢志
宗玉	……………………	陆琮
宗正	……………………	谭大中
宗立	……………………	熊均
宗礼	……………………	何九经
宗发	……………………	张圣源
宗台	……………………	何汝阈
宗吉	……………………	瞿祐
宗伦	……………………	蒋主孝
宗江	……………………	何炽
宗阳	……………………	朱永明
宗阳	……………………	夏戚
宗远	……………………	严震
宗岐	……………………	叶志道
宗岐	……………………	曹振业
宗序	……………………	刘伦
宗武	……………………	许嘉谟
宗承	……………………	余述祖
宗孟	……………………	郑之郊
宗厚	……………………	刘纯①
宗起	……………………	楼衮
宗夏	……………………	张起校
宗夏	……………………	喻恭校
宗海	……………………	吴德汉
宗理	……………………	陈经
宗梅	……………………	薛凤
宗常	……………………	沈廛
宗望	……………………	楼师儒
宗鼎	……………………	李恃
宗鲁	……………………	朱儒

宗鲁 ……	李圣传
宗道 ……	帅仍祖
宗道 ……	刘自成
宗道 ……	许宏
宗道 ……	吴鉴①
宗道 ……	黄师法
宗裔 ……	何九传
宗源 ……	何以锦
宗源 ……	何金瑄
宗源 ……	何浚
宗鬻 ……	袁宗矞
宗德 ……	帅念祖
宗德 ……	何溥②
宗颜 ……	王德魁
宗儒 ……	朱崇正
宗器 ……	何璊②
宗器 ……	周鼎②
宗儒 ……	周文翰
宗濂 ……	俞恒龙
宗衡 ……	求澧
宗衡 ……	程伊
宗藩 ……	陈大鹏
宗耀 ……	季承桃
宗真子 ……	刘完素

定

定 ……	朱楧
定九 ……	王鼎
定之 ……	方中②
定中 ……	胡庆容
定生 ……	徐礼堂
定民 ……	臧中立
定宇 ……	羊金晖
定宇 ……	赵用贤
定远 ……	江必昌
定甫 ……	张明征
定孚 ……	凌可曾
定波 ……	王作楫
定真 ……	僧道安
定圃 ……	陆以湉
定娴 ……	钱韫素
定斋 ……	叶达
定楷 ……	戴元枚
定定子 ……	王维德
定禅生 ……	朱若木
定静轩 ……	胡巨瑗

宜

宜士 ……	吴正樵
宜之 ……	王得福
宜生 ……	郭琬
宜民 ……	何世义
宜园 ……	吴大椿
宜甫 ……	马钰
宜村 ……	钱锡畹
宜园 ……	董芝茂
宜亭 ……	文晟
宜亭 ……	缪遵义
宜蛮 ……	吴瑄

审

审元 ……	唐慎微

官

官业 ……	陈于宿
官应 ……	郑观应

宛

宛仙 ……	翟聃
宛邻 ……	张琦②
宛初 ……	叶必传

实

实夫 ……	王日秀
实夫 ……	卢思诚
实夫 ……	朱桂华
实夫 ……	沈果之
实夫 ……	陈鄂
实轩 ……	齐能之
实秋 ……	徐逢年
实斋 ……	李正瑜
实堂 ……	张去非
实庵 ……	何家坤
实庵 ……	杨志诚
实涵 ……	徐兆丰

宓

宓羲 ……	伏羲

空

空谷 ……	僧景隆
空空子 ……	瞿中溶

空空叟 ……	瞿中溶

肩

肩仁 ……	鲁学舆

诗

诗怀 ……	陈楚湘
诗樵 ……	卢汉倬
诗樵 ……	邢伟
诗梦斋 ……	叶潜

诚

诚一 ……	李信龙
诚之 ……	徐天一
诚中 ……	何振实
诚生 ……	周之明
诚庄 ……	沈绎
诚甫 ……	徐忠
诚甫 ……	袁忱
诚甫 ……	黄至
诚求 ……	李宜卿
诚伯 ……	吴诚
诚叔 ……	王宗正
诚哉 ……	姚振家
诚思 ……	刘惠民
诚复 ……	何廷璋
诚斋 ……	全顺
诚斋 ……	李芳
诚斋 ……	何广
诚斋 ……	张仙礼
诚斋 ……	沈铦
诚斋 ……	郁维信
诚斋 ……	阎纯玺
诚斋 ……	葛朝用
诚斋 ……	舒寅
诚庵 ……	方如化
诚溥 ……	秦峕霖
诚履 ……	何寿彭
诚中子 ……	黄竹斋
诚求堂 ……	曾仲谦
诚庵野人 ……	王作肃

诜

诜元 ……	赵宜桂

诞

诞先 …………………… 张登

诠

诠生 …………………… 梅锦培

祉

祉庭 …………………… 王裕庆

视

视庵 …………………… 项睿

建

建川 …………………… 丘集勋
建中 …………………… 费启泰
建公 …………………… 赵奇
建阳 …………………… 林亦全
建甫 …………………… 王思中
建时 …………………… 吴成基
建武 …………………… 冯斌
建奇 …………………… 陈定国
建宗 …………………… 江维城
建勋 …………………… 吕震名
建勋 …………………… 张仙礼
建侯 …………………… 马永祚
建侯 …………………… 文功臣
建侯 …………………… 舒德辉
建亭 …………………… 成雄文
建常 …………………… 刘维经
建武居士 ……………… 程序

肃

肃中 …………………… 成瑾
肃岩 …………………… 何鸿
肃昭 …………………… 钟震②
肃卿 …………………… 卢维雍
肃卿 …………………… 吴汝纪
肃斋 …………………… 戴思恭
肃庵 …………………… 李守钦
肃庵 …………………… 陈亦保

录

录筠 …………………… 郑奉简

居

居之 …………………… 徐中安
居中 …………………… 王君迪
居仁 …………………… 吕本中
居密 …………………… 盛逮
居敬 …………………… 吴子扬
居敬 …………………… 吴行简
居敬堂 ………………… 朱厚煜

届

届远 …………………… 施应期

叕

叕庐处士 ……………… 汪宗沂

姑

姑射山人 ……………… 张果

始

始万 …………………… 童大钟
始中 …………………… 苏文广
始发 …………………… 温奎龙

驾

驾山 …………………… 郝同驭
驾垣 …………………… 唐学琦
驾瀛 …………………… 奚振鳌

参

参岐 …………………… 洪正立
参坡 …………………… 袁仁
参黄子 ………………… 吴崑

承

承三 …………………… 宋琳
承之 …………………… 沈子禄
承云 …………………… 何十翼
承予 …………………… 顾天宠
承业 …………………… 顾瞻乔
承庆 …………………… 王吉民
承志 …………………… 黄霁明
承怀 …………………… 钱象坰
承伯 …………………… 何光藻
承序 …………………… 董缵谱
承启 …………………… 张克振

承所 …………………… 黄光陆
承南 …………………… 徐馥
承垣 …………………… 许德基
承勋 …………………… 倪应弼
承保 …………………… 吴元禧
承侯 …………………… 蔡烈先
承绪 …………………… 程鸿烈
承源 …………………… 何开荣
承源 …………………… 李源
承模 …………………… 华秉麐
承裳 …………………… 席上锦
承淡安 ………………… 承澹盦

孟

孟今 …………………… 于风八
孟玉 …………………… 王璆
孟节 …………………… 张约
孟龙 …………………… 杨榜元
孟仙 …………………… 曹荫南
孟传 …………………… 张诗
孟伦 …………………… 吕屋
孟伦 …………………… 徐选
孟旭 …………………… 刘兆晞
孟安 …………………… 乔镇
孟阳 …………………… 李景旭
孟坚 …………………… 周镠
孟坚 …………………… 班固
孟劬 …………………… 张采田
孟言 …………………… 李诇
孟宏 …………………… 何俊
孟英 …………………… 王士雄
孟叔 …………………… 练谦
孟贤 …………………… 王之佐
孟和 …………………… 王若春
孟育 …………………… 林逢春
孟诚 …………………… 何振宇
孟思 …………………… 何高慰
孟勋 …………………… 黄钦先
孟侯 …………………… 毕懋康
孟敏 …………………… 何仪
孟亭 …………………… 毛浩
孟恂 …………………… 徐迪
孟养 …………………… 王学浩
孟高 …………………… 唐熙
孟容 …………………… 法绹
孟盛 …………………… 吕梦征

九　画

春

春山	沙福一	春林	吕夔	春风堂	赵铨	
春山	秦伯龙	春林	吴通②	春岩子	吴正伦	
春山	高羽成	春林	侯智元	春草堂	陈实孙	
春仁	张元鹏	春林	柳棽	春煦堂	何昌梓	
春水	方本恭	春雨	盛俌	春宇先生	邹士锜	
春水	张澹	春岩	李万轴	春到草庐	徐云藻	
春占	何锡龄①	春岩	郭星榆	春溪居士	王澜	
春田	王光甸	春和	金纯煦			
春田	何琏②	春治	张鉴	## 珀		
春田	房文实	春城	刘孔熠	珀峰隐叟	詹固维	
春田	陶浔霍	春泉	王沐			
春台	马载阳	春泉	王殿标	## 珍		
春台	张吾仁	春泉	李清俊	珍同	李钤	
春台	葛天民	春泉	戴因本	珍阁	陈宝光②	
春台	雷焕然	春亭	王上达	珍卿	王先聘	
春帆	姜士冠	春亭	邓暄			
春帆	廖先达	春亭	史大受	## 珊		
春江	李枝源	春洲	曹毓秀	珊林	许琏	
春宇	何文龙	春桥	张起麟	珊珂	方澍桐	
春农	宋言扬	春圃	江煜	珊洲	张翰②	
春农	夏云	春圃	汪纯粹			
春如	冯秉仁	春晖	李敷荣	## 封		
春如	潘纬	春舫	刘鸿恩	封五	高懋松	
春芳	袁开存	春卿	张杏林	封谷	朱颖	
春芳	郭朝魁	春浦	萧廷兰			
春甫	徐镕	春海	朱栋隆	## 政		
春来	严瑾	春堂	何其益	政甫	法文源	
春轩	邵应甲	春堂	张吾仁	政卿	施发	
春轩	贺岳	春笠	卓洽	政辉	龚应耀	
春园	何世英	春斋	陈宠			
春园	汪椿	春庵	袁东	## 赵		
春谷	王秋	春渠	何诒霈	赵炎	赵炳融	
春谷	朱若木	春渠	祝源	赵璧	王连成	
春谷	周右	春葆	宋向元	赵五老	赵淮	
春谷	赵炳融	春畲	薛凤三	赵康王	朱厚煜	
春谷	徐永全	春翔	史攀龙			
春沂	孟继孔	春窝	严锁	## 垣		
春环	许嘉庆	春暄	李荣滋	垣斋	周祯	
春坪	朱增惠	春溥	汪时泰			
春坡	范培贤	春溪	李含郁	## 某		
春若	郑光熙	春溪	范正瑜	某园	吴鸿銮	
春林	王士龙	春霆	罗永和			
		春墅	韦林芳	## 甚		
		春漪	程寅	甚远	许其仁	
		春樵	童邵			
		春霖	王吉士			

带

带存 …………………… 王远
带湖 …………………… 苏松
带经园 ………………… 龚振家

胡

胡云 …………………… 孟玮
胡青田 ………………… 胡春田
胡相明 ………………… 吴相明
胡庆余堂 ……………… 胡光墉

南

南山 …………………… 朱沣
南山 …………………… 朱松庆
南山 …………………… 沈明道
南山 …………………… 单养贤
南山 …………………… 雷大升
南川 …………………… 刘嘉谟
南夫 …………………… 魏杞
南云 …………………… 何栋
南冈 …………………… 沈衡
南孔 …………………… 程鹏程
南平 …………………… 赵守之
南吉 …………………… 倪士俊
南芎 …………………… 吴文澄
南屺 …………………… 孙荣台
南乔 …………………… 朱鉴
南行 …………………… 吴山②
南合 …………………… 吴荣照
南庄 …………………… 沈烈扬
南池 …………………… 谢宣
南阶 …………………… 郭星榆
南村 …………………… 徐继稚
南村 …………………… 陶宗仪
南村 …………………… 鲍恩
南轩 …………………… 连斗山
南轩 …………………… 翁介寿
南旸 …………………… 陆道光
南庐 …………………… 朱雕模
南庐 …………………… 陈经国
南峇 …………………… 程鹏程
南英 …………………… 吴朝翰
南昉 …………………… 沈琳
南金 …………………… 俞镒
南河 …………………… 倪清涟

南始 …………………… 周诗②
南珍 …………………… 朱时进
南垣 …………………… 胡先兆
南垣 …………………… 胡星煌
南洲 …………………… 李荪
南洲 …………………… 何云鹏
南洲 …………………… 徐允升
南宣 …………………… 孙铎
南宫 …………………… 何景适
南宫 …………………… 郭明威
南屏 …………………… 孙橹
南屏 …………………… 何红书
南屏 …………………… 何坚墉
南屏 …………………… 黄尝侯
南屏 …………………… 谢登
南桥 …………………… 朱钥
南皋 …………………… 邹元标
南斋 …………………… 程迥
南笙 …………………… 曹廉州
南渊 …………………… 胡廷用
南隐 …………………… 董焴
南瑛 …………………… 刘嗣宗
南棠 …………………… 苏廷荫
南辉 …………………… 史亦书
南景 …………………… 李宗焱
南湖 …………………… 余毓湘
南楼 …………………… 李玉
南暄 …………………… 任鼎炎
南溪 …………………… 吴德汉
南溟 …………………… 李步墀
南溟 …………………… 沈叔瑶
南熏 …………………… 方略
南熏 …………………… 黄凯钧
南潜 …………………… 董说
南方恒人 ……………… 周毓龄
南华散人 ……………… 蔡文朴
南园草堂 ……………… 顾颛
南金先生 ……………… 陈贵
南熏老人 ……………… 吴源

荆

荆山 …………………… 徐家梓
荆山 …………………… 薛崑
荆川 …………………… 唐顺之
荆岩 …………………… 许国珊
荆岩 …………………… 张盛璠

荆威 …………………… 周学霆
荆峰 …………………… 彭楚英
荆辉 …………………… 郑春回
荆溪 …………………… 王璧③
荆花书屋 ……………… 罗国纲

荐

荐廷 …………………… 曹家馨

苬

苬所馆 ………………… 李时珍

莐

莐夫 …………………… 黄丕烈
莐圃 …………………… 黄丕烈

草

草桥 …………………… 黄叔元
草堂 …………………… 赵与庆
草庵 …………………… 邢汕
草窗 …………………… 刘溥

茧

茧斋 …………………… 蔡烈先

荼

荼饮 …………………… 骆登高
荼荑老人 ……………… 洪牧人

荇

荇洲 …………………… 孟文瑞
荇塘 …………………… 庄程鹭
荇漪 …………………… 方璞

茶

茶坨 …………………… 吴煜
茶叟 …………………… 林昌彝
茶湾野史 ……………… 沈慧孙

荀

荀山 …………………… 汪梦兰
荀鹤 …………………… 张鉴

茗

茗生 …………………… 巴堂谊
茗庄 …………………… 蔡宗玉

茭

茭山 ·························· 吴球

荄

荄甫 ·························· 胡澍

荡

荡平 ·························· 童圣世

荣

荣九 ·························· 褚菊书
荣久 ·························· 何坚永
荣之 ·························· 聂宠
荣丰 ·························· 周第华
荣外 ·························· 施金川
荣光 ·························· 汤御龙
荣甫 ·························· 何子荣
荣甫 ·························· 陈兆翔
荣叔 ·························· 左继贤
荣京 ·························· 林启镐
荣学 ·························· 张恩
荣恩 ·························· 顾恩
荣庵 ·························· 程玙
荣渐 ·························· 黎鸿盘
荣棠 ·························· 管宝智
荣简 ·························· 盛端明
荣魁 ·························· 帅仁寿
荣僖 ·························· 顾可学
荣阳笠叟 ·························· 潘用清

荩

荩山 ·························· 徐文弼
荩夫 ·························· 陈葵
荩臣 ·························· 王有忠
荩臣 ·························· 王治宽
荩臣 ·························· 王象晋
荩臣 ·························· 李钟培
荩臣 ·························· 张广忠
荩臣 ·························· 张殿卿
荩臣 ·························· 顾鼎臣②
荩斋 ·························· 陈谏

荫

荫台 ·························· 姜易
荫臣 ·························· 胡巨瑗

荫庄 ·························· 杨以培
荫丞 ·························· 胡巨瑗
荫甫 ·························· 俞樾
荫谷 ·························· 葛廷玉
荫松 ·························· 朱凤笙
荫祈 ·························· 杜亦衍
荫南 ·························· 马寿乔
荫南 ·························· 冯寅炳
荫阁 ·························· 余天遂
荫础 ·························· 于维桢
荫清 ·························· 许鲲
荫棠 ·························· 杨发林
荫棠 ·························· 邵亭
荫樵 ·························· 郭泮芹

茹

茹松 ·························· 商大辂
茹穹 ·························· 祝庆堂

荔

荔山 ·························· 王书勋
荔白 ·························· 李丙炎
荔村 ·························· 李梦莹
荔隐居 ·························· 涂庆澜
荔墙蹇士 ·························· 汪曰桢

药

药上 ·························· 何鹏霄
药王 ·························· 韦讯
药王 ·························· 孙思邈
药王 ·························· 邛彤
药仙 ·························· 赵炳融
药地 ·························· 方以智
药农 ·························· 赵燏黄
药房 ·························· 郑任
药洲 ·························· 汪鸣岐②
药洲 ·························· 唐文灼
药圃 ·························· 郑溶
药圃 ·························· 赵浚
药斋 ·························· 任赞
药樵 ·························· 林森②

查

查山 ·························· 张璇华

枯

枯瓠 ·························· 董耀
枯木道人 ·························· 汤元凯

柯

柯山 ·························· 张耒
柯古 ·························· 段成式

柘

柘山 ·························· 赵干
柘轩 ·························· 梁希曾
柘庵 ·························· 陈湘

柚

柚粮 ·························· 程徽灏

相

相之 ·························· 戴一辅
相天 ·························· 张秘
相台 ·························· 秦克勋
相齐 ·························· 高玉如
相林 ·························· 刘瑞
相奎 ·························· 郭奎
相期 ·························· 张遂辰
相在室 ·························· 谭从华
相鹤堂 ·························· 吴芹
相园老人 ·························· 郭九铉

枳

枳田 ·························· 宋穆

柏

柏山 ·························· 刘尚义
柏子 ·························· 张怀潼
柏园 ·························· 陈汝守
柏斋 ·························· 何瑭
柏梁 ·························· 诸葛禹奠
柏龄 ·························· 毛鸿印

柳

柳人 ·························· 张序均
柳门 ·························· 徐燏
柳州 ·························· 魏之琇
柳江 ·························· 郭广琛
柳春 ·························· 杨昺

柳亭	王吉士	树滋	陈稔春	耐寒	傅松元
柳桥	沈夏霖	树弼	徐右丞	耐休子	孙淦
柳圃	汪均	树德	朱润苍	耐修子	孙淦
柳峰	王吉安	树人堂	帅念祖		
柳堂	王三锡	树德堂	陆筠	**研**	
柳庵	吴蕭			研五	高承炳
柳溪	口辐	**厚**		研平	吕田
柳溪	王云锦	厚轩	闵绍贤	研芝	孙应科
柳溪	郭文涛	厚持	甘绍曾	研农	何梦瑶
柳溪	黄可久	厚翁	黄天懿	研农	黄元御
柳隐子	姚旸	厚斋	何昌龄	研农	盛壮
柳溪居士	孙志云	厚兼	应尚达		
		厚祥	郑吉安	**砚**	
柱		厚培	孙保之	砚云	任沛霖
柱峰	金庭槐	厚堂	方寅	砚五	高承炳
柱高	钱嵘	厚堂	凌堃	砚北	吴蒙①
		厚堂	钱遴	砚庄	李恩拔
柿		厚堂	陶宗暄	砚农	寿应培
柿叶山房	张心源	厚庵	徐象坤	砚农	周荣起
				砚农	程根仁
栎		**奎**		砚丞	吴亦鼎
栎庵	郑良	奎刚	袁峻	砚香	蔡兆芝
栎庵	晋骥	奎垣	徐映台	砚侯	张效京
		奎垣	袁斗辉	砚亭	邬廷谋
桦				砚圃	何三珠
桦湖医叟	吴汉仙	**咸**		砚圃	金蕴光
		咸一	孙志尹	砚楷	黄体端
树		咸邦	万宁	砚溪	郝同驭
树人	吴仁培	咸临	王贞吉	砚云子	费伯雄
树人	陆建侯	咸泰	俞棣辉	砚耕堂	林昶隽
树之	王树	咸斋	张炳熙		
树之	孙兆蕙	咸斋	邵恒	**持**	
树玉	陈嘉璂	咸熙	杨于绩	持正	刘楹
树本	陈基①			持平	熊元鸣
树冬	周丙荣	**威**		持盈	李继隆
树民	王逢圣	威	钱文奉	持恒	顾传师
树百	尹延英	威山	蒋知重		
树芳	田杜	威敏	韩政	**拱**	
树芳	姜之檀			拱	温在心
树珊	邹庆瑚	**耐**		拱之	苏天枢
树封	张圻	耐可	吕留良	拱辰	袁斗辉
树珏	恽树钰	耐轩	裴岱峰	拱极	宁延枢
树荣	王楞仙	耐园	朱洵		
树堂	张应椿	耐谷	沈翾	**拭**	
树琯	钱景虞	耐庵	郑思怙	拭庐	童增华
树棠	劳瑾	耐庵	黄岩		

挺

挺生 …………………… 刘士材

指

指方 …………………… 蔡海宁
指辰 …………………… 王柄
指鸿阁 ………………… 李天澄
指六异人 ……………… 胡杰人
指禅老人 ……………… 贺钧

轶

轶千 …………………… 官谔
轶凡 …………………… 戴人龙
轶云 …………………… 蒋凤起
轶材 …………………… 陶燮鼎
轶鸥 …………………… 蔡钟骏
轶侯 …………………… 蔡钟骏
轶群 …………………… 姜白驹

鸥

鸥园 …………………… 金铭之
鸥翁 …………………… 刘道深

皆

皆春 …………………… 何渊
皆霖 …………………… 于溥泽
皆拙子 ………………… 童增华
皆春居士 ……………… 龙遵叙

韭

韭峰 …………………… 程乃时

呰

呰窳子 ………………… 戴文炳

点

点文 …………………… 朱裴君
点白 …………………… 丁瓒①

临

临川 …………………… 刘登高
临川 …………………… 张公望
临川 …………………… 陶元照
临川 …………………… 崔渡
临之 …………………… 高以庄

临宇 …………………… 赵子庄
临轩 …………………… 王立楹
临初 …………………… 石楷
临卿 …………………… 王轩②
临棠 …………………… 邵化南
临照 …………………… 唐尔岐
临原老人 ……………… 惠显卿

胄

胄仲 …………………… 张仁雅

贵

贵卿 …………………… 何文荣
贵琳 …………………… 哈玉民

省

省山 …………………… 方汸
省之 …………………… 何应参
省之 …………………… 汪机
省吾 …………………… 陈希曾
省吾 …………………… 周自闲
省厓 …………………… 王鼎
省翁 …………………… 曾世荣
省斋 …………………… 张希曾
省斋 …………………… 李铎
省斋 …………………… 杨绍先②
省斋 …………………… 陈梦雷
省斋 …………………… 徐春和①
省斋 …………………… 涂廷献
省斋 …………………… 戴传震
省堂 …………………… 盛无咎
省堂 …………………… 潘遵复
省庵 …………………… 王之辑
省庵 …………………… 赵东序
省庵 …………………… 赵承恩
省庵 …………………… 蒋通

显

显仁 …………………… 和嵝
显功 …………………… 陈大谟
显生 …………………… 李天成②
显权 …………………… 李如玉
显扬 …………………… 金永祺
显臣 …………………… 李振
显明 …………………… 李文谟
显亭 …………………… 乔明扬

显庭 …………………… 李荣孝
显庭 …………………… 徐云藻
显卿 …………………… 何炉
显章 …………………… 郭亮生
显道 …………………… 卫真
显道 …………………… 张明德
显德 …………………… 曾世荣

是

是斋 …………………… 王璆
是斋 …………………… 刘浩②
是庵 …………………… 田间来

冒

冒道人 ………………… 周士遐

星

星山 …………………… 蔡光岳
星川 …………………… 张嗣灿
星五 …………………… 王瑞辰
星五 …………………… 赵丹魁
星文 …………………… 王廷璇
星东 …………………… 许宗正
星占 …………………… 陈锡灿
星台 …………………… 何三阶
星华 …………………… 陈兆翔
星舟 …………………… 陈震曜
星宇 …………………… 黄履暹
星阶 …………………… 刘乙然
星阶 …………………… 汪曜奎
星阶 …………………… 俞应泰
星阶 …………………… 查景绥
星甫 …………………… 吴云纪
星伯 …………………… 毕拱辰
星岩 …………………… 方成垣
星垣 …………………… 石斗辉
星垣 …………………… 许庚
星垣 …………………… 张凌奎
星垣 …………………… 胡正宽
星洲 …………………… 朱易
星桥 …………………… 朱曾煜
星舫 …………………… 卢汉倬
星浦 …………………… 陶宜炳
星海 …………………… 来复
星海 …………………… 程仑
星堂 …………………… 陈熙隽

星堂	程致煌	思直	彭正	品伦	胡大经
星槎	陆瀚	思若	李世则	品极	龙士高
星楼	纪翰魁	思贤	吴观善	品良	王朝赞
星源	郑河	思贤	周从鲁	品泉	王珠②
星墀	蒋廷秀	思明	介亮	品泉	周爻
星潭	金汉卿	思和	王绎	品卿	郭志义
星潭	程守信	思承	周缵	品彰	谭承铎
星曙	于允昱	思复	杨师尹		

昴

昴庭	仲学辂

思皇 周廷士

勋

勋臣	王清任
勋远	陆应陶

映

映川	杨洪
映阳	朱崇英
映庐	谢星焕
映奎	时光斗
映涟	许琏
映瑞	何聚奎
映微	董西庚

思皇 曹显宗
思泉 李应光
思勉 李懋
思洁 何水
思祖 李修
思恭 徐之才
思哲 周桂

哈

哈剌斡脱克 刘哈剌八都鲁

峙

峙三	梅调鼎
峙东	何金汤

昭

昭东	何煦
昭伯	曾麟祥
昭德	晁公武

思斋 王荆玉
思斋 程炳
思庵 吴讷

峒

峒山 曹云

思梅 方仁渊
思敏 程有功
思惠 张世华
思韩 蔡廉

贻

贻永	陈善谋
贻则	郑伯钧
贻刚	马友常
贻孙	韩彝
贻园	周毅区
贻昆	郭伟业
贻周	金坚
贻令堂	黄保康
贻善堂	朱本中

思

思义	王圻
思仁	卢洪春
思可	李言恭
思兰	易大艮
思训	朱厚煜
思永	李慎修
思召	许棠
思对	张云会
思成	夏集
思竹	郑云
思庄	郑同仁
思齐	李杜①
思齐	胡绍昌
思齐	蒋云宽
思孝	郑晔
思杏	何升
思杏	李秋
思劬	沈家瑗
思闲	朱裳

思楼 闵自成
思简 王执礼
思韶 薛受
思鹤 徐春甫
思邈 黄彦远
思乐斋 陈钰
思济堂 贾邦秀
思理堂 陶邵安

虹

虹桥	徐政杰
虹滨小隐	吴学勤

钝

钝庵	龚诩
钝盦	詹瑞云
钝留斋	曹爌

畏

畏三	王思泰
畏庭	陆得梗

钜

钜业	李鹤
钜标	张德裕

畔

畔予 蒋慕莘

钟

钟山	罗克忠
钟山	程弘宾
钟川	朱世泽

品

品三	龙禹门
品山	徐承嘉

九
画

钟白 …………………… 王焕①
钟权 …………………… 吴佩衡
钟如 …………………… 汪锌
钟远 …………………… 何洪
钟秀 …………………… 关英贤
钟秀 …………………… 岳美中
钟英 …………………… 张士奇
钟奇 …………………… 何锡勋
钟奇 …………………… 吴江
钟岳 …………………… 王相
钟岳 …………………… 马大年
钟岳 …………………… 宋麟祥
钟珏 …………………… 李安曾
钟梧 …………………… 金元德
钟槑 …………………… 何天衢②
钟禄 …………………… 赵锡武
钟龄 …………………… 程国彭

钥

钥泉 …………………… 王仍奕

钦

钦士 …………………… 王国宾
钦仲 …………………… 李谍
钦问 …………………… 黄振纲
钦安 …………………… 郑寿全
钦若 …………………… 任向荣
钦若 …………………… 杨德宾
钦明 …………………… 沈敬思
钦周 …………………… 王贯芬
钦斋 …………………… 项敬纯
钦堂 …………………… 易汝弼
钦渠 …………………… 张师厚

钧

钧石 …………………… 朱鸿宝
钧台 …………………… 刘秉铖
钧声 …………………… 俞云来
钧亭 …………………… 刘秉南
钧植 …………………… 曹家珍

锐

锐泉 …………………… 汪有德

卸

卸渴 …………………… 周邦

矩

矩安 …………………… 吴正芳

选

选之 …………………… 胡万青
选之 …………………… 项锡昌
选廷 …………………… 何鸿铨
选卿 …………………… 张应遴
选卿 …………………… 姜柯祥
选堂 …………………… 丁星辉

重

重三 …………………… 左以鉴
重之 …………………… 毛璸
重生 …………………… 汪绂
重光 …………………… 毛灿英
重光 …………………… 顾天锡
重华 …………………… 陈舜道
重甫 …………………… 严治朝
重隐 …………………… 张恕

适

适园 …………………… 谢济东
适庵 …………………… 刘光大①
适庐老人 ………………… 丁锦

香

香山 …………………… 范锡衍
香山 …………………… 龚振家
香云 …………………… 黄有祺
香田 …………………… 曾鼎
香池 …………………… 李树荣
香孙 …………………… 蔡章
香村 …………………… 王永彦
香谷 …………………… 张世仁
香谷 …………………… 汪荃
香谷 …………………… 邵纶锦
香谷 …………………… 盛景兰
香谷 …………………… 谢锡祉
香林 …………………… 周桂
香轮 …………………… 吴规臣
香厓 …………………… 朱正杰
香岩 …………………… 王普耀
香岩 …………………… 叶桂①
香岩 …………………… 叶斯永

香岩 …………………… 沈家熊
香岩 …………………… 郑景陶
香岩 …………………… 鲍芹堂
香岭 …………………… 吴梅玉
香侣 …………………… 叶慕樵
香草 …………………… 于邕
香泉 …………………… 张廷录
香泉 …………………… 张芝芳
香泉 …………………… 金瑞
香亭 …………………… 任寿昌
香亭 …………………… 唐崇义
香圃 …………………… 张兰畦
香圃 …………………… 龚时瑞
香圃 …………………… 董芝茂
香圃 …………………… 蓝映泰
香涛 …………………… 陈咸嘉
香浦 …………………… 郑瑞兰
香粟 …………………… 周桂荣
香粟 …………………… 徐大亨
香禅 …………………… 孙煋
香畹 …………………… 饶佩兰
香溪 …………………… 潘坤吉
香籍 …………………… 梁然光
香远居 …………………… 周钺
香芸斋 …………………… 朱松龄
香雪轩 …………………… 何王模
香雪轩 …………………… 何昌梓
香隐庵 …………………… 徐敏行
香山居士 ………………… 缪镔
香斋逸叟 ………………… 陈元赟
香梦书生 ………………… 程云鹏
香雪草堂 ………………… 潘遵祁

种

种杏 …………………… 严昌
种德 …………………… 杨文德
种杏堂 …………………… 赵冲远
种松子 …………………… 丁杞
种菊轩 …………………… 张锡纯
种缘子 …………………… 徐爔
种福堂 …………………… 华南田
种德堂 …………………… 吴仲亨
种德堂 …………………… 应昌魁
种杏草堂 ………………… 陈复正
种蕉山庄 ………………… 叶卓民
种橘山房 ………………… 蔡钟凤

秋

秋士	汪缙
秋山	万铉
秋山	吴元善
秋山	陆增
秋水	王尚湄
秋水	孙震元
秋水	张鉴
秋平	冯澍清
秋田	祝文澜
秋帆	江芬
秋帆	侯守琨
秋帆	胡启敬
秋帆	胡金相
秋华	韩茂桂
秋农	姚文田
秋农	姜问岐
秋阳	陆烜
秋阳	戴日暄
秋芳	李桂
秋坪	沈元龙
秋明	袁德元
秋岳	曹溶
秋垞	方以清
秋荪	宋筠
秋砚	江涛
秋泉	王宠
秋泉	郭永淦
秋莼	张瀚
秋桥	戴上珍
秋浦	刘兴湄
秋崖	方连
秋崖	王淮①
秋崖	金毓祉
秋渔	叶劲秋
秋晴	陈祖庚
秋湖	王世发
秋湄	沈明宗
秋瑞	王际华
秋塘	晏澋
秋碧	丁宪祖
秋墅	邵联珠
秋墀	纪南星
秋潭	吴澄②
秋潭	汪潜
秋水庐	梅荣
秋香馆	汪文绮

复

复元	马如龙
复元	辛全
复本	张源①
复生	顾复
复贞	倪士奇
复华	陆焜
复阳	韩凝
复轩	黄嘉诚
复轩	潘绩
复岐	韩焕
复初	王启元
复初	周元干
复哉	张锡
复泉	张万春
复宣	赵璠
复翁	黄丕烈
复斋	钱宝
复斋	方喆
复斋	萧德祥②
复堂	赵一清
复庵	时用思
复庵	裴一中
复庵	戴思恭
复庵	戴熠
复善	王善
复源	何金玟
复生堂	葛正蒙
复慧子	傅国栋
复春居士	程充
复真先生	刘开
复庵居士	程充

笃

笃生	杨蔚
笃周	何增祜
笃卿	王庆来
笃斋	张悦曾
笃迦子	陈葆善
笃敬堂	常心池

段

段泳	段咏

皇

皇士	秦之桢
皇甫静	皇甫谧

鬼

鬼容区	鬼臾区

泉

泉之	吴省三
泉石	李清②
泉荣	汪仁
泉卿	何昌福

禹

禹九	宋鼎
禹士	王朝瑚
禹川	刘崇浚
禹川	沈大生
禹川	陆得楩
禹川	周丰
禹川	林懋柱
禹门	江秋
禹门	李漺
禹门	柴潮生
禹书	陈洪范
禹功	苏熙载
禹功	谈隆门
禹功	蔡斑
禹东	郑宏绩
禹台	周大伦
禹台	周戴伦
禹臣	何丞
禹南	吴甸
禹载	周扬俊
禹峰	查宗枢
禹绩	汪汝淮
禹铸	夏鼎
禹锡	程德玄
禹源	何丞
禹畿	谷芳甸
禹器	胡鼎
禹襟	江志洪

顺

顺之	申屠义

九
画

顺之 …………………… 强健	信天堂 …………………… 刘含芳	修野 …………………… 向廷赓
顺之 …………………… 潘遵祁		修敬 …………………… 宫献廷
顺心 …………………… 龚文英	**侯**	修儒 …………………… 诸修櫆
顺行 …………………… 伊元复		修真子 …………………… 夏匋芳
顺阳 …………………… 张成龙	侯甫 …………………… 曹心怡	修忍山斋 …………………… 谭楷
顺阳 …………………… 郑玉佩	侯麓 …………………… 廖兰廷	修真居士 …………………… 余纲
顺初 …………………… 僧智澄		
顺泠 …………………… 何文显	**侯**	**盾**
顺泉 …………………… 李尚新		
顺湖 …………………… 叶允仁	侯庵 …………………… 李存	盾斋 …………………… 何如曾
顺溪 …………………… 张育	侯庵 …………………… 董说	
顺嘉 …………………… 薛著猷		**待**
	俊	
俪		待时 …………………… 许镒
	俊人 …………………… 何其峻	待庵 …………………… 王大经
俪笙 …………………… 邹存淦	俊三 …………………… 苏文灼	
	俊之 …………………… 欧阳世启	**律**
保	俊夫 …………………… 屠人杰	
	俊臣 …………………… 许思文	律元 …………………… 蒋廷钟
保三 …………………… 金德鉴	俊臣 …………………… 郑文焯	律黄 …………………… 萧铉
保山 …………………… 金德鉴	俊名 …………………… 汪国英	
保之 …………………… 胡振祜	俊如 …………………… 何桢	**叙**
保元 …………………… 孟昶	俊村 …………………… 陈赉	
保宁 …………………… 李邦宁	俊园 …………………… 杜茂英	叙九 …………………… 田倬甫
保安 …………………… 张傻	俊伯 …………………… 何十儒	叙五 …………………… 陈懿典
保真 …………………… 朱超	俊英 …………………… 苏文杰	叙斋 …………………… 王振秩
保卿 …………………… 王钊	俊杰 …………………… 萧廷扬	叙堂 …………………… 张思伦
保铭 …………………… 沈志裕	俊明 …………………… 王秀成	
保御 …………………… 郑钦谕	俊卿 …………………… 谢士杰	**俞**
保安堂 …………………… 王象晋	俊卿 …………………… 潘缵	
	俊颖 …………………… 戎长生	俞附 …………………… 俞跗
俗		俞树 …………………… 俞跗
	修	
俗兴 …………………… 易履贞		**剑**
	修之 …………………… 左盛德	
信	修之 …………………… 李用粹	剑亚 …………………… 戴聿咸
	修之 …………………… 宋世德	剑光 …………………… 何金镕
信之 …………………… 周中孚	修之 …………………… 张学正	剑南 …………………… 赵有光
信玉 …………………… 黄尹	修己 …………………… 张成	剑虹 …………………… 丁明登
信可 …………………… 楼友贤	修己 …………………… 程仪	剑虹 …………………… 冉雪峰
信甫 …………………… 张诚①	修水 …………………… 王大经	剑泉 …………………… 王心醉
信吾 …………………… 刘仕伟	修礼 …………………… 查奕芸	剑泉 …………………… 刘光壬
信孚 …………………… 方麟祥	修如 …………………… 任锡庚	剑亭 …………………… 曹锡宝
信孚 …………………… 黄存厚	修纪 …………………… 方立肇	剑津 …………………… 毕日澧
信侯 …………………… 龚星台	修寿 …………………… 徐秀贤	剑堂 …………………… 刘执蒲
信翁 …………………… 宋永寿	修来 …………………… 祝勤	
信卿 …………………… 邰文忠	修园 …………………… 陈念祖	**胪**
信斋 …………………… 何贵实	修贤 …………………… 徐秀贤	
信斋 …………………… 李承宝	修明 …………………… 梁九章	胪初 …………………… 黄鸿元
信庵 …………………… 倪㙇	修能 …………………… 吴天爵	
		胜
		胜儿 …………………… 李文田
		胜彰 …………………… 刘文太

胞

胞与堂 …………………… 洪基②

勉

勉夫 …………………… 金玉相
勉行 …………………… 陶浔霍
勉思 …………………… 周木
勉亭 …………………… 陈锡朋
勉翁 …………………… 欧阳懋孙
勉斋 …………………… 杨泰基
勉斋 …………………… 汪钰
勉斋 …………………… 陶邵安
勉旃 …………………… 陆懋修
勉堂 …………………… 陈佐清
勉庵 …………………… 马中
勉庵 …………………… 齐祖望
勉清 …………………… 王贯芬
勉学堂 ………………… 廖润鸿

独

独立 …………………… 戴笠①
独孤塞 ………………… 俞塞
独醒道人 ……………… 曾敏行

昝

昝商 …………………… 昝殷

盈

盈潭 …………………… 何溍

亮

亮工 …………………… 缪之伟
亮四 …………………… 傅世弼
亮臣 …………………… 沈宜民
亮甫 …………………… 王寅亮
亮采 …………………… 邵登云
亮居 …………………… 孙和鼎
亮卿 …………………… 钱维翰
亮宸 …………………… 沈晋垣
亮揆 …………………… 孙冕荣

度

度卿 …………………… 殷榘

庭

庭芝 …………………… 陈瑞孙
庭芳 …………………… 胡祖望
庭坚 …………………… 李原
庭秉 …………………… 王与圭
庭采 …………………… 金义孙
庭春 …………………… 赵桓
庭树 …………………… 王家槐
庭举 …………………… 王槐
庭谕 …………………… 周绍
庭镜 …………………… 黄必昌
庭霞 …………………… 赵尔功

庠

庠卿 …………………… 何从效

奕

奕久 …………………… 黄永傅
奕韬 …………………… 施家谋

彦

彦之 …………………… 孙应科
彦中 …………………… 贝元瓒
彦升 …………………… 何震
彦升 …………………… 苏士珩
彦文 …………………… 王炳照
彦文 …………………… 吴宗硕
彦礼 …………………… 曹大本
彦成 …………………… 周矞
彦贞 …………………… 李延昰
彦先 …………………… 沈彦先
彦如 …………………… 赵友同
彦声 …………………… 周振誉
彦直 …………………… 何养浩
彦吾 …………………… 陈本淦
彦伯 …………………… 何十奇
彦纯 …………………… 徐用诚
彦昌 …………………… 项昕
彦明 …………………… 谢晋①
彦国 …………………… 许奇
彦和 …………………… 杨绍和
彦和 …………………… 赵友同
彦和 …………………… 商节
彦和 …………………… 葛应雷
彦侍 …………………… 姚觐元

彦实 …………………… 刘坚
彦实 …………………… 郑子华
彦昭 …………………… 王克明
彦昭 …………………… 严景
彦昭 …………………… 李肃
彦信 …………………… 胡忠
彦修 …………………… 朱震亨
彦修 …………………… 曹光熙
彦美 …………………… 赵璧①
彦辅 …………………… 乐广
彦辅 …………………… 祁宰
彦常 …………………… 蔡纲
彦晦 …………………… 傅昱
彦章 …………………… 朱侻林
彦章 …………………… 李邦俊
彦章 …………………… 项昕
彦清 …………………… 刘曾
彦清 …………………… 朱澄
彦清 …………………… 陆大朝
彦清 …………………… 施廉
彦深 …………………… 钱原浚
彦超 …………………… 方城
彦博 …………………… 吴昺
彦敬 …………………… 刘毅
彦道 …………………… 褚澄
彦德 …………………… 胡宗仁
彦澄 …………………… 何渊
彦衡 …………………… 上官均
彦矅 …………………… 钱经纶

帝

帝书 …………………… 蒋宝素
帝臣 …………………… 谢立相
帝卿 …………………… 王邻

施

施仁 …………………… 王元辅
施诚 …………………… 施诚
施仲谟 ………………… 施仲模

恒

恒夫 …………………… 惠震
恒元 …………………… 何廷楠
恒心 …………………… 刘售
恒心 …………………… 孙贞
恒田 …………………… 王良明①

恒生 ……………………	黄光坎
恒全 ……………………	沈燿文
恒宇 ……………………	蒋云贵
恒甫 ……………………	匡谦吉
恒轩 ……………………	王政
恒轩 ……………………	朱彦永
恒园 ……………………	骆登高
恒卓 ……………………	王时性
恒国 ……………………	钟大延
恒所 ……………………	何燔
恒性 ……………………	钦允恭
恒春 ……………………	吴嘉善
恒春 ……………………	杨正纪
恒亭 ……………………	萧钟岳
恒斋 ……………………	马慧
恒斋 ……………………	方音
恒斋 ……………………	杨珣
恒斋 ……………………	宋和之
恒斋 ……………………	周传复
恒斋 ……………………	郜克让
恒斋 ……………………	姜健
恒斋 ……………………	徐敦
恒斋 ……………………	鲍进
恒勖 ……………………	沈启占
恒崖 ……………………	陈惟康
恒庵 ……………………	刘瑾
恒心堂 …………………	周矞
恒阳子 …………………	程国彭
恒德堂 …………………	江仲谦
恒德老人 ………………	虞抟

恺

恺夫 ……………………	何为仁

恬

恬休 ……………………	韩康
恬裕堂 …………………	瞿镛
恬澹斋 …………………	高彦述

恪

恪三 ……………………	陈奕端
恪夫 ……………………	方谦

恽

恽树珏 …………………	恽树钰

闻

闻久 ……………………	蒋鸣西
闻天 ……………………	李鸣皋②
闻天 ……………………	高鹤鸣
闻升 ……………………	郭维浚
闻宇 ……………………	李鸣皋①
闻农 ……………………	李大绍
闻斌 ……………………	郭殿忠

阁

阁书 ……………………	朱铭石

炳

炳之 ……………………	何昌焕
炳文 ……………………	焦煐
炳生 ……………………	王少峰
炳台 ……………………	刘灿奎
炳如 ……………………	陈日彪
炳如 ……………………	秦荣光
炳良 ……………………	金顺②
炳南 ……………………	徐良模
炳南 ……………………	徐锦②
炳庵 ……………………	侯寅升
炳章 ……………………	闵震
炳蔚 ……………………	辛文献
炳蔚 ……………………	曹昶

炼

炼珍堂 …………………	段文昌

炯

炯泉 ……………………	刘天锡
炯炯斋 …………………	郑钟潮

养

养元 ……………………	刘继芳
养中 ……………………	王昕
养文 ……………………	何庠
养心 ……………………	喜良臣
养正 ……………………	张颐
养庄 ……………………	费涵
养庄 ……………………	费涵汉
养吾 ……………………	王凯
养吾 ……………………	张绍修
养吾 ……………………	陈希恕

养吾 ……………………	顾锡
养初 ……………………	江一道
养纯 ……………………	金有奇
养拙 ……………………	过龙
养和 ……………………	刘天和
养和 ……………………	法宽
养和 ……………………	胡国颐
养春 ……………………	童应杰
养庭 ……………………	林昶隽
养恒 ……………………	陶茂术
养济 ……………………	陆颐
养素 ……………………	归有祯
养素 ……………………	朱允涵
养素 ……………………	吴中允
养素 ……………………	周颐
养真 ……………………	钱同文
养真 ……………………	喻守淳
养原 ……………………	汤宗禹
养斋 ……………………	陆颐
养斋 ……………………	罗浩
养斋 ……………………	蒋景
养浩 ……………………	彭浩
养虚 ……………………	吴世缨
养虚 ……………………	吴杏缨
养晦 ……………………	陈志明
养涵 ……………………	王谟
养葵 ……………………	赵献可
养蒙 ……………………	汝承源
养愚 ……………………	陆岳
养源 ……………………	张春育
养源 ……………………	沈人杰
养元居 …………………	唐锡祁
养心庐 …………………	王南畴
养心堂 …………………	周赞鸿
养正斋 …………………	华北恒
养石斋 …………………	吴显宗
养生堂 …………………	陈操
养生堂 …………………	戴潜
养吾斋 …………………	朱心正
养吾生 …………………	宋林皋
养春堂 …………………	陈体芳
养素生 …………………	巩珍
养正山房 ………………	庆恕
养鹤山房 ………………	雷焕然
养晦斋主人 ……………	叶起凤

美

美士	文士彦
美中	范在文
美中	胡璞
美允	俞之琇

娄

娄愚	许谌
娄山夫子	范鄗鼎
娄村小隐	陆钟

奖

奖生	施今墨

将

将仕	薛辛

举

举千	黄瑞鹤

觉

觉一	何佳琪
觉之	宋向元
觉初	张问惺
觉林	僧果意
觉非	钱守和
觉海	僧惠恽
觉斯	汪铎
觉今子	蒋居祉
觉今庵	许仁沐
觉迟子	卢万钟
觉休居士	缪希雍
觉非龛主	谢廷麒
觉岸先生	刘思敬
觉斋居士	方导

洁

洁川	唐谦益
洁古	张元素
洁田	广琦
洁伯	徐溥廉
洁秋	唐桂芳
洁亭	夏溪清
洁躬	曹溶

洪

洪九	刘福修
洪阳	缪镔
洪范	崔禹锡
洪钟	徐待问
洪斋	徐德恒
洪章	蒋绂
洪绪	王维德
洪博	范叔向
洪源	僧果祚
洪敷	许宏训
洪谷子	金俊
洪厓子	张氲
洪都百炼生	刘鹗

洹

洹溪野夫	邰文忠

浊

浊翁	刘泽青
浊堂老人	傅山

洞

洞阳	李宗焱
洞明	孙演书
洞庭	曾仕鉴
洞玄子	洞元子
洞虚子	王珪
洞元真人	李守钦
洞真处士	周鼎①

泂

泂溪老人	徐大椿

洗

洗晴楼	沈应元

活

活宇	孙作生

洽

洽汾	廖造唐

洵

洵如	管纯

洛

洛东	蒋千年
洛钧	张文彦
洛下遗民	程恒

济

济川	王家楫
济川	仲泰
济川	团禾
济川	朱子韬
济川	朱涵光
济川	朱惠明
济川	许汝楫
济川	余念
济川	张汝霖①
济川	郑楫
济川	胡兰枻
济川	倪怀垕
济川	黄元吉
济广	周纮
济之	王鏊
济五	汤得桂
济公	朱景韩
济凤	汪淇
济生	徐得心
济臣	曹若楫
济尘	林亦岐
济华	范永昌
济众	关洵
济安	朱超
济安	袁辅治
济亨	吴景范
济庐	邬俊才
济质	金文斌
济美	张延登
济卿	冯怀宽
济堂	王世美
济庵	倪殿标
济庵	潘毓祺
济清	张维垣
济清	林翼臣
济寰	盛跃龙
济孺	孙明来
济世堂	沈鸿谟
济生堂	应胜

济美堂 ………………… 刘椿林
济阳破衲 ………………… 丁福保

洋

洋子 ………………… 汪灏
洋源 ………………… 何之照

津

津阳 ………………… 陆长庚

宣

宣 ………………… 陆贽
宣化 ………………… 万金铎
宣玉 ………………… 何金瑄
宣纶 ………………… 汪鸣珂
宣治 ………………… 许豫和
宣献 ………………… 宋绶

宪

宪公 ………………… 张孝培
宪只 ………………… 张允嘉
宪百 ………………… 林之翰
宪如 ………………… 王之冕
宪武 ………………… 魏丕承
宪周 ………………… 王贤良
宪岜 ………………… 钟观光
宪卿 ………………… 顾澄
宪堂 ………………… 张凤庭
宪章 ………………… 陶瑢
宪德 ………………… 鲁永斌

客

客山 ………………… 俞尊
客天 ………………… 李树初

冠

冠三 ………………… 牛殿士
冠三 ………………… 冯京
冠山 ………………… 岳所钟
冠千 ………………… 朱裕
冠云 ………………… 沈彤
冠五 ………………… 曹鼎望
冠仙 ………………… 李文荣
冠廷 ………………… 王应鹤
冠良 ………………… 吴云纪
冠英 ………………… 孙式元

冠亭 ………………… 张宣
冠唐 ………………… 孙冕荣
冠群 ………………… 柳宝诒
冠松岩 ………………… 陶之典

扁

扁鹊 ………………… 秦越人

祐

祐之 ………………… 郑文祐

祖

祖同 ………………… 戴其绳
祖行 ………………… 胡钦止
祖佑 ………………… 王攸芋
祖岩 ………………… 李光武
祖庚 ………………… 顾彭年
祖学 ………………… 卜述
祖香 ………………… 徐士承
祖恭 ………………… 陈平伯
祖培 ………………… 何鹏霄
祖偕 ………………… 陈兆泰
祖望 ………………… 陈慎吾
祖槐 ………………… 张国宁
祖愚 ………………… 陆士龙
祖源 ………………… 何宷
祖嘉 ………………… 黄作宾
祖熙 ………………… 陈起蔚

神

神济 ………………… 僧清照
神翁 ………………… 徐复
神鸾 ………………… 僧昙鸾
神光子 ………………… 甄栖真
神灵翁 ………………… 杜公
神川遁士 ………………… 刘祁

祝

祝三 ………………… 郑钟寿
祝三 ………………… 潘福寿
祝廷 ………………… 梁尧龄
祝甫 ………………… 徐世寿
祝荫 ………………… 余天遂
祝厘 ………………… 薛大庆
祝续 ………………… 祝谌予

衲

衲庵 ………………… 谢池春

祚

祚三 ………………… 汪光正
祚远 ………………… 方承永

语

语石 ………………… 李世则

说

说莲居士 ………………… 周廷华

诵

诵清 ………………… 江芬
诵穆 ………………… 谢仲墨

昶

昶东 ………………… 凌旭
昶斋 ………………… 何廷杰

既

既白 ………………… 程邦连
既均 ………………… 郑承洛
既明 ………………… 刘元瀚
既白山人 ………………… 陈元赟

退

退之 ………………… 毛景义
退云 ………………… 周缵
退仙 ………………… 王苨棠
退甫 ………………… 孙德钟
退庐 ………………… 陈浚
退修 ………………… 杨康侯
退翁 ………………… 陈恭溥
退庵 ………………… 张逸
退庵 ………………… 凌淦
退庵 ………………… 黄凯钧
退庵 ………………… 盛寅
退庵 ………………… 薛敬
退闇 ………………… 萧嶙
退学轩 ………………… 李坛
退省斋 ………………… 姚凯元
退思庐 ………………… 严鸿志
退思堂 ………………… 黄存厚

退一居士 ·············· 杨元俊
退思居士 ·············· 王泰林

昼

昼人 ·············· 邵浚

咫

咫尺斋 ·············· 姚觐元

屏

屏侯 ·············· 萧浚蕃

费

费卿 ·············· 徐福康

眉

眉山 ·············· 申学苏
眉公 ·············· 吴最良
眉公 ·············· 陈继儒
眉年 ·············· 李鹤千
眉寿 ·············· 何运亨
眉亭 ·············· 沈寿
眉峰 ·············· 胡量
眉卿 ·············· 臧寿恭
眉寿堂 ·············· 郭维浚

陡

陡然 ·············· 沈宗岱

胥

胥山老人 ·············· 王琦

姚

姚墟 ·············· 胡景虞
姚太傅 ·············· 姚思仁
姚芳林 ·············· 姚方林

骆

骆维均 ·············· 骆惟均

骈

骈生 ·············· 陈应元②

孩

孩未 ·············· 方震孺
孩如 ·············· 李德孝

孩初 ·············· 周国良

逊

逊之 ·············· 徐行①
逊之 ·············· 彭逾
逊玉 ·············· 张琰
逊泉 ·············· 朱勋
逊亭 ·············· 隋志先
逊卿 ·············· 李承超
逊斋 ·············· 周时敏
逊斋 ·············· 徐恢缵
逊硕 ·············· 钱廷勋
逊魏 ·············· 王景韩
逊敏堂 ·············· 黄秩模

结

结斋 ·············· 刘銮
结璘山叟 ·············· 高崟映

绘

绘堂 ·············· 龙之章

绛

绛之 ·············· 过孟起

绝

绝听老人 ·············· 沈贞①

统

统万 ·············· 卜善端
统万 ·············· 张全仁
统源 ·············· 何澶

十　　画

耕

耕山 ·············· 钱士清
耕心 ·············· 张荣新
耕臣 ·············· 潘秉道
耕岩 ·············· 查奕芸
耕烟 ·············· 於人龙
耕愚 ·············· 戴启宗
耕霞 ·············· 方仁渊
耕道人 ·············· 钱士清
耕意堂 ·············· 张岸舫
耕云老人 ·············· 夏云

耘

耘云 ·············· 邹大熔
耘非 ·············· 朱懋昭
耘苗主人 ·············· 王实颖

秦

秦方 ·············· 何继德
秦和 ·············· 医和
秦缓 ·············· 医缓

泰

泰宁 ·············· 何继高
泰宇 ·············· 袁应楹
泰阶 ·············· 卢极
泰阶 ·············· 李建木
泰阶 ·············· 沈履安
泰来 ·············· 刘起运
泰来 ·············· 朱本中
泰来 ·············· 周稷
泰初 ·············· 李恩拔
泰初 ·············· 陈思敬
泰岩 ·············· 王镇
泰和 ·············· 徐可达
泰垣 ·············· 黄崇阶
泰常 ·············· 严惠
泰庵 ·············· 张逸
泰然 ·············· 吴宣
泰然 ·············· 顾俊
泰源 ·············· 何茂椿
泰德 ·············· 郑修德
泰瞻 ·············· 刘正岱

敖

敖翔 ·············· 敖云跃

素

素丰 ·············· 贾存明
素中 ·············· 陈尧道
素风 ·············· 翁纯礼
素心 ·············· 岳淇生
素书 ·············· 蒋清怡
素龙 ·············· 黄天骥
素北 ·············· 方中履
素仙 ·············· 奎英
素民 ·············· 郭延朴

素先 ··············	朱采
素行 ··············	程位道
素轩 ··············	劳梦鲤
素轩 ··············	李沐
素轩 ··············	邵餐芝
素忱 ··············	沈图㭾
素纯 ··············	何鹤
素征 ··············	罗拔茹
素亭 ··············	原廷葆
素恒 ··············	何应举
素恬 ··············	张尚朴
素圃 ··············	杨照藜
素圃 ··············	郑重光
素涛 ··············	张学潮
素涛 ··············	郑起濂
素庵 ··············	多弘馨
素庵 ··············	何琳
素庵 ··············	李原
素庵 ··············	陈沂
素庵 ··············	谭章
素棠 ··············	熊光莘
素蟾 ··············	唐桂森
素朴子 ··············	刘一明

珥

珥臣 ··············	李彣

珠

珠江 ··············	何家章
珠垣 ··············	章果
珠勒呼 ··············	直鲁古
珠村草堂 ··············	张千里
珠村草堂 ··············	徐国琛

班

班侯 ··············	徐定超

顽

顽夫 ··············	俞有廉
顽翁 ··············	张世昌

铧

铧园居士 ··············	潘霈

起

起之 ··············	茅震
起之 ··············	戴潜
起元 ··············	刘本仁
起元 ··············	陈长贞
起文 ··············	何应周
起予 ··············	胡允熏
起生 ··············	李立本
起岩 ··············	欧阳汝显
起宗 ··············	沈宗学
起留 ··············	马文煜
起萃 ··············	戴邦聘
起蛟 ··············	陈大伦
起蛟 ··············	陈大痴
起溟 ··············	孙鹏
起潜 ··············	曹国裕
起儒 ··············	钱鸿升
起秀堂 ··············	陈世杰

袁

袁木 ··············	团禾
袁甫 ··············	赵元益
袁表 ··············	袁黄
袁鉴 ··············	团鉴
袁一凤 ··············	团一凤
袁一奎 ··············	团一魁
袁玉成 ··············	团玉成

盐

盐溪 ··············	周清源

耆

耆园 ··············	周宗俶
耆祥 ··············	程公礼

载

载之 ··············	马之骦
载之 ··············	史堪
载之 ··············	郑元厚
载之 ··············	温存厚
载云 ··············	钱楳
载中 ··············	罗东生
载臣 ··············	董采
载扬 ··············	汪镇国

载华 ··············	黄绍姚
载阳 ··············	周廷燮
载飏 ··············	郑言
载张 ··············	唐学吉
载泽 ··············	魏汝霖
载治 ··············	洪烜
载南 ··············	汪允俶
载贽 ··············	李贽
载高 ··············	岳高
载陶 ··············	蔡增镕
载庵 ··············	陈坤
载韩 ··············	王琦
载道 ··············	潘舆
载筠 ··············	郑均
载熙 ··············	徐可
载瞻 ··············	秦荣光

壶

壶山 ··············	朱㮙
壶山 ··············	董恂
壶公 ··············	壶翁
壶公 ··············	程门雪
壶仙 ··············	殷传
壶春 ··············	闵体健
壶叟 ··············	陈淳白
壶隐 ··············	李治民
壶中子 ··············	寿如椿
壶隐子 ··············	刘浴德
壶天逸叟 ··············	华克成
壶春丹房 ··············	何天祥
壶隐山房 ··············	秦铎

耻

耻未 ··············	徐廷安
耻翁 ··············	吕留良

耿

耿文 ··············	沈允昌

恭

恭 ··············	许敬宗
恭 ··············	周澹
恭存 ··············	冯谦益
恭则 ··············	刘诚①
恭孝 ··············	孟昶

恭	
恭叔	万匡
恭靖	蒋武生
恭僖	许绅
恭默	廖麟书
晋	
晋三	王子接
晋三	江有浩
晋三	张锡爵
晋川	祝文澜
晋子	金敬坦
晋公	卢之颐
晋公	史锡节
晋臣	沈廙
晋廷	王元楷
晋宇	姜丙曾
晋阳	唐瑞
晋贤	魏晋锡
晋昌	岳昶
晋明	吴晋
晋春	谈如纬
晋卿	耶律楚材
晋卿	姚良
晋卿	郑任
晋卿	费伯雄
晋卿	赵锡禧
晋卿	魏耊
晋笙	陆锦燧
晋第	王一仁
晋康	陈聚多
晋衡	史士铨
晋阳山人	赵峦
恶	
恶风	张永和
夏	
夏昌	胡春生
夏卿	管瑚
夏德懋	夏德
莱	
莱洲	王遵路
莱堂	何二膺
莱常	欧阳迁

莲	
莲乙	沈步云
莲山	林阮
莲山	曹德泽
莲生	孙陛联
莲生	吴永成
莲甫	吴德濂
莲甫	李华峰
莲伯	顾绍濂
莲若	丁宪祖
莲奎	祁淇
莲亭	郑晟
莲洲	华思植
莲桥	应诗洽
莲峰	杨九牧
莲峰	周辉命
莲舫	王文濂
莲舫	何杙
莲舫	陈秉钧
莲卿	刘双祥
莲卿	刘双清
莲卿	周振玉
莲葆	张乃修
莲塘	李伯雅
莲塘	杨绍溪
莲塘	徐克溶
莲塘	章瑀
莲溪	程希濂
莲因居士	叶觀扬
莲侣居士	丁明登
莲峰散人	费志云
苣	
苣滨	朱楚芬
莫	
莫厓山人	郑祥征
莪	
莪野	劳潼
荷	
荷村	张津
荷澹	周晃
荷新主人	何昌福

茳	
茳南	张有临
莘	
莘田	刘福庆
莘田	朱俶林
莘田	蒋伊
莘臣	孙克任
莘农	王乃赓
莘农	周憬
莘农	薛宝田
莘皋	怀应聘
莘野	朱实秀
莘野	张太极
莘野	张穌棻
莞	
莞山	朱佩湘
莹	
莹中	陈瑾
莹侯	沙璞
莼	
莼汀	陈翰
莼凫	阎南图
真	
真山	傅山
真元	何锵
真吾	姜演
真我	林球元
真卿	郑仁爱
真道	曹元
真靖	陈景元
真一子	李临安
真一子	彭晓
真仁堂	陆和伯
真如子	吴文冕
真惠先生	李万轴
桂	
桂山	杨联芳
桂长	梁然光
桂为	胡新楫

十画

桂

桂生 …………… 袁焯
桂生 …………… 高树荣
桂舟 …………… 王玷桂
桂芬 …………… 吴嵩山
桂村 …………… 林栋云
桂甸 …………… 刘启芳
桂林 …………… 王文洽
桂岩 …………… 刘克光
桂岩 …………… 严冬荣
桂岩 …………… 何步蟾
桂岩 …………… 何国栋①
桂岩 …………… 徐亨临
桂岩 …………… 魏直
桂官 …………… 王楞仙
桂亭 …………… 唐治馨
桂庭 …………… 秦世隆
桂堂 …………… 施发
桂庵 …………… 徐征

栖

栖碧 …………… 李仲南
栖霞 …………… 杭朝栋
栖真子 …………… 苏澄
栖真子 …………… 施肩吾

桐

桐山 …………… 郑树珪
桐冈 …………… 于逼春
桐冈 …………… 褚凤年
桐园 …………… 唐千顷
桐园 …………… 濮润淞
桐君 …………… 沙用圭
桐君 …………… 顾凤荪
桐雨 …………… 丁德泰
桐苏 …………… 何诚豫
桐侯 …………… 周保珪
桐梅 …………… 高椒
桐庵 …………… 梁凤彩
桐森 …………… 刘凤文
桐江野客 …………… 汪汝懋

桥

桥岳 …………… 黄蕙然

桃

桃初 …………… 包育华

桃源 …………… 俞承春
桃溪 …………… 李绍青
桃蹊 …………… 刘灼
桃溪居士 …………… 刘信甫

核

核斋 …………… 唐科

根

根仙 …………… 李增
根初 …………… 俞肇源
根岳 …………… 陆桂②
根泉 …………… 何绅书
根腹 …………… 吕承源
根儒 …………… 陈光淞

栗

栗山 …………… 杨璇
栗斋 …………… 李希舜
栗庵 …………… 陈葆善

配

配千 …………… 刘溶
配京 …………… 李冠武
配京 …………… 茅钟盈
配珩 …………… 吴瑭

砺

砺生 …………… 凌淦
砺臣 …………… 方洪石

砥

砥中 …………… 孙世柱
砥镜老人 …………… 卢祖常

破

破愚斋 …………… 朱楚芬

原

原己 …………… 周庚
原父 …………… 刘敞①
原父 …………… 杜本
原平 …………… 李连衡
原东 …………… 梁绍震
原礼 …………… 薛敬
原仲 …………… 程仑

原初 …………… 赵夷
原武 …………… 童鉴
原叔 …………… 王洙
原济 …………… 盛之辑
原博 …………… 钱溥
原博 …………… 蒋博
原静 …………… 诸余龄
原几 …………… 周庚
原阳子 …………… 赵宜真

烈

烈卿 …………… 武不丞

顾

顾三 …………… 刘君佐
顾青 …………… 陈嘉绩
顾锦 …………… 顾惺

匿

匿迹自隐逸人 …………… 徐镕

辀

辀文 …………… 李代粲

哲

哲人 …………… 严正笏
哲人 …………… 姚浚
哲之 …………… 董允明
哲甫 …………… 费荣祖
哲亭 …………… 蒋浚源

贽

贽卿 …………… 陈承羔

挚

挚 …………… 伊尹

振

振万 …………… 夏懋铎
振凡 …………… 张文远
振之 …………… 元铎
振之 …………… 王藻墀
振之 …………… 陆齐寿
振之 …………… 潘道恒
振五 …………… 王泽
振公 …………… 丁麟

振公	徐开先	致修	张承诗	晓江	何十信	
振为	余雷	致斋	雷腾云	晓江	邹梦莲	
振业	阴维新	致堂	丁廷珍	晓江	袁实煌	
振召	罗国纲	致堂	胡大中	晓园	俞焕	
振西	何应绥	致庵	何澹	晓园	徐埔	
振扬	姜问岐	致道	刘耀南	晓园	顾金寿	
振刚	王福誉	致道	莫伯虚	晓园	曹宴林	
振行	余国佩	致鹤	王若孙	晓岑	欧阳兆熊	
振充	何金铣	致和堂	柳宝诒	晓谷	何钟	

振宇	曹应选			晓征	钱大昕	
振安	郭广琛	**述**		晓城	钱煌	
振如	欧阳茂	述堂	孙志祖	晓亭	邓观汝	
振声	李炳			晓亭	何修业	
振和	法雄	**虔**		晓亭	杨朝典	
振周	何多裕	虔甫	吕秉钺	晓亭	赖明鉴	
振恒	陈立方	虔僧	黄彝鬯	晓荷	彭銮	
振美	薛福辰			晓峰	何十儒	
振祖	杨绍先②	**监**		晓峰	沈守伦	
振起	陈作新	监若	郁汉光	晓峰	沙九成	
振铎	孙出声			晓峰	费国祚	
振铎	熊树滋	**逍**		晓峰	康应辰	
振寅	何振宇	逍遥子	韩仁	晓峰	薛士显	
振辉	程门雪	逍遥翁	潘阆	晓钲	吴钊森	
振鲁	杨金铎			晓舫	吴景澄	
振寰	张大声	**党**		晓堂	沈汉澄	
		党斋	裴希伊	晓庵	沈巨源	
损		党求平	党永年	晓庵	僧静逼	
损斋	吴学损			晓策	张应鳌	
损庵	王肯堂	**晏**		晓楼	秦凤鸣	
损庵	吴学损	晏如	陈元功	晓源	何桢	
		晏如	姚龙光	晓墀	余斌	
挹		晏芳	姚衡	晓澜	顾金寿	
挹川	薛注			晓霞	孙旭英	
		晓				
致		晓山	叶奕良	**晖**		
致之	朱良能	晓山	石荣宗	晖史	黄炜元	
致中	田继和	晓山	余鸣盛			
致远	任资	晓山	张登岚	**圃**		
致远	傅泽敷	晓山	郭宗泰	圃乡	王锦端	
致远	魏尔毅	晓山	郭荣			
致吾	毕荩臣	晓云	李塞翁	**圆**		
致君	杨正	晓五	凌奂	圆通大智禅师	僧文宥	
致和	王德孚	晓仙	吴规臣			
致和	何廷楠	晓帆	李树锦	**恩**		
致和	法震	晓邹	凌奂	恩九	程汝锡	
致和	僧径怡	晓江	朱心正	恩如	卢德升	

恩诏	承槐卿	铁如意斋	赵增恪	爱日	张基①
恩波	杨巨源	铁瓷先生	申道玄	爱年	何振宇
恩诚	吴悌	铁峰居士	铁南峰	爱如	潘谦
恩宣	牛凤诏	铁骑鹤仙	尹从龙	爱杏	顾旸
恩溥	苏施霖	铁瓢山人	陈大痴	爱吾	胡翔凤

峨

峨峰	刘章甫	**铉**		爱庐	张大爔
峨峰	李拔	铉亭	邵鼎	爱堂	李德礼
峨眉山人	黄士直			爱古堂	翁纯礼
峨嵋山人	胡璞	**乘**		爱莲居	周桂荣

峻

		乘六	仝兆龙	爱莲书屋	周晃
峻天	程德铨	乘六	金云从	爱莲居士	蔡兆芝
峻寿	黄岩	乘虹	顾文熊		
峻声	陆礜	乘定	蔡济平	**奚**	
峻甫	高如崑	乘黄	朱荧	奚咏棠	奚咏裳
峻明	朱光被	乘御	何澥		
峻峰	杨得山	乘崖山人	单振泗	**甡**	

钰

		积		甡甫	慕性生
钰台	徐镛	积中	车以轼	**特**	
		积仁	傅馥生	特夫	陶士奇
钱		积厚	郑栖	特岩	梁玉瑜
钱佣	杨希闵	积善堂	潘思诚	特擢	王大用
钱简	钱懋龄				
钱颢	钱颖	**秩**		**牺**	
钱元善	钱原善	秩山	程大礼	牺皇	伏羲

铁

		笔		**隽**	
铁山	何王模	笔玉	何金瑾	隽人	浦文俊
铁云	刘鹗	笔花	江秋	隽臣	许思文
铁冈	余登俊	笔峰	胡光颖	隽叔	陆敏杰
铁东	王壿			隽贤	李亦科
铁孟	包崇祐	**笑**		隽骈	裴珏
铁香	任鼎炎	笑云	李塞翁	隽斋	车世奇
铁峰	孙蒲壁				
铁峰	曾毓春	**笏**		**息**	
铁崖	萧健图	笏轩	侯林	息园	萧龙友
铁庵	潘遵鼎	笏庵	缪光绅	息庐	王敬义
铁葫	张禾	笏溪	江源	息非	沈永年
铁塘	潘润			息渊	范赓治
铁樵	汪士骧	**爱**		息喧	诸修樾
铁樵	恽树钰	爱山	叶灵萃		
铁瓢	沈英	爱山	刘济翁	**射**	
铁行先生	范筱香	爱山	何凤春	射墟	巩文志
		爱山	林有仁	**躬**	
		爱日	何世仁	躬甫	冯其盛

躬实 ·················· 荣华

皋

皋亭 ·················· 朱雕模

倩

倩文 ·················· 郑伯昌

借

借红亭 ·················· 姚康
借月山房 ·················· 张海鹏

倚

倚园 ·················· 曹崧
倚云轩 ·················· 方仁渊
倚南轩 ·················· 何王模
倚松老人 ·················· 易方

倬

倬云 ·················· 李德汉
倬云 ·················· 蔡文朴
倬辰 ·················· 华石云

倥

倥侗 ·················· 沈愚
倥侗子 ·················· 陈孝积

健

健一 ·················· 孙仁化
健一 ·················· 俞仁化
健川 ·················· 汪如龙
健之 ·················· 周学海
健也 ·················· 韩乾
健夫 ·················· 汪乾
健夫 ·················· 陈五太
健元 ·················· 张宝仁
健业 ·················· 李本修
健行 ·················· 纪学乾
健行 ·················· 张乾佑
健行 ·················· 汪志毅
健行 ·················· 陈学乾
健阳 ·················· 王乾
健林 ·················· 李枝桂
健修 ·················· 黄昭乾
健恒 ·················· 萧霆
健斋 ·················· 刘显儒

健斋 ·················· 李梴
健庵 ·················· 朱奎光
健庵 ·················· 何潗
健庵 ·················· 陈玠
健庵 ·················· 霍肇基
健清 ·················· 陈克恕
健儒 ·················· 冯树勋

徕

徕公 ·················· 盛健一

徐

徐昱 ·················· 徐季东
徐珵 ·················· 徐有贞
徐德 ·················· 徐惠
徐鳌 ·················· 高鳌
徐曦 ·················· 徐燨
徐太山 ·················· 徐大山
徐世勋 ·················· 李勋
徐防御 ·················· 徐远
徐园成 ·················· 徐圆成
徐德珪 ·················· 徐惠钰
徐懋功 ·················· 李勋
徐村老农 ·················· 潘道根

殷

殷尚 ·················· 上官瑗
殷矩 ·················· 殷榘
殷源 ·················· 何溍
殷震 ·················· 殷震亨
殷荆州 ·················· 殷仲堪

豹

豹文 ·················· 宋炳
豹变 ·················· 董蔚亭

颂

颂武 ·················· 陆炳炜
颂南 ·················· 程道周
颂阁 ·················· 徐郙

翁

翁君 ·················· 李助
翁陵 ·················· 何茂榛

㟼

㟼环 ·················· 孙世赞

卿

卿之 ·················· 沈琣
卿子 ·················· 张遂辰
卿云 ·················· 沈琣
卿云 ·················· 孟复旦
卿和 ·················· 多弘馨

逢

逢生 ·················· 吉兆来
逢生 ·················· 陆乃兴
逢永 ·················· 黄圣年
逢吉 ·················· 王峋
逢年 ·················· 卢英②
逢州 ·················· 李绪
逢伯 ·················· 马秉义

留

留山 ·················· 嵇永仁
留仁 ·················· 杨士杰①
留仙 ·················· 张宗良
留侯 ·················· 沈自南
留云山馆 ·················· 费伯雄

衷

衷一 ·················· 车大敬
衷白 ·················· 崔瑞生
衷零 ·················· 何金瓒

高

高山 ·················· 莫国行
高亿 ·················· 高士亿
高岩 ·················· 李德卿
高斋 ·················· 赵元益
高淳 ·················· 吴云间
高道 ·················· 刘渊然
高蔼 ·················· 黄瑞兰
高汝昆 ·················· 高如昆
高卧楼 ·················· 林珮琴
高阳山人 ·················· 许栽
高尚先生 ·················· 刘完素
高盖山人 ·················· 吴惧

郭

郭仁 …………………… 郭仕宸
郭濈 …………………… 郭泷
郭风子 …………………… 郭兴时
郭诚勋 …………………… 郭沈勋

席

席有 …………………… 黄家珍
席观 …………………… 刘旭珍
席芬 …………………… 鲍嗽芳
席儒 …………………… 方钦
席珍子 …………………… 王锡鑫

斋

斋心 …………………… 王梦吉
斋沐 …………………… 陈衍
斋圃 …………………… 唐载生

效

效成 …………………… 徐国栋
效如 …………………… 傅为学
效程 …………………… 汤颢
效赐 …………………… 夏端木
效鲁 …………………… 张慕曾

疾

疾鳌子 …………………… 刘鳞

离

离明 …………………… 冯遇午
离侯 …………………… 王振南

唐

唐夫 …………………… 陈尧叟
唐臣 …………………… 陈靖
唐杲 …………………… 唐熇
唐封 …………………… 郑荫桐
唐卿 …………………… 卫琼
唐卿 …………………… 萧人官
唐卿 …………………… 掌禹锡
唐世珩 …………………… 康士珩
唐玄宗 …………………… 李隆基
唐承斋 …………………… 唐仁斋
唐德宗 …………………… 李适

竞

竞心 …………………… 何舒
竞吾 …………………… 董金鉴

部

部曹 …………………… 陈廷铨

悟

悟一 …………………… 周祚烺
悟元子 …………………… 刘一明
悟真子 …………………… 彭用光
悟天道人 …………………… 何游

悔

悔庐 …………………… 褚维培
悔迟轩 …………………… 朱开

悦

悦生 …………………… 徐锦①
悦生 …………………… 曾秉豫
悦实 …………………… 冯昆
悦庭 …………………… 沈卓士
悦道处士 …………………… 陆怡

闾

闾庵 …………………… 郑言

阅

阅耕 …………………… 刘钧美

阆

阆风 …………………… 金德生
阆仙 …………………… 朱成璈
阆园 …………………… 李兆琳
阆垣 …………………… 周家琳
阆源 …………………… 汪士钟

烘

烘山 …………………… 陈崇尧

烟

烟乡 …………………… 王昌熊
烟萝子 …………………… 康仲熊

烬

烬余庐 …………………… 顾家振

敉

敉吉 …………………… 戴聿颐

羔

羔愚 …………………… 陈师柴

瓶

瓶城 …………………… 何二淳
瓶城子 …………………… 朱栋隆

益

益三 …………………… 李景福
益之 …………………… 朱耀荣
益之 …………………… 何谦①
益之 …………………… 吴绍裕
益江 …………………… 何应宰
益亭 …………………… 周朝谦
益亭 …………………… 恒裕
益洲 …………………… 安增
益卿 …………………… 何谦②
益斋 …………………… 艾鸣谦
益斋 …………………… 刘毓
益斋 …………………… 宋会谦
益斋 …………………… 戴思温
益能 …………………… 夏翼增
益庵 …………………… 僧克修
益谦 …………………… 汪炳能
益源 …………………… 何之炌
益元道人 …………………… 陈楚良

兼

兼三 …………………… 严燮
兼三 …………………… 姚从周
兼山 …………………… 郑栴
兼之 …………………… 冯三才
兼白 …………………… 朱孟坚
兼山堂 …………………… 汪延造

凌

凌凡 …………………… 马化龙
凌云 …………………… 易显志
凌云 …………………… 戴高

凌汉	崔凤翮
凌沧	孙立鳌
凌坤	凌堃
凌勋	韩澍勋
凌阁	乔明扬
凌阁	傅正升
凌虚	吴可教

准

准可	钱临
准宜	朱以增

资

资万	陈大积
资元	钱象先
资实	叶逢春
资钦	阎孝忠

涑

涑水先生	司马光

涟

涟水	张康忠

浙

浙西饕士	顾仲

涉

涉台	吴鼎

浩

浩千	范得方
浩川	丘熺
浩存	陶然
浩然	朱集义
浩然	张权
浩然子	王宏翰

海

海山	吴光慧
海门	向文兰
海门	陶滨
海仙	丁瓒②
海仙	赵履鳌
海艻	钱椒
海臣	张坤仁

海丞	黄宗汉
海园	姚学瑛
海邻	耶律迭里特
海骊	张永荫
海珊	刘举京
海珊	张洪宪
海珊	杨振镐
海南	叶晋安
海峤	程鹏飞
海洲	桂廷蔚
海峰	张应鳌
海峰	岳占鳌
海峰	徐绍基
海容	冉广鲤
海梧	任潮
海望	郁振
海渔	彭璨
海蓬	寇学山
海槎	王山
海楼	胡心河
海源	陈锡鈬
海霆	王吉震
海澜	邹绍观
海澄	张昶
海薛	爱薛
海铺	姚嘉通
海艖	姚克谐
海藏	王好古
海琼子	白玉蟾
海源阁	杨绍和
海山仙馆	潘仕成
海樵山人	陈鹤
海阳竹林人	汪汲
海昌野云氏	王士雄

浴

浴溟	欧浩
浴德	庞濯清

浮

浮云道人	曾敏行
浮青书屋	龚振家
浮碧山人	孙光裕

涤

涤凡	王兆珍

涤凡	余奉仙
涤仲	黄其荣
涤斋	王锡琳
涤庵	顾惺

润

润之	杨清源
润之	徐定超
润之	钱本瑜
润夫	阎瑀
润玉	李正瑜
润田	张临丰
润西	何文荣
润安	邹澍
润苍	李傅霖
润芳	刘琼玉
润甫	庞桐
润甫	林寿萱
润甫	裴蕙芳
润园	王堉
润初	詹之吉
润周	赵天潢
润泉	计佩
润亭	王作霈
润卿	沈津
润斋	袁仁贤
润基	王少峰
润彩	叶本青
润溪	冯嘉谷
润寰	金鎏珂
润寰	姜星源

涧

涧西	蒋宗镐
涧松	林愈蕃

浣

浣思	姚尔浚
浣亭	杨润
浣斋	何觐光①
浣雪轩	孙淑璐

浚

浚川	杨巨源
浚川	傅滋
浚冲	汤哲

浚泉 …………………… 何十哲
浚泉 …………………… 李明哲
浚流 …………………… 何洪源
浚庵 …………………… 吾翕
浚藻 …………………… 罗启缙

宸

宸隆 …………………… 祝天佑
宸翼 …………………… 梁御
宸瞻 …………………… 胡龙友

宽

宽夫 …………………… 文彦博
宽夫 …………………… 沈潞

家

家作 …………………… 郑守谦
家珍 …………………… 杜茂英
家星 …………………… 张有光
家谟 …………………… 汪嘉谟
家裕 …………………… 吴百祥
家墅 …………………… 何家坤
家麟 …………………… 汪鹤

宾

宾于 …………………… 宋穆
宾曰 …………………… 张忠寅
宾文 …………………… 潘可藻
宾王 …………………… 何鸿
宾王 …………………… 施世杰
宾王 …………………… 顾观光
宾臣 …………………… 尚承模
宾至 …………………… 杜光庭
宾光 …………………… 殷观国
宾竹 …………………… 吴禄
宾阳 …………………… 吴尚相
宾阳 …………………… 胡向暄
宾阳 …………………… 顾陈垿
宾旸 …………………… 陆道充
宾旸 …………………… 夏寅
宾旸 …………………… 谢与辉
宾谷 …………………… 顾大纲
宾嵋 …………………… 吴烜
宾嵋 …………………… 柳旭

容

容与 …………………… 胡以久
容川 …………………… 唐宗海
容川 …………………… 蒲心涛
容光 …………………… 陶元照
容舟 …………………… 郭学洪
容众 …………………… 张兴贤
容宇 …………………… 胡以久
容安 …………………… 应元
容轩 …………………… 郑志昀
容庭 …………………… 张文燮
容圃 …………………… 曹锡宝
容斋 …………………… 何鼎亨
容斋 …………………… 罗天益
容斋 …………………… 郭维浚
容庵 …………………… 段明照
容湖 …………………… 王銮
容德 …………………… 赵宏仁
容安斋 …………………… 白允昌

宰

宰甫 …………………… 许金铉

朗

朗山 …………………… 史景玉
朗山 …………………… 蒋元烺
朗夫 …………………… 陆耀
朗心 …………………… 劳守慎
朗生 …………………… 何汝晁
朗西 …………………… 沈邦元
朗年 …………………… 僧闻坚
朗仲 …………………… 沈颐
朗轩 …………………… 施鉴②
朗轩 …………………… 潘文林
朗伯 …………………… 王之昂
朗垣 …………………… 黄钤
朗斋 …………………… 曹心怡
朗清 …………………… 许永彰

宸

宸留 …………………… 罗佐廷

诸

诸葛汉 …………………… 诸葛颖

读

读书舫 …………………… 沈太洽
读书堂 …………………… 萧子信
读易斋 …………………… 鲍晟
读有用书楼 …………… 裘庆元

调

调元 …………………… 冯燮
调元 …………………… 杨孟钧
调生 …………………… 王景和
调华 …………………… 吕希端
调宇 …………………… 吴相明
调侯 …………………… 庞润禄
调卿 …………………… 卢梅
调卿 …………………… 吴仁均
调鼎 …………………… 杨崇魁
调鼎 …………………… 蔡朝缙
调源 …………………… 何茂桂

祯

祯祥 …………………… 丁熙朝

祥

祥龙 …………………… 汪潜
祥发 …………………… 刘毓经
祥宇 …………………… 夏云集
祥甫 …………………… 胡吉士
祥甫 …………………… 顾麟
祥伯 …………………… 郭德
祥泰 …………………… 诸葛泰
祥庵 …………………… 钟振云
祥源 …………………… 诸葛棠斋

祖

祖受 …………………… 钱大一

被

被云 …………………… 钱春荣
被褐散人 …………… 刘一明

嶉

嶉书 …………………… 郑大纶

展

展云 …………………… 王纪鹏

展成 …………………… 鲁鸿志

弱

弱侯 …………………… 焦竑
弱斋 …………………… 郑虔

陵

陵坡 …………………… 严汉

陶

陶万 …………………… 陈均
陶云 …………………… 钱捷
陶初 …………………… 许勉焕
陶斋 …………………… 郑观应
陶堂 …………………… 陶瑢
陶庵 …………………… 何锵
陶普 …………………… 黄炳乾
陶谟 …………………… 周逢源
陶葆廉 …………………… 陶保廉
陶隐居 …………………… 陶弘景
陶园跛人 …………………… 戴震雷

娲

娲民 …………………… 贾黄中

恕

恕子 …………………… 王佐良
恕甫 …………………… 郭忠
恕轩 …………………… 赵学敏
恕思 …………………… 何懋德
恕亭 …………………… 王佐良
恕亭 …………………… 冯中元
恕斋 …………………… 何荣
恕斋 …………………… 罗润灿
恕斋 …………………… 唐椿
恕斋 …………………… 黄金榜
恕斋 …………………… 韩泳
恕堂 …………………… 梁玉成
恕庵 …………………… 马如铨
恕庵 …………………… 任瑗
恕庵 …………………… 林秀

能

能迁 …………………… 孙安四
能静 …………………… 覃绥丞
能睿 …………………… 陈廷柱

通

通正 …………………… 文通
通甫 …………………… 支贯
通直 …………………… 郭玉
通明 …………………… 陶弘景
通勋 …………………… 胡星垕
通理 …………………… 沈愚
通清 …………………… 程鹏程
通密 …………………… 丘处机
通源 …………………… 张廉
通一子 …………………… 张介宾
通仙子 …………………… 高彭
通真子 …………………… 刘元宾
通晓斋 …………………… 李恩拔
通隐子 …………………… 萧京
通玄处士 …………………… 刘完素
通玄先生 …………………… 张果
通灵先生 …………………… 范松
通妙真人 …………………… 邵以正
通神先生 …………………… 莎衣道人
通微显化真人 …………………… 张三丰

翀

翀霄 …………………… 林凤翥

桑

桑苎园老圃 …………………… 李沐

骏

骏业 …………………… 黄九
骏生 …………………… 殷履科
骏宁 …………………… 胡宪丰
骏先 …………………… 詹元吉
骏声 …………………… 朱鉴
骏声 …………………… 江懋烈
骏声 …………………… 何元宏
骏声 …………………… 胡镇东
骏甫 …………………… 蔡兆骐
骏轩 …………………… 高愈明
骏卿 …………………… 马献可
骏堂 …………………… 吴嵩

绋

绋扉 …………………… 牛元佐

绣

绣甫 …………………… 朱光黻
绣谷 …………………… 王绍南
绣谷 …………………… 陈锦
绣谷 …………………… 周曰校
绣章 …………………… 李锦春

绥

绥之 …………………… 王大通
绥之 …………………… 邹履泰
绥之 …………………… 谢家福
绥年 …………………… 郑于丰

继

继川 …………………… 团一魁
继川 …………………… 张荣②
继川 …………………… 殷成绪
继之 …………………… 山汉民
继丰 …………………… 施镐
继丰 …………………… 蒋宗镐
继元 …………………… 何应时
继元 …………………… 姚应凤
继仁 …………………… 刘承宗
继东 …………………… 何应祯
继成 …………………… 傅大业
继庄 …………………… 刘献廷
继充 …………………… 何应璧
继江 …………………… 黄扬庭
继志 …………………… 周述学
继芳 …………………… 潘绪
继轩 …………………… 张宏钻
继贤 …………………… 潘缵
继岩 …………………… 谈时雍
继周 …………………… 王文谟
继垣 …………………… 何应祥
继南 …………………… 周清汉
继昭 …………………… 夏云
继恒 …………………… 何应参
继美 …………………… 何应祉
继洲 …………………… 杨济时
继宣 …………………… 陈耕道
继屏 …………………… 傅天镇
继高 …………………… 王远增
继雯 …………………… 何应瑞
继常 …………………… 万以增

继鸿 ·············· 余振元
继寅 ·············· 汤宾
继琴 ·············· 张德棋
继越 ·············· 秦世进
继善 ·············· 郁性
继善 ·············· 郑祥征
继善 ·············· 潘绩
继源 ·············· 何以銮
继源 ·············· 郑耀
继志堂 ·············· 高鼎汾
继志堂 ·············· 曹存心
继俨子 ·············· 姚篮儿
继鹊堂 ·············· 卢成速

十一画

春

春陵 ·············· 郑起濂

琐

琐吉居 ·············· 程询

理

理天 ·············· 梁纪
理公 ·············· 蔡海宁
理全 ·············· 萧才
理齐 ·············· 许燮
理充 ·············· 何金萧
理初 ·············· 俞正燮
理和 ·············· 王兆年
理卿 ·············· 朱承鼎
理斋 ·············· 汪士燮
理斋 ·············· 葛元煦
理堂 ·············· 夏朝坐
理堂 ·············· 焦循

琇

琇之 ·············· 邵斌

琅

琅轩 ·············· 曹耀璨

焉

焉文 ·············· 顾元交

遂

遂宾 ·············· 廖润鸿
遂骞 ·············· 唐永飞

培

培之 ·············· 马文植
培之 ·············· 许栽
培之 ·············· 沃壤
培之 ·············· 陈祖绥
培元 ·············· 马本固
培元 ·············· 许兆祯
培元 ·············· 何镇
培元 ·············· 汪副护
培元 ·············· 张肇基
培元 ·············· 窦发荣
培心 ·············· 刘德成
培兰 ·············· 范毓䯀
培初 ·············· 陆成一
培春 ·············· 叶萎
培哲 ·············· 何旭荣
培斋 ·············· 姚廷槐
培基 ·············· 曹九州
培庵 ·············· 吴有磐
培章 ·············· 李成贵
培源 ·············· 何绍文
培德 ·············· 庞还纯
培德 ·············· 钱恺
培橘 ·············· 刘承宗

聊

聊尔居士 ·············· 徐守愚

啬

啬园 ·············· 郑守谦
啬庐 ·············· 傅山

乾

乾一 ·············· 韩厥初
乾九 ·············· 郑以雄
乾三 ·············· 黄阳杰
乾夫 ·············· 杨元敬
乾夫 ·············· 唐尔贞
乾长 ·············· 易经
乾阶 ·············· 雷元亨
乾来 ·············· 邵敬

乾所 ·············· 王纳表
乾符 ·············· 赵三麒①
乾增 ·············· 石水樵

曹

曹晟 ·············· 曹光绍
曹溪 ·············· 僧传杰
曹歃 ·············· 曹翕
曹洞俗汉 ·············· 张中和①

夐

夐 ·············· 华佗
夐来 ·············· 刘梦金

救

救山老人 ·············· 倪维德

酾

酾舫 ·············· 朱彝尊

著

著存 ·············· 何严
著园 ·············· 杨熙龄

菱

菱舟 ·············· 戴培椿

黄

黄山 ·············· 程剩生
黄坚 ·············· 黄公望
黄初 ·············· 梁锡类
黄郛 ·············· 谈金章
黄谦 ·············· 黄竹斋
黄溪 ·············· 陈淳白
黄在鼎 ·············· 黄载鼎
黄孝子 ·············· 黄济之
黄庐子 ·············· 葛越
黄绍尧 ·············· 黄绍垚
黄惠然 ·············· 黄蕙然

菽

菽长 ·············· 李承欢

菊

菊人 ·············· 刘树蕃
菊人 ·············· 沈来亨

菊心 …………………… 昔李勃
菊田 …………………… 周庚
菊生 …………………… 寿凤来
菊仙 …………………… 巴锡麟
菊处 …………………… 周南①
菊存 …………………… 周观光
菊庄 …………………… 沈亮
菊池 …………………… 张士奇
菊农 …………………… 杨世芬
菊村 …………………… 裴锡堂
菊轩 …………………… 万匡
菊坡 …………………… 陈世芳
菊岩 …………………… 周瑾
菊所 …………………… 周继周
菊泉 …………………… 王治
菊泉 …………………… 罗显祖
菊泉 …………………… 皇甫泰
菊泉 …………………… 袁颢
菊泉 …………………… 郭华润
菊泉 …………………… 黄通理
菊庭 …………………… 陈应元①
菊壶 …………………… 林瑞恩
菊圃 …………………… 周子华
菊舫 …………………… 吴宗焘
菊斋 …………………… 周藩东
菊斋 …………………… 赵梦麟
菊畦 …………………… 徐荣达
菊隐 …………………… 陈琎
菊窗 …………………… 马天闲
菊潭 …………………… 周济

萃

萃臣 …………………… 孙克任

萍

萍如 …………………… 沈懋发
萍香 …………………… 何王模

营

营若 …………………… 杨凤来

萧

萧元 …………………… 马仁
萧六 …………………… 萧人官

莱

莱园 …………………… 洪裕封
莱泉 …………………… 杨鉴淇

萨

萨里弥实 …………………… 沙图穆苏

菡

菡生 …………………… 丁雄飞
菡舫 …………………… 钱钦甸

梦

梦与 …………………… 武锡龄
梦旦 …………………… 周宗灼
梦白 …………………… 赵南星
梦兰 …………………… 王瑞澄
梦安 …………………… 林逸
梦园 …………………… 许炳西
梦庐 …………………… 张千里
梦松 …………………… 王若孙
梦征 …………………… 何锡龄②
梦征 …………………… 潘弼
梦鱼 …………………… 徐本仁
梦香 …………………… 文通
梦卿 …………………… 周候
梦祥 …………………… 陈骐
梦祥 …………………… 黄瑞
梦梅 …………………… 赵玉玺
梦符 …………………… 谭麟玉
梦箴 …………………… 潘肇封
梦得 …………………… 刘禹锡
梦隐 …………………… 王士雄
梦琴 …………………… 陈希恕
梦窗 …………………… 祝淇
梦塘 …………………… 余含棻
梦畹 …………………… 张节
梦新 …………………… 韩善长
梦溪 …………………… 魏晋锡
梦犀 …………………… 郭森
梦影 …………………… 王士雄
梦石子 …………………… 金世英
梦淞轩 …………………… 孙镡
梦花山房 …………………… 倪炜文
梦觉道人 …………………… 周学霆
梦圃居士 …………………… 郑泽

彬

彬之 …………………… 张文盛
彬臣 …………………… 何寀
彬如 …………………… 谢炳耀
彬堂 …………………… 汤逸民
彬雅 …………………… 杜勉初

梧

梧冈 …………………… 乐凤鸣
梧冈 …………………… 白凤
梧冈 …………………… 李协
梧冈 …………………… 骆怀春
梧冈 …………………… 舒德辉
梧村 …………………… 陈光昌
梧巢 …………………… 王凤藻

梅

梅山 …………………… 李菁
梅山 …………………… 陈子华
梅石 …………………… 僧道印
梅臣 …………………… 纪若鼎
梅臣 …………………… 李炳藻
梅边 …………………… 潘缵
梅屿 …………………… 江南春
梅竹 …………………… 蔡纲
梅庄 …………………… 谢济世
梅村 …………………… 朱奎光
梅村 …………………… 汝金铺
梅村 …………………… 张芳
梅村 …………………… 罗公望
梅村 …………………… 俞士琳
梅村 …………………… 俞承祖
梅村 …………………… 钱涵
梅轩 …………………… 丁福保
梅轩 …………………… 何处恭
梅轩 …………………… 张应雷
梅轩 …………………… 汪期莲
梅谷 …………………… 陆烜
梅谷 …………………… 程鼎调
梅坡 …………………… 吴嘉言
梅坡 …………………… 陈德明
梅岭 …………………… 蔡承祉
梅衫 …………………… 侯敞
梅泉 …………………… 张凤翔
梅泉 …………………… 戴荣基

梅亭	李元魁
梅圃	周维新
梅圃	瞿本魁
梅峰	陈灿②
梅皋	万廷兰
梅卿	沈英
梅涧	郑宏纲
梅深	僧深
梅痴	沈太洽
梅溪	高文晋
梅溪	潘国珍
梅墟	周履靖
梅颠	吴熊
梅羹	唐钦明
梅花屋	沈太洽
梅孤子	高武
梅隐庵	吕熊
梅村上人	钦允恭
梅花主人	周恭
梅屋老人	周礼①
梅庵道人	卫之松
梅窗居士	吴景隆
梅溪老人	江士先
梅癫道人	周履靖

检

检斋	许逢时
检庵	邓象晋

梓

梓材	罗允相
梓来	韩济怀
梓桐	周树
梓卿	姚训恭
梓敬	许维藩

梯

梯愚	金敬坦

爽

爽谷	欧阳复旦
爽泉	凌绶曾

匏

匏存	丁乃潜
匏垒	李寿龄
匏隐	袁钺

硕

硕夫	王俣
硕父	王俣
硕公	胡奏肤
硕田	李苗
硕甫	李秉钧
硕甫	潘楫
硕庵	何磐业
硕龄	刘寅③
硕源	何茂桢

盛

盛元	宋光成
盛时	孙泰
盛林	僧宏慈
盛松	锁万言
盛恺	盛皑
盛卿	何燔
盛唐	童际昌
盛棣	盛逮

龚

龚定国	龚守国

雩

雩娄农	吴其浚

雪

雪山	李慎修
雪凡	徐南复
雪子	姚凯元
雪田	朱方华
雪帆	田晋元
雪村	申赓豫
雪村	徐寿②
雪轩	僧泰如
雪谷	施文治
雪谷	韩公麟
雪庐	陈嵇
雪君	高翥映
雪枝	钱熙祚
雪岩	李之音
雪岩	李世英
雪岩	闵佩
雪岩	季浩
雪岩	胡光墉
雪岩	袁峻
雪经	陈光鉴
雪香	张德馨②
雪洲	蒋瀚
雪斋	何时希
雪宾	申嵩阳
雪堂	毛鸿印
雪堂	张梅
雪堂	罗振玉
雪堂	彭烈
雪堂	戴晋
雪堂	魏瑶
雪庵	易正聪
雪庵	徐南复
雪鸿	吴汉仙
雪渔	郑承湘
雪渔	郑斌
雪禽	萧良翼
雪腴	王效成
雪窗	王秉伦
雪窗	吴显忠
雪窗	张世炜
雪塘	何梦鹤
雪溪	刘祥
雪澄	姜维烈
雪樵	余泰琛
雪樵	周维翰
雪雅堂	张士骧
雪道人	陈嵇
雪潭居	陈彻
雪蘸轩	曹毓秀
雪崿山人	郑宏纲

辅

辅之	王翼
辅之	何相元
辅之	黄翼
辅机	长孙无忌
辅臣	卫周佐
辅臣	艾世新
辅臣	张冠贤
辅廷	莫懋晟
辅伯	何十翼
辅卿	侯佐元

捷

捷三	吴汉仙
捷三	彭光超
捷南	才春元
捷卿	邓鸿勋

推

推己	张恕

掖

掖青	徐凤垣

接

接元	何溧

掞

掞庭	罗克藻

探

探梅	许绍曾
探玄子	孙天仁
探微真人	邓处中

欨

欨鹤	王观

虚

虚万	朱巽
虚中	杨居耀
虚白	何振宇
虚白	陈冲素
虚舟	王宣
虚舟	李观澜
虚舟	李逢吉①
虚舟	邵维时
虚舟	徐朝宗
虚舟	程式庄
虚谷	何振宇
虚谷	章楠
虚岩	周诗①
虚斋	张谟
虚斋	潘大定
虚堂	王建中
虚筠	桂廷蔺
虚白处士	赵素

虚谷山人	周诗①
虚明山人	沈惠
虚所山人	蔡四兰

彪

彪西	范鄑鼎

堂

堂诏	李大昌②
堂翁	祝庆堂

常

常逊	张从
常锡	袁长龄
常德	俞长荣
常静处士	汤尧

勖

勖为	刘勳
勖庄	叶祚昌
勖和	孙树藻
勖陔	廖平
勖斋	王生烨

野

野人	王和尚
野云	何九经
野民	王峋
野农	杨光黼
野亭	单继华
野翁	谈伦
野塘	陆鲤
野樵	刘正字
野云氏	王士雄

晨

晨岚	卢英②
晨峰	程锐

曼

曼公	方以智
曼公	戴笠①
曼生	寿如椿
曼仙子	蔡文朴

晦

晦木	黄宗炎
晦叔	王灼
晦叔	王炎
晦叔	崔玄亮
晦斋	黄良安
晦庵	向忠
晦庵	黄信道

晞

晞渊	吴希渊
晞雍	朱鸣春
晞范子	李驹

晩

晚村	吕留良
晚香	潘道根
晚耘	严文昶
晚桥	何梦熊
晚翠轩	蒯廷理

趾

趾卿	顾麟
趾庵	何贵麟

跃

跃三	龙祖湘
跃庭	朱容焜

鄂

鄂匏斋	曹秉纲

啸

啸山	张文虎
啸北	李敉白
啸台	葛振
啸江	僧寂会
啸园	葛元煦
啸庐	秦丕烈
啸松	余懋
啸岩	马士元
啸峰	顾以诚
啸峰	顾兆熊
啸渔	蒋希曾
啸云窝	张坤仁

崑

崑山	陈廷璋
崑石	刘梦松
崑阳	崔待聘

崔

崔元亮	崔玄亮
崔彦辅	崔彦晖
崔真人	崔孟传

崇

崇山	孙毓昆
崇山	巢峻
崇山	辜大安
崇仁	陈仁诏
崇先	张祖勋
崇佳	朱元益
崇周	习谭
崇勋	费彝昭
崇源	何金琇
崇实堂	姚龙光
崇修堂	田名珍
崇辨堂	李家骏

崆

崆峒	顾昌朝
崆峒居士	王凤藻

帷

帷园	董儒林

铜

铜壁山人	黄廉

铭

铭也	朱铥
铭之	王书勋
铭文	刘廷桢
铭时	向大平
铭勋	王建常
铭斋	费彝昭
铭常	孙守勋
铭常	何伟业
铭鞠	司马大复

银

银台	濮润淞
银宇	屠玉埙
银涛	瞿广陵
银杏园	李中馥
银槎山馆	伍家榕

移

移作	周士忠

笛

笛桥	秦乃歌
笛槎	潘淳亮
笛楼	方谟

笙

笙和	司马钧
笙陔	陶铭鼎
笙巢	倪炜文

符

符五	曹建福
符篯	周彭年

笠

笠人	汪廷业
笠山	唐大烈
笠山	徐廷槐
笠台	杨进蕃
笠江	孙兆蕙
笠渔	黄文达
笠泽居士	施沛

笯

笯云	唐尧卿

敏

敏三	顾行
敏之	金汝庆
敏之	高若讷
敏夫	马佩恣
敏生	郑修德
敏年	黄有章
敏甫	周锡祉
敏求	余成章

敏叔	李锡琛
敏修	叶觐扬
敏修	张乃来
敏修	李志己
敏卿	冯时可
敏卿	张露锋
敏斋	余元惠
敏斋	郑思聪
敏庵	顾绍芬
敏德	吴讷
敏德	杨弘斋
敏慧	阿尼哥

偕

偕让	张叔伦
偕行	马绍肃

偶

偶金	方奇
偶斋主人	年希尧
偶梦道人	房毓琛
偶然居士	林端

停

停云馆	孙天骐

偻

偻翁	罗福颐

偓

偓遑子	欧阳迁

悠

悠斋	吴洪

得

得之	郭思
得王	郑以雄
得阳	蔡纯一
得琈	俞世球

盘

盘庄	郭宝疆
盘河	王嶙
盘园草屋	陈国栋
盘洲钓者	李揆

舱

舱芎 ················ 俞彬蔚

敛

敛之 ················ 庄继光
敛予 ················ 程铭

彩

彩轩 ················ 余鹭振
彩亭 ················ 俞启华

脱

脱夫 ················ 夏子俊
脱庵 ················ 朱颖

逸

逸人 ················ 王珪
逸上 ················ 凌云志
逸之 ················ 周履靖
逸生 ················ 汤德
逸仙 ················ 雷焕然
逸民 ················ 裴頠
逸园 ················ 丁鹗起
逸园 ················ 任埙
逸谷 ················ 徐景元
逸林 ················ 欧阳履钦
逸林 ················ 姜琐忻
逸岩 ················ 何鹤
逸岩 ················ 顾思容
逸宣 ················ 钱谅臣
逸真 ················ 沈士逸
逸圃 ················ 金起诏
逸卿 ················ 许贞才
逸舲 ················ 僧越林
逸庵 ················ 郑文祐
逸溪 ················ 马之伯
逸樵 ················ 吴鼎铨
逸藻 ················ 汪文标
逸老庵 ··········· 龚诩

象

象九 ················ 汤鼎
象九 ················ 钱鼎
象三 ················ 萧钟岳
象山 ················ 何惺
象成 ················ 朱光斗
象贞 ················ 蔡宗玉
象先 ················ 吴冲孺
象伟 ················ 潘其钊
象初 ················ 李心复
象贤 ················ 陈仁
象贤 ················ 傅绳祖
象明 ················ 郁炯
象岩 ················ 黄登鳌
象承 ················ 潘杓烁
象黄 ················ 管鼎
象乾 ················ 张九文
象衡 ················ 陈皱
象夔 ················ 萧恪

猗

猗竹 ················ 陆俊
猗园 ················ 文祥
猗园 ················ 朱世扬

猛

猛兼 ················ 郑济宽

鸾

鸾叔 ················ 崔景凤

庶

庶村 ················ 马文灿
庶咸 ················ 刘绍熙

麻

麻仙 ················ 朱载扬
麻姑山人 ········ 潘秉道

庵

庵济 ················ 倪殿标

庚

庚卿 ················ 林彦起
庚梅 ················ 沈廷奎

庸

庸叟 ················ 陈秉钧
庸济 ················ 邵成平
庸皋 ················ 李之泌
庸斋 ················ 许仁沐
庸斋 ················ 李克让
庸庵 ················ 史树骏
庸庵 ················ 陈秉钧
庸庵 ················ 程南

康

康 ················ 李同轨
康平 ················ 张德型
康生 ················ 郑修吉
康宁 ················ 王象晋
康宁 ················ 郑宁
康民 ················ 陈国彦
康成 ················ 郑玄
康先 ················ 潘遵
康庄 ················ 何为龙
康甫 ················ 严恩锡
康伯 ················ 吴辅
康伯 ················ 姚康
康侯 ················ 钱祖翰
康斋 ················ 陈其晋
康庵 ················ 齐化宁
康翊 ················ 颜天翼
康真人 ·········· 康仲熊
康惠先生 ········ 潘纬

鹿

鹿门 ················ 庞宪
鹿友 ················ 吴甡
鹿场 ················ 刘翰②
鹿臣 ················ 吴元冲
鹿池 ················ 李步墀
鹿园 ················ 万表
鹿侪 ················ 廖甡
鹿起 ················ 方以智
鹿峰 ················ 汪俊
鹿起山人 ········ 周岩

旋

旋宫 ················ 郑昭

堃

堃载 ················ 王培元②

章

章甫 ················ 陈奕端
章甫 ················ 林端

章甫	范品端	惟中	范廷珍	焕章	刘化文
章伯	陈兔	惟丹	何鸿堂	焕章	李文炳
章服	程绣	惟正	徐尔贞	焕章	范承顺
章宜	郭佩兰	惟成	丁元贞	焕章	潘希灯
章侯	吴端甫	惟贞	聂尚恒	焕然	刘维新
章秀言	张秀言	惟行	江有令		

翊

翊文	陈长载

商

商老	徐梦莘
商臣	丘希彭
商岩	僧志坚
商岩	傅羹梅
商珍	马元琏

望

望山	方鲁
望之	邹文苏
望子	齐祖望
望云	郭奎
望江	丁佶
望林	孙伟
望岵	赵元益
望霞	楼炜
望百老人	徐南复
望衡居士	刘章甫

惜

惜分阴主人	周憬

惕

惕夫	张乾佑
惕庵	薛学
惕厉子	张振鋆
惕盦道人	计楠

惟

惟一	王时钟
惟一	金俊
惟一	常中
惟一	黄鉴①
惟几	鲜于享
惟天	袁恕
惟中	林时②

惟远	沈宏
惟明	卢士诚
惟鸣	何钟
惟和	吴邦宁
惟金	莫汝能
惟周	黄武
惟宜	陈楠
惟春	刘祖寿
惟美	潘士梧
惟祥	沈家熊
惟教	饶施
惟望	方达
惟敬	黎民表
惟善	丁国宝
惟善	吴几
惟善	何永锚
惟善	郭魁
惟勤	唐广
惟颙	王观
惟德	王惟一①
惟履	齐传苞

惇

惇士	汪纯粹
惇夫	恒裕

阎

阎季忠	阎孝忠

焕

焕文	张世炜
焕东	陈震曜
焕臣	吴廷耀
焕廷	何佩瑶
焕若	吴为昺
焕庭	胡德珣
焕彬	叶德辉
焕堂	林之选
焕堂	施承勋
焕堂	钱春耀

盖

盖仙	张旅
盖堂	黄孚同

眷

眷之	谈德恩
眷西	范征昌

渠

渠阁	蒋时机
渠清	林玉友

梁

梁宇	贾汝栋
梁丘子	白履忠
梁武帝	萧衍
梁国公	狄仁杰
梁逢老	梁逢尧

清

清之	吴澄③
清也	郭武铭
清平	张泰②
清臣	刘仕廉
清轩	汤光铣
清时	钱维岳
清叔	王卿月
清泉	张洁
清叟	叶澄心
清斋	钱润身
清梯	薛步云
清常	赵开美
清逸	施鉴台
清庵	僧文璟
清湘	何渌
清瑞	范祥凤
清源	丁澄
清溪	徐沂
清溪	袁钺
清碧	杜本

涵

涵人	丁元椿
涵九	杨治生
涵先	朱子韬
涵齐	虞席珍
涵初	井养源
涵初	倪宗贤
涵春	汤文
涵春	郁光始
涵秋	林日芃
涵高	张靖
涵虚	章一第
涵鼎	薛景晦②
涵暾	江秋
涵虚子	朱权
涵静楼	劳梦鲤

寇

寇衡	寇衡美
寇隐君	寇士谦

寅

寅工	刘官宝
寅之	周恭
寅东	何金铓
寅生	陈麟炳
寅充	何金奏
寅阶	丘泰华
寅甫	王应春
寅轩	黄作宾
寅谷	郑三畏
寅谷	赵其光
寅谷	葛方覃
寅昉	蒋光焴
寅侯	沈树赓
寅亮	王正远
寅斋	吴协
寅斋	陆载熙
寅斋	陈惟直

寄

寄也	徐观宾
寄云	孙锌
寄玄	杨则民
寄奴	刘裕

寄轩	樊继圣
寄庐	胡朝纲
寄庐	曾文奎
寄斋	邓宓
寄瓶	何昌圻
寄痕	贺钧
寄瓢子	陈平伯
寄尘草庐	邓达亮
寄庵居士	樊如柏

宿

宿田	韩襄

寀

寀臣	刘定国

密

密之	方以智
密音	僧元颖
密斋	万全

窒

窒甫	郑晓

谏

谏书	郑大纯

谞

谞臣	卫显民
谞庵	及应龙

随

随厂	傅山
随园	袁枚
随山宇	汪曰桢
随息居隐士	王士雄

隆

隆吉	刘栋
隆吉	张栋
隆德	李茂盛

隐

隐谷	钱艺
隐庐	王传勋
隐峰	张坤①

隐庵	张志聪
隐荞	陈廷铨
隐盒	张世镳
隐求堂	潘道根

绩

绩成	李一鸣
绩荞	沈庶

绪

绪臣	孟昭统
绪仲	梁宪
绪常	梁世经
绪熙	陈耀昌

绮

绮卿	漆开藻
绮琴	孙煋

绰

绰亭	张恢
绰然	丁能裕
绰然	严有裕

绳

绳孙	王丙
绳甫	朱寅夏
绳甫	费承祖
绳武	丁汝弼
绳武	王用德
绳武	宁述俞
绳武	张光先
绳武	陈慎吾
绳武	雷效先
绳林	王丙
绳宗	何鸿堂
绳祖	曹绪武
绳庵	甘绍曾
绳庵	何树功
绳曾	陆受诒
绳源	何金珙

维

维丹	何鸿堂
维风	叶风
维斗	何廷枢

维玉 …………………… 叶瑶生	
维正 …………………… 凌奂	
维石 …………………… 曹国柱	
维贞 …………………… 吴惟贞	
维光 …………………… 邓邦锡	
维甸 …………………… 李汝均	
维灿 …………………… 蒋诚辉	
维杰 …………………… 何时希	
维岳 …………………… 何立业	
维岳 …………………… 罗从可	
维岳 …………………… 胡嵩	
维周 …………………… 黄武	
维周 …………………… 濮联元	
维宗 …………………… 崔岳	
维城 …………………… 廖振宗	
维栋 …………………… 马光炳	
维恒 …………………… 郭居易	
维祚 …………………… 蔡谋祺	
维恭 …………………… 顾宏礼	
维桢 …………………… 章廷楷	
维梓 …………………… 何榆	
维敬 …………………… 周禋	
维新 …………………… 张岸舫	
维静 …………………… 张时彻	
维德 …………………… 唐威原	
维鹤 …………………… 吴佩铃	
维翰 …………………… 赵树屏	
维翰 …………………… 黄竹斋	
维瞻 …………………… 沈岩	
维藩 …………………… 傅国栋	
维藩 …………………… 程世光	
维馨 …………………… 仲兰	
维馨 …………………… 何茂桂	
维馨 …………………… 沈廷翰	
维馨 …………………… 黄梦兰	
维摩和尚 …………… 姚澜	

绵

绵芝 …………………… 周式

绶

绶若 …………………… 龙德纶

绿

绿岩 …………………… 曹垂璨
绿野 …………………… 裴之仙

绿滨 …………………… 楼一品	
绿潇 …………………… 陈淳白	
绿香馆 …………………… 程鹏飞	
绿满轩 …………………… 程鸾池	
绿萝庵主 ………………… 葛荫春	

缀

缀六 …………………… 戴保裘

巢

巢夫 …………………… 祝尧民
巢云 …………………… 吕坤①
巢虚子 …………………… 陆烜

十 二 画

琴

琴川 …………………… 朱懋昭	
琴川 …………………… 谈如纬	
琴月 …………………… 陆颐	
琴轩 …………………… 庞桐	
琴香 …………………… 朱钰	
琴圃 …………………… 罗星海	
琴圃 …………………… 徐鸿基	
琴斋 …………………… 毕桐	
琴舫 …………………… 汝锡畴	
琴舫 …………………… 袁其铭	
琴娱 …………………… 顾瞻乔	
琴堂 …………………… 程良书	
琴溪 …………………… 王大川	

琪

琪仙 …………………… 萧文珍
琪园 …………………… 郑之兰
琪峰 …………………… 萧以琪

琳

琳卿 …………………… 李宝琛
琳湖 …………………… 胡忠

琦

琦美 …………………… 赵开美

琢

琢山 …………………… 李再华
琢之 …………………… 陈璞②

琢之 …………………… 荣玉璞	
琢如 …………………… 陆师章	
琢如 …………………… 萧伯章	
琢甫 …………………… 孙锦瑚	
琢甫 …………………… 何其章	
琢斋 …………………… 刘锡瑜	
琢堂 …………………… 黄至成	
琢崖 …………………… 王琦	
琢庵 …………………… 何玉	
琢疵 …………………… 徐璇	

琼

琼田 …………………… 张大声	
琼仙 …………………… 朱文珍	
琼台 …………………… 丘浚	
琼林 …………………… 周琳	
琼枝 …………………… 朱楠	
琼瑶真人 ………………… 刘党	

斑

斑麓 …………………… 李佩

琯

琯香 …………………… 宁本瑜

琛

琛仙 …………………… 章成器
琛伯 …………………… 张振祥

超

超千 …………………… 刘永椿	
超凡 …………………… 张化凤	
超凡 …………………… 温凌云	
超宗 …………………… 何澍	
超亭 …………………… 陆南英	
超亭 …………………… 郁在公	
超然 …………………… 王达三	
超然 …………………… 张如翼	
超然 …………………… 郑元箸	

越

越石 …………………… 焦璘	
越江 …………………… 徐肇康	
越阳 …………………… 孙燮和	
越孙 …………………… 汪歙	
越岑 …………………… 李川衡	

越

越亭	沈卓士
越卿	范钟
越斋	褚延泰
越堂	庄寿山
越庵	任越安
越中老朽	何炳元

喜

喜灼	王烈光
喜隐	耶律庶成
喜然	李中和②

喆

喆斋	徐宝谦

颉

颉云	田枌

彭

彭年	陆渊雷
彭之惠	彭子惠

塔

塔山	谢廷兰
塔儿虎	朱绂

煮

煮花轩	唐莹
煮石山房	叶以诚
煮石山房	黄炜

博

博川	文祥
博广	韩溥
博我	许学文
博泉	曹恩溥
博济	何宗武
博庵	杨载
博望	邓苑
博望	吕广
博古堂	申屠致远
博爱堂	汪从善
博雅堂	徐益
博济先生	花盛

葫

葫芦先生	胡先兆

葛

葛长庚	白玉蟾
葛仙公	葛玄
葛仙翁	葛洪
葛营乾	葛学乾

萼

萼林	甘德溥
萼庭	奚应莲

董

董先	董说
董林	诸焕章
董能	徐昌

葆

葆三	沈祖约
葆田	朱嘉畅
葆华	方璞
葆丞	邵同珍
葆初	李日谦
葆初	谢润
葆青	徐彦成
葆性	顾清廉
葆诚	邵同珍
葆钧	戴传震
葆真	潘诚
葆善	杨其绥
葆真堂	刘敞②
葆真居士	严彦博

落

落魄	张宗恒

萱

萱堂	惠显卿

葵

葵斋	莫春晖
葵畦	朱锷

敬

敬山	丁凤梧
敬之	卢其慎
敬之	许逊
敬之	陈士铎
敬之	陈笏庵
敬之	盛舆
敬夫	朱正己
敬夫	杜思敬
敬夫	罗知悌
敬元	羊欣
敬止	黄熙
敬公	纪岩
敬文	王执礼
敬方	吴正学
敬民	张谨
敬西	傅树铭
敬臣	陆祖熙
敬臣	陈启善
敬扬	巴纯一
敬先	申敬
敬仲	郭时义
敬舟	王师文
敬充	陈廷善
敬宇	包元第
敬安	陆以湉
敬安	徐汝蕲
敬如	程序庄
敬甫	常谦
敬甫	黄宰
敬轩	何仪
敬轩	邹榀
敬余	刘曾庆
敬典	冉雪峰
敬所	胡朝臣
敬学	谢师程
敬承	燕国恩
敬持	沈守义
敬临	苏庄
敬思	周大宾
敬修	孙学成
敬修	江南春
敬修	许能典
敬修	邸自重
敬亭	许世锦

十二画

敬亭 ……………………… 李学吾		
敬亭 ……………………… 杨忠熙		
敬亭 ……………………… 陈学恭		
敬亭 ……………………… 钱肇然		

韩

韩存 ……………………… 韩有
韩夷 ……………………… 韩彝
韩城 ……………………… 金溥
韩钦 ……………………… 黄宗起
韩麟 ……………………… 韩公麟
韩山人 …………………… 韩奕
韩宗召 …………………… 韩宗绍
韩祇和 …………………… 韩祇和

植

植三 ……………………… 李荫槐
植三 ……………………… 周宗槐
植三 ……………………… 侯永槐
植三 ……………………… 姚廷槐
植三 ……………………… 黄公槐
植夫 ……………………… 曹毓秀
植槐堂 …………………… 朱来凤

敬斋 ……………………… 马肃
敬斋 ……………………… 朱恭
敬斋 ……………………… 张肃安
敬斋 ……………………… 李治
敬斋 ……………………… 陈修
敬斋 ……………………… 郑维嗣
敬斋 ……………………… 赵继宗
敬斋 ……………………… 赵焕文
敬斋 ……………………… 盛熙
敬斾 ……………………… 胡树勋
敬祥 ……………………… 任祥
敬通 ……………………… 程衍道
敬堂 ……………………… 陈克宾
敬庵 ……………………… 郭钦
敬葵 ……………………… 葛𫍰
敬植 ……………………… 王治
敬然 ……………………… 汪有信
敬舆 ……………………… 陆贽
敬德 ……………………… 杭岩
敬寰 ……………………… 仇凤翔
敬口斋 …………………… 韩仁厚
敬修堂 …………………… 钱澍田
敬直老人 ………………… 邹铉
敬修先生 ………………… 沈大至

戟

戟门 ……………………… 沈棻森

朝

朝之 ……………………… 楼一品
朝玉 ……………………… 李钟培
朝甲 ……………………… 汪逢春
朝生 ……………………… 潘梧
朝礼 ……………………… 刘坊
朝阳 ……………………… 叶中枢
朝甫 ……………………… 张辉廷
朝佐 ……………………… 王德元①
朝杰 ……………………… 童仁
朝宗 ……………………… 庄之海
朝宗 ……………………… 江诚立
朝宗 ……………………… 吴海
朝宗 ……………………… 林伯海
朝相 ……………………… 殷传
朝美 ……………………… 何纶
朝宦 ……………………… 徐炳章
朝赉 ……………………… 潘恩印
朝源 ……………………… 何其烺
朝翰 ……………………… 张宸辉
朝衡 ……………………… 任鼎镕

椒

椒园 ……………………… 王吉谦
椒畦 ……………………… 王学浩

棹

棹仙 ……………………… 吴显宗

楗

楗斋 ……………………… 陈邦典

棣

棣知 ……………………… 叶鄞仪
棣原 ……………………… 陈鄂
棣卿 ……………………… 伦常
棣华吟馆 ………………… 简斯锷

斯

斯友 ……………………… 王育
斯立 ……………………… 程根仁
斯至 ……………………… 陈五鼎
斯因 ……………………… 盛应宗
斯诚 ……………………… 何楷
斯骏 ……………………… 管林初
斯得斋 …………………… 刘大亨

期

期叔 ……………………… 李延昰
期春 ……………………… 温捷元
期期生 …………………… 周汝贤

联

联璧 ……………………… 陈钰

森

森玉 ……………………… 何金堡
森玉 ……………………… 周琳
森远 ……………………… 汪士桂
森甫 ……………………… 王宝书
森斋 ……………………… 李宝堂
森森 ……………………… 吴荫堂
森然 ……………………… 夏茂林

惠

惠人 ……………………… 郑岗
惠川 ……………………… 何京
惠之 ……………………… 朱文标
惠父 ……………………… 宋慈
惠风 ……………………… 单协和
惠可 ……………………… 僧慧可
惠东 ……………………… 朱陈应
惠生 ……………………… 阮大同
惠民 ……………………… 陈当务
惠先 ……………………… 邓德敏
惠阶 ……………………… 詹锡龄
惠远 ……………………… 理思恩
惠甫 ……………………… 阎步青
惠连 ……………………… 冯泰初
惠伯 ……………………… 何锡申
惠岩 ……………………… 顾可学
惠佩 ……………………… 顾天璲
惠南 ……………………… 徐继稚
惠卿 ……………………… 张介宾

惠卿 …………………… 陈宗和
惠斋 …………………… 朱崇正
惠宽 …………………… 张敬敷
惠堂 …………………… 钱孝慈
惠常 …………………… 陈德龄
惠庵 …………………… 何俊
惠源 …………………… 王宏翰
惠溥 …………………… 王广爱
惠源 …………………… 何嘉栋
惠馨 …………………… 丁乃潜
惠直堂 ………………… 陶承熹
惠怡堂 ………………… 陈大缙
惠农酒民 ……………… 吴宫桂
惠泉山人 ……………… 俞涛

雯

雯来 …………………… 许璞
雯若 …………………… 王昭

确

确夫 …………………… 章果
确庵 …………………… 陈瑚
确潜 …………………… 潘道根

雁

雁门 …………………… 傅成株
雁庭 …………………… 顾彭年
雁宾 …………………… 裴鸿

雄

雄飞 …………………… 卢朋
雄五 …………………… 徐汝嵩

蛰

蛰庐 …………………… 陈虬
蛰庵 …………………… 凌德

揽

揽登 …………………… 陈淳白

提

提屏居士 ……………… 毕拱辰

搜

搜真子 ………………… 杨崇魁

揆

揆一 …………………… 朱锷
揆北 …………………… 程家珏
揆百 …………………… 程家珏
揆伯 …………………… 黄惠畴

翘

翘生 …………………… 吴家楩
翘旭 …………………… 易羽九
翘宗 …………………… 叶允仁

雅

雅士 …………………… 刘斌
雅南 …………………… 朱恩华
雅南 …………………… 余登俊
雅亭 …………………… 顾尔元
雅宣 …………………… 黄醇度
雅卿 …………………… 叶灏
雅德 …………………… 陈钟盛

斐

斐成 …………………… 宋孔传
斐伯 …………………… 潘师正
斐昭 …………………… 潘文星
斐章 …………………… 黄盛裁
斐然 …………………… 边成章
斐然 …………………… 陈我章
斐然 …………………… 项文灿

紫

紫山 …………………… 陈世凯
紫云 …………………… 邓乙林
紫云 …………………… 沈懋翔
紫生 …………………… 王英澜
紫芝 …………………… 钱升
紫臣 …………………… 李绶
紫帆 …………………… 叶时
紫来 …………………… 胥敦义
紫岑 …………………… 陆鲲化
紫若 …………………… 袁绶
紫诠 …………………… 陆荃
紫封 …………………… 郭锡章
紫珊 …………………… 余祚宸
紫垣 …………………… 江耀廷
紫垣 …………………… 陶应斗

紫亮 …………………… 沈懋官
紫庭 …………………… 何凤翙
紫庭 …………………… 汪京
紫真 …………………… 蒋理正
紫峰 …………………… 赵嗣煐
紫槎 …………………… 顾锡
紫澜 …………………… 王邦传
紫澜 …………………… 何溵
紫澜 …………………… 张涛
紫澜 …………………… 俞宗海
紫芝室 ………………… 陶世友
紫来堂 ………………… 沈涛
紫阁山叟 ……………… 独孤滔
紫清真人 ……………… 白玉蟾
紫虚真人 ……………… 崔嘉彦

辉

辉山 …………………… 田廷玉
辉山 …………………… 耿纯玉
辉吉 …………………… 彭烈
辉光 …………………… 鲁东木
辉宇 …………………… 沈光埏
辉远 …………………… 江式之
辉甫 …………………… 裴怀珠
辉阁 …………………… 牛凤翔
辉宸 …………………… 王崇道
辉堂 …………………… 田宝华
辉彩 …………………… 陈德新

棠

棠伯 …………………… 叶麟之
棠野 …………………… 周宗奭

鼎

鼎夫 …………………… 徐镇①
鼎元 …………………… 王兰廷
鼎文 …………………… 郁震
鼎书 …………………… 邓传章
鼎玉 …………………… 刘汝泉
鼎玉 …………………… 张连
鼎臣 …………………… 何朝柱
鼎臣 …………………… 李佩沅
鼎臣 …………………… 李殿魁
鼎臣 …………………… 施廷铨
鼎臣 …………………… 章元弼
鼎臣 …………………… 傅山

鼎扬……………………刘作铭
鼎志……………………郁巽
鼎甫……………………何昌焕
鼎和……………………徐爔
鼎铉……………………黄天爵①
鼎基……………………宋爱人
鼎辅……………………汤铉
鼎象……………………许金铉
鼎望……………………潘秉瑞
鼎隅……………………刘仕伟
鼎隆……………………郭铉
鼎篆……………………方本恭

最

最乐……………………纪能

景

景山……………………刘玉藻
景山……………………华曾绪
景山……………………汤京
景山……………………邹文苏
景山……………………胡廷管
景山……………………黎岱
景门……………………何光藻
景丰……………………郑富
景元……………………真德秀
景五……………………何增荣
景太……………………何鹏腾
景升……………………施瑄
景升……………………徐践
景升……………………潘之恒
景仁……………………吴梅玉
景仁……………………林恺祖
景仁……………………范镇
景仁……………………龚国琦
景仁……………………黎民寿
景从……………………袁表
景文……………………王有周
景文……………………邓焱
景文……………………黄嘉章
景玉……………………严文昶
景东……………………张泰①
景旦……………………何琳
景玄……………………王微
景光……………………栾企
景华……………………盛逮
景行……………………法学山
景安……………………许川
景安……………………夏仁寿
景阳……………………任兴泰
景阳……………………朱钰
景阳……………………葛学乾
景如……………………伍庆云
景严……………………洪遵
景芳……………………姚起凤
景村……………………沈华国
景旸……………………张炳良
景初……………………孙日琏
景初……………………孙昉
景初……………………段文昌
景初……………………胡尚礼
景林……………………王用德
景贤……………………朱清
景贤……………………张廷枚
景贤……………………陈思齐
景明……………………秦昌遇
景岩……………………何十世
景岩……………………谈允明
景和……………………张大经
景和……………………张世镳
景和……………………陈以礼
景岳……………………张介宾
景怡……………………顾欢
景宜……………………何煜
景宜……………………陆圻
景南……………………华北恒
景南……………………汪汝桂
景厚……………………刘纯①
景昭……………………江廷镛
景昭……………………何文庶
景泉……………………郑仁爱
景浐……………………何洵①
景原……………………易小雅
景唐……………………周广运
景陶……………………程启潜
景雩……………………朱琏
景鸿……………………濮镛
景葵……………………葛畾
景辉……………………李润光
景辉……………………陈琼
景暹……………………周观道
景穆……………………曹相虎
景衡……………………何廷熙
景豫……………………虞悰
景夔……………………盛韶
景素堂……………………吴景
景景医室……………………陆锦燧
景瑗老人……………………王英澜

晴

晴川……………………冯曦
晴川……………………张源③
晴川……………………李照莲
晴川……………………胡廷光
晴生……………………李允佳
晴江……………………何汝暹
晴江……………………何絜
晴江……………………邵纶锦
晴园……………………丁澄
晴园……………………朱景运
晴岚……………………钮芳鼎
晴初……………………赵彦晖
晴岩……………………卫秉仁
晴洲……………………王如涟
晴洲……………………何缜
晴峰……………………何三阶
晴峰……………………欧阳复旦
晴峰……………………袁学渊
晴峰……………………葛自申
晴海……………………何纶
晴庵……………………朱元宾
晴溪……………………宋成佳

遇

遇五……………………闵齐伋
遇主……………………李肇鹏
遇吉……………………黄元裳
遇声……………………朱濂
遇明……………………葛道遇
遇春……………………方起英
遇林堂……………………张满开
遇丹道人……………………马兆圣

畴

畴九……………………王朝请
畴五……………………萧长福
畴隐居士……………………丁福保

十二画

遗

遗山	元好问
遗叟	李志己

跋

跋渔	杨昺

喟

喟然轩	刘若金

喻

喻义堂	宁楷

蛛

蛛隐庐	李塞翁

蛟

蛟门	秦伯龙

嵋

嵋青	蔡鸿仪

赋

赋琴	贝允章

赐

赐君	杨正

铸

铸园	杨熙龄

铿

铿藩	萨觉民

锄

锄云	岳美中
锄月园	程观澜

智

智千	陆俊
智远	王大泰
智叟	王恬
智度	韩程愈
智涵	曹元恒
智融	邢汕

鹄

鹄门	俞灏
鹄臣	王金坡
鹄亭	李近宸

程

程万	林远期
程子	程本
程斋	盛端明
程皑	程宝潞

策

策勋	严钟铭
策旗	江龙锡

集

集人	王大成②
集九	张广思
集五	陈凤年
集仙	何十洲
集成	冯元会
集堂	张履益
集庵	李大成
集庵	柯炌
集寿老民	徐继稚

傅

傅子	傅山
傅庆	孙友金
傅岩	傅耕颖
傅道人	傅山

皓

皓五	白羽宸
皓月	苗明

粤

粤勉	刘慎思
粤洲	黄畿
粤岳山人	黄培芳

遁

遁山	何凤
遁园	萧伯章
遁园	谢甘澍

遁斋……汪汝懋

御

御公	尚绚
御卿	俞济川
御乾	赵守之
御瞻	李朝光

舒

舒光	曹爌
舒庵	姬茂畅

畲

畲光	李文田

翕

翕斋	古昆生

番

番果老	章贡云

释

释鸢	僧昙鸢

舜

舜臣	陆元恺
舜臣	顾宗萧
舜和	方音
舜牧	陶唐侯
舜卿	张修业
舜卿	陈绍虞
舜琴	安治
舜敷	张文德

貂

貂南	虞仲伦

鲁

鲁一	郑儒
鲁山	吴兖
鲁山	岳昌源
鲁山	葛受朋
鲁山	蒋泰
鲁川	王志沂
鲁生	张镛
鲁廷	何振基

鲁仲 …………… 潘士洛
鲁安 …………… 周以济
鲁男 …………… 吴尔端
鲁青 …………… 孙岱岳
鲁岩 …………… 陈铿
鲁岳 …………… 程文镇
鲁珍 …………… 沈璠
鲁南 …………… 吕献沂
鲁泉 …………… 王志沂
鲁泉 …………… 朱学泗
鲁泉 …………… 黄宗沂
鲁济 …………… 邹福
鲁亭 …………… 燕楷
鲁彦 …………… 陈炳泰
鲁宫 …………… 杜映芹
鲁客 …………… 吴海
鲁峰 …………… 张景焘
鲁斋 …………… 吴邦铨
鲁斋 …………… 陈大缙
鲁庵 …………… 徐师曾
鲁章 …………… 陈士璠
鲁祺 …………… 张昌寿
鲁源 …………… 何在汶
鲁儒 …………… 陈世珍①
鲁瞻 …………… 邹麟书
鲁瞻 …………… 赵继泰

然

然青 …………… 吴乙照
然明 …………… 胡晰
然鼎 …………… 罗丹诚

颖

颖川 …………… 陈士楷
颖川 …………… 程致煌
颖考 …………… 何曾

就

就列 …………… 陈顾涞

敦

敦五 …………… 高伦
敦仁 …………… 陈雍①
敦父 …………… 余淳
敦古 …………… 窦光彝
敦伦 …………… 李维刚

敦行 …………… 姚慎枢
敦诗 …………… 贾耽
敦堂 …………… 沈念江
敦仁堂 …………… 沈潞
敦叙楼 …………… 许勉焕

赓

赓云 …………… 王祖庆
赓六 …………… 萧埙
赓扬 …………… 戚同复
赓俞 …………… 张信贤
赓唐 …………… 理安和
赓堂 …………… 易念禧
赓虞 …………… 何际隆
赓源 …………… 何二典
赓韶 …………… 刘有益

斌

斌华 …………… 何昌钤
斌彩 …………… 朱敉

惺

惺吾 …………… 杨守敬
惺园 …………… 彭纯心
惺斋 …………… 石成金
惺斋 …………… 郝箴铭
惺斋 …………… 蒋励惺
惺庵 …………… 李用粹
惺庵 …………… 俞震
惺庵 …………… 薛学敏
惺寂 …………… 章穆
惺溪 …………… 黄德廉
惺惺斋 …………… 王毓秀
惺惺斋 …………… 贺绫
惺庵愚人 …………… 石成金

愧

愧庵 …………… 祁坤

愉

愉堂 …………… 何其顺

阎

阎之 …………… 于彰
阎公 …………… 唐文华
阎公 …………… 倪灿

阎甫 …………… 查友耀
阎伯 …………… 黄世荣
阎斋 …………… 巩文志
阎斋 …………… 黄承昊
阎章 …………… 罗文锦
阎章 …………… 祖存质
阎然 …………… 王元琮
阎儒 …………… 何家章

阔

阔泉 …………… 佟成海

焰

焰山 …………… 陈学恭

善

善夫 …………… 周达权
善夫 …………… 颜宝
善长 …………… 王元太
善长 …………… 王体元
善长 …………… 李元②
善长 …………… 姚思仁
善长 …………… 谢长
善同 …………… 陈会
善志 …………… 胡廷用
善甫 …………… 叶葆元
善甫 …………… 武兆麟
善甫 …………… 戚庆洪
善甫 …………… 赖运淑
善来 …………… 乔垛
善述 …………… 刘兴
善述 …………… 李守先
善昌 …………… 方奇
善卿 …………… 慕元春
善斋 …………… 张庆②
善浦 …………… 余恭黻
善著 …………… 庄玉堂
善疆 …………… 吴龙
善余堂 …………… 张景山
善风草堂 …………… 嵇幼域

羡

羡亭 …………… 何景才

翔

翔九 …………… 金云苞

翔化	薛凤德
翔林	王延采
翔虞	韩凤仪
翔鹤	王鸿骥

普

普仁	欧先民
普春	雷时震
普洽	僧悟炯
普斋	宋运善
普照	关吉堂
普明子	程国彭
普济堂	程葭应

奠

奠乙	郑康宸
奠川	潘道源
奠邦	贺升平

尊

尊一	范大成
尊九	纪廷桓
尊三	徐畊
尊五	严珍
尊德	倪居敬
尊生主人	孙文胤
尊生老人	沈金鳌

道

道川	吴志中
道升	陈之遵
道生	卢清河
道生	何仁埙
道生	周以道
道生	俞荨
道玑	万玉山
道名	巴堂谊
道阶	张文基
道驰	僧月桂
道远	朱秉钧
道甫	严长明
道轩	徐显纶
道轩	熊均
道轩	滕云鹤
道纯	赵修身
道述	唐钦训

道雨	林日芃
道明	周卫
道明	蔡谟
道承	程序
道南	王仁宅
道南	叶在公
道柱	陶瑞鳌
道威	陆世仪
道叟	袁化龙
道洽	胡洽
道济	朱景运
道根	盛无咎
道斋	汪显高
道彪	陈元豹
道章	黄有章
道梁	张津
道渊	甄栖真
道揆	姚格
道登	李坛
道雍	陈师镐
道源	刘沫
道源	张敦本
道源	李泌
道源	杨积德
道熙	陈元犀
道玄斋	杨道玄

遂

遂生	徐国麟
遂轩	陈太初①
遂岩	骆育祺
遂翁	叶志诜

曾

曾一	樊圣传
曾三	沈省
曾三	章治康
曾传	张堋
曾武	沈家份
曾颂	魏襄

湛

湛若	邝露
湛清	朱锡恩
湛棠	石寿棠
湛源	江德章

湛溪	朱星
湛然居士	耶律楚材

湖

湖村	陈立基

湘

湘门	周贻观
湘平	屈纯忠
湘屿	江沅
湘吾	胡树东
湘园	庄兰枝
湘城	朱书
湘绮	王闿运
湘琬	王毓璋
湘橹	文其焕
湘仲子	蔡文朴

渤

渤海	吴士龙

溰

溰阳	孔聘贤

温

温如	程序玉
温叟	潘璟
温舍人	温大明
温隐居	温大明
温陵居士	李贽

渭

渭川	庄曰璜
渭川	刘泽青
渭川	夏溶
渭公	蒋伊
渭书	杨璜
渭占	薛熊光
渭阳	陶汾
渭伯	徐湜
渭英	周熊
渭泾	余振元
渭荣	叶在选
渭泉	吴簏
渭卿	陈世璜
渭浦	蒋藻熊

渭庵	……………………	邓璜
渭清	……………………	方雨恩
渭涯	……………………	余振基
渭渔	……………………	刘廷载

游

游圣	……………………	何麟

滋

滋常	……………………	姚心源
滋德堂	…………………	徐镇①

溉

溉根	……………………	蒋学培

寒

寒古	……………………	江梅
寒村	……………………	李延昰
寒香馆	…………………	梁九章

裕

裕之	……………………	元好问
裕生	……………………	沈好问
裕光	……………………	陈怀斗
裕充	……………………	刘仲一
裕如	……………………	文荫昌
裕京	……………………	林士雍
裕垂	……………………	杭焕
裕柔	……………………	华礼贤
裕卿	……………………	许宁
裕斋	……………………	曹绪武

禄

禄香	……………………	张锡类

谢

谢城	……………………	汪曰桢
谢庭	……………………	罗芝兰
谢士太	…………………	谢士泰
谢缙孙	…………………	谢缙翁

谦

谦之	……………………	林光朝
谦甫	……………………	罗天益
谦甫	……………………	董恂
谦伯	……………………	邓文彪

谦伯	……………………	吉扐之
谦伯	……………………	胡增彬
谦祉	……………………	温廷珠
谦茹	……………………	朱长泰
谦斋	……………………	沙图穆苏
谦斋	……………………	秦伯未
谦斋	……………………	鲁超
谦荐	……………………	姚允恭
谦益斋	…………………	高秉钧
谦益堂	…………………	陆清泰

遐

遐龄	……………………	陈熙年
遐龄	……………………	项锡昌

弼

弼臣	……………………	陈定泰
弼斋	……………………	郑保纪

强

强恕	……………………	孟传仁
强学先生	………………	萧允祯

巽

巽占	……………………	何锡申
巽池	……………………	何应佩
巽邻	……………………	蒋震文
巽修	……………………	游方震
巽翁	……………………	张文盛
巽庵	……………………	柯逢时

疎

疎村	……………………	屠瞫

隘

隘村	……………………	丘克孝

媿

媿庵	……………………	杨榜元

媚

媚泽	……………………	李如霖

登

登三	……………………	王瀛洲
登元	……………………	祝庆堂

登云	……………………	徐仙洲
登云	……………………	黄光甲①
登五	……………………	田之丰
登父	……………………	杨士瀛
登廷	……………………	廖平
登贤	……………………	刘逸
登庸	……………………	刘开选

翠

翠岩	……………………	李烁懿

裔

裔翘	……………………	杨春喈

缙

缙成	……………………	诸葛绅
缙臣	……………………	史典
缙甫	……………………	钱荣国
缙庵	……………………	胡佩绅

缄

缄斋	……………………	王家瓒
缄斋	……………………	陈嘉琛
缄堂	……………………	姚默

缉

缉文	……………………	杨光黼
缉羽	……………………	张文矗
缉斋	……………………	黄熙
缉庵	……………………	洪炜

缓

缓也	……………………	欧阳佩弦
缓斋	……………………	沈贞②

十 三 画

屡

屡度	……………………	徐廷蛤

瑟

瑟斋	……………………	李安曾
瑟庵	……………………	汪廷珍

瑞

瑞三	……………………	王宏霈

瑞三 …………………… 余鸿羲
瑞山 …………………… 杨人代
瑞元 …………………… 仇澐
瑞云 …………………… 马更生
瑞云 …………………… 郭泷
瑞云 …………………… 黄履暹
瑞五 …………………… 温永庆
瑞文 …………………… 毛祥麟
瑞玉 …………………… 王琮②
瑞生 …………………… 刘发祥
瑞生 …………………… 聂培芝
瑞芝 …………………… 龚信
瑞西 …………………… 沈环①
瑞西 …………………… 范凤岐
瑞廷 …………………… 朱映离
瑞阳 …………………… 张允通
瑞阶 …………………… 史垣
瑞如 …………………… 胡芝
瑞甫 …………………… 吴锡璜
瑞甫 …………………… 杨銮坡
瑞轩 …………………… 欧承天
瑞伯 …………………… 马兆圣
瑞初 …………………… 刘祥
瑞林 …………………… 孟凤来
瑞林 …………………… 郭英寿
瑞昌 …………………… 石筱山
瑞岩 …………………… 万邦孚
瑞和 …………………… 法恭
瑞和 …………………… 高应麟
瑞庚 …………………… 李育元
瑞临 …………………… 张德迎
瑞钟 …………………… 郑嘉祥
瑞亭 …………………… 唐朱藻
瑞屏 …………………… 江祥
瑞峰 …………………… 孙秀岩
瑞峰 …………………… 宋云吉
瑞峰 …………………… 黄德嘉
瑞卿 …………………… 何从教
瑞卿 …………………… 吴瑞①
瑞斋 …………………… 戈朝荣
瑞梯 …………………… 陈淳白
瑞堂 …………………… 白永祥
瑞铭 …………………… 阮樟清
瑞章 …………………… 石震
瑞章 …………………… 黄寿人
瑞庵 …………………… 王迪

瑞庵 …………………… 任二琦
瑞庵 …………………… 张吉士
瑞虞 …………………… 杨凤庭
瑞霖 …………………… 章锡龄
瑞璞 …………………… 郑廷玺
瑞麟 …………………… 杜玉田
瑞南道人 …………………… 高濂
瑞泉野叟 …………………… 镏洪

瑀

瑀亭 …………………… 卢仁沛

韫

韫山 …………………… 邬振瑜
韫山 …………………… 张德音
韫玉 …………………… 孙德彰
韫贞 …………………… 胡师韫
韫轩 …………………… 张大亮
韫峰 …………………… 何耀光
韫斋 …………………… 包汝璠
韫辉 …………………… 苏廷琬

鼓

鼓峰 …………………… 高斗魁

聘

聘三 …………………… 庞遇圣
聘三 …………………… 崔良臣
聘三 …………………… 蒋慕莘
聘之 …………………… 王莘农
聘夫 …………………… 陈征
聘来 …………………… 袁益钤
聘珍 …………………… 诸修樨
聘卿 …………………… 王英琳
聘卿 …………………… 怀训
聘尊 …………………… 俞汝翼

勤

勤民 …………………… 钱敏捷
勤邦 …………………… 程树
勤访 …………………… 汝锡畴
勤甫 …………………… 韦编
勤恪 …………………… 朱纲

蓝

蓝田 …………………… 许玉良

蓝田 …………………… 孙壁
蓝生 …………………… 邵兰荪
蓝庄 …………………… 吴锡玲
蓝舫 …………………… 费梧

翁

翁陵 …………………… 何茂榛

蒯

蒯释老人 …………………… 金德鉴

蓬

蓬山 …………………… 火文炜
蓬山 …………………… 贺广龄
蓬莱外史 …………………… 胡瀛国

蒿

蒿莱野人 …………………… 姚可成

蓄

蓄之 …………………… 严萃

菱

菱生 …………………… 周声溢

蒲

蒲石 …………………… 潘克诚
蒲庄 …………………… 沈玉堂
蒲村 …………………… 王廷爵
蒲园 …………………… 廖家兴

蓉

蓉及 …………………… 王春弟
蓉汀 …………………… 周镜
蓉初 …………………… 谢嘉甫
蓉城 …………………… 石元吉
蓉亭 …………………… 张镜
蓉堂 …………………… 赵仲华
蓉湖 …………………… 张伯熙
蓉塘 …………………… 王埠

蒙

蒙石 …………………… 李仲元
蒙生 …………………… 顾开熙
蒙贞 …………………… 郁贞
蒙求 …………………… 冯以升

蒙斋	吴恕	楚珍	方珩	榆村	徐爔		
蒙斋	韩奕	楚珍	边宝善	榆庵	徐官		
蒙庵	韩奕	楚珍	唐宝善	榆山先生	王去执		

献

楚珍	郭士珩
楚奎	陈其殷

楱

楱檀	张望

献	朱权	楚珩	陈懿玉
献三	陈祝尧	楚卿	刘书珩
献千	张廷录	楚祥	黄瑞

槾

槾五	邵肯堂

献之	李廷庚	楚翘	奚毓嵩
献之	陈树周	楚善	俞瀚

楼

楼咏	楼友贤

献之	罗从可	楚瞻	冯兆张
献之	曹元琛		

椿

甄

献公	傅贡	椿年	荣汝茱
献可	姚国干		

甄吾	韩画
甄陶	周冠

献可	樊嘉猷		
献朴	李云汉		

楳

雷

献尧	何多祝	楳村上人	钦允恭
献廷	王之政		

雷岸	黄云师

楙

摺

献廷	阮亨珬	楙村	吕震名
献廷	张岳元		

摺书	吴仞

献廷	袁世荣		
献廷	黄金印		

楝

摇

献传	陈嘉琛	楝亭	曹寅
献庭	沙承桢		

摇南	金鹏

楷

辑

献琛	张化麒	楷人	曹庭栋
献琛	胡恭安	楷亭	朱端植

辑五	陶惟瑊
辑侯	吕朝瑞
辑熙	段云光

楚

楫

献葵	李楷	楫汝	王翊
		楫亭	李典礼

颐

楚三	何汝闻		
楚三	戚云门		

楞

颐生	闵莘祥
颐老	严景

楚才	唐常舒	楞香	祝源
楚山	孙以仁	楞枷山民	顾大昌

颐伯	曹绛人
颐春	陈时荣

楚山	戴高		
楚文	葛人炳		

槐

颐叟	刘渑武
颐真	姚球

楚玉	杨珣	槐村	马慧
楚玉	顾民珩	槐叔	朱承绥

颐斋	刘世荣
颐堂	王灼

楚玉	薛珩	槐堂	汪沆
楚石	曹扬廷	槐荫庐	郁炯

颐庵	胡俨
颐正先生	郭雍

楚田	唐家圭	槐云道人	薛雪
楚白	朱珩		

颐善先生	傅璪

楚白	康士珩

榆

裘

楚白	盛梅年		
楚白	韩镒	榆仲	朱承恩

裘淳	郭暄

楚江	俞瀚	榆孙	谢抡元
楚英	张钤		

肆

肆山 ···················· 潘训业

龄

龄长 ···················· 王梦吉
龄臣 ···················· 徐延祚

虞

虞臣 ···················· 温亮采
虞廷 ···················· 劳凤翔
虞廷 ···················· 董凤仪
虞叔 ···················· 郑若皋
虞封 ···················· 曾芳桐

鉴

鉴川 ···················· 蒲悉生
鉴廷 ···················· 王文清
鉴泉 ···················· 余韠
鉴泉 ···················· 吴澄①
鉴泉 ···················· 徐行③
鉴亭 ···················· 闵籍
鉴亭 ···················· 项一溶
鉴庭 ···················· 浦龄
鉴躬 ···················· 曹溶
鉴翁 ···················· 甘明叔
鉴斋 ···················· 桂轮
鉴堂 ···················· 张大治
鉴堂 ···················· 李应五
鉴堂 ···················· 赵盛池
鉴堂 ···················· 程仲明
鉴湖 ···················· 方鸿藻
鉴霞 ···················· 陆灿

睡

睡乡散人 ················ 王士雄

煦

煦山 ···················· 王邰
煦庵 ···················· 周敷

照

照山 ···················· 郑鉴
照生 ···················· 刘大肇
照轩 ···················· 金德
照纬 ···················· 李云章

照临 ···················· 何之炌

暇

暇文 ···················· 薛景熺

愚

愚公 ···················· 沈太治
愚伯 ···················· 何五煌
愚谷 ···················· 何兴基
愚泉 ···················· 费晋康
愚泉 ···················· 黄天懿
愚翁 ···················· 桑彝
愚斋 ···················· 赵伯明
愚堂 ···················· 张日丰
愚庵 ···················· 余无言
愚溪 ···················· 曹振业
愚溪 ···················· 蒋钟尹
愚谷道人 ················ 汤哲

畸

畸叟 ···················· 王履
畸庵 ···················· 曹禾

畹

畹生 ···················· 吴芬
畹亭 ···················· 俞念祖①
畹庵 ···················· 吴楚

蜗

蜗寄居 ·················· 王锡琳

蜕

蜕安 ···················· 萧嶙

嗜

嗜退山房 ················ 帅仍祖

嗣

嗣立 ···················· 李迅
嗣充 ···················· 何应载
嗣远 ···················· 汪守英
嗣侨 ···················· 喻必惠
嗣宗 ···················· 何炫
嗣泉 ···················· 张三锡

路

路公 ···················· 庄之义
路玉 ···················· 张璐
路钤 ···················· 孙琳

跻

跻轩 ···················· 黄崇阶
跻昆 ···················· 卢陵

嵩

嵩山 ···················· 何钟岳
嵩山 ···················· 李天基
嵩山 ···················· 僧昌炳
嵩玉 ···················· 何昌燧
嵩生 ···················· 蔡与龄
嵩仙 ···················· 祝万龄
嵩兰 ···················· 赖元福
嵩年 ···················· 张达龄
嵩阳 ···················· 阮遂松
嵩甫 ···················· 胡文炳②
嵩园 ···················· 傅松元
嵩岑 ···················· 何秩
嵩南 ···················· 吴岊
嵩亭 ···················· 祝秀梅
嵩崖 ···················· 景日昣
嵩愚 ···················· 潘文星
嵩渚子 ·················· 李濂
嵩渚山人 ················ 李濂
嵩溪居士 ················ 邓天阶

锡

锡九 ···················· 邵明彝
锡九 ···················· 夏陈畴
锡九 ···················· 常龄
锡九 ···················· 廉世官
锡三 ···················· 方士恩
锡三 ···················· 陈良佐
锡山 ···················· 陈良佐
锡之 ···················· 安守绪
锡之 ···················· 汤洪
锡之 ···················· 钱熙祚
锡子 ···················· 韦燮
锡五 ···················· 臧保寿
锡生 ···················· 周裔昌
锡农 ···················· 朱恩

锡

锡甫	何应祉
锡我	王百朋①
锡我	王百朋②
锡纯	何天赐
锡武	崔昌龄
锡典	黄辑五
锡周	马世仁
锡祉	鲁祚明
锡贵	刘勤贵
锡侯	刘用康
锡邕	朱彝尊
锡斋	王廷侯
锡斋	刘广荫
锡堂	宋捷三
锡章	杨敏字
锡龄	田椿
锡嘉	王圭
锡嘏	李维梁
锡蕃	马光灿
锡蕃	俞其晋
锡蕃	费晋康
锡蕃	戴晋
锡爵	孙秉公
锡藩	刘有培
锡藩	席裕康

锦

锦山	郑怀珍
锦台	聂肇玺
锦舟	沙承标
锦江	何金铿
锦江	钱沛
锦如	汪春苑
锦如	罗成文
锦孙	高云章
锦芳	刘金方
锦芳	黄宫绣
锦村	熊还崇
锦园	葛绣春
锦岚	成日昱
锦珊	何焜生
锦南	钟焘
锦贻	程寅
锦庭	高秉钧
锦洲	方昌瀛
锦桥	蒋云宽

锦斋	洪兆芳
锦堂	张墀
锦堂	杜廷标
锦堂	项文灿
锦雯	程曦
锦潭	黄崇忠
锦屏山人	黎颙

辞

辞诚	何磐业

稚

稚川	葛洪
稚云	傅耜颖
稚白	何绩书
稚圭	韩琦
稚则	许令典
稚香	葛森棠
稚叟	单肇蟾
稚泉	陈澍霈
稚侯	葛元增
稚梅	王常益
稚琢	汪宗淦
稚聪	沈慧孙
稚默	戴震雷

筠

筠友	江宗淇
筠石	张祉
筠石	林芝本
筠田	李本修
筠庄	蔡鹏
筠轩	程拱宽
筠叟	李魁春①
筠泉	程宝潞
筠亭	张四维①
筠梅	陆炜镛
筠庵	顾是初
筠溪	钟芳

筼

筼坡	潘纬

筱

筱石	王钊
筱轩	崔敬修

筱轩	戴绪安
筱园	王赞廷
筱园	田昌鼎
筱园	袁辅治
筱园	颜尔梧
筱坪	孙淦
筱林	张振家
筱岩	马士元
筱衫	张振鋆
筱亭	孔广培
筱浦	张学醇
筱乾	李仲元
筱庸	郑英铭
筱湖	赵春普
筱溥	张学醇

简

简文	闵礼略
简西	高怀清
简安	朱正俶
简如	周克雍
简吾	张信贤
简勋	胡星煌
简重	沈毅
简香	凌一飞
简亭	吴俊
简亭	邹文炳
简斋	帅我
简斋	何高雍
简斋	袁枚
简堂	聂廷铨
简庵	吴篯
简文帝	萧纲

笕

笕泉	陆儋辰

魁

魁一	张圣功
魁元	张登鳌
魁文	桂士元
魁文	黄光甲②

微

微之	傅文显

愈

愈庵	钱原浚
愈愚	吴蒙②

鹏

鹏九	包育华
鹏南	曹家达
鹏举	何熙
鹏举	赵友
鹏期	张志远

腾

腾一	夏孟蛟
腾海	李兆鲸

詹

詹瑞方	詹端方

鲈

鲈江	陈广涛

鲍

鲍玄	鲍靓
鲐翁	沈祖复
鲍仙姑	鲍姑

颖

颖川	桂轮
颖夫	黄述曾
颖甫	曹家达
颖甫	谢仲墨
颖园	俞兆晟
颖明	冯祺
颖斋	蔡鸿勋

解

解文	萨克达
解石	僧德恒
解祥	郑作霖

廓

廓若	王宇熙

廉

廉夫	卢和

廉夫	葛荫春
廉水	张康忠
廉以	赵济威
廉臣	何炳元
廉访	黄云鹄
廉如	黄政修
廉卿	钱文奉
廉斋	余显廷
廉堂	焦长禄

痴

痴孙	严鸿志

靖

靖	徐睿
靖白	孙珖
靖邦	钱守和
靖江	刘成钦
靖庵	李泳
靖庵	陈之遵
靖节先生	陶潜
靖孝先生	张基①

新

新之	王霖②
新之	张澹
新之	郝世铭
新田	徐养源
新竹	穆方苞
新阳	姚九鼎
新吾	王惇甫
新吾	吕坤②
新甫	吕铭
新甫	吴鼎
新甫	邵铭
新甫	陈德溥
新甫	俞锜
新甫	盛如柏
新甫	薛己
新柏	何如森
新周	盛熙
新斋	胡大猷
新斋	崔汝苏
新畬	何昌畴
新廉	吕铭
新岗山人	关信

韵

韵之	钱雅乐
韵如	闵光瑜
韵存	王凤仪①
韵轩	吴汝兰
韵伯	柯琴
韵苔	赵光昌
韵梅	沈耒
韵梅	俞彰信
韵笙	叶熙锟
韵笙	诸葛泰
韵笙	顾家振
韵章	张必明
韵楼	沈耒
韵璁	高鼎汾

意

意亭	刘作铭
意耘	朱星
意庵	王典
意葵	郑宗周②
意也山房	林贤辅
意园居士	谭天骥

雍

雍言	傅然
雍南	何㲅
雍庭	李启和

慎

慎人	朱凤台
慎士	吴家灿
慎之	孙德润
慎之	郑敏书
慎夫	毛丕烈
慎五	王振秩
慎予	张序晟
慎节	何士贤
慎术	张开愚
慎先	刘有德
慎安	王佑贤
慎阶	杨钧
慎轩	史士铨
慎伯	沈允振
慎余	祝谌予

慎初	王崇志
慎初	温奎龙
慎枢	何开荣
慎所	丁元荐
慎所	间丘楱
慎思	朱继昌
慎思	何茂谷
慎修	孙佑
慎修	陈念祖
慎修	奇克唐阿
慎修	郁在公
慎修	曹汝正
慎修	戴震
慎斋	任大枢
慎斋	周震
慎斋	罗典
慎斋	郑宏绩
慎斋	徐日严
慎斋	高枢
慎斋	萧垻
慎旃	朱正己
慎悔	何昌梓
慎堂	黄殿中
慎庵	吴道心
慎庵	杨大霨
慎庵	林之翰
慎微	吕希舜
慎五堂	钱艺
慎修堂	雷丰
慎斋学人	舒诏

煜

煜炎	裘焕

猷

猷宗	方大彪

慈

慈幼	何飞
慈明	何星照
慈藏	韦讯
慈山居士	曹庭栋
慈惠先生	顾儒

誉

誉广	严大鹏

誉吉	吴志泰

溥

溥源	何金堡
溥仁堂	刘士吉

溧

溧阳	陈偰

源

源生	诸葛泰
源青	徐士銮
源昆	沈念江
源洁	胡淡

溪

溪南	孙侗
溪翁	顾昌洛

滂

滂喜园	黄丕烈

溢

溢轮	董其资

溯

溯源	何金玙
溯洄道人	俞桥

滨

滨江	孙浦
滨樵	屠庆泗

溶

溶川	汪汝淮

溟

溟南	张如翼

窦

窦长	李文仪
窦杰	窦默

谨

谨堂	汪由敦
谨庵	何愚

谨章	王焕②

福

福生	傅馥生
福仙	彭国耆
福兆	孟笨
福延	张彭寿
福寿	熊才忠
福范	王大亨
福绅	陈瀚琇
福星	欧承天
福亭	雷大震②
福通	刘寂
福基	王大通
福基	蔡增祥
福堂	饶埕
福堂	黄慎修
福教	万玉山
福泉山人	何世仁

褚

褚则	褚士则
褚胤昌	堵胤昌

群

群卫	卞元功
群洪	吴德熙
群望	欧阳斌

殿

殿公	汤世煌
殿生	费明廷
殿臣	朱廷銮
殿臣	何以銮
殿臣	何国柱
殿扬	王之策
殿阶	王祖仁
殿柱	陈楹
殿香	吴廷桂①
殿香	郑日楷
殿选	金菁华
殿卿	臧仁寿
殿容	王尚锦
殿黄	王元鼎
殿超	何元巩
殿璧	王廷珍

戮

戮卿 …………………… 沈荣森

槃

槃堂 …………………… 沈升墀

十 四 画

静

静 ……………………… 皇甫谧
静山 …………………… 时世瑞
静山 …………………… 李士麟
静山 …………………… 姚能
静山 …………………… 唐铨
静川 …………………… 李永淳
静川 …………………… 程清
静之 …………………… 王山
静夫 …………………… 卢山
静存 …………………… 范锡尧
静存 …………………… 韩仁寿
静舟 …………………… 方谟
静安 …………………… 贝毓诚
静安 …………………… 陶瑭
静安 …………………… 谢养源
静安 …………………… 程国瑞
静远 …………………… 李宗昉
静村 …………………… 诸廷钧
静甫 …………………… 王如沣
静甫 …………………… 李廷淦
静轩 …………………… 文道长
静轩 …………………… 李诚
静轩 …………………… 何水
静谷 …………………… 郎锦骐
静初 …………………… 吴仁基
静若 …………………… 何澹
静若 …………………… 陈以乾
静叔 …………………… 李文渊
静居 …………………… 董庆安
静函 …………………… 时立山
静思 …………………… 詹固维
静泉 …………………… 胡溥源
静侯 …………………… 周秉渊
静莲 …………………… 张世昌
静斋 …………………… 王全镇
静斋 …………………… 王培元②

静斋 …………………… 叶子奇
静斋 …………………… 孙宇辉
静斋 …………………… 余中瑞
静斋 …………………… 张世贤
静斋 …………………… 俞士熙
静斋 …………………… 贺立志
静斋 …………………… 钱若金
静斋 …………………… 陶竹雅
静斋 …………………… 顾世澄
静斋 …………………… 高宇泰
静斋 …………………… 阚仁
静斋 …………………… 窦行冲
静堂 …………………… 刘澍渊
静庵 …………………… 吴宁
静庵 …………………… 吴宏定
静庵 …………………… 张宣
静庵 …………………… 杨孟钧
静庵 …………………… 汪定
静庵 …………………… 陈士楷
静庵 …………………… 徐季东
静庵 …………………… 徐昱①
静庵 …………………… 程国瑞
静庵 …………………… 蒋博
静涵 …………………… 赵元益
静渊 …………………… 张心源
静溪 …………………… 张爕澄
静霞 …………………… 僧涵碧
静徽 …………………… 张应奎
静观室 ………………… 潘良弼
静远斋 ………………… 俞廷举
静学斋 ………………… 张元善
静耘斋 ………………… 黄元基
静寄轩 ………………… 江南春
静观居士 ……………… 程林
静斋居士 ……………… 朱德闰
静虚老人 ……………… 邬有坦

赘

赘道人 ………………… 陈光淞
赘疣老人 ……………… 李庚

碧

碧山 …………………… 马溪清
碧山 …………………… 曾崇芳
碧川 …………………… 施询
碧天 …………………… 石坚

碧江 …………………… 何汝旭
碧亮 …………………… 张炜
碧溪 …………………… 柳梦
碧霞 …………………… 曹继石
碧连居 ………………… 徐雨荪
碧虚子 ………………… 陈景元
碧云精舍 ……………… 赖元福
碧幢山隐 ……………… 刘思敬

瑶

瑶岩 …………………… 周之桢
瑶阜 …………………… 魏耒鸽
瑶亭 …………………… 吕西锋
瑶圃 …………………… 王世瑛
瑶圃 …………………… 汪鸣珂
瑶圃 …………………… 廖琛
瑶峰 …………………… 张莹
瑶章 …………………… 薛璨
瑶简 …………………… 张宪诰
瑶石山人 ……………… 黎民表

韬

韬庐 …………………… 汪宗沂
韬庵 …………………… 张廷锷②
韬真子 ………………… 朱霏

碪

碪沧 …………………… 王升②

嘉

嘉予 …………………… 钱锡永
嘉予 …………………… 程天佑
嘉六 …………………… 凌德
嘉玉 …………………… 杨磊
嘉生 …………………… 何红书
嘉会 …………………… 翁纯礼
嘉甫 …………………… 卞大亨
嘉言 …………………… 沈应善
嘉言 …………………… 陈廷诏
嘉言 …………………… 陈善南
嘉言 …………………… 罗日元
嘉言 …………………… 喻昌
嘉鱼 …………………… 丁丙
嘉振 …………………… 刘正祥
嘉祥 …………………… 王吉民
嘉禄 …………………… 凌德

嘉德……翁仲仁
嘉澍……沈子复

翥

翥宸……陈凤翔
翥鹏……何运隆

墙

墙东……陆文圭
墙东圃者……王逊

墉

墉舟……张柏②

聚

聚九……沈萃
聚五……孙俊奎
聚东……张应奎①
聚东……张德奎

兢

兢庐……丁宪祖

嘏

嘏纯……黄敬修
嘏常先生……段云光

慕

慕丹……朱保煦
慕白……萧九贤
慕台……缪希雍
慕杏……李雷
慕松……缪存济
慕周……唐征濂
慕晋……王兆琛
慕莪……林开燧
慕斋……罗周彦
慕庵……罗周彦
慕新……周融
慕颜……丘渊度
慕蘧……马为瑗
慕蘧……田景瑗
慕雍山人……郑观应

蔗

蔗轩……倪璜

蔺

蔺宗简……萧宗简

蔼

蔼人……洪寿曼
蔼人……徐士骏
蔼人……魏广贤
蔼云……任步青
蔼甫……邹元吉
蔼轩……沈为仁
蔼香……张联飞
蔼亭……庞载清
蔼亭……潘育万
蔼辉……徐政杰

蔚

蔚之……朱文标
蔚中……李律凤
蔚如……何昌焕
蔚村……阎森
蔚若……郁汉曙
蔚岩……何百钧
蔚宗……范晔
蔚春……黄文东
蔚峰……程元林
蔚堂……方熠
蔚堂……张志文
蔚堂……黄大文

蓼

蓼庭……华石云
蓼斋……何国栋①
蓼堂……胡光龙

榕

榕庵……周守忠

愿

愿华……陈礼②
愿学斋……邹世贤

臧

臧耀……臧寿恭

霁

霁公……萧廷贵
霁帆……钟文焕
霁宇……郑嘉会
霁园……牛清和
霁园……胡兰榧
霁初……李焕寅
霁亭……吴锡纶
霁堂……尚宗康
霁堂……周绍濂②

熙

熙止……张烜
熙民……谭昺煦
熙台……郑昌棪
熙廷……岳赓飏
熙宇……杨名江
熙安……朱颜驻
熙甫……张敬止
熙春……李希春
熙春……黄瑞
熙侯……石筱山
熙庵……周敷
熙虞……郭伟绩
熙寰……李应龙

撄

撄宁生……滑寿

摘

摘星楼……朱一麟

蜚

蜚元……张龙甲
蜚公……丁其誉

裴

裴士……何绩书
裴光庭……裴王庭

睿

睿生……王九思②
睿甫……樊继圣
睿选……陈佐清

睃

睃瞻 ·············· 曾兴楷

墅

墅东 ·············· 王建中

嗽

嗽石 ·············· 沈理浩

嘘

嘘万 ·············· 朱巽

蜨

蜨园 ·············· 孙煃

蜀

蜀公 ·············· 宋之范

嶐

嶐山 ·············· 孙在封

幔

幔亭 ·············· 吴尊熹

箕

箕臣 ·············· 陈畴

箸

箸园 ·············· 成瓘

毓

毓山 ·············· 何熙煜
毓山 ·············· 吴栋
毓川 ·············· 唐德秀
毓仁 ·············· 陈实功
毓西 ·············· 尹逢庚
毓先 ·············· 刘光汝
毓林 ·············· 谢天祺
毓厚 ·············· 唐戴庭
毓黔 ·············· 施今墨
毓麟 ·············· 齐功枚
毓芝堂 ·············· 汪和鼎
毓麟芝室 ·············· 彭端吾

舆

舆权 ·············· 张经
舆权 ·············· 张琦②

僖

僖敏 ·············· 陈镒
僖简 ·············· 许宸

儆

儆台 ·············· 韦编
儆季 ·············· 黄以周
儆曙斋 ·············· 柴潮生

僧

僧弥 ·············· 王珉
僧孺 ·············· 卢淳贞

滕

滕夫 ·············· 戴笠②

疑

疑始道人 ·············· 郭运暄

鼐

鼐伯 ·············· 王应铨

豪

豪卿 ·············· 岳杰明
豪率 ·············· 崔景哲

瘦

瘦山 ·············· 曹焕
瘦生 ·············· 吴芹
瘦仙 ·············· 李天澄
瘦吟 ·············· 薛福
瘦碧 ·············· 郑文焯
瘦樵 ·············· 程永培

彰

彰五 ·············· 董文彩
彰吉 ·············· 赵芝
彰侯 ·············· 花绣

端

端 ·············· 周正

端人 ·············· 管瀛②
端士 ·············· 黄楷
端夫 ·············· 何廷璋
端木 ·············· 张楷②
端友 ·············· 杨士阶
端介 ·············· 姚应春
端文 ·············· 宁楷
端书 ·············· 张楷①
端玉 ·············· 何金项
端生 ·············· 郑修士
端华 ·············· 姚炜楷
端轩 ·············· 彭文楷
端劭 ·············· 张楷③
端直 ·············· 孔毓楷
端林 ·············· 金宗钺
端叔 ·············· 何昌龄
端所 ·············· 吴中秀
端容 ·············· 文淑
端献 ·············· 赵颀
端溪 ·············· 汪庄英
端溪 ·············· 魏儒正
端简 ·············· 郑晓
端惠先生 ·············· 汪元恺
端简先生 ·············· 茹海

精

精孚 ·············· 欧阳荣赐
精阅 ·············· 王大川

粹

粹夫 ·············· 何瑭
粹刚 ·············· 肃锐
粹仲 ·············· 陈全之
粹如 ·············· 符日纯
粹甫 ·············· 郭沈鉴
粹轩 ·············· 于福纯
粹斋 ·············· 贾廷玉
粹然 ·············· 封大纯

漈

漈溪 ·············· 朱煜

潇

潇友 ·············· 余毓湘

漱

漱万 ……………………	何琏①
漱六 ……………………	王德森
漱六 ……………………	庄程鹭
漱六 ……………………	张宸辉
漱六 ……………………	闵清华
漱庄 ……………………	黄梦菊
漱芳 ……………………	李之和
漱泉 ……………………	顾观光
漱荷 ……………………	孙树藻
漱溪 ……………………	陈镛

漫

漫庵 ……………………	李延昰

漪

漪园 ……………………	周鸣彬

漳

漳南 ……………………	胡祖霖

演

演中 ……………………	张元铭
演山翁 …………………	曾世荣

漏

漏霜 ……………………	董说

赛

赛竹楼 …………………	胡杰人

肇

肇开 ……………………	汪启贤
肇升 ……………………	戚日旻
肇甫 ……………………	陈法昂
肇亨 ……………………	谢元庆
肇昆 ……………………	何雍源
肇周 ……………………	吴添梁
肇宗 ……………………	陆钟
肇降 ……………………	夏基
肇殷 ……………………	俞镇连
肇彬 ……………………	徐彬
肇鲁 ……………………	何琳
肇熹 ……………………	钱肇然

谭

谭延镐 …………………	覃延镐
谭居士 …………………	谭仁显

熊

熊占 ……………………	周兆璋
熊笏 ……………………	熊庆笏

翠

翠谷 ……………………	何全
翠碧山房 ………………	王学浩

十 五 画

慧

慧夫 ……………………	刘焌
慧仙 ……………………	吴际昌
慧芳 ……………………	何士方
慧晓 ……………………	顾澄
慧峰 ……………………	潘锡

璇

璇图 ……………………	陈钧
璇圃 ……………………	方中矩

璆

璆鸣 ……………………	余镕

趣

趣园 ……………………	陶铭鼎

赭

赭鞭馆 …………………	曾芳桐

增

增生 ……………………	李佑
增光 ……………………	刘延辉
增荣 ……………………	刘茂萱
增籍 ……………………	朱兰台

瞶

瞶斋 ……………………	王敏

聪

聪肃 ……………………	连文冲

觐

觐五 ……………………	佘鹤
觐父 ……………………	陆筠
觐丹 ……………………	陈怜时
觐北 ……………………	徐峋
觐充 ……………………	何金璜
觐吾 ……………………	罗仲光
觐宸 ……………………	杨泰基

蕙

蕙子 ……………………	王梦兰
蕙阶 ……………………	周坦
蕙亭 ……………………	孙联芳
蕙亭 ……………………	陈其瑞
蕙庭 ……………………	谢元庆
蕙卿 ……………………	端木达
蕙堂 ……………………	陆椿
蕙庵 ……………………	曹德泽
蕙滋 ……………………	王纪芳

蕉

蕉隐 ……………………	杨振藩
蕉麓 ……………………	耿刘霏
蕉雨老人 ………………	丁尧臣

蕃

蕃英 ……………………	李如霖

蕲

蕲水道人 ………………	庞安时

蔬

蔬园 ……………………	沈太洽
蔬香斋 …………………	纪丛笏

蕴

蕴生 ……………………	陈第璘

横

横秋 ……………………	宋光绅
横山先生 ………………	徐鸣皋
横柳病鸿 ………………	何长治

樗

樗庄 ……………………	法雄

樗叟 ………………… 萧铨
樗亭 ………………… 李诇
樗庭 ………………… 丁元贞
樗散生 ……………… 李诇

櫻

櫻花馆 ……………… 刘树蕃

橡

橡村 ………………… 许豫和

樟

樟轩 ………………… 褚清澐

敷

敷尹 ………………… 顾元交
敷来 ………………… 刘梦金

醇

醇如 ………………… 朱瑜忠
醇泉 ………………… 万德华
醇庵子 ……………… 郑儒

醉

醉石 ………………… 陈侠
醉轩 ………………… 陈立
醉沤 ………………… 钱嘉钟
醉经 ………………… 杜思敬
醉亭 ………………… 王明经
醉经楼 ……………… 钱树堂

震

震一 ………………… 何雷
震山 ………………… 张东岭
震父 ………………… 葛应雷
震业 ………………… 袁钺
震甫 ………………… 沈大望
震甫 ………………… 陈文枫
震伯 ………………… 荣国梁
震初 ………………… 黄金声
震香 ………………… 陈咸熹
震翀 ………………… 张兆龙
震彩 ………………… 沈遏

霄

霄鹏 ………………… 黄保康

撒

撒不椀 ……………… 耶律敌鲁

髯

髯张 ………………… 张好问

影

影赓 ………………… 徐磐

蝶

蝶村 ………………… 胡永平②
蝶庵 ………………… 陈锡朋

蝂

蝂叟 ………………… 黄世荣

墨

墨汀 ………………… 徐廷槐
墨庄 ………………… 申屠致远
墨庄 ………………… 施惠元
墨佣 ………………… 万家学
墨君 ………………… 徐槵
墨林 ………………… 张浚
墨林 ………………… 陈咸善
墨卿 ………………… 段文昌
墨卿 ………………… 钮翰
墨翁 ………………… 沈宗学
墨斋 ………………… 张本翰
墨隐 ………………… 吴钧②
墨溪 ………………… 刘正祥
墨樵 ………………… 李舒
墨宝斋 ……………… 郑泽
墨澜亭 ……………… 帅我

镇

镇九 ………………… 黄载鼎
镇五 ………………… 边宝恒
镇轩 ………………… 张为炳
镇野 ………………… 李文城
镇庵 ………………… 王国器
镇鲁 ………………… 包永泰
镇湘 ………………… 赵丹城
镇寰 ………………… 张名藩

镕

镕之 ………………… 徐镕
镕亭 ………………… 何梦釜
镕庵 ………………… 郜守经

稽

稽仲 ………………… 孙绍远

稷

稷卿 ………………… 俞廷飓

稻

稻青 ………………… 朱实秀
稻荪 ………………… 钟尔庸
稻香 ………………… 朱实秀
稻花楼 ……………… 朱开
稻香斋 ……………… 潘承绪

稼

稼山 ………………… 陆汝衔
稼生 ………………… 何廷璋
稼江 ………………… 邹汉璜
稼江 ………………… 翁藻
稼翁 ………………… 李暲

箴

箴若 ………………… 冯铭

篁

篁南 ………………… 江瓘

篆

篆云 ………………… 陆受诗
篆玉 ………………… 沈环②

僻

僻圃 ………………… 朱正

德

德一 ………………… 张泰恒
德一 ………………… 谢举仁
德广 ………………… 王宽
德元 ………………… 金仁荣
德公 ………………… 臧达德
德凤 ………………… 段树生

德心 …………………… 李克广
德玉 …………………… 方廷瑾
德正 …………………… 马少游
德龙 …………………… 陆圻
德生 …………………… 何义增
德权 …………………… 章炳衡
德达 …………………… 黄尹
德扬 …………………… 何偁
德臣 …………………… 林天佑
德臣 …………………… 胡义勋
德刚 …………………… 丁毅
德先 …………………… 张万礼
德华 …………………… 钟正言
德兆 …………………… 翁应祥
德庄 …………………… 郑以成
德充 …………………… 房文实
德如 …………………… 仲宗滋
德如 …………………… 阮侃
德芳 …………………… 沈忠
德远 …………………… 王澍棠
德甫 …………………… 孙天骐
德甫 …………………… 孙伯棠
德甫 …………………… 朱世承
德甫 …………………… 杨安普
德甫 …………………… 罗周彦
德甫 …………………… 胡文焕
德求 …………………… 陈岐
德秀 …………………… 徐文伯
德孚 …………………… 宋自应
德孚 …………………… 徐必达
德怀 …………………… 黄袁仁
德纯 …………………… 郑斌
德坤 …………………… 李云婷
德明 …………………… 仲昶
德明 …………………… 何飞
德明 …………………… 陈杲
德明 …………………… 赵炳南
德明 …………………… 唐熇
德征 …………………… 叶文龄
德征 …………………… 许庄
德肤 …………………… 王硕
德泽 …………………… 孔汪
德宜 …………………… 汤经邦
德宜 …………………… 鲍庭义
德威 …………………… 赵钺
德显 …………………… 施文治
德昭 …………………… 张正铭
德昭 …………………… 汪奎
德昭 …………………… 黄瑛
德信 …………………… 吴源
德修 …………………… 马良恺
德修 …………………… 柯怀祖
德修 …………………… 赵莹
德修 …………………… 贾弘祚
德音 …………………… 马二泉
德音 …………………… 王锡铎
德音 …………………… 任埙
德美 …………………… 刘毓
德载 …………………… 张基①
德埙 …………………… 余伯陶
德卿 …………………… 周鼎①
德卿 …………………… 戴聪
德斋 …………………… 何天祥
德斋 …………………… 张晟
德斋 …………………… 倪守泰
德资 …………………… 程炼金
德润 …………………… 李珣
德宽 …………………… 茹海
德祥 …………………… 危永吉
德培 …………………… 姚本厚
德培 …………………… 钱培德
德基 …………………… 程履新
德常 …………………… 蒋恒
德符 …………………… 王元修
德章 …………………… 吴奂
德渊 …………………… 陈定涛
德逮 …………………… 包识生
德隅 …………………… 冉正维
德葑 …………………… 费启泰
德辉 …………………… 关云凤
德辉 …………………… 何应勋
德畲 …………………… 潘仕成
德曾 …………………… 何其峻
德滋 …………………… 郑行彰
德谦 …………………… 闵锡嘏
德裕 …………………… 钱士奇
德照 …………………… 欧阳焕
德源 …………………… 何茂谷
德嘉 …………………… 何鼎亨
德舆 …………………… 刘裕
德敷 …………………… 龙施
德遴 …………………… 应统枚
德凝 …………………… 胡金城
德懋 …………………… 杨燧熙
德藻 …………………… 徐沂
德安堂 ………………… 尧允恭
德寿堂 ………………… 陈舜道

磐

磐山 …………………… 何利邦
磐石 …………………… 熊元鸣

滕

滕佛子 ………………… 滕伯祥

鲤

鲤门 …………………… 汤震龙

摩

摩青 …………………… 李上云
摩诃衍 ………………… 马哈也那

褒

褒世 …………………… 林颐寿
褒青庐 ………………… 谢抡元

毅

毅夫 …………………… 张树检
毅夫 …………………… 范庠
毅中 …………………… 何广
毅甫 …………………… 徐子苓
毅甫 …………………… 蒋汝侗
毅轩 …………………… 萧常经
毅叔 …………………… 宋道方
毅修 …………………… 周智浚
毅庵 …………………… 鄂尔泰

遴

遴客 …………………… 陈迁耀

遵

遵三 …………………… 陈崇尧
遵五 …………………… 谌永恕
遵古 …………………… 张师文
遵尧 …………………… 何之勋
遵甫 …………………… 范路
遵晦 …………………… 崔彦晖
遵程 …………………… 吴仪洛

遵道	戚庆祖	澄斋	恽毓鼎	鹤宾	钱鸿升
凛		澄斋	谢观	鹤巢	顾淳庆
凛斋	刘常彦	澄斋	楼文隽	鹤琴	杨正
潜		澄智	僧慧南	鹤堤	孙玘
潜厂	杨则民	澄源	朱齐龙	鹤龄	李雨村
潜夫	邵潜	澄源	何应圻	鹤龄	樊胡
潜夫	潘道根	澄心斋	薛逸山	鹤锦	刘翰②
潜光	鲍姑	澄清堂	范赓治	鹤溪	胡元庆
潜村	杨乘六	澄心老人	李鹏飞	鹤后身	董清峻
潜初	胡庆龙	**鹤**		鹤圃堂	沈时誉
潜修	许廷哲	鹤山	吴辰灿	鹤健堂	张岗
潜斋	王士雄	鹤山	陈思敬	鹤江谐叟	徐廷玑
潜斋	沈玄	鹤山	薛景福	鹤伴吾庐	赵文魁
潜箓	秦篁	鹤山	魏了翁	鹤瓢道人	李德睿
潜虚	陆长庚	鹤丹	许文鸿	鹤癯道人	陆俊
潜庵	骆如龙	鹤田	严锡龄	**慰**	
潜庵	潘用清	鹤田	周伯寅	慰远	徐永思
潜溪	彭用光	鹤田	胡大溟	慰伯	王兆珍
潜石子	顾沅	鹤田	蒋易	慰劬	瞿中溶
潜玉居士	吴樽	鹤生	胡嗣超	慰根	席裕康
潜园老人	陆心源	鹤仙	周朗	**履**	
潜斋居士	郑二阳	鹤汀	王嘉宾	履之	凌鹏飞
澍		鹤汀	何锦华	履中	丁锦
澍堂	茅德昌	鹤寿	王松龄	履升	金山农
澍普	刘岱云	鹤轩	卢云乘	履方	何远
潮		鹤岐	秦熊飞	履石	韩士良
潮青	张升蛟	鹤坡	陈元凤	履平	吴中宪
潘		鹤林	沈见	履吉	汪国祥
潘景	潘璟	鹤侣	萧如松	履吉	唐宏
澜		鹤鸣	朱小南	履成	孔广福
澜亭	许川	鹤侪	袁其铭	履贞	任履真
澄		鹤亭	吴大绥	履廷	卜允照
澄之	何澄②	鹤俦	陆友松	履先	齐太封
澄之	周学海	鹤泉	冯来鸣	履安	王与谦
澄光	徐谦	鹤泉	沈子禄	履安	陈灿庆
澄观	徐谦	鹤亭	陈刚	履阶	罗端意
澄甫	吴元溟	鹤亭	查集堂	履级	胡履吉
澄园	郑家学	鹤洲	张吾瑾	履青	何鹏腾
澄斋	何渊	鹤洲	陶观光	履坦	葛云薜
		鹤栖	朱昆龄	履周	杨师尹
		鹤峰	曾俊	履南	邵铨
		鹤皋	吴崑	履恒	郁履垣
		鹤皋	黄肇龄	履亭	汪四喜
		鹤翁	张敬止	履素	黄承昊
		鹤斋	张梅		

履斋	王元吉②	
履祥	金兆麟	
履祥	黄良佑	
履祥	葛云石	
履乾	李仲元	
履常	吴儌	
履道	周砥	
履道	皇甫坦	
履道	郭坦	
履谦	施不矜	

屦

屦埠	陈廷诰

毸

毸卿	杨绍和

豫

豫九	常世经
豫东	陈震
豫忖	郑维业
豫江	何克绳
豫来	袁谦
豫格	郑文焯
豫斋	钱雷
豫章	殷梯云

畿

畿若	常建圻

十六画

璞

璞如	蔡玮
璞园	周邦彦
璞完	顾钧
璞岩	徐琳
璞函	何佩瑶
璞斋	钱本瑜
璞斋	谢玉琼
璞庵	苏才御
璞庵	王玉
璞庵	朱宝全

璲

璲臣	董如佩

熹

熹涛	李克惠

螯

螯庵	卢和

燕

燕山	何如桂
燕五	周中誉
燕生	俞金标
燕台	黄必昌
燕臣	黄淦
燕行	梁瀚川
燕诒	周元视
燕贻	陆承桃
燕泉	何孟春
燕亭	汪必昌
燕峰	余含辉
燕峰	费密
燕乘	赵骧恒
燕期	韩湛
燕喜时	燕嘉时
燕泉先生	何孟春

翰

翰风	张琦②
翰文	唐廷翊
翰臣	王翃
翰臣	刘文英
翰臣	曹枢旸
翰如	张彪
翰园	陈道善
翰园	徐文林
翰周	薛之屏
翰卿	王文元

擎

擎天	郭玉柱

薛

薛宏庆	薛弘庆

薇

薇甫	孙文胤
薇垣	沈镜
薇垣	潘元②

薪

薪甫	汪曰桢
薪斋	刘应传

薛

薛衣道人	祝尧民

颠

颠公	余天遂

樾

樾亭	周如春
樾斋	褚延泰

樵

樵伯	梁晋荣
樵珊	詹墀
樵翁	吕熊飞
樵雪	萧裕全
樵阳子	李荥

樽

樽宜	冯衢

樿

樿亭	单肇蟾

橘

橘庄	陈理②
橘园	沈果之
橘林	何穆
橘香	郑一鹗
橘香	祝国泰
橘泉	王治
橘泉	叶复旦
橘泉	刘叔渊
橘泉	邹希鲁
橘泉	郁士魁
橘泉	赵叔仁
橘泉	郭华润
橘泉	黄宗三
橘泉	薛昆
橘泉	魏壁
橘屏	唐熙

十七画

鞠庵	曹绳彦	霞伯	龚遐伯	燮臣	姜柯祥
藏		霞坡	傅松	燮臣	屠道和
		霞坡	嵇幼域	燮宇	方文伟
藏云	袁从义	霞城	洪炜	燮和	姚成鼐
藏用	石用之	霞泉	叶德明	燮经	陈光鉴
藏叔	何家章	霞溪	张廉	燮钧	任高鉴
藏斋	何其超	霞外子	陈善谋	燮卿	何五煌
藐		**曙**		燮卿	罗秉礼
				燮堂	王俟绂
藐庵	曹相虎	曙升	朱升②	燮堂	杨和
懋		曙公	闵暹	燮堂	余治勋
		曙东	丘云台	燮堂	沙用璋
懋功	李勋	曙堂	王锡骐	燮堂	蔡元瓒
懋功	钱世禄	**蹋**		燮理堂	薛士显
懋光	李雅埙			**襄**	
懋先	吴嗣昌	蹋云	潘梯		
懋甫	王端礼	**嶷**		襄文	吴锦
懋轩	李光大			襄文	何三湘
懋园	张礼	嶷隐山人	李浚源	襄文	唐顺之
懋佐	朱廷臣	**穗**		襄廷	戚荣卿
懋良	姚能			襄仲	曹埙
懋林	董元善	穗昭	王永丰	襄壮	张勇
懋学	陆敏	**犄**		襄浥	李文锦
懋春	叶以然			襄勤	鄂尔泰
懋政	何三珠	犄增	黄香齐	襄夔	陈锡麒①
懋昭	袁令德	**魏**		**膺**	
懋勋	刘允德				
懋恒	陈德昌	魏成	朱檠	膺三	王锡成
懋旃	胡善述	魏贤	孙垣	膺先	陈鹗厚
懋祥	旷南	魏卿	张存惠	**麋**	
懋堂	沈谔	**簏**			
懋韶	陆敔			麋公	陈继儒
檀		簏春	江镇	**濮**	
		簏樵	朱方华		
檀园	杨文忠	**繁**		濮槙	濮联元
磻				**豁**	
		繁棣	孔伯华		
磻溪	庄曰璜	**徽**		豁然	僧大著
霜				豁然子	文永周
		徽五	王稽典	**邃**	
霜皋	徐凤垣	徽五	罗典		
霜畦	蔡根	徽五	周述典	邃云	徐待征
霜野	林树红	徽国公	汪斌	邃乔	谢应材
霞		**燮**		邃英	何汝阖
霞轩	蒋思岐	燮之	金石		

翼

翼之	沈景凤
翼之	顾宗伯
翼云	周飞鹏
翼中	朱肱
翼仙	沈云闲
翼臣	丘翔
翼臣	周廷相
翼廷	赖甄扬
翼安	程镜宇
翼如	王朝②
翼如	祝诒燕
翼材	陶燮鼎
翼庐	宋爱人
翼明	王国光
翼明	刘世佐
翼垣	杨寰骐
翼唐	李昌翁
翼斋	傅澍霖
翼清	钱大治
翼堂	陆廷章
翼堂	熊廷燕
翼翔	林世桢

孺

孺龙	何一才
孺思	何慕
孺修	张思教
孺慕	江希舜

十 八 画

鳌

鳌洲	林蒲封
鳌峰	覃先声
鳌峰	熊均

瞀

瞀医	胡梅

藕

藕汀	吴嘉德
藕船	黄绍圭
藕香室	沈淑慎

藜

藜阁	林乙照
藜辉	姜青照

蕴

蕴山	何钟琪
蕴山	胡谦
蕴山	顾绍濂
蕴中	方鸿藻
蕴冈	石中玉
蕴兮	黄棽
蕴石	闵钟璆
蕴石	周邦彦
蕴谷	汪文绮
蕴真	叶澄心
蕴斋	王藉登
蕴智	黄清湛
蕴儒	闵光瑜

虩

虩庵	钟震②

瞿

瞿涛	何涝

瞻

瞻山	任贤斗
瞻云	孙月鹏
瞻云	徐春和①
瞻甫	李宗宾
瞻沙	王霖①
瞻陆	陶南珍
瞻岳	华嵩
瞻度	贺宽
瞻菉	王筠
瞻嵩	叶崧
瞻漪	汪淇

曜

曜天	詹昱
曜东	丘传芳
曜斋	陈继辉

鹭

鹭洲诗渔	黄铎

馥

馥垣	李培郁
馥原	王清源
馥森	熊兴垣
馥蕉	杨舒和

簪

簪九	张舒缨

瀫

瀫溪	徐应明

襟

襟宇	陈廷瓒

璧

璧山	蒋树杞
璧如	程国奉

彝

彝仲	王秉伦
彝甫	范秉元
彝珍	屠曦
彝卿	曹廷杰
彝斋	张思伦
彝辉	周世耀
彝尊	屠曦

十 九 画

藿

藿村	魏丕承

蘧

蘧斋	黄訾村
蘧庵	朱天璧

蘅

蘅村	包岩
蘅斋	邹式范
蘅堂	李秀
蘅溪	朱佩湘

警

警台	韦编

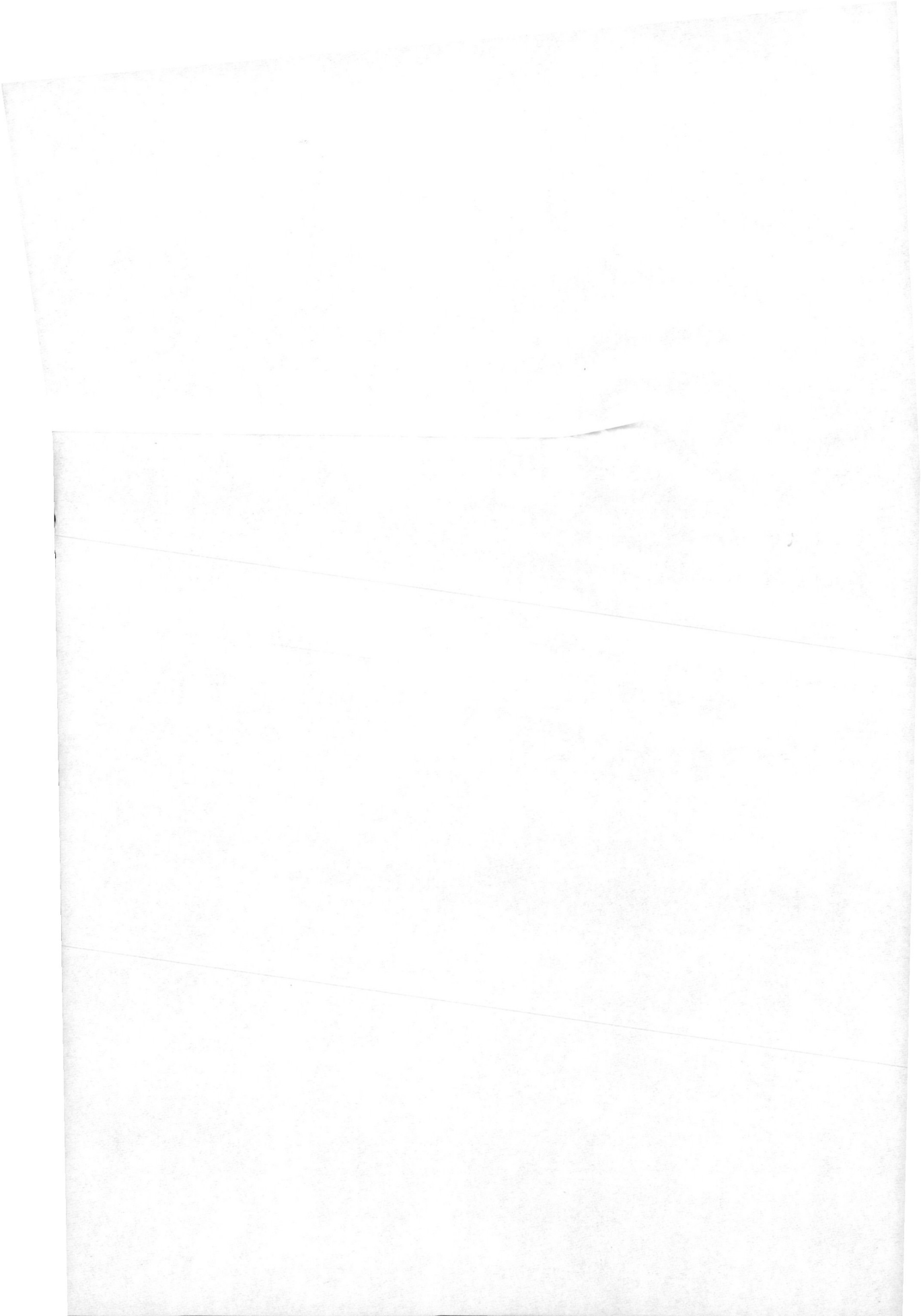